I0236107

ספר

הלכתא ברורה

מסכת תענית מגילה ושבת

(הדפים השייכים לחנוכה)

כולל כל הלכות תענית ט"ב פורים וחנוכה

ושאר ההלכות הנמצאות על הדף

שבשו"ע ובמשנה ברורה

בשילוב תמצית דברי הביאור הלכה והשער הציון

מסודרות על הדף ע"פ ציוני ה'עין משפט'

בתוספת מקורות של הבאר הגולה

לאסוקי שמעתתא אליבא דהלכתא

ספר הלכתא ברורה על מסכת סוכה
וכן ספרי חזרה ברורה: ג' כרכים על כל ו' חלקי משנה ברורה
ניתן להשיג ע"י:
"עם הספר" י. לעוויץ 0047 -718-377
יעקב בלוי 05-266-6245

ספר זה
ספר הלכתא ברורה על מסכת ברכות
ספר הלכתא ברורה על מסכת שבת
ספר הלכתא ברורה על מסכת פסחים
ספר הלכתא ברורה על מסכת ר"ה ויומא
ספר הלכתא ברורה על מסכת ביצה ומועד קטן
ספרי חזרה ברורה על יורה דעה: ב' כרכים
ספר חזרה ברורה על דיני חושן משפט ע"פ הסדר של הקשו"ע
עם שאר הספרים המוזכרים למעלה
ניתן להשיג ע"י: www.chazarahmp3.com

1139 East 12th St.
Brooklyn, NY 11230
718 - 646 - 1243
info@chazarahmp3.com

ביד"צ שע"י העדה החרדית שליט"א

BETH DIN TZEDEK
OF THE ORTHODOX
JEWISH COMMUNITY
26\A STRAUSS ST.
JERUSALEM

בית דין צדק
לכל מקהלות האשכנזים
שע"י "העדה החרדית"
פעיה"ק ירושלם תובב"א
רח' שטראוס 26/א

FAX 02-6221317 פאקס | TEL 02-6236550.טל | P.O.B 5006 .ת.ד

ב"ה

הסכמת הביד"צ שליט"א

נודע בשערים המצוינים בהלכה גודל ענין החזרה והשינון לדעת את הדרך ילכון בה ואת המעשה אשר יעשון בפרט בהלכתא רברבתא כהלכות שבת וכדו' אשר לפעמים נצרך להם ואין פנאי לחפש מקורו בספר, וע"כ בואו ונחזיק טובה להאי גברא יקירא הרה"ג ר' אהרן זליקוביץ שליט"א מעיר נ"י, אשר ערך ספר "חזרה ברורה" לפי סדר המשנה ברורה לחזור ולשנן הלכות שבת תחומין ועירובין שבמשנ"ב חלק ג' וד'.

והנה עבר על הספר ידידינו הגאון רבי חיים יוסף בלויא שליט"א מו"צ פעיה"ק רב שכו' פאג"י ומרבני ועד השחיטה דעדתינו, ומעיד כי הספר בנוי לתלפיות לתועלת ללומדים לשינון וחזרה, ע"כ אף ידינו תכון עמו לחלקו ביעקב ולהפיצו בישראל, והרוצים לידע את המעשה אשר יעשון עליהם לעיין בפנים הספר משנה ברורה ובהלכה, וכידוע מפי הפוסקים שאין לסמוך על ספרי הקיצורים ללא לימוד מקור הדברים בעיון כדת של תורה.

מי יתן וחפץ ה' בידיו של המחבר יצליח להגדיל תורה ולהאדירה מתוך שמחה ונחת וברכת ה' מלא, עדי נזכה לביאת גוא"צ אשר אליו מייחלים עינינו בקרוב הימים בב"א.

וע"ז באעה"ח ביום ז"ך לחודש תמוז - בין המצרים יהיה לששון ולשמחה - תשע"ה לפ"ק הביד"צ דפעיה"ק ת"ו

נאם [signature]
יצחק טוביה ווייס – גאב"ד

נאם [signature]
משה שטרנבוך – ראב"ד

נאם [signature]
אברהם יצחק אולמאן

נאם [signature]
נפתלי ה' פרנקל

קיבלנו בעד ספר "חזרה ברורה" על משנה ברורה

הרה"ג רב עזריאל אוירבאך שליט"א

בס"ד

Rabbi Azriel Auerbach
Rabbi of "Chaniche Hayeshivot"
53 Hapisga St., Bayit Vegan, Jerusalem

הרב עזריאל אוירבאך
רב בית הכנסת "חניכי הישיבות", בית וגן
רח' הפסגה 53, בית וגן, ירושלים

בס"ד

ראיתי את הספר "חזרה ברורה" הנועד לאלו אשר כבר
עסקו בעיון בשו"ע ובס' משנה ברורה - לקיים ושננתם
ובפרט בדבר הלכה בעניני או"ח אשר יום יום ידרושון
לדעת את הדרך ילכו בה. והנה המחבר עשה עבודה
יפה. ומתוקנת ערוך ומסודר במעשה אומן לשם שינון הלכה
בבחינת נר לרגלי דבריך ואור לנתיבתי.
וברכה להמשך זיכוי הרבים להחדרת ההלכה היום
יומית מתוך הרחבת הדעת.

עזריאל אוירבאך

בס"ד

ראיתי את הספר "חזרה ברורה" הנועד לאלו אשר כבר עסקו בעיון בשו"ע ובס' משנה ברורה - לקיים ושננתם ובפרט בדבר הלכה בעניני או"ח אשר יום יום ידרושון לדעת את הדרך ילכו בה, והנה המחבר עשה עבודה יפה ומתוקנת ערוך ומסודר במעשה אומן לשם שינון הלכה בבחינת נר לרגלי דבריך ואור לנתיבתי.

וברכה להמשך זיכוי הרבים להחדרת ההלכה היום יומית מתוך הרחבת הדעת.

עזריאל אוירבאך

קיבלנו בעד ספר "חזרה ברורה" על משנה ברורה

הרה"ג רב ישראל גנס שליט"א

הרב ישראל גנס
רח' פנים מאירות 2
קרית מטרסדורף, ירושלים 94423

בס"ד א' אלול תשע"ב

ראיתי את הספר "חזרה ברורה" אשר הפליא לעשות
האברך היקר הרב אהרן זליקוביץ שליט"א.
בספר הזה יש עמל רב, יגיעה רבה, סדר נפלא, ובעיקר תועלת
גדולה ללימוד המשנה ברורה שיוכלו לזכור את דבריו, הן המ"ב
הן הבה"ל והן השעה"צ.
ולא נצרכה אלא לברכה שיוסיף המחבר תת תנובה לזכות הרבים
בעוד ספרים מועילים.

הכו"ח לכבוד התורה ועמליה פה עיה"ק ירושלים תובב"א

ישראל גנס

בס"ד א' אלול תשע"ב

ראיתי את הספר "חזרה ברורה" אשר הפליא לעשות האברך היקר הרב אהרן זליקוביץ שליט"א. בספר הזה יש עמל רב, יגיעה רבה, סדר נפלא, ובעיקר תועלת גדולה ללימוד המשנה ברורה שיוכלו לזכור את דבריו, הן המ"ב הן הבה"ל והן השעה"צ. ולא נצרכה אלא לברכה שיוסיף המחבר תת תנובה לזכות הרבים בעוד ספרים מועילים.

הכו"ח לכבוד התורה ועמליה פה עיה"ק ירושלים תובב"א
ישראל גנס

קיבלנו בעד ספר "חזרה ברורה" על משנה ברורה

הרה"ג רב שמואל פירסט שליט"א

Rabbi Shmuel Fuerst
6100 North Drake Avenue
Chicago, Illinois 60659
(773) 539-4241
Fax (773) 539-1208

בס"ד

הרב שמואל פירסט
דיין ומו"ץ אגודת ישראל
שיקאגא, אילינאי

ה' מנחם אב תשע"ב

ראיתי הספר "חזרה ברורה" שחיברו הר"ר אהרן זליקוביץ שליט"א
שכתוב בתוכו כל דברי המחבר והרמ"א וכמעט כל דברי המ"ב ושע"צ
וב"ה והכל ערוך בסדר נאה. והתועלת מהספר יהי' ללומדי המ"ב
שיוכלו לחזור על ספר מ"ב באופן קל להבין אותו על בורי'.
ובודאי ספר הנ"ל יהי' תועלת גדולה להרבה לומדי משנה ברורה שיהא להם
קל לחזור על דבריו כדי שיהיו בקיאין בדבריו ועי"ז יזכו לשמור ולעשות
ולקיים את דבר הלכה.
יהי רצון שיזכה המחבר שיתקבל הספר "חזרה ברורה" לפני כל הלומדים
הלכות אלו ויזכה לסיים כל שאר חלקים של המ"ב, ויזכה לשבת באהלה של
תורה כל ימי חייו.

הכו"ח לכבוד התורה,
בידידות,
שמואל פירסט

ה' מנחם אב תשע"ב

ראיתי הספר "חזרה ברורה" שחיברו הר"ר אהרן זליקוביץ שליט"א שכתוב בתוכו כל דברי המחבר והרמ"א וכמעט כל דברי המ"ב ושע"צ וב"ה, והכל ערוך בסדר נאה. והתועלת מהספר יהיה להלומדי המ"ב שיוכלו לחזור על ספר מ"ב באופן קל להבין אותה על בוריה.

ובודאי ספר הנ"ל יהיה תועלת גדולה להרבה לומדי משנה ברורה שיהא להם קל לחזור על דבריו כדי שיהיו בקיאין בדבריו ועי"ז יזכו לשמור ולעשות ולקיים את דבר הלכה.

יהי רצון שיזכה המחבר שיתקבל הספר "חזרה ברורה" לפני כל הלומדים הלכות אלו ויזכה לסיים כל שאר חלקים של המ"ב, ויזכה לשבת באהלה של תורה כל ימי חייו.

הכו"ח לכבוד התורה,
בידידות, שמואל פירסט

קיבלנו בעד ספר "חזרה ברורה" על משנה ברורה

הרה"ג רב שמואל פעלדער שליט"א

שמואל יצחק פעלדער
דיין ומו"ץ בית מדרש גבוה
לייקואד נוי זשערזי

RABBI SHMUEL FELDER
BETH MEDRASH GOVOAH
LAKEWOOD N.J. 08701

בעזהי"ת יום א' כ"א אייר תשע"ב לפ"ק

הן הובא לפני קונטרוס שחיברו ר' אהרן זליקוביץ שליט"א על משנה ברורה אשר בשם "חזרה ברורה" יקבנו המכיל בתוכו כל דברי המחבר והרמ"א ומ"ב, וגם תמצית דברי הביאור הלכה ושער הציון, הכל עורך בצורה מסודרת ומאירת עינים, באופן ששייך לחזור על ספר משנה ברורה עם תמצית בה"ל ושעה"צ באופן קל ובהיר בלא בלבול ועירבוביא.

ובודאי שיש בחיבור זה תועלת גדולה ללומדי משנה ברורה לחזור ולשנן הדברים בצורה מועילה ביותר למען תהיה תורתם בלבם ערוכה ושמורה להיות בקיאין בדבר הלכה ללמוד וללמד לשמור ולעשות ולקיים.

ועל כן אברך הרב המחבר שיזכה שיתקבלו הדברים באהבה ובשמחה לפני הלומדים ויזכה לחבר עוד חיבורים כזה ואחרים בתורה הקדושה ולשבת באהלה של תורה כל ימי חייו מתוך מנוחת הנפש והרחבת הדעת.

הכו"ח לכבוד התורה
שמואל יצחק פעלדער

קיבלנו בעד ספר "חזרה ברורה" על משנה ברורה

הרה״ג רב יחזקאל רוטה שליט״א

יחזקאל רוטה

אבדק״ק קארלסבורג
בארא פארק ברוקלין, נ.י. יע״א

RABBI Y. ROTH
1556-53RD STREET
BROOKLYN, N. Y. 11219
TEL:(718) 435-1502

להי״ו

תפארת שבנצח למב״י לסדר כללותיה ופרטותיה ודיקדוקיה מסיני תשע״ד לפ״ק

בימי הספירה שמסוגלים מאד ללמוד הלכה ברורה, כמבואר בתשו׳ המפורסמת לכ״ק זקיני זי״ע בשו״ת מראה יחזקאל סי׳ ק״ד בשם רבו הרה״ק מרימנאב זי״ע, שכל ההלכות שנשתכחו בימי אבלו של משה והחזירן עתניאל בן קנז כדאיתא בתמורה ט״ז, היתה בימי העומר, ועי״כ מסוגל מאד בימים הקדושים הללו לעשות חזרה על הלימוד שלא ישתכח, ועי״ז רומז לשון והחזירן מלשון חזרה, ועי״כ מאד מתאים כעת לחזק את ידי הרב המופלג צמ״ס כמוהר״ר **אהרן זליקוביץ** שליט״א שאיתמחי מכבר לערוך חיבור **חזרה ברורה** על המ״ב או״ח, ונתעטר בהמלצות והסכמות מגדולי הרבנים שיחי׳, ועל של עכשיו באתי מה שהוציא עתה חדש מן הישן על הלכות או״ה שביו״ד, ובוודאי יועיל להלומדים לחזור על לימודם, ודבר גדול עשה בזה שיהי׳ מוכן ומזומן לפני הלומד הלכות שירוץ בהם בלי גימגום וחיפוש, ובזה יתרבה יודעי דת ודין לזכור הלכה המביא לידי מעשה, והמחבר יהי׳ נמנה בין מזכי הרבים להגדיל תורה ולהאדירה, ויזכה להמשיך בעבוה״ק על מי מנוחות מתוך הרחבה וכט״ס עדי שיתרומם קה״ת וישראל ב״ב אמן.

הכו״ח לחיזוק תוה״ק ולומדיה

הק׳ יחזקאל רוטה

קיבלנו בעד ספר ״חזרה ברורה״ על יו״ד הלכות איסור והיתר

הקדמה

בעזה"י. תנא דבי אליהו: "כל השונה הלכות בכל יום מובטח לו שהוא בן עולם הבא, שנאמר 'הליכות עולם לו', אל תקרי הליכות אלא הלכות". **ואיתא** בגמ' (סוטה כא.) "משל לאדם שהיה מהלך באישון לילה ואפילה, ומתיירא מן הקוצים ומן הפחתים ומן הברקנים ומחיה רעה ומן הלסטין, ואינו יודע באיזה דרך מהלך, נזדמנה לו אבוקה של אור, ניצל מן הקוצים ומן הפחתים ומן הברקנים, (פירש רש"י: כך זכה לקיים מצוה ניצל ממקצת פורעניות), ועדיין מתיירא מחיה רעה ומן הליסטין ואינו יודע באיזה דרך מהלך, כיון שעלה עמוד השחר ניצל מחיה רעה ומן הליסטין, (פי' רש"י: זכה לתורה ניצול מיצה"ר ומן החטא), ועדיין אינו יודע באיזה דרך מהלך, הגיע לפרשת דרכים ניצל מכולם; מאי פרשת דרכים, מר זוטרא אמר: זה ת"ח דסלקא ליה שמעתתא אליבא דהלכתא" (פי' רש"י: כלומר זכה לכך ניצול מכולם). מבואר דהמעלה הגבוהה ביותר בלימוד התורה, היא לאסוקי שמעתתא אליבא דהלכתא.

וכך מצינו גם בדברי הרמב"ם באגרת לתלמידו: "ואין המטרה העיקרית אלא ידיעת מה שצריך לעשות וממה להמנע". **וכתב** הטור לבניו (נדפס בדף האחרון בספר ארחות חיים לרא"ש - ירושלים תשכ"ב): "והוי זהיר בתלמוד תורה לשמה, כדי שתדע המצות ותשמור עצמך מן העבירות וכו', והוי זהיר להאריך ולהעמיק ולחפש אחר כל הספרים בדרך פסק ההלכה בדבר הצריך לעולם וכו', ובכל מסכתא שתלמוד תכתוב מעט בכל מן הפוסקים, ומן ההלכות המעורבבות כתוב הכללים, כדי שיהיו בידך, ואם תספק באחד מהם, תמצאם בפעם אחרת, ובזה יצאו דבריך לאור ותתקיים תורתך".

כתב הדרישה (יו"ד סי' רמ"ו סק"ב, הובא בש"ך שם סק"ה ובט"ז שם סק"ב): "יש בעלי בתים נוהגין ללמוד בכל יום גפ"ת ולא שאר פוסקים, ומביאים ראיה מהא דאמרינן סוף פרק בתרא דנדה: 'תנא דבי אליהו כל השונה הלכות בכל יום מובטח לו שהוא בן העולם הבא'. אבל לי נראה כי לא זאת המרגוע ולא בזאת יתהלל המתהלל, כי אם בזאת יתהלל השכל וידוע בספרי פוסקים דיני תורה כגון האלפסי והמרדכי והרא"ש ודומיהם, דזהו שורש ועיקר לתורתנו, ואינם יוצאים כלל בלימוד גפ"ת, דהא דתנא דבי אליהו וכו', כבר כתב רש"י שם: כל השונה הלכות, פירוש הלכות פסוקות". **וכתב** המשנ"ב (סי' קנה סק"ט): "וכשלומד רק מעט, נכון שעיקר למודו יהיה בהלכות, שידע איך להתנהג למעשה וכנ"ל, ואמרו חז"ל (ברכות ח.) על הפסוק (תהלים פז, ב): 'אוהב ה' שערי ציון מכל משכנות יעקב', אוהב ה' שערים המצוינים בהלכה יותר מכל בתי כנסיות וכו', וגם אמרו (נדה עג.): 'כל השונה הלכות בכל יום מובטח לו שהוא בן עוה"ב". **בנוסף** לאמור לעיל הובא בשם החזו"א זצ"ל: "שהמפרש היותר טוב של הגמרא הוא השלחן ערוך".

מטרת הספר שלפנינו 'הלכתא ברורה' היא, לאפשר לכל לומד - גם ללומד גמרא ורש"י בלבד - לראות מיד את ההלכה למעשה, ע"פ המראה מקומות שציין ה"עין משפט".

כדי להימנע מאריכות יתר, ברוב מקומות שהציון ב"עין משפט" הוא גם לרמב"ם וגם השו"ע, לא הבאתי את פסק הרמב"ם אלא רק את דברי השו"ע, אליהם חיברתי גם את דברי המשנה ברורה, וכן את הנקודות העיקריות שבדברי הביאור הלכה והשער הציון. במקומות שבהם ציין ה"עין מפשט" רק לדברי הרמב"ם, הבאתי רק את דברי הרמב"ם ללא הוספת דברי נושאי כליו, מלבד במקומות שבהם יש בנושאי הכלים פירוש נוסף לעצם הסוגיא.

הוספתי בשולי הדף גם את כל ציוני ה"באר הגולה", בהן מבוארת מקורה של כל הלכה בדברי הראשונים. במקומות שבהם פוסק השו"ע שלא כפי' רש"י בגמ', הוספתי את עיקר דברי הנושאי כלים והמפרשים, כדי שהסוגיא תובן ע"פ השיטה שכמותה פסק.

כידוע רבים נוהגים ללמוד את מסכת החג לפני החג, במקביל ללימוד הלכות החג, וא"כ התועלת בספר זה רבה, שבאמצעותו יוכל הלומד לדעת את כל ההלכות בסמיכות למקורותיהם בגמ', ובנוסף, במקומות שלהלכה נפסק אחרת מכפי הנראה מפירוש רש"י, יוכל הלומד לראות מיידית לפי איזו שיטה בראשונים פוסק השו"ע, ואיך מתפרשת הסוגיא לפי אותה שיטה. **להשלמת** הענין הוספתי את כל ההלכות - גם אלו שאינן מובאות ב"עין משפט" - אותן סדרתי על הדף ע"פ דברי הבית יוסף, הביאור הגר"א ו"באר הגולה". את ההלכות שאינן מוזכרות בגמ', סדרתי ליד ההלכות השייכות להן, שהוזכרו בסוגיא, או בשער המילואים.

הקדמה

גם בספר זה סדרתי את דברי השו"ע והמשנ"ב משולבים זה בזה - כפי שעשיתי בס"ד בספר "חזרה ברורה" - כך שניתן לקרוא את כל הענין ברציפות, כדי להקל על הלומד. **כיון** שבמקומות רבים נצרכים מאד גם דברי הביאור הלכה ושער הציון, הן מחמת חידושים להלכה שמופיעים בהם והן מחמת תוספת הסבר בסוגיות הגמ' או בפסקי השו"ע, לקטתי את עיקרי דבריהם והצבתי אותם בתוך דברי השו"ע והמשנ"ב.

וזאת למודעי שדברי השו"ע והרמ"א וסידורם לא שונו על ידי בשום אופן. גם דברי המשנ"ב הובאו בדרך כלל כלשונם ממש ללא שום שינוי, מלבד במקומות מועטים בלבד, שבהם נאלצתי לשנות מעט למען הסדר הטוב. גם את לשונות הביאור הלכה והשער הציון שהוצבו בתוך דברי השו"ע והמשנ"ב השתדלתי כמיטב יכולתי שלא לשנות, מלבד במקומות שהיה הכרחי לעשות זאת, הן מחמת צורך ההבנה והן מחמת סידור הדברים.

כדי שלא יצטרך ללומד, לבדוק בכל הלכה האם הוא מדברי השו"ע, הרמ"א, או המשנ"ב, הבאתי את דבריהם בצורת "פונטים" שונים: דברי השו"ע המחבר הובאו באותיות גדולות ברורות ב"פונט" זה: **מחבר**. ודברי הרמ"א הובאו באותיות כתב רש"י גדולות וברורות ב"פונט" זה: **רמ"א**. הציטוטים מהמשנ"ב נעשו באותיות רגילות ב"פונט" זה: משנה ברורה. את הליקוט מדברי הביאור הלכה הכנסתי לסוגריים עגולים ב"פונט" זה: (ביאור הלכה). ואת תמצית השער הציון הצגתי בסוגריים מרובעים וב"פונט" שונה: [שער הציון]. במעט המקומות בהן היה צורך בהוספה כלשהי, הודפסו הדברים באופן זה: ‹באופן זה›. **ולמטה** בחלק ה"באר הגולה", דברי הבאר הגולה עצמו הובאו כזה: (**באר הגולה**). וכל שאר הדברים המובאים שם בשם הפוסקים, נכתבים באופן זה: ‹באופן זה›.

יתן ה' שספר זה יהיה לתועלת הרבים להגדיל תורה ולהאדירה, שנוכל להיות בקיאים בדבר ה' זו הלכה, ללמוד וללמד לשמור ולעשות ולקיים, ושלא אכשל ח"ו בדבר הלכה, ושאזכה להיות ממזכי הרבים, ולראות בבנין בית המקדש בב"א.

לוח ה"פונטים"

מחבר	**רמ"א**	משנה ברורה	(ביאור הלכה/באר הגולה)	[שער הציון]	‹הוספה›

מפתח כללי

מפתח הלכות

לוח המפתח

- האותיות שהם תוך רבוע כזה א הם אותיות הסעיפים.
- כשהסעיף אינו נכתב במקום א' בשלימותה, אלא נחלקה לחלקים, אז נרשם בהמפתח אצל כל חלק וחלק מספר כזה (1) או (2) וכדו'.
- כשהעין משפט מביא הלכה אחת בכמה מקומות, בקצת המקומות לא הבאנו את ההלכה בשלימותה, ובמפתח רשמנו את המקומות האלו כזה [יא.]

הלכות תשעה באב ושאר תעניות

תקמט: להתענות ארבע צומות, ובו ב' סעיפים.

א - כו. ב - כו. כח:

תקנ: הבדל שיש בין ט' באב ליתר צומות, ובו ד' סעיפים.

א - יג. ב - יג. ג - יג. ד - יג.

תקנא: דין שבוע שחל ט' באב להיות בתוכה, ובו י"ח סעיפים.

א - כו: כט:(2) ב - כו: ג - כו:(1) כט: ד - כט: ה – יח - כט:

תקנב: דיני ערב ט' באב, ובו י"ב סעיפים.

א - כו: ל. ב - ל. ג – ה - ל. ו – ח - ל. ט - ל. י - כט: יא – יב - ל.

תקנג: דין סעודה המפסקת, ובו ב' סעיפים.

א – ב - ל.

תקנד: דברים האסורים בת"ב, ובו כ"ה סעיפים.

א – ד - ל. ה – ו - יג. ז - יג. ח – יד - יג. טו – כא - ל. כב - ל: יג.(1) כג - ל: כד - ל: כה - ל:

תקנה: דיני תפילין וציצית בט' באב, ובו ב' סעיפים.

א – ב - מילואים

תקנו: תשעה באב שחל ביום ראשון, ובו סעיף אחד.

א - מילואים

תקנז: לומר נחם ועננו בתשעה באב, ובו סעיף אחד.

א - מילואים

תקנח: במוצאי תשעה באב אין אוכלין בשר, ובו סעיף אחד.

א - כט.

תקנט: מנהגי תשעה באב ודין מילה בתשעה באב, ובו י' סעיפים.

א – י - מילואים

תקס: לעשות זכר לחורבן, ובו ה' סעיפים.

א – ה - מילואים

תקסא: דין הרואה ערי יהודה וירושלים והמקדש בחורבנן, ובו ה' סעיפים.

א – ה - מילואים

מפתח הלכות

הלכות תענית

תקסב: דין קבלת התענית, ובו י"ג סעיפים.

א – ב - יב. ג – ד - יח: ה - יב. ו - יב. ז - יא: ח - יא: ט - יא: י - [יא:] יב. יא - יב. יב - כד. יג - יא:

תקסג: דין מי שהרהר בלבו להתענות, ובו סעיף אחד.

א - יב.

תקסד: דין ליל שלפני התענית, ובו סעיף אחד.

א - יב.

תקסה: דין תפלת עננו, ובו ו' סעיפים.

א – ו - יג:

תקסו: דיני תענית צבור, ובו ח' סעיפים.

א - יג:(1) א – ח - מילואים

תקסז: טעימה ורחיצת הפה שמותר בתענית, ובו ג' סעיפים.

א – ג - מילואים

תקסח: דיני נדרי תענית, ובו י"ב סעיפים.

א - מילואים ב - יב:(1) יב:(2) ג – ד - יב: ה - יב: ו - יא: יב: ז – יא - מילואים יב - י:

תקסט: דין נודר בעת צרה, ובו ב' סעיפים.

א - י:(1) יט. ב - י:(1) יט.(2)

תקע: דין חנכה ופורים וימים שאין אומרים בהם תחינה, שנפגשו בתוך ימי נדרי תענית, ובו ג' סעיפים.

א – ג - יב.

תקעא: מי הם החוטאים לישב בתענית, ובו ג' סעיפים.

א - יא: ב - יא: ג - ח: כב:

תקעב: באיזה ימים אין גוזרים תענית צבור, ובו ג' סעיפים.

א - י. טו: ב - טו: יח: ג - יח:

תקעג: שבטלה מגלת תענית, ובו סעיף אחד.

א - יז:

תקעד: שנותנין בתענית חומרי המקום שיצא ושהלך לשם, ובו ה' סעיפים.

א - י: ב - י: ג - י: ד - יא. ה - יא.

תקעה: דיני תעניות שמתפללין בארץ ישראל על הגשמים, ובו י"ג סעיפים.

א - י. י:(2) ב - י. יג: ג - יב: יג.(2) יג:(3) [טו:] ד - יב: יד.(1) יד:(3) ה - יד. ו - יד: ז - י.(2) יב: יד:(1) ח - יח:(3,1) יט.(1) יט:(2) ט - יד: י - יא: יא - יט.(2)(3) כה:(1) כו.(2,3) יב – יג - כה:

מפתח הלכות

תקעו: על איזה דברים מתענין ומתריעין, ובו ט"ז סעיפים.

א - יד:(1) יט.(2) כב.(3) **ב** - יט.(1) כא.(1) כא:(2) [כב:] **ג** - כא: **ד** - כ: **ה** - יד.(2) יט:(3,1) **ו** - יט.(1) כב. **ז** - יד.(2) כב.(1) **ח** - יט. יט.(2) כב.(1) כב: **ט** - יד.(2) יט. יט: כא:(1) כב.(1) **י** - יט. **יא** -יט.(2) כב: **יב** - יט. **יג** - יד. יט. [כב:] **יד** - יד. **טו** - ח: **טז** - יב:

תקעז: אם נתרבה הגשמים עד שמטשטשים הקרקע איך מתנהגים, ובו סעיף אחד.

א - כב:

תקעח: שכל יחיד יתענה ויתפלל על צרתו, ובו סעיף אחד.

א - כב:

תקעט: סדר תפלות באלו התעניות, ובו ג' סעיפים.

א - טו. [טו:] טז.(3,2,1) טז:(4) **ב** - טו. **ג** - טז.

תקפ: ימים שמתענים בהם, ובו ג' סעיפים.

א – ג - מילואים

הלכות מגילה ופורים

תרפה: סדר ד' פרשיות, ובו ז' סעיפים.

א - כט.(1) כט:(2) [ל.] **ב** - כט. ל. **ג** - כט. ל.(1) **ד** - כט. ל.(1) **ה** - כט.(1) ל. **ו** - ל: **ז** - כט.

תרפו: דין תענית אסתר, ובו ג' סעיפים.

א - ב. **ב** - ב. **ג** - ב.

תרפז: חיוב קריאת המגילה, ובו ב' סעיפים.

א - ד.(1) כ.(2) [כ:] **ב** - ג.(1) ג:(2)

תרפח: דין כרכים המוקפים חומה מימות יהושע בן נון, ובו ח' סעיפים.

א - ב.(1) ג:(2)(3)(4) **ב** - ב: ג:(1) **ג** - ב. **ד** - ה: **ה** - יט. **ו** - ד: **ז** - ב. **ח** - ב.

תרפט: שהכל חייבים בקריאת מגילה, ובו ו' סעיפים.

א - ד. **ב** - יט: **ג** - יט: **ד** - יט: **ה** - יט: **ו** - יט:

תרצ: דיני קריאת המגילה, ובו י"ח סעיפים.

א - כא. **ב** - כא: **ג** - יז.(2) יח:(3) יט.(1) **ד** - יז. **ה** - יז.(1) יח: **ו** - יז.(1) יח:(2) **ז** - יז. **ח** - יז. **ט** - יז.(1) יח.(1)(2) **י** - יח. **יא** - יח. **יב** - יז. **יג** - יז. יח:(1) **יד** - יז. **טו** - טז: **טז** - ז: **יז** - ד.(1) טז:(2) **יח** - ה.

תרצא: דיני כתיבת המגילה ותפירתה, ובו י"א סעיפים.

א - טז:(2) יז.(1) **ב** - יז. יח:(2) **ג** - טז: **ד** - טז: **ה** - יט. **ו** - יט. **ז** - יט: **ח** - יט. יט:(1) **ט** - יט. **י** - יט. **יא** - יט.

תרצב: דיני ברכות המגילה, ובו ד' סעיפים.

א - כא: **ב** - כא: **ג** - כא: **ד** - כא:

מפתח הלכות

תרצג: סדר תפלת פורים, ובו ד׳ סעיפים.

[א] - ד. [ב] - ד. [ג] - ד.(2) יד.(1) [ד] - לא.

תרצד: דין מעות פורים לעניים, ובו ד׳ סעיפים.

[א] - ז. [ב] - ז. [ג] - ז. [ד] - ז.

תרצה: דיני סעודת פורים, ובו ד׳ סעיפים.

[א] - ז: [ב] - ה:(2) ז: [ג] - ז: [ד] - ז.(1) ז:(2)

תרצו: דיני הספד ותענית ועשיית מלאכה בפורים, ובו ח׳ סעיפים.

[א] - ה: [ב] - ה: [ג] - ה: [ד] - ה: [ה] - ה: [ו] - ה: [ז] - ה: [ח] - ה:

תרצז: אין אומרים תחינה בי״ד וט״ו שבאדר א׳, ודין תענית והספד בהן, ובו סעיף אחד.

[א] - ו:

הלכות קריאת ספר תורה

קלה: סדר קריאת התורה ביום ב׳ וה׳, ובו י״ד סעיפים.

[א] - כא. [ב] - לא:(1) שער המילואים(2) [ג – יד] - מילואים

קלו: מי הם הנקראים לס״ת בשבת, ובו סעיף אחד.

[א] - מילואים

קלז: כמה פסוקים צריכים לקרא לכל אחד, ובו ו׳ סעיפים.

[א] - כא: [ב] - כא: כב.(1) כג:(1) [ג – ו] - מילואים

קלח: שלא לשייר בפרשה פחות מג׳ פסוקים, ובו סעיף אחד.

[א] - כא:(1) כב.(2)

קלט: סדר קריאת התורה וברכותיה, ובו י״א סעיפים.

[א – ג] - מילואים [ד] - כא:(1) לב.(2) [ה – יא] - מילואים

קמ: דיני הפסק בברכת התורה, ובו ג׳ סעיפים.

[א – ג] - מילואים

קמא: דיני קורא והמקרא, ובו ח׳ סעיפים.

[א] - כא. [ב] - כא: [ג – ח] - מילואים

קמב: דין מי שקרא וטעה, ובמקום שאין שם מי שיודע לקרות בדיוק, ובו ב׳ סעיפים.

[א – ב] - מילואם

קמג: דין אם נמצאת ס״ת מוטעה, ויתר דיני הספר, ובו ה׳ סעיפים.

[א] - כג: [ב – ה] - מילואים

מפתח הלכות

קמד: שלא לדלג בתורה מענין לענין, ודיני ההפטרה, ובו ד׳ סעיפים.

[א] - כד. [ב] - כד. [ג] - כד. [ד] - כד.

קמה: דיני המתרגמין, ובו ג׳ סעיפים.

[א] - כג:(1) לב.(2) [ב] - כד. [ג] - כג:

קמו: שלא לדבר בשעת הקריאה, ובו ד׳ סעיפים.

[א – ד] - מילואים

קמז: דיני גלילת ס״ת, ובו ח׳ סעיפים.

[א] - לב.(1) (2) [ב] - לב. [ג] - לב. [ד] - לב. [ה] - לב. [ו] - לב. [ז – ח] - מילואים

קמח: שלא יפשיט ש״צ התיבה, ובו סעיף אחד.

[א] - מילואים

קמט: שהצבור לא יצאו מבהכ״נ עד שיצניע ס״ת, ובו סעיף אחד.

[א] - מילואים

הלכות בית הכנסת

קנ: בנין בהכ״נ, ושיהיה גבוה, ובו ה׳ סעיפים.

[א – ה] - מילואים

קנא: דיני קדושת בהכ״נ, ובו י״ב סעיפים.

[א] - כח.(1) כח:(2) [ב] - כח. [ג] - כח. [ד] - כח. [ה] - כט. [ו] - כט. [ז] - כט. [ח] - כט. [ט] - כח: [י] - כח. כט.(2) [יא] - כח: [יב] - כח.

קנב: שלא לסתור שום בהכ״נ, ובו סעיף אחד.

[א] - כו:

קנג: דיני בנין בהכ״נ, ובו כ״ב סעיפים.

[א] - כו: [ב] - כה: [ג] - כה: [ד] - כז. [ה] - כו:(2) כז.(1) [ו] - כז. [ז] - כו. [ח] - כו: [ט] - כו: כז: [י] - כו. [יא] - כו: [יב – כב] - מילואים

קנד: דיני תשמיש קדושה ונרות בית הכנסת, ובו ט״ו סעיפים.

[א] - כו. [ב] - כו. [ג] - כו: [ד] - כו: [ה] - כו: [ו] - כו: [ז] - לב. [ח – טו] - מילואים

קנה: לילך מבהכ״נ לבית המדרש, ובו ב׳ סעיפים.

[א – ב] - מילואים

קנו: סדר משא ומתן, ובו סעיף אחד.

[א] -מילואים

מפתח הלכות

הלכות חנוכה

תרע: דברים האסורים והמותרים בחנוכה, ובו ג' סעיפים.

א - כא: ב - כא: ג - כא:

תרעא: סדר הדלקת נר חנוכה ומקום הנחתו, ובו ח' סעיפים.

א - כג: ב - כא: ג - כג: ד - כג: ה - כא: ו - כא:(1) כב.(2) ז - כב. ח - כג.

תרעב: זמן הדלקת נר חנוכה, ובו ב' סעיפים.

א - כא: כג:(1) ב - כא:

תרעג: שמנים ופתילות הכשרות לחנוכה, ובו ד' סעיפים.

א - כא:(2,1) כב.(3) כג.(1) ב - כא: ג - כג. ד - כג.

תרעד: שמותר להדליק מנר לנר, ובו ב' סעיפים.

א - כב. ב - כב.

תרעה: שהדלקה עושה מצוה ולא הנחה, ובו ג' סעיפים.

א - כב:(2) כג.(1) ב - כג. ג - כג.

תרעו: סדר הברכות וההדלקה, ובו ה' סעיפים.

א - כג. ב - כג. ג - כג. ד - כג. ה - כב.

תרעז: דין אכסנאי בחנוכה, ובו ד' סעיפים.

א - כג. ב - כג. ג - כג. ד - כב.

תרעח: נר של שבת קודם לנר של חנוכה, ובו סעיף אחד.

א - כג:

תרעט: ובו סעיף אחד.

א - מילואים

תרפ: שלא להניח הנרות סמוך לפתח בליל שבת, ובו ב' סעיפים.

א – ב - מילואים

תרפא: אין מבדילין בנר חנוכה במוצאי שבת, ובו ב' סעיפים.

א – ב - מילואים

תרפב: דין על הניסים בחנוכה, ובו ג' סעיפים.

א - כד. ב - כד. ג - כד.

תרפג: ובו סעיף אחד.

א - מילואים

תרפד: סדר קריאת התורה בחנוכה, ובו ג' סעיפים.

א – ג - מילואים

ספר

הלכתא ברורה

מסכת תענית

כולל כל הלכות תענית ותשעה באב

ושאר ההלכות הנמצאות על הדף

שבשו"ע ובמשנה ברורה

בשילוב תמצית דברי הביאור הלכה והשער הציון

מסודרות על הדף ע"פ ציוני ה'עין משפט'

בתוספת מקורות של הבאר הגולה

לאסוקי שמעתתא אליבא דהלכתא

§ מסכת תענית דף ב. §

אות א' - ב' - ג'

העובר לפני התיבה ביום טוב האחרון של חג, האחרון מזכיר, הראשון אינו מזכיר

ביום טוב ראשון של פסח, הראשון מזכיר, האחרון אינו מזכיר

מזכירין גבורות גשמים בתחיית המתים

סימן קיד ס"א - [א]מתחילין לומר בברכה שניה: **משיב הרוח ומוריד הגשם** - [ב]מפני שיש בה תחיית המתים, והגשמים הם חיים לעולם כתחיית המתים, **בתפלת מוסף של יו"ט האחרון של חג** - והיה ראוי להזכיר לרצות לפני הש"י מיו"ט הראשון של חג, שנידונין בו על המים, **אלא** לפי שהגשמים הם סימן קללה בחג הסוכות, שא"א לישב בסוכה בשעת הגשם, אין מזכירין הגשם עד עבור ז' ימי ישיבה בסוכה.

וראוי היה מן הדין להתחיל להזכיר מיד בליל יו"ט האחרון, **אלא** לפי שבתפלת ערבית אין כל העם בבהכ"נ, נמצא זה מזכיר וזה אין מזכיר, ויעשו אגודות אגודות.

ולמה אין מזכירין בשחרית, יש שכתבו מפני שאסור להזכיר הגשם עד שיכריז הש"ץ או השמש בקול רם "מוריד הגשם" קודם התפלה וכדלקמיה, **וזה** א"א להכריז בשחרית, מפני שצריך לסמוך גאולה לתפלה, **ועוד** טעם אחר עיין בט"ז.

ואם טעה, והזכיר "משיב הרוח ומוריד הגשם" במעריב של שמ"ע, או בשחרית, אינו חוזר.

ואין פוסקין עד תפלת מוסף של יו"ט הראשון של פסח - הטעם דאין פוסקין מבערב, הוא ג"כ כנ"ל, שלא יהיה דבר מעורב ביניהם, שזה מזכיר וזה אינו מזכיר, **אבל** עתה שפוסקין במוסף, ידעו הכל ע"י הש"ץ או השמש שמכריז קודם תפלת מוסף "מוריד הטל", שהכרזת הזכרת הטל סימן הוא להם להפסקת הזכרת הגשם עוד.

וזה הוא למנהג ספרד, שנוהגין לומר "מוריד הטל" במקום "מוריד הגשם" בימות החמה, **אבל** במדינותינו שאין נוהגין לומר "מוריד הטל" בימות החמה, וא"א להכריז בלשון זה, **ולהכריז** להדיא שיפסקו מלומר "מוריד הגשם", ג"כ אין נכון, מפני שנראה כממאנים בגשמים, על דרך שאמרו: אין מתפללין על רוב טובה, **ע"כ** פסק הרמ"א בס"ג, שנוהגין שלא להפסיק מלהזכיר גשם עד תפלת המנחה, ששמעו כבר מש"ץ שפסק בתפלת מוסף, **אבל** בתפלת מוסף כל הקהל וגם הש"ץ מזכירין הגשם בתפילת לחש, כדי שלא יהיה דבר מעורב בין הצבור.

ואם טעה במעריב של פסח או בשחרית ומוסף, ולא הזכיר "משיב הרוח ומוריד הגשם", לכו"ע אין חוזר.

אות ד'

ושואלין בברכת השנים

סימן קיז ס"א - [ג]**ברכת השנים, צריך לומר בה בימות הגשמים: ותן טל ומטר.**

אות ה'

והבדלה בחונן הדעת

סימן רצד ס"א - [ד]**אומרים הבדלה בחונן הדעת** - ואפילו אם נזדמן שהבדיל על הכוס מקודם, מ"מ צריך להבדיל בתפלה ג"כ, **ואי** עיקר מצות הבדלה היא דאורייתא או דרבנן, עיין במה שנכתוב לקמן ריש סימן רצ"ו.

וקבעוה בברכה זו, מפני שאסור לתבוע צרכיו קודם הבדלה, [**ויש** עוד טעם, מפני שהיא ברכת חכמה, דהיינו להכיר בין קדש לחול, קבועה בברכת חכמה]. **מנהג** פשוט לומר "אתה חונן" וכו' עד "לאנוש בינה", ואח"כ "אתה חוננתנו" וכו', "וחננו מאתך" וכו', **ואם** התחיל מ"אתה חוננתנו" ואילך, יצא, [דהלא יש בה גם מענין הברכה].

אות ה'* [ה]

איזו היא עבודה שהיא בלב, הוי אומר זו תפלה

רמב"ם פ"א מהל' תפילה ה"א - מצות עשה להתפלל בכל יום, שנאמר: ועבדתם את ה' אלהיכם, מפי השמועה למדו שעבודה זו היא תפלה, שנאמר: ולעבדו בכל לבבכם, אמרו חכמים אי זו היא עבודה שבלב, זו תפלה; ואין מנין התפלות מן התורה, ואין משנה התפלה הזאת מן התורה - «כלומר מטבע התפלה הזאת, והוא מלשון ושננתם, אלא באי זה נוסח שיזדמן לאדם בו - כסף משנה», **ואין לתפלה זמן קבוע מן התורה -** «ודעת רבינו שמצות עשה מן התורה להתפלל בכל יום, ממ"ש ועבדתם את ה', ועבודה זו צריכה שתהיה בכל יום, שאם אינה בכל יום, אולי נבא לומר שהיא פעם אחת בכל ימיו, וזה ממה שלא יסבלהו הדעת, וא"כ ע"כ החיוב הוא להתפלל בכל יום, אבל אין מנין התפלות מן התורה, אלא בפעם אחת ביום סגי. **ודע** שהרמב"ן ז"ל השיג על רבינו במ"ש שהתפלה היא מצוה מן התורה, שכבר ביארו חכמים בגמרא תפלה מדרבנן - כסף משנה».

באר הגולה

[א] ברכות ל"ג ותענית ב' | [ב] «עיין דף ז.» | [ג] ברכות ל"ג | [ד] ברכות ל"ג ופסחים קי"ב | [ה] «ע"פ מהדורת נהרדעא»

מאימתי

מזכירין גבורות גשמים רבי אליעזר אומר מיום טוב הראשון של חג ר' יהושע אומר מיום טוב האחרון של חג אמר לו ר' יהושע הואיל ואין הגשמים אלא סימן קללה בחג למה הוא מזכיר אמר לו ר' אליעזר אף אני לא אמרתי לשאול אלא להזכיר משיב הרוח ומוריד הגשם בעונתו אמר לו א"כ לעולם יהא מזכיר אין שואלין את הגשמים אלא סמוך לגשמים ר' יהודה אומר *העובר לפני התיבה ביו"ט האחרון של חג האחרון מזכיר הראשון אינו מזכיר °ביו"ט הראשון של פסח הראשון מזכיר האחרון אינו מזכיר: **גמ'** *תנא היכא קאי דקתני מאימתי תנא התם קאי דקתני *מזכירין גבורות גשמים בתחיית המתים °ושואלין בברכת השנים °והבדלה בחונן הדעת וקתני מאימתי מזכירין גבורות גשמים וליתני התם מ"ש דשבקיה עד הכא אלא תנא מראש השנה סליק דתנן *ובחג נידונין על המים ואיידי דתנא ובחג נידונין על המים תנא מאימתי מזכירין גבורות גשמים וליתני מאימתי מזכירין על הגשמים מאי גבורות גשמים א"ר יוחנן מפני שיורדין בגבורה שנאמר *°עושה גדולות (א) עד אין חקר ונפלאות עד אין מספר וכתיב °הנותן מטר על פני ארץ ושולח מים על פני חוצות מאי משמע אמר רבה בר שילא אתיא חקר חקר מבריותו של עולם כתיב הכא עושה גדולות עד אין חקר וכתיב התם °הלא ידעת אם לא שמעת אלהי עולם ה' בורא קצות הארץ לא ייעף ולא ייגע אין חקר לתבונתו (ב) וכתיב °מכין הרים בכחו נאזר בגבורה ומנא לן דבתפלה דתניא °לאהבה את ה' אלהיכם ולעבדו בכל לבבכם איזו היא עבודה שהיא בלב הוי אומר זו תפלה וכתיב בתריה °ונתתי מטר ארצכם בעתו יורה ומלקוש אמר ר' יוחנן *ג' מפתחות בידו של הקב"ה שלא נמסרו ביד שליח ואלו הן מפתח של (ג) גשמים ומפתח של חיה ומפתח של תחיית המתים מפתח של גשמים דכתיב °יפתח ה' לך את אוצרו הטוב את השמים לתת מטר ארצך בעתו מפתח של חיה מנין דכתיב °ויזכור אלהים את רחל וישמע אליה

רש"י

מאימתי מזכירין גבורות גשמים. שאומר משיב הרוח ומוריד הגשם ובגמרא מפרש טעמא אמאי קרי ליה גבורות גשמים מפני שיורדין בגבורה שנאמר עושה גדולות וגו': **סימן קללה בחג הן.** כדאמרינן במס' סוכה בפרק הישן (דף כח:) מאימתי מותר לפנות משתסרח המקפה משל לעבד שבא למזוג כוס לרבו ושפך לו קיתון על פניו וא"ל אי אפשי בשמושך כלומר כשהגשמים יורדין לסוכה הכל יוצאין ונראה שאין הקב"ה חפץ שנשתמש לפניו ואמאי מתחילין להזכיר גבורות גשמים בחג ונראה שהוא מתפלל שיבא מטר בחג: **לא אמרתי לשאול.** שיתפלל על הגשמים בחג כגון ותן טל ומטר: **אלא להזכיר.** שמתחיל להזכיר בחג גבורות של מקום שמוריד גשמים: **בעונתו.** כלומר בזמנו: **אם כן.** ולמאי פוסק בפסח מלהזכיר: **גמ' תנא היכא קאי.** כלומר מדקתני מאימתי מכלל דפשיטא ליה דאיירי תנא דמחייבים להזכיר והיכא חזינן דמחייב להזכיר: **התם קאי.** מזכירין גבורות גשמים כו' במסכת ברכות: (**וליתני התם.** במסכת ברכות סמוך דקתני מזכירין ליתני מאימתי): **מ"ש דשבקיה עד הכא.** כלומר האי דקתני הכא בסדר מועד מאימתי ליתני התם (ד) דקתני מזכירין במסכת ברכות הייתו סדר זרעים: **עד הכא.** עד סדר מועד: **אלא.** לא קיימא דהא דקתני מאימתי אהתם קאי דהתנא מראש השנה סליק שהניחן בסדר אחד הן להכי לא מצי למימר מאי שנא דשבקיה עד הכא: (**בחג.** הוי דין על המים ומשום דתני מאימתי הוי דין על המים קתני נמי אימתי זמן הזכרה) (ה): **ואיידי דתני בחג נידונין.** כלומר אגב דתנא בחג נידונין על המים קסבר בנפשיה הואיל ונידונין בחג על המים ש"מ בעינן להזכיר עניינא דמיא לרצויי על המים דליתו לברכה להכי קתני מאימתי מזכירין: **כתיב עושה גדולות (ו) עד אין חקר.** אלמא דכתיב חקר בגשמים וכתיב חקר בברייתו של עולם מה ברייתו של עולם כתיב ביה גבורה אף גשמים הוי כמאן דכתיב ביה גבורה: **ואמר רבי יוחנן שלש מפתחות.** היינו שלא נמסרו לשליח אחד ביחד (ז): **יפתח ה'.** ולא שליח: כי

תוספות

מאימתי. מיום טוב האחרון של חג. שמיני דלא יתבינן בסוכה ואפילו האידנא איתא אלא מדרבנן משום ספיקא ואע"ג דבקיאין בקביעא דירחא גזרה שמא יחזור הדבר לקלקולו או משום מנהג אבותינו בידינו כדאי' פ"ק דביצה (דף ד:) ולכן מזכירין אבל כל שבעה לא שהגשמים בימי סוכה סימן קללה הן כדתנן פרק שני דסוכה (דף כח:) משל לעבד וכו': **אם כן.** אם אתה אומר מזכירין אע"פ שאין שואלין הואיל ומשמע בעונתו אף בקיץ יזכירו ומה אתה נותן סימן מ"ש הראשון ור' אליעזר אומר בברייתא בגמרא כל הקיץ אם בא להזכיר מזכיר לעולם בעונתו משמע מיהו עד השתא לא רמי עליה חובה אבל ביו"ט ראשון חובה לרצות לפני שאלה שכל הבא לבקש מקדים ומרצה ואסימן קללה לא קפדינן ורבי יהושע קפיד: **התם קאי.** פירוש בסדר זרעים בברכות פרק אין עומדין (דף לג.) וליתני התם מאי שנא כו' כלומר אמאי תנא הכא במועד מאי דתני התם בסדר זרעים: **אלא תנא מראש השנה קא סליק.** פירוש ור"ה הויא בסדר מועד ואם תאמר והכתיב ליתני בסדר זרעים וי"ל דהכא עיקר דקאמר בחג נידונין על המים ואורחא דמילתא לרצות לפני שאלה לכך שביק עד הכא אבל בסדר זרעים (ח) אומרים מזכירין גבורות גשמים אפשר דמשמע לעולם כמו תחיית המתים או הבדלה בחונן הדעת: **וליתני מאימתי מזכירין (ט) גשמים מאי גבורות גשמים אמר ר' יוחנן שיורדין בגבורה.** תימה התם בברכות פ' אין עומדין (שם) קתני כי הכא מזכירין גבורות גשמים ושואלין הגשמים וכו' אמאי לא קא מקשה כמו הכא וליתני מזכירין על הגשמים מאי גבורות ויש לומר שאני הכא דהוי עיקר סדר של גשמים באיזה זמן מתחילין לאומרו ומאימתי פוסקין מלאומרו ומשום הכי פריך הכא טפי מהתם: **וכתיב מכין הרים בכחו נאזר בגבורה.** וזה גבי בריאת עולם וכי היכי דהאי חקר בבריאת העולם רוצה לומר בגבורות כמו כן הכא גבי גשמים האי חקר נמי רוצה לומר גבורות אכן יש להקשות אמאי נקט גבורות טפי מכח וכמו כן הוה ליה למימר מאימתי מזכירין כח גשמים או ליתני גדולות גשמים וי"ל דמן הדין נקט גבורות משום טעמא דאיכא כח ואיכא גדולה אי נמי משום דהברכה מתחלת בגבורה להכי נקט גבורות: **שלשה מפתחות שלא נמסרו לשליח.** וא"ת והא אמרינן (סנהדרין דף קיג.) (י) דמפתח הגשמים נמסרין לאליהו וכן מפתח של תחיית המתים וכן לאלישע דכתיב (מלכים א יז) ויאמר אליהו חי ה' וגו' דה"נ אומר בפירקין דלקמן (דף כג.) וי"ל דהא דקאמר שלא נמסרו לשליח היינו ר"ל שלא נמסרו מעולם דהא של תחיית המתים ושל גשמים נמסרו אלא לא נמסרו לשליח להיות לעולם ממונה עליהם: **וישמע אליה אלהים ויפתח את רחמה.** פירוש שהוא בעצמו עשה וא"ת מהכא משמע דליכא אלא שלשה מפתחות וא"כ יש להקשות והא כתיב (ירמיה נ) פתח ה' את אוצרו ויוצא את כלי זעמו ומשמע נמי שלא נמסרו לשליח וכמו ההיא וישמע אליה אלהים וגו' וא"כ אמאי לא חשיב לה וי"ל דלא חשיב כי אם אותן מפתחות של טובה ולהכי לא קא חשיב מפתח של זעם וא"ת דמשמע מהאי קרא דפתח ה' שלא נמסר מפתח של זעם לשליח והא אמרינן (פסחים דף קיח.) יורקמי שר של ברד הוי וי"ל מכלי זעם אתריצא קאמר שלא נמסרו לשליח אבל משום ברד לא דאותו של ברד נמסרו: איבעיה

עין משפט נר מצוה

א א ב ג מיי' פ"ב מהלכות תפלה הלכה טו סמג עשין יט טוש"ע א"ח סי' קיד סעיף א:

ב ד מיי' שם הלכה טז וסמג שם טוש"ע א"ח סי' קיז סעיף א:

ג ה מיי' שם הלכה יב וסמג שם טוש"ע א"ח סי' קיד סעיף א:

מסורת הש"ס

רש"א מ"ז

[ברכות לג.]

שם לג.

רש"א מ"ז

[צ"ל עושה גדולות ואין חקר נפלאות עד אין מספר (איוב ה פ"ט) וכן בח"א למהרש"א ע"ש וגם לקמן ס: ונדה לא. וכפי' הרע"ב מ"ב פ"ה דברכות צריכין אנו להגיה על דרך הנ"ל]

איוב ט | שם ה | ישעיה מ | תהלים סה | דברים יא | שם | סנהדרין קיג. | דברים כח | בראשית ל

רבינו חננאל

(אידי) [אהדא] דתנן במתניתין מאימתי מזכירין גבורות גשמים מקשי תנא היכא קאי דקתני מאימתי כלומר מי הזכיר שנזכיר גבורות גשמים עד שיאמר מאימתי. ושנינן תנא מר"ה סליק דתנן ובחג נידונין על המים. ולפיכך תנא הכא מאימתי מזכירין גבורות גשמים. ואמאי תני גבורות כלומר מה גבורה יש בגשמים. וא"ר יוחנן שיורדין בגבורה שנאמר בענין המטר עושה גדולות עד אין חקר וגמר חקר חקר מברייתו של עולם שנאמר בורא קצות הארץ אין חקר לתבונתו. וכתיב מכין הרים בכחו נאזר בגבורה. מיכן סמכו לומר גבורות גשמים ויפריש במתני' בתפלה ואמרי' ומנא לן שלא תהא הזכרה זו אלא בתפלה. ופשטנא מדכתיב [ולעבדו] בכל לבבכם וגו' ונתתי מטר ארצכם בעתו יורה ומלקוש וגו'. ודייקינן איזו היא [עבודה] בלב שבשבילה המטר יורד הוי אומר זו תפלה. וא"ר יוחנן שלשה מפתחות לא נמסרו לשליח אלא הם בידו של הקב"ה. מפתח גשמים שנאמר יפתח ה' לך את אוצרו הטוב את השמים וגו'. מפתח של חיה

רבינו גרשום מאור הגולה

מאימתי מזכירין גבורות גשמים. שאומ' מוריד הגשם: מאחר שהגשמים סימן קללה הוא בחג כדאמרן בסוכה משל לעבד שמשמש לרבו והפך לו רבו קיתון על פניו כלומר שאינו חפץ בו אף כך כשיורדין גשמים בחג יוצאין הכל מן הסוכה ונראה שאין חפץ הקב"ה שישבו בסוכה ואמאי מתחיל להזכיר גבורות גשמים ונראה שהוא מתפלל שירדו גשמים בחג: לא אמרתי לישאל שיתפלל על הגשמים בחג אלא להזכיר. שמתחיל להזכיר בחג *) גבורות של גשמים מקום שמוריד גשמים בעונתם לאחר החג כשצריכין: אם כן לעולם יהא מזכיר אפי' בימות החמה שמוריד גשמים בעונתן: גמ' התם קאי מזכירין כו' במס' ברכות: וליתני התם במס' [ברכות] סמוך לדתני מזכירין כו' ליתני מאימתי מ"ש דשבקיה עד הכא כלומר מי קתני הכא בסדר מועד מאי דתני מזכירין במס' ברכות דהיינו בסדר זרעים. תנא מר"ה סליק' ששניהם בסדר אחד הן להכי לא מצי למימר מ"ש דשבקיה עד הכא. כתיב עושה גדולות עד אין חקר אלמא דכתיב חקר בגשמים וכתיב חקר בברייתו של עולם מה בברייתו של עולם כתיב ביה גבורה אף בגשמים הוי כמו דכתיב גבורה: שלא נמסרו שלשתן ביחד ביד שליח. יפתח ה' ולא שליח כי

*) נראה דצ"ל גבורות של מקום שמוריד גשמים וכו'.

הגהות הב"ח

(א) גמ' שנאמר עושה גדולות ואין חקר נפלאות כו' [illegible] (ב) שם אין [illegible] טתן ליעף כח וכתיב מכין הרים: (ג) שם ואלו הן מפתח של חיה ומפתח של גשמים ומפתח של תחיית המתים מפתח של חיה מנין דכתיב ויזכור אלהים את רחל וישמע אליה אלהים ויפתח את רחמה מפתח של גשמים מנין דכתיב יפתח ה' לך גו' מטר ארצך בעתו מפתח של תחיית המתים וכו' כצ"ל: (ד) רש"י ד"ה מאי שנא כו' ליתני התם סיכא דתני כו' סדר זרעים ואמאי שבקיה עד הכא כו' כצ"ל והד"א: (ה) ד"ה בחג כו' זמן הזכרה ליתנא אחריתא ואיידי דתני כו' כצ"ל והד"א: (ו) ד"ה כתיב עושה גדולות ואין חקר [illegible] (ז) ד"ה ואמר כו' ביחד. [illegible] דקא קבילא ליה קושיית התוס': (ח) תוס' ד"ה אלא כו' אבל בסדר זרעים [illegible] (ט) [illegible] (י) [illegible]

ד א מיי' פ"ד מהלכות מעשה הקרבנות הלכה ה:

אליה אלהים ויפתח את רחמה מפתח של תחיית המתים מנין דכתיב °וידעתם כי אני ה' בפתחי את קברותיכם במערבא אמרי אף מפתח של פרנסה דכתיב °פותח את ידך וגו' ור' יוחנן מאי טעמא לא קא חשיב להא אמר לך גשמים (א) היינו פרנסה: ר' אליעזר אומר מיום טוב הראשון של חג כו': איבעיא להו ר' אליעזר מהיכא גמיר לה מלולב גמר לה או מניסוך המים גמר לה מלולב גמר לה מה לולב ביום אף הזכרה ביום או דלמא מניסוך המים גמר לה מה ניסוך המים מאורתא *דאמר מר °ומנחתם ונסכיהם אפילו בלילה אף הזכרה מאורתא תא שמע דאמר רבי אבהו לא למדה ר' אליעזר אלא מלולב איכא דאמרי ר' אבהו גמרא גמיר לה ואיכא דאמרי מתניתא שמיע ליה מאי היא דתניא מאימתי מזכירין על הגשמים *רבי אליעזר אומר משעת נטילת לולב *ר' יהושע אומר משעת הנחתו א"ר אליעזר הואיל וארבעת מינין הללו אינן באין אלא לרצות על המים וכשם שארבע מינין הללו אי אפשר בהם בלא מים כך אי אפשר לעולם בלא מים אמר לו ר' יהושע והלא גשמים בחג אינו אלא סימן קללה אמר לו ר' אליעזר אף אני לא אמרתי לשאול אלא להזכיר וכשם שתחיית המתים מזכיר כל השנה כולה ואינה אלא בזמנה כך מזכירים גבורות גשמים כל השנה ואינן אלא בזמנן לפיכך אם בא להזכיר כל השנה כולה מזכיר רבי אומר אני אומר משעה שמפסיק לשאלה כך מפסיק להזכרה ר' יהודה בן בתירה אומר בשני בחג הוא מזכיר ר' עקיבא אומר בששי בחג הוא מזכיר ר' יהודה משום ר' יהושע אומר העובר לפני התיבה ביום טוב האחרון של חג האחרון מזכיר הראשון אינו מזכיר ביום טוב ראשון של פסח הראשון מזכיר האחרון אינו מזכיר שפיר קאמר ליה ר"א לרבי יהושע אמר לך רבי יהושע בשלמא תחיית המתים מזכיר דכולי יומא זמניה הוא אלא גשמים כל אימת דאתיין זמנייהו הוא והתנן *יצא ניסן וירדו גשמים סימן קללה הם שנאמר °הלא קציר חטים היום וגו' ר' יהודה בן בתירה אומר בשני בחג הוא מזכיר מ"ט דרבי יהודה בן בתירה דתניא *רבי יהודה בן בתירה אומר נאמר בשני °ונסכיהם ונאמר בששי ונסכיה ונאמר בשביעי כמשפטם הרי מ"ם יו"ד מ"ם הרי כאן מים מכאן רמז לניסוך המים מן התורה ומאי שנא בשני דנקט דכי רמיזי להו בקרא בשני הוא דרמיזי הלכך בשני מדכרינן רבי עקיבא אומר בששי בחג הוא מזכיר שנאמר בששי ונסכיה *בשני ניסוכין הכתוב מדבר אחד ניסוך המים ואחד ניסוך היין ואימא תרוייהו דחמרא סבר לה כר' יהודה בן בתירה דאמר רמיזי מיא

אי

יחזקאל לז | תהלים קמה | במדבר כט | ש"א יב | במדבר כט

רש"י

כי אני ה'. ולא שליח: פותח את ידך. ולא שליח: גשמים נמי היינו פרנסה. (ב) וכבר חשבנא ליה: מלולב גמר לה. שדומה ללולב שכשם שאי אפשר לאלו ארבע מינין בלא גשמים ובאין לרצות על המים כדאמרינן בסוכה *כך אי אפשר לעולם בלא מים: מה לולב ביום. שמתחילין ליטול ביום ראשון אף הזכרה נמי ביום כלומר שאין מזכירין בלילי יום טוב הראשון עד למחר: מה ניסוך המים מאורתא. כדאשכחן במס' סוכה (דף מח:) שממלאין הכלי מים לניסוך המים בלילה ויש ספרים דכתיב בהו דאמר מר ומנחתם ונסכיהם בלילה (ג) שמקריבין הקרבנות ביום יכולין להביא המנחות והנסכים בלילה אף האי ניסוך המים נמי יכול לנסך בלילה: אף הזכרה נמי מאורתא. שבלילי י"ט הראשון קאמר ר' אליעזר שמתחילין להזכיר גבורות גשמים: גמרא גמיר לה. רבי אבהו דרבי אליעזר לא למדה אלא מלולב: *) מתניתין שמיע ליה. דרבי אליעזר גמר מלולב: משעת הנחתו. מיום שמברכין בו באחרונה דהיינו בשביעי א): ארבעה מינין הללו. שבלולב ואתרוג: כך גשמים. יהא מזכיר כל השנה אפילו בימות החמה אם הוא רוצה יהא מזכיר: משעה שפוסק מלשאול. שבפסח פוסק מלומר ותן טל ומטר פוסק מלהזכיר גבורות גשמים והשתא לא מצית למימר אם בא להזכיר כל השנה כולה מזכיר אלא בימות החמה אינו מזכיר הואיל ואין זמנו אף בחג אינו מזכיר הואיל ולאו סימן ברכה הן: האחרון. המתפלל תפלת מוסף: הראשון. המתפלל תפלת יוצר: אינו מזכיר. ושוב אין מזכירין: שפיר קאמר ליה ר' אליעזר לר' יהושע. דאמר כי היכי דמזכירין תחיית המתים כל השנה ואף על גב דלא מטא זימנייהו כך מזכירין גבורות גשמים אם רוצה כל השנה ובחג נמי אע"ג דלאו סימן ברכה הן מזכירין הואיל ואין שואלין: כל אימת דאתיין זימנייהו הוא. וכיון דלאו זימניה הוא אין מזכירין והוא הדין בחג: בשני ונסכיהם. דשני בנסכה וכיון דבשני אייתר מ"ם לדרשה להכי מתחילין להזכיר בשני: בשני ניסוכין הכתוב מדבר. שני ניסוכין על קרבן אחד אבל ונסכיהם (ד) משמע הרבה דבקרבנות הרבה לכן לא הוה דריש רבי עקיבא מונסכיהם: סבר לה כרבי יהודה. דמ"ם יו"ד מ"ם מרבה ניסוך המים:

*) נ"ל מתניתא

אי

[דף לז: פי' תוס' שם ד"ה כדי] | תמורה יד. [זבחים ת. פד.] מנחות מד: נב. | [לקמן ד.] | [שם] | לקמן יב: | שבת קג: | זבחים קי:

תוספות

איבעיא להו רבי אליעזר מהיכא גמיר לה מלולב גמיר מה לולב ביום וכו'. פי' ולולב אי רצוי דמים ונדל על המים או דלמא מניסוך גמר לה פי' ונפקא מינה (ס) אי מלולב גמר לה אבל ניסוך המים סבירא ליה דלאו ביום ראשון הוא או מניסוך המים קא גמר לה דסבירא ליה דניסוך המים ביום ראשון הוא אי נמי דאי מלולב גמר הוה דווקא ביום שנאמר (ויקרא כג) ולקחתם לכם ביום אבל אי מנסוך הוה אפילו בלילה ולענין זה אהני דאמר מר ומנחתם ונסכיהם (ו) בלילה אף וכו' פירוש דאע"ג דניסוך קרבנות לא הוי עד לאחר הקרבת קרבנותיהם ואם כן היאך קריבי נסכים בלילה רוצה לומר בלילה שניה והניסוך החג דהוי ממים מלי למהוי בלילה ראשונה ואע"ג דאמרינן במסכת יומא בפ' בראשונה (דף כו:) *אמר רב ואיתימא ר' יוחנן אין מנסכים מים בחג אלא בתמיד של שחר וא"כ לא הוי בלילה ראשונה דהא אינה אלא ביום יש לומר דאינו חייב לנסך אלא בתמיד של שחר מכל מקום אי בעי עביד ליה בליליא: דאמר רבי אבהו לא למדה רבי אליעזר אלא מלולב. פירוש וסבירא ליה דניסוך לא הוי עד בשני: משעת נטילת לולב. פירוש דהיינו תחילת יום ראשון של סוכות ורבי יהושע אומר משעת הנחתו פירוש לאורתא דמולאי שביעי של סוכות שמניחין בו את הלולב: משעה שמפסיקין לישאל. ותן טל ומטר בברכת השנים פוסקין מלהזכיר מוריד הגשם בתחיית המתים: העובר לפני התיבה בי"ט של חג האחרון מזכיר וכו'. פי' האחרון שמתפלל תפלת מוסף הראשון אינו מזכיר פירוש שמתפלל שחרית אינו מזכיר ובירושלמי קאמר אמאי אינו מזכיר מאורתא פירוש מתפלת ערבית ומשני דלית תמן כל עמא ולדכרו בצפרא פירוש בתפלת שחרית ומשני דהוו סברי דהוו מדכרו ליה מאורתא: מים. מ"ם מנסכיהם דכתיב בשני ויו"ד דכתיב בששי ונסכיה ומ"ם שבשביעי כתיב כמשפטם והוי מים (ז) טעמא דרבי עקיבא בששי ונסכיה דמשמע תרי נסכים הלכך בששי בחג הוא מזכיר גבורות גשמים:

אי

לפנינו איתא רבי אבא ואי קימא רמי בר חמא ואי קימא ר' יוחנן

רבינו חננאל

שנאמר וישמע אליה אלהים ויפתח את רחמה. מפתח של תחיית המתים שנאמר וידעתם כי אני ה' בפתחי את קברותיכם וגו'. גשמים היינו פרנסה ומשום שהגשמים חשובים כתחיית המתים קבעו ברכת זו בתחיית המתים: פיסקא ר' אליעזר אומר מיו"ט הראשון של חג מזכיר. [איבעיא להו אי מלילי יו"ט הראשון מזכיר] וגמר לה מניסוך דאתקש ניסוך המים לניסוך היין דאמר מר ומנחתם ונסכיהם (מלילי יו"ם טו"ב הראשו"ן מזכי"ר) אפילו בלילה. פירושו בתמורה בתחלת פרק יש בקרבנות. או מלולב גמר לה דכתיב ולקחתם לכם ביום ולא בלילה ופשטנא מהא דתניא מאימתי מזכירין על הגשמים. ר' אליעזר אומר משעת נטילת לולב. ר' יהושע אומר משעת הנחתו. א"ר אליעזר הואיל וארבעת מינים הללו אינם באין [אלא] לרצות המים כו'. שפיר קאמר ליה רבי אליעזר לר' יהושע אני לא אמרתי לשאול אלא להזכיר כשם שתחיית המתים מזכיר כל השנה ואינה אלא בזמנה כך גשמים מזכיר ואינן אלא בזמנן. ואמרינן ר' יהושע פריך הכי מה לתחיית המתים שמזכיר בכל יום דכל יומא זימניה היא אלא גשמים אטו כל יומא זימנייהו הוא. והתנן יצא ניסן וירדו גשמים סימן קללה היא ר' יהודה בן בתירה אומר בשני של חג הוא מזכיר. וגמר לה מניסוך דכתיב בשני ונסכיהם מדכתיב מ"ם יתירה רדזה ליה למכתב ונסכה וכתיב ונסכיהם. ובששי כתיב יוד יתירה דכתיב ונסכיה. ובשביעי כמשפטם. כתיב מ' יתירה. מיכן לניסוך המים מן התורה. וכי רמיזי מיום שני רמיזי הלכך מיום שני מזכיר. ר' עקיבא אומר בששי בחג הוא מזכיר. ר' עקיבא נמי אית ליה מיכן לניסוך המים. מיהו דייק מדכתיב ביום הששי. ונסכיה. בשני ניסוכין הכתוב מדבר ניסוך מים וניסוך יין

רבינו גרשום

כי אני ה' ולא שליח פותח את ידך ולא שליח. גשמים נמי היינו פרנסה וכבר חשיבנא ליה: פיסקא מלולב גמר לה שדומה ללולב שכשם שאי אפשר לאילו בלא מים כך אי אפשר לעולם בלא מים מה לולב ביום שמתחיל ליטול ביום ראשון אף הזכרה ביום (כו' צ"ל כלומר) שאינו מתחיל להזכיר בלילי יו"ט ראשון עד למחר. מה ניסוך המים מאורתא כדאשכחן במס' סוכה שממלאין המים לניסוך המים בלילה ויש ספרים שכתוב בהן [דאמר מר] מנחתם ונסכיהם בלילה שמקריבין קרבן ביום יכולין להביא המנחה והנסכים בלילה. אף האי ניסוך המים יכולין לנסך בלילה. אף הזכרה נמי מאורתא שבלילי יו"ט הראשון קאמר ר' אליעזר שמזכירין להזכיר גבורות גשמים. גמרא גמיר לה ר' אבהו דר' אליעזר לא למדה אלא מלולב. מתניתין שמיעה ליה דר' אליעזר גמר מלולב: משעת הנחתו מיום שמברכין בו באחרונה דהיינו בשביעי. ארבעת מינין הללו שבלולב ואתרוג: כך גשמים יהא מזכיר כל השנה אפי' בימות החמה אם הוא רוצה אף בחג נמי אם הוא רוצה יהא מזכיר. משעה שפוסק מלשאול שבפסח פוסק מלומר ותן טל ומטר פוסק מלהזכיר גבורות הגשמים ועכשיו לא מצית למימר אם בא להזכיר כל השנה מזכיר אלא בימות החמה אינו מזכיר הואיל ואין זמנו אף בחג אינו מזכיר הואיל ולאו זמן ברכה הוא. האחרון המתפלל תפלת מוסף. הראשון המתפלל (תפלה) יוצר: מוכיר ושוב אינו מזכיר. שפיר קאמר ליה ר' אליעזר לר"י דכי היכי דמזכירין תחיית המתים כל השנה אע"ג דלא זמניה כך מזכירין גבורות גשמים אם רוצה כל השנה ובחג נמי אע"ג דלאו סימן ברכה הוא מזכירין. סימן קללה הוא וכיון דלאו זמנה אין מזכירין וה"ה בחג: נאמר בשני ונסכיהם דשני בנסכה וכיון דבשני אתרבי מ' לדרשה דמים לפיכך מתחיל להזכיר בשני: בשני ניסוכין הכתוב מדבר שני ניסוכין על קרבן אחד ונסכיהם משמע ניסוכין הרבה דקרבנות הרבה. סבר לה כר"י דמרבה ניסוך המים

אי

הגהות הב"ח

(א) גמ' אמר לך גשמים נמי היינו פרנסה: (ב) רש"י ד"ה גשמים נמי היינו פרנסה שזורעים ופירות גדלים מהם לפרנסת העולם וכבר חשבנא ליה: (ג) ד"ה מה ניסוך כו' ונסכיהם בלילה אפילו בלילה דאע"פ שמקריבין הקרבנות: (ד) ד"ה בשני ניסוכין כו' אבל ונסכיהם דמשמע הרבה ניסוכין מקרבנות הרבה: (ס) תוס' ד"ה איבעיא כו' ונפקא מינה דאי מלולב גמר לה כו' דס"ל דניסוך המים נמי ביום ראשון הוא: (ו) בא"ד ומנחתם ונסכיהם אפילו בלילה וכו' פי' דאע"ג כו' וא"כ האיך קריבי נסכים בלילה אלא י"ל בלילה שניה מ"מ כניסוך דחג דהוי ממים כו' כצ"ל: (ז) ד"ה מים כו' וטעמא דר"ע דכתיב בששי ונסכיה:

הגהות מהר"ב רנשבורג

א] רש"י ד"ה משעת הנחתו וכו' דהיינו בשביעי. נ"ב וכן פרש"י לקמן דף ג ע"א ד"ה אלא ר' יהושע היא וכו' דהיינו בשביעי וכו' עכ"ל. ונ"ב דלקמן דף ד סע"א פרש"י בד"ה ר' יהושע היא וכו' דהיינו יום שמיני וכו' עכ"ל. וכן משמע מדברי הס"ם שם ודו"ק. שוב ראיתי דלק"מ דמ"ש רש"י בשביעי על שם כנחת לולב אמר אבל ההזכרה היא לאורתא דשמיני וכמ"ש תוס' ד"ה משעת נטילה וכן נלמד ממהרש"א לקמן דף ג ע"א ד"ה גמ' יהוש"ע:

§ מסכת תענית דף ב: §

אות א'

ומנחתם ונסכיהם אפילו בלילה

רמב"ם פ"ד מהל' מעשה הקרבנות ה"ה - **הנסכים הבאים עם הזבח ואין קריבין אלא ביום, שנאמר: ולנסכיכם ולשלמיכם, מקיש נסכים לשלמים, מה שלמים ביום אף נסכים ביום; אבל הנסכים הבאים בפני עצמן, מתקדשין בלילה וקריבין בלילה; לפיכך אם נזדמנו לו נסכים הבאין בפני עצמן, מקדישן ומקריבן בלילה, ועלות השחר פוסלת בהן כאיברי העולות.**

באר הגולה

ו ‹עיין מש"כ רש"י ותוס', משום דכל נסכים יכולין להביאם בלילה, תמוה, דהא מסקינן בתמורה (י"ד) דנסכים הבאין עם הזבח, אין כשרין אלא ביום, וכן פסק הרמב"ם בהל' מעה"ק (פ"ד ה"ה), וכיון דעיקר מצות נסכי מים הם עם הקרבן, אינם אלא ביום, וכן הוא דעת הראב"ד דאינם כשרים בלילה, **אכן** הריטב"א בסוכה (מ"ט ב) כתב בשם הרמב"ן, דניסוך המים אינם כבאים עם הזבח, דחובת היום הם ולא חובת הזבח, ע"ש, **איברא** דגם הרמב"ם בהל' תמידין ומוספין (פ"י ה"ז) הביא דין זה דניסוך המים אפי' בלילה כשר, ומשמע מלשונו שם דאפי' בליל א' דחג כשר, וע"ש במל"מ שהביא כן בשם הירושלמי פ' לולב וערבה, וכן פי' התוס' דיכולין לנסך בליל ראשון דחג, אע"ג דבנסכי יין אינו כן, אבל הדרש מנסכיהם אפי' בלילה תמוה, ע"ש – שפת אמת›

§ מסכת תענית דף ג. §

אות א'

ניסוך המים כל שבעה

רמב"ם פ"י מהל' תמידין ה"ו - **כל שבעת ימי החג מנסכין את המים על גבי המזבח, ודבר זה הלכה למשה מסיני, ועם ניסוך היין של תמיד של שחר היה מנסך המים לבדו.**

אות ב'

עשר נטיעות

רמב"ם פ"ג מהל' שמיטה ויובל ה"ה - **היו עשרה אילנות לתוך בית סאה או יתר, בין עושין בין אינם עושין,** [א]**חורשין כל בית סאה בשבילן; עשר נטיעות מפוזרות לתוך בית סאה, חורשין כל בית סאה בשבילן עד ראש השנה, ודבר זה הלכה למשה מסיני.**

אות ג'

ערבה

רמב"ם פ"ז מהל' לולב ה"כ - **הלכה למשה מסיני שמביאין במקדש ערבה אחרת חוץ מערבה שבלולב, ואין אדם יוצא ידי חובתו בערבה שבלולב, ושיעורה אפילו עלה אחד בבד אחד.**

אות ד'

וניסוך המים, הלכה למשה מסיני

רמב"ם פ"י מהל' תמידין ה"ו - **כל שבעת ימי החג מנסכין את המים על גבי המזבח, ודבר זה הלכה למשה מסיני, ועם ניסוך היין של תמיד של שחר היה מנסך המים לבדו.**

אות ה'

תנא: בטל וברוחות לא חייבו חכמים להזכיר, ואם בא להזכיר מזכיר

סימן קיד ס"ג - [ב]**אם אמר משיב הרוח (בימות החמה)** - ר"ל "משיב הרוח" לבד ולא הזכיר גשם, **או לא אמרו בימות הגשמים, אין מחזירין אותו** - דרוחות וכן טל אין נעצרין בלא"ה, ואמירתו לא מעלה ולא מוריד, **ואפילו** עדיין לא סיים הברכה, מאחר שאין חיוב כלל להזכיר רוח וטל לעולם.

ומ"מ לכתחילה נוהגין בכל המקומות לומר "משיב הרוח" בהזכרה בימות הגשמים, שמועיל אז לנגב לחות הארץ שהיא מרובה.

וכן בטל, אם הזכירו בימות הגשמים, או לא הזכירו בימות החמה, אין מחזירין אותו - המחבר קאזיל למנהג ספרד, שנוהגין לכתחילה לומר "מוריד הטל" בימות החמה, אפ"ה אין מחזירין, מאחר שלא חייבום חכמים בזה.

הגה: ואנו בני אשכנז לא מזכירין טל, לא בימות החמה ולא בימות הגשמים, רק אומרים בימות החמה: רב להושיע מכלכל חיים וכו' - ורק בשאלה אנו נוהגין לבקש גם על טל, והוא מפני שאנו מבקשין שיהיה לברכה, כי יש טל שאינו לברכה, ובימות החמה אף בשאלה אין אנו אומרין טל, **ובדיעבד** אם אמר בימות החמה בין בהזכרה ובין בשאלה, כגון שאמר "ותן טל" ולא הזכיר מטר, לכו"ע אין מחזירין אותו.

באר הגולה

א ‹עד העצרת, ובלבד שיהו נטועין לפי חשבון י' לב"ס וכנ"ל – דרך אמונה›

ב תענית ג'

אי סבר לה כרבי יהודה בן בתירה נימא כוותיה קסבר רבי עקיבא כי כתיב ניסוך יתירא בששי הוא דכתיב תניא ר' נתן אומר בקדש הסך נסך שכר לה' בשני ניסוכין הכתוב מדבר אחד ניסוך המים ואחד ניסוך היין אימא תרוייהו דחמרא אם כן ליכתוב קרא או הסך הסך או נסך נסך מאי הסך נסך שמעת מינה חד דמיא וחד דחמרא אלא הא דתנן ניסוך המים כל ז' מני אי ר' יהושע נימא חד יומא אי ר"ע תרי יומי אי ר' יהודה ב"ב שיתא יומי לעולם ר' יהודה ב"ב היא וס"ל כר' יהודה דמתני' דתנן רבי יהודה אומר בלוג היה מנסך כל שמונה ומפיק ראשון ומעייל שמיני ומאי שנא ראשון דלא דכי רמיזו מים בשני הוא דרמיזו שמיני נמי כי רמיזו מים בשביעי הוא דרמיזו אלא רבי יהושע היא וניסוך המים כל שבעה הלכתא גמירי לה דאמר ר' אמי א"ר יוחנן משום ר' נחוניא איש בקעת בית חורתן עשר נטיעות ערבה וניסוך המים הלכה למשה מסיני: רבי יהודה אומר משום רבי יהושע העובר לפני התיבה ביום טוב האחרון של חג האחרון מזכיר הראשון אינו מזכיר ביום טוב הראשון של פסח הראשון מזכיר האחרון אינו מזכיר: הי רבי יהושע אילימא רבי יהושע דמתניתין הא אמר ביום טוב האחרון של חג הוא מזכיר אלא ר' יהושע דברייתא האמר משעת הנחתו ותו הא דתניא ר' יהודה אומר משום בן בתירה העובר לפני התיבה ביום טוב האחרון של חג האחרון מזכיר הי בן בתירה אילימא רבי יהודה בן בתירה הא אמר בשני בחג הוא מזכיר אמר רב נחמן בר יצחק (א) תהא ברבי יהושע בן בתירה וזמנין דקרי ליה בשמיה וזמנין דקרי ליה בשמיה דאבא והא מקמי דליסמכוהו והא לבתר דליסמכוהו תנא בטל וברוחות לא חייבו חכמים להזכיר ואם בא להזכיר מזכיר מ"ט א"ר חנינא לפי שאין נעצרין וטל מנלן דלא מיעצר דכתיב ויאמר אליהו התשבי מתושבי גלעד אל אחאב חי ה' אלהי ישראל אשר עמדתי לפניו אם יהיה השנים האלה טל ומטר כי אם לפי דברי וכתיב לך הראה אל אחאב ואתנה מטר על פני האדמה ואילו טל לא קאמר ליה מאי טעמא משום דלא

רש"י

אי סבר לה כר' יהודה. לימא כר"י. שזוכר בשני: ניסוך יתירא בששי כתיב. כלומר ונסכיה דמרבי קרי ניסוכין כתיב בששי להכי אמר בששי מתחיל להזכיר והאי מ"ם יו"ד מ"ם דלא מליט למימר תרוייהו דיין: או הסך הסך או נסך נסך. מדשני קרא בדיבוריה ש"מ תרתי: אי ר"ע תרי יומי הוו. ותו לא דהא אמר (ג) ונסכיה דהיינו בששי מרבה ניסוך המים: וסבר לה כר' יהודה דמתניתין. דאמר בלוג היה מנסך כל שמונה ולאו כל שמונה מנסך אלא כמה דאמר בשמיני מנסך וכיון דבשמיני מנסך משכחת לה לרבי יהודה [כ"ב] דאמר בשני מתחילין לניסוך המים כל שבעה: (ג) דמפיק ראשון ומעייל שמיני. מהיב בעל הגמרא מי מצי אמר רבי יהודה דבשמיני מנסך: מאי שנא. דקאמר דבראשון אינו מזכיר דכי רמיזי מים בשני הוא דרמיזו דמונסכיהם מרבה ניסוך המים שמיני נמי מי מצי אמר דמנסך הא שביעי אמר רחמנא דמ"ם יו"ד מ"ם מים כתיב בשביעי דסוף קרא דניסוך המים בשביעי כתיב כמשפטם ולא בשמיני: אלא ר' יהושע היא. דאמר משעת הנחתו (ד) [דהיינו בשביעי] מזכיר ואעפ"כ סבר דניסוך המים כל שבעה דגמרא גמיר לה הלכה למשה מסיני דניסוך המים כל שבעה ודאי כר"א אתי שפיר אבל כרבי יהודה בן בתירה וכר"ע לא מיתוקמא אלא להכי לא מוקי לה כר' אליעזר דהא לא מיבעי אי ר' אליעזר סבירא ליה הכי דודאי לרבי אליעזר אתי שפיר והא דקא מוקים כר' יהושע רבותא קמשמע לן אבל כר"י בן בתירה וכר"ע לא מיתוקמא דרבי יהודה יליף מונסכיה ונסכיהם ס' אלמא דסבר דניסוך המים לא הוו אלא ו' ימים דהיאו לא מפיק ראשון ומעייל שמיני משום הכי פירכא דפריך לעיל לא אתי כרבי יהודה ורבי עקיבא יליף מנסכיה שנאמר בששי אלמא דסבר דניסוך המים לא הוו אלא תרי יומי אבל כרבי יהושע מיתוקמא לפיכך אין מזכירין אלא ביו"ט האחרון דגשמים בחג סימן קללה אבל ניסוך המים הוי כל שבעה דגמרא גמיר לה: עשר נטיעות. המפוזרות בתוך בית סאה חורשין כל בית סאה ערב שביעית עד ר"ה אע"ג דשאר שדות אין חורשין לפני שביעית ל' יום זה חורשין דהואיל אם אין חורשין שבינן מפסידין: וניסוך המים. כל שבעה: ר' יהודה אומר משום רבי יהושע העובר לפני התיבה בי"ט האחרון של חג כו'. כעין אמר מר הוא כלומר אמרינן לעיל ר' יהודה אומר: הי רבי יהושע אילימא רבי יהושע דמתני' (ה) ביו"ט האחרון הוא מזכיר. דראשון נמי המתפלל תפלת יוצר מזכיר ואילו הכא תני הראשון אינו מזכיר: האמר משעת הנחתו. דהיינו בשביעי והכא קתני יו"ט האחרון של חג דהיינו בשמיני: ותו הא דתניא. במכילתא אחריתי ר' יהודה אומר משום בן בתירה העובר לפני התיבה בי"ט אחרון של חג האחרון מזכיר הראשון אינו מזכיר: (אלא) אמר רב נחמן בר יצחק תהא. תרוייהו הא דבעית הי ר' יהושע והא דבעית הי בן בתירה היא דהאי דקאמר ר' יהודה לעיל משום ר' יהושע והדר קאמר משום בן בתירה תהא תרוייהו ר' יהושע בן בתירה ולא קשיא זמנין קרו ליה בשמיה דאבוה בן בתירה וזמנין דקרו ליה בשמיה דידיה ר' יהושע: מקמי דליסמכוהו. לא הוה חשוב וקרו ליה בשמיה דאבוה והאי דקרו ליה בשמיה דנפשיה ר' יהושע הייט לבתר דסמכוהו: בטל וברוחות. משיב הרוח ומוריד הטל לא חייבוהו חכמים להזכיר אפילו בימות הגשמים: לפי שאינן נעצרין. שאלמלא (ו) כן אין העולם מתקיים והאי דאמרינן בתפלה משיב הרוח ומוריד הגשם לאו משום חיוב אלא חוק גשם הוא מזכיר [א] דטל ורוחות מועילות לארץ לתקנה ולנגבה כדבסמוך זיקא דבתר מיטרא כמיטרא: ואילו טל לא קאמר. ואתנה טל ומטר אלא מטר בלבד:

תוספות

אי רבי יהודה בן בתירה. דאמר בשני בחג הוא מזכיר שית יומי הוו א"כ לא יהיה הניסוך כי אם ששה ימים: עשר נטיעות. פירש"י (ז) נטיעות מפוזרות בבית סאה חורש כל בית סאה בשבילן דכל נטיעה יונקת ודווקא מבית סאה היה צריך להם יכול לחרוש עד ר"ה של שביעית דהוו שפיר אוקמי אילנא שרי אבל יותר מבית סאה אינו חורש אלא כדי צרכן דהואיל ומפוזרות ביותר מבית סאה קיימי שפיר ובפחות מכן למה קיימי וליעקר קיימי ודוקא נטיעות אמר דחורשין בשבילן עד ראש השנה אבל אילנות אסור דאורייתא כל אטל ומדרבנן *פסח ועצרת תקון בשדה הלבן עד פסח מותר אבל מפסח ולהלן אסור ושדה אילן עד עצרת מותר מכאן ואילך אסור: ערבה. שמקיפין את המזבח וניסוך המים הלכה למשה מסיני טלהו: ויאמר אליהו התשבי מתושבי גלעד. לכך נקרא מתושבי גלעד לפי שהרגו ישראל אנשי יבש גלעד על מעשה פילגש בגבעה ולא נשאר ביבש גלעד כי אם מעט אנשים מן המיושבים בעיר כי כל השאר היו עם אספסוף לכך מעיד כי אליהו מן התושבים כך שמעתי מהר"י פורט"י משם הר"י בה"ר יצחק ממלאון: בטל וברוחות לא חייבו חכמים להזכיר. משיב הרוח ומוריד הטל כו' לפיכך אין קפידא לומר מוריד הטל אפילו בימות החמה אך שלא יאמר מוריד הגשם והכי הלכתא ואם לא אמר בימות הגשמים כי אם מוריד הגשם ודילג משיב הרוח ומוריד הטל אין מחזירין: ואילן טל לא מיעצר. ומ"ה נראה דגבי גדשון (שופטים ו) כשאמר (ח) על הארץ יהיה טל ועל הגיזה יהיה חורב כתיב ויעש כן אבל כשאמר על הארץ יהיה חורב ועל הגזה יהיה טל כתיב ויהי כן כלומר דעל הגיזה היה הטל אבל לא כתיב ויעש כן משמע דעל הארץ היה טל דטל לא מיעצר ע"כ בנוסח שלפני ועוד מצאתי כשאמרו על כל הארץ יהיה טל כתיב ויעש אלהים כן וכשאמר טל יהיה על הגיזה לבדה (ט) ועל כל הארץ יהיה חרב כתיב ויהי כן ולא הזכיר בזה הש"י וטעמו אשר אומר כי הוא זה כי אין הש"י מזכיר שמו על הרעה כי אם יהיה חורב על כל הארץ היתה רעת יושבי בה וכתיב (שמות כ) בכל המקום אשר אזכיר את שמי אבוא אליך וברכתיך אבל כשאמר על כל הארץ (י) יהיה טל כתיב ויעש אלהים וכדומה לזה (בראשית א) ויקרא אלהים לאור יום ולחשך קרא לילה וגבי חשך לא הזכיר השם יתברך וכן במעשה דברות אחרונות (שמות כ) מלא תרצח ואילך לא הזכיר הש"י הכל הולך אל מקום אחד משל למלך שבנה דירה נאה והגיע ללייר מגיע לפני כל חדרי הבית ולאתי בית הכסא מקום הטינוף:

עין משפט נר מצוה

ה א מיי' פ"ח מהלכות תמידין הלכה ו סמג עשין קפ:

ו ב מיי' פ"א מהלכות שמיטה ויובל הלכה ה:

רבינו חננאל

רבינו גרשום

גליון הש"ס

הגהות הגר"א

עין משפט נר מצוה

י א מיי' פ"י מהלכות תפלה הלכה ח סמג עשין יט טוש"ע א"ח סימן קיד סעיף ג ד ס:

בימות החמה אמר משיב הרוח אין מחזירין אותו ואמר מוריד הגשם מחזירין אותו. אבל אם דילג שלא אמר לא גשם ולא טל אין מחזירין וכימות הגשמים לא אמר משיב הרוח אין מחזירין אותו לא אמר מוריד הגשם מחזירין אותו אבל אם אמר מוריד הטל בימות הגשמים אין מחזירין ואם ספק אם הזכיר אם לאו אם איני זוכר (ג) שלא אמר שום דבר בימות הגשמים כל ל' יום חזקה מה שהוא למוד הוא אומר ומחזירין מספק כל ל' יום וכן זכרנו ומי כמוך וכתוב לחיים שאומרים מן הכסה עד יום הכפורים מספק מחזירין ירושלמי בגשם רבי חנינא היה שייך בגשם והזכיר של טל אין מחזירין אותו בטל והזכיר של גשמים מחזירין אותו והתניא בטל וברוחות לא חייבו חכמים להזכיר ואם בא להזכיר מזכיר לא דמי ההוא דמלכי ולא מיקל ומפרש רבינו נתנאל (ד) טוב כשאינו מזכיר לא גשם ולא טל מכשהוא מזכיר גשם לפי שהגשמים סימן קללה בימות החמה היה שייך בטל לא הזכיר לא טל ולא גשם אין מחזירין אותו והדין להפך במוריד הגשם דאמר בירושלמי בגשם והזכיר של טל אין מחזירין אותו והתניא אם לא שאל בברכת השנים או שלא אמר גבורות גשמים מחזירין בההוא דלא הזכיר כלל לא טל ולא מטר ומשם הר"ם שאין לומר בימות החמה משיב הרוח דהא אמר רבי חנינא בימות החמה אמר משיב הרוח אין מחזירין אותו מכלל דלכתחילה אין לאומרו ומשום הכי אמר הר"י בשם א"י לעולם בין בימות החמה בין בימות הגשמים מוריד הטל דלעולם לא אתי לידי ספק אמר ספק לא אמר והיכא דלא מזכיר בגבורות מזכיר בשומע תפלה דהכי קאמר בירושלמי ומה שאלה שהיא מדוחק אומר בש"ת הזכרה שהיא מרווח לא כ"ש וכי היכי דשואלין בש"ת הוא מזכיר בש"ת ואפילו (ה) הזכיר קודם שומע תפלה אינו אומר עד שיגיע לש"ת והיכא דלא אמר בשומע תפלה אי נזכר קודם שעקר רגליו חוזר לש"ת ואי לא חוזר לראש בין לא אמר מוריד הגשם ובין לא אמר ותן טל ומטר (ומחזירין) וכן הפסק והני מילי ביחיד אבל שליח צבור פסק רבינו יהודה דאין מחזירין לפי דאין מחזירין שליח צבור אלא משום ג' דברים מתחיית המתים ומבונה ירושלים ומברכת ולמלשינים משום דנראה ככופר שמעתי מפי רבי שלמה לא דמי (ו) מגלי ומיקל למאן דלא מגלי ולא מיקל פירוש מיקל כמו מקלל כלומר שאין מחזירין אם לא אמר ותן טל ומטר:

ולא מיעצר. לעולם אפילו באותן שנים: **איצטריך למה ליה**. (א) אם יהיה השנים האלה טל ומטר כי אם לפי דברי הא לא נעצר: **אפילו טל דברכה**. שימחת שום למח: **וליהדריה לטל דברכה**. ולימא ואתנה טל ומטר: **דלא מינכרא מילתא**. דהא טל הוה מעיקרא ולא הוה מודה

תורה אור

היה אחאב הרשע מודה בחזרה דטל של ברכה דאי הוה אומר ואתנה טל ומטר היה אחאב מקנטרו ואומר לו שלא נעצר: **אלא דמכניפנא לכו מד' רוחי עלמא** לא גרסינן דהא פרשתי אתכם כתיב בקרא ואיכא למימר דגרם ליה והכי משמע קרא כי כד' רוחות השמים שפרשתי אתכם משם אקבצכם ואריכות לשון בעלמא הוא דלא כתיב קיבוץ בקרא: **כשם שא"א לעולם בלא רוחות**. שלא יתקיים מרוב הבל ותמימות: **בלא ישראל**. שאין העולם מתקיים אלא בשביל ישראל והכי אמר קרא כי כד' רוחות השמים פרשתי אתכם לרוחות העולם כדי שיתקיים שנאמר (ירמיה לג) אם לא בריתי יומם ולילה חקות שמים וארץ לא שמתי: **בימות החמה**. מניסן עד החג: **משיב הרוח אין מחזירין אותו**. דבלאו הכי לא מיעצר: **מוריד הגשם מחזירין אותו**. דמיעצר וכיון דבעא אמיטרא לא התפלל תפלתו כהוגן וחוזר לראש הברכה ואומרה בלא מוריד הגשם לפי שהגשמים בקיץ סימן קללה הן מפני הקציר: **מעביר הרוח**. שלא ינשב: **ומפריח הטל**. שלא ירד: **אין מחזירין אותו**. דלא מיעצרי: **בעבים**. מקשר עבים: **למימרא דלא מיעצרי**. לפיכך לא חייבוהו להזכיר: **בחרפי**. עבים בכירות הבאים לפני המטר אינן עצורות: **באפלי**. הבאות מאוחרות לאחר המטר דשניות למטר הן כדלקמן ובהגהו כתיב ועצר וכיון דאין כולם נעצרות לא חייבו להזכיר: **שאינה מצויה**. כתיב ועצר ואפ"ה לא חייבוהו להזכיר דסגי ליה במצויה: **רוח שאינה מצויה נמי חזיא לבי דרי**. לגורן לזרות הקשין מן התבואה ונחייב להזכיר: **אפשר בנפוותא**. וו"ן בלע"ז בנפה וכברה: **שניות**. כמעט שמועילות כמטר עצמו: **מאי היא**. (ב) אי זה עבים ורוחות קאמר דשניות למטר: **אמר עולא ואיתימא רב יהודה דבתר מיטרא**. עבים ורוחות שלאחר המטר: **זיקא**. ל"ג הכא: יתן ה' את מטר ארצך אבק ועפר וגו': **זיקא דבתר מיטרא**. שהרוח מעלה אבק אחר הגשמים ונדבק בתבואה: **ה"ג הא דאתא ניחא הא דאתא רזיא**. כשירד בנחת אינו מעלה אבק: **רזיא**. בכח ולא גרסינן ואי בעית אימא הא והא ט' אלא ה"ג הא דמעלה אבק הא דלא מעלה אבק והיינו הך: **כמיטרא**. שניות למטר כדקתני בתוספתא: **למעוטי מאי**. מאחר דכולהו כמיטרא מאי קמעטינן דהוי בתריה ולא הוי כמיטרא: **גילהי דליליא**. איסלוסטר"א בלע"ז בגילהי הוה קאי במס' (פסחים דף יג.) ורוב גילהי בליליא שכיח: **וביומא שמשא דביני קרחי**. שבין העבים שנראה במקום אחד אורה ובמקום אחר מעונן כקרחת שיש לו שערות במקום אחד וקרחה במקום אחר: **מעלי תלגא לטורי**. וכ"ש לבקעה אלא הרים אין להם גשמים אלא שלג שהגשמים יורדין למטה ואין ההר שותה מהן ועוד שלג שבעמקים נמס והולך מפני החום שבולט שם כמים הוא אבל בהרים קרוי שלג: **כחמשה מיטרי לארעא**. דהכי משמע קרא כי לשלג יאמר הוא ארץ כשיאמר לשלג הוה ארץ הרי הוא כגשם מטר וגשם מטרות והרי יש כאן חמשה: **מיטרא ניחא**. שיורד בנחת יפה לפירות התבואה: עורפילא

דלא מיעצר וכי מאחר דלא מיעצר אליהו אשתבועי למה ליה הכי קא"ל אפילו טל דברכה נמי לא אתי ולהדריה לטל דברכה משום דלא מינכרא מילתא (*אלא) רוחות מנא לן דלא מיעצרי *א"ר יהושע בן לוי דאמר קרא °כי כארבע רוחות השמים פרשתי אתכם נאם ה' מאי קאמר להו אילימא הכי קאמר להו הקב"ה לישראל דבדרתינכו בארבע רוחי דעלמא אי הכי כארבע בארבע מיבעי ליה אלא הכי קאמר כשם שאי אפשר לעולם בלא רוחות כך א"א לעולם בלא ישראל א"ר חנינא *הלכך בימות החמה אמר משיב הרוח אין מחזירין אותו אמר מוריד הגשם מחזירין אותו בימות הגשמים לא אמר משיב הרוח אין מחזירין אותו לא אמר מוריד הגשם מחזירין אותו ולא עוד אלא אפילו אמר מעביר הרוח ומפריח הטל אין מחזירין אותו תנא בעבים וברוחות לא חייבו חכמים להזכיר ואם בא להזכיר מזכיר מ"ט משום דלא מיעצרי ולא מיעצרי והתני רב יוסף °ועצר את השמים מן העבים ומן הרוחות אתה אומר מן העבים ומן הרוחות או אינו אלא מן המטר כשהוא אומר ולא יהיה מטר הרי מטר אמור הא מה אני מקיים ועצר את השמים מן העבים ומן הרוחות קשיא רוחות ארוחות קשיא עבים אעבים עבים אעבים לא קשיא הא בחרפי הא באפלי רוחות ארוחות לא קשיא הא ברוח מצויה הא ברוח שאינה מצויה רוח שאינה מצויה נמי חזיא לבי דרי אפשר בנפוותא תנא העבים והרוחות שניות למטר היכי דמי אמר עולא ואיתימא רבי יהודה דבתר מיטרא למימרא דמעליותא היא והכתיב °יתן ה' את מטר ארצך אבק ועפר ואמר עולא ואיתימא רב יהודה זיקא דבתר מטרא לא קשיא הא דאתא ניחא הא דאתא רזיא (ואי בעית אימא) הא דמעלה אבק הא דלא מעלה אבק ואמר רב יהודה זיקא דבתר מיטרא כמיטרא עיבא דבתר מיטרא כמיטרא שימשא דבתר מיטרא כתרי מטרי למעוטי מאי גילהי דליליא ושמשא דביני קרחי אמר רבא מעלי תלגא לטורי כחמשה מטרי לארעא שנאמר °כי לשלג יאמר הוא ארץ וגשם מטר וגשם מטרות עוזו ואמר רבא תלגא לטורי מטרא רזיא לאילני מטרא ניחא לפירי עורפילא

הא בחרפי. פי' הא דאמר נעצרים היינו בחריפי כלומר בפירות המתבכרות וכו' אבל באפלי במאוחרות לא מיעצרי:

רוחות ארוחות לא קשיא הא ברוח וכו'. וה"ה דמצי לשנויי הא בחריפי הא באפלי אלא שפיר קא משני ליה הא ברוח מצויה וכו': **שניות** למטר. שניות במעלה כדאמרי אינשי משנה למלך: **הא** דאתא ניחא. פי' כשיורדות בנחת תשובה כאן ברזיא כלומר בחוזק ואז אינה טובה:

גילהי דליליא. פי' זריחת הלילה שקורין לניסו"ר בלע"ז: **ושמשא** דביני קרחי. פי' כמו דבר קרחה שמכאן ומכאן יורדין הגשמים והשמש זורח באמצע זה דשמש לא מעלי: עורפילא

רבינו חננאל

דלא מיעצרי. וכן דרוחות לא מיעצרי דכתיב כי כארבע רוחות השמים פרשתי אתכם. א"ר חנינא בימות החמה אמר משיב הרוח אין מחזירין אותו. אמר מוריד הגשם מחזירין אותו. בימות הגשמים לא אמר משיב הרוח אין מחזירין אותו. לא אמר מוריד הגשם מחזירין אותו ולא עוד אלא אפילו אמר מעביר הרוח ומפריח הטל אין מחזירין אותו לפי שאינן נעצרין. תנא בעבים וברוחות לא חייבו חכמים להזכיר. ואם בא להזכיר מזכיר. איני והא תני רב יוסף ועצר את השמים מן העבים ומן הרוחות ושנינן [עבים אעבים ל"ק] חרפי אין נעצרים. אפלי נעצרים ...

רבינו גרשום

...

מסורת הש"ס

[כע"י ליתא] ע"ז י: ע"ש

הגהות הב"ח

(א) רש"י ד"ה איצטרכוני למה ליה ... (ב) ד"ה מאי היא ... (ג) תוס' ד"ה בימות וכו' ... (ד) בא"ד ... (ה) בא"ד ... (ו) בא"ד ...

§ מסכת תענית דף ג: §

אות א'

הלכך בימות החמה, אמר משיב הרוח, אין מחזירין אותו, אמר מוריד הגשם, מחזירין אותו; בימות הגשמים, לא אמר משיב הרוח, אין מחזירין אותו, לא אמר מוריד הגשם, מחזירין אותו; ולא עוד אלא אפילו אמר מעביר הרוח ומפריח הטל, אין מחזירין

סימן קיד ס"ג - [ג]אם אמר משיב הרוח (בימות החמה) - ר"ל "משיב הרוח" לבד ולא הזכיר גשם, **או לא אמרו בימות הגשמים, אין מחזירין אותו** - דרוחות וכן טל אין נעצרין בלא"ה, ואמירתו לא מעלה ולא מוריד, **ואפילו** עדיין לא סיים הברכה, מאחר שאין חיוב כלל להזכיר רוח וטל לעולם.

ומ"מ לכתחילה נוהגין בכל המקומות לומר "משיב הרוח" בהזכרה בימות הגשמים, שמועיל אז לנגב לחות הארץ שהיא מרובה.

וכן בטל, אם הזכירו בימות הגשמים, או לא הזכירו בימות החמה, אין מחזירין אותו - המחבר קאזיל למנהג ספרד, שנוהגין לכתחילה לומר "מוריד הטל" בימות החמה, אפ"ה אין מחזירין, מאחר שלא חייבום חכמים בזה.

הגה: ואנו בני אשכנז לא מזכירין טל, לא בימות החמה ולא בימות הגשמים, רק אומרים בימות החמה: רב להושיע מכלכל חיים וכו' - ורק בשאלה אנו נוהגין לבקש גם על טל, והוא מפני שאנו מבקשין שיהיה לברכה, כי יש טל שאינו לברכה, ובימות החמה אף בשאלה אין אנו אומרין טל, **ובדיעבד** אם אמר בימות החמה בין בהזכרה ובין בשאלה, כגון שאמר "ותן טל" ולא הזכיר מטר, לכו"ע אין מחזירין אותו.

סימן קיד ס"ד - [ד]אם אמר מוריד הגשם בימות החמה, מחזירין אותו - דגשמים קשים לעולם בימות החמה.

והיינו אפילו ביום ראשון שפסק בו, דהיינו במוסף של יו"ט א' של פסח להמחבר, ולהרמ"א דוקא במנחה, **ולהש"ץ** לכו"ע אפילו במוסף, בעת שחוזר התפלה בקול רם.

וחוזר לראש הברכה - (והגר"א פסק כהרמב"ם, דגם בזה חוזר לראש).

ובדיעבד אם לא חזר לראש הברכה, אלא ל"רב להושיע" וסיים ברכתו, לא מהדרינן ליה.

[ה]ואם סיים הברכה, חוזר לראש התפלה - והטעם, דג' ברכות ראשונות חשובות כחדא, **ואין** צריך לחזור ולומר פסוק "ד' שפתי תפתח".

עיין בפמ"ג שכתב, דהיינו לאחר שאמר "בא"י", **אבל** השע"ת והח"א כתבו, דוקא אם סיים לגמרי, אבל אם נזכר לאחר השם, יסיים "למדני חוקיך", כדי שלא תהיה לבטלה, וא"כ הוא כאלו עומד עדיין באמצע הברכה, וחוזר ל"אתה גבור", (**ולא** דמי להא דס"ו דדוקא אם התחיל הברכה שאחריה, דהכא כיון שהזכיר מה שאין ראוי להזכיר, גרע).

[ו]ואפילו במקום שצריכים גשם בימות החמה, אם הזכיר גשם במקום טל, מחזירין אותו - ר"ל לפי מנהג ספרד, שאומר בימות החמה "ומוריד הטל", אמר זה "גשם" במקום "טל".

ואף דלענין שאלה פסק לקמן בסימן קי"ז ס"ב, דאם שאל באופן זה מטר בברכת השנים בימות החמה, אין מחזירין אותו, **שאני** הזכרה דשבח הוא, ואין דרך להזכיר שבח בדבר שהוא קללה בשאר מקומות.

(ואפילו ארץ כולה כאשכנז ודידן), **ואפילו** אם היה (עצירת גשמים) וכל אותה המדינה מתפללין ומתענים על הגשמים, (**אך** כשיש עצירת גשמים והתפלל והזכיר גשם, צ"ע אם חייב לחזור ולהתפלל, ויותר נראה דיתפלל בתורת נדבה בכל זה במדינותינו, **וכל זה** ששאל גם מטר, דאל"ה ממ"נ אינו יוצא בדיעבד).

(וכן אם הזכיר גשם וטל, נמי מחזירין אותו).

סימן קיד ס"ה - [ז]בימות הגשמים, אם לא אמר מוריד הגשם, מחזירין אותו - אפילו אם אמר "משיב הרוח", **ואפילו** בתפילה ראשונה, והוא במוסף של יו"ט אחרון של חג, לדידן דנוהגין להכריז "משיב הרוח ומוריד הגשם" קודם מוסף.

(**עיין** בחידושי רע"א דמצדד לומר, דבליל שבת אם שכח לומר "משיב הרוח", דאין מחזירין, דלא גרע מאם היה מתפלל רק מעין שבע דיצא בדיעבד, אף דשם לא הוזכר גשם, וסיים דצ"ע).

[ח]והני מילי שלא הזכיר טל, אבל אם הזכיר טל, אין מחזירין אותו - אפי' אם אמר רק "מוריד הטל" לבד, (ודוקא לאחר שאמר כבר השם של סיום הברכה, אבל אם נזכר קודם סיום הברכה, יחזור ויזכיר גשם).

וטעמו, דאע"ג דלא נעצר, מ"מ שבח הוא להקב"ה בהזכרתו, **משא"כ** בשאלה, דצריך לשאול על דבר הנעצר, לא מהני אם לא שאל מטר, אף ששאל טל.

באר הגולה

[ג] תענית ג' [ד] תענית ג' [ה] הרא"ש והמרדכי בשם הראבי"ה [ו] תענית שם (י"ד) [ז] שם [ח] טור בשם ירושלמי והרי"ף

§ עניני הלכה שונים הקשורים להדף §

האי צורבא דרבנן

הא דאמרינן שצריכין להקדים דין של ת"ח, אם גם בזמן הזה יש דין תלמיד חכם לענין זה, או דלמא דאין בזמן הזה לענין זה דין ת"ח, כמו לענין ליטרא דדהבא.

תשובה, האי דינא לאו בפירוש אתמר אלא מכללה אתמר, דעל מה שפסק הטור חושן משפט והשו"ע בסי' ט"ו, דמצוה להפוך בזכות תלמיד חכם, וכתב הסמ"ע שם, ונראה דאין לת"ח בזמנינו דין זה. **אכן** הב"ח פסק, דלענין זה חבת התורה והמצוה במקומו עומד להפך בזכותו, ולזה נוטה דעת הש"ך שם. **וכן** נ"ל קצת ראיה מהא דאיתא בפ' כל כתבי דף קי"ט, והוא מקור הדין בב"י שם, אמר רבא תיתי לי דכי אתא צורבא מדרבנן לדינא קמאי לא מזגינא רישא אבי סדיא עד דמהפיכנא בזכותיה, ע"כ, **וצורבא** מרבנן פירש"י פ"ק דתענית דף ד' ע"א, היינו בחור חריף, **וא"כ** אף דבזמן הזה אין דין תלמיד חכם ממש, מ"מ עכ"פ יש להם דין בחור חריף, וק"ל - שו"ת שבות יעקב חלק א סימן קמד.

אמנם אעיקרא יש להשיב על אופן ראיתו, חדא דמהיכן פשיטא ליה דהת"ח היום דינם כצורבא מרבנן דבזמן התלמוד, ודילמא אחסור דרי, וטבא חדא פלפלא חריפא בחור חריף אשר בזמן התלמוד, מזקן חכם אשר בדורנו, וכבר אמרו שבת קי"ב ב, אם הראשונים בני נש וכו', **ותו** דנקיט בפשיטות הא דפירש רש"י דצורבא מרבנן הוא בחור, ולא זכר דבספר יוחסין פליג עליה, והוכיח בראיות שהש"ס קרי גם לגדול הדור וזקן צורבא מרבנן, ע"ש באות צ' באמוראים, **וגם** מדברי הערוך ערך צרב משמע דאינו מפרש כרש"י, ע"ש - ברכי יוסף חושן משפט סימן טו.

כל ת"ח שאינו קשה כברזל

מה שהקשה ידידי על פירוש רגמ"ה בתענית דף ד', בהא דא"ר אשי כל ת"ח שאינו קשה כברזל אינו ת"ח, שהוא שאינו קשה לרצות, מהא דתנן בפ"ה מאבות מי"א, שחסיד הוא קשה לכעוס ונוח לרצות. **הנכון** לענ"ד דהם שני ענינים, דבתענית איירי שיהיה קשה כברזל להיות עומד על דעתו כשהוא סובר זה לאמת לפי הדין וההלכה, שבזה אם כעס על אלו שלא רצו לעשות כדעתו, אם יהיה נוח לרצות הרי יאמרו שמה שנוח לרצות אינו מצד מעלת מדותיו, אלא מחמת שמתחלה לא היה לו לכעוס, שיודע בלבו שאין האמת כדעתו, אך שאינו רוצה להודות בפירוש שטעה, ויבא מזה מכשול בדין זה וגם בדינים אחרים, שלא יחושו להוראותיו שיאמרו שאינו ת"ח הראוי לסמוך עליו.

ומדויק לפי"ז לשון רב אשי שאומר "שאינו ת"ח", דלכאורה מה שייך זה לחכמתו, והיה לו לומר שלא טוב עושה, אבל הוא משום שזהו הטעם שבזה יעשה שיאמרו עליו שאינו ת"ח ואין לסמוך על הוראותיו והנהגותיו, ולא יהיה התועלת שיש בעיר מת"ח, ונמצא שבאמת הוא לגבי זה כאינו ת"ח. **וכן** ניחא מה שא"ר אבא לרב אשי, אתון מהתם מתניתו לה אנן מהכא מתנינן לה, אבניה ברזל, אל תקרי אבניה אלא בוניה, שלשון זה משמע שהוא ממש כמו שאמר רב אשי, ורק שדורש מקרא אחר, והא לכאורה הוא ענין אחר, לא שאינו ת"ח, אלא שדרש מהקרא דאבניה ברזל, שת"ח צריך להיות כברזל, וידעינן רק שאם אינו כברזל אינו עושה כראוי, דבשלמא קרא דדריש רב אשי מוכפטיש יפוצץ סלע, שייך לדרוש דאינו ת"ח, דהא מצייר הת"ח שהוא כפטיש, משמע שאם אינו כפטיש אינו בציור ת"ח, אבל קרא דאבניה ברזל נאמר רק שהת"ח שלה מתנהגים כברזל, שמשמע רק שהוא חסרון בהנהגת הת"ח, ולא שבזה מתבטל ממנו שם ת"ח. **אבל** הוא כדבארתי, שמה שא"ר אשי שאינו ת"ח, הוא לענין התועלת לגבי עלמא שילמדו ממנו אינו כת"ח, שיטעו מזה להחשיבו שאומר ומתחרט בלבו ולא בפיו ואין לסמוך עליו, וזהו גם מה שא"ר אבא, דת"ח שנחשבו בונים, הוא שיודעים מהם העולם איך להתנהג בדרך התורה, וזהו שפרש"י ת"ח מקיימי עולם בבנייניהו, וכשלא יקשו כברזל ויהיו נוחין לרצות להעוברין על דעתן, שיטעו לחשוב שהוא מפני שהתחרט בלבו, הרי לא יבנה שוב, שלא יסמכו עליו להתנהג כמותו, ונמצא שאומרים תרוויהו דבר אחד אך משני פסוקים.

ומתני' דאבות מיירי בכעס על דבר שעשו שלא כהוגן, שהוא מפורסם וידוע גם לעלמא וגם להעושה שהוא מעשה רע, שלא יטעו כשיהיה נוח לרצות שהוא מתחרט בלבו, אלא יבינו שהוא ממדה הטובה שמתנהג משום שצריך להתנהג ברצון ונחת עם הבריות. **ועיין** ברבנו יונה שם שכתב, שלא אמר שלא יכעוס כלל לעולם, כי לפעמים צריך האדם לכעוס לקנאת ה' כפינחס, לכן אמר קשה לכעוס, שיש לו לכעוס אך בקושי הפעמים, וג"כ טוב להתרצות מיד בעוד כעסו עליו, ולא אחר שיסור כעסו מעליו, אלא בשעת הכעס ממש הוא נוח לרצות, כי זוהי ממדת החסידות וטוב לבב, עיין שם. **הרי** פי' שהכעס של החסיד הוא לקנאת ה' כפינחס, ומ"מ מתרצה מיד בשעת הכעס, והוא משום שהוא דבר מפורסם למעשה רע, וליכא שום חשש במה שיתרצה מיד, שיבינו הכל שהוא ממדת החסידות וטוב לבב, **אבל** אם הדבר אינו מפורסם לדבר רע כהא דמעשה פינחס, אף שהוא ג"כ לצורך שיתנהגו בדרך הטוב, אין לו להתרצות מיד, משום שאפשר אדרבה יצא מזה מכשול שלא יחושו לדבריו, כמו שלא היה ת"ח, כדלעיל.

וניחא מה שמסיק רבינא, אפ"ה מיבעי ליה לאינש למילף נפשיה בניחותא, שנאמר והסר כעס מלבך, שמשמע שלא פליג על רב אשי, משום דכיון דאיירי ברוצה להנהיגם בדבר טוב שלא ידעו מעצמם, ודאי אם כבר כעס אין לו להתרצות בקל כמו שא"ר אשי, מטעם דבארתי, אבל מתחלה צריך למילף נפשיה בניחותא, היינו שיבקש דרך איך להורותם ולהנהיגם בניחותא, שנאמר והסר כעס מלבך, שהוא עצה שיעץ קהלת לת"ח, שאף כשיש תועלת מכעסם, יראו איך שאפשר להסר הכעס ולבקש דרכים אחרים להורותם בניחותא, שאם יעשו בדרך הכעס, הרי לא יוכלו להסירו תיכף, כדי שלא יטעו לומר שנתחרטו בלבם, **ואם** היה הכעס לקנאת ה' לדברים מפורסמים כהא דפינחס, הרי צריך לעשות זה דוקא בכעס, להראות שצריך להתרגש לכבוד ה' - שו"ת אגרות משה אורח חיים חלק א סימן נד

עורפילא אפילו לפרצידא דתותי קלא מהניא ליה מאי עורפילא עורו פילי ואמר רבא האי צורבא מרבנן דמי לפרצידא דתותי קלא דכיון דנבט נבט ואמר רבא האי צורבא מרבנן דרתח אורייתא הוא דקא מרתחא ליה שנאמר °הלא כה דברי כאש נאם ה' ואמר רב אשי *כל ת"ח שאינו קשה כברזל אינו ת"ח שנא' °וכפטיש יפוצץ סלע א"ל רבי אבא לרב אשי אתון מהתם מתניתו לה אנן מהכא מתנינן לה דכתיב °ארץ אשר אבניה ברזל אל תקרי אבניה אלא בוניה אמר רבינא אפ"ה מיבעי ליה לאיניש למילף נפשיה בניחותא שנאמר °והסר כעס מלבך וגו' א"ר שמואל בר נחמני אמר רבי יונתן שלשה שאלו שלא כהוגן לשנים *השיבוהו כהוגן לאחד השיבוהו שלא כהוגן ואלו הן אליעזר עבד אברהם ושאול בן קיש ויפתח הגלעדי אליעזר עבד אברהם דכתיב °(א) והיה הנערה אשר אומר אליה הטי נא כדך וגו' יכול אפי' חיגרת אפי' סומא השיבו כהוגן ונזדמנה לו רבקה שאול בן קיש דכתיב °והיה האיש אשר יכנו יעשרנו המלך עושר גדול ואת בתו יתן לו יכול אפי' עבד אפילו ממזר השיבו כהוגן ונזדמן לו דוד יפתח הגלעדי דכתיב °והיה היוצא אשר יצא מדלתי ביתי וגו' יכול אפילו דבר טמא השיבו שלא כהוגן נזדמנה לו בתו והיינו דקאמר להו נביא לישראל °הצרי אין בגלעד אם רופא אין שם וכתיב °אשר לא צויתי ולא דברתי ולא עלתה על לבי אשר לא צויתי זה בנו של מישע מלך מואב שנאמר °ויקח את בנו הבכור אשר ימלך תחתיו ויעלהו עולה ולא דברתי (ג) זה יפתח ולא עלתה על לבי זה יצחק בן אברהם אמר רבי ברכיה אף כנסת ישראל שאלה שלא כהוגן והקב"ה השיבה כהוגן שנא' °ונדעה נרדפה לדעת את ה' כשחר נכון מוצאו ויבוא כגשם לנו אמר לה הקב"ה בתי את שואלת דבר שפעמים מתבקש ופעמים אינו מתבקש אבל אני אהיה לך דבר המתבקש לעולם שנאמר °אהיה כטל לישראל ועוד שאלה שלא כהוגן אמרה לפניו רבש"ע °שימני כחותם על לבך כחותם על זרועך א"ל הקב"ה בתי את שואלת דבר שפעמים נראה ופעמים אינו נראה אבל אני אעשה לך דבר שנראה לעולם שנאמר °הן על כפים חקותיך: אין שואלין את הגשמים כו': סברוה שאלה והזכרה חדא מילתא היא מאן תנא אמר רבא ר' יהושע היא דאמר *משעת הנחתו א"ל אביי אפילו תימא רבי אליעזר שאלה לחוד והזכרה לחוד ואיכא דאמרי לימא רבי

רש"י

עורפילא · גשמים דקים כך שמן כדלקמן: אפי' לפרצידא דתותי קלא · הגרעין שתחת גושה של קרקע: מהניא · שמתחיל לבצבץ ולעלות מיד: עורו פילי · שפותח סדקי הארץ ל"א שמגדלת ומלמחת הגרעינין העומדין בסדקי הקרקע: צורבא מרבנן · בחור צעיר כמו ביעי דלריכן במסכת ביצה (דף ד:) תלמיד חכם זקן לא קרי צורבא אלא הוא מרבנן קרי ליה: כיון דנבט נבט · שמתחיל לבצבץ ולעלות עולה למעלה כך תלמיד חכם כיון שילא שמו הולך וגדל למעלה: אורייתא מרתחא ליה · שיש לו רוחב לב מתוך תורתו ומשים ללבו יותר משאר בני אדם וקמ"ל דחייבין לדונו לכף זכות: כאש · שמחמם כל גופו: בוניה · תלמידי חכמים מקיימי עולם בבניניהן: ברזל · קפדנים וקשים כברזל: שלשה שאלו כו' · משום דרבי ברכיה מייתי בגשמים לקמן נקט לה: ובנות אנשי העיר יולאות והיה הנערה · משמע הנערה היולאה תחילה מן העיר ויאמר לה השקיני (ג) לא היה מנחש: אפי' חיגרת אפי' סומא · לפי שלא פירש בשאילתו ואפשר שתהיה בעלת מום ולא יבין בה אליעזר ויקחנה: (אלא) השיבוהו כהוגן · וזימנו לו רבקה: דבר טמא · כלב או חזיר: והיינו דאמר להו נביא כו' · מדגלי ביה קרא ואמר הצרי אין בגלעד [אלמא דלא האי ניחא קמי שמיא כדאמרינן הצרי אין בגלעד] פנחס היה שם והיה יכול להתיר נדרו אלא שלא רצה יפתח לילך אצלו (ד) והוא לא רצה לבוא אצל יפתח בבראשית רבה: וכתיב אשר לא צויתי · בירמיה כתיב בפרשת בקבוק ובנו את במות (*התופת אשר בגיא בן הנם) לשרוף את (בנותיהם ואת) בניהם באש אשר לא [צויתי ולא] דברתי ולא עלתה על לבי שלא תאמרו הלא נוה כמו כן הקב"ה ליפתח ומישע ואברהם כי מעולם לא צויתי למישע לשרוף את בנו באש דכתיב ויקח את בנו הבכור אשר ימלך תחתיו ויעלהו עולה על החומה ולשמים נתכוון כסבור היה לרצות להקב"ה והאי דכתיב* על שרפו עצמות מלך אדום לשיד מילתא אחרינא הוא ולא דברתי ליפתח (ה) מימים ימימה ותהי חק בישראל ובתרגום מזכיר פנחס לגנאי ויפתח לגנאי אלמא לא היה הקב"ה רוצה בבתו שהרי מזכירם לגנאי לפי שלא הלכו זה אצל זה לבטל הנדר ה"ג ולא עלתה על לבי זה יצחק בן אברהם כלומר שאע"פ שציויתי לו מעולם לא עלתה על לבי לשחוט בנו אלא לנסותו מפני קטיגורו הייט שטן כדאמר בסנהדרין בהנחנקין (דף פט:) ויהי אחר הדברים האלה אחר דבריו של שטן וכו' ואית דלא גרסינן האי ולא עלתה על לבי *דטעי בקרא אחרינא דלא כתב אלא אשר לא צויתי ולא דברתי (ירמיה ז' פסוק לא) ובפרשת בקבוק כתיב כל הני תלתא אשר לא צויתי ולא דברתי ולא עלתה על לבי · בתנחומא אשר לא צויתי זו בתו של יפתח אע"פ שציויתי לו תורה ומצות מלוה זו לא צויתי עליו ולא דברתי זה בנו של מישע מלך מואב והלא מישע נכרי הוא ולא הוה לו לדבר עמו אפילו דיבור בעלמא: ובהגדה קא חשיב כלב בהדייהו אשר יכה את קרית ספר ולכדה וגו' ורבי יונתן דלא חשיב ליה דגמרא פשיט ליה ...: ונדעה נרדפה ... מפי רבי: ויבוא כגשם לנו · פעמים אינו מתבקש שהוא סימן קללה בקיץ: (ו) דבר המתבקש לעולם · טל אפילו בימות החמה: פעמים נראה · ... מפי רבי: (ח) ה"ג סברוה שאלה והזכרה חדא מילתא היא · כלומר הא דקתני אין שואלין את הגשמים הייט אין מזכירין את הגשמים: ומאן תנא · דלמר סמוך לימות הגשמים מזכירין אבל לא קודם לכן: רבי יהושע היא · דלמר משעת הנחת לולב הוא מזכיר דהייט יום שמיני והוא סמוך לגשמים דמן החג ואילך הוא זמן גשמים: הכי

תוספות

עורפילא · היינו גשם דק אפילו לפרצידא דתותי קלא מהניא פי' פרצידא זו גרעין שהוא מתחת האבן היינו כמו חטה שמתחת הקרקע: מאי עורפילא עורו פילי · פי' מעוררין ומלמחין פילי פי' אותן העומדים בסדקי הארץ: שלשה שאלו שלא כהוגן. אליעזר שאול ויפתח וא"ת אמאי לא חשיב כלב בן יפונה שאמר אשר יכה את קרית ספר ולכדה ונתתי לו את עכסה בתי לאשה אמאי לא פריך כמו הכא יכול ממזר או עבד וי"ל דהא דקאמר כלב שיתן לו (ס) הקב"ה כל מי שיכול לחזור אותן הלכות ששכחו בימי אבלו של משה אתן לו עכסה בתי וי"מ דלכך נקראת *עכסה שכל הרואה אותה כועס על אשתו והא ודאי משום לניעות יתירא דקא חזו בה והיה סומך דזכותה וזכות דידיה מסתייע דלא מזדווגין לה אלא כפי מעשיה כדאיתא בסוטה (דף ב.) דאין מזווגין וכו': יכול אפי' חיגרת או סומא · תימה אמאי לא נקט הכא גבי אליעזר עבד אברהם כמו דקאמר גבי שאול בסמוך יכול אפי' ממזרת או שפחה וכו' ואמר רש"י משום דגבי אליעזר לא שייך עדיין ממזרת דהא לא נתנה תורה אי נמי דגבי אשה לא דייק עלמא אלא ליופי וא"ת היכי קאמר דשאל אליעזר שלא כהוגן והא לא אמר אלא אשר אומר אליה הטי נא כדך ואם יראה שתהא חיגרת או סומא לא יאמר לה וי"ל דה"פ יכול אפילו חיגרת ואפילו סומא יכול אפי' חיגרת שיהיה לה אפילו רגל של עץ והוא לא יהא רואה או סומא כגון שיש לה עינים יפים ואינה רואה כלל: והיינו דקאמר להו נביא לישראל הצרי אין בגלעד אם רופא אין שם · כלומר להתיר נדרו ליפתח והא הוה פנחס ואמאי לא הלך יפתח אצלו להתיר נדרו אלא מתוך גסות רוחו אמר לא אלך אצלו שאני שופט ונגיד אלא יבא אלי ופנחס אמר ליתי גבאי דהוא כהן ועל ידי תהא פטורה שהייתי (י) שורה ומתיר הנדר ופוטר אותה ולבסוף נענשו שניהם יפתח נענש שנפלו אבריו קודם מיתה כדכתיב ויקבר בערי גלעד ופנחס נענש דכתיב לפנים היה ה' עמו*:

[כל זה איתא במ"ר סוף סדר בחוקותי]

רבינו חננאל

לפירות: עורו פילי. פי' השפה היורדת בכח מערערת פילא כמו פילחא כדכתיב כמו פולח ובוקע בארץ·אפי' לפרצידא דתותי קלא. פי' שתחת האבן צומח *)וכן ת"ח דומה לפרי תחת האבן (ששואב שואב) וכיון שצומח [צומח] בבת אחת. צורבא מרבנן דמרתח אורייתא מרתחא ליה שנאמר הלא כה דברי כאש: אמר רב שמואל בר נחמני א"ר יונתן ג' שאלו שלא כהוגן אליעזר שאול ויפתח. ומצינו בבראשית רבה ד' הן ששאלו שלא כהוגן אליעזר שאול ויפתח וכלב ופשטיה כיון דשאול וכלב שוין דתרווייהו נתינת [בתם חשיב] להו כאחד. לפיכך תני הכא שלשה: אין שואלין הגשמים כיון ששנינו כאן שאילת הגשמים סמוך לגשמים היא הוצרכנו לומר סברוה שאלה והזכרה ביום אחד הן תניתא לר' יהושע דאמר משעת הנחתו מזכיר ומיד שואל כי אין שאלה אלא בתפלת החול בי"ח בברכת השנים אלא לר' אליעזר קשיא ושנינן הזכרה לחוד ושאלה לחוד לזמן אחר ולאו כי הדדי:

*) עי' מ"ש בפירוש רבינו לקמן ריש פ"ג ושייך כאן.

רבינו גרשום

עורפילאי מיטרא דקה: פרצידא גרגר: דתותי קלא. תחת קרקע קשה: עורו פילי התעוררו בקעים כלומר שמכנים המטר דקה בבקעים ומוציא התבואה שבהם: כיון דנבט שבקע ויוצא אף ת"ח כיון שיוצא שמו בעולם שוב הולך וגדול בכל שעה: שאינו קשה כברזל. שאינו קשה לרצות: הצרי אין בגלעד כלומר שהיה יכול לילך אצל אליהו ומתיר לו נדרו: על לבי זה יצחק שלא היה בלבו של הקב"ה שישחטהו אלא בפה כדי לנסותו: על כפים חקותיך. וידים נראין לעולם: אין שואלין את הגשמים. ותן טל ומטר: ר' יהודה אמר האחרון מזכיר. גבורת גשמים ות"ח דשאלין ותן טל ומטר: מאן תנא דהתחלת שאלה והזכרה מצי למיהוי ביום אחד: דאמר משעת הנחתו דהיינו בשביעי מתחילין להזכיר שהוא חולו של מועד מצי להתחיל לשאול בברכת השנים שהרי מתפללין אתה חונן. ראי ר' אליעזר כיון דאמר בראשון מתחיל להזכיר לא מצי למיהוי התחלת הזכרה והתחלת שאלה ביום אחד דביו"ט ראשון ליכא שאלה שהרי אין מתפללין בו אתה חונן ולא מצי למישאל אלא בברכת השנים אפי' תימא דקתני אין שואלין ר' אליעזר היא ולא תימא שאלה והזכרה בהדדי

הגהות הב"ח

(א) גמ' אליעזר עבד אברהם דכתיב והנה אנכי נצב על עין המים ובנות אנשי העיר יוצאות וגו'

גליון הש"ס

גמ' ר"י היא דאמר משעת הנחתו. עי' לקמן דף ...

עין משפט נר מצוה

יא א מיי' פ"ב מהל' תפלה הל' טו סמג עשין יט טוש"ע או"ח סי' קיד סעיף ג:

רבי יהושע היא דאמר משעת הנחתו אמר רבא אפילו תימא רבי אליעזר שאלה לחוד והזכרה לחוד: רבי יהודה אומר העובר לפני התיבה כו': ורמינהו *עד מתי שואלין את הגשמים (א) ר' יהודה אומר עד שיעבור הפסח ר' מאיר אומר עד שיעבור ניסן אמר רב חסדא לא קשיא כאן לשאול כאן להזכיר מישאל שאיל ואזיל להזכיר ביו"ט ראשון פסיק אמר עולא הא דרב חסדא קשיא *כחומץ לשנים וכעשן לעינים ומה במקום שאינו שואל מזכיר במקום ששואל אינו דין שהוא מזכיר אלא אמר עולא תרי תנאי אליבא דר' יהודה רב יוסף אמר מאי עד שיעבור הפסח עד שיעבור שליח צבור ראשון היורד ביו"ט ראשון של פסח א"ל אביי שאלה ביו"ט מי איכא א"ל אין שואל מתורגמן וכי מתורגמן שואל דבר שאינו צריך לצבור אלא מחוורתא כדעולא רבה אמר מאי עד שיעבור הפסח עד שיעבור זמן שחיטת הפסח וכתחילתו כן סופו מה תחילתו מזכיר אע"פ שאינו שואל אף סופו מזכיר אע"פ שאינו שואל א"ל אביי בשלמא תחילתו מזכיר (ב) הזכרה נמי ריצוי שאלה היא אלא סופו מאי ריצוי שאלה איכא אלא מחוורתא כדעולא *א"ר אסי א"ר יוחנן הלכה כר' יהודה א"ל ר' זירא לר' אסי ומי אמר רבי יוחנן הכי והתנן *בשלשה במרחשון שואלין את הגשמים רבן גמליאל אומר בשבעה בו *וא"ר אלעזר **הלכה כרבן גמליאל א"ל **גברא אגברא קא רמית איבעית אימא לא קשיא כאן לשאול כאן להזכיר והאמר ר' יוחנן במקום ששואל מזכיר ההוא להפסקה איתמר והאמר ר' יוחנן התחיל להזכיר מתחיל לשאול פסק מלשאול פסק מלהזכיר אלא לא קשיא *הא לן הא להו מאי שנא לדידן דאית לן פירי בדברא לדידהו נמי אית להו עולי רגלים כי קא"ר יוחנן בזמן שאין בית המקדש קיים השתא דאתית להכי הא והא לדידהו ולא קשיא כאן בזמן שבית המקדש קיים °כאן בזמן שאין בית המקדש קיים ואנן דאית לן תרי יומי היכי עבדינן אמר רב מתחיל במוספין ופוסק במנחה ערבית ושחרית וחוזר במוספין אמר להו שמואל פוקו ואמרו ליה לאבא אחד שעשיתו קודש תעשהו חול אלא אמר שמואל מתחיל במוספין ובמנחה ופוסק ערבית ושחרית וחוזר ומתחיל במוספין

רבא

*) גי' מהרש"א א"ר יוסי בר חנינא הלכה כו' **) [ב"ק מג: סנהדרין כסי ל: חולין נג:]

רש"י

הכי גרסינן ואיכא דאמרי לימא ר' יהושע היא אפי' תימא רבי אליעזר כו' · ולא גרסינן סברוה שאלה לחוד והזכרה לחוד דהא לא משתמע ממתני': **עד אימתי שואלין את הגשמים** · בסוף ימות הגשמים: **עד שיעבור הפסח** · דאמרינן כל חולו של מועד ותן טל ומטר: **עד שילא ניסן** · וכדמפיק טעמא במתני': **הכי גרסינן אמר רב חסדא כאן לשאול כאן להזכיר מישאל שאיל ואזיל והזכרה ביו"ט ראשון פוסק** · נשאל שואל והולך עד שיעבור הפסח דקתני עד מתי שואלין כו' להזכיר אינו מזכיר אלא בתפלת יוצר של יו"ט ראשון: **במקום שאינו שואל** · ביו"ט האחרון של חג שאינו מתפלל תפלתו תפלת חול דאין שאלה אלא בברכת השנים: **מזכיר** · גבורות גשמים כדאמר רבי יהודה האחרון מזכיר: **במקום ששואל** · בחולו של מועד של פסח: **תרי תנאי** · חד אמר עד שיעבור הפסח שואלין כל שכן שמזכירין וחד אמר שאלה עד הפסח והזכרה שיכול להזכיר ביו"ט מזכיר ביו"ט הראשון של פסח בתפלת יוצר ומוספין פוסק: **רב יוסף אמר** · האי דקתני עד אימתי שואלין עד שיעבור כו' ה"ק עד שיעבור שליח צבור כו' והיינו כלישנא דרבי יהודה דמתני' דאמר הראשון מזכיר האחרון אינו מזכיר: **שאלה ביו"ט מי איכא** · וכי מתפלל הוא תפלת חול שאלה אומר עד שיעבור הפסח דהיינו (ג) זמן שליח צבור של תפלת יו"ט הראשון של פסח: **אמר ליה אין שאלה דמתורגמן** · בדרשה שהוא דורש אומר ברכת שאלה לבדה: **דבר שאינו צריך לצבור** · דכיון דזמן הפסקה הוא לאו אורח ארעא למישאל בצבור דבר שאינו צריך: **עד שיעבור זמן שחיטת פסח** · (ד) חצות יום דארבעה עשר עד שיעבור חצות דהיינו כל תפלת יוצר ואשמעינן ר' יהודה דבמנחה דערבי פסחים אע"ג דמצלין תפלת חול מפסיקין ולא יאמר ותן טל ומטר ואע"ג דמדכרינן עד למחר במוספין פוסק השאלה בתפלת מנחה של ערב יו"ט הראשון והזכרה שיכול להזכיר ביום טוב מזכיר עד תפלת מוסף של יום טוב הראשון: **כתחילתו** · שהוא מזכיר תחלה ביום טוב אחרון של חג ואינו שואל עד לאחר החג (ה) כך בסופו אינו שואל במנחה ערב יו"ט הראשון ומזכיר עד מוסף של יו"ט ראשון והכא ליכא למיפרך שאלה ביו"ט מי איכא: **דהזכרה נמי לורך שאלה היא** · שמרלה תחילה לפי שא"א לו לשאול ביו"ט וכיון דאיכא שאלה אבתריה מזכיר הוא לרצויי בעלמא: **אבל סופו** · למה הוא מזכיר הואיל ואינו צריך לשאול מכאן ואילך הא כיון דהפסקה מאתמול גלית אדעתך דלא ניחא לך בהו ואמאי מזכיר: **הלכה כרבי יהודה** · דאמר העובר לפני התיבה וכו': **מי אמר רבי יוחנן הכי** · דהלכה כרבי יהודה דמזכיר ביו"ט האחרון: **בשלשה במרחשון** · הכי קים להו דהוה זמן גשמים כו': **הלכה כרבן גמליאל** · דאינו שואל עד שבעה במרחשון וקא ס"ד דבמקום שהוא שואל מזכיר עד דמשני לקמן: **כאן לשאול** · בשבעה במרחשון: **כאן להזכיר** · מיו"ט האחרון ור' יוחנן אית ליה דרבי אלעזר: **והא א"ר יוחנן במקום ששואל מזכיר** · (ו) במקום שאינו שואל אינו מזכיר והיכי א"ר יוחנן דהלכה כר' יהודה שמזכיר ביו"ט האחרון הא ליכא שאלה דאין אומר ברכת השנים ביו"ט: **לענין הפסקה איתמר** · דכשהוא מפסיק לשאלה בערב הפסח פוסק נמי להזכרה דהכי משמע במקום ששואל מזכיר: **והא תרוייהו איתמר** · התחלה והפסקה: **יתחיל לשאול** · דהיינו בחול שיכול לשאול: **פסק מלשאול** · בערב הפסח פוסק מלהזכיר אלמא לא סבירא ליה כרבי יהודה והיכי אמר הלכה כמותו: **הא לן והא להו** · לבני בבל שיש לנו תבואה ופירות בשדה כל תשרי אין מזכירין עד שבעה במרחשון והם שואלים כדאמר רבי יוחנן מתחיל להזכיר מתחיל לשאול: **והא להו** · לבני ארץ ישראל דקוצרין בניסן ואוספין בתשרי מזכירין בי"ט האחרון כרבי יהודה דאמר רב חסי הלכה כמותו: **בדברא** · מדבר כלומר בשדות: **אית להו עולי רגלים** · ואם ירדו להן גשמים קשה להן בחזירתן: **אלא כי א"ר יוחנן** · הלכה כר' יהודה דמזכיר מיו"ט האחרון כו' בזמן שאין בהמ"ק קיים וליכא עולי רגלים מזכיר: **כאן בזמן שבית המקדש קיים**. דאיכא עולי רגלים אינו מזכיר עד ז' במרחשון: **אנן דאית לן תרי יומי** · שני ימים טובים אחרונים שמיני ספק שביעי ותשיעי ספק שמיני לרבי יהודה דאמר מיו"ט האחרון באיזה מהן מזכיר: **מתחיל במוסף** · של שמיני ספק שביעי דשמא יו"ט האחרון הוא: **ופוסק במנחה** · שמא שביעי הוא ואין זמן הזכרה עד מוסף של מחר: **ופוסק נמי בערבית ושחרית** · של תשיעי ספק שמיני: **לאבא** · חברי: **לאחר שעשיתו קודש** · שהזכרת בו גבורות גשמים כרבי יהודה מיו"ט האחרון: **תעשהו חול** · בתמיה שמפסיק במנחה של אותו היום: **ופוסק ערבית ושחרית** · דלאו היינו תפלה של אותו היום:

רבה

תוספות

ואמר ר' אלעזר הלכה כר"ג דאמר דאין שואלין עד שבעה וכו' · פירוש ולא אמרת הלכה כר' יהודה בהא דקאמר במתני' רבי יהודה אומר העובר לפני התיבה ביו"ט האחרון של חג האחרון מזכיר והראשון אינו מזכיר ומדמינן לעיל שאלה להזכרה דפריך ורמינהו עד מתי שואלין את הגשמים עד שיעבור וכו' ומשני נגבר אגברא וכו' · **והא** אמר רבי יוחנן במקום ששואלין הגשמים מזכיר · ומשני הוא לענין להפסקה פי' דבמקום שמפסיק מלשאול מפסיק מלהזכיר אבל מתחיל קודם להזכרה וטעמא הוי דהזכרה הוא ריצוי שאלה ומש"ה ליכא חששא אם מזכיר קודם: **הא** לן · פירוש לבני בבל (ז) [א] עד לאחר שבעה במרחשון דלית הא פירי בדברא ובארץ ליכא חששא דהא ישלום פירותיהן להיות יבשים בלא הולכה למדבר: **והא** להו · כי המתחיל להזכיר יתחיל לשאול:

רבה

הגהות הב"ח

(א) גמרא ורמינהו עד מתי שואלין את הגשמים ר"מ אומר עד שיצא ניסן רבי יהודה אומר כו': (ב) שם בשלמא תחלתו מזכיר דהזכרה נמי ריצוי: (ג) רש"י ד"ה שאלה כו' שיעבור הפסח דהיינו עד שיעבור זמן תפלת שליח צבור: (ד) ד"ה עד שיעבור זמן שחיטת פסח עד שיעבור חצות יום די"ד

מסורת הש"ס

[לקמן ה.] [קידושין מט:] [לקמן י. וש"נ] [שם]

ברכות ס: מד. שבת פט: סוכה לו. מח: יומא כה: ביצה ה. יד: קידושין כט: [ב"ק קו. ב"ב קמז.]

רבינו חננאל

רבינו גרשום

גליון הש"ס

הגהות הגר"א

§ מסכת תענית דף ד: §

אות א'

הלכה כרבן גמליאל

סימן קיז ס"א - [א]ובארץ ישראל מתחילין לשאול מליל ז' במרחשון - לפי ששם צריך לגשמים, לפי שגבוה הוא מכל הארצות, משא"כ בגולה, **ואנו** בכל חו"ל בתר בני גולה דבבל אזלינן.

באר הגולה

א **שם בגמרא** ‹דף י.› ‹**פ"ק** דתענית דף ד' אסיקנן דהך דרבי יהודה וההיא דרבן גמליאל, היינו דוקא בארץ ישראל ובזמן שבית המקדש קיים עבדינן כרבן גמליאל, ובזמן שאין ביהמ"ק קיים דליכא עולי רגלים עבדינן כרבי יהודה, ובזמן שמתחילין להזכיר מתחילין לשאול, ומעתה קשה על רבינו, אמאי לא חילק בזמן שביהמ"ק קיים לאין ביהמ"ק קיים, והשמיט כל האמור שם, {**והנה** שיטת רש"י, דשואלין בכ"מ בז' מרחשון, והחילוק הוא רק בהזכרה, דבזהמ"ק או לדידן דאית לן פירי בדברא, לא מזכירין עד ז' במרחשון, ובזמן שאין מקדש בא"י כר"י – רש"ש}, **וי"ל** דרבינו ס"ל דהך סוגיא היא דחויא מהלכה, דהא מאי דמשנינן הכי, היינו לדברי ר' יוחנן דס"ל התחיל להזכיר מתחיל לשאול, דלפי"ז הוצרך לתרץ הא לן והא להו, ומסיק הא והא לדידהו וכו', **ולקמן** גבי מתני' דבשלשה במרחשון שואלים את הגשמים רבן גמליאל אומר בשבעה וכו', תניא חנניא אומר ובגולה עד ששים בתקופה, אמר רב הונא בר חייא אמר שמואל הלכה כחנניא, **וכיון** דפסקינן הכי, משמע דלענין ההזכרה ליכא פלוגתא, דכולהו מודו דהלכה כרבי יהודה דמזכיר ביום טוב האחרון, וא"נ ס"ל כהנך תנאי דלעיל, כולהו ס"ל דביו"ט של חג הוא מזכיר, וא"כ כיון דהשאלה היא בשבעה במרחשון בא"י ובגולה עד ששים בתקופה, ע"כ דליתא לדרבי יוחנן דס"ל התחיל להזכיר מתחיל לשאול, **ומה** גם דלעיל אמרינן דעד ז' במרחשון איכא עשבי בדברא, והכא קאמר עד ס' אחר התקופה, וכן הכריח הרב לח"מ ז"ל, וכיון דחזינן דאידחיה לה הך דרבי יוחנן, תו ליכא לפלוגי בין בזמן ביהמ"ק קיים ללא, אלא פסקינן כרבי יהודה כדקאמר רבי יוחנן, וסתם קאמר בין בארץ בין בחו"ל, אמנם לענין השאלה קי"ל כרשב"ג וכברייתא דחנניא, **ואף** דרבן גמליאל משמע דאיירי בזמן שביהמ"ק קיים, דהא טעמא קאמר כדי שיגיע האחרון שבהם לנהר פרת, דהיינו לעולי רגלים, כבר כתב הר"ן ז"ל, דצ"ל דכי איפסיקא הלכתא כרבן גמליאל, היינו אפילו אחר החרבן, לפי שהיו מתאספים בכל הסביבות ברגל לירושלים כמו שעושים גם היום, ע"כ – מעשה רוקח על רמב"ם הלכות תפילה ונשיאת כפים פ"ב הט"ז›

§ מסכת תענית דף ה. §

אות א' – ב'

ומתחיל, וכיון שהתחיל שוב אינו פוסק, והלכתא כיון שהתחיל שוב אינו פוסק

סימן קיד ס"א - [ב]מתחילין לומר בברכה שניה: משיב הרוח ומוריד הגשם - [ג]מפני שיש בה תחיית המתים, והגשמים הם חיים לעולם כתחיית המתים, **בתפלת מוסף של יו"ט האחרון של חג** - והיה ראוי להזכיר לרצות לפני הש"י מיו"ט הראשון של חג, שנידונין בו על המים, **אלא** לפי שהגשמים הם סימן קללה בחג הסוכות, שא"א לישב בסוכה בשעת הגשם, אין מזכירין הגשם עד עבור ז' ימי ישיבה בסוכה.

וראוי היה מן הדין להתחיל להזכיר מיד בליל יו"ט האחרון, **אלא** לפי שבתפלת ערבית אין כל העם בבהכ"נ, נמצא זה מזכיר וזה אין מזכיר, ויעשו אגודות אגודות.

ולמה אין מזכירין בשחרית, יש שכתבו מפני שאסור להזכיר הגשם עד שיכריז הש"ץ או השמש בקול רם "מוריד הגשם" קודם התפלה וכדלקמיה, **וזה** א"א להכריז בשחרית, מפני שצריך לסמוך גאולה לתפלה, **ועוד** טעם אחר עיין בט"ז.

ואם טעה, והזכיר "משיב הרוח ומוריד הגשם" במעריב של שמ"ע, או בשחרית, אינו חוזר.

ואין פוסקין עד תפלת מוסף של יו"ט הראשון של פסח - הטעם דאין פוסקין מבערב, הוא ג"כ כנ"ל, שלא יהיה דבר מעורב ביניהם, שזה מזכיר וזה אינו מזכיר, **אבל** עתה שפוסקין במוסף, ידעו הכל ע"י הש"ץ, או השמש שמכריז קודם תפלת מוסף "מוריד הטל", שהכרזת הזכרת הטל סימן הוא להם להפסקת הזכרת הגשם עוד.

וזה הוא למנהג ספרד, שנוהגין לומר "מוריד הטל" במקום "מוריד הגשם" בימות החמה, **אבל** במדינותינו שאין נוהגין לומר "מוריד הטל" בימות החמה, וא"א להכריז בלשון זה, **ולהכריז** להדיא שיפסקו מלומר "מוריד הגשם", ג"כ אין נכון, מפני שנראה כממאנים בגשמים, על דרך שאמרו: אין מתפללין על רוב טובה, **ע"כ** פסק הרמ"א בס"ג, שנוהגין שלא להפסיק מלהזכיר גשם עד תפלת המנחה, ששמעו כבר מש"ץ שפסק בתפלת מוסף, **אבל** בתפלת מוסף כל הקהל וגם הש"ץ מזכירין הגשם בתפילת לחש, כדי שלא יהיה דבר מעורב בין הצבור.

ואם טעה במעריב של פסח או בשחרית ומוסף, ולא הזכיר "משיב הרוח ומוריד הגשם", לכו"ע אין חוזר.

באר הגולה

ב ברכות ל"ג ותענית ב' ג (עיין דף ז.)

רבא אמר כיון שהתחיל שוב אינו פוסק וכן אמר רב ששת כיון שהתחיל שוב אינו פוסק ואף רב הדר ביה דאמר רב חננאל אמר רב מונה עשרים ואחד יום כדרך שמונה עשרה ימים מר"ה עד יוה"כ ומתחיל וכיון שהתחיל שוב אינו פוסק והלכתא כיון שהתחיל שוב אינו פוסק: **מתני'** עד מתי שואלין את הגשמים ר' יהודה אומר עד שיעבור הפסח ר' מאיר אומר עד שיצא ניסן שנאמר ויורד לכם גשם מורה ומלקוש בראשון: **גמ'** א"ל רב נחמן לר' יצחק יורה בניסן (דתנן) יורה במרחשון הוא ומלקוש בניסן א"ל הכי אמר רבי יוחנן בימי יואל בן פתואל נתקיים מקרא זה דכתיב ביה יתר הגזם אכל הארבה וגו' אותה שנה יצא אדר ולא ירדו גשמים ירדה להם רביעה ראשונה באחד בניסן אמר להם נביא לישראל צאו וזרעו אמרו לו מי שיש לו קב חטים או קבים שעורין יאכלנו ויחיה או יזרענו וימות אמר להם אעפ"כ צאו וזרעו נעשה להם נס ונתגלה להם מה שבכתלין ומה שבחורי נמלים יצאו וזרעו שני ושלישי ורביעי וירדה להם רביעה שניה בחמשה בניסן הקריבו עומר בששה עשר בניסן נמצא תבואה הגדילה בששה חדשים נגדלה באחד עשר יום נמצא עומר הקרב מתבואה של ששה חדשים קרב מתבואה של אחד עשר יום ועל אותו הדור הוא אומר הזורעים בדמעה ברנה יקצורו הלך ילך ובכה נושא משך הזרע וגו' מאי הלך ילך ובכה נושא משך וגו' א"ר יהודה שור כשהוא חורש הולך ובוכה ובחזירתו אוכל חזיז מן התלם וזהו בא יבא ברנה מאי נושא אלומותיו א"ר חסדא ואמרי לה במתניתא תנא קנה זרת שיבולת זרתים א"ל רב נחמן לר' יצחק מאי דכתיב כי קרא ה' לרעב וגם בא אל הארץ שבע שנים בהנך שבע שנים מאי אכול א"ל הכי אמר רבי יוחנן שנה ראשונה אכלו מה שבבתים שניה אכלו מה שבשדות שלישית בשר בהמה טהורה רביעית בשר בהמה טמאה חמישית בשר שקצים ורמשים ששית בשר בניהם ובנותיהם שביעית בשר זרועותיהם לקיים מה שנאמר איש בשר זרועו יאכלו וא"ל רב נחמן לר' יצחק מאי דכתיב בקרבך קדוש ולא אבוא בעיר משום דבקרבך קדוש לא אבוא בעיר א"ל הכי א"ר יוחנן אמר הקב"ה לא אבוא בירושלים של מעלה עד שאבוא לירושלים של מטה ומי איכא ירושלים למעלה אין דכתיב ירושלים הבנויה כעיר שחוברה לה יחדיו וא"ל רב נחמן לר' יצחק מאי דכתיב ובאחת יבערו ויכסלו מוסר הבלים עץ הוא א"ל הכי א"ר יוחנן אחת היא שמבערת רשעים בגיהנם מאי היא ע"ז כתיב הכא מוסר הבלים עץ הוא וכתיב התם הבל המה מעשה תעתועים וא"ל רב נחמן לר' יצחק מ"ד כי שתים רעות עשה עמי תרתין הוא דהוו עשרין וארבע שביקא להו א"ל הכי א"ר יוחנן אחת שהיא שקולה

רש"י

רבא אמר כיון שהתחיל · בשמיני ספק שביעי שוב אינו פוסק: **סדר ביה** · ממאי דאמר פוסק: **מונה כ"א יום** · מראש השנה עד שמיני ספק שביעי של חג כדרך שמונה מר"ה עד יוה"כ י' ימים שמתחיל למנות מיום ראשון של ר"ה ומזכיר מכאן ואילך וזהו שמזכיר בשמיני ספק שביעי שהוא כ"ב שוב אינו פוסק והא דמתחילין אנו למנות מיום א' דהא דאנו עושין ב' ימים לאו משום ספק דשמא עיברו לאלול דהא אנן בקיאינן בקביעא דירחא אלא משום דמנהג אבותינו בידינו ל"א מונה כ"א יום כדרך שמונה ס' כלומר אם עיברו אלול לא יחשוב מיום ראשון של ר"ה כ"א יום שאם כן לא ימלאו בידו אלא כ' וכלים (ב) ביום טוב שביעי יום נטילת ערבה אלא מיום שמתחילין למנות עשרה ימים לעשות בעשירי יוה"כ יתחיל למנות כאלו שבכך לא ימצא שיום הכפורים יום אחד לבד וידע מהיכן התחילו למנות לו וביום שכלין כ"א (ג) דהיינו ביום טוב אחרון מתחיל להזכיר וכיון שהתחיל שוב אינו פוסק: **א"ל רב נחמן לרב יצחק יורה בניסן הוא** · דכתיב ויורד לכם גשם מורה ומלקוש בראשון בתמיה: **והא במרחשון הוא** · כדתניא לקמן ובספרי הוא: **יורה ומלקוש** · מפרש לקמן: **אמר ליה** · ודאי במרחשון הוא ומקרא זה בימי יואל בן פתואל נתקיים שיורה ומלקוש היה בראשון ע"י נס שהיה רעב שבע שנים דכתיב כי קרא ה' לרעב וגם בא אל הארץ שבע שנים וכתיב יתר הגזם אכל הארבה וגו': **הכי גרסינן יצא אדר ולא ירדו גשמים** · ולא זרעו רוב אדר לא גרסינן: **רביעה ראשונה** · התחלת גשמים ולקמן (דף ו:) מפרש רביעה שמרביע את הארץ: **או יזרענו וימות** · ברעב קודם שתגדל התבואה החדשה שלא יהיה לו מה יאכל: **נעשה להם נס כו'** · והיינו דכתיב ושלמתי לכם את השנים אשר אכל הארבה וגו': **נתגלה להם תבואה שבחורי נמלים ומה שבכתלים** · שאגרו העכברים: **יצאו וזרעו** · (ד) וזרעו מה שבידם: **שני** · בניסן ושלישי ורביעי ומה שמצאו אכלו ולאחר שזרעו ירדו להם גשמים בה' בניסן והקריבו עומר בט"ז בניסן מאותה תבואה חדשה: **הגדילה בששה חדשים** · מתשרי ועד ניסן: **בי"א יום** · מחמשה בניסן עד ט"ז: **הזורעים בדמעה ברנה יקצורו** · שלא היה להן מה לאכול: **מאי הלך ילך ובכה** · אם לבני אדם כבר נאמר הזורעים בדמעה ברנה יקצורו אלא על השור הכתוב אומר: **בהליכתו** · לחרוש התלם: **ובחזירתו אוכל חזיז** · שחת מן התלם שזרעו בהליכתן שכשהוא זורע מיד מתחלת ליגדל: **מאי בא יבוא ברנה נושא אלומותיו** · אם מפני התבואה שיש להם לאכול הרי כבר אמור ברנה יקצורו: **שבולת ורגלים** · זהו נס גדול מה שאין כן דרך כל תבואה שהקנה פי שלשה וארבעה בשבולת: **כי קרא ה' לרעב** · בימי יהורם בן אחאב נאמר: **מה שבשדות** · ספיחים ומה שנשתייר בשדות: **אכלו בשר בניהם** · מקראם: **משום דבקרבך קדוש** · שאתה מטיב מעשיך לא יבא הקב"ה בעיר: **לא אבא בירושלים כו'** · והכי קאמר עד שיהא בקרבך קדוש למטה דהיינו ירושלים לא אבוא בעיר שלמעלה: **ירושלים הבנויה כעיר שחוברה לה יחדיו** · ירושלים שלמטה תהא בנויה כעיר שחוברה לה שהיא כיוצא בה חבירתה ודוגמתה מכלל דאיכא ירושלים אחריתי והיכן אם לא למעלה: **ובאחת יבערו ויכסלו מוסר הבלים עץ הוא** · אי לאו גזרה שוה היה משמע אטומים כעץ לקבל מוסר ולשון היו לוקין: **באחת** · עבירה שהן עושין יתבערו הכסילים רשעים: **עשרים וארבעה שביקא להו** · בתמיה בפרשת התשפוט (יחזקאל כב) כ"ד עבירות שעברו ל"א שעברו על כ"ד ספרים:

תוספות

רבא אמר כיון שהתחיל שוב אינו פוסק · כלומר כיון שהתחיל ביום ראשון של (ה) אחרונים שוב אינו פוסק וכן הפסק:

יורה במרחשון הוא · פי' אקרא דכתיב ויורד לכם גשם מורה ומלקוש בראשון פריך דמתני' אפשר לתרץ דאמלקוש קסמיך אבל ביורה מודה דבמרחשון:

ובחזירתו אוכל חזיז מן התלם וכו' · וקשיא הא דקאמר לעיל נמצא הגדילה בששה חדשים גדלה באחד עשר יום הוה ליה למימר גדילה בתליסר *וכי"ד יומי שהרי מיד מתחלת ליגדל ושמא י"ל דלכל המאוחרת שנזרעה בשלישית קאמר נמצא גדילה בי"א יום ול"ע:

לא אבוא בעיר · פירוש בעיר ר"ל בעיר ממש וי"מ פשטיה דקרא בעיר בשנאה כלומר לא אבוא בשנאה ועיר הוי ל' שנאה כמו ומלאו פני תבל ערים (ישעיה יד) :

רבינו חננאל

רבינו גרשום

שקולה כשתים ומאי ניהו ע"ז דכתיב °כי שתים רעות עשה עמי אותי עזבו מקור מים חיים לחצוב להם בארות בארות נשברים וכתיב בתריה °כי עברו איי כתיים וראו וקדר שלחו והתבוננו מאד וגו' ההימיר גוי אלהים והמה לא אלהים ועמי המיר כבודו בלא יועיל תנא כותיים עובדים לאש וקדריים עובדין למים ואע"פ שיודעים שהמים מכבין את האש לא המירו אלהיהם ועמי המיר *כבודי בלא יועיל וא"ל רב נחמן לר' יצחק מ"ד °ויהי כאשר זקן שמואל ומי סיב שמואל כולי האי והא בר נ"ב הוה דאמר מר *מת בנ"ב שנה זהו מיתתו של שמואל הרמתי א"ל הכי א"ר יוחנן *זקנה קפצה עליו דכתיב °נחמתי כי המלכתי את שאול אמר לפניו רבש"ע שקלתני כמשה ואהרן *דכתיב °משה ואהרן בכהניו ושמואל בקוראי שמו מה משה ואהרן לא בטלו מעשה ידיהם בחייהם אף אני לא יתבטל מעשה ידי בחיי אמר הקב"ה היכי אעביד לימות שאול לא קא שביק שמואל לימות שמואל אדזוטר מרנני אבתריה לא לימות שאול ולא לימות שמואל כבר הגיעה מלכות דוד *ואין מלכות נוגעת בחברתה אפילו כמלא נימא אמר הקב"ה אקפיץ עליו זקנה היינו דכתיב °ושאול יושב בגבעה תחת האשל ברמה *וכי מה ענין גבעה אצל רמה אלא לומר לך מי גרם לשאול שישב בגבעה שתי שנים ומחצה תפלתו של שמואל הרמתי ומי מידחי גברא מקמי גברא אין דא"ר שמואל בר נחמני א"ר (*יוחנן) מ"ד °על כן חצבתי בנביאים הרגתים באמרי פי במעשיהם לא נאמר אלא באמרי פי אלמא מידחי גברא מקמי גברא רב נחמן ור' יצחק הוו יתבי בסעודתא א"ל רב נחמן לר' יצחק לימא מר מילתא א"ל הכי א"ר יוחנן אין מסיחין בסעודה שמא יקדים קנה לושט ויבא לידי סכנה בתר דסעוד א"ל הכי א"ר יוחנן יעקב אבינו לא מת א"ל וכי בכדי ספדו ספדנייא וחנטו חנטייא וקברו קברייא א"ל מקרא אני דורש שנאמר °ואתה אל תירא עבדי יעקב נאם ה' ואל תחת ישראל כי הנני מושיעך מרחוק ואת זרעך מארץ שבים מקיש הוא לזרעו מה זרעו בחיים אף הוא בחיים א"ר יצחק *כל האומר רחב רחב מיד נקרי א"ל רב נחמן אנא אמינא ולא איכפת לי א"ל כי קאמינא ביודעה ובמכירה *(ובמזכיר את שמה) כי הוו מיפטרי מהדדי א"ל ליברכן מר אמר ליה אמשול לך משל למה"ד לאדם שהיה הולך במדבר והיה רעב ועיף וצמא ומצא אילן שפירותיו מתוקין וצילו נאה ואמת המים עוברת תחתיו אכל מפירותיו ושתה ממימיו וישב בצילו וכשביקש לילך אמר אילן אילן במה אברכך אם אומר לך שיהו פירותיך מתוקין הרי פירותיך מתוקין שיהא צילך נאה הרי צילך נאה שתהא אמת המים עוברת תחתיך הרי אמת המים עוברת תחתיך אלא יהי רצון שכל נטיעות שנוטעין ממך יהיו

רש"י

שקולה כשתים · דכותיים וקדריים כדמפרש שהרגעו מעניהן לא הביטו מהן דכותיים וקדריים (א) אע"פ שיראתם פתוחה לא רצו להמיר ועמי המירו באחר ולא עוד אלא בלא יועיל : **והאמר מר** · במועד קטן (דף כח·) זו מיתתו של שמואל הרמתי (ג) ולא *כרת היא במסכת שמחות (פ"ג) מתפרש מת בכך שנים זו היא מיתת כרת בכך וכך זו היא מיתה אסכרה : **ימיו של שמואל נ"ב שנה** · דכתיב עד יגמל הנער וגו' דשיבי"ר בלע"ז וכ"ד חדשים נקרא תינוק וכתיב (שמואל א א) וישב שם עד עולם עולמו של לוי חמשים שנה שנאמר (במדבר ח) ומבן חמשים שנה ישוב מצבא העבודה (*בבכורות) ירושלמי ובסדר עולם תמצא כשבי דפין תוספת על זה : **קפצה** · הלבין שערו : **נחמתי** ולכן הקב"ה להורנו מיד : **שקלתני כמשה ואהרן** דכתיב משה ואהרן בכהניו ושמואל בקוראי שמו וגו' · שוין הן : **מעשה ידיהן** · יהושע אף הוא היה תלמידו של אהרן כדאמרי' בעירובין (דף נד:) ילא משה ושנה להן אהרן פירקו : **כי זוטר** · בחור : **מרנני כולי עלמא אבתריה** · דאמרי מדמים זוטר שמת מ"ח עבירה היתה בו : **וכי מה ענין גבעה** בנימין **אצל רמה** · בהר אפרים : **שישב ב' שנים ומחצה** · כדמפרש בסדר עולם שמלך מחצית שנת עשתי עשרה ושנים עשרה ושלשה עשר ושמואל מת בתוך שנת שלש עשרה לסוף שמונה חדשים: **מי מידחי גברא כו'** · לאלדתי שמואל מקמי דוד : **במעשיהם לא נאמר** · דמשמע בעבור חטא : **אלא באמרי פי** · מפני דבר שגזרתי כגון הא' מעשה דשמואל : **שמא יקדים קנה** · כשיוציא הקול נפתח אותו כובע שעל פי הקנה ונכנס בו המאכל ומסתכן ולפיכך לא אומר לך כלום מאכל ומשתה הולך דרך הושט : ה"ג **לימא לן מר מידי** · ולא גרסינן חד לחבריה : **לא מת** · אלא חי הוא לעולם : **בכדי** · וכי בחנם ספדו ספדיא וחנטו חנטיא דכתיב ביה (בראשית נ) ויחנטו (אותו) ויספדו (לו) : **מקרא אני דורש** · והאי דחנטו חנטיא סבורים היו שמת : **מה זרעו בחיים** · כשהוא מקבץ את ישראל מארץ שבים החיים הוא מקבץ שהן בשבי שהמתים אינן בשבי : **אף הוא בחיים** · שיביאנו בגולה כדי לגאול את בניו לעיניו כמו שמלינו במצרים וירא ישראל וגו' ודרשינן ישראל סבא ודחנטו חנטיא נדמה להם שמת אבל חי היה : **כל האומר רחב רחב מיד נקרי** · נעשה בעל קרי : **לא איכפת לי** · איני חושש : **ביודעה** · היינו נמי מכירה : **כי הוו מיפטר** . רב נחמן מרב יצחק : **וצילו נאה** · שזה צריך לאדם עייף לנוח תחתיו : **ופירותיו מתוקין** · לרעב : **ואמת המים** · לצמא :

תוספות

ומי סיב שמואל והא בר נ"ב שנין הוה וכו' · ועתה (*לפי) חייו של שמואל נ"ב שנה שהרי בשנה ראשונה שהיה עלי ממונה לכ"ג הביא מהן טלד שמואל כדכתיב (שמואל א א) ועלי יושב כלומר אותו יום נתיישב ונתמנה ועלי היה נביא ושופטו ארבעים שנה כדמפרש בקרא · ושמואל היה נביא ושופט י' שנים קודם מלכות שאול כדאיתא בסדר עולם נמצא שהיה שמואל בן מ"ט שנה כשנפסק מלהיות שופט ותלי שנה שבשנה ראשונה שהיה עלי נביא טלד ותרתין שנין ופלגא דשאול המלך הרי נ"ב שנין ולהכי קא פריך ומי סיב ומורי ש"י חשיב הני ארבעים שנה דעלי קודם שנשבה הארון ובאותו יום שנשבה מת כדכתיב ויהי כהזכירו ארון האלהים ויפול אחורנית ותשבר מפרקתו וגו' והארון היה בבית אבינדב בגבעה עשרים שנה כדכתיב (שמואל א ז) וירבו הימים ויהיו עשרים שנה וינהו כל בית ישראל אחרי ה' ומיד כשמלך דוד בירושלים הביאו לאחר כשמלך בחברון שבע שנים ומחצה הביאו לשם לא ותחשב ארבעים שנים שחיה עלי עם עשרים שנה שהיה הארון בבית אבינדב היינו ששים נמצא שהיה ששים שנה משנולד שמואל עד שבא הארון בירושלים אע"פ דנולד בשנה הראשונה א"כ כבי לפחות חלי שנה *דהריון אותן שבעה חדשים (ג)היה הארון בשדה פלשתים דלא קא חשיב ומלי' להנהו דשעת הריון נמצא שהיה שמונה שנים ממיתת שמואל עד שבא הארון לירושלים שהרי היה ששה חדשים ממיתת שמואל קודם שמשחו דוד למלך בחברון ומלך שם שבע שנים ומחצה ומיד מלך בירושלים והביא הארון ועתה חסר שמונה שנים מן ששים שנים שהיה משנולד שמואל עד הבאת הארון וישאר נ"ב שנים : **יעקב** אבינו לא מת · וכן משמע (ד) דכתיב ויגוע ולא כתיב וימת כדמפרש בסוטה (דף יג·) גבי מעשה דחושים :

ביודעה ומכירה קאמינא · פי' ביודעה שבא עליה ומכירה שראה אותה :

מלקוט

רבינו חננאל

אני ה' דברתי ועשיתי. והפיצותי אותך בגוים וזריתיך בארצות והתימותי טומאתך מכך ונחלת בך לעיני גוים וידעת כי אני ה' . א"ל הכי אמר ר' יוחנן עבירה אחת שיש בה שתי רעות ומאי ניהו ע"ז שנאמר כי שתים רעות עשה עמי אותי עזבו והלכו אל הגלולים כי עברו איי כתיים גו' עד ועמי המיר כבודו בלא יועיל. ותוב בעא מיניה כתיב ויהי כי זקן שמואל מי קא סיב כולי האי והאמר מר במסכת מועד במשקין מת בן חמשים שנה זו היא מיתתו של שמואל הרמתי א"ל הכי אמר ר' יוחנן זקנה הקפיץ הקב"ה עליו שנאמר (ויהי כי זקן שמואל) נחמתי כי המלכתי את שאול למלך . ויחר לשמואל ויזעק אל ה' כל הלילה אמר לפניו רבש"ע שקלתני כמשה ואהרן כו' . עד מי גרם לשאול לישב שתי שנים ומחצה בגבעה תפלתו של שמואל הרמתי . וכי מידחי גברא מקמי גברא אין שנאמר חצבתי בנביאים הרגתים באמרי פי במעשיהם לא נאמר אלא באמרי פי אלמא מדחי גברא מקמי גברא . אין אומרים דבר הלכה בסעודה שמא יקדים קנה לושט. ויבא לידי סכנה (ותתקל הסעודה) בתר דסעיד א"ל הכי אמר ר' יוחנן יעקב אבינו לא מת שנאמר כי הנני מושיעך מרחוק ואת זרעך מארץ שבים וגו' מקיש יעקב לזרעו מה זרעו בחיים אף הוא בחיים.

רבינו גרשום

ע"א עשרים ושש עבירות כתיבי באותה פרשה התשפט התשפט: ומאי ניהו ע"ז דכתיב פן תשחיתון ועשיתם פסל ואמר כל מקום שנאמר השחתה אינו אלא דבר ערות וע"ז . ע"א . מאי ניהו ע"ז כלומר כשהוא עובד הני תרי ע"ז דקדריים וכותיים ומנלן דהאי קרא כי שתים רעות משמע ע"ז כתיב הכא ט':לא בטלו מעשה ידיהן בחייהן . משכן : מרנני כל עם אבתריה . דאמרי לפי שחטא מת בחור. קפצה עליו זקנה דלא רנני עליה דסבר זקן הוא . אלא באמרי פי כגון שמואל :ביודעה ומכירה : שמורה הבריות לפי שהוא מפר הראשון : שיורד בנחת כמו עושה תוראה לבניו בנחת: ששוטף את הערגות . דמשמע יורה כחץ : שמפיל אילנות . דמשמע *) מתוך מלקושה : סקאין . צלצל : שמל קשיותן . שכשאינו יורה מתענין ומתפללין : או אינו יורה אלא בכסליו : בעתו . היינו י"ג במרחשון : בכירה גרסינן . עד שיגיע ר"ח כסליו כדאמר דאין מתענין אלא עד השתא לישית שאינה

*) אולי צ"ל דכן משמע לשון מלקוש.

מסורת הש"ס

[נ"ל מיתת כרת]

[נ"ל בכורים פ"ב ע"ש]

[נ"ל כבודו]

מו"ק כח.

[שבת קנב.]

[עמ"ש תוס' גיטין סח. ד"ה וכתיב]

[ברכות מח. וש"נ]

[תוספתא דסוטה פי"א]

[נ"ל יונתן]

הגהות הב"ח

(א) רש"י ד"ה שקולה כו' [illegible] דכותיים עובדים למים וקדריים עובדים לאש וכו' : (ג) ד"ה והאמר מר כו' של שמואל הרמתי כרת היא במס' שמחות מפרש מת בכך וכך שנים כו' נ"ב ותיבת ולא נמחק: (ג) תוס' ד"ה ומי כו' אותן שבעה חדשים שהיה הארון כו' דשעת הריון ונמלא שמונה שנים : (ד) ד"ה יעקב כו' וכן משמע מדכתיב ויגוע:

§ מסכת תענית דף ה: §

אות א'[א]

אין מסיחין בסעודה, שמא יקדים קנה לושט ויבא לידי סכנה

סימן קע ס"א - [ב]אין משיחין בסעודה, שמא יקדים קנה לושט - שכשיוצא הקול, נפתח אותו כובע שעל פי הקנה, ונכנס בו המאכל ומסתכן, רש"י

ואפילו בד"ת, ודוקא בשעת אכילה גופא, ומשום סכנה, אבל בין תבשיל לתבשיל מותר, **ומצוה** על כל אדם ללמוד תורה על שלחנו, שכל שלחן שלא אמרו עליו ד"ת, כאלו אכלו מזבחי מתים, **וכתב** בשל"ה, דילמוד משנה או הלכה או אגדה או ספרי מוסר, ואינו יוצא במה שמברך בהמ"ז, **ועכ"פ** יאמר איזה מזמור, וטוב לומר אחר ברכת המוציא מזמור "ה' רועי לא אחסר", דהוא ד"ת ותפלה על מזונותיו.

[ג]ואפי' מי שנתעטש (פי' שטערנודאר"י בלע"ז) בסעודה, אסור לומר לו: אסותא.

באר הגולה

א (ע"פ באר הגולה) | ב תענית ה' | ג ירושלמי פ"ו דברכות

§ מסכת תענית דף ו. §

אות א'

רבי יוסי אומר: בשבעה עשר, ובעשרים ושלשה, ובראש חדש כסליו

יו"ד סי' רכ סי"ח - האוסר עצמו בדבר עד הגשם, הרי זה אסור עד זמן הגשמים, שהוא בא"י ר"ח כסלו; הגיע זמן הגשמים, הרי זה מותר בין ירדו גשמים בין לא ירדו; ואם ירדו מי"ז במרחשון, מותר – [משמע זמן גשם, ומשמע זמן רביעה אחרונה דהיינו ר"ח כסליו, שאז כלו כבר ב' רביעיות הראשונה והאמצעית, אבל אם ירד בהם גשם, די ברביעה ראשונה שהיא י"ז חשוון, זה דעת הרמב"ם, ולא כהטור שכתב עד רביעה ראשונה אפילו לא ירד גשם – ט"ז], **ואם אמר: עד הגשמים, הרי זה אסור עד שירדו הגשמים, והוא שירדו מזמן רביעה שניה, שהוא בארץ ישראל ומקומות הסמוכים לה מכ"ג ממרחשון ואילך** – [משמע ירידת הגשמים דוקא, ומשמע לשון רבים, ומיעוט רבים שנים, דהיינו ששני גשמים ירדו, רביעה ראשונה ושניה – ט"ז].

תמהני, שהרי מבואר בש"ס בנדרים (דף ס"ג ע"א) למאי נ"מ לשאלה ולנדרים ולתענית, ובשאלה קי"ל שהוא בז' במרחשון, וכמ"ש הט"ו באו"ח ריש סי' קי"ז, והוא מוסכם מכל הפוסקים, וכ"כ רש"י רפ"ק דתענית (דף ו' סוף ע"א) נראה לרבי דה"ג: אמר רב חסדא הלכה כרבי יודא דאמר ראשונה בז' במרחשון ואז מתחילין לשאול כדלקמן, עכ"ל, וכן מוכח שם בש"ס, דאמר רב חסדא הלכה כר"ג דשואלין בז' במרחשון, והכי קא פסיק הלכתא בש"ס (שם דף י'), **ואדרבה** על הרמב"ם יש לתמוה, שבפ"ב מהל' תפלה פסק דשואלין בז' במרחשון, והיינו כר' יודא, וכאן פסק דרביעה ראשונה היא בי"ז במרחשון, וכן על המחבר, אלא שיש ליישב בדוחק, וצ"ע - ש"ך. ועיין בשפת אמת, ועיין בדף י' שהובא קצת מדבריו.

הגה: ובגולה, זמן הגשמים ששים יום אחר התקופה שמתחילין אז השאלה, וזמן רביעה שניה שבעים יום אחר התקופה - וכן כתב הרא"ש וטור, ונראה דלטעמייהו אזלי, דס"ל דרביעה ראשונה היא בז' בחשון בא"י, ושנייה בי"ז בו, אם כן חזינן דשנייה מרוחקת מהראשונה י' ימים, **אם** כן כיון דאמרינן בפ"ק דתענית, ובגולה שואלין ס' יום אחר התקופה, אם כן הרביעה השניה הוא ע' יום אחר התקופה, **ולפי** זה הרמב"ם והמחבר דכתבו, דהראשונה י"ז בו והשנייה כ"ג בו, אם כן אין כאן אלא ו' יום בין א' לב', אם כן הרביעה ב' בגולה אינו רק ו' ימים אחר הרביעה ראשונה, **ואם** כן קשה על הרב שכתב דברי הרא"ש וטור אחר דברי הרמב"ם והמחבר, וצ"ע - ש"ך.

אות ב'

הלכה כרבן גמליאל

סימן קיז ס"א - [ד]**ובארץ ישראל מתחילין לשאול מליל ז' במרחשון** - לפי ששם צריך לגשמים, לפי שגבוה הוא מכל הארצות, משא"כ בגולה, **ואנו** בכל חו"ל בתר בני גולה דבבל אזלינן.

באר הגולה

ד שם בגמרא (דף י')

יהיו כמותך אף אתה במה אברכך אם בתורה הרי (א) תורה אם בעושר הרי עושר אם בבנים הרי בנים אלא יהי רצון *שיהו צאצאי מעיך כמותך: ת"ר יורה שמורה את הבריות להטיח גגותיהן ולהכניס את פירותיהן ולעשות כל צרכיהן (ג) דבר אחר שמרוה את הארץ ומשקה עד תהום שנאמר °תלמיה רוה נחת גדודיה ברביבים תמוגגנה צמחה תברך דבר אחר יורה שיורד בנחת ואינו יורד בזעף או אינו יורה אלא שמשיר את הפירות ומשטיף את הזרעים ומשטיף את האילנות ת"ל מלקוש מה מלקוש לברכה אף יורה לברכה או אינו מלקוש אלא שמפיל את הבתים ומשבר את האילנות ומעלה את הסקאין ת"ל יורה מה יורה לברכה אף מלקוש לברכה ויורה גופיה מנלן דכתיב °ובני ציון גילו ושמחו בה' אלהיכם כי נתן לכם את המורה לצדקה ויורד לכם גשם מורה ומלקוש בראשון: ת"ר *יורה במרחשון ומלקוש בניסן אתה אומר יורה במרחשון ומלקוש בניסן או אינו אלא יורה בתשרי ומלקוש באייר ת"ל בעתו מלקוש אמר רב נהילאי בר אידי אמר שמואל דבר שמל קשיותיהן של ישראל דבי ר' ישמעאל תנא דבר שממלא תבואה בקשיה במתניתא תנא דבר שיורד על המלילות ועל הקשין ת"ר יורה במרחשון ומלקוש בניסן אתה אומר יורה במרחשון או אינו אלא בחדש כסליו ת"ל °בעתו יורה ומלקוש מה מלקוש בעתו אף יורה בעתו (*כיון שיצא ניסן וירדו גשמים אינו סימן ברכה) תניא אידך יורה במרחשון ומלקוש בניסן דברי ר"מ וחכמים אומרים יורה בכסליו *מאן חכמים אמר רב חסדא ר' יוסי היא דתניא *) איזו היא רביעה ראשונה הבכירה בשלשה במרחשון בינונית בשבעה בו אפילה בשבעה עשר בו דברי ר"מ ר' יהודה אומר בשבעה ובי"ז ובעשרים ושלשה °ר' יוסי אומר בי"ז ובעשרים ושלשה ובראש חדש כסליו וכן היה ר' יוסי אומר אין היחידים מתענין עד שיגיע ראש חדש כסליו אמר רב חסדא הלכה כר' יוסי אמימר מתני להא דרב חסדא בהא לישנא *בשלשה במרחשון שואלין את הגשמים רבן גמליאל אומר בשבעה בו אמר רב חסדא *הלכה כרבן גמליאל כמאן *אולא הא דתניא ר"ש בן גמליאל אומר גשמים שירדו שבעה ימים זה אחר זה אתה מונה בהן רביעה ראשונה ושניה ושלישית כמאן כר' יוסי אמר רב חסדא הלכה כר' יוסי בשלמא רביעה ראשונה לשאול שלישית להתענות שניה למאי אמר ר' זירא °לנדרים דתנן הנודר

תהלים סה · יואל ב · דברים יא

רש"י

יהיו כמותך · בתורה ולעושר וכבוד: **יורה** · ונתתי מטר ארצכם בעתו יורה ומלקוש (דברים יא): **יורה** · רביעה ראשונה היורדת במרחשון כדלקמן למה נקרא יורה שמורה להן להטיח גגותיהן בטיח של טיט שלא יטפו גשמים בבית: **ולהכניס פירותיהן** · שהניחו בשדות לייבשן עד עכשיו: **כל צרכיהן** · שאר דברים הצריכים לימות הגשמים: ...

... ליכא: **מה מלקוש לברכה** · שא"א לדורשו לשבר גרעות ולהסיר פירות שאינם מטויים באותו הפרק ואי אתה יכול לדורשו אלא לטובה שיורד על המלילות ועל הקשין וממלא את התבואה בקשיה: הדר אמר דגמאת מלקוש קללה הוא והכי משמע שמל וקשה כלומר מל את הבתים והאילנות שמפילן ומשברן וקשה לתבואה: **שמעלה סקאים** · וברכה דקרא למילוי מים בורות שיחין ומערות גימגום: **שמפיל את הבתים** · ומשמעו כדלקמן שמל קשיותן של ישראל אי נמי שמל דבר הקשה חותך ומשבר את הבתים כלומר אין בו תקלת גרעות והסרת פירות לפי שא"א לו:

סקאי · מין ארבה כדמתרגם הגלגל (דברים כח) סקאה ומלקוש לשון ארבה כמו והנה לקש אחר גזי המלך (עמוס ז): **את המורה לצדקה** · אלמא יורה לטובה: **ס"ד או אינו אלא יורה בתשרי ומלקוש באייר** · שיש עדין מלילות וקשין: **ת"ל בעתו** · יורה במרחשון ומלקוש בניסן שכך היא העת והזמן ויפה הוא כדלקמן דזמן רביעה ראשונה במרחשון הוא אית ספרים דכתוב בהו או אינו אלא בכסליו דזמן יורה בכסליו הוא וכרבנן דפליגי עליה דר"מ לקמן ת"ל בעתו יורה ומלקוש מה מלקוש בעתו אף יורה בעתו דמלקוש זהו שיורד על המלילות ועל הקשין וזהו ניסן שיש בו קשין ומלילות: **דבר שמל קשיותן של ישראל** · שכשהוא יורד חוזרין ישראל בתשובה ומתענין ועושין לדקות: **מלילות** · ראשי שיבולות שאדם מולל בידו כדכתיב (דברים כג) וקטפת מלילות בידך: **וקשין** · קנה: **שממלא תבואה בקשים** · ...זה זמן רביעה: **בכירה** · ראשונה ולקמן מפרש למאי הלכתא ניהנו יורה יש בו ג' זמני גשמים: **אפילה** · ...(שמות ט): **ר' יהודה אומר** · בכירה בז' במרחשון ובינונית בי"ז ואפילה בכ"ג וכולהו הני תלתא יורה קרי להו: ...בסמוך שלישית להתענות והואיל וזמן שלישית בר"ח חדש הוא אין ליחידים להתענות (ס): **יחידים** · ...לקמן (דף י:) הגיע י"ז במרחשון ולא ירדו גשמים התחילו היחידים להתענות שמכאן ואילך זמן רביעה אפילה ...כר' יוסי דאין מתענין עד ר"ח כסליו דהיינו רביעה אפילה והיינו כחכמים דאמרי יורה בכסליו: **אמר** ...אמימר תני להא דאמר רב חסדא הלכה כרבן גמליאל דאינו שואל עד ז' במרחשון: **ז' ימים בזה אחר זה** · ...פסקו עד יום שביעי וירדו ז' ימים זה אחר זה אתה מונה בהן ראשונה ושניה ושלישית: **כר' יוסי** · דאליבא ...ראשונה ושניה או שניה ושלישית דראשונה בי"ז ושניה בכ"ג דהיינו ז' ימים עם שנים ימי רביעה ומכ"ג ...

תוספות

מלקוש לברכה או אינו אלא שמפיל הבתים ומשבר האילנות וכו' · נ"ע אמאי לא קאמר ומשבר הגרעות ומשיר את הפירות כדלעיל: **גשמים** שירדו ז' ימים זה אחר זה ולא פסקו אתה מונה בהן רביעה ראשונה ושניה · כיון דלא פסקו ז' ימים דאין בין י"ז לכ"ג אלא ז' ימים י"ז י"ח י"ט כ' כ"א כ"ב כ"ג אבל לא גרסינן ושלישית שהרי אם יתחיל בכ"ג וירדו ז' ימים רצופים (ז) אכתי לא תמלא רביעה שלישית דאיכא ח' ימים מכ"ג עד ר"ח כסליו ואגבי גרבוכ"א גורסין גשמים שירדו ז' ימים זה אחר זה אתה מונה בהם רביעה שניה ושלישית כילד הגשמים התחילו באמצע היום וירדו ז' ימים רצופים א"כ ירדו עד חצי יום של ר"ח מעת לעת:
דאולי

דאזלי אתיגרא · פי' שהולכים במקלות ונשענים עליהם ואמר דתרגומא מחזיק בפלך דכתיב *גבי יואב היי באתיגרא: **בשבילי** הרשות · פי' בדרך שעשוי לדרך השדות והכרמים: **עד** שתרד רביעה שניה · מכאן ואילך מזקי להו:

עד מתי נהנין ושורפין בתבן ובקש של שביעית · פירוש בשנה שמינית וכו' וס"ל כמ"ד ספיחי זרעים מותרים ולר' עקיבא דאמר ספיחי זרעים אסורים מקרא דהן לא נזרע ולא נאסוף כדמפרש במסכת פסחים פרק מקום שנהגו (דף נא:) צ"ל דמוקי לה ולבהמתך ולחיה וגו' בספיחי אילנות ולאו דוקא תבואה קאמר אלא כגון תבואת הכרם דהייני אילנות אבל ספיחי זרעים אסורים:

לא אמרן אלא קודם ועצר דאורתא · כלומר שירדו גשמים קודם ק"ש של ערבית אבל קודם של שחרית יש בהם משום ועצר כדאמר רב שמואל בר רב יצחק:

איכא דאמרי לא ביירי תרביצי. שאין הגנות ריקים מזרעים: וכל

**הנודר עד הגשמים (א) *משירדו גשמים עד שתרד רביעה שניה רב זביד אמר לזיתים דתנן *מאימתי כל אדם מותרין בלקט בשכחה ובפאה משילכו הנמושות בפרט ובעוללות משילכו עניים בכרם ויבואו בזיתים משתרד רביעה שניה מאי נמושות אמר ר' יוחנן סבי דאזלי *אתיגרא ר"ל אמר לקוטי בתר לקוטי רב פפא אמר כדי להלך בשבילי הרשות דאמר מר *מהלכין כל אדם בשבילי הרשות עד שתרד רביעה שניה רב נחמן בר יצחק אמר לבער פירות שביעית *דתנן *עד מתי נהנין ושורפין בתבן ובקש של שביעית עד שתרד רביעה שניה מאי טעמא דכתיב °ולבהמתך ולחיה אשר בארצך כל זמן שחיה אוכלת בשדה האכל לבהמתך בבית כלה *לחיה מן השדה כלה לבהמתך מן הבית אמר רבי אבהו מאי לשון רביעה דבר שרובע את הקרקע כדרב יהודה דאמר רב יהודה מיטרא בעלה דארעא הוא שנאמר °כי כאשר ירד הגשם והשלג מן השמים ושמה לא ישוב כי אם הרוה את הארץ והולידה והצמיחה ואמר רבי אבהו רביעה ראשונה כדי שתרד בקרקע טפח שניה כדי לגוף בה פי חבית אמר רב חסדא גשמים שירדו כדי לגוף בה פי חבית אין בהן משום ועצר ואמר רב חסדא גשמים שירדו קודם ועצר אין בהן משום ועצר אמר אביי לא אמרן אלא קודם ועצר דאורתא אבל קודם ועצר דצפרא יש בהן משום ועצר דאמר רב יהודה בר יצחק *דהני ענני דצפרא לית בהו מששא דכתיב °מה אעשה לך אפרים מה אעשה לך יהודה וחסדכם כענן בקר וגו' א"ל רב פפא לאביי והא אמרי אינשי במפתח בבי מיטרא בר חמרא מוך שקך וגני לא קשיא הא דקטיר בעיבא הא דקטיר בעננא אמר רב יהודה טבא לשתא דטבת ארמלתא איכא דאמרי דלא ביירי תרביצי ואיכא דאמרי דלא שקיל שודפנא איני והאמר רב חסדא טבא לשתא דטבת מנוולתא לא קשיא הא דאתא מיטרא מעיקרא הא דלא אתא מיטרא מעיקרא ואמר רב חסדא גשמים שירדו על מקצת מדינה ועל מקצת מדינה לא ירדו אין בהן משום ועצר איני והכתיב °וגם אנכי מנעתי מכם את הגשם בעוד שלשה חדשים לקציר והמטרתי על עיר אחת ועל עיר אחת לא אמטיר חלקה אחת תמטר וגו' ואמר רב יהודה אמר רב שתיהן לקללה לא קשיא הא דאתא טובא הא דאתא כדמבעי ליה אמר רב אשי דיקא נמי דכתיב תמטר תהא מקום מטר ש"מ אמר ר' אבהו *°מאימתי מברכין על הגשמים משיצא חתן לקראת כלה 'מאי מברך אמר רב יהודה אמר רב *מודים אנחנו לך ה' אלהינו על כל טפה וטפה שהורדת לנו ור' יוחנן מסיים בה הכי אילו פינו מלא שירה כים ולשוננו רנה כהמון גליו כו' עד [א] אל יעזבונו רחמיך ה' אלהינו ולא עזבונו ברוך רוב ההודאות רוב ההודאות ולא כל ההודאות אמר רבא אימא אל ההודאות אמר רב פפא 'הלכך נימרינהו

עד הגשמים · דאמר קונם אם אהנה מדבר זה עד הגשמים: **עד שתרד רביעה שניה** · בנדרים הולכין אחר לשון בני אדם ואין קורין גשמים לראשונה עד שתרד שניה שמכאן ואילך מקולקלות הדרכים ומלוכלכות מפני הגשמים ל"א עד הגשמים משמע תרי דהיינו רביעה שניה: **כל אדם** · אפילו העשירים: *) **פרט.** לא תפאר אחריך (דברים כד) לא תטול תפארתו ממנו: **משילכו הנמושות** · בשדה דמכאן ואילך נתייאשו שאר העניים לפי שיודעין אם נשאר לקט שכחה ופאה נמושות נטלום: **נמושות** · לשון ממשש: **משילכו עניים בכרם ויבאו** · כלומר שלקטו וחזרו ובאו פעם שניה והשתא מסחי דעתייהו עניים: **משתרד רביעה שניה** · דעד ההיא שעתא לקטו הכל: **דאזלי אתיגרא** · הולכין בנחת ומעייני טפי מחזיק בפלך (שמואל ב ג) מתרגמא אתיגרא: **לקוטי בתר לקוטי** · עני מוליך בנו אחריו שמכאן ואילך פוסקין שאר עניים מללקוט: **ה"ג רב פפא אמר בשבילי הרשות** · כלומר שיש רשות מב"ד לעוברי דרכים לקצר שבילן לילך בשדות: **עד שתרד רביעה שניה** · שמכאן ואילך גדלה התבואה וקשה לה דישת הרגל דאמר מר בפרק מרובה* בתנאים שהתנה יהושע מהלכין בשבילי הרשות וכו': **בתבן וקש של שביעית** · ספיחים שגדלו בשביעית דיש בהן איסור שביעית או תבואה שגדלה בשביעית לאחר שנכנסה: **כלה לחיה מן השדה** · לשון זכר כמו (בראשית יח) עשו כלה כלומר כלה האוכל: **כלה לבהמתך** · כמו כלה בחימה כלה ואיכימו (תהלים נט) ומשירדה רביעה שניה מכאן ואילך אין תבן וקש בשדות שהגשמים עושין אותן זבל: **והולידה** · כאדם שמוליד: **גשמים ברביעה ראשונה** · אם באין כל כך שנימוח הקרקע (ג) יפין הן ואין צריך להתענות: **לגוף בה פי חבית** · שנותח מן המים עד שנעשה טיחוח כל כך שיכול לעשות מגופת חבית בלא תוספת מים: **אין בהם משום ועצר** · אין זו קללה של ועצר את השמים: **קודם ועצר** · קודם זמן ק"ש דכתיב ביה ועצר את השמים אע"פ שלא יהיה רוב גשמים: **אבל ירדו קודם ועצר דצפרא יש בהן משום ועצר** · הואיל ולא ירדו ביום ואין יפין לעולם: **לית בהו מששא** · ואין שנתן מתברכת: **וחסדכם כענן בקר** · שאין בו ממש: **מיטרא במיפתח בבי** · אם יורדין בבקר כשפותחין הפתחים יקפל החמר שמוכר תבואה את שקו ליכנס לישן מפני שהשנה מתברכת ויהיה שובע בעולם ולא *ישתכר במכירת תבואתו אלמא יפין הן: **דקטיר בעיבא** · אם נתקשרו שמים בעננים עבים ולא קלושים אין בהם משום ועצר: **דקטיר בעננא** · שהיא קלושה מעט אין בו ממש: **טבא לשתא** · אשריה כלומר טובה יש לשנה דטבת ארמלתא שאין גשמים יורדין בה להרביע את הארץ: **איכא דאמרי דלא ביירי תרביצי** · אותן מקומות שמרבילין בהן תורה אינן בורות מפני שהדרכים יפין הן והולכין התלמידים ממקום למקום ללמוד תורה ל"א לא ביירי תרבילי גנות שאינן גדילין על רוב מים כגון כרשינין: **לא שקיל שודפנא** · אין השדפון נאחז ומתדבק בתבואה: **מנוולתא** · שהדרכים מטונפים בטיט מפני הגשמים: **הא דאתא מיטרא מעיקרא** · שירדו הגשמים בזמנן במרחשון וירדו נמי בטבת שכבר די לעולם בגשמים של מרחשון: **דלא אתא מיטרא מעיקרא** · טבא לשתא דטבת מנוולתא: **אין בהם משום ועצר** · דאותן של קצת מדינה שירדו להן גשמים מוכרין לאחרים: **ואמר רב יהודה אמר רב שתיהן לקללה** · אותן שירדו ואותן שלא ירדו מפני שרוב גשמים קלקלו את תבואתם: **הא דליכא מיטרא טובא** · יותר מדאי שתיהן לקללה: **כדמבעי ליה** · אין בהן משום ועצר שקצת מדינה תספק לקצת מדינה: **תמטר תהא מקום מטר** · כלומר יותר מדאי: **מאימתי מברכין על הגשמים** · בפרק הרואה (ברכות דף נד·) אמרינן על הגשמים אומר הטוב והמטיב והתם (דף נט·) פרכינן הך ברכה דתקון לה רבנן °ומשנינן לה הא דחזא מיחזא והא דשמע משמע: **חתן לקראת כלה** · שירדו כל כך שכשהטפה נופלת יוצאה אחרת ובולעת כנגדה מפי מורי ל"א שהשווקין מקלחין מים שוק מקלח וזה מקלח כנגדו: **רוב ההודאות** · כלומר רוב ההודאות אתה קורא להקב"ה ולא כל ההודאות והכי משמע ברוך אתה ברוב ההודאות ולא בכל אלא כך חותם בא"י אמ"ה אל ההודאות דמשמע כל ההודאות: למימריכהו

עין משפט נר מצוה:

טו א מיי' פ"ה מהלכות נדרים הלכה יא סמג לאוין רמג טוש"ע י"ד סימן רכ סעיף יח:

טז ב מיי' פ"א מהלכות מתנות עניים הלכה יא:

יז ג מיי' פ"ה מהלכות נזקי ממון הלכה ד טור ח"מ סי' רעד:

[ערוך בערך גד ובערך נמש גרס אתיגרא ע"ש פי' שמעה דאלים מתרגם]

יח ד מיי' פ"ז מהלכות שמיטה ויובל הל' א סמג עשין קמח:

[במשנה דשביעית איתא מאימתי כו' משתרד רביעה כו' ל"ש שם ובכל"ש כתב דשניות אמת]

יט ה מיי' פ"י מהלכות ברכות הלכה ו סמג עשין כז טוש"ע א"ח סי' רכא סעיף א:

כ ו ז מיי' שם הלכה ה טוש"ע שם סעיף ב:

מסורת הש"ס:

[נ"ל עד שירדו כדאיתא במשנה נדרים סב: ופי' במשנה ז פ"ט דשביעית]

נדרים סב: שביעית פ"ט מ"ו

פאה פ"ח מ"א ב"מ כא:

*) [נ"ל פאה ר"ל כוס עי' חולין קלה:]

ב"ק פא.

[פסחים נב. נדה כו:]

[ב"ק דף פא.]

ברכות נט.

ברכות נט: ופ"ש

[גי' ר"י מודים וגי' רא"ש ת"י רבנו]

[שם בברכות פרש"י ע"ש]

הגהות הב"ח

(א) גמ' הנודר עד הגשמים עד שתרד ע"ש: (ג) רש"י ד"ה גשמים כו' הקרקע כשיעור טפח יפין הן:

הגהות הגר"א

[א] גמ' כהמון גליו כו' עד. נ"ב וימליכו את שמך מלכנו כ"ה גירסת הרי"ף וש"ס:

רבינו חננאל

למיזי הלכתא. (למאי הלכתא) נקראת שניה. ובפרק ג' פירש כי רביעה א' וב' לשאול ג' להתענות וכן הלכתא. וא"ר וירא שנית לנודר דתניא הנודר עד הגשמים עד שתרד רביעה שניה רב זביד אמר לזיתים. דתניא מאימתי כל אדם מותרין בלקט שכחה ופאה משילכו הנמושות בפרט ובעוללות משילכו עניים בכרם ויבאו בזיתים עד שתרד רביעה שניה. סבי דאזלו אתנרא. זקנים ההולכים במשענת בנתיבי בני רה"ר. מאי לשון רביעה שרובע לקרקע כדרב יהודה דאמר מטרא בעלה דארעא היא שנאמר והולידה והצמיחה. רביעה [ראשונה] כדי שתרד בקרקע טפח. שניה כדי לגוף בה פי חבית: אמר רב חסדא גשמים שירדו כדי לגוף בה פי חבית אין בהם משום ועצר. וכן גשמים שירדו קודם ועצר. פי' קודם ק"ש שכתוב בה ועצר את השמים. אמר אביי לא אמרן אלא קודם קרית של ערב אבל קודם שמע דצפרא יש בהן משום ועצר כלומר המטר היורד בשחר אינו כלום ועובר הוא כדכתיב וחסדכם כענן בקר והני מילי במטר דקטיר בעננא. והוא שעמד והלך. אבל אם נתקשרו שמים בעבים בבקר אינו פוסק אותו היום מטר וזהו האמור בר חמרא מוך שקיך וגני. הצע השק שלך ושכב שאין לך היום הליכה. וטוביא דשתא דטבת ארמלתא דלא ביירא תרביצי. כגון הא דגרסי' (כ"ב ז.) חד מטיא תרביצא וחד מטיא אספלידא. ו"א דלא ביירי תרביצי בירי מלשון בורה כדכתיב והארמה לא תשם ומתרגמינן וארעא לא תבור כלומר שהשקה ונשאר בה לחלוחית עדיין (משתיב) חורשין אותה וזורעין אותה היינו דלא ביירי תרביצי. פי' טבת ארמלתא שלא ירדו גשמים בטבת שהגשמים הם בעל לארץ שנאמר והולידה והצמיחה (הן) [אין] מניחין *) האכסדרא בורא (שדה) בור שוכנין בה מפני שלא באו גשמים ליכנס בבית אלא יושבין באכסדראות כמו אלמנה שאין לה ישיבת בית איכא דאמרי דלא שקיל שיבתנא כלומר לא נסתלק החום אלא ישנים בפתחים פתוחים מפני חוזק החום איני כי טוב הוא כאשר לא יבא המטר בטבת והאמר רב חסדא טבא דטבת מטולתא כלומר בעת שיהו בני אדם מטונפים את רגליהם ובבגדיהם בטיט בזה טובת השנה ושנינן אם היו גשמים במרחשון וכפלו הטוב שלא יהיו בטבת גשמים ואם לא היו גשמים במרחשון וכפלו (הוי בית תשתא) [טוביא דשתא] דטבת מטולתא. ועוד א' גשמים שירדו על מקצת מדינה אין בהם משום ועצר איני והכתיב חלקה אחת תמטר והלקה אשר לא תמטיר עליה תיבש ואמר רב שתיהן לקללה ושנינן אי אתא טובא ומתכבשין תמן טיא לקללה. כדכתיב [תמטר] שם יהיה המטר כגם כלומר נקרים שם המים כגון *) זהו פי' ג' ומ"ש למעלה כגון הא דגרסי' כו' עד אספלידא שייך לכאן.

רבינו גרשום

מאימתי כל אדם מותרין בלקט בשכחה ובפאה של בעה"ב המוציא לקט שכחה ופאה יכול ליקח. משילכו הנמושות שככר הפריו עניים מדעתן. אתינרא במורה שכבר לא השאירו כלום: שבילי הרשות דרכים שהם ברשות היחיד בשדות: ברביעה שניה כבר כלה לחיה: שניה אין צריך אלא כדי שיטול ללוש מהן עפר לגוף פי החבית. אין בהן משום ועצר. כלומר דיש בהן משום ברכה. קודם ועצר דק"ש · מוך קפל ודמוך כלומר שכל היום יורד מטר: עיבא עבים עבות הן של ברכה ובהכי אמרו מוך שקך וגני: ענני קטנים. ארמלתא שאין יורד גשמים לא ביירי תרביצי אין חריבין בתי מדרשות שיכולין תלמידים לבוא שאין מעכבין להן גשמים ובטבת יש להם פנאי יותר מכל ימות השנה ע"א שאין מפסידין הגנות: דאתא מיטרא מעיקרא. קודם טבת ובטבת (נמי אתי טוביה אי ומוקפן) הוי ארמלתא: הא כתיב והמטרתי **) לפורענות: הא דאתא טובא אין בהן משום ועצר דברכה הוי. דאתא כדבעי כלומר זעיר הוי קללה דיקא נמי דקרא בזעיר מיטרא כתיב: תמטר תהא מקום מטר כל דהו: משיצא חתן לקראת כלה. משיצאו מים

*) כלאה דצ"ל עד מתי נהנין וכו' עד שתרד רביעה שניה שאז כבר כלה לחיה. **) נ"ל ואר"י אמר רב שתיהן לפורענות.

גליון הש"ס רש"י ד"ה מאימתי מברכים כו' ומשניק לה הא דחזי מחזי. ק"ל הא דחיק שם כך תירוצא ומסקיק אידי ואידי דממוי כאן דאתא טובא וכו' וצ"ע:

§ מסכת תענית דף ו: §

אות א'

הנודר עד הגשמים משירדו גשמים, עד שתרד רביעה שניה

יו"ד סי' רכ סי"ח - ואם אמר: עד הגשמים, הרי זה אסור עד שירדו הגשמים, והוא שירדו מזמן רביעה שניה, שהוא בארץ ישראל ומקומות הסמוכים לה מכ"ג ממרחשון ואילך – [משמע ירידת הגשמים דוקא, ומשמע לשון רבים, ומיעוט רבים שנים, דהיינו ששני גשמים ירדו, רביעה ראשונה ושניה – ט"ז]

אות ב'

מאימתי כל אדם מותרין בלקט בשכחה ובפאה, משילכו הנמושות; בפרט ובעוללות, משילכו עניים בכרם ויבואו; בזיתים, משתרד רביעה שניה

רמב"ם פ"א מהל' מתנות עניים הי"א - מאימתי מותרין כל אדם [א]בלקט, משיכנסו המלקטים שניים וילקטו אחר מלקטים הראשונים ויצאו. מאימתי מותרין כל אדם בפרט ובעוללות, משהלכו העניים בכרם ויבואו, הנשאר אחרי כן מותר לכל אדם. מאימתי מותרין כל אדם בשכחה של זיתים בארץ ישראל, אם שכח אותה בראש הזית, הרי זה מותר בה [ב]מראש חדש כסליו, שהוא זמן רביעה שנייה בשנה אפילה; אבל ציבורי זיתים ששכחן תחת האילן, הרי זה מותר בהן משיפסקו העניים מלחזר אחריה.

אות ג'

מהלכין כל אדם בשבילי הרשות עד שתרד רביעה שניה

טור חו"מ סימן רעד - לאחר שנקצרה התבואה, הולכים בשביל שעל פני השדות עד שבעה עשר במרחשון שהוא זמן רביעה שנייה, ומשם ואילך אינו רשאי ליכנס בשדות, שדריסת הרגל קשה להן.

אות ד'

כל זמן שחיה אוכלת בשדה, האכל לבהמתך בבית; כלה לחיה מן השדה, כלה לבהמתך מן הבית

רמב"ם פ"ז מהל' שמיטה ויובל ה"א - פירות שביעית אין אוכלין מהן אלא כל זמן שאותו המין מצוי בשדה, שנאמר: ולבהמתך ולחיה אשר בארצך תהיה כל תבואתה לאכול, כל זמן שחיה אוכלת ממין זה מן השדה, אתה אוכל ממה שבבית; כלה לחיה מן השדה, חייב לבער אותו המין מן הבית, וזהו ביעור של פירות שביעית.

אות ה'

מאימתי מברכין על הגשמים, משיצא חתן לקראת כלה

סימן רכא ס"א - [ג]אם היו בצער מחמת עצירת גשמים וירדו גשמים, מברכים עליהם - אפשר דבא"י שמצוי שם יובש גדול, וכשבא עת הגשמים והגשם יורד בזמנו כל אחד שמח בו, אפילו בסתמא צריך לברך בפעם ראשון כשיורד, **ונקט** לשון זה לאפוקי אם יורד עוד הפעם למחר וליומא אוחרא, **ומפמ"ג** משמע, דאפי' בפעם ראשון א"צ לברך כשהשנים מסודרות כתיקונן (אפי' בא"י, ולענ"ד דבר זה צע"ג לדינא, שלא נמצא זה בשום פוסק, אח"כ מצאתי בא"ר שהוא כתב דבא"י צ"ע לדינא, וע"כ נראה דיברך בלא שם ומלכות), **אע"פ שלא ירדו עדיין כדי רביעה, [ד]משירדו כ"כ שרבו על הארץ, [ה]שיעלו (עליסס) אבעבועות מן המטר וילכו זה לקראת זה.**

הגה: ומה שאין אנו נוהגים בזמן הזה בברכת הגשמים, משום דמדינות אלו תדירים בגשמים ואין נצרכין כל כך (סמ"ג ואגור וכל בו) - ר"ל ואין להם שמחה בירידת הגשמים, **ואה"נ** אפילו באותן ארצות שרגילין במטר, אם נעצרו הגשמים והיה העולם בצער, ואח"כ ירדו גשמים, שצריך לברך.

אות ו' – ז'

מאי מברך וכו'

הלכך נימרינהו לתרוייהו: אל ההודאות ורוב ההודאות

סימן רכא ס"ב - [ו]ומה מברך: אם אין לו שדה, אומר: "מודים אנחנו לך ה' אלהינו על כל טפה וטפה שהורדת לנו, ואלו פינו מלא שירה כים" וכו', עד "הן הם יודו ויברכו את שמך מלכנו", וחותם: "בא"י אל רוב ההודאות" - ר"ל בריבוי ההודאות.

באר הגולה

[א] ‹וה"ה בשכחה ופאה, ונקט לקט משום דשכחה לא שכיחא כ"כ, ופאה כיון שנותנין במקום א', אין דרך העניים להשאיר, אבל אם נשאר דינו כמו בלקט – דרך אמונה› [ב] ‹כיון דזמן רביעה שנייה לר' יוסי דאיפסיקא הלכתא כוותיה, הויא בכ"ג לחשון, ושלישית הויא בר"ח כסליו, יש לתמוה על רבינו למה כתב שרביעה שניה היא בר"ח כסליו, ואע"פ שכתב רבינו בשנה אפילה, דמשמע דאע"ג דבשאר שנים לא הוי רביעה שניה בר"ח כסליו, בשנה אפילה הוה רביעה שניה בר"ח כסליו, איני יודע מנין לו. **ונ"ל** שרבינו מפרש דר' יוסי ארביעה שניה קאי, וה"ק רביעה שניה בשנה בכירה בי"ז ובשנה בינונית היא בכ"ג ובשנה אפילה היא בר"ח כסליו, **והטעם** שתפס כאן זמן רביעה שניה בשנה אפילה, משום דספק מתנות עניים להחמיר, ולענין נדרים פסק דנקיטינן בשנה בינונית, שדרך לשון בני אדם בדבר בינוני. **ומשמע** לרבינו דזמן רביעה שניה דאמרינן, היינו לזיתים שבראש הזית, דאלו לצבורי זיתים ששכח תחת האילן, מדחזינן שהניחו עניים מלחזר אחריהם, ודאי מותרים, שמאחר שהם מזומנין ומונחין לפניהם, ופסקו מלחזור אחריהם, ודאי נתיאשו מהם, דומיא דבתבואה משילכו הנמושות – כסף משנה› [ג] **ב"י מדברי הכל בו** [ד] **ברכות נ"ט: ותענית ו:** [ה] **לפי' רמב"ם והר"ן** ‹ורש"י הוי פירש אחר, כמ"ש בב"י› [ו] **שם בברכות ושם בתענית**

§ מסכת תענית דף ז. §

אות א'*[א]

<u>הרבה למדתי מרבותי, ומחבירי יותר מרבותי, ומתלמידי יותר מכולן</u>

רמב"ם פ"ה מהל' תלמוד תורה הי"ג - התלמידים מוסיפין חכמת הרב ומרחיבין לבו; אמרו חכמים: הרבה חכמה למדתי מרבותי, ויותר מחבירי, ומתלמידי יותר מכולם; וכשם שעץ קטן מדליק את הגדול, כך תלמיד קטן מחדד הרב, עד שיוציא ממנו בשאלותיו חכמה מפוארה.

אות א'

<u>אם תלמיד הגון הוא, יפוצו מעינתיך חוצה; ואם לאו, יהיו לך לבדך</u>

יו"ד סימן רמו ס"ז - [ב]אין מלמדין תורה לתלמיד שאינו הגון, אלא מחזירין אותו למוטב, ומנהיגין אותו בדרך ישרה, ובודקין אותו, ואח"כ מכניסין אותו לבית המדרש ומלמדין אותו.

אות ב'

<u>למה נמשלו דברי תורה למים וכו'</u>

רמב"ם פ"ג מהל' תלמוד תורה ה"ט - דברי תורה נמשלו כמים שנאמר: הוי כל צמא לכו למים, לומר לך מה מים אינם מתכנסין במקום מדרון, אלא נזחלין מעליו ומתקבצים במקום אשבורן, כך דברי תורה אינם נמצאים בגסי הרוח, ולא בלב כל גבה לב, אלא בדכא ושפל רוח, שמתאבק בעפר רגלי החכמים, ומסיר התאוות ותענוגי הזמן מלבו, ועושה מלאכה בכל יום מעט כדי חייו אם לא היה לו מה יאכל, ושאר יומו ולילו עוסק בתורה.

באר הגולה

א ‹ע"פ מהדורת נהרדעא› ב טור ורמב"ם בפ"ד מהלכות תלמוד תורה ה"א ממימרא דרבי זירא חולין דף קל"ג ע"א ‹אמר רבי זירא אמר רב: כל השונה לתלמיד שאינו הגון כזורק אבן למרקוליס, שנאמר וכו'›

נמימרינהו לתרוייהו אל ההודאות ורוב ההודאות אמר ר' אבהו גדול יום הגשמים מתחיית המתים דאילו תחיית המתים לצדיקים ואילו גשמים בין לצדיקים בין לרשעים ופליגא דרב יוסף דאמר רב יוסף *מתוך שהיא שקולה כתחיית המתים קבעוה בתחיית המתים אמר רב יהודה גדול יום הגשמים כיום שניתנה בו תורה שנא' יערף כמטר לקחי ואין לקח אלא תורה שנא' כי לקח טוב נתתי לכם תורתי אל תעזובו רבא אמר יותר מיום שניתנה בו תורה שנאמר יערף כמטר לקחי *מי נתלה במי הוי אומר קטן נתלה בגדול רבא רמי כתיב יערף כמטר לקחי וכתיב תזל כטל אמרתי אם תלמיד חכם הגון הוא כטל ואם לאו עורפהו כמטר תניא היה ר' בנאה אומר כל העוסק בתורה לשמה תורתו נעשית לו סם חיים שנאמר עץ חיים היא למחזיקים בה ואומר רפאות תהי לשרך ואומר כי מוצאי מצא חיים וכל העוסק בתורה שלא לשמה נעשית לו סם המות שנאמר יערף כמטר לקחי ואין עריפה אלא הריגה שנאמר וערפו שם את העגלה בנחל א"ל ר' ירמיה לר' זירא ליתי מר ליתני א"ל חליש לבאי ולא יכילנא לימא מר מילתא דאגדתא א"ל הכי אמר ר' יוחנן מאי דכתיב כי האדם עץ השדה וכי אדם עץ שדה הוא אלא משום דכתיב כי ממנו תאכל ואותו לא תכרת וכתיב אותו תשחית וכרת הא כיצד אם ת"ח הגון הוא ממנו תאכל ואותו לא תכרת ואם לאו אותו תשחית וכרת אמר רבי חמא (*אמר רבי) חנינא מאי דכתיב ברזל בברזל יחד לומר לך מה ברזל זה אחד מחדד את חבירו אף שני תלמידי חכמים מחדדין זה את זה בהלכה אמר רבה בר בר חנה למה נמשלו דברי תורה כאש שנאמר הלא כה דברי כאש נאם ה' לומר לך מה אש אינו דולק יחידי אף דברי תורה אין מתקיימין ביחידי והיינו דאמר רבי יוסי בר חנינא *מאי דכתיב חרב אל הבדים ונואלו חרב על שונאיהן של תלמידי חכמים שעוסקין בד בבד בתורה ולא עוד אלא שמטפשין שנאמר ונואלו ולא עוד אלא שחוטאין כתיב הכא ונואלו וכתיב התם אשר נואלנו ואשר חטאנו ואיבעית אימא מהכא נואלו שרי צוען [וגו'] והתעו את מצרים אמר רב נחמן בר יצחק למה נמשלו דברי תורה כעץ שנאמר עץ חיים היא למחזיקים בה לומר לך מה עץ קטן מדליק את הגדול אף תלמידי חכמים קטנים מחדדים את הגדולים והיינו דאמר ר' חנינא *הרבה למדתי מרבותי ומחבירי יותר מרבותי ומתלמידי יותר מכולן רבי חנינא בר פפא רמי כתיב לקראת צמא התיו מים וכתיב הוי כל צמא לכו למים אם תלמיד הגון הוא לקראת צמא התיו מים ואי לא הוי כל צמא לכו למים רבי חנינא בר חמא רמי כתיב יפוצו מעינותיך חוצה וכתיב יהיו לך לבדך אם תלמיד הגון הוא יפוצו מעינותיך חוצה ואם לאו יהיו לך לבדך (*ואמר) רבי חנינא בר אידי למה נמשלו דברי תורה למים דכתיב הוי כל צמא לכו למים לומר לך מה מים מניחין מקום גבוה והולכין למקום נמוך אף דברי תורה אין מתקיימין אלא במי שדעתו שפלה *ואמר רבי אושעיא למה נמשלו דברי תורה לשלשה משקין הללו במים ויין וחלב דכתיב הוי כל צמא לכו למים וכתיב לכו שברו ואכלו ולכו שברו בלא כסף ובלא מחיר יין וחלב לומר לך מה שלשה משקין הללו אין מתקיימין אלא בפחות שבכלים אף דברי תורה אין מתקיימין אלא במי שדעתו שפלה (א) כדאמרה ליה *ברתיה דקיסר לר' יהושע בן חנניה אי *חכמה מפוארה בכלי מכוער אמר לה אביך רמי חמרא במני דפחרא אמרה ליה אלא במאי נירמי אמר לה אתון דחשביתו רמו במאני דהבא וכספא אזלה ואמרה ליה לאבוה רמייה לחמרא במני דהבא וכספא ותקיף אתו ואמרו ליה אמר לה לברתיה מאן אמר לך הכי אמרה ליה רבי יהושע בן חנניה קריוהו אמר ליה אמאי אמרת לה הכי אמר ליה כי היכי דאמרה לי אמרי לה והא איכא שפירי דגמירי

אי

רש"י

נמימרינהו לתרוייהו · ברוך אתה ברוב ההודאות האל של כל ההודאות משמע ומתחלה היה משמע רוב ממש ולא מרובות וכמו כן בישתבח אל מלך גדול בתשבחות אל ההודאות · מפי רבי: (ב) רשעי עובדי כוכבים אין חיין כי תולעתם לא תמות ואשם לא תכבה (ישעיה סו): **ופליגא דרב יוסף** · דהיא אמר כתחיית המתים ולא יותר שבה חיים בני אדם שהתבואה גדילה בו: **כמטר לקחי**. השוה לקח למטר: **יערף** · כמו אף שמיו יערפו טל (דברים לג) ושחקים ירעפו טל (משלי ג) שהיא מרבה הפירות: **כתיב תזל כטל** · דמשמע נחת: **ערפיהו כמטר** · הרגהו: **לשמה** · משום כאשר צוני ה' אלהי ולא כדי להקרות רבי: **לא יכילנא** · למיגמר: **וכי אדם עץ השדה** · אלא מקיש אדם לעץ השדה מה עץ השדה אם עץ מאכל הוא ממנו תאכל ואותו לא תכרות כך תלמידי חכמים אם הגון הוא ממנו תאכל למוד הימנו ואם לאו אותו תשחית סור מעליו: **ברזל בברזל יחד** · ואיש יחד פני רעהו מה ברזל זה אחד מחדד את חבירו כגון סכין על גבי חבירתה: **אינה דולקת יחידי** · עץ אחד אינה דולקת אלא ב' או ג' ביחד: **יחידי** · בלא חבר שיחדדנו: **שמוסיפין טפשות דכתיב** (ג) **נואלנו** · אשר נואלנו מתרגם דאיטפשנא: **שחוטאין** · דכתיב נואלנו ואשר חטאנו: **ואיבעית אימא מהכא נואלו שרי צוען וגו' והתעו את מצרים** · והתועה הייתו חוטא: **תורה כעץ** · דכתיב עץ חיים היא למחזיקים בה כשמדליק את האור מצית את העצים דקין תחלה: **קטנים מחדדין** · ששואלין כל שעה: **התיו** · משמע להוליך לו מים: **וכתיב לכו למים** · ילך הוא עצמו: **אם תלמיד (חכם) הגון** · שרוצה ללמוד ממך מטה לרב לילך אצלו במקומו: **ואם לאו** · ילך הוא אצל הרב: **יפוצו מעינותיך חוצה** · אם הגון הוא אמור לו (ד) סתרי תורה: **ואם לאו יהיו לך לבדך** · ואין לזרים אתך: **שלשה משקים הללו** · מים יין וחלב (ה) זו התורה שאינו טועם בה כלום ויודעה ולומדה: **בפחות שבכלים** · במאני דפחרא (ו): **במאני דפחרא** · בדרך שחוק אמר ימרמזו מה את אומרת לי והלא אביך נותן יין בכלים מכוערין של חרס: **ואלא במאי נירמיה** · אם לא בשל חרס הא כולי עלמא עבדי הכי: **ותקיף** · החמיץ: **כי היכי דאמרה לי** · אי חכמה מפוארה בכלי מכוער הכי אמרי לה (ז) דיין משתמר בכלי מכוער אף התורה מתקיימת בי יותר משאילו הייתי נאה:

תוספות

וכל העוסק בתורה שלא לשמה תורתו נעשית לו סם המות · וקשה והלא אמרינן (פסחים דף נ:) לעולם יעסוק אדם בתורה אע"ג שלא לשמה שמתוך שלא לשמה בא לשמה ויש לומר דהכי שלא לשמה הוי דמה שאמרינן לעולם יעסוק בתורה אפילו שלא לשמה היינו כלומר כדי שיקרא רבי או כדי שיכבדוהו ומה שאמרינן הכא כל העוסק בתורה שלא לשמה נעשה לו סם המות היינו מי שלומד לקנטר*: **אם** תלמיד חכם הגון ממנו תאכל· פירוש למוד לפניו ואותו לא תכרות כלומר לא תפרד ממנו לילך לפני רב אחר ואם לאו לא תלמוד לפניו והא דאמרינן דלומדים מת"ח אע"פ שאינו הגון כר"מ שהיה לומד לפני אחר במסכת חגיגה (דף טו:) היינו דוקא תלמיד חכם (אחר) יכול ללמוד לפניו לפי שלא ילמוד ממעשיו אבל אם אינו תלמיד חכם אינו רשאי ללמוד לפניו:

אף דברי תורה וכו' · וכן נמי אמרינן בעירובין פ' כילד מעברין (דף נה·) לא בשמים היא ולא מעבר לים היא כלומר לא תמצא התורה במי שמגביה עצמו כשמים שדעתו גבוה ולא בסוחרים ההולכים במדינת הים בעבר הים *דאי ספרא לא סייפא ואי סייפא לא ספרא *והכי נמי איתא התם לא בסחרנין ולא בתגרין ולא *באיסטרולוגין כלומר באותן שרואין בכוכבים אמרו ליה לשמואל והא מר איסטרולוגוס הוא אמר להו תיתי לי דלא מעיינא בהו אלא בעידן דנפקא *למיא פירוש להטיל מים ולא אני מבטל לעצמי:

אי הוו סנו הוו חכימי טפי·(ח) פי' אם היו שונאים היופי הוו תלמידי חכמים ביותר:

ברמאים

מסורת הש"ס

[ברכות נט: ס:] מגילה כח:

[ברכות נג.]

[כ"כ יב.]

[נ"ל ברבי]

ברכות סג: מכות י. ע"ש

[מכות י. ע"ש]

[נ"ל אמר]

נ"ל אמר

ישעיה נה

נדרים נ: ע"ש [סו' פרק"י כמ"ש קח:] סו"ס אוכמלן

גליון הש"ס

תוס' ד"ה אף ד"ת וכו' וה"ג איתא ממש במדרש דברים רבה פ"ח:

עין משפט נר מצוה

כא א מיי' פ"ד מהל' ת"ת הל' א טוש"ע י"ד סימן רמו סעיף ז:

כב ב מיי' שם פ"ג הלכה ט:

רבינו חננאל

שנתון במקום האשבורן. אבל אם באו כרביעו לה לברכה: משיצא חתן לקראת כלה. כשתרד הטיפה על הקרקע שכבר ירד בו מטר מעלת כמין אבעבועין היו מברכין ברכת גשמים: א"ר אבהו גדול יום הגשמים כיום שנתנה בו תורה כו'. כל העוסק בתורה לשמה נעשית לו סם חיים שנאמר עץ חיים היא למחזיקים בה והמתעסק שלא לשמה נעשית לו סם המות שנאמר יערוף כמטר לקחי ואין עריפה אלא הריגה א"ר יוחנן כתיב כי האדם עץ השדה אם ת"ח הוא הגון ממנו תאכל ואותו לא תכרות. ואם אינו הגון אותו תשחית וכרת. דברי תורה אין מתקיימין ביחידי שנאמר חרב על הבדים ונואלו. והקטנים מחדדים את הגדולים כו'. ומתלמידי יותר מכולם. (למה)

[אין זה בעירובין אלא במדרש פ' נצבים איתא קצת מזה]

[במדרש הנ"ל איתא לבית הכסא]

סייך לע"ב

רבינו גרשום

מים התחתונים לקראת מים העליונים כדרך שיבא חתן לקראת כלה: ששקולה כתחיית המתים ששניהם חיים לעולם·אלא להכי כתיב כי האדם [עץ השדה] שת"ח נמשל בו וממנו תאכל. כלומר שיכול להבין בתורה: אותו תשחית וכרת שהתורה משחתת בו. נואלו שרי צוען. והרי הן היו רשאין:בפחות שבכלים.

הגהות הב"ח

(א) גמ' אלא במי שדעתו שפלה עליו כדאמרה ליה כו' בכלי מכוער אמר לה אי בת מלכא אבוך במאי רמי חמרא אמרה ליה במאני דפחרא אמר לה כ"ע במאני דפחרא ואבוך במאני דפחרא אמרה ליה אלא במאי נירמי אמר לה כגון אתון דחשביתון רמו: (ב) רש"י ד"ה (רשעי עובדי כוכבים) תא"מ ונ"ב ס"א רשעים: (ג) ד"ה שמוסיפין טפשות דכתיב אשר נואלנו מתרגם כו' כצ"ל: (ד) ד"ה יפוצו כו' אמור לו (סתרי תורה) תא"מ ונ"ב ס"א דברי תורה: (ה) ד"ה שלשה כו' מים יין וחלב בלא כסף זו התורה מי שאינו טוען: (ו) ד"ה בפחות כו' דפחרא הס"ד ואח"כ מה"ד

א"ע אי בת מלכא את כו' בשחוק אמר: (ז) ד"ה כי היכי כו' הכי אמרי לה כי היכי דיין משתמר: (ח) תוס' ד"ה אי הוו כו' פי' אם היו שונאים כ"כ ולהלן פירושו ניחא משום דיפסק והדר הכא אבל לפרש"י קשיא:

אי הוו סנו טפי הוו גמירי דבר אחר מה שלשה משקין הללו אין נפסלין אלא בהיסח הדעת אף דברי תורה אין משתכחין אלא בהיסח הדעת אמר רבי חמא בר' חנינא גדול יום הגשמים (א) כיום שנבראו שמים וארץ שנאמר °הרעיפו שמים ממעל ושחקים יזלו צדק תפתח ארץ ויפרו ישע וצדקה תצמיח יחד אני ה' בראתיו בראתים לא נאמר אלא בראתיו אמר רב אושעיא גדול יום הגשמים שאפי' ישועה פרה ורבה בו שנאמר תפתח ארץ ויפרו ישע אמר רבי תנחום בר חנילאי אין הגשמים יורדים אלא א"כ נמחלו עונותיהן של ישראל שנאמר °רצית ה' ארצך שבת שבות יעקב נשאת עון עמך כסית כל חטאתם סלה א"ל זעירי מדיהבת לרבינא אתון מהכא מתניתו לה אנן מהכא מתנינן לה °ואתה תשמע השמים וסלחת לחטאת וגו' אמר ר' תנחום בריה דרבי חייא איש כפר עכו אין הגשמים נעצרין אא"כ נתחייבו שונאיהן של ישראל כליה שנאמר °ציה גם חום יגזלו מימי שלג שאול חטאו א"ל זעירי מדיהבת לרבינא אתון מהכא מתניתו לה אנן מהכא מתנינן לה °ועצר את (ג) השמים ואבדתם מהרה אמר רב חסדא אין הגשמים נעצרין אלא בשביל ביטול תרומות ומעשרות שנאמר ציה גם חום יגזלו מימי שלג מאי משמע *תנא דבי רבי ישמעאל בשביל דברים שצויתי אתכם בימות החמה ולא עשיתם יגזלו מכם מימי שלג בימות הגשמים אמר רבי שמעון בן פזי אין הגשמים נעצרין אלא בשביל מספרי לשון הרע שנאמר °רוח צפון תחולל גשם ופנים נזעמים לשון סתר אמר רב סלא אמר רב המנונא אין הגשמים נעצרין אלא בשביל עזי פנים שנאמר °וימנעו רביבים ומלקוש לא היה ומצח אשה זונה היה לך וגו' ואמר רב סלא אמר רב המנונא כל אדם שיש לו עזות פנים סוף נכשל בעבירה שנאמר ומצח אשה זונה היה לך רב נחמן אמר בידוע שנכשל בעבירה שנאמר היה לך ולא נאמר יהיה לך אמר רבה בר רב הונא כל אדם שיש לו עזות פנים מותר לקרותו רשע שנאמר °העז איש רשע בפניו רב נחמן בר יצחק אמר מותר לשנאותו שנאמר °ועז פניו ישונא אל תקרי ישונא אלא ישנא אמר רב קטינא אין הגשמים נעצרין אלא בשביל ביטול תורה שנאמר °בעצלתים ימך המקרה *בשביל עצלות שהיה בישראל שלא עסקו בתורה נעשה שונאו של הקב"ה מך ואין מך אלא עני שנאמר °ואם מך הוא מערכך ואין מקרה אלא הקב"ה שנאמר °המקרה במים עליותיו רב יוסף אמר מהכא °ועתה לא ראו אור בהיר הוא בשחקים ורוח עברה ותטהרם ואין אור אלא תורה שנאמר °כי נר מצוה ותורה אור בהיר הוא בשחקים תנא דבי ר' ישמעאל אפילו בשעה שרקיע נעשה בהורין בהורין להוריד טל ומטר רוח עברה ותטהרם אמר ר' אמי אין הגשמים נעצרין אלא בעון גזל שנאמר °על כפים כסה אור בעון כפים כסה אור ואין כפים אלא חמס שנאמר °ומן החמס אשר בכפיהם ואין אור אלא מטר שנאמר °יפיץ ענן אורו מאי תקנתיה ירבה בתפלה שנאמר °ויצו עליה במפגיע *ואין פגיעה אלא תפלה שנאמר °ואתה אל תתפלל בעד העם הזה [וגו'] ואל תפגע בי וא"ר אמי מאי דכתיב °אם קהה הברזל והוא לא פנים קלקל אם ראית רקיע שקיהה כברזל מלהוריד טל ומטר בשביל מעשה הדור שהן מקולקלין שנא' והוא לא פנים קלקל מה תקנתן יתגברו ברחמים שנא' °וחילים יגבר ויתרון הכשיר חכמה כל שכן אם הוכשרו מעשיהן מעיקרא ריש לקיש אמר אם ראית תלמיד שלמודו

בראתים לא נאמר אלא בראתיו · פי' דמשמע דמהדר אגשם ואם כן משום דגדול יום הגשמים כיום שנברא בו שמים וארץ משתבח ביה הקב"ה אי הוה כתיב בראתים הוה משמע דאהדר אשמים וארץ: **פנים** נזעמים לשון סתר · פירוש בשביל לשון שקר שאומר לשון הרע הרוח לפון תבטל הגשם והייט פנים נזעמים: **מותר** לקרותו רשע · אף על גב דאמרי' בקדושין (דף כח·) הקורא לחבירו רשע יורד עמו לחייו לזה מותר דודאי נכשל בעבירה ועומד במורדו דהכרת פניו ענתה בו: **בהורין** · לשון בהרות עלוק"ש בלע"ז:

אי הוו סנו. אותם נאים שהם חכמים: **טפי הוו גמירי** · שאי אפשר לנאה להשפיל דעתו ובא לידי שכחה: **בהיסח הדעת** · שאם לא ישמרם יפה יהו נשפכין או נופל לתוכן דבר מאוס ונפסלים מלשתות בדבר קל יותר משמן ודבש שמתוך שהן עבים לפה הפסולת למעלה ואפשר לאדם נוטל העליון וזורקו לחוץ והתחתון בר ונקי מה שאין כן במשקה לגלול שאינו עב קליי"ר בלע"ז: **בהיסח הדעת** · אם אינו מחזירם תמיד: **שנאמר הרעיפו שמים ממעל ושחקים יזלו צדק תפתח ארץ ויפרו ישע וצדקה צמיח יחד אני ה' בראתיו בראתים לא נאמר** · דמשמע אשחקים יזלו קאי אלא אני ה' בראתיו לטל ומטר שמע מינה שמשתבח ומתפאר (ג) הקב"ה במטר השמים: **ישועה פרה ורבה בו** · מגלגלי זכות נכנסין לפניו ביום הגשמים שנזכר לישועה מתוך שעת רצון הוא לישנא דקרא ויפרו ישע ואימתי בזמן שהשחקים יזלו צדק: **רצית ה' ארצך** · במים: **נשאת עון עמך** · מיד: **ה"ג א"ל מר זעירי מדיהבת לרבינא כו'** · זעירי סתם היה מן הראשונים ורבינא סוף הוראה לא ראו זה את זה: **ואתה תשמע השמים וגו'** · ואומר ונתת מטר על ארצם בתפלה דשלמה: **ציה גם חום יגזלו מימי שלג** · כשציה גם חום גוזלין מימות השלג שאינן יורדין מטר כמשפטם בידוע ששאול חטאו: **ולא יהיה מטר** · וסמיך ליה ואבדתם: **ציה** · דריש לשון צווי דברים שצויתי אתכם בימות החמה תרומות ומעשרות גזלו מימי שלג את המטר: **רוח צפון תחולל גשם ופנים נזעמים לשון *סתר** · תחולל תבטל כמו לא יחל דברו (במדבר ל) כדאמרי' ביבמות (דף עב·) דרוח צפון ברור הוא ומביא אורה לעולם מה שגשמים נעצרין ופנים נזעמין שמראה הקב"ה שאינו מביא מטר לעולם מפני לשון שקר רכילות ופשט המקרא כשם שרוח צפון תחולל גשם כך פנים נזעמים מפני לשון שקר: **וימנעו רביבים** · משום דמאכת הכלם שהיה בך עזות: **היה** · משמע כבר נכשל: **העז איש** · שיש בו עזות פנים אמור לו רשע בפניו ואין בו משום מלקות כדאמרי' במסכת קדושין (דף כח·) ומשום דבר זה בלבד מותר לקרותו רשע: **מותר לשנאותו** · אע"ג דכתיב ואהבת לרעך כמוך: **ועז פניו ישונא** · ועז כתיב חסר ו' מי שהוא עז פנים ישנא בשו"א *): **ימך** · כמי שאין בו כח להוריד טל ומטר: **ועתה לא ראו אור** · מפני שלא ראו אור של תורה: **אפילו כשהשמים בהורין** · כמו בהרת מטומר בעבים ורוצה להוריד גשמים רוח עברה ותטהרם מפוזרת העבים: (ד) המלאך אף ברי שמו יפיץ ענן אורו גשם שלו: **ויצו** · הקדוש ברוך הוא: **עליה** · על הגשם שתרד: **במפגיע** · כשיתפלל עליה כמו ואל תפגע בי: **קהה הברזל** · כמו הקהה את שיניו *ושיני בנים תקהינה (ירמיה לא): **והוא לא פנים קלקל** · שקלקלו הדור: **וכ"ש אם הוכשרו מעשיהן** · קודם לכן והכי משמע ויתרון הכשיר ויתרון שהכשיר לחכמה אם הכשירו מעשיהן מתחלה שיבואו הגשמים יותר מבחיילים יגבר שהן מגבירין חיילים ועומדין בתפלה בזמן שקלקלו:

*) [נ"ל בשי"ן שמאלית ול' עי' מהרש"א כת"א]

שבת לג: · [נ"ל סתר] · [מגילה יא.] · [לקמן ח. ברכות כו: סוטה יד. סנהדרין מד:] · [בהגדה של פסח] · ויקרא כז

רבינו חננאל

אין הגשמים יורדין בעולם אא"כ נמחלו עונותיהם של ישראל שנאמר רצית ה' ארצך וגו' נשאת עון עמך וגו' ואתה תשמע השמים וסלחת לחטאת עבדיך ועמך ישראל כי תורם את הדרך הטובה אשר ילכו בה ונתת מטר על ארצך אשר נתת לעמך לנחלה. אין הגשמים נעצרים אא"כ נתחייבו שונאי ישראל כלייה כו' או בשביל תרומות ומעשרות. ובשביל מספרי לשה"ר. ובשביל עזי פנים. וכל מי שיש לו עזות פנים ודאי נכשל בעבירה. ומותר לקרותו רשע שנאמר העז איש רשע בפניו ומותר לשנאותו [שנאמר] ועזו פניו ישונא א"ת ישונה אלא ישנא׳ אין הגשמים נעצרים אלא בעון גזל שנאמר על כפים כסה אור ואין כפים אלא גזל שנאמר ומן החמס אשר בכפיהם. וכן נמי נעצרים בשביל ישראל שמעשיהם מקולקלין. והוא לא פנים קלקל

רבינו גרשום

כלי חרס: נפסלין בהיסח הדעת. כלומר מפסידין כשאין משתמרין׳ אלא בראתיו׳ דהיינו בריית עולם: שצויתי אתכם בימות החמה היינו תרומות ומעשרות: שנאמר ומצח שהוא עז פנים מיד אשה זונה היה לך ועזו פניו שמעיז פניו ישונא: ימוך שאינו נותן מטר: בהרים בהרים גרודים:

הגהות הב"ח

(א) גמרא גדול יום הגשמים כיום שנבראו ס"א מיום: (ב) שם ועצר את השמים ולא יהיה מטר ואבדתם: (ג) רש"י ד"ה שנאמר כו' ומתפאר בו הקב"ה (ומנית במים) הא"מ וכ"ב ס"א אין זה ולספרים דגרסי גדול יום הגשמים מיום שנבראו כו' ניחא ומכריח ממה שמנית שמים אלמא דגדול מיום: (ד) ד"ה אפי' כו' המלאך אף ברי. נ"ב לשון רש"י באיוב אף ברי שם מלאך הממונה על העננים והוא יפיץ ענן מטרו של מקום:

שלמודו קשה עליו כברזל בשביל משנתו שאינה סדורה עליו שנאמר °והוא לא פנים קלקל מאי תקנתיה ירבה בישיבה שנאמר °וחילים יגבר ויתרון הכשיר חכמה כ"ש אם משנתו סדורה לו מעיקרא כי הא דריש לקיש הוה מסדר מתני' ארבעין זמנין כנגד מ' יום שניתנה תורה ועייל לקמיה דר' יוחנן רב אדא בר אהבה מסדר מתני' עשרין וארבע זמנין כנגד תורה נביאים וכתובים ועייל לקמיה דרבא רבא אמר אם ראית תלמיד שלמודו קשה עליו כברזל בשביל רבו שאינו מסביר לו פנים שנאמר והוא לא פנים קלקל מאי תקנתיה ירבה עליו רעים שנאמר וחילים יגבר ויתרון הכשיר חכמה כ"ש אם הוכשרו מעשיו בפני רבו מעיקרא ואמר ר' אמי מאי דכתיב °אם ישוך הנחש בלא לחש ואין יתרון לבעל הלשון אם ראית דור שהשמים משתבין (א) כנחשת מלהוריד טל ומטר בשביל לוחשי לחישות שאין בדור מאי תקנתן ילכו אצל מי שיודע ללחוש דכתיב °יגיד עליו רעו ואין יתרון לבעל הלשון ומי שאפשר לו ללחוש ואינו לוחש מה הנאה יש לו ואם לחש ולא נענה מאי תקנתיה ילך אצל חסיד שבדור וירבה עליו בתפלה שנאמר °ויצו עליה במפגיע *ואין פגיעה אלא תפלה שנאמר °ואתה אל תתפלל בעד העם הזה ואל תשא בעדם רנה ותפלה ואל תפגע בי ואם לחש ועלתה בידו ומגיס דעתו עליו מביא אף לעולם שנאמר °מקנה אף על עולה רבא אמר שני ת"ח שיושבין בעיר אחת ואין נוחין זה לזה בהלכה מתקנאין באף ומעלין אותו שנאמר מקנה אף על עולה *אמר ר"ל מאי דכתיב אם ישוך הנחש בלא לחש ואין יתרון לבעל הלשון לעתיד לבא מתקבצות ובאות כל החיות אצל הנחש ואומרים לו ארי דורס ואוכל זאב טורף ואוכל אתה מה הנאה יש לך אמר להם ואין יתרון לבעל הלשון אמר רבי אמי אין תפלתו של אדם נשמעת אלא אם כן משים נפשו בכפו שנאמר °נשא לבבנו אל כפים [*איני והא] אוקים שמואל אמורא עליה ודרש °ויפתוהו בפיהם ובלשונם יכזבו לו ולבם לא נכון עמו ולא נאמנו בבריתו ואף על פי כן °והוא רחום יכפר עון וגו' *לא קשיא כאן ביחיד כאן בציבור אמר ר' אמי אין גשמים יורדין אלא בשביל בעלי אמנה שנאמר °אמת מארץ תצמח וצדק משמים נשקף וא"ר אמי בא וראה כמה גדולים בעלי אמנה מניין מחולדה ובור ומה המאמין בחולדה ובור כך המאמין בהקב"ה עאכ"ו אמר רבי יוחנן כל המצדיק את עצמו מלמטה מצדיקין עליו הדין מלמעלה שנאמר אמת מארץ תצמח וצדק משמים נשקף רבי חייא בר אבין אמר רב הונא מהכא °וכיראתך עברתך ריש לקיש אמר מהכא °פגעת את שש ועושה צדק בדרכיך יזכרוך הן אתה קצפת ונחטא בהם עולם ונושע אמר ריב"ל כל השמח ביסורין שבאין עליו מביא ישועה לעולם שנאמר בהם עולם ונושע אמר ריש לקיש מאי דכתיב °ועצר את השמים בשעה שהשמים נעצרין מלהוריד (*טל ומטר) דומה לאשה שמחבלת ואינה יולדת והיינו דאמר ריש לקיש משום בר קפרא נאמרה עצירה בגשמים ונאמרה עצירה באשה נאמרה

תוספות

אם ראית דור שהשמים משתכין עליו כנחושת מלהוריד גשם עליו וכו' · מכאן מוכיח ר"ת דהא דאמרי' בבבא בתרא (דף יט. ושם) אין סומכין בסלעים מ"ט משום דמשתכי ליה לקדירה ר"ל משתכי מקלקלים המאכל שבקדירה ובלע"ז אורמשי"ר והא דאמר לקדירה לאו דוקא לקדירה אלא למאכל שבקדירה דהכי נמי קאמר (שבת דף יח:) האי קדרה חייתא שרי ואין לפרש כפרש"י שפי' התם משתכי משברים הקדירה דא"כ מאי קאמר הכא שהשמים משתכין (ו) ר"ל שהשמים משתברין אלא ודאי משתכים ר"ל מעלין חלודה כמו דבר שבטל ממלאכתו ימים רבים ומחליד ובלע"ז רואלי"ר: **ואי** לוחש ועלתה בידו ומגיס דעתו מביא אף לעולם שנאמר יגיד עליו ריעו וגו' · כלומר אם יגיד עליו ריעו שעל ידו באו הגשמים והוא מגיס דעתו מקנה אף עולה כלומר הוא קונה אף ועולה כלומר אם עולה שמגיס דעתו עליו הוא מקנה האף:

בחולדה ובור כך בהקב"ה על אחת כמה וכמה · פי' מאמין בחולדה ובור מעשה היה בנערה אחת שהיתה רוצה לילך לבית אביה והיה בור בדרך ונפלה ובא בחור אחד ואמר אם אני אעליך תנשאי לי אמרה לו הן ונשבעו ביניהן שהוא לא ישא אשה אחרת והיא לא תנשא לאיש אחר ואמרו מי מעיד בינינו והיתה חולדה אחת הולכת לפני הבור ואמרו אלו שניהם בור וחולדה יהיו עדים בינינו והלכו לדרכם והיא עמדה בשבועתה והוא נשא אשה אחרת וילדה בן באת חולדה ונשכתו ומת וילדה לו בן שני ונפל לבור ומת אמרה לו אשתו מה זה המעשה שהגיע לנו שלא כשאר בני אדם נזכר השבועה וסיפר לאשתו כל המעשה אמרה לו א"כ חזור וקחנה וכתב לה גט והלך ונשא את הבתולה והיינו דאמרי המאמין בבור וחולדה שהעמידו עדותן ונעמה:

רש"י

שלמודו קשה עליו כברזל · שקשה הוא לו מרוב קושיות בשביל משנתו שאינה סדורה לו ואינו זוכר מה כתיב בה ולפיכך אינו יודע לפרק אי נמי שגורסה בטעות פוטר על החיוב ומחייב על הפטור ומקשי עלה מדוכתא אחריתי והכי משמע קרא והוא לא (ב) שאינו יודע שמועתו מפני שפנים קלקל שקלקל במשנה שהיא קודם לגמרא: **ירבה בישיבה** · שיסדירו בני הישיבה משנתם שנאמר וחיילים בין תלמידים שהן חיילות חיילות: **ויתרון הכשיר** · כשסידר משנתו מתחילה: **כנגד מ' יום שניתנה** · שתתקיים בידו והדר עייל קמיה דר' יוחנן למיגמר גמרא: **כנגד תנ"ך** · שהן כ"ד ספרים: **שפנים קלקל** · שהראה לו פנים רעות: **ירבה עליו רעים** · לפייס הימנו שיסבור לו פנים: **משתכין עליו כנחושת** · מאדימין פנים כעין רודיל"א כדאמרי' בבבא מציעא (דף כו.) דשתיך טפי שהעלה חלודה שנעצרין (*מלהוליד) טל ומטר: **לוחשי לחישות** · בשביל שאין מתפללים תפלה בלחש: **יגיד עליו רעו** · יתפלל עליו חבירו וגבי גשמים כתיב באיוב: **ואין יתרון לבעל הלשון** · כלומר מה הנאה יש לבעל הלשון שיודע ללחוש ואינו לוחש: **מקנה אף על עולה** · מקנה אף מי שמגיס דעתו ועולה: **ואין נוחין זה לזה כו'** · והכי משמע בשביל שצריך להגיד זה לזה ולהיות נוחין בהלכה ואינן עושין מקנה מתקנאים מתגרים באף ומעלים אותו ומביאים אותו עליהן · ויש גורסין ונוחין זה לזה בהלכה מתקנאים באף וכו' משיגיד עליו רעו שנוחין זה לזה מתקנאים באף ומעלים אותו מעליהם: **ארי דורס ואוכל** · מיד ואינו מסירה: **טורף ואוכל** · שמוליך לחוריו ואוכל שם שמפחד מן הבריות ולשנן יש להם הנאה: **ולך מה הנאה יש לך** · שאתה נושך בני אדם והורגן והוא אומר מה יתרון לבעל הלשון שמספר לשון הרע אע"פ שאין לו הנאה ולפיכך מביאו (ג) הקב"ה בדין אלל נחש כדי שיתביישו מפני שהשיא אדם הראשון ומתביישין עמו מספרי לשון הרע: **ולבם לא נכון עמו** · עם הקב"ה: **ואעפ"כ** · כתוב בסמוך והוא רחום יכפר עון ושומע תפלתם והיכי אמרת שאין תפלתם נשמעת אא"כ משים נפשו בכפו כלומר שנפשו מכוונת בכפו (ד): **בצבור** · תפלתם נשמעת ואע"פ שאין לב כולם שלם כדכתיב ויפתוהו בפיהם בדברים לי' רבים: **ביחיד** · אינו אלא א"כ לבו מכוון: **בזמן שאמת מארץ תצמח** · שיש אמונה במשא ומתן אז צדק משמים נשקף דהיינו גשמים שהן צדקה: **מחולדה ובור** · שהמיתו שני בני אדם מבני בחור אחת (ס) מעשה בבחור אחד שנתן אמונתו לריבה אחת שישאנה אמרה מי מעיד והיה שם בור אחד וחולדה אמר הבחור בור וחולדה עדים בדבר לימים עבר על אמונתו ונשא אחרת והוליד שני בנים אחד נפל לבור ומת וא' נשכתו חולדה ומת אמרה לו אשתו מה מעשה הוא זה שבניך מתים במיתה משונה ואמר לה כך וכך היה המעשה: **המאמין בהקדוש ברוך הוא** · שמשימו עד בינו לבין חבירו על אחת כמה וכמה: **המצדיק עצמו** · שמכשיר ומקשט מעשיו: **מצדיקין עליו** · מדקדקין עמו אפילו כחוט השערה יותר משאילו מקלקל מעשיו כדי למרק עונותיו: **שנאמר אמת מארץ תצמח** · אז צדק משמים נשקף לדקה אין כתיב כאן אלא לדק דמשמע דין: **וכיראתך עברתך** · על מי שהוא ירא אותך אתה מחזיק עברתך כדי למרק עונותיו ופשט המקרא מי יודע עוז אפך מי יודע עוז וכח למנות אותו לנום מפניך ביום אפך וכיראתך עברתך כשם שאתה יראוי ומפוחד כך יש להתיירא ולהתפחד מעברתך: **פגעת את שש ועושה צדק** · במי ששמח ועושה צדק שהן העושים כך בדרכיך יזכירוך אתה פוגע בו אם חוטא כלום כמו ויפגע בו וימת · קרא הכי הוא פגעת את שש ועושה צדק והן העושין כך בדרכיך יזכירוך באותם דרכים שאתה מייסרן ביסורין יזכירוך לטובה ואומרים הן אתה קצפת בשביל שחטאו בהם עולם ונושע בשבילם נושע לעולם הבא: **שמחבלת** · כמו חבלי יולדה אף השמים עושין כן וקשה לעולם ועל חטא הוא: נאמרה

מסורת הש"ס: קהלת י · שם · [צ"ל מלהוריד] · שם · איוב לו · ירמיה ז · איוב לו · [לעיל ז: וש"נ] · ערכין טו: · איכה ג · תהלים עח · שם · גי' רש"א · [בשאלתות פ"ס קמא איתא קשיין אהדדי לא קשיא כאן ביחיד וכו' וכ"ה בע"י ומעתה אין צורך להגהת רש"ל לעיל בסמוך איני והא] · שם פה · שם צ · ישעיה סד · דברים יא · [ילקוט איתא מטר]

רבינו חננאל

תלמיד שתלמודו קשה עליו מפני שאין רבו מסביר לו פנים בהלכה: אם ראית השמים נעצרים ומתכסין שאין בדור לוחש לחישות כראוי כו'. ואין הגשמים יורדין אלא בשביל בעלי אמונה שנאמר אמת מארץ תצמח א"ר יוחנן כל המצדיק עצמו מלמטה ומחזיק דרך החסידות אפילו מעט אם יפה מדקדקין עליו מלמעלה ולוקחין הדין ממנו שנאמר אמת מארץ תצמח וצדק משמים נשקף ועוד מהכא וכיראתך עברתך. לפי דקדוקין ביראתך כן מדקדקין עליהם בעברתך ועוד מהכא בדרכיך יזכרוך. כפי דרכך מזכירין אותך מלמעלה. אריב"ל כל ששמח ביסורין הבאין עליו מביא ישועה לעולם שנאמר הן אתה קצפת ונחטא בהם עולם ונושע. הן קצפת והכית אותנו בשביל חטאתינו שחטאנו שמחנו בהן כלומר הודינו כי הבאה זו בשביל עונותינו היא עולם ונושע ראויה זו להיות ישועה לעולם. א"ר שמעון בן לקיש נאמרה עצירה

רבינו גרשום

וכ"ש היכא דהוכשרו מעשיהם מעיקרא דהיינו יתרון הכשר והוא לא פנים קלקל שלא הראה פנים במשנה קלקל בתלמוד: והוא לא פנים. שאין רבו מסביר לו פנים ירבה עליו רעים. לרצות את רבו שיסביר לו פנים: משתכין. מחליד: לוחשי לחישות. שיודעין להתפלל ואין מתפללין: מקנה שמגיס דעתו אף על עולה מעלה כעס על העולם: ומעלי אותו שמסלקין אותו מן העולם: מה הנאה יש לך. שאתה נושך ואינך אוכל. כאן ביחיד. נשא לבבנו: כאן בצבור. ויפתוהו בפיהם: מצדיקים עליו מלמעלה כדכתיב וסביביו נשערה מאד:

הגהות הב"ח

(א) גמ' דור שהשמים משתכין עליו כנחשת מלהוריד כו' לחישות שאין כאותו הדור מאי: (ב) רש"י ד"ה שלמודו כו' משמע קרא והוא לא פנים קלקל שאינו יודע: (ג) ד"ה ולך כו' מביאו הקב"ה בדין (אלא נחש) תא"מ ונ"ב ס"א איט ולגירסא שלפנינו צ"ל מביאן: (ד) ד"ה ואעפ"כ כו' מכוונת בכפו מכוון הס"ד ונ"ב כלומר עם כפו: (ס) ד"ה מחולדה כו' מעשה בבחור אחד. נ"ב ע"י בערוך ערך חלד מבואר המעשה באריכות: (ו) תוס' ד"ה אם כו' קאמר הכא שהשמים משתכין שאין ר"ל שהשמים:

עין משפט נר מצוה

כג א ב טוש"ע א"ח סי' תקעו סעיף טו:
כד ג שם סימן תקעא סעיף ג:
כה ד מיי' פ"י מהל' ברכות הלכה כב סמג עשין כז טוש"ע א"ח סימן רל סעיף ג:

ונצומה ונבקשה מאלהינו · ויעתר לנו פירוש מדקאמר על [זאת] משמע דאיכא מילתא אחריתא וכן פירש בסמוך על דנא: **אלא** בדבר הסמוי מן העין שנאמר יצו ה' וגו' · תימה דאמרינן פרק כל הבשר (חולין דף קה:) גבי הני שקולאי דדרו חביתא דחמרא בעו לאתפוחי אותבוהו תותי מרזיבא פקע חביתא ומפרש שם בשביל השד שהיה שם עד דאכפייה מר בר רב אשי לשד לשלם אמר ליה שידא למר בר רב אשי ליקבע לי מר זימנא דאיזיל ואשלם קבע ליה זימנא כי מטא זימניה איעכב ואמר ליה אמאי לא אתית בזמנך אמר ליה כל מידי דצייר וחתים וכייל ומני לית לן רשות למשקל מיניה אלמא בדבר המדוד והמנוי לית ליה רשות למשקל מיניה ובדבר הסמוי אית ליה רשות למשקל אלמא אין ברכה בדבר הסמוי וי"ל דלא קשה מידי דהא דקאמר התם (ה) היינו טעמא דלית להו אלא בדבר הפקר ולא דבר דכייל ומנוי או צייר וחתים היינו בשביל דאין ברכה מצויה בהני וליכא בהו דבר הפקר והאי דבעלים ניהו אלא בדבר הסמוי והיינו מטעם דהברכה מצויה בדבר הסמוי ומה שמתברכה בשביל הברכה אית להו רשות למשקל בסמוי דהיינו כמו הפקר שאין לשום אדם זכות בו אי נמי הכא מיירי בדבר המנוי והמדוד בלא צייר וחתים וכהא אית להו רשות והתם מיירי במדוד ומנוי וכייל וצייר וחתים וכהא לית להו רשותא: **גדול** יום גשמים כיום קיבוץ גליות שנאמר שובה ה' את שביתנו כאפיקים בנגב וגו' · ואם תאמר אמאי לא קאמר גדול יום הגשמים יותר מיום קיבוץ גליות דהא כאפיקים בנגב כתיב ומי נתלה כמי קטן נתלה בגדול שאפיקים גדולים מיום קיבוץ גליות דהכי נמי אמר (לעיל דף ז:) יערוף כמטר לקחי מי נתלה כמי קטן נתלה בגדול וי"ל דה"פ אנו מתפללים הכי שובה ה' את שביתנו כאפיקים היורדין בנגב שגדול יום קיבוץ כאפיקים בנגב א"כ עשה עמנו לטובה אות בקבוץ גליות בהיות כי זה כמו זה ואפיקים בנגב תחדש בכל יום כיום קיבוץ גליות אבל יותר לא:

נאמרה עצירה באשה שנאמר כי עצר עצר ה' בעד כל רחם ונאמרה עצירה בגשמים דכתיב ועצר את השמים נאמר לידה באשה ונאמר לידה בגשמים נאמר לידה באשה דכתיב ותהר ותלד בן ונאמר לידה בגשמים דכתיב והולידה והצמיחה נאמר פקידה באשה ונאמר פקידה בגשמים נאמר פקידה באשה דכתיב וה' פקד את שרה ונאמר פקידה בגשמים דכתיב פקדת הארץ ותשקקה רבת תעשרנה פלג אלהים מלא מים מאי פלג אלהים מלא מים תנא כמין קובה יש ברקיע שממנה גשמים יוצאין אמר רבי שמואל בר נחמני מאי דכתיב אם לשבט אם לארצו אם לחסד ימציאהו אם לשבט בהרים ובגבעות אם לחסד ימציאהו לארצו בשדות ובכרמים אם לשבט לאילנות אם לארצו לזרעים אם לחסד ימציאהו בורות שיחין ומערות בימי רבי שמואל בר נחמני הוה כפנא ומותנא אמרי היכי נעביד ניבעי רחמי אתרתי לא אפשר אלא ליבעי רחמי אמותנא וכפנא ניסבול אמר להו ר' שמואל בר נחמני ניבעי רחמי אכפנא דכי יהיב רחמנא שובעא לחיי הוא דיהיב דכתיב פותח את ידך ומשביע לכל חי רצון ומנלן דלא מצלינן אתרתי דכתיב ונצומה ונבקשה מאלהינו על זאת מכלל דאיכא אחריתי במערבא אמרי משמיה דר' חגי מהכא ורחמין למבעא מן קדם אלה שמיא על רזא דנא מכלל דאיכא אחריתי בימי ר' זירא גזור גזרה וגזור דלא למיתב בתעניתא אמר להו ר' זירא נקבליה עילוון ולכי בטיל הגזירה ליתביה אמרי ליה מנא לך הא אמר להו דכתיב ויאמר אלי אל תירא דניאל כי מן היום הראשון אשר נתת את לבך להבין ולהתענות לפני אלהיך נשמעו דבריך אמר רבי יצחק אפילו שנים כשני אליהו וירדו גשמים בערבי שבתות אינן אלא סימן קללה היינו *דאמר רבה בר שילא *קשה יומא דמיטרא כיומא דדינא אמר אמימר אי לא דצריך לבריתא בעינן רחמי ומבטלינן ליה ואמר רבי יצחק שמש בשבת צדקה לעניים שנאמר וזרחה לכם יראי שמי שמש צדקה ומרפא ואמר רבי יצחק גדול יום הגשמים שאפילו פרוטה שבכיס מתברכת בו שנאמר לתת מטר ארצך בעתו ולברך את כל מעשה ידיך ואמר רבי יצחק *אין הברכה מצויה אלא בדבר הסמוי מן העין שנאמר יצו ה' אתך את הברכה באסמיך תנא דבי ר' ישמעאל אין הברכה מצויה אלא בדבר שאין העין שולטת בו שנאמר יצו ה' אתך את הברכה באסמיך ת"ר הנכנס למוד את גרנו אומר יר"מ ה' אלהינו שתשלח ברכה במעשה ידינו התחיל למוד אומר ברוך השולח ברכה בכרי הזה מדד ואח"כ בירך הרי זו תפלת שוא לפי שאין הברכה מצויה לא בדבר השקול ולא בדבר המדוד ולא בדבר המנוי אלא בדבר הסמוי מן העין: קיבוץ גייסות צדקה (*מעשה) פרנס סימן: אמר רבי יוחנן גדול יום הגשמים כיום קבוץ גליות שנאמר שובה ה' את שביתנו כאפיקים בנגב ואין אפיקים אלא מטר שנאמר ויראו אפיקי ים ואמר רבי יוחנן גדול יום הגשמים שאפילו גייסות פוסקות בו שנאמר תלמיה רוה נחת גדודיה ואמר רבי יוחנן אין הגשמים נעצרין אלא בשביל פוסקי צדקה ברבים ואין נותנין שנאמר נשיאים ורוח וגשם אין איש מתהלל במתת שקר וא"ר יוחנן מאי דכתיב עשר

נאמרה עצירה כאשה כו' · כלומר על כולן מבקשים רחמים: **פלג** · בריכה: **כמין קובה** · אהל מלא מים: **אם לשבט** · אם גזר הקב"ה רוב גשמים לרעה אז יורדים בכח כשבט שמכה בכח וחוזרו בתשובה הקב"ה מורידן על הרים וגבעות מקום שאין שם תורה אור אדם: **אבל אם לחסד** · שיורדין בנחת ימציאהו לארצו לארץ ישראל: **אתרתי** · לא בעינן רחמי אהדדי כדלקמן: **נבעי רחמי אכפנא** · דליתיב שובעא ומותנא ליבטל ממילא: **דכי יהיב רחמנא שובעא לחיי הוא דיהיב** · לחיים ולא למתים דאינו מביא שובעא כדי להמית בני אדם אלא כדי שיחיו: **משביע לכל חי רצון** · שובע נותן לבני אדם חיים: **על זאת** · על אחת משמע בעזרא כתיב: **על רזא דנא** · בדניאל כתיב: **דלא ליתבו בתעניתא** · דלא בעו דליתי ברכה לעולם בשבילן: **ניקבל עילוון** · יומי תעניתא דמשום קבלה מהני לן כתעניתא וכי בטיל גזרה עבדינן להו: **ומנלן דעבדינן הכי** · כלומר דמהני אי עבדינן הכי: **אשר נתת לבך להתענות לפני אלהיך נשמעו דבריך** · אלמא משקיבל עליו נשמעו דבריו: **כשני אליהו** · בימי אחאב שהיה העולם צריך לגשמים דכתיב (מלכים א יז) אם יהיה השנים האלה טל ומטר כי אם לפי דברי: **סימן קללה** · שבני אדם צריכים לחזור בשוק לקנות סעודת שבת (א): **קשי יומי דמיטרא** · שאין בני אדם יכולין לעשות צרכיהן: **כיומא דדינא** · שני וחמישי שמתקבצין בני אדם לדון עם חבריהן כתקנת עזרא שיש הומות וקולות ואוושות ביום הגשמים כיום הדין ובערב שבת כל שכן דקשי מיטרא: והיינו דאמר ר' שילא · ומבטלינהו לירידת גשמים שסורחין בני אדם ואינן יכולין לצאת ולבא: **צדקה לעניים** · שמתעדנין בה וטוב להן יום ברור ומתחממין בה ביום הצינה: **יראי שמי** · שומרי שבת: **פרוטה שבכיס** · אפי' מעשה ידים שאינן צריכים לגשמים מתברכין: **ברוך השולח ברכה** · (*שיפוע) ומזכיר בה מלכות ואזכרה ככל הברכות כולן: **הרי זו תפלת שוא** · (ב) ושוב אין ברכה נכנסת בה: **בדבר הסמוי מן העין** · שאינו יודע השכום: **כאפיקים** · כאפיקי נחלים: **בנגב** · (ג) יבשה והגה חרבו מתרגמינן נגיבו: **אפיקי ים** · מוצאי (ד) ים אלמא אפיק לשון מים ואפיקים בנגב נמי לשון גשמים: **גייסות** · חיילות כשאתה מרווה תלמי הארץ בגשם מיד גדודים נוחין כדלקמן: **פוסקי צדקה ברבים** · לשם ולפנים ואורחא דמילתא נקט שאין אדם עשוי לפסוק צדקה בינו לבין עצמו ואינו נותן: **נשיאים ורוח** · באין לעולם כאילו גשמים יורדין ואינן יורדין בשביל האיש המתהלל במתת שקר דכשם שהוא עושה לפנים ומחניף את העניים אף שמים מחניפין את הארץ שמראין נשיאים ורוח וגשם אין אי נמי אין קאי אשלשתם דמכל אלו נעצרין ליטוקא:

מסורת הש"ס: [נ"ל ושפע] · ב"מ סס. · עיין ברי"ף בע"י פירוש · ב"מ מב. · [נ"ל מעשר]

רבינו חננאל

ולידה ופקידה באשה וכנגדן ברקיע ובארץ. פקידה שנאמר פקדת ארץ ותשוקקה. לידה שנאמר והולידה והצמיחה עצירה שנא' ועצר את השמים תנא כמין קובה יש ברקיע ומשם גשמים יורדים שנאמר פלג אלהים מלא מים: הוה כפנא ומותנא אמרי לא אפשר למבעי רחמי אתרתי דכתיב ונצומה ונבקשה מאלהינו על זאת. במערבא אמרי ורחמין למיבעי מן קדם אלהא על רזא דנא, מכלל דאיכא (אחד) אחריתי: אלא מיבעי רחמי אכפנא (ומותנא נסבול) דכי יהב רחמנא שובעא לחיי הוא דיהיב שנאמר פותח את ידך ומשביע לכל חי רצון. בימי רבי זירא גזור שמדא ומנעום מלקבוע תענית א"ר זירא ניקבליה עלוון מהשתא ולכי בטיל שמדא ניתוב בתעניתא שנאמר ויאמר אלי אל תירא דניאל כי מן היום אשר נתת לבך להבין ולהתענות וגו'. גשמים (בליל)[בערבי] שבתות אפילו שנים כשני אליהו סימן קללה הן. אין הברכה מצויה לא בדבר המדוד ולא בדבר המנוי ולא בדבר השקול אלא בדבר הסמוי מן העין שנאמר יצו ה' אתך את הברכה באסמיך וגו'. א"ר יוחנן אין הגשמים נעצרין אלא בשביל פוסקי צדקה ברבים ואינם נותנים שנאמר נשיאים ורוח וגשם אין וגו'.

רבינו גרשום

אם לשבט דאתי ברזיא: להרים שילך על ההרים: אם לחסד שיורד בנחת ימציאהו ליישוב: צדקה לעניים שמתחממין שהן ערומים: בערבי שבתות סימן קללה הוא שאין יכולין לטרוח לכבוד שבת.*) כדעבד לאבוך שנעשה גל של עצמות:

*) שייך לדף ט.

הגהות הב"ח

(א) רש"י ד"ה סימן כו' סעודת שבת הס"ד ואחר כך מה"ד והיינו דאמר ר' שילא קשי יומי דמיטרא שאין כו' עד כ"ש דקשי מיטרא מה"ד ומבטלינהו לירידת גשמים כו': (ב) ד"ה הרי זו תפלת שוא. דשוב אין ברכה: (ג) ד"ה בנגב. לשון יובש והגה חרבו: (ד) ד"ה אפיקי ים. מוצאי מים אלמא כו' כנ"ל: (ה) תוס' ד"ה אלא כו' דהא דקאמר התם הכי היינו טעמא

§ מסכת תענית דף ח: §

אות א' – ב'

ניבעי רחמי אתרתי לא אפשר

ניבעי רחמי אכפנא, דכי יהיב רחמנא שובעא לחיי הוא דיהיב

סימן תקעו סט"ו - [א]צבור שהיו להם ב' צרות, אין מבקשים רחמים אלא על אחת מהם, דכתיב: נצומה ונבקשה מאלהינו על זאת.

[ב]ואומרים: אע"פ שיש בלבנו צרות רבות, על צרה פלונית באנו להתפלל.

ואם יש חולאים בגדולים וקטנים, אף בשני מינים, נראה דמותר להתפלל על שניהם ביחד, דמ"מ תפלה אחת היא להקב"ה.

אבל כשיש להם צרה אחת, יכולים להזכיר בתפלתם גם צרות שעברו, אגב צרה זו שמתפללין עליה, ‹היינו שמתפללים שימלטו מהם שלא תבוא ח"ו עליהם – פמ"ג›.

ואם יש להם צרת רעב וצרת דבר, מבקשים רחמים על הרעב, משום דכי יהיב רחמנא שובעה, לחיי יהיב.

אות ג'

נקבליה עילוון, ולכי בטיל הגזירה ליתביה

סימן תקעא ס"ג - [ג]עיר שהקיפוה עכו"ם, וכן יחיד הנרדף מפני אנסין או מפני לסטים או מפני רוח רעה, אינם רשאים להתענות, שלא לשבר כחם; [ד]אלא יקבלו עליהם להתענות כך וכך תעניות לכשינצלו.

וכן אם גזרו גזרה, וגזרו שלא להתענות [ה]עליו, יקבלו עליהם להתענות כך וכך תעניות כשיעבור הגזירה.

אות ד'

הנכנס למוד את גרנו אומר וכו'

סימן רל ס"ב - [ו]הנכנס למוד את גרנו, אומר: יהי רצון מלפניך ה' אלהי שתשלח ברכה בכרי הזה; התחיל למוד, אומר: ברוך השולח ברכה בכרי הזה - [ז]וכתב הא"ר דיאמר בלא הזכרת השם, דדוקא במודד כדי לעשר מצינו שהבטיח הקב"ה ברכה עד בלי די, כמה דכתיב: הביאו את כל המעשר וגו', ובחנוני נא בזאת וגו', והריקותי לכם ברכה עד בלי די.

מדד ואח"כ [ח]בירך - ‹פי' מבקש רחמים – פרישה›, **הרי זה תפלת שוא, שאין הברכה מצויה אלא בדבר הסמוי (פי' דנעלם ואינו נראה) מן העין.**

באר הגולה

[א] **רמב"ם מעובדא דרבי שמואל בר נחמני שם ח'** [ב] ‹ירושלמי: ר' חגי שאם היו ב' דברים כגון עצירת גשמים וגוביי כו', ר' חגי כד הוה נפיק לתעניתא הוה אמר קומיהון: אחנא אע"ג דאית בליבן עקין סגיאין, אין אנן אלא להון דאתינן – גר"א› [ג] **סמ"ג בשם התוספתא** [ד] **ב"י מהא דבימי רבי זירא גזרו שמדא** [ה] ‹רש"י פי', שהיא גזרה בפני עצמה שלא יתענו על הגשמים, ומשו"ה לא היו יכולים להתענות גם על גזרה זו, או שהיה הנוסח: גזור גזירה דלא למיתב בתעניתא, ומשו"ה לא הוי מצי לאיתעני על עצירת גשמים. **אבל** ברמב"ם והשו"ע מבואר שהבינו הכי, דגזרי איזה גזירה, וחששה המלכות שלא יתענו ויהא הגזרה בטלה, לכן גזור עוד דלא למיתב בתעניתא – מרומי שדה› [ו] **תענית ח: בבא מציעא מ"ב.** [ז] ‹ובספר לחם חמודות כתב שהוא בשם ומלכות, ודלא כמ"ש בלבוש שהוא בלא שם ומלכות, וכתב דאישתמטתיה רש"י פ"ק דתענית [שם ד"ה בריך] דפירש שצריכה שם ומלכות, וכן משמע בכסף משנה, ע"כ. **ולענ"ד** טעמו, דכיון דאנן מברכין אף שאינן מפרישין מעשרות, יש לברך בלא שם ומלכות, דדוקא בהפרשת מעשר הבטיח הקב"ה ברכה עד בלי די – א"ר› [ח] ‹לכאורה משמע דר"ל שאמר ברוך השולח כו', דזה הוה ג"כ כעין תפלה, (עיין ברכות י"ב תד"ה ברכה אחת), כמו שאמרינן בפסחים (קי"ז) דצלותא גואל ישראל, ע"ש בפרש"י. **ולשון** הרמב"ם בפ"י מהל' ברכות הל' כ"ב: מדד ואח"כ בקש רחמים כו', **ונ"ל** דה"יהי רצון" וה"ברוך" הוא ברכה אחת, ו"ברוך" הוא חתימת הברכה, כמו תפלת הדרך וברכות י"ח – רש"ש›

§ עניני הלכה שונים הקשורים להדף §

עשר בשביל שתתעשר

יו"ד סימן רמז ס"ד - הצדקה דוחה את הגזירות הקשות, וברעב תציל ממות, כמו שאירע לצרפית - וה"ה משאר מיני מיתה מצלת, כדאיתא בסוף שבת כמה עובדי, ועוד מוספת לו אורך ימים, כדאיתא בפ"ק דב"ב גבי בנימין הצדיק - ש"ך.

הגה: והיא מעשרת, ואסור לנסות הקב"ה כי אם בדבר זה, שנאמר: ובחנוני נא בזאת וגו' (טור מגמ' פ"ק דתענית) - שודאי יבוא, כמו שאמרו חז"ל: עשר תעשר, עשר בשביל שתתעשר - ש"ך. ‹אבל בשאר נסיונות אפשר שינסה ולא יבא, ויכול לבא לידי הרהור מחשבה רעה ומינות – לבוש›.

(**עיין** בספר משנת חכמים שכתב, דהא דשרי לנסות במעות מעשר, היינו אם עושה על מנת להתעשר, אבל בשביל טובה אחרת, כמו בשביל שיחיו בניו וכדומה, אסור לנסות, ע"ש - פת"ש).

וי"א דוקא בנתינת מעשר מותר לנסות הקב"ה, אבל לא בשאר צדקה (ב"י דכך [ט]משמע מש"ס שם) - (עיין בשאילת יעב"ץ שהשיג על הרמ"א, דמדבריו משמע דבמעשר כספים דנהוג עלמא האידנא קאי, **ובאמת** זה אינו, שלא נאמר זה על מעשר כספים, דלא שרי לנסויי ביה דאינו אלא צדקה, ע"ש, וכ"כ הגאון בעל של"ה, דדוקא במעשר תבואה הוא דשרי לנסות, אבל לא במעשר כספים, ע"ש, וכן הסכים בספר משנת חכמים - פת"ש).

מעשר כספים

יו"ד סימן רמט ס"א - שיעור נתינתה, אם ידו משגת יתן כפי צורך העניים - וכדלקמן סימן ר"נ, **ואם אין ידו משגת כל כך, יתן עד חומש נכסיו, מצוה מן המובחר; ואחד מעשרה, מדה בינונית; פחות מכאן, עין רעה. וחומש זה שאמרו, שנה ראשונה מהקרן, מכאן ואילך חומש שהרויח בכל שנה** - ונראה דה"ה במעשר לבינוני, שנותן שנה ראשונה מעשר מהקרן, ואח"כ מעשר מהריוח - ש"ך.

[ומו"ח ז"ל כתב שהמעשר של ממון שלנו אין בו חיוב לא מן התורה ולא מדרבנן, ותמהתי שהרי ר"ס רמ"ט מבואר שחיוב גמור הוא, כמ"ש כל הפוסקים והב"י בשם ירושלמי – ט"ז יורה דעה סימן שלא ס"ק לב].

אמנם על הב"ח יש לתמוה, האיך נעלם ממנו דברי התוס' במסכת תענית דף ט ע"א, היאך לא דק ולקולא לא דק, דאיתא התם ד"ה עשר תעשר, הכי איתא בספרי עשר תעשר את כל תבואת זרעך, אין לי אלא תבואת זרעך, ריבית פרקמטיא וכל שארי רווחים מניין, ת"ל את כל, דהוי מצי למימר את תבואתך, מה כל, לרבות וכו' עכ"ל. נמצא שהוא מדאורייתא. **ואף** אם נימא שהוא רק מדרבנן, והקרא הוא רק סמך בעלמא, מ"מ קשה על הב"ח דקאמר שאינו אפי' מדרבנן וכו' - שו"ת חכם צבי ליקוטי תשובות סימן קלד.

(**ומ"ש** לענין מעשר כספים אם הוא חיוב גמור, עיין בזה בתשו' שער אפרים סי' פ"ד ובתשובת חות יאיר בסימן רכ"ד, ובשאילת יעב"ץ ח"א סימן ו', ובספר באר יעקב מ"ש בזה. **ותימה** על הגאונים הנזכרים שנעלם מהם תשובת מהר"ם רוטנבורג דפוס פראג סימן ע"ד, מבואר שם כדעת הב"ח שאינו מה"ת ולא מדרבנן, ואינו אלא מנהגא בעלמא, ע"ש, **ומצאתי** בשו"ת תשובה מאהבה ח"א סימן פ"ז, שתמה עליהם ג"כ בזה, ע"ש באריכות, ‹וכתב שם וז"ל: והעלה בעל חות יאיר, דתקנת אושא [דינא דשו"ע סי' רמ"ט], מדברת מענין צדקה ולא מענין מעשר, וראייתו היא מהרמב"ם והטור וכל הפוסקים הזכירו דין זה ותקנה זו בהל' צדקה›, **וכן** העלה בספר משנת חכמים הלכות יסוה"ת, שאין למעשר כספים עיקר לא מה"ת ולא מד"ס, אבל אם נהג הוי כמו מנהג של מצוה שאין לבטל כלל, אם לא לצורך גדול, ע"ש - פתחי תשובה יורה דעה סימן שלא ס"ק י"ב).

מי איכא מידי דכתיבי בכתובי דלא רמיזי באורייתא

הרמב"ם בפ"ב ממגילה הי"ח כתב, כל ספרי הנביאים וכל הכתובים עתידין ליבטל לימות המשיח, חוץ ממגילת אסתר, והרי היא קיימת כחמשה חומשי תורה וכהלכות של תורה שבע"פ, שאינן בטילין לעולם, ואע"פ שכל זכרון הצרות יבטל וכו', ימי הפורים לא יבטלו, שנאמר וכו' וזכרם לא יסוף מזרעם, **ועיין** בהשגות הראב"ד שהקשה, דא"א שיבטל דבר מכל הספרים, שאין ספר שאין בו לימוד, עי"ש, **ונראה** דכוונת הראב"ד להקשות, דמאחר שבכל הנ"ך איכא דרשות הנלמדות בתורה שבע"פ, וכיון שתורה שבע"פ קיימת, ע"כ דהנביאים וכתובים לא יתבטלו, דאי יבטל לא נוכל לדרוש לתורה שבע"פ הנלמד מהנ"ך.

ובדעת הרמב"ם נראה, דליכא מידי דלא רמיזי באורייתא, כדאיתא בתענית ט ע"א, א"כ אף שיתבטל הלימוד מהנ"ך, מ"מ התורה שבע"פ שנדרש מהם יהיו קיימים לעתיד לבוא מן הרמז שבתורה שבכתב, ובאמת לא יבטל תורה שבע"פ הנלמד מהם, וכמ"ש הרמב"ם, והרי הוא קיימת וכו' וכהלכות תורה שבע"פ שאינן בטילין לעולם, **והראב"ד** פליג ע"ז גופא, דלא סגי לדרוש התורה שבע"פ ברמז שבתורה שבכתב, ובעינן לגוף המקרא של דברי הנביאים, וזהו שהשיג שאין ספר שאין בו לימוד - חידושי הגרי"ד סימן יב.

באר הגולה

ט ‹וכוונתו פשוטה, כי הדברים שם נאמרו על הפסוק "עשר תעשר את כל תבואת זרעך" (דברים יד), ועל זה דרשו "עשר בשביל שתתעשר", ופסוק זה עוסק במעשר תבואה, ולא במצות צדקה – מים חיים›

עשר תעשר *עשר בשביל שתתעשר אשכחיה ר' יוחנן לינוקא דריש לקיש אמר ליה אימא לי פסוקיך א"ל עשר תעשר א"ל ומאי עשר תעשר א"ל עשר בשביל שתתעשר אמר ליה מנא לך א"ל זיל נסי אמר ליה ומי שרי לנסוייה להקב"ה והכתיב °לא תנסו את ה' א"ל הכי אמר רבי הושעיא חוץ מזו שנאמר °הביאו את כל המעשר אל בית האוצר ויהי טרף בביתי ובחנוני נא בזאת אמר ה' צבאות אם לא אפתח לכם את ארובות השמים והריקותי לכם ברכה עד בלי די *מאי עד בלי די אמר רמי בר חמא אמר רב עד שיבלו שפתותיכם מלומר די א"ל אי הות מטי התם להאי פסוקא לא הוית צריכנא לך ולהושעיא רבך ותו אשכחיה ר' יוחנן לינוקיה דריש לקיש דיתיב ואמר °אולת אדם תסלף דרכו ועל ה' יזעף לבו יתיב רבי יוחנן וקא מתמה אמר מי איכא מידי דכתיבי בכתובי דלא רמיזי באורייתא א"ל אטו הא מי לא רמיזי °והכתיב ויצא לבם ויחרדו איש אל אחיו לאמר מה זאת עשה אלהים לנו דלי עיניה וחזא ביה אתיא אימיה אפיקתיה אמרה ליה תא מקמיה דלא ליעבד לך כדעבד לאבוך (*א"ר) יוחנן מטר בשביל יחיד פרנסה בשביל רבים מטר בשביל יחיד דכתיב °יפתח ה' לך את אוצרו הטוב לתת מטר ארצך פרנסה בשביל רבים דכתיב °הנני ממטיר לכם לחם מיתיבי ר' יוסי בר' יהודה אומר שלשה פרנסים טובים עמדו לישראל אלו הן משה ואהרן ומרים וג' מתנות טובות ניתנו על ידם ואלו הן באר וענן ומן באר בזכות מרים עמוד ענן בזכות אהרן מן בזכות משה מתה מרים נסתלק הבאר שנאמר °ותמת שם מרים וכתיב בתריה ולא היה מים לעדה וחזרה בזכות שניהן מת אהרן נסתלקו ענני כבוד שנאמר °וישמע הכנעני מלך ערד *מה שמועה שמע שמע שמת אהרן ונסתלקו ענני כבוד וכסבור ניתנה לו רשות להלחם בישראל והיינו דכתיב °ויראו כל העדה כי גוע אהרן אמר ר' אבהו אל תקרי ויראו אלא וייראו כדדריש ר"ל *דאר"ל כי משמש בארבע לשונות אי דלמא אלא *דהא חזרו שניהם בזכות משה מת משה נסתלקו כולן שנאמר °ואכחיד את שלשת הרועים בירח אחד וכי בירח אחד מתו והלא מרים מתה בניסן ואהרן באב ומשה באדר אלא מלמד שנתבטלו ג' מתנות טובות שנתנו על ידן ונסתלקו כולן בירח אחד אלמא אשכחן פרנסה בשביל יחיד שאני משה *כיון דלרבים הוא בעי כרבים דמי רב הונא בר מנוח ורב שמואל בר אידי ורב חייא מווסתניא הוו שכיחי קמיה דרבא כי נח נפשיה דרבא אתו לקמיה דרב פפא כל אימת דהוה אמר להו שמעתא ולא הוה מסתברא להו הוו מרמזי אהדדי חלש דעתיה

אקרויה

תורה אור: דברים יד · שם ו · מלאכי ג · משלי יט · בראשית מב · דברים כח · שמות טז · במדבר כ · שם כא · שם כ · זכריה יא

רש"י

לינוקא דריש לקיש · בן אחותו של ר' יוחנן ולאחר מיתתו של ריש לקיש כדמוכח לקמן: **אמר** · ינוקא לר' יוחנן מאי עשר תעשר: **א"ל ינוקא** · והכתיב לא תנסו: **שיבלו** · כלומר שייגעו דולדלכ"ש בלע"ז: **אי הוה מטינא להתם** · להאי קרא דהביאו את כל המעשר הוה ידעית ליה ממילא: **לר' הושעיא רבך** · דאמרית לי משמיה: **אולת אדם תסלף דרכו ועל ה' יזעף לבו** · כשאדם חוטא מסלף דרכו שבאין עליו פגעים ועל השם יזעף לבו שכועס ואומר מפני מה אירע לי פגע זה: **ולא רמיז** · משה באורייתא שהחומש הוא יסוד נביאים וכתובים ובכולן יש סמך למצוא מן התורה: **דלי עיניה** · רבי יוחנן שהיו עפעפיו מכסין את עיניו ומגביהן במזלגי דכספא בבבא קמא בפ' אחרון (דף קיז:) שהיה רוצה לראותו מפני שהוא חריף: **דלא ליעביד לך כדעבד לאבוך** · שלא יתן עיניו בך כמו שנתן באביך והמיתו בבבא מציעא (דף פד:): **מטר בשביל יחיד** · שאם א"צ מטר אלא לאדם אחד כגון שזרע אחר זמן זריעת בני אדם או שדר בעיר שכולה נכרים וצריך למטר בא בזכותו (א) ופרנסה שפע טובה ומחיה לכל העולם אינו בא לעולם בזכות אחד אלא בשביל רבים שאם רבים צריכין שובע שתשלח ברכה בתבואה הקב"ה עושה אם זכו אבל יחיד הצריך שיתברכו תבואותיו אין הקב"ה משנה בעבורו דין השנה אלא כפי ברכותיה ואע"פ שמוריד *) בשביל יחיד מטר זה להשביח תבואותיו שלא יהו גרועות משל אחרים אבל לעשות שדהו כשדה שובע לא: **מטר ארצך** · של אחד משמע: **ממטיר לכם** · לשון רבים: **כארה של מרים** · סלע וזבין ממנו מים והיה מתגלגל והולך עם ישראל והוא הסלע שבו הכה משה שלא היה רוצה להזיל מימיו בשבילו לפי שמתה מרים: **ונסתלקו ענני כבוד** · ענני רקיע וענני עשן ושאר עננים אינן של כבוד: **חזרה בזכות שניהן** · שכן כתיב ודברתם שניכם אל הסלע ונתן מימיו: **כי משמש ארבע לשונות אי דלמא אלא דהא** · כל מקום שצריך לדרוש כי בין לענין דרשה בין למשמעות המקרא תוכל לפותרו באחד מהני ארבע לשונות דלשון כי משמע בכולם וכן וכד וכרם ואינו בכלל הני ד' הן והאי דכי גוע אהרן משתמש בלשון דהא ושמעינן מינה טעמא דקרא דמה טעם נתראו דהא מית שהרי מת אהרן וריש לקיש לא אתי למימר דלא מתרגמין שום כי בעולם אלא (ב) מהני לשונות אלא אפי' מתרגם א] דלמא אתי דרשינן משמעותיה כמשמעות דהא ומאן דמתרגם וחזיאו כל כנישתא דהא מית טועה הוא דאם כן ואתחזיאו מיבעי ליה ויראו כל העדה במשקל ויראו ראשי העדים וירפו המים ויעלו מעל משכן קרח: **חזרו שניהם בזכות משה** · מדכתיב ואכחיד את שלשת הרועים פשיטא לן דבדידהו משתעי שלא מצינו פרנסים לישראל שלשה כאחד אלא הם: **מתה בניסן** · שנאמר (במדבר כ) ויבואו בני ישראל כל העדה מדבר צין בחדש הראשון וישב העם בקדש ותמת שם מרים ותקבר שם (*בפרה) אדומה: **אהרן מת** · באחד לחדש*: **מווסתניא** · מאותו מקום: **אתו לסדדי** · מראין ומביטין זה לזה דלא סלקא להו שמעתא כרבה:

*) בשביל זה מטר להשביח רש"א

תוספות

עשר תעשר · הכי איתא בסיפרי עשר תעשר את כל תבואת זרעך היוצא השדה שנה שנה אין לי אלא תבואת זרעך שחייב במעשר רבית ופרקמטיא וכל שאר רווחים מנין ת"ל את כל דהוה מצי למימר את תבואתך מאי כל לרבות רבית ופרקמטיא וכל דבר שמרויח בו והכי נמי איתא בהגדה *היוצא השדה שנה [שנה] כלומר אם לא תעשר שדך כהוגן לא יהיה לך אלא היוצא מן השדה כלומר לא יעשה שדך אלא כפי מעשרות שהיו קודם לכן דהיינו היוצא מן השדה כלומר מה שהיית רגיל להוציא למעשר מן השדה ומעשה באדם אחד שהיה עשיר והיה לו שדה שעשתה אלף כור והיה אותו עשיר נוטל ק' כורין למעשר ומפריש כל שנה ושנה. וכן עשה כל ימיו כשחלה למות קרא לבנו ואמר לו בני דע שדה זו שאני מוריש לך עושה בכל שנה ושנה אלף כורין הזהר שתפריש ק' כורין כאשר עשיתי ומת אותו האיש ועמד הבן במקומו ועשה השדה אלף כורין כאשר היה עושה בחיי האב והפריש ממנה ק' כורין בשנה שניה נסתכל וראה הבן שמעשר היה דבר גדול ואמר שלא יפריש לשנה אחרת נתמעט השדה ולא עשה כי אם מאה כורין נצטער עליו ושמעו קרוביו שכך מיעט ולא הפריש מעשר באו כולם אלנו מלובשים לבנים ושמחים אמר להם כמדומה לי שאתם שמחים בקלקלתי אמרו לו נצטער עליך כי גרמת לך כל הרעה הזאת ומפני מה לא הפרשת מעשר כראוי היטב בא וראה כי מתחלה כשבא השדה לידך היית בעל הבית והקב"ה כהן שהיה המעשר חלקו ליתן לעניים ועכשיו שלא הפרשת. חלקו לו היה הקב"ה בעל הבית ואתה כהן שאין שדך עושה (ג) מה שהיה עושה מתחלה אלף כורין והפריש לך מאה כורין והיינו דכתיב (במדבר ה) ואיש את קדשיו לו יהיו כלומר *כשאינו מפריש כהוגן לא יהיה לו אלא הקדשים כלומר המעשר ועל זה אמרו חכמים המעכב מעשרותיו לסוף בא שלא יהיה לו אלא אחד מעשר כדכתיב (ישעיה ה) וזרע חומר יעשה איפה דהיינו המעשר דאיפה ג' סאין ובחומר יש (לו) ל' סאין וכן כתיב *כי עשרת צמדי כרם יעשו בת אחת וה"ר נתן האופניא"ל פי' *היוצא מן השדה כלומר ואם לאו שאין אתה מפריש העישור יהיה לאותו היוצא לשדה דהיינו עשו הרשע כלומר שיקחוהו העובדי כוכבים:

תלמוד

רבינו חננאל

עשר תעשר כלומר עשר כדי שירבה קניינך ותעשר עוד פעמים אחרים. ואמרינן מי שרי למימר הכי והכתיב לא תנסו את ה' אלהיכם ושנינן חוץ מזו שנאמר הביאו וגו' ובחנוני נא בזאת וגו' כתיב אולת אדם תסלף דרכו ועל ה' יזעף לבו. כיוצא בו בתורה דכתיב ויחרדו איש אל אחיו לאמר מה זאת עשה אלהים לנו: א"ר יוחנן מטר בזכות יחיד שנאמר לתת מטר ארצך בעתו ר"ל אמר מהכא שאלו מה' מטר וגו' ותניא ומטר גשם יתן להם לאיש יכול לכל השדות שלו ת"ל בשדה. יכול לכל השדה ת"ל עשב השדה וכדר' דניאל בר רב קטינא דהוה סייר גינתיה ואמר האי משרא בעי מיא והאי משרא לא בעי מיא ואתי מטרא להאי משרא דאמר בעי מיא. פרנסה בשביל רבים שנאמר הנני ממטיר לכם לחם מן השמים וגו'. ואקשינן והא משה רבינו יחידי הוה (וקמא) [וקאמר] כי המן ירד בזכותו. והענן בזכות אהרן והבאר בזכות מרים. וכולן כיון שמתו נסתלקו כל אחד ואחד הדבר שהיה בזכותו. וחזרו בשביל מרע"ה. וכיון שמת נסתלקו הכל שנאמר ואכחיד שלשת הרועים בירח אחד. ושנינן שאני משה רבינו כיון דאלים זכותיה כרבים דמי. ג' פרנסים טובים עמדו לישראל. ואלו הן משה ואהרן ומרים וג' מתנות נתן להם הקב"ה על ידם ואלו הן מן ובאר ועמוד הענן כו': תלמידי דרבא כד נח נפשיה אתו לקמיה דרב פפא לא הוו מסתברי להו שמעתיה הוה מרמזי להדדי חונץ

[גם זה איתא בילקוט רמז תתלג וכן בתנחומא]

הגהות הב"ח

(א) רש"י ד"ה מטר כו' בא בזכותו הס"ד ומה"ד ופרנסה כו' ואף על פי שמוריד בשביל זה מטר להשביח: (ב) ד"ה כי משמש כו' שום כי בעולם אלא באחד מהני לשונות: (ג) תוס' ד"ה עשר כו' ואתה כהן שאין שדך עושה עכשיו מה שהיה עושה:

מסורת הש"ס

[שבת קיט.] · [לקמן כב: שבת לב: מכות כג:] · [נ"ל ואמר רבי] · ר"ה ג. · גיטין צ. שבועות מט: · [פסחים לג:] · ס"א כיון דאלים זכותו כרבים דמי · [עי' ילקוט רמז תתלב וכן איתא בתנחומא פ' ראה] · [נ"ל בפרשת פרה] · [נ"ל באחד לחדש בחדש החמישי בפ' אלה מסעי]

הגהות מהר"ב רנשבורג

[א] רש"י ד"ה כי משמש וכו' אלא אפי' מתורגם אחי כצ"ל ·

תלמוד לומר עשב · פי' שאם לא יהיו צריכים אלא לעשב אחד ירד על אותו עשב ועל שאר כל השדה לא ירדו : **נהילא** מקמי מיטרא · פי' גשם דק וסימנך מהולתא פירוש שמתחילה יוצא הפסולת ואח"כ הסולת פירוש שלא היו שוחקין כמו דעבדינן האידנא (ג) היו כותשין החטין במכתשת עד שנקלף כל הסובין מעל החטים וכי הוו מרקדין על גבי נפה היה הפסולת הסובין שעליו יוצא לכתחילה ואחר כך היה יוצא הסולת : **חריא** דעיזי · פי' ריעי של עזים שבתחילה ריעי גדול וקשה ואח"כ פוסקת מתגרות זבל דק : **ואמר** רבי יוחנן מעליותיו של הקב"ה כמאן כר' יהושע · פי' כרבי יהושע דאמר כל העולם כולו ממים העליונים הם שותים דאי כרבי אליעזר הא אמר ממימי אוקיינוס הוא שותה : קרי

תורה אור (זכריה יא; זכריה י; בראשית ב; דברים יא; איוב לו; שמואל ב כב; איוב ה; איוב ה; ישעיה מ; תהלים סה; תהלים קד; דברים כח; תהלים לג)

אקרויה בחלמיה °ואכחד את שלשת הרועים בירח אחד אמר להו למחר כי הוו מיפטרי מיניה אמר להו ליזלו רבנן *בשלמא: רב שימי בר אשי הוה שכיח קמיה דרב פפא הוה מקשי ליה טובא יומא חד חזייה דנפל על אפיה שמעיה דאמר רחמנא ליצלן מכיסופא דשימי קביל עליה שתיקותא ותו לא אקשי ליה ואף ר"ל סבר מטר בשביל יחיד דאמר ר"ל מנין למטר בשביל יחיד דכתיב °שאלו מה' מטר בעת מלקוש ה' עושה חזיזים ומטר גשם יתן להם לאיש עשב בשדה יכול לכל תלמוד לומר לאיש ותניא אי לאיש יכול לכל שדותיו ת"ל שדה אי שדה יכול לכל השדה ת"ל עשב כי הא דרב דניאל בר קטינא הוה ליה ההיא גינתא כל יומא הוה אזיל וסייר לה אמר הא מישרא בעיא מיא והא מישרא לא בעיא מיא ואתא מיטרא וקמשקי כל היכא דמיבעי ליה מיא מאי ה' עושה חזיזים א"ר יוסי (*בר) חנינא מלמד שכל צדיק וצדיק הקב"ה עושה לו חזיז בפני עצמו מאי חזיזים אמר רב יהודה פורחות אמר רבי יוחנן סימן למטר פורחות מאי פורחות אמר רב פפא עיבא קלישא תותי עיבא סמיכתא אמר רב יהודה נהילא מקמי מיטרא אתי מיטרא בתר מיטרא פסיק מיטרא מקמי מיטרא אתי מיטרא וסימניך מהולתא דבתר מיטרא פסיק מיטרא וסימניך חריא דעיזי: עולא איקלע לבבל חזא פורחות אמר להו פנו מאני דהשתא אתי מיטרא לסוף לא אתי מיטרא אמר כי היכי דמשקרי בבלאי הכי משקרי מיטרייהו *עולא איקלע לבבל חזי מלא צנא דתמרי בזוזא אמר מלא צנא דדובשא בזוזא ובבלאי לא עסקי באורייתא בליליא צערוהו אמר מלא צנא דסכינא בזוזא ובבלאי עסקי באורייתא תניא* ר' אליעזר אומר כל העולם כולו ממימי אוקיינוס הוא שותה שנאמר °ואד יעלה מן הארץ והשקה את כל פני האדמה אמר לו רבי יהושע והלא מימי אוקיינוס מלוחין הן אמר לו *ממתקין בעבים ר' יהושע אומר כל העולם כולו ממים העליונים הוא שותה שנאמר °למטר השמים תשתה מים אלא מה אני מקיים ואד יעלה מן הארץ מלמד שהעננים מתגברים ועולים לרקיע ופותחין פיהן כנוד ומקבלין מי מטר שנאמר °יזקו מטר לאדו ומנוקבות הן ככברה ובאות ומחשרות מים על גבי קרקע שנאמר °חשרת מים עבי שחקים ואין בין טיפה לטיפה אלא כמלא נימא ללמדך שגדול יום הגשמים כיום שנבראו בו שמים וארץ *) שנאמר *°עושה גדולות עד אין חקר וכתיב °הנותן מטר על פני ארץ וכתיב להלן °הלא ידעת אם לא שמעת אלהי עולם ה' אין חקר לתבונתו [א] **) (וכתיב °מכין הרים בכחו וגו') כמאן אזלא הא דכתיב °משקה הרים מעליותיו וא"ר יוחנן מעליותיו של הקב"ה כמאן כרבי יהושע ור' אליעזר כיון דסלקי להתם משקה מעליותיו קרי להו דאי לא תימא הכי °אבק ועפר מן השמים היכי משכחת לה אלא כיון דמדלי להתם מן השמים קרי ליה הכא נמי כיון דסלקי להתם מעליותיו קרי ליה כמאן אזלא [הא] דא"ר חנינא °כונס כנד מי הים נותן באוצרות תהומות מי גרם לאוצרות שיתמלאו בר תהומות (א) כרבי אליעזר ור' יהושע ההוא בברייתו

*) [לעיל ב:] **) [לא גרסינן הכא עי' רש"י ד"ה ללמדך אלא לעיל ג. גרס לזה שפיר]

אקרויה · היו מקרין אותו מקרא זה בחלום ולהכיד את שלשת הרועים בירח אחד שרולין לעונשן בשמים משום דמכספי ליה : **קבל עליו** · רב שימי שתיקותא מלהקשות עוד : **יכול לכל** · כלומר יכול אין נותן מטר אלא"כ הכל צריכין לו : **ת"ל לאיש** · אפילו בשביל אחד : **אי לאיש יכול לכל שדותיו** · כלומר אינו יורד עד שהוא צריך לכל שדותיו : **ת"ל שדה** · אפי' אינו צריך אלא בשדה אחד : **אי בשדה יכול עד שיצטרך לכל השדה ת"ל עשב** · אפילו אינו צריך אלא לעשב אחד (עשב) בשביל ירק אחד יורד עליו מטר : **וסייר** · מעיין : **מישרא** · ערוגה : **עושה לו חזיז** · לכל צדיק הבא בעולם הזה להריק לו גשמים על שדותיו ברישא · בעי מאי חזיזים לשון רבים והדר בעי ומאי ניהו חזיזים מאי ניהו דקרי חזיזי : **ה"ג עיבא קליפשא דתותי עיבא סמיכתא** · דתותי עיבא כלפי הארץ : **נהילא** · (ב) כמו קימחא נהילא (חולין דף נא:) שהיא דקה גשמים דקים כקמחא נהילא שהיא דקה הבאין תחילה למטר ואח"כ בא מטר : **אתי מיטרא** · גשמים יורדין לרוב ואין פוסקין מהר אבל בא מטר תחילה ומתחילין דקין לבא פוסקין מיד : **מהולתא** · שמתחילה יוצא קמח דק ולבסוף סובין גסין : **חריא דעיזי** · ריעי של עזים בתחילה יוצאה גסה ולבסוף דקה ופוסק : **דתמרי** · דבש עושין מהן : **ובבלאי לא עסקי** · כלומר יכולין הן לעסוק תמיד שיש להן מזונות בזול ובלא טורח : (ג) **מלעטרים** · בשלשול דאמרו (גיטין דף ע:) תמרי משחן ומשלשלן : **מלא צנא דסכיני בזוזא** · שמתוך שלוקחין אותו בזול אוכלין מהן הרבה ומלעטרים אותן : **ממימי אוקיינוס** · כלומר ממים של מטה ולא ממים של מעלה שנאמר ואד יעלה מן הארץ ששטה בארץ ועלה : **מלוחין הן** · ואין תבואה גדילה מהן : **יזקו מטר לאדו** · רקיקין מוליכין מים לעבים : **יזקו** · כמו יצוקו לך לעם ויאכלו (מלכים ב ד) : **חשרת מים עבי שחקים** · העבים מחשרין כלומר משירין המים לארץ : **ללמדך** · אקרא דלקמן קאי ואומר מכין הרים לא גרסינן הכא : **כרבי יהושע** · דאמר ממים העליונים : **ואמר רבי יוחנן מעליותיו של מעלה** · כלומר ממים העליונים ורבי יוחנן מים העליונים אתא לאשמועינן דאי לאו רבי יוחנן הוי אמינא דהכי קאמר מעליות שהקדוש ברוך הוא עומד בהם הוא משקה אותן למטה ולעולם המים מאוקיינוס : **ור' אליעזר** · אמר לעולם מעליותיו של הקב"ה כרבי יוחנן וכו' : **תהומות** · מים של מטה כדכתיב תהומות יכסיומו (שמות טו) : בברייתו

רבינו חננאל

חלש דעתיה אקריוה בחלמא ואכחיד את שלשת הרועים וגו'. כי הוה מפטרי מיניה אמר להו ניזולו רבנן בשלום: רב שימי בר אשי הוה מקשי לרב פפא טובא יומא חד חזייה דנפל על אפיה ובעי רחמי ואמר רחמנא שובן מכיסופא דשימי קביל עליה שתיקותא ותו לא אקשיה ליה. עבים הדקים נקראים חזיזים אמר רב פפא עיבא קלישתא דתותי עיבא סמיכתא ונקראות פורחות: אמר רב יהודה נהילא פי' מטר היורד דק כמו קמח. אם הם תחלת ירידת המטר ירד מטר וסימנא נפה שכיון שמתחלת לפלוט הדק פולטת סולת וצריד וכיוצא. אבל אם זו נהילא באחרית מטר רע דפסק מטרא והוו תמצית המטר וסימניך חריא דעיזא כיון שאינו בא בקילוח אלא כעין שותת טפה לא נשאר בו כלום: תניא רבי אליעזר אומר כל העולם כולו ממימי אוקינוס שותה שנאמר ואד יעלה מן הארץ והשקה וגו' ואע"פ שמלוחין מתמתקים הם בעבים. ר' יהושע אומר כל העולם כולו ממים העליונים הוא שותה שנאמר למטר השמים תשתה מים והאי דכתיב ואד יעלה מן הארץ מלמד שעננים כנוד מתגברות ועולות לרקיע ופותחות פיהם כנוד ומקבלות מטר שנאמר יזוקו מטר לאדו ומנוקבות ככברה ומחשרות על הארץ. שנאמר חשרת מים עבי שחקים ובין טפה לטפה כמלא נימא כו'.

[צ"ל מתמתקין]

רבינו גרשום

מטר אתי בשביל תפלת יחיד ולברך את מעשה ידיך שבשביל יחיד אתי מטר : יכול לכל כלומר שאינו יורד גשם אלא בשביל כולם ת"ל לאיש שצריך לו מטר בשביל תפלתו : נהילא · מטר דקה סימן דאתי מיטרא · מהולתא · שבתחלתו מוציא דקה ולבסוף מוציא עבה : חריא דעיזי · ריעי של עזים שמוציא ריעי לבסוף דק :

הגהות הב"ח

(א) גמ' לאוצרות שיתמלאו בר תהומות כו' כמאן כר"א: (ב) רש"י ד"ה נהילא כמו קימחא נהילא. נ"ב

מסורת הש"ס

[כעי' סנ"ר לשלמא ופי' ברכות סד. ומ"ק כט.]

[צ"ל בר']

פסחים פח. ע"ש

עירובין מה.

[צ"ל עושה גדולות ואין חקר (איוב ה ט)]

[דיבור זה שייך בסמוך לאחר דיבור שמתחיל ואמר ר' יוחנן]

הגהות הגר"א

[א] גמ' (וכתיב מכין הרים בכחו וגו') תא"מ :

גליון הש"ס

רש"י ד"ה מלוחים ואין תבואה גדילה מהן. לא ידעתי למאי צריך לזה ולא כפשוטו שאינו ראויים לשתות :

נה"ק דבכתבות ליתא האי לישנא אבל כאן צריך לפרש דמדמה ליה לקמח שיש בו דק וגס כמו גשמים וכמ"ש וסימניך מהולתא : (ג) ד"ה מלעטרים · צ"ל מעטרים : (ד) תוס' ד"ה נהילא כו' כמו דעבדינן האידנא אלא היו שוחקין :

«שייך לעמוד הבא»

§ מסכת תענית דף י. §

אות א' – ב' – ג'

בשבעה בו

ובגולה עד ששים בתקופה

הלכתא: יום ששים כלאחר ששים

סימן קיז ס"א - [א]ברכת השנים, צריך לומר בה בימות הגשמים: ותן טל ומטר, [ב]ומתחילין לשאול מטר בחוצה לארץ [ג]בתפלת ערבית של יום ס' אחר תקופת תשרי - כלומר בתפילת ערבית שמתחיל יום ס', **ואז** יכריז השמש לאחר הקדיש קודם התפלה "טל ומטר", בכדי שידעו לומר: ותן טל ומטר, **ואם** לא הכריז, אעפ"כ יאמרו.

ובדיעבד אם לא שאל, מחזירין אותו, (ואפי' אם עדיין לא נשלם ס' יום מעל"ע), **ואינו** דומה לערבית של ר"ח, דשם הטעם משום דאין מקדשין החודש בלילה, כ"כ בספר ברכ"י, **ובספר** זכור לאברהם מצדד שלא לחזור בדיעבד, וכמו בהזכרה, עי"ש, **אבל** מדברי כמה אחרונים שראיתי לא משמע כן.

(ויום התקופה הוא בכלל הס') - כלומר יום שנפלה בו התקופה מחשבים מכלל הס', אפילו אם התקופה נופלת בחצי יום או אחר כך, רק שיהא קצת קודם הלילה, **ולעולם** ב' ימים בין התקופה להשאלה, דאם התקופה ביום א', השאלה בתפילת ערבית השייכה ליום ד'.

[ד]ובארץ ישראל מתחילין לשאול מליל ז' במרחשון - לפי ששם צריך לגשמים, לפי שגבוה הוא מכל הארצות, משא"כ בגולה, **ואנו** בכל חו"ל בתר בני גולה דבבל אזלינן.

בן א"י בחו"ל או להיפך, אם דעתו בתוך שנה לחזור, שואל כמקומו, **ואם** דעתו אחר שנה, שואל כמקום שהוא שם, אע"פ שיש לו אשה ובנים בביתו, כ"כ הפר"ח והביאו הפמ"ג, **ובספר** ברכי יוסף הסכים בשם כמה גדולים לדעת מהר"ז גוטה ומהר"י מולכו, דכל אחד ישאל כבני העיר הנמצא בה, ודלא כהפר"ח, עי"ש, **ולכאורה** מדברי הבה"ט משמע, דהם מיירי דוקא באין דעתו לחזור, וצריך לעיין בתשובת דבר שמואל ובספר יד אהרון, כי שם מקורם.

ושואלין עד תפלת המנחה של ערב יום טוב הראשון של פסח - כלומר ועד בכלל, **ומשם ואילך פוסקין מלשאול** - ואין חילוק בפסיקה בין א"י לחו"ל.

(**ואם** טעה במעריב ליל ראשון של פסח, והתפלל תפלת שמו"ע של חול, ונזכר לאחר שהתחיל "ברך עלינו", שהדין הוא שצריך לסיים כל אותה ברכה, **אינו אומר** "טל ומטר", כיון שגם הצבור אינם אומרים, **ואם** חלה השאלה ביום שבת וטעה והתפלל של חול, והתחיל "ברך עלינו", ג"כ **אינו אומר** "טל ומטר", כיון שהציבור עדיין לא התחילו, והיחיד נגרר תמיד אחר הצבור).

הנוסח: "ושבענו מטובך", **ובסידור** האר"י כתוב "מטובה".

באר הגולה

א ברכות ל"ג | ב תענית י' | ג טור בשם הרא"ש | ד שם בגמרא

אות ד׳ – ה׳

הגיע שבעה עשר במרחשון ולא ירדו גשמים, התחילו היחידים מתענין שלש תעניות

הגיע ראש חדש כסליו ולא ירדו גשמים, בית דין גוזרין שלש תעניות על הצבור

סימן תקעה ס״א - [ה]**סדר תעניות שמתענין בארץ ישראל** - בא לאפוקי שאר מקומות, וכדלקמן בס"ט, **על הגשמים, כך הוא:** [ו]**הגיע י"ז במרחשון ולא ירדו גשמים, מתחילין תלמידי חכמים בלבד להתענות שלשה תעניות, ב' וה' וב'** - היינו אפילו ביום י"ז גופא, וכן משמע בביאור הגר"א בס"ט, [**ומיהו** נראה דהיינו כשקיבל מבע"י להתענות].

[ז]**וכל התלמידים ראוים לכך** - היינו שחיוב הוא על כל תלמיד, ואין יכול להפקיע עצמו לומר: פטור אני, **ודוקא** כששואלים אותו דבר הלכה בתלמודו ואומרה, דאז הוא בכלל ת"ח, וחייב להתחיל להתענות, **אבל** אם לא הגיע לכלל כך, אינו מחוייב להתענות, אלא שאם רצה מתענה ואין בו משום יוהרא, **אבל** כל שאר אדם אינו רשאי, דהרואה שמתענה, מוכחא מילתא שעושה מפני הגשמים, והוי משום יוהרא.

ודין תעניות אלו כדין תענית יחיד - היינו לענין שמפסיקין בהם בר"ח וחנוכה ופורים, אם פגע באלו הימים [גמרא], ומשא"כ ת"צ וכדלעיל בסימן תקע"ב, **וגם** לענין מה שמבואר בסימן תקס"ו ע"ש, **ונ"ל** דה"ה לענין שצריך לקבל אותן מבעוד יום כשאר תענית יחיד, ולאפוקי בת"צ וכנ"ל בסימן תקס"ב סי"ב.

סימן תקעה ס״ב - [ח]**הגיע ר"ח כסליו ולא ירדו גשמים, בית דין גוזרין שלשה תעניות על הצבור, ב' וחמישי וב', וכל העם נכנסים לבתי כנסיות ומתפללים וזועקים ומתחננים, כדרך שעושים בכל התעניות** - ובכלל זה הקריאה "ויחל" בשחרית ומנחה כשאר תענית.

אות ו׳

אין גוזרין תענית על הצבור בתחילה בחמישי, שלא להפקיע את השערים

סימן תקעב ס״א - [ט]**אין גוזרין תענית על הצבור בתחלה ביום חמישי, שלא להפקיע שערים** [י]**(פירוש שלא לייקר השער)** - כשיראו שיקנו ב' סעודות גדולות, לצורך הלילה ולצורך סעודת שבת, יסברו שרעב בא לעולם, ויפקיעו השערים.

בתחלה - לאפוקי אם הוא באמצע, כגון שגוזרין בה"ב, מותר, [**אבל** לא בא לאפוקי בג' תעניות השניות של גשמים, דשם אף שכבר התענו בשלש ראשונות, אפ"ה כיון שהפסיק זמן באמצע, חיישינן להפקעת שערים, ואין להתחיל בחמישי, כמבואר בסי' תקע"ה ס"ג].

(מדסתם משמע דבכל תענית דינא הכי, לא שנא עבור גשמים או עבור ענין אחר).

[יא]**ואפילו במקום שאין לחוש לכך** - כגון בעיר שרובה עו"ג, **ואפשר** דבמדינות אלו דלא שכיחי מפקיעי שערים, מותר לגזור תענית ביום ה', וכן נוהגין.

אות ז׳

ומפסיקין בראשי חדשים ובימים טובים הכתובין במגילת תענית

סימן תקעה ס״ז - [יב]**ומפסיקים בראש חדש חנוכה ופורים.**

באר הגולה

[ה] **משנה תענית י׳** [ו] ‹כסתם מתני', ואפי' אי הלכה כר' יוסי לענין רביעה שניה, {שהיא בכ"ג, וכדפסק המחבר בהלכות נדרים, עיין דף ו}, מ"מ י"ל דיש להתענות גם במניעת הגשם ברביעה ראשונה, {דלרבי יוסי היא בי"ז}, דהא לכו"ע כשמגיע ר"ח כסלו כל הצבור מתענין, **ובהכי** מיושב פסקי הרמב"ם והטור, דמתענין בי"ז מרחשון, {דלכאורה היא כשיטת רבי מאיר, דשלישית בי"ז, והגמרא דף ו' אמר, שלישית להתענות}, אע"ג דלא ס"ל כר"מ, ע"ש בלח"מ הל' תענית, ולמ"ש אתי שפיר, דמאי דפסקינן הלכה כר' יוסי {בהלכות נדרים}, היינו בגוף הדין דזמני רביעה, אבל בהא ד"וכן אמר רבי יוסי אומר אין היחידים מתענין עד שיגיע ראש חדש כסליו", לא קי"ל כוותיה, רק כסתמא דמתני' כנ"ל, **והא** דאמרינן שלישית להתענות, דמשמע דלכו"ע אין להתענות רק בזמן השלישי, י"ל דהיינו תענית ציבור דכסליו דלקמן, ותו י"ל דשלישית להתענות לרבי יוסי הוא דקאמר, **והש"ך** ביו"ד (סי' ר"כ, הובא לעיל דף ו') תמה על הרמב"ם ועל הב"י, דהלא קי"ל דשאלה בז' מרחשון, והיינו דלא כר' יוסי, {רק כרבי יהודה דרביעה ראשונה בז'}, דהא אמרינן דראשונה לשאלה ע"ש – שפת אמת דף ו.› [ז] **ברייתא שם וכרבי יוסי** ‹עיין לקמן עמוד ב'› [ח] **שם משנה** [ט] **משנה תענית ט"ו** [י] ‹הרא"ה פי' כן "כלומר ליקר את השערים", ועיין ברש"י› [יא] **הרב המגיד לדעת הרמב"ם ושכן כתבו הגאונים** [יב] ‹לכאורה תמוה מה שהביא העין משפט ס"ז, דאיירי כשעברו הי"ג תעניות ולא נענו, דת"ח חוזרים ומתענין עד שיצא ניסן, **ולא** הביא מס"ט: בד"א בארץ ישראל וכל הדומה לה; אבל במקומות שעונת הגשמים שלהם קודם שבעה עשר במרחשון או אחר זמן זה; כשיגיע זמנם ולא ירדו גשמים, יחידים מתענים שני וחמישי ושני, ומפסיקים בראש חדש חנוכה ופורים, ושוהין אח"כ כמו ששה ימים, אם לא ירדו גשמים, בית דין גוזרין י"ג תעניות על הסדר שאמרנו, ע"כ. **דלכאורה** יותר מכוון לסוגייתינו, וצ"ע›

בבריותו של עולם ת"ר א"י נבראת תחלה וכל העולם כולו נברא לבסוף שנאמר עד לא עשה ארץ וחוצות א"י (א) משקה אותה הקב"ה בעצמו וכל העולם כולו ע"י שליח שנאמר הנותן מטר על פני ארץ ושולח מים על פני חוצות א"י שותה מי גשמים וכל העולם כולו מתמצית שנאמר הנותן מטר על פני ארץ וגו' א"י שותה תחלה וכל העולם כולו לבסוף שנאמר הנותן מטר על פני ארץ וגו' משל לאדם שמגבל את הגבינה נוטל את האוכל ומניח את הפסולת אמר מר ממתקן הן עבים מעליה דא"ר יצחק בר יוסף א"ר יוחנן כתיב חשכת מים עבי שחקים וכתיב חשרת מים עבי שחקים שקול כף ושדי אריש וקרי ביה חכשרת ור' יהושע בהני קראי מאי דריש בהו סבר לה כי הא דכי אתא רב דימי אמר אמרי במערבא נהור ענני זעירין מוהי חשוך ענני סגיין מוהי כמאן אזלא הא דתניא מים העליונים במאמר הם תלוים ופירותיהן מי גשמים שנאמר מפרי מעשיך תשבע הארץ כמאן כר' יהושע ור' אליעזר ההוא במעשה ידיו של הקב"ה הוא דכתיב אריב"ל כל העולם כולו מתמצית גן עדן הוא שותה שנאמר ונהר יוצא מעדן וגו' תנא מתמצית בית כור שותה תרקב: ת"ר ארץ מצרים הויא ד' מאות פרסה על ד' מאות פרסה והוא אחד מששים בכוש וכוש אחד מששים בעולם ועולם א' מששים בגן וגן אחד מששים לעדן ועדן אחד מששים לגיהנם נמצא כל העולם כולו ככיסוי קדרה לגיהנם וי"א גיהנם אין לה שיעור וי"א עדן אין לה שיעור א"ר אושעיא מאי דכתיב שוכנת על מים רבים רבת אוצרות מי גרם לבבל שיהו אוצרותיה מליאות בר הוי אומר מפני ששוכנת על מים רבים אמר רב עתירה בבל דחצדא בלא מיטרא אמר אביי נקיטינן טובעני ולא יובשני:

מתני' בג' במרחשון שואלין את הגשמים רבן גמליאל אומר בשבעה בו ט"ו יום אחר החג כדי שיגיע אחרון שבישראל לנהר פרת: **גמ'** א"ר אלעזר הלכה כרבן גמליאל תניא חנניה אומר ובגולה עד ששים בתקופה אמר רב הונא בר חייא אמר שמואל הלכה כחנניה איני והא בעו מיניה משמואל מאימת מדכרינן ותן טל ומטר אמר להו מכי מעיילי ציבי לבי טבות רישבא דילמא אידי ואידי חד שיעורא הוא איבעיא להו יום ששים כלפני ששים או כלאחר ששים ת"ש רב אמר יום ששים כלאחר ששים ושמואל אמר יום ששים כלפני ששים א"ר נחמן בר יצחק וסימנך עילאי בעו מיא תתאי לא בעו מיא אמר רב פפא הלכתא יום ששים כלאחר ששים: **מתני'** הגיע י"ז במרחשון ולא ירדו גשמים התחילו היחידים מתענין ג' תעניות אוכלין ושותין משחשיכה ומותרין במלאכה וברחיצה ובסיכה ובנעילת הסנדל ובתשמיש המטה הגיע ר"ח כסליו ולא ירדו גשמים ב"ד גוזרין שלש תעניות על הצבור אוכלין ושותין משחשיכה ומותרין במלאכה וברחיצה ובסיכה ובנעילת הסנדל ובתשמיש המטה: **גמ'** מאן יחידים אמר רב הונא רבנן ואמר רב הונא יחידים מתענין שלשה תעניות שני וחמישי ושני מאי קמשמע לן תנינא אין גוזרין תענית על הצבור בתחלה בחמישי שלא להפקיע את השערים אלא שלש תעניות הראשונות שני וחמישי ושני מהו דתימא הני מילי צבור אבל יחיד לא קמשמע לן תניא נמי הכי כשהתחילו היחידים להתענות מתענין שני וחמישי ושני ומפסיקין בראשי חדשים ובימים

וכן

רש"י

בבריותו של עולם. כתיב שהיה כל העולם טוכסן במקום אחד כמכנים מים בנאד (ג) שנכנס באוצרות תהומות שם חול גבוה ואוצר ליס: **שיורי תמציות** מה שנשאר בעבים אחר שתייה: **על פני ארץ.** א"י: **כתמצית פוסה.** שם יורדין הגשמים תחילה כך שמעתי: **חשרת מים וחשכת מים.** שני מקראות הן חד בתהלים וחד בשמואל בידבר דוד: **ס"ג שקול כף ושדי אריש.** כלומר קח כף שבמלת חשכת וצרפו עם מלה חשרת וקרי ביה (ג) חכשרת שממתקין ומכשירין בעבים: **חשוך ענני סגיאין מימוהי.** והייט דכתיב חשכת מים: **נהור ענני.** כשהענן קלים זעירין מימוהי ומכלל חשוך סגיאין אתה למד אבל נהור זעירין וחשרת לשון השרה כמו אין שורין דיו (שבת דף יז:) כו' כדדריש ליה רבי יהושע לעיל אבל חשכת מיבעי ליה להכי ולהכי: **במאמר הם תלוין.** אינן נחות על שום דבר אלא מכונסות ועומדות כמין בריכה ותלויות במאמרו של הקב"ה: **ופירותיהן מי גשמים.** משום לישנא דקרא נקט הכי משום דכתיב מפרי מעשיך תשבע הארץ ופירותיהם כלומר מזיעת המים שאין נחסרין כלום כדכתיב (תהלים סה) פלג אלהים מלא מים כל שעה והקרן קיימת ופירותיהן מי גשמים וכן מפורש בבראשית רבה: **ונהר יוצא מעדן.** (ד) סימן לדבר שגן עדן שותה מן הגשמים תחילה דכתיב ונהר יוצא מעדן להשקות את הגן וגו': **תנא מתמצית בית כור.** כלי שמשקין במימיו בית כור יכולין להשקות בתמציתו שיעור זריעת תרקב שהוא אחד מששים בבית כור והכי נמי עולם אחד מששים בגן עדן ודי לו בתמצית העננים המשקין את הגן (ה) גן לפני כל העולם כמו כעדן לגן: **נמצא כל העולם ככיסוי קדרה.** הקטן כנגד הקדרה: **שוכנת על מים רבים.** רבת אוצרות בא קצך אמת בצעך: **עתירה אוצרותיה.** שקט עושר: **מים רבים.** שמשקין שדותיהן דבבל עמוקים מכל הארצות וגשמים משפשפין ויורדין שם: **עתירה בבל.** עשירה היא בבל שקוצרין בה תבואה בלא מטר שאינן צריכים לגשמים: **נקיטינן.** דהכי (ו) הלכה בבבל בלא מיטרא: **טובעני.** היא מקום מצולה ורקק: **ולא יובשני.** שאינה יבשה:

מתני' בשלשה במרחשון שואלין את הגשמים וכו' רבן גמליאל אומר בשבעה בו כט"ו יום אחר החג. כלומר בשבעה במרחשון הוא ט"ו אחר החג: **כדי שיגיע לפרת.** כלומר קודם ביאת מים לנהר פרת שהוא רחוק יותר: **גמ' ובגולה ששים.** ובגולה אין שואלין עד ששים בתקופה לפי שהוא מקום נמוך ואין צריכים מטר כל כך: **מכי מעיילי ציבי לבי טבות רישבא.** משעה שמכניסין עצים לאוצר לצורך ימות הגשמים שכן היו נוהגין לפי שהיו יודעין שזמן גשמים הוא משם ואילך ולא היו יכולין לחטוב עצים ביער: **רישבא.** ליד עופות כמו אין פורשין "רשבים ליונים (ב"ק דף עט:) טבות שם אדם: **כלפני ס'.** ולא מדכרינן: **כלאחר ס'.** ומדכרינן: **עילאי בעו מיא.** העומדים בהרים צריכין יותר מים מפני שהגשמים מתגלגלים ויורדין למטה: **תתאי לא בעו מיא.** שמתכנסין כל מימי ההרים לבקעה וה"נ רב שהיה מארץ ישראל כדאמרינן בעלמא (גיטין דף ו:) מכי אתא רב לבבל וארץ ישראל גבוהה מכל הארצות משום הכי אמר כלאחר ששים ובבבל בגולה מתוך שאינן צריכין לגשמים אין שואלין עד ס' לתקופת תשרי וכן אנו נוהגים שכל מנהגינו אחר בני בבל: **מתני' הגיע שבעה עשר וכו'.** אוכלין ושותין משחשיכה שאין אוכלין מבעוד יום כיום הכפורים ותשעה באב: **גמ' מאי קמ"ל.** הא דקאמר שני וחמישי ושני: **תנינא.** בפירקין דלקמן (דף טו:) אין גוזרין תענית כו' שלא להפקיע את השערים שאם היו מתחילין להתענות בחמישי היו קונין למוצאי התענית שתי סעודות גדולות אחד לתענית ואחד לשבת וכסבור המוכר שרעב בא לעולם ואתי לאפקועי שערים: **לאפקועי.** מבטל שיעור מדה הראשונה וממעטה: **אבל יחידים לא.** שלש תעניות שהיחידין עושין קודם לצבור אין זקוקין להתחיל בשני דליכא אפקיעת שערים משום יחידים דיחידים אינן בכלל י"ג תעניות והללו ג' תעניות דלצבור הדע דקא חשיב במתני' שלש ושלש ושבע: **ומפסיקין בראשי חדשים.** שאם חל ר"ח בשני ובחמישי לאחר שהתחילו להתענות פוסקין תעניתם:

תוספות

קרי ביה חכשרת. פי' המל הכ"ף מן חשכת ושדי עם חשרת ויהיה חכשרת כלומר שהמים בעננים מתכשרים שהעננים שואבים לבסוף הם ממתקים בעבים: **טובעני** ולא יובשני. פי' מוטב להיות בארץ שהיא לחה משהיא יבשה:

הלכתא יום ס' כלאחר ס'. וכן עמא דבר ויום תקופה מתחיל: **אין** גוזרין תענית על הצבור בתחלה בחמישי שלא להפקיע השערים. פי' שע"י שמשו הצבור תענית יקנו מזון של חמישי ושל שבת והסוחרים העם יוקר הוא ויפקעו השערים:

רבינו חננאל

ארץ ישראל נבראת תחלה שנאמר עד לא עשה ארץ וחוצות א"י הקב"ה משקה אותה [בעצמו] וכל העולם כולו ע"י שליח. שנאמר הנותן מטר על פני ארץ ושולח מים על פני חוצות. א"י שותה מי גשמים וכל העולם שותה תמצית שנאמר הנותן מטר וגו' משל לאדם מגבל גבינה. נוטל מאכל ומניח הפסולת: ת"ר מצרים ד' מאות פרסה על ד' מאות פרסה. ואחד מס' בכוש. וכוש אחד מס' בעולם. והעולם אחד מס' בגן. וגן אחד מס' בעדן. ועדן אחד מס' בגיהנם. נמצא כל העולם כולו ככיסוי קדירה לגיהנם. אריב"ל כל העולם מתמצית הגן הוא שותה שנאמר ונהר יוצא מעדן להשקות את הגן. תנא מתמצית בית כור שותה תרקב. פי' התרקב הוא חצי סאה. והכור יש בו ל' סאין. נמצא א' מס' בכור. וכיון ששנה בחיצונה והעולם א' מס' בגן. נמצא העולם כולו חלק א' מס' חלקים בגן ומתמציתו שותה כל העולם. דקדק התנא שמתמצית בית כור שותה תרקב שהרי זה התרקב א' מס' בכור כמו שהוא העולם א' מס' בגן ושותה תמציתו: מתני' בג' במרחשון שואלין הגשמים ר"ג אומר (בשמנה) [בשבעה] בו. א"ר אלעזר הלכה כר"ג. תניא חנניה אומר ובגולה עד ששים בתקופה. א"ר שמואל הלכתא כחנניה. ואיבעיא לן יום ס' כלפני ס' ואינו ... ס' וסימנך עילאי בעי מיא ... מים. ונהרדעא אתריה דשמואל ... וסורא אתריה דרב ... התחתיין נקוין המים בהן ... ומתקיימין אצלם.

עין משפט נר מצוה

כו א ב ג מיי' פ"ב מהלכות תפלה הלכה טז סמג עשין יט טוש"ע א"ח סי' קיז סעיף א:

כז ד ה מיי' פ"ג מהל' תעניות הלכה א והלכה ב טוש"ע א"ח סי' תקעה סעיף א ב:

כח ו מיי' שם פ"א הלכה ה טוש"ע א"ח סי' תקעה סעיף א:

כט ז מיי' שם הלכה ט וסמ"ג הלכה י וטוש"ע שם סי' תקעה סעיף ז:

מסורת הש"ס

[כלומר נכשרין ומתמתקין ערוך]

[פי' תרי וקב והיינו חצי סאה ערוך]

[כלומר מוטב שיהיה מטר ... ערוך]

[פי' ... ערוך ...]

לקמן טו:

פ"ג כב

פסחים צד.

[לעיל ד:]

לעיל ו. ב"מ כח.

הגהות הב"ח

(א) גמ' שנאמר עד לא עשה ארץ וחוצות א"י שותה תחילה כו' על פני ארץ וגו' א"י משקה אותה הקב"ה בעצמו וכו' מתמצית וכו' על פני ארץ וגו' משל לאדם שמגבל את ...

(ג) רש"י ד"ה בבריותו כו' כמכנים מים כנאד ונכנס באוצרות כו' ...

רבינו גרשום

כמאן כר' יהושע דאמר ממים העליונים הם. כמאן כר' אליעזר דאמר מן הארץ עולה מטר. מתמצית כור שותה תרקב. מתמצית גן עדן שותה כל העולם דכל העולם לגבי גן עדן כתרקב לפני כור תרקב תרי וקב דהיינו ג' קבין. כור ל' סאין ותרקב חצי סאה נמצא תרקב אחד מששים בכור וכל העולם אחד מששים בגן עדן: דחצדא בלא מטרא כלומר שקוצרת בלא מטר כלומר שאינה צריכה מטר שיושבת בין בקעת המים. ע"א אמרא: טובעני ולא יובשני כלומר מיתרמי שטובעין הזרעים אבל לעולם אין מתייבשין: ר"ג אומר בשבעה בו בתשעה עשר יום אחר חג כלומר דז' במרחשון הוא ט"ו אחר החג כדי שיגיע האחרון כו' קודם הגשמים: ובגולה אין שואלין את הגשמים עד ששים בתקופה. לפי נמוך ואין צריכין למטר כל כך: ציבי דטבות רישבא. דהוה עשיר והיו עצים שלו בשורה עד שיכנסם במרחשון: כלפני ששים. ואין שואלין בו: או כלאחר ששים. עילאי בעו מיא רב דהוה מא"י בעי מים בששים. תתאי לא בעי מיא שמואל דהוה לבסוף לא בעי מיא עד ששים ואחד: אוכלין ושותין משחשכה. שאין אוכלין מבעוד וכתשעה באב: שלא להפקיע את השערים. דבני כפרים הבאים ליום הכניסה מספקים מים שבב...

ובימים טובים הכתובין במגילת תענית תנו רבנן אל יאמר אדם תלמיד אני איני ראוי להיות יחיד אלא *כל תלמידי חכמים יחידים אי זהו יחיד ואיזהו תלמיד יחיד כל שראוי למנותו פרנס על הצבור תלמיד *כל ששואלין אותו דבר הלכה בלמודו ואומר ואפילו במסכת דכלה תנו רבנן לא כל הרוצה לעשות עצמו יחיד עושה תלמיד עושה דברי ר' מאיר רבי *יוסי אומר [א]עושה וזכור לטוב לפי שאין שבח הוא לו אלא צער הוא לו תניא אידך לא *כל הרוצה לעשות עצמו יחיד עושה תלמיד עושה דברי רבי שמעון בן אלעזר רבן שמעון בן גמליאל אומר במה דברים אמורים בדבר של שבח אבל בדבר של צער עושה וזכור לטוב שאין שבח הוא לו אלא צער הוא לו ת"ר *מי שהיה מתענה על הצרה ועברה על החולה ונתרפא הרי זה מתענה ומשלים [ב]ההולך ממקום שאין מתענין למקום שמתענין הרי זה מתענה עמהן [ג]ממקום שמתענין למקום שאין מתענין הרי זה מתענה ומשלים [ד]שכח ואכל ושתה אל יתראה בפני הצבור ואל ינהיג עידונין בעצמו שנאמר °ויאמר יעקב לבניו למה תתראו אמר להם יעקב לבניו אל תראו עצמכם כשאתם שבעין לא בפני עשו ולא בפני ישמעאל כדי שלא יתקנאו בכם °אל תרגזו בדרך אמר רבי אלעזר אמר להם יוסף לאחיו אל תתעסקו בדבר הלכה שמא תרגזו עליכם הדרך איני והאמר ר' אלעאי בר ברכיה *שני תלמידי חכמים שמהלכים בדרך ואין ביניהן דברי תורה ראויין לישרף שנאמר °ויהי המה הולכים (*הולך) ודבר והנה רכב אש וסוסי אש ויפרידו בין שניהם טעמא דאיכא דיבור הא ליכא דיבור ראויין לישרף לא קשיא הא למיגרס הא לעיוני במתניתא תנא אל תפסיעו פסיעה גסה והכניסו חמה לעיר אל תפסיעו פסיעה גסה דאמר מר *פסיעה גסה נוטלת *אחד מחמש מאות ממאור עיניו של אדם והכניסו חמה לעיר כדרב יהודה אמר רב *דאמר רב יהודה אמר רב לעולם יצא אדם בכי טוב ויכנס בכי טוב שנאמר °הבקר אור והאנשים שלחו אמר רב יהודה אמר רבי חייא °המהלך בדרך אל יאכל יותר משני רעבון מאי טעמא הכא תרגימו משום מעיינא במערבא אמרי משום מזוני מאי בינייהו איכא בינייהו דיתיב

תוספות

איזהו יחיד כו' שראוי למנותו פרנס על הצבור (ד) להיות פרנס ואיזהו תלמיד כל ששואלין דבר הלכה בכל מקום וכו'. וקשה דהכא משמע דקרי תלמיד אותו שיודע להשיב כששואלין לו דבר הלכה בכל מקום ואומרה והתם אמרינן במס' שבת פרק ואלו קשרים (דף קיד.) איזהו תלמיד הראוי למנותו פרנס על הצבור כשיודע להשיב כל ששואלין (ה) דבר הלכה ואפילו במסכת כלה ואיזהו ראוי למנותו פרנס על הצבור הוי כשיודע להשיב והכא משמע דאותו הראוי למנותו פרנס הוי מילתא אחריתי ועוד דהכא משמע דיחיד עדיף מדקאמר בסמוך לא כל הרוצה לעשות עצמו יחיד עושה אבל הרוצה לעשות עצמו תלמיד עושה ויש לומר דיש חילוק בתלמיד דדוקא כשהרב בא אל מקום אחד וכל התלמידים אצלו זה שואל אל הרב ממה שהוא לומד וזה שואל ממקום אחר ואותו הרב יודע להשיב לכל התלמידים לכל אחד ואחד כפי שאלתו ואפילו במס' כלה זהו יחיד דעדיף מתלמיד דהכא ונקרא תלמיד התם בפרק אלו קשרים אותו ודאי ראוי למנותו פרנס על הצבור אבל אם אינו יודע להשיב אלא במסכת שלו נקרא גם כן תלמיד ומזה מיירי הכא:

ההולך ממקום שמתענין למקום שאין מתענין הרי מתענה ומשלים. ל"ש דעתו לחזור הואיל וקבל עליו התענית: ל"ש אין דעתו לחזור הואיל וקבל עליו התענית: **למה** תתראו. כמו שמפרש אל תראו עצמכם בפני בני עשו וכו' ויש במדרש למה תתראו פירוש למה תהיו כחושין:

אל תרגזו בדרך. ויש מדרש אל תפסיקו מדבר הלכה:

ואין ביניהם דברי תורה ראויה לישרף דכתיב ויהי המה הולכים הלוך ודבר וגו' טעמא דאיכא דבור וכו'. ויש מדרש שהם היו מדברים דברים בטלים ומש"ה ראוין לישרף:

פסיעה גסה נוטלת אחת מחמש מאות ממאור עיניו של אדם. ואין להקשות אם כן בחמש מאות פסיעות נעשה יהיה ניטל כל מאור עיניו של אדם והא קא חזינן דלאו הכי הוא ונראה לפרש דהפסיעה הראשונה נוטל אחת מחמש מאות והפסיעה שניה נוטל פחות מן הראשונה שהשניה אינה נוטלת אלא אחד מחמש מאות הנשארים כמו בעישורייתא דבי רבי (כתובות דף סח.) ר"ל העישור ממה שנשאר אבל עדיין קשה דמ"מ פסיעה ראשונה דנוטלת יותר מן השניה אלא יש לומר דלא נוטלת אלא פסיעה ראשונה דוקא ומכאן ואילך כיון דדש דש אי נמי פסיעה ראשונה נוטלת טפי משום *)דכל התחלות קשות:

לעולם יצא אדם בכי טוב. פי' בפרק קמא דפסחים (דף ב.) [וע"ע תוס' ב"ק ס:]:

משום מעיינא. פירוש משום שהבני מעיין הוי קשה להו אסור

*) מכילתא הביאו רש"י פ' יתרו יט ס"ה

רש"י

ובן בימים טובים הכתובים במגילת תענית: **תלמיד אני**. ואיני חשוב כל כך כיחידים כלומר איני ראוי להתחיל תענית עם היחידים: **לא כל הרוצה לעשות עצמו יחיד**. לענין תענית: **עושה**. דנראה מגסי הרוח ותנן (אבות פ"ג משנה י) כל שרוח הבריות נוחה הימנו כו': **הכי גרסינן התלמידים עושין עצמן**. כדאמרינן לעיל שכל התלמידים ראויין לכך ואין בהם משום גסות הרוח: **רבי יוסי אומר כל אדם**. ואפילו אינו תלמיד עושה עצמו יחיד להתענות וזכור לטוב דלצער הוא לו ולא גסות ליכא אחריכא גרסינן לא כל הרוצה לעשות עצמו יחיד עושה תלמיד עושה כלומר ולא כל הרוצה נמי לעשות עצמו תלמיד להתנהג עצמו במדת *תלמיד בחלוקו וכמעטהו ולהתנהגות כסודר של תלמידי חכמים ושאר דברים עושה דכל הרוצה ליטול לו את השם לא יטול ורבי יוסי ארישא ומסתבר כי האי לישנא מדקא מהדר רבן שמעון בן גמליאל דבר של שבח אינו עושה מכלל דאיירי בשבח: **על החולה ונתרפא**. הוא הדין אם מת החולה בעי לקיומי נדרו: **על הצרה ועברה**. מתענה ומשלים ואם לאו נראה כמתנה עם קונו אם תעבור (*אתענה) ואם לאו (לא) אתענה: **למקום שאין מתענין הרי זה מתענה ומשלים**. כל התעניות שקבלו עליהן בני עירו דטתכן עליו חומרי המקום שיצא משם: **אכל ושתה**. דיעבד: **אל יתראה בפניהן**. שנראה כחתן בין אבלים ויתקנאו בו: **ואל ינהיג עדונים בעצמו**. שלא יאמר הואיל ואכלתי כל שהוא אוכל הרבה: **אל תראו עצמכם**. שיש לכם חטים הרבה ולא הלכו אלא בשביל דבר זה שלא להתראות בפני בני עשו שהיו לצורים ורעבים: **תרגזו עליכם הדרך**. תתעו: **לישרף באש**. דכתיב והנה סוסי אש וכתיב בההוא ענינא הלוך ודבר ואהכי כתביה לאשמועינן דאי לאו שהיו הולכין (א) בעומקה של הלכה לא [היו ניצולין]: **הא למגרס**. מבעי ליה באורחא אבל במלתא דמבעי ליה לעיוני לא: **במתניתא תנא**. מאי אל תרגזו בדרך אל תזיקו עצמכם בפסיעה גסה: **והכניסו חמה לעיר**. כשאתם לנין ושוכבין בדרך בעיירות הכניסו לעיר בעוד שהחמה זורחת: **יצא אדם בכי טוב**. סימנין עד שיאור כמו וירא אלהים את האור כי טוב (בראשית א): **ויכנס בכי טוב**. בערב בעוד שהחמה זורחת שאין ליסטין מצויין אי נמי שלא יפול בבורות ובקעים שבעיר שלא יעלילו עליו עלילות מרגל אתה או גנב: **הבוקר אור והאנשים שולחו המה וחמוריהם**. מיכן שילאו בכי טוב והוא הדין ליכנס בכי טוב יש ספרים דלא כתיב בהו האי קרא אלא מילתא דרב יהודה סברא הוא ולא בעי' קרא: **לא יאכל יותר ממה שאוכל בשני רעבון**. דאמר לקמן (דף יא.) שצריך להרעיב עצמו בשני רעבון: (הגה (ב). תלמיד זה בבלי הוא וכי משתעי בבבל קאמר הכא וכל הא לן והא להו בבבל קאמר): **משום מעיינא**. שלא יתחלחלו מעיו של אדם ברוב אכילתו מפני טורח הדרך יש אומרים יהיו מעיו של אדם שופכין זה לזה כעין מעיין: **משום מזוני**. שמא (ג) אין לו לאח"כ: דיתיב

עין משפט נר מצוה

ל א ב מיי' פ"א מהלכות תעניות הלכה ב טוש"ע א"ח סי' תקעה סעיף א:

לא ג מיי' פ"ה מהלכות תעניות הלכה טו טוש"ע א"ח סי' תקסט סעיף א:

לב ד מיי' שם טוש"ע א"ח סי' תקסח סעיף ג:

לג ה מיי' שם טוש"ע שם סעיף א:

לד ו מיי' שם טוש"ע שם סעיף ג:

רבינו חננאל

וביו"ט הכתובים במגלת תענית: ת"ר לא יאמר זה איני ראוי לכך. אלא כל התלמידים ראוין לכך. איזהו יחיד כל שראוי למנותו פרנס על הצבור. ואיזה תלמיד כל ששואלין אותו הלכה בכל מקום ואומרה. פי' בכלום מקום כלומר מקום מן התלמוד. ואפי' במס' דכלה. שמתעסקין בה כל תלמיד חכם שרוצים לשנותה בכלה של אדר תניא לא כל הרוצה לעשות עצמו יחיד עושה שנראה כיהירות התלמידים עושין דברי ר' שמעון בן אלעזר. רשב"א דבר של שבח אינו עושה. דבר של צער עושה עצמו יחיד וכן ר' יוסי אומר עושה וזכור לטוב. שאינו שבח לו התענית אלא צער הוא לו: ת"ר הרי שהיה מתענה על החולה ונתרפא על צער צרה ועברה מתענה ומשלים ההולך ממקום שמתענין למקום שאין מתענין וכו'. זה שאמר יוסף לאחיו אל תרגזו בדרך. אל תתעסקו בדבר הלכה שלא תתגר עליהם הדרך ואוקימנא לעיוני אבל במגרס לא. דא"ם ב' ת"ח המהלכים בדרך ואין ביניהם דברי תורה ראוין לישרף שנאמר ויהי המה הולכים הלוך ודבר והנה רכב אש וסוסי אש ויפרידו בין שניהם. במתניתא תנא אל תפסיעו פסיעה גסה שנוטלת אחד מחמש מאות ממאור עיניו של אדם. והכניסו חמה לעיר. כדרב יהודה אמר רב לעולם יכנס אדם בכי טוב ויצא בכי טוב כלומר באור היום כדכתיב וירא אלהים את האור כי טוב. וכתיב הבקר אור והאנשים שלחו. משום מעיינא פי' אם יאכל הרבה יקחהו שלשול ויבא להתאחר מן השיירא.

מסורת הש"ס

[ג' רי"ף יהודה] שבת קיד. קדושין מט: [כ"ב ס:] [תוספתא פ"א] [תוספ' פ"ב] [נ"ל לא אתענה] סוטה מו. [נ"ל הלוך] [פסחים מב.] פסחים ב. ב"ק ס: ע"ש

הגהות הב"ח

(א) רש"י ד"ה לישרף באש כו' שהיו הולכין בדבר של הלכה: (ב) ד"ה הכא תרגימו. בבבל תלמוד זה כו': (ג) ד"ה משום מזוני שמא לא יהי' לו לאח"כ: (ד) תוס' ד"ה איזהו כו' פרנס על הצבור ואיזהו תלמיד כו' כצ"ל ותיבות להיות פרנס נמחק: (ה) בא"ד כל ששואלין אותו דבר הלכה ואפילו:

רבינו גרשום

שבכרכין וכשהן באין בחמישי לא ידעו שקבלו עליהם תענית ואין מביאין מזון אלא לצורך חשבת ולוקחין הכל לצורך ליל חמישי לפי שהתענו בו ומתייקר המזון לצורך השבת אבל כשנוהרין בשני כשבאין בשני לעיר שומעין כשגוזרין תענית וכשבאין בחמישי מביאין מזון כדי למכור ללילי חמישי ולשבת: מפסיקין בראשי חדשים אם אירעו בחמישי ושני הכתוב במגילת תענית דלא להתענאה בהון: אל יאמר תלמיד [אני] איני ראוי לכך להתענות. ר' יוסי אומר כל אדם נמי עושה עצמו וזכור לטוב: אפילו במס' כלה שאין רגילין להתעסק בו שאין שבח הוא לו שמתענה: דבר של שבח אינו עושה כגון חתן קורא ק"ש בלילה הראשון. של צער מתענה. ות"ח עושה. בין של שבח בין של צער: הרי זה מתענה ומשלים שנותנין עליו חומרי מקום שהלך לשם וחומרי מקום שיצא משם: אל יתראה בפניהם. כשהוא שבע. אל ינהיג בעצמו עידונין. שלא יאמר הואיל שאכלת כל שהוא אוכל הרבה: והן רעבין מפני הרעב: שמא ירגזו עליכם הדרך. שהרואה אתכם שאתם הולכין בדבר הלכה סבור נלחמים אתם ומתרגזים

גליון הש"ס גמ' המהלך בדרך אל יאכל כו'. עי' מג"א סי' קי ס"ק י:

§ מסכת תענית דף י: §

אות א' - ב'

כל תלמידי חכמים יחידים

עושה וזכור לטוב, לפי שאין שבח הוא לו, אלא צער הוא לו

סימן תקעה ס"א - [א]וכל התלמידים ראוים לכך - היינו שחיוב הוא על כל תלמיד, ואין יכול להפקיע עצמו לומר: פטור אני, **ודוקא** כששואלים אותו דבר הלכה בתלמודו ואומרה, דאז הוא בכלל ת"ח, וחייב להתחיל להתענות, **אבל** אם לא הגיע לכלל כך, אינו מחוייב להתענות, אלא שאם רצה מתענה ואין בו משום יוהרא, **אבל** כל שאר אדם אינו רשאי, דהרואה שמתענה, מוכחא מילתא שעושה מפני הגשמים, והוי משום יוהרא, [ב][מגן אברהם].

אות ג'

תנו רבנן: מי שהיה מתענה על הצרה ועברה, על החולה ונתרפא, הרי זה מתענה ומשלים

סימן תקסט ס"א - [ג]יחיד המתענה על צרה ועברה, או על חולה, ונתרפא או [ד]מת - וה"ה לענין מי שהתענה על צרה שתעבור ממנו, שנתחייב ממציקיו לאיזה עונש, והוצרך לקיים, **צריך להשלים כל התעניות שקיבל עליו** - [ה]דכיון שקבל עליו תענית סתם ולא התנה, אמרינן דדעתו היה אקבלה זו, מתוך שקבל עליו תענית תהיה מקובל תפלתו שיתפלל על החולה ועל הצרה, [רא"ש].

והיינו לאו דוקא אותו יום משום דהתחיל להתענות, אלא אפי' אם קיבל על עצמו כמה תעניתים בשביל אותו דבר, מחוייב להשלימם, **וכן** שארי נדרי צדקה שקיבל עליו בשביל שיחיה פלוני, אף אם מת צריך לקיים.

[ו]**ועיין** ביו"ד סימן ר"כ סעיף ט"ו בהג"ה, דדוקא בשלא נדר בלשון תנאי, אבל אם אמר: אם יחיה פלוני אתענה, או אתן כך וכך לצדקה, ומת, אינו מחוייב להתענות וליתן.

[ז]סימן תקסט ס"ב - [ח]יחיד שמתענה על צרה, ונודע שקודם קבלת התענית כבר עברה, א"צ להשלים - דנמצא שהיתה הקבלה בטעות, **אבל** אם עברה אחר קבלת התענית, אף שלא התחיל עדיין להתענות, צריך להשלים.

אות ד'

ההולך ממקום שאין מתענין למקום שמתענין, הרי זה מתענה עמהן

סימן תקעד ס"ב - [ט]ההולך ממקום שאין מתענין למקום שמתענים, יתענה עמהם - אף שאכל היום קודם שבא לעיר, מ"מ משלים עמהן ואינו אוכל, [**וכ"ז** אם מצי מצער נפשיה, אבל באדם חלוש יש להסתפק בזה, **ומיהו** בפרהסיא בודאי לא]. **אפי' דעתו לחזור** - משום דצריך להשתתף עם הצבור בצרתם, ועי"כ אפי' בצנעא אסור לאכול, **וכשמתענים** על צרה שעברה כבר, אפשר דמותר לאכול בצנעא אם דעתו לחזור - מ"א, **והא"ר** מצדד להחמיר אף בזה.

[י]**ומיהו כיון שלא קבל עליו תענית, אם יצא מן העיר חוץ לתחום, מותר לאכול ואינו צריך להשלים** - דוקא בשדעתו לחזור, אבל אם אין דעתו לחזור, אסור, כיון שכבר בא לתוכה חל עליו חובת המקום, **ואם** לא בא לתוכה והוא עדיין חוץ לתחום העיר, מותר אפילו אין דעתו לחזור למקומו הראשון, **ויש** מקילין בחזר ויצא חוץ לתחום, אף כשכבר בא לתוכה, [**ואפשר** דבתענית דקימ"ל בעלמא דבעינן קבלה, וגזירת הצבור הוא כעין קבלה, **והכא** כיון שלא בא עדיין לעיר בשעת קבלתם, אין חל עליו התענית מן הדין, ורק מפני המחלוקת, ולכן מותר כשיצא חוץ לתחום].

הגה: ודוקא שבא לשם ביום התענית, אבל אם בא לשם מבעוד יום, צריך לקבל עליו התענית וצריך להשלימו (טור) - עיין בט"ז, שדעתו דאפילו לא קבל עליו בפירוש, כיון שהיה שם בשעת קבלת הצבור, ממילא חל עליו התענית, אף שדעתו לחזור, ואסור לאכול אפילו חוץ לתחום העיר, וכן מצדד בא"ר.

באר הגולה

א **ברייתא שם וכרבי יוסי** ‹לשון הטור: וכל תלמיד יכול להחזיק עצמו בחזקת ת"ח, ואין בו משום יוהרא, אבל לא שאר העם. **וכתב** הב"י: ת"ר לא כל הרוצה לעשות עצמו יחיד עושה והתלמידים עושים עצמן יחידים וכו', כן הוא גירסת הרי"ף, ולפי"ז רבי יוסי למי שאינו תלמיד קאמר דעושה עצמו יחיד, דאילו למי שהוא תלמיד, ר"מ נמי הא קאמר שעושה עצמו יחיד, ופסק רבינו כר"מ, **ותימה** דהא קימ"ל ר"מ ורבי יוסי הלכה כרבי יוסי, **לפיכך** צ"ל שהוא גורס: ת"ר לא כל הרוצה לעשות עצמו יחיד עושה תלמיד עושה דברי ר"מ, וכדגריס רש"י בלשון שני, וסיפא לא לענין תענית קאמר, אלא להתנהג במדת ת"ח בחלוקו ובמטתו ובסודרו, ורבי יוסי לא קאי אלא ארישא, **והוא** מפרש דבתלמיד פליגי, אבל בשאר העם לד"ה אין שום א' מהם יכול לעשות עצמו יחיד, ופסק כרבי יוסי - ב"י. ‹**וקשה** ע"ז, דפשטה דברייתא משמע א"כ דרבי יוסי אפילו אשאר העם קאמר דיכול לעשות עצמו יחיד, דר"מ בשאר העם קאמר דאינו יכול לעשות עצמו לא יחיד ולא תלמיד, ועל דא קאמר רבי יוסי דיכול לעשות יחיד, ודוחק לומר דר' יוסי אתלמיד דוקא קאי כדכתב שם הרב"י, דר"מ בכל אדם הם ועלייהו קאי מילתיה דרבי יוסי, **ויותר** נכון בעיני לומר דגריס כגירסת הרי"ף ז"ל, ומ"מ פסק כר"מ, משום דסתמא דברייתא כוותיה, דאמר אלא כל התלמידים יחידים, משמע אבל לא שאר העם, וכן דברי רבינו הם כדברי הטור, ולפי"ז אתי שפיר דאזיל בשיטת הרי"ף רביה, וגם הרא"ש ז"ל נראה דגריס כגירסת הרי"ף ז"ל בפסקיו, ואזיל הטור לפי זה בשיטת אביו הרא"ש ז"ל – לחם משנה› ב ‹וז"ל: ומשמע {מלשון ראוים לכך} דאין חייבים להתענות, והקשה הרב"י, דהא בגמ' משמע דחייבים להתענות, **ולק"מ**, דהתם קאי את"ח ששואלין אותן דבר הלכה בתלמודו ואומרה, אבל אם לא הגיע לכלל כך, אין מחויב להתענות, אלא שאם רצה מתענה, ולית ביה משום יוהרא, {וזהו מה דאמר ר' יוסי: וזכור לטוב, אבל לא קאי על שאר בני אדם, דבזה מוכחא מלתא דהוי משום יוהרא, כמ"ש המ"א בסמוך}, כנ"ל ברור בגמ'. **ודע** דרשב"ג קאמר בגמ', דכל אדם אפי' אינו תלמיד רשאי להתענות, וצ"ל הטעם, דהרואה אומר שמתענה בלא"ה, כי הרבה בני אדם מתענין, **וא"כ** צ"ע, דבססי' תקנ"ד פסק כרשב"ג לענין מלאכה בט"ב, וא"כ גם הכא הל"ל דכל אדם רשאי להתענות, **וצ"ל** דתענית לא דמי למלאכה, דמ"מ הרואה שמתענה מוכחא מלתא שעושה מפני הגשמים, והוי משום יוהרא – עכ"ל› ג **ברייתא תענית י'** ד ‹וכ"כ ברש"י› ה ‹עיין ברש"י דלכאורה לא פירש כן, וכן פירש הלבוש כרש"י› ו ‹ולכאורה זהו אפי' לפי רש"י, וכמ"ש הבגדי ישע: אבל עכ"פ אינו צדיק גמור ולא נכון למיעבד הכי, כמבואר בפסחים דף ח' ובר"ה דף ד' ע"ש› ז ‹מילואים› ח **תה"ד ממשנה דיש דברים שהם כנולד ואינם וכו' נדרים ס"ה** ט **שם ברייתא** י **טור בשם ריב"א**

אות ה'

ממקום שמתענין למקום שאין מתענין, ה"ז מתענה ומשלים

סימן תקעד ס"א - [יא]ההולך ממקום שמתענין למקום שאין מתענין, ודעתו לחזור, צריך להתענות כל תעניות שקבלו עליהם - בני עירו, שכיון שדעתו לחזור, צריך מדינא לקבל עליו חומרי מקום שיצא משם, **ומיירי** שהיה במקום שמתענין בשעת קבלת התענית, דאל"כ ודאי לא חלה עליו גזירת קהל שלו, כיון שלא היה אז שם, **ודוקא** שהתענית הוא בשביל תשובה, או על כל צרה שלא תבא, אבל אם התענית נקבע על גזירה שעברה, כמו כ' סיון בפולין וכדומה, אז א"צ קבלה כלל, דת"צ חשיב, ויש לו דין ההולך ממקום למקום, שנותנין עליו חומרי מקום שיצא משם אם דעתו לחזור, **ואם** קבל בעצמו התענית עליו, אז אפי' אם אין דעתו לחזור, צריך להתענות.

אות ו'

שכח ואכל ושתה, אל יתראה בפני הצבור, ואל ינהיג עידונין בעצמו

סימן תקעד ס"ג - [יב]שכח ואכל, אל יתראה בפניהם כאלו אכל, ואל ינהג עידונין בעצמו [יג]לומר: הואיל ואכלתי מעט אוכל הרבה - אלא צריך להפסיק באותה סעודה מיד כשנזכר, ואפילו לא קבל התענית עליו.

[יד]**(ואפילו שלא בפניהם אסור לנהוג עידונין בעצמו) (מרדכי)** - היינו אפי' במה שמקילינן לאכול חוץ לתחום, מ"מ אל יתעדן באכילתו, דאם יבא לעיר יהיה פניו צהובין - מ"א, **ויש** אחרונים שפירשו כפשטיה, שלא ינהג עידונין בשאר דברים, וכנ"ל בסימן תקס"ח סי"ב ‹עיין בסמוך›.

[טו]**סימן תקסח סי"ב - [טז]כל השרוי בתענית, בין שהיה מתענה על צרתו או על חלומו, בין שהיה מתענה עם הצבור על צרתם, הרי זה לא ינהג עידונין בעצמו, ולא יקל ראשו, ולא יהיה שמח וטוב לב, אלא דואג ואונן, כענין שנאמר: מה יתאונן אדם חי** - וישמור עצמו מן הכעס, ואם יש לו משא ומתן, יעשה באמונה ובנחת ביותר, שלא יבוא לכלל כעס.

---

§ מסכת תענית דף יא. §

אות א' - ב'

כל המרעיב עצמו בשני רעבון ניצל ממיתה משונה

אסור לאדם לשמש מטתו בשני רעבון

סימן תקעד ס"ד - [א]מצוה להרעיב אדם עצמו בשנת רעבון - דהיינו שיאכל בצמצום.

[ב]**ואסור לשמש בו מטתו** - דצריך האדם לנהוג צער בעצמו, **חוץ מליל טבילה** - המ"א אוסר אף בליל טבילה, **אכן** בנהר שלום ובבגדי ישע הסכימו, שנוכל לסמוך להקל כדעת השו"ע, **ובפרט** אם אינו שנת רעבון אלא שאר צרות, בודאי יש לסמוך להקל בליל טבילה, [**דשאר** צרות לא נזכר בגמרא, רק מקורו מירושלמי, ושם לא נזכר בלשון איסור, ואפשר דהוא רק מדת חסידות בעלמא - שכנה"ג, **וע"ש** עוד, דדוקא בצרות שהם דומיא דרעבון, כגון שדפון וירקון וכדומה, אבל לא בשאר צרות].

[ג]**ולחשוכי בנים (פירוש [ד]ולמנועי בניס) מותר** - עד שתתעבר, **ואם** יש לו בנים מחללי שבת, וכונתו רק כדי שיוליד בנים כשרים, מסתברא דדינו כחשוכי בנים, [**עיין** בא"ר בשם הט"ז שהקיל ביותר מזה, דכל שאינו לתענוג שרי]. ‹ז"ל: האי איסור תשמיש לאו לגמרי הוא, אלא תשמיש שהוא לתענוג בעלמא אסור, אבל לקיום המין או דיצרו תקיף עליו ויש חשש השחתת זרע, אין איסור, ודבר זה בכלל חשוכי בנים הוא, אלא דמילתא דפסיקא נקט, עכ"ל›, **(וע"ל סי' ר"מ סעיף י"ב).**

[ה]**סימן רמ סי"ב - [ו]אסור לשמש מטתו בשני רעבון, אלא לחשוכי בנים, (פי' מי שאין לו בניס)** - ר"ל שלא קיים עדיין פריה ורביה, ולכן אפילו יש לו בנים, אם אין לו עדיין בת, מותר. **ואם** יצרו מתגבר עליו, ויש חשש שיבוא לידי השחתת זרע, כתב א"ר בשם ספר דברי דוד ‹מבעל הט"ז› להקל, וכ"כ בס' בית מאיר לאה"ע.

הגה: וע"ל סי' תקע"ד ס"ד - ר"ל דמתיר שם המחבר גם בליל טבילה, וע"ש באחרונים, **והוא הדין בשאר צרות, שהס כרעבון (ירושלמי דתענית).**

אות ג'

בזמן שישראל שרויין בצער ופירש אחד מהן וכו'

סימן תקעד ס"ה - [ז]כל הפורש מן הצבור, אינו רואה בנחמתן - דוקא דבר שיוכל באולי להועיל, הן בתפלה הן בתענית הן בממון, [**ואם** אינו יכול להועילם כלל, אל יעמוד במקום סכנה], **וכל המצטער עמהם, זוכה ורואה בנחמתן.**

באר הגולה

[יא] **ברייתא תענית י'** [יב] **שם בברייתא** [יג] ‹רש"י - גר"א› [יד] ‹דאל"כ היינו רישא ולא יתראה בפניהם - גר"א› [טו] ‹ע"פ מהדורת נהרדעא› [טז] **רמב"ם** ‹מפורש שם (דף י' י"א) ואל ינהוג עדונים בעצמו, ומבואר ודאי דבכל תענית הוא כן, ודבר פשוט הוא - מגיד משנה. ‹**ולכאורה** זהו פי' אחר ב"אל ינהג עידונין בעצמו", דרש"י פי' לאכול הרבה, והכא הא אינו אוכל כלל› [א] **מימרא דרב יהודה שם י"א** [ב] **מימרא דר"ל שם** [ג] **ברייתא שם** [ד] ‹עיין רש"י, וכן פי' השו"ע בסי' ר"מ, עיין לקמן› [ה] ‹ע"פ מהדורת נהרדעא› [ו] **תענית י"א ע"א** [ז] **ברייתא שם**

לה א ב מיי' פ"ג מהל' תענית הלכה ח טוש"ע א"ח סי' תקעד סעיף ד:

לו ג שם סעיף ה:

אסור לאדם לשמש מטתו בשני רעבון. ואם תאמר הרי יוכבד *נולדה בין החומות ואותו העת עת רעב היה וע"כ שימשו מטותיהן בשני רעבון ויש לומר דלכ"ע לא הוי אסור אלא למי שרוצה לנהוג עצמו בחסידות ויוסף לא שימש אבל שאר בני אדם שימשו:

אמר שמואל כל היושב בתענית נקרא חוטא. וקשיא דאמרינן בפ' החובל (ב"ק דף נא: ושם) החובל בעצמו רשאי אבל אחרים שחבלו בו חייבים ומפרש התם הא דקאמר החובל בעצמו רשאי אמר שמואל ביושב בתענית אלמא משמע דשמואל קאמר דיושב בתענית לא נקרא חוטא ויש לומר דודאי הוי חוטא כדאמרינן הכא מקל וחומר מנזיר ומה נזיר שלא ציער עצמו אלא מיין וכו' אבל מכל מקום המצוה שהוא עושה התענית גדול יותר מן העבירה ממה שהוא מצער נפשו מצוה לנדור כדאמרינן (סוטה דף ב:) הרואה סוטה בקלקולה יזיר עצמו מן היין ומכל מקום יש קצת חטא מידי דהוה *אמתענה תענית חלום בשבת דקורעין גזר דינו ונפרעין ממנו תענית של שבת ומאי תקנתיה ליתב תעניתא לתעניתיה*:

[ברכות לא: ולקמן יב:]

[וע"ע תוס' ב"ק נא: ד"ה אלא ותוס' נזיר כ: ד"ה ולמאי]

דיתיב בארבא אי נמי דקאזיל מאוונא לאוונא רב פפא כל פרסה ופרסה אכיל חדא ריפתא קסבר משום מעיינא. אמר רב יהודה אמר רב כל המרעיב עצמו בשני רעבון ניצל ממיתה משונה שנאמר ברעב פדך ממות מיבעי ליה אלא הכי קאמר בשכר שמרעיב עצמו בשני רעבון ניצול ממיתה משונה. אמר ריש לקיש אסור לאדם לשמש מטתו בשני רעבון שנאמר וליוסף יולד שני בנים בטרם תבוא שנת הרעב. תנא *חסוכי בנים משמשין מטותיהן בשני רעבון. תנו רבנן בזמן שישראל שרויין בצער ופירש אחד מהן באין שני מלאכי השרת שמלוין לו לאדם ומניחין לו ידיהן על ראשו ואומרים פלוני זה שפירש מן הצבור אל יראה בנחמת צבור. תניא אידך בזמן שהצבור שרוי בצער אל יאמר אדם אלך לביתי ואוכל ואשתה ושלום עליך נפשי ואם עושה כן עליו הכתוב אומר והנה ששון ושמחה הרוג בקר ושחוט צאן אכול בשר ושתות יין אכול ושתו כי מחר נמות מה כתיב בתריה ונגלה באזני ה' צבאות אם יכופר העון הזה לכם עד תמותון עד כאן מדת בינונים אבל במדת רשעים מה כתיב אתיו אקחה יין ונסבאה שכר והיה כזה יום מחר מה כתיב בתריה הצדיק אבד ואין איש שם על לב כי מפני הרעה נאסף הצדיק *אלא יצער אדם עם הצבור שכן מצינו במשה רבינו שציער עצמו עם הצבור שנאמר וידי משה כבדים ויקחו אבן וישימו תחתיו וישב עליה וכי לא היה לו למשה כר אחת או כסת אחת לישב עליה אלא כך אמר משה הואיל וישראל שרויין בצער אף אני אהיה עמהם בצער וכל המצער עצמו עם הצבור זוכה ורואה בנחמת צבור *ושמא יאמר אדם מי מעיד בי אבני ביתו של אדם וקורות ביתו של אדם מעידים בו שנאמר כי אבן מקיר תזעק וכפיס מעץ יעננה דבי רבי שילא אמרי שני מלאכי השרת המלוין לו לאדם הן מעידין עליו שנאמר כי מלאכיו יצוה לך רבי חידקא אומר *נשמתו של אדם היא מעידה עליו שנאמר משוכבת חיקך שמור פתחי פיך ויש אומרים אבריו של אדם מעידים בו שנאמר אתם עדי נאם ה' אל אמונה ואין עול כשם שנפרעין מן הרשעים לעולם הבא אפילו על עבירה קלה שעושין כך נפרעין מן הצדיקים בעולם הזה על עבירה קלה שעושין ואין עול כשם שמשלמין שכר לצדיקים לעולם הבא אפילו על מצוה קלה שעושין כך משלמין שכר לרשעים בעולם הזה אפילו על מצוה קלה שעושין צדיק וישר הוא *) (אמרו בשעה) פטירתו של אדם לבית עולמו כל מעשיו (*נפטרין) לפניו ואומרים לו כך וכך עשית במקום פלוני ביום פלוני והוא אומר (*הין) ואומרים לו חתום וחותם שנאמר ביד כל אדם יחתום ולא עוד אלא שמצדיק עליו את הדין ואומר להם יפה דנתוני לקיים מה שנאמר למען תצדק בדברך אמר שמואל כל היושב בתענית נקרא חוטא (א) סבר כי האי תנא דתניא *ר' אלעזר הקפר ברבי אומר מה תלמוד לומר וכפר עליו מאשר חטא על הנפש וכי באיזה נפש חטא זה אלא שציער עצמו מן היין והלא דברים קל וחומר ומה זה שלא ציער עצמו אלא מן היין נקרא חוטא המצער עצמו מכל דבר ודבר על אחת כמה וכמה ר' אלעזר אומר נקרא קדוש שנאמר קדוש יהיה גדל פרע שער ראשו ומה זה שלא ציער עצמו אלא מדבר אחד נקרא קדוש המצער עצמו מכל דבר על אחת כמה וכמה ולשמואל הא איקרי קדוש ההוא אגידול פרע קאי ולר' אלעזר הא נקרא חוטא ההוא דסאיב נפשיה ומי אמר רבי אלעזר הכי והאמר ר' אלעזר לעולם ימוד אדם עצמו כאילו

*) [נ"ל שלמד שבשעת כך אי' בשאלתות]

דיתיב בארבא. שהולך בספינה משום מזוני ליכא משום מעיינא ליכא: **מאוונא לאוונא.** מקום מלון התגרים מכפר לכפר דמשתכחי מזוני וליכא למיחש למזוני ולמעיינא ליכא למיחש: **כל פרסה ופרסה אכיל ריפתא.** קסבר רב פפא הא דאמור רבנן לא ליכול טפי משום מעיינא והיינו לא מיסתפי ממעיינא דבעל *כמון הזה עגין אחר כריסו רחבה כדאיתא בבבא מציעא (דף פד.) דקא חשיב אבריה דרב פפא וכולהם גבורתו ולפיכך יכול לאכול הרבה ולא מזיק לו: **מיתה משונה.** מן החרב וברעב וכל מיתה שאינה בידי מלאך המות כדרך כל אדם על מטתו: **בשכר שמרעיב עצמו.** כשישראל בצער: **אסור לשמש מטתו בשני רעבון.** דצריך אדם לנהוג צער בעצמו: **חסוכי בנים.** חסירי בנים (ב) דגרסינן במנחות (דף כט:) לגבי מנורה ומי חסיכי כולי האי *שלא קיימו פריה ורביה: **שני מלאכי שרת (ג) מלוין לו לאדם.** אחד מימינו ואחד משמאלו דכתי' (תהלים צא) כי מלאכיו יצוה לך: הנה ששון ושמחה הרוג בקר ושחוט צאן לאכול בשר ושתות יין כי מחר נמות ונגלה באזני ה' לבאות אם יכופר העון הזה לכם עד תמותון: **זו מדת בינונים.** שיראין מן המיתה כדכתיב בהו כי מחר נמות: **אתיו אקחה יין ונסבאה שכר והיה כזה יום מחר.** גדול יותר מאד: **הצדיק אבד ואין איש שם על לב.** מפני מה הוא מת מפני הרעה נאסף הצדיק מפני שלא יטמעו בהם ברעה ואחר שיהא גזרה מלפניו כי מפני הרעה נאסף הצדיק ל"א מפני רשעה של אלו הוא נאסף שאין הקב"ה רוצה שיבקש עליהם רחמים: **כפיס.** חצי לבינה ורגילין לתתה בין שתי נדבכי האבנים: הכי גרסינן אבריו של אדם הן מעידין בו שנאמר ואתם עדי לשון רבים נאם ה': **אל אמונה ואין עול כשם שמשלם לרשעים** בעולם הזה כדי לטורדן מן העולם הבא וכדכתיב (דברים ז) ומשלם לשונאיו אל פניו להאבידו: **ואין עול.** שאין עושה (ד) דין בלא דין אמת ולדק: **צדיק וישר.** מצדיק הדין על הצדיקים לפרוע מהם ומשלם טובה ושכרם עם הרשעים לפרוע כל זכותם בעולם הזה כדי לטורדן: **ביד כל אדם יחתום.** כותב מעשה כל אדם ומחתים (ה) יד על כלאו מעשיו: **למען תצדק בדברך.** שהוא מצדיק עליו בדבריך שאתה מרחם לו (ו): **לשמואל קדוש יהיה גדל פרע קאי.** שמצרו אסור בהנאה אבל הוא עצמו לא נקרא קדוש וכו' לאמור חוטא דסאיב כתרגומו מאשר חטא על הנפש נפש המקרא על שנטמא במת: **וכי באיזה נפש חטא זה.** מי הרג שנקרא חוטא שאין מצוה לצער עצמו כדאמרינן לדיקי (*מי) אכלי האי עלמא (והאיך) מי סגי להו כמס' הוריות (פ"ג דף י:): **נקרא קדוש.** רישיה דקרא קא דריש בשביל שמתוך כך מתמרקין עונותיו שמתענה: כאילו

[לשון חיסור כמו לא תחסכה. ערוך]

[נ"ל נפטרין וכ"ה בשאלתות]

[נ"ל הן]

[שבועות ח. סוטה טו. כריתות כו.] ב"ק נא: נזיר יט. כב. נדרים י.

[נ"ל אין]

[ואף צדיק גמור צריך לצער עצמו עם הצבור שכן מצינו במשה רבינו שציער עצמו וכו' כך אי' בשאלתות פ' האזינו סימן קסג]

רבינו חננאל

והמרעיב עצמו בשני רעבון ניצל ממיתה משונה שנאמר ברעב פדך ממות. אסור לאדם לשמש מטתו בשני רעבון. תנא חשוכי בנים משמשין מטותיהן בשני רעבון. חייב אדם לצער עצמו עם הצבור שבזמן שפורש עצמו מן הצבור ב' מלאכי השרת המלוין אותו מניחין ידיו על ראשו ואומרים פלוני שפירש מן הצבור אל יראה בנחמת ישראל. אלא מיבעי ליה לצעורי עם הצבור שכן מצינו במרע"ה שציער עצמו עם הצבור שנאמר וידי משה כבדים וגו'. וכי לא היה לו כר או כסת לישב בה אלא רצה להצטער בצער צבור. ושמא תאמר מי מעיד בו. אבני ביתו. שנאמר כי אבן מקיר תזעק. ומלאכים השומרים אותו שנאמר כי מלאכיו יצוה לך וגו'. כתיב אל אמונה ואין עול. כשם שנפרעים מן הרשעים לעוה"ב אפילו בעבירה קלה כך נפרעין מן הצדיקים בעוה"ז וכשם שמשלמין שכר טוב בעוה"ב לצדיקים [אפי' על מצוה קלה] כך משלמין שכר טוב לרשעים אפילו על מצוה קלה בעוה"ז. בשעת פטירתו של אדם. כל מעשיו נפרעין לפניו. אומרים לו עשית במקום פלוני והוא אומר הן. אומרים לו חתום. וחותם שנאמר ביד כל אדם יחתום. ולא עוד אלא שמצדיק עליו את הדין ואומר יפה דנתוני שנא' למען תצדק בדברך וגו': אמר שמואל היושב בתענית נקרא חוטא. סבר לה כר' אלעזר הקפר בר' [דאמר] בשביל שציער עצמו מן היין קראו הכתוב חוטא שנאמר וכפר עליו מאשר חטא על הנפש המצער עצמו מכל מאכל ומשתה לא כ"ש. ומפני מה כתיב בו קדוש יהיה משום (דמרבי) [דמדכי] נפשיה מטומאה*). ור' אלעזר פליג עליה דאמר המצטער עצמו לשם שמים כגון הנזיר וכיוצא

*) נראה מזה דרבינו היה לו גי' אחרת ככאן הסוגיא דמדכי נפשי' וכ"ה גי' רבינו גרשום כאן:

רבינו גרשום

ופתרנזים עליכם. בעיוני. לא עייני באורחא. שאם אוכל הרבה מתכבד במעיו ואין יכול לילך. משום מזוני דלא שכיחי באורחא: דיתיב בארבא. ליכא משום מעיינא ואיתא משום מזוני. דאזיל מאונא לאונא. דשכיחי מזוני. משום מזוני ליכא משום מעיינא איכא: רב פפא הוי אכיל טפי: חסוכי בנים ולא כולי עלמא: זו מדת בינונית שהרי מזכירין יום המיתה כדכתיב כי מחר נמות: ההוא דמדכי בנפשיה. כלומר שנזיר שמצער עצמו מן הטומאה קרוי קדוש ולא ליושב בתענית. ההוא אשר חטא על הנפש דמסאב נפשיה על המת: כאילו קדוש שרוי בתוך מעיו ולא יתענה ר"ל

הגהות הב"ח

(א) גמ' כל היושב בתענית נקרא חוטא (סבר כי האי תנא) תא"מ וכ"כ ס"א שנאמר וכפר עליו מאשר חטא על הנפש וכי באיזה נפש חטא זה אלא שציער נפשו מן היין דתניא וכו' ולשמואל הא איקרי קדוש. נ"ב פירוש מדפליג אדשמואל אלמא דלשמואל לא נקרא קדוש אבל לר' אלעזר הקפר לא קשיא דלמא דנקרא קדוש אלא דנקרא נ"כ חוטא אבל לשמואל קשיא דמשמע לדידיה לא נקרא קדוש ואע"פ דמודה דעושה מצוה בנזירתו מ"מ לא נקרא קדוש וכתר הכי פריך אר' אלעזר הא נקרא חוטא דמדפליג אשמואל אלמא דס"ל דלא נקרא חוטא: (ב) רש"י ד"ה חסוכי בנים חסירי בנים כמו דגרסינן במנחות: (ג) ד"ה שני וכו' שמלוין: (ד) ד"ה ואין עול שאין עושה דבר בלא דין: (ה) ד"ה ביד כל כו' ומחתים יד כל אדם על כל: (ו) ד"ה למען כו' שאתה מרחם לו מס"ד וכי באיזה נפש חטא זה מי הרג שנקרא חוטא הס"ד ואח"כ מה"ד אלא שציער עצמו וכו' שאין מצוה לצער עצמו כדאמרינן אטו לדיקי אי אכלי תרי עלמא וכו' עד עונותיו שמתענה מס"ד לשמואל קדוש יהיה וכו' לא נקרא קדוש הס"ד ואח"כ מה"ד ולר' אלעזר וכו' שנטמא במת הס"ד:

לז א טוש"ע א"ח סי' תקסב סעיף א:

לח ב מיי' פ"ג מהלכות תעניות הלכה יא טוש"ע א"ח סי' תקסה סעיף ו:

לט ג טוש"ע א"ח סי' תקסב סעיף ג:

מ ד מיי' פ"א מהלכות תעניות הלכה י סמג עשין יג טוש"ע א"ח סי' תקסב סעיף ו:

מא ה מיי' שם הלכה יא סמג שם טור ש"ע א"ח שם סעיף ט:

מב ו מיי' שם הלכה יג טוש"ע שם סעיף י:

מג ז מיי' פי"א מהלכות מאכלות אסורות הלכה טו סמג לאוין קמח טוש"ע יו"ד סי' קלה סעיף טו:

כאילו קדוש שרוי בתוך מעיו שנאמר בקרבך קדוש ולא אבוא בעיר לא קשיא הא דמצי לצעורי נפשיה הא דלא מצי לצעורי נפשיה ר"ל אמר נקרא חסיד שנאמר גומל נפשו איש (א) (*חסיד) ועוכר שארו אכזרי וגו' אמר רב ששת האי בר בי רב דיתיב בתעניתא ליכול כלבא לשירותיה אמר רבי ירמיה בר אבא *אין תענית צבור בבבל אלא תשעה באב בלבד (*אמר) ר' ירמיה בר אבא אמר ריש לקיש אין תלמיד חכם רשאי לישב בתענית מפני שממעט במלאכת שמים: אוכלין ושותין משחשיכה כו': אמר רבי זעירא אמר רב הונא יחיד שקיבל עליו תענית אפילו אכל ושתה כל הלילה למחר הוא מתפלל תפלת תענית לן בתעניתו (ב) אינו מתפלל של תענית אמר רב יוסף מאי קסבר רב הונא סבירא ליה אין מתענין לשעות או דלמא מתענין לשעות והמתענה לשעות אינו מתפלל תפלת תענית אמר ליה אביי לעולם קסבר רב הונא מתענין לשעות והמתענה לשעות מתפלל תפלת תענית ושאני הכא דאיכא שעות דליליא דלא קביל עליה מעיקרא *מר עוקבא איקלע לגינזק בעו מיניה מתענין לשעות או אין מתענין לשעות לא הוה בידיה קנקנין של נכרים אסורין או מותרין לא הוה בידיה *במה שימש משה כל שבעת ימי המלואים לא הוה בידיה אזל ושאיל בי מדרשא אמרו ליה הלכתא מתענין לשעות ומתפללין תפלת תענית והלכתא קנקנין של נכרים לאחר שנים עשר חדש מותרין במה שימש משה כל ז' ימי המלואים בחלוק לבן רב כהנא מתני בחלוק לבן שאין לו אימרא אמר רב חסדא
הא

תורה אור השלם

[נ"ל חסיד] [לקמן יב: ע"ש פסחים כו: ע"ש] [נ"ל ואמר] [ע"ז לד. ע"ש בתוס' ד"ה ר' עקיבא] [עי' תוס' חגיגה ו: ד"ה מאי נ"מ ותוס' סנהדרין פו: ד"ה שור סיני] [נ"ל מתענין לשעות והמתענה לשעות מתפלל] [ועמ"ש תוס' ע"ז לד. ד"ה ר"ע וכו' על דברי רש"י דסכא] [נ"ל ארוג יעב"ץ]

כאילו קדוש. הקב"ה (י) פירוש והא אמר לעיל שנקרא קדוש כלומר שהיושב בתענית נקרא קדוש ומשני לא קשיא: **גומל נפשו.** פירוש שגומל חסד לנפשו שאינו מתענה נקרא חסיד: **אין תענית לצבור בבבל אלא תשעה באב בלבד.** פירוש שהיה להם הרבה גשמים:

יחיד שקיבל עליו תענית אע"פ שאכל ושתה כל הלילה מתפלל תפלת תענית. תימה אמאי נקט יחיד דלצבור נמי דאמרינן במתני' (לעיל דף י:) דעושין שלשה תעניות ואוכלים משחשיכה וצ"ע:

לן בתעניתו. פירוש שהתענה היום ובלילה לא אכל ולן בתעניתו אע"ג שהלילה היה מכח תענית שקיבל עליו אינו מתפלל תפלת תענית ובה"ג יש אוכל ומתפלל תפלת תענית ומפרש כמו הכא דבשחרית אומר תפלת תענית אע"פ שאכל כל הלילה ויש מתענה שאינו מתפלל כמו בערבית אע"פ שלא אכל ומפרש בהלכות גדולות דאין אומרין עננו בתפלת שחרית שמא נמלא שקרן בתפלתו דשמא לא יסיים התענית ולי נראה דלא נקרא שקרן כיון שהיה בדעתו להתענות אפילו אקרי אונס אחר כך ולא מצי לצער נפשיה לא גרע ממתענין לשעות וכן משמע מהא דלקמן (לקמן דף יט:) ירדו להם גשמים קודם חצות אין משלימין ומסתמא משמע שאמרו תפלת תענית מכל מקום אין זו ראיה גמורה דשמא לא אמרוה ומהא דלקמן (דף יב:) גבי רב הונא בריה דרב יהושע בריה דרב אידי *דיתיב בתעניתא מדאמרו ליה ליזוף מר וליפרע ואמר להו תענית חלום הוא אמאי לא אמר מפני שאמר תפלת תענית אין זה ראיה (כ) לדברי ה"ג דלא היה דעתו להתענות מבעוד יום ולא קבל עליו וכתב הר"מ מי שלא קבל עליו מבעוד יום דאין אומר עננו אי לאו דתענית חלום הוא ונוהגים ששליח צבור אומרו בשחרית כדי להודיע לעולם ולהזכיר התענית אבל יחיד אינו אומר עד המנחה [ובטור אורח חיים (סי' תקסה) אומר שליח צבור אומר בכל פעם שאי אפשר שלא יתענו קצת מקהל עכ"ל]:

[לקמן איתא שזה היה רב יהושע בריה דרב אידי]

כאילו קדוש שרוי בתוך מעיו. כאילו כל מעיו קדוש ואסור להכחישן דהכי משמע בקרבך קדוש כלומר דאסור להתענות (ג) בקרבך קדוש רישיה דקרא קדיש בשביל שקדוש שרוי בקרבך לא אבוא בעיר של מעלה עד שאבנה ירושלים של מטה ורמיזא בעלמא הוא: **הא דמצי מצער נפשיה.** שיכול לסבול התענית משבחו הקב"ה אבל מי שאינו יכול להתענות נקרא חוטא: **נקרא חסיד.** המתענה דכתיב גומל נפשו איש חסד מפריש עצמו ממאכל ומשתה כמו ביום הגמל את יצחק (בראשית כא) שבריי"ר בלע"ז מפי מורי א"י נמי גומל לשון תגמול שמשלים נפשו לקונו (ד): **ועוכר שארו.** המתענה ומכחיש בשרו נקרא אכזר: **שממעט במלאכת שמים.** חלש הוא ואינו יכול ללמוד: **לשירותיה.** סעודתו כלבא ליכול סעודתו ולכך המתענה אינו מועיל לו אלא כמי שמתענה מפני שאין לו מה יאכל: **אין תענית צבור בבבל.** לענין איסורי חומרי תענית אמר ר' ירמיה למילתיה שהיו נוהגין בו כענין אבילות שהיו אוכלין מבעוד יום ואסורין בנעילת הסנדל אלא תשעה באב בלבד: **יחיד שקיבל עליו תענית.** מאתמול (ה) הרי אני יושב בתענית למחר אפילו אכל ושתה כל הלילה עד עמוד השחר למחר מתפלל תפלת תענית עננו: **לן בתעניתו.** באותו תענית שקיבל עליו שלא אכל במוצאי תעניתו ולן כל אותו הלילה לשם תענית עד הבקר: **למחר אין מתפלל תפלת תענית.** אינו יכול להתפלל (ו) עננו קודם שיאכל כדי לצאת ידי חובת תענית של לילה אע"פ שהוא יום אחד דכתיב (בראשית א) ויהי ערב ויהי בקר יום אחד ולקמן מפרש ואזיל מאי קסבר רב הונא מאי טעמא אין מתפלל למחר עננו: **והכי גרסינן מאי קסבר רב הונא מיסבר קסבר אין מתענין לשעות או דלמא קסבר מתענין לשעות והמתענה לשעות אינו מתפלל תפלת תענית אמר אביי לעולם קסבר מתענין לשעות (*ומתפלל) תפלת תענית כו'.** פירוש מאי קסבר רב הונא אין מתענין לשעות כלומר האי דקאמר למחר אין מתפלל תפלת תענית לכך אינו מתפלל דקבלת תענית זה אינו קבלה ואינו תענית כלל ואם רוצה לאכול ולסעוד בתוך התענית הרשות בידו דאין מקבלין תענית לשעות כגון זה שלא קיבל תענית של לילה זה מאתמול (ז) כדקתני לן בתעניתו דמשמע מאליו כשהחשיך ובא לסעוד עמד ולא אכל כלומר שהיה בדעתו לאכול עד שעבר מקצת הלילה שעה אחת או שתי שעות ואחר כך נמלך ולן בתעניתו או דלמא האי דקאמר רב הונא למחר אין מתפלל תפלת תענית לאו משום דאין מתענין לשעות דהא תענית עליו ואם רוצה לחזור בו ולטעום אחר שהתחיל בתענית אינו יכול אלא להכי אינו מתפלל תפלת תענית דסבר אין תענית של שעות חשוב וחמור כל כך שיהא צריך להתפלל עליו עננו: **לעולם קסבר.** בעלמא דמתענין לשעות והמתענה לשעות מתפלל תפלת תענית והכא מאי טעמא אין מתפלל תפלת תענית דשאני הכא היכא דהתענה אתמול ובלילה לן בתעניתו דלא קיבלה עילויה (ח) שלא קיבל עליו תענית זה בפני עצמו מאתמול כדרך שאר מתענין לשעות ואינו חשוב להתפלל עליו עננו: **מר עוקבא איקלע לגינזק.** גרסינן דאילו ר' עקיבא לא היה מסתפק לו הנך בעיי ועוד דבלשון ברייתא הוה מיתני ביה מעשה ברבי עקיבא כו' ולא בגמרא*: **קנקנים של חרס.** שמכניסין בהן יין לקיום אסור להשתמש בהן: **במה שימש משה.** דאילו באהרן כתיב בגדי כהונה דכתיב (שמות כט) והלבשתם שבשעה שהיה משה עובד אהרן היה לבוש בגדי כהונה ועבודה דמשה גזירת הכתוב הוא ובגדי כהונה לא מצינו בו ומסתמא אין הדבר כשר שהיה עובד בבגדיו של חול שיוצא בהן לשוק: **לאחר שנים עשר חדש.** הולך טעם יין נסך ומותרים בלא עירוי מים אבל תוך י"ב חדש צריך עירוי שלשה ימים מעת לעת: **בחלוק לבן.** של פשתן עשוי לשם כך: **רב כהנא מתני.** כי האי לישנא: **בחלוק לבן שאין בו אימרא.** שפה מתרגמינן אימרא (שם כח) (ט) כלומר *תחוב היה מחוט אחד כל החלוק ולא כבגדים שלנו שבתי הידים מדובקין בבגד הגוף בתפירה כדי שלא יחשדוהו שמא בלוהה שפה הוציא מעות הקודש משום שנאמר (במדבר לב) והייתם נקיים מה' ומישראל:
הא

רבינו חננאל

וכיוצא בו [נקרא] קדוש כדכתיב' קדוש יהיה. א"ל מה ת"ל מאשר חטא על הנפש בנזיר שנטמא הכתוב מדבר ומפני שנטמא נקרא חוטא. ור"ל אמר המתענה עצמו מן התענית הוא נקרא חסיד שנאמר גומל נפשו איש חסד. הגומל טוב לנפשו איש חסד: א"ר ירמיה אין ת"ח רשאי לסגף עצמו בתענית מפני שממעט (עצמו) במלאכת שמים. אמר רב הונא יחיד שקבל עליו תענית ב' ימים זה אחר זה אפילו אכל ושתה כל הלילה כו'. הדין במי שקבל עליו יום אחד או ב' ימים תענית דינם אחד מיהו נוח להתלמד להבין פירושו בשני ימים מיום אחד. וכן פירושו. אדם שקבל עליו להתענות יום ב' ושלישי והתענה יום ב' ובערב אכל ושתה למחר *) שר ביום ג' התענה ומתפלל תפלת תענית **) אע"פ שמתענה רוב יום ג' מפני שלא קבל עליו מיום ב' להתענות יום ג' ונמצא תעניתו ביום ג' תענית שעות דהא לא קיבל תענית מאתמול. ועל זה מדקדק רב יוסף מ"ט דרב הונא. מי אמרינן קסבר רב הונא מתענה לשעות אינו מתפלל תפלת תענית. לפיכך אמר למחר אינו מתפלל תפלת תענית. או דלמא קסבר רב הונא אין מתענין לשעות ואינם תענית כלל. לפיכך אינו מתפלל תפלת תענית. ואמר אביי לעולם קסבר רב הונא מתענין לשעות והמתענה לשעות מתפלל תפלת תענית. ושאני הכא דלא קביל עליה מעיקרא. ועוד לא היה בדעתו להשלים תעניתו עד הערב. וקיי"ל כל תענית שלא קבעה עליו חמה לאו שמיה תענית לפיכך ***) תמצא תענית שעות. ומסתברא דמי שנזדמן לו ולא אכל עד שעבר רוב היום וכיון שראה כך הסכים לצום ולהשלימו אותו יום בתענית זהו תענית שעות ומתפלל באותה שעה שהסכים להשלימו תענית שעות תפלת תענית עננו בשומע תפלה. ודוקא אחר שקבל עליו לעצמו ****) שמתפלל תפלת תענית אבל מקודם לא: ר"ע אקלע לגינזק בעו מיניה מתענין לשעות כו' ואסיקנא הלכתא המתענה לשעות מתפלל תפלת תענית וקנקנים (שלמים) [ישנים] ששימשו בהן עובדי כוכבים ביין שלהן לאחר שישהו היין מהן אם ישארו ריקים י"ב חודש מותר לישראל להטיל בהן יין להשתמש בהן.
אמר

*) דברי רבינו כמו שהם לפנינו אין לו שום ביאור כלל ועי' ברא"ש כאן ותמצא ג"כ רבינו ז"ל ופירושו באר היטב. **) חסר כאן ואולי כצ"ל לן בתעניתו כלו' אם לא קבל עליו תענית אלא יום ב' בלבד והתענה אותו ביום ובלילה נמלך ולן בתעניתו למחר אין מתפלל תפלת תענית אע"פ שמתענה יום ב' ויום ג' כו' ועי' ברי"ף ובמלחמות בשם רבינו. ***) אולי צ"ל לא נקרא תענית שעות. ****) אולי צ"ל לעצמו להשלים התענית מתפלל תפלת תענית.

רבינו גרשום

ר"ל אמר יושב בתענית נקרא חסיד שנא' גומל נפשו איש חסד שפירש עצמו מליכל כמו ויגמל: ממעט במלאכת שמים. שאינו יכול לעסוק בתורה: יחיד שקיבל עליו תענית, כראוי מבעוד יום, לן בתענית. ה"ק אם לא קבל מבעוד יום אלא בצפרא קבל עליה להתענות חצי היום ובחצי היום קביל עליה עד לאורתא ולן בלילה בתעניתו ולא קבל עליה כלום והתענה אף למחר אין מתפלל תפלת תענית שכבר יצא בתפלת תענית דאתמול. ושאני הכא דלא קביל עליה מאורתא כלומר באותו יום שמתענה לשעות מתפלל תפלת תענית אבל הכא דלן בתעניתו עבדיה להאי תענית שני כתענית אריכא שהוא מאתמול שעדיין לא אכל וכיון שהתפלל אתמול תפלת תענית אין צריך להתפלל היום: מתענין לשעות שמקבלין תענית ביום אע"ג דלא קביל עליה מאורתא: קנקנים של עובדי כוכבים שנשתמש בהן יין. לאחר שנים עשר חודש. לאחר שנשתמשו בו עובדי כוכבים: חלוק לבן שאין לו אימרא. שאין לו שפה כדי שלא יחשדוהו שמא באותה שפה הכניס מעות הקדש שגנב משום שנאמר והייתם נקיים

גליון הש"ס

גמ' הא דמצי לצעורי. עי' לקמן דף כב ע"ב תוד"ה ר' יוסי: שם למחר הוא מתפלל תפלת תענית. מהדורי רש"י שבת כד ע"א ד"ה ערבית נראה שלא היה גרס"י שם סגי' כאן תיבת למחר:

הגהות הב"ח

(א) גמ' שנאמר גומל נפשו איש חסד אמר ר' ירמיה בר אבא אמר ר"ל אין ת"ח וכו' שממעט במלאכת שמים אמר רב ששת האי בר בי רב וכו' אלא תשעה באב בלבד אוכלין כו': (ב) שם לן בתעניתו למחר אינו מתפלל: (ג) רש"י ד"ה כאילו כו' דאסור להתענות הס"ד ומה"ד בקרבך קדוש כו': (ד) ד"ה נקרא כו' לקונו חסיד ועוכר שארו כו' כצ"ל והד"א: (ה) ד"ה יחיד כו' מאתמול שאמר הרי אני יושב: (ו) ד"ה למחר כו' אינו יכול להתפלל. נ"ב פי' אינו יכול אע"פ שרוצה להתפלל בלא חיוב ונראה דאלא למאי דקס"ד דאין מתענין לשעות ס"ל לרב הונא דלאו תענית הוא אבל למסקנא דמתענין לשעות שם תענית עליו אפי' לן בתעניתו דאינו חשוב ואסור להתפלל עננו בתורת חיוב מ"מ הרשות בידו להתפלל עננו אבל לא כמו בלילה זה מאתמול. נ"ב פירוש מאתמול מזמן המנחה: (ח) ד"ה לעולם כו' דלא קיבלה עילויה. נ"ב ר"ל דלא קיבלו כלל בלילה לא קיבלו: (ט) ד"ה רב כהנא כו' (כלומר תחוב) תא"מ ונ"ב ס"א כלי תשוב: (י) תוס' ד"ה כאילו קדוש הקב"ה שרוי בתוך מעיו ואסור להכחישן פי' והא אמרינן לעיל: (כ) ד"ה לן כו' אין זו ראיה דלדברי ה"ג איכא למימר דלא היה דעתו:

§ מסכת תענית דף יא: §

אות א'

הא דמצי לצעורי נפשיה, הא דלא מצי לצעורי נפשיה

סימן תקעא ס"א - [א]**היושב בתענית, אם יכול לסבול התענית, נקרא קדוש** - שמתוך כך מתמרקין עונותיו בשביל שמתענה, **ולא** מיירי בעונות הידועים, המבואר ברוקח ובכתבי האר"י כמה ימים צריך להתענות עליהם, דבזה צריך להתענות אפילו לא מצי לצעורי נפשיה, [**ומ"מ** דוקא אם אין בזה חשש סכנה, דאז בודאי אינו רשאי], **אלא** מיירי כשמתענה משום תשובה, על עונות שאדם דש בעקביו.

[ב]**ואם לאו, כגון שאינו בריא וחזק, נקרא חוטא** - על שמחליש כחותיו. **וכתבו** ספרי המוסר, דאם באמצע אכילתו בעוד שהוא מתאוה לאכול, מושך ידו ממנו, זה נחשב ג"כ לסיגוף, ומתכפרים עונותיו. **וראיתי** כתוב בספר אחד, שכשאדם רוצה להתנדב תענית, טוב יותר שיקבל תענית מן הדבור, ממה שיקבל עליו מן האכילה, כי ממנו לא יהיה לו נזק לא בגופו ולא בנשמתו, ולא יחלש עי"ז, **וכעין** זה כתב הגר"א באגרתו, שצריך האדם לייסר עצמו, לא בתענית וסיגופים, כי אם ברסן פיו ובתאותיו, וזהו התשובה וכו'.

אות ב'

אין תענית ציבור בבבל אלא תשעה באב בלבד

סימן תקסח ס"ו - [ג]**אין תענית צבור בבבל** - וה"ה בכל חוץ לארץ, **ליאסר במלאכה ולהפסיק מבעוד יום, אלא תשעה באב בלבד;** [ד]**הילכך יחיד שקבל עליו תענית, לא חיישינן שמא תענית צבור קבל עליו, ומותר בכולן.**

מלשון זה משמע, דבא"י אם קבל עליו תענית סתם, חיישינן שמא ת"צ קבל עליו, וצריך להפסיק מבע"י ואסור במלאכה, **ואולי** דכהיום שאין מצוי להתענות הת"צ המבוארים לקמן בסימן תקע"ה ס"ג, מסתמא כונתו אסתם תענית, וצ"ע.

[ה]**ומכל מקום לכתחלה טוב לומר בשעת קבלת תענית: הריני בתענית יחיד לפניך מחר.**

[ו]**סימן תקעה ס"י** - [ז]**כל תענית שגוזרים הצבור בחוצה לארץ, אוכלים בהם בלילה, ודינם כדין שאר תענית; שאין גוזרים על הצבור תענית כגון צום כפור אלא בארץ ישראל בלבד** - שבחו"ל אין להם נשיא שיגזור עליהם, **ובגלל המטר, ובאותם עשר תעניות, שהם שלשה אמצעיים ושבע אחרונות** - ודע, דאחרונים מסתפקין אפי' בא"י אם נוהג היום הסדר תענית, מחמת זה הטעם ‹דאין נשיא›, **ואפשר** משום דשליחותייהו דקמאי קעבדינן שם.

אות ג'

אין תלמיד חכם רשאי לישב בתענית, מפני שממעט במלאכת שמים

סימן תקעא ס"ב - [ח]**תלמיד חכם אינו רשאי לישב בתענית, מפני שממעט במלאכת שמים** - היינו אפילו אם יכול לסבול התענית, שאינו מזיקו, ומ"מ מתמעט לימודו עי"ז, **ומי** שתורתו אומנתו, נקרא ת"ח לענין זה אף בזה"ז.

וכ"ז בשאין לו עונות ידועים, אבל ביש לו עונות ידועים שצריך להתענות עליהם, גם ת"ח צריך להתענות, ואפילו היכי שקשה לו התענית, **ומ"מ** א"צ לסגף עצמו כ"כ בתענית, וילמוד יותר ממה שהיה רגיל, וכעין זה איתא בתנחומא: אם חטא אדם ונתחייב מיתה לשמים, מה יעשה ויחיה, אם למוד לשנות פרק אחד, ישנה שני פרקים, ואם דף אחד, ישנה שני דפין, **וכ"ז** הוא לאחר ששב מדרכו הרעה, דאל"ה הרי הוא כטובל ושרץ בידו.

(וראיתי להעתיק פה מה שכתב השל"ה בשם ספר חרדים, וז"ל, שמצא בתוך ספרי המקובל האלקי חסידא קדישא הרב ר"י לוריא אשכנזי ז"ל בספר אחד כתיבת יד: כל מה שתמצא בסיגופים כו', לא נזכרו אלא למי שאין עמלו בתורה, אבל מי שתורתו אומנתו, ויודע דעת ויראת ד', לא יחלש ולא יתבטל מלימודו, אך יום אחד מן השבוע יתרחק מבני אדם, ויתבודד בינו לבין קונו, ויתקשר מחשבתו בו כאלו כבר עומד לפניו ביום הדין, וידבר לאל ית' כאשר ידבר העבד אל רבו ובן אל אביו, והעתיקו זה האחרונים).

(וכעין זה כתב הח"א, וז"ל: דאפילו על עבירות ידועים המבואר ברוקח, שצריך להתענות לכפרה כמה ימים, אם ת"ח הוא ותורתו אומנתו, אפילו בזה"ז, לא יסגף עצמו כ"כ, רק שישוב לפני ד' בלב שלם, ויבכה מקירות הלב, וילמוד יותר מאשר היה רגיל, כי התורה היא מקוה טהרה, ונמשל לאש, וכל אשר יבא באש באש יובא וטהר, וימעט מכל התענוגים, ויאכל רק כדי קיום גופו שלא יחלש, כדי שיהיה לו כח לעבודת השם, ולא ילך לשום סעודה, וכ"ש לסעודת מריעות, וישמור שבת בכל פרטיה ודקדוקיה, ואם אפשר יתענה עכ"פ בכל שבוע יום אחד, או עכ"פ כל יום בה"ב עד חצות, והעיקר הבכיה והוידוי, וגדרים שלא יעשה זאת לעולם, וד' יראה ללבב, עכ"ל).

באר הגולה

[א] **אוקימתא דגמרא אליבא דר' אלעזר** [ב] **אליבא דשמואל** ‹**ותמה** אני, למה אינו משוה הגמרא דעת שניהם, כמו שמשוה דעות ר"א גופיה השונות, כמש"כ דיש חילוק בין היכי דיכול לצעורי נפשיה ובין היכי דאינו יכול – תורה תמימה›, ‹**יש** פלוגתא בגמ', חד אמר כל היושב בתענית נקרא קדוש, וחד אמר נקרא חוטא, ואלו ואלו דברי אלקים חיים, דודאי אם יכול לסבול התענית ואין לו עי"ז ביטול תורה, נקרא קדוש, שמתוך כך מתמרקין עונותיו, ואם לאו שאינו בריא וחזק, נקרא חוטא – ערוה"ש›, ‹**וכנראה** שכן סובר הבאר הגולה› [ג] **מימרא דרבי ירמיה תענית י"א** [ד] **ראבי"ה** [ה] **המרדכי בשם ראבי"ה** [ו] ‹ע"פ הב"י ובאר הגולה› [ז] **רמב"ם מהא דשמואל אין ת"צ בבבל** [ח] **מימרא דרב ששת שם** ‹אמאי לא הביא מימירא דר"ל, שהוא יותר מפורש, והוא ממש כלשון השו"ע, וכמו שהביא העין משפט›

[ט]אלא אם כן כשהצבור מתענים, שלא יפרוש עצמו מהם; [י]ומלמדי תינוקות דינם כת"ח - דאיכא בהו תרתי, שממעטין במלאכת שמים, וגוזלין את הבריות, דאפילו שארי פועלים אסורים להתענות, כמ"ש בחו"מ, וכ"ש בהם, [**ואפי'** ביש להם עונות ידועים].

קטן בן י"ג שנה ויום אחד, וקטנה בת י"ב שנה ויום אחד, שקבלו על עצמן תענית, נדרן קיים, אפילו אין יודעין לשם מי נדרו, **דאם** יודעין, נדרן חל מן התורה בשנה אחת מקודם, דהיינו בקטן משנעשה בן י"ב ויום אחד, ובקטנה משנעשית בת י"א ויום אחד. **ואין** האב יכול להפר נדרי בתו אלא עד שתהא בת י"ב שנה וששה חדשים, דעד אותה הזמן היא ברשות אביה, ומכאן ואילך נעשית בוגרת ואינה ברשותו, **ואפילו** השנה י"ג היא שנה מעוברת, כיון שהגיע הששה חדשים הויא בוגרת. **וצריך** שיאמר לה דוקא בלשון הפרה - מ"א.

עוד כתב, דהאב נאמן לבד על שנותיהם, אפילו הוא קטן מאוד לפי הנראה, ואחר אינו נאמן אא"כ יש שני עדים, **ומשמע** קצת בגמרא, דאם אין יודעין שנותיו, אין נדרו נדר, **ואפשר** דהיינו אם לפי הנראה בקומה שלו, הוא קטן שלא הגיע לכלל שנותיו, דאל"כ הוי ספיקא דאורייתא.

אות ד'

יחיד שקיבל עליו תענית, אפילו אכל ושתה כל הלילה, למחר הוא מתפלל תפילת תענית

סימן תקסב ס"ז - [יא]קיבל עליו תענית בתפלת המנחה, אף על פי שהוא אוכל ושותה בלילה, לא הפסיד כלום - דלא נחשב זה להפסק, משום דעצם חיוב התענית אינו אלא לכל היום, **אם** לא במקום שהחמירו בפירוש גם ללילה, כגון לט"ב, או להמבוארים לקמן בסימן תקע"ה ס"ג.

[יב]וכן אם קבל עליו להתענות שלשה או ארבעה ימים או יותר זה אחר זה, להתענות בימים ויאכל בלילות - אין הכונה שפירש שיאכל בלילות, אלא מסתמא הוא ג"כ מותר כדלקמיה, **אע"פ שהוא אוכל כל הלילות, לא הפסיד כלום, דהוי קבלה לכולם, אע"פ שלא קיבל כל אחד ואחד במנחה שלפניו.**

הגה: ואם קבל להתענות שני ימים רצופין, מותר לאכול בלילה שביניהם, אם לא פירש בהדיא אף על הלילה (מרדכי), ואז מתפלל כל יום במנחה עננו (פסקי מהרא"י) - ט"ס הוא, וצ"ל "ואפ"ה מתפלל", ור"ל דאף שמתענה גם בלילה, אין לומר דהוי כיומא אריכתא, ולא יתפלל "עננו" אלא במנחה של יום שני, **אלא** כל יום הוא תענית בפני עצמו לענין "עננו", ואפילו מתענה ששה ימים רצופים, נמי מתפלל כל יום "עננו" במנחה.

[יג]סימן תקסב ס"ח - אם קיבל עליו בתפלת המנחה שלשה או ארבעה תעניות, ולא רצופין זה אחר זה, כגון שקבל עליו להתענות שני וחמישי ושני וכיוצא בזה, [יד]יש מי שמסתפק אם סגי בקבלה אחת לכולם - מפני שקבלן בבת אחת, **או אם צריך קבלה לכל אחד ואחד.**

הגה: מיהו נהגו העם לקבלם בקבלה אחת וסגי בהכי, וכן דעת מקלת רבוותא (מרדכי והגמ"י) - והוא מה שמברכין בשבת שלאחר פסח וסוכות "מי שיקבל עליו להתענות בה"ב", והעם עונין אמן, וזהו הקבלה, וא"צ לקבלו עוד במנחה שלפניו, **ומ"מ** אם רוצה אח"כ שלא להתענות, הרשות בידו, כיון שלא הוציא בפיו, [**וכתב** הפמ"ג: ודלא כנוהגין שבשעה שהש"ץ מברך "מי שבירך" למי שיקבל בה"ב, דאין שום אחד כמעט עונין אמן, דהא אין מחוייב להתענות עי"ז, **ואם** רוצה להחמיר, יתנה בלב שלא להתענות, ולמה לא יענה אמן אחר "מי שבירך", עכ"ל].

אכן לפי מה שכתבנו לקמן בסימן תקס"ג, דיש מחמירין שאפילו בהרהור בלבד הוי קבלה, צריך ליזהר לדבריהם, אם בעת שענה אמן היה בלבו להתענות, שלא לחזור מזה, [**ואפי'** לדידהו יכול ג"כ לענות אמן, אך שלא יכוין בענייתו אמן לקבל התענית, אלא שהקב"ה יברך למי שיקבל עליו בה"ב].

אות ה'

לן בתעניתו אינו מתפלל של תענית

סימן תקסב ס"ט - [טו]קבל עליו להתענות למחר, והתענה, ובלילה שלאחר התענית נמלך להתענות, אע"פ שלן בתעניתו, שלא אכל בלילה [טז]והתענה כל היום השני, אינו

באר הגולה

ט סמ"ג וסמ"ק   י ירושלמי   יא מימרא דרב הונא שם   יב כגירסת ר"מ ‹אהא דאמר זעירי אמר רב הונא יחיד שקיבל עליו תענית אפילו אכל ושתה כל הלילה למחר מתפלל תפילת תענית, כתב הרא"ש: רבנו חננאל על הגליון שם גורס: יחיד שקיבל עליו תענית שני ימים זה אחר זה, פי' קיבל עליו במנחה להתענות שני ימים זה אחר זה, ולא רצופין אלא שיאכל בלילה בנתיים, אפילו אכל ושתה כל הלילה בנתיים, למחר מתפלל תפילת תענית, דמיקרי שפיר קבלה מה שקיבל שני תעניות ביחד, אע"פ שאכל ושתה בנתיים, וכן גורס הרי"ף, וכן כתב הרמב"ם – ב"י›   יג ‹מילואים›   יד טור בשם הרא"ש   טו מימרא דרב הונא וכגירסת ספרים שלנו, הרא"ש ‹ודלא כגירסת ר"ח הנ"ל›   טז ‹מבואר מפרש"י דלן בתעניתו, הכוונה שדעתו להתענות רק בלילה ולא ביום השני, **אכן** הרא"ש כתב (וכן הוא ברמב"ם), לן בתעניתו שנמלך ולא אכל בלילה והתענה כל היום, **וביאר** הקרבן נתנאל כוונתו, כדמסיק בגמ', דאף אי מתענין לשעות, מ"מ והוא שלא אכל עד הערב, ואי"כ הכא שדנה הגמ' בהמשך אמאי לא יתפלל מדין תענית שעות, ע"כ דיש כאן תענית שעות, וזהו רק באופן שלא יאכל עד הערב, **וצ"ב** לפי"ז לפרש"י, דהא רש"י גופיה הא ס"ל לקמן דבעינן אף בתענית שעות שלא יאכל עד סוף היום, **אמנם** הביאו, דבגבורת ארי כאן באמת דקדק מדברי רש"י בסמוך, דס"ל דתענית של לילה בלא יום, חשיב כתענית של יום בלא לילה, ואי קבלו מבעו"י הוה כתענית גמור, דבפרש"י ד"ה והכי גרסינן, כתב כלפי לן בתעניתו, דחשיב תענית שעות משום שהיה בדעתו לאכול עד שעבר מקצת הלילה שעה או שתי שעות ואח"כ נמלך ולן בתעניתו, ומשמע דאי היה מקבלה בתחילת הלילה, הוה חשיב תענית גמור אע"פ שיאכל למחרת – ברכת צבי›

תענית - לא לענין לצאת ידי נדרו, ולא לענין להתפלל "עננו", **מפני שלא קבלו עליו מבע"י** - ואשמעינן בזה, דלא נימא דבכה"ג הוי כיומא אריכתא, ויצא בקבלתו הראשונה.

משמע אע"פ שקבלו אח"כ בלילה, לא מהני, [יז]**ועיין** במ"א, שדעתו דדוקא אם קבלו אחר שהתחיל להתענות לשם תענית, דהקבלה צריך להיות מקודם התחלת התענית, הן בתענית שעות והן בתענית יום שלם, **אבל** אם קיבל על עצמו בלילה קודם שהתחיל להתענות, אף דלא יצא ידי נדרו בזה, דלא נקרא תענית שלם כיון שלא קבלו מבע"י, מ"מ עכ"פ תענית שעות הוי, כיון שקיבל קודם התחלת תעניתו, ומתפלל למחר "עננו", לדעה קמייתא שבסעיף יו"ד, **ויש** מאחרונים שחולקין, וסוברין דהיכא שדעתו להתענות יום שלם, אין עליו שם תענית שעות, ובלא קבלה מבע"י אף לדעה קמייתא אין עליו שם תענית כלל, אף לענין להתפלל "עננו".

ודע, דלפי מה שכתב הרמ"א בס"ה, לנהוג בתענית יחיד שאומר "עננו" ב"שומע תפילה" אף בלא קבלה כלל, ה"ה בעניננו כאן, וכ"כ הא"ר.

אות ו'

הלכתא: מתענין לשעות, ומתפללין תפלת תענית

סימן תקסב ס"י - [יח]**"מתענה אדם תענית שעות... ומתפלל בהם עננו.**

[יט]**סימן תקסב סי"ג** - [כ]**יש מי שאומר שמי שנדר ואמר: אם לא אלך למקום פלוני** - וה"ה בקום ועשה, כגון שאמר: אם אעשה דבר פלוני, **אשב בתענית** - וה"ה אם אמר: אתן לצדקה, **מאחר שמה שהתנה הוא דבר הרשות, הוי אסמכתא,** **(פירוש שאדם סומך בדעתו שיוכל לעשות דבר אחד, ועל סמך זה הוא נודר או מתחייב בדבר מה)** - נקט לשון "יש מי שאומר", דיש הרבה פוסקים שחולקין, וס"ל דאף שהתנאי היה בדבר הרשות, כיון שהדבר שהתחייב הוא דבר מצוה, לא שייך בזה אסמכתא, ומחויב לקיים, **והאחרונים** כתבו, דיש להחמיר מאחר שרבים חולקים ע"ז.

אבל אם אמר: אם לא אעשה מצוה פלונית אשב בתענית - דעשה לזרז עצמו לדבר מצוה, וגומר בדעתו, ולא הוי אסמכתא.

וכן אם אמר: אם יצילני ה' מצרה - דמקרא מלא הוא גבי יעקב: וידר יעקב נדר, אם יהיה אלהים עמדי ושמרני וגו', **וכן:** וידר ישראל נדר לאמר, אם נתן תתן את העם הזה בידי וגו', **או אם יצליח דרכי** - גם זה מקרא דיעקב: ונתן לי לחם לאכול וגו', **לא הוי אסמכתא** - ומשום דבזכות שהצליח גמר ומקני, לכך חייל הנדר.

נקט לשון "יש מי שאומר" לדין הראשון, דבזה יש הרבה פוסקים שחולקין, **אבל** שני דינים האחרונים, כולי עלמא סבירא להו כן.

אות ז'

והלכתא: קנקנין של נכרים לאחר שנים עשר חדש מותרין

יו"ד סימן קלה סט"ז - [כא]**"כל הכלים שישנן י"ב חדש** - (היינו דהנך חדשים הם חדשי לבנה, כל חודש כ"ט יום - פת"ש), **שרי** - וא"צ להתיר הקשרים - ש"ך, **שבוודאי כלה כל לחלוחית יין שבהם, ואפילו נתן לתוכם מים תוך י"ב חדש** - ואפי' יין - ש"ך, **אין בכך כלום.**

באר הגולה

[יז] ‹וכ"כ הט"ז וז"ל: כתב הרא"ש וז"ל: והרמב"ן כתב דאפי' לא קבל עליו מזמן המנחה, כיון שקיבל עליו תענית קודם שעות התענית, {וכן הוא שיטת רש"י כפי הגהת הב"ח אות ח'}, **וא"א** לומר כן, מדא"ל אביי ושאני הכא דלא קבליה עלויה, ואמאי והא בלילה קבליה עלויה, והוא לא מחויב תענית יום שלם, הלכך נ"ל דכל תענית צריך קבלה בתפלת המנחה, עכ"ל, {והן הן הב' שיטות שבסעיף י', הובא לקמן בסמוך דף י"ב}. **ונ"ל** דעת הרמב"ן, שצריך שתהיה הקבלה בעת שלא חל עדיין התענית שרוצה בו, ובס"ט מיירי שאחר שעבר קצת מן הלילה הוא נמלך ומקבל עליו להתענות תענית שעות בלילה, זה לא מהני, אבל באמת אם קבל עליו מבע"י להתענות בלילה, ונמשך שהתענה כל היום השני, מהני שפיר, **ובזה** ניחא נמי קושיית הרא"ש על הרמב"ן, במ"ש בתירוץ דאביי, דאמר ושאני הכא דאיכא שעות דלילה דלא קביל עליה מעיקרא, הרי מבואר כמ"ש, דאותן שעות שעברו בלילה קודם הקבלה, מבטלים הקבלה אח"כ, אלא צריך קבלה קודם התחלת תענית שעות – ט"ז. ‹**והב"ח** פי' אליבא דהרמב"ן ורש"י, וז"ל: וההיא דלן בתעניתו, היינו שלא נתכוין לשם תענית, אלא להאריך תעניתו של יום שעבר, והיינו דקאמר אביי שאני הכא דלא קבליה עילויה, פי' דלא הוי קבלה כלל – ב"ח› [יח] **שם בגמ' וע"ז ל"ד** [יט] ‹מילואים› [כ] **רבנו ירוחם** [כא] **מימרות דאמוראי שם לד.**

§ מסכת תענית דף יב. §

אות א׳ – ב׳

הא דאמרת מתענין לשעות, והוא שלא טעם כלום עד הערב

לא צריכא דאימלך אימלוכי

סימן תקסב ס״י - מתענה אדם תענית שעות, [א]והוא שלא יאכל כל היום. [ב]כיצד, הרי שהיה טרוד בחפציו ומתעסק בצרכיו ולא אכל עד חצות או עד ט׳ שעות, ונמלך להתענות בשעות שנשארו מן היום, ה"ז מתענה אותם שעות ומתפלל בהם עננו, שהרי קבל עליו התענית קודם שעות התענית - מלשון "ונמלך להתענות" משמע לכאורה, דאפילו לא הוציא בשפתיו ג"כ סגי, ומה שסיים "שהרי קבל עליו", היינו בלב, ואזיל לשיטתיה בס"ו, **ועיין** שם במ"א, דדוקא בשקבל עליו, אבל אם היה רק בדעתו להתענות, לא מיקרי קבלה.

[**וטעם** דעה ראשונה, דעד כאן לא צריך קבלה מאתמל, היינו בתענית יום שלם, אבל בתענית שעות, די שיקבלנו סמוך לאותן שעות].

[ג]וי"א שגם זה תענית שעות צריך שיקבלנו עליו מאתמול - צ"ל "שגם תענית שעות זה צריך שיקבלנו עליו מאתמל", היינו בעת תפלת המנחה.

והיכי משכחת לה, כגון שקבל עליו מאתמול להתענות עד חצי היום, וכשהגיע לחצי היום נמלך וגמרו - ר"ל שנמלך שלא לאכול אפילו שלא לשם תענית.

או שקבל עליו להתענות למחר מחצי היום ואילך, ולמחר נמלך ולא אכל גם בחצי היום ראשון, הרי זה תענית שעות - ר"ל ומתפלל בהם עננו.

[ד]סימן תקסב סי״א - אם קבל עליו התענית עד חצי היום ואכל אחר כך - לאו דוקא, דה"ה אם הקבלה היה עד ג׳ רביע היום, אם דעתו לאכול קודם גמר היום, אינו מתפלל "עננו" בתפלת המנחה.

או שאכל עד חצי היום וקבל עליו תענית משם ואילך, [ה]אינו נקרא תענית להתפלל עננו - ועיין לעיל בס"א בהג"ה, דהיחיד יכול לומר "עננו" ב"שומע תפילה".

[ו]אבל נקרא תענית לענין שצריך להשלים נדרו - דהו"א דמותר לאכול תוך אותו זמן שקיבל עליו, דלא הוי נדר כלל, קמ"ל דמ"מ צריך להתענות אותו זמן. ‹ודלא כדמשמע מרש"י ד"ה הא דאמרת›.

אות ג׳

כל תענית שלא שקעה עליו חמה, לא שמיה תענית

סימן תקסב ס״א - [ז]כל תענית - היינו בין הארבע צומות, או איזה תענית יחיד, **שלא שקעה עליו חמה, דהיינו שלא השלימו [ח]עד צאת הכוכבים, (דהיינו שיראו ג׳ כוכבים בינונים)** - דשנים עדיין הוי ביה"ש, וגדולים לא מהני, דהם נראין אף ביום, **(או שהלבנה זורחת בכח ותאיר על הארץ) (הגהות אשר"י והגהות מיימוני), אינו תענית** - הן לענין שלא יצא בזה ידי חיוב תעניתו, והן לענין שאינו מתפלל "עננו".

[**הנה** תענית של ט"ב שמפסיקין בו מבעו"י, או ת"צ שבא"י המבוארין בסי׳ תקע"ה ס"ג, פשיטא דאסור עד צה"כ ממש, כדאמרינן בפסחים דף נ"ד: דספק שלהן אסור, **אלא** אף שארי תעניתים דמקילינן בהו לאכול בלילה שלפניהם מדינא דגמרא, משמע דביה"ש שלהן מותר, **מ"מ** מחמרינן להמתין עד צה"כ, דאין אנו בקיאין בזמן ביה"ש, **ובפרט** לפי המבואר בשבת דף ל"ה דמספק מחמרינן להלכה כר׳ יוסי, ולדידיה מתחיל ביה"ש סמוך לצה"כ ממש לערך חצי מינוט, וקודם לכן הוי יום, בודאי אין להקל קודם צה"כ, **דתרי** קולי לא מקילינן, לומר דספק ביה"ש מותר, והלכה כר׳ יהודא דמתחיל ביה"ש תכף אחר שקיעה, **ובהגהות** מימוני מביא שני טעמים, א׳ מצד דאין אנו בקיאין בזמן ביה"ש וכנ"ל, **ועוד** מצדד לומר, דבאפוקי יומא, מדינא יש להחמיר עד צה"כ, דלא נפיק היום מחזקתו. **אלא** שזה אינו דבר ברור, דהרא"ש בשם רבנו יונה וכן בחידושי הרשב"א בשבת לא מחלקין בזה, דאין לחלק בין עיולי יומא לאפוקי יומא].

והנה בסימן רצ"ג לענין מוצאי שבת, פסק השו"ע דאין לעשות מלאכה עד שיראו ג׳ כוכבים קטנים ורצופים, **והוא** משום חומרא דשבת, וה"ה לענין מוצאי יוה"כ, **אבל** בענינינו סגי בבינונים, ואפילו מפוזרים.

[**ואם** קיבל עליו להתענות לילה ויום, אף דבאפוקי יומא צריך להמתין עד צה"כ וכנ"ל, אבל בעת כניסת היום מותר מדינא לאכול ביהש"מ עד סמוך לצה"כ, אם לא שקיבל עליו להתנהג בו בכל חומר ת"צ, **דרק** בט"ב מחמרינן בספיקא שלו אף בעיולי, כמבואר בגמ׳, **ומ"מ** טוב שלא ליכנס לבית הספק, ויפסיק מבעו"י].

ואם דעתו לאכול קודם לכן - כגון שהתנה בשעת קבלתו שלא להשלים התענית, **אינו מתפלל עננו.**

הגה: מיהו נוהגין להתפלל עננו אע"פ שאין משלימין עד לה"כ - היינו אם פירש בשעת קבלה שלא להשלים, אפי׳ התענה רק עד מנחה גדולה, מתפלל "עננו", **וכן דעת מקלת רבוותא (תה"ד)** - טעמם, דס"ל דמ"ש הגמ׳: כל תענית שלא שקעה עליו חמה אינו תענית, והיינו אף לענין "עננו", הוא רק אם קיבל עליו להתענות יום שלם ולא

באר הגולה

[א] אוקימתא דרב חסדא [ב] לפי׳ רש"י [ג] לפי׳ הרא"ש וסמ"ק והר"ן והראב"ד בהשגות [ד] ‹ע"פ הבאר הגולה› [ה] מהנהו תרי מימרא דרב חסדא [ו] הרא"ש אהא דרבי יהודה ורבי יונה בירושלמי והתוס׳ בע"ז [ז] מימרא דרב חסדא תענית י"ב [ח] הרא"ש

*הא דאמרת מתענין לשעות והוא שלא טעם כלום עד הערב א"ל אביי הא תענית מעלייתא היא [ב]לא צריכא דאימלך אימלוכי ואמר רב חסדא *[ג]כל תענית שלא שקעה עליו חמה לאו שמיה תענית מיתיבי *אנשי משמר מתענין ולא משלימין התם לצעורי נפשיה בעלמא הוא תא שמע *דא"ר אליעזר (*בן) צדוק אני מבני בניו של *סנאב בן בנימין ופעם אחת חל ט' באב להיות בשבת ודחינוהו לאחר השבת והתענינו בו ולא השלמנוהו [ד]מפני שיו"ט שלנו הוא התם נמי לצעורי נפשיה בעלמא הוא תא שמע *דאמר רבי יוחנן אהא בתענית עד שאבוא לביתי התם לשמוטיה נפשיה מבי נשיאה הוא דעבד אמר שמואל [ה]כל תענית שלא קיבל עליו מבעוד יום לאו שמיה תענית ואי יתיב מאי אמר רבה בר שילא דמי למפוחא דמליא זיקא אימת מקביל ליה רב אמר במנחה ושמואל אמר [ו]בתפלת המנחה אמר רב יוסף כוותיה דשמואל מסתברא דכתיב במגילת תענית להן כל איניש דייתי עלוהי מקדמת דנא ייסר מאי לאו ייסר עצמו בצלו לא יאסר עצמו פליגי בהא רבי חייא ורבי שמעון ברבי חד אמר ייסר וחד אמר יאסר (א) מ"ד ייסר כדאמרינן למאן דאמר יאסר מאי היא דתניא במגילת תענית כל איניש דייתי עלוהי מקדמת דנא יאסר כיצד יחיד שקיבל עליו שני וחמישי (ושני) של כל השנה כולה ואירעו בם ימים טובים הכתובין במגילת תענית אם נדרו קודם לגזרתנו יבטיל נדרו את גזרתנו ואם גזרתנו קודמת לנדרו תבטל גזרתנו את נדרו תנו רבנן *עד מתי אוכל ושותה [ז]עד שיעלה עמוד השחר דברי רבי *רבי אליעזר בר שמעון אומר עד קרות הגבר אמר *אביי לא שנו אלא שלא גמר סעודתו אבל גמר סעודתו אינו אוכל איתיביה *רבא גמר ועמד הרי זה אוכל התם כשלא סילק איכא דאמרי אמר רבא [ח]לא שנו אלא כשלא ישן אבל ישן אינו אוכל איתיביה אביי (ב) ישן ועמד הרי זה אוכל התם במתנמנם *היכי דמי מתנמנם אמר רב אשי

נים

רש"י

הא דאמרת מתענין לשעות והוא שלא טעם כלום כל אותו היום. כלומר לא אמרו במתענה שאכל בו ביום כגון שהתחיל להתענות עד חצי היום ואח"כ אכל דאין זה עינוי ואם אכל קודם חצות אין בכך כלום דאינו תענית של כלום אלא כשהשלים כל היום אע"פ שלא קיבלו עליו מאתמול ופריך אי דקבל עליו להתענות עד חצי יום והדר מתענה כל היום האי תעניתא מעלי' הוא ופשיטא דתענית גמור הוא ואפילו תפלת תענית נמי מתפלל עליו ולא איצטריך לאוקומי הלכה בהכי דזהו תענית גמור והאי מקשה סבר דהאי הלכה מתענין לשעות כמשמעו דיכול להתענות עד חצי היום מתענה קרינא ביה: לא צריכא דאימלך אימלוכי. כלומר לא היה בדעתו כלל להתענות אלא אתא ליה סעודה ולא אכל עד חצי היום וכי מטה חצי יום ממליך אמר הואיל והתעניתי עד חצי היום אתענה כל היום: שלא שקעה עליו חמה. שלא התענה עד אותה שעה: אנשי משמר. כהנים ולוים העומדין מתענין כדלקמן בפרק סדר תעניות: ולא משלימין. לפי שהן עסוקין בעבודה ואין יכולים להשלים אלמא אע"ג דאינו משלים מתענה קרי ליה: לצעורי נפשייהו. עם הצבור אבל אינו תענית לא להתפלל תפלת ענינו ולא לקובעו עליו חובה כלל דכל שעה שהוא רוצה לאכול אוכל: מבני *(סנאב) בן בנימין. משבט בנימין: שיו"ט שלנו היה. כדלקמן בשלשה פרקים (דף כו.) זמן עצי כהנים והעם כו' עד בחמשה באב בני פרעוש בן יהודה בעשרה בו בני (*סנאב) בן בנימין שעל ידי מעשה קבעו להן חכמים להתנדב עצים ולהביא למערכה וכשמגיע זמנו מביאין אותן ומדליקין אותן על גבי המזבח אע"פ שהיו שם שאר עצים הרבה משא"כ בשאר מתנדבי עצים דאין מעבירין אותן בזמן שיש עצים אחרים כמסכת מנחות (דף קו:) אמרינן המתנדב עצים לא יפחות משני גזירין ועצים טעונים קמיצה טעונים הגשה כו': דאמר רבי יוחנן. פעמים שהיה אומר אהא בתענית עד שאבוא לביתי ואי מטי לביתיה בשתים או בג' שעות ביום הוה אכיל וקרי ליה מתענה: לשמוטיה נפשיה מבי נשיאה. דלא ליטרחוהו למיכל בהדייהו שהיה מבקש הימנו שיאכל עמו היה אומר כן שלא יטריחנו לאכול עמו ומיהו לא הוי תענית שאם היה רוצה היה אוכל מיד ואין בנדרו כלום: ואי יתיב מאי. מי סליק לתענית אי לא: למפוחא. הוא המפוח שנופחין בו הנפחין את האור המתמלא ברוח אף זה נתמלא רוח שלא אכל בחנם: במנחה. בזמן המנחה ואפילו בשוק אומר הריני מחר בתענית: בתפלת המנחה. בסופה (ג) תוספת ריצוי ותחנונים עד שאומר הריני מחר בתענית ודוקא נקט מנחה משום דסמוך להתחלת יום תעניתו לאפוקי תפלת יוצר ודיקא נמי מדפסיק שמואל ופליג אדרב דאמר בזמן המנחה שיעורא יתירא: כדכתיב במגילת תענית. לסוף ימים טובים הכתובים במגילת תענית כתיב בה מקדמת דנא יסר לעיל מינה תני אלין יומיא די לא להתענאה בהון ולהן לא למספד בהון כל איניש דייתי עלוהי תענית מן קדמת דנא לפני אלו ימים טובים כגון שקיבל עליו עשרה תעניות או עשרים ונכנסו אלו הימים בהם: ייסר בצלו. בתפלה ואי קבליה עליה בתפלת המנחה לא דחי להנך ימים טובים אלמא דעיקר תענית בעי לקבולי בתפלת המנחה עלויה ואי לא קבליה עליה בתפלת המנחה לא עשה כלום: ייסר. לשון ואסרה אסר (במדבר ל) בצלו. לצלותא היכא דלאמרי לשון נדר שקבל בתפלה (בראשית יד) דמתרגמינן הרימותי ידי אל ה' ... האי דקתני דכתיב משום דמגילת תענית היתה נכתבת לבד לזכרון נסים: וחד אמר יאסר. דלא הוה תני ייסר (ד) בצלו דמשמע דוקא כדאמרינן אי מקבל בתפלת המנחה אין ואי לא לא אלא יאסר דמשמע יהא אסור לאכול אי אתי עליה תענית מן קדמת דנא בין בתפלה בין שלא בתפלה: מאי היא. מאי קסבר ומפני מה קאמר יהיד שקבל עליו תענית שני וחמישי של כל השנה כולה כלומר כמתפרש בהדיא אם נדרו קודם לגזרתנו כו' ולא שנא בין בתפלה בין שלא בתפלה: קודם גזרתנו. קודם שגזרו חכמים ימים טובים הללו אבל מגזרו אע"פ שהתחיל תעניותיו קודם הזמנים הללו לא דחו: עד מתי אוכל ושותה. בלילה כשמתענה למחר בכל תעניות שהוא אוכל משחשך ואפילו בתענית יחיד קא מיירי: עד קרות הגבר. אפילו פעם ראשונה קאמר מדקאמר גבי יולא יחידי בלילה בסדר יומא (דף כא.) עד שישלש: שלא גמר סעודתו. אבל גמר דברי הכל אינו אוכל: אכל ועמד. אע"פ שבירך ועמד משולחנו חוזר ואוכל ואין בכך כלום: שלא סילק. את הטבלא דלאו עקירה היא ולא אסח דעתיה מאכילה וכסעודה אריכתא דמיא: איכא דאמרי אמר רבא כו'. והלכה כאיכא דאמרי אוכל ושותה עד שיישן קבע ועד שיעלה עמוד השחר כרבי: אבל ישן. הפסקה היא ושוב אינו אוכל: ססס. לאו ישן ממש אלא מתנמנם שומליי"ר בלע"ז:

הוי

תוספות

כל תענית שלא שקעה עליו חמה לא שמיה תענית. פי' במסכת ע"ז פרק אין מעמידין (דף לד.) וכן בתלמוד שאין לו אמירה פירש התם וכל הפסק דמתענין לשעות דכל תענית צריך לקבלו מבערב בתפלת המנחה בשומע תפלה ואם הוא שבת באלהי נצור וצריך שיאמר למחר אהיה בתענית יחיד כי הכי דליכא למטעי בתענית צבור: התם לצעורי נפשיה בעלמא. ואע"ג דאמרינן (ר"ה דף יח:) משחרב בית המקדש בטלה מגילת תענית והאי עובדא דרבי אליעזר בר צדוק היה לאחר חורבן דהא קודם החורבן אמרינן (שם) (ה) כיון שיש שלום אין בה גזירות המלכות הא קא סבר דלא בטלה: יאסר. פי' יאסר בכל"ף הוי לשון איסור שאסר עצמו וייסר הוי לשון הסרה כלומר יסור מן הנדר (ו) יהיה מותר לאכול למחר שיהיה יום טוב ואין להתענות: ואם גזרתנו קודם לנדרו ידחה נדרו מפני גזרתנו. אומר רש"י ידחה נדרו מכל וכל ולא ישלים אותו תענית והר"י מסופק בדבר ויש להחמיר דדוקא אותו יום לא יתענה אבל ישלים אותו ליום (ז) מחר וכן יש ליזהר שלא להתענות בר"ח חדש ובחנוכה ובפורים דאלו ודאי לא בטלה מגילת תענית:

ניס

עין משפט נר מצוה

מד א ב מיי' פ"א מהל' תענית הלכה יג סמג עשין ג טוש"ע א"ח סי' תקסב סעיף י:

מה ג שם סעיף א:

מו ד מיי' פ"ו מהלכות כלי מקדש הלכה ט:

מז ה ו מיי' פ"א מהלכות תענית הלכה י טוש"ע שם סעיף ה:

מח ו מיי' שם וטוש"ע שם סעיף ו:

מט ז ח מיי' שם הלכה ח סמג עשין ג טוש"ע שם סי' תקסד סעיף א:

[עי' תוס' ע"ז לד. ד"ה מתענין ותוס' מנחות כ: ד"ה נפסל]

[נ"ל ברבי]

[נ"ל סנאה פי' תוס' עירובין מא. ד"ה מבני]

[תוספ' פ"א] פסחים ב ע"ש [פי' תוס' שבת קיח ד"ה לסי שאין]

ס"י רבא וכן הוא בכת"י

ס"י אביי

מסורת הש"ס

לקמן טו:

עירובין מא.

[מכות כד.]

[נ"ל סנאב]

[נ"ל סנאב]

[גי' רא"ש ר' אלעזר אומר]

[פסחים קז. מגילה יח: יבמות נד. נדה סג.]

הגהות הב"ח

(א) גמ' וחד אמר יאסר בשלמא מ"ד ייסר כדאמרינן אלא למאן דאמר יאסר מאי היא דתניא (כדתני' במגילת) תענית: (ב) שם איתיביה אביי אכל ועמד הרי זה אוכל: (ג) רש"י ד"ה בתפלת המנחה בסופה אומר תוספת ריצוי: (ד) ד"ה וחד אמר יאסר דלא היה תני ייסר דמשמע בצלו:

רבינו חננאל

אמר רב חסדא הא דאמרת מתענין לשעות ומתפלל תפלת תענית והוא שלא טעם כלום עד הערב ואע"ג דאמלוכי אימלוכי. רב חסדא למעוטה דאמר כל תענית שלא שקעה עליו חמה לאו שמיה תענית. ואותבינן עליה הא דתנן אנשי משמר מתענין ולא משלימין. והא דאמר ר' אלעזר בר צדוק והתענו בו ולא השלמנוהו הנה תעניתם תענית אף על פי שלא שקעה עליו חמה. ושנינן התם אינה תענית אלא רצוי להצטער גם הם בצער צבור. ולא משום הוראת דין תענית עליהם. ור' יוחנן לא היה תענית בלבו ולא היה אומר אלא להשתמט מבי נשיאה שלא היה רוצה למעוד אצלם: אמר שמואל כל תענית שלא קבלה מבע"י אינה תענית איכא מקבל לה רב אמר במנחה משעה *)שיסכן לתפלת המנחה.

ואפי' מתעסק במלאכתו אומר מחר אהיה בתענית. יהי רצון שתהא תפלתי ביום תעניתי מקובלת. ושמואל אמר בתפלת המנחה כלומר צריך להיות כולל אלו הדברים בשומע תפלה וגו'. אמר רב יוסף כשמואל מסתברא דכתיב במגלת תענית להן כל איניש דייתי עליהו מן קדמת דנא יאסר. מאי יאסר עצמו בצלו מקודם שיקבל עליו תענית בתפלתו תענית שנמצא אוסר עצמו באכילה ובשתיה בקבלתו תענית בתפלתו: פליגו בה ר' חייא ור' שמעון בר' חד תני ייסר וחד תני יאסר. מאן דתני ייסר כלומר ייסר עצמו בצלו בתפלת המנחה ואיסור אוסר על עצמו בתפלתו. ומאן דתני יאסר כדתניא להן כל איניש דייתי עלוהי [מקדמת דנא] יאסר. כיצד יחיד שקיבל עליו תענית ב' וה' (וב') של כל השנה ואירעו בהן י"ט הכתובים במגלת תענית כגון שמונת ימים שמראש חדש ניסן וכיוצא בהן דלא להתענאה בהן. אם נדרו קודם לגזרתנו ידחה נדרו את גזרתנו כו'. פי' כל איניש דייתי עליהו נדר תענית מקדמת גזרת דנא להיות היום י"ט ושיהיה אסור בתענית יאסר באכילה ובשתיה ומקיים נדרו. הגיע ר"ח כסלו ולא ירדו גשמים ב"ד גוזרין ג' תעניות על הצבור אוכלין ושותין משחשכה ומותרין במלאכה כו': ת"ר עד מתי אוכלין ושותין עד שיעלה עמוד השחר דברי רבי ר"ש בן אלעזר אומר עד קרות הגבר. אמר רבה לא שנו עד שיעלה עמוד השחר אלא אם לא ישן

שנה

*) שיתכוין כצ"ל וכ"ה בערוך.

(ה) תוס' ד"ה התם כו' קודם החורבן אמרינן בזמן שיש שלום אין בה גזירות המלכות הא קא סבר דלא בטלה דוקא: (ו) ד"ה יאסר כו' ויהיה מותר: (ז) ד"ה ואם כו' אבל ישלים אותו ליום אחר וכן יש ליזהר:

רבינו גרשום

נקיים מה' ומישראל. דקא מימלך מימלוכי]. שקיבל עליו תענית בשחרית עד הצהרים ובצהרים קבל עליו להתענות עד לאורתא. שלא שקעה עליו חמה כלומר שלא התענה כל היום עד לאורתא: לצעורי נפשייהו מיכוונו אבל תענית לא מיקרו אלא א"כ משלים כל היום: מפני שיו"ט שלהם היה. שמביאין בו עצים למערכה: התם לצעורי נפשייהו בעלמא מיכוונו ולא [ל]תענית שהרי יו"ט שלהן היה: עד שאבא לביתי אלא דאין משלימין: התם לשמוטיה נפשיה מבי נשיאה שהיה מבקש ממנו שיאכל עמו היה אומר כן כדי שלא יפצירו לאכול עמו: במנחה. בפ' שע"ת ומחצה: כל איניש דאתי עליהון שקיבל עליו תענית. מקדמת דנא קרם שהגיעו אותן ימים שאמרו חכמים במגילת תענית שלא להתענות בהן ואירע התענית באותן ימים: מאי לאו ייסר עצמו בצלו. כלומר שייסר עצמו בתענית ממה שקבל עליו בתפלת המנחה. מאן דאמר ייסר כדאמרן דאפי' קיבל עליו התענית בתענית ממה שקיבל עליו תענית בתפלת המנחה: אם נדרו קודמת לגזירתנו אם קיבל עליו תענית קודם שתיקנו חכמים אותן ימים טובים: תדחה גזירתנו מפני נדרו דאיסור באכילה הואיל שקיבל עליו בתפלת המנחה: אם גזירתנו קודמת לנדרו שתיקנו אותן ימים טובים קודם שקיבל זה עליו אלו תעניות תדחה נדרו מפני גזירתנו שאינו מתענה מפני אלו ימים טובים. ועוד הורה שטעם משום אב ב"ד שבירוני' אם נדרו קודמת לגזירתנו קודם שקבעו ב"ד את החדש שבו אלו ימים טובים היינו גזירתנו קבועה החדש תדחה גזירתנו מפני נדרו דהואיל בשקיבל עליו תענית לא ידע באיזה יום יארע ימים טובים אלו אבל קודם גזירתנו לנדרו שקבעו ב"ד את החדש קודם זה שקיבל עליו תענית וכשקיבל כבר ידע באיזה יום יארע ימים טובים אלו ואעפ"כ קבל לפיכך ידחה נדרו דאינו מתענה באלו ימים טובים

עד

השלים, דאינו תענית, אז אינו מתפלל "עננו", **אבל** אם קיבל עליו רק עד מנחה, [ט] דהוא לצעורי בעלמא, הוי תענית לענין זה שמתפלל "עננו" בתוך תפלתו, אף שאינו משלים, **אכן** רוב הפוסקים חולקים ע"ז.

אבל אם קיבל תענית סתם, צריך להשלים עד צה"כ כדלקמן בס"ג, **ועיין** בביאור הגר"א דמשמע מיניה, דבזה אם לא השלים, אפילו לדעת מקצת רבוותא אין מתפללין "עננו".

והא דסתם רמ"א להקל בפירש בשעת קבלה, היינו דוקא במתפלל תפלת מנחה קודם אכילתו, אבל כשאכל מתחלה, בכל גווני אינו מתפלל "עננו", [**ואם** ידלג "צום תעניתנו", אפשר דאף בזה שרי].

ונראה לי דדוקא ביחיד דאומר עננו בשומע תפלה, דבלאו הכי יכול להוסיף כמו שנתבאר לעיל סי' קי"ט - הכריע רמ"א, דלא נסמוך עליה רק לענין יחיד, דיאמרנה ב"שומע תפילה" ויחתום "כי אתה שומע" וכו', ולא יאמר "בא"י העונה בעת צרה", **ועיין** בט"ז שמצדד, דאפילו בזה ידלג תיבות "צום תעניתנו", דלא ליחזי כדובר שקרים, כיון דאינו תענית, **ובספר** בגדי ישע פוסק, דאינו צריך לדלג, כיון שהוא מתענה עד אחר חצות, דאז אכילתו הוא כזורק אבן לחמת, לא מיחזי כשיקרא, וכן מצדד בספר מחצית השקל.

אבל ש"ץ - היינו בתפלת חזרת הש"ץ, דמוסיף ברכה מיוחדת ע"ז בין גואל לרופא, **לא יאמר עננו אא"כ משלימין, וכן נוהגין** – (ועיין בפמ"ג שכתב, דמשמע דש"ץ בחזרת התפלה, אף בש"ת לא יאמר "עננו"), **אבל** בתפלת הלחש, גם הוא יאמר "עננו" קודם "כי אתה שומע".

[י]סימן תקסב ס"ב - [יא]יש אומרים שמי שרגיל להתענות עשרת ימי תשובה – (לכאורה אפי' איננו רגיל להתענות, כי הוא אצלו רק פעם הראשון, אך באותו העיר נוהגים הרבה להתענות, והוא רוצה ג"כ להתענות כשאר אנשי העיר, מסתמא ג"כ כונתו אדעתא דמנהגא), **כיון שאין רגילות לקבלם בתפלה** - שמקובלים ועומדים מכח מנהגם, (דאם קיבל בסתם, צריך אח"כ להתענות תענית שלם), וגם התענית הוא רק לצעורי בעלמא משום תשובה שיתכפרו עונותיו, **א"צ להתענות עד צה"כ, אלא עד שיצא מביהכ"נ** - ערבית, ואפילו התפללו מבע"י, דהיינו מפלג המנחה ולמעלה, דהוא י"א שעות פחות רביע, **ותפלת** ערבית אין מעכב לזה, אלא כיון שהגיע הזמן הזה די, ובלבד שיתפלל מנחה תחלה - מ"א.

ועיין במחצית השקל שכתב, דעכשיו רבים נוהגים שלא להתענות כי אם עד זמן מנחה גדולה, ומתפללים תחלה מנחה, וכ"כ בפמ"ג, (דזה תלוי באמת בכל מקום לפי מנהגו), **ועכ"פ** נראה דבאדם חלוש בודאי יכול לסמוך להקל, להתענות רק עד זמן מנחה גדולה, ולהתפלל מנחה ותפלת "עננו", ולאכול, (ולא יחמיר על עצמו, כדי שיהיה לו כח להתענות ביוה"כ, שזהו העיקר, **ויותר** טוב שיתנה מתחלה, שאינו מקבל על עצמו להתענות כשאר העם, רק עד אחר מנחה גדולה, ויוכל ג"כ לומר "עננו" וכנ"ל).

ולפי זה אותן הנוהגין להתענות לעולם יום א' של סליחות וערב ר"ה, א"צ קבלה והשלמה, כיון שמקובלים מכח מנהגם.

(**ומסתברא** לכאורה דה"ה לענין תענית בה"ב שאחר פסח וסוכות, דאם רגילין להתענות בהם, שוב א"צ קבלה והשלמה, והיחיד מתפלל "עננו" כעשי"ת, **ואפשר** דלענין תענית בה"ב אף במקום שרגילין צריך קבלה, דכן קבעו המנהג מתחלה, שכל אחד יקבל, וכלשון המברך, שאומר "הוא יברך מי שיקבל עליו" וכו', **ובזמנינו** שאין העולם רגילין להתענות בה"ב, מסתברא ודאי דצריך קבלה בפירוש, או עכ"פ שיענה אמן על הש"ץ המברך).

(והנה אם קיבל בפירוש, בודאי חייב להשלים, אם לא שהתנה שלא להשלים, **ואם** רק ענה אמן, אף דחשוב כקבלה לענין "עננו", מ"מ צ"ע אם חייב להשלים, כיון שאינו כקבלה גמורה, **וספק** זה שייך גם לענין "עננו", דאם נאמר שחייב להשלים, אם לא השלים אין יכול לומר "עננו", **ומ"מ** לענין יחיד ב"שומע תפלה", נראה דיוכל לומר "עננו" אף אם לא השלים, כיון שענה אמן).

(**ולענין** תענית של ערב ר"ח, כיון שאין מנהג קבוע לזה, כי אם למקצת אנשים, מסתברא דצריך קבלה מבע"י, ואם כן צריך להשלים, אם לא שהתנה בפירוש שלא להשלים).

(הנה דעה זו היא דעת מקצת רבוותא שהביא הרמ"א בס"א, דאם פירש בשעת קבלתו שלא להשלים, דהוא רק לצעורי בעלמא, יתפלל "עננו" אף בלא השלים, דדוקא בקיבל עליו תענית בסתם, דהוא יום שלם דוקא, אז אם לא השלים אין מתפלל "עננו", **ועפ"ז** יצא להם דעשי"ת דאין נוהגין לקבלם, והתענית הוא רק לצעורא בעלמא, אין משלימין, ואפ"ה מתפלל "עננו", דחשבינן להו כמו פירש שלא להשלים, **ולדעה** זו גם הש"ץ אומר "עננו" בברכה בפני עצמו בין גואל לרופא).

הגה: וכיחיד מתפלל עננו (הגהות אשר"י ומרדכי) – (ר"ל דוקא יחיד, דכיון דדעה ראשונה שבס"א לא ס"ל כן, אלא דבכל תענית שלא השלים עד הערב אין אומר "עננו", וכן סתם המחבר בסי"א, דכן הוא דעת רוב הפוסקים כמש"כ בד"מ, **ע"כ** סיים הרמ"א דרק היחיד אומר "עננו", כהכרעתו בס"א). **וכן חתן יתפלל עננו קודם שיכנס לחופה** - דמתענה ג"כ רק לצעורי משום תשובה לכפר עונותיו, ואין רגילות לקבלו במנחה שלפניו, **ואז יוכל לשתות מכוס של ברכה (תכ"ד)** - היינו ג"כ אף שלא התנה בתחלה שלא להשלים, אפ"ה יכול לשתות וכנ"ל, **ומש"כ** "ואז", היינו דלא ישתה קודם מנחה, דאז לא יוכל לומר "עננו", **ומ"מ** טוב יותר שיתנה החתן בפירוש שלא להשלים.

אבל מי שמתענה מי"ז בתמוז עד תשעה באב, צריך להשלים - הטעם, שמתענין על העבר על החורבן, ולא אמרינן לצעורי קמכוין, **משא"כ** בעשי"ת, דמתענין על העתיד, שיקרע גזר דינם, אמרינן דלא קבלו אלא לצעורי, **וזהו** טעם המתענין מ' יום לפני יוהכ"פ דא"צ להשלים, דהא הם מתענים ג"כ מפני התשובה.

באר הגולה

ט ‹כמ"ש שם: מיתיבי אנשי משמר כו', התם לצעורי בעלמא, אף שלא השלים הוי תענית לענין עננו - גר"א. ‹והא דקאמר: והוא שלא טעם כלום עד הערב, י"ל דדוקא על הא דאמר מתענין לשעות, אבל תפילת תענית יכול להתפלל, והא דאמר רב חסדא כל תענית וכו', לאו שמיה תענית {אפי' לענין תפלת עננו}, היינו כשקיבל להתענות כל היום - דמשק אליעזר› י ‹מילואים› יא **טור בשם אבי העזרי**

אע"ג דאינו צריך קבלה - דמקובל ועומד מפני שרגיל בזה בכל שנה, [לבוש, **וקשה** מי עדיף זה מבה"ב, דהיו רגילין בהם בכל ישראל, ואפ"ה בעי קבלה, או לפחות בעניית אמן כשאומר הש"ץ "מי שבירך" בשבת שקודם בה"ב, ובאלו ג' שבועות הוא רק אחד מני אלף].

וכן מי שאינו מתענה כל עשרת ימי תשובה, רק מתענה יום או יומים, בעי קבלה והשלמה (תה"ד) - מיירי במי שאינו נוהג להתענות כל שנה, וא"כ צריך לקבל התענית, לכן צריך להשלים, **אבל** מי שמתענה כל שנה, אפי' רק קבע יום אחד לזה, א"צ קבלה והשלמה, **ומכ"ש** מי שמתנה בשעת קבלה, שבודאי א"צ השלמה.

ונראה לי דדוקא בסתם, אבל אם התנה - היינו בשעת קבלת תענית, **שלא להשלים, הרשות בידו, דלא עדיף מנדר תענית** - ואפשר דה"ה אם התנה מקודם, אמרינן דקבלה שקיבל אח"כ אדעתא דתנאה קמא הוי, [**ואם** התנה למחר בבקר בשעה שמתחיל להתענות, אינו כלום].

אות ד'

מפני שיום טוב שלנו הוא

רמב"ם פ"ו מהל' כלי המקדש ה"ט - ומהו קרבן העצים, זמן קבוע היה למשפחות משפחות לצאת ליערים להביא עצים למערכה, ויום שיגיע לבני משפחה זו להביא העצים היו מקריבין עולות נדבה, [יב]וזהו קרבן העצים, והיה להם כמו יום טוב, ואסורין בו בהספד ובתענית ובעשיית מלאכה, ודבר זה מנהג.

אות ה'

כל תענית שלא קיבל עליו מבעוד יום, לאו שמיה תענית

סימן תקסב ס"ה - "כל תענית שלא קבלו עליו היחיד מבעוד יום, אינו תענית, הגה: להתפלל עננו - "שלא קבלו עליו היחיד", לאפוקי תענית צבור דא"צ קבלה, כמבואר בסי"ב.

משמע אע"פ שקבלו אח"כ בלילה לא מהני, **והא** דמבואר לקמן בס"י בדעה קמייתא, דמהני הקבלה לענין תענית שעות להתפלל "עננו", ‹אף שלא קבלה מאתמל, כיון שקבלה קודם לתענית›, **הכא** כיון שהתחיל להתענות לשם חובה, ואח"כ קבלו, לא הוי קבלה כלל, [דהתענית מקרי משחשיכה, אע"פ שמותר לאכול בלילה], מ"א ‹לקמן בסעיף ט'›, **ואפילו** השלימו עד צה"כ, ג"כ אינו חשוב תענית, שנאמר: קדשו צום, משמע דבעינן הזמנה מקודם.

ולא לענין אם חייב תענית סתם והתענה כך, לא יצא ידי נדרו (מרדכי והגהות מיימוני) - ומ"מ אם התחיל להתענות ביום זה, צריך לשלם נדרו במה שקבל עתה, אף שלא קבלו מבעוד יום, **וגם** הוי כפרת עון, דלא גרע ממי שמצטער עצמו מבשר ויין, וכדלקמן בסי"א, כ"כ הפמ"ג והגר"א בביאור דברי הרמ"א, **וביד** אפרים וכן בשיורי לקט מפקפקין ע"ז, דכיון דהוא סבר לצאת בזה ידי נדרו שנדר מכבר, א"כ היה הקבלה בטעות, ויכול לחזור בו ולאכול בו ביום.

מיהו יש אומרים דמתפלל עננו (מרדכי בשם ר"י) - טעמם, דמה שאמרו בגמרא: כל תענית וכו' אינו תענית, היינו רק לענין שלא יצא ידי נדרו שחייב מקודם, **אבל** שם תענית עליו, ויכול להתפלל "עננו", ואפילו לא קבלו כלל, [**דלא** גרע מתענית חלום שאין בו קבלה כלל ואפילו הכי מתפלל "עננו"].

וכן נראה לי לנהוג בתענית יחיד - משום דיחיד אומר "עננו" בש"ת, ואינו קובע ברכה לעצמו, וכנ"ל בס"א בהג"ה, **ומיהו** אפשר דדוקא בחדא ריעותא, דהיינו שלא קבלו מבע"י, אבל השלימו עד הערב, **אבל** אם גם אין דעתו להשלימו, אפשר דאינו חשוב תענית גם לענין "עננו", [ח"א, **ודעת** הפמ"ג דאף בזה יכול לומר "עננו"], **ונכון** שבאופן זה ידלג תיבות "צום תעניתנו", ויאמר "עננו ד' עננו ביום זה, כי בצרה גדולה אנחנו" וכו'.

ולכולי עלמא, המתענה תענית חלום מתפלל עננו, אע"פ שלא קבלו עליו מאתמול - ובזה לכו"ע יכול לומר בו שפיר "צום תעניתנו", אע"פ שלא קבלו מאתמול כלל, כיון דמשמיא רמו עליה, הוי במקום קבלה מעצמו.

אות ו'

בתפלת המנחה

סימן תקסב ס"ו - "[יג]אימתי מקבלו, בתפלת המנחה - דבעינן שיהא הקבלה סמוך לזמן התחלת התענית, **ונראה** דלכתחלה יותר טוב שיהיה במנחה קטנה, דהוא בט' שעות ומחצה, ולא קודם, ובדיעבד מהני אפי' במנחה גדולה, **וכתבו** האחרונים, שבדיעבד אם לא קיבל בתפלת המנחה, יכול לקבלו אח"כ כל זמן שהוא יום.

(**הנה מלשון רש"י משמע הטעם, דבעינן שיהא הקבלה סמוך לזמן התענית, ולפי"ז אם התפלל מנחה בתחלת זמן מנחה קטנה, דהיינו ט' שעות ומחצה, [טו]יכול לכאורה לכתחלה להמתין לאחר קבלתו בזמן מאוחר סמוך לשקיעת החמה, שיהיה יותר סמוך לזמן התענית, אבל מדברי הפוסקים לא משמע כן, דקבעוהו בתפלת המנחה דוקא, כדי שיבקש בתפלה שיתקבל תעניתו, ובאמת יש לכוין לזה גם דעת רש"י, שכתב ד"ה בתפלת המנחה, בסופה תוספות ריצוי ותחנונים, ומ"מ יש לומר דכ"ז לכתחלה, אבל בדיעבד מהני, כמו שהסכימו הב"ח והמ"א, דכל זמן שהוא יום יכול לקבל עליו התענית**).

(**ואכן בעיקר הדין מיסתפקנא טובא, עד אימתי יכול לקבל עליו בדיעבד, דהנה לפי מה שמבואר בפוסקים דצריך שיהיה הקבלה סמוך לזמן התענית, וידוע דכל התעניתים לבד מט"ב ות"צ, ביה"ש שלהן בכניסתו**

באר הגולה

יב ‹אף דהעצים עצמן חשובין קרבן, כמ"ש רבינו רפי"ד דמעה"ק, מדכתיב ולקרבן העצים, מ"מ להראות חיבת מצותן היו מביאין ג"כ עולות נדבה - מעשה רוקח›
יג מימרא דשמואל שם יד שם י"ב כשמואל טו ‹ולפי"ז צ"ל דהפשט ברב יהיה כמ"ש הר"ן, וז"ל: רב דאמר במנחה, היינו לומר דלא בעינן קבלה בתפלת המנחה דוקא, אלא כל שהקדים הקבלה בתענית דיו, ואפי' קבלו עליו שני ימים קודם התענית סגי, עכ"ל›

מותר, דעדיין אין חיוב תענית עליו, ואפי׳ יחיד שקבל על עצמו להתענות לילה ויום, **א״כ אפילו היתה הקבלה אחר שקיעה, ג״כ שפיר דמי, ובפרט דלדעת ר׳ יוסי עדיין יום הוא, ואולי נכון לסמוך עליו בזה, וצ״ע**.

אומר [טו]בשומע תפלה - דמותר לשאול צרכיו ב"שומע תפלה", וכיון שמסיים "יהי רצון" וגו׳ כדלקמיה, לא הוי הפסק, דהוא בכלל שאילת צרכיו, **או [יז]אחר שסיים תפלתו קודם שיעקור רגליו: הריני בתענית יחיד מחר** - אתי לאפוקי, דלא נטעי שהוא מקבל עליו להתענות כחומר תענית צבור, **ומ״מ** בדיעבד אף אם אמר בסתמא: הריני בתענית מחר, ג״כ דינו כתענית יחיד, **יהי רצון שתהא תפלתי ביום תעניתי מקובלת.**

ואם לא הוציא בפיו, אם הרהר בלבו שהוא מקבל תענית למחר, [יח]הוי קבלה - ודוקא שהרהר בלשון זה, שהוא מקבל, **אבל** מה שבדעתו להתענות, לא מיקרי קבלה, ויכול לחזור, **אכן** אם התחיל להתענות, אסור לאכול בלא התרה, [**וצ״ע** אם אז נחשב כקבלה גמורה, דאפשר דמהני מה שהיה בדעתו והתחיל, לחשבו כתענית ע״י קבלה].

ואע״ג דלענין שבועה ונדר, כשאוסר איזה דבר על עצמו, לא מהני עד שיוציא בשפתיו, אבל תענית דמי לנדר של צדקה, דמהני כשגמר בלבו לזה, **וט״ז** כתב, דכיון דע״י התענית נתמעט חלבו ודמו, חשוב כקרבן, ובקרבן כתיב: כל נדיב לב עולות.

[יט]והוא שיהרהר כן בשעת תפלת המנחה - ולא קודם, דלא עדיף הרהור מהוצאה בפה, דלא מהני אם הוציא בפיו קודם תפלת המנחה להתענות למחר. (**ואף** דיש פוסקים שסוברים, [כ]דשמואל מודה לרב, דאף קודם מהני, המחבר סתם לדינא כדעת רש״י ורא״ש וסייעתייהו, דלא מהני מקודם, **ומ״מ נראה, דאם איחר להתפלל מנחה עד סמוך לשקיעה, שגמר המנחה היה אחר שקיעה, טוב שיקבל עליו התענית קודם מנחה, ויחזור ויקבל גם בתפלתו, לצאת ידי כולם, דאף** דלענין מנחה סומך עצמו על הפוסקים, דעדיין לא עבר זמן תפלה, כמבואר לעיל בסימן רל״ג ברמ״א, מ״מ לענין קבלת התענית, הלא יכול לתקן לקבל גם מקודם, דהוי קבלה גמורה לאידך פוסקים הנ״ל).

הגה: וטוב יותר לקבלו אחר תפלה מבשעת תפלה - קאי אריש הסעיף, שכתב: אומר ב"שומע תפלה" או אחר וכו׳, וע״ז קאמר דטוב יותר לקבלו אחר תפלה, דהיינו קודם "יהיו לרצון", או אח״כ קודם שיעקור רגליו, **כדי שלא להפסיק תפלתו (המגיד והגמי״י כל בו וב״י)** - דעצם הקבלה שאומר "הריני בתענית" אינו שייך לתפלה, **והאחרונים** כתבו, דטוב שגם ב"שומע תפלה" יהרהר שמקבל עליו התענית למחר.

[כא]**סימן תקסג ס״א - [כב]מי שהרהר בלבו שלא בשעת תפלת המנחה** - אלא קודם לזה, **להתענות למחר** - ר״ל אפילו גמר בדעתו, וקיבל במחשבתו להתענות למחר, **לא הוי קבלה, דלא עדיף מהוציא בפיו להתענות למחר, דלא הוי קבלת תענית, כיון שלא קבלו בתפלת המנחה** - משמע מלשון זה, דא״צ להתענות כלל, כיון שלא קיבלו בתפלת המנחה, **אבל** האחרונים הסכימו דמחויב להתענות עכ״פ מדין נדר, **ואפילו** רק גמר בדעתו וקיבל במחשבתו להתענות, ג״כ יש מחמירין דהרהור כדיבור דמי.

אכן לענין תפלת "עננו", משמע דלא יכול לומר, **והנה** כ״ז לענין הש״ץ, לומר "עננו" בין גואל לרופא ובחתימה כנהוג, **אבל** ליחיד לומר "עננו" ב"שומע תפלה", כבר הכריע רמ״א לעיל בס״ה, דיחיד יכול לומר אפילו לא קיבלו כלל, **וכ״ש** בענינינו שקיבלו שלא בתפלת המנחה, דלהרבה פוסקים חשוב זה קבלה גמורה, עכ״פ לענין יחיד בודאי יש לו לומר "עננו", [**ובזה** נ״ל פשוט, דאין לדלג תיבת "צום תעניתינו"].

שלא בשעת תפלת המנחה - ודוקא קודם שהתפלל, דאילו אחר שהתפלל, משמע מאחרונים, דמהני הקבלה בדיעבד כל זמן שהוא יום, בין בהוצאה בפה ובין בהרהור.

אות ו׳* [כג]

יחיד שקיבל עליו שני וחמישי של כל השנה כולה, ואירעו בם ימים טובים הכתובין במגילת תענית, אם נדרו וכו׳

סימן תקע ס״א - [כד]יחיד שקבל עליו תענית כך וכך ימים, ואירע בהם שבתות וימים טובים, או ראש חדש חנוכה ופורים, או ערב יוה״כ, [כה]אם קבלו בלשון קבלת תענית בעלמא, אין צריך התרה - דאין כח קבלתו חל כלל על יום זה, **ודוקא** יחיד, דאלו אם גזרו תענית על הצבור בא״י, והתחילו להתענות, ואירע בהם אלו הימים, חל גזירתם בדיעבד, משא״כ ביחיד.

ואם קבלו בלשון "הרי עלי" - פי׳ שאמר: הרי עלי אכילת יום פלוני קונם, **שהוא לשון נדר, צריך התרת חכם** - ומשום דנדר חל אפילו על דבר מצוה, דנדר אוסר החפץ עליו, ואין שום ציווי על החפץ, **אבל** בשבועה שנשבע להתענות בימים אלו, אינו חל, משום דשבועה אוסר נפשיה על חפצא, והוא כבר מצווה שלא לעשות כן.

ויפתח בחרטה, שיאמר לו: אלו שמת אל לבך שיארעו בהם אלו הימים לא היית נודר, ומתיר לו.

ויראה להתיר, כדי שלא יהיה מחויב להתענות, **וכשמתיר** לו, ממילא הותר כל הימים, **ואם** לא התיר והתענה, צריך למיתב אח״כ תענית לתעניתו, כדי שיכופר לו על מה שהתענה בימים אלו.

באר הגולה

[טז] טור בשם ר״ת [יז] כפי׳ רש״י [יח] **טור בשם ר״ת, דהוי בכלל נדיב לב, מהא דשבועות כ״ו** [יט] ע״ל סימן תקס״ג [כ] ‹אלא דמוסיף אפילו בתפלת המנחה, ורב לית ליה דשמואל, ואוסר לקבל בתפלה, דס״ל דאין להפסיק בתפלה, ושמואל ס״ל דמותר להפסיק – קרן אורה› [כא] ‹ע״פ מהדורת נהרדעא› [כב] **ציינתיו לעיל ס״ו** [כג] ‹ע״פ מהדורת נהרדעא› [כד] **ברייתא תענית י״ב והביאה הרא״ש** [כה] **שם בשם י״מ ובשם הרמב״ן** ‹וז״ל: דהאי ידחה נדרו דקתני, לאו נדר ממש הוא דאפקיה בלשון הרי עלי נדר, אלא קבלת תענית בעלמא הוא, וקבלת תענית לא חמירא כנדרים ממש למיעקר ימים טובים, ואפילו דמגילת תענית, ע״כ›

כתב מ"א, דאם אמר: הריני נודר להתענות יום אחד, לא מיקרי נדר, **ולכן** נהגו שמי שאמר: הריני נודר להתענות ב' וה' כל ימות השנה, א"צ להתענות בר"ח, וא"צ התרה, [**והא"ר** הוסיף עוד, דאפי' אם אמר: הרי עלי להתענות, ג"כ לא הוי נדר, **ולענ"ד** צ"ע בזה].

ולהרמב"ם, משקבל עליו בלשון נדר ופגעו בו שבתות ויו"ט או ערב יוה"כ או ר"ח, חייב לצום בהם אם לא יתירו לו – (דין זה הוא גם לדעה ראשונה, והנ"מ הוא רק באם פגע בו חנוכה ופורים).

אבל אם פגע בו חנוכה ופורים, נדרו בטל ולא יצום בהם, מפני שהם מדבריהם וצריכים חיזוק. הגה: והמנהג כסברא הראשונה.

מי שנדר להתענות הך ימים, ואמר: חוץ מיו"ט, אין חנוכה ופורים בכלל - שאין אלו הימים נקראין יו"ט, וה"ה ר"ח, **אבל** חוה"מ מקרי יו"ט.

ואם אמר שדעתו היה עליהם, הולכים אחריו (תשו' הרשב"א) - פי' ואין מחוייב להתענות.

אבל ערב יום הכיפורים בכלל - דבנדרים הולכין אחר לשון בני אדם, ובלשון בני אדם מקרי יו"ט.

והכי נהוג - ר"ל כסברא הראשונה הנ"ל, ולא כדעת הרמב"ם, **ודלא כמו שפסק ביורה דעה סימן רט"ו סעיף ב'** - צ"ל סעיף ד'.

[כו]**סימן תקע ס"ב - הנודר להתענות בשבת ויו"ט וערב יוה"כ וחנוכה ופורים, דינו שוה לנודר להתענות כך וכך ימים ואירעו בהם ימים הללו; אם הוציאו בלשון נדר, דינו כמקבל עליו בלשון נדר** - ר"ל דאף שפרט בפירוש אלו הימים, מ"מ אם הוציאו בלשון נדר, חל, דנדר חל אף על דבר מצוה כנ"ל.

ואם הוציאו בלשון קבלת תענית בעלמא, דינו כמקבל בלשון קבלת תענית.

סימן תקע ס"ג - [כז]**אם נשבע להתענות כך וכך ימים ואירעו בהם ימים הללו, השבועה חלה עליהם מטעם איסור כולל** - שכלל בשבועתו גם ימים אחרים, **ויראה** להתיר שבועתו.

אבל אם נשבע להתענות בשבת או ביו"ט בפירוש, לא חלה עליו שבועה, דאין שבועה חלה על דבר מצוה, אלא לוקה על שנשבע לשוא, ואוכל; ואם נשבע להתענות בחנוכה ופורים, חלה שבועה עליו, כיון שאינן אלא מדרבנן, (ויש להתיר שבועתו ואינו מתענה). ונראה לי דהוא הדין לר"ח וערב יוה"כ שאינם אלא מדרבנן - פי' שמה שאסור להתענות בהם הוא דרבנן, ולכן חלה השבועה. **אלא שמדברי הרמב"ם נראה שהם של תורה** - {היינו מדכתיב: ובמועדיכם ובראשי חדשיכם, איתקש ר"ח למועד, וע"כ אין שבועה חלה עליו לדידיה רק בכולל וכנ"ל, **אבל** הש"ך ביו"ד כתב, דאפילו תימא דבר"ח מדאורייתא אסור להתענות, מ"מ שבועה חלה עליו, כיון שאינו מפורש בתורה בהדיא כשבת ויו"ט, וכן הסכים הפר"ח - סימן תי"ח ס"ד, וע"ש}. **ועיין** במ"א שמכריע, דעיוה"כ האיסור להתענות בו הוא דאורייתא, **אבל** בר"ח הוא דרבנן, וכן דעת הגר"א בביאורו, דר"ח הוא דרבנן.

אות ז' – ח'

עד שיעלה עמוד השחר

לא שנו אלא כשלא ישן, אבל ישן, אינו אוכל

סימן תקסד ס"א - [כח]**כל תענית שאוכלים בו בלילה, בין צבור בין יחיד, הרי זה אוכל ושותה עד שיעלה עמוד השחר** - היינו אפי' אם גמר סעודתו מכבר, ורוצה קודם אור היום לחזור ולאכול, רשאי. [כט]**והוא שלא ישן** [ל]**(שינת קבע) (טור)** - אבל מתנמנם, דהיינו נים ולא נים, תיר ולא תיר, לא חשיב שינה. [**ולאפוקי** מבאר הגולה, שמפרש דאתי לאפוקי אם ישן בתוך הסעודה, דזה אינו, דלדעת המחבר שינה מועלת בכל גווני, כדאיתא בבית יוסף].

אבל אם ישן (שינת קבע) - אפילו שלא על מטתו, **אינו חוזר ואוכל ולא שותה** - והנה המחבר סתם דבריו, משמע דס"ל אפילו ישן בתוך הסעודה, ג"כ שוב אסור לאכול ולגמור סעודתו כשניעור משנתו, וכמו שמסיק בב"י, **אבל** כמה אחרונים הסכימו, דאם ישן בתוך הסעודה מותר לגמרה אח"כ, כיון דמתחלה היה דעתו לאכול עוד, [**ומוכח** עוד שם, דאפי' אם השינה לא היה בתוך הסעודה, אלא קודם אכילה, כמו שמצוי שאדם ישן בתחילת הלילה, ואח"כ קם לאכול, מ"מ מותר לאכול אח"כ, כיון שדרכו לאכול לא סילק ע"י השינה מאכילה], **ומ"מ** המחמיר על עצמו בזה, קדוש יאמר לו. **אא"כ** [לא]**התנה** - קודם השינה **לאכול או לשתות** - ואז מותר אפילו גמר סעודתו קודם השינה, וגם ישן אח"כ שינת קבע, דעדיין לא קבל עליו התענית.

הגה: ויש אומרים דבשתייה אין צריך תנאי, דמסתמא דעתו של אדם לשתייה אחר השינה, והוי כאילו התנה (טור ומרדכי והג"מ והג"א) - דדרך האדם להיות צמא אחר שינתו, **כתבו** האחרונים, דלכתחלה ראוי להחמיר ולהתנות אף לשתיה כדעת המחבר, [ובדיעבד אין להחמיר בזה]. **אכן** אם רגיל לשתות אחר השינה, א"צ להתנות.

באר הגולה

כו (מילואים ס"ב-ס"ג) כז ב"י מדברי הרמב"ם כח ברייתא תענית י"ב וכרבי כט כלישנא בתרא דרבא שם, טור בשם אביו הרא"ש ושאר פוסקים ל פי' אלא היה מתנמנם או ישן בתוך סעודתו, ב"י לא ירושלמי שם, וכן הסכמת רוב הפוסקים

*נים ולא נים תיר ולא תיר דקרו ליה ועני ולא ידע אהדורי סברא וכי מדכרי ליה מדכר אמר רב כהנא אמר רב יחיד שקיבל עליו תענית אסור בנעילת הסנדל חיישינן שמא תענית צבור קיבל עליו היכי ליעבד אמר רבה בר רב שילא לימא הכי °למחר אהא לפניך בתענית יחיד אמרו ליה רבנן לרב ששת הא קא חזינן רבנן דמסיימי מסנייהו ואתו לבי תעניתא איקפד ואמר להו דלמא מיכל נמי אכול אביי ורבא מעיילי כי מסיימי אפנתא מרימר ומר זוטרא מחלפי דימינא לשמאלא ודשמאלא לימינא רבנן דבי רב אשי נפקי כי אורחייהו סברי כי הא דאמר שמואל *אין תענית צבור בבבל אלא תשעה באב *בלבד אמר רב יהודה אמר רב °לוה אדם תעניתו ופורע כי אמריתה קמיה דשמואל אמר לי וכי נדר קבל עליה א) דלא סגי דלא משלם לצעורי נפשיה קביל עליה אי מצי מצער נפשיה אי לא מצי לא מצער נפשיה איכא דאמרי אמר רב יהודה אמר רב לוה אדם תעניתו ופורע כי אמריתה קמיה דשמואל אמר לי פשיטא לא יהא אלא נדר נדר מי לא מצי בעי לשלומי ומיזל למחר וליומא אחרינא *רב יהושע בריה דרב אידי איקלע לבי רב אסי עבדו ליה עגלא תילתא אמרו ליה ליטעום מר מידי א"ל בתעניתא יתיבנא אמרו ליה ולוזיף מר וליפרע לא סבר מר להא דאמר רב יהודה אמר רב לוה אדם תעניתו ופורע אמר להו תענית חלום הוא ואמר רבה בר מחסיא אמר רב חמא בר גוריא אמר רב °יפה תענית לחלום כאש לנעורת (*אמר) רב חסדא °ובו ביום ואמר רב יוסף °ואפילו בשבת *מאי תקנתיה °ליתיב תעניתא לתעניתא : **מתני'** °עברו אלו ולא נענו בית דין גוזרין ג' תעניות אחרות על הצבור *אוכלין ושותין מבעוד יום ואסורין במלאכה וברחיצה ובסיכה ובנעילת הסנדל ובתשמיש המטה ונועלין את המרחצאות °עברו אלו ולא נענו ב"ד גוזרין עליהן עוד שבע שהן י"ג תעניות על הצבור *הרי אלו יתרות על הראשונות שבאלו מתריעין ונועלין את החנויות *)בשני מטין עם חשיכה ובחמישי מותרין מפני כבוד השבת *°עברו אלו ולא נענו ממעטין במשא ומתן בבנין ובנטיעה באירוסין ובנישואין *ובשאילת שלום בין אדם לחבירו כבני אדם הנזופין למקום היחידים חוזרין ומתענין עד שיצא ניסן *יצא ניסן וירדו גשמים סימן קללה שנא' °הלא קציר חטים היום וגו' : **גמ'** בשלמא כולהו אית בהו תענוג רחיצה וסיכה ותשמיש המטה אבל מלאכה צער הוא אמר רב חסדא אמר רב ירמיה בר אבא אמר קרא °קדשו צום קראו עצרה אספו זקנים כעצרת מה עצרת אסור בעשיית מלאכה אף תענית אסור בעשיית מלאכה אי מה עצרת מאורתא אף תענית נמי מאורתא אמר רבי זירא לדידי מיפרשא לי מיניה דר' ירמיה בר אבא אמר קרא אספו זקנים דומיא דאסיפת זקנים מה אסיפת זקנים ביום אף צום נמי ביום ואימא *מטיהרא אמר רב ששא בריה דרב אידי מסייע ליה לרב הונא דאמר **)מצפרא כינופיא °היכי עבדי אמר אביי מצפרא עד פלגא דיומא מעיינינן במילי דמתא מכאן ואילך ריבעא דיומא קרינן בספרא ואפטרתא מכאן ואילך בעינן רחמי שנא' °ויקומו על עמדם ויקראו בספר תורת ה' אלהיהם רביעית היום ורביעית מתודים ומשתחוים לה' אלהיהם

*) [פרש"י על זה לקמן דף יד:]

איפוך

תוספות

נים ולא נים תיר ולא תיר. °לומר רבי °נים ולא נים בתוך השינה כשנישור משכתו תיר ולא תיר בתחילת השינה °אך לא נראה (ה) בערבי פסחים (דף קכ:) דקאמר נתנמנמו יאכלו נרדמו לא יאכלו ואמר רב אשי ה"ד נתנמנמו נים ולא נים וכו' והתם מיירי בתחילת השינה בין נים ולא נים בין תיר ולא תיר °לכנ"ל כפירוש רש"י דאי הוה אמר נים ולא נים הוה אמינא דתיר הוי טפי מנים ואי הוה אמר תיר ולא תיר ה"א דנים הוי טפי מתיר הלכך איצטריך תרווייהו וכולהו בתחילת השינה כדמפרש התם (ו) ובירושלמי מפורש גבי הך ברייתא עד כמה אוכל ושותה עד קרות הגבר וה"ה עד שיעלה עמוד השחר ובד"א שהתנה אבל לא התנה וישן אינו יכול לאכול :

אביי ורבא סיימי אפנתא. פירוש במנעל שאין(ו) שוליים שול"א בלע"ז : **דאי** מצי מצער נפשיה עביד אי לא מצי מצער נפשיה לא עביד. ומשום הכי קאמר שמואל דלוה תעניתו ופורע דוקא היכי דלא מצי מצער נפשיה אבל היכי דמצי מצער נפשיה לא מצי ללוות תעניתו והכי מסקנא אם אמר הריני בתענית למחר צריך לצעוריה נפשיה ואינו יכול ללוות ופורע בחנם ואפילו אכל בשוגג ישלים אותו והר"י מסופק בדבר אם יכול ללוותו ולפרוע היכי דקביל עליה כבר להתענות והתענה עד חצי היום או רביע יום ואפילו לא מצי לצעורי נפשיה אבל לא התענה ודאי דיכול ללוות אחר בשבילו או אם טעה ואכל בשוגג יאכל וישלים יום אחר ואם התענה בשבת כגון תענית חלום דצריך לפרוע כדאמר ובלבד דיתיב תעניתא לתעניתא אם אירע שיהיה ר"ח אותו יום אז ידחה לתעניתו עד יום אחר בשבוע וכן נראה למ"ר סי' :

מה אסיפת זקנים ביום אף צום ביום. אבל בלילה לא תימה אמאי אוכלים ושותים מבעוד יום כל הלילה נמי היו יכולין לאכול ולשתות מה אסיפת זקנים ביום אף צום ביום אבל בלילה לא ויש לומר דלא יליף צום מאסיפה אלא לענין עשיית מלאכה דדוקא מלאכה גמרינן מאסיפה דהא לא כתיב בקרא אלא אספו זקנים וקדשו צום אבל אכילה לא כתיב בקרא :

איפוך

רש"י

תיר. ער כדמתרגמינן (בראשית מא) ויקץ ואיתער : **אהדורי סברא**. אם צריך ממנו דבר שצריך הריאור אינו יודע לומר בטוב שמתנמנם : **וכי מדכרו ליה מדכר**. כזה שמעת מדכר : **יחיד שקבל עליו תענית**. סתם ואינו יודע איזה תענית קבל עליו אם של (א) יחיד אם של צבור : **ואסור בנעילת כו'**. שמא תענית צבור כג' ראשונות או כו' אחרונות קיבל עליו : **קפדו רבנן לתעניתא כו'**. בתענית צבור וסברי לה כשמואל דאמר אין תענית צבור בבבל בפרק מקום שנהגו (פסחים דף נד:) (ב) דאסור בנעילת הסנדל ובכל הני : **איקפד רב ששת דלמא מיכל נמי אכלי**. ופורשים מדרכי צבור ולית ליה דשמואל ואנן האידנא נהגינן כשמואל : **אפנתא**. אישקריפי"ש : **מסלפי**. ביומא דתעניתא : **לצעורי בעלמא**. אי מצי מצער נפשיה ואי לא (ג) לא יהא אלא (*ליומא) אחרינא : **ואפילו בשבת**. יכול להתענות כדי שיתבטל צער גופו : **קדשו צום קראו עצרה אספו זקנים**. כל יושבי הארץ בית ה' אלהיכם וזעקו אל ה' : **מה עצרת**. שבועות ושמיני עצרת : **אי מה עצרת**. איסור מלאכתו מאורתא : **דומיא דאסיפת זקנים ביום**. דבלילה כל אחד בביתו ואין נאספין : **מסייע ליה לרב הונא**. הא דפשיטא לך דאסיפת זקנים ביום : **דאמר מצפרא כינופיא**. ביום תענית צבור מתקבלין ובאין לבית הכנסת מן הבקר : **מעיינין במילי דמתא**. דרישה וחקירה לבדוק במעשיהם בעסקי בני העיר אם גזל וחמס ביניהן ומפייסין אותן : (ד) **היכי עבדי**. מאי עבדי בכינופיא דמצפרא ובכוליה יומא דתעניתא : **ריבעא דיומא**. מחצות ואילך עושין ב' חלקים : **בפלגא**. דהיינו ריבעא דיומא קרו ויחל משה ומפטירין דרשו את ה' בהמצאו :

איפוך

§ מסכת תענית דף יב: §

אות א'

למחר אהא לפניך בתענית יחיד

סימן תקסח ס"ו - [א]אין תענית צבור בבבל - וה"ה בכל חוץ לארץ, **ליאסר במלאכה ולהפסיק מבעוד יום, אלא תשעה באב בלבד; [ב]הילכך יחיד שקבל עליו תענית, לא חיישינן שמא תענית צבור קבל עליו, ומותר בכולן.**

מלשון זה משמע, דבא"י אם קבל עליו תענית סתם, חיישינן שמא ת"צ קבל עליו, וצריך להפסיק מבע"י ואסור במלאכה, **ואולי** דכהיום שאין מצוי להתענות הת"צ המבוארים לקמן בסימן תקע"ה ס"ג, מסתמא כונתו אסתם תענית, וצ"ע.

[ג]ומכל מקום לכתחלה טוב לומר בשעת קבלת תענית: הריני בתענית יחיד לפניך מחר.

אות ב'

לוה אדם תעניתו ופורע

סימן תקסח ס"ב - [ד]הנודר לצום עשרה ימים באיזה יום שירצה, והיה מתענה ביום אחד מהם [ה]והוצרך לדבר מצוה - כגון לברית מילה או סיום מסכת, ואפילו הוא אינו שייך בגוה, **או מפני כבוד אדם גדול** - וי"א דאפילו הפצירו בו לשמחת מריעות, שרי מפני דרכי שלום, **אבל** מלשון השו"ע שכתב: מפני כבוד אדם גדול, משמע דדוקא מפני כבודו שמפציר בו, אבל מפני שאר אנשים לא, **(או שמצטער) (טור), הרי זה לוה ופורע יום אחר, שהרי לא קבע הימים בתחלת הנדר** - ר"ל אע"פ שקבלו מאתמול במנחה, כיון שקבלה זו לא הוי עתה תחלת הנדר, אלא ממה שהוסכם אצלו בתחלה להתענות איזה יום, ושם לא בירר היום.

וא"צ להתיר הנדר, ומכל מקום בכל זה צריך להתענות מקצת היום, זמן מועט יותר ממה שהוא רגיל, כגון שרגיל לאכול בשעה רביעית, יאכל בשעה חמישית, [**והטעם**, כדי שיתקיים מעט נדרו על אותו היום גופא, ולא יהא צריך להתירו].

אבל אם לא קבל עליו קודם לכן להתענות יום אחד, אלא במנחה קבל עליו להתענות למחר, מקרי "תענית זה", ואינו יכול ללוותו. הגה: וכל שכן "יום זה" ממש, כגון שאמר בתחלת נדרו: אתענה יום פלוני - עיין בט"ז שדעתו, דאם מצטער מתעניתו, ומתענה מקצת היום, יכול ללות ולפרוע יום אחר אפילו ב"יום זה", **אבל** דעת המ"א ועוד כמה אחרונים, דאין יכול ללות ולפרוע אלא בקבלת תענית סתם, **וגם** שם דוקא כשהתענה מקצת היום וכנ"ל.

או אתענה ב' וה' כל השנה, או כדומה לזה (ת"ה וכל בו) - דב' וה' כל השנה הוי ליה יום מיוחד, ולא יכול להחליפו לימים אחרים, **וגם** אין יכול לשנותו לשנה אחרת, דכיון דאמר "השנה", שנה זו דוקא, [מ"א].

[**והנה** הט"ז כתב היפך זה, **ובאמת** איני מבין סברת המ"א, דלמה לא נימא בעניננו, דכמו שאם אמר: אני נודר להתענות יום ג' וד' בשבוע, דיכול להחליף על ימים אחרים בשבוע זו, כשהוא מצטער, ומה דנקט ג' וד' לאו דוקא קאמר, אלא דכונתו שקבל עליו שני ימים, **ה"נ** נימא לענין זמן של השנה, דאין כונתו להקפיד על שנה זו דוקא, אלא חשבון של בה"ב של שנה זו קיבל עליו, ויכול להחליפם בבה"ב אחרים לאחר שיכלה שנה זו, **וזהו** לענ"ד סברת הט"ז].

אבל אם נדר להתענות בה"ב חצי שנה, או שנה, ולא אמר "השנה", לא מיקרי "יום זה", ויכול ללות ולפרוע בבה"ב אחרים לאחר שיכלה חצי שנה או שנה ראשונה, **אבל** על ימים אחרים כגון אגד"ו, אין יכול להחליף, דאפשר דדוקא על ימים אלו קפיד שהם ימי רצון.

וכתבו אחרונים, דמי שנדר להתענות בה"ב, יכול להחליף ולהתענות הב"ה, דכונתו היה רק לימים אלו שהם ימי רצון.

אות ג'

יפה תענית לחלום כאש לנעורת

סימן רכ ס"ב - [ו]יפה תענית לבטל חלום רע, כאש לנעורת. הגה: ודוקא בו ביום, ואפי' בשבת, ועיין לקמן סי' רפ"ח.

אבל דוקא כשעושה תשובה עמו, כי התענית מועיל כמו קרבן לחטא, מה קרבן אינו מועיל בלי תשובה, שנאמר: זבח רשעים תועבה, אף תענית חלום וכו'.

ומ"מ אין מחויב להתענות, אלא רשות. **עוברות** ומניקות אין להורות להם להתענות, רק יפדו בממון.

באר הגולה

[א] **מימרא דרב ירמיה תענית י"א** [ב] **ראבי"ה** ‹והא כן מבואר להדיא בסוגיא, ועיין בב"י דהראבי"ה מביא ראיה מענין אחר, ולא מכאן, וצ"ע› [ג] **המרדכי בשם ראבי"ה** [ד] **מימרא דרב וכלישנא קמא דשמואל, הרמב"ם והרא"ש** ‹**הרא"ש** כתב: פירש רבנו חננאל, היכא דאיכא צערא או אונס, לוה תעניתו ופורע, ושמעינן האי סברא משמואל דאמר צערא מקבל עליה אי מצי מצער נפשיה, מכלל דרב במצטער קאמר, עד כאן, **משמע** דכלישנא קמא ס"ל, וכן דעת הרמב"ם, {**דבל"ק** נמי לא פליג שמואל אדרב, רק דיהיב טעמא למילתא, דכיון דאינו נדר ממילא מצי ללות אי לא מצי מצער – שפת אמת}, **ומשמע** דאפילו לרב לא שרי ללוות אלא במצטער או אנוס כגון מפני כבוד אדם גדול או מפני דרכי שלום וכיוצא בזה, הא לאו הכי לא, **וללישנא** בתרא נראה, דאפילו בלי שום טענה אם רוצה ללוות תעניתו הרשות בידו, דלא יהא אלא נדר, ונדר בלי שום טענה יכול לשלומיה ביומא אוחרא – ב"י. ‹**ונראה** ממ"ש הרא"ש והמרדכי על שם רבינו חננאל, דרב נמי מודה דאי מצי, מצער נפשיה, ואינו יכול ללוות ולפרוע בחנם, אלא היכא דלא מצי לצעוריה נפשיה קאמר דלוה ופורע, ופליג עליה שמואל, וקאמר שאין זה נדר גמור אלא כקבלה לדבר מצוה, ואין במשמעות קבלתו אלא אי מצי למצער נפשיה, אבל כל היכא דלא מצי אינו זקוק לפרוע – ב"ח. ‹**וכשיטתו** הגיה הב"ח בדברי רש"י, ועיין בהג' מהר"ב רנשבורג› [ה] **הרמב"ם מעובדא דרב אושעיא** ‹יהושע לגירסתינו› **בר אידי** [ו] **שבת י"א ע"א**

אות ד'

ובו ביום

סימן תקסח ס"ב - ז וכן אם היה תענית חלום - או יא"צ, **אינו יכול ללוותו. הגה: וכ"ש שאינו יכול ללוות ולפרוע תענית צבור (ת"ה וכל בו ורבינו ירוחם).**

מיהו תענית שני וחמישי ושני שנוהגים להתענות אחר פסח וסוכות, או אפילו בעשרת ימי תשובה - פי' שמיוחדים אלו ימים דוקא והו"א דאסור לאכול, **ואירע בהם ברית מילה** - או פדה"ב או שאר סעודת מצוה, **מותר לאכול וא"צ התרה** - וא"צ לצום יום אחר עבור זה, **כי לא נהגו להתענות בכה"ג.**

ודוקא כשאוכלים שם, אבל אם שולחים לו לביתו, אין לו לאכול.

ופשוט דבמקום דמותר לאכול על הסעודה, אינו תענית כלל, ומותר אח"כ לשתות ולאכול אף בביתו, **ומיהו** קודם הסעודה אסור לאכול ולשתות בביתו, **מיהו** הבעלי ברית מותרים לאכול ולשתות מיד, דיו"ט שלהם הוא, **ובא"ר** מסתפק, דאפשר דדוקא אחר תפלת המנחה.

ואם יודע לפני ר"ה, שיאכל בין ר"ה ליוה"כ על ברית מילה או שארי סעודת מצוה, מחוייב להתענות עוד יום אחד לפני ר"ה, דהא מהאי טעמא מתענין ד' ימים לפני ר"ה, נגד ד' ימים שאוכלין, **וכ"ש** אם אירע הסעודת מצוה בד' ימים שלפני ר"ה, שמתענין יום א' נגדו, **אמנם** אם ר"ה הוא ביום ה', דליכא אלא ד' ימים לפני ר"ה, א"צ להתענות יום א' קודם שבת, דמעיקרא לא קיבלו עלייהו אלא להתענות בימי הסליחות, ולא בימים האחרים.

וכתב המ"א, דכל זה דוקא בכהאי גוונא, אבל בשאר תענית שגוזרים הצבור, אסור לאכול אף בסעודת מצוה, **וע"כ** אם חל פדיון הבן ביום ת"צ, אף שנוהגים לפדותו ביום התענית, הסעודה אין עושין ביום, כי אם אח"כ בלילה - מ"א, **ובהגהת** חתם סופר מצדד, דאף בזה יעשה הפדיון והסעודה בליל כניסת יום ל"א, [**ומיהו** יהיה נזהר שיהיה אחר שנשלם מלידתו, עכ"פ כ"ט ימים וי"ב שעות ותשצ"ג חלקים, דלפעמים אם נולד קודם שקיעה, עדיין שיעור זה אינו].

ואם חל יום ל"א של לידת בנו בשבת, שצריך לעשות הפדיון ביום א', דהוא פדיון שלא בזמנו, מסתפק המ"א אם הוי סעודת מצוה, ומותר לאכול כשחל בעשי"ת, או לא, **ואינו** דומה לברית מילה דהוי סעודת מצוה אף שלא בזמנו, דהתם כל שעתא ושעתא זמניה הוא, כדי שלא יהיה ערל, משא"כ לענין פדיון הבן, **וע"כ** מצדד דיעשה הסעודה אח"כ בלילה, **ובדגול** מרבבה כתב, דטוב יותר שיעשה הפדיון והסעודה בליל מוצאי שבת, [**והיינו** אפי' אם נחמיר בדין דמ"א לעיל, הכא בודאי שרי, דהוא ליל ל"ב, ואין שום חשש כלל, **אמנם** א"צ לכל זה, דהמו"ק וכן בספר בית מאיר מסיק, דשלא בזמנה הוי ג"כ סעודת מצוה, וע"כ מותר לעשות ביום, וכ"כ הח"א].

עוד כתב המ"א, צ"ע כשמתענים כ' סיון במלכות פולין, אם מותר לאכול על סעודת מצוה, דאפשר דהוא בכלל שאר ת"צ דאסור וכנ"ל, **ומיהו** בזמנינו ע"פ הרוב עושין כל הסעודות בלילה, [**ובעלי** ברית בעצמם מסתפק בבית מאיר, דאפשר דמותרים לאכול מיד אחר תפלת המנחה], **ומיהו** פעם אחת חל כ' סיון בע"ש, והיה סעודת ברית מילה, וצוה הרב לאכול ביום, מפני שלא ימצאו אנשים שילכו בלילה, [דמסתבר דבכה"ג בודאי לא קבילו עלייהו], **ובעיר** שאין מתענין כ' סיון, ויש שם אנשים ממקומות שמתענין, אם צריכין להשלים למנין, מותרים לאכול אפילו בכל ימי השבוע.

ואם קבל עליו התענית במנחה, צריך להתענות (הג"מ) - ר"ל דכל זה דוקא כשלא קבל עליו התענית, אלא שסמך עצמו על המנהג, **או** שענה אמן כשמברכין בה"ב, דאז לא קיבל עליו בנדר, ואם רצה שלא להתענות רשאי, **ולכן** אפילו לא ידע שיזמינו אותו לסעודה והתחיל להתענות, מ"מ מותר לאכול בסעודת מצוה, **אבל** אם קיבל עליו התענית במנחה, שעשה יותר ממנהג, צריך לקיים ולהתענות אף בסעודת מצוה - לבוש.

ודעת המ"א ואיזה אחרונים, דאף כשקיבל עליו במנחה מותר, כיון שקבלתו היה עבור המנהג, **ורמ"א** מיירי במי שאינו מתענה כל בה"ב, או כל עשי"ת, אלא שמתענה יום או יומיים, ונמצא דזה צריך מדינא לקבל במנחה, ודינו כאלו מתענה באמצע השנה, שהרי אינו תלוי במנהג, וע"כ חייב להתענות, **והנה** מהגר"א משמע שמפרש כהלבוש, **ומ"מ** נראה דבזה יכול ללות ולפרוע תענית אחרת, דבלא"ה יש כמה ראשונים דס"ל, דאפילו באומר: הריני מקבל להתענות למחר, יכול ללות ולפרוע.

יש אומרים שאם מצטער הרבה בתעניתו, יכול לפדותו בממון, והוא הדין באונס אחר (הרא"ש בשם הראב"ד ורבינו ירוחם)

- משום דאומדן דעתא דאדעתא דהכי קיבל, דתענית נחשב לצדקה, וכיון שנותן דמי חלבו ודמו לעניים, יצא.

ושיעור הפדיון, העשיר לפי עשרו, דהטעם משום ששקול צער הממון נגד צער התענית, וע"כ בכל אחד לפי מה שהוא.

והיינו בתענית יחיד, אבל תענית שגוזרים הצבור לא מהני פדיון, **אם** לא שהתנו כן הצבור.

ונראה דוקא בקבל עליו תענית בעלמא - ר"ל ולא ייחד בשעת הקבלה לאיזה יום, דבייחד, שאמר אז: הריני בתענית למחר, דינו כנודר ל"יום זה" וכנ"ל בס"ב. (**דכל היכא דקי"ל דאינו לוה ופורע, משום דייחד יום זה, כ"ש דאינו יכול להחליפו בממון, ולפי"ז פשוט, דביא"צ וכ"ש בתענית חלום, אינו יכול לפדותו בממון).**

אבל אם קבלו דרך נדר, צריך לקיים נדרו.

באר הגולה

ז שם בגמ'

ח סימן תקסח ס"ג - ט מי שנדר להתענות סך תעניות - וה"ה מי שנתחייב להתענות מכח תשובה, **יכול לדחותם עד ימי החורף** - ר"ל אף דהנדר היה בימי הקיץ, מ"מ שרי לדחותם, אחרי שלא התנה שיהיו התעניתים בימי הקיץ, [**אבל** אם אמר שמקבל על עצמו להתענות בימי הקיץ, פשיטא שאינו יכול לדחותם לימי החורף, דהוי כ"יום זה" - פמ"ג, **ומשמע** מלשונו, דלימי הקיץ של שנה אחרת יכול לדחותם, ויש לעיין בדבר].

עיין מ"א, דהיינו דוקא בנאנס שאינו יכול לקיים תיכף, אבל בלא"ה אינו רשאי לדחותם, דחיישינן שמא ימות, אם לא שהוא זמן מועט עד ימות החורף, וכן פסק במחנה אפרים, דצריך לקיים מיד, **אך** אם הנודר עצמו אומר, שבלבו היה שלא לעשותם מיד, פשיטא דנאמן מה שבינו לבין קונו.

(ויכול ללוות יום ארוך ולשלם יום קצר, דכל אחד מקרי יום) - היינו במה דאיתא לעיל בסעיף ב' דלוה ופורע. **(פסקי מהרא"י והגמ"ר).**

סימן תקסח ס"ד - י יש מי שאומר ששני ימים ושני לילות רצופים, יש להשוותם לארבעים תעניות שאינם רצופים. הגה: וי"א דהאדם חלש סגי לו בב' ימים רצופים; אבל אדם בריא, שלשה ימים (הגהות מנהגים בשם מהר"י ברי"ן) - ונוהגים להתענות עוד שני שעות בליל ד', שיהיה ע"ד שעות, סימן לדבר: שובה ישראל ע"ד ד' אלקיך, **והאוכלים** בתחלת הלילה לא הפסידו, שהוא כמנין חסד. **והמתענים** שני ימים רצופים, טוב שיתענו שעה א' בלילה שאחר התעניתים, ויפסיקו ג"כ שעה אחת מבע"י, היינו קודם התחלת התעניתים, דאז יחשב כמו כ"ז תעניתים, דיום ראשון הוי תענית אחד, ואח"כ עולה כל שעה ליום א', **ושעה** לאו דוקא, דמקצת היום ככולו.

ונראה לי דכל זה לא איירי אלא במי שנתחייב לצום מ' ימים שאינן רצופים, מכח תשובה - היינו מכח תיקוני תשובה המבואר בספרים, **כדי להצטער, ואז משוין האי צער להאי צער, ועל כיוצא בזה נאמרו דינים אלו בדברי האחרונים ז"ל** - ומ"מ טוב יותר שיצום מפוזרים, שבכל עת יהיה לבו נכנע, ויהיו חטאיו נגדו תמיד.

אבל מי שנדר לצום מ' יום, צריך לקיים מה שנדר, דלא גרע מ"יום זה" דאינו לוה ופורע; ואפילו למאן דאמר אפילו "יום זה" לוה ופורע, הכא מודה דצריך לקיים נדרו - דהתם אדעתא שיצטער לא קבל עליו, ולכן יכול ללות, משא"כ הכא דסוף סוף יצטער, לכן צריך לקיים מה שקבל עליו.

עיין בפמ"ג שמסתפק להיפך, אם נדר להתענות שני ימים רצופים, אם יכול לשנותם לצום ארבעים יום שאינם רצופים.

כל שכן מ' יום שלפני יו"כ, שמתענים לזכר עליית משה בהר, שמי שקבל עליו - ואפילו לא אמר דרך נדר רק בקבלת תענית בעלמא, **שאין להם תשלומין בשני או שלשה ימים רצופים** - ויתחיל להתענות אחר ט"ו באב, ולא יתענה בשבת ור"ח, **ואותם** התעניתים שמתענים למספר ארבעים יום א"צ להשלים, **והמתענה** א"צ לקבל תענית לכל יום בפני עצמו, אלא יכול לקבלם בפעם אחד בעת שמתחיל.

אות ה' – ו'

ואפילו בשבת

ליתיב תעניתא לתעניתא

סימן רפח ס"ד - יא מותר להתענות בו תענית חלום כדי שיקרע גזר דינו - וגם יבלה כל היום בתורה ובתפלה, ויתכפר לו, **ובסדר** היום כתב, דיוכל להתודות על עונותיו כשמתענה, כמו בחול.

ועיין לעיל בסימן ר"כ במ"ב, דעוברות ומניקות אין להורות להן להתענות אפילו בחול, אלא יתנו פדיון נפשם לצדקה, **ובפרט** אם הן חלושות, בודאי אין להן להחמיר על עצמן.

כתב הט"ז, אם הרהר ביום וחלם לו בלילה מענין ההרהור, אין לו להתענות בשבת, דההרהור גרם זה ולא הראוהו מן השמים.

ואם חבירו ראה עליו חלום רע בשבת, וסיפר לו, לא יתענה, אבל אם אירע כן בחול, יתענה, **ועיין** לעיל בסימן ר"כ במ"א, דמי שחלם לו חלום קשה על חבירו, יתענה, והביאו כאן גם הא"ר, **ומשמע** שהחולם בעצמו יתענה כיון שהוא בחול, **ואולי** דשם מיירי שאינו רוצה לספר לו לצערו.

(אם אקלע החלום בת"צ, א"צ להתענות יום אחר, דעולה לו יום זה).

יב וצריך להתענות ביום ראשון, כדי שיתכפר לו מה שביטל עונג שבת – **(וה"ה אם היה יו"ט שחל בשבת, והתענה בו תענית חלום, די ביום אחד לבד).**

ואם ביום ראשון הוא תענית חובה, כגון י"ז בתמוז וכדומה, או אפילו תענית יחיד שנהג בו חובה, כגון שיש לו מנהג קבוע תמיד להתענות יום ראשון של סליחות, **אינו** עולה לו, כיון שאף אם לא היה מתענה בשבת היה מתענה יום זה, וצריך ליתן יום אחר, **ויש** חולקין ע"ז, וס"ל דאף תענית חובה שהוא ביום ראשון עולה לו, ויכוין ביום התענית חובה שיהיה לו כפרה על מה שהתענה ביום השבת, **ומי** שקשה לו התענית, יכול לסמוך על המקילין דעולה לו.

יג ואם תשש כחו ואינו יכול להתענות ב' ימים רצופים, לא יתענה ביום א' ויתענה אח"כ.

באר הגולה

ח (מילואים ס"ג-ס"ד) | ט כתבי מהר"ר איסרלין והגהות מרדכי | י שם בכתבים | יא ברכות ל"א | יב שם | יג רשב"א

הגה: וכ"ש אם היה ביום א' חנוכה או ר"ח או פורים או יו"ט, אפילו יו"ט שני של גליות, שאין להתענות עד אח"כ - וצריך בכל זה להקדים כל מה שיכול.

ודוקא אלו הימים, שמדינא אסור להתענות בהם, אבל אם יום ראשון הוא יום שאיסור התענית בו אינו אלא מנהג, כגון יומי דניסן או סיון, או אסרו חג, או בין יוה"כ לסוכות, וכה"ג, יכול להתענות בהם תענית לתעניתו, **וגם** אם התענה בהם תענית חלום, א"צ למיתב אח"כ תענית לתעניתו, **אבל** המתענה תענית חלום בר"ח וחנוכה ופורים ויו"ט שני של גליות וחוה"מ, צריך למיתב תענית לתעניתו.

או ר"ח - ודוקא שאר ראשי חדשים, אבל בר"ח ניסן, דעת המ"א דיכול להתענות בו, מפני שהוא תענית צדיקים, עיין סי' תק"פ, [**ואף** שבמ"א נזכר ג"כ ר"ח אב וערב פסח, לא העתקתי, דכדי נסבא, דלא יוכלו לחול ביום א'], **ובתו"ש** חולק עליו, דהא כתב המ"א שם לקמן, דמי שאינו רגיל להתענות תענית צדיקים, ואירע לו איזו צרה ח"ו, אל יתענה בו.

[יד]סימן תקסח ס"ה - [טו]המתענה תענית חלום ביו"ט, או בחולו של מועד, או בראש חדש או בחנוכה ופורים, או בערב יום הכפורים, צריך למיתב תעניתא לתעניתיה, כדין המתענה תענית חלום בשבת. (וע"ל סימן רפ"ח ס"ד) - שם מבואר דין מיתב תענית לתעניתו.

ודוקא הנך ימים, הא שאר ימים שא"א תחנון, כחדש ניסן ול"ג בעומר וט"ו באב ושבט, ובין יוה"כ לסוכות, א"צ למיתב תענית לתעניתו.

או בר"ח - נראה דהמתענה ת"ח בר"ח ניסן, או בר"ח אב, דא"צ למיתב תענית לתעניתו, דהא י"א דמצוה להתענות בם, כמ"ש סימן תק"פ.

או בערב יוה"כ וכו' – (ומי שקשה לו התענית, יכול לסמוך על דעת הט"ז וש"א, דאחרי שעבר יוה"כ א"צ שוב להתענות, דיוה"כ כיפר לו, **ואפי'** בשאר תענית חובה ג"כ יש לסמוך במקום הדחק על דעת המקילין).

אות ז'

עברו אלו ולא נענו, בית דין גוזרין שלש תעניות אחרות על הצבור וכו'

סימן תקעה ס"ג - [טז]עברו אלו ולא נענו, בית דין גוזרין עוד ג' תעניות על הצבור, ב' וחמישי וב', ובאלו מפסיקין מלאכול מבעוד יום - היינו דבהש"מ שלו אסור, וא"צ להוסיף יותר.

ואסורים בהם בעשיית מלאכה ביום, [יז]אבל לא בלילה, ואסורים ברחיצת כל הגוף בחמין, לפיכך נועלין את המרחצאות; [יח]אבל פניו ידיו ורגליו בחמין, וכל גופו בצונן, מותר.

ואסורים בסיכה [יט]אלא אם כן הוא להעביר את הזוהמא - וכ"ש אם יש לו חטטין בראשו דמותר, [**אבל** סיכה לתענוג, אף כל שהוא אסור].

ואסורים בהם בתשמיש המטה - אפילו עדיין אין רעב בעולם, [דאל"כ אף בלא"ה אסור, וכדלעיל בסוף הסימן], **ואפי'** בליל טבילה.

וכן אסור בנעילת הסנדל בעיר, ומתפללין בבתי כנסיות ומתחננים כבשאר תעניות - ר"ל שאין מוציאין לרחובה של עיר, כמו שנוהגין בשבע אחרונות, וכדלקמיה בס"ד.

אות ח'

עברו אלו ולא נענו, בית דין גוזרין עליהן עוד שבע וכו'

סימן תקעה ס"ד - [כ]עברו אלו [ולא נענו], ב"ד גוזרין עוד שבע תעניות על הצבור, ב' וה' וב' וה' וב' וה' וב', וכל מה שאסור בשלשה שלפני אלו אסור אף באלו, ויתירין אלו שמתריעין בהם בשופר על הברכות שמוסיפים בהם, ומתפללין ברחוב העיר, [כא]ומורידין זקן להוכיחם, ומוסיפין שש ברכות בתפלת שחרית ובתפלת המנחה - הוא מבואר בטור.

[כב]ונועלים את החנויות, ובשני לעת ערב פותחין מעט - דהיינו שפותח קצת דלת החנויות, ואין מוציאין מה שבחנות לחוץ, **(אותן החנויות המוכרות אכילה ושתיה) (ב"י בשם רש"י)** ‹דף י"ד: ד"ה מטין›, **כדי שימצאו לקנות לסעודת הלילה.**

ובחמישי [כג]פותחין כל היום חנויות המוכרות [כד]מאכל, מפני כבוד השבת - אבל של שתיה דיכולין לקנותו בע"ש, לא, [**אבל** פותח קצת לעת ערב כמו בשני], **[כה]ואם יש לחנות שני פתחים, [כו]פותח אחד ונועל אחד; ואם יש לחנות אצטבא - כסא, לפניו, פותח כדרכו בחמישי ואינו חושש** - דהשתא אין החנות פתוחה לר"ה, ואם הוא פתוח אינו נראה כל כך.

עיין בגבורת ארי דמסיק, דשארי חנויות של דבר אחר, נועלין לגמרי כל היום בין בשני בין בחמישי, רק בחנויות של מאכל ומשתה פותחין מעט לעת ערב.

באר הגולה

[יד] ‹ע"פ הב"י› [טו] הגהות מיימוני מעובדא דלוד בברייתא ר"ה י"ח [טז] משנה שם י"ב [יז] ברייתא שם י"ג [יח] מימרא דרב חסדא ובריייתא שם מהא דתנן נועלים את המרחצאות [יט] רמב"ם [כ] שם במשנה [והגירסא כמו שהגהתי] [כא] משנה שם ט"ו [כב] משנה שם י"ב [כג] ברייתא שם י"ד [כד] ב"י ממשמעות פי' רש"י ‹דף י"ד: ד"ה מטין› [כה] שם בברייתא ‹עיין בדף י"ד: מחלוקת רש"י ורמב"ם אם זה הולך על יום שני או יום חמישי, ומדברי המחבר והרמב"ם מבואר שהולך על יום חמישי› [כו] כפי' רמב"ם

אות ט'

<u>**עברו אלו ולא נענו, ממעטין במשא ומתן, בבנין ובנטיעה, באירוסין ובנישואין, ובשאילת שלום בין אדם לחבירו, כבני אדם הנזופין למקום וכו'**</u>

סימן תקעה ס"ז - [כז]**כשמתענים על הגשמים ועברו י"ג תעניות אלו ולא נענו, ממעטין במשא ומתן ובבנין של שמחה** - לאו דוקא, אלא ה"ה לכל בנין שא"צ, דאינו נעשה אלא לנוי ולהרוחה בעלמא, **ודע** עוד, דשל שמחה קאי גם אמשא ומתן, דאינו אסור אלא של שמחה, כגון צרכי חופה לבנו.

(מא"כ כותלו) - של בנין שמחה, כגון בית חתנות לבנו, **(נוטה ליפול)** - ואפילו אין בו סכנה. **(טור)**.

וממעטין באירוסין ונישואין - פי' שאין מארסין כלל, [כח]**אלא אם לא קיים מצות פריה ורביה. וממעטין בשאילת שלום בין אדם לחבירו; ותלמידי חכמים לא ישאלו שלום אלא כנזופין וכמנודים למקום,** [כט]**ועם הארץ שנתן להם שלום, משיבין לו בשפה רפה וכובד ראש.**

ותלמידי חכמים לבדם חוזרים ומתענים שני וחמישי ושני עד שיצא ניסן של [ל]**תקופה;** [לא]**ומותרין לאכול בלילה, ובמלאכה ובשאר הדברים, ומפסיקים בראש חדש חנוכה ופורים.**

יצא ניסן של [לב]**תקופה,** [לג]**והוא כשהגיע השמש לתחלת מזל השור** - והיינו ל' יום לאחר שנופלת תקופת ניסן, **אין מתענין עוד, שאין הגשמים בזמן הזה אלא סימן קללה,** [לד]**הואיל ולא ירדו כל עיקר בתחלת השנה.**

אות י'

<u>**היכי עבדי, אמר אביי: מצפרא עד פלגא דיומא מעיינינן במילי דמתא, מכאן ואילך רבעא דיומא קרינן בספרא ואפטרתא, מכאן ואילך בעינן רחמי**</u>

סימן תקעו סט"ז - [לה]**בכל יום תענית שגוזרים על הצבור מפני הצרות, ב"ד והזקנים יושבים בבית הכנסת ובודקים על מעשה אנשי העיר, מאחר תפלת שחרית עד חצי היום, ומסירין המכשולים של עבירות, ומזהירין ודורשין וחוקרים על בעלי חמס ועבירות, ומפרישין אותן, ועל בעלי זרוע, ומשפילין אותם, וכיוצא בדברים אלו** - כמ"ש בישעיה: הלא זה צום אבחרהו פתח חרצובות רשע וגו', **ועיין** במ"א שתמה, למה אין אנו נוהגין כן, הלא זהו עיקר התענית.

ומחצי היום ולערב, רביע היום קורין בתורה ומפטירין בנביא, ורביע היום האחרון מתפללין מנחה ומתריעים - ט"ס, דגם בשחרית מתריעין, וצ"ל "מתחננים", וכן הוא ברמב"ם, **ומתודין וזועקים כפי כחם.**

באר הגולה

כז משנה וגמ' שם י"ב | כח רמב"ם | כט ברייתא שם י"ד | ל ירושלמי | לא רמב"ם | לב והוא ל' יום לאחר תקופת ניסן | לג רמב"ם | לד ירושלמי והביאו הרי"ף והרא"ש והרמב"ם | לה לשון הרמב"ם ממימרא דאביי

§ מסכת תענית דף יג, §

אות א'

תשעה באב

סימן תקנד ס"ז - [א]רחיצה אסורה בט' באב, בין בחמין בין בצונן; אפילו להושיט אצבעו במים, אסור.

אות ב'

ואבל, אסור בין בחמין בין בצונן

יו"ד שפא ס"א - רחיצה כיצד, אסור לרחוץ [ב]כל גופו אפילו בצונן; אבל פניו ידיו ורגליו, בחמין אסור; בצונן מותר - (עיין בספר תפארת למשה שכתב, דגם בפושרין אסור, כל שנתחמם אצל האור, משום לא פלוג, וגם אין דרך לרחוץ בחמין יותר מדאי, וכשאסרו רחיצת חמין, פושרין אסרו, עכ"ד - פת"ש).

אות ג'

כל שהוא משום תענוג, כגון תענית צבור, בחמין אסור, בצונן מותר

סימן תקעה ס"ג - ואסורים ברחיצת כל הגוף בחמין, לפיכך נועלין את המרחצאות; [ג]אבל פניו ידיו ורגליו בחמין, וכל גופו בצונן, מותר.

אות ג'*[ד]

תוס' ד"ה וכו': ועכשיו שאין תענית צבור בבבל אלא תשעה באב, מותרין אפילו בחמין, אפילו י"ז בתמוז וצום גדליה

סימן תקנ ס"ב - [ה]צומות הללו, חוץ מט' באב, מותרים ברחיצה וסיכה ונעילת הסנדל ותשמיש המטה - דבשעה שרצו וקבלו עליהם לצום בכל הארבע תעניות הנ"ל, לא קבלו עליהם שיהיו בחומר ת"צ כט"ב, לפי שאין רוב הצבור יכולין לעמוד בה, [**ועיין** בעט"ז שכתב, דעכשיו אין נוהגין לרחוץ בג' צומות, **וכתב** בפמ"ג דהיינו בחמין, אבל בצונן י"ל דשרי בג' צומות, **וה"ה** פניו ידיו ורגליו בחמין י"ל דשרי], (**עיין** סימן תקע"ה ס"ג בתענית ציבור בארץ ישראל - שם).

ובעל נפש יחמיר בכולן כמו בט"ב, [דהאידנא מצוי גזירות מן עובדי גלולים, וא"כ חל עצם החיוב על הג' צומות כמו על ט"ב], **אלא** שאם חל ליל טבילה יקיים עונתו, **וגם** בנעילת הסנדל לא יחמיר משום חוכא ואיטלולא, **וכן** אם חל י' בטבת בע"ש, אין להחמיר ברחיצה בחמין מפני כבוד השבת.

ואין צריך להפסיק בהם מבעוד יום - כמו בט"ב, אלא מותר בהם באכילה ושתייה בלילה, [**ועיין** בא"ר בשם השל"ה, דבעל נפש צריך להפסיק גם מבעוד יום].

סימן תקנ ס"א - [ו]הכל חייבים להתענות ארבע צומות הללו ואסור לפרוץ גדר - ר"ל אע"ג דמסקינן בגמרא, דבזמן דאין מצוי גזירות עובדי כוכבים על ישראל, תלוי הדבר ברצון ישראל, **דהיינו** אם רצו רוב ישראל והסכימו שלא להתענות בהג' צומות הרשות בידן, **כתבו** הפוסקים, דעכשיו כבר רצו וקבלו עליהן כלל ישראל מדור דור, ואסור לפרוץ גדר.

הגה: מיהו עוברות ומיניקות שמצטערות הרבה, אין להתענות - דבשעה שרצו וקבלו עליהן להתענות, הקילו לכתחלה עליהן, (**עיין בא"ר בשם מלבושי יו"ט, שיפרעו אח"כ, וחיליה מהא דלקמן סימן תרפ"ו, והמעיין בביאור הגר"א שם יראה, דאין ראיה משם לעניננו, וגם לא מצאתי לעת עתה לשום אחרון שיעתיק דברי הא"ר בזה**).

ומסתברא דעוברת מיקרי משעה שהוכר הולד, כדקי"ל לענין וסתות, **ומ"מ** אפשר דאפילו לאחר ארבעים יום ליצירת הולד, נמי הו"ל בכלל מעוברת לענין זה, אם מרגשת צער, **אבל** בבציר מהכי, נראה דהויא לה ככל הנשים לכל דבר, אם לא שמצטערת הרבה, **ונ"מ** בינה לשאר מעוברות, בשאינה מצטערת הרבה, דבשאר נשים מדינא א"צ להתענות, ורק שנהגו להחמיר וכדלקמן, **משא"כ** באשה זאת, מחוייבת מן הדין להתענות, **ואם** מרגשת חולשה, אין להחמיר בה כלל, [כי בראשית ימי עיבורה העובר חלוש ביותר, ועינוי או סיגוף קל מפסידו בודאי, ומסכן גם המעוברת, לפיכך המיקל נשכר בלי ספק].

וכ"ש אם הוא חולה שאין בו סכנה, בודאי פטור מלהתענות, ואסור לו להחמיר על עצמו, [**וכן** לענין עוברות ומניקות שמצטערות הרבה, ג"כ אסורות להתענות].

(**עיין לקמן לענין תענית אסתר, דה"ה לענין כואבי עינים אם מצטערות הרבה, ולעניננו אפשר דחמור יותר, דכיון דכבר רצו וקבלו כל ישראל להתענות בכל הד' צומות, תו הו"ל תענית חובה, ולא הותר אלא לענין עוברות ומניקות, שהקילו בזה לכתחלה, אמנם בקובץ שעל הרמב"ם כתב, כמדומה שראיתי בכ"ק של הגאון מהר"ז עמריך ז"ל, להקל בזה אף בשאר תעניות, והכל לפי ראות עינים, עכ"ל**).

באר הגולה

א מימרא דרבי אלעזר פסחים נ"ד | ב מסקנת הגמ' תענית דף י"ג ע"ב | ג מימרא דרב חסדא ובריייתא י"ג מהא דתנן נועלים את המרחצאות

ד ‹ס"ב ע"פ הבאר הגולה, והשאר מילואים› | ה תוס' בספ"ק דתענית ושאר פוסקים | ו רמב"ן בספר תורת האדם טור ושאר פוסקים

איפוך אנא. לא סלקא דעתך דכתיב ואלי יאספו כל חרד בדברי אלהי ישראל על מעל הגולה וגו' וכתיב ובמנחת הערב קמתי מתעניתי ואפרשה כפי אל ה' אמר רפרם בר פפא אמר רב חסדא כל שהוא משום אבל (א) כגון תשעה באב ואבל אסור בין בחמין בין בצונן כל שהוא משום תענוג כגון תענית צבור בחמין אסור בצונן מותר אמר רב אידי בר אבין אף אנן נמי תנינא ונועלין את המרחצאות א"ל אביי ואי בצונן אסור סוכרין את הנהרות מבעי ליה למיתני אמר רב ששא בריה דרב אידי אבא הכי קשיא ליה מכדי תנן אסור ברחיצה נועלין את המרחצאות למה לי אלא לאו ש"מ בחמין אסור בצונן מותר לימא מסייע ליה *כל חייבי טבילות טובלין כדרכן בין בט' באב בין ביוה"כ במאי אילימא בחמין *טבילה בחמין מי איכא [א] שאובין נינהו אלא לאו בצונן וחייבי טבילות אין איניש אחרינא לא אמר רב חגא בר קטינא לא נצרכה אלא לחמי טבריא אי הכי אימא סיפא א"ר חנינא סגן הכהנים כדי הוא בית אלהינו לאבד עליו טבילה פעם אחת בשנה ואי אמרת בצונן מותר ירחץ בצונן אמר רב פפא באתרא דלא שכיח צונן תא שמע *כשאמרו אסור במלאכה לא אמרו אלא ביום אבל בלילה מותר *וכשאמרו אסור בנעילת הסנדל לא אמרו אלא בעיר אבל בדרך מותר הא כיצד יוצא לדרך נועל נכנס לעיר חולץ *וכשאמרו אסור ברחיצה לא אמרו אלא כל גופו אבל פניו ידיו ורגליו מותר וכן אתה מוצא במנודה ובאבל מאי לאו אכולהו ובמאי (ב) עסקינן אילימא בחמין פניו ידיו ורגליו מי שרו והאמר רב ששת אבל אסור להושיט אצבעו בחמין אלא לאו בצונן לא לעולם בחמין ודקא קשיא לך וכן אתה מוצא במנודה ובאבל אשארא קאי תא שמע דאמר ר' אבא הכהן משום ר' יוסי הכהן מעשה ומתו בניו של ר' יוסי בן רבי חנינא ורחץ בצונן כל שבעה התם כשתכפוהו אבליו הוה דתניא *תכפוהו אבליו זה אחר זה הכביד שערו מיקל בתער ומכבס כסותו במים אמר רב חסדא בתער אבל לא במספרים במים ולא בנתר ולא בחול אמר רבא אבל מותר לרחוץ בצונן כל שבעה מידי דהוה אבשרא וחמרא מיתיבי

רש"י

איפוך אנא. דפלגא דיומא קמא הוו קרו ומפטרי ובעו רחמי ובאידך פלגא מעייני: **על מעל הגולה.** ואני יושב משומם עד מנחת הערב ובמנחת הערב קמתי מתעניתי ובקרעי בגדי ומעילי ואכרעה על ברכי ואפרשה כפי אל ה' אלהי: **ובמנחת הערב קמתי.** אלמא באידך פלגא בעו רחמי עד פלגא מכלל דפלגא קמא מעייני במילי דמתא: **כנסמים בן חכלים כתיב בעזרא ואלי יאספו.** לי היו מתאספין ובאין טובים שבהן להגיד לפני על מעל ותחלה הגולה להפרישם: **משומם.** אישטורדי"ן בלע"ז על מעלם שמתוודין עד מנחת הערב מתאוה ואילך שהלל טעה כדאמרינן במס' יומא (דף כח:) לגוליה דאברהם מכי משחרי כותלי: **קמתי מתעניתי.** לא שמתענה עד המנחה ואח"כ אוכל אלא כלומר מצער נפשיה ובקרעי ואני שאני קורע בגדי ומעילי הייתי מתפלל כדי שאתרצה: **כל שהוא משום אבל.** כל תענית שאמרו חכמים רחיצה משום אבל כגון ט' באב שהוא משום אבילות חורבן וכל שכן אבל ממש שמתו מוטל לפניו דליכא ליה לערבת טובה אסור בין בחמין וכו': **משום תענוג.** שמתענין ואוסרין עצמן בתענוג: ה"ג אמר רב אידי בר אבין אף אנן נמי תנינא ונועלין את המרחצאות וא"ל אביי ואי בצונן אסור סוכרין את הנהרות מיבעי ליה למיתני בתמיה אלא אנן נמי תנינא במתני' דקתני גבי תענית צבור ונועלין את המרחצאות דהיינו חמין אבל צונן מותר א"ל אביי כלומר ואי הוה סבירא ליה לתנא דידן דבצונן אסור היכי הוה בעי למיתני סוכרין את הנהרות היכי מצי למיסכרינהו: **אלא.** רב אידי הכי קא קשיא ליה במתניתין דקאמר שמע מינה דלא אסר אלא חמין מכדי קתני מתני' אסורין ברחיצה וסתם רחיצה בין חמין בין צונן למה לי תו למיהדר ומיתנא ונועלין אלא למימרא דדוקא חמין וכו': **לימא מסייע ליה.** לרב חסדא דאמר כל שהוא משום אבל אסור אפילו בצונן: **כל חייבי טבילות.** נדה ויולדת טובלים כדרכן: **טבילה בחמין מי איכא.** חמי האור הא שאובין נינהו: **אלא לאו בצונן.** וחייבי טבילות אין משום דטבילה בזמנה מצוה שממהר לטהר עצמו: ה"ג כולי עלמא לא (ג) בחמין ולא בצונן: **לא נצרכה אלא לחמי טבריא.** והלכך חייבי טבילות אין כולי עלמא לא אבל בצונן שרו: **כדי.** ראוי הוא בית אלהינו כו': **ואם איתא.** כדמוקמת לה דבצונן שרי מאי קא מהדר ליה רבי חנינא לתנא קמא מאיבוד טבילה נהי דלא טבלי בחמין משום כבוד בית אלהינו הא מצו טבלי בצונן אלא לאו בצונן נמי אסירי והיינו דאמר לאבד: **אמר רב פפא.** לעולם בחמי טבריא והיינו דקאמרי' חייבי טבילות אין כולי עלמא לא ובצונן כ"ע שרי ומאי לאבד דקאמר ר' חנינא כגון באתרא דלא שכיח צונן: **כשאמרו אסור** (ד) **[במלאכה].** גבי תענית צבור לא אמרו אלא ביום אבל בלילה מותר מהכא *משמע דבלילי תשעה באב מותר במלאכה ואין בימול אלא ביום אבל אין מפרסמין הדבר: **יצא לדרך.** חוץ לעיר: **וכן אתה מוצא במנודה ובאבל.** הכי גרסינן במאי אילימא בחמין מי שרי והאמר רב ששת אבל אסור להושיט אצבעו בחמין אלא לאו בצונן מאי לאו אכולהו כו' הא דקתני וכן אתה מוצא במנודה ובאבל אהכי קאי ואפילו ארחיצה ושמע מינה דבתענית צבור אסור לרחוץ כל גופו ואפילו בצונן ותיובתא דרב פפא: **לא אשארא קאי.** אנעילה (ה) וסיכה ולעולם רחיצה בחמין היא אבל בצונן שרי לרחוץ כל גופו והשתא דאמרת במנודה ובאבל לאו ארחיצה קיימי ליכא לאקשויי כדפרכת לעיל אילימא בחמין מי שרי: **ורחץ בצונן כל שבעה.** גרסינן אלמא בצונן שרי: **כשספדוהו אבליו.** בזה אחר זה כדקתני שמתו בניו שניהם ולפיכך התירו לו כדאשכחן גבי שיער: **מיקל בתער.** דשקיל פורתא מינייהו: **ובתער.** דרך שיטוי: **נתר.** קרקע הוא או אבן כעין שקורין קרי"א בלע"ז: **בנתר וחול.** דרך לכבס שיתלבן: **מידי דהוה אבשרא וחמרא.** דהתענוג הן כלומר אין

תוספות

איפוך אנא. פי' דנימא פלגא קמייתא דיומא מצלו ובעו רחמי ואידך פלגא מעייני במילי דמתא ומשני לא ס"ד: **רב חסדא** כל שהוא משום אבל כגון תשעה באב (ו) אסור אפילו בצונן ואבל אסור בין בחמין בין בצונן וכו'. ירושלמי יוסף בריה דרבי יהושע בן לוי בתשעה באב וביוה"כ מרחץ ידיו ומקנח במפה ומעבירה על גבי עיניו רבי יונה תרי סמרטוטי ויהיב תותי כרעיה פי' היה מניח סמרטוט תחת הכר כדי ללחלחו ומעבירו על גבי עיניו: **וכל** שהוא משום תענוג וכו'. ועכשיו שאין תענית לצבור בבבל אלא תשעה באב מותרין אפילו בחמין אפילו י"ז בתמוז וצום גדליה כך פסק ראבי"ה ור' יואל אביו אסר לרחוץ בחמין: **ונועלין** המרחצאות. פי' שהן חמין: **אטו** סוכרין נהרות כו'. כלומר אי הוה אסור בצונן מי איכא למיתני סוכרים נהרות פשיטא דלא מצי למסכר כלומר כמו כן לא תידוק מהא דקתני ונועלין המרחצאות: **טבילה** בחמין מי איכא. הא שאובים ניכהו מדלא קאמר משכחת לה טבילה (בחמין) דכשירה בחמין כגון שהוחמו והומשכו לבריכה אלא שאמר בחמי טבריא יש להוכיח דכולו שאוב אפילו ע"י המשכה לא מהניא טבילה והא דאמר* דהמשכה כולה כשירה ר"ל לענין שאינה פוסלת את המקוה כשאר מים שאובים אבל טבילה ודאי אינו עולה בהם: **וכן** אתה מוצא במנודה ואבל מאי לאו אכולהו. פי' (ז) אהא דקאמרינן ובצונן מותר דאבל נמי *מותר בצונן וקשיא לרב חסדא דאמר אבל אסור בין בחמין בין בצונן ומשני אשארא כלומר אשאר דינין (ח) אנעילה וסיכה אבל לא קאי אהא דבצונן: **הכביד** שערו מיקל בתער. פי' דרך התיכה אבל לא כדרכו דרך גילוח מדקאמר מיקל ולא קאמר מגלח:

עין משפט נר מצוה

נט א מיי' פ"ה מהלכות תעניות הלכה י סמג עשין מד"ס ג טוש"ע א"ח סי' תקנד סעיף ז:
ס ב מיי' פ"ה מהלכות אבל הלכה ד סמג שם טוש"ע י"ד סי' שפא סעיף א:
סא ג מיי' פ"ג מהלכות תענית הלכה ד טוש"ע א"ח סי' תקעה סעיף ג:
סב ד מיי' פ"ג מהלכות שביתת עשור הלכה ג טוש"ע שם סי' תקיג סעיף א:
סג ה ו ז מיי' פ"ג מהלכות תענית הלכה ד טור ש"ע שם סימן תקעה סעיף ג:
סד ח מיי' פ"ה מהלכות אבל הלכה ד סמג עשין ב טוש"ע י"ד סי' שפא סעיף א:
סה ט מיי' שם פ"ז הלכה יג טוש"ע י"ד סי' שצ סעיף ג:
סו י מיי' שם טוש"ע שם סי' שפט סעיף א:
סז כ מיי' שם טוש"ע שם סי' שצ סעיף ג:
סח ל מיי' שם טוש"ע שם סי' שפט סעיף א:

רבינו חננאל

בתרא מצלינן ומתודינן [אבל] תפלת התענית בשחרית לא יכלינן למימר דכתיב ואלי יאספו כל חרד בדברי אלהי ישראל על מעל הגולה ואני יושב משומם עד למנחת הערב ובמנחת הערב קמתי מתעניתי ובקרעי בגדי ומעילי [ואכרעה על] ברכי ואפרשה כפי אל ה' אלהי. ש"מ דתפלת התענית באחרית היום הוא ברביעית האחרון אמר רב חסדא כל שהוא משום אבל כגון ט' באב ואבל אסור ברחיצה בין בחמין בין בצונן. אבל כל שהוא משום תענוג כגון תענית צבור בחמין אסור ובצונן מותר. ודייק רב אידי ממתני' מאחר דקתני אסורים ברחיצה למה לי למתנא (כתב) ונועלין את המרחצאות אלא [ה"ק] רחיצה דאסרנא רחיצה במרחץ בחמין הוא דאסור אבל בצונן שרי ואתינן לסיועיה לר' חסדא מהא דתניא כל חייבי טבילות טובלין כדרכן בין בט' באב בין ביוה"כ ואמרי' [בחמין] ליכא לאוקמה דשאובין נינהו אלא בצונן ואי אמרינן לכ"ע רחיצה בט' באב בצונן שרי אצטריך לאשמעינן טבילה בצונן שהיא מצוה בזמנה דשרי אלא ש"מ רחיצה אפי' בצונן אסור וטבילה דמצוה שרי ולכ"ע אסור ואהדר' לעולם בצונן לכ"ע שרי והא ברייתא בחמין היא. וא"ת מים שאובין הן כגון חמי טבריא דמים חמין הן. ואקשינן אי הכי סיפא דקתני ר' חנניא סגן הכהנים אומר כדי הוא בית אלהינו לאבד עליו טבילה אחת בשנה. לטבול בצונן דשרי וליכא עבירה. ודחי באתרא דליכא צונן. ורחיצה בחמין אסור משום כבוד בית אלהינו שחרב כדי הוא בית אלהינו לאבד מצות טבילה אחת בזמנה פעם אחת: ת"ש כשאמרו בתענית אסור ברחיצה לא אמרו אלא כל גופו אבל פניו ידיו ורגליו מותר. וכשאמרו אסור במלאכה לא אמרו אלא ביום אבל בלילה מותר. וכשאמרו אסור בנעילת הסנדל לא אמרו אלא בעיר אבל בדרך מותר הא כיצד יצא לדרך נועל. הגיע לעיר חולץ הסנדל מרגלו ומהלך יחף. וכן אתה אומר במנודה ובאבל.

רבינו גרשום

ייג ו' ראשונים ז' אחרונים. בשלמא רחיצה וסיכה ונעילת הסנדל ותשמיש המטה. מה אסיפת זקנים ביום. כנופיא מצפרא ולא מאורתא. איפוך אנא דמצפרא מצלי ולאורתא קרו ומספרו. במנחת הערב ואכרעה על ברכי אלמא דרביעית בתרא הוו מצלי: אף אנן נמי תנינא דבתענית צבור אינו אסור אלא בחמין דקתני נועלין את המרחצאות?) אבל היכי איבעי ליה למיתני מי מצי למיתני סוכרין את הנהרות א"ר ששא בר אבא רב אידי בר אבין הכי קשיא ליה מכדי קתני אסורין ברחיצה דרחיצה משמע בחמין למה לי למתני נועלין את המרחצאות דמשמע נמי חמין לאו למימר דבחמין אסור ובצונן מותר והיינו דקאמר אף אנן נמי תנינא כרב חסדא דבתענית צבור בצונן מותר. נימא מסייע ליה לאביי דשמעינן ליה דאמר תענית צבור אסור בין בחמין בין בצונן:לכולי עלמא לא הרי לך תשעה באב **) שהוא תענית צבור ודייקינן דאסי' בצונן אמר רב חגא מהכא לא תסייעי' לאביי דלא נצרכא הא דקתני טובלין כדרכן אלא לחמי טבריא דמצי למיטבל בהו והכי קאמר טובלין כדרכן בחמין אבל כ"ע לא אבל בצונן אפי' לכ"ע שרי: כדיי הוא בית אלהינו לאבד עליו טבילה אחת שלא יהיה טובל עליו בת"ב כלל. א"א בשלמא דת"ק אמר כל חייבי טבילות טובלין כדרכן בצונן בת"ב אבל כ"ע לא היינו דקא פליג רב חנינא עליה דת"ק דחייבי טבילות אין טובלין בצונן דכדיי הוא בית אלהינו לאבד עליו טבילה אחת אלא אי אמרת בצונן שרי לת"ק והכי קתני חייבי טבילות טובלין כדרכן בחמין אבל כ"ע לא אבל בצונן מותר לכ"ע וקפליג רב חנינא עליה דת"ק דלא מצי למטבל בחמין א"כ ליכא איבוד טבילה דהא טביל בצונן אע"פ שאינו טובל בחמין דהא שרי בצונן לכ"ע אלא לאו לעולם אמר ת"ק בצונן טובלין אבל כ"ע לא ומסייעא.לאביי א"ר פפא לעולם אמר ת"ק טובלין כדרכן בחמין אבל לכ"ע אסור וצונן שרי לכ"ע ודאמר א"כ טבילה בצונן איכא וליכא איבוד טבילה ר' חנינא והה קאי ברותא דלא שכיחא צונן ולעולם מהכא לא תסייעיה לאביי. (כל) אמרו אסור ברחיצה כו' באלו תעניות. מאי לאו הא דקתני וכן אתה מוצא באבל אכולהו אהאי נמי דקתני בסיפא דמילתא בהאי מסכתא באידך פירקא כשאמרו אסור ברחיצה וכו' ורחיצה לא משמע אלא בחמין וקשיא למאן דאמר כל שהוא משום אבל אסור בין בחמין ובין בצונן. לא אשארא לבד מרחיצה קאמר וכן אתה מוצא באבל אבל

*) אולי צ"ל א"ל אביי אלא היכי וכו'. **) לכאורה תמוה דהא גם לר"ח בת"ב אסור בצונן ומאי מייתי מינה ראיה לאביי ואולי דרבינו לא היה גורס כדברי ר"ח כגון ת"ב ועדיין צ"ע.

הגהות הב"ח

(א) גמ' כל שהוא משום אבל כגון תשעה באב. נ"ב פי' כדרכו אית לפלוגי בין שהוא משום אבל וכין שהוא משום תענוג אבל ביוה"כ שהוא דאורייתא אע"ס שהוא משום תענוג אסור בין בחמין בין בצונן: (ב) שם מאי לאו אכולהו ובמאי אילימא בחמין כו' כצ"ל ותיבת עסקינן נמחק: (ג) רש"י ד"ה ה"ג כ"ע לא לא בחמין: (ד) ד"ה כשאמרו אסור ברחיצה גבי תענית: (ה) ד"ה לא אשארא קאי אנעילה ומלאכה ולעולם כך: (ו) תוס' ד"ה אמר ר"ח כו' כגון תשעה באב ואבל אסור בין כו' כצ"ל ותיבות אסור אפילו בצונן נמחק: (ז) ד"ה וכן כו' פירוש דקאי אהא דקאמרינן דבצונן מותר: (ח) בא"ד כלומר אשאר דינין קאי אנעילה ומלאכה אבל לא:

הגהות הגר"א

[א] גמ' (שאובין ניכהו) תא"מ (ועמ"ש רבינו ביו"ד סי' רא ס"ק קכה וצ"ע):

גליון הש"ס תוס' ד"ה וכן. מותר בצונן וקשיא לר"ח. ק' לי הא אדרבה כיון דמיירי בצונן ואפ"ה תני כל גופו אסור א"ו דסקושיא בהיפוך דמוכח דבתענית ג"כ אסור בצונן כל גופו וקשיא לר"ח וכמ"ש רש"י:

[עזרא ט] — שבת קיא. ביצה יח: יומא פח. — [כריתות כב.] — מו"ק טו: — [תוספ' פ"א] — [מו"ק שם פסחים נד:] — מו"ק יז: — [פי' רש"י פסחים נד: ד"ה בין בחמין וכו' וכמ"ש בתוס' שם וכו' ... סי' תקנד ס"ק כג ... ע"ש]

ואפי' אינן מעוברות, אינן מחוייבות להתענות, אלא שנהגו להחמיר - ואם הם חלושות, נראה דאין להם להחמיר, **ומ"מ** אף הצריך לאכול, לא יתענג עצמו בבשר ויין, רק כפי מה שצריך, **וכן** הקטנים שיש להם דעת להתאבל, אע"ג שאין מחוייבין לחנכם, אפי' בן י"ב שנה, ואפילו בתענית שעות, **מ"מ** ראוי לחנכם שלא יאכלו רק כדי קיום הגוף, לחם ומים או שאר מאכל פשוט לפי התינוק, כדי שיתאבלו עם הצבור.

(תינוקת בת י"ב שנים ויום אחד, ותינוק בן י"ג שנה ויום אחד, חייבים להתענות, ולא קודם לכן. **ואף** שלא הביאו שתי שערות חייבים).

ודוקא בג' צומות, אבל בט' באב מחוייבות להשלים, (כדלקמן סי' תקנ"ד סעיף ה').

סימן תקנ"ד ס"ה - [ז]עוברות ומיניקות מתענות בט' באב ומשלימות כדרך שמתענות ומשלימות ביום כפור; [ח]אבל בג' צומות אחרים פטורים מלהתענות, [ט]ואע"פ כן ראוי שלא תאכלנה להתענג במאכל ובמשתה, אלא כדי קיום הולד. (וע"ל סי' תק"נ סעיף א').

סימן תקנ"ד ס"ו - [י]חיה כל שלשים יום - דמסתמא אמרינן שהיא חלושה, והויא כחולה שאין בו סכנה, **וכן חולה שהוא צריך לאכול** - ר"ל שהוא חלוש וחש בגופו, אע"פ שאין בו סכנה, **ועיין** בט"ז ובשארי אחרונים, דאפילו ודאי אין בהם סכנה, **אין צריך אומד** - "אין צריכין אומד" כצ"ל, ואתרוייהו קאי, וכן איתא בתורת האדם ובר"ן, **אלא מאכילין אותו מיד** - והכונה דא"צ לאמוד ולשער אם תבא לידי סכנה ע"ז שתתענה, דאפילו אם אין בה סכנה, כיון שהיא בכלל חולה א"צ להתענות, **דבמקום חולי לא גזרו רבנן** - ואפילו לא אמרו: צריכין אנו לאכול, מותר בט"ב.

וע"כ אף דלענין יוה"כ חיה לאחר ז"ין כשאר כל אדם, כאן לענין ט"ב שהוא דרבנן לא גזרו במקום חולי, **ואף** שמהרש"ל חולק על עיקר הכרעת השו"ע, ודעתו דלענין זה שוה ט"ב ליוה"כ, דאפילו אמרה: צריכה אני לאכול, כיון שהוא לאחר ז"ין חייבת להתענות, אם לא שהיא ג"כ קצת חולה, **הרבה** אחרונים הסכימו דמדינא שרי לאכול, **אכן** כבר נהגו להתענות כמש"כ הרמ"א לקמיה.

ועיין בליקוטי פר"ח שכתב, דר"ל דמסתמא מאכילין אותה, אבל אם קים לה להיולדת בגווה דמצית להתענות, דהיינו שראתה עצמה בריאה, אז מחויבת להתענות, [**ולענ"ד** זהו נכלל במה שכתב המחבר: חולה שהוא צריך לאכול, ולאפוקי באופן זה].

חסר דעה שנתרפא מיום ליום, מותר בבשר ויין כל ימי השבוע, ולא יתענה בט"ב.

הגה: ומיהו נוהגין להתענות - היינו אפילו אמרה: צריכה אני לאכול, **ודוקא** אחר שבעה, אבל תוך שבעה, אפילו אמרה: איני צריכה, אין לה להתענות, **וכ"ש** תוך ג', דבודאי אסור לה להתענות.

כל זמן שאין להם צער גדול שכיח לחוש לסכנה - ובאופן זה אסור לה להתענות.

ודוקא כל זמן שאין להם חולשה ונתרפאו מלידתן, אבל אם עדיין לא נתרפאה לגמרי, או שהיא קצת חולה, או חלושה בטבעה, לא תתענה בתוך ל', ואפילו לא אמרה צריכה אני, **ואם** אירע ביולדת בריאה שמתענה, ומרגשת באמצע היום שום חולשה יתירה, יש לפסוק שלא תתענה בשארית היום.

ועיין במ"א שכתב, דאפילו במקום שנוהגין להחמיר, בט"ב שנדחה יש להקל שלא תתענה.

ועיין בא"ר שכתב, דאפי' יולדת שאינה מתענה, תתענה איזה שעות, **אכן** אם גם זה קשה לה, לא תתענה כלל.

והמיקל לא הפסיד - ומכ"ש באדם חלוש והוא חולה שאין בו סכנה, אין כדאי להחמיר.

(**עיין** בספר פתחי עולם, **דבמקום שאין המחלה של חלערי"א חזקה ח"ו, יאכל פחות מכותבת בכדי אכילת פרס, וכן בשתיה, כמ"ש השיעורים בשו"ע סימן תרי"ח, כך יש להורות לשואל בט"ב, שבזה לא נעקר התענית לגמרי, ורחמנא ליבא בעי, ומי שירצה להתענות במקום שאין המחלה בזעם ח"ו, יש ליועצו ולהזהירו שלא ילך מפתח ביתו כל היום, ולהכריחו כשיצא ישא סביב לחוטמו ופיו חתיכה קאמפע"ר, ומעט עשב מיאט"ע, עכ"ל**).

סימן תק"נ ס"ג - [יא]כל ד' צומות הללו אם חלו להיות בשבת, נדחין לאחר השבת - ולא קודם, דאקדומי פורעניתא לא מקדמינן, **ו"כל"** לאו דוקא, דלעולם אין עשרה בטבת חל בשבת, כמ"ש סימן תכ"ח ס"ב.

באר הגולה

[ז] מימרא דרבא פסחים נ"ד [ח] הרב המגיד מהא דרבא, והרשב"א בתשובה [ט] שם [י] טור בשם הרמב"ן בתורת האדם ושאר פוסקים
[יא] משנה מגילה ה' וכפי' רש"י שם, וכ"כ רמב"ם

הגה: ואם חלו בערב שבת, קורים בשחרית ומנחה "ויחל" - האי לישנא ג"כ לאו דוקא, דכל הד' צומות ג"כ א"א לחול בע"ש, לפי הקביעות המבואר לעיל בסימן תכ"ח, **כי** אם עשרה בטבת בלבד.

וה"ה דאומר הש"ץ "עננו" בין גואל לרופא, אבל אין אומרים וידוים ונפילת אפים במנחה, לפי שהוא ע"ש, **ומטעם** זה אין לעשות בע"ש יו"כ קטן באם ר"ח בשבת, כי אם ביום חמישי שלפניו, לפי שאין לומר סליחות גם וידוים בע"ש במנחה.

ואם יש חופה ביום התענית בערב שבת, נוהגין להתפלל מנחה ולקרות "ויחל", ואח"כ עושין החופה - ואסור אז החתן לשתות מכוס של ברכה, כיון שהוא עדיין מבע"י, אלא נותנין לתינוק לשתות, {**ובנדחה** יכול החתן לשתות מכוס של ברכה, וכן לאכול ולשתות אח"כ, **ועיין** לקמן בסימן תקס"ב ס"ב, דאם התענית הוא רק מחמת עצמו, שהוא התענה ביום זה, א"צ להשלים}, **וכן** כשחל אחד מהצומות בתוך שבעת ימי החופה, ישלים תעניתו, **אבל** יא"צ א"צ להתענות בתוך ז' ימי החופה, אם נשא בתולה או בחור אלמנה.

(וע"ל סי' רמ"ט סעיף ד' אם משלימין התענית).

סימן תקנ ס"ד - [יב]בשבת קודם לצום מכריז שליח צבור הצום, חוץ מט' באב, וצום כפור, וצום פורים, וסימנך: אכ"ף עליו פיהו. (ומנהג האשכנזים שלא להכריז שום אחד מהם).

אות ד'

כל חייבי טבילות טובלין כדרכן, בין בתשעה באב בין ביום הכפורים

סימן תקנד ס"ח - [יג]טבילה של מצוה בזמנה, מותרת; [יד]אבל בזמן הזה אין טבילה בזמנה - ר"ל שנהגו הנשים לישב על טיפת דם ז' נקיים דוקא, ממילא אין הטבילה בזמנה, **הילכך לא תטבול בו; [טו]וכן נהגו** - דלמה תטבול, דהרי מצות עונה לא יוכל לקיים בט"ב, **אלא** תרחוץ ותחוף עט"ב, ולמוצאי ט"ב חופפת מעט קודם הטבילה, דבעינן סמוך לחפיפה טבילה, [**ואם** לא חפפה בעט"ב, מותרת בדיעבד לעשות כל החפיפה כדין במוצאי ט"ב], **ולענין** לבישת לבנים בט"ב, עיין לעיל בסימן תקנ"א ס"ג בהג"ה ובמ"ב שם.

[טז]סימן תקנד ס"ט - [יז]אם היו ידיו מלוכלכות בטיט ובצואה, מותר לרחוץ להעביר הלכלוך - דאינו אסור אלא רחיצה של תענוג, ומטעם זה נשים המבשלות וצריכות לרחוץ הבשר, אף דממילא רוחצת גם ידיה, מותר, **ולא יטול כל ידיו, אלא לפי הצורך להעביר הלכלוך.**

הגה: ואם עשה צרכיו, אם מותר לרחוץ, דינו כמו ביום כפור, וע"ל סי' תרי"ג ס"ג - וע"ש במ"ב מה שהעתקנו בשם האחרונים בזה, ושייך גם לכאן.

סימן תקנד ס"י - [יח]נוטל אדם ידיו שחרית - דנוטל ידיו משום רוח רעה השורה על הידים, דהו"ל כמלוכלך בטיט ובצואה דמותר, כ"כ הב"י, **וצריך ליזהר שלא יטול ידיו אלא עד סוף קשרי אצבעותיו.**

ועיין בביאור הגר"א שמפקפק על דין זה, [יט]ליטול ידיו משום רוח רעה, **ולכן** נ"ל שלא יברך ענט"י בשחרית אחר הנטילה, רק אחר שעשה צרכיו יטול ידיו עד סוף קשרי אצבעותיו, ואז יברך ענט"י משום תפלה.

ועיין בספר מטה יהודא שכתב, דמותר לרחוץ ידיו אף לתפלת המנחה, דהוי כמקבל פני השכינה, וכטבילת מצוה שהתירו.

סימן תקנד סי"א - [כ]ולאחר שניגב ידיו ועדיין לחות קצת, מעבירם על עיניו - וה"ה על פניו ידיו ורגליו, כיון דאין בה טופח ע"מ להטפיח, **וכ"ז** דוקא בדרך העברה, אבל לרחצם בהדיא לא.

[כא]ואם היה לפלוף על גבי עיניו ודרכו לרחצם במים, רוחץ ומעבירו ואינו חושש, דהוה ליה כטיט וכצואה שרוחץ כדרכו ואינו חושש.

מי שהוא איסטניס וצריך לקנח פניו במים, ואין דעתו מיושבת עליו כל היום עד שיקנח במים, יקנח, **אבל** שאר כל אדם אסור.

סימן תקנד סי"ב - [כב]ההולך להקביל פני רבו או אביו, או מי שגדול ממנו - אפילו בחול, דאף דחיובא ליכא להקביל פניו בחול, מ"מ מצוה איכא, שמא ישמע ממנו איזה ד"ת, **או לצרכי מצוה, עובר במים עד צוארו ואינו חושש; [כג]וכן בחזרה, מותר** - דאם יהא אסור לחזור, ימנע מלילך לדבר מצוה.

ודוקא תלמיד ההולך אצל הרב, אבל לילך הרב אצל תלמיד, לא התירו לעבור במים, שאם יצטרך לו תלמידו, ילך הוא אצל רבו, **וכן** בששניהן שוין ג"כ אסור.

באר הגולה

[יב] אבודרהם [יג] ברייתא תענית י"ג וכת"ק [יד] תוס' בשם ר"י ביצה י"ח [טו] מהרי"ק [טז] ‹מילואים ס"ט-סי"ד› [יז] הרא"ש [יח] ר"י בשם הסכמת הפוסקים [יט] ‹ודלמא משום סברת הכף החיים סי' ד' סי"ד וז"ל: דביוה"כ אינה שולטת (הרוח רעה), וביום ט"ב אינה מקפדת על דבר מועט כזה, כי כל היום שלה בעוונותינו› [כ] טור בשם הירושלמי כפי גרסתו ופירושו [כא] שם בשם הרי"ץ גיאות וכ"כ הרמב"ן בתורת האדם [כב] ברייתא יומא ע"ז [כג] מהא דרב יוסף שם

סימן תקנד סי"ג - [כד] **ההולך לשמור פירותיו, עובר במים עד צוארו ואינו חושש** - והתירו בזה מפני הפסד ממון, **אבל בחזרה** - דליכא בזה משום הפסד, **אסור.**

סימן תקנד סי"ד - [כה] **הבא מן הדרך ורגליו כהות** - היינו שהיו עייפים מחמת טורח הדרך, **מותר לרחוץ במים** - שאין זה מחמת תענוג, אלא לרפואה לחזקם.

הגה: ומותר לשרות מפה במים בערב תשעה באב, ומוציאה מן המים והיא מתנגבת - עד שאין בה טופח ע"מ להטפיח, הא לא"ה אסור, **ומקנח בה פניו ידיו ורגליו; אפילו אינו עושה רק לתענוג, שרי, כיון שהיא נגובה (טור).**

אות ד'* [כו]

טבילה בחמין מי איכא, שאובין נינהו

יו"ד סימן רא סע"ה - [כז] **יש מי שאוסר להטיל יורה מלאה מים חמין לתוך המקוה לחממו** - [משום גזירת מרחצאות שתטבול בהם – ט"ז], **וכן למלאת מקוה מים חמין ולחברו לנהר בשפופרת הנוד. הגה:** [כח] **ויש מקילין ומתירין להטיל חמין למקוה כדי לחממו (הגהות מרדכי בשם ראבי"ה וריב"א). ומכל מקום יש להחמיר, אם לא במקום שנהגו להקל, אז אין למחות בידן (בנימין זאב); ובחמי טבריא מותר לכו"ע (מרדכי).**

אות ה'

כשאמרו אסור במלאכה, לא אמרו אלא ביום, אבל בלילה מותר

סימן תקנד ס"ג - ואסורים בהם בעשיית מלאכה ביום, [כט] **אבל לא בלילה.**

אות ה'* [ל]

רש"י ד"ה כשאמרו אסור: מהכא משמע דבלילי תשעה באב מותר במלאכה, ואין ביטול אלא ביום, אבל אין מפרסמין הדבר

סימן תקנד סכ"ב - [לא] **מקום שנהגו לעשות מלאכה בט' באב, עושין; במקום שנהגו שלא לעשות, אין עושין** - כדי שלא יסיחו דעתם מהאבלות, **ומטעם** זה גם בלילה אסור במלאכה, דהא גם בלילה מחוייב להתאבל, **מיהו** כל מלאכה שאין בה שיהוי שרי, דאין מסיח דעתו בכך, [לב] [מ"א ושאר אחרונים].

(וכהיום מנהג כל ישראל בכל מקום שלא לעשות – מטה יהודא, וכונתו הוא רק עד חצות, כדלקמיה בהג"ה).

אות ו'

וכשאמרו אסור בנעילת הסנדל, לא אמרו אלא בעיר, אבל בדרך מותר; הא כיצד, יוצא לדרך נועל, נכנס לעיר חולץ

סימן תקנד ס"ג - וכן אסור בנעילת הסנדל בעיר.

אות ז'

וכשאמרו אסור ברחיצה, לא אמרו אלא כל גופו, אבל פניו ידיו ורגליו מותר

סימן תקנד ס"ג - ואסורים ברחיצת כל הגוף בחמין, לפיכך נועלין את המרחצאות; [לג] **אבל פניו ידיו ורגליו בחמין, וכל גופו בצונן, מותר.**

אות ח'

אבל אסור להושיט אצבעו בחמין

יו"ד סימן שפא ס"א - עיין לעיל אות ב'.

באר הגולה

[כד] מהא דרבא שם [כה] טור בשם הירושלמי [כו] ‹ע"פ מהדורת נהרדעא› [כז] מרדכי בשם ר"ת, וכתב שאפשר הטעם משום גזירת מרחצאות, דאיתא בנדה דף ס"ו: ובסוף פ"ק דתענית, אילימא בחמין טבילה בחמין מי איכא והא שאובין, פי' דכשאובין חשיבי, וברכות דף כ"ב. א"ל רבא וכי יש טבילה בחמין, ואע"ג דתנן ביומא ל"א: אם היה כ"ג אסטניס מחמין לו חמין וכו', י"ל כמה דברים התירו במקדש ואסרו בגבולין מדרבנן [כח] ‹וראייתם מפ"ק דתענית, עיין תוס' שם ד"ה טבילה כו', אלמא דטעמא משום שאובין הוא, וכן הוא בגמ' שם שאובין נינהו, **אלא** שפי' {הדעה ראשונה} כשאובין נינהו, והוא דחוק מאד, **ואע"ג** דמשכחת טבילה בחמין כהאי גוונא, {והיה יכול הגמ' לתרץ כן}, מ"מ הוא בדרך רחוקה - גר"א› [כט] **ברייתא שם י"ג** [ל] ‹פשוט› [לא] **משנה פסחים נ"ד וכרשב"ג, תוס'** [לב] ‹וז"ל המ"א: ונ"ל דמטעם זה גם בלילה אסור במלאכה, דהא גם בלילה מחויב להתאבל, וכ"כ רש"י בפסחים דף נ"ד: בין השמשות שלו אסור באכילה ובמלאכה. **וצ"ע** דבתענית דף י"ג פרש"י: מהכא משמע דבליל ט' באב מותרים במלאכה, ואין איסור אלא ביום, ואין מפרסמין הדבר, עכ"ל. **ומסתימות** כל הפוסקים משמע דאסור גם בלילה. **ולא** דמי לת"צ, דהתם הטעם שיהיו פנוים ויתאספו להתפלל, ולכן מותרים בלילה, דלא היו מתאספים בלילה כדאיתא בגמרא, **משא"כ** בט' באב שאין אסור במלאכה ותליא במנהגא, שהנוהגים איסור טעמם שלא יסיחו דעתם מאבילות, או משום עינוי, ולכן אף בלילה אסור, **ולכן** כל מלאכה שאין בה שיהוי שרי, דאין מסיח דעתו בכך, כנ"ל, עכ"ל› [לג] **מימרא דרב חסדא ובריייתא שם מהא דתנן נועלים את המרחצאות**

אות ח'* [לד]

<u>**התם כשתכפוהו אבליו הוה**</u>

יו"ד סימן שפא ס"ד - [לה]מי שתכפוהו אביליו, שאירעו שני אבילות זה אחר זה, מותר לרחוץ כל גופו בצונן.

אות ט'

<u>**תכפוהו אבליו בזה אחר זה, הכביד שערו, מיקל בתער**</u>

יו"ד סימן שצ ס"ג- עיין לקמן אות כ'.

אות י'

<u>**ומכבס כסותו במים**</u>

יו"ד סימן שפט ס"א- עיין לקמן אות ל'.

אות כ'

<u>**בתער אבל לא במספרים**</u>

יו"ד סימן שצ ס"ג- ואדם [לו]אחר שתכפוהו אביליו זה אחר זה, מיקל שערו בתער, אבל לא במספרים. (ובלבד שיעשנו בצינעא) (נ"י בשם הרמב"ן).

אות ל'

<u>**במים ולא בנתר ולא בחול**</u>

יו"ד סימן שפט ס"א - ואחר שתכפוהו אביליו זה אחר זה, מכבס במים, אבל לא בנתר ואהל.

באר הגולה

לד ‹ע"פ מהדורת נהרדעא› לה אוקימתא דגמרא תענית דף י"ג ע"א וע"ב לו ‹היינו שלא בחוה"מ›

עין משפט נר מצוה

[ומי' תוס' קידושין לג. ותוס' חולין כד: ד"ה אין ותוס' ערכין כח: ד"ה אומדין]

סט א מיי' פ"ה מהלכות אבל הלכה א סמג עשין מד"ס ג טוש"ע י"ד סי' ש"ס סעיף א וסי' שפט סעיף א:

ע ב מיי' שם הלכה ד טוש"ע שם סי' שפא סעיף א:

עא ג מיי' שם טוש"ע שם סעיף ג:

עב ד מיי' פ"ב מהלכות תפלה הלכה יד סמג עשין יט טוש"ע א"ח סי' תקסה סעיף א:

עג ה מיי' פ"א מהלכות תענית הלכה ב טוש"ע א"ח סי' תקעה סעיף ב:

עד ו מיי' שם הלכה ג טוש"ע שם סעיף ג:

רבינו חננאל

ודחינן לא כי קא קתני וכן כאבל אנעילת סנדל ואמלאכה קאי אבל (רחיצה לא) [לא ארחיצה] ולעולם בחמין. אמר רבא אבל אסור כל ז' אפי' בצונן ומ"ש מבשר ויין דשרי ליה. ודחי בשר ויין שרינן ליה כדי לפכוחי פחדיה אבל רחיצה דמשום תענוג היא לא התירו. לימא מסייעא ליה אין הבוגרת רשאה לנוול עצמה בימי אבל בית אביה. אבל הנערה שרי לנוול עצמה ושלא לרחוץ אפילו בצונן. וש"מ אבל אפי' בצונן אסור. ודחי לא הבוגרת התירו לכחול ולפרכס. תניא תכפוהו אבליו זה אחר זה שערו מיקל בתער ומכבס כסותו במים. אמר רב חסדא בתער ולא במספרים. במים ולא בנתר. ולא בחול. אמר רב חסדא זאת אומרת אבל אסור בתכבוסת. והלכתא אסור לרחוץ כל גופו כל ז' בין בחמין בין בצונן אבל פניו ידיו ורגליו בחמין אסור ובצונן מותר. ולסוך אפי' כל שהוא אסור. ואם לעבר הזוהמא מות' לסוך שמן טוב. דרש רב יצחק יחיד שקבל עליו תענית מתפלל עננו בין גואל לרופא ואקשינן עליה וכי יחיד קובע ברכה לעצמו אלא מתפלל עננו בשומע תפלה בכלל הברכה ואינו מתפלל אותה ברכה בפ"ע. ומותבינן עליה מהא דתניא מה בין יחיד לצבור אלא שזה מתפלל שמ"ע ואלו מתפללין י"ט היכי דמי אילימא יחיד המתפלל בינו לבין עצמו עם הצבור וצבור דקתני ש"ץ היורד לפני התיבה האי י"ט ברכות מתפלל בתענית כ"ד מתפלל כדתנן עמדו בתפלה מורידין לפני התיבה זקן ורגיל כו' ואומר לפניהם כ"ד ברכות. ושנינן הכי קתני אין בין יחיד דקאי בצבור כראמרן ליחיד המתפלל חוץ לביהכ"נ אלא שזה היחיד העומד בחוץ מתפלל י"ח ויחיד המתפלל בכנסת מתפלל י"ט ברכות. אלמא יחיד קובע ברכה לעצמו. ושנינן לעולם יחיד. יחיד דקאי בצבור וצבור ש"ץ ממש. וזה ש"ץ המתפלל י"ט ברכות בתעניות ראשונות הוא שאין בה כ"ד ברכות לפיכך זה מתפלל י"ח וזה מתפלל י"ט. ואקשינן והא תעניות אמצעיות דקתני בהו ואסור במלאכה וברחיצה כו' ולא קתני כ"ד. ושנינן האי תנא באיסורא קמיירי. כלומר אסור במלאכה וברחיצה כו' הוא דמיירי בתפלות לא קמיירי. אי בעי תימא כ"ד ברכות באמצעייתא נמי ליכא. ואקשינן והא תניא אין בין ג' אמצעיות לז' אחרונות. אלא שבאלו מתריעין ונועלין את החנויות הא לכ"ד זה וזה שוין. לעולם אימא לך באמצעיות נמי אין כ"ד ברכות בהן. ותנא מקצת מה שיש בשבע האחרונות ואינם בג' אמצעיות ושייר

אין הבוגרת רשאה לנוול את עצמה בימי אבל אביה הא נערה רשאה מאי לאו ברחיצה ובמאי אילימא בחמין אין הבוגרת רשאה והאמר רב חסדא אבל אסור להושיט אצבעו בחמין אלא לאו בצונן לא אביחול ופירכוס לימא מסייע ליה דא"ר אבא הכהן משום רבי יוסי הכהן מעשה ומתו בניו של ר' יוסי בר חנינא ורחץ בצונן כל שבעה אמרי התם בשתכפוהו אבליו זה אחר זה דתניא תכפוהו אבליו זה אחר זה הכביד שערו מיקל בתער ומכבס כסותו במים אמר רב חסדא בתער אבל לא במספרים במים ולא בנתר ולא בחול ולא באהל איכא דאמרי אמר רבא אבל אסור בצונן כל שבעה מאי שנא מבשר ויין התם *לפכוחי פחדיה הוא דעביד לימא מסייע ליה אין הבוגרת רשאה לנוול עצמה הא נערה רשאה במאי אילימא בחמין אין הבוגרת רשאה והאמר רב חסדא אבל אסור להושיט אצבעו בחמין אלא לאו בצונן לא אביחול ופירכוס אמר רב חסדא זאת אומרת אבל אסור בתכבוסת כל שבעה והלכתא אבל אסור לרחוץ כל גופו בין בחמין בין בצונן כל שבעה אבל פניו ידיו ורגליו בחמין אסור בצונן מותר אבל לסוך אפילו כל שהוא אסור ואם לעבר את הזוהמא מותר צלותא דתעניתא היכי מדכרינן אדבריה רב יהודה לרב יצחק בריה ודרש יחיד שקיבל עליו תענית מתפלל של תענית והיכן אומרה בין גואל לרופא מתקיף לה רב יצחק וכי יחיד קובע ברכה לעצמו אלא אמר רב יצחק בשומע תפלה וכן אמר רב ששת בשומע תפלה מיתיבי אין בין יחיד לצבור אלא שזה מתפלל שמונה עשרה וזה מתפלל תשע עשרה מאי יחיד ומאי צבור אילימא יחיד ממש וצבור ש"צ הני תשע עשרה עשרין וארבע הוו אלא לאו ה"ק אין בין יחיד דקבל עליו תענית יחיד לצבור שקבל עליו תענית צבור אלא שזה מתפלל שמונה עשרה וזה מתפלל תשע עשרה ש"מ יחיד קובע ברכה לעצמו לא לעולם אימא לך שליח צבור ודקא קשיא לך שליח צבור עשרין וארבע מצלי (א) בג' תעניות ראשונות דליכא עשרים וארבע ולא והא אין בין קתני אין בין ג' ראשונות לג' אמצעיות אלא שבאלו מותרין בעשיית מלאכה ובאלו אסורין בעשיית מלאכה הא לכ"ד זה וזה שוין *תנא ושייר מאי שייר דהאי שייר (ג) ותו והא אין בין קתני אלא תנא באיסורי קא מיירי בתפלות לא מיירי ואי בעית אימא באמצעייתא נמי לא מצלי כ"ד ולא והתניא *אין בין ג' שניות לשבע אחרונות אלא שבאלו מתריעין ונועלין את החנויות הא לכל דבריהן זה וזה שוין וכי תימא הכא נמי תנא ושייר והא אין בין קתני ותסברא אין בין דוקא והא

*) [וע"ע תוספות מגילה ח. ד"ה אין ותוס' ב"ק סב: ד"ה מי קתני ותוס' חגיגה ח. ד"ה אמאי ותוספות שבת סג. ד"ה אין]

רש"י

אין הבוגרת רשאה לנוול עצמה. אומר ר"י דהאי רשאה לאו דוקא *אלא ה"ק אין הבוגרת חייבת הא נערה חייבת: אלא (ז) בצונן. וקאמר נערה רשאה כלומר דאסורה ואת אמרת דבצונן מותר וקשה לרבה דאמר דבצונן מותר ומשני כי קתני אכיחול ואפירכוס: אלא אמר רב יצחק בשומע תפלה. והכי פסק בשמעתא דתפלת תענית בשומע תפלה ואין יחיד קובע ברכה לעצמו לכך צריך כשאומר עננו בש"ת (דצריך) לאומרו קודם שאומר הברכה כשמגיע לעננו קודם שיתחיל לומר כי אתה ש"ת עמך ישראל ברחמים יאמר עננו ולא יחתום אלא יאמר כי אתה ה' עונה בעת צרה ומושיע ואח"כ כי אתה ש"ת עמך ישראל ברחמים בא"י שומע תפלה אבל שליח צבור אומר גואל ישראל וקובע ברכה וחותם: תנא ושייר. פי' תנא עשיית מלאכה ושייר כ"ד ברכות פי' כ"ד ברכות שבתעניתא היו מוסיפין ו' ברכות כדמפרש לקמן בפ"ב (דף טו.): מאי שייר דהאי שייר כו'. פי' דמשום חדא מילתא לא הוי (ח) לתנא לשייר וא"ת הכא קאמר דלא תנא ושייר דהא אין בין קאמר דמשמע דאין בין זה לזה אלא אלו בלבד וקשה דהא במגילה (דף ח:) קתני אין בין נדרים לנדבות אלא שהנדרים חייב באחריותן ונדבות אינו חייב באחריותן ואנו יודעין דיש (ט) חילוק אחר דנדרים אינן באים אלא מן החולין דכל דבר שבחובה אינו בא אלא מן החולין ונדבות באות מן המעשר כדאמר (דברים טז) וזבחת שלמים ואכלת דכתיב גבי מעשר וי"ל דהתם נמי דזה וזה שוה והני מילי גבי שלמים יש חילוק והא דקתני אין בין מיירי בעולות דאין בין עולות דנדרים לעולות דנדבה אלא שהנדרים חייב באחריותן מה שאין כן בנדבה דהא אין בין עולות דנדרים לעולות דנדבות אלא חילוק זה דהא כל עולות אינן באין אלא מן החולין*): ותסברא והא שייר תיבה. פי' (י) מפרש לקמן (דף טו:) שמוליאין התיבה ברחוב העיר (באמצעיות) באחרונות ותסברא דהא שייר תיבה פי' וליכא למימר דבאיסורא קמיירי דהא דמתריעין ונועלין מאי איסור איכא: לאו

תוספות

אין הבוגרת. שהבוגרת שתי שערות רשאה לנוול את עצמה אלא מתקשטת כדי שיקפצו עליה (ג) הא נערה שאינה ראויה להינשא עדיין עד שתבגר רשאה דבכה חיוב אבילות היא וקטנה אינה חייבת ולא כלום: בימי אבל אביה. אפילו אירע אבילות לאביה שמת בנו אי נמי שמת אביה ממש אע"פ שהיא בת חיוב אבילות אינה רשאה לנוול: אלא לאו בצונן. ואפ"ה נערה אינה רוחצת בצונן אלמא דאבל אף בצונן אסור: אכיחול ואפירכוס. ולא קא מיירי ברחילה כלל פירכוס בשיער כבוס בבגדים רחילה בגוף: זאת אומרת. °מדמוקמינן לה בכיחול ופירכוס הוא הדין לתכבוסת: תפלת תענית. עננו: בין גואל לרופא. ברכה בפני עצמה: וכי יחיד. חשוב כל כך שיהו מתקנין לו ברכה בפ"ע להוסיף בתפלתו: בשומע תפלה. שכוללה בתוך הברכה וחותם בשומע תפלה דאותה ברכה וחתימתה משמע בין אתענית בין אכל מילי: אין בין יחיד לצבור. גבי תענית: שזה. יחיד מתפלל ביום תעניתו שמונה עשרה וכולל תפלת תענית בשומע תפלה: תשע עשרה. דקבע ליה בין גואל לרופא סתם תפלה קרי שמונה עשרה דברכת ולמלשינים ביבנה תקנוה כדאמרינן בברכות (דף כח:): כ"ד הוין. (ד) בפירקין דלקמן (דף טו.) דכ"ד ברכות הוו ביומא דתעניתא והכא קתני י"ט ותו לא: ולצבור. יחיד שקיבל עליו תענית צבור אלמא יחיד קובע ברכה לעצמו כשקיבל תענית צבור: בקמייתא. בג' תעניות ראשונות (ה) דליכא כ"ד כדאמרינן בפרק סדר תעניות כילד בגמ' (שם): דאלו מותרין בעשיית מלאכה וכו'. ראשונות דלא חמירי כולי האי (ו) הא לכ"ד ברכות זה וזה שוין וקס"ד דאיתנהו לכ"ד באמצעיות מדקמתריץ קמייתא דליכא כ"ד מכלל דבאמצעיתא איתנהו ולא היא דליתנהו אלא באחרונות כדקתני התם ומשום דהא מילתא קמייתא מש"ה פריך ליה מכ"ד דליתנהו באמצעיות: תנא ושייר. תנא מילי דאיתנהו בין אמצעיות לראשונות ושייר אין בין לאו דוקא הוא כדמוכח לקמן גבי אידך: ה"ג מאי שייר דהאי שייר אלא באיסורי קא מיירי בתפלות לא קא מיירי ומאן דגרים שייר תיבה מוליאין את התיבה כו' שיבוש הוא דאינה אלא באחרונות כדבסמוך ומיפשט פשיטא ליה דאינה אלא באחרונות: מאי שייר דהאי שייר. דלא אורחא דתנא למתני כל מילי ולשיורי חדא אלא לעולם כ"ד בקמייתא ליתנהו ולהכי לא חשיב להו באין בין דבתפלה לא קמיירי: באמצעיות נמי ליכא כ"ד. אלא באחרונות כדאמרינן התם: שבאלו. האחרונות מתריעים ונועלין כדתנן נמי במתני'* הא לכ"ד זה וזה שוין דבתרוייהו איתנהו: והא

[ז"ל רש"י ב"מ סו: ד"ה לפכוחי פחדיה הוא דעביד וכו']

[עירובין כז. נזיר כד: קידושין לד.]

[סוכה מד. וש"נ]

[תוספתא מגילה פ"א]

[לעיל יב:]

גליון הש"ס

רש"י ד"ה זאת אומרת. מדמוקמינן לה בכיחול כו'. תמיהני הא מרא דשמעתא הוא ר"ח דפ"ק לעיל דמשום אבל אסור בצונן ול"נ כו' לאוקמא בפירכוס וכיחול. גם למאי צריך לאוכחה מאוקימתא זו הא כשמכביד דתכפוהו אבליו כסותו במים ומוכח מזה דאבל אסור בכיבוס ודו"ק:

רבינו גרשום

ברחיצה מחלקין דאילו בתענית קתני ברחיצה דמשמע בחמין אבל לא בצונן ואילו באבל אסור בין בחמין בין בצונן. אין הבוגרת רשאי לנוול עצמה לפי שעומדת על פרקה וראויה לינשא. אילימא בחמין אין הבוגרת רשאי לנוול עצמה כלומר דיכולה לרחוץ בחמין: אלא לאו בצונן קאמר אין הבוגרת רשאה לנוול עצמה אלא רוחצת בצונן הא נערה רשאה לנוול עצמה דאפי' בצונן אינה רוחצת וקשיא לרבא דאמר אבל בצונן מותר. לא כי קתני אין הבוגרת רשאי לנוול הא נערה רשאה אכיחול אבל בצונן מותר אפי' בנערה. התם בבשרא וחמרא ליכא אלא לפכוחי פחדא אבל ליכא תענוג לפיכך שרי. הכא בצונן איכא תענוג לפיכך אסור. אלא לאו בצונן קאמר דנערה רשאה לנוול עצמה [ש"מ] דאבל אסור בין בחמין בין בצונן ותהוי סיועא לא כי קתני נערה רשאה לנוול בכיחול ופירכוס אבל בצונן מותר ולא הוי סיועא: וכי יחיד קובע ברכה לעצמו. *) יש מברך העונה בעת צרה: בשומע תפלה. שכולל בשומע תפלה ואינו מברך ברכה לעצמו. הני דש"ץ כ"ד הווין כדמפרש לקמן וקתני שזה מתפלל תשע עשרה. אלמא דקובע ברכה לעצמו שמברך העונה בעת צרה: [ודקא קשיא לך דהא] הוויין כ"ד ברכות דבקמייתא בשלש תעניות ראשונות קא מיירי דליכא בהו כ"ד ולא הוי אלא י"ט ולעולם אין היחיד קובע ברכה לעצמו: אלא שבאלו אמצעיות אסורין במלאכה וראשונות מותרין במלאכה הא לעשרים וארבעה זה וזה שוין כי היכי דבאמצעיות איכא עשרים וארבעה הכא נמי איכא בראשונות כ"ד ולא מצית לתרוצי דצבור מתפלל י"ט בש"ץ דהא איכא כ"ד אלא ביחיד שקיבל תענית צבור ותיפשוט דיחיד קובע ברכה לעצמו. ה"ג תנא באיסור קא מיירי כלומר לעולם בראשונות ליכא כ"ד והא דלא קתני שבאלו יש כ"ד ובאלו אין כ"ד משום דבאיסורי קא מיירי דהוי אסור בעשיית מלאכה ובתפלה לא מיירי בברכות ולעולם הא דקתני דצבור מתפלל י"ט מוקמינן בש"ץ אבל לא ביחיד דאין יחיד קובע ברכה לעצמו. ואיב"א לעולם בראשונות ליכא כ"ד ולהכי לא קתני שבאלו יש כ"ד ובאלו אין כ"ד דבאמצעיות נמי אין כ"ד: **)ה"ג תנא ושייר ולא נמי כלומר שייר כ"ד דבשבע איכא ובאמצעיות ליכא: והא אין בין קתני דמשמע דהוי דוקא כי היכי דאמרינן דאין בין קמא דוקא אלמא דליכא בינייהו אלא מתריעין ונועלין אבל לכ"ד שוין אלמא דבאמצעיות איכא כ"ד

*) אולי צ"ל וכי יכול לברך וכו'. **) נראה דצ"ל ס"ג וכ"ת תנא ושייר ולא גרסינן נמי כלומר וכו'.

הגהות הב"ח

(א) גמ' ודקא קשיא לך ש"צ כ"ד מצלי בקמייתא דליכא כ"ד כצ"ל: (ב) שם מאי שייר דהאי שייר (ותו והא אין בין קתני) תא"מ ונ"ב ... (ד) ד"ה כ"ד שוין כדתנן בפירקין דלקמן: (ס) ד"ה בקמייתא בג' תעניות ראשונות כס"ד ומס"ד דליכא כו':

§ מסכת תענית דף יג: §

אות א'

אבל אסור בתכבוסת כל שבעה

יו"ד סימן שפ ס"א - אלו דברים שהאבל אסור בהם: במלאכה, ברחיצה וסיכה ונעילת הסנדל ותשמיש המטה, ואסור לקרות בתורה, ואסור בשאלת שלום ובכביסה, וחייב בעטיפת הראש ובכפיית המטה, כל שבעה; ואסור להניח תפילין ביום הראשון; ואסור בגיהוץ ובתספורת ושמחה ואיחוי קרע כל ל' יום (וכל דברי אבלות נוהגין בין ביום בין בלילה) (בתשובת הרשב"א).

יו"ד סימן שפט ס"א - אבל אסור לכבס כסותו כל שבעת הימים, אפילו במים לבד; ולאחר שבעה, מותר. וכשם שאסור לכבס, כך אסור ללבוש המכובסים קודם לכן. (ואחר ז' שרי, והעולם נהגו בו איסור (כדעת ריב"א וסייעתו); ונוהגין שאדם אחר לובשם תחלה, ואח"כ לובשם האבל; והמנהג עיקר (טור בשם סמ"ק וכ"כ המרדכי ה"א וכל בו); וכן נוהגין במדינות אלו לאחר שבעה; ואם לבשו אדם אחר רק שעה אחת די בכך) (כל בו וסמ"ק). וא"צ לומר שאסור ללבוש חדשים. וגם הסדינים והמצעות של מטה אסור לכבסן ולהציע המכובסין; וכן מטפחות הידים, אף על פי שמותר לכבסן במועד.

אות ב'

והלכתא: אבל אסור לרחוץ כל גופו בין בחמין ובין בצונן כל שבעה; אבל פניו ידיו ורגליו, בחמין אסור, בצונן מותר

יו"ד סימן שפא ס"א - רחיצה כיצד, אסור לרחוץ [א]כל גופו אפי' בצונן; אבל פניו ידיו ורגליו, בחמין אסור; בצונן מותר.

אות ג'

אבל לסוך, אפילו כל שהוא אסור; ואם לעבר את הזוהמא, מותר

יו"ד סימן שפא ס"ב - [ב]סיכה כיצד, אסור לסוך אפי' כל שהוא, אם מכוין לתענוג; אבל אם הוא להעביר הזוהמא מותר; וא"צ לומר משום רפואה, כגון שיש לו חטטין בראשו.

אות ג'*

וכי יחיד קובע ברכה לעצמו

סימן תקסו ס"א - [ד]בתענית צבור אומר שליח צבור "עננו" בין "גואל" ל"רופא" - דכתיב: ד' צורי וגואלי, וסמיך ליה: יענך ד' ביום צרה, **וחותם: בא"י העונה לעמו ישראל בעת צרה** - ובסידורים שלנו איתא "העונה בעת צרה", וכן העיקר.

(ואם שכח ע"ל סוף סימן קי"ט סעיף ד').

אות ד'

בשומע תפלה

סימן תקסה ס"א - יחיד אומר "עננו" ב"שומע תפלה" - ר"ל שאינו קובע ברכה לעצמו בין "גואל" ל"רופא" כמו ש"צ, אלא כוללה ב"שומע תפלה", וכדלקמיה בהג"ה.

בין יחיד שקיבל עליו תענית, [ה]בין יחיד המתפלל עם הצבור בת"צ - (ואפילו אם הוא מתפלל עם הש"ץ בשוה, ג"כ לא יאמר ברכת "עננו" עמו, ורק ב"שומע תפלה" כשאר יחידים), דרק לשליח צבור קבעו ברכה לעצמו בין "גואל" ל"רופא", ולא ליחידים.

(כתב הח"א, יחיד שאינו מתענה ומתפלל עם הצבור, יאמר בש"ת "עננו", ויאמר "ביום ת"צ זה", עכ"ל, ובמאמר מרדכי השיג ע"ז, ע"ש, ודבריו נכונים, דיחיד שאינו מתענה, אין לומר "עננו" בשום פנים).

[ו]וכן שליח צבור שמסדר תפלתו בלחש, כיחיד דמי וב"שומע תפלה".

הגה: ואומרו קודם "כי אתה שומע" וכו', ולא יחתום ב"עונה בעת צרה", אלא כשמגיע ל"בכל עת צרה וצוקה", יסיים "כי אתה שומע תפלת" וכו' (ב"י בשם תוספות) ‹וכן הוא ברש"י›, **ולא ישנה ממטבע הברכה** - ואפילו ש"ץ, אם שכח לומר "עננו" בין "גואל" ל"רופא", שאומר ב"שומע תפלה", ג"כ לא יחתום שם בברכה בפני עצמו, אלא יסיים "כי אתה שומע" כיחיד.

אפילו כשמתענה יחיד, יאמר: עננו בצום תעניתנו וכו' (רשב"א) - דלעולם לישתתף איניש בהדי צבורא, ולא מיחזי כשיקרא מה

באר הגולה

[א] מסכנת הגמ' תענית דף י"ג ע"ב [ב] ג"ז מסקנת הגמרא שם [ג] ‹ע"פ הב"י ובאר הגולה. "אלמא דשליח צבור קובע ברכה לעצמו ואומרה בין גואל לרופא" – ב"י. ‹והא לכאורה יש מקור יותר מפורש, דהגמרא הביא ברייתא, אין בין יחיד לצבור, אלא שזה מתפלל שמונה עשרה, וזה מתפלל תשע עשרה, ומסיק הגמרא דתשע עשרה איירי בשליח ציבור› [ד] משמעות הגמרא תענית י"ג [ה] הרא"ש ‹וז"ל: יש שהיו רוצים לומר דיחיד שהיה מתפלל בתענית ציבור, אומר בין גואל לרופא, דלאו קביעותא דיחיד לעצמו הוא, דציבור קבעי לה, ואע"ג דקא מצלי ביחידים, ציבור נינהו, ואין נראה לראבי"ה, דא"כ הא דפריך מברייתא דאין בין יחידים לציבור וכו', לישני ליה כפשטא דברייתא, אין בין יחיד דעלמא, דהיינו תענית יחיד, לציבור, יחידים בתענית ציבור, אלא שהיחיד מתפלל שמונה עשרה, ויחידים בתענית ציבור מתפללין תשע עשרה, אלא ודאי כל יחיד אינו קובע ברכה לעצמו, אלא אומרה בשומע תפילה, ע"כ, ‹ולפי הגי' שלפנינו, הא דעת הי"א שברא"ש היא תירץ הגמ' בהו"א, והגמ' דחתה דיש לפרש באופן אחר, עכ"פ מה דחה הראבי"ה: לישני ליה כפשטא דברייתא כו', הא זה גופא מה שמנסה הגמ' לומר, ועכצ"ל שלא היה זה בגירסתם, וכמו שבגי' הר"ח לא היה זה – אוסרי לגפן. וכן העיר הקרן אורה› [ו] כל בו

שאומר בלשון רבים, דא"א שלא יהיה אחד בסוף העולם שמתענה היום, **ויש** מאחרונים שמצדדים לומר "ביום צום תעניתי", או "ביום צום התענית" [כדי שלא יהיה תפילתו בלשון יחיד]. **והעולם** נהגו כרמ"א, וכן העתיק בדה"ח.

[ז]סימן תקסה ס"ב - [ח]אם שכח מלומר "עננו", אין מחזירין אותו. (וע"ל סימן רל"ד סעיף ד' וה') - דשם מוכח בס"ד, דתיכף כשיסיים ברכת "שומע תפלה", אין לו לחזור, אע"פ שלא פתח בברכה שלאחריה, [ואפי' לא אמר אלא השם בלבד]. **רק** אחר תפלתו יכללה ב"אלהי נצור" כדלקמיה, וגם הסעיף ה' דשם שייך לכאן.

ואם נזכר קודם שעקר רגליו, [ט]אומרו בלא חתימה (לאחר תפלתו) - קודם "יהיו לרצון", [**היינו** לכתחילה, ובדיעבד יכול לומר אף אחר "יהיו לרצון", כיון שלא עקר רגליו עדיין].

סימן תקסה ס"ג - [י]יש אומרים שאין היחיד אומר "עננו" כי אם במנחה, שמא יאחזנו בולמוס - שיהיה צריך לאכול כדי להשיב נפשו, **ונמצא שקרן בתפלתו** - ועיין בט"ז שכתב, דאם רוצה להתפלל בשחרית "עננו", ולדלג תיבות "ביום צום תעניתנו", הרשות בידו, דאז אין חשש שמא ימצא שקרן.

אבל שליח צבור אומרו [יא]גם בתפלת שחרית כשהוא מתפלל בקול רם, שא"א שלא יתענו קצת מהקהל - (עיין לקמן בסימן תקס"ו ס"ג, דבעינן דוקא עשרה מתענים, **אלא** דכאן מיירי שיש עשרה שדעתם להתענות, ורק מחששא שמא לא יוכלו אח"כ להתענות, בזה אמרינן כיון דעכ"פ ישאר מעט אף לבסוף, לא מיחזי כשקרא, **אבל** אם יודע שבשעת תפלה אין שם עשרה שדעתם להתענות, א"כ איננו שליח של צבור לענין תפלת תענית).

[יב]ובארבע צומות, גם היחיד אומרו בכל תפלותיו - ואפילו בתפלת ערבית שקודם התענית, דעצם התענית מתחיל מבערב, [**דאף** שבג' צומות רשאי לאכול בלילה, ולא הצריכוהו להפסיק מבערב, מ"מ שם תענית מתחיל מבערב, שאם ישן שוב אינו רשאי לאכול].

דאפי' יאחזנו בולמוס ויאכל, שייך שפיר למימר: עננו ביום צום התענית הזה, כיון שתיקנו חכמים להתענות בו.

הגה: ונהגו בכל הצומות שלא לאומרו כי אם במנחה - ואפילו מתפלל מנחה גדולה, יאמר "עננו", דאפילו אם יאחזנו בולמוס לא יהיה שקרן בתפלתו, דעכ"פ התענה עד חצות.

מלבד שליח צבור שאומר שחרית כשמתפלל בקול רם - (אבל בתפלת לחש שלו לא יאמר "עננו" ב"שומע תפלה", דהוא כשאר יחידים).

סימן תקסה ס"ד - [יג]טוב לומר בתחנונים שאחר תפלת המנחה לאחר "אלהי נצור" וכו': "רבון כל העולמים, גלוי וידוע לפניך שבזמן שבית המקדש קיים אדם חוטא ומקריב קרבן ואין מקריבים ממנה אלא חלבו ודמו" וכו'.

סימן תקסה ס"ה - [יד]אין היחיד רשאי לומר שלש עשרה מדות [טו]דרך תפלה ובקשת רחמים, דדבר שבקדושה הם - ואין נאמר בפחות מעשרה.

אבל אם בא לאומרם דרך קריאה בעלמא, אומרם - בניגון וטעמים.

הגה: וכן אין ליחיד לומר סליחות או "ויעבור" (מהרי"ל בשם או"ז) - אף די"ג מדות כבר כתבו המחבר, חזר ושנה הרמ"א בשם או"ז, דאפילו סליחות לחוד ג"כ אין לומר ביחיד, **אבל** האחרונים תמהו על עיקר הדין, דלמה לא יאמר היחיד סליחות, דהוא תחנונים בעלמא, **והסכימו**, דסליחות בלא י"ג מדות יכול יחיד לומר.

[**והמ"א** מבאר דברי האו"ז, דכונתו שבמקום שנוהגין לומר סליחות בצבור באמצע תפלה, היחיד בתפלתו אין יכול לעשות כן, משום הפסק, וביאורו הוא נכון בדברי האו"ז, **אכן** לשון הרמ"א דקאמר "וכן", לא משמע כן, וצריך עיון].

אין לומר "האדרת והאמונה" בצבור כי אם ביוה"כ, **הא** יחיד יכול לומר "האדרת" כל השנה.

אין לומר קודם חצות לילה שום סליחות ולא י"ג מדות בשום פנים לעולם, חוץ מביום הכפורים.

סימן תקסה ס"ו - [טז]המתענה ומפרסם עצמו לאחרים להשתבח שהוא מתענה, הוא נענש על כך - משמע שאם שואלין אותו אם התענה, מותר לומר האמת, כיון שאינו עושה להשתבח ולהתפאר, **ומ"מ** נכון הוא שבכל גווני יאמר שאינו מתענה, כדי שלא להחזיק טיבותא לנפשיה, **אכן** אם מפצירין בו לאכול, ואינו יכול להתנצל בלא"ה, יאמר שהוא מתענה, **ופשוט** דכל זה בסתם תענית שאדם מקבל על עצמו, אבל בתעניתים הקבועין, והוא במקום שמקילין בו המון, מצוה לפרסם שמתענה, כדי שילמדו ממנו. **ולהיפך** אם הוא במקום שהעולם מחמירין על עצמם להתענות, אף תענית בה"ב וכדו', והוא אין יכול להתענות מפני שהוא חלש, לא יאכל בפרהסיא בפני המון עם, אלא בצנעא.

באר הגולה

[ז] (מילואים ס"ב - ס"ו) [ח] ברייתא שבת כ"ד [ט] טור לדעתו [י] שם בשם הגאונים [יא] כפי' הב"י דברי הגאונים, ושכן נראה מדברי הסמ"ג והרוקח והמרדכי [יב] כל בו [יג] טור מהא דברכות י"ז [יד] שם בשם רב נתן [טו] הרשב"א בתשובה [טז] תשב"ץ מהירושלמי פ"ק דחגיגה

אות ה'

בשלש תעניות ראשונות דליכא עשרים וארבע

סימן תקעה ס"ב - [יז]הגיע ר"ח כסליו ולא ירדו גשמים, בית דין גוזרין שלשה תעניות על הצבור, ב' וחמישי וב', וכל העם נכנסים לבתי כנסיות ומתפללים וזועקים ומתחננים, כדרך שעושים בכל התעניות - ובכלל זה הקריאה "ויחל" בשחרית ומנחה כשאר תענית.

אות ו'

באמצעייתא נמי לא מצלי עשרים וארבע

סימן תקעה ס"ג - [יח]עברו אלו ולא נענו, בית דין גוזרין עוד ג' תעניות על הצבור, ב' וחמישי וב', ובאלו מפסיקין מלאכול מבעוד יום... [יט]ומתפללין בבתי כנסיות ומתחננים כבשאר תעניות - ר"ל שאין מוציאין לרחובה של עיר, כמו שנוהגין בשבע אחרונות, וכדלקמיה בס"ד.

באר הגולה

[יז] שם משנה [יח] משנה שם י"ב [יט] ‹כל הסעיף בשלימותה נמצאת בדף יב: אות ז'›

§ מסכת תענית דף יד. §

אות א'

נקוט אמצעייתא בידך, דמיתרצון כולהו

סימן תקעה ס"ה - [א]עוברות ומיניקות מתענות - באלו ג' תעניות אמצעיות, **אבל לא בג' ראשונות ולא בז' אחרונות** - דבג' ראשונות לא תקיף רוגזיה כולי האי, ואחרונות כיון דשבעה נינהו, לא מצי עוברות ומניקות למיקם בהו, [רש"י]. **וקשה**, יתענו עכ"פ ג' תעניות, וצ"ל כיון דא"א להתענות כולם, אין מחוייבים להתענות כלל.

[ב]ומיהו לא יאכלו אלא כדי קיום הולד. (ואסור לכן להחמיר ולהתענות) (תשב"ץ) - כי הוא רע לולד. **אם** צבור גזרו ג' תעניות, ויש אדם חלש שאינו יכול להתענות כולם, א"צ להתענות כלל, וצ"ע.

[ג]סימן תקעו סי"ד - [ד]תעניות אלו שמתענים על הצרות, אין מתענין בהם לא עוברות ולא מינקות ולא קטנים - לאו דוקא קטנים גמורים, אלא כל שהם פחותים מי"ח לזכר וט"ו לנקבה, אין גוזרים הצבור עליהם תעניתים אלו, כיון שאינם תעניתים קבועין - מ"א, **וי"א** דמה שאמרו "ולא קטנים", היינו דאין בהם מצות חינוך כמו ביוהכ"פ, [ודלא כמ"א שר"ל דלאו דוקא קטנים]. **ומ"מ** נכון שיאכלו רק כדי קיום הגוף, ולא להתענג באכילתם. **והמ"א** כתב, דהמנהג שאין גוזרין תענית אלו על פחותים מי"ח לזכר וט"ו לנקבה.

ומותרים לאכול בלילה אע"פ שמתענים למחר, חוץ מתעניות הגשמים - עיין לעיל סימן תקע"ה סעיף ה'.

אות ב'

בשופרות

סימן תקעה ס"ד - עברו אלו [ולא נענו], ב"ד גוזרין עוד שבע תעניות על הצבור, ב וה' וב' וה' וב' וה' וב', וכל מה שאסור בשלשה שלפני אלו, אסור אף באלו, ויתירין אלו שמתריעין בהם בשופר על הברכות שמוסיפים בהם.

אות ג'

חיכוך

סימן תקעו ס"ה - [ה]וכן חכוך לח - שחין שמתחכך אדם עליה, **הרי הוא כשחין פורח, ואם פשט ברוב הצבור, מתענין ומתריעין עליו** - עיין בב"ח שדעתו, דבזה אפילו אינם מתים ממנה, גוזרין תענית, שהשחין לח הוא כעין שהיה במצרים, והוא קשה כמות, **אכן** בזה בעינן דוקא כשפשט ברוב צבור, משא"כ לשאר חולאים. **אבל חכוך יבש, צועקים עליו בלבד.**

אות ד'

חגב

סימן תקעו ס"ט - [ו]אבל על החגב אין מתענין עליו ולא מתריעין, אלא זועקין בלבד; ועכשיו שאין אנו מכירין מינים הללו, על כולם מתריעין.

אות ה'

זבוב, וצירעה, ויתושין, ושילוח נחשים ועקרבים וכו'

סימן תקעו ס"ז - [ז]אבל שאר מיני רמש הארץ ורמש העוף ששולחו והזיקו, כגון שלוח נחשים ועקרבים שמזיקים ואינם ממיתים, ואין צריך לומר צרעים ויתושין והדומה להם, [ח]אין מתענים עליהם ולא מתריעין - אבל אם ממיתין, אפי' יתושים וזבובים מתענין ומתריעין עליהם, **וי"א** דעל נחשים ועקרבים, אפילו אם אין אנו יודעין עדיין שימותו על ידן, ג"כ חוששין ומתענין ע"ז.

אות ו'

על אלו מתריעין בשבת: על עיר שהקיפוה גייס או נהר וכו'

סימן תקעו סי"ג - [ט]עיר שהקיפה אנסין או נהר, וספינה המטורפת בים, אפי' [י]על יחיד הנרדף מפני אנסין או ליסטים או רוח רעה, או חולה שאר חולי שיש בו סכנת היום, (ולצרך החולה בשבת ע"ל ס"י רפ"ח), זועקים ומתחננים בתפלות בשבת; אבל אין תוקעין, [יא]אא"כ תוקעין לקבץ העם לעזור אחיהם ולהצילם.

[יב]סימן רפח ס"ט - [יג]אין צועקים ולא מתריעין בו על שום צרה, חוץ מצרת המזונות שצועקים עליה בפה בשבת, ולא בשופר. [יד]וכן עיר שהקיפוה אנסין או נהר, וספינה המטורפת בים, [טו]ואפילו על יחיד הנרדף מפני אנסין או לסטים או רוח רעה - שנכנס בו רוח שד, ורץ והולך, שמא יטבע בנהר או יפול וימות, **או** שהוא חולה ממיני החלאים, **[טז]זועקין ומתחננין בתפלות בשבת; אבל אין תוקעין, [יז]אא"כ תוקעין לקבץ העם לעזור לאחיהם ולהצילם, (וע"ל סי' תקע"ו סי"ג).**

באר הגולה

[א] ברייתא י"ד וכאוקימתא דרב אשי שם [ב] רמב"ם וסמ"ג מהירושלמי [ג] ‹מילואים ע"פ הב"י וז"ל: שכל תעניות של דבריהם, עוברות ומניקות אין מתענין בהן... וזה שהוצרכו לומר בת"ב ובקצת תעניות של מטר, וזהו מוכרח מן הגמרא יד. - ב"י› [ד] רמב"ם, וכתב הרב המגיד שזהו מוכח מן הגמרא ומוסכם מן הפוסקים [ה] רמב"ם מברייתא וגמ' ב"ק פ' ‹מתריעין על החיכוך וכו', מיתיבי ושאר פורעניות המתרגשות ובאות על הצבור כגון חיכוך חגב זבוב צירעה ויתוש ושילוח נחשים ועקרבים לא היו מתריעין אלא צועקים, לא קשיא כאן בלח כאן ביבש› [ו] רמב"ם ממשנה י"ט וברייתא כ"ב [ז] טור בשם רמב"ם שם מברייתא שם י"ד [ח] ‹אלא זועקין כו', רמב"ם וטור, וכן הוא בגמ' - גר"א› [ט] טור בשם רמב"ם ממשנה י"ט וכת"ק [י] ברייתא כ"ב וכפי' הר"ן [יא] ס"ל דלא פליג ת"ק ארבי יוסי בהא, דהא קימ"ל דמחללין שבת לפקוח נפש ‹אע"ג דרבי יוסי לא קאי אלא אדרבנן, ורבנן תרועה בפה קאמר, מ"מ מ"ש: והוא לעזרתן, הוי אפי' בשופר, שאפי' חילול גמור מחללין - לחם משנה› [יב] ‹ע"פ מהדורת נהרדעא› [יג] ב"ב צ"א הביאו הטור בסי' תקע"ו [יד] תענית י"ט [טו] שם כ"ב [טז] שם י"ד [יז] שם כרבי יוסי, דת"ק נמי לא פליג בהא, ב"י בסימן תקע"ו

והא שייר תיבה אי משום תיבה לאו שיורא הוא מילי דצינעא קתני מילי דבפרהסיא לא קתני אמר רב אשי מתני' נמי דיקא דקתני *מה אלו יתירות על הראשונות אלא שבאלו מתריעין ונועלין את החנויות אבל בכל דבריהן זה וזה שוין וכ"ת הכא נמי *תנא ושייר והא מה אלו קתני ותסברא מה אלו דווקא הוא והא שייר לה תיבה אי משום תיבה לאו שיורא הוא משום דקא חשיב לה באידך פרקא השתא דאתית להכי עשרים וארבעה נמי לאו שיורא הוא דקתני לה באידך פירקא מאי הוי עלה אמר רב שמואל בר ססרטאי וכן אמר רב חייא בר אשי אמר רב בין גואל לרופא ורב אשי אמר משמיה דרבי ינאי בריה דרבי ישמעאל בשומע תפלה והלכתא בשומע תפלה: תני חדא עוברות ומיניקות מתענות בראשונות ואין מתענות באחרונות ותניא אידך מתענות באחרונות ואין מתענות בראשונות ותניא אידך אין מתענות לא בראשונות ולא באחרונות *אמר רב אשי *נקוט אמצעייתא בידך דמיתרצן כולהו: מה אלו יתירות על הראשונות אלא שבאלו מתריעין ונועלין את החנויות: במאי מתריעין רב יהודה אמר בשופרות ורב יהודה בריה דרב שמואל בר שילת משמיה דרב אמר בעננו קס"ד מאן דאמר בעננו לא אמר בשופרות ומאן דאמר בשופרות לא אמר בעננו והתניא אין פוחתין משבע [א] תעניות על הצבור שבהן י"ח התרעות וסימן לדבר יריחו ויריחו שופרות הוה ותיובתא למאן דאמר בעננו אלא בשופרות דכולי עלמא לא פליגי דקרי לה התרעה כי פליגי בעננו מר סבר קרי לה התרעה ומר סבר לא קרי לה התרעה למ"ד בעננו כל שכן בשופרות ולמ"ד בשופרות אבל בעננו לא והתניא *ושאר כל מיני פורעניות המתרגשות כגון חיכוך חגב זבוב וצירעה ויתושין ושילוח נחשים ועקרבים לא היו מתריעין אלא צועקין (א) מדצעקה בפה התרעה בשופרות תנאי היא *דתניא *על אלו מתריעין בשבת על עיר שהקיפוה גיים או נהר ועל ספינה המטורפת בים ר' יוסי אמר לעזרה אבל לא לצעקה במאי אילימא בשופרות שופרות בשבת מי שרי אלא לאו בעננו וקרי לה התרעה ש"מ: בשני דר' יהודה נשיאה הוה צערא גזר

רש"י

והא שייר תיבה · דבאחרונות איתא והכא ליתא כדקתני לקמן (דף טו.) סדר תעניות כיצד מוציאין את התיבה כו' ומתנינן בגמרא בהדיא מתיבה דליתא אלא באחרונות ומשני כי קתני נמי מקמייתא *בקמייתא: מילי דצינעא · מתריעין בבית הכנסת: בפרהסיא · תיבה ברחובה של עיר: דיקא נמי · דלכ"ד זה וזה שוין דקתני מתניתין מה אלו יתירות על הראשונות כו' ואלו כ"ד לא קא חשיב גבי אחרונות: והא מה אלו קתני · דמשמע דווקא: דהא קתני לה באידך פירקין · דמי שמנה מתניתין דהכא תנא נמי דהתם והאי דלא תנא בהאי סמיך אהתם דקתני באחרונות מוציאין התיבה מה שאין כן באמצעיות: השתא דאתית להכי · דמשום דקתני לה באידך פירקין דאמרת דלא הוי שיור כ"ד נמי דאמרת דשוין נינהו איכא למימר דלא הוי שוין דהא אפי' שיורא נמי לא הוי דבהדיא קתני לה באידך פירקין דבאחרונות איתנהו באמצעיות לא ואיכא לתרוצי כתירוצא קמא בקמייתא דליכא כ"ד: מאי הוי עלה · היכן אומרה יחיד: נקוט מציעתא בידך · כלומר תריץ דבשלש אמצעיות היו מתענות ומתרצא לכולהו הנך מתנייתא הא דקתני בראשונות ולא באחרונות הנך ראשונות לאו ראשונות ממש נינהו אלא אמצעיות דאינהו הוו ראשונות לאחרונות אבל בשבע אחרונות לא מיתענו דכיון דשבע נינהו לא מצו עוברות ומיניקות למיקם בהו והא דקתני באחרונות ולא בראשונות הנך אחרונות אמצעיות נינהו והראשונות ראשונות ממש ואין מתענות בהן דלא תקיף רוגזא כולי האי ולאו לשון הוא דנקט ולא מיקרי לאמצעיות ראשונות לאחרונות ואחרונות לראשונות: בשופרות · היו עושין ההתרעות ולשון התרעה כמו תרועה וסתם תרועה פשוטה לפניה ולאחריה במסכת ראש השנה (דף לג:) ואהכי מתריעין בשופרות כדכתיב (במדבר י) ותקעתם בחצוצרות וגו' תוקעין בשופרות כדי שיכניעו לבם לקול השופר ויהיו נרתעים מחטאתם ואשם ברכות שהיו מוסיפין ביום התענית היו תוקעין על כל ברכה וברכה אחת שהן י"ח התרעות: רב יהודה אמר · מתריעין עננו בקול רם היו צועקים עננו אבינו עננו עננו אלהי אברהם עננו עננו אלהי יצחק עננו עננו אלהי יעקב עננו הכל כפי שאומרים בסוף הסליחות אבל עננו דתפלת תענית אומר אפי' בראשונות ואפי' יחיד אוקימנא דאומרה בשומע תפלה ותפלה קרי ליה התרעה דאי בשופרות מריעין מיבעי ליה ומאן דמפרש עננו של תפלת תענית משתבש דהא קתני בסמוך שהן י"ח התרעות וקא פריך מן וסימן לדבר יריחו ואם איתא ליפריך בהדיא י"ח תפלות של שמונה עשרה ברכות מי איכא בשבע תעניות: אין פוחתין מז' תעניות · באחרונות: שמונה עשרה התרעות · שהן מוסיפין ו' ברכות מי"ח עד כ"ד ולכל אחת שלש תרועות: וסימן לדבר · שלא תטעה אם התרעה הזו תרועה או תפלה: יריחו · דכתיב בה שופרות לישנא אחרינא סימן לדבר כלומר לכך מתריעין כדי שיפתו כדרך שנפתו ביריחו על ידי שופרות דכתיב (יהושע ו) ויתקעו בשופרות וגו' וכתיב (שם) ותפול החומה תחתיה: אלא בשופרות כולי עלמא וכו' · דהא מתריעין דקתני הכא במתניתין דעבדינן בתעניות בשופרות: כי פליגי בעננו · כי פליגי במתריעין דאמרינן בעלמא על שאר פורעניות מ"ס עננו נמי התרעה והאי דקתני בעלמא מתריעין בעננו ומאן דאמר בשופרות אבל בעננו לא: חגב · ארבה כתרגומו: צירעה · עוקצת את האדם: יתושין · נכנסין בעיניו ובחוטמו: חיכוך · כמו נתחכך בכותל: לא צעקה בפה היא · אלמא דצעקת פה לא קרי ליה התרעה: תנאי היא · האי תנא דשאר מיני פורעניות סבר צעקת פה לאו שמה התרעה ואידך סבר כו': גיים · ולרין עליה: נהר · המתפשט ויוצא לחוץ לשטוף את השדה ואת הבתים: המטורפת · כמו בילים טרופות (חולין דף סד.) שהולכת ונדה ועתידה להיטבע במים: לעזרה · צועקין לבני אדם שיבואו לעזרם: ולא לצעקה · תפלה שאין אנו בטוחין כל כך שתועיל תפלתו לצעוק עליהן בשבת אלמא לצעקת פה קרי התרעה מפי מורי ל"א לעזרה דקאמר תנא קמא מתריעין דמשמע בקול רם ואמר ליה רבי יוסי לעזרה שיהו מתפללין כל אחד בביתו לעזרה בעלמא:

גזר

תוספות

לאו שיורא הוא דהא קתני לה באידך פירקא · והוא הדין דהוה מצי לתרוצי כדלעיל מילי דבפרהסיא לא קתני:

תני חדא מתענות בראשונות ולא באחרונות ותניא אידך מתענות באחרונות ולא בראשונות ולא באחרונות (ג) נקוט מציעתא בידך · פירש הקונטרס השלש תעניות אמצעיות בידך דבלהון תעניות עוברות ומיניקות מתענות וה"ק מתענות בראשונות פי' בראשונות ר"ל אמצעיות דהם ראשונות לאחרונות שהיו חמורות אבל לא באחרונות דנפישי ולא מצו עבדי להו והא דקתני באחרונות ולא בראשונות הא אחרונות היינו אמצעיות וקרי להו אחרונות שהם אחרונות מן הראשונות בתחלה גוזרין שלש תעניות וכן בשניה שלש אבל אין מתענות בראשונות שהם קלות והא דקתני לא בראשונות ולא באחרונות כלומר לא בשלש הראשונות ראשונות ממש ולא בשבע האחרונות אחרונות ממש אלא דווקא באמצעיות:

ורב יהודה בריה דרב שמואל בר שילת משמיה דרב אמר בעננו · אומר הר"י (ג) והאי עננו לא ר"ל עננו שבתפלה תענית אלא עננו שאומרים בסליחות וביום הכפורים עננו אבינו עננו אבל עננו דתפלה לא קאמר דהא בשלש ראשונות נמי אמר לה:

ובהן י"ח תרועות וסימן לדבר יריחו · פירוש שביריחו עשו כן שהקיפוה ז' ימים והיו תוקעין בכל יום כמו כן תקנו מתעניות ובכל תענית מוסיפין שש ברכות ועל כל ברכה תוקעין מריעין ותוקעין וא"כ היינו י"ח תרועות:

מתריעין לעזרה · פי' שיבואו לעזור העיר וכו' ומתריעין בפה פירוש והאי תרועה ר"ל מתריעין בפה דאין להתיר תרועה בשופר בשבת:

רבי

עין משפט נר מצוה

עה א מיי' פ"ג מהל' תעניות הלכה ה טוש"ע א"ח סימן תקעה סעיף ה:

עו ב מיי' שם הלכה ז טוש"ע שם סעיף ד:

עז ג מיי' שם פ"ג הל' יג טוש"ע שם סימן תקעו סעיף ה:

עח ד מיי' שם הלכה ו טוש"ע שם סעיף ט:

עט ה מיי' שם הלכה ט טוש"ע שם סעיף ז:

פ ו מיי' פ"א שם הל' ו טוש"ע שם סימן תקעו סעיף יג:

רבינו חננאל

אחרונות כגון הני כ"ד וכיוצא בהן אמר רב אשי הא דדייקת מתניתא דייק ממתני' דקתני מה אלו יתירות על הראשונות אלא שבאלו מתריעין ונועלין החנויות הא לכל דבריהן זה וזה שוין · תנא מקצת ושייר מקצת ומאי שייר דהאי שייר [שייר] תיבה דלא קתני ומוציאין התיבה אלא אמרינן תנא ושייר כשם ששייר התיבה שייר כ"ד ברכות ולעולם [אין] מתפללין באמצעיות כ"ד ברכות ודחינן תיבה לאו שיור הוא דקתני באידך פרקין: סדר תעניות כיצד מוציאין התיבה הנה מפרש אכולהו תעניות מוציאין את התיבה · ואמרינן השתא דאתית להכי נמי זה השינוי תשני בהא נמי ואימא מרקתני סדר תעניות כיצד וקא מפרש כ"ד ברכות ש"מ אכולהו תעניות קמיירי וו שנויה היא ולא סמכינן עליה דהא באידך פרקין *) דאין מוציאין התיבה אלא בז' אחרונות: מאי הוה עלה ואסיקנא הלכתא יחיד מתפלל עננו ל"ש יחיד קאי בצבור ול"ש יחיד דקאי בעלמא וקי"ל דכל יחיד מזכיר עננו בשומע תפלה · תני חדא עוברות ומיניקות מתענות בראשונות ואין מתענות באחרונות ותניא אידך מתענות באחרונות ואין מתענות בראשונות · ותניא אידך אין מתענות לא באחרונות ולא בראשונות · אמר רב ששת נקוט אמצעייתא בידך כי מתענין בהן דמתרצין כולהו פי' הא דקתני בראשונה מתענות בראשונות בשלש אמצעיות [מיירי] ולגבי שבע אחרונות (הני אחרונות) הני שלש אמצעיות ראשונות להני ז' נינהו ואמצעיות דקתני מתענין באחרונות הן ג' אמצעיות דלגבי שלש הראשונות האמצעיות אחרונות מקרו · ובריית' דקתני אין מתענות לא בראשונות [בראשונות] ממש שהן שלש ראשונות ולא באחרונות [באחרונות ממש] שהן ז' האחרונות מכלל דג' הראשונות מתענות לדברי שלשתן ויש לומר דכלהו מודו באמצעיות

הגהות הב"ח

(א) גמ' לא היו מתריעין אלא צועקין כו' · (ב) ... (ג) תוס' ד"ה נקוט כו' ... (ג) ד"ה ורב יהודה כו' אומר ... דהאי עננו

הגהות הגר"א

[א] גמ' אין פוחתין משבע שבהן כו' ... מהלכות תענית הלכה יז

גליון הש"ס

גמרא אמר רב אשי נקוט אמצעייתא · כעין זה נדה דף כ ע"א

ירושלמי עוברות ומיניקות מתענות בט' באב ובג' שניות ולא בז' אחרונות: מתני' אין גוזרין תענית בתחלה בחמישי כו' עד ר' יוסי אומר כשם שאין הראשונות בחמישי כך לא השניות ולא האחרונות: מתני' עברו אלו ולא נענו ב"ד גוזרין עוד כו' · מתריעין דתני בתני' כיצד הוא רב יהודה אמר התרעה בשופר משמיה דרב אמר התרעה בעננו ומותבינן [עלה] דרב אין פוחתין מז' תעניות על הצבור ובהן ז' התרעות וסימן לדבר יריחו ותרועות דיריחו בשופר הוו · ושנינן בשופר דברי הכל התרעה היא כי פליגי בעננו רב יהודה סבר עננו לאו התרעה היא ורב סבר עננו נמי התרעה היא · ותיובתא מהא דתנן עליה ושאר כל מיני פורעניות המתרגשות על השלם כגון חיכוך חגב זבוב צרעה ויתושין ושילוח נחשים ועקרבים לא היו מתריעין אלא צועקין · והנה עננו צעקה היא [illegible]

*) אולי צ"ל דהא באידך פרקין דאין מוציאין וכו'.

רבינו גרשם

הא שייר תיבה דבאחרונות איכא ובאמצעיות ליכא אי משום תיבה לאו שיורא הוא דמילי בצינעא קתני [illegible]

גזר תלת עשרה תעניות ולא איעני סבר למיגזר טפי אמר ליה ר' אמי הרי אמרו אין מטריחין את הצבור יותר מדאי אמר ר' אבא בריה דרבי חייא בר אבא רבי אמי *דעבד לגרמיה הוא דעבד אלא הכי אמר ר' חייא בר אבא אמר ר' יוחנן לא שנו אלא לגשמים אבל לשאר מיני פורעניות מתענין והולכין עד שיענו מן השמים תניא נמי הכי כשאמרו שלש וכשאמרו שבע לא אמרו אלא לגשמים "אבל לשאר מיני פורעניות מתענין והולכין עד שיענו לימא תיהוי תיובתיה דר' אמי אמר לך רבי אמי תנאי היא דתניא אין גוזרין יותר משלש עשרה תעניות על הצבור לפי שאין מטריחין את הצבור יותר מדאי דברי רבי רשב"ג אומר לא מן השם הוא זה אלא מפני שיצא זמנה של רביעה שלחו ליה בני נינוה לרבי כגון אנן דאפילו בתקופת תמוז בעינן מיטרא היכי נעביד כיחידים דמינן או כרבים דמינן כיחידים דמינן ובשומע תפלה או כרבים דמינן ובברכת השנים "שלח להו כיחידים דמיתו ובשומע תפלה מיתיבי אמר רבי יהודה *"אימתי בזמן שהשנים כתיקנן וישראל שרוין על אדמתן אבל בזמן הזה הכל לפי השנים הכל לפי המקומות הכל לפי הזמן אמר ליה מתניתא רמית עליה דרבי רבי תנא הוא ופליג מאי הוי עלה רב נחמן אמר בברכת השנים רב ששת אמר בשומע תפלה והלכתא בשומע תפלה: בשני מטין עם חשיכה ובחמישי כל היום מפני כבוד השבת: איבעיא להו היכי קתני בב' מטין עם חשיכה ובה' כל היום מפני כבוד השבת או דילמא בשני מטין ובחמישי פותחין כל היום כולו תא שמע דתניא "בשני מטין עד הערב ובחמישי פותחין כל היום כולו מפני כבוד השבת היו לו שני פתחים פותח אחד ונועל אחד היה לו אצטבא כנגד פתחו פותח כדרכו ואינו חושש: עברו אלו ולא נענו ממעטין במשא ומתן ובבנין ובנטיעה: תנא *"בבנין בנין של שמחה נטיעה נטיעה של שמחה אי זהו בנין של שמחה זה הבונה בית חתנות לבנו אי זו היא נטיעה של שמחה זה הנוטע *אבוורנקי של מלכים: ובשאילת שלום: תנו רבנן "חברים אין שאילת שלום ביניהן עמי הארץ ששואלין מחזירין להם בשפה רפה ובכובד ראש *והן מתעטפין ויושבין כאבלים וכמנודין כבני אדם הנזופין למקום עד שירחמו עליהם מן השמים *אמר ר' אלעזר "אין אדם חשוב רשאי ליפול על פניו אלא אם כן נענה כיהושע בן נון שנאמר °ויאמר ה' אל יהושע קום לך למה זה אתה נופל על פניך ואמר ר' אלעזר אין אדם חשוב רשאי לחגור שק אלא אם כן נענה כיהורם בן אחאב שנאמר °ויהי כשמוע המלך את דברי האשה ויקרע את בגדיו והוא עובר על החומה וירא העם והנה השק על בשרו וגו' ואמר ר' אלעזר לא הכל בקריעה ולא הכל בנפילה משה ואהרן בנפילה יהושע וכלב בקריעה משה ואהרן בנפילה דכתיב °ויפל משה ואהרן על פניהם יהושע וכלב בקריעה דכתיב °ויהושע בן נון וכלב בן יפנה קרעו בגדיהם מתקיף לה ר' זירא ואיתימא ר' שמואל בר נחמני אי הוה כתיב יהושע כדקאמרת השתא דכתיב ויהושע הא והא עביד ואמר ר' אלעזר לא הכל בקימה ולא הכל בהשתחויה מלכים בקימה ושרים בהשתחויה דכתיב °כה אמר ה' גואל ישראל קדושו לבזה

רבי יהודה נשיאה גזר תליסר תעניות · על שאר פורעניות (ג) ומיהו קאמר ליה רבי אמי דאין מטריחין דהכי נמי משמע דהוה אשאר מיני פורעניות מדמייתי עלה הא דקאמר רבי יוחנן ל"ש אלא לגשמים אבל לשאר מינים וכו': שיצאה זמנה של רביעה · דזמן רביעה דיורה הוי במרחשון ויצא מרחשון: שלח להו כיחידים דמיתו· פירוש ובשומע תפלה תאמרו תפלת (ד) תענית והא דיחיד אומר ותן טל ומטר בברכת השנים אע"ג שמתפלל בעצמו הואיל וזמן צבור הוא אבל בני נינוה הוו יחידים אפי' בתקופת תמוז צריכין למטרא: הכל לפי השנים · אם צריכים אותה שנה גשמים שהיא שחונה ואם צריכים גשמים כבני נינוה שואלין ותן טל ומטר בברכת השנים: אור

גזר שליסר תעניתא · כדאמרינן במתניתין (דף טו:) שלש ראשונות ושלש אמצעיות ושבע אחרונות ולשאר פורעניות עביד להו ולא לגשמים: לגרמיה · לעצמו דרש שלא אמר אלא לפי שהוא לא היה רוצה להתענות: לא שנו · דאין גוזרים יותר משלש עשרה: כשאמרו · תורה אורלהתענות שלש ראשונות ושלש אמצעיות ושבע אחרונות: לא מן השם הוא זה · שאין זה (א) טעם שאין מניחין בשביל טורח אלא שכבר יצא זמנה של רביעה של יורה שהרי מרחשון עבר על כולן לסוף התעניות שמקצתן היו בכסליו כדקתני מתניתין ואיכא למשמע מדרבי שמעון דבשאר מיני פורעניות דכל שעתא הוי זימנייהו למיבטלי אפילו טפי גזרינן ורבי דאמר אין מטריחין סתמא אכולהו קאמר ואנא דאמרי כרבי: ובשומע תפלה · אמרינן לשאילת מטר כיחיד השואל צרכיו בשומע תפלה דהא דאמרינן שאלה בברכת השנים אפי' ביחיד משום דזמן צבור הוא אבל במילתא אחריתי דהוי ליחיד ולא לצבור כהכא דבתקופת תמוז לאו זמן שאילת צבור הוא בשומע תפלה הוא דמדכר ליה ולא בברכת השנים כדאמרינן במסכת ע"ז (דף ח.) ובברכות (דף לא.) אם היה לו חולה בתוך ביתו מזכיר עליו בברכת החולים ולבסוף מוקמינן והלכתא בשומע תפלה כך שמעתי: לימפי · הוא סדר תעניות: בזמן שהשנים כתיקנן · שהיא קציר בניסן וזריעה במרחשון ואין סדר השנים משתנה: וישראל שרוין על אדמתן · שמנהג ארץ ישראל בכך: הכל לפי השנים · אם צריכה אותה שנה למטר כגון שנה שחונה שצריכה לגשמים הרבה: לפי המקומות · כגון נינוה דאפי' בתקופת תמוז בעו מטרא· לא גרסינן לפי הזמן שלא ירדו עדיין גשמים: *בשני מטין עם חשיכה · ולא נועלין ולא פותחין הואיל ולאו *)לכבוד שבת הוא ובחמישי מותרין לפתוח לגמרי: מטין · שלא יראו בני אדם וילטערו אלא לעת ערב פותחין מקצתן כדי שיהא להם מה לאכול בלילה: או דילמא · פותחין כל היום והכי משמע מתניתין בשני מטין ובה' היה פתוח כדרכו כל היום לגמרי מפני כבוד השבת: אילטבא · כסא דהשתא אין החנות פתוחה לרשות הרבים ואם הוא פתוח אינו נראה כל כך: פותח כדרכו · אפי' בשני (נ): פ"ג מגא בנין בנין של שמחה נטיעה נטיעה של שמחה · בנין דקתני מתניתין לא בנין הצריך לו אלא בנין הצריך לשמחה דבדבר שמחה ממעטין: בית חתנות · לעשות חופתו: אבוורנקי של מלכים · שכך היו נוהגין כשנולד בן למלך היו נוטעין אילן לשמו ויום שממליכין אותו עושין לו כסא ממנו ליסנא אחריכא אילן גדול המיסך על הארץ לטייל המלך תחתיו ודומה לו בעירובין (דף כה:) ההוא אבוורנקא דהוה ליה לריש גלותא בבוסתניה: של מלכים · דרך מלכים נוטעין אותו לצל הוא טוטעו כמו כן לצל היא והיא נטיעה של שמחה: שאלת בשלום · תלמיד חכם מחזיר לו משום איבה ובשפה רפה: אבל ומנודה חייבין בעטיפה · *דכתיב ועל שפם יעטה במועד קטן (דף טו.): רשאי ליפול על פניו · לבזות עצמו בפני הצבור שאם לא יענה יתרפוהו כך שמעתי אלא אם כן יודעין בו שהוא חשוב כיהושע שאמר לו הקב"ה קום לך למה זה אתה נופל על פניך: אלא אם כן נענה · שיודעין הן שנענה כיהורם יהורם רשע שהיה בימיו ונענה דכתיב (מלכים ב ז) ויהי סאה סולת בשקל וסאתים שעורים בשקל: לא הכל · נענין ("בתפלה) ולא הכל נענין בקריעה דיהושע וכלב שלא היו חשובין כמשה ואהרן לא זכו ליענות אלא בקריעה ומקרא בעלמא קא דריש: ויהושע בן נון · כתיב בתריה דההוא דויפל וי"ו מוסיף על ענין ראשון:

*) ולאו לכבוד שבת הוא לא מטין כל היום שיראו בני אדם ויצטערו אלא לעת ערב כצ"ל וכל זה עד לאכול בלילה הוא דיבור אחד:

רבינו גרשום

§ מסכת תענית דף יד: §

אות א'

אבל לשאר מיני פורענויות מתענין והולכין עד שיענו

סימן תקעו ס"א - [א]כשם שמתענים ומתריעים על הגשמים, כך היו מתענים על שאר הצרות; כגון עכו"ם שבאו לערוך מלחמה עם ישראל, או ליטול מהם מס, או ליקח מידם ארץ, או לגזור עליהם צרה אפילו במצוה קלה, הרי אלו מתענין ומתריעין עד שירוחמו.

כתב הרמב"ם: מ"ע מן התורה לזעוק ולהריע בחצוצרות על כל צרה שלא תבא על הצבור, שנאמר: על הצר הצורר אתכם והרעותם בחצוצרות {ועיין במגיד משנה דהכריע לדינא, דלאו דוקא בחצוצרות, דה"ה בשופר} כלומר כל דבר שייצר לכם, כגון בצורת ודבר וארבה וכיו"ב, זעקו עליהן והריעו, **ודבר** זה מדרכי התשובה הוא, שבזמן שתבא צרה ויזעקו עליה ויריעו, ידעו הכל שבגלל מעשיהם הרעים הורע להן, ככתוב: עונותיכם הטו אלה וגו', וזהו שיגרום להסיר הצרה מעליהם, **אבל** אם לא יזעקו ולא יריעו, אלא יאמרו: דבר זה ממנהג העולם אירע לנו, וצרה זו נקרית היא, הרי זו דרך אכזריות, וגורמת להם להדבק במעשיהן הרעים, ותוסיף הצרה צרות אחרות, הוא שכתוב בתורה: והלכתם עמי בקרי והלכתי גם אני עמכם בחמת קרי וכו', **ומד"ס** להתענות על כל צרה שלא תבוא על הצבור עד שירוחמו מן השמים וכו', עכ"ל.

ותמה המ"א, למה אין אנו נוהגין לתקוע בעת צרה, ואפילו אם נאמר דאין ת"צ בבבל, הלא מדאורייתא מצוה לתקוע בלא תענית וכנ"ל, ונשאר בצ"ע, **ויש** מאחרונים שתירצו, דמדאורייתא מצוה זו נוהג רק בא"י, וכדכתיב: וכי תבואו מלחמה בארצכם וגו', **ויש** שכתבו דאפשר דאף בא"י, דוקא כשהיה תחת רשותינו, **ואפשר** עוד, דדוקא כשהגזרה הוא על רוב ישראל אז מ"ע לתקוע, אבל בלא"ה לא.

[ב]סימן תקעה ס"ו - [ג]אחר שגזרו י"ג תעניות אלו, אם לא נענו, אין גוזרין עוד; והני מילי כשמתענין על הגשמים, לפי שכשעברו אלו כבר עברו זמן הגשמים ואין בהם תועלת; אבל על שאר פורעניות מתענים והולכים עד שיענו.

אות ב'

שלח להו: כיחידים דמיתו, ובשומע תפלה

סימן קיז ס"ב - [ד]יחידים הצריכים למטר בימות החמה, אין שואלין אותו בברכת השנים, אלא בשומע תפלה - [ה]ואף דאיתא לקמן בסימן קי"ט, דאם היה צריך לפרנסה אומרה בברכת השנים, **שאני** פרנסה שהוא דבר הצריך לכל, ואין בו היזק לשום אדם, אבל מטר יש בו היזק לשאר ארצות.

ואפי' עיר גדולה כנינוה, או ארץ אחת כולה כמו ספרד בכללה, או אשכנז בכללה, כיחידים דמו בשומע תפלה.

ונראה דלפי"ז, דכ"ש שיש לנו לשאול מטר ב"שומע תפלה" אחר ז' מרחשון, או בין פסח לעצרת, במקומות הצריכין לכך, דהא אפילו בתקופת תמוז דסימן קללה הם, שואלין ב"שומע תפלה".

כתב ט"ז, הא דצבור מותר להתפלל ב"שומע תפלה", היינו כשמתפללין בלחש, אבל לא יאמר אותו הש"ץ בקול רם אפילו ב"שומע תפלה", **ומנהגנו** כהיום שאומר הש"ץ ב"שומע תפלה", אבל אינו אומר "ותן טל ומטר" לחוד, כי אם בפסוקים ושאר לשונות, וכבר נדפס בסידורים.

ובשבת ור"ח ויו"ט מזכירין י"ג מדות, ואומרים מזמורי תהלים של מטר, כדאיתא בסידורים.

אות ג'

אימתי בזמן שהשנים כתיקנן וכו'

סימן תקעה ס"ט - [ו]במה דברים אמורים, בארץ ישראל וכל הדומה לה; אבל במקומות שעונת הגשמים שלהם קודם שבעה עשר במרחשון, או אחר זמן זה - אפילו עונת הגשמים שלהם אחר שבועות, **כשיגיע זמנם ולא ירדו גשמים, יחידים מתענים שני וחמישי ושני, ומפסיקים בראש חדש חנוכה ופורים, ושוהין אח"כ כמו [ז]ששה ימים, אם לא ירדו גשמים, בית דין גוזרין י"ג תעניות על הסדר שאמרנו.**

באר הגולה

[א] **לשון רמב"ם ממשנה י"ט ומעובדא דרב יבמות ס"ג** [ב] ‹ע"פ הב"י ובאר הגולה› [ג] **י"ד: בגמרא בעובדא דרבי יהודה נשיאה ובריית‌א** [ד] **סוף פ"ק דתענית** [ה] ‹פי' רש"י ד"ה ובשומע תפלה: ולבסוף מוקמינן {במס' ע"ז} והלכתא {דכל הבקשות מבקשים} בשומע תפלה. **ואני** תמה, אדרבה התם מסקינן איפכא, ואפילו למסקנא יחיד אם רוצה שואל את צרכיו בשאר כל הברכות מעין אותה ברכה, **אבל** שאר מפרשים פירשו, דשאני מטר כיון שהוא מזיק לרוב העולם בתקופת תמוז, אין שואל בברכת השנים אלא בשומע תפלה - גבורת ארי› [ו] **הרמב"ם והוא מבואר בירושלמי, וגם נראה מן הגמרא שלנו** ‹בגמ' מיתיבי אר"י אימתי כו', פי' רש"י דר"י קאי אסדר תעניות, דבמקומות שצריכין גשמים בחודש אחר, מתחילין אז הי"ג תעניתים, וכן נראה דעת הרמב"ם, שהביא הא דר"י בהל' תענית (פ"ג ה"י), ופי' שם הה"מ דכן נראה בגמ' כאן, **אך** יש לתמוה, דלפי"ז כיון דהגמ' מתרץ ע"ז דרבי פליג, מוכח דהנך ב' דינים תלוין זה בזה, וא"כ כיון דאנן קי"ל כרבי דכיחידים נינהו, כדפסק הרמב"ם בהל' תפלה (פ"ב הי"ז) ע"ש, איך פסק להך דר"י ומזכי שטרא לבי תרי, **ובספר** גבורת ארי פי', דר"י לענין הזכרה בברכת השנים אמרו, ולא כפי' רש"י, ולפי"ז היה אפשר לומר פסק הרמב"ם ע"פ הירושלמי בלבד, דגם לרבי אית ליה הסדר תעניות, וצ"ע - שפת אמת› [ז] **כן הגיה הב"י** ‹וז"ל: ומ"ש הרמב"ם ושוהין אחר כך כמו שבעה ימים. **טעמו** שכך שוהין בארץ ישראל, שהרי כשהגיע י"ז במרחשון ולא ירדו גשמים, היחידים מתענין שני וחמישי ושני, נמצאו נגמרים בכ"ה לחשון, ואם הגיע ראש חודש כסליו ולא ירדו גשמים, בית דין גוזרין שלש תעניות, הרי חמשה ימים שנשארו מחשון, ויום ראש חודש כסליו, הרי ששה ימים, ובשביעי שהוא מחרת ראש חודש כסליו מתחילין להתענות אם הוא יום שני, ואם לא יהיה יום שני ימתינו מלהתענות עד יום שני הבא ראשון, ונמצאו שוהין יותר משבעה ימים, ואפשר שמפני כך כתב שוהין "כמו" שבעה, מפני שלפעמים שוהין יותר משבעה, **אבל** קשה שלא היה לו לכתוב אלא שוהין כמו ששה ימים, שהרי חמשה ימים מסוף חודש חשון, ויום ראש חודש כסליו, ששה ימים הם ולא שבעה, ואפשר שהרמב"ם כתב כמו ששה ימים, והיה כתוב ו', וטעה הסופר בין וי"ו לזיי"ן›

אות ד'

בשני מטין עד הערב, ובחמישי פותחין כל היום כולו וכו'

סימן תקעה ס"ד - [ח]ונועלים את החנויות, ובשני לעת ערב פותחין מעט - דהיינו שפותח קצת דלת החנויות, ואין מוציאין מה שבחנות לחוץ, **(אותן החנויות המוכרות אכילה ושתיה) (ב"י בשם רש"י), כדי שימצאו לקנות לסעודת הלילה.**

[ט]ובחמישי פותחין כל היום חנויות המוכרות [י]מאכל, מפני כבוד השבת - אבל של שתיה דיכולין לקנותו בע"ש, לא, [אבל פותח קצת לעת ערב כמו בשני]. **ואם יש לחנות שני פתחים, [יא]פותח אחד ונועל אחד; ואם יש לחנות אצטבא** - כסא, **לפניו, [יב]פותח כדרכו בחמישי ואינו חושש** - דהשתא אין החנות פתוחה לר"ה, ואם הוא פתוח אינו נראה כל כך, רש"י.

עיין בגבורת ארי דמסיק, דשארי חנויות של דבר אחר, נועלין לגמרי כל היום בין בשני בין בחמישי, רק בחנויות של מאכל ומשתה פותחין מעט לעת ערב.

אות ה' – ו'

בבנין: בנין של שמחה, נטיעה: נטיעה של שמחה

חברים אין שאילת שלום ביניהן, עמי הארץ ששואלין וכו'

סימן תקעה ס"ז - [יג]כשמתענים על הגשמים ועברו י"ג תעניות אלו ולא נענו, ממעטין במשא ומתן ובבנין של שמחה - לאו דוקא, אלא ה"ה לכל בנין שאין צריכין, דאינו נעשה אלא לנוי ולהרוחה בעלמא, **ודע** עוד, דשל שמחה קאי גם אמשא ומתן, דאינו אסור אלא של שמחה, כגון צרכי חופה לבנו, מ"א, ועיין בסימן תקנ"א ס"ב ובמ"ב שם מדינים אלו. **(אא"כ כותלו)** - של בנין שמחה, כגון בית חתנות לבנו, **(נוטה ליפול)** - ואפילו אין בו סכנה **(טור)**. **וממעטין באירוסין ונישואין** - פי' שאין מארסין כלל, **[יד]אלא אם לא קיים מצות פריה ורביה. וממעטין בשאילת שלום בין אדם לחבירו; ותלמידי חכמים לא ישאלו שלום אלא כנזופין וכמנודים למקום, ועם הארץ שנתן להם שלום, משיבין לו בשפה רפה וכובד ראש.**

אות ז'

אין אדם חשוב רשאי ליפול על פניו אלא אם כן נענה כיהושע בן נון

סימן קלא ס"ח - [טו]אין אדם חשוב רשאי ליפול על פניו כשמתפלל על הצבור - פי' ובפני הצבור, דכסיפא ליה מילתא, שמהרהרין שאין הגון ואין ראוי ליענות, **אא"כ [טז]הוא בטוח שיענה כיהושע בן נון** - שאמר לו הקב"ה: קום לך למה אתה נופל על פניך.

אבל בביתו אפילו מתפלל על הציבור מותר, **ואפילו** בפני הציבור, דוקא כשהוא לבדו נופל על פניו, ואין הקהל נופלין עמו, דאם כל הקהל נופלין, אזי אם אין ח"ו נענים, אין גנאי כ"כ להאדם חשוב, דלא עדיף הוא מכלל הציבור.

והיינו כשהוא דרך קידה, ואפילו בלא פישוט ידים ורגלים, ואפילו לא היה שם רצפת אבנים, דבשאר כל אדם שרי, באדם חשוב אסור, **ואם** הוא מטה קצת על צדו, אפי' על רצפת אבנים שרי, דאין זה נפילה על פניו, **וכ"ש** נפילת אפים שלנו, שהוא רק הטיית הראש וכיסוי פנים בעלמא, בודאי שרי.

---

§ מסכת תענית דף טו. §

אות א'

סדר תעניות כיצד, מוציאין את התיבה לרחובה של עיר וכו'

סימן תקעט ס"א - [א]בכל יום משבעה תעניות אחרונות של גשמים, מתפללים על סדר זה: מוציאים את - ס"ת עם **התיבה לרחובה של עיר** - והטעם, כדי להתבזות בפרהסיא, **א"נ** משום גלות, שגלינו מביהכ"נ, וגלות מכפרת עון, **ולפי** טעם זה, אם אין יכולים להתפלל ברחוב מפני הכותים, יתפללו בבית אחר.

וכל העם מתקבצים [ב]ומתכסים בשקים - לומר: הרי אנו חשובין לפניך כבהמה, **וכתב** המ"א דנמשל לבהמה, שדרך לכסות בהמה

באר הגולה

ח משנה שם י"ב | ט ברייתא שם י"ד | י ב"י ממשמעות פי' רש"י ‹ודבר פשוט הוא, דהא דבשני מטין עם חשכה ובחמישי מותרין, היינו דוקא בחנויות המוכרות מאכל ומשתה, ומפני הצורך התירו להם, אבל חנויות המוכרות שאר דברים אין פותחין אותם כלל, וכן משמע מדברי רש"י {ד"ה מטין} – ב"י. ‹ואין הציון בא על מה דהשמיט משקה, אלא לאפוקי שאר דברים› | יא כפי' רמב"ם ‹ר"ל מה דפי' דדין זה הוא בענין יום חמישי, וכמו שממשיך השו"ע, ועיין בהערה הסמוך› | יב ‹ובמה שפירש רש"י בהיה לו אצטבא כנגד פתחו פותח ונועל כדרכו, ואפילו בשני מותר, מבואר בדברי הרמב"ם שאינו סובר כן, אלא דוקא בחמישי מותר מפני כבוד השבת, אבל לא בשני, ומשמע דה"ה ביש לחנות שני פתחים, דקתני פותח אחד ונועל אחד, דדוקא בחמישי קאמר, אבל בשני לא יפתח לגמרי אפילו פתח אחד – ב"י. ‹משמע שמפרש היה לו איצטבא, אבבא דפותחין קאי, והכי קאמר בחמישי פותחין כל היום, ודוקא באין לו אלא פתח אחד, אבל בהיו לו שני פתחים, אינו פותח אלא אחד מהם, והשניה נשאר נעול, אבל אם יש איצטבא, אפילו היו שני פתחים פותח את שתיהן כדרכו, **ולפירוש** רש"י משמע, דרישא דהיו לו שני פתחים, נמי בשני קאמר, דפותח אחד, דהא דב' פתחים ודאיצטבא מענין אחד מיירי – גבורת ארי› | יג משנה וגמ' שם י"ב | יד רמב"ם | טו מגילה כ"ב | טז ‹ורש"י פי': יודעים בו שהוא חשוב כיהושע, משמע דאחרים צריכים לידע שיהא נענה› | א משנה תענית ט"ו | ב בגמרא שם ט"ז מפרש טעמו, ועיקרו בירושלמי, רש"י

לבזה נפש למתעב גוי לעבד מושלים · לישראל הבזוים ומתועבים ועבדים מושלין בהן: **ולא סכל בקימה** · לכשיגאלו ישראל לעתיד לבא מלכים יראו וקמו שרים וישתחוו: **מ"נ לא הכל לאורה ולא הכל לשמחה דכתיב אור זרוע לצדיק ולישרי לב שמחה** · ישרים לשמחה דישרים עדיפי מצדיקים: תורה אור

אור זרוע לצדיק ולישרי לב שמחה · פירוש ולאו לומר כדלעיל ולישרים האי והאי שמחה ואורה (ה) א"כ דאמרינן דלישרי לב קאי אהא דלעיל כמו כן אמרינן דלצדיקים קאי אהא דלאבתריה כיון דסמוך לצדיק לישרי לב ובודאי יש הפרש בין זה לזה דאם לא כן לערבינהו ולכתוב לצדיקים ולישרי לב אורה ושמחה אבל ההיא דלעיל לא הוו מלכים ושרים כי הדדי אלא יראו וקמו בנייהו וכמו יראו וקמו דהאי קודם שרים קאי על מלכים דלעיל קאי נמי אשרים דכתיב אבתריה אבל הכא אין לפרש אלא אור זרוע לצדיקים ולישרי לב שמחה:

לבזה נפש למתעב גוי לעבד מושלים מלכים יראו וקמו ושרים בהשתחויה דכתיב שרים וישתחוו מתקיף לה רבי זירא ואיתימא רבי שמואל בר נחמני אי הוה כתיב ושרים ישתחוו כדקאמרת השתא דכתיב שרים וישתחוו הא והא עבוד אמר רב נחמן בר יצחק אף אני אומר לא הכל לאורה ולא הכל לשמחה צדיקים לאורה וישרים לשמחה צדיקים לאורה דכתיב °אור זרוע לצדיק ולישרים שמחה דכתיב ולישרי לב שמחה:

הדרן עלך מאימתי

סדר °תעניות כיצד מוציאין את התיבה לרחובה של עיר *ונותנין אפר מקלה על גבי התיבה ובראש הנשיא ובראש אב בית דין וכל אחד ואחד נותן בראשו הזקן שבהן אומר לפניהן דברי כבושין אחינו לא נאמר באנשי נינוה וירא אלהים את שקם ואת תעניתם אלא °וירא האלהים את מעשיהם כי שבו מדרכם הרעה ובקבלה הוא אומר °וקרעו לבבכם ואל בגדיכם עמדו בתפלה מורידין לפני התיבה זקן ורגיל ויש לו בנים וביתו ריקם כדי שיהא לבו שלם בתפלה °ואומר לפניהן עשרים וארבעה ברכות י"ח שבכל יום ומוסיף עליהן עוד שש ואלו הן זכרונות ושופרות °אל ה' בצרתה לי קראתי ויענני °אשא עיני אל ההרים וגו' °ממעמקים קראתיך ה' °°תפלה לעני כי יעטוף ר' יהודה אומר לא היה צריך לומר זכרונות ושופרות אלא אומר תחתיהן °°°רעב כי יהיה בארץ דבר כי יהיה °אשר היה דבר ה' אל ירמיהו על דברי הבצרות ואומר חותמיהן על הראשונה הוא אומר מי שענה את אברהם בהר המוריה הוא יענה אתכם וישמע בקול צעקתכם היום הזה ברוך אתה ה' גואל ישראל על השניה הוא אומר מי שענה את אבותינו על ים סוף הוא יענה אתכם וישמע קול צעקתכם היום הזה ברוך אתה ה' זוכר הנשכחות על השלישית הוא אומר מי שענה את יהושע בגלגל הוא יענה אתכם וישמע בקול צעקתכם היום הזה ברוך אתה ה' שומע תרועה על הרביעית הוא אומר מי שענה את שמואל במצפה הוא יענה אתכם וישמע בקול צעקתכם היום הזה ברוך אתה ה' שומע צעקה על החמישית הוא אומר מי שענה את אליהו בהר הכרמל הוא יענה אתכם וישמע בקול צעקתכם היום הזה ברוך אתה ה' שומע תפלה על הששית הוא אומר מי שענה את יונה ממעי הדגה הוא יענה אתכם וישמע בקול צעקתכם היום הזה ברוך אתה ה' העונה בעת צרה על השביעית הוא אומר מי שענה את דוד ואת שלמה בנו בירושלים הוא יענה אתכם וישמע בקול צעקתכם היום הזה ברוך אתה ה' המרחם על הארץ: מעשה בימי

°תהלים קל °°שם קב °°°מ"א ח

(יונה ג) (יואל ב) (תהלים קכ) (שם קכא) (ירמיה יד)

הדרן עלך מאימתי

סדר תעניות כיצד כו': **אפר מקלה** · אפר ממש ולא עפר אפר סתם הוא עפר דכשם שאפר קרוי עפר דכתיב (במדבר יט) מעפר שרפת החטאת כך עפר קרוי אפר סתם והיינו דקתני אפר מקלה אפר שריפה אי הוה תני אפר סתם הוה משמע עפר ואפר מקלה גנאי יותר מעפר סתם ובגמרא מפרש מאי טעמא נותנין אותו: **כבושין** · לשון עצירה כמו מכבש בלע"ז פריס"א (א) שכובשין את הלבבות להחזירם למוטב ואלו הן דברי כבושין אחינו כו': **ובקבלה** · שהנביא מטה לישראל (עמדו בתפלה) והקשה תוספות מאן דהו מאי שנא בהאי קרא דכתיב ביונה וירא האלהים את מעשיהם וגו' ולא קרי ליה דברי קבלה ובהאי קרא דוקרעו לבבכם קרי ליה קבלה ופריק איהו כל מקום שהנביא מטה ומודיע ומזהיר את ישראל קרי ליה קבלה ובכל דוכתא דלא איתפקד נביא כי האי וירא האלהים שהוא כמספר והולך דיליף מיניה אגב אורחיה מילתא לא קרינן ליה קבלה: (ג) **ברחובה של עיר** · בגלוי וכי הך דאמרינן במסכת מגילה (דף כה:) בני העיר שמכרו רחובה של עיר והתם מפרש בהדיא *אמר ר' זירא האיל והעם מתפללים בו בתעניות ובמעמדות: **ורגיל** · רגיל להתפלל ותפלתו שגורה בפיו ולא יטעה שכל (נ) חזן שטועה סימן רע לשולחיו*: **וביתו ריקם** · משמע דהוא עני ואין לו מחיה בביתו ובגמרא מפרש טעמא אחריתא וגופו נקי מעבירות שלא חטא ולא יצא עליו שום שם רע בשום עבירה כו': **זכרונות ושופרות** · כל הפסוקים שאומרים בראש השנה: **אל ה' בצרתה לי כו'** · כולן הן מזמורים: **ואומר חותמיהן** · על כל פרשה ופרשה אחר זכרונות חתימת זכרונות ואחר שופרות חתימת שופרות וכן אחר כולם מעין הפרשה כדמפרש ואזיל: **על הראשונה** · בפעם ראשונה הוא אומר מי שענה לאברהם כו' בגואל ישראל היה מתחיל להאריך והולך ואומר לסנן שם ברכות: **על השניה** · זו היא ברכה ראשונה של שש ברכות כדאמרינן בגמ' והיאך דגואל ישראל זו היא ברכה עצמה של שמונה עשרה ואינה מאותן שש אלא שבה היה מתחיל להוסיף ולהאריך על הזכרונות הוא אומר זוכר הנשכחות ועל השופרות שומע תרועה והיא שניה למניינה ועל אל ה' בצרתה לי והיא שלישית למנין שם שומע צעקה(ד) שלישית וכן סולן: **ומי שענה את אבותינו על ים סוף** · לפיכך אומרה בזכרונות לפי שהיו ישראל נשכחים במצרים כמה שנים ונתייאשו מן הגאולה וזכרה המקום ונאלם דכתיב (שמות ו) ואזכור את בריתי: **ובשופרות הוא אומר מי שענה את יהושע בגלגל** · לפי שנענה בשופרות ביריחו וזהו בעוד שהיו ישראל בגלגל: **ואליהו בהר הכרמל** · כנגד אשא עיני אל ההרים וכן סולן לפי ענין המזמורים אליהו נענה בהר הכרמל מעין אשא עיני אל ההרים ושמואל במצפה דכתיבי קראי ומעין אל ה' בצרתה לי: **ממעי הדגה** · מעין ממעמקים קראתיך ה' ועונה בעת צרה שכן כתיב ביונה קראתי מצרה לי (יונה ב) ובשמואל כתיב ויזעק אל ה' (שמואל א ו) ובאליהו כתיב (מלכים א יח) ענני זו תפלה: **ועל השביעית** · מפרש בגמרא מאי שביעית מי שענה דוד ויהי רעב בימי דוד שלש שנים שנה אחר שנה (שמואל ב כא): **ושלמה** · כשהכניס הארון לבית קדש הקדשים אי נמי רעב כי יהיה בארץ וגו' (מלכים א ח) ולפיכך חותם מרחם על הארץ שכן התפללו על ארץ ישראל ותפלה לעני כי יעטוף על דוחק גשמים נופל וכתיב ביה (שם) בהעצר שמים: **בימי רבי חלפתא בצפורי** · אביו של רבי יוסי דאמרינן בסנהדרין (דף לב:) אחר רבי יוסי לצפורי [אחר ר' חנניא בן תרדיון] בסיכני: ונומר

[פי' תוספות לקמן ט"ז ע"ב ד"ה ונותנין]

[לפנינו שם בגמרא הוא ולא ר' זירא אמרה]

[ברכות לד.]

שייך לע"ב

א א מיי' פ"ד מהלכות תענית הלכה א ב ג טוש"ע א"ח סימן תקעט סעיף א:

ב ב מיי' שם ס"ו טור א"ח סימן תקעט:

[ועי' תוספו' מנחות יט. ד"ה במקרא]

רבינו חננאל

שירחמו עליהם מן השמים · א"ר אלעזר אין אדם חשוב רשאי ליפול על פניו א)[יחיד בצבור וכן מפורש בתלמוד ירושלמי] [כפ"ב ה"ו] אא"כ נענה כיהושע בן נון שנאמר ויאמר ה' אל יהושע קום לך למה זה אתה נופל על פניך וכן אין אדם חשוב רשאי לחגור שק על בשרו אא"כ נענה כיהורם שנאמר ויהי כשמוע המלך את דברי האשה ויקרע את בגדיו וירא העם והנה השק על בשרו. וא"ר אלעזר משה ואהרן בנפילה · יהושע וכלב בקריעה · ומסקנא יהושע הא והא קא עבד ועוד אמר מלכים בקימה שרים בהשתחויה ואני ב) אומר צדיקים וישרים בשמחה שנא' אור זרוע לצדיק ולישרי לבשמחה:

הדרן עלך מאימתי מזכירין

סדר תעניות כיצד מוציאין את

רבינו גרשום

תנא בנין בנין של שמחה כלומר הא דקתני ממעטין בבנין היינו בבנין של שמחה ג)אכורנקי של מלכים שכשנולד בן נוטעין אילן אחד לשמו וכשמעמידין אותו למלך עושין ממנו כסא מלכות · ומנא לן דיהושע נענה דכתיב ויאמר ה' אל יהושע וגו' ויהושע ו' מוסיף על ענין ראשון דהא והא עבד בנפילה כמשה ובקריעה · לא הכל בקימה כלומר לעתיד לבוא שעומדין כנגד ישראל והא והא עביד קימה והשתחויה. ה"ג הכל לאורה ולא הכל לשמחה צדיקים לאורה ולזו לשמחה ישרים אף לשמחה דישרים עדיפי מצדיקים:

הדרן עלך מאימתי

סדר תעניות כו' ואפי' בקטייתא כלומר

הגהות הב"ח

(א) רש"י ד"ה כבושין כו' (שכובשין את הלבבות להחזירם למוטב) תא"מ ונ"ב ס"א שכובשין ודוחקין את הלב לעשות תשובה · הו' ענין אחר שמגלה להם סתרי מעשיהם כמו בהדי כבשי דרחמנא כו' סר"ח (ב) ד"ה ובקבלה כו' לישראל והקשה כצ"ל ותיבות עמדו בתפלה נמחק: (ג) ד"ה ורגיל כו' שכל ש"צ שטועה: (ד) ד"ה על השניה כו' שומע צעקה וכן כולם כצ"ל שלישית נמחק והד"א עם ד"ה מי שענה וד"ה ובשופרות וד"ה ואליהו וכו' ושמואל במצפה כדכתיבי קראי וכו' והד"א עד בימי רבי חלפתא: (ה) תוספות ד"ה אור כו' שמחה ואורה דאם כן אמרינן דלישרי לב כו' כמו כן אמרינן דלצדיק קאי אהא דלאבתריה כו' ולכתוב לצדיק ולישרי לב אורה ושמחה אבל בההיא דלעיל לא הוו מלכים ושרים כתובים אהדדי אלא כו' אור זרוע לצדיק ולישרי לב שמחה:

גליון הש"ס

רש"י ד"ה ובקבלה וכו' ולא קרי ליה דברי קבלה · עיין חולין דף קלז ע"א רש"י ד"ה תורת משה:

א) נראה דצ"ל פי' יחיד בצבור וכו'. ב) נראה דחסר כאן וצ"ל אמר רנב"י אף אני אומר צדיקים לאורה וישרים לשמחה שנאמר וכו'. ג) אולי צ"ל ובנטיעה היינו נטיעה של שמחה כגון אכורנקי וכו'.

בשק, ולכן נראה דיכסה למעלה על הבגדים. **ונותנים אפר מקלה, (פירוש אפר של דבר שנשרף, לאפוקי עפר בעלמא שגם הוא נקרא אפר), על גבי התיבה** - משום "עמו אנכי בצרה", א"נ "בכל צרתם לו צר", [ג]**ועל גבי ספר תורה, כדי להגדיל הבכיה ולהכניע לבם; ואחד מן העם נוטל האפר ונותן בראש הנשיא ובראש אב בית דין,** [ד]**במקום הנחת תפילין, כדי שיכלמו וישובו** - והא דאינם נוטלים בעצמם ונותנין על ראשם, היינו כדי שיתביישו מאחרים, שעי"ז בושתן מרובה. **וכל אחד ואחד נוטל ונותן בראשו** - קודם תפלת שחרית.

ואחר כך מעמידים ביניהם זקן חכם, והם יושבים; [ה]**לא היה שם זקן חכם, מעמידין חכם; לא היה שם לא זקן ולא חכם, מעמידין אדם של צורה** - רש"י ותוספות פירשו בעלי קומה, כדי שישמעו דבריו ויקבלו להמריך הלב, **והרא"ש** פירש, דחכם היינו כל שמינהו ב"ד פרנס על הצבור, **ואדם** של צורה היינו ת"ח ולא גמיר כחכם, א"נ שראוי למנותו פרנס על הצבור.

[ו]**ואומר לפניהם דברי כבושים (פירוש דברים שכובשין ומעוררין הלב לתשובה): אחינו, לא שק ולא תענית גורמים, אלא תשובה ומעשים טובים; שכן מצינו שלא נאמר באנשי נינוה: וירא אלהים את שקם ואת תעניתם, אלא: וירא אלהים את מעשיהם,** [ז]**ובקבלה הוא אומר: קרעו לבבכם ואל בגדיכם; ומוסיף בענינים אלו כפי כחו עד שיכניע לבם וישובו תשובה גמורה; ואחר שגומר זה דברי כבושים** [ח]**עומדים בתפלה** - וה"ה בער"ח, במקום שאומרים דברי כבושים, יאמרו קודם התפלה, כדי שיתפללו בלב נשבר אח"כ.

ומעמידים שליח צבור הראוי להתפלל בתעניות אלו; ואם היה אותו שאומר דברי כבושים ראוי להתפלל, מתפלל; ואם לאו, מורידין אחר.

ומי הוא הראוי להתפלל בתעניות אלו, איש שהוא רגיל בתפלה - כדי שלא יטעה, [ט]**ורגיל לקרות בתורה נביאים וכתובים, ומטופל** - בבנים קטנים, **ואין לו** - שמתוך כך יתפלל בלב שלם, **ויש לו יגיעה בשדה.**

[י]**ולא יהיה בבניו ובני ביתו וכל קרוביו והנלוים אליו בעל עבירה, אלא יהיה ביתו ריקן מן העבירות;** [יא]**ולא יצא עליו שם רע בילדותו; שפל ברך ומרוצה לעם** - שיסכימו לתפלתו, **ויש לו נעימה** - שימשוך הלב, **וקולו ערב.**

ואם היה זקן עם כל המדות האלו, הרי זה מפואר; ואם אינו זקן, הואיל ויש בו כל המדות האלו, יתפלל.

אות ב'

ואומר לפניהן עשרים וארבע ברכות

סימן תקעט ס"ב - [יב]**סדר התפלה ושש ברכות שהוא מוסיף ותקיעות שהוא תוקע, מבואר יפה בטור בסימן זה.**

טור סימן תקעט - ויחזיר ש"צ התפלה: אבות וגבורות וקדושת השם אתה חונן השיבנו וסלח לנו, ויאמר כל הסליחות והוידויין וידוי גדול בכללם, ויאמר: כשחטאו ישראל במדבר, ובתכלית הוידוים יאמר: עזרא הסופר וכו'. ראה בענינו וכו', עננו ה' עננו וכו' עד: כי אתה ה' עונה ומציל פודה ומרחם בכל עת צרה וצוקה, וקיים לנו ה' אלהינו את הברית ואת החסד והשבועה שנשבעת לאברהם אבינו בהר המוריה, ותראה לפניך העקידה שעקד את יצחק בנו על גבי המזבח, וכבש רחמיו לעשות רצונך בלב שלם, כן יכבשו רחמיך את כעסך ויגולו רחמיך על מדותיך, וישוב חרון אפך מעמך ומעירך ומנחלתך, מי שענה לא"א בהר המוריה הוא יענה אתכם וישמע קול צעקתכם ביום הזה בא"י גואל ישראל, ועונים אמן, ותוקעין תר"ת, ויעבור - (ומשמע לכאורה הא דאמר "ויעבור", רוצה לומר שיאמר ויעבור וי"ג מדות, ואח"כ יאמר: היום יבואונו וכו' אם כבנים וכו' - פרישה).

ויאמר: היום יבואונו חסדיך עם רחמיך, היום הרק עלינו מי גשמים, אם כבנים אם כעבדים אם כבנים וכו', אתה זוכר מעשה עולם ופוקד כל יצורי קדם, כי זכר כל היצור לפניך בא מעשה איש ופקודתו ועלילות מצעדי גבר מחשבות אדם ותחבולותיו ויצרי מעללי איש, אשרי איש שלא ישכחך ובן אדם יתאמץ בך, כי דורשיך לעולם לא יכשלו ולא תכלים לנצח כל החוסים בך, וגם את נח באהבה זכרת ותפקדהו בדבר ישועה ורחמים בהביאך עליהם את מי המבול, ככתוב בתורתך: ויזכור אלהים את נח וגו', וכל פסוקי הזכרונות, אלהינו ואלהי אבותינו זכרנו בזכרון טוב מלפניך, ופקדנו בפקודת ישועה ורחמים משמי שמי קדם, ובעבור שמך הגדול ישוב חרון אפך מעמך ומנחלתך, וקיים לנו ה' אלהינו את הדבר שהבטחתנו בתורתך ע"י משה עבדך, כאמור: וזכרתי להם ברית ראשונים אשר הוצאתי אותם

באר הגולה

ג רמב"ם, וכתב הב"י ולא ידעתי מנין לו | ד מימרא דרבי יצחק ט"ז | ה ברייתא שם | ו שם ט"ו | ז מה שהנביא מצוה ומודיע ומזהיר את ישראל נקרא קבלה, ב"י (וכן הוא ברש"י) | ח משנה שם | ט ברייתא שם | י שם וכדמפרש רב חסדא וכפי' הרמב"ם | יא שם וכדמפרש אביי | יב שם במשנה ט"ז וגמרא ט"ז

מארץ מצרים וגו', מי שענה את משה ואבותינו על ים סוף הוא יענה אתכם וישמע קול צעקתכם ביום הזה בא"י זוכר הנשכחות, ותוקעין תרועה ותקיעה ותרועה, ויעבור.

ויאמר: היום גשם נדבות תניף אלהים, היום מלא מים פלג אלהים, היום תכין מטובתך לעני אלהים, אם כבנים וכו', אתה נגלית בענן כבודך על עם קדשך לדבר עמהם וגו', כמו שהוא בתפלת ר"ה, עד והלך בסערות תימן, ויריעו העם ויתקעו בשופרות, ויהי כשמוע העם את קול השופר ויריעו העם תרועה גדולה ותפול החומה תחתיה ויעלו העם העירה איש נגדו וילכדו העיר, ובתורתך ה' אלהינו כתוב לאמר: וכי תבואו מלחמה בארצכם על הצר הצורר אתכם והרעותם בחצוצרות ונזכרתם לפני ה' אלהיכם ונושעתם מאויביכם, וזכור לנו ה' אלהינו זכותו של יהושע עבדך היום ורחם עלינו למען שמך, מי שענה את יהושע בגלגל הוא יענה אתכם וישמע קול צעקתכם ביום הזה בא"י שומע תרועה, ותוקע תקיעה ותרועה ותקיעה, ויעבור.

ויאמר: היום אל תזכור לנו עונות ענושה, היום אל תשים שמיך כנחושה, היום זכור לנו ברית אבות שלשה, אם כבנים וכו', שיר המעלות אל ה' בצרתה לי עד סוף המזמור, אנא ה' אלהינו זכור לנו היום זכותו של שמואל חוזך ורחם עלינו למען שמך, מי שענה את שמואל במצפה הוא יענה אתכם וישמע בקול צעקתכם ביום הזה בא"י שומע צעקה, ותוקעין תר"ת ‹בלבוש הגירסא "תרועה תקיעה תרועה"›, ויעבור.

ויאמר: היום ענינו בגשמי רצון ברכה ונדבה וטובה, היום עננו אל נערץ בסוד קדושים רבה, היום ענינו ופתח לנו אוצרך הטוב, אם כבנים וכו', שיר למעלות אשא עיני וגומר עד סוף המזמור, אנא ה' אלהינו זכור לנו היום זכותו של אליהו נביאך ורחם עלינו למען שמך, מי שענה את אליהו בהר הכרמל הוא יענה אתכם וישמע קול צעקתכם ביום הזה בא"י שומע תפלה, ותוקעין תקיעה תרועה תקיעה, ויעבור.

ויאמר: היום מטר משמיך גשם על פני האדמה, היום תעלה איד מן האדמה והשקה את כל פני האדמה, היום תבשר ברחמים אל תיראי אדמה, אם כבנים וגו', שיר המעלות ממעמקים קראתיך ה' וגו', אנא ה' אלהינו זכור לנו היום זכותו של יונה נביאך ורחם עלינו למען שמך, מי שענה את יונה במעי הדגה הוא יענה אתכם וישמע קול צעקתכם ביום הזה ברוך אתה ה' העונה בעת צרה, ותוקע תרועה תקיעה תרועה, ויעבור.

ויאמר: היום העתר לעם שופכים לב כמים, היום רוח אדמה לא שבעה מים, היום הבא ברכה עם גולת המים, אם כבנים וכו', תפלה לעני כי יעטוף וגו', אנא ה' אלהינו זכור לנו זכותו של דוד עבדך משיחך ושלמה בנו מלכא ורחם עלינו למען שמך, מי שענה לדוד ולשלמה בנו ירושלים הוא יענה אתכם וישמע קול צעקתכם ביום הזה בא"י מרחם על הארץ, ותוקע תקיעה תרועה תקיעה, ויעבור.

ויאמר: היום רצה תפלתנו לשום שארית בארץ, היום גשם אל יכלה לרוות הארץ, היום הפר כעסך עמנו ומטובך תשבע הארץ, אם כבנים וכו', [יג]רפאנו ה' וכו', ושמע קולנו ה' אלהינו וקבל ברחמים וברצון את תפלתנו ומלפניך מלכנו ריקם אל תשיבנו, ועננו בורא עולם במדת רחמיך, בחר בעמו ישראל להודיע גדלו והדרת כבודו, שומע תפלה תן טל ומטר לברכה על פני האדמה ושבע את העולם כולו מטובך, ומלא ידינו מברכותך ומעושר מתנת ידיך, שמרה והצילה שנה זו מכל דבר רע ומכל מיני משחית ומכל מיני פורענות, ועשה לה תקוה ואחרית שלום, חוס ורחם עלינו ועל כל תבואתה ופירותיה, וברכה בגשמי רצון ברכה ונדבה וחיים ושובע ושלום כשנים הטובות, והסר ממנו דבר וחרב ורעב וחיה רעה ושבי וביזה ויצר הרע וחולאים רעים וקשים ומאורעות רעות וקשות, וגזור עלינו גזירות טובות מלפניך, ויגולו רחמיך על מדותיך ותתנהג עם בניך במדת רחמים, וקבל ברחמים וברצון את תפלתנו כי אתה שומע תפלת כל פה בא"י שומע תפלה.

רצה, ומודים, וברכת כהנים, וקדיש עד למעלה, ופזמונים ותוכחות ופתיחות וסליחות כולם, עד בדיל שמך רבא, ויאמר תחינה ומיושב אם עוננו ענו בנו, וקדיש עד למעלה, ופזמונים ותוכחות, ומוציאין ס"ת וקורין בפ' אם בחקותי, כהן עד וישבתם לבטח, לוי עד והקימותי את בריתי אתכם, שלישי והוא המפטיר עד סוף הקללות, עד בהר סיני ביד משה, קדיש עד למעלה, ויקרא המפטיר: על דברי הבצרות, ויברך ברכות ראשונות ואחרונות עד מגן דוד, ויקראנה בניגון הפטרת ט"ב, ויאמר: מצלאין אנחנא, ונדרוש מי שראוי לדרוש, וקדיש דרבנן, ויחזור ספר תורה למקומו, ויאמר קדיש תתקבל, לך דומיה לקדיש וסליחות, ואם ירצה יתחיל תילים, ויקרא קצת כמו שקורין בליל יוה"כ או יותר, עד זמן המנחה.

באר הגולה

יג ‹פירוש שאומר רפאנו ה' וכו' עד ברוך אתה ה' מצמיח קרן ישועה, ואח"כ מתחיל ברכת שמע קולנו ה' אלקינו, ומוסיף בה התוספת זה שהזכיר רבינו, בורא עולם במדת רחמים, בחר בעמו ישראל להודיע גדלו והדרת כבודו, שומע תפילה תן טל ומטר לברכה על פני האדמה וכו' – ב"י›

עין משפט נר מצוה

ב א מיי' פ"ד מהלכות תענית הלכה יז טור א"ח סימן תקעט :
ד ב מיי' שם פ"ג ה"ב :
ה ג מיי' שם הלכה ג :
ו ד מיי' שם הלכה ו :
ז ה ו מיי' פ"א מהלכות ביאת מקדש הלכה ו :
ח ו מיי' שם הלכה יב :
ט ח מיי' פ"ו מהלכות כלי המקדש הל' יא :
י ט מיי' פ"א מהלכות תענית הלכה ה טוש"ע א"ח סי' תקעב סעי' א :
יא י מיי' שם פ"ג הל' ג והל' ה טוש"ע שם סי' תקעה סעיף ג ד :
יב כ מיי' שם פ"א הל' ו טוש"ע שם סימן תקעב סעיף ב :
יג ל מיי' פ"ד שם הלכה א טוש"ע שם סימן תקעט סעיף א :

[עיין לע"א במשנה]

רבינו חננאל

התיבה כו' · ואקשינן סדר תעניות מכלל דבכולהו מוציאין את התיבה ותתניא שלשה תעניות הראשונות נכנסין לבתי כנסיות ומדרשות ומתפללין כדרך שמתפללין כל השנה שבע אחרונות מוציאין את התיבה לרחובה של עיר כו'. ושני רב פפא כי תנן מוציאין את התיבה בז' אחרונות תנן · ואקשינן אמאי אין מתחילין מן הקטן דתניא ר' אומר בגדולה מתחילין מן הגדול שנאמר ויאמר משה אל אהרן *) ואל אלעזר ואל איתמר בניו ובקללה מתחילין מן הקטן דאמר מר בתחלה נתקלל הנחש ואחריו חוה ואחרית אדם ושנינן נתינת אפר על ראש הנשיא חשיבות היא לו דאמרינן ליה חשיבת קמיה דקב"ה למבעי

*) צ"ל ולאלעזר ולאיתמר או צ"ל וידבר משה וכו'.

ואפילו בקמייתא · כלומר ואפי' בג' תעניות הראשונות ובג' שניות קאמר במתני' דמוציאין את התיבה לרחובה של עיר ואומר כ"ד ברכות כו' ורמינהו והתניא ראשונות ושניות נכנסין כו' פי' ומתפללין בה כדרך כל השנה כולה כלומר שיאמר י"ח ברכות כדרך שמתפללין כל השנה וקשה דהא לעיל (ד) בפ"ק (דף יג:) קאמרינן אין בין ג' תעניות שניות לשלש ראשונות אלא שבאלו (ה) מתפללין ומותרין בעשיית מלאכה ובאלו אסורין בעשיית מלאכה הא לענין עשרים וארבעה זה וזה שוין דבין בראשונות בין באמצעיות היו אומרים כ"ד ועוד קשה דאמרינן לעיל ואיבעית אימא באמצעיות נמי לא מצלו כ"ד ואמאי לא מייתי לה סייעתא מהא דהכא וי"ל דהא דקאמר הכא ומתפללין כדרך כל השנה לאו בעשרים וארבע ברכות קאמר אלא קאמר שמתפללין כדרך כל השנה שלא היו מוציאין את התיבה לרחובה של עיר :

ונותנין אפר על גבי כו' · ואותו אפר הוי מעלם אדם שהרי (ו) הוא האפר הוי לזכרון העקידה ובעקידה היה עלמות : במקום

וגומר כל הברכה · כל אותה ברכה עצמה : **ה"ג ולא ענו אחריו אמן תקעו בני אהרן תקעו** · חזן הכנסת אומר להן על כל ברכה וברכה והוא השמש ולא שליח לבור : **לא היינו נוהגין** · שלא לענות אמן : **אלא בשער מזרח ובהר הבית** · כלומר בזמן שבית המקדש קיים כשמתפללין בהר הבית נכנסין כדרך שער המזרח לפי שלא היו עונין אמן במקדש כדאמרינן בגמרא (דף טז:) ואין לומר לא היו נוהגין כן לתקוע אלא במקדש דהא תוקעין בגבולים כדמוכח בכולה הך מסכת ומסכת ראש השנה (דף טו: כז.) : **אנשי משמר** · של אותה שבת : **ולא משלימין** · שעדיין אין חמורין כל כך ובגמרא (דף יז·) מפרש שמא תכבד העבודה על אנשי בית אב שהיו עובדין אותו היום ובאים הן לסייעם ואם היו מתענים (ב) לא היה להם כח לעמוד בעבודה : **אנשי בית אב** · המשמרה מתחלקת לשבעה בתי אבות כנגד שבעת ימי השבוע בית אב ליום : **אנשי [מעמד]** · אחד כהנים ולוים וישראלים הקבועים ועומדין ומתפללין על קרבן אחיהם שיקבל לרצון ועומדים לשם בשעת עבודה דהיאך קרבנו של אדם קרב והוא אינו עומד על גביו וכולהו מפרש בפרק אחרון (דף כו.) : **מותרין לשתות יין** · לאו גבי תענית איתמר אלא אגב דמיירי בבני משמר מייתי לה : **בלילות** · אין לחוש שמא תכבד העבודה שהרי ראו מבערב שפסקו הקרבנות ולא כבדה העבודה *שיבואו רוב קרבנות ולא יספיקו בני בית אב של אותו היום וצריכין אלו לסייען והרי אינן ראויין לעבודה משום שכרות : **אנשי בית אב אסורין בין ביום בין בלילה** · לפי שהיו מעלין כל הלילה אברים ופדרים שפקעו מעל המזבח א"נ לא גמרו ביום גומרים בלילה אבל אנשי משמר אינן צריכין לסייע בלילה להפך במזלג דבית אב יכול להספיק לבד היפוך המערכה : **אסורים לספר ולכבס** · משנכנסו למשמרתם כל אותה שבת אלא מסתפרין קודם לכן וטעמא מפרש בגמרא : **ובחמישי** · של משמרתן מותרים דרך רוב בני אדם להסתפר בחמישי ולא בערב שבת מפני הטורח : **כל הכתוב במגילת תענית דלא למיספד** · דאית יומיא דלא להתענאה ומקצתהון דחמירי טפי דלא למיספד ואותן שהן חמורים ואסורים בהספד לפניו אסור בהספד דילמא אתי למיעבד ביו"ט גופיה : **ולאחריו מותר** · דכיון שעבר יום לא חיישינן ואותן שאינן חמורין ליאסר בהספד אלא דלא להתענאה בין לפניו כו' : **שלא להפקיע את השערים** · כשרואין בעלי חנויות שקונין למוצאי יום חמישי שתי סעודות גדולות אחת (ג) לליל חמישי ואחת לשבת סבורים שבא רעב לעולם ומייקרים ומפקיעים השער אבל משהתחילו להתענות יודעין שאינו אלא מפני התענית : **בראשי חדשים** · דאיקרי מועד : **ואם התחילו** · שקיבלו תענית מקודם לכן ונכנס בהן ראש חדש אין מפסיקין דאף על גב דאיקרי מועד לא כתיב ביה יום משתה ושמחה* : **שאין משלימין** · להתענות כל היום אלא אוכלין סמוך לערב : *מגילת תענית נכתבה בימי חכמים אע"פ שלא היו כותבין הלכות והיינו דקתני כל הכתוב במגילת תענית כאילו היה מקרא : **גמ' אפילו בקמייתא** · מוציאין את התיבה בתמיה : **כי קתני נמי מתני'** · סדר תעניות כילד בסדר תעניות אחרונות קא מיירי : ה"ג בגמרא ונותנין אפר על גבי התיבה ולא גרסינן אפר מקלה" אפר שריפה עדיף משום אפרו של יצחק כדלקמן : **בגדולה** · מנוי בעלמא שלא לפורענות וידבר משה אל אהרן ואל אלעזר וגו' : הא נמי דיהבינן בראשייהו דנשיא ואב ב"ד ברישא חשיבותא הוא דאמרי להו אתון חשיבותו טפי כו' : **דשקיל איניש אחרינא כו'** · דקתני ונותנין ע"ג התיבה כו' ועל ראש הנשיא כו' דמשמע על ידי אחר וגבי שאר כל אדם לא תני נותנין אלא כל אחד ואחד (*נוטל) כו' :

תורה אור

בימי רבי חלפתא ור' חנניא בן תרדיון שעבר אחד לפני התיבה וגמר את הברכה כולה ולא ענו אחריו אמן תקעו הכהנים [א] ותקעו מי שענה את אברהם אבינו בהר המוריה הוא יענה אתכם וישמע בקול צעקתכם היום הזה הריעו בני אהרן הריעו מי שענה את אבותינו על ים סוף הוא יענה אתכם וישמע בקול צעקתכם היום הזה (א) וכשבא דבר אצל חכמים אמרו לא היינו נוהגין כן אלא בשער מזרח ובהר הבית שלש תעניות הראשונות *אנשי משמר מתענין ולא משלימין ואנשי בית אב לא היו מתענין כלל שלש שניות אנשי משמר מתענין ומשלימין ואנשי בית אב מתענין ולא משלימין שבע אחרונות אלו ואלו מתענין ומשלימין דברי רבי יהושע וחכמים אומרים שלש תעניות הראשונות אלו ואלו לא היו מתענין כלל שלש שניות אנשי משמר מתענין ולא משלימין ואנשי בית אב לא היו מתענין כלל שבע אחרונות אנשי משמר מתענין ומשלימין ואנשי בית אב מתענין ולא משלימין אנשי משמר מותרין לשתות יין בלילות אבל לא בימים ואנשי בית אב לא ביום ולא בלילה *אנשי משמר ואנשי מעמד אסורין מלספר ומלכבס *ובחמישי מותרין מפני כבוד השבת כל הכתוב במגילת תענית דלא למספד לפניו אסור לאחריו מותר רבי יוסי אומר לפניו ולאחריו אסור דלא להתענאה לפניו ולאחריו מותר ר' יוסי אומר לפניו אסור לאחריו מותר *אין גוזרין תענית על הצבור בתחלה בחמישי שלא להפקיע השערים אלא שלש תעניות הראשונות שני וחמישי ושני ושלש שניות חמישי שני וחמישי ר' יוסי אומר כשם שאין הראשונות בחמישי כך לא שניות ולא אחרונות *אין גוזרין תענית על הצבור בראשי חדשים בחנוכה ובפורים ואם התחילו אין מפסיקין דברי רבן גמליאל אמר רבי מאיר אף על פי שאמר רבן גמליאל אין מפסיקין מודה היה שאין משלימין וכן תשעה באב שחל להיות בערב שבת: **גמ'** סדר תעניות כיצד מוציאין את התיבה כו' ואפילו בקמייתא ורמינהו שלש תעניות ראשונות ושניות נכנסים לבית הכנסת ומתפללין כדרך שמתפללין כל השנה כולה ובשבע אחרונות מוציאין את התיבה לרחובה של עיר ונותנין אפר על גבי התיבה ובראש הנשיא ובראש אב בית דין וכל אחד ואחד [ג] נוטל ונותן בראשו רבי נתן אומר אפר מקלה הן מביאין אמר רב פפא כי תנן נמי מתניתין אשבע אחרונות תנן: ובראש הנשיא: והדר תני כל אחד ואחד [ג] (*נוטל ונותן) בראשו איני (*והתנן) *רבי אומר בגדולה מתחילין מן הגדול ובקללה מתחילין מן הקטן בגדולה מתחילין מן הגדול שנאמר ויאמר משה אל אהרן ולאלעזר ולאיתמר ובקללה מתחילין מן הקטן (*דאמר מר) בתחלה נתקלל נחש ואחר כך נתקללה חוה ואח"כ נתקלל אדם הא חשיבותא לדידהו דאמרי להו אתון חשיבותו למיבעי עלן רחמי אכ"ע: (*כל אחד ואחד [ד] (*נוטל ונותן) בראשו: אמר רב אדא) וכל אחד ואחד (*נוטל ונותן) בראשו נשיא ואב בית דין נמי נשקלו אינהו ונינחו בראשייהו מאי שנא דשקיל איניש אחרינא ומנח להו אמר רבי אבא דמן קסרי *אינו דומה מתבייש מעצמו למתבייש

למתבייש

רבינו גרשום

דתני בסתם מוציאין את התיבה דמשמע אפילו בראשונות · פאר זו תפילין דכתיב פארך חבוש עליך

הגהות הגר"א

[א] במשנה ותקעו · נ"ב תקעו (וכ"ה במשניות) : [ב] גמ' וכל אחד ואחד נותן כצ"ל ושבנתיים מוקף : [ג] שם כל או"א נותן כצ"ל : [ד] שם כל או"א נותן בראשו אמר כו' כצ"ל ושבנתיים מוקף :

הגהות הב"ח

(א) גמ' את אבותינו על ים סוף כו' היום הזה וכן בכל ברכה וברכה וכשבא הדבר אצל חכמים : (ב) רש"י ד"ה ולא משלימין כו' ואם היו מתענים ומשלימין לא היה להם : (ג) ד"ה שלא להפקיע כו' סעודות גדולות אחת ליום התענית לליל חמישי : (ד) תוספות ד"ה ואפילו כו' וקשה דהא לעיל · נ"ב פירוש במקשה קאמר הכי לעיל ואם כן סתרי דברי המקשה אהדדי דהכא קס"ד דאין מתפללין אלא י"ח : (ה) בא"ד אלא שבאלו מותרין בעשיית מלאכה כו' כצ"ל ותיבת מתפללין נמחק : (ו) ד"ה ונותנין כו' שהרי האפר הוי כו' כצ"ל ותיבת הוא נמחק :

גליון הש"ס רש"י ד"ה מגילת תענית נכתבה · עיין לעיל דף יב ע"א רש"י ד"ה כגלו :

§ מסכת תענית דף טו: §

אות א'

וכשבא דבר אצל חכמים אמרו: לא היינו נוהגין כן אלא בשער מזרח ובהר הבית

טור סימן תקעט - מי שענה לא"א בהר המוריה הוא יענה אתכם וישמע קול צעקתכם ביום הזה בא"י גואל ישראל, ועונים אמן, ותוקעין תר"ת וכו'.

‹**וכתב** הר"ן, כיון שבסדר המשנה מתחלתה לא אמרו בסדר ההתרעות כלום, היה נראה לומר שעל סדר ההתרעות אמרו שלא היו נוהגים כן אלא בשער המזרח ובהר הבית, אבל בגבולין אומרים הברכות על הסדר ולא היו מפסיקים ביניהם בהתרעות, וכן דעת הרמב"ם, {מובא לקמן דף ט"ז: אות ד' ה'}, אבל מכל מקום על כרחך תוקעין היו בסוף התפילה, **ולפי** זה צריך לומר שהמשנה חולקת עם הברייתא השנויה בגמרא (טז:), **אבל** רש"י סובר, דלתנא דמתניתין נמי תוקעים היו בגבולין בין ברכה לברכה, כמו ששנינו בברייתא בגמרא (טז:), **ואין** הפרש בין מקדש לגבולין, אלא שבגבולין עונין אמן על כל ברכה וברכה, ובמקדש אין עונין אמן, אלא שאומרים אחריה: ברוך שם כבוד מלכותו לעולם ועד, כדאיתא בגמרא, וכתב הרב המגיד שדעת האחרונים כדברי רש"י, **וכך** הם דברי רבינו - ב"י›.

‹**וצריך** לומר שהוא מפרש, דאע"ג דפעם אחת היה אומר "תקעו" ופעם אחרת היה אומר "הריעו", לא היה אלא לחלוק כבוד לתרועה כמו לתקיעה, אבל לעולם היו תקיעה תרועה תקיעה, ושלא כדברי הרמב"ם - ב"י›. ‹**איך** אפשר לחלוק על דברי הרמב"ם ז"ל, דברייתא ערוכה הוא, **ועוד** היכן ראה בדברי הטור ז"ל שחולק עליו, ואולי גירסא אחרת נזדמנה לו בדברי הטור ז"ל, שאומר שבכלן תוקע תר"ת, ולנו הגירסא כדכתבנו בדברי הטור ז"ל, והיא מסכמת כדברי הגמרא - לחם משנה›.

אות ב'

שלש תעניות הראשונות אלו ואלו לא היו מתענין כלל

רמב"ם פ"ג מהל' תעניות ה"ב - הגיע ראש חודש כסלו ולא ירדו גשמים, בית דין גוזרין שלש תעניות על הצבור, שני וחמישי ושני, ומותרין בהן לאכול ולשתות בלילה; ואנשי משמר אין מתענין עמהן, מפני שהן עסוקין בעבודה; וכל העם נכנסים לבתי כנסיות ומתפללין וזועקין ומתחננין כדרך שעושין בכל התעניות.

אות ג'

שלש שניות, אנשי משמר מתענין ולא משלימין, ואנשי בית אב לא היו מתענין כלל

רמב"ם פ"ג מהל' תעניות ה"ג - עברו אלו ולא נענו, בית דין גוזרין שלש תעניות אחרות על הצבור, שני וחמישי ושני, ובשלש אלו אוכלין ושותין מבעוד יום, כמו שעושין בצום כפור; ואנשי משמר מתענין מקצת היום ולא משלימין, ואנשי [א]בית אב, והם העוסקין בעבודה באותו היום, לא יהיו מתענים כל עיקר; וכל תענית שאוכלין בה מבעוד יום, אם אכל ופסק וגמר שלא לאכול, אינו חוזר ואוכל, אף על פי שיש שהות ביום.

אות ד'

שבע אחרונות, אנשי משמר מתענין ומשלימין, ואנשי בית אב מתענין ולא משלימין

רמב"ם פ"ג מהל' תעניות ה"ו - ובשבע תעניות אלו אנשי משמר מתענין ומשלימין, ואנשי בית אב מתענין מקצת היום ולא משלימין; וכל דבר שהוא אסור בשלש אמצעיות, אסור באלו השבע האחרונות.

אות ה' - ו'

אנשי משמר מותרין לשתות יין בלילות אבל לא בימים ואנשי בית אב לא ביום ולא בלילה

רמב"ם פ"א מהל' ביאת המקדש ה"ו - אנשי משמר מותרין לשתות יין בלילות, אבל לא בימי שבתן, ואפילו שאר בתי אבות של משמר שאין עבודתן היום, שמא תכבד העבודה על אנשי בית אב של יום ויצטרכו לאחרים מאנשי משמרתן לסייען; ואנשי בית אב של אותו היום, אסורים לשתות בין ביום בין בלילה, שמא ישתה בלילה וישכים לעבודתו ועדיין לא סר יינו מעליו. השגת הראב"ד: א"א אינו מן הטעם הזה, אלא מפני שהקטרת אימורין כל הלילה - ‹וכך הם דברי רש"י, ולדעת רבינו י"ל, דאי משום הקטרת אימורים, היה אפשר לתקן שיקטירו אותם קודם שישתו - כסף משנה›. ‹**והנה** הרמב"ם והראב"ד פליגי בדינא, דלהראב"ד בית אב היוצא הוא דאסור לשתות, אבל הנכנס מותר, כיון דעבודת לילה לאו עליה רמייא, **אבל** לרבינו הוא להיפך, דבית אב היוצא מותר לשתות אחר הקטרה ולא לילה כולה, אבל הנכנס אסור לשתות לילה כולה - אברהם יגל›.

באר הגולה

א ‹רש"י כתב וז"ל: המשמרה מתחלקת לשבעה בתי אבות כנגד ז' ימי השבוע, בית אב ליום, עכ"ל, וכ"כ הרמב"ם בפ"ד מהל' כלי מקדש, **ואף** שבמנחות (קז ב) אמרינן כנגד ו' בתי אבות, היינו משום דבשבת לא היה מעות נדבה, **אכן** רש"י כתב שם משום דבשבת כולן שוין, וזה צ"ע דסתר מ"ש כאן - ערוך לנר. **והמפרש** במס' תמיד כתב, דכל משמרה מתחלקת לששה בתי אבות, כנגד ו' ימי השבוע, ובשבת עובדין כולן ביחד, ע"כ - שושנים לדוד›

אות ז'

אנשי משמר

רמב"ם פ"א מהל' ביאת המקדש הי"ב - ואנשי משמר אסורין לספר ולכבס בשבתן, כדי שלא יעלו למשמרתן כשהן מנוולין; אלא מגלחין ורוחצין ומכבסין קודם שיעלו - ‹מסיים שם במשנה: ובחמישי מותרים מפני כבוד השבת, ואיני יודע מפני מה השמיטו רבינו - כסף משנה›.

אות ח'

ואנשי מעמד אסורין מלספר ומלכבס, ובחמישי מותרין מפני כבוד השבת

רמב"ם פ"ו מהל' כלי המקדש הי"א - אנשי מעמד אסורין מלספר ומלכבס כל שבת שלהן, ובחמישי מותרין מפני כבוד השבת; ומפני מה אסרו עליהם לספר ולכבס, כדי שלא יכנסו למעמדם כשהם מנוולין, אלא יספרו ויכבסו מקודם.

אות ט'

אין גוזרין תענית על הצבור בתחילה בחמישי, שלא להפקיע השערים

סימן תקע"ב ס"א - [ב]אין גוזרין תענית על הצבור בתחלה ביום חמישי, שלא להפקיע שערים (פי' שלא לייקר השער) - כשיראו שיקנו ב' סעודות גדולות, לצורך הלילה ולצורך סעודת שבת, יסברו שרעב בא לעולם, ויפקיעו השערים.

בתחלה - לאפוקי אם הוא באמצע, כגון שגוזרין בה"ב, מותר, [**אבל** לא בא לאפוקי בג' תעניות השניות של גשמים, דשם אף שכבר התענו בשלש ראשונות, אפ"ה כיון שהפסיק זמן באמצע, חיישינן להפקעת שערים, ואין להתחיל בחמישי, כמבואר בסי' תקע"ה ס"ג].

(מדסתם משמע דבכל תענית דינא הכי, לא שנא עבור גשמים או עבור ענין אחר).

[ג]ואפילו במקום שאין לחוש לכך - כגון בעיר שרובה עו"ג, **ואפשר** דבמדינות אלו דלא שכיחי מפקיעי שערים, מותר לגזור תענית ביום ה', וכן נוהגין.

אות י'

כשם שאין הראשונות בחמישי, כך לא שניות ולא אחרונות

סימן תקעה ס"ג - [ד]עברו אלו ולא נענו, בית דין גוזרין עוד ג' תעניות על הצבור, ב' וחמישי וב'.

סימן תקעה ס"ד - [ה]עברו אלו [ולא נענו], ב"ד גוזרין עוד שבע תעניות על הצבור, ב וה' וב' וה' וב' וה' וב'.

אות כ'

אין גוזרין תענית על הצבור בראשי חדשים, בחנוכה, ובפורים, ואם התחילו אין מפסיקין

סימן תקע"ב ס"ב - [ו]אין גוזרין תענית על הצבור בראשי חדשים, או בחנוכה ופורים, או בחולו של מועד; ואם התחילו להתענות על הצרה, [ז]אפילו יום אחד, ופגע בהם יום מאלו, מתענין [ח]ומשלימין היום בתענית - אע"ג דר"ח אקרי מועד, מ"מ לא מקרי יום משתה ושמחה, [מ"א בשם רש"י, **וצע"ק** לפי"ז חוה"מ, דהוא יום שמחה, דמ"ע "ושמחת בחגיך" קאי גם על חוה"מ, ואפ"ה פסק השו"ע שמתענה ומשלים. **ודע**, דממה שהעתיק המחבר וכלל בענין זה חוה"מ עם ר"ח וחנוכה ופורים, דבכולהו משלימין, וא"כ לפי"מ דהוכיח המ"א ממשנה זו דאם התחילו אין מפסיקין, דאף בר"ח איסור התענית הוא מדרבנן כמו חנוכה ופורים, א"כ לפי"ז גם בחוה"מ ע"כ דכל איסורו הוא מדרבנן].

י"**א** שאם לא עלה על דעתם שבהמשך הימים יפגע בהם אחד מאלו הימים, אף אם התחילו מפסיקין.

[**ולא** העתקתי מה שהביא המ"א בשם הב"ח, דנוהגין האידנא כהפסקי תוספות, ‹דהאידנא צבור דינם כיחיד, ומפסיקין בר"ח כדאמרינן (שם יא:) אין תענית ציבור בבבל›, אחרי שכל הפוסקים שהעתיקו דין זה להלכה, מוכח דס"ל דהא דאמרו אין ת"צ בבבל, לאו להאי מלתא אתמר, כמש"כ ב"י, וכן מצאתי במאמ"ר שהאריך בזה ומסיק שאין לזוז מדברי השו"ע]. ‹**ועיין** בסי' תי"ח ס"ב, דהתם העתיקו›.

[ט]סימן תיח ס"א - [י]ראש חודש אסור בתענית - ומבואר לעיל בסימן קפ"ח, שאפילו אכל פירות יצא, וא"צ דוקא פת.

ואנשי ק"ק ווירמייש"א מתענין בר"ח סיון, על הגזירות שהיה באותו הזמן בשנת תתנ"ו לאלף החמישי, ואומרים סליחות ותחנונים, **וכתב** רמ"ע, דלא ילפינן מינייהו בעלמא אף לענין תחנונים.

(עיין במ"א שמסתפק לענין אי מותר בו תענית שעות, ומשמע מניה דזה תלוי אי ר"ח אסור מדאורייתא בתענית או דרבנן, **ולכאורה** מוכח דאסור לכו"ע, שהרי מפורש אמרו בש"ס תענית ט"ו, אמר ר"מ אע"פ שאמר ר"ג אין מפסיקין מודה היה שאין משלימין, הרי גם בתענית

באר הגולה

ב משנה תענית ט"ו | ג הרב המגיד לדעת הרמב"ם ושכן כתבו הגאונים | ד משנה שם י"ב | ה שם במשנה [והגירסא כמו שהגהתי] | ו משנה שם | ז כרב אסי י"ח | ח כחכמים שם | ט ‹ס"א-ס"ב ע"פ הבאר הגולה› | י תענית ט"ו ב' י"ז ב' ר"ה י"ט א' וירושלמי פ"ב דתענית

שהתחילו מכמה ימים מקודם, ג"כ אסור להתענות רק לשעות, ומוכח מזה דבלי זה אסור להתענות אף לשעות, וראיה, דהא אין גוזרין תענית וכו' לכו"ע היא, ואף דר' יוסי פליג על ר"ג וס"ל דמשלימין, עכ"פ בזה לא פליג דלכתחלה אף שלא להשלים אסור, **ואפשר** דשאני הכא שרוב היום הוא בתענית, משא"כ איזה שעות, ודוחק, **ומה** שאמר בעירובין שם, שאני יום טוב דדבריהם מתוך שמתענין בו לשעות, שאני התם דחל ת"ב בו, ומשו"ה מתענין בו שעות, ולא דמותר לקבל עליו תענית שעות בר"ח, **וגם** בפמ"ג מפקפק על דברי המ"א, וצ"ע למעשה, **אח"כ** מצאתי בגאון יעקב דמסיק ג"כ להלכה, דכל דאסור לאתענויי בהו, שעות נמי אסירא, וכמו שכתבנו).

סימן תיח ס"ב - [יא]אין גוזרין תענית על הצבור בראשי חדשים, חנוכה ופורים - ואם עברו וגזרו, אין גזירתם גזירה וא"צ להתענות.

ואם התחילו, שגזרו להתענות כך וכך ימים, והתחילו בהם קודם ראש חודש [יב]אפילו יום אחד, אין מפסיקין - כגון שגזרו על מיעוט גשמים וכדומה, להתענות שני וחמישי ושני, ולא אסקו אדעתיהו שבאחד מהם יחול ר"ח, והתחילו להתענות, חל גזירתם בדיעבד, מאחר שלא רצו בכיון לעקור ולבטל דינא דר"ח. [**ובסימן** תקע"ב הביא בשערי תשובה בשם ספר גבורת אנשים, דבשלא עלו על דעתייהו, מדינא מפסיקין, **ובריטב"א** וכן בטור משמע להפך]. ‹ובמ"ב שם סתם כן בשם יש אומרים, ולא הביא שיש חולקים עליו›.

(**ומסתברא** דה"ה אם לא גמרוהו עדיין היום בתענית, רק שהתענו כבר רוב היום, ושוב נזכרו דבתענית השני יחול ר"ח, דג"כ מה שעשו עשו, וצריכין לגמור התענית ולהתענות אח"כ כפי גזירתה, דרוב היום ככולו, **ומיהו** אם לא התענו עדיין רק איזה שעות ונזכרו, אפשר דבטל גזירתם, וצריכין להפסיק תיכף מלהתענות, וכן משמע בריטב"א).

ומתענין [יג]ומשלימין - כבשאר תענית, **וה"ה** דבחנוכה ופורים מתענין ומשלימין, כיון שהתחילו כבר להתענות, וחוה"מ נמי הוי כחנוכה ופורים ור"ח.

(**אבל** כשאירע בהם יו"ט, בודאי מפסיקין ואין מתענין באותו יום, **ולכאורה** אפילו יום אחר א"צ להשלים, דאין כח אפילו בגזירת צבור לדחות יו"ט שהוא דאורייתא, וצריך להיות דינם כמו ביחיד שקבל עליו להתענות בה"ב, ואירע ר"ח באלו הימים, שהסכים בב"י להפוסקים דא"צ להשלים יום אחר).

ודע, דבסי' תקע"ב מבואר באחרונים, דכל זה היה מדינא בא"י, אבל האידנא צבור דינם כיחיד, ומפסיקין בר"ח ומשלימין יום אחר, [מ"א, **ופלא**, דהרי בב"י הסכים לדעת רש"י, דביחיד כשאירע בו ר"ח, א"צ להשלים יום אחר, **ואפשר** דלענין זה החמירו בגזירת צבור].

אות ל'

כי תנן נמי מתניתין אשבע אחרונות תנן

סימן תקעט ס"א-עיין לעיל ט"ו. אות א'.

באר הגולה

[יא] שם הגמ' שם [יב] שם בגמרא וכר' יוסי ‹ולפנינו הגירסא רב אסי, וכמו שציין בסי' תקע"ב ס"ב, אבל כן היא גירסת רש"י והרי"ף והרא"ש שם› [יג] מסקנת

§ מסכת תענית דף טז. §

אות א'

במקום תפילין

סימן תקעט ס"א - [א]ואחד מן העם נוטל האפר ונותן בראש הנשיא ובראש אב בית דין, [ב]במקום הנחת תפילין, כדי שיכלמו וישובו - והא דאינם נוטלים בעצמם ונותנין על ראשם, היינו כדי שיתביישו מאחרים, שעי"ז בושתן מרובה. **וכל אחד ואחד נוטל ונותן בראשו** - קודם תפלת שחרית.

אות א'* [ג]

למה יוצאין לרחוב

סימן תקעט ס"א - [ד]בכל יום מז' תעניות אחרונות של גשמים, מתפללים על סדר זה: מוציאים את - ס"ת עם **התיבה לרחובה של עיר** - והטעם, כדי להתבזות בפרהסיא, **א"נ** משום גלות, שגלינו מביהכ"נ, וגלות מכפרת עון, גמ', **ולפי** טעם זה, אם אין יכולים להתפלל ברחוב מפני הכותים, יתפללו בבית אחר, מ"א. ‹וזהו הטעם שיוצאין הציבור לרחובה, והוצאת התיבה, אמרינן שם כלי צנוע כו' – פמ"ג›.

ולמה מתכסין בשקים

סימן תקעט ס"א - וכל העם מתקבצים [ה]ומתכסים בשקים - לומר: הרי אנו חשובין לפניך כבהמה, **וכתב** המ"א דנמשל לבהמה, שדרך לכסות בהמה בשק, [ו]ולכן נראה דיכסה למעלה על הבגדים.

ולמה נותנין אפר מקלה על גבי תיבה

סימן תקעט ס"א - ונותנים אפר מקלה, [ז](פירוש אפר של דבר שנשרף, לאפוקי עפר בעלמא שגם הוא נקרא אפר), על גבי התיבה - משום "עמו אנכי בצרה", א"נ "בכל צרתם לו צר", **[ח]ועל גבי ספר תורה, כדי להגדיל הבכיה ולהכניע לבם.**

אות ב'

הרי אנו חשובין לפניך כמתים

סימן תקעט ס"ג - [ט]שבע תעניות האלו, אחר שמתפללים יוצאים כל העם לבית הקברות, ובוכים ומתחננים שם, כלומר: הרי אתם מתים כאלו אם לא תשובו מדרככם - אבל לא שיוציאו את התיבה וס"ת לבה"ק ויתפללו שם, וכ"ש בקברי עכו"ם ח"ו.

(ולפי זה אם אין קברי ישראל, הולכים על קברי כותים) (גמ') -
עיין במ"א שכתב, דלפי טעם השני הנאמר בגמרא, שהוא כדי שיבקשו המתים עלינו רחמים, אין לילך לקברי כותים, עיי"ש בגמרא, **ובפרט** לפי נוסח שלנו שאומרים בער"ה ועיוה"כ על ביה"ק, בודאי צריך דוקא קברי ישראל - מ"א, **ולבד** כל זה, במקומות שמעמידין גילולים על קבריהן, בודאי אין נכון להתפלל שם.

אות ג'

אם יש זקן והוא חכם, אומר זקן והוא חכם וכו'

סימן תקעט ס"א - ואחר כך מעמידים ביניהם זקן חכם, והם יושבים; [י]לא היה שם זקן חכם, מעמידין חכם; לא היה שם לא זקן ולא חכם, מעמידין אדם של צורה - רש"י ותוספות פירשו בעלי קומה, כדי שישמעו דבריו ויקבלו להמריך הלב, **והרא"ש** פירש, דחכם היינו כל שמינהו ב"ד פרנס על הצבור, **ואדם** של צורה היינו ת"ח ולא גמיר כחכם, א"נ שראוי למנותו פרנס על הצבור.

[יא]ואומר לפניהם דברי כבושים (פירוש דברים שכובשין ומעוררין הלב לתשובה): אחינו, לא שק ולא תענית גורמים, אלא תשובה ומעשים טובים; שכן מצינו שלא נאמר באנשי נינוה: וירא אלהים את שקם ואת תעניתם, אלא: וירא אלהים את מעשיהם, [יב]ובקבלה הוא אומר: קרעו לבבכם ואל בגדיכם; ומוסיף בענינים אלו כפי כחו עד שיכניע לבם וישובו תשובה גמורה.

אות ד'

אדם שיש בידו עבירה, ומתודה ואינו חוזר בה וכו'

רמב"ם פ"ב מהל' תשובה ה"ג - כל המתודה בדברים ולא [יג]גמר בלבו לעזוב, הרי זה דומה לטובל ושרץ בידו, שאין הטבילה מועלת לו עד שישליך השרץ, וכן הוא אומר: ומודה ועוזב ירוחם.

אות ה'

עמדו בתפלה וכו'

סימן תקעט ס"א - עיין לקמן עמוד ב' אות א'.

באר הגולה

[א] **משנה תענית ט"ו** [ב] **מימרא דרבי יצחק שם ט"ז** [ג] ‹ע"פ הבאר הגולה› [ד] **משנה ט"ו** [ה] **גמרא שם ט"ז מפרש טעמא, ועיקרו בירושלמי, רש"י** [ו] ‹לומר הרי אנו חשובים לפניך כבהמה, ופירש"י שקים הם משער בהמה מנוצה של עזים, עכ"ל, **ונ"ל** דלא בא אלא לפרש דסתם שק הכי פירושו, כמ"ש התוס' בשבת דף כ"ז, אבל באמת יכולים להתכסות אף בשאר שקים, דמ"מ נמשל כבהמות נדמו, שדרך לכסות בהמה בשק, **ולכן** נ"ל דיכסה אותו למעלה על הבגדים – מ"א› ‹**עיין** רש"י שם ציין 'כבהמה', דמשער בהמה מנוצה. **משמע** לכאורה, דוקא נוצה של עזים וכדומה, דאל"כ הוה לציין על 'בשקים'. **ולומר** כשאין מנוצה, מתכסה בשאר שקים, הלשון לא משמע כן – פמ"ג› [ז] ‹עיין ברש"י במשנה דף ט"ו. בד"ה אפר מקלה כו'. ואפר מקלה גנאי יותר מעפר סתם. **הא** דאיצטריך להכי, היינו משום דלמ"ד הרי אנו חשובין לפניך כאפר, תיקשי למה תנן במתניתין אפר מקלה, **לזה** כתב רש"י ז"ל דבאפר מקלה יש גנאי יותר, וגם הוא מודה דלכתחילה נותנין אפר מקלה, אלא דאם אין אפר מקלה נותנין עפר סתם, **אבל** למ"ד כדי להזכיר עקידת יצחק, בעינן דוקא אפר מקלה – קרן אורה› [ח] **רמב"ם, וכתב הב"י ולא ידעתי מנין לו** [ט] **ירושלמי** [י] **ברייתא שם** [יא] **שם ט"ו** [יב] **מה שהנביא מצוה ומודיע ומזהיר את ישראל נקרא קבלה, ב"י** [יג] ‹ומפרש רבינו האי ש"אינו חוזר בה", שאינו גומר בלבו לשוב – כסף משנה. **עיין** ברש"י›

למתבייש מאחרים והיכא מנח להו אמר רבי יצחק במקום תפילין שנאמר לשום לאבילי ציון לתת להם פאר תחת אפר: רחוב תיבה ושקים אפר אפר קבורה ומוריה סימן: למה יוצאין לרחוב ר' חייא בר אבא אמר לומר זעקנו בצנעא ולא נענינו נבזה עצמנו בפרהסיא ריש לקיש אמר גלינו גלותנו מכפרת עלינו מאי בינייהו איכא בינייהו דגלי מבי כנישתא לבי כנישתא ולמה מוציאין את התיבה לרחובה של עיר אמר ר' יהושע בן לוי לומר כלי צנוע היה לנו ונתבזה בעוונינו ולמה מתכסין בשקים אמר ר' חייא בר אבא לומר הרי אנו חשובין כבהמה ולמה נותנין אפר מקלה על גבי תיבה אמר רבי יהודה בן פזי כלומר עמו אנכי בצרה ריש לקיש אמר בכל צרתם לו צר אמר ר' זירא מריש כי הוה חזינא להו לרבנן דיהבי אפר מקלה על גבי תיבה מודעזע לי כוליה גופאי ולמה נותנין אפר בראש כל אחד ואחד פליגי בה ר' לוי בר חמא ור' חנינא חד אמר הרי אנו חשובין לפניך כאפר וחד אמר כדי שיזכור לנו אפרו של יצחק מאי בינייהו איכא בינייהו עפר סתם למה יוצאין לבית הקברות פליגי בה ר' לוי בר חמא ור' חנינא חד אמר הרי אנו חשובין לפניך כמתים וחד אמר כדי שיבקשו עלינו מתים רחמים מאי בינייהו איכא בינייהו קברי עכו"ם מאי הר המוריה פליגי בה ר' לוי בר חמא ור' חנינא חד אמר הר שיצא ממנו הוראה לישראל וחד אמר הר שיצא ממנו מורא לעובדי כוכבים: הזקן שבהן אומר לפניהן דברי כבושין: ת"ר אם יש זקן אומר זקן ואם לאו אומר חכם ואם לאו אומר אדם של צורה אטו זקן דקאמרי אף על גב דלאו חכם הוא אמר אביי הכי קאמר אם יש זקן והוא חכם אומר זקן והוא חכם ואם לאו אומר חכם ואם לאו אומר אדם של צורה אחינו לא שק ותענית גורמים אלא תשובה ומעשים טובים גורמים שכן מצינו באנשי נינוה שלא נאמר בהם וירא האלהים את שקם ואת תעניתם אלא וירא האלהים את מעשיהם כי שבו מדרכם הרעה ויתכסו שקים האדם והבהמה מאי הוו עבדי אסרו הבהמות לחוד ואת הוולדות לחוד אמרו לפניו רבונו של עולם אם אין אתה מרחם עלינו אין אנו מרחמים על אלו ויקראו אל אלהים בחזקה מאי אמור אמרו לפניו רבונו של עולם עלוב ושאינו עלוב (א) צדיק ורשע מי נדחה מפני מי וישובו איש מדרכו הרעה ומן החמס אשר בכפיהם מאי ומן החמס אשר בכפיהם אמר שמואל אפילו גזל מריש ובנאו בבירה מקעקע כל הבירה כולה ומחזיר מריש לבעליו אמר רב אדא בר אהבה אדם שיש בידו עבירה ומתודה ואינו חוזר בה למה הוא דומה לאדם שתופס שרץ בידו שאפי' טובל בכל מימות שבעולם לא עלתה לו טבילה זרקו מידו כיון שטבל בארבעים סאה מיד עלתה לו טבילה שנאמר ומודה ועוזב ירוחם ואומר נשא לבבנו אל כפים אל אל בשמים: עמדו בתפלה מורידין לפני התיבה זקן כו': תנו רבנן עמדו בתפלה אע"פ שיש שם זקן וחכם אין מורידין לפני התיבה אלא אדם הרגיל (*איזהו רגיל) ר' יהודה אומר מטופל ואין לו ויש לו יגיעה בשדה וביתו ריקם ופרקו נאה ושפל ברך ומרוצה לעם ויש לו נעימה וקולו ערב ובקי לקרות בתורה ובנביאים ובכתובים ולשנות במדרש בהלכות ובאגדות ובקי בכל הברכות כולן ויהבו ביה רבנן עינייהו בר' יצחק בר אמי

היינו

רש"י

למתבייש מאחרים · דאיכא עגמת נפש טפי משום דמתביישים מאחרים אבל שאר בני אדם דלא חשיבי לא מתביישי בגניבת אחרים וסגי להו בגניבת עצמן: **פאר תחת אפר** · ש"מ במקום תפילין דכתיב בהו (יחזקאל כד) פארך חבוש עליך ואמרינן (ברכות דף יא.) אלו תפילין ומתרגמינן כמי טוטפתך הויין עלך והיכא מניחין תפילין במקום שמוחו של תינוק רופף: **בצינעא** · בבית הכנסת: **גלינו** · שילאנו מכניסתנו: (ב) **גלותינו** · תהא מכפרת עלינו: **דגלו מבי כנישתא לבי כנישתא אחריתא** · גלות איכא פרהסיא ליכא: **נתבזה בעווניו** · וידוי: [**ולמה מתכסין**. תוגרות שקין תנינן בירושלמי שהיו תוגרות שקין ויוצאין לבית הקברות ותוקעין בקרנות ובעי ליה מיבעיא שקין למה ובית הקברות למה ותקיעת שופר למה]: **כבהמה** · דמשער בהמה ניהו מטולה של עזים: **אפר סתם** · שאינו אפר מקלה זכירת אפרו של יצחק ליכא סתם לא גרסינן אלא איכא בינייהו עפר: **קברי עכו"ם** · במקום שאין קברי ישראל לבקש רחמים אפי' על עצמן ליכא כל שכן עלינו: **מאי הר המוריה וכו'** · איידי דאיירי בפלוגתא דרבי לוי ור"ח תנא נמי הא פלוגתא מאי הר מוריה דאברהם קרא למקום העקידה הר יראה וכתיב (בראשית כב) אל ארץ המוריה: **הר שיצא** (ג) **הוראה** · תורה לישראל כי מציון תצא תורה (ישעיה ב) יורו משפטיך ליעקב (דברים לג) ולשכת הגזית שבה עמדו הנביאים המוכיחים לישראל: **מורא לעובדי כוכבים** · ששומעין גדולות ישראל וירושלים ומתפחדים עליהם שמעתי לישנא אחרינא הר המוריה הר סיני מורא לעובדי כוכבים במתן תורה דכתיב (תהלים עו) ארץ יראה ושקטה: **אע"ג דלאו חכם** · אלא עם הארץ בתמיהה הא ודאי חכם עדיף: **אם יש זקן והוא חכם** · אומר זקן והוא חכם: **אדם של צורה** · בעל קומה שישמעו ויקבלו דבריו להמריך את הלב: **מאי אמור** · אכשי ניטה דכתיב בחזקה דמשמע בכח וגילות דין: **מי נדחה מפני מי** · הוי אומר צדיק מפני רשע: **אם אין אתה מרחם כו'** · כלומר כשם שאתה אומר לרחם על אלו דכתיב (תהלים קמה) ורחמיו על כל מעשיו כן תרחם עלינו: **מריש** · קורה: **בירה** · מגדל: **שיש בידו עבירה** · גזל: **ואינו חוזר בו** · לשלם את הגזל למה הוא דומה וכו': **נשא לבבנו אל כפים** · עם הכפים צריך לישא הלב לשמים כלומר שיחזור מקלקולו: **מטופל ואין לו** · יש לו טפלים ואין לו במה להתפרנס שלבו דואג עליו [והוא צריך לקרות מקירות לבו עליהן]: **ויש לו יגיעה** · שמתכוין יותר בתפלת הגשמים: **ופרקו נאה** · מפרש לקמן: **ושפל ברך** · עניו: **ומרוצה לעם** · נוח לבריות ומסכימין לתפלתו: **נעימה** · בגומי קלא שמושך הלב: **ורגיל לקרות כו'** · שיהו הפסוקים של תפלה סדורין בפיו:

היינו

[גי' רא"ש אמר רבי לומר כו'] [גי' רי"ף ורא"ש ר' לוי בר לחמא ור' חמא בר חנינא] [בילקוט שה"ש ר' אלך לי אל הר המור כו' הר המור פליגי בה כו'] [מגילה כט.] [תוספתא פ"א] [ליתא ברב אלפסי וגם ברא"ש ע"ש]

תוספות

במקום תפילין · פירוש לתת האפר במקום הפאר דאילו התפילין נקראו פאר כדכתיב לשום לאבילי ציון לתת להם פאר וגו': **איכא בינייהו דגלו מבי כנישתא לבי כנישתא** · פירוש למ"ד משום גלות איכא ולמ"ד משום פרהסיא ליכא דהא בי כנישתא הוי כמו בצנעא:

אפר מקלה · פירוש אותו אפר הוה מדבר הנשרף מעצמות אדם כדי לזכור עקידת יצחק דאלמלא שלא היה בא אלא כדי לומר שהרי אנו לפניך כאפר כמו כן מהני עפר סתם והיינו פירוש איכא בינייהו עפר סתם:

יוצאין לבית הקברות · מכאן נוהגין בכל מקום לילך לבית הקברות בט' באב שהרי ט"ב הוי תענית צבור כמו שהיו עושין מפני הגשמים:

הר שיצאה ממנו הוראה לישראל · י"מ *דזה ירושלם שנקרא על שם אברהם שקראוהו הר ה' יראה (בראשית כב) (ד) והעיר היה נקרא כבר שלם כדכתיב (שם יד) ומלכי צדק מלך שלם ונקרא ירושלם על שם יראה ועל שם שלם לכך אין אנו נותנין יו"ד בירושלם בין למ"ד למ"ם על שם שלם וההר נקרא מוריה על שם תורה כדכתיב (ישעיה ב) כי מציון תצא תורה וכתיב (דברים לג) יורו משפטיך ליעקב והוא לשכת הגזית · המוריה זה סיני ונקרא מוריה על שם שממנו יצא מורא לעובדי כוכבים במתן תורה כדכתיב (תהלים עו) ארץ יראה ושקטה אי נמי רצה לומר דירושלם נקרא מוריה על שם שיש מורא לעובדי כוכבים על גדולתה ומתפחדים:

אדם שיש לו טרח · פירוש בעל קומה כדי שישמעו דבריו ויקבלו ממנו להמריך הלב ופרקו נאה פירוש כשעמד על פרקו אפילו כשהיה בחור היה בלא שם רע:

רבינו חננאל

רחמי אבולי עלמא · ולמה אינו נותן הנשיא ואב ב"ד תן בעצמן על ראשיהם שהמתבייש מן אחרים גדול הוא מהמתבייש עצמו · כלומר בושה גדולה היא כדי שיכוין כל לבו ותיכן מחית ליה לאפר זה בראשו במקום תפילין שנאמר לתת להם פאר תחת אפר: יוצאין לרחובה כדי לשבר הצבור לבם · כלומר צעקנו בצנעא ולא נענינו נבזה עצמנו בפרהסיא ור"ל אמר שתחשב לנו גלות כי הגלות מכפרת עון · ולמה מוציאין את התיבה לרחובה אריב"ל כלי צנוע היה לנו ונתבזה. נותנת אפר על גבי התיבה משום שנאמר בכל צרתם לו צר ולמה מתכסים בשקים לומר כי נחשבנו כבהמה וכל אחד נותן אפר בראשו לומר הנה אנו כאפר (אלי יזכור) [וי"א להזכר] זכות אפרו של יצחק (ופעמים) [וטעם] שיוצאין לבית הקברות כלומר הרי אנו כמתים וי"א שיבקשו מתים עלינו רחמים מאי הר המוריה הר שיצא ממנו הוראה לישראל · וי"א שיצא ממנו מורא לאומות: ירושלמי ונותנין אפר בראש נשיא · ר' אבהו ורבנן חד אמר חטא הנשיא הגדולה במקומה (כל ישראל נשאים) חטא הצבור נדחית הגדולה וחד אמר לפי שחטא הלמד והמלמד לפיכך יצאו ויתפרסמו על שם והוציא את הפר מחוץ למחנה שידעו הכל חטאתו של כ"ג: נשא לבבנו אל כפים אל אל בשמים נשות לבבנו לכף ידינו כשם שכף ידינו נקיה כך ניקה לבנו ואח"כ אל אל בשמים · ג' דברים מבטלין רוע גזרה תפלה תשובה צדקה. ושלשתן בפסוק אחד נאמרו [דה"ב ז'] ויכנעו עמי אשר נקרא שמי עליהם ויתפללו ויבקשו פני. ויתפללו זו תפלה. ויבקשו פני זו צדקה שנא' אני בצדק אחזה פניך. וישובו מדרכיהם הרעים זו תשובה · מה כתוב תמן ואני אשמע (מן) השמים ולמה יוצאין בין הקברות אם נתחייבנו רעב הרי אנו רעבים ותענים · ואם נתחייבנו גלות הרי גלינו ממקום למקום · ואם נתחייבנו מיתה הרי אנו בבית הקברות כמתים וקרעו לבבכם ואל בגדיכם אם קרעתם לבבכם בתשובה אינכם קורעין בגדיכם על בניכם כי חנון ורחום הוא מאריך *) חסיה: ת"ר אם יש שם זקן חכם אומר זקן חכם ואם לאו אומר אדם של צורה אחינו לא שק ותענית גורמין אלא תשובה ומע"ט גורמין שלא נאמר באנשי נינוה וירא אלהים את שקם ואת תעניתם אלא וירא אלהים את מעשיהם כי שבו מדרכם הרעה אפילו מי שגזל מריש ובנאו בבירה היה מקעקע הבירה כולה ומחזיר המריש לבעליו: ת"ר אדם שיש בו עבירה ומתודה ואינו חוזר בו דומה למי שיש בידו שרץ שאפילו הוא טובל בכל מימות שבעולם אין טהרה שנאמר מכסה פשעיו לא יצליח זרקו כיון שטובל במ' סאה כו' שנאמר ומודה ועוזב ירוחם: מתני' עמדו בתפלה מורידין לפני התיבה זקן ורגיל: ת"ר אע"פ שאמרו אם יש שם זקן חכם אין מורידין לפני התיבה אלא רגיל רבי יהודה אומר דל שיש לו טף ויש לו יגיעה בשדה

*) ע"ס כאן עיין בירושלמי

עין משפט נר מצוה

יד א מיי' פ"ד מהלכות תעניות הלכה א טוש"ע א"ח סימן תקעט סעיף א:

טו ב מיי' שם הלכה יז טוש"ע שם ס"ג:

טז ג מיי' שם הלכה ד טוש"ע שם ס"א:

יז ד מיי' פ"ב מהל' תשובה הלכה ג:

יח ה מיי' פ"ד מהל' תעניות הלכה ג טוש"ע א"ח סימן תקעט סעיף א [וסימן נג סעיף ד]:

[כל זה נתבאר במדרש רבה בראשית פ' נ"ו וספרי פרשת עקב ירושלם]

רבינו גרשום

דגלו מבי כנישתא [לבי כנישתא] למ"ד גלות הא איכא למ"ד פרהסיא ליכא: הרי אנו חשובין לפניו כבהמה שהרי לובשין שק שהן של שיער בהמה: א"ב עפר סתם למ"ד הרי אנו חשובין לפניו כעפר בעפר סתם סגי למ"ד כדי שיזכור אפרו של יצחק מיבעי ליה אפר מקלה: קברי כותים למ"ד הרי אנו חשובין כמתים ה"נ מצי למיפק לך לקברי אבות של גוים ומ"ד כדי שיבקשו עלינו רחמים איבעי להו למיפק לקברי ישראל: מאי הר המוריה למה נקרא שמה הר המוריה *) דאברהם קרא יראה ומלכי צדק קראו שלם ועשה הקב"ה פשרה ביניהם יקראו ירושלם: הר המוריה שיצאה ממנו הוראה לישראל שכן יושבין סנהדרין בלשכת הגזית ומורין הוראות. דברי כיבושין דברים שאדם מכבש ללבו: מי נדחה מפני מי כלומר דהוה גוזרתם מלפנינו: מריש. קורה: ועוזב שחוזר בו: ורגיל להתפלל שצ"ל זכרונות ושופרות לפי שאין זכרונות ושופרות אלא בר"הי

*) נראה דחסר כאן איזה תיבות ואולי צ"ל דירושלים נקראת על שם שאברהם וכו' ועי' בתוס' כאן ד"ה הר.

הגהות הב"ח

(א) גמ' עלוב ושאינו עלוב יכול ושאינו יכול צדיק ורשע כו' ומחזיר מריש לבעליו מ"ב תמסן יסיב דמי ולא רצו ליפסד במעות (ב) רש"י ד"ה גלינו כו' וד"ה גלותינו כו' סד"א: (ג) ד"ה חד אמר הר שיצא ממנו הוראה לישראל תורה שנאמר כי מציון: (ד) תוס' ד"ה הר כו' הר ה' יראה וה"ם מתחלה היה נקרא כך שלם כדכתיב ומלכי צדק מלך שלם ואח"כ נקרא ירושלים:

גליון הש"ס

גמרא כדי שיבקשו עלינו רחמים · עיין סוטה דף לד ע"ב תוס' ד"ה אבותי:

עין משפט נר מצוה

יט א ב מיי׳ פ״ד מהל׳ תענית הלכה ג טוש״ע א״ח סימן תקעט סעיף א [וסימן נג סעיף ד]:

כ ג מיי׳ שם הלכה ו טור א״ח סי׳ תקעט:

כא ד ה ו מיי׳ שם הלכה טו:

מסורת הש״ס

היינו מטופל ואין לו היינו ביתו ריקם אמר רב חסדא זהו שביתו ריקם מן העבירה: ופרקו נאה: אמר אביי זה שלא יצא (*לו) שם רע בילדותו °היתה לי נחלתי כאריה ביער נתנה עלי בקולה על כן שנאתיה מאי נתנה עלי בקולה אמר מר זוטרא בר טוביה אמר רב ואמרי לה אמר רבי חמא אמר רבי אלעזר זה שליח צבור (*היורד לפני התיבה שאינו הגון): ואומר לפניהם עשרים וארבע ברכות שמונה עשרה שבכל יום ומוסיף עליהן עוד שש: הני שש שבע הוויין כדתנן על השביעית הוא אומר ברוך מרחם על הארץ אמר רב נחמן בר יצחק מאי שביעית שביעית לארוכה כדתניא בגואל ישראל מאריך ובחותמה הוא אומר מי שענה את אברהם בהר המוריה הוא יענה אתכם וישמע בקול צעקתכם היום הזה ברוך גואל ישראל והן עונין אחריו אמן וחזן הכנסת אומר להם תקעו בני אהרן תקעו [א] וחוזר ואומר מי שענה את אבותינו על ים סוף הוא יענה אתכם וישמע בקול צעקתכם היום הזה ברוך זוכר הנשכחות והן עונין אחריו אמן וחזן הכנסת אומר להם הריעו בני אהרן הריעו וכן בכל ברכה וברכה באחת אומר תקעו ובאחת אומר הריעו: במה דברים אמורים בגבולין אבל במקדש אינו כן לפי *שאין עונין אמן במקדש ומנין שאין עונין אמן במקדש שנאמר °קומו ברכו את ה׳ אלהיכם מן העולם עד העולם ויברכו שם כבודך ומרומם על כל ברכה ותהלה יכול על כל ברכות כולן לא תהא אלא תהלה אחת ת״ל ומרומם על כל ברכה ותהלה על כל ברכה תן לו תהלה ואלא במקדש מהו אומר ברוך ה׳ [ג] אלהים אלהי ישראל מן העולם ועד העולם ברוך גואל ישראל והן עונין אחריו ברוך שם כבוד מלכותו לעולם ועד וחזן הכנסת אומר להם תקעו הכהנים בני אהרן תקעו וחוזר ואומר מי שענה את אברהם בהר המוריה הוא יענה אתכם וישמע בקול צעקתכם היום הזה ברוך ה׳ אלהי ישראל [ג] זוכר הנשכחות והם עונים אחריו בשכמל״ו וחזן הכנסת אומר להם הריעו הכהנים בני אהרן הריעו וכו׳ וכן בכל ברכה וברכה באחת אומר תקעו ובאחת אומר הריעו עד שגומר את כולן וכך הנהיג ר׳ חלפתא בצפורי ור׳ חנניה בן תרדיון בסיכני וכשבא דבר לפני חכמים אמרו לא היו נוהגין כן אלא בשערי מזרח ובהר הבית ואית דאמרי כדתניא אומר לפניהן עשרים וארבע ברכות שמונה עשרה שבכל יום ומוסיף עליהן עוד שש ואותן שש היכן אומרן בין גואל לרופא חולי ומאריך בגאולה והן עונין אחריו אמן על כל ברכה וברכה וכך היו נוהגין בגבולין אבל במקדש היו אומרים ברוך ה׳ אלהי ישראל מן העולם ועד העולם ברוך גואל ישראל ולא היו עונין אחריו אמן וכל כך למה לפי שאין עונין אמן במקדש ומנין שאין עונין אמן במקדש שנאמר קומו ברכו את ה׳ אלהיכם מן העולם ועד העולם ויברכו (את) שם כבודך ומרומם על כל ברכה ותהלה על כל ברכה וברכה תן לו תהלה: תנו רבנן על הראשונות הוא אומר ברוך ה׳ אלהי ישראל מן העולם ועד העולם ברוך גואל ישראל והן עונין אחריו ברוך שם כבוד מלכותו לעולם ועד וחזן הכנסת אומר תקעו כהנים תקעו וחוזר ואומר מי שענה את אברהם בהר המוריה הוא יענה אתכם וישמע בקול צעקתכם היום הזה (והן תוקעין ומריעין ותוקעין) ועל השניה הוא אומר ברוך ה׳ אלהי ישראל מן העולם ועד העולם ברוך זוכר הנשכחות והן עונין אחריו ברוך שם כבוד מלכותו לעולם ועד וחזן הכנסת אומר הריעו בני אהרן הריעו ואומר מי שענה את אבותינו על ים סוף הוא יענה אתכם וישמע בקול צעקתכם היום הזה והם מריעין ותוקעין ומריעין וכן בכל ברכה וברכה באחת אומר תקעו ובאחת אומר הריעו עד שיגמור את הברכות כולן וכך הנהיג ר׳ חלפתא בצפורי ור׳ חנניה בן תרדיון בסיכני וכשבא דבר אצל חכמים אמרו לא היו נוהגין כן אלא בשערי מזרח ובהר הבית: ר׳ יהודה אומר לא היה צריך לומר זכרונות כו׳: א״ר אדא דמן יפו מאי טעמא דר׳ יהודה לפי שאין אומרים זכרונות ושופרות אלא

רש״י

היינו מטופל ואין לו היינו ביתו ריקן · היינו כמו (*אחהו): **ביתו ריקם מן העבירה** · שאין חמס וגזל בביתו: **ופרקו נאה** · אפילו כשעמד על בחרותו היה נאה בלי שם רע: **זה המעמיד חזן שאינו הגון לפני התיבה** · רשע שהקב״ה שונא אותו יותר מכולן והוא נותן בקולו לפניו: **שביעית לארוכה** · שביעית לאותה ברכה שהתחיל להאריך בה ואותה אינה מן התוספת אלא מי״ח ברכות היא כדתניא בגואל ישראל הוא מאריך: **סוף אומר לפניהם** · אותו הזקן הרגיל ומאריך בגאולה כדקתני מתני׳: **בד״א** · דהן עונין אחריו אמן בגבולין: **אבל במקדש** · אומר אותו הזקן לאחר הפרשיות מי שענה את אברהם הוא יענה אתכם וישמע קול צעקתכם ביום הזה בא״י אלהי ישראל מן העולם ועד העולם ברוך גואל ישראל והן עונים אחריו בשכמל״ו וכן בכל ברכות שבמקדש: **לפי שאין עונין אמן במקדש** · כדיליף לקמן מקרא: **מניין שאין עונין אמן במקדש** · דכתיב בתפלת עזרא בבית שני קומו ויברכו את ה׳ אלהיכם והיינו ברוך ה׳ אלהי ישראל כו׳: **ויברכו שם כבודך** · היינו שעונין אחריו בשכמל״ו כך הוא הפסוק ויברכו שם כבודך ומרומם על כל ברכה ותהלה: ה״ג יכול על כל הברכות כולן תהלה אחת ת״ל על כל ברכה על כל ברכה תן לו תהלה: **חזן הכנסת** · לא אותו זקן כיהו וחוזר חזן הכנסת ואומר להן מי שענה כו׳ אע״פ שאמרו אותו זקן: **כשמריעין** · תחלה הוא אומר להן הריעו בני אהרן וכשתוקעין תחלה הוא אומר להן תקעו בני אהרן כו׳: **וכך הנהיג** · כל מנהג זה רבי חלפתא בצפורי: **לא היו נוהגין כן** · שיהו עונין אחריו ברוך שם כבוד מלכותו לעולם ועד אלא עונין אמן בגבולין: **ואית דאמרי כדתני׳ כו׳** · כלומר ואיכא דמתני הכי: **וכן בסיכני** · מנהג זה למקדש קאי: אלא

תוספות

מאי שביעית שביעית לארוכה · פירוש שמתחילין להאריך ולומר בקשות ותחינות בתוך ברכה של גואל ישראל אבל מ״מ אינה בכלל התוספות בימי תענית דלא היו מוסיפין רק ששה ועל כל הברכות יש טעם על מה הם חותמות בכך הראשונה של גואל אינה מן המנין ובה אומרים מי שענה לאברהם לפי שהיה ראשון לגאולין שניצול מנמרוד ובשניה שהיא ראשונה מן הששה הנוספות אמר מי שענה לאבותינו על ים סוף וחותם ברוך זוכר הברית ולפיכך אומרה בזכרונות לפי שהיו במצרים ונתייאשו מן הגאולה ועליו נאמר (שמות ו) ואזכור את בריתי וכן בשלישית שהיא שניה מן המנין שומע תרועה ביהושע שענה ביריחו דהיינו בעוד ישראל בגלגל בשופרות היה אומר מי שענה ליהושע בגלגל לפי שנענה בשופרות על הרביעית והיא שלישית מן המנין מי שענה לשמואל וכו׳ ובשמואל כתיב צעקה ותפלה וגבי אליהו כתיב תפלה ענני ה׳ ענני ואמרינן בגמרא דצעקה גבי שמואל ותפלה גבי אליהו וי״א תפלה גבי שמואל וצעקה גבי אליהו והא דכתיב ענני גבי אליהו הוא צעקה שמואל במצפה מצין אל ה׳ בצרתה לאליהו בהר הכרמל כנגד אשא עיני אל ההרים וכן כולם:

ברוך מרחם על הארץ · דגבי דוד ושלמה שייך לומר על הארץ דדוד ושלמה התפללו על הארץ דוד גבי מלאך המות בגורן ארונה ושלמה בתפלה דקאמר רעב כי יהיה בארץ ועוד יש לומר משום דאתקין בהמ״ק בארץ ולא קשיא הא דחשיב יונה מקמי דוד אע״ג שהיה קודם משום דבעי למיחתם על הארץ כדמפרש בגמרא:

רבינו חננאל

בשדה וביתו ריקם מעבירה ופרקו נאה שלא יצא עליו שם רע בילדותו שפל ברך ומרוצה לעם ויש לו נעימה וקולו ערב ובקי לקרות בתורה ובנביאים ובכתובים ולשנות במדרש בתלמוד בהלכות ובאגדות ובקי בכל הברכות כולן יהבי בית רבנן עינייהו בר׳ יצחק בר אמי: היתה לי נחלתי כאריה ביער א״ר אלעזר זה ש״ץ היורד לפני התיבה שאינו הגון: ירושלמי ר׳ אחא בשם רב אמר אין תענית עכשיו א״ר יוסי הרא אמרה אלין תעניתא דאנן עבדין לית קריין תעניתא · א״ל כן אמור רבנן כל תענית שאינה נעשית (כמצותה) [כתיקונה] עליו הכתוב אומר נתנה עלי בקולה על כן שנאתיה: ואומר לפניהם כ״ד ברכות י״ח שבכל יום מוסיף עוד שש. ואלו הן זכרונות ושופרות כו׳ · ואקשינן והתנן על השביעית הוא אומר כו׳ · הנה ז׳ ברכות מוסיף ואמאי תנינן מוסיף עוד שש ושנינן שביעית לארוכות כלומר מוסיף ומאריך בגואל ישראל · נמצאת ברכה גואל ישראל ארוכה שהיא מכלל י״ח ברכות ושש מוספין היינו ז׳ ארוכות ועלה תנן על השביעית הוא אומר וכדתניא בגואל ישראל הוא מאריך ובחותמה אומר מי שענה את אברהם אבינו בהר המוריה ה׳ י׳ א׳ ו׳ ק׳ צ׳ ב׳ ה׳ ב׳ (ר״ת הוא יענה אתכם וישמע קול צעקתכם ביום הזה ברוך) גואל ישראל · והן עונין אחריו אמן · וחזן הכנסת אומר תקעו בני אהרן תקעו ותוקעין ומריעין ותוקעין וכן בכל ברכה וברכה באחת אומר תקעו ובא׳ אומר הריעו בני אהרן הריעו במה דברים אמורים בגבולים אבל במקדש אינו אומר אלא ברוך ה׳ אלהי ישראל מן העולם ועד העולם ברוך גואל ישראל והן עונין אחריו בשכמל״ו לפי שאין עונין אמן במקדש שנא׳ קומו ברכו את ה׳ אלהיכם ואומר ויברכו שם כבודך ומרומם וגו׳ על כל ברכה תן לו תהלה וכן הנהיג רבי חלפתא בצפורי וכשבא דבר אצל חכמים אמרו לא היו עושין כן אלא בשערי מזרח ובהר הבית בלבד · תניא אומרים לפניהם כ״ד ברכות י״ח שבכל יום ומוסיף עליהן עוד שש והיכן אמרו הני שש ברכות בין גואל לרופא ועונין אמן אחר כל ברכה ותוקעין על כל אחת ואחת כו׳ על הראשונה הוא אומר מי שענה את אברהם אבינו בהר המוריה כו׳ · בשנית מי שענה את משה ואבותינו על ים סוף כו׳ בשלישית מי שענה את יהושע בגלגל ברביעית מי שענה את שמואל במצפה · בחמישית מי שענה את אליהו בהר הכרמל כו׳

רבינו גרשום

ואומר הותתיהן שחותם בברכה לכל פסוק: מטופל (ובנין) [ואין] לו כלומר שיש לו טיפול בנים ואין לו עושר: ויש לו יגיעה בשדה שזרותיו וזרועות שצריכין לגשמים: וביתו ריקם שאין לו עושר: שפל ברך עניו: ויש לו נעימה שיודע לבסם קולו: שבע לארוכות כלומר ודאי אין מוסיפין על שש אלא הא דקתני שבע דארוכות הן שבע דגואל ישראל שבתפלה הוא מאריך ומכאן ואילך אמר אילו שש שהן כמו ארוכות: בד״א שעונין אמן *) קומו וברכו את ה׳ מן העולם ועד העולם כלומר במקום אמן יש לענות אחר (ברכו) [הברכה] (אמרו) [ולומר] ברוך ה׳ מן העולם ועד העולם יכול על כל הברכות אין עונה אמן אלא פעם אחת [ת״ל וכו׳]: וכן הנהיג ר׳ חלפתא בצפורי. לומר שלאחר ברכה זו מי שענה כו׳: לא היו נוהגין כן אלא בשערי מזרח. במקדש אבל בגבולין אומר העניות קודם ברכות כדאמרן לעיל: משום דבעי למיחתם בטרום על הארץ ועיקר א״י בימי דוד ושלמה: ואמר כל הברכות כולן על הסדר וענו אחריו אמן אחר כל ברכה וברכה: וכשבא דבר לפני חכמים שאמרו העניה אחר הברכה אמרו לא היו נוהגין כן אלא בשערי מזרח במקדש אבל בגבולין

*) נראה דחסר כאן וצ״ל כד״א שעונין אמן בגבולין אבל במקדש אינו כן שנאמר קומו כו׳.

§ מסכת תענית דף טז: §

אות א׳ - ב׳

זהו שביתו ריקם מן העבירה

זה שלא יצא עליו שם רע בילדותו

סימן תקעט ס״א - ואחר שגומר זה דברי כבושים [א]עומדים בתפלה - וה"ה בער"ח, במקום שאומרים דברי כבושים, יאמרו קודם התפלה, כדי שיתפללו בלב נשבר אח"כ.

ומעמידים שליח צבור הראוי להתפלל בתעניות אלו; [ב]ואם היה אותו שאומר דברי כבושים ראוי להתפלל, מתפלל; ואם לאו, מורידין אחר.

ומי הוא הראוי להתפלל בתעניות אלו, איש שהוא רגיל בתפלה - כדי שלא יטעה, **ורגיל לקרות בתורה נביאים וכתובים, ומטופל** - בבנים קטנים, **ואין לו** - שמתוך כך יתפלל בלב שלם, **ויש לו יגיעה בשדה.**

[ג]ולא יהיה בבניו ובני ביתו וכל קרוביו והנלוים אליו בעל עבירה, אלא יהיה ביתו ריקן מן העבירות; ולא יצא עליו שם רע בילדותו; שפל ברך ומרוצה לעם - שיסכימו לתפלתו, **ויש לו נעימה** - שימשוך הלב, **וקולו ערב.**

ואם היה זקן עם כל המדות האלו, הרי זה מפואר; ואם אינו זקן, הואיל ויש בו כל המדות האלו, יתפלל.

סימן נג ס״ד - [ד]ש״ץ צריך שיהיה הגון - דכתיב: נתנה עלי בקולה ע"כ שנאתיה, ואחז"ל זה ש"ץ שאינו הגון, **והספרים** האריכו מאד בגודל גנות הממנים ש"ץ שאינו הגון, כי מונעים עי"ז טוב מישראל.

וראוי שיהיו בגדי ש"ץ ארוכים, שלא יראו רגליו, **ויכנס** לבהכ"נ ראשון ויצא אחרון, **ולא** יהיה טפש וסכל, אלא שיהיה יוכל לדבר בעסקי הקהל כפי מה שצריך.

טוב להדר אחר ש"ץ צדיק בן צדיק, כי אינו דומה תפלת צדיק בן צדיק לתפלת צדיק בן רשע, **ומש"כ** הרא"ש שאין מעלת הש"ץ תלוי ביחוס משפחה, דאפי' אם הוא ממשפחה בזויה וצדיק, טוב לקרב מזרע רחוקים, **ר"ל** ג"כ רק שאינו מיוחס, אבל מ"מ אין אביו רשע.

אין מומין פוסלין אלא בכהנים ולא בש"ץ, ואדרבה לב נשבר ונדכה אלקים לא תבזה, **ויש** מחמירין בזה לכתחלה היכא דאיכא ראוי

והגון כיוצא בו, [**ועכ"פ** לענין ימים נוראים, **ופשוט** כי פסול זה אינו מצד הדין, דגם הלוים לדוכן כשרים בעלי מומין].

ואיזהו הגון, שיהא ריקן מעבירות - העובר על השבועה, אין ביתו ריקם, **ואע"פ** שעדיין לא העידו עליו, מ"מ יש לחוש לקול להושיב ב"ד על ככה, **ואפילו** אם לא עבר רק על שבועת ביטוי דלהבא, מ"מ אין ראוי למנותו לש"ץ - א"ר.

וכתב שם עוד בשם משפט צדק, דמי שהוא פסול מחמת עבירה, פסול להיות ש"ץ אפילו באקראי, **וכתב** הפמ"ג, דהיינו דוקא בשלא עשה תשובה.

ושלא יצא עליו שם רע אפילו בילדותו - אפילו נתברר לנו שעשה אז תשובה ע"ז הענין, אפ"ה אין למנותו לכתחלה לש"ץ.

דוקא למנותו לכתחלה, אבל להעבירו ולסלקו אחר שהוחזק ש"ץ, אין לנו, כיון שלא נשמע עליו עתה מאומה, **מיהו** כשיצא עליו עתה ש"ר, והוא קלא דלא פסק, אפי' יחיד מוחה עליו להעבירו, **ואפילו** אם נתברר בעדים שחטא, אם עשה תשובה אין מעבירין אותו לכו"ע.

ושיהיה עניו ומרוצה לעם - כתב בתשו' מהר"מ מינ"ץ, יזהר החזן אם יש ריב וקטטה בין שני בע"ב, שיהא בשב ואל תעשה, הן בדיבור הן במעשה, הן בגלוי הן בסתר, **וכ"ש** אם יש עסק ריב עם אדם אחר שאינו מהעיר עם בע"ב, שיהא בשב ואל תעשה, **ואפילו** אם אותו האדם הוא מחותנו או קרוב שלו.

ואם יש לו שום קטט ואיבה עם אחד מהקהל, אז צריך להעמיד את הדבר לפני הרב או הקהל, לפשר ולעשות ככל אשר נראה להם נכון, **ואם** יש חסרון ומניעה מצד שכנגדו, אז הוא נקי, ומה יש לו לעשות.

ויש לו נעימה; וקולו ערב; ורגיל לקרות תורה נביאים וכתובים - כדי שיהיו הפסוקים המעורבים בתוך התפלה סדורים בפיו, **גם** אם אינו רגיל לקרות, הוא בכלל "מסיר אזנו משמוע תורה גם תפלתו תועבה", א"ר.

כתב בפמ"ג, בסימן תקפ"א ס"א איתא, דבר"ה ויוה"כ בעינן שיהא נשוי ובן שלשים, ומשמע בשאר ימות השנה אפילו אינו נשוי, **מ"מ** נ"ל דנשוי קודם לבחור, ואפילו אם נתמלא זקנו, [**ונ"ל** דוקא אם הנשוי הוא ג"כ נתמלא זקנו, דזהו דינא דגמ', ולדעת הרבה פוסקים ראשונים אפי' באקראי אינו יכול לירד].

אות ג׳

בגואל ישראל מאריך, ובחותמה הוא אומר: מי שענה את אברהם בהר המוריה הוא יענה אתכם וכו׳

טור סימן תקעט - עיין לעיל ט"ו. אות ב׳.

באר הגולה

א **משנה שם** ב ‹כתב בקרית מלך, שמקור דברי הרמב"ם הוא ממה ששנינו בתוספתא מענית פ"א ה"ש: זקן שבהם אומר לפניהם דברי כבושין כו', אומר לפניהם כ"ד ברכות, ומשמע שמי שאומר את דברי הכיבושין הוא זה שמתפלל› ג **כדמפרש רב חסדא וכפי' הרמב"ם** ‹הרמב"ם מפרש ביתו ריקם, היינו בני ביתו, דאי ר"ל שיהא הוא עצמו ריקם, מפירקו נאה שמע מינה, דאפילו בילדותו לא יצא עליו שם רע, כ"ש שלא יהא בעל עבירה בזקנתו, כך פירשו המפרשים, **ורש"י** פירש ביתו ריקם מן העבירה, היינו שאין גזל וחמס בביתו, משמע שמפרש ביתו ריקם, היינו מן החמס וגזל בביתו, והיינו דתלה לה בביתו, ופירקו נאה דשם רע, היינו משאר עבירות, ותרתי קחשיב, חדא שאין בו עבירות שבין אדם לחבירו כגזל וחמס, ושאין בו עבירות שבין אדם למקום - גבורת ארי› ד **תענית ט"ז**

אות ד' – ה'

לפי שאין עונין אמן במקדש

על הראשונות הוא אומר ברוך ה' אלהי ישראל מן העולם ועד העולם ברוך גואל ישראל, והן עונין אחריו ברוך שם כבוד מלכותו לעולם ועד וכו'

רמב"ם פ"ד מהל' תעניות הט"ו - כשהיו מתפללין על הסדר הזה בירושלם, היו מתכנסין בהר הבית כנגד שער המזרח, ומתפללין כסדר הזה, וכשמגיע שליח צבור לומר: מי שענה את אברהם, אומר: ברוך אתה ה' אלהינו אלהי ישראל מן העולם ועד העולם ברוך אתה ה' גואל ישראל, והן עונין אחריו: ברוך שם כבוד מלכותו לעולם ועד, וחזן הכנסת אומר לתוקעים: תקעו בני אהרן תקעו, [ה]וחוזר המתפלל ואומר: מי שענה את אברהם בהר המוריה הוא יענה אתכם וישמע קול צעקתכם ביום הזה, [ו]ואחר כך תוקעין הכהנים ומריעין ותוקעין.

[ז]רמב"ם פ"ד מהל' תעניות הט"ז - וכן בברכה השנייה, לזו שהיא ראשונה מן השש שמוסיף, חותם בה: ברוך ה' אלהים אלהי ישראל מן העולם ועד העולם, ברוך אתה ה' זוכר הנשכחות, והן עונין אחריו ברוך שם כבוד מלכותו לעולם ועד, וחזן הכנסת אומר להן: הריעו בני אהרן הריעו, וחוזר שליח צבור ואומר: מי שענה את משה ואבותינו על ים סוף הוא יענה אתכם וישמע קול צעקתכם ביום הזה, ואחר כך מריעין ותוקעין ומריעין.

[ח]רמב"ם פ"ד מהל' תעניות הי"ז - וכן על כל ברכה וברכה באחת אומר תקעו ובאחת אומר הריעו, עד שיגמור כל שבע הברכות; ונמצאו הכהנים פעם תוקעין ומריעין ותוקעין, ופעם מריעין ותוקעין ומריעין שבע פעמים; ואין עושים סדר זה אלא בהר הבית בלבד; וכשהן תוקעין ומריעין שם, תוקעין בחצוצרות ובשופר כאחד כמו שאמרנו

§ מסכת תענית דף יז. §

אות א'

מפני מה אמרו אנשי משמר מותרין לשתות יין בלילות אבל לא בימים, שמא תכבד העבודה על אנשי בית אב ויבואו ויסייעו להם. מפני מה אמרו אנשי בית אב לא ביום ולא בלילה, מפני שהן עסוקין תמיד בעבודה

רמב"ם פ"א מהל' ביאת המקדש ה"ו - אנשי משמר מותרין לשתות יין בלילות, אבל לא בימי שבתן, ואפילו שאר בתי אבות של משמר שאין עבודתן היום, שמא תכבד העבודה על אנשי בית אב של יום ויצטרכו לאחרים מאנשי משמרתן לסייען; ואנשי בית אב של אותו היום, אסורים לשתות בין ביום בין בלילה, שמא ישתה בלילה וישכים לעבודתו ועדיין לא סר יינו מעליו. הגהת הראב"ד: א"א אינו מן הטעם הזה, אלא מפני שהקטרת אימורין כל הלילה

– ‹וכך הם דברי רש"י (ט"ו:), ולדעת רבינו י"ל, דאי משום הקטרת אימורים, היה אפשר לתקן שיקטירו אותם קודם שישתו – כסף משנה›. ‹**והנה** הרמב"ם והראב"ד פליגי בדינא, דלהראב"ד בית אב היוצא הוא דאסור לשתות, אבל הנכנס מותר, כיון דעבודת לילה לאו עליה רמייא, **אבל** לרבינו הוא להיפך, דבית אב היוצא מותר לשתות אחר הקטרה ולא לילה כולה, אבל הנכנס אסור לשתות לילה כולה – אברהם יגל›.

אות ב'

מכאן אמרו: כל כהן שמכיר משמרתו ומשמרת בית אב שלו, ויודע שבתי אבותיו קבועין שם, אסור לשתות יין כל אותו היום

רמב"ם פ"א מהל' ביאת המקדש ה"ז - כל כהן שיודע מאיזה משמר הוא, ומאיזה בית אב הוא, ויודע שבתי אבותיו קבועים בעבודה [ט][היום], אסור לו לשתות יין כל אותו היום.

באר הגולה

[ה] ‹עיין רש"י ד"ה חזן הכנסת› [ו] ‹ולא תקעו מיד אחר שהכריז החזן לתקוע, וכן הוא לשון הברייתא: וחזן הכנסת אומר הריעו בני אהרן הריעו. ואומר: מי שענה את אבותינו על ים סוף הוא יענה אתכם וישמע בקול צעקתכם היום הזה, והם מריעין ותוקעין ומריעין, (לפי הגירסא המוקף הגמ')› [ז] ‹מילואים› [ח] ‹מילואים› [ט] ‹האי "היום" מוקף בשני חצאי לבנה, ולענ"ד נראה דבכוונה גדולה כתב רבינו תיבת "היום", כי רבינו אזיל לשיטתו, שמצות עשה שיתחלקו הכהנים כולם למשמרות, יעו"ש בס' המצות מ"ע ל"ו, והרמב"ן השיגו שם, והביא ראיה מהך דקתני "ויודע שבתי אבותיו קבועים", יעו"ש. **אמנם** רבינו בהא דסיפא אינו גורס ויודע שבתי אבותיו קבועים, גבי הא דאינו מכיר משמרתו ומשמרת בית אב שלו, וכמש"כ מרן יעו"ש {עיין לקמן אות ד'}, והיינו טעמא, דלרבינו כל הכהנים היה להם בית אב קבוע, והא דנקט ברישא "ויודע שבתי אבותיו קבועים", היינו ר"ל שיודעים למשל שהם ממשמרת יהויריב, ויודעים שם הבית אב שלהם, ויודעים היום שבית אב שלהם משמש, {היינו שיודעים שיום זה הוא היום שמשמש}, אבל זה א"צ לידע כי בתי אבותיו קבועים, כי לא סגי בלא"ה, ומיושב בזה השגתם – הר המוריה›

סדר תעניות כיצד פרק שני תענית יז

אלא בראש השנה וביובלות ובשעת מלחמה: על הראשונה הוא אומר מי שענה את אברהם כו': תנא יש מחליפין צעקה לאליהו ותפלה לשמואל בשלמא גבי שמואל כתיב ביה תפלה וכתיב ביה צעקה אלא גבי אליהו תפלה כתיב צעקה לא כתיב °ענני ה' ענני לשון צעקה היא: על הששית הוא אומר מי שענה את יונה כו' על השביעית הוא אומר מי שענה את דוד כו': מכדי יונה בתר דוד ושלמה הוה מאי טעמא מקדים ליה ברישא משום דבעי למיחתם מרחם על הארץ תנא משום סומכוס אמרו ברוך משפיל הרמים: שלש תעניות הראשונות אנשי משמר מתענין ולא משלימין כו': תנו רבנן *מפני מה אמרו אנשי משמר מותרין לשתות יין בלילות אבל לא בימים שמא תכבד העבודה על אנשי בית אב ויבואו ויסייעו להם מפני מה אמרו אנשי בית אב לא ביום ולא בלילה מפני שהן עסוקין תמיד בעבודה מכאן אמרו כל כהן שמכיר משמרתו ומשמרת בית אב שלו ויודע שבתי אבותיו קבועין שם אסור לשתות יין כל אותו היום במכיר משמרתו ואין מכיר משמרת בית אב שלו ויודע שבתי אבותיו קבועין שם אסור לשתות יין כל אותה שבת אינו מכיר משמרתו ומשמרת בית אב שלו ויודע שבתי אבותיו קבועין שם אסור לשתות יין כל השנה *רבי אומר אומר אני אסור לשתות יין לעולם אבל מה אעשה שתקנתו קלקלתו אמר אביי כמאן שתו האידנא כהני חמרא כרבי: אנשי משמר ואנשי מעמד אסורים לספר ולכבס ובחמישי מותרין מפני כבוד השבת: מאי טעמא *אמר רבה בר בר חנה אמר ר' יוחנן כדי שלא יכנסו למשמרתם כשהן מנוולין ת"ר *מלך מסתפר בכל יום כהן גדול מערב שבת לערב שבת כהן הדיוט אחת לשלשים יום מלך בכל יום מ"ט אמר רבי אבא בר זבדא אמר קרא °מלך ביפיו תחזינה עיניך כהן גדול מע"ש לערב שבת מ"ט אמר רב שמואל בר יצחק הואיל ומשמרות מתחדשות כהן הדיוט אחת לשלשים יום מנלן אתיא פרע פרע מנזיר כתיב הכא °וראשם לא יגלחו ופרע לא ישלחו וכתיב התם °קדוש יהיה גדל פרע שער ראשו מה להלן שלשים אף כאן שלשים ונזיר גופיה מנלן אמר רב מתנה *°סתם נזירות שלשים יום מנלן אמר קרא יהיה בגימטריא תלתין הוי א"ל רב פפא לאביי ודילמא ה"ק רחמנא לא לירבו כלל א"ל אי הוה כתב לא ישלחו פרע כדקאמרת השתא דכתיב ופרע לא ישלחו פרע ליהוי שלוחי הוא דלא לישלחו אי הכי אפילו האידנא נמי °דומיא דשתויי יין מה שתויי יין בזמן ביאה הוא דאסור שלא בזמן ביאה שרי אף הכא נמי והתניא *רבי אומר אומר אני כהנים אסורין לשתות יין לעולם אבל מה אעשה שתקנתו קלקלתו ואמר אביי כמאן שתו האידנא כהני חמרא כרבי

רש"י

אלא בראש השנה · כדאמרינן בר"ה (דף טז.) אמרו לפני מלכיות וזכרונות וכו': וביובל · ביום הכפורים של יובל כדתנן התם (דף כו:) שוה היובל לר"ה לתקיעה ולברכות כו': ובשעת מלחמה · דכתיב (במדבר י) וכי תבאו מלחמה בארצכם על הצר הצורר אתכם וגו' ולא ידעינן מנא איתפריש דאומר ברכות ופסוקי מלכיות זכרונות ושופרות בשעת מלחמה: צעקה לאליהו · על מי שענה את אליהו חותם שומע צעקה ובשמואל שומע תפלה דכתיב ביה תפלה (שמואל א ז) קבצו את כל ישראל המצפתה ואתפלל בעדכם: צעקה · דכתיב (שם טו) ויחר לשמואל ויזעק אל ה' כל הלילה ואיכא למימר במצפה נמי הואי צעקה דבתר פרשת קבצו כל ישראל המצפתה כתיב בפרשת *נחמתי כי המלכתי את שאול וגו' כך שמעתי: גבי אליהו · במעשה דהר הכרמל כתיב תפלה דכתיב ענני ה' ענני דמשמע לשון בקשה ותפלה ולא לשון צעקה ומשני ענני ה' ענני לשון צעקה הוא כך שמעתי: יונה בתר דוד ושלמה · דהוה בימי אמציהו בסדר עולם: דבעי למחתם · בסוף כל ברכות ברוך מרחם על הארץ ולהכי בעי באותה חתימה דוד ושלמה שהן התפללו על ארץ ישראל (א) כך שמעתי אי נמי משום דאיכהו תקון בית המקדש דהואי עיקר הארץ כך שמעתי: ברוך משפיל הרמים · היו אומרים במקום ברוך מרחם שהכניעם במטר ששבו בתשובה: מכאן אמרו · מדקתני הכא דאפילו אנשי משמר שלא היו עובדין באותו היום כלל אפילו הכי אסורין לשתות יין: כהן · בזמן הזה: המכיר משמרתו · היודע מאיזו משמרת הוא מיהויריב או מידעיה או אחת מכ"ד משמרות שיודע שמות אבותיו ואבות אבותיו עד יהויריב ויודע איזה יום ואיזה שבת היו עובדים: קבועין · שיודע ודאי שבית אב שלו עובד במקדש לפי שהרבה היו מבתי אבות הכהנים שלא הוקבעו שוב אמר לי רבי קבועין שלא נתחלל בית אב שלו להיות מגואל מן הכהונה ויודע שראוי בית אב שלו לעבוד: אסור לשתות יין כל אותו היום · [א] ותו לא שמא יבנה בית המקדש ותכבד העבודה ויהיה זה צריך לעבוד: מכיר משמרתו · שיודע איזה שבת בשנה עובדין: ואינו יודע מאיזה בית אב · דעכשיו אינו מכיר באיזה יום בשבת עובדין ויודע שבתי אבותיו קבועין אסור כל אותה שבת מספיקא בכולהו גרסינן ויודע שבתי אבותיו קבועין הן דאם אינו יודע שבתי אבותיו קבועין לעבוד מותר הוא לשתות יין כל השנה ולא חיישינן שמא יבנה ושמא בית אב שלו יעבדו היום: רבי אומר אומר אני כהן אסור כו' · כלומר אי חיישינן לשמא יבנה יהא אסור לעולם אפי' המכיר משמרתו ומשמרת בית אבותיו דחיישינן שמא ישתנה סדר משמרות ושמא יעבדו כולם לחנוכת הבית בבת אחת ונמצא זה צריך לעבוד אבל מה אעשה (ב) שתקנתו קלקלתו דהוי כמה שנים שלא חזרה בירה וקלקלה זו תקנתו לשתות יין בהדיא ולשמא יבנה לא חיישינן: כשהן מנוולין · שלא יהו סומכין על יום אחד מימי שבת ולא מסתפרין בשבת שעברה: מסתפר בכל יום · מלוה: מערב שבת לערב שבת · ולא ישהה מלגלח יותר: ומשמרות מתחדשות · בכל שבת ושבת ומשמיה שלא ראוהו עד עכשיו ובלה נראותו הדבר נאה שתראהו ביופיו: לא לירבו כלל · [ג] אלא יסתפרו בכל יום דהכי משמע ופרע דהייט שלשים לא ישלחו אלא יגלחו: שלוחי לא משלחי · הכי משמע פרע שגדלו אין רשאין לגדל עוד: אי הכי · כיון דמקרא מפקת לה האידנא נמי לא לישלחו ומשני כיון דומיא דיין דכתיב בסמוך להאי ופרע לא ישלחו ויין לא ישתו כל כהן: מה יין בזמן ביאה הוא דאסור · דכתיב (יחזקאל מד) בבואם אל החצר וגו' בזמן שבית המקדש קיים שבאין שם לעבוד: שלא בזמן ביאה · כגון האידנא שהבית חרב ולא זמן ביאה היא: והתניא רבי אומר אומר אני כו' ואמר אביי כו' . מכלל דרבנן אסרי דחיישינן לשמא יבנה ומלי נמי מייתי רישא דברייתא מפני מה אמרו אנשי משמר כו' ואייתי סיפא בלשון קצרה ודייק מינה מכלל דרבנן אסרי:

תוספות

ויודע שבתי אבותיו קבועין לשם אסור לשתות יין וכו' · פירוש אסור לשתות יין חוץ לסעודתו אבל בסעודתו מותר דיין שבתוך הסעודה אינו משכר:

ובחמישי מותרין מפני כבוד השבת מאי טעמא · פי' מאי טעמא אין הכהנים מותרין להסתפר אלא דווקא בחמישי בשבת כדי שלא יכנסו למשמר כשהן מנוולין פי' ולא ימתינו עד יום אחד מימי השבוע הבא ויסתפרו קודם שיכנסו למשמרת דאם לא יסתפרו קודם יהיו אסורין כל השבוע הבא עד יום החמישי ומתוך זה שאסרו לספר כל השבוע הבא יסתפרו קודם שיכנסו למשמרתם ולא יהיו מנוולים:

כהן גדול מסתפר מע"ש לערב שבת וכהן הדיוט אחד לשלשים יום · פירוש שאינו יכול להשהות יותר והאי דקאמר בסמוך השתא דכתיב פרע לא ישלחו פרע ליהוי פי' פרע ליהוי עד שלשים יום אם ירצה:

לא לירבו כלל · פירוש ואפילו עד ל' יום וקשה דאם כן ג"ש דפרע למה לי (ג) וי"ל דשמא ר"ל לא לירבו עד ל' יום אלא יגלח בכ"ט:

שלוחי לא משלחו · יותר משלשים יום: מכלל

רבינו חננאל

כו' · על הששית מי שענה את יונה במעי הדגה על השביעית מי שענה את דוד ושלמה בנו בירושלים תנא יש שמחליפין צעקה לאליהו וחותמין בברכה החמישית ברוך שומע צעקה ובברכה רביעית שהיא מי שענה את שמואל חותמים ברוך שומע תפלה · ואסיקנא ענני ה' ענני דכתיב ביה באליהו לשון צעקה הוא · ואמאי חתים לדוד ושלמה בנו בסוף והלא אינהו קדימי ליונה משום דבעי למחתם ברוך מרחם על הארץ תנא סומכוס אומר בשביעית הוא אומר ברוך משפיל רמים: מתני' שלש תעניות הראשונות אנשי משמר כו' פי' הכהנים היו חלוקים כ"ד חלקים משמש שבוע ומתחלף יוצא זה נכנס אחר ואותו החלק המשמש שבוע נקרא משמר וכל המשמר היה חולקין ז' חלקים כל אחד משמש יומו ויצא ונכנס אחר משמש למחר ונקרא חלק שהוא אחד משבעה במשמר בית אב · וכן הוא מפורש בתוספתא (דמכילתין) משמר שיש בו ד' בתי אבות או ז' בתי אבות או ח' או ט' משמר שיש בו ד' בתי אבות ג' מהן מקריבין כל אחד ב' ימים והרביעי מקריב יום אחד ומשמר שיש בו ח' בתי אבות כו' · משמר שיש בו ז' בתי אבות כל אחד משמר יומו והן כל אחד ואחד ועל זה הסדר שנו בחיצונה אנשי משמר מותרין לשתות יין בלילות אבל לא בימים שמא יזדמנו אותו היום זבחים הרבה ותכבד העבודה על אנשי (בתי דין) בית אב ויסייעו אותן אבל אנשי בית אב אסורין לשתות יין בין ביום בין בלילה מפני שהן תדירין בעבודה ויש באלו כ"ד משמרות שהפילו גורלות מי שעלה גורלו ביום ראשון*) נקבע במשמרתו להיות הוא משמש ביום ראשון לעולם ומי שנקבע ביום שני כמותו כגון שהיא משמרת יהויריב בתחלת ניסן בית אב פלוני באחד בשבת. בית אב פלוני בשני בשבת. וכן כולן לפיכך אמרו [המכיר] משמרתו באיזה חדש ובאיזה שבוע ומנו ובית אב שלו באיזה היום מן השבוע זמנו והוא מן הקבועים לעולם אסורין לשתות יין בו ביום ס"ט אמרינן שמא יבנה הבית ויהיה שתוי ואינו יכול לשמש בו ביום ומי שאינו מכיר בית אב שלו אבל מכיר באיזה שבוע זמן משמרתו אסור לשתות יין כל אותו שבוע ומי שאינו מכיר [לא] זה ולא זה אבל יודע שבתי אבותיו קבועין בעבודה אסור לשתות יין לעולם דבכל יום חיישינן שמא יומו הוא ר' אומר אומר אני כגון זה אסור לשתות יין לעולם **) אסור דרבנן וכדאמרינן (אצל) [אבל] תקנתו קלקלתו זה השמועה כולה בסנהדרין בסוף פ' כ"ג פי' כיון שנתקלקלה בביה אב שלו תותר שאפילו אם יבנה הבית אינו משמש עד שישב ב"ד של כהונה ויקבעוהו באיזה יום ישמש לפיכך עכשיו מותר וכן כל כהן שאינו בר עבודה ביום ידוע מותר ועל זה אמר אביי כמאן שתי האידנא כהני חמרא כרבי מכלל דרבנן סברי

*) נ"א דצ"ל ונקבע במשמרתו להיות כן הוא משמש וכו'. **) נראה דצ"ל וכדאמרו רבנן אבל תקנתו כו'.

רבינו גרשום

בגבולין אומר העניה ואח"כ אומר הברכה כדאמר' לעיל: אנשי משמר מתענין ולא משלימין מתענין הואיל ואין עצמן עוסקין בקרבנות ולא משלימין דכיון דמשמר שלהן עוסקין בקרבן היום יו"ט הוא להם לפיכך אין משלימין: אנשי בית אב שמקריבין קרבן היום לא היו מתענין כלל הואיל ועוסקין בקרבן: שלש שניות, שכבר תקפה הגזירה: אנשי משמר מותרין לשתות יין בלילות הואיל ואין עוסקין בקרבן היום: אנשי בית אב שעובדין היום לא ביום ולא בלילה הואיל דבלילות מקריבין נמי אברים ופדרים שלא נתעכלו מבעו"ב: כל כהן שמכיר משמרתו ויודע מאיזה משמרה הוא ומשמרת בית אב שלו שיודע באיזה בית אב הוא ויודע שבתי אבותיו קבועין שיודעין באיזה יום עובדין בית אב שלו: אסור לשתות יין כל אותו היום אע"פ שאינו בירושלים אלא הואיל ויודע שהיום עובדין בית אב שלו ואסורין ביין הוא נמי אסור: מכיר משמרתו שיודע מאיזה משמרה הוא ואינו מכיר משמרת בית אב שלו שאינו יודע מאיזה בית אב הוא: ויודע שבתי אבותיו קבועין שיודע שמשמרה שלו קבועין ועובדין בשבת [זו] אבל אינו יודע באיזה יום עובד בית אב שלו אסור לשתות יין כל השבת דשמא היום עובד בית אב שלו: ויודע שבתי אבותיו קבועין שיודע שבית אב שלו עובדין יום אחד בשנה שהרי כהנים הן *) ובית המקדש קיים רבי אומר אומר אני אם היה כהן בזמן ביהמ"ק קיים שאין מכיר משמרתו ומשמרת בית אב שלו היה אסור לשתות יין לעולם אבל מה אעשה שתקנתו קלקלתו כלומר חרבן ביהמ"ק שהיא קלקלתם תקנתם לשתות יין כרבי דאמר שתקנתו קלקלתו אבל חכמים אומרים אין מותרין לעולם כדי שלא יכנסו למשמרתם כשהן מנוולין שכשיודעין שאין יכולין לספר ולכבס במשמרתן מספרין ומכבסין קודם שיכנסו למשמרתם

*) וכזו עובדין עכשיו בזמן שבהמ"ק היה קיים בלנ"ל.

עין משפט נר מצוה

כב א מיי' פ"א מהל' ביאת מקדש הלכה ג סמג עשין קטו:
כג ב ג ד מיי' שם הלכה ז:
כד ה מיי' שם הלכה יב וס"ו מהלכות כלי המקדש הלכה יא:
כה ו מיי' פ"ב מהלכות מלכים הלכה ה:
כו ז מיי' פ"ה מהלכות כלי המקדש הל' ו:
כז ח מיי' פ"א מהלכות ביאת מקדש הלכה יא סמג עשין קטו:
כח ט מיי' פ"ג מהל' נזירות הלכה א וס"א מהלכות ביאת מקדש הלכה יא סמג עשין כג:
כט י מיי' פ"א מהלכות ביאת מקדש הל' ו:

מסורת הש"ס

[נ"ל ויזעק שמואל אל ה' בעד ישראל]
סנהדרין כב:
[מו"ק יד.]
סנהדרין כב: [כל הסוגיא עד סופו וע"ש כמה שינוים]
נזיר ה. נא. סנהדרין שם מ"ק יט:
סנהדרין שם

הגהות הב"ח

(א) רש"י ד"ה דבעי למחתם כו' על א"י (כך שמעתי) תא"מ וכ"ב נ"ל דזה טעות: (ב) ד"ה רבי אומר כו' אבל מה אעשה שתקנתן קלקלתן דהוי כמה שנים שלא חזרה עבודה וקלקלה זו תקנתן: (ג) תוס' ד"ה לא לירבו כו' וי"ל דשמא ר"ל לא גרס מלת כלל:

הגהות מהר"ב רנשבורג

[א] רש"י ד"ה אסור לשתות יין וכו' ותו לא שמא וכו'. נ"ב פי' תו לא אסור משום שמא יבנה וכו' ותכבד עבודה דכלי האי לא גזרינן כמ"ש רש"י בד"ה ואינו יודע וכו' ולא חיישינן וכו' עכ"ל ולפיכך אסור רק אותו יום לחוד ולק"מ קושית מהרש"א ודו"ק · שוב ראיתי כן בש"י : [ג] שם ד"ה לא לירבו כלל אלא יסתפרו בכל יום · כ"ב נ"ע דלפ"ז מה יענה לקושי' התוס' ד"ה לא לירבו וביותר יפלא דסוף לשון רש"י הוא כמעט כתירוץ התוספות ונמצאו דברי רש"י סותרים תוך כדי דיבור :

אות ג'

במכיר משמרתו ואין מכיר משמרת בית אב שלו, ויודע שבתי אבותיו קבועין שם, אסור לשתות יין כל אותה שבת

רמב"ם פ"א מהל' ביאת המקדש ה"ז - היה יודע מאיזה משמר הוא, ואינו מכיר בית אב שלו, אסור לו לשתות כל אותה שבת שמשמרתו עובדין בה.

השגת הראב"ד: א"א הלכה כרבי שתקנתו קלקלתו, שאין עכשיו שעת עבודה, ולמהרה יבנה לא חיישינן, ובין מכיר ובין שאינו מכיר מותר לשתות יין, דסתמא אמר אביי כמאן שתו כהני האידנא חמרא כרבי - ‹ודברי הראב"ד בהשגות כדברי רש"י, ולפיכך כתב הלכה כרבי וכו', **ורבינו** סובר שלא בא רבי לחלוק אלא על אינו מכיר משמרתו ומשמרת בית אב שלו, אבל במכיר משמרתו ומשמרת בית אב שלו, וכן במכיר משמרתו ואין מכיר משמרת בית אב שלו, ליכא פלוגתא בין רבי לת"ק - כסף משנה›.

אות ד'

אינו מכיר משמרתו ומשמרת בית אב שלו, ויודע שבתי אבותיו קבועין שם, אסור לשתות יין כל השנה... אבל מה אעשה שתקנתו קלקלתו

רמב"ם פ"א מהל' ביאת המקדש ה"ז - לא היה מכיר משמרתו ולא בית אבותיו, הדין נותן שאסור לשתות יין לעולם, אבל תקנתו קלקלתו, והרי הוא מותר לשתות תמיד, [י]שאינו יכול לעבוד עד שיקבע בבית אב שלו ובמשמרתו - ‹ובאינו מכיר משמרתו ומשמרת בית אב שלו אינו גורס "וידע שאבותיו קבועים שם", דאל"כ לא הו"ל להשמיטו - כסף משנה›. {משא"כ בבבא מציעא אינו השמטה, דהא כתב "אותה שבת שמשמרתו עובדין בה", והיינו הפי' של "אבותיו קבועים בה", וכנ"ל באות ב' בהערה}.

השגת הראב"ד: א"א כמה דבריו הלושים וקלושים, וכי כשיבנה בית המקדש לא יהיה שם מצרף ומטהר ומודיע המשמרות הראויות ושבתם ויומם, ואי זה שהות יהיה שם לקביעותם - ‹ואני אומר שכשיבנה בית המקדש, אפי' אם יבנה בידי שמים, לא בו ביום שיבנה יודיע המשמרות הראויות ושבתם, **ועוד** שדעת רבינו, שבלא בנין בית המקדש אפשר להקריב קרבנות, כמ"ש בספר ששי מהל' בית הבחירה, **ועוד** יש לומר, דרבינו לא בא ללמד שכשיבנה בית המקדש אסור לו לשתות עד שיקבע, אלא בא ליתן טעם למה מותר לשתות יין בזמן הזה, **וה"ק**, שאינו יכול לעבוד עד שיקבע בבית אב שלו ובמשמרתו, וכיון שעכשיו אינו קבוע, אינו ראוי לעבודה, ולפיכך מותר ביין, ולכשיבנה ביהמ"ק ויקבע אז יאסר ולא קודם - כסף משנה›.

אות ה'

כדי שלא יכנסו למשמרתם כשהן מנוולין

רמב"ם פ"א מהל' ביאת המקדש הי"ב - ואנשי משמר אסורין לספר ולכבס בשבתן, כדי שלא יעלו למשמרתן כשהן מנוולין; אלא מגלחין ורוחצין ומכבסין קודם שיעלו - ‹מסיים שם במשנה: ובחמישי מותרים מפני כבוד השבת, ואיני יודע מפני מה השמיטו רבינו - כסף משנה›.

רמב"ם פ"ו מהל' כלי המקדש הי"א - אנשי מעמד אסורין מלספר ומלכבס כל שבת שלהן, ובחמישי מותרין מפני כבוד השבת; ומפני מה אסרו עליהם לספר ולכבס, כדי שלא יכנסו למעמדם כשהם מנוולין, אלא יספרו ויכבסו מקודם.

אות ו'

מלך מסתפר בכל יום

רמב"ם פ"ב מהל' מלכים ה"ה - המלך מסתפר בכל יום, ומתקן עצמו ומתנאה במלבושין נאים ומפוארים, שנאמר: מלך ביפיו תחזינה עיניך.

אות ז'

כהן גדול מערב שבת לערב שבת

רמב"ם פ"ה מהל' כלי המקדש ה"ו - ואינו מרבה פרע לעולם, שנאמר: את ראשו לא יפרע, [יא]ואפילו בעת שלא יכנס למקדש, [יב]אלא מספר מערב שבת לע"ש.

באר הגולה

[י] ‹ודלא כפירש"י שפי' דרבי לא חייש לשמא מהרה יבנה בית המקדש, אלא דרבי נמי חייש, וכיון דחיישינן על כרחך לומר דבמכיר משמרתו או בית אב שלו אסור לשתות כל אותו יום או אותו שבת, דשמא יבנה באותו יום או באותו שבוע, ובעינן כהן הראוי לעבודה וליכא, משום דליכא שהות דכבר קבוע ועומד הוא, **אבל** בשאינו מכיר מותר לשתות, דאפילו יבנה איכא שהות, שאינו יכול לעבוד עד שיקבע בבית אב שלו ומשמרתו, וביני ביני יפוג יינו מעליו (ומבואר דאם א"צ רק לקבוע בבית אב שלו, כשיודע המשמר, לא איכא שהות כ"כ) - מחנה יהודה›

[יא] ‹ולכאורה קשה מפ"א מביאת המקדש {עיין לקמן אות י'}, דכתב דלכן כה"ג אין פורע, יען דהוא תמיד במקדש, משמע רק כשהוא במקדש, **ונראה** דכאן דכתב דלא יפרום ולא יפרע, היינו על המת אפי' בעת שלא יכנס למקדש, אבל בהל' מביאת המקדש איירי במגדל פרע לרצונו ולא לצער על המת, וזה רק אסור בכה"ג שתמיד במקדש, **ועוד** י"ל דהיינו טעמא דמילתא, לכן כה"ג לא יפרע לעולם אפי' שלא ליכנס למקדש, יען דכה"ג תמיד בביהמ"ק, כמש"כ רבינו להלן בפרקין ג"כ דכבודו לישב במקדש, וא"כ כי הזהירה תורה אכה"ג, ע"כ דלעולם לא יפרע, וממילא אפי' שלא ליכנס למקדש ג"כ אסור לגדל פרע - מעשי למלך›

[יב] ‹מוכח בסוגייא ובפי' רש"י שאינו אלא מדרבנן - שמחת עולם. **ולכאורה** ההמשך קשה, דמיירי בענין הלאו דיש לכה"ג בגידול פרע אפי' בעת שלא יכנס למקדש, וקאמר אלא מספר מע"ש לע"ש, דהוי דין אחר לגמרי, ורק מדרבנן›

אות ח'

כהן הדיוט, אחת לשלשים יום

רמב"ם פ"א מהל' ביאת המקדש הי"א - כמה הוא גידול פרע, שלשים יום כנזיר, שנאמר בו: גדל פרע שער ראשו, ואין נזירות פחותה משלשים יום, לפיכך כהן הדיוט העובד מגלח משלשים יום לשלשים יום - ‹ודקדק רבינו לכתוב "העובד", לרמוז למה שנתבאר בסמוך לדעתו, שאין אסורים לגדל פרע אלא בשעת ביאה למקדש - כסף משנה›.

אות ט'

סתם נזירות שלשים יום

רמב"ם פ"ג מהל' נזירות ה"א - סתם נזירות שלשים יום, כיצד, מי שאמר: הריני נזיר, אין פחות משלשים יום; ואפילו אמר: הריני נזיר נזירות גדולה עד מאד הרבה, הרי זה נזיר שלשים יום, שהרי לא פירש זמן.

רמב"ם פ"א מהל' ביאת המקדש הי"א - ואין נזירות פחותה משלשים יום.

אות י'

דומיא דשתויי יין, מה שתויי יין בזמן ביאה הוא דאסור, שלא בזמן ביאה שרי, אף הכא נמי

רמב"ם פ"א מהל' ביאת המקדש ה"י - כשם שאין הכהנים מוזהרין על היין אלא בשעת ביאה למקדש, כך אין אסורין לגדל פרע אלא בשעת ביאה למקדש; בד"א בכהן הדיוט, אבל כהן גדול אסור לגדל פרע ולקרוע בגדיו לעולם, שהרי תמיד הוא במקדש, ולכך נאמר בו: את ראשו לא יפרע ובגדיו לא יפרום.

השגת הראב"ד: אלא בשעת ביאה. א"א ליתיה להאי כללא, שאפילו שלא בשעת ביאה אסור לגדל פרע, שהרי חייב להסתפר משלשים יום לשלשים יום, כדכתיב: ופרע לא ישלחו, (ביאה למקדש פירוש במשמרתם)[יג] - ‹ותירץ במגדל עוז, דלאו בשעת ביאה קאמר, אלא בזמן ביאה למעוטי בזה"ז, עכ"ל. **ואינו** נראה, שהרי בגמרא אמרו בזמן ביאה, ורבינו שינה וכתב בשעת ביאה, **ולכן** נ"ל שרבינו מפרש, דאפילו בזמן הבית, כהן שאינו רגיל לעבוד הוי שלא בזמן ביאה, כלומר שלא בשעת ביאה, ומותר לו לגדל פרע, **וכן** מבואר בדברי רבינו (הל' י"א, עיין לעיל אות ח') שכתב: לפיכך כהן הדיוט העובד מגלח מל' יום לל' יום - כסף משנה›.

באר הגולה

יג ‹ולכאורה נראה שר"ל, אבל שלא בשעת משמרתם לא, וא"כ הרי הוא עצמו מודה, דמה שאמרו בגמ' חייב לגלח א' לל' יום, לא הוי לעולם, אלא בשעת משמרתם, ופסוק דופרע לא ישלחו קאי בשעת משמרתם, ולפי"ז מה הוקשה לו בדברי רבינו, כיון שהפסוק לא הוי לעולם, רבינו מפרש דוקא בשעת עבודה - בני דוד›

ברבי מבלל דרבנן אסרי מ"ט מהרה יבנה בית המקדש ובעינן כהן הראוי לעבודה וליכא הכא אפשר דמספר ועייל אי הכי שתוי יין נמי אפשר דגני פורתא ועייל *כדרמי בר אבא דאמר רמי בר אבא *דרך מיל ושינה כל שהוא מפיגין את היין לאו מי איתמר עלה אמר רב נחמן אמר רבה בר אבוה *לא שנו אלא כששתה שיעור רביעית אבל שתה יותר מרביעית כל שכן שדרך מטרידתו ושינה משכרתו רב אשי אמר *שתויי יין דמחלי עבודה גזרו בהו רבנן *פרועי ראש דלא מחלי עבודה לא גזרו בהו רבנן מיתיבי *ואלו שהן במיתה *שתויי יין *ופרועי ראש בשלמא שתויי יין בהדיא כתיב בהו *יין ושכר אל תשת אלא פרועי ראש מנלן דכתיב *וראשם לא יגלחו ופרע לא ישלחו וכתיב בתריה ויין לא ישתו כל כהן בבאם אל החצר הפנימית *ואיתקש פרועי ראש לשתויי יין מה שתויי יין במיתה אף פרועי ראש במיתה ומינה אי מה שתויי יין דמחלי עבודה אף פרועי ראש דמחלי עבודה (*לא כי איתקוש למיתה הוא דאיתקוש אבל לאחולי עבודה לא איתקוש) א"ל רבינא לרב אשי הא מקמי דאתא יחזקאל מאן אמרה א"ל וליטעמיך הא דאמר רב חסדא *) דבר זה מתורת משה לא למדנו ומדברי קבלה למדנו *כל בן נכר ערל לב וערל בשר לא יבוא אל מקדשי (לשרתני) הא מקמי דאתא יחזקאל מאן אמרה אלא גמרא גמיר לה *ואתא יחזקאל ואסמכה אקרא הכא נמי גמרא גמיר לה ואתא יחזקאל ואסמכה אקרא (*כי גמירי הלכה למיתה לאחולי עבודה לא גמירי): כל הכתוב במגילת תענית דלא למיספד לפניו אסור לאחריו מותר: תנו רבנן *אלין יומיא דלא להתענאה בהון ומקצתהון דלא למיספד בהון מריש ירחא דניסן ועד תמניא ביה איתוקם תמידא דלא למיספד בהון ומתמניא ביה עד סוף מועדא איתותב *חגא דשבועיא דלא למיספד בהון אמר מר מריש ירחא דניסן עד תמניא ביה איתוקם תמידא דלא למיספד למה לי מריש ירחא לימא מתרי בניסן ור"ח גופיה יו"ט הוא ואסור אמר רב לא נצרכה אלא לאסור יום שלפניו ושלפניו נמי תיפוק ליה דהוה ליה יום שלפני ראש חדש ר"ח דאורייתא הוא ודאורייתא לא בעי חיזוק דתניא *הימים האלה הכתובין במגילת תענית לפניהם ולאחריהם אסורין שבתות וימים טובים הן אסורין לפניהן ולאחריהן מותרין ומה הפרש בין זה לזה הללו דברי תורה *ודברי תורה אין צריכין חיזוק הללו דברי סופרים *ודברי סופרים צריכין חיזוק אמר מר מתמניא ביה עד סוף מועדא איתותב חגא דשבועיא דלא למיספד למה לי עד סוף מועד לימא עד המועד ומועד גופיה יום טוב הוא ואסור אמר רב פפא כדאמר רב לא נצרכה אלא

לאסור

*) [במסקנא דגמ' זבחים יח. הצריך ולהבדיל בין הקודש לדרשא אחרינא ושתויי יין דמחלי עבודה יליף התם מג"ש דחוקה חוקה ממחוסר בגדים וקל"ע] **) [וכ"ה בגמרא מנחות סה. הגה"ה]

מכלל דרבנן אסרי. פי' מכלל דרבנן אסרי לשתות יין משום דשמא יבנה ביהמ"ק ובעינן כהן ראוי לעבוד וליכא ומשני אפשר דמספר ועייל:

בעינן כהנים הראויים לעבודה וליכא. וא"ת והלא בלא יין נמי אסורין בעבודה דטמאי מתים ניהו ולריכין הזאה ג'[וז'] ואמאי אסרי להו יין וי"ל דמ"מ מותרין בעבודת צבור דטומאה הותרה בצבור:

פרועי ראש דלא מחלי עבודה. פי' (ה) דלא כתיב בסמוך ולהבדיל וגו': (דבר תורה):

דבר זה מתורת משה לא למדנו. וא"ת ניליף מק"ו ומה בעל מום שמותר באכילת קדשים כדדרשינן במסכת קדושין פרק האיש מקדש (דף נג.) וכל מנחה מחבת וכל מרחשת לכהנים יהיה איש כאחיו ואפ"ה בעל מום אסור לעבוד עבודה ערל שאסור באכילת קדשים דדרשינן פרק הערל (יבמות דף ע.) בג"ש תושב ושכיר מפסח דערל אסור בו אינו דין שאסור לעבודה וי"ל דהלל יוכיח שאינו אוכל בקדשים ואפ"ה כשר לעבודה וכדאמר פרק האומר (קדושין דף סו:) מדכתיב ברך ה' חילו ופועל ידיו תרצה דמשמע אפילו [חולין שבו] הוא רוצה בעבודתו אי נמי מבעל מום לא מצי יליף דאיכא למיפרך מה לבעל מום שכן עשו בו קריבין כמקריבים שכל הקריבין פסולים (ו) שהם בעלי מומים כמו המקריב תאמר בערל שלא עשה בו קריבין כמקריבין דמה ערלות שייך בבהמה:

שתויי יין דמחלי עבודה. פי' דכתיב יין ושכר אל תשת וגו' ולהבדיל בין הקודש ובין *) החול:

מריש ירחא דניסן ועד תמניא (דהא) [ביה] איתוקם תמידא. פי' כדמפרש במגילת תענית [פ"א] **) שהיו הבייתוסים אומרים שיחיד מתנדב תמיד משום דכתיב תעשה את הכבש אחד תעשה בבקר תעשה משמע יחיד והדרי להו את קרבני לחמי לאשי תשמרו להקריב לשון רבים:

כרבי לא רבנן מיסר אסרי. אפילו שלא בזמן ביאה: **ומשני מאי טעמא כו' וכלא כו'.** מאי טעמא תירוצא הוא כלומר דטעמא מאי גזור רבנן ביין שמא יבנה כו' אבל גבי פרועי ראש לא גזרו דאפשר דמסתפר מיד והדר עייל לבית המקדש לעבודה: דרך מיל ושינה כל שהוא כו': **ושינה משכרתו.** והאי שיטי איכא בהך מיהא: **שתוי יין דמחלי עבודה.** דכתיב יין ושכר אל תשת וסמיך ליה ולהבדיל בין הקדש ובין החול בין עבודה קדושה למחוללת דאי עביד עבודה שתוי יין חילל: **פרועי ראש.** דלא כתיב ביה חלל דלא נראה חילול: **ואילו שבמיתה** · בידי שמים במסכת סנהדרין באלו הן הנשרפין (דף פג.): **שתויי יין** · במיתה דכתיב יין ושכר אל תשת בבואכם אל אהל מועד ולא תמותו דהיינו מיתה בידי שמים מדלא כתיב יומת ואמר בשלמא כו': **ה"ג ומינה מה שתויי יין מחלי עבודה אף פרועי ראש מחלי עבודה** · קשיא לא גרס: **כי גמירי הלכה למיתה.** לאחולי עבודה לא גמירי: **מחלי עבודה** · חולין היא כל עבודתו שעבד: **אף פרועי ראש** · עבודתם מחוללת דלכל מילי איתקוש ותיובתא דרב אשי דאמר פרועי ראש לא מחלי עבודה: **דרב חסדא** · (א) בפרק שני דזבחים וקא בעי התם כהן ערל שמתו אחיו מחמת מילה מהו ואמר רב חסדא הו' ערל לב וערל בשר: **הלכתא גמירי לה** · מסיני: (ב) **מריש ירחא דניסן עד תמניא ביה** · דכל שמונה ימים נשאו ונתנו בדבר עד שנצחו את הצדוקין ועשו אותו יום טוב ודבר זה מפורש במנחות בפרק רבי ישמעאל ובמגילת תענית המלויה אצלנו: **דלא להתענאה בהון** · שכולן אסורין בתענית ומקצתהון שיש בהן קצת חמורין כ"כ שבהספד נמי אסורין: (ג) **איתוקם תמידא ואיתותב חגא דשבועיא** · בעניינים רבים חלקו בייתוסין עם חכמים ומפורשין במנחות ובמגילת תענית [פ"א] וה"ג התם בפ' ר' ישמעאל [ס"ה·] ת"ר אלין יומיא דלא להתענאה בהון ומקצתהון דלא למיספד בהון מריש ירחא דניסן עד תמניא ביה איתוקם תמידא דלא למיספד ומתמניא ביה עד סוף מועדא איתותב חגא דשבועיא דלא *) למיספד: **מריש ירחא דניסן ועד תמניא ביה איתוקם תמידא דלא למיספד** · שהיו הצדוקים אומרים יחיד מתנדב ומביא תמיד מאי דרוש את הכבש אחד תעשה בבקר ואת הכבש השני תעשה בין הערבים מאי אהדרו להו את קרבני לחמי לאשי תשמרו להקריב לשון רבים הוא שיהו כולן באין מתרומת הלשכה: **מתמניא ביה כו' עד דלא למיספד** · שהיו בייתוסים אומרים עצרת אחר השבת הוא שהעומר מתחיל אחד בשבת שנאמר וספרתם לכם ממחרת השבת ניטפל להן רבן יוחנן בן זכאי וא"ל שוטים מניין לכם ולא היה אדם שהחזירו דבר חוץ מזקן אחד שהיה מפטפט כנגדו ואמר משה רבינו אוהב ישראל היה ויודע שעצרת יום אחד הוא עמד ותיקנה אחר שבת כדי שיהו מתענגים שני ימים וכו' ודחו אותן והלכו להן בייתוסים מכח הפסוקין על כרחן וחזרו בהן (ע"כ הג') איתוקם תמידא דלא למיספד גרסינן ולא גרסינן להתענאה כדמוכח בסמוך דקתני לא נצרכה אלא לאסור את שלפניו ואי גרסינן להתענאה א"כ הייט רבי יוסי דאמר לפניו אסור והא ליכא למימר דרבי יוסי היא דקא פריך כמאן כרבי יוסי בתמיהה מכלל דכרבנן פסיקא ליה: **עד סוף מועדא** · פסח: **חגא דשבועיא דלא למיספד** · במגילת תענית [פ"א] מפרש מאי איתוקם: **ור"ח יו"ט הוא** · דכתיב קרא עלי מועד והוי ראש חודש אב (ד) בהאי מסכתא לקמן (דף כט·):

*) גי' רש"י במנחות להתענאה.

לאסור

הגהות הב"ח

(א) רש"י ד"ה דרב חסדא בזבחים פרק שני דקא בעי התם: (ב) ד"ה מריש ירחא כו' נ"ל אחר ד"ה דלא להתענאה כו': (ג) ד"ה איתוקם תמידא כו' וד"ה מריש ירחא כו' וד"ה מתמניא כו' עד על כרחן וחזרו בהן וד"ה ולא"כ מה"ד ה"ג איתוקם תמידא וכו' אלא לאסור את יום שלפניו: (ד) ד"ה ור"ח חדש כו' והוי ר"ח אב כדליתא בהאי מסכת: (ה) תוספות ד"ה פרועי כו' פי' דבר תורה דלא כתיב: (ו) ד"ה דבר כו' כשהן בעלי מומין:

הכתובים במגלת תענית לפניהם ולאחריהם אסור · ואי משום ר"ח דאורייתא איסוריה ואין דברי תורה צריכין חיזוק וכן אקשי אסיפא דקתני מתמניא ביה ועד סוף מועדא איתותב חגא דשבועיא דלא למספד

*) גי' רכינו כמו שסיים הגי' לפני התוס' במנחות סה ע"ש

רבינו גרשום

למשמרתם כשהן מגולין הואיל ומשמרות מתחדשות שיראו אותו ביפיותו: ראשם לא יגלחו פרע לא ישלחו ראשם לא יגלחו משמע לא יגלחו כל שעריהם לגמרי ופרע לא ישלחו משמע שלא יגדלו שעריהם: ודילמא הכי אמרה רחמנא ופרע לא ישלחו דלא לי' בו כלל אלא מסתפרין בכל יום: פרע להביא שיגדיל שערם כל שהוא דהיינו ל' יום שלוחי לא ישלחו יותר מדאי: אי הכי הואיל וילפת פרע פרע מנזיר אפילו האידנא נמי יהו אסורין בפרוע ראש נמי שהרי נזירות נוהג בזמן הוה: דומיא דיין דהא איתקש פרוע ראש ליין דכתיב ויין לא ישתו כל כהן וגו' בזמן ביאה למקדש אסור דכתיב יין ושכר אל תשת אתה ובניך אתך בבואכם אל אהל מועד: מכלל דרבנן אסרי בזמן הזה בין ביין ובימא דפרוע ראש בזמן הזה נמי אסור. תריץ מ"ט אסרי רבנן בזמה"ז מהרה יבנה בהמ"ק וכו' אבל פרוע ראש לא אסרי: כש"כ ששינה משכרתו ולהכי אסרי בשתויי יין דאי אפשר בתקנה אבל פרוע ראש דאפשר בתקנה לא אסרי: רב אשי אמר להכי אסרי רבנן שתויי יין בזמה"ז הואיל דחמור דהרי מחלל עבודה דאמרינן התם במס' זבחים כתיב בשתויי יין חוקה דכתיב יין ושכר אל תשת וגו' וכתיב בבגדי כהונה חוקה דכתיב (וחבשת) [וחגרת אתם] אבנט אהרן ובניו וגו' מה בגדי כהונה שאינו לובשן ועובד מחל עבודה כדאמרינן בגדיהם עליהם כהונתם

גליון הש"ס גמרא ואתא יחזקאל ואסמכה אקרא. עיין יומא דף לה ע"ב וברש"י שם ד"ה מיתיבי:

§ מסכת תענית דף יז: §

אות א׳ - ב׳

<u>דרך מיל, ושינה כל שהוא מפיגין את היין</u>

<u>לא שנו אלא בששתה שיעור רביעית, אבל שתה יותר מרביעית, כל שכן שדרך מטרידתו ושינה משכרתו</u>

סימן צט ס״ב - [א]**דרך מיל** - בין במהלך ובין ברוכב, וי״א דברוכב בעינן דוקא שלשה מילין, **ושינה כל שהוא, מפיגין את היין.**

וה״מ כששתה רביעית, אבל אם שתה יותר, כל שכן ששינה משכרתו ודרך טורדתו - דוקא שינה מעט, אבל שינה הרבה מפיגתו.

וה״מ במהלך ברגליו, אבל רוכב, ודאי דרך מפיגה היין - שאין לו טורח כ״כ, והוא שרכוב ג׳ מילין, **ומ״מ** הכל לפי רוב היין, שאם הרבה לשתות מאוד, אין דרך ג׳ מילין מפיגתו.

אות ג׳

<u>שתויי יין דמחלי עבודה, גזרו בהו רבנן</u>

רמב״ם פ״א מהל׳ ביאת המקדש ה״א - כל כהן הכשר לעבודה, אם שתה יין אסור לו להכנס מן המזבח ולפנים, ואם נכנס ועבד, עבודתו פסולה וחייב מיתה בידי שמים, שנאמר: ולא תמותו; והוא ששתה רביעית יין חי בבת אחת, מיין שעברו עליו מ׳ יום; אבל אם שתה פחות מרביעית יין, או שתה רביעית והפסיק בה, או מזגה במים, או ששתה יין מגיתו בתוך מ׳ אפילו יתר מרביעית, פטור ואינו מחלל עבודה; שתה יתר מרביעית מן היין, אע״פ שהיה מזוג, ואע״פ שהפסיק ושהה מעט מעט, חייב מיתה ופוסל העבודה.

השגת הראב״ד: ופוסל העבודה. א״א לא מחוור מן הגמרא שיהא חייב מיתה ויפסול עבודה, אלא שהוא באזהרה - ‹טעמו, משום דכיון דלא אשכחן לגמרא דמפליג בין רביעית ליותר מרביעית {כשהוא מזוג או כשהפסיק בה}, אלא בענין הוראה, מהי תיתי לן לחייב מיתה ולפסול עבודה, **וטעם** רבינו, דאע״ג דעל ענין הוראה הוא נאמר חילוק זה, מ״מ משמע דר׳ אליעזר אף לענין עבודה פטר בהפסיק בו או נתן לתוכו מים, ומאחר שלמדנו שאין דבריו אמורים אלא ברביעית, ממילא משמע דיותר מרביעית כדקאי קאי לחיוב מיתה ולפסול עבודה - כסף משנה›

אות ד׳

<u>פרועי ראש דלא מחלי עבודה, לא גזרו בהו רבנן</u>

[ב]**רמב״ם פ״א מהל׳ ביאת המקדש ה״ט** - [ג]**ואין פרועי הראש מחללין עבודה, אף על פי שהוא במיתה, עבודתו כשירה.**

רמב״ם פ״א מהל׳ ביאת המקדש הי״ד - דין קרועי בגדים ודין פרועי ראש אחד הוא, שנאמר: [ד]**ראשיכם לא תפרעו ובגדיכם לא תפרומו ולא תמותו, הא אם עבד והוא קרוע בגדים חייב מיתה בידי שמים, אע״פ שעבודתו כשירה ולא חללה.**

אות ה׳

<u>שתויי יין</u>

רמב״ם פ״א מהל׳ ביאת המקדש ה״א - עיין לעיל אות ג׳.

אות ו׳

<u>ופרועי ראש</u>

רמב״ם פ״א מהל׳ ביאת המקדש הי״ד - עיין לעיל אות ד׳.

אות ו׳*[ה]

<u>שבתות ויו״ט, הן אסורין, לפניהן ואחריהן מותרין</u>

סימן תקעג ס״א - [ו]**הלכתא בטלה מגלת תענית** - שם כתוב כמה ימים בשנה שנעשו בהם נסים לאבותינו, ועשאום חכמים כיו״ט שלא להתענות בהם, [ז]וגם לפניהם ולאחריהם אסרו בהם להתענות, ובעונותינו ארעו בהם הרבה מאורעות, ובטלום.

וכל הימים הכתובים בה מותר להתענות בהם, וכל שכן לפניהם ולאחריהם, חוץ מחנוכה ופורים - ר״ל שהם ג״כ

באר הגולה

[א] עירובין ס״ד [ב] ‹ע״פ הכסף משנה› [ג] ‹מסקנא דגמרא בפ״ב דתענית, ובס״פ כה״ג - כסף משנה. **ואע״ג** דבפ׳ כה״ג איתותב ואסיק בקשיא, מ״מ בפ״ב דתענית תריץ לה, כי אתקוש לשתויי יין למיתה ולא לאחולי עבודה, ועוד דבפ׳ כה״ג אהא דאמר ליה רבינא לר׳ אשי, הא עד דלא אתא יחזקאל וכו׳, איכא נוסחי דמסיימי, וכי גמירי הלכה למיתה, לאחולי לא גמירי, {וכן הכא בתענית יש נוסחא כזה} - ימי שלמה. **בגמ׳** כי איתקש למיתה כו׳, ואיכא דגרסי לה במסקנא {כי גמירי הלכה למיתה, לאחולי עבודה לא גמירי}, ונראה דהכל למקום א׳ הולך, דודאי אי הוי היקש גמור, אין היקש למחצה, רק משום דמסיק הגמ׳ דהלכה היא ואסמכינהו אקרא, שפיר י״ל דאיתקוש רק להכי - שפת אמת› [ד] ‹והקשה הכסף משנה בהל׳ ח׳: וא״ת מה צורך להיקש זה (ביחזקאל, ללמוד דפרועי ראש במיתה), הא מקרא משמע ראשיכם אל תפרעו ולא תמותו, הא אם תפרעו תמותו, י״ל דקרא אפשר לפרש לרשות, דה״ק אע״פ ששאר אבלים שלא קרעו ולא פרעו במיתה, אינכם בכלל חיוב זה, ע״כ, קמ״ל היקש דיחזקאל› [ה] ‹ע״פ הב״י ובאר הגולה› [ו] **מסקנת הגמרא ר״ה י״ט** [ז] ‹לכאורה זה אינו למסקנא לקמן דף י״ח. דאליבא דשמואל מותר לפניהם ולאחריהם, ולרבי יוחנן רק לפניהם אסורים ולא אחריהם›

מהימים הכתובים במגילת תענית, ומפני הנסים הגדולים המפורסמים שנעשו בהם, נשארו בחזקתם.

שאסור להתענות בהם בעצמם, אבל לפניהם ולאחריהם מותר - דלפניהם ולאחריהם לא חמירי משאר ימים הכתובים שם.

[ח]**וכן שבתות וימים טובים וראשי חדשים, מותרים לפניהם ולאחריהם.**

הגה: מי שיש לו נשואין בחנוכה, אין לו להתענות - וכ"ש בפורים דהוא יום משתה ושמחה, **אבל אם יש לו נשואין בניסן, מתענה ביום חופתו** - דמה שזהירין שלא להתענות בניסן, אינו אלא מנהג.

ולפי"ז ה"ה ל"ג בעומר, והימים שמר"ח סיון עד שבועות, והימים שבין יוה"כ לסוכות, **אבל** באסרו חג, ובט"ו באב, ובט"ו בשבט, אינו מתענה, כיון שהוזכר בגמרא. **ויש** מקילין בכל הימים שא"א בהם תחנון.

אפילו בר"ח ניסן - פירוש שאסור מדינא להתענות בר"ח, מ"מ יתענה, **מפני שהוא אחד מן הימים שמתענים בהם, כדלקמן סוף סימן תק"פ (הגהות מנהגים וליקוטי מהר"ש)** - וה"ה בר"ח אב, יש ג"כ להתענות מטעם זה, אלא שלכתחלה אין נושאין בו, **וא"צ** למיתב תענית לתעניתו המתענה בחדשים אלו, דהא ברשות קעביד, [אבל בשאר ר"ח אין להתענות].

[**וכתבו** אחרונים, דאף בימים שאין מתענים, צריך ליזהר שלא יהא רודף אחר מותרות מאכל ומשתה].

ביום חופתו - הטעם «שמתענים», מפני שבאותו יום מוחלין להן על עונותיהן, ויתודה על עונותיו באותו היום, **ועוד** טעם, שמא יהיו שכורים בשעת קדושין. **ואפילו** אלמן שנשא אלמנה, גם כן צריכין שניהם להתענות.

---

§ מסכת תענית דף יח. §

אות א'

אע"פ שאמרו מקדימין ולא מאחרין, מותרין בהספד ותענית

רמב"ם פ"ב מהל' מגלה וחנוכה הי"ג - **שני הימים האלו שהן ארבעה עשר וחמשה עשר, אסורין בהספד ותענית לכל אדם בכל מקום, בין לבני כרכין שהן עושין חמשה עשר בלבד, בין לבני עיירות שהן עושין ארבעה עשר בלבד; ושני הימים אסורין בהספד ותענית באדר הראשון ובאדר השני. אנשי כפרים שהקדימו וקראו בשני או בחמישי הסמוך לפורים, מותרים בהספד ותענית ביום קריאתן; ואסורין בהספד ותענית בשני הימים האלו, אע"פ שאין קוראין בהן.**

באר הגולה

ח ברייתא תענית י"ז

אלא לאסור יום שלפניו ה"נ לא נצרכה אלא לאסור יום שלאחריו כמאן כרבי יוסי דאמר בין לפניו בין לאחריו אסור אי הכי בעשרים ותשעה נמי מאי איריא דהוי יומא דמקמי יומא דמיתוקם תמידא תיפוק ליה דה"ל יומא דבתר עשרין ותמניא ביה דתניא *בעשרים ותמני' ביה אתת בשורתא טבתא ליהודאי דלא יעידון מן אורייתא (א) שפעם אחת נגזרה גזירה על ישראל שלא יעסקו בתורה ושלא ימולו את בניהם ושיחללו שבתות מה עשה יהודה בן שמוע וחביריו הלכו ונטלו עצה ממטרוניתא אחת שכל גדולי רומי מצויין אצלה אמרה להם עמדו והפגינו בלילה הלכו והפגינו בלילה אמרו אי שמים לא אחים אנחנו לא בני אב אחד אנחנו לא בני אם אחת אנחנו מה נשתנינו מכל אומה ולשון שאתם גוזרין עלינו גזירות רעות ובטלום ואותו היום עשאוהו יו"ט אמר אביי לא נצרכה אלא לחדש מעובר רב אשי אמר אפילו תימא לחדש חסר א) כל שלאחריו בתענית אסור בהספד מותר וזה הואיל ומוטל בין שני ימים טובים עשאוהו כיו"ט עצמו ואפילו בהספד נמי אסור אמר מר מתמניא ביה ועד סוף מועדא איתותב חגא דשבועיא דלא למספד למה לי למימר מתמניא ביה לימא מתשעה ביה ותמניא גופיה אסור דה"ל יומא דאיתוקם ביה תמידא כיון דאילו מקלע (ליה) מילתא ובטליניה לשבעה תמניא גופיה אסור דה"ל יומא קמא דאיתותב ביה חגא דשבועיא השתא דאתית להכי עשרים ותשעה נמי כיון דאילו מיקלע מילתא ובטליניה לעשרים ותמניא עשרין ותשעה גופיה אסור דה"ל יומא דמקמי יומא דאיתוקם תמידא איתמר ר' חייא בר אסי אמר רב הלכה כר' יוסי ושמואל אמר הלכה כר' מאיר ומי אמר שמואל הכי והתניא רשב"ג אומר ומה תלמוד לומר בהון בהון שתי פעמים לומר לך שהן אסורין לפניהן ולאחריהן מותרין ואמר שמואל הלכה כרבן שמעון בן גמליאל מעיקרא סבר כיון דליכא תנא דמיקל כרבי מאיר אמר הלכה כרבי מאיר כיון דשמעיה לרבן שמעון (נ) דמיקל טפי אמר הלכה כרבן שמעון בן גמליאל וכן אמר באלי אמר רבי חייא בר אבא א"ר יוחנן הלכה כרבי יוסי א"ל רבי חייא לבאלי אסברא לך *כי אמר ר' יוחנן הלכה כרבי יוסי אדלא להתענאה ומי אמר רבי יוחנן הכי והאמר ב) ר' יוחנן הלכה כסתם משנה ותנן ג) *אע"פ שאמרו מקדימין [א] ולא מאחרין מותרין

א) עי' תוס' מנחות סה. ד"ה אלין יומא ב) [שבת מו. וש"נ] ג) מגילה ה.

לאסור את שלפניו. להכי נקט מריש ירחא [...] שלפני ר"ח בתענית כדתניא בסמוך לפניהן [...] לא היה נאסר כדמפרש דדברי תורה אין [...] **יוסי**. דמתני' דאמר אף לאחריו בתמיהה [...] דאליבא דר' יוסי מוקמת לה למגילת תענית כ"ט באדר נמי דקתרצת לעיל דאדהכי נקט ר"ש ירחא דניסן דהייט יום שלשים דאדר הסמוך לניסן לעולם חסר מכ"ט יום הוא משום דקא בעי למיסר יום כ"ט תיפוק ליה דבלאו הכי הוי אסור יום כ"ט דה"ל [...] **יומא תמניא אסור משום חגא דשבועיא**. ואי קשיא אכתי לימא תשעה ואפילו אם אירע מילתא דבטלי אכתי הוא אסור תמניא גופיה משום קמא יומא דחג שבועיא דהוה יום שלפניו לאו פירכא הוא דהא יו"ט גופיה בטיל ואגא ליקום וליגזור קמיה יומא דאיתותב חגא דשבועיא וכה"ג מתרץ לקמן ביום טורייטס: **כ"ט נמי**. דתרצת לה לעיל לא נצרכה כו' להכי נקט בריש ירחא דאי מיקלע כו': **כרבי יוסי**. דאמר בין לפניו בין לאחריו אסור: **כר"מ**. סתם מתניתין דקתני לאחריו מותר: **מה ת"ל בהון בהון**. דלא להתענאה בהון ומקצתהון דלא למספד בהון וקא דריש לה כדדייק לקמן בהון משמע מיעוט: ואמר שמואל גרס: הלכה כרבי שמעון (ז) דמדרבנן נינהו ולא מחמרינן כולי האי: **באלי**. שם חכם: **ה"ג כי אמר רבי יוחנן הלכה אדלא להתענאה**. דימים הכתובים במגילת תענית דלא להתענאה לפניהן אסורים ולאחריו מותרין כר' יוסי ולא כר"מ דאמר אף לפניהם מותר אבל אדלא למספד דאין הלכה כרבי יוסי [דאמר] לפניו ולאחריו אסור אלא כר"מ דאמר לפניו אסור לאחריו מותר: **ומי א"ר יוחנן הכי**. דלפניו מיהא אסור כרבי יוסי: **מקדימין**. שקבלו קודם זמנה:

הלכו והפגינו. הפגינו לשון נהי וצעקה. אי שמים גרסינן פירוש שמים להקב"ה היו צועקין למה יאמרו הגוים איה אלהיהם ולהם אמרו וכי לא אחים אנחנו וכו': **לא נצרכה אלא לחדש מעובר**. פירוש דעברוה לאדר שלא נראה הלבנה עד יום ל' והוי ר"ח ניסן יום ל"א ואי לאו הכי [...] משום יום שלפני ר"ח ניסן דיום ל' מפסיק בינתים משום הכי איצטריך לאוסרו משום יום שלאחר עשרים ותמניא: **דאילו אי מיקלע וכו'**. [...] גופיה דתמיד מבטלין ליה ואגא ניקום ונגזור משום קמי יומא דאיתותב חגא דשבועיא (ח) וכי האי מתרלינן לקמן ביום טורייטס: **רב אמר הלכה כר' יוסי** דאמר לפניו אסור אבל לאחריו מותר. וא"ת כיון דאמר הלכה כר' יוסי היאך אנו מתענין לפני הפורים דאי משום דבטלה מגילת תענית מ"מ אחנוכה ואפורים לא בטלו וי"ל דהא דאמר חנוכה ופורים לא בטלו ר"ל הדינין שלהם לעשותן יו"ט ודלא להתענאה בהון אבל בדינים דלפניהם בטלו עוד י"ל (ט) דכיון דיום שלפני הפורים שנתבטל מיו"ט דידהו שהיו רגילין לעשות בהן ונתבטלו יו"ט שלהם ה"נ יש לנו לומר שיבטלו משום טעם לפני הפורים דה"נ אמרינן בסמוך גבי יום שלפני נקטר וכו' וכן גבי יו"ט טורייטס דכיון דבטלו מיום (י) שלהם לא יאסרו משום יו"ט הבא אחריהם דאסורים משום יום שלפניהם כמו כן ה"נ דכיון דיום שלפני הפורים נתבטל משום עצמו ומותר להתענות לא יאסר משום יום שלפני הפורים: הלכה

הלכה מתענה ומשלים. פי' הא דקפסק הלכה מתענה ומשלים אר"ח קאי דאי אחנוכה ואפורים אינו יכול להתענות דיום משתה ושמחה כתיב:

הדרן עלך סדר תעניות קמא

מתריעין עליהם מיד ומתענין כמו כן. ואפילו בראשונות שחומר האחרונות נוהגין בו ואם תאמר (ז) הא דמתריעין משמע דמתריעין ומתענין אמאי צריך לפרש במתני' בסמוך אותה העיר מתענה ומתרעת כיון דסתם מתריעות משמע תרווייהו ויש לומר משום דבעי לאפלוגי ר' עקיבא בסיפא דקאמר' מתריעות ולא מתענות: לא

מותרין בהספד ותענית אימת אילימא בני חמיסר וקא קרו ליה בארביסר ומי שרי והכתיב במגילת תענית *יום ארבעה עשר בו ויום חמשה עשר בו יומי פוריא אינון דלא למספד בהון ואמר רבא **לא נצרכא אלא לאסור את של זה בזה ואת של זה בזה ואלא בני ארביסר וקא קרי ליה בתליסר יום ניקנור הוא ואלא בני ארביסר וקא קרי ליה בתריסר יום טוריינוס הוא אלא לאו דקא קרו ליה בחדיסר וקתני מותר בהספד ובתענית לא בני ארבעה עשר וקא קרו ליה בתריסר ודקאמרת יום טריינוס הוא יום טוריינוס גופיה בטולי בטלוהו הואיל ונהרגו בו *שמעיה ואחיה אחיו כי הא דרב נחמן גזר תעניתא בתריסר אמרו ליה רבנן יום טוריינוס הוא אמר להו יום טוריינוס [א] גופיה בטולי בטלוהו הואיל ונהרגו בו שמעיה ואחיה אחיו ותיפוק ליה דהוה ליה יום שלפני ניקנור אמר רב אשי השתא איהו גופיה בטלוהו משום יום ניקנור ניקום ונגזר מאי ניקנור ומאי טוריינוס דתניא ניקנור אחד מאפרכי יוונים היה ובכל יום ויום היה מניף ידו על יהודה וירושלים ואומר אימתי תפול בידי וארמסנה וכשגברה מלכות בית חשמונאי ונצחום קצצו בהונות ידיו ורגליו ותלאום בשערי ירושלים ואמרו פה שהיה מדבר בגאוה וידים שהיו מניפות על ירושלים תעשה בהם נקמה מאי *טוריינוס אמרו כשבקש טוריינוס להרוג את לולינוס ופפוס אחיו בלודקיא אמר להם אם מעמו של חנניה מישאל ועזריה אתם יבא אלהיכם ויציל אתכם מידי כדרך שהציל את חנניה מישאל ועזריה מיד נבוכד נצר אמרו לו חנניה מישאל ועזריה צדיקים גמורין היו וראויין היו ליעשות להם נס ונבוכד נצר מלך הגון היה וראוי ליעשות נס על ידו ואותו רשע הדיוט הוא ואינו ראוי ליעשות נס על ידו ואנו נתחייבנו (א) כליה למקום ואם אין אתה הורגנו הרבה הורגים יש לו למקום והרבה דובין ואריות יש לו למקום בעולמו שפוגעין בנו והורגין אותנו אלא לא מסרנו הקדוש ברוך הוא בידך אלא שעתיד ליפרע דמינו מידך אעפ"כ הרגן מיד אמרו לא זזו משם עד שבאו דיופלי מרומי ופצעו את מוחו בגיזרין: אין גוזרין תענית על הצבור בתחלה בחמישי כו': אין גוזרין תענית בראשי חדשים כו': וכמה הויא התחלה א) רב אחא אמר שלש רבי אסי אמר ב) אחת אמר ג) רב יהודה אמר רב זו דברי רבי מאיר שאמר משום רבן (שמעון בן) גמליאל אבל חכמים אומרים מתענה ומשלים ג) דרש מר זוטרא משמיה דרב הונא הלכה מתענה ומשלים:

הדרן עלך סדר תעניות כיצד

סדר תעניות אלו ד) האמור ברביעה ראשונה אבל צמחים ששנו מתריעין עליהן מיד וכן שפסקו גשמים בין גשם לגשם ארבעים יום מתריעין עליהן ה) מפני שהיא מכת בצורת ירדו לצמחין אבל לא לאילן לאילן ולא לצמחין לזה ולזה אבל לא לבורות לשיחין ולמערות מתריעין עליהן מיד וכן עיר שלא ירדו עליה גשמים דכתיב והמטרתי על עיר אחת ועל עיר אחת לא אמטיר חלקה אחת תמטר וגו' אותה

א) גי' רי"ף רא"ש והלכות ר' אחא כו' ר' יוסי כו' ועי' ר"מ מהל' תענית פ"א הלכה ז ב) [עירובין מא.] ג) [שם מא:] ד) גי' ערת"ש האמורים וכ"ה ברש"י שברי"ף וכר"ן ה) מיד כ"ה במשנה שבמשניות וברי"ף והרא"ש

מותרין בהספד ובתענית. בני ט"ו (ג) קריאת מגילה דרכין קודם זמנה כדמפרש התם בי"א בי"ב בי"ג בי"ד בט"ו שהכפרים מקדימין ליום הכניסה מותרין אותן ימים שקראוה קודם זמנה בהספד ובתענית: **בני חמיסר.** דהיינו כרכים המוקפין חומה מימות יהושע בן נון וקא קרי בארביסר כגון שהלך לכפר וקרא עמהן דפרוז בן יומו נקרא פרוז כדאמרינן במגילה (דף יט.): **ומי שרי.** י"ד אפילו לבני ט"ו בהספד ובתענית: **ואמר רבא לא נצרכא.** לכתוב במגילת תענית לגזור הספד ותענית לבני י"ד ולבני ט"ו בט"ו דהא קרא כתיב בהדיא להיות עושים את ימי הפורים האלה וגו': **אלא לאסור את של זה בזה.** כגון בני ט"ו (דקרו) בי"ד ובני י"ד בט"ו: **בני ארביסר.** ניגהו כפרים ועיירות: **וקא קרי בי"ג.** כגון שחל י"ד בג' בשבת ומקדימין ליום הכניסה: **יום ניקנור הוא.** לקמן מפרש ואסור בהספד ובתענית: **אלא בני י"ד וקרו בי"ב.** שחל י"ד ברביעי בשבת והקדימו ליום הכניסה דהיינו בשני: **יום טוריינוס.** בסמוך מפרשה: **בחדיסר.** שחל להיות י"ד באחד בשבת וכפרים מקדימין ליום הכניסה דהוו י"א ושמע מינה דאע"ג שהוא יום שלפני טוריינוס שרי בהספד ובתענית: **שמעיה ואחיה.** חסידים הוו ולא פירש מי הם: **איפרכי.** דוכס: **לוליינוס ופפוס.** צדיקים גמורים הוו: **בלודקי'.** היא לוד והיינו דאמרינן בכל דוכתא (ב"ב דף י:) הרוגי לוד אין כל בריה יכולה לעמוד במחיצתן בגן עדן ויש אומרים שנהרגו על בתו של מלך שנמצאת הרוגה ואמרו היהודים הרגוה וגזרו גזרה על שונאיהן של ישראל ועמדו אלו ופדו את ישראל ואמרו אנו הרגנוה והרג המלך לאלו בלבד: **אם מעמו כו': נתחייבנו כליה.** על המלך חייבי מיתה בית דין: **דיופלין.** שני שרים וכן מטרופולין של מלכים לשון שרים: **בגיזרין.** מקלות כמו גזירי עצים: (ג) **שלש.** תעניות שני וחמישי ושני: **וכמה הויא התחלה.** שאינו מפסיק לאחר מכאן: **רבי אחא ורבי יוסי.** (ד) תמוראי נינהו ולאו אורחא דתנאי לאשתעויי בגמרא כי האי גוונא: **זו דברי ר"מ.** ולדברי ר"מ דמתני' קאי דקתני אין משלימין: **מתענה ומשלים.** עד חשיכה:

הדרן עלך סדר תעניות קמא

סדר תעניות אלו. האמור בפ' ראשון (דף י:) שבתחילה יחידים מתענין (ס) סדר תעניות ואחר כך לצבור הולכין ומתענין עד י"ג אם לא נענו: **ברביעה ראשונה.** אם עבר זמן רביעה ראשונה של יורה ולא ירדו גשמים מתענין והולכין כסדר הזה: **אבל צמחים ששנו.** שנשתנו ממנהגן תחת חטה יצא חוח תחת שעורה באשה (ו) שלא היו חטים בשבולים או שיבוא אחר מתריעין עליהן מיד אפילו בראשונות שכל חומר האחרונות נוהג בהן: **בין גשם לגשם.** בין רביעה ראשונה לשניה סימן בצורת היא: **ירדו לצמחים אבל לא לאילן.** מפרש בגמ': **לבורות שיחין ומערות.** *בבבא בתרא מפרש מאי בור ומאי שיח ומאי מערה וכולן בית כניסות מי גשמים לשתיה: **שלא ירדו עליה גשמים דכתיב והמטרתי על עיר אחת ועל עיר אחת לא אמטיר.** כגון שהמטיר בעיר זו ובחבירתה לא המטיר דקללה היא: ה"ג

... והנוכה ופורים. והלכתא אפילו יחיד שקיבל עליו תענית בע"ש מתענה ומשלים (עירובין מא:): הדרן עלך סדר תעניות כיצד

רבינו גרשום

יום טוריינוס ומי אמר ר' יוחנן הלכה כר' יוסי דלפניו אסור לעולם בני ארביסר דקרו בתריסר ולהכי מותרין דלא הוי יומא טבא: תיפוק ליה דתריסר הוי יומא דמקמיה יום ניקנור ולא ליהוי מותר בהספד ובתענית: דיופלי' שלוחים: בגיזרין. קופיץ: וכן בת"ב שחל להיות בע"ש אין משלימין: וכמה הויא התחלה דקאמר אם התחילו אין מפסיקין רב אחא אמר שלש שאם היו ג' תעניות קודם ר"ח ורביעי בר"ח אין מפסיקין זו דברי ר"ג דאמר אם התחילו אין מפסיקין אבל אין משלימין:

הדרן עלך סדר תעניות כיצד

סדר תעניות האמור כל אילו תעניות דאמרן לעיל דאין גוזרין לאלתר ברביעה ראשונה ולא ירדו גשמים אבל צמחים ששנו שנשתנה מראה שלהן מתריעין עליהן מיד קודם הרביעה שלישית להתענות ומי אמרת לאלתר ברביעה ראשונה מתענין. אבל יבשו לא דכיון שיבשו לית להו תקנתא כלל ואי מתריעין עליהן

הגהות הגר"א [א] גמ' אמר להו יום טוריינוס (גופיה) תז"מ :

§ מסכת תענית דף יח: §

אות א'

לא נצרכא אלא לאסור את של זה בזה ואת של זה בזה

סימן תרצז ס"ג - יום י"ד ויום ט"ו אסורים בהספד ותענית לכל אדם בכל מקום, בין לבני כרכים שהם עושין ט"ו בלבד, בין לבני עיירות שהם עושים י"ד בלבד.

אות ב' - ג'

אחת

מתענה ומשלים

סימן תקעב ס"ב - [א]אין גוזרין תענית על הצבור בראשי חדשים, או בחנוכה ופורים, או בחולו של מועד; ואם התחילו להתענות על הצרה, [ב]אפילו יום אחד, ופגע בהם יום מאלו, [ג]מתענין ומשלימין היום בתענית - אע"ג דר"ח אקרי מועד, מ"מ לא מקרי יום משתה ושמחה, [מ"א בשם רש"י דף ט"ו:, **וצע"ק** לפי"ז חוה"מ, דהוא יום שמחה, דמ"ע ושמחת בחגיך קאי גם על חוה"מ, ואפ"ה פסק השו"ע שמתענה ומשלים. **ודע**, דממה שהעתיק המחבר וכלל בענין זה חוה"מ עם ר"ח וחנוכה ופורים, דבכולהו משלימין, וא"כ לפי"מ דהוכיח המ"א ממשנה זו ד"אם התחילו אין מפסיקין" דאף בר"ח איסור התענית הוא מדרבנן כמו חנוכה ופורים, א"כ לפי"ז גם בחוה"מ ע"כ דכל איסורו הוא מדרבנן].

י"א שאם לא עלה על דעתם שבהמשך הימים יפגע בהם אחד מאלו הימים, אף אם התחילו מפסיקין.

[ד]סימן תקעב ס"ג - [ה]צבור שבקשו לגזור תענית שני וחמישי ושני, ופגע בתענית ט"ו בשבט, התענית נדחה לשבת הבאה כדי שלא יגזרו תענית בט"ו בשבט שהוא ראש השנה לאילנות; הגה: מיהו אם התחילו להתענות, אין מפסיקין, כמו בראש חדש וחול המועד (ב"י).

פעם אחד גזר מהרי"ל, שלא לאכול בשר בכל יום ב' עד ר"ה, וחל ט"ו באב ביום ב', ולא רצה לאכול בשר, **אבל** בעיוה"כ ובסעודת מצוה, כגון פדיון הבן, מותר בבשר ויין, **ומסיק** המ"א, דדוקא התם שהוא גזר, וכולם היו סומכין עליו, בכונתו תליא מילתא, שלא נתכוין לאסור בעיו"כ ולא בסעודת מצוה, **אבל** יחיד שקבל עליו, חל עליו, דאין מחוייב לאכול בשר אפי' בשבת ויו"ט.

[ו]סימן תקסב ס"ג - [ז]יחיד שקבל עליו תענית סתם בערב שבת - היינו שלא פירש בעת הקבלה את כונתו, **צריך להתענות עד צאת הכוכבים** - דאמרינן דמסתמא היה כונתו כמו בשאר ימות החול, דדינו הוא עד צה"כ כל זמן שלא פירש.

אם לא שפירש בשעת קבלת התענית: עד שישלימו הצבור תפלתם - וה"ה דמהני כשמתנה, שיתענה רק עד זמן מנחה גדולה, ומיקרי תענית ויכול להתפלל "עננו".

[**ומ"א** כתב: תענית סתם מחמת נדר, **וכתב** מחה"ש, דאתי לאפוקי אם היה תענית חלום או ת"צ, בזה לא מהני מה שפירש: עד שישלימנו, **והפמ"ג** פי', דאתי לאפוקי אם קבלת תעניתו בע"ש היה מחמת שהוא איסטניס, ודאי דעתו היה רק עד שיצא מביהכ"נ].

[**וע"ש** עוד דמסתפק, אם היה חיוב עליו קבלת תענית בנדר מזמן רב {לא בגדר איסור אכילה על יום אחד, דבזה בודאי צריך יום שלם, אלא ר"ל קבלת תענית} וקיבל עתה עליו בע"ש, אם יצא בזה כשפירש: עד שיצא מביהכ"נ, **ואני** סתמתי בסי' רמ"ט בבה"ל דבודאי לא יצא].

(וע"ל סימן רמ"ט) - היינו מה שהכריע שם בהג"ה לדינא, ועיין שם מה שכתבתי שם במ"ב ובה"ל.

[ח]סימן תקסב ס"ד - [ט]תענית חלום, צריך להתענות עד צאת הכוכבים, ואפילו בערב שבת - דהא מתענין עבורו אף בשבת, **(ועיין לעיל סימן רמ"ט סעיף ד').**

אות ד'

סדר תעניות אלו האמור ברביעה ראשונה; אבל צמחים ששנו, מתריעין עליהן מיד; וכן שפסקו גשמים בין גשם לגשם מ' יום, מתריעין עליהן, מפני שהיא מכת בצורת

סימן תקעה ס"ח - [י]וכל זה הסדר כשלא ירדו גשמים כלל, אבל ירדו ברביעה, (פי' המטר היורד להצמיח כל צמח ועשב האדמה נקרא רביעה, מפני שרובע ומעבר את הקרקע, כדכתיב: כי כאשר ירד הגשם וגו' והולידה והצמיחה וגו') וצמחו העשבים [יא]והתחילו ליבש, הרי אלו [יב]מתענים

באר הגולה

[א] משנה ט"ו [ב] כרב אסי שם י"ח [ג] כחכמים שם [ד] ‹מילואים› [ה] הגהות מיימונית (ולשון המרדכי, ומתוך לשונו דקדק הב"י, דלאו למימרא דאם התחילו מפסיקים, דלא חמיר מחנוכה ופורים, אלא היינו לומר דמעיקרא דוחים מלהתחיל להתענות עד שבת הבאה) [ו] ‹ע"פ הבאר הגולה› [ז] תענית י"ח לדעת הרא"ש וכ"כ הטור ‹דאיתא במשנה ט"ו: אמר ר"מ: אע"פ שאמר ר"ג אין מפסיקין, מודה היה שאין משלימין, וכן ט"ב שחל להיות בע"ש, וע"ז קאמר הכא: אבל חכמים אומרים: מתענה ומשלים. וז"ל הרא"ש: דרש מר זוטרא משמיה דרב הונא הלכה מתענה ומשלים, ואפלו בתענית יחיד› [ח] ‹מילואים› [ט] טור והגהות מיימוני [י] משנה שם י"ח [יא] ‹אבל צמחים ששנו: פרש"י שנשתנו ממנהגם, תחת חיטה יצא חוח, ותחת שעורה באשה, או שינוי אחר. ור"ח פי': כלומר כמשו› [יב] ‹פרש"י מתריעין עליהם מיד: אפי' בראשונות, שכל חומר האחרונות נוהג בהם. וזה נראה שהוא דעת הטור, **אבל** הרמב"ם במקום "מתריעין" כתב "מתענין וזועקין", נראה שהוא מפרש ד"מתריעין" דתנן, בפה הוא ולא בשופר, וממילא משמע דלדידיה אין נוהגין בהן חומר תעניות אחרונות – ב"י. ‹וצ"ע, מאי שנא מכל התרעה דשם דמפרש בשופר – גר"א›

וזועקים - בפה אבל לא מתריעין, **עד שירדו גשמים,** [יג]**או עד שיבשו הצמחים** - ששוב לא יועיל, והוי תפלת שוא.

[יד]**פסקו הגשמים בין גשם לגשם מ' יום בימות הגשמים, הרי זה מכת בצורת, ומתענים וזועקים עד שירדו גשמים, או עד שיעבור זמנם.**

---

§ מסכת תענית דף יט. §

אות א'

אותה העיר מתענה ומתרעת, וכל סביבותיה מתענות ולא מתריעות

סימן תקעו ס"א - [א]**וכל הערים שסביבותיהם מתענים, אבל אין מתריעין, אא"כ תקעו להתקבץ לעזרתם.**

סימן תקעו סי"ב - [ב]**כל עיר שיש בה צרה מכל אלו, אותה העיר מתענה וזועקין בתפלה, ומתחננים ומתריעין בשופר עד שתעבור הצרה; וכל סביבותיה מתענות אבל לא מתריעות, אבל מבקשים עליהם רחמים** - היינו באותה הפרכיא כמ"ש ס"ח, [מ"א. **ולכאורה** משמע לדידיה דהיינו אפי' רחוקים, כיון שהם באותה הפרכיא, **ומדברי** הגר"א בס"ח משמע, דכונת השו"ע הוא דוקא סביבותיה, ולא הרחוקים], ‹ועיין בס"ו›.

ובכל מקום אין מתענין ולא זועקים ולא מתריעים בשבת ויום טוב על שום צרה, חוץ מצרת המזונות שזועקים עליהם בשבת.

אות ב' – ג'

וכן עיר שיש בה דבר או מפולת, אותה העיר מתענה ומתרעת, וכל סביבותיה מתענות ולא מתריעות

איזהו דבר, עיר המוציאה חמש מאות וכו'

סימן תקעו ס"ב - [ג]**וכן על הדבר** - והאידנא אין מתענין כלל בשעת הדבר, דמנוסה הוא, כשאינו אוכל ושותה קולט שינוי אויר ח"ו, **ולענין** ט"ב, ע"ל בסי' תקנ"ד ס"ו בהג"ה.

איזהו דבר, עיר שיש בה ת"ק רגלי, ויצאו ממנה שלשה מתים בשלשה ימים זה אחר זה - מת א' בכל יום, [רש"י דף כ"א.], **הרי זה דבר.**

יצאו ביום א', או בד' ימים, אין זה דבר - דאין זה קבע אלא אקראי בעלמא.

[ד]**היו בה אלף, ויצאו ממנו ששה מתים בג' ימים זה אחר זה, הרי זה דבר, יצאו ביום אחד או בד' ימים, אין זה דבר; וכן לפי חשבון זה;** [ה]**ואין הנשים והקטנים וזקנים ששבתו ממלאכה בכלל מנין אנשי המדינה לענין זה** - לפי שהן חלושות המזג, **ועיין** בלבוש, דבין מנין הת"ק ובין מנין המתים, לא יהיו מאלו, וכן משמע בשלטי גבורים.

אות ד'

על אלו מתריעין בכל מקום: על השדפון, ועל הירקון ועל הארבה, ועל החסיל

סימן תקעו ס"ח - [ו]**וכן על ירקון** - הוא תבואה שהכסיפה פניה, **והשדפון** - הוא רוח שמריק הזרע מן התבואה, **משהתחיל בתבואה, אפי' לא התחיל אלא במקום אחד** [ז]**כמלא פי התנור** - פי' תבואה שראוי לעשות פת כמלא פי תנור, **ובגמ'** מסתפק, אם ר"ל ככיסוי התנור, או כשורות הלחם הדבקים בפי התנור זה אצל זה, א"נ זה למעלה מזה, [ח]**מתענין ומתריעין.**

(ואפילו הרחוקים, [ט]**רק שיהיו באותו הפרכיא)** - היא מלכות, **ודוקא** בזה שהיא מכה מהלכת, אבל כשאינה מהלכת, אינה מתרעת אלא מתענית בלבד, ‹באותו הפרכיא – פמ"ג, כמ"ש סי"ב, מ"א.

באר הגולה

[יג] אוקימתא דרב נחמן י"ט. וכפי' ראשון שברש"י, וכ"כ הפוסקים [יד] שם במשנה ‹מה שחסר מן הסעיף יובא להלן בדף י"ט:› [א] שם במשנה וכת"ק [ב] רמב"ם מהא דעיר שלא ירדו עליה גשמים, משנה י"ט וכת"ק [ג] שם במשנה [ד] ברייתא שם כ"א [ה] רמב"ם מלשון המשנה, דתנן מוציאה ת"ק רגלי, דמשמע הגברים לבד מהטף וכו', וכן משמע מהירושלמי דאמר בחורים ולא זקנים, וה"ה לאינך [ו] משנה י"ט כפי' רמב"ם ‹פירש"י שדפון, בתבואות. ירקון, חולי. אבל מדברי הרמב"ם נראה שהוא מפרש, דירקון נמי הוא בתבואה – ב"י› [ז] פי' דבר מועט וכר"ע בברייתא כ"ב, הרב המגיד ‹עיין במה שכתבנו בדף כ"ב› [ח] ‹וכתב הר"ן, ופי' מתריעין, מתענין ומתריעין קאמר, וכן דעת רש"י והרמב"ן ז"ל, וכך הם דברי רבינו, ושלא כדברי הראב"ד שפי' דהתרעה בלא תענית קאמר, וכר"ע דאמר סביבותיה מתריעות ולא מתענות – ב"י. ‹ועיין בדף כ"ב. רש"י ד"ה שדפון וירקון. ומלא תנור דמתניתין להתענות. **לכאורה** נראה מזה דאזיל בשיטת הראב"ד שהביא הר"ן, דמתריעין דקתני (והיינו כשנראה רק כל שהוא, ע"ש) היינו בלא תענית וכר"ע. **וא"כ** צ"ע על הר"ן שכתב דרש"י סובר דכל היכא דתני מתריעין, מתענין ומתריעין קאמר – רש"ש› [ט] ‹פי' רש"י בכל מקום. אם נראו באספמיא מתריעין בבבל וכו'. דהיינו יותר מסביבותיה מתענות, דאי תימא סביבותיה, הו"ל לתנא למתני הכי, כדתנן לעיל. **והב"י** כתב שזה הפי' הוקשה לו להרמב"ם, משום דאין זמן בעולם שלא יהא בו חרב באחד מהמקומות, וכיון שכן בכל העולם היו צריכין להתענות מפני שהיא מכה מהלכת. **ולכן** הוא מפרש דהאי בכל מקום היינו בסביבותיה, **ומיהו** לפי מש"כ רש"י לא קשה ולא מידי, שז"ל: מתריעין עליה כל השומעים כדי שלא תבא עליהן, ע"כ. ר"ל השומעים דוקא, אבל מסתמא אע"פ דודאי אין זמן בעולם שאין בו חרב, כיון דלא שמענו, כאילו אינו בעולם, דאילו היה לדאג שמא יבא לכאן, כבר היה נשמע שמעו, **ואפשר** עוד וקרוב לשמוע, דרש"י סובר דדוקא אותן השומעים וחוששין בעצמן פן גם עליהן תעבור המכה, וזה שדקדק להאריך כדי שלא תבא כו', ופשיטא דמש"ה הוא, אלא להכי כתב כן, דדוקא כשיש כאן החששא שתבא עליהן, **ומה** שהקשה עוד הב"י, דאמאי לא אמרינן בדבר שיהו מתריעים בכל מקום, שהדבר ידוע שאין בעולם מכה מהלכת ומתפשטת יותר ממנה, **נראה** לי דלא קשה, דהא בגמ' איתא דשמואל גזר תעניתא בנהרדעי משום דהוי מותנא בי חוזאי, ואמרינן משום דהוי שיירתא דמתלווה ובא עמהן, שמעת מיניה דבלא"ה לא – תוס' יו"ט›

*אותה העיר מתענה ומתרעת וכל סביבותיה מתענות ולא מתריעות רבי עקיבא אומר מתריעות ולא מתענות *וכן עיר שיש בה דבר או מפולת אותה העיר מתענה ומתרעת וכל סביבותיה מתענות ולא מתריעות רבי עקיבא אומר מתריעות ולא מתענות *איזהו דבר עיר המוציאה חמש מאות רגלי ויצאו ממנה ג' מתים בג' ימים זה אחר זה (א) הרי זה דבר פחות מכאן אין זה דבר *על אלו מתריעין בכל מקום על השדפון ועל הירקון ועל הארבה ועל החסיל *ועל החיה רעה ועל החרב מתריעין עליה מפני שהיא מכה מהלכת מעשה שירדו זקנים מירושלים לעריהם *וגזרו תענית על שנראה כמלא פי תנור שדפון באשקלון ועוד גזרו תענית על שאכלו זאבים שני תינוקות בעבר הירדן רבי יוסי אומר לא על שאכלו אלא על שנראו: *על אלו מתריעין בשבת על עיר שהקיפוה נכרים או נהר ועל הספינה המיטרפת בים ר' יוסי אומר (ב) *לעזרה ולא לצעקה שמעון התימני אומר אף על הדבר ולא הודו לו חכמים: על כל צרה שלא תבא על הצבור מתריעין עליהן *חוץ מרוב גשמים מעשה שאמרו לו לחוני *המעגל התפלל שירדו גשמים אמר להם צאו והכניסו תנורי פסחים בשביל שלא ימוקו התפלל ולא ירדו גשמים מה עשה *עג עוגה ועמד בתוכה ואמר לפניו רבש"ע בניך שמו פניהם עלי שאני כבן בית לפניך נשבע אני בשמך הגדול שאיני זז מכאן עד שתרחם על בניך התחילו גשמים מנטפין אמר לא כך שאלתי אלא גשמי בורות שיחין ומערות התחילו לירד בזעף אמר לא כך שאלתי אלא גשמי רצון ברכה ונדבה ירדו כתיקנן עד שיצאו ישראל מירושלים להר הבית מפני הגשמים באו ואמרו לו כשם שהתפללת עליהם שירדו כך התפלל שילכו להן אמר להם *צאו וראו אם נמחית אבן *הטועין *שלח לו שמעון בן שטח אלמלא חוני אתה גוזרני עליך (ג) נידוי אבל מה אעשה לך שאתה מתחטא לפני המקום ועושה לך רצונך *כבן שהוא מתחטא על אביו ועושה לו רצונו ועליך הכתוב אומר *ישמח אביך ואמך ותגל יולדתך: (*מתני') היו מתענין וירדו להם גשמים *קודם הנץ החמה לא ישלימו לאחר הנץ החמה ישלימו ר"א אומר *קודם חצות לא ישלימו לאחר חצות ישלימו מעשה שגזרו תענית בלוד וירדו להם גשמים קודם חצות אמר להם ר' טרפון צאו ואכלו ושתו ועשו יו"ט ויצאו ואכלו ושתו ועשו יום טוב ובאו בין הערבים *וקראו הלל הגדול: **גמ'** סדר תעניות האלו האמור ברביעה ראשונה ורמינהי רביעה ראשונה ושניה לשאול שלישית להתענות אמר רב *יהודה ה"ק סדר תעניות האמור אימתי בזמן שיצאה רביעה ראשונה ושניה ושלישית ולא ירדו גשמים אבל ירדו גשמים ברביעה ראשונה וזרעו ולא צמחו אי נמי צמחו וחזרו ונשתנו מתריעין עליהן מיד אמר רב נחמן דוקא נשתנו *אבל יבשו לא פשיטא נשתנו תנן לא צריכא (ד) *דאקון מהו דתימא אקנתא מילתא היא קמשמע לן: וכן שפסקו גשמים בין גשם לגשם כו': מאי מכת בצורת אמר רב יהודה אמר רב מכה המביאה לידי בצורת אמר רב נחמן נהרא אנהרא בצורתא

[לעיל יח.] [פי' פירש"י לקמן כג: ד"ה עוגה] [ברכות יט.] טעות הדפוס

רש"י

ה"ג **אותה העיר מתענה ומתרעת וכל סביבותיה מתענות ולא מתריעות.** ולפיכך מתענות (ה) שאותה העיר שלא ירדו עליה גשמים תלך לקנות התבואה באותה העיר ויהיה בה רעב: **או מפולת.** שחומותיה והבתים נופלין ברוח: **מתריעים כל"מ.** אם (ו) ירדו באספמיא מתריעין בבבל בבבל מתריעין באספמיא כדקתני טעמא בסיפא מפני שהיא מכה מהלכת אם במקום אחד היא מתריעין עליה כל השומעין כדי שלא תבא עליהן: **שדפון.** בתבואות: **ירקון.** חולי: **חיה רעה.** משכלת בני אדם: **חרב.** חיילות ההולכין להרוג ולהשחית בכל מקום: **מלא תנור.** מפרש בגמ': **באשקלון.** בא"י באשקלון. בארץ פלשתים: **ועל שאכלו זאבים.** שהיא חיה רעה ומכה מהלכת היא: **שנראו.** ובאו בעיר: **מתריעין.** בעננו: **המטורפת.** מלשון טרף אבבל (ברכות דף כח:) ומלשון בילה טרופה (עדיות פ"ב מ"ד) כו' כדמפרש בפרק שלמעלה (דף יד:): **שמעון התימני.** מתמנה היה: **שלא תבא.** ליבוא מעולם נקט: **מרוב גשמים.** לאו כגון שירדה על עיר אחת ועל עיר אחת לא ירדה ששם ודאי שחין לקללה כדאמר רב יהודה (לעיל ה:) תמטיר *מקום ממטר מקלקל תבואה אלא כבר ירדו ומורת הם לבני אדם אבל אינן מקלקלין תבואות וטעמא מפרש בגמרא למה אין מתריעין: **תנורי פסחים.** שהם בחצרות ושל חרס הן ומטלטלין אותן שלא ימוקו בגשמים: **גשמי בורות.** שיפוע גשמים למלאות בורות: **ונדבה.** רצון ועין יפה: **אבן הטועין.** אבן טוען היתה בירושלים וכל מי שאבדה לו אבידה כו' בבבא מציעא (דף כח:): **לגדות.** (ז) על כבוד הרב: **מתחטא.** פורפי"ש בלע"ז ישמח אביך ואמך ותגל יולדתך: **גמ' רביעה ראשונה ושניה לשאול.** שאף על פי שלא ירדו גשמים לא ברביעה ראשונה ולא בשניה לא היו מתענין אלא שואלין וקשיין מתני' דקתני סדר תעניות אלו האמור ברביעה ראשונה וקשיא אהדדי: **הכי קאמר כו'.** (ח) וכגון רביעה ראשונה שניה ושלישית דמלי יורה קרי ליה רביעה [א] כך שמעתי: **דוקא נשתנו.** דכי נשתנו ודאי הוא דמתריעין מיד דצריך להתפלל עליה (ט) שיחזיר ביופי כתקנן: **אבל יבשו.** לא צריך דמכאן ואילך לא יועיל והוא תפלת שוא דאפילו יבשו כשהן עדיין דקין אפילו הכי לא מתריעין: הכי גרסינן פשיטא (י) שכו תנן לא צריכא דאקון מהו דתימא כו': **דאקון.** שעלו בקנה שנתקשו מעט לאחר שנתייבשו: **מהו דתימא אקנתא מילתא היא.** דהואיל ונתקשו מעט אם יתפלל מועיל להם קא משמע לן רב נחמן דאקנתא לאו מילתא היא ל"א אבל יבשו לא דממילא חוזרין: **לא צריכא דאקון.** שעלו בקנה מהו דתימא אקנתא מילתא היא דכיון שעלו בקנה ועדיין לא בשלו כל צרכן ודאי אי לא מתריעין תו לא גדלי קמשמע לן דלאו מילתא היא דאף על גב דאקון אכתי גדלי טפי: **נהרא אנהרא בצורתא.** כשאין תבואה בעיר אחת ויש בעיירות אחרות ואפשר להביא מזה לזה דרך נהר בספינה: בצורתא

תוספות

לא צריכא דאקון. פי' לאחר שעלו בקנה נתייבשו מהו דתימא אקנתא מילתא היא פי' דהואיל ועלו בקנה ולא נתבשלו כל צורכם ליבעי התרעה קמ"ל דלאו מילתא היא: **נהרא אנהרא בצורתא.** פי' (כ) (*הכי) כשאין תבואה בעיר ויש הרבה בשאר עיירות ויכולין להביא מזו לזו הייט מקרי בצורת ולא מקרי רעב (ל) ומאחר שיכולין להביא ע"י הנהר דליכא אלא טירחא וטירחא ומאי כלומר מדבר מועט כזה אין מתריעין מדינתא למדינתא פירוש שצריך להוליך ממדינה למדינה אחרת ע"י חמורים וסוסים ואז מתריעין דאי אפשר להביא בשפע כ"כ כמו בספינות ל"א נהרא אנהרא כלומר אם יבש הנהר וצריך הנהר לבא מנהר אחר לכאן לא נמי צריך להמתין עד שיגדל הנהר האחר ויבא לכאן זה בצורת ולא מתריעין מדינתא למדינתא אם יבשו כל הנהרות שבזו העיר וצריכין להביא מים מעיר אחרת כפנא וקשה דבמתני' משמע דלבצורת (מ) מתענין דקתני מתריעין עליהן מפני שהיא מכת בצורת ויש לומר דמכת בצורת דמתני' הוי כמו דכפנא כאשר פירשתי שהתחת חטה ולא חוט ומשום הכי מתריעין אע"ג דעדיין איט רק בצורת הואיל וסופו רעב מתריעין אע"ג דהאכי לא הוו כפנא אבל לעולם אין מתריעין על מכת בצורת אי לא מצי נבא לידי רעב ולהכי קאמר הכא דנהרא אנהרא דלא הוי אלא כי בצורתא ולא מתריעין

עין משפט נר מצוה

ב א מיי' פ"ב מהלכות תעניות הל"ה טוש"ע א"ח סי' תקעו סעיף א וסעיף יב:

ג ב ג מיי' שם הל' ה וכל' ה טוש"ע שם סעיף ב:

ד ד מיי' שם הל' יא טוש"ע שם סעיף ט:

ה ה מיי' שם הלכה ז טוש"ע שם סעיף ו:

ו ו מיי' שם הלכה יא טוש"ע שם סעיף ח:

ז ז ח מיי' שם פ"א הל' ו ופ"ב מהלכות שבת הלכה כד סמג עשין ג טוש"ע שם סעיף יג וסי' רפח סעיף ט:

ח ט מיי' שם פ"ב הלכה טו טוש"ע א"ח סי' תקעו סעיף יא:

ט י מיי' שם פ"ג הלכה טו טור ש"ע א"ח סימן תקעט סעיף יא וסי' תקעה סעיף יא:

י כ מיי' שם טוש"ע א"ח סי' תקעה סעיף יא:

יא ל מיי' שם פ"ב הלכה טו טוש"ע א"ח סי' תקעה סעיף ח:

רבינו חננאל

סדר תעניות האלו האמור ברביעה ראשונה כו'. תרצה רב יהודה הכי סדר תעניות האלו בזמן שיצתה רביעה ראשונה ושניה ולא ירדו גשמים. אבל אם ירדו גשמים וצמחו זרעים וחזרו ושנו. כלומר כמשו מתריעין עליהן מיד ודוקא שנו כעין כמוש אבל יבשו לגמרי אע"ג דחזור אקון אין מתריעין עליהן פי' אקון שחזרו לירוקתן כלומר חזרו לחיותן. ורבותינו הגאונים ז"ל אמרו האי אקון אקנתא לשון חוקה בלשון ארמית ובלשון הזה הוא בגטין (בפרק מי שאחזו קורדייקוס) [כל הגט דף ל ע"א] (*) (פי' פרצידא דתותי קלא. זרע תבואה שהיא תחת אבן צומחת. פי' קלא מלשון (פסחים סג: וש"מ) שקל' קלא פתק ביה). מכת בצורת. פי' רב יהודה מכה הבאה לידי בצורת. [אר"נ נהרא אנהרא] הוצרכו האנשים המסתפקין מים מזה הנהר לילך לנהר אחר בצורת

*) כל הסגור שייך לעיל בגמרא ריש דף ד'.

רבינו גרשום

עליהן הוי תפלת שוא: דאקון. שנראה להן קצת תקנה: נהרא אנהרא בצורתא כשצריכין להביא מים מנהר זה להשקות שדות שעל נהר אחר לפי שאין באותו נהר אחר מים כדי סיפוק להשקות שדותיו והוא סימן בצורת:

הגהות הב"ח

(א) גמ' ג' מתים בג' ימים זה אחר זה (הרי זה דבר פחות מכאן אין זה דבר) תא"מ ונ"ב ס"א אין זה: (ב) שם ר' יוסי אומר לעזרה ולא לצעקה. נ"ב עי' פירושו בדף יד ע"א: (ג) שם אלמלא חוני אתה גוזרני עליך לנדות אבל מה אעשה: (ד) שם לא צריכא דהדר אקון מהו דתימא: (ה) רש"י ד"ה ס"ג אותה כו' לפיכך מתענות מפני שאותה העיר וכו' התבואה באותה שסביבותיה ויהיו בה רעב: (ו) ד"ה מתריעים כל"מ אם נראו באספמיא כו' שהיא מכה מהלכת ולפיכך אף אם במקום אחד: (ז) ד"ה לנדות שמנדין על כבוד הרב שהטיח דברים לאמר לא כך שאלתי הס"ד: (ח) ד"ה הכי קאמר כו' כלומר סדר תעניות אלו אמור בשביל רביעה ראשונה כשעברה מכל וכל כגון רביעה ראשונה: (ט) ד"ה דוקא כו' להתפלל עליהן שיחזרו ביופי כתקנן אבל יבשו לא צריך כו' והוא תפלה שוא הד"א ומה"ד אבל יבשו. כשהן חטין עדיין כו': (י) ד"ה ס"ג פשיטא כשהן חטן לא צריכא דהדר אקון מהו דתימא כו' דאקון שעלו כו' שנתייבשו מהו דתימא כו' דאקנתא לאו מילתא הד"א והס"ד: (כ) תוס' ד"ה נהרא כו' כשאין כנ"ל ותיבת הכי נמחק: (ל) בא"ד ולא מיקרי רעב דמאחר שיכולין כו' זעירא ומאי מילתא כלומר כו' ע"י חמורים וסוסים כספנא פי' ואז מתריעין: (מ) בא"ד דבמתני' משמע דאבצורת מתריעין דקתני מתריעין כו' כאשר פירש"י שמתת חטה

הגהות הגר"א

[א] רש"י ד"ה הכי קאמר כו' ליה רביעה. נ"ב ראשונה:

גליון הש"ס

גמ' כבן שהוא מתחטא. עי' מנחות דף סו ע"ב תד"ה כתף רגנים:

סימן תקעו ס"ט - [י]וכן על הארבה והחסיל, אפילו לא נראה מהם אלא כנף אחד בכל ארץ ישראל, ואפי' אינו משחית יבול הארץ, מתענין ומתריעין עליהם; ועל הגובאי (פירוש מין ארבה) בכל שהוא; אבל על החגב אין מתענין עליו ולא מתריעין, אלא זועקין בלבד; ועכשיו שאין אנו מכירין מינים הללו, על כולם מתריעין.

[יא]סימן תקעו ס"י - [יב]וכן על המזונות, כיצד, הרי שהוזלו דברים של סחורה שרוב חיי אנשי אותה העיר מהם, [יג]כגון כלי פשתן בבבל, ויין ושמן בארץ ישראל, ונתמעט המשא והמתן [יד]עד שיצטרך התגר למכור שוה עשרה בששה, הרי זו צרת צבור ומתריעין עליה - ומתענין.

ובשבת זועקים עליה - בפה לומר "עננו", **אבל אין תוקעין עליה בשבת.**

אות ה'

ועל החיה רעה, ועל החרב, מתריעין עליה, מפני שהיא מכה מהלכת

סימן תקעו ס"ו - [טו]וכן על חיה רעה שנשתלחה, אפילו לא הזיקה [טו]אלא נראית בלבד, מתענין ומתריעין בכל מקום, אפילו הרחוקים - וצ"ע על הרמ"א שלא הגיה כאן: רק שיהיו באותה הפרכיא, כמו שהגיה בס"ח, **וכן** למה לא חלק על דברי השו"ע בס"א וסי"ב, במש"כ: וכל הערים שסביבותיהם וכו', ‹משמע ולא הרחוקים, ע"ש בסי"ב ובמש"כ שם בשם המ"א›, לפרש דה"ה הרחוקים שהיו באותה הפרכיא, [ביאור הגר"א, **וכן** תמה על השו"ע גופא שסותר דעת עצמו, שבס"א וסי"ב כתב: כל הערים שסביבותיה, וכאן סתם כדברי הטור: אפי' הרחוקים]. ‹**והגם** דבס"א וסי"ב מיירי לענין תענית ולא התרעה, וכאן ובס"ח איירי בתענית והתרעה כיון שהיא מכה מהלכת, עכ"פ הגדרים הם שווים, כדמבואר בס"ח וסי"ב›.

אות ו'

וגזרו תענית על שנראה כמלא פי תנור שדפון באשקלון

סימן תקעו ס"ח - אפילו לא התחיל אלא במקום אחד [יז]כמלא פי התנור - פי' תבואה שראוי לעשות פת כמלא פי תנור, **ובגמ'** מסתפק, אם ר"ל ככיסוי התנור, או כשורות הלחם הדבקים בפי התנור זה אצל זה, א"נ זה למעלה מזה, **מתענין ומתריעין.**

אות ז' – ח'

על אלו מתריעין בשבת: על עיר שהקיפוה נכרים, או נהר, ועל הספינה המיטרפת בים לעזרה, ולא לצעקה

סימן תקעו סי"ג - [יח]עיר שהקיפה אנסין או נהר, וספינה המטורפת בים, אפי' [יט]על יחיד הנרדף מפני אנסין או ליסטים או רוח רעה, או חולה שאר חולי שיש בו סכנת היום, (ולצרך החולה בשבת ע"ל סי' רפ"ח), זועקים ומתחננים בתפלות בשבת; אבל אין תוקעין, [כ]אא"כ תוקעין לקבץ העם לעזור אחיהם ולהצילם.

סימן רפח ס"ט - [כא]וכן עיר שהקיפוה אנסין או נהר, וספינה המטורפת בים, [כב]ואפילו על יחיד הנרדף מפני אנסין או לסטים או רוח רעה - שנכנס בו רוח שד, ורץ והולך, שמא יטבע בנהר או יפול וימות, **או** שהוא חולה ממיני החלאים, **[כג]זועקין ומתחננין בתפלות בשבת; אבל אין תוקעין, [כד]אא"כ תוקעין לקבץ העם לעזור לאחיהם ולהצילם, (וע"ל סי' תקע"ו סי"ג).**

אות ט'

חוץ מרוב גשמים

סימן תקעו סי"א - [כה]ובארץ ישראל אין מתפללין על רוב הגשמים, מפני שהיא ארץ הרים ובתיהם בנוים באבנים ורוב הגשמים טובה להם, ואין מתענים להעביר הטובה; ועכשיו בצפת מצויה מפולת בתים מפני הגשמים, ומתפללים עליהם.

אות י'

קודם חצות, לא ישלימו, לאחר חצות, ישלימו

סימן תקסט ס"א - [כו]יחיד המתענה על צרה ועברה, או על חולה, ונתרפא או מת - וה"ה לענין מי שהתענה על צרה שתעבור ממנו, שנתחייב ממציקיו לאיזה עונש, והוצרך לקיים, **צריך**

באר הגולה

[י] רמב"ם ממשנה י"ט ובריית כ"ב [יא] ‹מילואים› [יב] ברייתא ב"ב צ"א [יג] אוקימתא דרבי יוחנן שם [יד] אוקימתא דרב יוסף שם [טו] משנה תענית י"ט [טז] ‹ומשמע דלא פליגי תנא קמא ורבי יוסי אלא בעובדא היכי הוה, אבל לדברי הכל נראו אע"פ שלא אכלו מתענין וגם מתריעין, דהוי בכלל חיה רעה דקתני מתניתין דמתריעין עליה - ב"י› [יז] פי' דבר מועט וכר"ע בברייתא כ"ב, הרב המגיד ‹עיין במה שכתבנו בדף כ"ב› [יח] טור בשם רמב"ם ממשנה י"ט וכת"ק [יט] ברייתא כ"ב וכפי' הר"ן [כ] ס"ל דלא פליג ת"ק ארבי יוסי בהא, דהא קימ"ל דמחללין שבת לפקוח נפש ‹אע"ג דרבי יוסי לא קאי אלא אדרבנן, ורבנן תרועה בפה קאמר, מ"מ מ"ש "והוא לעזרתן" הוי אפי' בשופר, שאפילו חילול גמור מחללין – לחם משנה› [כא] תענית י"ט [כב] שם כ"ב [כג] שם י"ד [כד] שם כרבי יוסי, דתנא קמא נמי לא פליג בהא, בית יוסף בסימן תקע"ו [כה] רמב"ם שם מהא דרב ובריית כ"ב [כו] ברייתא תענית י'

להשלים כל התעניות שקיבל עליו - דכיון שקבל עליו תענית סתם ולא התנה, אמרינן דדעתו היה אקבלה זו, מתוך שקבל עליו תענית תהיה מקובל תפלתו שיתפלל על החולה ועל הצרה, [רא"ש].

והיינו לאו דוקא אותו יום משום דהתחיל להתענות, אלא אפי' אם קיבל על עצמו כמה תעניתים בשביל אותו דבר, מחוייב להשלימם, **וכן** שארי נדרי צדקה שקיבל עליו בשביל שיחיה פלוני, אף אם מת צריך לקיים.

ועיין ביו"ד סימן ר"כ סעיף ט"ו בהג"ה, דדוקא בשלא נדר בלשון תנאי, אבל אם אמר: אם יחיה פלוני אתענה, או אתן כך וכך לצדקה, ומת, אינו מחוייב להתענות וליתן.

[כז]**אבל צבור שמתענין על שום דבר, ונענו** [כח]**קודם חצות** - דעדיין לא התחיל התענית, דעד חצות זמן סעודה היא עדיין, [רש"י דף כה:], משא"כ לאחר חצות, **לא ישלימו** - והחילוק בין צבור ליחיד, דצבור לב ב"ד מתנה עליהן, וגם דאין מטריחין על הצבור, **אבל** ביחיד כיון שלא התנה בפירוש, שאם תעבור הצרה לא יתענה, מחוייב להשלים כפי קבלתו.

ומשמע לכאורה, דדוקא נענו, [מ"א, וט"ז חולק עליו במשמעות השו"ע], **אבל** בהתענו בשביל חולה שיתרפא ומת, אפילו צבור חייבין להשלים, אף שמת קודם חצות, [**היינו** לטעם הרא"ש, משום דצריכין הצבור לומר הלל אח"כ בנפש שבעה ומתוך שמחה, לפיכך הקילו להם שיאכלו, משא"כ במת], **ויש** מקילין בצבור אף בכה"ג, [היינו לטעם הר"ן והרה"מ, משום דאין מטריחין על הצבור, או משום דלב ב"ד, וזה שייך אף כשמת], **ומסברא** יש מקום לדון, דאולי ע"כ לא אמרינן לב ב"ד מתנין, אלא כשנענו דשמחה היא להם, ואין כאן תענית, משא"כ בשמת שלא נענו כלל].

[כט]**ואם תלמידי חכמים ורוב צבור רוצים להשלים, אין היחיד רשאי להפריש עצמו מהם.**

סימן תקעה סי"א - [ל]**ואם התחילו לירד אחר חצות, ישלימו אותו היום** - שכבר עבר רוב היום בקדושה, ושוב אין אומר "עננו" בתפלת המנחה, ולא תחנונים אחרים, **וגם** הלל היה ראוי לומר, אלא שאין אומרים אותו בכרס רעבה, דמתוך שכתוב בו "נותן לחם לכל בשר", נאה להאמר על השובע, רש"י ‹כ"ו.›, [לא]‹ולכן שוב אין לומר הלל הגדול - שונה הלכות›, **וי"א** דכיון שנענו באותו יום, אומרים הלל הגדול. **(וע"ל סימן תקס"ט בסופו).**

ואם התחילו לירד קודם חצות, [לב]**לא ישלימו** - דעד כדון צפרא הוא, **משמע** מלשון "ואם התחילו", דאף שלא נגמר השיעור גשמים קודם חצות, כיון שההתחלה היתה קודם חצות, ולא הפסיק בחצות, אזלינן בתר ההתחלה, ולא ישלימו.

[לג]**סימן תקסט ס"ב - הגה: וה"ה לצבור שמעו אחר חצות שקבלו התענית בטעות, א"צ להשלים (תה"ד)** - ר"ל אפילו לאחר חצות שעבר רוב היום בתענית, אפ"ה לא ישלימו, וכ"ש קודם חצות.

ובזה אין שייך לת"ח ורוב צבור להחמיר, כיון שהיה בטעות, **אם** לא שכבר העריב היום ביותר.

אות כ'

וקראו הלל הגדול

סימן תקעה סי"א - [לד]**אלא יאכלו וישתו ויעשו יום טוב, ולערב יתקבצו ויאמרו הלל הגדול** - שא"א הלל הגדול אלא בנפש שבעה וכרס מלאה, [גמרא כ"ו.], **ודוקא** בזה שהוא אחר התפלה, אבל קודם התפלה שרי, ולכן אמרינן ליה בפסוקי דזמרה בשחרית בשבת, **ובמקום** דשכיחי שכרות, אומרים הלל הגדול ואח"כ אוכלין ושותין, [גמרא כ"ו.], **וה"ה** אם ירד קודם חצות, ורצו רוב הצבור להשלים, דמשלימין וכנ"ל בסימן תקס"ט ס"א, יאמרו הלל הגדול קודם אכילה.

הלל הגדול - הם כ"ו "כי לעולם חסדו", וחותמין "מודים אנחנו לך על כל טיפה" וכו', כמ"ש סימן רכ"א, ושוב אין היחיד צריך לברך, **ויש** להתחיל קודם "הודו", "שיר המעלות הנה ברכו וגו' העומדים בבית ד' בלילות", ואומר "מעלה נשיאים מקצה הארץ" וגו'.

אות ל'

אבל יבשו לא

סימן תקעה ס"ח - [לה]**וכל זה הסדר כשלא ירדו גשמים כלל, אבל ירדו ברביעה, (פי' המטר היורד להצמיח כל צמח ועשב האדמה נקרא רביעה, מפני שרובע ומעבר את הקרקע, דכתיב: כי כאשר ירד הגשם וגו' והולידה והצמיחה וגו') וצמחו העשבים** [לו]**והתחילו ליבש, הרי אלו מתענים וזועקים** - בפה אבל לא מתריעין, **עד שירדו גשמים,** [לז]**או עד שיבשו הצמחים** - ששוב לא יועיל, והוי תפלת שוא.

באר הגולה

[כז] **רא"ש ממשנה דהיו מתענין וירדו להם גשמים וכו', וכן משמע מדברי הרמב"ם** [כח] **שם וכרבי אליעזר** [כט] **תרה"ד בשם או"ז** [ל] **משנה שם י"ט וכר' אליעזר** [לא] ‹ולכאורה הגדר, כיון דא"א להם לאומרו, משום דעדיין מחוייבין להשלים התענית, ואינו נאמר בכרס רעבה, שוב אין אומרים אותו כלל, **משא"כ** כשירד קודם חצות דמותרים לאכול, ורק דיש חשש שכרות, או במקום דהרוב רוצים להשלים התענית, דבעצם ראוי לאומרו עכשיו, דהא בעצם יכולים לאכול, ממילא אומרים אותו עכשיו אפי' קודם אכילה, וכדלקמן, **ובציור** דבאמת אוכלים, אומרים אותו לערב› [לב] **שם במשנה י"ט** [לג] ‹מילואים› [לד] **שם במשנה י"ט** [לה] **משנה שם י"ח** [לו] ‹אבל צמחים ששנו: פרש"י שנשתנו ממנהגם, תחת חיטה יצא חוח, ותחת שעורה באשה, או שינוי אחר. **ור"ח** פי': כלומר כמשו› [לז] **אוקימתא דרב נחמן וכפי' ראשון שברש"י, וכן כתבו הפוסקים**

עין משפט נר מצוה

יב א מיי' פ"ב מהלכות תעניות הלכה טז טוש"ע א"ח סי' תקעה סעיף ח:
יג ב מיי' שם הלכה יג טוש"ע א"ח סי' תקעו סעיף ט:
[צ"ל זוכר]
יד ג מיי' שם הלכה י טוש"ע שם סעיף ח:

מסורת הש"ס

ב"ב צא.
[רי"ף ורא"ש ל"ג בני ד' תיבות]
[ע' בערוך ערך סקמיון]

בצורתא מדינתא אמדינתא כפנא וא"ר חנינא סאה בסלע ושכיחא בצורתא ארבעה (א) ולא שכיחא כפנא א"ר יוחנן לא שנו אלא בזמן שהמעות בזול ופירות ביוקר אבל מעות ביוקר ופירות בזול מתריעין עליה מיד דא"ר יוחנן *נהירנא כד הוו קיימי ד' סאין בסלע והוו נפישי נפיחי כפן בטבריא מדלית איסר: ירדו לצמחין אבל לא לאילן: בשלמא לצמחים ולא לאילן משכחת לה דאתא ניחא ולא אתיא רזיא לאילן ולא לצמחין דאתיא רזיא ולא אתיא ניחא לזה ולזה אבל לא לבורות ולא לשיחין ומערות משכחת לה דאתיא רזיא וניחא *מיהו טובא לא אתיא אלא הא דתניא ירדו לבורות לשיחין ולמערות אבל לא לזה ולזה היכי משכחת לה דאתיא בשפיכותא ת"ר *מתריעין על האילנות בפרוס הפסח על הבורות ושיחין [א] ומערות (ב) אפילו בפרוס החג ועל כולן אם אין להן מים לשתות מתריעין עליהן מיד ואיזהו מיד שלהן שני וחמישי ושני (ג) ועל כולן אין מתריעין עליהן אלא באפרכיא שלהן ואסכרא בזמן שיש בה מיתה מתריעין עליה בזמן שאין בה מיתה אין מתריעין עליה ומתריעין על הגובאי בכל שהוא רבי שמעון בן אלעזר אומר אף על החגב ת"ר מתריעין על האילנות בשאר שני שבוע על הבורות ועל השיחין ועל המערות אפילו בשביעית רשב"ג אומר אף על האילנות בשביעית מפני שיש בהן פרנסה לעניים תניא אידך מתריעין על האילנות בשאר שני שבוע על הבורות על השיחין ועל המערות אפילו בשביעית רבן שמעון בן גמליאל אומר אף על האילנות מתריעין על הספיחין בשביעית מפני שיש בהן פרנסה לעניים תניא א"ר אלעזר בן פרטא מיום שחרב בית המקדש נעשו גשמים *צימוקין לעולם יש שנה שגשמיה מרובין ויש שנה שגשמיה מועטין יש שנה שגשמיה יורדין בזמנן ויש שנה שאין גשמיה יורדין בזמנן שנה שגשמיה יורדין בזמנן למה הוא דומה לעבד שנתן לו רבו פרנסתו בא' בשבת נמצאת עיסה נאפית כתיקנה ונאכלת כתיקנה שנה שאין גשמיה יורדין בזמנן למה הוא דומה לעבד שנתן לו רבו פרנסתו בע"ש נמצאת עיסה נאפית שלא כתיקנה ונאכלת שלא כתיקנה שנה שגשמיה מרובין למה הוא דומה לעבד שנתן לו רבו פרנסתו בבת אחת נמצאו ריחים טוחנות מן הכור (ד) מה שטוחנות מן הקב ונמצאת עיסה אוכלת מן הכור כמו אוכלת מן הקב שנה שגשמיה מועטין למה הוא דומה לעבד שנתן לו רבו פרנסתו מעט מעט נמצאו ריחים מה שטוחנות מן הכור טוחנות מן הקב נמצאת עיסה כמה שנאכלת מן הכור אוכלת מן הקב ד"א בזמן שגשמיה מרובין למה הוא דומה לאדם שמגבל את הטיט אם יש לו מים רבים מים אינן כלין והטיט מגובל יפה אם יש לו מים מועטין מים כלים והטיט אינו מתגבל יפה ת"ר פעם אחת עלו כל ישראל לרגל לירושלים ולא היה להם מים לשתות הלך נקדימון בן גוריון אצל אדון אחד אמר לו הלויני שתים עשרה *מעיינות מים לעולי רגלים ואני אתן לך שתים עשרה עינות מים ואם איני נותן לך הריני נותן לך שתים עשרה ככר כסף וקבע לו זמן כיון שהגיע הזמן ולא ירדו גשמים בשחרית שלח לו שגר לי או מים או מעות שיש לי בידך שלח לו עדיין יש לי זמן כל היום כולו שלי הוא בצהרים שלח לו שגר לי או מים או מעות שיש לי בידך שלח לו עדיין יש לי שהות ביום במנחה שלח לו שגר לי או מים או מעות שיש לי בידך שלח לו עדיין יש לי שהות ביום לגלג עליו אותו אדון אמר כל השנה כולה לא ירדו גשמים ועכשיו

רש"י

בצורתא. בצורת היא זו ולא רעב הואיל ויכולין לישא בספינות: **מדינתא אמדינתא.** (ה) וצריכין להוליך ממדינה למדינה על ידי חמרים: **כפנא.** רעב ורעב קשה מבצורת לפי שאי אפשר להביא בשופי מ"ר (ו) לשון אחר נהרא אנהרא אם יבש מעיין זה וצריך להסב מעיין אחר בכאן אי נמי להמתין עד שיגדל נהר אחרת ויצא כאן בצורת הוא זה: **מדינתא אמדינתא.** אם יבשו כל הנהרות שבתוך העיר וצריכין להביא מים מעיר אחרת כפנא רעב הוא זה תקיפא מבצורתא: **סאה בסלע ושכיחא.** כי זבני סאה של חיטין בסלע דהיינו יוקר ומצויה לקנות בכל עת בצורתא: **מעות ביוקר.** אין מעות מצויות להן: **נהירנא.** אני זוכר: **מדלית איסר.** מאין מעות: **דאתיא ניחא.** ואמרינן בפירקא דלעיל (דף ג:) מיטרא ניחא לפירי ולתבואה ומיטרא רזיא לאילני (ז) דאתיא ניחא לפירי ואתיא רזא לאילנות: **בשפיכותא.** בכח גדול יותר מדאי דאינה טובה לא לזה ולא לזה שוב אמר רבי שפיכותא מטר דק ועבה יותר מדאי לאילני לא מהניא דלאו רזיא היא לצמחים נמי לא שהגשמים מרובין באין ושוטפין אותן: (ח) **בפרוס הפסח.** בימי הפסח [א] על בורות שיחין ומערות אם לא ירדו להן גשמים: [ב] **אפילו בפרוס החג.** להשקות זרעים ולא להמהם: **אם אין להם** (ט) **לשתות מתריעין וכו'.** אפילו [ג] בפרוס החג דימות החמה נינהו אפילו הכי מתריעין משום דכולן צריכות לשתות: **וכולן.** כל אלו: **באפרכיא שלהן.** באותה מלכות שכלו שם מי בורות שיחין ומערות: **ואסכרא.** בולמ"לט בלע"ז פעמים שנקבע בתוך פיו של אדם ומת לשון כי יסכר פי דוברי שקר (תהלים סג) והיא סרונכה מיתה משונה: **בזמן שיש בה מיתה.** שהיא (י) משולחת מהלכת וממיתים בה: **על הגובאי.** שמכלה את התבואה כל שהוא אפילו לא נראה אלא קצת בידוע שעתידין לבוא לרוב אבל חגב כל שהוא מצוי הוא ואינו מכלה כל כך לתרבה: **בשאר שני שבוע.** דשמיטה אבל בשמיטה לא דהפקר נינהו: **אפילו בשביעית.** כל שעה צריכין לשתיה ואע"פ שהגשמים מועילין לקרקע בשביעית: **רבן שמעון בן גמליאל אומר.** מתריעין על האילנות ואף על הספיחין של שביעית שאינן חשובין כל כך: **צמוקין.** שיורדין בקושי מלשון ושדיים צומקים (הושע ט): **למה הוא דומה.** פרנסתו של כל (כ) השבת כולה: **נאפה כתקנה.** שיש לו פנאי לאפותה: **פרנסתו בבת אחת.** פרנסת כל השנה וטוחן אותה ביחד: **נמצאת ריחים כמה שאוכלת מן הכור כו'.** שכן דרך שמשתייר מן הקמח בריחיים וכן כשהגשמים יורדין מרובים ומרביצין את הארץ ומה שהיו טרשים בולעים מן (ל) הרוב בולעין מן המיעוט ומה שהרוח מנשבת ובולעת מן הרוב בולעת מן המיעוט: **נמצאת עיסה.** עריבה שלשין בה את הבצק שמשתייר בשוליה מן העיסה (מ) אף גשמים כשיורדין מעט מעט נבלעין בטרשי' ואין מרביצין את הארץ: **ה"ג מימיו מרובין** (נ) **אינו כלין וטיט מתגבל יפה מימיו מועטין טיט אינו מתגבל יפה.** מים אינן כלין ויוכלו לגבל טיט הרבה כמה שירצה: **נקדימון בן גוריון.** עשיר גדול היה: **ואני אתן לך י"ב מעיינות מים.** כלומר שירדו גשמים ויתמלאו כל המעיינות מים אותן מעיינות לא היו טבעין מים כל כך ואינן מתמלאין מאליהן כשאר מעיינות:

תוספות

נהירנא. פירוש (*זכור) אני. **בהפרכיא** שלהן. פי' באותו מלכות: **רבן** שמעון בן גמליאל אומר אף על האילנות בשביעית מפני שיש בהם פרנסה לעניים. פי' הם הספיחים היוצאין מהן וה"ל דסבר כמ"ד (פסחים דף נא:) ספיחי זרעים אסור דהיינו ר' עקיבא מדקאמר על האילנות ולא קאמר על הספיחים:

רבינו חננאל

בצורת כלומר עצירת המטר מדינה להביא ממדינה אחרת רעב. א"ר יוחנן ל"ש אלא שהמעות בזול ופירות ביוקר כלומר המשא ומתן מצוי ומחייתן בני אדם. אבל מעות ביוקר מתריעין מיד. וא"ר יוחנן נהירנא דהוו ד' סאין בסלע בטבריא והוו נפישי נפיחי כפן מדלית איסור. גשמי צמחים הבאים בניחותא. גשמי אילן היורדין ברזיא. לא לאילן ולא לזרעים אלא לבורות. כגון דנחתי בשפיכותא שוטפים ויורדין בבורות. ת"ר מתריעין על האילנות בפרוס הפסח ועל מי בורות שיחין ומערות בפרוס החג ועל כולן אינן מתריעין עליהן אלא באיפרכיא שלהן כלומר אנשי מקום בלבד. ואם אין להם מים לשתות מתריעין עליהן מיד ב' וה' וב'. ועל האסכרא כל זמן שהיא ממיתת. ומתריעין על הגובאי ועל החגב [ועל האילנות ועל הספיחין] ובאילנות ובספיחי' בשביעית מפני שיש בהן פרנסה לעניים. ר' אלעזר בן פרטא אומר מיום שחרב ביהמ"ק לא ירדו גשמי ברכה ונעשו צמוקים לעולם. שנה שגשמיה ירדו בזמנן דומה לעבד שנתן לו רבו פרנסתו באחד בשבת כו'. נמצאו טוחנין מן הכור כו'. מדה אחת נשארת בפי הריחיים בכור כמה שנשארת מן הקב. וכך נדבקת מן העיסה בסדקי העריבה ובסביבותיה מן המעט כמו מן הרב. וכן בהגבלת הטיט. אם יש לו מים בבת אחת כדי גיבול שופך ומגביל ואם אין לו אלא מעט שופך מה שבידו ועד שיבואו אחרים יבשו הללו וכאלו לא שפך בהן כלום. *) כך סוגיא כו': ת"ר פעם אחת עלו ישראל לחג ולא היה [להם] מים לשתות הלך נקדימון כו'

*) אולי צ"ל כולה סוגיא פשוטה.

רבינו גרשום

מדינתא אמדינתא כפנא כשצריכין להביא מים ממדינה למדינה זו הוא סימן רעב: סאה בסלע ושכיחא בצורתא ד' סאין בסלע ולא שכיחא אע"ג דלא הוה יוקר הואיל ולא שכיחא הוי כפנא דאתיא הכי והכי ניחא ורזיא מיהו טובא לא אתא דליהוי לבורות לשיחין ולמערות היכי משכחת לה כיון דאתא לבורות היינו רזיא היינו לאילן: דאתיא בשפיכותא דהוי טפי מרזיא דלא ניחא לאילן אלא לבורות. באיפרכיא שלהן באותן שכונות שצריכין להן בשאר שני שבוע אבל לא בשביעית הואיל ואין אוכלין פירות הגדילין בשביעית: מפני שיש בהן צדקה לעניים דעניים אוכלין פירות הגדילין בשביעית. נעשו מי גשמים מצומקין שאין באין בשפע: נמצא ריחים שאוכלות מן הקב אוכלות מן הכור כלומר שאין קולטין הריחים מן הכור קמח יותר מן הקב דהיינו תקנתו: נמצאת עיסה שאין העריבה אוכלת מן העיסה מן הכור יותר מן הקב: וכן עיר שלא ירדו עליה גשמים ועל האחרת ירדה ואותה העיר שלא ירדה

הגהות הב"ח

חטה כו' אע"ג דעדיין אינו בא רעב כ"א בצורת הואיל: (א) גמ' ושכיחא בצורתא ארבעה סאין בסלע ולא שכיחא כפנא: (ב) שם ת"ר כו' ושיחין ומערות בפרוס החג ואם אין להם מים כצ"ל ותיבות אפילו ותיבת על כולן נמחק: (ג) שם שני וחמישי ושני וכולן אין מתריעין עליהן ותיבת ועל נמחק: (ד) שם רחיים טוחנות מן הכור כמה שטוחנות מן כו' אוכלת מן הכור כמה שאוכלת מן הקב: (ה) רש"י ד"ה מדינתא אמדינתא דצריכין להוליך: (ו) ד"ה כפנא כו' מ"ר הס"ד: (ז) ד"ה דאתיא כו' לאילני הס"ד: (ח) ד"ה בפרוס הפסח בימי הפסח הס"ד ואח"כ מה"ד על בורות וכו' גשמים הס"ד ואח"כ מס"ד בפרוס ותיבת אפילו נמחק: (ט) ד"ה אם אין להם מים לשתות מתריעין אפי' קודם פרוס החג: (י) ד"ה בזמן כו' שהיא מכה משולחת דמתים בה: (כ) ד"ה למה הוא דומה פרנסתו של כל השבת כולה: (ל) ד"ה נמצאת כו' שהיו טרשים בולעין מן המיעוט בולעין מן הרוב ומה שהרוח מנשבת ובולעת מן המיעוט בולעת מן הרוב: (מ) ד"ה נמצאת עיסה כו' מן העיסה הס"ד ומה"ד טוחנות מן הקב אף גשמים כו': (נ) ד"ה ה"ג מימיו מרובין מים אינן כלין כו' מימיו מועטין מימיו כלין והטיט אינו מתגבל:

הגהות מהר"ב רנשבורג

[א] רש"י ד"ה בפרוס הפסח. בימי הפסח סוף הס"ד

הגהות הגר"א

[א] גמ' ומערות בפרוס החג ואם אין כו' כצ"ל (וכ"ה ברי"ף ורא"ש ובתוספתא ומלת אפי' ליתא גם בגמ' דפוס ישן): [ב] רש"י ד"ה אפילו. רשום קו על מלה זו למחקה: [ג] שם ד"ה אם אין כו' אפי' קודם לפרוס החג. כצ"ל:

§ מסכת תענית דף יט: §

אות א'

מתריעין על האילנות בפרוס הפסח; על הבורות ושיחין ומערות, אפילו בפרוס החג; ועל כולן, אם אין להן מים לשתות, מתריעין עליהן מיד

סימן תקעה ס"ח - [א]וכן אם הגיע זמן הפסח או קרוב לו, שהוא זמן פריחת האילנות בארץ ישראל, ולא ירדו גשמים, הרי אלו מתענים וזועקים עד שירדו גשמים הראויים לאילנות, או עד שיעבור זמנם.

[ב]וכן אם הגיע חג הסוכות ולא ירדו גשמים הרבה כדי למלאות מהם הבורות והשיחין והמערות, הרי אלו מתענים עד שירד גשם הראוי לבורות.

ואם אין להם מים לשתות, מתענין על הגשמים בכל עת שלא יהיה להם מים לשתות, ואפילו בימות החמה.

אות ב'

ואסכרא, בזמן שיש בה מיתה, מתריעין עליה; בזמן שאין בה מיתה, אין מתריעין עליה

סימן תקעו ס"ה - [ג]וכן מתענין על החולאים. כיצד, הרי שירד חולי אחד לאנשים הרבה באותה העיר, כגון אסכרה, (פירוש חולי סוגר הגרון, מענין: ויסכרו מעינות תהום), או חרחור וכיוצא בהם, והיו מתים מאותו חולי, הרי זה צרת צבור וגוזרין עליה תענית ומתריעין - וה"ה כשאבעבועות פורחים בתינוקות ומתים, יש לגזור תענית, וכבר נדפס סליחה על תחלואי ילדים, **ובשל"ה** כתב, דכל אחד יבריח בניו מן העיר בעת הזאת, דהיא מחלה המתדבקת.

[ד]**הגה: ובאלו חולאים אין צריכין שימותו בשלשה ימים זה אחר זה, כמו בדבר שהוא בא מכח שינוי אויר, אלא מתענים ומתריעים על אלו החלאים מיד (ב"י)** - עיין בחידושי ריטב"א שדעתו, דעכ"פ בעינן שיהיו מתים מאותו חולי שלשה אנשים, ואז נתחזקה החולי למומתת, **רק** שאין צריך לזה שיהיה דוקא בשלשה ימים כמו בדבר, אלא בין ביום אחד או יותר מתענין ומתריעין עליו, **אכן** לפי מה שמבואר בב"י בשם הירושלמי, מוכח דלענין אסכרה, אפילו לא מת ממנה רק אחד מתענין עליו, **ונראה** דמ"מ דוקא כשירד חולי זה להרבה אנשים, אף שלא מת עדיין רק אחד מהן צריך להחמיר, וכדמשמע לשון השו"ע, **אבל** אי לא"ה לא, **ועיין** בלח"מ שדעתו, דבעינן שימותו ממנה שני אנשים, ואשתמיטתיה דברי הב"י בשם הירושלמי וכן הריטב"א.

אות ג'

ומתריעין על הגובאי בכל שהוא

סימן תקעו ס"ט - [ה]וכן על הארבה והחסיל, אפילו לא נראה מהם אלא כנף אחד בכל ארץ ישראל, ואפי' אינו משחית יבול הארץ, מתענין ומתריעין עליהם; ועל הגובאי (פירוש מין ארבה) בכל שהוא; [ו]אבל על החגב אין מתענין עליו ולא מתריעין, אלא זועקין בלבד; ועכשיו שאין אנו מכירין מינים הללו, על כולם מתריעין.

באר הגולה

א בריתא שם | ב משנה ‹י"ח› וגמרא ובריתא שם | ג לשון הרמב"ם מברייתא י"ט | ד ‹מה שחסר כאן מן הסעיף כבר הובא בדף י"ד›
ה רמב"ם ממשנה י"ט וברייתא כ"ב | ו ‹מרש"י משמע, דרק על חגב כל שהוא אין מתענין, אבל על הרבה מתענין›

§ עניני הלכה שונים הקשורים להדף §

ג' נקדמה להם חמה בעבורן

ב"אור החיים" פרשת בא כתב חידוש נפלא, שמפרש את הפסוק והגדת לבנך ביום ההוא, שאף שהמצוה היא רק כאשר מצה ומרור מונחים לפניך והוא בלילה, מ"מ נאמר "ביום ההוא", כיון שהלילה אז האיר כיום, ומצדד שנאמר והגדת לבנך ביום ההוא, שמצוה לספר בליל פסח לבנו שלילה ההוא האיר כיום, **ודבריו** הם חידוש נפלא שלא נזכר דבר זה בהגדה, וכן לא שמענו שנזהרין לספר בליל פסח כן. **ולכאורה** תמוה שגמרא מפורשת היא בתענית שג' עמדה להם החמה, ולא קחשיב שעמדה גם במצרים. **ונראה** לפרש, שהנה בגמ' חגיגה (יב א) אמרו, אור שברא הקב"ה ביום ראשון אדם צופה בו מסוף העולם ועד סופו וכו', עמד וגנזו מהן, ולמי גנזו לצדיקים לעת"ל, **ונראה** לפרש דהיינו שמעיקרא בבריאת העולם ברא הקב"ה אור גדול, וכל אחד היה נהנה ממנו כפי מעשיו, וראה הקב"ה שמצב זה שאור וחושך משמשים בעירבוביא אינו המצב המתאים בעולם הזה, כיון שאנו במעבר לחיי נצח, ולכן גנז הקב"ה את האור הזה לעתיד לבוא, והיינו שאז כל אחד יזכה לאור לראות כפי מעשיו, **וזהו** כוונת הפייטן "קרב יום אשר הוא לא יום ולא לילה", והיינו לעת"ל בהתגלות אור הגנוז שאינו לא יום ולא לילה, רק כל אחד יתגלה לו אור כפי מעשיו. **ומעכשיו** נראה שלא היה שינוי בשמש, רק שהוציא הקב"ה אור הגנוז בליל גאולתינו במצרים והאיר כיום. **ובזה** מיושב נמי מה שתמה הגאון דבריסק זצ"ל, שרש"י מביא בפירושו שמלו בליל ט"ו, ותמה היאך מלו בלילה, והלוא מילה פסולה בלילה, ולפי דברינו דאור הגנוז האיר, הרי כשמלו היה כיום ולכן כשר, ומ"מ נקרא שאכלו הפסח בלילה, כיון שלפי ריחוק השמש היה לילה, וחושך ואור שימשו בעירבוביא. **ונראה** עוד שבאור הגנוז מלבד זה שיש בו אור, יש גם חום לעת הצורך, שהמצרים גירשו אותם כשעדיין לא אפו הבצק, ואור הגנוז האיר ואפה ולא הניח להתחמץ, **ובזה** מיושב מה שקשה איך לא נתחמצו המצות של יציאת מצרים, שהרי התנור צריך חום מיוחד כדי שיהא נאפה כל הזמן ולא יתחמץ, ולא מספיק שיהיה בתנור חום יד סולדת לבד, וא"כ תמוה שהלוא במצרים נאפה בשמש, ואז דרכו שנאפה בזמן מרובה דוקא, ועד שנאפה מספיק להתחמץ, ולפי דברינו היה כאן נס, וחימם כפי הצורך לאפיה ולא התחמץ. **ויש** לפרש כוונת בעל הגדה לברך את הקב"ה שהוציאנו מעבדות לחרות מיגון לשמחה ומאבל ליום טוב ומאפלה לאור גדול, והאור גדול היינו אור הגנוז שזכינו לו בגאולת מצרים – תשובות והנהגות כרך ה סימן קמח.

שזכה קנה ליטול הימנו קולמוס לכתוב בה ספר תורה נביאים וכתובים

יו"ד סימן רעא ס"ז - י"א שיש לכתוב בקולמוס של קנה ולא בנוצה – ‹תענית כ' – גר"א›. [איני יודע טעם לדבר – ט"ז].

ולא בנוצה, שאינה כותבת אלא חורצת וחוקקת ואגן כתיבה בעינן, ואין נוהגין כן – לבוש. **ומלשון** הגמרא עצמו מוכח שאין זה חובה, אלא שכך נהגו, וראיה שהרי במס' סופרים מבאר כל דיני כתיבת ס"ת, ולא הזכיר במה לכתוב, ע"ש, **ועתה** לא נהגו לכתוב בקנה, מפני שאין אנו יכולין לכתוב בקנה, וכותבין בנוצות עופות טהורים שטובים מאד לכתיבה, **ומ"מ** אין כדאי לכתוב בנוצת ברזל, חדא דנוקב, ועוד דהתורה מארכת ימים והברזל מקצר, **ואף** בחידושי תורה נכון לבלי לכתוב בקנה ברזל מטעם זה – ערוה"ש.

וכתב הרב בני יונה שאין לגזול ממנה מה שזכו לה מן השמים, ומה שנהגו בנוצה, כיון דבמדינתנו אין הקנים מצויין כ"כ חזקים, ע"כ נהגו לכתוב בשל ברזל או נוצה. **והח"ס** ז"ל הובא בקס"ה סי' ב' סק"ז תמה אבני יונה, דאטו קולמוס של נוצה לאו קנה הוא, כל שהוא רך ואינו נשבר ע"י הטייתו לכאן ולכאן כי חוזר לקדמותו, נאמר עליו יהי רך כקנה ולא קשה כארז, **וא"כ** טוב לכתוב בקנה של נוצה, דהוי מן המותר בפיך, אע"ג דקנה ממש אינו אסור בפיך, מ"מ עדיף טפי מדבר מאכל המותר בפיך, ויש לדחות, עכ"פ אין להרהר על כתיבת סופרים בקנה של נוצה, עכ"ל ע"ש – שו"ת משנה הלכות חלק ט סימן ש.

ומטייל - פרש"י: לשמוח

סימן תרלט ס"א - כיצד מצות ישיבה בסוכה, שיהיה אוכל ושותה (וישן ומטייל) (טור) ודר בסוכה כל שבעת הימים, בין ביום בין בלילה, כדרך שהוא דר בביתו בשאר ימות השנה.

בערוך ערך טייל: ומטייל – מהלך. **ובאבני** נזר סי' תפ אות ב' ז"ל: אחד מתשמישים שבסוכה טיול, כדתניא אוכל ושותה ומטייל בסוכה, והרי שיעור סוכה שבעה על שבעה, גופו אמה ושלחנו טפח, ולבית הלל אמה על אמה כשיעור גופו, ואיך יטייל ואינו יכול לזוז אנה ואנה, וגם משיעור גובה סוכה למדנו שהיא עשרה טפחים, שאפילו לעמוד בה אינה ראויה רק לישב על הארץ, ואיך יטייל וכו'. **ובספר** שבילי דוד ז"ל: וענין הטיול המוזכר כאן, הוא שישב במנוחה, לא כמו טיול בעלמא.

והיתה דעתו גסה עליו

שלא להתגאות, דכתיב (דברים ח') פן תאכל ושבעת ורם לבבך ושכחת, פן קאי אורם לבבך. **שאלו** לחכם מהו הגאוה, אמר להם שטות שאין בעלה מכיר בה. **וגם** נקרא תועבה, שנאמר: תועבת ה' כל גבה לב, וגם כתיב: גבה עינים ורחב לבב אותו לא אוכל, אמר הקב"ה, לי נאה הגאוה להיות גאה, דכתיב: ה' מלך גאות לבש, וזה רוצה לגזול מלבושי, כביכול אין אנו יכולין לדור במדור אחד, אך את דכא ושפל רוח אשכון, וכתיב (קהלת א') והארץ לעולם עומדת, פי' השפלים כמו ארץ. **וגם** הנגעים באים על גסי הרוח, דכתיב: וידבר על העצים ועל האבנים מן הארז אשר בלבנון עד האזוב אשר יוצא בקיר, ויש במדרש, (פסיקתא זוטרת' פר' מצורע י"ט) מפני מה מצורע מטהר בעץ ארז ואזוב, לפי שהגביה כארז בא לו הנגע, מאי תקנתיה, ישפיל עצמו כאזוב. **וגם** אמרו חכמים (סנהדרין י"ד) הוי קבל וקיים, שהרי בית אפל אין פותחין בו חלונות לראות נגעו. **וגם** כתיב (איוב כ"ד) וכראש שבלת ימלו, משל למעמר שדהו, גבוהות הוא קוצר תחלה. **וגם** אמרו חכמים, תמיהני מי שעבר במעבר השתן והזרע והדם איך יתגאה. **וגם** אמרו חכמים (נדרים נ"ה ערובין נ"ד) אפילו איש מלא תורה והגיס דעתו, הקב"ה משפילו, שנאמר: ומבמות הגיא, ולא עוד אלא ששוקעין אותו בקרקע, שנאמר: ונשקפה על פני הישימון, ואם חזר בו הקב"ה מגביהו, שנאמר (ישעיה מ') כל גיא ינשא. **ואמרו** רבותינו (סוטה דף ה') כל מי שדעתו שפלה עליו, מעלה עליו הקב"ה כאלו הקריב כל הקרבנות שבעולם, שנאמר (תהלים נ"א) זבחי אלהים רוח נשברה וגו'. **ואמרו** (יומא דף כ"ג גיטין ל"ו שבת פה) הנעלבים ואינם עולבים, שומעין חרפתם ואינם משיבים, עליהם הכתוב אומר (שופטים ה') ואוהביו כצאת השמש בגבורתו, ופי' רבותינו, בגבורתו שיהיה לעתיד לבא, וזהו שמ"ג פעמים ממה שהוא עתה. **ומעשה** ברבי שמעון שהיה רוכב על החמור וכו', כדאיתא במסכת תענית (דף כ') – ספר מצוות קטן מצוה כב.

ועכשיו ירדו גשמים (א) נכנס לבית המרחץ בשמחה עד שהאדון נכנס בשמחתו לבית המרחץ נקדימון נכנס לבית המקדש כשהוא עצב נתעטף ועמד בתפלה אמר לפניו רבונו של עולם גלוי וידוע לפניך שלא לכבודי עשיתי ולא לכבוד בית אבא עשיתי אלא לכבודך עשיתי שיהו מים מצויין לעולי רגלים מיד נתקשרו שמים בעבים וירדו גשמים עד שנתמלאו שתים עשרה מעינות מים והותירו עד שיצא אדון מבית המרחץ נקדימון בן גוריון יצא מבית המקדש כשפגעו זה בזה אמר לו תן לי דמי מים יותר שיש לי בידך אמר לו יודע אני שלא הרעיש הקב"ה את עולמו אלא בשבילך אלא עדיין יש לי פתחון פה עליך שאוציא ממך את מעותיי שכבר שקעה חמה וגשמים ברשותי ירדו חזר ונכנס לבית המקדש נתעטף ועמד בתפלה ואמר לפניו רבונו של עולם הודע שיש לך אהובים בעולמך מיד נתפזרו העבים וזרחה החמה באותה שעה אמר לו האדון אילו לא נקדרה החמה היה לי פתחון פה עליך שאוציא ממך מעותי תנא לא נקדימון שמו אלא בוני שמו ולמה נקרא שמו נקדימון (ב) שנקדרה חמה בעבורו תנו רבנן *שלשה נקדמה להם חמה בעבורן משה ויהושע ונקדימון בן גוריון בשלמא נקדימון גמרא יהושע נמי קרא דכתיב °וידם השמש וירח עמד וגו' אלא משה מנלן אמר רבי אלעזר אתיא אחל אחל כתיב הכא °אחל תת פחדך וכתיב התם °אחל גדלך רבי שמואל בר נחמני אמר אתיא תת תת כתיב הכא אחל תת פחדך וכתיב התם °ביום תת ה' את האמרי רבי יוחנן אמר אתיא מגופיה דקרא °אשר ישמעון שמעך ורגזו וחלו מפניך אימתי רגזו וחלו מפניך בשעה שנקדמה לו חמה למשה: וכן עיר שלא ירדו עליה גשמים כו': *אמר רב יהודה אמר רב ושתיהן לקללה °היתה ירושלם לנדה בניהם אמר רב יהודה אמר רב לברכה כנדה מה נדה יש לה היתר אף ירושלים יש לה תקנה °היתה כאלמנה אמר רב יהודה לברכה *כאלמנה ולא אלמנה ממש אלא כאשה שהלך בעלה למדינת הים ודעתו לחזור עליה °וגם אני נתתי אתכם נבזים ושפלים אמר רב יהודה לברכה דלא מוקמי מינן לא רישי נהרי ולא *גזיריפטי °והכה ה' את ישראל כאשר ינוד הקנה במים אמר רב יהודה אמר רב לברכה דאמר רבי שמואל בר נחמני אמר רבי יונתן *מאי דכתיב °נאמנים פצעי אוהב ונעתרות נשיקות שונא טובה קללה שקילל אחיה השילוני את ישראל יותר מברכה שבירכן בלעם הרשע אחיה השילוני קללן בקנה אמר להם לישראל והכה ה' את ישראל כאשר ינוד *הקנה מה קנה זה עומד במקום מים וגזעו מחליף ושרשיו מרובין ואפילו כל הרוחות שבעולם באות ונושבות בו (ג) אין מזיזות אותו ממקומו אלא הולך ובא עמהן דממו הרוחות עמד הקנה במקומו אבל בלעם הרשע בירכן בארז שנאמר *כארזים *(עלי מים) מה ארז זה אינו עומד במקום מים ואין גזעו מחליף ואין שרשיו מרובין אפילו כל הרוחות שבעולם נושבות בו אין מזיזות אותו ממקומו כיון שנשבה בו רוח דרומית עוקרתו והופכתו על פניו ולא עוד אלא שזכה קנה ליטול הימנו קולמוס לכתוב בו ספר תורה נביאים וכתובים תנו רבנן לעולם יהא אדם רך כקנה ואל יהא קשה כארז *מעשה שבא רבי אלעזר **)(בן ר') שמעון ממגדל גדור מבית רבו והיה רכוב על החמור ומטייל על שפת נהר ושמח שמחה גדולה והיתה דעתו גסה עליו מפני שלמד תורה הרבה נזדמן

*) סנהדרין קה: **) [צ"ל ברבי]

רש"י

ועכשיו ירדו גשמים. בתמיה: **בוני שמו:** **נקדרה.** זרחה לשון מקדיר שהיתה חמה קודרת ברקיע וזורחת פירטו"ר בלע"ז: הכי גרסי' נקדימון בן גוריון הא דאמרן: **אתיא אחל אחל.** כתיב במלחמת יהושע (יהושע ג) אחל גדלך ובמלחמת משה כתיב (דברים ב) אחל תת פחדך מה יהושע (ד) נקדמה לו חמה אף משה במלחמתו כדכתיב בהדיא אף משה כן שכן דרך הכתובין למד סתום מן המפורש ברמז דיבור דומה לחבירו וגזירה שוה אחת מן י"ג מדות שניתנו לו למשה מסיני ובתחלת סיפרא מפורש: **שתיהן לקללה.** אקרא קאי האי דכתיב על עיר אחת אמטיר ועל עיר אחת לא אמטיר שניהם לקללה אותה שימטיר עליה רוב גשמים שמקלקלין את התבואה ואת שלא ימטיר אין גשמים ואין תבואה גדילה אשר לא תמטיר עליה מוסב הדבר על העב שהעב בלשון נקיבה דכתיב (מלכים א יח) הנה עב קטנה ככף איש עולה מים: **ולא אלמנה גמורה.** דהא לא כתיב אלמנה אלא היתה כאלמנה כאשה העומדת באלמנות חיות על בעלה שהלך ועתיד לחזור: **דלא מוקמי מינן רישי נהרי.** מוכסין: **גזיריפטי.** סרדיוטין מרוב בזיון: **ונעתרות נשיקות שונא.** נעתרות לשון הפך כדאמרינן במסכת סוכה (דף יד.) ויעתר לו מה עתר זה מהפך את התבואה פורקא בלע"ז אי נמי נעתרות לשון רבוי וייתור אינקרי"ש בלע"ז כמו העתרתם עלי דבריכם (יחזקאל לה): **בירכן בארז.** כארזים עלי מים (במדבר כד): **ארז זה אינו עומד במקום מים כו'.** ואע"ג דכתיב בקרא כארזים עלי מים ההוא לאו בלעם קאמר ליה דבלעם אמר כארזים והמלאך השיבו עלי מים וכן כולהו דבלעם אמר כנחלים דזמינן מתייבשין וקאמר ליה המלאך כטיו דאין יבשין לעולם והיינו דכתיב ויהפוך ה' אלהיך לך את הקללה לברכה על ידי מלאך שהושיבו על ידי מלאך: **ואפילו כל הרוחות.** שאינן קשות: **רוח דרומית.** היא קשה כדאמרינן (ב"ב ד' כה:) אילמלא בן נץ שמעמידה אין כל בריה יכולה לעמוד מפניה שנאמר המבינתך יאבר נץ יפרש כנפיו לתימן: **ומטייל.** לשמוח: נזדמן

תוספות

נקדרה. כמו מקדר בהרים (עירובין נח:) כלומר שמנקב הרקיע: **גזיריפטי.** פירוש סרדיוטין ושוטרי העם במקל: **ונעתרות נשיקות שונא.** פירוש (ה) כלומר נאמנים פצעי אוהב ותולופיהן בשונא ונעתרות לשון *הפוך בעתר פורקא בלע"ז שמהפכין בה את התבואה והכי פשטיה דקרא פצעי אוהב נאמנים שהוא עושה לטובה אפילו כשמכה חבירו מתכוין לטובה ונשיקות שונא הם להיפך שעושה הכל לרעה וי"מ פשטיה דקרא הכי נאמנים פצעי אוהב ונעתרות נשיקות שונא כלומר ונעתרות לשון ריבוי כלומר נשיקות שונא דומים הם למשא כלומר הם מרובות ולמשא לעולם וי"מ הכי כשאוהבים עושים מריבה ושונאים זה את זה השנאה נאמנה והכי פירוש נאמנים פצעי אוהב הפצעים והו השנאה שבין אוהבים הם נאמנות ונעתרות נשיקות שונא פי' דכשהשונאים עושים שלום זה לזה השלום והפשרה שביניהן אמנה וקיימת והיינו נעתרות נשיקות שונא כלומר נשיקות שונא נעתרות: **מה ארז זה.** פירוש דאע"ג דכתיב ביה בקרא עלי מים ההוא לאו בלעם קאמר ליה אלא מלאך וכן כולהו בלעם אמר כנחלים ומלאך אמר כטיו דאינן מתייבשים וכן עלי נהר: נזדמן

מסורת הש"ס

[סוכה יד. יבמות סד.]

ע"ז כה.

לעיל ו:

סנהדרין קה. ע"ש

[גי' ערוך ערך גז ו' גאזי דפמאי]

[צ"ל הקנה במים]

במדבר כד [בילקוט ליתא וכן משמע מדברי תוספות ד"ה מה ארז וכו' וכ"מ מהרש"א]

[אבות דר"נ פמ"א מס' ד"א פ"ד ובכניסה אי' ר"ש בן אלעזר]

רבינו חננאל

תנא לא נקדימון שמו אלא בוני שמו. ומפני שנקדמה לו חמה נקרא נקדימון. והמטרתי על עיר אחת ועל עיר אחת לא אמטיר. אמרו שתיהן לקללה. זו שגשמיה מרובין יותר מדאי ממשטשין הארץ ואינה עושה פירות. ומי שגשמיה נעצרים אינה מצמחת. היתה ירושלם לנדה. לברכה שיש לה היתר לבעל כנדה. היתה כאלמנה שנער בה בעלה. לא אלמנה ממש. נבוים ושפלים לברכה שאין מהן שרים למלחמה ולהשתמש אותםלעבודת המלך. קנה במים שרשיו מרובים וגזעו מחליף הולך ובא עם הרוחות כו'. ת"ר מעשה בר' שמעון בן אלעזר

רבינו גרשום

עליו מתענה: שתיהן לקללה. אותה שלא ירדה עליה ואותה שירדה עליה ושתיהן מתענות. דלא מוקמי מינן גזי ריפטי ולא מינרו (פי') [כן]: כארזים עלי מים הוא אמר כארזים *) ורוח הקודש משיבה עלי מים שגזעו מחליף:

*) עי' תוס' ד"ה מה ארז.

הגהות הב"ח

(א) גמ' ועכשיו ירדו גשמים מיד נכנס לבית המרחץ בשמחה ובעוד שהאדון נכנס כו' מעיינות מים והותירו בעוד שיצא האדון כו' חזר ונכנס נקדימון בן גוריון לבית המקדש כו' אהובים בעולמך וכשם שעשית נס כן עשה מיד נשבה הרוח ונתפזרו העבים: (ב) שם ולמה נקרא שמו נקדימון שעמדה [אולי צ"ל שנקדמה] לו חמה: (ג) שם באות ונושבות בו (אין מזיזות אותו ממקומו) תא"מ ונ"ב ס"א אינו הולך ובא עמהן: (ד) רש"י ד"ה אתיא כו' מה יהושע נקדרת לו חמה: (ה) תוס' ד"ה ונעתרות כו' פירוש נאמנים כו' כצ"ל ותיבת כלומר נמחק:

נזדמן לו אדם אחד שהיה מכוער ביותר אמר לו שלום עליך רבי ולא החזיר לו אמר לו ריקה כמה מכוער אותו האיש שמא כל בני עירך מכוערין כמותך אמר לו איני יודע אלא לך ואמור לאומן שעשאני כמה מכוער כלי זה שעשית כיון שידע בעצמו שחטא ירד מן החמור ונשתטח לפניו ואמר לו *נעניתי לך מחול לי אמר לו איני מוחל לך עד שתלך לאומן שעשאני ואמור לו כמה מכוער כלי זה שעשית היה מטייל אחריו עד שהגיע לעירו יצאו בני עירו לקראתו והיו אומרים לו שלום עליך רבי רבי מורי מורי אמר להם למי אתם קורין רבי רבי אמרו לו לזה שמטייל אחריך אמר להם אם זה רבי אל ירבו כמותו בישראל אמרו לו מפני מה אמר להם כך וכך עשה לי אמרו לו אעפ"כ מחול לו שאדם גדול בתורה הוא אמר להם בשבילכם הריני מוחל לו ובלבד שלא יהא רגיל לעשות כן מיד נכנס רבי אלעזר (א) בן רבי שמעון ודרש לעולם יהא אדם רך כקנה ואל יהא קשה כארז ולפיכך זכה קנה ליטול הימנה קולמוס לכתוב בו ספר תורה תפילין ומזוזות: וכן עיר שיש בה דבר או מפולת כו': תנו רבנן מפולת שאמרו בריאות ולא רעועות שאינן ראויות ליפול ולא הראויות ליפול הי ניהו בריאות הי ניהו רעועות הי ניהו ראויות ליפול הי ניהו ראויות ליפול לא צריכא דנפלו מחמת גובהייהו *אי נמי דקיימן אגודא דנהרא כי ההיא אשיתא רעועה דהואי בנהרדעא דלא הוה חליף רב ושמואל תותה אע"ג דקיימא באתרה תליסר שנין (ג) יומא חד איקלע רב אדא בר אהבה להתם אמר ליה שמואל לרב ניתי מר נקיף אמר ליה לא צריכנא האידנא דאיכא רב אדא בר אהבה בהדן דנפיש זכותיה ולא מסתפינא רב הונא הוה ליה ההוא חמרא בההוא ביתא רעיעא ובעי לפנוייה עייליה לרב אדא בר אהבה להתם משכי' בשמעתא עד דפנייה בתר דנפק נפל ביתא ארגיש רב אדא בר אהבה איקפד סבר לה כי הא *דאמר רבי ינאי לעולם אל יעמוד אדם במקום סכנה ויאמר עושין לי נס שמא אין עושין לו נס ואם תימצי לומר עושין לו נס מנכין לו מזכיותיו אמר רב חנן מאי קרא דכתיב °קטנתי מכל החסדים ומכל האמת מאי הוה עובדיה דרב אדא בר אהבה כי הא דאתמר *שאלו תלמידיו (*את רבי זירא ואמרי לה) לרב אדא בר אהבה במה הארכת ימים אמר להם מימי לא הקפדתי בתוך ביתי ולא צעדתי בפני מי שגדול ממני (ג) ולא הרהרתי במבואות המטונפות ולא הלכתי ד' אמות בלא תורה ובלא תפילין ולא ישנתי בבית המדרש לא שינת קבע ולא שינת עראי ולא ששתי בתקלת חברי ולא קראתי לחבירי *בהכינתו ואמרי לה *)בחניכתו אמר ליה רבא לרפרם בר פפא לימא לן מר מהני מילי מעלייתא דהוה עביד רב הונא אמר ליה בינקותיה לא דכירנא בסיבותיה דכירנא דכל יומא דעיבא הוו מפקין ליה בגוהרקא דדהבא וסייר לה לכולה מתא וכל אשיתא דהוות רעיעתא הוה סתר לה *אי אפשר למרה בני לה ואי לא אפשר בני לה איהו מדידיה וכל פניא דמעלי שבתא הוה משדר שלוחא לשוקא וכל ירקא דהוה פייש להו לגינאי זבין ליה ושדי ליה לנהרא וליתביה לעניים זמנין דסמכא דעתייהו ולא אתו למיזבן ולשדייה לבהמה °קסבר מאכל אדם אין מאכילין לבהמה ולא ליזבניה כלל נמצאת מכשילן לעתיד לבא כי הוה [א] ליה מילתא דאסותא הוי מלי כוזא (ד) דמיא ותלי ליה בסיפא דביתא ואמר כל דבעי ליתי ולישקול ואיכא דאמרי מילתא דשיבתא הוה גמיר והוה מנח כוזא דמיא ודלי ליה ואמר כל דצריך ליתי וליעול דלא לסתכן כי הוה כרך ריפתא הוה פתח לבביה ואמר כל מאן דצריך ליתי וליכול אמר רבא כולהו מצינא מקיימנא לבר מהא דלא מצינא למיעבר

משום

רש"י

נזדמן לו אדם. יש ספרים שכתוב בהן אליהו זכור לטוב והוא נתכוון להוכיחו שלא ירגיל בדבר: **ה"ג מפולת שאמרו בריאות ולא רעועות שאינן ראויות ליפול ולא שראויות ליפול הי ניהו בריאות והי ניהו רעועות והי ניהו ראויות ליפול לא נריכא דקיימן אגודא דנהרא.** מפולת שיש שם רוח חזק שמפיל החומות (ה) מפולת שאמרו מתריעין עליהן בבריאות קאמרינן שיהו החומות בריאות ואף על פי כן נופלות מחמת נשיבת הרוח אבל אם היו החומות הנופלות רעועות אין מתריעין עליהן וכשאינן ראויות ליפול מתריעין עליהן ולא כראויות ליפול: **לא נריכא.** הא דקתני שאינן רעועות וראויות ליפול אלא כגון דקאי אגודא דנהרא על שפת הנהר שאע"פ שהיה בריאה ראויה היא ליפול שהמים מפילין אותה שמקלקלין את הקרקע ושוחקין את היסוד: כי ההיא אשיתא רעועה כו': **באתרה.** במקומה אף על גב דאינה ראויה ליפול דהא קמה באתרה כולי האי אפילו הכי כיון דרעועה היא לא הוו חלפי תותה אלא היו מקיף סביבותיה: **מנכין.** ממעטין: **ה"ג לא הקפדתי בתוך ביתי (ו) ולא הלכתי כלא תורה.** דכל שעתא הוה גריס: **בהכינתו.** שמכנים לו בני אדם (ז) כגון שם לווי: **חניכתו.** כמו חניכת אבות בגיטין עד י' דורות (גיטין דף פח:): **ביומא דעיבא.** יום המעונן דהוי רוח מנשבת ומסתפי דלא תפיל חומות: **בגוהרקא.** תיבה תלויה בעגלה ושרות יושבות בכן: **וסייר.** בודק תרגום פוקד (שמות לד) מסער כמו האי טבחא דלא סר סכינא קמיה חכם*: כי הוה ליה מילתא לאסותא רמי ליה אסוזא דמיא כו' לא גרסינן: **זבין ליה ושדי ליה בנהרא.** להכי זבין להו דאי הוה משהייר מידי לגננין אזלא לאיבוד דמתמסת בשבת ונמלא מכשכן לעתיד לבא דלא מייתי ירקי לסעודת שבת: **דסמכא דעתייהו.** שמסמכין עניים לאותו ירק ואומרים אין אנו צריכין לקנות ושמא לא ישתייר שם כלום ואין להן מה לאכול בשבת: **אין מאכילין אוכלין לבהמה.** משום ביזוי אוכלין (ח) ומחזי כבועט בטובה שהשפיע הקב"ה בעולם אי נמי משום דחסה תורה על ממונן של ישראל וזרק לנהר והולכין למקום אחר ומולאין אותם בני אדם ואוכלין אותן כך שמעתי: **מילתא דשיבתא.** מנהג שדים שמזיקין למי שיאכל ולא נטל ידיו דשיבתא כהך דגרסינן במסכת יומא (דף עז:) אמר אביי משום שיבתא והוה תלי ליה להאי כוזא דמיא כי היכי דלימשו ידייהו מינה: **כר מסא.** חוץ מזו דכל מאן דבעי הוה עייל ואכל:

משום

תוספות

נזדמן לו אדם אחד שהוא מכוער ביותר. במסכת דרך ארץ *מפרש דאותו אדם היינו אליהו ולטוב נתכוון כדי שלא ירגיל בדבר: **לא** נריכא דנפלי מחמת גובהייהו. פי' דהוו בריאות ולא היו ראויות ליפול אלא מחמת גובהן: **אמר** ליה דאיכא רב אדא בהדן דנפיש זכותיה. וצ"ל דתרי רב אדא הוו דהא רב אדא בר אהבה הוה בימי רבא דמלינו בכמה מקומות אמר רב אדא בר אהבה אמר רבא (ט) והא רב אדא בר אהבה דהכא משמע דהוה חבר לרב ולשמואל מדקאמר ליה שמואל לרב וקאמר ליה הא איכא רב אדא בהדן ואנן ידענא דרב יהודה היה תלמיד דרב ושמואל ורבא *הוה נולד ביום שמת רב יהודה ורב אדא היה תלמיד דרבא א"כ ע"כ צ"ל דתרי רב אדא הוו*: **בהכינתו.** פירוש בכינוי שמכנין אותו (י) בן אדם לגנאי בחניכתו פי' כינוי שם משפחתו שם לווי כמו שם חניכת אבות בגיטין עד עשרה דורות (גיטין דף פח:) כגון רבי אבריהם אבן עזרא שכל בני משפחתו היו נקראים כך ודוקא לגנאי אבל לשבח מותר:

אמרו

עין משפט נר מצוה

[אפשר דבנוסחאות שהיה לפני תוס' היה כך אבל לפנינו ליתא]

טו א מיי' פ"ב מהלכות תענית הלכה יב טוש"ע א"ח סי' תקעו סעיף ד:

מסורת הש"ס

[קידושין עב:]

[וע"ע תוספות קידושין עב: ד"ה היום ותוס' ב"ב כב. ד"ה אמר]

[ברכות כח. וע"ש פרש"י כתובות סז:]

חולין ית.

שבת לב.

[בע"י ליתא]

[גירס' הערוך בחניכתו פי' שלא כיניתי לו שם]

*) [פי' הערוך ערך חנך אפי' שם שכינו לו אחרים לא קראתיו]

רבינו חננאל

שפגע באחד ואמר כמה מכוער כלי זה שמא כל בני עירך מכוערים כמותך. כיון שידע שחטא התחיל לבקש מחילה. נפק ודרש לעולם יהא אדם רך כקנה ואל יהא קשה כארז: סלתא דשיבתא פי' משקה של רפואה:

רבינו גרשום

בריאות נפלות. מתענין: דקמו אגודא דנהרא וה"ק (רעועות) [בריאות] ולא ראויות ליפול לאפוקי דקאי אגודא דנהרא דאע"ג דאין רעועות הואיל וראויות ליפול דאכלה להו מיא אין מתענין עליהן והויא לה *) נמי בריאות ראויות ליפול דקאי באתרא לאחר שהיתה רעועה דהא כיון דקם באתרא הויא כבריאה וכיון דהויא רעועה הויא ראויה ליפול. קטנתי מכל החסדים כלומר נתמעטו הזכיות בשביל נסים כי בסקלי וגו'. בהכינתו שכבר קוראין לו ולא **) בחכינתי שאני קריתי לו שם. ביומא דעיבא ודיקא ***) זבין להו דאי יתרי ומפסדי לא הוו מייתי בערב שבת אחר: ולא אתו למיזבן ודימנין דלא יתרי להו כלום וסמכו עליה ולא הוה להן מאכל. לשיבתא מילתא דשיבתא הוה גמיר שהיה יודע שרוח רעה שורה (על חמים) [על הידים]. ותלי כווא דמיא (נמי) [כלי] שנוטלין בה את ידיהן ונכנסין. בר מהא דהות פתח לבבא:

*) נראה מזה דרבינו היה גורס אי נמי כההיא אשיתא וכו' והוא נמי פירוש על בריאות וראויות ליפול ולא כפרש"י.

**) גי' רבינו בחניכתי בי"ד לבסוף וכ"ה בערוך ערך חנך ולפיכך פי' רבינו שאני קריתי וכו' ובערוך כתוב שלא כניתי לו שם ואולי דגם בדברי רבינו צריך להגיה כן וצ"ע.

***) נראה דחסר כאן וצ"ל ודיקא הוה סייר לכלהו מתא וכו' וכל ירקא דהוו פייש להו לגינאי זבין להו וכו'.

הגהות הב"ח

(א) גמ' ברבי שמעון: (ב) דקיימא באתרה תליסר שנין ולא נפלה יומא חד כו' ניתי מר ונקיף

א"ל: (ג) שם בפני מי שגדול ממני בחכמה ולא הרהרתי: (ד) שם הוי מלי כוזא מיניה ותלי ליה: (ה) רש"י ד"ה ה"ג מפולת כו' דנהרא הס"ד ואח"כ מה"ד מפולת וכו' החומות הס"ד ומה"ד מפולת שאמרו כו' עליהן הס"ד ומה"ד בבריאות כו' עליהן הס"ד ומה"ד וכשאינן ראויות כו': (ו) ד"ה ה"ג לא כו' ביתי הס"ד ומה"ד ולא הלכתי כו': (ז) ד"ה בהכינתו כו' בני אדם לגנאי כגון: (ח) ד"ה אין מאכילין כו' ביזוי אוכלין דמיחזי כבועט: (ט) תוס' ד"ה א"ל כו' אמר רבא והאי רב אדא: (י) ד"ה בהכינתו כו' שמכנין אותו בני אדם לגנאי כגון שם לווי בחניכתו פי' כינוי בשם משפחתו ד"ה משפחה שמכנין בני אדם לכל המשפחה וקוראין בחניכה שם לווי כמו שם חניכת:

גליון הש"ס

גמ' קסבר מאכל אדם אין מאכילים לבהמה. מג"א סימן קעא ס"ק א:

הגהות הגר"א

[א] גמ' כי הוה ליה. רשום קו על מלת ליה:

§ מסכת תענית דף כ: §

אות א'

אי נמי דקיימן אגודא דנהרא

סימן תקעו ס"ד - [א]וכן מתענין על המפולת שבעיר, כיצד, הרי שרבתה בעיר [ב]מפולת - ואפשר דשיעורא בשלשה בתים, **[ג]כותלים בריאים** - אבל אם הם רעועות, אינם בכלל זה, **שאינן עומדין בצד הנהר** - אבל אם עומדין בצד הנהר, אע"פ שהן כותלים בריאים, אפשר דהנהר שטף בהן מתחתיו את יסודם, [רש"י], **הרי זה צרה ומתענין ומתריעין עליה.**

[ד]וכן על הרעש ועל הרוחות שהם מפילים הבנין והורגים, מתענים ומתריעין עליהם.

אות א'* [ה]

לעולם אל יעמוד אדם במקום סכנה ויאמר עושין לי נס, שמא אין עושין לו נס, ואם תימצי לומר עושין לו נס, מנכין לו מזכיותיו

יו"ד סימן קטז ס"ה - וכל אלו הדברים הם משום סכנה, ושומר נפשו ירחק מהם, ואסור לסמוך אנס או לסכן נפשו בכל כיוצא בזה. (ועיין בחושן משפט סימן תכ"ז).

אות א'** [ו]

ולא הרהרתי במבואות המטונפות

סימן פה ס"ב - אפי' להרהר בד"ת, אסור בבית הכסא ובבית המרחץ ובמקום הטנופת, והוא המקום שיש בו צואה ומי רגלים - ואפילו בתוך הד"א של הבה"כ ממקום שכלה הריח, ג"כ אסור להרהר.

ובית המרחץ נפיש זוהמא בתוכו ומאוס, והו"ל כצואה ובה"כ, ואפילו בזמן שאין שם אדם.

וטעם איסור ההרהור בכל אלו המקומות, משום דבעינן "והיה מחניך קדוש" וליכא.

וכן אסור לעיין בבה"כ במשקלי השמות והפעלים של לשון הקודש, שאין דרך להגיע לידיעה רק ע"פ הכתובים, ויבוא להרהר במקרא, **ויחשוב** שם חשבונות ביתו והוצאותיו, כדי שלא יבא לידי הרהור, ובשבת יחשוב בבנינים וציורים נאים, **ופשוט** דמותר אדם להתבונן בבה"כ בגודל שפלותו, ושבסופו יחזור כולו להיות עפר רימה ותולעה, ואין נאה לו הגאוה.

כתב בספר תוספות ירושלים בשם הירושלמי, דבבורסקי אסור להתפלל וכן להזכיר כל דבר שבקדושה, והוא שהותחל העיבוד שיש ריח רע, אבל אם עדיין לא התחיל, מותר, **ופשוט** דבזמן שאסור, הוא אפילו להאומן עצמו שמורגל בהריח רע ואינו מרגיש, כל שבני אדם מצטערים מזה הר"ר.

אות א'*** [ז]

ולא ישנתי בבית המדרש לא שינת קבע ולא שינת ארעי

יו"ד סימן רמו סט"ז - אין ישנים בבית המדרש; וכל המתנמנם בבית המדרש חכמתו נעשית קרעים, שנאמר: וקרעים תלביש נומה - בב"י מייתי על זה הא דאמרינן בפ' בני העיר: שאלו את ר' זירא במה הארכת ימים, א"ל כו' ולא ישנתי בבית המדרש לא שינת קבע ולא שינת עראי, **וצ"ל** דשינת עראי משום מדת חסידות נהג כן, אבל מדינא מותר, כמו שנתבאר באו"ח סי' קנ"א ס"ג - ש"ך. **ותמיהני** דהא אפילו להתנמנם נתבאר דלא, וכ"ש שינת ארעי, דהך דאו"ח מיירי שלא בשעת הדרשה, וכאן הוא בשעת הדרשה, ואין לנמנם וכ"ש שום שינה אפילו ארעי - ערוה"ש.

סימן קנא ס"ג - אין ישנים בבהכ"נ, אפי' שינת עראי - ומיירי באנשים דעלמא, אבל לת"ח כשלומד שם, כבר ביארנו לעיל דשרי.

אבל בבית המדרש, מותר - ר"ל שינת עראי, **ועיין** בחידושי רע"א שמפקפק בהיתר זה, **ואפשר** דכיון שביהמ"ד עשוי לשהות שם זמן הרבה, ללמוד ולשמוע דברי תורה, וקשה ליזהר משינת עראי, ע"כ לא אסרו זה לשום אדם, **ולת"ח** הלומד שם בקביעות, מותר אפילו שינת קבע. **(ובבתי מדרשות שלנו שמתפללין בהם ג"כ, לכאורה לאו גריעא מביהכ"נ לבד, ואסור אפי' עראי, ולפי הטעם שהסברנו במ"ב אפשר דשרי, וצ"ע).**

אות א'**** [ח]

קסבר מאכל אדם אין מאכילין לבהמה

איתא בגמרא, דרב הונא סובר מאכל אדם אין מאכילין אותו לבהמה, וה"ה לעופות, [מ"א], **אמנם** בא"ר מסתפק אם הלכה כר"ה בזה, **ועיין** במחה"ש שמצדד, דאם אין לו דבר אחר להאכיל כי אם מאכל אדם, לכו"ע מותר, **ואפשר** דמשום זה נוהגין העולם היתר להאכיל לעופות פת - משנה ברורה סימן קע"א ס"ק י"א.

באר הגולה

א **משנה י"ט** ב ‹נראה דרבינו מפרש שהכתלים נופלים מעצמם בלי שום סיבה, {דהא לקמן אמר "על הרוחות" לציור נפרד}, וכן כתב להדיא בפירוש המשנה, אמנם רש"י ז"ל פי' במתניתין דף י"ט, דעל ידי הרוח הם נופלים - מעשה רקח› ג **ברייתא כ'** ‹פלא על הרמב"ם בפ"ב הי"ב ורא"ש וטוש"ע תקע"ו ס"ד, דכתבו רק שאינן עומדין בצד הנהר, ולא הזכירו דנפלי מחמת גובהייהו המפורש בגמ'. **שוב** ראיתי דבכי"מ בדקדוקי סופרים אות כ' ליתא "ל"צ דנפלי מחמת גובהייהו א"נ", וכן משמע שלא היה לפני רש"י - הערות לפסקי ריא"ז› ד **טור בשם הרמב"ם, שזהו נכלל בכלל מפולת** ה ‹ע"פ מהדורת נהרדעא› ו ‹ע"פ מהדורת נהרדעא› ז ‹ע"פ מהדורת נהרדעא› ח ‹ע"פ הגליון הש"ס›

§ מסכת תענית דף כא. §

אות א'

<u>אם אמר מתו ירשו אחרים תחתיהם, בין שאמר תנו בין שאמר אל תתנו, אין נותנין להם אלא שקל</u>

חו"מ סימן רנג סי"ז - [א]**שכיב מרע שאמר: תנו לבני שקל בכל שבת, או שאמר: אל תתנו להם אלא שקל, ונמצא שאינו מספיק להם אלא סלע בכל שבת, נותנים להם כל צורכם; ואם אמר: אם מתו ירשו אחרים תחתיהם, אין נותנים להם אלא שקל. ועיין בסימן רמ"ח (אימתי אין לאחריהם כלום).**

[ב]**חו"מ סימן רמח ס"ב** - **שכיב מרע שאמר: נכסי לך ואחריך לפלוני, והיה הראשון ראוי ליורשו, ופירש ואמר: לא משום ירושה אני נותן לך שאין לה הפסק, אלא במתנה והרי הפסקתיה, השני קונה מה ששייר ראשון; לפיכך אם נתן המעות ע"י שליש, ואמר: תנו לבני שקל בכל שבת, ולא משום ירושה אני נותנה להם, והנשאר מהנכסים אחר מותם יהיה לפלוני, אין נותנים להם אלא שקל, אע"פ שאינו מספיק להם. (וע"ל סימן רנ"ג סעיף ו').**

אות ב'

<u>מצוה לקיים דברי המת</u>

אה"ע סימן נג ס"א - **מי שצוה לתת לבתו כך וכך מעות לפרנסתה ליקח בהם קרקע, בין שהיה שכיב מרע בין שהיה בריא, ומת, והרי המעות ביד השליש, ואמרה הבת: תנו אותה לבעלי כל מה שירצה יעשה בהם, אם היתה גדולה ונשאת, הרשות בידה; ואם עדיין מאורסה היא, יעשה שליש מה שהושלש בידו; ואם עדיין קטנה היא, אפילו נישאת, אין שומעין לה, אלא יעשה שליש כמו שצוה האב. (וי"א דבענין שהושלש מתחלה לכך, ועיין בחו"מ סי' רנ"ב).**

חו"מ סימן רנב ס"ב - **מצוה לקיים דברי המת, אפילו בריא שצוה ומת, והוא שנתנו עכשיו לשליש לשם כך. הגה: אבל היו בידו קודם ולא לשם כך, או שבאו לידו אחר הצוואה, אין בזה משום מצוה לקיים דברי המת (טור ומרדכי).**

אות ב'*

<u>בא עני אחד ועמד לי בדרך, ואמר לי: רבי פרנסני</u>

יו"ד סימן רמז ס"א - **מצות עשה ליתן צדקה כפי השגת יד, וכמה פעמים נצטוינו בה במצות עשה. ויש לא תעשה במעלים עיניו ממנו, שנאמר: לא תאמץ את לבבך ולא תקפוץ את ידך. וכל המעלים עיניו ממנה נקרא בליעל, וכאילו עובד עבודת כוכבים. ומאד יש ליזהר בה, כי אפשר שיבא לידי שפיכות דמים, שימות העני המבקש אם לא יתן לו מיד, כעובדא דנחום איש גם זו.**

אות ג'

<u>עיר המוציאה חמש מאות ואלף רגלי, כגון כפר עכו, ויצאו הימנה תשעה מתים בשלשה ימים זה אחר זה, הרי זה דבר, ביום אחד או בארבעה ימים, אין זה דבר</u>

סימן תקעו ס"ב - [ד]**וכן על הדבר** - והאידנא אין מתענין כלל בשעת הדבר, דמנוסה הוא, כשאינו אוכל ושותה קולט שינוי אויר ח"ו, **ולענין** ט"ב ע"ל בסי' תקנ"ד ס"ו בבה"ל.

איזהו דבר, עיר שיש בה ת"ק רגלי, ויצאו ממנה שלשה מתים בשלשה ימים זה אחר זה - מת א' בכל יום, [רש"י], **הרי זה דבר.**

יצאו ביום א', או בד' ימים, אין זה דבר - דאין זה קבע אלא אקראי בעלמא.

[ה]**היו בה אלף, ויצאו ממנו ששה מתים בג' ימים זה אחר זה, הרי זה דבר, יצאו ביום אחד או בד' ימים, אין זה דבר; וכן לפי חשבון זה;** [ו]**ואין הנשים והקטנים וזקנים ששבתו ממלאכה בכלל מנין אנשי המדינה לענין זה** - לפי שהן חלושות המזג, **ועיין** בלבוש, דבין מנין הת"ק ובין מנין המתים, לא יהיו מאלו, וכן משמע בשלטי גבורים.

באר הגולה

[א] **לשון הרמב"ם מסקנת הגמ' פ"ו דכתובות דף ע' ע"א וכדמפרש בגמ' טעמא שם** ‹אמר רב חסדא אמר מר עוקבא, הלכתא: בין שאמר תנו ובין שאמר אל תתנו, נותנין להם כל צורכם, הא קיימא לן הלכה כרבי מאיר, דאמר: מצוה לקיים דברי המת, ה"מ במילי אחרניתא, אבל בהא מינח ניחא ליה, והא דאמר הכי, לזרוזינהו הוא דאתא› [ב] ‹ע"פ מהדורת נהרדעא› [ג] ‹ע"פ מהדורת נהרדעא› [ד] **משנה י"ט** [ה] **ברייתא שם כ"א** ‹ונקט מספר הקודם, {שהוא אחר המספר דחמש מאות דמתני'}, וכתב: וכן לפי כו' {היינו מש"כ בברייתא, באלף וחמש מאות, וכן למעלה}› - גר"א ע"פ דמשק אליעזר› [ו] **רמב"ם מלשון המשנה, דתנן מוציאה ת"ק רגלי, דמשמע הגברים לבד מהטף וכו', וכן משמע מהירושלמי דאמר בחורים ולא זקנים, וה"ה לאינך**

משום דנפישי בני חילא דמחוזא אילפא ור' יוחנן הוו גרסי באורייתא דחיקא להו מילתא טובא אמרי ניקום וניזיל ונעביד עיסקא ונקיים בנפשין °אפס כי לא יהיה בך אביון אזלו (א) אותבי תותי גודא רעיעא הוו קא כרכי ריפתא אתו תרי מלאכי השרת שמעיה רבי יוחנן דאמר חד לחבריה נישדי עלייהו האי גודא ונקטלינהו *שמניחין חיי עולם הבא ועוסקין בחיי שעה אמר ליה אידך שבקינהו דאיכא בהו חד דקיימא ליה שעתא רבי יוחנן שמע אילפא לא שמע אמר ליה ר' יוחנן לאילפא שמע מר מידי אמר ליה לא אמר מדשמעי אנא ואילפא לא שמע ש"מ לדידי קיימא לי שעתא אמר ליה רבי יוחנן איהדר ואוקי בנפשאי °כי לא יחדל אביון מקרב הארץ ר' יוחנן הדר אילפא לא הדר עד דאתא אילפא מליך רבי יוחנן אמרו לו אי אתיב מר וגרים לא הוה מליך מר *אזל *תלא נפשה באסקריא דספינתא אמר אי איכא דשאיל לי במתניתא דר' חייא ורבי אושעיא ולא פשטינא ליה ממתני' נפילנא מאסקריא דספינתא וטבענא אתא ההוא סבא תנא ליה *האומר תנו שקל לבניי בשבת והן ראויין לתת להם סלע נותנין להם סלע ואם אמר אל תתנו להם אלא שקל אין נותנין להם אלא שקל °אם אמר *מתו ירשו אחרים תחתיהם בין שאמר תנו בין שאמר אל תתנו אין נותנין להם אלא שקל א"ל הא מני ר"מ היא דאמר °מצוה לקיים דברי המת אמרו עליו על נחום איש גם זו שהיה סומא משתי עיניו גידם משתי ידיו קיטע משתי רגליו וכל גופו מלא שחין והיה מוטל בבית רעוע ורגלי מטתו מונחין בספלין של מים כדי שלא יעלו עליו נמלים פעם אחת [היתה מטתו מונחת בבית רעוע] בקשו תלמידיו לפנות מטתו ואח"כ לפנות את הכלים אמר להם בניי פנו את הכלים ואח"כ פנו את מטתי שמובטח לכם כל זמן שאני בבית אין הבית נופל פינו את הכלים ואחר כך פינו את מטתו ונפל הבית אמרו לו תלמידיו רבי וכי מאחר שצדיק גמור אתה למה עלתה לך כך אמר להם בניי אני גרמתי לעצמי שפעם אחת הייתי מהלך בדרך לבית חמי והיה עמי משוי ג' חמורים אחד של מאכל ואחד של משתה ואחד של מיני מגדים בא עני אחד ועמד לי בדרך ואמר לי רבי פרנסני אמרתי לו המתן עד שאפרוק מן החמור לא הספקתי לפרוק מן החמור עד שיצתה נשמתו הלכתי ונפלתי על פניו ואמרתי עיני שלא חסו על עיניך יסומו ידיי שלא חסו על ידיך יתגדמו רגליי שלא חסו על רגליך יתקטעו ולא נתקררה דעתי עד שאמרתי כל גופי יהא מלא שחין אמרו לו אוי לנו שראינוך בכך אמר להם אוי לי אם לא ראיתוני בכך *ואמאי קרו ליה נחום איש גם זו דכל מילתא דהוה סלקא ליה אמר גם זו לטובה *זימנא חדא בעו לשדורי ישראל דורון לבי קיסר אמרו מאן ייזיל ייזיל נחום איש גם זו דמלומד בניסין הוא שדרו בידיה מלא סיפטא דאבנים טובות ומרגליות אזל בת בההוא דירה בליליא קמו הנך דיוראי ושקלינהו לסיפטיה ומלונהו עפרא (למחר כי חזנהו אמר גם זו לטובה) כי מטא התם [שרינהו לסיפטא חזנהו דמלו עפרא] בעא מלכא למקטלינהו לכולהו אמר קא מחייכו בי יהודאי [אמר גם זו לטובה] אתא אליהו אדמי ליה כחד מינייהו א"ל דלמא הא עפרא מעפרא דאברהם אבוהון הוא דכי הוה שדי עפרא הוו סייפיה גילי הוו גירי דכתיב °יתן כעפר חרבו כקש נדף קשתו הויא חדא מדינתא דלא מצו למיכבשה בדקו מיניה וכבשוה עיילו לבי גנזיה ומלוהו לסיפטיה אבנים טובות ומרגליות ושדרוהו ביקרא רבה כי אתו ביתו בההוא דיורא אמרו ליה מאי איתית בהדך דעבדי לך יקרא כולי האי אמר להו מאי דשקלי מהכא אמטי להתם סתרו לדירייהו ואמטינהו לבי מלכא אמרו ליה האי עפרא דאייתי הכא מדידן הוא בדקוה ולא אשכחוה וקטלינהו להנך דיוראי: אי זו היא דבר עיר המוציאה חמש מאות רגלי כו': ת"ר °עיר (ג)המוציאה חמש מאות ואלף רגלי כגון כפר עכו ויצאו הימנה תשעה מתים בשלשה ימים זה אחר זה הרי זה דבר ביום אחד או בד' ימים אין זה דבר *ועיר המוציאה חמש מאות רגלי כגון כפר עמיקו ויצאו ממנה שלשה מתים בג' ימים זה אחר זה הרי זה דבר

ביום

משום דנפישי בני מחוזא. דאיכא עניי טפי וקא מיכלי קרנא: דחיקא להו. עניות: כי לא יהיה בך אביון. בך בעצמך: חיי העולם הבא. תורה: חיי שעה. עולם הזה זה סחורה: קיימא ליה שעתא. עתיד להתגדל ואין זמנו למות: שמע מינה. [illegible] עד דאתא אילפא. ממקום שהלך שם לסחורה: מלך רבי יוחנן. מינוהו ראש ישיבה עליהן מנהג הוא מי שהוא ראש ישיבה היו מגדלין אותו משלהן ומעשירין אותו כדאמרינן לגבי כהן גדול בספירא וביומא (דף יח.) והכהן הגדול מאחיו גדלוהו משל אחיו: אמרו לו. אנשי המקום לאילפא: אי (ג) אתיב מר וגרים. אם היית יושב ועוסק בתורה היו ממליכין אותך כמו שעשו לר' יוחנן דאילפא הוי גמיר טפי מר' יוחנן: תלא נפשיה באסקריא. כלונס עץ ארוך תקוע בלב הספינה שמניחין עליה מכסה ויל"ן בלע"ז: דשאיל לי כו'. כלומר אף על גב דעבדי עיסקא גריסנא אנא טפי מיניה: דבי ר' חייא ודבי ר' אושעיא. דהוו מסדרי מתניתא על פי רבינו הקדוש שהיה רבם: ולא פשטינא ליה ממתני'. דלאשכחנא משנה דהויא דההיא ברייתא: תנא ליה. שנה לפניו כלומר בעא מיניה: האומר תנו שקל לבניי. מי שמת והניח ממון ביד איש נאמן ואמר תנו שקל חצי סלע לבניי להוצאה בשבוע: וראויין לפת להן סלע. שיש לו בנים הרבה ואין מסתפקין לשבת בפחות מסלע: נותנין להן סלע. דלא הוה בדעתיה דלא ליתיבו להו אלא שקל היה מצוה אל תתנו להן אלא שקל והאי דקאמר תנו להן שקל ולא אמר תנו סלע משום דבעי לזרוזינהו כדאמרן בכתובות (דף ע׳) כדי לזרזן במשא ובמתן כדי שיטרחו וילמדו דרך ארץ וירויחו: אם מתו ירשו אחרים תחתיהן. אע"ג דאמר תנו שקל ולא אמר אל תתנו אלא שקל גלי בדעתיה דלא בעי למיתב להו אלא שקל בשבת כי היכי דאי מתו ירשו אחרים תחתיהן: אמר ליה. אילפא: הא מני. דקתני אע"ג דלא ספקי בבציר מסלע לא יהבינן להו אלא שקל (ד) ר"מ היא דאמר במסכת כתובות במתני' (דף סט:) מצוה לקיים דברי המת דאי לאו מצוה מן הדין שתנין להן כל הראוי להן שהרי כל הממון שלהן הוא ואין בו לאותן אחרים כלום אלא לאחר מיתתן אם יש מותר יש להן ואם לאו לא יטלו ומתוך שרוצין אנו לקיים דבריו שירשו אחרים תחתיהם אנו מקמצין את הממון כדי שיהא שם מותר: והיה מטתו מונחת כו'. רגלי המטה מונחין בספלים מלאים מים שלא יעלו אליו נמלים דרך רגלי המטה מפני שהיה גידם ואם היו עולים אינו יכול ליטלם בידיו ולזורקן: דסלקי ליה. כל המאורע לו אפילו רעה: בת בההיא דיורא. לן לילה אחת באותו המלון: לסיפטיה. ארגז שלו: לכולהו שלוחיהן של ישראל: כחד מינייהו. כאחד משרי קיסר: מעפרא דאברהם הוא. כשנלחם עם המלכים: גילי. קשין: ביתו לנו במלון:(ה)כפר עמיקו שלשה מתים בשלשה ימים. מת אחד בכל יום:

ביום

אמרו ליה לאילפא אי יתיב מר לא הוה מלך מר. פי' (ו) כלומר לא היית מולך לראש ישיבה וי"מ בניחותא דמר קאי אר' יוחנן כלומר אי יתיב מר לא הוה מליך ר' יוחנן:

יבא

רבינו חננאל

אילפא ור' יוחנן דחיק להו עלמא אמרי ניקום ונעביד עסקא עד דהדר אילפא מלך ר"י. אתא אלפא תלא נפשיה. אמר אי איכא דשאיל לי מתנייתא מדבי ר' חייא ודבי ר' אושעיא ולא פשטנא ליה ממתני'. כלומר כל מה שיש במשניות החיצונות עיקר שלהן במשנתנו ואין כל חכם יודעו לפיכך אני גדול מר"י. ולמה זכה לישב בראש ולא זכיתי אני ושאליה ההוא סבא הא דתניא. האומר תנו לבניי שקל בשבת וצוה ומת וראויין לתת להן סלע. כי השקל הוא חצי סלע. אם אינו מספיק להן נותן להן סלע. אם אמר בלשון הזה אל תתנו להן אלא שקל אע"פ שאינו מספיק להן אינו נותן להן אלא שקל ואם אמר אם מתו יירשו אחרים תחתיהן כו'. שמעינן מינה דאין אדם רשאי לשנות מדברי המת. ופשט אילפא הא מתניתא אליבא דר' מאיר דא

במשנתנו בכתובות בפרק מציאת האשה המשליש מעות לבתו והיא אומרת נאמן עלי בעלי יעשה שליש מה שהשלש בידו דברי ר' מאיר. ואוקימנא התם טעמא דר' מאיר משום דמצוה לקיים ואין לשנות מדבריו: אמרו עליו על נחום איש גם זו. שם מקום הוא ראיה על אסמכת הדבר בדברי הימים (ב' כ"ח) הוא שנקרא לשם שם אחת העיירות גמזו והוא האמת א) ירושלמי א"ר יוס בזכות ג' דברים גשמים יורדים. בזכות הארץ. ובזכות החסד ובזכות יסורין וכולן בפסוק אחד נאמרו. אם לשבט אם לארצו אם לחסד. מצאנו שבם אלו יסורין. מפני (ג') ד' דברים גשמים יורד מפני פללים הרעים ומפני בעלי זרוע ושיהא שותה העליון כתחתון ושיהא עיני הכל נשואות לשמים. בעון (ג') ד' דברים גשמים נעצרים בעון ע"ז שנאמר ועבדתם שם אלהים אחרים וכתיב בה את השמים. בעון ג"ע שנאמר ותחניפי ארץ בזנותיכי וכתיב וימנעו רביבים וגו'. בעון ש"ד שנאמר כי הדם הוא יחניף את הארץ. פי' יתן אף על הארץ. (וכתיב וחרה אף ה' בכם ועצר את בעון פוסקי צדקה ברבים ואינן נותנים דכתיב נשיאים ורוח וגשם אין איש מתהלל במתת שקר. [חמשה] שמות נקרא אד [עב] ענן חזיז ונשיא א"ר חנינא מה יעשו גדולי הדור. ואין הצבור נידון אלא א שכן מצינו שכל ל"ח שנים שהיו ישראל כמנודים לשמים לא היה הדבור עם משה. שנאמר ויהי כאשר תמו כל אנשי המלחמה וגו' וכתיב וידבר ה' אלי לאמר. ר' אליעזר עבד תענית ולא נחית ר' עקיבא תלמידי' ונחית מטרא. שאל ר"ע ואמר מלה"ד למלך שהיו לו ב' בנות אחת חצופה וכיון שהיתה נכנסת אצלו בבקשה הוא אומר תנו לה בקשתה ותצא ואחרת היתה צנועה. וכשה אצלו היה מאריך רוחו עמה כדי שישמע שיחתה שהיה מתאוה לשמוע שיחתה. עשה כן ר"ע בשביל ר' אליעזר רבו כדי שלא יאמרו כי אינו הגון ונמצא חלול שמים. (בירושלמי פ"ג ס"ה) כתיב ויקבצ וישאבו מים וישפכו לפני ה' וכי מים שפכו אלא לבם שפכו כמים. ויאמרו שם חטאנו לה' לבש שמואל חלוקו של ישראל אמר לפניו רבש"ע כלום אתה דן את האדם ג) על אמרך לא חטא אומרים לפניך חטאנו: מתני' איזו היא דבר. עיר המוציאה ת"ק רגלי עיר גדולה המוציאה אלף ת"ק רגלי יוצאי צבא כגון כפר עכו. ויצאו הימנה ט' מתים בג' ימים (בג' ימים אנשים ממש) [וא"ו בד

א) עי' בערוך הכלם ערך גם זו. ב) בירושלמי לפנינו ליתא זה אך רבינו היה גורס כן בירושלמי ומביא ראיה מהך קרא דכך אף דאידך קרא היינו שיהיה עצירת גשמים. ג) אלא על שבוא אומ הטאתי שכני נשפט אותך על אמרך לא חטאתי (ירמיה ב').

רבינו גרשום

באסקריא דספינתא: כשם: נותנין להם סלע דאזלינן בתר אומדן דעתי' דלהכי אמר שקל אם אפשר להם לצמצם אבל אם אי אפשר להם נותנין להם סלע *) כיון שאמר תנו אין נותנים להם אלא שקל דאזלינן בתר אומדן דעתיה דכיון דבעי דלירשו אחרים ודאי הוה ליה צר ע א"ל הא מני ר"מ דמתניתין: מונחת על ארבעה ספלים שלא יעלו עליו הרח

*) נ"ל ואם אמר אם מתו ירשו אחרים תחתיהם בין שאמר תנו ובין שאמר אל תתנו אין נותנין להם וכו'.

הגהות הב"ח

(א) גמ' אזלו אותיבו תותי גודא וכו' אי יתיב מר וגרים: (ב) שם ת"ר עיר גדולה המוציאה חמש מאות כו' ועיר קטנה המוציאה כו': (ג) רש"י ד"ה אי יתיב מר וגרים: (ד) ד"ה הא מני כו' אלא שקל הס"ד ומה"ד ר"מ היא וכו' שיהא שם מותר הס"ד ומה"ד ורגלי מטתו מונחין כו': (ה) ד"ה ביתו לנו במלון הס"ד ומה"ד כגון כפר עמיקו ויצאו ממנה שלשה מתים: (ו) תוס' ד"ה אמרו כו'. פי' בתמיה כלומר וכו'

עין משפט נר מצוה

יט א טוש"ע א"ח סי' תקעו סעיף ג:

[נ"ל אמר להו]

כ ב ג מיי' פ"ב מהלכות תענית הלכה ו טוש"ע שם סעיף ג:

יבא מנה בן פרס. כלומר מוטב שיבא גדול בן הדיוט דפרס לא הוה אלא חצי מנה ואל יבא מנה בן מנה דהייט רב חסדא דהיה מנה כלומר שהיה חשוב ופרס הייט יצחק אבוה דרב נחמן דלא מיקרי רב יצחק: ***אמר** ליה זוודא אייתי בהדייהו. פירוש וכי לידה הביאו עמהם שיהו אוכלות כלומר אי אפשר שלא יאכלו התבואה והזרעים: **אמרו** ליה לרב יהודה איכא מותנא בחזירי גזר תעניתא וכו' עד שאני חזירי דדמו מעייהו לבני אינשי. פירוש שבני מעיו של חזיר דומין למעים של בני אדם ויש לחוש שיהא (ט) על בני אדם מכאן נראה שאם יהיה דבר על עובדי כוכבים שיש לחוש ויש להתענות דהא הכא חזינן דגזר תעניתא (י) מדבר שהיה בחזירין משום דדמו מעייהו לבני אדם וכל שכן בנכרים דדמו לישראל: **גבירה** לוקה. פי' זו ארץ ישראל:

ערפה

תורה אור

ביום אחד או בארבעה ימים אין זה דבר דרוקרת עיר המוציאה חמש מאות רגלי הוה ויצאו ממנה שלשה מתים ביום אחד גזר רב נחמן בר רב חסדא תעניתא אמר רב נחמן בר יצחק כמאן כר"מ דאמר *ריחק נגיחותיו חייב קירב נגיחותיו לא כ"ש א"ל רב נחמן בר רב חסדא לרב נחמן בר יצחק ליקום מר ליתי לגבן א"ל תנינא רבי יוסי אומר לא מקומו של אדם מכבדו אלא אדם מכבד את מקומו שכן מצינו בהר סיני שכל זמן שהשכינה שרויה עליו אמרה תורה °גם (שמות לד) הצאן והבקר אל ירעו אל מול ההר ההוא נסתלקה שכינה ממנו אמרה תורה °במשוך (שם יט) היובל המה יעלו בהר וכן מצינו באהל מועד שבמדבר שכל זמן שהוא נטוי אמרה תורה °וישלחו (במדבר ה) מן המחנה כל צרוע *הוגללו הפרוכת הותרו זבין והמצורעים ליכנס שם אמר ליה אי הכי (א) ניקום אנא לגבי מר אמר ליה מוטב יבא מנה בן פרס אצל מנה בן מנה ואל יבא מנה בן מנה אצל מנה בן פרס בסורא הוות דברתא בשיבבותיה דרב לא הוות דברתא סברו מיניה משום זכותיה דרב דנפיש איתחזי להו בחילמא רב דנפישא זכותיה טובא הא מילתא זוטרא ליה לרב אלא משום ההוא גברא דשייל מרא וזבילא לקבורה בדרוקרת הוות דליקתא ובשיבבותיה דרב הונא לא הוות דליקתא סבור מינה בזכותא דרב הונא דנפיש איתחזי להו בחילמא האי זוטרא ליה לרב הונא אלא משום ההיא איתתא דמחממת תנורא (ב) ומשיילי לשיבבותיה אמרו ליה לרב יהודה אתו קמצי גזר תעניתא אמרו ליה לא קא מפסדן אמר להו זוודא אייתו בהדייהו אמרו ליה לרב יהודה איכא מותנא בחזירי גזר תעניתא נימא קסבר רב יהודה מכה משולחת (ג) ממין אחד משולחת מכל המינין לא *שאני חזירי דדמיין מעייהו לבני אינשי אמרו ליה לשמואל איכא מותנא בי חוזאי גזר תעניתא א"ל והא מרחק אמר ליכא מעברא הכא דפסיק ליה אמרו ליה לרב נחמן ^איכא מותנא בארעא דישראל גזר תעניתא אמר אם גבירה לוקה שפחה לא כל שכן טעמא דגבירה ושפחה הא שפחה ושפחה לא והא אמרו ליה לשמואל איכא מותנא בי חוזאי גזר תעניתא ^שאני התם כיון דאיכא שיירתא דלווי ואתיא בהדיה אבא אומנא הוה אתי ליה שלמא ממתיבתא דרקיעא כל יומא ולאביי כל מעלי יומא דשבתא לרבא כל מעלי יומא דכיפורי הוה קא חלשא דעתיה דאביי משום דאבא אומנא אמרו ליה לא מצית למיעבד כעובדיה (ד) ומאי הוו עובדיה דאבא אומנא דכי הוה עביד מילתא הוה מחית גברי לחוד ונשי לחוד ואית ליה לבושא דאית ביה קרנא דהוות בזיעא כי כוסילתא כי הוות אתיא ליה איתתא הוה מלביש לה כי היכי דלא ניסתכל בה ואית ליה דוכתא *דצניעא דשדי ביה פשיטי דשקיל דאית ליה שדי ביה דלית ליה *) לא מיכסיף כי הוה אתרמי ליה צורבא מרבנן אגרא מיניה לא שקיל *ובתר דקאי יהיב ליה פשיטי ואמר ליה זיל בריא נפשך יומא חד שדר אביי זוגא דרבנן למיבדקיה אותבינהו ואכלינהו ואשקינהו ומך להו ביסתרקי בליליא לצפרא

*) ס"א הוה אתי ויתיב ולא

ביום אחד אין זה דבר. דאקראי בעלמא הוא: ה"ג עיר גדולה המוציאה אלף וחמש מאות רגלי יצאו הימנה תשעה מתים וכו' אלף וחמש מאות איש דהייט פי שלשה בעיר קטנה (ה): כפר עכו דרוקרת כ"א דיוקרא עיר ששמה יו"ד והיא קטנה על שם שיו"ד קטנה באותיות: ה"ג יצאו הימנה ג' מתים *בג' ימים: **ריחק נגיחותיו**. בשור מועד קאי בבבא קמא בפרק כיצד הרגל מועדת אי זהו תם ואי זהו מועד כל שהעידו בו ג' ימים דברי ר' יהודה ר' מאיר אומר כל שהעידו בו ג' פעמים ביום אחד ר' יהודה סבר כתיב או נודע כי שור נגח הוא מתמול שלשום מתמול תרי שלשום תלת הרי ג' ימים ור"מ סבר ריחק נגיחותיו כשנגח בג' ימים זה אחר זה חייב קירב נגיחותיו שנגח ג' פעמים ביום אחד לא כל שכן: **ליקום מר להכא**. דרב נחמן בר יצחק הוה יתיב בין גברי דלא חשיבי כולי האי וקאמר ליה רב נחמן בר רב חסדא ליקום מר מהתם וליתי ליתיב גבאי: **תנינא**. תני אנא שונה אני ברייתא זו רבי יוסי אומר כו': **לא מקומו של אדם מכבדו**. ואם אלך ואשב שם אין המקום מכבדני: **גם הצאן והבקר אל ירעו**. דמשום שכינה היה הר סיני מכובד ומקודש: **אל מול ההר ההוא**. מדכתיב ההוא משמע כל זמן שהוא בגדולתו שהשכינה עליו (ו) נסתלקה השכינה במשוך היובל וגו' ואע"ג דהאי קרא בלוחות הראשונות כתיב לא נסתלקה שכינה עד לוחות האחרונות שניתנו ביום הכפורים וגם כל ימות החורף שעסקו במלאכת המשכן שהתה שכינה בהר ומשם ניתנו כל המצות בקולי קולות ולפידים ביום קבלת עשרת הדברות עד אחד בניסן שהוקם המשכן ונסעה וזזה שכינה מן ההר וישבה לה על *הכפורת ושם באהל מועד נשנית התורה כללותיה ופרטותיה ועל אותה שעה היה מתיר להם בלוחות הראשונות לעלות כדאמרינן במסכת ביצה (דף ה') כל דבר שבמנין צריך מנין אחר להתירו ובראש קונטרס רומי אתה מוצא תשובת *רבים בכך: **במשוך היובל**. בסוף השופר כשתסתלק השכינה דרך הוא להאריך ולמשוך התקיעה בשעת סיום: **הוגללו הפרוכת**. שהיו נגללין בשעת נסיעתן (ז) היו נוסעין כולן ובאין זבים ומצורעים ונכנסין במחנה: **פרס**. חצי מנה ולשון פרוסה כמו פרס פריסת מלכותך (דניאל ה) שאביו של רב נחמן בר רב חסדא גדול מיצחק אביו של רב נחמן מדמיתקרי בר רב חסדא ואידך רב נחמן בר יצחק מכלל שלא נסמך: **דברתא**. דבר: **בשיבבותיה**. בשכונתו: **איתחזי להו בחילמא**. להנך אינשי דסברי (ח) משום זכותיה דרב הוא: **הא זוטר ליה לרב**. גם זה קטן הוא לפי גדולת רב: **מרא**. פושיי"ר בלע"ז: **זבילי**. פלי"א בלע"ז: **לקבורה**. ומשום זכותיה דקבורה מדדו בו מדה כנגד מדה: **ומשיילא לשיבבותה**. ומשאילתו לשכנותיה לאחר שהסיקתו מסלה לפיכך נמדדת השכר בה במדה: **קמצא**. ארבה שמכלה את התבואה: **לא קא מפסדא**. לא בעינן למיגזר תעניתא: **זוודא אייתו בהדייהו**. בתמיה וכי לידה הביאו עמם שלא יפסידו את התבואה: **מעייהו**. בני מעיין שלהן שאין להן כרס הפנימי כשאר בהמה וסימן רע הוא: **בי חוזאי**. מקום במלכות בבל: **גזר תעניתא**. בעירו: **הא מרחק**. ואין לחוש שמא יבא עד כאן: **אמר להו וכי מעברא פסיק להו**. וכי מעברות ושאר מחילות מפסיקין לפני הדבר שלא יבא: **שפחה לא כל שכן** ויש לחוש שמא ישתלח עד כאן: **הא שפחה ושפחה**. שתי עיירות של חוצה לארץ כגון בי חוזאי ונהרדעא דאתריה דשמואל: **שיירתא**. דאזלי מבי חוזאי לנהרדעא: **דלווי**. מתלוה ובא עמהן: **שלמא מרקיעא**. בת קול אומרת לו שלום עליך: **אבא אומנא**. מקיז דם: **כי הוה עביד מילתא**. כשהיה מקיז דם לבני אדם: **ודנשים לחודייהו**. לצניעותא: **דאית ביה קרנא**. ויגטוס"א שהיה תקוע בו הקרן שהוא מקיז בו ולנשים הוי מלביש לה: **ולא מכסיף**. דלאחר *שהכה לא הוה ידע מאן רמי (בכסילתיה) פשיטי להתם ומאן דלא רמי: **בריא נפשך**. תבריא עצמך: **למיבדקיה**. לבדקו במעשיו: **ומך להו בסתרקי**. קיפל תחתיהן תכשיטי למר טפיד"ו בלע"ז ליישן בהן: לנפרא

מסורת הש"ס

נ"ל ביום אחד. רש"א

ב"ק כד. ב"ב כח.

[מנחות לה.]

הכפורת באהל מועד ושם נשנית התורה כצ"ל. רש"א

[רכינו ברוך ס"א]

ס"א מאבראי

ס"א וכי הוי חזי אינש דלא אפשר ליה הוה יהיב ליה כו'

נ"ל שצ"ל שסקין

רבינו חננאל

בד' ימים או ביום אחד אינו דבר. א"ל רב נחמן בר רב חסדא לרב נחמן בר יצחק ליתי מר יקום הכא. א"ל תנינא לא המקום מכבד את האדם אלא אדם מכבד את מקומו. שכן מצינו בסיני כ"ז שהשכינה עליו כתיב גם הצאן והבקר אל ירעו. נסתלקה שכינה כתיב במשוך היובל המה יעלו בהר. וכן באהל מועד כ"ז שהיה נטוי כתיב וישלחו מן המחנה כל צרוע וגו' הוגללו הפרוכת הותרו הזבים והמצורעים להכנס. א"ל אבוא אני אצלך. א"ל מוטב יבא מנה בן פרס. פי' חכם בן מי שלא היה אביו חכם אצל חכם בן חכם. בסורא הוה מותנא בשיבבותיה דרב לא הות וכן הות דלקת בדיוקרתא ובשיבבותיה דרב הונא לא הות. ואסיקנא דלאו בזכותייהו דהני אלא בשביל ההוא גברא דמושיל מרא לאינשי לקבורה. ובדיל ההיא אתתא דמחממא תנורא ומושלא לשכיבתא. אמרו לר"י איכא מותנא בחזירי אמר כיון דדמיין מעייהו לבני אדם גזרינןתעניתא

רבינו גרשום

אחד אין זה דבר דאקראי בעלמא הוא: או בארבעה מרוחקין: ט מתים דהיינו נמי ג' מתים לג' ימים: ריחק נגיחותיו שנגח בג' ימים הוי מועד. קירב נגיחותיו שנגח ג' ביום אחד לא כ"ש. מעברי מפסקי כלומר שיירות מצויין שעוברין במעברות מבי חוזאי להכא כיון דשכיחי שיירתא מבי חוזאי לחכא גזר אבל מא"י לבבל דלא שכיחי שיירתא אי לאו משום גבירתה לא הוה גזר. אתי ליה שלמא מכרזי עליה שלמא מרקיעא: דאית ביה קרני כלומר אתרא לקרני.

הגהות הב"ח

(א) גמ' א"ל אי הכי איקום אנא ואיזול לגבי מר: (ב) שם ההיא איתתא דמחממת תנורא מע"ש לע"ש ומשיילא לשיבבותה: (ג) שם מכה משולחת במין אחד משולחת בכל המינין: (ד) שם למיעבד כעובדיה דאבא אומנא ומאי הוו כו' כי כוסילתא דכי הוות כו' דלא ליסתכיל בה והוה ליה דוכתא דצניעא: (ה) רש"י ד"ה ה"ג עיר כו' ויצאו הימנה ט' מתים וכו' כגון כפר עכו אלף וחמש מאות וכו' בעיר קטנה הס"ד ואח"כ מה"ד דרוקרת כ"א יו"ד קרת עיר ששמה יו"ד והיא קטנה על שם כו' כצ"ל ותיבות כפר עכו נמחק: (ו) ד"ה אל מול כו' שהשכינה עליו הס"ד ומה"ד נסתלקה וכו' ובראש קונטרס תשובת רומי: (ז) ד"ה הוגללו וכו' והיו נוסעין וכו' במחנה שכינה הס"ד: (ח) ד"ה איתחזי וכו' דמשום זכותיה: (ט) תוס' ד"ה אמרו כו' ויש לחוש שיהא דבר על בני אדם: (י) בא"ד אדבר שהיה בחזירין. נ"ב וקשה דאמרינן דשטנא בתרי אומי לא שלטא:

§ מסכת תענית דף כא: §

אות א'*[א]

זוודא איתו בהדייהו

סימן תקעו ס"ט - [ב]וכן על הארבה והחסיל, אפילו לא נראה מהם אלא כנף אחד בכל ארץ ישראל, [ג]ואפי' אינו משחית יבול הארץ, מתענין ומתריעין עליהם.

אות א'

שאני חזירי דדמיין מעייהו לבני אינשי

סימן תקעו ס"ג - [ד]ואם היה דבר בחזירים, מתענין, מפני שמעיהם [ה]דומים לשל בני אדם; [ו]וכל שכן אם היה דבר בעכו"ם ולא בישראל, שמתענים.

אות ב' – ג'

איכא מותנא בארעא דישראל, גזר תעניתא, אמר: אם גבירה לוקה שפחה לא כל שכן

שאני התם, כיון דאיכא שיירתא דלווי ואתיא בהדיה

סימן תקעו ס"ב - [ז]היה דבר בארץ ישראל, מתענין שאר גליות עליהם - דכיון דגבירה לוקה, שפחה לא כ"ש, וסוריא אינה בכלל א"י, דכיבוש יחיד לא שמיה כיבוש. **(ודוקא דאיכא דבר בכולה ולא במקצתה) (ר"ן)** - דהא איכא גבירה ג"כ דניצולת, ותינצל עם הניצולין.

[ח]היה דבר במדינה - אף בחו"ל, **ושיירות הולכות ובאות ממנה למדינה אחרת, שתיהן מתענות אע"פ שהן רחוקות זו מזו** - לפי שהדבר מתלוה ובא עמהן, [גמרא]. **אבל** אם אין שיירות הולכות, אין מתענות הרחוקות, אבל כל סביבותיה מתענות ולא מתריעות, כדי להשתתף בצרתן, **וכן** נמי במפולת, סביבותיה מתענות מטעם זה.

באר הגולה

[א] ‹ע"פ הגר"א› [ב] **רמב"ם ממשנה י"ט וברייתא כ"ב** [ג] ‹גמרא שם כ"א: - גר"א› [ד] **עובדא דרב יהודה שם** [ה] ‹תוס' כתב: ויש לחוש שיהא דבר על בני אדם, ודלא כרש"י שכתב: וסימן רע הוא, משמע דהוי רק סימן בעלמא› [ו] **תוס' והר"ן לסברא ראשונה** [ז] **עובדא דרב נחמן משום דגבירה לוקה שפחה לא כ"ש** [ח] **עובדא דשמואל שם**

§ מסכת תענית דף כב. §

אות א'* [א]

רבי עקיבא אומר: על השדפון ועל הירקון בכל שהוא

סימן תקעו ס"ח - [ב]וכן על ירקון - הוא תבואה שהכסיפה פניה, **והשדפון** - הוא רוח שמריק הזרע מן התבואה, **משהתחיל בתבואה, אפילו לא התחיל אלא במקום אחד [ג]כמלא פי התנור** - פי' תבואה שראוי לעשות פת כמלא פי תנור, **ובגמ'** מסתפק, אם ר"ל ככיסוי התנור, או כשורות הלחם הדבקים בפי התנור זה אצל זה, א"נ זה למעלה מזה, **מתענין ומתריעין.**

אות א'

ארבה וחסיל, אפילו לא נראה בארץ ישראל אלא כנף אחד מתריעין עליהן

סימן תקעו ס"ט - [ד]וכן על הארבה והחסיל, אפילו לא נראה מהם אלא כנף אחד בכל ארץ ישראל, [ה]ואפי' אינו משחית יבול הארץ, מתענין ומתריעין עליהם.

אות ב' - ג' - ד' - ה' - ו'

אי זו היא משולחת ואי זו היא שאינה משולחת וכו'

הכי קאמר: נראתה בעיר ביום, משולחת וכו'

כאן בשדה הסמוכה לאגם, כאן בשדה שאינה סמוכה לאגם

כי תני ההיא באגמא

ככוכי דצייד

סימן תקעו ס"ו - [ו]וכן על חיה רעה שנשתלחה, אפילו לא הזיקה אלא נראית בלבד, מתענין ומתריעין בכל מקום, אפילו הרחוקים; [ז]אבל אם אינה משולחת, אינה אלא מקרה. איזו היא משולחת: [ח]נראתה בעיר ביום, הרי זו משולחת; נראתה בשדה ביום, אם ראתה שני בני אדם ולא ברחה מפניהם, הרי זו משולחת - שנאמר: ומוראכם וחתכם יהיה על כל חית הארץ, וזו שעמדה לנגדם ולא יראה, בכלל שילוח הוא.

משמע דבשדה בלילה, שדרכה להיות שם, אין ראיה מעמידתה שנשתלחה להזיק, **אבל** בעיר בלילה, דיש בזה ג"כ צד אחד של ריעותא, אפשר דגם זה בכלל שילוח הוא.

ואם היתה שדה שסמוכה לאגם, וראתה שני בני אדם ורדפה אחריהם, הרי זו משולחת; לא רדפה אחריהם, אינה משולחת - ר"ל בזה אם עמדה, כל זמן שלא רדפה אחריהם אינה משולחת, דכיון דסמוכה לאגם היינו רביתא, והאי דלא ברחה, סברה אי אתי בתראי עריקנא לאגמא מיד, [רש"י].

ואם היתה באגם - [ט]הוא מלא קנים ואילנות קטנים, וה"ה יער גדול, **אפילו רדפה אחריהם אינה משולחת** - דכיון דהיינו דוכתא שלה, סמכה אדעתה ורהטא אבתרייהו, [רש"י].

אלא אם טרפה שניהם ואכלה אחד מהם - רבותא הוי, דאע"ג דאכלה אחד מהן, הוי משולחת מדטרפה השניה ולא אכלה, [**ודוקא** כשטרפן זה אחר זה, אבל אי טרפה שני בני אדם כאחד, אפשר אי לא אכלה אלא אחד מהם, אין זה הוכחה שהיא משולחת מדטרפה שניהם, כיון דבחדא טריפה טרפה לשניהם], **וכ"ש** אם לא אכלה כלל, בודאי משולחת הוי מדטרפה אותן - תוס', **ובפירוש** ר"ח איתא להיפך.

אבל אם אכלה שניהם באגם, אינה משולחת, מפני שזה הוא מקומה ומפני הרעבון טרפה, לא מפני שהוא משולחת.

סימן תקעו ס"ז - [י]בתים הבנויים במדברות ובארצות הנשמות, הואיל והם מקום גדודי חיה, אם עלתה לגג ונטלה תינוק מעריסה (פי' מטה קטנה, מענין: הנה ערשו ערש ברזל), הרי זו משולחת; [יא]ואם לא הגיע למדה זו, אינה משולחת, שאלו בני אדם שסכנו בעצמם ובאו למקום החיות.

אות ז'

חרב שאמרו, אינו צריך לומר חרב שאינו של שלום, אלא אפילו חרב של שלום

סימן תקעו ס"א - [יב]ואפילו לא באו אלא לעבור דרך ארצם, שאין להם מלחמה עמהם אלא על עכו"ם אחרים, ועוברים על מקום ישראל, מתענין ומתריעין.

באר הגולה

א ‹ע"פ הב"י ובאר הגולה› **ב** **משנה י"ט כפי' רמב"ם** **ג** **פי' דבר מועט וכר"ע בברייתא כ"ב, הרב המגיד** ‹ופרש"י... וה"ה הקשה עליו, וז"ל: ולשון אחרון שכתב דכך היה מעשה, אבל לענין דינא אפי' בכל שהוא, קשה לי, דא"כ למאי שקלו וטרו בגמ' אם הוא כמלא תנור תבואה או כמלא פי תנור פת, ומאי איכפת לן מאי דהוה הוה. **גם** לשון ראשון קשה לי, שהוא ז"ל חלק בין תענית להתרעה, ומשמע התם דהנהו דאמרינן מתריעין עליהן, מתענין בהתרעה קאמר. **ופי'** דהאי כל שהוא יש לו שיעור, והיינו כמלא פי תנור, דלמלוא פי תנור קרי כל שהוא לפי שהוא דבר מועט, וכך צ"ל לדעת הרמב"ם ורבינו - ב"י. ‹**ולכאורה** מש"כ הבאר הגולה מהרב המגיד, דפירוש של מלא פי התנור, היינו דבר מועט, הוי פלא, דהרב המגיד אמר ממש להיפך, דפי' של דבר מועט דקאמר ר"ע, היינו כמלוא פי התנור, וצ"ל דר"ל דמלא פי תנור הוא פירושו של דבר מועט, ודוחק› **ד** **רמב"ם ממשנה י"ט ובברייתא כ"ב** **ה** ‹גמ' שם כ"א: - גר"א› **ו** **משנה י"ט** **ז** **ברייתא כ"ב** **ח** **לשון הרמב"ם מהך ברייתא וכדמפרש לה שם בגמ'** **ט** ‹עיין רש"י "והוא מלא קוצים"› **י** **רמב"ם מברייתא כ"ב וכדמפרש רב פפא** ‹ורש"י פי' כוך קטן של ציידים וכו', ואע"ג דלא בנין קבוע הוא ולא הוי כישוב, הויא משולחת, ע"כ. ורבינו אינו מפרש כן כמבואר - מעשה רקח› **יא** ‹ופירש"י ז"ל: וה"ה לבית שתחתיו, אבל מלשון הרמב"ם ז"ל נראה, דדוקא עלתה לגג הוי משולחת, אבל בלא"ה לא, דפי' כוכי דציידי היינו מקום גדודי חיות, ושם דרכן בכך - קרן אורה› **יב** **ברייתא שם כ"ב**

לצפרא כרכינהו · רבנן לביסתרקי דהנא אומנא ואייתינהו לשוקא לזבינהו : אמרו ליה · להנא אומנא לשיימינהו מר והב לן דמייהו והיו בודקין אותו אם יחשדם כגזלנין או אם יהא שם אותם פחות מכדי דמיהם : במאי חשדתינן · כשלקחתם : ואכסיפו . לכו מילתא למימר לי לאלתר ליתן אותם והכי אתו למיגר גנבי למיעבד טלי האי : נשקלינהו מר · שלא היינו רוצין אלא לנסותך : חלשא דעתיה דרבא מדאביי · דלרבא לא אתי שלמא אלא ממעלי יומא דכיפורי למעלי יומא דכיפורי ולאביי כל מעלי שבתא : אכולא כרכא · על כל בני עירך : רב ברוקא חוזאה · שהיה מבי חוזאי : דבי לפט · מקום : א"ל · רב ברוקא לאליהו מי איכא בהאי שוקא כו' : מסאני אוכמי · מנעלים שחורים (ד) שלא כמנהג היהודים : ולא רמי חוטא · לא הטיל ציצית בטליתו : אמר ליה · אליהו לרב ברוקא האי בר עלמא דאתי הוא : קרא ליה · רב ברוקא לההוא גברא: זנדוקנא · שומר בית האסורין (ה) : רמינא פורייאי כו' · מטיל אני מטתי בין אנשים לנשים : דיהבי נכרים עינייהו עלה · בעלי בית האסורים : איסרמי נערה כו' · דהויא בבית הסוהר: דורדיא דחמרא · שמרים של יין האדומים כדם : בשיפולה · בשולי בגדיה : דיסתנא · דרך נשים לה ומאוסה היא והוא לשון פרסי : אמר ליה · אליהו לרב ברוקא הני נמי בני עלמא דאתי נינהו: בדוחי · שמחים ומשמחים בני אדם : טרחינן . במילי דבדיותא ביניהו : עד דעבדי שלמא · (ו) שהן דברים שאדם אוכל פירותיהן בעולם הזה והקרן קיימת וט' הבאת שלום בין אדם לחבירו : שדפון וירקון · כיון שנראה כל שהוא מתריעין ומלא תנור דמתניתין להתענות אי נמי מעשה (ז) היה כך : כנף אחד · עוף אחד של אותו מין כעין לפור כל כנף (בראשית ז) : משולחת · מן השמים : בשדה אינה משולחת · דהייט אורחה : טרפה שני בני אדם · ולא אכלה אלא אחד מהם ודאי משולחת דכיון דלא היתה רעבה אלא לאחד מאי טעמא קטלה ליה לאידך : שניהן אינה משולחת · שמפני הרעב אכלתם : עלתה לגג · רגילין היו להשתמש כל תשמישיהן בגגות שלא היו משופעים אלא חלקים ושוין והוא הדין לבית שתחתיו : עריסה · ברט"ל בלע"ז : הכי קאמר · האי דקתני נראתה בעיר כו' הכי קאמר נראתה בעיר כגון שנראתה ביום דסתם נראתה ביום משמע אבל בלילה אינה משולחת והאי דקתני נראתה ביום (ח) א] אשדה קאי דאם נראתה בשדה ביום אינה משולחת: הא עמדה · בשדה דלא רצתה ולא נחבאת : בשדה הסמוכה לאגם · עמדה אינה משולחת דכיון דסמוכה לאגם הייט רביתה ולא ברחה כברה אי אתי בתראי עריקנא לאגם מיד : בשדה שאינה סמוכה לאגם · עמדה משולחת דכיון דלאו מקום רביתה הוא וקיימא ודאי משולחת גזירה היא : אגם · מרש"ק בלע"ז הסמוך לעיר והוא מלא קוצים : כי תניא ההיא · דאכלה אין רצתה לא באגם (ט) דכיון דהייט דוכתה סמכה אדעתה ורהטא אבתרייהו : בכוכי דציידי · סוך קטן של ציידין שיתפרו למחרב העופות ואף על גב דלאו כבן קבוע הוא ולא הוה כיישוב הויא משולחת : אין צריך לומר חרב שאינו של שלום · שמתריעין עליה (י) אלא אפילו חרב של שלום · שעוברת דרך ארצו מלכות לילך להלחם במקום אחרים :

לצפרא כרכינהו ושקלינהו וקמו ונפקו להו לשוקא ואשכחינהו א"ל לשימיה מר היכי שוו א"ל הכי והכי א"ל ודלמא שוו טפי א"ל בהכי שקלינהו אמרו ליה דידך נינהו ושקלינהו מינך אמרו ליה במטותא מינך במאי חשדתינן א"ל אמינא פדיון שבויים איקלע להו לרבנן ואכסיפו למימר לי אמרו ליה השתא נשקלינהו מר אמר להו מההוא שעתא אסחתינהו מדעתאי לצדקה הוה קא חלשא דעתיה דרבא משום דאביי (א) אמרו ליה מסתייך דקא מגנית אכולה כרכא ר' ברוקא חוזאה הוה שכיח בשוקא דבי לפט הוה שכיח אליהו גביה א"ל °איכא בהאי שוקא בר עלמא דאתי א"ל לא אדהכי והכי חזא להההוא גברא דהוה סיים מסאני אוכמי ולא רמי חוטא דתכלתא בגלימיה א"ל האי בר עלמא דאתי הוא (ב) רהט בתריה א"ל מאי עובדך א"ל זיל האידנא ותא למחר למחר א"ל מאי עובדך א"ל *זנדוקנא אנא ואסרנא גברי לחוד ונשי לחוד ורמינא פורייאי בין הני להני כי היכי דלא ליתו לידי איסורא כי חזינא בת ישראל דיהבי נכרים עלה עינייהו מסרנא נפשאי ומצילנא לה יומא חד הוות נערה מאורסה גבן דיהבו בה נכרים עינייהו שקלי דורדייא דחמרא ושדאי לה בשיפולה ואמרי *דיסתנא היא א"ל מאי טעמא לית לך חוטי (ג) ורמית מסאני אוכמי א"ל עיילנא ונפיקנא ביני נכרים כי היכי דלא לידעו דיהודאה אנא כי הוו גזרי גזירתא מודענא להו לרבנן ובעו רחמי ומבטלי לגזירתייהו ומאי טעמא כי אמינא לך אנא מאי עובדך ואמרת לי זיל האידנא ותא למחר א"ל בההיא שעתא גזרי גזירתא ואמינא ברישא איזיל ואשמע להו לרבנן דלבעי רחמי עלה דמילתא אדהכי והכי אתו הנך תרי *אתי א"ל הנך נמי בני עלמא דאתי נינהו אזל לגבייהו אמר להו מאי עובדייכו אמרו ליה אינשי בדוחי אנן מבדחינן עציבי אי נמי כי חזינן בי תרי דאית להו תיגרא בהדייהו טרחינן ועבדינן להו שלמא: על אלו מתריעין בכל מקום כו': ת"ר על אלו מתריעין בכל מקום על השדפון ועל הירקון ועל ארבה וחסיל ועל חיה רעה *ר' עקיבא אומר על השדפון ועל הירקון בכל שהוא *ארבה וחסיל אפילו לא נראה בא"י אלא כנף אחד מתריעין עליהן: ועל חיה וכו': ת"ר חיה רעה שאמרו בזמן שהיא משולחת מתריעין עליה אינה משולחת אין מתריעין עליה ^אי זו היא משולחת ואי זו היא שאינה משולחת נראית בעיר משולחת בשדה אינה משולחת ביום משולחת בלילה אינה משולחת ראתה שני בני אדם ורצתה אחריהן משולחת *נחבאת מפניהן אינה משולחת טרפה שני בני אדם ואכלה אחד מהן משולחת אכלה שניהן אינה משולחת עלתה לגג ונטלה תינוק מעריסה משולחת הא גופה קשיא אמרת נראתה בעיר משולחת לא שנא ביום ולא שנא בלילה והדר אמרת ביום משולחת בלילה אינה משולחת לא קשיא ^הכי קאמר נראתה בעיר ביום משולחת בעיר בלילה אינה משולחת אי נמי בשדה [אפילו] ביום [אינה] משולחת (בשדה בלילה אינה משולחת) ראתה שני בני אדם ורצתה אחריהן משולחת הא עומדת אינה משולחת והדר אמרת נחבאת מפניהן אינה משולחת הא עומדת משולחת לא קשיא ^כאן בשדה הסמוכה לאגם כאן בשדה שאינה סמוכה לאגם טרפה שני בני אדם כאחד ואכלה אחד מהן משולחת שניהם אינה משולחת והא אמרת אפילו רצתה אמר רב פפא ^כי תני ההיא באגמא: גופא עלתה לגג ונטלה תינוק מעריסה משולחת פשיטא אמר רב פפא ^בכוכי דציידי: על החרב וכו': ת"ר ^חרב שאמרו אינו צריך לומר חרב שאינו של שלום אלא אפילו חרב של שלום שאין לך חרב של שלום יותר מפרעה נכה ואעפ"כ נכשל בה המלך יאשיהו שנאמר וישלח

טרפה שני בני אדם אכלה אחד מהן משולחת· והוא הדין לא אכלה אחד מהם משולחת שהרי אם אכלה שניהם אינה משולחת דהא דאכלה שניהם לא הוי מטעם משולחת אלא מטעם דהיא רעיבה והא דנקט אכלה אחד מהם רבותא הוי דאע"ג דאכלה אחד מהן הוי משולחת :

כמלא

כא א מיי' פ"ב מהלכות תעניות הל' י טוש"ע א"ח סי' תקעו סעיף ט :

כב ב ג ד ה ו מיי' שם הלכה ז ח טוש"ע שם סעיף ו ו :

כג ז מיי' שם הלכה ד טוש"ע שם סעיף א :

[גי' הערוך זנדוקא] [עי' ע"ז כד:] [נ"ל דשתנא עי' ע"ז כד: וכן גי' הערוך] ס"ל אחי [גי' רי"ף ורא"ש ת"ר על השדפון וכו'] [גי' רי"ף ורא"ש ברחה]

רבינו חננאל

רבא מנגא וזכותיה אכולא כרכא : א"ל ר' ברוקה לאליהו הראיני אדם שהוא מבני העוה"ב א"ל זה הלך אחריו שאלו אמר לו שומר האסורים אני ואסרנא גברי לחוד ונשי לחוד ולא רמינא ציצית כי היכי דלא לרחשו דאנא יהודאי . וכי שמענא דגזרה על ישראל מהודענא להון ובעו רחמי ומבטלי . דורדיא שמרים של יין . דשתנא נדה . וזה הנראה בבגדיה ככתם דמיה הן . תוב א"ל אליהו הני נמי בני עלמא דאתי נינהו ושאלינהו ואמרו ליה משמחי לב עציבי אנן כלומר יש לנו חן שפה ודברים המסירים עצב מן הלב וכי חזינן נמי צערא בין גברא לחבריה אי בין גברא לאתתיה טרחינן ועבדינן שלמא ביניהו : על אלו מתריעין בכל מקום על השדפון ועל הירקון כו' וקי"ל כר' עקיבא דברייתא דתני על השדפון ועל [הירקון] (הארבה) בכל שהוא ואוקימנא למתני' לקמן דנראה באשקלון שדפון כמלא פי תנור תבואה כלומר כשיעור פי תנור נשרפה תבואה בשדה וגזרו תענית ואיבעיא לן האי שדפון דמשערינן ליה בשדה שיעור כיסוי פי התנור הוא . אי כשיעור דרא רפתא דהדר לפומא דתנורא ועלתה בתיקו . וכן נמי א"ר עקיבא וכן בארבה ובחסיל אפילו לא נראה אלא כנף אחד בא"י מתריעין עליהן מיד : פיסקא ועל חיה רעה ת"ר חיה רעה בזמן שהיא משולחת כו' ואוקימנא איזו היא משולחת שנראתה בעיר בלילה אי נמי נראתה בשדה ביום אינה משולחת . ראתה שנים ורצתה אחריהן משולחת אבל ראתה אותם ונחבאת מפניהם אי נמי לא נחבאת אלא עמדה בשדה הסמוכה לאגם אינה משולחת טרפה שנים באגם ואכלה אחד מהם משולחת ואם לא אכלה ולא אחד מהם אינה משולחת ותני מילי באגם אבל שלא במקום אגם אע"פ שלא אכלה אליהם משולחת : פיסקא ועל החרב מתריעין . ת"ר אין צ"ל חרב שאינה של שלום שודאי מתריעין אלא אפי' חרב של שלום מתריעין שאין לך חרב של שלום יותר מפרעה נכה ואעפ"כ נכשל בה

רבינו גרשום

כרכינהו לרצי ביסתרקי למובן ואמרי ליה כ"ע לישיימינהו מר . אמר להו הכי והכי שוו דבעי למיהב שווי' אלו בסתרקי לגנוזו וגנא דרבנן א"ל ההוא וגנא דרבנן חשדתינן דאתינן לותך לישקלינהו מר לבסתרקי דלא בעינא להו . מסאני אוכמי כנכרים ולא רמו חוטי . ציצית: מפני שהיא מכה מהלכת. שלאחר שנראה כל שהוא אינו מפסיק : שניהם אינה משולחת דאקראי היא מחמת רעבתינתא . א"נ בשדה ביום מסיים חברייתא בשדה הסמוכה לאגם . עמדה אינה משולחת לפי שלבה גסה באגם שהיא מצויה שם . בשדה שאינה סמוכה לאגם עמדה משולחת . באגם נטפה לא הוה משולחת עד דאכלה מהן . כוכי דאגמא דציידי . צריפין דיורין קטנים שדרין בהן ציידים ועל אותו גג עלתה דס"ד לא חשיב גג קמ"ל :

הגהות הב"ח

(א) גמ' חלשא דעתיה דרבא משום דאביי איתחזי ליה בחלמא אמרו ליה מסתייך : (ב) שם האי בר עלמא דאתי קרא ליה ולא אתא לגביה רהט בתריה א"ל : (ג) שם מ"ט לית לך חוטי וסיימת מסאני אוכמי כו' : (ד) רש"י ד"ה מסאני אוכמי כו' שלא כמנהג היהודים. נ"ב עי' בתוס' פרק בן סורר ומורה דף ע"ד ובפ' הכונס דף נ"ט : (ה) ד"ה זנדוקנא כו' האסורין של מלך הס"ד : (ו) ד"ה עד דעבדי שלמא הבאת שלום בין אדם לחבירו היא אחד מן הדברים שאדם אוכל פירותיהן בעוה"ז והקרן קיימת לעוה"ב הס"ד : (ז) ד"ה שדפון כו' אי נמי מעשה שהיה כך היה הס"ד: (ח) ד"ה הכי קאמר כו' והאי דקתני נראתה ביום אעיר קאי דאם נראתה בשדה אפילו ביום אינה: (ט) ד"ה כי תניא כו' רצתה לא באגם גופא דכיון דהייט : (י) ד"ה אין צריך לומר כו' שמתריעין עליה הס"ד ומה"ד אלא כו' :

גליון הש"ס

גמ' איכא בהאי שוקא. עיין בתורת חיים סנהדרין דף פח ע"ב ד"ה שלחו מתם :

הגהות מהר"ב רנשבורג א] רש"י ד"ה הכי קאמר וכו' והאי דקתני נראתה ביום אשדה וכו' נמחק מלת אשדה ונ"ב צ"ל אעיר :

עין משפט נר מצוה

כד א מיי׳ פ״ג מהל׳ תענית הלכה יא טוש״ע א״ח סימן תקעו סעיף ח:
כה ב מיי׳ פ״כ מהלכות טומאת מת הל׳ ד:
כו ג מיי׳ פ״א מהל׳ תענית הלכה ט טוש״ע א״ח סימן תקצא סעיף א:
כז ד מיי׳ פ״ג מהל׳ תענית הלכה ה טוש״ע א״ח סימן תקעו סעיף ג:
כח ה ו מיי׳ שם הל׳ טו טוש״ע שם סעיף יא:

רבינו חננאל

יאשיהו ונהרג דכתיב ויורו המורים למלך יאשיהו ואמר עשאוה ככברה ולמה נענש מפני שלא נמלך בירמיהו כד הוה נית נפשיה שמעיה ירמיהו דהוה קאמר צדיק הוא ה׳ כי פיהו מריתי פתח עליה ירמיהו רוח אפינו משיח ה׳: ועוד גזרו תענית על שבלעו זאבים ב׳ תינוקות בעבר הירדן והקיאום דרך בית רעי וטיהרו הבשר וטמאו העצמות...

גמרא

°וישלח אליו מלאכים לאמר מה לי ולך מלך יהודה לא עליך אתה היום כי אל בית מלחמתי ואלהים אמר לבהלני חדל לך מאלהים אשר עמי ואל ישחיתך (א) מאי אלהים אשר עמי אמר רב יהודה אמר רב זו ע״ז אמר הואיל וקא בטח בע״ז יכילנא ליה (ב) °ויורו היורים למלך יאשיהו ויאמר המלך לעבדיו העבירוני כי החליתי מאד מאי כי החליתי מאד *אמר רב יהודה אמר רב מלמד שעשו כל גופו ככברה אמר ר׳ שמואל בר נחמני אמר רבי *(יוחנן) מפני מה נענש יאשיהו מפני שהיה לו לימלך בירמיהו ולא נמלך מאי דרש °וחרב לא תעבור בארצכם מאי חרב אילימא חרב שאינה של שלום והכתיב ונתתי שלום בארץ אלא אפילו (ג) של שלום והוא אינו יודע שאין דורו דומה יפה כי הוה ניחא נפשיה חזא ירמיהו שפוותיה דקא מרחשן אמר שמא ח״ו מילתא דלא מהגנא אמר אגב צעריה גחין ושמעיה דקא מצדיק עליה דינא אנפשיה אמר °צדיק הוא ה׳ כי פיהו מריתי פתח עליה ההיא שעתא °רוח אפינו משיח ה׳: מעשה וירדו זקנים מירושלים לעריהם כו׳: איבעיא להו כמלא תנור תבואה או דלמא כמלא תנור פת תא שמע *כמלא פי תנור ועדיין תיבעי להו כביסויא דתנורא או דלמא כי דרא דריפתא דהדר ליה לפומא דתנורא תיקו: ועוד גזרו תענית על שאכלו זאבים כו׳: אמר עולא משום ר׳ שמעון בן יהוצדק *מעשה ובלעו זאבים שני תינוקות והקיאום דרך בית הרעי ובא מעשה לפני חכמים °וטיהרו את הבשר וטמאו את העצמות: על אלו מתריעין בשבת כו׳: תנו רבנן (ד) °עיר שהקיפוה נכרים או נהר ואחד ספינה המיטרפת בים ואחד יחיד שנרדף מפני נכרים או מפני לסטין *ומפני רוח רעה °על כולן יחיד רשאי לסגף את עצמו בתענית רבי יוסי אומר אין היחיד רשאי לסגף את עצמו בתענית שמא יצטרך לבריות ואין הבריות מרחמות עליו אמר רב יהודה אמר רב מ״ט דרבי יוסי דכתיב °ויהי האדם לנפש חיה נשמה שנתתי בך החייה: שמעון התימני אומר אף על הדבר כו׳: איבעיא להו לא הודו לו חכמים באבל בחול הודו לו או דלמא לא הודו לו כלל ת״ש דתניא מתריעין על הדבר בשבת ואצ״ל בחול ר׳ חנן בן פיטום תלמידו של ר׳ עקיבא משום רבי עקיבא אומר אין מתריעין על הדבר כל עיקר: על כל צרה שלא תבא על הצבור כו׳: ת״ר על כל צרה שלא תבא על הצבור מתריעין עליה חוץ מרוב גשמים מ״ט אמר ר׳ (ה) יוחנן °לפי שאין מתפללין על רוב הטובה ואמר רבי יוחנן מניין שאין מתפללין על רוב הטובה שנאמר °הביאו את כל המעשר אל בית האוצר וגו׳ *)מאי עד בלי די אמר רמי בר (רב)(יוד) עד שיבלו שפתותיכם מלומר די אמר °) רמי בר רב יוד ובגולה מתריעין עליה תניא נמי הכי שנה שגשמיה מרובין אנשי משמר שולחין לאנשי מעמד תנו עיניכם באחיכם שבגולה שלא יהא בתיהם קבריהם שאלו את ר׳ אליעזר עד היכן גשמים יורדין ויתפללו שלא ירדו אמר להם כדי שיעמוד אדם בקרן אפל וישכשך רגליו במים והתניא ידיו רגליו כידיו קאמינא אמר רבה בר בר חנה לדידי חזיא לי קרן אפל דקם ההוא טייעא כי רכיב גמלא ונקיט רומחא בידיה מתחזי ג׳) אניבא ת״ר°) ונתתי גשמיכם בעתם לא שבורה ולא צמאה אלא בינונית שכל זמן שהגשמים מרובין מטשטשין את הארץ ואינה מוציאה פירות דבר אחר בעתם

א) [גי׳ רי״ף ורא״ש אמר ר׳ אבא אמר שמואל לפי׳] ב) [גי׳ רי״ף ורא״ש ר״י אמר רב וכן גי׳ רש״א] ג) [נ״ל יניבא פי׳ תולעת כדאיתא בחולין סס: ר׳ חייא נפל ליה יניבא ערוך ערך אנבא] °) ויקרא כו

תוספות

כמלא תנור תבואה או דלמא כמלא תנור תבואה הוי פי׳ כמלא חלל התנור תבואה דהיינו יותר ממלא תנור פת תא שמע כמלא פי תנור פת ואם כן מיירי בפת: **ועדיין** תבעי לך כמלא פי תנור כמלא עגול פי תנור · דהיינו שורה של לחם סביבות פי התנור או דלמא כי דרא דריפתא והדר ליה לפומיה דתנורא שורות שורות של לחם זו למעלה מזו עד פי התנור: **וטהרו** את הבשר · פירוש לפי שנתעכלו במעי הזאבים וטמאו את העצמות דלא מיעכלו: **ועל** כולן רשאי לסגף עצמו בתענית · פי׳ לענות נפש מתרגמינן לסגפא נפש: **ר׳** יוסי אומר אין היחיד רשאי לסגף · וכ״ל דהני תנאי ל״פ בהא דמיירי הני אמוראי בפרקין דלעיל (דף יא:) אם נקרא חוטא או נקרא קדוש וכו׳ דהאמוראי פליגי במאי לצעורי נפשיה והני תנאי פליגי בדלא מצי לצעורי נפשיה: **לאנשי** (ח) משמר · פי׳ דהיינו אנשי מעמד דיש בישראל שהיו נחלקים למעמדות להתפלל שיתפללו על אחיהם שבגולה פי׳ לפי שבגגותיהם שוים ונימוקים מחמת גשמים: **קרן** אפל· פי׳ שם מקום: **אינבא** · פירוש לנד״א בלע״ז מחמת גובהו של הר: **בלילי** רביעיות ובלילי שבתות · פי׳ שלא היו בני אדם הולכין בדרכים באותן לילות מפני אגרת בת מחלת כדמפרש במסכת פסחים (דף קיב:):

רש״י

וישלח אליו מלאכים לאמר מה לי ולך מלך יהודה לא עליך אתה היום כי אל בית מלחמתי ואלהים אמר לבהלני חדל לך מאלהים אשר עמי וגו׳ · יאשיהו יצא לקראתו למלחמה ולא נתנו לעבור בארצו ושלח לו פרעה כנה מלאכים לאמר כו׳: **מאן** אלהים · דקאמר ליה פרעה כנה חדל לך מאלהים אשר עמי (ה) **מלמד** שעשו כל גופו ככברה: **ונתתי שלום בארץ** · **ולמאי** הלכתא כתיביה רחמנא לאידך קרא וחרב לא תעבור · אלא אפי׳ חרב של שלום: **שאין דורו דומה יפה** · בעיני המקום: **איבעיא להו כמלא תנור תבואה** · דהיינו שיעור גדול יותר ממלוא תנור פת דשיעור קטן הוא שאין דרך למלאות כל חלל התנור פת אלא בדפנות מדביקין אותו: **ת״ש** · דקתני חדא כי האי לישנא כמלא פי תנור דהיינו פת דאילו תבואה לא מצי קיימא על פי התנור: **או דלמא כי דרא דריפתא** · שורה של לחם הדבוקין זה אצל זה כפי התנור או כמו שמדביקין זה למעלה מזה עד פי התנור: **ובלען** כשהן שלימין: **וטהרו את הבשר** · שהוא מטמא טומאת מת דנתעכל ונתבטל תוך מעיו וכגון ששהו ימי עיכול ופירשו בגללים: **וטמאו את העצמות** · דלא מתעכלו: **מפני רוח רעה** · שנכנס בו רוח שדה ורץ והולך ושמא יטבע בנהר או יפול וימות: **לסגף** · לענות נפש מתרגמינן לסגפא נפש: **ילמרך לבריות** · כי אין בו כח להרויח ולהתפרנס מיגיעו: **דכתיב לנפש חיה** · החייה: **חנן בן פטום אומר אין מתריעין על הדבר** · אפי׳ בחול דגזרה היא: **רמי בר רב יוד** · חכם ששמו יוד: **ובגולה** · בבל שהיא במצולה: **מתריעין על רוב גשמים** · שלא ירדו: **שלא יהו בתיהם קבריהם** · שבגולה היא ונטבעים בתיהם במים: **לאנשי משמר ולאנשי מעמד** · מפרש בשלשה פרקים לקמן (דף טו:): **תנו עיניכם** · התבוננו בתפלתכם בתחנונות עליהם שלא ירדו רוב גשמים: **קרן אפל** · שם סלע גבוה וכך שמו: **וישכשך רגליו במים** · כלומר לעולם אין מתפללין: **והתניא ידיו** · עד שישכשך ידיו (ו): **רגליו כידיו** · וכיון דיכול לשכשך ברגליו אי נוחה יכול לשכשך בידיו כמי: **טייעא** · סוחר ישמעאל: **ונקיט** · ואחיז: **מיתחזי** · האי טייעא וגמליו ורומחא לרבה בר בר חנה דהוה על קרן אפל: **אניבא** · תולעת נ״א כי אגבא ליכרא״ש בלע״ז: **לא שכורה** · לא שתויה יותר מדאי שמטשטשין את הארץ:

רבינו גרשום

רבינו גרשום

והכתיב ונתתי שלום ואין צריך לומר הרב שאינה של שלום שאינה עוברת: שאין דורו רוצה יפה שאין מעשה ידי הדור יפה שלפיכך הוא בא: כמלא תנור תבואה כמו שהיה קרקע התנור מכוסה מתבואה. כמלא תנור פת היינו מעט. כמלא פי תנור משמע פת שהוא סביב הפת. כי כיסא דתנורא ככיסוי פי התנור דהיינו פת אחד: ומיהרו את הבשר שהרי נתעכל וטמאו את העצמות. שלא נתעכל: לסגף לענות כדמתרגמינן לענות לסגפא: או לא הודו לו כלל. דאין מתריעין על הדבר כלל אפי׳ בחול בזמן שישנו במקום אחר. מאי טעמא אין מתריעין על רוב גשמים: ובגולה מתריעין על רוב גשמים לפי שהן יושבין באגם ורוב גשמים קשה להם. תנו עיניכם שתתפללו. אופל הר גבוה: לשפשף במים. טילתא דלא אפשר רגלו כידו (לס״ה) רגלו או ידו. אינבא. לנטרא: בלילי רביעיות שאין בני אדם מצויים לחוץ מפני אגרת בת מחלת. אם נטחת נתבסה. צריך אתה להתנדות שמשיח דברים כלפי מעלה:

הגהות הב״ח

(א) גמ׳ ואל ישחיתך מאן אלהים אמר רב יהודה אמר רב כו׳ כצ״ל והיבות אשר עמי נמחק: (ב) שם יכילנא ליה וכתיב ויורו היורים וכו׳ כי החליתי מאד אמר רב יהודה אמר רב עשו כל גופו וכו׳ כצ״ל ותיבות מאי כי החליתי מאד ותיבת מלמד נמחק: (ג) שם שלום בארץ אלא אפילו חרב של שלום כו׳ כי הוה קא ניחא נפשיה: (ד) שם ת״ר אחד עיר שהקיפוה נכרים: (ה) רש״י ד״ה מאן אלהים כו׳ אשר עמי הס״ד ואח״כ מה״ד אמר יאשיהו הואיל וקא בטח פרעה בע״ז יכילנא ליה והיינו דכתיב ולא הסיב יאשיהו לא השיבו כלום הס״ד ואח״כ מס״ד כל גופו מדכתיב ויורו כו׳ המורים הס״ד ואח״כ מה״ד כ״ג אמר רב יהודה אמר רב עשו כל גופו ככברה הס״ד ותיבת מלמד נמחק: (ו) ד״ה דכתיב כו׳ החייה הס״ד ואח״כ מה״ד רבי חנן בן כו׳: (ז) ד״ה והתניא וכו׳ ירדו במים הס״ד: (ח) תוס׳ ד״ה לאנשי מעמד פי׳ היינו אנשי מעמד כו׳. נ״ב עי׳ לקמן דף כ״ז:

§ מסכת תענית דף כב: §

שמא ח"ו מילתא דלא מהגנא אמר אגב צעריה

וקשה דמה היה הצורך לדעת זאת, **ואפשר** כמ"ש החזו"א זצ"ל, וז"ל: דעתי כי ראוי למחזיקים בתורת ה' לדעת את גדוליה באופים האמיתי, ואם הותר לדבר לשון הרע על אומן באומנותו להאיש הדורש עליו לצורך, **על** מי שתורתו אומנותו לא כל שכן שמותר להודיע להמחזיקים בתורה וצריכים לדעת, כי הידיעה של חכמי הדור לבם ומדתם, הן הן גופי תורה, **מכל** מקום צריך לזה זהירות יתירה, ופן משנה הדבר בקוצו של יוד, ונמצא מוציא שם רע על תלמיד חכם (קובץ אגרות ח"ב אגרת קלג).

אות א'

כמלא פי תנור

סימן תקעו ס"ח - [א]וכן על ירקון - הוא תבואה שהכסיפה פניה, **והשדפון** - הוא רוח שמריק הזרע מן התבואה, **משהתחיל בתבואה, אפילו לא התחיל אלא במקום אחד [ב]כמלא פי התנור** - פי' תבואה שראוי לעשות פת כמלא פי תנור, **ובגמ'** מסתפק, אם ר"ל ככיסוי התנור, או כשורות הלחם הדבקים בפי התנור זה אצל זה, א"נ זה למעלה מזה, **מתענין ומתריעין.**

(ואפילו הרמוקים, רק שיהיו באותו הפרכיא) - היא מלכות, **ודוקא** בזה שהיא מכה מהלכת, אבל כשאינה מהלכת, אינה מתרעת אלא מתענית בלבד, ‹באותו הפרכיא - פמ"ג, כמ"ש סי"ב, מ"א.

אות ב'

וטיהרו את הבשר וטמאו את העצמות

רמב"ם פ"כ מהל' טומאת מת ה"ד - וכמה תשהא הטומאה במעיהן ותהיה מטמאה כשימותו, בכלב שלשה ימים מעת לעת, ובשאר חיה ובהמה ועופות ודגים יום אחד מעת לעת; בד"א - ‹דבעינן שישהה כדי עיכול›, **כשנשאר בשר המת בתוך מעיהן, אבל זאב שבלע תינוק והקיאו דרך בית הרעי, הבשר טהור והעצמות בטומאתן** - ‹ודברי רבינו הם דלא כפירש"י ז"ל דפי': וכגון ששהו ימי עיכול, עכ"ל - כסף משנה›.

אות ב'*

עיר שהקיפוה נכרים או נהר, ואחד ספינה המיטרפת בים, ואחד יחיד שנרדף מפני נכרים או מפני לסטין, ומפני רוח רעה

סימן רפח ס"ט - עיין לעיל דף י"ד. י"ט.

סימן תקעו סי"ג - עיין לעיל דף י"ד. י"ט.

אות ג'

על כולן יחיד רשאי לסגף את עצמו בתענית

סימן תקעח ס"א - [ד]כשם שהצבור מתענים ומתפללים על צרתם, כך כל יחיד מתענה ומתפלל על צרתו - שכיון שהתענית הוא מדרכי התשובה והכנעה, כל יחיד ויחיד מחוייב לחפש בדרכיו בעת צרתו ולשוב אל ד' - מגיד משנה, **וכתב** הפמ"ג דמשמע מלשון זה, דיש עליו חיוב להתענות, וכן מצדד הב"ח.

כיצד, היה לו חולה, או תועה במדבר, או חבוש בבית האסורים, יש להתענות ולבקש רחמים בתעניתו; [ה]ולא יתענה בשבת ומועד חנוכה ופורים וראש חודש - וערב יו"כ, **ואפילו** קבל עליו שני וחמישי של כל השנה, ופגע בהם ימים אלו, מפסיקין.

[ו]סימן תקעא ס"ג - [ז]עיר שהקיפוה עכו"ם, וכן יחיד הנרדף מפני אנסין או מפני לסטים או מפני רוח רעה, [ח]אינם רשאים להתענות, שלא לשבר כחם; [ט]אלא יקבלו עליהם להתענות כך וכך תעניות לכשינצלו.

‹המשך הלכות בעמוד הבא›

באר הגולה

[א] משנה י"ט כפי' רמב"ם [ב] פי' דבר מועט וכר"ע בברייתא כ"ב, הרב המגיד [ג] ‹ע"פ מהדורת נהרדעא› [ד] **טור בשם הרמב"ם, וכתב הרב המגיד, אע"פ שאין לו הכרע מן הגמרא, דברים נראין הם, מדרכי התשובה לחפש בדרכיו בעת צרתו** ‹וז"ל: מלשון רבינו נראה שהוא סבור שהיחיד חייב להתענות על צרתו, כשם שהצבור חייבין להתענות על צרתן, ודבר נכון הוא, אע"פ שאין לו הכרח מן הגמרא, שיש לפרש כל מה שהזכיר בגמרא בתענית יחיד, שהוא כשקבל עליו מדעתו, לא שיהיה מחוייב להתענות, אבל דברים נראים הם, שכיון שהתענית הוא מדרכי התשובה והכניעה, כל יחיד ויחיד מחוייב לחפש בדרכיו בעת צרתו ולשוב אל ה' - עכ"ל› [ה] **מברייתא דיחידים מפסיקים לר"ח** ‹י"ב› [ו] ‹מילואים› [ז] **סמ"ג בשם התוספתא** [ח] ‹לפי שכל המתענה על כיוצא באלו, אינו מתענה בהפסקות, אלא ברציפה וסיגוף, ורבי יוסי נמי דאמר אין היחיד רשאי לסגף עצמו בתענית, אילו היה התעניות מופסקין, ודאי דלא הוה אסר, דבכהאי גונא לא שייך שמא יצטרך לבריות - ב"י סימן תקע"ו אות י"ג. **ואף** דבסי' תקע"ז פסקינן כרבנן, דיחיד רשאי להתענות, ע"ש, הובא לקמן אות ה'- ו', לכאורה החילוק הוא, דדוקא הבעל צרה עצמו אינו רשאי להתענות, דישבר כחו, ולא יהיה יכול לסבול צרתו, **משא"כ** סוגייתינו דאיירי באדם אחר שאינו הבעל צרה, וכן לקמן איירי בצרה כללי, פסקינן כרבנן, דיחיד רשאי לסגף עצמו› [ט] **ב"י מהא דבימי רבי זירא גזרו שמדא**

אות ד׳

אבל בחול הודו לו

סימן תקעו ס״ב - [י]**וכן על הדבר**, ‹מתענין ומתריעין›.

אות ה׳ - ו׳

לפי שאין מתפללין על רוב הטובה ובגולה מתריעין עליה

סימן תקעו סי״א - [יא]**וכן על המטר; כיצד, הרי שרבו עליהם גשמים עד שיצרו להם, הרי אלו מתפללים עליהם, שאין לך צרה יתירה מזו, שהבתים נופלים ונמצא בתיהם קבריהם.**

ובארץ ישראל אין מתפללין על רוב הגשמים, מפני שהיא ארץ הרים ובתיהם בנוים באבנים ורוב הגשמים טובה להם, ואין מתענים להעביר הטובה.

ועכשיו בצפת מצויה מפולת בתים מפני הגשמים, ומתפללים עליהם.

[יב]**סימן תקעז ס״א** - [יג]**בכל מקום** - פי' אפילו ארץ הרים שריבוי הגשמים הוא לטובתה, מ"מ **אם רוב גשמים מטשטשים הקרקע ומונעים המחרישה** - וה"ה אם מקלקלים ומפסידים בענין אחר, **מתריעים ומבקשים רחמים** - וכ"ש אם הוא ארץ מצולה, שריבוי הגשמים הוא לקלקלה, בודאי תמיד מתריעין על רוב הגשמים.

מדסתם משמע דדעתו, שיתנהג בזה כסדר תענית המבואר בסימן תקע"ה, ועיין בב"י.

[יד]**ואם הענין נחפז, ואין פנאי להתריע כסדר שאר תעניות** - פי' שצריך להתענות רצופות, מפני שסכנתו בכל יום, כגון עיר שהקיפוה עכו"ם וכה"ג, ולפי ענינם אין מקום לתענית בה"ב, [טו]**אין גוזרין בו תענית על הצבור, שאין הצבור יכולים להתענות בכל יום** - לפיכך אין גוזרין תענית כלל.

אלא מתריעין בכל יום ובכל תפלה, ובהתרעה בפה די; [טז]**ואם היחידים רוצים להתענות, רשאים הם בכך** - אפילו רצופים, ולא חיישינן שמא יחלה ויצטרך לבריות.

ובהתרעת הפה, דהיינו ב"עננו אבינו עננו", [יז]**אומר: יהי רצון מלפניך ה' אלהינו ואלהי אבותינו שיכבשו רחמיך את כעסך, ויגולו רחמיך על מדותיך, ותתנהג עם בניך במדת רחמים, ותכנס להם לפנים משורת הדין, ובטובך הגדול רחם עליהם, שאין פורענות בא לעולם אלא בשביל ישראל, והם עמך ונחלתך אשר הוצאת מארץ מצרים, ואינם יכולים** [יח]**לקבל לא רוב רעה ולא רוב טובה, השפעת עליהם רוב טובה, אינם יכולים לקבל; כעסת עליהם, אינם יכולים לקבל; יהי רצון שיהא ריוח בעולם וזכור רחמיך.**

הנה בד"מ משמע, שראוי לומר "עננו" אחר התפלה בדרך א"ב, כמו שאומרים בעשי"ת, **ולא** ראיתי נוהגין כן, אלא המנהג במדינותינו, שהש"ץ אומר ריצוי זה ב"שומע תפלה" כשיש הרבה גשמים.

באר הגולה

[י] ‹לשון הרמב"ם פ"א ה"א: מצות עשה מן התורה וכו' ודבר וארבה וכו', אלמא דס"ל דמתריעין על הדבר, וכיוצא בזה פסק בפ"ב הל' א', דמתריעין על הדבר. **ותמה** עליו הלח"מ מההיא דפ"ג דתעניות דף כ"ב ע"ב, דאסיקנא דאין מתריעין על הדבר כל עיקר, יעו"ש, והרבה להשיב בעד רבינו באורך יעו"ש. **ולענ"ד** נראה דרבינו קשיא ליה דר' עקיבא אדר' עקיבא, דבמתני' משמע דס"ל לר"ע דמתריעין על הדבר, {וכן עיר שיש בה דבר... ר"ע אומר מתריעות ולא מתענות}, ואלו מדברי ר' חנן בן פיטום שאמר משום ר"ע מוכח איפכא, וקשיא דברי ר"ע מיניה וביה, ומכח קושיא זו העלה הלח"מ שם דתרי תנאי ואליבא דר"ע יעו"ש, **אכן** הר"מ ז"ל רוח אחרת אתו לפרש הך סוגיא, דמ"ש ר' חנן בן פיטום משום ר"ע, דאין מתריעין על הדבר כל עיקר, איירי דוקא בשבת, אבל בחול מתריעין, ודלא כפי' רש"י ז"ל, **והשתא** לפי זה מאי דפשיט תלמודא לדעת רבנן דלא הודו לו לשמעון התימני, היינו דוקא לענין שבת הוא דלא הודו לו, אבל בחול הודו לו, וכדעת ר' חנן בן פיטום, **והא** דנקט ר' חנן אין מתריעין כל עיקר, היינו לומר: דלא מבעיא הסביבות, דבחול ס"ל לר' עקיבא דמתריעין ולא מתענין, דבשבת אין מתריעין נמי, אלא אפי' אותה העיר בעצמה, דסבירא ליה לר"ע דמתענה ומתרעת, אפ"ה בשבת אין מתריעין, ולכן נקט ר' חנן לישנא דאין מתריעין כל עיקר, כן נ"ל לבאר דעת הר"מ ודו"ק – פרי הארץ. (ספר שיש עליו הסכמות ממהרי"ט, ממהר"ש הלוי, מהמחנה אפרים, ומהמשנה למלך). **והר"ע** מברטנורה כתב וז"ל: ולא הודו לו חכמים להתריע על הדבר בשבת אבל בחול מתריעין, עכ"ל. **ועיין** בהר"ן שיש לו דרך אחרת, דברייתא איירי ברצופה, ר"ל כמה פעמים בזה אחר זה, ובמתני' איירי בדילוג ב' וה' וב', ע"ש› [יא] **רמב"ם מהא דרב** ‹עיין בגירסת הרי"ף ורא"ש: "אמר רב יהודה אמר רב, ובגולה מתריעין עליהן מיד"› **ובריייתא** [יב] ‹ע"פ הב"י ובאר הגולה› [יג] **לשון הרשב"ץ מברייתא כ"ב** [יד] **שם בהרשב"ץ בשם רבוותא** [טו] ‹והיינו לישנא דאמרינן בגמרא: ועל כולם יחיד רשאי לסגף עצמו בתענית, לפי שכל המתענה על כיוצא באלו, אינו מתענה בהפסקות, אלא ברציפה וסיגוף, ורבי יוסי נמי דאמר אין היחיד רשאי לסגף עצמו בתענית, כלומר שאילו היה התעניות מופסקין, ודאי דלא הוה אסר, דבכהאי גונא לא שייך שמא יצטרך לבריות, הילכך ודאי משמע שהבא להתענות על כיוצא באלו, ברציפה וסיגוף הוא שיתענה, ולפיכך לא הטילו מחמתן תענית על הציבור כלל, וביחיד אי רשאי אי לא פלוגתא דרבי יוסי ורבנן – ב"י סימן תקע"ו אות י"ג› [טז] ‹כת"ק שם {ודלא כרבי יוסי} – גר"א› [יז] **שם, מורכבת מתפילת רבי ישמעאל בן אלישע כהן גדול ושל חוני המעגל** [יח] ‹עיין בגמ' דף כ"ג. בהג' הב"ח אות ב'›

בעתם בלילי רביעיות ובלילי שבתות שכן מצינו *בימי שמעון בן שטח *שירדו להם גשמים בלילי רביעיות ובלילי שבתות עד שנעשו חטים ככליות ושעורים כגרעיני זיתים ועדשים כדינרי זהב וצררו מהם דוגמא לדורות להודיע כמה החטא גורם שנאמר °עונותיכם הטו אלה וחטאתיכם מנעו הטוב מכם וכן מצינו בימי הורדוס שהיו עוסקין בבנין בהמ"ק והיו יורדין גשמים בלילה למחר נשבה הרוח ונתפזרו העבים וזרחה החמה ויצאו העם למלאכתן וידעו שמלאכת שמים בידיהם: מעשה ששלחו לחוני המעגל וכו': ת"ר פעם אחת יצא רוב אדר ולא ירדו גשמים שלחו לחוני המעגל התפלל וירדו גשמים התפלל ולא ירדו גשמים עג עוגה ועמד בתוכה כדרך שעשה חבקוק הנביא שנאמר °על משמרתי אעמדה ואתיצבה על מצור וגו' אמר לפניו רבונו של עולם בניך שמו פניהם עלי שאני כבן בית לפניך נשבע אני בשמך הגדול שאיני זז מכאן עד שתרחם על בניך התחילו גשמים מנטפין אמרו לו תלמידיו רבי ראינוך ולא נמות כמדומין אנו שאין גשמים יורדין אלא להתיר שבועתך אמר (א) לא כך שאלתי אלא גשמי בורות שיחין ומערות ירדו בזעף עד שכל טפה וטפה כמלא פי חבית ושיערו חכמים שאין טפה פחותה מלוג אמרו לו תלמידיו רבי ראינוך ולא נמות כמדומין אנו שאין גשמים יורדין אלא לאבד העולם אמר לפניו לא כך שאלתי אלא גשמי רצון ברכה ונדבה ירדו כתיקנן עד שעלו כל העם להר הבית מפני הגשמים אמרו לו רבי כשם שהתפללת שירדו כך התפלל וילכו להם אמר להם כך מקובלני שאין מתפללין על רוב הטובה אעפ"כ הביאו לי פר הודאה הביאו לו פר הודאה סמך שתי ידיו עליו ואמר לפניו רבש"ע עמך ישראל שהוצאת ממצרים אינן יכולין (ב) לא ברוב טובה ולא ברוב פורענות כעסת עליהם אינן יכולין לעמוד השפעת עליהם טובה אינן יכולין לעמוד יהי רצון מלפניך שיפסקו הגשמים ויהא ריוח בעולם מיד נשבה הרוח ונתפזרו העבים וזרחה החמה ויצאו העם לשדה והביאו להם כמהין ופטריות *שלח לו שמעון בן שטח אלמלא חוני אתה גוזרני עליך נידוי [א] שאילו שנים כשני אליהו שמפתחות גשמים בידו של אליהו לא נמצא שם שמים מתחלל על ידך אבל מה אעשה לך שאתה מתחטא לפני המקום ועושה לך רצונך כבן שמתחטא על אביו ועושה לו רצונו ואומר לו אבא הוליכני לרחצני בחמין שטפני בצונן תן לי אגוזים שקדים אפרסקים ורמונים ונותן לו ועליך הכתוב אומר °ישמח אביך ואמך ותגל יולדתך תנו רבנן מה שלחו בני לשכת הגזית לחוני המעגל °ותגזר אומר ויקם לך ועל דרכיך נגה אור ותגזר אומר אתה גזרת מלמטה והקדוש ברוך הוא מקיים מאמרך מלמעלה ועל דרכיך נגה אור דור שהיה אפל הארת בתפלתך כי השפילו ותאמר גוה דור שהיה שפל הגבהתו בתפלתך ושח עינים יושיע דור ששח בעונו הושעתו בתפלתך ימלט אי נקי דור שלא היה נקי מלטתו בתפלתך ונמלט בבור כפיך מלטתו במעשה ידיך הברורין אמר ר' יוחנן כל ימיו של אותו צדיק היה מצטער על מקרא זה °שיר המעלות בשוב ה' את שיבת ציון היינו כחולמים אמר מי איכא דניים שבעין שנין בחלמא יומא חד הוה אזל באורחא חזייה לההוא גברא דהוה נטע חרובא אמר ליה האי עד כמה שנין טעין אמר ליה עד שבעין שנין אמר ליה פשיטא לך דחיית שבעין שנין אמר ליה (ג) האי [גברא] עלמא בחרובא אשכחתיה כי היכי דשתלי לי אבהתי שתלי נמי לבראי יתיב קא כריך ריפתא אתא ליה שינתא נים אהדרא ליה משוניתא איכסי מעינא ונים שבעין שנין כי קם חזייה לההוא גברא דהוה קא מלקט מינייהו אמר ליה את הוא דשתלתיה א"ל בר בריה אנא אמר ליה שמע מינה דניימי שבעין שנין חזא לחמריה דאתיילדא ליה רמכי רמכי אזל לביתיה אמר להו בריה דחוני המעגל מי קיים אמרו ליה בריה ליתא בר בריה איתא אמר להו אנא חוני המעגל לא הימנוהו אזל לבית המדרש שמעינהו לרבנן דקאמרי נהירן שמעתתין כבשני חוני המעגל דכי הוי עייל לבית מדרשא כל קושיא דהוו להו לרבנן הוה מפרק להו אמר להו אנא ניהו לא הימנוהו ולא עבדי ליה יקרא כדמבעי ליה חלש דעתיה בעי רחמי ומית אמר רבא היינו דאמרי אינשי או חברותא או מיתותא *אבא חלקיה בר בריה דחוני המעגל הוה וכי מצטריך עלמא למיטרא הוו משדרי רבנן לגביה ובעי רחמי ואתי מיטרא זימנא חדא איצטריך עלמא למיטרא שדור רבנן זוגא דרבנן לגביה למבעי רחמי דניתי מיטרא אזול לביתיה ולא אשכחוהו אזול בדברא ואשכחוהו דהוה קא רפיק (ד) יהבו ליה שלמא ולא

ירמיה ה | חבקוק ב | משלי כג | איוב כב | תהלים קכו

רש"י

(ה) דכתיב בעתם · זהו בלילי רביעיות ובלילי שבתות דאין טורח לבני אדם דאינם הולכין לדרכים בלילי רביעיות מפני אגרת בת מחלת בפסחים (דף קיב:): שכן מצינו · כלומר ושמא תאמר אין ספק בגשמים של ב' לילות בשבת מצינו בימי שמעון בן שטח כו': וצררו · קשרו ואצרו: הורדוס · סתר בנין דעזרא ובנה בנין יפה ממנו כבב"ב (דף ד:): עוגה · שורה עגולה כמו עוגה שהיא עגולה: כדרך שעשה חבקוק · כדמפרש בתרגום של תפלת חבקוק (ו) על משמרתי אעמדה כמין בית האסורים עשה וישב: ראינוך ולא נמות · נראה אותך ולא נמות בכיוצא השתא שלא נמות ברעב מפני עצירת גשמים: פר הודאה · להתודות עליו ועשה (ז) לו סמיכה והביאו שלמים חוני בזמן הבית היה: כמהין ופטריות · כוליי"ן בלע"ז שגדלו מחמת הגשמים וידעו כי של ברכה היו: אלמלא חוני אתה · ואדם גדול (ח): נדוי · שמנדין על כבוד הרב שהטיח דברים ואמר לא כך שאלתי: שאילו היו שנים כשני אליהו · גזירת עצירת גשמים ומפתח של גשמים בידו של אליהו גרסינן: לא נמצא שם שמים מתחלל · בתמיה (ט) שאליהו נשבע חי ה' אם יהיה השנים האלה טל ומטר כי אם לפי דברי (מלכים א יז) ואתה נשבע שאין אתה זז עד שירדו גשמים: נמצא שם שמים מתחלל על ידך · דהא זה בא לידי שבועת שוא: מתחטא · לשון חטא כלומר (י) אתה הולך וחוטא: לשכת הגזית · סנהדרין: דור שהיה אפל · מרוב צער שלא ירדו גשמים: ונמלט בבר כפיך · מן המיתה שהבאת עליהם שובע: של אותו צדיק · חוני המעגל היה מצטער על המקרא הזה: שיר המעלות · לשון עילוי: היינו כחולמים · כחלום כדמה גלות בבל שהיה שבעים שנה: שבעין שני בחלמא · בתמיה מי איכא דניים שבעין שנין בחלמיה (כ) ויש אדם ישן שבעים שנה בשינה אחת: עד שבעין שנין · לא טעין פירא בטעינה קמייתא: יתיב · חוני המעגל וקא כריך רפתא: הכי גרסי' אנא עלמא בחרובה אשכחתיה כי היכי דשתלי לי אבהתאי אנא נמי אשתיל לבראי: אהדרה ליה משוניתא · עלתה סביבותיו גבן סלע: ואיכסי מעינא דאינשי · ולא אשכחוהו התם: רמכי רמכי · וולדי וולדות באלו השנים דנייס מתעברת זכר היתה וחזר ובא עליה והולידו: אמר להו · שאל להון בנו של חוני המעגל קיים הוא: נהירן לן הלך שמעתתא · מוגהת לנו שמועה זו כאילו למדנוה בחייו של חוני המעגל שהיה מפרקה לנו ומגיה לנו יפה יפה: או חברותא או מיתותא · ולא גרסינן הכא כחברי דאיוב אלא בבבא בתרא (דף טז:) גבי מעשה דאיוב אם אין חבירו של אדם נוהגין בו כבוד כבתחלה טוח לו מיתות אי *נמי משום (ל) הנך בריוני לא כתוב בספריה: רפיק בדברא · עודר בשדה: לא

מסורת הש"ס

חולין קיט: | ברכות יט. לעיל יט: | [כ"ב עז:] | [עי' תוספות שבת טו: ד"ה דאמר וכו']

הגהות הגר"א

[א] גמרא גוזרני עליך נדוי. נ"ב ולא עוד אלא:

רבינו חננאל

בעתם בלילי ד' ובלילי ז'. וכן היו בימי שמעון בן שטח עד שנעשו חטים ככליות שעורים כזיתים ועדשים כדינרין וצררו מהם דוגמא לדורות להודיע כמה החטא גורם שנאמר וחטאתיכם מנעו הטוב מכם. וכן מצינו בבנין בהמ"ק ירדו גשמים בלילות ולמחר נשבה הרוח ונתפזרו העבים וזרחה השמש והשכימו כל אחד ואחד למלאכתן להודיע שמלאכת שמים בידיהם: ת"ר פעם אחת יצא רוב אדר ולא ירדו גשמים שלחו לחוני המעגל להתפלל התפלל ולא ירדו גשמים כו'. מעשה בחוני המעגל דנים ע' שנה כו' ומעשה דאבא חלקיה בר בריה דחוני המעגל דאצטריך עלמא למיטרא ושדרו רבנן לוותיה ואשכחוה רבנן דקא רפיק בדברא יהבו ליה שלמא כו'

רבינו גרשום

ת"ר פעם אחת וכו' היינו (פ"ע) [פ"א] עצמו דמתניתין: עג עוגה תיר צורה ראינוך ולא נמות בתימא. בשביל שראינוך לא נמות · שאלו היו שנים כשני אליהו שאין מפתחות של מטר ביד הקב"ה לא נמצא שם שמים מתחלל שנמצאת מחלל את שבועתו: משוניתא סלע: רמכי ולדות' אי חברא שיהא לו חבר טוב שנוהג לו כבוד:

הגהות הב"ח

(א) גמ' אלא להתיר שבועתך אמר לפניו לא כך שאלתי כו' אלא לאבד העולם אמר להם לא תמהו אמר לפניו: (ב) שם אינן יכולין לעמוד לא: (ג) דחיית שבעין שנין א"ל אנא עלמא כחרובא אשכחתיה: (ד) שם כבס"ע דהוה קא רפיק בדברא יהבו ליה שלמא: (ה) רש"י בריש העמוד נ"ל ד"א בעתם ותיבת דכתיב נמחק · זהו כו' דאין טורח על בני אדם דאינם: (ו) ד"ה כדרך כו' תפלת חבקוק הס"ד: (ז) ד"ה פר כו' ועשה עליו סמיכה והביאו: (ח) ד"ה אלמלא כו' ואדם גדול אתה הס"ד: (ט) ד"ה לא נמצא כו' בתמיה שאם אליהו היה נשבע חי ה' וכו' שאין אתה זז מכאן עד שירדו גשמים נמצא כצ"ל והד"א: (י) ד"ה מתחטא כו' כלומר הולך וחוטא הס"ד ותיבת הוי נמחק ואח"כ מה"ד בני לשכת כו': (כ) ד"ה שבעין כו' שבעין שנין בחלמיה כלומר ויש אדם ישן: (ל) ד"ה או חברותא כו' אי נמי משום הנהו בריוני לא כתוב:

ולא אסבר להו אפיה בפניא כי הוה מנקט ציבי דרא ציבי ומרא בחד כתפא וגלימא בחד כתפא כולה אורחא לא סיים מסאני כי מטי למיא סיים מסאניה כי מטא להיזמי והיגי דלינהו למניה (א) כי מטא למתא נפקא דביתהו לאפיה כי מיקשטא כי מטא לביתיה עלת דביתהו ברישא והדר עייל איהו והדר עיילי רבנן יתיב וכריך ריפתא ולא אמר להו לרבנן (ב) תו כרוכו פלג ריפתא לינוקי לקשישא חדא ולזוטרא תרי אמר לה לדביתהו ידענא דרבנן (ג) משום מיטרא קא אתו ניסק לאיגרא וניבעי רחמי אפשר דמרצי הקדוש ברוך הוא וייתי מיטרא ולא נחזיק טיבותא לנפשין סקו לאיגרא קם איהו בחדא זויתא ואיהי בחדא זויתא קדים סליק ענני מהך זויתא דדביתהו כי נחית אמר להו אמאי אתו רבנן אמרו ליה שדרי לן רבנן לגבי דמר למיבעי רחמי אמיטרא אמר להו ברוך המקום שלא הצריך אתכם לאבא חלקיה אמרו ליה ידעינן דמיטרא מחמת מר הוא דאתא אלא לימא לן מר הני מילי דתמיהא לן מאי טעמא כי יהיבנא למר שלמא לא אסבר לן מר אפיה אמר להו שכיר יום הואי ואמינא לא איפגר ומאי טעמא דרא מר ציבי אחד כתפיה וגלימא אחד כתפיה אמר להו טלית שאולה היתה להכי שאלי ולהכי לא שאלי מאי טעמא כולה אורחא לא סיים מר מסאניה וכי ממטי למיא סיים מסאניה אמר להו כולה אורחא חזינא במיא לא קא חזינא מ"ט כי מטא מר להיזמי והיגי דלינהו למניה אמר להו *זה מעלה ארוכה וזה אינה מעלה ארוכה [ב"ק לח:] מאי טעמא כי מטא מר למתא נפקא דביתהו דמר כי מיקשטא אמר להו כדי שלא אתן עיני באשה אחרת מאי טעמא עיילא היא ברישא והדר עייל מר אבתרה והדר עיילינן אנן אמר להו משום דלא בדקיתו לי מאי טעמא כי כריך מר ריפתא לא אמר לן איתו כרוכו משום דלא נפישא ריפתא ואמינא לא אחזיק בהו ברבנן טיבותא בחנם מאי טעמא יהיב מר לינוקא קשישא חדא ריפתא ולזוטרא תרי אמר להו האי קאי בביתא והאי יתיב בבי כנישתא ומאי טעמא קדים סלוק ענני מהך זויתא דהוות קיימא דביתהו דמר לענני דידיה משום דאיתתא שכיחא בביתא ויהבא ריפתא לעניי *ומקרבא הנייתה [כתובות סז:] [ואנא יהיבנא] זוזא ולא מקרבא הנייתיה אי נמי (ד) הנהו בריוני דהוו בשיבבותן [אנא] בעי רחמי דלימותו והיא °בעיא רחמי דליהדרו בתיובתא [ואהדרו] חנן הנחבא בר ברתיה דחוני המעגל הוה כי (ה) מצטריך עלמא למיטרא הוו משדרי רבנן ינוקי דבי רב לגביה ונקטי ליה בשיפולי גלימיה ואמרו ליה אבא אבא הב לן מיטרא אמר לפני הקב"ה רבש"ע עשה בשביל אלו שאין מכירין בין אבא דיהיב מיטרא לאבא דלא יהיב מיטרא ואמאי קרי ליה חנן הנחבא מפני שהיה מחביא עצמו בבית הכסא אמר ליה רבי זריקא לרב ספרא *תא חזי [מה] בין תקיפי [חולין קכב: מגילה כח:] דארעא דישראל לחסידי דבבל חסידי דבבל רב הונא ורב חסדא כי הוה מצטריך עלמא למיטרא אמרי ניכניף (ו) הדדי וניבעי רחמי אפשר דמרצי הקדוש ברוך הוא דייתי מיטרא תקיפי דארעא דישראל כגון ר' יונה אבוה דרבי מני כי הוה מצטריך עלמא למיטרא הוה עייל לביתיה ואמר להו הבו לי גואלקי ואיזיל ואייתי לי בזוזא עיבורא כי הוה נפיק לברא אזיל וקאי בדוכתא עמיקתא דכתיב °ממעמקים קראתיך ה' [תהלים קל] וקאי בדוכתא צניעא (ז) ומכסי בשקא ובעי רחמי ואתי מיטרא כי הוה אתי לביתיה אמרי ליה אייתי (ח) מר עיבורא אמר להו אמינא הואיל ואתא מיטרא השתא רווח עלמא ותו רבי מני בריה הוו קא מצערי ליה דבי נשיאה אישתטח על קברא דאבוה אמר ליה אבא אבא הני מצערו לי יומא חד הוו קא חלפי התם אינקוט כרעא דסוסוותיהו עד דקבילו עלייהו דלא קא מצערו ליה ותו רבי מני הוה שכיח קמיה דרבי יצחק בן אלישיב אמר ליה עתירי דבי חמי קא מצערו לי אמר ליענו ואיענו אמר קא דחקו לי אמר ליעתרו ואיעתרו אמר לא מיקבלי עלי אינשי ביתי א"ל מה שמה חנה תתייפי חנה ונתייפת אמר ליה קא מגנדרא עלי א"ל אי הכי תחזור חנה לשחרוריתה וחזרה חנה לשחרוריתה הנהו תרי תלמידי דהוו קמיה דרבי יצחק בן אלישיב אמרו ליה ניבעי מר רחמי עלן דניחכים טובא אמר להו עמי היתה ושלחתיה רבי יוסי בר אבין הוה שכיח קמיה דר' יוסי דמן יוקרת שבקיה ואתא לקמיה דרב אשי

יומא

לא אסבר להו אפיה · לא החזיר להם פניו : **בפניא** · לפנות ערב כשהלך לביתו : **דלינהו למניה** · הגביה בגדיו אחר כתיפיו כדי שלא יקרעו : **כי מיקשטא** · בתכשיטין : **לאיגרא** · עלייה : **זויתא** · זוית : **מזויתא דדביתהו** · מאותו הרוח שאשתו שם עלו העבים תחלה שהיא נענית תחלה : **לא איפגר** · לא אתבטל ממלאכתי כמו יומא דמיפגרי רבנן (שבת דף קכט:) : **מ"ט דרא** · מדוע נשאת הטלית על כתף אחת ולא נתת בכתף תחת המשאוי : **להכי שאלה לי** · להתעטף בה : **ולהכי לא שאלה לי** · להטיל עליה קוצין לקרעה : **במיא לא חזינן** · מה דאית בה ושמא ישכנו דג או נחש : **דלא בדקיתו לי** · אם כשרים אם פריצים דאמר מר (במס' דרך ארץ רבה פ"ה) כל אדם יהי בעיניך כלסטים : (ס) **טובת הנאה חנם** · דאיכהו לא הוו קא אכלי דליכא ריפתא וקא מחזקין בהו טובה חנם : **ינוקא קאי בבי כנישתא** · קמי רביה ולא אתי כולי יומא : **דאיתתא שכיחא בביתא** · כל יומא וכי מילטריך עניא מידי אזלה ויהבה (י) : **ועוד דמקרבא הנייתה** · שדבר אכילה היא נותנת לעני והוא בלא טורח ממה שהיתה נותנת מעות ויטריח העני עד שיקנה : **אי נמי** · אהכי קדים ענני דידה : **משום בריוני** · בורים עמי הארץ : **ינוקי דבי רב** · להמריך לבו ויתכוין בתפלתו : **בשיפולי** · בשולי בגדיו : **אבא אבא** · כך רגילים לקרותו כיתום שאמר אבי אבי : **שאין מכירין** · בין (כ) *חוני לאבא כסבורין עלי שאני אביהן : **ה"ג שהיה מחבא ולא גרסי' שהיה מחבא בבית הכסא** · (ל) כי הוה בעי רחמי אמיא היה מחבא עצמו מרוב ענוה ומאן דגרס בית הכסא כלומר מתחבא בבגדיו כשהוא נכנס להסך את רגליו מרוב צניעות : **רב הונא ורב חסדא** · חסידי דבבל מפרסמין את הדבר ושל ארץ ישראל נצנעין ולא מודיעין שבא המטר בשבילם : **הא ליכניף אהדדי** · (מ) אלמא משום חד מינייהו לא אתי מיטרא : **תקיפי דארץ ישראל רבי יונה** · וקא חזינן (נ) דממחמתיה אתי מיטרא : **גואלקא** · שק"א בלע"ז : **ואייתי בזוזא עיבורא** · דגן משום כפנא (ס) שאפילו לבני ביתו לא היה מודיע : **אייתי לן מר מעיבורא** · דבעית למיזבן : **רווחא עלמא** · דליהוי שובע ואהכי לא זבני ביוקרא דהשתא : **הוו קא חלפי** · דבי נשיאה : **התם** · עלויה מערתא דרבי יונה : **אינקוט** · נדבקו בקרקע שעל גבי מערה ולא היו יכולין לזוז ממקומן (ע) : **עתירי דבי חמי** · עשירים של בית חמי : **ליענו** · יהיו עניים : **קא דחקי לי** · ליתן להן פרנסה : **לא מקבלי עלי אינשי ביתי** · אין אשתי מקובלת עלי שאינה יפה : **מגנדרא** · מתגדלת עלי מתוך גבהות יופיה · מגנדרא מלשון מקום הגיחו לי אבותי להתגדר בו (חולין דף ז') : **עמי היתה ושלחתיה** . (פ) דבר זה היה בידי שכל מה שאני מבקש היו נותנין לי ועכשיו אין תפלתי מקובלת כל כך (צ) : **דמן יוקרת** · מקום:

יומא

[נ"ל קוני הגהת יעב"ץ]

תורה אור

רבינו חננאל

מעשה בחנין הנחבא בר ברתיה דחוני המעגל (פי' קבלה בידינו הוא שהיו חכמים מתעסקין למנותו פרנס על הצבור ולא קביל והלך ונחבא לפיכך היו קורין אותו חנין הנחבא) דכי הוה אצטריך עלמא מיטרא שדרו רבנן ינוקי דבי רב ומנקטי ליה לגליתיה ואמרי ליה אבא אבא הב לן מיטרא אמר רבון העולמים עשה בשביל אלו שאין ידעין איזה אב נותן מטר · תא חזי חסידי דבבל מיכנפי ובעו רחמי אולי מירצי קב"ה אבל חסידי ארץ ישראל כגון חנין זה וכגון ר' יונה [אבוה דר' מני] כד הוה אצטריך עלמא למיטרא שקיל (אבוה דר' מני) ואלקי · פי' שקים אמר איזיל איזבין חטי אזל קאי בדוכתיה עמיקתא מיכסי שקא בצנעא בעי רחמי ואתי מיטרא כו' . ר' מני בריה הוו מצערי ליה דבי נשיאה אזל אישתטח אמערתא דאבוה הוו מחלפי התם אנקוט כרעיה דסוסוותיהו כו' . הוה שכיח קמיה דר' יצחק בן אלישיב . א"ל עתירי דבי חמוה קא מצערו לי א"ל ליענו ואיענו כו' עד חזרה חנה לשחרוריתה תרי תלמידי הוו שכיחי קמיה אמרו ליה ליבעי עלן מר רחמי דניחכם . אמר להו עמי היתה אותה תפלה ושלחתיה. ר' יוסי ב"ר אבין

רבינו גרשום

איפגר . איבטל : להכי שאלה להתעטף ולהכי לא שיילה למידר משאוי עלה . מחביא עצמו מתפלל בחשאי: מחביא בבית הכסא צנוע : לחסידי דבבל . שהיו מתפללין בפרהסיא ותקיפי דארעא דישראל מתפללין בצינעא*) וקול התור מכאן שהמלאך דומה לתור דהיינו עגל' קואלקא . בוצלא : דבי חמי . חמיו' לא מקבלי אינשי בית עלי דהויא מכוערת טפי : עמי היתה ושלחתיה . כלומר בתחילה היה לבי לכך אבל כבר קבלתי עלי שלא להטריח את קוני :

*) מתיבות וקול התור עד דהיינו עגל לא שייך כאן ומקומו להלן כה ע"ב:

גליון הש"ס

גמ' בעיא רחמי דליהדרו בתיובתא. עיין ברכות דף י ע"א:

הגהות הב"ח

(א) גמ' להיזמי והיגי דלינהו למניה וסיים מסאניה כי מטא למתא : (ב) שם איתו כרוכו : (ג) שם ידענא דרבנן אמטול מיטרא קא אתו : (ד) שם אי נמי משום הנהו בריוני כו'. נ"ב עי' פרש"י בסוף עמוד א': (ה) שם הוה מצטריך : (ו) שם אמרי ניכניף לגבי הדדי וניבעי רחמי : (ז) שם וקאי בדוכתא צניעא והוה מיכסי בשקא כו' : (ח) שם אמרי ליה אייתי לן מר עיבורא : (ט) רש"י ד"ה דלא כו' כלסטים מה"ד טיבותא טובת הנאה כו' : (י) ד"ה דאיתתא וד"ה ועוד הד"א : (כ) ד"ה שאין מכירין בין חנן לאביהן שבשמים כסבורין עלי : (ל) ד"ה ה"ג וכו' · בבית הכסא כלומר מתחבא כו': (מ) ד"ה הא ליכניף אהדדי אלמא בפרהסיא היו עושין ולא בצינעא ל"א נכניף אהדדי אלמא משום חד מינייהו לא הוה אתי : (נ) ד"ה תקיפי כו' וקא חזינן כו' דממחמתיה בלחוד אתי מיטרא: (ס) ד"ה ואייתי כו' דגן משום כפנא הס"ד ואח"כ מה"ד בדוכתא עמיקתא בעמק או תחת הסלע כדי שלא יראוהו בני אדם שאפילו לבני ביתו : (ע) ד"ה אינקוט כו' לזוז ממקומן שלא הניחם לילך עד שיקבלו עליהם שלא לצער עוד את רבי מני בנו הס"ד ואח"כ מה"ד הוה שכיח ר' מני לפני ר' יצחק בן אלישיב הס"ד : (פ) ד"ה עמי היתה ושלחתיה . נ"ב ס"א כלומר שקבלתי עלי שלא להתפלל על ענין זה שהתפללתי קודם: (צ) בא"ד מקובלת כל כך ומפני שלא רצה להטריח לפני המקום אמר כן הס"ד ·

§ עניני הלכה שונים הקשורים להדף §

כולה אורחא לא סיים מסאני

רש"י שבת (קכט, א) אהא דאמרו: לעולם ימכור אדם קורות ביתו ויקח מנעלים לרגליו, כתב: שאין לך ביזוי מן המהלך יחף בשוק, עכ"ל. **ובסדור** עמודי שמים בדיני תפלת הדרך כתב רבינו "ולא יחף וערטלאי, שאין לך משוקץ יותר ממנו, **בד"א** בעיר ובדאפשר לו, משא"כ בשאי אפשר, או כלים שאולין כדאבא חלקיה, שאני". וכ"כ בהגהות יעב"ץ לתענית שם לחלק בין עיר לדרך – הערות למור וקציעה סימן צא.

נפקא דביתהו לאפיה

איתא בברכות (מג, ב) ששה דברים גנאי לו לת"ח וכו', ואל יספר עם אשה בשוק וכו', אפילו היא אשתו ואפילו היא בתו ואפילו היא אחותו, לפי שאין הכל בקיאין בקרובותיו. **ומה** שנוהגים לילך עם האשה ברחוב, הוא משום שאין מחזיקין עצמם לת"ח, אבל חברים צריכים להזהר בזה גם בזה"ז. **ואפשר** דבמקום שהכל יודעים שהיא אשתו מותר, וכענין אבא חלקיה שבאת אשתו לקראתו. **וללכת** עם אשתו בשוק ודאי בלא לדבר, אין קפידא. **ואפשר** דהך מעשה דאבא חלקיה לא היה בשוק, אלא שביתו היה סמוך לשדות – שלמת חיים.

כי מיקשטא

בכלל המצוה ואזהרה הזאת, לעשות פעולות שלא יבא לידי עבירה, היינו בעת המצטרך ומתיירא מיצרו שלא יתגבר עליו, ישביע עצמו מן ההיתר, כמו שמצינו ברבא במעשה דחומא דביתהו דאביי, דאזל לביתו ותבעה לבת רב חסדא [כתובות סה א], וכמו שמצינו באבא חלקיה שהלכה אשתו מקושטת לקראתו, ומצינו בחכמים ראשונים דפקיע שמייהו דמכרזי מאן הוה ליומא [יומא יח ב], ומי שאינו נזהר ומפקח על דרכיו בענינים כאלה לשם שמים, הוא בכלל אזהרת לא תנאף, לא תגרום ח"ו ניאוף – דרך פקודיך מצות לא תעשה לה חלק הדיבור.

ניסק לאיגרא ונבעי רחמים

סימן צ ס"א - המתפלל, לא יעמוד על גבי מטה ולא על גבי כסא ולא על גבי ספסל (ואפי' אינן גבוהין ג'), ולא על גבי מקום גבוה.

מפורש בברייתא [ברכות י, ב] לפי שאין גבהות לפני המקום, כלומר שצריך להראות עצמו שפל ברך ומוכנע, וכדתנן [שם ל, ב] אין עומדין להתפלל אלא מתוך כובד ראש. **ואיכא** למידק דמהכא משמע דמקום נמוך עדיף טפי, וכן במסכת תענית, ר' יונה אבוה דר' מני כי איצטריך עלמא למיטרא, אזיל וקאי בדוכתא עמיקתא, דכתיב ממעמקים וכו' – פרי חדש.

אלא דאכתי קשיא לי, דמהכא משמע דבעי מקום נמוך לתפילה, ואלו בפ"ג דתענית דף כ"ג גבי עובדא דאבא חלקיה בר בריה דחוני המעגל, דא"ל לדביתהו ניסק לאיגרא ונבעי רחמים, אפשר דמרצה קוב"ה ואתי מטרא, משמע דיותר טוב הוא מקום גבוה, **ואפשר** דלא אמרו דבעי מקום נמוך אלא בשהקרקע אינו שוה וכיוצא, אז אין להתפלל במקום גבוה שבו אלא במקום נמוך שבו, **אבל** כשהוא רשות בפני עצמו ושוה, לא קפדינן בהכי כלל, ודו"ק. **וראיתי** להפר"ח שם שהקשה מפ"ק דשבת, דאמרינן התם כל עיר שגגותיה גבוהים מבית הכנסת לסוף חרבה, ואין לומר דקאי אגגות דוקא ולא אקרקע, דהא בתוספתא קתני אין בונים ביהכנ"ס אלא בגובהה של עיר, אלמא דמקום גבוה עדיף טפי, **וי"ל** דהתם כיון שכל הצבור במקום גבוה, ליכא למיחש למידי, אבל הכא מיירי ביחיד, דייקא נמי דקתני לא יעמוד אדם וכו', ע"כ תורף דבריו. **ואחר** המחילה, ההיא דפ"ג דתענית שכתבתי הויא תיובתיה, דהתם יחיד הוה, ולכך נראה כמ"ש ודו"ק – מעשה רקח הלכות תפילה פרק ה הלכה ז.

אמינא לא איפגר

וכבר פטרו את הפועלים העושים אצל בעל הבית מברכת המוציא ומברכות אחרונות דברכת המזון, ואפילו בקריאת שמע, לא חייבום לבטל ממלאכתן אלא בפרשה ראשונה בלבד, קל וחומר בן בנו של קל וחומר לדברי הרשות, שכל שכיר יום אסור בהן שלא לבטל מלאכתו של בעל הבית, ואם עבר, הרי זה גזלן. הנה אבא חלקיה, אפילו שלום לא השיב לתלמידי חכמים שנתנו לו שלום, שלא ליבטל ממלאכת רעהו. ויעקב אבינו עליו השלום מבאר בפיו ואומר (בראשית לא): הייתי ביום אכלני חורב וקרח בלילה ותדד שנתי מעיני. מה יענו איפוא העוסקים בהנאותיהם בשעת מלאכה ובטלים ממנה, או כי יעסקו בחפציהם איש לבצעו – ספר מסילת ישרים פרק יא.

זה מעלה ארוכה

להלכה קיי"ל כתנא דמתניתין דאין אדם רשאי לחבול בעצמו, וכדפסק הרמב"ם בהל' חובל ומזיק (פ"ה ה"א) והטוש"ע בחו"מ (סי' תכ סעיף לא), וכן משמע נמי מסתימת לשון שאר הראשונים. **והא** דאמרינן בגמ' דתענית באבא חלקיא דהרים בגדיו וכו', ע"ש. ולכאורה כיצד זה שחבלו בגופם כדי לשמור בגדיהם, והא אסור לחבול בעצמו לדעת הרמב"ם ודעימיה. **וצ"ל** דהוה להו בהכי צורך גדול בהכי לשמור בגדיהם יותר מגופם, כי הא דאבא חלקיא שטלית זו היתה שאולה לו והיה לו לשומרה מאוד, **ואמנם** דהאמת היא דלכי דייקינן התם בגמ' משמע דרק גלימתו היתה שאולה, כמבואר התם שלכן הניח ציבי ומרא בחד כתפא וגלימה בחד כתפא, אבל שאר בגדיו אולי לא היו שאולים. **אולם** עכ"פ מזה מוכח שהיה שרוי בעניותא רבה עד שהיה נצרך כ"כ לאחרים אפילו בהשאלת בגדים, ולכן חס על טליתו כי כנראה היא היתה שמלתו היחידה לעורו, ואם היא תנזק לא יהיה לו תמורתה טלית אחרת. **ואף** על גב דבפסקי התוס' הנ"ל בב"ק (שם אות רטו) חזינן שכתבו דאסור לאדם לחבול בעצמו אפילו כדי להרויח ממון, יעו"ש, **מ"מ** הכא בעובדא דאבא חלקיה חמיר טפי, כיון שאינו לצורך ריוח ממון אלא למניעת הפסד ממון, דכל כי הא של הפסד ממון הוי צורך גדול, ופסקי תוס' גבי ריוח ממון מיירי, דהא הוי צורך סתם, דבאמת בכה"ג של צורך סתם ס"ל דחבלה לא שרי. וק"ל. **ואולם** ראיתי עתה בס' אמרי הצבי, די"ל דהתם לכו"ע הוה שרי כיון שאינו דרך חבלה אלא לצורך שמירת בגדיו, דכל שעושה לשום תכלית אחרת ולא לשם חבלה מותר, יעו"ש – שו"ת עטרת פז חלק א.

רש"י ד"ה דלא בדקיתו לי: כל אדם יהי בעיניך כלסטיס

בצדק תשפוט עמיתך, מצות עשה כוללת שתים, א' לדיין כדלקמן, ואחד לכל אדם, ותלויה בלב, והיינו לדון כל סתם אדם מישראל לכף זכות, וידונו אותך לכף זכות בשמים. **וכתב** החסיד הרב ר' יוסף יעב"ץ, ומה שאמרו יהיה כל אדם בעיניך כלסטים ומכבדו כרבן גמליאל, היינו קודם מעשה, להשמר ממנו כדי שלא תבא לידי חשדא, אבל אם חסר חפץ מביתך, תתלה באבידה או בהעלמה, וכן כל כיוצא בזה, ממנין תרי"ג – ספר חרדים מצוות עשה פרק א.

ומקרבא הנייתה וכו'

ועיקר הצדקה היא, ליתן מזונות המוכנים, דמקרב הנייתא דעני, כעובדא דאתתא דאבא חלקיה – של"ה מסכת חולין פרק דרך חיים.

וכשם שחייב אדם להתפלל על עצמו, כך חייב להתפלל על פושעי ישראל, כדאיתא בסוף פרק קמא דסוטה (יד א), 'ולפושעים יפגיע',

מלמד שהיה משה רבינו מבקש רחמים על פושעי ישראל שישובו בתשובה ושבו. וכן במסכת תענית, אמרו על אבא חלקיה כשהתפללו על הגשמים הוא ואשתו, שנענתה היא תחלה, לשתי סיבות, אחת, לפי מה שהיתה נותנת לעני מקרבא הנאתיה, והסיבה השנית, לפי שהתפללה היא על רשעים שהיו בשכנותה, שישובו בתשובה, ושבו, עכ"ל (החרדים) – של"ה מסכת יומא פרק נר מצוה.

אישתטח על קברא דאבוה

ברזילי הגלעדי אמר (ש"ב י"ט ל"ח) אמות בעירי, כי הנאה יש למתים שאוהבים הולכים על קבריהם ומבקשים לנשמתן טובה מטיבים להם באותו ענין, וגם כשמבקשים עליהם הם מתפללים על החיים. וכלב בן יפונה נשתטח על קברי האבות – ספר חסידים סימן תשי.

תתייפי חנה

בשבת (סו:) אמר אביי אמרה לי אם כל מנייני בשמא דאמא. ופרש"י, כל מנייני, כל לחישות, ומפני שכופלין אותן יש ג"פ ויש יותר קרי להו מנייני. בשמא דאמא, פלוני בן פלונית. עכ"ל. **וכתב** ע"ז רש"ל בחכמת שלמה, נ"ב דוקא נקט פלוני בן פלונית, שבני אדם מכירין האשה שהיא אם הולד יותר מאביו, כך שמעתי, ע"כ. **ומ"מ** נראה שאין זה אלא על צד היותר טוב, אבל לא שיהיה קפידא בזה, ובפרט כשאין יודעים את שם האם, שפיר דמי לומר שם האב, או שמו בלבד. וכה"ג בתענית גבי ר' יצחק בן אלישיב, מה שמה חנה, תתייפי חנה, ונתייפת, ע"ש – שו"ת יביע אומר חלק ב – אורח חיים סימן יא.

לכאורה יש מקום לאסור לעשות ניתוח פלסטי, כיון שאפשר לומר ששינוי זה שגורם בפנים משנה לו גם הפנימיות שבתוכו, והוא כמשנה את בריאתו ממה שנברא מקודם, וראה בזה"ק בפסוק ואתה תחזה וגו' מענין חכמת הפרצוף שהוא מורה על ענינים גדולים וכל דרכי האדם. יעו"ש. **וא"כ** איך יבוא לשנות צורות אלה של הפנים וכדו', הרי הוא גורם בכך שמשנה גם בדברים העליונים. **אולם** יש לומר דאי משום הא לא איריא, חדא דאין לנו עסק בנסתרות, **ועוד** גם דהרי מצינו בגמ' תענית דלא חש לומר דאם משנה הפנים מחליף גם הפנימיות ומשנה בהכי במעשה בראשית, וק"ל. **ואולם** אולי יש להשיב, דלא שינה את פניה ממש, אלא רק את מראה תוארה, וכדקאמר בסיפא תחזור חנה לשחרוריתה, והיינו דרק עשה מעיקרא שיהיו פניה מאירים צהיר ובהיר, אבל לא שינה בעצם המראה גופו שינוי בבנין ותבנית הפנים ממש. **וגם** עוד יש לומר דשמא זה כיון שהיה ע"י תפילה, ושאני ענין התפילה בכוחו וגבורתו דהוא פועל בעליונים למעלה באופן אחר וכו', ועוד צ"ע – שו"ת עטרת פז חלק א כרך ג.

---

§ מסכת תענית דף כד. §

אות א' – ב'

השולה דג מן הים בשבת, כיון שיבש בו כסלע, חייב ובין סנפיריו

רמב"ם פי"א מהל' שבת ה"א - השוחט חייב, ולא שוחט בלבד, אלא כל הנוטל נשמה לאחד מכל מיני חיה ובהמה ועוף ודג ושרץ, בין בשחיטה בין בנחירה או בהכאה, חייב; החונק את החי עד שימות, הרי זה תולדת שוחט; לפיכך אם העלה דג מספל של מים והניחו עד שמת, חייב משום חונק, ולא עד שימות, אלא כיון שיבש בו כסלע בין סנפיריו חייב, שעוד אינו יכול לחיות; הושיט ידו למעי הבהמה ודלדל עובר שבמעיה, חייב.

אות ב'* [א]

אנן בתרייהו גררינן

סימן תקסב סי"ב - [ב]תענית שגוזרים על הצבור, אין כל יחיד צריך לקבלו בתפלת המנחה, אלא שליח צבור מכריז התענית והרי הוא מקובל. [ג]ויש אומרים דהני מילי בארץ ישראל שהיה להם נשיא, לפי שגזרתו קיימת על כל ישראל, אבל בחוצה לארץ צריכים כל הצבור לקבל על עצמם כיחידים שכל אחד מקבל על עצמו - ולדינא נראה דצריך להחמיר ולהתענות כדעה ראשונה, אף שלא ידע ולא קיבל על עצמו, **וכ"ש** התעניתים הכתובים בפסוק, בודאי א"צ לקבל, **ונראה** דאף דעה השניה מודה לזה, דאלו כבר רצו כל ישראל וקבלו עליהם, כדאיתא בפוסקים.

באר הגולה

[א] ‹ע"פ הגר"א וז"ל: גמ' שם כ"ד א' דבי נשיאה כו'› [ב] **הרא"ש בשם הראב"ד מהירושלמי דרבי יהודה נשיאה גזר תעניתא וכו'** ‹אמר ליה ריש לקיש לרבי יוחנן והא לא קבילנא, אמר ליה אדבי ריש גלותא סמכינן, עכ"ל – ב"י, ‹**ודלמא** לא היה הרא"ש גורס הכא כגירסתינו›, **והגהות מיימוני, וכן נראה מדברי הרמב"ם** [ג] **הר"ן בשם הרמב"ן**

כט א ב מיי' פי"א מהל' שבת הל' א סמג לאוין סה:

יומא חד שמעיה · רב אשי לרבי יוסי בר אבין ל"א יומא חד שמעיה רבי יוסי בר אבין לרב אשי דקא גריס אמר שמואל השולה דג מן הים בשבת כיון דיבש בו כסלע אע"פ שהוא מפרכס לאחר כן ובעוד שהוא מפרכס השליכו במים חייב משום נטילת נשמה שהיא אב מלאכה דתנן (שבת דף עג:) השוחטו כו' אמר ליה רבי יוסי ובין סנפיריו דודאי לא חי וכשאין מחוסר לידה עסקינן כגון שלדו בתוך הסל והניחו במים לחיות כדרך שעושין הדייגין: **א"ל** · רב אשי ולא סבר לה מר דהאי ובין סנפיריו רבי יוסי בר אבין אמרה כלומר מ"ט לא אמרת ליה משמיה שכל האומר דבר בשם אומרו מביא גאולה לעולם:

יומא חד שמעיה דקא גריס אמר שמואל *השולה דג מן הים בשבת כיון שיבש בו כסלע חייב א"ל ולימא מר °ובין סנפיריו אמר ליה ולא סבר לה מר דההיא רבי יוסי בן רבי אבין אמרה אמר ליה אנא ניהו א"ל ולאו קמיה דר' יוסי דמן יוקרת הוה שביח מר א"ל (*הין) א"ל ומ"מ שבקיה מר ואתא הכא אמר ליה גברא דעל בריה ועל ברתיה לא חס עלי דידי היכי חיים בריה מאי היא יומא חד הוו אגרי ליה אגירי בדברא נגה להו ולא אייתי להו ריפתא אמרו ליה לבריה (א) כפינן הוו יתבי תותי תאינתא אמר תאנה תאנה הוציאי פירותיך ויאכלו פועלי אבא אפיקו ואכלו אדהכי והכי אתא אבוה אמר להו לא תינקטו בדעתייכו דהאי דנגהנא אמצוה טרחנא ועד השתא הוא דסגאי אמרו ליה רחמנא לישבעך כי היכי דאשבען ברך אמר להו מהיכא אמרו הכי והכי הוה מעשה אמר לו בני אתה הטרחת את קונך להוציא תאנה פירותיה שלא בזמנה יאסף שלא בזמנו ברתיה מאי היא הויא ליה ברתא בעלת יופי יומא חד חזיא לההוא גברא דהוה כריא בהוצא וקא חזי לה אמר לו מאי האי אמר ליה רבי אם ללוקחה לא זכיתי לראותה לא אזכה אמר לה בתי קא מצערת להו לברייתא שובי לעפריך ואל יכשלו ביך בני אדם (ב) הויא ליה ההוא חמרא כדהוו אגרי לה כל יומא לאורתא הוו משדרי לה אגרה אגבה ואתיא לבי מרה ואי טפו לה או בצרי לה לא אתיא יומא חד אינשו זוגא דסנדלי עלה ולא אזלה עד דשקלונהו מינה והדר אזלה אלעזר איש בירתא כד הוו חזו ליה גבאי צדקה הוו משו מיניה דכל מאי דהוה גביה יהיב להו יומא חד הוה סליק לשוקא למיזבן נדוניא לברתיה חזיוהו גבאי צדקה משו מיניה אזל ורהט בתרייהו אמר להו אשבעתיכו במאי עסקיתו אמרו ליה ביתום ויתומה אמר להן העבודה שהן קודמין לבתי שקל כל דהוה בהדיה ויהב להו פש ליה חד זוזא זבן (ג) ליה חיטי ואסיק שדייה באכלבא אתאי דביתהו אמרה לה לברתיה מאי אייתי אבוך אמרה לה כל מה דאייתי באכלבא שדיתיה אתיא למיפתח בבא דאכלבא חזת אכלבא דמליא חיטי וקא נפקא בצינורא דדשא ולא מיפתח בבא מחיטי אזלא ברתיה לבי מדרשא אמרה ליה בא וראה מה עשה לך אוהבך אמר לה העבודה הרי הן הקדש עליך ואין לך בהן אלא כאחד מעניי ישראל ר' יהודה נשיאה גזר תעניתא בעי רחמי ולא אתא מיטרא אמר כמה איכא משמואל הרמתי ליהודה בן גמליאל אוי לו לדור שכן נתקע אוי לו למי שעלתה בימיו כך חלש דעתיה ואתא מיטרא דבי נשיאה גזר תעניתא ולא אודעינהו לרבי יוחנן ולריש לקיש לצפרא אודעינהו אמר ליה ריש לקיש לרבי יוחנן הא לא קבילנא עלן מאורתא אמר ליה אנן בתריהו גררינן דבי נשיאה גזר תעניתא ולא אתא מיטרא תנא להו אושעיא זעירא *דמן חברייא °והיה אם מעיני העדה נעשתה לשגגה משל לכלה שהיא בבית אביה כל זמן שעיניה יפות אין כל גופה צריכה בדיקה עיניה *) טרוטות כל גופה צריכה בדיקה אתו עבדיה ורמו ליה סודרא בצואריה וקא מצערו ליה אמרו ליה בני מאתיה (*ליה) שבקיה דהא נמי מצער לן כיון דחזינן דכל מיליה לשום שמים לא אמרי ליה (ד) מידי ושבקינן ליה אתון נמי שבקוהו רבי גזר תעניתא ולא אתא מיטרא נחית קמיה אילפא ואמרי לה רבי אילפי *אמר משיב הרוח *ונשא זיקא מוריד הגשם ואתא מיטרא אמר ליה מאי עובדך אמר ליה דיירנא בקוסטא דחיקא דלית ביה חמרא לקידושא ואבדלתא טרחנא ואתינא חמרא לקידושא ואבדלתא ומפיקנא להו ידי חובתייהו רב איקלע לההוא אתרא גזר תעניתא ולא אתא מיטרא נחית קמיה שליחא דצבורא אמר משיב הרוח ונשב זיקא אמר מוריד הגשם ואתא מיטרא אמר ליה מאי עובדך אמר ליה מיקרי דרדקי אנא ומקרינא לבני עניי כבני עתירי וכל דלא אפשר ליה לא שקלינא מיניה מידי ואית לי פירא דכוורי וכל מאן דפשע משחדינא ליה מינייהו ומסדרינן ליה ומפייסינן ליה עד דאתי וקרי רב נחמן גזר תעניתא בעא רחמי ולא אתא מיטרא אמר שקלוה לנחמן חבוטו מן גודא לארעא חלש דעתיה ואתא מיטרא רבה גזר תעניתא בעי רחמי ולא אתא מיטרא אמרו ליה והא רב יהודה כי הוה גזר תעניתא אתא מיטרא אמר להו מאי אעביד אי משום תנויי אנן עדיפינן מינייהו דבשני דרב יהודה *כל תנויי בנזיקין

*) [עי' רש"י שבת לא.]

מסורת הש"ס: שבת קז: · נ"ל הן · שמואל א יב · במדבר טו · [עי' פרש"י והתוס' חולין יב: ד"ה דמן ופרש"י שם לא. ד"ה זעירא] · [נ"ל להו] · [לקמן כה: ב"מ סה:] · ברכות כ. סנהדרין קו: ע"ש

השולה דג מן הים · שולה כמו מגביה כיון שיבש בו כסלע (ז) שעדיין הוא מפרכס ובשעה שמפרכס חוזר והשליכו לים חייב משום נטילת נשמה שהיא אב מלאכה דתנן (שבת דף עג:) השוחטו והמפשיטו גבי אבות מלאכות: הה"

סנפיריו · שפורח בהן: **לא תנקטו לי בדעתייכו** · אל תחשדוני שלא הבאתי לכם מזונות עד עכשיו: **דסגאי** · שטרחתי ואיחרתי: **דהוה כריא בהוצא** · סותר גדר העלים כדי להסתכל דרך הנקב: **אמר ליה רבי יוסי מאי האי** · מה אתה מעיין כאן: **אינשו** · שכחו: **עשו מפניו** · היו מתחבאים: **העבודה** · שבועה: **ביתום ויתומה** · לזווג זה לזו: **אכלבא** · אוצר של חטים: **אוהבך** · הקב"ה: **אלא כאחד מעניי ישראל** · משום דמעשה נסים הוא ואסור לאדם להנות ממעשה נסים כדאמר לעיל (דף כ:) ואם עושין לו נס מנכין לו מזכיותיו: **רבי יהודה נשיאה**. היה בנו של רבן גמליאל בר רבי: **לשמואל הרמתי** · שיורדין גשמים בשבילו דכתיב *הלא קציר חטים היום ועכשיו באין כל ישראל והטילו על ר' יהודה בן גמליאל דלווח וליכא דמשגח ביה: **שנתקע** · תקוע: **והא לא קבלינן מאתמול** · בהדייהו (ה): **גרירין** · (גרירינן) גרורין ומשוכין אנו אחריהן וכמי שקבלנו עלינו: **זעירא דמן חבריא** · לעיר שבישיבה והאי דקרי ליה הכי משום דאושעיא אחרינא הוה התם: **מעיני העדה** · זקנים מאירי עיני העם: **בזמן שעיניה יפות אין כל גופה וכו'** · דודאי כל גופה יפה: **אין עיניה יפות כו'** · הואיל והנהו דבי נשיאה דהוו עיני העדה רשעים דלא העם אין צריכין לבדוק מה מעשיהם לכך לא משגחו בהו מן שמים: **אתו עבדי דריש גלותא וקא מצערו ליה** · לאושעיא: **אמרו ליה בני מתא** · לעבדי דבי נשיאה: **מצער לן** · מחרף ומגדף אותנו: **נחית קמיה** · לפני התיבה: **נשא** · כמו נשב: **בקוסטא דחיקא** · בכפר דחוק שיש בו עניות ביותר: **פירא דכוורי** · מחילות של דגים: **כל מאן דפשע** · דלא בעי (ו) מיקרי משחדינא ליה כו': **ומסדרינא ליה ומפייסינא ליה** · מתקנן כסדר: ה"ג

רבינו חננאל

שמע לרב אשי דתני אמר שמואל השולה דג מן הים כיון שיבש בו כסלע חייב. א"ל איתו וכין סנפירין. א"ל רב אשי הני דבי ר' יוסי אינון א"ל אנא הוא א"ל רב אשי ואמאי שבקת לר' יוסי דמן יוקרת רבך א"ל גברא דלא חס אבריה ואברתיה עלי דידי חיים · בריה וברתיה מאי היא כו'. כלבא אוצר. ר' יהודה נשיאה גזר תעניתא ולא אתא מיטרא. אמר משמואל הרמתי שאמר הלא קציר חטים היום כו' וכיון שקרא בא המטר הגיע שפלות הדור ליהודה בן גמליאל שהוא פרנס הדור וצועק ואינו נענה. אוי לו לדור הנתקע לכך אוי מי שעלתה בימיו צרה ואין מי שראוי להתפלל ולהשיב חימה · חלש דעתית [דר"י נשיאה] ואתא מיטרא. דבי נשיאה גזר תענית ולא אודעינהו לר' יוחנן ולר"ש בן לקיש לצפרא אודעינהו אמר ר"ל לא קבלנו עלינו מאתמול. א"ר יוחנן ניתיב בתעניתא דאנו בתרייהו גרירינן. דבי נשיאה גזור תעניתא בעו רחמי ולא אתא מיטרא. תנא להו והיה אם מעיני העדה נעשתה לשגגה. משל לכלה בזמן שעיניה יפין אין הגוף צריך בדיקה כו' כלומר פרנסי הדור הוא דלא מעלי. רבי אילפי ירד לפני התיבה לפני ר' אמי אמר משיב הרוח אתא זיקא אמר מוריד הגשם אתא מטרא אמרי ליה מאי עובדך אמר להו בקיפא פי' בכפר דחוק דאירנא וטרחנא ומייתינא קדושא ואבדלתא ומפקנא להו' ידי חובתייהו. וכן ההוא שליחא דצבורא דנחית קמי דרבא ושאלוהו ואמר מקרי ינוקי אנא ומקרינא לבני עניי בבני עתירי ואית לי פירא (דמורי) דכוורי דמפרנסנא מיניה כל

[נ"ל ונשב וכן לקמן בסמוך וכן לקמן כה: וב"מ סה: איתא ונשב אמנם לפני רש"י היה הגירסא ונשא הלכך פי' רש"י הכא ונשא כמו ונשב]

רבינו גרשום

שיבש בו כסלע חייב משום צידה ומשום נטילת נשמה: אמר ליה ר' יוסי בר ר' אבין ובין סנפיריו א"ל רב יוסף הא בין סנפיריו ר' יוסי היא. כלבא נורן. משמואל הרמתי שהיה מבקש ומביא מטר אפי' בימי קציר חטים דכתיב הלא קציר חטים וגו': בתרייהו דבי נשיאה אזלינן וכי קבילו אינהו הוי כמו קבילו אנו. מעיני העדה עיקר העדה היינו דבי נשיאה. קוסא אתרא. דחיקא. בני אדם דחוקים:

הגהות הב"ח

(א) גמ' ליה לבריה כפינן הוו יתבי: (ב) שם ואל יכשלו ביך בני אדם וכן הוה הויא ליה ההוא חמרא: (ג) שם חד זוזא זבן ביה חיטי ואסיק כו' מאי אייתי לך אבוך אמרה: (ד) שם לא אמרי ליה ולא מידי ושבקינן ליה: (ה) רש"י ד"ה והא לא כו' בהדייהו כדאמרינן לעיל מאימתי מקבל רב אמר במנחה ושמואל אמר בתפלת המנחה הס"ד: (ו) ד"ה כל מאן דפשע דלא בעי מיקרי הס"ד ואח"כ מה"ד משחדינא ליה כוורי כי היכי דגמיר הס"ד: (ז) תוס' ד"ה השולה כו' שיבש בו כסלע אע"פ שעדיין הוא מפרכס ובשעה:

[ועיין בסנהדרין קו: בפרש"י וע"ע בפי' רש"י ברכות כ.]

ל א ב ג מיי' פ"ד מהל' טומאת אוכלין הלכה א :

ה"נ בנזיקין סוף· למודם לא היה גדול אלא בסדר נזיקין : **שכובשת ירק בקדירה.** במסכת [*טהרות] היא בפ' שני (מ"א) גבי ידות מיירי דקיי"ל (עוקצין פ"א משנה ב) כל ידות האוכלין אם נגעה טומאה בהן נטמא גם האוכל הצריך לידות דיד מכניס ומוציא כדאמרינן בהעור והרוטב (חולין דף קיח:) מכל האוכל לרבות הידות וקתני התם אשה שהיא כובשת ירק דידות שלהן טהורין דכשהיא עולה אותם הידות מתחברות וא"א ליטול הירקות בידות שלהן שכבשמו ונפסק האוכל מן היד מחמת כבישה : **כובשת ·** שול"ץ בלע"ז מולחת שיבא המשקה שלהן ויכבשו דרך אשה בכך כובשת ירק ממים שישתמרו לזמן מרובה : **טהורין** העלין והקלחין : **ואמרי לה ·** כי מטא לאידך בפרק שני (דעוקצין משנה א) זיתים שכבשן בטרפיהן כתרגומו עלה טרפא (בראשית ח) עלין שלהן דהיינו ידות : **טהורין ·** הידות להביא טומאה לאוכל דהו לא חזי למהוי בית יד : **הוויות דרב ושמואל ·** עומק גדול ולא הוה נהירא ליה : **תליסר מתיבתא ·** שלש עשרה ישיבות איכא בהכך מתא דגמרי מסכת עוקצין : **כי הוה שליף חד מסאנא ·** משום עינוי : **דחזא מידי ·** חם ושלום בעובדי בישי : **פרצי בריפתא ·** זורקים אותם זה לזה (ג) : **ניעשייה ·** יעשנו שילא לחוץ : **אבוספא דתמרי ·** על כלי מלא תמרים או פסולת של תמרים : **קאימנא אגודא דנהר פפא ·** ההוא יומא דעבד רב יהודה הכי : **חלא ·** חול : **דסמידא ·** סולת והן עלמן מוכרין אותו : **אמר להו מעשה נסים כו' ·** וכמה דאפשר להתרחק ממעשה נסים יותר טוב ונכון : **דפרזינא ·** מקום : **אקריון ·** הקרוני הייתי קורא בחלומי : **נגדא ·** מלקות : **איפרא הורמיז ·** כך שמה איפרא חן יופי שדים היה *לה : **מאי היא ·** מאי עביד להו : **אמרה ליה ·** דכל אומת דבעי מיטרא : **זימנא**

[וע"ע רש"י הס כ: ד"ה איפרא ועי' תוס' גיטין יא. ד"ה הורמין וכו' הקשו על פרש"י]

תורה אור

בנזיקין הוה ואנן קא מתנינן בשיתא סדרין וכי הוה מטי רב יהודה בעוקצין *האשה שכובשת ירק בקדירה ואמרי לה *זיתים שכבשן בטרפיהן טהורין אמר הוויות דרב ושמואל קא חזינא הכא ואנן קא מתנינן בעוקצין תליסר מתיבתא ואילו רב יהודה כי הוה שליף חד מסאנא אתי מיטרא ואנן קא צווחינן כולי יומא וליכא דאשגח בן אי משום עובדא אי איכא דחזא מידי לימא אבל מה יעשו גדולי הדור שאין דורן דומה יפה רב יהודה חזא הנהו בי תרי דהוו קא פרצי בריפתא אמר שמע מינה איכא שבעא בעלמא יהיב עיניה הוה כפנא אמרו ליה רבנן לרב כהנא בריה דרב נחוניא שמעיה (א) מר דשביח קמיה ניעשייה דליפוק בפתחא דסמוך לשוקא עשייה ונפק לשוקא חזא כנופיא אמר להו מאי האי אמרו ליה אבוספא דתמרי קיימי דקא מזדבן אמר שמע מינה כפנא בעלמא אמר ליה לשמעיה שלוף לי מסאניי שלף ליה חד מסאנא ואתא מיטרא כי מטא למישלף אחרינא אתא אליהו ואמר ליה אמר הקדוש ברוך הוא אי שלפת אחרינא מחריבנא לעלמא אמר רב מרי ברה דבת שמואל אנא הוה קאימנא אגודא דנהר פפא חזאי למלאכי דאידמו למלחי דקא מייתי חלא ומלונהו לארבי והוה קמחא דסמידא (ב) אתו כולי עלמא למיזבן אמר להו מהא לא תיזבנון דמעשה נסים הוא למחר אתיין ארבי חיטי *דפרזינא רבא איקלע להגרוניא גזר תעניתא ולא אתא מיטרא אמר להו ביתו כולי עלמא בתעניתייכו למחר אמר להו מי איכא דחזא חילמא לימא אמר להו ר' אלעזר מהגרוניא

דמיטרא הוא · ואפילו לא בעו נמי אתי מיטרא : **שלחה ליה לרבא ·** דלהמחל ליה לרבא : **אבותינו ספרו לנו פועל פעלת בימיהם בימי קדם ·** שהיית מפליא להם נסים (ד) : **עד דשפיך מרזבי דליפורי ·** שקולחו מים מן המרזיבות עד ששוטפין בחוצות ויורדין ושופכין : **לדיגלת ·** לנהר חדקל : **אשני מטתך ·** אל תשכב במטתך הלילה : **בסכיני ·** שרצו שדים להורגו ותתכו את מטתו והייט דאמרי' בשחיטת חולין בפרק הזרוע (דף קלג·) וליקריוה לרבא רבא כזוף היה לא מליט לו כזיפה בכל הש"ס אלא בזה המעשה כשביקש הגשמים בתמוז שלא לצורך : הכי גרסינן ר"פ גזר תעניתא חלש לביה טעים מידי בעא רחמי ולא אתא מיטרא : **אי שריף מר חדא פינכא דדייסא ·** מלשון שורפה חיה (ע"ז דף כח:) (ה) פינכא מלא כף כמו מלאיך פינכי (פסחים דף מט·) דייסא טריי"ס בלע"ז ולחוכא קאמר ליה הכי משום דטעים ברישא והדר בעא רחמי : **רבי חנינא בן דוסא ·** תנא הוא : **כל העולם כולו בצער ·** שמבקשין מים לשדותיהן : **בנחת ·** שאני יושב בביתי ואיני צריך לגשמים לפי שאין לי שדות : **מאי אהניא ליה צלותיה דכהן גדול ·** כשהיה מתפלל תפלה קצרה ביום הכפורים שהיה אומר אל יכנס לפניך תפלת עוברי דרכים דר' חנינא מבטל ליה לצלותיה דכהן גדול שאעפ"כ שמע הקב"ה תפלתו ופסיק מיטרא : **שחונה ·** חמה כמו חמותי ראיתי אור (ישעיה מד) תירגם יונתן בן עוזיאל שחינת : **אם שחונה תהא גשומה ·** כשהיא חמה צריכה הארץ לגשמים מאד ותדיר : **בת קול יוצאת ואומרת כל העולם כולו ·** ולא גרסי' מהר חורב : **קב חרובים מערב שבת לערב שבת ·** כל השבת היה ניזון בכך חסר לחם היה ומתגלגל היה בחרובין: **אקטרתא ·** דבר שמעלה עשן כקיטור הכבשן (ו) : משום

[גי' הערוך פרק הרואה פי' דארונאי פי' ספינת מלאות אורז]

לדידי אקריון בחלמי שלם טב לרב טב מריבון טב דמטוביה מטיב לעמיה אמר שמע מינה *עת רצון היא מבעי רחמי בעי רחמי ואתי מיטרא ההוא גברא דאיחייב נגדא בבי דינא דרבא משום דבעל כותית נגדיה רבא ומית אשתמע מילתא בי שבור מלכא בעא לצעורי לרבא אמרה ליה איפרא הורמיז אימיה דשבור מלכא לברה לא ליהוי לך עסק דברים בהדי יהודאי דכל מאן דבעיין ממרייהו יהיב להו אמר לה מאי היא בעין רחמי ואתי מיטרא אמר לה ההוא משום דזימנא דמיטרא הוא אלא לבעו רחמי האידנא בתקופת תמוז וליתי מיטרא שלחה ליה לרבא כוין דעתך ובעי רחמי דליתי מיטרא בעי רחמי ולא אתי מיטרא אמר לפניו רבונו של עולם °אלהים באזנינו שמענו אבותינו ספרו לנו פועל פעלת בימיהם בימי קדם ואנו בעינינו לא ראינו אתא מיטרא עד דשפוך מרזבי *דצפורי לדיגלת אתא אבוה איתחזי ליה בחלמיה ואמר ליה מי איכא דמיטרח קמי שמיא כולי האי *אמר ליה שני דוכתיך שני דוכתיה למחר אשכחיה דמרשם פוריה בסכיני רב פפא גזר תעניתא ולא אתא מיטרא חלש ליביה שרף פינכא דדייסא ובעי רחמי ולא אתא מיטרא אמר ליה רב נחמן בר *אושפזתי אי שריף מר פינכא אחריתי דדייסא אתי מיטרא איכסיף וחלש דעתיה ואתא מיטרא *)ר' חנינא בן דוסא הוה קא אזיל באורחא אתא מיטרא אמר לפניו רבונו של עולם כל העולם כולו בנחת וחנינא בצער פסק מיטרא כי מטא לביתיה אמר לפניו רבונו של עולם כל העולם כולו בצער וחנינא בנחת אתא מיטרא אמר רב יוסף מאי אהניא ליה צלותא דכהן גדול לגבי רבי חנינא בן דוסא דתנן *היה מתפלל תפלה קצרה בבית החיצון *מאי מצלי רבין בר אדא ורבא בר אדא דאמרי תרוייהו משמיה דרב יהודה יהי רצון מלפניך ה' אלהינו שתהא השנה הזו גשומה ושחונה שחונה מעלייתא היא אדרבה גריעותא היא אלא [ב]אם שחונה תהא גשומה וטלולה ואל יכנס לפניך תפלת עוברי דרכים רב אחא בריה דרבא מסיים משמיה דרב יהודה [ג]לא יעדי עביד שולטן מדבית יהודה ואל יהיו עמך ישראל צריכין להתפרנס זה מזה ולא לעם אחר אמר רב יהודה אמר רב *בכל יום ויום בת קול יוצאת ואומרת כל העולם כולו ניזון בשביל חנינא בני וחנינא בני דיו בקב חרובים מע"ש לע"ש הוה רגילא דביתהו למיחמא תנורא כל מעלי דשבתא ושדייא אקטרתא

משום

*) יומא נג:

[ברכות ח. יומא סט. יבמות עב. סנהדרין סו.]

תהלים מד

[נ"ל דמחוזא וכ"ה בע"י]

[גי' הערוך אושפזתי פי' הוא שם אמו של רב פפא]

יומא נג: ע"ש

ברכות יז: חולין פו.

רבינו חננאל

מאן דפשע משחדינא ליה בהו עד דקרי *) בימי רב יהודה מצלו ואתי מטרא. אמרי אי משום תורה כלהו תנויי בנזיקין הוה ואנן מתנינן טובא. וכי הוה רב יהודה מטי להאשה שכובשת ירק בקדרה. ואמרי לה זיתים שכבשן בטרפיהן זו היא משנה בעוקצין פ"ב. הוה א' הויה דרב ושמואל קא חזינא הכא כלומר זו קושיא גדולה היא ואנן האידנא מתנינן י"ג מתיבתא בעוקצין אלא מה יעשו פרנסי גדולי הדור שאין דורן יפה: רב יהודה שלף מסניה למבעי רחמי אמטרא אתחזי ליה חלמא אי שלפת אחרינא מחריב עלמא. ההוא דבעל כותית נגדיה רב יהודה ומית אכלו ביה קורצי. הלשינו עליו שהמית אדם. פי' אכלו קראו עליו מלשינות כדמתרגם קרא. בגרון אל תחשוך אכלי · בעא שבור מלכא לצעוריה כו'. ר' חנינא בן דוסא הוה אזיל באורחא אתא מיטרא אמר רבון העולמים כל העולם בנחת וחנינא בצער פסק מיטרא כי אתא לביתיה אמר כל העולם בצער וחנינא בנחת אתא מיטרא אמר רב יוסף מאי אהני צלותא דכ"ג דהוה מצלי ביוה"כ יר"מ שאם תהיה השנה הזאת שחונה תהיה גשומה ואל תכנס לפניך תפלת עוברי דרכים שמתפללין לפסוק המטר הנה ר' חנינא התפלל ופסק המטר. ועוד היה מתפלל ואל יעדי עביד שלטון מדבית יהודה. ואל יהיו עמך בית ישראל צריכין זה לזה לפרנסה: בכל יום ב"ק יוצאה כל העולם כולו ניזון בשביל חנינא בני וחנינא בני דיו קב חרובין מע"ש לע"ש:

*) נראה דל"ל אמרו ליה והא בימי רב יהודה מצלו ואתי מטרא אמר להו מאי אעביד אי משום תורה וכו' כנ"ל.

רבינו גרשום

האשה שכובשת ירק בקדירה ונגע טומאה לקלח אין מביאין טומאה לירק כיון דנכבשו בטיל ליה בתורת יד : זיתים בטרפיהן טרפא נמי הם ידות : אנא קיימנא בההיא שעתא: דפרונאי מקום : שחונה חמימה :

הגהות הב"ח

(א) גמ' שמעיה דמר דשכיח : (ב) שם ואתו כולי עלמא למיזבן מיניה ואמינא להו מהא כו' לנגרוניא גזר תעניתא בעא רחמי ולא אתא כו' בתעניתייכו ביתו למחר אמר להו כו' עת רצון היא למבעי רחמי בעי רחמי : (ג) רש"י ד"ה פרצי כו' זה לזה כמשחקין זה עם זה הס"ד : (ד) ד"ה אבותינו כו' מפליא להם נסים אבל בעינינו לא ראינו כלומר עכשיו הראה לנו נפלאותיך הס"ד : (ה) ד"ה אי שריף כו' מל' שורפה חיה אי שריף מר חדא פינכא מלא כף : (ו) ד"ה אקטרתא כו' כקיטור הכבשן כדי שיהיו סבורין השכנים שאופה במקום הס"ד :

גליון הש"ס

גמ' א"ל שני דוכתיך. עיין חולין דף קלג ע"א רש"י ד"ה כזוף :

§ מסכת תענית דף כד: §

אות א׳ - ב׳ - ג׳

היה מתפלל תפלה קצרה בבית החיצון... יהי רצון מלפניך ה׳ אלהינו שתהא השנה הזו גשומה ושחונה

אם שחונה תהא גשומה וטלולה, ואל יכנס לפניך תפילת עוברי דרכים

לא יעדי עביד שולטן מדבית יהודה, ואל יהו עמך ישראל צריכין להתפרנס זה מזה, ולא לעם אחר

רמב״ם פ״ד מהל׳ עבודת יום הכיפורים ה״א - ומתפלל שם בהיכל אחר שיצא תפלה קצרה, שלא להבעית את העם, שמא יאמרו מת בהיכל, וכך היה מתפלל: יהי רצון מלפניך ה׳ אלהינו, שאם תהיה שנה זו שחונה תהיה גשומה, ולא יסור שבט מבית יהודה, ולא יהיו עמך בית ישראל צריכין לפרנסה, [א]ואל תכנס לפניך תפלת עוברי דרכים.

באר הגולה

א ‹לכאורה אין הסדר כסדר הגמרא, דתפלה זו קודמת ל״לא יעדי עביד שלטון״, והמפרשים לא דקדקו בזה›

§ מסכת תענית דף כה. §

אות א'

אין מגדלין בהמה דקה בארץ ישראל

חו"מ סימן תט ס"א - [א]אין מגדלים בהמה דקה בארץ ישראל - {והטור כתב, דגם בבבל היו אוסרין, כשהיו שכיחין רוב ישראל והיה להן שדות וכרמים, וה"ה לשאר ארצות אם היו בהן כן, אלא שאין זה בזמנינו - סמ"ע}, **מפני שדרכם לרעות בשדות של אחרים והיזקם מצוי** - {בטור כתב, דאפילו בבית אסור, ואפילו אין הבהמה שלו, דאין אדם חוטא ולא לו, מ"מ כיון שדרך בהמה דקה לצאת ולהזיק, גזרו מחששא שתצא בלי ידיעת הרועה ותזיק - סמ"ע}, **אבל מגדלים בסוריא ובמדברות שבארץ ישראל. והאידנא, שאין מצוי שיהיו לישראל בארץ ישראל שדות, נראה דשרי.**

באר הגולה

א ‹צריכים לומר דעיקר ההיתר של ר"ח בן דוסא בזה, היה מפני שהיה בטוח שבהיות שעביד בהו מצוה של השבת אבידה, לא יזיקו ולא יפסידו שום שדות של אחרים, וכמו שבאמת איתא בגמ' שם, דכשאמרו לו קא מפסדן, ענה להם אי קא מפסדן ניכלינהו דובי, ומכיון שהיה בטוח בכך, לכן גדלן, דידע דכל בכה"ג לא גזרו רבנן - ציץ אליעזר›

משום כיסופא הוה לה הך שיבבתא בישתא
אמרה מכדי ידענא דלית להו ולא מידי מאי
כולי האי אזלא וטרפא אבבא איכספא ועיילא
לאינדרונא איתעביד לה ניסא דחזיא לתנורא
מלא לחמא ואגנא מלא לישא אמרה לה
פלניתא פלניתא אייתי מסא דקא חריך לחמיך אמרה לה אף אנא להכי
עיילי תנא אף היא להביא מרדה נכנסה מפני שמלומדת בנסים (א) אמרה
ליה דביתהו עד אימת ניזיל ונצטער כולי האי אמר לה מאי נעביד בעי
רחמי דניתבו לך מידי *בעא רחמי יצתה כמין פיסת יד ויהבו ליה חד
כרעא דפתורא דדהבא (*חזאי) בחלמא עתידי צדיקי דאכלי אפתורא דדהבא
דאית ליה תלת כרעי (*ואת) אוכלת אפתורא דתרי כרעי (*אמרה ליה)
ניחא לך דמיכל אכלי כולי עלמא אפתורא דמשלם ואנן אפתורא דמחסר
אמרה ליה ומאי נעביד בעי רחמי דנשקלינהו מינך בעי רחמי ושקלוהו
תנא גדול היה נס אחרון יותר מן הראשון דגמירי דמיהב יהבי מישקל
לא שקלי חד בי שמשי חזייה לברתיה דהוות עציבא אמר לה בתי *למאי
עציבת אמרה ליה כלי של חומץ נתחלף לי בכלי של שמן והדלקתי
ממנו אור לשבת אמר לה בתי מאי איכפת לך מי שאמר לשמן וידלוק
הוא יאמר לחומץ וידלוק תנא היה דולק והולך כל היום כולו עד שהביאו
ממנו אור להבדלה ר' חנינא בן דוסא הוו ליה הנך עיזי אמרו ליה קא
מפסדן (ב) אמר אי קא מפסדן ניכלינהו דובי ואי לא כל חדא וחדא תיתי
לאורתא דובא בקרניהו לאורתא אייתי כל חדא וחדא דובא בקרנייהו הוה
ליה ההיא שיבבתא דקא בניא ביתא ולא מטו כשורי אתיא לקמיה אמרה
ליה בניתי ביתי ולא קמטו כשוראי אמר לה מה שמך אמרה ליה
איכו אמר איכו נימטו כשוריך תנא הגיעו עד שיצאו אמה לכאן ואמה
לכאן ויש אומרין *סניפין עשאום תניא פלימו אומר אני ראיתי אותו הבית
והיו קורותיו יוצאות אמה לכאן ואמה לכאן ואמרו לי בית זה שקירה ר'
חנינא בן דוסא בתפלתו *ור' חנינא בן דוסא מהיכן הוו ליה עיזים [א] והא
עני הוי ועוד אמרו חכמים **אין מגדלין בהמה דקה בא"י אמר רב פנחס
מעשה ועבר אדם אחד על פתח ביתו והניח שם תרנגולין ומצאתן אשתו
של ר' חנינא בן דוסא ואמר לה אל תאכלי מביציהן והרבו ביצים ותרנגולין
והיו מצערין אותם ומכרן וקנה בדמיהן עזים פעם אחת עבר אותו אדם
שאבדו ממנו התרנגולין ואמר לחבירו בכאן הנחתי התרנגולין שלי שמע
ר' חנינא אמר לו יש לך בהן סימן אמר לו הן נתן לו סימן ונטל את העזין
והן הן *עיזי דאייתו דובי בקרנייהו רבי אלעזר בן פדת דחיקא ליה מילתא
טובא עבד מלתא ולא הוה ליה מידי למטעם שקל ברא דתומא ושדייה
בפומיה חלש לביה ונים אזול רבנן לשיולי ביה חזיוהו דקא בכי וחייך
ונפק צוציתא דנורא מאפותיה כי אתער אמרו ליה מ"ט קבכית וחייכת אמר
להו דהוה יתיב עמי הקב"ה ואמרי ליה עד מתי אצטער בהאי עלמא ואמר
לי אלעזר בני ניחא לך דאפכיה לעלמא מרישא אפשר דמתילדת בשעתא
דמזוני אמרי לקמיה כולי האי ואפשר אמרי ליה דחיי טפי או דחיינא א"ל
דחיית אמרי לקמיה א"כ לא בעינא אמר לי בהאי אגרא דאמרת לא בעינא
יהיבנא לך לעלמא דאתי תליסרי נהרוותא דמשחא אפרסמון דכיין *כפרת
ודיגלת דמענגת בהו אמרי לקמיה האי ותו לא אמר לי ולחברך מאי יהיבנא אמרי ליה ואנא מגברא
דלית ליה בעינא מחיין באסקוטלא *אפותאי ואמר לי אלעזר ברי *גירי בך גירי ר' חמא בר חנינא
גזר תעניתא ולא אתא מיטרא אמרו ליה והא רבי יהושע בן לוי גזר תעניתא ואתי מיטרא אמר להו הא אנא
הא בר ליואי אמרו ליה דניתי וניכוין דעתין איפשר דתברי ציבורא לבייהו דאתי מיטרא בעון רחמי ולא אתי
מיטרא אמר להו ניחא לכו שיבא מטר בשבילנו אמרו ליה הן אמר רקיע רקיע כסי פניך לא איכסי אמר
כמה עזין פני רקיע איכסי (ג) ואתא מיטרא לוי גזר תעניתא ולא אתא מיטרא אמר לפניו רבונו של עולם
עלית וישבת במרום ואין אתה מרחם על בניך אתא מיטרא ואיטלע אמר רבי אלעזר *לעולם אל
יטיח אדם דברים כלפי מעלה שהרי אדם גדול הטיח דברים כלפי מעלה ואיטלע ומנו לוי והא
גרמא ליה והא לוי אחוי קידה קמיה דרבי ואיטלע הא והא גרמא ליה רבי חייא בר לוליני שמעינהו
להנך ענני דקאמרי ניתו וניתבי מיא בעמון ומואב אמר לפניו רבונו של עולם כשנתת תורה לעמך
ישראל חזרת על כל אומות העולם ולא קיבלוה ועכשיו אתה נותן להם מטר שדו הכא שדיוה אדוכתיהו
*דרש רבי חייא בר לוליני מאי דכתיב °צדיק כתמר יפרח כארז בלבנון ישגה אם נאמר תמר למה
נאמר ארז ואם נאמר ארז למה נאמר תמר אילו נאמר תמר ולא נאמר ארז הייתי אומר מה תמר
אין

רש"י

משום כיסופא · שהיו שכינותיה אופות עיסה לכבוד שבת והיא אינה עושה כלום : **אגנא** · עריבה : **מסא** · עתר שמוציאין בו הלחם מרדה פאלי"א בלע"ז ומרדה ומסא חדא מילתא היא (ד) : **תנא אף היא להביא מרדה נכנסה** · פל"א בלע"ז על שם שרודין בה פת מן התנור שלא היתה שואלת מפני שרגילה בניסין : **חזאי** · דביתהו בחלמא : **מישקל לא שקלי** · בתר דיהבי : כל היכא דתני בי שמשי היינו ערב שבת °לא שמעתי טעם : **כמנא דחלא** · בכלי שיש בו החומץ ושמתי החומץ בנר ויכבה הנר : **עד שנטלו ממנו אור להבדלה** · הדליק ממנו נר אחר ליהנות בו ונר של מעשה נסים כיצד כי היכי דעבד רב יהודה (לעיל דף כד:) בתלא דהוה סמידא : **קא מפסדי לן** · שדות : **דובים** · ואוכלים בשדות : **ולא מטו כשורי** · אין הקורות מגיעות מכותל לכותל : **איכו נימטו כשוריך** · יאריכו הקורות : **סניפין היו** · הקורות של תליות היו במעשה· נס נדבקו להן חתיכות קטנות לאורכן : **ר"א בן פדת** · אמורא היה והוא האקרא מרא דארעא דא"י במסכת נדה (דף כ:) בעל הוראות היה והוא שימש ר' יוחנן *)אחרי מות ריש לקיש והיה דחוק ועני : **עבד מילתא** · הקיז דם : **ברא דתומא** · בן השום גלע של שום : **חלש ליביה** · נתעלפה : **צוציתא** · ניצוץ : **מאפותיה** · ממצחו : **כולי האי ואפשר** · בתמיה כולי האי עבדת ואכתי הך ספיקא דלמא לא מיתרמינא בשעתא דמזוני : **דחיי נפישא או דחיינא** · ימי חיי שחייתי כבר הם רבים ממה שאני עתיד לחיות : **אמר דחיית** · מה שכבר חיית מרובים ממה שאתה עתיד לחיות והיינו דקא בכי כי אמר שכינה הכי והאי דחייך משום י"ג נהרוותא לרחוץ בהן ולטייל בהן מזה לזה : **אי הכי לא בעינא** · דתיחרביה לעלמא : **ותו לא** · וכי אין אתה נותן לי דברים אחרים: **א"ל ולחברך מאי קא יהיבנא** · אנא מגברא דלית ליה בעינא לא גרים בספר רבי ובספר שלי כתוב : **באסקוטלא אפותאי** · היינו נוליתא דנפק מיניה שמדביק אצבע צרדה עם הגודל ומכה בצפורן האצבע : **איגרו בך גירי** · כלומר הכיתי בחיצי לחדווה בעלמא אמר כן : **הא אנא והא בר ליואי** · הוא איש אחד ואני איש אחד הוא עדיף מינאי : **דסברי** · סוברים : **שיבא מטר בשבילנו** · מקבלים אתם עליכם ומסכימין לדעת אחד : **כמה עזין** · דלא כסין מגבורא : **לוי אחוי קידה** · נועץ שני גודליו בארץ ושוחה ונושק את הרצפה : **הא והא גרמא ליה** · החטא גרם לו שנצלע בקידה : ואין

תורה אור

תוספות

הא והא גרמו ליה · °פי' הרלב"ד הא כדעבד דאחוי הקידה קמי רבי איטלע והא דהטיח דברים כלפי מעלה גרמא ליה דאיטלע : שאני

מסורת הש"ס

שבת קיז: רש"י ד"ה מרדה [וכתובות קג. מפרש רש"י הטעם ועיין רש"י שבת פו: ד"ה וליטבלו וכו']

[צ"ל חזיא פי' רש"י] [צ"ל ואיהו אפתורא גירס' ע"י] *)[כדאיתא ב"מ פד.]

ב"ק עט:

ב"מ ק.

[גי' הערוך אפותא סי' מנח]

סוכה נג: מגילה כב.

כ"ג פ: תהלים צב

עין משפט נר מצוה

לא א מיי' פ"ה מהל' נזקי ממון הל' ב סמג עשין סו טוש"ע ח"מ סימן תט סעיף א :

נ"א מסיבותא דנייחא לצדיקי לעלמא דאתי

[צ"ל אמר לה וכן איתא בע"י]

[צ"ל אמאי"כ בסדרי"]

[עי' ערוך ערך סנף]

[עי' בע"י ובמ"א שם דכל זה ליתו מן הגמרא מכאן עד דאייתו דובי בקרנייהו]

סיבות כפרת ודיגלת ליתא בע"י

ס"א אגרי [עי' פי' הערוך ערך גר]

רבינו חננאל

חד [בי] שימשא איחלף לברתיה ורמייא חלא לשרגא דשבתא והוות עציבא א"ל אבוה אל תעצבי מי שאמר לשמן וידלוק [יאמר לחומץ וידלוק] תנא [היה דולק] כל השבת עד דשקיל מיניה אור להבדלה: ר' אלעזר בן פדת הוה דחיק ליה עלמא הקיז ולא הוה ליה מידי למיכל אשכח בר תומא שדא לפומא חלש לביה עיילו רבנן לשיוליה ביה ומצאוהו ישן חזייה דבכא ואחיך ונפק ציציתא דנורא מאפותיה כשהקיץ משנתו אמרו ליה מאי היא · אמר להו חזאי שכינה בחלמא ואמרי קמיה עד מתי אתא בהאי דוחקא אתאמר לי מקמיה ניחא לך דליחרב עלמא ואבריה מרישא אפשר דמתילדת בשעתא דמזוני אמרי קמיה כולי האי ואולי לא בעינא [א"ל כהאי] אגרא [דאמרת] לא בעינא יהיבנא לך לעלמא דאתי י"ג מעיינתא דמשכי אפרסמון דכייא כו' עד מחיין באסקוטלא אפותאי כלומר הכהו מלאך באצבעו על מצחו ונראת להן ההבאה כניצוצית של אש כשכופף אדם אצבעו על בוהנו ושומט אותה בכח ומכת את חבירו נקראת המכה ההיא אסקוטלא . אפותא פדחת · לוי גזר תעניתא ולא אתי מיטרא אמר רבון העולמים אינך משגיח בצער בניך ומרחם עליהם כלומר ראוים הם להתרחם ואינך מרחם ולפי

רבינו גרשום

מרדה לרדות הפת : סניפין שמלאכים האריכום בתתכי קורה : מגביהו מן הקרקע שלא יקוץ סמוך לקרקע שיחליף גזעו :

הגהות הב"ח

(א) גמ' מפני שמלומדת בניסין היתה אמרה ליה דביתהו כו' אמר לה מאי נעביד אמרה ליה בעי רחמי דניתבו כו' ומאי נעביד אמרה ליה בעי רחמי כו' דגמירי מן שמיא מיהב יהבי : (ב) שם אמרי ליה קא מפסדן עיזך אמר אי כו' אמרה ליה בנאי ביתי ולא קמטו : (ג) שם כמה עזין פני רקיע איכסי בעיבא ואתא מיטרא : (ד) רש"י ד"ה מסא כו' חדא מילתא היא הס"ד ואח"כ מה"ד מרדה פלא בלע"ז על שם שרודין בה פת מן התנור הס"ד ואח"כ מה"ד תנא אף היא להביא מרדה נכנסה שלא היתה שואלת כו' כצ"ל :

הגהות הגר"א

[א] גמ' (והא עני הוי ועוד א"ת א"מ בבהמה דקה בא"י) תא"מ :

גליון הש"ס גמרא בעי רחמי יצתה כמין פיסת יד · עי' שמות רבה פ' שמות פ' נ"ב : רש"י ד"ה כל היכא כו' לא שמעתי טעם · עיין ברכות דף כט ע"ב ד"ה מאן שמעת ליה וצ"ע : **תוספות** ד"ה הא והא וכו' פי' הרלב"ד · הובא עוד שמעתא דהרלב"ד בתוספות יומא דף יח ע"א ע"ז דף לח ע"א ·

עין משפט
נר מצוה

נ"ל אין

לב א מיי' פכ"ג מהל' מכירה הלכה טו סמג עשין פב טוש"ע ח"מ סימן ריו סעיף יד:

לג ב מיי' פ"ד מהלכות תעניות הלכה יט טוש"ע א"ח סימן תקעה סעיף יא:

אין גזעו מחליף אף צדיק ח"ו אין גזעו מחליף לכך נאמר ארז אילו נאמר ארז ולא נאמר תמר הייתי אומר מה ארז אין עושה פירות אף צדיק ח"ו אין עושה פירות לכך נאמר תמר ונאמר ארז וארז גזעו מחליף והתניא **הלוקח אילן מחבירו לקוץ מגביהו מן הקרקע טפח וקוצץ בסדן השקמה שני טפחים בבתולת השקמה שלשה טפחים בקנים ובגפנים מן הפקק ולמעלה בדקלים ובארזים חופר למטה ומשריש לפי שאין גזעו מחליף הכא במאי עסקינן בשאר מיני ארזים כדרבה בר הונא דאמר רבה בר הונא *עשרה מיני ארזים הן שנאמר °אתן במדבר ארז שיטה והדס וגו' ת"ר מעשה ברבי אליעזר שגזר שלש עשרה תעניות על הצבור ולא ירדו גשמים באחרונה התחילו הצבור לצאת אמר להם תקנתם קברים לעצמכם געו כל העם בבכיה וירדו גשמים שוב מעשה בר' אליעזר שירד לפני התיבה ואמר עשרים וארבע ברכות ולא נענה ירד רבי עקיבא אחריו ואמר אבינו מלכנו אין לנו מלך אלא אתה אבינו מלכנו למענך רחם עלינו וירדו גשמים הוו מרנני רבנן יצתה בת קול ואמרה לא מפני שזה גדול מזה אלא שזה מעביר על מדותיו וזה אינו מעביר על מדותיו ת"ר עד מתי יהו הגשמים יורדין והצבור פוסקין מתעניתם כמלא ברך המחרישה דברי רבי מאיר *וחכמים אומרים בחרבה טפח בבינונית טפחיים בעבודה שלשה טפחים תניא *רבי שמעון בן אלעזר אומר אין לך טפח מלמעלה שאין תהום יוצא לקראתו שלשה טפחים והא תניא טפחיים לא קשיא כאן בעבודה כאן בשאינה עבודה א"ר אלעזר כשמנסכין את המים בחג תהום אומר לחבירו אבע מימיך קול שני ריעים אני שומע שנאמר °תהום אל תהום קורא לקול צנוריך וגו' אמר רבה לדידי חזי לי האי רידיא דמי לעיגלא (תלתא) ופירסא* שפוותיה וקיימא בין תהומא תתאה לתהומא עילאה לתהומא עילאה א"ל חשור מימיך לתהומא תתאה א"ל אבע מימיך שנא' °הנצנים נראו בארץ וגו': היו מתענין וירדו גשמים קודם הנץ החמה כו': ת"ר היו מתענין וירדו להם גשמים קודם הנץ החמה לא ישלימו לאחר הנץ החמה ישלימו דברי ר' מאיר ר' יהודה אומר קודם חצות לא ישלימו לאחר חצות ישלימו רבי יוסי אומר קודם ט' שעות לא ישלימו לאחר ט' שעות ישלימו שכן מצינו באחאב מלך ישראל שהתענה מתשע שעות ולמעלה שנאמר °הראית כי נכנע אחאב וגו' ר' יהודה נשיאה גזר תעניתא וירדו להם גשמים לאחר הנץ החמה סבר לאשלומינהו א"ל רבי אמי קודם חצות ואחר חצות שנינו שמואל הקטן גזר תעניתא וירדו להם גשמים קודם הנץ החמה כסבורין העם לומר שבחו של צבור הוא אמר להם אמשול לכם [משל] למה הדבר דומה לעבד שמבקש פרס מרבו אמר להם תנו לו ואל אשמע קולו שוב שמואל הקטן גזר תעניתא וירדו להם גשמים לאחר שקיעת החמה כסבורים העם לומר שבחו של צבור הוא אמר להם שמואל לא שבח של צבור הוא אלא אמשול לכם משל למה הדבר דומה לעבד שמבקש פרס מרבו ואמר להם המתינו לו עד שיתמקמק ויצטער ואחר כך תנו לו ולשמואל הקטן שבחו של צבור היכי דמי אמר *משיב הרוח ונשב זיקא אמר מוריד הגשם ואתא מיטרא: מעשה וגזרו תענית בלוד כו': ונימא הלל מעיקרא *)אביי ורבא דאמרי תרוייהו לפי שאין אומרים הלל
אלא

*) ג' לה"ש רב ושמואל

רש"י

ואין גזעו מחליף · אם נפסק: אף צדיק · אין לו זכר לצדיק אין גזעו מחליף אינו בתחיית המתים: צדיק אינו עושה פירות · אין לו שכר לעתיד: בתולת השקמה · נטיעה שלא נקללה מעולם: סדן · שכבר הזקין טרונ"ק בלע"ז שנקצץ וחוזר ומתעבה והוא מלשון סדנא בסדניה יתיב (פסחים דף כח.): שני טפחים · שכבר גזעו מחליף: מן הפקק · קשר התחתון: מיני ארזים · שנאמר אתן במדבר ארז שטה והדס וגו' · ובגליר להו תלת וברא"ש השנה (דף כג.) מפרש הוסיפו עליהם אלונים אלמונים אלמוגים: מעשה ברבי אליעזר בן הורקנוס · י"ג תעניות שהתענו והלכו עד שגמרו י"ג כדתנן (לעיל דף יב:) עברו אלו ולא נענו כו': התחילו הצבור לצאת · מבית הכנסת: תקנתם קברים תקנתם · בתמיה אין לכם אלא לכו קברו עצמכם מפני הרעב: געו · צעקו כמו אם יגעה שור על בלילו (איוב ו) הלוך וגעו (שמואל א ו): והיו הצבור פוסקין מתעניתם · דתנן (שם) עברו אלו ולא נענו ב"ד גוזרין עוד כו' אבל נענו שוב אין צריכין להתענות והני מילי לצבור אבל יחיד שהיה מתענה על החולה ונתרפא או על צרה ועברה הרי מתענה ומשלים כדאמרן לעיל (דף י:) כך שמעתי: כמלא ברך המחרישה · אם טשטשו הגשמים בעומק הקרקע כשיעור שורת מענית המחרישה: ברך · הוא הכלי שחורשין בו ומבריכין אותו סמוך לקרקע כשחורשין בו כלומר (א) מילא התלם שירדו המים בתלם מחרישתו שקורין קולטר"א: בחרבה · קרקע יבשה טפח כיון דחריבה היא ונכנסו בה הגשמים טפח ודאי רוב גשמים ירדו: בעבודה · חרושה כגון שדה ניר הנכנסים בה גשמים הרבה ג' טפחים דאפי' בגשמים מועטין נכנסין בה בטפח או בטפחיים: אין לך כל טפח · כשנכנסו הגשמים בעומק הקרקע טפח תהום עולה ומתגבר ג' טפחים ואע"ג דסומכא דארעא אלפא גרמידי בפרק החליל (סוכה דף נג:) אפ"ה רטיבותא מהנייא: וסקניא · תהום יוצא לקראתו ב' טפחים: הא דקתני טפחיים והו לא בעבודה · דאע"ג דנכנסו טפח בקרקע פורתא הוא דנחית ואהכי לא נפיק בהו לקבליה שלשה טפחים אלא פורתא

פורתא טפחיים: בשאינה עבודה · דכי נכנסו בה טפח טפי הוא דנחית ונפיק תהום לקבליה ג' טפחים: אבע · לשון נחל נובע: קול שני ריעים · ניסוך המים וניסוך היין: תהום אל תהום קורא · מים עליונים ומים תחתונים: לצנוריך · אותן שני ספלים: האי רידיא · מלאך הממונה על הגשמים כך שמו: דמי לעיגלא · ול"צ תלתא: בין תהומא עילאה לתתאה · בין הרקיע לאוקיינוס היכא דנשקי ארעא ורקיע: תהומא עלאה · מים העליונים: חשור מימיך · ברקיע: אבע מימיך · למטה בקרקע: הנצנים נראו בארץ · כלומר כשמנסכין מים בחג שהניסוכין נראו בארץ שאין בארץ אלא משנה לחבירתה כנץ זה שאינו יוצא אלא משנה לשנה ועת הזמיר הגיע זמירות החג או קול התור מלאך דומה לשור תרגום שור תור שבשעה שמנסכין מים בחג הוא אומר כן לשון אחר כמשמעו הנצנים נראו והזמיר הגיע בשעה שקול התור נשמע: קודם הנץ החמה לא ישלימו · דהאכתי לא חל עלייהו תענית כי נחתי גשמים: קודם חצות · דהאות זמן אכילה היא מחצות ואילך חל התענית כיון שלא סעדו בשעת סעודה: ועשו יו"ט · מתוך שמחה: הלל הגדול · הודו לאלהי האלהים כי לעולם חסדו ומפני שנאמר בו נותן לחם לכל בשר כדאמרינן בשילהי פסחים (דף קיח.): שכן מצינו כו' · כלומר שאין לך אדם בעולם שאין תענית חל עליו מט' שעות ואילך אפי' בני מלכים שדרכן לאכול בט' שעות שעד ג' שעות הן ישנים במטותיהן ושוהין ששה שעות ואוכלין וכדאמרינן בפסחים (דף קז:) אפי' אגריפס המלך שרגיל לאכול בט' שעות ביום לא יאכל עד שתחשך שנאמר הראית כי נכנע אחאב מפני ואחאב לא חלה תעניתו עליו אלא מט' שעות ואילך ועד ט' שעות היה יכול לאכול שלא גמר בדעתו להתענות אלא שבא אליהו אותו היום שנכנס בכרם נבות היזרעאלי ואמר ליה הרצחת וגם ירשת וגו' (מלכים א כא) ילקו הכלבים וגו' (שם) וכתיב ויצום שהתענה אותו היום: הכי גרסינן שמואל הקטן גזר תעניתא וירדו גשמים קודם הנץ החמה: שבח לצבור הוא · שעדיין לא קראו ונענו: למה הדבר דומה וכו': אלא

מסורת הש"ס

ב"ב פ:

ר"ה כג. סוכה נג. ב"ב פ: [מד"ה קודם עד ד"ה שכן מצינו שייך לפי' המשנה לעיל יט.]

ג' רי"ף ורא"ש ר' יהודה אומר [תוספתא פ"א]

הגהות הב"ח
(א) רש"י ד"ה ברך כו' כלומר מלוא התלם שירדו: [ס"א ופריטא]

תהלים מב

שה"ש ב

מלכים א כא

[לעיל כד.] ב"מ פה:

רבינו חננאל

שהשיח דברים הללו איטלע ונעשה פיסח · והיינו דאמרינן בכל מקום לעולם לא ישיח אדם דברים כלפי למעלה שהרי אדם גדול השיח דברים כלפי למעלה ואיטלע ומנו לוי. זה שדרשו [צדיק כתמר יפרח] כארז בלבנון ישגה · תמר עושה פירות ואין גזעו מחליף ארז גזעו מחליף ואין עושה פירות לפיכך נמשלו הצדיקים כתמר לעשות פירות וכארז להחליף גזעו ואקשינן וכי ארז גזעו מחליף והתני' הלוקח (לולב) אילן מחבירו לקוץ מגביהו מן הקרקע טפח ברקלין ובארזין חופר ומשרש לפי שאין גזעם מחליף ושנינן האי ארז שנמשלו בו הצדיקים כגון שטה והדס ועץ שמן וכדרבא דאמר עשרה מיני ארזים הן והללו כולן גזעם מחליף זולתי הארז לבדו. והא דר' אליעזר דירד לפני התיבה ואמר כ"ד ברכות ולא ירדו גשמים וירד אחריו ר' עקיבא ואמר אבינו מלכנו אבינו אתה ואין לנו מלך אלא אתה אבינו מלכנו רחם עלינו ומיד ירדו גשמים הוו מרננו (כ"ע) רבנן יצתה ב"ק ואמרה לא מפני שרבי עקיבא גדול מר' אליעזר אלא ר' עקיבא מעביר על מדותיו ור' אליעזר עומד על מדותיו ואינו מעביר: ת"ר עד היכן גשמים יורדין וצבור פוסקין מתעניתן כמלוא ברך המחרישה · פי' כשיעור חפירת האת בחרישה אם ירדו הגשמים בשיעור הזה ר' יהודה אומר בחרבה טפח בבינונית טפחים בעבודה שלשה טפחים וקיי"ל כר' יהודה: תניא אין לך טפח שיורד מלמעלה שאין תהום עולה לקראתו טפחיים ואם שדה עבודה שלשה טפחים · א"ר אליעזר בשעה שמנסכין מים ברגל תהום אומר לחבירו אבע מימך קול ב' רעים אני שומע פי' קול ב' צנורים ניסוך המים וניסוך היין הנמשכין מנקבי הספלים שעל המזבח כדכתיב תהום אל תהום קורא לקול צנוריך · אמר רבה בר בר חנה לדידי חזי לי הא רידיא דמיא לעגלא תלתא פי' בת ג' שנים וקיימי בין תהומא עלאה לתהומא תתאה כדכתיב הנצנים נראו בארץ עת הזמיר הגיע וקול התור נשמע בארצנו פי' קול עגלא הוא קול דתור הכתוב בפסוק כי העגל הוא השור: מתני' היו מתענין וירדו גשמים כו' · חזינן דסתיא (דשמעתין) דירושלמי הכי סלקן קודם חצות לא ישלימו (והא תנן) [והא אמרינן] נמי בגמרא ר' אמי ור' יהודה נשיאה בתר דאהדריה ר' אמי דאמר אחר חצות שנינו ולכ"ע אין אומרים הלל הגדול אלא על נפש שבעה ואי איכא אתרא דהדישי משום שכרות גומרין הלל הגדול ואח"כ אוכלין · הלל הגדול *) דכתיב ביה מעלה נשיאים מקצה הארץ ברקים למטר עשה דאמר ר' יוחנן הלל הגדול משעומדין בבית ה' עד סוף הלל הגדול · ואסיקנא שאין שבח לצבור אם ירדו גשמים קודם הנץ החמה אלא אם אמרו משיב הרוח אתא זיקא מוריד הגשם ואתא מטרא והו שבח צבור והכל פשוטה היא: ירושלמי ר' אחא ור' אבהו בשם ר' יוסי בר' חנינא אסור להתענות עד שש שעות בשבת · א"ר יוסי ב"ר אבין מתניתין היא קודם חצות לא ישלימו עד כדון צפרא הוא לאחר חצות ישלימו כבר עבר רובו של יום בקדושה · ריב"ז כד הוה בעי דייחות מיטרא הוה אמר לספריה אזל קום קמיה היכלא ואמרו בגין דר' בעי מספרא ולית בחיילי' מצטער ומיד מיטרא נחית · רב אדא בר אהבה כד הוה שליף מסאניה הוה מיטרא נחית וכד הוה שליף תרווייהו הוה עלמא מייף ספולת בתים הוה תמן והוה רב מייתי חד מן תלמידוי בביתא עד דהוו מפנין ביתא וכיון דהיה נפיק מביתא מיד הוה נפיל ואית דאמרי (א') רב אדא בר אהבה הוה · שלחו לו חכמים מה מעשים טובים יש בידך שלח להם מימי לא קדמני אדם בבית הכנסת ולא הנחתי אדם בבית הכנסת ויצאתי ולא הלכתי ד' אמות בלא תורה ובלא תפילין ולא הזכרתי דברי תורה במקום מטונף ולא הצעתי וישנתי שינת קבע אלא שינת עראי · ולא כיניתי שם לחבירי · ולא צעדתי בין החברים ולא שמחתי בתקלת חבירי · ולא עלה קללת חבירי על מטתי · ולא עברתי בשוק אצל מי שהוא חייב לי · ולא הקפדתי בתוך ביתי לקיים מה שנאמר אתהלך בתם לבבי בקרב ביתי: **) קבלה ביד חכמים כי ביום שנהרג נבות בו ביום הגיע השמועה לאיזבל ובו ביום ירד אחאב אל כרמו לרשתו ובו ביום אמר לו אליהו הרצחת וגם ירשת ומיד נכנע שנאמר ויהי כשמוע אחאב את הדברים האלה ויקרע את בגדיו וישם שק על בשרו ויצום וישכב בשק ויהלך אט · ונמירי דההיא שעתא שעה תשיעית הואי וצם שלש שעות האחרונות מן היום ונחשב צום דכתיב הראית כי נכנע אחאב אבל ראיה ברורה ע"נ תענה אחאב מתשע שעות ולמעלה ליכא:

הדרן עלך סדר תעניות האלו האמור

*) נראה דחסר וצ"ל הלל הגדול צריך להתחיל ממזמור הללו את שם ה' עד סוף שעומדים בבית ה' וגו' דכתיב ביה מעלה נשיאים וכו' · **) קאי אמ"ש בגמרא שכן מצינו באחאב כו' ·

רבינו גרשום

ארז עצמו אין גזעו מחליף שאר מיני ארזים גזען מחליף: כמלא ברך המחרישה · גומות של מחרישה: כאן בעבודה שהיא מפוררת רכה ונכנסת בה מים טפח מהרה (אין שוה) מלמטה טפחים ובשאינה עבודה שהיא קשה עד שנכנס טפח מלמעלה עולה ג' טפחים מלמטה: שני ריעים · ניסוך המים וניסוך היין קול צינוריך היינו שני ניסוכין: שנענה מט' שעות ולמעלה שהיה רגיל לאכול בט' שכן דרך אדם לאכול בשש ומלך שישן עד שלש שעות אוכל [בט'] ולפי שלא אכל בט' אלא בעשר חשיב תענית: קודם חצות שנינו דאין משלימין ואין צריך לו להשלים: דשכיחא ביה שכרות ולא מצי מכווני לאחר אכילה:

הדרן עלך סדר תעניות

§ מסכת תענית דף כה: §

אות א'

הלוקח אילן מחבירו לקוץ, מגביהו מן הקרקע טפח, וקוצץ; בסדן השקמה, שני טפחים; בבתולת השקמה, שלשה טפחים; בקנים ובגפנים, מן הפקק ולמעלה; בדקלים ובארזים, חופר למטה ומשריש, לפי שאין גזעו מחליף

חו"מ סימן רטז סי"ד - הלוקח זיתים מחבירו לקוץ, מניח מהאילן סמוך לארץ ב' גרופית, וקוצץ - {כן הוא לשון המשנה ב"ב דף פ' ע"א, משום דמסתמא דעת המוכר היתה שלא יכלה הלוקח האילן לגמרי בקציצתו, אלא יחזור ויצמח ויגדל מהגזע, מש"ה נתנו חז"ל שיעור בכל אחד מהאילנות לפי מה שהוא, שיניח ממנו שיעור שיכול לחזור ולצמוח - סמ"ע}, **לקח בתולת שקמה, מגביה ג' טפחים, וקוצץ; סדן של שקמה, ב' טפחים; ובשאר אילנות, טפח, וקוצץ; בקנים ובגפנים, מן הפקק ולמעלה; בדקלים ובארזים, חופר ומשרש, לפי שאין גזעם מחליף.**

אות ב'

בחרבה טפח, בבינונית טפחיים, בעבודה שלשה טפחים

סימן תקעה סי"א - [א]היו מתענים על הגשמים ונענו, כמה ירדו ויהיו פוסקין מן התענית, משיכנסו בעומק הארץ החרבה טפח; ובבינונית, שני טפחים; ובעבודה, שלשה טפחים. (ושיעור כמה צריכין לירד לברך עליהם, עיין לעיל סימן רכ"א).

אות ב'* [ב]

תנו לו ואל אשמע קולו

סימן תקעה סי"ב - [ג]אין אומרים הלל הגדול אלא כשנענו ביום תעניתם דוקא, אבל אם לא נענו עד יום שלאחר תעניתם, לא - דלא נענו מכח התענית, רק משמיא דרחימו עלייהו.

סימן תקעה סי"ג - [ד]אם ירדו להם גשמים בליל תעניתם קודם שעלה עמוד השחר, אין אומרים הלל הגדול - דזה לא מיקרי התחלה להתענות, **ומשמע** מסתימת המחבר, דאפילו אותן התעניות שמפסיקין מבע"י, מ"מ עיקר התענית מתחיל מעמוד השחר ואילך, לא קודם, ועיין בפמ"ג.

באר הגולה

[א] **ברייתא שם כ"ה וכחכמים** [ב] ‹עיין בסמוך בדברי השולחן גבוה והזאת ליהודה› [ג] **הרשב"א בתשובה** [ד] **שם בתשובה** ‹על זה כתב הרב שולחן גבוה וז"ל: גם זה לשון הרשב"א ז"ל ח"א בסימן קנ"ב וז"ל: שאלת צבור שגזרו תענית על הגשמים ובליל התענית ירדו גשמים, מהו לומר הלל הגדול בבוקר קודם אכילה, או נאמר שאין אומרים אותו אלא אחר אכילה, שאין אומרים הלל הגדול אלא בכרס מלאה. **תשובה**, קרוב אני לומר שאם ירדו להם גשמים בלילה שאין אומרים הלל הגדול כלל, שאין מתחילין להתענות אלא מעמוד השחר וכו' ע"כ. **ותמהני** מהשואל והמשיב, דהא גמרא ערוכה שם דף כ"ה, שמואל הקטן גזר תעניתא וירדו להם גשמים קודם הנץ החמה, כסבורים העם לומר שבח של צבור הוא, אמר להו אמשול לכם משל למה הדבר דומה וכו', תנו לו ואל אשמע קולו, הרי כל שנענו קודם שהתענו אינו שבח לצבור ולכך אין לומר הלל, דע"כ העם שסברו לומר שבח צבור הוא היו סבורין לומר הלל, ושמואל פשט להו במשל שאין אומרים, **אם** כן מאי "קרוב אני לומר" דקאמר הרשב"א, וכן מרן שהביא דבריו בבית יוסף ולא כתב דין זה מהגמרא וצל"ע, עכ"ד.

ואחר המחילה רבה אין כאן קושיא להרשב"א ז"ל ולא להשואל שם וכן למרן הב"י ז"ל, דהיסוד שהניח הוא ז"ל בדברי הש"ס שפירוש מ"ש "סברו העם לומר שבח של צבור הוא", דר"ל שרצו לומר הלל הגדול, קשה, דמניין לו לומר זאת, דפשוט וברור לי לעניות דעתי, דהכוונה, דהעם סברו שמזה מוכח שהקל יתברך מרוצה בצבור, ושבח הוא להם שהקב"ה רוצה במעשיהם של צבור ואפילו שלא התענו עדיין, ועל זה ענה אותם שמואל הקטן דלא שבח להם, ולא נחתי לענין הלל הגדול כלל. **וראייה** לזה ממ"ש שם בגמרא: ולשמואל הקטן שבח צבור כיצד וכו', אמר משיב הרוח נשב זיקא אמר מוריד הגשם ואתא מיטרא ע"ש, ולפי דברי השולחן גבוה ז"ל אם כן לשמואל הקטן לא אמרינן הלל הגדול אלא באופן זה, שבעת שאמרו משיב הרוח וכו' מוריד הגשם ואתא מיטרא, אזי אומרים הלל הגדול, ואם ירדו גשמים קודם חצות או אחר חצות אין אומרים הלל הגדול, וזה לא שמענו מאן דפליג בזה. אלא מוכרח שאין מדברי הש"ס ראייה לדין אמירת הלל הגדול אלא כמ"ש, ודברי הרשב"א ז"ל ומרן הבית יוסף חיים וקיימים - וזאת ליהודה›

§ מסכת תענית דף כו. §

אות א'

אלא על נפש שבעה וכרס מלאה

סימן תקעה סי"א - [א]ואם התחילו לירד אחר חצות, ישלימו אותו היום - [ב]שכבר עבר רוב היום בקדושה, ושוב אין אומר "עננו" בתפלת המנחה, ולא תחנונים אחרים, **וגם** הלל היה ראוי לומר, אלא שאין אומרים אותו בכרס רעבה, דמתוך שכתוב בו: נותן לחם לכל בשר, נאה להאמר על השובע, רש"י, [ג]ולכן שוב אין לומר הלל הגדול - שונה הלכות, **וי"א** דכיון שנענו באותו יום, אומרים הלל הגדול. **(וע"ל סימן תקס"ט בסופו).**

ואם התחילו לירד קודם חצות, [ד]לא ישלימו - דעד כדון צפרא הוא, **משמע** מלשון "ואם התחילו", דאף שלא נגמר השיעור גשמים קודם חצות, כיון שההתחלה היתה קודם חצות, ולא הפסיק בחצות, אזלינן בתר ההתחלה, ולא ישלימו.

אלא יאכלו וישתו ויעשו יום טוב, ולערב יתקבצו ויאמרו הלל הגדול - שא"א הלל הגדול אלא בנפש שבעה וכרס מלאה, **ודוקא** בזה שהוא אחר התפלה, אבל קודם התפלה שרי, ולכן אמרינן ליה בפסוקי דזמרה בשחרית בשבת, **ובמקום** דשכיחי שכרות, אומרים הלל הגדול ואח"כ אוכלין ושותין, [גמרא], **וה"ה** אם ירד קודם חצות, ורצו רוב הצבור להשלים, דמשלימין וכנ"ל בסימן תקס"ט ס"א, יאמרו הלל הגדול קודם אכילה.

הלל הגדול - הם כ"ו "כי לעולם חסדו", וחותמין "מודים אנחנו לך על כל טיפה" וכו', כמ"ש סימן רכ"א, ושוב אין היחיד צריך לברך, **ויש** להתחיל קודם "הודו", "שיר המעלות הנה ברכו וגו' העומדים בבית ד' בלילות", ואומר "מעלה נשיאים מקצה הארץ" וגו'.

אות ב'

וכי היאך קרבנו של אדם קרב והוא אינו עומד על גביו

רמב"ם פ"ו מהל' כלי המקדש ה"א - אי אפשר שיהיה קרבנו של אדם קרב והוא אינו עומד על גביו, וקרבנות הציבור הן קרבן של כל ישראל, ואי אפשר שיהיו ישראל כולן עומדין בעזרה בשעת קרבן; לפיכך תקנו נביאים הראשונים שיבררו מישראל כשרים ויראי חטא ויהיו שלוחי כל ישראל לעמוד על הקרבנות, והם הנקראים אנשי מעמד, וחלקו אותם כ"ד מעמדות כמנין משמרות כהונה ולויה; ועל כל מעמד ומעמד אחד מהן ממונה על כולם והוא נקרא ראש המעמד.

אות ג'

הגיע זמן המשמר לעלות, כהנים ולוים עולים לירושלים, וישראל שבאותו משמר מתכנסין לעריהן וקוראין במעשה בראשית

רמב"ם פ"ו מהל' כלי המקדש ה"ב - בכל שבת ושבת מתקבצין אנשי מעמד של אותה שבת; מי שהיה מהן בירושלים או קרוב לה, נכנסין למקדש עם משמר כהונה ולויה של אותה שבת; והרחוקים שבאותו מעמד, כיון שהגיע מעמד שלהן, הן מתקבצין לבית הכנסת שבמקומן.

אות ד'

ואנשי המעמד היו מתענין ארבעה ימים בשבוע, מיום שני ועד יום חמישי, ולא היו מתענין ערב שבת מפני כבוד השבת, ולא באחד בשבת, כדי שלא יצאו ממנוחה ועונג ליגיעה ותענית וימותו

רמב"ם פ"ו מהל' כלי המקדש ה"ג - ומה הן עושין אלו המתקבצין בין בירושלים בין בבתי כנסיות, מתענין בשני בשבת שלהן, ובשלישי וברביעי ובחמישי, אבל בערב שבת לא היו מתענין מפני כבוד שבת, ובאחד בשבת אינם מתענים, כדי שלא יצאו מעונג שבת לצום.

אות ה'

ביום הראשון: בראשית ויהי רקיע, בשני: יהי רקיע ויקוו המים, בשלישי: יקוו המים ויהי מארת, ברביעי: יהי מארת וישרצו המים, בחמישי: ישרצו המים ותוצא הארץ, בששי: תוצא הארץ ויכלו השמים

רמב"ם פ"ו מהל' כלי המקדש ה"ו - ובמה היו קוראין, במעשה בראשית; ביום הראשון קוראין: בראשית ויהי רקיע, בשני: יהי רקיע ויקוו, בשלישי: יקוו ויהיה מאורות, ברביעית: יהי מאורות וישרצו, בחמישי: ישרצו ותוצא הארץ, בששי: ותוצא הארץ ויכולו.

באר הגולה

[א] משנה י"ט וכרבי אליעזר [ב] [רי"ף בשם ירושלמי], ‹ועיין ברש"י ד"ה קודם חצות, דמשמע דהוא משום דבחצות חל התענית› [ג] ‹ולכאורה הגדר, כיון דא"א להם לאומרו, משום דעדיין מחוייבין להשלים התענית, ואינו נאמר בכרס רעבה, שוב אין אומרים אותו, **משא"כ** כשירד קודם חצות דמותרים לאכול, ורק דיש חשש שכרות, או במקום דהרוב רוצים להשלים התענית, דבעצם ראוי לאומרו עכשיו, דהא בעצם יכולים לאכול, ממילא אומרים אותו עכשיו אפי' קודם אכילה, וכדלקמן, **ובציור** דבאמת אוכלים, אומרים אותו לערב› [ד] במשנה י"ט

"אלא על נפש שבעה וכרם מלאה איני והא רב פפא איקלע לבי כנישתא דאבי גובר וגזר תענית וירדו להם גשמים עד חצות ואמר הלל ואחר כך אכלו ושתו שאני בני מחוזא דשכיחי בהו שכרות:

הדרן עלך סדר תעניות אלו

בשלשה *פרקים בשנה כהנים נושאין את כפיהן ארבע פעמים ביום בשחרית במוסף במנחה ובנעילת שערים בתעניות ובמעמדות וביום הכפורים אלו הן מעמדות לפי שנאמר °צו את בני ישראל את קרבני לחמי 'וכי היאך *קרבנו של אדם קרב והוא אינו עומד על גביו התקינו נביאים הראשונים עשרים וארבעה משמרות על כל משמר ומשמר היה מעמד בירושלים של כהנים של לוים ושל ישראלים 'הגיע זמן המשמר לעלות כהנים ולוים עולים לירושלים וישראל שבאותו משמר מתכנסין לעריהן וקוראין במעשה בראשית ('ואנשי המעמד היו מתענין ארבעה ימים בשבוע מיום ב' ועד יום חמישי ולא היו מתענין ערב שבת מפני כבוד השבת ולא באחד בשבת כדי שלא יצאו ממנוחה ועונג ליגיעה ותענית וימותו) *"ביום הראשון בראשית ויהי רקיע בשני יהי רקיע ויקוו המים בשלישי יקוו המים ויהי מאורות ברביעי יהי מאורות וישרצו המים בחמישי ישרצו המים ותוצא הארץ בששי ותוצא הארץ ויכלו השמים 'פרשה גדולה קורין אותה בשנים והקטנה ביחיד בשחרית במוסף ובמנחה נכנסין וקורין על פיהן כקורין את שמע ערב שבת במנחה לא היו נכנסין מפני כבוד השבת 'כל יום שיש בו הלל אין (א) מעמד בשחרית קרבן מוסף אין בנעילה קרבן עצים אין במנחה דברי ר' עקיבא אמר לו בן עזאי "כך היה רבי יהושע שונה קרבן מוסף אין במנחה קרבן עצים אין בנעילה חזר רבי עקיבא להיות שונה כבן עזאי זמן עצי כהנים והעם תשעה באחד בניסן בני ארח בן יהודה בעשרים בתמוז בני דוד בן יהודה בחמשה באב בני פרעוש בן יהודה בשבעה בו בני יונדב בן רכב בעשרה בו בני סנאה בן בנימן בחמשה עשר בו בני (ב) זתוא בן יהודה ועמהם כהנים ולוים וכל מי שטעה בשבטו ובני גונבי עלי ובני קוצעי קציעות בעשרים בו בני פחת מואב בן יהודה בעשרים באלול בני עדין בן יהודה באחד בטבת שבו בני פרעוש שניה באחד בטבת לא היה בו מעמד שהיה בו הלל וקרבן מוסף וקרבן עצים °חמשה דברים אירעו את אבותינו בשבעה עשר בתמוז וחמשה בתשעה באב *בשבעה עשר בתמוז נשתברו

תורה אור: במדבר כח

רש"י

אלא בנפש שבעה · מתוך שכתוב בו נותן לחם לכל בשר (תהלים קלו) נאה להאמר על השבע: **דאבי גובר** · שם אדם או מקום: **דשכיח בהו** · יין ושכרות ופשעי ולא יאמרו הלל:

הדרן עלך סדר תעניות אלו

בשלשה פרקים במוסף · מפרש בגמרא: **נעילת שערים** · מפורש בברכות ירושלמי בפרק תפלת השחר אימתי נעילה יש אומרים נעילת שערי מקדש וי"א נעילת שערי שמים שנועלים אותן לעת ערב בגמר תפלה ונוהגין היו להתפלל תפלת נעילה בכל תעניתם כדרך שמתפללין ביוה"כ: **אלו הן מעמדות** · המתענין מתפללין בעריהם שיתקבל ברצון קרבן אחיהם כדלקמן: **לפי שנאמר צו את בני ישראל וגו'** · שהתמיד בא מן השקלים של כל ישראל ואי אפשר שיהו כל ישראל עומדין על גבי קרבנם ומינו מעמדות להיות במקומם: **נביאים הראשונים** · שמואל ודוד בגמרא מפרש: **על כל משמר** · ארבעה ועשרים משמרות של כהנים היו ושמואל ודוד תיקנום ועל כל משמר היה מעמד בירושלים שקבועין ועומדין בעיר ועומדין על קרבן אחיהם ולבד אלו הדרים בירושלים היו מעמדות בכל עיר שישראל נחלקו לכ"ד מעמדות כנגד ארבעה ועשרים משמרות כדתניא בברייתא של מ"ט מדות והייט דתנן היה מעמד בירושלים כהנים לוים וישראלים: **כהנים ולוים** · של משמר היו עולים (א) בירושלים כהנים לעבודה ולוים לשיר ומכל המעמדות היו קבועין בירושלים לעמוד על קרבן אחיהם: **והשאר היו מתכנסין לעריהם** · ומתפללין על קרבן אחיהם שיתקבל ברצון ומתענין ומוציאין ספר תורה ביום תעניתם: **וקורין במעשה בראשית** · ובגמרא מפרש טעמא: **ביום הראשון** · של שבוע: **קורין בראשית כו'** · פרשה ראשונה ופרשת יהי רקיע לפי שאין בפרשת בראשית לבדה ט' פסוקים כדי קריאת כהן לוי ישראל וכן כולן: **בששי ותוצא הארץ עד ויכולו** · לפי שבפרשת תוצא הארץ אין בה אלא שמונה פסוקים לפיכך אומר ויכולו: **פרשה גדולה** · שבפרשיות הללו קורין אותה בשנים כגון פרשה ראשונה של בראשית יש בה חמשה פסוקים היו קורין אותה בשנים כדאמרינן בגמרא יהי רקיע באחד וביום השני יהי רקיע באחד יקוו בשנים שיש בה ה' פסוקים ביום השלישי יקוו באחד שאין בה אלא ה' פסוקים ויהי מאורות בשנים שיש בה ו' פסוקים: **וקורין אותה על פיהן** · כל אחד בפני עצמו ובעי בגמרא מאי קאמר מעיקרא קתני פרשה קטנה כו' דמשמע דבספר תורה קורין והדר תנא על פיהם · פרשה בנעילה ליכא: **כל יום שיש בו הלל אין בו מעמד** (ד) **שחרית** · אותן שהיו בירושלים לא היו מתפללין על קרבן אחיהם שיש בו הלל לפי שאין להן פנאי לעשות מעמדם שקורין את הלל ומפני ההלל היו דוחין את המעמד: **קרבן מוסף** · יום שיש בו קרבן מוסף בירושלים אין (ה) מעמד בנעילה בירושלים וכל שכן במנחה הסמוכה למוסף לפי שהיו טרודין במוסף שיש בו להקריב בהמות יותר מתמיד שהוא אחד אין לך מוסף בלא שתי בהמות ולא היה להם פנאי כלל שהכהנים של מעמד טרודים במוסף וישראל שבכן היו טרודים לחטוב עצים ולשאוב מים ודוחה אפי' מעמד דנעילה: **קרבן עצים** · בגמרא מפרש כגון אחד מט' זמנים ואותו יום שהיה בו קרבן עצים אפילו לא היה בו מוסף היה נדחה מעמד של מנחה מפני שקרבן עצים קודם למנחה ודוחה מעמד הסמוך לו [ולא] של נעילה: **כך היה רבי יהושע דורש קרבן מוסף אין** (ו) **במנחה** · וטעמא מפרש בגמרא: **זמן עצי כהנים והעם** · שמתנדבים עצים: **תשעה** · באלו הט' זמנים היו הכהנים והעם מתנדבים להביא עצים והיו מקריבים קרבן אותו היום ואפילו היו עצים הרבה למערכה היו אלו מתנדבין ומקריבין באלו תשעה זמנים: **בני ארח בן יהודה** · שכשעלו בני הגולה הם התנדבו תחילה באחד בניסן (ז) וספק להם עצים עד כ' בתמוז שהתנדבו בני דוד ארח שמואל ומשבט יהודה היה: **בני דוד** · ממשפחת דוד המלך: סנאה בן בנימין זתוא בן יהודה בני גונבי עלי ובני קוצעי קציעות משפחה אחת הן ובגמ' מפרש אמאי מיקרו הכי: **בני עדין באחד בטבת שבו בני פרעוש שניה** · ובגמרא מפרש אמאי קבעו להן אלו הזמנים: **באחד בטבת** · שהיה ר"ח [וחנוכה] לא היה בו מעמד כו': נשתברו

תוספות

שאני בני מחוזא דשכיחי בהו שכרות · ולהכי היו אומרים הלל הגדול קודם שיאכלו וישתו ובפסוקי דזמרה נוהגין לומר שחרית ודווקא בפסוקי דזמרה קודם התפלה אבל בשעת תפלה אין אומרים אותו אלא בנפש שבעה ובכרם מלאה:

הדרן עלך סדר תעניות אלו

בכל יום שיש בו הלל אין בו מעמד שחרית · פי' דהיינו חנוכה דבשאר יום טוב לא משכחת לה בלא קרבן מוסף:

קרבן מוסף אין בו נעילה · פירוש יום שקרבין בו מוסף אין בו נעילה לפי שטרודין הם במוסף ואין להם פנאי לומר נעילה:

קרבן עצים אין בו מנחה · משום דעד המנחה היו טרודים בקרבן העצים אבל יש בו נעילה דכל כך לא היו מאחרים עד שעת נעילה דאמר בן עזאי כך היה וכו':

מסורת הש"ס

יומא פז: · [סוטה ח. פ"ש פרש"י] · ירושלמי ל"ג · מגילה כב. · [יומא ד:] · מנחות

עין משפט נר מצוה

לד א מיי' פ"א מהל' תענית הלכה טז [וטוש"ע א"ח סימן תקעה סעיף יא]:

א ב מיי' פ"ו מהלכות כלי מקדש הלכה א סמג עשין קעג:

ב ג מיי' שם הלכה ב:

ג ד מיי' שם הלכה ג

ד ה מיי' שם הלכה ו:

ה ו מיי' שם הלכה ז:

ו ז ח מיי' שם הלכה ח:

ז ט מיי' פ"ה מהלכות תענית הלכה ב סמג עשין מד"ס ג טור א"ח סימן תקמט:

רבינו חננאל

בשלשה פעמים בשנה הכהנים נושאין את כפיהם כו':

רבינו גרשום

בשלשה פרקים כו' בתעניות ובמעמדות ודאי מעמדות הן בכל יום אלא לכך חשיב פרק בפני עצמו דלא כל ישראל הן אלא של אותו משמר ובתעניות יש כל ישראל ויש מהן ד' פרקים ביום:

הגהות הב"ח

(א) מתני' כל יום שיש בו הלל אין בו מעמד בשחרית כו' אין בו בנעילה כו' אין בו במנחה כו' כצ"ל וכן בסמוך: (ב) שם בט"ו בו בני זתוא · כ"ב ס"א זתא: (ג) רש"י ד"ה כהנים כו' היו עולים לירושלים כהנים כו' על קרבן אחיהם והשאר היו כו' כצ"ל והד"א: (ד) ד"ה כל יום כו' אין בו מעמד בשחרית אותן וכו' אחיהם ביום שיש בו הלל: (ה) ד"ה קרבן כו' אין בו מעמד בנעילה כו' שהוא אחד דאין לך מוסף: (ו) ד"ה כך היה כו' אין בו במנחה: (ז) ד"ה בני ארח כו' באחד בניסן וספקו להם עצים כו' בני דוד ארח כך שמו ומשבט יהודה היה כצ"ל ותיבת שמואל נמחק:

אות ו'

פרשה גדולה קורין אותה בשנים, והקטנה ביחיד

רמב"ם פ"ו מהל' כלי המקדש ה"ז - פרשה גדולה קוראין אותה בשנים, וקטנה קורא אותה אחד; ושתי פרשיות שקוראין שחרית, הם שחוזרין וקורין אותן בתפלה השניה בספר; וחוזרין וקוראין אותן במנחה על פה.

אות ז' – ח'

כל יום שיש בו הלל, אין מעמד בשחרית

כך היה רבי יהושע שונה: קרבן מוסף, אין במנחה; קרבן עצים, אין בנעילה

רמב"ם פ"ו מהל' כלי המקדש ה"ח - שמנת ימי חנוכה לא היו אנשי מעמד עושין מעמד בשחרית; וכל יום שיש בו קרבן מוסף, לא היה בו מעמד לא בתפלה שניה שלהם ולא במנחה, [ה]אלא בשחרית ובנעילה בלבד; וכל יום שהיה בו קרבן העצים, לא היה בו מעמד בנעילה, אלא בשחרית ובתפלה שניה ובמנחה.

השגת הראב"ד: ובתפלה שניה. א"א הראה דעתו בכאן על אותה תפלה שניה שאמר שאינה תפלת מוסף, [ו]שאם היה תפלת מוסף, הרי המוסף דוחה של מוסף ושל מנחה כהזרתו של ר"ע, סוף דבר אין דבריו מכוונים לעיקר ההלכה.

אות ח'* [ז]

זמן עצי כהנים והעם תשעה וכו'

רמב"ם פ"ו מהל' כלי המקדש ה"ט - ומהו קרבן העצים, זמן קבוע היה למשפחות משפחות לצאת ליערים להביא עצים למערכה, ויום שיגיע לבני משפחה זו להביא העצים, היו מקריבין עולות נדבה, וזהו קרבן העצים, והיה להם כמו יום טוב, ואסורין בו בהספד ובתענית ובעשיית מלאכה, ודבר זה מנהג.

אות ט'

חמשה דברים אירעו את אבותינו בשבעה עשר בתמוז, וחמשה בתשעה באב

סימן תקמט ס"א - [ח]חייבים להתענות בתשעה באב, ובי"ז בתמוז, ובג' בתשרי, ובעשרה בטבת, מפני דברים הרעים שאירעו בהם - והוא מדברי הנביאים כדכתיב בקרא: צום הרביעי וצום החמישי וצום השביעי וצום העשירי וגו', **ואחז"ל:** צום הרביעי זה י"ז בתמוז, שהוא בחדש רביעי למנין החדשים, וצום החמישי זה ט' באב, שהוא בחודש החמישי, וצום השביעי זה צום גדליה, שהוא בחודש השביעי, וצום העשירי זה עשרה בטבת, שהוא בחודש העשירי.

כי בי"ז בתמוז ארעו בו ה' צרות: בו נשתברו הלוחות כשירד משה מן ההר כמפורש בתורה, **ובוטל** התמיד עוד מלהקריב בבית הראשון, **והובקעה** העיר בחורבן בית שני, **ושרף** אפוסטמוס הרשע את התורה, **והועמד** צלם בהיכל.

ובט"ב היה בו חורבן הגדול, שנחרב בו הבית הראשון וגם השני, **ובזה** היום נגזר על אבותינו שבמדבר שלא יכנסו לארץ, **ובזה** היום נלכדה עיר גדולה וביתר שמה, והיו בה אלפים ורבבות מישראל, ונפלו כולם ביד העכו"ם ונהרגו כולם, והיתה צרה גדולה כמו חורבן ביהמ"ק, **ובו** ביום המוכן לפורענות, חרש טורנוסרופוס הרשע את ההיכל ואת סביביו, לקיים מה שנאמר: ציון שדה תחרש.

ויום ג' בתשרי, בו נהרג גדליה בן אחיקם, שמינוהו לראש לאחר החורבן על הפליטה הנשארה, ונכבה גחלת ישראל הנשארה, כי ע"י שנהרג גלו כולם, ונהרגו מהם לאלפים.

ועשרה בטבת, שבו סמך מלך בבל נבוכדנאצר הרשע על ירושלים, והביאה במצור ובמצוק, ומזה נמשך החורבן.

וכל אלו הימים כל ישראל מתענים בהם, מפני הצרות שאירעו בהם, כדי לעורר הלבבות לפקח על דרכי התשובה, ויהיה זה זכרון למעשינו הרעים, ומעשה אבותינו שהיה כמעשינו עתה, עד שגרם להם ולנו אותן הצרות, שבזכרון הדברים אלו נשוב להטיב, כמו שנאמר: והתודו את עונם ואת עון אבותם וגו', **ולכן** חייב כל איש לשום אל לבו באותן הימים, ולפשפש במעשיו ולשוב בהן, כי אין העיקר התענית, כמש"כ באנשי נינוה: וירא ד' את מעשיהם, ואמרו חז"ל: את שקם ואת תעניתם

באר הגולה

[ה] ‹והנה דעת רש"י ז"ל, דלר"ע קרבן מוסף דוחה דנעילה וכ"ש דמנחה, אבל קרבן עצים דוחה דמנחה ולא דנעילה, אבל לר' יהושע דהלכה כוותיה, דקרבן מוסף דחי דמנחה וכ"ש דנעילה, אבל קרבן עצים לא דחי רק דנעילה ולא של מנחה, יעו"ש היטיב כ"ח א' ובתוס' שם ד"ה מה הפרש וכו' וד"ה הללו וכו', **אבל** באמת אין הכרע מרש"י ותוס' דס"ל דקרבן מוסף דחי של נעילה, וי"ל דווקא דמנחה דחי ולא של נעילה, וקרבן עצים דחי דנעילה ולא דמנחה, לפי שקרבן עצים מדרבנן אינו דוחה רק נעילה שהיא מדרבנן, ולא מנחה, וכדעת רבינו כאן, **וז"ל** רבינו בפי' המשניות שם, יום שיש בו הלל בלי מוסף, הם ימים של חנוכה, ולפי שהם מד"ס עשו להם חיזוק, ודחו המעמד מתחלת היום, עכ"ל, מבואר מזה כי גורס בש"ס {כ"ח} "הללו ד"ת וא"צ חיזוק, והללו ד"ס וצריכין חיזוק", והיא הגי' שדחאה רש"י ז"ל, **ומ"מ** לדינא לא נפק"מ בין רש"י ז"ל לרבינו, **ודלא** כדעת הרע"ב ז"ל, שבחר ג"כ בגי' זו, ומטעם זה פי' דלר"י כיון דקרבן מוסף מד"ת וא"צ חיזוק, לכן אינו דוחה רק דמנחה ולא דנעילה, אבל קרבן עצים שהוא מד"ס וצריך חיזוק, ולכן דוחה דמנחה ודנעילה, יעו"ש - הר המוריה› [ו] ‹דברי הכ"מ בכאן אינם מובנים לי כלל, ולענ"ד נראה פשוט דכוונת השגה היא מכח הסיפא, שכתב הרמב"ם וכו' יום שהיה בו קרבן עצים לא היה בו מעמד וכו' אלא בשחרית ובתפלה שניה וכו', ואי תפלה שניה היינו תפלת המוספים, הרי ע"כ כיון שמתפללין תפלה שניה דהיינו תפלת המוספין, הוא יום שיש בו קרבן מוסף, וכבר כתב ברישא דביום שיש בו מוסף לא היה מעמד בתפלה שניה, והאיך כתב כאן דהיה מעמד בתפלה שניה, אלא ודאי הראה בכאן דתפלה השניה אינה תפלת המוספין, וכך נרשם ההשגה בסיפא "ובתפלה שניה", ולא ברישא "לא בתפלה שניה שלהם", כמשמעות הכ"מ, ודו"ק - טורי אבן› [ז] ‹ע"פ מהדורת נהרדעא› [ח] **ברייתא דר"ה י"ח**

לא נאמר, אלא את מעשיהם, ואין התענית אלא הכנה לתשובה, **לכן** אותם האנשים שכשהם מתענים הולכים בטיול ובדברים בטלים, תפשו הטפל והניחו העיקר, **ומ"מ** אין לפטור את עצמו בתשובה בלבד, כי ימים אלו הם מ"ע מדברי הנביאים להתענות בהם, וכמ"ש למעלה.

מי שטעה ואכל בהם, מ"מ צריך להשלים התענית אחר שאכל, דמי שאכל שום יחזור ויאכל שום, **ואם** צריך להתענות יום אחר, ע"ל סימן תקס"ח ס"א ובמ"ב שם.

{**כתב** הריטב"א, חתן שחל אחד מארבעה צומות בתוך ימי שמחת לבו, מסתבר לי שהוא חייב להתענות בהם, דאע"ג דימי רגל ושמחה שלו היא, ואין אבילות חדשה חלה בהם, ואין שמחה אלא באכילה, כדאמרינן גבי רגלים וגבי פורים, מ"מ כיון דרגל שלו רגל יחיד מדרבנן, ותעניות אלו הם דרבים, אתי אבלות דרבים ודחי רגל דרבנן, **ועוד** דיחיד מקרא מלא דיבר הכתוב: אם לא אעלה את ירושלים על ראש שמחתי, עכ"ל, **ואין** סתירה מזה להא דמבואר בסימן תקנ"ט, דבעל ברית מתענה ואינו משלים, אף דגם הוא רק יו"ט של יחיד, התם הטעם משום דנדחה, {**אבל** מ"מ ראיה מדברי הריטב"א אלו למסקנת הב"י, דבאינו נדחה מחויב להשלים}, **ונפקינן** מדברי הריטב"א אלו, דס"ל דצום גדליה אינו נקרא תמיד בשם נדחה, וכסברת הט"ז, ודלא כהראש יוסף שהובא בשע"ת).

סימן תקמט ס"ב - [ט]אע"ג דכתיב בקרא: בחדש הרביעי בתשעה לחודש הובקעה העיר, אין מתענין בט' בו אלא בי"ז בו, מפני שאף על פי שבראשונה הובקעה בט' בו, כיון שבשניה הובקעה בי"ז בו, תיקנו להתענות בי"ז בו, משום דחורבן בית שני חמיר לן - ולא רצו לגזור גם בט', דאין מטריחין על הצבור יותר מדאי.

באר הגולה

[ט] תוס' שם והרמב"ן בספר תורת האדם

עין משפט
נר מצוה

ח א מיי' פ"ה מהלכות תעניות הלכה ו סמג עשין מד"ס ג טוש"ע א"ח סי' תקנא סעיף א:

ט ב מיי' וסמג שם טוש"ע א"ח שם סעיף ג:

י ג מיי' שם הלכה ו סמג שם טוש"ע א"ח סימן תקנד סעיף א:

יא ד ה מיי' פי"ד מהל' תפלה הלכה א ב סמג עשין יט טוש"ע א"ח סימן קכט סעיף א:

יב ו מיי' שם פט"ו הלכה ד סמג שם טוש"ע א"ח סימן קכח סעיף לח:

נשתברו הלוחות (א) ובטל התמיד והובקעה העיר ושרף אפוסטמוס את התורה (ב) והעמיד צלם בהיכל בתשעה באב נגזר על אבותינו שלא יכנסו לארץ *וחרב הבית בראשונה ובשניה ונלכדה ביתר ונחרשה העיר *משנכנס אב ממעטין בשמחה *בשבת שחל תשעה באב להיות בתוכה אסור מלספר ומלכבס ובחמישי מותרין מפני כבוד השבת *ערב תשעה באב לא יאכל אדם שני תבשילין לא יאכל בשר ולא ישתה יין רבן שמעון בן גמליאל אומר ישנה רבי יהודה מחייב בכפיית המטה ולא הודו לו חכמים *אמר רבן שמעון בן גמליאל לא היו ימים טובים לישראל כחמשה עשר באב וכיום הכפורים שבהן בנות ירושלים יוצאות בכלי לבן שאולין *שלא לבייש את מי שאין לו (ג) כל הכלים טעונין טבילה ובנות ירושלים יוצאות וחולות בכרמים ומה היו אומרות בחור שא נא עיניך וראה מה אתה בורר לך אל תתן עיניך בנוי תן עיניך במשפחה °שקר החן והבל היופי אשה יראת ה' היא תתהלל ואומר °תנו לה מפרי ידיה ויהללוה בשערים וכן הוא אומר °צאינה וראינה בנות ציון במלך שלמה בעטרה שעטרה לו אמו ביום חתונתו וביום שמחת לבו ביום חתונתו זה מתן תורה וביום שמחת לבו זה בנין בית המקדש שיבנה במהרה בימינו:

גמ' בשלשה פרקים בשנה כהנים נושאין את כפיהם כו': תעניות ומעמדות מי איכא מוסף חסורי מיחסרא והכי קתני בשלשה פרקים כהנים נושאין את כפיהן כל זמן שמתפללין ויש מהן ארבעה פעמים ביום שחרית ומוסף מנחה ונעילת שערים ואלו הן שלשה פרקים תעניות ומעמדות ויום הכפורים א"ר נחמן אמר רבה בר אבוה זו דברי רבי מאיר אבל חכמים אומרים שחרית ומוסף יש בהן נשיאת כפים מנחה ונעילה אין בהן נשיאת כפים *מאן חכמים ר' יהודה היא דתניא שחרית ומוסף מנחה ונעילה כולן יש בהן נשיאת כפים דברי ר"מ ר"י אומר שחרית ומוסף יש בהן נשיאת כפים מנחה ונעילה אין בהן נשיאת כפים רבי יוסי אומר נעילה יש בה נשיאת כפים מנחה אין בה נשיאת כפים במאי קמיפלגי רבי מאיר סבר כל יומא טעמא מאי לא פרשי כהני ידייהו במנחתא משום שכרות האידנא ליכא שכרות רבי יהודה סבר שחרית ומוסף דכל יומא לא שכיח שכרות לא גזרו בהו רבנן מנחה ונעילה דכל יומא שכיח שכרות גזרו בהו רבנן רבי יוסי סבר מנחה דאיתה בכל יומא גזרו בה רבנן נעילה דליתה בכל יומא לא גזרו בה רבנן אמר רב יהודה אמר רב הלכה כרבי מאיר ורבי יוחנן אמר נהגו העם כרבי מאיר ורבא אמר מנהג כרבי מאיר מאן דאמר הלכה כרבי מאיר דרשינן לה בפירקא מאן דאמר מנהג מידרש לא דרשינן אורויי מורינן ומאן דאמר נהגו אורויי לא מורינן ואי עביד עביד ולא מהדרינן ליה ורב נחמן אמר הלכה כרבי יוסי °והלכה כרבי יוסי (ד) והאידנא מ"ט פרשי כהני ידייהו במנחתא דתעניתא °כיון דבסמוך לשקיעת החמה קא פרשי כתפלת נעילה דמיא דכולי עלמא מיהת °שכור אסור בנשיאת כפים מנהני מילי אמר רבי יהושע בן לוי משום בר קפרא למה נסמכה פרשת כהן מברך לפרשת נזיר לומר מה נזיר אסור ביין אף כהן מברך אסור ביין מתקיף לה אבוה דרבי זירא ואמרי לה אושעיא בר זבדא אי מה נזיר אסור בחרצן אף כהן מברך אסור בחרצן א"ר יצחק אמר קרא לשרתו ולברך בשמו מה משרת מותר בחרצן אף כהן מברך מותר בחרצן
אי

תורה אור: משלי לא; שם; שה"ש ג

רש"י

נשתברו הלוחות · בגמ' מפרש: ובטל התמיד · לפי שגזרה המלכות גזרה מלהקריב עוד: והועמד צלם בהיכל · שהעמידו מנשה כדמפורש בתרגום ירושלמי בפרשת השמים כסאי וגו' (ישעיה סו): על אבותינו · דור המדבר אם יראה איש באנשים האלה הדור הרע הזה את הארץ וגו' (דברים א): ביתר · עיר גדולה והיו ישראל דרין בה במסכת גיטין פרק הניזקין (דף נז.) אשקא דריספק חרב ביתר: שבת שחל תשעה באב כו' · שבוע: בחמישי מותרין · אם חל תשעה באב בערב שבת מותרין לכבס בחמישי וכשחל ט' באב בד' בשבת לא איצטריך למיתני דמותרין כדאמרינן בגמרא לא שנו אלא לפניו כו': שני תבשילין · *בשר ודגים או בשר וביצים שעליו או דג וביצה שעליו כדאמר בפרק ערבי פסחים (דף קיד:): ישנה · בגמרא מפרש: כפיית המטה · על פניה ולא יישן עליה: שאולין · שכולן שואלות זו מזו אפילו עשירות כדי שלא לבייש כו': טעונין טבילה · קודם שילבשום לפי שאין כל אחת בקיאה בחברתה שמא נדה היתה: וחולות · כמו לחול במחולות (שופטים כא): במלך שלמה · במלך שהשלום שלו: אמו · כנסת ישראל: זה מתן תורה · יום הכפורים שניתנו בו לוחות האחרונות: גמ' כל זמן שמתפללין · דהיינו שחרית ומנחה ונעילה: (ה) יש מהן ארבעה פעמים ביום · יום הכפורים שיש בו מוסף: כל יומא מאי טעמא לא פרשי כהני ידייהו במנחה · דכל יומא שכיחא ביה שכרות שכבר סעד וזימנין דמשכא סעודתיה ומשתכר ופריש ידיה בהדי חמריה וכהן שתוי יין אסור לישא את כפיו שנאמר יין ושכר אל תשת בבואכם וגו' (ויקרא י) ונשיאת כפים מעין עבודה כדלקמן: האידנא · בתעניות ובמעמדות לא שכיחא שכרות ובמעמדות נמי מתענין כדלקמן (דף כז:): גזרינן · תענית אטו שאר ימים: נעילה דליתה בכל יומא · אלא ביום התענית: דדרשינן בפירקא · הלכה כרבי מאיר דבעינן דליקום כוותיה עלמא: אורויי מורינן · כרבי מאיר אי אתי לקמן אבל בפירקא לא דרשינן דלא פשיטא ליה כולי האי דליהוי הלכה כר"מ ומ"ד נהגו משמע הן נהגו מאיליהן אבל אינו עיקר ומנהג משמע תורת מנהג יש בדבר ומנהג כשר הוא: ורב נחמן אמר הלכה כרבי יוסי והלכה כרבי יוסי · גמרא קא פסיק ומהדר סתמא ומוקי לה הלכה כרבי יוסי והכי קא פריך ואלא האידנא כו': כיון דסמוך לשקיעת החמה וכו' · שמאחרין (ו) עד שקיעת החמה ומתפללין כל שעה ואינן הולכין לבית הכנסת משש שעות ומחצה ולמעלה כמו שהיו עושין לאותן הימים: כתפלת נעילה דמיא · דהשתא ליכא למיגזר משום מנחה דכל יומא דמנחתא כי הא ליתא בכל יומא: שכור מיהא אסור בנשיאת כפים · דאפילו ר"מ לא קאמר אלא משום דהאידנא לאו שכרות הוא: פרשת כהן מברך · כה תברכו את בני ישראל אמור להם (במדבר ו): מה משרת כו' · עובד עבודה דלא מיתסר אלא שתוי יין ממש דכתיב יין ושכר אל תשת וגו' אבל בחרצן מותר:
מאי

תוספות

מנחה ונעילה דכל יומא שכיחי בהו שכרות גזרו רבנן · אפילו ביומא דתענית דליכא בהו שכרות וקשיא דהכא משמע דבמנחה שייכא שכרות ובפ"ק דשבת (דף י. ושם) קאמר בהדיא דבמנחה לא שייכא שכרות וי"ל דהכי קאמר התם דבמנחה לא שייכא שכרות ר"ל לגבי ערבית שכרות דמנחה לאו כלום (לגבי שבת) דיותר שכיח שכרות בערבית (יותר) מבמנחה אבל לעולם במנחה שייך שכרות לגבי שחרית ומוסף:

ומאן דאמר נהגו אורויי נמי לא מורינן · פירשנו בפ"ק דר"ה השנה (דף טו: ד"ה וכו'):

והאידנא כהני ידייהו במנחה (ז) סמוך לשקיעת החמה · ולכך לא נהגו העם לומר נשיאת כפים במנחה ביום הכפורים לפי שמתפללין מנחה בעוד היום גדול אבל במנחה בשאר תעניות יש נשיאת כפים אבל מכל מקום בנעילה ביום הכפורים יש נשיאת כפים:

רבינו חננאל

ואקשינן וכי תעניות אית בהו מוסף ותרצינן לה הכי בג' פרקים כהנים נושאין את כפיהם כ"ז שמתפללין ויש מהן ד' פעמים ביום בשחרית במוסף ובמנחה ובנעילה · ואלו הן ג' פרקים תעניות ומעמדות ויוה"כ · וסתם מתני' ר' מאיר היא דלא משכחת לה דנושאין כפיהם כל זמן שמתפללין אלא לרבי מאיר דתני שחרית ומוסף מנחה ונעילה יש בהן נשיאות כפים דברי ר' מאיר וטעמא דר' מאיר מפורש הוא כיון דביום הכפורים ובמעמדות ליכא שכרות במנחה נושאין כפיהם ולא גזרינן · ור' יהודה תני שחרית ומוסף בלבד יש בהן נשיאות כפים דבכל יומא לית בהו שכרות לפיכך לא גזרינן בהו · שמעינן מינה דר' יהודה אין אדם רשאי ליכול אלא אחר תפלת מוסף· אבל במנחה דבשאר יומי אית בהו שכרות גזרינן בהו ביוה"כ ובמעמדות ר' יוסי אומר מנחה אין בה נשיאות כפים משום דאיתא כל יומא ואתי לאחלופי גזרינן אבל נעילה דליתא אלא ביוה"כ ובמעמדות יש בה נשיאות כפים דכיון דליתא כל יומא לא גזרינן · ואסיקנא דהלכתא כר' יוסי דאמר שחרית ומוסף ונעילה יש בהן נשיאות כפים מנחה אין בה נשיאות כפים · והאידנא דלא מצלו מנחה דתעניתא אלא סמוך לשקיעת החמה כדאוקימנא (לעיל יב:) דרביעית היום האחרון הוא דמתפללין בו תפלת תענית כדכתיב ובמנחת הערב קמתי מתעניתי וגו' כנעילה דמיא ויש בה נשיאות כפים: ואע"ג דאמר רב הלכתא כרבי מאיר ודרשינן לה בפירקא ורב חנא אמר מנהג כר"מ אורויי מורינן הכי בפירקא לא דרשי לה (ואף ר') [ור' יוחנן אמר] נהגו כר"מ לא דרשי ולא מורינן כוותיה ואי עביד לא מהדרינן ליה: ודייקי כו' אלמא שכור אסור בנשיאת כפים מנא לן ופשיט דכתיב לשרתו ולברך בשמו אתקש (משרת ולו למברך) [מברך למשרת] ולנזיר מה משרת אסור ביין ושכר דקיימא לן כל המשכר [אסור] ומותר בחרצן אי הכי למאי אתקש לנזיר להכשיר

רבינו גרשום

במוסף דהיינו יוה"כ שיש בו מוסף: אמר רב נחמן זו דקתני נושאין כפיהן בשחרית במוסף במנחה בנעילה ר"מ היא כל יומא טעמא מאי אין נושאין כפיהן:*) האידנא בתענית ובמעמדות וביוה"כ (ובמעמדות) דאית בהו תענית נמי שכיחא שכרות להכי נושאין כפיהן בכל ד' תפלות שבהן: מנחה ונעילה דבשאר יומי שכיחא שכרות גזרו בהו רבנן בהני דלמא אתי למיעבד בשאר יומי נמי: אבל אורויי מורינן כרבי מאיר למאן דבעי כמאן הלכה: והא"ל והלכה כרבי יוסי האידנא מאי טעמא פרסי כהני ידייהו ביום הכפורים כיון דבשקיעת החמה פרסי שהיו מאחרין לתפלת המנחה: שכור אסור בנשיאת כפים דקתני מאי טעמא לא דשכיחא ביה שכרות: **) מהו משרת מותר דכתיב יין ושכר אל תשת אבל אוכל הוא חרצן: אף כהן מברך לא יהא בעל מום והא קיימא לן דבעל מום מברך אלא אם כן יהו מומין שבגלוי · הא איתקש לנזיר מה נזיר בעל מום אף מברך בעל מום: מאי חזית דאקשית לקולא דאקשת ליה לנזיר דבעל מום מותר ואקשת ליה למשרת דבחרצן מותר אקיש לחומרא ונימא מה נזיר אסור בחרצן אף מברך אסור בחרצן ומה משרת בעל מום לא אף מברך בעל מום לא:
אסמכתא

*) אולי צ"ל במנחה משום שכרות האידנא וכו' דלית בהו תענית ליכא שכרות והכי וכו'. **) צ"ל מה משרת מותר בחרצן וכו' אף כהן מברך מותר בחרצן: אף כהן וכו'·

מסורת הש"ס

[ר"ס יח:] · יבמות מג. · [סוכה רש"י כשר מליח ד"ה כלדיאה לקמן ל. בכבייתא הגה אבל אוכל הוא כשר מליח כו'] · [פסחים פב. וש"נ] · [עירובין מ.]

הגהות הב"ח

(א) במשנה ובוטל התמיד: (ב) והעמיד צלם בהיכל · נ"ב ג"י רש"י והועמד: (ג) שם את מי שאין לו כל הכלים טעונין: (ד) גמ' והלכה כר' יוסי והאידנא מ"ט פרסי כו' כיון דסמוך לשקיעת החמה: (ה) רש"י ד"ה ויש מהן: (ו) ד"ה כיון דסמוך כו' שמאחרים עד שקיעת החמה · נ"ב נראה דרש"י דקדק לבאר שלא יסמכו על זה דהאי להתחיל מנחה סמוך לשקיעת החמה דזה אסור אלא ר"ל כשכבר התחילו בזמנו קאמר דמתפללין כל שעה ומאחרין עד שקיעת החמה: (ז) תוס' ד"ה והאידנא כו' ידייהו במנחה כיון דסמוך לשקיעת החמה כו' כשאר תעניות יש לומר נשיאת כפים כו' ביוה"כ יש לומר נשיאת כפים:

§ מסכת תענית דף כו: §

אות א'

משנכנס אב ממעטין בשמחה

סימן תקנא ס"א - [א]משנכנס אב ממעטין בשמחה - עיין במ"א, דר"ל שאין שמחין בו כלל, כמ"ש התוס' פ"ק דמגילה, [דאל"ה מאי שייך מיעוט, איזה שיעור יש, **אבל** להתוס' בהחולץ, דממעטין במשא ומתן, הוא שימעט ממה שדרכו לנהוג בשאר הימים, אפשר דה"ה לענין מה דקאמר ממעטין בשמחה, הוא ג"כ בעין זה].

[ב]ובר ישראל דאית ליה דינא בהדי כותי, לישתמיט מיניה דריע מזליה - עד ר"ח אלול, ועכ"פ עד אחר ט"ב.

הגה: מילה שהיא מר"ח עד ט' באב, נוהגין שהמוהל ובעל ברית ואבי הבן - ואמו של הבן, **לובשין בגדי שבת (מנהגים).**

ובעל ברית היינו אותו שתופס התינוק על ברכיו בשעת המילה, **אבל** המכניס והמוציא התינוק שקורין קוואטער, אינו בכלל זה, **ומ"מ** האשה המכנסת התינוק, נוהגת ללבוש בגדי שבת, שזה עיקר מצותה, ‹שאין להם מצוה אחרת במילה רק מה שנושאין התינוק לבהכ"נ, משא"כ זכרים, עיקר התופס התינוק והמוהל ואבי הבן – פמ"ג, [**וא"ר** מצדד, דגם המכניס והמוציא הוא לזה כבעל ברית].

ולענין גילוח אם מותר לבעל ברית וכה"ג, עיין בשע"ת, [**ובתשו'** חת"ס מתיר לבעל ברית לספר, **אבל** לא לאבל ממש, במילה בתוך ל'].

אבל בלאו הכי, אסור; אפילו בשבת של חזון אין מחליפין ללבוש בגדי שבת - ואפילו הטלית, **כי אם הכתונת לבד (מרדכי ואגודה ורוקח)** - שאינו לובש אלא מפני הזיעה, **ומטעם** זה מותר להחליף גם הפוזמקאות, וזה מותר אפילו בשבת שחל בו ט"ב.

ובק"ק ווילנא נוהגין ע"פ הגר"א ללבוש בגדי שבת, **ויש** משנים בגד אחד, **וכ"כ** ר"י עמדין בשם אביו הגאון, שצריך ללבוש בגדי שבת אפי' בשבת שחל בו ט"ב.

אבל פורסין פרוכת של שבת - וה"ה מפות ומכסאות, **אם לא שאירע ט' באב בשבת ונדחה, שאז אין פורסין פרוכת של שבת.**

ומי שיש לו נשואין בשבת נחמו, מותר ללבוש בגדי שבת בשבת של חזון (מהרי"ל) - ומ"מ בגדים חדשים אסור, **ואף** אבי החתן והכלה לובשין בגד עליון של שבת לכבוד חתן וכלה.

בשבת של חזון - ואפי' חל ט"ב בשבת, אבל לאבי החתן אין להתיר באופן זה ללבוש שום בגד של שבת.

אות ב'

שבת שחל ת"ב להיות בתוכה, אסור מלספר ומלכבס

סימן תקנא ס"ג - [ג]שבוע שחל בו תשעה באב, אסורים לספר ולכבס - ולענין נטילת צפרנים יש דעות בין האחרונים, **אכן** לצורך טבילת מצוה בודאי שרי, וכן לכבוד שבת, כגון שחל ט"ב בשבת, שרי בע"ש ליטול הצפרנים, **ולענין** סריקת הראש, אין להחמיר אפילו בשאר ימי השבוע.

[ד]סימן תקנא ס"ב - [ה]מר"ח עד התענית – (ואפשר דיש להחמיר בי"ז בתמוז ועשרה בטבת, כמו מר"ח עד התענית), **ממעטים במשא ובמתן** - יש מן הפוסקים דס"ל, דהיינו שלא ישא במו"מ של שמחה, כגון לקנות כלי כסף או צרכי חופה וכדומה, [**ומי** שנושא ונותן בכלים כאלו, אינו שרי רק למכור לעכו"ם, **ואף** להסרסור אינו כדאי שישא אותן בפרהסיא בעיר, דשמחה הוא לרואים], **אבל** סתם מו"מ אין צריך למעט כלל, **ויש** דס"ל, דכל מו"מ צריך למעט בעת הזאת, ולא יעסוק אלא כדי פרנסתו, וכן משמע בסימן תקנ"ד סוף סכ"ב, דצריך למעט בכל מו"מ, **ורק** אם הוא יריד, י"ל דהוי דבר האבד ושרי בכל ענין, אם הוא מוצא אז בזול יותר, [**ואף** אם הוא משא ומתן דשמחה, י"ל דשרי בזה].

[**והנה** יש מקומות שנהגו שלא לישא וליתן כלל בעת הזאת בשום מו"מ, וזו היא חומרא שלא מן הדין כלל, בין לדעה ראשונה בין לשניה, **ואפשר** שעשו כן משום סייג וגדר, ולפיכך הרוצה לעסוק שם במו"מ, צריך התרה, **אבל** במקום שנהגו למעט בכל מו"מ, לזה לא מהני התרה, כיון דיש פוסקים דס"ל הכי, כבר קבלו אבותיהם כדעת ההיא].

ובזמנינו נהגו להקל בכל זה, משום דהכל נחשב כעת כדי פרנסתינו, [**והנה** מדברי המ"א משמע, דאעפ"כ במו"מ של שמחה יש למנוע, וכן העתיק הח"א, **אבל** מדברי הט"ז וא"ר משמע, דאף בזה המנהג להקל, דשמא לא יוכל להכין אח"כ, **וטוב** להחמיר].

(**ועיין בפמ"ג שכתב, דישראל שפרנסתו כלי זמר אצל עכו"מ בבית המשתה, יראה דכדי פרנסתו שרי, ועיין בדה"ח דמשמע מניה, דאינו מתיר הפמ"ג אלא מי"ז בתמוז עד ר"ח).**

[ו]ובבנין של שמחה, כגון בית חתנות לבנו, [ז]או בנין של ציור וכיור – (היינו אפילו אם ירצה לשייר אמה על אמה, דאל"ה לעולם אסור לדעת הטור, **ולהרמב"ם** דס"ל, דאפי' ע"י שיור אמה על אמה אסור לעולם לבנות בנין של ציור וכיור, **צ"ל** דהכא מר"ח אב ולהלן, אסור אפילו אם ירצה לטוח תחתיו בטיח של טיט תחלה).

וה"ה כל בנין שא"צ לו לדירתו, ורק שעושה כן להרווחה בעלמא, אסור.

ואם שכר לנכרי קודם ר"ח בקבלנות, מותר בכל, ואפילו בט"ב עצמו, דנכרי אדעתא דנפשיה עביד, **וה"ה** אם קצץ עם הנכרי בקבלנות

באר הגולה

א משנה תענית כ"ו | ב מימרא דרב פפא כ"ט | ג משנה תענית כ"ו וכדאוקימתא דרב ששת שם ובברייתא | ד ‹מילואים› | ה ברייתא וגמרא יבמות מ"ג וכפי' רמב"ן בספר תורת האדם, וכן העתיק הטור | ו ברייתא וגמרא תענית ‹י"ד› ומגילה ה' | ז רמב"ם

לצייר ביתו, מותר לצייר מטעם זה, **ומ"מ** אם יכול לפייסו בדבר מועט שימתין עד אחר ט"ב, תע"ב.

ובנטיעה של שמחה, [ח]כגון אבורנקי של מלכים שנוטעים לצל להסתופף בצלו, או [ט]מיני הדס ומיני אהלים.

[י]ואם היה כותלו נוטה ליפול, אע"פ שהוא של שמחה מותר לבנות - ואפילו אם הוא בענין שאין בו משום סכנה, כגון שעומד הכותל בחצר, ואפשר לסגור החצר ולא יכנס אדם לשם, אלא שיש לחוש להפסד ממון, כגון שע"י נפילתו ישבר החומה ויתקלקל יותר, **אפ"ה** מותר לבנות אף שהוא בנין של שמחה, שהרי אינו עושה בשביל שמחה כי אם בשביל הפסד.

(ולצורך מצוה הכל שרי) (ר"ן) - כגון שאין לו אשה ובנים, ואין לו בית חתנות, מותר לבנות בית חתנות, **דמדינא** אפילו נשואין מותר בזה, ומה שאין נוהגין לישא אשה כלל, היינו משום דלא מסמני מילתא, וע"כ מותר לעשות בית חתנות, או לעשות בגדים חדשים לצורך נשואין שיהיה אחר ט"ב, **אבל** מי שקיים פריה ורביה, אסור בכל זה.

ובית הכנסת מותר, דהוי מצוה דרבים.

[יא]ואין נושאים נשים - היינו אפילו בלא סעודה, דבנשואין בלבד איכא שמחה, **ולהחזיר** גרושתו מן הנשואין אפשר דשרי.

ואין עושין סעודת אירוסין, אבל ליארס בלא סעודה מותר - דאירוסין בלא סעודה ליכא שמחה כ"כ, **וכ"ש** דמותר להתקשר בכתיבת תנאים, ומ"מ סעודה אסור לעשות אף באופן זה, ואפילו בלא ריקודין ומחולות, **ואפי'** בשבת אסור לעשות סעודה בשביל זה, **מיהו** מה שנוהגין לאכול מיני מרקחת בשעת כתיבת התנאים, לא מיקרי סעודה.

ואסור לעשות ריקודין ומחולות מי"ז בתמוז ואילך, אפילו בלא אירוסין.

ואפילו בט' באב עצמו [יב]מותר ליארס, שלא יקדמנו אחר - ר"ל אף דאירוסין ג"כ יש שמחה קצת, והיה לנו לאסור עכ"פ בט"ב, לזה אמר דמותר מטעם שלא יקדמנו אחר.

הגה: ונוהגין להחמיר שאין נושאים מי"ז בתמוז ואילך, עד אחר ט' באב (מנהגים) - היינו אפילו מי שלא קיים פו"ר, **אבל** באירוסין אין נוהגין להחמיר, ואפילו סעודת אירוסין מותר לעשות ‹עד ר"ח אב›, [א"ר ודה"ח, **וע"ש** דסעודת שידוכין הוי מצוה כמו סעודת אירוסין].

אות ג'

ערב תשעה באב, לא יאכל אדם שני תבשילין, לא יאכל בשר ולא ישתה יין

סימן תקנב ס"א - [יג]ערב תשעה באב לא יאכל אדם בסעודה המפסקת, שאוכלה אחר חצות, בשר, ולא ישתה יין - היינו מדינא דש"ס, דאלו מצד מנהגא, אסור מר"ח, וכדלעיל בסימן תקנ"א, **ולא יאכל שני תבשילין** - כדי להרבות אבל, ולזכור חורבן הבית ויצטער עליו.

הגה: ואף ממעטים אחרים ממעט בשתייתן ממה שרגיל לשתות (טור וב"י בשם תוס' ורוקח) - היינו בסעודה מפסקת, שאם רגיל לשתות בסעודה ד' כוסות, ישתה ג' כוסות.

ואין לשתות שכר, **ואם** הוא אדם חלש שרי, [**בתשובת** רש"ל משמע, דה"ה אם רגיל בכל סעודה לשתות שכר, אין לאסור עליו, ‹דפסק דאין היתר אלא במים, אם לא לאדם שלא הורגל לשתות כי אם שכר או אדם חלש›, **ובכנה"ג** מפקפק עליו, והא"ר מיישבו, והכל לפי מה שהוא אדם].

[**ולכוס** של בהמ"ז, גם לרש"ל שרי, והיינו להנוהגין לברך אף ביחידי על כוס, **דאילו** לזמן, אפי' בלא"ה אין מזמנין, וכדלקמיה בס"ח].

[**וכ"ש** דאין לשתות מי דבש או יי"ש המשכרים, שישכח עי"ז חורבן הבית].

וכן לא יאכל אחר סעודתו לגון ומליח, דברים שנוהג בהם בשאר פעמים, כדי שיתנהג בפרישות (מרדכי).

אות ד' – ה'

והלכה כרבי יוסי

כיון דבסמוך לשקה"ח קא פרשי, כתפילת נעילה דמיא

סימן קכט ס"א - [יד]אין נשיאת כפים אלא בשחרית ומוסף, ובנעילה, ביום שיש בו נעילה כמו ביוה"כ - היינו בתעניתים המבוארים לקמן סימן תקע"ט, שתקנו רבנן בהן תפלת נעילה כמו ביוהכ"פ. **היינו** דבחול בכל יום בשחרית, ובשבת ויו"ט גם במוסף, וביוה"כ גם בתפלת נעילה, והוא כשהוא עדיין יום.

אבל לא במנחה, משום דשכיחא שכרות באותה שעה, שמא יהא הכהן שכור - שנשתכר בסעודתו, ושיכור אסור בנ"כ, וכנ"ל בסימן קכ"ח סל"ח, **משא"כ** במוסף לא גזרו, דכיון שאסור לסעוד סעודת קבע קודם מוסף, כי אם טעימה בעלמא, כמבואר בסימן רפ"ו ס"ג, ליכא למיחש לשכרות.

וגזרו במנחה של תענית - היינו של ת"צ שיש בהם נעילה הנ"ל, או של יוה"כ, **אטו מנחת שאר ימים** - לפי שביום שיש בו נעילה

באר הגולה

[ח] שם בגמרא [ט] רמב"ם [י] טור בשם הירושלמי כתבוה הרי"ף ורא"ש שם בתענית [יא] שם ביבמות [יב] טור בשם רבנו נסים מהירושלמי [יג] משנה תענית כ"ו וכת"ק [יד] תענית כ"ו

מתפללים מנחה בעוד היום גדול, כדי להתחיל נעילה קודם שקיעת החמה, **לכן** מתחלפת היא במנחה של שאר הימים, שהיו נוהגים ג"כ להתפלל בעוד היום גדול, מפני שהיו רוצים לאכול אח"כ, שאסור לאכול קודם תפלת המנחה, כמ"ש בסימן רל"ב, **ובנעילה** לא גזרו אטו שאר ימים, לפי דליכא תפלת נעילה כי אם בתענית.

אבל בתענית שאין בו נעילה - היינו כל הד' תעניות וצום אסתר, **הואיל ותפלת המנחה סמוך לשקיעת החמה** - שהיה מנהגם לאחרה סמוך לשקיעה, **היא דומה לתפלת נעילה, ואינה מתחלפת במנחה של שאר ימים, הלכך יש בה נשיאת כפים.**

(והמנהג שלנו כבר נתבאר לעיל סי' קכ"ח) - ר"ל שאין נושאין כפים כלל במדינותינו בכל ימות השנה רק בימים טובים, וגם זה רק בתפלת מוסף, **ומ"מ** כל הדינים הנזכרים בסעיף זה נפקא מינה גם לדידן, לענין אמירת "או"א ברכנו" וכו', ולפי המבואר לעיל בסי' קכ"ז, דבזמן שראוי מדינא לישא כפים, אומרים "או"א".

[טו]**סימן תרכב ס"ד - אין נושאין כפים במנחה ביוה"כ.**

[טז]**סימן תרכג ס"ה - נושאים כפים בנעילה.**

אות ו'

שכור אסור בנשיאת כפים

סימן קכח סל"ח - [יז]"שתה רביעית יין בבת אחת, לא ישא את כפיו - דברכת כהנים מדמינן לעבודה, ובעבודה במקדש בכה"ג חייב.

באר הגולה

טו ‹ע"פ מהדורת נהרדעא› טז ‹ע"פ מהדורת נהרדעא› יז לשון רמב"ם פט"ו מה"ת ה"ד, ממשמעות הגמ' דכריתות

§ מסכת תענית דף כז. §

אות א'

הא איתקש לנזיר

סימן קכח ס"ל - מי שיש לו מום בפניו או בידיו, כגון שהם בוהקניות או עקומות או עקושות (בוהקניות פי' מין נגע לבן, ורש"י פירש לינטילי"ש בלעז; עקומות: כפופות; עקושות: לצדדיהן. והר"ן פי' עקומות: שנתעקמה ידו אחורנית; עקושות: שאינו יכול לחלק אצבעותיו), לא ישא את כפיו, מפני שהעם מסתכלין בו; וה"ה למי שיש מומין ברגליו, במקום שעולים לדוכן בלא בתי שוקים; וכן מי שרירו יורד על זקנו; או שעיניו זולפות דמעה; וכן סומא באחת מעיניו, לא ישא את כפיו. ואם היה דש בעירו, דהיינו שהם רגילים בו ומכירים הכל שיש בו אותו מום, ישא כפיו ואפי' הוא סומא בשתי עיניו - דהטעם דמום פוסל בפניו ידיו ורגליו, וכן בכל הני, הוא משום דחיישינן שיסתכלו בו, ובדש לא יסתכלו בו, כי אינו חידוש בעיניהם.

אות ב'

עיקר שירה בפה

רמב"ם פ"ג מהל' כלי המקדש ה"ג - לוי האונן מותר לעבוד ולשורר. ואין פוחתין משנים עשר לוים עומדים על הדוכן בכל יום לומר שירה על הקרבן, ומוסיפין עד לעולם. ואין אומרין שירה אלא בפה בלא כלי, שעיקר השירה שהיא עבודתה בפה; ואחרים היו עומדים שם מנגנין בכלי שיר, מהן לוים ומהן ישראלים מיוחסין המשיאין לכהונה, שאין עולה על הדוכן אלא מיוחס, ואין אלו המשוררים על פי הכלים עולין למנין השנים עשר.

אות ג' – ד'

משה תיקן להם לישראל שמונה משמרות, ארבעה מאלעזר וארבעה מאיתמר

בא דוד ושמואל והעמידן על עשרים וארבע

רמב"ם פ"ד מהל' כלי המקדש ה"ג - משה רבינו חלק הכהנים לח' משמרות, ארבעה מאלעזר וארבעה מאיתמר, וכן היו עד שמואל הנביא, [א]ובימי שמואל חלקם הוא ודוד המלך לארבעה ועשרים משמר; ועל כל משמר ומשמר ראש אחד ממונה; ועולין לירושלים לעבודה משמר לכל שבת, ומיום השבת ליום השבת הן מתחלפין, משמר יוצא והאחר שהוא אחריו נכנס, עד שיגמרו וחוזרין חלילה.

באר הגולה

א ‹היינו ששמואל חלקם לט"ז משמרות, ודוד העמידן על עשרים וארבעה, כן הוא שם בש"ס – הר המוריה›

אי מה משרת בעל מום לא אף כהן מברך בעל מום לא *הא איתקש לנזיר ומאי חזית דמקשת לקולא אקיש לחומרא אסמכתא נינהו *מדרבנן ולקולא: אלו הן מעמדות לפי שנאמר צו את בני ישראל כו': מאי קאמר ה"ק אלו הן מעמדות ומה טעם תיקנו מעמדות לפי שנאמר °צו את בני ישראל ואמרת אליהם את קרבני לחמי לאשי והיאך קרבנו של אדם קרב והוא אינו עומד על גביו התקינו נביאים הראשונים עשרים וארבעה משמרות על כל משמר ומשמר היה מעמד בירושלים של כהני' ושל לוים ושל ישראלים הגיע זמן משמר לעלות כהנים ולוים עולין לירושלים ת"ר עשרים וארבעה משמרות[א] (א) בארץ ישראל ושתים עשרה ביריחו שתים עשרה ביריחו נפישין להו טובא אלא שתים עשרה מהן ביריחו הגיע זמן המשמר לעלות חצי המשמר היה עולה מארץ ישראל לירושלים וחצי המשמר היה עולה *מיריחו כדי שיספקו מים ומזון לאחיהם שבירושלים אמר רב יהודה אמר שמואל כהנים ולוים וישראלים מעכבין את הקרבן במתניתא תנא ר"ש בן אלעזר (ב) כהנים ולוים וכלי שיר מעכבין את הקרבן במאי קמיפלגי מר סבר *עיקר שירה בפה ומר סבר עיקר שירה בכלי אמר רב (א)חמא בר גוריא אמר רב משה תיקן להם לישראל שמונה משמרות ארבעה מאלעזר וד' מאיתמר בא שמואל והעמידן על שש עשרה בא דוד והעמידן על עשרים וארבעה שנאמר °בשנת הארבעים למלכות דוד נדרשו וימצא בהם גבורי חיל ביעזר גלעד מיתיבי משה תיקן להם לישראל שמונה משמרות ארבעה מאלעזר וארבעה מאיתמר בא דוד ושמואל והעמידן על עשרים וארבע שנאמר °המה יסד דוד ושמואל הרואה באמונתם הכי קאמר מיסודו של דוד ושמואל הרמתי העמידום על עשרים וארבע תניא אידך משה תיקן להם לישראל שש עשרה משמרות שמונה מאלעזר ושמונה מאיתמר וכשרבו בני אלעזר על בני איתמר חלקום והעמידום על עשרים וארבע שנאמר °וימצאו בני אלעזר רבים לראשי הגברים מן בני איתמר ויחלקום לבני אלעזר ראשים לבית אבות ששה עשר ולבני איתמר לבית אבותם שמונה ואומר °בית אב אחד אחוז לאלעזר ואחוז אחוז לאיתמר מאי ואומר וכי תימא כי היכי דנפישי בני אלעזר הכא נמי דנפישי בני איתמר ואיתמר שמונה מעיקרא ארבעה הוו ת"ש בית אב אחד אחוז לאלעזר ואחוז אחוז לאיתמר תיובתא דרב (ג)חמא בר גוריא אמר לך רב חמא בר גוריא תנאי היא ואנא דאמרי כי האי תנא דאמר שמונה ת"ר (ד)ארבעה משמרות עלו מן הגולה ואלו הן ידעיה [חרים] פשחור ואימר עמדו נביאים שביניהם וחלקום

א) ס"א חסדא ב ג) ס"א חסדא ד) ערכין יב:

(במדבר כח; דה"א כט; שם ט; שם כד)

רש"י

מאי קאמר · דקא בעי מאי ניהו מעמדות ומייתי קרא את קרבני לחמי לאשי וגו' : הכי קאמר אלו הן מעמדות · דלקמן ומטעם מאי תקון מעמדות לפי שנאמר צו את בני ישראל ואמרת אליהם את קרבני לחמי לאשי וגו' : ס"ג תנו רבנן כ"ד משמרות היו בא"י וי"ב ביריחו · י"ב ביריחו כחמים נפישי להו טובא אלא אימא וי"ב מהן ביריחו · כלומר ביריחה משמע לבד הכ"ד שבמשמרות א"י היו י"ב ביריחו דהוו להו ל"ו וי"ב מהן משמע שמאותן הכ"ד היו י"ב ביריחו : ס"ג הגיע זמן המשמר חצי המשמר עולה לירושלים וחצי המשמר עולה ליריחו כדי שיספקו מים ומזון לאחיהם שבירושלים · כלומר כיצד היו י"ב ביריחו כשהגיע זמן המשמר לעלות לירושלים בשבת מתחלקים אנשי המשמר חציין הולכין לירושלים לעבודה וחציין הולכין ליריחו הסמוכה לירושלים ומתקנין שם מים ומזון לאחיהם וכך עושין כל הכ"ד משמרות נמצא י"ב ביריחו א] לשון אחר נהירא לי : מעכבין את הקרבן · אם אין מעמד מכוון בירושלים כדתנן (לעיל דף כו·) על כל משמר היה מעמד בירושלים של כהנים לוים וישראלים כיון דכולהו בעינן בעינן דליהוי (ג) כמואו על גבי עבודה : וכלי שיר מעכבין את הקרבן · פלוגתא בשילהי מסכת סוכה (דף נ:) ובערכין (דף יא·) מפורשת : עיקר שירה בפה · וכלי לבסומי קלא בעלמא וכיון דאיכא לוים לא מעכב משום כלי שיר : עיקר שירה בכלי · אבוב וכן בפרק החליל (שם) : ארבעה מאלעזר · מבניו של אלעזר שעשה מהן ד' משמרות וגמרא גמר לה : המה יסד דוד ושמואל הרואה באמונתם · ותיובתא דרב חמא דאמר שמואל העמידם על י"ו ודוד העמידן על כ"ד דהא שמעי' מינה דתרוייהו בהדי הדדי תקינינהו : מיסודו של שמואל הרמתי · שהעמידן על י"ו בא דוד והעמידן על כ"ד אית ספרים שכתוב בהן מיסודו של שמואל ודוד העמידום על כ"ד כלומר שניהם הועילו בדבר ושמואל העמידם על י"ו ודוד על כ"ד : וימצאו בני אלעזר רבים לראשי הגברים מבני איתמר ויחלקו בני אלעזר ראשים לבית אבותם ששה עשר ולבני איתמר ראשים לבית אבותם שמונה ואומר בית אב אחד אחוז לאלעזר ואחוז אחוז לאיתמר · וימצאו בני אלעזר רבים לראשי הגברים כלומר ראשי הגברים של בני אלעזר היו רבים מאיתמר והאי וימצאו משמע דקודם לכן היו קבועים ועכשיו הוסיפו עליהן ויחלקום לי"ו בית אב אחד אחוז שהיה מתחילה לאלעזר דהיינו ח' אחוז אחד בגורל דהיינו נמי ח' והוו להו י"ו : ואחוז אחוז לאיתמר · מה שהיה מתחילה אחוז לאיתמר אחוזים עתה כבתחילה שלא הרבו עליהם שום בית אב: מאי ואומר · וכי תימא מעיקרא הוו ד' לאלעזר וד' לאיתמר : וכי היכי דנפישי בני אלעזר הכי נמי נפישי בני איתמר · ומיהו בני אלעזר נפישי טפי דהא לאיתמר לא אוקמינהו אלא על ח' ודאלעזר על י"ו : תא שמע ואחוז אחוז לאיתמר · אלמא כדקיימי קיימי ושמע מינה דמשה תיקן להם י"ו ח' מזה וח' מזה וקשיא לרב חמא דאמר ד' וד' והא דכתב לעיל ובשנת הארבעים וגו' המה יסד במה שהוסיפו עליהן עד כ"ד משתעי [אבל] משה תיקן להם י"ו משמרות : תנאי היא · דהא איכא תנא דלעיל דקתני משה תיקן להן ח' משמרות מסייען ואנא קאימנא כוותיה : עלו מן הגולה · בבית שני והשאר לא עלו שהרבה מישראל נשתיירו ולא רצו לעלות : פשחור ואימר · ומבעיא לי דפשחור (ד) לא כתיב גבי כ"ד משמרות (דה"א כד) :

תוספות

אי מה משרת בעל מום לא · פי' כיון דילפינן ג"ש ממשרת נימא כמו משרת בעל מום לא אף מברך וכו' ומשני הא איתקש לנזיר וכו' מכאן נראה דבעל מום מברך ברכת כהנים *מדקא חזינן דהש"ס רוצה ללמוד ממשרת ולבעל מום ודוחק ליה אם כן נראה דלענין נשיאת כפים כהן בעל מום שהמזיר דחו נושא כפיו וכשר לישא כפיו ולקדוש בתורה כמו שלא המזיר ורלוים *מהא דכהנים שימשו בבית חוניו לא ישמשו במקדש אבל נוטלים חלק עם אחיהם כמו בעלי מומין מדקאמר שהם כבעלי מומין משמע דלכל עבודה שבעל מום ראוי לעשות יעשו ולכן בעל מום נושא כפיו : ומאי חזית דמקשת לקולא אקיש לחומרא · פי' מאי חזית דמקשת כהן לנזיר להקל ואומר כמו שנזיר הוי בעל מום כשר להכי כהן בעל מום כשר ואקשה למשרת מה משרת מותר בתרצן אף כהן מברך מותר בתרצן אקשה לחומרא פירוש וניטא דכמו שנזיר אסור בתרצן אף כהן אסור בתרצן וכמו כהן משרת אסור בעל מום אף כהן מברך בעל מום אסור ומשני אסמכתא וכו' : מר סבר עיקר שירה בפה · ולכך לכשרים אפילו פסולים אפילו ממזרים לומר שירה דלא הוי אלא בפה ולמאן דאמר עיקר שירה בכלי אם כן צריך שיהו כהנים או לוים דהא הכלי זמר היה קודש : רב

*) דברי רבינו אין לו ביאור לכאורה ואולי דחסר איזה תיבות וצ"ל ועיקר הקושיא דלברכו ולברך כמו לענין עמידה אתי דכתיב בהם לעמוד לשרת ואמרינן מה משרת עומד וכו' כצ"ל וכ"ה בסוטה ד' לח ע"ש ועיי' תוס' מנחות קט· כד"ה לא וברא"ש פ"ג דמגילה סי' יט

עין משפט נר מצוה

יב א מיי' פט"ו מהל' תפלה הל' ב סמג עשין כ טוש"ע א"ח סימן קכח סעיף ל : כ"ם במגילה כד : ע"ש

יד ב מיי' פ"ג מהל' כלי המקדש הל' ג סמג עשין קעג : טו ג ד מיי' שם פ"ד הלכה ג סמג עשין קעג : [מנחות דף קט: וע"ש בתוס' ד"ה לא]

[ועי' תוס' סוטה לט: ד"ה כי מסלק ותוס' מנחות קט. ד"ה לא]

מסורת הש"ס

ס"א ליריחו

סוכה נא: [ערכין יא. ע"ז מז:]

הגהות הב"ח

(א) גמ' ת"ר כ"ד משמרות היו בא"י כו' אלא אימא ושתים עשרה מהן : (ב) שם ר"ש בן אלעזר אומר כהנים : (ג) רש"י ד"ה מעכבין כו' בעינן דליהוי כולהו על גבי עבודה : (ד) ד"ה פשחור כו' לא כתיב גבי כ"ב פי' המעיין בדברי הימים דקחשיב כ"ד משמרות

רבינו חננאל

לחכשיר בו בעל מום להיות כשר לברכה · ואמרינן מה ראית להקשות לקולא אקשתו למשרת להיות מותר בתרצן · ואקשתו לנזיר להיות בעל מום כשר לברכה · אדרבה הקשתו לחומרא · הקשתו למשרת להיות כהן בעל מום פסול בנשיאות כפים והקשתו לנזיר להיות אסור בתרצן · ושנינן אסמכתא בעלמא היא · פי' דרשה סמוכין מדרבנן היא הלכך לקולא דרשינן · וכתיב נמי לעמוד לשרת *) מה משרת עומד אף נשיאות כפים מעומד : פיסקא אלו הן המעמדות · מה טעם תקנו מעמדות לפי שנאמר צו את בני ישראל : ירושלמי א"ר יונה תמידין קרבנן דכל ישראל אינון וא"א יהיו כל ישראל כל השנה כולה בירושלים עומדים על קרבנן · לא חייבתם התורה אלא ג' רגלים בשנה · ואם יש לומר יהיו יושבין בטלין בעריהם הא כתיב ואספת דגנך הנם מוזהרין לאסוף דגנם ותירושם של כל השנה כולה *התקינו הנביאים הראשונים כ"ד משמרות ועל כל משמר ומשמר היה מעמד בירושלים של כהנים ושל לוים ושל ישראל : ת"ר כ"ד משמרות היו בא"י מהן י"ב ביריחו · הגיע זמן המשמר לעלות חצי המשמר עולה מא"י וחצי משמר מיריחו כדי שיספקו מים ומזון לאחיהם · כלומר חצי המשמר הנותר מספיקין צורכי העולים · ובפעם אחרת מתחלפים · מי שלא עלה יעלה עכשיו · מי שעלה כבר ישב עתה בביתו ויספק צרכי העולים : ירושלמי תני ר' שמעון בן אלעזר ישראל והכהנים והלוים וכלי שיר מעכבין את הקרבן שנאמר כל הקהל משתחוים אלו ישראל · והשיר משורר אלו הלוים והחצוצרות מחצצרים אלו הכהנים הכל עד לעלות העולה · הכל מעכבין את הקרבן · אמר רב חסדא אמר רב משה תקן לישראל שמונה משמרות · ד' מאלעזר וד' מאיתמר · בא שמואל והעמידן עד שש עשרה · בא דוד והעמידן עד כ"ד · שנאמר בשנת הארבעים למלכות דוד נדרשו · ואותבינן עליה מהא דתניא משה תיקן להם לישראל ט"ז משמרות · ח' מאלעזר וח' מאיתמר וכשרבו בני אלעזר על בני איתמר חלקום לכ"ד שנאמר וימצאו בני אלעזר רבים לראשי הגברים מבני איתמר ויחלקום לבני אלעזר ראשים לבית אבות ששה עשר · ולבני איתמר לבית אבותם שמונה · היו ח' לאלעזר וח' מאיתמר כגון שהיו ח' אלפים מזה וח' אלפים [מזה] כל משמר אלף רבו בני אלעזר וכאשר דרשום נמצאו י"ו אלף ובני איתמר ח' אלפים כמו שהיו חלקו בני אלעזר לי"ו משמר אלף כל משמר ובני איתמר נשארו ח' משמרות כמו שהוא וזהו שכתב ויחלקום לבני אלעזר ראשים לבית אבות ששה עשר ולבני איתמר לבית אבותם שמונה · וכתיב בית אב אחד אחוז לאלעזר ואחוז אחוז לאיתמר כל האחוז שהיה לאיתמר מקודם הוא האחוז עתה · אבל לבני אלעזר הוסיפו ח' אחרים · תיובתא דרב חסדא דאמר משה תיקן להם לישראל ח' משמרות כו' הנה זה הברייתא תנא י"ו משמרות תיקן להם משה לישראל · ושנינן תנאי היא ואנא דאמרי כי האי תנא דתניא משה תיקן לישראל ח' משמרות ד' מאלעזר וד' מאיתמר אבתי סיפא דקתני באו שמואל

רבינו גרשום

אסמכתא דרבנן היא הא דמקשינן מברך לנזיר ולמשרת מדרבנן היא: ה"ק ואלו הן מעמדות דקתני לקמיה התקינו נביאים הראשונים כ"ד משמרות (כל) [של] כהנים על כל משמר היה מעמד בירושלים כהנים ולוים שבמשמר עולין בירושלים וישראל שבאותו משמר מתענין וכו' ומקצתן עולין לירושלים כדי שיעמדו על הקרבנות : אי הכי נפישי להו דמשמע דהוי ל"ו משמרות אלא אימא שתים עשרה כלומר מאותן עשרים וארבעה הוי מהן שתים עשרה מיריחו ושתים עשרה מכל שאר ישראל : כיצד הגיע זמן משמרות לעלות חצי משמר עולה מא"י וחצי משמר מיריחו וכן כל משמר ומשמר עולה חצי מא"י וחצי מיריחו דהיינו שתים עשרה מא"י ושתים עשרה מיריחו ולמה כל משמר חציו מיריחו לפי שהן קרובין לירושלים ומספקין מזון לאחיהו שאר חצי משמר הבאין מא"י ממקום רחוק ואין יכולין להביא מזון עמהן: עיקר שירה בפה ואין צריך כלי שיר : בא דוד ושמואל והעמידום בין שניהם כ"ד קשיא לרב חסדא דאמר שמואל תיקן י"ו ודוד כ"ד תריץ הכי קאמר מיסודו של שמואל הרמתי שהוא העמידן על י"ו חזר דוד והעמידן על כ"ד. מיתיבי משה תקן י"ו משמרות וקשיא לרב חסדא דאמר ח' משמרות וכשרבו בני אלעזר חילקום לי"ו משמרות היינו כ"ד משמרות וכי תימא כי היכי דנפישי בני אלעזר כן רבו בני איתמר ולעולם בימי משה תוא ארבע מאלעזר וארבע מאיתמר כדאמר רב חסדא ונתרבו בני אלעזר והעמידום על י"ו נתרבו בני איתמר והעמידום על ח' והיינו דכתיב וימצאו בני אלעזר וגו'. ת"ש בית אב אחד אחוז לאלעזר ואחוז אחוז לאיתמר כלומר כל בית אב אחד של אלעזר חילקו לשנים אבל בני איתמר כדקיימי בימי משה קיימי עכשיו ומדכתיב ולבני איתמר לבית אבותם שמונה אלמא דבימי משה הא שמנה מאלעזר ושמנה

גליון הש"ס

גמ' מדרבנן ולקולא · כעין זה שבת דף סג ע"ב :

הגהות הגר"א

[א] גמ' ת"ר כ"ד משמרות · נ"ב של לוים :

הגהות מהר"ב רנשבורג

א) רש"י ד"ה ס"ג הגיע זמן וכו' לשון אחר נהירא לי · נ"ל ולא נהירא לי :

עין משפט נר מצוה · מסורת הש"ס · תורה אור

וחלקום והעמידום על עשרים וארבעה בללום ונתנום בקלפי בא ידעיה ונטל חלקו וחלק חבריו שש בא [חרים] ונטל חלקו וחלק חבריו שש וכן פשחור וכן אימר וכן התנו נביאים שביניהם שאפי' (*יהודיב) ראש משמרת עולה לא יהדה ידעיה ממקומו אלא ידעיה עיקר (*ויהודיב) טפל לו : וישראל שבאותו משמר מתכנסין בעריהן וקורין במעשה בראשית : מנהני מילי א"ר יעקב בר אחא **אמר רב אסי *אלמלא מעמדות לא נתקיימו שמים וארץ שנאמר °ויאמר ה' אלהים במה אדע כי אירשנה אמר אברהם רבש"ע שמא ישראל חוטאין לפניך אתה עושה להם כדור המבול וכדור הפלגה א"ל לאו אמר לפניו רבש"ע הודיעני במה אירשנה א"ל °קחה לי עגלה משולשת ועז משולשת וגו' אמר לפניו רבש"ע תינח בזמן שבית המקדש קיים בזמן שאין בית המקדש קיים מה תהא עליהם אמר לו כבר תקנתי להם סדר קרבנות בזמן שקוראין בהן לפני מעלה אני עליהם כאילו הקריבום לפני ואני מוחל להם על כל עונותיהם ת"ר *אנשי משמר היו מתפללין על קרבן אחיהם שיתקבל ברצון ואנשי מעמד מתכנסין לבית הכנסת ויושבין ד' תעניות בשני בשבת בשלישי ברביעי ובחמישי בשני על יורדי הים בשלישי על הולכי מדברות ברביעי על אסכרא שלא תיפול על התינוקות בחמישי על עוברות ומיניקות עוברות שלא יפילו מיניקות שיניקו את בניהם ובערב שבת לא היו מתענין מפני כבוד השבת ק"ו בשבת עצמה באחד בשבת מ"ט לא אמר ר' יוחנן מפני הנוצרים ר' שמואל בר נחמני אמר מפני שהוא שלישי ליצירה ריש לקיש אמר מפני נשמה יתירה דאמר ריש לקיש *נשמה יתירה ניתנה בו באדם בע"ש במוצאי שבת נוטלין אותה ממנו שנאמר °שבת וינפש כיון ששבת וי אבדה נפש : ביום הראשון בראשית ויהי רקיע : *תנא בראשית בשנים יהי רקיע באחד בשלמא יהי רקיע באחד תלתא פסוקי הוו אלא בראשית בשנים *)(מ"מ) ה' פסוקי הויין *(ותנן) *הקורא בתורה אל יפחות מג' פסוקים רב אמר דולג ושמואל אמר פוסק רב אמר דולג מ"ט לא אמר פוסק קסבר כל פסוקא *דלא פסקיה משה אנן לא פסקינן ליה ושמואל אמר פוסק ומי פסקינן והאמר רבי חנינא קרא צער גדול היה לי אצל ר' חנינא הגדול ולא התיר לי לפסוק אלא לתינוקות של בית רבן הואיל ולהתלמד עשוין ושמואל התם טעמא מאי משום דלא אפשר הכא נמי לא אפשר ושמואל אמר פוסק מ"ט לא אמר דולג גזירה משום הנכנסין וגזירה משום היוצאין מיתיבי *פרשה של ששה פסוקים קורין אותה בשנים ושל חמשה (א) [ביחיד ואם] הראשון קורא ג' השני קורא שנים מפרשה זו ואחד מפרשה אחרת וי"א ג' לפי שאין מתחילין בפרשה פחות משלשה פסוקין למ"ד דולג לידלוג ולמאן דאמר פוסק ליפסוק שאני התם

דאית

*) [ליתא במגילה]

רש"י

וחלקום · לכ"ד וכתבו כנוי של כל אחד ואחד בחלק : בללום ונתנום בקלפי · כתבו על כ"ד החתיכות קלף ראשי משמרות שחלקו מאותן ד' : בא ידעיה · משמרה זו של ידעיה בא אחד מהן ונטל חלקו וחלק ה' החתיכות קלף הבאו להן שם ומי שהיה עולה בידו ראשון היה לשבת ראשונה שבסדר שהיו עולין בידו זו אחר זו כך היו עובדין בשבתותיהן זו אחר זו : וכך פסנו · שאפי' יהויריב שהיה במקדש ראשון ראשון למשמרות עולה מן הגולה : לא ידחה ידעיה · הואיל ומתחלה לא עלה יהויריב אלא כל משמרות הנעשות מידעיה קודמות לעבודה ליהויריב ויהויריב בא ועבד אחריהן במקום משמר אחר וששה דידעיה עושין אותן ה' שלא להרבות במשמרות : א"ר אסי אלמלא מעמדות · עיסקי קרבנות שישראל עושין הן היו כלים בחטאן ומשהן כלין שמים וארץ העומדים בזכותן אין מתקיימין כו' : כאנשי דור המבול · שמאחר שהן כלין אין העולם מתקיים והואיל שעל עיסקי קרבן העולם עומד לכך קורין אנשי מעמד בעריהן במעשה בראשית : כבר תקנתי להם כו' · כל זמן שקורין בהן כו' מהיכא יליף לה להאי גמגום : ת"ר אנשי משמר מתפללין על קרבן אחיהן · תמידים שבכל יום : אנשי מעמד · (ב)אותן כ"ד שהיו בעריהן : בשני על יורדי הים · דכתיב בשני (בראשית א) יהי רקיע בתוך המים וצריך להזכיר ולרצות על הדבר : בשלישי על הולכי מדברות · דכתיב ותראה היבשה הרי ראויה יבשה להולכיה שלא יוזקו מפני חיות רעות : ברביעי על האסכרא · שבו נתלו המאורות וכתיב ביה (שם) יהי מאורות מארת כתיב : ועל עוברות כו' · דכתיב ביה (שם) ישרצו המים שרץ נפש חיה : מפני הנוצרים · שעושים אותו יום טוב שלהם : שלישי ליצירה · דאדם נברא ביום ששי ובכל יום שלישי הוי חלוש כדכתיב (שם לד) ויהי ביום השלישי בהיותם כואבים : נשמה יתירה · שנוטלין אותה ממנו והוי חלש : נשמה יתירה · שמרחיבים דעתו לאכילה ושתיה : כיון ששבת · שנח ושמר את השבת : ווי אבדה נפש · וינפש דורש בנוטריקון ווי נפש : בראשית בשנים · כהן ולוי קורין ביום תענית בראשית : תלתא פסוקי הוי · וסגיא בהו לחד גברא : רב אמר דולג · הראשון קורא שלשה פסוקים והשני מתחיל בפסוק שסיים בו הראשון והשנים עמו הרי שלשה ומשום אין משיירין בפרשה פחות משלשה פסוקים ליכא משום דלא אפשר : פוסק · מפסיק הפסוק לשנים ראשון קורא שני פסוקים וחצי ולוי משלים חצי אותו הפסוק שקרא הכהן עם שנים הנותרים : ר' חנינא קרא · שהיה בעל מקרא ויודע בגירסא ובקי בטעמיה : צער גדול · הרבה טרחתי וחזרתי עליו שיתיר לי לפסוק הפסוק לשנים לצורך תינוקות שלומדים לפני שאינן יכולין לקרות פסוק כולו : הכי נמי לא אפשר · גבי ס"ת (ג) ובדילוג אי אפשר משום הנכנסין והיוצאין אם שני דולג ומתחיל בפסוק שסיים בו הראשון בני אדם הנכנסין שלא שמעו קריאת הראשון סבורין לומר שלא קרא הראשון אלא שני פסוקים ונפיק מיניה חורבא וכשהראשון קורא ג' פסוקים ואינו משייר אלא שנים איכא גזרת יוצאין דסברי האי שני דסגיא ליה בשני פסוקים : מיתיבי פרשה של ששה פסוקים · אשאר ימות השנה קאי : ויש אומרים שלשה · מפרשה אחריתי : הכי גרסינן למאן דאמר *)דולג לידלוג למ"ד פוסק ליפסוק . כלומר פרשה של חמשה פסוקין(ד) אמאי קורא שני שלשה פסוקין בפרשה אחרת לידלוג או ליפסוק :

*) [פי' רש"י במגילה כב· ד"ה למאן וקצ"ע]

דלית

תוספות

רב אמר דולג · פי' הראשון קורא מראש הפרשה ג' פסוקים והשני שאין לו אלא שני פסוקים מדלג פסוק אחד וקורא ממה שקרא הראשון וכן נמי בראשי חדשים מדלגין והקשה ה"ר יהודה בר נתן ולמאי מדלגין אמאי אינו קורא למעלה בפרשה דהא בשבת בחוה"מ קורא הוא מראה אתה אומר אלי (שמות לג) אע"פ שעיקר הפרשה אינה מתחלת כי אם מפסל לך (שם לד) וי"ל דמ"מ הוא קורא ראה בפרשה של מעלה לפי שכל אותה הפרשה משתעי בחד ענינא אבל פרשה דר"ח לעיל מינה לא משתעי כלל מחד ענינא ולכך אינו קורא בפרשה של מעלה אלא דולג ומזה ראיה למנהגו אתה דלא קריין בכל שבת ושבת פרשה של שבת כמו שאנו עושין בי"ט שאנו קורין פרשיות לפי הענין אלא שאין בפרשה של שבת שלשה פסוקים דאין לומר שנדלג לעיל דלא הוי מחד ענינא :

גזירה משום הנכנסין והיוצאין · פי' שהנכנסין שלא ראו (ה) הראשונים שקרא ג' פסוקים ויראו השני שקורא פסוק אחד מלמעלה יאמרו שהראשון לא קרא אלא שני פסוקים והיוצאין כשהראשון קורא שלשה פסוקים ואינו משייר אלא שני פסוקים איכא גזירת יוצאין דסברי האי שני שבקה ליה בשני פסוקים :

רבינו חננאל

הגהות הב"ח

רבינו גרשום

גליון הש"ס

הגהות הגר"א

הגהות מהר"ב רנשבורג

§ מסכת תענית דף כז: §

אות א'*[א]

בזמן שקוראין בהן לפני, מעלה אני עליהם כאילו כו'

טור סימן מח - וקבעו לקרות פרשת התמיד כדאי' במדרש: בזמן שאין בהמ"ק קיים מה תהא עליהם, אמר לו כבר הקדמתי להם סדר הקרבנות, כל זמן שעוסקין בהן מעלה אני עליהם כאילו הקריבום לפני.

טור סימן רפג - מה שאין מוציאין בשבת ב' ספרים לקרות המוספין וביום השבת וגו', כמו שקורין ביו"ט פרשת קרבנות המוספין, לפי שאין בפרשת קרבנות מוסף שבת רק ב' פסוקים, ואין לקרות אלא מענינו של יום; ועוד טעם אחר, דאיתא במס' תענית, אמר הקדוש ברוך הוא לאברהם, תקנתי להם סדר קרבנות, בזמן שקורין אותם לפני מעלה אני עליהם כאילו הקריבום לפני ומוחל אני על כל עונותם, ובמוסף שבת אין קרבן לכפר, שכולם עולות, (וזהו רצית קרבנותיה, למה רצית קרבנותיה, לפי ששאר יום טוב כולן באין חטאת, ובשבת כולן באין עולות).

אות א'

הקורא בתורה אל יפחות משלשה פסוקים

סימן קלז ס"ב - אין קורין עם כל אחד פחות מג' פסוקים.

אות ב'

דולג

סימן תכג ס"ב - וקורא הכהן ג' פסוקים, שהם: "וידבר" "צו" "ואמרת"; ולוי חוזר וקורא "ואמרת", וקורא "את הכבש אחד", "ועשירית האיפה"; וישראל קורא "עולת תמיד" עד "ובראשי חדשיכם"; ורביעי קורא "ובראשי חדשיכם" עד הסוף - הטעם מבואר בגמרא, משום דליכא בפרשת "וידבר" אלא ח' פסוקים, וא"כ אם יקרא הלוי כדרכו ג' פסוקים, לא ישתייר בפרשה אלא ב' פסוקים, וקיי"ל דאין משיירים ב' פסוקים לפני הפרשה, וכדלעיל ריש סימן קל"ח, **וליכא** למימר דלא ליקרו בפרשה זו אלא כהן ולוי, והשלישי והרביעי יקראו בפ' "וביום השבת" ובפ' דר"ח, **גם** זה א"א, דבפרשה דשבת ליכא אלא ב' פסוקים, וע"כ יהא צריך לסיים לשלישי באיזה פסוקים בפ' דר"ח, ולפי מה דקיי"ל דאין פוחתין בפרשה בפחות מג' פסוקים, לא ישתייר בפ' דר"ח לפני הרביעי אלא ב' פסוקים, לפי שהיא כולה רק חמשה פסוקים, **וע"כ** צריך לעשות כנ"ל.

ודעת הב"ח ופר"ח, שיותר טוב לסיים לשלישי עד "וביום השבת", והרביעי יקרא "וביום השבת" עד סוף הקריאה, **אכן** מפמ"ג משמע שעדיף לעשות כמנהגנו.

ודע עוד, דהגר"א חולק אעיקר דינא דמחבר, ולדעתו סדר הקריאה בר"ח הוא כן, כהן קורא ג' פסוקים, והלוי חמשה עד סוף הפרשה, והשלישי חוזר וקורא ג' פסוקים האחרונים בפרשה שקראו, וקורא "וביום השבת" עד פ' דר"ח, והרביעי קורא בפ' דר"ח.

(**והרשב"א הקשה על פירוש המפרשים, דאמאי לא נעשה כמ"ש הגר"א, ונשאר בצ"ע, וכן פסק הרמב"ן, ומ"מ למעשה נסיים במה שכתב הרמב"ן, אחר שהרעיש ע"כ המפרשים שטעו, מסיים בזה הלשון: אלא שאין ליגע במה שהונהג ע"פ הגאונים, וכ"ש בזה שאין במנהג שלהם משום איסור, וכבר שנינו: אל ישנה אדם מפני המחלוקת, עכ"ל, ועיין בתשו' חת"ס שהחזיק ג"כ מנהג דידן, וכן בתשו' משכנות יעקב).**

באר הגולה

א ‹ע"פ מהדורת נהרדעא›

§ מסכת תענית דף כח. §

אות א'

כולן נכנסין וקורין אותה על פה כקורין את שמע

רמב"ם פ"ו מהל' כלי המקדש ה"ז - **פרשה גדולה קוראין אותה בשנים, וקטנה קורא אותה אחד; ושתי פרשיות שקוראין שחרית, הם שחוזרין וקורין אותן בתפלה השניה בספר; וחוזרין וקוראין אותן במנחה על פה.**

מסורת הש"ס

עין משפט נר מצוה

יח א מיי' פ"ו מהל' כלי המקדש הל' ז:

דאית ליה רווחא: פרשה גדולה קורין אותה בשנים בשחרית ובמוסף ובמנחה קורין על פיהן כו': איבעיא להו היכי קאמר בשחרית ובמוסף קורין אותה בספר ובמנחה קורין אותה על פה כקורין את שמע או דלמא הכי קתני בשחרית קורין אותה בספר ובמוסף ובמנחה קורין אותה על פה כקורין את שמע תא שמע דתניא בשחרית ובמוסף נכנסין לבית הכנסת וקורין כדרך שקורין כל השנה ובמנחה יחיד קורא אותה על פה אמר ר' יוסי וכי יחיד יכול לקרות דברי תורה על פה בצבור אלא *כולן נכנסין וקורין אותה על פה כקורין את שמע: כל יום שיש בו הלל אין בו מעמד כו': מה הפרש בין זה לזה הללו דברי תורה והללו דברי סופרים: זמן עצי כהנים והעם כו': ת"ר למה הוצרכו לומר זמן עצי כהנים והעם אמרו כשעלו בני הגולה לא מצאו עצים בלשכה ועמדו אלו והתנדבו משלהם וכך התנו נביאים שביניהן שאפי' לשכה מלאה עצים יהיו אלו מתנדבין משלהן שנאמר °והגורלות הפלנו על קרבן העצים הכהנים הלוים והעם להביא לבית אלהינו לבית אבותינו לעתים מזומנים שנה בשנה לבער על מזבח ה' אלהינו ככתוב בתורה: ועמהם כהנים ולוים וכל מי כו': תנו רבנן מה היו בני גונבי עלי ובני קוצעי קציעות אמרו פעם אחת גזרה המלכות גזירה על ישראל שלא יביאו עצים למערכה ושלא יביאו בכורים לירושלים והושיבו פרוזדאות על הדרכים כדרך שהושיב ירבעם בן נבט שלא יעלו ישראל לרגל מה עשו *)שבאותו הדור (ויראי חטא) הביאו סלי בכורים וחיפום בקציעות ונטלום ועלי על כתפיהן וכיון שהגיעו אצל פרוזדאות אמרו להם להיכן אתם הולכין אומרין להם לעשות שני עיגולי דבילה במכתשת שלפנינו ובעלי שעל כתפינו כיון שעברו מהן עיטרום בסלים והביאום לירושלים תנא הן הן בני סלמאי הנתופתי ת"ר מה הן בני סלמאי הנתופתי אמרו פעם אחת גזרה המלכות גזירה על ישראל שלא יביאו עצים למערכה והושיבו פרוזדאות על הדרכים כדרך שהושיב ירבעם בן נבט על הדרכים שלא יעלו ישראל לרגל מה עשו יראי חטא שבאותו הדור הביאו גזיריהן ועשו סולמות והניחו על כתפיהם והלכו להם כיון שהגיעו אצלן אמרו להם להיכן אתם הולכין אמרו להם להביא גוזלות משובך שלפנינו ובסולמות שעל כתפינו כיון שעברו מהן פירקום והביאום והעלום לירושלים ועליהם ועל כיוצא בהם הוא אומר °זכר צדיק לברכה ועל ירבעם בן נבט וחבריו נאמר ושם רשעים ירקב: בעשרים בו בני פחת מואב בן יהודה: תנא בני פחת מואב בן יהודה הן הן בני דוד בן יהודה דברי ר' מאיר רבי יוסי אומר הן הן בני יואב בן צרויה: בעשרים באלול בני עדין בן יהודה וכו': תנו רבנן בני עדין בן יהודה הן הן בני דוד בן יהודה דברי רבי יהודה רבי יוסי אומר הן הן בני יואב בן צרויה: באחד בטבת שבו בני פרעוש שניה כו': מני מתני' לא ר' מאיר ולא רבי יהודה ולא רבי יוסי אי ר"מ ליתני שבו בני דוד בן יהודה שניה אי רבי יהודה ליתני שבו בני דוד בן יהודה שניה אי רבי יוסי ליתני שבו בני יואב בן צרויה שניה לעולם ר' יוסי ותרי תנאי אליבא דר' יוסי: באחד בטבת לא היה בו מעמד כו': אמר ליה מר קשישא בריה דרב חסדא לרב אשי מאי

נחמיה י · משלי י

*) [נ"ל ויראי חטא שבאותו הדור]

רש"י

דאית ליה רווחא · שיכול לקרות מפרשה אחרת אבל הכא לית ליה רווחא דהא לא מצי למיקרי אלא בראשית ויהי רקיע: **מה הפרש בין זה לזה** · מאי שנא דקרבן עצים דחי מעמד דנעילה ומעמד דמנחה לא דחי · **הללו דברי תורה** · מנחה כדאמרי' בברכות (דף כו:) יצחק אבינו תיקן תפלת מנחה שנאמר ויצא יצחק לשוח בשדה לפנות ערב ודנעילה מדברי סופרים · ולריכין חיזוק לא גרסינן [א]הכא: **עמדו אלו** · זמן דקתני במתני' אהכי הוצרכו למנות משום ההיא תקנה דעבוד להו הנדבאים כי היכי דלא לידחינהו מאחרייהו: **פרוזדאות** · שומרים: **בכורים** · אדם נכנס לתוך שדהו ורואה אשכול שביכר תאנה שביכרה קושר עליה גמי ועושה אותה בכורים: **בקציעות** · תאנים יבשים כותשין אותן ועושין מהן עגולין: **ס"ג והעלי על כתפיהן** · (*בוכיא): **במכתשת שלפנינו** · שהוא במקום אחר (א) לפני כסמוך וזהו גונבי עלי על שם שמתגנבין מן הפרוזדאות על עסקי עלי: **הן הן בני סלמאי הנתופתי** · כענין מעשה זה עשו(ג): **הן הן בני דוד בן יהודה** · דוד מלך ישראל ולהכי קרו ליה פחת מואב שבא מרות המואביה: **יואב בן צרויה** · שבא מרות המואביה כי צרויה אם יואב אחות דוד היתה שנאמר (דה"א ב) ואחיותיהם צרויה ואביגיל: **בני עדין הן הן בני דוד** · להכי קרי ליה בספר שמואל (ב כג) עדינו העצני *שבשעה שעוסק בתורה מעדן עצמו כתולעת וכשיוצא למלחמה מתקשה כעץ: **הן הן בני יואב בן צרויה** · פלוגתא היא (*במס' חגיגה) חד אמר עדינו העצני זה דוד *וחד אמר זה יואב: **ליתני שבו בני דוד שניה** · דהא קאמר ר' מאיר פחת מואב היינו דוד: **ולר' יהודה** · בני עדין היינו דוד ובמתניתין קתני בהדיא בני דוד והדר קתני בני פחת מואב דלר"מ ולר' יהודה בני עדין היינו דוד שבו שניה מיבעי ליה: **ולר' יוסי** · דאמר פחת מואב ועדין היינו יואב שבו שניה מיבעי ליה: **לעולם ר' יוסי ותרי תנאי אליבא דר' יוסי** · דמאן דאמר בני עדין בן יהודה היינו בני יואב לא סבר לה דבני פחת מואב היינו יואב ולהכי לא קתני שבו בני יואב שניה ולא סבירא ליה נמי דהן הן בני דוד דאם כן שבו בני דוד שניה מיבעי ליה למיתני אלא משפחה אחרת הן ומאן דאמר בני פחת מואב היינו בני יואב לא סבירא ליה דבני עדין היינו יואב אלא משפחה אחרת הן:

מאי

תוספות

מה הפרש בין זה לזה · כלומר מה הפרש בין קרבן מוסף לקרבן עצים דקרבן מוסף דוחה מנחה וקרבן עצים לא דחי מנחה: **הללו** דברי תורה · מוסף ולהכי קדמי מנחה דהוי מדברי תורה אבל קרבן עצים דהוי מדברי סופרים והלכך לא דחיא אלא נעילה דהויא מדברי סופרים אבל לא דחיא מנחה דהויא מדברי תורה: **בני** פחת מואב וכו' הן הן בני דוד · ולכך נקראו בני פחת (ג) שבאו מרות המואביה:

הן הן בני יואב בן צרויה · פירוש דצרויה היתה *אחות דוד כדכתיב (דה"א ב) ואחיותיהם צרויה והם באים מזרע רות המואביה:

אי ר"מ · דקאמר בני פחת מואב בן יהודה הן הן בני דוד בן יהודה ליתני במתניתין כי קאמר בעשרים כו' בני פחת מואב בן יהודה הוה ה"ל למיתני בני דוד בן יהודה שבו שניה כמו שאומר שבו בני פרעוש שניה אי ר' יהודה דקאמר בני עדין בן יהודה הן הן בני דוד בן יהודה ליתני שבו בני דוד בן יהודה שניה אי ר' יוסי ליתני שבו בני יואב שניה ומשני תרי תנאי ואליבא דר' יוסי וקשיא אמאי לא מוקי אליבא דר"מ ותרי תנאי אליבא דר"מ שהרי טפי יש לן לאוקמא כר"מ דסתמא דמתני' כר' מאיר ונראה לי דלהכי מוקי לה כרבי יוסי משום דרבי יוסי נימוקו עמו ומסתברא כוותיה בכל מקום ואפילו מחבריו: ויוס

נ"ל בת ישי

רבינו חננאל

משמר · מתפללין על קרבן אחיהם שיתקבל ברצון · ואנשי מעמד מתענין ד' תעניות בשבוע · בשני על יורדי הים · שנאמר ויאמר אלהים יהי רקיע בתוך המים וגו' · בשלישי על הולכי מדברות שנאמר יקוו המים ותראה היבשה · בד' על האסכרה שלא תעל בתינוקות שנאמר יהי מאורות · מארת כתיב חסר ו' · בה' על עוברות שלא יפילו ועל המניקות שיגדלו בניהם שנאמר ישרצו המים שרץ [נפש חיה]. בע"ש לא היו מתענין מפני כבוד בשבת וכ"ש שבת עצמה·א)ומסהדרין לבתי אבות מתענין עמהם · באחד בשבת מ"ט לא · ר' יוחנן אומר מפני הנוצרים · פי' שיו"ם שלהם הוא · ר' שמואל ב"נ אומר מפני שהוא שלישי ליצירה · וכתיב ויהי ביום השלישי בהיותם כאבים · כלומר נברא האדם בששי הנה ששי ושבת ויום ראשון הרי שלש ליצירה והוא עדיין חלש · ר' שמעון בן לקיש אמר מפני נשמה יתירה שנתנת לאדם בשבת כדי לאכול ולשתות ולשמוח ולהתענג כבוד בשתיית היין ואם אין בו כח גדול אין בו יכולת לשתות ובמ"ש ניטלת מן האדם · ונשתייר תשוי כח לפיכך אין בו יכולת · כדכתיב שבת וינפש · כיון ששבת ווי אבדה נפש · כלומר אבדה הנפש היתירה: מתני' וישראל שבאותו משמר מתכנסין בעריהם · פי' קבלנו מרבותינו שהיו בכל יום קורין פרשת קרבנות · ואח"כ היו קורין סדר בראשית · ביום הראשון בראשית ויהי רקיע · תנא בראשית בשנים אמאי בשנים והוא ה' פסוקי נינהו · ותנא הקורא בתורה לא יפחות מג' פסוקים · רב אמר דולג · פי' הראשון קורא שלשה · והשני חוזר וקורא אחד מאלו השלשה שקראם הראשון והשני פסוקים הנותרים מן הפרשה · ושמואל אמר פוסק הפסוק אחד לשנים כל אחד קורא שלשה · רב אמר דולג · כל פסוקא דלא פסקיה משה אנן לא פסקינן ליה · וקי"ל כרב וכבר פירשנוהו במגילה · פי' בשחרית במוסף כו' · תנא בשחרית ובמוסף נכנסין בכנסת וקורא בתורה בצבור · ע"ש לא היו נכנסין מפני כבוד השבת: מתני' כל יום שיש בו הלל ואין בו מוסף כגון חנוכה וכיוצא בו לא היה בו בשחרית כלומר לא היה בו מעמד בשחרית לא היו אנשי מעמד נכנסין בכנסת וקורין פרשיותיהן בשחרית וכל יום שיש בו קרבן מוסף כגון ר"ח וחש"מ אין בו לאנשי מעמד קריאה במנחה · כל יום שיש בו קרבן עצים כגון אלו ט' ימים שאנו עתידין לפרשן כדתנא זמן עצי הכהנים והעם ט' אין לאנשי המעמד תפלה בנעילה · אמר בן עזאי משום ר' יהושע כל יום שיש בו קרבן מוסף אין מעמד ג) בנעילה · קרבן עצים אין במנחה · ואמרינן מה הפרש בין זה לזה · ופרקינן הללו דברי תורה כלומר הימים שיש בהן קרבן מוסף כגון ר"ח וחולו של מועד מן התורה אסורים בתענית ואין צריכין [חיזוק] אלא דוחין המעמד שבנעילה · ואע"פ שאינה תדירה · ואינו דבר ידוע · אבל זמן הכהנים שהוא אסור בתענית מדרבנן צריך חיזוק. לפי' אין בו מעמד במנחה שהוא תדיר והוא ידוע. וכיון שרואין כי דוחה את המנחה נוהגין בו יו"ם. כדתניא [במגלת תענית] ואלו ימים וזמן עצי הכהנים והעם אסורין בהספד ובתענית: ת"ר למה הוזכרו זמן עצי הכהנים והעם להמנות כשעלו ישראל מן הגולה לא מצאו עצים למערכה ועמדו אלו והתנדבו משלהם · פי' גונבין עלי וקוצעי קציעות גונבין דעת יושבי פרדסאות באמרם להם כי התאנים הבכורות הללו אנו הולכים בהן לכתוש במכתש שלפנינו ובעלי שעל כתפינו לעשותן קציעה של דבילה · פי' עלי יד המכתש כדכתיב אם תכתוש את האויל במכתש בתוך הריפות בעלי · דברים פשוטים הן

א) כן הוא בירושלמי ג) כן היתה גרסת רבינו לפסוק מגרסא שלנו במתני' כדברי ר"ע וכ"ע .

רבינו גרשום

שבת והוי אחד בשבת שלישי ויש בו חולשא · במוצאי שבת ניטלת ממנו ויש בו חולשא: במוסף במנחה וכו' ופי' בגמ' רב אמר דולג שראשון קורא ג' פסוקים ושמואל אמר פוסק שאינו דולג משום גזרה משום הנכנסין ומשום היוצאין שאם קרא ראשון ג' פסוקים שלמין א' היוצא לאחר כשסיים הראשון שלא נשתייר לשני לקרות אלא ב' פסוקין וכן אם מתחיל השני בפסוק הג' הנכנס לאחר שסיים הראשון כששומע ששני קורא הג' אומר לא קרא הראשון אלא ב' פסוקים: דאית ביה רווחא שיכול לקרות פסוק אחד מפרשה אחרת אבל דלא מצי למקרי מפרשה אחרת דאית לה למיקרא למחר או דולג או פוסק ובמנחה קורין על פיהן מה שקורין שחרית בספר כדרך שקורין כל השנה: ערב שבת במנחה לא היו נכנסין לקרות בפה לפי שהן עוסקין לכבוד שבת לטרוח בסעודת שבת והאי דקתני בששי ותצא וגו' היינו בשחרית בספר: אין בו מעמד שחרית כלומר אין קורין מה שקורין במעמדות לפי שעוסקין בהלל · קרבן מוסף אין בו נעילה כלומר שיש בו קרבן מוסף אין בו תפלת נעילה ואין קורין במעמדות לפי שעוסקין בקרבן וקסבר דתפלת נעילה קודם לתפלת מנחה ולפי שתפלת מוסף עד הערב עוסקין במוסף בשעת נעילה · קרבן עצים אין במנחה כלומר ביום שמביאין קרבן עצים אין קורין בסעמדות במנחה · לפי שעוסקין בקרבן עצים: קרבן מוסף אין במנחה כלומר מנחה קודם לנעילה ובשעת מנחה עוסקין במוסף ואין פנאי לקרות במעמדות: מה הפרש בין זה לזה כלומר מ"ש דמוסף דוחה מנחה ואין דוחה נעילה וקרבן עצים דוחה אפי' נעילה: הללו קרבן מוסף דברי תורה ואין צריכין חיזוק ואין צריך שיהא דוחה אלא מנחה שסמוך לו אבל קרבן עצים שהן מדברי סופרים וצריכין חיזוק לפיכך עשו בו חיזוק שדוחה אפי' נעילה שאינו סמוך לו: ועמהן עם זתוא שהוא אחרון כהנים ולוים וכל מי שטעה שבטו שאינו יודע מאיזה שבט הוא: שבו בני פרעוש שניה · הן הולכין פעם שניה להביא עצים · באחד בטבת לא היה בו מעמד כל היום שהיה בו הלל בשחרית וקרבן מוסף במנחה וקרבן עצים בנעילה: למה הוצרכו לקבוע הני זמנים להביא עצים למערכה: פרדסאות · ממונים: בקציעות · של דבילה: עיטרום בסלים כמצוה דכתיב ונתת בטנא · פרקום והביאום · עצים של סולמות לירושלים לקרבן עצים · בני פחת מואב הן בני דוד ולהכי קרי ליה מואב משום דאתי מרות המואביה הן בני יואב דאתי נמי ממואב מאמו: הן בני דוד ועל שם עדינו העצני קרי ליה בני עדין · הן בני יואב ועל שם דוד שהיה ראש משפחותם קרי להו בני עדין על שם דוד · אי ר"מ ליתני נמי שבו בני בני דוד שניה דר"מ קאמר תני פחת מואב הן בני דוד כיון דתרווייהו קתני להו במתניתין כדתני בני דוד איבעי להו למיתני שבו שניה דכבר קתני דבאו פעם ראשונה דקתני באו בני פחת מואב · אי ר' יהודה ליתני שבו בני דוד שניה נמי דהא תני במתניתין שתי פעמים בני דוד דר' יהודה אמר דבני עדין הן בני דוד אי ר' יוסי ליתני שבו בני יואב שניה · תרי תנאי אליבא דר' יוסי דהאי תנא דאמר אליבא דר' יוסי בני פחת מואב הני בני יואב לא אמר דר' יוסי אמר בני עדין הן בני יואב ומאן דאמר אליבא דר' יוסי בני עדין הן בני יואב לא אמר דר' יוסי אמר בני פחת מואב הן בני יואב ולא תני במתניתין בני יואב אלא פעם אחת להכי לא קתני שבו בני

[נ"ל בוכנא]

[מו"ק פז:]

כמו"ק פז: כצ"ל

[לא נמצא שם דחד אמר זה יואב ובתיקוני כלי שרת מקשי על כתן]

הגהות הב"ח

(א) רש"י ד"ה במכתשת כו' במקום אחר לפני כסמוך: (ב) ד"ה הן הן כו' פעו כסמוך: ס"ד (ג) תוס' ד"ה בני כו' נקראו בני פחת מואב שבאו מרות:

הגהות הגר"א

[א] רש"י ד"ה סללו · ולריכין חיזוק נ"ב · נ"ב אבל האנשים גרסי' ועי' ע"כ:

עין משפט נר מצוה

יט א מיי' פ"ג מהל' מגילה וחנוכה הל' ו:

[מעשה מבואר לפניו בגמרא ערכין י:]

כ ב מיי' שם הלכה ז:

[כג אלפס שבת פ"ט דף יח:]

כא ג מיי' שם טוש"ע א"ח סימן תרמג סעיף א:

כב ד מיי' שם טוש"ע א"ח סימן תרמב סעיף א:

כג ה מיי' שם טוש"ע א"ח סימן תכב סעיף א:

כד ו מיי' שם טוש"ע א"ח סימן תכב סעיף ב:

כה ז מיי' שם טוש"ע א"ח סימן תכב סעיף ג:

[וצ"ל אמר אביי הוה קאימנא קמיה דרבי אלעזר כר צדוק]

שבת פו: יומא ד:

[וע"ע תוס' ברכות יד. ד"ה ימים ותוס' ערכין י. ד"ה יוה"ט ותוס' סוכה מד: ד"ה כאן]

תורה אור

מאי שנא הלל דדחי דידיה ומאי שנא מוסף דלא דחי דידיה א"ל רב אשי השתא דלאו דידיה דחי דידיה לא כל שכן אמר ליה הכי קאמינא לך לא לידחי אלא דידיה אמר ליה איכא ר' יוסי דקאי כוותך דתניא ר' יוסי אומר כל יום שיש בו מוסף יש בו מעמד מעמד דמאי אילימא מעמד דשחרית הא תנא קמא נמי הכי קאמר אלא מעמד דמוסף דידיה נמי לא דחי אלא דמנחה [א] קרבן עצים דחי אלא לאו דנעילה שמע מינה דידיה דחי דלאו דידיה לא דחי שמע מינה וליתני נמי באחד בניסן לא היה בו מעמד מפני שיש בו הלל וקרבן מוסף וקרבן עצים אמר רבא זאת אומרת הלילא דריש ירחא לאו דאורייתא דאמר רבי יוחנן משום רבי שמעון בן יהוצדק *שמונה עשר יום בשנה יחיד גומר בהן את הלל ואלו הן שמונת ימי החג ושמונת ימי חנוכה ויום טוב הראשון של פסח ויום טוב (ראשון) של עצרת ובגולה עשרים ואחד יום ואלו הן תשעת ימי החג ושמונת ימי חנוכה ושני ימים הראשונים של פסח ושני ימים טובים של עצרת רב איקלע לבבל חזינהו דקא קרו הלילא בריש ירחא סבר לאפסוקינהו כיון דחזא דקא מדלגי דלוגי אמר שמע מינה מנהג אבותיהם בידיהם תנא יחיד לא יתחיל ואם התחיל גומר: ה' דברים אירעו את אבותינו בשבעה עשר בתמוז כו': נשתברו הלוחות מנלן דתניא *בששה לחדש ניתנו עשרת הדברות לישראל רבי יוסי אומר בשבעה בו מאן דאמר בששה ניתנו ובשבעה עלה משה מ"ד בשבעה בשבעה ניתנו ובשבעה עלה משה דכתיב °ויקרא אל משה ביום השביעי וכתיב °ויבא משה בתוך הענן ויעל אל ההר ויהי משה בהר ארבעים יום וארבעים לילה עשרים וארבעה דסיון ושיתסר דתמוז מלו להו ארבעין בשיבסר בתמוז נחית אתא ותברינהו ללוחות וכתיב °ויהי כאשר קרב אל המחנה וירא את העגל וישלך מידיו את הלוחות וישבר אותם תחת ההר: בטל התמיד גמרא: הובקעה העיר בי"ז הוה והכתיב °בחדש הרביעי בתשעה לחדש ויחזק הרעב בעיר וכתיב בתריה °ותבקע העיר וגו' אמר רבא לא קשיא כאן בראשונה כאן בשניה דתניא בראשונה הובקעה העיר בתשעה בתמוז בשניה בשבעה עשר בו: שרף אפוסטמוס את התורה גמרא: העמיד צלם בהיכל מנלן דכתיב °ומעת הוסר התמיד ולתת שקוץ שומם וחד הוה והכתיב °ועל כנף שקוצים משומם אמר רבא תרי הוו ונפל חד על חבריה ותבריה לידיה ואשתכח דהוה כתיב(א) אנה

(שמות כד; שם; שם לב; ירמיה נב; שם; דניאל יב; שם ט)

תוספות

ויום טוב הראשון של פסח · הוא גומר הלל אבל שמונת ימי פסח לא משום דלא דמי לחנוכה וסוכות דחנוכה דיכול הוא לגמור הלל דכל הח' ימים היה הנס מתגדל והיה כל חד וחד יום טוב וכן בסוכות *כל יומא ויומא הוי י"ט לעצמו לפי שחלוקין בקרבנות והולכין אבל פסח אינו משתנה לא מקרבנות ולא מיום טוב לכך אין גומרים בו ההלל אלא יום הראשון והדלגה דנוהגין קרי יומי משום דעבדינן אותו מספק הוי חד יומא לענין קריאת הלל וכן ביום שני של עצרת וכן יום של שמחת תורה ומש"ה יש לנו כ"א יום לגמור הלל: **אמר** שמע מינה מנהג אבותיהם בידיהם · י"מ דלמנהגא לא מברכינן (ו) מהכא וכן משמע בסוכה בפרק לולב וערבה (דף מד:) דקאמר *אמר אביי הוה קאימנא קמיה דר' יצחק ולא בריך קסבר ערבה מנהג נביאים היא אלמא למנהגא לא מברכינן אבל רבינו תם פסק דמברכינן דאי איתא דלא מברכינן אם כן מאי קאמר בגמרא כיון דשמעינהו דמדלגי ואמר שמע מינה מנהג אבותיהם בידיהם וכי לא היה לו לסברי אי משום מנהג קרו ליה לא מברכי אי איתא דלמנהגא לא מברכינן ואי מברכי דלא מנהג הוא וכי תימא דלא בא בתחלת קריאת הלל הא לא מצי אמרת דהא רב איקלע לבבל קאמר דאי איתא דבתחלת תפלה בא הוה ליה למימר איקלע לבי כנישתא ומדלא אמר מלתא בכהאי מנהג הוא שמע מינה דלמנהגא נמי מברכינן והא דערבה דסוכה דמשמע דלמנהגא לא מברכינן היינו דווקא למנהג דערבה דלא הוי אלא מנהג טלטול בעלמא ולמנהג דטלטול לא מברכינן אבל בשאר מנהג כגון קריאת הלל ואחריני כמו אותו מנהג ודאי מברכינן וכן הלכה למעשה ולפי זה יש ליזהר שלא לדבר באמצע ההלל כיון שבירך דאם כן הוי מפסיק ונראה דאין יחיד מחויב לקרות ההלל אבל אם רוצה לחייב עצמו הרשות בידו*: **ואשתכח** דכתיב עליה · על אותו יד פירוש מלאך כתוב על היד שנחתכה מן הצלם אנא בעי לאחרובי ביתיה כלומר ביתו של הקב"ה (ז) אשלמת ליה כלומר וכחך נתת לו ויש מפרשים דהכתיבה הוה על הצלם השלם וה"ק אשכחי' עליה על הצלם השלם אנא בעי לאחרובי ביתיה כלומר אתה רצית להחריב ביתו של הקדוש ברוך הוא וידך אשלמת ליה לכך שלמתי את ידך להקדוש ברוך הוא שחתכתי: דכתיב

רש"י

מאי שנא הלל דדחי דידיה · מעמד דשחרית: **ומאי שנא מוסף דלא דחי דידיה** · דקתני יום שיש בו מוסף אין בו (ג) מנחה ולא קתני אין בו מוסף דלא דחי דידיה אלא דמנחה: **הכי קאמינא** · הכי קא בעינא למימר: **אלא דידיה** · דמוסף: **ס"ג רבי יוסי אומר כל יום שיש בו מוסף יש בו מעמד** · ותנא קמא פליג דלאמר יום שיש בו מוסף אין בו (ג) נעילה ואתא ר' יוסי למימר דיש בו מעמד אע"פ שיש בו מוסף: **אלא לאו דנעילה הוא** · דאמר ר' יוסי דיש בו מעמד ואין מוסף דוחה אותו: **באחד בניסן** · דהא יש בה הלל דראש חדש: (ד) **קרבן עצים** · (קרבן מוסף) דבני ארח בן יהודה: **זאת אומרת** · מדלא קתני נמי באחד בניסן אלמא הלל דראש חדש לא דחי ליה למעמד שמע מינה דלאו דאורייתא הוא א) אלא מנהגא כדלקמן: **מנהג אבותיהם בידיהם** · אבל הלל דחנוכה כגון באחד בטבת ודאי דחי דכיון דנביאים תיקנוהו שיהו אומרים אותו על כל פרק ופרק ועל כל צרה שלא תבא עליהן כשנגאלין יהו אומרין אותו על גאולתן כדאורייתא דמי: **יחיד** · כלומר אפי' יחיד גומר בהן את ההלל שכל אחד ואחד חייב לגמור בו את ההלל במסכת ערכין מפורש מאי שנא דגומר כל ימי החג ובפסח לא גומר אלא יום ראשון משום דחג הסוכות חלוק בקרבנותיו וכל אחד ואחד כתב בפני עצמו דמי: **ובגולה** · שעושין שני ימים טובים משום ספיקא: **דמדלגי דלוגי** · כגון אלו דמדלגין לא לנו ה' לא לנו ונתחיל מן ה' זכרנו יברך: **לא יתחיל** · אינו צריך להתחיל בראש חדש: **ר' יוסי אומר בשבעה** · וטעמייהו מפרש במסכת שבת בפרק ר"ע: **בשבעה עלה משה** · לקבל הלוחות כלומר ולא ליכא מאן דפליג (ג) דהא למתני' דקתני בי"ז בתמוז נשתברו הלוחות מכלל דסליקו סבירא להו דבשבעה עלה (ה) ולאו מקרא נפקא לן דבשבעה עלה דהאי דכתיב וישכון כבוד ה' על הר סיני ויכסהו ששת ימים ויקרא אל משה ביום השביעי איכא מאן דדריש ליה במסכת יומא כי אתר מתן תורה הוה: משבעה בסיון עד י"ז בתמוז איכא מ' יום כ"ד דסיון שהוא מלא וי"ז דתמוז הרי מ' יום שעמד משה בהר: **גמרא** · כך קיבלנו מאבותינו: **ומעת הוסר התמיד לתת שקוץ שומם וגו'** · דבעת שהוסר ונתבטל התמיד בהאי יום ניתן השיקוץ שומם בהיכל: **ס"ג ועל כנף שקוצים** · כלומר אם כתיב על כנף שקוצים כתיב ביה שקוצים דמשמע תרי: **תרי הוו** · שהעמידו מנשה בהיכל: **ונפל חד על חבריה וקטעיה לידיה** · והשקוץ לא קא חשיב והיינו דכתיב שקוץ אחד: **ואשתכח דכתיב** · על ההוא יד כתב: אנה

מסורת הש"ס

ערכין י. [תוספ' סוכה פ"ג ע"ש תוס' סופרים פ"כ הל' ט ע"ש]

הגהות הב"ח

(א) גמ' כשמו כו' ולשתכח דהוה כתיב עליה אנא בעי לאחרובי ביתיה ואשלמת ליה: (ב) רש"י ד"ה מאי שנא וכו' מוסף אין בו מנחה ולא קתני אין בו מוסף: (ג) ד"ה ס"ג ר' יוסי כו' אין בו נעילה ואתא ר' יוסי: (ד) ד"ה קרבן עצים מוסף וקרבן עצים: (ה) ד"ה בשבעה עלה משה סבירא להו דבשבעה עלה ולאו מקרא נפקא: (ו) תוס' ד"ה אמר כו' לא מברכינן: (ז) בא"ד ביתו של הקב"ה כו':

רבינו חננאל

הן · תנא לפי שאמרו עצמן על המצוה נזכרין לברכה · כדכתיב זכר צדיק לברכה · וכן עצי הכהנים והעם תשעה · באחד בניסן בני ארח בן יהודה כו' · מני מתני' אינה לר' מאיר דאמר בני פחת מואב הן הן בני דוד בן יהודה דא' מאיר היא כיון שהקריבו בני דוד בן יהודה (כ"ג)(כ') בתמוז ובאו בני פחת מואב להקריב בכ' באב הוה לו לומר בני פחת מואב הן הן בני דוד בן יהודה שבו בני פחת מואב שניה כמו שאמר בני פרעוש שנית · אי מתני' ר' יהודה היא כיון דאמר בני עדין בן יהודה הן בני דוד בן יהודה היה לו לומר שבו בני עדין בן יהודה שניה אי ר' יוסי כיון דאמר בני פחת מואב בן יהודה בני יואב בן צרויה הן הן ובני עדין הן הן בני יואב בן צרויה היה לו לומר שבו בני עדין שנית · ואוקמיה לר' יוסי ותרי תנאי אליבא דר' יוסי: באחד בטבת לא היה בו מעמד מפני שיש בו הלל שהיא חנוכה והלל דוחה מעמד של שחרית ויש בו קרבן מוסף של ר"ח שדוחה מעמד של נעילה וכ"ש של מוסף דבהדיא תנינן באחד בטבת לא היה בו מעמד כלל והוא זמן קרבן עצים · דתנן באחד בטבת שבו בני פרעוש שנית וקרבן עצים דוחה מעמד דמנחה ואוקימנא למתני' דתנא דידן סבר קרבן מוסף דוחה מעמד דנעילה ומעמד דמוסף · ור' יוסי פליג עליה · דתניא ר' יוסי אומר כל יום שיש בו מוסף יש בו מעמד ואוקימנא בנעילה · דסבר דידיה והוא מעמד דמוסף דוחה דלאו דידיה והוא מעמד דנעילה לא דחי · דייק רבא מדלא קתני באחד בניסן לא היה בו מעמד והנה יש בו קרבן עצים וקרבן מוסף (כגון) [והלל כמו] אחד בטבת (שאו') [ש"מ] הלל דחנוכה הוא כמו הלל של תורה · אבל הלל דר"ח לאו דאורייתא הוא · דא"ר יוחנן משום רבי שמעון בן יהוצדק י"ח ימים בשנה יחיד גומר בהן את הלל ואלו הן ח' ימי החג וח' דחנוכה · ויו"ט הראשון של פסח ויו"ט של עצרת · ובגולה כ"א יום ט' ימי החג וח' ימי חנוכה וב' ימים של פסח וב' ימים של עצרת · רב אקלע לבבל ושמע דקרו הלל בר"ח בעא למיפסקינהו כיון דשמע להן דפסקי שבק להו · אמר מנהג אבותיהם בידיהם · תנא יחיד לא יתחיל בברכת בזמן שקורין בהן כגון ר"ח ויוה"ם פסח ואם פתח ובירך בא"י אמ"ח אקב"ו לקרוא (והתחיל לגמור) [את הלל גומר] וזהו אם התחיל גומר וקיי"ל הכי דאין הובה: ה' דברים אירעו את אבותינו וכו' נשתברו הלוחות מנלן לפי שעלה משה למרום בז' בסיון דכתיב ויקרא אל משה ביום השביעי מתוך הענן נמצא שעמד משה במרום כ"ד ימים תשלום סיון וי"ז מתמוז הרי מ' יום · כדכתיב ויהי משה בהר ארבעים יום · למחר ירד ושבר לוחות נמצאת שבירת הלוחות בי"ז בתמוז · בטל תמיד גמרא · *) כר' לוי דאמר אף בימי מלכות הרשעה היו משלשלין להן קופות של זהב · והן היו מעלין להן שני כבשים · ובסוף העלו להן ב' חזירים כו' · אותה שעה גרמו העונות ובטל התמיד ונחרב הבית · והבקעת העיר בחרבן השני י"ז כדתנא בס' לחדש הרביעי הובקעה העיר בראשונה ובשניה בי"ז שרף אפוסטמוס בי"ז בתמוז את התורה גמרא: ירושלמי היכן שרפה **) העמיד צלם בהיכל מנלן דכתיב ומעת הוסר התמיד · הנה בפירוש כי מעת שהוסר ובטל התמיד ניתן השקוץ בהיכל · וכבר אמרנו בי"ז בטל התמיד

*) חסר כאן וצ"ל ובירושלמי ר' סימון בשם ר"י בן לוי בימי מלכות וכו' ואמר ר' אף בימי כו'. **) נראה שחסר כאן ועי' בירושלמי.

רבינו גרשום

בני יואב שנית: מ"ש הלל דדחי דידיה ומ"ש מוסף דלא דחה דידיה והתם קאי דקתני במתניתין יש בו הלל אין בו מעמד דשחרית קרבן מוסף אין בו במנחה ופריך מר קשישא מ"ש הלל דדחי מעמד בתפלת דידיה דהיינו שחרית ומוסף לא דחי מעמד בתפלה דידיה דקתני מוסף אין במנחה דמשמע אבל במוסף עצמו איכא מעמד: א"ל ומי בעיא לך דמוסף דחי דידיה השתא מנחה דלא הוה דידיה דחי ליה מוסף ממעמד דידיה דמוסף מיבעיא אמאי *) דחי נמי במנחה הא הלל לא דחי אלא דידיה דשחרית לחודיה: ר' יוסי קאי כוותך · דמוסף לא דחי אלא מעמד דמוסף ולא דמנחה: דידיה נמי לא דחי · תמי' וכי מוסף לא דחי מעמד שבמוסף: י"ח יום גומרין את ההלל ולא קתני ר"ח · לא יתחיל הלל בר"ח: ובשבעה(עשר)[עלה]ואותו יום לא חשבינן אלא מכן ואילך חשיב מ' יום כ"ג דסיון שהוא מלא וי"ז בתמוז הרי מ' נמצא שבמ' ירד ושבר את הלוחות · מעת הוסר התמיד לתת שקוץ כלומר ביום שהוסר התמיד הוקם צלם וכבר אמר בי"ז בטל התמיד (דכתיב בעלה לליצנותא)כמ' באב נגזרה גזרה על אבותינו שלא יכנסו לארץ ובערב ט"ב הוו מרגלים ולמחר קבעו ט"ב: דרך שלשת ימים הרי כ"ב דיום עשרים עצמו דאייר הוא מחשבון הג' ימים וכתיב עד חדש ימים דהיינו כ"ט ימים והשב ו' דאייר לפי שהוא חסר וכ"ב דסיון הרי החדש ימים ועדין נשתיירו ח' דסיון לפי שהוא מלא וכתיב ותסגר מרים שבעת ימים הרי כ"ט דסיון ובאותו יום עצמו שלח מרגלים וכתיב וישובו מקץ ארבעים יום השוב ב' דסיון וכ"ט דתמוז הרי ל"א וח' דאב דאמרת דבערב

*) חסר כאן וצ"ל א"ל הכי קאמינא לך לא לדחי אלא דידיה ואמאי דחי וכו'.

הגהות הגר"א

[א] גמ' אלא דמנחה ודנעילה ע"ש כו' · כצ"ל:

הגהות מהר"ב רנשבורג

א] רש"י ד"ה זאת אומרת וכו' אלא מנהגא כדלקמן מנהג וכו' · כ"צ סתג לנור אחד וזו"ק

§ מסכת תענית דף כח: §

אות א'

שמונה עשר יום בשנה יחיד גומר בהן את הלל

רמב"ם פ"ג מהל' מגילה וחנוכה ה"ו - ולא הלל של חנוכה בלבד הוא שמדברי סופרים, אלא קריאת ההלל לעולם מדברי סופרים בכל הימים שגומרין בהן את ההלל. וי"ח יום בשנה מצוה לגמור בהן את ההלל, ואלו הן: ח' ימי החג, וח' ימי חנוכה, וראשון של פסח ויום עצרת; אבל ר"ה ויוה"כ אין בהן הלל, לפי שהן ימי תשובה ויראה ופחד, לא ימי שמחה יתירה; ולא תקנו הלל בפורים, שקריאת המגילה היא ההלל. השגת הראב"ד: א"א [א]ויש בהם עשה מדברי קבלה "השיר יהיה לכם כליל התקדש חג".

אות ב'

ובגולה עשרים ואחד יום

רמב"ם פ"ג מהל' מגילה וחנוכה ה"ז - מקומות שעושין ימים טובים שני ימים, גומרין את ההלל באחד ועשרים יום: בתשעת ימי החג, ושמונת ימי חנוכה, ושני ימים של פסח, ושני ימים של עצרת. אבל בר"ח קריאת ההלל מנהג ואינה מצוה, ומנהג זה בצבור, לפיכך קוראין בדילוג, ואין מברכין עליו, שאין מברכין על המנהג; [ב]ויחיד לא יקרא כלל; ואם התחיל, ישלים ויקרא בדילוג כדרך שקוראין הצבור; וכן בשאר ימי הפסח קוראין בדילוג כר"ח.

השגת הראב"ד: ומנהג זה בצבור לפיכך קוראין בדילוג ואין מברכין עליו. א"א זה [ג]אינו כלום, וכבר כתבנו עליו במקום אחר (ברכות פי"א הט"ז). ומה שאמר: ויחיד שהתחיל לקרוא בדילוג, לא אמר כלום, [ד]אלא יקרא כמו שירצה, וחותם כחתימת הציבור.

אות ג'

תשעת ימי החג

סימן תרמד ס"א - שחרית, אחר חזרת תפלה, נוטלין הלולב ומברכין: על נטילת לולב, ושהחיינו; וגומרים ההלל; וכן כל שמונת ימי החג - ולא הוי כחוה"מ פסח דמדלגין, משום דבסוכות כל יום חשוב כיו"ט בפני עצמו, כיון שחלוק קרבנותיו מיום שלפניו. **ומברכים: לגמור את ההלל, בין צבור בין יחיד** - ר"ל ולא הוי כמו ר"ח וחוה"מ פסח, דלכמה פוסקים אין מברכין אז על ההלל אפילו לצבור, ובפרט ליחיד, **דשם** ההלל הוא רק מנהג של כל ישראל, אבל בזה דמדינא הוא, מברכין לכו"ע בין לצבור בין ליחיד.

עיין לעיל סימן תפ"ח ס"א בהג"ה שם, דבמדינותינו המנהג לברך "לקרות ההלל".

אות ד'

ושמונת ימי חנוכה

סימן תרפג ס"א - כל שמונת ימי חנוכה גומרין את ההלל - לפי שבכל יום נוסף נס חדש, ועוד יש טעמים עיין בב"י.

אות ה'

ושני ימים הראשונים של פסח

סימן תפח ס"א - שחרית נכנסים לבהכ"נ, וקורים הזמירות של שבת, ומתפללין תפלת שחרית, וגומרין ההלל, (ומברכין: לקרות הלל) - ר"ל שלא יאמר "לגמור ההלל", דשמא ידלג תיבה או אות אחת, ויש חשש ברכה לבטלה. [לשון הטור בשם הר"מ, **ולכאורה** אף אם יברך "לקרות", אם ידלג מההלל ג"כ לא יצא, **ואפשר** לומר דסבר הר"מ, דאף אם לא קרא התיבה כתיקונה ג"כ יצא, ולזה אמר, אם יאמר "לקרות" לא יהיה חשש ברכה לבטלה, **משא"כ** אם יאמר "לגמור", אף אם ידלג אות אחת, הרי לא גמר, ויש כאן חשש ברכה לבטלה]. **ואם** אמר "לגמור" יצא, ובמקום שנהגו לומר "לגמור", אין לבטל מנהגם.

אות ו'

ושני ימים טובים של עצרת

סימן תצד ס"א - ביום חמישים לספירת העומר הוא חג שבועות, וסדר התפלה כמו ביום טוב של פסח, אלא שאומרים: את יום חג השבועות הזה זמן מתן תורתנו, וגומרים ההלל.

באר הגולה

[א] ‹וק"ל שכתב כמשיג על רבינו שכתב שהוא מדברי סופרים, והלא אף אם נודה שכן הוא, שיש בו עשה מדברי קבלה, שפיר דמי למקרייה דברי סופרים, וא"כ מה רצה להשיג או להוסיף על דברי רבינו – כסף משנה› [ב] ‹הוא פירוש למה שאמרו "תנא יחיד לא יתחיל" וכו' – מגיד משנה›. ‹**בשבת** דף קי"ח, הקורא הלל בכל יום הרי זה מחרף ומגדף, ופי' רש"י שנביאים ראשונים תיקנו לומר בפרקים לשבח והודיה וכו', וזה הקורא תמיד בלא עתה אינו אלא כמזמר שיר ומתלוצץ, ע"כ. ולא הותר אלא בפסוקי דזמרה כדאיתא התם – מעשה רוקח› [ג] ‹כונתו ז"ל להשיג על רבינו ז"ל במ"ש: שאין מברכין על המנהג, וכדאשכחנא גבי ערבה: חביט חביט ולא בריך, וכמ"ש הרב המגיד ז"ל, **והראב"ד** ז"ל דעתו כדעת ר"ת, שכתבו התוס' ז"ל בפ' היה קורא, שמברכין עליו, וערבה שאני שאינה רק טלטול בעלמא, ומשו"ה לא מברכינן אחרי היותו מנהג, אבל הלל מאחר שיש בו קריאה, מברכינן אע"פ שהוא מנהג – מרכבת המשנה (אלפנדרי)› [ד] ‹נראה דמפרש "אם התחיל גומר", שגומר כל ההלל אם ירצה, והוא תמוה, יציבא בארעא וכו', ואטו עדיף יחיד מצבור, **לכן** נראה דס"ל, דוקא ציבור שמברכין איכא קפידא שיקראו בדילוג, אבל יחיד שאינו מברך, רשאי לגמור. **ולדרך** רבנו צ"ל, דאף בלא ברכה יש קפידא שלא יגמור בר"ח, והא דקאמר "ואם התחיל גומר", ר"ל בדילוג – מרכבת המשנה (חעלמא)›. ‹**נמצא** דיש ד' שיטות בהלל דר"ח: 1] הרמב"ם ורש"י בסידור; 2] והראב"ד; 3] והרי"ף ורבינו יונה; 4] ורא"ש ור"ת ורש"י כאן, והם ד' פשטים ב"יחיד לא יתחיל" וכו', ושיטות 3], 4] הובא להלן בדברי השו"ע›

אות ז'

מנהג אבותיהם בידיהם

סימן תרצ ס"ב - [ה]וקורים הלל בדילוג, בין יחיד בין צבור - וכל ההלל אין לקרוא, משום דכתיב: השיר יהיה לכם כליל התקדש חג, ודרשינן ליל המקודש לחג, ר"ל שאסור בעשיית מלאכה, טעון שירה, ושאין מקודש לחג אין טעון שירה, **אלא** שנהגו אבותינו לקרותו, וכדי שיהיה היכר שאינו מצד הדין, לכן מדלגין בו. **והמנהג** הפשוט שמדלגין מן "לא לנו" עד "ד' זכרנו", [ו]ומן "אהבתי כי ישמע" וגו' עד "מה אשיב", **ויש** מדלגין דילוג אחר, ועיין בא"ר טעם למנהגנו.

[ז]וי"א שהצבור מברכין עליו בתחלה "לקרוא את ההלל", (ואם בירך "לגמור" א"צ לחזור) (מרדכי ושבולי לקט) - בדיעבד, דלשון "גומר" אינו בדוקא על מי שגומר, דלפעמים "גומר" בלשון חכמים כמו קורא. **ולבסוף "יהללוך"; והיחיד אין מברך עליו.**

[ח]וי"א שאף הצבור אין מברך עליו לא בתחלה ולא בסוף, וזה דעת [ט]הרמב"ם, וכן נוהגין בכל א"י וסביבותיה - דעיקר ההלל בר"ח אינו אלא מנהגא ולא מן הדין, וכנ"ל, ואמנהגא לא מברכין.

הגה: [י]ויש אומרים דגם יחיד מברך עליו (טור בשם הרא"ש ור"ת), וכן נוהגין במדינות אלו - ואע"ג דאינו אלא מנהגא, מצינו הרבה דברים שאינם אלא מנהגא ואעפ"כ מברכין עליהם, [וכמו ביו"ט שני. **ונהי** דוודאי אינו מחוייב לאמרו, מ"מ מאחר שמחזיק עצמו לכך, אין זה ברכה לבטלה, כמו שנשים מברכות על נטילת לולב שאינו לבטלה].

ומ"מ יזהר אדם לקרות בצבור, כדי לברך עליו עם הצבור - לצאת ידי דעת הפוסקים שביחיד אין מברכין עליו, **ולהכי** כתבו האחרונים, דאם בא לביהכ"נ סמוך להלל, יקרא הלל תחלה עם הצבור ואח"כ יתפלל, [**ודוקא** שיש עוד שהות לק"ש ולתפלה]. **וכתבו** עוד, דאם הוא באמצע פסד"ז, יש לו להפסיק לקרות הלל עם הצבור, ואין זה הפסק, דלא גרע ממזמורים שמוסיפין בשבת, **מיהו** לא יברך על ההלל לא בתחלה ולא בסוף, ויוצא במה שכבר בירך "ברוך שאמר" בתחלה וברכת "ישתבח" בסוף, [**והכי** עדיף טפי, שיוצא בזה גם דעת הרמב"ם, דס"ל דבר"ח אין לקרות בברכה בשום גווני]. **וכ"ז** בהלל דר"ח, שיש פוסקים דאין לברך עליו, אבל בימים שגומרים את ההלל, דאז חייב הוא בברכה לכו"ע, אין לו לומר באמצע פסד"ז, שלא יפסיד הברכות.

אות ז'* [יא]

כאן בראשונה, כאן בשניה

סימן תקמט ס"ב - [יב]אע"ג דכתיב בקרא: בחדש הרביעי בתשעה לחודש הובקעה העיר, אין מתענין בט' בו אלא בי"ז בו, מפני שאף על פי שבראשונה הובקעה בט' בו, כיון שבשניה הובקעה בי"ז בו, תיקנו להתענות בי"ז בו, משום דחורבן בית שני חמיר לן - ולא רצו לגזור גם בט', דאין מטריחין על הצבור יותר מדאי.

---

§ מסכת תענית דף כט. §

אות א'

ותשיעי סמוך לחשיכה הציתו בו את האור וכו'

סימן תקנח ס"א - [יג]בת"ב לעת ערב הציתו אש בהיכל, ונשרף עד שקיעת החמה ביום עשירי - והטעם שקבעוה בתשיעי, משום דאתחלתא פורעניתא עדיפא, [גמרא]. **ומפני כך מנהג כשר שלא לאכול בשר ושלא לשתות יין בליל עשירי ויום עשירי** - (אבל תבשיל של בשר מותר – מאמ"ר, **עוד** כתב שם לענין כוס של בהמ"ז, אם דרכו תמיד לברך על כוס יין, מותר גם בלילה זו).

כתב כה"ג, דטוב שלא לשמש מטתו בליל יו"ד, אם לא בליל טבילה, או יוצא לדרך, או בא מן הדרך.

הגה: ויש מחמירין עד חצות היום ולא יותר (הגהות מיימוני) - וה"ה שלא לרחוץ במרחץ ולספר ולכבס עד חצות, **וכשחל** ט"ב ביום ה', שאז יום עשירי הוא ע"ש, מותר בכל זה לכבוד שבת. **ופשוט** דבסעודת מצוה מותרים כל הקרואים לאכול בשר, ואפילו אינו קרובו, דפשיטא דלילה הזו קילא מר"ח אב, דמר"ח אב יש קצת אבלות מדינא דגמרא, שממעטין בשמחה ומשא ומתן, **משא"כ** בזה שמותר מדינא בכל, **אך** הסעודה שעושין בלילה שלפני החתונה, במקום שאין משלחין באותו פעם סבלונות, לא מיקרי סעודת מצוה, ולכן אין לאכול בשר, **ומכ"ש** שלא יהיה שם כלי שיר עד אחר חצות יום י', [ובנדחה יש להקל], **ובא"ר** כתב בשם זקנו מהר"ש ז"ל, שזהו רק לשאר אנשים, אבל לחתן וכלה ואביהם ואמם, מותר לאכול בשר.

אם חל תשעה באב בשבת ונדחה ליום א', מותר לאכול בשר ויין יום ב', אבל בלילה אסור מפני אבילות של יום (מהרי"ל) - היינו רק באכילת בשר ושתיית יין, אבל בתספורת מותר לכו"ע. [**ולשון** הרמ"א שכתב בלשון "אסור", מגומגם קצת, דאף ליל עשירי ממש, רק "מנהג כשר"]. **משמע** דרק בזה מפני אבילותו של ט"ב, מחמרינן גם בלילה שאחריו, דהוא כמו בין המצרים, דיש אנשים שמחמירין על עצמן מבשר ויין, **אבל** בשארי תעניות אין להחמיר בזה.

באר הגולה

[ה] **תענית כ"ח** [ו] ‹עיין ברש"י שנקט "כגון אנן", שבזמן הגמרא לא היתה תקנה קבועה איזה פסוקים לדלג, וכמו כן משמע ברש"י שלפי מנהגו לא היו מדלגים מ"אהבתי כי ישמע ה'" עד "כל האדם כוזב", ולא כמנהגנו – מתיבתא› [ז] **כן נראה מדברי הרי"ף ומפי' ר' יונה** ‹דאמרינן התם יחיד לא יתחיל, ור"ל לא יתחיל בברכה, (ומדקאמר דיחיד לא יתחיל בברכה, מכלל דצבור צריך להתחיל בברכה), ואם התחיל בברכה גומר בברכה, וחותם בא"י מלך מהולל בתשבחות, דאי בלא ברכה אמאי לא יתחיל, וכי מונעין לו שלא יאמר הפסוקים, אלא ודאי יחיד לא יתחיל בברכה קאמר – רבינו יונה› [ח] **רש"י** ‹סידור רש"י סימן שכ"ז› [ט] **בהל' חנוכה** [י] ‹והא דקאמר יחיד לא יתחיל ואם התחיל גומר, פי' יחיד אין צריך להתחיל, ואם התחיל גומר ובדילוג – שיטת ר"ת בתוס' ערכין דף י', וכן הוא ברש"י כאן› [יא] ‹פשוט› [יב] **תוס' שם והרמב"ן בספר תורת האדם** [יג] **ברייתא תענית כ"ט**

אנת צבית לחרובי ביתא ידך אשלימת ליה בתשעה באב נגזר על אבותינו שלא יכנסו לארץ מנלן דכתיב °ויהי בחדש הראשון בשנה השנית באחד לחדש הוקם המשכן ואמר מר *שנה ראשונה עשה משה את המשכן שניה הקים משה את המשכן ושלח מרגלים וכתיב °ויהי בשנה השנית בחדש השני בעשרים בחדש נעלה הענן מעל משכן העדות וכתיב °ויסעו מהר ה' דרך שלשת ימים אמר רבי חמא בר חנינא *אותו היום סרו מאחרי ה' וכתיב °והאספסוף אשר בקרבו התאוו תאוה וישובו ויבכו גם בני ישראל וגו' וכתיב °עד חדש ימים וגו' דהוו להו עשרין ותרתין בסיון וכתיב °ותסגר מרים שבעת ימים דהוו להו עשרין ותשעה בסיון וכתיב °שלח לך אנשים ותניא בעשרים ותשעה בסיון שלח משה מרגלים וכתיב °וישובו מתור הארץ מקץ ארבעים יום הני ארבעים יום נכי חד הוו אמר אביי *תמוז דההיא שתא מלויי מליוה דכתיב °קרא עלי מועד לשבור בחורי וכתיב °ותשא כל העדה ויתנו את קולם ויבכו העם בלילה ההוא *אמר רבה אמר ר' יוחנן (א) (*אותו היום ערב) תשעה באב היה אמר להם הקב"ה אתם בכיתם בכיה של חנם ואני קובע לכם בכיה לדורות חרב הבית בראשונה (ב) דכתיב °ובחדש החמישי בשבעה לחדש היא שנת תשע עשרה [שנה] למלך נבוכדנצר מלך בבל בא נבוזראדן רב טבחים עבד מלך בבל ירושלם וישרוף את בית ה' וגו' וכתיב °ובחדש החמישי בעשור לחדש היא שנת תשע עשרה [שנה] למלך *נבוכדנצר מלך בבל בא נבוזראדן רב טבחים עמד לפני מלך בבל בירושלם וגו' ותניא אי אפשר לומר בשבעה שהרי כבר נאמר בעשור ואי אפשר לומר בעשור שהרי כבר נאמר בשבעה הא כיצד בשבעה נכנסו נכרים להיכל ואכלו וקלקלו בו שביעי שמיני *ותשיעי סמוך לחשכה הציתו בו את האור והיה דולק והולך כל היום כולו *שנאמר °אוי לנו כי פנה היום כי ינטו צללי ערב והיינו דאמר רבי יוחנן (ג) אלמלי הייתי באותו הדור לא קבעתיו אלא בעשירי מפני שרובו של היכל בו נשרף ורבנן אתחלתא דפורענותא עדיפא ובשניה מנלן דתניא *מגלגלין זכות ליום זכאי וחובה ליום חייב אמרו (א) כשחרב בית המקדש בראשונה (ד) אותו היום ערב תשעה באב היה ומוצאי שבת היה ומוצאי שביעית היתה ומשמרתה של יהויריב היתה והלוים היו אומרי' שירה ועומדין על דוכנם ומה שירה היו אומרים °וישב עליהם את אונם וברעתם יצמיתם ולא הספיקו לומר יצמיתם ה' אלהינו עד שבאו נכרים וכבשום *וכן בשניה נלכדה ביתר גמרא *נחרשה העיר תניא *כשחרב טורנוסרופוס הרשע את ההיכל נגזרה גזרה על רבן גמליאל להריגה בא אדון אחד ועמד בבית המדרש ואמר בעל החוטם מתבקש בעל החוטם מתבקש שמע רבן גמליאל אזל טשא מינייהו אזל לגביה בצנעא א"ל אי מצילנא לך מייתית לי לעלמא דאתי א"ל הן א"ל אשתבע לי אשתבע ליה סליק לאיגרא נפיל ומית וגמירי דכי גזרי גזירתא ומית חד מינייהו מבטלי לגזרתייהו יצתה בת קול ואמרה אדון זה מזומן לחיי העולם הבא תנו רבנן משחרב הבית בראשונה נתקבצו כיתות כיתות של פרחי כהונה ומפתחות ההיכל בידן ועלו לגג ההיכל ואמרו לפניו רבונו של עולם הואיל ולא זכינו להיות גזברין נאמנים יהיו מפתחות מסורות לך וזרקום כלפי מעלה ויצתה כעין פיסת יד וקיבלתן מהם והם קפצו ונפלו לתוך האור ועליהן קונן ישעיהו הנביא °משא גיא חזיון מה לך איפוא כי עלית כולך לגגות תשואות מלאה עיר הומיה קריה עליזה חלליך לא חללי חרב ולא מתי מלחמה אף בהקב"ה נאמר °°מקרקר קיר ושוע אל ההר: משנכנס אב ממעטין בשמחה כו': אמר רב יהודה בריה דרב שמואל בר שילת משמיה דרב כשם שמשנכנס אב ממעטין בשמחה כך משנכנס אדר מרבין בשמחה אמר

°) ישעיה כב °°) שם

תורה אור — שמות מ · במדבר י · במדבר יא · במדבר יב · במדבר יג · איכה א · במדבר יד · מלכים ב כה · ירמיה נב · ירמיה ו · תהלים צד · ישעיה כב

רש"י

אנת צבית לאחרובי ביתיה וידך אשלמת ליה · הכלה אומר לחבירו אתה רצית להחריב ביתו של מקום שהגלית ישראל אחריך ואני עשיתי בך נקמה ושלמתי לך על ידי ל"א אנת צבית לאחרובי ביתא וידך [אושלית] לי לשון שאילה [כלים] כלומר ועלה בידי: ואמר רבי חמא בר חנינא אותו היום וכו' · מהר לשון מהר עכשיו כשהתחיל ל"ט ימים מתחדש אייר קודם עליית הענן פשו להו י' והנהו י' היו בין לדך שלשת ימים וז' דהסגרת מרים וחדש (ה) של כ"ט ימים שאכלו בשר הוה ל"ט והשתא משכחת דמשה שלח מרגלים בכ"ט דסיון: הני ארבעים נכי חד · כ' מסיון וכ"ט מתמוז הוה ל"ט וח' מאב הוה ל"ט: והוכה על ידי חייב · היינו תשעה באב דרגילין להיות בו רעות: ה"ג מגלגלין זכות ע"י זכאי: מוצאי שבת · יום ראשון: מוצאי שביעית · שמינית: דוכן · מקום עשוי כעין איצטבא ועליו לוים עומדין לשורר: ויבא עליהם את אונם וברעתם יצמיתם יצמיתם ה' אלהינו · במזמור אל נקמות ה' והוא שיר של יום רביעי והאי דאמרי ליה ביום ראשון איליא בעלמא (ו) הוה דנפל בפומייהו כדאמרינן בערכין (דף יב:) פי' איליא קינה שכן תרגום יונתן בן עוזיאל שא קינה (יחזקאל כח) טול איליא וכמו אלי כבתולה חגורת שק על בעל נעוריה (יואל א) שפירושו קוננו ובכו: נחרשה העיר · כדכתיב (מיכה ג) ציון שדה תחרש שנחרשה כולה ונעשית כשדה חרושה: בעל החוטם · בעל קומה ונוי ל"א גדול הדור: מתבקש · ליהרג ברמז אמר ליה שלא יכירו בו אנשי המלך: טשא · נחבא כמו טשו במערתא (שבת דף לג:): אזל · האדון אצל רבן גמליאל בצנעא: ומית חד מינייהו · מן היועצין והסבורין שאירע להן על שהרעו לגזור: גיא חזיון · ירושלים שהכל מסתכלין שם: מקרקר · לשון יללה: קיר ושוע · מקונן וצועק לשון הגה קול שועת בת עמי (ירמיה ח) קיר כמו קירי דבשחיטת חולין (דף *קלט:): אל ההר · בשביל הר ציון ששמם: משנכנס אדר · ימי נסים היו לישראל פורים ופסח:

תוספות

(ז) דכתיב עד חדש ימים דהוו להו כ"ב בסיון · פי' חשוב מעשרים ימים של ר"ח אייר עד סופו תמלא ט' ימים ממלא בכ' בסיון כ"ט ועד חדש ימים הוי שלשים ימים אם כן לפי זה תמלא מעשרים ושנים לחדש השני דזה אייר חדש שלם עד כ"ב דסיון שכנסנו מהר ה' הרי ל"ג דל מינייהו ב' ימים דבעשרים בחדש נעלה הענן ולייתר להו שני ימים פשו כ"ג דל יומא מן שלשה שהאחד מן הג' ימים היה בכלל החדש (ח) שאייר חסר פש להו כ"ב:

אמר אביי תמוז דההיא שתא מלויי מליוה · ועשו אותו משלשים ימים כדי שיכלו המ' ימים בתשעה באב שלשים יום דתמוז ואחד דסיון דבכלל שלח המרגלים ותשעה באב הרי ארבעים ימים וביום תשעה באב שבו המרגלים מתור הארץ: וישב עליהם את אונם וברעתם יצמיתם ולא הספיקו לומר יצמיתם ה' אלהינו עד שבאו וכו' · פי' באותו פסוק יש ב' פעמים יצמיתם ולא הספיקו לומר השני עד שבאו וכבשום · ואומר ר"י *אע"ג דלאו אותו פסוק כלל במזמור שיר של מוצ"ש אירע להם כך שאמרו אותו פסוק ובירושל' מפרש איליא נקט פירוש איליא הוי כמו אלי כבתולה דהוי לשון קינה כמו שקורין העולם ריאלוני"א בלע"ז:

רבינו חננאל

וה' דברים אירעו את אבותינו בט' באב נגזר על אבותינו שלא יכנסו לארץ מנא לן · דתניא בכ"ט בסיון שלח המרגלים הנה שני ימים הנותרים מסיון ל' יום של תמוז שאותה שנת תמוז מלא היה · כדכתיב קרא עלי מועד לשבור בחורי הרי ל"ב וח' ימים באב הרי מ' יום שלשים · נמצאו שהגיעו ט' באב · אמר רבא אותו היום ט' באב היה ותיו ישראל יושבים ובוכים · אמר הקב"ה אתם בכיתם בכיה של חנם אני אקבע לכם בכיה לדורות · חרב הבית בראשונה שנאמר בחדש החמישי בעשור לחדש בא נבוזראדן וגו' וכתיב קרא אחרי' וישרוף את בית ה' ואת בית המלך וכתיב קרא אחרינא בחדש החמישי בשבעה לחדש היא שנת תשע עשרה בא נבוזראדן רב טבחים עבד מלך בבל וישרוף את בית ה' ואת בית המלך · אי אפשר לומר בשבעה שכבר נאמר בעשרה ואי אפשר לומר בעשרה שכבר נאמר וכו' ואכלו ושתו וקרקרו עד ט' ...

הגהות הב"ח

(א) שם אותו היום ערב · תא"מ וכ"נ ס"א אותו היום תשעה באב היה: (ב) שם חרב ...

רבינו גרשום

... ואיבה ל' ... הרוגו בברם ...

אמר רב פפא *הלכך בר ישראל דאית ליה דינא בהדי נכרי לישתמיט מיניה באב דריע מזליה ולימצי נפשיה באדר *דבריא מזליה °לתת לכם אחרית ותקוה אמר רב יהודה בריה דרב שמואל בר שילת משמיה דרב אלו דקלים וכלי פשתן °ויאמר ראה ריח בני כריח שדה אשר ברכו ה' אמר רב יהודה בריה דרב שמואל בר שילת משמיה דרב כריח שדה של תפוחים: שבת שחל תשעה באב להיות בתוכה אסורין לספר ולכבס: אמר רב נחמן לא שנו אלא לכבס וללבוש אבל לכבס ולהניח מותר ורב ששת אמר אפילו לכבס ולהניח אסור אמר רב ששת תדע דבטלי קצרי דבי רב מתיב רב המנונא (א)*בחמישי מותרים מפני כבוד השבת למאי אילימא לכבס וללבוש מאי כבוד שבת איכא אלא להניח ובחמישי הוא דשרי אבל השבת כולה אסור לעולם לכבס וללבוש וכשאין לו אלא חלוק אחד *דאמר רב אסי א"ר יוחנן °מי שאין לו אלא חלוק אחד מותר לכבסו בחולו של מועד איתמר נמי אמר רבי בנימין אמר ר' אלעזר לא שנו אלא לכבס וללבוש אבל להניח מותר מיתיבי *אסור לכבס לפני תשעה באב אפילו להניח לאחר תשעה באב וגיהוץ שלנו ככיבוס שלהן וכלי פשתן אין בהם משום גיהוץ תיובתא *שלח רב יצחק בר גיורי משמיה דרבי יוחנן אע"פ שאמרו כלי פשתן אין בהן משום גיהוץ אבל אסור ללובשן בשבת שחל תשעה באב להיות בתוכה אמר רב לא שנו אלא לפניו *אבל לאחריו מותר ושמואל אמר אפילו לאחריו נמי אסור מיתיבי שבת שחל תשעה באב להיות בתוכה אסור לספר ולכבס ובחמישי מותרין מפני כבוד השבת כיצד חל להיות באחד בשבת מותר לכבס כל השבת כולה בשני בשלישי ברביעי ובחמישי לפניו אסור לאחריו מותר חל להיות בערב שבת מותר לכבס בחמישי מפני כבוד השבת ואם לא כבס בחמישי בשבת מותר לכבס בערב שבת מן המנחה ולמעלה *לייט עלה אביי ואיתימא רב אחא בר יעקב אהא *חל להיות בשני ובחמישי קורין שלשה ומפטיר אחד בשלישי וברביעי קורא אחד ומפטיר אחד רבי יוסי אומר °לעולם קורין שלשה ומפטיר אחד תיובתא דשמואל אמר לך שמואל תנאי היא דתניא *תשעה באב שחל להיות בשבת וכן ערב תשעה באב שחל להיות בשבת אוכל ושותה כל צרכו ומעלה על שולחנו אפילו כסעודת שלמה בשעתו ואסור לספר ולכבס מר"ח ועד התענית דברי רבי מאיר רבי יהודה אומר כל החדש כולו אסור רשב"ג אומר אינו אסור אלא אותה שבת בלבד ותניא אידך ונוהג אבל מראש חדש ועד התענית דברי ר' מאיר רבי יהודה אומר כל החדש כולו אסור רשב"ג אומר אינו אסור אלא אותה שבת בלבד אמר ר' יוחנן ושלשתן מקרא אחד דרשו דכתיב °והשבתי כל משושה חגה חדשה ושבתה מאן דאמר מר"ח ועד התענית מחגה

רש"י

גזיל בסדים · בערכאות שלהן : *ונתתי לכם אחרית ותקוה · אליבא דאיירי רב יהודה לעיל נקיט ואזיל : דקלים · להתפרנס מהן שיש מהן בבבל הרבה כדאמרינן בפ"ק (דף ס:) עולא איקלע לבבל חזא מלא צנא דתמרי ט' : כלי פשתן · ללבוש : לא שנו · במתני' שכל השבוע אסור לכבס : אפילו לכבס ולהניח · כדי שילבוש לאחר זמן לאחר ט' באב אסור דנראה כמסיח דעתו שעוסק בכיבוס בגדים : אמר רב ששת תדע · דאפי' לכבס ולהניח אסור : קצרי · כך שמם *בלשון ישמעאל והם כובסין שמעתי אומרים על שם שמקצרין בגדי צמר כשדורסין אותן ברגליהן במים שקורין פורלו"ר והיינו דמתרגמינן עין רוגל (שמואל ב יז) עינא דקצרא : אילימא לכבס וללבוש · מיד בחמישי מאי כבוד שבת איכא : אלא · לאו לכבס ולהניח עד השבת : לעולם לכבס וללבוש · מיד בחמישי (ב): וכמי שאין לו אלא חלוק אחד · דאין לו להחליף ומאי מפני כבוד השבת דאי לא מכבס השתא בחמישי תו לא מצי לכבס ליה : (ג) חולו של מועד · שאין לו אלא חלוק אחד דלא סגיא דלא מכבס מפני הכנימה ואפי' כיבס לפני המועד מותר לכבסה במועד : וגיהוץ שלנו · אינו יפה אלא ככיבוס שלהן ואסור לנהוג לפני תשעה באב אפילו להניח לאחר תשעה באב אבל כיבוס שלנו מותר : כלי פשתן אין בהן · ליאסר משום גיהוץ אלא בכלי מילת לושקי"ן בלע"ז : לא שנו · שאסור ללובשו בשבוע שחל תשעה באב להיות בתוכה אלא בימים שלפני תשעה באב שאם חל ביום רביעי אסור ללובשו ראשון ושני ושלישי : אבל לאחריו · חמישי וששי[א] א] ושביעי מותר : חל להיות באחד בשבת מותר לכבס כל השבת כולה · דהויא לאחריו : חל להיות בשני או בשלישי ברביעי ובחמישי כו' : לייט עלה אביי ואיתימא רב אחא בר יעקב אהא · המכבס בתשעה באב אפילו מן המנחה ולמעלה ואדקאי בברייתא מפסיק לה למילתא וקאמר לייט עלה אביי כו' : חל להיות בשני כו' · סיפא דההיא ברייתא גופה היא : ומפטיר · (ה) מאותן שלשה אחרון מפטיר מתוך שאין מוסיפין בחול יותר מג' אנשים ולא בר"ח על ד' שאין לנו להוסיף אלא בשבת וביו"ט כדמפרש במגילה (דף כא·) ולפיכך קורין ג' דזמן ספר תורה הוא ובלאו הכי הו קרו שלשה שהוא מתקנת עזרא לקרות בשני ובחמישי כהן ולוי וישראל : קורא אחד ומפטיר אחד · אחד קורא והוא עצמו המפטיר קתני מיהת לאחריו מותר תיובתא דשמואל : וכן ערב תשעה באב שחל להיות בשבת · *אינו מפסיק סעודתו ואינו ממעט בתבשילין אלא אוכל כל צרכו ומעלה על שולחנו אפי' כסעודת שלמה בשעתו דפלוגתא היא במסכת גיטין בפרק [מי שאחזו] (דף סח:) דאיכא למאן דאמר מלך והדיוט ומלך ואיכא למ"ד מלך והדיוט כלומר כשנטרד שוב לא חזר למלכותו לפיכך הוצרך לומר בשעתו בעת מלכו ותקפו שהיה אוכל הוא ושריו ס' כור סולת כו' : ועד ספסנים · אלמא דסבירא ליה לרבי מאיר לפניו אסור לאחריו מותר ורבי יהודה ורבן (*גמליאל) סבירא להו דאפילו לאחריו נמי אסור : [נ"ל שמעון בן גמליאל]

תוספות

אמר רב פפא הלכך האי בר ישראל דאית ליה דינא בהדי נכרי לישתמיט וכו' · פירוש משום דאמר לעיל מגלגלין חובה ליום חייב : של תפוחים · י"מ תפוחים *כריח אתרוגים : קצרי דבי רב · פירוש טובסין הבגדים ולכך קרי להו קצרי על שם שמקצרין הבגדים ע"י רחיצת המים : מי שאין לו אלא חלוק אחד מותר לכבס במועד · (*ובסבול יום) ובפ' אלו מגלחין (מו"ק דף יח·) דקאמר וליטעמיך הא דאמר רבי אסי אמר רבי יוחנן מי שאין לו אלא חלוק אחד וכו' דפריך יאמרו כל החלוקים אסורים לכבס בחול המועד וחלוק זה מותר ומתרץ זה אזורו מוכיח עליו שאין לו אלא חלוק אחד וא"כ דוקא להם אבל לנו ודאי אסור אפי' אין לנו אלא חלוק אחד שאין אנו חוגרין אזור על חלוקות שלנו ולא האי אזורו מוכיח עליו וכן צריך ליזהר שלא לכבס המטפחת בחול המועד אע"ג שאין לנו אלא אחת אבל מ"מ יש לנשים לכבס בגדי התינוקות כדי לשכוב דהוי כמי שאין לו אלא חלוק אחד שיש רגילות להחליף בגדיהם וכל שעה צריך לו כל בגדיו ועל זה נהגו העולם לכבס בחול המועד :

בשני וחמישי קורין שלש ומפטיר אחד · מכאן מוכיח רבינו תם דמפטיר עולה למנין שבעה מדקאמר קורין שלש ומפטיר אחד שמפטיר אחד מן הג' דקא מיבעיא ליה במגילה (דף כג· ושם) מפטיר עולה למנין שבעה או לא משמע מהכא דעולה :

רבינו חננאל

לתת לכם אחרית ותקוה · אמרינן משמיה דרב אלו דקלין וכלי פשתן · ראה ריח בני כריח שדה · כריח שדה של תפוחין : בגדים מגוהצין אסור ללובשן בשבת שחל ט' באב להיות בתוכה עד יום תענית ואפילו הן בגדים של פשתן . פי' גיהוץ בלשון ישמעאל צקל והוא מעברי ליה חומרתא (כתובות י:) שבת שחל להיות ט' באב בתוכה אסור לספר ולכבס · ובחמישי מותר מפני כבוד השבת · אוקימנא בזמן שחל ט' באב בע"ש בה' שמקדים יום ט' באב התירו לו לכבס וללבוש כשאין לו אלא חלוק אחד ומותר לכבסו אפילו בחוש"מ . כבוס*) חלוקת רב נחמן ורב ששת היא וקיי"ל בהא כרב ששת דא' אפילו לכבס ולהניח אחר ט' באב אסור תדע דקא בטלי קצרי דבי רב ומותבינן מהא דתניא אסור לכבס לפני ט' באב ואפילו להניח לאחר ט' באב תיהוץ של בני ארץ בבל כבוס של בני א"י · וכלי פשתן אין בהן משום גיהוץ · אבל אסור ללובשן בשבת שחל ט' באב להיות בתוכה : [שבת שחל ט"ב להיות בתוכה] אסורין לספר ולכבס ובחמישי מותרין מפני כבוד השבת כיצד חל להיות באחד בשבת כולה חל להיות ט' באב בב' או בג' או בד' או בה' לפניו אסור לאחריו מותר · חל ט' באב להיות בע"ש מותרין לכבס בחמישי · פי' מי שאין לו אלא חלוק אחד ואם לא כיבס בה' יכבס בע"ש בט' באב עצמו מן המנחה ולמעלה · לייט אביי מי שהצריך ודחק עצמו לכך · ובקריאת הספר קיי"ל כר' יוסי דאמר לעולם קורין ג' באב ומפטיר

*) נראה דצ"ל וכבוס לכבוס לאחר ט"ב .

עין משפט נר מצוה

כו א טוש"ע א"ח סימן תקנא סעיף א: [עי' תוס' שבת קח·ד"ה פריו קודם]

כז ב מיי' פ"ז מהל' י"ט הלכה כא סמג לאוין עה טוש"ע שם סימן תקלד סעיף א:

כח ג מיי' פ"ה מהל' תענית הלכה ו סמג עשין מד"ס ג טוש"ע שם סימן תקנא סעיף ג:

ל ה מיי' שם טוש"ע שם סעיף ד:

לא ו מיי' פי"ב מהל' תפלה הלכה יז ופ"ה מהל' תעניות הלכה ח טוש"ע א"ח סימן תקנב סעיף י:

מסורת הש"ס

[נ"ל נמצי] · [גירסת רא"ש דתקיף מזליה] · [עי' ב"ק קיג: וכרש"י שם] · [לעיל כו:] · מ"ק יח· יומי חולין קז: · [קדושין נג: וש"נ] · [מגילה כב:] · עירובין מ: · [עי' בא"ח סי' תקנב ס"ק יב כוונת רש"י בזה איגו מפסיק סעודתו]

הגהות הב"ח

(א) גמ' ובחמישי מותרין מפני כבוד השבת מאי מותרין אילימא לכבס כו' מוח דברי אבל כל שבת כולה: (ב) רש"י ד"ה לעולם כו' מיד בחמישי וכמי שאין כו' סד"ל: (ג) ד"ה חולו של מועד דכיון שאין לו אלא חלוק אחד ולא סגי דלא מכבס ליה מפני הכנימה: (ד) ד"ה ומפטיר אחד מאותן שלש:

הגהות הגר"א

[א] רש"י ד"ה אבל ושביעי רשום קו עליו למחקו :

רבינו גרשום

לעולם לכבס וללבוש בחמישי ודאמרת מאי כבוד שבת איכא דלית ליה אלא אותו חלוק ולא מצי למיהדר עד שבת והיינו כבוד דמכבס ליה ולהכי שרו יומי אבל דאמרו דינן · שלנו אסור · לייט עלה אביי במאן דכבוס בע"ש בט' באב מן המנחה ולמעלה · קורין ג' תואיל וכל חמישי ושני קורין ג' · מפטיר אסוף אפיפא · תיובתא דשמואל הא דקתני מותר לכבס כל השבוע ושמואל אמר

הגהות מהר"ב רנשבורג א] רש"י ד"ה אבל לאחריו וכו' ושביעי · נמחק מלת ושביעי :

§ מסכת תענית דף כט: §

אות א'

הלכך, בר ישראל דאית ליה דינא בהדי נכרי, לישתמיט מיניה באב דריע מזליה, ולימצי נפשיה באדר דבריא מזליה

סימן תקנא ס"א - [א]**ובר ישראל דאית ליה דינא בהדי כותי, לישתמיט מיניה דריע מזליה** - עד ר"ח אלול, ועכ"פ עד אחר ט"ב.

אות ב'

מי שאין לו אלא חלוק אחד, מותר לכבסו בחולו של מועד

סימן תקלד ס"א - [ב]**ומי שאין לו אלא חלוק אחד** - דחלוק אחד מתלכלך אפילו כיבסו קודם יו"ט, **ויש** מן הפוסקים דס"ל, דכל זה דוקא בזמן התלמוד, שהיה ניכר בעת שפשט חלוקו לכבסו שאין לו אלא חלוק אחד, שמתחלה היה חוגר איזורו על החלוק, וכשפושטו חוגר חגורו על בגד העליון שלו, **אבל** לפי מנהג מלבושים שלנו, שאין לנו חגור על חלוק שלנו, אין להקל בזה, (וכ"כ בתוס' כאן), **ומ"מ** נראה דאם היה החלוק של פשתן, אין להחמיר בזה, [וכדלקמן ס"ב].

אות ג' – ד'

אסור לכבס לפני תשעה באב אפילו להניח לאחר תשעה באב; וגיהוץ שלנו ככיבוס שלהן; וכלי פשתן אין בהם משום גהוץ

שלח רב יצחק בר גיורי משמיה דרבי יוחנן: אף על פי שאמרו כלי פשתן אין בהם משום גהוץ, אבל אסור ללובשן בשבת שחל תשעה באב להיות בתוכה

סימן תקנא ס"ג - [ג]**שבוע שחל בו תשעה באב, אסורים לספר ולכבס** - ולענין נטילת צפרנים יש דעות בין האחרונים, אכן לצורך טבילת מצוה בודאי שרי, וכן לכבוד שבת, כגון שחל ט"ב בשבת, שרי בע"ש ליטול הצפרנים, **ולענין** סריקת הראש, אין להחמיר אפילו בשאר ימי השבוע.

אפילו אינו רוצה ללובשו עתה אלא להניחו לאחר ט' באב - דנראה כמסיח דעתו מהאבילות, [ד]**ואפילו אין לו אלא חלוק אחד, אסור.**

וכן המכובסים מקודם, בין ללבוש בין להציע בהם המטה; ואפי' מטפחות הידים והשלחן, אסור.

[ה]**וכיבוס שלנו** - היינו של חו"ל, **מותר** - לפי שאין הכיבוס יפה ככיבוס א"י, וע"כ מותר לכבס ולהניח עד אחר ט"ב, **דאלו** לכבס וללבוש, בכל מקום אסור.

אבל גיהוץ (פי' מעבירין על הבגדים אבן חלק להחליקו, ערוך) שלנו, אסור.

וכלי פשתן, אין בהם משום גיהוץ - אפילו בא"י, וה"ה דאין בהם משום כיבוס שלהם, **והרי הם ככיבוס שלנו, ומותר** - והיינו בישנים, אבל לא בחדשים היוצאים מתחת המכבש.

(לשון הטור, לפי שאין חוששין לגוהצן, שהן קרובין לבשר, והרמב"ן כתב הלשון, מפני שאינן מתגהצין, ואין זיעה וטינוף יוצא מהם, והיינו דמיירי מכלי פשתן הקרובים לבשר).

[ו]**והני מילי לגוהצן ולהניחן עד אחר תשעה באב, אבל אסור ללבשן בשבוע זה** - היינו אפילו אם גיהצן או כיבסן קודם שבוע זו.

[ז]**ונהגו לאסור אפילו כלי פשתן, ואפילו בכבוס שלנו, בין ללבוש בין לכבס ולהניח** - ר"ל דנהגו לאסור אפילו לכבס ולהניח, דללבוש מדינא אסור בכל גווני, [ח]**ואין להקל בדבר כיון שנהגו.**

וכ"ש דאפשר דמדינא נמי אסור, שהרי יש [ט]**מי שכתב, דכיבוס שלנו, קרי (גיהוץ) לשל בני בבל** - "קרי לשל בני בבל" - כצ"ל, וכן איתא בשו"ע דפוס ראשון מהמחבר בעצמו, **ר"ל** מה שמוכח בגמרא דכיבוס שלנו מותר, היינו רק לשל בני בבל וכו', **שאין מתלבנים יפה, לפי שמימיהם הם עכורים, שאינו ארץ הרים וגבעות כארץ ישראל; וכיבוס של שאר ארצות, אפשר שהוא ככיבוס של ארץ ישראל, ואסור** – (לפי טעם זה אסור אפי' בכיבוס של כלי פשתן, דמה שאמרו כלי פשתן אין בהם משום גיהוץ, דוקא גיהוץ לית בהו, אבל כיבוס שייך בהו בא"י, לפי שיטת רבנו יהודא בר ראובן, (ודלא כמו שהביא מ"ב לעיל שיטת ראב"ד ורמב"ן), וכיון דכל הארצות שוות לא"י לבד מבבל, נמצא דכיבוס אסור בכל מקום אפילו בפשתן).

באר הגולה

[א] מימרא דרב פפא שם כ"ט [ב] מימרא דרבי יוחנן שם ‹מו"ק› י"ח [ג] משנה כ"ו וכאוקימתא דרב ששת שם ובריייתא [ד] רמב"ן בספר תורת האדם ושאר פוסקים מהא דרב ששת דבטלו קצרי דבי רב ‹ועיין בב"ח וז"ל: דאפילו לרב נחמן דמתיר לכבס ולהניח, אפילו הכי אוסר בחלוק אחד לכבס וללבוש, {אם לא לכבוד שבת}, כל שכן לרב ששת דקיי"ל כוותיה, דאוסר לכבס ולהניח, דאוסר בחלוק אחד לכבסו וללבשו, עכ"ל› [ה] ברייתא שם וכפי' רש"י [ו] מהא דרבי יוחנן [ז] טור בשם אבי העזרי [ח] ב"י [ט] הר' יהודה בר ראובן

ועוד [י]**יש מי שפירש, דגיהוץ היינו מים ואפר או נתר ובורית, וכיבוס היינו במים לבד, ובזמן הזה אין מכבסים במים לבד, ונמצא שכל כיבוס של זמן הזה הוי גיהוץ** – (וא"כ אסור עכ"פ מדינא בכלי צמר אף להניח), **ואסור מדינא אפי' בכלי פשתן ללבשן מיהא** – (עיין בביאור הגר"א שמתמיה, דללבשן בודאי אסור לכו"ע מדינא, וכל מה שכתב המחבר ונהגו וכו', הוא רק לעורר לנו דאף להניח אסור, **ולענ"ד** אפשר שצ"ל "ואפילו וכו'", ור"ל דאפילו בכלי פשתן, שאין לנו לאסור לפי טעם השני הזה, עכ"פ ללבשן בודאי אסור מדינא).

הגה: ואנו נוהגין להחמיר בכל זה מתחלת ר"ח עד אחר התענית – (ר"ל בכל האמור לעיל בתחלת הסעיף, לבד מי שאין לו אלא חלוק אחד), דיש להתיר לכבס מר"ח עד השבת.

אם לא לצורך מצוה, כגון אשה הלובשת לבנים, מותרת לכבס וללבוש לבנים ולהציע תחתיה (רוקח ואו"ז) - ר"ל אפילו בשבוע שחל ט"ב להיות בתוכה.

אבל בט' באב עצמו לא תלבש לבנים, רק לובשת חלוק בדוק ויפה (הגמ"ד) - ואם אין לה, הסכימו הרבה אחרונים דמותרת ללבוש חלוק לבן, דלצורך מצוה לא גזרו, **ועיין** בדה"ח, דמותרת ליתן לכובסת עכו"מ לצורך לבישת לבנים, [**ולענין** אבילות, אין לה לרחוץ כל גופה ללבישת הליבון, אלא תרחץ פניה של מטה לבד, וה"ה לענין ט"ב].

וכן לכבוד שבת לובשים כלי פשתן - המכובסים, ומשמע ממה שאמר "וכן", שגם לכבוד שבת מותר לכבס ביום ה' ויום ו"ו, **ובדרכי** משה משמע שנהגו בזה לאיסור, **אכן** אם אין לו כתונת לשבת, יש להקל, **וע"י** עכו"מ פשיטא דשרי.

אבל בתספורת אסור אפילו לכבוד שבת, דבלא"ה אין רגילין לספר בכל שבוע, (מ"א, **וצע"ג, ועיין בחידושי רע"א שהביא גם בשם התוספות, דכביסה ותספורת שניהן שוין להקל**).

ומציעין לבנים כמו בשאר שבתות - היינו על השולחנות מותר להחליף לבנים, אבל להחליף סדינים לבנים נהגו איסור.

ואסור ליתן כלים לכובסת אינה יהודי לכבס מראש חודש ואילך - ואפי' אומר לה לכבס אחר ט"ב, ג"כ אסור מטעם מנהגא - מ"א, **ובספר** א"ר צידד להקל ליתן לה מר"ח ואילך לכבס אחר ט"ב, והביאו הפמ"ג, **ולענין** כלי פשתן בודאי יש לסמוך ע"ז.

אבל קודם ר"ח מותר לתת, אע"פ שכובסת אחר ר"ח (תוס' ומהרי"ל) - וה"ה אפילו אם תכבס בשבוע שחל ט"ב.

[יא]**סימן תקנא ס"ה** - [יב]**אסור לעבריות לכבס בגדי העובד כוכבים בשבוע זה** - אע"ג דמדינא שרי, שהרי אין איסור כיבוס משום דאסור במלאכה, אלא כדי למעט בשמחה ולהראות האבלות, והא לא שייך בכיבוס בגדי נכרים, (**וצ"ל** דגם היסוד דעת מאבילות לא שייך בזה, דבמלאכתו עוסק - מחה"ש), **אפ"ה** אסור מפני מראית העין, שאין ניכר שהם של עכו"מ, **אמנם** במקום שהעכו"מ יש להם מלבושים אחרים, דניכר לכל שהם של עכו"מ, יש להקל, (**ע"ל** ס"ז, דלפי דברי הגר"א יש להחמיר בזה - שונה הלכות), **ובאין** לו מה לאכול, ודאי כדי חייו שרי עכ"פ.

[**ואפשר** דבצנעא נמי שרי, דאף דכ"מ שאסרו מפני מראית העין, אף בחדרי חדרים אסור, זהו דוקא בדבר שיחשדוהו לאיסור דאורייתא].

בזה אף לדידן לא נהיגין מר"ח, מדלא כתב רמ"א דנוהגין אף בזה מר"ח, כמו שכתב בסעיף שאח"ז.

סימן תקנא ס"ו - [יג]**כלים חדשים, בין לבנים בין צבועים בין של צמר בין של פשתן, אסור ללבוש בשבת זה.**

(וה"ה כלים ישנים המכובסין, כדלעיל בס"ג, **ודע**, דכתונת אפילו חדשה מותר ללבוש בשבת חזון, וכמו לענין כיבוס דמותר לכבוד שבת). (כשאין לו כתונת אחרת מכובסת, ואין לו ברירה אלא להלביש חדש - אג"מ).

ובמקום שדרך לכבוס הבגדים במכבש, א"כ הוו בכלל מגוהצין, ואסורין אפילו הם ישנים, שהגיהוץ עושה אותן כחדשים, ואסורין ללבוש בשבוע זו, **ומה"ט** נהגו איסור בבגדי שבת ללבשן בשבת חזון, דאע"פ שלבשן מכבר כמה שבתות, עדיין גיהוצן ניכר והוי כחדשים.

[**ואפי'** לפמש"כ רמ"א, דנהגו להחמיר מר"ח ואילך, היינו בחדשים או מגוהצין ממש, אבל בבגדי שבת שאין האיסור רק משום שהגיהוץ ניכר, אין המנהג שלא ללבוש רק בשבת חזון, או אם יש מילה בט"ב, (וכדלקמן סימן תקנ"ט ס"ח), **אבל** אם חל ר"ח ביום וי"ו או בשבת, שפיר לובשין בשבת זה בגדי שבת].

(ואנו מחמירין מר"ח ואילך) - ומיירי שקנה בגד מתוקן כמו שהוא, ובירך "שהחיינו" בשעת קניה קודם י"ז בתמוז, ועי"כ אין איסור קודם ר"ח, **דמי** שקנה בגד שאינו מתוקן, ונתן לאומן לתפור, הלא מברך בשעת לבישה, ואסור ללבוש מי"ז בתמוז משום "שהחיינו", **ולדעת** המקילין, דבשבתות שבין המצרים מותר לברך "שהחיינו", א"כ מותר ללבוש חדשים בשבתות שבין המצרים, אבל מר"ח ואילך אסור אפילו בשבת, **ובגדים** שאינם חשובים כ"כ, שא"צ לברך עליו "שהחיינו", כגון מנעלים חדשים ואנפלאות וכיו"ב, בודאי מותר לקנותו וללבשו מי"ז בתמוז עד ר"ח, **ועיין** עוד מה שכתבנו בסעיף י"ז בשם הגר"א.

באר הגולה

י נמ"י | **יא** (מילואים מס"ה עד סוף הסימן) | **יב** תרומת הדשן וב"י מהירושלמי | **יג** טור בשם הרמב"ן

סימן תקנא ס"ז - [יד]**יש אומרים שאסור לתקן בגדים חדשים ומנעלים חדשים בשבת זה** - ר"ל שאסור לעשות בגדים חדשים, וה"ה דאסור ללבשן, **וכן** אנפלאות שקורין זאקי"ן, אסור לארוג.

ולצורך נשואין מי שאין לו אשה ובנים, מותר לעשות בגדים חדשים, דהא מדינא מותר לו אפי' לישא, **ואפי'** בט"ב עצמו שרי לעשות ע"י עכו"מ לצורך נישואין.

[טו]**ויש להחמיר בזה מראש חודש** - דבירושלמי איתא, והובא לקמן בס"ח, דנהיגי שלא למישתי עמרא מדעייל ר"ח אב, וכל תיקון בגדים הוי בכלל זה, דהשתיה הוי תחלת המלאכה.

הגה: וכ"ש דאסור לקנותן - אפילו דעתו שלא ללובשן עד אחר ט"ב, ודומיא דאסרינן לעיל לענין כיבוס, אפילו במכבסן להניח.

וכן אומן ישראל אסור לעשותן לאחרים, בין בשכר בין בחנם (תה"ד וב"י) - ואם אין לו מה יאכל שרי, כמו באבל לאחר ג' ימים.

ונהגו להקל בזה - ומשמע דאפילו לישראל נהגו להקל, ומיירי שנתנן לו קודם ר"ח, דאלו אחר ר"ח פשיטא דאסור ליתן לו.

(**ובביאור הגר"א** מפקפק בזה, דאף דאין ללמוד תיקון בגדים מהא דירושלמי, מ"מ מטעם דהוא דומה עכ"פ לכיבוס אין להקל).

אבל אם ידוע ומפורסם שהמלאכה של אינו יהודי, שרי (תה"ד) - ר"ל דמדינא אומן העושה בשביל עכו"מ בודאי אינו שמח מזה, ואין לאסרו רק משום מראית עין, דיסברו שהוא של ישראל, **ולזה** קאמר בתחלה סתם "אסור לעשותן לאחרים", היינו אפילו לעכו"ם, **ולזה** קאמר "אם ידוע ומפורסם" וכו', מותר אפילו לקבל המלאכה אחר ר"ח ולעשותה, [ר"ל דבזה מן הדין מותר, ולא מטעם שנהגו להקל], (ולגר"א, בכל זה יש לפקפק מטעם כיבוס).

(משמע דאם המלאכה הוא של ישראל, אף שהוא ידוע ומפורסם שאינו עושה לעצמו, ובודאי לית ביה שמחה להאומן, כגון בשביל למכור בשוק לאחר ט"ב, אסור, וכ"כ המ"א, **וצ"ל** דטעם האיסור, שיחשבו שנתן לו ישראל לתקן אחר ר"ח). (והיינו לכאורה מעיקר הדין, אבל כבר נהגו להקל וכנ"ל, וצ"ע).

וכן נהגו לתת לאומנים אינם יהודים לתקן כלים חדשים תוך זמן זה, כדי שיהיו מוכנים לאחר התענית - ולא לישראלים, כיון שהוא אחר ר"ח וכנ"ל, **והטעם** שהקילו בזה יותר מכיבוס, דאסרינן לעיל בסוף ס"ג, לפי שעדיין אינן שלו ולא נקרא שמו עליו, (**ועל הכל** ציין הגר"א, ומשמע דדעתו להחמיר בזה, **ונ"ל** פשוט דאין להחמיר (בכל מה שהחמיר הגר"א מטעם כיבוס) כי אם בשבוע שחל ט"ב ולא קודם, דבכיבוס גופא אינו אלא מנהגא, וכיון דנהגו להקל בזה, תו אין להחמיר).

ומיהו טוב למעט בזה במקום דאפשר, דלא עדיף משאר משא ומתן דממעטינן.

סימן תקנא ס"ח - [טז]**נשי דנהיגי דלא למשתי עמרא, (פירוש לסדר ולערוך החוטין שהולכין לארכו של בגד, והוא מלשון: או בשתי או בערב)** - פי' שלא לעשות חוטי שתי מצמר, וה"ה משארי דברים, **מדעייל אב, מנהגא** - ואסמכוה בירושלמי על שם שבטלה אבן שתיה, **וכתב** ב"י, דאין נ"מ בין לו ובין לאחרים, ובין בשכר ובין בחנם.

וטווית החוטין לתפור בהן בגדים, מותר שאינו בכלל זה, **וכן** מותר לעשות קרוני"ן שאורגין בעצים, דלאו בכלל בגד הוא.

(ונוהגין שלא לקדש החדש עד אחר ט' באב) (מהרי"ל וד"ע).

סימן תקנא ס"ט - [יז]**יש נוהגים שלא לאכול בשר ושלא לשתות יין בשבת זו** - ומיד שהתפללו הקהל ערבית במו"ש, אע"פ שהיחיד לא התפלל עדיין והוא בתוך סעודתו, אסור בבשר ויין, וה"ה בר"ח לדידן - מ"א, [משום דחייב אדם לצער עצמו עם הצבור, **ואם** יש בעיר שתי בתי כנסיות, היחיד נגרר אחר אותו מקום שהוא הולך שם להתפלל]. **אבל** שארי אחרונים כתבו, דבמו"ש אם הוא לא התפלל עדיין, מותר בבשר ויין, דכיון שאומרים "רצה" בבה"מ, שייך אצלו שבת.

(ומותר בחומץ של יין) (אגודה ומהרי"ל) - היינו אף בחומץ שנעשה מיין, וכשנכנס שבת זו היה עדיין יין, מותר, כיון שעכשיו הוא חומץ ואין שמחה בשתייתו, **וחומץ** לענינינו מקרי, כל שבני אדם נמנעין לשתותו מפני חמיצותו.

[יח]**ויש שמוסיפין מראש חודש עד התענית** - ור"ח בכלל, וכן המנהג במדינותינו.

[יט]**ויש שמוסיפין מי"ז בתמוז** - דמאז התחיל הפורענות של החורבן.

וכ"ז בימות החול, אבל בשבת אין רשאי להחמיר בזה, דאף אם חל ט"ב בשבת ונדחה על יום א', מותר, **ואפי'** אם קיבל עליו בפירוש שלא לאכול בשר מי"ז בתמוז והלאה, מותר בשבתות, וכן בסעודת מצוה, דכל הנודר אדעתא דמנהגא נודר, ואין דעתו על שבת, **אם** לא שהוציא זה בפירוש בלשון נדר, שאמר: הרי עלי שלא לאכול בשר מי"ז בתמוז, יש מחמירין, [**דאם** אמר: הריני נודר שלא לאכול בשר, אין זה לשון נדר].

באר הגולה

יד שם בשם רבנו שמואל בן נטרונאי והגהות מיימוני בשם הרוקח טו טור לדעתו טז שם בשם הירושלמי פ"ד דפסחים, ושם נתן טעם, שבו פסקה אבן שתיה, והטעם, "כי השתות יהרסון" יז טור משום דאיכא נוסחאי דגרסי בירושלמי כן, וכ"כ הרמב"ם יח שם ובשם הרמב"ן יט שם, וכתב הכל בו בשם הרב רבי אשר, מפני שבו בטל התמיד וגם נסוך היין

הגה: ומלגיעס מראש חודש ואילך הסכין של שחיטה (רבנו ירוחם והג"מ) - עד עשירי באב, [היינו למנהגינו שאין אוכלין בשר בלילה שאחר ט"ב].

ובמקום הדחק יש להקל ולשחוט בט"ב אחר חצות, **אכן** אם חל ט"ב ביום ה', לכו"ע מותר לשחוט אחר חצות לכבוד השבת, **וכתב** המ"א וא"ר, דבמדינתינו שמנהג הנכרים שאין אוכלין בשר ביום ו' וז', ושמא יטרף ולא ימצא קונים לבשר טריפה, מותר לשחוט גם ביום ד', כדי שאם יטרף יהיה מוכן לו על יום ה' למכור, דאל"כ ממנעי ולא שחטי.

שאין שוחטים כי אם לצורך מצוה, כגון לחולה - אפילו חולה קצת, **ואף** דבסימן תקנ"ד כתב המ"א, דנהגו קצת יולדות מז' באב ואילך למנוע מבשר ויין, היינו שלא במקום חולי.

או שבת או מילה וכיוצא בו - כגון של פדיון הבן, **וסעודה** שעושין בלילה שלפני מילה, אינה סעודת מצוה.

ומי שחכר מהשר להאכיל בשר לערלים, ואם לא ישחוט יפסיד, אזי יתן מכל בהמה לעני חולה איזה חתיכה, וא"א לכזית בשר בלא שחיטה.

סימן תקנא ס"י - [כ]**יש מי שאומר שהנוהגים שלא לאכול בשר בימים הנזכרים, מותרים בתבשיל שנתבשל בו בשר** - אבל שומן של בשר דינו כבשר עצמו, ואסור לאכול תבשיל שיש בו שומן, **והאידנא** נהיגי עלמא לאסור אף תבשיל של בשר, **ודוקא** בתבשיל של בשר, אבל אם רק נתבשל בקדרה של בשר, פשיטא דמותר, **ונראה** כל שנפל בשר לתבשיל ויש ס', פשיטא דשרי, [**ואף** כשאין שם ששים, כל שקפילא ישראל טועם ואין בו טעם בשר, שרי, וטעימא כה"ג אפשר דשרי].

[כא]**ואסורים בבשר עוף, ובשר מלוח** - אפילו מזמן מרובה, דמ"מ אית ביה שמחה קצת, **ומ"מ** מי שא"א לו לאכול מאכלי חלב, מותר לו לאכול בשר עוף או בשר מלוח ג' ימים, [וכ"ש דמותר בתבשיל של בשר], **ומינקת** שחלב רע לתינוק כשאינה אוכלת בשר, יש להקל אף בבשר בהמה.

ויין תוסס - דהיינו תוך ג' לדריסתו, שהוא מתוק ואינו חזק, ופסול לגבי מזבח, וכן כל אלו הנ"ל, מ"מ קבלו אבותינו עליהם לאסור כל מיני בשר ויין.

[כב]**ומותר לשתות יין הבדלה וברכת המזון** - דבהאי גוונא לא קיבלו עליהו, כמו לענין שאר סעודת מצוה.

הגה: ונוהגין להחמיר שלא לשתות יין בברכת המזון ולא בהבדלה (תשובת מהרי"ל) - כיון דאפשר למטעמיה לתינוק, משא"כ בשאר סעודות מצוה, **אלא נותנים לתינוק** - שהגיע לחינוך, וישתה רוב הכוס, **ודוקא** אם לא הגיע עדיין להתאבל על ירושלים, **ודוקא** בזה שהוא מצוה, אבל בלא מצוה, אף שאינו יודע להתאבל, אסור בבשר ויין כשהוא בריא.

ובמקום דליכא תינוק, מותר בעצמו לשתות הבדלה - אבל בהמ"ז יברך בלא כוס, כיון דיש פוסקים דאף ג' שאכלו א"צ כוס, עכ"פ בכה"ג יש לסמוך עלייהו.

ופשוט דכל זה מיירי בהמ"ז דחול, אבל בבהמ"ז דשבת של ג' סעודות, פשיטא דשרי, [ואפי' נמשך הסעודה עד חשיכה].

ובסעודת מצוה, כגון מילה ופדיון הבן וסיום מסכת וסעודת אירוסין, אוכלים בשר ושותין יין כל השייכים לסעודה - היינו כל מי שהיה הולך בזמן אחר לסעודה זו, הן מחמת קורבה, או מחמת שהוא אוהבו, **ונשים** השייכות לסעודה, במקום שדרך לזמנן לסעודה, ג"כ מותר, **וכתב** הח"א, דאשת הבעל סעודה מותרת אף בסיום מסכת, וכן בניו, **ומי** ששולחין לו לביתו, אסור לו לאכול.

ובזה אפילו כוס של בהמ"ז יש להתיר לשתות, דלא גרע מיין שבתוך הסעודה דהותר.

ומ"מ אם לא נזדמן בלימודו הסיום, לא ימהר או יאחר בשביל זה, **וגם** אם לא היה עושה סעודה בשאר הימים, אפשר שלא יעשנה גם עתה, **אכן** אם נזדמן כראוי, מותרין לאכול אף אותן שלא למדו עמהן, אם היו הולכין ובאין גם בזמן אחר משום ריעות, (**והוא ממ"א וא"ר**).

(**ועיין בסידור של ר"י עמדין, שדעתו דהיינו המחזיקין בידי הלומדים בממונם, וגם הגבאים המשגיחים עליהם ומשרתיהם, כל אלו מותרים אפילו יהיו רבים, אך לזמן אחרים מלבד אלה מפני הכבוד והאהבה, או לאיזה תועלת שהוא, הוא איסור גמור, ומ"מ פשוט, דאם אותן הבאים מסייעין לעשות הסעודה, בודאי מותר, דהוא בכלל מה שאמר הגמרא: תיתי לי דכי הוי מסיימי רבנן מסכת עבדינא יומא טבא לרבנן, וכמו שכתב המ"א**).

סעודת [כג]אירוסין - אף דמבואר לעיל בס"ב, דאסור לעשות סעודת אירוסין, אפשר דמיירי שלא בשעת אירוסין, או שלא בבית ארוסתו, דליכא שמחה כ"כ, **ויש** שמוחקין אלו שני תיבות.

אבל יש לצמצם, שלא להוסיף - היינו מי שלא בא מחמת קורבה או אהבת רעים, רק לאכול ולשתות, ועבירה הוא בידו.

ובשבוע שחל ט' באב בתוכה, אין לאכול בשר ולשתות יין רק מנין מצומצם - היינו מלבד הקרובים הפסולים לעדות, [ט"ז, **וממ"א** משמע, דמפרש מנין מצומצם עם הקרובים], **ומלבד** הבעלי מצוה, [וסנדק, והמכניס והמוציא שקורין קוואטער, נמי הוא בכלל זה], מותר להוסיף עשרה משום ריעות, **והשאר** אוכלים מאכלי חלב.

באר הגולה

כ כל בו | כא מרדכי | כב מצאתי כתוב תשובה אשכנזית | כג והא דאיתא לעיל ס"ב, דאין עושין סעודת אירוסין, נלענ"ד לחלק, דהכא מיירי באירוסין של מצוה, כגון שאין לו אשה ובנים, כמ"ש הר"ן והביאו הב"י בסי' זה

וזה אפילו בערב ת"ב שרי (מנהגים ומהרי"ל), ובלבד שלא יהיה בסעודה שמפסיק בה (ד"ע) - ובלבד שיעשנה קודם חצות, [**ובבגדי** ישע כתב, דלכתחילה בודאי יחיש וימהר לעשות קודם חצות, אבל אם נמשך הסעודה לאחר חצות, אין כאן בית מיחוש, רק שלא יהיה יותר מיו"ד, **ואפשר** דוקא לאלו הלומדים בעצמם].

והנה בלבוש כתב, דמר"ח עד ט"ב לוקחין מנין מצומצם, ויש לוקחים י' מלבד הקרובים השייכים לבעל הסעודה, והנה בח"א העתיק כהלבוש, **אבל** בדה"ח משמע דיוכל לנהוג להקל כדעת הרמ"א, דמר"ח עד השבוע שחל בו ט"ב, מותר לזמן כל השייכים לסעודה, ואפילו כמה מנינים.

ואם חל המילה או הסיום מסכת בט"ב שחל בשבת, לכו"ע מותר לזמן כל קרואים שירצה.

סימן תקנא סי"א - [כד]כל מי שאוכל בשר במקום שנוהגים בו איסור, פורץ גדר הוא וינשכנו נחש. (ומותר לשתות כל שכר אפילו של דבש סקוריס מע"ד).

סימן תקנא סי"ב - [כה]תספורת שבוע זה, אחד ראשו ואחד כל שער שבו, אסור - ואחד האיש ואחד האשה שוין לאיסור, **ואפשר** שיש להתיר באשה לגלח ריבוי שער דצדעין.

סימן תקנא סי"ג - [כו]ובזקן - והיינו השפה, **כל שמעכב את האכילה מותר.**

סימן תקנא סי"ד - [כז]אסור לגדולים לספר לקטנים ולכבס כסותם בשבת שחל תשעה באב להיות בתוכה - דקטנים נמי שייך בהו חינוך אי משום אבילות או משום עגמת נפש, [**ונ"מ** בין הטעמים, למי שהוא פחות מבן שש, דלא הגיע עדיין לחינוך, ומשום עגמת נפש אסור]. **ועיין** בא"ר, דלדידן יש להחמיר בתספורת מי"ז בתמוז, וכיבוס מר"ח, **ובח"א** כתב, דלצורך קטנים אין להחמיר אף לפי מנהגינו אלא בשבת זו.

הגה: מיהו בגדים שמלפפין בהם הקטנים לגמרי, שמוציאים בהם ריעי ומשתינין בהם, הני ודאי משרא שרי - דאין בכיבוסן של אלו משום שמחה, **ומ"מ** לא יכבסו הרבה ביחד, ויכבסו בצנעא אם אין מכבסו על גב הנהר.

ואפילו בגדי שאר קטנים נוהגים להקל (ב"י).

סימן תקנא סט"ו - [כח]מי שתכפוהו אבילות של מת ושל שבת זו - ר"ל דשלמו יום ל' של אבילות בתוך שבוע שחל ט"ב להיות בתוכה, **והכביד שערו, מקיל בתער** - משום שאין זה יפוי, **אבל לא במספרים; ומכבס כסותו במים, אבל לא בנתר ובחול.**

וזהו דוקא כשחל יום ל' בשבוע שחל ט"ב, אבל כשחל מקודם לזה, מותר לספר ולכבס, אף לדידן שנוהגין בזה לאיסור בעלמא, הכא שרי, כיון שתכפוהו אבליו, כ"כ הט"ז בשם הב"ח, **אבל** הא"ר סובר דאין להקל, כי אם כשחל יום ל' לפני ר"ח, וכ"כ כמה אחרונים, [**ואפשר** דבמקום הדחק יש להקל, כיון שעכ"פ אינו אלא מנהג].

סימן תקנא סט"ז - [כט]יש נוהגים שלא לרחוץ מראש חדש - עיין לקמיה, דאפילו בצונן יש ליזהר, **ולרפואה** מותר אפילו בחמין, ואפילו בשבוע שחל בו ט"ב, [**ולכן** מעוברת שהגיע קרוב לעת לידתה, שטוב לה לרחוץ בחמין, בכל אלו שרי, דהוי לרפואה ולא לתענוג, **וכן** יולדת או מי שהוא אדם חלוש, ואמר לו הרופא דצריך לרחוץ בכל יום בחמין, שרי, **מלבד** בט"ב עצמו צריך ליזהר מזה].

ואם חל ר"ח בע"ש, אזי מותר לרחוץ אף כל גופו בחמין, כל מי שרוחץ תמיד בע"ש לכבוד שבת.

[ל]ויש שאין נמנעין אלא בשבת זו.

[לא]ויש מתענים מי"ז בתמוז עד ט"ב - ות"ח אין כדאי שינהג בחומרא זו, שממעט במלאכת שמים, שא"א שלא יתמעט מלימודו איזה שעות מפני התענית, וצריך לשקול במאזני צדק בענינים אלו.

הגה: ולצורך מצוה שרי – (אפילו בחמין), **ולכן נדה רוחצת וטובלת (מהרי"ל); ואפי' אם טובלת ליל י' באב, מותר לה לרחוץ בערב ט"ב** - כדרכה בחמין, **אם א"א לה לרחוץ ליל י' (אגודה)** – (הרמ"א לשיטתו ביו"ד סימן קצ"ט ס"ד, **אבל** לדעת הש"ך שם, מעיקר הדין תרחוץ בעט"ב, **אפילו אפשר לה לרחוץ בלילה**).

ונראה דה"ה אשה הלובשת לבנים, יכולה לרחוץ מעט כדרכה בשאר שנה, הואיל ואינה עושה לתענוג רק לצורך מצוה - וכן קטנים שיש להם חטטין בראשן, נוהגין לרחצן בראשן.

ונוהגין שלא לרחוץ, אפילו בצונן, מראש חודש ואילך (ת"ה) - היינו כל גופו, אבל פניו ידיו ורגליו שרי לרחוץ בצונן.

באר הגולה

כד הרשב"א בתשובה | כה טור בשם הרמב"ן | כו שם | כז בהלכות שמחות | כח ברייתא מו"ק י"ז וכאוקימתא דרב חסדא | כט טור בשם אבי העזרי | ל מרדכי | לא טור, מיום שהובקעה העיר, וי"א כנגד ג' שבועים שהתענה דניאל

ואפי' בערב שבת של חזון אסור לרחוץ, כי אם ראשו ופניו ידיו ורגליו בצונן (מהרי"ל ותשובת מהרי"ל) - היינו אפילו היה רגיל לרחוץ בכל ע"ש בחמין כל גופו, אסור בע"ש של חזון לרחוץ כל גופו אפילו בצונן.

ולענין טבילה, הנוהג לטבול בכל ע"ש, מותר, [היינו דוקא שלא בחמין, דבחמין בודאי רחיצה של תענוג היא], **ומי** שמבטלה לפעמים מפני טרדת עסקיו או מפני הצנה, אסור.

ויש מקילים בחפיפת הראש בחמין למי שרגיל בכך כל שבת - ועיין בח"א, דה"ה דשרי פניו ידיו ורגליו בחמין, למי שרגיל בכך כל שבת. **אבל** לא בזיי"ף ולוי"ג שעושין מאפר. (**ואפילו חל ע"ש של חזון בעט"ב, ומ"מ בזה יזהר לכתחלה שיהיה קודם חצות, ובדיעבד גם אחר חצות שרי**).

(**בע"ש אחר חצות, אין אומרים "חצות", וכ"ש בר"ח אב, עט"ב נמי אין אומרים "חצות" אחר חצי היום**).

סימן תקנא סי"ז - [לב]טוב ליזהר מלומר "שהחיינו" בין המצרים על פרי או על מלבוש - וממילא לא יאכל הפרי ולא ילבש הבגד, **ואע"ג** דאפילו אבל מברך "שהחיינו", מ"מ ימים אלו כיון שהזמן ההוא הוא זמן פורענות, אין כדאי לומר "שהחיינו לזמן הזה", **והגר"א** בביאורו חולק ע"ז, וכתב דהוא חומרא יתירא, וכן הט"ז מפקפק בזה, **וע"כ** בשבת אין להחמיר בזה, דבלא"ה הרבה אחרונים מסכימין להקל בשבת, [**והגרע"א** הביא בשם ספר בית יהודא, דה"ה בר"ח, דינו לזה כמו בשבת].

וכתבו האחרונים, דאשה מעוברת מותרת לאכול פרי בלא "שהחיינו", דשמא תתאוה ויגרום נזק לה ולולד, **וכן** חולה ג"כ מותר, שהפירות פותחין לו תאותו לאכול דברים טובים, ובמקום חולי לא קבלינן עלן. ‹**וקשה**, מאי שנא ממי שנזדמן לו פרי שלא ימצא אחר ט"ב, דכתב הרמ"א דמותר לו לברך "שהחיינו", **ובשו"ת** שלמת חיים פי', דכיון שאינה אוכלת לתענוג אלא מחמת צער, ושאר בני אדם אסורים לאכול פרי זה, אין בו שמחה כ"כ›.

[לג]אבל על פדיון הבן אומר, ולא יחמיץ המצוה - או הברכה, כיון שהגיע זמנה, **ואע"ג** דכשרואה פרי חדש ואינו מברך "שהחיינו", מחמיץ הברכה, מ"מ כיון שנהגו להמתין עד שעת אכילה, לא מיקרי מחמיץ המצוה.

(וכן בפרי שלא ימצא אחר ט' באב, מותר לברך ולאכלו בין המצרים) (מנימין זאב ותשובת מהרי"ל) - ומיירי שלא יכול לשמור הפרי עד שבת מפני שיתקלקל, כגון גודגדניות קטנות, דאל"ה יקחהו בחול וישמרהו עד שבת.

סימן תקנא סי"ח - [לד]צריך ליזהר מי"ז בתמוז עד ט' באב שלא לילך יחידי, מד' שעות עד ט' שעות - היינו מסוף ד' עד סוף ט', **(משום שבהם קטב מרירי שולט)** - וכן יזהרו בימים אלו שלא לילך בין חמה לצל.

(**ולפי מה שמבואר בפסחים קי"א ע"ב, יותר יש ליזהר מלילך יחידי, מחד בתמוז עד שיתסר, דודאי שכיחי**).

ולא יכו התלמידים בימים ההם - מפורש במדרש, דאפילו ברצועה יש ליזהר.

ובכונות האר"י כתב, שיתאבל בימים ההם אחר חצי היום, ויבכה כמו חצי שעה.

אות ה'

אבל לאחריו מותר

סימן תקנח ס"ד - [לה]לאחר התענית מותר לספר ולכבס מיד - וק"ו שמותר בבשר ויין, **ועיין** לקמן סימן תקנ"ח באחרונים, דמצד מנהגא יש ליזהר בכל זה ביום עשירי עד חצות היום.

[לו]**ואותן** הנוהגין איסור בבשר ויין עד שבת נחמו, י"א דמנהגא של טעות הוא וא"צ התרה, [לז]**אבל** הב"ח ומ"א הסכימו דצריך התרה, ובעוד שלא התירו, אסורין ג"כ לספר ולכבס עד יום ה' מפני כבוד השבת.

[לח]**ואם חל תשעה באב ביום ראשון או בשבת ונדחה לאחר השבת, מותר בשתי השבתות, בין שקודם התענית בין שאחריו. [לט]ויש מי שאומר שנהגו לאסור כל שבוע שלפניו** - היינו היכי שחל בשבת ונדחה, **חוץ מיום ה' ויום ו'** - שמותר לכבוד שבת, **אבל** חל ביום א' מותר אף לדעה זו, [**ולדידן** אין נ"מ כמש"כ הרב, דנוהגין לאסור מר"ח].

באר הגולה

[לב] תשובה אשכנזית בשם ספר חסידים [לג] ב"י לדעתו [לד] הגהות מיימוני החדשות והרוקח ממדרש איכה רבתי וממדרש תהלים [לה] משנה ‹אפשר צ"ל ברייתא› כ"ט וכר"מ וכרשב"ג ותרוייהו לקולא כרבא שם ל' [לו] ‹ועוד נראה, דאפי' בא אחד להחמיר ולאסור בשבוע שחל ט"ב עד השבת בכל מילי כרשב"ג, דלא יאות עביד, כדאיתא בפ"ק דברכות (י':) אמר ר' טרפון אני הייתי בא בדרך והטיתי לקרות כדברי ב"ש וסיכנתי בעצמי מפני הלסטים, א"ל כדאי היית לחייב בעצמך שעברת על דברי ב"ה, ופי' התוס', אע"פ שהחמיר על עצמו לעשות כב"ש, וב"ה ג"כ מתירים לעשות כב"ש להטות ולקרות, מ"מ מאחר שבא לכוין ולעבור על דברי ב"ה נגד הלכה, אפי' הוא להחמיר, חייב מיתה כדאיתא התם, **וה"ה** הכא דקבעו הלכה כר"מ, והוא בא להחמיר כרשב"ג להתאבל יותר מדאי, וכ"ש לסגף את גופו בכדי שנקרא חוטא, ושיש למונעו מן המנהג הרע, **והמנהג** נתפשט בו ע"י שטות, שרוב פעמים חל ט"ב ביום ה', שאסור כדין עד שבת, ואף ביום ג' יש שמשום קמצנות ממתינין עד שבת, ומזה נתפשט המנהג, וא"כ אפי' התרה אינו צריך - תשו' מהרש"ל סי' נ"ד› [לז] ‹דאין הנדון דהכא דומה להתם, דבשלמא בק"ש, לב"ה ליכא שום סרך מצוה בהטייה, כיון דלא דרש בשכבך ובקומך כדדרש ב"ש, א"כ כשמטה את עצמו בשעת ק"ש, ע"כ נראה משום דס"ל כב"ש, וזה שלא כדין נגד הש"ס דפסק כב"ה, **משא"כ** הכא לענין ט"ב, דגם לר"מ אי מחמיר ואוסר על עצמו גם אחר התענית עביד שפיר, דכדאי הוא בית אלהינו, דהא מחמירים יותר חומרות, {וגם מחמירין מתחילת ר"ח}, ויש מתענים בעשירי, א"כ המחמירים אחר התענית אינו נראה דס"ל דהלכתא כרשב"ג נגד פסק רבא, אלא אע"ג דגם הוא ס"ל כרבא דקי"ל כר"מ מדינא, מ"מ הוא רוצה להוסיף חומרא על עצמו, ובזה לא עביד שלא כדין - מחה"ש› [לח] ירושלמי [לט] טור בשם סמ"ג וסמ"ק

הצריך לילך למרחקים בשבוע שחל בו ט"ב, מותר ליתן לכובסת עכו"מ לכבס בגדי פשתן לכמה שבתות שצריך על הדרך, [וע"י ישראל כשא"א ע"י נכרי והוא צורך גדול, הב"ח מתיר, **אבל** המ"א וא"ר אוסרים].

הגה: [מ]**ונוהגין להחמיר מתחלת ר"ח לענין כיבוס** - ולא קודם, שאין רוב הצבור יכולין לעמוד בו, **אבל תספורת נוהגים להחמיר מי"ז בתמוז (מנהגים).**

אות ו'

לעולם קורין שלשה ומפטיר אחד

טור סימן תקנט - ומוציאים ס"ת וקורין ג' בפ' ואתחנן: כי תוליד בנים, ומפטיר הוא הג', ומפטיר בירמיה: אסוף אסיפם.

אות ז'

תשעה באב שחל להיות בשבת, וכן ערב תשעה באב שחל להיות בשבת, אוכל ושותה כל צרכו, ומעלה על שולחנו אפילו כסעודת שלמה בשעתו

סימן תקנב ס"י - [מא]**אם חל תשעה באב באחד בשבת, או שחל בשבת ונדחה לאחר השבת, אוכל בשר ושותה יין בסעודה המפסקת** - ואסור למנוע ממנו, אע"ג דאין חיוב לאכול בשר בשבת, מ"מ כיון שנמנע משום אבל, עבירה היא, **ומעלה על שלחנו אפילו כסעודת שלמה בעת מלכותו.**

ומ"מ ישב בדאבון נפש, שלא ינהג בשמחה, ולכן לא ישב בסעודת חברים - מ"א, **בספר** בכור שור חולק ע"ז, ודעתו דמי שרגיל בכל שבת לסעוד סעודה זו עם חבריו ומיודעיו, ומונע בשבת זו, הו"ל כאבלות פרהסיא, **ולכו"ע** מותר לאכול עם בני ביתו, ויכול לברך בזימון כיון שהוא שבת.

ואם חל מילה באותו שבת, יעשה הסעודה קודם מנחה.

(מיהו צריך להפסיק מבעוד יום) (סמ"ק) - היינו קודם שקיעה, ונכון להודיע זה להמון, שלא יטעו שהוא כשאר שבת.

להפסיק - ‹כתב הבאר היטב אשר לפני: וצ"ע ברש"י תענית דף כ"ט, דכתב דאין צריך להפסיק, עכ"ל, ע"ש. **ולא** דק, דמש"כ רש"י שם אינו מפסיק סעודתו וכו', ר"ל דאינו אוכל סעודה מפסקת, אלא מותר לאכול בשר ולשתות יין, כי בסעודה המפסקת אם חל בחול לא יאכל בשר ולא ישתה יין, אבל בשבת אינו כן, וק"ל, **אבל** עכ"פ צריך להפסיק מלאכול ולשתות מבע"י, ופשוט הוא – באר היטב›.

באר הגולה

מ ‹והחמירו לאסור מר"ח, כדי למעט בשמחה, כדאיתא בגמ' יבמות פרק החולץ, דממעטין בכל ענין של שמחה מר"ח – חיי משה› הטור בשם אביו הרא"ש

מא ברייתא כ"ט, וכ"כ

§ מסכת תענית דף ל. §

אות א'

ותרוייהו לקולא

סימן תקנב ס"א - [א]ערב תשעה באב לא יאכל אדם בסעודה המפסקת, שאוכלה אחר חצות, בשר, ולא ישתה יין - היינו מדינא דש"ס, דאלו מצד מנהגא, אסור מר"ח, וכדלעיל בסימן תקנ"א, **ולא יאכל שני תבשילין** - כדי להרבות אבל, ולזכור חורבן הבית ויצטער עליו.

הגה: ואף ממעטים אחרים ממעט בשתייתן ממה שרגיל לשתות (טור וב"י בשם תוס' ‹ד"ה ואע"ג› **ורוקח)** - היינו בסעודה מפסקת, שאם רגיל לשתות בסעודה ד' כוסות, ישתה ג' כוסות.

ואין לשתות שכר, **ואם** הוא אדם חלש שרי, [**בתשובת** רש"ל משמע, דה"ה אם רגיל בכל סעודה לשתות שכר, אין לאסור עליו, ‹דפסק דאין היתר אלא במים, אם לא לאדם שלא הורגל לשתות כי אם שכר או אדם חלש›, **ובכנה"ג** מפקפק עליו, והא"ר מיישבו, והכל לפי מה שהוא אדם].

[**ולכוס** של בהמ"ז, גם לרש"ל שרי, והיינו להנוהגין לברך אף ביחידי על כוס, **דאילו** לזמן, אפי' בלא"ה אין מזמנין, וכדלקמיה בס"ח].

[**וכ"ש** דאין לשתות מי דבש או יי"ש המשכרים, שישכח עי"ז חורבן הבית].

[ב]וכן לא יאכל אחר סעודתו לנון ומליח, דברים שנוהג בהם בשאר פעמים, כדי שיתנהג בפרישות (מרדכי).

סימן תקנב ס"ט - [ג]כל זה בסעודה המפסקת, שאין דעתו לאכול עוד אחריה סעודת קבע, וכשהוא אחר חצות; אבל אם היה קודם חצות, או אחר חצות ודעתו לאכול אחריה סעודת קבע, אין צריך ליזהר בדברים הללו - אבל אם אוכל אח"כ רק אכילת עראי, לא נחשב לסעודה כלל, וא"כ הסעודה הקודמת היא עיקר הסעודה, ואסור לאכול בה ב' תבשילין.

הגה: ומנהג בכל גלילות אשכנז לאכול סעודה קבועה קודם מנחה, ואח"כ מתפללין מנחה ואוכלים סעודה המפסקת (מהרי"ל) - בד"מ בשם מהרי"ל איתא, שהולכין לביה"מ ומתפללין מנחה, ומסתמא בירך ג"כ בהמ"ז מתחלה, [דאל"ה אסור לילך ממקומו קודם בהמ"ז, **והא** דהוצרך לילך ולהתפלל מנחה, דאל"ה הוי בכלל גורם ברכה שאינה צריכה, **ואפשר** דסגי כשמתפלל בביתו עם בהמ"ז, אבל בהמ"ז לחוד בודאי לא סגי].

ונוהגין להרבות קצת בסעודה ראשונה, כדי שלא יזיק להם התענית, הואיל ופוסקים מבעוד יום כמו ביום כיפור; **ויש קצת ראיה לזה ממדרש איכה רבתי** - ורבים מאחרונים אין דעתם נוחה בזה, להרבות מתחלה בכמה מיני תבשילין, ולהתענג בהם, וזהו עיקר סעודתו, ואחר מנחה שאינו רעב ואינו צמא כלל, אוכל לזכר סעודה מפסקת, והוא רק כעין סעודת עראי, **וע"כ** יש מהם שאומר, שלא יאכל קודם מנחה רק תבשיל אחד, ואחר מנחה יאכל עדשים או ביצים וכנ"ל, ואף שגם זה בכלל תבשיל הוא, לא מצטרפי אהדדי.

[**והח"א** כתב וז"ל: מנהג הישר לאכול קודם חצות או אחר חצות סעודה קבועה, וסמוך לחשיכה אוכלין על הארץ תבשיל אחד, ואחר זה מי שמתיירא שיזיק לו התענית, מותר לאכול פת עם חמאה כדי לשבוע, ובלבד שלא יאכל שני תבשילין].

והא"ר כתב להצדיק קצת את המנהג, וז"ל: אומר אני דכל זמן שהוא מכוין לשם שמים בכונת הנ"ל {דהיינו שלא יזיק לו התענית} הרשות בידו, **אבל** עכ"פ יראה כל אדם שלא ישביע עצמו יותר מדאי, והחכם עיניו בראשו, כדי שיוכל לאכול אחר המנחה סעודה המפסקת, שלא יהא כאכילה גסה ועראי עכ"ל, **ובסעודה** המפסקת יוכל לאכול פת עם תבשיל, ולא מצטרפי אהדדי, כיון שבירך בהמ"ז וגם התפלל מנחה באמצע.

מיהו מי שיוכל לסגף עצמו ויודע בעצמו שאין התענית מזיק לו ומחמיר על עצמו, נקרא קדוש, כן נראה לי.

[ד]סימן תקנב ס"ג- [ה]אפילו בשל מין אחד בשתי קדרות - פי' שאחד בלילתו עבה, ואחד בלילתו רכה, **מקרי שני תבשילין** - פי' ואדם א' אינו יכול לאכול שתיהן, אבל יכול ראובן לאכול תבשיל א', ושמעון אחד. **אבל** אם שניהם ‹בלילתם› בשוה, אין קפידא לבשל בשתי קדירות. **[ו]וכן יש להחמיר וליזהר משני מינים בקדירה אחת** – ‹מלשון זה משמע, דכל שני מינין כשהוא בקדרה אחת, מדינא מותר, ורק דנכון להחמיר כדעת האוסרין, והגר"א תופס, דזה אסור מדינא›.

אא"כ הוא דבר שדרכו בכך כל השנה, כגון אפונין (מיני זרעונין ובלע"ז ציזר"י) שנותנים עליהם בצלים וביצים - ר"ל שרוב הפעמים נותנים בצלים וביצים באפונים, כמו שדרך לטגן עיסה בביצים.

‹**אפשר** דדוקא באופן זה, שבא להטעים האפונים, אבל לא במבשל שני מינים ביחד בעלמא, כגון מה שקורין לקשי"ן עם תפוחי אדמה, **ומה** דאיתא לקמיה לענין עדשים עם ביצים, אפשר נמי כשעיקר הוא העדשים, והביצים מפרכים אותם בתוכם, שבטל גבייהו, וצ"ע›.

אבל דגים אסור לטגן בביצים, כיון שרוב הפעמים מבשלין אותם בלא ביצים - מ"א, **וכונתו** אפילו לאותן מקומות שלא נהגו לאסור בסתם דגים, ‹עיין בס"ב›, [**ובביאור** הגר"א משמע שסובר כהב"י, דדג וביצה שעליו שוה לאפונים עם ביצים, דמקילין].

באר הגולה

א **משנה כ"ו וכת"ק** **ב** ‹ר"ל אע"ג דמדינא מותר, כמש"ש אם היה רגיל לאכול כו', מ"מ מה שיוכל למעט עדיף, כמ"ש ברבי יהודה בר אלעאי, וז"ל הרמב"ם: זו היא מדת כל אדם שאינן יכולין לסבול יותר מדאי, אבל כו' פת חריבה כו' כזה ראוי לחכמים לעשות או קרוב לזה כו' - גר"א› **ג** **מימרא דרב יהודה ותרוייהו לקולא** **ד** ‹מילואים ס"ג - ס"ה› **ה** **טור בשם הרי"ץ גיאות** **ו** **שם בשם הרמב"ן**

מחגה ומ"ד כל החדש כולו אסור מחדשה ומ"ד כל השבת כולה אסור משבתה אמר רבא הלכה כרשב"ג ואמר רבא הלכה כרבי מאיר ותרוייהו לקולא וצריכא דאי אשמועינן הלכה כר' מאיר הוה אמינא אפי' מר"ח קמ"ל הלכה כרשב"ג ואי אשמועינן הלכה כרשב"ג הוה אמינא אפילו לאחריו קמ"ל הלכה כרבי מאיר: ערב תשעה באב לא יאכל אדם ב' תבשילין כו': אמר רב יהודה לא שנו אלא משש שעות ולמעלה אבל משש שעות ולמטה מותר ואמר רב יהודה לא שנו אלא בסעודה המפסיק בה אבל בסעודה שאינו מפסיק בה מותר *ותרוייהו לקולא וצריכא דאי אשמעינן בסעודה המפסיק בה הוה אמינא אפי' משש שעות ולמטה קמ"ל משש שעות ולמעלה ואי אשמעינן משש שעות ולמעלה הוה אמינא אפי' בסעודה שאינו מפסיק בה קמ"ל בסעודה המפסיק בה תניא כלישנא קמא תניא כלישנא בתרא תניא כלישנא בתרא הסועד ערב תשעה באב אם עתיד לסעוד סעודה אחרת מותר לאכול בשר ולשתות יין ואם לאו אסור לאכול בשר ולשתות יין תניא כלישנא קמא ערב תשעה באב לא יאכל אדם שני תבשילין לא יאכל בשר ולא ישתה יין רבן שמעון בן גמליאל אומר ישנה אמר רבי יהודה כיצד משנה אם היה רגיל לאכול שני תבשילין יאכל מין אחד ואם היה רגיל לסעוד בעשרה בני אדם סועד בחמשה היה רגיל לשתות עשרה כוסות שותה חמשה כוסות במה דברים אמורים משש שעות ולמעלה אבל משש שעות ולמטה מותר תניא אידך ערב תשעה באב לא יאכל אדם שני תבשילין לא יאכל בשר ולא ישתה יין דברי ר"מ וחכ"א ישנה וממעט בבשר וביין כיצד ממעט אם היה רגיל לאכול ליטרא בשר יאכל חצי ליטרא היה רגיל לשתות לוג יין ישתה חצי לוג יין ואם אינו רגיל כל עיקר אסור רשב"ג אומר אם היה רגיל לאכול צנון או מליח אחר סעודתו הרשות בידו תניא אידך כל שהוא משום תשעה באב אסור לאכול בשר ואסור לשתות יין ואסור לרחוץ כל שאינו משום ט"ב מותר לאכול בשר ולשתות יין ואסור לרחוץ ר' ישמעאל בר' יוסי אומר משום אביו כל שעה שמותר לאכול [א] בשר מותר לרחוץ ת"ר כל מצות הנוהגות באבל נוהגות בט' באב *אסור באכילה ובשתיה *ובסיכה ובנעילת הסנדל ובתשמיש המטה ואסור לקרות בתורה בנביאים ובכתובים ולשנות במשנה בתלמוד ובמדרש ובהלכות ובאגדות אבל קורא הוא במקום שאינו רגיל לקרות ושונה במקום שאינו רגיל לשנות וקורא בקינות באיוב ובדברים הרעים שבירמיה ותינוקות של בית רבן *)[ג]בטלין משום שנאמר °פקודי ה' ישרים משמחי לב ר' יהודה אומר אף אינו קורא במקום שאינו רגיל לקרות ואינו שונה במקום שאינו רגיל לשנות אבל קורא הוא באיוב ובקינות ובדברים הרעים שבירמיהו ותינוקות של בית רבן בטלים בו משום שנאמר פקודי ה' ישרים משמחי לב: לא יאכל בשר ולא ישתה יין: תנא *אבל אוכל הוא בשר מליח ושותה יין מגתו עד כמה אמר רב חיננא בר כהנא משמיה דשמואל כל זמן (*שאינו) כשלמים ויין מגתו עד כמה כל זמן שהוא תוסס תנא **)יין תוסס אין בו משום גילוי וכמה תסיסתו ג' ימים אמר רב כך היה מנהגו של רבי יהודה ברבי אילעאי ערב תשעה באב מביאין לו פת חריבה במלח ויושב בין

*) [גירס' הרי"ף והרא"ש אינן בטלין בו דברי ר"מ ר' יהודה אומר אף אינו קורא במקום וכו' ותינוקות של בית רבן בטילין בו משום שנאמר פקודי ה' ישרים משמחי לב ועי' טור א"ח ר"ס תקנד] **) [סנהדרין ע. ע"ז ל: תוספתא תרומות פ"ז]

תהלים יט

רש"י

מחגה · כלומר יליף טעמא מן חגה דהיינו ר"ח שנקרא חג כדאמרי' לעיל (דף כט:) קרא עלי מועד: הלכה כר"מ · דלפניו אסור ולאחריו מותר: הלכה כרבן שמעון בן גמליאל · דאין אסור אלא באותה שבת: תרוייהו לקולא · כדמפרש ואזיל דלפניו מוקי הלכה כר"מ דלפניו ולא לאחריו ובאותה שבת אבל קודם אותה שבת אפילו לפניו מותר: משש שעות ולמטה · כלפני השחר: המפסיק בה · דשוב אינו אוכל עוד מאותה סעודה ואילך: ה"ג כיצד ישנה א"ר יהודה אם היה רגיל כו': בעשרה · שהיו סועדין עמו לכבודו: וחכ"א ישנה · אשני תבשילין קיימי (א) בשר ויין ימעט: מליח · דג או בשר מליח דאין בו טעם כל כך אחר ששהה שלשה ימים במלח כדלקמן (ב) כשלמים והנותר מבשר זבח השלמים וגו' טפי לא אשכחן דמקרי בשר: כל שהוא משום ט' באב · כגון סעודה המפסיק בה: כל שאינו משום ט"ב · כגון סעודה המפסיק בה בתענית צבור או נמי סעודה שאינו מפסיק בה: ה"ג ר' ישמעאל בר' יוסי אומר משום אביו כל שעה שמותר לאכול מותר לרחוץ ולא גרסינן בשר כלומר אפי' בשעת סעודה המפסיק מותר לרחוץ הואיל ומותר לאכול: אסור באכילה ובשתיה · הני אין נוהגין באבל דקא חשיב נמי איסורים שנוהגין בו לבד מהני דנוהגי באבל רחיצה סיכה ונעילה כו': ואסור לקרות בתורה כו' · דכתיב בהו משמחי לב (ג): במקום שאינו רגיל לקרות · דכיון דלא ידע אית ליה צערא: עד כמה · הוי בשר גמור דלא הוי בשר מליח כל זמן שהוא כשלמים שלא שהה במלחו אלא שני ימים ולילה אחד דזמן אכילת שלמים והכי נקט כשלמים דכזמן אכילת שלמים אשכחן דאקרי בשר דכתיב (ויקרא ז) °והנותר מבשר זבח השלמים וגו' טפי לא אשכחן דמקרי בשר שהטעם נפסל אחרי ב' וג' ימים: יין מגתו · חדש ומתוק ואינו טוב כיין ישן ומשלשל ומזיק: תוסס · רותח: אין בו משום גילוי · שאין נחש שותהו כי יברח מרתיחתו: בין

תוספות

ותרוייהו לקולא · כלומר תרוייהו כדר"מ דאמר מר"ח ועד התענית וכרשב"ג דאמר אינו אסור אלא אותה שבת בלבד הלכה כתרוייהו לקולא כלומר דאינו אסור אלא אותה שבת בלבד כרשב"ג ודוקא [עד] התענית אבל לאחר התענית מותר דהלכה כר"מ דלאמר דאינו אסור אלא עד התענית ואע"ג דשלחו משמיה דר' יוחנן דכלי פשתן מותר לכבסם במועד מ"מ החמיר לנו מורינו רש"י לתת סדינין שלו לכובס אותה שבוע שהיה בה ט"ב קודם התענית[ו] אבל היכא דחל ט"ב בה' בשבת מותר לכבס ולספר מחמת ואילך מפני כבוד השבת דאין להמתין עד ערב שבת מפני טורח השבת: ערב ט"ב לא יאכל אדם ב' תבשילין · פירוש ב' תבשילין ר"ל בשתי קדירות כגון שקורין העולם אלכלו ב' מינים שקורין מיישון אבל אין אסור לאכול תבשיל שעושין מבצלים ומגבינה ומביצים דאע"ג דאין רגילין העולם לאכול בצלים חיין כדאמר בעירובין (ד' כט:) אכל בצל והשכים ומת וכו' שקשין גופו של אדם כחרבות אעפ"כ מאחר שאין עושין מהם תבשיל בעצמו אם לא ישימו (ד) או שומן או שום דבר שעושין בהם טעם אינו קרוי תבשיל כדי לאסור הבילים שמשימין עמהם אבל מן גבינה המבושל בקדירה אין חששה לאכול דכל דבר שהוא נאכל כמו שהוא חי כמו חלב כמו גבינה כמו תפוחים אין בהם תורת בשול כלל וכלל: ואם היה רגיל לסעוד בעשרה יסעוד בחמשה · צריך למעט בכבודו: ואע"ג דקאמר הש"ס דבשר מליח מותר כל זמן שאינו כשלמים כלומר שעבר יותר מג' ימים משחיטתו אפ"ה לדידן אסור לאכול בשר אפי' מלוח מזמן מרובה כיון דלאו רגילים לאכול בשר מליח וכן צריך למעט בשתייה שאם היה רגיל לשתות עשרה ישתה כי אם חמשה וצריך לשנות מקומו שהוא רגיל לאכול בו כמו שהיה מנהגו של רבי יהודה בר' אילעאי שיושב ואוכל ערב ט"ב בין תנור לכיריים מקום שהוא מנוול: כל

עין משפט נר מצוה

לג א מיי' פ"ה מהל' תענית הלכה ז סמג עשין ג טוש"ע א"ח סימן תקנב סעיף א וסעיף ט:

לד ב מיי' שם הלכה ח סמג שם טוש"ע שם סי' תקנב סעיף ה:

לה ג ד מיי' שם הלכה ז סמג שם (טוש"ע שם סי' תקנב סעיף ב:)

לו ה ו מיי' פי"א מהל' רוצח ושמירת נפש הלכה ח סמג עשין עט וטור י"ד סימן קטז:

[עי' ב"י בא"ח סי' תקנה מה שתמה על דברי תוס' אלו]

לז ז מיי' פ"ה מהל' תענית הלכה ט טוש"ע א"ח סימן תקנב סעיף ו:

רבינו חננאל

ומפטיר אחר ואסיקנא הלכתא (כר' יוחנן) כרשב"ג דאמר אינו נוהג אלא אותה שבת בלבד שחל ט' באב להיות בתוכה · והלכתא כר' מאיר דאמר עד התענית · אבל לאחר התענית שאר שבוע מותר · והיינו פי' הלכתא כתרוייהו לקולא: ערב ט' באב לא יאכל ב' תבשילין כו' ואפילו אורז ועדשים · אבל אוכל תבשיל אחד בלבד שלא יהיה אותו תבשיל בשר ואם הוא בשר בן ג' ימים מותר · דא' כל בשר שאינו כשלמים בן ב' ימים ולילה אחד כדכתיב ביום זבחכם יאכל וממחרת וגו' אינו קרוי בשר אלא מליח ויין תוסס נמי כגון שנסחט בתוך ג' ימים מותר ששותהו עדיין יין · אמר רב יהודה אמר רב לא שנו ל"א יאכל ב' תבשילין ולא יאכל בשר ולא ישתה יין בערב ט' באב אלא משעה שיעבור שש שעות מן היום כגון שיקבע סעודתו משעה שביעית ולמעלה · והני מילי בסעודה שהוא מפסיק בה כלומר בתענית · אבל אם בדעתו לאכול עדיין פעם אחרת או קודם שעה ששית מותר ב) (מתניתא סיברי) · הני מילי פשוטות הן. רשב"א אם היה רגיל לאכול אחר סעודתו צנון או מליח הרשות בידו: ת"ר כל שהוא משום ט' באב אסור לאכול בשר ולשתות יין ואסור לרחוץ · משנה שאסור לאכול אסור לרחוץ · ואע"ג דתנינן נוהג אבל עד התענית ואמרינן הלכתא אבל אסור לרחוץ בין בחמין בין בצונן כל ז' אבל פניו ידיו ורגליו בחמין אסור בצונן מותר · הא גרסינן בפסחים פרק מקום שנהגו (דף נד:) אין בין ט' באב ליוה"כ כו' מסייע ליה לר' אלעזר

דאמר אסור לאדם שיושיט אצבעו במים בט' באב כדרך שאסור ביוה"כ. אע"ג דמותבינן עליה הא משני רב פפא חמורי לא קתני · וגרסינן בפ' יוה"כ (יומא עח·) מטפחת היה לו לריב"ל (ביוה"כ) [עיוה"כ] מקנח פניו ידיו ורגליו למחר מעבירה ע"ג עיניו ואינו חושש. ערב ט' באב שורה במים ועושה כמין כלים נגובים למחר מעביר ע"ג עיניו ואינו חושש ש"מ מתני כלהו דרחיצת פניו ידיו ורגליו בט' באב אסור אלא אם היו מטונפות: ת"ר כל מצות הנוהגות באבל נוהגות בט' באב · אסור ברחיצה ובסיכה ובנעילת הסנדל ובתשמיש המטה · שלח רב ד) הגאון בלשון הזה יהא בנדוי כל מי שעושה אחת מכל אלו בט' באב כל היום וא' לקרות בתורה בנביאים ובכתובים ולשנות במשנה בתלמוד כו' · ר' יהודה ה) אומר אינו קורא אלא במקום שאינו רגיל לקרות מפני שצער הוא לו וקורא באיוב ובקינות פי' הרעים שבירמיה ותינוקות של בית רבן בטלים משום פקודי ה' ישרים משמחי לב · תנא יין תוסס אין בו משום גילוי · וכמה תסיסתו ג' ימים · לפיכך בערב ט' באב מותר

א) אולי צ"ל כל שאר ימי השבוע מותר. ב) אולי צ"ל מחלוקת ר"מ וחכמים פשוטות הן. ג) אולי צ"ל ר' ישמעאל בר"י אמר משעה שמותר לאכול מותר לרחוץ. ד) אולי צ"ל רב האי גאון. ה) נ"ל רבי יהודה אומר אף אינו קורא במקום שאינו רגיל וכו'.

רבינו גרשום

אסור לאחריו נמי אסור: מחגה מה חגה ח' ימים אף מיעוט שמחה ח' ימים: ותרוייהו לקולא הלכה כר"מ דאמר אין אסור אלא עד התענית והלכה כרשב"ג דאין איסור אלא אותה שבת והוא שלפני ט' באב: בסעודה המפסיק בה שהיא סעודה אחרונה · אבל בסעודה שאין מפסיק כגון סעודה שאוכל קודם לכן שעדיין יאכל אחריה. כל שהוא משום ט"ב היינו ט' באב עצמו. כל שאינו משום ט"ב היינו תענית. קורא הוא במקום שאינו רגיל לקרות לפי שמצטער: כל זמן שהוא כשלמים שני ימים ולילה אחד שאינו אלא בערב ט"ב אבל אחר כך אוכל שבכל תורות בשר.

הגהות הב"ח

(א) רש"י ד"ה וחכ"א ישנה אשני תבשילין קיימי אבל בשר ויין: (ב) ד"ה מליח כו' כדלקמן כל זמן שהוא כשלמים כו': (ג) ד"ה ואסור לקרות כו' משמחי לב במקום שהוא רגיל כו': (ד) תוס' ד"ה ערב כו' אם לא ישימו בו שמן או:

הגהות הגר"א

[א] גמרא כל שעה שמותר לאכול (בשר) תו"מ (וכן מתקן רש"י וכן בתוספתא ליתא): [ב] שם ותינוקות של בית רבן [illegible]: [ג] תוס' ד"ה ותרוייהו [illegible]

ולביבות ממולאים בגבינה, נקרא שתי תבשילין, וכן בריט"י לקשי"ן עם גבינה, כיון דרוב פעמים אין עושין כן, הוי ב' תבשילין.

[ז] **ותבשיל הנעשה מדבר שנאכל כמות שהוא חי, מקרי תבשיל לענין זה** - דאף דלענין בישולי עכו"מ אין שם תבשיל עליו, כגון חלב שנתבשל וכיו"ב, לענינינו אסור, **דעיקר** הטעם שאסרו בשני תבשילין, משום דבריבוי תבשילין יש בו כבוד ותענוג.

הגה: ואין חילוק בין צלי למבושל לענין זה (מרדכי) - כגון ביצים צלויין ופירות צלויין, כולן שם תבשיל עליהן.

סימן תקנ"ב ס"ד - [ח] **מותר לאכול פירות כשהם חיים, אפילו כמה מינים** - לאפוקי כשנתבשלו או נצלו, כדלעיל.

סימן תקנ"ב ס"ה - [ט] **נוהגים לאכול עדשים עם ביצים מבושלים בתוכם** - שנחשב כתבשיל אחד, **ומיירי** כשאוכלן בבת אחת, **ודוקא** במקום שדרכו לבשל כך כל השנה, וכנ"ל בס"ג, **שהם מאכל אבלים** - ובטור כתב: עדשים או ביצים, וכ"כ הלבוש, וכן המנהג אצלינו, שאוכלים ביצים לבד משום אבילות, וכמש"כ בהג"ה.

הגה: ויש נוהגים לאכול ביצים קשים, שהוא ג"כ מאכל אבלים (הגמי"י) - ולא יאכלו תבשיל אחר, ודלא כהמון עם שמתחלה אוכלין מין מבושל, ואחר זה יושבין לארץ ואוכלין ביצים, דאסור, **וכ"ש** דאסור להפסיק ביניהם בברכת המזון, דגורם ברכה שא"צ, **ובס"ט** יבואר איך להתנהג בזה.

אות ב'

אסור באכילה ובשתיה, ובסיכה ובנעילת הסנדל, ובתשמיש המטה; ואסור לקרות בתורה בנביאים ובכתובים, ולשנות במשנה בתלמוד ובמדרש ובהלכות ובאגדות

סימן תקנ"ד ס"א - [י] **תשעה באב אסור ברחיצה, וסיכה, ונעילת הסנדל, ותשמיש המטה; ואסור לקרות בתורה נביאים וכתובים, ולשנות במשנה ובמדרש ובגמרא בהלכות ובאגדות, משום שנאמר: פקודי ה' ישרים משמחי לב** - ואסור בכל אלו הדברים כל היום, ואפילו בין השמשות עד צאת הכוכבים, ואין מועיל לזה מה שיתפלל מעריב מקודם.

אך אותן ההולכים בין הנכרים ועוסקים במשא ומתן אחר חצות, אותן מותרין לנעול, ומהם למדו כולם להקל, ויש למחות בידם. **ועיין** לקמן בסעיף י"ז בהג"ה ובמ"ב. [**ומ"א** הביא בשם ר"ח שכתב: יהא בנדוי מי שעובר אחד מהחמשה עינויים כל היום].

[יא] **ותינוקות של בית רבן בטלים בו** - ואסור ללמוד אף דברים הרעים, [מ"א, אפי' אם הוא מבין מה שהוא אומר], (כמ"ש ביו"ד סי' שפ"ד ע"ש, דללמוד עם אחרים אסור אף בדברים רעים - פמ"ג), **רק** מותר ללמוד לו החורבן, דאינו אלא סיפור דברים ומשבר לב התינוק, **ויש** מאחרונים שסוברין, דמותר ללמוד עם התינוק בדברים הרעים, [ט"ז, והסכים עמו הדגו"מ], (דשם מיירי שאין רבים צריכין לו, וא"כ אם הוא לא ילמוד עמהם ילמדו אחרים עמהם, אבל בט"ב אם אתה אוסר ללמוד עם התינוק, יהיו התינוקות בטלים, ואין לך ביטול תורה גדול מזה, ולכן פשוט דמותר ללמוד עמהם איוב ושאר דברים הרעים - דגו"מ), **וכאן** לא אסר אלא הלימוד שהקטנים לומדים בסדר שלהם, דהיינו חומש וגמרא.

(**כתב הט"ז, דאיסור של התינוקות אין הטעם משום שהם שמחים, דודאי אין להם שמחה, אלא משום המלמד ששמח בד"ת כשלומד עמהם, עכ"ל, ובא לאפוקי מדעת הב"ח, וממ"א משמע שמסכים לדעת הב"ח, שיש להם שמחה, ודע דלדעת הט"ז, כשהתינוקות ילמדו בעצמם, אין איסור, אכן באמת לשון הגמרא "ותשב"ר בטלים בו", משמע דבטלים לגמרי, ובפרט כשהתינוק בן י"ב גדול קצת ומבין, אף הט"ז מודה דאסור ללמוד בפני עצמו שלא בדברים הרעים, מפני ששמחה הוא לו, כמש"כ הפמ"ג**).

אבל קורא הוא באיוב ובדברים הרעים שבירמיה; ואם יש ביניהם פסוקי נחמה, צריך לדלגם - ורעות עכו"ם אסור לקרות.

[יב] **סימן תקנ"ד ס"ב** - [יג] **ומותר ללמוד מדרש איכה ופרק אלו מגלחין** - אע"ג דיש בו גם כמה דיני מנודה ומוחרם, מ"מ מותר ללמוד, **אבל** לישא וליתן בהלכה בודאי אסור - מ"א בשם מהרי"ל, **וכעין** זה כתב ג"כ הט"ז, דאפילו במקום דמותר ללמוד, היינו שילמוד בפשוטן של דברים, אבל לא דרך פלפול, **ואפילו** בהרהור לפרש דבר חמור אסור, מטעם שיהיה לו שמחה אחר שיתיישב לו.

וכן ללמוד פירוש איכה [יד] ופירוש איוב - וכן אגדת החורבן בפרק הניזקין ובפרק חלק, ולקרות בחורבן הנזכר ביוסיפון, מותר.

סימן תקנ"ד ס"ג - [טו] **יש מי שאוסר ללמוד ע"י הרהור** - אף דהרהור לאו כדבור דמי, שאני הכא דעיקר טעמא משום שמחה, ובהרהור איכא שמחה, **ומה"ט** אסור ללמוד איזה דרוש או קשיא או תירוץ אפילו בדברים הרעים, מפני ששמחה היא לו.

ואסור להורות הוראה, אם לא לחולה הצריך עכשיו, **ואסור** לדון דיני ממונות, דדין היינו תורה, **מיהו** אם אין הבע"ד יכולים להמתין עד למחר, שנחוצים לדרכם, אפשר דשרי, דהוי כרבים צריכים לו.

סימן תקנ"ד ס"ד - [טז] **ומותר לקרות כל סדר היום** - דהיינו ק"ש וברכותיה, וכל מה ששייך לברכת התפלה, **ופרשת הקרבנות, ומשנת איזהו מקומן, ומדרש רבי ישמעאל** - דלא גרע כל זה ממה שקורין בתורה ומפטירין בנביא, והכל מפני שהוא סדר היום, **ועיין**

באר הגולה

ז שם בשם אביו הרא"ש | ח שם | ט ב"י | י ברייתא ל' | יא כרבי יהודה שם (גירסת הרי"ף והרא"ש: אין בטילין בו דברי ר"מ, ר' יהודה אומר אף אינו קורא במקום וכו' ותינוקות של בית רבן בטילין בו, משום שנאמר וכו', (עיין בהג' הגר"א שם) | יב (מילואים ס"ב - ס"ד, סט"ו - סכ"א) | יג הגהות מיימוני החדשות בשם הכל בו | יד תשובת מהרי"ל | טו אגור בשם מהר"י מולין | טז טור בשם הרמב"ן

לקמן סימן תקנ"ט, דאין לומר פטום הקטורת, שאינו מסדר היום, וכ"ש שאין לומר סדר הקרבנות הכתוב בסוף סי' א', **ומה** שכתוב בשו"ע "ופרשת הקרבנות", היינו פרשת התמיד.

ונוהגין לומר תהלים ושיר היחוד במנחה, אע"ג דאסור בת"ת כל היום, צ"ל דס"ל כיון שהוא דרך בקשה שרי, [**ובדה"ח** מוכח, דאין לומר תהלים אף במנחה, ונוהגין לומר רק שיר היחוד], **ובפוזנא** נוהגין לומר למחרתו של אמש ושל היום, וכן נכון, **ומעמדות** בודאי אין לומר.

הגה: ומותר לחזור הפרשה בתשעה באב (מנהגים) - היינו חזן הקורא מותר לו לחזור הפרשה קודם שיקרא, **והיינו** אפי' במנחה, דאלו בשחרית פרשה "כי תוליד" פשיטא דמעין המאורע היא, [**אבל** הרגיל לחזור פרשת שבוע באותו יום, כגון שחל ט"ב ביום ה', אין להקל].

סימן תקנ"ד סט"ו - [יז]סיכה - סיכה מיקרי בדבר שדרכו לסוך בו, כגון בשמן או בחלב בבורית וכה"ג, **ואסור** אפילו לסוך אבר אחד, כדלקמן בסימן תרי"ד גבי יוה"כ, **אינה אסורה אלא של תענוג** – (ולפי"ז פשוט דלהעביר את הזוהמא מותר), **אבל מי שיש לו חטטין בראשו, סך כדרכו ואינו חושש.**

כלה אחר נשואיה, כל שלשים יום מותר לרחוץ פניה, וכן לסוך, כדי שלא תתגנה על בעלה.

סימן תקנ"ד סט"ז - [יח]נעילת הסנדל, דוקא של עור; אבל של בגד או של עץ או של שעם (פי' קליפי עץ), וגמי, מותר - ר"ל אע"ג דמגין על רגלו, וגם עשוי בצורת מנעל ממש, שרי, דלא נקרא מנעל אלא של עור.

[יט]ושל עץ מחופה עור - מלמעלה, ואף דהשולים הם ג"כ של עץ, מ"מ **אסור** - וה"ה אם היה של בגד ומחופה בעור מלמעלה, או השולים הם של עור.

והנה אע"פ שאסור בט"ב וביוה"כ בנעילת הסנדל, **מ"מ** הסכימו הרבה אחרונים, שיוכל לברך ברכת "שעשה לי כל צרכי".

סימן תקנ"ד סי"ז - [כ]אבל ומנודה שמהלכים בדרך, מותרים בנעילת הסנדל - וטוב שאז יתן עפר במנעלים, **וכשיגיעו לעיר יחלוצו, וכן בת"ב** - וכתב המ"א הטעם, דטורח גדול הוא לילך יחף דרך רחוק, **אבל** כשהולך לשדה סמוך לעיר, אסור לנעול, **וה"ה** לבית הקברות, אא"כ יש טיט ורפש, או בין העכו"מ, [**והא"ר** צידד להקל כל שיצא מן העיר, אף שאינה בדרך רחוק, נועל מנעליו], **ולפי"ז** כשיושב על העגלה או רוכב, צריך לחלוץ אף בדרך רחוק.

הגה: וכן במקום שדרים בין הא"י, לא יחלוץ כי אם ברחוב היהודים, וכן נהגו (טור והג"מ והגמ"ר) - משום העכו"מ שמלעיגים עלינו, **וכתב** המ"א, נ"ל דאם הרבה עכו"מ עוברים ברחוב היהודים, מותר, **וא"ר** צידד להחמיר לענין רחוב היהודים אף באופן זה, דהבו דלא להוסיף על המנהג, [דבלא"ה יש מפקפקים על המנהג שנהגו להקל כשהולכים בין העכו"ם].

וכתב הח"א, ההולכים בין העכו"מ ונוהגין ללבוש המנעלים, אף שאין למחות בידם שיש גדולים המתירים, מ"מ אין לזה טעם, דמה בכך שילעיגו עלינו, בלא"ה מלעיגים עלינו, **ומ"מ** אותן היושבים בחנות ודאי אסורים, דאיך ידעו הנכרים אם ילכו בלא מנעלים.

ובעוה"ר הרבה מהמון מקילין באיסור נעילת הסנדל כל היום, אף כשיושבין בביתם, ועוון גדול הוא, דאף כשנקיל בזה בעת שהולך ברחוב שמצוי שם עכו"ם, מ"מ תיכף כשבא לביתו מחויב לחלוץ אותם.

סימן תקנ"ד סי"ח - [כא]יש מי שאומר שלא יישן בליל ט"ב עם אשתו במטה, ונכון הדבר משום: לך לך אמרינן לנזירא - סחור סחור לכרמא לא תקרב, **ועיין** לקמן סי' תרט"ו, דאסור ליגע באשתו כאלו היא נדה, ואפשר דה"ה בט"ב, **ומ"מ** ביום יש להקל, [דדוקא ביוה"כ שהנשים מקושטות לכבוד היום, ויש לחוש לגירוי היצה"ר, **משא"כ** בט"ב שהולכים בבגדים מנוולים, **ואם** גם בט"ב הולכים מקושטות, יש להחמיר בו אף ביום כמו ביוה"כ"פ].

סימן תקנ"ד סי"ט - [כב]אם חל תשעה באב בשבת, מותר בכולן אפילו בתשמיש המטה - דהא איתא בברייתא: ומעלה על שולחנו ואינו מונע עצמו משום דבר.

הגה: ויש אוסרים תשמיש המטה, וכן נוהגין (טור בשם ר"י ואגור ומנהגים) - ס"ל דהוי שבת זו כקובר מתו ברגל, דנוהג ברגל דברים שבצנעא, **ולפי"ז** אסור ג"כ לרחוץ ידיו בחמין, שגם זה קרוי צנעא, **ומכריז** השמש: דברים שבצנעא נוהג, [**ונ"ל** דבמקום שלא נהגו להכריז, אין להקפיד ע"ז, **ועיין** בהלכה ברורה דמפקפק על עיקר ההכרזה, ובפרט בזמנינו דשכיחי ליצני].

אכן אם אירע ליל טבילתה בשבת זו, הביא המ"א בשם השל"ה, דיש לסמוך בזה על דעה הראשונה, וטובלת ומשמשת, **ויש** מחמירין גם בזה, **ועיין** בח"א שכתב, דכיון דבליל טבילה הוא מצות עונה, יש לסמוך בזה על המתירין, **והרמ"א** שכתב דנוהגין לאיסור, היינו במקום שאין כאן מצות עונה, משא"כ בליל טבילה, **ועיין** בביאור הגר"א, דמשמע מניה ג"כ, דהוא מצדד להלכה כדעת המחבר, וא"כ יש לסמוך להקל עכ"פ בליל טבילה.

[**עוד** כתב הנשמת אדם, דה"ה בבא מן הדרך יש להקל, שאז מתאוה לזיווג, וא"כ בודאי גם האשה מתאוה, וכשתתאוה אז הוא מצות עונה, והכל לפי מה שהוא אדם, עכ"ל].

סימן תקנ"ד ס"כ - [כג]אין שאלת שלום לחבירו בת"ב - וה"ה לומר לו "צפרא טבא" נמי אסור, וה"ה לשלוח דורון לחבירו בט"ב אסור, **ולעם** הארץ טוב שיודיע לו שהיום אסור ליתן שלום, ולא יהיה לו איבה עבור זה עליו.

באר הגולה

יז ברייתא יומא ע"ז | יח ממשמעות הגמרא יומא ע"ח, וכן פסקו הרי"ף והרא"ש ורמב"ם | יט טור יו"ד סימן שפ"ב | כ ירושלמי וכתבוהו הרי"ף והרא"ש | כא הגהת מרדכי | כב טור בשם אביו הרא"ש מלשון התוספתא ושכן כתב רמב"ן | כג תוספתא וירושלמי וכן פסקו הפוסקים

והדיוטות שאינם יודעים ונותנים שלום, משיבים להם בשפה רפה ובכובד ראש.

סימן תקנד סכ"א - [כד]יש מי שאומר שלא ילך ויטייל בשוק, כדי שלא יבא לידי שחוק וקלות והתול.

אות ג' – ד'

אבל אוכל הוא בשר מליח, ושותה יין מגתו

כל זמן שהוא כשלמים... כל זמן שהוא תוסס

רמב"ם פ"ה מהל' תעניות ה"ז - ולא יאכל בשר ולא ישתה יין בסעודה המפסיק בה; אבל שותה הוא יין מגתו שיש לו שלשה ימים או פחות, ואוכל בשר מליח שיש לו שלשה ימים או יתר.

סימן תקנב ס"ב - [כה]אפילו בשר מלוח שעברו עליו יותר משני ימים ולילה אחת, ובשר עופות - ר"ל אע"ג דהטעם באיסור בשר, משום דנתבטלו הקרבנות, ולאחר ג' ימים לא מקרי עוד בשר לענין קדשים, שהרי שלמים אין נאכלין יותר משני ימים ולילה אחת, **וכן** עופות לא היו קריבים ע"ג המזבח, חוץ מתורים ובני יונה, וגם אין שמחה אלא בבשר בהמה, **מ"מ** נהגו לאסור.

ודגים - משום דאיכא דוכתא דדגים בכלל בשר הוא, כמש"כ ביו"ד סי' רי"ז, **ועוד** דהוא עולה על שולחן מלכים, ושמחה הוא לאיש באכילתו. **ויין מגתו, דהיינו שאין לו יותר משלשה ימים** - שאינו חשוב, ולית ביה משום שמחה, **נהגו לאסור.**

אות ה' – ו'

יין תוסס אין בו משום גילוי

וכמה תסיסתו, שלשה ימים

רמב"ם פי"א מהל' רוצח ושמירת הנפש ה"ח - יין מבושל אין בו משום גילוי; וכן יין תוסס, והוא היין משעת דריכתו עד שלשה ימים.

טור יו"ד סימן קטז - יין תוסס אין בו משום גילוי, וכמה תוסס, בן שלשה ימים.

אות ז'

כך היה מנהגו של רבי יהודה ברבי אילעאי: ערב ת"ב מביאין לו פת חרבה במלח, ויושב בין תנור לכיריים ואוכל, ושותה עליה קיתון של מים, ודומה כמי שמתו מוטל לפניו

סימן תקנב ס"ו - [כו]מי שאפשר לו, לא יאכל בסעודה המפסקת אלא פת חריבה במלח וקיתון של מים - ומכל מקום אל ימעט בשיעור אכילתו, אלא יעשה באופן שיוכל לסבול התענית, וכן בשתיית המים.

הגה: ויש מחמירים לטבל אחר אכילתן פת באפר ולאכלו, על שם ויגרס בחצץ וגו' - ואומר "זהו סעודת ט"ב".

[כז]**סימן תקנב ס"ז - [כח]נהגו לישב על גבי קרקע בסעודה המפסקת** - כדי שתהא הסעודה שפלה, **ובמקום** שמנהגן לאכול בהסיבה, היה ההיכר אם היו אוכלין עתה שלא בהסיבה, **ולדידן** שכל השנה אוכלין שלא בהסיבה, אין ניכר השפלות אלא בזה, **ומ"מ** אם הוא אדם חלוש, יוכל להניח כר תחתיו.

(ואין צריך לחלוץ מנעליו) - דאין אבילות נוהג עד הלילה, ומטעם זה מותר לישב אחר הסעודה על הספסל.

סימן תקנב ס"ח - [כט]יש ליזהר שלא ישבו שלשה לאכול בסעודה המפסקת, כדי שלא יתחייבו בזימון; אלא כל אחד ישב לבדו ויברך לעצמו - ובדיעבד אף אם ישבו ג', לא יזמנו, דלא חשיב קביעות.

אות ז'*[ל]

סימן תקסח סי"א - [לא]מי שקבל עליו תענית שני וחמישי כל ימות השנה, ואירע ערב תשעה באב להיות בשני - וקשה עליו לישב בתענית שני ימים ולילה אחת, [**והפמ"ג** כתב, דכהיום שהדורות חלושים, אין להכניס עצמו בסכנה], **ישאל על נדרו, או ילוה תעניתו ופורע** – (ר"ל שמתענה שני אחר בכלות שנה זו, **אבל** אין יכול ליתן יום אחר תחת שני, דאחר שבירר לו ב' וה', כונתו דוקא לאלו שהם ימי רצון).

כתב המ"א, ואע"ג דבסימן תקס"ח ס"ב כתב, דאסור ללות בכה"ג, [**משום** דקי"ל דדוקא קיבל עליו תענית סתם, רשאי ללות ולפרוע, אבל אם אמר "יום זה", אסור ללות, **וב'** וה' כל השנה מקרי "יום זה", דכיון דאמר ב' וה', א"א לפרוע יום אחר ג' וד', וכיון דקיבל עליו ב' וה' דכל השנה, באיזה יום ב' וה' ישלים, **וב'** וה' של שנה אחרת ג"כ אין יכול להשלים בם, דכיון דאמר "השנה", קבע שנה זו דוקא], **הכא** דא"א בענין אחר, שרי, [ר"ל דהרא"ש דהוא מריה דהאי דינא, סמך עצמו על מה שכתב בפ"ק דתענית, דמגמ' דילן משמע דלא ס"ל כהירושלמי, אלא דאפי' בנודר "יום זה" להתענות, יכול ג"כ ללות ולפרוע יום אחר], **ומהאי** טעמא כתבו הגאונים ‹לקמן בסמוך› דא"צ להשלים, אף דבעלמא קי"ל,

באר הגולה

[כד] כל בו [כה] **טור והגהת אשר"י בשם אר"ז** ‹וז"ל: אע"פ שמתוך ההלכה משמע שמותר לאכול בסעודה המפסקת בשר מליח או בשר עופות ודגים ולשתות יין תוסס, מ"מ אין נכון לעשות כן, ואיסור נמי איכא משום אל תטוש תורת אמך, עכ"ל - ב"י, ועיין בתוס'› [כו] **טור מהא דרבי יהודה בר אלעאי** [כז] ‹מילואים ס"ז – ס"ח› [כח] **שם בשם אבי העזרי** ‹וכ"כ התוס' (ל. ד"ה ואע"ג) צריך לשנות מקומו שהוא רגיל לאכול, כמו שהיה מנהג רבי יהודה בר אלעאי, שישב ואכל ערב תשעה באב בין תנור וכיריים, מקום שהיה מנוול, ע"כ - ב"י› [כט] **שם בשם אביו הרא"ש והגהות מיימוני** [ל] ‹מילואים› [לא] **תרומת הדשן בשם תשובת הרא"ש**

דכל תענית שלא שקעה עליו חמה, לאו שמיה תענית, **אבל** הרב ט"ז דחה לדברי המחבר בזה ‹דילוה תעניתו ופורע› מהלכה, וכן כמה אחרונים לא העתיקו את דברי המחבר בזה להלכה.

הגה: והגאונים כתבו דמתענה עד אחר תפלת מנחה, ואוכל סעודה המפסקת קודם ביאת השמש (הג"א ומרדכי ות"ה), וכן נוהגין - ואסור לסעוד שני פעמים משום נדרו, וא"כ צריך לנהוג בה כל דין סעודה המפסקת האמור למעלה.

[**ומוכח** דדעתם, דא"צ לפרוע תענית אחר, ודלא כט"ז].

קודם ביאת השמש - ולפי שא"א לצמצם כ"כ לאחר האכילה, מוטב יותר שישאל על נדרו.

והוא הדין מי שמתענה תענית חלום (מהרי"ל) - וה"ה יא"צ, וטוב שיתנה בפעם ראשונה שלא להתענות רק עד אחר חצות היום, ויתפלל מנחה גדולה ויאכל סעודה, ואח"כ יאכל סעודה המפסקת.

סימן תקנב סי"ב - [לב]**אין אומרים תחנה ערב ת"ב במנחה, משום דאיקרי מועד; ואם הוא שבת, א"א לדקתך (מהרי"ל ומנהגים)** - ואם חל ט"ב בשבת, אומרים "אב הרחמים", **וכתב** הפמ"ג, די"ל דג"כ מזכירין נשמות, אותן הנוהגין להזכיר בכל שבת.

סימן תקנג ס"א - [לג]**אע"פ שאכל סעודה המפסקת, מותר לחזור ולאכול, אלא אם כן קבל עליו בפירוש שלא לאכול עוד היום** - וה"ה אם אמר שמקבל עליו התענית, ג"כ אסור, דודאי כונתו שלא לאכול עוד היום.

הגה: וקבלה בלב אינה קבלה, אלא צריך להוציאו בשפתיו (ב"י בשם הפוסקים) - והב"ח כתב דהוי קבלה, וכן הסכים הגר"א בביאורו, ואסור אז כל מה שאסור בט"ב חוץ מנעילת הסנדל דמותר, דהוי כאלו התנה בפירוש חוץ מזה, [דהרי אנו רואין שאינו חולץ מנעליו]. **אבל** אם לא קיבל בלבו להתענות אפילו בלב, אלא שגמר בדעתו שלא לאכול, אינו כלום, ומותר אפילו באכילה, **ומ"מ** נכון יותר להתנות בפירוש בפה או בלב, שאינו מקבל עליו התענית עד ביה"ש, [**ואם** חל ט"ב בשבת או בא' בשבת, א"צ להתנות, כיון דאסור להראות ענוי בשבת, מסתמא לא נתכוין להפסיק לשם תענית].

סימן תקנג ס"ב - [לד]**תשעה באב, לילו כיומו לכל דבר; ואין אוכלים אלא מבעוד יום, ובין השמשות שלו אסור כיום הכפורים** - היינו בין בכניסתו ובין ביציאתו, אבל א"צ להוסיף עליהם, [**אכן** אם התפלל ערבית מבע"י, ממילא חל עליו התענית ואסור לאכול], **ועיין** בסימן רס"א, דביארנו דביה"ש נקרא משמשקעה החמה, וה"ה בענינינו.

הגה: ומותר ברחיצה וסיכה ונעילת הסנדל עד בין השמשות - כבר כתבנו דאם קיבל עליו לאחר שהפסיק סעודתו שלא לאכול עוד, ממילא אסור ברחיצה וסיכה ג"כ, **ודוקא** כשקיבל עליו ההוספה מפלג המנחה ולמעלה, הא קודם לכן לאו קבלה היא, ומה דקיבל בפירוש קיבל ותו לא, **וכן** כשקיבל עליו איסור אכילת בשר ויין מי"ז בתמוז ואילך, אין איסור רחיצה בכלל.

מיהו בחול נוהגין לחלוץ מנעלים קודם שיאמר ברכו - ר"ל דאף שמנהגם היה להתפלל מעריב מבע"י, מ"מ לאחר ברכו הוא בכלל לילה לענין זה, **ובמהר"ל** כתב, דיש לחלוץ מנעלים קודם שהולכין לביה"כ. **ועכ"פ** יראה לחולצם קודם ביה"ש.

ואם הוא שבת חולצים לאחר ברכו - דאסור לשום סימן אבלות בשבת, **ולא** יגע בהם בידיו, דיהיה צריך ליטול ידיו, **ובדיעבד** אם נגע, ינקה ידיו בכל מידי דמנקי.

מלבד שליח צבור שחולץ קודם ברכו (הג' מיימוני) - מפני הטרוף, **רק** - כדי שלא יראה עינוי בשבת, **אומר תחלה: המבדיל וכו' (מנהגים בשם מהרא"ק)** - בלא שם ומלכות.

ונהגו שלא ללמוד בערב תשעה באב מחצות ואילך, כי אם בדברים המותרים בתשעה באב - דתורה משמחת הלב, **ומ"מ** כ"ז אינו מדינא, דהא מותר בערב ט"ב מדינא כל החמשה עינויים, **ועיקר** הטעם, משום דהוא יכול ללמוד דברים המותרים בט"ב.

והנה מהרבה אחרונים משמע, שתפסו המנהג הזה ולא ערערו עליו, דאפילו אם חל בשבת, הסכימו כמה אחרונים להתנהג כמ"ש הרמ"א, וכמו שאכתוב לקמיה, **אמנם** יש איזה אחרונים שפקפקו מאד על המנהג הזה, ראשון לכל הרש"ל, כתבו עליו שלמד בעצמו אחר חצות, והתיר גם לאחרים בזה, גם הגר"א בביאורו כתב דחומרא יתירא היא, **וכן** המאמר מרדכי בספרו מאריך בזה, וכתב דהוא מביא הרבה לידי ביטול תורה להלומדים, שמתרשלים ללמוד דברים המותרים בט"ב, דאין אדם לומד אלא מה שלבו חפץ, וע"כ דעתו להקל בזה, וכתב דכן היה הוא נוהג, ‹לשונו הובא בבה"ל›, וכן הח"א כתב דהוא חומרא בעלמא, **וע"כ** נראה דמי שרוצה להקל בזה, אין מוחין בידו.

ולכן אם חל בשבת - היינו אפי' ערב תשעה באב שחל בשבת, **אין אומרים פרקי אבות (מהרי"ל ומנהגים)** - דהוא כלימוד תורה, **והיינו** אחר חצות, דקודם חצות מותר בלימוד תורה, אפי' כשחל ‹ט"ב› בשבת.

והט"ז מפקפק מאד על מניעת הלימוד בשבת, ומסיים דהלומד בשבת אחר חצות לא הפסיד שכרו, **והיינו** אפילו כשחל ט"ב בשבת, וכ"ש כשחל עט"ב בשבת, **ונראה** דיש לסמוך ע"ז, אחרי דאפילו כשחל בחול כמה אחרונים מקילין וכנ"ל.

וכן לא יטייל ערב תשעה באב.

באר הגולה

לב הגהות מיימוני | לג טור בשם התוס' ואביו הרא"ש, וכ"כ הרי"ף לענין ת"צ שפוסק מבע"י | לד רמב"ם מהא דפסחים נ"ד

עין משפט נר מצוה

לח א מיי' פ"ה מהל' תעניות הל' י סמג עשין ג טוש"ע א"ח סי' תקנד סעיף כב:
לט ב מיי' שם טוש"ע שם סעיף כד:
מ ג ד טוש"ע שם סעיף כה:
מא ה מיי' פ"ה מהל' אבל הלכה יח טור י"ד סימן שפו:

בין תנור לכיריים ואוכל ושותה עליה קיתון של מים ודומה כמי שמתו מוטל לפניו תנן התם *מקום שנהגו לעשות מלאכה בט' באב עושין מקום שנהגו שלא לעשות אין עושין ובכל מקום ת"ח בטלים רשב"ג אומר לעולם יעשה כל אדם עצמו כתלמיד חכם תניא נמי הכי רשב"ג אומר לעולם יעשה אדם עצמו כתלמיד חכם כדי שיתענה תניא אידך *רשב"ג אומר כל האוכל ושותה בט' באב כאילו אוכל ושותה ביוה"כ ר"ע אומר *כל העושה מלאכה בתשעה באב אינו רואה סימן ברכה לעולם וחכ"א כל העושה מלאכה בט' באב ואינו מתאבל על ירושלים אינו רואה בשמחתה שנא' °שמחו את ירושלם וגילו בה (ישעיה סו) כל אוהביה שישו אתה משוש כל המתאבלים עליה מכאן אמרו *כל המתאבל על ירושלים זוכה ורואה בשמחתה ושאינו מתאבל על ירושלים אינו רואה בשמחתה *תניא נמי הכי *כל האוכל בשר ושותה יין בט' באב עליו הכתוב אומר °ותהי עונותם (יחזקאל לג) על עצמותם: רבי יהודה מחייב בכפיית המטה ולא הודו לו חכמים: תניא אמרו לו לרבי יהודה לדבריך עוברות ומניקות מה תהא עליהן אמר להם אף אני לא אמרתי אלא ביכול תניא נמי הכי מודה ר' יהודה לחכמים בשאינו יכול ומודים חכמים לרבי יהודה ביכול מאי בינייהו איכא בינייהו שאר מטות כדתניא *כשאמרו לכפות המטה לא מטתו בלבד הוא כופה אלא כל המטות כולן הוא כופה אמר רבא הלכתא כתנא דידן *ולא הודו לו חכמים כל עיקר: א"ר שמעון בן גמליאל לא היו ימים טובים לישראל כחמשה עשר באב וכיוה"כ: *בשלמא יום הכפורים משום דאית ביה סליחה ומחילה יום שניתנו בו לוחות האחרונות אלא ט"ו באב מאי היא אמר רב יהודה אמר שמואל יום שהותרו שבטים לבוא זה בזה מאי דרוש °זה הדבר אשר צוה ה' לבנות צלפחד וגו' (במדבר לו) דבר זה לא יהא נוהג אלא בדור זה אמר רב יוסף אמר רב נחמן יום שהותר שבט בנימין לבוא בקהל שנאמר °ואיש ישראל (שופטים כא) נשבע במצפה לאמר איש ממנו לא יתן בתו לבנימן לאשה מאי דרוש אמר רב ממנו ולא מבנינו (*אמר) רבה בר בר חנה א"ר יוחנן יום שכלו בו מתי מדבר דאמר מר עד שלא כלו מתי מדבר לא היה דבור עם משה שנאמר °ויהי כאשר תמו כל אנשי המלחמה למות וידבר ה' (דברים ב) אלי אלי היה הדבור עולא אמר יום שביטל הושע בן אלה *פרוסדיות *שהושיב ירבעם בן נבט על הדרכים שלא יעלו ישראל לרגל ואמר לאיזה

רש"י

בין תנור לכיריים · מקום מנוול שבבית: אינו רואה סימן ברכה · מאותה מלאכה: כל האוכל בשר ושותה יין בתשעה באב עליו הכתוב אומר והיו עונותם על עצמותם · בתשעה באב כלומר בסעודה המפסיק בה: עוברות ומניקות · שאין יכולות לישן על גבי קרקע: ביכול · שאפשר לו: מאי בינייהו · כיון דזה מודה לו ביכול וזה מודה לו בשאינו יכול: שאר מטות · שבבית שאינו שוכב בהן ר' יהודה דמחייב במתני' בכפיית המטה קמחייב נמי ביכול בשאר מטות ורבנן סברי מטתו כופה ולא שאר מטות וכדתניא גבי אבל: שניתנו בו לוחות אחרונות · שבי"ז בתמוז ירד משה מן ההר תחלה ושיבר את הלוחות ובי"ח טחן את העגל ודן את הפושעים ועלה למרום נשתהה שם שמונים יום ארבעים יום עמד בתפלה דכתיב (דברים ט) ואתנפל לפני ה' ארבעים יום וארבעים לילה וארבעים יום עמד כבראשונה חשוב מי"ז בתמוז עד יום הכפורים והוו להו שמונים יום שנים עשרה שנשתיירו מתמוז דהוא חסר ושלשים דאב ותשעה ועשרים דאלול הרי אחד ושבעים ותשעה דתשרי הרי שמונים יום וליל כפור (א)השלים כנגד לילו של י"ז תמוז דלא הוה בחושבניה דהא נפק ליה כבר בשעה שעלה השתא הוי להו פ' שלמין לילה ויום ובוקר יום כפור ירד שהוא עשרה בתשרי ואותו היום נקבע ליום כפור להודיע שמחל וניחם על הרעה אשר דבר לעשות לעמו ועל כן נקבע יום כפור בעשרה בתשרי כך שמעתי: שהותרו שבטים לבא זה בזה · דרחמנא אמר וכל בת יורשת נחלה וגו' (במדבר לו) וכתיב (שם) ולא תסוב נחלה ממטה למטה אחר כי איש בנחלתו ידבקו בני ישראל ועמדו והתירו דבר זה בחמשה עשר באב: זה הדבר אשר צוה ה' לבנות צלפחד וגו' · זה מיעוט הוא כלו' לא יהיה דבר זה נוהג אלא בדור זה בדור של בנות צלפחד: לבא בקהל · לישא נשים לפי שנשבעו ישראל מלהינשא להם כדכתיב בשופטים (כא): ממנו · מיעוט הוא דכתיב איש ממנו לא יתן בתו לבנימין לא גזרו אלא מהם (ממנו) אבל מבניהם לא גזרו: שכלו מתי מדבר · דתניא כל ארבעים שנה שהיו במדבר בכל ערב תשעה באב היה הכרוז יוצא ואומר צאו לחפור והיה כל אחד ואחד יוצא וחופר לו קבר וישן בו שמא ימות קודם שיחפור ולמחר הכרוז יוצא וקורא יבדלו חיים מן המתים וכל שהיה בו נפש חיים היה עומד ויוצא וכל שנה היו עושין כן ובשנת ארבעים שנה עשו ולמחר עמדו כולן חיים וכיון שראו כך תמהו ואמרו שמא טעינו בחשבון החדש חזרו ושכבו בקבריהן בלילות עד ליל חמשה עשר וכיון שראו שנתמלאה הלבנה בט"ו ולא מת אחד מהם ידעו שחשבון חדש מכוון וכבר מ' שנה של גזרה נשלמו קבעו אותו הדור לאותו היום יו"ט: דאמר מר כו' · לפיכך יו"ט הוא: לא היה הדבור עם משה · ביחוד וחיבה דכתיב וידבר ה' אלי לאמר אלי נתייחד הדיבור ואע"ג דמקמי הכי כתיבי קראי בהו וידבר איכא דאמרי לא היה פה אל פה אלא בחזיון לילה גמגום: לאיזה

תוספות

כל העושה מלאכה בתשעה באב אינו רואה סימן ברכה לעולם · כלומר באותה מלאכה שרגיל לעשות בתשעה באב אינו רואה סימן ברכה לעולם וחייב אדם לצער ולמעט בכבודו ובהנאותיו שאם היה רגיל לשכב על שני כרים לא ישכב כי אם על אחד אבל עוברות ומניקות אין חייבות כולי האי שאינם יכולות להצטער בעצמן ואוכלין סעודה המפסקת מבעוד יום וכן נמי ביום הכפורים (נמי) צריך לסעוד מבע"י דתוספת יום הכפורים מן התורה כדכתיב (ויקרא כג) מערב ועד ערב וכתיב בעצם היום הזה (שם) אבל מכל מקום אין לאסור לשתות משאכל סעודה מפסקת ועדיין הוי היום גדול *כדמשמע בירושלמי דר' יוסי איקלע לבצרה אכל סעודה מפסקת אתא לגבי דריש כנישתא והוה סעיד אמר ליה ההוא ריש כנישתא סעוד אלגי אמר ליה אכלית ואפסקית אמר לו אסנת עלי דלא לימרון הדין גברא לא אסנת עליה אכל מכל עיגול פתית ואכל מכל תבשיל ותבשיל חד פת ושתה מכל חבית חד כסא והכי הלכתא אם עדיין היום גדול לאחר שאכל סעודה המפסקת מותר לשתות אפילו ערב יוה"כ וכל שכן ערב תשעה באב:

אמר רבא הלכה כתנא דידן ולא הודו לו חכמים · פירוש שאין צריך לכפות המטה והאידנא דחיישינן לכשפים לא עבדינן כפיית המטה ואפילו באבל:

יום שהותרו השבטים לבא זה בזה · פירוש דהייתו י"ט:

יום שבו כלו מתי מדבר · כדאמרי' (במדרש איכה) כל ט' באב היו עושין קבריהן ושוכבין בתוכן ולמחר הכרוז יוצא הבדלו החיים ואותה השנה שכלתה הגזרה קמו כולם והיו סבורים שמא טעו בחודש עד שראו הלבנה מלאה ואז ידעו שכלתה הגזרה ועשו יו"ט ופרשב"ם (בב"ב דף קכא.*) כל המ' שנים לא היו מתים אלא בט' באב *ובכל ט' באב היו מתים *כ"א אלף ופרוטרוט ומפרש התם דאותו פרוטרוט עולה למ' שנים ט"ו אלף וי"מ שהיו מתים בכל יום אך רוב המתים היו לעולם בתשעה באב ובחמשה עשר באב פסקה הגזרה ולא מתו כלל ועשו י"ט: תיקנו

רבינו חננאל

ר' אומר כל האוכל ושותה בט' באב כאלו אוכל ושותה ביוה"כ · ר' עקיבא אומר העושה מלאכה בט' באב אינו רואה סימן ברכה לעולם · וחכ"א העושה מלאכה בט' באב אינו רואה בשמחת ירושלים שנאמר שמחו את וגו' שישו אתה משוש כל המתאבלים עליה · כל שאינו מתאבל על ירושלים אינו רואה בשמחתה · וכל האוכל בט' באב עליו הכתוב אומר ותהי עונותם על עצמותם · עונותיו חקוקים על עצמותיו · ר' יהודה מחייב בכפיית המטה ולא הודו לו חכמים · תנא מודה ר' יהודה לחכמים בשאינו יכול כגון עוברות ומניקות וכיוצא בהן שאין כופין מטותיהן · ומודים חכמים לר' יהודה שכופה כל אדם מטתו מי שהוא יכול לישן על הקרקע ואמר רבא הלכתא כתנא דידן דקתני לא הודו לו חכמים · מנהגו של ר' יהודה ברבי אלעאי בערב ט' באב היה יושב בין תנור לכיריים ואוכל פת חריבה במלח · ושותה קיתון של מים ודומה כמי שמתו מוטל לפניו: ארשב"ג לא היו ימים טובים לישראל כט"ו באב וכיוה"כ · בשלמא יוה"כ משום שהוא יום שנתנו לוחות האחרונות לפי שכשתחשב מו' בסיון שעלה משה לקבל לוחות הראשונות מ' יום עד י"ז בתמוז שנא' ואתנפל לפני ה' תנ' עד כ"ט באב ומיד א"ל הקב"ה למשה עלה אלי ההרה · ועלה ביום ל' של אב (עשה ג') [עמד מ'] יום וירד בלוחות האחרונות והוא יוה"כ לפיכך ראוי להיות יו"ט · אלא ט"ו באב מפני מה הוא יו"ט ואמרי' יום שהותרו שבטים לבוא זה בזה · דדרוש זה הדבר שכתוב בענין ולא תסוב נחלה ממטה למטה אחר · לא יהא נוהג אלא באותו דור שנכנסו לארץ · ולהם נחלקה הארץ בלבד · ור' יוחנן אמר שהותר שבט בנימין דדרוש איש ממנו לא יתן בתו לבנימין ממנו ולא מבנינו · רב נחמן אמר יום שכלו בו מתי מדבר · ומצינו בפירוש בירושלמי ר' אבון אמר שבכל בו החפירה דא"ר לא בכל ערב ט' באב היה משה רבינו מוציא כרוז בסחנה ישראל צאו לחפור היו יוצאין (עצמן) וחופרין קברות וכל אחד ישן בקברו · ובשחר מי שנמצא חי חוזר למחנה והמתים נשארו בקבריהן ומוצאין עצמן בכל שנה חסרים ט"ו אלף ופרוטרוט בשנת ל"ח שנה עשו כמנהג כל השנים עמדו כולן לא מת אחד מהן · אמרו טעינו בחשבון אני היום ט' באב וכן אמרו בי"א בי"ב ובי"ג ובי"ד כיון שהגיע ט"ו באב וראו הלבנה מלאה

רבינו גרשום

מחייב בכפיית המטה לכוף מטתו כאבל: עוברות ומניקות שאי אפשר להם בלא מטות מה תהא עליהם: מטתו בלבד: כל הכלים המשאילות זו לזו טעונות טבילה שמא דנדה היו · יום שכלו מתי מדבר וקבעו יום טוב לפי שחזר הדיבור למשה. יום שפוסקין מלכרות עצים למערכה ומיכן ואילך מוסיפין לעסוק בתורה: שאר מטות שאינו שוכב עליה דר' יהודה מחייב לכוף כל המטות שבבית וחכ"א אינו חייב לכוף אלא

מסורת הש"ס: [ברכות יז:] פסחים נד: · [ברי"ף ובר"ש מהוספים דברי ר"ע לרשב"ג ודברי רשב"ג לר"ע] · [ב"ב ס:] · מו"ק כו' נדרים כו' סנהדרין כ' · בס"י ליתא דקאמר ולא הודו · ב"ב קכא: ע"ש · [ב"ב קכא: איתא רב דימי בר יוסף אמר רב נחמן יום וכו'] · [גי' הערוך פרוזדאות פי' שומרים וע' לעיל כח: והוסיפו פרוזדאות כו'] · גיטין נו: · ברי"ף ובר"ש ליתא תניא · [ע"ש ברשב"ם וע' מהרש"א] · מתים מת"ר אלף בפרוטרוט כב"ג · [גיטין סח:] [ושם הגי' פרדסיות וכן הגי' בב"ב קכא:]

הגהות הב"ח: (א) רש"י ד"ה שניתנו כו' סי' שמונים יום וליל כפור השלים כנגד:

גליון הש"ס: תוס' ד"ה כל העושה וכו' כדמשמע בירושלמי בעירובין דף מא ע"א נתוס' ד"ה אי אתם כתבו כן בשם מדרש איכה רבתי: שם ד"ה יום שבו וכו' ובכל ט"ב היו מתים · עיין תשובת חות יאיר בסוף ספר תשובו' של הגאון מוהר"ד ז"ל בסופו:

§ מסכת תענית דף ל: §

אות א'

מקום שנהגו לעשות מלאכה בתשעה באב, עושין; מקום שנהגו שלא לעשות, אין עושין; ובכל מקום תלמידי חכמים בטלים. רבן שמעון בן גמליאל אומר: לעולם יעשה כל אדם עצמו כתלמיד חכם

סימן תקנד סכ"ב - [א]מקום שנהגו לעשות מלאכה בט' באב, עושין; במקום שנהגו שלא לעשות, אין עושין - כדי שלא יסיחו דעתם מהאבלות, [ב]**ומטעם** זה גם בלילה אסור במלאכה, דהא גם בלילה מחוייב להתאבל, **מיהו** כל מלאכה שאין בה שיהוי שרי, דאין מסיח דעתו בכך.

(וכהיום מנהג כל ישראל בכל מקום שלא לעשות – מטה יהודא, וכונתו הוא רק עד חצות, כדלקמיה בהג"ה).

ובכל מקום ת"ח בטלים; וכל הרוצה לעשות עצמו תלמיד חכם לענין זה, עושה - ולא מיחזי כיוהרא, [ג]דהרואה אומר דמניעתו ממלאכה הוא מפני שלא נזדמן לו מה לעשות.

ואפילו במקום שנהגו שלא לעשות - כגון במדינתינו, [ד]**מותר ע"י אינו יהודי, אפילו בביתו** – (עיין בספר מטה יהודא, דדוקא אם נותן לו קודם ט"ב, ולדעתי צ"ע, כיון דליכא היסח הדעת עי"ז, כמו שכתב הגר"א).

אכן לבנות בנין דאוושא מילתא, אסור אפילו ע"י עכו"מ, [**עיין** בדה"ח, דאף פרקמטיא אסור אפי' ע"י עכו"ם, משום דהוי פרסום].

ופרקמטיא להרויח ולהשתכר, [ה]במקום שנהגו שלא לעשות מלאכה, אסור; ובמקום שנהגו לעשות, מותר, אלא שממעט, שאפילו משנכנס אב ממעטין מלישא וליתן.

הגה: ולא נהגו באיסור מלאכה כי אם עד חצות (מנהגים). ונהגו להחמיר עד חצות בכל מלאכה שיש בה שיהוי קצת, אפילו מעשה הדיוט; אבל דבר שאין בה שיהוי, כגון הדלקת נרות או קשירה וכדומה, מותרת – (ולענין כתיבה, בא"ר בשם שכנה"ג להקל, והמטה יהודא דעתו, דלענין כתיבה הוא כמו בחוה"מ).

ולחלוב הפרות, טוב לעשות ע"י א"י, אם אפשר באינו יהודי - ואם א"א בנכרי, מותר לעשותה בעצמו כמו בחוה"מ - מ"א, (וצ"ע, הא בס"ס תקל"ג התירו משום שהוא דבר האבד, ובאבוד התירו בסעיף שאחר זה אף באפשר ע"י כותים, **ואפשר** דמיירי הכא בענין שאינו דבר האבד אם ימתין עד אחר חצות), **ועיין** בביאור הגר"א, שמצדד להקל תמיד ע"י ישראל בעצמו, (משום דבר האבד).

[ו]סימן תקנד סכ"ג - [ו]ומלאכת דבר האבד מותר, כדרך שאמרו בחולו של מועד.

אם יריד או שיירות באים, מותר לקנות מהם ע"י עכו"מ, אפילו קודם חצות, {**אבל** לא ע"י עצמו, דמסיח דעתו מאבילות}, **וכ"ש** למכור, דהוי דבר האבד, כמש"כ ביו"ד לענין אבל, (**אח"כ** מצאתי בא"ר שכתב, וצ"ע, דע"י כותים מבואר בסעיף הקודם, דאפילו באין דבר האבד מותר, ‹ודבר האבד מותר› אף בעצמו, **ואפשר** דזה בפרהסיא, ולרבים לא רצה להקל, **עכ"ל**). ‹ע"פ הכף החיים›.

אות ב'

כל העושה מלאכה בתשעה באב, אינו רואה סימן ברכה לעולם

סימן תקנד סכ"ד - [ח]כל העושה מלאכה בתשעה באב, אינו רואה סימן ברכה מאותה מלאכה - כלומר מאותן מעות שמרויח מאותה מלאכה, והיינו אפילו במקום שנהגו לעשות, ואפילו לאחר חצות, **ומשמע** מגמרא דוקא כשקובע עצמו למלאכה, ומסיח דעתו מהאבילות, **וע"כ** אף שמותר לישא וליתן אחר חצות, לא ימשוך בעסקיו, כדי שלא יסיח דעתו מן האבילות, [**וה"ה** שלא יקבע עצמו למלאכה עד שיסיח דעתו מן האבילות].

אות ג' – ד'

כל המתאבל על ירושלים, זוכה ורואה בשמחתה; ושאינו מתאבל על ירושלים, אינו רואה בשמחתה

כל האוכל בשר ושותה יין בתשעה באב, עליו הכתוב אומר: ותהי עונותם על עצמתם

סימן תקנד סכ"ה - [ט]כל האוכל ושותה בת"ב, אינו רואה בשמחת ירושלים - אפילו מעוברת או מניקה, או שארי אנשים שהם חלושים בטבען, ומצטערים מהתענית, [**ואין** יכול לפדות בממון], **אם** לא מי שהוא חולה באמת, וכדלעיל בס"ו וע"ש בהג"ה, **וכדאי** הוא בית אלהינו להצטער על חורבנו עכ"פ יום אחד בשנה.

וכל המתאבל על ירושלים, זוכה ורואה בשמחתה. [י]וכל האוכל בשר או שותה יין בסעודה המפסקת, עליו הכתוב אומר: ותהי עונותם על עצמותם.

באר הגולה

[א] משנה פסחים נ"ד וכרשב"ג, תוס' [ב] ‹ע"ל דף י"ג. רש"י ד"ה כשאמרו אסור› [ג] ‹ע"ל סי' תקע"ה ס"א, וע"ש {בדף י:} שהבאנו לשון המ"א וז"ל: וצ"ל דתענית לא דמי למלאכה, דמ"מ הרואה שמתענה מוכחא מלתא שעושה מפני הגשמים והוי משום יוהרא› [ד] רוקח [ה] רשב"א בתשובה [ו] ‹מילואים› [ז] שם בתשובה [ח] ברייתא תענית ל' [ט] ברייתא שם ‹לכאורה אכילה ושתיה אינו מפורש, רק מדמה מילתא למילתא› [י] ברייתא שם

אות ה'

כשאמרו לכפות המטה, לא מטתו בלבד הוא כופה אלא כל המטות כולן הוא כופה

טור יו"ד סימן שפז - ולא מטתו בלבד הוא כופה, אלא כל מטות שיש לו בבית. ופי' הראב"ד, כגון מטות אשתו ובניו שמתאבלין עמו; אבל אם יש לו אכסנאין, אינן כופין, אף על פי שהמטות שלו, כיון שאינו ישן עליהם אלא מיוחדין לאכסנאין; והרמב"ן כתב, אם יש הרבה מטות מיוחדין לאכסנאין, צריך לכפות כולן, ואם באין אכסנאין, זוקף להם הצורך להם, יוצאין, חוזר וכופן; וא"א הרא"ש ז"ל הסכים לסברת הראב"ד.

אות ה'* [יא]

הלכתא כתנא דידן ולא הודו לו חכמים כל עיקר

פסקי ריא"ז - ואף על פי שהאבל חייב בכפיית המטה, ט' באב אין חייבין בו בכפיית המטה.

---

§ מסכת תענית דף לא. §

אות א'

תקנו ביבנה הטוב והמטיב

רמב"ם פ"ב מהל' ברכות ה"א - סדר ברכת המזון כך היא: ראשונה ברכת הזן, שנייה ברכת הארץ, שלישית בונה ירושלים, רביעית הטוב והמטיב; ברכה ראשונה משה רבינו תקנה, שנייה תיקן יהושע, שלישית תיקן דוד ושלמה בנו, רביעית חכמי משנה תקנוה.

[א]טור סימן קפט - ברכה רביעית הטוב והמטיב, ולאו דאורייתא היא, שחכמים תקנוה על הרוגי ביתר שנתנו לקבורה.

באר הגולה

יא ‹הוספה› א ‹ע"פ מהדורת נהרדעא›

לאיזה שירצו יעלו *רב מתנה אמר יום שנתנו הרוגי ביתר לקבורה ואמר רב מתנה *אותו יום שנתנו הרוגי ביתר לקבורה *תקנו ביבנה הטוב והמטיב הטוב שלא הסריחו והמטיב שנתנו לקבורה רבה ורב יוסף דאמרי תרוייהו יום שפסקו מלכרות עצים למערכה (*תניא) רבי אליעזר הגדול אומר מחמשה עשר באב ואילך תשש כחה של חמה ולא היו כורתין עצים למערכה לפי שאינן יבשין אמר רב מנשיא וקרו ליה יום תבר מגל מכאן ואילך דמוסיף יוסיף ודלא מוסיף (*יאסף) (*תני רב יוסף) מאי יאסף אמר רב יוסף תקבריה אימיה: שבהן בנות ירושלים כו': ת"ר בת מלך שואלת מבת כהן גדול בת כהן גדול מבת סגן ובת סגן מבת משוח מלחמה ובת משוח מלחמה מבת כהן הדיוט וכל ישראל שואלין זה מזה כדי *שלא יתבייש את מי שאין לו: כל הכלים טעונין טבילה: אמר רבי אלעזר אפילו מקופלין ומונחין בקופסא: בנות ישראל יוצאות וחולות בכרמים: תנא מי שאין לו אשה נפנה לשם: *מיוחסות שבהן היו אומרות בחור וכו': תנו רבנן יפיפיות שבהן מה היו אומרות תנו עיניכם ליופי שאין האשה אלא ליופי מיוחסות שבהן מה היו אומרות תנו עיניכם למשפחה לפי *שאין האשה אלא לבנים מכוערות שבהם מה היו אומרות קחו מקחכם לשום שמים ובלבד שתעטרונו בזהובים אמר עולא ביראה אמר רבי אלעזר עתיד הקדוש ברוך הוא לעשות מחול לצדיקים והוא יושב ביניהם בגן עדן וכל אחד ואחד מראה באצבעו שנאמר °ואמר ביום ההוא הנה אלהינו זה קוינו לו ויושיענו זה ה' קוינו לו נגילה ונשמחה בישועתו: (ישעי' כה)

הדרן עלך בשלשה פרקים וסליקא לה מסכת תענית

רש"י

לאיזה שירצו יעלו · הושע בן אלה רשע היה דכתיב (מלכים ב יז) ויעש הרע בעיני ה' רק לא כמלכי ישראל והיינו דקאמר רק שבטל את הפרוסדאות ואמר לאיזה שירצו יעלו: הרוגי ביתר · בפרק הניזקין (גיטין דף נז:): מלכרות · לפי שהן לחין ומאותו הזמן אין כח בחמה לייבשן וחיישינן מפני התולעת לפי שעץ שיש בו תולעת פסול למערכה כדאמרינן (מדות פ"ב מ"ה): יום תבר מגל · שבירת הגרזן שפסק החוטב מלחטוב עצים: מכאן ואילך · מחמשה עשר באב ואילך דמוסיף לילות על הימים לעסוק בתורה יוסיף חיים על חייו: דלא יוסיף · לעסוק בתורה בלילות: תקבריה אימיה · כלומר ימות בלא עתו: בת מלך · אף על פי שהיה לה שואלת מבת כהן גדול כו' שלא לבייש את השואלת מתוך שאין לה: מבת כהן גדול · שהוא קרוב וסמוך למלכות: סגן · כהן חשוב ממונה תחת כהן גדול להיות תחתיו ביום הכפורים אם יארע פסול בכהן גדול ביום הכפורים ישמש זה הסגן תחתיו: משוח מלחמה · הוא הכהן המכריז במלחמה *מי האיש הירא ורך הלבב וגו' (דברים כ): אפילו מקופלין ומונחין בקופסא · אשקריי"ן: צריכין טבילה · כולן שלא לבייש את שצריכה טבילה: שאין אשה אלא לבנים · אם בניך יהו מיוחסין הכל קופצין עליהם בין זכרים בין נקבות: על מנת שתעטרונו בזהובים · שאחרי הנישואין תתנו לנו תכשיטין ומילתא בעלמא הוא דאמרי כלומר ובלבד שתקחו לנו מלבושים נאים: מחול · סביב לשון מחול הכרם (כלאים פ"ד מ"א): מראה באצבעו · ואומר זה ה' קוינו לו נגילה ונשמחה בישועתו:

תוספות

תיקנו ביבנה הטוב והמטיב · פירוש בברכת המזון ומש"ה תקנו יותר על היין הטוב והמטיב שפי מבשאר דברים לפי שהיו [כמו] גדר בכרם ולא נסרחו: יום תבר מגל · פירוש שמונעין מלכרות עצים למערכה פירוש משום שחלש כחה של חמה ומגדלין התולעים בלילות ועצים מתולעים פסולים למערכה כדאמר [במדות] (פ"ב מ"ה) שהכהנים בעלי מומין הם מנקרים העצים ומסירין העצים מתולעים שפסולות למערכה: דלא מוסיף יאסף · פי' אותו שאינו מוסיף מן הלילות על הימים יאסף: מאי יאסף תקבריה אימיה · תימה וכי היה מסופק מאי יאסף אלא נראה לומר דלא מוסיף יוסיף(א) ומיהא קבעי גמרא מאי יוסיף אבל לעולם הוה ידע דיאסף הוא לשון מיתה כדכתיב (בראשית מט) ויגוע ויאסף אל עמיו: כל אחד ואחד מראה הקדוש ברוך הוא באצבעו שנאמר הנה אלהינו זה קוינו וגו' נגילה ונשמחה בישועתו:

הדרן עלך בשלשה פרקים וסליקא לה מסכת תענית

עין משפט נר מצוה

מב א מיי' פ"ב מהל' ברכות הל' א:

[נ"ל יוסיף כך אי' בכ"כ ועי' בגכש"ס]

[פסחים קד: וש"נ]

[עי' הגר"י בע"ן]

מסורת הש"ס

ב"ב קכא:

ברכות מח:

[גיר' ע"י דתניא]

[בכ"י ליתא אלא כך איתא מאי יוסיף תני רב יוסף תקבריה אימיה]

כתובות נט:

הגהות הב"ח

(א) תוס' ד"ה מאי כו' דלא מוסיף יוסיף ומשום הכי קבעי גמרא מאי:

רבינו חננאל

מלאה אמרו ודאי בטל הקב"ה אותה גזרה לפיכך עשאוהו יו"ט רב מתנה אמר יום שנתנו הרוגי ביתר לקבורה בו ביום תקנו הטוב והמטיב הטוב שלא הסריחו והמטיב שנתנו לקבורה יום שפוסקין בו לכרות עצים למערכה כדתניא ר"א הגדול אומר מט"ו באב תשש כחה של חמה ולא היו כורתים עצים למערכה מפני שאין יבשים וכיון שאין יבשים מתליען · וקרו ליה יום תבר מגל · כלומר מעתה אין צריכין מגל לחתוך בו עצים · [מכאן ואילך] פי' מט"ו באב מי שמוסיף מן הלילה ליום לומר עוסק בלילה ושונה שכבר האריך הלילה · ומי שלא יוסיף תקבריה אימיה שאינו מן החכמים שמוסיפין שנה שמגיעים בעולם הזה וחיים לעוה"ב : הדרן עלך בשלשה פרקים

רבינו גרשום

תשש כחה של חמה · ואינה מייבשת העצים . יום תבר מגל כלומר מיכן ואילך אין צריכין המגל לכרות עצים:ודלא מוסיף מלילות על הימים לעסוק בתורה.[יוסיף]לפי שכבר גדולין הלילות:אפי' מקופלין חיישינן שמא ישבה עליהן נדה · לעשות מחול להצדיקים שהצדיקים עושין מחול והקב"ה יושב באמצע ומראין זה לזה ואומרים הנה אלהינו זה קוינו לו ויושיענו זה ה' קוינו לו נגילה ונשמחה בישועתו :

הדרן עלך בשלשה פרקים וכולה מסכתא ופרקיהון ארבעה וסימניהון הזכרת סדר תעניות שלשה:

פסקי תוספות ממסכת תענית

מאימתי

א אסור להזכיר משיב הרוח עד שיזכיר שליח ציבור: ונהגו לשאול לכך אומר ותן טל ומטר. ד"ז ברא"ש [סימן ב]:

ב אמר משיב הרוח בימות החמה גוערין בו ומוחין לבל יעשהו עוד: שם

ג בימות הגשמים לא אמר מוריד הגשם מחזירין אותו לראש הברכה ואם לא חזר עד אתה חונן א) אומר ברוך אתה מוריד הגשם וכו' ותן טל ומטר ודיו:

ד נגולה לששים יום שואלין מטר: ב) ד"ה הלכתא: דף י

ה ביום שמיני בחג אחרון מזכיר גשם ולא ראשון וביום טוב ראשון של פסח להפסיק וכיון שפוסק שוב אינו מתחיל: ד"ה בגמרא: דף ד

ו עוללות שאין להן כתף פתיגין זה על גב זה נטף תלויות בשדרה ויורדות ולא נתבשלו: (זה נמצא בירושלמי דפאה פ"ז):

ז בישתבח ברוך אתה ה' אל מלך גדול בתשבחות אל ההודאות גדול בתשבחות זהו רוב ההודאות:

ח ת"ח כל אחד מודה לחבירו בין על האמת בין על השקר:

ט הרחוקים מנהר פרת כגון בני בבל לא היו עולין לרגל:

י תענית ציבור אסור ברחיצה וכל שכן גיהוץ ותספורת ולבבל אסור רק שבוע ותספורת וגיהוץ שלשים יום:

יא יום שתים כלאחריו:

יב ירושלמי פרנס בעינן נאמן ותשוב ושכילה משום גזרה:

יג המתענה על החולה ונתרפא או מת מתענה ומשלים: ד"ו בגמרא: דף י ע"ב

יד ההולך למקום שמתענין מתענה עמהם וכשיוצא משם אוכל בין דעתו לחזור בין אין דעתו לחזור: שם בד"ה ההולך

טו שכח ואכל יפרוש מיד ולא יאכל כדי שובעו וכן עוברות ומניקות וחולים: שם

טז חשובי בנים מתמשים כבני רעבון ובליל שמכלה: ד"ה אסור: דף יא

יז אין תענית ציבור בבבל לפי שאין הכשיא עמהן: ד"ז ברא"ש: סי' ס'

יח קבל להתענות שני ימים אוכל בלילה שביניהם אם לא פירש: שם סימן יא

יט מתענין לשעות אם אמר הריני בתענית למחר עד חצות ואחר כך נמלך וגומרו: שם סי' יב

כ אין אומרים עננו לא בערבית שרוצה להתענות למחר ולא בשחרית:

כא בטלה מגילת תענית הימים שנקבעו לומר על הניסים אבל יום טוב *) כגון תשעה באב לא בטלו:

כב לא קבל תענית מותר לאכול ומיהו אם התענה אומר עננו כמו בתענית חלום: ג)

כג קבלת תענית אומר בשומע תפלה הריני בתענית למחר ותרצני כי אתה שומע תפלת עמך:

כד קבל עליו תענית שני וחמישי ושני קודם שקבעו אודם ביום שלשים **) אלא בשלשים ואחד ואל שלשים ואחד ביום שני וחמישי מקיים קבלתו:

כה ד) המקבל תענית יחיד אומר מבערב הריני בתענית יחיד למחר:

כו המקבל עליו תענית סתם אין נאסר אלא בתענית יחיד:

כז ציבור שגזרו תעניות ואירעו בהן ראש חדש או פורים ולא העלו על דעתם מפסיקין אותו יום ואין מתענין ועכשיו ציבור הוי כיחיד לענין תענית וצריכין לפרוע אותו יום שמפסיקין: שם

כח גמר בערב מלאכול מותר כל זמן שלא ישן ואוכל עד שיעלה עמוד השחר ה). מתמהם אינו כישן:

כט נהגו לשתות אחר שינה דהוי כהתנה דמותר ואין יחיד מתפלל עננו אלא במנחה:

ל מתענין לשעות ומתפללין עננו:

לא קבלת תענית בכ"ח ובתענית חלום מתפלל עננו:

לב אחר שקיעת החמה] אוכל ואין צריך להמתין עד צאת הכוכבים:

לג לוה אדם תעניתו ופורע ודוקא אם יארע לו אונס:

לד כשהציבור מתענין אין יכולין ללוות אפילו על מנת לפרוע:

לה כוגרת שהגיע זמנה ליכנס עליה ליפות עצמה שימצאו לה קופצים וכן כוגרת נשואה:

לו אבל אסור לרחוץ כל גופו בין בחמין בין בצונן אבל פניו ידיו ורגליו בצונן מותר בחמין אסור אפילו אלבעו לסוף אסור ואם אין מתכוין לתענוג אלא להעביר זוהמא מותר או מלוכלך רוחץ בצונן להעביר זוהמא ואפילו ביום הכיפורים שרי בכך:

לז אפילו מלאכה מותרת בשבת משום סכנת נפשות:

לח יחיד רשאי לומר בכל ברכה מעין הברכה ו):

לט צריך פרנסה בברכת השנים וכה"ג:

מ עכשיו רבים הצריכים מטר קובעים בש"ת ולא בברכת השנים יחיד אין אומר עננו בין גואל לרופא אלא בשומע תפלה ובתענית ציבור שלנו רבים הן קובעים ברכה בין גואל לרופא:

סדר תענית כיצד

מא נשא לבבנו אל כפים כאילו טתן הלב בתוך היד ז) שאין שרץ בידו שאין טבילה מועלת: [בירושלמי פ"ב הלכה א']:

מב להוריד לפני התיבה רגיל בתיבה ואגדה ומבין בכל הברכות דאפילו הרגיל בגמרא ובאגדות טועה כשמתפלל ברבים:

מג בחתימה אתה אין ח) להיות ברוך שמעיה:

מד יוצאין לקברות לרחובה של עיר כגולים ואם נתחייבנו מיתה הרינו כמתים ואם גלות הרינו גלינו ואם רעב הרינו רעבים:

מה כהן המכיר משמרתו ומשמרת בית אביו אסור לשתות יין באותו יום:

מו חנוכה ופורים לפניו ואחריו אסור בהספד ובתענית:

מז אין מתחילין להתענות ביום חמישי:

סדר תענית אלו

מח אפילו יחיד המקבל עליו תענית מתענה ומשלים:

מט שכיב מרע שאמר אל תתנו לבני אלא שקל מתנין להן כל צורכן:

נ כל הבית היה מקורה ולא היו הגשמים יכולין ליכנס:

נא התראת ספק היינו שמחוסר אחריו מעשה דהא המדביק פת בתנור חייב אם לא רדה מיד:

נב נהן נכסיו לעניים אף אשתו העניים מוציא מהן:

נג כשמקבלין תעניות אחר הפסח וסוכות א צריך כל יחיד לקבל עליו מבעוד יום:

נד קבלו הציבור תענית ועבר הדבר קודם חצות לא ישלימו אחר חצות ישלימו:

נה הלל הגדול מפני הגשמים יתחילו העומדים בבית ה' בלילות ט) שירות גשמים בלילה וכתיב מעלה נשיאים וגו':

בשלשה פרקים

נו נשיאת כפים שחרית מוסף ונעילה ולא בלילה:

נז כהנים של משמר הן שעולין למעמדן:

נח מותר לאכול ולשתות קודם תפלת מוסף ולא להשתכר:

נט בעל מום בסתר נושא כפיו ואף בגלוי כשרגילין בו בני עירו:

ס אין משיירין בפרשה פחות משלשה פסוקים וכשתחלת פליגי:

סא לא היו מתפללין על קרבן אחיסם בתמידים. כל יום שיש בו הלל אין בו מעמד:

סב אין מברכין על הלל דראש חדש דמנהגא הוא:

סג ליל ראשון של פסח חובה ליחיד לגמור הלל מכל מקום הא דקאמר יחיד לא יתחיל ואם התחיל גומר בראש חדש קאי על ידי דילוג גומר ומיהו לשון גומר משמע בלא דילוג:

*) נ"ל שצ"ל כגון ר"ח חנוכה ופורים וצ"ע לייטב בפי' שלפניו : **) [נ"ל ולא כשלשים כו'] : סליקא לה פסקי תוספות ממסכת תענית

הגהות ב"י א) חוזר לראש לא אמר כי אם מוריד הגשם וכן והן מטר דיו : ב) יש מקומות שנוהגין כן במרחשון לשאול גשמים והוא מנהג כשר : ג) מתענין על חלום אפי' בשבת וא"צ להתענות תענית אחר על שביטל עונג שבת ס"א : ד) המקבל תענית מבעו"י אומר הריני כו' : ה) אם התנה : ו) בכ"י סי' נ"ח וצ"ע הד"א וכצ"ל מעין הברכה כמו צורך פרנסה וכו' : ז) שאם שרץ בידו אין וכו' : ח) לומר ברוך כו' : ט) שירידת גשמים בלילה וכן מעלה נשיאים : סליק

מילואים להלכות תשעה באב

§ סימן תקנה – דיני תפילין וציצית בת"ב §

סעיף א - נוהגים שלא להניח תפילין בתשעה באב שחרית, ולא טלית - ע"פ המדרש: "בצע אמרתו", בזע פורפירא דיליה - זה הטלית, "השליך משמים ארץ תפארת ישראל", זו תפילין.

אלא לובשים טלית קטן תחת בגדים בלא ברכה - ומ"מ אם פשטו בלילה, י"א שצריך לברך עליו בבקר.

ובמנחה מניחים ציצית ותפילין, ומברכים עליהם - שאז הציתו אש במקדש, ו"תם עונך" במה ששפך הקב"ה חמתו בעצים ואבנים - הגר"א, **וי"א** כדי להראות נחמה באבלינו בו ביום, **וכל** זה הוא לכו"ע רק לענין תפילין, משום דהוא מילתא דתליא במנהגא בעלמא, אבל כל החמשה ענויים אין מבטלין כל היום.

והרגיל להניח תפילין של ר"ת, יניח גם עתה.

ונראה דיזהר שלא לקרא עתה פרשיות ק"ש, וכן פרשת "קדש", דהלא כעת הוא רק כקורא בתורה, ות"ת אסור כל היום.

סעיף ב - ויש מי שנוהג לשכב בליל תשעה באב מוטה על הארץ, ומשים אבן תחת ראשו - ואדם חלוש א"צ להחמיר בזה, ויישן על המטה.

הגה: ויש לאדם להצטער בענין משכבו בליל ת"ב, שאם רגיל לשכב בב' כרים לא ישכב כי אם בא'; ויש בני אדם משימים אבן תחת מראשותיהם, זכר למה שנאמר: ויקח מאבני המקום, שראה החורבן. מיהו עוברות שאינן יכולין להצטער, אינן חייבות בכל אלה - וה"ה באדם חלוש וכנ"ל.

וימעט אדם מכבודו ומהנאתו בתשעה באב בכל מה שאפשר - אסור לעשן טיטון שקורין רייכערין, אפילו בד' צומות, וכ"ש בט"ב - כנה"ג, **והחמיר** מאד עד שכתב, שמי שמעשן בט"ב היה ראוי לנדותו, **ויש** מאחרונים שמקילין, **וע"כ** מי שדחוק לו שמורגל בו ביותר, יש להקל אחר חצות בצנעא בתוך ביתו, וכ"כ בשע"ת.

§ סימן תקנו – ת"ב שחל ביום ראשון §

סעיף א - ליל ת"ב שחל באחד בשבת, כשרואה הנר אומר: בורא מאורי האש, ואין מברך על הבשמים - דנר אין טעון כוס, ואין בו משום תענוג כמו שיש בבשמים, ט"ז, [**משמע** דס"ל, דאין להריח בבשמים בט"ב משום תענוג, **וממג"א** משמע דס"ל, דדוקא במו"ש אסור, משום דהוי תענוג להשיב נפש יתירה, **ומהגר"א** משמע דס"ל כהט"ז].

ויברך על האור קודם שקורין איכה, דבאיכה כתיב "במחשכים הושיבני", וע"כ יברך תחלה על המאור, **וגם** שיהנה אח"כ מאורו כשקורין איכה, **ואם** שכח לברך, יברך אח"כ בלילה, כיון שהחיוב עדיין עליו.

ומבדיל בתפלה, ואע"פ שאין יכול להבדיל אז על הכוס, **ואם** טעה אז ולא הבדיל בתפלה, א"צ לחזור, כיון שיבדיל על הכוס במוצאי ט"ב, **והנשים** שאינן יודעות להתפלל, ולא הבדילו במוצאי שבת בתפלה, צריך כל איש להזהירן, שביום התענית לא יעשו אש לבשל לצורך הלילה, עד שיאמרו "המבדיל בין קדש לחול".

ובליל מוצאי תשעה באב מבדיל על הכוס - איתא במהרי"ל, כשהחשיך בירך "בורא פרי הגפן" והבדלה, **א"כ** משמע שמותר להבדיל על היין, ומשמע שמותר לשתות בעצמו, וא"צ ליתן לתינוק, [**ואף** שבסי' תקנ"א ס"י כתב רמ"א, שאם יש תינוק יתן לתינוק, **מ"מ** לילה זו קילא].

וא"צ להבדיל בתפלה, כיון שהבדיל מאתמול, **ואפילו** שכח אתמול להבדיל בתפלה, ג"כ נראה דא"צ עתה להבדיל בתפלה, שכבר חלף שעתא, וסגי במה שיבדיל עתה על הכוס.

ואינו מברך לא על הנר - אפילו לא בירך על הנר במוצ"ש, דאין מברכין על הנר אלא במוצ"ש בזמן שנברא, **ולא על הבשמים** - דמשום נפש יתירא היא ג"כ במו"ש דוקא, וכדלעיל בסימן רצ"ט ס"ו.

§ סימן תקנז – לומר נחם ועננו בת"ב §

סעיף א - בתשעה באב אומר בבונה ירושלים: נחם ה' אלהינו את אבלי ציון וכו' - לפי שהיא מענינא, **ואם** שכח אומר בעבודה, דהיינו קודם "ותחזינה", וא"צ לחתום ב"ברוך מנחם ציון", אלא "ותחזינה עינינו" עד סוף הברכה, [**כי** היא הברכה עצמה, דציון וירושלים חדא היא, דאל"ה הו"ל חתימה בשתים].

‹והנה הט"ז כתב מסברת עצמו, דאם שכח ב"בונה ירושלים" יאמרנה ב"שומע תפלה", **אבל** במטה יהודא כתב כדברינו, דיאמר בעבודה, ששם היא עיקר מקומה שנתקנה לכתחלה, וכן נראה מוכח מהריטב"א, שמפקפק על עיקר המנהג ששינו לומר ב"בונה ירושלים" ולא בעבודה, אך שסיים שאין לשנות המנהג, ועכ"פ בדיעבד בודאי נכון לנהוג כדעת מטה יהודא, וכן בא"ר דחה דברי הט"ז, **וע"ש** עוד במטה יהודא שכתב, דבדיעבד אם הזכיר ב"שומע תפלה", אין צריך להזכיר עוד בעבודה›.

מסתימת המחבר משמע, דדעתו שיאמרו בכל התפלות, וכן הוא המנהג בירושלים, **אבל** במדינותינו המנהג כמו שכתב הרמ"א.

ו"עננו" בשומע תפלה - היינו ליחיד, אבל הש"ץ אומרה ברכה בפני עצמה בחתימה, בין גואל לרופא.

והנה ליחיד, דעת המחבר בסימן תקס"ה, דבארבעה צומות אומר "עננו" בכל תפלה ב"שומע תפלה", **אבל** דעת הרמ"א שם, דאין היחיד אומרה רק במנחה, **ולענין** ש"ץ, דעת רוב הפוסקים, דאף בט"ב יאמרנה בשחרית בין גואל לרופא, כמו לענין שארי תעניתים.

ואם לא אמר לא זה ולא זה, אין מחזירין אותו - כי בימים שאין בה קרבן מוסף, אם טעה ולא אמר מעין המאורע, אין מחזירין אותו.

הגה: והמנהג פשוט שא"א "נחם" רק בתפלת מנחה של ת"ב, לפי שאז הציתו במקדש אש, ולכן מתפללים אז על הנחמה.

מי שאכל בת"ב, יאמר "נחם" בברכת המזון - בבונה ירושלים, ואף שבתפלה לא נהגו לאומרו רק במנחה, מ"מ בבהמ"ז דליכא {מנחה} ‹צ"ל "מנהג"› יש לאומרו, ‹דרוב הפוסקים ס"ל דיש לאמרה בכל התפילות, אלא שהמנהג שלא לאמרה כי אם במנחה, ובבהמ"ז דאין מנהג, ראוי לאומרה כל היום – מחה"ש›, **ועיין** בשע"ת בשם איזו אחרונים שמפקפקים על פסק זה, וכן בביאור הגר"א משמע, שדעתו נוטה שלא לאמר, כי לא קבועה רק בתפלה, **ומיהו** לכו"ע אם לא אמרו אין מחזירין אותו.

§ סימן תקנט – מנהגי ת"ב ודין מילה בת"ב §

סעיף א - אם חל תשעה באב במוצאי שבת, אין אומרים צדקתך במנחה בשבת - מידי דהוי אר"ח שחל להיות באחד בשבת, שא"א צר"צ בשבת, דט"ב נמי איקרי מועד. **הגה: ומבדילין בלילה בתפלה כשאר מוצאי שבת, ואם שכח מלהבדיל ע"ל סי' רצ"ד ס"ג.**

ומתפללים בנחת ודרך בכי כאבלים, וכן עושים בקריאת איכה, ובכל איכה מגביה קולו יותר - ויפסיק בין כל פסוק מעט, ובין כל "איכה" יותר מעט, ופסוק האחרון שבכל "איכה" אומר בקול רם. **ולענין** ברכה לפניה, עיין לעיל בסימן ת"צ סוף ס"ט בהג"ה ובמ"ב שם. **וטוב** שיחיד יקרא "איכה" גם ביום.

וכשמגיע החזן לפסוק "השיבנו", אומרים אותו הקהל בקול רם, ואח"כ מסיים החזן, וחוזר הקהל ואומרים "השיבנו" בקול רם, וכן החזן - ואח"כ חוזר החזן ומתחיל, "זכור ד' מה היה לנו אוי, הביטה וראה את חרפתנו אוי מה היה לנו", וכן חולק כל הפסוקים, אמצעיתן ב"אוי", וסופן ב"אוי מה היה לנו".

סעיף ב - בליל תשעה באב (מתפללים ערבית) - בתחלה, ואומר קדיש שלם, דהיינו עם "תתקבל", אחר תפלת ערבית, **ואם** חל במו"ש, אין מברכין הבנים, במקום שנוהגין בזה.

(ואומרים איכה וקינות) - ואפילו כשהוא ביחיד, **ואומר אחר קינות ואיכה, סדר קדושה, ומתחיל מ"ואתה קדוש"** - ולא יאמר "ובא לציון גואל", שאין גאולה בלילה, **ולא** "ואני זאת בריתי", שנראה כמקיים ברית על הקינות, **ועוד** דאסור בד"ת, ולא שייך לומר "ולא ימושו מפיך".

ואם חל במוצאי שבת אין אומרים "ויהי נועם" - לפי שעיקרו נתיסד על הקמת המשכן, ועתה נחרב.

הגה: ולא "למנצח בנגינות" - שאינו מסדר היום ואסור, **ולא "ויתן לך"** - שאינו זמנו בט"ב, **ומסירין הפרוכת מלפני הארון, על שם "בצע אמרתו".**

סעיף ג - ליל תשעה באב ויומו, יושבים בבית הכנסת לארץ, עד תפלת מנחה - דומיא דאבל שיושב ע"ג קרקע כל שבעה, **ומ"מ** אינו חמור כ"כ כמו הה' עינוים, ולכך לא בעי כל היום.

והיינו אחר שענו "ברוך ד' המבורך" וכו', דזה צריך להיות בעמידה, **ועיין** באחרונים, דמותר להניח תחתיו שק או כר קטן, וגם יוכל לישב על ספסל נמוך, למי שקשה לו לישב על הארץ.

(ועכשיו נהגו לישב על ספסליהם מיד אחר שילאו מבית הכנסת שחרית) - ר"ל דהולכין אחר כך לבית הקברות, כמו שכתבו בסוף הסימן, ועם שיעור זה ימשך עד חצות, דאז רשאי לישב על הספסל.

(ומאריכין עם הקינות עד מעט קודם חלות) - כדי שלא יבואו לעשות מלאכה בעת ההוא.

אין מדליקין נרות בלילה - משום דכתיב: במחשכים הושיבני וגו', **כי אם נר אחד לומר לאורו קינות ואיכה** - ולפי מנהגינו שכל הקהל אומרים "איכה" בלחש עם החזן, וגם קינות, יש להדליק נר אחד בכל שכונה, שע"י הדחק יוכלו לומר קינות לאורו, **ואין** מדליקין נר תפלה בביהכ"נ בט"ב שחרית, ולמנחה מדליקין, **ולברית** מילה מדליקין נרות בשעה שמביאין התינוק למול.

סעיף ד - אין אומרים תחנון (ולא סליחות) בת"ב, ואין נופלים על פניהם, משום דמקרי מועד - כדכתיב: קרא עלי מועד וגו', **ומ"מ** מותר לעשות הספד על חכם שמת, ולישב על גבי קרקע, ואפילו אחר חצות, דכל ההוא יומא קבוע לבכיה והספד, ולענין זה לא אשגחינן במאי דקרוי מועד.

בשחרית משכימין קצת לביהכ"נ, ואם עי"ז יגמרו לומר קינות זמן הרבה קודם חצות, טוב שלא להשכים כ"כ.

הגה: וקורין בתורה: כי תוליד בנים, ומפטירין בירמיה: אסוף אסיפם - בניגון איכה.

וכל הקדישים שאומרים אחר איכה עד שיוצאים למחר מבהכ"נ, אין אומרים תתקבל. ואין אומרים אל ארך אפים, ולא למנצח - דכתיב שם: יענך ד' ביום צרה ישגבך וגו', ואין שייך לומר זה.

ולא פטום הקטורת - דלא מיקרי סדר היום, שאין כל אדם אומר אותו, **אבל** "מזמור לתודה" אומרים, שהוא בכלל סדר היום.

ואין לריך לשנות מקומו בתשעה באב - שדיינו במה שאנו מראין סימני אבילות במה שאנו יורדין מהספסלין ויושבין על הארץ.

סעיף ה - בשעת הקינות אסור לספר דבר ולצאת חוץ, כדי שלא יפסיק לבו מן האבל; וכ"ש שלא לשיח עם העכו"ם - דבזה ודאי מסיח דעתו מן האבילות, **וכ"ש** שרע עלי המעשה, במה שקצת נוהגין קלות וזורקין זה לזה בביהכ"נ, ועון גדול הוא, דאפי' שלא בט"ב אסור להראות קלות בביהכ"נ, וכ"ש בט"ב ובשעת קינות, שעם ישראל מקוננים על בית ד' שנחרב ועל עמו שנפזרו בכל העולם.

(ונוהגין לומר קלת נחמה אחר הקינות, לפסוק בנחמה).

סעיף ו - אם יש אבל בעיר, הולך בלילה לבית הכנסת, וגם ביום עד שיגמרו הקינות - היינו אפילו תוך ג' ימים, ואף דשאר אבל אסור לצאת תוך ג' ימים, אפילו לבית אבל אחר, הכא כיון דכולם אבלים קיל טפי, **ויש** מחמירין באבל תוך ג' ימים, **והגר"ש** קלוגר הכריע, דבלילה שיש קינות מועטים לא ילך, אבל ביום שיש הרבה קינות, וצער לו אם לא ילך, שרי, **ואחר** ג' ימים גם בלילה ילך לביהכ"נ.

אונן בלילה יושב בביתו, ולמחר לאחר הקבורה, לדעת המקילין לעיל באבל תוך ג' ימים, גם הוא מותר ליכנס לביהכ"נ עד שיגמרו הקינות, ואח"כ ילך לביתו, [**ולדעת** המחמירין תוך ג' ימים, כ"ש דביום ראשון שהוא יום מר, בודאי אסור].

סעיף ז - אם יש תינוק למול, מלין אותו אחר שגומרים הקינות - דמצוה זו עושין אותה ישראל בשמחה, ולכן אין מלין בשעת קינות והספד. **ויש ממתינין למולו עד אחר חצות** - דמקודם חל עדיין אבילות ואינו כדאי. **(והמנהג כסברה ראשונה)** - דס"ל, דאעפ"כ מצוה להקדים, דזריזין מקדימין למצות.

ומברכים ברכת המילה בלא בשמים - אף שתמיד ג"כ אין מביאין בשמים למילה, מ"מ צריך להשמיענו דכהיום ג"כ אין מביאין, **ולאפוקי** מדעת הגאונים שסוברין, דהיום אין מביאין כוס לברכה אפי' ליתן לתינוק, אלא מביאין בשמים במקום כוס לברכה, **קמ"ל** דלא, דבט"ב צריך למעט תענוג בכל מה דאפשר.

ואם היולדת מצויה במקום המילה, יברך על הכוס ותשתה ממנו היולדת; והוא שתשמע הברכה ולא תפסיק בדברים בין שמיעת הברכה לשתיית הכוס; ואם אינה שם, יברך על הכוס ויטעים לתינוקות - [ועיין במ"א דמוטב ליתן לתינוק הגדול קצת שחייב לחנכו בברכה].

ולא חיישינן דלמא אתי להתרגל ולשתות אף בגדלותו, כיון שאינו דבר קבוע, **אע"ג** דגבי הבדלה כשחל ט"ב במו"ש, חיישינן ואין נותנין לתינוקות, וכדלעיל בסימן תקנ"ו, **היינו** משום דלפי קביעות השנים שלנו, ע"כ יבא לפעמים לסוף ג' או ד' שנים פעם אחד במו"ש, וחשוב כמו דבר קבוע, **משא"כ** במילה שאין לה קביעות כלל, לא חיישינן לזה.

סעיף ח - בעל ברית לובש בגדים אחרים, אך לא לבנים ממש - ומותרים להחליף הכתונות כמו בשבת חזון.

הגה: ואבי הבן - וה"ה אמו, **והמוהל והסנדק, כולם נקראים בעלי ברית, ומותרים ללבוש בגדי שבת לאחר שגמרו הקינות ובאין למול התינוק, אבל לא ילבשו לבנים** - ואם הם חדשים שניכר הגיהוץ בהן, אסור ללובשן - מ"א ודה"ח, **ובספר** בגדי ישע מצדד, דוקא אם הם חדשים ממש, אבל בלא"ה אף שניכר הגיהוץ שלהם, מותר.

(**עיין** בספר בגדי ישע שכתב, דמ"מ אסור לנעול מנעלים, דשינוי בגדים הוא רק מנהג, ומותר לבטלו לפי שעה לכבוד המילה, **אבל** חלילה לבטל אחד מחמשה עינוים, שהוא מדינא דגמרא).

ולאחר המילה פושטין בגדיהן.

סעיף ט - ט' באב שחל להיות בשבת ונדחה ליום ראשון, בעל ברית מתפלל מנחה בעוד היום גדול - והסכימו האחרונים, דהיינו מנחה גדולה אחר חצות היום, **ורוחץ** - ומותר אח"כ לאכול, אך צריך להבדיל על הכוס קודם שיאכל, **ומ"מ** אף שמותרים לאכול, לא יעשו ביום סעודה גדולה כמו שעושין בשאר הימים אלו לא היה בט"ב, [**אבל** בלילה מותרים לעשות סעודה]. **ואינו משלים תעניתו לפי שיום טוב שלו הוא** – (וכן בחולי קצת, ומעוברת שיש מיחוש קצת, מותרים לאכול וא"צ להשלים התענית).

ובכלל בעל ברית, הוא אבי הבן ואמו והמוהל והסנדק, אבל לא המכניס והמוציא, וכ"ש שארי קרואים.

י"א שה"ה אם חל פדיון הבן בט"ב שנדחה, נקרא ג"כ אצלו יו"ט, והאב והכהן א"צ להשלים התענית, [מ"א בשם מלבושי יו"ט, **וע"ש** בא"ר דמפקפק עליו בזה], **ומ"מ** אינו מותר לעשות הסעודה, שאין מצות הסעודה דוחה התענית, וכנ"ל לענין בעל ברית, **ודוקא** כשחל פדיון הבן בזמנו, שחל יום ל"א שלו בו ביום, **אבל** שלא בזמנו, ואפילו היה יום ל"א בשבת, דאעפ"כ הוא שלא בזמנו, צריכין להשלים.

אבל אם חל מילה בט"ב שלא נדחה, צריך להשלים התענית, ולאו דוקא בט"ב, דה"ה בסתם תענית שגזרו הצבור, או בכל ד' צומות, אם לא היו דחויין צריך להשלים.

וכן הדין לענין חתן ביום חופתו בסתם ת"צ, או בכל ד' צומות אם לא היו דחויין, צריך להשלים התענית, ונותנין הכוס לתינוק לשתות, **אבל** אם היו דחויין א"צ להשלים, ומותר לשתות הכוס, וכן לאכול אחר חופתו, דרגל שלו הוא.

(**ועיין** במ"א, דבשאר שבעת ימי המשתה שלו אין נחשבין כרגל לענין זה, ולפי"ז אפילו אם חל אחד מד' תעניתים שנדחה בימי המשתה שלו, חייב להתענות, וכן כתב בחכמת שלמה), [**אח"כ** מצאתי בפת"ש בשם תשו' בית יהודא, דדעתו, דאף בתוך ז' ימי חופתו, אינו מחוייב להשלים עד צה"כ בנדחה].

(**ובעטרת** זקנים כתב, דאם חל יא"צ בז' ימי המשתה, א"צ להתענות, **ועיין** בחכמת שלמה דהסכים לזה לדינא, ומ"מ מסיק דצריך בזה התרה).

סעיף י - נוהגים שלא לשחוט ושלא להכין צורכי סעודה עד אחר חצות – (כדי שיהא יושב ושומם באבילות של ירושלים, להתעסק ולהתאונן בנהי וקינות, ולא בדברים אחרים המשמחים ומסיחים מן האבילות).

ואסור להקל במקום שנהגו איסור.

והיינו לאותן הנוהגים לאכול בשר בלילה, דאלו הנוהגים מנהג כשר שלא לאכול גם בליל עשירי, כדלעיל בסימן תקנ"ח, אסור לשחוט בט"ב אף אחר חצות, **ורק** להכין שאר צרכי סעודה מותר אחר חצות, כ"כ הט"ז, **ובספר** א"ר מקיל בזה, ובמקום הדחק יש להקל.

אכן לצורך סעודת מצוה שיהיה בלילה, מותר לשחוט אפי' קודם חצות.

הגה: והולכים על הקברות - של ישראל, **מיד כשהולכים מבית הכנסת** - כדי שיבקשו עלינו רחמים, **ואם** אין של ישראל, הולכים אפילו על קברי עכו"ם, לומר שאנו חשובין כמתים, **וכ"ז** היינו לילך לביה"ק ברחוק ד' אמות, אבל לא על הקברות ממש, אפילו קברי ישראל, כי יש לחוש שיתדבקו בו החיצונים.

כתב בשל"ה, שנכון שלא לילך בכנופיא גדולה, כי אין זה אלא טיול, וגם מביא לידי שיחת חולין ומסיחין דעתן מאבלות, רק ילך יחידי או עם עוד אחד, שלא יפסקו מלדבר בענין החורבן ולהתעורר באבילות, **ונראה** עוד, דאם ע"י ההליכה לביה"ק יהיה מוכרח לילך במנעלים, טוב יותר שלא ילך כלל.

ואם אירע מת בט"ב, אין אומרים צדוק הדין - דאקרי מועד, וכנ"ל בריש הסימן.

§ סימן תקס – לעשות זכר לחורבן §

סעיף א - משחרב בית המקדש, תקנו חכמים שהיו באותו הדור, שאין בונים לעולם בנין מסוייד ומכוייר כבנין המלכים - מדקאמר "שאין בונין לעולם בנין" וכו', משמע דאפילו ע"י שיור אמה על אמה אסור בזה.

מסוייד ומכוייר - הם מיני ציור, (ר"ל הא דאמר מסויד אין פי' סד בסיד, דא"כ תיקשי דהא אפי' שיור אמה על אמה לא מהני, ובסיפא קתני דמהני שיור אמה על אמה, **אלא** דגם מסויד ר"ל מין ציור, לכך אין לו תקנה, אבל כשהוא סד בסיד וליכא ציור, מהני אמה על אמה), **ואפשר** לומר, (דלעולם מסויד הפי' כפשוטו דסד בסיד בלי ציור, ואפ"ה ליכא תקנתא, דמיירי שאין בו טיט כלל), שדרך העולם שטחין בטיט ואח"כ סדין בסיד, והמלכים עושין הכל בסיד, ולפי"ז אפילו בסיד לבדו אסור, (ובסיפא טח בטיט למטה, לכך מהני שיור – מחה"ש).

והנה המחבר העתיק לשון הרמב"ם, **אבל** דעת הטור, דאפילו סדין בסיד ומציירין, נמי מהני שיור אמה על אמה, וכן המנהג. (**וביהכ"נ** וביה"מ שרי בכל ענין, אף בסיד לחוד, ובלא שיור אמה על אמה).

אלא טח ביתו בטיט וסד בסיד, ומשייר מקום אמה על אמה כנגד הפתח בלא סיד - היינו שאותו אמה יהיה בלא סיד, רק בטיט לבד, ודלא כאותן העושין אמה שחור, דזהו ג"כ ציור, **ויש** מקומות שעושין שחור וכותבין ע"ז "זכר לחורבן", [**אף** דח"א מחמיר גם בזה, מ"מ נראה דאין למחות ביד המקילין, אחרי שהא"ר הביא בשם האגודה, סמך להמקילין שעושין שחור המקום ההוא], **ואותן** התולין בגדי רקמה סביב כל הכתלים, ישיירו ג"כ אמה על אמה.

והיכא שמערב חול בסיד, נמי שרי ע"י שיור אמה על אמה, **ויש** מקילין ע"י חול, דס"ל דהיכא דעירב חול שוב לא מקרי בשם סיד, **והיכא** שהוא טח בטיט לבד, לכו"ע אין צריך לשייר כלל.

והנה בזמנינו לא נהגו לשייר, ואפשר משום דסומכין על היש מקילין, ועכ"פ תמוה, שהרי מלבנין הבתים בסיד לבד, **ואפשר** דדוקא במיני סיד הנקרא גופ"ש שהוא לבן ביותר אסור, משא"כ סיד שלנו, **אך** כל זה דוחק, וצ"ע על מה נוהגין היתר.

כנגד הפתח - היינו נוכח הפתח, כדי שיראה מיד שיכנס בפתח, **ויש** שמניחים פנוי למעלה מן הפתח בגובה, ואינו נראה לנכנס, **ואפשר** כדי שיתראה תמיד לפני בעה"ב היושב בפנים, שעל רוב הוא יושב אצל הקיר אשר נוכח פתח הבית.

והלוקח חצר מסויידת ומכויירת (פירוש מצויירת), הרי זו בחזקתה, ואין מחייבים אותו לקלוף בכותלים - דתלינן שנעשה ביד עכו"ם ולקחה ישראל ממנו, **ואם** ידוע שנעשה ביד ישראל באיסור, חייב לקלוף אמה על אמה, **וכ"ז** כשהוא קיים, אבל כשנפל, אפילו אם ידוע שבפעם הראשון היה ביד עכו"ם, מ"מ כשחוזר ובונה מחוייב לשייר השיעור.

סעיף ב - וכן התקינו שהעורך שלחן לעשות סעודה לאורחים, מחסר ממנו מעט - כלומר שאין נותן כל תבשילים הראויים לסעודה, אלא מחסר מעט, אפילו כסא דהרסנא די בזה, (**וצ"ע** שכל זה אין נוהגין כלל).

ואפילו סעודת מצוה כמילה וחתונה, וכ"ש שאר סעודות, **ועיין** במו"ק, דבסעודת שבת ויו"ט לא יחסר שום דבר, [**ואיסורא** נמי איכא, אם מקומו ניכר בשולחן שפנוי מקערה הראויה לתת שם, שאפי' בימי אבל אסור להראות שום דבר של פרהסיא, **אבל** בתכשיטי נשים צריך לשייר גם בשבת ויו"ט, דלא מינכר השיור כולי האי].

ומניח מקום פנוי בלא קערה מן הקערות הראויות לתת שם - דאל"ה לא יהיה ניכר החסרון, אבל כשיניח פנוי ירגישו שהיה ראוי עוד תבשיל אלא שנחסר, [**היינו** כשמשייר איזה דבר שאין דרכו ליתן בכל סעודה, **אבל** אם שייר תבשיל אחד מה שרגילין במקום ההוא בסעודה, אז ניכר שחסר, רשאי אח"כ ליתן על השלחן ולסדר כל הקערות שיש לו בלי מקום פנוי], **והנה** הלבוש השמיט תנאי זה, אפשר דס"ל דמחסר מעט לבדה סגי.

וכשהאשה עושה תכשיטי הכסף והזהב, משירה מין ממיני התכשיט שנוהגת בהם, כדי שלא יהיה תכשיט שלם - היינו אם יש לה הרבה מיני תכשיטין, לא תשים כולם עליה בבת אחת, רק בכל פעם תשייר אחת לזכור החורבן, (**וצ"ע** שכל זה אין נוהגין כלל), **ונשים** המתקשטות במילוי, גורמין לבד זה רעות רבות מאומות העולם המתקנאים בהם.

וכשהחתן נושא אשה, לוקח אפר מקלה ונותן בראשו במקום הנחת תפילין. הגה: ויש מקומות שנהגו לשבר כוס בשעת חופה - וזו היא ג"כ הטעם של שבירת כלי בשעת כתיבת התנאים, **ויראה** לשבור תחת החופה כוס שלם, ואין בו משום בל תשחית, כיון שעושין כן לרמז מוסר למען יתנו לב, [**ובתנאים** ראוי ליקח קדירה שבורה], **או לשום מפה שחורה או שאר דברי אבילות בראש החתן** - (וצ"ע שכל זה אין נוהגין כלל).

וכל אלה הדברים כדי לזכור את ירושלים, שנא': אם אשכחך ירושלים וגו', אם לא אעלה את ירושלים על ראש שמחתי - שכל דבר שמחה צריך לעשות בה דבר זכר לחורבן הבית, **ואמרינן** בשבת דף ס"ב, דתענוג דאית ביה שמחה אסור, ודלית ביה שמחה שרי.

סעיף ג - וכן גזרו שלא לנגן בכלי שיר וכל מיני זמר וכל משמיעי קול של שיר לשמח בהם - היינו דבכלי אסור אפילו שלא על היין לדעה זו. **הגה: ויש אומרים דוקא מי שרגיל בהם, כגון המלכים שעומדים ושוכבים בכלי שיר, או בבית המשתה** - ר"ל לפי שהוא על היין, אסרו בזה ואפי' למי שאינו רגיל בזה, **ודע**, דאפי' בפה אסור על היין לכו"ע, **וע"כ** יש למחות באותן שיושבין לאכול סעודתן, [על היין], ובחוץ עומדים ומנגנים, ובכל יום עושין כן, דזהו ודאי איסור גמור, [**אמנם** לפי מש"כ במס' גיטין, בהג' רמ"א שבמרדכי בשם מרדכי ישן, דדוקא במשתה בלא אכילה הוא דאסור, שכן דרך עכו"ם, **אבל** במשתה של אכילה מותר, אפשר דאין למחות בם, אע"ג דרגילי בזה].

ואסור לשומעם מפני החורבן; ואפילו שיר בפה על היין אסורה, שנאמר: בשיר לא ישתו יין - וב"ח פסק, דאפילו בלא יין ג"כ אסור, דאמרינן בגמרא, דוקא זמרא של מושכי הספינות, או מושכי הבקרים שרי, שאינו אלא לזרזם במלאכתם, אבל דגרדאי אסור, שהוא לשחוק בעלמא, **וע"כ** נשים המזמרות בפה בעת מלאכתן, יש למחות להן, ואם אינן שומעות, מוטב שיהיו שוגגין, **אכן** בבית חרושת המעשה, שיש שם גם אנשים, ואלו מזמרות ואלו עונין אחריהן, הוא כאש בנעורת, ומצוה רבה לבטלם.

[**ואם** מזמרות כדי לישן התינוק, שפיר דמי, וגם הלא מדברי שו"ע משמע, דאינו אסור בפה אלא על היין, הלכך אין לדקדק כ"כ, **אכן** אם יש אנשים אחרים בבית, יש ליזהר משום קול באשה ערוה, **ומיהו** כבר הזהיר השל"ה ושארי ספרי מוסר, שלא לזמר שירי עגבים לתינוק, שזה מוליד לתינוק טבע רע, **ובלא"ה** נמי איכא איסורא בשירי עגבים ודברי נבלות, דקא מגרי יצה"ר בנפשיה, ושומר נפשו ירחק מזה, ויזהיר לבני ביתו ע"ז].

וכבר נהגו כל ישראל לומר דברי תשבחות או שיר של הודאות וזכרון חסדי הקב"ה, על היין - כתב בליקוטי מהרי"ל, שלא כדין הוא שמשוררין במשתה "אודך כי עניתני" וכה"ג לשמחת מריעות, כי אז התורה חוגרת שק, ואומרת: עשאוני בניך כמין זמר, אך בבהכ"נ לרגלים מצוה לזמר, **‹ומדברי** הראשונים מוכח, שהאיסור הוא רק באופן שעושים כן דרך שחוק והיתול, אבל אם הכוונה לש"ש לתת שבח והודיה להשי"ת על חסדיו, או בדרך תפילה והתעוררות ליר"ש, הרי זה בגדר של קורא פסוק בזמנו שמביא גאולה לעולם, וזה מש"כ שבביהכ"נ ברגלים מצוה לזמר›, **וע"כ** מסיק המ"א, דלא שרי בשבת לזמר אלא אותן שירים שנתקנו על הסעודה, אבל פיוטים אחרים אסור, **‹כוונתו** לחרוזים ושירים שנתקנו שלא לשם נתינת שבח לבורא או לשבח המצוה, אלא משתמשים בפסוקים ובלשונות חז"ל ליפוי החרוזים והלשון, על זה אמרינן "בניך עשאוני ככינור", **אבל** הפיוטים שנתקנו לש"ש דרך שבח והודיה להשי"ת ושבח מצוותיו, אין איסור כלל – פסקי תשובות›.

ובאיזה סעודות נוהגים לשורר קדיש, דהיינו "יתגדל", וזהו ודאי חטא גדול, דלא התירו אלא זכרון חסדי ד', **וכ"ש** במה שלוקחין על הסעודה ליצ"ן אחד, ועושה שחוק בפסוקים או בתיבות קדושות, וזהו עון פלילי.

הגה: וכן לגורך מלוה, כגון בבית חתן וכלה, הכל שרי - פי' בין בפה ובין בכלי ועל היין, **רק** שלא יהא בה ניבול פה, **ומ"מ** אין לשמוח ביותר.

סעיף ד - וכן גזרו על עטרות חתנים, שלא להניח כלל, ושלא יניח החתן בראשו שום כליל, שנאמר: הסר המצנפת והרם העטרה; וכן גזרו על עטרות הכלה, אם היא של כסף - ה"ה של מרגליות ואבנים טובות י"ל כ"ש דאסור, **ואימתי** נקראת כלה, י"ל כל ז' ימי המשתה בבתולה, גם לילה שלפני החופה, **וא"כ** אותן המניחין בראש כלה תכשיטין בראש שקורין בינד"א וכדומה, צ"ע. **אבל של גדיל מותר לכלה** - כדי שלא לנוולה, **ועיין** בב"י דמסתפק לדעת הרמב"ם, אם היה עיקרה של גדיל, וקבועים משבצות של כסף וזהב, אם שרי, **וכהיום** אין משגיחין בזה העולם, ומקילין בזה, וכתב הא"ר דסומכין על דעת הרמב"ן, דסובר דעיקרו של גדיל שרי, אף שיש בו כסף וזהב, **והעושין** הינומא מיוחדת לכלה, קרוי"ן של כסף וזהב, אף שיכרוך הכסף על משי, יש לאסור, וצ"ע.

ודוקא לחתן וכלה, אבל בשאר כל אנשים ונשים לא גזרו - שלא גזרו אלא בשעת שמחה.

סעיף ה - אסור לאדם שימלא פיו שחוק בעולם הזה - שהשמחה יתירה משכח המצות, **ועיין** בט"ז ופרישה, דאפי' בשמחה של מצוה, כגון בחתונה ופורים, לא ימלא פיו שחוק. **וזהו** כשעוסק בהשחוק זמן מרובה עם אחרים, אבל שחוק בעלמא לית לן בה – ערוה"ש.

§ סימן תקסא – דין הרואה ערי יהודה וירושלים והמקדש בחורבנן §

סעיף א - הרואה ערי יהודה - ולא ערי ישראל, דלא חשיבי כל כך, **בחורבנן** - אפילו יושבין בהן ישראל, כיון שהישמעאלים מושלים עליהם, מקרי בחורבנן, **אומר: ערי קדשך היו מדבר, וקורע.**

(ואינו חייב לקרוע אלא כשמגיע סמוך לכס, כמו מן הלופים לירושלים) - דרחוק יותר לא חשיבה ראיה כמו להלן, **ולפי** מה שביארנו לקמיה, דכמה פוסקים פליגי ע"ז, וסוברין דאין שיעור לדבר, אלא דממקום שרואה חייב לקרוע, ה"ה בענינינו.

סעיף ב - הרואה ירושלים בחורבנה, אומר: ציון היתה מדבר שממה - ‹צ"ל: ציון מדבר היתה ירושלם שממה – לבושי שרד›, **וקורע** - יש שכתבו, שמסתברא שיום שרואה אדם תחלה ירושלים בחורבנה, שיאסור אותו היום כולו בבשר ויין.

וכשרואה בית המקדש, אומר: בית קדשינו ותפארתנו אשר הללוך בו אבותינו היה לשרפת אש וכל מחמדנו היה לחרבה, וקורע - עיין ב"ח, שחייב להשתחות ולקרוע את בגדיו, ולבכות ולהתאונן ולהתאבל על חורבן בהמ"ק, ולקונן ולומר "מזמור לאסף" וכו' עד סוף, **וכשקורע** מברך ואומר "ברוך דיין אמת" - אך בלי שם ומלכות - "כי כל משפטיו צדק ואמת, הצור תמים פעלו כי כל דרכיו משפט, אל אמונה ואין עול צדיק וישר הוא, ואתה צדיק על כל הבא עלינו" וכו'.

ומהיכן חייב לקרוע, מן הצופים - פי' דלא חשיב ראיה מריחוק מקום, אלא משהגיע לצופים דהוא מקום סמוך לירושלים חשיב ראיה, כ"כ ב"י, **אבל** כמה פוסקים כתבו, ד"צופים" הוי פירוש, כל מקום סביב לירושלים שיכולין לראות משם.

עוד כתבו, דמשהגיע לצופים צריך לקרוע אע"פ שעדיין לא ראה אותה.

כתב הא"ר, כל שקרע וראה קצת, אף שלא ראה בטוב, כשיגיע א"צ לקרוע עוד, **הא** לכתחלה יש לו להמתין עד שיגיע למקום צופים.

ואח"כ כשיראה המקדש קורע קרע אחר - וירחיק ג' אצבעות, **וכל קריעה טפח.**

ואם בא דרך המדבר, שאז רואה המקדש תחלה, קורע על המקדש טפח, ואח"כ כשיראה ירושלים מוסיף על קרע ראשון כל שהוא - וא"צ טפח, משום דעיקר מצות קריעה יצא בפעם ראשונה, שהיא מן המקדש, שקדושתה יותר מירושלים, ונכללת בתוכה.

והנכנס עתה למקום מקדש חייב כרת, שכולנו טמאי מתים, וקדושה הראשונה קדשה לשעתה וקדשה לעתיד לבוא.

סעיף ג - אם קרע על אחת מערי יהודה, אינו חוזר וקורע כשיראה שאר ערי יהודה - דכולהו חשובות כאחת, **ומ"מ** צריך להוסיף על הקרע כל שהוא. **חוץ מירושלים, שחוזר וקורע עליה קרע אחר בפני עצמו; ואם קרע על ירושלים תחלה, אינו צריך לקרוע על שאר ערי יהודה** - היינו אפילו תוספת קרע בעלמא ג"כ א"צ.

סעיף ד - כל הקרעים האלו בידו - ולא בכלי, **ומעומד, וקורע כל כסותו שעליו עד שיגלה את לבו** - ולכן יקרע מצד שמאל כי הלב בשמאל. **ואינו מאחה קרעים אלו לעולם** - היינו תפירה מבפנים, ואחרת עליה מבחוץ - טור, **ורש"י** פי', תפירה מיושרת.

אבל רשאי - למחר, **לשללן למללן ללקטן ולתופרן כמין סולמות** - תפירות שאינן מיושרות.

סעיף ה - היה הולך ובא לירושלים, הולך ובא, תוך ל' יום אינו קורע קרע אחר, ואם לאחר ל' יום, חוזר וקורע, (והוא הדין בערי יהודה והמקדש) - והרואה ירושלים תוך ל' יום, אע"פ שלא קרע, כגון שדר בתוכו, א"צ לקרוע על ערי יהודה, **אם** לא שיצא משם ובא לערי יהודה לאחר שלשים, **ומי** שנולד בירושלים, אפילו הגדיל אינו צריך לקרוע, דבקטנותו פטור, וכשהגדיל א"צ לקרוע, דהא ראה אותן תוך ל' יום.

מילואים להלכות תענית

§ סימן תקסו – דיני תענית צבור §

סעיף א - בתענית צבור אומר שליח צבור עננו בין גואל לרופא - דכתיב: ד' צורי וגואלי, וסמיך ליה: יענך ד' ביום צרה, **וחותם: בא"י העונה לעמו ישראל בעת צרה** - ובסידורים שלנו איתא "העונה בעת צרה", וכן העיקר.

(ואם שכח, ע"ל סוף סימן קי"ט סעיף ד').

וקורים ויחל בשחרית ובמנחה - היינו בכל ת"צ, **אבל** בט' באב קורין בשחרית: כי תוליד בנים וגו', ומפטירין בירמיה: אסוף אסיפם, **ורק** במנחה דומה בקריאה לשאר ת"צ.

מה שהקהל אומרים "שוב מחרון אפך", דרך בקשה, וכן "ד' ד' אל רחום וחנון" וגו', העולה לתורה וכן החזן הקורא אין אומר אותן פסוקים עם הקהל, רק אח"כ כשסיימו הקהל, אז קורא החזן עם העולה בתורה, **וראוי** ליזהר שהש"ץ ימתין עד שיסיימו כולם, ואח"כ יתחיל לקרות, כדי שישמעו כולם מתורה.

בין שחל בשני ובחמישי בין שחל בשאר הימים - עיין לקמן בס"ב בהג"ה, דבתעניתים שאין קבועין לכל, מנהגינו שאין דוחין פרשת השבוע בשחרית.

הגה: ומפטירין במנחה: דרשו, ובשחרית אין מפטירין, חוץ מבתשעה באב.

וקורים אפילו כשחל בערב שבת - "ויחל" בשחרית ובמנחה, וה"ה דאומר הש"ץ "עננו" בין גואל לרופא.

ואם מתענים בראש חדש, קורים שחרית פרשת ר"ח, ומנחה בשל תענית - ובדיעבד אם קרא בשחרית "ויחל", נראה שאין מחזירין אותו, דיש לסמוך על הירושלמי, דסובר דאף לכתחלה קורין "ויחל".

סעיף ב - כשהצבור גוזרים תענית על כל צרות שלא תבא עליהם, וכן בתענית שני וחמישי ושני שאחר הפסח ואחר החג, שנוהגים באשכנז להתענות הצבור, נהגו הראשונים לומר שליח צבור עננו בין גואל לרופא, ולקרות ויחל.

הגה: מיהו אם קבעו התענית בב' וה', אין דוחים פרשת השבוע בשחרית - דהוא תדיר, ואין חשוב תענית שלא נתפשט בכל ישראל לדחות פרשת השבוע, **והיינו** אם הצבור גזרו תענית, ולאפוקי תעניתים הכתובין, אפילו אם חלו בב' וה' דוחין פרשת השבוע, וקורין "ויחל" לכו"ע. **אלא קורין בשחרית בפרשה, ולערב קורין ויחל** - ומ"מ הש"ץ אומר "עננו" בין גואל לרופא בשחרית ומנחה.

ועיין בא"ר שהביא בשם מלבושי יו"ט, שדעתו לדינא להורות כהטור, וכדעת רב שר שלום, דדוחין פרשת השבוע וקורין "ויחל", **אלא** דמ"מ כיון שנהגו כן אין לשנות המנהג, **ועיין** בביאור הגר"א, שדעתו ג"כ לדינא כהמלבושי יו"ט, ותמה על הרמ"א, עי"ש, **אמנם** בא"ר מצדד להורות כהרמ"א, שכן נמצא באגודה בשם רבותיו, עי"ש, **ומ"מ** בדיעבד אם התחילו לקרות פרשת "ויחל", אין לחזור, כנלענ"ד.

בלבד בה"ב שמתענין אחר הפסח וסוכות, שקורין שחרית וערבית ויחל, והכי נהוג - לפי שתעניתים אלו קבעו בכל הארצות, ומיעוט הוא אותם שאין מתענים, **משא"כ** בשאר גזירות תענית על מדינה מיוחדת, אז אין דוחין פרשת השבוע מכח "ויחל", **וה"ה** תענית של כ' סיון, ג"כ יש לקרות "ויחל" אף בשחרית, אפי' כשחל ביום ב' וה', שתענית זה הוא קבוע, ונתפשט יותר בישראל מב' וה' דאחר פסח וסוכות - ט"ז ול"ח.

ונ"ל שהיום שהתענית של כ' סיון אינו קבוע כ"כ, שמתענים בו רק יחידים, וכן תענית בה"ב שאחר פסח וסוכות, דינו כשאר תעניתים, ואין דוחין פרשת השבוע בשחרית, ולערב קורין "ויחל", **ואם** חל כ' סיון בע"ש, שנוהגין שלא להשלים התענית, רק עד שעה שיצאו מבהכ"נ, צ"ע לענין "עננו" איך יעשה, וגם לענין קריאת התורה בצבור במנחה.

ויש שתמהו עליהם והקשו עליהם, והרא"ש יישב קושיתם; הילכך למנהג הראשונים שומעין.

ומיהו היכא שגוזרים תענית שלא לשום צורך, אלא לשוב בתשובה, יש נוהגים לדונו כתענית צבור לענין עננו בין גואל לרופא - היינו דהש"ץ יאמר "עננו" בין גואל לרופא בשחרית ובמנחה, **וקריאת ויחל** - ואם חל ביום ב' וה', לדעת הג"ה לעיל אין דוחין פרשת השבוע.

ויש נוהגים לדונו כתענית יחיד, שאף שליח צבור אינו אומר עננו אלא בשומע תפלה, ואין מוציאין ספר תורה.

ולפי"ז ער"ח שקורין יו"כ קטן, שנוהגין במקצת מקומות להתענות, שהוא משום תשובה, לענין ברכת "עננו", ולענין קריאת "ויחל", תלוי

במנהג המקומות, **ויש** מקומות שנוהגין לקרות בו "ויחל", וכן לומר "עננו" בין גואל לרופא במנחה, ולא בשחרית, משום דבמנחה מרבים בסליחות ווידויים, **ואין** למחות ביד הנוהגין כן, דיש להן על מה שיסמוכו, [וכ"ז כשמשלימין התענית עד הערב]. **אכן** במקום שאין מנהג, אין לקרות "ויחל" אף במנחה, וכן הש"ץ לא יאמר "עננו" רק ב"שומע תפלה".

(**כתב בשערי אפרים, בתענית מיתות הצדיקים, כגון ז' באדר וכיוצא, אף אם יש עשרה מתענין, וכן הבכורים המתענין בע"פ, אף אם יש שם עשרה, לא יקראו "ויחל", ומכ"ש הנוהגים להתענות בב' וה' של כל השנה, או בפרשת שובבי"ם, וכן מה שנוהגין החבורות קדושות שבכל עיר, לבחור לעצמם יום אחד לקבוע בו תענית, ואומרים סליחות, אע"פ שעושין כן בכל שנה בקביעות, אין להם לקרות "ויחל", עכ"ל, ובכמה מקומות נוהגין שקורין "ויחל" בט"ו כסליו, שהוא קביעות תענית לחברה קדישא, ויש סעד לדבריהם מפמ"ג, שמצדד בכעין זה לענין שובבי"ם ת"ת, אכן אם חל ביום ב' וה', אין דוחין בשחרית פרשת השבוע**).

מנהג ליתן צדקה במנחה דתענית, דאגרא דתעניתא צדקתא, **ויש** נוהגין לשער מה שהיה אוכל ביום התענית, ליתן לעניים בערב, וכן נוהגין בקצת קהלות להכריז ליתן כופר נפש, **ומ"מ** יראה לעשות כן שלא בחזרת הש"ץ התפלה, כי מבלבלין, וצריך לשמוע להש"ץ.

סעיף ג - אין שליח צבור אומר עננו ברכה בפני עצמה, אא"כ יש בבית הכנסת עשרה שמתענין - אבל יאמרנה בש"ת כשאר יחיד, כיון שהוא ת"צ.

ואם יש בהם אחד שאינו משלים, לא יאמר ברכת "עננו", [**וה"ה** אחד שלא קיבל עליו מבעו"י את התענית, ובד' תעניתים לא צריך קבלה].

ולענין קריאת "ויחל", כשחל התענית צבור בב' וה', אע"פ שדוחין פרשת השבוע, לית כאן ברכה לבטלה, דתקנת עזרא לקרות בשני וחמישי, א"כ די כשיש ו' בבהכ"נ קורין "ויחל", **משא"כ** במנחה צריך עשרה בבהכ"נ, וה"ה שחרית כשחל באגד"ו, צריך י' בביהכ"נ דוקא.

וי"א שבתענית צבור של ד' צומות, כיון דמדברי קבלה הם, אפילו אין שם מתענים רק שבעה, והשאר אינם מתענים דאניסי שהם חולים, יכולים לקבוע ברכת "עננו" ולקרות "ויחל".

ואפילו אם יש בעיר עשרה שמתענין, כיון שאין בבית הכנסת י' שמתענין, לא.

סעיף ד - נוהגים להרבות סליחות בברכת סלח לנו - מיהו "אל רחום שמך" וכיו"ב, שאינו מענין סליחת עון, לא יאמרו עד אחר התפלה, **ואם** שכח לומר הסליחות עד שגמר ברכת "סלח לנו", יאמר הסליחות אחר תפלת י"ח. **ויש שאין נוהגים לומר סליחות עד אחר סיום י"ח ברכות, וכן הנהיגו הקדמונים בא"י, והוא המנהג הנכון** - וכן הסכימו האחרונים.

סעיף ה - בתענית צבור, ש"צ שאינו מתענה לא יתפלל - ואם אירע שעבר לפני התיבה, יאמר ב"שומע תפלה": עננו ביום צום התענית הזה, **וה"ה** אם אין ש"ץ אחר, מוטב שיתפלל מי שאינו מתענה, ממה שיתבטלו לשמוע קדיש וקדושה וברכו.

סעיף ו - יש מי שאומר שאין עומד לקרות בתורה בתענית צבור מי שלא התענה - או שאין בדעתו להשלים התענית.

עיין במ"א, דדוקא במנחה, אבל בשחרית מותר לעלות, אע"פ שדוחין פ' השבוע וקורין "ויחל", מ"מ עכ"פ הלא קוראין בתורה בלא התענית, אלא א"כ התענית באמצע שבוע, **ויש** מאחרונים שמפקפקין עליו בזה, **ומ"מ** בדיעבד אם קראוהו, לכו"ע יעלה.

ודע, דבדיעבד אם קראוהו במנחה למי שאינו מתענה, [וה"ה בשחרית אם חל באגד"ו], יש דעות בין הפוסקים אם יעלה, **דיש** מחמירים בזה, דהוי חשש ברכה לבטלה, דלא תקנו קריאה זו אלא בשביל המתענים, **והפוסקים** שמקילין בזה טעמם, דהברכה הוא מפני כבוד הצבור, **וע"כ** צריך ליזהר מאד שלא להיות בביהכ"נ כדי שלא יקראוהו, **ובדיעבד** אם קראוהו והוא איש ת"ח, ומחמת איזה אונס אירע שלא התענה בת"צ, וצר לו לומר להם שלא התענה כדי שלא יהיה חילול השם בדבר, נראה שיוכל לסמוך בשעת הדחק על המקילין ויעלה.

ואם הכהן אינו מתענה, יצא הכהן מבית הכנסת - כדי שלא יאמרו שהוא פגום, **ועומד לקרות בתורה ישראל המתענה** - ומ"מ אם הכהן בביהכ"נ ואינו רוצה לצאת, אין לחוש, דליכא פגם, שהכל יודעין שיש בני אדם שאין רגילין להתענות, **אכן** זהו לענין תענית בה"ב וכה"ג, אבל בתעניתים הכתובים, שהכל מתענים לבד מי שהוא חולה, איכא פגמא אם לא יצא, וע"כ יזהר לצאת, [**ודעת** הח"א, דבזה צריך לקרותו לכתחילה אם לא יצא], **וכ"ז** כשאין כהן אחר בביהכ"נ, אבל אם יש כהן אחר פשיטא שא"צ לצאת, **ואם** חושש שיקראוהו לעלות, יאמר לחזן שלא יקראוהו.

סעיף ז - בתענית צבור יעמדו שנים אצל שליח צבור, מזה אחד ומזה אחד, שיאמרו עמו סליחות - דילפינן ממשה, דכתיב: ואהרן וחור תמכו בידיו מזה אחד וגו', **וכתבו** האחרונים, שעכשיו אין נוהגין בזה, משום שהכל אומרים בעצמם סליחות עם הש"ץ.

סעיף ח - כל ת"צ יש בו נשיאות כפים במנחה, חוץ מביום הכפורים. הגה: ובגלילות הללו אין נוהגין בנשיאות כפים רק במוסף של יו"ט, וכבר נתבאר בהלכות נשיאות כפים - ומ"מ נפקא מינה מכל זה לענין אמירת "או"א אבותינו ברכנו בברכה" וכו', דבמקום דיש מדינא נשיאת כפים, אומרים "או"א ברכנו" וכו'.

§ סימן תקסז – טעימה ורחיצת הפה שמותר בתענית §

סעיף א - השרוי בתענית יכול לטעום כדי רביעית - הלוג, והיינו ביצה ומחצה, אם יש בו מלח או תבלין, **דלא** קביל עליה שלא יהנה, אלא שלא יאכל וישתה, וזה לא מיקרי אכילה ושתיה, **ובלבד שיפלוט** - דאל"ה חשיב שתיה, ואפילו משהו אסור.

סימן תקסז – טעימה ורחיצת הפה שמותר בתענית

ואפשר דאפי' כונתו להנאת עצמו שרי, כיון שאינו בולע.

כתב הט"ז, דדינא דשו"ע הוא דוקא לענין תענית, אבל מי שמודר מאיזה מאכל, אסור אפילו לטועמו ולפלוט, דשם הנאה קביל עליה.

וביוה"כ ובת"ב, אסור - דא"א לומר שלא קיבל עליה, דלאו בקבלתו תליא, ואפי' בפחות מרביעית אסור, (**ושני להמחבר יוה"כ ות"ב משארי ת"צ הכתובים, אף דהם נמי א"צ קבלה, משום דאינהו אין חיובן גדול כ"כ, וברצון תלוי, כ"ז מבואר מדברי הב"י בשם הריב"ש, ובאשכול ראיתי שהעתיק את דברי הר"י אברצלוני, שממנו נובע הדין לאסור הטעימה ביוה"כ ות"ב, דהטעם, דקיי"ל אסור להושיט ידו למים באלו, וכל הנאה אסורה, עכ"ל, וכונתו, כמו לענין רחיצה לאו רחיצה ממש אסרו, אלא אפילו הושטת יד למים, ה"ה לענין אכילה, לאו אכילה ממש דוקא, אלא ה"ה כל הנאה של אכילה, ולטעם זה פשוט דוקא ביוה"כ ות"ב אסור**).

הגה: ויש מחמירין בכל תענית צבור - היינו ד' תעניתים הכתובים,

והכי נוהגין - דבהם נמי א"צ קבלה, (**הרמ"א העתיק דעת התוספת, דכל תענית שא"צ קבלה אסור**).

ובמקום סעודת מצוה, שמבשלין ביום לצורך הלילה, יש לסמוך אדעה ראשונה, להתיר בשארי תעניתים לטעום התבשיל מעט מעט, אם יש בו מלח ותבלין, ולפלוט.

סעיף ב - יש אומרים שלא התירו רביעית בפעם אחת, אלא מעט מעט - וטעימה זו בחיך, ולרוקקו מיד שלא תעבור מן החיך ולהלאה, וכל היום כולו מצטרף לרביעית, ויותר מרביעית אסור בכל גווני, דאז חשיבה ההנאה.

וי"א שאפי' בפעם אחת יכול לטעום עד כדי רביעית, אם יודע בעצמו שיכול להעמיד עצמו שלא יבלע כלום - ולדעה זו מותר לטעום כמה פעמים, כל פעם כדי רביעית, דאין איסור בטעימה אם לא בלע, **אבל** יותר מרביעית, אפילו הוא רק טועם פעם אחת, אסור, דמתוך שלוגמיו מלאים יבלע מעט.

מדכתב המחבר דין זה בשם יש אומרים ויש אומרים, ולא הכריע בדבר, משמע דדעתו להקל, דהוא מילתא דרבנן, **ובח"א** העתיק רק דעה הראשונה להחמיר, ואפשר שטעמו, משום דהמ"א הביא בשם כמה ראשונים כדעה הראשונה.

סעיף ג - מי שדרכו לרחוץ פיו בשחרית בת"צ, לא כשר למעבד הכי - היינו בתעניתים הכתובין, (**דברחיצת פיו במים איכא למיחש טפי שמא יבואו לו מים בגרונו ויבלע קצת מהם, ולכן חשש להחמיר בכל ת"צ משא"כ לעיל בטעימה, דשפיר יוכל להעמיד עצמו שלא לבלוע כלום, אסר רק יוה"כ וט"ב – מאמ"ר, ודלא כמ"א ובאה"ט דס"ל דע"כ הכא מיירי ביותר מרביעית**), **ובמקום** צער יש להתיר רחיצת פה במים בכל ת"צ, רק שיזהר ביותר לכפוף ראשו ופיו למטה, שלא יבא לגרונו, **ואפילו** בט"ב יש להתיר כשהוא לו צער גדול, **וביוה"כ** יש להחמיר גם בזה.

אבל בתענית יחיד שרי, כיון שפולט; ואפילו יש במים שרוחץ יותר מרביעית - (**בפעם אחת, מאמ"ר**), כיון שמתכוין לרחוץ פיו, ולא מתכוין לטעום, לא מיתהני ביותר מרביעית, (**לכאורה כסברת י"א ראשון**), **ודוקא** במים, אבל בשאר משקין אפשר דיש להחמיר ביותר מרביעית, **ובדבר** שאין טוב לשתיה כגון בחומץ, מותר כמו במים.

הגה: ומותר ללעוס עצי קנמון ושאר בשמים ועץ מתוק, ללחלח גרונו ולפלוט, מלבד ביוה"כ דאסור (מרדכי) - מפני שהוא דאורייתא. **אבל** זהו דוקא לדעת המרדכי, אבל לדעת המחבר לעיל בס"א דאוסר בט"ב, וכן לדעת הרמ"א דאוסר בכל ת"צ, גם בענינינו דינא הכי.

ולענין לבלוע רוקו, מתיר המ"א אף ביוה"כ, דאף דקי"ל דהשותה משקין שאינן ראויין לשתיה פטור אבל אסור, הכא שאני כיון שאין כונתו כלל לשתיה.

§ סימן תקסח – דיני נדרי תענית §

סעיף א - נדר להתענות יום זה, ושכח ואכל, משלים תעניתו - ר"ל מחוייב להשלים אותו היום, ואינו יוצא במה שיתענה יום אחר, כיון דפרט בנדרו יום זה, דהיינו שאמר אתמול: הריני בתענית למחר, [**וגם** א"צ להתענות יום אחר, דא"א לתקן בזה מה שעיות, אם לא שמכוין בזה לכפרה בעלמא]. **ואפילו** הזיד ואכל הרבה, לא יאכל יותר.

והוא הדין אם היה תענית חלום, או שהיה ת"צ, או שהיה יום ידוע לו להתענות ביום שמת בו אביו או רבו.

ונראה דבת"צ אע"פ שאכל, יכול לומר "עננו" בתפלתו, דשייך לומר: עננו ביום צום התענית הזה, כמו שתקנו חכמים להתענות בו, וכדלעיל סי' תקסה, **ועי"ש** בבה"ל, ושאני התם שאינו מתענה כלל, משא"כ הכא ששכח ואכל שחייב להשלים – שבה"ל, **אבל** אם הוא תענית יחיד, אע"פ שמחוייב להשלים, כל שאכל כשיעור שהיה מאבד תעניתו אם לא היה נודר יום זה, לא יאמר "עננו".

אבל אם נדר להתענות יום א' או שני ימים, וכשהתחיל להתענות שכח ואכל כזית, איבד תעניתו, וחייב לצום יום אחר - שלם, אבל באותו היום מותר לאכול, **ואם** קבל להתענות ב' ימים רצופים, ושכח ואכל בלילה, מתענה שני ימים אחרים.

והטעם, כיון שבתחלת קבלת התענית לא ייחד על אותו יום דוקא, ע"כ אף שאתמול קבל על עצמו במנחה, ואמר: הריני בתענית למחר, יכול לצאת ידי חובתו במה שישלים יום אחר.

אבל אכל פחות מכזית, אף דלכתחלה אסור לאכול אפילו משהו, מ"מ בדיעבד מתענה ומשלים, וא"צ יום אחר, ואסור לאכול היום יותר, כיון שקבלו בתענית מאתמול, **ויותר** מזה, דאפילו אכל כזית, רק שלא אכלו בפעם אחת, ושהא בינתיים יותר מאכילת פרס, לא מצטרף, ודינו כפחות מכזית שאינו מאבד תעניתו בזה.

ולענין שתיה, השיעור אם שתה מלא לוגמיו, הא פחות מזה לא מקרי שתיה בדיעבד, ומשלים תעניתו, וא"צ להתענות יום אחר.

(ויש מחמירין דאפילו בנדר להתענות יום זה דחייב להשלים, מכל מקום מחמירין להתענות יום אחר) - עיין בבית מאיר שמסיק, דדוקא באומר: הריני בתענית למחר, (ומשום דיש דיעות בפוסקים, אית דס"ל דזה נחשב כ"יום זה", וא"כ לדידהו צריך להשלים התענית דוקא, ויש דס"ל דזה נחשב כ"יום סתם", ואיבד תעניתו, וצריך לצום יום אחר, וע"כ מחמירין לצאת ידי שניהם).

אבל אם נדר להתענות איזה יום מיוחד, ושכח ואכל בו, לכו"ע צריך להשלים תעניתו, וא"צ להתענות יום אחר, אם לא שכונתו לכפרה על עונו ושגגתו, **וה"ה** בתענית חלום או יא"צ, **וכ"ש** בארבע תעניתים הקבועים או שאר תענית צבור, אם שכח ואכל בו, בודאי מחוייב להשלים התענית, וא"צ להתענות יום אחר, אם לא שכונתו לכפרה, **וכן** איתא במהר"ל, שציוה לאחד להתענות אח"כ לכפרה.

(**ודע עוד, דפשוט דהיש מחמירין הוא רק בציור זה,** (דתחילת קבלתו היה מה שאמר: הריני בתענית למחר), **אבל אם** בעת תחלת הקבלה נדר סתם, ורק אח"כ קבל עליו במנחה ואמר: **הריני בתענית למחר,** זה מיקרי "תענית סתם", כיון שבתחלת קבלה לא בירר היום, וממילא כשאכל, איבד תעניתו של אותו היום, ומותר לאכול עוד, וחייב לצום יום אחר שלם).

סעיף ז - כשאירע יום שמת אביו או אמו באדר, והשנה מעוברת, יתענה באדר ב' - ר"ל שבשנה שמת בו אביו לא היה השנה מעוברת, ובשנים הבאים אח"כ איתרמי שנה מעוברת, דעת המחבר, דסתם אדר הוא אדר שני.

הגה: ויש אומרים דיתענה בראשון - דסתם אדר הוא אדר ראשון, וגם יש בענינינו טעם דאין מעבירין על המצות, **אם לא שמת בשנת העיבור באדר שני, דאז נוהגים להתענות בשני.**

וכן המנהג להתענות בראשון, מיהו יש מחמירין להתענות בשניהם - עיין במ"א שמסיק, דאם קבל עליו בנדר להתענות יום שמת בו אביו או רבו, מחוייב להתענות בשניהם, דכן הוא העיקר לדינא, וכ"כ הגר"א, **אכן** אם לא קבל עליו בפירוש, רק מצד מנהגא, שמנהג להתענות יום שמת בו אביו ואמו, א"צ להתנהג לעולם אלא כמו שנהג בפעם ראשונה כשמתרמי לו השנה מעוברת, דמעיקרא אדעתא דהכי קבל עליה, **אכן** בפעם ראשונה גופא אם בא לימלך כיצד לעשות, הנכון לומר לו שיתענה בשניהם, **אכן** אם קשה לו להתענות בשניהם, נראה שטוב יותר שיברור לו אדר ראשון, דכן הוא המנהג.

אכן האבלים אין צריכין ליתן לו קדיש אלא פעם אחד, **וכיוצא** בזה כתבו בשם רש"ל, מי שאינו יודע יום שמת בו אביו ואמו, יברור לו יום אחד, אך אל יסיג גבול אחרים לומר קדיש. [**ואם** אינו יודע אם מת אביו באדר ראשון או בשני, יתענה בשני, חדא שהרי מוקמינן האדם על חזקתו, ואמרינן חי היה, **ועוד** שהרי י"א שלעולם מתענין בשני].

אם מת אביו ביום ראשון דר"ח אדר שני, יתענה לשנה הבאה שהיתה שנה פשוטה, ביום א' דר"ח אדר, ולא בכ"ט בו, דלעולם אדר של שנה פשוטה עומד תחת אדר שני של שנה מעוברת.

ומי שמת אביו ביום ראשון דר"ח כסליו, ולשנה הבאה היה חשון חסר, ור"ח כסליו אינו אלא יום אחד, צ"ע מתי יתענה, אם בכ"ט לחשון, שהוא יום א' לפני ר"ח כסליו, דהא לעולם יום שני עיקר, שמונין למועדות משני, וא"כ היה יום פטירת אביו יום אחרון מחודש חשון, וגם עתה יקבע ביום אחרון לחודש זה, **או** נימא דעכ"פ הוי שם ר"ח עליו, ולכן יקבע יום היא"צ עתה ג"כ בר"ח, ולא להתענות בו, דהא אין מתענין בר"ח כדלקמיה, אלא להדליק בו נר ולומר קדיש, **ומסיק** המ"א, דאם שנה ראשונה למיתת אביו השנה היא חסרה וכמש"כ, וא"כ עדיין לא הוקבע הענין עליו בנדר, יקבע היא"צ בכ"ט לחודש חשוון, וכמש"כ הטעם, **אבל** כששנה הראשונה היא ג"כ מלאה, א"כ צריך ליקבע היום בר"ח, ולכן אף בשנים הבאים אחריהם, אף שהם חסרים, יקבע בר"ח, **ויש** מאחרונים שסוברין, דלעולם יקבע בר"ח, והעולם נוהגין כהמ"א.

סעיף ח - אין צריך להתענות אלא ביום מיתת אביו - דהיינו דאם מת בג' ימים לאיזה חודש, צריך להתענות בשנה הבאה ג"כ בג' ימים לחודש זה, ואף דאינו אותו יום של ימות השבוע,

ולא ביום קבורה - ואפילו בשנה ראשונה שהאבילות של יב"ח מתחלת מיום הקבורה, אפ"ה יא"צ הוא ביום המיתה, **ולא** מיבעי אם יום הקבורה היה למחרת יום המיתה, דאז נשלם הי"ב חודש של אבילות ג"כ ביום המיתה עצמה, **אלא** אפילו היה יום הקבורה שנים או ג' ימים אחר יום המיתה, דאז נמשך האבילות י"ב חודש אחר יום הקבורה, מ"מ היא"צ לעולם ביום המיתה קבעינן, **וי"א** דבזה שיום הקבורה נמשך איזה ימים לאחר יום המיתה, קבעינן היא"צ בשנה ראשונה ג"כ ביום הקבורה, אבל בשאר השנים לכו"ע יקבע ביום המיתה. [**ומה** דאמרינן שנמשך האבילות אחר היא"צ, דוקא כשהיה יום הקבורה אחר איזה ימים, אבל אם יום הקבורה לא נתאחר, רק שהוא לא שמע ממיתת אביו רק אחר איזה זמן, לכו"ע נוהג הי"ב חדש של אבילות מיום המיתה].

סעיף ט - אם אירע יום מיתת אביו בשבת או בר"ח, ידחה למחר. הגה: ואין נוהגין כן, אלא אין מתענין כלל - אבל להדליק נר ולומר קדיש יהיה באותו יום.

וכן בשאר ימים שאין בהם תחנון - וה"ה אם הוא בעל ברית, א"צ להתענות, דיו"ט שלו הוא, **ואם** ירצה יתענה רק עד מנחה גדולה.

טוב להתענות יום שמת בו רבו מובהק, כי חייב בכבודו יותר מכבוד אביו.

סעיף י - הנודר לילך על קברי צדיקים שבמקום פלוני, ונתעכב ימים רבים, ואחר כך אירע שהשכירוהו ללכת שם, די בהליכה זו - שהרי לא נדר אלא לילך, וקיים הדבר, **אבל** אם נדר להוציא יו"ד זהובים בהליכה זו, ואח"כ השכירוהו ללכת שם, לא יצא י"ח, [**ואפשר** דאם יוציא עשרה זהובים לצדקה, דיצא בזה].

סעיף יא - הנודר לצום סכום ימים רצופים, ואירע בהם תענית חובה, עולין לו - ואפילו בעת שנדר לא אמר אלו הימים, אלא אמר סתם שמקבל עליו לצום מהיום מ' יום רצופים.

ודוקא בתענית חובה שהוא שלא ע"י נדר, אבל אם היה עליו חוב ע"י נדר, כגון שנדר לצום בב' וה', ואח"כ נדר לצום מ' רצופים, אין ב' וה' עולה

לו, דהם שני נדרים, **אם** לא שיאמר דכונתו היה שיעלה בחשבון המ'. **ומ"מ** מי שרגיל מכבר להתענות י' ימי תשובה, דהוי ג"כ כעין נדר, ואח"כ נדר בט"ו באב להתענות מ' יום רצופים, עולין לו הי' ימים בתוך חשבון המ', דודאי כונתו נגד מ' יום שעלה משה בהר כמ"ש ס"ד, וא"כ הו"ל כאלו אמר "מ' ימים אלו", דפשוט דאפי' היה בהם כמה תעניתים עולים לו.

מי שרגיל להתענות י' ימי תשובה, ואירע יום שמת בו אביו בין ר"ה ליוה"כ, א"צ להוסיף להתענות ה' ימים לפני ר"ה, מידי דהוי אצום גדליה ויוה"כ, שהם חובה ועולין בתוך הי' ימים, **ואם** יום שמת אביו הוא לפני ר"ה בימי הסליחות, צריך להתענות ד' ימים חוץ מיום ההוא, [דהא אינו מיוחד להתענות איזה ד' ימים]. **ואם** חל ביום ראשון של סליחות או בער"ה, א"צ להתענות כנגדו יום אחר, דימים אלו הם קבועים לעולם בתוך העשרה ימים, [**ואם** חל ר"ה ביום ה', דליכא אלא ד' ימי הסליחות, וחל יום המיתה ביום ב', מסתברא דבזה ג"כ א"צ להתענות יום אחר, **וה"ה** אם גזרו הצבור תענית באותה שבוע, עולה לו].

§ סימן תקפ – ימים שמתענים בהם §

סעיף א - אלו הימים שאירעו בהם צרות לאבותינו וראוי להתענות בהם; ואע"פ שמקצתם בר"ח, יש מי שאומר שיתענו בו - עיין בב"י, שיש מהראשונים שמפקפקין ע"ז, ולדעתם יש ליזהר שלא להתענות כשאירע איזה מהם בר"ח, **ויש** שכתבו שדבר זה ניתקן בימי חכמי התלמוד, ולכן בעל נפש יחמיר לעצמו אם אפשר לו, **ומ"מ** מי שאינו רגיל להתענות תעניות אלו, ואירע לו איזה צרה ח"ו, ורוצה להתענות בר"ח ניסן על צרתו, אסור, כיון שהוא נוהג בו תמיד איסור תענית.

(וטוב שלא להבדיל בראש חדש) - משום דכתיב בספר תניא, דאין להתענות בר"ח. **ובס"ח** כתב, כשהלבנה לוקה יש להתענות.

סעיף ב - באחד בניסן מתו בני אהרן; בעשרה בו מתה מרים ונסתלק הבאר; בכ"ו בו מת יהושע בן נון - יש גורסים כ"ח, ועיקר כטור.

בעשרה באייר מת עלי הכהן ושני בניו, ונשבה ארון ה'; בכ"ח בו מת שמואל הנביא - במגילת תענית כתוב בכ"ט.

בכ"ג בסיון בטלו הביכורים מלעלות לירושלים בימי ירבעם בן נבט; בכ"ה בו נהרג רשב"ג ורבי ישמעאל ור' חנינא סגן הכהנים; בכ"ז בו נשרף רבי חנינא בן תרדיון וספר תורה עמו.

באחד באב מת אהרן הכהן; בי"ח בו כבה נר מערבי בימי אחז - יש גורסין בי"ז, וראוי להחמיר בשניהם.

בי"ז באלול מתו מוציאי דבת הארץ - כפי גרסת הב"י בשם הקדמונים, הוא שבעה באלול, **ואף** דבתורה משמע כפי מה שאמרו חז"ל שנשתרבב לשונם עד טבורם קודם לזה הזמן, י"ל דלא מתו תיכף, ונמשך מחלתם עד זה הזמן.

וקשה, הא כתיב: באבוד רשעים רנה, ואפשר דמסתמא שבו, ולא זכו שיקובל תשובתם, ולכן מתענים.

בה' בתשרי מתו עשרים איש מישראל ונחבש רבי עקיבא; בז' בו - ויש גורסין בששה, **נגזרה גזרה על אבותינו שימותו בחרב וברעב ובדבר מפני מעשה העגל.**

וקשה דהא מ' ימים האחרונים היו ימי רצון, ואפשר דהקב"ה נתרצה להם שלא ימותו מיד, רק שיהא העון שמור לדורות.

בז' במרחשון עוורו עיני צדקיהו ושחטו בניו לעיניו - במגילת תענית ובה"ג גרסו, בו' במרחשון.

בכ"ח בכסליו שרף יהויקים המגילה שכתב ברוך מפי ירמיהו - יש חלופי גרסאות בזה, וע"כ אין כדאי להתענות בחנוכה, עיין במ"א.

בח' בטבת נכתבה התורה יונית בימי תלמי המלך, והיה חשך בעולם שלשה ימים; ובט' בו לא נודע איזו היא הצרה שאירע בו - ובסליחות שלנו איתא, שמת עזרא הסופר.

בה' בשבט מתו הזקנים שהיו בימי יהושע - במגילת תענית גרסינן, בשמנה בשבט.

בכ"ג בו נתקבצו כל ישראל על שבט בנימין על ענין פלגש בגבעה; בז' באדר מת משה רבינו ע"ה - ובשנה מעוברת יש דעות בין האחרונים, ועיין בפ"ע, וסוגין דעלמא להתענות בראשון.

בט' בו נחלקו בית שמאי ובית הלל.

סעיף ג - יש מי שאומר שגזרו שיהיו מתענין בכל שני וחמישי על חורבן הבית, ועל התורה שנשרפה, ועל חלול השם - ומי שאינו יכול להתענות, עכ"פ יתפלל בהם על דברים הללו, **ויש** מתענים מבשר ויין בהם, וגם בלילה שלפניהם, **ובקיץ** שאוכלים קודם הלילה א"צ להחמיר, אם לא שקבלו עליהם לחשבו כלילה אחר תפלת ערבית.

איתא בכתבים, שראוי לכל בר ישראל לבכות על שריפת התורה, שמכח זה נמסרה התורה לקליפות, המקום יחזירנה לנו במהרה בימינו.

כתב התניא, ביום הששי פרשת חוקת, נהגו היחידים להתענות, שבאותו היום נשרפו כ' קרונות מלאים ספרים בצרפת, **גם** בשנת ת"ח נחרבו שני קהלות גדולות באותו היום.

גם נוהגין להתענות כ' סיון בכל מלכות פולין, נהרא נהרא ופשטיה, **ועיין** בשע"ת, שהוא דוקא מבן י"ח לזכר, ובת ט"ו לנקבה.

ולעתיד לבוא יהפכם ה' לששון ולשמחה.

ספר

הלכתא ברורה

מסכת מגילה

כולל כל הלכות מגילה

קריאת התורה ובית הכנסת

ושאר ההלכות הנמצאות על הדף

שבשו"ע ובמשנה ברורה

בשילוב תמצית דברי הביאור הלכה והשער הציון

מסודרות על הדף ע"פ ציוני ה'עין משפט'

בתוספת מקורות של הבאר הגולה

לאסוקי שמעתתא אליבא דהלכתא

§ מסכת מגילה דף ב. §

אות א'

כרכין המוקפין חומה מימות יהושע בן נון קורין בט"ו

סימן תרפח ס"א - [א]כרכים המוקפים חומה מימות יהושע בן נון, [ב]אפילו אינן מוקפין עכשיו, קורין בט"ו, [ג]אפילו אם הם בחוצה לארץ - כי בזמן מרדכי בעת הנס, כתיב שהיהודים שבכל מקום נלחמו ביום י"ג, ונחו ביום י"ד, ועשו אותו משתה ושמחה, **ובשושן** ניתן ליהודים להלחם עם העכו"ם גם ביום י"ד, ולא עשו יו"ט עד ט"ו, **וכיון** שבאותו זמן נחלקו לשני ימים, ולכן כשקבע מרדכי ואסתר בהסכמת אנשי כה"ג לקבוע פורים לדורות, חלקו ג"כ אותו לשני ימים, **והיה** ראוי לתקן שכל עיר שהיא מוקפת חומה כמו שושן, יהיה דומה לשושן לעשות בט"ו, והיה ראוי לתלות הכבוד בשושן, ולתקן שכל עיר שהיא מוקפת חומה מימות אחשורוש יקראו בט"ו, **אך** כיון שא"י היתה חריבה באותו עת, ויהיה לפי"ז עיירות המוקפות בחו"ל חשובות מהם, וע"כ תקנו לכבוד א"י, שכל עיר שהיא מוקפת מימות יהושע ב"נ יקראו בט"ו, אע"פ שאין מוקפות עכשיו, והשאר בי"ד, **לבד** שושן, אע"פ שאינה מוקפת מימות יב"נ, אפ"ה קורין בט"ו מפני שבו נעשה הנס.

אות ב'

כפרים ועיירות גדולות קורין בארבעה עשר

סימן תרפח ס"ג - [ד]כפרים ועיירות גדולות, וכרכים שאינם מוקפים חומה מימות יהושע בן נון, קורין בי"ד.

מי שדינו לקרוא בט"ו, אינו יכול לקרוא ולפטור לבני י"ד בי"ד, וכן להיפך, כיון שאינו מחויב עתה בדבר - פר"ח, [**אע"ג** דבירושלמי מסתפק בזה לענין בן כרך אם יכול להוציא לבן עיר בי"ד, כיון דבדיעבד יוצא בי"ד, **בגמרא** דילן משמע דהוא לעכובא בט"ו, וא"כ ממילא אינו יכול להוציא לבני י"ד ביום י"ד, ע"ש], **והפמ"ג** כתב, דבדיעבד אם בן כרך קרא לבן י"ד בי"ד, יצא, [דהוא ס"ל דגם הש"ס דידן מודה להא דירושלמי, [ה]דבדיעבד יוצא בן כרך ביום י"ד, וכן מוכח מדברי הגר"א, **והא** דאיתא בגמ' "זמנו של זה לא כזמנו של זה", הוא רק לענין לכתחלה דלא יכול בן כרך לקרוא ביום י"ד, **ואם** כן ממילא נשאר בעיא דירושלמי על מקומה].

אות ב'* [ו]

סימן תרפח ס"ח - [ז]בן עיר שהיה בספינה או בדרך ולא היה בידו מגילה, ואח"כ נזדמנה לו בט"ו, קורא אותה בט"ו - ובלא ברכה, דכבר עבר עיקר זמנה, **אבל** מט"ו ואילך לא יקרא כלל, דכתיב: ולא יעבור.

אם טעו וקראו הפרשיות והמגילה באדר א', צריך לחזור ולקרות בשני.

אות ג'

אלא שהכפרים מקדימין ליום הכניסה

רמב"ם פ"א מהל' מגילה ה"ו - בני הכפרים שאינם [ח]מתקבצים בבתי כנסיות אלא בשני ובחמישי, תקנו להם שיהיו מקדימין וקוראים ביום הכניסה; כיצד, אם חל יום ארבעה עשר להיות בשני או בחמישי, קוראין בו ביום; ואם חל להיות ביום אחר חוץ משני וחמישי, מקדימין וקוראין בשני או בחמישי הסמוך לארבעה עשר.

אות ג'* [ט]

סימן תרפח ס"ז - [י]המפרש בים והיוצא בשיירא ואינו מוצא מגילה להוליך עמו - דאם היה מוצא, מחויב ליקחה ולקרות בי"ד, **יקראנה בי"ג או בי"ב או באחד עשר, בלא ברכה** - ‹שזהו רק לזכר בעלמא›, **בקיבוץ** י', דשלא בזמנה בעי י', **ולא** אבין, כיון שהיא בלא ברכה, אינה אלא כלימוד בעלמא, והרי אינה מתקנת חכמים כלל - ערוה"ש›, **אכן** אפשר דסגי בקטנים, הואיל והוא רק משום פרסומי ניסא, ‹ע"ל סי' תרצ סי"ח במ"ב›, **ועיין** במאירי, דבדיעבד אף ביחיד יוצא.

ועיין בר"ן שמסתפק לענין בני הכפרים שמקדימין לקרותה, אי מחוייב לקרותה גם בלילה, או די בקריאה דיום, **ופשוט** דה"ה לענין מפרשי הים ויוצא בשיירא, **ומדברי** הטור משמע קצת, דצריך לקרות גם בלילה.

ודע עוד, דהא דהקילו ליוצא בשיירא או למפרשי הים, הוא רק לענין קריאת המגילה, **אבל** סעודת פורים, וכן משלוח מנות [יא]ומתנות לאביונים, לא יקיים אלא בזמנה, [יד אפרים].

‹**עיין בטור, כי יש מהראשונים דסברי, שהאידנא דנתבטל הדין שבני כפרים יכולים להקדים, ממילא אין קורין שלא בי"ד בשום גווני**›.

ואם אי אפשר להמתין עד ימים הללו, [יב]י"א שקורא אפילו מתחלת החדש. הגה: והכי נהוג - דכתיב: והחודש אשר נהפך מיגון לשמחה וגו'. ‹לזכרון בעלמא - ערוה"ש›.

מיהו אם נזדמן לו אח"כ מגילה, חוזר וקורא אותה ביום י"ד - והיינו בברכותיה, דהא זמנה היא, **אפי' קרא אותה ביום י"ג, מ"מ קרא אותה שלא בזמנה (כל בו וב"י).**

באר הגולה

[א] משנה ריש מגילה [ב] ברייתא שם ג' [ג] טור וכ"כ הר"ן בשם התוס' ‹הובא דבריו בב"י›, והרמב"ן ע"פ הירושלמי, ושכן דעת הגאונים [ד] שם במשנה [ה] ‹משא"כ בן עיר שקרא לבן כרך בט"ו, דהוא עצמו אינו יוצא בדיעבד בט"ו› [ו] ‹מילואים› [ז] שבלי הלקט וע"פ הירושלמי ‹ירושלמי הנ"ל, כל החדש כו', ובלבד עד ט"ו, ומשמע אף לבן עיר - גר"א› [ח] ‹נראה שרבינו מפרש ביום הכניסה שקורין הכפרים, הוא בכפר שלהם, דשם מתכנסים בבתי כנסיות, ואינן מתקבצים אלא בב' ובה' בבתי כנסיות שלהם, וכן מורה לשון רבינו ז"ל שכתב: שאינן מתקבצים בבתי כנסיות וכו', משמע דהוא בבתי כנסיות שלהם, וכן מורה הלשון שכתב לקמן: כפר שאין נכנסין בו, ואם הוא מפרש שבאים לעיר לקרות, לא היל"ל אלא: שאין נכנסין לעיר, מאי "בו", אלא הכונה היא שבו בכפר עצמו היו מתכנסין בבית הכנסת, ולהכי אמר דאם אין נכנסים בכפר בב' ובה' להתאסף שם, אין קורין אותה אלא בי"ד - לחם משנה› [ט] ‹מילואים› [י] טור בשם שדרו ממתיבתא [יא] ‹דלא דמי למש"כ מג"א, וכן הוא בש"ס [שם ד:] לענין הקדמת כפרים, דהתם שייך לומר שעיניהם של עניים נשואות למקרא מגילה דרבים נינהו, משא"כ ביחיד שקורא שלא בזמנו מחמת אונסו, לא שייך זה - יד אפרים› [יב] הגהות אשר"י בשם אור זרוע וכן איתא בירושלמי

מגילה

מגילה נקראת *בי"א בי"ב בי"ג בי"ד בט"ו לא פחות ולא יותר *כרכין המוקפין חומה מימות יהושע בן נון קורין בט"ו כפרים ועיירות גדולות קורין בי"ד אלא שהכפרים מקדימין ליום הכניסה כיצד חל להיות י"ד בשני כפרים ועיירות גדולות קורין בו ביום ומוקפות חומה למחר חל להיות בשלישי או ברביעי כפרים מקדימין ליום הכניסה ועיירות גדולות קורין בו ביום ומוקפות חומה למחר חל להיות בחמישי כפרים ועיירות גדולות קורין בו ביום ומוקפות חומה למחר חל להיות ע"ש כפרים מקדימין ליום הכניסה ועיירות גדולות ומוקפות חומה קורין בו ביום חל להיות בשבת כפרים ועיירות גדולות מקדימין וקורין ליום הכניסה ומוקפות חומה למחר חל להיות אחר השבת כפרים מקדימין ליום הכניסה ועיירות גדולות קורין בו ביום ומוקפות חומה למחר: **גמ'** מגילה נקראת בי"א מנלן *מנלן כדבעינן למימר לקמן *חכמים הקילו על הכפרים להיות מקדימין ליום הכניסה כדי שיספקו מים ומזון לאחיהם שבכרכים אנן הכי קאמרינן מכדי כולהו אנשי כנה"ג תקנינהו דאי ס"ד אנשי כנה"ג י"ד וט"ו תקון אתו רבנן ועקרי תקנתא דתקנו אנשי כנה"ג והתנן *אין ב"ד יכול לבטל דברי ב"ד חבירו אא"כ גדול ממנו בחכמה ובמנין אלא פשיטא כולהו אנשי כנה"ג תקינו היכא רמיזא *אמר רב שמן בר אבא א"ר יוחנן אמר קרא °לקיים את ימי הפורים האלה בזמניהם זמנים הרבה תקנו להם האי מיבעיא ליה לגופיה א"כ לימא קרא זמן מאי זמניהם זמנים טובא ואכתי מיבעי ליה *זמנו של זה לא כזמנו של זה א"כ לימא קרא זמנם מאי זמניהם שמעת מינה כולהו אימא זמנים טובא זמניהם דומיא דזמנם מה זמנם תרי אף זמניהם תרי ואימא תריסר ותליסר *כדאמר רב שמואל בר יצחק י"ג זמן קהילה לכל היא ולא צריך לרבויי הכא נמי י"ג זמן קהילה לכל היא ולא צריך לרבויי ואימא שיתסר ושיבסר °ולא יעבור כתיב ור' שמואל בר נחמני אמר אמר קרא °כימים אשר נחו בהם היהודים ימים כימים לרבות י"א וי"ב ואימא תריסר ותליסר אר"ש בר יצחק י"ג זמן קהילה לכל היא ולא צריך לרבויי ואימא שיתסר ושיבסר ולא יעבור כתיב ר"ש בר נחמני מ"ט לא אמר מבזמניהם זמן זמנם זמניהם לא משמע ליה ורב שמן בר אבא מ"ט לא אמר מבימים אמר לך ההוא לדורות הוא דכתיב אמר רבה בר בר חנה א"ר יוחנן זו דברי ר"ע סתימתאה דדריש זמן זמנם וזמניהם אבל חכ"א אין קורין אותה אלא בזמנה מיתיבי א"ר יהודה *אימתי בזמן שהשנים כתיקנן וישראל שרויין על אדמתן אבל בזמן הזה הואיל ומסתכלין בה אין קורין אותה אלא בזמנה רבי יהודה אליבא דמאן אילימא אליבא דר"ע אפילו בזמן הזה איתא להאי תקנתא אלא לאו אליבא דרבנן ובזמן שהשנים כתיקנן וישראל שרויין על אדמתן מיהא קרינן תיובתא דרבי יוחנן תיובתא א"ד אמר רבה בר בר חנה אמר ר' יוחנן זו דברי ר"ע סתימתאה אבל חכמים אמרו בזמן הזה הואיל ומסתכלין בה אין קורין אותה אלא בזמנה תניא נמי הכי אמר רבי יהודה אימתי בזמן שהשנים כתיקנן וישראל שרויין על אדמתן אבל בזמן הזה הואיל ומסתכלין בה אין קורין אותה אלא בזמנה רב אשי קשיא ליה דר' יהודה אדר' יהודה ומוקים

(אסתר ט) (שם)

רש"י

מגילה נקראת בי"א וכו'. פעמים בזה ופעמים בזה ולקמן מפרש ואזיל: **לא פחות ולא יותר.** לא פחות מי"א ולא יותר מט"ו: **מימות יהושע.** בגמ' מפרש לה: **אלא שהכפרים מקדימין ליום הכניסה.** כלומר מאחר שהמוקפין קורין בט"ו ושאין מוקפין קורין בי"ד הרי הכל בכלל תו היכי תורה אור משכחת י"א י"ב י"ג אלא שהכפרים נתנו להן חכמים רשות להקדים קריאתה ליום הכניסה יום שני בשבת שלפני י"ד או חמישי בשבת שהוא יום כניסה שהכפרים מתכנסין לעיירות למשפט לפי שבתי דינין יושבין בעיירות בשני ובחמישי כתקנת עזרא (ב"ק דף פב.) והכפרים אינן בקיאין לקרות וצריכין שיקראנה להם אחד מבני העיר ולא הטריחום חכמים להתאחר ולבא ביום י"ד ופעמים שיום הכניסה בי"ג ופעמים שהוא בי"א: **חל ארבעה עשר להיות בערב שבת עיירות ומוקפין חומה קורין בו ביום.** שאין קריאת המגילה בשבת גזירה שמא יטלנה בידו ויעבירנה ד' אמות ברשות הרבים ומאחר שאין המוקפין קורין בו ביום לא יאחרו המוקפין עד אחר שבת הוה ליה ט"ז ואמר קרא ולא יעבור: **חל להיות אחר שבת כפרים מקדימין ליום הכניסה.** דהוה ליה י"א ומפי לא משכחת לה יום הכניסה שלפני פורים מוקדם לו דמיום הכניסה ליום הכניסה לא מקדמינן: **גמ' ס"ד מנלן מנלן כדבעינן למימר לקמן וכו'.** והכי פירושא מנלן די"א וי"ב וי"ג חזו לקרייה די"ד וט"ו הוא דכתיב בקרא וקא מהדר גמרא מנלן בתמיה האי לאו חובה היא אלא חכמים הקילו עליהן כדבעינן למימר לקמן: **כדי שיספקו.** שיהו פנויין ביום פורים להספיק צורכי סעודת פורים לבני העיירות: **אנן הכי קאמרינן.** אנן דמיבעיא לן מנלן הכי קאמרינן: **מכדי.** מדהקילו חכמים על הכפרים להקדים על כרחך אנשי כנסת הגדולה שתיקנו בימי מרדכי ואסתר את שמחת הפורים וקריאת המגילה כולהו הני זימני תיקון ונתנו רשות לקרות: **דאי סלקא דעתך.** י"ד וט"ו תקון הכתובין במגילה ותו לא: **היכי אתו רבנן.** דבתרייהו ועקרו תקנתא אסתר ט והתירו להקדים בתמיה: **אלא פשיטא אינהו תקון.** וכיון דאינהו תקון ודאי רמזינהו במגילת אסתר הייט דמיבעיא לן היכא רמיזא ומנלן: **לגופיה.** לי"ד וט"ו המפורשין בספר: **לימא קרא.** את ימי הפורים האלה בזמן דמשמע בזמן המפורש להם: **ואכתי מיבעי ליה.** האי דנקט זמנים לשון רבים: **זמנו.** של מוקפין לאו כזמנו של פרזים דאי כתוב בזמן הוה משמע זמן אחד לשניהן אי בעו ליקרו בארביסר ואי בעו ליקרו בחמיסר: **ומניהם דומיא דזמנם.** רבויא דדרשינן נקרא לייתורא דיו"ד וה"א דומיא דעיקר הזמן דנפקא לן מזמנם הוא דקא מרבה דומיא דידהו: **זמן קהלה לכל היא.** הכל נקהלו להנקם מאויביהם בין בשושן בין בשאר מקומות כמו שכתוב בספר הלכך לא צריך קרא לרבויי שיהא ראוי לקרייה דעיקר הנס בו היה: **ימים כימים.** לעיל מיניה כתיב י"ד וט"ו ישמחו וכתיב כימים אשר נחו בהם היהודים וגו' והוה ליה למיכתב ימים אשר נחו דמשמע הם הם ימים אשר נחו מאי כימים לרבות שנים אחרות כדוגמתן: **לדורות הוא דכתיב.** להכי שייך לישנא דקרא כימים כלומר יעשו לדורות י"ד וט"ו כאשר היה בימי הנס ימים אשר נחו בהם הלכך לא איכא לרבויי מהכא שנים אחרים: **זו דברי ר' עקיבא.** הכי גמיר רבי יוחנן מרביה דמתני' ר"ע אמרה סתימתאה. הרבה סתם משנה סתם ר' שהן דברי ר' עקיבא וי"מ סתימתאה כל הסתומין תלמידיו היו כדאמר בסנהדרין (דף פו.) סתם משנה ר"מ סתם תוספתא ר' נחמיה סתם ספרא רבי יהודה וכולהו כתימתאי אליבא דר' עקיבא אך קשה בעיני לפרש כן שמליט בכמה מקומות בשם ר"א בר' יוסי סתימתאי רבי מנחם בר רבי יוסי סתימתאי לקמן בפרק בני העיר (דף כו.*): **אימתי.** הקילו חכמים על הכפרים: **בזמן שהשנים כתיקנן.** שהשנים מתעברות על פי בית דין והחדשים המקדשין בבית דין שולחין שלוחיהן להודיע אימתי הוקדש ניסן ועושין מועדים ע"פ שלוחין: **כשהיו על אדמתם.** והשלוחין מגיעין עד הפסח לקצה ארץ ישראל: **אבל בזמן הזה.** שפסקו כל אלה וישראל נפרדו ולא יגיעו שלוחי ב"ד אצלם הכל צופין למקרא מגילה ואומרים יום י"ד באדר קרינן המגילה נשארו לאחר ט"ו יום וט"ו של ניסן עושין פסח ואם תקדים קריאתה יעשו פסח לסוף שלשים יום של קריאה ונמצאו אוכלין חמץ בימים אחרונים (ביום) של פסח: **בזמן הזה נמי איתא להא תקנתא.** דהא רבי עקיבא בזמן הזה [הוה] ואמר במתני' דמקדימין: **אלא לאו אליבא דרבנן.** דהוו מקמי ר"ע אמרה: **מיהא קרינן.** אלמא רבנן כמי דרשי זמן זמנם זמניהם: **איכא דאמרי אמר רבה זו דברי ר' עקיבא סתימתאה.** ולא גרסינן להאי לישנא דדריש זמן זמנם זמניהם דהא רבנן דפליגי עליה כמי דרשי ליה אלא שהחמירו לאחר חורבן משום דמסתכלין בה: **קשיא דר"י.** דהא ברייתא דלעיל אדר' יהודה דמתני' כדמפרש ואזיל: ואוקי

רבינו חננאל

מגילה נקראת בי"א בי"ב בי"ג בי"ד בט"ו לא פחות ולא יותר. והא לא כתב קרא אלא בי"ד ובט"ו והני כולהו מנא לן. ואמרינן כדבעינן למימר לקמן חכמים הקילו על הכפרים שיהיו מקדימין ליום הכניסה וקורין בי"א ובי"ב ובי"ג פי' יום הכניסה יום ב' ויום ה' נקרא יום הכניסה. מפני שנכנסין בני הכפרים בכרכים כדי שיתפללו בצבור ויקראו בס"ת. וביום שנכנסין מספקים מים ומזון לאחיהם שבכרכים ואם חל יום י"ד ביום ג' תתירו לכפרים לקרוא המגילה ביום ב' שהוא י"ג לחדש. ואם חל להיות י"ד ברביעי קורין הכפרים ביום ב' שהוא י"ב לחדש. ואם חל י"ד להיות באחד בשבת מקדימין וקורין ביום ה' שהוא י"א לחדש. הקילו עליהן מפני שמספיקים מים ומזון לאחיהם שבכרכים. ואם יכנסו ביום ג' או ביום ד' מפני קריאת המגילה אינן יכולין לבוא ביום ה' שהוא יום הכניסה וכן דרך זו השמועה. ואקשינן ואיך הקילו חכמים ועקרו י"ד ויום ט"ו שהן תקנת אנשי כנסת הגדולה ותקנו הם י"א וי"ב וי"ג לבני הכפרים. והא אין ב"ד יכול לבטל דברי ב"ד חבירו וכו'. ופרקינן הני נמי מסורת היה בידם על פה כי אנשי כנסת [הגדולה] תקנום. מדכתיב לקיים את (דברי) [ימי] הפורים האלה בזמניהם. ולא כתיב זמן או זמנם. דמשמע זמנם של פרזים לא הוא זמן של בן כרך. אלא כתיב זמניהם. דייקינן מינה כי זמנים הרבה תיקנו להן חכמים. והן י"א וי"ב ב' ימים כנגד י"ד וט"ו. אבל י"ג לא צריך קרא לרבויי דהוא זמן קהלה לכל. ולא יתכן לומר ט"ז וי"ז דכתיב ולא יעבור. כלומר אין לו לעבור ולעשות ימי הפורים אחר יום ט"ו ושמואל בר נחמני דייק מכימים לרבות י"א וי"ב כו'. ואידך כימים לדורות הוא דכתיב כלומר כמו הימים אשר נחו בהם עשו אותם נמי פורים. א"ר יוחנן משנה זו מגילה נקראת. בי"א בי"ב כו'. שנעשית סתומה דברי ר' עקיבא הן. אבל חכמים אומרים אין קורין אותה אלא בזמנה והן י"ד וט"ו בלבד. ואותבינן עלה מהא דתניא א"ר יהודה אימתי קורין בי"א בי"ב ובי"ג בזמן שהשנים כתקנן. כלומר בזמן שאין שם שטר. להתבלבל חשבון השנים. וישראל שרוין על אדמתם. אבל עתה אע"פ שבזמן הזה השנים כתיקנן. הואיל ומסתכלין בה אין קורין

עין משפט נר מצוה

א א מיי' פ"א מהלכות מגילה הלכה ד סמג עשין ד טור ש"ע א"ח סי' תרפח סעיף א:

ב ב מיי' שם הלכה ט טוש"ע שם סעיף ג:

ג ג מיי' שם הלכה ו ז סמג שם:

ד ד מיי' פ"ב מהלכות ממרים הלכה ב:

ה ה מיי' פ"א מהל' מגיל' הלכה ט:

[ועי' רש"י בכורות ל. ד"ה סיתמי]

מסורת הש"ס

יבמות יג:

[עי' תוס' זבחים סב. ד"ה מנלן וכו' מה שהקשו בסוגיא דהכא וכניתו בקושיא]

מו"ק ג: גיטין לו. עדיות פ"א מ"ה ע"ז לו.

[יבמות יג:]

[לקמן ד:]

[גי' רי"ף ואימא תריסר ותליסר ר"ש בר יצחק י"ג זמן כו' וגי' רא"ש א"ר שמואל בר יצחק י"ג זמן כו']

תענית יח: ע"ש

גליון הש"ס גמ' מתני' אלא שהכפרים כו'. עיין מדרש תנחומא פרשת בראשית סי' חדש בהסית דיני הכניסה: שם ולא יעבור כתיב. לקמן דף ה ע"א:

אות ד׳

אין בית דין יכול לבטל דברי בית דין חבירו אלא אם כן גדול ממנו בחכמה ובמנין

רמב"ם פ"ב מהל' ממרים ה"ב - בית דין שגזרו גזרה או תקנו תקנה והנהיגו מנהג ופשט הדבר בכל ישראל, ועמד אחריהם בית דין אחר ובקש לבטל דברים הראשונים ולעקור אותה התקנה ואותה הגזרה ואותו המנהג, אינו יכול עד שיהיה גדול מן הראשונים בחכמה ובמנין. השגת הראב"ד: א"א ולא אפילו אליהו ובית דינו, הואיל ופשט איסורן בכל ישראל, "כדאיתא בע"ז.

היה גדול בחכמה אבל לא במנין, במנין אבל לא בחכמה, אינו יכול לבטל את דבריו; אפילו בטל הטעם שבגללו גזרו הראשונים או התקינו, אין האחרונים יכולין לבטל "עד שיהיו גדולים מהם. השגת הראב"ד: א"א עיטור שוקי ירושלים בפירות קשיא עליה, שהראשונים תקנוהו, ור' יוחנן בן זכאי ביטלה אחר חרבן, מפני שנתבטל הטעם לראשונים, "ולא היה גדול כראשונים.

והיאך יהיו גדולים מהם במנין הואיל וכל בית דין ובית דין של שבעים ואחד הוא, זה מנין חכמי הדור שהסכימו וקבלו הדבר שאמרו בית דין הגדול ולא חלקו בו.

אות ד׳* [טז]

שלשה עשר זמן קהילה לכל היא

סימן תרפו ס"ב - "מתענים בי"ג באדר - כי בימי מרדכי ואסתר, נקהלו ביום י"ג באדר להלחם ולעמוד על נפשם, והיו צריכין לבקש רחמים ותחנונים שיעזרם ד' להנקם מאויביהם, **ומצינו** כשהיו ביום מלחמה שהיו מתענין, שכן אמרו רז"ל, שמרע"ה ביום שנלחם עם עמלק היה מתענה, **וא"כ** בודאי גם בימי מרדכי היו מתענים באותו יום, ולכן נהגו כל ישראל להתענות בי"ג באדר, **ונקרא** תענית אסתר, כדי לזכור שהש"י רואה ושומע כל איש בעת צרתו, כאשר יתענה וישוב אל ד' בכל לבבו, כמו שעשה בימים ההם.

ואם חל פורים באחד בשבת, מקדימין להתענות ביום חמישי - אבל בע"ש אין קובעין תענית בתחלה, מפני כבוד השבת, לפי שרגילין בתענית לומר סליחות ותחנונים, ובע"ש לא יתכן לעשות כן, לפי שלא יוכלו לטרוח לכבוד השבת, **ומי** שהיה בדרך, ושכח שמתענים ביום ה' ואכל, ובלילה בא לביתו ושמע שהעולם התענו היום, יתענה למחר בע"ש.

מהרי"ל לא היה מגיד ההלכה בתענית אסתר, מפני שטרודים לקנות צרכי פורים, **אם** לא כשחל פורים ביום א', [**וכן** כשאירע ביום ד' הגיד בו ביום, משום דביום וי"ו אין להגיד, דהוא שושן פורים וערב שבת], **וכתב** בא"ר, ונ"ל דכל זה מיירי לילך לישיבה, אבל ללימוד הקבוע בביה"מ אינו בכלל זה, דאין בזה כ"כ בטול צרכי סעודה.

וא"א "צדקתך" באותה שבת שחל פורים למחר, כמו שא"א תחנונים בערב פורים בחול, כך א"א צידוק הדין בשבת שהוא ערב פורים.

הגה: ותענית זה אינו חובה, לכן יש להקל בו לעת הצורך, כגון: מעוברות או מיניקות או לחולה שאין בו סכנה, ואפי' רק כואבי עינים, שאם מצטערים הרבה לא יתענו - זה קאי על כואבי עינים, אבל מעוברת אף שאינה מצטערת אינה מתענה, כ"כ הישועות יעקב, **ובא"ר** מחמיר בזה, [**ונראה** דתלוי לפי מנהג המקום], **אך** ביולדת כל ל', גם הוא מיקל.

ויפרעו אח"כ - להישועות יעקב הנ"ל, מסתברא דלא קאי דבר זה רק על כואבי עינים, שבעצם יש עליו חיוב שלא לפרוש מן הצבור, ורק עכשיו משום דכאיב ליה עיניו, ולהכי לבתר שיסולק כאבו יפרע התענית, [**שתענית** זה אינו קבוע דוקא ליום זה, כדאיתא במס' סופרים, שיש שהיו מתענין ג' ימים בחודש אדר, זכר לתענית של אסתר], **משא"כ** מעוברת ומניקה דפטורות בעצם, אפילו אינן מצטערות, **אכן** מדברי הב"ח לכאורה לא משמע כן.

אבל שאר בריאים לא יפרשו מן הצבור (חדושי אגודה בשם מחזור ויטרי) - אפילו ההולך בדרך וקשה עליו התענית.

ואם חל פורים ביום א', שמתענין ביום ה' שלפניו, וחל בו ברית מילה, מותר לאכול על המילה - היינו כל האנשים הקרואים להסעודה, ואפילו יותר מעשרה, ואפילו בשחרית מותרים לאכול,

---

באר הגולה

יג ‹נ"ל שלמד כן רבינו מדאמרינן בע"ז פרק אין מעמידין (דף ל"ו), בכל ב"ד יכול לבטל דברי ב"ד חבירו חוץ מי"ח דבר, שאפילו יבא אליהו ובית דינו אין שומעין לו, ומשמע לרבינו דה"פ, בכל תקנות ב"ד יכול ב"ד אחר לבטל דבריו, חוץ מי"ח דבר וכיוצא בהם, שהם דברים שנעשו סייג לתורה, דמאי רבותא די"ח דבר משאר תקנות, **דהנהו** דפ"ק דביצה, דביצה שנולדה ביום ר"ה אסורה ביום ב', אין שם סייג לאסור ביום שני של ר"ה יותר משני ימים של שאר ימים טובים, וההיא דעיטור שוקי ירושלים בפירות, ודאי דאין שם משום סייג, וכן בההיא דפרוזבול דאמר שמואל אי איישר חילי (מהלל) אבטליניה, אין בו סייג לתורה, כמו שהוכחתי למעלה. **וכיון** ששיטה זו אפשרית, אין כח ביד הראב"ד לדחותה מפני שיטתו, דלא שני ליה בין תקנות שהם לסייג לתקנות שאינם לסייג, וכולי טעמא תלי בפשט איסורן או לא פשט – כסף משנה› יד ‹בפרק קמא דביצה (דף ה') אמרינן, דדבר שנאסר במנין, אף על פי שנתבטל הטעם, צריך מנין אחר להתירו, ומשמע לרבינו דהיינו מנין גדול ממנו, וה"ה דבעינן שיהיה חכם ממנו, וחדא מינייהו נקט – כסף משנה› טו ‹קושית הראב"ד איני מכיר, דמי אמר לו שריב"ז לא היה גדול כראשונים – כסף משנה› טז ‹ע"פ הבאר הגולה› יז **הרא"ש** ‹וז"ל: דרבינו תם הקשה על פי' רש"י, ופירש דזמן קהילה לכל היא, היינו לומר שהכל מתאספין לתענית אסתר, ובאים בני הכפרים לעיירות לומר סליחות ותחנונים, לפי שבו נקהלו לעמוד על נפשם והיו צריכין רחמים, וכן מצינו במשה שעשה תענית כשנלחם בעמלק, דכתיב: ומשה ואהרן וחור עלו ראש הגבעה, ודרשינן במסכת תעניות, מכאן לתענית צבור שצריך שלשה, **מכאן** נראה לרבינו תם סעד לתענית אסתר שאנו עושים, כמו שעשו בימי מרדכי ואסתר שנקהלו היהודים לעמוד על נפשם, ולא מצינו לו סמך בשום מקום אלא מכאן – ב"י›

ולמחר ביום ו' יתענו האוכלים (הגהות מנהגים) - [ואינו דומה להא דמבואר בסי' תקנ"ט, בט"ב שנדחה, דאין מותרים לאכול רק הבעלי ברית, ודוקא לאחר מנחה, ועיקר הסעודה יהיה בלילה, ואין צריכין להתענות יום אחר עבור זה, **י"ל** דהתם איקבע הזמן רק ביום א', ומפני שיו"ט של בעל ברית הוא, א"צ להשלים תעניתו, וממילא אחרים אסורים לאכול עם הבעל ברית, **משא"כ** בענינינו דלא נקבע הזמן ברור דוקא ליום ה' וכנ"ל, להכי כי איקלע ברית מילה, וסעודת ברית מילה מצוה היא, יכולים לאכול ולהשלים התענית ליום מחר, **והפמ"ג** כתב עוד, דהטעם דלא קבעו תענית אסתר בע"ש, מפני שמרבים בסליחות, ואין פנאי להכין לכבוד שבת, זהו רק שייך לענין לקבוע התענית לכולם, **משא"כ** ביחידים כשאיקלע ברית מילה, דהסעודה מצוה היא, יכולים לומר סליחות ביום ה', ולהתענות ביום ו"ו].

ועיין בט"ז וא"ר שחולקים על הג"ה זו, ודעתם, דקביעותא דתעניתא הוא דוקא ליום ה', וע"כ אסורין כולם לאכול ביום ה', ויעשו הסעודה בלילה, **אכן** הבעלי ברית בעצמן מותרין לאכול ביום ה' אחר מילה, [**ואחר** חצות בודאי מותר] וא"צ להתענות למחר, וכנ"ל בסי' תקנ"ט לענין ט"ב, **ועיין** בפמ"ג שכתב, דהמיקל לנהוג כדעת הרמ"א לא הפסיד, וכן במו"ק ובשבות יעקב הסכימו לדעת השו"ע.

[**ועיין** בביאור הגר"א, דדעתו, דדוקא בט"ב דחמיר צריך הבעל ברית מעט להתענות, אבל לא בשאר ד' תעניתים, אפי' בתעניתים שאין נידחין, ג"כ א"צ בעל ברית וכן חתן ביום חופתו להתענות כלל, **ואף** דאחרונים הסכימו, דבשאר תעניתים שאינם נידחים אין להקל אף לבעל ברית, דלא אתי רגל דיחיד ודחי לד' צומות שהם אבלות דרבים, וע"כ צריך להשלים התענית, בין לענין מילה ובין לענין חתן ביום חופתו, **עכ"פ** בנידחין לכאורה בודאי יש לסמוך על זה להקל, דא"צ להתענות כלל, **ואפשר** דלענין תענית אסתר, דאינו חובה כ"כ כמו שאר ד' צומות, יש להקל לבעל ברית לאכול, אפי' אינו נדחה, כדעת הגר"א, **ועכ"פ** אחר מנחה בודאי מותר לאכול, **ומה** שנקט רמ"א דינו רק לענין תענית אסתר שנדחה, משום דרצה לכלול דאף שארי הקרואים מותרים לאכול].

אות ד'** [יח]

סימן תרפו ס"א - [יט] **בחנוכה ופורים מותר להתענות לפניהם ולאחריהם** - וכן בהספד שרי, **וב"ח** כתב, דבחנוכה אסור להתענות לפניו, [**הא** בהספד גם לדידיה שרי], וכן הוא ג"כ דעת הפר"ח.

והנה יש נוהגים להתענות לפני חנוכה תמורת ער"ח, ואין לשנות מנהגם, **אבל** לכתחלה לא ינהוג כן, ועכ"פ אסור לגזור בו תענית צבור, **וכן** יום ראשון דאחר חנוכה, אף דיחיד מותר להתענות בו, ת"צ אסור לגזור בו.

סימן תרפו ס"ג - [כ] **יש מתענים ג' ימים, זכר לתענית אסתר** - פי' בה"ב אחר פורים.

משנכנס אדר מרבין בשמחה, ומי שיש לו דין עם עכו"ם ישפוט באדר.

יכולים בני עיר לתקן בהסכמה ובחרם, עליהם ועל הבאים אחריהם, לעשות פורים ביום שנעשה בו נס. **ומי** שנעשה לו נס באדר, ונדר לעשות פורים, כשיבוא שנת העיבור צריך לעשות הפורים באדר שני, ‹עיין לקמן סוף סימן תרצז במ"ב›, **אם** לא שנעשה לו הנס בשנת העיבור באדר ראשון.

אות ה'

אימתי בזמן שהשנים כתיקנן, וישראל שרויין על אדמתן; אבל בזמן הזה, הואיל ומסתכלין בה, אין קורין אותה אלא בזמנה

רמב"ם פ"א מהל' מגילה ה"ט - בד"א שמקדימין וקוראין ביום הכניסה, [כא] **בזמן שיש להם לישראל מלכות; אבל בזמן הזה אין קוראין אותה אלא בזמנה, שהוא יום ארבעה עשר ויום חמשה עשר, בני כפרים ובני עיירות קוראין בארבעה עשר, ובני כרכין קוראין בחמשה עשר.**

באר הגולה

[יח] ‹מילואים› [יט] **תוס' תענית י"ח, וכ"כ הרא"ש** [כ] **טור בשם מסכת סופרים** ‹ועיין דף ט"ו. "ויעבר מרדכי" אמר רב שהעביר יום ראשון של פסח בתענית, ופי' רש"י: שהרי בשלשה עשר בניסן נכתבו האגרות וניתן הדת בשושן, וארבעה עשר וחמשה עשר וששה עשר התענו, ובששה עשר נתלה המן בערב› **ואע"פ שאותן היו בניסן, לא רצו להתענות בניסן, לפי שנגאלו בו אבותינו והוקם המשכן** [כא] ‹והנה רבינו נראה שגורס הואיל ומסתכנין בה אין קורין אותה אלא בזמנה, והרי"ף הביא האי גירסא – לב מבין›. ‹**וז"ל** הרי"ף: ויש שגורסין הואיל ומסתכנין בה, כלומר באותו העת שהיו ישראל מעמידין דתיהם ואין באין לידי סכנה, היו קורין אותה באחד עשר בשנים עשר בשלשה עשר, אבל בזמן הזה שמסתכנין ישראל בדתיהם, אין קורין אותה אלא בזמנה שהן ארבעה עשר וחמשה עשר›. ‹**וז"ל** המאירי: הואיל וישראל מסתכנין עכשיו בקיום דתותיהם, והשונאים מתעוררים עליהם כשרואין אותן מתמידים בשמחה על נקמתם, תקנו להם שלא לפרסם בשמחה ביתר מן הראוי, ודיה בשעתה, ואע"פ ששמחת חנוכה נמשכת שמונה ימים, אותה שמחה על נס השמן היתה, ולא על ניצוח האויבים›

ו א מיי' פ"א מהלכות מגילה הלכה ו :

ז ב ג ד ה מיי' שם הלכה ז ח ט סמג עשין ד טוש"ע א"ח סי' תרפח סעיף ג :

ועוד האמר רב חסדא מ"ם וסמ"ך כו'. השתא סלקא דעתך דמנצפ"ך איירי בסתומות ותימה דבמסכת שבת פרק הבונה (דף קד: ושם) משמע איפכא דקאמר התם בשלמא פתוח ועשאו סתום עלויי עלויה דאמר רב חסדא כו' אלא סתום ועשאו פתוח גרועי גרעיה דא"ר ירמיה מנצפ"ך [צופים אמרום] אלמא מנצפ"ך איירי בפתוחות ואור"י דגמ' [דשבת] מסיק ליה וקתני דידע מתחלה מילתיה דרב חסדא וגם איירי ליה מעיקרא בפתוחות הלכך להעמיד מנצפ"ך בפתוחות ולא תקשה דרב חסדא והכא ה"ק ותסברא והכתיב אלה המצות והך קושיא איתותב בין בפתוחות בין בסתומות ועוד את"ל דבסתומות איירי *אכתי תקשה והאמר רב חסדא מ"ם וסמ"ך וכו' וכן פיר"ת ור"ל שהגיה בספר הישר מנצפ"ך צופים אמרום כמו קול צופיך (ישעיה נב) נביאים. צופים מהר אפרים (שמואל א א) *ממהתים נביאים (*מצופים) שעמדו להם לישראל והיו צופים הללו לאחר שנשכח למאן את התורה ומשום לשון טפל על הלשון נקרא מנצפ"ך בלשון צופיך ותסברא והכתיב אלה המצות ועוד והאמר רב חסדא מ"ם וסמ"ך שבלוחות וכו' ומשני אין מהוי הוו ולא קשיא מידי דרבי ירמיה מוקי בסתומות וכי מתני במגילה פריך מהא דרב חסדא דהכי אורחיה דל הכא קא מדחי ליה מאלה המצות נמי פריך ומשני שפיר ומתוך הסוגיא דמגילה ושבת מוכח תרוייהו ורבי ירמיה קאמר מנצפ"ך צופים אמרום לפתוחות ולסתומות וכדמסיק הש"ס :

מבטלין

ס"א נמי · [לקמן יז.] · [נ"ל צופים] · [גי' רי"ף רב] · [ועי' תוספת שבת קד. ד"ה גרועי]

תורה אור

ומוקים לה לברייתא כר' יוסי בר יהודה ומי אמר ר"י בזמן הזה הואיל ומסתכלין בה אין קורין אותה אלא בזמנה ורמינהי *א"ר יהודה "אימתי מקום שנכנסין בשני ובחמישי אבל מקום שאין נכנסין בשני ובחמישי אין קורין אותה אלא בזמנה מקום שנכנסין בשני ובחמישי מיהא קרינן ואפילו בזמן הזה ומוקים לה לברייתא כרבי יוסי בר יהודה ומשום דקשיא ליה דרבי יהודה אדר' יהודה מוקים לה לברייתא כרבי יוסי בר יהודה רב אשי שמיע ליה דאיכא דתני לה כרבי יהודה ואיכא דתני לה כרבי יוסי בר יהודה ומדקשיא ליה דרבי יהודה אדרבי יהודה אמר מאן דתני לה כרבי יהודה לאו דווקא מאן דתני לה כרבי יוסי בר יהודה דווקא: כרכים המוקפים חומה מימות יהושע בן נון קורין בחמשה עשר וכו': מנהני מילי אמר *רבא דאמר קרא °על כן היהודים הפרזים היושבים בערי הפרזות וגו' מדפרזים בארבעה עשר מוקפין בחמשה עשר ואימא פרזים בארבעה עשר מוקפין כלל כלל לא ולאו ישראל נינהו ועוד מהודו ועד כוש כתיב ואימא פרזים בארביסר מוקפין בארביסר ובחמיסר כדכתיב °להיות עושים את יום ארבעה עשר לחדש אדר ואת יום חמשה עשר [בו] בכל שנה אי הוה כתב את יום ארבעה עשר וחמשה עשר כדקאמרת השתא דכתיב את יום ארבעה עשר ואת יום חמשה עשר אתא *את ופסיק הני בארבעה עשר והני בחמשה עשר ואימא פרזים בארביסר מוקפין אי בעו בארביסר אי בעו בחמיסר אמר קרא בזמניהם זמנו של זה לא זמנו של זה ואימא בתליסר כשושן אשכחן עשייה זכירה מנלן אמר קרא °והימים האלה נזכרים ונעשים איתקש זכירה לעשייה מתני' דלא כי האי תנא דתניא *רבי יהושע בן קרחה אומר כרכין המוקפין חומה מימות אחשורוש קורין בחמשה עשר מ"ט דרבי יהושע בן קרחה כי שושן "מה שושן מוקפת חומה מימות אחשורוש וקורין בחמשה עשר אף כל שמוקפת חומה מימות אחשורוש קורין בחמשה עשר ותנא דידן מ"ט יליף פרזי פרזי כתיב הכא °על כן היהודים הפרזים וכתיב התם °לבד מערי הפרזי הרבה מאד מה להלן [א] מוקפת חומה מימות יהושע בן נון אף כאן [ב] מוקפת חומה מימות יהושע בן נון בשלמא רבי יהושע בן קרחה לא אמר כתנא דידן דלית ליה פרזי פרזי אלא תנא דידן מ"ט לא אמר כר' יהושע בן קרחה מ"ט דהא אית ליה פרזי פרזי הכי קאמר אלא שושן [ג] דעבד' כמאן לא כפרזים ולא כמוקפין אמר רבא ואמרי לה כדי "שאני שושן הואיל ונעשה בה נס בשלמא לתנא דידן היינו דכתיב °מדינה ומדינה ועיר ועיר מדינה ומדינה לחלק בין מוקפין חומה מימות יהושע בן נון למוקפת חומה מימות אחשורוש עיר ועיר נמי לחלק בין שושן לשאר עיירות אלא לרבי יהושע בן קרחה בשלמא מדינה ומדינה לחלק בין שושן לשאר עיירות אלא עיר ועיר למאי אתא אמר לך רבי יהושע בן קרחה ולתנא דידן מי ניחא כיון דאית ליה פרזי פרזי מדינה ומדינה למה לי אלא קרא לדרשה הוא דאתא וכדרבי יהושע בן לוי הוא דאתא דאמר רבי יהושע בן לוי *"כרך וכל הסמוך לו וכל הנראה עמו נידון ככרך עד כמה אמר רבי ירמיה ואיתימא רבי חייא בר אבא "כמחמתן לטבריא מיל *ולימא מיל הא קא משמע לן דשיעורא דמיל כמה הוי כמחמתן לטבריא *ואמר רבי ירמיה ואיתימא רבי חייא בר אבא מנצפ"ך צופים אמרום ותסברא והכתיב °אלה המצות *שאין נביא רשאי לחדש דבר מעתה ועוד האמר רב חסדא מ"ם וסמ"ך שבלוחות בנס

בנס

ולוקי לה כסך כרייתא. דלעיל כרבי יוסי בר יהודה: **איפכא**. מקדימים: **מקום שנכנסים כו'**. במקום שבית דין קבוע והכפרים נכנסים שם ליום הדין כשיש להם הרי"ב: **אבל מקום שאין נכנסין**. דהך הקדמה לאו קולא היא לכפרים אין קורין אותה אלא בזמנה: **מקום דקשיא ליה כו'**. בתמיה: **פרזים**. עיר שאין לה חומה ומתוך כך ישיבתה נפוץ ופרוז ומרוחקין משכונה לשכונה: **מוקפין בט"ו**. שפורי שני ימים כתובין שם ומקבע י"ד לפרזים שדייה מ"ש למוקפין: **כלל כלל לא**. וחמשה עשר דכתיב במגילה מדייה לשושן מדרך שנחו בו בעשות הנס: **מהודו ועד כוש כתיב**. שקיבלו עליהם פורים דכתיב וישלח ספרים בכל מדינות המלך אחשורוש וגו' לקיים עליהם ואע"ג דלא כתב הודו וכוש בהאי קרא כיון דכתיב בכל מדינות המלך אחשורוש הרי מהודו ועד כוש: **כדכתיב לפורד עושים**. מסקנא דקושיא היא ולא מירגלא הוא: **ואימא פרזים בי"ג**. דהא קבעינהו קרא אבל מוקפין דלא קבעינהו קרא אי בעו בארביסר ליקרו אי בעו בחמיסר ליקרו: **ואימא מוקפין בי"ג**. וקרא דכתיב בחמשה עשר לשושן הוא דקבע מדרך שנעשו בט"ו בשנה ראשונה: **ומפני כשושן**. כיון דלא רמז לך הכתוב זמן המוקפין אימא הוא ולשכון שושן שנעשו בט"ו מסתברא שלאותו היום שייך למוקפין: **אשכחן עשייה**. למשתה ויום טוב שתהא לפרזים בי"ד ומוקפין בט"ו: **זכירה**. קריאת המגילה: **מגלן**. שנקבע להם זמן לפרזים בארבעה עשר הא בהאי קרא דעל כן היהודים הפרזים היושבים בערי הפרזות עושים את יום ארבעה עשר וגו' עשייה הוא דכתיבה: **איתקש זכירה לעשייה**. הלכך זמן אחד להם: **וכתיב התם**. בביאת הארץ בימי משה ויהושע לבד מערי הפרזי הרבה מאד: **מה להלן מימות יהושע**. ולא גרסינן מה להלן מוקפין חומה מימות יהושע דהא פרזים לא מוקפין חומה נינהו: **אף כאן מימות יהושע**. לא פרזים האמור כאן כמעשה כאן בפרזי דיהושע קאמר ואע"ג דלאחר כן נעשה מוקף הוי פרזים לענין מגילה: **פרזי פרזי**. לא גמר גזירה שוה מרביה ואין אדם דן גזירה שוה מעצמו אלא אם כן קיבלה מרבו: **הכי קאמר אלא שושן דעבדה כמאן**. אי ילפינן הך גזירה שוה היאך עשו אותן שבשושן בט"ו הא פרזי הוא ולא ידעינן בה שהוקפה מימות יהושע: **הואיל ונעשה בה נס**. שניתן להם גם מחר לעשות כדת היום להרוג בשונאיהם שני ימים על כרחן לא נחו עד ט"ו וכן קבעוה לדורות: **מדינה ומדינה עיר ועיר**. גבי זכירה ועשייה כתיב והימים האלה נזכרים ונעשים וגו' משמע מדינה ומדינה כמנהגה ועיר ועיר כמנהגה למדנו שיש מנהג חלוק במדינות ומנהג חלוק בעיירות: לחלק בין שושן לשאר עיירות ואע"פ שלא הוקפה הוקבעה בט"ו: הכי גרסינן אלא לר' יהושע בן קרחה בשלמא מדינה ומדינה לחלק בין מוקפין חומה מימות אחשורוש לשאין מוקפין מימות אחשורוש: **עיר ועיר לנפשי**. הרי כל הפרזים שוין וכל המוקפין שוים ואין חילוק בין עיר ועיר: **וכר' יהושע בן לוי**. ובחלוק לא איירי כלל אלא ה"ק כל עיר ועיר הסמוך למדינה שתהא כמותה: **נידון ככרך**. וקורין בט"ו שלוט נכולה נראה אע"פ שלוט סמוך הכי מפרש לקמן: **עד כמה**. חשיב לה סמוך: **מנצפ"ך**. כפל אותיות: **צופים אמרום**. נביאי הדורות:

[לקמן ד: ס.] · [ב"ק סב. ע"ז נב:] · [תוספתא פ"א ושם אי' רבי יהודה ב"ק] · [לקמן ג:] · [סנהדרין מו.] · [שבת קד.] · [יומא פ. סוכה ה.]

הגהות הגר"א

[א] [ב] נמ' (מוקפת חומה) תא"מ (וכן מתקן רמב"ם): [ג] שם דעבדה רשום קו עליו למחקו:

רבינו חננאל

קורין אותה אלא בזמנה. ר' יהודה אליבא דמאן אי נימא אליבא דר' עקיבא אפי' בזמן הזה קורין אותה בי"א וב"ב וב"ג [illegible]

§ מסכת מגילה דף ב: §

אות א'

אימתי מקום שנכנסין בשני ובחמישי, אבל מקום שאין נכנסין בשני ובחמישי, אין קורין אותה אלא בזמנה

רמב"ם פ"א מהל' מגילה ה"ו - בני הכפרים שאינם [א]מתקבצים בבתי כנסיות אלא בשני ובחמישי, תקנו להם שיהיו מקדימין וקוראים ביום הכניסה; כיצד, אם חל יום ארבעה עשר להיות בשני או בחמישי, קוראין בו ביום; ואם חל להיות ביום אחר חוץ משני וחמישי, מקדימין וקוראין בשני או בחמישי הסמוך לארבעה עשר.

[ב]רמב"ם פ"א מהל' מגילה ה"ח - כפר שאין נכנסין בו בשני ובחמישי, אין קוראין אותה אלא בארבעה עשר.

אות ב' - ג' - ד' - ה'

[ג]מה שושן מוקפת חומה מימות אחשורוש וקורין בט"ו

שאני שושן הואיל ונעשה בה נס

כרך וכל הסמוך לו וכל הנראה עמו נידון ככרך

כמחמתן לטבריא

סימן תרפח ס"ב - [ד]וכן הכפרים - וה"ה עיירות, **הנראים עמהם, אפי' אינם סמוכים, כגון שהם בהר; או שסמוכים להם, אפי' אינם נראים עמהם, כגון שהם בעמק,**

[ה]ובלבד שלא יהיו רחוקים יותר ממיל - זה קאי אדסמיך ליה, דהיינו שהיה סמוך, [מדהיפך המחבר לשון הטור, וכתב "ובלבד" אסמוך ואינו נראה, וזהו שיטת רש"י בגמרא], **אבל** נראה, אפילו רחוק יותר ממיל הוי ככרך, [**ועיין** בר"ן, די"א דוקא כשהוא מתחשב מתחום העיר, ור"ל שהוא משתתף עמו בעניניו, אז אמרינן דכיון שהוא נראה, נחשב לאותו כרך, אפי' רחוק יותר ממיל].

וי"א דבנראה ג"כ אינו נחשב לכרך, אא"כ שאינו רחוק יותר ממיל, [**ולשיטה** זו ישתנה הדין בסמוך ואינו נראה, די"א דסמוך אינו נקרא רק תוך עיבורה של עיר, **וי"א** דאפי' חוץ לעיבורה, כל שהוא תוך מיל, אבל מיל ממש לא, **אכן** דעת רוב ראשונים הוא כמו שסתמנו במ"ב בדעה ראשונה, שהיא דעת השו"ע כמו שכתב המ"א].

[**ונ"מ** מכל מה שכתבנו, לענין תקנות שיש בבני כרך, שהכפר נחשב עמו, וכן לענין מסים].

(**כפר הסמוך לכרך שהיו קורין בט"ו, ונהיה הכרך שמם, יקראו בי"ד**).

(**כרך של עכו"ם שאין בו ישראל כלל, ישראל הנכנס לכרך זה בפורים קורא בט"ו**).

(**אם בכרך קראו בי"ד וט"ו מספק, הכפרים הנראים וסמוכים קוראין בי"ד, ברכי יוסף**), ‹**דכיון** דאעיקרא הא דסמוך ונראה חידוש הוא למגילה, משא"כ בבתי ערי חומה, תסגי לן ודאן, דקרו בט"ו לחוד, לדרוש סמוכים כמשפטן, אבל היכא דכרכים גופייהו יספוק עלימו, הסמוך ונראה דינן כעיירות דעלמא - ברכי יוסף›.

ובשושן אף על פי שאינה מוקפת חומה מימות יהושע, קורין בט"ו, [ו]הואיל ונעשה בו הנס - שהם נחו בט"ו כדכתיב בקרא.

באר הגולה

א ‹נראה שרבינו מפרש ביום הכניסה שקורין הכפרים, הוא בכפר שלהם, דשם מתכנסים בבתי כנסיות, ואינן מתקבצים אלא בשני ובחמישי בבתי כנסיות שלהם, וכן מורה לשון רבינו ז"ל שכתב: שאינן מתקבצים בבתי כנסיות וכו', משמע דהוא בבתי כנסיות שלהם, וכן מורה הלשון שכתב לקמן: כפר שאין נכנסין בו, ואם הוא מפרש שבאים לעיר לקרות, לא היל"ל אלא: שאין נכנסין לעיר, מאי "בו", אלא הכונה היא שבו בכפר עצמו היו מתכנסין בבית הכנסת, ולהכי אמר דאם אין נכנסים בכפר בשני ובחמישי להתאסף שם, אין קורין אותה אלא בי"ד - לחם משנה›

ב ‹אולי צ"ל בהעין משפט הלכה ח', ולא הלכה ו', דהלכה זו יותר שייך להגמרא›

ג ‹מה מביא העין משפט מזה, והוא שלא כהלכתא, **ועיין** בב"י שהביא דברי הר"ן, וכמו שהובא במ"ב לעיל בס"א, **כיון** שבאותו זמן נחלקו לשני ימים, ולכן כשקבע מרדכי ואסתר בהסכמת אנשי כה"ג לקבוע פורים לדורות, חלקו ג"כ אותו לשני ימים, **והיה** ראוי לתקן שכל עיר שהיא מוקפת חומה כמו שושן, יהיה דומה לשושן לעשות בט"ו, והיה ראוי לתלות הכבוד בשושן, ולתקן שכל עיר שהיא מוקפת חומה מימות אחשורוש יקראו בט"ו, **אך** כיון שא"י היתה חריבה באותו עת, ויהיה לפי"ז עיירות המוקפות בחו"ל חשובות מהם, וע"כ תקנו לכבוד א"י, שכל עיר שהיא מוקפת מימות יהושע ב"נ יקראו בט"ו, אע"פ שאין מוקפות עכשיו, והשאר בי"ד **וכתב** עליו הב"י: לדברי הר"ן, אם לא היו בני שושן קורין בט"ו, גם המוקפין לא היו קורין בט"ו, שהרי לא קבעו בט"ו למוקפין אלא כדי לדמותן לשושן, ע"כ. **ולפי"ז** ניחא קצת השייכות›

ד **מימרא דרבי יהושע בן לוי, ובריית ג:**

ה **שם בגמרא ב'**

ו **שם בגמרא ב' משמיה דרבא ואמרי ליה כדי**

§ מסכת מגילה דף ג. §

אות א'

כהנים בעבודתן, ולוים בדוכנן וישראל במעמדן, כולן מבטלין עבודתן ובאין לשמוע מקרא מגילה... מכאן סמכו של בית רבי שמבטלין תלמוד תורה ובאין לשמוע מקרא מגילה, קל וחומר מעבודה

רמב"ם פ"א מהל' מגילה ה"א - ואפילו כהנים בעבודתן, מבטלין עבודתן ובאין לשמוע מקרא מגילה; וכן מבטלים תלמוד תורה לשמוע מקרא מגילה, קל וחומר לשאר מצות של תורה, שכולן נדחין מפני מקרא מגילה; ואין לך דבר שנדחה מקרא מגילה מפניו חוץ ממת מצוה שאין לו קוברין, שהפוגע בו קוברו תחלה ואחר כך קורא.

סימן תרפז ס"ב - [א]מבטלים תלמוד תורה לשמוע מקרא מגילה - ר"ל אף דת"ת שקול כנגד כל המצות, **קל וחומר לשאר מצות של תורה, שכולם נדחים מפני מקרא מגילה** - ואפילו היתה ת"ת של חבורה גדולה של ק' אנשים שלומדים באיזה בית, אפ"ה צריך לבטל ולילך לקרותה בצבור, משום ברב עם הדרת מלך, [**דבית** רבי ג"כ היו מבטלין מלימודם, אף שאצלו היה בודאי ישיבה גדולה, ויליף בגמרא ק"ו מעבודה, שהיו מבטלין הכהנים מעבודתן אף שהיה אצלם ג"כ יותר מעשרה, די"ג כהנים זוכין בו, והיו מבטלין מעבודתן ומאחרין אותה כדי לשמוע מקודם מקרא מגילה, וכ"ש תלמוד תורה דקולא מעבודה. **ואיתא** בגמ', דוקא ת"ת דיחיד, אבל ת"ת דרבים חמירא מעבודה, **ומ"מ** אין נפקא מיניה בכל זה לענין מקרא מגילה, דת"ת דרבים לא מקרי אא"כ ת"ת של כל ישראל, כעין אותה של יהושע בן נון, כן מוכח מרש"י].

וכתב הח"א, מ"מ מי שמתפלל כל השנה בקביעות במנין המיוחד לו להתפלל שם, א"צ לילך לביהכ"נ, [**ולענ"ד** כוונתו, דבמקום שהוא רגיל להתפלל הוא ג"כ ביהמ"ד, אלא שמיעוט אנשים מתפללים שם, ואשמועינן דאינו מחוייב לילך לביהכ"נ גדולה, דאטו כל בתי כנסיות קטנות שיש בעיר, מחוייבים כולם לילך לביהכ"נ הגדולה, **אבל** אם בעה"ב יש לו מנין בביתו, אף שהמנין שלו הוא בקביעות, מסתברא דצריך לילך לביהכ"נ שבעיר משום פרסומי ניסא].

באר הגולה

[א] ברייתא שם ג.

בנם היו עומדין אין מהוה הוו ולא הוו ידעי הי באמצע תיבה והי בסוף תיבה ואתו צופים ותקנו פתוחין באמצע תיבה וסתומין בסוף תיבה סוף סוף אלה המצות שאין נביא עתיד לחדש דבר מעתה אלא *שכחום וחזרו ויסדום ואמר ירמיה ואיתימא רבי חייא בר אבא תרגום של תורה *אונקלוס הגר אמרו מפי ר' אליעזר ור' יהושע תרגום של נביאים יונתן בן עוזיאל אמרו מפי חגי זכריה ומלאכי ונזדעזעה ארץ ישראל ארבע מאות פרסה על ארבע מאות פרסה יצתה בת קול ואמרה מי הוא זה שגילה סתריי לבני אדם עמד יונתן בן עוזיאל על רגליו ואמר אני הוא שגליתי סתריך לבני אדם גלוי וידוע לפניך שלא לכבודי עשיתי ולא לכבוד בית אבא אלא לכבודך עשיתי שלא ירבו מחלוקת בישראל ועוד ביקש לגלות תרגום של כתובים יצתה בת קול ואמרה לו דייך מ"ט משום דאית ביה קץ משיח ותרגום של תורה אונקלוס הגר אמרו והא *אמר רב איקא בר אבין אמר רב חננאל אמר רב מאי דכתיב °ויקראו בספר תורת האלהים מפורש ושום שכל ויבינו במקרא ויקראו בספר תורת האלהים זה מקרא מפורש זה תרגום ושום שכל אלו הפסוקין ויבינו במקרא אלו פיסקי טעמים ואמרי לה אלו המסורת שכחום וחזרו ויסדום מאי שנא דאורייתא דלא אזדעזעה ואדנביאי אזדעזעה דאורייתא מיפרשא מלתא דנביאי איכא מילי דמיפרשן ואיכא מילי דמסתמן דכתיב °ביום ההוא יגדל המספד בירושלם כמספד הדדרימון בבקעת מגידון *ואמר רב יוסף *אלמלא תרגומא דהאי קרא לא ידענא מאי קאמר ביומא ההוא יסגי מספדא בירושלים *כמספדא דאחאב בר עמרי דקטל יתיה הדדרימון בן טברימון ברמות גלעד וכמספדא דיאשיה בר אמון דקטל יתיה פרעה חגירא בבקעת מגידו *°וראיתי אני דניאל לבדי את המראה והאנשים אשר היו עמי לא ראו את המראה אבל חרדה גדולה נפלה עליהם ויברחו בהחבא א) מאן נינהו אנשים אמר ר' ירמיה ואיתימא רבי חייא בר אבא זה חגי זכריה ומלאכי *אינהו עדיפי מיניה ואיהו עדיף מינייהו אינהו עדיפי מיניה דאינהו נביאי ואיהו לאו נביא איהו עדיף מינייהו דאיהו חזא ואינהו לא חזו וכי מאחר דלא חזו מ"ט איבעיתו אע"ג דאינהו לא חזו מזלייהו חזו אמר רבינא שמע מינה האי מאן דמבעית אע"ג דאיהו לא חזי מזליה חזי מאי תקנתיה *ליקרי ק"ש ואי קאים במקום הטנופת לינשף מדוכתיה ארבע גרמידי ואי לא לימא הכי עיזא דבי טבחי שמינא מינאי: והשתא דאמרת מדינה ומדינה ועיר ועיר לדרשה משפחה ומשפחה למאי אתא אמר רבי יוסי בר חנינא להביא משפחות כהונה ולויה שמבטלין עבודתן ובאין לשמוע מקרא מגילה דאמר רב יהודה אמר רב **כהנים בעבודתן ולוים בדוכנן וישראל במעמדן כולן מבטלין עבודתן ובאין לשמוע מקרא מגילה תניא נמי הכי כהנים בעבודתן ולוים בדוכנן וישראל במעמדן כולן מבטלין עבודתן ובאין לשמוע מקרא מגילה מכאן סמכו של בית רבי שמבטלין תלמוד תורה ובאין לשמוע מקרא מגילה קל וחומר מעבודה ומה עבודה שהיא חמורה מבטלינן תלמוד תורה לא כל שכן ועבודה חמורה מתלמוד תורה והכתיב °ויהי בהיות יהושע ביריחו וישא עיניו וירא והנה איש עומד לנגדו [וגו'] וישתחו (לאפיו) *והיכי עביד הכי והאמר רבי יהושע בן לוי אסור לאדם שיתן שלום לחבירו בלילה חיישינן שמא שד הוא שאני התם דאמר ליה כי אני שר צבא ה' ודלמא משקרי גמירי דלא מפקי שם שמים לבטלה *אמר לו אמש בטלתם תמיד של בין הערבים ועכשיו בטלתם תלמוד תורה אמר לו על איזה מהן באת אמר לו עתה באתי מיד ב)°וילן יהושע בלילה ההוא בתוך העמק אמר רבי יוחנן מלמד

א) שהיה דניאל מתמה עליהם שהוא ראה והמה לא ראו ומשני שהיו הוו"מ שהיו להם מעלה גדולה ממנו שהיו נביאים והם לא ראו זה היתה הסמים שלו
ב) [וכן איתא בסנהדרין מד: ועי' בתוס' דהכא ד"ה וילן וכו' אבל בעירובין סג: איתא וילך וכו' אמר רבי יוחנן מלמד שהלך בעומקה וכו' וע"ש בתוס' ד"ה מיד וילך וכו']

רש"י

בנם היו עומדין. שהיתה חקיקתן משני עבריהן הלכך שאר אותיות יש להן מקום דבק אלא מ"ם וסמ"ך היתה באויר (ודוקא בסתומים) ואפשר היה לו לתרץ כך (ברייתא) דרב חסדא בסתומין וכי תאמר כך דרבי ירמיה בפתוחין והכי מוכח בפרק הבונה במסכת שבת אלא הא *פריך לה מילתא דשויא לתרווייהו: תורה אור

*פסוס סוו כו'. ואורתא דסוגיא דגמ' *(להקשות) דבר שאינו עד דערא ומעמידה על טורייה מפי רבי ע"כ: שלא ירבו מחלוקת. לפרש מקראות הסתומים: קץ משיח. בספר דניאל: ויקראו בספר תורת האלהים וגו'. *בספר עזרא כתיב: זה מקרא. לשון עברי של תומש: הפסוקים. היאך נפסקין: פיסקי הטעמים. הנגינות קריין טעמים: אלמלא תרגומא דהאי קרא כו'. שלא מצינו בכל המקרא הספד להדדרימון בבקעת מגידו ויונתן תרגמו לשני הספידות הדדרימון ברמות גלעד (מלכים א כב) ויאשיהו בבקעת מגידו כדמפרש בספר מלכים (ב כג): דאינהו נביאי. שנתנבאו לישראל בשליחותו של מקום והוא לא נשתלח לישראל בשום נבואה: מאי טעמא איבעיתו. דכתיב בקרא אבל חרדה גדולה נפלה עליהם ויברחו בהחבא: מזלייהו. שר של כל אדם למעלה: לינשוף. ידלג: וישראל במעמדן. עומדין על תמידי צבור בשעת הקרבן כדתנן במסכת תענית (דף כו.) תשמרו להקריב לי במועדו היאך שומר אם אינו עומד על גביו תיקנו נביאים הראשונים כ"ד משמרות על כל משמר ומשמר היה מעמד כו': והיכי עביד הכי. שהשתחוה לו דכתיב ויפול על פניו וישתחו: אמש ביטלתם כו'. בתשובה שהשיבו עתה באתי אנו למדין תחלת דברי המלאך האשימן בשני דברים אמש כלומר כשהעריב היום היה לכם להקריב תמיד הערב ובטלתם אותו ונשתהיתם במארב העיר חנם שאין זמן מלחמה בלילה [משתחשך]: ועכשיו. שהוא לילה היה לכם לעסוק בתורה שהרי אינכם נלחמים בלילה: עתה באתי. על של עכשיו: מיד וילן יהושע בלילה ההוא בתוך העמק. לא בהאי הלילה כתיב אלא בלילה אחר על העי והכי קאמר מיד חזר יהושע מדבריו ובשבא לילה אחר במטר עסק בתורה:

תוספות

מבטלין כהנים מעבודתן לשמוע מקרא מגילה. וקשה אמאי מבטלין *והלא אחר הקריאה יש הרבה שהות לעבודה ויש לומר דכיון דמשהאיר היום הוי זמן עבודה והם מניחין אותה בשביל הקריאה משום הכי קרי ליה ביטול וא"ת ויעשו עבודתן מיד ואחר כך יקראו המגילה לבדם וי"ל דטוב לקרות עם הצבור משום דהוי טפי פרסומי ניסא:

חיישינן שמא שד הוא. פירש ריב"א דדוקא חוץ לעיר [היכא דשכיחי מזיקין] כגון בשדה ובלילה וכן היה יהושע נר על יריחו בשדה רחוק ממחנה ישראל אבל במקום שבני אדם מצויין אין לחוש דאל"כ אדם שאמר לנו [בלילה בעיר] כתבו גט לאשתי היכי כתבינן ניחוש שמא שד הוא [ולא נכתוב] עד דנחזי ליה בבואה דבבואה ולא אשכחן דפריך ליה גמרא אלא גבי מי שהושלך בבור פרק התקבל (גיטין דף סו. ושם):

אמש בטלתם תמיד של בין הערבים. קשה אמאי בטלוהו בשלמא תלמוד תורה בטלו לפי שהיו צרים על העיר כל ישראל אבל הכהנים אמאי לא היו מקריבים התמיד וי"ל לפי שהארון לא היה במקומו כדאמר פרק הדר (עירובין דף סג:) והכהנים נושאין את הארון וא"ת והיכי משמע לישנא דקרא דבטלו התמיד ותלמוד תורה ויש לומר דה"פ מדקאמר הלנו אתה הכי קאמר בשביל תלמוד תורה באת דכתיב תורה צוה לנו אם לצרינו או בשביל הקרבנות שמגינים עלינו מצרינו:

עתה באתי. פי' ריב"ן על תלמוד תורה באתי דכתיב ביה ועתה כתבו לכם [את] השירה הזאת (דברים לא): *וילן יהושע בלילה ההוא בתוך העמק. לא כתיב בהאי קרא כן אלא כשצר על יריחו כתיב וילן בלילה ההוא בתוך העם וכשצר על העי כתיב וילך *בלילה ההוא בתוך העמק ודרך הש"ס הוא לקצר הפסוקים ולערבם יחד כמו ונתן הכסף וקם לו (ערכין דף לג.)*:

רבינו חננאל

אמורים. כלומר האותיות הללו הכמים תקנום. ואקשינן ואלה המצות שאין נביא רשאי לחדש דבר מעתה ופרקינן לשלם מתוקנים היו. וכן היה. מסורת בידם מהנביאים להיות הפתוחים באמצע תיבה. והסתומים בסוף תיבה ושכחום וחזרו הצופים ויסדום. והא שדר אמר תרגום של תורה אונקלוס הגר אמרו מפי ר' אליעזר ור' יהושע כאשר למדו אותו כך לימדוהו לאחרים. ושל נביאים יונתן בן עוזיאל אמרו כמו שהיית מסורת בידם של חכמים מפי חגי זכריה ומלאכי. ותרגום של כתובים נמנע מן השמים לגלותו משום דאית ביה קץ משיח. ואקשינן והא תרגום של תורה בימי עזרא הוה דכתיב (ויכתבו) [ויקראו] בספר תורת האלהים מפורש. ואמרינן מפורש זה תרגום ושום שכל אלו פסוקים. ויבינו במקרא זה פיסוק טעמים ואמרי לה אלו המסורת. ופרקינן אין תרגום סיהוה נזה בידייהו מקמי עזרא ושכוחהו רובא דאינשי ואתא אונקלוס ויסדיה למיקרי ביה בצבור. סיהו מילי דאורייתא מיגליין. כלומר רובן מפורשין הן. אבל של נביאים מסותמין הן. דהא לולי התרגום של זה הפסוק ביום ההוא יגדל המספד בירושלם כמספד הדדרימון וגו'. לא הוינן ידעינן פירושא דהאי פסוקא ולפיכך נזדעזע העולם שגילה הטעמים שהיו נעלמים. וראיתי אני דניאל לבדי המראה וגו'. מאן נינהו אנשים שהיו עמו זה חגי וזכריה ומלאכי. ולמה נפלה חרדה גדולה עליהם. דאע"ג דאינהו לא חזו מולייהו חזו: וכיון דמדינה ומדינה (הוא) לדרשה הוא דאתיין כדאמרן משפחה [ומשפחה] מאי דרשת בה ואסיקנא משפחות כהנים ולוים. וכדתניא כהנים המתעסקין בעבודתן ולוים בדוכנם וישראל במעמדן כולן מבטלין עבודתן ובאין לשמוע מקרא מגילה מיכן סמכו של בית ר' שמבטלין תלמוד תורה ובאין לשמוע מקרא מגילה. אם הכהנים מבטלין עבודתן ת"ת לא כל שכן. ואקשינן וכי עבודה חמורה מדברי תורה והכתיב ויהי בהיות יהושע ביריחו וישא עיניו וירא והנה וגו' ויאמר לא כי אני שר צבא ה' עתה באתי. א"ל אמש בטלתם תמיד של

מסורת הש"ס / גליון הש"ס / עין משפט

איט בפי' אחרים | ג"א פריך | ג"א ומשני מהאי [וצ"ל ואתו] | שם [שבת קד.] | גמ' שכחום וחזרו ויסדום. לקמן יח ע"א סוכה מד ע"א: שם אונקלוס הגר אמרו. עי' ירושלמי דמסכתין פ"א הלכה ט: שם כמספדא דאחאב. עי' ב"ק יז ע"א תוד"ה וסלא: רש"י ד"ה ויקראו כו' בספר עזרא כתיב. עי' סוכה יב ע"א ברש"י ד"ה לא הסר ומ"ש שם: תוס' ד"ה מבטלין כו' והלא אחר כו'. עי' ספקי תוס' פרכין אות כ: | נחמיה ח | זכריה יב | מו"ק כח: | דניאל י | [פי' תוס' ב"ק ג: ד"ה כדמתרגם] | [סנהדרין צד:] | [שם צד.] | [שם ע"ש] | [ערכין ד. וש"נ] | יהושע ה | [ברכות מד. ושם ע"ש] | [סנהדרין מד.] | עירובין סג: [סנהדרין שם] | יהושע ח

ח א מיי' פ"א מהלכות מגילה הלכה א סמג עשין ד טור ש"ע א"ח סי' תרפז סעיף ב: | מגילה לו: | [ועי' תוס' עירובין סג: דגרסי וילך ע"ש] | [יהושע] | [ועי' תוס' שבת קכח. ועירובין סו: ד"ה בכתיבה וכתו"ק ח. ד"ה נסקא ולקמן כ. ד"ה דכתיב ומנחות מד: ד"ה מנחם]

תורה אור

מלמד שלן בעומקה של הלכה *ואמר רב שמואל בר אוניא גדול תלמוד תורה יותר מהקרבת תמידין שנאמר עתה באתי לא קשיא הא דרבים והא דיחיד ודיחיד קל והתנן *נשים במועד מענות אבל לא מטפחות ר' ישמעאל אומר אם היו סמוכות למטה מטפחות בראשי חדשים בחנוכה ובפורים מענות ומטפחות בזה ובזה (א) אבל לא מקוננות ואמר רבה בר הונא *אין מועד בפני תלמיד חכם כל שכן חנוכה ופורים כבוד תורה קאמרת כבוד תורה דיחיד חמור תלמוד תורה דיחיד קל אמר רבא פשיטא לי עבודה ומקרא מגילה מקרא מגילה עדיף מדר' יוסי בר חנינא תלמוד תורה ומקרא מגילה מקרא מגילה עדיף מדסמכו של בית רבי תלמוד תורה ומת מצוה מת מצוה עדיף מדתניא *מבטלין תלמוד תורה להוצאת מת ולהכנסת כלה עבודה ומת מצוה מת מצוה עדיף מולאחותו דתניא *ולאחותו מה ת"ל הרי שהיה הולך לשחוט את פסחו ולמול את בנו ושמע שמת לו מת יכול יטמא אמרת לא יטמא יכול כשם שאינו מיטמא לאחותו כך אינו מיטמא למת מצוה ת"ל ולאחותו לאחותו הוא דאינו מיטמא אבל מיטמא למת מצוה בעי רבא מקרא מגילה ומת מצוה הי מינייהו עדיף מקרא מגילה עדיף משום פרסומי ניסא או דלמא מת מצוה עדיף משום כבוד הבריות בתר דבעיא הדר פשטה מת מצוה עדיף *דאמר מר גדול כבוד הבריות שדוחה את לא תעשה שבתורה גופא א"ר יהושע בן לוי כרך וכל הסמוך לו וכל הנראה עמו נדון ככרך תנא סמוך אע"פ שאינו נראה נראה אע"פ שאינו סמוך בשלמא נראה אע"פ שאינו סמוך משכחת לה כגון דיתבה בראש ההר אלא סמוך אע"פ שאינו נראה היכי משכחת לה א"ר ירמיה שיושבת בנחל וא"ר יהושע בן לוי כרך שישב ולבסוף הוקף נדון ככפר מ"ט דכתיב ואיש כי ימכור בית מושב עיר חומה שהוקף ולבסוף ישב ולא שישב ולבסוף הוקף ואמר ריב"ל כרך שאין בו עשרה בטלנין נדון ככפר מאי קמ"ל תנינא *איזו היא עיר גדולה כל שיש בה עשרה בטלנין פחות מכאן הרי זה כפר כרך איצטריך ליה אע"ג דמיקלעי ליה מעלמא ואמר ריב"ל כרך שחרב ולבסוף ישב נדון ככרך מאי חרב אילימא חרבו חומותיו ישב אין לא ישב לא והא תניא *רבי אליעזר בר יוסי אומר אשר לוא חומה אף על פי שאין לו עכשיו והיה לו קודם לכן אלא מאי חרב שחרב מעשרה בטלנין ואמר ריב"ל לוד

רש"י

הא דרבים. דהתם כל ישראל הוו: **מענות.** הספד על המת: **ולא מטפחות.** על לבן: **אבל לא מקוננות.** והתם מפרש איזהו עינוי ואיזהו קינה עינוי שכולן עונות כאחת קינה אחת מדברת וכולן עונות אחריה: **ת"ת דיחיד.** ביטול תלמודו קל מעבודה ופורים: **מדרבי יוסי בר חנינא.** דדריש משפחה כו': **ולאחותו מה ת"ל.** גבי נזיר כתיב על נפש מת לא יבא (במדבר ו) הרי הכל במשמע הדר כתיב בתריה קרא יתירא לאביו ולאמו לאחיו ולאחותו כו' דריש לה בספרי לאביו לא יטמא אבל מיטמא הוא למת מצוה לאחיו לא יטמא לאחותו לא יטמא אבל מיטמא הוא למת מצוה. לאחותו מה ת"ל שאם היה כהן ונזיר אע"פ שקדוש ב' קדושות לאחותו לא יטמא אבל מיטמא הוא למת מצוה. היה כהן גדול ונזיר לאחיו לא יטמא אבל מיטמא הוא למת מצוה. לאחותו מה ת"ל הרי שהיה הולך כו' כדמפרש הכא מלמד שמבטלין עבודה ומילה מפני מת מצוה: **שמת לו מת.** אחיו או אחותו: **אמרת לא יטמא.** כשם שאינו מיטמא לאחיו כך לא יטמא: **יכול לא יטמא.** כשם שאין מיטמא כו': **אם לא פשטה.** לא לא טמאה: **לא תעשה.** דכתיב לא תוכל להתעלם (דברים כב) וכתיב והתעלמת פעמים שאתה מתעלם כגון זקן ואינו לפי כבודו: **בנחל.** מקום נמוך: **שישב ולבסוף הוקף.** שנתיישב תחלה בבתים ולבסוף הוקף חומה נידון ככפר לענין בתי ערי חומה: **בית מושב עיר חומה.** בית מושב של עיר חומה: **עשרה בטלנין.** שבטלין ממלאכתן שיהו מצויין תמיד בבית הכנסת שחרית וערבית כדאמרינן במסכת ברכות (דף ו:) כיון שבא הקב"ה בבית הכנסת ולא מצא שם עשרה כו': **תנינא.** בפירקין במתני' (ד' ה.): **כרך איצטריכא ליה.** דכל כרך אינו אלא מקום שווקין שמכנסים שם מכל צד וגדול הוא יותר מעיר גדולה: **דמיקלעי ליה מעלמא.** אנשים הרבה ויש הרבה מהן בטלנין ממלאכתן שאין עושין מלאכה אלא במקומן אפילו הכי בעינן קבועין דזמנין דלא משכחתן: **ישב אין.** חזר והוקף: לוד

תוספות

מלמד שהלך ולן בעומקה של הלכה. כל זמן שהשכינה וארון שרויין שלא במקומן אסורים בתשמיש המטה לא גרס ליה הכא דמה שייך כאן ובפרק הדר (עירובין סג:) גרס ליה דקאמר שנענש יהושע על שבטל ישראל מפריה ורביה* י"ל דמה שנענש שלא היה לו בן זכר היה על שבטל ישראל מתשמיש מדה כנגד מדה אבל שאר עונש בא לו על בטול תורה:

מענות. כולן עונות כאחת מקוננות אחת אומרת והשאר עונות מטפחות יד על יד או על ירך או על פנים: **אין** מועד בפני תלמיד חכם. ויום שמועה כפניו דמי: **כל** שכן חנוכה ופורים. שמותר להספידו אע"ג דמבטל ממקרא מגילה אלמא ת"ת חמור ממקרא מגילה: **מת** מצוה עדיף. לאו דווקא מת מצוה והוא הדין לכל מתים שבעולם מבטלים תלמוד תורה להוציאם אלא איידי דנקט בסמוך גבי ולאחותו מת מצוה ה"נ נקט תלמוד תורה ומת מצוה*: **מת** מצוה עדיף. הקשה הר"ר אלחנן למה לי קרא תיפוק ליה מק"ו ומה ת"ת דחמירא מבטלין משום כבוד המת עבודה דקילא לא כל שכן דהא אפילו תלמוד תורה דרבים מבטלין משום כבוד המת כדאמר פ"ב דכתובות (דף יז. ושם) וי"ל דה"מ למאן דקרי ותני ומתני דצריך כולי האי אבל למאן דלא קרי ותני לא צריך כולי האי והכא מיירי במת מצוה דלא קרי ותני ומשום הכי צריך קרא דולאחותו: **כרך** שאין בו י' בטלנים נדון ככפר. ול"ל דמיירי בסתם כרכים האמורים בתלמוד *אבל המוקף חומה מימות יהושע בן נון אפילו אין בו י' בטלנים קורין בט"ו וה"נ משמע דפריך בסמוך מאי קמ"ל תנינא איזו היא עיר גדולה כו' ומשני כרך איצטריך ליה אע"ג דמקלעי ליה מעלמא ואי איתא דאפילו במוקף חומה מימות יהושע בן נון צריך י' בטלנין הוה ליה למימר מוקף מימות יהושע אצטריכא ליה אע"ג דחשיב חומה דידהו שהגינו מן האויבים וגם מקלעי ליה מעלמא דהוי רבותא טפי אלא ש"מ דבמוקף מימות יהושע לא צריך י': **כרך** שישב ולבסוף הוקף נדון ככפר. פירש הקונטרס לענין בתי ערי חומה איירי וה"נ משמע מדאייתי קרא דכי ימכור וקשה דאם כן בערכין (דף לב.) הו"ל להש"ס למתני גבי הא דתני שאר דיני דבתי ערי חומה ועוד קשה דאם כן הל"ל נדון כערי החצרים דשייך גבייהו לכ"נ דלענין מגילה מיירי מכל מקום מייתי קרא דכי ימכור לאשמועינן דחומה דמתניתין גבי מגילה בכה"ג דמהני גבי ערי חומה דהיינו הוקף ולבסוף ישב כדכתיב בית מושב עיר חומה דמשמע שנתיישב בתוך החומה ואם תאמר לקמן (דף ה:) אמרינן דטבריא שימה חומתה אע"ג דאין לה דין ערי חומה מ"מ קורין את המגילה בט"ו (ב) דהם מוקפין חומה כיון דמגינא מאויבים וה"נ היה לנו לומר כשישב ולבסוף הוקף כיון דמכסיא ומגינא וי"ל דשאני טבריא דכיון דחזינן דהיקף ים מהני כהיקף חומה לגבי מגילה גם כן דין הוא שיקראו המגילה בט"ו שהרי היקף שלה קודם לישובה והוי כשאר היקף דמהני בבתי ערי חומה אבל ישב ולבסוף הוקף לא מלינו בשום מקום דחשיב חומה שלה וא"ת לקמן בפרקין (שם) דקאמר אשר לו חומה פרט לשור אגר פי' שאגרות חומות שלה כגון שהבתים מדובקים יחד בעגול והוי כמו חומה סביב לעיר ולמה לי קרא תיפוק ליה דה"ל ישב ולבסוף הוקף שהרי לא נגמרה חומת העיר עד שנגמרו כל הבתים ויש לומר דקרא אתא לאשמועינן דאפילו היכא דקים לן שלא דר אדם שם עד שנגמרו כל הבתים אפילו הכי לא חשיב היקף וצריך לומר דהא דקאמר נדון ככפר מיירי דליכא י' בטלנים דאי יש שם עשרה בטלנין אמאי גרע מעיירות גדולות דהוו בי"ד: **והתניא** רבי אליעזר ברבי יוסי אומר וכו'. וא"ת אדמותבת ליה מרבי אליעזר לסייעיה מרבנן דפליגי עליה וסברי דקדושה ראשונה קדשה לשעתה ולא לעתיד לבא ויש לומר דע"כ לא סבר רבי יהושע כרבנן דאי סבר כוותייהו מאי מהני (*ישב ולבסוף הוקף) אם לא קדשה קדושה שנייה: **אלא** שחרב מעשרה בטלנים. וכשלא הוקף מימות יהושע איירי דביה לא צריך עשרה ואם תאמר מאי מהני מה שהיה כרך מתחילה הוה ליה כפר שנעשה כרך שנתישבו שם עשרה ויש לומר דלרבותא נקט הכי ולא מבעיא כפר שנעשה כרך דליכא למיחש שמא יחסרו דיורים אלא אפילו זה שפסקו דיורים כבר פעם אחת ולקה למגילה דאיכא למיחש שמא יפסקו עוד פעם אחרת אפילו הכי קא משמע לן דלא חיישינן: לוד

רבינו חננאל

שלן בין הערבים ועכשיו בטלתם ת"ת. ועל איזה מהן באת. א"ל עתה באתי. כלומר על ת"ת שבטלתם אותו עתה. הנה ת"ת חמור מעבודה ופרקינן התם גבי יהושע בת"ת דכל ישראל ולפיכך חמור מעבודה. אבל דיחידים כגון ת"ת דרבי עבודה חמורה ממנו. וכן פורים: אריב"ל אסור לאדם ליתן שלום בלילה חיישינן שמא שד הוא ואי מזכיר לו שם שמים שרי. ות"ת דיחיד קיל והתנן נשים במועד מענות אבל לא מטפחות כו'. ואמר רבה בר רב הונא אין מועד בפני ת"ח. כ"ש חנוכה ופורים. ופרקינן כבוד תורה כגון הספד ת"ח וכיוצא בו. אפי' דיחיד חמור מפורים. אבל ת"ת דיחיד קל מעבודה ופורים. אמר רבא פשיטא לי עבודה ומקרא מגילה. מקרא מגילה עדיף. כדר' יוסי ב"ר חנינא. וכן מקרא מגילה עדיף מת"ת מדמבטלין דבי ר' ת"ת ובאין לשמוע מקרא מגילה. וכן קבורת מת מצוה עדיף מת"ת דתנן מבטלין להוצאת המת ולהכנסת כלה. *) ואסיקנא

הגהות הב"ח

גליון הש"ס

§ מסכת מגילה דף ג: §

אות א׳ - ב׳

נשים במועד מענות, אבל לא מטפחות

אין מועד בפני תלמיד חכם, כל שכן חנוכה ופורים

סימן תקמז ס"ב - [א]נשים מענות, דהיינו שכולם עונות כאחת; אבל לא מקוננות, דהיינו שאחת מדברת וכולן עונות אחריה; ולא מטפחות, [ב]דהיינו להכות כף על כף; נקבר המת, אף לא מענות.

יו"ד סימן תא ס"ה - [ג]נשים בחול המועד מענות, דהיינו שכולן עונות כאחת; אבל לא מטפחות, דהיינו להכות כף על כף. [ד]בראש חדש חנוכה ופורים, מענות ומטפחות; אבל לא מקוננות, דהיינו שאחת מדברת וכולן עונות אחריה; נקבר המת, לא מענות ולא מטפחות. והני מילי לאינש דעלמא, [ה]אבל לתלמיד חכם, בין בחול המועד בין בראש חדש חנוכה ופורים, מענות ומקוננות כדרכן בחול; והני מילי בפניו, אבל שלא בפניו, לא; [ו]ויום שמועה, אפילו רחוקה, כבפניו דמי.

אות ג׳

מבטלין תלמוד תורה להוצאת מת ולהכנסת כלה

יו"ד סימן שסא ס"א - [ז]מבטלים תלמוד תורה להוצאת המת - פירוש חובה לבטל, כן הסכימו הפוסקים - ש"ך.

[ח]למאן דמתני לאחרים, אין לו שיעור, אפילו יש עמו כמה אלפים מתבטל בשבילו; למאן דקרי ותני - משמע תרווייהו בעינן, אבל מלשון הריטב"א שהביא ב"י, שאין לך אדם מישראל שאינו או במקרא או במשנה כו', משמע דקרא או שנה קאמרינן - ש"ך, **דהיינו שקרא ושנה ועדיין לא שנה לתלמידים, אם יש ס' רבוא אין צריך להתבטל בשבילו** - דנטילתה כנתינתה מסיני, מה נתינת התורה בסיני בס' רבוא, אף נטילתה בס' רבוא - ש"ך. **[ט]למאן דלא קרי ותני, כיון שיש לו מי שיתעסק עמו אין צריך להתבטל בשבילו, [י]והוא שיש שם עשרה** - כדי שיוכלו לומר קדיש וברכת אבלים - ש"ך.

(וי"א דעכשיו מן הסתם מבטלין, שאין לך אחד מישראל בזמן הזה שאינו במקרא או במשנה). (ב"י בשם הריטב"א שכ"כ בשם סמ"ג).

ואשה, י"א שדינה כמאן דקרי ותני; [יא]וי"א שדינה כמאן דלא קרי ותני, וכן נהגו באשה ותינוק לקולא.

[יב]ואין מבטלין ת"ת למת כשיש מי שיתעסק עמו כל צרכו, אלא עוסק בתורה, ואינו צריך לצאת ולראות אם יש עמו כל צרכו אם לאו, אלא כיון שיש שם מי שיעשה מעשה, תלמוד תורה שלו קודם - הלשון מגומגם, אבל בטור ניחא, דקאי אמאן דלא קרי ותני, דסגי כשיש לו מי שיתעסקו עמו, וקאמר דאם יש אנשים בעיר שיוכלו להתעסק עמו, א"צ לראות אם מתעסקים עמו, דמסתמא מתעסקים עמו, ות"ת קודם, **אבל** מאן דמתני דאין לו שיעור, ודאי דלעולם צריך ללוותו, וכן למאן דקרי ותני דצריך ששים רבוא, ודאי מסתמא ליכא ששים רבוא, **וע"כ** גם דברי המחבר צריך לפרש כן, ודו"ק - ש"ך, [**ונראה** דהדעה הזאת חולקת על מה שכתב רמ"א, דהאידנא מן הסתם מבטלין, ואם כן לפי דברי רמ"א יש לבטל גם בזה, מ"מ רב הלומד עם תלמידיו לא יבטל בשביל זה מן הסתם, נראה לי – ט"ז].

ותינוקות של בית רבן אין מתבטלין כלל - פי' אפי' להוצאת המת, וטעמא כדכתב הטור, שהרי אין מבטלין אותן אפי' לבנין בית הכנסת, **דלא** כהעט"ז שכתב הטעם, שהרי אינן מתעסקים עמו, דהא אין מבטלין אותו אפילו להוצאת המת - ש"ך.

[יג]אה"ע סימן סה ס"א - ומבטלין תלמוד תורה להכנסת כלה לחופה (דברי הרב) - אפילו מי שתורתו אומנותו מחויב לבטל, לא שהוא רשות בלבד, כך כתב הרא"ש, **ואפשר** לומר דדוקא כשרואה שנכנסין לחופה צריך לכבדם, אבל אם יודע שיש חופה בעיר, א"צ לבטל מלימודו ולילך שם - ח"מ. {**מיהו** בברייתא לא משמע כן, דהא תניא מבטלין ת"ת להוצאת המת ולהכנסת הכלה, ובהוצאת המת אפילו אינו רואה חייב לבטל, כן ה"נ בהכנסת הכלה - ב"ש}.

(**ועיין** בשו"ת יד אליהו, מביא רמז לזה, עת ספוד ועת רקוד, בלא למ"ד, להורות דמבטלין ת"ת להוצאת המת ולהכנסת כלה). (מה דחסר ל', מרמז על חסרון הלימוד).

{**וכתב** בפרישה, פרש"י להכנסת הכלה ללוותה מבית אביה לבית חופתה, מזה היה נ"ל הגון ללוות בזמנינו הכלה כשמביאים אותה תחת החופה, כמו שנוהגים לעשות להחתן, ואדרבה היא עיקר, שהרי לא נזכר אלא הכנסת הכלה, **שוב** מצאתי במרדכי וכו' כי הכנסה היא שמסרה בשחרית לחתן קודם הברכה, נמצא דמה שהולכים בזמנינו כל הקהל לכסות ראש הכלה, היא נקראת הכנסת כלה לחופה, ע"כ, **והט"ז** כתב, נראה דלדידן לא הוי כיסוי

באר הגולה

[א] משנה מועד קטן כ"ח: [ב] (ולא מטפחות, מספקות כף אל כף – רבינו יהונתן מלוניל על הרי"ף מו"ק, עיין רש"י) [ג] משנה שם כ"ח: [ד] שם במשנה [ה] מימרא דרב פפא דלעיל (מו"ק כ"ז: בשם רב פפא "אין מועד בפני ת"ח") [ו] מעובדא דרב כהנא דספדיה לרב זביד וכו' שם [ז] ברייתא כתובות י"ז. [ח] מימרא דרב ששת שם ע"ב [ט] טור בשם בה"ג [י] שם בשם נטרונאי, ושהרמב"ן כתב דטעמא דמסתבר הוא, דהא איכא שורה וקדיש וברכת אבלים דבעיא י' [יא] הרמב"ן בסת"ה [יב] טור מדברי התוס' שם בכתובות ואביו הרא"ש [יג] (הוספה ע"פ הד"מ)

הראש חופה, אלא הכנה לחופה שתהיה אח"כ שהיא הגמר, [ואז הולכים האנשים לזה, ואח"כ בשעת הולכה לחופה שלנו שהוא הגמר] אין הולכים אלא ללות החתן ולא ללות הכלה, ששם כל הנשים הולכים עמה, ואין להתערב שם עמהם, ‹דהיא מצוה הבאה בעבירה, ומטעם זה אם הרבה נשים הולכות גם עם החתן, מוטב שלא לילך – ערוה"ש›. [וראיתי בקצת מקומות אנשים חשובים הולכים לקראת הכלה, וכשמתקרבים אליה חוזרים לאחוריהם להחופה, וזה נקרא לויה – ט"ז], ונכון הוא – ב"ש].

אות ד'

אבל מיטמא למת מצוה

יו"ד סימן שעד ס"א - [יד]מצוה להטמאות למת מצוה, אפילו הוא כהן גדול ונזיר, והולך לשחוט את פסחו ולמול את בנו, ומצא מת מצוה, הרי זה מיטמא לו.

אות ה'

מת מצוה עדיף

סימן תרפז ס"ב - ואין לך דבר שנדחה מקרא מגילה מפניו, [טו]חוץ ממת מצוה שאין לו קוברים (כדי צרכו), שהפוגע בו קוברו תחלה ואח"כ קורא - מלשון "כדי צרכו" מוכח, דאף שהוא בעיר שיש לו קוברין, דשוב אינו מוטל בבזיון, והזריזות לקוברו קודם הוא רק תוספות כבוד לו, אפ"ה מותר להקדימו קודם מקרא מגילה, וכ"מ בהג"ה סוף סי' תרצ"ו, דס"ל דקבורת מתו קודם, [טז]**אבל** במ"א הביא בשם כמה פוסקים, דס"ל דוקא מת מצוה ממש, משמע שמצאו בשדה שהוא מוטל בבזיון שאין לו קוברין כלל, **אבל** בעיר שיש לו אנשים שדואגין בעבורו, מקרא מגילה קודם, **אם** לא בת"ח, [מאן דתני, וכ"ש אם הוא מתני לאחרים הוא בכלל זה], שקבורתו קודם למקרא מגילה, וכן הסכים בביאור הגר"א להלכה, **אכן** כתב, שאם התחילו להוציאו אין מפסיקין באמצע, ואז נדחה מקרא מגילה לגמרי, אפילו א"א לקראה אח"כ, וכעין זה כתב הפר"ח ג"כ.

הגה: וכל זה לא מיירי אלא בדאיכא שהות לעשות שתיהן - וה"ה לענין מילה ומגילה, איכא שהות לעשות שתיהן, מגילה קודם משום פרסומי ניסא, **והעולם** נוהגין למול קודם המגילה.

אבל אם אי אפשר לעשות שתיהן - ר"ל שיתבטל המצוה דאורייתא לגמרי אם לא יעשנה ביום ההוא, **אין שום מצוה דאורייתא נדחית מפני מקרא מגילה (ר"ן וב"י בשם תוס' ומהר"א מזרחי)** - ומפני שמקרא מגילה הוא רק מדרבנן.

ועיין בט"ז שהביא בשם רש"ל וב"ח, דתמיד מקרא מגילה קודם משום פרסומי ניסא, והגר"א בביאורו ג"כ סובר הכי.

וכא דמת מצוה קודם, היינו דוקא דאפשר לו לקראה אח"כ (מהר"א מזרחי) - דאם א"א לו לקראה אח"כ, כגון אם הוא סמוך לחשיכה, יקראנה קודם, דלא יתבטל לגמרי המצות קבורה, דיהיה אפשר לו לקברו בלילה, **ואה"נ** דאם לא יהיה אפשר לו לקברו אח"כ, כגון מפני לסטים וכה"ג, בודאי מת מצוה קודם.

והנה זה העתיק הרמ"א בשם מהר"א מזרחי, **אבל** כמה אחרונים חולקין ע"ז, וסוברין, דאפילו באופן שידחה המגילה לגמרי, ג"כ מת מצוה קודם משום כבוד הבריות, **אכן** כבר ביארנו לעיל, דדוקא במת מצוה ממש, אבל לא בשאר מתים, **ואפילו** אם נפסוק שם דבשאר מתים ג"כ מצוה להקדים קבורתו לקריאת המגילה, עכ"פ היכא דידחה עי"ז קריאת המגילה לגמרי, בודאי מגילה קודם, ויקבר מתו בלילה, [**ונראה** לי עוד, דמה שהעתיק רמ"א את דברי המזרחי, משום שהגיה מקודם, במת שאין לו קוברין כל צרכו, דאינו מת מצוה ממש, **אבל** במת מצוה ממש, אפשר דגם הוא מודה לדברי אחרונים].

אות ו' – ז'

כרך וכל הסמוך לו וכל הנראה עמו נדון ככרך

סמוך אף על פי שאינו נראה, נראה אף על פי שאינו סמוך

סימן תרפח ס"ב - [יז]וכן הכפרים הנראים עמהם - וה"ה עיירות, **אפי' אינם סמוכים, כגון שהם בהר; או שסמוכים להם, אפי' אינם נראים עמהם, כגון שהם בעמק.**

אות ח'

כרך שישב ולבסוף הוקף נדון ככפר

סימן תרפח ס"א - [יח]והוא שהוקף ואח"כ ישב, [יט]או שישב תחלה על דעת להקיפו אח"כ, לאפוקי כשנודע שישב

באר הגולה

יד **ברייתא ברכות דף י"ט: ונזיר דף י"ג:** טו **בעיא דרבא שם והדר פשטה** טז ‹דהרמב"ם ושו"ע השמיטו "כדי צרכו", דס"ל דוקא במת מצוה, וכן משמע לכאורה מדקבעי רבא מקרא מגילה ומת מצוה איזה כו', ואי בכל מת קאמר, ע"כ מקרא מגילה עדיף, שדוחה עבודה, וסתם מת אינו דוחה עבודה {כמ"ש הרי שהיה וכו', וק"ו, אם דוחה עבודה, כ"ש דדוחה סתם מת דנדחה מפני עבודה}. **אבל** י"ל {להסביר שיטת הרמ"א}, דלכאורה קשה, דהקדים שם {קודם הבעיא}, דת"ת ועבודה דנדחים מפני מת מצוה, ובאיזה מת קמיבעיא, אם במת מצוה דוקא, לא הל"ל ת"ת, {דהלא ת"ת נדחה גם בסתם מת}, **ואם** בכל מת, לא הו"ל להקדים עבודה, {דהלא עבודה אינו נדחה רק לגבי מת מצוה}, **אלא** דהבעיא דוקא במת מצוה כנ"ל, {מדלא אפשיט ליה דהוי ק"ו, דאם מגילה עדיף מעבודה, כ"ש דעדיף מסתם מת דנדחה מפני עבודה}, **אבל** הדר דפשטה גדול כו', ה"ה בכל מת, וכמ"ש בברכות י"ט ב', בא בטהורה כו', {משום כבוד הבריות, והתם מיירי בסתם מת}, **ולכן** הקדים ת"ת, {דהיינו לפי המסקנא דבמגילה אף סתם מת עדיף, ע"ז קאמר דגם ת"ת נדחה מפני סתם מת, והלא איבעיא היה במת מצוה, לכן מזכיר דעבודה נדחה מפני מת מצוה}, **ואף** שאמרו שם דוקא מפני כבוד ת"ח {דוחה פורים, אבל לא סתם מת, ואיך דוחה מגילה – דמשק אליעזר}, היינו בהספד, אבל בקבורה ה"ה לכל אדם – גר"א› יז **מימרא דרבי יהושע בן לוי ג: וברייתא שם** יח **מימרא דריב"ל שם** ‹וכתב הר"ן, שסובר רש"י דדוקא לענין בית בבתי ערי חומה הוא דבעינן הוקף ולבסוף ישב, אבל לענין מגילה לא, **ואינו** נראה כן מדברי הרי"ף שהביאה בהלכותיו, ואף הלשון בעצמו מוכיח שאף לענין מקרא מגילה איתמר, דאי לא הוה ליה למימר נדון כבתי ערי החצרים – ב"י. **ועיין** בתוס'› יט **טור בשם מהר"ם מרוטנבורג**

תחלה על דעת שלא להקיפו – ‹היינו דלא נבנו בה בתים חדשים לאחר שהוקפה, אבל אם נבנו בה, דל בתים שקדמו להקיפן מכאן, ונידונית ככרך ע"י בתים הללו שלאחר הקיפן, ונ"ל דאזלינן בתר רובא, דאם רוב בתים שבעיר קדמו להקיפן, קורין בי"ד, ואם איפכא, איפכא, ומחצה על מחצה צ"ע›.

(אבל מסתמא הוקפה ולבסוף ישבה, ר"ן) - אבל ‹אפי' כשנודע שישב תחילה› מסתמא אמרינן שישב על דעת להקיפה אחר כך, שכן דרך רוב המדינות המוקפין חומה, דאפילו אם אין מקיפין אותה מתחלה, עכ"פ מיישבין אותה על דעת להקיפה אח"כ.

אות ט'

שהוקף ולבסוף ישב, ולא שישב ולבסוף הוקף

רמב"ם פי"ב מהל' שמיטה ויובל הי"ד - אין המקום נקרא עיר חומה עד שיהיה בו שלש חצרות או יתר, ובכל חצר מהן ב' בתים או יתר, ויקיפוה חומה תחלה ואח"כ יבנו החצרות בתוכו; אבל מקום שישב ואח"כ הוקף, או שלא היו בו ג' חצרות של ב' בתים, אינו עיר חומה, אלא בתים שבו כבתי החצרים.

אות י'

כרך שאין בו עשרה בטלנין נדון ככפר

רמב"ם פ"א מהל' מגילה ה"ח - כפר שאין נכנסין בו בשני ובחמישי, אין קוראין אותה אלא בארבעה עשר. ועיר שאין בה עשרה בטלנין קבועין בבית הכנסת לצרכי הצבור, הרי היא ככפר, ומקדימין וקוראין ביום הכניסה. ואם אין בעיר עשרה בני אדם, תקנתו קלקלתו, והרי הם כאנשי עיר גדולה ואין קוראין אלא בארבעה עשר. השגת הראב"ד: א"א, זה בירושלמי מלא אותו ואין לו טעם, ואולי מפני שאינו לא כפר ולא כלום, והם אמרו כפרים מקדימין; וכן אמרו מאימתי נעשית עיר הנדחת, משהיו בה מעשרה ועד מאה, ופירשו בירושלמי, עיר לא כפר, עיר לא כרך, יותר ממאה כרך הוא, עשרה כפר הוא, פחות מעשרה לא עיר ולא כפר; וכל זה אינו מספיק, דלעולם אימא לך עשרה ופחות מעשרה כפר הוא.

אות י'* [כ]

תוס' ד"ה כרך שאין בו: אבל המוקף חומה מימות יהושע בן נון, אפילו אין בו י' בטלנים, קורין בט"ו

סימן תרפח ס"א - [כא]כרכים המוקפים חומה מימות יהושע בן נון, [כב]אפילו אינן מוקפין עכשיו, קורין בט"ו, [כג]אפילו אם הם בחוצה לארץ, [כד]ואפילו אין בהם עשרה בטלנים, (פי' בטלנים ממלאכתן ועוסקים בצרכי צבור) - פי' בבהכ"נ, כן איתא בהדיא בגמרא ‹דף ה.›, **וע"ש** בפירש"י, דהיינו שהם קבועין תמיד להשכים ולהעריב בבהכ"נ להתפלל.

ויש מהראשונים [כה][הרמב"ן והרשב"א שהובא בהרב המגיד] שחולקין ע"ז, וס"ל דבכרך המוקף חומה, אם אין בה עתה עשרה בטלנין, קורין בה בי"ד, **וביד** אפרים מצדד דיש לחוש לשיטתם, לקרות גם בי"ד.

אות כ'

אף על פי שאין לו עכשיו, והיה לו קודם לכן

רמב"ם פי"ב מהל' שמיטה ויובל הט"ו - אין סומכין אלא על חומה המוקפת בשעת כיבוש הארץ; כיצד, עיר שלא היתה מוקפת חומה בשעה שכבש יהושע את הארץ, אף על פי שמוקפת עתה, הרי היא כבתי החצרים; ועיר שהיתה מוקפת חומה בימי יהושע, אף ע"פ שאינה מוקפת עתה, הרי היא כמוקפת.

סימן תרפח ס"א - [כו]כרכים המוקפים חומה מימות יהושע בן נון, [כז]אפילו אינן מוקפין עכשיו, קורין בט"ו.

באר הגולה

כ ‹ע"פ הבאר הגולה› **כא** **משנה ריש מגילה** **כב** **ברייתא שם ג'** **כג** **טור וכ"כ הר"ן בשם התוס'** ‹הובא דבריו בב"י›, **והרמב"ן ע"פ הירושלמי, ושכן דעת הגאונים** **כד** **תוס' והרא"ש שם, דרבי יהושע בן לוי איירי בלא הוקף מימות יהושע בן נון** **כה** ‹ויש חילוק בין הרמב"ן להרשב"א, דדעת הרשב"א דכרך מוקף שאין לו י' בטלנים, יש לו קולא של הקדמה ליום הכניסה, אבל עיקר זמנו בט"ו, **אבל** דעת הרמב"ן, דעיקר זמנו בי"ד, וגם יש לו קולא של יום הכניסה, **והשעה"צ** תמוה, דאדרבה דעת הרשב"א כסתימת השו"ע – חזו"א מועד סי' קנ"ד› **כו** **משנה ריש מגילה** **כז** **ברייתא שם ג'**

§ מסכת מגילה דף ד. §

אות א'

נשים חייבות במקרא מגילה, שאף הן היו באותו הנס

סימן תרפט ס"א - [א]הכל חייבים בקריאתה, אנשים ונשים - ואף דהקריאה היא דבר שהזמן גרמא, מ"מ חייבות, שאף הן היו באותו הנס, [גמרא]. דמתחלה היתה הגזירה גם עליהם, כדכתיב בקרא. **ולכן** צריך האיש לקרותה בביתו לפני הבתולות והמשרתות, **ובקצת** מקומות נוהגין שהם הולכות לביהכ"נ לעזרת נשים לשמוע הקריאה, **אכן** צ"ע איך יוצאין שם נשים, דא"א לשמוע שם כדין. (לכאורה אם היא כבר יצאה י"ח, אין מוציאה לאשה אחרת, וה"ה קטן לאשה או לקטן אחר, שספק בזה אם הם בכלל ערבות, דלימא בהו ג"כ אע"פ שיצא מוציא).

וגרים ועבדים משוחררים - אבל אינם משוחררים פטורים, דגריעי מנשים לענין זה, [דכאן לא שייך הטעם שהיו באותו הנס]. **וי"א** דאפי' אינם משוחררים חייבים, (אלא דאין חייבין רק בשמיעה ולא בקריאה, וכמו דס"ל גם בנשים). **ודע**, דלהוציא אחרים בודאי אין יכולים לכו"ע, דלדעת בה"ג, הלא גבי נשים אין מוציאות אחרים, וכדלקמיה (ס"ב), וה"ה גבי עבדים דדין אחד להם, **ולדעת** הגר"א ורא"מ בפי' הרמב"ם והסמ"ג, הלא פטורין לגמרי).

[ב]ומחנכים את הקטנים לקרותה - היינו מי שהגיע למצות חינוך, (וגם בשמיעה יצאו, וכס"ו), **וכיון** דגם נשים חייבות, פשוט דגם בקטנות יש בהן משום מצות חינוך.

אות א'*[ג]

תוס' ד"ה פסק: ואומר על הנסים בתפלה ובהודאה

לאחר תפלת מעריב אומר קדיש שלם

ואומר ואתה קדוש... ואם מו"ש הוא יאמר ויהי נועם קודם

וכשרוצה לקרות, פושט את כולה קודם כאגרת

ואין אומרים למנצח... וכן אין נופלים על פניהם בי"ד וט"ו

סימן תרצג ס"א - [ד]אחר קריאת המגילה בערבית, אומר: "ואתה קדוש", ואם חל במוצאי שבת [ה]אומר: "ויהי נועם" קודם "ואתה קדוש". הגה: ואומרים: "ויתן לך" - אחר הבדלה, וההבדלה הוא אחר סדר קדושה, כמו בשאר ימות השנה, **ומה** שכתב לקמן "וקורים המגילה", הוא ענין בפני עצמו.

עיין במ"א שמצדד, דאחר שמו"ע אומר ק"ש עם "תתקבל", וכ"כ בא"ר, **ואחר** אמירת "ואתה קדוש" שאומרים אחר קריאת המגילה, יאמר ק"ש בלא "תתקבל", **וא"ר** כתב דיוכל ג"כ לומר "תתקבל", ויחזור "תתקבל" על תפלה דבסדר קדושה, **ובשחרית** יאמר חצי קדיש אחר שמו"ע, ולאחר סדר קדושה, ק"ש עם "תתקבל".

וקורים המגילה ואח"כ מבדילין (מנהגים) - דכל מה שיש לאחר את ההבדלה ביציאת היום מאחרינן לה.

סימן תרצג ס"ב - [ו]אומר "על הנסים" בלילה - אפילו אם הקדים להתפלל ערבית קודם צאת הכוכבים, **וביום.**

הגה: ואם לא אמרו, אין מחזירין אותו (טור). ואין אומרים "על הנסים" רק ביום י"ד, אבל לא בט"ו (ב"י בשם א"ח ומנהגים) - כיון שאין שייך זה לאותו היום, הו"ל שלא מעין המאורע, והוי הפסק בתפלה, **מיהו** אם אמרו אין מחזירין אותו, דמ"מ יש קצת שייכות בימים אלו. **כרכים** הספיקות אם הם מוקפות חומה, אומרים "על הנסים" בתפלה בשני ימים, ואין זה הפסק, כיון דמספק אומרים.

ובליל י"ד, אע"פ שלא קראו המגילה עדיין, אומר "על הנסים" בתפלת ערבית (הגהות מיימוני).

שחרית משכימין לביה"מ, **ואין** לחלוץ התפילין אף שהתפללו כבר, עד אחר קריאת המגילה, דדרשינן: "ויקר" אלו תפילין.

סימן תרצ סי"ז - [ז]מנהג כל ישראל שהקורא קורא [ח]ופושט כאיגרת, להראות הנס - היינו שפושטה כולה ואינו מניחה כרוכה, [היינו אפי' מה שעתיד לקרות]. אלא כופל אותה דף על דף, ויזהר שלא יגררה ע"ג קרקע, **ועיין** בפמ"ג שכתב, דלאו דוקא ע"ג קרקע, ה"ה תלויה מעל השולחן ושטענדע"ר נמי הוי גנאי כתבי קודש.

עוד כתב, דהפשיטה יהיה קודם שמתחיל לברך, כדי שלא יהיה הפסק בין ברכה לקריאה.

אבל היחידים השומעין במגילות א"צ לפשוט, [**וכמדומה** שאין נוהגין כן, אלא כל אחד פושטה כאגרת]. (**ובספר** אורחות רבינו הביא מהגרי"י קנייבסקי, שהמנהג הוא שהשומעים אינם פושטים כאגרת, וכן נהג הגרשז"א. **ובליקוטי** מהרי"ח כתב דמשמע בב"ח, שגם הקורא ביחיד א"צ לפשוט המגילה כאגרת, וכן דעת הגריש"א והגרש"ז והגרח"ק, **אכן** בספר כף החיים כתב, דמשמע מדברי מהרי"ל, שדוקא השומעים מהש"ץ אין צריכים לפשוט, **אבל** הקוראים לעצמם או להוציא בני ביתם ביחיד, צריכים לפשוט – משנה אחרונה).

וכשיגמור, חוזר וכורכה כולה, ומברך - ר"ל שכורכה כולה ומניחה לפניו על המגדל ואח"כ מברך, **והטעם**, דגנאי הוא למגילה שתהיה מונחת כך, **ואפילו** אם התחיל הברכה ואמר "ברוך אתה", כיון שלא אמר השם, פוסק באמצע וכורך, ואח"כ מברך.

סימן תרצג ס"ג- [ט]ואין נופלים על פניהם. הגה: ואין אומרים "למנצח" ו"אל ארך אפים" (מנהגים וב"י בשם תוס') - בשני ימי פורים, משום דכתיב ב"למנצח" "צרה", וצרה בפורים לא מדכרינן.

<המשך ההלכות מול עמוד ב'>

באר הגולה

א בריתא בריש ערכין ב' | ב רמב"ם | ג (כל אלו בסעיפים עסקי בהם התוס') | ד טור בשם יש אומרים | ה שם | ו שם | ז טור בשם רב האי, ושכן מנהג צרפת ואשכנז וספרד, וכן כתבו בשמו שאר פוסקים | ח כך הם דברי הרמב"ם, (קורא ופושט כאגרת, משמע דקודם הקריאה אינו פושט, אלא בשעת קריאה כל מה שקרא מניחה פשוטה עד אחר גמר הקריאה), אבל הטור כתב: פושט וקורא, (משמע דפושטה קודם הקריאה – ב"ח), וכפי' מהרי"ל הכל ענין אחד, דכתב: ופושטה כאגרת אפי' מה שעתיד לקרות | ט טור בשם תשובה שמצא, וכ"כ בארחות חיים

לוד ואונו וגיא החרשים. מעריי בנימין היו כדכתיב ובני אלפעל עבר ומשעם ושמר הוא בנה את לוד ואת אונו וגו' ובספר דברי הימים מיחסו על שבט בנימין וגמרא גמיר לה רבי יהושע בן לוי מרביה דמוקפות חומה מימות יהושע בן נון הן ובמתני' דערכין תנן תרתי מינייהו דקא מני לוד ואונו אלא עריי תורה אור חומה שאינן עוגות אלא מימות יהושע בן נון ולפי שחומותיהן כראות חדשות כדאמרינן לקמן שנפלו והחזיק החזקן ר' יהושע בן לוי להעיד שכלל מוקפות חומה הן לקרות מגילה בט"ו: **ויבן אסא.** אינו בכל המקרא אבל מקרא אחר כתיב ויבן ערים ביהודה ואע"ג דהכי לאו מיהודה נינהו ומבנימין היו מלכי יהודה מושלים על בנימין ומליט בהלה שאף עריי בנימין חיזק דכתיב (ד"ה ב טז) וישאו את אבני הרמה ואת עציה אשר בנה בעשא ויבן בהם את גבע ואת המצפה והן עריי בנימין כדכתיב בספר יהושע: **בימי פלגש בגבעה.** שהחריבו ישראל את בנימין ואת עריו כדכתיב גם כל הערים הנמצאות שלחו באש (שופטים כ): **שפצינהו.** החזיק את בדקיהן ודומה לו ביבמות (דף סג:) טוס ולא תספק ספיק ולא תכנה: דיקא נמי גרם: **שאף הן היו באותו הנס.** שאף על הנשים גזר המן להשמיד להרוג ולאבד מנער ועד זקן טף ונשים וגו': **שואלין ודורשין.** מעמידין תורגמן לפני החכם לדרוש הלכות הפסח בפסח: **משום דרבה.** דגזר לקמן בקריאת מגילה שמא יעבירנה ארבע אמות ברשות הרבים אף כאן גזרו דרשה אטו קריאה: **ולשנותה ביום.** זכר לנס שהיו זועקין בימי צרתן יום ולילה: **אקרא.** במזמור למנצח על אילת השחר הוא שנאמר על אסתר כדאמרינן במסכת יומא (דף כט.) למה נמשלה אסתר כאילה כו': **סבור מינה.** בני הישיבה ששמעו שמועה זו בלה"ק ולשנותה ביום היו סבורין דהאי ולשנותה לשון שונה משנה הוא: **למיתני מתני' דידה.** משניות של מסכת מגילה: **לעבור פרשתא דא ואתניה.** אסיים פרשה זו ואשנה אותה פעם שניה: **בירא.** דמן בירי: **יזמרך כבוד.** ביום ולא ידום בלילה והאי קרא במזמור ארוממך ה' כי דליתני דרשינן בפסיקתא *)במרדכי ואסתר והמן ואחשורוש וקריאת מגילה שבח הוא שמפרסמין את הנס והכל מקלסין להקדוש ברוך הוא:

*)[דר"כ סוף פיסקא דסעומר]

לוד ואונו וגיא החרשים מוקפות חומה מימות יהושע בן נון הוו והני יהושע בננהו והא אלפעל בננהו דכתיב [ו] בני אלפעל עבר ומשעם ושמר הוא בנה את אונו ואת לוד ובנותיה ולטעמיך (א) אסא בננהו דכתיב ויבן (*אסא את ערי הבצורות אשר ליהודה) אמר ר' אלעזר הני מוקפות חומה מימות יהושע בן נון הוו חרוב בימי פילגש בגבעה ואתא אלפעל בננהו הדור אינפול אתא אסא שפצינהו דיקא נמי דכתיב ויאמר ליהודה נבנה את הערים האלה מכלל דערים הוו מעיקרא ש"מ *ואריב"ל *נשים חייבות במקרא מגילה *שאף הן היו באותו הנס ואמר רבי יהושע בן לוי פורים שחל להיות בשבת שואלין ודורשין בענינו של יום מאי אריא פורים אפילו י"ט נמי דתניא *משה תיקן להם לישראל שיהו שואלין ודורשין בענינו של יום הלכות פסח בפסח הלכות עצרת בעצרת והלכות חג בחג פורים איצטריכא ליה מהו דתימא נגזור משום דרבה קמ"ל *ואריב"ל חייב אדם לקרות את המגילה בלילה ולשנותה ביום שנאמר *אלהי אקרא יומם ולא תענה ולילה ולא דומיה לי סבור מינה למקרייה בליליא ולמיתנא מתניתין דידה ביממא אמר להו רבי ירמיה לדידי מיפרשא לי מיניה דרבי חייא בר אבא כגון דאמרי אינשי אעבור פרשתא דא ואתנייה איתמר נמי אמר רבי חלבו אמר עולא ביראה *חייב אדם לקרות את המגילה בלילה ולשנותה ביום שנאמר *למען יזמרך כבוד ולא ידום ה' אלהי לעולם אודך: אלא שהכפרים מקדימין ליום הכניסה: א"ר חנינא חכמים הקילו על הכפרים להיות מקדימין ליום הכניסה *כדי שיספקו מים ומזון לאחיהם שבכרכין למימרא

לוד ואונו וגיא החרשים. הקשה ה"ר אלחנן אמאי אצטריך ליה לרבי יהושע לאשמועינן דאונו מוקפת מימות יהושע והא משנה שלימה היא בפרק בתרא דערכין (דף לב.) ויש לומר דאגב דאצטריך לאשמועינן לוד וגיא החרשים תנא נמי אונו בהדייהו:

הא אלפעל בננהו. קשה אמאי לא פריך בפרק בתרא דערכין כי האי גוונא וי"ל דהתם לא תנן אלא אונו והיה יודע דמאי לשנויי גבי אונו הוי אבל הכא דהוו ג' בשלשתן לא שייך למימר שכן כפולות:

נשים חייבות במקרא מגילה. מכאן משמע שהנשים מוציאות את אחרים ידי חובתן מדלא קאמר לשמוע מקרא מגילה והכי נמי משמע בערכין (דף ג: ושם) דקאמר הכל כשרים לקרות את המגילה ומסיק הכל כשרים לאתויי מאי ומשני לאתויי נשים משמע להוציא אפילו אנשים וקשה דהא בתוספתא *תני בהדיא דטומטום אין מוציא לא את מינו ולא שאין מינו ואנדרוגינוס מוציא את מינו ואין מוציא את שאין מינו ופשיטא דלא עדיפא אשה מאנדרוגינוס וכן *פסקו בה"ג דאשה מוציאה מינה אבל לא אנשים וי"ל דסלקא דעתך דלא יועיל קריאתן אפילו להוציא הנשים קמ"ל דחייבין *דהכל חייבין בשמיעה עבדים נשים וקטנים:

שאף הן היו באותו הנס. פירש רשב"ם שעיקר הנס היה על ידן בפורים על ידי אסתר בחנוכה על ידי יהודית בפסח שבזכות צדקניות שבאותו הדור נגאלו *וקשה דלשון שאף הן משמע שהן טפלות ולפירושו היה לו לומר שהן לכך נראה לי שאף הן היו בספק דלהשמיד ולהרוג וכן בפסח שהיו משועבדות לפרעה במצרים וכן בחנוכה הגזירה היתה מאד עליהן. גבי מצה יש מקשה למה לי היקשא *דכל שישנו בבל תאכל חמץ ישנו בקום אכול מצה תיפוק ליה מטעם שהן היו באותו הנס וי"ל דמשום האי טעמא לא מחייבא אלא מדרבנן אי לאו מהיקשא ורבינו יוסף איש ירושלים תירץ דסלקא דעתך דלמיפטרה מגזירה שוה דט"ו ט"ו דחג הסוכות כדפי' פרק אלו עוברין (פסחים מג: ד"ה סלקא"): **פסק** ואומר על הנסים בתפלה ובהודאה ויש שאין אומרים כשם לפי שאמרו חכמים (ברכות לד.) לעולם לא ישאל אדם צרכיו לא בג' ראשונות ולא בג' ברכות אחרונות ושבות הוא שהרי האי טעמא לא הוי אלא למתפלל בלשון יחיד אבל בשביל הציבור שרי אבל נראה שאין לאומרו מטעם אחר משום דאמרו חכמים (פסחים קיז:) דכל דבר דהוי בלהבא תקנו בלהבא ובדבר דהודאה הוי לשעבר ומשום הכי תקנו בה על הנסים דהוי לשעבר ובליל י"ד לאחר תפלת מעריב אומר קדיש שלם ואחר כך קורא את המגילה ומברך לפניה ג' ברכות ולאחריה ברכה אחת עד האל המושיע השלים עומד לפני התיבה ואומר ואתה קדוש ואין מתחילין ובא לציון לפי שאין גאולה בלילה ואם מוצאי שבת הוא יאמר ויהי נועם קודם וכשרוצה לקרות פושט את כולה קודם כאגרת אבל לא גולל וקורא כמו ס"ת ובשחר מתפלל שמונה עשרה ברכות ואומר על הנסים בהודאה ואין אומר כשם לפי שכל הברכה אינה אלא לשעבר וא"כ אין לומר בה דבר שלהבא ואחר כך אומר קדיש עד דאמירן ואוחז ס"ת וקורא שלשה גברי פרשת ויבא עמלק אע"פ שאין בה אלא ט' פסוקים ואין מחזיר הספר תורה למקומו אלא יושב ואוחז בידיו עד שקראו את המגילה ומברך עליה כאשר עשה בלילה כדפירש בפנים ואחר כך אומר תהלה ובא לציון ואין אומרים למנצח משום דכתיב ביה צרה וצרה בפורים לא מזכרינן וכן אין נופלים על פניהם בי"ד ובט"ו משום דכתיב ימי משתה ושמחה ואומר [(תהלים כב) למנצח על אילת השחר] *משום דכתיב ביה מפלה לעובדי כוכבים וכן בליל ארבעה עשר ואומר פטום הקטורת וכל הסדר כמו בחול: **פורים** שחל להיות בשבת. דווקא בשבת לפי שאין קורין המגילה משום גזירה דרבה אבל בחול א"צ שהרי קורין המגילה ושפי איכא פרסומי ניסא: **מאי** איריא פורים אפילו י"ט נמי. נראה לי דה"פ מאי איריא פורים דאין דורשין בו מקודם לכן שלשים יום דמשום הכי לידרוש בו ביום אפילו בי"ט דדרשינן שלשים יום לפניו ואפילו הכי דורשין בו ביום כדתניא (לקמן לב.) וידבר משה את מועדי ה' וכו': **חייב** אדם לקרות את המגילה בלילה ולשנותה ביום. אומר ר"י דאף על גב דמברך זמן בלילה חוזר ומברך אותו ביום דעיקר פרסומי ניסא הוי בקריאה דיממא וקרא נמי משמע כן דכתיב ולילה ולא דומיה לי כלומר אף על גב שקורא ביום חייב לקרות בלילה והעיקר הוי ביממא. כיון שהזכירו הכתוב תחילה וגם עיקר הסעודה ביממא הוא כדאמר לקמן (דף ז:) דאם אכלה בלילה לא יצא י"ח והכי נמי משמע מדכתיב נזכרים ונעשים ואיתקש זכירה לעשייה מה עיקר עשייה בימממא אף זכירה כן:

רבינו חננאל

לוד ואונו וגיא החרשים מוקפות חומה וכו'. כלומר דייקינן מדכתיב ויבן אסא את (כל הערים הבצורות אשר) [ערי מצורה] ביהודה וכי כל הערים אסא בנאם והלא [בנויים] היו. אלא שפצינהו. כך יש לומר אלפעל שפצינהו. כרכין המוקפין חומה מימות יהושע בן נון מקדשות ומשלחין מצורעין מתוכן וא"ר יהושע נשים חייבות לשמוע מקרא מגילה שאף הן היו באותו הנס. כלומר שגם הן היו בכלל להשמיד להרוג ולאבד. פורים שחל להיות בשבת. פי' אם חל ט"ו להיות בשבת שהוא פורים לבני כרכין שואלין ודורשין בענינו והחייב אדם לקרות את המגילה

הגהות הב"ח (א) גמ' ולטעמיך הא אסא וכו' אשר ליהודה אלא אמר ר' אלעזר:

גליון הש"ס

ויעבירנה ארבע אמות ברשות הרבים. קשה אמאי לא קאמר ויוליכנה מרשות היחיד לרשות הרבים דהוציאה דמילתא הוי טפי ויש לומר דמהר"י לרה"ר לא טעו אינשי אבל זימנין שהמגילה קיימא כבר ברשות הרבים ויעבירנה ארבע אמות בגווה ועי"ל *דלהכי לא נקט מרשות היחיד לרשות הרבים לפי [שלפעמים] שאין שם חיוב חטאת (*כיון) שלא היתה עקירה ראשונה לשם כך כגון המפנה חפצים מזוית לזוית ונמלך עליהן להוציאן דפטור מהאי טעמא (שבת דף ה:): **ויעבירנה** ארבע אמות ברשות הרבים. אבל מילה בשבת אין לדחות דהא חמירא *שכן נכרתו עליה י"ג בריתות וגם אין אדם מל אלא אם כן הוי בקי דסכנה יש בדבר אך נשאל לר"י הלוי איך תוקעין במוצאי יום הכפורים והלא אסור לעשות מלאכה *עד שיבדיל ותו שמא ילך אצל בקי כדחיישינן בר"ה שחל בשבת ואם כן היה לנו למיחש להאי גזירה ותירץ דמשום דתקיעת שופר חכמה ואין מלאכה וגם לא חיישינן שמא ילך אצל בקי דמשום תקיעה אחת *שאינה אלא משום זכר ליובל לא אצטריך כולי האי כראש השנה דאורייתא היא וצריך שלשים קולות ורבינו שמואל אומר דדוקא בשבת ובר"ה דאם מעבירו ארבע אמות ברשות הרבים איכא איסורא דאורייתא בהא ודאי יש לחוש אבל במוצאי יוה"כ דאפילו אם מעבירו ד' אמות ברשות הרבים לא הוי אלא איסור דרבנן בהא ודאי לא גזר דהוי גזירה לגזירה: **ורב** יוסף אמר מפני שעיניהם של עניים נשואות למקרא מגילה. ע"כ נ"ל דרב יוסף לא פליג אטעמיה דרבה דהא גבי שופר ולולב ליכא טעמא אחרינא מכל מקום קאמר הכא טעמא אחרינא משום דאיכא נפקותא מיהא במקדש דליכא שבות ואפ"ה אסור משום האי סברא דקאמר רב יוסף:
הוה

למימרא דתקנתא דכרכין הוי. כדי שיספקו משמע כדי שיהו פנויין ליום השמחה: **אלא אימא מפני שמספקין.** שכר הוא להם בשביל שהן מספקין הלכך היכא דאין נכנסין לא קולא הוא לגבייהו ואין כאן שכר: **סידורא דירחא.** דקתני בי"א בי"ב בי"ג בי"ד בט"ו כסדר מנין החודש וכשבא לפרשה נקט סדר ימי השבת ושמעינן ימי החודש לאחריה חל להיות ערב שבת כפרים מקדימין ליום הכניסה הרי י"ג חל להיות בשבת (א) הרי י"ב חל להיות אחר השבת כפרים מקדימין ליום הכניסה הרי י"א ומשני איידי דמיתהפכי ליה נקט סידורא דיומי כלומר ע"י שאם היה אוחז ימי השבת לפי סדר ימי החדש יהא נהפכין לו וטועה בגירסתו השונה את המשנה לפי שהיה צריך להזכירן לאחוריו אחר השבת דהיינו י"א בשבת י"ב ערב שבת י"ג מתוך כך הוא בא לדלג ולטעות להכי נקט סידורא דיומא וסדר החודש הבא לו לאחוריים אינו מזכירו בפיו דהרי מאליו הוא נשמע ואין כאן עוד טעות: **מני מתני'.** דקתני חל להיות ע"ש עיירות ומוקפות חומה קורין בו ביום אי רבי אי רבי יוסי: **בכל שנה ושנה.** להיות עושים את שני הימים האלה ככתבם וכזמנם בכל שנה ושנה כל השנים יהו שוות: **דלא אפשר.** דאם כן לא יקדמו עיירות למוקפין שאינן יכולין לקרות בשבת: **מה כל שנה ושנה עיירות בי"ד.** לכך אין נדחות ממקומן ודלא כתנא קמא דרבי: **זמנו של זה לא הוא זמנו של זה.** הלכך לא עבד כתנא דמתני' כו': **דלא אפשר.** דאי לא מקדמת להו למוקפין צריך אתה לעקור עיירות מפני מוקפין או יקראו ביום אחד: **הכא ערב שבת זמנם.** ואין לך צורך לדחותן: **הכל חייבין.** ומתוך שהוא מחוייב בדבר הוא בהול לצאת ידי חובה: **ויעבירנה ארבע אמות.** ואפילו לן בשדה ומגילה בידו יש לגזור על הדבר: **נשואות למקרא מגילה.** לקבל מתנות האביונים ואי אפשר בשבת: **גובין בו ביום.** שמקדימין בו לקרות גובין הגבאים מתנות האביונים ומחלקין לעניים: **אדרבה.** משום דאמרו להקדים את הקריאה הוא דאמרו להקדים את המתנות כדמפרש הגא טעמא ואזיל מפני שעיניהם של עניים כו':

למימרא דתקנתא דכרכין הוי והתנן חל להיות בשני כפרים ועיירות גדולות קורין בו ביום ואם איתא ליקדמו ליום הכניסה הוו להו עשרה ועשרה לא תקנו רבנן ת"ש חל להיות בחמישי כפרים ועיירות גדולות קורין בו ביום ואם איתא ליקדמו ליום הכניסה דאחד עשר הוא מיום הכניסה ליום הכניסה לא דחינן תא שמע א"ר יהודה *אימתי במקום שנכנסים בשני ובחמישי אבל מקום שאין נכנסים בשני ובחמישי אין קורין אותה אלא בזמנה ואי סלקא דעתך תקנתא דכרכין היא משום דאין נכנסים בשני ובחמישי מפסדי להו לכרכין לא תימא כדי שיספקו מים ומזון אלא אימא מפני *שמספקים מים ומזון לאחיהם שבכרכין: כיצד חל להיות בשני בשבת כפרים ועיירות גדולות קורין בו ביום וכו': מאי שנא רישא דנקט סידורא דירחא ומאי שנא סיפא דנקט סידורא דיומי איידי דמיתהפכי ליה נקט סידורא דיומי: חל להיות בע"ש וכו': מתני' מני אי רבי אי רבי יוסי מאי רבי דתניא חל להיות בע"ש כפרים ועיירות גדולות מקדימין ליום הכניסה ומוקפין חומה קורין בו ביום ר' אומר אומר אני לא ידחו עיירות ממקומן "אלא אלו ואלו קורין בו ביום מאי טעמא דת"ק דכתיב בכל שנה ושנה מה כל שנה ושנה עיירות קודמות למוקפין אף כאן עיירות קודמות למוקפין ואימא בכל שנה ושנה מה כל שנה ושנה אין נדחין עיירות ממקומן אף כאן לא ידחו עיירות ממקומן שאני הכא דלא אפשר ורבי מ"ט בכל שנה ושנה מה כל שנה ושנה אין עיירות נדחין ממקומן אף כאן לא ידחו עיירות ממקומן ואימא בכל שנה ושנה מה כל שנה ושנה עיירות קודמות למוקפין אף כאן נמי עיירות קודמות למוקפין שאני הכא דלא אפשר מאי ר' יוסי דתניא *חל להיות בערב שבת מוקפין וכפרים מקדימין ליום הכניסה ועיירות גדולות קורין בו ביום רבי יוסי אומר אין מוקפין קודמין לעיירות אלא אלו ואלו קורין בו ביום מ"ט דת"ק דכתיב בכל שנה ושנה מה כל שנה ושנה עיירות בארבעה עשר וזמנו של זה לא זמנו של זה אף כאן עיירות בארבעה עשר וזמנו של זה לא זמנו של זה ואימא בכל שנה ושנה מה כל שנה ושנה אין מוקפין קודמין לעיירות אף כאן אין מוקפין קודמין לעיירות שאני הכא דלא אפשר מ"ט דר' יוסי בכל שנה ושנה מה כל שנה ושנה אין מוקפין קודמין לעיירות אף כאן אין מוקפין קודמין לעיירות ואימא בכל שנה ושנה מה כל שנה ושנה *זמנו של זה לא זמנו של זה אף כאן זמנו של זה לא זמנו של זה שאני הכא דלא אפשר וסבר רבי עיירות לא דחינן ליום הכניסה והתניא *חל להיות בשבת כפרים מקדימין ליום הכניסה ועיירות גדולות קורין בע"ש ומוקפות חומה למחר *ר' אומר אומר אני הואיל ונדחו עיירות ממקומן ידחו ליום הכניסה הכי השתא התם זמנם שבת היא והואיל דנדחו ידחו והכא זמנם ערב שבת כמאן אזלא הא דאמר רבי חלבו א"ר הונא פורים שחל להיות בשבת הכל נדחין ליום הכניסה הכל נדחין סלקא דעתך והא איכא מוקפין דעבדי למחר אלא כל הנדחה ידחה ליום הכניסה כמאן כרבי דכולי עלמא מיהא מגילה בשבת לא קרינן מאי טעמא *אמר רבה הכל חייבין בקריאת מגילה *) (ובתקיעת שופר) ואין הכל בקיאין במקרא מגילה גזירה שמא יטלנה בידו וילך אצל בקי ללמוד ויעבירנה ארבע אמות ברשות הרבים והיינו טעמא דשופר והיינו טעמא דלולב רב יוסף אמר מפני שעיניהן של עניים נשואות במקרא מגילה תניא נמי הכי אע"פ שאמרו כפרים מקדימין ליום הכניסה גובין בו ביום ומחלקין בו ביום אע"פ שאמרו אדרבה משום דאמרו הוא אלא הואיל ואמרו שכפרים מקדימין ליום הכניסה גובין בו ביום ומחלקין בו ביום מפני שעיניהם של עניים נשואות במקרא מגילה אבל
שמחה

*) [ליתא בשאלתות ובר"ף ורא"ש מסרש"א מוחק זה]

בשבת כפרים מקדימין בה' ליום הכניסה שהוא י"א לחדש. חל להיות יום י"ד בה' קורין בב' בי"ב. ואם חל להיות בב' קורין הכפרים ליום הכניסה שהוא י"ג לחדש. הנה נמצאו הימים מ...
מאחד בשבת ליום רביעי. ומיום ד' יחזור ליום ח'. וכן בשבת ובע"ש כסדר הזה לפיכך אחז סדר הימים של שבוע. מני מתני' דקתני שאם חל י"ד להיות בע"ש כפרים מקדימין ליום הכניסה ועיירות ...
ומוקפות חומה קורין בע"ש או ר' או ר' יוסי. ר' דתניא ר' אומר אומר אני לא שידחו עיירות ממקומן אלא אלו ואלו עיירות גדולות ומוקפות חומה קורין בע"ש. ר' יוסי מאי היא דתניא חל להיות בע"ש ...
ר' יוסי אומר אומר אני לא שיקדמו מוקפות לעיירות אלא מוקפות ועיירות קורין בו ביום ודבריהן פשוטין הן. ואקשינן וסבר ר' לא ידחו עיירות ממקומן. והתניא חל להיות בשבת כפרים מקדימין ליום ה...
ועיירות גדולות קורין בע"ש ומוקפות חומה למחר ביום ראשון. ר' אומר אומר אני הואיל ונדחו עיירות מיום י"ד ידחו ליום הכניסה. ופרקינן הכי השתא התם שבת זמנם ולהדרות עומדים ידחו ליום ...
הכא ע"ש זמנם לאו לדחויי עומדים. הלכך יקראו בזמנם. *)ור' הוא דאמר כל הני דחיין ידחו ליום הכניסה כו'. דכ"ע מיהת בין ר' בין ר' יוסי בין רבנן דפליגי עליהו. מגילה ...
לא קרינן לה. מ"ט אמר רבה הכל חייבין במקרא מגילה ואין הכל בקיאין בה כו'. כראשון היינו טעמא דשופר והיינו טעמא דמגילה. כולהו חדא גזירה היא שמא יעבירם ד' ...

אות ב'

פורים שחל להיות בשבת, שואלין ודורשין בענינו של יום

רמב"ם פ"א מהל' מגילה הי"ג - ושואלין ודורשין [י]בהלכות פורים באותה שבת, [יא]כדי להזכיר שהוא פורים.

מ"ב סי' תרפח ס"ק ט"ז - ושואלין ודורשין בו ביום בהלכות פורים, [גמ'], כדי שיזכרו ענין היום, וכשחל בחול יוצאין ע"י קריאת מגילה.

אות ג'

משה תיקן להם לישראל שיהו שואלין ודורשין וכו'

רמב"ם פי"ג מהל' תפילה ה"ח - ומשה תיקן להם לישראל שיהו קוראין בכל מועד ענינו; ושואלין ודורשין בענינו של יום בכל מועד ומועד.

אות ד'

חייב אדם לקרות את המגילה בלילה ולשנותה ביום

סימן תרפז ס"א - [יב]חייב אדם לקרות המגילה בלילה, ולחזור ולשנותה ביום - זכר לנס שהיו צועקים בימי צרתם יום ולילה, [רש"י].

---

§ מסכת מגילה דף ד: §

אות א'

חל להיות בערב שבת... לא ידחו עיירות ממקומן וכו'

רמב"ם פ"א מהל' מגילה הי"ד - חל יום חמשה עשר להיות בשבת, בני כרכים מקדימין וקוראין בערב שבת שהוא יום ארבעה עשר, ובני עיירות קוראין בו ביום שהוא זמנם, ונמצאו הכל קוראין בארבעה עשר.

אות ב'

חל להיות בשבת, כפרים מקדימין ליום הכניסה וכו'

רמב"ם פ"א מהל' מגילה הי"ד - כיצד, יום י"ד שחל להיות בשבת, בני עיירות מקדימין וקוראין בערב שבת, ובני כרכים קוראים בזמנם באחד בשבת, הגהת הראב"ד: א"א, כל זו הפסקא בשיבוש, והרי היא מסודרת במשנה מגילה.[א]

אות ג'

מגילה בשבת לא קרינן

סימן תרפח ס"ו - [ב]יום חמשה עשר שחל להיות בשבת - דאלו י"ד א"א לחול בשבת, **אין קורין המגילה בשבת** - דגזרו רבנן שמא ילך אצל חכם ללמדה איך לקרותה, ויעבירנה ד"א בר"ה, **אלא מקדימים לקרותה בערב שבת.**

והנה הפר"ח אוסר לטלטל המגילה בשבת, מאחר שאין קורין בו, **אבל** כמה אחרונים חולקין עליו ומתירין.

ואז יום השבת ח' לאדר הוא פרשת זכור, ומפטירין "פקדתי", וגם בט"ו לאדר מפטירין "פקדתי" בכרכין, {**אבל** בעיירות מפטירין בסדר השבוע}. **ושואלין** ודורשין בו ביום בהלכות פורים, [גמרא], כדי שיזכרו ענין היום, **וכשחל** בחול יוצאין ע"י קריאת מגילה.

אות ד'

גובין בו ביום, ומחלקין בו ביום

סימן תרפח ס"ו - [ג]וגובים מעות מתנות עניים ומחלקים אותם בו ביום; וביום שבת מוציאים שני ספרים ובשני קורין: ויבא עמלק; ואומרים: על הנסים - בשבת ולא בע"ש, ומ"מ אם אמר אין מחזירין אותו, **וכן** אין מוציאין בע"ש ס"ת, שבאמת לכרכין זמנם בט"ו ולא בי"ד, ורק משום גזירה כנ"ל הצריכו לקרות המגילה בע"ש. **ולעיירות** אומרים "על הנסים" בי"ד ולא בט"ו.

ועיר מסופק אם היא מוקפת מימות יהושע בן נון, אומרים "על הנסים" בשני ימים.

אות ה'

אבל שמחה אינה נוהגת אלא בזמנה

רמב"ם פ"ב מהל' מגילה הי"ד - בני כפרים שקדמו וקראו בשני או בחמישי, [ד]אם חלקו מעות לאביונים ביום קריאתן יצאו; אבל השמחה והמשתה אין עושין אותה אלא ביום ארבעה עשר, ואם הקדימו לא יצאו.

באר הגולה

[י] ‹בפרט אחד פי' דלא כרש"י, אלא שואלין ודורשין הלכות ממש, ולא רק אגרת פורים – צמח יהודה› [יא] ‹מלשון רבינו ז"ל משמע, דמשום דהוא נדחה וקראו המגילה אתמול וישכחו שהיום הוא פורים, לכך הצריכו לדרוש בעניינו של יום, אבל אם לא היה נדחה, שקראו המגילה היום, לא היה צריך, {וכ"כ התוס', וכן פסק המ"ב עיין למעלה}, **ובגמ'** לא מוכח הכי, דמשמע דרבותא הוא לאשמועינן דמזכירין כאן, וכ"ש כשלא היה נדחה, וא"כ למה כתב רבינו ז"ל טעם זה שיוכל האדם לטעות. **ונראה** לומר דרבינו ז"ל ר"ל, דאע"ג דאיכא למגזר משום דרבה, וא"כ לא היה ראוי לקרות בשבת זו, כדאמרו בגמ', אע"ג דבשאר פורים קורין, מ"מ דורשין בשבת זו כדי להזכיר שהוא פורים, **והשתא** ודאי פשיטא דדורשין בשאר פורים מכ"ש, ולא צריכנא להאי טעמא הכא אלא משום דאיכא למגזר משום הכי – לח"מ. **ועיין** בכל המפרשים שהקשו עליו מהתוס'› [יב] **מימרא דר' יהושע בן לוי מגילה ד'** [א] ‹וכבר כתבתי שאין הלכה בזו כאותה המשנה, דאתיא כרבי דאמר הואיל ונדחו עיירות ממקומן ידחו ליום הכניסה, וכרב דאמר הכין, ואנן קי"ל כת"ק דברייתא, פורים שחל להיות בשבת ערב שבת זמנן, לאפוקי מדרבי, וכ"ש לדידן דאין לנו עכשיו יום הכניסה, שקורין בערב שבת, וזה ברור, וכבר כתבתי שאין יום י"ד חל בשבת בזה"ז, ואולי נוסחא משובשת בדברי רבינו נזדמנה לו לר"א ז"ל, ואם היתה כונתו לפסוק כסתם משנה, לא יפה כיון – מגיד משנה› [ב] **משנה ב'** [ג] **מצא כתוב בשם מנהג ירושלמי** [ד] ‹הכי משמע פשט לשון המשנה (דף ה), וע"כ אף פי' הברייתא כן, וכ"כ הרב המגיד, **מיהו** נראה ע"כ לרב יוסף דאמר טעמא דאין קורין המגילה בשבת מפני שעיניהם של עניים נשואות למגילה, ע"כ פי' הברייתא והמשנה חיוב ולא רשות, **אלא** רבינו כיון שפסק כרבה משום גזרה שמא יעבירנה ד"א ברה"ר, לדידיה א"צ לדחוקי פי' המשנה – בני שמואל›

[ה]**סימן תרפח ס"ו - [ו]ואין עושים סעודת פורים עד יום אחד בשבת** - דאמרינן בירושלמי: ויעשו אותם בשבת, אמר ליה "ימי משתה" כתיב, את ששמחתו תלויה בב"ד, יצא זה {שבת} ששמחתו בידי שמים היא, וה"ה ממילא ששילוח מנות גם ביום א' בשבת, **והנה** מהר"ל חביב הוכיח, דבבלי שלנו אין סובר כן, ודעתו שהסעודה היא בשבת, ועשה כן מעשה בירושלים, וגם משלוח מנות בשבת, כי המנות הם מהסעודה, **והרדב"ז** פסק כהשו"ע, וכן דעת המ"א והקרבן נתנאל ותשו' נו"ב, [**והפר"ח** מצדד שיעשו הסעודה בשבת וגם ביום א', וכן משלוח מנות בשתיהן].

---

§ מסכת מגילה דף ה. §

אות א'

מגילה בזמנה, קורין אותה אפילו ביחיד; שלא בזמנה וכו'

סימן תרצ סי"ח - [א]מגילה בי"ד ובט"ו - היינו בי"ד לעיירות וט"ו למוקפין, **צריך לחזור אחר עשרה** - ור"ל אף שהוא בזמנה, ואיכא פרסומי ניסא בלא"ה, שהכל קורין באותו זמן, [עיין רש"י], אפ"ה צריך לטרוח ולקבץ עשרה שיהיו בעת הקריאה, משום פרסומי ניסא. **ואם אי אפשר בעשרה קורים אותם ביחיד.**

וכ"ש אם הוא שלא בזמנה, כגון המפרש בים והיוצא בשיירא, ואינו מוצא מגילה להוליך עמו, דמותר להקדים ולקרותה קודם שיוצא, כנ"ל בסימן תרפ"ח ס"ז, **או** דמתרמי יום ט"ו בשבת, דצריכין המוקפין להקדים ולקרותו בע"ש, כדאיתא שם בס"ו, [כן מוכח בגמרא דזהו גם כן בכלל שלא בזמנה, אף דבזה הכל קורין בערב שבת, מכל מקום הואיל ודחוי הוא מזמנו המיוחד לו, לא הוציאוהו חכמים משאר שלא בזמנו], **בודאי** צריך לקבץ עשרה לקריאתו, [דבזה גם רב מודה], **ובזה** עוד חמיר יותר, דאי ליכא עשרה, לא יברכו המוקפין עליה, [דזה תליא בדעות הראשונים, אם לדברי רב וכן לרב אסי דשלא בזמנה קורים בעשרה, הוא לעכובא או לכתחלה למצוה, דלדברי הרי"ף והרשב"א והרמב"ן, מיירי רב ורב אסי לענין דיעבד, וממילא שלא בזמנה עשרה הוא לעכובא, **ואף** דלענין זמנה נקטינן דרק לכתחלה צריך לחזור אחר עשרה, שם יש עוד סברא, דצריך לפסוק כרב משום דר' יוחנן ‹בדף יט:› קאי כוותיה, מה שאין כן שלא בזמנה, **ודעת** רש"י ‹ד"ה ורב אסי› ורז"ה, דהם מיירי רק לענין לכתחלה, **ולכך** יקראנה בלי ברכה. **ומפרשי** הים, בלא"ה צריכין לקרות בלא ברכה, כנ"ל בס"ז].

ואם בעת ההוא קורין אותה צבור בבהכ"נ, אז אפילו יש לו ק' אנשים בביתו, מצוה לילך לשם משום "ברוב עם הדרת מלך", **וכן** מי שהיה ביתו סמוך לביהכ"נ, וחלונותיו פתוחות לביהכ"נ, אפ"ה צריך לילך לבהכ"נ לכו"ע, משום "ברוב עם".

הגה: ויש להסתפק אם נשים מצטרפות לעשרה (הגהות אשר"י) - דאפשר דכיון דהוא רק משום פרסומי ניסא, סגי אף בנשים.

ומדלא הזכיר הרב קטנים, משמע דס"ל דקטנים בודאי אין מצטרפין לעשרה, דלאו בני חיובא נינהו, וחיובן הוא רק מטעם חינוך - פמ"ג. ‹עיין לעיל סי' תרפח ס"ז במ"ב›

ואם קראו אותה בציבור, ואיזה יחיד לא שמעה, יוכל לקרות אפילו לכתחלה ביחיד, הואיל וקורין אותה באותה העיר בעשרה (ב"י בשם א"ח) - דהנס כבר נתפרסם, וליכא רק משום "ברוב עם", לא מטרחינן ליה למכנף עשרה, [**ולעיל** מיירי, שהוא דר במקום דליכא צבור בביהכ"נ, א"נ שהוא רוצה לקרות קודם שמתכנסין הצבור בבהכ"נ], **והא** דקי"ל דאף אם יש לו מנין בביתו, אפ"ה מבטלין ת"ת ועבודה לילך ולקרות בצבור משום "ברוב עם", **התם** הלא הצבור מזומן לפניו, משא"כ הכא לעשות צבור אינו מחוייב, **ועיין** ביד אפרים שכתב, דדין זה שהביא הרמ"א בשם או"ח, אינו מוסכם לשארי פוסקים, ולכן אף בכה"ג יהדר אחר עשרה אנשים.

וכשהיחיד קורא אותה בזמנה - היינו במקום דא"א לו לקבץ עשרה, או בגוונא דצייר הרמ"א מקודם, **צריך לברך עליה (ב"י)** - לאפוקי אם קורא היחיד אותה שלא בזמנה, כגון כרכין המוקפין חומה דמתרמי יום ט"ו שלהן בשבת, דקורין אותה בע"ש, והוא קורא אותה ביחיד, לא יברך עליה בכל גווני.

אות ב'

אי זו היא עיר גדולה, כל שיש בה עשרה בטלנין וכו'

רמב"ם פ"א מהל' מגילה ה"ח - ועיר שאין בה עשרה בטלנין קבועין בבית הכנסת לצרכי הצבור, הרי היא ככפר, ומקדימין וקוראין ביום הכניסה.

באר הגולה

[ה] ‹לכאורה ציון זה של העין משפט הוא תמוה, דבשלמא מה שציין לדברי הרמב"ם, דהוא עוסק בפורים שחל בשאר ימות השבוע, כשבני כפרים מקדימין ליום הכניסה, שדין משתה ושמחה הוא דוקא בפורים, בזמנה, **אבל** השו"ע דאיירי כשחל פורים בשבת, ע"כ סובר כהני ראשונים, דאע"ג דהגמ' כתב סתם: אבל שמחה אינה נוהגת אלא בזמנה, אינו הולך על ציור של שבת, דבציור זה אין שמחה נוהגת בזמנה, כהירושלמי, **אא"כ** דזהו גופא כוונתו, להראות שהשו"ע פוסק דדין זה אינו נוגע כשחל פורים בשבת› [ו] **הר"ן** [א] **מגילה ה' וכרב וכפי' תוס' שם, וכ"כ הטור בשם רב עמרם ואביו הרא"ש** ‹**וז"ל** הטור: ורב עמרם ז"ל כתב, צריך לחזור אחר עשרה, ואם אי אפשר בעשרה אז קורין אותה ביחיד, ולזה הסכים א"א ז"ל עכ"ל. **וז"ל** הב"י, והאי פלוגתא דרב ורב אסי איכא לפרושי דלכתחלה היא, אבל בדיעבד מודה רב אסי דיצא, ואפשר לפרושי דבדיעבד פליגי, אבל לכתחלה מודה רב דבעשרה, **ורב** עמרם היה אפשר לומר דמפרש פלוגתייהו בדיעבד, אבל לכתחלה מודה רב דצריך לחזור אחר עשרה, ופסק כרב משום דקאי רבי יוחנן כוותיה, דאמר בפרק שני (יט:) גבי קורא במגילה הכתובה בין הכתובים לא יצא, לא אמרו אלא בצבור, אלמא דקורין ביחיד וכרב, {וכן נראה לכאורה מהבאר הגולה}, **או** אפשר דרב עמרם מפרש פלוגתייהו בלכתחלה, אבל בדיעבד מודה רב אסי דיצא, ומדחש ליה רב לדרב אסי אלמא הלכתא כוותיה, והא דרבי יוחנן אינה ראיה, דאף לרב אסי קריאה ביחיד, {וכ"כ הגר"א}, וכן כתב הרא"ש לדעת רב עמרם, עכ"ל. ‹**ודלא** כמ"ש הבאר הגולה בשם הרא"ש. **ומלשון** השער הציון משמע דהוה ספק, ורק דהצד לפסוק כרב הוה עוד סניף אמאי בזמנה צריכים י' רק לכתחילה›

תורה אור

שמחה אינה נוהגת אלא בזמנה אמר רב ״מגילה בזמנה קורין אותה אפי׳ ביחיד שלא בזמנה בעשרה רב אסי אמר בין בזמנה בין שלא בזמנה בעשרה *°הוה עובדא וחש ליה רב להא דרב אסי ומי אמר רב הכי והאמר רב יהודה בריה דרב שמואל בר שילת משמיה דרב פורים שחל להיות בשבת ערב שבת זמנם ערב שבת זמנם והא שבת זמנם הוא אלא לאו הכי קאמר שלא בזמנם כזמנם מה זמנם אפי׳ ביחיד אף שלא בזמנם אפילו ביחיד לא לענין מקרא מגילה בעשרה אלא מאי ערב שבת זמנם לאפוקי מדרבי דאמר *הואיל ונדחו עיירות ממקומן ידחו ליום הכניסה (א) הא קמ״ל דערב שבת זמנם הוא:

מתני׳ *באי זו היא עיר גדולה כל שיש בה עשרה בטלנין פחות מכאן הרי זה כפר באלו אמרו מקדימין ולא מאחרין אבל זמן עצי כהנים (ב) ותשעה באב חגיגה והקהל מאחרין ולא מקדימין יאע״פ (א) שאמרו מקדימין [א] ולא מאחרין מותרין בהספד ובתענית ומתנות לאביונים ג) א״ר יהודה יאימתי מקום שנכנסין בשני ובחמישי אבל מקום שאין נכנסין לא בשני ולא בחמישי אין קורין אותה אלא בזמנה:

גמ׳ תנא עשרה בטלנין שבבית הכנסת: באלו אמרו מקדימין ולא מאחרין: מ״ט אמר רבי אבא אמר שמואל אמר קרא ולא יעבור ואמר רבי אבא אמר שמואל ג) המנין שאין מונין ימים לשנים שנא׳ °לחדשי השנה חדשים אתה מונה לשנים ואי אתה מונה ימים לשנים ורבנן ד) דקיסרי משום ר׳ אבא אמרו מנין שאין מחשבין שעות לחדשים שנא׳ °עד חדש ימים ימים אתה מחשב לחדשים ואי אתה מחשב שעות לחדשים: אבל זמן עצי כהנים ותשעה באב וחגיגה והקהל מאחרין ולא מקדימין: יתשעה באב אקדומי פורענות לא מקדמי יחגיגה חוהקהל משום דאכתי לא מטא זמן חיובייהו תנא חגיגה וכל זמן חגיגה מאחרין בשלמא חגיגה דאי מיקלע בשבתא מאחרינן לה לבתר שבתא אלא זמן חגיגה מאי היא אמר רב אושעיא הכי קאמר חגיגה בשבת ועולת ראייה אפילו ביו״ט דזמן חגיגה מאחרין מני ב״ש היא דתנן [*ב״ש אומרים מביאין שלמים ביו״ט ואין סומכין עליהן אבל לא עולות וב״ה אומרים] טמביאין שלמים ועולות וסומכין עליהן רבא אמר חגיגה כל זמן חגיגה מאחרין טפי לא דתנן *מי ישלא חג ביו״ט הראשון של חג חוגג והולך את כל הרגל כולו ויום טוב האחרון של חג יעבר הרגל ולא חג אינו חייב באחריותו רב אשי אמר חגיגה וכל זמן חגיגה מאחרין לואפי׳ עצרת דחד יומא מאחרין דתנן מודים שאם חל *עצרת להיות בשבת שיום טבוח אחר השבת אמר רבי אלעזר אמר רבי חנינא רבי נטע נטיעה בפורים ורחץ

שמות יב | במדבר יא

א) תענית יח: ב) [לעיל ב: ה:] ג) [מיר ו׳ ע״ש] ד) [שם]

רש״י

שמחה · של מאכל ומשתה : בזמנה · בי״ד מתוך שהיא חובה בו ביום על כל יחיד ויחיד קורין אותה אפילו ביחיד דהכל קורין בו ואיכא פרסום נס : שלא בזמנה · כגון כפרים המקדימין ליום הכניסה אין קורין אותה אלא בעשרה דבעינן פרסום ניסא : ורב אסי אמר בין בזמנה בין שלא בזמנה · מצוה לחזור אחר עשרה משום פרסומי ניסא אבל אי לא אשכח עשרה לא אמר רב אסי דלא ליקרי שאין איסור קריאתה ביחיד אלא מצוה לקרותה בעשרה : וחש ליה רב להא דרב אסי · וחזר על עשרה וקיבלן : ערב שבת זמנם הוא · משמע שהוא זמן הקבוע להו מימי אנשי כנסת הגדולה מדלא קאמר מקדימין לערב שבת להכי קשה ליה והא שבת זמנם הוא שהרי י״ד הוקבע לפרזים אלא להכי נקט האי לישנא דתשמע מינה הואיל ותיקנו להן חכמי ישראל שאחר כנסת הגדולה להקדים משום דרבה הרי הוא להן כיום וזמן הקבוע מתחלה לכל דבריו ואף על פי שהוא שלא בזמנן הוי כזמנן : מתני׳ באלו אמרו · בזמנים של מגילה אמרו מקדימין אם חל י״ד בשבת : אבל זמן עצי כהנים והעם · האמור במס׳ תענית (דף כח.) שהיו משפחות של ישראל שקבוע להם ימים בכל שנה להביא עצים למקדש לצורך המערכה ומביאין קרבן עצים עמהן אם חל להיות בשבת מאחרין ליום מחר וכן תשעה באב שחל להיות בשבת והוא הדין לי״ז בתמוז ולעשרה בטבת והאי דנקט תשעה באב משום דהוכפלו בו צרות והכל מתענין בו אבל שאר צומות אמרינן במסכת ראש השנה (דף יח:) רצו מתענין רצו אין מתענין : וחגיגה · אם חל יום טוב בשבת דוחין שלמי חגיגה למחר שהרי יש לה תשלומין כל שבעה וכן הקהל את העם שהיה בשנה ראשונה של שמטה במוצאי יום טוב *האחרון של חג כדכתיב מקץ שבע שנים במועד שנת השמטה (דברים לא) כדאמרינן במסכת סוטה (דף מא.) שהיה המלך קורא בתורה ספר משנה תורה וכל העם חייבין לבוא ולהביא את טפם כדכתיב הקהל את העם האנשים והנשים והטף ובשבת אי אפשר ומעבירין אותו למחר ובגמרא ירושלמי מפרש דהא דלא עבדינן ליה בשבת מפני הבימה כדתנן בימה של עץ היו עושין למלך בעזרה ויושב עליה ופרכינן התם וליעבדה מאתמול ומשני דחיקא ליה עזרה : ולא מקדימין · טעמא מפרש בגמרא : גמ׳ עשרה בטלנין · שבבית הכנסת שהן בטלים ממלאכתן וניזונים משל צבור כדי להיות מצויין בתפלה בבית הכנסת דאמר מר במסכת ברכות (דף ו:) כיון שבא הקב״ה בבית הכנסת ואינו מוצא שם עשרה וכו׳ : מנין שאין מונין ימים לשנים · כגון דאמר קונם יין שאני טועם לשנה מונה י״ב חדש מיום ליום ואם נדר באחד בניסן אסור עד אחד בניסן הבא אע״פ שעדיין יש י״א יום שימות החמה יתירין על ימות הלבנה או פעמים שאנו עושין חדשים חסרין : שעות לחדשים · כגון האומר זה גיטך אם לא באתי מכאן עד חדש זה והיה חדש חסר ובא משחשיכה ליום כ״ט אין אומרים עדיין הוא בתוך החדש שהרי חדשה של לבנה כ״ט יום ומחצה : אכתי לא מטא זמן חיובייהו · ואם יקדימוה לא יצאו ידי חובתן וכן עצי כהנים שקבוע להן זמן קבוע בנדרים : בשלמא חגיגה · דקתני מאחרים אי איקלע בשבת : אפילו ביום טוב דזמן חגיגה הוא · שמותר להקריב שלמי חגיגה ואפילו הכי מאחרין עולת ראייה עד חולו של מועד והכי משמע לישנא דברייתא חגיגה מאחרין ועוד יש דבר אחר שהגיע זמנו מאחרין אותו יום אף שהוא זמן חגיגה ואיזו זו עולת ראייה שהיא חובת רגל כדכתיב לא יראו פני ריקם (שמות כג) ואמרינן במסכת חגיגה (דף ז.) לא יראו פני ריקם בעולות וזבחים ואפ״ה בי״ט לא קרבה וב״ש היא דאמרי אין מקריבין בי״ט עולה היכולה לבא למחר ואפילו היא חובת הרגל : מביאין שלמים בי״ט · שהן מאכל אדם בי״ט וכתיב אך אשר יאכל לכל נפש (שמות יב) : ואין סומכין עליהן · שהסמיכה שבות היא דתנן (ביצה דף לו:) אלו הן משום שבות לא רוכבין על גבי בהמה ועל אלו שיקריבו בי״ט יסמכו מאתמול דלית להו לבית שמאי תכף לסמיכה שחיטה : אבל לא עולות · אין מביאין דסברי לכם ולא לגבוה : ובית הלל אומרים מביאין שלמים ועולות · ומה אני מקיים לכם לכם ולא לנכרים : כל זמן חגיגה · כל הרגל עד י״ט האחרון רשאי לשוחטה : רב אשי אמר חגיגה כל זמן שנאמרה בו חגיגה מאחרין · אם באה בשבת ואפילו עצרת שאינה אלא יום אחד תשלומין יש לה כל שבעה ועדיין יש לה זמן ליקרב : ומודין בעצרת שחל להיות בשבת · במסכת חגיגה (דף יז.) נחלקו בעצרת שחל להיות בערב שבת בית שמאי אומרים יום טבוח של עצרת אחר השבת ובית שמאי לטעמייהו דאמרי עולות אין מקריבין ביום טוב הלכך לא יקריבו עד לאחר שבת ובית הלל אומרים אין לה יום טבוח אין צריך להמתין ליום טבוח שהשלמים [ועולות] קריבין בי״ט ומודין בעצרת שחל להיות בשבת שאין עולת ראייה ושלמי חגיגה קריבין בשבת וממתין ליום טבוח של קרבנות היום לאחר השבת אלמא יש תשלומין לעצרת : בקרונה

תוספות

הוה עובדא וחש ליה רב להא דרב אסי · מכל מקום הלכתא כוותיה דרב דהא ר׳ יוחנן (ג) איתא כוותיה פרק שני (דף יט:) דקאמר הקורא במגילה הכתובה בין הכתובים (*יצא) ומסיק הא ביחיד הא בצבור אלמא שקורין אותה ביחיד וכן הלכה דרב ור׳ יוחנן הלכה כרבי יוחנן וכ״ש הכא דקיימו בחד שיטתא ועוד דרב אסי תלמיד דרב הוה *ורבינו יוסף איש ירושלים פסק דאף ביחיד צריך לברך וכן נמצא בתשובת רש״י שהשיב נראה בעיני דלא שנא יחיד ולא שנא צבור אחד מברך ואחרים שומעין וכן נראה לומר מאחר שהוכחנו קריאתה ביחיד *אי איתא שאין בה ברכה [ביחיד] הוה ליה לפרושי (לקמן כא:) מאי (ד) מברך דאמר בצבור : עולת ראייה אפי׳ בי״ט מאחרין · הקשה הר״ר אלחנן מהא דאמרינן פרק קמא דביצה (דף יט. ושם) השוחט עולת נדבה בי״ט לוקה ומסיק דאמר לך מני בית שמאי היא וכו׳ וקשה אמאי לא תני עולת ראייה דהוי רבותא טפי דאף על גב דהוי צורך י״ט לוקה אליבא דב״ש ואין לומר דלהכי נקט עולת נדבה לאשמועינן דאפילו הכי שרו בית הלל זה אינו דהא בפרק שני דהתם (דף יט: ושם) מוכח בהדיא דלא נחלקו ב״ה על (ה) עולה [שאינה] של י״ט דודאי אינה קריבה בי״ט ואם כן קשה אמאי נקט עולת נדבה וי״ל דלהכי נקט עולת נדבה למידק הא שלמי נדבה אינו לוקה כיון דאיכא בהו צורך אוכל נפש אבל איסורא מיהא איכא משום דכתיב לכם : ורחץ

עין משפט נר מצוה

כה א מיי׳ פ״א מהל׳ מגילה הלכה ו סמג עשין ד טוש״ע א״ח סי׳ תרצ סעיף יח :
כו ב מיי׳ שם הלכה ח סמג עשין ד :
כז ג מיי׳ שם פ״ב הלכה יג :
[ועי׳ בתוס׳ קדושין מט: ד״ה טוב]
כח ד מיי׳ שם פ״א הלכה ח :
כט ה מיי׳ פ״א מהל׳ קידוש החודש הל׳ ג (ועי׳ מהלכות נדרים טוש״ע י״ד סי׳ רכ סעיף ד ה ו ז) :
ל ו מיי׳ פ״ה מהלכות תענית הלכה ה סמג עשין ג טוש״ע א״ח סי׳ תקנ סעיף ג וסי׳ תקנד סעיף י :
לא ז מיי׳ פ״א מהלכות חגיגה הלכה ח :
לב ח שם פ״ג הל׳ ז :
לג ט מיי׳ שם פ״א הלכה ח ט :
לד י מיי׳ שם הלכה ד :
לה כ מיי׳ שם הל׳ ו :
לו ל מיי׳ שם הל׳ ז :

רבינו חננאל

שמחה שהיא סעודת פורים לא תהא אלא בזמנה שהוא יום י״ד באדר: אמר רב מגילה בזמנה כלומר בי״ד קורין אותה אפי׳ ביחיד שלא בזמנה כגון י״א י״ב י״ג שמקדימין ליום הכניסה אין קורין אותה אלא בעשרה וקי״ל כרב. והא ר׳ יוחנן אמר בפירוש בפירקין דלקמן (דף יט.) הקורא במגילה הכתובה בין הכתובים לא יצא. ולא אמרו אלא בצבור. לאו מכלל דסבירא ליה שקורין אותה ביחיד. רב אסי אמר אפילו בזמנה בעשרה. הוה עובדא וחש לה רב ולא קראה בזמנה אלא בעשרה כרב אסי. ואקשינן ומי אמר רב שלא בזמנה קורין אותה בעשרה כלומר הקורין אותה ביום הכניסה כגון הכפרים וכיוצא בהן אין קורין אותה אלא בעשרה והאמר [רב יהודה בריה דרב שמואל בר שילת] משמיה דרב פורים שחל להיות בשבת ע״ש זמנם. ע״ש זמנם והא שבת זמנם. ופרקינן הכי קאמר ע״ש שהוא שלא בזמנו של קריאת המגילה קורין אותה כבזמנו מה זמנו אפי׳ ביחיד כך שלא בזמנו אפי׳ ביחיד. ודחינן לא לענין מקרא מגילה בעשרה. דשלא בזמנה היא ואלא מאי ע״ש זמנם. כלומר שקורין בע״ש המגילה כאילו זמנם הוא. ולאפוקי מדרבי דאמר כל הנדחין ידחו ליום הכניסה קאמר דע״ש זמנם ואע״ג דחש לה רב להא דרב אסי קי״ל כרב דאמר אפי׳ ביחיד: מתני׳ איזוהי עיר גדולה כו׳. תנא עשרה בטלנים בכנסת. פחות מיכן הרי זה כפר: ירושלמי י׳ בטלנים בכנסת ממלאכתן *)א״ר כגון אנו שאנו צריכין תלמוד א״י רבי בא בש״ר יהודה כל שאמרו חכמים ידחה ממקומו ויקרא ובלבד בעשרה. ואנן חמין רבנן קורין אפי׳ ביחיד. הלכך קורין השתא אפי׳ ביחידי. ועוד הא״ר בא אנן חמין רבנן קורין אפי׳ ביחיד וקי״ל מעשה רב. מר רב צמח זצ״ל כתב בש״צ הקורא את המגילה שקורא וכורך

כס״ת ורבינו האי וצזק״ל אמר מנהגא דחזינן קורא ופושט כאגרת אבל קורא וכורך כס״ת לא חזו לנא לתלמודינו הכי. כפר שאין בו י׳ תקנתו קלקלתו ונעשה כעיר. באלו אמרו מקדימין קריאת מגילה ותרומת שקלים דכתיב ולא יעבור אבל סעודת פורים וסעודת ר״ח וספק מילה וזמן עצי כהנים חגיגה וט׳ באב והקהל מאחרין ולא מקדימין מנין שאין מונין ימים לשנים שנאמר לחדשי השנה חדשים אתה מונה לשנה ולא ימים ובן אין מונין שעות לחדש אלא ימים שנאמר עד חדש ימים. אבל זמן עצי הכהנים ט׳ באב חגיגה והקהל [מאחרין] אותם אחר שבת ט״ב ט׳ באב לא מקדימין פורענותא הוא חגיגה והקהל אכתי לא מטא זמן חיובייהו. תנא חגיגה כל זמן חגיגה מאחרין ואוקמה רב הושעי׳ הכי אי איקלע יו״ט בשבת דוחין את החגיגה שהיא שלמים באחד בשבת אבל אי איקלע בחול אע״ג דמביאין חגיגה שהוא זמן חגיגה כלומר לשחוט ולאכול חגיגה בלבד יכול כיוצא בה שנאכלים הוא מותר אבל עולת ראיה דוחין אותה למחר וזו ששנינו בתוספתא ב״ש היא דתנן ב״ש אומרים מביאין שלמים וסומכין עליהן אבל לא עולות כו׳. רבא אמר כך פירושה

*) בירושלמי לפנינו איתא כגון אנו שאין אנו צריכין לתלמודינו וע״ש בחסה״ש והאו׳ דגי׳ רבינו שאנו צריכין נוחה יותר והו״ק.

מסורת הש״ס

קדושין מט: סנהדרין כט:
[לעיל ד:]
[לעיל ג:]
ס״א הראשון ועיין בר״ף
ביצה יט. חגיגה ז: יז: ר״ה ד:
חגיגה ס. יז. ביצה כ. ר״ה ד: [יומא ג.]
חגיגה יז:

הגהות הב״ח

(א) גמ׳ ידחו ליום הכניסה קמ״ל כצ״ל ותיבת הא נמחק: (ב) שם במשנה זמן עצי כהנים והעם ותשעה באב: (ג) תוס׳ ד״ה הוה וכו׳ דרבי יוחנן אית ליה כוותיה בפרק שני: (ד) בא״ד הוה ליה לפרושי שאין מברך אלא בצבור: (ה) ד״ה עולת וכו׳ דלא נחלקו ב״ה על עולת נדבה של י״ט:

הגהות הגר״א

[א] במשנה (ולא מאחרין) תא״מ :

גליון הש״ס

גמ׳ הוה עובדא וחש ליה רב. עי׳ ר״ה דף כו ע״ב תוס׳ ד״ה ושמע :

אות ג'

אף על פי שאמרו מקדימין ולא מאחרין, מותרין בהספד ובתענית ומתנות לאביונים

רמב"ם פ"ב מהל' מגילה הי"ג - אנשי כפרים שהקדימו וקראו בשני או בחמישי הסמוך לפורים, מותרים בהספד ותענית ביום קריאתן, ואסורין בהספד ותענית בשני הימים האלו אף על פי שאין קוראין בהן.

אות ד'

אימתי מקום שנכנסין בשני ובחמישי, אבל מקום שאין נכנסין לא בשני ולא בחמישי, אין קורין אותה אלא בזמנה

רמב"ם פ"א מהל' מגילה ה"ח - כפר שאין נכנסין בו בשני ובחמישי, אין קוראין אותה אלא בארבעה עשר.

אות ה'

מנין שאין מונין ימים לשנים, שנאמר: לחדשי השנה, חדשים אתה מונה לשנים, ואי אתה מונה ימים לשנים

מנין שאין מחשבין שעות לחדשים, שנאמר: עד חדש ימים, ימים אתה מחשב לחדשים, ואי אתה מחשב שעות לחדשים

רמב"ם פ"א מהל' קידוש החודש ה"ב - וכמה יתרה שנת החמה על שנת הלבנה, קרוב מאחד עשר יום; לפיכך כשיתקבץ מן התוספת הזאת כמו ל' יום או פחות מעט או יתר מעט, מוסיפין חדש אחד ועושין אותה השנה שלשה עשר חדש, והיא הנקראת שנה מעוברת; שא"א להיות השנה שנים עשר חדש וכך וכך ימים, שנאמר: לחדשי השנה, חדשים אתה מונה לשנה, ואין אתה מונה ימים.

יו"ד סי' רכ ס"ד - היה עומד בתוך החדש, או קודם לו, ואמר: חדש זה, אסור עד תשלום החדש, ומותר ביום ר"ח; אפילו ר"ח שני ימים, שהראשון לתשלום חדש שעבר, אפילו הכי מותר בו, כיון שבלשון בני אדם קורין אותו ר"ח. (וכל שכן אם נדר לעשות קודם ר"ח, שצריך לקיימן קודם יום ראשון).

יו"ד סי' רכ ס"ה - אמר: חדש אחד, או חדש סתם, אסור מיום ליום.

יו"ד סי' רכ ס"ו - היה עומד בתוך השנה או קודם לה, ואמר: השנה זו, אסור עד תשלום השנה, ומותר ביום ר"ה; ושנה זו מונים מתשרי, שאפילו אם עומד בכ"ט באלול, כיון שהגיע תשרי, מותר.

יו"ד סי' רכ ס"ז - אמר: שנה אחת, או שנה סתם, אסור מעת לעת; ואם נתעברה השנה, אסור בה ובעיבורה. ואם עומד בחורף ואמר: שנה זו, והיא מעוברת, אסור עד תשרי, ולא אמרינן שאדר שני יעלה במקום אלול.

אות ו'

תשעה באב אקדומי פורענות לא מקדמי

סימן תקנ ס"ג - [ב]כל ד' צומות הללו אם חלו להיות בשבת, **נדחין לאחר השבת** - ולא קודם, דאקדומי פורעניתא לא מקדמינן, ו"כל" לאו דוקא, דלעולם אין עשרה בטבת חל בשבת, כמ"ש סימן תכ"ח ס"ב.

סימן תקנב ס"י - אם חל תשעה באב באחד בשבת, או שחל בשבת ונדחה לאחר השבת, אוכל בשר ושותה יין בסעודה המפסקת, ומעלה על שלחנו אפילו כסעודת שלמה בעת מלכותו.

אות ז'

חגיגה

רמב"ם פ"א מהל' חגיגה ה"ח - עולת ראיה ושלמי חגיגה אינן דוחין לא את השבת ולא את הטומאה, לפי שאין להן זמן קבוע כקרבנות הצבור, שאם אינו חוגג היום חוגג למחר, כמו שביארנו.

אות ח'

והקהל

רמב"ם פ"ג מהל' חגיגה ה"ז - יום הקהל שחל להיות בשבת, מאחרין אותו לאחר השבת, מפני תקיעת החצוצרות והתחינות שאינן דוחין את השבת. השגת הראב"ד: א"א, [ג]ואפי' יו"ט אינו דוחה; ופירשו בירושלמי, מפני הבימה שבעזרה, ויעשו אותה מערב יום טוב, שלא לדחוק את העזרה; שמענו מכאן שאינו מעכב את התקיעות כאשר כתב.

באר הגולה

ב משנה מגילה ה' וכפי' רש"י שם, וכ"כ רמב"ם בפ"ה מהלכות תענית ג ‹קושית הראב"ד, דכיון דע"כ צריכין לדברי ר' יצחק, {מפני הבימה}, דאל"כ קשיא ליעבד הקהל ביו"ט ראשון של חג,דביו"ט תוקעין משא"כ בשבת, אלא מפני הבימה, א"כ אף כשחל בשבת נימא האי טעמא - שיירי קרבן›

אות ט'

מביאין שלמים ביום טוב וסומכין עליהן

רמב"ם פ"א מהל' חגיגה ה"ח - אבל דוחין את יום טוב, ואף על פי שאין מקריבין ביום טוב נדרים ונדבות, מקריבין עולת ראייה ושלמי חגיגה ושלמי שמחה, שאין אלו נדרים ונדבות אלא חובות.

רמב"ם פ"א מהל' חגיגה ה"ט - כשמקריב המקריב עולת ראייתו ושלמי חגיגתו ושמחתו ביום טוב, סומך עליהן בכל כחו כדרך שעושה בשאר הימים, אף על פי שסמיכה אינה מעכבת, כמו שביארנו במעשה הקרבנות, לא גזרו עליה משום שבות.

אות י'

מי שלא חג ביום טוב הראשון של חג, חוגג והולך את כל הרגל כולו ויום טוב האחרון של חג

רמב"ם פ"א מהל' חגיגה ה"ד - מי שלא הקריב ביום טוב הראשון עולת ראייתו ושלמי חגיגתו, הרי זה מקריבן בשאר ימות הרגל, שנאמר: שבעת ימים תחוג לה' אלהיך, מלמד שכולן ראויין לחגיגה, וכולן תשלומי ראשון הם.

אות כ'

עבר הרגל ולא חג, אינו חייב באחריותו

רמב"ם פ"א מהל' חגיגה ה"ו - עבר הרגל ולא חג, אינו חייב באחריותו, ועל זה וכיוצא בו נאמר: מעוות לא יוכל לתקון.

אות ל'

ואפילו עצרת דחד יומא מאחרין

רמב"ם פ"א מהל' חגיגה ה"ז - מי שלא חג ביום טוב הראשון של חג הסוכות, חוגג את כל הרגל וביום טוב האחרון שהוא שמיני, ואף השמיני תשלומי ראשון הוא; וכן מי שלא חג ביום חג השבועות, חוגג כל שבעה, ויש לו תשלומין כל ששת ימים שלאחר חג השבועות, ודבר זה מפי השמועה נאמר, שחג השבועות כחג המצות לתשלומין.

ורחץ בקרונה של צפורי · לאו דוקא בקרונה אלא כלומר בפרהסיא ואם תאמר מאי איריא לרחוץ אפי' לאכול נמי מותר כדתניא בר"ה (דף יח:) אין גזרה ואין שלום רצו מתענין לא רצו אין מתענין וי"ל דכיון דקבלוהו כבר אבותיהם על עצמם מסתמא גם הם קבלוהו :

בקרונה של צפורי · ביום השוק בפרהסיא בשעת הילוך קרונות : ולא הודו לו · משתעה באב : אמר לפניו · [לפני] ר' אלעזר : לא כך היה · לא ביקש לעקור לגמרי אלא אותה שנה בלבד : טובים השנים · אלו לא שמעתי (ג) הייתי טועה בדבר עכשיו טוב לי שלימדתני האמת : בר ארביסר הוה · לא היתה (ג) מן המוקפין: וטבריא מוקפת חומה מימות יהושע · לקמן ילפינן מקרא : וכי פשיטא ליה · שהיה מבני חמיסר מי שרי בארביסר במלאכה : לא נצרכא · במגילת תענית שהרי כבר כתובין במגלת אסתר שאסור בהספד ותענית אלא לאסור כו' : שדי כיתנא · זורע פשתן : בר יומיה הוה · שקראו בו בני עירו : אפילו תימא בר יומיה הוה גרסי' רבי שנטע נטיעה ביום שקראו בו נטע ודקא קשיא לך יום טוב שאסור בעשיית מלאכה ההוא קרא דכתיב שמחה ומשתה ויום טוב כתיב מעיקרא קודם קבלה אבל בשעת קבלה לא קיבלו עליהן אלא שמחה ומשתה לאוסרן בהספד ותענית אבל י"ט לא קיבלו עליהן : ובאתריה דרבי לא נהוג גרסינן · במקומו של רבי לא נהגו איסור בדבר : נטיעה של שמחה · דכיון דפורים יום שמחה הוא מותר לנטוע נטיעה של שמחה : כדתנן עברו אלו · י"ג תעניות שב"ד מתענין על הגשמים : ולא נענו · מן השמים: ממעטין · בנטיעה ובבנין : ותנא (ד) נטיעה נטיעה של שמחה · בנין האמור כאן שאסורין בבנין של שמחה שנוהגין עצמן כנזופין וכאבלים: ונטיעה · האמורה כאן נטיעה של שמחה כגון אבורנקי אילן שלנו נאה כגון אילן שכופפין אותו על גבי כלונסות ויתידות והמלכים אוכלין תחתיו בימות החמה ומתעדנין בה במיני שמחות ובנין בית חתנות לבנו כשמשיא אשה לבנו הראשון היה בונה לו בית ועושה לו חופה בתוכו אלמא איכא נטיעה של שמחה: וערי מבצר הצדים וגו' · בספר יהושע (יט) בנחלת נפתלי וקיימא לן לקמן דרקת זו טבריא וקרי ליה ערי מבצר אלמא מוקפת חומה הואי : דחד גיסא שורא דימא הוא · אין לה חומה מצד אחד אלא הים חומתה ומספקא ליה אי חשיב היקף אי לא : חומה ולא שור איגר · בבתי ערי חומה כתיב עיר חומה ולא עיר שאין לה חומה בפני עצמה אלא מוקפת בתים סמוכות זו לזו וחומות חיצונות של בתים נעשות חומה לעיר והיינו שור איגר שגגותיה חומותיה גג מתרגמינן איגר : סביב · לגבי בתי החצרים כתיב אשר אין להם חומה סביב מכלל דבתי ערי חומה מסובבת (ה) סביב קאמ': פרט לטבריא שימה חומתה · שהים שלה היא חומתה מצד האחד : כי מספקא ליה לענין מקרא מגילה · דלא מפורש בה חומה אלא לשון פרזים ושאינן פרזים כתיב בה ומספקא ליה האי לשון פרזים אי לשון גלוי הוא או לשון עיר הנוחה ליכבש : כד הוינא טליא · כשהייתי נער :

ורחץ *בקרונה של צפורי בשבעה עשר בתמוז ובקש לעקור תשעה באב ולא הודו לו אמר לפניו רבי אבא בר זבדא רבי לא כך היה מעשה אלא תשעה באב שחל להיות בשבת הוה ודחינוהו לאחר השבת ואמר רבי הואיל ונדחה ידחה ולא הודו חכמים קרי עליה °טובים השנים מן האחד ורבי היכי נטע נטיעה בפורים והתני רב יוסף שמחה ומשתה וי"ט שמחה ימלמד שאסורים בהספד משתה מלמד שאסור בתענית ויום טוב מלמד שאסור בעשיית מלאכה אלא רבי בר ארביסר הוה וכי נטע בחמיסר נטע איני והא רבי בטבריא הוה וטבריא מוקפת חומה מימות יהושע בן נון הואי אלא רבי בר חמיסר הוה וכי נטע בארביסר הוה ומי פשיטא ליה דטבריא מוקפת חומה מימות יהושע בן נון היא והא חזקיה קרי בטבריא בארביסר ובחמיסר מספקא ליה אי מוקפת חומה מימות יהושע בן נון היא אי לא לחזקיה מספקא ליה לרבי פשיטא ליה וכי פשיטא ליה מי שרי והכתיב במגילת תענית* את יום ארבעה עשר ואת יום חמשה עשר יומי פוריא אינון דלא למספד בהון ואמר רבא לא נצרכא גאלא לאסור את של זה בזה ואת של זה בזה הני מילי בהספד ובתענית אבל דמלאכה יום אחד ותו לא איני והא רב חזייה לההוא גברא דהוה קא שדי כיתנא בפוריא ולטייה ולא צמח כיתניה התם בר יומא הוה רבה בריה דרבא אמר אפי' תימא (א) ביומיה הספד ותענית קבילו עלייהו דמלאכה לא קבילו עלייהו דמעיקרא כתיב שמחה ומשתה ויום טוב ולבסוף כתיב לעשות אותם ימי משתה ושמחה ואילו יום טוב לא כתיב ואלא רב מ"ט לטייה להההוא גברא *דברים המותרין ואחרים נהגו בהן איסור הוה ובאתריה דרבי לא נהוג ואיבעית אימא לעולם נהוג ורבי נטיעה של שמחה נטע כדתנן *עברו אלו ולא נענו ממעטין במשא ומתן בבנין ובנטיעה באירוסין ובנישואין ותנא עלה בנין *בנין של שמחה נטיעה נטיעה של שמחה איזהו בנין של שמחה זה הבונה בית חתנות לבנו איזו היא נטיעה של שמחה זה הנוטע *אבורנקי של מלכים גופא חזקיה קרי בטבריא בארביסר ובחמיסר מספקא ליה אי מוקפת חומה מימות יהושע בן נון היא אי לא ומי מספקא ליה מלתא דטבריא והכתיב °ועָרי מבצר הצדים צר וחמת רקת וכנרת וקיימא לן *רקת זו טבריא היינו טעמא דמספקא ליה משום דחד גיסא שורא דימא הות אי הכי אמאי מספקא ליה ודאי לאו חומה היא דתניא *°אשר לו חומה ולא שור איגר סביב פרט לטבריא שימה חומתה לענין בתי ערי חומה לא מספקא ליה כי קא מספקא ליה לענין מקרא מגילה מאי פרזים ומאי מוקפין דכתיבי גבי מקרא מגילה משום דהני מיגלו והני לא מיגלו והא נמי מיגליא או דלמא משום דהני מיגנו והני לא מיגנו והא נמי מיגניא משום הכי מספקא ליה רב אסי קרי מגילה בהוצל בארביסר ובחמיסר מספקא ליה אי מוקפת חומה מימות יהושע בן נון היא אי לא איכא דאמר אמר רב אסי האי הוצל דבית בנימין מוקפת חומה מימות יהושע היא אמר רבי יוחנן כי הוינא טליא אמינא מלתא דשאילנא לסבייא ואשתכחא

*) [ועי' תוס' יבמות עג: ד"ה מליגא]

ובקש לעקור תשעה באב ולא הודו לו · קשה היכי סלקא דעתך דהאי תנא [דרבי] היה רוצה לעקור ט' באב לגמרי והא אמרינן (תענית דף ל:) כל האוכל ושותה בתשעה באב אינו רואה בנחמה של ירושלים ועוד דהא אין בית דין יכול לבטל דברי בית דין חבירו אא"כ גדול הימנו בחכמה ובמנין ויש לומר דלא רצה לעוקרו *אלא מחומרא שיש בו יותר משאר תעניות אי נמי יש לומר דרצה לעקרו מתשיעי ולקבעו בעשירי כדאמר ר' יוחנן (שם כט:) *אילו הואי התם קבעתיה בעשירי : שאסורים בהספד · השיב רש"י וכי מי נתן כח לימי מגילה אסתר לדחות אבילות *אי איתא דבהספד נאסר משום דכתיב ימי משתה ושמחה והא חזינן דכולי עלמא נהגו בו היתר אלא ודאי לא הוי אלא לענין שאין נופלין על פניהם דלא הוי יום צרה אלא יום שמחה : והא רבי בטבריא הוה · נראה שהיה (ו) בימי אנטונינוס כשהיו יחד כדאמר במס' ע"ז (דף י·) שרצה לשחרר בני טבריא ממס לפי שהיו תלמידי חכמים דקאמר ליעביד טבריא קלניא : דברים המותרים ואחרים נהגו בהן איסור · קשה דהא רבי התיר בית שאן ע"י ר' מאיר שאכל שם עלה של ירק בחולין (דף ו:) וי"ל דהתם לא נהגו איסור אלא בטעות והכא מיירי בדבר שנהגו בו איסורא במתכוין* : ממעטין במשא ומתן · פי' של שמחה דומיא דבנין ונטיעה דבסמוך (ז) אבל שאר בנינים שרו ואין לך משא ומתן גדול מזה*) : ממעטין רוצה לומר שלא יהו ששים כלל וחמירי מתשעה באב שמארסין בו אבל אין לפרש ממעטין אבל ששים קצת דאם כן היה לו לפרש השיעור מה הוא קורא ממעט : שטובה

לז א ב מיי' פ"א מהל' מגילה הלכה יג סמג עשין ד טוש"ע א"ח סי' תרצו סעיף ג :
לח ג שם סעיף ב :
לט ד ה ו שם סעיף א :
מ ז ח מיי' פ"ה מהל' תעניות הל' יא טוש"ע א"ח סי' תקנה סעיף ז :
מא ט מיי' פ"א מהל' מגילה הלכה יא סמג עשין ד טוש"ע א"ח סי' תרפח סעיף ד :
מב י מיי' פ"ג מהל' שמטה ויובל הל' יב :

אלא מחומרא שיש בו יותר משאר תעניות ודורות האחרונים לא גזרו אלא רק שיקבע יום תענית ולא יותר

אלו הואי התם קבעתיה בעשירי ואולי ר"י לא היה יכול לבטל כל החכמים לדחות אלא שהרבה חכמים סוברים לקובעו בעשירי רק מרוב הסכימו לקובעו בתשיעי וכה"ג אינו בכלל אין ב"ד וכו' דיש כח ביד ב"ד אחר לקבוע הלכה כדברי יחיד כדאיתא בעדיות פ"א משנה ה

רבינו חננאל

פירושה חגיגה כ"ז חגיגה מאחרין כלומר כל יום החג מאחרין יום לחבירו אבל אם שלמו ימי החג לא דתנן מי שלא חגג (גרסינן) בי"ט הראשון של חג חוגג והולך כל הרגל כולו עד י"ט אחרון של חג עבר הרגל כו'. רב אשי אמר הכי קאמר אפי' עצרת דחגיגתה חד יומא הוא אי אקלעי בשבת מאחרין חגיגה למחר כדתנן ומודין שאם חל להיות בשבת שיום טבוח לאחר השבת וזו המשנה אחרים היא שאומרים אין בין עצרת לעצרת אלא ד' ימים ואין הלכה כמותם: רבי נטע נטיעה בפורים אוקמנא דר' יהודה פשיטא ליה דטבריא מוקפת חומה מימות יהושע היא ורבי בר חמיסר הוא וכי נטע בארביסר נטע כו'. ואסיקנא אפי' תימא ביומיה הספד ותענית קבילו עלייהו ואסרי הספד ותענית כולי עלמא כדכתיב במגילת תענית ארביסר וחמיסר פוריא אינון דלא למספד ואמר רבא לא נצרכא אלא לאסור את של זה בזה פי' לאסור לבן כרך בי"ד ולבן כפר בט"ו אלו ואלו אסורין בהספד ותענית בב' ימים הללו. אבל מלאכה אינו אסור אלא מקום שנהגו בני אותו מקום איסור על עצמם כדתניא דברים המותרים ואחרים נהגו בהן איסור למלאכה [אי אתה רשאי להתירן בפניהם] ורב דלטייה לההוא גברא ולא צמח כיתניה מקום שנהגו שלא לעשות מלאכה בפורים הוה. איבעית

[פירוש מים מנענין וקריס: ערוך ערך קרונא]

קהלת ד

אסתר ט

תענית יח:

[פסחים ב: נדרים סו. פא:]

תענית יב:

שם יד:

[גי' הערוך אבורנקי]

יהושע יט

[לקמן ו.]

ויקרא כה

ערכין לב:

הגהות הב"ח

(א) גמ' אפילו תימא ביומיה הוה הספד: (ב) רש"י ד"ה טובים וכו' שמעתי ממך

טייתי: (ג) ד"ה בר ארביסר הוה לא היתה עיר מן : (ד) ד"ה ותנא עלה בנין בנין של שמחה נטיעה נטיעה של שמחה וכו' וה"ל עם ד"ה ונטיעה כו' של שמחה הס"ד: (ה) ד"ה סביב וכו' מסובבת חומה סביב:(ו) תוס' ד"ה והא רבי וכו' ממעטין וכו' ונטיעה דבסמוך דכגל שמחה דוקא אסור אבל שאר בנינים:

אימא רבי נטיעה של שמחה נטע דתנן עברו אלו ולא נענו ממעטין במשא ובמתן בבנין ובנטיעה ותנא עלה בנין של שמחה נטיעה של שמחה מכלל שאע"פ שאסור לעשות מלאכה נטיעה של שמחה מותרת לו *) דהא התעניות הראשונות שנינו עברו אלו ולא נענו ב"ד גוזרין ג' תעניות אוכלין ושותין מבע"י ואסורין במלאכה ובתעניות הראשונות מלאכה מותרין הוו **) לפיכך בא עתה לאסור אפי' אלו שהיו בהן מותרין כגון של שמחה ובנין של שמחה וכן נטיעה של שמחה שהוא אבורנקי של מלכים נטע. רבי רחץ בקרונה של ציפורי בי"ז בתמוז ובקש לעקור ט' באב שחל להיות בשבת ונדחה לאחר השבת ולא הודו לו חכמים: נראה חזקיה קרא בטבריא בי"ד

*) נראה דצ"ל דכנה בתעניות הראשונות וכו'. **) דברי רבינו אלו צריכין באור ועי' תוס' מתחילת כ"ו אשר מוסר לעשות מלאכה בתענית ציבור וכו' בבנין של שמחה וצ"ע ועי' בחידושי הרמב"ן

גליון הש"ס תוס' ד"ה ממעטין ל"ל וכו' ותמירי מט"ב. עיין פסחים דף נה ע"א ונ"ע :

§ מסכת מגילה דף ה: §

אות א׳ - ב׳

מלמד שאסורים בהספד

לאסור את של זה בזה ואת של זה בזה

סימן תרצו ס״ג - [א]**יום י״ד ויום ט״ו אסורים בהספד ותענית לכל אדם בכל מקום,** [ב]**בין לבני כרכים שהם עושין ט״ו בלבד, בין לבני עיירות שהם עושים י״ד בלבד.**

ומקום שנהגו שביום ז׳ הולכים על הקבר לקונן, אסור בפורים, אלא האבל לבדו ילך לשם עם חזן אחד, ויאמר לו השכבה, **ואפילו** בערב פורים לא ילך לשם, שלא יחשבו העולם שהאבילות נפסק בפורים.

[ג]**והנשים מענות בהם, שכולם עונות כאחת, ומטפחות, שמכות כף אל כף;** [ד]**אבל לא מקוננות, שתהא אחת מדברת וכולן עונות אחריה; נקבר המת, לא מענות ולא מקוננות.**

אות ב׳* [ה]

סימן תרצו ס״ד - [ו]**כל דברי אבילות נוהגים בחנוכה ופורים. הגה: ומ״מ ילך לבהכ״נ לשמוע המגילה (הג״מ)** - אבל תפלת מעריב יתפלל בביתו.

ואם יוכל לאסוף מנין לביתו לקרות המגילה, עדיף טפי (מהרי״ל) - אף דבעלמא קריאה בצבור עדיף טפי.

ויש אומרים שאין אבילות נוהג בפורים, לא בי״ד ולא בט״ו (הרא״ש ומנהגים), וכן נוהגין - אף שהב״ח ועוד אחרונים כתבו, שבמקומם היה המנהג להתאבל, **אבל** כבר כתב בשע״ת בשם כמה אחרונים להקל, ושכן פשט המנהג במדינות אלו, **ובפרט** בענין חליצת מנעלים, וישיבה ע״ג קרקע, בודאי אין להחמיר, **ומ״מ** יראה למעט במיני שמחה שעושין, [**עיין** במ״א, דאסור לראות כל מיני שמחה, **אבל** בא״ר פקפק על דבריו, והעתיקו הדה״ח (המ״א) להלכה].

ואפי׳ אבילות יום ראשון נדחה מפני פורים (ד״ע).

אבל דברים שבצנעה נוהג - הנה ט״ז כתב, דהליכה מביתו לתפלה אסור גם לדעה זו, ולא מקרי זה בפרהסיא, דלא מינכר שעושה כן משום אבילות, **ובמ״א** כתב, דמשמע בטור, דבשחרית הולך לבהכ״נ להתפלל, **ועיין** בפמ״ג שכתב, דהמיקל להתנהג כן לא הפסיד.

ואע״פ שאין נוהג אבילות בפורים, עולה לו למנין שבעה ימי אבילות כמו שבת - ואפילו מת בפורים, **וכן פסק הרב בעצמו בטור יו״ד סי׳ ת״א.**

כתב בתשו׳ בנין עולם, לענין לקרות האבל המגילה בביהכ״נ, אם אין שם אחר שיודע לקרות כ״כ בנקודות ובטעמים ובדקדוק האותיות, טוב יותר שיקראנה האבל, כמ״ש ביו״ד לענין להתפלל בשבתות ויו״ט.

סימן תרצו ס״ה - [ז]**אם חל פורים במוצאי שבת, והאבל יושב בבית הכנסת בשבת במנחה, לא יצא משם עד שיתפלל תפלת ערבית וישמע קריאת מגילה** - דין זה כתבו הרוקח, ובמקומו היו אוכלין סעודה שלישית קודם מנחה, לכן קאמר דבבואו להתפלל מנחה, לא יצא משם, **אבל** לדידן צריך לילך לביתו אחר מנחה לאכול סעודה שלישית, **ובלילה** יתפלל מעריב ויקרא המגילה בביתו אם יש לו מנין, **ואם** לאו ילך לבהכנ״ס בעוד יום, ויהיה שם לתפלה וקריאת המגילה.

ולמחרת לא יצא מפתח ביתו - ומיירי כשיש לו מנין בביתו, **ואם** אין לו מנין בביתו, ילך לשמוע מקרא מגילה, **והנה** המחבר שהעתיק דברי הרוקח, אזיל לשיטתו בס״ד, דאבילות נוהג בפורים.

אבל כבר כתב הרמ״א לעיל, דאנן נוהגין כהפוסקים דאין אבילות נוהג בפורים, **ולפי״ז** אפילו אם יש לו מנין בביתו, הולך לבהכ״נ לשמוע מקרא מגילה בצבור, **ולצאת** מפתח ביתו לעניני רשות, משמע מפמ״ג שיש להחמיר.

וכ״ז ביום, ד״ימי משתה ושמחה״ כתיב, **אבל** בלילה, אם יש לו מנין יתפלל ויקרא המגילה בביתו, **ואם** אין לו מנין, יתפלל בביתו, וילך לשמוע מקרא מגילה בבהכ״נ, [אי איתרמי בחול, **ואי** איתרמי במו״ש ילך לבהכ״נ מבעוד יום כנ״ל], **ולבד** הקריאה לא יצא מפתח ביתו.

ועיין בדה״ח, דביום ט״ו לא ילך מביתו לביהכ״נ אפי׳ להתפלל שחרית, **ומ״מ** לענין חליצת מנעלים, וישיבה ע״ג קרקע, משמע מן הפוסקים, דאפילו ביום ט״ו א״צ.

כתב הלבוש, א״א צידוק הדין ולא קדיש, אלא לחכם בפניו אחר שדורשין עליו, ואע״פ שא״א צידוק הדין, אומרים קדיש.

סימן תרצו ס״ו - [ח]**יש מי שאומר שהאבל חייב לשלוח מנות** - אפילו תוך שבעה, דהא חייב בכל מצות האמורות בתורה, וכ״ש דחייב במתנות לאביונים.

אכן כל דבר שמחה לא ישלח, **וז״ל** ס״ח: מי שמת אביו בפורים, לשנה הבאה ישלח מנות, אף דהוא יא״צ, **ובאותו** שנה ישלח מעות או בשר לעניים, רק לא תפנוקים העשויים לשמחה. (**משמע** דס״ל דוקא מתנות לאביונים חייב, ולא משלוח מנות לעשירים – א״ר, וצ״ע).

באר הגולה

[א] מהא דתני רב יוסף שמחה מלמד שאסורים בהספד, (לכאורה צ״ל וכו׳), שם בגמ׳ [ב] מימרא דרבא מהא דמגילת תענית שם [ג] משנה סוף מועד קטן [ד] ודין ת״ח בפניו שמענות ומקוננות כדרכן בחול, ביו״ד סימן ת״א, ע״ש [ה] (מילואים) [ו] רמב״ם [ז] רוקח [ח] טור בשם הר״מ מרוטנבורג וכ״כ שאר פוסקים בשמו

הגה: אבל אין שולחין לאבל - ואפילו דבר שאינו של שמחה, **כל י"ב חדש (מהרי"ל)** - היינו לאביו ואמו, ולשאר קרובים תוך ל', **והטעם**, כדין שאילת שלום שאסור י"ב חודש. **ואם** האבל הוא עני, מותר לשלוח לו מעות אפילו תוך ז', דלא גרע מצדקה.

וכמו שיתבאר ביו"ד סי' שפ"ה, עיין שם - כונתו להורות, דבמקום שנהגו להקל לשאול בשלומם, מותר לשלוח להם מנות ג"כ בתוך י"ב חודש, אבל לא בתוך שלשים, **אבל** לא ישלחו לו מיני שמחה.

ואם אין בעיר אלא האבל עם אחר, חייב לשלוח לאבל כדי לקיים משלוח מנות, אא"כ מחל האבל על מנתו (מהרי"ב) - דאין נותנין לאדם מתנה על כרחו. ‹**ואין** הכוונה שצריך לעשות כן ולמחול, אלא דאם מחל יצא, כמ"ש לעיל סימן תרצ"ה ס"ד – ערוה"ש›.

סימן תרצו ס"ז - [ט]**יש מי שאומר שאונן מותר בבשר ויין, דלא אתי עשה דיחיד דאבילות, ודחי עשה דרבים דאורייתא לשמוח בפורים, דדברי קבלה נינהו שהם כדברי תורה** - [י]אף דדעת המחבר לעיל, דאבלות נוהג בפורים, **מ"מ** אנינות ס"ל דאינו נוהג, וכמו שכתב הטעם. **אונן** נקרא כל זמן שלא נקבר המת.

ועיין במ"א שהעלה, דדוקא ביום, שחל מצות שמחת פורים, ד"ימי משתה ושמחה" כתיב, **אבל** לא בלילה, אפילו בלילה ראשונה, וכ"ש בלילה שניה, **ומש"כ** אח"כ "ונ"ל דוקא בלילה" לא קאי רק לענין מגילה ותפלה וק"ש.

[**ונראה** דביום ט"ו לעיירות ג"כ אסור, דלא עדיף מליל י"ד, דמצוה לשמוח קצת, ומ"מ לא דחינן עי"ז המצוה דאנינות, וה"ה בט"ו].

הגה: וכל שכן שחייב במקרא מגילה ותפלה וק"ש - ר"ל דכשם שבשביל מצות שמחת היום, דחינן את העשה דאבילות, והתרנוהו בבשר ויין, בודאי אין ראוי לפטרו בלילה ממקרא מגילה ושאר מצות, כיון שאין דרך לקברו אז, **ודומה** לאונן בליל יו"ט שני, דהרבה פוסקים חיבוהו במצות מטעם זה, **אבל** יש לפקפק ע"ז, אחד, דליל יו"ט שני גופא יש דיעות בפוסקים, **ועוד** דשם עכ"פ יו"ט הוא, ולכך אין חל האנינות מחמת שאין דרך לקברו בלילה, **משא"כ** בפורים, דעיקר שמחה ביום הוא, ובלילה דומה לשאר לילה של חול, דבודאי חל אנינות אף שאין דרך לקברו אז, **ולכן** כתב בדה"ח, דבליל י"ד ישמע קריאת המגילה מאחר.

ונ"ל דדוקא בלילה, אף על פי שמתו מוטל לפניו; אבל ביום שרוצה לקברו, קבורת מתו קודם, כמו שנתבאר לעיל סי' תרפ"ז ס"ב - ר"ל דשם מוכח, דלאו דוקא מת מצוה קודם לקריאת המגילה, דה"ה כל מת שאין לו קוברין כדי צרכו, הפוגע בו קוברו תחלה, ואח"כ קורא, **ולכן קורא ומתפלל אח"כ** - ר"ל אבל קודם הקבורה הוא פטור מזה, **דלא עדיף מיו"ט ושבת** - והיינו ביו"ט שני כשקוברו, וכן בשבת כשמחשיך על התחום לצרכי הקבורה, הוא פטור אז מכל המצות, **כמו שנתבאר לעיל סימן ע"א** - וכ"ש כאן, **כן נ"ל.**

קבורות מתו קודם - באמת כבר כתב שם המ"א, דהרבה פוסקים חולקין ע"ז, וס"ל דבכל מת קריאת המגילה קודם לקבורתו, וכן נוהגין לקברו אחר יציאת בהכ"נ, **והקשה** המ"א, דהא תינח באנשים אחרים, אבל האונן איך הוא חייב בקריאת המגילה, הלא הוא פטור מכל המצות, ואיך יצא במה ששמע בצבור, אחרי שאז לא היה חייב כלל, **וע"כ** מסיק המ"א, דאע"פ ששמע הקריאה בצבור, יקראנה שנית אחר שנקבר המת, [ובלא ברכה].

ולענין ק"ש ותפלה, הוא כשאר אונן בימות החול, דקודם הקבורה הוא פטור, ולאחר הקבורה, עיין לעיל בסימן ע"א במ"ב.

ולענין תפילין, דעת כמה אחרונים דלא יניח, [**אכן** הא"ר סובר דצריך להניח, **והפמ"ג** כתב דצ"ע לדינא].

אות ב'** [יא]

מלמד שאסור בתענית

סימן תרצה ס"ב - ואין להתענות בפורים, מלבד תענית חלום - ויתענה עד אחר מנחה, ויאכל קודם ביאת השמש רק פעם אחת.

וע"ל סי' תקס"ח - ס"ה, **וסימן תק"ע** - בכל הסימן.

הנשבע להתענות בפורים, יראה להתיר שבועתו.

אות ג'

מלאכה, יום אחד ותו לא

סימן תרצו ס"ב - [יב]**אפילו במקום שנהגו, לא נהגו אלא ביום מקרא מגילה בלבד, אבל לאסור את של זה בזה, אינו מנהג** - [יג]ויש מחמירין בזה, **ונראה** דתלוי במנהג אותו המקום, [כי אף בפורים עצמו, תלוי זה מדינא במנהג המקום, וכ"ש בזה דאין להחמיר כ"כ].

באר הגולה

ט א"ח | י ‹**אבל** צ"ע, דלעיל פסק דנוהג אבילות, ומצאתי שכתב [עיין עולת תמיד ס"ד] שנראה כסותר – יד אפרים. **ואולי** י"ל שמצד מצות פורים של משתה ושמחה, יש חיוב לשתות יין ולאכול בשר, ודין אונן ממש מתנגד זה, **אבל** בנוגע לדיני אבלות, אין איסור של שתיית יין או אכילת בשר, ורק יש מנהגי אבלות, ואין מצוה מיוחדת בפורים שלא לעשות מנהגי אבלות, **ורק** יש התנגדות בין המצב של שמחה למצב של אבלות, ולענין זה לא שייך שמצות שמחה של פורים ידחה מנהגי האבילות – ברכת יצחק› | יא ‹ע"פ הגר"א› | יב שבלי הלקט | יג ‹מהרי"ל ואבודרהם – באה"ט. **ויש** לי לדקדק מתוך הסוגייא, מדלא משני ואי בעית אימא לעולם נהוג, ורבי בר ארביסר הוה וכי נטע בט"ו נטע, אלמא דהיכא דנהוג בשני הימים הוי מנהג, הפך מה שכתב המחבר ז"ל – פר"ח. ‹**ואין** זו הוכחה, דאין זו אוקמתא מחודשת, דהרי אף למאי דסבר דאסור במלאכה, מוקי לה ברישא דלא נטע ביומיה, כמבואר בסוגיא, ומכ"ש דאיכא למימר הכי כי מדלית איסורא ופש מנהגא. **ותו** אף לדבריו, היכא דלא נהוג בתרי יומי אלא בחד יומא, עבדי כמנהגייהו, ואכתי הו"ל לשנויי כדקאמר, ואב"א לעלם נהוג ורבי בר ארביסר וכי נטע בט"ו, והיה מבואר דלא נהוג בט"ו – ברכי יוסף›

אות ד' – ה' – ו'

מלאכה לא קבילו עלייהו
דברים המותרין ואחרים נהגו בהן איסור הוה
ורבי נטיעה של שמחה נטע

סימן תרצ"ו ס"א - [יד]**פורים מותר בעשיית מלאכה** - דאע"ג דכתיב "משתה ושמחה ויו"ט", מ"מ לא קיבלו עליהם לעשותו יו"ט, [גמרא], **אכן** אחר זה נהגו מעצמן באיזה מקומות שלא לעשות.

[טו]**ובמקום שנהגו שלא לעשות, אין עושין** – (עיין בפמ"ג, דדוקא ביום, אבל בלילה עד הנץ שרי לעשות אף במקום שנהגו שלא לעשות, ובתשו' חת"ס מחמיר בזה).

וע"י עכו"ם שרי, [**וה"ה** כשאין לו מה לאכול, שרי לעשות מלאכה ולתפור בגדי חבירו בשכר, דכ"ז שמחה הוא לו].

(והאידנא נהגו בכל מקום שלא לעשות) - ופרקמטיא מותר, ששמחה היא לו, [**עוד** כתב הפמ"ג, דכל דבר שיהיה בו הפסד, שרי, דכל דבר שמחה מותר בפורים].

[טז]**והעושה אינו רואה סימן ברכה מאותה מלאכה לעולם** - [יז]כגון אם זורע איזה דבר אינו מצמיח, [יח]**אבל** הרא"ם כתב שאינו מרויח, אבל אינו מפסיד ג"כ.

[יט]**אלא אם הוא בנין של שמחה, כגון: בית חתנות לבנו, או אבורנקי של מלכים** - שנוטעים לצל להסתופף בצלו, **דשרי.**

הגה: ומותר לעשות כל מלאכת מצוה, כגון: לכתוב פסקי הלכות - ופשטי המקרא, «שאדם שמח בהם כדכתיב: פקודי יי' ישרים משמחי לב», ואגרת שלום, ומזכרת חובותיו, וכן כל דבר שא"צ עיון גדול, «נראה שמותר – ב"י», **וכתב** בסדור עמודי שמים, דמ"מ יש לראות שלא ימשוך בה, ויתבטל משמחת פורים. **מגילה** מותר לכתוב בפורים.

וכן מותר לעשות אפילו מלאכות גמורות לצורך פורים (ת"ה).

אות ו'* [כ]

סימן תרצ"ו ס"ח - [כא]**מותר לישא אשה בפורים. הגה: בין בי"ד בין בט"ו** - ולא דמי לחג, דכתיב "ושמחת בחגיך" ולא באשתך, משא"כ בפורים, **והמ"א** כתב, דיעשה החופה ביום י"ג, והסעודה בערב, **ועיין** בשע"ת שכתב, שבמדינות אלו פשט המנהג להיתר כדעת השו"ע, **ובחמד** משה כתב, שנכון יותר לעשות החופה בסוף יום י"ד, וסעודת פורים יעשה מקודם.

וכ"ש שמותר לעשות פדיון הבן (תוס') - וברית מילה, דבזה אין שמחה כ"כ, דיהיה שייך בהו לומר: אין מערבין שמחה בשמחה.

מה שנהגו ללבוש פרצופים בפורים, וגבר לובש שמלת אשה ואשה כלי גבר, אין איסור בדבר, מאחר שאין מכוונין אלא לשמחה בעלמא; וכן בלבישת כלאים דרבנן; וי"א דאסור, אבל המנהג כסברא הראשונה - עיין ביו"ד סימן קפ"ב, שכתב שם הט"ז בשם הב"ח, שיש לבטל מנהג זה, הן בפורים או בשמחת נישואין, וכ"כ באר הגולה שם, **ואם** כל המלבושים של איש, רק מלבוש א' של אשה, וניכרים הם, אפשר שאין למחות בהם, **ועיין** בכנה"ג ובשל"ה, שהזהירו להרחיק מזה.

וכן בני אדם החוטפים זה מזה דרך שמחה, אין בזה משום לא תגזול, ונהגו כך - היינו מעת קריאת המגילה, עד ליל סעודת פורים, שהם שני לילות ויום אחד.

ולפ"ז מותר לברך על מה שחוטפין, **מיהו** כתב בשל"ה, לאו משנת חסידים היא, ושומר נפשו ירחק ממלבושים דכלאים, ולחטוף מחבירו.

ובלבד שלא יעשו דבר שלא כהוגן על פי טובי העיר (תשובת מהר"י מינץ).

אות ז' – ח'

עברו אלו ולא נענו, ממעטין במשא ומתן, בבנין ובנטיעה, באירוסין ובנישואין
בנין: בנין של שמחה, נטיעה: נטיעה של שמחה; איזהו בנין של שמחה, זה הבונה בית חתנות לבנו; איזו היא נטיעה של שמחה, זה הנוטע אבורנקי של מלכים

סימן תקעה ס"ז - כשמתענים על הגשמים ועברו י"ג תעניות אלו ולא נענו, ממעטין במשא ומתן [כב]**ובבנין של שמחה** - לאו דוקא, אלא ה"ה לכל בנין שא"צ, דאינו נעשה אלא לנוי ולהרווחה בעלמא, **ודע** עוד, דשל שמחה קאי גם אמשא ומתן, דאינו אסור אלא של שמחה, כגון צרכי חופה לבנו.

(אא"כ כותלו) - של בנין שמחה, כגון בית חתנות לבנו, **(נוטה ליפול)** - ואפילו אין בו סכנה.

באר הגולה

[יד] כרבה בריה דרבא דמלאכה לא קבילו עלייהו [טו] כשנויא קמא שם אהא דלטייה רב [טז] רמב"ם מהא דלטייה רב [יז] «ונראה שכתב כן מההוא עובדא דרב, דלטייה להההוא גברא ולא צמח כיתניה – ב"י» [יח] «ומשמע שם שגירסא אחרת היה לו בגמ' – מ"א». **וי"ל** שגורם ולטייה ולא צמח כיתנא, כי קללת תלמיד חכם כרב, וודאי אין חוזרת ריקם, ובעלמא אין מרויח – פמ"ג» [יט] כשנויא בתרא שם אעובדא דרבי נטע נטיעה בפורים [כ] «מילואים» [כא] תשובת רשב"א, וסיים דבענינים אלו הולכים בהם להקל דמדרבנן הם [כב] «משום דבירושלמי לא קאמר "זה הבונה בית חתנות לבנו", אלא בנין של שמחה סתם, משמע דכשאמרו בגמרא דידן "בית חתנות", לאו דוקא, דהוא הדין לכל דבר של שמחה – ב"י»

וממעטין באירוסין ונישואין - פי' שאין מארסין כלל, **אלא אם לא קיים מצות פריה ורביה.**

אות ט'

חזקיה קרי בטבריא בארביסר ובחמיסר, מספקא ליה אי מוקפת חומה מימות יהושע בן נון היא אי לא

סימן תרפח ס"ד - [כג]כרך שהוא ספק אם הוקף בימי יהושע אם לאו, קורים בי"ד ובט"ו ובליליהון - ונוהגין שמחה ומתנות לאביונים בשניהם.

[כד]ולא יברך כי אם בי"ד שהוא זמן קריאה לרוב העולם - ור"ל דע"כ אפילו הוא מוקף חומה שדינו בט"ו, אם קרא ביום י"ד יצא בדיעבד, ולא הוי ברכה לבטלה, [הגר"א]. (ע"ל ס"ג).

ולא יברך בט"ו, שהברכה אפילו במצוה של תורה הוא מדרבנן, וא"כ בדבר שהוא ספק, לענין הברכה הוא ספיקא דרבנן, **וכ"ש** בזה שהוא מצוה של דבריהם, לכו"ע א"צ ברכה.

וטבריא צריך לקרות בה בי"ד ובט"ו, שספק אם הים חשוב כחומה, גמרא, **ובמדינות** אלו בכרכין המוקפין חומה, אין להסתפק שמא מוקפין מימות יהושע ב"נ, לפי שהם מצפון ורחוקים מא"י, וידוע שלא היו מיושבים בזמן יהושע.

אות י'

אשר לו חמה׃ ולא שור איגר; סביב׃ פרט לטבריא שימה חומתה

רמב"ם פי"ב מהל' שמיטה ויובל הי"ג - עיר שגגותיה חומתה או שהים חומתה, אינה כמוקפת חומה.

באר הגולה

כג רמב"ם מהא דחזקיה   כד שם

מסורת הש"ס

מגילה נקראת פרק ראשון מגילה

ו רבינו חננאל

ואישתכח כוותי גרסי': **רקתא דנהרא** · שפת הנהר גבוה מן הנהר אף ציפורי יושבת בראש ההר: **כי שכיב איניש הכא** · כשמת אדם גדול בבבל: **ספדי ליה התם** · בטבריא: **ששך** · בבל בחילוף א"ת ב"ש: **ושם לו ברקת** · ילא לו שם בטבריא: **וכי מסקי ארונא** · של מת מבבל לקוברו בטבריא: **אמרו הכי** · הספדנין קורין בשווקים בלשון הזה שילאו לקראת המת: **אוהבי שרידים** · אוהבי ישראל: **יושבי רקת לאו וקבלו הרוגי עמק** · מתי בבל העמוקה: ר' זירא עלה מבבל לארץ ישראל ומת שם בטבריא: [**ארץ צבי** · ארץ] ישראל: **גידלה שעשועיה** · של שנער: **בעיבורה** · תורה אור בחמלטיתה: **לא הוריש את יושבי קטרון** · שבאה לחלקו ועבר על מה שאמר הקב"ה לא תחיה כל נשמה (דברים כ) והניחן לגור שם ביניהם ולהעלות להם מס: **על מדותיו** · על מזלו שנמדד לו מן השמים מדה שאינו חפץ בה: **כולן צריכין לך** · כל אחיך יהו צריכין לך: **על ידי חלזון** · חלזון עולה מן הים להרים וצובעין בדמו תכלת ונמכר בדמים יקרים: **עמים הר יקראו** · מכל השבטים יתקבלו להריך לקנות שפוני טמוני חול: **שפוני זה חלזון** · שהוא דבר חשוב ספון חשוב בלשון ברייתא: **טרית** · דג שקורין טוניי"א: **זכוכית לבנה** · היולא מן החול כדאמר ביליאות השבת (שבת טו:) וחול של זבולון חשוב משאר חולות וראוי לזכוכית לבנה: **מי מודיעני** · על זאת לתת לי דמים: כל המוצא חלזון וטטלו בלא דמים אינו מצליח: **שם יזבחו זבחי צדק** · כאשר אסור גזל בעולה כך לא יגזלו ממך כלום שאם יטול שוה פרוטה בלא דמים תתקלקל אלביעה והחול ולא יועיל כלום: **זבת חלב ודבש** · העזים אוכלין תאנים והדבש נוטף מהן והחלב זב מן העזים ונעשים כמין נחל: **ששה עשר מיל** · ד' פרסאות: **לדידי חזי לי זבת חלב ודבש דכל ארץ ישראל** · בכל מקום שהוא שם ואם באת לצרפו יחד הוי כמבי טובי עד אקרא דתולבקני שם מקום: **אקרא** · מקום מעבר הנהר ובלע"ז פורט"ו: **עדיפי ליה** · חביבי ליה: **יתד תקועה** · לרעה: **אחידת מגדל שיר** · כובשת מגדל שיר: **והסירותי דמיו מפיו וגו'** · גבי לור כתיב שהוא ראש לאדום: **גלייא** (ג) **במיא** · ראשי ע"ז שם לאדום: **כיבוסי** · היא ירושלים: **והיה אדום לאלופי יהודה** · ועקרון תהיה בית תלמוד בירושלים: **לשם** · עיר שכיבשו בני דן: **זו פמיים** · שמשם ירדן יוצא כדאמר מר ירדן יוצא ממערת פמיים (בכורות דף נה·): **מטרופולין** · לשון יון אימא של מלכות מטר"א אם פולין לשון שררה כדאמר מר עד שבאו דיופלי מהמיר שני שרים (תענית דף יח:): **דמרבי** · שמגדלין שם בני מלכים: **אמלאה החרבה** · רישא דקרא יען אמרה לור על ירושלים אמלאה החרבה עכשיו אתמלא מחורבנה: (ד) **רשע** · זה עשו: **בארץ נכוחות יעול** · את ירושלים יחריב: **אמר יצחק** להקב"ה יוחן רשע זה עשו אמר לו הקדוש ברוך הוא רשע הוא: **אמר** · יצחק בל למד לדק כלומר אין אדם יכול ללמד עליו לדק: **אמר לו** · הקב"ה: **בארץ נכוחות יעול** · כלומר עתיד להחריב את ארץ ישראל: **אמר יצחק** · אם כן בל יראה גאות ה': **זממו אל תפק** · אל תוציאהו מנחיריו זמם כמין טבעת ברזל °שנותנין בחוטמה של אנקה ומתוך חוזקה אינה משתמרת כי אם בו: גרממיא

ואישתכח כוותי חמת זו טבריא ולמה נקרא
שמה חמת על שום חמי טבריא רקת זו
ציפורי ולמה נקרא שמה רקת משום דמידליא
כרקתא דנהרא כינרת זו גינוסר ולמה נקרא
שמה כינרת דמתיקי פירא כקלא דכינרי
אמר רבא מי איכא למאן דאמר רקת לאו
טבריא היא והא כי שכיב איניש הכא התם
ספדי ליה הכי גדול הוא בששך ושם לו
ברקת וכי מסקי ארונא להתם ספדי ליה הכי
אוהבי *שרידים יושבי רקת צאו וקבלו הרוגי
עומק *כי נח נפשיה דרבי זירא פתח עליה
ההוא ספדנא ארץ שנער הרה וילדה ארץ
צבי גידלה שעשועיה אוי נא לה אמרה
רקת כי אבדה כלי חמדתה אלא אמר
(*רבה) חמת זו חמי גרר רקת זו טבריא כינרת זו גינוסר ולמה נקרא
שמה רקת *שאפילו ריקנין שבה מלאין מצות כרמון רבי ירמיה אמר
רקת שמה ולמה נקרא שמה טבריא שיושבת בטבורה של ארץ ישראל
(*רבא) אמר רקת שמה ולמה נקרא שמה טבריא שטובה ראייתה אמר זעירא
קטרון זו ציפורי ולמה נקרא שמה ציפורי שיושבת בראש ההר כצפור
שופטי' א וקטרון ציפורי היא והא קטרון בחלקו של זבולון הואי דכתיב °זבולון לא
הוריש את יושבי קטרון ואת יושבי נהלול וזבולון מתרעם על מדותיו הוה
שם ה שנאמר °זבולון עם חרף נפשו למות מה טעם משום דנפתלי על מרומי שדה
אמר זבולון לפני הקב"ה רבונו של עולם לאחי נתת להם שדות וכרמים
ולי נתת הרים וגבעות לאחי נתת להם ארצות ולי נתת ימים ונהרות אמר לו
דברים לג כולן צריכין לך ע"י חלזון שנאמר [°עמים הר יקראו] ושפוני טמוני חול
תני רב יוסף שפוני זה חלזון טמוני זו טרית חול זו זכוכית לבנה אמר לפניו
שם רבונו של עולם מי מודיעני (א) אמר לו °שם יזבחו זבחי צדק סימן זה יהא לך כל
הנוטל ממך בלא דמים אינו מועיל בפרקמטיא שלו כלום ואי סלקא דעתך
קטרון זו ציפורי אמאי מתרעם על מדותיו והא הויא ציפורי מילתא דעדיפא
טובא וכי תימא דלית בה זבת חלב ודבש והאמר ריש לקיש לדידי *חזי לי
זבת חלב ודבש דציפורי והויא ששה עשר מיל על ששה עשר מיל וכ"ת
דלא נפישא דידיה כדאחוה *והאמר רבה בר בר חנה אמר רבי יוחנן לדידי
חזי לי זבת חלב ודבש דכל ארעא דישראל והויא כמבי כובי עד אקרא
דתולבקני עשרין ותרתין פרסי אורכא ופותיא שיתא פרסי אפ"ה שדות
שופטי' ה וכרמים עדיפא ליה דיקא נמי דכתיב °ונפתלי על מרומי שדה ש"מ אמר רבי
צפניה ב אבהו °ועקרון תעקר זו קסרי בת אדום שהיא יושבת בין החולות והיא
היתה יתד תקועה לישראל בימי יוונים וכשגברה מלכות בית חשמונאי
ונצחום היו קורין אותה אחידת מגדל *שיר אמר רבי יוסי בר חנינא מאי דכתיב
זכריה ט °והסירותי דמיו מפיו ושקוציו מבין שניו ונשאר גם הוא לאלהינו והסירותי
דמיו מפיו זה בית (ב) במיא שלהן ושקוציו מבין שניו זה בית גליא שלהן
שם ונשאר גם הוא לאלהינו אלו בתי כנסיות ובתי מדרשות שבאדום °והיה כאלוף
ביהודה ועקרון כיבוסי אלו *תראטריות וקרקסיות שבאדום שעתידין שרי
יהודה ללמד בהן תורה ברבים *אמר רבי יצחק לשם זו פמיים עקרון תעקר זו
קסרי בת אדום שהיא היתה מטרופולין של מלכים איכא דאמרי דמרבי בה
מלכי ואיכא דאמרי דמוקמי מינה מלכי קסרי וירושלים אם יאמר לך אדם חרבו
שתיהן אל תאמן ישבו שתיהן אל תאמן חרבה קסרי וישבה ירושלים חרבה
יחזקאל כו ירושלים וישבה קסרי תאמן שנאמר °אמלאה החרבה *אם מליאה זו חרבה זו
בראשית כה אם מליאה זו חרבה זו רב נחמן בר יצחק אמר מהכא °ולאום מלאום יאמץ
ישעיה כו ואמר רבי יצחק מאי דכתיב °יוחן רשע בל למד צדק אמר יצחק לפני
הקב"ה רבש"ע יוחן עשו אמר לו רשע הוא אמר לו בל למד צדק אמר לו
שם °בארץ נכוחות יעול אמר לו אם כן בל יראה גאות ה' ואמר רבי יצחק מאי
תהלים קמ דכתיב °אל תתן ה' מאויי רשע זממו אל תפק ירומו סלה אמר יעקב לפני
הקב"ה רבונו של עולם אל תתן לעשו הרשע תאות לבו זממו אל תפק זו
גרממיא

שטובה לראייה · שהיו שם גנות ופרדסים:

דכל הנוטל (פרוטה) ממך בלא דמים אין מועיל · דכתיב שם יזבחו זבחי צדק וגזל לא מהני בזבח:

טראטריות (ה) וקרקסיאות. י"מ בתי עבודת כוכבים ומכנה אותן טרטאל' לשון חרפה וקרקסיאות רוצה לומר בית הכסא בלשון ערב וקשה לומר שאותן מקומות מטונפות יכול ללמוד שם תורה אלא ודאי לשמחה יהא במהרה בימינו ורוצה לומר בתים שמתאספים שם לוועד של עובדי עבודת כוכבים:

בי"ד ובמ"ו משום דמספקא ליה ומקשינן והא טבריא ודאי מערי מבצר הוא דכתיב ועדי מבצר הצדים צר וחמת רקת וכנרת וקי"ל דרקת זו טבריא אלא משום שימה חומתה כו' ׳טליא פי' נערים. דמדליא כרקתא דנהרא פי' גבוהה כשפת הנהר:

[עיין פרש"י ובערוך ערך שרד פי' אוסבי תלמידי חכמים יושבי בבית המדרש של טבריא ופי' הערוך מבואר על פי מה דאמר הש"ס בחולין קלג: אין שריד אלא ת"ח שנאמר ובשרידים אשר ה' קורא]

מו"ק כה:

[נ"ל רבא] [ברכות מ. עירובין יט. חגיגה כז. סנהדרין לז.] [נ"ל רבה]

כתובות קיא:

[כתובות קיא: ע"ש]

[בערוך ערך אטר אליך פירושו דהכהו שתי תיבות]

[נ"ל צור כך הגי' בע"י ובערוך ערך אחד גריס שד פי' מגדל שסוב'ם בו לפנים שדים פי' מגדל שהוא מוחזק בשד]

[בכורות נה.]

פסחים מב:

הגהות הב"ח

(א) גמ' מי מודיעני על זאת אמר לו וכו' שכל הנוטל: (ב) שם דמיו מפיו זה בית כריא שלהן: (ג) רש"י ד"ה גלייא וכריא ראשי: (ד) ד"ה אמלאה וכו' מחורבנה הס"ד ואח"כ מ"ה יוחן רשע: (ה) תוס' ד"ה טראטריאות י"מ בתי כנ"ל ותי' וקרקסיאות נמחק וכו' מקומות מטונפות יכולו ללמוד וכו' וטראטריות וקרקסיאות דהכא רוצה לומר בתים נ"ב עיין בשבת דף קנ. ופ"ק דע"ז דף יח ע"ב:

גליון הש"ס

רש"י ד"ה זממו כו' · שנותנים בחוטמה של אנקה. שבת דף נא ע"ב:

גרממיא של אדום שאלמלי הן יוצאין מחריבין כל העולם כולו ואמר רבי חמא בר חנינא תלת מאה קטירי תגא איכא בגרממיא של אדום ותלת מאה ושיתין וחמשה מרזבני איכא ברומי ובכל יומא נפקי הני לאפי הני ומקטיל חד מינייהו ומיטרדי לאוקמי מלכא ואמר ר' יצחק אם יאמר לך אדם יגעתי ולא מצאתי אל תאמן לא יגעתי ומצאתי אל תאמן יגעתי ומצאתי תאמן הני מילי בדברי תורה אבל במשא ומתן סייעתא הוא מן שמיא ולדברי תורה לא אמרן אלא לחדודי אבל לאוקמי גירסא סייעתא מן שמיא היא ואמר רבי יצחק *אם ראית רשע שהשעה משחקת לו אל תתגרה בו שנא' °אל תתחר במרעים (תהלים לז) ולא עוד אלא שדרכיו מצליחין שנא' °יחילו דרכיו בכל עת (שם) ולא עוד אלא שזוכה בדין שנאמר מרום משפטיך מנגדו ולא עוד אלא שרואה בשונאיו שנאמר כל צורריו יפיח בהם איני והאמר ר' יוחנן משום ר"ש בן יוחי מותר להתגרות ברשעים בעולם הזה שנא' °עוזבי תורה יהללו רשע ושומרי תורה יתגרו בם (משלי כח) ותניא *ר' דוסתאי בר מתון אומר מותר להתגרות ברשעים בעולם הזה (א) ואם לחשך אדם לומר אל תתחר במרעים ואל תקנא בעושי עולה מי שלבו נוקפו אומר כן אלא אל תתחר במרעים להיות כמרעים ואל תקנא בעושי עולה להיות כעושי עולה ואומר °אל יקנא לבך בחטאים וגו' (שם כג) לא קשיא הא במילי דידיה הא במילי דשמיא ואיבעית אימא הא והא במילי דידיה ולא קשיא הא בצדיק גמור הא בצדיק שאינו גמור דאמר רב הונא *מאי דכתיב °למה תביט בוגדים תחריש בבלע רשע צדיק ממנו (חבקוק א) צדיק ממנו בולע צדיק גמור אינו בולע ואי בעית אימא שעה משחקת לו שאני: אמר עולא איטליא של יון זה כרך גדול של רומי והויא תלת מאה פרסה על תלת מאה פרסה ויש בה שס"ה שווקים כמנין ימות החמה וקטן שבכולם של מוכרי עופות והויא ששה עשר מיל על ששה עשר מיל ומלך סועד בכל יום באחד מהן והדר בה אע"פ שאינו נולד בה נוטל פרס מבית המלך והנולד בה אע"פ שאינו דר בה נוטל פרס מבית המלך ושלשת אלפים בי בני יש בו *) וחמש מאות חלונות מעלין עשן חוץ לחומה צדו אחד ים וצדו אחד הרים וגבעות צדו אחד מחיצה של ברזל וצדו אחד חולסית ומצולה:

מתני' *קראו את המגילה באדר הראשון ונתעברה השנה קורין אותה באדר שני *אין בין אדר הראשון לאדר השני אלא קריאת המגילה ומתנות לאביונים:

גמ' הא לענין סדר פרשיות זה וזה שוין מני מתני' לא תנא קמא ולא ר' אליעזר ברבי יוסי ולא רשב"ג דתניא *קראו את המגילה באדר הראשון ונתעברה השנה קורין אותה באדר השני *שכל מצות שנוהגות בשני נוהגות בראשון חוץ ממקרא מגילה ר"א ברבי יוסי אומר אין קורין אותה באדר השני שכל מצות שנוהגות בשני נוהגות בראשון רשב"ג אומר משום רבי יוסי אף קורין אותה באדר השני שכל מצות שנוהגות בשני אין נוהגות בראשון ושוין בהספד ובתענית שאסורין בזה ובזה ר"ש בן גמליאל היינו תנא קמא אמר רב פפא סדר פרשיות איכא בינייהו דתנא קמא סבר לכתחלה בשני ואי עבוד בראשון עבוד בר ממקרא מגילה דאף על גב דקרו בראשון קרו בשני ורבי אליעזר ברבי יוסי סבר אפילו מקרא מגילה לכתחלה בראשון ורבן שמעון בן גמליאל סבר אפילו סדר פרשיות אי קרו בראשון קרו בשני מני אי תנא קמא קשיא מתנות אי רבי אליעזר ברבי יוסי קשיא נמי מקרא מגילה אי רשב"ג קשיא סדר פרשיות לעולם ת"ק ותנא מקרא מגילה והוא הדין מתנות לאביונים *דהא בהא תליא ואב"א לעולם רשב"ג היא ומתני' חסורי מיחסרא והכי קתני *אין בין ארבעה עשר שבאדר הראשון לי"ד שבאדר השני אלא מקרא מגילה ומתנות הא לענין הספד ותענית זה וזה שוין ואילו סדר פרשיות לא מיירי אמר רבי חייא בר אבין אמר רבי יוחנן הלכתא כרבן שמעון בן גמליאל שאמר משום רבי יוסי אמר רבי יוחנן ושניהם מקרא אחד דרשו בכל שנה ושנה רבי אליעזר ברבי יוסי סבר בכל שנה ושנה מה כל שנה ושנה אדר הסמוך לשבט אף כאן אדר הסמוך לשבט ורשב"ג סבר בכל שנה ושנה מה כל שנה ושנה אדר הסמוך לניסן אף כאן אדר הסמוך לניסן בשלמא רבי אליעזר ברבי יוסי מסתבר טעמא *דאין מעבירין על המצות אלא רשב"ג מ"ט אמר רבי טבי טעמא דרבי שמעון בן גמליאל מסמך גאולה לגאולה עדיף רבי אלעזר אמר טעמא דר' שמעון ב"ג מהבא דכתיב לקיים את אגרת הפורים הזאת השנית ואיצטריך למיכתב השנית

*) [ועי' תוס' מנחות סד: ד"ה אב"א ותוס' יומא לג. ד"ה אין ...]

רש"י

גרממיא · שם מלכות והיא מלדוס : פרזבני · דוכסים : ינפסי · בתורה : לאוקמי גירסא · שלא תשכח ממנו : סייעתא דשמיא · ויש יגע ולא מוצא : ישילו · יצליחו ודומה לו על כן לא יחיל טובו (איוב כ) : מרום משפטיך מנגדו · מסולקין הם ממנו : יפיח בהם · תורה אור בנפיחה בעלמא הן טפלים: מי שלבו נוקפו · ירא מן העבירות שבידו אומר כן : אל תתחר · אינו לשון גירוי אלא שלא תאחוז במעשיו כמו ואיך תתחרה את הסוסים (ירמיה יב) כלומר שאינו רץ כמותו : ואומר אל יקנא לבך בחטאים כי אם ביראת ה' כל היום · על כרחך אין קנאה זו לשון גירוי מלחמה אלא אחיזת מעשיו מדכתיב בסיפא כי אם ביראת ה' כל היום : איטליא של יון · כרך גדול שגדל בשביל עון מנשה שבשעה שהכניס צלם בהיכל ירד גבריאל ונעץ קנה בים *וגדל עליו חלקה גדולה ונבנה לשם איטליא של יון מאיי אלישה (יחזקאל כז) מתרגמינן מנגוות איטליא: שווקים · חוצות : פרס · מזון : חלונות המעלים עשן חוץ לחומה · שהן גבוהים מן החומה ואין מעשנין את החומה וזהו חשיבות : חולסית · מקום אבנים דקות : **מתני'** אלא מקרא מגילה · כלומר שאם עשאו בראשון לא יצא : **גמ'** סדר פרשיות · פרשת שקלים וזכור ופרה והחודש דתנן במתניתין דבני העיר *דנוהגין באדר : זה וזה שוין · שאם קראם בראשון אין צריך לחזור ולקרות בשני : שאסורין בזה ובזה · ביום ארבעה עשר וחמשה עשר שבשניהן : ואמר רב פפא גרסינן : ורבן שמעון בן גמליאל כו' · דהא כל מצות קאמר : מתניתין הכי קתני · ולא איירי בסדר פרשיות כלל : אין מעבירין כו' · משבא לידי אקדים לעשות דהכי תניא במכילתא ושמרתם את המצות אם באת מצוה לידך אל תחמיצנה : גאולה לגאולה · פורים לפסח : השנית · בחודש השני : לבסוף

תוספות

הא לענין סדר פרשיות זה וזה שוין · שאם קראו הארבע פרשיות באדר הראשון שעדיין לא היו יודעין שצריכין לעבר ולבתר הכי עברו השנה אין צריך לקרותם באדר השני : **ורבי** אליעזר ברבי יוסי סבר אף מקרא מגילה [לכתחלה בראשון · ונראה] דדייק מדקתני משנה יתירה דכל מצות שנוהגות בראשון [דמשמע] לכתחלה ויש שנוהגין לעשות ימי משתה ושמחה בארבעה עשר ובחמשה עשר של אדר הראשון וריהטא דמתניתין נמי משמע כן מדקאמר אלא מקרא מגילה (ב) בלבד ומתנות עניים מכלל דלענין משתה ושמחה זה וזה שוין ולא נהירא דהא אמרינן בגמרא הא לענין הספד ותענית זה וזה שוין מכלל דמשתה ושמחה ליכא דע"כ לא תליא הא בהא דהא תליא הא בהא לאשמועינן דמשתה ושמחה נהגו בהו וממילא נאסר בהספד דהא הימים האמורים במגילת תענית האסורים בהספד אין בהן משתה ושמחה וכן הלכה שאין צריך להחמיר לעשות משתה ושמחה באדר הראשון :

מסתבר טעמיה דאין מעבירין על המצות · מכאן קשה להא דאמרינן בפרק איזהו מקומן (זבחים דף נא. ושם) בגמרא דקאמר שירי הדם היה שופך על יסוד מערבי של המזבח ודייק טעמא דאמר קרא אל יסוד מזבח העולה וקשה התם למה לי קרא תיפוק ליה דאין מעבירין על המצות ובשהוא יוצא מפתח ההיכל שהוא מערב ביסוד מערבי הוא דפגע בראשונה ויש מפרשים דלא שייך למימר אין מעבירין על המצות אלא היכא שיש לפניו שתי מצות שיש לו לעשות קודם אותה דפגע בראשונה וזה אינו דהכא ליכא אלא מצוה אחת ואפילו הכי מפרש הטעם משום דאין מעבירין ורבינו יהודה תירץ דאי לאו קרא הוה אמינא דאין מעבירין לכתחלה הא דיעבד שרי משום הכי איצטריך להסור בדיעבד א"נ כמו דאיצטריך התם דמשום דאין מעבירין לא הוזכין אלא לצד מערבי של מזבח כשר אבל יסוד לא הוזכין לצריך משום הכי איצטריך קרא לאשמועינן יסוד *) גלמרה

עין משפט נר מצוה

כא א מיי' פ"א מהל' מגילה הל' יב סמג עשין מד"ס ד טור א"ח סימן תרפח :

כב ב ג מיי' פ"ב מהל' מגילה הל' יג סמג שם טור ש"ע א"ח סי' תרצז :

רבינו חננאל

מתני' קרא את המגילה באדר הראשון ונתעברה השנה כו' הא לענין פרשיות זה וזה שוין פי' פרשיות כדתנן בר"ח אדר קורין בפרשת שקלים. בשניה זכור. בשלישית פרה אדומה. ברביעית החדש הזה. בחמישי חוזרין לכסדרן ואוקימנא דבסדר פרשיות זה וזה שוין. אם קראו אותם באדר הראשון יצאו ואין צריכין לחזור ולקרות אותם באדר השני. מני מתניתין לא ת"ק ולא ר' אליעזר בר' יוסי ולא רשב"ג דתניא קראו את המגילה באדר הראשון ונתעברה כו'. ואמר רב פפא סדר פרשיות איכא בינייהו ת"ק סבר פרשיות לכתחלה בשני ואי עביד בראשון תוב לא עבדי בשני לבד ממקרא מגילה דאע"ג [דקרו] בראשון קרו נמי בשני. ר' אליעזר בר' יוסי סבר אפי' מקרא מגילה לכתחלה בראשון ור"ש ב"ג סבר סדר פרשיות לכתחלה נמי בשני. ואע"ג דקרו בראשון קרו נמי בשני. מני מתני' אי ת"ק הא קתני אין [בין] ממקרא מגילה בלבד ומשנתנו שנינו אלא מקרא מגילה ומתנות לאביונים. הלכך קשיא ומתנות לאביונים אי ר' אליעזר בר' יוסי קשיא נמי מקרא מגילה. דהא בברייתא תני דלא מקרא מגילה ולא מתנות לאביונים אין נוהגין בשני ומתני' קתני דזה נוהגים בשני. אי רשב"ג קשיא סדר פרשיות דדייקינן ממתני' הא לענין פרשיות אדר הראשון והשני שוין ורשב"ג סבר אין נוהגין אלא בשני ופרקינן לעולם מתניתין ת"ק היא ותנא בברייתא מקרא מגילה והוא הדין למתנות לאביונים דמתנות אביונים בקריאת המגילה הם תלויים. עת שקורין המגילה נותנין לעניים המתנות מפני שעיני העניים נשואות למקרא מגילה איבעית אימא לעולם מתני' רשב"ג והכי קתני אין בין י"ד דאדר הראשון ויום י"ד דאדר השני אלא מקרא מגילה ומתנות לאביונים ; הא לענין הספד ותענית יום י"ד של אדר הראשון ויום י"ד דאדר השני זה וזה שוין. ואילו בסדר פרשיות תנא דידן לא קתני מידי ואסיקנא משום דרבי יוחנן הלכה כרשב"ג דאמר כל מצות הנוהגות בשני אין נוהגות בראשון ובין סדר פרשיות ובין מקרא מגילה אין נוהגין אלא באדר השני בלבד. וא"ר יוחנן דייק רשב"ג מדכתיב כל שנה ושנה מה כל שנה ושנה אדר הסמוך לניסן אפילו במעוברת אדר הסמוך לניסן ואקשינן והא אין מעבירין על המצות ופרקינן מסמך גאולה לגאולה עדיף ר' אלעזר (בר' יוסי) אמר טעמא דרשב"ג לקיים את אגרת הפורים הזאת השנית מדכתיב השנית

מסורת הש"ס

[ס"א ופלטין שרפין גדול] · ברכות ז: ע"ש · [דף כט.] · [ברכות ז: ע"ש מסכת ד"א רבה פ"ב ע"ש] · ברכות ז: ע"ש ב"מ עא. · *) [נ"א וכל אחד ואחד חמש מאות חלונות וכו'] · שקלים ב: · [תוספ' פ"א] · [ר"ה יט:] · [שבת קלג: וש"נ] · [יומא לג. וש"נ]

הגהות הב"ח

(א) גמ' מותר להתגרות ברשעים בעולם הזה שנאמר עוזבי תורה יהללו רשע וגו' ואם לחשך אדם לומר וכו' אל תתחר וגו' בעושי עולה אומר לו מי שלבו : (ב) תוס' ד"ה ור"א וכו' אלא מקרא מגילה ומתנות עניים כצ"ל ותיבת בלבד נמחק :

§ מסכת מגילה דף ו: §

אות א'

קראו את המגילה באדר הראשון ונתעברה השנה, קורין אותה באדר שני

טור או"ח סי' תרפח - קראוה באדר ראשון ואח"כ ראו לעבר השנה, קורין אותה באדר שני; אבל הפרשיות שעשו באדר ראשון א"צ לחזור לעשותן בשני - «משנה פרק קמא, ודייק מינה בגמרא, הא לענין סדר פרשיות זה וזה שוין, כלומר שאם קראו הארבע פרשיות בראשון, אין צריך לחזור ולקרותן בשני, [מני מתניתין לא ת"ק ולא רבי אליעזר ברבי יוסי ולא רשב"ג, ומסיק דמתניתין רשב"ג היא דאמר אפילו סדר פרשיות אי קרי בראשון קרי בשני, ופסק רבי יוחנן הלכה כרשב"ג, **ולכן** הנוסחא האמיתית בדברי רבינו: "וכן הפרשיות שעשו באדר הראשון, צריך לחזור לעשותן בשני", ולאפוקי מספרים דגרסי איפכא - ע"פ הגהת הבדק הבית], **ומכל** מקום יש לתמוה על רבינו, למה הוצרך לכתוב זה, דכיון שאנו קובעין על פי החשבון, לא שייך למימר: קראו את המגילה באדר ראשון ואחר כך ראו לעבר השנה, **ואפשר** שכתב כן ללמדנו, שאם טעו בני העיר וחשבו שהיתה שנה פשוטה, וקראו המגילה והפרשיות באדר הראשון, ואחר כך נודע להם שהיא מעוברת, חוזרין לקרות המגילה באדר השני, וצריכין לחזור לקרות הפרשיות - ב"י».

אם טעו וקראו הפרשיות והמגילה באדר ראשון, [כגון שחשבו שהיא שנה פשוטה, ואח"כ נודע להם שהיא מעוברת], צריך לחזור ולקרות המגילה בשני, **ולענין** הפרשיות, בב"י משמע דא"צ לחזור, «לכאורה בלא הגהת הבדק הבית», **אבל** בד"מ ובא"ר כתבו דצריך לחזור - מ"ב סימן תרפה ס"ק ב'.

אם טעו וקראו הפרשיות והמגילה באדר ראשון, צריך לחזור ולקרות בשני - מ"ב סי' תרפח ס"ק כ"ג.

אות ב' - ג'

שכל מצות שנוהגות בשני אין נוהגות בראשון; ושוין בהספד ובתענית שאסורין בזה ובזה

אין בין ארבעה עשר שבאדר הראשון לארבעה עשר שבאדר השני אלא מקרא מגילה ומתנות, הא לענין הספד ותענית זה וזה שוין

סימן תרצז ס"א - [א]יום י"ד וט"ו שבאדר ראשון אין נופלים על פניהם, ואין אומרים מזמור "יענך ה' ביום צרה" - ואין אומרים "אל ארך אפים" בפורים קטן ב' הימים, ד"למנצח יענך" ו"אל ארך אפים" שווים המה. **ו"מזמור** לאסף" בפורים קטן, מקומות יש בלבוב שאין אומרים אותו בכל יום שאין אומרים תחנון, **ויש** מקומות שאומרים, רק ביום הלל אין אומרים "מזמור לאסף", וכן נוהגים בפפד"א. **אם** חל פורים קטן בשבת, אין אומרים "צדקתך וצדקתך".

ולכו"ע אין אומרים "על הנסים", כיון דאין קורין המגילה, ואם אמרו אין מחזירין אותו, [דהא מדינא היה ראוי לעשות באדר ראשון, אלא שמסמיך גאולה לגאולה עדיף, א"כ מ"מ הוי מעין המאורע].

[ב]ואסורים בהספד ותענית; אבל שאר דברים אין נוהגים בהם; [ג]וי"א דאף בהספד ותענית מותרים. הגה: והמנהג כסברא הראשונה.

אם נדר בפירוש להתענות בפורים קטן, י"ל דחל הנדר, דהוי רק מנהג בעלמא, **אבל** אם נדר בסתם ב' וה' של כל השנה, י"ל דדעתו היה לבד פורים קטן.

אבל אבילות לכו"ע נוהג באדר ראשון.

י"א שחייב להרבות במשתה ושמחה בי"ד שבאדר ראשון (טור בשם הר"ף) - אבל לא בט"ו, אף לכרכים המוקפין חומה.

ואין נוהגין כן, מ"מ ירבה קצת בסעודה כדי לצאת ידי המחמירים (הג"מ בשם סמ"ק); וטוב לב משתה תמיד - בהגהת תשב"ץ כתב דיש להרבות, **ורבינו** יחיאל מפריש רגיל להרבות ולהזמין בני אדם, **וזהו** שסיים הרמ"א: וטוב לב משתה תמיד, היינו שטוב להרבות לכבוד הנס שנעשה בעתים הללו.

מי שאירע לו נס באדר, וקבל על עצמו לעשות תמיד יום משתה ושמחה, אם אירע בשנה פשוטה, עושה בראשון, «ע"ל סימן תרפו ס"ג במ"ב», **ואם** אירע במעוברת בשני, יעשה בשני, **ואותה** סעודה שעושין בשביל הנס היא סעודת מצוה, דכל סעודה שעושין לזכר נפלאות ד' הוא סעודת מצוה.

באר הגולה

[א] ב"י על פי המנהג [ב] **טור בשם הסמ"ג והרמב"ם, וכן דעת הר"ן ממשנה דאין בין אדר א' וכו', כתירוצא בתרא בגמ', דמתנ' חסורי מחסרא וכו',** ‹דמדקאמר המשנה "אין בין", שייך לדייק דלענין דבר מסויים הם שוים, ולתירוצא קמא דה"אין בין" הולך על החודש, "הם שוים" צריך להיות לענין סדר פרשיות, משא"כ לתירוצא בתרא, דה"אין בין" הולך על י"ד, ממילא "הם שוים" הוא לענין הספד ותענית›, **וכ"כ הרי"ף שם** [ג] **שם בשם אביו הרא"ש והג' מיימוני והמרדכי בשם הר"מ** ‹וז"ל: והא דיום י"ד וט"ו דאדר הראשון והשני שוין בהספד ותענית, היינו דוקא כשקראו המגילה, ובו ביום נראה להם לעבר השנה, אבל אם לא קראו המגילה, מותרין בהספד ותענית - טור›

§ מסכת מגילה דף ז. §

אות א׳ – ב׳

רות ושיר השירים ואסתר מטמאין את הידים

קהלת אינו מטמא את הידים

רמב״ם פ״ט מהל׳ שאר אבות הטומאה ה״ו - ולא דברי תורה בלבד, אלא כל כתבי הקדש, אפילו שיר השירים וקהלת [א]שהן דברי חכמה, [ב]מטמאין את הידים.

אות ג׳

שתי מנות לאיש אחד

סימן תרצה ס״ד - [ג]חייב לשלוח לחבירו שתי מנות [ד]בשר או של מיני אוכלים - ולא בגדים ושארי דברים, **וה״ה** משקה דשפיר דמי, דשתיה בכלל אכילה, וכן סגי בא׳ אוכל וא׳ משקה, [גמרא].

ובעינן שיהיה מין אוכל המבושל ולא בשר חי, דמשלוח מנות הראוי מיד לאכילה משמע, **וי״א** דכיון שהוא שחוט וראוי להתבשל מיד, שרי.

שנאמר: ומשלוח מנות איש לרעהו, שתי מנות לאיש אחד - בעניים הקפידו ליתן לשני עניים, דמצוה לחלק, משא״כ בעשיר דדי כשנותן לאחד.

בתשו׳ בנין ציון נסתפק, אם הביא בעצמו המנות ולא ע״י שליח, אי יוצא, כיון דכתיב "ומשלוח", נימא דבעינן דוקא ע״י שליחות.

(הח״א הוכיח מן הירושלמי, דאם שולח לעשיר דבר פחות, אינו יוצא בזה ידי משלוח מנות, וכן משמע בריטב״א לפי גירסא אחת [ה]שם בגמרא, **אכן** שארי פוסקים לא הזכירו דבר זה, **ונכון** ליזהר בזה לכתחלה).

(בטורי אבן [ו]מסתפק, אם שלח ב׳ מנות לאיש עני, אם יוכל לחשבם לתרתי, לקיום שילוח מנות, דגם העני בכלל "איש לרעהו", ולקיים מתנות לאביונים, ואם נתן עוד מתנה א׳ לעני אחד יצא, או לא).

[ז]וכל המרבה לשלוח לריעים משובח.

אות ד׳

שתי מתנות לשני בני אדם

סימן תרצד ס״א - [ח]חייב כל אדם - בין איש ובין אשה, **ליתן לפחות שתי מתנות לשני עניים** - ואפילו עני המתפרנס מן הצדקה, דעת כמה אחרונים דצריך לתת ממה שנתנו לו.

ורשאי ליתן מאכל או מעות, ולא מצאתיו כעת כמה יהיה שיעור מתנות - פמ״ג, **ובחידושי** ריטב״א כתב, אפילו שתי פרוטות, דשוה פרוטה חשובה מתנה, אבל לא בפחות.

אם החליף סעודתו בשל חבירו, יצא ידי מתנות, [ט][גמרא], **וע״כ** עני המתפרנס מן הצדקה, יתן ב׳ מתנות לב׳ אביונים, ויחזרו הם ויתנו לו - פמ״ג.

עוד כתב, נ״ל דלכתחלה צריך ליתן לאביון דבר הראוי ליהנות ממנו בפורים, מאכל, או מעות שיוכל להוציא בפורים.

וזהו מדינא, ‹שתי מתנות›, אבל באמת מוטב להרבות במתנות לאביונים, מלהרבות בסעודתו ובשלוח מנות לרעיו, שאין שמחה גדולה ומפוארה אלא לשמח לב עניים יתומים ואלמנות, ודומה לשכינה, שנאמר: להחיות רוח שפלים ולהחיות לב נדכאים - רמב״ם.

והנה השתי מתנות צריך ליתן משלו, ולא משל מעשר, וההוספה שמוסיף יוכל ליתן משל מעשר.

(**נסתפקתי**, מתנה לאביון אי מהני ע״מ להחזיר, **ומשלוח** מנות לא מהני, כי מצוה מאכל ומשקה שישמחו בפורים).

(**ומחצית השקל**, **אם** מחלקין לעניים, יוצאין ידי מתנות לאביונים – פמ״ג).

באר הגולה

[א] ‹וקשה, הלא כל הני דסבירא להו דקהלת מטמא את הידים, הוא משום דסוברים דקהלת ברוה״ק נאמרה, ולא מחכמתו של שלמה בלבד נאמרה, וצע״ג – רדב״ז. **לא** ידעתי למה קרי שיר השירים דברי חכמה, דהלא ברוח הקודש נאמר, וקדש קדשים הוא – מעשה רוקח› [ב] ‹תמוה, אמאי מציין העין משפט דבריו על ר׳ שמעון בן מנסיא דסבר דאין קהלת מטמא את הידים› [ג] **ציינתי לעיל ריש סי׳ תרצ״ד** [ד] ‹כמ״ש בספ״ק דביצה בש״א אין משלחין ביו״ט אלא מנות כו׳ ועיין רש״י שם – גר״א. **דפרש״י** דבר המוכן ואינו עשוי להניח למחר, כגון חתיכות בשר חתוכות וכן דגים, **וא״כ** גם מנות דכתיב בקרא, ג״כ הפירוש חתיכות בשר או דגים, וכיוצא מבושל המוכן לאכול – דמשק אליעזר› [ה] ‹גירסת רש״י ז״ל: שלח לו קיימת בנו רבינו ומשלוח מנות, ופירש דהכא {תרי} מנות איכא, ולא גרסינן הדר שלח ליה איהו, **אבל** בכולהו נוסחי גרסינן: קיימת בנו רבינו ומתנות לאביונים {ולא ומשלוח מנות}, פי׳ שלא היתה יקרה התשורה בעיניו, ואמר שאינה מתנה לאדם כמוהו ולא יצא ידי חובת משלוח מנות איש לרעהו, הדר שלח ליה, כלומר רבי יהודה נשיאה גופיה עגלא תליתאה {ולא רק אטמא} ותלת גרבי יין {ולא רק גרבא א׳}, שלח ליה קיימת בנו רבינו ומשלוח מנות איש לרעהו, כלומר שזו התשורה הראויה לך – ריטב״א. **וכן** מפירש״י, מנות "מיני מעדנים", משמע דאינו יוצא אלא כששולח מעדנים, שהוא תפנוקים וכתרגום (ויחי מ״ט כ׳) בפסוק מעדני מלך, אבל במאכל פשוט אינו יוצא – להורות נתן› [ו] ‹קיימת בנו רבינו ומשלוח מנות איש לרעהו ומתנות לאביונים, {והיינו גירסא דילן בגמ׳, ודלא כרש״י והגר״א וכל הראשונים}. לכאורה נ״ל לפרש דה״ק, דבהני ב׳ מתנות אטמא וגרבא דשלח ליה קיים משלוח מנות איש לרעהו, דהא איכא ב׳ מתנות לאיש אחד, וגם קיים מתנות לאביונים, דר׳ אושעיא עני היה כדמוכח בירושלמי, ונ״מ כשישלח עוד מתנה לאביון אחר, הא דר״א מצטרף, דהא איכא ב׳ מתנות לב׳ אביונים, וגם מצות משלוח מנות קיים בהא דר״א לבד, דאביון לא נפיק מכלל רעהו, והא איכא ב׳ מתנות לאיש אחד. **ומ״מ** נ״ל עיקר דבשלוח ב׳ מתנות לאביון אחד, אינו עולה לו לשתיהן, אלא או משלוח מנות, דאביון לא נפיק מכלל רעהו, וצריך לשלוח עוד ב׳ מתנות לב׳ אביונים לקיים מצות מתנות, או עולה לו למצות מתנות לאביונים לחוד, אבל לא לכאן ולכאן, ואי אפשר לקיים ב׳ מצות הללו אלא ע״י ג׳ בני אדם, ב׳ מהן אביונים ואחד בין עשיר ובין אביון. והא דשלח ליה קיימת בנו משלוח מנות ומתנות... או או קאמר, דאם רצה לחשוב זה למשלוח מנות או למתנות, הרשות בידו ושפיר דמי – טורי אבן› [ז] **רמב״ם** [ח] **מהא דתני ר׳ יוסף מגלה ד׳** [ט] ‹לכאורה צ״ע, היכן מצא זאת בגמרא, דלכאורה הגמרא עמוד ב׳ ד״מחלפי סעודתייהו להדדי", עוסק או בסעודת פורים כרש״י, או גם על משלוח מנות כפי׳ הר״ן, אבל לא על מתנות לאביונים, **וצריך** לומר, דכמו דמהני להחליף סעודתו בנוגע לצאת חיוב משלוח מנות, ס״ל דה״ה נמי דאם מחליף עמו, דיהיה יוצא מתנות לאביונים, וצ״ע›

השנית ואיצטריך למיכתב בכל שנה ושנה דאי מבכל שנה ושנה הוה אמינא כי קושין קא משמע לן השנית ואי אשמועינן השנית הוה אמינא בתחילה בראשון ובשני קמ"ל בכל שנה ושנה ורבי אליעזר בר' יוסי האי השנית מאי עביד ליה מיבעי ליה לכדרב שמואל בר יהודה דאמר רב שמואל בר יהודה בתחילה קבעוה בשושן ולבסוף בכל העולם כולו אמר רב שמואל בר יהודה שלחה להם אסתר לחכמים קבעוני לדורות שלחו לה קנאה את מעוררת עלינו לבין האומות שלחה להם כבר כתובה אני על דברי הימים למלכי מדי ופרס *רב ורב חנינא ורבי יוחנן ורב חביבא מתנו בכולה סדר מועד כל כי האי זוגא חלופי רבי יוחנן ומעייל רבי יונתן שלחה להם אסתר לחכמים כתבוני לדורות שלחו לה °הלא כתבתי לך שלישים שלישים ולא רבעים עד שמצאו לו מקרא כתוב בתורה °כתב זאת זכרון בספר כתב זאת מה שכתוב כאן ובמשנה תורה זכרון מה שכתוב בנביאים בספר מה שכתוב במגילה כתנאי כתב זאת מה שכתוב כאן זכרון מה שכתוב במשנה תורה בספר מה שכתוב בנביאים דברי רבי יהושע ר' אלעזר המודעי אומר כתב זאת מה שכתוב כאן ובמשנה תורה זכרון מה שכתוב בנביאים בספר מה שכתוב במגילה אמר רב יהודה אמר שמואל אסתר אינה מטמאה את הידים למימרא דסבר שמואל אסתר לאו ברוח הקודש נאמרה והאמר שמואל אסתר ברוח הקודש נאמרה נאמרה לקרות *ולא נאמרה ליכתוב מיתיבי *רבי מאיר אומר קהלת אינו מטמא את הידים ומחלוקת בשיר השירים ר' יוסי אומר שיר השירים מטמא את הידים ומחלוקת בקהלת ר' שמעון אומר קהלת מקולי ב"ש ומחומרי ב"ה אבל רות ושיר השירים ואסתר מטמאין את הידים הוא דאמר כר' יהושע תניא ר' שמעון בן מנסיא אומר °קהלת אינו מטמא את הידים מפני שחכמתו של שלמה היא אמרו לו וכי זו בלבד אמר והלא כבר נאמר °וידבר שלשת אלפים משל ואומר °אל תוסף על דבריו מאי ואומר וכי תימא מימר טובא אמר דאי בעי איכתיב ודאי בעי לא איכתיב תא שמע אל תוסף על דבריו תניא ר' אליעזר אומר אסתר ברוח הקודש נאמרה שנאמר °ויאמר המן בלבו ר' עקיבא אומר אסתר ברוח הקודש נאמרה שנאמר °ותהי אסתר נשאת חן בעיני כל רואיה ר"מ אומר אסתר ברוח הקודש נאמרה שנאמר °ויודע הדבר למרדכי רבי יוסי בן דורמסקית אומר אסתר ברוח הקודש נאמרה שנאמר °ובבזה לא שלחו את ידם אמר שמואל אי הואי התם הוה אמינא מלתא דעדיפא מכולהו שנאמר קימו וקבלו *קימו למעלה מה שקיבלו למטה אמר רבא *לכולהו אית להו פירכא לבר מדשמואל דלית ליה פירכא דרבי אליעזר סברא הוא דלא הוה איניש דחשיב למלכא כוותיה והאי כי קא מפיש טובא ואמר אדעתיה דנפשיה קאמר דר"ע דלמא *כר' אלעזר דאמר מלמד שכל אחד ואחד נדמתה לו כאומתו והא דרבי מאיר דלמא כרבי חייא בר אבא דאמר *בגתן ותרש שני טרשיים היו והא דרבי יוסי בן דורמסקית דלמא פריסתקי שדור דשמואל ודאי לית ליה פירכא אמר (א) רבינא *היינו דאמרי אינשי טבא חדא פלפלתא חריפתא ממלי צני קרי רב יוסף אמר מהכא °וימי הפורים האלה לא יעברו מתוך היהודים רב נחמן בר יצחק אומר מהכא וזכרם לא יסוף מזרעם: ומתנות לאביונים: תני רב יוסף ומשלוח מנות איש לרעהו °שתי מנות לאיש אחד ומתנות לאביונים °שתי מתנות לשני בני אדם רבי יהודה נשיאה שדר ליה לרבי אושעיא אטמא דעיגלא תלתא וגרבא דחמרא שלח ליה קיימת

רש"י

לבסוף קבעוה כו' · וזהו השנית: אלהם לסם · בשנה שנייה לקובעה עליהם חובה: קבעוני · ליום טוב ולקרייה להיות לי לשם: קנאה את מעוררת עלינו · שיאמרו האומות שאנו שמחים להזכיר מפלתן: כבר אני כתובה · ושם יהו רואין מה שאירע להם על ידי ישראל: רב ורב חנינא ורבי יוחנן ורב חביבא מתנו · הא דאמרינן לקמן: בכוליה סדר מועד · שהוזכרה שם זוג זה של ארבע חכמים הללו חלופי רבי יוחנן ומכניסין רבי יונתן: שלישים · בשלשה מקומות יש לנו להזכיר מלחמת עמלק בספר ואלה שמות (יז) ובמשנה תורה (כה) ובספר שמואל (א טו) וזהו שאמר שלמה בדבר שילשתו אי אתה רשאי לרבעו: זאת מה שכתוב כאן ובמשנה תורה · דכל מה שכתוב בתורה קורא כתב אחד: אינה מטמאה את הידים · כשאר ספרים דאמר ביאוחז השבת (דף יד.) שגזרו עליהן לטמא את הידים לתרומה * ומחלוקת בית שמאי וב"ה היא: הוא דאמר כרבי יהושע · דאמר לעיל זאת מה שכתוב בתורה זכרון מה שכתוב במשנה תורה בספר מה שכתוב בנביאים אבל במגילה לא ניתנה ליכתב אלא לגורסה על פה ולקרותה: והלא כבר נאמר וידבר כו' · וקהלת כבר נאמרה וכיון דלא כתב את כולן למדת שמה שכתב רוח הקודש היה: אל תוסף על דבריו · מקרא הוא בספר משלי: דאי בעי כתב ואי בעי לא כתב · ולעולם מה שכתב משלות בעלמא נינהו ולא מפי הקב"ה: הא שמע אל תוסף על דבריו · מדקאסר להוסיף עליהן שמע מינה ברוח הקודש נאמרו: ויאמר המן בלבו · מנא ידעו כותבי המגילה שכך אמר בלבו אלא רוח הקודש גלה עליהם: ויודע הדבר למרדכי · מי גלה לו רוח הקדש שרה עליו: ובבזה לא שלחו את ידם · היאך ידעו מה עשו הרחוקים: מפיש ואמר טובא · יביאו לבוש מלכות אדעתא דנפשיה קאמר שמע מינה זאת היתה בלבו: נדמתה לו כאומתו · והיו אומרים בפיהם זו משלנו היא: דרבי חייא בר אבא · לקמן בפירקין: פריסתקי שדור · שלוחים שלחו להם למרדכי ואסתר שלא נגעו בביזה שלא ירע למלך: לא יעברו · מנא ידע את העתיד: מנות · מיני מעדנים: שתי מנות לאדם אחד · דכתיב ומשלוח מנות איש לרעהו שתי מנות לאדם אחד ומתנות לאביונים שתי מתנות לשני בני אדם די לכל אחד ואחד מתנה אחת דהא אביונים נמי תרתי משמע: עגלא תלתא · שליש לבטן:

תוספות

נאמרה לקרות ולא לכתוב · משמע דסבר דמותר לקרותה ע"פ וקשה דהיכי פליג על סתם משנה דלקמן דפ"ב (דף יז.) (ב) דתני קראה על פה לא יצא ורב נמי הוא דאמר לקמן (דף יח.) שצריך לכותבה ולתופר' בגידין ור' יוחנן נמי [אמר] (שם:) דאם קראה (ג)בין הכתובים לא יצא לכך נר' לפר' דהא דקאמר לא ניתנה ליכתב ברוח הקודש אבל מדרבנן ניתנה ליכתב ולקרות ואכתי קשיא דהא אמרינן בפ' (ד) הממונה במסכת יומא (דף כט.) נמשלה אסתר לאילת השחר מה שחר סוף הלילה אף אסתר סוף הנסים ופריך והא איכא חנוכה ומשני ניתן ליכתב קאמר ופריך הניחא למאן דאמר ניתן ליכתב אלא למאן דאמר לא ניתן ליכתב מאי איכא למימר (ה) ואין לומר דהא דניתן ליכתב מדרבנן קרי כתיבה דאם כן הדרא קושיין לדוכתא דהא איכא חנוכה שניתנה לכתוב מדרבנן במגילת תענית ותירץ הר"ר אלחנן דכתיבה דמגילה מהגיא טפי דהא צריכה גידין ושרטוט וכמה דברים דלא צריכי במגילת תענית:

לכולהו (ו) איכא פירכא בר מדשמואל · וקשה דלשמואל מי ליכא פירכא דהא רבא גופיה הוא דאמר פרק רבי עקיבא (שבת דף פח. ושם) · (מכאן מודעא רבה לאורייתא) שקבלו שנית בימי אחשורוש אלמא דאיצטריך קרא לדרשא אחרינא ויש לומר דלא חשיב האי פירכא דהא שפיר שמעינן מינה תרתי ולא דמי האי פירכא לשאר פירכות דהיך דסתר סברתם לגמרי*:

ורב נחמן אמר מהכא וזכרם לא יסוף מזרעם · דברישא דקרא לא חזינן אלא היהודים שבאותו הדור: דלא

עין משפט נר מצוה

מה א ב מיי' פ"ח מהל' שאר אבות הטומאות הלכה ו:

מו ג מיי' פ"ב מהלכות מגילה הלכה טו סמג עשין ד טוש"ע א"ח סימן תרצה סעיף ד:

מז ד מיי' שם הלכה טז סמג שם טוש"ע א"ח סי' תרצד סעיף א:

רבינו חננאל

השנית ש"מ דבאדר השני: קנאה את מעוררת עלינו כלומר כיון שתיכתב ותיקבע לדורות יהיו האומות שומעין הדבר הזה ומתקנאין ואומרים נשלם גמולכם' שלישים ולא רבעים פי' לא נתן להיכתב *) זכרון עמלק פעמים אמור בתורה ויבא עמלק. וקי"ל כר' אלעזר המודעי דאמר כתוב זאת מה שכתוב כאן ובמשנה תורה · זכרון מה שכתוב בנביאים · בספר [מה] שכתוב במגילה: אסתר מטמא את הידים דברי רשב"י פי' כל כתבי הקדש מטמאין את הנוגע בהן כדתנן בסוף מסכת ידים תרגום שבעזרא ושבדניאל מטמאין את הידים תרגום שכתבו עברית ועברית שכתבו תרגום [וכתב עברי] אין מטמאין את הידים (וכתב עברי) לעולם אין מטמא עד שיכתבנו אשורית על העור בדיו אומרים צדוקים קובלים אנחנו עליכם פרושים שאתם אומרים כתבי הקדש מטמאין את הידים וכתבי המירם אינן מטמאין את הידים אמר להם ריב"ז וכי אין לנו על הפרושים אלא זו בלבד הרי הן אומרים עצמות חמור טהורין ועצמות יוחנן כה"ג טמאין · א"ל לפי חיבתן הן טומאתן שלא יעשה אדם עצמות אביו ואמו תרוודות · אמר להן אף כתבי הקדש לפי חיבתן הן טומאתן כו' כלומר גזרו עליהן טומאה שלא יהיו מצויין לנגיעתן בכל עת ומפורש במס' שבת פ"א [ד' י"ד] ובספר מ"ס גזרו בים [טומאה] דאמר רב משרשיא בתחלה היו מצניעין אוכלין דתרומה אצל ס"ת אמרי האי קדש והאי קדש כיון דחזו דאתו לידי פסידא שהיו העכברים אוכלים הספרים גזרו ביה רבנן [טומאה] ואף אסתר מטמאה את הידים: ברוה"ק נאמרה שנא' קיימו וקבלו היהודים (מכלל שיש בה קדושה) קיימו למעלה מה שקבלו עליהם למטה וכל אלו הפסוקים כגון ויאמר המן בלבו וכיוצא בו מי מודע מה היה בלבו אלא הקב"ה: תני רב יוסף ומשלוח מנות איש לרעהו · ב' מנות לאדם אחד דכתיב מנות איש לרעהו ומתנות לאביונים · ב' מנות לב' בני אדם · ר' יהודה נשיאה שלח לר' הושעיא ירך של עגל שלישי לבטן וקנקן יין

מסורת הש"ס

סוכה ד: שבת כה:

ידים פ"ג מ"ה עדיות פ"ה מ"ג [ע"ש שינוי נוסחאות ועיין בתוי"ט]

מכות כג: [חגיגה י. וש"נ]

לקמן יג. [שם: ושם איתא רבי יוחנן] יומא סב: חגיגה י.

הגהות הב"ח

(א) גמ' אמר רבא סייע דאמרי אינשי: (ב) תוס' ד"ה נאמרה וכו' דפ"ב דקתני קראה וכו': (ג) בא"ד דאם קראה במגילה הכתובה בין הכתובים וכו': (ד) שם פרק א"ל הממונה: (ה) שם מאי איכא למ' מוקים לה כרבי שמעון בר יוסף ואין לומר: (ו) ד"ה לכולהו כ"ב עיין פ"ק דחגיגה בתוס' ד"ה דלמא כר' יהודה בדף י' ע"א:

*) נראה דחסר כאן וצ"ל זכרון עמלק פעם רביעי כי סתמינן המזר בתורה ויבא עמלק וזכור וגו' ופעם שלישי בנביאים זכרתי את אשר וגו' וקי"ל וכו'.

(ולא יתן להם קודם פורים, ׳דלמא אכלי להו קודם פורים – מ"א בשם המאור, ומנהג העולם ליתן קודם פורים, אף דמתנות לאביונים מצותו דוקא ביום פורים, צ"ל דע"כ נותן שתי מתנות לאביונים גם ביום פורים, וגם יש הרבה עניים החוזרים על הפתחים בפורים).

הגה: י"א שיש ליתן קודם פורים מחצית מן המטבע הקבוע באותו מקום ובאותו זמן, זכר למחצית השקל שהיו נותנין באדר; ומאחר שג' פעמים כתוב "תרומה" בפרשה, יש ליתן ג' (מרדכי), ויש ליתנו בליל פורים קודם שמתפללים מנחה (מהרי"ל), וכן נוהגין בכל מדינות אלו - ובמדינתינו נוהגין ליתנו בשחרית קודם קריאת המגילה - מ"א, **ועכשיו** נוהגין ליתן מחצית השקל קודם מנחה, **ובשחרית** מעות מגילה.

ויש ליתן ג' חצאי גדולים במדינות אלו, כי אין מטבע ששם מחצית עליה מלבד זו – (הנה דרך העולם לפרש "חצאי גדולים", חצי גדול פולני"ש, והיינו מה שקורין במדינתינו חצי גראשין, **ולא** משמע כן בד"מ, ואולי הוא שם מטבע אחרת שנקרא כן במדינתו, ובמדינתינו כעת אין לנו מטבע זו), **ובמדינות אוסטרייי"ך יתנו ג' חצי וויני"ר, שנקראו ג"כ מחצית, וכן לכל מדינה ומדינה** – (ולפי מדינתינו נראה, דמדינא יוצא במטבע קטנה שנקרא חצי גראש, אבל מ"מ אין זה מטבע חשובה כלל, אפילו אם נותן ג' חצאין, אם לא שנותן גם בעד בניו הקטנים, והנה בזמן הגר"א היה מצוי חצי זהוב פוליש, וכתוב במעשה רב, שלא היה נותן כי אם חצי זהב אחד פוליש, **אבל** כעת אין מצוי מטבע זו כלל, אם לא שיתן חצאי גדול פולני"ש, או חצי רובל כסף, ומי שעוזרו הקב"ה, שיכול ליתן חצי רובל כסף אחד זכר למחצית השקל, וג' חצאי גדול פולני"ש, לענין מה שכתוב בפרשה ג' פעמים תרומה, וכהי"א האחרון שכתב רמ"א, אשרי וטוב לו).

(וראיתי איזה גבאים שנותנין מתחלה בהקערה של צדקה ג' חצאי רו"כ, וכשבא אחד ליתן המחצית השקל, נותן לו הגבאי תחת מעותיו הג' חצאי רו"כ, והוא נותן אותם להקערה, **אבל** אין זה מחוור, דאם הגבאי נותן לו רק בתורת שאלה על איזה רגעים, וגם הנותן אין דעתו להקנותם לצדקה, הלא אין זה נתינה כלל, והוא מערים רק לעצמו בזה, **ואם** כונת הגבאי בעצמו באמת להקנות לו, והוא נותנם לצדקה, זהו עצה רק להראשון, ולא להאנשים שאחריו, כיון שכבר נעשו צדקה, אין רשות להגבאי להחליפם תחת ג' חצאי גדול פולני"ש, **ואולי** כיון שכבר נהגו כך, הו"ל כאלו התנו בהדיא כל הנותנים לצדקה, שנותנים על אופן זה, שיהיה להגבאי רשות לזה).

ואין חייב ליתנו רק מי שהוא מבן עשרים ולמעלה - זהו לדעת ר"ע מברטנורא, **אבל** התוי"ט כתב, שהפוסקים חולקים וס"ל, דמבן י"ג ולמעלה שהוא בכלל איש, חייב במחצית השקל, **וא"ר** כתב, דכל זה רק מדינא, אבל המנהג הוא ליתן אפילו בעד בניו הקטנים, ואשה מעוברת בעד ולדה. **איתא** במשנה: כל קטן שהתחיל אביו לשקול על ידו, שוב אינו פוסק.

(ועני המתפרנס מן הצדקה, צ"ע אם מחוייב ליתן מחצית השקל – פמ"ג).

ויש אומרים שנותנים מחצית השקל לצדקה מלבד ג' מחצית אלו, ואין נוהגין כן.

אות ד'* [יא]

סימן תרצד ס"ב - [יב]אין משנין מעות פורים לצדקה אחרת -

היינו מעות שגבה אותן הגבאי לחלקם לעניים לסעודת פורים, אין יכול לשנותן לומר: דיין בפחות, והמותר יפול לכיס של צדקה, **אבל** לוקחין עגלים לרוב בכל המעות, והמותר שלא יספיקו לאכול בפורים, ימכר ויפול לכיס של צדקה.

אם יש מנהג באותה העיר לתת מעות פורים לחזן, אין איסור בדבר, [רק במעות פורים ולא במחצית השקל] דכל הנותן אדעתא דמנהגא נותן, **אבל** לא נפקי בזה ידי מתנות לאביונים, אא"כ מחלקים מהם לעניים, **ואפילו** אם החזן הוא עני, דכיון דהוא בכלל שכירות החזן, הו"ל פורע חובו במתנות לאביונים.

כתב ב"י בשם הגהת אשרי, דמעות שחשב בלבו לחלקם לעניים ביום פורים, אינו רשאי לשנותו, **והטעם**, דס"ל דצדקה יש לו דין הקדש, וחייב לקיים מחשבתו, אף שלא הוציא בשפתיו.

הגה: ודוקא הגבאים (מרדכי), אבל העני יכול לעשות בו מה שירצה - ר"ל אף דהגובים גבו המעות לצורך סעודת פורים, מ"מ יש לעני רשות להוציאן לשאר צרכיו.

ואם בני העיר יכולים לשנות, יש דיעות בפוסקים, עיין במ"א.

באר הגולה

[י] ׳ויש להקשות, תיפוק ליה בלא"ה מתנות לאביונים כתיב עם משלוח מנות, ובמנות בעינן ביום י"ד דוקא לעיירות, וט"ו לכרכין, ולא בליל י"ד, וה"ה מתנה לאביון נמי אף בליל י"ד לא יתן. **וי"ל** דסברא הוא ליתן לעני קודם שיכין לפורים, ומשו"ה רשאי ליתן בתענית אסתר וכ"ש בליל י"ד, וקודם לא, דלמא אכלי כו', וצ"ע – פמ"ג) [יא] (מילואים) [יב] ברייתא במציעא ע"ח

סימן תרצד ס"ג - [יג]אין מדקדקים במעות פורים, אלא כל מי שפושט ידו ליטול נותנים לו; [יד]ובמקום שנהגו ליתן אף לא"י, נותנים - מפני דרכי שלום, **אבל** בעיר שלא הורגלו עדיין בכך, זה הנותן פרוטה לעכו"ם גוזל לעניים, ומראה בעצמו כאלו מקיים בהם ומתנות לאביונים, [**ומ"מ** אף בעיר חדשה, כל שיש בזה דרכי שלום, נותנים].

סימן תרצד ס"ד - [טו]במקום שאין עניים - ישראל, **יכול לעכב מעות פורים שלו לעצמו, ונותנם במקום שירצה.**

מעות פורים שלו - היינו מה שגבו כבר ממנו, ואין מוצאין למי לחלקם, **ויותר** נראה דר"ל, מה שרגיל ליתן בכל שנה לצורך עניים.

באר הגולה

יג שם | יד ר"מ בשם רבי אפרים | טו מרדכי

מח א מיי' פ"ב מהל' מגילה הלכה טו סמג עשין ד טוש"ע א"ח סימן תרצה סעיף ד:
מט ב מיי' שם טוש"ע שם סעיף ב:
נ ג מיי' שם הלכה יד טוש"ע שם סעיף א:
נא ד ה ו מיי' פ"א מהלכות יו"ט הלכה ד ה סמג לאוין ע"ה טוש"ע א"ח סימן תצה סעיף א:
נב ז מיי' פ"א מהלכות שביתת עשור הלכה ב סמג לאוין סח טוש"ע א"ח סי' תריא סעיף ב:
נג ח מיי' פי"ז מהלכות סנהדרין הלכה ז סמג לאוין קצג:

קיימת בנו רבינו ומשלוח מנות איש לרעהו (א) [א] ומתנות לאביונים רבה שדר ליה למרי בר מר ביד אביי מלא *טסקא דקשבא ומלי כסא קמחא דאבשונא אמר ליה אביי השתא אמר מרי אי חקלאה מלכא ליהוי דיקולא מצואריה לא נחית הדר שדר ליה איהו מלא טסקא דזנגבילא ומלא כסא דפלפלתא אריכא אמר אביי השתא אמר מר אנא שדרי ליה חוליא ואיהו שדר לי חורפא אמר אביי כי נפקי מבי מר הוה שבענא כי מטאי להתם קריבו לי שיתין צעי דשיתין מיני קדירה ואכלי בהו שיתין פלוגי ובישולא בתרייתא הוו קרו ליה צלי קדר ובעאי למיכס צעא אבתרה אמר אביי היינו דאמרי אינשי כפין עניא ולא ידע אי נמי *רווחא לבסימא שכיח אביי בר אבין ור' חנינא בר אבין *מחלפי סעודתייהו להדדי אמר רבא *מיחייב איניש לבסומי בפוריא עד דלא ידע בין ארור המן לברוך מרדכי רבה ורבי זירא עבדו סעודת פורים בהדי הדדי איבסום קם רבה שחטיה לרבי זירא למחר בעי רחמי ואחייה לשנה אמר ליה ניתי מר ונעביד סעודת פורים בהדי הדדי אמר ליה *לא בכל שעתא ושעתא מתרחיש ניסא אמר רבא *סעודת פורים שאכלה בלילה לא יצא ידי חובתו מאי טעמא ימי משתה ושמחה כתיב רב אשי הוה יתיב קמיה (*דרב כהנא) נגה ולא אתו רבנן אמר ליה מאי טעמא לא אתו רבנן(ג) דלמא טרידי בסעודת פורים אמר ליה ולא הוה אפשר למיכלה באורתא אמר ליה לא שמיע ליה למר הא דאמר רבא סעודת פורים שאכלה בלילה לא יצא ידי חובתו אמר ליה *(אמר רבא הכי) [אמר ליה אין] (ה) תנא מיניה ארבעין זימנין ודמי ליה כמאן דמנח בכיסיה: **מתני'** (ד) אין בין יום טוב לשבת אלא אוכל נפש בלבד: **גמ'** הא לענין מכשירי אוכל נפש זה וזה שוין מתניתין דלא כרבי יהודה דתניא (ג) אין בין יום טוב לשבת אלא אוכל נפש רבי יהודה מתיר אף מכשירי אוכל נפש *מ"ט דת"ק אמר קרא °הוא ולא מכשירין ור' יהודה (*אמר) לכם (ז) לכם לכל צורכיכם ואידך נמי הכתיב לכם לכם *ולא לעובדי כוכבים לכם ולא לכלבים ואידך נמי הא כתיב הוא כתיב הוא וכתיב לכם °כאן במכשירין שאפשר לעשותן מערב יום טוב כאן במכשירין שאי אפשר לעשותן מערב יום טוב: **מתני'** *אין בין שבת ליום הכפורים אלא שזה זדונו בידי אדם וזה זדונו בכרת: **גמ'** הא לענין תשלומין זה וזה שוין מני מתניתין רבי נחוניא בן הקנה היא דתניא ר' נחוניא בן הקנה היה עושה *את יום הכפורים כשבת לתשלומין מה שבת מתחייב בנפשו ופטור מן התשלומין אף יום הכפורים מתחייב בנפשו ופטור מן התשלומין *תנן התם כל חייבי כריתות שלקו נפטרו מידי כריתתן שנאמר °ונקלה אחיך לעיניך כיון שלקה הרי הוא כאחיך דברי רבי חנניה בן גמליאל *אמר ר' יוחנן חלוקין עליו חביריו על ר' חנניה בן גמליאל אמר רבא אמרי בי רב תנינא אין בין יוה"כ לשבת אלא שזה זדונו בידי אדם וזה זדונו בהיכרת ואם איתא אידי ואידי בידי אדם היא אמר רב נחמן הא מני רבי יצחק היא דאמר מלקות בחייבי כריתות ליכא דתניא *רבי יצחק אומר חייבי כריתות בכלל היו ולמה יצאת כרת באחותו לדונה בכרת ולא במלקות רב אשי אמר אפי' תימא רבנן זה עיקר זדונו בידי אדם וזה עיקר זדונו בהיכרת: **מתני'**

א) [כרכות כח. וש"נ] ב) [ביצה לו:] ג) שבת ס: קכד. קלו: ביצה כח. לו: [תוספתא פ"א] ד) [ביצה כח: וש"נ]

רש"י

ה"ג קיימת בנו רבינו ומשלוח מנות · דהא תרי מנות איכא: הדר שלח ליה איהו לא גרסינן ליה הכא: טסקא דקשבא · שק מלא תמרים: דאבשונא · שנתייבשו החטים בתנור כשהן כרמל וקמח שלהן מתוק לעולם: א"ל אביי · לרבה: השתא אמר מרי · עכשיו יאמר מרי עליך: אי חקלאה מלכא ליהוי דיקולא מצואריה לא נחית · הסל שהיה רגיל להוליך כשהיה בן כפר ומוליך לבהמתו לא יוריד מעל צוארו כך אתה נעשית מלך ורבש במסובדיה ואיך שולח לו אלא דברים המצויין לכל: חוליא · מתיקה: כי נפקי מבי מר · כשיצאתי מבית אדוני רבה לילך לבית (ג) אבא מרי בר מר הייתי שבע: צעי · קערות של מיני מאכל: דליכסייא לצעא בתרא · הייתי חפץ ללקק הקערה אחריו כל אכילה שלא כדרכה נקראת כסס: רווחא לבסימא שכיח · ריוח מצוי לדבר המתוק כתוך המעיים: מחלפי סעודתייהו · זה אוכל עם זה בפורים של שנה זו ובשניה סועד חברו עמו: לאבסומי · להשתכר ביין: ולאיבסום · נשתכרו: נגה ולא אתו רבנן · איחר היום ולא באו התלמידים לבית המדרש: **מתני'** אין בין יום טוב לשבת · להיות מותר לכתחלה ביום טוב מה שאסור בשבת אלא לענין עונשין יש הרבה שזה בסקילה ובכרת וזה בלאו גרידא: **גמ'** זה וזה שוין · אסורין ביום טוב כשבת: שאפשר · כגון סכין שנפגם מערב יום טוב: שאי אפשר · כגון סכין שנפגמה ביום טוב: **מתני'** בידי אדם · יש בה מיתה ב"ד: **גמ'** אף יום הכפורים מתחייב בנפשו · דאיסור כרת כמיתת בית דין דמי: ופטורים מלשלם · אם הדליק גדישו של חבירו ביום הכפורים שאין תשלומין אלא חיוב מיתה שנאמר ולא יהיה אסון ענוש יענש (שמות כא) הא אם יהיה אסון לא יענש: כל חייבי כריתות · שהתרו בהן עדים על לאו שעמו כרת ולקו בבית דין: נפטרו מידי כריתתן · שוב אין בית דין של מעלה נפרעין: בידי אדם · דמלקות: ואם איתא · לדרבי חנניה אידי ואידי בידי אדם הוא דאף ביום הכפורים יש מלקות על לאו שבו ובית דין פוטרין אותו מכרת: אמר רב נחמן · לעולם אימא לך חלוקין עליו והא דקתני דאין ... הא מני ר' יצחק היא · דאמר במסכת מכות דאין מלקין בלאו הניתן לאזהרת כרת אפילו התרו בו למלקות וילפינן טעמיה מהיכא: כל חייבי כריתות · שהרי ערוות היו בכלל ונכרתו הנפשות העושות וגו' שכתוב בפרשת ערוות (ויקרא יח): למה יצאת כרת באחותו · דכתיב בקדושים והיו ואיש כי יקח את אחותו וגו': לדונה בכרת ולא במלקות · אם התרו בו כהן ואף על נב נדה נמי נשנית באותה פרשה לדבר שנתחדש בה נשנית להערה: אפילו תימא רבנן סו"פ · דאמרי מלקות אבל כרת ואפילו *הכא ליכא למילף מינה שחלוקין על רבי חנניה והכי קאמר מתניתין שבת עיקר חומר זדונו בידי אדם וזה עיקר חומר זדונו בהכרת ומיהו אם התרו בו ולקה מיפטר: מתני'

תוספות

דלא ידע בין ארור המן לברוך מרדכי · [בירושלמי] ארורה זרש ברוכה אסתר ארורים כל הרשעים ברוכים כל היהודים:

אין בין יו"ט לשבת · צריך לומר דה"פ אין שום מלאכה אסורה לשבת שלא תהא אסורה ליום טוב אלא אוכל נפש בלבד אבל שאר חלוקים יש ביניהן שזה בסקילה וזה בלאו:

כאן במכשירין שאי אפשר לעשות מערב יו"ט · משמע מדלא (ד) פליגי אלא במכשירין מכלל דגוף המאכל שרי לעשות ביום טוב אע"ג דאפשר לעשות מערב יו"ט ומדרבי יהודה נשמע לרבנן דהא לא פליגי עליה אלא במכשירין וא"כ קשיא דאמר בפרק המצניע (שבת דף צה. ושם) החולב והמגבן והמחבץ והרודה חלות דבש בשבת חייב חטאת הזיד ביו"ט לוקה את הארבעים אע"ג דהוי אוכל נפש ואפי' לרבנן דאמרי התם אחד זה ואחד זה אין בו אלא משום שבות מ"מ מודו היכא דאיכא אב מלאכה דלוקה ויש לומר דודאי אוכל נפש המתקלקל אם עושהו מאתמול מותר לעשות ביו"ט אבל אוכל נפש דעדיף טפי כשהוא עשוי מאתמול כגון ההיא דהמצניע אסור לעשותו ביו"ט אבל מכשירין דלא מתקלקל כשנעשו מאתמול בהא ודאי יש לחלק [בין] היכא דאפשר ללא אפשר:

חייבי כריתות בכלל היו · פ"ה בכלל ונכרתו הנפשות העושות וקשה דאם כן הוי ליה למימר אחותו בכלל היתה כלומר בכלל ונכרתו הנפשות ולא היה לו לכתוב כרת בה ויש לומר דה"פ חייבי כריתות בכלל היו פי' בכלל המלקות דבכל אחת ואחת יש לאו ולמה יצאה כרת באחותו בלא לאו שהרי הכרת לא איצטריך שהרי היתה בכלל ונכרתו אלא ודאי לא יצאת אלא לדונה בכרת (ה) ומינה נגמר לכל האחרים כדין דבר שהיה בכלל: אלא

רבינו חננאל

שלח ליה קיימת בנו רבינו *) ומתנות לאביונים כלומר נתינת אביונים נתת לי מנה אחת והיא הירך הור שלח לו עגל וג' קנקני יין כו'. בסימא פי' שיכור: אמר רבא סעודת פורים שאכלה בלילה לא יצא מ"ט ימי משתה ושמחה כתיב · שיתין צעי פי' קערות במיני מטעמים: מתני' אין בין יו"ט לשבת אלא אוכל נפש בלבד פי' בשבת אסור ביום טוב מותר · שנאמר אך אשר יאכל לכל נפש הוא לבדו יעשה לכם כגון אפייה ובישול וכיוצא בהן אבל מכשירי אוכל נפש כגון להוציא אש מן האבנים לבשל וכגון תקון סכין לשחוט בה וכיוצא בהן זה וזה שוין. כשם שאסור בשבת כך אסור ביו"ט: גמ' מתניתין דלא כר' יהודה · דתניא אין בין יו"ט לשבת אלא אוכל נפש בלבד שנא' אך אשר יאכל לכל נפש כו' ותאי דכתיב לכם · לכם ולא לכלבים לכם ולא לעובדי כוכבים ר' יהודה מתיר אף במכשירי אוכל נפש שאי אפשר לעשותן מעיו"ט שנא' לכם לכל צרכיכם · ותרטי' בפרק משילין פירות דאוקמה רב פפא להא דתנן אין בין יו"ט לשבת אלא אוכל נפש בלבד ב"ש היא: ירושלמי אין בין יו"ט לשבת אלא אוכל נפש והא איכא חייבין סקילה וכרת בשבת ואין סקילה ולא כרת ביו"ט · מכות ביום טוב ואין מכות בשבת · ואין תימא באוכל נפש מתני' היא · והא תנינן משילין פירות דרך ארובה ביו"ט אבל לא בשבת · **) א"ר יוסי והוא שטל להדליק נר של בטלה ביו"ט אמר משמית דר' יוחנן לא תתיר ולא תאסור: [מתני'] אין בין יוה"כ לשבת אלא ששבת זדונו סקילה בידי אדם · ויוה"כ המחלל בזדון חייב כרת בידי שמים: [גמ'] הא לענין תשלומין זה וזה שוין שאין חייב בתשלומין דקם ליה בדרבה מיניה · מני מתני' רבי נחוניא בן הקנה שפוטר מן התשלומין בזה ובזה · דתניא ר' (יהודה) [נחוניא] בן הקנה היה עושה את יוה"כ כשבת לתשלומין כו' · תנן התם כל חייבי כריתות שלקו נפטרו מידי כריתתן · דברי רבי חנניא בן גמליאל · א"ר יוחנן חלוקין עליו חביריו על רבי חנניא בן גמליאל ואומרים אע"פ שלקו לא נפטרו אמרי בי רב תנינא שהולקין עליו חביריו דתנן אין בין שבת ליוה"כ אלא ששבת זדונו בידי אדם ויוה"כ זדונו בכרת ואם המלקות פוטרתו נמצא גם זה זדונו בידי אדם · ואוקמה רב נחמן בר יצחק כרבי יצחק דתני ונכרתו הנפשות וגו' גם אחותו בכלל כל חייבי כריתות היא ולמה יצאת כרת באחותו לדונה בכרת ולא במלקות: מתני'

*) נ"י רבינו כאן היה כמו דאיתא בירושלמי בפירקין בסוף הלכה ד' ובשאלתות פ' ויקהל וכן הי' גירסת בעל מטרת המאור כאן בגמ' נגר ג' כלל ד' ח"ג ס"ג. **) חסר כאן וכ"ה בלשון לירושלמי עוד מן הדא שותקין עלי כשמים למילה ביו"ט אבל לא בשבת א"ר יוסי והוא שמל וכו'

הגהות הב"ח

(א) גמ' ומשלוח מנות איש לרעהו רבה שדר כצ"ל ותיבות ומתנות לאביונים נמחק: (ב) שם מ"ט לא אתו רבנן א"ל דלמא: (ג) רש"י ד"ה כי נפקי וכו' לבית מרי כצ"ל ותיבת אבא נמחק: (ד) תוספות ד"ה כאן וכו' מדלא מפליג אלא במכשירין: (ה) ד"ה חייבי וכו' לדונה בכרת ולא במלקות ומינה:

הגהות הגר"א

[א] גמ' (ומתנות לאביונים) תא"מ (וכ"מ מרש"י דל"ג לה):

מסורת הש"ס

[עי' תוספות ע"ז יד: ד"ה הלו סימנו של מלו תמרים]
[עירובין סה:]
[פסחים כ:]
[כתובות ליתא דאמימר]
[כתובות ליתא ליה לא שמיע לי תנא מיניה וכו']
[ביצה כח. ע"ש]
[נ"א אמר קרא]
[עי' תוספות מנחות לב. ד"ה ספלין]
שבועות נג. פסחים כט. ג. כתובות ל. [תוס' פ"ה ותוס' ב"ק פ"ט]
[מכות ג. ע"ש]
[כתובות ליתא ר"ג בר יצחק] [תוס' יג: כב.] [כריתות כ:]
[נ"ל הכי]

§ מסכת מגילה דף ז: §

אות א'

מחלפי סעודתייהו להדדי

סימן תרצה ס"ד - [א]**ואם אין לו, מחליף עם חבירו,** [ב]**זה שולח לזה סעודתו, וזה שולח לזה סעודתו, כדי לקיים: ומשלוח מנות איש לרעהו** - ויוצא י"ח אע"פ שהולך אח"כ לסעוד אצלו, [פרי חדש].

הגה: ויש לשלוח מנות ביום ולא בלילה (מדברי הרא"ש) - וה"ה מתנות לאביונים, **אם** לא שקיים המצוה דשילוח מנות לאיש אחד, ומתנות לשני אביונים, ביום, אין נ"מ במה שרוצה להוסיף עוד בלילה.

‹**כתב הפר"ח, עיר ספק מוקף, ישלחו המנות בי"ד, שהוא לרוב העולם, ועיין בפמ"ג שמפקפק בזה**›, ‹דלמה יגרע מקריאת מגילה [בסי' תרפ"ח ס"ד] דצריך בשני הימים – שם›.

ואם שולח מנות לרעהו והוא אינו רוצה לקבלם, או מוחל לו - ר"ל, שאומר: הריני כאלו התקבלתי, **יצא** - והפר"ח חולק ע"ז, וכן החתם סופר מתמה ע"ז.

ואשה חייבת במתנות לאביונים ומשלוח מנות כאיש - שכולן היו באותו הנס, וצריכה היא לשמוח, ולשמח לב אביונים, וכתיב: קימו וקיבלו היהודים וגו', וגם נשים בכלל, **וכתב** המ"א: לא ראיתי נזהרין בזה, ואפשר דוקא באלמנה ‹מחייב הרמ"א›, אבל אשה שיש לה בעל, בעלה משלח בשבילה לכמה אנשים, **ומכל** מקום יש להחמיר.

ואשה תשלח לאשה, ואיש לאיש; [ג]**אבל לא בהפך, שלא יבא איש לשלוח לאלמנה, ויבואו לידי ספק קידושין** - שיאמרו שזהו סבלונות שאחר הקידושין, וחיישינן שמא קידשה כבר בפני עדים ואינם לפנינו.

אבל במתנות לאביונים אין לחוש - דזה הוי במעות וליכא למיחש לסבלונות, ואפילו אם נותן לאביון מאכל, הוא דרך צדקה ואינו דרך סבלונות.

אות ב'

מיחייב איניש לבסומי בפוריא עד דלא ידע בין ארור המן לברוך מרדכי

סימן תרצה ס"ב - [ד]**חייב איניש לבסומי בפוריא עד דלא ידע בין ארור המן לברוך מרדכי** - שארור המן, זה מפלה ראשונה שניטל נקמה רבה ממנו, ועוד טובה יתרה מזה גדולת מרדכי, שבירכו הקב"ה שעלה למעלה ראש, **והנה** קודם שנשתכר, נתן בודאי תודה להש"י על שתי הטובות, וע"כ אחז"ל שלא יפסיק מלתן שבח ע"ז בשמחה, עד שיבוא לידי כך, שלא יבחין עוד מה בין טובה זו לזו.

[**ומ"א** פי' בשם י"א, ד"ארור המן" בגימטריא תק"ב כמו "ברוך מרדכי", ומשנשתכר עד שלא ידע לחשוב הגימטריא, פטור מלהשתכר עוד].

ועיין באליהו זוטא, דמ"מ יראה להיות זהיר בענין נט"י וברכת המוציא ובהמ"ז, ויהיה שמחה של מצוה.

‹**וז"ל המאירי: חייב אדם להרבות בשמחה ביום זה, ובאכילה ובשתיה, עד שלא יחסר שום דבר, ומ"מ אין אנו מצוין להשתכר ולהפחית עצמינו מתוך השמחה, שלא נצטוינו על שמחה של הוללות ושל שטות, אלא בשמחה של תענוג, שיגיע מתוכה לאהבת הש"י, והודאה על הנסים שעשה לנו,** [ה]**וע"ש מה שמבאר דברי הגמרא**›.

‹**וז"ל הח"א: כיון שכל הנס היה ע"י יין, לכן חייבו חכמים להשתכר, ולפחות לשתות יותר מהרגלו, כדי לזכור הנס הגדול, ואמנם היודע בעצמו שיזלזל אז במצוה מן המצות, בנט"י וברכה ובהמ"ז, או שלא יתפלל מנחה או מעריב, או שינהוג קלות ראש, מוטב שלא ישתכר, וכל מעשיו יהיו לש"ש, עכ"ל**›.

‹**וא"ת האיך יחייבו חז"ל, מה שנזכר בתורה ובנביאים בכמה מקומות השיכרות למכשול גדול, וי"ל מפני שכל הניסים שנעשו לישראל בימי אחשורוש היו ע"י משתה, כי בתחלה נטרדה ושתי ע"י משתה, ובאה אסתר, וכן ענין המן ומפלתו היה ע"י משתה, ולכן חייבו חכמים להשתכר, עד כדי שיהא נזכר הנס הגדול בשתיית היין, ומ"מ כ"ז למצוה ולא לעכב**›.

‹המשך ההלכות בעמוד הבא›

באר הגולה

[א] רמב"ם [ב] **כפירוש הר"ן שם** ‹וז"ל הב"י: ופירש הר"ן, לא היה לאחד מהם כדי שיוכל לשלוח לחבירו ולהשאיר לעצמו, ולפיכך שולחים כל אחד סעודתם זה לזה כדי לאכול סעודת פורים ולקיים מצות משלוח מנות, **ורש"י** פירש: זה אוכל עם זה בפורים של שנה זו ובשנייה סועד חבירו עמו. **וקשה** לי על דבריו, דאם כן לא היו מקיימים משלוח מנות איש לרעהו, **וא"ת** שהיו שולחים מנות איש לרעהו, אם כן מאי אתא לאשמועינן - ב"י. ‹**ואיני** יודע מאי קשיא למר, דאף אי ס"ל משלוח מנות איש לרעהו הוא דוקא, ובעי שילוח ממש, ולכן אם אוכל עם חבירו אינו יוצא, מ"מ אין זו קושיא, דאפשר דרש"י ס"ל דמשלוח לאו דוקא, אלא ה"ה אם אוכל עם חבירו, דמאי שנא אם אוכל עמו בביתו או ששלח אליו, **ואי** קשיא ליה דאם אחד היה אוכל עם חבירו בשנה זו, א"כ השני לא היה מקיים משלוח מנות באותו פורים, וכן השני בפורים הבא, א"כ מאי קאמר בסוף דבריו "א"כ מאי אתא לאשמועינן", **דסגי** אשמועינן דהאחד יוצא במה שחבירו אכל עמו, **ולכן** אין לדחות דברי רש"י מכח קושייתו - ד"מ. ‹**והפר"ח** כתב וז"ל: ולי נראה שכונת רש"י ז"ל לאשמועינן, שאותו ששולח הסעודה היה מיפטר ממשלוח מנות אע"פ שהיה הולך ואוכל שם עם חבירו, אבל חבירו ודאי דלא מיפטר בהכי, ע"כ. **ועיין** במ"ב שפסק כן› [ג] ‹כתב השבות יעקב ח"א סי' מ"א, קשה, למה לא תשלח אשה לאיש, דמה חשש קידושין שייך כיון דהוא אינו שולח לה, כי יקח איש אשה כתיב ולא להיפך, **וצריכן** לומר דגזרינן הא אטו הא, והוא חששא רחוקה ונפלאה. **ויש** מקילין, דיכולה אשה לשלוח גם לאנשים – דור המלקטים› [ד] **ג"ז מימרא דרבא שם** [ה] ‹ומה שאמר כאן: עד דלא ידע בין ארור המן לברוך מרדכי, כבר פירשו קצת גאונים, שממה שהזכיר אחריו: קם רבא שחטיה לרבי זירא, נדחו כל אותם הדברים, **ולענין** ביאור מיהא זה שאמרו: בין ארור המן וכו', הוא ממה שאמרו בתלמוד המערב, שצריך לומר אחר מקרא מגלה: ארור המן ברוך מרדכי ברוכה אסתר ארורה זרש, וכן שצריך לומר: חרבונה זכור לטוב, ואמר שחייב להתבשם עד שלא ידע בבירור מה יאמר, אלא שכבר נדחית לדעתינו כמו שביארנו, וגדולי המחברים כתבו עד שירדם – שם›

הגה: וי"א דא"ל להשתכר כל כך, אלא ישתה יותר מלימודו (כל בו) ויישן, ומתוך שישן אינו יודע ׳בין ארור המן לברוך מרדכי (מהרי"ב) - וכן ראוי לעשות. **ואחד המרבה ואחד הממעיט, ובלבד שיכוין לבו לשמים.**

ואין להתענות בפורים, מלבד תענית חלום - ויתענה עד אחר מנחה, ויאכל קודם ביאת השמש רק פעם אחת. **וע"ל סי' תקס"ח** - ס"ה, **וסימן תק"ע** - בכל הסימן.

הנשבע להתענות בפורים, יראה להתיר שבועתו.

ועיין בפמ"ג שכתב, דענין סעודת פורים ומתנות לאביונים ומשלוח מנות, אפשר דצריך כונה ע"ז לשם מצוה.

יש שנהגו ללבוש בגדי שבת ויו"ט בפורים, וכן נכון (מהרי"ל); ונוהגים לעשות סעודת פורים לאחר מנחה, וערבית יתפללו בלילה; ומתפללים מנחה תחלה בעוד היום גדול, ורוב הסעודה צריכה להיות ביום (מנהגים), ולא כמו שנוהגין להתחיל סמוך לערב, ועיקר הסעודה היא ליל ט"ו - הא דלא נהיגי לעשותה בשחרית, משום שטרודים במשלוח מנות, ונמשכין ברוב עד המנחה, ואסורין להתחיל בסעודה קודם מנחה.

וכשחל פורים ביום ששי, יעשו הסעודה בשחרית - היינו קודם חצות היום לכתחלה, **ועיין** ביד אפרים מה שכתב בשם מהרי"ל, ‹וז"ל: דהיינו קודם שעה עשירית›, **משום כבוד שבת (מנהגים), ומי שרוצה לעשותה תמיד בשחרית, הרשות בידו (ת"ה)** - כתב א"ר בשם של"ה, המשובח מי שעושה סעודה בשחרית.

וכתב עוד, שיקבץ אנשי ביתו וחביריו, דא"א לשמוח כראוי ביחיד, **ומ"מ** יהיה שמחה של ד"ת, וכדלקמיה.

י"א שיש לאכול מאכל זרעונים בפורים - בלילה הראשונה, **זכר לזרעונים שאכל דניאל וחביריו בבבל (כל בו)** - וגם אסתר אכלה זרעונים, כדאמרינן פ"ק דמגילה: "וישנה לטוב", שהאכילה זרעונין.

[**כתב** מ"א בשם הכל בו, יש שאין אוכלין בשר בלילה, כדי שלא יטעו שהוא סעודת פורים, **ועיין** בזה תלוי לפי מנהג המקום].

טוב לעסוק מעט בתורה קודם שיתחיל הסעודה, וסמך לדבר: ליהודים היתה אורה ושמחה, ודרשינן: אורה זו תורה (מהרי"ב).

וחייב במשתה ושמחה קצת בשני ימים, י"ד וט"ו (מנהגים), וכן נהגו.

וי"א דאם הזיק אחד את חבירו מכח שמחת פורים - פי' שעשה מכח שמחה, **פטור מלשלם (ת"ה)** - אבל אם כיון להזיק חייב, **׳ועיין בחו"מ בדיני נזיקין** - בב"ח מחלק בין היזק גדול לקטן, בין בגוף בין בממון, דבהיזק גדול מקפידין, ואין מנהג לפטור בהיזק גדול.

אות ב*[ר]

תוס' ד"ה דלא ידע

סימן תרצ סט"ז - [ט]**צריך שיאמר: ארור המן, ברוך מרדכי, ארורה זרש, ברוכה אסתר, ארורים כל עובדי כוכבים, ברוכים כל ישראל; ׳וצריך שיאמר: וגם חרבונה זכור לטוב.**

אות ג'

סעודת פורים שאכלה בלילה לא יצא ידי חובתו

סימן תרצה ס"א - [יא]**הגה: מצוה להרבות בסעודת פורים (טור), ובסעודה אחת יוצאים (מרדכי)** - לאפוקי ממ"ד דחייב לאכול גם בלילה של י"ד, דומיא דמגילה, **ומ"מ** נכון לאכול גם בלילה, וכדלקמיה בהג"ה.

[יב]**סעודת פורים שעשאה בלילה, לא יצא ידי חובתו** - היינו בליל י"ד, [לבני עיירות, ולבני כרכים בט"ו], דבליל ט"ו לבני עיירות, פשיטא דכבר עבר זמנה.

[**עיין** בפמ"ג, דליל ט"ו אינו מחוייב לאכול, וביום ט"ו חיוב לאכול קצת, אבל פת, למ"ד דבעינן, א"צ כי אם ביום י"ד לעיירות, וט"ו לכרכים].

הגה: ומ"מ גם בלילה - [היינו ליל י"ד], **ישמח וירבה קצת בסעודה (תשובת מהרי"ב)** - ואפילו כשחל הי"ד במוצאי שבת, דעשה סעודה חשובה בסעודה שלישית, מ"מ צריך להרבות קצת בלילה לכבוד פורים, **אך** אינה סעודה כמו למחר, דשם צריך להרבות יותר.

כתבו האחרונים, דנכון ללבוש בגדי שבת ג"כ מבערב, וימצא אח"כ בביתו, נרות דולקות ושולחן ערוך ומטה מוצעת.

אות ג*[יג]

סימן תרצה ס"ג - [יד]**אומר "על הנסים" בברכת המזון, בברכת הארץ** - ואם שכח לומר "על הנסים", י"א דמחזירין אותו, וי"א דאין מחזירין אותו, וספק ברכות להקל, **ודוקא** בסעודה ראשונה שאוכל בו ביום, אבל בסעודה שניה שאוכל אחר המנחה, שקורין

באר הגולה

ר ויש מפרשים שברוך מרדכי וארור המן חושבניה דדין כחושבניה דדין, ושצריך לשתות כל כך עד שלא ידע לכוין המספר | ז סוף סימן שע"ח | ח ‹ע"פ תוס'› | ט טור בשם הירושלמי | י ‹ירושלמי שם - גר"א› | יא שם בגמרא דמגילה ז' | יב מימרא דרבא שם | יג ‹מילואים› | יד שבת כ"ד כרב הונא ורב ששת

סעודת פורים, וכבר אכל סעודה אחת ביום, שוב אין מחזירין אותו לכו"ע, **אלא** כשמגיע ל"הרחמן", יאמר: הרחמן הוא יעשה לנו נסים וכו'.

ואם התחיל סעודתו ביום ומשכה עד הלילה, [טו]**אומר על הנסים, דבתר תחלת סעודה אזלינן; ויש מי שאומר שאין לאומרו, (ונוהגין כסברא ראשונה)** - ובזה אם לא אמרו בודאי אין מחזירין אותו, אפילו לדעת המחמירין הנ"ל, דהא אפילו בלכתחלה יש פלוגתא אם לאמרו, וכנ"ל.

י"א דוקא כשלא התפלל ערבית עדיין, אבל משהתפלל שוב אינו אומר "על הנסים", **וי"א** דבכל גווני אומר, **וע"כ** מהנכון שיברך בהמ"ז קודם שיתפלל, להוציא עצמו מפלוגתא, **ואם** רוצה למצוא תקנה שיתפללו קצת מהצבור בבהכ"נ כדרכו תמיד, נראה שמשהגיע הזמן בלילה יברך בהמ"ז ויאמר "על הנסים", וילך לבהכ"נ להתפלל, **ואח"כ** יכול לאכול ולשתות ולשמוח עוד, דהא מצוה בשמחה בשני ימים.

כשחל פורים בע"ש, ומשכה סעודתו עד הלילה, חייב להזכיר של עכשיו, דהיינו "רצה", ואח"כ איך יאמר "על הנסים", דהוי תרתי דסתרי, וכיון דאין הזכרת "על הנסים" חמור כ"כ, לכן יאמר רק של שבת, **וכ"ז** אפילו כשלא התפלל עדיין, ובפרט אם התפלל מקודם, בודאי אינו כדאי להזכיר אח"כ "על הנסים" בבהמ"ז, וכדלעיל.

אות ד' – ה' – ו'

אין בין יום טוב לשבת אלא אוכל נפש בלבד

לכם לכל צורכיכם

כאן במכשירין שאפשר לעשותן מערב יום טוב, כאן במכשירין שאי אפשר לעשותן מערב יום טוב

סימן תצה ס"א - [טז]**כל מלאכה האסורה בשבת אסורה ביום טוב** - בין שאיסורה מן התורה, ובין שאיסורה משום שבות, **וכן** כל דבר שאסור לעשותו בעצמו, אסור לומר גם לעכו"ם לעשותו, כמו בשבת.

חוץ ממלאכת אוכל נפש - כדכתיב בקרא: אך אשר יאכל לכל נפש הוא לבדו יעשה לכם.

[יז]**וחוץ מהוצאה והבערה** - ופרטי דיניהם יתבארו לקמן סימן תקי"א ותקי"ח.

[יח]**וכן מכשירי אוכל נפש, שלא היה אפשר לעשותם מאתמול** - דנתקלקל ביו"ט, או שלא הספיק לו השעה, **אבל** אם אפשר לעשותו מאתמול, הרי הוא כשאר מלאכות ואסור מן התורה, **ופרטי** דין זה עיין לקמן סימן תק"ח ותק"ט.

ומשמע דבאוכל נפש גופיה מותר לדעת המחבר, אפילו באפשר לעשותו מאתמול, **ומיהו** בדבר שדרך לעשותו בפעם אחת לימים רבים, גם להמחבר אסור, בדבר שטוב מאתמול ולא יפיג טעמו, וכדלקמן סימן תק"י ס"ג, **וע"י** שינוי משמע מהגר"א דשרי.

אות ז'

אין בין שבת ליום הכפורים אלא שזה זדונו בידי אדם וזה זדונו בכרת

סימן תריא ס"ב - [יט]**כל מלאכה שחייבים עליה בשבת, חייבים עליה ביום הכיפורים; וכל שבשבת פטור אבל אסור, גם ביוה"כ כן; אלא שבשבת זדונו בסקילה, ויום הכיפורים זדונו בכרת** - וגם האידנא דאינו נוהג דיני נפשות, מ"מ נ"מ לענין קים ליה בדרבה מיניה, דהחובל בחבירו בשבת, כיון דהיה מחויב מיתה בידי אדם, פטור מתשלומין, ואפילו בחובל בשוגג, **משא"כ** ביוה"כ שאין בו רק כרת, (דלא קיימא לן כרבי נחוניא בן הקנה – מחה"ש).

אות ח'

כל חייבי כריתות שלקו נפטרו מידי כריתתן

רמב"ם פי"ז מהל' סנהדרין ה"ז - כל מי שחטא ולקה, חוזר לכשרותו, שנאמר: ונקלה אחיך לעיניך, כיון שלקה הרי הוא אחיך; אף כל מחוייבי כרת שלקו, נפטרו מידי כריתתן.

באר הגולה

[טו] הגהות מיימוני בשם הר"מ וא"ח בשם הר"י מקורביל [טז] משנה ביצה ל"ו ומגילה ז' [יז] משנה וגמרא ביצה י"ב וכב"ה [יח] ברייתא מגילה שם וכר' יהודה [יט] משנה מגילה ז'

§ מסכת מגילה דף ח. §

אות א'

אין בין המודר הנאה מחבירו למודר ממנו מאכל, אלא דריסת הרגל, וכלים שאין עושין בהן אוכל נפש

יו"ד סי' רכא ס"א - ראובן שאסר נכסיו על שמעון, או שאסר עצמו מנכסי שמעון, הנאסר אסור לעבור על שדה האחר, אפילו בבקעה בימות החמה שאין בני אדם מקפידים על דריסת רגל שבה; ואסור לשאול ממנו כל כלים שבעולם. ואם לא נדר ממנו אלא [א]מאכל, אינו אסור אלא לאכול משלו. אמר: הנאת מאכלך עלי, אסור לאכול משלו, ואסור ללעוס חטים ליתן על גבי מכתו; אבל לשאול ממנו נפה וכברה, מותר. אמר: הנאה המביאה לידי מאכל עלי, אסור לאכול משלו, ומותר ללעוס חטים וליתן על גבי מכתו; ואסור ליהנות בכל דבר שמשכירין כיוצא בו, ומה שאין משכירין כיוצא בו, מותר אם אין בו שייכות מאכל; אבל אם יש בו שייכות מאכל, כגון נפה וכברה, ואפילו שק להביא בו פירות, וחמור להביא עליו פירות, וכן סוס לרכוב עליו לבית המשתה, וטבעת להראות בו בבית המשתה, ולעבור דרך שדהו לבית המשתה, אף על פי שאין משכירין כיוצא בו, אסור; וכן אסור לקנות לו צרכי סעודה; וכן אסור לחמם ידיו בככר שלו. הגה: קרדום שמבקעים בו עצים לבשל בו מאכל, מקרי הנאה המביאה לידי מאכל; אבל קרדום שמכבש בו, מותר לשאול לו.

אות ב'

אין בין נדרים לנדבות, אלא שהנדרים חייב באחריותן, ונדבות אינו חייב באחריותן

רמב"ם פי"ד מהל' מעשה הקרבנות ה"ה - מה בין נדרים לנדבות, שהנודר אם הפריש קרבנו ואבד או נגנב, חייב באחריותו עד שיקריב כמו שנדר; והמתנדב ואומר: זו, אם מת או נגנב, אינו חייב באחריותו.

אות ג'

אי זהו נדר, האומר הרי עלי עולה; איזו היא נדבה, האומר הרי זו עולה

רמב"ם פי"ד מהל' מעשה הקרבנות ה"ד - אי זה הוא נדר ואי זו היא נדבה, האומר: הרי עלי עולה, או הרי עלי שלמים, או הרי עלי מנחה, או הרי דמי בהמה זו עלי עולה או שלמים, זהו הנדר; אבל האומר: הרי בהמה זו, או דמי בהמה זו, עולה או שלמים, או הרי העשרון הזה מנחה, הרי זו נדבה.

אות ד' – ה'

אין בין זב הרואה שתי ראיות לרואה שלש, אלא קרבן לימד על זב בעל שתי ראיות שטעון ספירת שבעה

רמב"ם פ"ב מהל' מחוסרי כפרה ה"ו - הרואה ראייה אחת של זוב, הרי הוא כבעל קרי; ראה שתים, הרי זה זוב, וצריך ספירת שבעה וביאת מים חיים, ואינו חייב בקרבן; ראה שלש ראיות, הרי זה זב גמור וחייב בקרבן; ואין בין זב שראה שתי ראיות לרואה שלש, אלא קרבן בלבד, [ב]ודברים אלו כולן דברי קבלה מפי משה רבינו מסיני.

רמב"ם פ"ו מהל' איסורי ביאה ה"ז - אשה שראתה דם בימי זיבתה יום אחד בלבד, או ב' ימים זה אחר זה, נקראת זבה קטנה, ונקראת שומרת יום כנגד יום; ואם ראתה ג' ימים זה אחר זה, הרי זו זבה גמורה, והיא הנקראת זבה גדולה, ונקראת זבה סתם, שנאמר: ואשה כי יזוב זוב דמה ימים רבים, מיעוט ימים שנים, רבים ג'.

רמב"ם פ"ו מהל' איסורי ביאה ה"ח - [ג]אין בין זבה גדולה לזבה קטנה, אלא ספירת שבעה והבאת קרבן, שזבה גדולה צריכה לספור שבעה ימים נקיים, וזבה קטנה אינה סופרת אלא יום אחד בלבד; וזבה גדולה מביאה קרבן כשתטהר, [וזבה קטנה אינה מביאה קרבן כשתטהר]; אבל לענין טומאה ואיסור ביאה, שתיהן שוות.

באר הגולה

א ‹המודר מאכל מחבירו, לא ישאילנו נפה וכברה וריחים ותנור. והא מן מאכל נדר, אמר ריש לקיש באומר הנאת מאכלך עלי, אימא שלא ילעוס חטים ויתן על גבי מכתו, אמר רבא באומר הנאה המביאה לידי מאכלך עלי – גמרא נדרים דף לג.› ב ‹ויראה לי דאע"ג דזהו הלכה למשה מסיני, מ"מ יש רמז גם בתורה, דאמרינן במגילה (ח, א): מנה שתים וכו', וכמו שמצינו שלהי נדה הלכה למשה מסיני, ומ"מ גם קראי יש כמבואר שם, וה"נ נימא בענין זה, דליכא מידי דלא רמיזא באורייתא – ערוה"ש› ג ‹משנה פרק קמא דמגילה דף ח' – מגיד משנה. **הג"ה**: צ"ע, דהתם לא מיירי בזבה, אלא אין בין זב הרואה שתי ראיות לרואה שלש קתני, ואי סבירא להרב המגיד דילפינן זבה מזב, היה לו לפרש – ע"כ הג"ה. **וז"ל** תשו' שבות יעקב: ולי קשה יותר תמיהא קיימת, לפי דעת המגיד משנה שהרמב"ם למד זבה מזב, א"כ תבעי בזבה בעל שתי ראיות ספירות ז' כמו בזב, כדאי' שם במגילה להדיא: הא לענין ספירות שבעה זה וזה שווין. ‹**ולכאורה** גם העין משפט דהביא זה הרמב"ם, הלך בדרך המגיד משנה›

מתני' *אין בין המודר הנאה מחבירו למודר ממנו מאכל אלא דריסת הרגל וכלים שאין עושין בהן אוכל נפש: גמ' הא לענין כלים שעושין בהן אוכל נפש זה וזה שוין: דריסת הרגל: הא לא קפדי אינשי אמר רבא הא מני רבי אליעזר היא דאמר *ויתור אסור במודר הנאה: מתני' *אין בין נדרים לנדבות אלא שהנדרים חייב באחריותן ונדבות אינו חייב באחריותן: גמ' הא לענין בל תאחר זה וזה שוין תנן התם *אי זהו נדר האומר הרי עלי עולה איזו היא נדבה האומר הרי זו עולה ומה בין נדרים לנדבות נדרים מתו או נגנבו או אבדו חייב באחריותן נדבות מתו או נגנבו או אבדו אינו חייב באחריותן מנהני מילי דתנו רבנן *°ונרצה לו לכפר עליו (ויקרא א) ר' שמעון אומר את שעליו חייב באחריותו ואת שאינו עליו אינו חייב באחריותו מאי משמע א"ר יצחק בר אבדימי כיון דאמר עלי כמאן דטעין אכתפיה דמי: מתני' *אין בין זב הרואה שתי ראיות לרואה שלש אלא קרבן: גמ' הא לענין משכב ומושב וספירת שבעה זה וזה שוין מנהני מילי דתנו רבנן רבי סימאי אומר *מנה הכתוב שתים וקראו טמא (שם טו) שלש וקראו טמא הא כיצד שתים לטומאה ושלש לקרבן ואימר שתים לקרבן ולא לטומאה ושלש לטומאה ולקרבן אמרת עד שלא ראה שלש ראה שתים ואימר שתים לקרבן ולא לטומאה שלש אף לטומאה לא ס"ד דתניא °וכפר עליו הכהן לפני ה' מזובו (שם) מקצת זבין מביאין קרבן ומקצת זבין אין מביאין קרבן הא כיצד ראה שלש מביא שתים אינו מביא או אינו אלא ראה ב' מביא ראה שלש אינו מביא אמרת עד שלא ראה שלש ראה שתים ואיצטריך דרבי סימאי ואיצטריך מזובו דאי מדרבי סימאי הוה אמינא כי קשיין קמשמע לן מזובו ואי מזובו לא ידענא כמה ראיות קמשמע לן דרבי סימאי והשתא דאמרת מזובו לדרשא °וכי יטהר הזב מזובו (שם) מאי דרשת ביה ההוא מיבעי ליה לכדתניא וכי יטהר הזב לכשיפסוק מזובו [מזובו] ולא *מזובו ונגעו מזובו וספר °לימד על זב בעל שתי ראיות שטעון ספירת שבעה והלא דין הוא אם מטמא משכב ומושב לא יהא טעון ספירת שבעה

שומרת

רש"י

מתני' אין בין המודר הנאה · מודר הנאה חמור ממודר מאכל: דריסת הרגל · שהמודר הנאה אסור ליכנס לביתו והמודר מאכל מותר: וכלים שאין עושין בהן אוכל נפש · מותר להשאיל למודר מאכל ודוקא במקום שאין משכירין כיוצא בהן אבל במקום שמשכירין כיוצא בהן בהדיא דאסור לכל הנאה שאם לא השאילו זה היה מחסר בה פרוטה הנאת מאכל היא שהרי ראויה אותה פרוטה לקנות בה מאכל: גמ' הא לענין כלים שעושין בהן אוכל נפש · אסור אף במודר מאכל ואפי' במקום שאין משכירים: הא לא קפדי אינשי · ומאי אסור במודר הנאה: ויתור · דבר שהיה מוותר לכל אדם ואינו מקפיד עליו: מתני' נדר ונדבה · מפרש בגמרא נדר האומר הרי עלי עולה ולאחר זמן הפרישה חייב באחריותה נדבה האומר הרי זו ולא קבלה עליו: גמ' הא לענין בל תאחר · ואף על גב דנדבה בקרא דבל תאחר לא כתיבה הא מרבינן ליה במסכת ראש השנה מגזרה שוה: את שעליו חייב באחריותו · הכי דרש ליה לקרא ונרצה לו כדרו לכשיתכפר בהן הוא נרצה אבל מקמי כפרה לא נרצה ובאיזה קרבן אמרתי לך באותו שעליו והייתו עליו לקרבן: מאי משמע · דעליו קבלת אחריות עליו: מתני' שתי ראיות · ביום אחד או בשני ימים רצופים וכן שלש ביום אחד או בשלשה ימים רצופין או שתים ביום אחד ואחת למחר: גמ' משכב ומושב · שכל מה שיושב על גבי עשרה בגדים זה על זה כולן אבות הטומאה ואפילו לא נגע בהן ואינו נוגע בדבר שאינו משכב ומושב אינו [אלא] ראשון לטומאה ואינו מטמא אדם וכלים אלא אוכלין ומשקין: וספירת שבעה · משיפסוק צריך למנות ז' נקיים קודם שיטבול ואם ראה זוב באחד מהן סתר המנוין: מנה הני מילי · דשוין לטומאה ואין שוין לקרבן: מנה הכתוב שתים · ואיש כי יהיה זב מבשרו זובו טמא הוא (ויקרא טו) הרי שתי זיבות מנויות כאן וקראו טמא: שלש וקראו טמא · דכתיב וזאת תהיה טומאתו בזובו רר בשרו את זובו או החתים בשרו מזובו (שם) הרי לך שלש וקראו טמא טומאתו היא: הא כיצד · אם בשתים טמא למה פרט לך הכתוב שלש: שתים לטומאה · לכל חומר טומאת זב: ולא לטומאה · חמורה אלא כבעל קרי בעלמא: ראה שתים · והרי כבר ירד לכל חומר טומאה ומי הוציאו: מזובו · משמע מקצת זובו: לא ידענא כמה ראיות · האי מקצת דמשמע מהאי קרא לא ידעינן מאי לטמא אוכלין ומשקין אבל לא לטמא אדם וכלים *כגון זב: היא או שלש וארבע או שתים ושלש: לכשיפסוק מזובו · אין צריך ליטבול קודם ספירה אלא משיפסוק ימנה הכי גרסינן בתורת כהנים מזובו ולא מזובו ומנגעו שאם היה זב ומצורע ופסק מזובו ולא נתרפא עדיין מנגעו וספר אין אומרים לו אין ספירה זו נקיות עד שיטהר אף מנגעו אלא מונה והולך מיד ועולה לו לספירת זוב ולכשיתרפא מצרעתו יטבול מיד טבילה ראשונה של מצורע והיא עולה לו לטבילת נגעו וזובו ונטהר מלטמא משכב ומושב ולטמא כלי חרס בהיסט כדין זב ואף על פי שצריך לספירת שבעה לצרעתו לענין אכילת קדשים וטבילה שניה כדכתיב במצורע (ויקרא יד) ורחץ במים וטהר ואחר יבא אל המחנה וישב מחוץ לאהלו שבעת ימים והיה ביום השביעי יגלח את כל שערו וגו' ורחץ [את] בשרו במים וגו' אהני טבילה קמייתא לטהרו מלטמא משכב ומושב וכלי חרס בהיסט: מזובו וספר · להכי סמך ספירה אצל זובו ללמדך שאף בשביל מקצת זב טעון ספירה לימד על זב בעל שתי ראיות: לא יהא טעון ספירת שבעה · בתמיה אחר שאמרת שתים כו' וה"נ הלא דין הוא אם מטמא משכב ומושב בשתי ראיות לכל חומר טומאת זב מהיכן יתמעט מספירה:

עד

תוספות

אלא דריסת הרגל וכלים שאין עושין בהן אוכל נפש · דמודר הנאה אסור בהן ומודר מאכל מותר במקום שאין משכירין אבל במקום שמשכירין בפרוטה אסור אפי' במודר מאכל דאותה פרוטה ראויה לקנות ממנה מאכל אבל כלים שעושין בהן אוכל נפש אסור אפילו בפחות משוה פרוטה כיון דהוי אוכל נפש:

דריסת הרגל הא לא קפדי אינשי · קשה דהא בחזקת הבתים (ב"ב דף נז:) קאמר בגמרא אלו דברים שאין להם חזקה ואלו דברים שיש להם חזקה וכו' מעמיד בהמה בחצר אין להם חזקה ומוקי לה התם בשותפין דבהעמדה כדי לא קפדי ופריך והתנן השותפין שנדרו הנאה זה מזה אסורין ליכנס בחצר ומשני לה התם מיהו שמעינן לה מינה דאדריסת הרגל קפדי ולא קשה *מההיא דהתם פרק בתרא דגילה (דף נט:) דמשני התם דלעולם לא קפדי ומני ר' אליעזר היא דלמא התם מיירי בשותפין אבל שאר אינשי ודאי קפדי אבל הכא קשיא דמיירי בסתם בני אדם ואפי' הכי קאמר דלא קפדי ותירץ ר"ת דהכא מיירי בבקעה דלא קפדי בה שום אדם וסברא הוא לומר כן (א) דומיא (*דריסא) דכלים שאין עושין בהן אוכל נפש דמיירי שאין משכירין כיוצא בהן דמוקמינן לה בנדרים (דף לג:) כרבי אליעזר:

אין בין נדר לנדבה · קשיא אמאי לא תני שנדבה באה מן המעשר דכתיב (דברים כז) וזבחת שלמים גבי מעשר ונדר אינו בא אלא מן החולין וכיון דאמר הרי עלי הוי (ב) נדר *וי"ל דמן הדין לא תנא ליה משום דאיירי בקרבן שהופרש כבר ואשמעינן דאין חילוק בעבודתן אבל בקרבן שלא הופרש פשיטא ליה שיש הרבה חילוקים אי נמי דתנא ושייר וכהי דאין בין קאמר דמשמע דהוי דוקא כדאמר במרובה (ב"ק דף סב: ושם) מ"מ לא קשיא דבמסכת תענית (דף יג: ושם) אשכחן אין בין דשייר דקאמר אין בין שלש אמצעיות וכו' תימה תנא ושייר והא אין בין קתני ופריך ותסברא אין בין דווקא והא שייר תיבה ומשני אי משום תיבה לאו שירא הוא מכל מקום משמע דאי הוה משייר ליה לא הוה קשיא ליה כלל אף על גב דקתני אין בין:

יש ספרים דגרסי ומה מצורע שאין מטמא משכב ומושב · ובתורת כהנים תני שמטמא משכב ומושב ותירץ רש"י בפסחים (דף סז: ד"ה זב) דהייט

רבינו חננאל

[מתני'] אין בין המודר הנאה מחבירו למודר הימנו מאכל אלא דריסת הרגל וכלים שאין עשין בהן אוכל נפש כגון בגדים וכיוצא בהן דלמודר הנאה אסור · ואוקימנא לר' אליעזר דתני אפילו ויתור אסור במודר הנאה · פי' אפילו דברים שדרך בנ"א לוותר עליהן כגון דריסת הרגלים (וכלים שאין עשין) בחצרים שאם יכנס אדם ויהלך בה אין מקפידין עליו וכיוצא בזה אפי' כגון זה אסור · אבל למודר ממנו מאכל דריסת הרגל וכלים שאין עשין בהן אוכל נפש כגון קערה ותמחוי וכן כיוצא בהן מותר הא כלים שעושין בהן אוכל נפש כגון נפה וכברה ריחים ותנור וכיוצא בהן זה וזה שוין שניהם אסורין : מתני' אין בין נדרים לנדבות כו' · הא לבל תאחר כדכתיב כי תדור נדר לה' וגו' זה וזה שוין כלומר אם יאחר בין הנדר ובין הנדבה עובר משום בל תאחר : תנן התם איזהו נדר האומר הרי עלי עולה איזו היא נדבה האומר הרי זו נדבה ומה ביניהם נדרים מתו או נגנבו חייבין באחריותן שנאמר ונרצה לו לכפר עליו דייקינן מעליו את שעליו · כלומר אם אמר עלי חייב באחריותו דכיון דאמר עלי כמאן דרמי אכתפיה דמי שחייב למוסרו למי שחייב לו אבל הנדבה אין חייב באחריותה : מתני' אין בין זב הרואה ב' ראיות לרואה ג' וכו' · הא לענין משכב ומושב וספירת ז' טהורין זה וזה שוין דתניא או החתים בשרו מזובו דייקינן מדכתיב מזובו שטעינן מינה אף מקצת זובו מטמא משכב ומושב להביא את שראה ב' ראיות שיטמא משכב ומושב כל הטעון משכב ומושב טעון ספירת ז' · כדתניא מזובו וספר מקצת זובו נמי טעון ספירת ז' להביא את שראה ב' ראיות שטעון ספירת ז' · מתני' מני ר' סימאי היא · דתני ר' סימאי מנה הכתוב שתים וקרא טמא שלש וקרא טמא · הא כיצד ב' לטומאה ג' אף לקרבן פי' מנה הכתוב ב' פעמים זיבות זוב וזובו וקרא טמא · שנאמר איש איש כי יהיה זב מבשרו זובו טמא הוא · עוד חזר הכתוב אחר ומנה שלש בזובו אחת וזובו שתים מזובו הרי ג' שנאמר וזאת תהיה טומאתו בזובו וגו' אמר אם בשתים טמא בשלש לא כ"ש למה כתב עוד שלש ללמד כי בב' ראיות טמא הוא ופטור מן הקרבן בג' ראיות חייב אף בקרבן · ואקשינן ואימא שתים לקרבן ולא לטומאה · כלומר בב' ראיות חייב קרבן אע"פ שאינו טמא ראה שלישית חייב בטומאה ובקרבן · ופרקינן לא דתניא וכפר עליו הכהן לפני ה' מזובו · מקצת זבים מביאין קרבן ומקצת אין מביאין קרבן · וא"ת כי בעל ב' ראיות מביא קרבן , אין לך זב שאינו מביא קרבן שאינו רואה אלא ג' · אלא שכבר הקדים וראה ב' וכבר נתחייב בב' . ומכאן ולהבא אפילו ראה כמה אין חייב אלא קרבן אחד כו' ואיצטריך לדרבי סימאי לברר כי בשתי ראיות נקרא טמא · ואיצטריך מזובו לדחות הקושיא שהקשו על רבי סימאי דאי לאו מזובו הוה אמינא שתים לקרבן שלש לקרבן ולטומאה כו' · ופשוטה היא :

אמר

עין משפט נר מצוה

נד א מיי' פ"ז מהלכות נדרים הלכה ג סמג לאוין רמב טוש"ע י"ד סימן רכא סעיף א:

נה ב מיי' פי"ד מהל' מעשה הקרבנות הל' ה סמג עשין קפט:

נו ג מיי' שם הלכה ד:

נז ד ה מיי' פ"ב מהל' מחוסרי כפרה הלכה ו ופ"ו מהלכות איסורי ביאה הלכה ז ח סמג עשין רמא:

גי' רש"א אההיא דהתם מפ"ק כו' ע"ש

[נ"ל דריסה]

[ועי' תוספות ב"ק נה. ד"ה זה ותוספות ב"ב נז: ד"ה רבינא]

[ועי' תוספות חגיגה ח. ד"ה אמאי ותוספות ב"ק סב: ד"ה מי קתני]

[ונב"ק ובהעניינים כתוב תוספות הירדן אחר ועי' תוס' שבת מ: ד"ה אין]

ס"א כמו

מסורת הש"ס

(נדרים לג.)

שם לג:

ב"ב נז. נדרים לג. מה:

ר"ה ו. קינין פ"א מ"א [חולין קלט. ערכין כא.]

[זבחים ד:]

[נדה לז. ושם איתא ולא מנגעו אלא בת"כ איתא ולא מזובו ונגעו ועיין בקרבן אהרן]

הגהות הב"ח

(א) תוס' ד"ה דריסת וכו' וסברא הוא לומר כן · נ"ב צריך לומר לפי זה ד"ה למיפרך אכלים שאין עושין בהם אוכל לא קפדי וכ"כ התוס' בפרק חזקת הבתים: (ב) ד"ה אין וכו' דכיון דאמר הרי עלי הוי תיבה וי"ל

עין משפט נר מצוה

נח א מיי' פ"ו מהלכות מטמאי משכב ומושב הלכה א ב:

נט ב מיי' פ"י מהלכות טומאת צרעת הלכה י:

ס ג מיי' פ"ב מהלכות מטמאי משכב ומושב הלכה ט:

סא ד מיי' פ"י מהל' טומאת צרעת הל' ו:

סב ה ו מיי' פ"א מהל' תפלין הלכה יט:

סג ז מיי' פ"ט מהל' אבות הטומאות הלכה ז:

עד שיכתוב אשורית ועל הספר ובדיו · לקמן מוקי לה במגילה וקשיא דהא אמרינן בפרק שני (דף יח.) גיפטית לגיפטים עילמית לעילמים יצא ומיירי דלא שכתוב בלועז לשון שקורא דאם לא כן הוי קורא על פה ולא יצא ואם כן קשיא אמאי לא מטמאה את הידים כיון שנכתבה לקרות וליכתב בכל לשון שמכירין בה וים לומר דכיון שאינה כשרה לקרות אלא למכירים בה דין הוא שלא תטמא את הידים אבל היכא דכתיבה אשורית (ח) כשירה אף לשאינן מכירין ומשום הכי דין הוא שתטמא את הידים:

תורה אור

שומרת יום כנגד יום תוכיח שמטמאה משכב ומושב ואינה טעונה ספירת שבעה ואף אתה אל תתמה על זה שאע"פ שמטמא משכב ומושב לא יהא טעון ספירת שבעה תלמוד לומר מזובו וספר מקצת זובו וספר ליתר על זב בעל שתי ראיות שטעון ספירת שבעה

אמר ליה רב פפא לאביי מאי שנא האי מזובו דמרבי ביה זב בעל שתי ראיות ומאי שנא האי מזובו דממעט ביה זב בעל שתי ראיות אמר ליה אי סלקא דעתך האי למעוטי הוא דאתא לישתוק קרא מיניה וכי תימא אתיא מדינא שומרת יום כנגד יום תוכיח וכי תימא האי מיבעי ליה מזובו ולא(א) מנגעו א"כ ליכתוב קרא וכי יטהר הזב ולישתוק מזובו למה לי ליתר על זב בעל שתי ראיות שטעון ספירת שבעה: **מתני'** **אין בין מצורע מוסגר למצורע מוחלט אלא פריעה ופרימה אין בין טהור מתוך הסגר לטהור מתוך החלט אלא תגלחת וצפרים: **גמ'** הא לענין שילוח [וטומאה] זה וזה שוין מנהני מילי דתני רב שמואל בר יצחק קמיה דרב הונא וטהרו הכהן מספחת היא וכבס בגדיו וטהר טהור מפריעה ופרימה דמעיקרא א"ל רבא אלא מעתה גבי זב דכתיב וכבס בגדיו וטהר התם מאי וטהר מעיקרא איכא אלא טהור השתא מלטמא כלי חרס בהיסט אע"ג דהדר חזי לא מטמא למפרע ה"נ טהור [*השתא מלטמא בביאה למפרע] אלא אמר רבא מהכא והצרוע אשר בו הנגע מי שצרעתו תלויה בגופו יצא זה שאין צרעתו תלויה בגופו אלא בימים אמר ליה אביי אלא מעתה כל ימי אשר הנגע בו יטמא מי שצרעתו תלויה בגופו הוא דטעון שילוח ושאין צרעתו תלויה בגופו אין טעון שילוח וכי תימא הכי נמי והא קתני אין בין מצורע מוסגר למצורע מוחלט אלא פריעה ופרימה הא לענין שילוח ולטמויי בביאה זה וזה שוין א"ל ימי כל ימי לרבות מצורע מוסגר לשילוח (ג) אי הכי תגלחת וצפרים מ"ט לא דקתני אין בין טהור מתוך הסגר לטהור מתוך החלט אלא תגלחת וצפרים אמר אביי אמר קרא ויצא הכהן אל מחוץ למחנה *והנה נרפא נגע הצרעת מי שצרעתו תלויה ברפואות יצא זה שאין צרעתו תלויה ברפואות אלא בימים: **מתני'** (א) *אין בין ספרים לתפלין ומזוזות *אלא שהספרים נכתבין בכל לשון *ותפלין ומזוזות אינן נכתבות אלא אשורית רשב"ג אומר *אף בספרים לא התירו שיכתבו אלא יוונית: **גמ'** הא לתופרן בגידין ולטמא את הידים זה וזה שוין: וספרים נכתבין בכל לשון וכו': ורמינהו *מקרא שכתבו תרגום ותרגום שכתבו מקרא וכתב עברי אינו מטמא את הידים עד שיכתבנו בכתב אשורית על הספר ובדיו אמר רבא לא קשיא כאן

שומרת יום כנגד יום · הרואה יום אחד או שנים בתוך אחד עשר יום שבין נדה לנדה מונה יום אחד וטובלת בו ביום תוכיח: **שמטמאה משכב ומושב** · בשמעתא בתרייתא דמסכת נדה (דף עב) מרבינן לה: **מאי שנא האי מזובו** · מזובו וספר (לה) [ט] דרשת ליה (ג) למקצת זוב ולאשמועינן דמקצת זוב טעון ספירת שבעה והאי אעינייה שמעינן מיניה זב בעל שתי ראיות לספירה ומאי שנא האי מזובו דלעיל דכתיב גבי קרבן ולא דרשת ליה מקצת זוב לאתויי זב בעל שתי ראיות לקרבן אלא מקצת זובו דרשת ליה ומוקמת ליה לבעל שלש ראיות וממעטת מיניה בעל שתי ראיות: **לישתוק קרא מיניה** · ומהיכא תיתי לן ספירה: **וכי תימא אתיא מדינא** · דלעיל כדאמרת אם מטמא משכב ומושב לא יהא טעון ספירת שבעה ולא אתיא דהא אמרת שומרת יום כנגד יום תוכיח: **אם כן ליכתוב קרא וכי יטהר הזב** · ולא בעי מזובו ומדכתיב וכי יטהר הזב ולא כתיב וכי יטהר שמעת מינה דהזב שטהור מנגעו הוא דלאו מזובו מיבעי ליה וכי יטהר מן הזב מאי מזובו שמע מינה למדרש מקצת זובו טעון ספירה: **מתני' פריעה ופרימה** · בגדיו יהיו פרומים וראשו יהיה פרוע: **מוחלט** · לאחר שכלו ימי ההסגר ונראה בו סימני טומאה האמורין בו: **גמ' שילוח** · חוץ לחומת העיר: **וטומאה** · כל טומאה האמורה במצורע: **מנה"מ** · דאין פריעה ופרימה במוסגר דלמא נמי לא רחמנא במוחלט והוא הדין למוסגר כדאמרת לענין טומאה: **וטהרו הכהן מספחת היא** · במצורע מוסגר שבא לכלל טהרה מתוך הסגירו ולא נחלט כתיב וסיפיה דקרא כתיב וכבס בגדיו וטהר מדלא כתיב ויטהר ליטמא למעיקרא הוא והכי קאמר וכבר קודם טבילה היה טהור ממקצת טומאה של פריעה ופרימה: **גבי זב דכתיב** · בסוף טהרתו וטהר מה טהור מעיקרא איכא ביה: **אלא** · על כרחך טהור יהיה מכאן ולהבא מלטמא כלי חרס בהיסט ואע"ג שטבילתו ביום ואם ראה אחר טבילה בו ביום סתר את הכל ומטמא למפרע משכב ומושב כדאמרינן בכילד צולין (פסחים דף פא.) וכל שכן אדם ואפילו הכי מהניא ליה טבילה מלטמא כלי חרס שהסיט בין טבילה לראיה והכי דריש לה בתורת כהנים ונראה בעיני דהאי דדרשינן ליה וטהר מלטמא כלי חרס מדכתביניהו להאי קרא בתר קרא אשר יגע בו הזב דנפקא לן מיניה היסט כלי חרס לזב ואין לך עוד טמא שמטמא כלי חרס בהיסט אלא הוא: **הכא נמי ועהר** · דמצורע טהור השתא מלטמא בביאה (ד) מחומרי מצורע שמטמא אדם וכלים הנכנסין עמו לבית שאפילו חזרה המספחת ופשתה ונטמאת טהור כדכתיב ואם פשה תפשה המספחת בעור וגו' אהני ליה טבילה לטהר את הכלים הבאין עמו לבית לפי שמצורע מטמא בביאה דתניא בתורת כהנים זאת התורה לכל נגע הצרעת ולנתק ולצרעת הבגד ולבית מה בית נטמא בביאה אף כולן מטמאין בביאה: **אשר בו** · משמע (ה) מי שצרעתו תלויה טומאתו בגופו שכל זמן שלא נתרפא ממנו טמא והיינו מוחלט דגבי טהרה דיליה כתיב והנה נרפא נגע הצרעת מן הצרוע: **יצא** · מוסגר שטומאתו תלויה בימי הסגר שאם לא ימצא ביום (ו) שבעה סימני טומאה שער לבן או פסיון יטהרו ואע"פ שנגעו עומד עליו: **כל ימי אשר הנגע בו וגו'** · שילוח כתיב בהאי קרא מחוץ למחנה מושבו: **ימי כל ימי** · מדהוה ליה למיכתב ימי וכתיב כל ימי: **אין בין טהור מתוך הסגר** · בימי רפואתו: **לטהור מתוך החלט אלא תגלחת וצפרים** · דאף על גב דאיכא קרבנות אשם ולוג שמן מיהו הכא ביום טהרתו ורפואתו הוא דקתני ולא איירי בקרבנות שהן בשמיני: **והנה נרפא וגו'** · וכתיב בתריה שתי צפרים חיות טהורות וגלח את כל שערו: **מתני' ספרים** · תורה נביאים וכתובים: **אשורית** · לשון הקודש: **אף בספרים לא התירו** · להם לשון אחר חוץ מלשון הקודש: **אלא יוונית** · ובגמרא מפרש טעמא: **גמ' לתופרן בגידין** · כל ספריהן שוויין בגליון והלכה למשה מסיני הוא *בתפילין ומזוזות שיהו תפורין בגידין ובספר תורה נחלקו במסכת מכות (דף יא.) בספר תורה שתפרה בפשתן הטאת אשמעינן מתניתין כמאן דפסל: **מקרא שכתבו תרגום** · ספר שכתוב בלשון הקודש הראוי לכתוב בו מקרא כתבו לשון ארמי: **ותרגום** · שהיה ראוי ליכתוב בו תרגום כגון יגר שהדותא (בראשית לא): **כתבו מקרא** · גלעד וכגון תרגום (ז) כתב של דניאל ועזרא: **וכתב עברי** · או שלא שינה את הלשון אבל שינה את הכתב שכתבו בכתב של עבר הנהר ובמסכת סנהדרין (דף כא:) קרי ליה כתבא ליבונאה: **עד שיכתבנו אשורית** · כתב אשורית הוא כתב שלנו:

גופן

מסורת הש"ס

סנהדרין קז: ערכין טז.

נזיר סה: נגעים פ"ג מ"ב

יומא כז: כלים פכ"ה מ"ד

ע"ב יבמות לג. [עי' תוספות שבת קטו. ד"ה תפלין וכו' מס' שכחתנו דקושי]

לקמן יח. ידים פ"ד מ"ה

רבינו חננאל

אמר ליה רב פפא לאביי מ"ש האי מזובו דממעיט ליה לזב בעל ב' ראיות מקרבן כדאמרן והאי מזובו מרבי ליה לזב בעל ב' ראיות לספירת ז' א"ל אביי אי לאו לרבויי אתא לשתוק קרא מיניה ולא יכתוב מזובו כלל · וכי תימא הוה אתי מן הדין כדאמרינן והלא דין הוא כו' פרכינן עלה שומרת יום כנגד יום תוכיח ונדחה הדין וא"ת האי מזובו לגופו בא · ללמד מזובו ולא מנגעו א"כ היה לו לכתוב וכי יטהר הזב וספר לו מזובו למה לי אלא לא בא מופנה אלא לרבות זב בעל ב' ראיות שטעון ספירת ז' · תנא בתוספתא אין בין זב לזבה אלא [שהזב] טעון מים חיים וזבה אינה טעונה ביאת מים חיים אין בין זבה לנדה אלא *) קרבן אין בין נדה ליולדת אלא הבאת קרבן אין בין נדה לשומרת יום כנגד יום אלא ספירת ז': [מתני'] אין בין מצורע מוסגר למצורע מוחלט אלא פריעה ופרימה **) ותגלחת וצפורין · פי' מצורע הנעהר מתוך הסגר כגון שנראתה בהרת באדם והסגירה הכהן פעם ראשונה ושניה וראה והנה כהה הנגע ולא פשה הנגע וטהר ונקרא מצורע מוסגר אין עליו אלא טבילה והערב שמש אבל אם פשתה וטמאו הכהן נעשה מצורע צמות והוא הנקרא מצורע מוחלט כדמתרגמינן לצמיתות לחלוטין ועליו כתיב והצרוע אשר בו הנגע בגדיו יהיו פרומים וראשו יהיה פרוע · וזו היא פריעה ופרימה פריעה לגדל פרע שער ראשו ולכשיטהר טעון גלוח כל שערו פי' פרימה קריעת הבגדים ושלוח צפור ושחיטת האחרת הא לענין שלוח מן המחנה כדכתיב וישלחו מן המחנה כל צרוע זה וזה שוין וכן לטמויי בביאה כדתנן בנגעים פרק ז' הטהור מתוך הסגר פטור מן הפריעה ומן הפרימה ומן התגלחת ומן הצפרים מתוך החלט חייב בכולם וזה וזה מטמאין בביאה ותנן נמי בפרק י"ג (משנה י"ב) מצורע שנכנס לבית הכלים שיש שם מסאין [אפי'] עד הקורות: סבא לן ופשים לה רבה מהכא. והצרוע אשר בו הנגע דייקינן קרא דכתיב בו · מי שצרעתו תלויה בגופו טעון פריעה ופרימה יצא מצורע מוסגר שאין צרעתו תלויה בגופו אלא בימים כלומר במלאות ז' ימים ולא פשה הנגע נטהר · אי הכי לענין שלוח נמי דהא כתיב כל ימי אשר הנגע בו יטמא וגו' · נידוק נמי בו דכתיב בהאי קרא · ונימא מי שצרעתו תלויה בגופו טעון שילוח מחוץ למחנה יצא מצורע מוסגר שאין טעון שילוח · וא"ת אין הכי נמי והא דייקינן ממתני' דקתני אין בין מצורע מוסגר כו' · הא לענין שילוח זה וזה שוין · ופרקינן אי הוה כתיב ימי אשר הנגע בו כדקאמרת השתא דכתיב כל לרבויי מצורע [מוסגר] לשילוח אי הכי דהאי כל לרבויי אתא אפי' תגלחת וצפרין ניבעי · ופרקינן כתיב והנה נרפא נגע הצרעת מן הצרוע וצוה הכהן ולקח למטהר שתי צפרים חיות וגו' · הצרוע שצרעתו בגופו ונתרפא טעון צפרים ותגלחת יצא מצורע מוסגר שאין צרעתו תלויה ברפואות אלא בימים: [מתני'] אין [בין] ספרים לתפלין ומזוזות אלא שהספרים כו' · דייקינן מינה הא לתופרן בגידין ולטמויי את הידים ככתבי הקדש אלו ואלו שוין · ואקשינן וספרים הנכתבין בכל לשון מטמאין את הידים · ותתנן בסוף מסכת ידים תרגום שבעזרא ושבדניאל מטמא את הידים תרגום שכתבו עברית

*) כ"ה גם בתוספתא דמכילתין אבל נראה דצ"ל ספירת ז' וקרבן וכן לקמן אין בין נדה לשומרת יום וכו' אלא ספירת ז' נמי צריך להגיה כוס וצ"ע. **) חסר כאן וצ"ל אין בין טהור מתוך הסגר לטהור מתוך החלט אלא תגלחת וכו'.

גליון הש"ס

מתני' אין בין מצורע · עי' מ"ק ז. תד"ה אמר רבי: **עין משפט** אות ד' מיי' פ"י · לא נזכר כלל ברמב"ם מזה ופשטות דברי רמב"ם מיירי דליכא טומאה כלל למפרע אף לא טומאה קלה · ועיין בספר ראשון לציון לבעל פרי תואר: **רש"י ד"ה לתופרן בגידין וכו' בתפילין ומזוזות** · עיין תשובת חות יאיר סימן קצב אות יב:

הגהות הב"ח

(א) גמ' האי מיבעי ליה מזובו ולא מזובו ומנגעו א"כ: (ב) שם כל ימי לרבות מצורע מוסגר לשילוח (אי הכי תגלחת וצפרים וכו' ברפואות אלא בימים) תא"מ ונ"ב ס"א אין בין טהור מתוך הסגר וכו' מאי טעמא אמר אביי אמר קרא ויצא: (ג) רש"י ד"ה מאי שנא וכו' דרשת ליה למקצת וכו' לגבי קרבן דלא דרשת: (ד) ד"ה הכא נמי וכו' בביאה למפרע מחומרי: (ה) ד"ה אשר בו משמע בגופו מס"ד: ומס"ד מי שצרעתו תלויה בגופו טומאתו: (ו) ד"ה יצא מוסגר וכו' ביום שביעי סימני: (ז) ד"ה כתבו מקרא וכו' תרגום של דניאל כצ"ל ותיבת כתב נמחק: (ח) תוספות ד"ה עד וכו' דכתיבה אשורית דכשרה אף לשאינן מכירין משום הכי:

הגהות מהר"ב רנשבורג [א] מתני' אין בין ספרים כו'. נ"ב עיין מנחות דף ל"ב ע"א תוס' ד"ה תפלין וכו' ודו"ק:

§ מסכת מגילה דף ח: §

אות א'

שמטמאה משכב ומושב

רמב"ם פ"א מהל' מטמאי משכב ומושב ה"א - הזב והזבה והנדה והיולדת, כל אחד מארבעתן אב מאבות הטומאות, מטמאין כלים במגע, ומטמא אדם במגע ובמשא, ומטמא משכב ומושב ומרכב מתחתיו ועושה אותן אב טומאה, ומטמא מדף על גבו.

רמב"ם פ"א מהל' מטמאי משכב ומושב ה"ב - אחד זבה קטנה ואחד זבה גדולה, ואחד זבה מחמת עצמה או מחמת אונס, ואחד זב בעל שתי ראיות או בעל שלש, טומאת כולן שוה לטמא אחרים.

אות ב'

אין בין מצורע מוסגר למצורע מוחלט, אלא פריעה ופרימה.

אין בין טהור מתוך הסגר לטהור מתוך החלט, אלא תגלחת וצפרים

רמב"ם פ"י מהל' טומאת צרעת ה"י - אחד מצורע מוסגר ואחד מצורע מוחלט [א]לענין טומאה; ואין בין מצורע מוסגר למצורע מוחלט לענין טומאה אלא פריעה ופרימה, ותגלחת וצפורים, שהטהור מתוך הסגר פטור מן התגלחת ומן הצפורים, והטהור מתוך החלט חייב בהן; אבל טומאת שניהן שוה בכל דבר.

אות ג'

טהור השתא מלטמא כלי חרס בהיסט, אף על גב דהדר חזי לא מטמא למפרע

רמב"ם פ"ה מהל' מטמאי משכב ומושב ה"ט - זב וזבה גדולה שטבלו ביום ז' שלהן כמו שביארנו, לא יתעסקו בטהרות עד לערב, שמא יראו טומאה ויסתרו שבעת ימי הספירה, ונמצא אותן הטהרות טמאות למפרע; אע"פ שהן עושין משכב ומושב למפרע, אין מטמאין כלי חרס בהיסט מאחר שטבלו, אף על פי שחזרו וראו טומאה וסתרו הכל, וכל כלי חרס שהסיטו עד שלא ראו טהור.

אות ד'

טהור השתא מלטמא בביאה למפרע

רמב"ם פ"י מהל' טומאת צרעת הי"א - [ב]המצורע אב מאבות הטומאות, מטמא אדם וכלים במגעו, וכלי חרס באוירו, ומטמא אדם במשא, ומטמא משכב ומושב אפילו תחת אבן כזב וכזבה, שנאמר: וכבס בגדיו וטהר, מפי השמועה למדו, [ג]שטהר מלטמא משכב ומושב; ואחד המוסגר ואחד המוחלט בכל אלו.

אות ה' – ו'

ותפלין ומזוזות אינן נכתבות אלא אשורית

אף בספרים לא התירו שיכתבו אלא יוונית

רמב"ם פ"א מהל' תפילין הי"ט - אין כותבין תפילין ומזוזה אלא בכתב אשורית; והתירו בספרים לכתוב אף ביוני בלבד, וכבר נשקע יוני מן העולם ונשתבש ואבד, לפיכך אין כותבין היום שלשתן אלא אשורית.

אות ז'

מקרא שכתבו תרגום, ותרגום שכתבו מקרא, וכתב עברי, אינו מטמא את הידים, עד שיכתבנו בכתב אשורית, על הספר, ובדיו

רמב"ם פ"ט מהל' שאר אבות הטומאה ה"ז - תרגום שבעזרא ושבדניאל הרי הוא מכלל כתבי הקדש; אבל תרגום שכתבו עברית, ועברית שכתבו תרגום, או שכתב כתבי הקדש בכתב עברי, אינן מטמאין את הידים, עד שיהיו כתובים אשורית על העור ובדיו.

באר הגולה

[א] ‹ודקדק רבינו לכתוב "לענין טומאה", משום דלענין קרבנות אשם ולוג שמן, יש ביניהם, שאין מביאים אלא המוחלט - כסף משנה› [ב] ‹והנה רבינו לא הביא כאן דין זה, דיטהר למפרע מלטמא בביאה, וכמו שהביא לקמן בפ"ה מהל' משכב ומושב הל' ט', **ונ"ל** ליישב דברי רבינו כן, דהנה לפי מאי דמסיק הגמ': אלא אמר רבא מהכא: והצרוע אשר בו הנגע, מי שצרעתו בגופו יצא זה שאין צרעתו תלויה בגופו אלא בימים, נמצא דלפי המסקנא מסקינן דמצורע מוסגר קיל ממוחלט דפורע ופורם, **וא"כ** אפשר לומר דהקרא של "וטהר" דכתיב, לא "ויטהר", לא אתי לאשמועינן דין חדש דמטהר למפרע בביאה, רק די לנו שישמיענו דקיל המוסגר דלא בעי פריעה ופרימה, כמו שר"ל מתחלה דלהכי כתיב "וטהר", **ורק** גבי זב דלא מצי לומר זה, אמרינן ד"וטהר" השתא מלטמא כלי חרס בהיסט, ומתחלה דלא ידע ממקום אחר דמוסגר אינו בפריעה ופרימה, ור"ל מקרא ד"וטהר", דחי ליה דלמא אתי על מה שאינו מטמא למפרע, אבל לפי האמת קרי ליה "וטהור" משום דטהור מפריעה ופרימה, **והנה** בס' עין משפט ציין במגילה שם רמב"ם פ"י מהל' טומאת צרעת, אך לא נמצא זה הכא, וכמו שהעיר הגר"ע איגר בגליון הש"ס, ודוק – כתר המלך› ‹**ועיין** שם בגליון הש"ס דהביא מס' ראשון לציון, וז"ל: ולדידי חזי לי, דגי' הרמב"ם בגמרא היא כגירסת הספרים דלא גרסי "טהור מלטמא בביאה", אלא "טהור" סתם, פי' לכולה מלתא, מכי נטהר, כל טהרות שנגע בהם טהורות, הגם דפשתה וטמא, אינו טמא אלא משם והלאה. **ולא** דמי לזב, דבשלמא זב, זיבות דיומי מצטרפין להיות זב גמור, ולזה כי חזייה סתרא, אלא מצורע דילמא השתא הוא דנצטרע מכי פשתה, **ולפום** השתא קיימא הא מלתא דרבא בדרשת הכתוב, ומודעת הא מלתא בדעת הרמב"ם, כיון שלא כתב שיטמאו למפרע, אתה למד דאין טומאה למפרע בהאי דינא› [ג] ‹ומוכח מזה שבימי טומאתו הוא היה מטמא משכב ומושב, והלימוד הוא, דמכיון שפסוק זה מדבר על מצורע לאחר שנרפא נגעו, שצריך לספור שבעה ימים, ובימים אלו הוא עדיין מטמא את בגדיו, לכך דרשו שבימי טומאתו הוא מטמא משכב ומושב, ובימי ספירתו אינו מטמא משכב ומושב – רמב"ם מבואר›

§ עניני הלכה שונים הקשורים להדף §

ספרים נכתבים בכל לשון

הענין דספר תורה נכתב בלשון יוני (מגילה ט, א), ולחד מאן דאמר בכל לשון, דכל התורה שבעל פה ופלפולא רמוז בתגין ונקודות, כמו רבי עקיבא שהיה דורש על כל קוץ (מנחות כט, ב), והיתורים שבהן התורה נדרשת, מכל מקום לא מעכבי לקדושת ספר תורה בלשון אחר. **והטעם** נראה, דאמרו נדרים דף ל״ח, לא ניתן (פלפולא של) תורה אלא למשה ולזרעו, שנאמר ״כתב לך״ ״פסל לך״, מה פסולתן שלך אף כתבן שלך, ופירש הרא״ש, זה הדרשות המרומזות בכתב התורה ובצורת האותיות. רק משה נהג טובת עין ונתנה לישראל (נדרים שם) ודו״ק - משך חכמה שמות פרק לד.

מעשה בתלמי המלך

וזה תלמי היה חכם וחסיד, ונתן מתנות רבות לחכמים ולבית המקדש, ובדברי הימים לנוצרים, שהיו שלש מאות אלף ספרים מהחכמות, ושאמרו לו חכמיו כל הספרים שיש לך כולם ספורים והבל, והעיקר שתעתיק תורת היהודים האלהית, ואז שלח מיד לירושלים בעבור אלעזר הישיש וע״ב זקנים, ועשה להם כבוד גדול ושמח שמחה גדולה - ספר יוחסין מאמר ראשון.

כתבו לי תורת משה רבכם

נ״ב: אע״ג דקיי״ל חגיגה י״ג ע״א, אסור למסור דבר תורה לעכו״ם, שנאמר: לא עשה כן לכל גוי, הנה כבר חלקו הפוסקים בין תורה שבע״פ, דאסור, אבל תורה שבכתב שרי - מהרי״ץ חיות מס׳ סוטה דף ל״ה ע״א.

והנה המפרשים עמדו על מה שהשמיטו הפוסקים דין זה, {דמסכת חגיגה}, ע״ש בשו״ת באר שבע, ואפשר לומר דממעשה דתלמי המלך שהתירו חכמים לכתוב התורה יונית, בכלל זה הותר למסור להם דברי תורה, וצ״ע - שפת אמת מסכת חגיגה דף יג ע״א.

בשו״ת מהרי״א יו״ד סי׳ ד׳... ובנו הגאון ז״ל כתב שם בהג״ה על דברי אביו וז״ל, לענ״ד הא דאסור ללמוד תורה לעכו״ם, היינו רק בתורה שבע״פ שאינה בכתב רק נמסרה לישראל בע״פ מפה לאוזן, אבל תורה שבכתב בודאי נמסרה לכל, כדמצינו במדרש ובגמ׳ שהקב״ה גילה את התורה לכל אומה ולשון, ועיין תוס׳ סוטה ל״ה וגמ׳ סנהדרין נ״ט, בזה אין איסור ללמוד ע״כ. **והגאון** ר׳ יוסף שאול ז״ל בהסכמתו כתב וז״ל, ומש״כ בהגהת בנו הרב הה״ג נ״י, דהא דאסור תורה לעכו״ם היינו תורה שבע״פ לא תורה שבכתב, תמהני, דבגמ׳ ב״ק דף ל״ח מבואר שם בתוס׳, דאסור ללמוד לעכו״ם תורה, ולא חלקו, ועיין יש״ש פ״ד דב״ק ס״ט, ובשל״ה הק׳ העתיק דברי מהרש״ל, ומשמע שם דאף תורה שבכתב אסור ללמוד להם, ע״כ. **אלא** דמ״מ כבר הבאתי לעיל להקשות אהני פוסקים דס״ל לחלק ולהתיר בתורה שבכתב, וכרגע נפל מילתא בליבאי עוד קצת ראיה לאיסורא, מהא דאמרו במגילה ט׳, מעשה בתלמי המלך שהושיב ע׳ סנהדרין והעתיקו התורה לשבעים לשון, והיתה חושך בעולם ג׳ ימים, ולכאורה כיון דתורה שבכתב מותר ללמוד עמהם, מאי איסורא איכא בה, ולכתחלה מותר להעתיק להם התורה שילמדו בה, אבל אי נימא דגם תורה שבכתב אסור, אתי שפיר, וי״ל. **ואין** להתעקש ולומר דאדרבה כיון שהסכימו להעתיק, הרי ראיה שמותר, זה אינו, דהתם מפני אימת המלכות עשו, ולא הוה בכלל יהרג ואל יעבור שלא להעתיק - שו״ת משנה הלכות חלק ה סימן קעב.

לשון היש״ש - ב״ק דף ל״ח ע״א: ת״ר וכבר שלחה מלכות רומי שני סרדיוטות אצל חכמי ישראל למדונו תורתכם. **והקשו** התוס׳ וא״ת והא אמרינן בחגיגה (י״ג ע״א) המלמד תורה לגוי עובר בעשה דמגיד דבריו ליעקב וגו׳, **וי״ל**, דע״פ המלכות עשו בעל כרחם, ולא נתחייבו למסור עצמם. **א״נ** שהשרים עשו עצמן כגרים בעיני חכמים, כדאיתא בספרי, אף חובב עמים, עכ״ל. **משמע** מכאן דלא שרי ללמוד תורה לגוי, אף משום שלום מלכות, וק״ו משום שכר הנאה, אם לא בגזירה והכרח. **ואוי** להם לאותם שנמצאו במדינת ספרד ולועז וארץ ישמעאל, הלומדים תורת ה׳ עם האומות בעבור הנאתן, ותשלומי שכרן, הם המילדים בנים לע״ז, כי אח״כ הם מהפכים למינות, כאשר שמענו וראינו בעו״ה, וה׳ מסר התורה בקבלה למשה לומר ליהושע, ויהושע לזקינים כו׳, ולא הניח לכתוב התורה שבעל פה, כדי שלא יהפכו למינות, כדאיתא בפרקי דר׳ אליעזר, א״כ אותן האנשים החטאים בנפשותם ובגופם להפר עצת ה׳, אשר לומדים עם האומות, לפענ״ד גדול עונם מנשוא, ולא יראו בנחמות ציון.

גם שמעינן מהאי ברייתא, דאסור לשנות דברי תורה, אף כי הסכנה, וחייב למסור עצמו עליה, דלפי חד שינוי דתוס׳, שמלכות הרשעה גזרה עליהם, ולמה לא ייראו חכמים שתעליל מלכות הרשעה עליהם, הלא לא תמצא דבר קשה כזה לומר בפני האומות, שאנחנו פטורין מהיזיקן והם חייבים, וכי לא היה ראוי לחוש ח״ו לכמה שמדות וחורבות דליפוק מיניה, בפרט מלכות הרשעה, שכל מחשבתם רק להתגולל ולהתנפל על שונאינו, וא״כ היה להם לשנות, או שניהם חייבים או שניהם פטורין. **אלא** ש״מ שמחויבים אנו למסור על קידוש השם, ואם ח״ו ישנה הדין הוה ככופר בתורת משה, ומסתמא איירי כגון שהשרים שאלו בפרטים על כל דין ודין, שור של ישראל שנגח לשל נכרי, ושל נכרי שנגח לשל ישראל, ועל כן השיבו האמת על קדושת השם, כי לא היה יכולת בידם לשמט את עצמם מדין זה. **והא** דאיתא בפ״ק דמגילה (ט ע״א) מעשה בתלמי שכינס ע״ב זקנים וכו׳, ושינו התורה, **התם** מן שמיא הוא דאסכימו בהדייהו, וכעין רוח הקודש היה, וכן איתא התם, נתן הקדוש ברוך הוא בלב כל אחד כו׳, והוה על פי הדיבור. **ועוד**, התם לא שינו שום דבר ממשמעותו, אלא שינו הלשון, דלא יהפכו למינות, וכמו ששינו כך הוא כוונת המקרא כפשוטו, אבל לומר על הפטור חייב, או להיפך, היה ככופר בתורת משה, מה לי דיבור אחד מה לי כל התורה - ים של שלמה מס׳ בבא קמא פ״ד ס״ט.

מגילה נקראת פרק ראשון מגילה ט

מסורת הש"ס

כאן *בגופן שלנו כאן בגופן שלהן אמר ליה אביי במאי אוקימתא להההיא בגופן שלהן מאי איריא מקרא שכתבו תרגום ותרגום שכתבו מקרא אפילו מקרא שכתבו מקרא ותרגום שכתבו תרגום נמי דהא קתני עד שיכתבנו אשורית על הספר בדיו אלא לא קשיא הא רבנן הא רשב"ג אי רשב"ג הא איכא יונית אלא לא קשיא כאן בספרים כאן בתפלין ומזוזות תפלין ומזוזות מ"ט משום דכתיב בהו °והיו בהווייתן יהו מאי תרגום שכתבו מקרא איכא בשלמא תורה איכא °יגר שהדותא אלא הכא מאי תרגום איכא אלא לא קשיא כאן במגילה כאן בספרים מגילה א) מ"ט דכתיב בה °ככתבם וכלשונם מאי תרגום שכתבו מקרא איכא אמר רב פפא °ונשמע פתגם המלך רב נחמן בר יצחק אמר °וכל הנשים יתנו יקר לבעליהן רב אשי אמר כי תניא ההיא בשאר ספרים ורבי יהודה היא דתניא תפלין ומזוזות אין נכתבין אלא אשורית ורבותינו התירו יונית והכתיב והיו אלא אימא ספרים נכתבים בכל לשון ורבותינו התירו יונית מכלל דתנא קמא אמר אלא אימא רבותינו לא התירו שיכתבו אלא יונית ותניא א"ר יהודה אף כשהתירו רבותינו יונית לא התירו אלא בספר תורה ומשום מעשה דתלמי המלך (א) דתניא *מעשה בתלמי המלך שכינס שבעים ושנים זקנים והכניסן בשבעים ושנים בתים ולא גילה להם על מה כינסן ונכנס אצל כל אחד ואחד ואמר להם כתבו לי תורת משה רבכם נתן הקב"ה בלב כל אחד ואחד עצה והסכימו כולן לדעת אחת *וכתבו לו °אלהים ברא בראשית °אעשה אדם בצלם ובדמות °ויכל ביום הששי וישבות ביום השביעי °זכר ונקבה בראו ולא כתבו בראם °הבה ארדה ואבלה שם שפתם °ותצחק שרה בקרוביה °כי באפם הרגו שור וברצונם עקרו אבוס °ויקח משה את אשתו ואת בניו וירכיבם על נושא בני אדם °ומושב בני ישראל אשר ישבו במצרים *ובשאר ארצות ארבע מאות שנה °וישלח את זאטוטי בני ישראל °ואל זאטוטי בני ישראל לא שלח ידו

לא

גופן · כתיבה: **כאן בגופן שלנו.** מתניתין דקתני בכל לשון שלא שינה את הכתב אלא ששינה את הלשון וברייתא בגופן שלהן: **סה.** דאמר עד שיכתבנו בכתב אשורית: **רבן שמעון בן גמליאל סה.** דפליג אדרבנן במתניתין: **אי רבן שמעון בן גמליאל.** אמאי קתני עד שיכתבנו אשורית: **אלא לא קשיא.** גרסינן: **והיו הדברים האלה.** כתיב בתפילין ומזוזות שכתובין בהן פרשיות של שמע: **בשאר ספרים.** נביאים וכתובים: **מכלל דתנא קמא.** במתניתא והא תנא קמא שרי בכל לשון: **רבותינו אמרו. תלמי.** מלך מצרים היה: **אלהים ברא בראשית.** את השמים שלא יאמר בראשית שם הוא ושתי רשויות הן וראשון ברא את השני: **אעשה אדם.** שמכאן פקרו האומרים שתי רשויות הן דכתיב נעשה אדם (בראשית א): **ויכל ביום הששי.** שלא יאמר אם כן עשה מלאכה בשבת דהא כתיב ויכל ביום השביעי והוא לא יקבל עליו מדרש חכמים שדרשו בו מה היה העולם חסר מנוחה באתה שבת באתה מנוחה והו גמרו: **זכר ונקבה בראו ולא כתבו בראם.** דמשמע שני גופין ברא כל אחד זכר ונקבה שני פרצופין לכך כתבו בראו שכך נברא אדם בשני פרצופים: **בקרוביה.** שלא יאמר על אברהם לא הקפיד דכתיב ויצחק ועל שרה הקפיד לפיכך כתבו בקרוביה לומר אברהם בלבו ושרה אמרה בקרוביה: **נושא בני אדם.** דמשמע גמל שלא יאמר משה רבכם לא היה לו סוס או גמל: **הרגו שור.** שלא יאמר לאחים היו אבותיכם שהרי אביהם מעיד עליהם שהם הרגו איש לכך כתבו שור שלא יהו חשובין בעיניו אלא כבהמות ולא הקפיד (ג) על הבהמות: **ובשאר ארצות.** שלא יאמר שקר כתוב בתורה שהרי קהת מיורדי מצרים היה וכשאתה מונה שנותיו של קהת ושנותיו של עמרם ושמונים של משה כולן אין מגיעות לד' מאות שנה כל שכן שהרבה משנות הבנים נבלעים בתוך שנות האבות אלא שמונה הכתוב מיום שנגזרה גזרת גלות מצרים בין הבתרים ומשם שנולד יצחק שלשים שנה ומשנולד יצחק עד שיצאו ישראל ממצרים ארבע מאות שנה צא מהם ששים של יצחק ומאה ושלשים שחיה יעקב כשבא למצרים הרי מאתים ועשר וכן היתה הגזרה כי גר יהיה זרעך בארץ לא להם (בראשית טו) ולא נאמר במצרים אלא בארץ לא להם וכשנולד יצחק היה אברהם גר בארץ פלשתים ומאז עד שיצאו ממצרים נמלא יצחק וזרעו שכן זרעו של אברהם גרים ושלשים של קודם לכן לא נמנו בגזרה דהא לא נאמר לך אלא זרעך: **זאטוטי.** לשון חשיבות אבל בעברי לשון קטנות ויאמר גרועים שלכם שלחתם לקבל פני שכינה: **ואל זאטוטי בני ישראל.** בלותה פרשה עצמה ולפי שכתבו זאטוטי תחילה חזרו וכתבום כשם הראשון ולא כתבו ואל אצילי בני ישראל:

לא

בשלמא תורה איכא יגר שהדותא. וקשה אמאי מפסלא בהכי והלא אינו היה חסר כל אלו *השלם תיבות לא מפסיל בהכי כדאמרינן בגיטין (דף ס.) ספר תורה שחסר יריעה אחת אין קורין בו משמע דווקא יריעה אחת אבל פסוק אחד לא ודחק הקונטרס לומר דגרע טפי כשהוא כתוב תרגום מכשהוא לא נכתב כלל ויש לומר דהכא לא בא אלא להשמיענו דהוי טעות וצריך להגיהו:

כאן במגילה כאן בשאר ספרים. וקשה דהך ברייתא כמאן מוקמא לא כרבן שמעון בן גמליאל ולא כרבנן דאי רבנן א"כ הוה ליה למיתני במתני' מגילה גבי תפלין ומזוזות שאין נכתבין אלא אשורית ואי כרבן שמעון בן גמליאל לא מתוקמא שהרי הוא מתיר אף יונית ואין לומר דהכי מילי בשאר ספרים [מתיר רשב"ג יונית] אבל במגילה מודה שצריך אשורית זה אינו דהא בפרק שני (דף יח.) אמרי רב ושמואל דלעז יוני לכל כשר ומסיק דאינהו אמור כרשב"ג ומסיק נמי התם קא משמע לן דאף במגילה כמו אמרי מלתייהו ועל כרחך צריך לומר שזה המתרץ אין סובר דרבן שמעון בן גמליאל קאי כוותיה דרב ושמואל דלקמן אלא סובר ליה דרבן שמעון בן גמליאל לא התיר במגילה אלא אשורית ומשום דכתיב בהו ככתבם וכלשונם ורב ושמואל דלקמן סבירא להו [כשיטיא] דרב אשי דבסמוך: **ורב** אשי אמר ההוא בשאר ספרים ב) ור' יהודה היא. וקשה דהא בפרק כל כתבי (שבת דף קטו: ושם) אמר רב אשי (ג) אין בין ספרים למגילה אלא שהספרים נכתבין בכל לשון ומגילה צריך אשורית בספר ובדיו אלמא דבשאר ספרים לא צריך אשורית וספר ודיו ואם כן מנא ליה לרב אשי לומר דר' יהודה מחמיר ומצריך כולי האי והא לא אשכח התם שום תנא דפליג עליה וי"ל דההיא דכל כתבי (ג"ז שם) מיירי לענין הצלה מפני הדליקה דווקא והכי קאמר בשאר ספרים יש להצילם אע"ג דנכתבין בכל לשון שהרי יש בהן כמה שמות קדושים אבל במגילה שאין בה שום אזכרה אין להצילה אלא אם כן כתובה כהלכתה והכא מיירי להכשיר לקרות בהן:

אלהים ברא בראשית. פ"ה שאם כתבו בראשית ברא היו אומרים בראשית שם הוא ושתי רשויות הן וקשה שהרי בראשית אין שם כלל אלא בתחלה ועוד שכתבו לו בלשון יונית בתחלה וי"ל שהגוים היו יודעים שלעולם יש להזכיר הבורא בתחלה ואם כן אלו כתבו בראשית קודם היה אומר דשתי רשויות הן והתיבה הראשונה הוי בורא אחד ואלהים הוי השני: **על** עשה אדם. פן יאמר להם וכי לא היה לו למשה רבכם סוס או גמל: **(ואל) [ואל]** זאטוטי בני ישראל. וקשה אמאי לא כתבו לו וישלח את אצילי בני ישראל כדכתיב בסמוך והוי לשון גדולה ויש לומר לפי שלא רצו לשקר ולכך כתבו לו זאטוטי במקום כעברי ובמקום אצילי דמשמע לשון גדולה כמו זוטו של ים (ב"מ דף כה:) ומשמע נמי לשון השפלה כדאמרינן התם* האומר לצולה חרבי (ישעיה מד) זו בבל שהוא זוטו של עולם פי' עומקו ותחתיתו ושפלה מכל ארצות כדאמרינן נמי התם (שבת דף קיג:) הלכך נקרא שמה בבל שכל מתי מבול נגערו שם (זבחים דף קיג:):

אין

[עי' מהרש"א]

רבינו חננאל

עברית. ועברית שכתבו תרגום וכתב עברי אינו מטמא את הידים עד שיכתבנו אשורית. על עור ובדיו ופריק רבה ממתני' דקתני דכתבינן בכל לשון בגופן שלנו*). כלומר בצורות האותיות שלנו ובלשון אחר זולתי לשה"ק. לפיכך מטמאין את הידים. שהאותיות בכתב אשורי הן. ומתני' השנויה במסכת ידים בגופן של שאר לשונות שבאומות לפיכך אין מטמאין [את הידים]. והאי פירוקא דרבה איפריכא וסוגיא רשמעתא בפירוקא דרב אשי סלקא: (את הידים) ואקשינן אי הכי מאי איריא עברית שכתבו תרגום אפי' עברית שכתבו עברית בגופן של שאר לשונות לא. דקתני עד שיכתבנו אשורית על העור בדיו ופרקינן לעולם ב' המשניות בגופן שלנו. ומשנה השנויה בסמ' ידים לרשב"ג היא דמצריך בכל הספרים אשורית. ודחינן והא איכא יוונית לרשב"ג שהוא מתיר למה שנה עד שיכתבנו אשורית בלבד. אלא לא קשיא מתניתין בספרים ומשנת השנויה בידים בתפילין ובמזוזות. ומשנינן ודחינן ואוקמת למתני' דהתם רב אשי בשאר ספרים זולתי ס"ת. ור' יהודה היא דתניא ספרים נכתבים בכל לשון. ורבותינו [התירו] שיכתבו יוונית כו' אבל תפילין ומזוזות דברי הכל אשורית דכתי' בהו והיו בהוייתן יהו. ותניא א"ר יהודה אף כשהתירו רבותינו יוונית לא התירו אלא בס"ת. משום מעשה דתלמי המלך שכינס ע"ב זקנים בע"ב בתים אמר להם כתבו לי תורתכם. נתן הקב"ה עצה טובה בלבם והסכימה דעתם לדעת אחת. וכתבו לו אלהים ברא בראשית. אעשה אדם בצלם ובדמות כו'

*) עי' ערוך ערך גפן

הגהות הב"ח

(א) גמ' דתלמי המלך ...

גליון הש"ס

הגהות מהר"ב רנשבורג

עין משפט נר מצוה

סד א מיי' פ"ד מהל' כלי המקדש הלכה יד:
סה ב מיי' פט"ו מהל' שגגות הלכה ו:
סו ג מיי' פ"ה מהלכות עבודת יוה"כ הלכה ג:
סז ד מיי' פ"ו מהלכות בית הבחירה הלכה יד ופ"ו מהלכות מעשה הקרבנות הלכה ס:
סח ה מיי' פ"א מהלכות בית הבחירה הלכה ... ופי"א שם הלכה ס:

לא חמד אחד מהם נשאתי °אשר חלק ה' אלהיך אתם להאיר לכל העמים °וילך ויעבוד אלהים אחרים אשר לא צויתי לעובדם וכתבו לו (א) את צעירת הרגלים ולא כתבו לו °את הארנבת מפני °שאשתו של תלמי ארנבת שמה שלא יאמר שחקו בי היהודים והטילו שם אשתי בתורה: רשב"ג אומר אף בספרים לא התירו שיכתבו אלא יונית: א"ר אבהו א"ר יוחנן הלכה כרשב"ג וא"ר (ב) יוחנן מ"ט דרשב"ג אמר קרא *יפת אלהים ליפת וישכן באהלי שם דבריו של יפת יהיו באהלי שם ואימא גומר ומגוג *א"ר חייא בר אבא היינו טעמא דכתיב יפת אלהים ליפת יפיותו של יפת יהא באהלי שם: **מתני'** **אין בין כהן משוח בשמן המשחה למרובה בגדים אלא פר הבא על כל המצות 'אין בין כהן משמש לכהן שעבר אלא פר יום הכפורים ועשירית האיפה: **גמ'** הא לענין פר יום כפורים ועשירית האיפה זה וזה שוין מתניתין דלא כר"מ דאי ר"מ [הא תניא] *מרובה בגדים מביא פר הבא על כל המצות דברי ר"מ וחכ"א אינו מביא מ"ט דר"מ דתניא °משיח אין לי אלא משוח בשמן המשחה מרובה בגדים מנין ת"ל המשיח במאי אוקימנא דלא כר"מ אימא סיפא אין בין כהן משמש לכהן שעבר אלא פר יוה"כ ועשירית האיפה הא לכל דבריהן זה וזה שוין אתאן לר"מ דתניא *אירע בו פסול ומינו כהן אחר תחתיו ראשון חוזר לעבודתו שני כל מצות כהונה גדולה עליו דברי ר"מ רבי יוסי אומר 'ראשון חוזר לעבודתו שני אינו ראוי לא לכהן גדול ולא לכהן הדיוט וא"ר יוסי °מעשה ביוסף בן אולם מצפורי שאירע בו פסול בכהן גדול ומינוהו תחתיו ובא מעשה לפני חכמים ואמרו ראשון חוזר לעבודתו שני אינו ראוי לא לכהן גדול ולא לכהן הדיוט כהן גדול משום איבה כהן הדיוט משום *מעלין בקודש ולא מורידין רישא רבנן וסיפא ר"מ אמר רב חסדא אין רישא רבנן וסיפא ר"מ רב יוסף °אמר *רבי היא ונסיב לה אליבא דתנאי: **מתני'** *אין בין במה גדולה לבמה קטנה אלא פסחים זה הכלל כל שהוא נידר ונידב קרב בבמה וכל שאינו לא נידר ולא נידב אינו קרב בבמה: **גמ'** פסחים ותו לא אימא כעין פסחים מני ר"ש היא דתניא *ר"ש אומר אף צבור לא הקריבו אלא פסחים וחובות שקבוע להם זמן אבל חובות שאין קבוע להם זמן הבא והכא לא קרב: **מתני'** *אין בין שילה לירושלים אלא שבשילה אוכלין קדשים קלים ומעשר שני בכל הרואה 'ובירושלים לפנים מן החומה וכאן וכאן 'קדשי קדשים נאכלין לפנים מן הקלעים קדושת שילה יש

תוספות

אין בין כהן משוח למרובה בגדים אלא פר הבא על כל המצות. *פירוש פר כהן משיח שחטא בשוגג דעשה אחת מכל מצות ה' אשר לא תעשינה ואשם בדבר שזדונו כרת אבל לא מיירי בפר העלם דבר של צבור דכתיב ביה הכהן המשיח (יחטא) דהא מרבינן בה"כ (ג) ואפילו כהן הדיוט יכול להביאו וכל שכן מרובה בגדים:

אין בין כהן המשמש לכהן שעבר אלא פר יום הכפורים. קשה אמאי נקט לכהן שעבר דהא אפילו ביום שאירע בו פסול לכהן המשמש ושמש זה תחתיו הוי חילוק זה שהפר בא מן המשמש אע"פ שאין משמש כדאי' בירושלמי ואם כן הוה ליה למימר בין הכהן המשמש לכהן שיעבור וי"ל דלי נקט לאותו שיעבור הוה משמע הא לאותו שעבר כבר דהוי כל שנה יש הרבה חילוקים ביניהם משום הכי נקט לאותו שעבר לאשמועינן דאף בדידיה ליכא אלא חילוק זה וה"ה למאי דפרישית שהפר הוי מאותו שאירע בו הפסול אע"ג שאין משמש הא א"כ קשיא מהא דאמר סוף פ"ק דשבועות (דף יד:) אשר לו ולא משל אחיו הכהנים ודרכה היה לו לומר ולא מאותו המשמש תחתיו דהוי רבותא טפי ושמא משום דהוי מלתא דלא שכיחא שבקיה ונקט מידי דשכיח כל שנה והשתא נמי דהקומץ רבה (מנחות דף יט:) דקאמר דגלי רחמנא שחיטה בבעלים לא קשה לפירושינו (ד) דשני דכיון דזכי ליה רחמנא הוי כאילו מקדיש משלו:

ולא לכהן הדיוט משום מעלין בקדש וכו'. קשיא למה ליה האי טעמא תיפוק ליה דכיון דראוי לכהן גדול אי לאו משום איבה א"כ אינו יכול לשמש בארבעה בגדים משום דהוה ליה מחוסר בגדים ויש לומר דמשום האי טעמא לא הוי מקפידין כיון דעל פי בית דין הוא אי לאו טעמא דמעלין:

מני רבי שמעון היא דאמר אף צבור לא הקריבו. מהא דכיון דמוקמינן למתני' כרבי שמעון א"כ סיפא נמי אתיא כוותיה דקתני זה הכלל כל הנידר ונידב קרב בבמה וקשה דהא נזירות דהוי דבר הנידר ונידב כדאמרינן בפרק שני דתמורה (דף יח. וסם) ואפילו הכי אית ליה לר' שמעון פ' בתרא דזבחים (דף קיז. וסם) דמנחות ונזירות אין קרב אפילו בבמה גדולה וי"ל דהכי מיפרשא מתניתין זה הכלל כל הנידר ונידב שקרב בבמה גדולה כגון עולה ושלמים ליחיד קרב בבמה קטנה וכל שאינו נידר ונידב ואע"פ שקרב בבמה גדולה אין קרב בבמה קטנה אבל מודה הוא דיש נידר ונידב שאין קרב לא בבמה גדולה ולא בבמה קטנה*:

רש"י

לא חמד אחד מהם נשאתי. שלא יאמר חמור לא לקח אבל חפץ אחר לקח: **להאיר לכל העמים.** שאם לא כן יאמר בן נח מותר בע"ז ומדרשו (ע"ז נה.) להחליק בדברים כדי לטורדן מן העולם: **לא צויתי לעובדם.** שאם לא כתבו לעובדם משמע אשר לא צויתי שיהיו ויאמר א"כ אלהות הן שעל כרחו נבראו: **ולכתבו.** במקום ואת הארנבת ואת צעירת הרגלים לפי שידיה קצרות וקטנות מרגליה: **יפיותו של יפת.** הוא לשון יון לשון יפה משל כל בני יפת: **מתני' מרובה בגדים.** כהנים שמשמשו בבית שני ולא בבית ראשון מימות יאשיהו ואילך שנגנזה צלוחית של שמן המשחה: **פר הבא על כל המצות.** כהן משיח שהורה היתר בדבר שזדונו כרת ועשה כהוראתו מביא פר שנאמר אם הכהן המשיח יחטא לאשמת העם וגו' (ויקרא ד): **כהן המשמש.** כגון שאירע בו פסול ומינו אחר תחתיו ועבר פסולו וחזר לעבודתו והעבירו את תחתיו הראשון קרוי משמש והשני עבר: **אלא פר יוה"כ.** שאי אפשר להביא שנים וכן עשירית האיפה חביתי כהן [גדול] שבכל יום שאי אפשר להביא שנים: **גמ' הא לכל דבריהן זה וזה שוין.** ואם בא להקטיר או לעבוד שום עבודה משמש בשמונה בגדים כהן שעבר ככהן המשמש: **כל מצות כהונה גדולה עליו.** משמש בח' בגדים לא פורע ולא פורם ומצווה על הבתולה ומוזהר על האלמנה ומקריב אונן: **ואינו ראוי.** לשמש לא בשמונה בגדים ככהן גדול ולא בארבעה ככהן הדיוט: **רבי היא.** וסתמה אליבא דנפשיה: **ונסיב ליה אליבא דתנאי.** במרובה בגדים סבר לה כרבנן ובכהן שעבר סבר לה כר' מאיר: **מתני' אין בין במה.** אין הפרש בשעת היתר הבמות בין במה גדולה זו מזבח של משה שבעודו נוב וגבעון: **לבמה קטנה.** מזבח של יחיד שכל יחיד ויחיד עושה במה לעצמו: **קרב בבמה.** קטנה: **כל שאינו נידר ונידב כו'.** בזבחים יליף לה בפרק בתרא: **גמ' פסחים ותו לא.** והא קתני סיפא כל שאינו נידר ונידב אינו קרב בבמה קטנה ואילו בגדולה הוו מקריבין קרבנות צבור תמידין ומוספין וקא ס"ד דלאף לצבור שאין קבוע להן זמן הוו קריבין בה כגון פר העלם דבר של צבור ושעירי ע"ז: **כעין פסחים.** וכל חובות הקבוע להם זמן כפסחים: **מני.** מתניתין דקתני דבמה קטנה אין קרב בה שום חובה ואמר דבמה גדולה לא עדיפא מינה אלא בחובות הקבוע להן זמן: **ר' שמעון היא.** דאמר בפרק בתרא דזבחים אף צבור לא הקריבו בבמה גדולה שום חובה אלא פסחים וחובות הקבוע להן זמן אבל חובות שאין קבוע להן זמן כגון פר העלם דבר ושעירי ע"ז הבא והכא לא קרב אבל כדרבנן דהתם לא מתוקמא מתניתין דהא אמרי כל שהצבור מקריבין באהל מועד שבמדבר מקריבין באהל מועד שבגלגל דהיא במה גדולה ואפילו פר העלם דבר ומתניתין קתני פסח וכיוצא בהן: **מתני' בכל הרואה.** בכל מקום שיוכל לראות משם את שילה ובפרק בתרא דזבחים יליף טעמא:

מסורת הש"ס

[יומא ע: ע"ש] · [צ"ל אלא א"ר יוחנן וכן גי' ע"י] · הוריות יא: · הוריות יב. · [לקמן כא: יומא יב: וש"נ] · [ר"ה ז: וש"נ] · זבחים קיז. קיח. ע"ש · [זבחים קיז.] · [תמורה כח:]

הגהות הב"ח

(א) גמ' וכתבו לו במקום את הארנבת את צעירת הרגלים: (ב) שם ... (ג) תוס' ד"ה אין בין כהן משוח וכו' ... (ד) ...

גליון הש"ס

גמ' מפני שאשתו. בירושלמי וכן במ"ר פ' שמיני

עין משפט (ציונים): ג"ז שם: יומא יב: [תוספתא יומא פ"א] · [עי' תוס' יומא סירוש] · [וע"ע תוס' פסחים לח: ד"ה ולא אומרת]

רבינו חננאל

עד שלא יאמר שחקו בי היהודים והטילו שם אשתי בתורה. רשב"ג אומר אף בספרים לא התירו שיכתבו אלא יונית. מנא דני מילי א"ר יוחנן דכתיב יפת אלהים ליפת וישכן באהלי שם. כלומר ממבחר בניו של יפת והיא כתיבת יון יהיו באהלי שם שהם בני ישראל. א"ר אבהו א"ר יוחנן הלכה כרשב"ג ; [מתני'] אין בין כהן משוח בשמן המשחה למרובה בגדים כו'. מנא לן דכתיב אם הכהן המשיח יחטא לאשמת העם וגו'. פי' מרובה בגדים בבית שני שלא היה להם שמן המשחה היה מתמנה כ"ג בלבישת ח' בגדים. לפי שכל זמן שהיה הדיוט משמש בד' בגדים לבש עוד ד' ונתרבה בד' אחרים נעשה כ"ג לפיכך נקרא מרובה בגדים. וזה מפורש בתלמוד בהוריות פ' ב' משוח בשמן המשחה כבית הראשון. מרובה בגדים בבית שני ואמר ה' דברים היו. בית הראשון גדול מן האחרון. ואלו הן. אש וארון. ואורים ותומים ושמן המשחה. ורוה"ק ושאר כל הענין. הא לענין פר יוה"כ כדכתיב בזאת יבא אהרן אל הקדש בפר בן בקר וגו'. ועשירית האיפה כדכתיב זה קרבן אהרן ובניו אשר יקריבו לה' ביום המשח אותו וגו'. ומפורש בתורת כהנים שכל כהן מביא עשירית האיפה מדכתיב ובניו מרבינן אפי' הדיוטות וכ"ש מרובה בגדים. דלא כר"מ דתני מרובה בגדים מביא פר הבא על כל המצות. ואקשינן אימא סיפא אין בין כהן משמש לכהן שעבר. כלומר שנפסל במום או בזולתו אלא פר יוה"כ ועשירית האיפה שהכהן המשמש הוא המביא משלו. וזה שעבר לא. הא לכל דבריהם זה וזה שוין. אתאן לר' מאיר דתני אירע בו פסול לכהן גדול ומינו אחר תחתיו כו' ופריק רב יוסף מתני' רבי היא. רישא סבר לה כרבנן. סיפא סבר לה כרבי מאיר: [מתני'] אין בין במה גדולה לבמה קטנה וכו'. ואוקימנא כעין פסחים. והן חובות הקבוע להן זמן. ומפורש בסוף פרק פרת חטאת ובסוף שחיטת קדשים בתוספתא אלו דברים שבין במה גדולה לקטנה קרן וכבש ויסוד. וריבוע וכיור ובנו בבמה גדולה ולא קטנה. *) חזה ושוק ועור העולה לבעלים בבמה קטנה. אבל נותר זמן וטמא זה וזה שוין. איזו היא במת גדולה **) בשעת איסור במה אהל מועד נטוי כדרכו. (אין) הארון נתון שם. איזו היא במה קטנה היחיד הבמה עושה אדם במה על פתח גינתו ומקריב עליה הוא ובנו ובתו כו': [מתני'] אין בין שילה לירושלים אלא שבשילה אוכלים קדשים קלים ומעשר שני בכל הרואה. ובירושלים לפנים מן החומה כו'. פי' הרואה העומד בשילה כל מקום שרואה שלא עיניו מותר לו לאכול קדשים קלים ומע"ש ומפורש בפ' פרת חטאת. (זבחים דף קיח.) הכי א"ר אבהו כתיב בן פורת עלי עין וגו'. עין שלא רצתה להנות מדבר שאינו שלה תזכה ותאכל בקדשים כמלא עיניה. תנא רואה שאמר כולו שלא יהא דבר מפסיק וכן היה שומר בשדה ומכים משם היה מותר לו לאכול באותו מקום קדשים קלים ומע"ש. ותנן באו לשילה נאסרו הבמות. ולא היה שם תקרה אלא בית של אבנים מלמטה ויריעות מלמעלה והיא היתה מנוחה כו'. ותניא ימי אהל מועד שבשילה

מסורת / הגהות (שולי הדף)

איתא דאמו של תלמי ארנבתא שמה: שם מעשה בר' יוסף בן אולם. עי' תוס' ישנים יומא דף כא ע"א ד"ה ולא אירע קרי: שם אמר רבי היא ונסיב לה אליבא דתנאי. ר"ס דף ז ע"ב שבועות דף ד ע"א חולין דף פד ע"א ודף קד ע"א הוריות דף יג ע"ב: תוס' ד"ה אין בין כהן משוח וכו' פי' פר כהן משיח. עי' יומא דף נו ע"א תד"ה אבי ראיתיו ובקדושין דף לו ע"ב בפרש"י ד"ה אי דפנים ובתוס' ד"ה אי דפנים:

*) חסר כאן מלשון התוספתא וצ"ל חזה ושוק ועור העולה לכהנים בבמה גדולה חזה ושוק ועור העולה לבעלים בבמה קטנה כ"כ שם בתוספתא ע"ש. **) לשון התוספתא שם איזו היא במה גדולה בשעת היתר אהל מועד נטוי כדרכו אין הארון נתון שם וכו'.

§ מסכת מגילה דף ט: §

אות א'

אין בין כהן משוח בשמן המשחה למרובה בגדים, אלא פר הבא על כל המצות

רמב"ם פ"ד מהל' כלי המקדש הי"ד - אין בין כהן משוח בשמן המשחה למרובה בגדים, אלא פר שמביא כהן המשיח אם שגג בא' מן המצות שחייב עליהן חטאת, שנאמר: אם הכהן המשיח יחטא וגו', אבל לשאר הדברים שוים הם.

אות ב'

אין בין כהן משמש לכהן שעבר, אלא פר יום הכפורים ועשירית האיפה

רמב"ם פט"ו מהל' שגגות ה"ז - כהן גדול שנמשח בשמן המשחה, [א]ועבר מעבודתו מפני מום או זקנה וכיוצא בהן, וחטא בשגגה זו, מביא פר על שגגתו, לפי שאין בין כהן משיח המשמש לכהן משיח שעבר אלא פר יוה"כ ועשירית האיפה של כל יום, שאין מקריב אותן אלא כהן המשמש בכהונה גדולה, אבל פר הבא על כל המצוות שוים הם בו.

אות ג'

ראשון חוזר לעבודתו, שני אינו ראוי לא לכהן גדול ולא לכהן הדיוט

רמב"ם פ"א מהל' עבודת יום הכיפורים ה"ג - ומתקינין לו כה"ג אחר, שאם יארע בזה פיסול יעבוד האחר תחתיו... עבר יוה"כ, הרי הראשון חוזר לעבודתו, והשני עובר, [ב]וכל מצות כהונה גדולה עליו, אלא שאינו עובד ככה"ג, ואם עבד עבודתו כשירה, ואם מת הראשון, זה השני מתמנה תחתיו.

אות ג*[ג]

אין בין במה גדולה לבמה קטנה אלא פסחים

רמב"ם פ"א מהל' קרבן פסח ה"ג - אין שוחטין את הפסח אלא בעזרה כשאר הקדשים, אף בשעת היתר הבמות לא היו מקריבין את הפסח בבמת יחיד; וכל המקריב את הפסח בבמת יחיד לוקה, שנאמר: לא תוכל לזבוח את הפסח באחד שעריך, מפי השמועה למדו שזו אזהרה לשוחט בבמת יחיד אפילו בשעת היתר הבמות.

אות ד'

ובירושלים לפנים מן החומה

רמב"ם פ"ו מהל' בית הבחירה הט"ו - ואוכלין קדשים קלים ומע"ש בכל ירושלים אע"פ שאין שם חומות, שהקדושה ראשונה קדשה לשעתה וקדשה לעתיד לבא.

רמב"ם פ"ז מהל' בית הבחירה הי"ד - ירושלים מקודשת משאר העיירות המוקפות חומה, שאוכלין קדשים קלים ומעשר שני לפנים מחומתה.

רמב"ם פ"י מהל' מעשה הקרבנות ה"ה - וכולן נאכלים בכל העיר, שנאמר: את חזה התנופה ואת שוק

באר הגולה

[א] ‹דברי רבינו ז"ל מתמיהין אצלי, דבפ"ב הוריות ובפ"ק דמגילה אמרו, אין בין כהן המשמש לכהן שעבר אלא פר יוה"כ ועשירית האיפה, והיינו כהן שעבר מחמת קריו ביוה"כ, ומינו אחר תחתיו, וחזר אח"כ, לראשון קורא כהן המשמש, ולשני קורא שעבר, וקאמר דאין בין זה לזה אלא פר יוה"כ ועשירית האיפה, שמביאין מן הכהן שחוזר לעבודתו, ולא מן השני שעבר. **אבל** מש"כ רבינו ז"ל: כהן שעבר מחמת מום או מחמת זקנה, איך נאמר שאין בינו לכהן המשמש אלא פר יוה"כ, והלא זה פסול לעבודה וזה כשר, ובהא ודאי לא איירי מתניתין כלל, דאמרה הא לכל דבריהן זה וזה שוין, ואילו עבר מחמת מום או זקנה אינו כשר לעבודה, **ועוד** מדשקלא וטריא בגמרא דאמרו דאתיא כר"מ, משמע בהדיא כפירוש רש"י ז"ל וכדכתיבנא, וכן פירש שם רבינו ז"ל בפירוש המשנה. **וע"ק** דמשנה זו דאין בין כהן משמש לכהן שעבר, אוקמוה בגמ' כר"מ, דאמר דהשני מצות כהונה עליו, ודלא כר' יוסי דאמר דהשני אינו לא ככ"ג ולא ככהן הדיוט, ורבינו ז"ל פסק בפ"א מהל' יוה"כ כר' יוסי, שכתב שם: אלא שאינו עובד ככ"ג, ומבואר שם דהוי כר' יוסי, וכ"כ שם הרב בעל כ"מ ז"ל, **וא"כ** איך כתב להך מתניתין הכא, וזה הוא אפילו אם היה מביא המשנה כצורתה, כ"ש שדבריו מתמיהין, שאין דבריו כדברי המשנה כלל כדכתיבנא, וצ"ע – לחם משנה› ‹**ולענ"ד** הדבר פשוט עם מה שחילקו הראשונים ז"ל, דהא דאמרינן דכהן ראשון חוזר לעבודתו, היינו דוקא כשאירע לו קרי ונתמנה אחר לפי שעה, אבל חלה או גלה ונתמנה אחר תחתיו ונתרפא או שב מגלותו, אפ"ה אינו חוזר לעבודתו, אלא השני נשאר לעולם. **והכא** מיירי רבינו אחר שנתרפא ממומיו או מרתיחת זקנותו, דהכהן השני נשאר לעולם לכ"ג, אפילו אליבא דר' יוסי הכהן הראשון כל מצות כ"ג עליו, דהכא לא שייך איבה כלל מכהן השני, כיון דכהן הראשון היה כבר כ"ג ובא זה תחתיו, ודאי דאין לו איבה עם הראשון, משא"כ התם בעבודת יוה"כ, ס"ל לר"י דיש להראשון איבה עם השני, דלא היה כבר כ"ג כלל. **והשתא** ניחא הכל, דהתם בעבודת יוה"כ פסק כר' יוסי, דהשני אינו חוזר משום איבה דראשון, אבל הכא מיירי שעבר מומו ונתרפא וכן זקן שנתרפא מרתיחתו, דהדין הוא דהשני נשאר לעולם כ"ג אפילו כשנתרפא הראשון, ההיא אמרינן דהראשון והשני כולם שוים ואין ביניהם אלא פר יוה"כ וכו', דבהא אפילו ר"י מודה וכדכתיבנא, **אלא** דנשאר לנו להבין דאמאי אוקמוה בגמרא דמגילה האי מתני' כר' מאיר דוקא, הא לפי"ז אפילו כר"י מצי אתי, ומתני' מיירי דעבר מחמת חולי או מום דמודה ר"י, **וצ"ל** דמתני' קשיתיה, מדנקט סתמא, הוי אפילו דעבר מחמת קריו, ומשום הכי קאמרי דהוי ר"מ, והשתא אתו דברי רבינו דהכא ודהתם על נכון ודוק – אבן שוהם›

[ב] ‹ויש לתמוה על רבינו, שפסק כר' יוסי, ולא שבק מלמינקט לישנא דר"מ, והוי כמזכי שטרא לבי תרי. **וי"ל** דלישנא: דכל מצות כהונה גדולה עליו, כולל שני דברים, אחד שהוא עובד בכ"ג, שני שהוא אסור בדברים שכ"ג אסור בהם, ור' יוסי לא פליג עליה אלא במאי דאמר שהוא עובד בכ"ג, אבל במאי דאמר דאסור בדברים שכ"ג אסור בהם, מודה, דהא מדינא עובד בכ"ג אי לאו משום איבה. **ואכתי** איכא למידק, למה השמיט רבינו שאינו ראוי לכהן הדיוט, **וי"ל** דממ"ש כל מצות כהונה גדולה עליו משמע – כסף משנה›

[ג] ‹ע"פ מהדורת נהרדעא›

התרומה תאכלו במקום טהור, לא נאמר בהן במקום קדוש, שהיא העזרה, אלא טהור, שהוא כל מחנה ישראל, שכנגדו לדורות ירושלים; והוא הדין למעשר ופסח, שהרי הן קדשים קלים כשלמים; והחלונות ועובי החומה כלפנים.

אות ה׳

קדשי קדשים נאכלין לפנים מן הקלעים

רמב״ם פ״ו מהל׳ בית הבחירה הט״ו - ואוכלין קדשי קדשים בכל העזרה אע״פ שהיא חריבה ואינה מוקפת במחיצה... שהקדושה ראשונה קדשה לשעתה וקדשה לעת״ל.

רמב״ם פ״י מהל׳ מעשה הקרבנות ה״ג - ואין חטאת ואשם ושירי מנחות נאכלין אלא לזכרי כהונה בעזרה.

רמב״ם פי״א מהל׳ מעה״ק ה״ה - כל האוכל כזית מבשר קדשי קדשים חוץ לעזרה לוקה, שנאמר: לא תוכל לאכול בשעריך מעשר דגנך תירושך ויצהרך ובכורות בקרך וצאנך, מפי השמועה למדו שזו אזהרה לאוכל מבשר חטאות ואשמות חוץ לעזרה; וה״ה לאוכל קדשים קלים חוץ לירושלים שהוא לוקה, שחומת ירושלים לקדשים קלים כחומת העזרה לקדשי קדשים; ואחד בשר חטאת ואשם או שירי מנחות.

---

§ מסכת מגילה דף י. §

אות א׳

משבאו לירושלים נאסרו הבמות, ולא היה להם עוד היתר

רמב״ם פ״א מהל׳ בית הבחירה ה״ג - כיון שנבנה המקדש בירושלים, נאסרו כל המקומות כולן לבנות בהן בית ליי׳ ולהקריב בהן קרבן, ואין שם בית לדורי הדורות אלא בירושלים בלבד ובהר המוריה, שבה נאמר: ויאמר דויד זה הוא בית יי׳ האלהים וזה מזבח לעולה לישראל, ואומר: זאת מנוחתי עדי עד.

אות ב׳ – ג׳

שמעתי שמקריבין אף על פי שאין בית, וכו׳

מפני שקדושה ראשונה קידשה לשעתה וקידשה לעתיד לבוא

רמב״ם פ״ו מהל׳ בית הבחירה הט״ו - לפיכך מקריבין הקרבנות כולן אף על פי שאין שם בית בנוי, ואוכלין קדשי קדשים בכל העזרה אף על פי שהיא חריבה ואינה מוקפת במחיצה, ואוכלין קדשים קלים ומעשר שני בכל ירושלים אף על פי שאין שם חומות, שהקדושה ראשונה קדשה לשעתה וקדשה לעתיד לבא.

יש אחריה היתר וקדושת ירושלים אין אחריה היתר: **גמ'** א"ר יצחק שמעתי שמקריבין בבית חוניו בזמן הזה קסבר *בית חוניו לאו בית ע"ז היא וקא סבר קדושה ראשונה קידשה לשעתה ולא קידשה לעתיד לבוא דכתיב °כי לא באתם עד עתה אל המנוחה ואל הנחלה *מנוחה זו שילה נחלה זו ירושלים מקיש נחלה למנוחה מה מנוחה יש אחריה היתר אף נחלה יש אחריה היתר אמרו ליה אמרת אמר להו לא אמר רבא האלהים אמרה וגמירנא לה מיניה ומ"מ קא הדר ביה משום קשיא דרב מרי דמותיב רב מרי קדושת שילה יש אחריה היתר קדושת ירושלים אין אחריה היתר ועוד תנן **משבאו לירושלים נאסרו הבמות ולא היה להם עוד היתר והיא היתה לנחלה תנאי היא (*דתניא) א"ר אליעזר *שמעתי כשהיו בונין בהיכל (א) עושין קלעים להיכל וקלעים לעזרה אלא שבהיכל בונין מבחוץ ובעזרה בונין מבפנים וא"ר יהושע °שמעתי *שמקריבין אע"פ שאין בית אוכלין קדשי קדשים אע"פ שאין קלעים קדשים קלים ומעשר שני אע"פ שאין חומה מפני שקדושה ראשונה קידשה לשעתה °וקידשה לעתיד לבוא (ב) מכלל דר"א סבר לא קידשה לעתיד לבוא א"ל רבינא לרב אשי ממאי דלמא דכולי עלמא קדושה ראשונה קידשה לשעתה וקידשה לעתיד לבוא ומר מאי דשמיע ליה קאמר ומר מאי דשמיע ליה קאמר וכי תימא קלעים לר"א למה לי לצניעותא בעלמא אלא כי הני תנאי דתניא אמר רבי ישמעאל ברבי יוסי למה מנו *חכמים את אלו שכשעלו בני הגולה מצאו את אלו וקידשום אבל הראשונות בטלו משבטלה הארץ אלמא קסבר קדושה ראשונה קידשה לשעתה ולא קידשה לעתיד לבוא ורמינהו *אמר רבי ישמעאל ברבי יוסי וכי אלו בלבד היו והלא כבר נאמר °ששים עיר כל חבל ארגוב וכתיב °כל אלה ערים בצורות חומה גבוהה אלא למה מנו חכמים את אלו שכשעלו בני הגולה מצאו אלו וקידשום השתא

רש"י

יש אחריה היתר. כשחרבה שילה הותרו הבמות כדאמרינן במס' זבחים (דף קיט·) כי לא באתם עד עתה אל המנוחה זו שילה שכתו מלכבוש ואל הנחלה זו ירושלים למה חלקן הכתוב כדי ליתן היתר בין זו לזו: **גמ' בית חוניו.** מזבח חוניו בנו של שמעון הצדיק בנה במה במצרים לשם שמים כדאמרינן במס' מנחות (דף קט:): **קסבר כו'.** דאיכא למאן דאמר התם שבנאה לשם ע"ז [מנחות קט:]: **וקסבר קדושה.** שנתקדשה ירושלים אינה קדושה לעולם ומשחרבה הותרו הבמות: **לעתיד לבא.** כלומר משתחרב: **ושלא שיתה נחלה.** האמור בפסוק אל המנוחה ואל הנחלה: **קלעים להיכל.** קא סלקא דעתך במקום חומות היכל שיהא מזבח הבנוי בעזרה קרוי אשר פתח אהל מועד שאלמלא כן לא היו מקריבין עד שיגמר הבנין והם התחילו להקריב קרבנות משבאו שם בימי כורש כמו שכתוב בספר עזרא (ג) ועד עשרים ושנים שנה אחרי כן לא נגמר הבית בשנת שלש לדריוש האחרון [זבחים קיט.]: **בונין מבחוץ.** שהיו הקלעים פרושים לפנים מעובי החומה שלא יכנסו הבונין לתוך ההיכל: **לאו מכלל דר' אליעזר.** דבעי קלעים סבר לא קידשה לאחר חורבן לפיכך פירשו קלעים במקום בנין וחזרו וקידשו בתודות ובשיר כדאמר במס' שבועות (דף טז·) [זבחים סב.]: **ומר מאי דשמיע ליה קאמר.** ולא משום צורך קדושה: **וכי תימא כו': את אלו.** עיירות נמנו בפ' בתרא דערכין לענין בתי ערי חומה לומר שהיו מוקפות חומה מימות יהושע בן נון ואין שם יותר מתשעה: **ולמה מנאום.** והלא הרבה היו שם והתם נמי תנן וכל כיוצא בהן: **ורמינהו.** מסקנא דמילתיה הוא דאמר לעיל הני תנאי פליגי בקידשה ולא קידשה: הא

מסורת הש"ס: [מנחות קט:] [זבחים קיט.] שם קיב: [נ"ל דתנן] שבועות טז. זבחים קז: עדיות פ"ח מ"ו [זבחים סב.] חגיגה ג: [זבחים ס: קז: חולין ז. תמורה כא. ערכין לב: מכות יט. שבועות טז.] ערכין לב: [תוספתא דערכין פ"ה שבועות טז.] [כדאיתא בערכין כט.] [פ"א שני]

תוספות

שמעתי שמקריבין בבית חוניו. קשיא היאך מקריבין שם בטומאה דהא גזרו טומאה על ארץ העמים ויש לומר דשמא לגבי הא לא גזרו חכמים טומאה כיון שמן התורה יכול להקריב: **ומאי** טעמא הדר ביה משום קושיא דרב מרי. הקשה הר"ר חיים ומתחילה היכי אמר למילתיה וכי לא היה יודע המשנה והלא הן שגורות בפי כל ועוד קשיא כיון דתנאי היא אמאי הדר ביה לימא אנא דאמרי כמאן דאמר לא קדשה לכך נראה להר"ר חיים דכ"ע מודו דמשבאו לירושלים נאסרו הבמות שוב לא היה להן היתר והני תנאי כהא פליגי דמאן דאמר לא קדשה סבר דאף במקומו של מזבח אין יכולין להקריב עכשיו* ומאן דאמר קדשה סבר דבמקום מזבח מותר להקריב אבל לא בבמה:

דכולי עלמא קדושה ראשונה קדשה לשעתה וקדשה לעתיד לבוא. הקשה רבינו תם אמאי לא מייתי ראיה דרבי אליעזר אית ליה בפ' קמא דחגיגה (דף ג: ושם) דלא קדשה לעתיד לבוא דקאמר התם מעשה ברבי יוסי בן דורמסקית ומסיק אמר ר' אליעזר כך מקובלני מרבן יוחנן בן זכאי עמון ומואב מעשרין מעשר עני בשביעית מה טעם משום דהרבה כרכים כבשו עולי מצרים ולא כבשום עולי בבל וקדושה ראשונה קדשה לשעתה ולא קדשה לעתיד לבא ותירץ רבינו תם דמה טעם דהתם גמרא הוא דקאמר לה ולאו מילתא דרבי אליעזר היא ותדע דהא במשנה דמסכת ידים (פ"ד משנה ג) דקתני מילתיה דרבי אליעזר לא תנא לה והכי פירושה מה טעם מעשרין משום דכי האי גוונא אשכחן בערי ישראל שהניחום עולי בבל מלקדש למאן דאמר לא קדשה כדי שיסמכו עליהן עניי ישראל בשביעית וכל שכן עמון ומואב שהן חוצה לארץ שהניחום עולי בבל מלקדש למאן דאמר לא קדש' והניחום לעניים דהא לא מיירי בעמון ומואב שטהרו בסיחון אלא מיירי באותן שהניחו ישראל בבואם ממצרים ולא כבשום והכי נמי משמע במסכת ידים (נ"ז שם) דחשיב להו עם בבל ומצרים שהן חו"ל והיא (ג) דחזקת הבתים (ב"ב דף נו·) דקאמר שלש ארצות לחזקה יהודה ועבר הירדן והגליל דמשמע דעמון ומואב שהיו בעבר הירדן הוו מא"י מיירי בעמון ומואב שטהרו בסיחון ועוד הקשה ר"ת מהא דאמר במס' ביצה (דף ה: ושם) ובר"ה (דף לא:) כרם רבעי היה לו לרבי אליעזר ובקש להפקירו לעניים וא"כ משמע דאית ליה קדשה לעתיד לבוא ומשום שלא היה רוצה לטרוח להוליכו לירושלים היה מפקירו לעניים שיוליכו אותו ויאכלוהו שמה דאי סבר לא קדשה והיה צריך לפדותו כאותו שבחוצה לארץ שצריך לפדותו אמאי היה צריך להוליך לירושלים וגם מה היו העניים מרויחים אחרי שצריך לפדותו וי"ל משום דבראשונה כרם רבעי שבארץ ישראל היה צריך להוליכו (ד) לירושלים גם בקש ר' אליעזר להוליכו משום דכל דבר שנאסר במנין צריך מנין אחר להתירו והא מייתי לה בביצה (נ"ז שם) ומכל מקום העניים היו מרויחים במה שהיו יכולים לחללו בשוה פרוטה כדשמואל והכי דשמואל לא אמר למלתיה אלא בדיעבד כדמשמע לישנא שחללו היינו דווקא בזמן שבית המקדש קיים אבל בזמן הזה לא *ואפילו לכתחילה והכי נמי איתא בשאלתות דרב אחאי בפרשת קדושים תהיו (סוף סימן ק') ומכרך על פדיון שוה לעשייתן וקלי ליה לדמי פדיוניה או ישליכם לנהר: [וע"ע תוס' ר"ה לא: ד"ה בקש]:

למה מנו חכמים את אלו. קשה אמאי מייתי הך ברייתא דלא מוכחא אלא דקדושה ראשונה לא בטלה והאיכא תנא דאית ליה בפ' הערל (יבמות דף פב) דקדושה ראשונה ושניה יש להן ושלישית אין להן דקדושה אחרונה לא בטלה וקדושת חוניו היתה לאחר קדושה שלישית (ה) ויש לומר דאפילו למאן דאמר קדושה אחרונה לא בטלה היינו דווקא לענין תרומה בזמן הזה אבל לכל מילי אחריני ודאי בטלה: שאר

עין משפט נר מצוה

סט א מיי' פ"ו מהלכות בית הבחירה הלכה ג:

ע ב ג מיי' שם פ"ו הלכה טו סמג עשין קסג:

לסקריב עכשיו וכ"ש בבמה כצ"ל

רבינו חננאל

שבשילה ש"ע חסר אות. ותניא כשמת עלי הכהן חרבה שילה ובאו לנוב וכשמת שמואל חרבה נוב ובאו לגבעון קדושת שילה יש אחריה היתר כלומר שרתה השכינה אחר חרבנה בנוב וגבעון ובירושלים. אבל משנבנה בית עולמים אין אחריו היתר במקום אחר לעולם. א"ר יצחק שמעתי שמקריבין בבית חוניו ולאו בית ע"ז היא. וקדושת ירושלים יש אחריה היתר כו' ונדחו דבריו. ומעשה דחוניו מפורש בסוף מנחות. דבן שמעון הצדיק הוא וחלק על שמעי' אחיו כשעלה לכהונה גדולה נתקנא בו כו'. וברח והלך ובנה מזבח באלכסנדריא של מצרים. והקריב עליו קרבן כו'. ואמרינן תנאי היא. כלומר יש תנא שאומר יש אחריה היתר. דתניא א"ר אליעזר כשהיו בונין בהיכל היו עושין קלעים להיכל וקלעים לעזרה כו'. א"ר יהושע שמעתי שמקריבי' אע"פ שאין בית כו' עד מפני שקדושה ראשונה קדשה לעתיד לבוא לעולם. ודייקינן לאו מכלל דר' אליעזר בר פלוגתי' דר' יהושע סבר דקדושה ראשונה קדשה לשעתה היא ולא לעתיד. ודחי רבינא ואמר כ"ע קידשה לשעתה וקידשה לעתיד. ור' אליעזר אמר מה ששמע. ור' יהושע מה ששמע ואין ביניהם חלוקה. ואמרינן אלא ר' ישמעאל ב"ר יוסי הוא דאמר קדושה ראשונה אינה לעתיד לבוא. והוא חולק על ר' אליעזר ועל ר' יהושע דתניא בתורת כהנים (פרשת בהר פ"ד) ערי חומה המוקפות מימות יהושע בן נון. כגון קצרה הישנה של צפורין. וחקרא של גוש חלב ויודפת הישנה וגמלא הרי בגליל. וגדוד הרי בעבר הירדן וחדיד ואונו וירושלים הרי ביהודה. א"ר ישמעאל ברבי יוסי לא מנו את אלו אלא שקידשום כשעלו בני הגולה. אבל הראשונות

הגהות הב"ח

(א) גמ' כשהיו בונין בהיכל עשו קלעים: (ב) שם לעתיד לבוא לאו מכלל דר' אליעזר: (ג) תוס' ד"ה דכולי עלמא וכו' ומצרים שהן חוצה לארץ והכא דס"ע דשביעית ומייתי לה בפ' מקום שנהגו דקאמר שלש ארצות לבעור יהודה: (ד) בא"ד צריך להוליכו לירושלים בקש ר' אליעזר נ"ב להוליכו כצ"ל: (ה) ד"ה למה וכו' ויש לומר. נ"ב משמע מסכנת תוס' דמפרשי ראשונה אברהם ויצחק ויעקב שניה ירושת יהושע ואלו שניים יש להם ביטול אבל שלישית ירושת עזרא אין לה ביטול וזה שלא כדברי התוס' שכתבו בפ' הערל דפי' יש להם היינו לומר דצריך לחזור לירושה כדי לקדשה ואין להם היינו לומר דא"צ דירושה עומדת היא דלא בטלה קדושתה וכמו שפרש"י לשם אלא דלרבינו חננאל ראשונה היא ירושת אברהם ויצחק ויעקב שניה ירושת יהושע ומשם ואילך קדשה לעולם ולר"י והר"ש ראשונה היא ירושת יהושע שניה היא ירושת עזרא ומשם ואילך קדשה לעולם ע"ש:

גליון הש"ס

גמ' וקידשה לעתיד לבוא. עי' ברכות דף סא ע"ב:

מסורת הש"ס

הא אמרי. לקמן בסיפא דהא מתני' גופה דלא צריכי לקדושי דקא מסיים ואזיל בה וכל שתעלה בידך מסורת מאבותיך: **כל המצות הללו.** הנוהגות בערי חומה שילוח מצורע וקריאת מגילה בחמשה עשר והבית חלוט בה לסוף שנה: **אע"פ שאין כו'.** אלמא סבירא ליה קדושה קמייתא לא בטלה מחמת חורבן תורה אור והיינו תנאי: **וחרבו שלופה וגו'.** וליערו שהוכיחו על ביטול תורה ותמיד של בין הערבים כדאמר לעיל בפירקין (דף ג'): **ויהי דוד לכל דרכיו משכיל וה' עמו.** וכתיב התם ויהי שאול עוין את דוד בשביל הצלחתו: **אמוץ ואמציה.** אמוץ אביו של ישעיה ואמציה מלך יהודה: **מלמד שכיסתה פניה בבית חמיה.** לפיכך לא הכירה עכשיו שלא בביתו לא ראה פניה שיהא מכירה: **אינו מן המדה.** אינו אוחז למעט מדת קרקע לכל צדדיו כלום כדקתני יש לו עשר אמות לכל רוח באמצע בית קדש הקדשים היה יושב ויש ריוח ביני לבין הכתלים עשר אמות לכל צד וכל הבית אינו אלא כ' על כ' נמצא שאינו ממעט כלום: **לפני הדביר.** חלל בית קדש הקדשים שהוא לפנים מן הדביר היא המחיצה המבדלת בין הקדש ובין קדש הקדשים: **פתח לה פיתחא להאי פרשתא מהכא.** כשהיה רוצה לדרוש בענין אגרת פורים היה מתחיל לדרוש מקרא זה: **וקמתי עליהם.** בפורענות בבל כתיב: **זה הכתב.** אין להן כתב אלא מאומה אחרת: **נין.** לשון ממשלה וכן ינון שמו (תהלים עב) ימשול ויגדל: **בנאת לפני החלוץ.** ביהושפט כתיב בדברי הימים כשיצא להלחם על העמונים והגבעונים שבאו עליו: הודו לה' כי טוב משמע טוב שיקלסו לפניו על זאת: **אחרים משיש.** וכשנתחייבו כלייה בימי המן היו אויביהן שמחין להן: **ושמתי כסאי בעילם.** שושן הבירה היתה בעילם דכתיב בספר דניאל (ח) בשושן הבירה אשר בעילם המדינה:

(א) השתא [הא] אמרי לא צריכא לקדושי אלא מצאו את אלו ומנאום ולא אלו בלבד אלא כל שתעלה לך מסורת בידך מאבותיך שמוקפת חומה מימות יהושע בן נון כל המצות הללו נוהגין בה מפני שקדושה ראשונה קידשה לשעתה וקידשה לעתיד לבא קשיא דר' ישמעאל אדר' ישמעאל תרי תנאי אליבא דר' ישמעאל בר' יוסי ואיבעית אימא הא ר' אלעזר בר יוסי אמרה דתניא *ר' אלעזר בר' יוסי אמר °אשר לוא חומה אע"פ שאין לו עכשיו והיה לו קודם לכן: ויהי בימי אחשורוש אמר רבי לוי ואיתימא רבי יונתן דבר זה מסורת בידינו מאנשי כנסת הגדולה כל מקום שנאמר ויהי אינו אלא
לשון צער °ויהי בימי אחשורוש הוה המן °ויהי בימי שפוט השופטים הוה רעב °ויהי כי החל האדם לרוב
ויראה ה' כי רבה רעת האדם °ויהי בנסעם מקדם הבה נבנה לנו עיר °ויהי בימי אמרפל עשו מלחמה °ויהי
בהיות יהושע ביריחו וחרבו שלופה בידו °ויהי ה' את יהושע וימעלו בני ישראל °ויהי איש אחד מן הרמתים
כי את חנה אהב וה' סגר רחמה °ויהי (*כי) זקן שמואל ולא הלכו בניו בדרכיו °ויהי דוד לכל דרכיו משכיל
[וה' עמו] ויהי שאול עוין את דוד °ויהי כי ישב המלך בביתו *רק אתה לא תבנה הבית והכתיב
°ויהי ביום השמיני ותניא אותו היום היתה שמחה לפני הקדוש ברוך הוא כיום שנבראו בו שמים וארץ כתיב
הכא ויהי ביום השמיני וכתיב התם °ויהי (*בקר) יום אחד הא שכיב נדב ואביהוא והכתיב °ויהי בשמונים
שנה וארבע מאות שנה והכתיב °ויהי כאשר ראה יעקב את רחל והכתיב ויהי ערב ויהי בקר יום אחד והאיכא
שני והאיכא שלישי והאיכא טובא *אמר רב אשי כל ויהי איכא הכי ואיכא הכי ויהי בימי אינו אלא לשון
צער חמשה ויהי בימי הוו ויהי בימי אחשורוש ויהי בימי שפוט השופטים ויהי בימי אמרפל °ויהי בימי אחז
°ויהי בימי יהויקים (*א"ר) לוי דבר זה מסורת בידינו מאבותינו אמוץ ואמציה אחים הוו מאי קמ"ל כי הא
*דא"ר שמואל בר נחמני אמר רבי יונתן כל כלה שהיא צנועה בבית חמיה זוכה ויוצאין ממנה מלכים
ונביאים מנלן מתמר דכתיב °ויראה יהודה ויחשבה לזונה כי כסתה פניה משום דכסתה פניה ויחשבה לזונה
אלא משום דכסתה פניה בבית חמיה ולא הוה ידע לה זכתה ויצאו ממנה מלכים ונביאים מלכים מדוד
נביאים דא"ר לוי מסורת בידינו מאבותינו אמוץ ואמציה אחים היו וכתיב °חזון ישעיהו בן אמוץ וא"ר לוי
דבר זה *מסורת בידינו מאבותינו מקום ארון אינו מן המדה תניא נמי הכי ארון שעשה משה יש לו עשר
אמות לכל רוח וכתיב °ולפני הדביר עשרים אמה אורך *וכתיב כנף הכרוב האחד עשר אמות וכנף הכרוב
האחד עשר אמות ארון גופיה היכא הוה קאי אלא לאו שמע מינה בנס היה עומד ר' יונתן פתח לה פיתחא
להאי פרשתא מהכא °וקמתי עליהם וגו' והכרתי לבבל שם ושאר ונין ונכד נאם ה' שם זה הכתב שאר
זה לשון נין זה מלכות ונכד זו ושתי רבי שמואל בר נחמני פתח לה פיתחא להאי פרשתא מהכא °תחת הנעצוץ
יעלה ברוש ותחת הסרפד יעלה הדס תחת הנעצוץ תחת המן הרשע *שעשה עצמו ע"ז דכתיב °ובכל
הנעצוצים ובכל הנהלולים יעלה ברוש זה מרדכי שנקרא ראש לכל הבשמים
שנאמר °ואתה קח לך בשמים ראש מר דרור ומתרגמינן *מרי דכי תחת
הסרפד תחת ושתי הרשעה בת בנו של נבוכדנצר הרשע ששרף רפידת
בית ה' דכתיב °רפידתו זהב יעלה הדס זו אסתר הצדקת שנקראת הדסה
שנאמר °ויהי אומן את הדסה והיה לה' לשם זו מקרא מגילה לאות עולם לא
יכרת אלו ימי פורים ר' יהושע בן לוי פתח לה פיתחא להאי פרשתא מהכא
°והיה כאשר שש ה' עליכם להיטיב אתכם כן ישיש להרע אתכם *ומי חדי
הקב"ה במפלתן של רשעים והא כתיב °בצאת לפני החלוץ ואומרים הודו
לה' כי לעולם חסדו וא"ר יוחנן מפני מה לא נאמר כי טוב בהודאה זו לפי
שאין הקב"ה שמח במפלתן של רשעים ואמר רבי יוחנן מאי דכתיב °ולא קרב זה אל זה כל הלילה בקשו
מלאכי השרת לומר שירה אמר הקב"ה מעשה ידי טובעין בים ואתם אומרים שירה אמר רבי אלעזר
הוא אינו שש אבל אחרים משיש ודיקא נמי דכתיב כן ישיש ולא כתיב ישוש ש"מ רבי אבא בר כהנא פתח
לה פיתחא להאי פרשתא מהכא °לאדם שטוב לפניו נתן חכמה ודעת ושמחה זה מרדכי הצדיק ולחוטא נתן
ענין לאסוף ולכנוס לתת לטוב לפני האלהים זה המן ולתת לטוב לפני האלהים זה מרדכי ואסתר דכתיב ותשם אסתר את מרדכי על בית
המן רבה בר עופרן פתח לה פיתחא להאי פרשתא מהכא °ושמתי כסאי בעילם והאבדתי משם מלך ושרים
מלך זו ושתי ושרים זה המן ועשרת בניו רב דימי בר יצחק פתח לה פיתחא להאי פרשתא מהכא
כי

שאר זה לשון. קשה שעדיין הם מספרין [בבבל] בלשון ארמית ונראה דרוצה לומר [לשון מלכות] שהמלכים משתמשין בו שאין שאר [העם] מכירין בו*: **רבה** בר עופרן. גרסינן ולא גרסינן עפרון דשם רשעים ירקב ולא מסקו בשמייהו*: שלמה

רבינו חננאל
הראשונות בטלו משבטלה הארץ. איני והתניא בסוף ערכין א"ר ישמעאל ב"ר יוסי וכי אלו בלבד היו והלא כתיב ששים עיר כל חבל ארגב. וכתיב כל אלו ערים בצורות וגו'.
אלא מצאו את אלו וקנאום. ולא אלו בלבד אלא כל שתעלה לך מסורת מאבותיך שמוקפת חומה מימות יהושע בן נון. כל המצות האלו נוהגות בה. מפני שקדושה ראשונה קדשה לשעתה היא וקדשה לעתיד לבוא. קשיא דר' ישמעאל אדר' ישמעאל. ופרקינן תרי תנאי אליבא דר' ישמעאל. איבעי תימא הא כתרייתא ר' אלעזר בר' יוסי אמרה. דתניא ר' אלעזר בר' יוסי אומר אשר לו חומה [illegible] כו'. אע"פ שאין לו עכשיו והיה לו קודם לכן. כלומר אע"פ שחרבה חומה בקדושתה קיימא: מסורת בידינו מאנשי כנסת הגדולה כל ויהי לשון צער הוא. ה' ויהי בימי הוו. ועוד מסורת בידינו מאנשי כנסת הגדולה אמוץ ואמציה אחים הוו ואסיקנא כל כלה שצנועה בבית חמיה זוכה לצאת ממנה מלכים ונביאים מנא לן מתמר. ועוד מסורת בידינו מקום ארון [אינו] מן המדה. דתניא ארון שעשה

הגהות הב"ח (א) גמ' השתא הא אמרי לקמן דלא צריכי לקדושי:

כי עבדים אנחנו ובעבדותנו לא עזבנו אלהינו ויט עלינו חסד לפני מלכי פרס אימתי בזמן *המן רבי חנינא בר פפא פתח לה פתחא להא פרשתא מהכא °הרכבת אנוש לראשנו באנו באש ובמים באש בימי נבוכדנצר הרשע ובמים בימי פרעה ותוציאנו לרויה בימי המן רבי יוחנן פתח לה פתחא להא פרשתא מהכא °זכר חסדו ואמונתו לבית ישראל ראו כל אפסי ארץ את ישועת אלהינו אימתי ראו כל אפסי ארץ את ישועת אלהינו בימי מרדכי ואסתר ריש לקיש פתח לה פתחא להא פרשתא מהכא °ארי נוהם ודוב שוקק מושל רשע על עם דל ארי נוהם זה נבוכדנצר הרשע דכתיב ביה °עלה אריה מסובכו דוב שוקק זה אחשורוש דכתיב ביה °וארו חיוה אחרי תנינה דמיה לדוב *ותני רב יוסף אלו פרסיים שאוכלין ושותין כדוב ומסורבלין בשר כדוב ומגדלין שער כדוב ואין להם מנוחה כדוב מושל רשע זה המן על עם דל אלו ישראל שהם דלים מן המצות ר' אלעזר פתח לה פתחא להא פרשתא מהכא °בעצלתים ימך המקרה ובשפלות ידים ידלוף הבית *בשביל עצלות שהיה להם לישראל שלא עסקו בתורה נעשה שונאו של הקב"ה מך ואין מך אלא עני שנאמר °ואם מך הוא מערכך ואין מקרה אלא הקב"ה שנאמר °המקרה במים עליותיו רב נחמן בר יצחק פתח לה פתחא להא פרשתא מהכא °שיר המעלות לולי ה' שהיה לנו יאמר נא ישראל לולי ה' שהיה לנו בקום עלינו אדם *אדם ולא מלך רבא פתח לה פתחא להא פרשתא מהכא °ברבות צדיקים ישמח העם ובמשול רשע יאנח עם ברבות צדיקים ישמח העם זה מרדכי ואסתר דכתיב והעיר שושן צהלה ושמחה ובמשול רשע יאנח עם זה המן דכתיב והעיר שושן נבוכה רב מתנה אמר מהכא °כי מי גוי גדול אשר לו אלהים קרובים אליו רב אשי אמר מהכא °או הנסה אלהים וגו' [א] ויהי בימי אחשורוש אמר רב ווי והי (א) הדא דכתיב °והתמכרתם שם לאויביך לעבדים ולשפחות וגו' ושמואל אמר °לא מאסתים ולא געלתים לכלותם לא מאסתים בימי יוונים ולא געלתים בימי נבוכדנצר לכלותם בימי המן להפר בריתי אתם בימי פרסיים כי אני ה' אלהיהם בימי גוג ומגוג במתניתא תנא לא מאסתים בימי כשדים שהעמדתי להם דניאל חנניה מישאל ועזריה ולא געלתים בימי יוונים שהעמדתי להם שמעון הצדיק וחשמונאי ובניו ומתתיה כה"ג לכלותם בימי המן שהעמדתי להם מרדכי ואסתר להפר בריתי אתם בימי פרסיים שהעמדתי להם של בית רבי וחכמי דורות כי אני ה' אלהיהם לעתיד לבוא שאין כל אומה ולשון יכולה לשלוט בהם רבי לוי אמר מהכא °ואם לא תורישו את יושבי הארץ רבי חייא אמר מהכא °והיה כאשר דמיתי לעשות להם אעשה לכם [ב] אחשורוש אמר רב אחיו של ראש ובן גילו של ראש אחיו של ראש אחיו של נבוכדנצר הרשע שנקרא ראש שנאמר °אנת הוא רישא די דהבא בן גילו של ראש הוא הרג הוא ביקש להרוג הוא החריב הוא ביקש להחריב שנאמר °ובמלכות אחשורוש בתחלת מלכותו כתבו שטנה על יושבי יהודה וירושלם ושמואל אמר שהושחרו פניהם של ישראל בימיו כשולי קדרה ורבי יוחנן אמר כל שזוכרו אומר אח לראשו ורבי חנינא אמר שהכל נעשו רשין בימיו שנאמר °וישם המלך אחשורוש מס הוא אחשורוש הוא ברשעו מתחילתו ועד סופו °הוא עשו הוא ברשעו מתחילתו ועד סופו °הוא דתן ואבירם הן ברשען מתחילתן ועד סופן °הוא המלך אחז הוא ברשעו מתחילתו ועד סופו °אברם הוא אברהם הוא בצדקו מתחילתו ועד סופו °הוא אהרן ומשה הן בצדקן מתחילתן ועד סופן °ודוד הוא הקטן הוא בקטנותו מתחילתו עד סופו כשם שבקטנותו הקטין עצמו אצל מי שגדול ממנו בתורה כך במלכותו הקטין עצמו אצל מי שגדול ממנו בחכמה המולך אמר רב שמלך מעצמו אמרי לה לשבח ואמרי לה לגנאי אמרי לה לשבח דלא הוה איניש דחשיב למלכא כוותיה ואמרי לה לגנאי דלא הוה חזי למלכותא וממונא יתירא הוא דיהב וקם מהודו ועד כוש רב ושמואל חד אמר הודו בסוף העולם וכוש בסוף העולם וחד אמר הודו וכוש גבי הדדי הוו קיימי כשם שמלך על הודו וכוש כך מלך מסוף העולם ועד סופו כיוצא בדבר אתה אומר °כי הוא רודה בכל עבר הנהר מתפסח ועד עזה *רב ושמואל חד אמר תפסח בסוף העולם ועזה בסוף העולם וחד אמר תפסח ועזה בהדי הדדי הוו קיימי כשם שמלך על תפסח ועל עזה כך מלך על כל העולם כולו שבע ועשרים ומאה מדינה אמר רב חסדא בתחלה מלך על שבע ולבסוף מלך על עשרים ולבסוף מלך על מאה אלא מעתה °ושני חיי עמרם שבע ושלשים ומאת שנה מאי דרשת ביה שאני הכא דקרא יתירא הוא מכדי כתיב מהודו ועד כוש שבע ועשרים ומאה מדינה למה לי ש"מ לדרשה: תנו רבנן שלשה מלכו בכיפה ואלו הן אחאב ואחשורוש ונבוכדנצר אחאב דכתיב °חי ה' אלהיך אם יש גוי וממלכה אשר לא שלח אדוני שם לבקשך *וגו' ואי לא דהוה מליך עלייהו היכי מצי משבע להו נבוכדנצר דכתיב °והיה הגוי והממלכה אשר לא *יתן את צוארו בעול מלך בבל אחשורוש הא דאמרן

סימן

רש"י

כי עבדים אנחנו. פסוק הוא בספר עזרא וסיפא ויט עלינו חסד לפני (ג) שרי פרס לתת *עלינו מחיה: **באש בימי נבוכדנצר.** שהפילנו לתוך הכבשן: **אימתי ראו כל אפסי ארץ את ישועת אלהינו בימי מרדכי.** שהדבר נגלה לכל האומות שהלכו אגרות בכל העולם: °**מסורבלין.** מלובשין בבשר: **נעשה שונאו של הקדוש ברוך הוא מך.** כמי שלא היה יכול להושיע: **אדם ולא מלך.** זה המן: **רב מתנה [אמר] מהכא.** פתח פתחא: **[הדא דכתיב כו'].** מה שכתב בתורה ואין קונה גזר המן שלא יהא אדם רשאי לקנות מהן לעבד: **ושמואל אמר (ג) מהכא.** פתחא לא מאסתים וגו': **ואם לא תורישו וגו'.** אף אלו נענשו על שחמל שאול על עמלק: **אעשה לכם.** אף אנו כמותם כלו: **אחיו של ראש.** כלומר דומה לו: **בן גילו.** בן מזלו שניהן דעת אחת היה להן: **בקש להחריב.** יסוד שיסד זרובבל בבית המקדש בימי כורש לפני אחשורוש כמו שאמור בספר עזרא (סימן ד): **שטנה.** שנמנה לשטן להם שלא יבנוהו: °**אח.** אוי: **אברם הוא אברהם.** פסוק הוא בדברי הימים: **שמלך מעצמו.** שלא היה מזרע המלוכה: **כי הוא רודה.** כתיב בשלמה: **כשם שמלך על תפסח (ד) ועל עזה וכו'.** והכי קאמר כי הוא רודה בכל עבר הנהר כמו מתפסח ועד עזה: **מלכו בכיפה.** תחת כל כיפת הרקיע: **הא דאמרן.** מהודו ועד כוש:

סימן

תוספות

שלשה מלכו בכל העולם כולו. והא דלא חשיב אלכסנדר מוקדון משום דלא איירי הכא אלא בהנך הכתובים להדיא:

רבינו חננאל

שעשה משה יש לו י' אמות ריוח לכל רוח. וכתיב ולפני הדביר עשרים וגו': *) ליהודים היתה אורה ושמחה וגו'. א"ר יהודה אורה זו תורה שנאמר כי נר מצוה ותורה אור. שמחה זה יו"ט שנאמר ושמחת בחגך. וששון זו מילה שנאמר שש אנכי על אמרתך. ויקר אלו תפלין שבראש: אחשורוש אחיו של ראש ובן גילו של ראש. פי' אחשורוש אח שוה לראש. אחיו של נ"נ כו' הוא אחשורוש הוא ברשעו מתחלתו ועד סופו ת"ר ג' מלכו בכיפה. אחאב ונ"נ ואחשורוש

*) לכאורה מאמר זה עד ויקר אלו תפלין בבראש אין כאן מקומו רק להלן דף ט"ז ע"ב ואולי דלפני רבינו הי' כתוב כאן

הגהות הב"ח

(א) גמ' אמר רב ווי והי נתקיים מה שכתוב בתורה והתמכרתם שם: (ב) רש"י ד"ה כי עבדים וכו' לפני מלכי פרס: (ג) ד"ה ושמואל אמר פתח פתחא מהכא לא מאסתים: (ד) ד"ה כשם שמלך על תפסח. נ"ב הא דלא פרש"י כלום על כשם שמלך מהודו ועד כוש משום דלשם הוזכר מהודו עד כוש תחילה ולא זו אף זו קאמר אבל הכא הזכיר תפסח ועזה בסופיה דקרא קשיא וצריך לפרש דה"ק כי הוא רודה כו':

הגהות הגר"א

[א] גמ' הנסה אלהים וגו' רב אמר מהכא והתמכרתם כו' כצ"ל: [ב] שם אעשה לכם ויהי בימי אחשורוש אמר רב ווי והי אחשורוש אמר רב כו' כצ"ל:

גליון הש"ס

גמ' אדם ולא מלך. עי' ע"ז דף ג ע"א תד"ה כהנים: רש"י ד"ה מסורבלין מלובשין. עי' רש"י שבת דף קלז ע"ב ד"ה קטן המסורבל: ד"ה אח אוי. עי' סנהדרין דף קב ע"ב וברש"י שם ד"ה אח לשמים. וברש"י הושע יג טו:

מסורת הש"ס

[צ"ל נגו] · ס"א מרדכי · תהלים סו · שם קמח · משלי כח · ירמיה ד · דניאל ז · קדושין עב. · קהלת י · [תענית ז:] · ויקרא כז · תהלים קד · שם קכד · משלי כט · דברים ד · שם · שם כח · ויקרא כו · במדבר לג · שם · דניאל ב · עזרא ד · אסתר י · בראשית לו · במדבר כו · דה"ב כח · דה"א א · שמות ו · שמואל א יז · מלכים א ה · סנהדרין כ: · שמות ו · מלכים א יח · ירמיה כז · [צ"ל נבוכדנצר ואחשורוש] · [צ"ל ואמרו אין והשביע את הגוי ואת הממלכה וגו'] · [צ"ל יעבדו אתו את נבוכדנצר מלך בבל ואת אשר לא יתן וגו']

(סימן שסר"ך) ותו ליכא והא איכא שלמה לא סליק מלכותיה הניחא למ"ד *מלך והדיוט אלא למ"ד מלך והדיוט ומלך מאי איכא למימר שלמה מילתא אחריתי הוה ביה שמלך על העליונים ועל התחתונים שנאמר °וישב שלמה על כסא ה' והא הוה סנחריב דכתיב °מי בכל אלהי הארצות האלה אשר הצילו את ארצם מידי הא (א) איכא ירושלים דלא כבשה והא איכא דריוש דכתיב °דריוש מלכא כתב לכל עממיא אומיא ולישניא די דיירין בכל ארעא שלמכון ישגא הא (ב) איכא שבע דלא מלך עלייהו דכתיב °שפר קדם דריוש והקים על מלכותא לאחשדרפניא מאה ועשרין והא איכא כורש דכתיב °כה אמר כורש מלך פרס כל ממלכות הארץ נתן לי ה' התם אשתבוחי הוא דקא משתבח בנפשיה: °בימים ההם כשבת המלך וכתיב בתריה בשנת שלש למלכו אמר רבא מאי כשבת לאחר שנתיישבה דעתו אמר בלשצר חשב וטעה אנא חשיבנא ולא טעינא מאי היא דכתיב °כי לפי מלאת לבבל שבעים שנה אפקוד אתכם וכתיב °למלאות לחרבות ירושלם שבעים שנה חשיב ארבעין וחמש דנבוכדנצר ועשרים ותלת דאויל מרודך ותרתי דידיה הא *שבעים אפיק מאני דבי מקדשא ואשתמש בהו ונבוכדנצר מנלן דארבעין וחמש שנין מלך דאמר מר *גלו בשבע גלו בשמונה גלו בשמונה עשרה גלו בתשע עשרה בשבע לכיבוש יהויקים גלות יהויכין שהיא שמונה לנבוכדנצר גלו בשמונה עשרה לכיבוש יהויקים גלות צדקיהו שהיא תשע עשרה לנבוכדנצר דאמר מר *שנה ראשונה כיבש נינוה שניה כיבש יהויקים וכתיב °ויהי בשלשים ושבע שנה לגלות יהויכין מלך יהודה בשנים עשר חדש בעשרים וחמשה לחדש נשא אויל מרודך מלך בבל [בשנת מלכותו] את ראש יהויכין מלך יהודה ויוצא אותו מבית הכלא תמני ותלתין ושבע הרי ארבעין וחמש דנבוכדנצר ועשרין ותלת דאויל מרודך גמרא ותרתי דידיה הא שבעין אמר השתא ודאי תו לא מיפרקי אפיק מאני דבי מקדשא ואשתמש בהו היינו דקאמר ליה דניאל °ועל מרי שמיא התרוממת ולמאניא די בייתיה היתיו קדמך וכתיב °ביה בליליא קטיל בלשאצר מלכא [כשדאי] וכתיב °ודריוש מדאה קבל מלכותא כבר שנין שתין ותרתין אמר איהו מיטעא טעי אנא חשיבנא ולא טעינא מי כתיב למלכות בבל לבבל כתיב מאי לבבל לגלות בבל כמה בציון תמני חשיב ועייל חילופייהו חדא דבלשצר וחמש דדריוש וכורש ותרתי דידיה הא שבעין כיון דחזי דמלו שבעין ולא איפרוק אמר השתא ודאי תו לא מיפרקי אפיק מאני דבי מקדשא ואשתמש בהו בא שטן וריקד ביניהן והרג את ושתי והא שפיר חשיב איהו נמי מיטעא טעי דאיבעי ליה למימני מחרבות ירושלים סוף סוף כמה בציון (*הדיסר) איהו כמה מלך ארביסר בארביסר דידיה איבעי ליה למיבני בית המקדש אלמה כתיב °בארין בטילת עבידת בית אלהא די בירושלם אמר רבא שנים מקוטעות הוו תניא

[סנהדרין כ: גיטין סח:] [נ"ל חד סרי] [לקמן יח.] [ערכין יב.] [שם] [נ"ל חד סרי] עזרא ד

רש"י

בסופו למדע שבשנה שניה למלכותו כיבשו : **נשא אויל מרודך מלך בבל וגו'** (ו). למדנו שמלך אויל מרודך בשנת ל"ז לגלות יהויכין וכבר מלך נבוכדנצר שמונה שנים קודם גלות יהויכין שמונה ול"ז הרי מ"ה וכ"ג דאויל מרודך וכ' דבלשצר : **אפיק מאני דבית המקדש**. בשנת שלישית למלכותו : **אמר**. אחשורוש איהו ודאי מיטעא טעי : **אנא חשיבנא כו' גלות בבל**. תחילת גולה שהגלה את יכניה : **כמה בציון**. משבעים משנת שתים לבלשצר תמני אותן שמונה שנים שמלך נבוכדנצר לפני הגלותו את יכניה שלא היה לו לבלשצר למנותן ומנאן : **חשב**. אחשורוש מב' לבלשצר עד שלש שלו : **ועייל**. הכך תמני תחותייהו : **חדא דבלשצר**. דהכי (ז) משנת שתים שלו שבעים שנה לפי מנינו ושוב מנה שלישית : **וחמשה דדריוש ממדי וכורש פרסי**. דכתיב ודריוש מדאה קביל מלכותא (דניאל ו) ואחריו מלך כורש הראשון שנתן רשות לבני הגולה לעלות שנאמר כה אמר כורש וגו' (עזרא א) וקסלקא דעתך השתא שמלכו בין שניהן ה' שנים אע"ג דלא כתיב בקרא : **ותרתי דאחשורוש**. כבר עברו לו שתי שנים : **מחרבות ירושלים**. גלות צדקיהו שנשרפה העיר וכן בהדיא כתיב לחרבות ירושלים בעי למימניה דכתיב בספר דניאל (ט) למלאות לחרבות ירושלם שבעים שנה : **יהדיסר**. שכך עמד הבית אחר גלות יכניה : **איהו כמה מלך ארביסר**. דכתיב בשנת שתים עשרה הפיל פור הוא הגורל ולשנה אחרת נעשה הנס הרי י"ג (ח) למלכי אומות העולם מתשרי מנינן ונתחדשה השנה בתשרי וכתיב לשנה אחרת לקיים את אגרת הפורים הזאת השנית הרי י"ד : **בארין**. בימי כורש בטילה עבידת בית אלהא שבנה כורש לבנות וחזר בו על ידי צרי יהודה ובנימין כמו שכתוב בספר עזרא עד שנת תרתין למלכות דריוש הפרסי השני שמלך אחר אחשורוש ונקרא שלשה שמות דריוש כורש וארתחשסתא : **שנים מקוטעות היו**. אותן שנים שמנינן למעלה יש בהן שנבלעו משל אחרון (ט) בראשון כגון לדריוש המדי וכורש שמנינן להם ה' שנים לא חמשה אלא ד' דכתיב בשנת אחת לדריוש בן אחשורוש בספר דניאל (ט) בשנת שלש למלכות כורש וגו' ותניא בסדר עולם לא מלכו למדי שנה בכתובים אלא זו בלבד ולכורש מלכו שלשה שנים בספר דניאל בשנת שלש למלכות כורש וגו' ותניא נמי בסדר עולם כורש מלך ג' שנים מקוטעות הרי שמונים שנה יתירה וגם (י) דבשנות נבוכדנצר ואויל מרודך נבלעה שנה וכנגדו נשתהה הבנין שתים שנים לדריוש : הג"ה

תוספות

סימן שלמה סנחריב דריוש כורש : **לא סליק מלכותיה**. לא השלים מלכותו שהרי נטרד כדאמרינן במסכת גיטין (דף סח:) : **הניחא למאן דאמר וכו'**. במס' גיטין פ' מי שאחזו : **על העליונים**. על השדים : **כשבת המלך**. משמע בתחילת מלכותו והדר כתיב בשנת שלש : **כשנתיישבה דעתו**. שמתחלה היה דואג שילאו ישראל מתחת ידו כשיגמרו שבעים שנה לגלות בבל ועכשיו נתיישבה (ג) : **מאי היא**. חושבניה דבלשצר וטעותיה : **לפי מלאות לבבל**. כסבור הוא למלכות בבל מיום שנטלה בבל מלכות וזה נבוכדנצר נטל מלכות מאסר חדון מלך אשור : **חשב**. בלשצר מ"ה לנבוכדנצר וכ"ג לאויל מרודך : **ותרתי דידיה**. דאשכחן דבלשצר מלך תלת שנין דכתיב בספר דניאל (ח) בשנת שלש למלכות בלשצר המלך חזון נראה אלי אני דניאל וגו' : **גלו בשבע גלו בשמונה**. חד גלות הוא וקראי קא דריש כתיב בגלות יהויכין בשנת שמונה (ד) למלכות נבוכדנצר בסוף ספר מלכים ובספר ירמיה בסופו אשר הגלה נבוזראדן בשנת שבע אלא שמונה למלכות נבוכדנצר ושבע לכיבוש יהויקים שכבשו תחתיו בשנה שניה למלכותו (ה) ולא הגלהו ויהי לו עבד שלש שנים וי"ח וי"ט כתיב בגלות צדקיהו בסוף ספר ירמיה והיינו חורבות ירושלים שהיא י"א שנה אחר גלות יהויכין דכתיב ויהי בעשתי עשרה שנה למלך צדקיהו וגו' ומאי י"ח וי"ט י"ח לכיבוש יהויקים וי"ט למלכות נבוכדנצר : **דאמר מר שנה ראשונה כיבש נינוה**. שהיתה ראש מלכות אשור שהיה מלך בניטה : **שניה כיבש יהויקים**. קראי קא דריש בסדר עולם כתיב בראש ספר דניאל בשנת שלש למלכות יהויקים בא נבוכדנצר בירושלים ויתן ה' את יהויקים בידו אפשר לומר כן והלא לא מלך אלא בשנת ארבע ליהויקים שנאמר בספר ירמיה (מה) הדבר אשר היה בשנת הרביעית ליהויקים היא שנה הראשונה לנבוכדנצר אלא מה תלמוד לומר בשנת שלש למלכות יהויקים בשנת שלשה למרדו לאחר שכיבשו עבדו שלשה שנים ומרד בו שנאמר ויהי לו [יהויקים] עבד שלש שנים וישב וימרד בו (מלכים ב כד) ולמדך כאן שעמד במרדו שלש שנים הרי ששה שנים לכיבושו ובפעם הזאת נמסר בידו והרגו ונתקיים בו קבורת חמור יקבר (ירמיה כב) והמליך את יהויכין בנו תחתיו ובא לו לבבל (מדרש רבה מצורע פי"ט) אמרו לו יועציו האב מרד בך והמלכת בנו מתלא אמרין מכלבא בישא גוריא טבא לא נפיק חזר עליו לתשובת השנה והגלהו והמליך צדקיהו וכן כתיב בספר מלכים בסופו נמצאת גלות יהויכין בשנת שבע לכיבוש יהויקים והרי הכתוב קורא אותה בשנת שמונה למלכות נבוכדנצר בספר מלכים

רבינו חננאל

כו'. כשבת כשנתיישבה דעתו. אמר בלשצר חשב וטעה. אנא חשיבנא ולא טעינא. כתיב כי לפי מלאות [לבבל] ע' שנה אפקוד אתכם. אמר בלשצר *) מאי למלכות בבל. חשב מ"ה דנ"נ. מ"ה מנא לן. דאמר מר גלו בשבע לכיבוש יהויקים בן יאשיהו מלך יהודה היא השנה השניה לנ"נ מלך בבל. וכיבש יהויקים בשנה החמישית למלכו. נמצא משכיבש ועד שמת ז' שנים. שכל מלכות יהויקים היתה י"א שנה שנאמר אחת עשרה שנה מלך בירושלים. ואמר בנ"נ שנה ראשונה כיבש נינוה. שניה כיבש יהויקים. וכיון שמת יהויקים מלך יכניה ג' חדשים ובא נ"נ והגלהו שנאמר ויקח אותו מלך בבל בשנת שמונה למלכו. נמצא משכיבש יהויקים עד שמת יהויקים ז' שנים ויכניה ג' חדשים והגלהו. וזהו פירושו. גלו בשבע לכיבוש יהויקים שהיא שנת ח' לנ"נ. וזה שכתוב בשנת שלש למלכות יהויקים מלך יהודה בא נ"נ מלך בבל ירושלים ויצר עליה כבר פירשוהו רבותינו. בשנת שלש למרדו דהא בשנה הרביעית ליהויקי' מלך נ"נ. גלו בי"ח לכיבוש יהויקים שהיא שנת י"ט לנ"נ. שנאמר ובעשור לחדש החמישי היא תשע עשרה למלך נ"נ מלך בבל בא נבוזראדן רב טבחים וגו'. נמצא שהגלה יהויכין בשנת שמונה למלכו. ונשאר יהויכין ל"ז שנה חבוש בבית האסורים בגלות עד שמת נ"נ. שנאמר ויהי בשלשים ושבע לגלות יהויכין מלך יהודה וגו'. הנה **) מקום גלות יהויכין ח' שנים ול"ז שנה. הרי מ"ה שנה לנ"נ. הנה נמצאו שנות נ"נ מן הפסוקים. אבל כ"ג שנה למרודך גמרא ותלתא דבלשצר הרי ע' מדלא איפרוק כו'. אמר אחשורוש בלשצר טעה דאיבעי למימנא ע' לגלות. כמה בצרו ח' שנה שמלך נ"נ קודם גלות יכניה עייל תמני שני חילופיהו חדא דבלשצר. וה' שנה דכורש ודריוש וב' שנים דידיה הא שבעים כו'. היינו דכתיב בשנת שלש למלכו. כשבת כשנתיישבה דעתו דאמר הוב לא מפרקי כולה שמעתא ופשוטה היא.

*) נ"ל אמר בלשצר חשב וטעה וכו' מאי היא דכתיב כי לפי מלאת לבבל וחשב דמאי לבבל למלכות בבל חשב וכו'. **) נראה דנ"ל הנה מלך מקודם גלות יהויכין וכו'.

הגהות הב"ח

(א) גמ' הא הוה ירושלים: (ב) שם הא הויא שבע דלא מלך: (ג) רש"י ד"ה כשנתיישבה וכו' ועכשיו נתיישבה דעתו הס"ד : (ד) ד"ה גלו בשבע וכו' בשנת שמנה למלכו בסוף ספר כצ"ל ותיבת נבוכדנצר נמחק : (ה) בא"ד בשנה שניה למלכותו כדאמרינן לקמן ולא הגלהו כו' חורבות ירושלים דהויא י"א שנה וכו' כדכתיב ויהי : (ו) ד"ה נשא אויל מרודך מלך בבל וגו' בשנת מלכותו למדנו : (ז) ד"ה חדא וכו' בשנת שתים וכו' ושוב מלך שנה שלישית : (ח) ד"ה איהו כמה וכו' הרי י"ג דשא למלכי אומות : (ט) ד"ה שנים מקוטעות וכו' משל אחרון בשל ראשון וכו' וכורש הפרסי שמנינן להם ה' שנים ולא וכו' לדריוש בן אחשורוש מזרע מדי ולא זהו אחשורוש המלך שזה קדמו שנים הרבה ותניא בסדר עולם כצ"ל ותיבות בספר דניאל בשנת שלש למלכות כורש וגו' נמחק : (י) בא"ד וגם בשנות נבוכדנצר וכו' שתים לדריוש האחרון הס"ד :

תניא נמי הכי. דבשנות נבוכדנצר ואויל מרודך נבלעה שנה: **עוד שנה אחת לבבל.** (י) הכי איתא בסדר עולם ביה בליליא קטיל בלשצר מלכא ודריוש מדאה קביל מלכותא הרי שבעים שנה מיום שמלך נבוכדנצר שבעים חסר אחת מיום שכיבש יהויקים ועוד שנה אחת לבבל למלאות שבעים שנה משעלט על ישראל ועמד דריוש והשלימה ולאחריו בשנה אחרת מלך כורש בבבל ונפקדו פקידה במקלת שאמר מי בכם מכל עמו יהי אלהיו עמו ויעל וגו' למדנו מברייתא זו כשמת בלשצר לא היו לכיבוש יהויקים אלא שבעים חסר אחת ולכתנו מנינו למעלה שבעים שנה מ"ה דנבוכדנצר וכ"ג דאויל מרודך ושלשה דבלשצר הרי שנים מקוטעות היו: **בינותי בספרים.** לשון ספירה וחשבון: **כתיב לפי מלאות לבבל.** שבעים שנה אפקוד אתכם בספר ירמיה: **וכתיב.** בספר דניאל למלאות לחרבות ירושלם שבעים שנה מספר השנים אשר היה דבר ה' אל ירמיה הנביא: **לפקידה בעלמא.** (כ) ואמר לפי מלאות לבבל שבעים שנה אפקוד אתכם וכך היתה שנפקדו בשנה אחת לכורש מלך פרס שהיא שנת ע"א לכיבוש יהויקים שפשטה בבל על ישראל: **משיח.** (ל) נמשח כמו שמן המשחה: **קובל אני לך כו'.** והכי קאמר כה אמר ה' למשיחו (מ) לכורש אשר החזקתי בימינו וגו' הוא יבנה את ביתי תרי קראי כתיבי דסמיכי אהדדי וניקוד טעם מקרא זה מוכיח על דרש זה שאין לך טעם זרקא במקרא שאין סגול בא אחריו וכאן נקוד למשיחו בזרקא ולכורש נקוד במאריך להפרישו ולנתקו מעם למשיחו: **מי בכם מכל עמו וגו'.** והוא עצמו לא נשתדל בדבר: **כתיב פרס ומדי הפרתמים.** סמך הפרתמים אצל מדי וכתיב למלכי מדי ופרס סמך מלכי אצל מדי: **בגדי כהונה.** שהיו בידו שם בגדי כהן גדול (נ) שהביאן מירושלים: **פיקח היה.** שהקדים משתה הרחוקים יותר ממשתה בני עירו: **שהשתחוו לצלם.** בימי נבוכדנצר: **וכי משוא פנים יש בדבר.** איך זכו לנס: **הם עשו לפנים.** מיראה: **חרי חרי.** מעשה מחט מלאכת המלמות היתה עשויה נקבים נקבים: **מילת לבנה.** חור לשון חיור: **הראוי לכסף כו'.** מטות זהב וכסף קדרים של הראוי לזהב לזהב וגרוע לכסף: **מתחוטטות על בעליהן.** רצפה עשה להם באבנים חטובות כלומר שלא באו לידי אדם אלא בטורח שמחטטים ומחזירים בעליהן אחריהן עד שמוצאין אותן בדמים יקרים: **וכן הוא אומר.** שהמקרא משבח אבני יקרות ואומר (ס) על נסיותה הרבה הן באין כי אבני נזר מתנוססות על אדמתו והכתוב מדבר לישראל לעתיד לבא שיהיו חשובין ויקרים בין האומות כאבני נזר המתנוססות: **דרי דרי.** שורות שורות סביב °וסוחרת לשון סחור סחור: **כלסרים.** והאי וסוחרת °לשון סהרא הוא: **שקרא דרור לכל בעלי סחורה.** עשה נחת רוח לבני מלכותו להעביר מהן מכס של סוחרין: **הראשונים.** כלומר בלשצר וחבורתו: **כדת של תורה.** אכילת מזבח מרובה משתיה פר ושלשה עשרונים סולת לאכילה ונסך חצי ההין: **מיין מדינתו.** יין הרגיל בו ולא ישכרהו [ולא ישתהו] אלא לפי רצונו: **כרצון מרדכי והמן.** הם היו שרי המשקים במשתה: **איהו בקרי.** דלועין גדולות: בוציני

תורה אור

תניא נמי הכי ועוד שנה (א) אחרת לבבל
ועמד דריוש והשלימה אמר רבא אף דניאל
טעה בהאי חושבנא דכתיב °בשנת אחת (דניאל ט)
למלכו אני דניאל בינותי בספרים מדקאמר
בינותי מכלל דטעה מ"מ קשו קראי אהדדי
כתיב °מלאות לבבל וכתיב °לחרבות ירושלם (ירמיה כט; דניאל ט)
אמר רבא לפקידה בעלמא והיינו דכתיב
°כה אמר כורש מלך פרס כל ממלכות הארץ (עזרא א)
נתן לי ה' אלהי השמים והוא פקד עלי לבנות
לו בית בירושלם (ב) דרש רב נחמן בר רב
חסדא מאי דכתיב °כה אמר ה' למשיחו לכורש אשר החזקתי בימינו וכי (ישעיה מה)
כורש משיח היה אלא א"ל הקב"ה למשיח קובל אני לך על כורש אני אמרתי
הוא יבנה (ג) ביתי ויקבץ גליותי והוא אמר °מי בכם מכל עמו ויעל: *חיל (עזרא א)
פרס ומדי הפרתמים וכתיב למלכי מדי ופרס אמר רבא אתנויי אתנו בהדדי
אי מינן מלכי מינייכו איפרכי ואי מינייכו מלכי מינן איפרכי בהראותו את
עושר כבוד מלכותו (ד) א"ר יוסי בר חנינא מלמד שלבש בגדי כהונה כתיב
הכא °יקר תפארת גדולתו וכתיב התם °לכבוד ולתפארת ובמלאות הימים (אסתר א; שמות כח)
האלה וגו' רב ושמואל חד אמר מלך פיקח היה וחד אמר מלך טיפש היה
מאן דאמר מלך פיקח היה שפיר עבד דקריב רחיקא ברישא דבני מאתיה
(ה) כל אימת דבעי מפיים להו ומאן דאמר טיפש היה דאיבעי ליה לקרובי
בני מאתיה ברישא דאי מרדו ביה הנך (ו) הני הוו קיימי בהדיה °שאלו
תלמידיו את רשב"י מפני מה נתחייבו שונאיהן של ישראל שבאותו הדור
כליה אמר להם אמרו אתם אמרו לו מפני שנהנו מסעודתו של אותו רשע
(ז) אם כן שבשושן יהרגו שבכל העולם כולו אל יהרגו אמרו לו אמור אתה
אמר להם מפני שהשתחוו לצלם אמרו לו וכי משוא פנים יש בדבר אמר
להם *°הם לא עשו אלא לפנים אף הקב"ה לא עשה עמהן אלא לפנים
והיינו דכתיב °כי לא ענה מלבו: בחצר גנת ביתן המלך רב ושמואל חד (איכה ג)
אמר הראוי לחצר לחצר הראוי לגינה לגינה הראוי לביתן לביתן וחד אמר
הושיבן בחצר ולא החזיקתן בגינה ולא החזיקתן עד שהכניסן לביתן והחזיקתן
במתניתא תנא הושיבן בחצר ופתח להם שני פתחים אחד לגינה ואחד לביתן
חור כרפס ותכלת מאי חור רב אמר חרי חרי ושמואל אמר מילת לבנה
הציע להם כרפס אמר ר' יוסי בר חנינא כרים של פסים על גלילי כסף ועמודי
שש מטות זהב וכסף תניא ר' יהודה אומר הראוי לכסף לכסף הראוי לזהב
לזהב אמר לו ר' נחמיה א"כ אתה מטיל קנאה בסעודה אלא הם של כסף
ורגליהן של זהב בהט ושש א"ר אסי אבנים *שמתחוטטות על בעליהן
וכן הוא אומר (ח) °אבני נזר מתנוססות על אדמתו ודר וסוחרת רב אמר דרי (זכריה ט)
דרי ושמואל אמר אבן טובה יש בכרכי הים ודרה שמה הושיבה באמצע
סעודה ומאירה להם כצהרים דבי רבי ישמעאל תנא שקרא דרור לכל בעלי
סחורה והשקות בכלי זהב וכלים מכלים שונים משונים מיבעי ליה אמר רבא
יצתה בת קול ואמרה להם ראשונים כלו מפני כלים ואתם שונים (ט) בהם
ויין מלכות רב אמר רב מלמד שכל אחד ואחד השקהו יין שגדול הימנו
בשנים והשתיה כדת (*אין אונס) מאי כדת א"ר חנן משום ר"מ כדת של
תורה מה דת של תורה אכילה מרובה משתיה אף סעודתו של אותו רשע
אכילה מרובה משתיה אין אונס אמר רבי אלעזר מלמד שכל אחד ואחד
השקהו מיין מדינתו לעשות כרצון איש ואיש אמר רבא לעשות כרצון
מרדכי והמן מרדכי דכתיב איש יהודי המן איש צר ואויב גם ושתי
המלכה עשתה משתה נשים בית המלכות בית הנשים מיבעי ליה אמר
רבא שניהן לדבר עבירה נתכוונו היינו דאמרי אינשי *איהו *בקרי ואתתיה
בבוציני

אתה מטיל קנאה. וא"ת למ"ד לעיל הראוי לגינה לגינה הראוי לחצר לחצר א"כ אתה מטיל קנאה בסעודה וי"ל דסבירא ליה דכיון שלא היו רואין זה את זה ליכא קנאה: **כדת** של תורה אכילה מרובה משתיה. והא דאמריך בנדה (דף כד: וסם) כל שאכילתו מרובה משתייתו עצמותיו מכסיין היינו באוכל יותר מדאי: ספרתה

כתיב חיל כו' כג"ג

[עי' תוס' ע"ז ג. ד"ה שלא וכו']

[בערוך ערך חט א' כתב כמה פירושים ע"ש בשם ר"ג ור"ח ע"ש]

[בע"י ליתא]

[שבת יג.]

סוטה י. [עי' בערוך ערך קר ד']

רבינו חננאל

והא קשו קראי אהדדי ופריק רבא לפי מלאת לבבל לפקידה בעלמא ולחרבות ירושלים לגאולה. אבנים מתחוטטות על בעליהן. מחטיאות על בעליהן. כלומר כל מי שנמצאת בידו מתחייב למלכות *) שאינן ראויות להדיוט אלא למלכות בלבד. וכן בעליהן כיון שנמצאות בידיהם נסים ובורחין שמתיראין מן המלכות. מה דת של תורה אכילה מרובה משתיה. פי' התמיד כבש. שיש בו כמה רביעיות, ונסכו רביעית ההין יין בלבד. איהו

*) וכן העתיק הערוך בערך חט א' בשם רבינו ע"ש.

הגהות הב"ח

(א) גמ' ועוד שנה אחת יש לבבל ועמד וכו' ואף דניאל וכו' בינותי בספרים מספר השנים אשר היה דבר ה' אל ירמיה הנביא למלאות לחרבות ירושלים שבעים שנה מדקאמר אני בינותי בספרים מכלל דאיהו נמי טעה מ"מ קשו: (ב) שם לבנות לו בית בירושלים וכתיב מי בכם מכל עמו יהי אלהיו עמו ויעל דרש רב נחמן: (ג) שם הוא יבנה עירי ויקבץ גלותי: (ד) שם כבוד מלכותו ואת יקר וגו' אמר רבי יוסי וכו' בגדי כהונה ובהמשך ועמד כתיב הכא: (ה) שם דבני מאתיה מיפס כייפי ליה כל אימת דבעי להו ומאן דאמר טיפש: (ו) שם מרדו ביה הנך קיימי הני וכו' בהדיה: (ז) שם של אותו רשע אמר להם אם כן: (ח) שם וכן הוא אומר כי אבני: (ט) שם ואתם שונים ושונים בהם: (י) רש"י ד"ה ועוד שנה אחת לבבל. ריש דברייתא הכי איתא: (כ) ד"ה לפקידה בעלמא נאמר האי לפי מלאות לבבל שבעים שנה דכא אפקוד אתכם וכך היה שנפקדו וכו' משפשטה יד בבל: (ל) ד"ה משיח שלא כלום נמשח בשמן כא"ע ועיקם כמו נמחק: (מ) ד"ה קובל וכו' למשיחו על כורש אשר קובל אשר החזקתי וכו' יבנה את עירי תרי קראי: (נ) ד"ה בגדי כהונה וכו' כהן גדול שהביא נבוכדנצר מירושלים: (ס) ד"ה וכן הוא וכו' ואומר שעל ידי נסיותה:

גליון הש"ס

גמ' שאלו תלמידיו. עי' מדרש שיר השירים בפסוק זאת קומתך דמתה לתמר: שם הם לא עשו אלא לפנים. עי' סנהדרין דף סא ע"ב. ועי' ע"ז דף נג ע"א תוס' ד"ה לאסתר:

ג ע"א תוס' ד"ה שלא השתחוו: רש"י ד"ה דרי דרי וכו' וסוחרת לשון סחור. כי סביב תרגומו סחור סחור (ויקרא א ה) שם ד"ה כלהרים וכו' לשון סהרא הוא. עי' לקמן דף יג ע"א רש"י ד"ה הדסה:

תורה אור

בבוציני ביום השביעי כטוב לב המלך ביין אטו עד השתא לא טב לביה בחמרא אמר רבא יום השביעי שבת היה שישראל אוכלין ושותין מתחילין בד"ת ובדברי תשבחות אבל עובדי כוכבים שאוכלין ושותין אין מתחילין אלא בדברי תיפלות וכן בסעודתו של אותו רשע הללו אומרים מדיות נאות והללו אומרים פרסיות נאות אמר להם אחשורוש כלי שאני משתמש בו אינו לא מדיי ולא פרסי אלא כשדיי רצונכם לראותה אמרו לו אין ובלבד שתהא ערומה *שבמדה שאדם מודד בה מודדין לו מלמד שהיתה ושתי הרשעה מביאה בנות ישראל ומפשיטן ערומות ועושה בהן מלאכה בשבת (א) היינו דכתיב אחר הדברים האלה כשוך חמת המלך אחשורוש זכר את ושתי ואת אשר עשתה ואת אשר נגזר עליה כשם שעשתה כך נגזר עליה ותמאן המלכה ושתי מכדי פריצתא הואי דאמר מר שניהן לדבר עבירה נתכוונו מ"ט לא אתאי א"ר יוסי בר חנינא מלמד שפרחה בה צרעת במתניתא תנא [בא גבריאל ועשה לה זנב] ויקצף המלך מאד (ב) אמאי דלקה ביה כולי האי אמר רבא שלחה ליה *בר אהורייריה דאבא אבא לקבל אלפא חמרא שתי ולא רוי וההוא גברא אשתטי בחמריה מיד וחמתו בערה בו ויאמר המלך לחכמים מאן חכמים רבנן יודעי העתים שיודעין לעבר שנים ולקבוע חדשים אמר להו דיינוה לי אמרו היכי נעביד נימא ליה קטלה למחר פסיק ליה חמריה (ג) ובעי לה מינן נימא ליה שבקה קא מזלזלה במלכותא אמרו לו מיום שחרב בית המקדש וגלינו מארצנו ניטלה עצה ממנו ואין אנו יודעין לדון דיני נפשות זיל לגבי עמון ומואב דיתבי בדוכתיהו כחמרא דיתיב על דורדייה וטעמא אמרו ליה דכתיב °שאנן מואב מנעוריו ושוקט הוא אל שמריו ולא הורק מכלי אל כלי ובגולה לא הלך על כן עמד טעמו בו וריחו לא נמר מיד והקרוב אליו כרשנא שתר אדמתא תרשיש א"ר לוי כל פסוק זה על שום קרבנות נאמר כרשנא אמרו מלאכי השרת לפני הקב"ה רבש"ע כלום הקריבו לפניך כרים בני שנה כדרך שהקריבו ישראל לפניך שתר כלום הקריבו לפניך שתי תורין אדמתא כלום בנו לפניך מזבח אדמה תרשיש כלום שימשו לפניך בבגדי כהונה דכתיב בהו °תרשיש ושהם וישפה מרס כלום מירסו בדם לפניך מרסנא כלום מירסו במנחות לפניך ממוכן כלום הכינו שלחן לפניך ויאמר ממוכן תנא ממוכן זה המן ולמה נקרא שמו ממוכן שמוכן לפורענות אמר רב כהנא °מכאן שההדיוט קופץ בראש להיות כל איש שורר בביתו אמר רבא °אלמלא אגרות הראשונות לא נשתייר משונאיהן של ישראל שריד ופליט אמרי מאי האי דשדיר לן להיות כל איש שורר בביתו פשיטא אפילו קרחה בביתיה פרדשכא ליהוי ויפקד המלך פקידים א"ר מאי דכתיב °כל ערום יעשה בדעת וכסיל יפרוש אולת כל ערום יעשה בדעת זה דוד דכתיב °ויאמרו לו עבדיו יבקשו לאדני המלך נערה בתולה כל מאן דהוה ליה ברתא אייתה ניהליה וכסיל יפרוש אולת זה אחשורוש דכתיב ויפקד המלך פקידים כל מאן דהוה ליה ברתא איטמרה מיניה איש יהודי היה בשושן הבירה וגו' איש ימיני מאי קאמר אי ליחוסא קאתי ליחסיה (ד) ואזיל עד בנימין אלא מאי שנא הני תנא כולן על שמו נקראו בן יאיר בן שהאיר עיניהם של ישראל בתפלתו בן שמעי בן ששמע אל תפלתו בן קיש שהקיש על שערי רחמים ונפתחו לו קרי ליה יהודי אלמא מיהודה קאתי וקרי ליה ימיני אלמא מבנימין קאתי *אמר רב נחמן מרדכי מוכתר בנימוסו היה *אמר רבה בר בר חנה אמר ר' יהושע בן לוי אביו מבנימין ואמו מיהודה ורבנן אמרי משפחות מתגרות זו בזו משפחת יהודה אומרת אנא גרים דמתיליד מרדכי דלא קטליה דוד לשמעי בן גרא ומשפחת בנימין אמרה מינאי קאתי רבא אמר כנסת ישראל אמרה לאידך גיסא ראו מה עשה לי יהודי ומה שילם לי ימיני מה עשה לי יהודי דלא

שפרחה בה צרעת. בירושלמי מפרש דילפינן גזור דכתיב גבי ושתי מגזור דכתיב גבי עוזיה כשנצטרע דכתיב ביה נגזר מבית ה' (דה"ב כו): **זיל** לגבי עמון ומואב דיתבי בדוכתייהו כחמרא. וקשה דהא פרק תפלת השחר (ברכות דף כח.) פריך וכי עמון במקומו יושב והלא כבר בא סנחריב ובלבלו לכך פר"ת דגרסינן הכא מואב להוד דקרא נמי לא הזכיר אלא מואב דכתיב שאנן מואב ובברכות נמי לא גרסינן אלא עמון ומזה הטעם התירו ליהודה גר העמוני לבא בקהל אבל משמע דגרי איך לא רצו להתיר לבא בקהל לפי שלא בלבל סנחריב מצרים ולא בלבל מואב ומיהו קשה דבברכות משמע באותה שהבאתי שסנחריב בלבל עמון ובירמיה חשיב להו באותן שהגלה נבוכדנצר וי"ל לפי שסנחריב היה ראשון שבלבל נקרא הכל על שמו ועליו כתיב ואסיר גבולות עמים ועתידותיהם שוסתי אבל ודאי עיקר החורבן היה ע"י נבוכדנצר:

ממוכן *יש מדרש שהיה דניאל ולפי שהיה נשוי לשרית שהיתה גדולה ממנו שלא היה יכול לטפה לדבר כלשונו יען לעשות כן: כל

בוציני. דלועין קטנות כלומר דבאותו מין עצמו זה טופח וזה טופח הוא אומר להראות את יופיה והיא לכך נתכונה שיסתכלו ביופיה: **פריצתא הואי.** פרוצה היתה: **מלמד שפרחה בה צרעת.** וגזיל בירושלמי מאשר נגזר עליה וכתיב ויתב בית החפשית מצורע כי נגזר מבית ה' (דה"ב כו) מה להלן צרעת אף כאן צרעת: **אהורייריה.** שומרי הסוסים: **לקבל אלפא חמרא שתי.** כן העיד הכתוב עליו (דניאל ה): **פסיק ליה.** יפיג יינו מעט מעליו: **על דורדייה.** על שמריו: **וטעמא אמרו ליה.** ויפה אמרו לו דודאי כן הוא שמתוך שהאדם שקט דעתו מיושבת עליו שנאמר שאנן מואב מנעוריו ושוקט הוא אל שמריו וסופיה דקרא על כן עמד טעמו בו וריחו לא נמר: **פסוק זה על קרבנות נאמר.** והקרוב אליו לשון הקרבת קרבן מלאכי השרת הזכירו לפני הקב"ה את הקרבנות שהקריבו ישראל לפניו לעשות להם נקמה בושתי ותבא אסתר ותמלוך תחתיה: **כרשנא.** כלום הקריבו לפניך כרים בני שנה: **שתר.** שתי תורים: **מרס.** שמירסו את הדם שלא יקרש ושוב לא יהא ראוי לזריקה: **מרסנא.** מירסו במנחות לבוללן ממרס לשון מגיס: **מוכן לפורענות.** עומד להיות תלוי: **מכאן שההדיוט קופץ בראש.** שהרי מנה אותו הכתוב לבסוף אלמא גרוע הוא מכולן והוא קפץ בראש: **אלמלא אגרות הראשונות.** שהוחזק בהן שוטה בעיני האומות: **לא נשתייר משונאי ישראל שריד ופליט.** שהיו ממהרין להורגן במצות המלך באגרות האחרונות ולא היו ממתינים ליום המועד: **אמרי מאי האי דשדר לן.** אומרים האומות מה זה ששלח לומר לנו להיות כל איש שורר בביתו (ה) שאף הגרדן שורר בביתו: **פרדשכא.** פקיד וגזיר: **נערה.** דוד לא ביקש אלא נערה אחת (ו) כל אדם הראה לשלוחיו את בתו אולי תיטב בעיניו ואחשורוש כסיל זה לקבץ את כולן הכל יודעין שלא יקח אלא אחת ואת כולן יבעל מאן דהוה ליה ברתא מטמרה: **מוכתר בנימוסו היה.** בשמות נאין נימוס שם בלשון יון: א) *(נערי) לא גרסינן אלא הכי גרסינן אמר רבה בר בר חנה אמר רבי יהושע בן לוי כו': דלא

רבינו חננאל

בקרי ואיתותי' בבוציני. פי' שניהם לנות. מוכתר בנימוסו. [תו' כעדי] פי' מצויין בדתו כל התורה היה (בצדי *) שהיה בדורו יודע וזהיר במצות. ורבה בר רב הונא עדיף מיניה בענותנות דהא אמר רבא תלת מילי בעאי משמיא. חכמתיה דרב הונא. ועותריה דרב חסדא יהבו לי. ענותנותיה דרבה בר רב הונא לא יהבו לי.

*) נ"ל מצויין בדתי כל התורה היה כעדי שהי' יודע בדורו וזהיר במצות וכו"ה בערוך ערך נמס ב'.

[וע"ע תוס' יבמות עו: ד"ה מנימין ותוס' סוטה ט.]

[ע' פרקי דר"א פמ"ט]

הגהות הב"ח

(א) גמ' מלאכה בשבת היינו דכתיב: (ב) שם ויקצף המלך מאד וחמתו בערה בו אמאי דלקה: (ג) שם פסיק ליה חמריה ודכיר לה ובעי לה מינן: (ד) שם ליחסיה ואזיל עד בנימין מאי שנא הני כולן כנ"ל ותיבת אלא נמחק: (ה) רש"י ד"ה אמרי מאי וכו' להיות כל איש שורר בביתו ופשיטא שאף הגרדן: (ו) ד"ה נערה אחת לפניך כל אדם וכו' ואחשורוש היה כסיל וכו' ממשמש מיניה הס"ד:

גליון הש"ס

גמ' יאמר ר"ל ממוכן שסכמודיוט כו'. עי' ירושל' פרק ד' דסנהדרין ה"ט: שם אמר רבא אלמלא. ע"ל כח ע"א אלמלא: רש"י ד"ה נערי לא גרסי'. עי' דבר נחמד בספר מקום שמואל:

הגהות מהר"ב רנשבורג

א] רש"י ד"ה נערי לא גרסינן. נ"ב עיין כזה בספר מקום שמואל בשער הכללים:

מסורת הש"ס: [סוטה ח:] · ס"א לא גרים בר · ירמיה מח · אסתר כח · [נ"ל כעדי עי' בפרש"י שם עי' בערוך ערך נמס וערך עדי] · משלי יג · מלכים א א · [בע"י גרים רבה בר רב הונא ורבה בר בר חנה משמיה דרבי יהושע בן לוי אמרו אביו מבנימין וכו']

[מעי' איתא תוספת יש ספרים דגרסי איש יהודי היה בשושן הבירה וגו' אמר רב נחמן מוכתר בנימוסו דהיה פי' נאים והגונים כדריש שמוס על שם נקראם וי"ש דגרסי קרי ליה יהודי וקרי ליה ימיני יהודי אלמא מיהודה קאתי ימיני אלמא מבנימין קאתי אמר רב נחמן מרדכי מוכתר בנימוסו היה ולא גרסינן דמה ענין זה לזה ומיהו יש לייטבו מוכתר בנימוסו מוכתר בשמות נאים ובמעשים נאים ולכך קורהו על שם יהודה שהיה חשוב מכל השבטים ויצאו ממנו מלכים]

וע"ש בפרש"י ובערוך ערך נמס ב כתב בזה"ל מרדכי מוכתר בנמוסו היה כעדי פירוש מלוין בדתי התורה כעדי שהיה יודע בדורו וזהיר במצות וכו' ע"ש]

מגילה נקראת פרק ראשון מגילה יג

מסורת הש"ס
מן תיבת דלא עד תיבת סלמר סוה שייך לעמוד סקודם

ידלא קטליה דוד לשמעי · שהיה חייב מיתה : נלאיך גיסא · לנעקה ולא לשבח איש יהודי ואיש ימיני גרמו לי הלער הזה : איתי גוברין יהודאין כו' · וסיפיה דקרא דלאלהך לא פלחין : כל דבריך אחד הן · כנגד הספר היה אומר כל דבריך דברי הימים אחת הן הרבה שמות אתה מזכיר פלוני ופלוני וכולן אדם אחד הן : ואנו יודעין לדורשן · ואע"פ שסתמם אותן אנו טורחין את לביט עד שאנו יודעין לדורשן משום דאמרינן לעיל כל הכופר בע"ז נקרא יהודי נקט לה הכא : ואשתו היהודיה וגו' · והאי בתיה שמה דהא כתיב בסופיה ואלה בני בתיה : לרחוץ · לטבול (*לשון) גירות: [נ"ל לשום]

תורה אור

דלא קטליה דוד לשמעי דאתיליד מיניה מרדכי דמיקני ביה המן ומה שילם לי ימיני דלא קטליה שאול לאגג דאתיליד מיניה המן דמצער לישראל רבי יוחנן אמר לעולם מבנימין קאתי ואמאי קרי ליה יהודי על שום שכפר בע"ז שכל הכופר בע"ז נקרא יהודי כדכתיב °איתי גוברין יהודאין וגו' רבי שמעון בן פזי כי הוה פתח בדברי הימים אמר הכי כל דבריך אחד הם ואנו יודעין לדורשן °ואשתו היהודיה ילדה את ירד אבי גדור ואת חבר אבי שוכו ואת יקותיאל אבי זנוח ואלה בני בתיה בת פרעה אשר לקח מרד ואמאי קרי לה יהודיה על שום שכפרה בע"ז דכתיב °ותרד בת פרעה לרחוץ על היאור *ואמר רבי יוחנן שירדה לרחוץ מגילולי בית אביה ילדה והא רבויי רביתיה לומר לך *שכל המגדל יתום ויתומה בתוך ביתו מעלה עליו הכתוב כאילו ילדו ירד זה משה ולמה נקרא שמו ירד [א] שירד להם לישראל מן בימיו *גדור שגדר פרצותיהן של ישראל חבר שחיבר את ישראל לאביהן שבשמים סוכו שנעשה להם לישראל כסוכה יקותיאל שקוו ישראל לאל בימיו זנוח שהזניח עונותיהן של ישראל אבי אבי אבי אב בתורה אב בחכמה אב בנביאות ואלה בני בתיה אשר לקח מרד וכי מרד שמו והלא כלב שמו אמר הקב"ה יבא כלב שמרד בעצת מרגלים וישא את (א) בת פרעה שמרדה בגלולי בית אביה אשר הגלה מירושלם אמר רבא שגלה מעצמו ויהי אומן את הדסה קרי לה הדסה וקרי לה אסתר תניא ר"מ אומר אסתר שמה ולמה נקרא שמה הדסה °על שם הצדיקים *שנקראו הדסים וכן הוא אומר °והוא עומד בין ההדסים רבי יהודה אומר הדסה שמה ולמה נקראת שמה אסתר על שם שהיתה מסתרת דבריה שנאמר אין אסתר מגדת את עמה וגו' ר' נחמיה אומר הדסה שמה ולמה נקראת אסתר שהיו אומות העולם קורין אותה על שום אסתהר בן עזאי אומר אסתר לא ארוכה ולא קצרה היתה אלא בינונית כהדסה ר' יהושע בן קרחה אמר *אסתר ירקרוקת היתה וחוט של חסד משוך עליה כי אין לה אב ואם ובמות אביה ואמה למה לי אמר רב אחא עיברתה מת אביה ילדתה מתה אמה ובמות אביה ואמה לקחה מרדכי לו לבת תנא משום ר"מ אל תקרי לבת אלא לבית וכן הוא אומר °ולרש אין כל כי אם כבשה אחת קטנה אשר קנה ויחיה ותגדל עמו ועם בניו יחדו מפתו תאכל ומכוסו תשתה ובחיקו תשכב ותהי לו כבת משום דבחיקו תשכב הוות ליה (*לבת) אלא (*לבית) הכי נמי לבית ואת שבע הנערות וגו' אמר רבא שהיתה מונה בהן ימי שבת וישנה ואת נערותיה וגו' אמר רב שהאכילה מאכל יהודי ושמואל אמר שהאכילה *קדלי דחזירי ור' יוחנן אמר זרעונים וכן הוא אומר °ויהי המלצר נושא את פת בגם ונותן להם זרעונים ששה חדשים בשמן המור *מאי שמן המור ר' חייא בר אבא אמר סטכת רב הונא אמר שמן זית שלא הביא שליש תניא רבי יהודה אומר אנפקינון שמן זית שלא הביא שליש ולמה סכין אותו שמשיר את השיער ומעדן את הבשר בערב היא באה ובבקר היא שבה אמר רבי יוחנן מגנותו של אותו רשע למדנו שבתו שלא היה משמש מטתו ביום ותהי אסתר נשאת חן אר"א *מלמד שלכל אחד ואחד נדמתה לו כאומתו ותלקח אסתר אל המלך אחשורוש אל בית מלכותו בחדש העשירי הוא חדש טבת ירח שנהנה גוף מן הגוף ויאהב המלך את אסתר מכל הנשים ותשא חן וחסד לפניו מכל הבתולות אמר רב ביקש לטעום טעם בתולה טעם טעם בעולה טעם ויעש המלך משתה גדול עבד משתיא ולא גליא ליה דלי כרגא ולא גליא ליה שדר פרדישני ולא גליא ליה ובהקבץ בתולות שנית וגו' אזיל שקל עצה ממרדכי אמר אין אשה מתקנאה אלא בירך חבירתה ואפי' הכי לא גליא ליה דכתיב אין אסתר מגדת מולדתה וגו' אמר רבי אלעזר מאי דכתיב

לא

Margin references (Torah Or): דניאל ג · דה"א ד · שמות ב · זכריה א · שמואל ב יב · דניאל א

כל הכופר בע"ז נקרא יהודי שנאמר איתי גוברין יהודאין" על שם יהודי שהרי אמר בחלק (סנהדרין דף צג:) דלא הוו משבט יהודה : אשר הגלה שגלה מעצמו · ודריש ליה מדלא כתיב הוגלה : קדלי דחזירי · וא"ת היא לא היתה אוכלת וטובלת

[בע"י איתא בוסיל תימה איתא שקראם יהודאין לפי שהיו משבט יהודה כדכתיב (דניאל א) ויהי בהם מבני יהודה דניאל חנניה מישאל ועזריה וי"ל דאתיא כר"ש בר נחמני דאמר בפרק חלק צג: דניאל מבני יהודה חנניה מישאל ועזריה משאר שבטים]

והלא כלב שמו · שבכלב משתעי קרא : הכי גרסינן וישא בתיה שמרדה בגילולי בית אביה · ולכך נשתנה שמה בליקוחין הללו : שגלה מעצמו · מדלא כתיב אשר היה מן הגולה אשר הגלתה וכתיב אשר הגלה עם הגולה משמע שלא היה כשאר ישראל שגלו על כרחן והוא גלה מעצמו כמו שעשה ירמיה שגלה מעצמו עד שאמר לו הקב"ה לחזור : בין ההדסים אשר במצולה · בין הצדיקים שגלו לבבל ובשכינה משתעי קרא : אסתהר · *ירח יפה כלבנה : ירקרוקת היתה · כהדסה זו : אלא חוט של חסד משוך עליה · מאת הקב"ה לכך נראית יפה לאומות ולאחשורוש : ובמות אביה ואמה מו ל"ל · מאחר דכתיב כי אין לה אב ואם אלא ללמדנו שאפי' יום אחד לא היה לה אב ואם : בשעה שנתעברה אמה מת אביה · נמצא שלא היה לה אב משעה שנראה להקרות אב: וכשילדתה אמה מתה . ולא נראית לקרות אם : ולרש אין כל · באוריה משתעי קרא : כבשה אחת · (ב) בת שבע : שהיתה מונה בהן ימי שבת · שהיתה משרתת לה אחת באחד בשבת ואחת בשני בשבת ואחת בשלישי בשבת וכן כולן וכשהגיע יום שפחה של שבת יודעת שהיום שבת : קדלי דחזירי · בקונ"ס שמיניה ומתוך אונסה לא נענשה : וכן הוא אומר · שהזרעונים טובים לצדיקים להבדילן ממאכל טמא : ויהי המלצר נושא את פת בגם ויין משתיהם וגו' · וכתיב בההוא ענינא ולמקצת ימים עשרה נראה מראיהם טוב ובריאי בשר וגו' : אנפקינון שמן זית שלא הביא שליש · גבי מנחות תנן *אין מביאין אנפקיטון ואם הביא פסול ועלה קאי ר' יהודה ואמר מהו אנפקיטון : מעדן · (ג)מלהיב: מגנותו של אותו רשע · גנותו הוא זה שהוא בועל נשים ומשלחן : שנהנה גוף מן הגוף · מפני הצינה והעיד לך הכתוב שהיו מתכוונין מן השמים לחבבה על בעלה : ביקש לטעום כו' · לכך נאמר מכל הנשים ומכל הבתולות : עבד משתיא כו' · חוזר לכמה ענינים לפייסה שתגלה לו מולדתה ולא הועיל וסמוך לה להאי קרא ובהקבץ בתולות שנית וגו' אין אסתר מגדת מולדתה ואת עמה וגו' עבד משתיא סעודה לכבודה מה שלא עשה בשאר נשים: דלי כרגא · אמר בשביל אסתר אני מניח לכם מכסי גולגולתכם הייט והנחה למדינות עשה : שדר פרדישני · דורונות לשרים בשמה והייט דכתיב ויתן משאת כיד המלך :

לא

[סוטה יב:] · סנהדרין יט: · גי' ע"י ובשבילו · [סנהדרין צג. ע"ש ועי' תוס' ברכות כו: ד"ה ואין שיחה] · [לקמן טו.] · [מנחות פה:] · [נ"ל כבת] · פסחים מג. ע"ש מ"ק ט: ע"ש שבת פ. ע"ש מנחות פו. ע"ש · [לעיל ז.]

רבינו חננאל

כל המגדל יתום בתוך ביתו מעלה עליו הכתוב כאילו הוא ילדו: נקראת הדסה מפני דהיתה צדקת. שהצדיקים נקראים הדסים : לקחה מרדכי לו לבת: תנא משום רבי מאיר לבית :

הגהות הב"ח

(א) גמ' וישא את בתיה בת פרעה : (ב) רש"י ד"ה כבשה אחת זו בת שבע : (ג) ד"ה מעדן מלהיב ומלסיל הס"ד :

הגהות הגר"א

[א] גמ' (שירד להם לישראל מן בימיו) תא"מ וכ"ב שהוריד תורה לישראל :

[נ"ל כבית וכן איתא בע"י]

[פירוש עורף של חזרה כלומר ראש של חמה ערוך ערך קדל ועיין תוספות ד"ה קדלי]

גליון הש"ס

גמ' ואשתו היהודיה . עי' מ"ר ריש ויקרא : שם על שם הצדיקים . עי' ברכות דף כו ע"ב תוד"ה ואין שיחה : רש"י ד"ה אסתהר ירח . כי ירח תרגומו סהרא (בראשית לז ט) :

מסורת הש"ס

°לא יגרע מצדיק עיניו בשכר צניעות שהית' בה ברחל זכתה ויצא ממנה שאול ובשכר צניעות שהיה בו בשאול זכה ויצאת ממנו אסתר *ומאי צניעות היתה בה ברחל דכתיב °ויגד יעקב לרחל כי אחי אביה הוא וכי אחי אביה הוא והלא בן אחות אביה הוא אלא אמר לה מינסבא לי אמרה ליה אין מיהו אבא רמאה הוא ולא יכלת ליה אמר לה(א) אחיו אנא ברמאות אמרה ליה ומי שרי לצדיקי לסגויי ברמיותא אמר לה אין °עם נבר תתבר ועם עקש תתפל אמר לה ומאי רמיותא אמרה ליה אית לי אחתא דקשישא מינאי ולא מנסיב לי מקמה *מסר לה סימנים כי מטא ליליא אמרה השתא מיכספא אחתאי מסרתינהו ניהלה והיינו דכתיב °ויהי בבקר והנה היא לאה מכלל דעד השתא לאו לאה היא אלא מתוך סימנין שמסרה רחל ללאה לא הוה ידע עד השתא לפיכך זכתה ויצא ממנה שאול ומה צניעות היתה בשאול דכתיב °ואת דבר המלוכה לא הגיד לו אשר אמר שמואל(ב) זכה ויצאת ממנו אסתר *ואמר רבי אלעזר כשהקב"ה פוסק גדולה לאדם פוסק לבניו ולבני בניו עד סוף כל הדורות שנאמר °ויושיבם לנצח ויגבהו (וגו') ואם הגיס דעתו הקב"ה משפילו שנאמר °ואם אסורים בזקים וגו' ואת מאמר מרדכי אסתר עושה אמר רבי ירמיה שהיתה מראה דם נדה לחכמים כאשר היתה באמנה אתו אמר רבה בר לימא *(משמיה דרב) שהיתה עומדת מחיקו של אחשורוש וטובלת ויושבת בחיקו של מרדכי בימים ההם ומרדכי יושב בשער המלך קצף בגתן ותרש אמר ר' חייא בר אבא אמר רבי יוחנן הקציף הקב"ה אדון על עבדיו לעשות רצון צדיק ומנו יוסף שנאמר °ושם אתנו נער עברי וגו' עבדים על אדוניהן לעשות נס לצדיק ומנו מרדכי [א]דכתיב °ויודע הדבר למרדכי וגו' *אמר רבי יוחנן בגתן ותרש °שני טרסיים הוו והיו מספרין בלשון טורסי ואומרים מיום שבאת זו לא ראינו שינה בעינינו בא ונטיל ארס בספל כדי שימות והן לא היו יודעין כי מרדכי מיושבי לשכת הגזית היה והיה יודע בשבעים לשון אמר לו והלא אין משמרתי ומשמרתך שוה אמר לו אני אשמור משמרתי ומשמרתך והיינו דכתיב ויבקש הדבר וימצא שלא נמצאו במשמרתן אחר הדברים האלה *(אחר מאי) אמר רבא אחר שברא הקב"ה רפואה למכה דאמר ר"ל אין הקב"ה מכה את ישראל אא"כ בורא להם רפואה תחילה שנאמר °כרפאי לישראל ונגלה עון אפרים אבל אומות העולם אינו כן מכה אותן ואח"כ בורא להם רפואה שנאמר °ונגף ה' את מצרים נגוף ורפוא ויבז בעיניו לשלוח יד במרדכי לבדו אמר רבא בתחילה במרדכי לבדו ולבסוף בעם מרדכי ומנו רבנן ולבסוף בכל היהודים הפיל פור הוא הגורל תנא כיון שנפל פור בחודש אדר שמח שמחה גדולה אמר נפל לי פור בירח שמת בו משה ולא היה יודע *שבשבעה באדר מת ובשבעה באדר נולד ישנו עם אחד אמר רבא ליכא דידע לישנא בישא כהמן אמר ליה תא ניכלינהו אמר ליה מסתפינא מאלהיו דלא ליעביד בי כדעבד בקמאי אמר ליה ישנו מן המצות אמר ליה אית בהו רבנן אמר ליה עם אחד הן שמא תאמר קרחה אני עושה במלכותך מפוזרין הם בין העמים שמא תאמר אית הנאה מינייהו מפורד כפרידה זו שאינה עושה פירות ושמא תאמר איכא מדינתא מינייהו ת"ל בכל מדינות מלכותך ודתיהם שונות מכל עם דלא אכלי מינן ולא נסבי מינן ולא מנסבי לן ואת דתי המלך אינם עושים דמפקי לכולא שתא בשה"י פה"י ולמלך אין שוה להניחם דאכלו ושתו ומבזו ליה למלכות ואפילו נופל זבוב בכוסו של אחד מהן זורקו ושותהו ואם אדוני המלך נוגע בכוסו של אחד מהן חובטו בקרקע ואינו שותהו אם על המלך טוב יכתב לאבדם ועשרת אלפים ככר כסף וגו' אמר ריש לקיש גלוי וידוע לפני מי שאמר והיה העולם שעתיד המן לשקול שקלים על ישראל לפיכך הקדים שקליהן לשקליו והיינו דתנן *באחד באדר משמיעין על השקלים ועל הכלאים ויאמר המלך להמן הכסף נתון לך והעם לעשות בו כטוב בעיניך אמר רבי אבא

משל

רש"י

לא יגרע מצדיק עיניו · נותן עיניו במעשה הצדיקים לשלם להם (ג) אף לימים רבים מדה במדה : **זכתה ויצא ממנה שאול** · שהיה לנוע : **זכה ויצאת ממנו אסתר** · בתרגום של מגילה מייחס מרדכי ועושהו עטירי לשאול ומשאול עד בנימין וכתיב היא אסתר בת דודו ואין לו ראיה אחרת בכתובים שיצאה משאול : **מסרתן** · ללאה והוא לניעות שלא יתפרסם הדבר שמסר לה סימנין : **שנאמר לא יגרע מצדיק עיניו** · וסיפיה דקרא ויושיבם לנצח ויגבהו והיינו גדולה לדורות : **ואם הגיס דעתו כו'.** הכי סמכי קראי ויושיבם לנצח ויגבהו ואם אסורים בזקים על ידי שמגביהין עצמן באין לידי עניות ויסורים : **וטובלת** · מחמת נקיות שלא תהא מאוסה לצדיק משכיבתו של אחשורוש : **אדון על עבדיו** · ויקצוף פרעה על שני סריסיו : **לשון טורסי** · שם מקום : **לא ראינו שינה** · מתוך שהיתה חביבה עליו היה מרבה בתשמיש וצמא לשתות : **משמרתי ומשמרתך** · אתה ממונה על עבודה אחת ואני ממונה על עבודה אחרת : ה"ג אחר הדברים האלה גדל המלך* את המן וגו' בתר בגתן ותרש כתיב : **וקא בעי הש"ס אחר מאי** · מה העיד עליו הכתוב שלא גידלו עד שבא מעשה הזה : **אחר שברא הקדוש ב"ה רפואה למכה** העתידה לבא לאחר זמן : **כרפאי לישראל** · ואחר כך נגלה עון אפרים ע"י מכה שאני מביא עליהן : **הפיל פור** · ומהו פור הוא הגורל מיום ליום באיזו יום יפול הגורל וכן מחודש לחודש והגורל של כולן הטיל ביום אחד ונפל לו הגורל על (ד)אחד : **בשבעה באדר מת משה** · שנאמר והעם עלו מן הירדן בעשור לחודש הראשון (יהושע ד) צא מהם למפרע שלשים יום באבלו של משה ושלשה ימים שהכינו להם צידה שנאמר הכינו לכם צידה כי בעוד שלשה ימים אתם עוברים וגו' (שם א) הרי בשבעה באדר מת משה : **ובשבעה באדר נולד.** דכתיב בן מאה ועשרים שנה אנכי היום (דברים לא) היום מלאו ימי ושנותי כדאי הלידה שתכפר על המיתה : **אית בהו רבנן.** מתשובתו של המן אנו למדין שכך היה אחשורוש משיבו : **קרחה אני עושה במלכותך** · שמלכות אחת מליאה מהם : **מדינתא** · מדינה קטנה : **ולא נסבי מינן** · נשים : **ואת דתי המלך אינם עושים** · אונגריות ומסים וגולגליות וארנונות אינן נותנין : **דמפקי ליה לשתא בשה"י פה"י** · שבת היום פסח היום ואנו אסורים במלאכה : **אין שוה** · אין נהנה ואין חשש להניחן: **משמיעין** · בית דין מכריזין שיביאו שקלים למקדש : **ועל הכלאים** · שגדלו הזרעים קצת וניכר ועוקרין אותן משדותיהן בהכרזת בית דין :

תורה אור: איוב לו · בראשית כט · שמואל ב כב · בראשית כט · שמואל א י · איוב לו · [אסתר ב] · הושע ז · ישעיה יט

תוספות

וטובלת ויושבת בחיקו של מרדכי · ואם תאמר והא לא הוי' שם הבחנה שלש' חדשים שהרי בכל יום היה אותו רשע מלוי אצלה וי"ל שהיתה משמשת במוך :

הכסף נתון לך · גימטריא דהכסף עולה הע"ץ רמז לו שיתלה עליו* :

רבינו חננאל

אמר לו והלא אין משמרתי ומשמרתך שוה. א"ל אני אשמור משמרתי ומשמרתך . פי' א"ל אני אשמור משמרתי בתחלת הלילה עד החק שאנו קבועים. ואשמור עוד ממך בחצי הלילה במשמרתך ועשו כך ונתבקש במשמרתו שבתחלת הלילה . שכל השומר בתחלת הלילה כשיעמוד אחר לשמור ישן מי שכבר שמר. ונמצא זה שומר שלא נתבררה לפיכך נתברר עליו העצה: אין הקב"ה מכה את ישראל עד שבורא להם רפואה שנאמר כרפאי לישראל וגו' :

הגהות הב"ח

(א) גמ' אמר לה אי רמאי הוא אחיו אנא ברמאות : (ב) שם אמר שמואל לפיכך זכה ויצאת ממנו אסתר ואמר רבי סלא דכתיב אין אסתר מגדת וגו' ואמר רבי אלעזר וכו' שנאמר לא יגרע מצדיק עיניו ויושיבם לנצח : (ג) רש"י ד"ה לא יגרע וכו' לשלם להן גמולן אף לימים : (ד) ד"ה הפיל פור וכו' הגורל על אדר הס"ד :

גליון הש"ס

גמ' שני טרסיים. עי' חולין דף נ ע"ב תד"ה מטלית :

עיין תוספות לקמן טז. ד"ה ודתי (ומי)

הגהות הגר"א

[א] גמ' (דכתיב)תז"מ:

מסורת הש"ס

ב"ב קכג. ע"ש · ס"א וכי במאי ההוא יומא מעייל לה לגבך מה עשה יעקב מסר · [זבחים קב. ע"ש] · שם · [ילקוט וכעי' ליתא] · ברכות מח · [לעיל ז. ע"ש] · [ילקוט ליתא מאי אחר] · [קדושין לח. סוטה יב:] · שקלים ב. לקמן כט. מ"ק ו.

§ מסכת מגילה דף יג: §

אות א'* [א]

באחד באדר משמיעין על השקלים

רמב"ם פ"א מהל' שקלים ה"ט - באחד באדר משמיעין על השקלים, כדי שיכין כל אחד ואחד מחצית השקל שלו, ויהיה עתיד ליתן; בחמשה עשר בו ישבו השולחנים בכל מדינה ומדינה ותובעין בנחת, כל מי שיתן להם יקבלו ממנו, ומי שלא נתן אין כופין אותו ליתן; בחמשה ועשרים בו ישבו במקדש לגבות, ומכאן ואילך כופין את מי שלא נתן עד שיתן, וכל מי שלא יתן, ממשכנין אותו ולוקחין עבוטו בעל כרחו ואפילו כסותו.

באר הגולה

א ‹ע"פ מהדורת נהרדעא›

§ מסכת מגילה דף יד. §

אות א׳* [א]

אכתי עבדי אחשורוש אנן

סימן תרצג ס״ג - [ב]אין קורין בו הלל - [ג]דבשלמא ביציאת מצרים אמרינן: הללו עבדי ה' ולא עבדי פרעה, **אבל** הכא אכתי עבדי אחשורוש אנן.

באר הגולה

[א] ‹ע"פ באר הגולה› [ב] **מסקנת הגמ׳ מגילה י״ד** [ג] ‹מ"א. **ובגמרא** יש ג' טעמים, והב"י השמיט טעם דאין אומרים הלל על נס שבחוץ לארץ, והביא ב' טעמים. **והמ"א** השמיט דרב נחמן, דרבא בתרא, כוותיה נקטינן, **ונפקא** מינה היכא שאין מגילה, או ט"ו בשבת, על כרחך הטעם עבדי כו'. **ומיהו** י"ל לא פלוג. **ומשמע** על נס בחוץ לארץ רשאי לומר הלל, דרב נחמן ורבא רבים ובתראי - פמ"ג›

משל דאחשורוש והמן כו' · כלומר יש ללמוד מאחשורוש שאף בדעתו היה להשמידן : **(*להסמידן) למוטב** · שגזרו עליהן תעניות לתשובה כדכתיב צום ובכי ומספד שק ואפר יוצע לרבים : **חוץ ממקרא מגילה** · ואם תאמר נר חנוכה כבר פסקו הנביאים אבל בימי מרדכי הוו חגי זכריה ומלאכי : **מעבדות לחירות** · ביציאת מצרים אמרו שירה על הים : **הלל נמי נימא** · שהיא שירה : הכי גרסי' אמר רבא בשלמא התם כו' ולא עבדי פרעה שהרי לחירות יצאו : **אכתי עבדי אחשורוש אנן**. דלא נגאלו אלא מן המיתה : **בין לרבא** · דאמר להכי לא אמרי הלל דאכתי עבדי אחשורוש הוו הא לאו הכי אמרינן : **בין לרב נחמן** · דאמר קריאת מגילה במקום הלל: (ד)**הוכשרו שאר ארצות לומר שירה** · על נס המאורע להם : **ותו ליכא** · נביאים : **נבואה שהוצרכה לדורות** · ללמוד תשובה או הוראה וכל הנך מ"ח הוצרכו ובהלכות גדולות (ה)מטויין מסדר עולם [א] אברהם יצחק יעקב משה ואהרן יהושע פנחס ויעל מלאך ה' מן הגלגל אל הבוכים (שופטים ב) זה פנחס ויבא איש האלהים אל עלי (שמואל א ב) זה אלקנה עלי שמואל גד נתן דוד שלמה עידו קרא *אל המזבח בבית אל מיכיהו בן ימלה בימי אחאב עובדיה אחיה השילוני ויהוא בן חנני בימי אסא עזריה בן עודד חזיאל [הלוי] מבני מתניה אליעזר בן דודו ממורישה כולן בימי יהושפט בדברי הימים (ב יט) ובימי ירבעם בן יואש הושע עמוס ובימי יותם מיכה המורשתי ובימי אמציה אמוץ אמוץ אמר לאמציה מדוע דרשת אלהי אדום ואליהו ואלישע ויונה בן אמיתי ישעיה בימי מנשה יואל נחום חבקוק בימי יאשיה צפניה אוריה מקרית יערים ירמיה בגולה יחזקאל דניאל בשנת ב' לדריוש ברוך נריה שריה מחסיה חגי זכריה מלאכי ומרדכי בלשן בסדר עולם ועל דניאל אמרינן לעיל (דף ג.) אינהו נביאי ואיהו לאו נביא אלא אפיק דניאל ועייל שמעיה שאמר לרחבעם אל תעלו ולא תלחמו עם אחיכם בני ישראל *שנים לא ידעתי [ב]: **נתבצר נסה** · לשון גבוה כמו ובצורות בשמים (דברים ט) : **כשהיא אחות אהרן** · ועדיין לא נולד משה : **פתילות למקדש** · (ו)משכן שילה : **משום יחוד** · שהוא גבוה ואין לו צל ואין אדם יכול להתייחד שם עמה כמו בבית : **לב אחד** · שרף יש לו כמו אילן אבל אין לו בענפיו אלא בגזעו על פני כל גובהו : **רמה קרני ולא רמה פכי** · זו היא נבואתה שנתנבאית על שאול ויהוא שלא תימשך מלכותן במשיחת דוד ושלמה כתיב קרן השמן ובמשיחת שאול ויהוא כתיב פך : **וכי רואין דם בלילה** · שנאמר (שמואל א כה) אם אשאיר לנבל עד אור הבקר משתין בקיר שמע מינה דהוה בלילה וכי מראין דם בלילה אם טמא או טהור הלא צריך להבחין מראיתו אם מה' דמים הטמאים באשה הוא : **וכי דנין דיני נפשות בלילה** · והא כתיב (ירמיה כא) דינו לבוקר משפט וכתיב והוקע אותם לה' (במדבר כה) נגד השמש : כליתי

תורה אור

משל דאחשורוש והמן למה הדבר דומה לשני בני אדם לאחד היה לו תל בתוך שדהו ולאחד היה לו חריץ בתוך שדהו בעל חריץ אמר מי יתן לי תל זה בדמים בעל התל אמר מי יתן לי חריץ זה בדמים לימים נזדווגו זה אצל זה אמר לו בעל חריץ לבעל התל מכור לי תילך אמר לו טול אותה בחנם והלואי ויסר המלך את טבעתו אמר רבי אבא בר כהנא גדולה הסרת טבעת יותר מארבעים ושמונה נביאים ושבע נביאות שנתנבאו להן לישראל שכולן לא החזירום למוטב ואילו הסרת טבעת החזירתן למוטב ת"ר ארבעים ושמונה נביאים ושבע נביאות נתנבאו להם לישראל ולא פחתו ולא הותירו על מה שכתוב בתורה חוץ ממקרא מגילה מאי דרוש אמר רבי חייא בר אבין אמר רבי יהושע בן קרחה (א) ומה מעבדות לחירות אמרי' שירה ממיתה לחיים לא כל שכן אי הכי הלל נמי נימא (ב) *לפי *שאין אומרים הלל על נס שבחוצה לארץ יציאת מצרים דנס שבחוצה לארץ היכי אמרינן שירה כדתניא עד שלא נכנסו ישראל לארץ הוכשרו כל ארצות לומר שירה משנכנסו ישראל לארץ לא הוכשרו כל הארצות לומר שירה רב נחמן אמר *קרייתא זו הלילא (ג) רבא אמר בשלמא התם °הללו עבדי ה' ולא עבדי פרעה אלא הכא הללו עבדי ה' ולא עבדי אחשורוש אכתי עבדי אחשורוש אנן *בין לרבא בין לר"נ קשיא והא תניא משנכנסו לארץ לא הוכשרו כל הארצות לומר שירה כיון שגלו חזרו להכשירן הראשון ותו ליכא והכתיב °ויהי איש אחד מן הרמתים צופים אחד ממאתים צופים שנתנבאו להם לישראל מיהוה טובא הוו כדתניא הרבה נביאים עמדו להם לישראל כפלים כיוצאי מצרים אלא נבואה שהוצרכה לדורות נכתבה ושלא הוצרכה לא נכתבה רבי שמואל בר נחמני אמר אדם הבא משתי רמות שצופות זו את זו רבי חנין אמר אדם הבא מבני אדם שעומדין ברומו של עולם ומאן נינהו בני קרח דכתיב °ובני קרח לא מתו *תנא משום רבינו נתבצר להם מקום בגיהנם ועמדו עליו שבע נביאות מאן נינהו שרה מרים דבורה חנה אביגיל חולדה ואסתר שרה דכתיב °אבי מלכה ואבי יסכה *ואמר ר' יצחק יסכה זו שרה ולמה נקרא שמה יסכה שסכתה ברוח הקדש שנאמר °כל אשר תאמר אליך שרה שמע בקולה ד"א יסכה שהכל סוכין ביופיה מרים דכתיב °ותקח מרים הנביאה אחות *)אהרן **)ולא אחות משה אמר ר"נ אמר רב שהיתה מתנבאה כשהיא אחות אהרן ואומרת עתידה אמי שתלד בן שיושיע את ישראל ובשעה שנולד נתמלא כל הבית כולו אורה עמד אביה ונשקה על ראשה אמר לה בתי נתקיימה נבואתיך וכיון שהשליכוהו ליאור עמד אביה וטפחה על ראשה ואמר לה בתי היכן נבואתיך היינו דכתיב °ותתצב אחותו מרחוק לדעה לדעת מה יהא בסוף נבואתה דבורה דכתיב °ודבורה אשה נביאה אשת לפידות מאי אשת לפידות שהיתה עושה פתילות *למקדש °והיא יושבת תחת תומר מאי שנא תחת תומר אמר ר' שמעון בן *אבשלום משום יחוד דבר אחר *מה תמר זה אין לו אלא לב אחד אף ישראל שבאותו הדור לא היה להם אלא לב אחד לאביהן שבשמים חנה דכתיב °ותתפלל חנה ותאמר עלץ לבי בה' רמה קרני בה' *רמה קרני ולא רמה פכי דוד ושלמה שנמשחו בקרן נמשכה מלכותן שאול ויהוא שנמשחו בפך לא נמשכה מלכותן °אין קדוש כה' כי אין בלתך *אמר רב יהודה בר מנשיא אל תקרי בלתך אלא לבלותך שלא כמדת הקב"ה מדת בשר ודם מדת בשר ודם מעשה ידיו מבלין אותו אבל הקדוש ברוך הוא מבלה מעשה ידיו °ואין צור כאלהינו *אין צייר כאלהינו אדם צר צורה על גבי הכותל ואינו יכול להטיל בה רוח ונשמה קרבים ובני מעים אבל הקב"ה צר צורה בתוך צורה ומטיל בה רוח ונשמה קרבים ובני מעים אביגיל דכתיב °והיה היא רוכבת על החמור ויורדת בסתר ההר בסתר ההר מן ההר מיבעי ליה אמר רבה בר שמואל על עסקי דם הבא מן הסתרים נטלה דם והראתה לו אמר לה וכי מראין דם בלילה אמרה לו וכי דנין דיני נפשות בלילה אמר לה

משום יחוד · שבצלאן אליה בני ישראל למשפט : ותתפלל חנה ותאמר עלץ לבי בה' · וה"ה הוה מני לאחויי כל הפרשה שכל הנבואה על סנחריב נבוכדנצר והמן כמו שתרגם יונתן אלא קרא דריש פרשתא נקט : **דכתיב** מורד

רבינו חננאל

ת"ר מ"ח נביאים וז' נביאות לא פחתו ולא הותירו על מה שכתוב בתורה אפי' אות אחת חוץ ממקרא מגילה . ואלו הן מ"ח נביאים . משה . ואהרן . ואסיר . ואלקנה . ואביאסף בני קרח נתנבאו במדבר . יהושע פינחס . אלקנה . גד החוזה . נתן הנביא . אסף .

ושנים לא ידעתי א' עודד הנביא ד"ה ב ט"ו לפי פי' רד"ק ואחר חנני הרואה ד"ה ב ט"ז שהתנבא על אסא ולפי פשוטו כשמזכיר הנביא בשמו ושם אביו בנבואה כידוע שהוא נביא בן נביא וא"כ עזריה בן עודד ויהוא בן חנני נחשבים לנביאים כמש ואביהם גם יש לחשוב זכריה בן יהוידע הכהן ד"ה ב כ"ד גם עודד הנביא שהתנבא בימי פקח בן רמליהו דה"ב כ"ח

הגהות הב"ח

(א) גמ' אמר ר' יהושע בן קרחה קל וחומר ומה מעבדות לחירות: (ב) שם הלל נמי נימא אמר ר' יצחק לפי שאין וכו' שבחוצה לארץ והרי יציאת מצרים דנס שבחוצה לארץ ואמרי' הלילא התם כדתניא עד כצ"ל : (ג) שם קרייתא זו הלילא מתקיף לה רבא מי דמי בשלמא התם : (ד) רש"י ד"ה בין לר' נחמן וכו' הלל הס"ד ואח"כ מ"ה לא הוכשרו : (ה) ד"ה נבואה וכו' ובהלכות גדולות הן מנויין ורוכן יש ללמוד מסדר עולם וכו' קרא על המזבח וכו' בימי יאשיה צפניה וירמיה ואוריה מקרית יערים ליהויקים בגולה יחזקאל דניאל : (ו) ד"ה פתילות למקדש . למשכן שילה בשעה שבני אדם באין ליטול עצה ממנה יושבת תחת תומר שלא תשב עמהם בסתר משום יחוד שהוא גבוה ואין לו צל ואין אדם יכול להסתייחד שם עמה כמו בבית ותתם שאר אילנות יש צל שיש להם ענפים סמוך לעיקרן הס"ד

הגהות הגר"א

[א] רש"י ד"ה נבואה כו' אברהם כו'. נ"ב אבל בסדר עולם לא חשיב אברהם יצחק ויעקב משה ואהרן [עיין] מחסיה וחשיב במקומם ב' בני קרח אסף וסימן ואיתן וידותון וזכריה הכהן ודניאל כי לא חשיב מ"ח נביאים רק לאחר [ב] שם בסה"ד שנים לא ידעתי.

מוסף משום אף שבנביאות חשיב כי לא היו רק ז' וכן נריה ומחסיה וממחשבים לא נכתבו נביאותן ולא נקראו נביאים ולא נקראו ולא בלשן ולא נקראו ונביאים וכן עלי ושלמה וכן ועי"ל ברוך בן נריה כו' : [ב] שם בסה"ד שנים לא ידעתי.

א) גי' רי"ף ורא"ש מתקיף לה רבא מי דמי בשלמא . ב) נגד השמש ודוד אמר לו אם אשאיר לנבל מכל אשר לו עד אור הבקר.

מסורת הש"ס: [נ"ל להסמידן] · אל המזבח יעדי החוזה בד"ס ב ט ואפשר עידו החוזה הנזכר בד"ה ב יב הוא יעדי · תהלים קיג · [ערכין י: ע"ש היטב] · שמואל א א · במדבר כו · סנהדרין קי. · בראשית יא · סנהדרין סט: · בראשית כא · שמות טו · *) [סוטה יב:] ע"ש · **) [נ"ל וגו' אחות אהרן ולא וכו'] · שמות ב · שופטים ד · שם · [נ"ל למשכן היאך ילקוט] · [נ"ל אבי שלום ועי' תוס' יומא לח: ד"ה דלא ותוס' כתובות קד: ד"ה שני] · [סוכה מה:] · שמואל א ב · כריתות ו. הוריות יב. · ברכות י. · שם · ברכות י. · שמואל א כה

עין משפט נר מצוה

עא א מיי' פ"ג מהל' מלכים הלכה ח סמג עשין נו :

תורה אור

*מורד במלכות הוא ולא צריך למידייניה
אמרה לו עדיין שאול קיים ולא יצא טבעך
בעולם אמר לה °ברוך טעמך וברוכה את אשר
כליתני [היום הזה] מבא בדמים דמים תרתי
משמע [א] אלא מלמד שגילתה את שוקה
והלך לאורה ג' פרסאות אמר לה השמיעי לי
אמרה לו °לא תהיה זאת לך לפוקה זאת
מכלל דאיכא אחריתי ומאי ניהו מעשה דבת
שבע ומסקנא הכי הואי °והיתה נפש אדוני
צרורה בצרור החיים כי הוות מיפטרא מיניה
אמרה ליה °והטיב ה' לאדוני וזכרת את
אמתך אמר רב נחמן היינו דאמרי אינשי
איתתא בהדי שותא פילכא איכא דאמרי
*שפיל ואזיל בר אווזא ועינוהי מיטייפי
חולדה דכתיב °וילך חלקיהו הכהן ואחיקם
ועכבור וגו' ובמקום דקאי ירמיה היכי
מתנביא איהי אמרי בי רב משמיה דרב
חולדה קרובת ירמיה היתה ולא הוה מקפיד
עליה ויאשיה גופיה היכי שביק ירמיה
ומשדר לגבה אמרי דבי רבי שילא מפני
שהנשים רחמניות הן ר' יוחנן אמר ירמיה
לא הוה התם *שהלך להחזיר עשרת
השבטים *ומנלן דאהדור דכתיב °כי המוכר
אל הממכר לא ישוב אפשר יובל בטל ונביא
מתנבא עליו שיבטל אלא מלמד שירמיה
החזירן ויאשיהו בן אמון מלך עליהן דכתיב
°ויאמר מה הציון הלז אשר אני רואה ויאמרו
אליו אנשי העיר הקבר איש האלהים אשר
בא מיהודה ויקרא את הדברים האלה אשר
עשית על המזבח בבית אל וכי מה טיבו של
יאשיהו על המזבח בבית אל אלא מלמד
שיאשיהו מלך עליהן רב נחמן אמר מהכא
°גם יהודה שת קציר לך בשובי שבות עמי
אסתר דכתיב °ויהי ביום השלישי ותלבש
אסתר מלכות *בגדי מלכות מיבעי ליה אלא
שלבשתה רוח הקדש כתיב הכא ותלבש
וכתיב התם °ורוח לבשה את עמשי וגו'
אמר רב נחמן לא יאה יהירותא לנשי תרתי
נשי (א) יהירן הויין וסניין שמייהו חדא שמה
זיבורתא וחדא שמה כרכושתא זיבורתא
כתיב בה °ותשלח ותקרא לברק ואילו איהו
לא אזלה לגביה כרכושתא כתיב בה °אמרו
לאיש ולא אמרה אמרו למלך אמר רב נחמן
חולדה (ב) מבני בניו של יהושע היתה כתיב
הכא °בן חרחס וכתיב התם °בתמנת חרס איתיביה רב עינא סבא לרב
נחמן שמונה נביאים והם כהנים יצאו מרחב הזונה ואלו הן נריה ברוך
ושריה מחסיה ירמיה חלקיה חנמאל ושלום רבי יהודה אומר אף חולדה
הנביאה מבני בניה של רחב הזונה היתה כתיב הכא בן תקוה וכתיב התם °את תקות חוט
השני אמר ליה *עינא סבא ואמרי לה *פתיא אוכמא מיני ומינך תסתיים שמעתא דאגיירא
ונסבה יהושע ומי הוו ליה זרעא ליהושע והכתיב °נון בנו יהושע בנו לא הוו ליה בנתן הוו ליה
בשלמא

(שמואל א כה; שם; שם; שם; מלכים ב כב; ויקרא כה; יחזקאל ז; מלכים ב כג; ירמיה לא; אסתר ה; ד"ה א יב; שופטים ד; מלכים ב כב; יהושע כד; יהושע ב; ד"ה א ז)

כליתני · מנעת אותי : בדמים · דם נדה ושפיכות דמים : שגילתה שוקה · ונתאוה לה ותבעה ולא שמעה לו כדמפרש ואזיל : לפוקה · (ג) כמו פיק ברכים (נחום ב): הכי גרסי' ולא מכלל דאיכא אחריתי ומאי ניהו מעשה דבת שבע ומסקנא הכי הוה · והכי פירושה מדקאמרה ליה ולא תהיה זאת לך לפוקה מכלל שהתנבאת' לו שסופו להכשל בביאה אחרת ומאי ניהו בת שבע ומסקנא הכי הוה סוף שעלתה לו כך אלמא נביאה הוות שנתקיימה נבואתה : בהדי שותא פילכא · עם *שהאשה מדברת היא טווה כלומר עם שהיא מדברת עמו על בעלה הזכירה לו את עצמה שאם ימות (ד) ישאנה : מיטייפי · צופין למרחוק ודוגמתו במס' כתובות (דף ס·) כטוף עיניך : ובמקום ירמיה היכי מיתנביא היא · הרי ירמיה עמד משנת י"ג ליאשיה שנאמר אשר היה דבר ה' אל ירמיה וגו' (ירמיה א) והספר נמצא בשנת י"ח ליאשיה ועליו שלח אל חולדה : כי המוכר אל הממכר לא ישוב · יחזקאל אמרו והוא נתנבא בתוך (*י"ד) שנה שבין גלות יכניה לחרבות ירושלים ומתנבא שיהא בטל היובל והמוכר שדהו לא ישוב לו : אפשר יובל בטל · משגלו עשרת השבטים בימי חזקיה שנאמר לכל יושביה (ויקרא כה) בזמן שכל יושביה עליה ולא בזמן שגלו מקצתן נמצא משגלו שבט ראובן וגד וחצי שבט מנשה [כבר] בטלו היובלות ויחזקאל היה מתנבא לאחר זמן שיבטל : אלא מלמד שירמיה החזירן · באותה שנה שנמצא הספר והיא שנת שמונה עשרה ליאשיהו וכששלח על דברי הספר אצל חולדה לא היה שם ירמיה (ה) וחזרו למנות את היובל ולא הספיקו למנות אלא שמיטות עד שחרב הבית : ויאמר מה הציון הלז · ביאשיהו כתיב בהיותו בבית אל ושרף עצמות הכומרים בבית אל על המזבח שעשה ירבעם : מה טיבו בבית אל · והלא (*משל) מלכי ישראל *היה שהרי שם העמיד ירבעם את העגל : שת קציר · עשה חיל וגדולה כמו (ו) *ועשה קציר כמו נטע (איוב יד:) : לא נאה יוהרא לנשי · לא נאה חשיבות לנשים : וסניין שמייהו · שמותיהן מאוסות : זיבורתא · דבורה : כרכושתא · חולדה : בן חרחס · ולהע"ג דקרא על בעלה קא מסהיד מיהו במעשיה כתיב : אמר ליה עינא סבא מיני ומינך תסתיים שמעתא · כלומר על ידי ועל ידך תתפרש אמיתו של דבר הא והא : נון בנו יהושע בנו · לא שבט אפרים מייחס הכתוב עד יהושע ומיהושע ולמטה לא ייחס איש :

מורד במלכות הוא ולא צריך למידייניה · קשה א"כ היאך גרס פרק אחד דיני ממונות (סנהדרין דף לו· ושם) דדיני נפשות מתחילין מן הצד מדכתיב גבי נבל ויחגרו איש חרבו ויחגור גם דוד חרבו (ש"א כה) והא מורד במלכות הוה ולא בעי למידייניה ועוד קשה היאך ישב דוד בדין והא אין מושיבין מלך בסנהדרין כדאמרינן במסכת סנהדרין פרק כ"ג (דף יח:) ועי"ק מפ' במה בהמה יוצאה (שבת דף נו·) גבי אוריה דקאמר שהיה לו לדונו בסנהדרין ואמאי והא מורד במלכות היה וי"ל דהכא ה"פ מורד במלכות הוא ולא צריך למידייניה כשאר דיני נפשות שדנין בו ביום לזכות וביום שלאחריו לחובה אלא אפילו בו ביום גומרין לחובה והיינו הא דקאמרה ליה אביגיל וכי דנין דיני נפשות בלילה היה לך להמתין לגמור עד למחרת והוא השיב לה מורד במלכות הוה ואין צריך להמתין עד למחר אבל לדונו ודאי צריך וגם לא קשה מהא שישב דוד בסנהדרין דהא דאין מושיבין מלך בסנהדרין היינו משום דלא הוי כבודו להיות יושב ושותק אבל גבי מורד כבודו הוא להיות יושב ושותק לפי שהוא נוגע בדבר :

ה"ג מאי מבוא בדמים תרי דמים דם נדה ושפיכות דמים מלמד שגלתה שוקה · ולא גרסינן איכא דאמרי מלמד שגלתה שוקה דהא השתא מפרש מאי תרי דמים ועד השתא לא פריש להו :

שגלתה שוקה והלך דוד לאורה ג' פרסאות · קשה היאך אותה צדיקת גלתה שוקה לפני דוד ועוד קשה דמחזי כגוזמא לומר שהלך לאור שוקה ג' פרסאות וי"ל דנמצא בספרים מדויקים שנקוד בהן לאורה כלומר לאור שלה פירוש נתאוה לה דוד והלך באור תמימות שלש פרסאות :

דאגיירה ונסבה יהושע · קשיא היאך נסבה הא אמרי' פ' הערל (יבמות דף עו· ושם) דאפילו בגירותן *לית להו חתנות וצריך לומר שלא היתה משבעה עממין אלא משאר עממין ובאת לגור שם *ויש מפרשים שרצו לומר שלא הוזהרו על לאו דלא תתחתן עד לאחר שנכנסו לארץ וזה אינו דאמרי' במדרש דנתינים באו להתגייר בימי משה כמו בימי יהושע ואף על פי כן לא הותרו לבא בקהל אלא היו חוטבי עצים ושואבי מים אלמא דקודם שעברו את הירדן ונכנסו לארץ הוזהרו עליהם : ארבע

רבינו חננאל

הימן . ידותון . שמואל . דוד . *) אחיה . שמעיה . עידו . עזריה בן עודד . חנני הרואה . יהוא בן חנני . אליהו . מיכיהו . עובדיהו . אלישע . (יחזקאל) . אליעזר בן דודיהו . יונה בן [אמתי] זכריה בן יהוידע . אמוץ . חבקוק . צפניהו בן כושי . ירמיה . ישעיה . יחזקאל . דניאל . ברוך בן נריה . עזריה בן מחסיה . מרדכי בלשן . הושע בן בארי . עמוס . מיכה המורשתי . יואל בן פתואל . נחום . חגי . זכריה . ומלאכי . ז' נביאות שרה . מרים . דבורה . חולדה . חנה . אביגיל . ואסתר :

*) אולי צ"ל כאן שלמה .

הגהות הב"ח

(א) גמ' תרתי נשי ביאתא יהירין הויין : (ב) שם אמר רב נחמן חולדה הנביאה מבני : (ג) רש"י ד"ה לפוקה לשון כשלון ברכים כמו ופיק ברכים : (ד) ד"ה בהדי שותא וכו' שאם ימות ישאנה : (ה) ד"ה אלא מלמד וכו' לא היה שם ירמיה ויאשיהו המלך מלך עליהם וחזרו למנות וכו' אלא חמש שמיטות : (ו) ד"ה שת קציר וכו' וגדולה כמו תשלח ועשה קציר :

[פי' דאסורין בלאו דלא תתחתן אף לאחר שנתגיירו]

[ועי' תוס' סוטה לה: ד"ה לרבות]

גליון הש"ס

רש"י ד"ה בהדי כו' שהאשה מדברת . עיין סוכה דף נו ע"ב רש"י ד"ה שותא :

[ועי' תוס' גיטין מו. ד"ה כיון]

מסורת הש"ס

ב"ק לב:

[נ"ל י"ח]

[עי' רש"י במשנה סנהדרין קי. ד"ה עשרת וכו']

[נ"ל שנ] נ"ל היתה

[לקמן טו. ע"ש]

[עי' פרש"י בערכין]

[עי' ב"ב קכג:]

[ברכות ג. ע"ש פרש"י פסחים פח. ע"ש פרש"י]

[פסחים פח.]

הגהות הגר"א

[א] גמ' אלא מלמד שגילתה א"ש וכו' נ"ב א"ל השמיעי לי אמרה לו תא"מ :

§ מסכת מגילה דף יד: §

אות א'

מורד במלכות הוא

רמב"ם פ"ג מהל' מלכים ה"ח - כל המורד במלך ישראל יש למלך רשות להרגו, אפילו גזר על אחד משאר העם שילך למקום פלוני ולא הלך, או שלא יצא מביתו ויצא, חייב מיתה, ואם רצה להרגו יהרג, שנאמר: כל איש אשר ימרה את פיך; וכן כל המבזה את המלך או המחרפו, יש למלך רשות להרגו, כשמעי בן גרא; ואין למלך רשות להרוג אלא בסייף בלבד; ויש לו לאסור ולהכות בשוטין לכבודו; אבל לא יפקיר ממון, ואם הפקיר הרי זה גזל.

§ עניני הלכה שונים הקשורים להדף §

ביודעה ובמכירה

הנה ראיתי בשו"ת מהר"ם שיק (חלק אה"ע סי' נג) שכתב, דנראה דלא שייך קול באשה ערוה אלא ברואה את פניה או יודעה ומכירה, כעין מ"ש במגילה, רחב בשמה זינתה ויעל בקולה וכו', והוא דידעה ומכירה. ‹מבואר ממנו, דמש"כ ביודעה ובמכירה, הולך גם על "יעל בקולה"›. **וכן** אמרינן בהא דאסור להסתכל בבגדי צבעונין, דדוקא במכירה, וכדקי"ל באה"ע (סי' כא ס"א), **אבל** באינו רואה אותה בפניה ואינו מכירה, נראה דאין חשש כלל, עכת"ד - שו"ת יביע אומר ח"א או"ח ס"ו. **ועיין** בשו' ציץ אליעזר דחולק עליו, דדברי המהר"ם שיק אינו מדבר בקול באשה ערוה, ורק בנוגע לענין לשאול בשלומה או לשלוח לה שלום ע"י שליח.

וכאשר אבדתי אבדתי

והנה דבר פשוט הוא יותר מביעתא בכותחא, כי אסתר לא עשתה שום איסור, ולא היה בדבר אפי' נדנוד עבירה, אלא מצוה רבה עשתה שהצילה כל ישראל. **ותדע** דכן הוא, שהרי בבואה לפני המלך שרתה עליה רוח הקדש, כדדרשינן התם מותלבש אסתר מלכות, ומינה מוכח התם שהיא היתה משבעה נביאות שעמדו להם לישראל, שהרי שרתה עליה רוח הקדש באותה שעה אשר הלכה לפני המלך, אשר מכח זה נאסרה על מרדכי, וחלילה וחס לומר שתשרה רוח הקדש מכח מעשה של גנאי, לא תהא כזאת בישראל, אלא אדרבה פשיטא ופשיטא שעשתה מצוה רבה מאד - שו"ת מהרי"ק סימן קסז.

בתשובת מהרי"ק כתב וז"ל, דאפי' היכא שאין כאן נדנוד עבירה בבעילתה, כדי להציל כל ישראל, כמו יעל אשת חבר הקני ואסתר, שהמציאה את עצמה לאחשורוש בשעה שלא היה תובעה כדי שיתאווה לה ויהא נח להתפתות לעשות לה בקשתה, אפ"ה נאסרה על מרדכי בעלה, עכ"ל. **והא** דאמרינן עד השתא באונס, נ"ל הכוונה, לפי שלא היתה מתרצת עד שתבעה אחשורוש בפה, ומפני אימת מלכות הלכה אצלו, **משא"כ** בשאין האימה מחמת הבעילה, רק גזירה אחרת עליה ועל רבים, והיא מתרצת מרצונה הטוב לבעילה משום הצלה, אע"ג דשפיר עבדה להצלת עצמה והרבים, ומקרי אנוסה לענין זה דלא מיענשא עליה כיון דעשתה לשמה, כמו יעל ואסתר, מ"מ כיון דבעילתה היתה ברצונה, נאסרה על בעלה. **ובזה** נלע"ד מיושב מה שנראה לכאורה בסוגיא דש"ס דמגילה תרי סוגית דסתרי אהדדי, דבדף ט"ו ע"א איתא, כאשר אבדתי אבדתי, כשם שאבדתי מבית אבא כך אובד ממך, ש"מ דמיקרי רצון ונאסרה על בעלה, **ושם** באותו דף עמוד ב' איתא, כיון שהגיע לבית הצלמים נסתלקה ממנה שכינה, אמרה אלי למה עזבתני, שמא אתה דן אותי מזיד כשוגג ואונס כרצון, הרי שמחשב הליכה זו להצלה לאונס, **אלא** דעיקר החילוק כדעת מהרי"ק, דאע"ג דהוי אונס ולא מיענשא עליהם, מ"מ כיון שעיקר בעילתה היתה ברצונה, נאסרה על בעלה ‹וכן מדוייק שם ברש"י ע"ש› - שו"ת שבות יעקב חלק ב סימן קיז.

ומ"מ גוף דין זה שיהיה מותר לאשת איש לזנות ברצון כדי להציל נפשות, אינו תורה, ולא ישר בעיני מה שראיתי באיזה תשובה, ולפי שאני לעת עתה בכפר לא אוכל לזכור באיזה תשובה, וכמדומה אני שהיא תשובת בית יעקב, ‹ולאמיתו של דבר היא תשו' שבות יעקב הנ"ל›, באנשים ונשים שהלכו בדרך וקם עליהם ארכיליסטים אחד בשדה עם חבורת ליסטים שכמותו להרוג את כולם, וקמה אשה אחת מהם אשה יפת תואר מאד והתחילה להשתדל עם האיש ראש הליסטים בדברים, עד שפתתו בחלקת לשונה שנתאוה לה ונבעלה לו ביער מן הצד, ועל ידי כן הצילה את בעלה עם כל הנפשות, **ופסק** בתשובה ההיא ששפיר עבדה ומצוה רבה עבדה ששדלתו לזה להציל נפשות, רק שאעפ"כ נאסרה על בעלה והביא ראיה מאסתר. **ואני** אומר כיון שאמרו רז"ל, בכל מתרפאין חוץ מע"ז וג"ע וש"ד, א"כ כשם שאין מתרפאין בשלש עבירות הללו, כך אין מצילין בהם נפשות, ואונס דרחמנא שריא באשה שקרקע עולם היא, היינו שהיא אנוסה על גוף הביאה, אבל היכא שאינה אנוסה על גוף הביאה, ואדרבה היא משתדלת לזה להציל נפשות, לא מקרי קרקע עולם, ואשה ואיש שוים ותהרג ואל תעבור, **ואסתר** שאני שהיתה להצלת כלל ישראל מהודו ועד כוש, ואין למדין הצלת יחידים מהצלת כלל ישראל מנער ועד זקן מהודו ועד כוש, ושם היה בהוראת מרדכי ובית דינו, ואולי ברוח הקודש - שו"ת נודע ביהודה מהדורא תניינא יו"ד סימן קסא.

עיין תוס' ד"ה כשם. **ואינו** נכון בעיני, ויכתוב לה בכתב ידו שהוא כשר דאורייתא, וטוב היה לו לעשות כן, דהא אסתר היכי עבדה הכי, דהשתא ברצונה נבעלת ותהרג ואל תעבור, ואלו היה מגרשה בכתב ידו לא היתה עוברת על אסור עריות החמור, ולא היתה נאסרת למרדכי, **אלא** שדברי אגדה הן ואין משיבין עליהן - חידושי הרשב"א.

ויעבור מרדכי

בס' מעשה איש (ח"א עמוד כה בהג"ה) מביא: לעיתים קרובות משתעשעים היו הג"ר חיים עוזר זצ"ל והחזו"א זצ"ל בפלפולא דאורייתא, באחת הפעמים הוזכרו דברי הגמ', שמרדכי צוה להתענות אף ביו"ט ראשון של פסח, ותמה היערות דבש, האיך ביטל מצות עשה דאורייתא של אכילת מצה בליל פסח, **הגרח"ע** רצה ליישב, שמכיון ואיסור אכילה ביוה"כ שיעורו בכותבת, ואילו מצות עשה דמצה ניתן לקיים אף בכזית, א"כ אפשר לומר שמרדכי גזר תענית כעין דאורייתא, ולפיכך י"ל שהמתענים יצאו ידי שניהם, אכלו שיעור כזית וקיימו מצות מצה, אבל לא אכלו ככותבת הגסה ונמצא שהתענו, **אך** החזו"א הקשה לו על כך מגמרא ערוכה במס' יבמות קכ"א: א"ר מאיר מעשה באחד שנפל לבור הגדול וכו' תניא אמרו לו לרבי מאיר אין מזכירין מעשה נסים, מאי מעשה נסים, אילימא דלא אכיל ולא אישתי, והכתיב וצומו עלי ואל תאכלו ואל תשתו, ואם כדברי הגרח"ע אין מובנת קושיית הגמרא, שהרי מתעני צום אסתר אכלו כזית מצה, מהגר"ש גריינימן זצ"ל, עכ"ד.

נראה דדעת הגמרא ‹יבמות קכ"א: הנ"ל› שהתענו ג' ימים וג' לילות רצופים, אכן המדרש חולק על גמרא דילן, דז"ל: והיאך היו צמים שלשה ימים לילה ויום ולא היו מתים, אלא שהיו מפסיקים מבעוד יום, עכ"ל, **וכוונת** המדרש נ"ל, שהיו אוכלים כל לילה שאחר התענית, ולכך כתיב שלשה ימים ולא לילות, ומה דכתיב לילה ויום, היינו כשהיו מתחילים להתענות תענית הראשון שהוא יום י"ד, שהרי בי"ד וט"ו וט"ז התענו, הפסיקו בי"ג מבעוד יום, דבאופן שיום ראשון של תענית דהיינו י"ד, היה לילה ויום, ושוב אכלו בליל ט"ו ובליל ט"ז, **ולפי** דברינו אתי שפיר, די"ל דרב ס"ל ג"כ כדעת המדרש, שבליל ט"ו לא התענו ואכלו מצה, ולכן לא קחשיב רק מה שהתענו ביום טוב ראשון של פסח - ערוך לנר מסכת יבמות דף קכא ע"ב.

כתבו הספרים, דטוב לעשות ביום ב' (של פסח) בסעודה איזה דבר לזכר סעודת אסתר, שביום ההוא נתלה המן - משנה ברורה סימן תצ.

ולכאורה יש להקשות על זה, היאך אפשר שנתלה המן ביום שני של פסח, שהרי הגזירה היתה ביום י"ג לניסן, ושלשת ימי התעניות היו יום י"ד וט"ו וט"ז, כדפירש רש"י במגילה (טו א, ד"ה יום טוב ראשון), והכתוב אומר (אסתר ה, א) 'ויהי ביום השלישי' וגו', שאז בקשה אסתר 'יבוא המלך והמן היום' וגו' (שם שם, ד), ויום השלישי של תענית היה ביום הזה, ואז היתה סעודה הראשונה, ואז בקשה על מחר שיבא עם המן לסעודה, ולמחר היה י"ז בניסן. **כבר** פירש רש"י דבר זה בגמרא במסכת מגילה (טז א, ד"ה ולתעניתו), דמה שכתוב 'ויהי ביום השלישי', אינו רוצה לומר השלישי מתענית, רק ביום השלישי מהגזירה, והגזירה היתה ביום י"ג, נמצא יום השלישי ט"ו, ולמחר ביום ט"ז נתלה - של"ה מסכת מגילה הגה פרק נר מצוה.

מגילה נקראת פרק ראשון מגילה טו

ארבע נשים יפיפיות היו בעולם · קשה אמאי לא חשיב חוה דהא אמרינן בפ' חזקת הבתים (ב"ב דף נח:) שרה לפני חוה כקוף בפני אדם וי"ל דלא חשיב אלא אותן הנולדות מאשה: **בשם** שאבדתי מבית אבא כך אבדתי ממך · ול"ת אמאי לא היה מגרשה ותהא מותרת להחזירה וי"ל לפי שכל מעשה הנס הוא ע"פ מדים והיה ירא פן יתפרסם הדבר למלכות*: **ביום** השלישי · בזכות תורה נביאים וכתובים א"נ כהנים לוים וישראלים א' כמו משה ואהרן ומרים א' כמו שלישי דמתן תורה: זה

תורה אור

בשלמא אינהו מיפרשי אלא אבהתיהו
מנלן כדעולא דאמר עולא כל מקום ששמו
ושם אביו בנביאות בידוע שהוא נביא בן
נביא שמו ולא שם אביו בידוע שהוא נביא
ולא בן נביא שמו ושם עירו מפורש בידוע
שהוא (א) מאותה העיר שמו ולא שם עירו
בידוע שהוא מירושלים במתניתא תנא כל שמעשיו (ב) ומעשה אבותיו
צפניה א סתומין ופרט לך הכתוב באחד מהן לשבח כגון דבר ה' אשר היה אל
צפניה בן כושי בן גדליה בידוע שהוא צדיק בן צדיק וכל שפרט לך
ירמיה מא הכתוב באחד מהן לגנאי כגון ויהי בחדש השביעי בא ישמעאל בן נתניה
בן אלישמע בידוע שהוא רשע בן רשע *אמר רב נחמן מלאכי זה מרדכי
ולמה נקרא שמו מלאכי שהיה משנה למלך מיתיבי ברוך בן נריה
ושריה בן [א] מעשיה ודניאל ומרדכי בלשן וחגי זכריה ומלאכי כולן
נתנבאו בשנת שתים לדריוש תיובתא תניא אמר רבי יהושע בן קרחה
מלאכי זה עזרא וחכ"א מלאכי שמו אמר רב *נחמן מסתברא כמאן
מלאכי ב דאמר מלאכי זה עזרא דכתיב בנביאות מלאכי בגדה יהודה ותועבה
נעשתה בישראל ובירושלים כי חלל יהודה קדש ה' אשר אהב ובעל בת אל
עזרא י נכר ומאן אפריש נשים נכריות עזרא דכתיב ויען שכניה בן יחיאל מבני
עילם ויאמר לעזרא אנחנו מעלנו באלהינו ונושב נשים נכריות תנו רבנן
ארבע נשים יפיפיות היו בעולם שרה (*ואביגיל רחב) ואסתר ולמאן דאמר
*אסתר ירקרוקת היתה מפיק אסתר ומעייל ושתי תנו רבנן רחב בשמה זינתה
יעל בקולה אביגיל בזכירתה מיכל בת שאול בראייתה *אמר רבי יצחק *כל
האומר רחב רחב מיד ניקרי א"ל רב נחמן אנא אמינא רחב רחב ולא איכפת
לי אמר ליה כי קאמינא ביודעה ובמכירה ומרדכי ידע את כל אשר נעשה
מאי אמר רב אמר גבה (ג) המן מאחשורוש ושמואל אמר גבר מלכא עילאה
ממלכא תתאה ותתחלחל המלכה מאי *ותתחלחל אמר רב שפירסה נדה
ור' ירמיה אמר שהוצרכה לנקביה ותקרא אסתר להתך *אמר רב התך זה
דניאל ולמה נקרא שמו התך שחתכוהו מגדולתו ושמואל אמר שכל
דברי מלכות נחתכין על פיו לדעת מה זה ועל מה זה אמר רבי
יצחק שלחה לו שמא עברו ישראל על חמשה חומשי תורה דכתיב
שמות לב בהן מזה ומזה הם כתובים ויגידו למרדכי את דברי אסתר ואילו איהו
לא אזל לגביה מכאן *שאין משיבין על הקלקלה לך כנוס את כל
היהודים וגו' עד אשר לא כדת אמר רבי אבא שלא כדת (ד) היה
שבכל יום ויום עד עכשיו באונס ועכשיו ברצון וכאשר אבדתי אבדתי כשם
שאבדתי מבית אבא כך אובד ממך ויעבור מרדכי אמר רב שהעביר יום
ראשון של פסח בתענית ושמואל אמר דעבר *ערקומא דמיא ויהי ביום
השלישי ותלבש אסתר מלכות בגדי מלכות מיבעי ליה אמר רבי אלעזר אמר
רבי חנינא *מלמד שלבשתה רוח הקדש כתיב הכא ותלבש וכתיב התם
הי"א יב ורוח לבשה את עמשי ואמר ר' אלעזר אמר ר' חנינא לעולם *) אל תהי
ברכת הדיוט קלה בעיניך שהרי שני גדולי הדור ברכום שני הדיוטות ונתקיימה
שמואל ב כד בהן ואלו הן דוד ודניאל דוד דברכיה ארונה דכתיב ויאמר ארונה אל המלך
דניאל ו וגו' דניאל דברכיה דריוש דכתיב (ה) אלהך די אנת פלח ליה בתדירא הוא
ישיזבינך ואמר רבי אלעזר אמר ר' חנינא *אל תהי קללת הדיוט קלה בעיניך
בראשית כ שהרי אבימלך קלל את שרה הנה הוא לך כסות עינים ונתקיים בזרעה ויהי
שם כז כי זקן יצחק ותכהין עיניו ואמר ר' אלעזר אמר ר' חנינא בא וראה שלא
כמדת הקב"ה מדת בשר ודם מדת בשר ודם אדם שופת קדרה ואח"כ נותן
לתוכה מים אבל הקב"ה נותן מים ואחר כך שופת הקדרה לקיים מה שנאמר
ירמי' י לקול תתו המון מים בשמים ואמר ר"א אמר רבי חנינא *כל האומר דבר בשם
אומרו מביא גאולה לעולם שנאמר ותאמר אסתר למלך בשם מרדכי ואמר ר"א אמר רבי חנינא צדיק
אבד לדורו אבד משל לאדם שאבדה לו מרגלית כל מקום שהוא מרגלית שמה לא אבדה אלא
לבעלה וכל זה איננו שוה לי אמר רבי אלעזר אמר רבי חנינא בשעה שראה המן את מרדכי יושב
בשער המלך אמר כל זה איננו שוה לי (ו) כדרב חסדא דאמר רב חסדא זה בא בפרוזבולי וזה בא
בפרוזבוטי

*) ברכות ז.

בשלמא · (ז) ירמיה וחנמאל דכתיב ויבא אלי חנמאל בן דודי כדבר ה' (ירמיה לב) ברוך ושריה מליט שהיו תלמידי ירמיה ברוך דכתיב מפיו יקרא אלי את הדברים האלה ואני כותב על הספר בדיו (ירמיה לו) ושריה בתוך ספר ירמיה (נא) הדבר אשר צוה ירמיה את שריה בן מחסיה וגו' ומליטו בתלמידי נביאים שהיו נביאים נחה רוח אליהו על אלישע ויהושע תלמיד משה ולקמן תניא בברייתא ברוך בן נריה ושריה בן מחסיה ודניאל ומרדכי וחגי זכריה ומלאכי כולן נתנבאו בשנת שתים לדריוש: **ישמעאל בן נתניה** · הוא שהרג את גדליהו בן אחיקם הצדיק: **בשנת שתים לדריוש** · האחרון נתנבאו לבני הגולה שיחזרו לבית המקדש שנתבטלה המלאכה זה שמונה עשרה שנה על ידי שמרונים משהתחילו בה בימי כורש: **בגדה יהודה** · סיפיה דקרא ובעל בת אל נכר: **בשמה זינתה** · המזכיר את שמה עגר אחר תאות זנות: **ניקרי** · רואה קרי: **ה"ג מאי אמר** · כשצעק צעקה גדולה ומרה מה היה אומר בצעקתו: **רב אמר** · כך היה צועק: **גבה המן מאחשורוש** · שמלאו לבו לדבר מה שלא עלה על לב אחשורוש: **גבר מלכא עילאה** · כינוי הוא להיפוך בלשון נקיה: **ותתחלחל** · נתמסמס חלל גופה: **שחתכוהו מגדולתו** · בימי אחשורוש שהרי בנשבר השליטו תלתא במלכותו וכן דריוש המדי שנאמר ועלא מנהון סרכין תלתא די דניאל חד מנהון (דניאל ו) וכן כורש שנאמר ודניאל הצלח במלכות דריוש ובמלכות כורש פרסאה (שם) וכשמלך אחשורוש חתכו מגדולתו: **ואלו איהו** · דניאל לא אזיל להשיב שליחותו: **על הקלקלה** · שהיתה אסתר מונעת לבא אל המלך לפיכך לא השיב התך את שליחותו ואסתר שלחה דבריה ע"י אחרים: **עד עכשיו** · נבעלתי באונס: **ועכשיו** · מכאן והילך מדעתי: **אבדתי ממך** · ואסורה אני לך דאשת ישראל שנאנסה מותרת לבעלה וברצון אסורה לבעלה: **יו"ט ראשון של פסח** · שהרי בי"ג בניסן נכתבו האגרות וניתן הדת בשושן וי"ד וחמשה עשר וששה עשר התענו ובששה עשר *נתלה המן בערב: **דעבר ערקומא דמיא** · לאסוף היהודים שבעבר השני: **שופת את הקדרה** · מושיבה על הכירה היא קרויה שפיתה: **וזה בא בפרוזבולי** · מרדכי בא אליו בטענת עושר המן בא בטענת עוני שמכר המן את עצמו למרדכי קודם לכן ימים רבים בככרי לחם: **בולי** · לשון עושר כדאמרינן (גיטין דף לז) ושברתי את גאון עוזכם אלו בולאות שביהודה: בוטי

מסורת הש"ס

[בעי' איתא אמר רב מלאכי וכו']

[גי' ע"י אמר רב נחמן בר יצחק]

[צ"ל רחב ואביגיל] [לעיל יג.]

תענית כט:

נדה סו. סוטה כ: ב"ב ד.

ע"ז י:

[עי' פרש"י לקמן כח: ד"ה עורקמא] נתלה המן בערב ר"ל בערב אמר יום ששה עשר וע"ל טו. ברש"י ד"ה הלכות קמילה וד"ה לתעניתו

לקמן כח. ב"ק צג. ע"ש

אבות פ"ו מ"ו [חו"ס יט: חולין קד:]

[ועי' תוס' סנהדרין עד: סד"ה וכא]

רבינו חננאל

כל ששמו ושם אביו בנבואה בידוע שהוא נביא בן נביא. וכן כל ששמו ושם עירו מפורש בידוע שהוא *) מירושלים וכן כל שמעשיו ומעשה אבותיו סתומין ופרט הכתוב באחד מהן אם לשבח כולן צדיקים. ואם לגנאי כולן רשעים: אמר רב מלאכי זה מרדכי. ר' יהושע בן קרחה אומר מלאכי זה עזרא. ומסתברא כמ"ד מלאכי זה עזרא: ויגידו למרדכי ואילו איהו לא אזל. מיכן שאין משיבין על הקלקלה. [ויעבור מרדכי וכו'] ושמואל אמר דעבר עורקמא דמיא. כל האומר דבר בשם אומרו מביא גאולה לעולם שנאמר ותאמר אסתר למלך בשם מרדכי. צדיק אבד לדורו אבד משל כו'.

*) נ"ל שהוא מאותה העיר שמו ולא שם עירו בידוע שהוא מירושלים.

הגהות הב"ח

(א) גמ' בידוע שהוא נביא מאותה העיר: (ב) שם כל שמעשיו סתומין ומעשה אבותיו וכו' בן צדיק וכל שמעשיו ומעשה אבותיו סתומין ופרט לך הכתוב: (ג) שם גבה לבו של המן מאחשורוש: (ד) שם אמר ר' אבא שלא כדת כל יום ויום שבכל יום ויום באונס ועכשיו ברצון כצ"ל: (ה) שם ויאמר ארונה אל המלך ה' אלהיך ירצך וגו': (ו) שם כל זה איננו שוה לי וכי מפני דרואה מרדכי יושב בשער המלך אמר כל זה איננו שוה לי אלא כדרב חסדא דאמר: (ז) רש"י ד"ה בשלמא אינהו ירמיה וחנמאל ברוך ושריה מיפרשי בנבואתם חנמאל דכתיב ויבא אלי:

הגהות הגר"א

[א] גמ' מעשיה. נ"ל מחסיה:

גליון הש"ס

גמ' ששמו ושם אביו עי' ב"ב דף טו ע"ב תוס' ד"ה בלעם ובמהרש"א אידלס בח"א שם: שם כל האומר רחב. עיין סנהדרין מב ע"א תד"ה אלא: שם ואילו איהו לא אזיל לגביה. עי' ב"ב דף ד ע"א תוס' ד"ה שכל:

רבינו חננאל

בולי ובוטי. פי' עשירים ודלים : **עתיד הקב"ה** להיות עטרה בראש כל צדיק וצדיק שנאמר ביום ההוא יהיה ה' צבאות לעטרת צבי וגו': **שערה** שמשכימין ומעריבין בבתי כנסיות ובבתי מדרשות. אמרה מדת הדין לפני הקב"ה כו' א"ל רבה בר אבוה לאליהו כמאן חזא אסתר דעבדא הכי. א"ל ככולהו תנאי וככולהו אמוראי.

הגהות הב"ח

(א) גמ' עבדא דמזדבן בטולמי דנהמא ואמר ר' אלעזר אמר ר' חנינא כצ"ל ותיבות וכל זה איננו שוה לי מלמד וכו' אמר כל זה איננו שוה לי נמחק : (ב) שם משיבי מלחמה אלו שנושאין :

פ"א

גליון הש"ס

גמ' רבה בר עופרן. ע"ל ע"ב סד"ה רבה : שם אמר רנב"י ורב כתיב. כעין זה יומא לח ע"ב ודף פה ע"ב :

רש"י

בוטי · לשון עניות כמו והטבע תטביעהו (דברים טו) במסכת גיטין (דף נז.) : **בטולמי** · נהמא בבכורות לחם עשרים לחם שעורים (מלכים ב ד) מתרגמינן עשרין טולמין דלחמא : **לרוח משפט** · לשופטים את רוחן יהיה לעט"ה : **דן את יצרו** · כופהו לשוב בתשובה : **ומתגבר על יצרו** · אינו הולך אחריו לעבור עבירה : **שמשכימין כו'** · והיינו שערה שעושין [שנעשים שוערים] לפתוח דלתות בהשכמה ולאחר [שם עד] זמן נעילתו : **גם אלה** · אלו הרשעים הנידונין בגיהנם: **ביין שגו** · כלומר אף הם עשו כהם לפיכך דנם : **פקו פליליה** · לגיהנם נשפטו : **אלי אלי למה עזבתני** · במזמור אילת השחר הוא : **על אונס** · [אע"פ] שאני באה אליו מאלי אונס הוא : **הצילה מחרב נפשי** · באותו מזמור הוא : **אמתה של בת פרעה** · ותשלח את אמתה ותקחה (שמות ב) : **בשיני רשעים** · עוג מלך הבשן במס' ברכות פרק הרואה (דף נד:) *[שעקר הר בת ג' פרסי להשליכו על ישראל ונתנו על ראשו ושלח הקב"ה נמלים ונקבוהו ונכנס בצוארו בקש לשומטו ונשתרבבו שיניו לכאן ולכאן] : **אל תקרי שברת אלא שרבבת** · גרסינן ומשיני רשעים נפיק להאי דרשה דליכתוב קרא ושן רשע אלא י' דשיני וי"ם דרשעים הרי שתים : **ולא דבר שחוצץ במלכות** · בנין הבית שהוא באמצע של עולם כדאמרי' בסדר יומא (דף נד:) אבן שתיה שממנה נשתת העולם : **מבית אביה למדה** · שמעה התינוקות אומרים כן : **וימרוד** · במלך שהיתה שעתו מצלחת : **שיהא מצוי לה** · אולי תוכל להכשילו בשום דבר לפני המלך: **ירגיש הקב"ה** · שאף אני מקרבת שונאיהן של ישראל אי נמי ירגיש שאני צריכה להחניף רשע זה ולזלזל בכבודי : **שיהרג הוא והיא** · שיחשדני המלך ממנו ויהרוג את שניהם [נ"א וכי גזרי גזירה ומית חד מינייהו בטלי הגזירה]* : **מלך הפכפכן היה** · וחוזר בדיבורו אמרה שמא אוכל לפתותו ולהורגו ואם לא יהא מזומן תעבור השעה ויחזור בו : **בחומם אשית את משתיהם** · על בלשצר וסיעתו נאמר בשובם מן המלחמה שדריוש וכורש היו צרין על בבל ונצחן בלשצר אותו היום והיו עייפים וחמים וישבו לשתות ונשתכרו ובאותו היום נהרג ואף אסתר אמרה מתוך משתיהן של רשעים באה להם פורענות : **שבעים בלחם נשכרו** · יונתן תרגם על בניו של המן: **שנת מלכו של עולם** · דוגמא ויקץ כישן ה' (תהלים עח) לנקום נקמתו: **נדדו עליונים** · שהיו מלאכים מבהילים אותו כל הלילה ואמרו לו כפוי טובה שלם טובה למי שעשאה לשון מורי ויש אומרים [נדדו עליונים] כדי שירבו בתחנונים לבקש על הדבר: **מאי דקמן דזמינתיה** · כלומר מה זאת הבאה לפני עכשיו דבר חדש כזה: **כתוב** · משמע שהיה כתוב מחדש כתב משמע מעיקרא וימצא כתוב ספר זכרון לפניו אשר הגיד מרדכי : שמשי

תורה אור

תוספות

זה הדן דין אמת לאמתו . נראה דמשום הכי נקט אמת לאמתו לאשמועינן דבדין מרומה צריך לחקור העדים בטוב עד שיתבאר האמת ואז ידוע אותו לאמתו* : [ה"ג אל תקרי שברת אלא שרבבת . ל' אשתרבובי (סוכה ה.) ול"ג שריבבת] :

גמרא

בפרוזבוטי אמר רב פפא וקרו ליה עבדא דמזדבן (א) בטלמי וכל זה איננו שוה לי מלמד שכל גנזיו של אותו רשע חקוקין על לבו ובשעה שרואה את מרדכי יושב בשער המלך אמר כל זה איננו שוה לי ואמר *ר' אלעזר אמר רבי חנינא עתיד הקב"ה להיות עטרה בראש כל צדיק וצדיק שנאמר °ביום ההוא ישעיה כח יהיה ה' צבאות לעטרת צבי [וגו'] מאי לעטרת צבי ולצפירת תפארה לעושין צביונו ולמצפין תפארתו יכול לכל ת"ל לשאר עמו *למי שמשים עצמו כשירים ולרוח משפט זה הדן את יצרו וליושב על המשפט זה הדן דין אמת לאמתו ולגבורה זה המתגבר על יצרו משיבי מלחמה (ב) שנושאין ונותנין במלחמתה של תורה שערה [אלו ת"ח] שמשכימין ומעריבין בבתי כנסיות ובבתי מדרשות אמרה מדת הדין לפני הקב"ה רבונו של עולם מה נשתנו אלו מאלו אמר לה הקדוש ברוך הוא ישראל עסקו בתורה אומות העולם לא עסקו בתורה אמר ליה גם אלה ביין שנו ובשכר תעו פקו פליליה אין פקו אלא גיהנם שנאמר °ולא תהיה זאת לך לפוקה ואין פליליה אלא דיינין שנאמר °ונתן בפלילים ותעמד בחצר בית המלך הפנימית א"ר לוי כיון שהגיעה לבית הצלמים נסתלקה הימנה שכינה אמרה °אלי אלי למה עזבתני שמא אתה דן על שוגג כמזיד ועל אונס כרצון או שמא על שקראתיו כלב שנאמר °הצילה מחרב נפשי מיד כלב יחידתי חזרה וקראתו אריה שנאמר °הושיעני מפי אריה ויהי כראות המלך את אסתר המלכה אמר רבי יוחנן ג' מלאכי השרת נזדמנו לה באותה שעה אחד שהגביה את צוארה ואחד שמשך חוט של חסד עליה ואחד שמתח את השרביט וכמה אמר רבי ירמיה שתי אמות היה והעמידו על שתים עשרה ואמרי לה על שש עשרה ואמרי לה על עשרים וארבע במתניתא תנא על ששים וכן אתה מוצא באמתה של בת פרעה וכן אתה מוצא בשיני רשעים דכתיב °שיני רשעים שברת ואמר ריש לקיש *אל תקרי שברת אלא שריבבת *רבה בר עופרן אמר משום ר"א ששמע מרבו ורבו מרבו מאתים ויאמר לה המלך *לאסתר המלכה מה בקשתך עד חצי המלכות ותעש חצי המלכות ולא כל המלכות ולא דבר שחוצץ למלכות ומאי ניהו בנין בית המקדש יבא המלך והמן אל המשתה ת"ר מה ראתה אסתר שזימנה את המן ר"א אומר פחים טמנה לו שנאמר °יהי שלחנם לפניהם לפח ר' יהושע אומר מבית אביה למדה שנאמר °אם רעב שונאך האכילהו לחם וגו' ר"מ אומר כדי שלא יטול עצה וימרוד ר' יהודה אומר כדי שלא יכירו בה שהיא יהודית ר' נחמיה אומר כדי שלא יאמרו ישראל אחות יש לנו בבית המלך ויסיחו דעתן מן הרחמים ר' יוסי אומר כדי שיהא מצוי לה בכל עת ר"ש בן מנסיא אומר אולי ירגיש המקום ויעשה לנו נס רבי יהושע בן קרחה אומר אסביר לו פנים כדי שיהרג הוא והיא רבן גמליאל אומר מלך הפכפכן היה אמר רבי גמליאל עדיין צריכין אנו למודעי דתניא ר' אליעזר המודעי אומר קנאתו במלך קנאתו בשרים רבה אמר °לפני שבר גאון אביי ורבא דאמרי תרוייהו °בחומם אשית את משתיהם וגו' אשכחיה רבה בר אבוה לאליהו א"ל כמאן חזיא אסתר ועבדא הכי א"ל ככולהו תנאי וככולהו אמוראי ויספר להם המן את כבוד עשרו ורוב בניו וכמה רוב בניו אמר רב ל' עשרה מתו ועשרה נתלו ועשרה מחזרין על הפתחים ורבנן אמרי אותן שמחזרין על הפתחים שבעים הוו דכתיב °שבעים בלחם נשכרו אל תקרי שבעים אלא שבעים ורמי בר אבא אמר כולן מאתים ושמונה הוו שנאמר ורוב בניו ורוב בגימטריא מאתן וארביסר הוו *אמר רב נחמן בר יצחק ורב כתיב בלילה ההוא נדדה שנת המלך אמר רבי תנחום נדדה שנת מלכו של עולם ורבנן אמרי נדדו עליונים נדדו תחתונים רבא אמר שנת המלך אחשורוש ממש נפלה ליה מילתא בדעתיה אמר מאי דקמן דזמינתיה אסתר להמן דלמא עצה קא שקלי עילויה דההוא גברא למקטליה הדר אמר אי הכי לא הוה גברא דרחים לי דהוה מודע לי הדר אמר דלמא איכא איניש דעבד בי טיבותא ולא פרעתיה משום הכי מימנעי אינשי ולא מגלו לי מיד ויאמר להביא את ספר הזכרונות דברי הימים ויהיו נקראים מלמד שנקראים מאיליהן וימצא כתוב כתב מבעי ליה מלמד ששמשי

מסורת הש"ס

[סוף תענית כט ע"א] [סנהדרין קיא: ע"ש כמה שינוים וכפרש"י שם] [ר"ה יז:] [ועי' תוס' ב"ב ת: ד"ה סדין]

שמואל א כה · שמות כא · תהלים כב · שם · שם · שם · ברכות נד: · סוטה יב: · [נ"י מה לך אסתר המלכה ומה] · תהלים סט · משלי כה · ירמיה נא · משלי טז · שמואל א ב

שמשי · סופר המלך שונא ישראל היה ומימות כורש היה כמו שנאמר בספר עזרא (סימן ד) שכתב שטנה על בנין הבית עד (ג) שבא כורש וביטלו ואף בימי אחשורוש עשה כן שנאמר (שם) ובמלכות אחשורוש בתחלת מלכותו כתבו שטנה: **לו הכין** · לצורך עצמו: **דיסקרתא** · כפר: **נהרא** · ניטול מכס: **לרבנן** · תלמידיו: **הלכות קמיצה** · דורש בענינו של יום ששה עשר בניסן היה הוא יום תנופת העומר: **ואשקול למזייה** · ואטול שערי: **אסריתנהו** · נועה עליהן להתביאן: **אומני** · ספרים: **זוזא** · זוג של ספרים כעין מספרים: **עלין** · כלי חרס: **ולספינתו** · יום שלישי לתענית היה שהתחילו להתענות בי"ד בניסן ומה שאמר המקרא ליום אתמול שלישי ויהי ביום השלישי ותלבש אסתר מלכות יום שלישי לשילוח הרצים היה: **אם מזרע היהודים** · יש זרע ביהודים שאם הוא בא מהם לא תוכל לו: **מלמד שהביאוהו בבהלה** · ולא רחץ יפה מטינופו: **שוה** · חושש: **מלמד שהיתה מחווה כנגד אחשורוש** · מרבוי (ד) אתה לומד איש צר ואויב המן הרע הזה: **נופל** · לשון עושה והולך נופל ורוצה לזקוף והמלאך מפילו: **וישלך עליו** · הקב"ה משליך פורענות על הרשע בלי חמלה: **מידו ברוח יברח** · בני סייעתו וחבריו בורחים מידו: **אחת של אסתר** · שהיה כעוס אחשורוש על מה שעשה המן לאסתר: **דבר שנצטער בו אותו צדיק** · לעבד נמכר יוסף על ידי קנאת אחיו: יכשל

תורה אור

ששמשי מוחק וגבריאל כותב אמר רבי אסי דרש ר' שילא איש כפר תמרתא ומה כתב שלמטה שלזכותן של ישראל אינו נמחק כתב שלמעלה לא כל שכן °לא נעשה עמו דבר אמר רבא לא מפני שאוהבין את מרדכי אלא מפני ששונאים את המן °הכין לו תנא לו הכין ועשה כן למרדכי אמר ליה מנו מרדכי אמר ליה °היהודי אמר ליה טובא מרדכי איכא ביהודאי אמר ליה °היושב בשער המלך אמר ליה (א) סגי ליה בחד דיסקרתא אי נמי בחד נהרא אמר ליה הא נמי הב ליה אל תפל דבר מכל אשר דברת ויקח המן את הלבוש ואת הסוס אזל אשכחיה דיתבי רבנן קמיה ומחוי להו הלכות קמיצה לרבנן כיון דחזייה מרדכי דאפיק לקבליה וסוסיה מיחד בידיה מירתת אמר להו לרבנן האי רשיעא למיקטל נפשי קא אתי זילו מקמיה די לא תכוו בגחלתו בההיא שעתא נתעטף מרדכי וקם ליה לצלותא אתא המן ויתיב ליה קמייהו ואוריך עד דסליק מרדכי לצלותיה אמר להו במאי עסקיתו אמרו ליה בזמן שבית המקדש קיים מאן דמנדב מנחה מייתי מלי קומציה דסולתא ומתכפר ליה אמר להו אתא מלי קומצי קמחא דידכו ודחי עשרה אלפי ככרי כספא דידי אמר ליה רשע *°עבד שקנה נכסים עבד למי ונכסים למי אמר ליה קום לבוש הני מאני ורכוב האי סוסיא דבעי לך מלכא אמר ליה לא יכילנא עד דעיילנא לבי בני ואשקול למזייא דלאו אורח ארעא לאשתמושי במאני דמלכא הכי שדרה אסתר ואסרתינהו לכולהו בי בני ולכולהו אומני עייליה איהו לבי בני ואסחיה ואזיל ואייתי זוזא מביתיה וקא שקיל ביה מזייה בהדי דקא שקיל ליה אינגד ואיתנח אמר ליה אמאי קא מיתנחת אמר ליה גברא דהוה חשיב ליה למלכא מכולהו רברבנוהי השתא לישויה בלאני וספר אמר ליה רשע ולאו ספר של כפר קרצום היית תנא המן ספר של כפר קרצום היה עשרים ושתים שנה בתר דשקלינהו למזייה לבשינהו למאניה אמר ליה סק ורכב אמר ליה לא יכילנא דכחישא חילאי מימי תעניתא נחין וסליק כי סליק בעט ביה אמר ליה לא כתיב לכו °בנפול אויבך אל תשמח אמר ליה הני מילי בישראל אבל בדידכו כתיב °ואתה על במותימו תדרוך °ויקרא לפניו ככה יעשה לאיש אשר המלך חפץ ביקרו כי הוה נקיט ואזיל בשבילא דבי המן חזיתיה ברתיה דקיימא אאיגרא סברה האי דרכיב אבוה והאי דמסגי קמיה מרדכי שקלה עציצא דבית הכסא ושדיתיה ארישא דאבוה דלי עיניה וחזת דאבוה הוא נפלה מאיגרא לארעא ומתה והיינו דכתיב וישב מרדכי אל שער המלך אמר רב ששת ששב לשקו ולתעניתו והמן נדחף אל ביתו אבל וחפוי ראש אבל על בתו וחפוי ראש על שאירע לו ויספר המן לזרש אשתו ולכל אוהביו וגו' קרי להו אוהביו וקרי להו חכמיו אמר רבי יוחנן כל האומר דבר חכמה אפילו באומות העולם נקרא חכם אם מזרע היהודים מרדכי וגו' אמרו ליה אי משאר שבטים קאתי יכלת ליה ואי משבט יהודה ובנימין ואפרים ומנשה לא יכלת ליה יהודה דכתיב °ידך בערף אויביך אינך דכתיב בהו °לפני אפרים ובנימין ומנשה עוררה את גבורתך °כי נפל תפול לפניו דרש ר' יהודה בר אלעאי שתי נפילות הללו למה אמרו לו אומה זו משולה לעפר ומשולה לכוכבים כשהן יורדין יורדין עד עפר וכשהן עולין עולין עד לכוכבים °וסריסי המלך הגיעו ויבהילו מלמד שהביאוהו בבהלה כי נמכרנו אני ועמי וגו' כי אין הצר שוה בנזק המלך אמרה לו צר זה אינו שוה בנזק של מלך איקני בה בושתי וקטלה השתא איקני בדידי ומבעי למקטלי ויאמר המלך אחשורוש ויאמר לאסתר המלכה ויאמר ויאמר למה לי אמר רבי אבהו בתחלה על ידי תורגמן כיון דאמרה ליה (ג) מדבית שאול קאתינא מיד ויאמר לאסתר המלכה: ותאמר אסתר איש צר ואויב המן הרע הזה אמר ר' אלעזר מלמד שהיתה מחווה כלפי אחשורוש ובא מלאך וסטר ידה כלפי המן: והמלך קם בחמתו וגו' והמלך שב מגנת הביתן מקיש שיבה לקימה מה קימה בחימה אף שיבה בחימה דאזל ואשכח למלאכי השרת דאידמו ליה כגברי וקא עקרי לאילני דבוסתני ואמר להו מאי עובדייכו אמרו ליה דפקדינן המן אתא לביתיה והמן נופל על המטה נופל מיבעי ליה אמר רבי אלעזר מלמד שבא מלאך והפילו עליה אמר ווי מביתא ווי מברא ויאמר המלך הגם לכבוש את המלכה עמי בבית ויאמר חרבונה וגו' אמר רבי אלעזר אף חרבונה רשע באותה עצה היה כיון שראה שלא נתקיימה עצתו מיד ברח והיינו דכתיב °וישלך עליו ולא יחמול מידו ברוח יברח וחמת המלך שככה שתי שכיכות הללו למה אחת של מלכו של עולם ואחת של אחשורוש ואמרי לה אחת של אסתר ואחת של ושתי °לכלם נתן לאיש חליפות שמלות ולבנימין נתן חמש חליפות אפשר דבר שנצטער בו אותו צדיק יכשל

ודחי עשרה אלפי ככרי כספא · עשרה אלפים שמעתי שעשרה אלפי ככר כסף עולין חצי שקל לכל אחד מישראל שהיו שש מאות אלף כשיצאו ממצרים ואמר שיתן לאחשורוש כל פדיונם (ה) ודוק ותשכח: צריך

אסתר ו · שם · שם · שם · [סנהדרין צו. קס.] · משלי כד · דברים לג · [אסתר ו] · בראשית מט · תהלים פ · אסתר ז · שם ז · איוב כז · בראשית מה

הגהות הב"ח

(א) גמ' אמר ליה הוא סגי ליה: (ב) שם כיון דאמרה ליה בת מלכים אנא מדבית שאול: (ג) רש"י ד"ה שמשי סופר וכו' עד שנוה כורש וכו' כתבו שטנה וסונא בסדר עולם שבני המן כתבו שטנה הס"ד: (ד) ד"ה מלמד שהיתה וכו' מריבוי דבר זה אתה לומד שהיה לה לומר המן הרע הזה אלא שהיתה רוצה לומר על אחשורוש איש צר ואויב ועל המן הרע הזה: (ה) תוס' ד"ה ודחי וכו' כל פדיונם. נ"ב פי' הככר הוא ס' מנה [ושל קדש ק"כ מנה] והמנה כ"ה סלעים [והמן נתן עשרת אלפים ככרות של חול שהם ה' אלפים של קדש והמחצית השקל בעד ת"ר אלף משנה אחת עולה מאה ככר של קדש] וימי שנותינו שבעים שנה ומבן כ' ומעלה נתנו כופר נפש והמן נתן בעד חמשים שנה בעד ת"ר אלף:

גליון הש"ס

גמ' עבד שקנה נכסים. ע"ל טו ע"א רש"י ד"ה וזה בא:

עב א טור א"ח סי' כה: עג ב מיי' פ"ב מהל' מגילה הלכה יג סמג עשין ד טוש"ע א"ח סי' תרל סעיף טו: עד ג טוש"ע שם סימן תרנא סעיף ד: עה ד מיי' פ"ז מהל' ס"ת הל' יוס"ת שם הלכה ד סמג עשין כה טוש"ע י"ד סי' ערג סעיף ג ד: ה ו טוש"ע א"ח סי' תרנא סעיף ג:

[מנחות דף מג:]

[צ"ל שנזכר]

רבינו חננאל

וילכו גם אחיו וגו'. היינו דאמרי אינשי תעלא בזמנא סגיד ליה אלו כולן פשוטות הן: **עשרת** בני המן צריך למימרינהו בנשימה אחת הקורא את המגילה מ"ט כולהו כי הדדי נפקי נשמתייהו. ו' דויזתא צריך למימתחיה דכולהו בחד זקיפא אזדקיפו: כל השירות נכתבות אריח על גבי לבינה ולבינה ע"ג אריח אבל עשרת בני המן ומלכי כנען נכתבין אריח ע"ג אריח ולבנה ע"ג לבנה. מ"ט אמר ר' אבהו כדי שלא תהא תקומה במפלתן של רשעים: **דברי** הצומות וזעקתם. ומאמר אסתר קיים דברי הפורים. אמר רב יוסף גדול ת"ת יותר מהצלת נפשות ממרדכי דמעיקרא קא חשיב ליה בתר ארבעה ובסוף חשיב ליה בתר חמשה שנאמר אשר באו עם זרובבל ישוע נחמיה וגו'. ובסוף כתיב הבאים עם זרובבל ישוע נחמיה עזריה רעמיה נחמני מרדכי בלשן. למה נקרא שמו בלשן שיודע ע' לשונות. רצוי לרוב אחיו מלמד שפירשו ממנו מקצת סנהדרין: **דברי** שלום ואמת מלמד שצריכה שרטוט כאמיתה של תורה. *)אמר משמיה דרב גדול ת"ת מבנין בהמ"ק. שכ"ז שהי' ברוך בן נריה קיים לא הניחו עזרא ועלה. ועוד אמר משמו גדול ת"ת מכבוד אב ואם. שכל השנים שהיה יעקב בבית עבר ולמד תורה לא נענש עליהן. מנא הני מילי אמר ר' יוחנן

*)אולי צ"ל אמר רב שמואל בר מרתא משמיה דרב

הגהות הב"ח

(א) גמ' אמר ר' יוחנן הכי קאמר דברי הצומות: (ב) רש"י ד"ה עשרת וכו' כלומר עשרתם נפלו כאחד: (ג) תוס' ד"ה אמרה וכו' מלבד הספר שאמר לעשות:

יכשל בו · גרסי' ולא גרסי' זרעו: **כמה צוארין היו לו לבנימין** · לא גרסינן שכן דרך המקרא לכתוב צוארי לשון רבים על חלקת צואריו (בראשית כז) בכה על צואריו: **שיגר לו יין** · לפי שדעת זקנים נוחה הימנו זה הדבר הטוב לו מן הכל: **תעלא** · שועל: **בעידניה** · אם תרלה שעתו מצלחת: **תעלא**. קרי' ליה יוסף לפני אחיו מאי בצירותיה מאחווה: **אורה זו תורה** · שגזר עליהן המן שלא יעסקו בתורה: **זהו יום טוב** · קיימו עליהם ימים טובים: **זו מילה** · ועל כל אלה גזר: **אמרתך** · זו מילה שניתנה במאמר ולא בדיבור ויאמר ה' אל אברהם ואתה את בריתי תשמור (בראשית יז) ומליצו *שדוד שמח עליה שנאמר למנצח על השמינית (תהלים ו) כשהיה בבית המרחץ וראה עצמו בלא תורה ובלא מצות כיון (*שנסתכל) במילה שמח*: **עשרת בני המן ועשרת** · הזכרת שמותן והיבה הסמוכה אחריהן כלומר (ב) שמתן נפלו כאחד: **וקיפא** · פורק"א בלעז *בלד אחד זה למטה מזה: **אריח** · הוא הכתב: **לבינה** · הוא חלק שהוא כפליים מן הכתב והאריח חצי לבינה: **שלא תהא להם תקומה** · שלא יהא להם מקום להרחיב לעדיו תחתיו: **מלמד שבא מלאך כו'** · שהרי התחיל לדבר בלשון כעס וסופו אמר מה שאלתך: **הכי גרסינן אמר רב נחמן יאמר כמה מה שנכתב בספרים** · ולא גרסינן אמרה לו והכי פירושה סדר המקראות כך הוא וקיבל היהודים את אשר החלו לעשות כי המן בן המדתא

[כדאי' במנחות מג:] [צ"ל נתן]

האגגי וגו' ובבואה לפני המלך אמר עם הספר וגו' ומרדכי כתב אליהם שיעשו פורים כי המן ביקש לאבדם ומה שבאת אסתר לפני המלך [להתחנן לו] כל זה יאמר שנה בשנה: **עם הספר** · שתהא מגילה כתובה לפניהם בשעת קריאה: **כאמיתה של תורה** · *כספר תורה אור תורה עצמו שרטוט הלכה למשה מסיני: **דברי הצומות וזעקתם ומאמר אסתר** · כך סמוכים המקראות: **שפירשו ממנו** · לפי שבטל מדברי תורה ונכנס לשררה: **מעיקרא** · בימי כורש כשעלה (עם) זרובבל מן הגולה ומרדכי עמו *ונמנו בספר עזרא כ"ד שנה היה בין מנין למנין בימי כורש לדריוש האחרון ולפי שנעשה מרדכי שר בינתים ירד מחשיבותו אצל חכמים: **שכל זמן שברוך בן נריה קיים לא הניחו עזרא ועלה** · שיש לך לתמוה למה לא עלה עזרא עם זרובבל בימי כורש עד השנה השביעית לדריוש האחרון לאחר שנבנה הבית כמו שכתוב בעזרא ויבא ירושלם בחדש החמישי היא שנת השביעית למלך וגו' (עזרא ז) ובמדרש שהיה לומד תורה מפי ברוך בן נריה בבבל וברוך לא עלה מבבל ומת שם בתוך השנים הללו ודאמרן לעיל ברוך נתנבא בשנת שתים לדריוש בבבל היה מתנבא ושולח ספרים לירושלים: **יעקב למד תורה י"ד שנה בבית עבר** · כשפירש מאביו ללכת לחרן ולא נענש עליהן על כיבוד אביו ובשאר כל השנים ששהה בבית לבן ובדרך נענש כדמפרש ואזיל: למה

תורה אור

יכשל בו דאמר רבא בר מחסיא אמר רב חמא בר גוריא אמר רב *בשביל משקל שני סלעים מילת שהוסיף יעקב ליוסף משאר אחיו נתגלגל הדבר וירדו אבותינו למצרים אמר רבי בנימין בר יפת רמז רמז לו שעתיד בן לצאת ממנו שיצא מלפני המלך בחמשה לבושי מלכות שנאמר ומרדכי יצא בלבוש מלכות תכלת וגו' °ויפול על צוארי בנימן אחיו כמה צוארין הוו ליה לבנימין אמר רבי אלעזר בכה על שני מקדשים שעתידין להיות בחלקו של בנימין ועתידין ליחרב ובנימין בכה על צואריו בכה על משכן שילה שעתיד להיות בחלקו של יוסף ועתיד ליחרב °והנה עיניכם רואות ועיני אחי בנימין אמר רבי אלעזר אמר להם כשם שאין בלבי על בנימין אחי שלא היה במכירתי כך אין בלבי עליכם כי פי המדבר אליכם כפי כן לבי °ולאביו שלח כזאת עשרה חמורים נושאים מטוב מצרים מאי מטוב מצרים אמר ר' בנימין בר יפת אמר רבי אלעזר שלח לו יין [ישן] שדעת זקנים נוחה הימנו °וילכו גם אחיו ויפלו לפניו אמר רבי בנימין בר יפת אמר רבי אלעזר היינו דאמרי אינשי תעלא בעידניה סגיד ליה תעלא מאי בצירותיה מאחווה אלא אי איתמר הכי איתמר °וישתחו ישראל על ראש המטה אמר רבי בנימין בר יפת אמר רבי אלעזר תעלא בעידניה סגיד ליה °וינחם אותם וידבר על לבם אמר רבי בנימין בר יפת אמר רבי אלעזר מלמד שאמר להם דברים שמתקבלין על הלב ומה עשרה נרות לא יכלו לכבות נר אחד היאך יכול לכבות עשרה נרות °ליהודים היתה אורה ושמחה וששון ויקר אמר רב יהודה אורה זו תורה וכן הוא אומר °כי נר מצוה ותורה אור שמחה זה יום טוב וכן הוא אומר °ושמחת בחגך ששון זו מילה וכן הוא אומר °שש אנכי על אמרתך ויקר אלו תפלין וכן הוא אומר °וראו כל עמי הארץ כי שם ה' נקרא עליך ויראו ממך *ותניא רבי אליעזר הגדול אומר אלו תפלין שבראש ואת פרשנדתא וגו' עשרת בני המן אמר רב אדא דמן יפו עשרת בני המן ועשרת צריך למימרינהו בנשימה אחת מאי טעמא כולהו בהדי הדדי נפקו נשמתייהו אמר רבי יוחנן ויו דויזתא צריך למימתחה בזקיפא *)כמורדיא דליברות מאי טעמא כולהו בחד זקיפא אזדקיפו אמר רבי חנינא בר פפא דרש ר' שילא איש כפר תמרתא כל השירות כולן נכתבות אריח על גבי לבינה ולבינה על גבי אריח חוץ משירה זו ומלכי כנען שאריח על גבי אריח ולבינה על גבי לבינה מ"ט שלא תהא תקומה למפלתן ויאמר המלך לאסתר המלכה בשושן הבירה הרגו היהודים אמר רבי אבהו מלמד שבא מלאך וסטרו על פיו ובבאה לפני המלך אמר עם הספר אמר אמרה מיבעי ליה אמר רבי יוחנן אמרה לו יאמר בפה מה שכתוב בספר דברי שלום ואמת אמר רבי תנחום ואמרי לה אמר רבי אסי מלמד *שצריכה שרטוט כאמיתה של תורה ומאמר אסתר קיים מאמר אסתר אין דברי הצומות לא אמר רבי יוחנן (א) דברי הצומות ומאמר אסתר קיים (*את ימי) הפורים האלה כי מרדכי היהודי משנה למלך אחשורוש וגדול ליהודים ורצוי לרוב אחיו ולא לכל אחיו מלמד שפירשו ממנו מקצת סנהדרין אמר רב יוסף גדול ת"ת יותר מהצלת נפשות דמעיקרא חשיב ליה למרדכי בתר ד' ולבסוף בתר חמשה מעיקרא כתיב °אשר באו עם זרובבל ישוע נחמיה שריה רעליה מרדכי בלשן ולבסוף כתיב °הבאים עם זרובבל ישוע נחמיה עזריה רעמיה נחמני מרדכי בלשן אמר רב ואיתימא רב שמואל בר מרתא גדול תלמוד תורה יותר מבנין בית המקדש שכל זמן שברוך בן נריה קיים לא הניחו עזרא ועלה אמר רבה אמר רב יצחק בר שמואל בר מרתא גדול תלמוד תורה יותר מכבוד אב ואם שכל אותן שנים שהיה יעקב אבינו בבית עבר לא נענש דאמר מר למה

צריך לאומרן בנשימה אחת · נראה דהיינו לכתחילה אבל בדיעבד יצא:

אמרה מיבעי ליה · דמשמע דהכי קאמר ובבואה לפני המלך אמרה לו מלבד הספר (ג) שעמו לעשות ולשלוח בכל המדינות אמרה לו עוד ישוב *)מחשבתו הרעה דכיון דקאמר בבואה אמר משמע שיש לנו לומר מה שאמרה:

הדרן עלך מגילה נקראת

*) [ישוב מחשבתו הרעה ומשני יאמר בפה דכיון דקאמר כו' כצ"ל וכן הגיה הרמ"א בגמ' שלו]

שבת יז: ע"ש. ונמנו בספר עזרא ומניינו לאחר ד' אבשים ולבסוף כשנמנו מנין שני לאחר שנבנה הבית בספר עזרא כ"ד שנה בין מנין ראשון למנין שני ימי כורש ואחשורוש וב' שנים של דריוש האחרון

גליון הש"ס

גמ' ששון זו מילה. עיין שבת דף קל ע"א ברש"י ד"ה שם: רש"י ד"ה כאמיתה. כס"ת עצמו. עי' מנחות דף לב ע"ב ד"ה אלא מורין:

בראשית מה. שם מה. שם. שם. שם נ. שם מז. שם נ. אסתר ח. משלי ו. דברים טז. תהלים קיט. דברים כח. ברכות ו. נז. [סוטה יז.] חולין פט. מנחות לה: *)[עי' ב"מ טז. בפי' רש"י שם] [עי' תוס' גיטין ו: ד"ה אר"י ותוס' סוטה מ: ד"ה כתבה ותוס' מנחות לב: ד"ס כה] עזרא ב. נחמיה ז

§ מסכת מגילה דף טז: §

אות א'* [א]

בשביל משקל שני סלעים מילת שהוסיף יעקב ליוסף משאר אחיו, נתגלגל הדבר, וירדו אבותינו למצרים

רמב"ם פ"ו מהל' נחלות הי"ג - צוו חכמים שלא ישנה אדם בין הבנים בחייו אפילו בדבר מועט, שלא יבואו לידי תחרות וקנאה כאחי יוסף עם יוסף.

טור חו"מ סי' רפב - ומידת חסידות שלא יעיד [ולא יהיה] שום אדם חשוב בצוואה זו שמעבירין הירושה מהיורש, אפילו ממי שאין נוהג כשורה למי שהוא חכם ונוהג כשורה; [ב]ורז"ל אמרו: שלא ישנה אדם לבן בין הבנים, אפילו בדבר מועט, שלא יבוא לידי קנאה.

אות א'

אלו תפלין שבראש

טור סימן כה - ונקראים תפילין לשון פלילה, שהן אות ועדות לכל רואינו שהשכינה שורה עלינו, דכתיב: וראו כל עמי הארץ כי שם ה' נקרא עליך, ודרשינן: אלו תפלין שבראש.

אות ב'

עשרת בני המן ועשרת, צריך למימרינהו בנשימה אחת

סימן תרצ סט"ו - [ג]צריך לומר עשרת בני המן ו"עשרת", הכל בנשימה אחת, להודיע שכולם נהרגו ונתלו כאחד.

מה שנוהגין במקצת מקומות, שכל הקהל אומרים י' בני המן, אינו מנהג, אלא הקורא יאמרם לבד, והשאר ישמעו כמו כל המגילה - ח"א.

‹וי"א הטעם שנהגו כן, שחשש שמא עקב מהירות הבעל קורא לקרוא בנשימה אחת, יבליע תיבות ולא ישמעו כהוגן – פסקי תשובות›.

הגה: ודוקא לכתחלה, אבל בדיעבד אם הפסיק ביניהם יצא (תוס' ואבודרהם ומהרי"ל) - אפי' שהא כדי לגמור כולה.

ולכתחלה נוהגים לומר בנשימה אחת מתחלת: "חמש מאות איש ואת פרשנדתא" כו' עד "עשרת" (מהרי"ל בשם רוקח) - במהרי"ל כתב בשם הרוקח, משום דעשרת בני המן היו שרי חמשים על חמש מאות איש, **ומי** שיש לו נשימה קצרה ישער, שאם יתחיל מן "חמש מאות איש" לא יוכל לומר כל עשרת בני המן בנשימה אחת, טוב יותר שיתחיל מן "ואת פרשנדתא" וכו', כי זהו דינא דגמרא, אבל "חמש מאות איש" הוא מנהג בעלמא.

ובכל המגילה, בין פסוק לפסוק יפסיק רק כדי נשימה, מפני שצריך לקרותה כאגרת.

כשיאמר "בלילה ההוא נדדה", יגביה הקול, כי שם מתחיל הנס, **כשיאמר** "האגרת הזאת", ינענע המגילה.

אות ב'* [ד]

סימן תרצ סי"ז - הגה: יש שכתבו שנוהגין לומר ד' פסוקים של גאולה בקול רם - משום שמחה, [מרדכי], **דהיינו: "איש יהודי" וגו', "ומרדכי יצא" וגו', "ליהודים היתה אורה" וגו', "כי מרדכי היהודי" וגו'; וכן נוהגין במדינות אלו (הגהות מיימוני וכל בו ואבודרהם); והחזן חוזר וקורא אותן** - כדי להשמיע לצבור, שמצוה לכתחלה לשמוע כל המגילה מתוך הכתב.

עוד כתבו, שנהגו התינוקות לצור צורת המן על עצים ואבנים, או לכתוב שם המן עליהן, ולהכותן זה על זה כדי שימחה שמו, על דרך: "מחה תמחה את זכר עמלק", ו"שם רשעים ירקב", ומזה נשתרבב המנהג שמכים המן כשקורים המגילה בבהכ"נ (אבודרהם) -וצריך החזן לשתוק אז בעת שמכין, כדי שישמעו כולם קריאתו, **ומפני** שמצוי מאוד קלקולים ע"י ההכאה, ורגילים הנערים להכות כמה פעמים בעת שחוזר החזן לקרות, ע"כ טוב ונכון שכל יחיד יקרא פסוק או שנים מתוך החומש בעוד שמכין המן, כי אז אף שלא ישמע מהחזן, יצא, כמ"ש ס"ג, **וכ"כ** הפמ"ג, שנכון מאוד שכל אחד יתפוס חומש בעת הקריאה, וכל תיבה שלא ישמע מן החזן יקרא מן החומש.

ואין לבטל שום מנהג או ללעוג עליו, כי לא לחנם הוקבעו (ב"י בשם א"ח) – (עיין במ"א שהאריך בזה, והנה מה שכתב דאפילו יש במנהג צד איסור אין לבטלו, **עיין** בתשובת חת"ס שאין אנו שומעין לו, דכבר דחה ליה פר"ח בראיות ברורות).

מהרי"ל לא היה חושש להכות המן, **והגאון** יעב"ץ כותב על אביו החכ"צ, שהיה מכה ורוקע ברגלו וטופח בסנדלו כשהגיע לזכירת המן, **והפמ"ג** כתב, דיצא שכרם בהפסדם שמבלבלין הרבה, [**ואף** שהש"ץ שותק בשעה שמכים, גם זה אינו נכון, שאסור לכתחילה להפסיק יותר מכדי נשימה].

[**וטוב** שלא לומר בלל "ושם רשעים ירקב" בעת זכירת המן, דאף אם נימא דזה לא חשיב הפסק, משום דהוא מענינו של יום, עכ"פ יוכל לצמוח

באר הגולה

[א] ‹ע"פ מהדורת נהרדעא› [ב] ‹ומ"ש רבינו להביא ראיה מדברי רז"ל שלא ישנה אדם לבן בין הבנים, דאלמא שלא יתן לאחרים ויניח את בניו, כדי שלא להטיל קנאה, אין נראה לי כלל ראיה, דהתם בחייו קאמר שלא ישנה, וכן כתב הרמב"ם להדיא בסוף פרק ו' דנחלות, אבל קודם מיתתו רשאי לשנות, וכדילפינן (ב"ב קל א) מביום הנחילו את בניו, דרשאי לרבות לאחד ולמעט לאחד, דאל"כ יהיו דברי רז"ל סותרים זה את זה – ב"ח› [ג] מימרא דרב אדא מגילה ט"ז [ד] ‹מילואים›

מזה קלקול גדול, שלא ישמע אז איזה תיבות מן הש"ץ עי"ז, ולא יצא אז בקריאת מגילה].

אות ג'

וי"ו דויזתא צריך למימתחה בזקיפא כמורדיא דלברות

סימן תרצ"א ס"ד - [ה]צריך להאריך בוי"ו ד'ויזתא' (בכתיבתה) - למתוח ראשה הכפוף, ותהיה כעין זקופה, לרמז שנתלו כולם בזקיפה אחת, [ר"ן והובא בט"ז. **ועכשיו** לא נהגו כך, אלא כדעת האומרים שיהיה הוי"ו גדולה, מאלפא ביתא של אותיות גדולות].

(וי"א בקריאתה) (ר"ן הרא"ש ומהרי"ל וב"י בשם א"ח) - שלא יחטוף אותה.

[ו]וצריך לכתוב "איש" בראש דפא, "ואת" בסופה - פי' בסוף השיטה, [ז]אבל בסוף הדף יכתוב תיבת "עשרת", [**וכן** מש"כ "איש בראש דפא", היינו בראש השיטה, אבל א"צ להיות בראש הדף דוקא, **ויותר** טוב שלא יכתוב בראש הדף, דעי"ז יהיה מוכרח לעשות אותיות גדולות שיחזיק כל העמוד, דהלא "עשרת" צ"ל בסוף הדף, **וזהו** שיבוש, דהלא לא נמסר לנו לכתוב עשרת בני המן באותיות דא"ב רבתי, כ"כ בביאור הגר"א, **וע"כ** ציוה לתקן לכתוב שאר אותיות למעלה באותו עמוד].

[**ובנ"א** האריך בזה, וסיים לקיים מנהג ישראל, לכתוב "איש" בראש הדף וראש השיטה, ו"עשרת" בסוף השיטה ובסוף הדף, **ויש** לכתבם אותיות ארוכות, שיחזיק כל אות איזה שיטות כפי הצורך, ולא יכתבם בכתיבה גסה יותר משאר אותיות המגילה, אלא באותו כתב שנכתב כל המגילה, רק שיהיה ארוכות].

[**ובס'** שער אפרים, דעתו ג"כ להחזיק מנהג ישראל, לכתוב "איש" בראש הדף ובראש השיטה, וכתב דמה שנוהגים לכתוב עשרת בני המן באותיות גדולות, כיון שהם כתובים בדף מיוחד בפני עצמו, אין להקפיד].

[**ומ"מ** נ"ל, דאם עשה כדעת הגר"א, שהתחיל "איש" באמצע העמוד, אף שהוא שלא כמנהג העולם, אין להקפיד בזה בדיעבד, ומותר לקרות ולברך עליה, אחרי שדעת הגר"א לעשות כן לכתחילה].

ובדיעבד אם לא האריך בוי"ו ד"ויזתא", וכן אם כתב אחר תיבת "עשרת" עוד שיטות, כשר, **ויש** מחמירין כשכתב אחר תיבת "עשרת" עוד שיטות, [**אבל** בוי"ו ד"ויזתא", נראה שבודאי אין להחמיר בדיעבד, אחרי דבלא"ה י"א דהיינו בקריאתה], **ועיין** בשער אפרים כתב, דאם יש שם מגילה אחרת כתובה כדינה, אין לקרות בזו שכתב אחר תיבות "עשרת" עוד שיטות, לכתחלה בצבור, **אם** לא שיש טורח צבור להמתין עד שיביאו הכתובה כדינה, יכולים לקרות בזו.

אות ד'

כל השירות כולן נכתבות אריח על גבי לבינה וכו'

יו"ד סי' רעה ס"ג - כתב השירה כשאר הכתב, או שכתב שאר הכתב כשירה, פסול; ודוקא שכתב השירה כשאר הכתב בלא פיזור, אבל אם שינה בפיזור ממה שנהגו, לא פסל; ובלבד שיהא אריח על גבי לבינה - כלומר לבינה שיעורה ג"ט, ואריח הוא חצי לבינה, נמצא הלבינה גדולה מהאריח, כמו כן יש לכתוב כדמות אריח על גבי לבינה, מיהו היינו בשירת הים, אבל בשירת "האזינו" אין כותבין אריח על גבי לבינה, אלא כל שיטה חלוקה לשתים, כדלקמן סעיף ה' - ש"ך.

יו"ד סי' רעה ס"ד - שירת הים כותבים אותה בשלשים שיטות. שטה ראשונה כדרכה, ושאר שיטות, אחת מניחין באמצע ריוח אחד, ואחת מניחין הריוח בשני מקומות באמצע, עד שתמצא השיטה חלוקה לשלש, ונמצא ריוח כנגד הכתב וכתב כנגד הריוח.

באר הגולה

[ה] ‹וכתב הר"ן: יש לפרש דלאו למימרא דבעי לאורוכי טפי משאר וי"ן, שהרי לא מצינו שנמנית במסורת באותיות גדולות, אלא לפשוט ראשו הכפוף, והיינו לשון מתיחה, שהוא זקוף מלשון זקיפא, ואחרים פירשו שצריך להאריך בה בקריאתה ולא יחטוף אותה. **והרא"ש** כתב: יש מפרשים מותח בקריאתה, ויש מפרשים בכתיבתה, והיא מאותיות גדולות, ע"כ. **וזה** לשון ארחות חיים: פירש הרא"ה, צריך למימתחיה לזקוף ראשו הכפוף, וכל המאריכו אינו אלא טועה, לפי שלא מצינו וי"ו זה בתוך אותיות גדולות, עכ"ל - ב"י. **ויש** מפרשים לממתחיה, שצריך להאריך קריאת הוי"ו במאריך - שם בא"ח. ‹**וכתב** הפמ"ג וז"ל: ופירוש הר"ן ז"ל לא הבינותי, אם לומר שיהא וי"ו רק קו ישר בלא ראש כפוף, אין זה צורת וי"ו, כמו שכתב הב"י בסימן ל"ו, ואם לומר שיהא ראש הכפוף קצת בזקיפה באלכסון למעלה כזה, מ"מ לא ראיתי לסופרי זמנינו שיעשו זה, רק כותבים מאותיות גדולות, וצ"ע› [ו] **טור בשם הירושלמי** [ז] ‹ירושלמי: אמר רבי יוסי ב"ר בון, צריך שיהא "איש" בריש דפא, "ואת" בסופה, "עשרת" בסוף דפא. וכתב בספר המצות גדול פר"י... ומדקדק מלשון "ואת בסופה" על כרחינו בסוף השיטה, ר"ל שאם בסוף הדף, והלא אמרינן ש"עשרת" בסוף דפא, אלא בראש שיטה ובסוף שיטה רוצה לומר, עכ"ל וכן נהגו - ב"י›

אות ה'

חוץ משירה זו ומלכי כנען, שאריח על גבי אריח, ולבינה על גבי לבינה

סימן תרצא ס"ג - [ח]**עשרת בני המן צריך לכתבם כשירה, ולא כשאר שירות שחלק על גבי כתב, אלא מניח חלק בין כתב לכתב** - כפלים מן הכתב, [רש"י]. [ט]**ואם לא עשה כן, פסולה.**

אות ו'

שצריכה שרטוט כאמיתה של תורה

סימן תרצא ס"א - [יא]**וצריכה שירטוט** - היינו על כל שיטה ושיטה, **כתורה עצמה** - וע"כ חק תוכות פסול בה, **ודוקא** ברובה, אבל במיעוטה כשר בדיעבד, דלא גרע מהשמיט בסי' תר"צ ס"ג.

[יב]**ואין העור שלה צריך לעבד לשמה;** [יג]**וי"א שצריך עבוד לשמה** - וכן פסק רמ"מ, [**ובדיעבד** יש להתיר, **ואם** אין מגילה אחרת רק זו, אפי' לכתחילה יקרא בה, **וטוב** שלא לברך עליה].

אות ו'* [יד]

גדול תלמוד תורה יותר מכבוד אב ואם

יו"ד סי' רמ סי"ג - [טו]**תלמוד תורה גדול מכבוד אב ואם** - הכי ילפינן מיעקב, שכל אותן שנים שלמד תורה בבית שם ועבר, לא נענש עליהן, אע"פ שביטל מצות כיבוד - ש"ך.

(**היינו** דווקא אם צריך לילך חוץ לעיר, כמ"ש בסעיף כ"ה, אבל אם הוא בעיר, צריך לשרת את האב ולחזור לתורתו, כמ"ש בסי' רמ"ו סי"ח, כ"כ הפר"ח בלקוטים - פת"ש).

באר הגולה

ח מימרא דר' שילא שם ט"ז | ט טור בשם הירושלמי | י (ע"פ מהדורת נהרדעא) | יא מימרא דרבי תנחום ואמרי לה רב אסי שם ט"ז | יב טור בשם הרמב"ם | יג שם בשם ר"ת | יד (ע"פ מהדורת נהרדעא) | טו מגילה דף ט"ז ע"ב מהא דיעקב לא נענש על אותם השנים שהיה בבית עבר

§ מסכת מגילה דף יז. §

אות א'

הקורא את המגילה למפרע, לא יצא

סימן תרצ ס"ו - [א]הקורא את המגילה למפרע, לא יצא - היינו שקרא הפסוקים האחרונים קודם שקרא הפסוקים הראשונים, ואפי' רק פסוק אחד, **וה"ה** היכי שקרא פרשה ב' קודם לא'. (**ונראה** דצריך נמי לחזור ולברך, היכי שהתחיל תיכף אחר הברכה לקרוא שלא מראש המגילה, דנתבטלה ברכתו, כדין שאר הפסק בין הברכה לתחלת המצוה).

אות ב'

קראה על פה... לא יצא

סימן תרצ ס"ג - [ב]צריך לקרותה כולה - והוא לעיכובא, **ודעת** רוב הפוסקים, שאפילו אם חיסר ממנה רק תיבה אחת, לא יצא.

[ג]ומתוך הכתב; ואם קראה על פה, לא יצא - ומתבאר בש"ס, דאפי' קורא כל פסוק במגילה, אלא שלא היתה המגילה כשרה, נמי מקרי בעל פה, ולא יצא.

סימן תרצ ס"ז - [ד]הקורא את המגילה על פה, לא יצא ידי חובתו - כבר כתבו המחבר לעיל בס"ג, וחזר ושנאו כאן, משום דהתחיל להעתיק כאן לשון הרמב"ם בסעיף ז' ולהלן, ע"כ העתיק כסדר הכתוב שם, ושם מתחיל מדינא דקרא ע"פ, [**ובס"ג** נמשך אחר לשון הטור, בדינא דצריך לקרותה כולה, והעתיק כלשונו, וגם דינא דקראה ע"פ].

אות ב*[ה]

סימן תרצ ס"ד - [ו]מי שתופס בידו מגילה שאינה כשרה, לא יקרא עם שליח ציבור, אלא שומע ושותק - דשמא יתן השומע לבו לזה הקורא ולא לש"ץ, [**ולפי** טעם זה, אף אם קורא מתוך מגילה כשרה, ג"כ יש ליזהר לקרות בלחש, ולא לסייע לחזן, אם לא כשמכוון המסייע להוציא לכל מי שיתן לב לקריאתו ולא לש"ץ].

ולפי טעם זה, אם קורא רק לאדם אחד, רשאי לקרות עם הקורא מתוך מגילה פסולה, או מתוך חומש, **אבל** יש מחמירין בכל גווני, לפי שנותן דעתו בקריאתו, ואינו משגיח למה שאומר הש"ץ, כיון שהוא עסוק בקריאתה.

הגה: וכן לא יסייע שום אדם על פה לחזן - ג"כ מטעם הנ"ל, **ועיין** בא"ר דמצדד גם בזה להחמיר, אפילו בשקורא להוציא יחיד, דשמא יתן דעתו למה שקורא בע"פ בעצמו, ובתוך כך ישתמט ממנו כמה תיבות שקורא הש"ץ.

ולכן אותן הפסוקים שקורין הקהל, צריך החזן לחזור ולקרותם מתוך מגילה כשרה - היינו לכתחלה, ר"ל כמו שם דמחמירין שלא יסייע ע"פ, דעי"ז יתנו כמה אנשים דעת לשמוע מזה המסייע דקורא ע"פ, ובאמת צריך לקרותה לכתחלה כולה מן הכתב, **כן** גם בזה צריך החזן לחזור ולקרותם מתוך מגילה כשרה, והם יכוונו לצאת בקריאתו, כדי שיהא כולה מתוך הכתב.

אות ג'

קראה תרגום בכל לשון, לא יצא

סימן תרצ ס"ט - [ז]היתה כתובה תרגום או בלשון אחרת מלשונות העכו"ם, לא יצא י"ח בקריאתה אלא המכיר אותו הלשון בלבד - ואפילו הכתב היה כתב אשורית, ג"כ לא יצא מי שאינו מכיר הלשון.

אות ד'

והלועז ששמע אשורית יצא

סימן תרצ ס"ח - [ח]הלועז ששמע את המגילה הכתובה בלשון הקודש ובכתבי הקודש - צ"ל "בכתב הקודש", וכך הגירסא ברמב"ם, ור"ל בכתב אשורית, **אע"פ שאינו יודע מה הם אומרים, [ט]יצא ידי חובתו** - דהא "האחשתרנים בני הרמכים" גם אנן לא ידעינן מהו, אלא לא בעינן אלא מצות קריאה ופרסומי ניסא, [גמרא י"ח.], ואפילו לכתחלה נמי, ומשו"ה יוצאין ג"כ הנשים ועמי הארץ.

הכתובה בלה"ק – (ואם שינה בה וכתב אף איזה תיבות ללשון אחר, פסולה לכמה פוסקים, **ואע"ג דאפי' חסר וקרא בע"פ כשר, כתבו הראשונים דשאני הכא, דהוי כמזויף מתוכו, והריטב"א מצדד להכשיר בזה, וצ"ע**).

כתב הפמ"ג: כל ירא שמים נכון שיהיה לו מגילה כשרה בידו, ולקרוא מלה במלה בלחישה, שא"א לשמוע מן הש"ץ הכל, ובפרט שהנערים מבלבלים.

באר הגולה

[א] שם במשנה [ב] משנה י"ט וכר"מ שם בגמרא [ג] משנה שם י"ז [ד] שם במשנה [ה] (מילואים) [ו] הרשב"א בתשובה ושבלי הלקט [ז] הרמב"ם ממשנה וברייתא י"ח. [ח] שם במשנה [ט] דאיכא מצות קריאה ופרסומי ניסא, גמ' י"ח

עין משפט נר מצוה

א א מיי' פ"ב מהלכות מגלה הלכה א סמג עשין מד"ס ד טוש"ע א"ח סימן תרצ סעיף ו :

ב ב מיי' שם הלכה ג טוש"ע שם סעיף ג וסעיף ז :

ג ג מיי' שם הלכה ד טוש"ע שם סעיף ט :

ד ד מיי' שם הלכה ג טוש"ע שם סעיף ח :

ה ה מיי' שם הלכה א טוש"ע שם סעיף ה :

ו ו מיי' שם הלכה ט טוש"ע שם סעיף יב :

ז ז מיי' שם טוש"ע שם סעיף יג :

ח ח מיי' שם הלכה ט טור וש"ע א"ח סימן תרצא סעיף א ג וע"ש :

ט ט מיי' פ"ג מהלכות חנוכה הלכה ט סמג עשין ה טוש"ע א"ח סי' תכב סעיף ו :

י י מיי' פ"ב מהלכות ק"ש הלכה יא סמג עשין יח טוש"ע א"ח סימן סב סעיף א :

יא כ מיי' שם הלכה י וסמג שם טוש"ע א"ח סימן סב סעיף ג :

למה נמנו שנותיו של ישמעאל · מה לנו למנות שנות הרשעים : **להסייפס בהן שנותיו של יעקב** · על ידי מנין שנות ישמעאל אנו למדין [באיזה פרק משנות יעקב עברו עליו כל הקורות והמולאות אותו מהן אנו למדין] ששימש בבית עבר י"ד שנה כיצד אברהם בן פ"ו שנה כשנולד ישמעאל וכשנולד יצחק היה בן מאה שנה הרי היו לישמעאל י"ד שנה ויצחק קדם ליעקב ששים שנה הרי לישמעאל ע"ד כמה פיישן משנותיו של ישמעאל ס"ג נמצא שהיה יעקב כשמת ישמעאל בן ס"ג שנה : **ותניא היה יעקב כו'** · ותניא נמי הכי שהיה יעקב כשנתברך מאביו בן ס"ג ובו תורה אור בפרק מת ישמעאל שנאמר וילך עשו אל ישמעאל וגו' : **מלמד שקידשה ישמעאל** · אביה ומת והשיאה נביות אחיה : **וארבע עשרה שנה** · היה יעקב בבית לבן עד דאתיליד יוסף דכתיב עבדתיך ארבע עשרה שנה בשתי בנותיך וגו' (בראשית לא) וכשנולד יוסף שלמו שני עבודות הבנות שנאמר ויהי כאשר ילדה רחל את יוסף וגו' (שם ל) ומשם והלאה עבד אותו בשכר הצאן הרי בן ע"ז היה יעקב כשנולד יוסף וכתיב ויוסף בן שלשים שנה בעמדו לפני פרעה נמצא יעקב בן מאה ושבע [שנים כשהיה יוסף בן שלשים שנה] ונשתהה יעקב לישב בארץ כנען שלא ירד למצרים: **שבעה דשבעא ותרין דכפנא** · דכתיב כי זה שנתים הרעב בקרב הארץ וגו' (בראשית מה) הרי בן ק"ו היה יעקב כשירד למצרים וקרא כתיב שלשים ומאת שנה נמצא משנסע מבית אביו עד שבא לבית לבן ארבע עשר ואותן השנים היה בבית עבר ולא חשיב להו לא גרסינן הכא עד לקמן : **עבר מת לאחר ירידתו של יעקב לארם נהרים** · ובא לבית לבן ועמד שם שתי שנים לא וחשוב שנותיו של עבר ונמצא שמת כשהיה יעקב בן שבעים ותשע שנה והיינו שתי שנים משבא לבית לבן כשתחשוב י"ד שנה ששימש בבית עבר: **יצא יעקב** מבית עבר שתי שנים לפני מיתתו של עבר : **נמצא כשעמד כו'** · הכי גרסינן מנלן דלא איענש עלייהו דתניא נמצא יוסף כשפירש מאביו שלא ראהו עשרים ושתים שנה כדרך שפירש יעקב מבית אביו שלא כיבדו נתאבל על יוסף כ"ב שנה כיצד יוסף בן שבע עשרה שנה היה כשפירש מאביו וכשמלך על מצרים היה בן שלשים שנה שנאמר ויוסף בן שלשים שנה בעמדו לפני פרעה הרי י"ג ושבעה דשבעא ותרין דכפנא הרי עשרים ושתים שנה שנתכסה יוסף מאביו ויעקב עמד עשרים שנה בבית לבן וי"ד שנה בבית עבר : **אלא שמע מינה** · י"ד דבית עבר לא חשיב להו דלא איענש עלייהו : **אי הכי בצירא להו** · ואין כאן אלא עשרים דבית לבן : **איעכבי ב' שנים באורחא** · דבשובו מארם נהרים לבא ליצחק אביו ויבן לו בית לימות החורף עשה סוכות ב' פעמים שני ימות הקיץ הרי י"ח ובבית אל עשה ששה חדשים כשבא משכם קום עלה בית אל וגו' (בראשית לה) :

[יבמות סד.]

*למה נמנו שנותיו של ישמעאל כדי ליחס בהן שנותיו של יעקב דכתיב
°ואלה שני חיי ישמעאל מאת שנה ושלשים שנה ושבע שנים כמה קשיש
ישמעאל מיצחק ארביסר שנין דכתיב °ואברם בן שמונים שנה ושש שנים
בלדת הגר את ישמעאל לאברם וכתיב °ואברהם בן מאת שנה בהולד לו
את יצחק בנו וכתיב °ויצחק בן ששים שנה בלדת אותם בר כמה הוה ישמעאל
כדאתיליד יעקב בר שבעים וארבעה כמה פיישן משניה שתין ותלת ותניא
היה יעקב אבינו בשעה שנתברך מאביו בן ששים ושלש שנה ובו בפרק מת
ישמעאל דכתיב °וירא עשו כי ברך וגו' וילך עשו אל ישמעאל ויקח את מחלת
בת ישמעאל אחות נביות ממשמע שנאמר בת ישמעאל איני יודע שהיא
אחות נביות מלמד שקידשה ישמעאל ומת והשיאה נביות אחיה שתין
ותלת וארביסר עד דמתיליד יוסף הא שבעין ושבעה וכתיב °ויוסף בן שלשים
שנה בעמדו לפני פרעה הא מאה ושבע שב דשבעא ותרתי דכפנא הא מאה
ושיתסר וכתיב °ויאמר פרעה אל יעקב כמה ימי שני חייך ויאמר יעקב אל
פרעה ימי שני מגורי שלשים ומאת שנה מאה ושיתסר הויין אלא ש"מ ארבע
עשרה שנין דהוה בבית עבר לא חשיב להו דתניא [א] היה יעקב בבית עבר
מוטמן ארבע עשרה שנה עבר מת לאחר שירד יעקב אבינו לארם נהרים
שתי שנים [ב] יצא משם ובא לו לארם נהרים נמצא כשעמד על הבאר בן שבעים
ושבע שנה ומנלן דלא מיענש דתניא נמצא יוסף שפירש מאביו עשרים ושתים
שנה כשם שפירש יעקב אבינו מאביו דיעקב תלתין ושיתא הויין אלא [ג] ארביסר
דהוה בבית עבר לא חשיב להו סוף סוף דבית לבן עשרין שנין הויין אלא
משום דאשתהי באורחא תרתין שנין דתניא יצא מארם נהרים ובא לו לסכות
ועשה שם שמונה עשר חודש שנאמר °ויעקב נסע סכותה ויבן לו בית
ולמקנהו עשה סכות ובבית אל עשה ששה חדשים והקריב זבחים :

הדרן עלך מגילה נקראת

הקורא [א] את המגילה למפרע לא יצא [ב] קראה על פה [ג] קראה *תרגום בכל לשון לא יצא אבל קורין אותה ללועזות בלעז [ד] והלועז ששמע אשורית יצא [ה] קראה סירוגין [ו] ומתנמנם יצא [ז] היה כותבה דורשה ומגיהה אם כוון לבו יצא ואם לאו לא יצא [ח] היתה כתובה בסם ובסיקרא ובקומוס ובקנקנתום על הנייר ועל הדפתרא לא יצא עד שתהא כתובה אשורית *על הספר ובדיו : **גמ'** מה"מ אמר רבא דאמר קרא ככתבם וכזמנם מה זמנם למפרע לא אף כתבם למפרע לא מידי קריאה כתיבה הכא עשייה כתיבה דכתיב להיות עושים את שני הימים אלא מהכא דכתיב והימים האלה נזכרים ונעשים איתקש זכירה לעשייה מה עשייה למפרע לא אף זכירה למפרע לא תנא* וכן בהלל וכן בקריאת שמע ובתפלה הלל מנלן רבה אמר דכתיב °ממזרח שמש עד מבואו רב יוסף אמר °זה היום עשה ה' רב אויא אמר °יהי שם ה' מבורך ורב נחמן בר יצחק ואיתימא ר' אחא בר יעקב אמר מהכא °מעתה ועד עולם ק"ש דתניא *ק"ש ככתבה דברי רבי וחכ"א °בכל לשון מ"מ דרבי אמר קרא והיו

הקורא את המגילה · *רבנן אמרי אמר קרא שמע נראה דהלכה כחכמים חדא דיחיד ורבים הלכה כרבים ועוד דקאמר ורבנן סברי כמאן דאמר הקורא את שמע ולא השמיע לאזנו יצא ובפרק שני דברכות (דף טו:) מסקינן כתנא קמא דרבי יוסי דאמר כן התם : כל

רבינו חננאל

לא נמנו שנותיו של ישמעאל אלא כדי ליחס שנותיו של יעקב אבינו · מצינו שהיה ישמעאל גדול מיצחק י"ד שנה ויצחק גדול מיעקב ס' שנה נמצא ישמעאל גדול מיעקב ע"ד שנה ובו בפרק שנתברך יעקב אבינו מת ישמעאל וכל שנותיו היו קל"ז חסר מהן ע"ד שנה נשארו ס"ג שנה נמצא בעת שיצא לארם נהרים בן ס"ג שנה · וי"ד בבית עבר · וכ' שנה בבית לבן שנאמר זה לי עשרים שנה בביתך וגו' הרי צ"ז שנה והיה יוסף בעת צאת יעקב מאצל לבן בן [שש] שנים כי אחר י"ד שנה נולד ונשתהה שנתים בדרך נמצא יעקב כשבא אל יצחק אביו בן צ"ט שנה נתכסה יעקב מיצחק אביו ל"ג שנה כשנגנב [יוסף] היה בן י"ז שנה. וי"ג שנה עשה בבית אדוניו ובבית הסהר [וז'] דשבע] ושנתים הרעב הרי כ"ב שנה [(ו)] ושתי שנים הרי כ"ב נתכסה יוסף מיעקב אבינו כשיעור השנים שנתכסה יעקב מיצחק אביו זולתי י"ד שנים שהיה יעקב למד תורה בבית עבר · ולא נמנו עליהם. וכל זה החשבון מפורש מן הפסוקים הנזכרים בגמ' ולפי זו השמועה היה יוסף בשעה שהגיע אל יצחק אבי אביו בן ח' שנים ויעקב היה בן צ"ט שנתאחרו שנתים בדרך נמצא יעקב בעת שנגנב יוסף בן ק"ח שנה. וכ"ב נתכסה ממנו הרי שלשים ומאת שנה וגו' :

הגהות הב"ח

(א) גמ' ותניא היה יעקב אבינו בבית עבר מוטמן ומשמש ארבע עשרה שנה לאחר שירד כצ"ל ותבת עבר מת נמחק: (ב) שם שתי שנים מת עבר יצא משם וכו' ובא לו לארם וכו' בן ע"ה שנה ומנלן דלא איענש עליה דתניא: (ג) שם אלא ארבע מינה ארבסר :

[עיין כרש"י לקמן יח. ד"ה קראה]

[עיין תוספות לקמן יט. ד"ה על]

[תוספת' פ"ב]

ברכות יג. סוטה לג:

הדרן עלך מגילה נקראת

הקורא · ללועזות · כל שאינו לשון הקודש נקרא לעז ולקמן פריך והא אמרת קראה בכל לשון לא יצא : **סירוגין** · בגמרא מפרש קורא מעט ופוסק (*ושוהה) וחוזר ופוסק : **היה כותבה או דורשה** · ומתוך כך קוראה אם כוון לבו יצא : **דיפתרא ונייר** · מפרש בגמ' : **על הספר** · קלף : **גמ' מנהני מילי** · דלמפרע לא יצא : **מה זמנם למפרע לא** · דאי אפשר שיהא ט"ו קודם לי"ד : **ממזרח שמש עד מבואו** · כשם שקביעות וזריחת החמה לא יהפכו כך מהולל שם ה' ולא למפרע : **זה היום** · כסדר היום שלא משתנה בשעותיו להפוך כך למפרע לא : **יהי שם ה' מבורך** · כהוייתו יהא הלול השם וברכתו כסדרו : **ככתבה** · בלשון הקודש ולא בלשון אחר : והיו

[נ"ל וקורא מעט]

הדרן עלך מגילה נקראת

*) **הקורא** את המגילה לא יצא תנא לן אמר רבא דאמרינן ככתבם וכזמנם מה י"ד שהוא זמנם אם יעבור לא יתכן להחזירו למפרע ולקרותה ביום י"ד שכבר עבר כך קריאתה למפרע לא אע"ג דהאי קרא בכתבם וכזמנם בעשיה כתיב ... תנא וכן בהלל וכן בק"ש וכן בתפלה למפרע לא יצא הלל דכתיב ביה ממזרח שמש עד מבואו מהלל שם ה' כשם שא אשר

אות ה'

קראה סירוגין... יצא

סימן תרצ ס"ה - [י]קראה סרוגין, דהיינו שפסק בה ושהה ואח"כ חזר למקום שפסק... יצא.

אות ו'

ומתנמנם יצא

סימן תרצ סי"ב - [יא]קראה מתנמנם - ומתנמנם נקרא, כגון דקרו ליה ועני, ולא ידע לאהדורי סברא, וכי מדכרו לי מדכר, (**ואין** חילוק בין תחלת שינה לסוף שינה), **הואיל ולא נרדם בשינה, יצא** - וצ"ל דמ"מ יכול לכוין לצאת, דמצות צריכות כונה, [**ולענ"ד** זה דוחק, דרש"י פי' על "ולא ידע להדורי סברא", משום דהוא בא מבינת הלב, וא"כ איך נימא דאז יכוין במחשבתו לצאת, **ואפשר** לומר בפשיטות, דכיון לצאת א"צ בכל תיבה, אלא בתחילת הקריאה יכוין בדרך כלל לצאת בקריאה זו, וזה פשוט, דנמנום אינו מצוי קודם שהתחיל לקרות אלא בתר שהתחיל, וא"כ אתי שפיר].

וה"ה השומע ממנו ג"כ יצא, אם רק נשמעים הדברים היטב, **ואע"ג** דצריך לכוין להוציא, אפשר דמתנמנם ג"כ יכול לכוין, **ויותר** נראה לומר, דמיירי שחשב בתחילת הקריאה קודם שנתנמנם להוציא השומעין.

[יב]אבל אם שמעה מתנמנם, לא יצא - דבקריאה, כיון שקורא כראוי, הרי מוכח שרמי אנפשיה לומר שפיר, משא"כ בשמיעה, בודאי חסר לו כמה תיבות.

אות ז'

היה כותבה דורשה ומגיהה, אם כוון לבו יצא; ואם לאו לא יצא

סימן תרצ סי"ג- [יג]היה כותבה, שקורא פסוק במגילה שהוא מעתיק ממנה וכותבה; אם כיון לבו לצאת י"ח, יצא - היינו אפילו אם באופן זה היתה קריאת כל המגילה, כשרה, הואיל שכיון לצאת בזה י"ח, **ואם** לא כיון לצאת אפילו רק פסוק ראשון, אף שמשם ואילך התכוין לצאת, לא יצא, [דהוי כמי שלא קרא כלל, **וגרע** מקריאה בע"פ, דקימ"ל דבמקצתו יצא].

סתם בזה כהפוסקים דס"ל, מצות צריכות כונה לצאת ידי המצוה, **ועיין** לעיל בסימן ס' ס"ד, [ולפי מה שהכרענו שם, אין לחלק בין ימממא, שהוא מדברי קבלה וכד"ת דמיא, וקריאה דלילה שהוא מדרבנן].

[יד]והוא שתהא כתובה כולה לפניו במגילה שהוא מעתיק ממנה.

וכן אם היה מגיהה - ר"ל ובעת הגה קוראה ומכוין לצאת י"ח, **ודוקא** אם קרא בניקוד כראוי, אבל אם קרא להגיה ע"פ המסורת, ולא בניקוד כראוי, אינו יוצא.

וכן אם היה דורשה, שקורא פסוק במגילה שלימה ודורשו, אם כיון לבו לצאת י"ח, יצא; [טו]ולא יפסיק בה בענינים אחרים כשדורשה, שאסור להפסיק בה בענינים אחרים - היינו שלא מענינו של יום, [רא"ש, **ומשמע** דבענינו של יום לא חשוב הפסק כלל, ואפי' לכתחילה שרי, דכדי לפרסם ניסא שרי].

אות ז'* [טז]

סימן תרצ סי"ד - [יז]הקורא את המגילה צריך שיכוין להוציא השומע, וצריך (שיכוין) השומע לצאת - ולעיכובא הוא אפילו בדיעבד, [דהא פסק בסעיף הקודם דמצות צריכות כוונה], **וזה** הכיון הוא קודם שמתחיל לקרוא, יכוין על כל הקריאה, זה לצאת וזה להוציא, ותו א"צ לכוין בכל הקריאה.

וצריך השומע להאזין אוזנו, ולשמוע כל תיבה ותיבה מפי הקורא, ואם חיסר הקורא אפי' תיבה א', וכן אם השומע חיסר תיבה א' לשמוע, לא יצאו וצריך לחזור.

ואם הקורא ש"צ, מסתמא דעתו על כל השומעים, אפילו הם אחורי בית הכנסת - ולענין השומעים ישתנה הדין, דהעומדים בביהכ"נ סתמא מכונים, **אבל** העובר אחורי בהכ"נ, בעינן שיכוין בפירוש לצאת ידי חובה.

[יח]אין מדקדקין בטעיותיה - אין הדין הזה מיירי לענין כתיבה, דשם הדין כמו בס"ג, **והכא** מיירי לענין קריאה, דהיינו אפילו קרא אותה בכמה טעיות, כיון שעכ"פ קרא כולה.

באר הגולה

[י] משנה שם י"ז וכדמפרש שם בגמ' י"ח [יא] משנה שם י"ז, וכדמפרש בגמר' י"ח [יב] מרדכי ע"פ הירושלמי ושבלי לקט בשם רבינו שמחה [יג] שם במשנה [יד] בגמרא י"ח [טו] רא"ש שם בשם הירושלמי [טז] ‹מילואים› [יז] ציינתי לעיל סי' תקפ"ט בסעיף ח' ט' ור"ה כ"ט א' – גר"א [יח] טור בשם הירושלמי

[יט]וי"א דוקא בטעות שהלשון והענין אחד, כההוא עובדא דתרי תלמידי דהוו יתבו קמיה דרב, חד קרי "יהודיים" וחד קרי "יהודים", ולא אהדר חד מינייהו; אבל טעות אחר לא - כגון שקרא מ"יוֹשֵׁב" "יָשַׁב", או מ"נוֹפֵל" "נָפַל", דהוי כאלו דילג אותה תיבה לגמרי, וצריך לחזור ולקרותה כסדר.

(ועתה נבאר בקצרה לדינא, הנה לכתחלה בודאי יש לנהוג כדעת הי"א, דהיכא שהענין משתנה, כגון מן "נופל" "נפל" ומן "יושב" "ישב", דחוזר וקורא על הסדר, אפילו היכא דסיים כל המגילה, וכמו שכתב הפר"ח, דהעיקר כהי"א, ומ"מ כיון שהמחבר תלה דבר זה בשתי דיעות כלשון הטור, יש לנקוט דחוזר ואינו מברך, אכן אם חיסר לגמרי איזה תיבה בקריאה, וה"ה בשמיעה, לדעת כל הפוסקים הנ"ל חוזר ומברך, אף שאין מפסיד הקריאה, (כגון תיבות "בני הרמכים"), אכן בח"א חשש לדעת הריא"ז, וכתב, דתיבה שאין מפסיד הקריאה, חוזר ואינו מברך, וע"ש דאפילו חסר אות אחת בקריאתו, יחזור).

אות ח'

היתה כתובה בסם ובסיקרא ובקומוס ובקנקנתום, על הנייר ועל הדפתרא, לא יצא; עד שתהא כתובה אשורית, על הספר, ובדיו

סימן תרצ"א ס"א - [כ]אין כותבין המגילה אלא בדיו, על הגויל או על הקלף, כספר תורה - גויל הוא העור שלא נחלק, ולא הוסר ממנו רק השער ותקנו שם, ומצד הבשר לא הוסר כלום. **וקלף**, עיין לעיל בסימן ל"ב ס"ז.

ואם כתבה במי עפצים [כא]וקנקנתום, כשרה - עיין בט"ז בשם הכ"מ, דמה שהכשירו במי עפצים, היינו עם גומא, דממי עפצים בלחוד פסול, וכן הסכים הגר"א בביאורו, דמשניהן יחד נקרא דיו, **וכן** קנקנתום דמכשרינן, היינו במי קנקנתום, דאלו קנקנתום לחוד בודאי פסול, **והגר"א** בביאורו פירש, דמה שאמר במי עפצים וקנקנתום, היינו שכתב בשניהם מעורבין יחד.

[כב]כתבה בשאר מיני צבעונים, פסולה.

סימן תרצ"א ס"ב - [כג]היתה כתובה על הנייר או על עור שאינו מעובד, או [כד]שכתבה כותי או אפיקורס, פסולה.

[כה]ודינה כספר תורה לענין היקף גויל - על כל אות, **וחטוטרות חתי"ן, ותליית ההי"ן וקופי"ן, וכל גופות האותיות בצורתן, ובחסרות ויתרות** - וה"ה לכל דבר, ולכן בעינן שיהיו שיטותיה שוים, [שלא יצאו ג' אותיות חוץ לשיטה], **גם** שיהיה רוחב העמוד ג' "למשפחותיכם", וכל דיני ס"ת.

הגה: גם לריך לכתבה מן הכתב (ר"ן) - וה"ה אם אחד מקריא אותו בע"פ כדי שלא יטעה, (**ואפילו** אם היתה שגורה היטב על פיו, צריך לכתוב מן הכתב, ומה שהתירו לענין תפילין, התם משום דמצוי הוא לכו"ע להיות שגורות, משא"כ במגילה).

ואם עבר וכתב בע"פ שלא מן הכתב, י"א דאסור לקרות בה אלא בשעת הדחק.

ולהוליא כל תיבה מפיו קודם שיכתבנה, כמו בספר תורה (מהרי"ל) - היינו אפילו אם כותב אותה מתוך הכתב, **והיינו** לכתחלה, ובדיעבד אין להחמיר אם לא טעה.

ועושין כל פרשותיה סתומות - דנקרא אגרת, **ואם עשאן פתוחות פסולה (הגהות מיימוני ופסקי מהרא"י)** - בתשו' ר' משה מינץ מפקפק ע"ז, ולכן נ"ל דיש לסמוך עליו בשעת הדחק - מ"א, [**ולענין** ברכה מסתפק הפמ"ג, **ולבושי** שרד מצדד דיוכל לברך, דאפי' על מגילה פסולה יש דעות לענין ברכה, וא"כ בזה הוא כעין ספק ספיקא].

ובדיעבד - פי' שכבר קרא בה, **אין לפסול מגילה משום חסירות ויתירות, דלא גרע מהשמיט בה הסופר אותיות, דכשרה (הגהות מיימוני), כמו שנתבאר סי' תר"ל ס"ג** - וכשאין לו מגילה אחרת, יוכל לקרות בה לכתחלה, [**והיינו** אפי' בברכה].

[כו]וצריכה עמוד בסופה, וחלק בראשה כדי להקיפה בו; [כז]וי"א שצריכה תגין, [כח]וי"א שאינה צריכה. הגה: ונהגו לתייגה, גם נהגו שלא לעשות לה עמוד כלל בסופה (מהרי"ל) - אבל חלק בראשה מניחין, וגולל סופו לתחלתו.

שלא לעשות עמוד - והגר"א בביאורו מפקפק ע"ז מאוד.

באר הגולה

יט שם וכ"כ ארחות חיים והר"ן | כ לשון רמב"ם ממשנה י"ז | כא במשנה תנן בקנקנתום פסולה, והרב המגיד כתב שם: ודע שבקנקנתום פסולה, ובמימיו כשרה כו', ועיין בתוס' שם י"ח | כב שם במשנה | כג משנה שם וכדמפרש שם י"ט | כד טור בשם רמב"ם | כה שם בשם ר"ת | כו מברייתא דב"ב י"ג וכגירסת התוס', וכ"כ בספר התרומה והרא"ש בפי' המשנה פ"ג דמסכת ידים, אפי' לפי מש"כ לקיים גירסת הספרים | כז טור בשם ר"ת | כח שם בשם בה"ג

אות ט׳

וכן בהלל

סימן תרכב ס״ו - [כט]הקורא הלל למפרע, לא יצא - ונפקא בגמרא מדכתיב: ממזרח שמש עד מבואו מהולל שם ד׳, מה השמש הולכת כסדר ממזרח למערב, כן ההילול צריך להיות כסדר דוקא ולא למפרע.

והאי למפרע לכאורה היינו דוקא בסדר הפסוקים, אבל אם הקדים פרשה לחברתה, אע״פ שאינו רשאי, יצא, וכדלעיל בסימן ס״ד לענין ק״ש, **אבל** כמה אחרונים מחמירים גבי הלל אפילו בפרשיות, כיון דסמוכים הם זה לזה בתהלים, **וע״כ** בודאי נכון להחמיר בזה ולחזור ולקרות, **אכן** אם יחזור ויברך, יש לעיין בדבר, [היינו אפי׳ בימים שגומרין ההלל], **ואפילו** לענין קריאת פסוקים למפרע, ג״כ לא ברירא מלתא לגבי ר״ח שיחזור ויברך, כמו שכתבתי בביאור הלכה.

(**ולכאורה** הש״ס לא קאי אלא אזמנים שמחוייב לקרותן, דבהן שייך לומר יצא או לא יצא, **משא״כ** בימים שאין גומרין והוא רק מצד מנהגא בעלמא, מאי שייך יצא או לא יצא, וא״כ מנ״ל להשו״ע להעתיק הדין לגבי ר״ח, **ועוד** לכאורה למפרע נקרא אם דילג פסוק אחד באיזה קאפיטל, ואחר שאמר אחריו איזה פסוקים נזכר מדילוגו, ואמר שם זה הפסוק, דכתב הב״י ומביאו המ״א דזה נקרא קורא למפרע, **וקשה לי**, דזה שייך רק לגבי ק״ש, ששם אם חיסר פסוק אחד לא יצא, וזה הפסוק שקרא שלא כסדרן לא עדיף משלא קראהו כלל, כגון שקרא ״והיו הדברים״ קודם ״ואהבת״, דינא הוא שצריך לחזור ולקרות ״והיו הדברים״, דקריאה ראשונה שקרא ״והיו הדברים״ לא נחשב לקריאה, ואם לא יקראהו פעם שניה נמצא שחסר זה הפסוק, **אבל** הכא גבי הלל דר״ח שקוראין אותו בדילוג, מאי נ״מ אם חיסר פסוק אחד, הלא בודאי לענין דילוג אינו מיוחד שידלג דוקא קאפיטל ״לא לנו״, דה״ה אם עושה דילוג אחר, **ואולי** גבי הלל למפרע, כיון דנפקא לן בגמרא זה מקרא, גרע זה מאם חיסר פסוק אחד לגמרי, **ולולי** דבריהם היה נ״ל לומר, דהאי למפרע מיירי באופן זה דוקא, כגון שחיסר פסוק ראשון מן הלל, והתחיל פסוק שני, ואח״כ אמר פסוק ראשון, **או** לפי מה שכתב הפר״ח, דכאן שייך שם למפרע גם לענין פרשיות, ויצוייר שקרא קאפיטל ״בצאת ישראל״ קודם קאפיטל ראשון, **וענין** זה של למפרע לא נוכל להכשירו מטעם דילוג, דדילוג נקרא שהתחיל כראוי ודילג באמצע, **והנה** למעשה בודאי יש להחמיר בכל גווני שקרא למפרע, לחזור ולקרות כמו שכתב הב״י ומ״א, **אבל** לענין ברכה בודאי יש ליזהר שלא לחזור ולברך, וכמו שכתבנו מתחלה, ובפרט היכא שקורא ביחיד, דבלא״ה דעת כמה ראשונים שלא לברך).

אות י׳

וכן בקריאת שמע

סימן ס״ד ס״א - קראה למפרע, לא יצא; במה דברים אמורים בסדר הפסוקים - וכ״ש אם סירס את התיבות, שנאמר: והיו הדברים האלה וגו׳, בהוויתן יהו, **ואף** פרשת ״ויאמר״, כשתקנו רבנן לאומרה משום מצות זכירת יציאת מצרים, ג״כ כעין זה תקנוה.

(**אם** קרא פסוק ״והיו הדברים״ וגו׳ קודם ״ואהבת״, יחזור ויקרא רק פסוק ״והיו הדברים״, ולא ״ואהבת״, אף דבעת הקריאה קראה אחר ״והיו הדברים״, מ״מ עכשיו הוא כסדרן, **ולפי״ז** אם נאמר דפסוק א׳ בלבד הוא מדאורייתא, לא יצוייר המיעוט ד״והיו״, רק אם שינה התיבות של ״שמע״ למפרע, דאם יקרא הפסוק ״שמע״ לבסוף, בודאי יצא).

אבל אם הקדים פרשה לחברתה, אע״פ שאינו רשאי, יצא, לפי שאינה סמוכה לה בתורה - ר״ל שאינו אלא תקנת חכמים, שהם סדרום כך, כמו שאמרו: למה קדמה ״שמע״ ל״והיה אם שמוע״, כדי שיקבל עליו עול מלכות שמים תחלה, ואח״כ יקבל עליו עול מצות וכו׳.

(**עיין** בביאור הגר״א שכתב, דלכאורה מוכח מהתוספתא, דמדרבנן לא יצא בכל גווני, וכן בהפמ״ג מפקפק בזה, דאימא דמדרבנן לא יצא).

באר הגולה

כט מגילה י״ז

אות כ'

בכל לשון

סימן סב ס"ב - יכול לקרותה בכל לשון, ויזהר מדברי שיבוש שבאותו לשון, וידקדק בו כמו בלשון הקודש - ודוקא שמבין באותו הלשון, וה"ה בתפלה ובהמ"ז ובקידוש וברכת המצות והפירות והלל.

(ונ"ל בפשיטות, דאותן דברים הנאמרין בכל לשון, הוא דוקא אם אנשי אותו המדינה מדברין כך, אבל אם אנשי המדינה אינם יכולין לדבר זה הלשון, ורק הוא ועוד איזה אנשים יחידים יודעים זה הלשון, זה לא נחשב לשון כלל למדינה זו שאינה מכרת בזו הלשון, **דבשלמא** לשה"ק הוא לשון מצד העצם, משא"כ שאר לשון איננו כי אם מצד הסכם המדינה, וכיון שאין אנשי המדינה זו מכירין בלשון זה, לא נקרא לשון כלל, **וצ"ע** למעשה בזה, **ולפי"ז** תדע לנכון, דמה שכתבנו במ"ב דצריך ג"כ שיבין בזה הלשון, היינו דאינו מועיל מה שאנשי המדינה מדברים בזה הלשון).

וכ"ז מצד הדין, אבל למצוה מן המובחר הוא דוקא בלשה"ק, כן כתב הב"ח, **ועיין** בספרי האחרונים, דבימינו אף מצד הדין יש ליזהר שלא לקרותה בלשון אחר כי אם בלשון הקודש, כי יש כמה וכמה תיבות שאין אנו יודעים איך להעתיקם היטב, כגון תיבת "ושננתם", יש בו כמה ביאורים, אחד לשון לימוד, ואחד לשון חידוד, כמו שאמרו חז"ל: שיהו ד"ת מחודדין בפיך, שאם ישאלך אדם דבר אל תגמגם ותאמר לו, **וכן** כמה וכמה תיבות שבק"ש שאין אנו יודעין היטב ביאורו על לשון אחר, כגון תיבת "את", ותיבת "לטוטפות" וכדומה, **אבל** כשאנו קוראין שמע בלשה"ק, וכן בתפלה וברכת המזון וקידוש ושארי ברכות, אפילו אם אינו מבין הלשון יצא, דזה אינו מצוי שבן ישראל לא ידע ביאור הפסוק ראשון שבק"ש, שהכונה בו לעיכובא, (**דבלא"ה** בודאי לא יצא בק"ש, כי אף אם נאמר, דמה שאמרינן "בכל לשון שאתה שומע" לא קאי על לשה"ק, דבו אפילו אינו שומע אותו כלל לא נתבטל ממנו שם לשון עי"ז, עכ"פ מי עדיף מאם קרא ולא כיון דלא יצא).

עין משפט
נר מצוה

יב א מיי' פ"ב מהלכות ק"ש הלכה ח סמג עשין יח טור וש"ע א"ח סימן סב סעיף ג :

יג ב מיי' פ"א מהלכות תפלה הלכה ד סמג עשין יט טור א"ח סימן קיב :

[וע"ע תוספות ברכות יג. ד"ה בלה"ק]

[עיין רש"א]

יד ג טור א"ח סי' קיג:

רבינו חננאל

אפשר לרוח השמש מן המערב כך הלל למפרע לא ק"ש לרבנן מוהיו שלא יקרא למפרע כלומר יהיו כמות שהן לר' מהדברים כלומר הדברים כסדרן תפלה דתני שמעון הפקולי [הסדיר] י"ח ברכות לפני ר"ג על הסדר· במתניתין תנא ק"כ זקנים ובהם כמה נביאים תקנו י"ח ברכות על הסדר. מנין שאומרים אבות שנאמר הבו לה' בני אלים והן האבות גבורי התורה והמצות כדכתיב ואת אילי הארץ לקח' גבורת גשמים שנאמר הבו לה' כבוד ועז ונקראו גבורות שיורדין בגבורה כמפורש בתחלת תעניות ועז היא גבורה ואומר מסרות עז ומנין שאומרים קדושה שנא' הבו לה' כבוד שמו השתחוו לה' בהדרת קדש בינה אחר קדושה שנאמר והקדישו את קדוש יעקב וכתיב בתריה וידעו תועי רוח בינה תשובה אחר בינה שנאמר ולבבו יבין ושב סליחה אחר תשובה שנאמר וישוב אל ה' וירחמהו וגו' תקנו גאולה בשביעית שעתידין ישראל להיגאל בשביעית ורפואה בשמינית כנגד מילה שהיא בשמיני וצריכה רפואה וברכת השנים בתשיעית כנגד מפקיעי שערים שנאמר שבור זרוע רשע ורע ודוד כי אמרה בפרשת תשיעית אמרה קבוץ גליות אחר ברכת השנים שנאמר ואתם הרי ישראל ענפיכם תתנו ופריכם תשאו לעמי ישראל כי קרבו לבוא· אחר קבוץ גליות ברכת משפט שנאמר ואסירה כל בדיליך ואשיבה שופטיך ואחריה כליית הזידים שנאמר ושבר רשעים וחטאים ואחריה ברכת צדיקים ואחריה ברכת

דברים ו והיו בהויתן יהו ורבנן מ"ט אמר קרא
שם שמע בכל לשון שאתה שומע ורבי נמי הא
כתיב שמע ההוא מיבעי ליה השמע לאזניך
מה שאתה מוציא מפיך ורבנן סברי כמאן
דאמר הקורא את שמע ולא השמיע לאזנו
יצא ורבנן נמי הכתיב והיו ההוא מיבעי ליה
שלא יקרא למפרע ורבי שלא יקרא למפרע
מנא ליה מדברים הדברים ורבנן דברים
הדברים לא משמע להו לימא קסבר רבי
כל התורה כולה בכל לשון נאמרה דאי
סלקא דעתך בלשון הקודש נאמרה למה
לי למכתב והיו אצטריך סלקא דעתך שמע
כרבנן כתב רחמנא והיו לימא קסברי רבנן
כל התורה בלשון הקודש נאמרה דאי סלקא
דעתך בכל לשון נאמרה למה לי למכתב
שמע איצטריך סלקא דעתך אמינא והיו
כרבי כתב רחמנא שמע תפלה מנא לן
דתניא שמעון הפקולי הסדיר שמונה עשרה
ברכות לפני רבן גמליאל על הסדר ביבנה
אמר רבי א) יוחנן ואמרי לה במתניתא תנא
מאה ועשרים זקנים ובהם כמה נביאים
תיקנו שמונה עשרה ברכות על הסדר ת"ר
תהלים כט מנין שאומרים אבות שנאמר הבו לה' בני
שם אלים ומנין שאומרים גבורות שנאמר הבו
לה' כבוד ועוז ומנין שאומרים קדושות
שם שנאמר הבו לה' כבוד שמו השתחוו לה'
בהדרת קדש ומה ראו לומר בינה אחר קדושה
ישעיה כט שנאמר והקדישו את קדוש יעקב ואת אלהי
ישראל יעריצו וסמיך ליה וידעו תועי רוח
בינה ומה ראו לומר תשובה אחר בינה
שם ו דכתיב ולבבו יבין ושב ורפא לו אי הכי
לימא רפואה בתרה דתשובה לא ס"ד דכתיב
ישעיה נה וישוב אל ה' וירחמהו ואל אלהינו כי ירבה
לסלוח ומאי חזית דסמכת אהא סמוך אהא
תהלים קג כתב קרא אחרינא הסולח לכל עוניכי
הרופא לכל תחלואיכי הגואל משחת חייכי
למימרא דגאולה ורפואה בתר סליחה היא
והכתיב ושב ורפא לו ההוא לאו רפואה
דתחלואים היא אלא רפואה דסליחה היא
ומה ראו לומר גאולה בשביעית אמר רבא
מתוך שעתידין ליגאל בשביעית לפיכך
קבעוה בשביעית והאמר מר בששית קולות
בשביעית מלחמות במוצאי שביעית בן דוד בא מלחמה נמי אתחלתא דגאולה
היא ומה ראו לומר רפואה בשמינית אמר רבי אחא מתוך שנתנה מילה
בשמינית שצריכה רפואה לפיכך קבעוה בשמינית ומה ראו לומר ברכת
תהלים י השנים בתשיעית אמר רבי אלכסנדרי כנגד מפקיעי שערים דכתיב שבור
זרוע רשע ודוד כי אמרה בתשיעית אמרה ומה ראו לומר קיבוץ גליות לאחר
יחזקאל לו ברכת השנים דכתיב ואתם הרי ישראל ענפכם תתנו ופריכם תשאו לעמי
ישראל כי קרבו לבוא וכיון שנתקבצו גליות נעשה דין ברשעים
ישעיה א שנאמר ואשיבה ידי עליך ואצרוף כבור סיגיך וכתיב ואשיבה שופטיך כבראשונה וכיון שנעשה
שם דין מן הרשעים כלו הפושעים וכולל זדים עמהם שנאמר ושבר פושעים וחטאים יחדיו (א) (יכלו) וכיון שכלו
תהלים עה הפושעים מתרוממת קרן צדיקים דכתיב וכל קרני רשעים אגדע תרוממנה קרנות צדיק וכולל גירי הצדק
ויקרא יט עם הצדיקים שנאמר מפני שיבה תקום והדרת פני זקן וסמיך ליה וכי יגור אתכם גר והיכן
תהלים קכב מתרוממת קרנם בירושלים שנאמר שאלו שלום ירושלם ישליו אוהביך וכיון שנבנית ירושלים בא דוד שנאמר
אחר

רש"י

והיו הדברים האלה בהוייתן· בלשון הקודש : שלא יקרא למפרע · אלמא קריאת שמע למפרע לא ומהכא יליף תנא דלעיל טעמא : בכל לשון נאמרה · לקרותה בכל לשון ולכן איצטריך בקריאת שמע והיו : איצטריך · והיו דלא תימא שמע בכל לשון שאתה שומע כרבנן : על הסדר · כמשפט המקראות וכדיליף לקמן : הפקולי · יש אומרים שמשתכר בצמר גפן שנקרא פקולה : הבו לה' · הזכירו לפניו את אילי הארץ : הבו לה' כבוד ועוז · סיפיה דקרא בהדרת קודש : ומה ראו לומר גאולה בשביעית · ולא רפואה אחר סליחה כדכתיב הרופא לכל תחלואיכי : מתוך שעתידין ליגאל בשביעית · שבוע שבן דוד בא בו חלוק משאר שנים כדאמרינן בפרק חלק (דף צז.) שנה ראשונה רעב ולא רעב כו' עד ובשביעית מלחמות ובמוצאי שביעית בן דוד בא : אתחלתא דגאולה היא · ואע"ג דהאי גאולה לאו גאולה דגלות היא אלא שיגאלנו מן הצרות הבאות עלינו תמיד דהא ברכת קיבוץ ובנין ירושלים וצמח דוד יש לכל אחת ואחת ברכה לעצמה לבד מגאולה זו אפילו הכי כיון דשם גאולה עלה קבעוה בשביעית : שבור זרוע רשע · אלו המייקרין את התבואה ומפקיעין את השער וממאי דבמפקיעי שערים כתיב דכתיב בההיא פרשתא יארב במסתר כאריה בסוכו יארוב לחטוף עני וכי הליסטים אורב את העני והלא את העשיר הוא אורב אלא במפקיעי שערים הכתוב מדבר שרוב דעתם לעניים הוא וקא בעי דוד רחמי עלה דמילתא שבור זרוע רשע וזהו שובע בעולם וכבך זרועו שבור ורע תדרוש רשעו בל תמצא וזה שהיה בדעתו להיות רשע כשתדרוש רשעו לא תמצא שלא הספיק לעשותה : בפרשה תשיעית אמרה · *ואם תאמר שמינית היא אשרי ולמה רגשו גוים תרתי פרשתא היא : ופריכם תשאו לעמי ישראל כי קרבו לבא · אלמא קיבוץ גליות בעת ברכת השנים היא : וכיון שנתקבצו גליות נעשה דין ברשעים · קודם שנתיישבו בירושלים שנאמר ואסירה כל בדיליך ועל ידי כן ואשיבה שופטיך כבראשונה ויועציך כבתחלה כמו לשעבר ציון במשפט תפדה ושביה בצדקה לכך סמכה לקבוץ גליות והשיבה שופטינו ולקדשו במשפט : כלו הפושעים · שאינם מאמינים בדת משה שהיא מן השמים לכך סמכו לה ברכת הפושעים שנאמר ועוזבי ה' אלו הפושעים ושבר פושעים היינו זדים כדאמר פושעים אלו המרדין (יומא דף לו:) :
אחר

תוספות

כל התורה בכל לשון נאמרה · פירש הקונטרס שנתנה לקרות בכל לשון שרוצה לקרות בספר תורה וקשה שהרי קריאת התורה אינה מן התורה אלא מדרבנן לבד מפרשת זכור דהוי דאורייתא ונראה דהכי פירושא כל קריאה שבתורה כגון מצות חליצה ופרשת עגלה ערופה ווידוי מעשר ובכורים וכל אלו השנויין פרק אלו נאמרין בסוטה (דף לב. ושם)* :

דאי בלשון הקודש נאמרה למה לי למיכתב וכו' · קשיא *דהא בפרק אלו נאמרים בסוטה (דף לג. ושם) מצריך קרא בין למאן דאמר בכל לשון נאמרה בין למאן דאמר בלשון הקודש נאמרה ויש לומר דהתם בעי לאוקמי רבוי אליבא דכולי עלמא למאן דאמר בכל לשון נאמרה צריך קרא לרבויי לשון הקדש ולמאן דאמר בלשון הקודש נאמרה צריך לרבויי בכל לשון :

הסדיר שמונה עשרה ברכות על הסדר · מכאן קשיא למה שפרש"י בברכות (דף לד. ושם) גבי אמצעיות אין להן סדר דפירש דאם טעה באחת מן הברכות ושכח אחת מהן שצריך לחזור שאומר אותה ברכה ששכח במקום שנזכר וגומר תפלתו וקשיא דאם כן הוא אומר השמונה עשרה ברכות למפרע והכא חזינא דשמעון הפקולי התקין אותן על הסדר אלא נראה לפרש התם אין להן סדר דלא הוו כשלש ראשונות ושלש אחרונות דחוזר לראש השלשה כשטעה באחת מהן אלא חוזר לאותה ששכח וגומר ממנה ולמטה הכל כסדר אבל בטעיתו אין חוזר כיון שעבר מקומו והכי נמי אמרינן לקמן (דף יח:) גבי מגילה שאם השמיט פסוק אחד שמתחיל וקורא מאותו פסוק ולמטה* : [ועי' תוס' ברכות לד. ד"ה אמצעיות]

ודוד כי אמרה בפרשת תשיעית אמרה · פירש הקונטרס ואף על גב דליכא אלא ח' מזמורים עד התם אשרי האיש ולמה רגשו גוים תרתי נינהו וקשיא דהא פרק קמא דברכות (דף י.) אמר דחדא פרשה היא ומסיק התם דכל פרשה שהיתה חביבה לדוד התחיל בה באשרי וסיים בה באשרי כגון זו שמתחלת באשרי האיש ומסיימת באשרי כל חוסי בו והיינו סוף דלמה רגשו אלמא דחדא פרשה היא וצריך לומר דלמנצח על מות ולמה ה' תעמוד ברחוק תרתי נינהו :

מסורת הש"ס

ברכות טו. לקמן יט:

[ברכות כח:]

[לקמן יח.]

ר"ה לב.

ס"א ולא"ת עשירית היא אשרי ולמה רגשו חדא היא ולפי גירסא זו צ"ל דשמונה [illegible]

סנהדרין לו.

הגהות הב"ח

(א) גמ' ד"ס וחטאים יחדו ועוזבי ה' יכלו וכיון שכלו :

א) גירסת הרי"ף א"ר יצחק ואיתימא ר' חייא בר אבא ואמרי לה וכו' וגירסת הרא"ש א"ר ירמיה ואיתימא רחב"א ואמרי לה וכו'.

§ מסכת מגילה דף יז: §

אות א'

הקורא את שמע ולא השמיע לאזנו, יצא

סימן סב ס"ג - צריך להשמיע לאזנו מה שמוציא בפיו - בק"ש וה"ה בברכותיה, מדרבנן, **ודעת** הראב"ד הובא בחי' הרשב"א, דהוא מדאורייתא לכתחלה. **ואם לא השמיע לאזנו יצא** – (אפילו בק"ש וכ"ש בשארי מצות), **ובלבד שיוציא בשפתיו** - אבל אם הרהר בלבו לא יצא, דקי"ל הרהור לאו כדיבור דמי.

אות ב'

מאה ועשרים זקנים וכו'

רמב"ם פ"א מהל' תפילה ה"ד - כיון שגלו ישראל בימי נבוכדנצר הרשע, נתערבו בפרס ויון ושאר האומות ונולדו להם בנים בארצות הגוים, ואותן הבנים נתבלבלו שפתם והיתה שפת כל אחד ואחד מעורבת מלשונות הרבה, וכיון שהיה מדבר אינו יכול לדבר כל צורכו בלשון אחת אלא בשיבוש, שנאמר: ובניהם חצי מדבר אשדודית וגו' ואינם מכירים לדבר יהודית וכלשון עם ועם, ומפני זה כשהיה אחד מהן מתפלל, תקצר לשונו לשאול חפציו או להגיד שבח הקב"ה בלשון הקדש עד שיערבו עמה לשונות אחרות; וכיון שראה עזרא ובית דינו כך, עמדו ותקנו להם י"ח ברכות על הסדר, שלש ראשונות שבח לה', ושלש אחרונות הודיה, ואמצעיות יש בהן שאלת כל הדברים שהן כמו אבות לכל חפצי איש ואיש ולצרכי הציבור כולן, כדי שיהיו ערוכות בפי הכל וילמדו אותן, ותהיה תפלת אלו העלגים תפלה שלימה כתפלת בעלי הלשון הצחה; ומפני ענין זה תקנו כל הברכות והתפלות מסודרות בפי כל ישראל, כדי שיהא ענין כל ברכה ערוך בפי העלג.

אות ג'

מנין שאומרים אבות, שנאמר: הבו לה' בני אלים

טור סימן קיג - ברכה ראשונה: והיא אבות, תניא מנין שאומרים אבות, שנאמר: הבו לה' בני אלים; ומנין שאומרים גבורות, שנאמר: הבו לה' כבוד ועוז; ומנין שאומרים קדושות, שנאמר: הבו לה' כבוד שמו – (וסיפא דקרא בהדרת קודש – פרישה).

אות ג*[א]

ומה ראו לומר בינה אחר קדושה

טור סימן קטו - ברכה רביעית: אתה חונן, ומה ראו לומר בינה אחר קדושה, דכתיב: כי בראותו ילדיו וגו' עד: והקדישו את קדוש יעקב ואת אלהי ישראל יעריצו, וסמיך ליה: וידעו תועי רוח בינה. ויש בה י"ז תיבות כמנין תיבות שבפסוק: ואתה תדבר אל כל חכמי לב; ומשום שמותר האדם מן הבהמה היא הבינה והשכל, קבעוה ראש לאמצעיות; ירושלמי: אם אין בינה אין תפלה.

חמישית: השיבנו, ומה ראו לומר תשובה אחר בינה, דכתיב: השמן לב העם הזה ואזניו הכבד ועיניו השע פן יראה בעיניו ובאזניו ישמע ולבבו יבין ושב ורפא לו, הרי שהבינה מביאה לידי תשובה. ויש בה ט"ו תיבות, כנגד ט"ו תיבות שבפסוק: יעזוב רשע דרכו, וכן בפסוק: ובשוב רשע, וכן בפסוק: ועוד בה עשיריה; וגדולה תשובה שמגעת עד כסא הכבוד, ומן הארץ לרקיע מהלך ת"ק שנה, ועוביו של רקיע מהלך ת"ק שנה, וכן כל אויר שבין רקיע לרקיע, נמצא שבעה אוירים ושבעה רקיעים, ולמעלה מהם כסא הכבוד שהתשובה מגעת שם, הרי ט"ו. והברכה מתחלת בה"י ומסיימת בה"י, הרי י', כנגד י' ימים שבין ר"ה ליה"כ שמזומנים לבעלי תשובה.

ששית: סלח לנו, ומה ראו לומר סליחה אחר תשובה, כי ע"י תשובה הקדוש ברוך הוא סולח, דכתיב: וישוב אל ה' וירחמהו ואל אלהינו כי ירבה לסלוח.

שביעית: ראה נא בענינו, ומה ראו לומר גאולה בשביעית, כי היה ראוי לומר רפאינו אחר סלח, כסדר הפסוק: הסולח לכל עוניכי הרופא לכל תחלואיכי, אלא אמר רבא, מתוך שאנו עתידין ליגאל בשביעית, קבעוה בשביעית; אף על גב דבששית קולות בשביעית מלחמות במוצאי שביעית בן דוד בא, מלחמות אתחלתא דגאולה היא; [ב]ועוד נכון לומר תיכף לסליחה גאולה.

ומה ראו לומר רפואה בשמינית

טור סימן קטז - שמינית: רפאינו, ומה ראו לומר רפואה בשמינית, א"ר אחא מתוך שניתנה מילה בשמיני וצריכה רפואה, קבעוה בשמינית; [ג]וגם כדי לומר גאולה בשביעית שינו סדר הפסוק, שהיה ראוי לומר רפואה בין סליחה לגאולה כדפרישית לעיל, כדכ': הסולח לכל עוניכי הרופא

באר הגולה

א (ע"פ מהדורת נהרדעא) | ב (מוסיף על הטעם של הגמ', ולא הסביר אמאי באמת הוא נכון, וכן לא פירשו המפרשים, וצ"ע) | ג (הם דברי עצמו – ב"י)

לכל תחלואיכי, אלא שראו לקבוע גאולה בשביעית, הילכך קבעוה מיד אחר ברכה שאחריה. ויש בה כ"ז תיבות כנגד כ"ז פסוקים שבפ' מילה; וכ"ז תיבות בפסוק: ויאמר אם שמוע, עד: רופאך, שבזכות התורה והמצות באה רפואה; וכ"ז אותיות בפסוק: כי חיים הם למוצאיהם ולכל בשרו מרפא.

ומה ראו לומר ברכת השנים בתשיעית

טור סימן קיז - תשיעית: ברכת השנים, ומה ראו לאומרה בתשיעית, אמר רבי אלכסנדרי כנגד מפקיעי שערים, דכתיב: שבור זרוע רשע, ודוד אמרו בתשיעית, ד"אשרי האיש" ו"למה רגשו" שתי פרשיות הן. ויש בה ל' תיבות, כנגד כ"ג תיבות שבפסוק: יפתח ה' לך, וז' שבפסוק: פותח את ידך, הרי ל'; ובפסוק: שבור זרוע רשע יש כ"ט אותיות, וקריאתו חשובה כאחת, הרי ל'.

ומה ראו לומר קיבוץ גליות לאחר ברכת השנים

טור סימן קיז - עשירית: תקע בשופר, ומה ראו לומר קבוץ גליות אחר ברכת השנים, לפי שנאמר: ואתם הרי ישראל ענפיכם תתנו ופריכם תשאו לעמי ישראל כי קרבו לבוא. וקבוץ גליות הוא ע"י תקיעת שופר כדכתיב: והיה ביום ההוא יתקע בשופר גדול וגו' והשתחוו לה' בהר הקודש בירושלים; כדי להקריב קרבנות, ובפסוק של קרבנות יש בו תקיעה דכתיב: וביום שמחתכם ובמועדיכם ובראשי חדשיכם ותקעתם בחצוצרות וגו'; ויש בו כ' תיבות, ולכן יש בברכה זו כ' תיבות.

וכיון שנתקבצו גליות נעשה דין ברשעים

טור סימן קיח - אחת עשרה: השיבה שופטינו כבראשונה, ומה ראו לאומרה אחר קבוץ גליות, דכיון שיתקבצו הגליות עושה דין ברשעים קודם שיבואו להתיישב בירושלים, כדכתיב: ואשיבה ידי עליך ואצרוף כבור סיגיך ואסירה כל בדיליך, וע"י כן ואשיבה שופטיך כבראשונה.

י"ב: קללת המלשינים, וקבעוה אחרי המשפט, שכיון שנעשה משפט כלו המלשינים, וכולל הזדים עמהם, כדכתיב: ושבר פושעים וחטאים יחדו ועוזבי ה' יכלו. ויש בה כ"ט תיבות, לפי שכופרים בתורה שיש בה כ"ז אותיות - ‹של אלפא ביתא עם הכפולות שהם מנצפ"ך›, ובתורה שבכתב ובתורה שבעל פה; ולפי חשבון זה אין לומר "כל אויבינו", אלא "ותכניעם במהרה", והוי שפיר מעין חתימה סמוך לחתימה, שכל הברכה היא בענין שבירת אויבים.

י"ג: על הצדיקים, ותקנוה אחר קללת המלשינים, שכיון שכלו המלשינים מתרוממת קרנות הצדיקים, דכתיב: וכל קרני רשעים אגדע תרוממנה קרנות צדיק; וכולל גרים עם הצדיקים, כדכתיב: מפני שיבה תקום, וסמיך ליה: וכי יגור אתך גר. ויש בה כל האלפא ביתא, לומר למען צדיקים עוסקי תורתך עשה עמנו חסד; ויש בה מ"ב תיבות, כנגד הפסוקים שיסודה מהם, ז' תיבות בפסוק: וכל קרני רשעים אגדע, ול"ה תיבות שבאלו ב' פסוקים: מפני שיבה תקום וגו' וכי יגור אתך גר וגו'.

י"ד: בונה ירושלים, ותקנוה לומר אחר הצדיקים, שעיקר התרוממות קרנות הצדיקים בירושלים, שנאמר: שאלו שלום ירושלים ישליו אוהביך. ובה כ"ד תיבות, כנגד כ"ד אותיות שבפסוק: בונה ירושלים ה' נדחי ישראל יכנס. ונוסח אשכנזים: ולירושלים עירך ברחמים תשוב ותשכון בתוכה כאשר דברת, וסמך לנוסח זה במדרש דורשי רשומות, שאומרים כי מנין ראשי תיבות של שמונה עשרה עולה אלף ות"ת, כמנין המלאכים שמקבלין תפלותיהן של ישראל, ולפי הנוסח הזה יהיה החשבון מכוון; ובט' באב מוסיפין בה "נחם", ובמקומו יתבאר בעז"ה.

ט"ו: את צמח דוד, ותקנוה אחר בונה ירושלים, שכיון שבאים לירושלים בא דוד, דכתיב: אחר ישובו בני ישראל ובקשו את ה' אלהיהם ואת דוד מלכם ונהרו אל ה' ואל טובו באחרית הימים. ובה כ' תיבות, כמו שיש בפסוק: כי נחם ה' ציון.

---

§ מסכת מגילה דף יח. §

אות א'* [ד]

וכיון שבא דוד, באתה תפלה

טור סימן קיט - שש עשרה: שמע קולנו, ותקנוה אחר צמיחת דוד, שכיון שבא דוד באה תפלה, דכתיב: והביאותים אל הר קדשי ושמחתי בבית תפלתי.

וכיון שבאת תפלה, באת עבודה

טור סימן קכ - ברכת י"ז: רצה, ותקנוה אחר שומע תפלה, שכיון שבאת התפלה באה עבודה, דכתיב: ושמחתים בבית תפלתי עולותיהם וזבחיהם לרצון על מזבחי כי ביתי בית תפלה יקרא לכל העמים.

באר הגולה

ד ‹ע"פ מהדורת נהרדעא›

עין משפט נר מצוה

טו א מיי' פ"ב מהל' מגילה הלכה ד סמג עשין ד טוש"ע א"ח סימן תרצ סעיף ט ·

רש"י

אחר ישובו בני ישראל · אחר ישובו לבית המקדש ובקשו הקב"ה ואת דוד מלכם: **זובח תודה** · אחר זביחה תן הודאה: **וירד מעשות** החטאת והעולה וגו': **חדא מילתא היא** · אף הודאה עבודה של מקום הוא: **אסור לספר** · בקביעות ברכה: **למי שיכול** · ואין מי שיכול לספר את כולו לפיכך אין נראה לספר מדעתו אלא את מה שתקנו חכמים: **היסופר לו כי אדבר** · הכי דריש ליה היסופר שבחו כולו כי ארבה לו דברי שבח אם אמר לעשות כך כי יבולע: **סמא דכולה משתוקא** · מבחר כל הסממנין היא השתיקה שלא להרבות דברים והייתו לך דומיה תהלה: **מלה בסלע** משתוקא בתרין · אם תרצה לקנות הדבור בסלע תקנה השתיקה בשתים: **קראה תרגום בכל לשון** · זו ואין צ"ל זו קתני: **מיתיבי** · לרב ושמואל דקתני הכא יוונית לא יצא: **הא לא דמיא** · תיובתא הוא: **גיפטית לגיפטים יצא** · והכי נמי תנן במתני' ללועזות בלעז: **עברית** · לשון עבר הנהר: **עילמית** · לשון עילם: (א) **מתני' כברייתא** · זו מיתוקמא קראה בכל לשון דקתני מתני' לא יצא כגון גיפטית למדיים ומדית לגיפטים אבל קורין אותו ללועזות בלעז אים כלשונו: **ופרסומי ניסא** · אע"פ שאין יודעין מה ששומעין שואלין את השומעין ואומרין מה היא הקרייה הזו ואיך היה הנס ומודיעין להן: **לא הוו ידעי רבנן** · תלמידי רבינו הקדוש: **חלוגלוגות** · מין ירק הוא ושנוי בכמה מקומות במשנה ובברייתא: **פרפחיני** · פיקקל"ש בלעז: **מסלסל בשערך** · מהדר שמסלסל לשון חיפוש וסיפוך: **טאטיתא** · איסקופ"א בלעז.

סירוסין

גמרא

הושע ג | אחר ישובו בני ישראל ובקשו את ה'
אלהיהם ואת דוד מלכם וכיון שבא דוד
ישעיה נו | באתה תפלה שנאמר והביאותים אל הר
קדשי ושמחתים בבית תפלתי וכיון שבאת
תפלה באת עבודה שנאמר עולותיהם
וזבחיהם לרצון על מזבחי וכיון שבאת עבודה
תהלים נ | באתה תודה שנאמר זובח תודה יכבדנני
ומה ראו לומר ברכת כהנים אחר הודאה
ויקרא ט | דכתיב וישא אהרן את ידיו אל העם
ויברכם וירד מעשות החטאת והעולה
והשלמים אימא קודם עבודה לא ס"ד דכתיב וירד מעשות החטאת וגו'
מי כתיב לעשות מעשות כתיב ולימרה אחר העבודה לא ס"ד דכתיב זובח
תודה מאי חזית דסמכת אהאי סמוך אהאי מסתברא עבודה והודאה חדא
במדבר ו | מילתא היא ומה ראו לומר שים שלום אחר ברכת כהנים דכתיב ושמו
את שמי על בני ישראל ואני אברכם ברכה דהקב"ה שלום שנאמר
תהלים כט | ה' יברך את עמו בשלום וכי מאחר *דמאה ועשרים זקנים ומהם כמה
נביאים תקנו תפלה על הסדר שמעון הפקולי מאי הסדיר שכחום
וחזר וסדרום מכאן ואילך אסור לספר בשבחו של הקב"ה *דא"ר אלעזר
תהלים קו | מאי דכתיב מי ימלל גבורות ה' ישמיע כל תהלתו למי נאה למלל
גבורות ה' למי שיכול להשמיע כל תהלתו אמר רבה בר בר חנה א"ר יוחנן
המספר בשבחו של הקב"ה יותר מדאי נעקר מן העולם שנאמר היסופר
איוב לז | לו כי אדבר אם אמר איש כי יבלע דרש ר' יהודה איש כפר גבוריא ואמרי לה איש כפר גבור חיל
תהלים סה | מאי דכתיב לך דומיה תהלה סמא דכולה משתוקא כי אתא רב דימי אמר אמרי במערבא *)מלה בסלע
משתוקא בתרין: קראה על פה לא יצא וכו': מנלן אמר רבא אתיא זכירה זכירה כתיב הכא והימים
שמות יז | האלה נזכרים וכתיב התם כתב זאת זכרון בספר מה להלן בספר אף כאן בספר וממאי דהאי זכירה
[נ"ל דתניא] דברים כה | קריאה היא דלמא עיון בעלמא לא סלקא דעתך (*דכתיב) זכור יכול בלב כשהוא אומר לא תשכח
הרי שכחת הלב אמור הא מה אני מקיים זכור בפה: קראה תרגום לא יצא וכו': היכי דמי אילימא
דכתיבה מקרא וקרי לה תרגום היינו על פה לא צריכא דכתיבה תרגום וקרי לה תרגום: אבל קורין
אותה ללועזות בלעז וכו': והא אמרת קראה בכל לשון לא יצא רב ושמואל דאמרי תרוייהו בלעז יווני היכי
דמי אילימא דכתיבה אשורית וקרי לה יוונית היינו על פה א"ר אחא א"ר אלעזר שכתובה בלעז יוונית וא"ר
בראשית לג | אחא א"ר אלעזר מנין שקראו הקב"ה ליעקב אל שנאמר ויקרא לו אל אלהי ישראל דאי סלקא דעתך
למזבח קרא ליה יעקב ויקרא לו יעקב מיבעי ליה אלא ויקרא לו ליעקב אל ומי קראו אל אלהי ישראל
מיתיבי קראה גיפטית עברית עילמית מדית יוונית לא יצא הא לא דמיא אלא להא *גיפטית לגיפטים עברית
לעברים עילמית לעילמים יוונית ליוונים יצא אי הכי רב ושמואל אמאי מוקמי לה למתני' בלעז יווני
[עי' תוספות לעיל ט. ד"ה כאן במגילה] | לוקמה בכל לעז [אלא מתניתין כברייתא] וכי איתמר דרב ושמואל בעלמא איתמר *רב ושמואל דאמרי
תרוייהו לעז יווני לכל כשר והא קתני יוונית ליוונים אין לכולי עלמא לא אינהו דאמור כרשב"ג דתנן
[לעיל ח:] | *רשב"ג אומר אף ספרים לא התירו שיכתבו אלא יוונית ולימרו הלכה כרשב"ג אי אמרי הלכה כרשב"ג
הוה אמינא הני מילי שאר ספרים אבל מגילה דכתיב בה ככתבם אימא לא קמ"ל: והלועז ששמע
אשורית יצא וכו': והא לא ידע מאי קאמרי מידי דהוה אנשים ועמי הארץ מתקיף לה רבינא אטו אנן
האחשתרנים בני הרמכים מי ידעינן אלא מצות קריאה ופרסומי ניסא הכא נמי מצות קריאה ופרסומי
ר"ה כו: | ניסא: קראה סירוגין יצא וכו': לא הוו ידעי רבנן *מאי סירוגין שמעוה לאמתא דבי רבי דקאמרה
להו לרבנן דהוו עיילי פסקי פסקי לבי רבי עד מתי אתם נכנסין סירוגין סירוגין לא הוו ידעי רבנן
מאי חלוגלוגות שמעוה לאמתא דבי רבי דהוה אמרה ליה להוא גברא דהוה קא מבדר פרפחיני עד מתי
משלי ד | אתה מפזר חלוגלוגך לא הוו ידעי רבנן מאי סלסלה ותרוממך שמעוה *לאמתא דבי רבי דהוות אמרה
[ר"ה כו: נזיר נ.] | להוא גברא דהוה מהפך במזייה אמרה ליה עד מתי אתה מסלסל בשערך לא הוו ידעי רבנן מאי
תהלים נה | השלך על ה' יהבך אמר רבה בר בר חנה זימנא חדא הוה אזילנא בהדי ההוא טייעא וקא דרינא
ישעיה יד | טונא ואמר לי שקול יהביך ושדי אגמלאי לא הוו ידעי רבנן מאי וטאטאתיה במטאטא השמד
שמעוה לאמתא דבי רבי דהוות אמרה לחברתה שקולי טאטיתא וטאטי ביתא ת"ר קראה סירוגין יצא

*) כערוך [ערך מל ח] גרס מילא בסלע משתוקא כאבן טבא

סירוסין

תוספות

דאי סלקא דעתך למזבח קרי ליה יעקב אל · (ב) נראה דהכי נמי כתיב (שמות יז) ויקרא שמו ה' נסי ויקרא לו ה' שלום (שופטים ו) ומתרגמי' ופלח ואלי מ"מ יש לומר דהתם על שם הנס ועל שם השלום שאירע להן היו קוראין למזבח כן אבל הכא ליכא שום מעשה שנוכל לומר שע"י כן קראו יעקב אל ואם איתא שיעקב קראו אל הוי ליה לפרושי להדיא:

נקוט

רבינו חננאל

דוד שנאמר אחר ישובו בני ישראל ובקשו את ה' ואת דוד מלכם · ואחר תפלה עבודה שנא' ושמחתים בבית תפלתי עולותיהם וזבחיהם לרצון ואחר עבודה הודאה שנאמר זובח תודה יכבדנני · אחריהן ברכת כהנים שנאמר וישא אהרן את ידיו אל העם ויברכם מלמד שעשה החטאת ואח"כ ברך את העם · אחר ברכת [כהנים] שלום שנא' ואני אברכם. וברכת הקב"ה היא שלום שנא' ה' עוז לעמו יתן ה' יברך את עמו בשלום מיכן ואילך אסור לספר בשבחו של הקב"ה שנאמר מי ימלל גבורות ה' וגו' · מי נאה למלל גבורות ה' למי שיכול להשמיע כל תהלתו · א"ר אלעזר כל המספר בשבחו של הקב"ה יותר מדי נעקר מן העולם · שנאמר אם אמר איש כי יבולע וכתיב לך דומיה תהלה אלהים בציון כלומר הדומיה היא תהלתך . סמא דכולא משתוקא מלה בסלע ומשתוקא בתרתי: קראה על פה לא יצא דאתיא זכירה זכירה כתיב הכא נזכרים ונעשים וכתיב התם כתוב זאת זכרון בספר ופרישנא זכור בפה מה שכתוב בספר . קראה תרגום אוקימנה בשכתובה תרגום וקראה תרגום לא יצא וכ"ש אם כתובה אשורית וקראה תרגום דהיינו על פה. בכל לשון לא יצא אבל קורין אותה ללועזות בלעז · ואוקמוה רב ושמואל בשכתובה בלעז יווני וקורין אותה ללועז יווני . ואותבינן עלייהו קראה גיפטית עיברית עילמית מדית יונית בכל לשון לא יצא · ופרקינן לא דמיא מתניתין אלא לסיפא גיפטית לגיפטים עברית לעברים יונית ליונים יצא אי הכי רב ושמואל לוקמה מתניתין בכל לעז אין מתניתין כברייתא ודרב ושמואל בעלמא אתמר ואליבא דרבן שמעון בן גמליאל דאמר אף בספרים לא התירו שיכתבו אלא יונית אמרו בלעז יונית לכל כשר דיונית לרשב"ג כאשורית לת"ק היא וקי"ל כמתניתין וכפירושא דברייתא · והלועז ששמע אשורית אע"ג דלא ידע מאי קאמר יצא מ"ט דהא איכא מצות קרייאה ופרסומי ניסא וכגון [נשים] ועמי הארץ דלא ידעין פירוש האחשתרנים בני הרמכים *) אפילו הכי נפקין י"ח: קראה סירוגין יצא פי' פיסקי פיסקי כגון שקורא ומפסיק בינו בינו וחוזר ומתחיל ממקום שפסק · סלסלה פירוש הפוך בה והפוך בה כלומר התעסק בתורתך תמיד · מטאטא שמכברין

הגהות הב"ח

(א) רש"י ד"ה עולמים לשון עילם הס"ד ואח"כ מה"ד לוקמה בכל לעז ומתניתין וכו' וקראה: (ב) תוספות ד"ה דאי ס"ד וכו' יעקב אל ואף על גב דהכי נמי כתיב ויקרא שמו ה' נסי:

גליון הש"ס

גמרא שכחום וחזר וסדרום · לעיל דף ג ע"א סוכה דף מד ע"א: שם מכאן ואילך אסור לספר · עיין לקמן דף כה ע"א:

*) נראה מזה קצת דגי' אחרת היה לרבינו בגמ' דדוקא ע"ס הוא דלא ידעי פירוש של האחשתרנים וצ"ע.

וכיון שבאת עבודה, באתה תודה

טור סימן קכא - י"ח: מודים, ותקנוהו אחר רצה, דכיון שבאת עבודה באת תודה, דכתיב: זובח תודה יכבדנני.

ומה ראו לומר שים שלום אחר ברכת כהנים

טור סימן קכב - תשע עשרה: שים שלום, ותקנוה אחר ברכת כהנים, דכתיב: ושמו את שמי על בני ישראל ואני אברכם, וברכה של הקדוש ברוך הוא היא שלום, דכתיב: ה' עוז לעמו יתן ה' יברך את עמו בשלום.

אות א'[ה]

ה"ד אילימא דכתיבה מקרא וקרי לה תרגום, היינו ע"פ

סימן תרצ ס"ט - אבל אם היתה כתובה בכתב עברי - ר"ל בלשון העברי, **וקראה ארמי לארמי, לא יצא** - ר"ל השומע, **שנמצא זה קורא על פה, [ו]וכיון שלא יצא הקורא ידי חובתו, לא יצא השומע ממנו** - ר"ל אימת אמרינן שיוצא משום שמכיר הלשון, דוקא אם קורא בלשון הכתוב במגילה, **אבל** אם מעתיק זה הלשון ללשון אחר, אף שהוא מכיר שתי הלשונות יחד, אינו יוצא, דאינה חשובה קריאה אף לעצמו, ולא עדיף השומע ממנו. [**בזה** תרצתי דלא תקשה, הלא בעלמא קימ"ל דאפילו היכא שכבר יצא באותו מצוה, או שהוא מתכוון עתה שלא לצאת בהמצוה, מ"מ יוכל להוציא את חברו, וכדלעיל בסימן רע"ג ס"ד, **הכא** גריעא טפי, דהקריאה אינו נחשב לקריאה כיון שהיא בעל פה, ואיך יוכל השומע לצאת בה].

ואשמועינן דאע"ג שהמגילה לפניו, והוא מעיין בכל תיבה ומתרגמה להשומע, והו"א דזה עדיף מקורא ע"פ, קמ"ל דגם בזה לא יצא, [**ומ"מ** בקראה מקצתה ארמי, מסתברא דיצא, דלא גרע מאם קרא בע"פ ממש מקצתה, דיצא בדיעבד, **ואף** שהוא בב' לשונות, אין לפסול בדיעבד].

(**לפי דעת המחבר בס"י, שמי שיודע [ז]אשורית אינו יוצא בלע"ז, א"כ בלא"ה לא יצא, שהרי מבין בלשון העברי, אכן באמת ניחא, שדברי המחבר בזה הוא לשון הרמב"ם, ודעת הרמב"ם להקל ביודע לע"ז ואשורית**).

הגה: אבל אין לחוש באיזה כתב כתובה (ב"י) - ר"ל דלא קפדינן שיהא דוקא הכתב של לשון זה שקורא, ואפילו בהיה הלשון גיפטית, והאותיות כתוב עילמית, וכיו"ב, נמי שרי, **ומ"מ** בעינן שיהא מכיר הקורא אותו הכתב, דאל"ה הוי בכלל ע"פ כשאינו מכיר, (**אכן** מדבריו של אשכול משמע לכאורה, דלא מכשיר אלא באם היה הלשון והכתב של אומה אחת, וע"ש בנחל אשכול, וצ"ע).

(**וכתב הריטב"א, דמגילה הכתובה בכתב האומות, אין מדקדקין בה שיהיו האותיות מוקפות גויל, שלא הצריכו זה אלא בכתב הקודש**).

אבל כמה פוסקים חולקים, וס"ל דמגילה בכל לשון שהיא, אינה כשרה לקרות בה ואפילו ללועז, אלא בשהכתב שלה אשורית, (**ומ"מ אחרי העיון מצאנו, שדעת כמה וכמה ראשונים כהמחבר, דאי בעינן דוקא שיהא הכתב אשורית, איך יכול לקרות, ודוחק לומר דמיירי שאינו יודע הלשון אבל בכתב אשורית הוא בקי, והא דתנן עד שתהא כתובה אשורית, לאו אכולה מתניתין קאי, אלא אלועז ששמע אשורית**).

כתב הפמ"ג, אם היתה כתובה כתב ולשון תרגום, וכדומה, והקורא אינו מבין תרגום, וקראה להשומע שמבין לשון תרגום, אינו יוצא י"ח אף לדעת המחבר, **וכן** ה"ה אם הקורא מבין אותו הלשון, וכתובה לפניו באותו הלשון, אם השומע אינו מבין אותו הלשון, השומע אינו יוצא, דכיון שאינו מבין אין כאן זכרון הנס גבי שומע.

מיהו נוהגין בזה"ז לקרות הכל בלה"ק, ולכתבה בכתבי אותיות הקודש.

אות א'

גיפטית לגיפטים, עברית לעברים... יצא

סימן תרצ ס"ט - [ח]היתה כתובה תרגום או בלשון אחרת מלשונות העכו"ם, לא יצא י"ח בקריאתה אלא המכיר אותו הלשון בלבד - ואפילו הכתב היה כתב אשורית, ג"כ לא יצא מי שאינו מכיר הלשון.

אות א'[ט]

סימן תרצ ס"י - [י]מי שיודע לעז ויודע אשורית, אינו יוצא בלעז - משמע דעת המחבר לסתום כדעה זו, **ומ"מ** אינו חוזר ומברך, דספק ברכות להקל.

ומתבאר בפוסקים, דלדעה זו אין לו להוציא אפילו למי שאינו מבין לה"ק, דכיון דקריאתו לא מהני לו בעצמו, הו"ל כמי שאינו מחוייב בדבר שאינו מוציא אחרים.

באר הגולה

ה ‹ע"פ הגר"א› ו ‹ולכאורה פשוט הוא, דקורא על פה הוה, ויותר היה להשמיענו, אם היתה כתובה כתב ולשון תרגום וכדומה, והקורא אין מבין תרגום, וקראה להשומע שמבין לשון תרגום, אינו יוצא ידי חובתו השומע - פמ"ג› ז ‹"עברית לעברים", אלמא משמע עברית דוקא לעברים, וש"מ לאו היינו לשון הקדש, {וכן משמע לכאורה מרש"י}, ומ"מ לפעמים קורא ללשון הקדש עברי, וכן נהגו הכל לקרוא ללשון הקדש עברי - רשב"א. **והמ"ב** לומד דברי השו"ע שעברי היינו לשון הקודש, כמו שנהגו הכל לקרותו› ח **הרמב"ם ממשנה ובריתא י"ח** ט ‹מילואים› י **הרב המגיד ע"פ הירושלמי וחי' הרשב"א והרמב"ן** ‹וז"ל הרמב"ן: דכיון דכל לשון אינו כשר במגילה, ואפי' לדברי האומר ספרים נכתבים בכל לשון אינו כשר, אמאי מכשרינן ליה מפני שיודעין בו, יקראו בלשון הקדש, **אלא** ללועזות היינו שאין יודעין אשורית, ודומיא דסיפא דקרי לועז למי שלא ידע אשורית, **וכן** בכל מקום לועזות שאין יודעין בלשון הקדש, דאתמר התם (מכות ו' ע"ב) הנהו לעוזי דאתו לקמיה דרבא אוקי רבא אמורא בינייהו כו', **ומפני** שאין יודעין אשורית, אף על פי שיוצאין בו, בקושי התירו, משום דאיכא מצות קריאה, ודאי דפרסומי ניסא בידיעה ממש עדיף, והוציאוהו בלשון שיודע בו, **ועוד** כדי שיהא הוא יכול להוציא עצמו ידי חובתו ויקרא לעצמו, **אבל** יודע אשורית לעולם אינו יוצא אלא באשורית, והא דקתני ברייתא גיפטית לגפטיים, ללעוזות גיפטית קאמר, אבל גיפטים יודעים אשורית אין יוצאין בגיפטית, ע"כ›

[יא]**וי"א שיוצא** - דע, דבכל מקום דאמרינן דיוצא בלע"ז, היינו שעכ"פ תיבת "האחשתרנים בני הרמכים" יקרא לפניהם בלשה"ק.

הגה: ואם כתובה בשני לשונות - כגון מקצת המגילה בלשון אחד ומקצתה בלשון אחרת, **מי שמבינים יצאו (ב"י)** - בדיעבד, [יב]אבל לכתחלה אין נכון להיות כתובה בשתי לשונות.

[**ונראה** דאפי' לא היו פרשיות שלמות בלשון אחד, אלא פסוק אחד בלשון זה ופסוק אחר בלשון אחר, ג"כ שרי, דכיון שמבינים בטוב איכא פרסומי ניסא].

סימן תרצ סי"א - [יג]**יש למחות ביד הקורים לנשים המגילה בלשון לעז, אע"פ שכתובה בלשון לעז** - טעם הדבר, משום דהגברים הקוראים מבינים לה"ק, ויש לחוש לדעת הפוסקים שסוברים, דהיכי שהוא מבין לה"ק אינו יוצא בקריאה בלע"ז, וממילא אינו יכול להוציא בקריאה זו אף למי שאינו מבין לה"ק, וכנ"ל, **ועוד** משום "האחשתרנים בני הרמכים", שאינו ידוע בלע"ז שלהן, **וא"ת** יקרא "האחשתרנים בני הרמכים" בלה"ק, י"ל דאסור לכתחלה לקרותו בשתי לשונות.

אע"פ שכתובה בלשון לעז - דאי לא כתובה בלע"ז, רק מעיין ומתרגם בלע"ז, הוי ליה קורא בע"פ וכדלעיל, ובלא"ה לא יוציא.

כתבו האחרונים, דאפילו הקוראים בשני ימים להחמיר, ג"כ לא יקראו בלע"ז.

אות א' ***** [יד]

לעז יווני לכל כשר

רמב"ם פ"ב מהל' מגילה ה"ג - [טו]**וכן אם היתה כתובה יונית ושמעה, יצא, אף על פי שאינו מכיר, ואפילו היה השומע עברי.**

באר הגולה

יא **כן נראה מדברי רש"י והרמב"ם** ‹במשנה י"ז. אבל קורין אותה ללועזות בלעז, ופירש"י: כל לשון שאינו לשון הקודש נקרא לעז, **אבל** הר"ן ז"ל העתיק פירש"י בלשון אחר: שיודעין לשון אחר שאינו לשון הקודש, ועל זה מדייק הר"ן ז"ל וכתב: מכלל דס"ל שאע"פ שיודעין בלשון הקדש יוצאין בלעז וכו', ע"ש. **ונראה** שמה שדקדק הר"ן ז"ל כן בלשון רש"י אף לפי גירסתו, ולא ניחא ליה לפרש כפירש"י שלפנינו, ומה שהוסיף רש"י לפי גירסת הר"ן תיבות "שיודעין", היינו לאפוקי ממי שאינו יודע לשון זה, **דהא** ודאי ליתא, דבזה לא הוצרך רש"י לפרש כן, דבלא"ה מרישא שמעינן לה, דקתני: קראה תרגום בכל לשון לא יצא, אלא על כרחך דמה שכתב רש"י "שיודעין לשון אחר שאינו לשון הקודש", היינו לאשמעינן דאף שיודע גם כן לשון הקודש, אפ"ה יוצא בלעז כשמכיר באותו לשון, כן נראה לי בכוונת הר"ן - פני יהושע. **ועיין** מש"כ בהג' הגר"א עמוד ב', וכן מש"כ שם לענין לקרות המגילה בב' לשונות› **יב** ‹ומכל מקום בב"י שם ד"ה וראיתי, כתב, לא מצאתי רמז לזה שאסור בשני לשונות - פמ"ג› **יג** **תשו' הריב"ש ותשו' הר"ן על זה** **יד** ‹ע"פ מהדורת נהרדעא› **טו** ‹וצריך לומר שבהלכות מגילה העתיק דברי רב ושמואל, להודיענו דהלכה כוותייהו בעיקר הדין, וסמך על מה שכתב בהלכות תפילין: שכבר נשתקע יוני מן העולם ונשתבש ואבד, ואם כן אין יתרון לבעלי הלשון היונית המצויה היום משאר לשונות, ונראה שמפני כך השמיט הרי"ף הא דרב ודשמואל - ב"י›

גמרא

סירוסין לא יצא ר' מונא אומר משום רבי יהודה אף בסירוגין אם שהה כדי לגמור את כולה חוזר לראש אמר רב יוסף הלכה כר' מונא שאמר משום ר' יהודה א"ל אביי לרב יוסף כדי לגמור את כולה מהיכא דקאי לסיפא או דלמא מרישא לסיפא א"ל מרישא לסיפא דא"כ *נתת דבריך לשיעורין אמר ר' אבא א"ר ירמיה בר אבא אמר רב הלכה כרבי מונא ושמואל אמר "אין הלכה כרבי מונא בסורא מתנו הכי בפומבדיתא מתנו הכי אמר רב כהנא אמר רב הלכה כרבי מונא ושמואל אמר אין הלכה כר' מונא רב ביבי מתני איפכא רב אמר אין הלכה בר' מונא ושמואל אמר הלכה כר' מונא אמר רב יוסף נקוט דרב ביבי בידך *דשמואל הוא דחייש ליחידאה דתנן *שומרת יבם שקידש אחיו את אחותה משום ר' יהודה בן בתירה אמרו אומרים לו המתן °עד שיעשה אחיך הגדול מעשה אמר שמואל "הלכה כר' יהודה בן בתירה ת"ר "השמיט בה סופר אותיות או פסוקין וקראן הקורא [א] כמתורגמן המתרגם יצא מיתיבי "היו בה אותיות מטושטשות או מקורעות אם רשומן ניכר כשרה ואם לאו פסולה "לא קשיא הא בכולה הא במקצתה ת"ר *"השמיט בה הקורא פסוק אחד לא יאמר אקרא את כולה ואח"כ אקרא אותו פסוק אלא קורא מאותו פסוק ואילך "נכנס לבית הכנסת ומצא צבור שקראו חציה לא יאמר אקרא חציה עם הצבור ואח"כ אקרא חציה אלא קורא אותה מתחילתה ועד סופה : מתנמנם יצא וכו' : היכי דמי *מתנמנם אמר רב אשי נים ולא נים *)תיר ולא תיר דקרו ליה ועני ולא ידע לאהדורי סברא וכי מדכרו ליה מידכר : היה כותבה דורשה ומגיהה אם כוון לבו יצא וכו' : היכי דמי אי דקא מסדר פסוקא פסוקא וכתב לה כי כוון לבו מאי הוי על פה הוא אלא דכתב פסוקא פסוקא וקרי ליה ומי יצא והאמר *רבי חלבו אמר רב חמא בר גוריא אמר רב הלכה כדברי האומר כולה ואפי' למ"ד *מאיש יהודי צריכה שתהא כתובה כולה "אלא דמנחה מגילה קמיה וקרי לה מינה פסוקא פסוקא וכתב לה לימא מסייע ליה לרבה בר בר חנה דאמר רבה בר בר חנה א"ר יוחנן °אסור לכתוב אות אחת *שלא מן הכתב דלמא דאתרמי ליה אתרמויי גופא אמר רבה בר בר חנה א"ר יוחנן אסור לכתוב אות אחת שלא מן הכתב מיתיבי *אמר רשב"א מעשה בר' מאיר °שהלך לעבר שנה **)בעסיא ולא היה שם מגילה וכתבה מלבו וקראה א"ר אבהו °שאני רבי מאיר דמיקיים ביה °ועפעפיך יישרו נגדך אמר ליה רמי בר חמא לרבי ירמיה מדפתי מאי ועפעפיך יישרו נגדך אמר לו אלו דברי תורה דכתיב בהו °התעיף עיניך בו ואיננו ואפילו הכי מיושרין הן אצל ר' מאיר רב חסדא אשכחיה לרב חננאל דהוה כתב ספרים שלא מן הכתב אמר ליה ראויה כל התורה כולה ליכתב על פיך אלא כך אמרו חכמים אסור לכתוב אות אחת שלא מן הכתב מדקאמר כל התורה כולה ראויה שתיכתב על פיך מכלל דמיושרין הן אצלו והא רבי מאיר כתב שעת הדחק שאני אביי שרא לדבי בר *חבו למיכתב תפלין ומזוזות שלא מן הכתב כמאן כי האי תנא דתניא ר' ירמיה אומר משום רבינו *תפלין ומזוזות נכתבות שלא מן הכתב ואין צריכות שרטוט והלכתא "תפלין אין צריכין שרטוט "מזוזות צריכין שרטוט "אידי ואידי נכתבות שלא מן הכתב מ"ט מיגרס גריסין : היתה כתובה בסם כו' : *סם סמא סקרא אמר רבה בר בר חנה סקרתא שמה קומוס קומא

קנקנתום

*) [עי' תוספות תענית יב: וע"ע היטב תוספות נדה סג.] **) [עי' תוספות יבמות קטו. ד"ה א"ר עקיבא]

רש"י

סירוסין · למפרע כמו סרס את המקרא ודרשהו וכן יצא מחותך או מסורס (נדה דף כח.) : דחייש ליחידאה · במקום שהיחיד מחמיר ורבים מקילין : שומרת יבם · מצפה ליבמה ומצוה בגדול ליבם בא אחד מן האחין וקידש את אחותה של יבמה אחר שנפלה היבמה לפניהן : אומרים לו המתן · מלכונסה : עד שיעשה אחיך הגדול מעשה · ביבמתו או לחלוץ או ליבם אבל בעוד היבמה לפני כולן לחלוץ או לייבם הרי היא לכל אחד כאשתו על ידי זיקת יבום ואסור באחותה משום אחות אשה דקסבר יש זיקה אפי' בתרי וכל שכן בחד ופליגי רבנן עליה ואמרי הואיל ושני אחים הן אין זיקתו מיוחדת להיות מוטלת על אחד מהן להיות כאשתו ומותר באחותה : השמיט · דילג בה הסופר פסוק אחד וקראן הקורא : כמתורגמן המתרגם · על פה : תיר · ער : לאהדורי סברא · דבר הבא מבינת הלב : דקא מסדר פסוקא · על פה וכתב ליה וקתני יצא ע"י קריאה אותו סידור : הלכה כדברי האומר כולה · צריך לקרות ופליגי בה תנאי במתני' מהיכן קורא אדם את המגילה ויוצא בה ידי חובתו רבי מאיר אומר כולה ר' יהודה אומר מאיש יהודי : דמנחא מגילה קמיה · ומעתיק ממנה : מסייע ליה לרבה · מתני' דקתני יצא וליכא לאוקמה אלא במעתיק מן הכתב מסייע ליה לרבה : דלמא דאיתרמי ליה · לעולם מותר לכתוב בלא העתק ומתני' דאתרמי ליה מגילה ומעתיק ממנה ואיצטריך לאשמעינן דהיכא דמעתיק ממנה אם כוון לבו יצא : התעיף עיניך בו ואיננו · אם תכפול עיניך ממנה הרי היא משתכחת ממך כהרף עין : דבי בר חבו · מוכר תפילין הוה כדאמרינן בבבא מציעא (דף כט:) תפילין דבי בר חבו שכיחי : והלכתא כו' · כך הלכה למשה מסיני : מיגרס גריסין · שגורות בפי הכל : סמא · *זרניך בלשון קודש אורפימינט"ו בלעז : סקרתא · צבע אדום שצובעין בו תריסין : קומא · שרף אילן :

חרתא

תוספות

נקוט דרב ביבי בידך · דאמר רב אין הלכה כרבי מונא שאמר שחוזר לראש וכן הלכה דאין צריך לחזור לראש דהלכה כרב באיסורי דאמר כן ורבי יוחנן קאי כוותיה בפרק בתרא דר"ה (דף לד: ושם) דאמר שאם שמע תשע תקיעות בתשע שעות ביום יצא ומסיים התם תניא נמי הכי ומייתי הא ופריך והא אמר רבי יוחנן משום ר"ש בן יהוצדק שאם שהה כדי לגמור את כולה חוזר לראש ומשני הא דידיה הא דרביה ומדתניא כוותיה שמע מינה הלכתא כוותיה ומכאן סומך ר"י כשעומד באמת ויליב שממתין עד שיאמר עם הצבור קדושה וברכו ואמן יהא שמיה רבא:

שקידש אחיו את אחותה · דוקא קידש אומרים לו המתן מלישא דכיון דאיכא עדיין אלא ארוסה נראה שנושא אחות זקוקתו אבל אם נשאה אשתו גמורה היא ואין צריך להמתין דהא פקע זיקה לגמרי ודוקא קידש אחר נפילה אבל קודם נפילה שלא היתה אחות זקוקתו בשעת הקדושין אין אומרים לו המתן שהרי לא היתה שום זיקה מעולם וטעמא דר' יהודה משום דסבר יש זיקה:

תפלין אינן צריכין שרטוט · פירש ר"ת דכן הלכה:

קנקנתום חרתא דאושכפי · פירש הקונטרס ארמינט"א וקשיא דא"כ יהא אסור להטיל ארמינ"ט לתוך הדיו אלא ש"מ דקנקנתום לא הוי ארמינ"ט דהכי נמי משמע התם דמפרש טעמא דקנקנתום אסור משום דכתיב (במדבר ה) וכתב ומחה גבי סוטה כתב שיכול למחות ודיו שיש בו קנקנתום אינו יכול למחות וא"כ ש"מ דקנקנתום לאו היינו ארמינ"ט שהרי בכל יום אנו מטילין ארמינ"ט לתוך הדיו שלנו ואפ"ה מחקינן ליה שפיר ונראה כדפי' רשב"ם בעירובין (דף יג. ושם) דקנקנתום היינו ויטריול"ו ואף על גב דאמרינן התם שהיא ירוקה מ"מ י"ל שמשחרת כששוחקים אותה הדק הדק:

עין משפט נר מצוה

טז א מיי' פ"ב מהלכות מגילה הלכה א טוש"ע א"ח סימן תרצ סעיף ה :

יז ב מיי' פ"ו מהל' יבום וחליצה הלכה ח סמג עשין נא טוש"ע אה"ע סימן קנט סעיף ה :

יח ג ד ה מיי' פ"ב מהל' מגילה הלכה י סמג עשין מד"ס ד טוש"ע א"ח סימן תרצ סעיף ג :

יט ו מיי' שם הלכה א טוש"ע שם סעיף ו :

כ ז מיי' פ"ב שם הלכה ב :

כא ח מיי' שם פ"ב הלכה ו טוש"ע שם סעיף יג :

כב ט מיי' פ"א מהל' תפילין הלכה יב טוש"ע י"ד סימן רעד סעיף ב :

כג י מיי' שם טוש"ע א"ח סי' לב סעי' ו

כד כ מיי' שם טוש"ע י"ד סימן רפח סעיף ח :

כה ל מיי' שם טוש"ע א"ח סימן לב סעיף כט וסעיף לא :

שייך לדף יט.

רבינו חננאל

שמכבדין בו הבית · יהבך המשאוי שלך · ת"ר קראה סירוגין יצא כדאמרי' סירוסין*) חדא חדא אחד זולתי אחד · כגון שקורא פסוק ומניח פסוק וקורא פסוק שלישי וחוזר וקורא הפסוק השני שהניח כי האי גוונא לא יצא · ר' מונא אמר משום ר' יהודה אף בסירוגין אם שהה כדי לגמור את כולה אע"ג שחזר וקרא הנשאר והשלימה לא יצא · ואוקימנא בששהה לגמור את כולה מרישא לסיפא מויהי בימי אחשורוש עד כי מרדכי היהודי · ואסיקנא אמר רב יוסף נקוט דרב ביבי בידך דאמר רב אין הלכה כר' מונא ושמואל אמר הלכה כר' מונא דשמעינן לשמואל דחייש ליחידאה דתנן שומרת יבם שקידש אחיו את אחותה כו' · ופשוטה היא וקי"ל כרב דאיסורא היא ולא חיישינן לשמואל אלא אם קראה סירוגין אפילו שהה כמה יצא ואע"ג דא"ר יוחנן משום רבי שמעון בן יהוצדק באחרית ראש השנה בהלל ובמגילה אם שהה כדי לגמור את כולה חוזר לראש הא אמר ר' יוחנן לר' אבהו לדידי לא סבירא לי · ואמר שמע ט' תקיעות בט' שעות ביום יצא ותניא כוותיה ובתלמוד ארץ ישראל אמרו משמיה דרב הלכתא כר' מונא שאמר משום ר' יהודה שאמר משום ר' יוסי הגלילי ת"ר השמיט בה סופר פסוק ואותיות וקראן הקורא כמתורגמן כלומר דרך המתרגם שמוסיף דברים מלבו לברר הטעם ונמצא קורא אותן הדברים על פה כן גם הקורא את פסוק או אותיות על פה אעפ"כ יצא דרמינן עלה מהא דתניא היו בה אותיות מטושטשות או מקורעות אם רשומן ניכר יצא ואם לאו לא יצא וממתניתין נמי דקתני קראה על פה לא יצא ופרקינן הני מילי בכולה אבל פסוק או אותיות אם **) עשה וקראן על פה יצא : ת"ר השמיט בה הקורא פסוק לא יאמר הקורא אקרא את כולה עם הצבור ואחזור ואקרא אותו פסוק אלא קורא אותה מאותו פסוק וכן מי שנכנס לבית הכנסת ומצא צבור שקראו חציה לא יאמר אקרא מיכן ואח"כ אחזור ואקרא חציה הראשון אלא קורא אותה מתחלתה ועד סוף · קראה מתנמנם יצא אוקמה רב אשי כגון דנים ולא נים תיר ולא תיר ואי קרו ליה עני להו ולא ידע לאהדורי סברא וכי מדכרו ליה מדכר אם הוא מתנמנם כי האי גוונא יצא ואם לאו לא יצא · היה כותבה דורשה ומגיהה אם כוון לבו יצא בשלמא דורשה ומגיהה אם כוון לבו לצאת יצא דהא כתבה כולה ומנחא קמיה אלא כותבה היכי דמי כותבה מיכן שארבעה עשר מותר בעשיית מלאכה מיהו בעינן לקרותה ממגילה שהיא כתובה כולה · ואוקימנא ברמנחא מגילה שלמה כתובה כולה קמיה וקרי בה דמנחא קמיה פסוקא פסוקא וכתיב ליה וכרבי יוחנן דאמר אסור לכתוב אפילו אות אחת שלא מן הכתב ואע"פ דאמר דכתב ר"מ באסיא מלבו מגלה וקראה והיה בקי בתורה כולה שהיה יודעה ע"פ הא אמרינן שעת הדחק היתה שלא היתה שם אחרת ומפני שעת הדחק התירו לו אבל ולולי שעת הדחק לא ואפילו למי שהוא [בקי] כר"מ וקי"ל שכתב אחת מלבו והניחה לפניו וכתב אחרת ממנה שנמצא כותב מן הכתובה דמנחא קמיה · אביי שרא לדבי בר חבו למכתב תפילין ומזוזות שלא מן הכתב כי האי תנא ואסיקנא והלכתא מזוזה צריכה שרטוט תפילין אין צריכין שרטוט ואלו ואלו נכתבים שלא מן הכתב מ"ט מגרס

*) אולי דצ"ל סירוסין בירושלמי הדא סרא חדא אחד זולתו אחד כגון וכו' וכ"ה בירושלמי שם הפך לשנא ורבינו מפרש דפלא חדא היינו זולתי אחד. **) אולי צ"ל אם השמיט וקרא וכו'

מסורת הש"ס

[שבת לג: גטין יד. ב"ב כט. חולין ס. נג.] · [יבמות מא.] · שם יח: מא. · [תוספתא פ"ב] · [עירובין יג.] · תענית יב. פסחים קב. יבמות לד. נדה סג. · [לקמן יט.] [שם] · מנחות לג: · [תוספתא פ"ב] · משלי ד · שם כג · [ג' בערוך הבו] · מנחות לג: · גיטין יט. שבת קח:

גליון הש"ס

גמרא עד שיעשה אחיך הגדול · במתניתין יבמות דף מא אינו ואולם במתניתין במשניות ליתא כן ועיין בתוי"ט שם : שם שהלך לעבר שנה · עיין יבמות קטו ע"א תוד"ה אמר ר"ע : שם שאני ר"מ · עיין מ"ר בראשית פ"ט ל"ו שאירן ששתי מגילות כתב גנז הראשונה וקיים השניה :

הגהות הגר"א

[א] גמ' כמתורגמן המתרגם · נ"ב לפרש"י כל זה שפת יתר הוא אבל בפירוש הוא שקראן בלשון תרגום לפי שהיו רגילין בתרגום בעל פה וקמ"ל דאף למכיר אשורית יוצא בלעז וקמ"ל אף שקרא בב' לשונות יצא דהא צריך לקרות כולה ואף המיעוט מעכב מדקאמר (לעיל ע"א) אטו אנן כו' וכ"ה להדיא בפירוש הא"ז בירושלמי ומ"ש בירושלמי מי שיודע גם אשורית אין יוצא בלעז היינו אם כתובה אשורית דלא כגמ' דילן וקי"ל כגמ' דילן דבזה אף לועז לא יצא מ"מ פסקא דמתני' דקאמר וכלועז כו' וגמ' דפריך והא לא ידע כו' ופסקא דירושלמי משמע כדברי הרמב"ן דלא יצא אלא הלועז דוקא וכאן דוקא במקצתה כי היכי דיצא בעל פה אלא שי"ל דגמ' דידן ס"ל כשמואל בירושלמי דלא כר' אבהו מדפריך גמ' מעל פה ולא פריך מתרגום (ועמ"ש רבינו בא"ח סימן תר"ן) :

§ מסכת מגילה דף יח: §

אות א'

אין הלכה כרבי מונא

סימן תרצ ס"ה - [א]קראה סרוגין, דהיינו שפסק בה ושהה ואח"כ חזר למקום שפסק, [ב]אפילו שהה כדי לגמור את כולה - ר"ל שהיה יכול בזמן הזה, לגמור כל המגילה מראשה עד סופה, **יצא.**

ובשהה מחמת אונס, לפי מה דקיי"ל לעיל בסימן ס"ה לענין ק"ש, דחוזר לראש, ה"ה הכא דחוזר וקורא, **מיהו** אין לו לברך עוד פעם שני.

הגה: ואפי' שח בנתיים - ר"ל דלאו דוקא בשהה בשתיקה, אלא אפילו פסקו באמצע המגילה בשיחה, ושהו עי"ז, נמי א"צ לחזור, אלא גומר ממקום שפסק, **וכ"ז** כששח הקורא, אבל השומע ששח, ולא שמע עי"ז הקריאה, אפילו חיסר רק תיבה אחת, דעת כמה פוסקים דלא יצא, **ולכן** צורך גדול להיות לכל אחד חומש, כי בעוד שמכין הנערים "המן" וכיוצא, א"א לשמוע כמה תיבות מש"ץ, ויוצא מה שקורא על פה מחומש, ויוצא עכ"פ דיעבד.

מיהו גוערין במי ששח בנתיים, כדלקמן סימן תרל"ב סעיף ב' (הרשב"א) - דכיון שבירך עליה, אין לו להפסיק בינתיים עד לאחר כל המצוה, [**מיהו** לשהות הרבה, אסור לכתחילה אפי' בלי שיחה, דהא "קרא בסירוגין יצא" קתני, והיינו דיעבד].

אות ב'

הלכה כרבי יהודה בן בתירה

אה"ע סימן קנט ס"ה - היבם אסור בקרובות זקוקתו, אפי' מתה קודם שייבם או יחלוץ, בין שהוא יבם אחד, בין שהם שני יבמים. הגה: (ואפילו ספק אם זקוקה או לא, אזלינן לחומרא) (טור). לפיכך אם קידש אחד מהם אחות זקוקתו, אסור לו לכנסה, מפני שהיא כאחות ארוסתו, עד שייבם אחיו או יחלוץ לזקוקה ותפקע הזיקה. וי"א דדוקא בקידשה, אבל אם כנסה, פקעה לה זיקה ומותר לבא עליה קודם שייבם או יחלוץ אחיו. הגה: וי"א דעכשיו בזמן הזה דאיכא חרם ר"ג שלא לשאת שתי נשים, אם נפלה לאחד שומרת יבם, אסור לישא אחרת עד שיחלוץ ליבמתו (ר"י מינץ); ודוקא שלא היתה משודכת לו כבר, אבל אם היתה משודכת לו כבר, מותר לכנסה (הגהות מרדכי דכתובות).

אות ג' – ד' – ה'

השמיט בה סופר אותיות או פסוקין, וקראן הקורא כמתורגמן המתרגם, יצא

היו בה אותיות מטושטשות או מקורעות, אם רשומן ניכר, כשרה; ואם לאו, פסולה

לא קשיא: הא בכולה, הא במקצתה

סימן תרצ ס"ג - [ג]וצריך שתהא כתובה כולה לפניו לכתחלה, אבל בדיעבד [ד]אם השמיט הסופר באמצעה תיבות, אפילו עד חציה, וקראם הקורא על פה, יצא - ר"ל דמה שאמרנו לא יצא, היינו אם קרא בע"פ את כל המגילה או רובה, אבל אם קרא מקצתה, כשרה דיעבד, **ואפילו** אם היתה סיבת קריאתו בע"פ, מפני שהסופר השמיט בה איזה תיבות באמצעה עד חציה, והוכרח הקורא לקרותם בע"פ, **אף** שלכתחלה אינו נכון לקרות במגילה שחסרה תיבות, מ"מ בדיעבד יצא, **ואם** אין לו מגילה אחרת, קורא בה לכתחלה. **וחציה**, יש לעיין אם כשירה בדיעבד, [דברמב"ם משמע דפסולה, ובתא"ש ור"ן משמע דכשרה, וכן משמע לשון הטוש"ע].

(אין אנו חושבין כולה או מקצתה במספר האותיות, אלא במספר התיבות, **ואפילו המיעוט** של האותיות מטושטשות, כל שיש בכל תיבה או ברובה איזה אות מטושטש, פסול).

הגה: אבל אם השמיט תחלתה או סופה, אפי' מעוטה, לא יצא (ר"ן) - דבזה נראה כספר חסר, משא"כ בנשמט בו פסוק באמצע, אינו אלא כספר שלם שיש בו טעיות, שאין מדקדקין במגילה בזה כל זמן שהטעיות אינם ברובה של מגילה, הואיל ונקרית אגרת.

ואפשר אפי' בחסר רק פסוק ראשון או אחרון נמי הדין כן, [כן מוכח לכאורה מרמ"א בעל הגה זו, מדסמיך לדין זה דינא דארחות חיים, דאפילו באמצעה דוקא דלא השמיט ענין שלם, ומוכח מזה דבראשו וסופו אפילו בלא החסיר ענין שלם נמי פסול, וא"כ מסתברא דה"ה רק פסוק אחד, דמאי שנא. **מיהו** בחסר תיבות בפסוק ראשון או אחרון, בודאי לא מסתברא להחמיר].

ואפי' באמצעה, דוקא דלא השמיט ענין שלם (ב"י בשם א"ח) - דבהשמיט ענין שלם, (אף שהוא רק מקצתו), נראה כספר חסר.

(עיין במ"ב, דבכל זה הטעם דבעינן שיקרא מתוך ספר, ואם חסר מתחילתו, או שחסר באמצע ענין שלם, לא מקרי ספר, **ולפי"ז** נראה פשוט, דזה שייך דוקא לענין אם השמיט מתוך הספר, **ולאפוקי** לענין קריאה בע"פ דיצא במקצתו, אין לחלק בזה).

באר הגולה

א משנה שם י"ז וכדמפרש שם בגמרא י"ח (מהעין משפט מבואר, דפסקינן כשמואל בלישנא קמא דאין הלכה דר' מונא, ומתוס' ד"ה נקוט מבואר, דפסקינן כוותיה דרב בלישנא בתרא דאין הלכה כר' מונא, וצ"ע) ב מסקנת הגמרא שם ג מימרא דרב שם י"ט לכו"ע ד ברייתא שם י"ח

ה) אבל ביותר מחציה, אפילו הן כתובות, אלא שהן מטושטשות ואין רישומן ניכר, פסולה – (וה"ה אם היו נפסקין האותיות, חשוב כחסר).

אות ו'

השמיט בה הקורא פסוק אחד, לא יאמר אקרא את כולה ואחר כך אקרא אותו פסוק, אלא קורא מאותו פסוק ואילך

סימן תרצ ס"ו - קרא פסוק א' ודילג השני וקרא שלישי, ואח"כ חזר וקרא השני, לא יצא, מפני שקרא למפרע פסוק אחד - היינו בקורא אח"כ פסוק רביעי, אלא אחר שחזר וקרא פסוק שני, צריך לקרות שוב פסוק שלישי, וזהו שמסיים: **אלא כיצד יעשה, מתחיל מפסוק שני ששכח, וקורא על הסדר.**

וה"ה אם קרא אחר הדילוג, כל המגילה או ענין אחד, ואח"כ קרא פסוק הנדלג, לא יצא, **וה"ה** אם קרא תיבה אחת למפרע, כ"ז בכלל למפרע, וצריך לחזור ולקרות על הסדר.

אות ז'

נכנס לבית הכנסת ומצא צבור שקראו חציה, לא יאמר אקרא חציה עם הצבור ואח"כ אקרא חציה, אלא קורא אותה מתחילתה ועד סופה

רמב"ם פ"ב מהל' מגילה ה"ב - מצא צבור שקראו חציה, לא יאמר אקרא חציה האחרון עם הצבור, ואחזור ואקרא חציה ראשון, שזה קורא למפרע; אלא קורא מתחילה ועד סוף על הסדר.

אות ח'

אלא דמנחה מגילה קמיה וקרי לה מינה פסוקא פסוקא, וכתב לה

סימן תרצ סי"ג - ו) היה כותבה, שקורא פסוק במגילה שהוא מעתיק ממנה וכותבה, אם כיון לבו לצאת י"ח, יצא - היינו אפילו אם באופן זה היתה קריאת כל המגילה, כשרה, הואיל שכיון לצאת בזה י"ח, **ואם** לא כיון לצאת אפילו רק פסוק ראשון, אף שמשם ואילך התכוין לצאת, לא יצא, [דהוי כמי שלא קרא כלל, **וגרע** מקריאה בע"פ, דקימ"ל דבמקצתו יצא].

סתם בזה כהפוסקים דס"ל, מצות צריכות כונה לצאת ידי המצוה, **ועיין** לעיל בסימן ס' ס"ד, [ולפי מה שהכרענו שם, אין לחלק בין יממא, שהוא מדברי קבלה וכד"ת דמיא, לקריאה דלילה שהוא מדרבנן].

ז) והוא שתהא כתובה כולה לפניו במגילה שהוא מעתיק ממנה.

אות ט'

אסור לכתוב אות אחת שלא מן הכתב

יו"ד סימן רעד ס"ב - צריך שיהיה לפניו ספר אחר, שיעתיק ממנו, שאסור לכתוב אות אחת שלא מן הכתב - וכתב הר"ן בפ"ב דמגילה, דמוכח בירושלמי, דאם כתב שלא מן הכתב, אסור לקרות בו שלא בשעת הדחק, **והר"ר** מנוח כתב דוקא לכתחלה, אבל אם עבר וכתב שלא מן הכתב, לא פסל. **וצ"ע** אי אותן פרשיות שבתפילין יכול לכתוב בספר תורה שלא מן הכתב, כיון דגריסן, ע"כ, עכ"ל ב"י ומביאו ד"מ - ש"ך. **וצריך שיקרא כל תיבה בפיו קודם שיכתבנה.**

סימן תרצא ס"ב - הגה: גם צריך לכתבה מן הכתב (ר"ן) - וה"ה אם אחד מקריא אותו בע"פ כדי שלא יטעה, (**ואפילו** אם היתה שגורה היטב על פיו, צריך לכתוב מן הכתב, **ומה** שהתירו לענין תפילין, התם משום דמצוי הוא לכו"ע להיות שגורות, משא"כ במגילה).

ואם עבר וכתב בע"פ שלא מן הכתב, י"א דאסור לקרות בה אלא בשעת הדחק.

ולהוציא כל תיבה מפיו קודם שיכתבנה, כמו בספר תורה (מהרי"ל) - היינו אפילו אם כותב אותה מתוך הכתב, [הסכמת אחרונים לעיל בסי' ל"ב סעיף ל"א, ע"ש במ"ב], **והיינו** לכתחלה, ובדיעבד אין להחמיר אם לא טעה.

אות י'

תפלין אין צריכין שרטוט

סימן לב ס"ו - אין (צריך) לשרטט כי אם שטה עליונה - משום דתפילין אין עליה הלמ"מ לשרטט כמו מזוזה, רק משום דאסור לכתוב ג' תיבות מפסוק בלי שרטוט, ע"כ כשמשרטט שיטה עליונה די, כי סתם בני אדם יודעים לאמן ידם לכתוב כל השיטות ישרות אחר שכתבו שיטה עליונה, **וקאמר** "אין צריך", משום דאם ירצה לשרטט כל השיטין כדי לכתוב יותר ביושר ליפות השיטות, הרשות בידו.

ואם אינו יודע ליישר השטה בלא שרטוט, ישרטט כל השורות - פי' לכתחלה משום "זה אלי ואנוהו", אבל בדיעבד אפילו אם לא שירטט, וכתב השיטות עקומות, אין לפסול התפילין.

ולא ישרטט בעופרת, מפני שהמקום השרטוט נשאר צבוע - וכן בדיו ובסיקרא וכל כיוצא בזה, ואפילו בין השיטין אסור לשרטט בו, **וכל** זה לכתחלה, אבל בדיעבד אין להחמיר, כן כתב הל"ח

באר הגולה

ה) אוקימתא דגמרא שם, ורובה קרוי כולה, כפי' הרמב"ם וכ"כ הטור וא"ח ו) במשנה י"ז. ז) שם בגמ' י"ח

והא"ר, **ובתשובת** דבר שמואל מפקפק בזה מאוד, אם משורטט בשום צבע שחור, מחמת נגיעת אות באות ע"י השירטוט השחור, אם לא דכתב מתחת השירטוט.

הגה: וי"א שצריך לשרטט תמיד למעלה ולמטה ומן הצדדים, אעפ"י שיודע לכתוב בלא שרטוט, וכן נוהגין – (וכהיום נהגו הכל לשרטט בכל השיטין).

(יש לעיין קצת, אם שירטט כל השורות, אם צריך ג"כ לשרטט מן הצדדים, או לא, **וספק** זה יש להסתפק בס"ת ומזוזה, דשם השירטוט כולו הוא לעיכובא, **ונראה** דבדיעבד אין להחמיר בזה אפילו במזוזה, כי לא נזכר בכל מקום רק שירטוט בין השיטין, **וכ"ש** לפי מה שנראה מרדב"ז, דטעם השירטוט אפילו במזוזה הוא כדי ליישר השיטין, בודאי אין להחמיר בזה).

(**ועיין** בספר ב"ש שכתב, שנ"ל שטוב לשרטט להשיטין לצד השיער, ולמעלה ולמטה ולהצדדים ישרטט לצד הבשר).

(**ודע**, דשירטוט של תפילין, לכו"ע א"צ להיות לשמה).

(**ובדיעבד** אם לא שירטט אפילו שיטה עליונה, לדעת המחבר, או מכל צד לדעת הרמ"א, תלוי בין שיטת ר"ת ושארי פוסקים, **דלר"ת** שכתב דס"ת אין צריכה שירטוט, רק בשיטה עליונה לדעת המחבר, או מכל צד לדעת הרמ"א, ובדיעבד נפסל בזה, א"כ ה"ה בתפילין, דחד דינא אית להו לשיטתו, **אבל** לפי מה דפסקינן ביו"ד, דס"ת צריכה להיות שירטוט בכולה כמו מזוזה, א"כ אין לנו ראיה לפסול התפילין בדיעבד אף אם לא שירטט כלל, כן איתא בביאור הגר"א בקצרה, ובדבריו ניחא שלא כתב המחבר לפסול בדיעבד, כמש"כ להדיא ביו"ד, בס"ת ומזוזה).

אות כ'

מזוזות צריכין שרטוט

יו"ד סימן רפח ס"ח - צריכה שרטוט; ואם כתב בלא שרטוט, פסולה – (עיין ב"ח או"ח סימן ל"ג, דצריך שרטוט לשמה – רעק"א).

(**עיין** בתשובת רבינו עקיבא איגר זצ"ל, במזוזה שנמצא שהאותיות נכתבין בין שרטוט לשרטוט, אם יש תקנה לשרטט עתה בראשי השורות כדינו, **והשיב** דלא מהני, וראיה מסוגיא דמנחות, טעמא דאין מורידין כו' והא קיי"ל דתפילין א"צ שרטוט ומזוזה צריכה שרטוט, ואם איתא דמהני שרטוט אחר הכתיבה, מאי קושיא הא יכול לשרטט עכשיו, **וכן** משמע מלשון הרמב"ם ושו"ע, שכתבו ואם לא שרטט פסולה, משמע דאין לזה תקנה, [**ומבואר** שם דלאו משום דבעי במזוזה כסדרן, לכן לא מהני שרטוט אח"כ, דזה אינו, דהא אין חסרון בגוף האותיות, והוי רק תיקון אחר, כמו חקיקת נגיעה דמהני במזוזה, **אלא** צ"ל דמאחר דהלל"מ דבעי שרטוט, אי כתב בלא שרטוט, לאו שמה כתיבה, וצ"ע בזה לענין ס"ת], **וכתב** עוד דיש להסתפק אם שרטט בבדיל קודם הכתיבה, ולאחר הכתיבה בעוד שהשרטוט דבדיל היה קיים, היה משרטט בקנה כדין, **די"ל** כיון דלא היה פעם בלא שרטוט, והכתיבה היה כדינו, דמהני, **ואף** לאחר שנתפשטו השרטוטים דבדיל, י"ל דמהני לשרטט בקנה, כיון דהכתיבה היה בהכשר, וגם עתה נשרטט בקנה, ומה דבינתיים לא היה משורטט, י"ל דאינו גרע, דלא הוי דיחוי, כיון דבידו לשרטט, והוי כמו קבל הכשר ונתן לפסול בפ"ג דזבחים דף ל"ד, וצ"ע לדינא, עכ"ד, ע"ש - פת"ש).

אות ל'

אידי ואידי נכתבות שלא מן הכתב

סימן לב סכ"ט - אם אין הפרשיות שגורות בפיו - והיינו בעת שהוא מתחיל לכתוב, דמסתמא עדיין אין בקי בקריאתן בע"פ כראוי, ובפרט במלא וחסר, **צריך שיכתוב מתוך הכתב** - או מפי מקריא כדי שלא יטעה.

ואם מקצת הפרשה שגורה בפיו, מותר לכתוב אותו מקצת בע"פ, **ועיין** בב"ח שכתב, דמ"מ מצוה מן המובחר לכתוב בכל גווני מתוך הכתב.

סימן לב סל"א - אם אינו כותב מתוך הכתב, לא יכתוב על פה שמקרא אותו אחר - וכ"ש אם הוא כותב ע"פ בלי מקריא, **אלא אם כן יחזור הוא ויקרא בפיו** - כל תיבה ותיבה קודם שיכתבנה, כדי שלא יטעה, ואפי' הוא שגור בפיו ג"כ, [והראיה ממשה רבינו ע"ה].

משמע דכשכותב מתוך הכתב, א"צ להוציא בפה, **ומיירי** דוקא כששגורות לו ג"כ, ואז לא חיישינן שמא יטעה - מ"א וא"ר, **אבל** הרבה מאחרונים חלקו ע"ז, ופסקו דבכל גווני צריך להוציא התיבה מפיו קודם שיכתבנה, **והטעם** כתב הב"ח, דכך היא מצות כתיבת סת"מ, כדי שתהא קדושת הבל קריאת כל תיבה ותיבה היוצא מפי הקורא, נמשכת על האותיות כשכותב אותן בקלף, **וכ"ז** לכתחלה, אבל בדיעבד אין נפסל בכל גווני אם לא טעה.

§ מסכת מגילה דף יט. §

אות א'

בן עיר שהלך לכרך, ובן כרך שהלך לעיר, אם עתיד לחזור למקומו, קורא כמקומו; ואם לאו, קורא עמהן

סימן תרפח ס"ה - סעיף זה הוא לשון הרמב"ם, ומפני שרבים מתקשים בסעיף הזה, מוכרח אני להרחיב הדבור קצת, ונבארו כפי מה שפירשוהו המגיד והכסף משנה, [דסובר כרש"י, ובפרט דכמה ראשונים העתיק שיטת רש"י לדינא], וכן משמע מהגר"א, וצריכין אנו לידע שלשה דברים: **א)** דאם הוא שייך לערי הפרזות אפי' יום אחד, קרוי פרוז, וקורא בי"ד, וכן אם הוא שייך למוקפין אפי' יום אחד, קרוי מוקף, וקורא בט"ו, **ב)** זמן קריאה הוא העיקר ביום, וכיון שהיה בערי הפרזות בהתחלת היום י"ד, קורא בי"ד, וכן כה"ג לענין מוקפין ביום ט"ו, **ג)** זמן קריאה שכותב המחבר, היינו זמן קריאת המקום שהוא בו עתה, לא זמן שיצא משם, (ומ"מ למעשה אני מבקש מהקורא שלא יסמוך עלי לענין ברכה).

[א]בן עיר שהלך לכרך, או בן כרך שהלך לעיר, אם היה [ב]דעתו לחזור למקומו [ג]בזמן קריאה ונתעכב ולא חזר, קורא כמקומו; ואם לא היה בדעתו לחזור אלא לאחר זמן הקריאה, קורא עם אנשי המקום שהוא שם.

‹**פי'** לציור בן עיר שהלך לכרך› - "בן עיר שהלך לכרך, אם היה דעתו בעת נסיעתו לחזור למקומו בזמן קריאה", ר"ל בזמן קריאה של ט"ו, דהיינו משהאיר היום לא יהיה שם, כי יחזור משם קודם אור היום, **אף** שלבסוף רואה שהוא מוכרח להתעכב שם גם על יום ט"ו, **מ"מ** אינו נקרא בשם מוקף, וקורא ביום י"ד בהיותו בכרך, [וזהו שכתב המחבר: ונתעכב וכו'. **ומה** שכתבתי דתליא במחשבה בעת יציאתו, ‹מש"כ "בעת נסיעתו"›, כן הסכים במטה יהודא, ודלא כלחם משנה], ‹שכתב "אם דעתו בהליכה"›, **אבל** אם בעת נסיעתו "לא היה בדעתו לחזור מן הכרך אלא לאחר זמן הקריאה", דהיינו בבקר של ט"ו, שאז כבר הוא זמן הקריאה, אז חל עליו שם מוקף, וקורא עמהן ביום ט"ו, [**ויש** מן האחרונים שכתבו, שלא די בהתחלת בקר, רק שיהיה פנאי לקרות המגילה באותו עת, אבל לילה לחוד בודאי לא סגי], **ואפי'** אם אח"כ חזר לעירו ביום ט"ו, קורא שם אם לא קרא מתחלה בכרך.

‹**פי'** לציור בן כרך שהלך לעיר› - "בן כרך שהלך לעיר, אם היה דעתו בעת נסיעתו לחזור למקומו בזמן קריאה", דהיינו שיחזור משם בליל י"ד קודם שיאיר היום, דהוא זמן קריאה, **ואף** שלבסוף היה שנתעכב ולא חזר, קוראו כמקומו, דהיינו ביום ט"ו, **אבל** "אם לא היה בדעתו בעת נסיעתו לחזור משם רק לאחר זמן קריאה", דהוא ביום י"ד בבוקר, חל עליו חובת הקריאה של העיר, **וע"כ** אף שחזר באותו יום ובא לכרך, צריך לקרוא באותו יום י"ד, דהוא נקרא "פרוז בן יומו".

וכתב הט"ז, דכ"ז דוקא אם היה שם בעיר בתחלת היום, אבל אם חזר למקומו שהוא כרך, קודם היום, לא מועיל מה שחשב מתחלה להיות בעיר בעת קריאת העיר, [עיין פמ"ג] ‹דחולק ע"ז›.

‹**ועיין** בש"ג ובביאור הגר"א שהעתיקו דברי הירושלמי לדינא, **שבן עיר שעקר דירתו בליל ט"ו והלך לו לכרך, נתחייב כאן וכאן**›.

הגה: ואם הוא במדבר או בספינה, קורא ביום י"ד כמו רוב העולם (כל בו) - אפילו הוא מבני הכרכין.

אות ב'

ומהיכן קורא אדם את המגילה ויוצא בה ידי חובתו, רבי מאיר אומר כולה

סימן תרצ ס"ג- [ד]צריך לקרותה כולה - והוא לעיכובא, [ולאפוקי ממאן דאמר בגמרא, דעיקר חיובא הוא מאיש יהודי, או מאחר הדברים האלה, ששם מתחיל עיקר הנס], **ודעת** רוב הפוסקים, שאפילו אם חיסר ממנה רק תיבה אחת, לא יצא.

אות ג'

לא שנו אלא שעתיד לחזור בלילי ארבעה עשר וכו'

סימן תרפח ס"ה - עיין אות א'.

אות ד'

צריכה שתהא כתובה כולה

סימן תרצ ס"ג- [ה]וצריך שתהא כתובה כולה לפניו לכתחלה.

באר הגולה

[א] **רמב"ם ממשנה י"ט. וכאוקימתא דרבא וכפי' רש"י** [ב] ‹והנה מדברי הרב המגיד ז"ל בדין זה, נראה דהבין בדעת רש"י ז"ל, דאע"פ שהיה דעתו לחזור למקומו ונתעכב, אפי' הכי אינו קורא כמקומו, דמחשבה לא מהניא, אלא מעשה בעינן, שלא כדעת רבינו יעו"ש, **ואע"ג** שרש"י ז"ל לא פי' כן בפירוש, נראה דלמדו הרה"מ מכלל דבריו, שכתב וז"ל "אלא שעתיד לחזור בליל י"ד: אם קודם עמוד השחר יצא מן העיר, הוא דקתני שאין צריך לקרות עמהם בליל י"ד, אע"פ שהוא עודנו שם, הואיל וביום לא יהיה שם", עכ"ל, **ומדכתב** "יצא מן העיר", וכן ממ"ש "הואיל וביום לא יהיה שם", דמשמע דדוקא כשיצא ולא יהיה שם הוא דקורא כמקומו, **דאל"כ** היה לו לומר במקום מש"כ "יצא" "עתיד לצאת", וכן במקום מש"כ "לא יהיה שם", ג"כ הו"ל לומר "עתיד לצאת", כדי שיהא מובן דמחשבתו מהני במה שהיה חושב לצאת משם אע"פ שלא יצא, **אלא** ודאי מדלא כתב כן, משמע דמחשבה לא מהניא לדעת רש"י ז"ל, {**דלרש"י** הכל תלוי בגמר המעשה, ומחשבה לא מעלה ולא מוריד, ולרמב"ם הכל תליא במחשבה, **ולא** הביא {המגיד משנה, וכן לכאורה הבאר הגולה} פי' רש"י אלא לענין דרמב"ם כרש"י בפירוש י"ד וט"ו, לא כרא"ש ולא כפירוש הראשון של הכסף משנה – פמ"ג}. **אלא** דאי מהא עדיין אין ראיה, שהרי אפשר לומר דמ"ש "יצא", ר"ל יֵצֵא, וקאי על מש"כ "אלא שעתיד לחזור", דהיינו אמחשבתו, וכן מש"כ "וביום לא יהיה שם", קאי נמי אמ"ש "אלא שעתיד לחזור", כלומר שמחשבתו לחזור ולא להיות שם ביום, ואז קורא כמקומו אע"פ שלא יצא משם ביום י"ד – שם יוסף› ‹**והר"ן** ז"ל דעתו, דהכל בדעתו תליא ואף לרש"י – פמ"ג› [ג] **ר"ל בזמן קריאת המקום שהוא בו עתה, לא זמן המקום שיצא משם, כ"כ ה"ה** [ד] **משנה י"ט וכר"מ שם בגמרא** [ה] **מימרא דרב שם י"ט לכולי עלמא**

קנקנתום חרתא דאושכפי דיפתרא דמליח וקמיח ולא עפיץ נייר מחקא: עד שתהא כתובה אשורית: דכתיב ככתבם וכזמנם: על הספר ובדיו וכו': מנלן אתיא כתיבה כתיבה כתיב הכא ותכתב אסתר המלכה וכתיב התם ויאמר להם ברוך מפיו יקרא אלי את כל הדברים האלה ואני כותב על הספר בדיו: מתני' בן עיר שהלך לכרך ובן כרך שהלך לעיר אם עתיד לחזור למקומו קורא כמקומו ואם לאו קורא עמהן ומהיכן קורא אדם את המגילה ויוצא בה ידי חובתו ר"מ אומר כולה ר' יהודה אומר מאיש יהודי רבי יוסי אומר מאחר הדברים האלה: גמ' אמר רבא לא שנו אלא שעתיד לחזור בלילי ארבעה עשר אבל אין עתיד לחזור בלילי ארבעה עשר קורא עמהן אמר רבא מנא אמינא לה דכתיב על כן היהודים הפרזים היושבים בערי הפרזות מכדי כתיב היהודים הפרזים למה לי למיכתב היושבים בערי הפרזות הא קמ"ל דפרוז בן יומו נקרא פרוז אשכחן פרוז מוקף מנא לן סברא הוא מדפרוז בן יומו קרוי פרוז מוקף בן יומו קרוי מוקף ואמר רבא בן כפר שהלך לעיר בין כך ובין כך קורא עמהן מאי טעמא האי כבני העיר בעי למקרי ורבנן הוא דאקילו על הכפרים כדי שיספקו מים ומזון לאחיהם שבכרכין הני מילי כי איתיה בדוכתיה אבל כי איתיה בעיר כבני עיר בעי למקרי איתיביה אביי בן כרך שהלך לעיר בין כך ובין כך קורא כמקומו קורא ס"ד באם עתיד לחזור תליא מילתא אלא לאו בן כפר ולאו תרוצי מתרצת תני קורא עמהן: מהיכן קורא אדם את המגילה וכו': תניא רשב"י אומר מבלילה ההוא א"ר יוחנן וכולן מקרא אחד דרשו ותכתב אסתר המלכה ומרדכי היהודי את כל תוקף מאן דאמר כולה תוקפו של אחשורוש ומאן דאמר מאיש יהודי תוקפו של מרדכי ומ"ד מאחר הדברים האלה תוקפו של המן ומ"ד מבלילה ההוא תוקפו של נס רב הונא אמר מהכא ומה ראו על ככה ומה הגיע אליהם מ"ד כולה מה ראה אחשורוש שנשתמש בכלים של בית המקדש על ככה משום דחשיב שבעים שנין ולא איפרוק ומה הגיע אליהם דקטל ושתי ומ"ד מאיש יהודי מה ראה מרדכי דאיקני בהמן על ככה דשוי נפשיה ע"ז ומה הגיע אליהם דאתרחיש ניסא ומ"ד מאחר הדברים האלה מה ראה המן שנתקנא בכל היהודים על ככה משום דמרדכי לא יכרע ולא ישתחוה ומה הגיע אליהם ותלו אותו ואת בניו על העץ ומ"ד מבלילה ההוא מה ראה אחשורוש להביא את ספר הזכרונות על ככה דזמינתיה אסתר להמן בהדיה ומה הגיע אליהם דאתרחיש ניסא א"ר חלבו אמר רב חמא בר גוריא אמר רב הלכה כדברי האומר כולה ואפי' למאן דאמר מאיש יהודי צריכה שתהא כתובה כולה וא"ר חלבו אמר רב חמא בר גוריא אמר רב מגילה נקראת ספר ונקראת אגרת נקראת ספר שאם תפרה בחוטי פשתן פסולה ונקראת אגרת שאם הטיל בה שלשה חוטי גידין כשרה אמר רב נחמן ובלבד שיהו משולשין אמר רב יהודה אמר שמואל הקורא במגילה הכתובה בין הכתובים לא יצא אמר רבא לא אמרן אלא דלא מחסרא ומייתרא פורתא אבל מחסרא ומייתרא פורתא לית לן בה לוי בר שמואל הוה קא קרי קמיה דרב יהודה במגילה הכתובה

(אסתר ט) (ירמיה לו) (אסתר ט)

רש"י

חרתא דאושכפי · שם שטבעין בו מנעלים שחורין: קמיח · בקמח: ולא עפיץ · מעובד בעפצים שקורין גל"ש: מחקא · מין עשבים עשוי על ידי דבק: מתני' בן עיר · שזמנו בארבעה עשר: לכרך · שזמנו בחמשה עשר: אם עתיד לחזור למקומו · כחובת מקומו בן עיר בארבעה עשר בן כרך בחמשה עשר: גמ' לא שנו · דבן כרך שהלך לעיר ועתיד לחזור למקומו קורא בחמשה עשר ולא בארבעה עשר: אלא שעתיד לחזור בליל ארבעה עשר · אם קודם עמוד השחר יצא מן העיר הוא דקתני שאינו צריך לקרות עמהן בלילי י"ד אע"פ שעודנו שם הואיל וביום לא יהיה שם אין זה אפילו פרוז בן יומו: אבל אין עתיד · לצאת משם בלילה דהשתא הוי פרוז לאותו יום אע"פ שעתיד לחזור למחר ליום (*אחר) [נ"ל אחד] נקרא פרוז וקורא עמהן בין בלילי י"ד בין בי"ד וה"ה לבן עיר שהלך לכרך אם עתיד לחזור בלילי ט"ו שלא יהא שם ביום ט"ו לא הוי מוקף ליומו וקורא בי"ד כחובת מקומו ואע"פ שהוא בכרך אבל אין עתיד לחזור בלילי ט"ו אין צריך לקרותה בי"ד וממתין וקורא עמהן אע"פ שסופו לחזור לאחר זמן: מנא (א) ליה · דמשום ההוא יומא חשיב כוותייהו: בן כפר · שהקדים וקרא ליום הכניסה ואח"כ הלך לעיר והיה שם לילי י"ד: בין כך ובין כך · אפילו עתיד לחזור ולצאת משם קודם היום קורא עמהן בלילה: כבני העיר בעי מקרי · כל הפרזים זמנם בארבעה עשר בין כפרים בין עיירות [לעיל ג. ד.] ורבנן הוא דאקילו עלייהו להקדים ליום הכניסה [לעיל ד: מסיק הכא מפני שמספקין]: והני מילי · דאקילו עלייהו דאין צריך לחזור ולקרות בארבעה עשר כי איתיה בכפר: *מאחר הדברים האלה · גידל המלך וכו' [שייך לעיל במשנה]: כל תוקף · לקיים אגרת הפורים על תוקף הקפיד להזכיר: תוקפו של אחשורוש · ומתחילתה היא מדברת בתוקפו עד סופה [תוס' פ"ב ושם איתא רשב"א]: ומה ראו על ככה · המגילה נכתבת ונקראת להודיע לדורות מה ראו באותו הזמן שעשו מה שעשו ומפרש על ככה מה ולפרש מה הגיע על העושים: נקראת ספר · וכתוב בספר: שאם תפרה בחוטי פשתן פסולה · דאיכא למאן דאמר במסכת מכות (דף יא.) ספר תורה שתפרו בפשתן פסולה: ונקראת אגרת · עומר שהיא תפורה כספר: שיהו משולשין · שיהא מראש התפר א] עד מקום תפירת הגיד כממנו ועד הגיד השני ומן השני לשלישי כמשלישי לסוף הספר [לעיל יח.]: הכתובה בין הכתובים · ספרים שהיו בימי החכמים כולן בגליון כספר תורה שלנו [לעיל י: ועיין תוספות שבת עט: ותוס' סנהדרין סח: ד"ה רבא אמר]: לא יצא · דבעינן אגרת לעצמה דמיפרסם ניסא טפי דכי קורא בין הכתובים נראה כקורא במקרא [לעיל יח:]: לא מחסרא לו מייתרא · ארוכה משאר הקלפים למעלה או למטה או קצרה מהן ויש לה היכר לעצמה [שם]: ומחו

תוספות

דיפתרא דמליח וקמיח ולא עפיץ · קשיא לר"י היאך כותבין על קלפים שלנו דלא עפיצי ספר תורה ותפלין ומגילה ותירץ רבינו תם שהסיד שאנו טוחנין בקלפים שלנו מהני כעפצים ותדע דבפרק שני דגיטין (דף יט.) אמר דבלא עפיץ יכול להזדייף ושלנו אין יכול להזדייף על הלבן*:

על הספר ובדיו · פירש ר"ת שהדיו שלנו הוא דיו גמור אבל של עפצים לא הוי דיו והכי משמע פ"ב דגיטין (גז"ש) (ב) דתניא בכל כותבין בדיו ובסם ומסיק בכל דבר של קיימא ומסיק לאתויי מאי ומשני לאתויי הא דתניא רבי חייא כתבו במי טריא ועפצא כשר ומדאצטריך לאתויי עפצא מרבוייא בתר דתני דיו שמע מינה דעיקר דיו לא הוי מעפצא ומטעם זה רצה לפסול ספר תורה הכתובה מדיו של עפצים והאשכנזים השיבו לו דהתם מיירי במים ששרו בהן עפצים אבל אותו שעשו מגוף העפצים ודאי הוא טוב ומ"מ נראה דאותו שלנו הוי עיקר דיו כדמשמע פרק כל היד (נדה דף כ.) דרבי אמי פלי קורטא דדיותא ובדיק פירוש משבר חתיכה של דיו ובדיק ביה דם שחור ובאותו שלנו שייך שבירה ולא באותו של עפצים:

בן כפר שהלך לעיר בין כך ובין כך קורא עמהם · פירש רש"י ואע"פ שקרא כבר ליום הכניסה וקשיא למה יחזור ויקרא שני פעמים ומ"מ נראה דשפיר פי' רש"י דכיון שהיה בעיר בלילה נעשה כבני העיר ואע"פ שעתיד לחזור (ג) (בו) בי"ד ואע"פ שקרא ביום הכניסה דהא דאמרי' כפרים מקדימים ליום הכניסה כדי שיספיקו מים ומזון לאחיהם שבכרכים ופטורים ממגילה היינו דווקא כשאינם שוהים שם בליל י"ד אלא ביום י"ד באים שם אבל כששוהים שם בליל ארבעה עשר ודאי דינם כבני העיר אע"פ שקראו כבר:

ובלבד שיהו משולשין · נראה כמו שפרש"י שיהיה *מראש התפר עד הגיד כמגיד לגיד חבירו בין מלמעלה בין מלמטה והכי נמי משמע במכות (דף ט: ושם) גבי עדי מקלט דקאמר ושלשת שיהו משולשין מדרום לחברון כמחברון לשכם ומשכם לקדש כמקדש לצפון שמע מינה דמשולשין משמע הכי ולא כמו שמפרשים שישים הגיד בראש הדף ובאמצעיתו ובסופו:

עין משפט נר מצוה

כו א מיי' פ"א מהלכות מגילה הלכה ט סמ"ג עשין ד טוש"ע א"ח סי' תרצא סעי' ב:

[ועי' תוספות שבת עט: ד"ה קלף ותוס' מנחות לא: ד"ה כאן]

כז ב מיי' שם הלכה ג טור ש"ע א"ח סי' תרצ סעיף ג:

כח ג מיי' שם הלכה י טור וש"ע א"ח סי' תרפח סעיף ה:

כט ד מיי' פ"ב שם הל' ו טוש"ע א"ח סי' תרצ סעיף ג:

ל ה ו מיי' פ"ב מהלכות מגילה הלכה יא סמג עשין ד טוש"ע א"ח סי' תרצא סעיף ה ו:

לא ז ח מיי' שם הלכה ח טוש"ע שם סעיף ח:

רבינו חננאל

מגרם גרסי להו. היתה כתובה בסם בסיקרא בקומוס כו'· סם · סמא. סקרא · סיקרתא שמה · קומוס · קומא · קנקנתום חרתא דאושכפי דיפתרא דמליח וקמיח ולא עפיץ נייר מחקא באלו כולו [לא] יצא עד שתהא כתובה על הספר ובדיו דגמר כתיבה כתיבה*) ויאמר להם ברוך מפיו יקרא אלי את כל הדברים האלה ואני כותב על הספר בדיו: מתני' בן עיר שהלך לכרך ובן כרך שהלך לעיר אם עתיד לחזור קורא כמקומו אמר רבא ל"ש בן כרך שהלך לעיר קורא כמקומו אלא שעתיד לחזור בליל י"ד ונזדמן לו ונתעכב לו ולא חזר קורא בט"ו כבני מקומו · אבל אינו עתיד לחזור בלילי י"ד קורא עמהם דכתיב על כן היהודים הפרזים למה לי עוד היושבים בערי הפרזות לא בא אלא ללמד דפרוז בן יומו קרוי פרוז · וכן מוקף בן יומו קרוי מוקף: ירושלמי ניחא בן כרך שהלך לעיר שזמנו מאוחר בן עיר שהלך לכרך ואין זמנו מוקדם**) לפיכך שנינו אם עתיד לחזור יום חזר הרי חוזר ואם לא נעשה מוקף · א"ר יוחנן לית כן בן עיר שהלך לכרך א"ר יוסי את כאן בעתיד להשתקע כו' נתברר הפירוש שפירשנו · אמר רבה בן כפר שהלך לעיר בין עתיד לחזור בכפר בין אינו עתיד לחזור קורא עמהם בי"ד דלא תקינו ליה רבנן לאקדומי ליום הכניסה אלא כי איתיה בכפר אבל כי איתיה בעיר כבני העיר בעי למיקרא · ומותיב אביי עליה ומתרץ הכי בן כפר שהלך לעיר בין כך ובין כך קורא עמהם: מהיכן קורא את המגילה ויוצא בה רבי מאיר אומר כו'. ואסיקנא כדברי האומר את כולה אמר [רבי חלבו אמר רב חמא בר גוריא] משמיה דרב מגילה נקראת ספר ללמד שאם תפרה בפשתן פסולה כספר תורה נקראת אגרת שאם הטיל בה ג' חוטי גידין כשרה · ובלבד שיהו משולשין כלומר החוט כרוך זה אחר זה ג' פעמים ג' ג' בב' קצוות וג' באמצע · הקורא במגילה הכתובה בין הכתובים פירוש אם הן כתובים שנכתבו מגילה ומגילת אסתר בכללן · והיו רוחב היריעות הכתובות כולן מדה אחת פסולה ואם מיחסרא או מייתרא כגון שכל יריעה רחבה ג' זרתות והיריעות שכתובה בהן מגילת אסתר רחבן ג'

*) כתיב הכא ותכתוב אסתר המלכה וכתיב התם ויאמר כו'. **) נראה דצ"ל כלומר ואין שנינו אם עתיד לחזור אם חזר הרי חזר ואם לא כו'.

הגהות הב"ח

(א) רש"י ד"ה מנא לן למימרא לה דמשום הכא: (ב) תוס' ד"ה על הספר וכו' דתנן בכל כותבין בדיו ובסם ובסיקרא ובכל דבר: (ג) ד"ה בן כפר וכו' שעתיד לחזור בליל י"ד ואע"פ:

גליון הש"ס

תוספות ד"ה ובלבד שיהו כו' מראש התפר · עיין מנחות דף לט ע"א תוספות ד"ה שיהו משולשים ושם איתא מראש הדף וכו' וכן נכון:

הגהות מהר"ב רנשבורג

א] רש"י ד"ה שיהו משולשין שיהא מראש התפר וכו' · נ"ב עיין מהרש"א ז"ל שהאריך וכהנים גליון רש"י פעמים כספר מתח התפר · ועיין מנחות דף לט ע"א תוספות ד"ה שיהו וכו' משמע כדבריו ודבריהם סותרים לכאורה עיי"ש ודו"ק:

אות ה' – ו'

שאם תפרה בחוטי פשתן פסולה

שאם הטיל בה שלשה חוטי גידין כשרה, אמר רב נחמן: ובלבד שיהו משולשין

סימן תרצ"א ס"ה - [ו]**אם תפרה בחוטי פשתן, פסולה.**

סימן תרצ"א ס"ו - [ז]**אם הטיל בה ג' חוטי גידים, כשרה, ובלבד שיהיו משולשות** – (רש"י פי' שמחלק לד' חלקים את אורך היריעה, ויהיה תפירה אחת למעלה בסוף רביע, והשניה בסוף חציה, והשלישית בתחלת הרביע של צד מטה, והרי"ף פי' משולשין כפשוטו, שנים בשני ראשי היריעה, ואחת באמצע ממש, והרמב"ם מפרש משולשין, ג' תפירות בראש היריעה, וג' בסופה, וג' באמצעיתה).

ומפני שיש בו פירושים שונים, [ח]**צריך לצאת ידי כולם, ויעשה שלשה תפירות בראשה** - של כל יריעה ויריעה, **וג' בסופה, וג' באמצעיתה, ותפירה אחת בחלק הרביעי מצד זה, ותפירה אחת בחלק הרביעי שמצד האחר** - כי צריך לשער היריעה כאלו נחלק לד' חלקים.

ועיין בח"א שכתב, דאם תפורה כולה בגידין, א"צ לדקדק כמה תפירות.

הגה: ואם אין לו גידין יותר, [ט]**מוטב לתפור הנשאר בחוטי פשתן מלהניחה בלא תפירה (הגהות מיימוני וכל בו);** [י]**אבל אם יש לו גידין, יתפור כולה בגידין; והתפירה תהיה מבחוץ ולא מבפנים (רבינו ירוחם בשם מסכת סופרים).**

אות ז' – ח'

הקורא במגילה הכתובה בין הכתובים, לא יצא

לא אמרן אלא דלא מחסרא ומייתרא פורתא, אבל מחסרא ומייתרא פורתא, לית לן בה

סימן תרצ"א ס"ח - [יא]**אין קורין בצבור במגילה הכתובה בין הכתובים, ואם קרא,** [יב]**לא יצא** - הטעם, דלא הוי פרסומי ניסא, דמיחזי כקורא במקרא. **וכל** בי עשרה מקרי צבור.

(בטורי אבן פי', דדוקא בזמן שאין קורין את המגילה אלא בצבור, והיינו שלא בזמנה, דבעי פרסומי ניסא, לכן מגילה הכתובה בין הכתובים דליכא פרסומי ניסא, לא יצא, **אבל** בזמנה לא חיישינן להא דכתובה בין הכתובים).

אלא א"כ היתה [יג]**יתירה על שאר היריעות או חסרה, כדי שיהא לה** [יד]**היכר** - היינו שהיתה ארוכה משאר הקלפים למעלה או למטה, או חסרה, ועי"ז יש לה היכר לעצמה, [רש"י].

אבל היחיד קורא בה, [טו]**ואפילו אינה חסרה או יתירה, ויוצא בה ידי חובתו** - דבלא"ה ליכא פרסומי, (**משמע** אף לכתחלה, אף שיש לו מגילה כתובה לבדה, ויכול לקרות בזו – פמ"ג, **אבל** הרי"ף והרא"ש והטור כתבו, ד"יצא" – ביאור הגר"א).

[טז]**ודוקא כשהיא כתובה בגליון כס"ת.**

באר הגולה

ו מימרא דרב שם י"ט | ז שם | ח פי' רש"י ותוס' ופי' הרי"ף ופי' הרמב"ם | ט ‹וכמ"ש ביו"ד סי' רע"ח ס"א {הובא עמוד ב' אות ב'}, והשאר יהיה תפור מראש עד סוף, ש"מ דהקפידא הוא שיהיה כספר א', ולהכי צריך שיתפור כולה – דמשק אליעזר› | י ‹ש"כשירה" משמע דיעבד – גר"א› | יא מימרא דרבי יוחנן שם | יב **כפי' רש"י** ‹אולי כוונתו לרש"י י"ט: ד"ה ומחו, שכתב "סתר מקצתה", ואילו לדעת הר"ן, דבדיעבד יצא, הרי סתר כולה – מכון ירושלים, וכן מקום הציון הוי ע"פ מה שהגיה המכון ירושלים› **וכן פסקו הרי"ף והרא"ש ורמב"ם** ‹וכתב הר"ן: ומחו ליה אמוחא לא אמרו אלא בצבור, יש מפרשים, לא אמרו לא יצא אלא בצבור, אבל ביחיד יצא, וכן דעת הרי"ף, **ולישנא** לא משמע הכי, דא"כ הו"ל למימר ה"מ בצבור, אבל ביחיד יצא, ומדקאמר ומחו ליה אמוחא, משמע שהם מחלישים כח הדבר בעצמו, **לפיכך** נראה דהכי קאמר, ומחו ליה אמוחא, שאין לך לומר לא יצא, שלא אמרו אלא בצבור, אבל ביחיד אפילו לכתחלה, הילכך אפילו בצבור דיעבד מיהא יצאו, עכ"ל, **אבל** הרמב"ם כתב בהדיא בצבור דיעבד נמי לא יצא, וכדעת הרי"ף, וכן דעת הרא"ש גם כן, והכי נקטינן – ב"י› | יג אוקימתא דרבא שם | יד פי' דמיפרסמא ניסא טפי, דכי קיימי בין הכתובים נראה כקורא במקרא, רש"י | טו טור | טז שם

אות ח*[י]

סימן תרצא ס"ט - [יח]**מגילה שהיא נקודה, וכן אם כתב בה בדף הראשון ברכות ופיוטים,** [יט]**אינה נפסלת בכך** - ולכתחלה לא יכתוב ברכותיה בה.

ואי ליכא מי שיודע לקרות בטעמים בע"פ, מותר לכתוב גם הטעמים במגילה, ולברך עליה, דלא גרע מניקוד, **ומ"מ** אם אין הטעמים במגילה, מותר לקרות בלא טעמים.

סימן תרצא ס"י - **אם אין מגילה כשרה,** [כ]**קורים אותה בחומש בלא ברכה** - ודוקא כשעשוי החומש בגלילה, ‹כספר תורה, ותפורה בגידין, אלא שנמצא בו דבר הפוסלו - ב"ח›, ומשום שי"א שיוצא בזה בשעת הדחק, **אבל** בחומש שלנו לכו"ע לא יצא - ב"ח ומ"א, **והפמ"ג** כתב, דראוי גם בזה לקרות בלא ברכה, שלא תשתכח תורת מגילה.

סימן תרצא סי"א - [כא]**אם קרא במגילה גזולה, יצא** - דאין גזל בקול. **הגה: ואם מברכים עליה, עיין לעיל סימן תרמ"ט לענין לולב הפסול** - צריך לומר "לענין לולב הגזול", **והוא הדין כאן** - ועיין בפמ"ג, דאפילו אם קנאו בשינוי מעשה וכדומה, אפילו הכי לא יברך.

באר הגולה

יז ‹מילואים› | יח רשב"א בתשובה | יט אבל לכתחילה אין לכתבה כך, דלדעת המרדכי היא פסולה ‹והמרדכי כתב בפרק בני העיר בשם אבי העזרי, דאין לכתוב ברכות במגילה, דאיתקש לספר תורה - ב"י› | כ בית יוסף לדעתו | כא טור בשם בעל התרומות, וכ"כ רשב"א בתשובה מדין שופר הגזול, ונתבאר בסי' תקפ"ו

עין משפט נר מצוה

[תרומות פ"א מ"ב]

לב א מיי' פ"ב מהל' מגילה הלכה ח סמג עשין ד טוש"ע א"ח סי' תרצא סעיף ח :

לג ב מיי' פ"ט מהל' ס"ת הלכה יד סמג עשין כה טוש"ע י"ד סי' רעח סעיף א [וטוש"ע א"ח סי' תרצא סעיף ז]:

לד ג מיי' פ"א מהלכות מגילה הלכה ב סמג עשין ד טוש"ע א"ח סי' תרפט סעיף ב :

לה ד מיי' פ"א מהלכות ברכות הלכה ז :

תורה אור

הכתובה בין הכתובים אמר ליה הרי אמרו הקורא במגילה הכתובה בין הכתובים לא יצא א"ר חייא בר אבא א"ר יוחנן הקורא במגילה הכתובה בין הכתובים לא יצא ומחו לה אמוחא *בצבור שנו ואמר רבי חייא בר אבא א"ר יוחנן שיור התפר הלכה למשה מסיני ומחו לה אמוחא ולא אמרו אלא כדי שלא יקרע ואמר רבי חייא בר אבא א"ר יוחנן אלמלי נשתייר במערה שעמד בה משה ואליהו כמלא נקב מחט סדקית לא היו יכולין לעמוד מפני האורה שנאמר °כי לא יראני האדם וחי (שמות לג) ואמר ר' חייא בר אבא א"ר יוחנן מאי דכתיב °ועליהם ככל הדברים אשר דבר ה' עמכם בהר (דברים ט) *מלמד שהראהו הקב"ה למשה דקדוקי תורה ודקדוקי סופרים ומה שהסופרים עתידין לחדש ומאי ניהו מקרא מגילה: **מתני'** *הכל כשרין לקרות את המגילה חוץ מחרש שוטה וקטן ר' יהודה מכשיר בקטן: **גמ'** מאן תנא חרש דיעבד נמי לא אמר רב מתנה ר' יוסי היא דתנן *הקורא את שמע ולא השמיע לאזנו יצא רבי יוסי אומר לא יצא וממאי דרבי יוסי היא ודיעבד נמי לא דלמא רבי יהודה היא ולכתחלה הוא דלא הא דיעבד שפיר דמי לא סלקא דעתך דקתני חרש דומיא דשוטה וקטן מה שוטה וקטן דיעבד נמי לא אף חרש דיעבד נמי לא ודלמא הא כדאיתא והא כדאיתא מדקתני סיפא רבי יהודה מכשיר בקטן מכלל דרישא לאו ר' יהודה היא (א) ודלמא כולה ר' יהודה היא מי דמי רישא לפסולה וסיפא לכשירה ודלמא כולה ר' יהודה היא ותרי גווני קטן קתני לה וחסורי מיחסרא והכי קתני הכל כשרין לקרות את המגילה חוץ מחרש שוטה וקטן בד"א בקטן שלא הגיע לחינוך אבל בקטן שהגיע לחינוך אפילו לכתחלה שר' יהודה מכשיר בקטן במאי אוקימתא כר' יהודה ודיעבד אלא הא דתני (ר') יהודה בריה דרבי שמעון בן פזי חרש המדבר ואינו שומע תורם לכתחלה מני אי רבי יהודה דיעבד אין לכתחלה לא אי רבי יוסי דיעבד נמי לא ואלא מאי ר' יהודה ואפי' לכתחלה אלא הא *דתניא *לא יברך אדם ברכת המזון בלבו ואם בירך יצא מני לא רבי יהודה ולא רבי יוסי אי ר' יהודה אפי' לכתחלה אי ר' יוסי אפי' דיעבד נמי לא לעולם

שיור התפר הלכה למשה מסיני · נראה דאף במגילה ובשאר ספרים בעינן שיור התפר כיון דטעמא הוי כדי שלא יקרע :

חוץ מחרש · סתם חרש *הוי אינו שומע ואינו מדבר אבל חרש דהכא מדבר הוא מדקרי המגילה ופקח הוא לכל דבריו חוץ מדבר זה שצריך שישמיע לאזנו :

ורבי יהודה מכשיר · קשה באיזה קטן מיירי אי בלא הגיע לחינוך מאי טעמא דרבי יהודה דמכשיר והא אמרינן בסוף פ' בתרא דר"ה השנה (דף כט.) כל שאינו מחויב בדבר אין מוציא אחרים ידי חובתן ואי הגיע לחינוך מאי טעמא דרבנן דפסלי והא כל האחרים נמי אין חייבין אלא מדרבנן וה"נ קשיא אמאי לא אמרינן דאתי דרבנן ומפיק דרבנן דהכי נמי אמרינן פ' מי שמתו (ברכות דף כ: ושם) דבן מברך לאביו אע"פ שהוא קטן ויוצא בברכתו ומוקי לה התם כגון שאכל האב כזית או כביצה דהוי שיעורא דרבנן ואתי קטן שחיובו דרבנן ומפיק האב שלא אכל אלא שיעורא דרבנן ואמאי לא אמרינן כן במגילה וכן בפ' לולב הגזול (סוכה דף לח. ושם) דאמר אין קטן מוציא [בקריאת הלל] ועונין אחריו מה (ב) שהן אומרים מאי שנא מברכת המזון וי"ל לעולם מיירי בקטן שהגיע לחינוך ואפ"ה פסלו רבנן משום דמגילה ליכא חיובא אפילו בגדולים אלא מדרבנן וקטן אין מחויב אלא מדרבנן אפילו בשאר מצות וגדול ליכא אלא חד דרבנן במגילה שהרי בשאר מצות הוא חייב דאורייתא *ולא אתי תרי דרבנן ומפיק חד דרבנן אבל ההיא דבהמ"ז מיירי שהקטן אכל כדי שביעה דהוי חובה דאורייתא וליכא אלא חד דרבנן ומפיק האב שלא אכל אלא שיעורא דרבנן ומ"מ קשיא דקאמרינן *דרב ששת ורב יוסף אמרי אגדתא בלילי פסחים ומוציאין האחרים משום דסברי מצה בזמן הזה דרבנן ולפי מה שפירש' קשה היכי אתו אינהו דהוו תרי דרבנן דהא סומא פטור מלומר האגדה ומפקי האחרים דחייבים מיהא דרבנן וליכא בהו אלא חד דרבנן *וי"ל דסומא עדיף מקטן שהרי נתחייב כבר מדאורייתא משא"כ בקטן*) :

ודלמא ר' יהודה היא · *משום דפסיק התם כרבי יהודה דחיק לאוקומי מתני' כוותיה :

אלא הא דתניא לא יברך אדם ברכת המזון בלבו · קשיא היכי מדמינן ברכת המזון לקריאת שמע בשלמא מגילה איכא למימר דסבר כמאן דאמר דצריך בקריאת שמע השמעת אוזן וסבר דתקינו רבנן מגילה כעין דאורייתא אבל ברכת המזון דהוי דאורייתא ולא כתיב ביה שמע מנלן לתקן ביה דצריך שישמיע לאזנו ויש לומר דקים ליה דגמרינן ברכת המזון מקריאת שמע : ולא

*) [וע"ע תוס' לקמן כד. ד"ה אבל וד"ה מי ותוס' ערובין צו. ד"ה דלמא]

ומחו לה אמוחא · לאחר שאמר שמועה זו הכה על קדקדה כלומר סתר מקצתה ואמר לא אמרו אלא בצבור : **שיור התפר** · כשתופרין יריעות של ספר תורה לחברן יחד משיירין בתפר למעלה ולמטה : **ומחו לה אמוחא** · לאחר שאמרה הכה על מוחה כלומר חזר וסתר ואמר לאו הלכה למשה מסיני הוא אלא חכמים אמרו : **כדי שלא יקרע** · שאם אינו משייר מהדק בחוזקה כשהוא מהדקו לספר תורה והוא נקרע אבל עכשיו כשהוא מהדקו בכח ומתחיל להרחיב ורוצה להיקרע מונע מלהדקו יותר : **מערה שעמד בה משה** · כשעבר הקב"ה לפניו שנאמר ושמתיך בנקרת הצור (שמות לג) ואליהו אף הוא עמד באותה מערה ועבר הקב"ה לפניו שנאמר ויבא שם אל המערה וגו' ויאמר צא ועמדת בהר וגו' והנה ה' עובר וגו' (מלכים א יט) : **מחט סידקית** · שלנו שהיא דקה ותופרין בה סדקי בגדים *ויש מחט אחרת גסה שנקראת מחט של שקאין : **אלמלי נשתייר בה נקב** · כפי מחט כשעבר עליהן הקב"ה כמו שנאמר ושכותי כפי עליך עד עברי (שמות לג) : **דקדוקי תורה** · ריבויין ומיעוטין אכין ורקין : **דקדוקי סופרים** · שדקדקו האחרונים מלשון משנה הראשונים : **לא יצא** · דיעבד הוא : **וממאי** · דחוץ מחרש דקאמר מתני' אפי' בדיעבד קאמר ור' יוסי היא דפסל בדיעבד : **ולכתחלה הוא דלא** · והא ליכא למימר דאפי' ר' יהודה מודה דהא לא שמעינן ליה דפליג אלא בדיעבד : **מדסיפא רבי יהודה** · דקתני ור' יהודה מכשיר בקטן : לא דמי רישא לפסולה וסיפא להכשירה לא גרסינן ליה דלישנא יתירא הוא אלא הכי גרסינן ודלמא רבי יהודה היא ותרי גווני קטן וחסורי מיחסרא כו' הכל כשירין לקרות את המגילה חוץ מחרש שוטה וקטן : **הא כדאיתא והא כדאיתא** · חרש לכתחילה ושוטה אפילו בדיעבד : **בד"א בקטן שלא הגיע לחינוך** · לחינוך מצות כגון בן תשע ובן עשר כדאמרינן ביומא בפרק בתרא (דף פב.) : **במאי אוקימתא כר' יהודה** · ולשמעתא כי אמר רבי יהודה בלא השמיע לאזנו יצא בדיעבד קאמר ולא לכתחילה : **אלא הא דתניא כו' תורם** · ואע"פ שהוא צריך לברך ואין אזניו שומעות הברכה שהוא מוציא מפיו : **אלא מאי** · בעית למימר דרבי יהודה דאמר בלא השמיע לאזנו יצא אפילו לכתחילה כי היכי דתיקום הא דר"י בריה דר"ש בן פזי אליביה והאי דקא מיפלגי בדיעבד להודיעך כחו דר' יוסי : **אלא הא דתניא כו' מני : לעולם**

מסורת הש"ס

[עי' ברכות ס. ועי' פירוש של זה בהקדמת התוי"ט]

ברכות טו. [ערכין ג:]

ג"ז שם. לעיל יז:

ברכות טו.

הגהות הב"ח

(א) גמ' ודלמא כולה ר' יהודה היא ודלמא כולה וכו' לכשירה) תא"מ וכ"כ רש"י לא גרס ליה: (ב) תוס' ד"ה ור' יהודה וכו' אחריו מה שהוא אומר:

רבינו חננאל

ג' ולתות וחצי ורת או ב' זרתות וחצי שנראית מגילה בפני עצמה כשרה · אמר ר' יוחנן הקורא במגילה הכתובה בין הכתובים לא יצא ומחו לה אמוחא לא אמרן לא יצא אלא בצבור ש"מ קורין אותה ביחיד כרב.ושיור התפר פי' שיניח כמו אצבע ועוד בתחלה ואחר כך יתפור בגידין הל"מ היא ואוקימנא כדי שלא יקרע · וא"ר יוחנן אלמלא נשתייר במערה שעמד בה משה ואליהו כמלוא מחט נקב סידקית לא יכלו לעמוד מפני האורה דכתיב כי לא יראני האדם וחי · ומאי דכתיב ועליהם ככל הדברים דייקינן מן עליהם מלמד שהראהו הקב"ה למשה בסיני דקדוקי תורה ודקדוקי סופרים ומה שעתידין לחדש ומאי ניהו מקרא מגילה : ירושלמי וזכרם לא יסוף מזרעם מיכן שקבעו להם חכמים מסכת' : מתני' הכל כשרים לקרוא את המגילה חוץ מחרש שוטה וקטן רבי יהודה מכשיר בקטן מאן תנא חרש אפילו דיעבד לא ואוקמה רב מתנה לר' יוסי דתנן הקורא את שמע ולא השמיע לאזנו יצא ר' יוסי אומר לא יצא פירוש כיון שלא שמע הרי הוא כחרש לפיכך [לא יצא] ואמרי' ודילמא מתניתין ר"י היא ולכתחלה הוא דלא הא דיעבד שפיר דמי ודחינן מדקתני חרש בהדי שוטה דשמעינן מיכן חרש דומיא דשוטה מה שוטה דיעבד פסול אף חרש נמי כן · ואמרינן ודילמא הא כדאיתיה והא כדאיתיה כלומר אע"פ ששנאה כאחד כל אחד יש לו דרך [אחר] ודחינן מדסיפא רבי יהודה מכשיר בקטן רישא דפסיל בקטן לאו ר' יהודה היא דאם כן קשיא דר' יהודה אדר' יהודה ופריק כולה ר' יהודה היא ותרי גווני קטן רישא בקטן שלא הגיע לחינוך והוא כדתנן בפרק יוה"כ תינוקות אין מענין אותן (לשעות) ביוה"כ אבל מחנכין אותן קודם שנה או שנתים כדי להרגילן למצות · וא"ר יוחנן בן עשר בן י"א מחנכין אותן לשעות כו' ולפיכך פסול אבל סיפא דקתני ר' יהודה מכשיר בקטן הוא קטן שהגיע לחינוך מבן י"א שנה ולמעלה ולפיכך אמר כשר ואפילו לכתחלה כשר ורחינן במאי אוקימתא למתניתין כר' יהודה ורישא כולה דיעבד אין לכתחלה לא (ר' אומר) הא דתני חרש המדבר ואינו שומע תורם לכתחלה מני אי רבי יהודה דאי עבר מכשיר אבל לכתחלה לא ורבי יוסי לא לכתחלה ולא דיעבד מכשיר הא דקתני תורם לכתחלה מני היא · ומתמהינן ואלא מאי הא דתני חרש תורם לכתחלה ר' יהודה היא וקשיא לן אי הכי היה לו להקשות אי הכי ליתני ר' יהודה מכשיר בקטן

גליון הש"ס

גמרא כנגד שנו · עי' לעיל דף ד ע"א תו' ד"ה הוא שנדלה : רש"י ד"ה מחט סדקית וכו' ויש מחט אחרת · במתני' דשבת דף קכב ע"ב : תוס' ד"ה ור"י מכשיר וכו' ולא אתי תרי דרבנן · עיין לקמן דף כד ע"א תוס' ד"ה אבל : בא"ד וי"ל דסומא עדיף · עיין לקמן דף כד ע"א תוס' ד"ה מי שלא ראה : תוס' ד"ה ודלמא ר"י היא משום דפסיק · כעין זה שבת דף לג ע"א תוס' ד"ה לעולם :

§ מסכת מגילה דף יט: §

אות א'

בצבור שנו

סימן תרצ"א ס"ח - [א]אין קורין בצבור במגילה הכתובה בין הכתובים, ואם קרא, [ב]לא יצא - הטעם, דלא הוי פרסומי ניסא, דמיחזי כקורא במקרא. **וכל** בי עשרה מקרי צבור.

(בטורי אבן פי', דדוקא בזמן שאין קורין את המגילה אלא בצבור, והיינו שלא בזמנה, דבעי פרסומי ניסא, לכן מגילה הכתובה בין הכתובים דליכא פרסומי ניסא, לא יצא, **אבל** בזמנה לא חיישינן להא דכתובה בין הכתובים).

אות ב'

אלא כדי שלא יקרע

יו"ד סי' רעה ס"א - [ג]אין תופרין ספר תורה אלא בגידי בהמה או חיה הטהורים. [ד]ולא יתפור כל היריעה מראשה לסופה, אלא יניח בראשה מעט ובסופה מעט שלא יהיה תפור - כדי שלא יקרע, דכשאינו משייר, מהדק בחזקה כשהוא מהדקו לספר תורה, והוא נקרע, אבל עכשיו כשהוא מהדקו בכח ומתחיל להרחיב ורוצה להקרע, מונע מלהדקו יותר, רש"י, **וכתב** הב"ח, כיון דאינו אלא תקנת חכמים כדי שלא יקרע ס"ת בהכי, לא מיפסל ס"ת בהכי, ע"כ, וכן פסק הר"ן, ומביאו ב"י ושאר אחרונים - ש"ך, **וכל השאר יהיה תפור מראש ועד סוף, [ה]ויתפור מבחוץ.**

סימן תרצ"א ס"ז - [ו]צריך להניח שיור בראש היריעה ובסופה כשתופרם יחד, ובמשהו סגי.

אות ג'

הכל כשרין לקרות את המגילה, חוץ מחרש שוטה וקטן

סימן תרפ"ט ס"ב - [ז]אחד הקורא ואחד השומע מן הקורא, יצא ידי חובתו; והוא שישמע מפי מי שהוא חייב בקריאתה - וצריך שיכוין הקורא להוציא, והשומע לצאת, כדין שארי מצות שאחד מוציא חבירו.

לפיכך אם היה הקורא [ח]חרש - היינו המדבר ואינו שומע כלל, (לא יצא), **ואע"ג** דבעלמא קי"ל, דאם לא השמיע לאזנו יצא, הכא לענין מגילה דהוא משום פרסומי ניסא, החמירו בו יותר, דהשמיעה לאזנו הוא לעיכובא, [**ולפי"ז** מי שקורא המגילה לעצמו, צריך ליזהר מאד שישמיע לאזנו, דאל"ה אפי' בדיעבד לא יצא], **א"נ** דחרש גרע טפי, שאינו יכול להשמיע לאזנו, **ועיין** בשע"ת, דדוקא אם הוא חרש גמור שאינו שומע כלל, לאפוקי אם הוא שומע כשמדברים לו בקול רם.

(מלשון השו"ע משמע דאינו בר חיוב כלל, אף לקרות לעצמו, **אכן** מסברתו בב"י, שכתב דמשום פרסומי ניסא הוא, משמע לכאורה דהוא רק לענין להוציא אחרים שהם פקחין, צריכין לשמוע מאיש ששומע באזניו דוקא, עי"ש, משום דהלא אותן אחרים יכולין לקרות לעצמן, או להשתדל שיוציאן איש אחר שיש לו חוש השמיעה כמותו, **אבל לא לפוטרו לגמרי מקריאה עכ"פ, והלא אף דבעלמא נשים פטורות ממ"ע שהזמן גרמא, הכא חייבו אותן מפני שאף הן היו באותו הנס, ואף חרשין היו באותו הנס, ולא גרע מהן, אכן** לדינא אין נ"מ, דבלא"ה הלא דעת כמה ראשונים, שגם לאחרים הוא מוציא, וכ"ש שהוא בעצמו בר חיובא, **וע"כ** חרש לעצמו בודאי מחויב לקרות בעצמו, כיון שאינו שומע, **ואף** אם יקראנו בלא טעמים ג"כ אין קפידא).

וכ"ז הוא לדעת השו"ע, [ט]אבל דעת כמה אחרונים, דאפילו הוא חרש גמור יצא השומע ממנו, **ומ"מ** לכתחלה כו"ע מודים שלא יעמידוהו להוציא רבים י"ח.

באר הגולה

[א] **מימרא דרבי יוחנן שם** [ב] **כפי' רש"י** ‹אולי כוונתו לרש"י י"ט: ד"ה ומחו, שכתב "סתר מקצתה", ואילו לדעת הר"ן, דבדיעבד יצא, הרי סתר כולה - מכון ירושלים, וכן מקום הציון הוי ע"פ מה שהגיה המכון ירושלים› **וכן פסקו הרי"ף והרא"ש ורמב"ם** ‹וכתב הר"ן: ומחו ליה אמוחא לא אמרו אלא בצבור, יש מפרשים, לא אמרו לא יצא אלא בצבור, אבל ביחיד יצא, וכן דעת הרי"ף, **ולישנא** לא משמע הכי, דא"כ הו"ל למימר ה"מ בצבור, אבל ביחיד יצא, ומדקאמר ומחו ליה אמוחא, משמע שהם מחלישים כח הדבר בעצמו, **לפיכך** נראה דהכי קאמר, ומחו ליה אמוחא, שאין לך לומר לא יצא, שלא אמרו אלא בצבור, אבל ביחיד אפילו לכתחלה, הילכך אפי' בצבור דיעבד מיהא יצאו, עכ"ל, **אבל** הרמב"ם כתב בהדיא בצבור דיעבד נמי לא יצא, וכדעת הרי"ף, וכן דעת הרא"ש ג"כ, והכי נקטינן - ב"י›
[ג] **ריש מסכת סופרים** [ד] **מגילה דף י"ט ע"ב ומפרש טעמא כדי שלא יקרע** [ה] **טור בשם תשו' אביו הרא"ש וכ"כ בסמ"ג והמרדכי וש"פ**
[ו] **מימרא דר' יוחנן ושם בתוס'** [ז] **משנה י"ט** [ח] **שם וכדעת הרי"ף ורא"ש, וכן הוא בקצת נוסחאות ספרי רמב"ם, ועיין בכסף משנה שם וב"י** ‹ואפשר לדחוק ולומר שהם סוברים דאע"ג דתלמודא מוקי מתניתין כרבי יוסי, ולפי"ז לא קימ"ל כי האי מתניתין, דהא בפרק היה קורא (ברכות טו:) איפסיקא הלכתא שם בגמ' דלא כרבי יוסי, **היינו** אי אמרינן דכי היכי דפליגי בק"ש פליגי במגילה, אבל כיון דחזינן דרבי בפרק היה קורא גבי ק"ש כתב (היינו שסתם המשנה), הקורא את שמע ולא השמיע לאזנו יצא, רבי יוסי אומר לא יצא, דמשמע דסבר (רבי) דיצא, ומשו"ה קתני לה בסתם, ורבי יוסי דפליג הוה יחידאה, וגבי מגילה קתני סתם דלא יצא (היינו לפי האוקימתא בגמ'), ולא כתב שום חולק בדבר, **אית** לן למימר דס"ל דמגילה שאני דבעינן בה פרסומי ניסא, וכל שלא השמיע לאזנו ליכא פרסומי ניסא, **ומ"מ** הדבר דחוק כיון דחזינן דתלמודא משמע ליה דמגילה וקריאת שמע שוים הם, מנין לנו לחלק בינייהו - ב"י› [ט] ‹בפרק היה קורא (ח:) הביא מחלוקת רבי יוסי ורבי יהודה בק"ש בלא השמיע לאזניו, ואח"כ הביא דברי רב יוסף, מחלוקת בק"ש, אבל בשאר מצות דברי הכל יצא, דהשתא מאחר דקיימא לן כרב יוסף, בעל כרחך אית לן למימר דמתניתין דהכל כשרים לקרות את המגילה חוץ מחרש שוטה וקטן, פירושא דהא כדאיתא והא כדאיתא, חרש לכתחלה הוא דלא הא דיעבד שפיר דמי, שוטה וקטן דיעבד נמי לא, והכי מוכחת הסוגיא התם, דלרב יוסף בקריאת שמע בלחוד הוא דפליג רבי יוסי ואמר דלא יצא אפילו בדיעבד, אבל כל שאר המצות לפחות בדיעבד יצא. וכך פסק בעל המאור בפרק היה קורא, והבית יוסף נמי הביא ספר ארחות חיים שכתב בשם הרמב"ם, דוקא שוטה וקטן הוא דאינו מוציא אחרים ידי חובתן, וכן יראה עיקר, ואפשר דאף דעת הרא"ש כך היא. **והילכך** נקטינן דחרש מוציא אחרים ידי חובתן דיעבד, וקטן אפילו הגיע לחינוך אינו מוציא אפילו דיעבד, נ"ל - ב"ח›

ודע, דמי שכבדו אזניו, או שהוא רחוק מן הבימה ואינו יכול לשמוע היטיב מן הקורא, יזהר לקרות לעצמו ממגילה כשרה, או עכ"פ יאחוז חומש, והתיבות שיחסר לו יאמר תיכף מן החומש.

או [י]קטן או שוטה, השומע ממנו לא יצא - אע"ג דקטן נמי חייב עכ"פ מדרבנן, כדלעיל, אפ"ה אינו יכול להוציא את הגדול, דלגבי קטן הוי תרי דרבנן, ר"ל דעצם קריאת המגילה הוי רק מד"ס, וחיובו של קטן הוי ג"כ רק מדרבנן בכל המצות, משא"כ גדול הוי חד דרבנן, ולא אתי תרי דרבנן ומפיק חד דרבנן, [תוס' יד"ה ורבי יהודה].

והנה לעיל בסי' תרע"ה ס"ג הביא המחבר, [יא]דיש מי שמכשיר בקטן שהגיע לחינוך, שיכול להוציא אחרים בהדלקתו, וה"ה לענין קריאת המגילה, [דהא בהא תליא, כמ"ש המ"א, וכ"כ הגר"א, **אכן** ש"א ישבו דעת המחבר, שהשמיט כאן דעה זו, דבמגילה לא רצה לסמוך עליו], **ועיין** בעקרי דינים שכתב בשם סמא דחיי, דבמקום הדחק כשאין שם אנשים בקיאים במקרא מגילה, יכול להוציאם קטן שהגיע לחינוך.

[יב]וי"א שהנשים אינם מוציאות את האנשים - ולא דמי לנר חנוכה, דשאני מגילה דהוי כמו קריאת התורה, ופסולה מפני כבוד הצבור, ולכן אפי' ליחיד אינה מוציאה משום לא פלוג, **וגם** דאפשר דאשה אינה חייבת בקריאה רק לשמוע, וכדלקמיה, ומקרי שאינה מחויבת בדבר לגבי איש, **אבל** אשה מוציאה את חברתה, [**אבל** לנשים רבות אין האשה מוציאן, דזילא בהו מילתא].

הגה: וי"א אם האשה קוראה לעצמה, מברכת: לשמוע מגילה, שאינה חייבת בקריאה (מרדכי) - ועיין במ"א שמצדד, דלא תקרא לעצמה כלל, רק תשמע מהאנשים, **וכ"ז** ביש לה ממי לשמוע, אבל אם אין לה מי שיקרא לפניה, תקרא היא לעצמה במגילה כשרה, ומברכת: אקב"ו לשמוע מקרא מגילה, ח"א. [**והדין** עמו, אחד, דלהדעה ראשונה דהיא העיקרית, הנשים חיובות בקריאה, **ואף** אם נפסק שאינן מוציאות לאנשים, עכ"פ בקריאה חייבות, וכמו שפסק הפר"ח, **ואף** אם נפסק כהי"א ‹דאינן חייבות בקריאה›, הלא ג"כ מוכח שתוכל לקרוא לעצמה, ואך שמברכת "לשמוע מגילה". **ומה** שהביא המ"א ממדרש הנעלם רות, דלא תקרא לעצמה, עיין בח"א דלא נמצא זה הלשון שם, רק הלשון שהובא בהגר"א בשם הזוהר חדש, ואינו מוכרח דלא תוכל לקרוא בעצמה, **ובפרט** אם אין לה מי שיקרא לפניה, בודאי תוכל לקרוא בעצמה, וכן מוכח בפמ"ג והגר"א].

אות ג*[יג]

סימן תרפט ס"ג - [יד]אנדרוגינוס - יש לו זכרות ונקבות, **מוציא מינו** - דאם זה זכר גם זה זכר, ואם זו נקבה גם זו נקבה, **ואם** נסבור דהוא בריה בפני עצמו, גם השני בריה בפני עצמו הוא, **ולא שאינו מינו** - דשמא זה נקבה והשני הוא זכר, **ואפילו** למ"ד דנשים מוציאות האנשים, זה גרע טפי, דבעינן שהמוציא את אחרים יהיה ניכר אם הוא איש או אשה.

טומטום ומי שחציו עבד, אפי' מינו אינו מוציא - טומטום, דשמא זה זכר וזה נקבה, **וכן** מי שחציו עבד, לא אתי צד עבדות דידיה, ומפיק להאחר שיש בו צד חירות, [**ואפי'** למ"ד דעבדים שאינם משוחררים ג"כ חייבים, חיובן רק בשמיעה כנשים לדעה זו].

הגה: וי"א דאפי' את עצמו אינו מוציא, וצריך לשמוע מאחרים - זה לא קאי אטומטום, רק אחציו עבד וחציו בן חורין, ומשום דלא אתי צד עבדות דידיה, ומפיק צד חירות דידיה, **וכ"ז** דוקא לדעה הסוברת דנשים אין מוציאות האנשים, ועבד דומה לאשה.

סימן תרפט ס"ד - [טו]השומע מגילה ממי שהוא מודר הנאה ממנו, יצא - דמצות לאו ליהנות ניתנו, ולא מקרי הנאה.

סימן תרפט ס"ה - [טז]מקום שאין מנין, אם אחד יודע והאחרים אינם יודעים, אחד פוטר את כולם; ואם כולם יודעים, כל אחד קורא לעצמו - דאין היחיד מוציא חבירו אלא בעשרה, **ולא** דמי לשופר, דקריאת המגילה הוי כמו תפלה, דבעינן עשרה דוקא, **והנה** הפר"ח כתב, דכ"ז הוא רק לענין לכתחלה, אבל בדיעבד אם נתכוין לפטור חבירו, יצאו, אע"פ שכולם יודעים, **ובמ"א** מצדד עוד, דאפילו לכתחלה עדיף שיקרא אחד לכולן, משום "ברוב עם הדרת מלך", **אמנם** בא"ר ובמטה יהודה דעתם כהשו"ע, דכל אחד יקרא לעצמו, וכן העתיק בדה"ח.

(**ובמקום שיש מנין**, מחוייב לחזור אחר מנין).

סימן תרפט ס"ו - [יז]מנהג טוב להביא קטנים וקטנות לשמוע מקרא מגילה - כדי לחנכם במצות פרסומי ניסא, **ומטעם** זה נוהגין הקהל לקרות אלו הפסוקים בקול רם, שהם עיקר התחלת הנס וסופו, והם: "איש יהודי", "ומרדכי יצא", "ליהודים", "כי מרדכי", כדי לעורר הקטנים שלא יישנו ויתנו לבם על הקריאה, ומקרין אותם הפסוקים כדי לחנכם - לבוש.

ובלבד שלא יביאו קטנים ביותר, שמבלבלין דעת השומעים.

(**ובודאי** כונת המחבר הוא דוקא על קטנים שהגיעו לחינוך, **וא"כ** מאי שייך מנהג טוב, הלא מדינא מחוייב לחנכם בקריאת המגילה, או עכ"פ בשמיעה, **ואולי** דבזה היה יוצא אם היה קורא לפניהם בביתם, אבל כדי לפרסם הנס ביותר, מנהג להביאם בביהמ"ד שישמעו בצבור, כדי לחנכם שגם בגדלותם ישמעו בצבור).

ועכשיו בעו"ה נהפוך הוא, שלבד שאינם שומעים, אלא הם מבלבלים שגם הגדולים אינם יכולים לשמוע, וכל ביאתם הוא רק להכות את המן, ובזה אין האב מקיים מצות חינוך כלל, **ובאמת** מצד מצות

באר הגולה

| י | וכת"ק, אבל נשים מוציאות לאנשים, טור בשם רש"י בריש ערכין | יא | ‹הוא בעל העיטור, מפרש דבלא הגיע לחינוך איירי – פמ"ג, ודלא כתוס' ד"ה ורבי יהודה› | יב | שם בשם בה"ג וכ"כ המרדכי בשם ראבי"ה | יג | ‹מילואים› | יד | תוספתא כתבה הרא"ש | טו | אורחות חיים | טז | שם | יז | טור בשם הירושלמי

חינוך צריך כל אב להחזיק בניו הקטנים אצלו, ולהשגיח עליהם שישמעו הקריאה, וכשיגיע הקורא לזכור שם המן האגגי, רשאי הקטן להכותו כמנהגו, אבל לא שיהיה זה עיקר הבאת הקטן לביה"מ.

ועכשיו ראוי לכל אחד שיהיה לו מגילה כשרה, ולקרוא בלחש מלה במלה, דא"א לשמוע מהש"ץ מחמת רעש ובלבול, שמכים בעצים ומשמיעים קול, וראוי לכל ישראל לנהוג כן מי שהיכולת בידו.

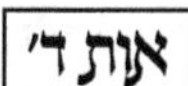

לא יברך אדם ברכת המזון בלבו, ואם בירך יצא

רמב"ם פ"א מהל' ברכות ה"ז - כל הברכות כולן צריך שישמיע לאזנו מה שהוא אומר; ואם לא השמיע לאזנו, יצא, בין שהוציא בשפתיו בין שבירך בלבו - (ופירש"י (ברכות דף ט"ו) בלבו, שלא השמיע לאזניו, ומלשון רבינו שכתב: בין שהוציא בשפתיו בין שבירך בלבו, משמע דאע"פ שלא הוציא בשפתיו יצא - כסף משנה).

[יח]**סימן קפה ס"ב - צריך שישמיע לאזניו מה שמוציא בשפתיו; ואם לא השמיע לאזניו יצא, ובלבד שיוציא בשפתיו** - אבל אם הרהר בלבו לא יצא, ואם מחמת חולי או אונס אחר בירך בהמ"ז בלבו, יצא - מ"א, **ועיין** לעיל בסימן ס"ב במ"ב שבירררנו, דהאי "יצא" לא לגמרי קאמר, דהא קי"ל הרהור לאו כדיבור דמי, אלא ר"ל דעכ"פ בשעה שאינו יכול לברך יהרהר בלבו, והקב"ה יקבע לו שכר עבור זה, אבל בעצם אינו יוצא, **וע"כ** כשנסתלק האונס, אם עדיין לא נתעכל המזון, יברך ברכת המזון, **ועיין** במה שכתבנו שם במ"ב ובבה"ל בכל הסעיף, כי הכל שייך לכאן.

באר הגולה

יח (ע"פ מהדורת נהרדעא)

§ מסכת מגילה דף כ. §

אות א'

אין קורין את המגילה

סימן תרפז ס"א - [א]ושל לילה, זמנה כל הלילה - משעת צאת הכוכבים עד עמוד השחר, **ואם** לא קראה קודם, אפילו באונס, שוב לא יקרא, דמשעלה עה"ש יממא הוא. **ושל יום, זמנה כל היום, מהנץ החמה** - לפי שאין הכל בקיאין בעמוד השחר, וזמנין דאתי לאקדומי, צריך לכתחלה להמתין עד הנץ, דיום ברור הוא לכל, [רש"י. **ועיין** בפמ"ג, דלא בעינן עד שיעלה כל גוף השמש על הארץ, אלא משעת תחילת הנץ ג"כ מותר לכתחילה], **עד סוף היום** - היינו שקיעת החמה, ואם נמשך עד בין השמשות, יקראנה בלי ברכה.

ואם קראה משעלה עמוד השחר, יצא - ואם היה אונס קצת, יכול לקרותה לכתחלה משעלה עה"ש.

אות ב'

ולא מלין

יו"ד סי' רסב ס"א - [ב]אין מלין עד שתנץ החמה ביום השמיני ללידתו – [הטעם, שאז יצא ודאי מספק לילה – ט"ז], **(ומשעלה עמוד השחר יצא).**

[ג]וכל היום כשר למילה, אלא שזריזין מקדימים למצות ומלין מיד בבקר - (עיין בתשובת שבות יעקב, שכתב דיש למחות בחזנים שמאריכין בשבת ויו"ט כשיש מילה בבהכ"נ עד אחר חצות, והם מבטלין מצות זריזין, ע"ש עוד. **ועיין** בנ"צ לענין אם האב והמוהלין מותרים לאכול קודם המילה, מ"ש בזה - פת"ש).

אות ג'

ולא טובלין

רמב"ם פ"א מהל' מקוואות ה"ו - כל חייבי טבילות טבילתן ביום, חוץ מנדה ויולדת שטבילתן בלילה, כמו שביארנו בענין נדה. ובעל קרי טובל והולך כל היום כולו מתחלת הלילה, [ד]שנאמר: והיה לפנות ערב ירחץ במים, מלמד שטובל והולך מתחלת הלילה עד הערב שמש. הגהת הראב"ד: א"א [ה]וכן לטמא שרץ ולכל הטמאים שאין טעונין ספירת שבעה נקיים, שהרי אף בטומאת מת שנינו: טבל את האזוב ביום והזה בלילה, או שטבל בלילה והזה ביום, פסול, אבל הוא עצמו טובל בלילה ומזה ביום - ‹ואני אומר שגם רבינו סובר כן, ולא נקט בעל קרי אלא משום דכתיב ביה קרא מפורש – כסף משנה›.

אות ד'

ולא מזין

רמב"ם פי"א מהל' פרה אדומה ה"א - כיצד מטהרים טמא מת במי נדה, לוקח אדם טהור שלשה קלחין של אזוב ואוגדן אגודה אחת, ובכל בד ובד גבעול אחד, וטובל ראשי גבעולין במי נדה שבכלי, ומתכוין ומזה על האדם או על הכלים, ביום השלישי וביום השביעי אחר שתנץ החמה, ואם הזה משעלה עמוד השחר כשר, ואחר שיזה עליו ביום השביעי, טובל ביום ומעריב שמשו, והרי הוא טהור לערב; טבל את האזוב בלילה והזה ביום, או שטבל את האזוב ביום והזה בלילה, הזאתו פסולה, והמים מטמאין משום מי חטאת, כמו שיתבאר, עד שתהיה טבילת האזוב במים והזאתו ממנו ביום השלישי וביום השביעי אחר שתנץ החמה, ואם עבר ועשה משעלה עה"ש, כשר, כמו שביארנו.

אות ה'

וכן שומרת יום כנגד יום לא תטבול עד שתנץ החמה

טור יו"ד סי' רפג - ומיום ז' ואילך עד י"א יום נקראים ימי זיבה, והן שהחכמים קוראין להם י"א יום שבין נדה לנדה, ומשפטה בהן: אם ראתה בהן יום אחד לבד, בין שתראה בתחלת הלילה או בסוף היום, רק שתפסוק בטהרה, משמרת כל הלילה שאח"כ, אם לא תראה, תשכים למחר ותטבול מיד מאחר הנץ החמה אם תרצה, ומ"מ אסורה לשמש כל היום, שמא תראה ותסתור, וזו היא שנקראת שומרת יום כנגד יום; ראתה גם ביום השני ופסקה בו, משכמת ביום השלישי וטובלת, ולא תשמש כל היום כאשר פירשתי, וגם זו בכלל שומרת יום כנגד יום, וזו היא שנקראת זבה קטנה; ראתה גם ביום הג', נעשית זבה גדולה, ולא תטהר עד שיהיו לה ז' ימים נקיים חוץ מיום שפוסקת בו, וטובלת ביום ז' לאחר הנץ החמה מיד, אלא שאסורה לשמש שמא תראה ותסתור.

באר הגולה

[א] רמב"ם ממשנה כ' [ב] משנה מגילה דף כ' ע"א ושבת דף קל"ב ע"א ודרש לה מקרא [ג] ברייתא פסחים דף ד' ע"א [ד] ‹פירוש: הא דכתב קרא "והיה לפנות ערב", לאו דוקא, אלא הוא הדין נמי כל היום, שטובל והולך כל היום, אלא הא דכתב קרא "לפנות ערב", מפני שאינו טהור בלא הערב שמש, ואין תועלת בטבילה שטבל ביום כל עוד שלא העריב שמשו, ומפני שבהערב שמש הוא עת טהרתו, כתב קרא: "והיה לפנות ערב ירחץ במים", שיטבול סמוך להערב שמש, שהוא עת טהרתו. **וכן** כתב הרמב"ם ז"ל בפרק ראשון מהלכות מקואות שה"בעל קרי טובל והולך כל היום כלו מתחלת הלילה, שנאמר: 'והיה לפנות ערב ירחץ במים', מלמד שטובל והולך מתחלת הלילה עד הערב שמש" – רבי אליהו מזרחי. ‹**נראה** דדייק מדכתיב לפנות ערב, ולא כתיב בפנות ערב, משמע משעת המקרה לילה עד פנות ערב הוא זמן טבילה – פנים יפות› [ה] ‹דאפי' שאר טמאים טובלין בלילה – שם יוסף›

הקורא למפרע פרק שני מגילה

לעולם ר' יהודה ואפי' לכתחילה ולא קשיא הא דידיה הא דרביה דתניא ר' יהודה אומר משום ר"א בן עזריה הקורא את שמע צריך שישמיע לאזנו שנאמר שמע ישראל ה' אלהינו ה' אחד השמע לאזנך מה שאתה מוציא מפיך ר"מ אומר אשר אנכי מצוך היום על לבבך אחר כוונת הלב הן הן הדברים השתא דאתית להכי אפילו תימא רבי יהודה כרביה סבירא ליה והא דתני יהודה בריה דר' שמעון בן פזי ר"מ היא: ר' יהודה מכשיר בקטן: (דתניא) א"ר יהודה קטן הייתי וקריתיה למעלה מרבי טרפון וזקנים בלוד אמרו לו אין מביאין ראיה מן הקטן תניא אמר רבי קטן הייתי וקריתיה למעלה מרבי יהודה אמרו לו אין מביאין ראיה מן המתיר ולימרו ליה אין מביאין ראיה מן הקטן חדא ועוד קאמרו ליה חדא דקטן היית ועוד אפילו גדול היית אין מביאין ראיה מן המתיר: **מתני'** אין קורין את המגילה ולא מלין ולא טובלין ולא מזין וכן שומרת יום כנגד יום לא תטבול עד שתנץ החמה וכולן שעשו משעלה עמוד השחר כשר: **גמ'** מנלן דאמר קרא והימים האלה נזכרים ונעשים ביום אין בלילה לא לימא תיהוי תיובתא דר' יהושע בן לוי דאמר ריב"ל חייב אדם לקרות את המגילה בלילה ולשנותה ביום כי קתני אדיום: ולא מלין וכו': דכתיב וביום השמיני ימול: ולא טובלין ולא מזין וכו': דכתיב והזה הטהור על הטמא [וגו'] ביום השביעי ואיתקש טבילה להזיה: וכן שומרת יום כנגד יום לא תטבול עד שתנץ החמה וכו': פשיטא מ"ש שומרת יום כנגד יום מכל חייבי טבילות איצטריך סלקא דעתך אמינא תיהוי כראיה ראשונה של זב וראיה ראשונה של זב איתקש לבעל קרי דכתיב זאת תורת הזב ואשר תצא ממנו שכבת זרע מה בעל קרי טובל ביום האי נמי ליטבול ביומיה והא ביממא לא מצי טבלה (א) דכתיב כל ימי זובה כמשכב נדתה יהיה לה בליליא מיהת ליעביד מקצת שימור ותיטבול קמ"ל כיון דבעיא ספירה

ספירה

(דברים ו) (שם) [תוספתא פ"ב] (אסתר ט) (ויקרא יב) (במדבר יט) (ויקרא טו) (שם)

רש"י

לעולם ר' יהודה · ואפי' לכתחילה מכשיר ומתני' רבי יוסי היא ואפי' דיעבד לא: **ופסלו** · דתורם לכתחילה ר' יהודה: **ופסלו** · דברהמ"ז: **דרביה** · משמו של ר' אלעזר בן עזריה אמרה שצריך להשמיע והאי לישנא משמע לכתחילה אבל דיעבד יצא: **וסתמא דמסיק לסכי** · לאשמועינן הא פלוגתא דר' יהודה ור"מ: **אפי' תימא ר' יהודה** · דאמר בק"ש יצא דיעבד אין לכתחילה לא ומתני' נמי לכתחילה הוא דפסלה לחרש ור' יהודה היא והך דברכת המזון נמי ר' יהודה היא ודקשיא לך הא דיהודה בריה דר' שמעון בן פזי מני לא ר' יהודה ולא ר' יוסי ר"מ היא דמכשר לכתחילה: **מן המתיר** · ר' יהודה שקרית לפניו הוא המתיר את הקטן ואין לך להביא ראיה ממנו שהרי רבים חולקין עליו: **מתני' ולא טובלין** · מעינע שביעי לזב ולטמא מת אין אומרים משחשיכה בכניסת שביעי ראוי לטבול אע"ג דלילה תחילת יום היא הכא יום בעינן אבל משעבר היום מותר לטבול בלילה ובגמרא יליף לה לכולהו: **וכן שומרת יום כנגד יום** · בגמרא מפרש מאי שנא דנקט להא הו בלאפי נפשה הא תנא ליה אין טובלין: **עד הנץ החמה** · שילא מספק לילה: **וכולן שעשו כו'** · דמעלות השחר יממא הוא אבל לפי שאין הכל בקיאין בו לריכין להמתין עד הנץ החמה: **גמ' כי קתני** · עד שתהא הנץ החמה אדיום אקרייה שניה וקאמר שיהא של יום ביום: **ואיתקש טבילה** · דכתיב כשלישי וכחץ במים והיא לזב ובה: ה"ג פשיטא מאי שנא שומרת יום כנגד יום כו': **שומרת יום כנגד יום** · לאחר שבעה ימי נדה נכנסין י"א יום הקרויין ימי זיבה שאם תראה בהן ג' ימים רצופין הרי היא זבה וטעונה ספירת שבעה וקרבן ואם תראה יום אחד שומרת יום אחד ותטבול ומקראי יליף לה בתורת כהנים ומייתי לה במסכת בתרייתא דמסכת נדה: **מיסו** · הך ראיה של זבה כראיה ראשונה של זב דאיתקש לבעל קרי דכתיב זאת תורת הזב ואשר תצא ממנו שכבת זרע חדא זיבה כתיב הכא והיינו ראיה ראשונה ואשר תצא ממנו שכבת זרע היינו בעל קרי: **משום דכתיב יהיה גרסינן** · כל ימי זוב טומאתה כמשכב נדתה יהיה לה והך קרא בראיית שומרת יום כנגד יום קאי מרבוי כל ימי דרשינן לה במסכת נדה (דף עג.) ואמרינן התם יהיה לה מלמד שסופרת אחד לאחד קצת מיום המחרת הלכך בלילה מיהת תטבול דעבדה קצת שימור: קמ"ל

תוספות

ולא טובלין ולא מזין אלא ביום · קשיא דהתנן במסכת פרה (פי"ב משנה י"א) אין טובלין האזוב בלילה ומזין ביום אבל הוא עצמו טובל בלילה ומזין עליו ביום והכא אמרינן דצריך למטבל ביום ופר"ת דשתי טבילות הן אחת לפני ההזאה כדי לקבל ההזאה ואותה הויא בלילה כדתנן במסכת יבמות (דף מו:) ואחת לאחר ההזאה והיינו ההיא דכתיבא בקרא והויא בימממא והכי נמי משמע פ"ב דכריתות (דף ט.) דאיכא טבילה לפני ההזאה דקאמרינן מה אבותיכם לא נכנסו לברית אלא במילה וטבילה והרצאת דמים והרצאת דמים נפקא לן מויזרוק את הדם וטבילה נפקא לן משום דגמירי דאין הזאה בלא טבילה לפניה כדי לקבל ההזאה והזאת פרה במקום אותה הזאה עומדת ואם כן לריך טבילה לפניה *וגם לריך טבילה לאחריה דהא בספרי קתני שאם הקדים טבילה להזאה לא עשה ולא כלום אלמא שיש טבילה לאחר ההזאה כדמשמע התם ואחת קודם ההזאה כדמשמע בכריתות ובכמה מקומות בגמרא שמזכיר טבילה לפני ההזאה ומ"מ קשה הכא באיזה טבילה מיירי אי בטבילה דלפני ההזאה כדמשמע לישנא דנקט טובלין ברישא אם כן הויא אפילו בלילה כדפרישית ואי מיירי באותה שלאחר ההזאה מאי איריא משום דאיתקש להזאה תיפוק ליה משום דהויא לאחר ההזאה ואינה אלא ביום ולמעוטי לילה שלאחר ההזאה דהיינו ליל שמיני לא איצטריך דכיון דעבר שביעי פשיטא דמותר לטבול בכל עת שירלה וגם רש"י פירש כן דמשעבר היום מותר לטבול בלילה לכך נראה כפירוש ריב"א דהכא מיירי בטבילת אזוב דהויא בימממא כדתנן במסכת [פרה שם] ולהכי נקט טובלין ואח"כ מזין וה"נ משמע בירושלמי דמייתי קרא דוטבל והזה ולא מדרשא דאיתקש טבילה להזאה והיינו טבילת אזוב *ומיהו קשה לר"י דהא אמר בשלהי מסכת יומא (דף פח.) הזב והזבה וטמא מת (ג) טבילתן ביום ר' יוסי אומר מן המנחה ולמעלה לא יטבול פירוש לאחר שהתפלל תפלת המנחה דתפילת נעילה יכול הוא להומרה בלילה ופשיטא דהיינו ביום שלאחר ההזאה *דאי לפני ההזאה היאך מותר לטבול ביום הכפורים אי משום דטבילה בזמנה מצוה מכל מקום ההזאה הויא שבות כדאמר פרק אלו דברים (פסחים דף סה:) והיאך יכול לעשות ואם הפרש שהזה מאתמול ועכשיו הוא טובל בשמיני אין זו טבילה בזמנה ולא דחיא יום הכפורים וי"ל שקיבל ההזאה מקטן או בשוגג או שעבר והזה:

דכתיב וביום השמיני ימול · קשיא דבפרק ר' אליעזר אומר אם לא הביא (שבת דף קלג. ושם) דריש האי קרא לומר אפילו בשבת ומבן שמונת ימים דריש ולא בלילה ותניא התם כוותיה דרבי יוחנן וי"ל דהכא מייתי הדרשה הפשוטה יותר כראיית נגעים* והקשה ה"ר אפרים כיון דמילה אינה בלילה אם כן הויא מצות עשה שהזמן גרמא שהנשים פטורות ממנה וא"כ קשיא למה לי בפ"ק דקדושין (דף כט. ושם) קרא דאותו ולא אותה תיפוק ליה דמצות עשה שהזמן גרמא היא וי"ל דאי לאו אותו הוה אמינא דהאי דנשים פטורות ממצות עשה שהזמן גרמא היינו היכא דליכא כרת דומיא דמצה ושמחה והקהל דלית בהו כרת ומנייהו ממעטינן נשים אבל מילה שיש בה כרת וכרתו עליה שלש עשרה בריתות הוה אמינא דמחייב בהו נשים למול את בנייהו קמ"ל אותו ולא אי נמי למילה שלא בזמנה וכמאן דאמר *) דנוהגין בין ביום בין בלילה**):

מאי שנא שומרת יום כנגד יום וכו' · אי ולא טובלין דלעיל מיירי בטבילת אדם אתי שפיר דבעי מאי שנא שהזכיר בפני עצמה אבל אי איירי בטבילת אזוב צריך לפרש הכי מאי שנא שהזכיר שומרת יום לומר שהיא ביום מכל שאר חייבי טבילות:

ספירה

*) [יבמות עב:] **) [ועי' תוס' יבמות עב: ד"ה אין ותוס' קדושין כט. ד"ה אותו]

רבינו חננאל

בקטן ובחרש ופרקינן חדא מתרתי אותיב ליה אלא הא דתניא לא יברך אדם לכתחלה ברכת המזון בלבו ואם בירך יצא כו' ופרקינן לעולם תרוייהו רבי יהודה והא דתני חרש תורם לכתחלה דידיה ומתניתין דאוקימנא דאיעבד והא דתני ואם בירך יצא תני לה רבי יהודה משמיה דרביה דתניא ר' יהודה אומר משום רבי אלעזר בן עזריה הקורא את שמע צריך להשמיע לאזנו שנאמר שמע ישראל השמע לאזניך לכתחלה מה שאתה מוצא מפיך ר' מאיר אומר כשהוא אומר אשר אנכי מצוך היום על לבבך אחר כוונת הלב הן הן הדברים כלומר אין צריך להשמיע ואפילו לא הוציא את הדברים מפיו אלא בירך בלבו יצא והדר אוקימנה למתניתין רבי יהודה לכתחלה לא יקרא החרש ודאיעבד יצא וכן אם בירך בלבו לכתחלה לא אבל בדיעבד יצא · והא דתניא חרש תורם לכתחלה ר' מאיר היא: תניא א"ר קטן הייתי וקראתית למעלה מרבי יהודה כו' אמרו חדא דקטן היית ואין עדות מקטן · ועוד ד' יהודה שקראת למעלה ממנו (מכשיר) [מתיר] הוא ואין מביאין ראיה מן המתיר וקי"ל כלישנא בתרא דרב יוסף דאמר [בברכות טו] מחלוקת בק"ש אבל בשאר מצות דברי הכל יצא. ואמר רב חסדא א"ר שילא הלכתא כר' יהודה ועוד אמר הלכתא כר' יהודה שאמר משום ר' אליעזר בן עזריה הלכך לכתחלה לא מוקמינן חרש מדבר ואינו שומע למפרס על שמע ולברך ברכת המזון ואי עבד שפיר דמי: ירושלמי ר' יוסי אומר כתיב והאזנת למצותיו השמע לאזניך מה שאתה מוצא מפיך בר קפרא אמר צריך לקרותה בפני הנשים והקטנים שאף הם היו בספק נפשות · אין קורין את המגלה אלא ביום שנאמר והימים האלה נזכרים ונעשים וגו' ביום ולא בלילה והני מילי בקריאה של יום כדקתני ולשנותה ביום

עין משפט נר מצוה

לו א טוש"ע א"ח סימן תרפז סעיף א:

לז ב מיי' פ"א מהלכות מילה הלכה ח סמג עשין כח טוש"ע י"ד סי' רסב סעיף א:

לח ג מיי' פי"א מהלכות מקואות הלכה ו סמג עשין רמח:

לט ד מיי' פי"א מהל' פרה אדומה הלכה א סמג עשין רלג:

מ ה מיי' פ"ו מהלכות איסורי ביאה הלכה ט סמג לאוין קיא ועשין רמג טור יד סימן קפג:

מסורת הש"ס

[נ"ל תניא] [סנהדרין נב.] [תוספתא שם] [פרה סוף פי"ב] [עי' ז.]

הגהות הב"ח

(א) גמ' לא מצי טבלה משום דכתיב כל: (ב) תוס' ד"ה ולא טובלין וכו' [illegible]: (ג) בא"ד [illegible]

גליון הש"ס

תוס' ד"ה ולא טובלין וכו' וגם לריך טבילה לאחריה · עי' חגיגה דף כג ע"א תוס' ד"ה [illegible]: בא"ד דאי לפני ההזאה היאך מותר לטבול ביוה"כ · [illegible] [בסנהדרין נב:] [illegible]

לא מחלין דכתיב וביום השמיני ימול ולא טובלין ולא מזין דכתיב והזה הטהור על הטמא ביום השלישי ואתקש טבילה להזאה שנאמר והזה ורחץ אלו כולן וכן שומרת יום כנגד יום כגון שראתה בי"א יום שבין נדה לנדה שהן ימי זיבה [יום א'] [illegible] קודם שתנץ החמה לא: **ירושלמי** כל חייבי טבילות טבילתן ביום נדה ויולדת טבילתן בלילה נדה שעבר זמנה טובלת בין ביום בין בלילה · דרש ר' **חייא בר בא לצורייא** נדה שעבר זמנה טובלת [illegible] שנאנסה

*) עי' מה ע"ב · וכמשנה טבלה ביום שנאמרין כו' וצ"ע

ספירה בימאמא היא: וכולן שעשו משעלה עמוד השחר כשר: מנהני מילי אמר רבא דאמר קרא ויקרא אלהים לאור יום *למאיר ובא קראו יום אלא מעתה ולחשך קרא לילה [למחשיך ובא קרא לילה] הא קי"ל דעד צאת הכוכבים לאו לילה הוא אלא אמר רבי זירא מהכא *ואנחנו עושים במלאכה וחצים מחזיקים ברמחים מעלות השחר עד צאת הכוכבים ואומר (*והיה) לנו הלילה (*למשמר) מאי ואומר וכ"ת משעלה עמוד השחר לאו יממא ומכי ערבא שמשא ליליא ואינהו מקדמי ומחשכי ת"ש (*והיה) לנו הלילה משמר והיום מלאכה: **מתני'** כל היום כשר לקריאת המגילה ולקריאת ההלל ולתקיעת שופר *ולנטילת לולב ולתפלת המוספין ולמוספין ולוידוי הפרים ולוידוי מעשר ולוידוי יוה"כ לסמיכה לשחיטה לתנופה להגשה לקמיצה ולהקטרה למליקה ולקבלה ולהזיה ולהשקיית סוטה ולעריפת העגלה ולטהרת המצורע *כל הלילה כשר לקצירת העומר ולהקטר חלבים ואברים *זה הכלל דבר שמצותו ביום כשר כל היום דבר שמצותו בלילה כשר כל הלילה: **גמ'** מנלן דאמר קרא והימים האלה נזכרים ונעשים לקריאת ההלל דכתיב ממזרח שמש עד מבואו (*רבי יוסי) אומר זה היום עשה ה' ולנטילת לולב דכתיב ולקחתם לכם ביום הראשון ולתקיעת שופר דכתיב יום תרועה יהיה לכם ולמוספין דכתיב דבר יום ביומו ולתפלת המוספין כמוספין שויוה רבנן ולוידוי פרים דיליף כפרה כפרה מיום הכפורים דתניא *גבי יוה"כ וכפר בעדו ובעד ביתו בכפרת דברים הכתוב מדבר וכפרה בימאמא הוא דכתיב ביום הזה יכפר עליכם: ולוידוי מעשר וכו': דכתיב ואמרת לפני ה' אלהיך בערתי הקדש מן הבית וסמיך ליה היום הזה ה' אלהיך מצוך: לסמיכה ולשחיטה: דכתיב וסמך ושחט וכתיב בה בשחיטה ביום זבחכם ולתנופה דכתיב ביום הניפכם את העומר ולהגשה דאיתקש לתנופה דכתיב ולקח הכהן מיד האשה את מנחת הקנאות והניף והקריב ולמליקה ולקמיצה ולהקטרה ולהזיה דכתיב ביום צוותו את בני ישראל, ולהשקיית סוטה *אתיא תורה תורה כתיב הכא ועשה לה הכהן את כל התורה הזאת וכתיב התם על פי התורה אשר יורוך ועל המשפט

מה

רש"י

קמ"ל · כיון דהאי אחד לאחד משום ספירה היא מדוגמת ספירת ז' כל ספירה דימאמא היא דכתיב וספרה לה שבעת ימים (ויקרא טו): **מקדמי** · מקדימין: **מחשכי** · מעריבין: **ס"א (*והיה) לנו הלילה למשמר והיום למלאכה** · ש"מ כל זמן שעסוקים במלאכה קרי יום ולא קדמותא אור וחשכותא: **מתני' כל היום כשר** · ואע"ג דקיימא לן* זריזין מקדימין למצות דכתיב וישכם אברהם בבקר (בראשית כב) אפילו הכי כשר כל היום: **לוידוי פרים** · פר העלם דבר של צבור ופר כהן משיח שמתודין עליו חטא שהביאוהו עליו כדאמרינן במסכת יומא (דף לו:) והתודה על חטאת עון חטאת כתיב הכא וכפר עליו הכהן (ויקרא ד) וכתיב התם ביום הכפורים יעמד חי לפני ה' לכפר עליו וגו' (ויקרא טז) מה להלן כפרת דברים וביום כדיליף לקמן אף כאן כפרת דברים וביום: **למליקה** · של עוף: **לקבלה** · לקבלת הדם: **להזיה** · לזריקת הדם והזיית פרים הנשרפין וחטאות הפנימיות שהיא זריקה שלהן: **גמ' בכפרת דברים** · וידוי במס' יומא (דף לו:) מסיים לה אתה אומר בכפרת דברים או אינו אלא בכפרת דמים הרי הוא אומר ושחט את פר החטאת אשר לו למדנו שעדיין לא נשחט הפר: **כי ביום הזה יכפר עליכם** · אלמא כפרתו ביום: **והניף והקריב** · והקרבה היא הגשה דאי אפשר לומר הך הקרבה היא הקטרת הקומץ דהא כתיב בתריה וקמץ והקטיר ומה היא הגשה מגיש את המנחה ומגיעה בקרן מערבית דרומית של מזבח כנגד חודה של קרן ואח"כ קומץ ומקראי יליף לה במסכת סוטה (דף יד:) ובמנחות (דף יט:): **לקמילה ולהקטרה** · בהקטרת קומץ קאמר שהיא במנחה כנגד זריקת דם בזבחים והיא כשרה אלא ביום אבל הקטר חלבים ואברים תנן במתני' דכשרים כל הלילה: **ביום צוותו** · להקריב את קרבניהם וכל הני הקרבת הקרבן נינהו דאילו הקטרת קומץ הקרבה (א) היא וקמילה איתקש להקטרה דכתיב וקמץ והקטיר מליקת עוף מליקתו והזייתו כאחת והזייתו היא הקרבתו קבלת דם הקרבה יקרי לה דאמר מר (חגיגה דף יא.) והקריבו זו קבלת הדם א"נ להקריב כל צורכי הקרבה קמילה ומליקה וקבלה כולן צרכי הקרבה הן ואי אפשר בלא הן אבל הגשה ותנופה אינן מעכבין:

משפט

תוספות

ספירה בימאמא היא · מכאן קשיא לפירוש רש"י דכילד צולין (פסחים דף פא. ושם) דפריך ולר' יוסי דאמר מקצת היום ככולו וזבה שראתה בשבעה לספירתה איכא סותרת אם כן זבה גדולה לדידיה היכי משכחת לה ומשני [בראתה כל שני] בין השמשות דאז הוי סוף היום ותחלת האחר בטומאה וקשיא אמאי לא אמר ברואה בלילות דהא ספירת לילה לאו ספירה היא ונמצא שכל היום טמא כיון שתחילתו הוי טמא וי"ל דסבר ר' יוסי דסוף היום מהני לשמור כמו תחלת היום וה"נ משמע פרק שני דנזיר (דף טז.) בסופו דקאמר [לר"י זבה גמורה] היכי משכחת לה אי דחזי בפלגא דיומא אידך פלגא ליהוי לה שימור ואם תאמר אם כן רבי יוסי דסבר מקצת היום ככולו א"כ היה לו להקשות ר' יוסי כותאי אמרה לשמעתיה כדקפריך לרב בגדה (דף סט.) וי"ל דכותאי אמרי אפי' מיום ראשון שפסקה בו דסופרתו ליום ראשון ור' יוסי לא אמר אלא מיום שבעה*: **והא** קי"ל דעד צאת הכוכבים ליליא הוא · ואם תאמר כיון דקיי"ל דבצאת הכוכבים הוי ליליא א"כ אמאי פליגי ר' יוסי ור' יהודה בבין השמשות* לימרו בצאת הכוכבים וי"ל דאף בשיעור צאת הכוכבים יש חילוק שיש כוכבים נראין ביום*: **והיה** לנו הלילה למשמר · קשיא דהא אמרינן בברכות (דף ב: ושם) גבי צאת הכוכבים לילה הוא ואע"פ שאין ראיה לדבר זכר לדבר דכתיב והיה לנו הלילה למשמר ואמאי לא הוי ראייה גמורה כדמפקינן הכא מקרא ויש לומר דהתם בעי לאסוקי דזמן שכיבה דגבי ק"ש הוי צאת הכוכבים ומש"ה קאמרינן התם דאין זו ראייה גמורה דנהי דהוי לילה בלותה שעה מ"מ לא הוי זמן שכיבה לכל אדם: **ולוידוי** יוה"כ דתנא' · קשיא אמאי איצטריך למימר האי כיון דתנא כל היום כשר לסמיכה והלא הוידוי אינו אלא בשעת סמיכה וי"ל דאי לאו האי הוה אמינא דוידוי זה (*כוידוי) דשאר סמיכות דאינו כשר כל היום ויגרוס נמי לסמיכה שלא תהא כשרה כל היום כשאר סמיכות מש"ה איצטריך למתני וידוי: **לקמיצה** ולהקטרה דכתיב ביום צוותו · אבל שחיטה לא מפקינן מהאי קרא דלאו עבודה היא שהרי כשרה בזר וקרא משתעי בעבודה דכתיב להקריב את קרבניהם *וכן תנופה והגשה *אין צריך כהן במנחה לפני הקמילה: ***כל** הלילה כשר לקצירת העומר · אומר ר"ת שאם שכח לברך בלילה לא יברך ביום כדמשמע בהאי סתמא דמתני' דנהי דאיכא סתמא במנחות (דף עא.) דתני נקצר ביום כשר בדיעבד מ"מ סתמא דהכא עדיפא דהא קתני לה גבי הלכתא פסיקתא דדיכא ועוד נראה דאפי' למאן דמכשר קצירת העומר ביום דיעבד מודה הוא גבי ספירה דאין לברך ביום משום דשנה עליה הכתוב לעכב דכתיב (ויקרא כג) תמימות ואי אתה מוצא תמימות אלא כשאתה מונה בלילה וכן כתוב בהלכות עצרת ובה"ג כתב דהיכא דאינשי לברך בלילה ימנה למחר בלא ברכה וכן הלכה אבל אם שכח לילה ויום לא ימנה עוד בברכה דבעינן תמימות וליכא *)ואחר שבירך על הספירה אומר יה"ר שיבנה וכו' מה שאין כן בתקיעת שופר ולולב והיינו טעמא לפי שאין (ב) אלא הזכרה עתה לבנין ביהמ"ק אבל לשופר ולולב יש עשיה:

ולהקטר

*) [עי' תוספות מנחות סו. סד"ה זכר למקדש]

עין משפט נר מצוה

מא א מיי' פ"א מהל' מגלה הל' ג סמג עשין מד"ס ד טוש"ע א"ח סימן תרפז סעיף ה:
מב ב מיי' פ"ג מהל' חנוכה הלכה ט:
מג ג טוש"ע א"ח סימן תקפח סעיף א:
מד ד מיי' פ"ז מהלכות לולב הלכה י סמג עשין מד טוש"ע א"ח סימן תרנב סעיף א:
מה ה מיי' פ"ג מהל' תפלה הלכה ה סמג עשין יט טוש"ע א"ח סימן רפו סעיף א:
מו ו מיי' פ"ד מהלכות מעשה הקרבנות הל' ו סמג עשין קפג:
מז ז מיי' פ"ב מהלכות עבודת יוה"כ הל' ז:
מח ח מיי' פי"א מהל' מעשר שני הל' ד:
מט ט מיי' פ"ג מהל' עבודת יוה"כ הלכה ז:
[ועי' תוספות פסחים פא. ד"ה כמי וכו']
נ י מיי' פ"ד מהלכות מעשה הקרבנות הלכה ו סמג עשין קפג:
[שבת לד:]
נא כ מיי' פ"ד מהל' סוטה הלכה ב סמג עשין נו:
[ועי' תוספות פסחים ב. ד"ה ואור]
נב ל מיי' פ"ו מהלכות רוצח הלכה ט סמג עשין עח:
נג מ מיי' פי"א מהל' טומאת צרעת הלכה ג סמג עשין רלו ורלז:
נד נ מיי' פ"ז מהלכות תמידין ומוספין הל' ו סמג עשין קנג:
נה ס ע מיי' פ"ד מהל' מעשה הקרבנות הל' ו סמג עשין קפג:
נו פ מיי' פ"ב מהלכות עבודת יוה"כ הל' ו:
[נ"ל אינו כוידוי]
[עיין תוספות מנחות ע. ד"ה מקמילה]
עיין למתני'

מסורת הש"ס

[נ"ל והיו וכו' משמר והיום מלאכה] [פסחים ד.] ברכות ב: פסחים כ. [ברכות שם] [נ"ל והיו] [נ"ל משמר והיום מלאכה] [נ"ל והיו] [סוכה לח.] מנחות עב. [הא דלא קתני לקבלה עי' תוס' יומא כ: תוס' ד"ה אלא ותוספות זבחים סג: ד"ה אלא] [נ"ל רב יוסף] יומא לו. [סוטה יז: ע"ש בתוספות ד"ה מה משפט וכו' שדחו פרש"י ומפרשים באופן אחר]

הגהות הב"ח

(א) רש"י ד"ה ביום צוותו וכו' הקרבה משמע וקמילה: (ב) תוס' ד"ה כל הלילה וכו' לפי שאין עתה אלא הזכרה לבנין:

רבינו חננאל

שנאנסה וטבלה ר' שמי בשם רב טהורה לביתה וטמאה לטהרות רבי אלעזר משום ר' חנינא טמאה בין לביתה בין לטהרות שנאמר וכובס שנית וטהר מה הראשונה לדעת שנאמר וצוה הכהן וכבסו אף שנית לדעת: וכולן שעשו משעלה עמוד השחר כשר שנאמר ואנחנו עושים במלאכה וחצים מחזיקים ברמחים מעלות השחר עד צאת הכוכבים ש"מ מעלות השחר יום הוא שנאמר והיום למלאכה כלומר לא היו עושים מלאכה אלא ביום: [מתני'] כל היום כשר לקריאת המגילה כו': ירושלמי לקריאת המגילה [שנאמר] ביום אשר שברו אויבי היהודים וגו' לקריאת ההלל שנאמר זה היום עשה ה' לתקיעת שופר שנאמר יום תרועה יהיה לכם למוספין שנא' ביום צוותו את בני ישראל ואיתקש תפלת המוספין למוספין לנטילת לולב שנאמר ולקחתם לכם ביום הראשון וגו' (פירוש) לודוי הפרים ולודוי המעשר ולודוי יוה"כ לסמיכה לשחיטה ולתנופה ולכפרה ולהגשה לקמיצה ולהקטרה למליקה ולקבלה להזאה להשקאת סוטה לעריפת העגלה לטהר את המצורע אלו כולן כשרים כל היום · כל הלילה כשר לקצירת העומר ולהקטיר חלבים ואימורין

זה

גליון הש"ס גמרא דכתיב וסמך ושחט · עיין מנחות דף נג ע"ב תוס' ד"ה ידו: תוספות ד"ה לקמילה וכו' וכן תנופה והגשה · עיין קדושין דף לו ע"א תוס' ד"ה הסמיכות ולע"ג:

§ מסכת מגילה דף כ: §

אות א'

כל היום כשר לקריאת המגילה

סימן תרפז ס"א - עיין לעיל כ. אות א'.

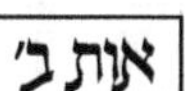

אות ב'

ולקריאת ההלל

רמב"ם פ"ג מהל' חנוכה ה"ט - כל היום כשר לקריאת ההלל.

אות ג'

ולתקיעת שופר

סימן תקפח ס"א - [א]זמן תקיעת שופר ביום ולא בלילה - דכתיב: יום תרועה יהיה לכם, **ואם** נמשך עד בין השמשות, יתקע בלי ברכה, [ואפי' ביום א'].

ומצותה משעת הנץ החמה ואילך, ואם תקע משעלה עמוד השחר יצא - דמן הדין משעלה עה"ש יממא הוא לכל הדברים, אלא לפי שאין הכל בקיאין בו, וזמנין דאתי לאקדומי, הצריכו חכמים לכתחלה להמתין עד הנץ, דיום ברור הוא לכל, **ולא** בעינן עד שיעלה כל גוף השמש על הארץ, אלא משעת תחלת הנץ ג"כ מותר לכתחלה.

(עיין לעיל בסימן נ"ח בבה"ל, דדעת הגר"א ועוד איזה אחרונים, דעמוד השחר נקרא משהאיר פני המזרח ולא קודם, דחד זמן הוא, **אמנם** בסוכה ברש"י משמע, דתרי זמני נינהו, ועה"ש הוא קודם, **ובחידושי** הריטב"א שם משמע דלא פסיקא ליה דבר זה, ע"ש, וצ"ע).

[ב]ואם שמע מקצת תקיעה קודם שעלה עמוד השחר, ומקצתה אחר שעלה עמוד השחר, לא יצא. הגה: ואם היה שיעור תקיעה במה ששמע ביום, נתבאר בסי' תקפ"ז ס"ג.

אות ד'

ולנטילת לולב

סימן תרנב ס"א - [ג]מצות לולב ביום ולא בלילה; וכל היום כשר לנטילת לולב, [ד]שאם לא נטל שחרית, יטלנו אח"כ; [ה]ומ"מ זריזים מקדימים למצות ונוטלים אותו בבוקר. [ו]זמנו הוא משתנץ החמה, [ז]ועיקר מצותו בשעת ההלל; [ח]ואם צריך להשכים לצאת לדרך, נוטלו משעלה עמוד השחר. הגה: והמדקדק יאחוז הלולב בידו כשנכנס מביתו לבה"כ, גם בשעת התפלה, וכן יחזירו לביתו, כדי לחבב המצות (טור).

אות ה'

ולתפלת המוספין

סימן רפו ס"א - זמן תפלת מוסף מיד אחר תפלת השחר - כמו קרבן מוסף שזמנו לכתחלה אחר התמיד, (**וגם** המתפללין כותיקין, או שמתפלל ביחיד, יתפלל מיד אחר שחרית).

ואין לאחרה יותר מעד סוף ז' שעות - דעיקר זמן הקרבת המוסף היה לכתחלה עד סוף שבע.

(**ומשמע** דעד שש ומחצה יכול לאחר ואח"כ להתפלל, ולכאורה לדעת המחבר לקמן בדעה א', הלא יוצרך להתפלל מנחה מקודם, ותהיה התפלה שלא כסדר הקרבה, אף אם יתפלל מוסף ג"כ בתוך שבע, וי"ל דמ"מ פושע לא מקרי, כיון שעיקר התפלה לא איחר זמנה, אבל לכתחלה בודאי נכון ליזהר שלא יבא לזה לדעה זו).

ואם התפלל אותה אחר שבע שעות נקרא פושע, ואעפ"כ יצא י"ח, מפני שזמנה כל היום. ואם שכח ולא התפלל עד שעבר כל זמנה, אין לה תשלומין - כיון שנזכר בה קרבן מוסף, וקרבן מוסף אין לה תשלומין, **משא"כ** שארי תפלות שלא נזכר בהם קרבן כלל, יש להן תשלומין כמ"ש סי' ק"ח.

ויש בה נשיאות כפים - היינו דנושאין כפים במוסף כמו בשחרית, וכנ"ל בסי' קכ"ט. **וע"ש** בסי' קכ"ח סמ"ד בהג"ה, דבכל מדינותינו אין נוהגין לישא כפים בשבת כלל.

הגה: ואם התפלל אותה קודם תפלת שחרית, יצא - דקרבן מוסף זמנו מתחלת היום עד הערב, **אלא** דאסור להקדים שום קרבן לכתחלה לקרבן תמיד של שחר, ובדיעבד יצא.

אות ו'

ולמוספין

רמב"ם פ"ד מהל' מעשה הקרבנות ה"ו - כל היום כשר לסמיכה ולשחיטה ולמליקה להקטר להגשה ולהזייה ולתנופה ולקמיצה ולקרבן המוספין, וכל הלילה כשר להקטיר אימורין ואיברים; זה הכלל דבר שמצותו ביום כשר כל היום, ודבר שמצותו בלילה כשר כל הלילה; ואף על פי כן זריזין מקדימין למצות.

אות ז'

ולוידוי הפרים

רמב"ם פ"ב מהל' עבודת יוה"כ ה"ז - וכל היום כשר לוידוי יום הכפורים ולוידוי הפרים הנשרפים.

באר הגולה

א משנה מגילה כ' | ב מימרא דרבה ר"ה כ"ח | ג משנה מגילה כ' | ד משנה סוכה ל"ח | ה ברייתא פסחים ד' | ו שם במגילה | ז משנה סוכה ל"ז | ח ברייתא ברכות ל'

אות ח׳

ולוידוי מעשר

רמב״ם פ״א מהל׳ מעשר שני ה״ד - **אין מתודין אלא ביום, וכל היום כשר לוידוי המעשר.**

אות ט׳

ולוידוי יום הכפורים

רמב״ם פ״ב מהל׳ עבודת יוה״כ ה״ז - **וכל היום כשר לוידוי יום הכפורים ולוידוי הפרים הנשרפים.**

אות י׳

לסמיכה, לשחיטה, לתנופה, להגשה, לקמיצה, ולהקטרה, למליקה, ולקבלה

רמב״ם פ״ד מהל׳ מעשה הקרבנות ה״ו - **עיין לעיל אות ו׳.**

אות י׳*[ט]

ולהזיה

רמב״ם פ״ו מהל׳ פרה ה״ב - **והמילוי והקידוש כשרין בלילה, אבל אין מזין ואין טובלין אלא ביום, וכל היום כשר [י]להזאה ולטבילה. השגת הראב״ד: א״א במשנה מפרש על טבילת האזוב במים** - ‹אבל הוא עצמו טובל בלילה ומזה ביום, וכתבו הראב"ד בהשגה כמשיג על רבינו שקיצר בדבר הצריך ביאור, ורבינו סמך על המבין, שמאחר דבמילוי וקידוש והזאה עסיק ואתי, ממילא משמע דטבילה דקאמר בטבילת אזוב – כסף משנה›.

אות כ׳

ולהשקיית סוטה

רמב״ם פ״ד מהל׳ סוטה ה״ב - **ואין משקין את השוטה אלא ביום, וכל היום כשר להשקות שוטה.**

אות ל׳

ולעריפת העגלה

רמב״ם פ״י מהל׳ רוצח ושמירת הנפש ה״ה - **אין עורפין את העגלה אלא ביום, לפי שנאמר בה כפרה כקדשים, וכל היום כשר לעריפת העגלה.**

אות מ׳

ולטהרת המצורע

רמב״ם פי״א מהל׳ טומאת צרעת ה״ג - **וכל היום כשר לטהרת המצורע.**

אות נ׳

כל הלילה כשר לקצירת העומר

רמב״ם פ״ז מהל׳ תמידין ומוספין ה״ז - **וכל הלילה כשר לקצירת העומר, ואם קצרוהו ביום כשר.**

אות ס׳ – ע׳

ולהקטר חלבים ואברים

זה הכלל: דבר שמצותו ביום, כשר כל היום, דבר שמצותו בלילה, כשר כל הלילה

רמב״ם פ״ד מהל׳ מעשה הקרבנות ה״ו - **עיין לעיל אות ו׳.**

אות פ׳

בכפרת דברים הכתוב מדבר

רמב״ם פ״ב מהל׳ עבודת יוה״כ ה״ו - **זה שנאמר בתורה: וכפר בעדו ובעד ביתו ובעד כל קהל ישראל, מפי השמועה למדו שזה וידוי דברים; נמצאת למד שהוא מתודה ביום זה שלשה וידויים, אחד על ידי עצמו תחילה, וידוי שני על ידי עצמו עם שאר הכהנים, ושניהם על פר החטאת אשר לו, והוידוי שלישי על ידי כל ישראל על שעיר המשתלח.**

§ מסכת מגילה דף כא. §

אות א׳

קצירה וספירה בלילה

רמב״ם פ״ז מהל׳ תמידין ומוספין ה״ו - **מצותו להקצר בלילה בליל ששה עשר, בין בחול בין בשבת.**

סימן תפט ס״א - **[א]בליל שני אחר תפלת ערבית מתחילין לספור העומר** - קודם "עלינו", דכל מה דאפשר לאקדומי מקדמינן, כדי שיתקיים יותר מה שכתוב: תמימות תהיינה, **ואם שכח לספור בתחלת הלילה, [ב]הולך וסופר כל הלילה** - דכל שלא עבר הלילה, לא נפיק עדיין מכלל הכתוב: תמימות תהיינה.

באר הגולה

ט ‹ע"פ מהדורת נהרדעא› י ‹רש"י פי' לזריקת הדם, והר"ן על הרי"ף פי': בין להזאת דמים בין להזאת מי חטאת, וכן נראה מהרמב"ם, ע"ש בכסף משנה וז"ל: ומש"כ וכל היום כשר להזאה ולטבילה, משנה בספ"ב דמגילה› א **ברייתא מנחות ס״ו** ב **פשוט ממשנה מגילה כ׳** ‹כל הלילה כשר לקצירת העומר – ב"י›

*מה משפט ביום אף כאן ביום: ולעריפת העגלה: אמרי דבי רבי ינאי *כפרה כתיב בה כבקדשים: ולטהרת מצורע: דכתיב °זאת תהיה תורת המצורע ביום טהרתו: כל הלילה כשר לקצירת העומר וכו': דאמר מר *קצירה *וספירה בלילה והבאה ביום: ולהקטר חלבים ואברים: דכתיב °כל הלילה עד הבוקר: זה הכלל דבר שמצותו ביום כשר כל היום: זה הכלל לאתויי מאי לאתויי סידור בזיכין וסלוק בזיכין וכר' יוסי דתניא *רבי יוסי אומר סילק את הישנה שחרית וסידר את החדשה ערבית אין בכך כלום ומה אני מקיים (°*לפני ה' תמיד) שלא יהא שולחן בלא לחם: דבר שמצותו בלילה כשר כל הלילה: לאתויי מאי לאתויי אכילת פסחים ודלא כר' אלעזר בן עזריה דתניא *ואכלו את הבשר בלילה הזה א"ר אלעזר בן עזריה נאמר כאן בלילה הזה ונאמר להלן °ועברתי בארץ מצרים בלילה הזה מה להלן עד חצות אף כאן עד חצות:

הדרן עלך הקורא למפרע

הקורא את המגילה עומד ויושב קראה אחד קראוה שנים יצאו מקום שנהגו לברך יברך ושלא לברך לא יברך בשני וחמישי בשבת במנחה קורין שלשה אין פוחתין מהן ואין מוסיפין עליהן ואין מפטירין בנביא הפותח והחותם בתורה מברך לפניה ולאחריה בראשי חדשים ובחולו של מועד קורין ארבעה אין פוחתין מהן ואין מוסיפין עליהן ואין מפטירין בנביא הפותח והחותם בתורה מברך לפניה ולאחריה זה הכלל כל שיש בו מוסף ואינו יום טוב קורין ארבעה ביום טוב חמשה ביוה"כ ששה בשבת שבעה אין פוחתין מהן אבל מוסיפין עליהן ומפטירין בנביא הפותח והחותם בתורה מברך לפניה ולאחריה: **גמ'** תנא מה שאין כן בתורה מנהני מילי אמר רבי אבהו דאמר קרא °ואתה פה עמד עמדי ואמר רבי אבהו *אלמלא מקרא כתוב אי אפשר לאומרו כביכול אף הקב"ה בעמידה וא"ר אבהו °מנין לרב שלא ישב על גבי מטה וישנה לתלמידו על גבי קרקע שנאמר ואתה פה עמד עמדי ת"ר מימות משה ועד רבן גמליאל לא היו למדין תורה אלא מעומד משמת רבן גמליאל ירד חולי לעולם והיו למדין תורה מיושב והיינו דתנן *משמת רבן גמליאל (א) בטל כבוד תורה כתוב אחד אומר °ואשב בהר וכתוב אחד אומר °ואנכי עמדתי בהר אמר רב עומד ולומד יושב ושונה ר' חנינא אמר לא עומד ולא יושב אלא שוחה רבי יוחנן אמר אין ישיבה אלא לשון עכבה שנאמר °ותשבו בקדש ימים רבים רבא אמר רכות מעומד וקשות מיושב: קראה אחד קראוה שנים יצאו וכו': תנא

רש"י

משפט ביום. דכתיב והיה ביום הנחילו את בניו (דברים כא) אורעה כל הפרשה כולה להיות דין במס' סנהדרין בפ' אחד דיני ממונות (דף לד:): **לטהרת מצורע.** בצפרים ועץ ארז ואזוב ושני תולעת: **דאמר מר קצירה וספירה בלילה.** ויליף לה במס' מנחות מקראי: **כל ה[לילה] [ע]ד הבוקר.** על מוקדה על המזבח כל הלילה עד הבוקר: **וכר' יוסי.** דאמר במסכת מנחות אפילו סילק את הישנה שחרית וסידר את החדשה ערבית אף זו היתה תמיד ומהו תמיד שלא ילין שולחן בלא לחם אבל לרבנן טפחו של זה מסדר בצד טפחו של מסלק:

הדרן עלך הקורא למפרע

הקורא. עומד ויושב. אם רצה עומד אם רצה יושב: **קראוה שנים.** יחד יצאו ולא אמרינן אין שני קולות נשמעין כאחד: **לא יברך.** אין צריך לברך: **בשני ובחמישי בשבת ובשבת במנחה.** עזרא תיקן שיהו קורין בשני ובחמישי בבבא קמא בפרק מרובה (דף פב.) והכא אשמעינן דשלשה הן כהן ולוי וישראל: **ואין מוסיפין עליהן.** שלא יקשה לצבור מפני שהן ימי מלאכה ושבת במנחה סמוך לחשיכה הוא שהרי כל היום היו רגילין לדרוש: **ואין מפטירין.** משום האי טעמא גופיה: **הפותח והחותם.** בגמ' מפרש: **ואין מוסיפין עליהן.** בראשי חדשים וחול המועד נמי איכא ביטול מלאכה דמלאכת דבר האבד מותרת: **גמ' מה שאין כן בתורה.** שאין קורין בתורה בצבור מיושב: **כביכול.** כאומר בהקב"ה כבאדם שיכול להאמר בו כן: **שלא ישב על גבי המטה.** אלא או שניהם על גבי המטה או שניהם על גבי קרקע: **ולומד.** מפי הגבורה: **יושב ושונה.** שונה לבדו מה שלמד: **רכות.** דברים רכים ונוחים שאדם מהיר לשמען: ובלבד

תוספות

ולהקטר חלבים (ג) כל הלילה עד הבוקר. והיינו דוקא שנתעכלו האברים קודם חצות שנשלטה בהן האור אבל אם לא נשלטה בהן אין *נמשכין אחר חצות כדאמר ר' יוחנן סוף פ"ק דיומא (דף כ:): **לאתויי** אכילת פסחים ודלא כרבי אלעזר ב"ע. מ"מ נראה הלכה כר' אלעזר דהא איכא סתמא בערבי פסחים (פסחים קכ: ושם) דקאי כוותיה דתנן הפסח אחר חצות מטמא את הידים וכן משנה באיזהו מקומן (זבחים נו:) וסתמא בסוף פ"ק דברכות (דף ט.) גבי מעשה ובאו בניו של רבן גמליאל מבית המשתה וכו' אמר להם כל מה שאמרו חכמים עד חצות מצותן עד שיעלה עמוד השחר ואילו אכילת פסחים לא קתני ומוקי לה כראב"ע דאמר עד חצות וא"כ צריך לאכול מצה בלילי פסחים קודם חצות ואפילו מצה של אפיקומן שהרי חיוב מצה בזמן הזה הוי דאורייתא *אבל בהלל של אחר אפיקומן אין להחמיר כל כך שהרי מדרבנן הוא:

הדרן עלך הקורא למפרע

הקורא. ואין מפטירין בנביא. קשיא לר"ת דהא בפרק במה מדליקין (שבת דף כד. ושם) אמר רב אחדבוי (ג) שאלמלא שבת אין נביא במנחה ביום טוב שחל להיות בשבת וצריך לומר דהאי דקאמר התם דמפטיר בנביא במנחה בשבת כשחל ביו"ט לאו דוקא נביא אלא רוצה לומר בכתובים כדאמרינן פרק כל כתבי (שם קטז:) בנהרדעא פסקי סדרא בכתובים במנחה בשבתא ופסקי היינו הפטרה ומקומות יש שנוהגין לעשות כן והטעם שמפטיר במנחה בתעניות ולא בשחרית משום דכתיב בה שמרו משפט ועשו צדקה (ישעיה נו) ואגרא דתעניתא צדקתא* לעת ערב ומש"ה נכון לאומרו בערב אחר שעשו צדקה:

הפותח והחותם בתורה מברך לפניה ולאחריה. קשיא אמאי תנא הך מילתא הכא ג' פעמים דהא בחד זימנא סגיא וי"ל דהוה סלקא דעתך דכל דמפי מילתא מחבריה מברך לפניה ולאחריה מש"ה אצטריך למתני בכולהו:

אלמלא מקרא כתוב. קשיא שיש אלמלא שרוצה לומר אילו לא כגון הכא וכגון אלמלא אגרות הראשונות (לעיל דף יב:) וכן הרבה ויש אלמלא שרוצה לומר אילו היה אלמלא נגדוה לחנניה מישאל ועזריה (כתובות דף לג:) וכן אלמלא לוי אתה וכו' (לקמן דף כד:) ומאי שנא ואומר ר"ת דהיכא שיש אל"ף בסוף אלמלא רוצה לומר אילו לא והיכא דכתי' אלמלי ביו"ד רוצה לומר אילו היה: תגא

עין משפט נר מצוה

נז א מיי' פ"ז מהלכות תמידין הלכה ו סמג עשין ר טוש"ע א"ח סימן תפט סעיף א:

נח ב מיי' פ"ח מהל' קרבן פסח הלכה יד סמג עשין רכו:

א ג מיי' פ"ב מהלכות מגילה הלכה ז סמג עשין מד"ס ד טוש"ע א"ח סי' תרצ סעיף א:

ב ד מיי' פי"ב מהלכות תפלה הלכה טו טור ש"ע א"ח סי' קלה סעיף א:

ג ה מיי' שם טוש"ע א"ח סימן תכג סעיף א:

ד ו מיי' שם טוש"ע א"ח סי' תרסג סעיף א:

[עי' תוספות זבחים נז: ד"ה ואיבעי' אימא]

[נ"ל לפני תמיד (שמות כה) וכן איתא במנחות במשנה ובברייתא צט: וכן איתא בתוספתא]

ה ז מיי' שם טוש"ע א"ח סי' תפח סעיף ג וסי' תלד סעיף א:

ו ח מיי' שם טוש"ע א"ח סימן תרכא סעיף א:

ז ט י מיי' שם טוש"ע א"ח סי' רפב סעיף א:

ח כ מיי' שם הלכה ב טוש"ע שם סעיף ד וסי' תפח סעיף ג וסימן תלד סעיף א וסי' תרכא סעיף א:

ט ל מיי' שם הלכה יא טוש"ע א"ח סי' קמא סעיף א:

י מ מיי' פ"ד מהלכות ת"ת הלכה ב טוש"ע י"ד סי' רמו סעיף ט:

יא נ מיי' שם:

[ברכות ו: וע"ש סנהדרין לה.]

מסורת הש"ס

[ר"ס כה: סנהדרין יא:]

[קידושין מ. ע"ז כט: זבחים ע: חולין יא.]

מנחות סו.

שם לט: [תוספ' מנחות פי"א]

[סגי' במנחות צט: שלא ילין]

ברכות ט. פסחים קכ: זבחים נז: מכילתא דר"י פרשת בא

סוטה מט.

דברים ט

שם י

הגהות הב"ח

(א) גמ' משמת רבן גמליאל הזקן בטל: (ב) תוס' ד"ה ולהקטר חלבים דכתיב כל וכו' אבל אם לא שלטה בהן האור אין נמשכין: (ג) שם ד"ה הקורא וכו' אמר רב אחדבוי ביו"ט שחל להיות בשבת שאלמלא שבת אין נביא במנחה וצריך לומר כו' במנחה בשבת לאו דוקא נביא כצ"ל ותיבות כשחל ביו"ט נמחק:

רבינו חננאל

זה הכלל דבר שמצותו ביום כשר כל היום לאתויי סידור בזיכין וכר' יוסי דתניא ר' יוסי אומר אפילו סילק לחם הפנים הישנה שחרית וסידר החדשה ערבית אין בכך כלום. ומה אני מקיים לחם הפנים לפני תמיד שלא ילין שלחן בלא לחם: כל דבר שמצותו בלילה כשר כל הלילה לאתויי אכילת פסחים ודלא כר' אלעזר בן עזריה דתני עד חצות: ירושלמי דבר שדוחה את השבת ביום מהו מכשיריו בלילה והתנינן העמידו עושה הביתין לעשות הביתין תיפתר בחול. תני ר' אחא זה סדר התמיד לעבודת בית אלהינו בין בחול בין בשבת: הדרן עלך הקורא את המגילה

הקורא את המגילה עומד ויושב יצא. תנא מה שאין כן בתורה שנאמר ואתה פה עמוד עמדי. אמר רב מנין לרב שלא ישב ע"ג מטה ותלמיד ע"ג קרקע וישנה שנאמר ואתה פה עמוד כלומר התלמיד כמו הרב: ת"ר מימות [משה] ועד ר"ג היו למדין תורה מעומד. משמת ר"ג ירד חולי לעולם והתחילו לישב ולשנות והיינו דתנן במס' סוטה משמת ר"ג בטל כבוד התורה: כתוב אחד אומר ואשב בהר ארבעים יום וכתוב אחד אומר ואנכי עמדתי בהר. ואסיקנא רכות מעומד וקשות מיושב: מתני' קראה אחד את המגילה או קראוה שנים ביחד יצאו. תנא

גליון הש"ס גמ' אלמלא מקרא כתוב. ר"ה דף יז ע"ב סוטה דף יג ע"ב:

אות ב'

לאתויי אכילת פסחים

רמב"ם פ"ח מהל' קרבן פסח הט"ו - כבר ביארנו בכמה מקומות, שאין הפסח נאכל אלא עד חצות, כדי להרחיק מן העבירה, ודין תורה שיאכל כל הלילה עד שיעלה עמוד השחר.

אות ג'

הקורא את המגילה עומד ויושב

סימן תרצ ס"א - [ז]קורא אדם את המגילה בין עומד בין יושב - מיהו הברכה יברך בעמידה, [**וגם** השומעים הברכה, כיון דיוצאין ע"י שמיעה משום דשומע כעונה, צריכין ג"כ לעמוד]. [ד]**אבל לא יקרא בצבור יושב לכתחלה, מפני כבוד הצבור** - ר"ל דאם קורא בצבור, צריך לקרוא בעמידה, **ועיין** בה"ל שצידדנו, דעמידה ע"י סמיכה שרי לענין מגילה, (**ונראה** דבשעת הדחק יש לסמוך ע"ז להקל, כי באמת מן הגמרא דקאמר "משא"כ בתורה", והתם הלא בדיעבד ג"כ יצא כדאיתא במאירי בהדיא, ואינו אלא לכתחלה, וא"כ הכא אפילו לכתחלה שרי, וכן מוכח ברש"י ‹ד"ה משא"כ בתורה: שאין קורין בתורה בצבור מיושב. משמע דאילו במגילה אפי' בצבור קורין מיושב›, ור"ן, **ודברי** הרמב"ם נובעים מדברי המאירי, שהוא מנהג שנהגו בו עם קדוש בענין זה וכן בכמה ענינים, ע"ש, **ואף** דבודאי אין לזוז מזה אחרי שהוא מנהג של כלל ישראל, מ"מ דיינו אם נחמיר בזה בישיבה ממש ולא בסמיכה כנלענ"ד).

הגה: ואסור לחזן לקרוא את המגילה עד שאומרים לו: קרא (מרדכי) - דלהוציא הצבור הוא ענין כבוד, ואין ראוי לאדם לחלוק כבוד לעצמו כל זמן שלא כבדוהו, **וכ"ז** באינו קבוע לכך, אבל בש"ץ קבוע שמינוהו לכך, א"צ להמתין.

אות ד'

בשני וחמישי, בשבת במנחה, קורין שלשה וכו'

סימן קלה ס"א - כתב הרמב"ם: [ה]משה רבינו תיקן להם לישראל, שיהו קורין בתורה ברבים בשבת ובשני ובחמישי בשחרית, כדי שלא ישהו שלשה ימים בלא שמיעת תורה, **ועזרא** תיקן שיהו קורין גם במנחה בכל שבת, משום יושבי קרנות, [**הם** בעלי מלאכה שאין להם פנאי לשמוע קריאת התורה בשני וחמישי - רא"ש, **והערוך** פי', אינשי דלא עיילי לבי מדרשא, אלא רגילין שיושבין בקרנות העיר ועוסקין בדברי שיחה], **וגם** הוא תיקן שיהו קורין בשני ובחמישי שלשה בני אדם, ולא יקראו פחות מעשרה פסוקים, כי בזמן משה רבינו ע"ה לא היתה התקנה דוקא שיהו קורין ג', ושיקראו עשרה פסוקים דוקא, ואתא הוא ותיקן דבר זה, **ובירושלמי** איתא: משה תיקן להם לישראל שיהיו קורין בתורה בשבתות ויו"ט ובראש חודש ובחוש"מ.

[ו]**בשני ובחמישי** - בשחרית, ואף דבדיעבד כל היום זמנה, מכל מקום לכתחלה מצוה להקדים, **ובשבת במנחה, קורין שלשה, אין פוחתים מהם ואין מוסיפין עליהם** - ‹בשני ובחמישי› משום בטול מלאכה לעם, [רש"י], **ואין מפטירין בנביא** - גם מטעם זה.

הגה: ואם היו ב' חתנים בבהכ"נ והם ישראלים, מותר להוסיף לקרות ד', דלדידהו הוי כיו"ט שמותר להוסיף (מרדכי הגהות מיימוני) - כדי שיוכלו שניהם לעלות לתורה, **ונראה דה"ה לשני בעלי ברית, דיו"ט שלהם הוא, כדלקמן סי' תקנ"ט** - ולדינא כתבו האחרונים דאין נוהגין כן, וכ"ש דלענין בעלי ברית בודאי אין לנהוג כן. **(ודין שבת ויו"ט, ע"ל ריש סי' רפ"ב לענין הוספה).**

אות ה'

בראשי חדשים... קורין ארבעה וכו'

סימן תכג ס"א - [ז]אומר קדיש תתקבל וכו', [ח]ומוציאין ס"ת וקורים בו ד', אין פוחתין מהם ואין מוסיפין עליהם, ואין מפטירין בנביא.

אות ו'

ובחולו של מועד, קורין ארבעה

סימן תרסג ס"א - [ט]בחה"מ מוציאין ס"ת וקורים בו ארבעה [י]בקרבנות החג שבפרשת פנחס.

אות ז'

ביום טוב חמשה

סימן תפח ס"ג - מוציאין שני ספרים, וקורין בראשון חמשה גברי, (ואם מוסיפין ביו"ט ע"ל ריש סי' רפ"ב), בפרשת בא, מן "משכו" עד "מארץ מצרים על צבאותם".

סימן תצד ס"א - [יא]ביום חמישים לספירת העומר הוא חג שבועות, וסדר התפלה כמו ביום טוב של פסח, אלא שאומרים: את יום חג השבועות הזה זמן מתן תורתנו, וגומרים ההלל, ומוציאין שני ספרים, וקורים בראשון [יב]חמשה [יג]"מ"בחדש השלישי" עד סוף הסדר.

אות ח'

ביום הכפורים ששה

סימן תרכא ס"א - מוציאין שני ספרים, [יד]"בראשון קורים ששה בפרשת [טו]"אחרי מות עד "ויעש כאשר צוה ה'"; ואם חל בשבת, קורים שבעה.

באר הגולה

[ג] משנה מגילה כ"א [ד] טור בשם הרמב"ם [ה] ‹דברי רש"י ד"ה בשני וחמישי תמוהים, דהרי ממקום שהביא (ב"ק דף פב) מבואר להיפך, דרק נביאים בימי משה תקנו, [ע"ש: עמדו נביאים שביניהם ותקנו וכו'], ועיין מג"א שתמה כן על הרי"ף, ובאמת בירושלמי נאמר סתמא, עזרא תיקן שיהיו קורין ב' וה', ועכ"פ קשה מדוע שבקו את הבבלי, והמג"א לא התעורר מדברי הירושלמי ג"כ – מהר"ץ חיות› [ו] מגילה כ"א [ז] טור [ח] משנה מגילה שם [ט] משנה מגילה כ"א [י] שם ל"א [יא] לשון הטור [יב] משנה מגילה כ"א [יג] ברייתא שם ל"א [יד] משנה מגילה כ"א [טו] ברייתא שם ל"א

אות ט' - י'

בשבת שבעה **אבל מוסיפין עליהן**

סימן רפב ס"א - [טז]מוציאין ס"ת וקורין בו שבעה; ואם רצה להוסיף, מוסיף. הגה: [יז]וה"ה ביום טוב מותר להוסיף על מנין הקרואים (רמב"ם פרק י"ב מה"ת ותשובת מהר"ם וב"י). וי"א דביו"ט אין להוסיף (ר"ן פרק הקורא), וכן נהגו במדינות אלו, מלבד בשמחת תורה שמוסיפין הרבה; גם בכל יום טוב אין המפטירין ממנין הקרואים, כדלקמן.

אות כ'

ומפטירין בנביא

סימן רפד ס"א - מפטירין בנביא מענינה של פרשה.

סימן תפח ס"ג - ומפטיר קורא בשני בפרשת פנחס "ובחודש הראשון", ומפטיר ביהושע "בעת ההיא" - ויש מתחילין "ויאמר יהושע אל העם התקדשו", וכן נוהגין עכשיו.

סימן תצד ס"א - ומפטיר קורא בשני "וביום הבכורים", ומפטיר במרכבה דיחזקאל, ומסיים בפסוק: ותשאני רוח.

סימן תרכא ס"א - ומפטיר קורא בשני בפינחס "ובעשור לחודש", ומפטיר בישעיה "ואומר סלו סלו פנו דרך", עד "כי פי ה' דבר".

אות ל'

מה שאין כן בתורה

סימן קמא ס"א - [יח]צריך לקרות מעומד - הקריאה שקורין בצבור, וילפינן זה מדכתיב: ואתה פה עמוד עמדי, משמע אפילו הש"י המקרא למשה היה עומד כביכול, וא"כ כ"ש שכל ישראל היו עומדין מפני אימת הקב"ה הנותן אותה, **ואמרינן** עוד, כשם שניתנה באימה, כך אנו צריכין לנהוג בה באימה, **ומ"מ** בדיעבד שקראה מיושב, יצא וא"צ לחזור ולקרות.

ואפילו לסמוך עצמו לכותל - היינו אפי' סמיכה קצת שאם ינטל אותו דבר לא יפול, ג"כ אסור, דצריך לעמוד באימה, **[יט]או לעמוד** - הוא שלחן הקריאה וכה"ג, **אסור, אא"כ הוא בעל [כ]בשר** - וה"ה חולה או זקן הרבה, שקשה לו עמידה בלי סמיכה, **אך** יזהר שיסמוך קצת, ולא יסמוך כ"כ עד שאם ינטל אותו דבר יפול, **ואם** א"א לו לסמוך כי אם בענין זה, והוא צריך סעד לתומכו, מותר גם בזה, **אך** לא ישען על המפה שעל השלחן, שתשמיש קדושה הוא, אלא על השלחן עצמו.

הגה: וכן החזן הקורא צריך לעמוד עם הקורא (מרדכי הלק"ט) - וה"ה הסגן שעומד אצל הס"ת, שערי אפרים. **עוד** כתב שם: פעמים שהס"ת ארוכה וגדולה הרבה, והקורא שצריך לקרות מתוך הכתב, וכן העולה שצריך לראות בס"ת מה שמקרא לפניו, ולקרות אחריו בלחש, וא"א להם לראות בראש הדף אם לא כששוחין עצמם סמוך לס"ת, ועי"ז בא לידי סמיכה על השלחן, **יש** להתיר, שהרי נראה לכל שאין סמיכה זו דרך גאוה, שזהו כשעומד זקוף וסמוך, אבל זה שעומד מוטה וכפוף, עמידה באימה הוא, ויכול לעמוד סמוך, **וכן** בסגן, שע"פ רוב עבודתו הוא שהוא אוחז ביד העשוי מכסף, להורות לפני הקורא באיזה שורה ותיבה שהוא עומד עתה, ולפעמים א"א לו כי אם כששוחה עצמו וסומך על השלחן, מותר, **אך** יזהר שאחר שיקרא השורות העליונות מראש העמוד, ויגיע בחצי העמוד או קרוב לו, שאפשר לו לראות היטב בלי סמיכה, יזקוף משחייתו, כדי שלא יצטרך להיות סמוך כלל, עכ"ד.

אות מ'

מנין לרב שלא ישב ע"ג מטה וישנה לתלמידו על גבי קרקע

יו"ד סימן רמו ס"ט - כיצד מלמדים, הרב יושב בראש והתלמידים לפניו מוקפים כעטרה, כדי שיהיו כולם רואים את הרב ושומעין דבריו. ולא ישב הרב על הכסא ותלמידיו על הקרקע, אלא או הכל על הארץ או הכל על הכסאות.

הגה: וי"א דוקא כשהגיעו התלמידים לכלל סמיכה (הר"ן) - ועוד מחלק הר"ן, דבשמועות רכות יעמדו התלמידים, ובקשות ישבו, וז"ל: דכי היכי דמתרצי בגמ' רכות מעומד קשות מיושב, ה"נ בשמועות קשות היו יושבים {הרב} אספסלי, שאם היו יושבין בקרקע עם תלמידיהם לא היו יכולין לעיין בהן היטב. **ובס'** עין יעקב כתב, דכשהיו שונים, היו כולם עומדים שלא היו צריכים לדקדק, **אבל** בסברא שהם צריכים לדקדק, היה הרב יושב ואחרים מעומד, **ופעמים** שהיו כולם יושבים, וזהו כשהיו צריכים לדקדק ולטרוח בהלכה, ע"כ - ש"ד.

אות נ'

מימות משה ועד רבן גמליאל וכו'

רמב"ם פ"ד מהל' תלמוד תורה ה"ב - [כא]ובראשונה היה הרב יושב והתלמידים עומדים, ומקודם חורבן בית שני נהגו הכל ללמד לתלמידים והם יושבים.

באר הגולה

[טז] **מגילה כ"א** [יז] ‹מדברי רש"י {ד"ה ואין מוסיפין עלין} נראה, ד"אבל מוסיפין עליהם" קאי אשבת ויוה"כ ויו"ט, וכן דעת הרמב"ם, וכ"כ רבינו בסמוך, ודלא כיש מפרשים שכתב הר"ן, דלא קאי אלא אשבת לחודיה, אבל באינך יומי אין מוסיפין - ב"י› [יח] **מגילה כ"א** [יט] **ירושלמי שם** [כ] **מרדכי בשם הירושלמי** [כא] ‹וקשה דאיך אפשר לומר כן, דממימרא דרבי אבהו משמע שצריך שיהיו הרב והתלמידים שוין, מקרא דואתה פה עמוד עמדי, **ועוד** מאין ראה רבינו בברייתא שהרב יושב, והרי בברייתא אמרו סתם: למדין מעומד, ולמה פירש הוא כן. **ונראה** שרבינו ראה שאמרו שם בגמ' עוד, כתוב א' אומר: ואשב בהר, וכתוב א' אומר: ואנכי עמדתי בהר, אמר רב עומד ולומד יושב ושונה, ע"כ. ונראה שרבינו אינו מפרש כפי' רש"י ז"ל, אלא הוא מפרש כך: עומד ולומד, כלומר כשהוא לומד מהקב"ה היה בעמידה, אבל כשהוא שונה לתלמידים היה יושב, א"כ ודאי מכאן למדנו שכשאמר בברייתא: היו למדין מעומד, ר"ל שהתלמידים היו מעומד והרב יושב, **וא"ת** עדיין תקשי לן מימרא דרבי אבהו, י"ל דהוא סבור ודאי דקרא דואתה פה עמוד עמדי משמע ודאי שיהיו הרב והתלמידים שוים, וכמ"ש רבי אבהו שלא יהא הוא וכו' והתלמידים על הקרקע וכו', ואפ"ה התלמידים מעומד והרב מיושב, משום דמה שהוא יושב אינו למעלתו, אלא מפני שצריך להבין להם, ואין דעתו מיושבת לערוך הדברים ולהבינם אא"כ הוא יושב, וא"כ אין זו מעלה לו, אבל כשהוא יושב והתלמידים יושבים, והוא על הכסא ותלמידיו על הקרקע, ודאי הוא מעלה לו ופחיתות לתלמידים, וע"ז נאמר: ואתה פה עמוד עמדי - לחם משנה›

עין משפט נר מצוה

יב א מיי' פי"ב מהל' תפלה הלכה י' סמג עשין יט טוש"ע א"ח סי' קמה סעיף ג:
יג ב מיי' שם הלכה יא:
יד ג מיי' שם הלכה יב:
טו ד טוש"ע א"ח סי' תרפח סעיף ב:

תנא *מה שאין כן בתורה *תנו רבנן בתורה אחד קורא ואחד מתרגם ובלבד שלא יהא אחד קורא ושנים מתרגמין ובנביא אחד קורא ושנים מתרגמין ובלבד שלא יהו שנים קורין ושנים מתרגמין ובהלל ובמגילה אפילו עשרה קורין (א) ועשרה מתרגמין מאי טעמא כיון דחביבה יהבי דעתייהו ושמעי: מקום שנהגו לברך יברך: אמר אביי לא שנו אלא לאחריה אבל לפניה מצוה לברך דאמר רב יהודה אמר שמואל *כל המצות כולן מברך עליהן עובר לעשייתן מאי משמע דהאי עובר לישנא דאקדומי הוא אמר רב נחמן בר יצחק אמר קרא וירץ אחימעץ דרך הככר ויעבר את הכושי אביי אמר מהכא והוא עבר לפניהם ואיבעית אימא מהכא ויעבר מלכם לפניהם וה' בראשם: לפניה מאי מברך רב ששת מקטרזיא איקלע לקמיה דרב אשי ובריך מנ"ח לאחריה מאי מברך *ברוך אתה ה' אלהינו מלך העולם (*האל) הרב את ריבנו והדן את דינינו והנוקם את נקמתנו והנפרע לנו מצרינו והמשלם גמול לכל אויבי נפשנו ברוך אתה ה' הנפרע לישראל מכל צריהם רבא אמר האל המושיע אמר רב פפא *הלכך נימרינהו לתרוייהו ברוך אתה ה' הנפרע לישראל מכל צריהם האל המושיע: בשני ובחמישי בשבת במנחה קורין שלשה וכו': הני שלשה כנגד מי *אמר רב אסי כנגד תורה נביאים וכתובים רבא אמר כנגד כהנים לוים וישראלים אלא הא דתני רב שימי *אין פותחין מי' פסוקין בבית הכנסת וידבר עולה מן המנין הני עשרה כנגד מי א"ר יהושע בן לוי *כנגד עשרה בטלנין שבבית הכנסת רב יוסף אמר *כנגד עשרת הדברות שנאמרו למשה בסיני (*רבי לוי אמר כנגד עשרה הילולין שאמר דוד בספר תהלים) *ורבי יוחנן אמר כנגד עשרה מאמרות שבהן נברא העולם הי נינהו ויאמר דבראשית הני תשעה הוו בראשית נמי מאמר הוא דכתיב בדבר ה' שמים נעשו וברוח פיו כל צבאם אמר רבא ראשון שקרא ד' משובח שני שקרא ד' משובח שלישי שקרא ד' משובח ראשון שקרא ד' משובח דתנן *בשלש קופות של שלש (ב) סאין שבהן תורמין את הלשכה והיה כתוב עליהן אב"ג *לידע איזו מהן נתרמה ראשון להקריב ממנה ראשון שמצוה בראשון אמצעי שקרא ארבעה משובח דתניא *אל מול פני המנורה יאירו למלמד שמצדד פניהם כלפי נר מערבי ונר מערבי כלפי שכינה ואמר *רבי יוחנן מכאן שאמצעי משובח ואחרון שקרא ארבעה משובח משום *מעלין בקדש ולא מורידין רב פפא איקלע לבי כנישתא דאבי גובר וקרא ראשון ארבעה ושבחיה רב פפא: אין פותחין מהן ואין מוסיפין: תנא הפותח מברך לפניה והחותם מברך לאחריה והאידנא דכולהו מברכי לפניה ולאחריה היינו טעמא דתקינו רבנן גזירה משום הנכנסין ומשום היוצאין: בראשי חדשים ובחולו של מועד קורין ארבעה וכו': בעא מיניה עולא בר רב מרבא פרשת ראש חודש כיצד קורין אותה צו את בני ישראל ואמרת אליהם את קרבני לחמי דהויין תמניא פסוקי היכי נעביד ניקרי תרי תלתא תלתא פסוקין פשו להו תרי ואין משיירין בפרשה פחות משלשה פסוקין ניקרי ארבעה ארבעה פשו להו שבעה וביום השבת הויין תרי ובראשי חדשיכם חמשה היכי נעביד ניקרי תרי מהא וחד מהנך אין

רש"י

ובלבד שלא יהא אחד קורא ושנים מתרגמין. וכל שכן שאין שנים קורין וטעמא משום דתרי קלי לא משתמעי: ובנביא אפילו אחד קורא ושנים מתרגמין. שהתרגום אינו אלא להשמיע לנשים ועמי הארץ שאינן מבינין בלשון הקודש והתרגום הוא לעז הבבליים ובתרגום של תורה צריכין אנו לחזור שיהו מבינין את המצות אבל בשל נביאים לא קפדי עלייהו כולי האי: ועשרה מתרגמין. (ג) לא גרסינן שאין תרגום בכתובים: ויעבר את הכושי. ויקדם את הכושי: מקטרזיא. מקום: מנ"ח. על מקרא מגילה ושעשה נסים ושהחיינו: וידבר עולה מן המנין. וידבר ה' אל משה לאמר אע"פ שאין ללמוד ממנו כלום: בראשית נמי. דמשמעי בשמים ובארץ (ד) דכתיב בדבר ה' שמים נעשו וברוח פיו כל צבאם: מאמר הוא. אף הן במאמר נבראו: נר מערבי. הוא נר אמצעי דלמאן דאמר מזרח ומערב מונחין הוי אמצעי משוך קימעא כלפי מערב חוץ משאר הנרות ולמאן דאמר צפון ודרום מונחין לא משום דהוי מערבי השני כלפי מזרח הכי איתא במנחות: קורין. כהנים את הלשכה נוטלין משקלי שנה זו לתוכה לקנות מהן קרבנות צבור לכל השנה: אל מול פני המנורה. יאירו שבעת הנרות. למול פני נר שבגוף המנורה שהוא אמצעי היה מצדד פני ששה הנרות: ראשון. מן שלשה שקרא ארבעה פסוקים משובח וכן שני וכן שלישי אם לא עשה הראשון ועשה השני או אם לא קראו לא הראשון ולא השני ארבעה פסוקים וקרא אותן השלישי משובח ואם יש להן ריוח בפרשה וקראו כל אחד ארבעה פסוקים כולן משובחין: משום הנכנסין. שאם יכנס אדם לבית הכנסת אחר שבירך ראשון ואם לא ישמע מכל האחרים מברכין יאמר אין ברכה בתורה לפניה: ומשום היוצאין. ולא שמעו את החותם מברך לאחריה והראשונים לא ברכו יאמרו היוצאים אין ברכה בתורה לאחריה: כיצד קורין. כד' בני אדם: אין מפטירין בפרשה כו'. לקמן מפרש טעמא ואין מתחילין נמי לקמן אמרינן לה ומפרש טעמא: ליקרי

תוספות

תנא מה שאין כן בתורה. פירוש שאין קורא אלא אחד מכאן קשיא למה שפירש רביט משולם בפרק קמא דבבא בתרא (דף טו' ושם) ובהקומץ רבה (מנחות דף ל: ושם) דשמונה פסוקים שבתורה יחיד קורא אותן פירוש יחיד קורא אותן שלא יקרא שליח צבור עמו בפרשת ויעל משה כשחותמין את התורה וקשיא שהרי בימיהם לא היה שליח צבור קורא עמהם כדאמר הכא ועכשיו נמי לא התקינו אלא שלא לבייש מי שאין יודע לקרות לכך נראה כמו שפירש רש"י בהקומץ יחיד קורא אותן לבדו ולא יהיו שנים מפסיקין וקוראין באותן שמונה פסוקים שמתחילין מועיל לפי שהוא תחילת הפרשה*:

ובמגילה אפילו עשרה קורין (ה) ועשרה מתרגמין. רש"י מוחק מתרגמין לפי שאין מתרגמין תרגום בכתובים ובתנס מחקו דודאי יש תרגום אבל לא עשאו יהונתן אלא מימי התנאים נעשה*:

כנגד תורה נביאים וכתובים. קשה דהא לקמן (דף כג.) אמר כנגד (ו) שומרי הסף וי"ל דהתם לא הוי עיקר התקנה דהא לא תקנו ארבעה כנגד הא שלשה שומרי הסף וסרים אחד ואיתא בירושלמי איכא סרים אחד שיושב *ומתרץ ההלכות ומעמידן על עקרן ואפ"ה לא תקנו כנגדו ש"מ דעיקר התקנה לא היתה אלא כנגד תורה ונביאים וכתובים:

אין פותחין מעשרה פסוקים בבהכ"נ. וא"ת והרי פרשת עמלק דליכא אלא תשעה פסוקים י"ל דשאני פרשת עמלק דסידרא דיומא הוא ומפסיק ענינא ביה ומש"ה אין לחוש דהכי נמי אמרינן לקמן (דף כג.) דאין מפטירין פחות מכ"א פסוקים והיכא דסליק ענינא קורין שפיר בפחות:

רבינו חננאל

תנא מה שאין כן בתורה: ת"ר [בתורה] אחד קורא ואחד מתרגם ובלבד שלא יהו שנים קורין או שנים מתרגמין. ובנביא אחד קורא ושנים מתרגמין ובלבד שלא יהו שנים קורין. ובהלל ובמגילה אפי' עשרה קורין ועשרה מתרגמין יצאו. מ"ט כאן דחביבא להו מכווני דעתייהו: מקום שנהגו לברך יברך הני מילי לאחריה אבל לפניה מצוה לברך. דקי"ל כל המצות מברך עליהן עובר לעשייתן. ופרשו דהאי עובר לישנא דאקדומי הוא כדכתיב וילך ויעבר את הכושי. ומברך לפניה מנ"ח סימן. ולאחרית מברך האל הרב את ריבנו והדן את דינינו וגו' וחותם ברוך הנפרע לישראל מכל צריהם האל המושיע: מתני' בשני ובחמישי ובמנחה בשבת קורין ג' אין פותחין ואין מוסיפין עליהן ואין מפטירין בנביא. והני ג' כנגד כהנים לוים וישראלים. אין פותחין מעשרה פסוקים בבהכ"נ וידבר עולה מן המנין והני עשרה כנגד י' הדברות שנאמר למשה בסיני. ר' יוחנן אומר כנגד עשרה מאמרות שבהן נברא העולם. ובראשית נמי מאמר הוא שנאמר בדבר ה' שמים נעשו. אמר רבא ראשון שקרא ארבעה משובח. דתניא אמר ר' יוסי למה היה כתוב בקופות שתורמין בהן את הלשכה א' ב' ג' לידע איזה מהן נתרמה ראשון שמצוה בראשון פי' הקופה שהיה כתוב בה אלף היא היתה ראשונה ומן השקלים שבתוכה קונין הקרבנות ומקריבין עד שישלמו ועוד מן השניה ואחריה עד השלישית. אמצעי משובח מן המנורה: אחרון משובח מעלין בקודש ולא מורידין. שיבח רב פפא לראשון שקרא ד'. הפותח והחותם בתורה מברך לפניה ולאחריה. אוקימנא גזירה משום הנכנסים ומשום היוצאים דאי לא גזירה הפותח מברך לפנית וחותם לאחריה בלבד בר"ח ובחוש"מ קורא ד' ומיבעיא לן פרשת צו שהיא ח' פסוקים האיך

הגהות הב"ח

(א) גמ' עשרה קורין (ועשרה מתרגמין) תא"מ ונ"ב ס"א אין זה: (ב) שם בשלש קופות של שלש סאין תורמין כצ"ל ותיבת שבהן נמחק: (ג) רש"י ד"ה ועשרה מתרגמין. נ"ב עיין לעיל דף ג ע"א: (ד) ד"ה בראשית וכו' ובארץ מאמר הוא הן כמאמר נבראו דכתיב בדבר וכו' כל צבאם הס"ד ואח"כ מה"ד ראשון מן שלשה וכו' משובחין הס"ד ואח"כ מה"ד תורמין את הלשכה הכהנים נוטלין וכו' לכל השנה הס"ד ואח"כ מה"ד אל מול וכו' ששה הנרות הס"ד ואח"כ מה"ד נר מערבי וכו' במנחות הס"ד ואח"כ מה"ד משום הנכנסין: (ה) תוס' ד"ה ובמגילה וכו' רש"י מוחק ועשרה מתרגמין: (ו) ד"ה כנגד וכו' כנגד שלשה שומרי הסף וכו' דהא לא תקנו ארבעה כנגד שלשה שומרי הסף ואחד כנגד סרים אחד שאין בירושלים שיושב ומתרץ ההלכות ומעמידן על עקרן אלא סרים אחד ואפילו הכי:

§ מסכת מגילה דף כא: §

אות א'

מה שאין כן בתורה

סימן קמא ס"ב - [א]לא יקראו שנים - דתרי קלי לא משתמעי, **אלא העולה קורא וש"צ שותק** - מיהו אם העולה טועה בנקודות או בטעמים, מסייעו בלחש, **[ב]או ש"צ קורא, והעולה לא יקרא בקול רם** - וכמנהגנו עכשיו, שלעולם הש"ץ קורא אפילו כשהעולה הוא בקי, כדי שלא לבייש את מי שאינו יודע לקרות, [תוס'], **וגם** ימצאו הרבה שאין יודעין בטוב לקרות הנקודות והטעמים, וירצו לקרות, והצבור אין יוצאין בקריאתן, וכשימנעום מקריאה אתו לאינצויי.

[ג]ומ"מ צריך הוא לקרות עם הש"צ - היינו מתוך הכתב, **כדי שלא תהא ברכתו לבטלה** - דלא מסתבר שיברך העולה על קריאת הש"ץ. (**והנה** לפי מה דפסק הרמ"א לעיל בסימן קל"ט ס"ג, דנוהגין לקרות לסומא וע"ה אף שאינו יכול לקרות עם הש"ץ, וא"כ היה לו להגיה גם כאן, דלדידן אפילו אם אינו קורא עם הש"ץ שפיר דמי, ואפשר דסמך אדלעיל, **ויותר** נראה לומר, דלא סמך הרמ"א אדברי מהרי"ל אלא לענין סומא וע"ה, דאם לא יקראום לעולם איכא כיסופא טובא, וגם אתו לאנצויי, **אבל** בנידון דידן שהוא בקי בקריאה, בודאי מחוייב לומר עם הש"ץ, דהא כבר כתב בעצמו בדרכי משה, שלא נראה לו דברי מהרי"ל, אלא דברי הב"י שהביא בשם כמה ראשונים, דאם אינו יכול לקרות עם הש"ץ אין יכולין לקרותו לתורה).

אלא שצריך לקרות בנחת - דתרי קלי לא משתמעי לא שייכי כי אם בקורא בקול רם, **שלא ישמיע לאזניו** - עיין בב"י שהביא סעד לזה מספר הזוהר.

(ואפילו משמיע לאזניו ליכא למיחש, דלא עדיף מתפלה, כדלעיל סימן ק"א) (דעת עצמו) - ר"ל אף דיותר טוב שלא להשמיע לאזניו, מ"מ אם משמיע ג"כ ליכא למיחש, דלא עדיף מתפלה שתקנו ג"כ בלחש, ואפ"ה משמיע לאזניו, כדלעיל סימן ק"א ס"ב, ה"נ כן.

[**ולפי** מה שפסק הגר"א שם בתפלה גופא, משמע דס"ל דלכתחילה טוב יותר שישמיע לאזניו, וגם מדברי הזוהר ליכא סתירה לזה, כמש"כ המ"א וכן פסקו ש"א שם, **א"כ** כיון דהזוהר מדמה קה"ת לתפלה, א"כ גם בקה"ת אין קפידא כלל אם משמיע לאזניו, **וצ"ע** למעשה].

אות ב'

בתורה אחד קורא ואחד מתרגם, ובלבד שלא יהא אחד קורא ושנים מתרגמין

רמב"ם פי"ב מהל' תפילה הי"א - ולא יהיו המתרגמין שנים כאחד, אלא אחד קורא ואחד מתרגם.

אות ג'

ובנביא אחד קורא ושנים מתרגמין, ובלבד שלא יהו שנים קורין ושנים מתרגמין

רמב"ם פי"ב מהל' תפילה הי"ג - ובנביא אחד קורא, ואפילו שנים מתרגמין - ‹ומכאן שצריך למחות באנשים המסייעין המפטיר, אלא כולם צריך שישמעו מה שהמפטיר קורא – ב"י›.

אות ד'

ובהלל... אפילו עשרה קורין

סימן תפח ס"ב - [ד]בהלל, אפילו עשרה קורין כאחד - ר"ל אפילו היכא שמוציאין לאחרים ידי חובה באמירתן, ולא אמרינן תרי קלא לא משתמעי, כדאשכחן לענין קה"ת, דהלל חביבי להו משום זכרון הנס, ויהבי דעתייהו ושמעי, **ומה"ט** ג"כ המנהג, שמקדשין שנים או יותר יחד בשבת ויו"ט, או כשיושבין בסוכה כמה בעלי בתים ומקדשין להוציא בני ביתם, משום דהקידוש חביב להם, ויהבי דעתייהו ושמעי, **ומ"מ** יותר טוב שלא יקדשו בבת אחת, היכי שצריכין להוציא בני ביתם, אלא זה אחר זה.

[**והפמ"ג** כתב, דבשאר דברים חוץ ממה שהוזכר כאן, אין כדאי אף במקום שאין מוציאין אחד את חבירו, דמבלבלין זה את זה, **חוץ** מר"ה ויוה"כ מפני שכל אחד סידורו בידו, **ולא** ידעתי, הלא בבהמ"ז מן "נודה לך" והלאה, המנהג שמברכין ביחד בכל מקום].

[ה]סימן תרמד ס"ב - [ו]בהלל אפילו עשרה קורין כאחד.

אות ה'

ובמגילה אפילו עשרה קורין

סימן תרצ ס"ב - [ז]אפילו שנים, ואפילו עשרה, יכולים לקרותה ביחד, ויוצאים הם והשומעים מהם - ולא אמרינן דתרי קלי לא משתמעי שפיר, כדאמרינן לענין קה"ת ושארי דוכתי, דקריאה זו חביבה ביותר מפני הנס, ויהיב דעתיה לשמוע היטיב, **וכיון** שכן, פשוט הוא, באם מרגיש בעצמו שמבלבלים ליה הקולות, ושא"ל לשמוע כל התיבות, בודאי לא יצא.

[**ומבואר** בלשון המחבר, שאפילו לכתחלה יכולים לקרוא כמה בני אדם בבת אחת, **אכן** מלשון הרמב"ם ‹וז"ל: קראוה שנים אפילו עשרה כאחד, יצאו הקוראין והשומעים מן הקוראין›, משמע לכאורה, דלכתחילה אין לעשות כן, רק בדיעבד יצאו].

באר הגולה

[א] מגילה כ"א [ב] טור בשם הרא"ש [ג] תוספות ספ"ק דב"ב ורא"ש [ד] ברייתא מגילה כ"א [ה] ‹ע"פ מהדורת נהרדעא› [ו] ציינתיו לעיל סימן תפ"ח [ז] שם במשנה ובברייתא שם דכיון דחביבה יהבי דעתייהו ושמעי

אות ו' – ז'

מקום שנהגו לברך יברך

לא שנו אלא לאחריה, אבל לפניה מצוה לברך

סימן תרצב ס"א - עיין לקמן אות ט' - י'.

אות ח'

כל המצות כולן מברך עליהן עובר לעשייתן

סימן כה ס"ח - כל המצות מברך עליהם עובר לעשייתן, (פי' קודם, "ויעבר את הכושי", פירושו, רץ והקדים לפניו), לפיכך צריך לברך על התפלה של יד אחר הנחה על הקיבורת, קודם קשירתם, שקשירתם זו היא עשייתן - דקודם הנחה על הקיבורת, לכתחילה אין ראוי לברך, דהוי קודם דקודם, וצריך לקרב הברכה לעשיית המצוה בכל מה דאפשר.

ובדיעבד יברך אפילו אחר קשירתם, דמצוה שיש לה משך זמן הוא בכולי יומא.

הגה: וכן בשל ראש, קודם שמהדקו בראשו - כי ההידוק הוא מצות הקשירה, וצריך גם כן ליזהר שיהיה הברכה אחר שמונחים על הראש, לא כאותן שמברכין בעודם בידם, דא"כ הו"ל קודם דקודם, **גם** בשעת ברכה של תש"ר יראה שיהיה מכוסה ראשו בטלית, ולא יברך בגילוי הראש.

סימן קנח סי"א - מברך קודם נטילה, שכל המצות מברך עליהם עובר לעשייתן - קודם וסמוך להעשייה.

ונהגו שלא לברך עד אחר נטילה, משום דפעמים שאין ידיו נקיות - כגון שיצא מבהכ"ס, או שנגע במקומות המכוסות בגופו, שאינו ראוי לברך קודם שנטל ידיו, ומפני זה נהגו בכל הנטילות, [כגון לתפלה], לברך אחר הנטילה.

(**ומסתברא** דאין למחות ביד מי שירצה לברך קודם הנטילה, אם יודע שידיו נקיות, **ואף** שיזהר שיהא המקום נקי שראוי לברך שם).

ומפני כך מברכין עליהם אחר ששפשף ידיו, שכבר ידיו נקיות, קודם שיטיל עליהם מים שניים - הב"י הביא זאת בשם רבינו ירוחם, שכתב שכן נהגו רבותיו, **ובשבלי** לקט הביא בשם רבינו מאיר ז"ל, שנהג לברך אחר הנטילה וקודם הניגוב, וכדלקמיה, וכן נהגו העולם.

הגה: גם יכול לברך עליהם קודם נגוב, שגם הנגוב מן המצוה, ומקרי עובר לעשייתן - הוא טעם אחר לאיחור הברכה, דגם אחר הנטילה חשיב עוד עובר לעשייתן, דגמר הנטילה הוא הניגוב, **ואף** בשופך רביעית בבת אחת, דלדעת המחבר א"צ ניגוב כלל כדלקמיה, מ"מ לא פלוג.

ואם שכח לברך עד אחר נגוב, מברך אח"כ - והיינו לפי טעם הראשון שכתב המחבר, דלא דמי לשאר ברכות שעל מצוה, דקי"ל שאם לא בירך מתחלה שוב אינו מברך אח"כ, דהואיל ואדחי אדחי, **דשאני** הכא שלא היה ראוי לברך מקודם, משום שפעמים שאין ידיו נקיות, ולכן אף אם כבר נגב ידיו יוכל לברך עוד.

והנה הט"ז מחמיר לאחר הניגוב, ששוב לא יברך, ואף דלמעשה אין לנהוג כן, דרבו האחרונים שמסכימים עם הרמ"א, מ"מ לכתחלה יש ליזהר בזה מאד, **וע"כ** יש ליזהר במה שנוהגין איזה אנשים, שאומרים "שאו ידיכם", וממשיכין הדבר מלומר "ענט"י" עד לאחר הניגוב, שלא כדין עושין כן.

אבל אם כבר בירך "המוציא", כתבו הפוסקים דשוב אינו מברך על נט"י, (**וכתבו הטעם, דעיקר הנטילה משום אכילה, וכיון דכבר התחיל לאכול, כבר אין שייך ברכת ענט"י, ובשו"ע הגר"ז משמע שדעתו, דאפילו לא אכל עדיין, ונראה שאם שכח ובירך "המוציא" קודם הניגוב, שיוכל לברך גם אח"כ, כיון שלא נגמר הנטילה לגמרי, דהאוכל בלא ניגוב כאלו אוכל לחם טמא**).

אות ט' – י'

לפניה מאי מברך... מנ"ח

הלכך נימרינהו לתרוייהו: ברוך אתה ה' הנפרע לישראל מכל צריהם האל המושיע

סימן תרצב ס"א - [ח]הקורא את המגילה מברך לפניה ג' ברכות: "על מקרא מגילה", ו"שעשה נסים", ו"שהחיינו".

[ט]וביום אינו חוזר ומברך "שהחיינו" - דהרי כבר בירך בלילה.

הגה: וי"א דאף ביום מברך "שהחיינו" (טור בשם ר"ת והרא"ש והמגיד), וכן נוהגין בכל מדינות אלו - דעיקר מצות קריאתה ביום הוא.

ונכון לכוין בברכת "שהחיינו", גם על משלוח מנות וסעודת פורים, שהם ג"כ מצות, **ויודיע** זה להש"ץ המברך, דבעי כונת שומע ומשמיע, **ויכוין** זה בברכת "שהחיינו" דיום, כי זמנם ביום.

ומי שאין לו מגילה, לא יברך "שהחיינו" על משלוח מנות וסעודה, דזהו דבר הנהוג בכל יום ובכל שבת ויו"ט, **וי"א** דראוי לברך זמן על היום, מפני תקפו של נס שהיה בו, וכיון דמזמן לזמן קאתי, הרי הוא ככל מועדי ד' שמברכין עליהן זמן, (וזמן לא בעי כוס, דהלכתא אומרו אפי' בשוק, ושפיר הוא לכתחלה למאן דלית ליה מגילה, למסמך זמן אכוס דסעודה – מו"ק, **וצ"ע** למעשה, **ובאמת** לפי סברתו שיברך זמן על עצם היום, מפני תקפו של נס שהיה בו, א"כ היה לו לברך ג"כ ברכת "שעשה

באר הגולה

ח מהא דר' ששת מגילה כ"א   ט טור בשם רמב"ם

נסים", ובאמת מצאתי במאירי כן לענין חנוכה, וה"ה בענינינו לענין פורים, **אח"כ** מצאתי בברכי יוסף, וז"ל: **אם אין לו מגילה יברך "שהחיינו", אך לא יברך ברכת "שעשה נסים", וברכת "הרב את ריבנו")**, **אכן** אם היה לו מגילה בלילה, ובירך אז "שהחיינו", לכו"ע א"צ שוב לברך ביום.

אם אבל קורא את המגילה, יברך אחר הברכות משום ברכת "שהחיינו", שאין האבל מברך להוציא רבים בברכת "שהחיינו", והאבל יקרא את המגילה.

ואחד יכול לברך ושני קורא (הגהות אשר"י) - בין ברכה ראשונה, ובין לענין ברכה אחרונה, ובלבד שיכוין להוציא השומעים, והם יכונו לצאת, [**אכן** בחידושי הריטב"א, דדוקא בברכה שלאחריה, אבל בשלפניה הקורא עצמו חייב לברך].

אם נשתתק הקורא באמצע המגילה, דעת האחרונים, דא"צ הקורא השני העומד תחתיו להתחיל בראש, רק יתחיל ממקום שפסק הראשון, דהוא טרחא דצבורא, **וכ"ש** שא"צ לברך מחדש, דיצאו כל הקהל בברכת הראשון, **ועיין** בשע"ת, וז"ל: ונראה שאם לא קרא רק קצת פסוקים, אינו מאריך טרחא, ויתחיל מראש, **וגם** נראה דאם רוב הציבור מסכימים שיתחיל מראש, וליל פורים במו"ש, טוב להתחיל מראש, שלא יהיה נפשם עגומה בקריאה לחצאין, **אך** אם הוא בשאר הימים שהתענית קשה עליהם, יש להקל.

[י]**ולאחריה נוהגין לברך: "הרב את ריבנו" וכו'** - כי בגמרא איתא, דברכה דלאחריה תליא במנהגא, במקום שנוהגים לברך יברך, **ולכן** כתב המחבר דהאידנא נוהגים לברך.

ואין לומר "האל הרב", כיון שכבר זכר השם, שאמר "אלהינו", **ויש** גורסים "האל", **ובא"ר** הכריע כהשו"ע שאין לומר, **וכן** אין לומר "בא"י האל הנפרע", רק "בא"י הנפרע".

[יא]**אם לא בירך לא לפניה ולא לאחריה, יצא** - דברכות אין מעכבות, **ונראה** דאם נזכר באמצע שלא בירך, יברך בין הפרקים.

הגה: ונהגו לומר בלילה "אשר הניא", אבל לא ביום (כל בו וב"י בשם א"ח) - דכבר אמר פיוטים.

ואין לברך אחריה אלא בצבור – (ועיין בא"ר דהוכיח מכמה פוסקים, דמברך אפי' ביחיד, ומ"מ נראה דאין כדאי לברך אחריה, דבלא"ה הברכה זו אפילו בצבור אינה חיובית, ותליא במנהגא, ומי יאמר דנתפשט המנהג כהיום לברך ביחיד, וכ"כ הפמ"ג, דספק ברכות להקל).

אבל הברכות שלפניה לכו"ע היחיד צריך לברך.

אות י"* [יב]

סימן תרצ"ב ס"ב - [יג]**"אין לשוח בעוד שקורין אותה** - היינו בין השומע ובין הקורא, אסור להם לשוח לכתחלה, ואפי' בד"ת,

ולענין דיעבד יש חילוק, דהשומע אם שח בעת הקריאה, לא יצא, אפילו אם חיסר לשמוע תיבה אחת, דהא לא שמעה כולה, **אבל** הקורא יצא.

ולפעמים אפילו לכתחלה מותר, כגון לשאול בין הפרקים מפני הכבוד, כמו לענין ק"ש, [**ובש"ג** מסתפק מה נקרא במגילה בין הפרקים, **והגאון** מהרש"ק כתב, דפרקים נקראת, בין תחילתה ל"איש יהודי", ובין "איש יהודי" ובין "בלילה ההוא", **ובמחה"ש** מביא בשם ל"ח, כיון שיש בה פרשיות, אע"פ שהם פרשיות סתומות, מ"מ פרקים נקראו].

וכ"ז לענין שיחה באמצע הקריאה, אבל אם שח בין הברכה לתחלת הקריאה, בין השומע ובין הקורא, הפסיד הברכה.

וכן בין סוף הקריאה להברכה, ג"כ אסור להפסיק, [בין השומע ובין הקורא, דכיון דנהגינן לברך אחר המגילה, ממילא למגילה שייכא, **ובדיעבד** אם שח בינתיים, יש לעיין לדעת הטור אם יוכל לברך ברכת "הרב", **ולבעל** העיטור דהברכה אין שייכא כ"כ למגילה, אלא הודאה בפני עצמו, בודאי יוכל לברך].

סימן תרצ"ב ס"ג - [יד]**"אע"פ שיצא כבר, מברך להוציא את אחר ידי חובתו** - וכ"ש דיכול להוציאם בקריאה אע"פ שיצא כבר, **ומ"מ** יש פוסקין שסוברין לענין ברכה, אם יודעין בעצמן לברך, יברכו בעצמן, כיון שהוא כבר יצא בקריאה, **ומנהג** העולם להקל להוציאן בכל גווני, [**וגם** לענין עצם הקריאה יש דעות בפוסקים, אם אחד יכול להוציא את חבירו בפחות מעשרה, היכא שהוא יודע לקרות בעצמו, ע"ל בסי' תרפ"ט ס"ה, אלא שהמ"א מסיק שם להקל בזה].

ויקראנה לנשים אחר שיצא מבהכ"נ, דמצוה שיצא בעצמו בקריאת הצבור, **אכן** אם מכוין שלא לצאת באותה קריאה, שפיר דמי לצאת אח"כ בקריאת הצבור.

וכשהוא מברך לנשים, טוב שיברך "לשמוע מגילה", כי יש פוסקים שסוברין דאשה אינה חייבת בקריאה רק לשמוע.

סימן תרצ"ב ס"ד - [טו]**"מי שהוא אנוס קצת ואינו יכול לילך לביהכ"נ, וצריך להמתין עד אחר שקראו הקהל** - ר"ל שיבוא אחד לקרוא לפניו, **וקשה עליו לישב בתענית כ"כ** - דמקודם אסור לאכול, כמו לענין ק"ש, **יכול לשמוע קריאתה מבע"י מפלג המנחה ולמעלה** - דהוא שעה ורביע קודם הלילה, [אכן יתפלל מקודם], **והטעם**, דכיון דחשבינן ליה לילה לענין תפילת ערבית, שיכול להתפלל בזמן ההוא, חשבינן ליה לילה גם לענין הזה, (**אכן** כ"ז אם הוא נזהר תמיד להתפלל מנחה קודם פלג).

(**ואף** שהפר"ח דחה המנהג הזה בשתי ידים, מ"מ כמה אחרונים הליצו בעד המנהג הזה, שהביאוהו כמה ראשונים, **ודעתם** דאף שהמחמיר תבוא עליו ברכה, מ"מ לענין חולה ומצטער שמיקל לקרות מבע"י קצת, יש לו על מי לסמוך, **ואפשר** במקום שהדחק גדול, אף בצבור יש להקל לקרות, אף שאין עדיין לילה גמורה).

באר הגולה

[י] משנה וגמ' שם [יא] טור בשם תוספתא [יב] (מילואים) [יג] טור לדעתו וכ"כ רשב"א בתשו' [יד] שם מהא דתני אהבה ר"ה כ"ט [טו] תרומת הדשן

וכתב הפמ"ג דלפי דעת הפר"ח, אפילו בין השמשות אין לקרות, **ובדיעבד** אם קרא בבין השמשות ג"כ מסתפק שם, אם לא באונס והכרח גדול יש לצדד להקל, **וכתב** בח"א, דאפילו קרא מקצתה קודם צאת הכוכבים, לא יצא, וצריך לחזור ולקרות ובלי ברכה, **ועיין** בשע"ת בשם הברכי יוסף ובביאור הלכה, דמ"מ המיקל לחולה וליולדת, למהר קריאתן מבעוד יום קצת, יש לו על מי לסמוך.

הגה: אבל אסור לאכול קודם שישמע קריאת המגילה, אפי' בתענית קשה עליו (תה"ד) - כמו לענין ק"ש דערבית, דאסרינן מטעם שמא יחטפנו שינה, ויבטל מקריאתה, **וא"כ** כ"ש שאסור לישן קודם קריאת המגילה, ואפילו דעתו רק לישן קימעא, כמו שם גבי ק"ש, וקריאת המגילה הוא חוב גדול, שהרי כל המצות נדחים מפניה, כדלעיל בסי' תרפ"ז, **וע"ל** בסי' רל"ה ס"ב ובמ"ב שם, כמה פרטים לענין ק"ש וה"ה כאן, **ודע**, דכמו בלילה אסור לאכול קודם קריאתה, ה"ה ביום, אפי' כבר התפלל אסור לאכול קודם קריאתה, וכמו לענין שופר ולולב, [דקריאה דיום חמור מלילה, דהוא מדברי קבלה].

עיין במ"א שמסיק, דדוקא אכילה אסור, אבל טעימה בעלמא שרי, **וע"כ** טוב יותר להקל לאיש הזה שיטעום קודם קריאת המגילה, ולא להקל לקרות מפלג המנחה ולמעלה, דהפר"ח קרא תגר על קולא זו, ודעתו דקודם צה"כ אינו יוצא כלל אפילו דיעבד, וכן משמע דעת הגר"א בביאורו, **ואפילו** טעימה אין להקל אלא לצורך גדול, דהיינו חולה קצת, או מי שמתענה והתענית קשה לו, [לשון תרומת הדשן הנ"ל]. **ושיעור** טעימה היינו כביצה פת, או משקין ‹המשכר› כשיעור ביצה, ‹כנ"ל סימן רל"ב – שונה הלכות›.

ואם הוא אדם חלוש, והשהייה יזיק לבריאותו, ויכול לבוא לידי חולי, וטעימה מעט אינו מספיק לו, נראה דשרי לאכול, [**וכ"ש** חולה אם התענה, ואפשר גם מי שיש לו חולשת הלב], **אך** יבקש מאחד שיזכירנו לקרוא את המגילה אחר אכילתו.

כתב הפמ"ג, ספק אם קרא את המגילה, אפשר דלא אמרינן בזה ספיקא דרבנן לקולא, משום דהוא דברי קבלה, ‹ואינו מחלק בין קריאת היום לקריאת הלילה, וכדלעיל בשעה"צ, וצ"ע – פסקי תשובות›.

אות כ'

אין פותחין מעשרה פסוקין בבית הכנסת, וידבר עולה וכו'

סימן קל"ז ס"א - [טז]ביום שקורין ג', אין קורין פחות מי' פסוקים - איתא בגמרא, שנתקן כנגד עשרת הדברות, או כנגד עשרה מאמרות שבהן נברא העולם, ועי"ש עוד. **"וידבר" עולה מן המנין** - היינו אע"פ שאין למדין ממנה שום חדוש, [רש"י].

[יז]ואי סליק עניינא בבציר מי' פסוקים, כגון פרשת עמלק - שקורין בפורים, **שאין בה אלא ט' פסוקים, שפיר דמי** - ולא רצו חז"ל להוסיף עליהם איזה פסוקים מלמטה או מלמעלה, לרמז דמפני שעמלק גרם להיות השם והכסא חסר, כדכתיב: כי יד על כס יה, כך יהיו פרשיותיו חסרים. **ועיין** בסי' תרצ"ג ס"ד, מובא לקמן דף ל"א. דשם כתב לכפול הפסוק אחרון, ועיין בב"י שם דהוי רק בתורת מנהג, ורמ"א שם כתב, ואין המנהג לכפול פסוק האחרון של הפרשה.

אות ל'

ראשון שקרא ארבעה משובח, שני שקרא ארבעה משובח, שלישי שקרא ארבעה משובח

סימן קל"ז ס"ב - [יח]אין קורין עם כל אחד פחות מג' פסוקים, שנים קורין ג' ג', ואחד קורא ד'; ואיזה מהם שקורא ד' הרי זה משובח - כלומר דמי שקרא יותר, משובח יותר, ואם הראשון קרא ד' משובח, [יט]דמצינו לעולם החשוב חשוב קודם, **ובמנורה** מצינו שאמצעי משובח, **ואם** אחרון קרא ד', י"ל דמעלין בקודש ואין מורידין, **וע"כ** לא קפדינן על מי מהם שזירז עצמו וקרא ד', דכל אחד מהם יש לו טעם לשבח שהוא הראוי לזה.

והנה בזמן הגמרא היו הקרואים לתורה קוראין בעצמן בתורה, ועכשיו שהש"ץ קורא להן יש דעות בין האחרונים, [כ]שי"א שלראשון ולשני יקרא ג' פסוקים, ולאחרון יקרא ד', **ויש** שחולקין ע"ז.

ועכשיו נתפשט המנהג, שקורין במנחה בשבת ובב' וה', כל הפרשה הראשונה של הסדר שיקראו בשבת הבאה, ככתוב בסידורים, ומצויין הפסקת הפרשה לג' אנשים, **ואם** שינה מסדר הזה אינו מעכב, רק שעכ"פ לא יפחות לאחד פחות מג' פסוקים.

אות מ'

בשלש קופות של שלש סאין שבהן תורמין את הלשכה, והיה כתוב עליהן אב"ג, לידע איזו מהן נתרמה ראשון להקריב ממנה ראשון, שמצוה בראשון

רמב"ם פ"ב מהל' שקלים ה"ז - שלש קופות הקטנות שהוא תורם בהם ומוציאן לחוץ, כתוב עליהן אלף בית גימל, כדי שיסתפקו מן הראשונה עד שתכלה, ואחר כך מסתפקין מן השניה, ואחר כך מסתפקין מן השלישית.

אות נ'

מלמד שמצדד פניהם כלפי נר מערבי

רמב"ם פ"ג מהל' בית הבחירה ה"ח - ששת הנרות הקבועים בששת הקנים היוצאים מן המנורה, כולן פניהם לנר האמצעי שעל קני המנורה, וזה הנר האמצעי פניו כנגד קדש הקדשים, והוא הנקרא נר מערבי.

באר הגולה

[טז] מגילה כ"א [יז] תוספות והרא"ש [יח] שם בגמ' [יט] ‹אינו משמע בגמ' דהוי לעולם כן, ורק דהוי כן בתרומת הלשכה› [כ] ‹דרק בתלתא גברי לא שייך כ"כ מעלין בקודש, משא"כ כשהחזן קורא, הוי כחד גברא, ומגיע ד' פסוקים להשלישי, משום מעלין בקודש – לבושי שרד›

אות ס'

מעלין בקדש ולא מורידין

רמב"ם פ"ד מהל' כלי המקדש הכ"א - מעלין משררה לשררה גדולה ממנה, ואין מורידין אותו לשררה שהיא למטה ממנה, שמעלין בקדש ולא מורידין; ואין מורידין לעולם משררה שבקרב ישראל אלא אם סרח.

אות ע'

והאידנא דכולהו מברכי לפניה ולאחריה

סימן קלט ס"ד - כל הקורין [כא] **מברכים לפניה ולאחריה** - אף דמדינא לא היה צריך לברך כי אם הראשון ברכה ראשונה, והאחרון ברכה אחרונה, והאמצעיים יוצאין בברכתן, **ואעפ"כ** תקינו רבנן משום הנכנסין והיוצאין באמצע הקריאה, שלא ישמעו ברכת הפותח והחותם, ויאמרו שקוראין בתורה בלי ברכה, שכל א' וא' מהעולין יברך בתחלה וסוף כמו שנהוג היום.

הנה לאחריה, שהיא ברכת "אשר נתן", לכו"ע דרבנן, **ולפניה** שהיא ברכת "אשר בחר", יש דעות בין הפוסקים אם היא ד"ת או דרבנן, **וה"מ** כשלא בירך עדיין ברכת התורה, אבל אם בירך כבר ברכת התורה, לכו"ע היא דרבנן, שנתקנה משום כבוד הצבור, כמ"ש ס"ח.

אם טעה בברכת התורה, ופתח "אשר נתן לנו" במקום "אשר בחר", **אם** נזכר קודם שאמר השם מהחתימה, יתחיל מ"אשר בחר בנו", **ואם** כבר אמר "בא"י", אף שעדיין לא אמר "נותן התורה", יסיים אותה הברכה, ולאחר הקריאה יאמר "אשר בחר בנו" - דה"ח.

עוד כתב שם, אם אמר ברכה הראשונה כראוי, ובברכה השניה טעה והתחיל "אשר בחר בנו", **אם** נזכר טרם אמרו "בא"י נותן התורה", יתחיל מ"אשר נתן לנו", **אבל** אם לא נזכר עד לאחר שאמר "בא"י נותן התורה", יתחיל עוד הפעם מתחלת הברכה, **ואם** נזכר לאחר "בא"י", קודם "נותן התורה", יאמר מיד "אמ"ה אשר נתן לנו" וכו'.

אות פ'

ואין משיירין בפרשה פחות משלשה פסוקין

סימן קלח ס"א - [כב] **הקורא בתורה לא ישייר בפרשה פחות מג' פסוקים** - היינו שלא יסיים לשום אחד מהעולים סמוך להתחלת הפרשה שאחריה פחות משלשה פסוקים, **מפני היוצאים אז מבהכ"נ** - בין גברא לגברא, **שיאמרו העולה אחריו לא יקרא אלא שני פסוקים הנשארים** - עד הפרשה, ויסברו לומר שמותר הקריאה אפי' בפחות מג' פסוקים.

ואם טעה וסיים שני פסוקים סמוך לפרשה, ובירך לאחריה, **אי** סליק ענינא, כגון בפרשת המועדות, שטעה ברביעי ולא שייר רק ב' פסוקים, מתחיל עם החמישי פסוק אחד למפרע, **ואי** לא סליק ענינא, אין העולה אחריו מתחיל למפרע פסוק אחד, אלא יתחיל לקרות ממקום שסיים העולה שלפניו, ויקרא אותן שני פסוקים ועוד ג' פסוקים או יותר מפרשה של אחריה.

---

§ מסכת מגילה דף כב. §

אות א'

אין מתחילין בפרשה פחות משלשה פסוקים

סימן קלח ס"א - וכן לא יתחיל בה פחות מג' פסוקים - דהיינו שלא יסיים עם הראשון שני פסוקים אחר הפרשה, דא"כ יתחיל השני שני פסוקים אחר הפרשה, **מפני הנכנסים אז בבהכ"נ** - בין גברא לגברא, **שיאמרו שלא קרא הראשון אלא ב' פסוקים** - שמראש הפרשה עד כאן, **ואין** חילוק בכל זה בין קריאת השבעה, או אותן שקורין להוספה.

וכ"ז לכתחלה, אבל בדיעבד אם קרא להראשון וסיים שני פסוקים אחר הפרשה, ובירך לאחריה, לא יתחיל השני העולה אחריו מראש הפרשה, אלא יקרא ממקום שסיים הראשון ואילך, דאין להחמיר בדיעבד משום חשש נכנסין ויוצאין וכנ"ל.

ואפילו המפטיר לא יתחיל שני פסוקים לאחר הפרשה, כגון שיש פרשה בסוף של ה' פסוקים, אלא יקרא כולה, **ואף** אם העולה שביעי או אחרון לא קראו לפניו רק ה' פסוקים אלו, יכול לחזור ולקרות אותם לקורא המפטיר, **ומ"מ** אם התחיל המפטיר מג' פסוקים האחרונים וקרא משם, אע"פ שעדיין לא בירך ברכה אחרונה, א"צ לחזור ולהתחיל מתחלת הפרשה, ודי בקריאה זו, [**משמע** דאם ירצה רשאי, משום דהלא למפטיר יכול לקרות מה שקרא האחרון, **משא"כ** בשארי עליות, אין כדאי לכתחילה אפי' אם לא בירך ברכה אחרונה, דשם אין נכון לקרות למפרע מה שכבר קרא הראשון].

הגה: ואין חילוק בין פרשה פתוחה לסתומה - אבל לא מה שהעולם קוראין פרשה, דהיינו "שני" "שלישי", והוא טעות גמור, [**ומ"מ** נ"ל דלכתחילה טוב ליזהר אף בזה, אחרי דהעולם חושבין זה ג"כ לפרשיות, יבאו לטעות לומר, דמותר לסיים תמיד ב' פסוקים סמוך לפרשה, אף היכא דהיה שם פתוחה].

ופרשה שאינה רק ג' פסוקים, מותר לשייר בתחלה ולהפסיק שם (תרה"ד) - ר"ל לשייר אצל הפרשה, ואין לחוש משום היוצאין

באר הגולה

כא מגילה כ"א   כב מגילה כ"א

שיאמרו: שהקורא אחריו לא יקרא אלא ב' פסוקים, דכל שאין רואין שינוי לא חיישינן, **דדוקא** אם יניח ב' פסוקים בפרשה שמסיים בה, זה הוי שינוי ומביא לידי חשד, משא"כ כשגומר הפרשה שעומד בה אין כאן שינוי.

וה"ה שמותר לקרוא הפרשה הזאת, בצירוף מה שקרא לפניה, ולהפסיק אחריה, ולא חיישינן שמא יאמרו הנכנסין אח"כ, שלא קרא אלא הפרשה הזאת בלבד, שהיא שני פסוקים, **דדוקא** בעלמא דמפסיק באמצע הפרשה, חיישינן דיאמרו הנכנסין שמסתמא לא קרא אלא ב' פסוקים, דאל"ה למה קרא להלן ולא סיים בגמר הפרשה, משא"כ הכא דבאמת סיים בגמר הפרשה, ליכא למיחש למידי, **ויש** מחמירין בזה שאין לעשות כן לכתחלה, כי אם בקריאת ר"ח שקורין "וביום השבת" לשלישי, שיש בה רק שני פסוקים, בצירוף מה שקראו לפניו ג' פסוקים מפרשה הקודמת, **אבל** כשקורין פרשת השבוע בסדר פינחס, אין להפסיק אחר "וביום השבת" לכתחלה, וכה"ג בשארי מקומות כשאירע פרשה קטנה, [**אבל** קודם "וביום השבת" מותר להפסיק].

כתב המ"א, אם הפרשה היא באמצע פסוק, כגון בתחלת פרשת פינחס בפסוק "ויהי אחרי המגפה", שיש פיסקא באמצע פסוק, מותר לסיים בפסוק הסמוך לו, שאין חשש שהיוצאין יאמרו שהעולה אחריו לא יקרא רק עד הפיסקא ההוא, שהכל יודעין שאין מסיימין באמצע פסוק אע"פ שיש שם פרשה.

ויכוין שיתחיל תמיד לקרות בדבר טוב - היינו של ישראל, דטובת עובד גלולים אינה קרויה טובה, **ויסיים בדבר טוב (מ"ז ומיימוני)** - ולא בדבר רע, היינו של ישראל, **ואין** לסיים במי שעשה מעשה רע. **וע"ל סימן תכ"ח.**

כתב בס"ח, יזהר החזן שלא יקרא למי שהוא עור או פסח, בפרשת "עורת או שבור", או למי שבראשו נתק, בפרשת נתקים, או למי שחשוד על עריות, בפרשת עריות, וכן בכל דבר ודבר.

ואין לחזן לחשוב לברך אחד בשעת ברכות, או לקלל בשעה שקורא הקללות, והטעם, שצריך שיהיה כונתו לקרות בתורה לשמה, ולא לשם מחשבה זרה.

אות ב'

ביום הראשון בראשית, ויהי רקיע

רמב"ם פ"ו מהל' כלי המקדש ה"ו - ובמה היו קוראין, במעשה בראשית: ביום הראשון קוראין: בראשית, ויהי רקיע; בשני: יהי רקיע, ויקוו; בשלישי: יקוו, ויהי מאורות; ברביעית: יהי מאורות, וישרצו; בחמישי: ישרצו, ותוצא הארץ; בששי: ותוצא הארץ, ויכולו.

אות ג'

הקורא בתורה לא יפחות משלשה פסוקים

סימן קל"ז ס"ב - [כג]אין קורין עם כל אחד פחות מג' פסוקים.

אות ד'

דולג, ואמצעי דולגן

סימן תכ"ג ס"ב - וקורא הכהן ג' פסוקים, שהם: "וידבר", "צו", "ואמרת"; [כד]ולוי חוזר וקורא "ואמרת", וקורא "את הכבש אחד", "ועשירית האיפה"; וישראל קורא "עולת תמיד" עד "ובראשי חדשיכם"; ורביעי קורא "ובראשי חדשיכם" עד הסוף - הטעם מבואר בגמרא, משום דליכא בפרשת "וידבר" אלא ח' פסוקים, ואי"כ אם יקרא הלוי כדרכו ג' פסוקים, לא ישתייר בפרשה אלא ב' פסוקים, וקיי"ל דאין משיירים ב' פסוקים לפני הפרשה, וכדלעיל ריש סימן קל"ח, **וליכא** למימר דלא ליקרו בפרשה זו אלא כהן ולוי, והשלישי והרביעי יקראו בפ' "וביום השבת" ובפ' דר"ח, **גם** זה א"א, דבפרשה דשבת ליכא אלא ב' פסוקים, ועי"כ יהא צריך לסיים לשלישי באיזה פסוקים בפ' דר"ח, ולפי מה דקיי"ל דאין פוחתין בפרשה בפחות מג' פסוקים, לא ישתייר בפ' דר"ח לפני הרביעי אלא ב' פסוקים, לפי שהיא כולה רק חמשה פסוקים, **וע"כ** צריך לעשות כנ"ל.

[כה]**ודעת** הב"ח ופר"ח, שיותר טוב לסיים לשלישי עד "וביום השבת", והרביעי יקרא "וביום השבת" עד סוף הקריאה, **אכן** מפמ"ג משמע שעדיף לעשות כמנהגנו.

[כו]**ודע** עוד, דהגר"א חולק אעיקר דינא דמחבר, ולדעתו סדר הקריאה בר"ח הוא כן, כהן קורא ג' פסוקים, והלוי חמשה עד סוף הפרשה, והשלישי חוזר וקורא ג' פסוקים האחרונים בפרשה שקראו, וקורא "וביום השבת" עד פ' דר"ח, והרביעי קורא בפ' דר"ח.

(**והרשב"א הקשה על פירוש המפרשים, דאמאי לא נעשה כמ"ש הגר"א, ונשאר בצ"ע, וכן פסק הרמב"ן, ומ"מ למעשה נסיים במש"כ הרמב"ן, אחר שהרעיש על כל המפרשים שטעו, מסיים בזה הלשון: אלא** שאין ליגע במה שהונהג ע"פ הגאונים, וכ"ש בזה שאין במנהג שלהם משום איסור, וכבר שנינו: אל ישנה אדם מפני המחלוקת, עכ"ל, ועיין בתשו' חת"ס שהחזיק ג"כ מנהג דידן, וכן בתשו' משכנות יעקב).

באר הגולה

כג **שם בגמ'** (מגילה כ"א) **כד** **שם וכרב** **כה** ‹דהתוס' שם (ד"ה אין) הקשו, היאך קורא השלישי ו"ביום השבת" והרביעי "ובראשי חדשיכם", האיכא למיחש שיאמרו הנכנסים שהשלישי לא קרא אלא שני פסוקים ד"וביום השבת" - ב"ח. ע"ש בתוס' מה שתירצו› **כו** ‹דהא דקאמר והלכתא דולג ואמצעי דולגן, קאי אמעמדות, שאין שם אלא ג' גברי לבד, ושייך שפיר לשון אמצעי, דאי קאי אר"ח, הל"ל ושני, וכן פי' רש"י ז"ל שם דקאי אמעמדות, **וכיון** דבר"ח לא איפסקא בגמ' דילן, מסתבר טפי לנהוג כמו כמו שמפורש במס' סופרים סתם בלי מחלוקת ובלי שום חששא, דהראשון קורא וידבר. צו. ואמרת; והשני קורא את הכבש האחד. ועשירית. עולת. ונסכו. ואת הכבש. ונסכו. וביום השבת. עולת שבת; **ולפ"ז** ליכא שום חששא דנכנסין ויוצאין כלל, דאל"כ מה הועילו חכמים בתקנתן, והלא אותה חששא דנכנסין במקומה עומדת, שהרואה אותו מתחיל בפסוק ג' שבפרשה א', יאמר הראשון לא קרא רק ב' פסוקים, **ואי** לא חיישינן לנכנסין בדלא אפשר כו', יקראו השנים בפ' צו, והג' יקרא וביום השבת ופסוק אחד מפ' ובראשי חדשיכם, דמאי איכא משום דאין מתחילין כו', והא זהו אינו אלא משום הנכנסין, וכיון דאפי' בדולג אכתי איכא ההיא חששא, למה ידלוג, יקרא כדרכו ולא נחוש לנכנסין כו' כיון דלא אפשר - הגר"א›

מסורת הש"ס

ליקרי. שלישי תרי מהא שני מקראות דפרשת וביום השבת ותלתא קראי מבראשי חדשיכם פשו להו תרי וכו': ביום הראשון. גבי מעמדות תנן ליה במסכת תענית ביום הראשון באחד בשבת: דולג. השני חוזר ומתחיל פסוק שגמר בו שלפניו: פוסק. הראשון קורא חצי הפסוק השלישי ופוסקו: גזירה משום הנכנסין. שישמעו השני מתחיל פסוק זה ויאמרו לא קרא ראשון אלא שנים וכן היוצאין שישמעו את הראשון קורא שלשה ויצאו מבית הכנסת ויאמרו לא יקרא השני אלא שנים: הכי גרסינן קרא ראשון שלשה השני קורא שנים מפרשה זו כו': למ"ד דולג נדלוג. למאן דאמר *פוסק ליכא למיפרך דהא קרא ראשון שלשה קתני דאי אפשר עוד לחזור: שאני התם דאפשר בהכי. לקרות מפרשה זו לאחריה דהך מתניתא קיימא בשני ובחמישי שהוא יכול לקרות מה שירצה שהכל מעניינו של יום: כשם שאין מתחילין בפרשה בפחות משלשה פסוקים. גזירה משום הנכנסין שיהו סבורים לא קרא זה אלא שני פסוקים של התחלת פרשה זו שהרי לא היו בבית הכנסת ולא שמעו שקרא מפרשה העליונה: כך אין משיירין כו'. גזירה משום היוצאין שסבורין שהקורא אחריו של זה לא יקרא אלא שני פסוקים הנותרים: שיור דקא מחמיר תנא קמא. דתני ושל חמשה ביחיד ולא אמרינן יקרא הראשון שלשה ויפסוק אם ירצה: נכנסין שכיחי. לפיכך החמירו יש אומרים בהתחלה: שיולי שאיל. כשישמע שקורא השני שלשה מקראות והראשון לא קרא זו אלא שנים ישאל היאך קרא הראשון שני פסוקים ולא יותר ויאמרו לו שקרא מפרשה העליונה: הלכתא מאי. בשל מעמדות: ואמצעי דולג. שאם לא ידלג הוא יהא צריך (א) להתחיל בפרשה פחות משלשה פסוקים ואם יקרא שלשה מן השניה למלא קוראה כולה: מוסף. (ב) פסקא תפלת עננו ברכה יתירה: מכדי רב בישראל קרא. שהרי רב לא היה לא כהן ולא לוי: דהא רב הונא קרא בכהני. במסכת גיטין בהניזקין (דף נט:): הא איכא שמואל. בנהרדעא שהוא ממדינת בבל דכהנא הוא: ודבר עליה. נהוג היה להיות למעלה מרב כדאמרינן בפרק מרובה (ב"ק פ.) רב לא עייל לקמיה דשמואל: ורב הוא דעביד. להאי דאדבריה עליה כבוד הוה עביד ליה משום דלייטיה רב לשמואל דלא לוקמי בני במס' שבת פ' שמונה שרצים (ד' קח.): שלא בפניו לא עביד ליה. ושמואל לא היה בבבל אלא בנהרדעא: מיפק

תענית כו.

[עי' ברש"י תענית כו: ד"ה הכי גרסינן וכו' וצ"ע]

[שם ברכות יב:]

תענית כז: פ"ש

פסק נפסוק לדעת רש"י נ"ל ליה וצ"ל דקושיא קאי אריש לדתני ושל חמשה ביחיד

[עי' מדים עב. ברכות כח. וש"נ]

[גיטין נט:]

שם

*אין מתחילין בפרשה פחות משלשה פסוקים ליקרי תרי מהא ותלתא מהך פשו להו תרי אמר לו זו לא שמעתי כיוצא בה שמעתי דתנן *ביום הראשון בראשית ויהי רקיע ותני עלה בראשית בשנים יהי רקיע באחד והוינן בה בשלמא יהי רקיע באחד דתלתא פסוקי הוו אלא בראשית בשנים חמשה פסוקי הוו ותניא* הקורא בתורה לא יפחות משלשה פסוקים ואיתמר עלה רב אמר דולג ושמואל אמר פוסק רב אמר דולג מאי טעמא לא אמר פוסק קסבר *כל פסוקא דלא פסקיה משה אנן לא פסקינן ליה ושמואל אמר פסקינן ליה והא אמר רבי חנניא קרא צער גדול היה לי אצל רבי חנינא הגדול ולא התיר לי לפסוק אלא לתינוקות של בית רבן הואיל ולהתלמד עשויין התם טעמא מאי משום דלא אפשר הכא נמי לא אפשר ושמואל אמר פוסק מאי טעמא לא אמר דולג גזירה משום הנכנסין ומשום היוצאין מיתיבי *פרשה של ששה פסוקים קורין אותה בשנים ושל חמשה פסוקים ביחיד קרא ראשון שלשה השני קורא שנים מפרשה זו ואחד מפרשה אחרת ויש אומרים שלשה לפי שאין מתחילין בפרשה פחות משלשה פסוקים ואם איתא למאן דאמר דולג נדלוג ולמאן דאמר *פוסק נפסוק שאני התם דאפשר בהכי אמר רבי תנחום אמר ריב"ל הלכה כיש אומרים ואמר רבי תנחום אמר ריב"ל כשם שאין מתחילין בפרשה פחות מג' פסוקים כך אין משיירין בפרשה פחות משלשה פסוקים פשיטא השתא ומה אתחלתא דקא מקיל תנא קמא מחמירי יש אומרים שיור דמחמיר ת"ק לא כ"ש דמחמירי יש אומרים מהו דתימא נכנסין שכיחי יוצאין לא שכיחי דמנחי ספר תורה ונפקי קמ"ל ות"ק מ"ש שיורי דלא משום יוצאין אתחולי נמי גזירה משום הנכנסין אמרי מאן דעייל שיילי שייל שלח ליה רבה בריה דרבא לרב יוסף הלכתא מאי שלח ליה הלכתא דולג ואמצעי דולגן: זה הכלל כל שיש בו מוסף וכו': איבעיא להו תענית צבור בכמה ראש חדש ומועד דאיכא קרבן מוסף ארבעה אבל הכא דליכא קרבן מוסף לא או דלמא הכא נמי איכא מוסף תפלה ת"ש בראשי חדשים ובחולו של מועד קורין ארבעה הא בתענית צבור ג' אימא רישא בשני ובחמישי ובשבת במנחה קורין ג' הא תענית צבור ארבעה *אלא מהא ליכא למשמע מינה ת"ש דרב איקלע לבבל בתענית צבור קם קרא בסיפרא פתח בריך חתים ולא בריך נפול כולי עלמא אאנפייהו ורב לא נפל על אפיה מכדי רב בישראל קרא מאי טעמא חתם ולא בריך לאו משום דבעי למיקרי אחרינא בתריה לא רב בכהני קרא דהא *רב הונא קרי בכהני *בשלמא רב הונא קרי בכהני דהא אפילו רב אמי ורב אסי *דכהני חשיבי דארעא ישראל מיכף כייפו ליה לרב הונא אלא רב הא איכא שמואל דכהנא הוה ודבר עליה שמואל נמי מיכף הוה כייף ליה לרב ורב הוא דעבד ליה כבוד וכי עביד ליה בפניו שלא בפניו לא עביד ליה הכי נמי מסתברא דרב בכהני קרא דאי סלקא דעתך בישראל קרא לפניה מאי טעמא בריך לאחר תקנה אי הכי לאחריה נמי לבריך שאני היכא דיתיב רב דמיעל עיילי מיפק

אין מתחילין בפרשה פחות מג' פסוקים. גזירה משום הנכנסין שלא יטעו לומר שאותו שקרא לפניו לא קרא אלא שני פסוקים וקשה על מנהג שלנו שאנו קורין בפרשת ויחל בתעניות והראשון מתחיל שם והוא לסוף *שני פסוקים מפרשה שלמעלה וכן המפטיר ביו"ט בחול המועד דפסח שמתחיל והקרבתם שהוא לסוף שני פסוקים מראש הפרשה ויש לומר דשאני אלו הפרשיות שהרי ידועות הן לעולם וליכא למטעי וכן פרשה של ראש חדש שהשלישי קורא וביום השבת (ג) אין לחוש שמא יאמרו הנכנסים שהשלישי לא קרא אלא שני פסוקים מוביום השבת שהרי הדבר ידוע לעולם וגם יש להם לחשוב שא"כ לא היה לו להניח כשהגיע לפרשה שהרי גם זו מעין פרשה שהניח בה: ואם איתא למאן דאמר דולג לדלוג. פירש הקונטרס דלמאן דאמר פוסק לא קשיא מידי דכיון שקרא הראשון שלשה פסוקים אין לפסוק עוד וקשה דהא מאן דאמר פוסק אית ליה שפיר נמי דולג אי לאו גזירה משום הנכנסין והיוצאין והכא נהי שאין אנו יכולין לתקן מה (ד) שטעו הראשונים שהטעו את היוצאים שיסברו שהבא אחריו לא יקרא אלא שני פסוקים מכל מקום היה להם לתקן שלא יטעו הנכנסין לפי שמתחיל זה בשני פסוקים סמוך לפרשה לכך נראה לפרש דלמאן דאמר פוסק לא קשיא מידי דלדידיה תרלי שפיר שאני הכא(ה) היכא דלא אפשר אבל היכא דאפשר לא לפסוק פשיטא שאין להפסיק אבל למ"ד דולג תקשה: שאני התם דאפשר. קשיא היאך נהגו העולם בחולו של מועד של חג שקורא הרביעי כל מה שקראו השנים והא הכא דלא שרינן לא דולג ולא פוסק אלא היכא דלא אפשר ואפילו היכא (ו) דקאמר משום הנכנסין והיוצאין מיהו הא פשיטא לן שאם קרא אותו שלפני האחרון עד שני פסוקים מסוף הפרשה שבפסח או בעצרת שהאחרון דולג למעלה ולא יקרא שני פסוקים שהניח האחר וגם מפרשה של אחריה כיון דלא הוי מעניינו של יום: ושאין

עין משפט נר מצוה

כז א מיי' פי"ב מהלכות תפלה הלכה ג טוש"ע א"ח סי' קלח סעיף א:

[עי' רש"א ותשובת מהרי"ל סי' קפ ובמגן אברהם סי' קלח ס"ק ב]

כח ב מיי' פ"ו מהלכות כלי המקדש הלכה ו:

כט ג מיי' פי"ב מהל' תפלה הלכה ג טור ש"ע א"ח סי' קלז סעיף ב:

ל ד מיי' פי"ג שם הלכה ד טוש"ע א"ח סי' תכג סעיף ב:

תענית כז:

רבינו חננאל

האיך יקראו אותה ג' בני אדם כו'. רב אמר דולג כלומר כהן קורא ג' ולוי חוזר וקורא פסוק אחד מן הפסוקים שלשה שקרא כהן וב' אחרים שנשארו וג' ישראל קורא אותן. ושמואל א' פוסק כלומר פוסק פסוק אחד לשנים. ועושה השמונה תשעה וקורין השלשה שלשה שלשה משום דלא אפשר אלא בהכי. ואותבינן עליה דרב מהא דתניא פרשה של ששה פסוקים קורין אותה שנים של חמשה יחיד קורא אותה קרא אחד ג' והניח ב' השני קורא אותם שנים ופסוק אחד מן הפרשה של אחריה. וי"א ג' קורין מן הפרשה של אחריה שאין מתחילין מן הפרשה פחות מג' פסוקים. ופריק רב שאני התם דאפשר בהכי כלומר אפשר לו לקרות מן הפרשה שאחריה אבל בענין בראשית שהשלישי רוצה לקרות ויהי רקיע. וכענין צו את בני ישראל דפליק עניינא שאי אפשר לשלישי לקרות מן ובראשי חדשיכם דהא רביעי קורא ובראשי חדשיכם. וכיון דלא אפשר להו לקרות מן הפרשה של אחריה שאחר רוצה לקרותה הלכך דולגין. אריב"ל הלכה כי"א אומרים. ועוד א' כשם שאין מתחילין בפרשה פחות מג' פסוקים כך אין משיירין פחות מג' פסוקים. ומתמהינן השתא ומה התחלה דמקיל ת"ק ואמר אחד מפרשה אחרת מחמיר י"א ואומר שלשה. שאין מתחילין בפרשה פחות מג' פסוקים *) שיורי דחמיר במשייר ת"ק ואמר פרשה של חמשה יחיד קורא אותה כולה ואם קרא ג' והניח ב' דאיעבר אבל לכתחלה (ג') שלשה צריך להניח לא כ"ש דמחמרי י"א וכיון שאמר הלכה כי"א למה הוצרך לומר כשם שאין מתחילין כך אין משיירין. ופרקינן מהו דתימא נכנסין שכיחי והנכנס ששמע שלא קרא מן הפרשה שהתחיל בה אלא פסוק אחד ולא ידע שכבר קרא מן הפרשה שלפניה ב' פסוקים ילך ויאמר הקורא פסוק אחד יצא לפיכך גזרו שצריך לקרות המתחיל בפרשה ג' פסוקים אבל להניח ב' פסוקים בפרשה לא הוה גזר דהא שומע דהעולה אחריו קורא אותן שני פסוקים ושלשה מפרשה אחרת ולא אתי לאיטעויי ולמימר דתרי מנאי ואית שמא יצא אחר מן הכנסת **) ולא ישמע מה שקרא מן הפרשה האחרת קמ"ל ואסיקנא

*) נראה דצ"ל שיורי דמחמיר ת"ק לשייר ואמר כו'. **) נראה דצ"ל דחמר כאן וכו' ולא ישמע מה שקרא מן הפרשה שלאחריה וזה לא שכיח דמנחי ס"ת ונפקי קמ"ל.

הגהות הב"ח

(א) רש"י ד"ה ואמצעי דולג וכו' יהא צריך לשייר בפרשה: (ב) ד"ה מוסף. תפלת כצ"ל ותיבת פסקא נמחק: (ג) תוס' ד"ה אין מתחילין וכו' וביום השבת ובראשי חדשיכם אין לחוש: (ד) ד"ה ואם איתא כו' לתקן מה שטעו הראשונים שהטעו את היוצאים: (ה) בא"ד שאני הכא דלא אפשר: (ו) ד"ה שאני וכו' ואפילו היכא דליכא משום: ותיבת היכא נמחק:

גליון הש"ס גמ' בשלמא רב הונא קרי בכהני. עי' לקמן דף כח ע"א תוד"ה כי קאמר

עין משפט נר מצוה

לא א מיי' פי"ב מהלכות תפלה הלכה טו טור א"ח סי' תקנט וסי' תקעט:

[וע"ע תוס' חגיגה יח. ד"ה ר"ח ותוס' ר"ה כג. ד"ה משום ותוס' שבת כג. ד"ה לו דלמא]

לב ב מיי' שם טור א"ח סימן תקנט:

לג ג מיי' פ"ו מהלכות ע"ז הלכה ו וסמ"ג לאוין מב וס"ה מהל' תפלה הלכה יד טוש"ע א"ח סי' קלא סעיף ח בהג"ה:

לד ד ה מיי' פ"ה מהל' תפלה הלכה יד וס"ז מהלכות ע"ז הלכה ז:

לה ו מיי' פ"ה מהלכות תפלה הל' יד טוש"ע א"ח סימן קלא סעיף ח:

מיפק לא נפקי ת"ש זה הכלל כל שיש בו ביטול מלאכה לעם כגון תענית צבור ותשעה באב *קורין ג' ושאין בו ביטול מלאכה לעם כגון ראשי חדשים וחולו של מועד קורין ד' שמע מינה אמר רב אשי והא אנן לא תנן הכי זה הכלל כל יום שיש בו מוסף ואינו יום טוב קורין ארבעה לאתויי מאי לאו לאתויי תענית ציבור ותשעה באב ולרב אשי מתניתין מני לא תנא קמא ולא רבי יוסי דתניא *חל להיות בשני ובחמישי קורין ג' ומפטיר אחד בשלישי וברביעי קורא אחד ומפטיר אחד רבי יוסי אומר לעולם קורין ג' ומפטיר אחד ואלא קשיא זה הכלל לא לאתויי ראש חודש ומועד הא בהדיא קתני לה בראשי חדשים ומועד קורין ארבעה סימנא בעלמא יהיב דלא תימא יו"ט וחולו של מועד כי הדדי נינהו אלא *נקוט האי כללא בידך כל דטפי ליה מילתא מחבריה טפי ליה גברא יתירא הלכך *בר"ח ומועד דאיכא קרבן מוסף קורין ארבעה ביו"ט דאסור בעשיית מלאכה חמשה ביוה"כ דענוש כרת ששה שבת דאיכא איסור סקילה שבעה גופא רב איקלע לבבל בתענית צבור קם קרא בספרא פתח בריך חתם ולא בריך נפול כולי עלמא אאנפייהו ורב לא נפל על אנפיה מ"ט רב לא נפיל על אפיה *רצפה של אבנים היתה ותניא °ואבן משכית לא תתנו בארצכם להשתחות עליה אי אתה משתחוה עליה בארצכם *אבל אתה משתחוה על אבנים של בית המקדש כדעולא דאמר עולא לא אסרה תורה אלא רצפה של אבנים בלבד אי הכי מאי איריא רב אפילו כולהו נמי קמיה דרב הואי וליזיל לגבי ציבורא ולינפול על אפיה לא בעי למיטרח ציבורא ואיבעית אימא רב פישוט ידים ורגלים הוה עביד וכדעולא דאמר עולא *לא אסרה תורה אלא פישוט ידים ורגלים בלבד וליפול על אפיה ולא ליעביד פישוט ידים ורגלים לא משני ממנהגיה ואיבעית אימא *אדם חשוב שאני *כדרבי אלעזר דאמר רבי אלעזר *אין אדם חשוב רשאי ליפול על פניו אלא אם כן נענה כיהושע בן נון דכתיב °ויאמר ה' אל יהושע קום לך [וגו'] תנו רבנן *קידה על אפים שנאמר °ותקד בת שבע אפים ארץ כריעה על ברכים וכן הוא אומר °מכרוע על ברכיו השתחואה זו פישוט ידים ורגלים שנאמר °הבוא נבוא אני ואמך ואחיך להשתחות לך ארצה *לוי אחוי קידה קמיה דרבי ואיטלע והא קא גרמא ליה והאמר רבי אלעזר לעולם אל יטיח אדם דברים כלפי מעלה שהרי אדם גדול הטיח דברים כלפי מעלה ואיטלע ומנו לוי הא והא גרמא ליה *אמר רב חייא בר אבין חזינא להו לאביי ורבא

דמצלי

ויקרא כו | יהושע ז | מ"א א | מ"א ח | בראשית לז

תוספות

ושאין בהן ביטול מלאכה כגון ראש חדש קורין ארבעה. וקשיא דהא בפרק אין דורשין בחגיגה (דף יח: ושם) אמרינן ראש חדש יוכיח שיש בו קרבן מוסף ומותר בעשיית מלאכה וי"ל דודאי מותר הוא בעשיית מלאכה לאנשים אבל נשים אסורות במלאכה לפי שלא פירקו נזמיהן במעשה העגל:

ולרב אשי מתני' מני לא תנא קמא ולא רבי יוסי דתניא כו' רבי יוסי אומר לעולם קורין שלשה ומפטיר אחד. ולא"ת דלמא ר' יוסי היא והכי קאמר לעולם קורין שלשה והרביעי דהוי מפטיר אחד ולא בעי למימר אחד מן השלשה וי"ל דכי היכי דלת"ק ליכא למימר מפטיר אחד דהיינו רביעי דהא (ג) הוא ממעט בט' באב שהוא בשלישי וברביעי יותר משני וה' דעלמא וא"כ מסתמא לא יחמיר בט' באב שהוא בב' וה' לקרות רביעי ואינו מחמיר לקרות אלא להפטיר הכי נמי לר' יוסי הוי המפטיר אחד מן השלשה שקראו:

ואיבעית אימא רב פישוט ידים ורגלים הוא דעבד כדעולא. וקשה וכי לא היה יודע (ג) דמלי לשנויי הכי וכי ס"ד מעיקרא שיהא אסור בלא פישוט ידים ורגלים וי"ל דמעיקרא אסר ליה מדרבנן בלא פישוט ידים ורגלים ובסוף קאמר ואיבעית אימא אין אסור מדרבנן ורב פישוט ידים ורגלים הוא דעביד דאסור מן התורה ומיהו קשה לגירסא קמא דאסור מדרבנן בלא פישוט ידים ורגלים יש לתמוה על בתי כנסיות שלנו שיש בהן רצפה היאך טופל שליח צבור על פניו ונראה לי דמלי אצלויי ובהכי שרי והכי נמי משמע בסמוך דמייתי ההיא דפרק אין עומדין דברכות (דף לד: ושם) דחזינן להו לאביי ורבא דמצלי אצלויי כן פירש רב האי גאון:

אין אדם חשוב רשאי ליפול על פניו. בירושלמי מפרש היכא שמתפלל בשביל הצבור אבל בינו לבין עצמו שפיר דמי:

קידה על אפים. לא מכח הקרא הוא מפיק לה דהא כתיב כמי (ישעיה מט) אפים ארץ ישתחוו לך אלא הכי גמיר ליה מרביה (ד) דגבי לשון קידה שייך אפים:

רש"י

מיפק לא נפקי. הלכך לפניה בריך גזירה משום הנכנסין כדאמרינן לעיל לאחריה לא בריך דלא חיישי ליוצאין: **זה הכלל כל שיש בו ביטול מלאכה לעם.** כמה שהן מאחרין בבית הכנסת: **כגון תענית צבור.** שמותר במלאכה רוב תענית צבור מותרין במלאכה חוץ משל גשמים האמצעיים והאחרונים: **ותשעה באב.** נמי מותר במלאכה אלא במקום שנהגו: **ראשי חדשים.** אין בו ביטול מלאכה כל כך שאין הנשים עושות מלאכה בהן והכי נמי אמרינן במס' ראש השנה (ד' כג.) גבי משואות משום ביטול מלאכה לעם שני ימים ושמעתי מפי מורי הזקן ז"ל שניתנה להם מצוה זו בשביל שלא פירקו נזמיהן בעגל (תוספות. והאי מלתא בפרק מ"ה דברייתא דרבי אליעזר שמעו הנשים ולא רצו ליתן נזמיהן לבעליהן אלא אמרו להן אתם רוצים לעשות פסל ומסכה שאין בו כח להציל ונתן הקב"ה שכרן של נשים בעולם הזה שיהו משמרות ראשי חדשים יותר מן האנשים ולעוה"ב הן עתידות להתחדש כמו ראשי חדשים שנאמר המתחדש כנשר נעורייכי ע"כ) ומקרא מסייעו דכתיב אשר נסתרת שם ביום המעשה (שמואל א כ) ותרגם יונתן ביומא דחולא והתם נמי גבי ר"ח קאי דקאמר ליה מחר חודש וקרי ליה לערב ר"ח יום המעשה אלמא ראש חדש לאו יום המעשה הוא ומועד נמי לאו ביטול מלאכה לעם שהרי באין לבית הכנסת יותר מימות החול לפי שאין עושין בו מלאכה אלא בדבר האבד: **ולרב אשי.** דאמר זה הכלל דמתני' לאתויי נמי תשעה באב דאית ביה מוסף תפלה ענגו: **מתני' מני כו' חל להיות כו'.** גבי תשעה באב תניא לה בשמעתא בתרייתא דמס' תענית: **קורא אחד ומפטיר אחד.** הקורא הוא הוי המפטיר: **סימנא בעלמא.** הא דהדר נקיט ליה בזה הכלל סימנא יהיב לן כו': **כל דטפי מילתא מחבריה.** כל יום העודף דבר מחבירו: **לא אסרה תורה.** בפסוק זה אלא שלא יעשו רצפת אבנים בבהכ"נ דוגמת של מקדש: **לא בעי מטרח ציבורא.** שהם ילך יעמדו מפניו: **פישוט ידים ורגלים.** כשהיה טפל על פניו ושאר הצבור לא היו עושין כן: **לא משני.** לא היה רוצה לשנות ממנהגו: **ואיבעית אימא.** לא היה רגיל ליפול על פניו (א) כלומר שהיה אדם חשוב ואינו טפל על פניו: **אא"כ נענה.** כלומר אא"כ בטוח במעשיו שהוא נענה בתפלתו: **למה זה אתה נופל על פניך.** אלמא אין לו לעשות: **קידה.** האמורה בכל מקום אינה אלא על אפים: **ארצה.** משמע כולו שטוח ארצה: **אחוי קידה.** נועץ גודליו ושטן עליהם ושוחה עד שנושק את הרצפה וזוקף ומתוך שאינו יכול להשען על גודליו ואין ידיו מסייעות אותו בזקיפתו וצריך להתאמץ במתניו ומתוך כך נגלע בבוקא דאטמא: **הטיח דברים כלפי מעלה.** במסכת תענית עלית למרום ואין אתה משגיח על בניך: **הא והא גרמא ליה.** לפי שהטיח נתקלקל בשעת הסכנה:

דמצלי

מסורת הש"ס: תענית כט: | [שבת קמח. וש"נ] | [שבת נה. וש"נ] תענית יז. | ברכות לד: שבועות טז: | תענית כה. סוכה נג. | [ברכות לד: ע"ש]

תורה אור

רבינו חננאל

ואסיקנא הלכתא דולג והלכתא אמצעי דולג: מתני' ביו"ט חמשה וביוה"כ ששה וכו' ואסיקנא נקוט האי כללא בידך כל דטפי מלתא מחבריה טפי בה גברא יתירא בר"ח ובמועד דאיכא קרבן מוסף קורין ד' ביו"ט דאסור בעשיית מלאכה ה' ביוה"כ דענוש כרת ו' בשבת דאיסורו בסקילה ז': גופא רב איקלע לתענית צבור קם קרא בספרא בשקום כהן ואפילו רב אמי ורב אסי כהני חשיבי מיכף הוו כייפי ליה ושמואל דהוא כהן לא הוה התם פתח בריך התים לא בריך. נפל כ"ע אאפייהו ורב לא נפל משום דרצפה של אבנים הוות קמיה דתניא ואבן משכית לא תתנו בארצכם. פי' רצפה כדכתיב על רצפת בהט ושש ודר וסוחרת וכדתנינן עמוד והפג על הרצפה וברצפת של אבני בית המקדש אתה משתחוה ולא ברצפת זולתי המקדש ואקשינן אי הכי לכ"ע אסיר ופרקינן קמיה דרב הואי איבעית אימא פישוט ידים ורגליהו עביד רב וכדעולא דאמר לא אסרה תורה אלא פישוט ידים ורגלים. איבעית אימא אמאי לא נפיל רב אאפיה משום דר' אלעזר דאמר אין אדם חשוב רשאי ליפול על פניו בצבור אא"כ נענה כיהושע בן נון שנאמר ויאמר ה' אל יהושע קום לך וגו': ת"ר קידה על אפים כריעה על ברכים השתחויה פישוט ידים ורגלים. וכולהו מקראי. לוי אחוי קידה קמיה דר' ונפל ואיטלע והאי גרמא ליה והא"ר אלעזר לעולם אל יטיח אדם דברים כלפי מעלה כו' ואסיקנא בתחלת ר' *) ישמעאל רבי אמי בשם רבנן דתמן לא התירו השתחויה אלא לתענית צבור ובלבד על הצד. ר' ינוי ועירא בשם אבהתיה כל מי שיפול על פניו ואינו כשר כיהושע [שאם יפול על פניו] יאמר לו מן השמים קום לך אל יפול ובלבד יחיד על הצבור. רב ספקד בבי' רב אחא. ורב [אסי] מספקר לאינש בייתיה כד דהוון נפקין לתעניתא לא תתון דבעין כאורחכון. ר' יונה ורב אחא רבעין על ספרהון. אמר ר' שמואל חמית ר' אבהו רבע כי אורחיה. בי"ט

*) נ"ל ואסיקנא בירושלמי כפ' ר' ישמעאל הלכה א' רב אמי וכו'.

הגהות הב"ח

(א) רש"י ד"ה ואיבעית אימא וכו' על פניו כלל שהיה אדם: (ב) תוס' ד"ה ולרב אשי וכו' דהא הוה ממעט בט' באב כשחל בשלישי וברביעי: (ג) ד"ה ואיבעית אימא וכו' לא היה יודע דבעי לשנויי: (ד) ד"ה קידה וכו' גמיר ליה מרביה ולא מייתי קרא אלא דגבי לשון קידה:

§ מסכת מגילה דף כב: §

אות א'

תענית צבור ותשעה באב, קורין שלשה

טור הלכות תשעה באב סימן תקנט - ומוציאים ס"ת וקורין ג' בפ' ואתחנן "כי תוליד בנים", ומפטיר הוא הג', ומפטיר בירמיה "אסוף אסיפם".

טור הלכות תענית סימן תקעט - ומוציאין ס"ת וקורין בפ' "אם בחקותי", כהן עד "וישבתם לבטח", לוי עד "והקימותי את בריתי אתכם", שלישי והוא המפטיר עד סוף הקללות עד "בהר סיני ביד משה", קדיש עד למעלה; ויקרא המפטיר "על דברי הבצרות", ויברך ברכות ראשונות ואחרונות עד "מגן דוד", ויקראנה בניגון הפטרת ט"ב - ‹וכתב הר"ן: ומיהו אין אנו נוהגים כן, אלא קורין ויחל משה - ב"י. **ומפטירין** בדרשו - ה"ה והרא"ש›.

אות ב'

בראש חודש ומועד דאיכא קרבן מוסף, קורין ארבעה וכו'

רמב"ם פי"ב מהל' תפלה הט"ז - כמה הן הקוראין: בשבת בשחרית קוראין שבעה; וביוה"כ ששה; ובימים טובים חמשה; אין פוחתין מהן אבל מוסיפין עליהם; בראשי חדשים ובחולו של מועד קורין ארבעה; בשבת וביום הכפורים במנחה, ובשני ובחמישי של כל השנה, ובחנוכה ובפורים בשחרית, ובימי התענית בשחרית ובמנחה, קורין שלשה; אין פוחתין ממנין זה ואין מוסיפין עליהן.

אות ג'

רצפה של אבנים היתה

סימן קלא ס"ח - אקדים הקדמה קצרה כדי שיתברר היטב, והוא: דהנה כתיב בתורה: ואבן משכית לא תתנו בארצכם להשתחות עליה, דהיינו אפי' כשמשתחוה לשמים על אבן משכית, או על רצפת אבנים, דחדא מילתא היא, **וכתבו** הפוסקים, דאין אסור מן התורה כי אם כשיש תרתי לגריעותא, דהיינו כשמשתחוה בפישוט ידים ורגלים, וגם על רצפת אבנים דוקא, **אבל** דרך קידה, דהיינו שנופל על אפיו על הרצפה בלא פישוט ידים ורגלים, או אם הוא בפישוט ידים ורגלים שלא על רצפת אבנים, אסור רק מדברי סופרים, **דגזרו** קידה אטו השתחויה, ‹וכ"כ תוס' שם ד"ה ואב"א כו', וכתירוץ ראשון בגמ' - גר"א›, **ושלא** על הרצפה אטו רצפה, ‹ומינה למד הגהות אשרי, דה"ה פישוט ידים ורגלים באצלוי על הרצפה, או באין רצפה ודבוקות, אסור, דגזרינן ג"כ, דהנך תלתא שוין - פמ"ג›. **אבל** אם היה תרתי למעליותא, דהיינו דרך קידה בלא רצפת אבנים, לא גזרו רבנן, **וכן** אם היה נופל דרך קידה על רצפת אבנים, אך שלא היה קידה גמורה, דהיינו שנטה קצת על צדו, **או** אם היה בפישוט ידים ורגלים ושלא על הרצפה, ונטה קצת על צדו, דלא הוי פישוט ממש, ג"כ מותר.

הגה: וכן אסור לכל אדם ליפול על פניו בפשוט ידים ורגלים, אפי' אין שם אבן משכית (הגהות אשר"י וריב"ש) - ר"ל כמו באדם חשוב הנ"ל אסור אפי' בלא אבן משכית או רצפת אבנים, כן הכא, **אלא** דשם אסור אפי' דרך קידה, והכא אין אסור רק דוקא דרך פישוט ידים ורגלים.

ואם יש שם רצפת אבנים, אפי' דרך קידה אסור, **ודוקא** כשפניו דבוקים בקרקע, אבל אם שוחה בתפלה, אפי' יש שם רצפה שרי, **ודוקא** נגד רצפת אבנים, אבל רצפת לבנים אין אסורה, ד"אבן" כתיב, ולבנה לאו אבן הוא, כדכתיב: ותהי להם הלבנה לאבן.

אבל אם נוטה קצת על צדו, מותר אם אין שם אבן משכית - אבל כשיש אבן משכית, לא מהני הטיה על צדו, כיון שהוא בפישוט ידים ורגלים.

וכן יעשו ביו"כ, כשנופלין על פניהם - ר"ל כשהם נופלים דרך פישוט ידים ורגלים שלא על הרצפה, צריכים להטות על צדיהם, [**דבלא** פישוט דהוי תרתי למעליותא, א"צ הטיה], **וכן** כשיש רצפה, אפי' נופלים דרך קידה בעלמא, צריכין להטות על צדיהם, ‹כפי' הרא"ש, דמש"ה הוי {אביי ורבא} מצלי, דס"ל אפי' בלא פישוט ידים ורגלים אסור מדרבנן, וזהו רבותייהו, {ודלא כרש"י}, וכ"כ תוס' שם ד"ה ואב"א כו' וכתירוץ ראשון בגמ' - גר"א›.

אם יציעו - צ"ל "או יציעו", **שם עשבים, כדי להפסיק בין הקרקע, וכן נוהגין (מרדכי)** - ור"ל דאז אפי' בלא הטיה על צדיהם שרי בשני האופנים אלו שציירנו. ‹**וההפסק** צריך להיות בעיקרה בין הפנים לבין הקרקע, כמבואר ברמב"ם להלן - פסקי תשובות›.

[**לכן** יש לזהר בר"ה וביוה"כ להפסיק עכ"פ בטלית או בדבר אחר, או יזהר שלא יפול בפישוט ידים ורגלים, אלא דרך קידה בעלמא, או יטה על צדו קצת]. [**ואם** היה בפישוט ידים ורגלים על הרצפה, צ"ע אי מהני עשבים בלי הטיה על הצד].

אות ד' – ה'

אבל אתה משתחוה על אבנים של בית המקדש

לא אסרה תורה אלא פישוט ידים ורגלים בלבד

רמב"ם פ"ה מהל' תפלה הי"ד - כשהוא עושה נפילת פנים אחר תפלה, יש מי שהוא עושה קידה, ויש מי שהוא עושה השתחויה; [א]ואסור לעשות השתחויה על האבנים אלא במקדש, כמו שבארנו בהל' עבודת כוכבים.

באר הגולה

א ‹משמע דליכא אפי' איסור דרבנן בלא תרתי לגירעותא, ודלא כמו שמפרש הכסף משנה בהל' ע"ז ה"ח, וצ"ע›

רמב"ם פ"ו מהל' ע"ז ה"ז - במה דברים אמורים בשאר הארצות, אבל במקדש מותר להשתחות על האבנים, שנאמר: בארצכם, בארצכם אי אתם משתחוים על האבנים, אבל אתם משתחוים על האבנים המפוצלות במקדש; ומפני זה נהגו כל ישראל להציע מחצלאות בבתי כנסיות הרצופות באבנים, או מיני קש ותבן, להבדיל בין פניהם ובין האבנים; ואם לא מצא דבר מבדיל בינו ובין האבן, [ב]הולך למקום אחר ומשתחוה, [ג]או שוחה על צדו ומטה, כדי שלא ידביק פניו באבן.

אות ו'

אין אדם חשוב רשאי ליפול על פניו וכו'

סימן קלא ס"ח - [ד]אין אדם חשוב רשאי ליפול על פניו כשמתפלל [ה]על הצבור - [ו]פי' ובפני הצבור, דכסיפא ליה מילתא, שמהרהרין שאין הגון ואין ראוי ליענות, **אא"כ הוא בטוח** **שיענה כיהושע בן נון** - שאמר לו הקב"ה: [ז]קום לך למה אתה נופל על פניך.

אבל בביתו אפילו מתפלל על הציבור מותר, **ואפילו** בפני הציבור, [ח]דוקא כשהוא לבדו נופל על פניו, ואין הקהל נופלין עמו, דאם כל הקהל נופלין, אזי אם אין ח"ו נענים, אין גנאי כ"כ להאדם חשוב, דלא עדיף הוא מכלל הציבור.

והיינו כשהוא דרך קידה, ואפילו בלא פישוט ידים ורגלים, [כן משמע בגמרא], ואפילו לא היה שם רצפת אבנים, דבשאר כל אדם שרי, באדם חשוב אסור, [ט]**ואם** הוא מטה קצת על צדו, אפי' על רצפת אבנים שרי, דאין זה נפילה על פניו, **וכ"ש** נפילת אפים שלנו, שהוא רק הטיית הראש וכיסוי פנים בעלמא, בודאי שרי.

אות ו'*[י]

קידה - על אפים וכו'

רמב"ם פ"ה מהל' תפילה הי"ג - כריעה האמורה בכל מקום, על ברכים; קידה על אפים; השתחויה זה פישוט ידים ורגלים עד שנמצא מוטל על פניו ארצה.

---

§ מסכת מגילה דף כג. §

אות א'

ביום טוב מאחרין לבוא וממהרין לצאת

סימן תקכט ס"א - (וביו"ט מאחרין לבא לבית הכנסת) - כדי לטרוח בסעודת יו"ט קודם שילכו לבהכ"נ, [רש"י], **(וממהרין לצאת, משום שמחת יו"ט) (גמ' פרק הקורא עומד)** - והאידנא שמאריכין בפיוטים ובניגונים בין "יוצר אור" וק"ש, וקרוב לודאי שיעבור זמן ק"ש, צריך להשכים בכל יום טוב, כדי לקרות ק"ש בזמן הראוי.

אות ב'

ובשבת ממהרין לבוא

סימן רסז ס"ב - [יא]מקדימין להתפלל ערבית יותר מבימות החול - משום דהוי נהיגי עלמא לקבל עליהם שבת מכי פתח הש"ץ "ברכו", וכדלעיל בסימן רס"א ס"ד, לכך מהנכון להקדים להתפלל ערבית כדי להקדים הקבלת שבת, **וה"ה** דיכול לקבל עליו שבת קודם תפלת ערבית. **ומפלג המנחה יכול להדליק ולקבל שבת בתפלת ערבית, ולאכול מיד. (וע"ל סי' רל"ג כילד משערין שיעור פלג המנחה).**

באר הגולה

ב ‹זה מבואר בקושית הגמ' שם על רב, וליזול גבי צבורא ולינפול על אפיה – עבודת המלך› ג ‹מבואר בדברי רבנו, דגם בפישוט ידים ורגלים שרי כשמטה על צדו ואינו מדביק פניו באבן, וזהו שלא כדברי התוס' במגילה שם, דדוקא בלא פישוט ידים ורגלים שרי בהטיה על צדו ללשנא קמא, משום דאינו אלא מדרבנן, אבל בפישוט ידים ורגלים דאסור מדאורייתא, אין היתר בהטיה על צדו – עבודת המלך› ד **מגילה כ"ב** ה ‹תוס' ד"ה אין בשם ירושלמי – גר"א› ו ‹וזה לשון הרא"ש: מפרש בירושלמי דוקא כשהוא מתפלל בפני הציבור ובשביל הציבור, אבל היכא דמתפלל בינו לבין עצמו בביתו שפיר דמי – ב"י› ז ‹עיין פי' רש"י למה כו', אלמא אין לו לעשות, ואין מובן, דלולי דבריו משמע כפשטא דהראיה מיהושע היא, שמצינו לפעמים מי שנופל ע"פ ונענה, וכן נראה שהבין רש"י בתענית, **ולתרץ** פירש"י כאן י"ל, דבאמת יהושע מצד עצמו נענה, אבל כאן שהיה דברים בגו בחרם עכן, משו"ה לא נענה – שפת אמת› ח ‹ותימה דהא לשינויא בתרא קאמר, דרב לא נפל על אנפיה בהדי ציבורא, משום דאדם חשוב שאני כדרבי אלעזר וכו', אלמא דאפי' בהדי ציבורא נמי אסור לאדם חשוב, **וי"ל** דלית הלכתא כהך לישנא בתרא, תדע, דאוסר לאדם חשוב אפי' במתפלל שלא על הציבור, כהך עובדא דרב דאיקלע לבבל בת"צ וכו' דבאקראי הוי הך עובדא, ואנן קיימא לן דאדם חשוב אינו אסור אלא בהתפלל על עדת ציבור, ודוק – ב"ח› ט ‹בהרב ב"י שהביא בשם הרי"ף ורש"י, דמפרשי הא דאמרינן דאביי ורבא היו מטים על צדן ונפלו אאפייהו, טעמם משום דאדם חשוב אינו רשאי ליפול על פניו בציבור כו', ואעפ"כ ע"י הטיה שרי. **ואע"ג** דהרא"ש חלק עליהם וכתב דמהאי טעמא היו מטין על צדן, משום איסור אבן משכית, מ"מ לדינא י"ל דמודה לרי"ף ורש"י – מחה"ש› י ‹ע"פ מהדורת נהרדעא› יא ‹וז"ל האור זרוע: וצריכין ישראל למהר לביהכ"נ בערב שבת, מפני שצריכין להוסיף מחול על הקודש ולקבל השבת קודם שתשקע החמה, מדאורייתא לר' ישמעאל דסבר תוספת דאורייתא, ולר"ע מדרבנן כדפרי' לעיל, **א"נ** מפני תענוג שבת צריכין למהר, כדפירש"י בפ' הקורא את המגילה עומד, בשבת ממהרין לבוא ומאחרין לצאת. ופרש"י בשבת ממהרין לבוא, מפני עונג שבת. ע"כ רש"י. **הלכך** צריכין בע"ש למהר לבוא לביהכ"נ – עכ"ל. **נמצא** לפי גרסתו ופירושו ברש"י, רש"י עוסק בערב שבת, ולא שבת בבקר כשאר כל המפרשים וכגירסא שלנו ברש"י, **ובזה** מבואר מה דמביא העין משפט הלכה זו הכא, **וגם** ניחא מנהג המרדכי המובא ברמ"א באות הסמוך, שבשבת בבקר מאחרין יותר לבא לבהכנ"ס, שלא יהא סתירה לגמרא זו, כמו שהקשו המפרשים›

מסורת הש"ס

[מס' סופרים פי"ח ס"ד]

[תוספתא פ"ג]

[מס' סופרים פי"ח ה"ד ע"ש וצ"ע]

סנהדרין ז: [עי' תוספות לעיל כח: ד"ה כנגד]

[סוכה יד: נזיר יט. סנהדרין ז:]

נחמיה ח

[סוכות יח: כריתות ה:]

[תוספתא' פ"ג]

ורבא דמצלי אצלויי: ביו"ט חמשה ביוה"כ ששה כו': מתני' מני לא ר' ישמעאל ולא רבי עקיבא דתניא *ביו"ט חמשה וביוה"כ ששה ובשבת שבעה אין פוחתין מהן ואין מוסיפין עליהן דברי ר' ישמעאל ר"ע אומר ביו"ט חמשה וביום הכפורים שבעה ובשבת ששה אין פוחתין מהן אבל מוסיפין עליהן מני אי ר' ישמעאל קשיא תוספת אי ר"ע קשיא ששה ושבעה אמר רבא תנא דבי רבי ישמעאל היא דתנא דבי ר' ישמעאל ביום טוב חמשה ביוה"כ ששה בשבת שבעה אין פוחתין מהן אבל מוסיפין עליהן דברי ר' ישמעאל קשיא דר' ישמעאל אדר' ישמעאל תרי תנאי אליבא דרבי ישמעאל מאן תנא להא דתניא **ביו"ט מאחרין לבוא וממהרין לצאת ביום הכפורים ממהרין לבוא ומאחרין לצאת ובשבת ממהרין לבוא וממהרין לצאת לימא ר"ע דאית ליה גברא יתירא אפילו תימא רבי ישמעאל דנפיש סידורא דיומא הני שלשה *חמשה [א] ושבעה כנגד מי פליגי בה רבי יצחק בר נחמני וחד דעמיה ומנו רבי שמעון בן פזי ואמרי לה ר' שמעון בן פזי וחד דעמיה ומנו רבי יצחק בר נחמני ואמרי לה ר' שמואל בר נחמני חד אמר כנגד ברכת כהנים וחד אמר כנגד שלשה שומרי הסף חמשה מרואי פני המלך שבעה רואי פני המלך תני רב יוסף ג' חמשה ושבעה שלשה שומרי הסף חמשה מרואי פני המלך שבעה רואי פני המלך אמר ליה אביי עד האידנא מאי טעמא לא פריש לן מר אמר ליה לא הוה ידענא דצריכתו ליה *ומי בעיתו מינאי מילתא ולא אמרי לכו אמר ליה יעקב מינאה לרב יהודה הני ששה דיוה"כ כנגד מי אמר ליה כנגד ששה שעמדו מימינו של עזרא וששה משמאלו שנאמר °ויעמוד עזרא הסופר על מגדל עץ אשר עשו לדבר ויעמוד אצלו מתתיה ושמע ועניה ואוריה וחלקיה ומעשיה על ימינו ומשמאלו פדיה ומישאל ומלכיה וחשום וחשבדנה זכריה משלם הני שבעה הוו היינו זכריה היינו משלם ואמאי קראו משלם *דמישלם בעובדיה ת"ר *הכל עולין למנין שבעה ואפילו קטן °ואפילו אשה אבל אמרו חכמים אשה לא תקרא בתורה °מפני כבוד צבור איבעיא להו °מפטיר מהו שיעלה למנין שבעה רב הונא ור' ירמיה בר אבא חד אמר עולה וחד אמר אינו עולה מ"ד עולה דהא קרי ומ"ד אינו עולה כדעולא דאמר עולא מפני מה 'המפטיר בנביא צריך שיקרא בתורה תחלה מפני כבוד תורה וכיון דמשום כבוד תורה הוא למנינא לא סליק מיתיבי 'המפטיר בנביא לא יפחות מעשרים ואחד פסוקין כנגד שבעה שקראו בתורה ואם איתא עשרים וארבעה הויין כיון דמשום כבוד תורה הוא כנגדו

רש"י

דמצלי אצלויי. על צידיהן ולא נופלין על פניהן ממש לפי שאין אדם חשוב רשאי ליפול על פניו: הכי גרסינן תנא דבי ר' ישמעאל היא: ביו"ט מאחרין לבא. לבית הכנסת שצריך לטרוח בסעודת יו"ט כך מפורש במסכת סופרים*: וממהרין לצאת. משום שמחת יום טוב: ובשבת ממהרין לבא. שכבר תיקנו הכל מערב שבת ויפה למהר בילתן לקרות שמע כוותיקין: וממהרין לצאת. משום עונג שבת: ברכת כהנים. שלשה תיבות בפסוק ראשון וחמשה בפסוק שני ושבעה בפסוק שלישי: חמשה מרואי פני המלך ושבעה רואי פני המלך. שבעה הם דכתיב שבעת שרי פרס ומדי ומהם יש חמשה חשובים כדכתיב בסוף מלכים שלשה שומרי הסף בסוף ספר מלכים וכנגדן תיקנו אלו מעין דבר מלכות: דמישלם בעובדיה. תמים במעשיו: מפני כבוד תורה. שלא יהא כבוד תורה וכבוד נביא שוה וכיון דמשום כבוד תורה הוא ולא משום חובה לאו ממנינא הוא: כנגד ז' שקראו בתורה. לא פיחת כל אחד מג' פסוקים: ואם איתא. דאינו עולה מן המנין הוו להו שמונה שקראו בתורה וכ"ד בעינן בנביא: כנגדו

תורה אור

תוספות

הני שלשה וחמשה כנגד מי. אבל משבעה של יום הכפורים לא בעי עד לקמן קשיא אמאי לא בעי מד' של ראש חדש כנגד מי וכן של חולו של מועד וי"ל דקים ליה דטעמא דמוסף חשיב לטפויי חד גברא אבל לטפויי כל כך (א) ביו"ט וביוה"כ ובשבת לא ס"ל משום *כרת וסקילה אי לא משכחינן כנגד מי:

שבעה רואי פני המלך. פירש הקונטרס דלאחשורוש וקשיא לומר שתקנו חכמים כנגד עניינו של אותו רשע ולכך פירש ר"ת אותן הכתובים בספר ירמיה (נב) ובמלכים (ב כה) כתיב ה' ובירושלמי מפרש שהשנים שלא הוזכרו במלכים הם סופרי הדיינין:

אמר יעקב. מלגנה גרסינן שאם הוה מין לא היה מזכירו בגמרא דהא כתיב שם רשעים ירקב (משלי י): חד אמר עולה וחד אמר אין עולה. פסק ר"ת דקיימא לן *כמ"ד עולה ולכך אנו נוהגין בתעניות במנחה ובט"ב שהשלישי מפטיר וכן ביום הכפורים במנחה אבל בשבתות ובימים טובים וביוה"כ שחרית המפטיר לא הוי מן המנין דכיון שמותר להוסיף עליהם יכולין אנו לעשות מנהגינו אליבא דכולי עלמא דלאו הוי הלכה כמ"ד אין עולה עבדינן שפיר ואפילו הוי נמי הלכה כמאן דאמר עולה מ"מ אין לחוש שהרי מותר להוסיף ולהט"ג דאמרינן לקמן (דף כט:) חל להיות בפרשה הבאה קורין שיתא בפרשה הבאה וחד בכי תשא מכל מקום נהגו עכשיו לקרות המפטיר שהוא שמיני כל זה כדי לנהוג מנהגינו וחזן שטעה וגמר כל הסדר של שבת יחזור ויקרא (ב) השביעי וכן אם הוא יו"ט וקרא כל המנין שהוא צריך ושכח לקרות בחובת היום יחזור ספר תורה ויקרא אחר בחובת היום ולאחרון שקרא קודם הכי מאן דליתיה אבל בשבת של חנוכה אם בר"ח של חנוכה (ג)אין צריך כדאיתא בילמדנו דחנוכה* דהלכתא אין מעגיחין בחנוכה כל עיקר וימים שיש בהן קרבן מוסף גומר קדיש קודם שיוציא ספר תורה ובימים שאין בהן קרבן מוסף אין גומר קדיש קודם ובשבת לא יקרא פחות מאחד ועשרים פסוקים לשבעה בני אדם כל חד וחד שלשה פסוקים ובמנחה ובשני ובחמישי עשרה פסוקים ואם שכח ולא קרא כל כך יחזור ויקרא: כיון דמשום כבוד תורה הוא כנגדו נמי לא בעי. וקשיא לפי מנהגינו שאנו נוהגין בכל שבתות השנה שהמפטיר חוזר וקורא מה שקראו הראשונים ואין קורא כלל אחר כך אם כן מאי קא משני כיון דמשום כבוד התורה הוא כנגדו נמי לא בעינן אדרבה היה לו לומר כיון דאין קורא אלא מה שקראו הראשונים כנגדו לא בעינן אלא שמע מינה דבימי התנאים היה המפטיר קורא מה שלא קראו הראשונים והכי נמי משמע מדתקינו ג' פסוקים כנגדו למפטיר בנביא כנגד מה שקרא בתורה למאן דאמר עולה כדאמרינן בסמוך א"כ שמע מינה שהוא קורא מה שלא קראו הראשונים ולא כמו שאנו נוהגין לעשות כן ונראה לפי שבימי החכמים לא היו אומרים קדיש בין אותן שקראו קודם המפטיר והמפטיר ולכך היה המפטיר מסיים אבל אחר שנסדר הש"ס ותקנו לומר קדיש בין אותם שקראו ראשונה והמפטיר כמו שתקנו לומר ברוך ה' לעולם אמן ואמן ויראו עינינו אחר השכיבנו שלא היו אומרים בימי התנאים °והם תקנוהו להודיע שתפלת ערבית רשות והכי נמי תקנו קדיש בין השבעה למפטיר להודיע שאינו ממנין השבעה והר"ר אליהו הנהיג את בני עירו שאפילו כשמוציאין שני ספרי תורות שיקראו הראשונים הכל והמפטיר חוזר וקורא ממה שקראו הראשונים וכן הנהיג רבינו משלם וכן נוהגין עכשיו בכל צרפת ושינו את מנהג רש"י ורבותיו ור"ת והא שאין מוציאין ב' ספרי תורות בכל השבתות לקרות בשניה וביום השבת כמו שעושין ביו"ט נראה לפי שאין בפרשה אלא שני פסוקים ואין קורין בתורה פחות מג' פסוקים ואין להתחיל בפרשה שלמעלה או לסיים בפרשה שלמטה משום דלא הוי מעניני של יום ועוד י"ל לפי שצריך להפטיר בכל שבת מעניני של יום ואי קרינן בשל שבת א"כ יהא צריך להפטיר בדסליק מיניה והיינו בשבת וא"כ יהו כל ההפטרות מענין אחד ועוד י"ל לפי שלעולם אין קורין בספר תורה שני בקרבנות אלא באותן שבהן כפרה כדפירש לקמן פרק בני העיר (דף לא.) שקורין בהן ביו"ט ומהני לישראל כאילו הקריבום אבל קרבנות שבת אינן באין לכפרה ומש"ה אין קורין בהן: לא

עין משפט נר מצוה

לו א טוש"ע א"ח סי' תקכט סעיף א בהגה"ה:

לז ב טוש"ע א"ח סי' רפא סעיף ג:

ג"ל מגלגלת כרת. מהרש"א

לח ג טוש"ע א"ח סי' רפב בהגה"ה:

לט ד מיי' פי"ב מהל' תפלה הלכה יז סמג עשין יט טוש"ע א"ח סי' רפב סעיף ג:

מ ה ו מיי' שם הלכה יז טוש"ע שם סעיף ד בהגה"ה:

[ועי' תוספות ע"ז יז. ד"ה ויעקב כו' אבל יעקב מינאה דכ' אהנו וכו' ומגלה לייבב]

[עי' תוספת תענית כב: ד"ה בסוי]

מא ו מיי' שם הלכה יג טוש"ע א"ח סי' רפב סעיף ה:

[ובן לקמן כשוגין כט:]

רבינו חננאל

בי"ט ה'. וביוה"כ ו'. בשבת ז' אין פוחתין מהן אבל מוסיפין עליהן. וכשמוסיפין ב' קורין בס"ת מאחרין לצאת וכשפוחתין ממהרין לצאת. הני ג' שקורין בשני ובחמישי ובשבת במנחה ובתעניות ובט' באב וכיוצא בהן. וה' שקורין בי"ט וז' שקורין בשבת כנגד [ברכת] כהנים הפסוק הראשון ג' תיבות והשני ה' והשלישי ז' תני רב יוסף ג' כנגד שומרי הסף ה' מרואי פני המלך שנא' וחמשה אנשים מרואי פני המלך. שבעה מרואי פני המלך דכתיב ושבעת אנשים כרואי פני המלך ו' דיוה"כ כנגד ששה שעמדו מימינו של עזרא ומשמאלו שנאמר ויעמד אצלו מתתיה ושמע ועניה ואוריה וחלקיה ומעשיה על ימינו ומשמאלו פדיה וגו':

הגהות הב"ח

(א) תוס' ד"ה הני וכו' אבל לטפויי כל כך בשבת וביום טוב משום מלאכה וכרת וסקילה לא ס"ל משכחינן: (ב) ד"ה חד אמר וכו' יחזור ויקרא מה שקרא השביעי וכן: (ג) בא"ד אם בר"ח של חנוכה ושבת אין צריך לקרות בחנוכה כדאי' לקמן דף כט דהלכתא כצ"ל ומחיבת בילמדנו דחנוכה נמחק:

ירושלמי משה התקין לישראל שיהו קורין בתורה בשבתות ובי"ט ובר"ח ובחוש"מ שנאמר וידבר משה את מועדי ה' אל בני ישראל עזרא תיקן שיהו קורין ג' בתורה בשני ובחמישי ובשבת במנחה אבל הקריאה ב"תוי"ה מימות משה רבינו היתה שלא ישארו ג' ימים בלא קריאה בתורה והוא תיקן טבילה לבעלי קריין ושיהו בתי דינין יושבין בעיירות בב' ובה' וכו'. הלעוזות לא נתנו להיות קורין נהו"ז אלא אחד קורא כל הפרשה היה אחד יודע כל הפרשה קורין אותה כולה. ו' יודעין ג' פסוקים כולן קורין אותן אחד יודע ג' פסוקים קורא ר' ירמיה העבד עולה למנין ז'. ואסור לאדם ללמד עבדו תורה תיפתר בשלמד מעצמו או שלמדו רבו כתבי. וידבר עולה מג' פסוקים [רבי חלבו רבי מתנה שמואל בר שילת] מפטיר דרב ו' רוץ המפטיר התיב ר' חנינא כו': ת"ר הכל עולין למנין ז' אפילו אשה אפילו קטן אבל אמרו חכמים אשה לא תקרא בתורה מפני כבוד הצבור המפטיר שקורא בתורה חד אמר עולה למנין ז' וחד אמר אינו עולה ואותבינן על מאן דאמר אינו עולה למנין שבעה אלא צריך ז' והוא. מהא דתניא המפטיר בנביא לא יפחות מכ"א פסוקים כנגד ז' שקראו בתורה ואי איתא דמפטיר בנביא הוי שמונה והוי צריך כ"ד. ופרקינן המפטיר כיון דמשום כבוד

הגהות הגר"א

[א] גמרא הני שלשה חמשה שבעה כנגד מי כו' כצ"ל:

גליון הש"ס

גמ' ואפילו אשה. עי' ר"ה דף כט ע"א תוס' ד"ה כל ר' יהודה: שם מפני כבוד צבור. לקמן דף כד ע"ב וע"ש: שם מפטיר מהו שיעלה. עי' תענית דף כט ע"ב תד"ה בשני ובחמישי: תוס' ד"ה כיון וכו' והם תקנוהו להודיע שת"ע רשות. עי' ברכות דף ב ע"א תד"ה מאימתי ודף ד ע"ב תד"ה דאמר ר' יוחנן ודף כז ע"ב תוס' ד"ה והלכתא:

אות ג'

וממהרין לצאת

סימן רפא ס"א - הגה: ונוהגים שבשבת ממהרין יותר לבא לבהכ"נ מבחול, משום דבתמיד של ימות החול נאמר: "בבקר", ואלל שבת נאמר: "וביום השבת", דמשמע איחור (מרדכי) - ומ"מ צריכין ליזהר שלא לעבור זמן קריאת שמע, **וברש"י** מגילה כ"ג משמע, שגם בשבת מצוה למהר לקרוא ק"ש כותיקין.

[יב]**ונוהגין להרבות בזמירות של שבת כל מקום לפי מנהגו, וכל דבר אם לא אמרו אין מחזירין אותו, מלבד אם לא אמר "לאל אשר שבת" וכו' מחזירין אותו. ויש להאריך ולהנעים בזמירות [יג]ואין למחות במאריך בהם, אף על פי שבמוחה מכוין משום ביטול תורה (א"ז); ומ"מ בשבת ויו"ט לא יאריך יותר מדאי, כדי שיאכלו קודם שעה ששית, כדלקמן סי' רפ"ח.**

אות ד'

הכל עולין למנין שבעה, ואפילו קטן ואפילו אשה; אבל אמרו חכמים: אשה לא תקרא בתורה, מפני כבוד צבור

סימן רפב ס"ג - [יד]הכל עולים למנין שבעה, אפי' אשה וקטן שיודע למי מברכין - אבל לא למנין שלשה, מ"א, **ובעולת** שבת כתב עוד, דה"ה למנין דה"ו שיש בר"ח ויו"ט ויוה"כ, ג"כ אין עולה.

ואף אם אין שם כהן אלא קטן, קורין אותו, **ודעת** המ"א שאין אנו מחויבין לקרותו, דמ"ע ד"וקדשתו" לא נאמר על כהן קטן, דהא כתיב: כי את לחם אלהיך הוא מקריב, וקטן לאו בר עבודה הוא, [**ורעק"א** דחה, דהא בעל מום מצוה לקדשו אע"ג שאינו ראוי ג"כ לעבודה], **וכן** נוהגין בימינו, שכשאין בבהכ"נ כהן שהוא בן י"ג שנה, קורין ישראל במקום כהן, ואפילו יש שם כהן קטן.

ויותר מזה נוהגין כהיום, שאין קורין קטן כלל לשום עליה, אפילו אם כבר נשלם מנין הקרואים, אלא למפטיר.

[טו]**ומ"מ** אין יכול להיות מקרא את העולים, דהיינו שהוא יקרא בקול רם בס"ת, והעולים אומרים אחריו בלחש, וכל הצבור יהיו יוצאים ידי חובתן בשמיעה ממנו, עד שיביא שתי שערות, **ומשהוא** בן י"ג שנה, בחזקה שהביא שתי שערות לענין זה, **ומ"מ** כשאין שם קורא אחר ותתבטל הקריאה לגמרי, מסתפק הפמ"ג דאפשר דיש להקל באופן זה, אפילו אם לא הביא עדיין שתי שערות, **וכן** בדה"ח בהל' קה"ת מיקל ג"כ בשעת הדחק.

אבל אמרו חכמים: אשה לא תקרא בצבור מפני כבוד הצבור - כתב המ"א בשם מסכת סופרים, שהנשים אע"פ שאין חייבות בת"ת, מ"מ חייבות לשמוע קריאת ספר כאנשים, **ואין** נוהגות ליזהר בזה, ואדרבה יש מקומות שנוהגות הנשים לצאת חוץ בעת הקריאה.

הגה: ואלו דוקא מצטרפים למנין הקרואים, אבל לא שיהיו כולם נשים או קטנים (ר"ן וריב"ש) - או רובם.

ודין עבד כנעני כדין אשה, אבל אם אמו מישראל, מותר לעלות (הגהות מיימוני) - דאז הו"ל ישראל מעליא וחייב בכל המצות.

ואסור לקרות בראש מגולה - אפי' הוא קטן, **וכן** קטן שהוא פוחח, דהיינו שבגדיו קרועים וזרועותיו וכתפיו מגולין, אסור לקרותו לתורה, [ונ"מ לדידן לענין מפטיר].

ואין איסור לקרות ע"ה נכבד עשיר וגדול הדור, לפני ת"ח, כי אין זה בזיון לת"ח, רק כבוד לתורה שמתכבדת באנשים גדולים (א"ז). וממזר מותר לעלות לס"ת (מהר"א מפראג) - שהרי הוא חייב בכל המצות שבתורה כשאר איש ישראל.

וע"ל סימן קל"ז מסדר הקרואים.

אות ה' – ו'

וחד אמר: אינו עולה

המפטיר בנביא צריך שיקרא בתורה תחלה, מפני כבוד תורה

סימן רפב ס"ד - [טז]נוהגים לקרות שבעה ולגמור עמהם הפרשה ואומר קדיש, וחוזר וקורא עם המפטיר מה שקרא השביעי - דהנה מן הדין קי"ל, דמפטיר עולה למנין שבעה, והיה יכול לגמור הפרשה דהיינו הסדרה עם המפטיר שהוא השביעי, ואח"כ לומר קדיש, **ואך** כדי לצאת גם דעת האומר בגמרא דאין מפטיר עולה למנין שבעה, [**טעמו**, דמה שהוא קורא בתחילה קודם שמפטיר בנביא, הלא אינו אלא מפני כבוד התורה, שלא יהיה כבודה וכבוד הנביא שוה, אם יקרא בנביא לבדו כמו שקראו מתחילה העולים הראשונים בתורה לבדה], **וע"כ** מהנכון הוא לקרות שבעה קרואים קודם שמתחיל

באר הגולה

יב ‹מגילה פ"ג, דנפיש סדורא דיומא - גר"א, **ומדלא** אמרי משום "דאיכא סידורא דיומא", משמע דגם בשבת אומרים סידורא דיומא, רק דביוה"כ נפיש משבת - דמשק אליעזר› יג ‹אע"ג דאמרינן במגילה, בשבת ממהרין לצאת, כשיוצא קודם ו' שעות מקרי מהר, ב"ח - מ"א› יד **שם בגמרא** (מגילה כ"ג א) טו [מג"א בשם פוסקים. **ועיין** בפמ"ג שהקשה, דהא איתא במשנה כ"ד. דקטן קורא בתורה, והיינו מסתמא דהוא עצמו יכול לקרות הפרשה שלו, ואמאי אסרו להיות מקרא, ולפיכך מפקפק הפמ"ג בעצם דין הזה. **ולענ"ד** לא קשה מידי, דהתם אצטרופי בעלמא שהקלו להשלים למנין ז' לעלות לתורה, הקלו ג"כ שיכול לקרות, משא"כ בזה, להיות מקרא הקטן לכל הפרשיות לפני העולים, אסור, כמו שאסור שיהיו כל העולים קטנים, וכדלקמיה, **ומ"מ** העתקתי את הספק שלו בפנים, כי גם דין זה שהעתיק הרמ"א בשם הר"ן והריב"ש אינו דין ברור - שעה"צ] טז **טור ואתיא שפיר בין למ"ד מפטיר עולה ובין למ"ד אינו עולה, שם במגילה**

המפטיר, [ובזה יוצא אף למ"ד מפטיר עולה למנין ז', דהרי מותר להוסיף בשבת לכו"ע וכנ"ל].

וכדי להודיע לכל שהמפטיר אינו ממנין העולים, תקנו ג"כ [רבנן סבוראי דבתר חבור הגמרא], שהנכון לכתחלה להפסיק בקדיש בין קריאתו לקריאת שאר העולים, **וממילא** מוכרח לגמור הסדרה מתחלה, כדי שלא יפסיק בקדיש באמצע הקריאה, ואח"כ לחזור עם המפטיר עכ"פ ג' פסוקים ממה שקרא השביעי או האחרון.

וה"ה דיכול להוסיף עוד על השבעה, אך העיקר אשמועינן דנהגו שלא להשלים בהמפטיר את הפרשה, ואח"כ לומר קדיש, אלא יאמר קדיש קודם קריאת המפטיר, וממילא מוכרח לגמור כל הסדרה מתחלה קודם אמירת הקדיש.

מה שנהגו למכור ששי בפני עצמו, יש קצת סמך מהזוהר שלח לך, **ואחרון** מוכרים בפני עצמו, דאחרון חביב שמסיים בו, **ומ"מ** ח"ו להתקוטט בעבור זה, שכל אותיות התורה הם כולם קדושים וטהורים, וכדכתיב: אמרות ה' אמרות טהורות וגו'.

הגה: וכן נוהגים ביו"ט שאין מפטיר ממנין הקרואים - ר"ל שגם ביו"ט, אף דמדינא היה מותר המפטיר להיות מן המנין חמשה, מ"מ נוהגים ג"כ שאין המפטיר מן המנין, אלא קורא בפני עצמו בפרשה של חובת היום, והקדיש אומר מקודם, **ומ"מ** יוצא בזה אף למ"ד דעולה מן המנין, שהרי "רוב הפוסקים סוברים דמותר להוסיף, וכנ"ל בס"א, [**ומ"מ** לא דמי לגמרי לשבת, ששם המפטיר חוזר וקורא מה שקרא השביעי או האחרון, משא"כ בזה, **והטעם**, ששם הקדיש לא נוכל לומר באמצע, ומוכרח לגמור מקודם הסדרא, וע"כ ממילא מוכרח המפטיר לחזור אותן הפסוקים שקראו כבר, **משא"כ** בזה, שיכול לומר קדיש בין גמר הקריאה שבס"ת זו לס"ת אחרת].

אבל בחול שאסור להוסיף על מנין הקרואים, השלישי הוא מפטיר.

אות ז'

המפטיר בנביא לא יפחות מעשרים ואחד פסוקין

סימן רפד ס"א- [יח]מפטירין בנביא מענייננה של פרשה, ואין פוחתין מכ"א פסוקים - והטעם, מפני שפעם אחת גזרו גזירה על ישראל שלא יעסקו בתורה, וקראו בנביאים שבעה וברכו עליהם, כנגד השבעה שהיו צריכים לעלות ולקרות בתורה, ולא היו קורין עם כל אחד פחות מג' פסוקים, והרי בין כולם כ"א פסוקים, **לכך** אע"פ שהגזירה בטלה, מנהגא לא בטל, ומשו"ה תקנו שהמפטיר יקרא בנביא לא פחות מכ"א פסוקים, **ויהא** קורא בתורה תחלה מפני כבוד התורה, וכמ"ש בסימן רפ"ב במ"ב. **אא"כ סליק ענינא בבציר מהכי, כגון: עולותיכם ספו על זבחיכם.**

הגה: ודוקא בשבת בעינן כ"א פסוקים, ג' פסוקים לכל א' מן הקרואים, אבל ביו"ט שקורין ה', סגי בט"ו פסוקים.

ויברך המפטיר ז' ברכות, דהיינו שתי ברכות שמברך המפטיר על התורה לפניה ולאחריה, ואחת על הנביא לפניה, [דברכת "אשר בחר בנביאים טובים", וברכת "בא"י הבוחר בתורה" וכו', ברכה אחת היא], וארבע לאחריה, כנגד ז' שקראו בתורה.

באר הגולה

יז ‹מדברי רש"י [במשנה דף כ"א. ד"ה ואין מוסיפין עליהן] נראה, ד"אבל מוסיפין עליהן" קאי אשבת ויוה"כ ויו"ט, וכן דעת הרמב"ם, וכ"כ רבינו בסמוך, ודלא כיש מפרשים שכתב הר"ן, דלא קאי אלא אשבת לחודיה, אבל באינך יומי אין מוסיפין – ב"י› יח מגילה כ"ג

כנגדו נמי לא בעי מתקף לה רבא והרי עולותיכם ספו דלא הויין עשרין וחד וקרינן שאני התם דסליק ענייניה והיכא דלא סליק ענייניה לא והאמר רב שמואל בר אבא זמנין סגיאין הוה קאימנא קמיה דר' יוחנן וכי הוה קרינן עשרה פסוקי אמר לן אפסיקו מקום שיש תורגמן שאני דתני רב תחליפא בר שמואל לא שנו אלא במקום שאין תורגמן אבל מקום שיש תורגמן פוסק: **מתני'** אין פורסין על שמע ואין עוברין לפני התיבה ואין נושאין את כפיהם ואין קורין בתורה ואין מפטירין בנביא ואין עושין מעמד ומושב ואין אומרים ברכת אבלים ותנחומי אבלים וברכת חתנים ואין מזמנין (א) בשם פחות מעשרה ובקרקעות תשעה וכהן ואדם כיוצא בהן: **גמ'** מה"מ אמר ר' חייא בר אבא א"ר יוחנן דאמר קרא ונקדשתי בתוך בני ישראל כל דבר שבקדושה לא יהא פחות מעשרה מאי משמע דתני ר' חייא אתיא תוך תוך כתיב הכא ונקדשתי בתוך בני ישראל וכתיב התם הבדלו מתוך העדה ואתיא עדה עדה דכתיב התם עד מתי לעדה הרעה הזאת מה להלן עשרה אף כאן עשרה: ואין עושין מעמד ומושב פחות מעשרה: כיון דבעי למימר עמדו יקרים עמודו שבו יקרים שבו בציר מעשרה לאו אורח ארעא: ואין אומרים ברכת אבלים וברכת חתנים (וכו'): מאי ברכת אבלים ברכת רחבה דא"ר יצחק א"ר יוחנן ברכת אבלים בעשרה ואין אבלים מן המנין ברכת חתנים בעשרה וחתנים מן המנין: ואין מזמנין על המזון בשם פחות מעשרה (וכו'): כיון דבעי למימר נברך לאלהינו בציר מעשרה לאו אורח ארעא: והקרקעות תשעה וכהן ואדם כיוצא בהן (וכו'): מנה"מ אמר שמואל עשרה כהנים כתובים בפרשה חד לגופיה (וחד למעוטי) ואידך הוי מיעוט אחר מיעוט ואין מיעוט אחר מיעוט אלא לרבות תשעה ישראלים וחד כהן ואימא חמשה כהנים וחמשה ישראלים קשיא: ואדם כיוצא בהן: אדם מי קדוש אמר רבי אבהו באומר דמי עלי דתניא האומר דמי עלי שמין אותו כעבד ועבד איתקש לקרקעות דכתיב והתנחלתם אותם לבניכם אחריכם לרשת אחוזה: **מתני'** הקורא בתורה לא יפחות משלשה פסוקים ולא יקרא למתורגמן יותר מפסוק אחד ובנביא

רש"י

כנגדו נמי לא בעינן. לקבוע ג' פסוקים בנביא כנגד אותן שקרא המפטיר בתורה: מקום שיש תורגמן שאני. שיש טורח לצבור: **מתני'** אין פורסין על שמע. מנין הבא לבית הכנסת לאחר שקראו הצבור את שמע עומד אחד ואומר קדיש וברכו וברכה ראשונה שבקריאת שמע. פורסין לשון תלוי הדבר: ואין עוברין לפני התיבה. שליח צבור: ואין נושאין כפיהן. הכהנים: אין קורין בתורה. בצבור: אין עושין מעמד ומושב. למת כשחוזרין מן הקבר ועושין שבע פעמים מעמד ומושב לבכות את המת והרוצה לספוד יספוד והכי תניא (ב"ב דף ק:) אין פוחתין משבעה מעמדות ומושבות למת כגון עמדו יקרים עמודו שבו יקרים שבו: ברכת אבלים. מפרש בגמ': ותנחומי אבלים. כשחוזרין מן הקברות עומדין ומנחמין את האבל ואין שורה פחותה מעשרה במסכת סנהדרין (דף יט.): ואין מזמנין על המזון בשם. נברך אלהינו: ובקרקעות. של הקדש הבא לפדותן צריך עשרה ואחד מהן כהן: ואדם כיוצא בהן. אם בא (ב) לפדות מיד הקדש ובגמ' מפרש לה: **גמ'** עדה. אין פחותה מעשרה שנאמר עד מתי לעדה הרעה הזאת יצאו יהושע וכלב: לאו אורח ארעא. להטריח שליח לכך ולקרותן יקרים (במדבר ל"כ) מה הנהגה למרובין: אין אבלים מן המנין. שהרי הוא אומר ברכה למנחמים בפני עלמן אחינו בעל הגמול ישלם לכם גמולכם הטוב בא"י אחינו בעל נחמות ינחם אתכם בא"י מנחם אבלים ואינו טולנן יחד: י' כהנים כתובים. בפרשת הקדשות שלשה בערכין ושלשה בבהמה וארבעה בקרקעות וכיון דמשלמי בהו עשרה בעינן עשרה גברי: חד לגופיה. דכהן בעינן: ואימא חמשה כהנים וחמשה ישראלים. כיון דטעמא משום מיעוט אחר מיעוט הוא השלישי הוא מיעוט אחר מיעוט וכיון לו דרשת ליה (ג) שני מיעוט אחר מיעוט איתרבי לישראל כי הדר אתא כהן שלישי אשמועינן דליהוי כהן ולא ישראל וכן ה' וכן ז' וכן ט': עבד איתקש לקרקעות. שנאמר והתנחלתם אותם לבניכם אחריכם לרשת אחוזה לעולם בהם תעבודו: **מתני'** ולא יקרא למתורגמן יותר מפסוק אחד. שלא יטעה מתורגמן (מן) המתרגם על פה:

תוספות

לא שנו אלא במקום שאין מתרגמין. ועל זה אנו סומכין שאין אנו מתרגמין הפטרות שבכל ימות השנה וכן הפרשיות:

אין פורסין על שמע פחות מעשרה. בירושלמי מפרש שאם התחילו בעשרה ויצאו מקצתן אפ"ה גומרין ועל היוצאים הוא אומר ועוזבי ה' יכלו (ישעיה א) וכן הלכה:

ואין פורסין על שמע. הקונטרס פירש בני אדם שבאו בבית הכנסת אחר שהתפללו הצבור ורוצים לומר קדיש וברכו צריך עשרה ור"ת פירש דבשבעה שלא שמעו עם שלש אחרים סגי וה"נ איתא במס' סופרים* רבותינו שבמערב אומרים בשבעה ונותנים טעם לדבריהם דכתיב בפרוע פרעות בישראל בהתנדב עם ברכו ה' (שופטים ה) דאיכא שבע תיבות וי"א אפילו בששה משום דברכו הוי השתי ור"ת כתב בספר הישר בחמשה משום דליכא אלא חמש תיבות עד ברכו וכ"ל אפילו בשלשה שלא שמעו והכי פירושו דקרא בפרוע פרעות בישראל שלא עשו מה שמוטל עליהם לעשות אז יתנדב העם לברך ה' וליכא אלא שלש תיבות עד בהתנדב ותלמידי רש"י פירשו משמו דאפילו בשביל אחד שלא שמע יכולים הם לפרוס על שמע ואפילו אותו ששמע כבר יכול להוציא אותן שלא שמעו כמו שאנו רואים שליח צבור שאף על פי שהתפלל כבר השמונה עשרה ברכות בלחש חוזר ומתפלל בקול רם ואע"פ שכולנו בקיאין עכשיו מ"מ י"ל דאין זה ראייה כל כך דשאני השמונה עשרה ברכות שהרי אם היה מתפלל מתחילה בקול רם שמא לא יכוונו לבם להגיע עם שליח צבור במקום קדושה ומודים ור"ת לא היה רוצה לעשות אפילו לעצמו:

ואמר ר' יצחק א"ר יוחנן ברכת אבלים בעשרה. פירש ר"י דלא מיירי בברכת המזון שהרי לא היתה ברחוב העיר כדפי' פרק קמא דכתובות (דף ח: ושם) אלא מיירי בברכות שהיו אומרים ברחוב העיר במעמדות שהיו עושין לנחם אבלים אבל בשל ברכת המזון סגי בשלשה והוא עצמו מצטרף כדפירש הטעם שם: **עשרה** כהנים כו'. קשיא לי אמאי לא בעי אחד עשר דאין ב"ד שקול בכל דבר שהוא תלוי שעומד בשקול הדעת*: **ואדם** מי קדוש. פירש הקונטרס פ"ק דסנהדרין (דף טו:) והא אין נמכר בשוק כעבד לכן אין קדוש וקשיא אמאי לא קאמר דמיירי בעבד כנעני שיכול אדם להקדישו דהא עבד כנעני שפיר קרוי אדם כדאמרינן פ' השולח (גיטין לח: ושם*) כל חרם אשר יחרם מן האדם לא יפדה לרבות עבדו ושפחתו הכנענים וי"ל דאי איתא דמיירי בעבד כנעני סגי בשלשה אבל בעשרה לא כדאיתא בירושלמי גזרה שמא ישמעו ויברחו וא"ת אימא דההיא ירושלמי איירי בדינא דרבנן אבל בדינא דאורייתא צריך עשרה וא"כ הדר קושיין לדוכתיה דכי פריך אדם מי קדיש ליש' דמיירי בעבד כנעני וי"ל דפשיטא ליה דמתניתין חשיב ותני הדינין שצריך לעשות וא"כ אי איתא דאיירי בעבד הא הוה בשלשה ועוד נראה דסבר ליה למקשן דאי איתא דמיירי בעבד הוה ליה לפרושי בהדיא הקרקעות והעבדים תשעה וכהן כדקתני בכל מקום הקרקעות והעבדים [וע"ע תוספות סנהדרין טו: ד"ה אדם]: **שמין** אותו כעבד ועבד איתקש לקרקעות דכתיב והתנחלתם אותם וגו'. משמע דעבד עברי איתקש לקרקעות והכי נמי משמע פרק קמא דקדושין (דף ז: ושם) דאשה הוה לה נכסים שיש להן אחריות מטעם דעבד עברי איתקש לקרקע וקשיא דהיינו דווקא עבד כנעני דעליה כתיב קרא דוהתנחלתם אבל עבד עברי לא מצינו כלל דאיתקש לקרקע ודאי ההיא דקדושין יש לדחות כדפירש' שם אבל הכא קשיא:

עין משפט נר מצוה

מב א מיי' פי"ב מהל' תפלה הלכה יג טוש"ע א"ח סי' רפד סעיף א:
מג ב מיי' שם הלכה יג טוש"ע שם סמג עשין יט:
מד ג מיי' פ"ח מהלכות תפלה הלכה ה סמג שם טוש"ע א"ח סי' נה סעיף א ופי' סט סעיף א:
מה ד מיי' שם טוש"ע א"ח סי' סט סעיף א: [וע"ע בהגה' סלי"ן]
מו ה מיי' שם טוש"ע א"ח סי' קמא סעיף א:
מז ו מיי' שם הלכה ד ופי"ב הלכה ג טוש"ע א"ח סי' קמג סעיף א:
מח ז מיי' שם סמג:
מט ח מיי' פי"ג מהל' אבל הלכה ד טוש"ע י"ד סי' שעו:
נ ט מיי' פי"ג מהלכות אבל הלכה א סמג עשין מ"ד ב טור שם:
נא י מיי' פ"ב מהלכות ברכות הלכה י ופ"י מהלכות אישות הלכה ה טוש"ע אה"ע סי' סב סעיף ד:
נב כ מיי' פ"ה מהלכות ברכות הלכה ד סמג עשין כז טוש"ע א"ח סימן קצב סעיף א:
נג ל מ מיי' פ"ח מהל' ערכין הלכה ב:
נד נ מיי' פ"ח מהלכות תפלה הלכה ד טור ש"ע א"ח סי' נה סעיף א:
נה ס מיי' פי"ג מהל' אבל הלכה א סמג עשין מ"ד ב טור י"ד סי' שעו:
נו ע מיי' פ"ב מהלכות ברכות הלכה י ופ"י מהל' אישות הלכה ה טוש"ע אה"ע סי' סב סעיף ד:
נז פ מיי' פ"ה מהלכות ברכות הלכה ב:
נח צ מיי' פי"ב מהלכות תפלה הלכה ג טור ש"ע א"ח סי' קלז סעיף ג:
נט ק מיי' שם הלכה ה טוש"ע א"ח סי' קמה סעיף א:

מסורת הש"ס

ויקרא כב
תורה אור
במדבר יד
עד' יד
[סנהדרין ב.]
ברכות כה:
ב"ב ק:
כתובות ח.
[ברכות מה:]
סנהדרין טו.
[סנהדרין ליתא]
[יומא מג. וש"נ]
[סנהדרין טו.]
ויקרא כה
עי' תוס' ערכין יט: ד"ה לא דלמא
[ע"ש דמייתי קרא אחרינא]

הגהות הב"ח

(א) במשנה ואין מזמנין על המזון בשם: (ב) רש"י ד"ה ואדם וכו' אם בא לפטור עלמו מיד: (ג) ד"ה ואימא חמשה וכו' דכיון דדרשת ליה כהן שני מיעוט:

רבינו חננאל

כבוד תורה קרי פי' *) שלא בנביאים אלא שיקרא בתורה. כנגדו לא צריך והדעת נוטה שאינו עולה ואי סליק ענין ההפטרה לא חיישינן לכ"א פסוקים וכן אי

אפי' לא קרא מזה ההפטרה אלא בי' פסוקים פוסק כר' יוחנן ודיו: [מתני'] אין פורסין על שמע ואין עוברין לפני התיבה. ואין נושאין כפיהן ואין קורין בתורה ואין מפטירין בנביא ואין עושין מעמד ומושב. ואין אומרים ברכת אבלים שהיא ברכת רחבה וא"ר יוחנן ברכת אבלים בעשרה ואין אבלים מן המנין ותנחומי אבלים וברכת חתנים. ואין מזמנין על המזון בשם פחות מי' מנא לן. וא' משום ר' יוחנן דכתיב ונקדשתי בתוך בני ישראל וכתיב התם הבדלו מתוך העדה וכתיב עד מתי לעדה הרעה הזאת יצאו יהושע וכלב נשארו המרגלים י' והן שנקראו העדה ומפורש בתלמוד א"י מהאי קרא בבני יעקב דכתיב בתוך הבאים וכתיב ויבואו אחי יוסף עשרה. ואקשי' בירושלמי מכיון דתנינן אין פורסין את שמע ליידא מילה תנינן אין עוברין לפני התיבה פחות מי' ופרקינן לכן צריכה בהדה דתני אין פורסין את שמע פחות מי' התחילו בי' והלכו מקצתן גומרים וכן כולן השנוין במשנתינו כיוצא בהן ועל כולן הוא אומר ועוזבי ה' יכלו. וכן אדם שאמר דמי עלי שמין אותו כעבד ולא יהיה פחות מעשרה.
*) נראה דל"ל שלא יתחיל לקרות בנביאים עד שיקרא וכו'.

הקורא

גליון הש"ס גמ' כיון דבעי למימר נברך לאלהינו. עי' ברכות דף מט ע"ב תוס' ד"ה נברך: תוס' ד"ה לא שנו וכו' שבכל ימות השנה. עי' לקמן דף כד ע"א תוס' ד"ה ולא היו:

§ מסכת מגילה דף כג: §

אות א'

שאני התם דסליק עניינא

סימן רפד ס"א - אא"כ סליק ענינא בבציר מהכי, כגון: "עולותיכם ספו על זבחיכם".

אות א*[א]

תוס' ד"ה לא שנו. ועל זה אנו סומכין שאין אנו מתרגמין הפטרות שבכל ימות השנה וכן הפרשיות

סימן קמה ס"ג - [ב]האידנא לא נהגו לתרגם, משום דמה תועלת בתרגום כיון שאין מבינים אותו - ואין לומר נלמוד מהם לפרש גם אנחנו לעם בלשון שיבינו, דשאני תרגום שנתקן ברוח הקודש, **ועיין** במגן גבורים שהביא בשם תשב"ץ, שגם עתה רשות לתרגם בלשון תרגום, אף שאין מבינים אותו, משום שנתקן ברוח הקודש, אלא שאין התרגום מעכב.

אות ב'

אבל מקום שיש תורגמן, פוסק

טור סימן רפד - ואי איכא תורגמן, אפי' לא קרא אלא י' פסוקים שפיר דמי, [ג]שכל אחד חשוב כשנים הוא ותרגומו, והאחרון חשוב כשלשה, לפי שאחר שתרגמו המתרגם, חוזר וקורא אותו פעם שנית.

אות ג'

אין פורסין על שמע

סימן נה ס"א - [ד]אומרים קדיש - פי' אחר פסוקי דזמרה, **[ה]ואין אומרים אותו בפחות מי' זכרים בני חורין, גדולים שהביאו ב' שערות** - לאפוקי נשים ועבדים וקטנים, **וה"ה** טומטום ואנדרוגינוס, וחצי עבד וחצי בן חורין, אינו מצטרף.

עיין פר"ח, שקרא ערער על המקומות שנוהגין, שהקטן אומר קדיש וברכו, והקהל עונים אחריו, דשלא כדין הם עושים, **ואפי'** אם יש עשרה אנשים גדולים חוץ ממנו, **ועיין** בפמ"ג שמצדד ג"כ להחמיר בזה לכתחלה.

וה"ה לקדושה וברכו שאין נאמרין בפחות מעשרה - שכל דבר שבקדושה, כגון קדיש, אפי' קדיש דרבנן שאחר הלימוד, וקדושה וברכו וקריאת התורה ונשיאת כפים, וה"ה לכל חזרת הש"ץ מפני הקדושה שיש בה, אין אומרים אותו בפחות מעשרה, **שנאמר**: ונקדשתי בתוך בני ישראל, וילפינן בגז"ש ד"תוך" "תוך" ממרגלים, דכתיב: עד מתי לעדה הרעה הזאת, יצאו יהושע וכלב, נשאר עשרה וקוראין עדה.

כתב הט"ז, דבעת אמירת פסוקי דזמרה א"צ עשרה, דאפילו אם אמרוהו ביחידות, כל שיש עשרה בשעת אמירת הקדיש, די בכך, **וכן** אם התחילו להתפלל ערבית ביחידות, ובאו עשרה לעת אמירת הקדיש, יכול לומר הקדיש, **וכן** בכל לימוד שאדם לומד פסוקים או אגדה, או באמירת "עלינו", או באמירת "אשרי" שקודם מנחה, או באמירת תהלים בבקר, אם היה בלי מנין ונזדמן תיכף מנין, שיש לומר קדיש, **ומ"א** לא כ"כ, וכן מהגר"א מוכח כהמ"א, **ע"כ** הסכימו האחרונים, דהנכון שיאמרו אח"כ מזמור או ג' פסוקים ויאמרו קדיש, **ועיין** בפמ"ג דמוכח מיניה, דלענין פסוקי דזמרה, ולענין תפלת ערבית, גם המ"א מודה להט"ז.

סימן סט ס"א - [ו]אם יש בני אדם שהתפללו כל אחד בפני עצמו ביחיד, ולא שמעו לא קדיש ולא קדושה, עומד אחד מהם ואומר קדיש ו"ברכו" וברכה ראשונה "יוצר אור" ולא יותר, וזה נקרא פורס על שמע, לשון חתיכה פרוסה, שאין אומרים אלא קצת ממנה - עיין לעיל בסימן נ"ד בהג"ה, דצריך לומר מתחלה קצת פסוקים.

אף דבזמנינו כולם בקיאין, וא"צ לברכת המברך שיוציאן בהברכה, וכ"ש לפי מה דאיירי המחבר, שכבר בירכו כולם כל אחד בפני עצמו, **מ"מ** ס"ל להמחבר דאומר "יוצר אור", משום שלא יהיו נראין ככופרין ח"ו, שהוא אומר להם שיברכו, ואין אחד מהם שיברך, לכך אומר "יוצר אור" ובקול רם, והאחרים שומעים והשומע כעונה.

שהתפללו כל אחד - והרדב"ז פליג ע"ז וז"ל: אם התפללו עשרה כל אחד ביחידי, פרח מינייהו קדיש וקדושה, כדאמרינן גבי בהמ"ז, וכיון דפרח מינייהו, אע"ג שאח"כ נתחברו עשרה, אינם יכולים לחזור ולהתפלל בקדיש וקדושה, ואם חזרו והתפללו הוי ברכה לבטלה, והובא דבריו בקיצור במ"א ובספר מגן גיבורים, ובח"א הביאו דבריו להלכה, **ובתשו'** הרמ"ע ובדה"ח משמע, דפוסק כהשו"ע, **אכן** בתשו' חת"ס כתב, דכן עמא דבר כהרדב"ז.

אכן גם להרדב"ז, אם יש אחד מהם שלא התפלל עדיין, יכול לפרוס על שמע וגם לירד לפני התיבה, **אך** לא יתפלל מתחלה התפלה בלחש, רק יתפלל תיכף התפלה בקול רם, דבכה"ג לא שייך פרח חובת תפלה מינייהו, דהרי בשביל עצמו אומר, **וה"ה** דאחד מאותם שכבר יצאו, יכול לפרוס על שמע ולירד לפני התיבה בשבילו, וכדלקמיה בשו"ע, דכיון דיש עכ"פ אחד שלא יצא עדיין ידי תפלה, כל ישראל ערבים זה בזה.

הגה: ועכשיו לא נהגו לומר כל ברכת "יוצר אור", אלא אומרים קדיש ו"ברכו" והם עונים אחריו "ברוך ה'" וכו' - סבירא לן, דכיון שעונים "ברוך ד' המבורך לעולם ועד", תו לא מחזי ככופר, מידי דהוי אברכת התורה, **ועיין** בא"ר ובמג"א שהסכימו ג"כ לזה.

באר הגולה

[א] ‹ע"פ באר הגולה› [ב] **תוס' מגילה שם** ‹ד"ה לא שנו› **והביאם הטור** [ג] ‹כן פי' הר"ן על הרי"ף. ודלא כרש"י› [ד] **טור ומפרש הטעם באגור** בסימן צ"ד בשם הראב"ד [ה] ברכות כ"א מגילה כ"ג [ו] מגילה כ"ג לפי' הר"ן שם ‹דלפי רש"י י"ל דהוי קודם שהתפללו וקראו ק"ש - דמשק אליעזר›

י"א שפורסין בק"ש של ערבית כמו בשחרית (כל בו וב"י בשם הר"ן) - ר"ל אף אם כולם כבר התפללו כל אחד בפני עצמו.

ולא נהגו כן, משום דליכא קדיש קודם "ברכו" של ערבית - ומשום "ברכו" לחודיה לא קפדינן כ"כ, **ואע"ג** דבקצת מקומות אומרים ג' פסוקים וקדיש קודם "ברכו" בערבית, זהו רק מנהג בעלמא ולא קפדינן בהאי קדיש, **משא"כ** קדיש שאחר "ישתבח" שחרית, שהוא מנהג קדמונים, קפדינן טפי.

כתב הפמ"ג: נראה ודאי, אם יש אחד שלא התפלל עדיין מעריב, יכול לעמוד בפני העמוד עם ט' שהתפללו, ויאמר "ברכו" בקול רם, וגם יאמר הברכה ראשונה בקול רם, ויוצא אף להמחבר, **ואפשר** דיוכל לומר ג"כ הקדיש שקודם שמ"ע, עכ"ל.

...[ז]ואין עושין דברים אלו בפחות מי', משום דהוי דברים שבקדושה.

אות ד'

ואין עוברין לפני התיבה

סימן סט ס"א - לאחר שסיימו ברכת "יוצר אור", אומר "אבות" ו"גבורות" ו"קדושה" ו"אתה קדוש", וזה נקרא עובר לפני התיבה - ואין זה מצוי כהיום, משום דרגילין לפרוס על שמע בשביל המתאחרין לבוא אחר גמר סיום שמנה עשרה בלחש, קודם שמתחיל הש"ץ התפלה בקול רם, ויוצאין על ידו ענין הקדושה, **אבל** אם אירע שנתאחר לבוא להתפלל אחר התפלה, יוכל לפרוס על שמע ולירד לפני התיבה. **וצריכין** ליזהר בעת שמתקבצין אז בפתח בהכ"נ לפרוס על שמע, שלא יעברו נגד המתפללין.

עיין בהג"ה בסמוך, שמסיים כל התפלה ג"כ, **ועיין** לעיל דדעת הרדב"ז, דאין לנהוג דין עובר לפני התיבה, אא"כ יש בהם עכ"פ אחד שלא התפלל עדיין, **וכתב** המ"א: מיהו נ"ל דאם אין שם ששה שלא התפללו, לא יתפלל הש"ץ בלחש, רק יתחיל מיד בקול רם, דהא עיקר הכונה בהחזרה בזה הוא רק משום קדושה, ויאמר הג' ראשונות בקול רם והשאר בלחש, **אבל** כשיש רוב מנין, הם כמו צבור גמור.

[ח]ואין עושין דברים אלו בפחות מי', משום דהוי דברים שבקדושה.

[ט]וצריך לחזור אחר ו' שלא שמעו, דהיינו רוב העשרה; [י]ואם אינם נמצאים, אפי' בשביל אחד שלא שמע אומרים - ואם שמע מהעולים בתורה, די, ואין חוזרין בשבילו, אם לא שהוא עומד עתה קודם ברכת "יוצר אור", אז מותר לפרוס בשבילו.

ואפי' מי ששמע יכול לפרוס על שמע ולעבור לפני התיבה בשביל אותו שלא שמע, ומ"מ אם אותו שלא שמע בקי לפרוס על שמע ולעבור לפני התיבה, מוטב שיפרוס ויעבור לפני התיבה הוא, משיפרוס ויעבור לפני התיבה אחר שכבר שמע - ועכשיו נהגו שלעולם האבלים פורסים שמע, ואפילו שמעו ויש אחר שלא שמע, ואיננו נכון, כ"כ המ"א, **אבל** הפמ"ג יישב המנהג, משום דאין פנאי לבקש איש יודע בין תפלת ח"י בלחש, **אבל** ודאי אם יש פנאי, ויש מי שיודע ולא התפלל, ראוי שהוא יפרוס.

אות ה'

ואין נושאין את כפיהם

סימן קכח ס"א - [יא]אין נשיאת כפים בפחות מי' - ודינו בכל דבר כמו שמבואר לעיל בסי' נ"ה לענין קדיש, **ועיין** שם במ"ב מש"כ בשם הפמ"ג, דמסתפק לענין ישן אם מצטרף.

(**הטעם** משום דהוא דבר שבקדושה, **והר"ן** כ' דלא מיקרי דבר שבקדושה, כי אם קדיש וקדושה וברכו, ומה דצריך עשרה בנ"כ, הוא משום דילפינן גז"ש, דכתיב: כה תברכו את בני ישראל, ולהלן כתיב: ונקדשתי בתוך בני ישראל, **ואפי'** לדידיה רק אסמכתא הוי ומדרבנן).

(**ואפי'** אם בעת שהתחיל הש"ץ לחזור התפלה היו עשרה בביהכ"נ, ואח"כ יצאו, דקי"ל לעיל בסימן נ"ה ס"ב, דגומרין כל התפלה, אפ"ה אסור לישא כפים, שהוא ענין בפני עצמו, אלא שקבעוהו חכמים בתפלה, **ואם** התחילו הנשיאת כפים בעשרה ויצאו מקצתן, גומרין).

והכהנים מהמנין - לפי שהכהנים ג"כ בכלל ברכה, מדכתיב: ואני אברכם, כלומר לכהנים, **ואפי'** אם רובם כהנים, ג"כ שפיר דמי, כיון דיש עכ"פ ישראל אחד שיענה אמן אחר הברכת כהנים, **וביהכ"נ** שכולה כהנים, עיין לקמן בסכ"ה.

ואין קורין בתורה

סימן קמג ס"א - [יב]אין קורין בתורה בפחות מעשרה - דהוא דבר שבקדושה ואינו בפחות מי', דכתיב: ונקדשתי בתוך בני ישראל, ואתיא בגז"ש ד"תוך" "תוך", כתיב הכא: בתוך בני ישראל, וכתיב התם: הבדלו מתוך העדה הזאת, ואין עדה פחותה מעשרה.

גדולים - לאפוקי קטנים שהם פחותים מי"ג ויום אחד, אע"ג דקטן משלים למנין שבעה, כדלקמן בסימן רפ"ב ס"ג, מ"מ אינו משלים לעשרה. **בני חורין** - לאפוקי עבדים.

ואם [יג]התחילו בעשרה ויצאו מקצתן, גומרין - היינו בחול כל הג', וביו"ט ה', ובשבת כל הז' קרואים, אבל לא יוסיפו ע"ז, ואומרים

באר הגולה

ז שם במשנה | ח שם במשנה | ט מס' סופרים ור"מ מה"ת | י תלמידי רש"י בשמו (בתוד"ה ואין) והאגור בשם סמ"ק ורוקח ומס' סופרים

יא מגילה כ"ג | יב מגילה כ"ג | יג ירושלמי שם

קדיש שאחר הקריאה, (**והוא** מהמ"א בשם הכסף משנה, **ואחריו נמשכו** כל האחרונים, **אכן** באשכול מצאתי שכתב להיפוך, דאותו שהתחיל לברך קורא וגומר ומברך, אע"פ שבינתים יצאו מקצתן, כיון שהתחיל בי', אבל אחרים שוב אין מברכין בתורה, כיון דאין כאן י', עכ"ל, **וצ"ע**).

אבל למפטיר לא יקרא, דהוא ענין אחר ולא נגרר בתר קריאת התורה, וכ"ש שלא יפטיר אח"כ בנביא, **ויש** שכתבו שמ"מ טוב לומר הפטרה בנביא בלא ברכותיה.

ואם התחיל רק "ברכו" לבד, לא הוי התחלה בזה.

ובהפטרה נמי דינא הכי, דאם התחילו ברכות של הפטרה בעשרה ויצאו מקצתן, גומרין לומר ההפטרה עם ברכותיה שאחר כך, [**ולאפוקי** אם עדיין לא התחילו הברכות, אף שקרא בתורה למפטיר, וברך לאחריה בי', ויצאו אח"כ מקצתן, לא יאמר הברכות כלל, רק יקרא לההפטרה בלא הברכות].

ויצאו מקצתן - ובנשתיירו רובן, דהיינו ששה, סגי, ולא בעינן רובא דמנכר, **ועל** היוצאין נאמר: ועוזבי ה' יכלו, ואף בין גברא לגברא אסור, **וכי** מותר לצאת בין גברא לגברא, היינו דוקא בנשארו עשרה.

אות ז'

ואין מפטירין בנביא

רמב"ם פ"ח מהל' תפילה ה"ד - וכן אין אומרים קדושה, ולא קוראין בתורה ומברכין לפניה ולאחריה, ולא מפטירין בנביאים, אלא בעשרה.

אות ח'

ואין עושין מעמד ומושב

טור יו"ד סימן שעו - ואין פוחתים משבעה מעמדות ומושבות למת, כנגד: הבל הבלים אמר קהלת הבל הבלים הכל הבל, ואין עושין מעמד בפחות מעשרה.

אות ט'

ותנחומי אבלים

טור יו"ד סימן שעו - אין שורה בפחות מי'.

אות י'

וברכת חתנים

אה"ע סימן [יד]סב ס"ד - אין מברכין ברכת חתנים, אלא בעשרה גדולים ובני חורין, וחתן מן המנין; בין כשאומרים אותה בשעת נשואין, בין כשאומרים אותה אחר ברכת המזון; אבל כשאין אומרים אחר ברכת המזון אלא ברכת "אשר ברא", אינו צריך עשרה. (ומ"מ ג' בעינן) (הר"ן פ"ק דכתובות).

אות כ'

ואין מזמנין בשם פחות מעשרה

סימן קצב ס"א - ואם הם עשרה, צריך להזכיר את השם, שאומר: נברך אלהינו וכו', והם עונים ואומרים: ברוך אלהינו וכו'.

אות ל' – מ'

ובקרקעות, תשעה וכהן

ואדם כיוצא בהן

רמב"ם פ"ח מהל' ערכין ה"ב - אין פודין את ההקדשות אלא בג' בקיאין; וכן כשגובין מטלטלין שממשכנין מחייבי ערכין, שמין אותן בג'; וכשמעריכין בהמה וכיוצא בה משאר מטלטלין, שמין אותה בשלשה; אבל כשמעריכין את הקרקעות, או אם הוזקקו לגבות ערכי אדם מן הקרקע שלו, אין מעריכין אותן אלא בעשרה, ואחד מהן כהן, שהרי כהן כתוב בפרשה; וכן האומר: דמי עלי, או דמי פלוני עלי, או דמי ידי או רגלי עלי, כששמין אותו כמה הוא שוה, או כמה דמי ידו או רגלו, ששמין בעשרה ואחד מהן כהן.

אות נ'

כל דבר שבקדושה לא יהא פחות מעשרה

סימן סט ס"א - [טו]ואין עושין דברים אלו - ‹פריסת שמע ולעבור לפני התיבה›, **בפחות מי', משום דהוי דברים שבקדושה.**

אות ס'

ברכת אבלים בעשרה, ואין אבלים מן המנין

טור יו"ד סימן [טז]שעו - עיין לעיל אות ט'.

[יז]טור יו"ד סימן שעט - וגאון אחד אומר, אומרים ברכת אבלים בברכת המזון בין ביחיד בין בג' בין בי', והאבל מן המנין; [יח][ושאמרו חכמים אין אבלים מן המנין, אברכת רחבה ושורה אמרו]; והאידנא לית לן לא ברכת שורה ולא ברכת רחבה, אלא "הטוב והמטיב דיין אמת".

באר הגולה

יד ‹ומש"כ בהעין משפט "סי' סא", הוא ט"ס› טו **שם במשנה** טז ‹צ"ע, דהתם איירי בשורה ולא בברכת רחבה, וגם דלא איירי אם האבלים מן המנין, דע"ז קאי הציון› יז ‹הוספה, וכפי גירסת הב"י› יח ‹ע"פ גירסת הב"י›

אות ע'

ברכת חתנים בעשרה, וחתנים מן המנין

אה"ע סי' [יט]סב ס"ד - אין מברכין ברכת חתנים, אלא בעשרה גדולים ובני חורין, וחתן מן המנין.

אות פ'

האומר דמי עלי, שמין אותו כעבד

רמב"ם פ"ח מהל' ערכין ה"ב - וכן האומר דמי עלי, או דמי פלוני עלי, או דמי ידי או רגלי עלי, כששמין אותו כמה הוא שוה, או כמה דמי ידו או רגלו, ששמין בי', וא' מהן כהן.

אות צ'

הקורא בתורה לא יפחות משלשה פסוקים

סימן קלז ס"ב - [כ]אין קורין עם כל אחד פחות מג' פסוקים.

אות ק'

ולא יקרא למתורגמן יותר מפסוק אחד

סימן קמה ס"א - [כא]בימי חכמי הגמרא היו נוהגים לתרגם - בלשון תרגום, כי לשונם היה ארמית, **כדי שיבינו העם.**

אין הקורא רשאי לקרות לתורגמן יותר מפסוק אחד, ואין המתרגם רשאי לתרגם עד שיכלה הפסוק מפי הקורא; ואין הקורא רשאי לקרות פסוק אחר, עד שיכלה התרגום מפי המתרגם - והכל כדי שלא יתבלבלו הצבור, ויוכלו לשמוע כל הפרשה ככתבה מפי הקורא, ואח"כ יבינו כל פירושה מפי המתרגם.

ואין הקורא רשאי להגביה קולו יותר מהמתרגם, ולא המתרגם יותר מהקורא - דכתיב: משה ידבר והאלהים יעננו בקול, והאי "בקול" היינו בקולו של משה.

---

§ מסכת מגילה דף כד. §

אות א'

ובנביא שלשה; היו שלשתן שלש פרשיות, קורין אחד אחד

רמב"ם פי"ב מהל' תפילה הי"ד - הקורא בנביא יש לו לקרות לתורגמן שלשה פסוקים, והמתרגם מתרגם שלשתן זה אחר זה; ואם היו שלשה הפסוקים שלש פרשיות, לא יקרא לתורגמן אלא אחד אחד בלבד - וכתב הר"ן ז"ל, דלאו דוקא ג' פרשיות, דהוא הדין לשלשה ענינים חלוקים - כס"מ.

אות ב' - ג'

מדלגין בנביא ואין מדלגין בתורה; ועד כמה הוא מדלג, עד כדי שלא יפסוק המתורגמן

אין מדלגין מנביא לנביא, ובנביא של שנים עשר מדלג, ובלבד שלא ידלג מסוף הספר לתחילתו

סימן קמד ס"א - [א]מדלגין בנביא - היינו לפי מה שידוע, דמדינא אין על הפטרה בנביא פסוקים מיוחדים, רק שצריך להיות מעין הסדרא, **ואשמועינן** דמותר להמפטיר בנביא לדלג מפרשה זו לפרשה אחרת, **וכן** המנהג בכמה הפטרות, שמוסיפין להם פסוקים מפרשיות אחרות. **ואין מדלגין בתורה מפרשה זו לפרשה אחרת** - היינו בשני וחמישי, דצריך מדינא לקרוא רק י' פסוקים לתלתא גברי, או ביו"ט דצריך לקרות ה' גברי, אין לקרותם לכתחלה בדלוג רק כסדר, [**דבשחרית** בשבת לא שייך האי דינא, דהא צריך לקרות כל הסדר, **ואולי** שייך גם על שחרית, שלא ידלג איזה פסוקים אפי' ע"מ לחזור ולהשלימם אח"כ].

וה"מ בשתי ענינים, דחיישינן שמא תתבלבל דעת השומעים - לפי שד"ת דברי אזהרות ועונשין ומצות, וצריך שיכנסו בלב השומעים, וכשאדם יוצא משיטה לשיטה אינו נוח להתבונן, משא"כ בנביאים, [רש"י יומא ס"ט:].

אבל בחד ענינא, כגון: "אחרי מות" ו"אך בעשור" שכהן גדול קורא ביום הכפורים, מדלגין - ר"ל אע"פ שיש הפסק רב ביניהן, שזה בפרשת "אחרי", וזה בפרשת "אמור", אפ"ה כיון דתרווייהו מענין יוה"כ, מותר לדלג ולקרותם יחד, **וה"ה** מה שנוהגין בת"צ, כשקורין "ויחל" בפרשת תשא, שמדלגין ל"פסל לך", והיינו ג"כ מטעם שהם ענין אחד, [**והפמ"ג** כתב עוד טעם, משום דהוא תרי גברי, ולא ידעתי מנ"ל דבתרי גברי מותר לדלג בשני ענינים].

והוא שלא יקרא על פה, שאסור לקרות שלא מן הכתב אפי' תיבה אחת - ר"ל דלכך התירו לדלג ולגלול הספר להפרשה השניה, אף דהוא מנכר מילתא, כדי שלא יבוא לקרוא השניה בע"פ, וזה אסור, [**דאל"ה** מה שיאטה דוקא הכא].

ובנביא מדלגין אפי' בשני ענינים, והוא שלא ישהה בדילוג בענין שיעמדו הציבור בשתיקה - בזמניהם היו רגילין לתרגם בין פסוק לפסוק, ואשמועינן שיהיו קרובים הענינים זה לזה כ"כ, עד שלא ישהא הדלוג יותר מכדי שיפסוק התורגמן, שאין כבוד לצבור שיעמדו בשתיקה וימתינו.

<המשך ההלכות בעמוד הבא>

באר הגולה

יט ‹ומש"כ בהעין משפט "סי' סא", הוא ט"ס› | כ **שם בגמ'** (מגילה כ"א) ‹הגם דהכא יש משנה מפורשת דצריך ג' פסוקים, והתם הוי רק משמעות, לכאורה עיקר כוונתו לענין כל מי שקורא ד' משובחות, להלן בהסעיף, דזה נמצא שם› | כא מגילה כ"ג | א מגילה כ"ד יומא ס"ט

ובנביא שלשה היו שלשתן שלש פרשיות קורין אחד אחד מדלגין בנביא ואין מדלגין בתורה ועד כמה הוא מדלג עד כדי שלא יפסוק המתורגמן: **גמ'** הני ג' פסוקין כנגד מי אמר רב אסי כנגד תורה נביאים וכתובים ולא יקרא למתורגמן יותר מפסוק אחד ובנביא ג' פסוקים ואם היו שלשתן שלש פרשיות קורא אחד אחד כגון כי כה אמר ה' חנם נמכרתם כי כה אמר ה' אלהים מצרים ירד עמי בראשונה ועתה מה לי פה נאם ה': מדלגין בנביא ואין מדלגין בתורה: ורמינהי קורא אחרי מות ואך בעשור והא קא מדלג אמר אביי לא קשיא כאן בכדי שיפסוק התורגמן וכאן בכדי שלא יפסוק התורגמן והא עלה קתני מדלגין בנביא ואין מדלגין בתורה ועד כמה הוא מדלג עד כדי שלא יפסוק התורגמן מכלל דבתורה כלל כלל לא אלא אמר אביי לא קשיא כאן בענין אחד כאן בשתי ענינות והתניא מדלגין בתורה בענין אחד ובנביא בשני ענינין כאן וכאן בכדי שלא יפסוק התורגמן תניא אידך אין מדלגין מנביא לנביא ובנביא של שנים עשר מדלג ובלבד שלא ידלג מסוף הספר לתחלתו: **מתני'** המפטיר בנביא הוא פורס על שמע והוא עובר לפני התיבה והוא נושא את כפיו ואם היה קטן אביו או רבו עוברין על ידו קטן קורא בתורה ומתרגם אבל אינו פורס על שמע ואינו עובר לפני התיבה ואינו נושא את כפיו פוחח פורס את שמע ומתרגם אבל אינו קורא בתורה ואינו עובר לפני התיבה ואינו נושא את כפיו סומא פורס את שמע ומתרגם רבי יהודה אומר כל שלא ראה מאורות מימיו אינו פורס על שמע: **גמ'** מ"ט רב פפא אמר משום כבוד רבה בר שימי אמר משום דאתי לאינצויי מאי בינייהו איכא בינייהו דעביד בחנם תנן ואם היה קטן אביו או רבו עוברין על ידו אי אמרת משום (א) נצויי קטן בר נצויי הוא אלא מאי משום כבוד קטן בר כבוד הוא אלא איכא כבוד אביו וכבוד רבו הכא

רש"י

ובנביא שלשה. אם ירצה ולא איכפת לן אם יטעה דלא נפקא מיניה הוראה: **ואם היו שלשתן כו'.** בגמ' מפרש היכא משכחת לה דטפין: **מדלגין בנביא.** מפרשה לפרשה: **ואין מדלגין בתורה.** שהשומע את הקופץ ממקום למקום אין לבו מיושב לשמוע: **ועד כמה הוא מדלג.** בנביא: **שלא יפסוק המתורגמן.** אלא ידלג ממקום שהוא קורא אלא כדי שיוכל לגול את הספר ולקרות במקום הדילוג קודם שיגמור התורגמן תרגום המקרא שידלג זה משום שאין כבוד לצבור לעמוד שם בשתיקה: **גמ' קורא.** כהן גדול אחרי מות ביום הכפורים משנה היא במסכת יומא ואך בעשור לחודש ויש כאן דילוג דפרשת אך בעשור לחדש השביעי בפרשת אמור אל הכהנים: **כאן כדי שלא יפסוק המתורגמן.** והאי בכדי שלא יפסוק הוא שהרי סמוכין הן: **והא קתני.** גרסינן ולא גרסינן עלה: **בענין אחד.** שעניהן מדברין בדבר אחד ואין כאן טירוף הדעת הלכך כי לא מפסיק תורגמן מדלג שהרי שניהן בענין יוה"כ מדברים ומתני' דקתני כלל לא בשני ענינים כגון מפרשת נגעים לפרשת זבין: **והתניא.** בניחותא: **אין מדלגין מנביא לנביא.** שיש כאן טירוף יותר מדאי: **מסוף ספר לתחילתו.** למפרע: **מתני' המפטיר בנביא.** מי שרגיל להפטיר בנביא הקטן חכמים שיהא פורס את שמע: **הוא עובר לפני התיבה.** להוציא את הצבור בקדושה שבתפלה: **על ידו.** בשבילו: **קטן אינו פורס על שמע.** לפי שהוא בא להוציא רבים ידי חובתן וכיון שאינו מחויב בדבר אינו מוציא אחרים ידי חובתן: **ואינו נושא את כפיו.** אם כהן הוא שאין כבוד של צבור להיות כפופין לברכתו: **פוחח.** (ג) במס' סופרים מפרש כל שכרעיו נראין ערום ויחף מתרגם ערטילאי ופחח (ישעיה כ): **פורס את שמע.** דהא מחויב בברכה: **אבל אינו קורא בתורה.** משום כבוד תורה וכן לפני התיבה וכן בנשיאות כפים גנאי הוא לצבור: **גמ' משום כבוד.** להעביר לפני התיבה הואיל וממנה עצמו לדבר שאינו כבודו תיקנו לו זו לכבוד: **משום אינצויי.** הדבר בא לידי מחלוקת אני מפטיר ואתה תעבור לפני התיבה: **דקא עביד בחנם.** הבא לעבור לפני התיבה אינו נוטל שכר דהכא

תוספות

ובנביא שלשה. ועכשיו אין אנו מקרין למתורגמן אפילו בנביא אלא פסוק אחד שלא יבא לטעות רק בתחילת ההפטרה אנו מקרין ג' למתורגמן להודיע כי כן הדין אי לאו דחיישינן שיטעה: **ואם** היו שלשתן של שלש פרשיות קורין אחד אחד. קשיא על מה שאנו מתרגמין ויאמר יהושע אל העם התקדשו (יהושע ג) ויש שם ג' פסוקים עד בעת ההיא ומקרין אותן למתרגם שלשתן ביחד ואע"פ שיש פרשה בסוף שני פסוקים והא שאנו מתרגמין הפטרות של פסח ועצרת טפי משאר י"ט לפי שהן מדברות בנס היום כדי לפרסם הנס וכן במתן תורה כדי לפרסם הנס: **אבל** אינו פורס על שמע. ואפילו לרבי יהודה דמכשיר ליה במגילה לעיל (דף יט:) (ג) הכא מודה שלא יוציא אחרים ידי חובתן בדבר שבקדושה משום דבקטן איכא ב' דרבנן כדפרישית לעיל לרבנן דרבי יהודה אבל במגילה יש להקל לפי שטף ונשים היו בספק דלהרוג ולהשמיד לפיכך עשאו רבי יהודה כגדול: **פוחח.** (ד) ערום ויחף פ"ה מתרגמינן ערטילאי ופחי וליתא *דפחי הוא תרגום של ערום וכן פירש רב אלפס דפחי זהו אותו שלבוש בגדים קרועין והכי נמי משמע פרק קמא דמס' קידושין*: **ואינו** עובר לפני התיבה. קשה מאי איריא קטן אפילו גדול נמי אינו עובר לפני התיבה אא"כ נתמלא זקנו כדתניא סוף פ"ק דחולין (דף כד: ושם) נתמלא זקנו ראוי לעשות שליח צבור ולירד לפני התיבה אבל בענין אחר לא וי"ל דהתם מיירי בתענית צבור כדתנן בתענית (דף טז:) דאין מורידין לפני התיבה אלא זקן ורגיל (*ומי שנתמלא זקנו) ומי שטפולו מרובה והא דקתני התם גבי נתמלא זקנו ראוי לעשות ש"ץ היינו להיות ש"ץ בקביעות אבל באקראי בעלמא יכול להיות משהביא ב' שערות ולא כמו שפירש רש"י שם דפירש דמיירי לתקיעת שופר ולהמנות פרנס על הצבור ולהלקות ולנדות: **ואין** נושא כפיו. משמע הא אם הביא ב' שערות ישא כפיו וקשה דהא סוף פ"ק דחולין (דף כד: ושם) אמר דאין נושא את כפיו עד שיתמלא זקנו ועוד קשה דמשמע סוף פרק לולב הגזול (סוכה דף מב.) קטן היודע לישא את כפיו חולקין לו תרומה בגורן ואפילו קטן ממש וי"ל דההיא דלולב הגזול מיירי עם כהנים גדולים ללמוד ולהתחנך והא דפסלינן הכא קטן מיירי בשאין גדולים עמו וההיא דחולין דבעי מלוי זקן מיירי לישא כפיו תדיר בקביעות אבל באקראי בעלמא יכול הוא לישא כפיו אע"פ שלא נתמלא זקנו כדי לאחזוקי נפשיה בכהני: (וע"ע תוס' יבמות לט: ד"ה ואלו): **מי** שלא ראה מאורות לא יפרוס על שמע. קשה דהא רבי יהודה הוא דאמר פרק החובל (ב"ק דף פז. ושם) סומא פטור מכל המצות וא"כ אי איירי הכא בסומא אפילו ראה מאורות ונסתם נמי ומפרש בירושלמי דלא מיירי בסומא ממש אלא מיירי שהוא בבית אפל ועוד י"ל דמיירי שפיר בסומא והא דפטרינן התם סומא היינו מן התורה *אבל מדרבנן מיהא חייב ואפילו נסתמא משנולד מ"מ חייב הוא מדרבנן שלא יהא כנכרי ולא יהא נוהג בו דת יהודי כלל דלא דמי לנשים דפטורים ממצות עשה שהזמן גרמא אפילו מאותן שאינן אלא מדרבנן שהרי בנר חנוכה ובארבע כוסות ובמקרא מגילה דלא הוו אלא מדרבנן לא מחייבי אלא לפי שאף הן היו באותו הנס התם הייטו טעמא שאפילו נפטור אותן מכל מצות עשה שהזמן גרמא מ"מ עדיין יש להן מצות רבות אבל סומא אם נפטור אותו מכל מצות אפי' מאותן שאינן אלא מדרבנן א"כ יהא חשוב כנכרי ואע"ג דפירש' לעיל דקטן דאית (ה) תרי מדרבנן שהוא קטן ופריסת שמע דלא הוי אלא מדרבנן אין יכול להוציא אחרים גדולים דליכא אלא חד דרבנן פריסת שמע *אפ"ה סומא שיש בו תרי מדרבנן יוציא שפיר האחרים דכיון שהוא גדול ובר דעת עדיף טפי מקטן:[וע"ע תוס' עירובין צו. ד"ה דילמא וכו' ותוס' לעיל יט: ד"ה ור"י מכשיר]

כשאלה

[כוונת התוספות דליתא כן בתרגום אלא דמתרגם על ערום ויחף פחח ויחף וכן האמת בתרגום שלפנינו וכן איתא ברש"י ישעיה על פסוק ערום ויחף פחח]

עין משפט נר מצוה

ס א מיי' פי"ב מהל' תפלה הלכה יד:

סא ב ג מיי' שם הלכה יג סמג עשין יט טוש"ע א"ח סי' קמד סעיף א:

סב ד מיי' פ"ח מהל' תפלה הלכה יא טוש"ע א"ח סי' נג סעיף ו:

סג ה מיי' פט"ו שם הלכה ד טוש"ע א"ח סי' קכח סעיף לד:

סד ו מיי' פ"ח שם הלכה יב:

סה ז מיי' שם טוש"ע א"ח סי' נג סעיף יג:

סו ח מיי' שם טוש"ע א"ח סי' סט סעיף ב:

רבינו חננאל

הקורא בתורה לא יפחות לו מג' פסוקים כנגד תורה נביאים וכתובים ולא יקרא לתורגמן בתורה יותר מפסוק אחד ובנביא ג' ואם היו שלשתן ג' פרשיות כגון כי כה אמר ה' חנם נמכרתם כי כה אמר ה' מצרים ירד עמי בראשונה ועתה מה לי פה כגון אלו קורין א' א'. מדלגין בתורה בענין אחד כגון אחרי מות ואך בעשור אע"פ שהן מרוחקין זה מזה כיון שהן ענין אחד מדלגין ובנביא אפילו בב' ענינות. וכאן וכאן כדי שלא יפסיק התורגמן. פי' משעה שיפסיק עד שיכרוך הספר ויגיע למקום שרוצה לקרות שיעור שישלים המתרגם הפסוק שמתרגם לא יותר. ואין מדלגין מנביא לנביא כגון מישעיה לירמיה וכיוצא בו ובנביא של י"ב והוא ספר תרי עשר מדלגין מנביא לנביא ובלבד שלא ידלג מסוף הספר לתחלתו שהוא למפרע. המפטיר בנביא הוא פורס את שמע והוא עובר לפני התיבה ואם הוא כהן הוא נושא את כפיו. מ"ט. רב פפא אמר משום כבוד. רבא בר שימי א' משום אינצויי כלומר חיישינן דלמא אתו למימר אני מפטיר וזה פורס על שמע. וכי זה גדול ממני ליקח שכר. הלכך התקינו להיות המפטיר פורס על שמע עובר לפני התיבה כו'. *)ואין עושין בחנם אלא משום כבוד. אבל לא מינצו אלא במקום שהפורס על שמע העובר לפני התיבה נוטל שכר ואם היה המפטיר קטן שאינו ראוי לעבור לפני התיבה ולא לפרוס על שמע אביו או רבו עוברין על ידו דאי לאו הכי אתי רבו לאינצויי. קטן

*) נראה דחסר כאן ואם עושין בחנם אינו אלא משום כבוד כו'.

הגהות הב"ח

(ג) בדף זה בע"ב על כן כתב מסכת סופרים דפוחח דהכא כל שכרעיו נראין דהיינו דאין לו בתי שוקים דזה נמי נקרא פוחח שהולך יחף לגמרי שאין לו אף בתי שוקים ומש"ה פי' רש"י בסמוך דאית ביה משום ולא יראה בך ערות דבר דכיון דאין לו כלל בתי שוקים אית ביה איסור דראיית ערוה אבל כהולך מנעליו ואית ליה בתי שוקים אע"ג דיחף הוא לית ביה איסור דראיית ערוה ולא כזה קמיבעי ליה מידי בקטן: (ג) תוס' ד"ה אבל וכו' במגילה לעיל דף יט. נ"ב ע"ש בתוס' בד"ה ור' יהודה: (ד) ד"ה פוחח. פ"ה ערום ויחף מתרגמינן ערטילאי ופחח וליתא דפחח הוא תרגום וכו' רב אלפס דפוחח זהו אותו וכו' פרק י"ד דמסכת סופרים הס"ד. וכ"ב וז"ל שם הלכה זו פוחח הנראים כרעיו או בגדיו פרומים או מי שראשו מגולה פורס את שמע ע"כ וכבר כתבתי כבר"י דפוחח כשאין לו בתי שוקים ולא יחף: (ה) ד"ה מי שלא וכו' לעיל דקטן דאית ביה תרתי מדרבנן שהוא קטן ופריסת שמע נמי דלא הוי וכו' סומא שיש בו תרי מדרבנן מוציא שפיר:

גליון הש"ס גמ' א"ר אסי כנגד תורה. עי' מ"ר פ' ... תוס' ד"ה מי שלא וכו' אבל מדרבנן מיהא חייב. באה"ד אפ"ה סומא שיש בו תרי מדרבנן. עי' לעיל דף יט ע"ב תוס' ד"ה ור' יהודה:

והני מילי בנביא אחד, אבל מנביא לנביא אין מדלגין - דאיכא טירוף הדעת ביותר מדאי, ‹כיון שיש בזה שהיה מרובה – פמ"ג, ודוקא בשני ענינים, אבל בענין אחד מדלגין›.

ובתרי עשר מדלגין מנביא לנביא - שהם חשובים כנביא אחד לענין זה, מפני שהם קצרים, ‹ולית שהיה כ"כ – פמ"ג›.

ובלבד שלא ידלג מסוף הספר לתחלתו - ר"ל לצד תחלתו שהוא למפרע, ואפילו הם סמוכים זה לזה, [דאילו לתחילתו ממש, אפי' מתחילתו לסופו נמי לא, דהא איכא בכדי שיפסיק התורגמן].

והנה יש דעות בין הפוסקים, י"א דדוקא מנביא לנביא אין מדלגין בזה, [ואפי' בענין אחד], ואפילו בנביא של תרי עשר, **אבל** בנביא אחד מדלגין אפילו למפרע, אם הם סמוכין ולא יצטרכו הצבור לעמוד בשתיקה, **והמ"א** מצדד וכן פסק בא"ר, דאפילו בנביא אחד אין לדלג למפרע, **ועיין** בפמ"ג שמצדד, דבענין אחד בנביא אחד מותר לקרות למפרע.

וכתבו הפוסקים, דבזמנינו שאין רגילין לתרגם, נמי שרי ‹לדלג›, כיון שכל ההפטרות כתובים בזמנינו בקונטרס בפני עצמן, או בחומשין, הלא יכול לסמן ולחפש מהר כל הפסוקים השייכים להפטרה זו, ולא יהיו הצבור צריכין לעמוד בשתיקה עי"ז, ולכן שרי, **ומטעם** זה מותר בזמנינו אפי' כשהפסוקים הם מב' נביאים, ואפי' רחוקים זה מזה הרבה.

אות ג*[ב]

סימן קמד ס"ב - [ג]נוהגין בשבת שיש בו חתן, לומר אחר הפטרת השבוע, שנים או שלשה פסוקים מהפטרת "שוש אשיש"; וכשחל ר"ח בשבת וביום א', אחר שמפטירין ההפטרה בשבת, אומרים פסוק ראשון ופסוק אחרון מהפטרת "ויאמר לו יהונתן מחר חודש" - לזכר שלמחר הוא ר"ח, **ואין למחות בידם** - וטעם המנהג, אף דכמה פעמים מתרמי שהוא מנביא לנביא, משום דבימי התלמוד היו כל הספרים נכתבין בגליון, והיו צריכין לשהות בגלילה, אבל לדידן שההפטרות נכתבין בקונטרסים או בחומשין, הלא יכול לעשות סימן שימצא מהר.

(וע"ל סי' תכ"ה סעיף ב', ובסוף סי' תכ"ח, היאך נוהגין) - היינו דשם נתבאר, דכהיום אין נוהגין לדלג מנביא לנביא כלל.

(הפטרה, יש אומרים שהוא מלשון "אין מפטירין אחר הפסח", שענינו סילוק, כלומר סילוק תפלת שחרית).

סימן קמד ס"ג - [ד]אין גוללין ס"ת בצבור, מפני כבוד הצבור - שיהו מצפין ודוממין לכך, **ובשבת** שקורין בשני ס"ת, יכולין לגלול אחת בעוד שקוראין הראשונה, **ויותר** טוב כמו שנוהגין עתה, שגוללין ומחפשין בעת שאומרים הקהל פסוקי דזמרה, וכמו שכתב בד"מ, [משום בלבול הדעת].

[ה]ואם אין להם אלא ס"ת אחד, והם צריכים לקרות בשני ענינים - כגון בשבת של ר"ח, או ביו"ט מפני המפטיר, **גוללין, וידחה כבוד הצבור** - ר"ל ולא אמרינן דמשום זה יקרא פרשה של המפטיר בע"פ, או בחומש, דמסתמא הצבור מוחלין על כבודם כדי לקיים קריאת המפטיר כדין.

סימן קמד ס"ד - [ו]אין קורין לאדם א' בשני ספרי תורה, משום פגמו של ראשון, (פי' שנראה כפוגם ומטיל דופי בראשון) - בין בענין א' ובין בשני ענינים, כגון בשבת ר"ח או ביו"ט, דדינא הוא שקורין למפטיר בספר אחר הנגלל מכבר ומוכן לאותו מקום, כדי שלא יצטרכו לגלול בצבור את הספר ראשון, וכנ"ל בס"ג, **אין** לקרות למי שעלה באחרונה, שיעלה הוא ג"כ למפטיר בספר השני, אפי' אין שם אחר שיודע להפטיר, דנראה כמטיל דופי בס"ת ראשונה, מפני שהיא חסרה או שאר פסול, **אלא** יגללו הס"ת ראשונה עד שיגיעו לשם.

‹**ופשוט** דדוקא כשהקריאה היתה תכופה, אבל מי שעלה לס"ת בביהכ"נ במנין ראשון, מותר לעלות עוד בבה"כ במנין שני, אפי' בס"ת אחרת, דהו"ל קריאה חדשה›.

ואם ירצו לקרות למפטיר מהקרואים שקודם האחרון, המ"א מתיר, דאין שייך פגם אלא כשקורא בשניהם זה אחר זה, דיאמרו: למה לא קרא בראשון, אלא שחסר הפרשה בו, אבל כשהפסיק בינתים באיש אחר, הו"ל עתה כקורא מחדש, **והב"ח** אוסר, וכן מצדד הא"ר לדינא, מטעם דאכתי יאמרו דנודע עתה פסולו של הספר ראשון, ולכך קרא באחרת, **ואך** בשמחת תורה מצדד הא"ר דיש להקל בזה כהמ"א, דמותר לקרות לחתן בראשית מי שעלה כבר בס"ת ראשונה, מחמת דיש לו עוד סניפים להתיר שם.

אבל שלשה גברי בשלשה ספרים, כגון: ר"ח טבת שחל להיות בשבת - שאחד קורא בענינו של יום, והשני בשל ראש חודש, והשלישי בשל חנוכה למפטיר, **ליכא משום פגם** - אפי' בענין אחד. **וה"ה** תרי גברי בתרי ספרים. **ואם** ירצה הראשון מהשלשה לקרות בס"ת שלישית למפטיר, תליא בפלוגתת הב"ח ומ"א שכתבתי מתחלה.

אות ד*[ז]

קטן קורא בתורה ומתרגם

סימן קמה ס"ב - [ח]קטן מתרגם על ידי גדול, אבל אינו כבוד לגדול שיתרגם על ידי קטן.

באר הגולה

[ב] ‹מילואים› [ג] ב"י והטעם מבואר שם [ד] יומא ע' [ה] הריטב"א שם ובהגהות מרדכי דגיטין [ו] יומא שם [ז] ‹ע"פ הבאר הגולה, ואע"פ שמשמע ממנו שהוא בדף כ"ג, לכאורה צ"ל דף כ"ד. והוא לשון התוספתא והביאו הרי"ף. **ולענין** קטן קורא בתורה, עיין לעיל דף כ"ג. אות ד'› [ח] שם (כ"ג)

אות ד'

אבל אינו פורס על שמע ואינו עובר לפני התיבה

סימן נג ס"ו - אין ממנין אלא מי שנתמלא זקנו, מפני כבוד הציבור - ואין הצבור יכולים למחול על כבודם בזה.

אבל באקראי, משהביא שתי שערות יוכל לירד לפני התיבה - ר"ל אחר שהגיע לי"ג שנה, דקודם לא מהני השערות, **ועיין** במ"א שכתב, דמסתמא אין צריך לבדוק אחר השערות בזה, דבדבר דרבנן אזלינן בתר רובא שמביאין ב' שערות באותו הזמן, **ועיין** בפמ"ג שכתב, דלהרמב"ם דסובר תפלה דאורייתא, יהיה אסור להש"ץ הזה להוציא ידי אחרים בתפלה, עד שנדע בודאי שהביא ב' שערות.

(**עיין בר"ן שכתב, דמותר באקראי דוקא בשאין שם אלא הוא, ושארי ראשונים לא הזכירו דבר מזה**).

כ"ז בשאר ימות השנה, אבל בתעניות ובר"ה ויוה"כ, אפילו באקראי אין מורידין למי שלא נתמלא זקנו, **וגם** בזה אין להקל אפילו ע"י מחילת הצבור.

ובלבד שלא יתמנה מפי הצבור, או מפי ש"ץ הממנה אותו להקל מעליו, להתפלל בעדו לעתים ידועים

יש למנוע לקטן שלא יפרוס על שמע, **ומיהו** כל שהגיע לי"ג שנים, אין מדקדקין אם הביא שתי שערות, דברכות ק"ש רבנן - מ"ב סי' סט.

אות ה'

ואינו נושא את כפיו

סימן קכח סל"ד - קטן שלא הביא שתי שערות, אינו נושא את כפיו בפני עצמו כלל - אפי' באקראי, שאין כבוד צבור להיות כפופין לברכת קטן.

ואם נעשה בן י"ג שנה ויום אחד, תלינן לענין זה שמסתמא הביא ב' שערות, וכעין שפסק הרמ"א לעיל בסי' נ"ה בס"ה בהג"ה.

(**ננס לא ישא כפיו לבדו, אפילו דש בעירו, ומטעם שלא יאמרו קטן נושא כפיו, דחיישינן שמא יש כאן אנשים שאין מכירין אותו, ויאמרו קטן נושא כפיו, אבל אם יש לו זקן, זקנו מוכחת עליו**).

אבל עם כהנים שהם גדולים, נושא, ללמוד ולהתחנך - (**עיין** בע"ת שכתב, דר"ל שאז מותר אפילו בקבע).

ומטעם זה רשאי לברך ג"כ - מ"א, וכ"כ הרדב"ז, **וחינוך** זה אינו כשאר זמני החנוך שהוא כבר חמש כבר שית, כי אם בשיודע לישא כפיו כמנהגי הכהנים.

ומי שהביא שתי שערות, נושא את כפיו אפילו בפני עצמו, ומיהו דוקא באקראי בעלמא ולא בקביעות - גם זה הוא מטעם כבוד הצבור, שאין כבודם שיברכם תמיד בקבע וביחידי, איש שלא נתמלא עדיין זקנו, (**אבל עם אחרים מותר אפילו בקבע**).

ובמדינתנו שאין נושאין כפים אלא ביו"ט, מותר לישא כפיו בכל רגל אפילו בפני עצמו, כדי לאחזוקי נפשיה בכהני, דלא מקרי זה אלא אקראי.

(עיין בתוס' סוכה, דמשמע דיו"כ ובשאר תעניות שמרבים ברחמים, אפילו אקראי חשיב כמו קבע, **ולפלא** שלא הביאו האחרונים, וצ"ע למעשה).

(**כתב העי"ת**, נראה דאם אין כהן אחר אלא זה שעדיין לא נתמלא זקנו, אם הוא מבן י"ג שנה ויום אחד, נושא את כפיו אפילו בקביעות, דומיא מה שמבואר לענין ש"ץ בסימן נ"ג ס"ז, והא"ר חולק עליו, דשם שאני שהקילו כדי שלא יבטלו מלשמוע קדושה וקדיש וברכו, **ומספר האשכול** משמע כהע"ת).

עד שיתמלא זקנו, שאז יכול לישא כפיו אפילו יחידי בקבע.

וכל שהגיע לשנים שראוי להתמלאות זקנו, אע"פ שלא נתמלא, קרינן ביה נתמלא זקנו. (וע"ל סי' נ"ג סעיף ח') - כלומר דשם מבואר, דאפילו היה לו זקן מועט, קרינן ביה נתמלא זקנו, אם הוא מבן י"ח שנה ומעלה, וקודם לכן בעינן מילוי זקן ממש.

אות ו'

פוחח פורס את שמע ומתרגם, אבל אינו קורא בתורה

רמב"ם פ"ח מהל' תפילה הי"ב - [ט]אבל מי שכתפיו מגולות, אף על פי שהוא פורס על שמע, אינו נעשה שליח ציבור לתפלה עד שיהיה עטוף.

אות ז'

ואינו עובר לפני התיבה, ואינו נושא את כפיו

סימן נג סי"ג - [י]פוחח, והוא מי שבגדו קרוע וזרועותיו מגולים - וגם כתפיו, **לא ירד לפני התיבה** - להעשות ש"ץ להתפלל, **אבל** פורס הוא על שמע לבד, **וגם** אינו קורא בתורה, שגנאי הוא.

איתא בש"ס, דפוחח לא ישא את כפיו, דגנאי הוא לצבור, ומהו פוחח, מבואר לעיל בסי' נ"ג סי"ג - מ"ב סי' קכח ס"ל.

אות ח'

סומא פורס את שמע ומתרגם

סימן סט ס"ב - [יא]סומא, אע"פ שלא ראה מאורות מימיו, פורס על שמע ומברך "יוצר המאורות", [יב]שהוא נהנה במאורות שרואין אחרים, שיורוהו הדרך אשר ילך בה - וגם עובר לפני התיבה לתפלה.

באר הגולה

[ט] פירש פוחח, מי שבגדיו קרועים וכתפיו וזרועותיו ערומות, שנמצא בגדו שעליו כעין אזור תחת אצילי ידיו ולמטה, כגון זה נקרא פוחח – רי"ף. **וכתוב** בערוך, דפוחח היינו שלבוש בגד קרוע, ואין בבגדיו בתי ידים אלא ידיו ערומות – ב"י. **עיין** מה שפרש"י [י] שם (כ"ד) [יא] מגילה כ"ד וכת"ק [יב] שם בגמרא

עין משפט נר מצוה

סז א מיי' פט"ו מהל' תפלה הלכה ב סמג עשין ב טוש"ע א"ח סי' קכח סעיף ל:

סח ב מיי' שם טוש"ע שם סעיף לג:

סט ג ד מיי' שם טוש"ע שם סעיף ל:

[עי' תוס' ב"מ שתירצו באופן אחר]

ע ה מיי' שם הלכה א טוש"ע שם סעיף לג:

[תוספ' פ"ג]

עא ו מיי' פ"ח שם הלכה יב טוש"ע א"ח סי' נג סעיף יב:

עב ז ח מיי' פט"ו שם הלכה ב טוש"ע א"ח סי' קכח סעיף ל:

עג ט מיי' שם טוש"ע שם סעיף לג:

עד י מיי' פ"י שם הלכה ה טוש"ע א"ח סי' נג סעיף יח:

עה כ מיי' פ"ד מהל' תפילין הלכה ג:

עו ל מיי' פ"ג שם הלכה טו טוש"ע א"ח סי' לב סעיף מח:

עז מ מיי' שם הלכה א טוש"ע שם סעיף לט:

תוספות

כשאתה מגיע אצל וחכיתי לה'. קשה כיון שלא היה יכול לומר ח"ש א"כ היאך הורידו רבי לפני התיבה כשגזר תענית כדאי' בהשוכר את הפועלים (ב"מ דף פה:) והא אין מורידין לא מאנשי חיפה ולא מאנשי בית שאן לפי שקורין לאלפין עיינין ולעיינין אלפין וי"ל דבשביל שהיה מתכוין לקרות הח"ש קורא אותה שפיר ע"י טורח אבל לא היה בקל ולפי שאמר ליה אליהו שעל ידו תמהר הגאולה לפיכך הורידו: **אם** היה דש בעירו מותר. ואפילו במומין שבידו כדאמר בירושלמי בההוא כהן דהוו ידיה עקישי אתא לקמיה דרבי נפתלי אמר ליה כיון שאתה דש בעירך מותר. **סכנה** ואין בה מצוה. פר"ח בשעת הסכנה יכול להסתכן בהן ולא תגין עליו המצוה ולא יעשה לו נס כמו לאלישע בעל הכנפים (שבת דף מט.): **בתפרן**. כשהוא תופר בית מושבם צריך ליזהר שלא ימשוך חוט התפירה יותר מדאי ויתקלקל הריבוע ור"ח פירש דצריך שיהא התפר עצמו מרובע. יברכוך

גמרא

הכא נמי איכא נצויי אביו ונצויי רבו: פוחח פורס על שמע וכו': בעא מיניה עולא בר רב מאביי קטן פוחח מהו שיקרא בתורה אמר ליה ותיבעי לך ערום ערום מאי טעמא לא *משום כבוד צבור הכא נמי משום כבוד צבור: סומא פורס על שמע וכו': תניא *אמרו לו לרבי יהודה הרבה צפו לדרוש במרכבה ולא ראו אותה מימיהם ור' יהודה התם *באבנתא דליבא תליא מילתא והא קא מיכוין וידע הכא משום הנאה הוא והא לית ליה הנאה ורבנן אית ליה הנאה כרבי יוסי דתניא א"ר יוסי כל ימי הייתי מצטער על מקרא זה °והיית ממשש בצהרים כאשר ימשש העור באפלה וכי מה אכפת ליה לעור בין אפילה לאורה עד שבא מעשה לידי פעם אחת הייתי מהלך באישון לילה ואפלה וראיתי סומא שהיה מהלך בדרך ואבוקה בידו אמרתי לו בני אבוקה זו למה לך אמר לי כל זמן שאבוקה בידי בני אדם רואין אותי ומצילין אותי מן הפחתין ומן הקוצין ומן הברקנין: **מתני'** *כהן שיש בידיו מומין לא ישא את כפיו ר' יהודה אומר אף מי שהיו ידיו צבועות *סטים לא ישא את כפיו מפני שהעם מסתכלין בו: **גמ'** (א) תנא מומין שאמרו בפניו ידיו ורגליו אמר ר' יהושע בן לוי ידיו בוהקניות לא ישא את כפיו תניא נמי הכי ידיו בוהקניות לא ישא את כפיו עקומות עקושות לא ישא את כפיו אמר רב אסי חיפני (*ובישני) לא ישא את כפיו תניא נמי הכי אין מורידין לפני התיבה לא אנשי בית שאן ולא אנשי בית חיפה ולא אנשי טבעונין מפני *שקורין לאלפין עיינין ולעיינין אלפין אמר ליה רבי חייא לר' שמעון בר רבי *אלמלי אתה לוי פסול אתה מן הדוכן משום דעבי קלך אתא אמר ליה לאבוה אמר ליה זיל אימא ליה כשאתה מגיע אצל °וחכיתי לה' לא נמצאת מחרף ומגדף אמר רב הונא זבלגן לא ישא את כפיו והא ההוא דהוה בשיבבותיה דרב הונא והוה פריס ידיה ההוא דש בעירו הוה תניא נמי הכי זבלגן לא ישא את כפיו ואם היה דש בעירו מותר א"ר יוחנן סומא באחת מעיניו לא ישא את כפיו והא ההוא דהוה בשיבבותיה דרבי יוחנן דהוה פריס ידיה ההוא דש בעירו הוה תניא נמי הכי סומא באחת מעיניו לא ישא את כפיו ואם היה דש בעירו מותר: ר' יהודה אומר מי שהיו ידיו צבועות לא ישא את כפיו: תנא אם רוב אנשי העיר מלאכתן בכך מותר: **מתני'** האומר איני עובר לפני התיבה בצבועין אף בלבנים לא יעבור בסנדל איני עובר אף יחף לא יעבור העושה תפלתו עגולה סכנה ואין בה מצוה נתנה על מצחו או על פס ידו הרי זו דרך המינות *ציפן זהב ונתנה על בית אונקלי שלו ה"ז דרך החיצונים: **גמ'** מ"ט חיישינן שמא מינות נזרקה בו: העושה תפלתו עגולה סכנה ואין בה מצוה: לימא תנינא להא דתנו רבנן *)תפלין מרובעות הלכה למשה מסיני ואמר רבא בתפרן ובאלכסונן אמר רב פפא מתניתין דעבידא כי אמגוזא: **מתני'** האומר יברכוך

*) מנחות לה. [ע"ש שבת כח:]

רש"י

דהלא איגלויי ליקרא משום כבוד איכא: **קטן פוחח מהו שיקרא בתורה**. גדול פוחח הוא דאסור משום ולא יראה בך ערות דבר (דברים כג) אבל קטן אינו מוזהר או דלמא לא פליג מתני' בין קטן לגדול: **לדרוש במרכבה**. דיחזקאל: **פחתים**. גומות: **מתני' כהן שיש בידיו מומין**. לפי שהעם מסתכלין בו ואמרינן במסכת חגיגה (דף טז.) המסתכל בכהנים בשעה שנושאין את כפיהן עיניו כהות לפי שהשכינה שורה על ידיהן: **גמ' בוהקניות**. לנטיי"ש בלע"ז: **עקומות**. כפופות: **עקושות**. לצידיהן: **חיפני וביסני**. כהן שהוא מאנשי חיפה ומאנשי בית שאן מגמגמין בלשונן הן: **מפני שקורין לאלפין עיינין ולעיינין אלפין**. ואם היו עושין ברכת כהנים היו אומרים יאר יער ה' פניו ולשון קללה הוא כי יש פנים שיתפרשו לשון כעס כמו פני ילכו (שמות לג) את פני (ויקרא כ) ומתרגמינן ית רוגזי ומעי"ן עושין אלפי"ן ופוגמין תפלתן ואמרינן (ברכות לב:) דבי ר"א קורין לאלפין עיינין ולעיינין אלפין ההוא בדרשה: **בפניו ידיו ורגליו**. הנושא את כפיו חולץ מנעליו כדתניא (סוטה דף מ.) ואם יש בו מום יסתכלו בו ומתוך כך רוחץ את ידיו: **דעבי קלך**. ותניא בהכל שוחטין (חולין דף כד:) בשילה ובבית עולמים הלוים נפסלין בקול: **אצל וחכיתי לה'**. מקרא זה בספר ישעיה: **לא נמצאת מחרף ומגדף**. שהיה קורא לחיתי"ן היהי"ן נראה כאומר והכיתי: **זבלגן**. עיניו זולפות דמעה: **לא ישא את כפיו**. לפי שמסתכלין בו: **דש בעירו הוא**. כבר היו רגילין אנשי עירו ולא היו מסתכלין בו עוד דש לשון (ג) מרגיל כמו דדש דש (בגיטין דף עז:): **מתני' סטים**. קרו"ג בלע"ז: **אף בלבנים לא יעבור**. טעמא מפרש בגמ': **העושה תפלתו עגולה**. תפילין שבראשו עגולה כבילה וכאגוז: **סכנה**. שלא תכנס בראשו: **ואין בה מצוה**. דמרובעות בעינן: **נתנה על מצחו**. של ראש ושל יד על פס ידו: **הרי זו דרך המינות**. שמבזין מדרש חכמים והולכין אחר המשמע כמשמען בין עיניך ממש ועל ידך ממש ורבותינו דרשו במנחות (דף לז.) בגזירה שוה בין עיניך זה קדקד מקום שמוחו של תינוק רופס ועל ידך גובה היד קיבורת בראש הזרוע שתהא שימה כנגד הלב: **על בית אונקלי**. על בית יד לבושו מבחוץ: **הרי זה דרך חיצונים**. בני אדם ההולכים אחרי דעתם חוץ מדעת חכמים דבעינן לך לאות ולא לאחרים לאות (שם): **ציפן זהב**. נמי כתיב למען תהיה תורת ה' בפיך (שמות יג) שיהא הכל מבהמה טהורה: **גמ' שמא מינות נזרקה בו**. המינין עובדי ע"ז מקפידין בכך: **בתפרן ובאלכסונן**. כשהוא תופר בית מושבן צריך ליזהר שלא יקלקל ריבוען במשיכת חוט התפירה וצריך שיהא להן אלכסון כהלכתו (ג) במרובע שתהא אלבע ברוחב ובאורך שהיא אלבע ושני חומשין באלכסון: **כי אמגוזא**. עגולות כאגוז אבל עגולה כבילה וכעדשה שפיר דמי ולא הסייעה לברייתא ממתניתין: מתני'

רבינו חננאל

קטן קורא בתורה ומתרגם. פוחח פורס על שמע שיקרא יוצר אור שתים לפני א) התיבה להתפלל י"ח ברכות בצבור ואינו נושא את כפיו משום כבוד צבור פי' פוחח לבוש בגד קרוע ואין בבגדיו בתי ידים אלא ידיו כמו ערומות כמה דמתרגמינן (בישעי' כ') כמה דמהלך עבדי ישעיהו פחח ויחף תלת שנין: ירושלמי סוף משקין מת לו מת קורע. מת לו מת אחר מרחיק ג' אצבעות וקורע שלמו מלפניו מתחיל מלאחריו שלמו מלמעלה מתחיל מלמטה שלמו אלו ואלו ר' חייא בר אדא דמן יפו אמר נעשה כפוחח. סומא פורס על שמע ומתרגם ר' יהודה אומר כל שלא ראה מימיו לא יפרוס את שמע כלומר לא יברך בא"י יוצר המאורות שלא נהנה ונמצא מוציא שם שמים לבטלה. ר' שמעון בר ר' הוה קליה עב ואמר לו ר' חייא שלא היה יכול לקרות חי"ת אלא היה קורא לחיתי"ן ב) היהי"ן לפיכך א"ל כשאתה מגיע לקרוא וחכיתי לה' נמצא שונא ישראל מוציאן בלשון הכאה ונמצא מחרף ומגדף. תניא זבלגן לא ישא את כפיו. ואם היה דש בעירו מותר. פי' דש בעירו ידוע ומפורסם. העושה תפלתו עגולה פי' העושה תפלין עגולין כאגוז אלא תנינן תפילין מרובעות הל"מ. ואמר רבא בתפרן ובאלכסונן. ג) פי' פעמים שנופל על פניו ברחום וחנון ואם הן תפילין על ראשו עגולין ירצצו מוחו. וזו היא סכנה. ואין מצותן אלא מרובעות. נתנה על מצחו או על פס ידו הרי זו דרך המינות. ציפה זהב ונתנה על בית יד של אונקלו פי' אצילי ידיו הרי זה דרך החיצונים: א"ר

א) נ"ל ואינו עובר לפני התיבה וכו'. ב) מלשון רבינו משמע דר"ח אמר כן לר"ש בר ר' דלא כמו דאיתא בגמ' לפנינו ואולי דגי' אחרת היה לו וצ"ע. ג) נראה דצ"ל סכנה ואין בה מצוה פי' וכו'.

מסורת הש"ס

[ועמ"ש תוס' בחגיגה טז. ד"ה בכהנים וכו' לדחות פרש"י דהכא והאליטו הטעם ע"פ הירושלמי משום היסח הדעת ע"ש]

[פירוש ההכנה הלב ועי' תוס' ע"ז כח: ד"ה שורייקא דעינא ולדעת רש"י אבנתא דליבא הן טרפשי הלב]

[דיבור זה שייך קודם ד"ה בוהקניות]

[גי' סה"מ ורמב"ם ורא"ש אסטים ופואה ורי"ף אסטים וקוצה]

[נ"ל ובישני]

[ברכות לב.]

[שייך לעיל במשנה]

הגהות הב"ח

(א) גמ' (תנא) מומין שאמרו בפניו ידיו ורגליו) תא"מ ונ"ב הרא"ש והטור לא גרסי סך כרייתא וכב אלפס גרס לה ועי' בטור א"ח סי' קכח: (ב) רש"י ד"ה דש בעירו וכו' לשון רגיל כמו: (ג) ד"ה בתפרן וכו' אלכסון כהלכתו שתהא מרובע אלבע:

§ מסכת מגילה דף כד: §

אות א'

כהן שיש בידיו מומין לא ישא את כפיו

סימן קכח ס"ל - [א]**מי שיש לו מום בפניו או בידיו.... לא ישא את כפיו, מפני שהעם מסתכלין בו** - שהוא דבר המתמיה, ובשביל זה [ב]יסיחו דעתם מלכוין לשמוע הברכה.

[ג]**סימן קכח סל"א** - [ד]**אם מנהג המקום לשלשל הכהנים טלית על פניהם, אפילו יש בפניו ובידיו כמה מומין, ישא את כפיו** - דהא אין יכולין להסתכל בהן, **הגה: ודוקא אם היו ידיו בפנים מן הטלית, אבל אם הם מבחוץ, לא מהני הטלית לידיו.**

ואם אין המנהג כן, רק שהוא רוצה לעשות כן מפני המומין שבו, אסור, **ואפילו** רוצים כל הכהנים לעשות כמוהו, כדי שלא יהא בו שינוי משאר כהנים, **אפ"ה** אסור, דמ"מ יסתכלו בהם מפני ששינו מנהגם, ויסיחו דעתם.

אבל לא מהני מה שבאיזה מקומות הקהל מכסין פניהם, דמ"מ כשידעו שיש מום, אתו לאיסתכולי, וגם יש בחורים שאין להם טליתים.

אות ב'

אף מי שהיו ידיו צבועות סטיס לא ישא את כפיו, מפני שהעם מסתכלין בו

סימן קכח סל"ב - [ה]**היו ידיו צבועות אסטיס ופואה, (אסטים ופואה פי' מיני לבעים), לא ישא את כפיו, מפני שהעם מסתכלין בהם** - ובמקום שנהגו הכהנים לשלשל הטלית על פניהם, וידיהם בפנים מן הטלית, נושא כפיו וכנ"ל.

אות ג' - ד'

תנא מומין שאמרו, בפניו ידיו ורגליו

ידיו בוהקניות, לא ישא את כפיו; עקומות עקושות, לא ישא את כפיו

סימן קכח ס"ל - [ו]**מי שיש לו מום בפניו או בידיו, כגון שהם בוהקניות, (בוהקניות פי' מין נגע לבן, ורש"י פירש לינטלי"ש בלעז)** - קאי גם אפניו, והוא המנומר בנקודות דקות לבנות, [והוא מה שכתוב בשו"ע "מין נגע לבן", ומה שציינו בשם רש"י לינטלי"ש, הוא ג"כ דבר זה], **ואותן** המנומרין בנקודות דקות שקורין זומר שפרענקלען, אם שכיח שם, אף דלא הוי רוב אנשי המקום כך, ישא את כפיו.

או עקומות או עקושות (עקומות: כפופות; עקושות: לגדדיכן.

והר"ן פי' עקומות: שנתעקמה ידו אחורנית; עקושות: שאינו יכול לחלק אלבעותיו), לא ישא את כפיו, מפני שהעם מסתכלין בו - שהוא דבר המתמיה, ובשביל זה יסיחו דעתם מלכוין לשמוע הברכה.

וה"ה למי שיש מומין ברגליו, במקום שעולים לדוכן בלא בתי שוקים - היינו כעין פוזמקאות שלנו.

אות ה'

חיפני ובישני, לא ישא את כפיו

סימן קכח סל"ג - [ז]**מי שאינו יודע לחתוך האותיות, כגון שאומר לאלפין עיינ"ן, ולעיינ"ן אלפי"ן, וכיוצא בזה, לא ישא את כפיו** - וה"ה מי שהוא כבד פה וכבד לשון.

וה"ה מי שקורא לחיתי"ן ההי"ן, או שקורא לשבולת סבולת, **ואם** כל בני עירו קוראין כך, מותר לישא כפים שם באותו מקום, **ומטעם** זה כתבו האחרונים (ט"ז מ"א פר"ח), דבזמנינו שרוב בני עמנו אין יודעים להבחין בין הברת העי"ן לאל"ף, ממילא מותר לישא כפיו, **וי"א** עוד, דבמדינת רוסיא שרגילין הרבה לקרוא שבולת סבולת, אף דכלל אנשי המדינה יודעים ההפרש שבין שי"ן ימנית לשמאלית, מ"מ מותר לישא כפיו.

אות ו'

אין מורידין לפני התיבה לא אנשי בית שאן, ולא אנשי בית חיפה, ולא אנשי טבעונין, מפני שקורין לאלפין עיינין ולעיינין אלפין

סימן נג סי"ב - [ח]**אין ממנין מי שקורא לאלפי"ן עייני"ן ולעייני"ן אלפי"ן** - פי' הברת ה"עין" הוא בחוזק ועמוקה יותר מהברת ה"אלף", **וה"ה** למי שקורא חתי"ן ההי"ן, או שקורא לשיבולת סיבולת.

ואם כולם מדברים כך, מותר להיות ש"צ, **(ועיין בט"ז דמיקל בזה בזמנינו, (לענין קורא לאלפין עיינין), שאין רוב העם מבחינים בזה).**

ודע עוד, דה"ה לכל מי שאינו יכול להוציא האותיות כתיקונן, כגון שהוא כבד פה וכבד לשון, ג"כ אין מורידין אותו לפני התיבה.

(לכאורה ה"ה באקראי אינו יכול לירד לפני התיבה להיות ש"ץ, עכ"פ בדאיכא אחר, כיון שהטעם הוא דאינו מוציא את התיבות מפיו כתיקונן).

באר הגולה

[א] מגילה כ"ד [ב] (פירש"י הטעם, מפני שעיניו כהות, וליתא להא טעמא אלא בזמן שביהמ"ק קיים, שמברכין בשם המפורש, כדאיתא פ"ב דחגיגה, והכא מיירי בזמן הזה, דהא פריך הכא מדרב הונא ודרבי יוחנן, שמע מינה דבזמן הזה איירי, ואסור משום היסח הדעת, והכי משמע בירושלמי – מרדכי. וכ"כ תוס פ"ב דחגיגה) [ג] (מילואים) [ד] בית יוסף [ה] מגילה כ"ד [ו] מגילה כ"ד [ז] שם [ח] מגילה כ"ד

[ט]**עיין** בפר"ח שהעלה, דבזמן דליכא אחר ראוי כמותו, מותר להורידו לתיבה, אפילו בחתי"ן ההי"ן, **אבל** בעל פני משה חולק עליו, וסובר דאפילו בדליכא אחר לא שרי, כי אם היכא דכשהוא מכוין לקרות אותו לחי"ת על ידי טורח, יכול לקרות אותו שפיר, **ונראה** עוד, דאפי' לפר"ח אין מותר למנותו לש"ץ בקבע, פן יזדמן מחר אחר טוב ממנו, רק לפעם זה מותר להורידו בדליכא ראוי כמותו, כההיא מעשה דר"ח שם בגמרא.

אות ז' – ח'

זבלגן לא ישא את כפיו, ואם היה דש בעירו מותר

סומא באחת מעיניו לא ישא את כפיו

סימן קכח ס"ל - 'וכן מי שרירו יורד על זקנו; [יא]או שעיניו זולפות דמעה; וכן סומא באחד מעיניו, לא ישא את כפיו – (פשוט דדוקא אם סמיותו ניכר, ויבאו להסתכל בו, אבל אם אין סמיותו ניכר לאנשים, כמו שמצוי מיני סומים שעיניהם כעיני שאר בני אדם, רק שניטל המאור מהם, מותר).

ואם היה דש בעירו, דהיינו שהם רגילים בו, ומכירים הכל שיש בו אותו מום, ישא כפיו, ואפי' הוא סומא בשתי עיניו - דהטעם דמום פוסל בפניו ידיו ורגליו, וכן בכל הני, הוא משום דחיישינן שיסתכלו בו, ובדש לא יסתכלו בו, כי אינו חידוש בעיניהם.

[יב]**וכל ששהה בעיר ל' יום, מקרי דש בעירו; ודוקא בעירו, אבל אם הולך באקראי לעיר אחרת, ושהה שם ל' יום, לא** - דלא רגילי אינשי לישא וליתן עמו, ואינם מורגלים במומו, (ועיין במ"א שהביא דעת הב"ח שחולק בזה, והנה הלבוש והע"ת והפר"ח וש"א כולם הסכימו לדעת השו"ע, **ובח"א** כתב כעין הכרעה בזה, דאם היה בביהכ"נ בשעה שקוראים "כהנים", וגם עקר ב"רצה", יעלה).

ואפילו לא בא לדור שם להיות מבני העיר, אלא בא להיות שם מלמד או סופר או משרת שנה או חצי שנה, חשוב דש בעירו בל' יום - דכיון שעכ"פ בא להשתקע שם לאיזה זמן, רגילים לישא וליתן עמו, והורגלו במומו בשלשים יום.

כתב הפר"ח, דחולי מעים לא ישא את כפיו, **ומ"מ** נראה דטוב שיצא קודם "רצה", [דדבר זה לא נזכר בגמ' לאיסור, רק דהוא אונס].

(עיין ט"ז שכתב, דכל הנהו שאינם נ"כ, צריכין לילך מביהכ"נ בשעת הדוכן, דלא לימרו עליו בן גרושה הוא, **וא"ר** מגמגם בזה וכן בפמ"ג, ודחו ראיותיו, וכן בספר נהר שלום חולק עליו, דכל אלו ניכרים הם במומן, ולא אתו למיטעי, ולכך סתמו הפוסקים ולא הצריכו אותו לצאת, וכן משמע במ"א, **אך** מפני שלאו כו"ע דינא גמירי, אפשר שטוב יותר שיצאו לחוץ כדעת הט"ז).

(כתב הפר"ח, כל הני דאמרינן לא יעלה, אם עלה לא ירד).

אות ט'

אם רוב אנשי העיר מלאכתן בכך, מותר

סימן קכח סל"ב - ואם רוב העיר מלאכתן בכך, ישא את כפיו - ומיירי כשאינו דש בעירו, **וכן אם הוא דש בעירו, ישא את כפיו** - אפילו אין אנשי העיר מלאכתן בכך.

אות י'

האומר איני עובר לפני התיבה בצבועין, אף בלבנים לא יעבור; בסנדל איני עובר, אף יחף לא יעבור

סימן נג סי"ח - [יג]האומר: איני יורד לפני התיבה מפני שבגדי צבועין, או מפני שברגלי סנדל, לא ירד באותה תפלה כלל, מפני שדרך האפיקורסין להקפיד בכך, וחיישינן שמא אפיקורסות נזרקה בו - ואפילו אם הוא מתחרט אח"כ, ואומר: הריני עובר בצבועים, לא שבקינן ליה.

וכיון שלא שמענו ממנו בהדיא דברי אפיקורסות, די לחוש עי"ז לאותה תפלה לבד.

(הגה: ואפי' אם נותן אמתלא לדבריו, לא מהני) (ב"י בשם ר' יהונתן) - כגון שאמר שדיבורו היה לכבוד המקום וללבוש לבנים, מ"מ כיון שהצבור בקשו ממנו להתפלל להם כך, לא היה לו להיות סרבן, כיון דמדינא מותר.

כתב הפר"ח, דוקא אם אח"כ אמר האמתלא, אבל אם מיד כשאמר שאיני עובר בצבועים, אמר תיכף הטעם, שאין דרך כבוד לד' כי אם בלבנים, ירד.

אות כ'

העושה תפלתו עגולה, סכנה ואין בה מצוה; נתנה על מצחו או על פס ידו, הרי זו דרך המינות

רמב"ם פ"ד מהל' תפילין ה"ג - המניח תפלה של יד על פס ידו או של ראש על מצחו, הרי זה דרך צדוקים; העושה תפלתו עגולה [יד]כאגוז, אין בה מצוה כלל - (ורבינו לא

באר הגולה

ט (הקשו בתוס' ז"ל [ד"ה כשאתה; ובב"מ פו. ד"ה אחתינהו] דא"כ איך הוריד רבי לר' חייא לפני התיבה כשגזר תענית [בבא מציעא פה:] **ותירצו** במגילה, דכשהיה מתכוין לקרות החי"ת קורא אותה שפיר ע"י טורח, **אבל** בב"מ תירצו, דהני מילי היכא דאפשר באחר, אבל היכא דלא אפשר באחר, לא. **וכן** עיקר, דאם איתא שהיה יכול לקרות החי"ת על ידי דוחק, איך קאמר ליה, כשאתה מגיע אצל וחכיתי לה' לא נמצאת מחרף ומגדף, דדילמא כשהיה מגיע לזה הפסוק וכיוצא בו היה מטריח את עצמו לקרות כהוגן ולא היה מחרף ומגדף, אלא העיקר כמו שכתבו בהפועלים – פר"ח) י (וכפי' הרמב"ם – גר"א. (פירש רבינו זבלגן, שרירו יורד על זקנו, וכן פירש הרמב"ם, אבל רש"י פירש שעיניו זולגות דמעה, וכן פירש הר"ן – ב"י) יא (כפי' רש"י – גר"א) יב **תרומת הדשן** יג **מגילה כ"ד** יד (ולפע"ד אינו מובן, דהא הגמ' אינו מפרש עגולה כאגוז, אלא כי היכי דלא תפשוט מהכא דתפילין מרובעות הוי הל"מ, משא"כ לפי האמת דהוי הל"מ דבעי

חשש לכתוב סכנה, כיון דלענין דינא לא נפקא לן מידי, דמאחר דאין מצוה כלל, כי לא הוי בה סכנה לא ליעביד הכי - כסף משנה).

אות ל'

ציפן זהב... הרי זה דרך החיצונים

סימן ל"ב סמ"ח - [טו]אם צפה הבתים בזהב או בעור בהמה טמאה, פסולים - פי' שעשה עור מתחלה מבהמה טהורה, ואח"כ ציפה על אותו עור מבהמה טמאה, אפ"ה פסולים, ואפי' חתך במקום השיני"ן שהשי"ן נראה.

(**הא** עור כשר ע"ג עור כשר ושי"ן נראה, כשר, אע"פ שאין בית רואה אויר, כיון שהשי"ן נראה, **ולפי"ז** כ"ש אותן שעושין צבע עב שמצהיב תפילין, דאין לחוש, וגם השי"ן נראה היטב).

אות מ'

תפלין מרובעות הלכה למשה מסיני

סימן ל"ב סל"ט - [טז]תפילין בין של ראש בין של יד, הלכה למשה מסיני שיהיו מרובעות [יז]בתפרן, ובאלכסונן, דהיינו שיהיו ריבוען מכוון ארכו כרחבו, כדי שיהיה להם אותו אלכסון שאחז"ל: כל אמתא בריבועא אמתא ותרי חומשי באלכסונא - פי' בריבוע גמור שארכו כרחבו ממש, שיערו חכמים כל השיעור שיש לו, יש לו באלכסון ב' חומשים נוסף על אותו השיעור, וגם כאן צריך שיהיה מרובע ממש, אבל אם לא יהיה מרובע ממש, לא יהיה באלכסון שלו כשיעור ב' חומשים תוספות, אלא שיעור אחר, **וע"כ** ימדדנו בד' קוים וידע אם הוא מרובע, דהיינו תחלה ימדוד קו אחד באורך וקו אחד ברוחב שיהיה שוה, אך שמא באמצעו שוה ובצדדיו מתמעט, לכן ימדדנו עוד בשני קוים באלכסונו, שיהיו שוים ב' קוי האלכסון ג"כ.

וגם יש להשגיח בענין התפירה, כי מחמת שהסופרים עושין נקבים גדולים קצת, נמשך החוט לצדדין, ועי"ז אין התפירות שוות בריבוע, זה נכנס וזה יוצא.

ואם לא עשה מרובעות, מעכב בדיעבד, ומ"מ אם אין לו תפילין אחרים, יניחם לעת עתה בלא ברכה, וכשיזדמן לו תפילין אחרים יניחם.

ונ"ל פשוט, דצריך להיות התפירות מרובע בין למעלה ובין למטה, ואף דלא בריראה לי לענין דיעבד, מ"מ לכתחילה בודאי יש ליזהר בזה.

וצריך לרבע מקום מושבן - והוא התיתורא, דהיינו שיחתוך המעברתא מב' צדדיו, כדי שיהא ניכר ריבוע התיתורא, וצריך להשגיח מאד ע"ז, כי כל זה מעכב אפילו בדיעבד, **והתיתורא** צריכה להיות מרובע בין מלמעלה ובין מלמטה, [וצ"ע אם מעכב בדיעבד].

וגם זה הוא מהלמ"מ לדעת רוב הפוסקים, וגם זה הוא בריבוע גמור כמו בהתפירה, ואף דמרובע ממש במלאכת הבתים, דהיינו שיהיה בתכלית הצמצום, הוא כמעט מן הנמנע, מ"מ כל מה דאפשר לו לאדם לעשות בענין זה, בודאי חייב הוא לעשות.

ועכשיו בעו"ה הרבה שאין משגיחין על תפיליהן שיהיו מרובעין כדין, אפילו המדקדקין במצות יש שאין משגיחין כי אם על ראש הבתים שיהיו מרובעין, ואין משגיחין על התיתורא ועל התפירות שהוא ג"כ מעיקר הדין, והוא דבר הנקל לתקן.

וגם הבתים - דלא כמו שנוהגין קצת, לעשות של יד עגולה בראשו, רק שמרבע התיתורא מלמטה, אלא בין הש"י ובין הש"ר יהיו מרובעים, **והכונה** בהש"ר, כשהארבעה בתים יחד יהיו מרובעים, ולא כל אחד בפני עצמו, **וריבוע** הבתים צ"ל בכל משך גובהן, **וגם** הריבוע יהיה ע"י הבתים עצמן, ולא ע"י דבר אחר שמטיח עליהם.

(**דע,** דגדר קלקול ריבוע הבתים, פשיטא לי דלא בעינן שיתקלקלו ברוב משך גובהן, ואפילו במיעוטן סגי, ואפילו אם עשאם גדולים מאוד, **ולא אמרינן** דל מהכא היתרון, וישאר שיעור תפילין בלי זה, דומיא דיש מקילין בענין הקפת גויל, אם יש שיעור אות בלא זה, **ואמינא** לה מהא דקי"ל דריבוע המזבח מעכב, וקיי"ל ג"כ דאפילו פגימת המזבח פוסל, והוא מטעם ריבוע, ולא בעינן דוקא שיפגם רוב המזבח, אלא אפילו בכזית או בכטפח, לכל מר כדאית ליה).

(**גם** פשיטא לי, דלאו דוקא אם נתקלקל במקום חודו של הזוית למעלה, דה"ה אם נתקלקל ונפגם במקום אחר מדפני הבית מבחוץ, עד שאבד ריבועו עי"ז, וג"כ מהא דמזבח הנ"ל, דפשוט דפסול פגימת המזבח הוא בכל מקום מדפנותיו, ולאו דוקא במקום חודו, **ולפי"ז** אם מחמת רוב יושנן של התפילין, ניכר לכל שאחד מדפנותיו נכנס לפנים, ואינו עומד במקום הראוי לו, נראה דצריך לתקנם).

(**גם** פשיטא לי, דע"י פגימה קטנה שנתהוה בהבתים כשיעור חגירת ציפורן, ואפשר אפילו מעט יותר מזה, לא אזל מניה עי"ז שם ריבוע, **ואפילו** אם נאמר דבעת עשייה, יש להסופר ליזהר אפילו בחסרון משהו באיזה מקום, דעכ"פ אינו מרובע בשלימות, מ"מ בדיעבד שנתקלקל לא אזל שם ריבוע ע"י חסרון משהו, **ואפילו** אם הפגימה קטנה שנתהוה בהתפילין היה במקום חודו של הזוית למעלה, **כי מיבעיא** לי עצם שיעור קלקול הריבוע, עד כמה נקרא בענינינו, דזה ברור דלא נוכל לומר לענין תפילין דוקא אם חסרון הריבוע היה בטפח, כמו שפסק הרמב"ם שם לענין מזבח, דכל התפילין אינם מחזיקין כך, **ואולי** אם נתמעט הריבוע של התפילין מעט יותר מחגירת ציפורן, נקרא בענינינו ג"כ קלקול הריבוע, וצ"ע).

הגה: אבל גובה הבתים אין להקפיד אם הוא יותר מרחבן וארכן (ב"י בשם אשר"י וסמ"ק ומרדכי ורמב"ם) - (דריבוע לא נאמר אלא על אורך ורוחב).

באר הגולה

תפילין מרובעות, א"כ אעפ"י שאין עגולה כאגוז ג"כ אין בו מצוה - באר יהודה) | טו | סנהדרין מ"ח | טז | מנחות ל"ה ותוס' ורמב"ם ורא"ש ושאר פוסקים | יז | (עיין בתוס' פי' ר"ת, ודלא כרש"י)

[יח] **עשאם מרובעות, ואחר זמן נתקלקל רבוען** - כגון שנתעקמו הבתים, זה פונה למזרח וזה למערב, או שנתקלקל חודי הבתים לגמרי עד שנעשה עגול, או שנתקלקל התיתורא או התפירה עד שאבדו ריבוען, **יש מי שאומר שצריך לרבען** - דכיון דריבוען הוא הלמ"מ, בכל שעתא בעינן שיהיו מרובעין, **ואין** חולק בזה, ודרך המחבר כן בהרבה מקומות.

ומ"מ אין צריך למודדן בכל יום אם ריבועם קיים, שמעמידים אותם על חזקתם, אם לא שרואה שנתקלקל, **ואם** נתעקם התיתורא, אף שבעצם הוא מרובע, רק מחמת התעקמות התיתורא נראית כמו שאינו מרובע, יחזור ויתקן.

הגה: ויעשה כל הד' בתים בשוה, שלא יהא אחד גדול מחבירו (ב"י) - ובדיעבד אפילו אחד רחב מחבירו, כשר.

---

§ מסכת מגילה דף כה. §

אות א'

על קן צפור יגיעו רחמיך... משתקין אותו

רמב"ם פ"ט מהל' תפילה ה"ז - מי שאמר בתחנונים: מי שריחם על קן ציפור שלא ליקח האם על הבנים, או שלא לשחוט אותו ואת בנו ביום אחד, ירחם עלינו, וכיוצא בענין זה, משתקין אותו, מפני שמצות אלו גזרת הכתוב הן ואינן רחמים, [א]שאילו היו מפני רחמים, לא היה מתיר לנו שחיטה כל עיקר.

אות ב'

מודים מודים, משתקין אותו

סימן קכא ס"ב - האומר: מודים מודים, משתקים אותו - [ב]אף אם לא השתחוה ב' פעמים, ובין לכפול המלות, ובין לכפול ענין וענין, הכל אסור, דמיחזי כשתי רשויות.

(מסתפקנא, אם אמר רק תיבת "מודים מודים" לבד, והשאר אמר כהלכתו, אם גם בזה משתקין אותו, דאולי הגמרא מיירי דכפל גם התיבות שאחר זה, אבל בזה לבד לא מיחזי כשתי רשויות, אחרי שאח"כ אמר: שאתה הוא ד' אלקינו, **ואפשר** אפילו את"ל דלענין שמע מקילינן בתיבת "שמע שמע" בלחוד, דעי"ז לא מיחזי כשתי רשויות, **אפשר** בתיבת "מודים מודים" חמור טפי, וצ"ע).

אות ג'

חייב אדם לברך על הרעה כשם שהוא מברך על הטובה

סימן רכב ס"ג - חייב אדם לברך על הרעה בדעת שלמה ובנפש חפצה, כדרך שמברך בשמחה על הטובה, כי הרעה לעובדי השם היא שמחתם וטובתם, כיון שמקבל מאהבה מה שגזר עליו השם, נמצא שבקבלת רעה זו הוא עובד את השם, שהיא שמחה לו - כי באמת כל היסורין בין בגוף ובין בממון הוא הכל כפרה על העונות, כדי שלא יצטרך להתיסר לעתיד לבא, ששם העונש הוא הרבה יותר גדול, **וכדאיתא** במדרש: יצחק תבע יסורין, {היינו שהוא הכיר גודל מדת הדין שלעתיד, וכעין זה אמר ג"כ דוד המלך ע"ה: סמר מפחדך בשרי וממשפטיך יראתי, ותבע בעצמו יסורין, כדי שינקה מכל וכל ולא יצטרך לפחוד עוד}, אמר לו הקב"ה, חייך דבר טוב אתה מבקש, וממך אני מתחיל, שנאמר: ויהי כי זקן יצחק ותכהין עיניו מראות.

אות ד'

אמר: האל הגדול הגבור והנורא האדיר והחזק והאמיץ, אמר ליה: סיימתינהו לשבחיה דמרך

רמב"ם פ"ט מהל' תפילה ה"ז - וכן לא ירבה בכנוים של שם ויאמר: האל הגדול הגבור והנורא והחזק והאמיץ והעיזוז, שאין כח באדם להגיע בסוף שבחיו, אלא אומר מה שאמר משה רבינו עליו השלום.

[ג]סימן קיג ס"ט - אין להוסיף על תאריו של הקב"ה, יותר מהאל הגדול הגבור והנורא; [ד]ודוקא בתפלה, מפני שאין לשנות ממטבע שטבעו חכמים, אבל בתחנונים או בקשות ושבחים שאדם אומר מעצמו, לית לן בה; ומכל מקום נכון למי שירצה להאריך בשבחי המקום, שיאמר אותו בפסוקים.

באר הגולה

[יח] מצא בשם שמושא רבה בתשו' אשכנזים [א] ‹לכאורה מוסיף הרמב"ם סברא והוכחה מדעתו› [ב] ‹עיין רש"י ד"ה ועל טוב: "או שאמר שני פעמים מודים כשהוא כורע"› [ג] ‹ע"פ מהדורת נהרדעא› [ד] ‹מפני שכשהוא מתפלל בינו לבין עצמו ואומר תוארים, נראה שאינו אומרם אלא לפי שאלו התוארים צריכים לבקשתו, מה שאין כן בתפילה, שהרי בזאת הברכה הראשונה לא באו בכאן התוארים אלא כדי להזכיר שבחו של השם יתברך, שהרי עדיין אין אנו שואלים שום צורך - ב"י›

מתני' יברכוך טובים ה"ז דרך מינות · שאינו כולל רשעים בשבחו של מקום וחכמים למדו (כריתות דף ו:) מחלבנה שריחה רע ומנאה הכתוב בין סממני הקטורת שמצריכן הכתוב בהרצאתן להיותן באגודה אחת: על קן צפור יגיעו רחמיך · (ד) כלשון הזה רחמיך מגיעין על קן צפור כך חוס ורחם עלינו: תורה אור

ועל טוב יזכר שמך · על טובותיך נודה לך או שאמר שני פעמים מודים כשהוא כורע משתקין אותו ובגמרא מפרש לה: המכנה בעריות · בגמרא מפרש שדורש פרשת עריות בכינוי ואומר לא ערוה ממש דיבר הכתוב אלא כינה הכתוב בלשונו וקרא אותה ערוה המגלה קלון אביו וקלון אמו בדברים כינוי הוא לשון היפך שמהפך דיבורו לשבח או לגנאי והרבה יש בלשון חכמים בספרי אספה לי שבעים איש (במדבר יא) ואל אראה ברעתי (שם) ברעתם היה לו לומר אלא שכינה הכתוב כיוצא בדבר וימירו את כבודם בתבנית שור אוכל עשב (תהלים קו) כבודי היה לו לומר אלא שכינה הכתוב: האומר ומזרעך לא תתן להעביר למולך · לא תבא על הכותית ותוליד בן לע"ז: משתקין אותו בנזיפה · שעוקר הכתוב ממשמעו שהוא עבודת חוק לאמוריים להעביר בניהן לאש ונתן כרת לבא על הכותית ומחייב חטאת על השוגג ומיתת ב"ד על המזיד בהתראה: גמ' כשתי רשויות · ומקבל ומודה אלוה אחר אלוה: על הרעה · ברוך דיין האמת: על הטובה · ברוך הטוב והמטיב: מטיל קנאה · לומר על העופות חס ועל הבהמות וחיות אינו חס: ואינן אלא גזירת מלך · להטיל עלינו עולו להודיע שאנחנו עבדיו ושומרי מצותיו: דכתבינהו משה בתורה · האל הגדול הגבור והנורא אשר לא ישא פנים (דברים י): אנשי כנסת הגדולה · בספר עזרא (נחמיה ט) ועתה אלהינו האל הגדול הגבור והנורא שומר הברית והחסד: חוץ מיראת שמים · אותה מסורה בידי אדם שיהא הוא עצמו מכין לבו לכך אע"ג שהיכולת בידו להכין לבבו אליו דכתיב הנה כחומר ביד היוצר כן אתם בידי בית ישראל (ירמיה יח) ואומר והסירותי את לב האבן מבשרכם (יחזקאל לו): אמר מילתא מילתא ותני לה · כל תיבה אומר ושונה אין כאן משמעות שתי רשויות אלא מגונה וסכל הוא: חברותא כלפי שמיא · וכי כמנהג חבירו נוהג בהקב"ה לדבר לפניו שלא במתכוין וחוזר ומראה לו בכופלו שלא כיון בראשונה: מרזפתא · מרטי"ל בלע"ז ותרגם את המקבת מתרגמינן מרזפתא (שופטים ד): תני רב יוסף · לפרושי מכנה דמתני' כדמתרגם ערות אביך וערות אמך קלנא דאבוך וקלנא דאמך ולא תגלה שום דבר קלון שבהן: תנא דבי רבי ישמעאל · לפרש מתני' בישראל הבא על הכותית הכתוב מדבר: מתני' מעשה ראובן · וישכב את בלהה פילגש אביו (בראשית לה): נקרא · בבית הכנסת: ולא מתרגם · חיישינן לגנותו: מעשה תמר · ויהודה: ומעשה עגל הראשון · כל פרשת העגל עד א] ואשליכהו באש (שמות לב) ומה שחזר אהרן וספר המעשה הוא קרוי מעשה עגל השני הוא שכתוב בו ויצא העגל הזה (ה) ולא יתרגם פן יטעו עמי הארץ ויאמרו ממש היה בו שיצא מאליו אבל המקרא אין מבינין: הודע את ירושלם · את תועבותיה פרשה היא ביחזקאל: גמ' ויש לא נקרין ולא מתרגמין · מפרש בסיפא מעשה דוד ואמנון לא נקרין בהפטרה: מעשה בראשית כו' · ואמרינן במסכת חגיגה (דף יא:) המסתכל בארבעה דברים ראוי לו כאילו לא בא לעולם והתם *מפרש טעמא אין רצונו של מלך שיזכירו שמו על אשפה כו':

*יברכוך טובים הרי זו דרך *המינות *על קן צפור יגיעו רחמיך ועל טוב יזכר שמך *מודים מודים משתקין אותו המכנה בעריות משתקין אותו האומר °ומזרעך לא תתן להעביר למולך לא תתן לאעברא בארמיותא משתקין אותו בנזיפה: גמ' *בשלמא מודים מודים דמיחזי כשתי רשויות ועל טוב יזכר שמך נמי דמשמע על טוב אין ועל רע לא ותנן *חייב אדם לברך על הרעה כשם שהוא מברך על הטובה אלא על קן צפור יגיעו רחמיך מ"ט (א) פליגי בה תרי אמוראי במערבא ר' יוסי בר אבין ור' יוסי בר זבידא חד אמר מפני שמטיל קנאה במעשה בראשית וחד אמר מפני שעושה מדותיו של הקב"ה רחמים ואינן אלא גזירות ההוא דנחית קמיה דרבה אמר אתה חסת על קן צפור אתה חוס ורחם עלינו (*אתה חסת על אותו ואת בנו אתה חוס ורחם עלינו) אמר רבה כמה ידע האי מרבנן לרצויי למריה א"ל אביי והא משתקין אותו תנן *ורבה לחדודי לאביי הוא דבעא ההוא דנחית קמיה דרבי חנינא *אמר האל הגדול הגבור והנורא האדיר והחזק והאמיץ אמר ליה סיימתינהו לשבחיה דמרך השתא הני תלתא אי לאו דכתבינהו משה באורייתא ואתו (ב) כנסת הגדולה ותקנינהו אנן לא אמרינן להו ואת אמרת כולי האי משל לאדם שהיו לו אלף אלפי אלפים דינרי זהב והיו מקלסין אותו (באלף) דינרי כסף לא *גנאי הוא לו אמר רבי חנינא* *הכל בידי שמים חוץ מיראת שמים שנאמר °ועתה ישראל מה ה' אלהיך שואל מעמך כי אם ליראה מכלל דיראה מילתא זוטרתי היא אין לגבי משה רבינו מילתא זוטרתי היא משל לאדם שמבקשין הימנו כלי גדול ויש לו דומה עליו ככלי קטן קטן ואין לו דומה עליו ככלי גדול *אמר רבי זירא *האומר שמע שמע כאומר מודים מודים דמי מיתיבי הקורא את שמע וכופלה הרי זה מגונה מגונה הוא דהוי שתוקי לא משתקינן ליה לא קשיא הא דאמר מילתא מילתא ותני לה הא דאמר פסוקא פסוקא ותני ליה א"ל רב פפא לרבא ודלמא מעיקרא לא כיון דעתיה והשתא כיון דעתיה אמר ליה *חברותא כלפי שמיא אי לא מכוין דעתיה מחינא ליה בארזפתא דנפחא עד דמכוין דעתיה: המכנה בעריות משתקין אותו: תנא רב יוסף קלון אביו וקלון אמו: האומר ומזרעך לא תתן להעביר וכו': תנא דבי רבי ישמעאל בישראל הבא על הכותית והוליד ממנה בן לע"ז הכתוב מדבר: מתני' *מעשה ראובן נקרא ולא מתרגם מעשה תמר נקרא ומתרגם מעשה עגל הראשון נקרא ומתרגם והשני נקרא ולא מתרגם ברכת כהנים מעשה דוד ואמנון (ג)* נקראין ולא מתרגמין אין מפטירין במרכבה ורבי יהודה מתיר ר' אליעזר אומר אין מפטירין °בהודע את ירושלם: גמ' תנו רבנן *יש נקרין ומתרגמין ויש נקרין ולא מתרגמין [א] ויש לא נקרין ולא מתרגמין אלו נקרין ומתרגמין: בל"ת עק"ן נשפ"ה סימן: מעשה בראשית נקרא ומתרגם פשיטא מהו דתימא אתו לשיולי מה למעלה מה למטה ומה

יברכוך טובים · פי' שמוציא את הפושעים מן הכלל אי נמי משום דמחזי כשתי רשויות כלומר אלהים טובים: מפני שעושה מדותיו של הקב"ה רחמים והן אינם אלא גזירות · ק' להר"ר אלחנן על מה °שיסד הקליר בקדושת' שאנו אומרים ביום ב' של פסח לדקו אותו ואת בנו (ו) לא תשחטו ביום אחד דמשמע שר"ל שהקב"ה חס על אותו ואת בנו והוא אינו אלא גזירה: הכל בידי שמים חוץ מיראת שמים · קשה דהא בפרק אלו נערות (כתובות דף ל. ושם) אמרינן הכל בידי שמים חוץ מצנים ופחים ונראה דהכא מיירי בתולדות האדם אם יהיה חכם או טפש עני או עשיר גבור או חלש *דהכל נגזר עליו חוץ מן היראה כדכתיב אל יתהלל (ז) עשיר בעשרו והגבור בגבורתו כי אם בזאת יתהלל המתהלל השכל וידוע אותי (ירמיה ט) והתם מיירי במאורעות האדם העתידות לבא אליו אחר שנולד שגם הם בידי שמים חוץ מצנים ופחים פירוש הקור והחום ולא קשה מהא דכתיב לפני קרתו מי יעמוד (תהלים קמז) דה"פ אם ישלחנה בפעם אחת כדכתיב בראש הפסוק משליך קרחו כפתים וגם לא קשה מהא דכתיב ואין נסתר מחמתו (שם יט) דההיא בעוברי דרכים הוא דקאמר אבל כל זמן שהוא בביתו ודאי יכול הוא ליגלל ממנו: אין מפטירין במרכבה ורבי יהודה מתיר · וקיימא לן כר' יהודה: מה

קמ"ל

עה א מיי' פ"ט מהל' תפלה הלכה ז:
[עי' תוס' ס"פ דברכות מ"ג]
[גי' רמב"ם דרך הצדוקים]
עו ב מיי' שם הלכה ד טוש"ע א"ח סימן קכא סעיף ג:
פ ג מיי' פ"י מהלכות ברכות הל' ג סמג עשין כז טוש"ע שם סימן רכב סעיף ג:
פא ד מיי' פ"ט מהל' תפלה הלכה ז:
פב ה מיי' פ"ה מהל' תשובה הלכה ג:
[נדה טז: ע"ש בתוס']
פג ו מיי' פ"ב מהלכות ק"ש הלכה יא סמג עשין יח טוש"ע א"ח סימן סא סעיף ט:
פד ז מיי' פי"ב מהל' תפלה הלכה יב סמג עשין יט:

רבינו חננאל

א"ר חנינא הכל בידי שמים חוץ מיראת שמים שנאמר מה ה' אלהיך שואל מעמך וגו'. וכי שואל אדם דבר שאינו ברשותו אלא מיכן ראיה שיראת שמים בידו של אדם היא. פי' ארזפתא דנפחי קורנס של נפחים. המכנה בעריות. כלומר הקורא*) הפסיק ערות אביו ואמו לא יגלה ערות אביך וערות אמך כדכתב קרא וכן כל עריות משתקין אותו ואומר לו קרוא הפסוק כמו שכתב וכי אתה מברר מילין מה שלא בירר משה רבינו ברוה"ק. מעשה ראובן נקרא ולא מיתרגם עד קללות וברכות ניקרין ומתרגמין. ולא יהא אחד מתחיל ואחד

*) כלומר שקורא הפסוק ערות אביך וערות אמך ערות אביו וערות אמו לא יגלה וכן כל עריות וכו' ומפרש כפי' הרמב"ם בפירוש המשניות וכן משמע קצת גם בערוך ערך כן.

הגהות הב"ח

(א) גמ' מ"ט פליגי בה: (ב) שם ואתו אנשי כנסת הגדולה ותקנינהו אנן לא הוה אמרינן: (ג) במשנה מעשה דוד ואמנון נקראין: (ד) רש"י ד"ה על קן צפור יגיעו רחמיך לשון הוה רחמיך: (ה) ד"ה מעשה עגל וכו' הוא העגל ולא יתרגם: (ו) תוס' ד"ה מפני וכו' אותו ואת בנו לא תשחטו ביום אחד דמשמע כצ"ל: (ז) ד"ה הכל וכו' דכתיב אל יתהלל חכם בחכמתו אל יתהלל עשיר בעשרו:

גליון הש"ס

גמ' גנאי הוא לו. עיין לעיל דף יח ע"א תוס' ד"ה מספי. שיסד הקליר עיין חגיגה דף יג ע"ב תוס' ד"ה ורגלי החיות:

ברכות לג: ע"ש
שם לג:
שם לד.
[ברכות וכע"י ליתא]
[ברכות לג: וש"נ]
ברכות לג: ע"ש נדה טז:
ברכות לג: [סוכה נג:]
[ברכות לד.]
[עי' תוי"ט]
[תוספתא פ"ג]
[דף טו.]

הגהות הגר"א

[א] גמ' ויש לא נקרין ולא מתרגמין תא"מ:

הגהות מהר"ב רנשבורג

א] רש"י ד"ה מעשה תמר וכו' עד ואשליכהו באש. מלת ואשליכהו נמחק וצ"ל ויצא:

אות ה'

הכל בידי שמים חוץ מיראת שמים

[ה]**רמב"ם פ"ה מהל' תשובה ה"א - רשות לכל אדם נתונה, אם רצה להטות עצמו לדרך טובה ולהיות צדיק, הרשות בידו, ואם רצה להטות עצמו לדרך רעה ולהיות רשע, הרשות בידו; הוא שכתוב בתורה: הן האדם היה כאחד ממנו לדעת טוב ורע, כלומר הן מין זה של אדם היה יחיד בעולם, ואין מין שני דומה לו בזה הענין, שיהא הוא מעצמו בדעתו ובמחשבתו יודע הטוב והרע, ועושה כל מה שהוא חפץ, ואין מי שיעכב בידו מלעשות הטוב או הרע, וכיון שכן הוא: פן ישלח ידו.**

רמב"ם פ"ה מהל' תשובה ה"ב - אל יעבור במחשבתך דבר זה שאומרים טפשי אומה"ע ורוב גולמי בני ישראל, שהקב"ה גוזר על האדם מתחלת ברייתו להיות צדיק או רשע; אין הדבר כן, אלא כל אדם ראוי לו להיות צדיק כמשה רבינו או רשע כירבעם, או חכם או סכל - ‹אמרינן בפרק כל היד, המלאך הממונה על ההריון, לילה שמו, ונוטל הטפה וכו' או גבור או חלש או טפש או חכם, הרי בפירוש משמע שגם דבר זה הוא בידי שמים, **ומורי** הר"ם תירץ, דהכא ה"פ, לאחוז בחכמה או בסכלות, וההוא דפ' כל היד ר"ל, לעשות לו לב חכם או לב טפש - כסף משנה›, **או רחמן או אכזרי, או כילי או שוע, וכן שאר כל הדעות, ואין לו מי שיכפהו ולא גוזר עליו ולא מי שמושכו לאחד משני הדרכים, אלא הוא מעצמו ומדעתו נוטה לאי זו דרך שירצה; הוא שירמיהו אמר: מפי עליון לא תצא הרעות והטוב, כלומר אין הבורא גוזר על האדם להיות טוב ולא להיות רע; וכיון שכן הוא, נמצא זה החוטא הוא הפסיד את עצמו, ולפיכך ראוי לו לבכות ולקונן על חטאיו ועל מה שעשה לנפשו וגמלה רעה, הוא שכתוב אחריו: מה יתאונן אדם חי וגו'; וחזר ואמר הואיל ורשותנו בידינו ומדעתנו עשינו כל הרעות, ראוי לנו לחזור בתשובה ולעזוב רשענו, שהרשות עתה בידינו, הוא שכתוב אחריו: נחפשה דרכינו ונחקורה ונשובה וגו'.**

אות ו'

האומר שמע שמע כאומר מודים מודים דמי

סימן סא ס"ט - אסור לומר שמע ב' פעמים - משום דנראה כאלו מקבל עליו שתי רשויות ח"ו, **בין שכופל התיבות שאומר: שמע שמע, בין שכופל הפסוק ראשון.**

ובדיעבד בכפילת הפסוק יצא, (דלא מיבעי לפיר"ח, דכפילת הפסוק רק מגונה הוי, בודאי לא מיעקר עי"ז הקריאה ראשונה, **אלא אפילו** לפירש"י דמשתקין אותו, ג"כ מסתברא דיצא, דהלא על אמירה ראשונה לא היה איסור, ואמירה שניה לא הוי הפסק בק"ש, דהרי לא שהה בזה כדי לגמור את כולה).

ובכפילת התיבות צ"ע, (כי לפירוש רש"י דפירש בגמרא ‹ברכות דף ל"ג›, דלהכי לא הוי בזה רק מגונה ואין משתקין אותו, משום דקריאתו לא נחשב רק כמתלוצץ, אפשר דלפי"ז דלא יצא, **אבל** לפיר"ח דפירש דבזה משתקין אותו, משמע דלית ליה האי סברא דרש"י, נראה דיצא בזה).

ואם לא כיון מעיקרא, [ו]יחזור ויקרא בלחש, **ואם** ליכא שומעין, אפילו בקול רם מותר, **אבל** אם כיון מעיקרא, אפילו בלחש אסור.

ובסליחות מותר לומר "שמע" בכל פעם שאומר "ויעבור", דכיון שמפסיק הרבה בינתים, לא מיחזי כשתי רשויות, **ועיין** בט"ז שכתב ג"כ, דאם ממתין איזה זמן בין הקריאה ראשונה לשנייה, שרי, דאין משתקין אותו אא"כ קורא ב' פעמים רצופים, ואפילו מגונה נמי לא הוי.

איתא בב"י, דמפסוק ראשון והלאה אין חשש ‹לכפול›, **ומלשון** הרי"ף לכאורה לא משמע כן, ועיין במגן גבורים, שגם המאירי מחמיר בזה, **אך** על מטתו בודאי אין להחמיר בזה.

באר הגולה

ה ‹ע"פ מהדורת נהרדעא› ו ‹פמ"ג בשם הב"ח. **וק"ל** ע"ז, דאמרינן בגמ' א"ל רב פפא לאביי ודלמא מעיקרא לא איכוון דעתיה, א"ל חברותה כלפי שמיא, אי לא מכוון מחינן ליה בארזפתא דנפחא עד דמיכוין, ואי איתא דמותר לחזור לקרות בלחש, למה לא תירץ לו אביי, דא"כ היה לו לחזור ולקרות בלחש, אלא ודאי דבכל גווני אסור לכפול, **וי"ל** דעיקר קושיית רב פפא היתה, מאחר שאפשר לדונו לזכות, {דחזר משום הכונה, וטעה דלא צריך בלחש, ואמר בקול רם - ברכת יצחק} למה גוערין בו, ותירץ לו דאין לדונו לזה לזכות - ט"ז›

אות ז'

מעשה ראובן נקרא ולא מתרגם וכו'

רמב"ם פי"ב מהל' תפלה הי"ב - ולא כל המקראות מתרגמינן בצבור, מעשה ראובן, וברכת כהנים, ומעשה העגל מן: ויאמר משה אל אהרן, עד: וירא משה את העם וגו', 'ועוד פסוק אחד: ויגף ה' את העם, כולם נקראין ולא מתרגמין; ובמעשה אמנון, במקום שנאמר: אמנון בן דוד, נקרא ולא מתרגם - ‹ק"ל, ד"מעשה דוד ואמנון" דתנן במתניתין, משמע דמעשה דוד, היינו מעשה בת שבע, ואיך לא הזכירו רבינו, **ואפשר** שהוא מפרש "מעשה דוד ואמנון", מעשה אמנון שנזכר בו דוד, נקרא ולא מתרגם, אבל מעשה דוד בבת שבע לא נזכר כאן - כסף משנה›.

באר הגולה

ז ‹בגמרא: מעשה עגל השני נקרא ולא מתרגם, איזהו עגל השני, מן "ויאמר משה" עד "וירא משה", ובהרי"ף והרא"ש כתוב ועוד פסוק אחד, "ויגוף ה' את העם". ונ"ל שהוא תוספת הרי"ף, שפירש דטעמא דלא מתרגם, משום כבודו של אהרן, {כמו שפי' תוס' ע"ש, ודלא כרש"י}, וא"כ בפסוק "ויגוף", שכתוב "על העגל אשר עשה אהרן", ה"ה דלא מתרגם, והגמרא לא חשש אלא לכתוב הפרשה, וה"ה בהאי קרא, כיון דטעמא משום כבודו של אהרן - כסף משנה›

עין משפט נר מצוה

[עיין תוס' חגיגה יא: ד"ה יכול]

[שייך לעיל במשנה]

פה א מיי' פי"ב מהל' תפלה הל' יב סמג עשין יט:

[צ"ל היא]

פו ב טוש"ע י"ד סימן קמז סעיף ה:
א ג מיי' פי"א מהל' תפלה הל' יד טור ש"ע א"ח סימן קנג סעיף ב

[מפרש"י נראה דגרים דלמא אתו למעבד מאהבה ומיראה ולקמן גבי אזהרות ועונשין גרס דלמא פייגי דעתייהו וכ"כ מהרש"א וע"ע בע"י]

מה לפנים מה לאחור · פי' *מה בסוף העולם ולמערב או כמו מה היה קודם ששת ימי בראשית ומה יהיה אחר שיכלה העולם: *מעשה של עגל השני נקרא ולא מתרגם · פירש רש"י שלא יאמרו ממשות היה בו מדקאמר אהרן ויצא העגל הזה וקשה דהא בירושלמי פליגי אמוראי ואיכא מאן דאמר מן ויאמר עד לשמלה בקמיהם (*היה) מעשה עגל השני והיינו סיפיה דקרא דוירא משה ולפרש"י לא היה לו לומר אלא עד תחלת הפסוק לכן נראה כדמפרש בירושלמי דהטעם הוי לפי שאין דומה גנאי של יחיד ביחיד או של לבור בלבור לגנאי של יחיד בלבור ומשום כבודו של אהרן לא רלו לתרגם:

הדרן עלך הקורא את המגילה עומד

בני העיר *הואיל והעם מתפללין בו בתעניות ובמעמדות · לא גרס ובמעמדות שהרי גבי מעמדות לא מלינו רחוב אלא לבית הכנסת היו הולכין כדתניא בפ' בתרא דתענית (דף כו·):

ומה לפנים ומה לאחור קמ"ל מעשה לוט ושתי בנותיו נקרא ומתרגם פשיטא מהו דתימא ניחוש לכבודו דאברהם קמ"ל מעשה תמר ויהודה נקרא ומתרגם פשיטא מהו דתימא ליחוש לכבודו דיהודה קמ"ל שבחיה הוא דאודי מעשה עגל הראשון נקרא ומתרגם פשיטא מהו דתימא ליחוש לכבודן של ישראל קמ"ל כל שכן דניחא להו דהויא להו כפרה קללות וברכות נקרין ומתרגמין פשיטא מהו דתימא ניחוש (א) *פייגא דעתיהו דצבורא קמ"ל אזהרות ועונשין נקרין ומתרגמין פשיטא מהו דתימא ניחוש דלמא אתו למעבד מיראה קמ"ל מעשה אמנון ותמר נקרא ומתרגם [מעשה אבשלום נקרא ומתרגם] פשיטא מהו דתימא ליחוש ליקריה דדוד קמ"ל מעשה פילגש בגבעה נקרא ומתרגם פשיטא מהו דתימא ליחוש לכבודו דבנימן קמ"ל °הודע את ירושלם את תועבותיה נקרא ומתרגם פשיטא לאפוקי מדרבי אליעזר דתניא *מעשה באדם אחד שהיה קורא למעלה מרבי אליעזר הודע את ירושלם את תועבותיה אמר לו עד שאתה בודק בתועבות ירושלים צא ובדוק בתועבות אמך בדקו אחריו ומצאו בו שמץ פסול: ואלו נקרין ולא מתרגמין (רעבד"ן סימן) מעשה ראובן נקרא ולא מתרגם ומעשה ברבי חנינא בן גמליאל שהלך לכבול והיה קורא חזן הכנסת °ויהי בשכון ישראל ואמר לו למתורגמן (*הפסק) אל תתרגם אלא אחרון ושיבחוהו חכמים מעשה עגל השני נקרא ולא מתרגם איזה מעשה עגל השני מן °ויאמר משה עד וירא משה תניא ר"ש בן אלעזר אומר לעולם יהא אדם זהיר בתשובותיו שמתוך תשובה שהשיבו אהרן למשה פקרו המערערים שנאמר °ואשליכהו באש ויצא העגל הזה: ברכת כהנים נקרין ולא מתרגמין מ"ט משום דכתיב °ישא: א) מעשה דוד ואמנון [א] לא נקרין ולא מתרגמין והא אמרת מעשה אמנון ותמר נקרא ומתרגם לא קשיא *הא דכתיב אמנון בן דוד הא דכתיב אמנון סתמא ת"ר *כל המקראות הכתובין בתורה לגנאי קורין אותן לשבח כגון °ישגלנה ישכבנה °בעפולים בטחורים °חריונים דביונים °לאכול את חוריהם ולשתות את מימי שיניהם לאכול את צואתם ולשתות את מימי רגליהם °למחראות למוצאות ר' יהושע בן קרחה אומר למחראות כשמן מפני שהוא גנאי לעבודת כוכבים *אמר רב נחמן כל ליצנותא אסירא בר מליצנותא דעבודת כוכבים דשריא דכתיב °כרע בל קרס נבו וכתיב °קרסו כרעו יחדיו לא יכלו מלט משא וגו' ר' ינאי אמר מהכא °לעגלות בית און יגורו שכן שומרון כי אבל עליו עמו וכמריו עליו יגילו על כבודו כי גלה ממנו אל תקרי כבודו אלא כבידו אמר רב הונא בר מנוח משמיה דרב אחא בריה דרב איקא שרי ליה לבר ישראל למימר ליה לעובד כוכבים שקליה לעבודת כוכבים ואנחיה בשין תיו שלו אמר רב אשי האי מאן דסנאי שומעניה שרי ליה לבזוייה בגימ"ל ושי"ן האי מאן דשפיר שומעניה שרי לשבחיה ומאן דשבחיה *ינוחו לו ברכות על ראשו:

הדרן עלך הקורא את המגילה עומד

בני העיר שמכרו רחובה של עיר לוקחין בדמיו בית הכנסת ׳בית הכנסת לוקחין תיבה תיבה לוקחין מטפחות מטפחות

יקחו

קמ"ל שבחו הוא · שבח הוא ליהודה הקרייה: דאודי · שהודה (ג) מתחלה: מאהבה · של ברכות: ומיראה · של קללות ואזן לבן לשמים: פייגי דעתייהו · יחלש דעתן כששומעין שיהו נענשין ויאמרו טוב ליהנות מן העולם הזה בכל רלונו הואיל וסופו ליענש: אל תתרגם אלא אחרון · ויהיו בני יעקב שנים עשר והפסוק הזה נפסק בהפסק פרשה לכך קורהו אחרון כאילו הוא פסוק לעצמו: מן ויאמר משה אל אהרן · מה עשה לך העם הזה (ג): פקרו המערערים · העיזו פניהם לומר יש ממש בע"ז: משום ישא · שלא יאמרו הקב"ה נשא להן פנים ואינן יודעין שכדאי הן ישראל לשאת להן פנים כדאמרינן בברכות (דף כ:) לא כדאי הם ישראל לשאת להן פנים אני אמרתי ואכלת ושבעת וברכת (דברים ח) והן מחמירין על עצמן עד כזית עד כביצה: ישגלנה · לשון משכב כדכתיב והשגל יושבת אצלו (נחמיה ב) וי"מ *כלבתא: בעפולים · לשון מפורש הוא לגנאי יותר מטחורים ושניהן בנקב בית הריעי: חריונים · חרי לשון ריעי: דביונים · זוב מן היונים שלא לפרש שהיו ישראל אוכלין גללייהו בשומרון: את חוריהם · ריעי היוצא דרך הנקב: מימי שיניהם · שינים יש לכרכשא' והוא לחה ורכה קרויה מימי שיניהם: למחראות · בני עבודת כוכבים כתיב בספר מלכים כי חור לשון מוצא ריעי הוא: לעגלות בית און · לקול השמועה שבשומרון כי אבל עליו עמו של העגל: וכמריו (ד) [אשר] עליו יגילו · אשר היו רגילין לשמוח עליו עתה יתאבלו על כבודו כי גלה ממנו: אלא כבידו · כובד משאו של ריעי *תהיה בו וכובד עגבותיו ודומה לו בספר ישעיה (*כרעו קרסו) יחדיו לא יכלו מלט משא וגו' הוא משא של ריעי ורבותי מפרשין וכמריו עליו יגילו ממש לשון שמחה שהסיל משאי שלהן אבל אין לפרש כן שהעגל כולו גלה כאחד שנטלו סנחריב: בגי"ן ושי"ן · לשון וחשופי שת ערות מצרים (ישעיה כ): דסני שומעניה · שיוצאות עליו שמועות רעות ושמועות שהוא נואף: בג' ושי"ן · (ה) בר גירתא זונה שמה סרי' שם מוסרת כך הוא בתשובות הגאונים מותר לבזות גם את אמו שילדתו ורבותי מפרשים גיופא שייטא סטייה:

הדרן עלך הקורא את המגילה עומד

בני העיר שמכרו רחובה של עיר · יש בו קדושה כדמפרש בגמ' הואיל ומתפללין בו בתעניות ובמעמדות: לוקחין

רבינו חננאל

נומר אלא המתחיל הוא׳ נומר את כולם תניא לעולם יהא אדם זהיר בתשובותיו שמתוך תשובה שמשיב אהרן אל משה פקרו המינין שנאמר ואשליכהו באש ויצא העגל הזה. ברכת כהנים נקרא ולא מיתרגם. מ"ט משום ישא ה' פניו אליך: ירושלמי לא נקראין. ר' בא בעא מר' יוסי מ"ט א"ל כה תברכו לברכה ניתנה ולא לקרייאה תוספתא מעשה דוד בבת שבע לא נקראין ולא מתרגמין והסופר מלמד כדרכו תנו רבנן כל המקראות שכתובים לגניי כגון ישגלנה קורין אותה ישכבנה וכגון בעפולים קורין אותם בטחורים חריונים קורין אותן דביונים וחוריהן קורין אותםצואתם ולמחראות קורין אותן למוצאות אלו בלשון הקודש הן גניי גדול בלשון הזה לפיכך משנים אותם שלא להוציא דבר מגונה מפיו אמר רב נחמן כל ליצנותא אסורה בר ליצנותא דעבודת כוכבים דכתיב כרע בל קרס נבו וכתיב קרסו כרעו יחדו וגו'. ר' ינאי אומר מהכא על כבודו כי גלה ממנו כלומר עמו של עגל מתאבלין והכומרים שהיו עליו מגילין עכשיו מתעצבין על כבודו כי גלה כלומר לקה בכבידו וחלה וגלה הכבד שלו ניטל כולו בדרך ליצנות כיון שאינו יכול להועיל ניטל כבידו. שרי לעובד כוכבים למימר שקליה לעבודת כוכבים ואנחיה בשת שלך דכתיב וחשופי שת ערות מצרים ופירשו מקום השתנת מי רגלים ובתחת מקום הצואה. ואמר רב אשי מאן דסני שומעניה כגון השותה בר' מיני זמר וכיוצא בו כמו שמצינו באלישע אחר שהוציאוהו אלו הדברים לתרבות רעה ומפורש בחגיגה וכ"ש בדבר שהוא יותר מות שרי לבזוייה כשי"ן וגימ"ל כלומר כל מי ששמעו רע מותר לבזותו בן זונה דניירא ונירתי ונגלו שוליך ונחמסו עקביך ופי' בן שפחה בן עכו"ם. כדגרסינן כמאן קרינא לרשיעא רשיעא בר צדיקא רשיעא בר רשיעא כי האי תנא כו' א) ר' יהודה בן קרחה אומר וישימם למחראות קורין אותן ככתבו מפני שנגיי לע"ז הוא׳ הכתוב ליחיד אין מכבין אותו לרבים כתוב לרבים אין מכנים אותו ליחיד ר"י אומר המתרגם פסוק בצורתו הרי זה בדאי והמוסיף הרי זה מגדף פירוש המתרגם ג) השם בצורתו בדאי והמוסיף עליו זולתי התרגום שלנו הרי זה מגדף. תורגמן העומד לפני חכם אינו ג) אביו או רבו: ירושלמי תפילין ומזוזה מי קודם שמואל אמר מזוזה קודמת שכן נוהגת בשבתות ובי"ט משא"כ בתפילין רב הונא אמר תפילין קודמין שנוהגין במפרשי ימים והולכי מדברות משא"כ במזוזה. מתניתין מסייעא לשמואל תפלה שבלו עושין אותה מזוזה מזוזה שבלה אין עושין אותה תפלה למה שמעלין בקדש ולא מורידין: הדרן עלך הקורא את המגילה עומד

א) נ"ל תוספתא ר' יהושע בן קרחה אומר וכו'. ב) עי' תוס' קדושין דף מ"ט ד"ה המתרגם מש"כ בשם רבינו ז"ל וע"ע בערוך ערך תרגם. ג) חסר כאן וכן איתא בתוספתא שם אינו רשאי לא לפחות ולא להוסיף ולא לשנות אא"כ יהיה אביו או רבו.

הגהות הב"ח

(א) גמ' וברכות נקרין ומתרגמין פשיטא מהו דתימא ניחוש דלמא אתו למיעבד מאהבה ומיראה קמ"ל אזהרות ועונשין נקרין ומתרגמין פשיטא מהו דתימא ניחוש דלמא פייגא דעתייהו דצבורא קמ"ל מעשה אמנון כצ"ל: (ב) רש"י ד"ה דאודי שהודה על חטאו: (ג) ד"ה מן ויאמר וכו' העם הזה שחור אהרן וספר המעשה נקרא מעשה העגל השני סס"ד: (ד) ד"ה וכמריו עליו כצ"ל ותיבת אשר נמחק: (ה) ד"ה בגימ"ל ושי"ן. כ"ב בר גיורתא תרגום ירושלמי הטוף והכופה גיורא וגיורתא:

גליון הש"ס

גמ' דלמא פייגא. עיין ברא"ש ויגש. פ' מ"ו פסוק י:

הגהות מהר"ב רנשבורג א] גמ' מעשה דוד ואמנון נקרין ולא מתרגמין כצ"ל:

הגהות הגר"א [א] גמ' מעשה דוד ואמנון (לא) תו"מ (וכגירסא שלנו כמתני' ופי' תוי"ט):

מסורת הש"ס

[עי' רש"י ד' י]

[מס' סופרים פ"ט ה"י]

§ מסכת מגילה דף כה: §

אות א'

הא דכתיב אמנון בן דוד, הא דכתיב אמנון סתמא

רמב"ם פי"ב מהל' תפילה הי"ב - ובמעשה אמנון, במקום שנאמר: אמנון בן דוד, נקרא ולא מתרגם.

אות ב'

כל ליצנותא אסירא, בר מליצנותא דעבודה זרה דשריא

יו"ד סי' קמז ס"ה - מותר להתלוצץ בעובדי כוכבים.

אות ג'

בית הכנסת לוקחין תיבה, תיבה לוקחין מטפחות וכו'

סימן קנג ס"ב - [א]בני העיר שמכרו בהכ"נ, יכולים ליקח בדמיו תיבה, דהיינו היכל שמניחין בו ס"ת, או לוח שמעמידין עליו ס"ת.

ואפילו לכתחלה נמי מותר למכור כדי לקנות עילוי קדושה, והא דנקט "שמכרו", היינו משום סיפא, דלהוריד מקדושה, אפילו כבר מכרו אסור, **ועיין** לקמן בסי"ג בבה"ל מה שכתבנו שם, אם לעילוי קדושה מותר למכור ביהכ"נ, כשאין לו ביהכ"נ אחרת.

מכרו תיבה, יכולים ליקח בדמיו מטפחת של ס"ת; מכרו מטפחת, לוקחין בדמיה ספרים, [ב]דהיינו שכתוב כל חומש לבדו - בימיהם היו כותבין החומשין כעין ס"ת, בגלילה ובתפירת גידין.

וכן נביאים וכתובים - נביאים וכתובים שוים לחומשים, לענין שיש עילוי בקדושתן ממטפחת, ויכול לקנותן בדמי מטפחת, **ומ"מ** לא שוים לכל צד, דקדושת חומשים העשוים בגלילה גדולה מהן, ואסור ליקח בדמי חומשין נביאים וכתובים, ובדמי נביאים וכתובים לוקחין חומשים, **ונביאים** וכתובים גופא כי הדדי נינהו, **וחומשין** שלנו, אפילו אם כל החמשה היו כרוכין יחד, גרע מחומש אחד העשוי כתיקון ס"ת.

מכרו ספרים, לוקחין בדמיהן ס"ת.

אבל איפכא להורידן מקדושתן, אסור - דהיינו מספר תורה ליקח חומשים, וכן מחומשים מטפחת, וכן בכולהו.

(ומיירי כ"ז שלא בשבעה טובי העיר במעמד אנשי העיר, ובזט"ה במא"ה יבואר לקמן בס"ז וס"ט).

ואפילו אם קנו בקצת המעות דבר שקדושתו חמורה, אין יכולין לשנות המותר לקדושה קלה.

אות ג'* [ג]

סימן קנג ס"ג - [ד]ס"ת שנמצא בו טעות, דינו כחומשים - כיון שאין קורין בו, אע"פ שאפשר לתקנו, **(וע"ל סימן קמ"ג).**

באר הגולה

א שם כ"ה | ב ומפרש רבינו דספרים היינו חומשים, כלומר שכתוב כל חומש לבדו, ואין קדושתו כקדושת ס"ת שכתובים בו כל החמשה חומשים ביחד, וכן כתב הרמב"ם, והר"ן פירש דספרים היינו נביאים וכתובים - ב"י, וכן פי' רש"י | ג מילואים | ד הריב"ש

§ מסכת מגילה דף כו. §

אות א'

הרחוב אין בו משום קדושה

סימן קנ"ד ס"א - [א]**רחבה של עיר** - הוא מקום שמתכנסין בו בתעניות להתפלל בו, (וזה המקום היה להם מזומן לזה), מפני שאז הקיבוץ רב, ואין בתי כנסיות מכילין אותן, **אע"פ שמתפללין בה בתעניות, אין בה משום קדושה, מפני שהיא עראי** – (ועיין בריטב"א שדעתו, דמ"מ אין לנהוג בזיון במקום ההוא, כיון שהוא מזומן לזה).

[ב]**וכן בתים וחצרות שמתקבצים בהם להתפלל באקראי, (פי' דרך מקרה והזדמן לא דרך קביעות), אין בהם שום קדושה** - היינו אפילו הוא בית פנוי שאין דר בה אדם, **ואצ"ל** אם מתקבצין להתפלל בבית שדרין בו ומשתמשין בו צרכיהם, בודאי אין ע"ז שם ביהכ"נ, אפי' מתפללין שם תדיר, כיון שאין מיוחד לתפלה בלבד.

ועזרות שלנו לא עדיפי מבתים וחצירות, שאינן מתפללין בהם אלא כשהם נדחקים, **ומ"מ** אפשר לומר הואיל ומתפללין שם תדיר כל זמן שהם נדחקים, אע"פ שהוא אקראי לגבי זה המתפלל, המקום נעשה קבע לעצלנים, **ובעיירות** גדולות שהדרך להתפלל שם בעזרה בקביעות, פשוט דכל קדושת ביהכ"נ עליו, **אבל** גן ופרדס ואיצטבא שסביבה, אע"פ שפתוח לביהכ"נ, אין בה קדושה, **ואם** היה פתוח נגד ההיכל, יש להחמיר שלא לנהוג שם קלות ראש, ואע"פ שהמקום חול, הואיל והוא מכוון כנגד הקודש איכא זילותא.

אות א*[ג]

סימן קנ"ד ס"ב - [ד]**השוכרים בית** - לזמן קבוע לחודש או לשנה, **ומתפללין בו, אין לו דין בית הכנסת** - והטעם, דכיון דבכלות זמן השכירות יש ביד הבעה"ב שלא להשכיר להם עוד, א"כ אינו אלא עראי, ואין בו קדושה, **(וזה כתבתי לפי מה דאסברה לנו הלבוש, אמנם מעולת תמיד מוכח, דאין דין זה אלא בכגון ההיא דר"י בן חביב, שלא היה שם רשות להם בתוגרמה להזמין מקום קבוע לתפלה מפני המלכות, והיו מטמינים את עצמם בתחתיים להתפלל, ובכה"ג בודאי אינו חשוב אלא עראי, כי היום או מחר יתודע ויתבטל באמצע הזמן, משא"כ בשוכרים בגלוי כדרך כל העולם, שעל אותו הזמן כמכורה היא להם, בודאי יש בה קדושה, כיון שקבעו אותו מקום לתפלה בכל משך הזמן, ולא באקראי בלבד, ואע"פ שלאחר כלות הזמן אפשר שלא ירצה בעה"ב להשכיר, מ"מ אין זה מקרי אקראי בעלמא, כיון שבכל אותו הזמן אין להם קביעות אחרת כי אם שם, וכעין זה משמע ג"כ מהכנה"ג, ולענ"ד שכן נכון לדינא, מאחר שגם בגוונא דמהר"י בן חביב, כתב מהרי"ט שלא ברירא ליה דבר זה, והוא חוכך בזה להחמיר כל משך הזמן של השכירות, וא"כ עכ"פ בשוכר בגלוי כדרך כל הארץ, בודאי אין להקל בזה).**

[**עיין** בפמ"ג שכתב, דאם שוכרים לזמן רב, נוטה הדבר דלכו"ע יש לו דין ביהכ"נ, דבודאי לא מקרי אקראי].

אין לו דין בהכ"נ - ודוקא אם הוא להתפלל לבד, אבל אם הוא ביהמ"ד, יש בו קדושה, שע"ת בשם תשובת כנה"ג, **ואיני** יודע טעמו, ואולי דכיון שהוא נעשה קבע גמור להתפלל וללמוד בו כדרך ביהמ"ד, לא מקרי עראי.

אות ב'

לא שנו אלא בית הכנסת של כפרים, אבל בית הכנסת של כרכין, כיון דמעלמא אתו ליה, לא מצו מזבני ליה, דהוה ליה דרבים

סימן קנ"ג ס"ז - הנה מפני שהסעיף יש בו כמה פרטים, לכן אקדים לזה הקדמה קצרה, והוא: דמה שנזכר לעיל מענין מכירת ביהכ"נ, ה"מ אם הוא של כפר, דסתמא בנאוהו רק אדעתא דידהו, ולכן יש יכולת ביד רוב בני העיר למכרו, אך שלא יורידו אח"כ הדמים מקדושתן, **וכשהוא** נמכר גם בהסכמת הז' טובים שלהם, אז יכולין לעשות בהדמים מה שירצו, דהיינו להוציאם לחולין, כדאיתא לקמיה, **אבל** אם הוא ביהכ"נ של כרכים, תלינן דבעת הבנין בנוהו גם אדעתא דכולי עלמא, ואפילו אם נתנו כל מעות הבנין משלהם, אפ"ה תלינן דבשביל כולם בנוהו, **ולכן** אפילו הסכימו אח"כ במכירתו ז' טו"ה במעמד אנשי העיר, אין מכירתן מכירה, ועתה נבאר דברי השו"ע.

[ה]**והא דבהכ"נ נמכר, הני מילי של כפרים, שאין באים אנשים ממקומות אחרים, שלא נעשית אלא לבני הכפרים לבדם** - והסכימו האחרונים, דבאתרא דלא שכיחי רבים דאתי מעלמא, נקרא כפר, אע"ג דשכיחי רבים עוברים ושבים לפרקים, כיון דלא קביעי בעיר אלא עוברים ושבים דרך עראי, מקרי כפר, **אמנם** כל מקום דשכיחי רבים מעלמא שבאין להתפלל שם, כגון מקום שהסוחרים מתקבצין שם תדיר לסחורה, אפי' אם העיר היא קטנה, או מקום שיש שם חכם גדול, שמתקבצים שם רבים הצריכים לו ולתורתו, הוי ככרך, דמסתמא אדעתא דכל העולם בנאוהו.

(ואפי' בנו אותה משל אחרים) (מרדכי ישן בשם ראבי"ה) - דמסתמא אחרים נתנו להם המעות שיעשו הם בהם מה שירצו, כיון שאין רגילות לבוא שם, **ולכן** אפילו אותם אחרים אינם מסכימים אח"כ במכירה, מותר למכרה.

באר הגולה

[א] מגילה כ"ו [ב] טור [ג] ‹מילואים› [ד] מהר"י בן חביב [ה] שם בגמרא

(א) יקחו ספרים ספרים לוקחין תורה אבל אם מכרו תורה לא יקחו ספרים ספרים לא יקחו מטפחות מטפחות לא יקחו תיבה תיבה לא יקחו בית הכנסת בית הכנסת לא יקחו את הרחוב וכן במותריהן: **גמ'** בני העיר שמכרו רחובה של עיר אמר רבה בר בר חנה אמר רבי יוחנן זו דברי ר' מנחם בר יוסי סתומתאה אבל חכ"א הרחוב אין בו משום קדושה ור' מנחם בר יוסי מאי טעמיה הואיל והעם מתפללין בו בתעניות ובמעמדות ורבנן ההוא אקראי בעלמא: בית הכנסת לוקחין תיבה: אמר רבי שמואל בר נחמני א"ר יונתן לא שנו אלא בית הכנסת של כפרים אבל בית הכנסת של כרכין כיון דמעלמא אתו ליה לא מצו מזבני ליה דהוה ליה דרבים אמר רב אשי האי בי כנישתא דמתא מחסיא אף על גב דמעלמא אתו לה כיון דאדעתא דידי קאתו אי בעינא מזבנינא לה מיתיבי *א"ר יהודה מעשה בבית הכנסת של טורסיים שהיה בירושלים שמכרוה לרבי אליעזר ועשה בה כל צרכיו והא התם דכרכים הוה ההיא בי כנישתא זוטי הוה ואינהו עבדוה מיתיבי °בבית ארץ אחוזתכם *אחוזתכם מיטמא בנגעים ואין ירושלים מיטמא בנגעים אמר רבי יהודה אני לא שמעתי אלא מקום מקדש בלבד הא בתי כנסיות ובתי מדרשות מיטמאין אמאי הא דכרכין הוו אימא א"ר יהודה אני לא שמעתי אלא מקום מקודש בלבד במאי קמיפלגי ת"ק סבר *לא נתחלקה ירושלים לשבטים ורבי יהודה סבר נתחלקה ירושלים לשבטים ובפלוגתא דהני תנאי דתניא *מה היה בחלקו של יהודה הר הבית הלשכות והעזרות ומה היה בחלקו של בנימין אולם והיכל ובית קדשי הקדשים ורצועה היתה יוצאת מחלקו של יהודה ונכנסת בחלקו של בנימין ובה מזבח בנוי והיה בנימין הצדיק מצטער עליה בכל יום לבולעה שנאמר °חופף עליו כל היום *לפיכך זכה בנימין ונעשה אושפיזכן לשכינה *והאי תנא סבר לא נתחלקה ירושלים לשבטים דתניא *) אין משכירים בתים בירושלים מפני שאינן שלהן ר"א **) (בר צדוק) אומר אף לא מטות לפיכך עורות קדשים בעלי אושפיזין נוטלין אותן בזרוע אמר אביי ש"מ אורח ארעא למישבק אינש גולפא ומשכא באושפיזיה אמר רבא לא שנו אלא שלא מכרו שבעה טובי העיר במעמד אנשי העיר אבל מכרו שבעה טובי העיר במעמד אנשי העיר אפילו למישתא

*) [תוס' מ"ש פס"ז] **) [בתוספתא איתא בר' שמעון]

רש"י

לוקחין ספרים · נביאים וכתובים: **אבל מכרו תורה כו'** · שמעלין בקדש ולא מורידין: תוספתא · מעלין בקדש דכתיב ויקם משה את המשכן (שמות מ) בכלל עשה ומשה שהיה גדול ממנו הקימו ולא מורידים דכתיב את מחתות החטאים האלה בנפשותם ועשו אותם רקועי פחים צפוי למזבח כי הקריבום לפני ה' ויקדשו וגו' (במדבר יז) כיון שהוקדשו הוקדשו *עד כאן: **וכן במותריהן** · מכרו ספרים ולקחו ממקצת הדמים תורה לא יקחו מן המותר דבר שקדושתו פחותה: **גמ' זו דברי ר' מנחם כו'** · בהדיא אמרינן בתוספתא דמגילה (פ"ב) דהוא אמרה: **הואיל והעם מתפללים בו בתעניות ובמעמדות** · כדתנן במסכת תענית (דף טו·) עברו אלו ולא נענו מוציאין את התיבה לרחובה של עיר: ובמעמדות (ג) תנן מתכנסין בעריהן וקורין במעשה בראשית והניא בגמרא אנשי מעמד נכנסין לבית הכנסת ויושבין ארבע תעניות בשבת ואפשר בית הכנסת היה להם קטנו ברחובה של עיר ומתכנסין שם המעמד כולו כדרך שעושים בביכורים (פ"ג משנה ב) כל העיירות שבמעמד מתכנסין *לעיירות של מעמד ולנין ברחובה של עיר ולא היו נכנסין לבתים ולנין שם והיה הממונה אומר קומו ונעלה ציון אל ה' אלהינו הא למדת כיום עיירות ברחוב היתה ואקראי הוי שמעמד (ג) הזה אינו חוזר חלילה עד חצי שנה ובתלמידי רבינו יצחק הלוי מלאתי *ובמעמדות לא גרסינן ומפרש שלא היתה תפלתן ברחוב עד כאן: **אקראי בעלמא** · אינו תדיר: **לא שנו** · דיכולין למכור בית הכנסת אלא של כפרים: **אבל של כרכין** · הוה להו בתי כנסיות דרבים והכל בעלין ואין בני העיר לבדם בעלים להם: **טורסיים** · *טורשי נחושת: **ואין ירושלים מטמאה בנגעים** · דלאו אחוזה היא כדאמרי' לקמן דסבירא ליה להאי תנא לא נתחלקה ירושלים לשבטים ולא נפלה בגורל לא ליהודה ולא לבנימין: **אני לא שמעתי** · שלא יהא מיטמא אלא מקום מקדש בלבד משום דבית של קודש הוא וגבי נגעים ובא אשר לו הבית (ויקרא יד) בעינן אבל ירושלים מיטמא בנגעים דסבר נתחלקה לשבטים ואחוזתכם קרינא ליה קתני מיהא לרבי יהודה דאית ליה נתחלקה לא שנו אלא מקום מקדש אבל בתי כנסיות ובתי מדרשות שבה (ד) כשאר בתי העיר ואע"ג דשל כרך הוא: **מקודש** · אף בתי כנסיות משמע: **הר הבית** · בכניסתו מצד המזרח כל מה שיש שם פנוי קרוי הר הבית שאין לה שם אחר: **והלשכות** · שבתוך החיל: **והעזרות** · שלשתן עזרת נשים ועזרת ישראל הן אחת עשרה אמה שישראל רשאין ליכנס לפנים מן השער ואחריהם לצד מערב לעזרת כהנים י"א אמה שבין דריסת רגלי ישראל למזבח החיצון: **ומה היה בחלקו של בנימין אולם והיכל** · (ה) מצד מערב עכשיו יותר בנתיים מקום המזבח ל"ב אמה ובין האולם והמזבח כ"ב אמה שלא פירש של מי הוא חוץ ופירש רצועה יוצאה כו' לימדך כאן רצועה זו לבדה ליהודה אבל לפנו של מזבח ודרומו ומערבו של בנימין ובמסכת זבחים אמרינן שאין ליהודה בתוכה הרצועה אלא המזרחית מקום היסוד ולכך לא היה יסוד למזרחו של מזבח: **והיה בנימין הצדיק** · צופה ברוח הקדש שכן עתיד להיות ומצטער עליה: **חופף עליו** · אדם המצטער חופף ומתחכך בבגדיו לשון שפשוף כמו נזיר חופף ומפספס (נזיר דף מב·): **אושפיזכן** · שהיה ארון בחלקו: **והאי תנא סבר כו'** · והיינו תנאי דאמרן לעיל: **אין משכירין** · בעלי בתים את בתיהם לעולי רגלים אלא בחנם נותנין להן ונכנסין לתוכן: **עורות קדשים** · תודה ושלמים שהעורות לבעלים: **גולפא** · קנקן של חרס שנשתמש בו: **ומשכא** · אם שחט בהמה: **לא שנו** · דאין מורידין דמים מקדושתן *ובית הכנסת (ו) בחשיבותו עומד אף ביד לוקח כהן ס"ת והלא מנהיג ספרים בהוייתן: **אלא שלא מכרו** · המוכרים ברשות העם [אבל אם מכרו וכו'] פקעה קדושה מן החפץ ומן הדמים ומותר לעשות מהן כל רצונם והיינו דבעא מיניה רבינא מרב אשי על הלה דבי כנישתא מהו למזרעה אלמא כמכר כל דהו הבית והמעות בקדושתייהו קיימי: למשתה

תוספות

כיון דמעלמא קאתו לה · נראה לפרש הכי כיון שרוב בני אדם רגילים ללכת שם להתפלל אף על פי שאין נותנים כלום בבנינו מכל מקום כיון דלדעת אותן רבים נעשה חמורה קדושתו ואינן יכולין למוכרו ועוד יש לפרש כיון שרבים נותנים בבנינו ובשאר צרכיו ובסמוך נמי דקאמר רב אשי דאדעתא דידי קאתו הייט ממה שנותנים בו לעשות רצוני:

ואמאי והא דכרכים נינהו · משמע דסבירא ליה למקשן דכיון דלא מיזדבני דאין להן ליטמא בנגעים משום דלא מיקרי אחוזתכם וגם לא קרינן ביה אשר לו הבית וקשה דהא בפ"ק דיומא (דף יא·) מחייב ר"מ בית הכנסת של כרכים במזוזה וגם מוקי ברייתא דהתם דקאמר דבית הכנסת מיטמא בנגעים כוותיה ועוד קשה אמאי נקט של כרכים דהא (ר"מ) *לא מפליג התם בין של כרכים לשל כפרים לענין נגעים ומזוזה ויש לומר דודאי המקשן טעה בתרתי חדא דאין חילוק בין כרכים לשל כפרים כדמסיק התם לרבנן דר"מ דהייטו ר' יהודה וגם טעה בהא דאע"ג דלא מיזדבני יש להן ליטמא בנגעים לרבי מאיר:

ורצועה יוצאה מחלק יהודה לחלק בנימין ובה היה מזבח בנוי · קשה דהא בפרק איזהו מקומן (זבחים דף נג:) אמר דבקרן דרומית מזרחית לא היה יסוד לפי שלא היה יסוד אלא בחלקו של טורף (ז) בנימין דכתיב בנימין זאב יטרף (בראשית מט) אלמא שכל המזבח בנוי בחלקו של בנימין וי"ל אותו קרן דרומית מזרחית שלא היה בו יסוד שהיה בחלק יהודה על זה היה מצטער בנימין לבולעה כדי שיהא כל המזבח בחלקו:

אף לא המטות · פירש הר"ר יוסף דסבירא ליה דכיון שהקרקע מקום המטות לא היה מיוחד לבעלים לא היה כח בידם להשכירם שכירות שלהם ומכל מקום מחמת מטלטליהם היו נוטלין עורות הקדשים:

תוגרה

עין משפט נר מצוה

ב א מיי' פי"א מהל' תפלה הלכה כא טוש"ע א"ח סי' קנג סעיף ה:

ג ב מיי' שם הל' טז טוש"ע שם סי' קנג סעיף ז:

ד ג מיי' פי"ד מהל' טומאת צרעת הלכה יא ופ"ז מהלכות בית הבחירה הלכה יד:

ה ד מיי' שם ופ"ב מהל' רוצח הלכה ד:

ו ה מיי' פ"ז מהלכות בית הבחירה הל' יד:

ז ו מיי' פי"א מהלכות תפלה הלכה יז טוש"ע א"ח סי' קנג סעיף ו:

לא מפליג התם וכו' · במסקנא התם החילוק הוא בין דירה או לא ודכפרים ודכרכים שוים לנ"ע ועי' במהרש"א

רבינו חננאל

בני העיר שמכרו רחובה של עיר לוקחין בדמיה בית הכנסת כו' אוקימנא א) פיר"ד מל' סתימתאה זו המשנה אע"פ שהיא סתם משנה אינה לר' מאיר כדקי"ל סתם משנה ר"מ היא ב) אלא ר"ע היא אי לר' מנחם ב"ר יוסי זו המשנה והיא שנויה סתם ולא כל דברים של חכמים הללו בכל המשנה סתומין הן אלא המשניות שהוכירום בלבד ג) לר' מנחם בר' יוסי סתימתאה דסבר הואיל והעם מתפללינבה בתעניות ובמעמדות יש בה קדושה אבל חכמים אומרים אקראי בעלמא היא · הלכך הרחוב אין בו משום קדושה . בית הכנסת לוקחין תיבה אוקימנא בבית הכנסת של כפרים אבל כנסת של כרכים לא מזדבנא משום שהיא של רבים. אמר רב אשי כנשתא דמתא מחסיא אע"ג דמעלמא קא אתו לה ושל רבים היא כיון דאדעתא דידי אתו אי בעינא מצינא מזבינגא לה ובית הכנסת של טרסיים בירושל' שקנאה ר' אלעזר בן עזריה הם עשאוה לעצמן ולא מסרוה לרבים לפיכך מכרוה · ובית הכנסת של כרכין אין מוכרין לפי שאינה שלהן [ותניא] אחוזתכם מטמא בנגעים ואין ירושלים מטמאה בנגעים א"ר יהודה אני לא שמעתי אלא מקום המקדש הא בתי כנסיות וירושלים מטמאין אמאי והא דכרכים נינהו ופרקינן אימא לא שמעתי אלא מקום מקודש ואפי' בתי כנסיות במשמע · במאי פליגי ת"ק סבר לא נתחלקה ירושלים לשבטים ואינה אחוזה ור' יהודה סבר נתחלקה ואחוזה היא ולא שנו אלא מקום מקודש וכו'

מסורת הש"ס

[וכן איתא בהדיא במנחות צט.]

יומא יב. ב"ק פב:

יומא יב. זבחים נג: קיח:

[סוטה מה:]

[עי' סוטה לז:]

הגהות הב"ח

[illegible]

גליון הש"ס

[illegible]

עוד כתבו הפוסקים, דאפילו ביהכ"נ שבכרך, [ו]אם ידוע שלא עשו אותה אלא למעט עם, כגון הביהכ"נ שעושין אותה בעלי אומניות לעצמן, **וה"ה** כשנתקבצו הבע"ב של איזה רחוב הרחוק מן ביהכ"נ שבעיר, ועשו ביהכ"נ לעצמן, ג"כ דינו כבהכ"נ של כפרים, אפילו הוא בכרך, דמסתמא רק על דעת עצמן בנוהו, **אם** לא שסייעו אנשי העיר ג"כ על הבנין, ואפילו מעט, אז אין להם רשות על המכירה בלא דעתן, [**דבדעתן** מסתברא דשרי, דלא נכון לומר שנתנו לרחוב זה על דעת כל העולם, **אבל** בלא דעתן לכאורה נראה ברור דאין יכולים למכור, **דלא** דמי להא דמתיר הרמ"א בשל כפרים אף כשבנו אותה משל אחרים, דהתם בודאי לא היה דעתם שלפעמים יבואו לכפר להתפלל שם, ובודאי החליטו הדבר רק על דעת בני הכפר, משא"כ באנשי העיר].

ולכן יכולים למכרו; ומ"מ המעות נשארים בקדושתן, ואינם ראשים להורידן מקדושתן - עיין לעיל בס"ד, דיש דעות אם מותר לשנותן לכיוצא בה.

[ו]**אבל של כרכים, שבאים שם ממקומות אחרים, אפילו בנו אותו משלהם, אינו נמכר** - דכיון דמעלמא אתו לשם, מסתמא בני העיר הקדישוהו גם לדעת הנכנסים, ולפיכך אין להם רשות למכור, שמא יש אחד בסוף העולם שהיה סמוך לעיר הזאת ורגיל ליכנס בה, ולדעתו הוקדשה, והוא אינו מסכים במכירה, **ולכן** אפילו הסכימו במכירה זט"ה במעמד אנשי העיר, אין מכירתן מכירה, דאינהו לא כייפי לבני העיר ולפרנסיה, **ואפילו** אם ירצו להעלות אח"כ הדמים בקדושה, כגון לקנות מזה ס"ת וכה"ג, ג"כ אין להם רשות לזה, דשמא אותן אחרים לא יסכימו לזה, [הרמב"ן ומאירי וכפשטות הש"ס].

וכ"ז בסתמא, אבל אם ברור לן דלא בנאו אלא אדעתא דבני עירם לבד, כגון שהתנו בעת בנינם, או שבשעת בנין היתה כפר, ואח"כ נתרבו בה תושבים הרבה, *וגם לא סייעו להם אחרים, דינו ככפר.

*[**זה** לא יצוייר רק בהתנו, אבל בכפר ונעשה כרך, אפי' אם סייעו להם אחרים בשעת בנינם, נמי אינו כלום].

כתב המ"א בשם המבי"ט, דאפילו ביהכ"נ של כרכים, אם אינם מתפללין בו, יכולין למכרו. (**עוד כתב, דבית החיים יכולים למכור**).

ודוקא כשמכרו בענין שלא יהיה אח"כ ביהכ"נ, אבל אם אח"כ ג"כ ישאר ביהכ"נ שרבים יתפללו בו, מותר, דמאי נ"מ להני דאתו מעלמא, אם הביהכ"נ שייך לאלו או לאלו, [**אבל** ליחיד מסתברא דאין לו רשות למכרו, דזה היזק להני דאתו מעלמא, ולא יתרצו לזה].

כתבו האחרונים, דאפי' בכרכים, היכא דבנאו אחרת טובה, מותר לסתור הראשונה, דודאי כו"ע ניחא להו בזה, **וכן** עצים ואבנים מראשונה מותר להשתמש בהן ולהוציאן לחולין ע"פ זט"ה במעמד אנשי העיר, דמאי איכפת להו לבני עלמא בזה, כיון שיש להם מקום טוב להתפלל.

(**כתב** בתשובת משאת בנימין, דבארצות שמנהג הקהלות להעמיד עליהם מנהיגים ופרנסים, ולהם מקל ורצועה בכל עסקי הקהלה, אין חילוק בין כפרים לכרכים, [ח]ובכל ענין יש להם כח ביד מנהיגים למכור ביהכ"נ, אפילו למישתי ביה שיכרא, וגם הדמים יוכלו להוציאם לחולין, אפילו אנשי העיר מוחים בידם, עכ"ל, וזהו דוקא כשבנאוהו משלהם, ולא נתערב בזה מעות מעלמא, **ולא העתקתיו** בפנים, כי בארצותינו אין להפרנסים כח זה כמובן, [ט]וגם איזה אחרונים מפקפקין בזה).

אות ב'*

<u>האי בי כנישתא דמתא מחסיא, אף על גב דמעלמא אתו לה, כיון דאדעתא דידי קאתו, אי בעינא מזבנינא לה</u>

סימן קנג ס"ז - [יא]אלא א"כ תלו אותו בדעת היחיד - היינו שתלו בעת הבנין את הביהכ"נ על דעתו, (שרשאי לעשות כל מה שירצה – שונה הלכות), וע"כ דעתו חשובה אח"כ כז' טובי העיר, **וכ"ז** דוקא כשבנאוהו משלהם, אבל אם נדבו אחרים, לזה אין מועיל מה שתלו הם בדעת היחיד, דשמא יש אחד בסוף העולם שאין דעתו נוחה בזה.

(**לא** (בענין דוקא) שהתנו בפירוש שרשאי לעשות כל מה שירצה, **אלא** (גם היכא) שתלו ביחיד לבנות כרצונו, אמרינן דמסתמא נתנו לו רשות גם למכור על פיו – הט"ז. **ולאו** כל יחיד שוה לענין זה בסתם, **אם לא** שהוא חשיב כרב אשי בדורו, דודאי גבאי בעלמא, אף שהוא מתעסק ומצוה בבנינם, משו"ה לאו כו"ע אדעתא דידיה ורצונו נותנים, **וע"כ** לא העתקתי דין זה דהט"ז במ"ב).

שאז יעשה בו היחיד מה שירצה בהסכמת הצבור - דודאי לא היה דעתם שימכור היחיד ביהכ"נ שלהם בלא דעתם, אלא להכי אהני דעת היחיד, דלא בעי טובי העיר, רק במעמד אנשי העיר לבד, וגם לא מצי אינש דעלמא לעכבו, מ"א, (**ולפי זה משמע, דאם לא היה המכירה במעמד אנשי העיר, דאין המכירה חלה כלל, דהצבור שהרשוהו לא היה דעתם באופן זה, אבל מביאור הגר"א משמע, דדינו כמו זט"ה בלא מעמד אנשי העיר בכפרים, דמהני מכירתם, אך דצריך אח"כ להעלות הדמים בקדושה**), **ואם** בפירוש תלו בדעת היחיד, שיכול למכור ויעשה מה שירצה בלא הסכמתם, א"צ לעשות בהסכמתם.

וה"ה לכל דברי קדושה שנזכרו כאן, דכלהו גרירי בתר בית הכנסת - פירוש כגון תיבה ומטפחת וכדומה הנזכרים בס"ב, דינם כמו בהכ"נ עצמו לענין זה, דכל היכי דאיהו נעשה אדעתא דכו"ע, כגון דכרכים, הנך נמי נעשו מסתמא אדעתא דכו"ע, וזהו מה שכתב

באר הגולה

ו (כמו דאמרינן בגמ' בבה"כ של טרסיים – ט"ז) ז **שם גמרא** (קטע החסר כאן מהסעיף נמצא באות ו') ח (הם ממש דמו לרב אשי דאמר אי בעינא מזבנא להו – שם) ט (משום דהוי נותן דבריו לשיעורים, שזה יאמר אני יחיד גדול הדור, שכולם מסכימים לדעתי, ואולי אינו כמו שהוא סבור, **ועוד** דאיכא למימר רב אשי שאני, דמימות רבי ועד רב אשי לא מצינו תורה וגדולה במקום אחד (גיטין נט), אבל שאר יחיד גדול הדור לא אמרינן שכולם מסכימים לדעתו, **ולכן** סתם וכתב (עיין לקמן אות ב'*), "אלא אם כן תלו אותה בדעת היחיד", דכיון דבפירוש תלו אותה בדעתו, אפילו קל שבקלים יעשה מה שירצה – ב"י) י (ע"פ מהדורת נהרדעא) יא (שם א"ר אשי האי כו' – גר"א)

המחבר: דכולהו גרירי בתר ביהכ"נ, **וכן** כל דבר השייך לביהכ"נ, כגון חצרות או מקוה, אמרינן ג"כ כי האי גוונא, ולא מצי למוכרן או לסוגרן למנוע מהן אורחין, ומ"מ לא חמיר מביהכ"נ.

וכן מה שנזכר בסעיף זה דזט"ה במעמד אנשי העיר בכפרים יכולים להוציא הדמים לחולין, לאו דוקא בביהכ"נ, אלא אפילו בתשמישי קדושה הדין כן, **אך** מ"מ יש חילוק ביניהו, דבתשמישי קדושה אף דמותר להשתמש בדמיהם כשנמכר בזט"ה במא"ה בכפרים, מ"מ הם גופא בקדושתייהו קיימי ביד הלוקח, דקדושת הגוף נינהו ואין יוצא לחולין, **אבל** ביהכ"נ ותשמישי מצוה מותר להשתמש בהן.

כל כלי ביהכ"נ וספסלים ויריעות שבבהכ"נ, דינם כביהכ"נ, ועל כן כשמכרו זט"ה במעמד אנשי העיר בכפרים, יכולים להשתמש במעות לכל מה שירצו, ואי לא"ה לא, כן הוא לפי פשטות דברי המ"א, שהעתיק דברי הר"ן בשם הירושלמי על דברי השו"ע, **ובספר** קובץ על הרמב"ם כתב, דנ"ל דאפילו בכרכים יכולים למכרם לדברי הר"ן, דדוקא לענין מכירת בהכ"נ גופא אמרינן דלא מחלי רבים חלקם לזט"ה, משא"כ בזה, ולכן יכול הגבאי למכרם בצירוף אנשי העיר, ולהוציא המעות לחולין, [**אבל** שלא להוריד הדמים מקדושה, מותר בכפרים, וכן בכרכים לדעת הקובץ, ע"י הגבאי לבד].

הגה: יחיד שבנה בהכ"נ ונתנה לקהל, דינה כבהכ"נ של קהל - ונמכרת על פיהם לבד, ולא בעינן דעת הנותן בזה כלל.

(**הרב** סתם ולא פירש במאי איירי בכאן, אם בכפר או אפילו בכרך, **דאפשר** דכיון דבכרך אפילו בנו בעצמם בלא סיוע מעלמא, נמי יש לכו"ע חלק בה, דמסתמא הקדישוה גם אדעתא דכו"ע, א"כ אפשר ה"ה בנידון זה דהיחיד הקדיש ביהכ"נ לבני העיר, אם הם בני כרך אפשר דהקדישה גם אדעתא דכו"ע, ותו לא מהני בה מידי דעת הנותן ודעת הקהל, כדין ביהכ"נ של כרכים, **אלא** דלפי"ז קיצר הרמ"א בזה יותר מדאי, ויותר מסתברא לומר דבכונה סתם הרב רמ"א, ובכל ענין יש לה מכר בזה, **דאם** אמרו בביהכ"נ שרבים בונים, דמקדישים אותו לכו"ע, לא אמרו ביחיד שנותן מתנה לצבור ידוע בלא שום שיור, שלא כוון להחליט להם לגמרי, רק שייר בו כח גם לכו"ע, דזה לא מסתברא כלל, וגם א"א לומר דמשבא ליד בני הכרך ממילא נתקדש גם לכו"ע, דמסתמא מתרצים הם בזה, דהא כבר כתב בתשובת משאת בנימין, דדוקא בשעת בנין אמרינן כן, משום דמסתמא בנו אדעת כן, אבל אי ברור לנו דלא כוונו בשעת בנין כלל, לא אמרינן דיתקדש ממילא לאחר הבנין, אע"ג שרבים מבני עלמא באים לתוכה להתפלל, וה"ה בנידון דידן, ומ"מ צ"ע בזה).

אבל אם שייר לעצמו בה שום כח, אין לה מכר כי אם על פי הקהל ועל פיו או יורשיו (א"ז והג' אשר"י).

וכל זה - פי' הא דכפרים, או של כרכים שתלו אותו בדעת יחיד, **לא מיירי אלא כשיש להם בהכ"נ אחרת** - המ"א פירש דר"ל, כשבנאו עכשיו אחרת, אבל כשיש להם שני בתי כנסיות מקודם, אסור למכור אחד, **אבל** להט"ז מותר אפילו באופן זה, וכן דעת הא"ר כוותיה, וכן משמע מביאור הגר"א, **אבל** כ"ז דוקא כשאותו ביהכ"נ מרווח והוא מחזיק לכולם, דאל"ה פשוט דלכו"ע אסור.

אבל אם אין להם רק בהכ"נ אחת, אסור למכרו, דהא אפי' לסתרו אסור עד שיבנו אחרת (רבינו ירוחם) - אפילו בזט"ה במעמד אנשי העיר, ואפילו כשמוכרים זה כדי לקנות אחרת, דומיא דסתירה דאסור אפילו באופן זה, וכנ"ל בסימן קנ"ב.

אם לא שירצו לקנות בדמים אחרת בגוונא דליכא למיחש לפשיעותא, כגון שמזומן ביהכ"נ ליקח, ואינו חסר אלא נתינת המעות [דף כ"ז], אז מותר ע"י זט"ה במעמד אנשי העיר, [**דאל"ה** אסור למכור לכתחילה לכו"ע, משום דבר קדושה כדי ליקח כיוצא בה, וכמ"ש לעיל במ"ב בס"ד].

(**עיין במ"א, דלקנות מזה קדושה חמורה מותר,** (ע"ל סי"ג בבה"ל), **והיינו בכפרים דוקא וכמ"ש הא"ר, ונראה דהיינו דוקא בגוונא היכא דליכא למיחש לפשיעותא, דאל"ה מסתברא דאסור, שמא לא יקנה אח"כ הדבר קדושה).**

כל דבר שבקדושה שנמכר ומותר לשנותו, נמכר בלא הכרזה - פי' דבר זה הוא ע"פ המבואר ברשב"א, באחד שצוה שבית זה יהיה לעניים שיאכלו הפירות, ולא יעשו בני הקהל שום הברחה, ואח"כ רצו הקהל למכור הבית ולקנות בדמים דבר אחר שתהא נושאת הפירות לעניים, **וכתב** הרשב"א דצריכים הכרזה בשעת המכירה, דכיון שצוה שבני הקהל לא יעשו הברחה, א"כ בודאי אין הצבור יכולים ליתן בית זה במתנה למי שירצו, **וא"כ** ה"ה דאין רשאים למכור בלא הכרזה, דכל שלא הכריזו אנו רואים כאלו מוזלי בקרקע זו, דדילמא אם הכריזו היה נמצא מי שיתן ביוקר, ומה לי נותנים כולה במתנה ומה לי מוזלי במקצתה, עכ"ד.

ועתה נפרש דברי רמ"א: כל דבר וכו', ומותר לשנותו, היינו שהמוכרים יש להם רשות בלא"ה לעשות בדבר הנמכר מה שירצו, לא בעו הכרזה, דלו יהא דבשביל מניעת הכרזה נמכר בזול, נמי לא איכפת לן, דמי גרע מאם נתנו במתנה לאחד.

ואין בו אונאה - ומיירי במכירת קרקע ובתים, ומשום שאין אונאה לקרקעות, ואשמועינן דלא תימא דהוו כשליח, דאפילו בכל שהוא מכרו בטל, משום דיכול לומר: לתקוני שדרתיך ולא לעוותי, אלא הוו כשלהן, **אבל** במכירת מטלטלין בודאי יש אונאה.

אבל דבר שאסור לשנותו לקדושה קלה, צריך הכרזה (רשב"א) - והיינו כדלעיל בשם הרשב"א, שצריך הכרזה כדי שלא ימכר בזול, וממילא יש אונאה ג"כ ואפילו בקרקעות.

(**ולכאורה** לפי דעת המ"א, דלא גרסינן "לקדושה קלה", ביאורו, דוקא כשאסור לשנותו כלל אפי' לקדושה חמורה, כגון שצוה המקדיש על כך, אז צריך הכרזה, **אבל** אם יש להם רשות לשנות לקדושה חמורה, כגון ע"י זט"ה שלא במעמד אנשי העיר, וכנ"ל, אז נחשב כשלהן ואין צריך הכרזה, **ולענ"ד** עיקר כמג"א).

ודוקא בקרקע, אבל במכירת מטלטלין אין צריך הכרזה, כדאיתא בחו"מ סימן ק"ט.

אות ג'

אחוזתכם מיטמא בנגעים, ואין ירושלים מיטמא בנגעים

רמב"ם פי"ד מהל' טומאת צרעת הי"א - ירושלים וחוצה לארץ אין מטמאין בנגעים, שנאמר: בבית ארץ אחוזתכם, וירושלים לא נתחלקה לשבטים; ובתי העכו"ם שבא"י אין מטמאין בנגעים.

רמב"ם פ"ז מהל' בית הבחירה הי"ד - ירושלים מקודשת משאר העיירות המוקפות חומה, שאוכלין קדשים קלים ומעשר שני לפנים מחומתה; ואלו דברים שנאמרו בירושלים: ...ואינו מטמא בנגעים.

אות ד'

לא נתחלקה ירושלים לשבטים

רמב"ם פ"ז מהל' בית הבחירה הי"ד - ירושלים מקודשת משאר העיירות המוקפות חומה, שאוכלין קדשים קלים ומעשר שני לפנים מחומתה; ואלו דברים שנאמרו בירושלים: ...ואין הבית נחלט בה, ואינו מטמא בנגעים, ואינה נעשית עיר הנדחת, ואינה מביאה עגלה ערופה, לפי שלא נתחלקה לשבטים.

רמב"ם פ"ט מהל' רוצח ה"ד - כשמודדין מן החלל, מדקדקין במדה ואין מקדרין בה; ואין מודדין אלא לעיר שיש בה בית דין של עשרים ושלשה; ואין מודדין לירושלם, שאין ירושלם מביאה עגלה ערופה, לפי שלא נתחלקה לשבטים, ונאמר: באדמה אשר ה' אלהיך נותן לך לרשתה.

אות ה'

אין משכירים בתים בירושלים, מפני שאינן שלהן

רמב"ם פ"ז מהל' בית הבחירה הי"ד - ירושלים מקודשת משאר העיירות המוקפות חומה, שאוכלין קדשים קלים ומעשר שני לפנים מחומתה; ואלו דברים שנאמרו בירושלים: ...ואין משכירין בתוכה בתים.

אות ו'

לא שנו אלא שלא מכרו שבעה טובי העיר במעמד אנשי העיר, אבל מכרו שבעה טובי העיר במעמד אנשי העיר, אפילו למישתא ביה שיכרא שפיר דמי

סימן קנג ס"ז - והיינו כשמכרו בני העיר שלא מדעת פרנסיהם - ז' טובי העיר, (**ונראה דדוקא אם יש טובים בעיר, אז** אמרינן דאין רשות לבני העיר על מכירה זו בשלמות, **אבל** אם לא נתמנו טובים בעיר, אז מועילה המכירה שלהם לגמרי, כמו זט"ה במעמד אנשי העיר).

וה"ה אם מכרו ז' טובי העיר שלא במעמד אנשי העיר, [יב]אבל אם הסכימו ז' טובי העיר באותו מכר, והיו במעמד אנשי העיר, רשאים להוציא המעות לכל מה שירצו - ר"ל אפילו לאיזה דבר של חול, (מסתימת המחבר משמע, דפקע הקדושה ממילא ע"י מכירה זו מהדמים, ואפילו לא התנו בהדיא בשעת מכירה על הדמים שיצאו לחולין, ג"כ רשאי לשנותן לחולין).

כתב הרשב"א והביאו הרשד"ם: ז' טו"ה אינם שבעה אנשים המובחרים בחכמה או בעושר וכבוד, אלא שבעה אנשים שהעמידום הצבור פרנסים על עניני העיר, והרי הם כאפוטרופסין עליהם, **וכתב** עוד שם: וא"ת אי כשקבלו עליהם, למה לי ז', **ומשני** שם, דאם מקבלים עליהם אנשים לעסוק בדבר ידוע ומפורט, כגון בעניננו שבררו אותן למכירה, אפילו אחד נמי יכולין למנות, וכל מה שעשה עשוי, **אלא** דמיירי שהעמידו עליהם פרנסים בסתם לפקח על עסקי הצבור, לפיכך כשהן שבעה יש להן רשות לכל דבר, כאלו עשו כן כל בני העיר, אע"פ שלא העמידו אותם על דבר זה בפירוש, **אבל** בפחות מז', אין כחן שוה להיותן ככל בני העיר, עד שיטלו רשות בפירוש מבני העיר, וכן כתבו כמה פוסקים.

(**ופשוט** דכל הז' צריכים להיות בעת המכירה, **והיכא** שנחלקו הז', אזלינן בתר רובא, ומדינא גם זה דוקא היכא דהתנו אנשי העיר בשעה שמינום שיתנהגו באופן זה, **דאל"ה** הלא מבואר בחו"מ, דלא אזלינן בתר רובא כי אם בב"ד, אבל לא בברורי הקהל, **אלא** דמשמע בתשובת חת"ס, דבכמה גלילות נהגו למיזל בתר רובא בזה, דאם נמתין עד שיסכימו כולם, לא יגמר שום ענין).

(**איתא** בירושלמי, דביהכ"נ של יחידים, כמו של בעלי אומניות וכדומה, אם בירר שלשה מאנשיהם לפקח על עסקי צבור שלהם, הרי הם שקולים ככל אנשי ביהכ"נ לענין מכירה, ולא בעינן בהו ז' טובים כמו בממונים על צרכי עיר כולה דבעינן דוקא ז', וכח אלו הג' על ביהכ"נ שלהן, כמו ז' על ביהכ"נ של בני העיר).

(**כתב** המ"ב בתשובה, וזהו תוכן דבריו, דאפילו זט"ה במעמד אנשי העיר לא אלימא כחייהו לאפקועי לחולין, אלא דוקא בכה"ג שמכרו אותו, דחלה קדושתו עכ"פ בשעת מעשה אדמים, והדר פקע קדושה גם מדמים דקלישא קדושתן, **אבל** לא אלימא כחייהו לאפקועי קדושה בכדי, לפיכך אם סתרו ביהכ"נ, או ביהכ"נ שנפל, עדיין אבנים בקדושתייהו קיימי, ואפילו הסכימו זט"ה במעמד אנשי העיר כולם להוציאם לחולין, לא מהני, **אם** לא שבנו ביהכ"נ אחרת תחלה, ואח"כ סתרו הישן, דאז חלה

באר הגולה

יב שם בגמ' כ"ו

הקדושה אביהכ"נ חדשה, והישן יוצא לחולין, והביאו המ"א, מיהו אין דין זה ברור, דזהו מוכח רק לשיטת הר"ן, אבל לדעת [יג]הרמב"ן וסייעתו, משמע דזט"ה במא"ה אלימא כחייהו אף בלי מכירה, וכל שהסכימו שאינן צריכין לו עוד, יוצא לחולין ממילא, ומותר להשתמש בעציו ואבניו אף בתשמיש של חול, ועיין במ"א, שגם לו לא ברירא דין זה דמ"ב, וצ"ע בזה).

[יד]ואם קבלו עליהם בני העיר בפירוש במכר זה, כל מה שיעשה, אפילו יחיד, מה שעשה עשוי - ר"ל באופן זה דינו כשבעה טובי העיר במעמד אנשי העיר, שרשאים אח"כ להוציא המעות לכל מה שירצו, כיון שהרשוהו לזה, **אבל** אם נתנו לו סתם רשות למכור, אז המעות בקדושתן.

(**ולכאורה** קשה, מאי עדיפא כח יחיד שמינוהו לזה, יותר מאלו הם עצמם מכרוהו, דאסור להוריד המעות מקדושתן, **ואפשר** דהכא מיירי דבני העיר עם הטובים שלהם מינוהו).

הגה: וכל שז' טובי העיר מוכרים בפרסום, מקרי במעמד אנשי העיר, ואינן צריכין לומר הן או לאו (מרדכי) – (הג"ה זו שייך אחר תיבת "לכל מה שירצו" הנ"ל), **ור"ל** דכל שמוכרין ז' טובי העיר בפרהסיא ולא בצינעא, ולא מיחו בהם בני העיר, מקרי במעמד אנשי העיר, **ותיבת** "או לאו" שכתב הרמ"א, שיגרא דלישנא הוא ואינו מדוקדק, גם במרדכי ובד"מ הארוך ליתא.

אות ו*[טו]

סימן קנג ס"י - [טו]י"א דיחיד בשלו, אפילו ס"ת מותר למכרו ולעשות בדמיו כל מה שירצה - הטעם, דעל שלו יש לו כח כז' טובי העיר במא"ה בשל צבור, דמותר להוציא ע"י מכירה זו הדמים לכל מה שירצו, וכנ"ל.

כתב הע"ת, דאף לפי דעה זו דמותר, ואין הדמים נתפסין בקדושה, מ"מ לכו"ע אין רואה סימן ברכה בדמים אלו, וכ"כ הא"ר.

כל שלא הקדישו לקרות ברבים - המ"א מצדד, דאם נתנו לרבים לקרות בו, אסור לכו"ע, אפילו לא הקדישו ממש, **וכתב** עוד: וצ"ע על מה סומכין העולם, שמוכרין ס"ת ומשתמשין בדמיהן אפילו נתנו לביהכ"נ, **וצ"ל** כיון דהמנהג כן, הו"ל כאלו התנה בתחלה שלא תחול קדושת רבים עליהן, [ר"ל כיון שלא הקדישו לרבים, רק נתנו בסתמא לרבים לקרות בו].

[טז]ויש מי שאוסר אא"כ ללמוד תורה - היינו להתפרנס בדמיו בריוח - פמ"ג, **או לישא אשה.**

וכתב עוד הפמ"ג: צ"ע אם מוכרין ס"ת לקנות גמרא ופוסקים ופירושיהן, דהא הטעם דמוכרין ס"ת בשביל ת"ת, משום דלמוד גדול שמביא לידי מעשה, א"כ ה"ה אפשר דכה"ג נמי, דא"א ללמוד בלא ספרים.

ולדעה זו, אפילו זט"ה במעמד אנ"ה, ג"כ אסורין למכור ס"ת ולהשתמש בדמיה, אא"כ הוא תועלת בשביל לימוד התורה, **ואם** מכר, צריך לקנות בדמיה ס"ת אחרת - מ"א, **ומלבוש** יו"ד משמע, דבזט"ה במעמד אנ"ה לכו"ע מותר להשתמש בדמיה - א"ר.

כתב מ"א, דדוקא בספר תורה, אבל בתשמישי קדושה, לכו"ע מותר ביחיד למוכרו, ולהשתמש בדמיה כל מה שירצה, **מיהו** מהמחבר ביו"ד מוכח, דיש מי שאוסר ס"ל, דאפילו בתשמישין נמי אסור להשתמש בדמיה, דיחיד אין לו כח כזט"ה במא"ה.

כתבו האחרונים, דאפילו בס"ת, אם קנה מתחלה הס"ת כדי למכרה, וכ"ש אם קבלה בחוב, פשוט דמותר למכרה לכו"ע, ולהשתמש בדמיה למה שירצה.

איתא ביו"ד, דשארי ספרים דינן כס"ת, ואסור למכרן אלא ללמוד תורה או לישא אשה, **והנה** פה כתב המחבר דיש שתי דעות אפילו בס"ת, אפשר דשם מיירי כשהקדישו לרבים לקרות בו.

באר הגולה

| יג | ‹עיין לקמן עמוד ב' אות ג'-ד' בהערה› | יד | ב"י בשם מרדכי ישן | טו | ‹מילואים› | טז | הרא"ש ונמוקי יוסף וספר א"ח | יז | הרמב"ם |

עין משפט נר מצוה

ד א מיי' פי"א מהל' תפלה הל' יב טוש"ע א"ח סי' קנג סעיף א:
ט ב מיי' שם טוש"ע שם בהגה"ה:
י ג ד מיי' שם הלכה כ טוש"ע שם סי' קנג סעיף יא:
יא ה מיי' פ"י מהלכות ס"ת הלכה ד ופ"ג מהל' ציצית הל' ט סמג עשין כה טור ש"ע א"ח סי' כא סעיף א:
יב ו ז ח מיי' פ"י מהל' ס"ת הל' ד טוש"ע א"ח סימן קנד סעיף ג וטור ש"ע י"ד סימן רפב סעיף יב:
יג ט י (מיי' שם) טוש"ע א"ח שם סעיף ו וטוש"ע י"ד שם סעיף יג:
יד כ מיי' שם הלכה ד טוש"ע א"ח שם ס"ג וטוש"ע י"ד שם סעיף יב:
טו ל מיי' פ"ג מהלכות כלים הלכה א ופ"ו מהל' טומאת מת הלכה ב:
טז מ מיי' פי"ב מהל' טומאת מת הלכה ב ופי"ג הלכה ג:
יז נ מיי' פ"י מהלכות ס"ת הלכה ג סמג עשין כה טוש"ע א"ח סי' קנד סעיף ד טוש"ע י"ד סי' רפב סעיף יא:
יח ס ע מיי' שם סמג שם טוש"ע א"ח שם סעיף ה וטוש"ע י"ד שם סעיף י:
יט פ מיי' פי"א מהלכות תפלה הל' יד טוש"ע א"ח סימן קנג סעיף א

[ועי' תוס' ברכות ו: ד"ס אלו כו']

אוגורה ומשכונה אסור · קשה דהא רבי מאיר לא אסר במתניתין אלא ממכר עולם אבל על תנאי שרי ומאי שנא ונראה לי דהאי דר"מ שרי למכור על תנאי היינו של רבים להתפלל שם דאין במכר זה זלזול והא דאסרי' הכא משכנתא הוי דיחיד משום זלזול:

תשמישי קדושה וכו' נרתיק של תפילין ורצועותיהן · מכאן משמע שהדל"ת והיו"ד שבקשר הרצועה אינן אותיות גמורות ולא הוי הלכה למשה מסיני כי אם השי"ן שבבתים מדלא קרי הכא לרצועות אלא תשמישי קדושה והכי נמי משמע בהקומץ רבה (מנחות דף לה: ושם) דלא קרי להו אלא תשמישי קדושה והכי נמי משמע בפרק שני דשבת (דף כח:) דפריך והאמר אביי שי"ן של תפילין הלכה למשה מסיני ולא פריך כך מן הדל"ת והיו"ד ולא קשה מההיא דמנחות (דף לה:) גבי וראו כל עמי הארץ כי שם ה' נקרא עליך ויראו ממך ואמרו אלו תפילין שבראש שיש לפרש הטעם לפי שהן לעולם בגובה של ראש ונראים לעולם שפיר אות אבל אותן של יד אינן נראין ואין בהן אות כדכתיב והיו לך לאות ודרשינן (מנחות דף לז:) ולא לאחרים לאות אבל למה שפרש"י התם דהטעם הוי משום שיש בהן השי"ן והדל"ת דהוי רוב אותיות של שדי לפירוש זה קשה (ו) כדמשמע בכל הני שהבאתי דהיו"ד והדל"ת לא חשיבי אותיות*:

מריש הוה אמינא האי פריסא תשמיש דתשמיש הוא · פי' הקונטרס יריעה שפורסין סביב הארון בתוכו וקשה שהרי הארון עצמו הוי תשמיש קדושה (ז) ואמר (*התם) [קמא ח:] שאסור לעשות ממנו סרסיא אלמא שהתיבה קדושה יותר מן הפורסין לכך נראה לי שפורסין אותה סביב הארון מבחוץ:

תורה אור

למישתא ביה שיכרא · לקנות בדמים ולעשות שכר לשתות: **תילא** · כל בית הרוס קרוי תל כמו והיתה תל עולם (דברים יג): **כשורי** · קורות של בית הכנסת ישן היו צריכין לתתן בחדש: **הא דאמר רב חסדא** · בבנאה בתחלה בהשותפין: **משום פשיעותא** · שמא יפשע (אלא) ויחייאם ולא יבנה אחר: **כי האי גוונא מאי** · שאין סתירתו אלא לבניינו של זה: **חלופי וזבוני** · חלה קדושתו על החילוף או על הדמים והוא יצא מן הקדושה להשתמש בו: **ליבני** · לבינים של בית הכנסת: **בעתיקי** · שנקבעו כבר בכותל בית הכנסת (ג) שנפל: **אבל בחדתא** · שנעשה לשם בית הכנסת לית לן בה: **ואפי' למ"ד** · במסכת סנהדרין בפרק נגמר הדין (דף מז:) גבי אורג בגד למת דאסור בהזמנה *בתכריכי המת דאסירי בהנאה דגמרינן שם שם מעגלה ערופה כדמפרש התם: **הני מילי באורג בגד למת** · שאינו חסר אלא אריגה וכיון שנארג מיד הויא ראוי לפורשו על המת (ד) אבל לבינים מחוסרים עשייה לבנותן בכותל והלכך כשל לבינים דבית הכנסת הוה ליה כטווי לאריג וליכא למ"ד בכי האי גוונא דהזמנה מילתא היא: **מתנה** · נתנו בני העיר בית הכנסת לתשמישי חול: **ותשמישי מצוה** · דברים שעושין בהן מצוה: **דלוסקמי** · כמו אמתחת ושק לשום בו [ספר]: **תיק ונרתיק** · חדא היא אלא שלשון תיק טפל על דבר ארוך ולשון נרתיק טפל על דבר קצר: **כורסיא** · בימה של עץ: **תשמיש דתשמיש** · שפורש מפה עליו ואחר כך נותן ספר תורה עליו: **דמותבי ספר תורה עליה** · בלא מפה: **פריסא** · יריעה שפורסין סביבות הארון מבפנים: **תשמיש דתשמיש הוא** · תשמיש של ארון: **דעייפי ליה** · פעמים שכופלין אותו תחת ס"ת: **דאירפט** · ארון שנתקלקל ונפרד מחבורו ויש דוגמתו בברייתא ביבמות (דף קב·) מנעל המרופט: **תיבותא זוטרתי** · לעשות תיבה קטנה מן הגדולה הראשונה: **מיעבדא כורסיא** · בימה: **אסור** · שירדה מקדושתה: **פריסא דבלה** · יריעות הארון שבלו: **לחומשין** · יש ספרים שהן עשויין כל חומש לבדו וכולן בגליון: **זבילי** · כמין דלוסקמי: **קמטרא** · ארגז שקורין אשקריני"ו והרבה יש בתרגום של יונתן בן עוזיאל (ה) חבלים חבושים (יחזקאל כז) ארגזים אמלין דזהוריתא בקמטרין וכן לאשר על המלתחה לדעל קמטרי' (מלכים ב י): **בי כנישתא דרומאי** · אנשי ישראל באו מרומי למחוזא ונתיישבו שם ועשו להם בית הכנסת: **אידרונא** · חדר שמשימין בו מת והיה מונח בו מת עד שלא נקבר: **מחית** · כמו מונח כדמתרגמינן ותנח בגדו אצלה ואחיתתיה (בראשית לט): **בעו כהני למיעל ולצלויי** · בההוא כנישתא אין יכולין ליכנס מפני הטומאה הנכנסת בבית הכנסת דרך הפתח מבית לבית דהכי תנן במסכת אהלות (פ"ג משנה ז): **דלו תיבותא** · הגביהו הארון ממקומו: **כלי עץ העשוי לנחת** · במקום אחד אינו מקבל טומאה דאיתקש כלי עץ לשק לענין טומאה דכתיב וכל כלי עץ או בגד או עור או שק (ויקרא יא) מה שק המיטלטל אף כלי עץ המיטלטל · כל דבר המקבל טומאה אינו חוצץ בפני הטומאה: **מטפחות ספרים** · אף של ס"ת: **ואפילו שונה הלכות** · כלומר אפילו לא שימש תלמידי חכמים בהש"ס ובגמרא אלא במשניות ובברייתות: **מבי כנישתא לבי רבנן** · לעשות

למישתא ביה שיכרא (א) שפיר דמי רבינא הוה ליה ההוא תילא (ג) דבי כנישתא אתא לקמיה דרב אשי *אמר ליה מהו למיזרעה אמר ליה זיל זבניה משבעה טובי העיר במעמד אנשי העיר וזרעה רמי בר אבא הוה קא בני בי כנישתא הוה ההיא כנישתא עתיקא הוה בעי למיסתריה ולאתויי ליבני וכשורי מינה ועיולי להתם יתיב וקא מיבעיא ליה הא דרב חסדא דאמר רב חסדא **לא ליסתור בי כנישתא עד דבני בי כנישתא אחריתי התם משום פשיעותא כי האי גוונא מאי אתא לקמיה דרב פפא *ואסר ליה לקמיה דרב הונא* ואסר ליה אמר רבא יהאי בי כנישתא חלופה וזבונה שרי אוגורה ומשכונה אסור מאי טעמא בקדושתה קאי ליבני נמי חלופינהו וזבונינהו שרי אוזופינהו אסור הני מילי בעתיקתא אבל בחדתא לית לן בה ואפילו למאן דאמר *הזמנה מילתא היא ה"מ כגון האורג בגד למת אבל הבא *כטווי לאריג דמי וליכא למאן דאמר *מתנה *פליגי בה רב אחא ורבינא חד אסר וחד ישרי מאן דאסר *בהאי תפקע קדושתה ומאן דשרי אי לאו דהוה ליה הנאה מיניה לא הוה יהיב ליה הדר הוה ליה מתנה כזביני ת"ר יתשמישי מצוה נזרקין יתשמישי קדושה נגנזין ואלו הן תשמישי מצוה סוכה לולב שופר ציצית ואלו הן תשמישי קדושה דלוסקמי ספרים תפילין ומזוזות ותיק של ס"ת ונרתיק של תפילין ורצועותיהן אמר רבא מריש הוה אמינא האי כורסיא תשמיש דתשמיש הוא ושרי כיון דחזינא דמותבי עלויה ס"ת אמינא יתשמיש קדושה הוא ואסור ואמר רבא מריש הוה אמינא האי פריסא תשמיש דתשמיש הוא כיון דחזינא דעייפי ליה ומנחי סיפרא עלויה אמינא יתשמיש קדושה הוא ואסור ואמר רבא יהאי תיבותא דאירפט מיעבדה תיבה זוטרתי שרי כורסייא אסיר ואמר רבא האי *פריסא דבלה למיעבדיה פריסא לספרי שרי לחומשין אסיר ואמר רבא יהני *) זבילי דחומשי וקמטרי דספרי תשמיש קדושה נינהו ונגנזין פשיטא מהו דתימא הני לאו לכבוד עבידן לנטורי בעלמא עבידי קמ"ל ההוא בי כנישתא דיהודאי רומאי דהוה פתיח להדהוא *אידרונא דהוה מחית ביה מת והוו בעו כהני למיעל לצלויי התם אתו אמרו ליה לרבא אמר להו דלו תיבותא אותבוה דהוה ליה כלי עץ העשוי לנחת *וכלי עץ העשוי לנחת אינו מקבל טומאה °וחוצץ בפני הטומאה אמרו ליה רבנן לרבא והא זמנין דמטלטלי ליה כי מנח ספר תורה עלויה והוה ליה מיטלטלא מלא וריקם אי הכי לא אפשר אמר מר זוטרא ימטפחות ספרים שבלו עושין אותן תכריכין למת מצוה וזו היא גניזתן ואמר רבא °ספר תורה שבלה גונזין אותו אצל תלמיד חכם ואפילו שונה הלכות אמר רב אחא בר יעקב יובכלי חרס שנאמר °ונתתם בכלי חרש למען יעמדו ימים רבים (ירמיה לב) (*ואמר) רב פפי משמיה *דר' ימבי כנישתא לבי רבנן שרי מבי רבנן לבי כנישתא אסיר ורב פפא משמיה דרבא מתני איפכא אמר רב אחא כוותיה

*) [פי' עוטין סביב הספר מסגרת של עור לשמור הספר וענין מדור הוא כמו יזבלני אישי· ערוך]

מסורת הש"ס

[בבא בתרא ג:] · [נ"ל בתכריכי יעב"ץ] · בריה דרב יהושע · [ברכות כג: סנהדרין מז: מח. מנחות לד:] · [סנהדרין מח.] · [ב"מ טו: ע"ש] · [רב אלפס גרס בטאי והרא"ש גרס אמאי] · [ויילון שפורסין לפני התיבה פ"א מטפחת שמכסין בו ס"ת· ערוך] · [עי' בפ' מקץ מג פ"ל תרגום של ויבא החדרה ועאל לאדרון] · [חגיגה כו: יומא כה. מנחות נו:] · [נ"ל אמר] · [נ"ל דרבא]

רבינו חננאל

העיר אבל אם מכרו ז' טובי העיר במעמד אנשי העיר אפילו למישתא בה שיכרא כלומר להוציא הדמין לחולין שפיר דמי הרשות בידו' רב אשי א"ל לרבינא ז"ל זבין ההוא תילא דכנשתא מז' טובי העיר במעמד אנשי העיר ורעיה' ר' אמי הוה בי כנשתא ובעא למיסתר כנישתא עתיקתא ולאיתויי כשורי מינה ולעיולינהו בחדתא דבני ואסרו ליה רב פפי ורב הונא בר תחליפא· אמר רבא בי כנשתא חלופה וזבונה כדאמרן כוביני דמי ושרי אבל להשכירה ולמשכנה אסיר. מ"ט בקדושתא קיימא וקא משתמשי בקדש· לבינים נמי חלופינהו וזבנינהו שרי אוזופינהו אסיר והני מילי בעתיקתא שהרסו בית הכנסת והוציאו אותם מן הכתלים אבל לבתים חדשים שעדיין לא בנאום בבית הכנסת שרי ואפילו למ"ד הזמנה מילתא היא הני מילי כגון אורג בגד למת דחזי לאישתמושי ביה ואסיר אבל הני ליבני א) מפריש במסות וארוג בו דמי דליכא מ"ד דילמא אתנן עלידהו מעיקרא · ת"ר תשמישי מצוה נזרקין. פירוש כיון שנתקיימה המצוה ושלמה נזרקים כגון עצי סוכה וד' מינים שבלולב ושופר וציצית אלו וכיוצא בהן אין בהן קדושה אבלן כגון דלוסקמי ספרים ותפילין ורצועותיהן ונרתיקן ומזוזות ותיק של ספר וכיוצא בהן תשמישי קדושה הן ונגנזין וכן כסא אע"פ שמניחין בו ס"ת לפרקים וכן פריסא שכופלין אותה ופורשין עליה ספר תורה או פורסין אותה על ס"ת וזבילי דחומשי וקמטרי דספרי כל אלו תשמישי קדושה הן ונגנזין. תיבה דאירפט פירוש שנתחלחלה כדגרסינן מנעל מרופט (שבת קמא) וזקנים מרפטו שפתיהו (שם דף קנב) מותר לעשות ממנה תיבה קטנה אבל כסא אסור דלא מיחדא תשמישה לס"ת ג) כורסיא נמי שנשברה מותר לעשותו סוחר להתוך הבלוי ולעשותו קטן אבל פריסא לחומשין לא. אמר רבא ספר תורה שבלה גונזין אותו בכלי חרש אצל תלמיד חכם ואפילו שונה הלכות· מטפחות ספרים שבלו עושין אותן תכריכין למת מצוה. וזו היא גניזתן. ההיא כנישתא דהוה פתוחה לאידרונא דהוה מחית בה מת בעו כהנים מיעל צלויי בכנשתא התם. אמר להו רבא דלו תיבה אותבוה אבבא דליהוי כלי עץ העשוי לנחת כלומר מה שאינו מטלטל וכל כלי עץ העשוי לנחת אינו מקבל טומאה וחוצץ בפני הטומאה אמרו ליה רבנן והא זימנא דמטלטלין לה כי מנח סיפרא עילויה והוה ליה מיטלטל מלא וריקן אמר להו המטלטל מלא וריקן אינו עשוי לנחת לעולם וכל דבר שמקבל טומאה אינו חוצץ בפני הטומאה

א) אולי צ"ל כמפריש מסוים לארוג בו דמי דליכא למ"ד דלימא דבעי דאתני עלייהו מעיקרא כצ"ל ועי' טיעב במנחות דף לד ע"ב. ג) לכאורה נראה דצ"ל פריסא שבלה מותר לחתוך הבלוי וכו' כצ"ל ואולי דגי' אחרת היה לרבינו בכאן וצ"ע.

הגהות הב"ח

(א) גמ' למישתא ביה שיכרא ולמשתה ביה פרי שפיר דמי. נ"ב ס"א ועיין ברי"ן: (ב) שם הסוא תילא· נ"ב ע"ל בתוס' דף כח ע"ב בד"ה כתי: (ג) רש"י ד"ה בעתיקי וכו' ונפל: (ד) ד"ה הני מילי וכו' על המת הס"ד ואח"כ מה"ד אבל וכו' והלכך בשלבנו לבית הכנסת כצ"ל ותיבה לבינים נמחק: (ה) ד"ה קמטרא וכו' בן עוזיאל בחבלים חבושים וארוזים באמלין דזהוריתא דמחהין בקמטרין: (ו) תוס' ד"ה תשמישי וכו' קשה מדמשמע בכל הני: (ז) ד"ה מריש וכו' תשמיש קדושה מדאמר הכא תיבותא שאסור עשות וכו' יותר מן הפריסא לכך נראה:

גליון הש"ס

גמ' א"ל מהו למזרעיה. עי' לקמן דף כח ע"ב תד"ה בתי כנסיות ובר"ן ליחא לסנך תיבות מהו למזרעיה: שם סליגי בה רב אחא ורבינא. עיין ב"מ דף טו ע"א ועיין בר"ש רפ"ב דמעשרות: שם לנטורי בעלמא עבידן והאדרונא דמיא גירסת הרי"ף: שם וחוצץ בפני הטומאה. עיין ב"ב דף כ ע"א תד"ה היא גופה:

§ מסכת מגילה דף כו: §

אות א*[א]

מהו למיזרעה

סימן קנג ס"ט - [ב]כשמוכרים אנשי הכפר בית הכנסת, יכולים למכרו ממכר עולם - כיון שאנשי העיר או טובי העיר מסכימים להמכירה, וכדלעיל בס"ז, **וה"ה** בשל כרכים, כשתלו בשעת הבנין בדעת יחיד, המבואר לעיל בסוף ס"ז.

והלוקח יעשה בו מה שירצה, חוץ ממרחץ ובורסקי ובית טבילה ובית הכסא - שכל אלו הם תשמישים מגונים מאד, ואסור לעשותן במקום שהיה ביהכ"נ, [היינו אף שמהדמים קנה ביהכ"נ אחר או ס"ת], **ואפילו** אם נפל הבנין במקום ההוא, ונשאר רק תל בעלמא, אסור להשתמש שם באלו הארבעה דברים, **וכן** אסור לזרוע במקום ההוא, שכל זה הוא גנאי למקום שהיה מתחלה ביהכ"נ, [פוסקים, מהא דרבינא מגילה כ"ו ע"ב. **ועיין** מג"א, דגן ירק וכדומה שאין צריך חרישה, רק שחופרים אותן במרא וחצינא, אינו מגונה כל כך].

ואם מכרוהו ז' טובי העיר במעמד אנשי העיר, יעשה הלוקח אפילו אלו ארבעה דברים - הטעם, דאז פקעה הקדושה מהמקום ההוא לגמרי, [רש"י] ‹לעיל עמוד א'›, **ועיין** בפמ"ג דמסתפק, דאפשר דבעינן דוקא כשהתנו בהדיא בעת המכירה, והרשו ללוקח על זה.

(**כן הוא דעת הרמב"ם והרא"ש, ונמשכו אחריהם הטור ורי"ו, והראב"ד** פליג ע"ז, ולדידיה לא שרו בש"ס להשתמש תשמיש של גנאי אלא בתל חרב בלא"ה, **אלא שעמד עליו ביהכ"נ מקודם, אבל לא שיהיו רשאים לחלל בית תפלה לעשותו בית הבורסקי וכדומה**). ‹ולהמשך הביאור הלכה, עיין לקמן דף כ"ז: אות א' שהובא שם בשלימותו›

אות א'

לא ליסתור בי כנישתא עד דבני בי כנישתא אחריתי

סימן קנב ס"א - [ג]אין סותרים בית הכנסת - וה"ה ביהמ"ד, ובין של יחיד או של רבים, **כדי לבנות בית הכנסת אחר** - ר"ל לא מיבעיא אם אין דעתו לבנותו אח"כ כלל, דאסור, אלא אפילו אם סותרו כדי לבנות אחר במקומו, או במקום אחר, דאסור, [רמב"ם, ומקורו ממעשה דהורדוס בבא בתרא ד', ומעובדא דרמי בר אבא במגילה כ"ו], **ואפילו** אם דעתו לבנותו עתה בגודל פאר ויופי, [כדמוכח מבנין דהורדוס, דסלקא דעתך דש"ס שם דאסור, אי לאו דחזי בה תיוהא].

וה"ה לעשות ממנו ביהמ"ד נמי אסור, אע"פ שקדושתו גדולה יותר, ומהאי טעמא דמסיים.

(וה"ה אם רוצה למכרה וליקח אחרת בדמיה, דאסור קודם שקנה האחרת, כ"כ האחרונים).

כתבו האחרונים, דה"ה כשהבהכ"נ מושכרת להם רק לזמן, ודעתם לשכור אח"כ במקום אחר, אסור לסלק את עצמם ממקום הראשון, עד שישכרו תחלה במקום אחר.

שמא יארע להם אונס שלא יבנו האחר - ונמצאו עומדין בלא ביהכ"נ, **ואפילו** אם היו כבר המעות גבויים לצורך כל הבנין ומונחים ביד הגבאי, ואפילו האבנים והקורות וכל צרכי הבנין מוכנים, אפ"ה אסור, דלמא מתרמי להו פדיון שבויים ויהבי להו.

ואפילו איכא להו דוכתא לצלויי באיזה מקום, נמי אסור, **והיכא** דאיכא עוד ביהכ"נ קבוע בעיר שיכולים להתפלל שם כולם, הט"ז מתיר, והמ"א אוסר בכל גוונא, (**ולענ"ד** אחרי דבסותר ע"מ לבנות לכו"ע ליכא **איסורא דאורייתא, כי אם שחששו חכמים שמא יפשעו אח"כ ולא יבנו, ואחרי דלאיסורא לא מצינו למי מהראשונים שיחמירו בהדיא בזה, ואדרבה מצינו להרבה ראשונים שמקילין בהדיא בענין זה, שוב אין** להחמיר בזה, **אך** כ"ז דוקא אם בביהכ"נ הקבוע יש מקום לכולם ברויח להתפלל, דאל"ה נראה דלכו"ע אסור).

אלא בונים אחר תחלה, ואח"כ סותרים הישן - היינו שגומרים אותה כולה, ואף שלא התפללו עדיין בה, מותר לסתור הישנה, דתו ליכא למיחש דילמא איתרמי להו שום דבר מצוה ויזבנו הביהכ"נ, (כן מוכח בב"ב שם בסוגיא, דקאמר: אי הכי כי בנו נמי, ומשני: **דירתא דאינשי לא מזבני, ומשמע דדוקא כשגמרו, דשם דירה עליה, אבל קודם חיישינן לפשיעותא**).

כתב המ"א בשם המשאת בנימין, דאפילו היה הביהכ"נ של כרכים, דמבואר לקמן בסימן קנ"ג ס"ז, דאנשי העיר אין יכולין למכרו בשום גוונא, דמסתמא בנאוהו אדעתא דכו"ע, ושמא יש אחד בעולם דלא ניחא ליה במכירה זו, **הכא** שרי, דמסתמא כל העולם מרוצים לזה, כיון שבנו להם ביהכ"נ אחרת תחת זה.

(ואפי' לא רצו לסתור רק מחיצה א' להרחיבו, נמי דינא הכי) (רבינו ירוחם וב"י בשם הרמב"ם) - שאין סותרין המחיצה, אלא בונין החדש בצד הישן, ואח"כ סותרין הישן, (**ואפשר** דלדינא היינו רק בדאפשר בלא"ה, **אבל כשהביהכ"נ קטן מהכיל את כל המתפללין שם, ואי אפשר לתקנו אא"כ יסתור מתחלה כל הבנין,** דשרי, דהוא כעין תיוהא דשרו רבנן, **אמנם** התשב"ץ משמע קצת, דבכל גווני אסור).

[ד]והני מילי, שהיה הראשון חזק; אבל אם חרבו יסודותיו, או נטו כותליו ליפול - וה"ה כשגזר מלכות שלא יתפללו עוד באותו ביהכ"נ, ומן הנמנע להשתדל, **סותרים אותו מיד** – (והיינו

באר הגולה

א ‹ע"פ השעה"צ› | ב מגילה כ"ז | ג מגילה כ"ו ובריש בתרא | ד שם בב"ב

אפי' בדליכא דוכתא לצלויי קודם שיבנו החדש), [ה]**ומתחילין לבנות במהרה ביום ובלילה, שמא תדחק השעה וישאר חרוב.**

(**ועיין בריטב"א שכתב, דאפילו חזי ביה תיוהא, אינו שרי לסתרו אלא מדעת הפרנסים**).

כתב הט"ז: מעשה בעיר אחת שהיו היהודים דרים חוץ לחומה, ואירע הענין שנתישבו בתוך החומה, והיתה הביהכ"נ לבדו חוץ לחומה, **ואמרתי** אין לך תיוהא גדולה מזו, והתרתי לסתור אותה כדי לבנותה תוך החומה, ויתחילו לבנות ביהכ"נ החדשה, ויטלו אח"כ האבנים מן הישנה ויבנו תוך החומה מהם.

אות ב'

רמי בר אבא הוה קא בני בי כנישתא, הוה ההיא כנישתא עתיקא הוה בעי למיסתריה ולאתויי ליבני וכשורי מינה, ועיולי להתם... אתא לקמיה דרב פפא ואסר ליה

סימן קנב ס"א - הגה: ואסור ליקח אבנים מבהכ"נ הישנה כדי לבנות חדשה (הגהות אשר"י) - ענין בפני עצמו הוא, ולא קאי אחרבו יסודותיו, דאז בודאי מותר לסתרו ולבנות ממנו את הבנין החדש, **אלא** אריש הסעיף קאי, דהבהכ"נ הישן הוא שלם, וקמיירי שכבר התחיל בנין החדש וחסרו לו אבנים להשלים הבנין, ורוצה לסתור הישן כדי להשלים החדש, **וקמ"ל** דאפילו בכה"ג, שאין סתירתו של זה אלא לבנינו של זה, אפ"ה חיישינן שמא יארע לו אונס ולא ישלים, **וע"כ** אסור אפילו באיכא דוכתא לצלויי, וכמ"ש לעיל בריש הסימן.

ואסור לסתור דבר מבהכ"נ - דהוי כנותץ אבן מן ההיכל, דאסור משום שנאמר: את מזבחותם תתצון וגו', לא תעשון כן לה' אלהיכם, ובהכ"נ וביהמ"ד ג"כ נקרא מקדש מעט, **ודוקא** לנתוץ ולשבר כלי קודש, (וה"ה כל כלי ביהכ"נ), או לעקור דבר מחובר כמו אבן ממזבח, **לאפוקי** לפנות הכלי קודש והספסלין וכדומה מביהכ"נ, אף שאין זה כבוד לביהכ"נ, י"ל שאין בכלל זה.

אלא אם כן עושה ע"מ לבנות (מרדכי) - דאין זה נתיצה אלא בנין, **ואותן** שמדבקין דף בכותל ביהמ"ד, ועושים גומא בכותל שיוכל להחזיק שם ע"י עץ אותו דף, רבים מהאחרונים מקילין בזה, דלא כט"ז, [דהא הוא לצורך].

(**והא דמבואר לעיל, דמותר לסתור הישן אחר שנבנה החדש, התם שאני, שהיה רצונם מתחלה לסתרו לתועלת הבנין החדש, אלא שרבנן אסרו אז זה משום פשיעותא, והבנין החדש בנוהו באופן זה, שיסתרוהו אח"כ לתועלת בנין החדש, ולפיכך לא גרע גם עתה מסותר ע"מ לבנות ושרי**).

אות ג' - ד'

האי בי כנישתא, חלופה וזבונה שרי, אוגורה ומשכונה אסור מתנה... שרי

סימן קנג סי"א - [ו]בהכ"נ - ישן, או לבנים ועצים מבהכ"נ ישן - פי' שכבר התפללו בו, כדלעיל סעיף ח', **שסתרו, יכולים ליתן במתנה** - [ז]והיינו שבעה טובי העיר במעמד אנשי העיר, [ח]**ויש** אומרים דאפי' בלא מעמד אנשי העיר נמי יכולים, **ובכרכים** אסור בכל גווני, [**וכתב** מ"א בשם המבי"ט, דאם אינם מתפללים בביהכ"נ של כרכים, יכולים למכרה, מטעם דמאי איכפית להו לכרכים, אחר שבלא"ה אין מתפללים עוד שם, **והכא** מיירי בלבנים ועצים שיכולים לבנותם עוד בביהכ"נ].

והלוקח יכול להשתמש בם תשמיש חול, [**ולענין** ד' דברים הנ"ל בס"ט, להני פוסקים דמיירי הכא בז' טובי העיר במעמד אנשי העיר, שרי אפי' בד' דברים, **ולהני** דשרו בכאן בז' טובי העיר בלחוד, אסור בד' דברים, דמי עדיפא ממכר].

דאי לאו דהוה להו הנאה מיניה - או שמקוים שיהיה להם הנאה ממנו באיזה פעם - ריטב"א, **לא הוו יהבי ליה, הדר הוי ליה כמכר.**

ולפי"ז ליתנו לאנשי עיר רחוקה, שבודאי לא נהנו ולא יהנו מהם לעולם, אסור, דהא אין כאן דבר אחר שתחול ע"ז קדושת בית הכנסת, וע"כ לא נפקע קדושתה, ואסור להשתמש בה, **וכ"ז** מיירי כשנותנין להשתמש בה בחול, אבל ליתנה להן במתנה שיתפללו בתוכה, מותר, דהא אין כאן הורדה מקדושה, וכמ"ש בהג"ה, **ועיין** במ"א שמצדד, דה"ה דמותר להם ליתן ס"ת, וה"ה כל תשמישי קדושה, במתנה, [היינו אפי' לאנשי עיר אחרת], דהא אינן מורידין אותן מקדושתן בזה.

וכן יכולים להחליפן באחרים והם יוצאים לחולין - (**הוא לשון הטורת ומקורו ממגילה כ"ו: דאמר שם לבני חלופינהו שרי, והנה לפי מה שפסק המחבר לעיל ס"ד, דלהחליף הקדושה לכיוצא בה יש אוסרים, קשה, ואפשר דמיירי דהלבנים מביהכ"נ ישן לא היו טובים, והוא בכלל חזי ביה תיוהא, דשרי לכו"ע**).

אבל אסור למשכנן או להשכירן - דכיון שגוף החפץ לא נמכר, עדיין ברשות בעלים הראשונים הוא, ובקדושתיה קאי.

(**ולענין מכירה על תנאי, משמע בתוס', דשוה למשכון ושכירות ואסור, ובחידושי ריטב"א מיקל בזה**).

באר הגולה

[ה] **הרמב"ם** [ו] **מגילה כ"ו** [ז] ‹דהא האי טעמא דיכולין ליתן, דאי לאו דהוה להו הנאה מינייהו לא הוי יהבי להו, והו"ל כמכירה, וסתמא דמלתא אותה הנאה היתה דברי חול ולא קדושה חמורה, (דלא כרמב"ן), והא כה"ג אפי' מכירה גמורה בעינן דוקא ז' טובי העיר במעמד אנשי העיר – מחה"ש› [ח] ‹דאי ז' טובי העיר במעמד אנשי העיר, אוגרי ומשכונה ולהלוותן שרי, דבהכ"נ תשמישי מצוה הוה ונזרקין אח"כ, וא"צ דבר אחר שתחול קדושה עליהן, ומינה, מתנה שריא בהכרח אי לאו דהוה הנאה מיניה, שיהבו להו תיבה ומטפחת, כ"כ הרמב"ן ז"ל – פמ"ג. ‹**ועיין** בעולת תמיד דכתב: ומיהא מדלא כתב המחבר דצריך שיהא המתנה שקבלו

(ובתשו' בית דוד מתיר, למשכן חפצי כסף של קודש לבטחון למלוה בלבד, ושלא ישתמש בהן כלל, ופשוט).

או להשאילן - פי' על זמן, ואח"כ יחזירם בעין, דאילו בהלואה לחלוטין, והלוה יחזיר לבנים אחרים תמורתם, בודאי שרי, דהיינו חליפין דשרינן.

אפילו ע"י ז' טובי העיר - ואפי' אם היה ג"כ במעמד אנשי העיר, **שעדיין נשארים בקדושתן, שאין כאן דבר אחר שתחול קדושתן עליו** - ואע"פ שקבל מעות כשמשכנן או השכירן, [ואפי' אם ירצה לקנות בדמים עילוי קדושה], אין שייך לומר דחלה הקדושה על המעות, שהרי אין גוף החפץ קנוי לו, ועדיין נשאר בקדושתו, וקא משתמש בקודש.

[**ואפי'** להרמב"ן וסייעתו דס"ל דבזט"ה במאש"ה יכולים להפקיע הקדושה בכדי, (ע"ל ס"ז בהג"ה), היינו דוקא כשרוצים להפקיע, **אבל** גבי אוגורי ומשכוני הרי חזינן שאינם רוצים להפקיעו כלל, ועדיין צריכים לו, מדאינם ממשכנים אותו אלא לפי שעה ובקדושתה קאי, **אבל** אם ידעינן שרוצים לבטלו ולהפקיעו לגמרי מקדושתו, אלא שאינם מוצאים עתה למכרו, או שדמי השכירות שישכירוהו תמיד יעלה להם ריוח יותר, בודאי לשיטתם יש היכולת בידם להשכיר על ידי זט"ה במאש"ה].

הגה: ודוקא בדרך שמורידן מקדושתן - דהיינו שהשואל והשוכר משתמש בהן בחול. **אבל מותר להשאיל** - (והיינו רוב בני העיר, או הממונים שעל פיהם נעשה כל דבר), **אפי' ס"ת לקרות בה** - וכ"ש להשאיל ביהכ"נ להתפלל בה, **אפי' משל רבים ליחיד (ב"י בשם א"ח)** - ועיין בע"ת, דזה דוקא כששואל והשוכר קורא בס"ת וכן מתפלל בביהכ"נ בעשרה, הא לא"ה יש בזה משום זלזול קדושה, **והמ"א** כתב, דמסתימת הפוסקים משמע דבכל גווני שרי.

אות ד*[ט]

הני מילי בעתיקתא, אבל בחדתא לית לן בה

סימן קנג ס"ה - הגה: ואם קנו בדמים אלו שגבו עצים ואבנים, חלה קדושת הדמים על העצים והאבנים, ואסור לשנותן רק לקדושה חמורה - להמ"א שכתבנו לעיל, אסור ללותן וליתן אחרים תחתם.

ואע"ג דמוכח לקמיה בס"ח, דאפילו אם בנאוהו לשם ביהכ"נ, בעינן דוקא שהתפללו בו, אבל כל זמן שלא התפללו בו יכולין לשנותו, דהזמנה לאו מילתא היא, **התם** מיירי שלא נעשה הביהכ"נ ע"י גביית מעות שגבו לצרכה מבני העיר, אלא שקנאוהו הקהל ממעות חולין שגבו סתם, או שכל אחד הביא עצו ואבנו ובנו ביהכ"נ, **אבל** כשנגבה מעות ע"ז מבני העיר, ודאי דאסור לשנותו אפילו עדיין לא התפללו שם כלום, וכן אם יש עדיין מעות הגביה, או עצים ואבנים שקנו מהם, וכמו שפסק המחבר והרב, **והטעם**, י"א משום דכבר בא ליד הגבאי - [ב"י], **והמ"א** כתב הטעם, דכיון שנגבו המעות מבני העיר לצורך ביהכ"נ, יש בזיון אח"כ אם ישנוהו להורדת קדושה.

(ודעת המאירי והתשב"ץ, דאפילו בלא הותירו נמי, בגבו מעות לא חלה עדיין הקדושה עליהם, דאפילו בבנו ביהכ"נ קודם שהתפללו נמי אינו קדוש, וכן דעת הט"ז כתשב"ץ ומאירי, אלא דלדידיה גם הרמב"ם והטור מודים, ולא אסרו אלא להוציא המעות על דבר אחר לחלוטין, משום דצריך לצאת עכ"פ ידי נדרו, **משא"כ** ליקח המעות לשעה לאיזה דבר ולהחזיר אח"כ, בודאי מותר, דאין במעות שום קדושה, דהזמנה לאו מילתא היא, ואפילו בבאו ליד גבאי, **וצ"ע לדינא**).

ואם הביאו עצים ואבנים לצורך בנין בהכ"נ, אם באו ליד גבאי, אסור לשנותן רק לקדושה חמורה - אבל ע"י שבעה טובי העיר במעמד אנשי העיר שרי, וכמ"ש ס"ז.

וקודם שבאו לידי גבאי, מותר לשנותן - פי' ללותן ולתת אחרים תחתיהם, וה"ה כשהתנדבו מעות לביהכ"נ, נמי דינא הכי, [מ"א].

לפי פירוש המ"א, מיירי כאן שלא הלכו לקבץ אותם מבני העיר, דזה לא גריעי מגבו מעות, אלא שנמצאו רבים שהתנדבו מעצמן והביאו, דאז מותר לשנותן קודם שבאו ליד גבאי.

אבל מ"מ לא יוכל לחזור בו (ב"י וכן משמע במרדכי) - דהוי נדר.

(וז"ל הט"ז: לא ירדתי לסוף דעת רמ"א בהגה זו.. משמ"כ דיש חילוק אם בא ליד גבאי או לא, מה ענין גבאי לכאן, [דלענין ללוותן, להט"ז יכול לעשות אפי' אחר שבא ליד הגבאי], ולענין עיקר הענין כבר ביארנו, דאין שום הקדש בגוף המעות כל שהוא בכלל הזמנה לאו מילתא, אלא שהחיוב עליו מצד נדרו לעשות דוקא דבר זה ולא קל ממנו, ואם כן אפי' לא בא ליד גבאי, כן נראה לענ"ד, ודעת רמ"א צ"ע, עכ"ל).

אות ד**[י]

סימן קנג ס"ח - [יא]בנו בית סתם, והקדישוהו אחר כך לבית הכנסת, דינו כבהכ"נ - ר"ל אע"ג דמתחלה נשתמשו בה להדיוט, מ"מ נעשית כביהכ"נ לכל מילי, **ונראה** דאפילו לכתחלה שרי, ועיין לקמן סי' קנ"ג סכ"א, ולעיל סימן קמ"ז ס"א בהג"ה, והתם ענין קדושה היא, והכא ביהכ"נ תשמישי מצוה היא, כמ"ש הפוסקים.

אבל אינו קדוש עד שיתפללו בו - דקי"ל הזמנה לאו מילתא היא, ומותר לשנות הבית לחול, **אפילו אם בנאוהו לשם בהכ"נ** - דאף שהיה מעשה ג"כ, לא מקרי רק הזמנה בעלמא.

באר הגולה

[ט] (ע"פ הגר"א, וז"ל: שם כ"ו: אבל בחדתא כו'. והקשה ב"י, מ"ש מגבו מעות דאסור לשנותן כנ"ל, וכן בשקנו מהמעות לבנים ועצים, ותירץ דמש"כ בחדתא כו', היינו קודם שבא ליד גבאי, דבר שבקדושה, משמע דאינו מחלק, וא"כ אפי' לשיטת הרמב"ן לא יועיל בלא ז' טובי העיר, וצ"ע, וכן ראיתי שהקשו המפרשים על המ"ב) וכמ"ש בערכין ו' ועיין תוס' שם, וכתב, ויותר נראה דמש"כ בחדתא כו', לא שיחזור, אלא להלותם - הגר"א) [י] (מילואים) [יא] **ירושלמי והביאו הרא"ש**

ועיין לעיל במ"ב בס"ה, דמיירי הכא שבנאוהו הקהל ממעות חולין שיש להם, **אבל** כשגבו המעות לצורך ביהכ"נ, אסור לשנות הבית להורידו מקדושתו לחול, **ומ"מ** עדיין אין לו קדושת ביהכ"נ לכל מילי, רק שאסור לשנותו, **ועיין** שם בבה"ל, שהבאנו שם דעת הט"ז, דאפילו בגבו המעות לצורך ביהכ"נ, ג"כ אין האיסור לשנותו, רק שמ"מ לבסוף הוא מחוייב לקיים נדרו.

ויחיד שבנה ביהכ"נ, אף שעדיין לא התפללו בו ואין לו קדושת ביהכ"נ, מ"מ אינו יכול לחזור בו, דהוי כאלו נדר צדקה לרבים. [**משמע** מלשון זה, דאפילו לא אמר בהדיא: הרי עלי מקום לבנות בית הכנסת, רק שבנה סתמא הבנין לשם בית הכנסת, הרי הוא גם כן בכלל נדר. **ומשמע** דבצבור שבנאוהו ממעות חולין שהיה להם, מותר לחזור בהם מזה לגמרי, דלא שייך בזה שם נדר]. **אבל** אם עשה מטפחת לס"ת שלו שיש לו בביתו, ואין קורין בו ברבים, כל שלא נשתמש בו לס"ת יכול לחזור בו, דהזמנה לאו מילתא היא - מ"א, ומשמע דלא הוי נדר כלל לדעתו, **ועיין** בפמ"ג שהביא בשם הא"ר, דדין זה לא נהירא. [**ונראה** לי טעם המ"א בפשיטות, דבבנין בית הכנסת כיון דסתמא הוא לצורך רבים, ממילא הוא כנדר אף שלא אמר בפירוש בפה, **מה** שאין כן בספר תורה אין מהעשיה ראיה דלרבים הוא, דיהא על ידי זה כנדר, **אבל** אם אמר בפיו: מטפחת זו אני מנדב לקדושת ספר תורה, לא גרע מדבר מצוה בעלמא שאמר שיעשה, שמחוייב לקיים דבריו].

וכיון שהתפללו בו, אפילו אורחים לפי שעה, כיון שהיה מיוחד לתפלה - ר"ל ההזמנה היתה הזמנה מעולה, שהזמין אותה לעולם להתפלל בו, **קדוש** - וכמה דאיתא לעיל בסימן מ"ב, דהיכא דאזמניה לסודר לעולם למיצר ביה תפלין, וצר ביה אפילו פעם אחד, שוב אסור למיצר ביה זוזי, **ולאפוקי** אם הזמין אותה לבית התפלה רק לפי שעה, דהיינו עד שיעבור הרגל או היריד, מפני שאז הדרך שמתקבץ אנשים, **לא** חשיבא הזמנה כלל, ומותר אפילו בעת הרגל לאכול ולשתות בו.

[יב]**ואם לפי שעה הקדישו, הכל כפי מה שאמרו** - היינו שאמר סתם: אני מזמין אותה לרגלים, דמשמע הלשון בכל עת שיהיה רגל, ע"כ חשובה הזמנה עולמית עכ"פ על אותו הזמן, ואסור בזה הזמן, **וסתם** הזמנה לפי שעה, כבר כתב בב"י בשם המרדכי, דלא חשיבא הזמנה כלל, וכמ"ש מתחלה.

אות ה'

תשמישי מצוה נזרקין

סימן כא ס"א - [יג]חוטי ציצית שנפסקו - או שהתירן מהטלית, **יכול לזרקן לאשפה, מפני שהיא מצוה שאין בגופה קדושה** - וה"ה לכל תשמישי מצוה, כגון סוכה ולולב ושופר, וכל כה"ג, לאחר שנתבטלו ואינם עומדין עוד למצותן. **אבל** אסור לעשות בהם תשמיש מגונה, דלא גרע ציצית מטלית לקמן בס"ב. **וה"ה** דיכול לזרוק ציצית מקודם שעשאן בבגד, דהזמנה לאו מילתא היא.

אבל כל זמן שהם קבועים בטלית, אסור להשתמש בהם, כגון לקשור בהם שום דבר וכיוצא בזה, משום בזוי מצוה - אפילו אם אין לבוש עתה הטלית, ואפילו בלילה, כיון שהוא עומד ללבישה ולצאת בהציצית ידי מצות ציצית.

וכן שופר נמי אפילו לאחר ר"ה, וכן לולב ישן, אם עומדין עדיין למצוה לשנה הבאה, אסור להשתמש בהן, משום ביזוי מצוה, (**עיין בפמ"ג שכתב, דאף בכל מצוה דרבנן שייך בה האיסור דביזוי מצוה**).

ובציצית לא מהני תנאי, באומר: איני בודל מהן, כמו בתרל"ח ס"ב, משום דביזוי מצוה הוא, דציצית ע"כ בהכרח לשם מצוה עושה, דמברך עליהן "להתעטף".

[יד]**(וי"א דאף לאחר שנפסקו, אין לנהוג בהן מנהג בזיון לזורקן במקום מגונה, אלא שאינן צריכין גניזה) (כל בו)** - ר"ל בידים אסור לזורקן לאשפה, אך אם מתוך שלא גנזן נזרקו ממילא, אין לחוש לזה. **וכן** בסכך הסוכה ולולב ושופר, לאחר שנתבטלו ממצותן אין לזורקן לאשפה, וכל כה"ג דבר שאינו כבוד למצוה שעברה, **וכתב** הפמ"ג, דנכון שלא לעשות תשמיש מגונה אפילו בדפנות הסוכה.

[טו]**(ויש מדקדקין לגונזן, והמחמיר ומדקדק במצות תע"ב) (מהרי"ל). (וע"ל סימן תרס"ד סעיף ח' ט').**

כתב מהרי"ל, דיניח הציצית בתוך הספר לסימן, או לעשות בהן שום מצוה, דהואיל ואיתעביד בהו מצוה חדא, יתעביד בהו אחריתא.

אות ו' - ז' - ח'

תשמישי קדושה נגנזין

האי כורסיא... תשמיש קדושה הוא ואסור

האי פריסא... תשמיש קדושה הוא ואסור

סימן קנד ס"ג - [טז]תשמישי קדושה, כגון: תיק של ספרים - היינו תורה נביאים וכתובים, וה"ה לשאר ספרי קודש, **ומזוזות** - שהם קדושה, והתיק הוי תשמיש לקדושה, **ורצועות תפילין** - ה"ה לתיק שלהן [גמרא], וכל זה בין בשל יד ובין בשל ראש.

באר הגולה

יב מרדכי יג מגילה כ"ו: לפי' השאלתות והרמב"ם והר"ן מהא דכסוי הדם חולין פ"ז ונר חנוכה שבת כ"ב ‹ומשמע לטור דאפילו בעודן במצותן תניא דנזרקין, **אבל** בשאלתות כתב בפרשת שלח, אסור לבני ישראל למיעבד צרכיהון וכו', **כלומר** ולפי דבריו הא דתנו רבנן דנזרקין, כשעברה מצותן דוקא היא, כגון חוטי ציצית אחר שנפסקו, וסוכה ולולב ושופר אחר שעבר זמן מצותן, **אבל** כל שלא עבר זמן מצותן אסור להשתמש מהם, כדי שלא יהיו מצות בזויות עליו, דילפינן מדם, דאמר ביה קרא ושפך וכסה, במה ששפך דהיינו ביד בה יכסה, אבל לא יכסה ברגל, שלא יהו מצות בזויות עליו, כדאיתא בפרק כיסוי הדם - ב"י› יד ‹דה"ק נזרקין ממילא, היפוכא דתשמישי קדושה נגנזין - גר"א› טו ‹מדאמרינן הואיל ואתעביד חדא מצוה כו', אלמא דיש לנהוג כבוד בהם, וזהו שכתב: וע"ל סי' כו' - גר"א› טז מגילה כ"ו

וארגז שנותנין בו ס"ת או חומש - מיירי שהוכן לכך, ואפילו אם עדיין לא נתן בו רק פעם אחד, **או** שלא הוכן מתחלה לכך, אך שרגיל ליתן שם בקביעות, ג"כ נתקדש עי"ז.

וקמ"ל דלא נימא דלשמירה בעלמא עביד ולא לכבוד, ואין על הארגז שם תשמישי קדושה - גמרא.

ואותן תיבות המיוחדות לשום שם ספרים שלנו, שהספרים מכוסים בנייר ובעור או בקרשים, מקרי התיבה תשמיש דתשמיש, **ואף** דבארגז שנותנין בו ס"ת, קי"ל דאפילו הס"ת מונחת בתיק, אפ"ה הוי הארגז תשמישי קדושה, **אפשר** דארגז שאני, שעשוי לכבוד הס"ת כדאיתא בגמרא, משא"כ באלו התיבות שעשוי רק לשמירה בעלמא.

וכסא שנותנין עליו ס"ת - הוא השלחן שעומד על הבימה, ואף דעליו מונח מטפחת, ועל המטפחת מונח הס"ת, א"כ השלחן אינו אלא תשמיש לתשמיש, **אפ"ה** דין תשמיש קדושה יש לו, משום דלפעמים נותנין עליו הס"ת בלא מטפחת - גמרא, [**ואף** דבזמנינו אין מצוי זה, אפ"ה פעמים שנשמט קצת המטפחת מתחתיה, והשלחן משמש להס"ת].

ווילון שתולין "לפני ההיכל - הוא הפרוכת, והיינו למנהג התלמוד, שהיו לפעמים מניחין ס"ת עליה, או שהיו מכסין בה הס"ת, **ונראה** שהיה זה דבר מצוי בזמנם, דאל"כ הו"ל תשמיש אקראי בעלמא, ואין ע"ז שם תשמיש קדושה, **אבל** האידנא דלא נהגינן הכי, הו"ל רק תשמיש דתשמיש, וזהו שהגיה הרמ"א לקמן בס"ו.

יש בהן קדושה וצריך לגנזן - והיינו דאף דבתשמישי מצוה קי"ל, דלאחר שעבר מצותן מותר לזורקן, **בתשמישי** קדושה אינו כן, אלא אף לאחר שנתבלו ואין ראוין עוד לתשמישן, מ"מ יש בהן קדושה, וצריך לגנזן במקום המשומר, **וגם** אסור להשתמש בהן שום תשמיש או לזורקן.

(**ולא** מהני בזה ז' טובי העיר לאפקועי המטפחת וכדומה לחולין כמו בביהכ"נ, ואפי' רוצים לקנות בדמיה קדושה חמורה).

וה"ה מקק ספרים ומקק מטפחותיהן, והיינו רקב של הספרים והמטפחת שנעשה על ידי התולעת האוכלתן.

ודוקא תשמיש קדושה עצמה, אבל דבר המשמש להתשמיש קדושה, והוא הנקרא תשמיש דתשמיש, אין בו קדושה, ומותר להשתמש בהן אף בעודן קיימין.

הגה: ודוקא הדבר שמניחין בכן דבר הקדושה בעצמו לפעמים, או שנעשית לכבוד, כגון המכסה שעל הקרשים של הספרים - שדרכן היה לעשות לספרים תיק של קרשים, ועליהן היו מכסין במכסה לנוי ולכבוד, והואיל שהיא עשויה לכבוד הקדושה, לכן נחשבת לתשמישי קדושה, אף שאינה נוגעת בקדושה עצמה.

אבל אותו מכסה שהוא לשמור אותו מכסה שעל הקרשים, לא מיקרי תשמיש, דהוי תשמיש דתשמיש, וכל כיוצא בזה.

הגה: י"א דלא מקרי ארון הקודש אלא אם הוא כמין ארגז, שאינו עשוי רק לכבוד התורה, אבל ארון הבנוי בחומה שנעשה לשמירה, לא מיקרי תשמישי קדושה - היינו שיש חלל בחומה כמין ארון, וה"ה אם נעשה כן בכותל של עץ, דבכל זה הוי כחדר בעלמא, כיון שלא נעשה לכבוד רק לשמירה, **ואם** עושין ארון עץ תוך חלל החומה, אותו הארון תשמיש קדושה הוה, **וכן** כששוטחים חתיכת בגד בתוך החומה שלא יתקלקלו הספרים, יש על אותו הבגד שם תשמישי קדושה.

זה הכלל: כל שנוגע ממש בקדושה בלי הפסק, אע"פ שאין כ"כ לכבוד, רק קצת שמירה, כמו ארגז וכו', לאפוקי ארון בחומה, שהוא רק לשמירה בעלמא, **ולכבוד**, אע"פ שאין נוגע כך, כמו טסי כסף, ומכסה על הקרשים, הואיל ומונח על הקדושה, אע"פ שיש הפסק, תשמישי קדושה הוה, **משא"כ** פרוכת שלנו בסעיף ו', אע"ג דדבר יקר וכבוד הוא, מ"מ הוי כמחיצה, ואין מונח כלל על הקדושה.

(**ומביאור הגר"א** משמע, דכל שהוא נוגע בקדושה עצמה, אע"פ שהוא רק לשמירה לבד, מ"מ מיקרי תשמישי קדושה, **ובארון הבנוי בחומה, צ"ל לדבריו, משום דאינו מצוי שיונח ס"ת בתוכו בלא מטפחת, ואין הארון נוגע בקדושה עצמה. ומצאתי במאירי וכן ברבינו ירוחם, שמוכח מהם שסוברים, דאפילו כשנעשה לשמירה, הוא בכלל תשמישי קדושה, דנוכל לפרש הסוגיא בהיפך, דהיינו דס"ד כיון דלנטורי עבידן כאנדרונא דמיא,** {וזו היא גירסת הרי"ף והרא"ש} ‹עיין בגליון הש"ס›, **קמ"ל דלא דמי לאנדרונא, ולפי"ז אפילו אם הוא עשוי לשמירה, יש עליו שם תשמישי קדושה, ולפי"ז אפשר דלדידהו אפילו כשבנוי בחומה, אותו המקום הוא בכלל תשמיש קדושה, ואולי דכיון שהוא רק זוית בעלמא חקוק בתוך חומת הכותל, נתבטל אותו המקום לגבי שאר הכתלים, והוי כאנדרונא בעלמא, ואין על זה המקום כי אם קדושת בית הכנסת, וצ"ע).**

וכ"ש אם הספרים מתקלקלים בו, דמותר ליטלן משם (מרדכי והג' אשר"י) - ר"ל דיטול הס"ת, ומותר לסתור אותו המקום, ולא הוי כשאר תשמישי קדושה דאין לקלקלן, דלא היה ראוי מעיקרא, ולא חלה עליו שם קדושה, דלא מקרי תשמיש דידיה אלא מזיק דידיה, **ובאופן** זה, אפילו עשוי לנוי, כיון שהוא מתקלקל, אין עליו שם תשמיש קדושה.

אסור לכבס מטפחת של ס"ת במי רגלים, מפני הכבוד (רבינו ירוחם ר"ן מרדכי) - וה"ה בכל דבר המסריח, כמו מי משרה של פשתן וכיו"ב, וה"ה לכל תשמישי קדושה.

יו"ד סימן רפב סי"ב - "תיק שהוכן לס"ת והונח בו - [דהזמנה לאו מלתא היא, אלא הזמנה ומעשה בעינן דוקא – ט"ז],

וכן המטפחות – [יט]"[היינו הפרוכת, ומשום שלפעמים פורסין אותה על שלחן ומניחין עליו ס"ת, או מכסין הס"ת בה, עיין בב"י – ט"ז],

[כ]והארון והמגדל שמניחים ס"ת בו, אע"פ שאין מניחים בו ס"ת כשהוא לבדו אלא כשהוא בתיק, וכן הכסא שהוכן

באר הגולה

[יז] ‹פירש רש"י, פריסא שפורסין סביב הארון מבפנים, והקשו עליו התוספות ד"ה מריש, ופירשו הם דהיינו שפורסין אותו סביב הארון מבחוץ - ב"י› [יח] לשון הרמב"ם שם ה"ד מברייתא שם ומימרא דרבא מריש הוה אמינא וכו' שם [יט] ‹לכאורה אין זה פירוש הרגיל למטפחות, ולא ראיתי לאחד מן המפרשים שיעוררו בזה› [כ] הוא תיבותא דאתמר בגמרא, וא"נ הוא קמטרי דספרא שפירשו בו שהוא הארגז שמצניעין בו הס"ת, והמגדל הוא השלחן שעל

להניח ס"ת עליו, והונח, כולם תשמישי קדושה הם ואסורים, ולאחר שיבלו או ישברו, נגנזים.

אות ט' – י'

<u>האי תיבותא דאירפט, מיעבדה תיבה זוטרתי שרי, כורסייא אסיר</u>

<u>האי פריסא דבלה, למיעבדיה פריסא לספרי שרי, לחומשין אסיר</u>

סימן קנ"ד ס"ו - [כא]**אין עושין מתיבה** - הוא ארון הקודש, **כסא לס"ת** - ואף דכסא שהוא השלחן, הוא ג"כ תשמישי קדושה, כדלעיל ס"ג, אפ"ה אסור, דתיבה הס"ת מונח בה תמיד, וכסא אין נותנין עליו הס"ת אלא לפעמים, והוי הורדת הקדושה.

אבל מותר לעשות מתיבה גדולה קטנה, וכן מותר לעשות מכסא גדול כסא קטן; אבל אסור לעשות ממנו שרפרף (פי' כסא קטן) לכסא. וכן מותר לעשות מוילון גדול וילון קטן, או לעשות ממנו כיס לס"ת; אבל לעשות ממנו כיס לחומש, אסור - דהוילון משמש לפעמים לס"ת גופא כנ"ל, וחומש אפילו אם הוא עשוי בגלילה, קדושתו קלה מס"ת.

וכ"ש שאסור לכרוך מפה של ס"ת על הנביאים, **ומפה** שפורסין על השלחן, אסור לפרוס על העמוד שלפני החזן.

ומפות שפורסין על הס"ת, יכולין לתלותן בכותל ביהכ"נ, וכן כלי כסף שמשימין על הס"ת, יכולין להניחן על העמודים שבביהכ"נ, **והטעם** בזה, דאינו תולה אותן לשם תשמיש, ומה לי אם מונחים כאן או כאן.

הגה: ופרוכת שאנחנו תולין לפני הארון אין לו קדושת ארון - דבזמנינו לעולם אין נותנין עליו ס"ת בלא מטפחת, **רק קדושת בהכ"נ** - ואף שהוא רק תשמיש דתשמיש, מ"מ לא גרע משאר כלי ביהכ"נ שדינם כביהכ"נ, **אבל** שאר תשמיש דתשמיש שאינם בביהכ"נ, כגון של תפילין וכדומה, אין בו קדושה כלל.

ומותר לעשות מפרוכת מפה שעל השלחן, **וצ"ע** למה נהגו לפרסו לחופה לחתנים, ואפשר דלב ב"ד מתנה עליהם, וכמ"ש ס"ח.

וכן הכלונסות שבו תולין הפרוכת; ומ"מ אסור לעשות מהם העצים שמסמנים בו הקריאה לחוכת היום, שאין קדושים כמו הם (פסקי מהרא"י) - שאינן לא לנוי ולא למלבוש, רק לסימן בעלמא שלא יטעו, וע"כ הוי הורדה מקדושת ביהכ"נ, **ועכשיו** שנהגו לתלות היד בס"ת לנוי, א"כ תשמיש קדושה הוה, בודאי מותר לעשותו מכלונסים.

איתא בספר חסידים, דאסור להניח בתוך ארון הקודש יריעות פסולים, דהוי הורדה לקדושה, **ובמ"א** כתב, דאפשר דשרי משום דלב ב"ד מתנה עליהם, וכ"כ בא"ר בשם שכנה"ג, דנוהגין להניח בתוכו יריעות פסולים, **אבל** חומשים ושאר ספרים יש ליזהר שלא להניח בתוכו אפילו לפי שעה, בין כשהס"ת מונח בתוכה או לא, **ובארון** הבנוי בחומה, לפי המבואר לעיל בס"ג בהג"ה, דיש לו רק קדושת בהכ"נ, שרי, [**ולפי** מש"ב בבה"ל, דדין של ארון הבנוי החומה אינו מוסכם לכו"ע, ממילא גם בענין זה אפשר שיש להחמיר]. **ועיין** ט"ז שמפקפק קצת על מה שנוהגין בהושענא רבה, שלאחר שמוציאין כל הס"ת, שמים שם נר דולק, דהוי דופן ארון הקודש תשמיש לאותו הנר.

וקדושת הארון הוא דוקא כשעושין אותו שיהיה קבוע לעולם, ואז אפילו נתיישן הארון ועשו אחר, אפ"ה אין להשתמש בראשון להורידו מקדושתו, [**ואע"פ** שא"א להשתמש בו קדושה ראשונה, לא אמרינן דטוב יותר להורידו לקדושה קלה משיגנז לגמרי]. **אבל** אם עושין אותו לזמן עד שירחיב ה' לעשות אה"ק כראוי, לאחר שעושה ארון השני, נתבטל קדושת ארון הראשון, וע"כ מותר לשום בתוכו ספרים.

אסור להשתמש בספר להנאתו, כגון להגן בפני החמה, או כדי שלא יראה חבירו מה שעושה, **ולהניח** ספר אחר תחת ספר שלומד בו כדי להגביהו, יש להתיר, **ואם** מונח ספר אחד, לכו"ע מותר להניח ספר אחר עליו, **וכשהשמש** זורחת על הספר שלומד בו, יש להקל במקום הדחק, להגן בספר אחר להיות לצל, כיון שאינו עושה להנאתו.

לא ישרטט קונטרס על הספר, שהקונטרס עדיין אין בו קדושה, אבל כשכבר כתוב עליו ד"ת, יש להקל אם הוא לצורך, **אל** יניח קונטרסים שלא נכתבו בם ד"ת בספר, ולא שום דבר, ופשיטא לכתוב בספר חשבונותיו דאסור, ולא ינסה בו בקולמוס.

וצריך למחות בקושרי הספרים, שמדבקין בלוחות הספרים כתבי קודש, וידוע שהמאבד כתבי קודש עובר בלאו ד"לא תעשון כן לה' אלהיכם", **ואפילו** אם נאמר דיזהר שלא ימחוק שם התיבות, ובפרט השמות, עכ"פ הוא מורידן מקדושתן, והוא איסור גמור.

יו"ד סימן רפ"ב סי"ג - [כב]**תיבה שנשברה, מותר לעשות ממנה אחרת קטנה; אבל אסור לעשות ממנה כסא לספר תורה. וכסא שנשבר, מותר לעשות ממנו כסא קטן; ואסור לעשות ממנו שרפרף (פי' ספסל קטן) לכסא.**

אות כ'

<u>הני זבילי דחומשי וקמטרי דספרי, תשמיש קדושה נינהו ונגנזין</u>

סימן קנ"ד ס"ג- עיין לעיל אות ו' ז' ח'.

יו"ד סימן רפ"ב סי"ב- עיין לעיל אות ו' ז' ח'.

באר הגולה

הבימה שמניח בו החזן הספר תורה כשקורא בו, ולשון מקרא הוא בעזרא, ויעמוד על מגדל עץ, והכסא הוא כורסיא הנזכר בגמרא, ‹ודלא כרש"י›, כי יש מקומות שמכינים שם כסא אחד להניח עליו ס"ת ביום שמוציאין שני ספרי תורה | כא | שם | כב | מימרא דרבא מגילה דף כ"ו ע"ב

אות ל'

וכלי עץ העשוי לנחת אינו מקבל טומאה

רמב"ם פ"ג מהל' כלים ה"א - כל כלי עץ העשוי לנחת, אפילו אינו מקבל אלא דבר מועט, אינו מקבל טומאה לא מן התורה ולא מדברי סופרים... ודברים אלו דברי קבלה הן, מפני השמועה למדו, מה שק שהוא מתטלטל מלא וריקן, אף כלי עץ לא יטמא אא"כ היה מיטלטל מלא וריקן, להוציא כלי עץ העשוי לנחת.

רמב"ם פ"ו מהל' טומאת מת ה"ב - וכן כלי עץ העשוי לנחת, כגון התיבה והמגדל והכוורת שהן מחזיקין ארבעים סאה בלח, ויהיה להם שולים, אינן מקבלין טומאה כלל לא מדברי תורה ולא מד"ס, ואלו הן הנקראין כלי עץ הבא במדה.

אות מ'

וחוצץ בפני הטומאה

רמב"ם פי"ב מהל' טומאת מת ה"ב - היתה טומאה על גביו, הרי כל הכלים שתחתיו טהורין, מפני שהאהל חוצץ בפני הטומאה; וכלי גללים וכלי אבנים וכלי אדמה הבאים במדה, הרי הם כאהלים ואינם ככלים, ולפיכך חוצצים בפני הטומאה. השגת הראב"ד: וכלי גללים וכלי אבנים וכו'. א"א אפילו של עץ והם באים במדה, כדאיתא פרק יש מביאין וחוצצין - יו"ל שגם רבינו סובר כן, שהרי בפי"ג כתב דכלי עץ הבאים במדה מביאין וחוצצין, וכמו ששנינו, וכאן איידי דפתח בכלי אבנים סיים בהו, לומר שאע"פ שאין מינם מקבל טומאה, אינם חוצצים אלא אם כן באים במדה, ולא למעט כלי עץ אתא, וסמך על מה שכתב בפרק י"ג – כס"מ.

רמב"ם פי"ג מהל' טומאת מת ה"ג - אלו מביאין וחוצצין, כלי עץ הבא במדה, וכן כלי אבנים כלי גללים כלי אדמה הבאין במדה.

אות נ'

מטפחות ספרים שבלו, עושין אותן תכריכין למת מצוה, וזו היא גניזתן

סימן קנד ס"ד - [כג]מטפחות ס"ת שבלו, יכולים לעשות מהן תכריכין למת מצוה - שצרכיו מוטלין על צרכי צבור, **וזו היא גניזתן.**

יו"ד סימן רפב סי"א - [כד]מטפחות ספרים שבלו, עושין אותם תכריכין למת מצוה, וזו היא גניזתן - כתב ב"י, דהיינו דרשות לעשות כן, ואינו חיוב בדבר, [אלא יכול לגנזם – ט"ז], וכן נראה ממ"ש באו"ח שם: יכולין לעשות כו', וכוהפסק הב"ח דאין חיוב בדבר - ש"ך.

אות ס' – ע'

ס"ת שבלה, גונזין אותו אצל ת"ח, ואפילו שונה הלכות ובכלי חרס

סימן קנד ס"ה - [כה]ס"ת שבלה, מניחין אותו בכלי חרס - שיהיה לו קיום, וה"ה נביאים וכתובים, כשהם כתובים בעור ובגלילה ובדיו.

וגונזין אותו בקבר ת"ח, אפי' אינו אלא שונה הלכות - פי' משניות ובריתות, **ולא שימש ת"ח** - בגמרא, שהיא הסברת טעמי המשנה.

וה"ה שאר ספרים שבלו, שצריך לגונזן ואסור לשורפן, אע"ג דכונתו שלא יבואו לידי בזיון, מ"מ דרך השחתה עביד, **וכתב** הרמב"ם, שהמאבד כתבי הקודש עובר בלאו ד"לא תעשון כן לה' אלהיכם", **וה"ה** בכל תשמישי קדושה יש ליזהר בזה.

(מדכתב השו"ע בס"ד "יכולים לעשות", ובסעיף זה "וגונזין אותו", משמע דהוא חובה, ולא בקרקע, אבל לא ראיתי נוהגין כן – פמ"ג).

יו"ד סי' רפב ס"י - [כו]ספר תורה שבלה או נפסל, נותנין אותו בכלי חרס – [שיש לו קיום ימים רבים – ט"ז], **וקוברין אותו אצל ת"ח** - אפילו אינו אלא שונה הלכות ולא שימש ת"ח, כ"כ באו"ח סי' קנ"ד ס"ה - ש"ך, **וזו היא גניזתו.**

(**וכתב** בתשובת הרשב"ש, דאם יש לחוש משום שיוציאום וישרפום, יתנם בכלי חרס בשאר מקום צנוע, ע"ש - פת"ש).

אות פ'

מבי כנישתא לבי רבנן, שרי; מבי רבנן לבי כנישתא, אסיר

סימן קנג ס"א - [כז]מותר לעשות מבהכ"נ בית המדרש - הוא מקום המיוחד לתורה, וקדושתו גדולה יותר, ואפילו אין דרך להתפלל שם כלל, [**ומ"מ** לכתחילה נכון שידחקו את עצמם להשיג מעות אחרים לצורך ביהמ"ד, וכדלקמן סוף סי"ג, דאפי' לפדיון שבוים יראו לכתחילה לגבות מעות אחרות מן הציבור, אף דמן הדין שרי].

(וה"ה שמותר למכור ביהכ"נ כדי לעשות ביהמ"ד, **ודוקא** במקום דליכא למיחש לפשיעותא, כגון שביהמ"ד מזומן לפניו, ואינו חסר אלא נתינת מעות).

כתב המ"א: צ"ע אי מותר לעשות מביהכ"נ ביהמ"ד ליחיד בביתו, **ובא"ר** מצדד להחמיר בזה, וכן משמע במאירי שם במגילה.

אבל לא מבהמ"ד בהכ"נ - שמעלין בקודש ואין מורידין.

באר הגולה

[כג] שם בגמ' [כד] מימרא דמר זוטרא שם [כה] שם [כו] מימרא דרבא מגילה דף כ"ו ע"ב [כז] מגילה כ"ו וכ"ז

§ מסכת מגילה דף כז. §

אות א'

מניחין ספר תורה על גבי תורה, ותורה על גבי חומשין וחומשין על גבי נביאים וכתובים; אבל לא נביאים וכתובים על גבי חומשין, ולא חומשין על גבי תורה

יו"ד סימן רפב סי"ט - [א]מותר להניח ס"ת על ס"ת, **ומניחים חומשים ע"ג נביאים וכתובים; אבל אין מניחים נביאים וכתובים על גבי חומשים, ולא חומשים על גבי ס"ת. הגה: [ב]אבל כתובים על גבי נביאים (או איפכא, שרי) (ב"י בשם הר"ן בשם תוספות פ"ק דב"ב). וכל זה מיירי בב' כריכות, שכל א' כרוך בפני עצמו, [ג]אבל בכרך א' הכל שרי (מרדכי פ' השותפין).**

ועיין לקמן סימן רמ"ג, דאסור להרהר בדברי תורה במקומות המטונפים, והוא משום כבוד תורה.

אות א'*[ד]

מהו למכור ספר תורה ישן ליקח בו חדש

סימן קנג ס"ד - אם מותר לקנות בדמי קדושה אחת קדושה אחר כיוצא בה - דהיינו שמכרו ביהכ"נ ישנה ורוצה בדמיה ליקח חדשה, וכן בכל הדברים. [ה]**יש אוסרים** - כיון דאין מעלן בקדושה, אע"ג דאין מורידן ג"כ, (ופשוט דמיירי שיש להם עוד ביהכ"נ להתפלל, דאל"כ נכון יותר שיקנו ביהכ"נ, כדי שיהיה להם מקום קבוע להתפלל). **ודוקא** בכל הדברים שיכול להעלות בקדושה, וכנ"ל, אבל בס"ת שאין יכול להעלות הדמים בקדושה יותר, לכו"ע כשמכרה יקח בדמיה אחרת.

[ו]**ויש מתירים** - כיון דעכ"פ אין מורידן מקדושתן, (פמ"ג מצדד דהכי הלכתא, מדכתב המחבר להאי יש מתירין בסופו, והוא מילתא דרבנן, **אבל** במאירי כתב, דרוב הגאונים סוברין דצריך עלוי דוקא).

וכ"ז לענין דיעבד, אבל לענין לכתחלה בודאי אסור למכור שום דבר קדושה כדי ליקח כיוצא בה, [בין בס"ת או דבר אחר], **ואפילו** היכא דליכא למיחש לפשיעותא, כגון שהדבר קדושה אחרת מזומן לפנינו, ואינו חסר אלא נתינת מעות, אפ"ה אסור, דצריך להעלות בקדושה דוקא, **ואם** חזי ביה תיוהא {דבר רעוע}, או שהיה קטן מהכיל, לכו"ע מותר אפי' לכתחלה למכרו כדי ליקח אחר.

כתב הט"ז, בזמנינו אנו רואין הרבה מוכרים ספרים, ולוקחין אחרים בדמיהם, נראה דעכשיו מתחלה כשקונה הספר היה דעתו לכך, שיהיה לו כל זמן שיצטרך לו, ובאם יזדמן לו יותר יפה, ימכור זה ויקח היפה, ואף שלא התנה בפירוש, **והא"ר** כתב דטעם המנהג הוא, משום דסומכין על מה שכתוב בס"ג, דיחיד על ס"ת שלו מותר למכור וכו', אבל הספר של צבור, ה"נ דאסור, ועי"ש במ"ב.

אות ב' - ג' - ד'

אין מוכרין ספר תורה אלא ללמוד תורה ולישא אשה, אבל תורה בתורה לא

אפילו אין לו מה יאכל ומכר ספר תורה או בתו, אינו רואה סימן ברכה לעולם

יו"ד סימן רע ס"א - [ז]מצות עשה על כל איש מישראל לכתוב לו ספר תורה - [שנאמר: ועתה כתבו לכם את השירה הזאת, פי' כל התורה עד גמר השירה של האזינו, שהוא כל התורה - ט"ז]. **ואפי' הניחו לו אבותיו ספר תורה, מצוה לכתוב משלו, [ח]ואינו רשאי למכרו, אפילו יש לו הרבה ספרי תורה** - בבית יוסף כתב בשם הר"ר מנות, דוקא ס"ת העשוי לקרות ברבים, אבל ספרי יחידים מוכרים לעשות מהדמים מה שירצו כו', ועיין בית יוסף וב"ח ביאור דבריו, ועיין באו"ח סי' קנ"ג סעיף י' - ש"ך. **[ט](ואפילו אין לו מה יאכל [י]רק ע"י הדחק)** - אלא נוטל צדקה מהגבאים, כדלעיל ר"ס רנ"ג, דאין מחייבין אותו למכור ביתו וכלי תשמישו, כן כתב הב"ח - ש"ך.

‹המשך ההלכות בעמוד הבא›

באר הגולה

[א] **ברייתא מגילה דף כ"ז ע"א** [ב] ‹מדלא חילק בגמ' הנ"ל ביניהם ומשוי אותם להדדי וכן שם לענין גלילות מטפחות - גר"א› [ג] ‹תוס' בב"ב דף י"ג: ד"ה מדביק. אף על פי כו', כשהן מדובקין יחד אינו גנאי. **לכאורה** לפי"ז יקשה הא דאמרינן במגילה (כ"ז) אהא דמניחין תורה ע"ג תורה, שאני הנחה דלא אפשר, דאי לא תימא הכי מיכרך היכי כרכינן, והא קיתיב דפא אחבריה. **ומאי** ראיה היא זו, דהתם שאני שהן מדובקין יחד. **ונ"ל** דכוונת התוס', דכיון דמדובקין יחד הו"ל כקדושה אחת, אבל אי אמרינן דאפי' בקדושה אחת ממש אסור, לא מהני מידי מה שמדובקין יחד - רש"ש שם› [ד] ‹ע"פ הגר"א› [ה] **ר"ן** ‹ממ"ש שם כ"ז א' איבעיא להו כו' או דלמא כיון כו', משמע דבשאר כיון דאיכא עלוייא אחרינא ודאי אסור - גר"א› [ו] **מהרי"א לדעת הטור** ‹דמשם אין ראיה, דשם לכתחילה כמ"ש שם מתני' דיעבד כו', ולכאורה משמע דדיעבד מותר בכולהו, דדיוקא דסיפא דוקא, מדפשיט ת"ש אבל מכרו כו', ולא פריך אימא רישא ספרים לוקחין תורה אבל תורה בתורה לא, מדלא קתני ספרים ותורה לוקחין תורה, {וא"כ כמו כן יש לדייק מאידך דתני ספרים לא יקחו מטפחות כו', הא ספרים בספרים שפיר דמי}, **ור"ן** אף בדיעבד ס"ל דאסור, וסבר כיון דבגמ' קאמר בפשיטות כיון דלא מעלי ליה אסור, ש"מ דס"ל דדיוקא דסיפא לאו דוקא, דאל"כ מנ"ל דאסור, {ש"מ דדייקו מרישא דקתני עילוי דוקא, ובסיפא אגב ס"ת נקט אידך - דמשק אליעזר}, **אבל** לכתחילה ודאי אסור לכו"ע, ואף בס"ת דעת הפוסקים לחומרא, **אבל** בדיעבד בס"ת ודאי מותר כמ"ש שם בגמ' - גר"א› [ז] **מימרא דרבא סנהדרין דף כ"א ע"ב, ויליף לה שנאמר ועתה כתבו לכם את השירה הזאת, ופי' כיון דקי"ל דאין כותבים התורה פרשיות, דתורה חתומה ניתנה, גיטין דף ס' ע"א, אלא היינו לומר שיכתבו כל התורה עד שירת האזינו, שהוא גמר של תורה** [ח] **ברייתא מגילה דף כ"ז ע"א** [ט] **טור ותוספות וכרשב"ג בברייתא שם** [י] **דברי עצמו, ובזה מתורץ מה שהקשה הגהת מיימוני והביאו הב"י** ‹דכיון דמותר למוכרו ללמוד תורה ולישא אשה, כ"ש דמותר מפני חייו - ב"י. ‹**ואפשר** שאין לו מה יאכל רק על ידי הדחק קאמר, כנ"ל - ד"מ›

מסורת הש"ס

[ברכות כה: וש"נ ופ' נדרים עב:] [תוספ' פ"ג] [ב"ב קנא.] [ע' תוס' כ"ב ח: ד"ה פדיון] קדושין דף מ: [ב"ק יז:] ב"מ המוכר [צ"ל ומוכר] וכ"ה בשאלתות פרשה כח סי' ס

עין משפט נר מצוה

כ א מיי' פ"י מהל' ס"ת הל' ס טוש"ע י"ד סי' רפב סעיף יט: [וע"ע תוס' חולין לז ד"ה אמר רבא וכו' שר"ת עצמו שכתב זה להלייס חזר מזה ע"ש פירושו בסוגיא דהכא וע' תוס' עירובין סה: ד"ה איקלעו]

כא ב ג ד מיי' שם הלכה ב טוש"ע י"ד סימן ער סעיף א טוש"ע א"ח סימן א סעיף ב:

כב ה ו מיי' פי"א מהל' תפלה הלכ' טו יח טור ש"ע א"ח סימן קנג סעיף ה:

כג ז ח ט מיי' פ"ז מהל' מתנות עניים הלכה יד טוש"ע י"ד סימן רנו סעיף ו:

גמרא

כוותיה דרב פפי מסתברא דא"ר יהושע בן לוי בהכ"נ מותר לעשותו בית המדרש ש"מ דרש בר קפרא מאי דכתיב °וישרף את בית ה' ואת בית המלך ואת כל בתי ירושלם ואת כל בית גדול שרף באש בית ה' זה בהמ"ק בית המלך אלו פלטרין של מלך ואת כל בתי ירושלם כמשמען ואת כל בית גדול שרף באש ר' יוחנן ור' יהושע בן לוי חד אמר מקום שמגדלין בו תורה וחד אמר מקום שמגדלין בו תפלה מ"ד תורה דכתיב °ה' חפץ למען צדקו יגדיל תורה ויאדיר ומ"ד תפלה דכתיב °ספרה נא הגדולות אשר עשה אלישע ואלישע דעבד ברחמי הוא דעבד תסתיים דר' יהושע בן לוי הוא דאמר מקום שמגדלין בו תורה דאמר ר' יהושע בן לוי בית הכנסת מותר לעשותו בית המדרש ש"מ: אבל מכרו תורה לא יקחו ספרים וכו': איבעיא להו מהו למכור ס"ת ישן ליקח בו חדש כיון דלא מעלי ליה אסור או דלמא כיון דליכא לעלויי עילוייא אחרינא שפיר דמי תא שמע אבל מכרו תורה לא יקחו ספרים ספרים הוא דלא הא תורה בתורה שפיר דמי מתני' דיעבד כי קא מיבעיא לן לכתחלה ת"ש גוללין ס"ת במטפחות חומשין וחומשין במטפחות נביאים וכתובים אבל לא נביאים וכתובים במטפחות חומשין ולא חומשין במטפחות ס"ת קתני מיהת גוללים ס"ת במטפחות חומשין מטפחות חומשין אין מטפחות ס"ת לא אימא סיפא ולא חומשין במטפחות ס"ת הא תורה בתורה ש"ד *אלא מהא ליכא למישמע מינה תא שמע *מניחין ס"ת על גבי תורה ותורה ע"ג חומשין וחומשין ע"ג נביאים וכתובים אבל לא נביאים וכתובים ע"ג חומשין ולא חומשין על גבי תורה הנחה קאמרת שאני הנחה דלא אפשר דאי לא תימא הכי מיכרך היכי כרכינן והא קא יתיב דפא אחבריה אלא כיון דלא אפשר שרי הכא נמי כיון דלא אפשר שרי ת"ש דאמר רבה בר בר חנה א"ר יוחנן משום רשב"ג לא ימכור אדם ס"ת ישן ליקח בו חדש התם משום פשיעותא כי קאמרינן כגון דכתיב ומנח לאיפרוקי מאי ת"ש דא"ר יוחנן משום ר"מ *אין מוכרין ס"ת *אלא ללמוד תורה ולישא אשה ש"מ תורה בתורה שפיר דמי דלמא שאני למוד *שהלמוד מביא לידי מעשה *אשה נמי °לא תהו בראה לשבת יצרה *אבל תורה בתורה לא ת"ר לא ימכור אדם ס"ת אע"פ שאינו צריך לו יותר על כן ארשב"ג *אפי' אין לו מה יאכל *ומכר ס"ת או בתו אינו רואה סימן ברכה לעולם: וכן במותריהן: אמר רבא *ל"ש אלא שמכרו והותירו אבל גבו והותירו מותר ה"ד איתיביה אביי בד"א שלא התנו אבל התנו אפילו לדוכסוסיא מותר ה"ד אילימא שמכרו והותירו כי התנו מאי הוי אלא שגבו והותירו טעמא דהתנו הא לא התנו לא לעולם שמכרו והותירו וה"ק יבד"א שלא התנו שבעה טובי העיר במעמד אנשי העיר אבל התנו שבעה טובי העיר במעמד אנשי העיר אפילו לדוכסוסיא נמי מותר

א"ל אביי להוא מרבנן דהוה מסדר מתניתא קמיה דרב ששת מי שמיע לך מרב ששת מאי דוכסוסיא אמר ליה הכי אמר רב ששת פרשא דמתא אמר אביי הלכך האי צורבא מרבנן דשמע ליה מילתא ולא ידע פירושא לישיילה קמיה דשכיח קמיה רבנן דלא אפשר דלא שמיע ליה מן גברא רבה אמר רבי יוחנן משום ר"מ בני העיר שהלכו לעיר אחרת ופסקו עליהן צדקה נותנין וכשהן באין מביאין אותה עמהן ומפרנסין בה עניי עירן תניא נמי הכי בני העיר שהלכו לעיר אחרת ופסקו עליהן צדקה נותנין וכשהן באין מביאין אותה עמהן °ויחיד שהלך לעיר אחרת ופסקו עליו צדקה תנתן לעניי אותה העיר ר"ה גזר תעניתא על לגביה רב חנה בר חנילאי וכל בני מתיה רמו עלייהו צדקה ויהבו כי בעו למיתי אמרו ליה נותבה לן מר וניזול ונפרנס בה עניי מאתין אמר להו תנינא °בד"א בשאין שם חבר

(תורה אור: מ"ב כה · ישעיה מב · מ"ב ח · ישעיה מה)

רש"י

לעשות מבית הכנסת בית המדרש: וישרף את בית ה' ואת כל בית גדול · בנבוזראדן כתיב: תסתיים · יש סימן: מותר לעשות בית המדרש · אלמא בית המדרש הוי בית גדול: דיעבד · שמכרוהו כבר כדקתני מכרו תורה ומשום הכי מותר ליקח בדמיו ספר תורה שאם לאו מה יקחו מהם כי קא מיבעיא לן למכור לכתחילה לכך: חומשין · ספר תורה שאין בו אלא חומש אחד: אבל לא נביאים וכתובים במטפחות ספר תורה · שמוריד המטפחות מקדושתן: במטפחות של חומשין · דקא מעלי להו למטפחות: אבל במטפחות ספר תורה לא · אלמא אין משנין לכיולא בה אלא למעלה הימנה: אימא סיפא ולא חומשין במטפחות של ספר תורה · דהא ירידה היא: וקא יתיב דפא אחבריה · דף נגלל על חבירו: משום פשיעותא · שמא משימכור שוב לא יקנה ומתוך כך יפסדו הדמים: כי קאמרינן דמנח לאיפרוקי · שכתוב כבר החדש בבית הסופר ואינו מעוכב אלא לתת לו דמים: אלא ללמוד תורה · להתפרנס בו כשלומד תורה וקס"ד דה"ה לקנות ספר תורה: שאינו צריך לו · שיש לו אחר: אינו רואה סימן ברכה לעולם · באותן הדמים: שמכרו והותירו · מכרו אחד מן הקדושות הללו ולקחו ממקצת הדמים קדושה מעולה והותירו מהן: אבל גבו · מעות מן הצבור לצורך ספר תורה וקנאוהו ועותר בידן מן הדמים מותר להורידן שהרי עדיין לא באו לשימוש קדושה חמורה: שלא התנו · על מנת לעשות רצונם מן הדמים: לדוכסוסיא · מפרש לקמן: כי התנו מאי הוי · הא דמי קדושה הן: וטעמא דהתנו · כשגבו לעשות רצונם ותפלו ממותר הדמים: פרשא דמתא · בני העיר שוכרין אדם רוכב סוס שיהא להן מזומן לשולחו בשליחות למושל העיר כשיצטרכו: נותנין · אותה לגבאי אותה העיר כדי שלא יחשדום בפוסקים ואינן נותנין: וכשהן באים · וחוזרים למקומן תובעים אותן מן הגבאים ומפרנסין בה עניי עירן: חבר

תוספות

כוותיה דרב פפי מסתברא · מהכא משמע דהלכה כר' יהושע בן לוי לגבי דר' יוחנן מדמייתי ראיה דהלכה כרב פפי משום דרבי יהושע בן לוי קאי כוותיה אע"ג דרבי יוחנן פליג עליה*: אבל התנו ז' טובי העיר במעמד כו' · קשה דכיון שהתנו ז' טובי העיר במעמד אנשי העיר למה לי להותירו ואמאי נקטיה והא אפי' בכל הדמים יכולין הן לעשות מה שירצו כדאמר לעיל אפילו למישתי ביה שיכרא ופרש"י לקנות מן הדמים שכר לשתות ויש לומר דנקט והותירו לאשמועינן דאף במותר בעי תנאי דסלקא דעתך דאם קנו מן הדמים דבר קדושה והותירו דמותר לעשות מן המותר כל מה שירצו אפילו בלא תנאי קמ"ל דלא:

רבינו חננאל

בית הכנסת מותר לעשותו בית המדרש · כתיב ואת בית גדול שרף באש · ריב"ל אמר בית המדרש הוא מקום שמגדלין בו תורה כדכתיב יגדיל · תורה ויאדיר · ור' יוחנן אמר בית הכנסת מקום שמגדלין בו תפלה: פיסקא אבל (מקום) אם מכרו תורה לא יקחו ספרים איבעיא להו מהו למכור ס"ת ישן וליקח בדמיו חדש · ודייקינן ממתניתין דקתני אם מכרו תורה לא יקחו ספרים הא תורה *) דיעבד שרי · ומיבעיא לן לכתחילה מאי ואתינן למיפשטה מהא דתניא גוללין ס"ת במטפחות חומשין · וחומשין במטפחות נביאים וכתובים כו' ואסיקנא ליכא למשמע מינה · ת"ש מניחין תורה ע"ג תורה. ותורה ע"ג [...] כו' ודחינן שאני הנחה דלא אפשר למכרכיה ולא ליתב דפא אחבריה אלא כשם שכורכין דפא אחבריה כך מניחין תורה ע"ג תורה · ת"ש מהא אין מוכרין ס"ת אפילו ישן ליקח בו חדש · ודחינן ה"נ משום פשיעה שמא ימכר הישן ולא יזדמן לו לקנות חדש · כי קא מיבעיא לן דמנח ס"ת ליסכר מהו למכור ישן ולקנות מיד זה החדש. ת"ש אין מוכרין ס"ת אלא ללמוד תורה ולישא אשה ש"מ תורה בתורה שרי, ודחינן שאני תלמוד תורה דאמר מר גדול תלמוד שהתלמוד מביא לידי מעשה ולא איפשיט בהדיא הלכך אין מוכרין ס"ת לכתחלה · ת"ר לא ימכור אדם ס"ת אע"פ שאין צריך לו יותר על כן ארשב"ג אפילו אין לו מה יאכל ומכר ס"ת או בתו אינו רואה סימן ברכה לעולם: פיסקא מכרו בית הכנסת לא יקחו רחוב וכן במותריהן · אמר רבא לא שנו שאם מכרו רחוב יקחו בדמים בית הכנסת וכן במותריהן · כלומר אם מכרו רחוב וקנו כנסת ונשארו מן הדמים לא יקנו אלא כנסת · וכן כל השנוים במשנתנו לא שנו אלא אם מכרו והותירו אבל אם גבו מעות לקנות בית הכנסת וקנו בית הכנסת והותירו מן המעות מותר להן לקנות מה שרוצה · קתני מיהא אם מכרו רחוב לא יקחו אלא בית הכנסת כו' ומותבינן עליה מהא בד"א שלא התנו · ואוקימנא הכי בד"א שלא התנו בשעה שמכרו אבל אם התנו מעיקרא · בשעה שמכרו ז' טובי העיר במעמד אנשי העיר אפילו לדוכסוסיא שהוא פרשא דמתא שרי · א"ר יוחנן בני העיר שהלכו לעיר אחרת ופסקו עליהן צדקה נותנין וכשבאין מביאין אותה עמהן ומפרנסין בה עניי עירם · אבל יחיד שהלך לעיר אחרת ופסקו עליו צדקה תנתן לעניי אותה העיר · רב הונא גזר תעניתא עול לגבית רב הונא בר חנילאי וכל בני מאתיה רמו עליה צדקה ויהבו כדבעו למיהדר אמרו ליה ליהב לן

*) נ"ל בתורה ש"ד מתני' דיעבד וכו'

גליון הש"ס

גמ' אלא ללמוד תורה · ע' כ"ב דף ח ע"ב תד"ה פדיון שבוים ע"ן דף יג ע"א תד"ס ללמוד תורה: שם אשה נמי · ע' ר"ן ד' יג ע"א תד"ה [...] ובחגיגה ד' ב ע"ב ובגיטין ד' מא ע"ב תד"ה לא תהו:

(**ועיין** בתשו' פנים מאירות, שכתב דמותר למכור ס"ת ע"י הגרלה שקורין אויס פלעטין, ואין בזה בזיון לס"ת כלל, ע"ש היטב, **ועיין** באשל אברהם שכתב בשם תשובת פרי הארץ, ג"כ דמותר, אלא דליתר שאת יניחו הס"ת בלי תפירות, ונמצא דאין בו קדושת ס"ת כלל. **ובתשו'** ריב"ש הביאו הב"י כתב, כל ספר שיש בו טעות אין בו קדושת ס"ת ויכול למכרו, ע"ש, והביאו גם כן הרמ"א לקמן סי' רפ"ב סי"ח, ובאו"ח סי' קנ"ג - פת"ש).

[יא] ואפי' למכור ישן כדי לקנות חדש, אסור - דחיישינן לפשיעותא, שמא לא יקנה, הלכך אם היה חדש כתוב והוא בבית הסופר, ואינו חסר אלא נתינת דמים, מוכר הישן לקנות החדש, עכ"ל עט"ז, והוא מדברי הר"ר מנוח שהביא הב"י, **אבל** אין זה עיקר, ודעת כל הפוסקים נראה דאפילו בכה"ג אסור, וכמ"ש בדרישה ובב"ח וכ"כ הר"ן בהדיא, דכיון דלא מעלי לה בקדושתה אסור להחליף תורה בתורה, דאינו רשאי למכור אלא כשמעלה בקדושה, וכ"כ הריב"ש ומביאו ב"י באו"ח סי' קנ"ג, **וכתב** הב"ח עוד, ונראה דלאו דוקא למכור ישן כדי לקנות חדש אסור, דה"ה כשאחד הוציא מתחלה מעות משלו וקנה חדש, עד שימכור אח"כ הישן וישתלם מהישן, נמי אסור, דעיקר טעמא דאיסורא משום דליכא במכירה זו העלאה בקדש, דדוקא כשמעלין בקדש הוא דשרי, אבל כי ליכא העלאה, אע"ג דכי הדדי נינהו וליכא הורדה, אלא דמיחליף תורה בתורה, נמי אסור, ע"כ, ועיין באו"ח סימן קנ"ג - ש"ך.

(**ועיין** בתשובת חתם סופר, דמי שהיה לו ס"ת שקנה, אסור למכרו כדי לכתוב ס"ת בעצמו, אף שמתחלה לא הוי רק כחוטף מצוה, והשתא הוי כאלו קבלה מסיני, אין זה מקרי עילוי בקודש, דעלייה צריך להיות במצוה הנקנית, שהיא קדושה יותר מהראשונה, **ואף** אם הספר השני ספרא דוקנא טפי כתביה ונכתב יותר בהדור, גם זה אינו מעלין בקודש, כיון שאין הקדושה מעולה בעצמה, אע"פ שהוא יפה ומהודר, ע"ש - פת"ש).

(**ועיין** תשובת אבן השהם, באחד שנדב לבו ונדר לקנות ס"ת לקיים ועתה כתבו, וקנה ס"ת ואח"כ ראה שאין הכתב מהודר, מחויב לקנות היותר מהודר, דדמי ממש לאתרוג דאמרינן הידור מצוה עד שליש, ואם כן כאן ימכור ויקנה אחרת היותר נאה, ע"ש שהאריך - פת"ש).

[יב] אבל ללמוד תורה או לישא אשה, מותר למכור [יג] אם אין לו דבר אחר למכור. הגה: וה"ה לצורך פדיון שבויים, מותר למכרו. ועיין באלו הדינים באו"ח סימן קנ"ג.

[יד] סימן קנג ס"ו - [טו] מוכרים בהכ"נ, וכן שאר דברים שבקדושה ואפי' ס"ת, להספקת תלמידים - הטעם, דהא אמרינן אין מוכרין ס"ת אלא ללמוד תורה, משמע דללמוד תורה מותר אפי' למכור ס"ת, (**והיינו אפי' בלא זט"ה במעמד אנשי העיר, דדינו כמו לשאר קדושה חמורה, דדי באנשי העיר לבד, דהספקת תלמידים גדול יותר**), **ודבר** זה תוכחת מגולה לאותן האנשים המתרשלין להחזיק תורה בעריהן.

או להשיא יתומים בדמיו - ואפילו יתומות, דאע"ג דאין האשה מצווה על פריה ורביה, מ"מ "לשבת יצרה" שייך גם באשה.

וה"ה דמוכרין ס"ת לפדיון שבויים, **ועיין** במ"א, דמוכח דאין ראוי למכור אפי' ביהכ"נ ואפי' לפדיון שבויים, [וכ"ש לשאר קדושה חמורה ולהספקת תלמידים, **ואפי'** ע"פ ז' טובי העיר במעמד אנשי העיר אין לעשות דבר זה, ואפי' כשיש ביהכ"נ אחרת], כי אם בשא"א להשיג מעות אחרות ע"ז מן הצבור, **ובאופן** זה בודאי מותר, אפי' בשאין להם רק בהכ"נ א', [והיינו לקדושה שהיא חמורה מביהכ"נ, וכ"ש להספקת התלמידים ולפדיון שבויים, ואפי' בני העיר לבד בלא הטובים].

אות ה' – ו'

<u>לא שנו אלא שמכרו והותירו, אבל גבו והותירו מותר במה דברים אמורים שלא התנו שבעה טובי העיר במעמד אנשי העיר, אבל התנו שבעה טובי העיר במעמד אנשי העיר, אפילו לדוכסוסיא נמי מותר</u>

סימן קנג ס"ה - [טז] אם גבו מעות לבנות בהכ"נ או בית המדרש, או לקנות תיבה או מטפחת או ס"ת, ורצו לשנותו מלצורך מה שגבו אותם, אין משנין אלא מקדושה קלה לחמורה.

וס"ת דנקט, אמה דמסיים "אין משנין" קאי, או דנקטיה לאשמועינן, דמשנין אותו להספקת תלמידים, וכדלקמיה בס"ו.

ואם רוצים הגבאים ללותן, וליתן אח"כ אחרים תחתם, להמ"א אסור, דהבעלים ניחא להו למעבד המצוה בממון זה דוקא, **ולט"ז** שרי, **אך** ע"י ז' טובי העיר במעמד אנשי העיר, לכו"ע שרו לשנות המעות, כמ"ש בסעיף ז'.

אבל אם עשו בהם הדבר שגבו אותם בשבילו, משנין המותר לכל מה שירצו - היינו אפי' דבר שאין בו קדושה כלל, אלא שהוא צרכי צבור, **והטעם**, כיון שנעשה דעת אנשי העיר בהמעות, מש"ה שרי בהמותר.

[יז] ואם כשגבו המעות התנו לעשות חפצם ממותר הדמים,

באר הגולה

יא בעיא שם ולא נפשטא יב מימרא דרבי יוחנן שם יג טור וכן כתב הרמב"ם וש"פ יד (ע"פ הב"י בשם הרא"ש) טו הרא"ש בתשובה טז שם בגמרא יז (הגהות אשירי בשם אור זרוע, וצ"ע דאמאי לא משני שם כה"ג - גר"א). (**נראה** לכאורה דהעין משפט הבין, דהאור זרוע יליף דינו מהגמרא "בד"א שלא התנו ז' טובי העיר וכו'", דאל"ה מה שייכות יש בגמרא זו לסעיף ה'. **ועיין** תוס' ד"ה אבל וז"ל: קשה, דכיון שהתנו ז' טובי העיר במעמד אנשי העיר, למה לי להותירו ואמאי נקטיה, והא אפי' בכל הדמים יכולין הן לעשות מה שירצו. **ועיין** בתוס' הרי"ד וז"ל: ובד"א שמכרו והותירו שאסור, אלא שלא התנו שבעה טובי העיר במעמד אנשי העיר, אבל התנו שבעה טובי העיר במעמד אנשי העיר לעשות מן המותר רצונם, אפי' לדכסוסיא מותר. **ועיין** במגיה שם וז"ל: כתב ריב"ב אבל התנו זט"ה במעמד אנשי העיר מותר, ואף על פי שלא מכרו אותן זט"ה מותר, שאילו מכרו הם במעמד אנשי העיר, אף על פי שלא התנו הם יכולין לעשות בכל הדמים כל חפצם, עכ"ל. **ודלמא** זה היה כוונת האור זרוע, וא"כ מיושב קושיית הגר"א אמאי לא תירץ הגמרא כן, דזהו באמת תירוץ הגמרא, אלא

אפי' קנו ומכרו, וחזרו וקנו קדושה במקצת הדמים, מותר להוריד המותר - הא"ר והגר"א מפקפקין בזה, דאפשר שכיון שאח"כ קנו סתם מכל הדמים, חיילא הקדושה בכל הקניה, ואסור אח"כ כשמכרו והותירו.

אבל אם לא התנו כשגבו, אלא כשמכרו התנו, אסור להורידם - הטעם, דאז כשקנו חל הקדושה על כל מה שקנו, ואינו מועיל אח"כ התנאי בעת המכירה.

אות ז' – ח' – ט'

בני העיר שהלכו לעיר אחרת ופסקו עליהן צדקה, נותנין, וכשהן באין מביאין אותה עמהן, ומפרנסין בה עניי עירן ויחיד שהלך לעיר אחרת ופסקו עליו צדקה, תנתן לעניי אותה העיר

במה דברים אמורים בשאין שם חבר עיר, אבל יש שם חבר עיר, תינתן לחבר עיר

יו"ד סימן רנ"ו ס"ו - [יח]**מי שהלך בסחורה, ופסקו עליו אנשי העיר שהלך שם צדקה, הרי זה נותן לעניי אותה העיר** – [הטעם נראה, דכיון שהוא יחיד נגרר אחר העיר ההיא – ט"ז], **ואם היו רבים ופסקו עליהם צדקה, נותנים, וכשבאים מביאים אותה עמהם ומפרנסים בה עניי עירם** – [שרבים חשיבת הקהל עליהם אף בעיר אחרת – ט"ז]. **הגה: והא דצריכין ליתן, מפני החשד, לכן חוזרים ולוקחים מהם ומביאים לעירן.**

[יט]**ואם יש שם חבר עיר, יתנו לחבר עיר, והוא מחלקה כפי שיראה לו** – ‹קטע זה נכתב בשו"ע סוף הסעיף אחר כל דברי רמ"א›.

ודוקא בצדקה שלא היו נותנין אילו נשארו בעירן, ולכן איכא חשדא; אבל צדקה [כ]שאף בעירן היו נותנין, אין צריכין ליתן כלל, דודאי יתנו בעירן - ז"ל המרדכי בשם א"ז, דוקא שגזרו עליהם תענית מפני הבצורת, או מפני משלחת חיות רעות, או מפני הצרה, וגזרו על עצמן צדקה, וגזרו נמי על בני העיר דאתו לגבייהו ליתן צדקה, לבטל הגזרה בתשובה ותפלה וצדקה, אז צריכין ליתן לגבאי העיר מפני החשד, וצריכין נמי ליתן לחבר העיר היכא דאיכא חבר עיר, **אבל** צדקה שרגילין ליתן כל שעה, וכן קבוע בכל מקום, שאפי' היו אותם בני העיר שבאו הכא בעירם, לא היו מונעין מלתת אותו, אע"פ שעתה באין כאן, אין צריכים ליתן לגבאים ולא לחבר עיר, אלא מוליכין אותם לביתם, **הלכך** אותן בני ישובים שבאין לקהלות לראש השנה ויום הכפורים, ומזכירין נשמות ונודרין צדקות, אין כאן חשד כלל, כי בודאי יתנוה, וגם אין נותנין אותם לחבר עיר, כי אין צדקה זו באה מכח אותה העיר, אלא מכח חק ומנהג, הלכך מוליכין הצדקה שלהם לישוביהן ועושין בהם כרצונם, עכ"ל בית יוסף וד"מ - ש"ך.

מיהו נראה דאם לקחו בעיר זו מצות או גלילה וכדומה להם, חייבים ליתן לעיר זו, ואין יכולים לחזור וליקחם להביאם לעירם, דהא קנו מצות בבהכ"נ זו, **ועוד** שאל"כ תהא פסידא לצדקה זו, שהיו אנשי אותה העיר קונים מצוה זו, וכן נוהגין, שוב מצאתי כן בתשו' מבי"ט - ש"ך.

כתב הכלבו שיש תקנות קדמוניות, אנשי כפרים שאין להם מנין, שבאין במקום קהלות, ומביאין נרות של שעוה שמדליקין ביום כפור, יניח המותר באותו ביהכ"נ שהיו נדלקים ביוה"כ, **ואם** יעשו שנים, הא' יניחו במקום שנדלק, והא' ידלק בעירו במקום שמתפלל שם ביחיד, ע"כ - ש"ך.

באר הגולה

יח לשון הרמב"ם בברייתא מגילה דף כ"ז ע"א | יט ברייתא שם ריש ע"ב | כ פי' דלא משמע מהמחבר ד"התנו" היינו הז' טובי העיר, וצ"ע› שרגילין ליתן כל שעה וחק קבוע בכל מקום, כ"כ שם מרדכי פ"ק דב"ב

חבר עיר אבל יש שם חבר עיר תינתן לחבר עיר וכ"ש דעניי דידי ודידכו עלי סמיכי:

מתני' אין מוכרין את של רבים ליחיד מפני שמורידין אותו מקדושתו דברי רבי *מאיר אמרו לו א"כ אף לא מעיר גדולה לעיר קטנה:

גמ' שפיר קאמרי ליה רבנן לר"מ ור"מ מעיר גדולה לעיר קטנה מעיקרא קדישא השתא נמי קדישא מרבים ליחיד ליכא קדושה ורבנן אי איכא למיחש כי האי גוונא נמי איכא למיחש משום °ברוב עם הדרת מלך: (משלי יד)

מתני' אין מוכרין בית הכנסת אלא על תנאי שאם ירצו יחזירוהו דברי ר"מ וחכ"א מוכרין אותו ממכר עולם *חוץ מארבעה דברים למרחץ ולבורסקי לטבילה ולבית המים ר' יהודה אומר מוכרין אותה לשם חצר והלוקח מה שירצה יעשה:

גמ' ולר"מ היכי דיירי בה הא הויא לה רבית א"ר יוחנן ר"מ בשיטת ר"א אמרה דאמר *צד אחד ברבית מותר דתניא *הרי שהיה נושה בחבירו מנה ועשה לו שדהו מכר בזמן שמוכר אוכל פירות מותר לוקח אוכל פירות אסור ר' יהודה אומר אפילו לוקח אוכל פירות מותר וא"ר יהודה מעשה בביתוס בן זונן שעשה שדהו מכר על פי ראב"ע ולוקח אוכל פירות היה אמרו לו *משם ראיה מוכר אוכל פירות היה ולא לוקח מאי בינייהו *צד אחד ברבית איכא בינייהו מר סבר צד אחד ברבית מותר ומר סבר צד אחד ברבית אסור רבא אמר דכ"ע צד אחד ברבית אסור והכא רבית ע"מ להחזיר איכא בינייהו מר סבר רבית ע"מ להחזיר מותר ומר סבר אסור: וחכ"א מוכרין אותו ממכר עולם וכו':

אר"י אמר שמואל מותר לאדם להשתין מים בתוך ד' אמות של תפלה אמר רב יוסף מאי קמ"ל תנינא ר' יהודה אומר מוכרין אותה לשום חצר והלוקח מה שירצה יעשה ואפילו רבנן לא קאמרי אלא בית הכנסת דקביע קדושתיה אבל ד"א דלא קביע קדושתייהו לא תני תנא קמיה דרב נחמן המתפלל מרחיק ד"א ומשתין והמשתין מרחיק ד"א ומתפלל א"ל בשלמא המשתין מרחיק ד"א ומתפלל תנינא *°כמה ירחיק מהן ומן הצואה ד"א אלא המתפלל מרחיק ד"א ומשתין למה לי אי הכי קדשתינהו לכולהו שבילי דנהרדעא (ברכות ד' כב:)

תני ישהה בשלמא משתין ישהה כדי הילוך ד"א משום ניצוצות אלא מתפלל ישהה כדי הילוך ד"א ל"ל אמר רב אשי שכל ד"א תפלתו סדורה בפיו ורחושי מרחשן שפוותיה: ולפ"ן סימן: שאלו תלמידיו את רבי זכאי במה הארכת ימים אמר להם מימי לא השתנתי מים בתוך ד"א של תפלה ולא כניתי שם לחבירי ולא ביטלתי קידוש היום אמא זקינה היתה לי פעם אחת מכרה כפה שבראשה והביאה לי קידוש היום תנא כשמתה הניחה לו ג' מאות גרבי יין כשמת הוא הניח לבניו שלשת אלפים גרבי יין רב הונא הוה אסר ריתא וקאי קמיה דרב אמר ליה מאי האי א"ל לא הוה לי (א) קידושא ומשכנתיה להמייניא ואתאי ביה קידושא א"ל יהא רעוא דתיטום בשיראי כי איכלל רבה בריה רב הונא איניש גוצא הוה גנא אפוריא אתיין בנתיה וכלתיה שלחן ושדיין מנייהו עליה עד דאיטום בשיראי שמע רב ואיקפד אמר מאי טעמא לא אמרת לי כי (ב) ברכתיך וכן למר *שאלו תלמידיו את ר"א בן שמוע במה הארכת ימים אמר להם מימי לא עשיתי קפנדריא לבה"כ ולא פסעתי על ראשי עם קדוש ולא נשאתי כפי בלא ברכה (סוטה ד' לט:) שאלו תלמידיו את ר' פרידא במה הארכת ימים אמר להם *מימי לא קדמני אדם לבית המדרש [סוכה כח.] ולא

רש"י

חבר עיר · תלמיד חכם המתעסק בצרכי צבור: ליכא קדושה · שאין אומרים דבר שבקדושה פחות מעשרה: ורבנן · אמרי אי איכא למיחש בין רב למעט הכא נמי איכא למיחש משום ברוב עם הדרת מלך ולא משכחת מכירה בבית הכנסת אלא לא חיישינן דכיון דשקיל דמי ומעלי להו בקדושה מעולה כל דבעי לוקח עביד חוץ מד' דברים כדקתני סיפא: מתני' אלא על תנאי · ואפילו מרבים לרבים אסר ר' מאיר מכירת חלוטין דדרך בזיון הוא [כלומר אינן בעיניו לכלום]: וחכמים אומרים וכו' ממכר עולם · (ג) ליחיד ולכל תשמיש חוץ מד' דברים: לבית המים · [א] לכביסה אי נמי לבית מי רגלים: גמ' כדי אמות של תפלה · לאחר זמן: קדשתינהו לכולהו שבילי דנהרדעא · שאין לך ד"א בהן שלא התפללו בהן עוברי דרכים: תני ישהה · כדי הילוך ארבע אמות: משום ניצוצות · שלא יטנפו בגדיו בניצוצות שבאמתו: במה הארכת ימים · באיזה זכות: כפה · צניף: אסר ריתא · (ד) מין גמי: דתיטום בשיראי · סתום ומכוסה במעילין סתמום פלשתים תרגומו טמונין פלשתאי (בראשית כו): איכלל · כשנכנס לחופה: [שלמן] היו פושטות בגדיהן: וכן למר · אף אתה תהא מבורך לכך שמח היה עת רצון ונתקיים אף בי: קפנדריא · מקצר הילוכו דרך בית הכנסת: ולא פסעתי על ראשי עם קודש · כשהיו התלמידין בבית המדרש על גבי קרקע ההולך על גבי מסיבתן לישב למקומן נראה כפוסע על ראשי העם: ולא נשאתי (ה) כפי · לדוכן לברכת כהנים לפי שהכהנים צריכין לברך ברוך אתה ה' אלהינו מלך העולם אשר קדשנו (במצותיו וצונו) בקדושתו של אהרן במסכת סוטה (דף לט.): מתנותיה

תוספות

רבי יהודה סבר צד אחד ברבית מותר · קשה מאי שנא מלוה סאה בסאה דאמר באיזהו נשך (ב"מ דף סג: וסה.) דאסור משום דאיכא צד אחד ברבית דשמא תייקר התבואה ויש לומר דשאני הכא דלא הוי דרך הלואה אלא בתורת מכר אתא לידיה ואכתי קשה מאי שנא ממשכן לו בית משכן לו שדה דאמר התם (דף סה:) דאפי' אמר ליה לכשתרצה למוכרם לא תמכרם אלא לי בדמים הללו ואכל פירות (יותר ממה שהלוה) אסור ואמר רב הונא בריה דר' יהושע דלא כר' יהודה דאי כר' יהודה האמר צד אחד ברבית מותר והכא ליכא כי אם צד אחד ברבית דשמא לא ימכרם וגם הוי הלואה מדקאמר משכן ואפילו הכי שרי רבי יהודה וי"ל דהכתי לא דמי כלל להלואת סאה בסאה דהתם ליכא צד מכר כלל אבל הכא וגבי משכן איכא צד אחד מכר:

רבא אמר רבית על מנת להחזיר איכא בינייהו · ולרבי מאיר דמתני' סבירא ליה שהיו מתנין להחזיר שכירות בית הכנסת כשחוזרו ובהכי שרו כר' יהודה*:

לא השתנתי בתוך ד' אמות של תפלה · ואפילו היכא שיש היתר גמור כגון ששהה כדי הילוך ד' אמות:

ולא כניתי שם לחבירי · אפילו כינוי דלא הוי גנאי והא דאמרינן (ב"מ דף נח:) דהמכנה שם לחבירו אין לו חלק לעולם הבא הייני בכינוי של פגם משפחה:

הניחה לו ג' (*אלפים) גרבי יין · כדאמרינן הזהיר בקידוש היום זוכה וממלאים לו גרבי יין (שבת דף כג:):

שאלו תלמידיו את ר' פרידא במה הארכת ימים כו' · קשה *דאדרבה היה בזכות שהיה שונה לתלמיד אחד ארבע מאות זימני ונפק בת קול (ו) ואמר ניחא ליך דליזכי כולי דריה לעלמא דאתי או דליתיי ד' מאה שנין אמר הקב"ה יהבו ליה הא והא (עירובין דף נד:) וי"ל דמעיקרא לא ידע כן עד לבסוף שראה שחיה כל כך": כי

עין משפט נר מצוה

כד א מיי' פי"א מהל' תפלה הל' יז סמג עשין יט טוש"ע א"ח סי' קנג ס"ט:

כה ב מיי' פ"ג מהל' ק"ש הל' ב טוש"ע א"ח סי' עח:

כו ג מיי' פ"ד מהל' תפלה הלכה יד סמג עשין יח טוש"ע א"ח סימן נג סעיף ח:

מסורת הש"ס

[גירסת הע"מ ורא"ש יהודה]

[ב"מ סג. סה: ב"מ סב: ערכין דף לא. וש"נ פרש"י ותוס']

[שבת כב: ושם נסמן]

[גב"מ איתא אמר אביי צד וכו']

ע"מ להחזיר רש"י שם

[נ"ל מאות]

[נ"ל דברי]

[ועי' תוס' עירובין נד: תרצו עוד באופן אחר]

רבינו חננאל

לין כד כו' עד בר"א שאין שם חבר עיר אבל יש חבר עיר תנתן לחבר נמי עלי סמיכי: מתני' אין מוכרין של רבים ליחיד כו' אין מוכרין בית הכנסת אלא על תנאי · פירוש בית הכנסת דיחיד אימתי [שירצה] יחזירוהו דברי ר"מ ואקשינן עלה ולר"מ היכי דיירי בה והלא רבית הוא · ואוקמה ר' יוחנן ר"מ בשיטת רבי יהודה אמרה דתניא הרי שהיה נושה בחבירו מנה ועשה לו שדהו מכר כו' צד אחד ברבית · פירוש אם תהיה הלואה שתים בשלש וכיוצא בה הרי זו רבית גמורה משני צדדין גבי מלוה וגבי לוה ושניהן עוברין אבל העושה שדהו מכר על תנאי גבי לוקח הוי רבית דאי מייתי זוזיה מהדר ליה בעל כורחיה אבל גבי מוכר לא הוי דאי בעי לא מהדר ליה לעולם ולא אתי לידי איסור רבית · ואפילו מהדר ליה לא הוי רבית אלא כשיחזיר וזמן מוכח מהשתא שיחזיר ושמא לא יחזיר לעולם וסבר לה ר' מאיר כר' יהודה דתניא צד אחד ברבית מותר · רבא אמר כולי עלמא צד אחד ברבית אסור והכא ברבית ע"מ להחזיר איכא בינייהו · ת"ק סבר רבית אפילו על מנת להחזיר כשיביא לו מעותיו אסור · ור' יהודה סבר כיון דבעידנא דבייתי ליה מעותיו מהדר ליה מאי דאכל מן הפירות שרי דלאו רבית דאסרה תורה הוא: פיסקא וחכ"א מוכרין אותו ממכר עולם חוץ מד' דברים למרחץ לבורסקי לבית הטבילה לבית המים · אמר שמואל מותר להשתין בתוך ד' אמות של תפלה והני מילי כגון בית או דרך וכיוצא בהן דלא קביעא קדושתייהו *) כגון בית הכנסת לא · ואסיקנא המתפלל מרחיק ד' אמות מהן דתנן כמה ירחיק מהן ומן הצואה ד' אמות · וכן המשתין צריך לשהות כדי הילוך ד' אמות ואח"כ יתפלל משום ניצוצות · וכן המתפלל צריך לשהות כדי הילוך ד' אמות וישתין · שכל הילוך ד' אמות תפלה סדורה בפיו ורחושי מרחשי שפוותיה · שאלו אלו כולן במה שהאריכו ימים כו' עד מתניתין ופשוטות הן · מתניתין

*) נראה דצ"ל אבל בבהכ"נ דקביע קדושתי' לא וכו':

הגהות הב"ח

(א) גמ' א"ל לא הוה לי חמרא לקידושא וכו' ואתאי ביה יין קידושא: (ב) שם כי ברכתיו וכן למר · נ"ב פי' שלא היה שום ריוח לרב הונא בכל זה דהוו שדיין מנייהו עליה אפ"ה איקפד רב דשמא היה עת רצון ובדידיה הוה הדבר תלוי ומתקיים דהיה מגיע לעושר גדול: (ג) רש"י ד"ה וחכ"א וכו' ממכר עולם ואפילו ליחיד: (ד) ד"ה אסר ריתא חגור אזור עשוי מין גמי: (ה) ד"ה ולא נשאתי את כפי לדוכן לברך ברכת כהנים בלא ברכה לפי שהכהנים: (ו) תוס' ד"ה שאלו וכו' בת קול ואמרה ליה ניחא לך דליזכי את וכוליה הדיך לעלמא דאתי או דליספי לך חיי ד' מאה שנין אמר דניזכו אנא ודכותי לעלמא דאתי אמר הקב"ה יהבו:

הגהות הגר"א

[א] רש"י ד"ה לבית המים (לכביסה אי נמי) תא"מ:

§ מסכת מגילה דף כז: §

אות א'

מוכרין אותו ממכר עולם, חוץ מארבעה דברים: למרחץ, ולבורסקי, לטבילה, ולבית המים

סימן קנג ס"ט - [א]כשמוכרים אנשי הכפר בית הכנסת, יכולים למכרו ממכר עולם - כיון שאנשי העיר או טובי העיר מסכימים להמכירה, וכדלעיל בס"ז, **וה"ה** בשל כרכים, כשתלו בשעת הבנין בדעת יחיד, המבואר לעיל בסוף ס"ז.

והלוקח יעשה בו [ב]מה שירצה, חוץ ממרחץ ובורסקי ובית טבילה ובית הכסא - שכל אלו הם תשמישים מגונים מאד, ואסור לעשותן במקום שהיה ביהכ"נ, [היינו אף שמהדמים קנה ביהכ"נ אחר או ס"ת], **ואפילו** אם נפל הבנין במקום ההוא, ונשאר רק תל בעלמא, אסור להשתמש שם באלו הארבעה דברים, **וכן** אסור לזרוע במקום ההוא, שכל זה הוא גנאי למקום שהיה מתחלה ביהכ"נ, [פוסקים, מהא דרבינא מגילה כ"ו ע"ב. **ועיין** מג"א, דגן ירק וכדומה שאין צריך חרישה, רק שחופרים אותן במרא וחצינא, אינו מגונה כל כך].

ואם מכרוהו ז' טובי העיר במעמד אנשי העיר, יעשה הלוקח אפילו אלו ארבעה דברים - הטעם, דאז פקעה הקדושה מהמקום ההוא לגמרי, [רש"י] ‹לעיל כ"ו.›, **ועיין** בפמ"ג דמסתפק, דאפשר דבעינן דוקא כשהתנו בהדיא בעת המכירה, והרשו ללוקח על זה.

(**כן הוא דעת הרמב"ם והרא"ש, ונמשכו אחריהם הטור וכו"ו, והראב"ד פליג ע"ז, ולדידיה לא שרו בש"ס להשתמש תשמיש של גנאי אלא בתל חרב בלא"ה, אלא שעמד עליו ביהכ"נ מקודם, אבל לא שיהיו רשאים לחלל בית תפלה לעשותו בית הבורסקי וכדומה, ובאמת דקולא יתרתא היא, לפי מה שהחליטו הרמב"ן ורשב"א וריטב"א, דביהכ"נ הוי כשאר תשמישי מצוה כסוכה ולולב ושופר וכדומה, אלא דאם הסכימו זט"ה במעא"ה למוכרו, א"כ גילו דעתם שאין להם עוד צורך בו, והוי כמו תשמישי מצוה לאחר זמן מצותן, שנזרקין, וא"כ לפי מה דפסק המחבר בסי' כ"א ס"ב, בטליתות של מצוה שבלו, שאין לו ליחדם לתשמיש מגונה, אלא זורקן והם כלין, וא"כ ה"ה בענינו אינו נכון, וכ"ש לשיטת הר"ן שהטילו בו קדושה מדבריהם, א"כ עדיפא עוד משאר תשמיש מצוה, ובודאי דאין להשתמש בו תשמיש של גנאי, ואפשר היה לומר, דלפי מש"כ לקמן בבה"ל סברא אחרת בטעמא דטובי העיר במעא"ה, משום דמסתמא כולם מקדישים אדעתם, והוי כמו הקדישו על תנאי, אפשר דלפי סברא זו מש"ה שרי אפי' בתשמיש של גנאי, כיון דתלו בדעתם, והרי הם הסכימו לזה, אלא דעדיין קשה, דלא מסתברא** כלל דיהבי אדעתא דידהו כ"כ, אפילו למעבד בה בית הכסא, **היוצא מדברינו, דמסתברא דכמו דפסקינן בסימן כ"א לענין ציצית, ובסי' תרס"ד לענין הושענא, שאין להשתמש בהם דבר של גנאי, ה"ה הכא, וכ"ש הוא מפני שהוא דבר קבוע וניכר, ובזיון גדול להשתמש בה בקלות ראש), ולכתחלה** בודאי צריך ליזהר בזה.

וה"ה שע"י זט"ה במא"ה, מותר להוציא הדמים לכל מה שירצו, אפילו לדבר חול, [ואף הראב"ד מודה בזה].

אות א'*

הרי שהיה נושה בחבירו מנה ועשה לו שדהו מכר: בזמן שמוכר אוכל פירות, מותר; לוקח אוכל פירות, אסור

יו"ד סימן קסד ס"ד - הלווהו על שדהו וא"ל: אם לא תתן לי מכאן ועד ג' שנים הרי הוא שלי, ולא אמר מעכשיו, בענין שאין המקח קיים תוך ג' שנים, לא יאכל הפירות; ואם אכלם הוי רבית קצוצה ויוצאה בדיינים. הגה: ויש אומרים דמה שאכל תוך ג' שנים לא הוי אלא אבק רבית, דהוי כמשכנתא בלא נכייתא, וכמו שיתבאר לקמן סימן קע"ב; אבל מה שאכל לאחר שלש שנים, צריך להחזיר, וכן עיקר.

אות ב'

כמה ירחיק מהן ומן הצואה, ארבע אמות

סימן עח ס"א - ואם נפלו מי רגלים בארץ, מרחיק מהם ד' אמות.

אות ג'

תני: ישהה

סימן צב ס"ח - [ד]המשתין - ר"ל בכלי וניטל הכלי, וכל כה"ג שאין אסור להתפלל מחמת המי רגלים גופא, **לא יתפלל עד שישהא כדי הלוך ד"א, [ה]משום ניצוצות** - ואחר ד"א שיערו חכמים שהניצוצות שבאמתו כלים בכסותו.

והמתפלל לא ישתין עד שישהא כדי הילוך ד"א, שכל ד"א תפלתו שגורה בפיו ורחושי מרחשין שפוותיה - ר"ל ישהה הזמן של הילוך ד"א, אבל לאחר ששהא שיעור זה, מותר להשתין אף במקום שהתפלל, **ומ"מ** מדת חסידות שלא להשתין בתוך ד"א של תפלה, ‹מגילה דף כ"ז – פמ"ג, מרבי זכאי לקמן›.

כתב בספר חסידים, שאין להשתין או לרוק במקום שכיסה דם חיה ועוף בברכה, בעוד הדם מכוסה.

באר הגולה

א מגילה כ"ז | ב ‹לכאורה יש להעיר על מה דנקט לשון ר' יהודה, אף דפסקינן כחכמים› | ג ‹ע"פ מהדורת נהרדעא› | ד מגילה כ"ז | ה ‹עיין רש"י, וז"ל הר"ן: כלומר כדי שיהו נצוצות של מימי רגלים כלים בכסותו›

§ מסכת מגילה דף כח. §

אות א'

ולית הלכתא כוותיה

רמב"ם פ"ט מהל' ביכורים הט"ו - בהמה שלא הורמו מתנותיהת מותר לאכול ממנה, שאינה דומה לטבל, שהרי מתנות כהונה מובדלין.

אות א'*[א]

כל תלמיד חכם שמברך לפניו אפילו כהן גדול עם הארץ, אותו תלמיד חכם חייב מיתה

סימן רא ס"ב - [ב]לא יקדים חכם ישראל לכהן עם הארץ לברך לפניו [ג]דרך חק ומשפט כהונה - ר"ל שמקדימו מפני משפט הכהונה, **ואמרינן** בגמ' דהוא בכלל "משניאי אהבו מות", שמשניא את התורה בפני ההמון, שיאמרו שאינה חשובה כ"כ בראותם שהחכם שפל לפני ע"ה, דאף שהוא כהן, מעלת התורה גדולה ממעלת הכהונה.

אבל לתת לו החכם רשות שיברך, אין בכך כלום - ר"ל אין בזה פחיתות ערך לת"ח, מדאינו מברך בלתי רשותו, **ואפילו** אם הוא אינו כהן, יכול ליתן לו רשות לברך.

[ד]אבל כהן ת"ח מצוה להקדימו - (היינו כשהוא שוה לת"ח ישראל - עטרת זקנים), וה"ה כששניהם אינם חכמים, (שנאמר: "וקדשתו").

[ה]**ואפי'** אם הת"ח הוא גדול ממנו, דאין עליו חיוב לכבדו מחמת מצות "וקדשתו", מ"מ טוב שיקדים הכהן לפניו, כיון שהוא ג"כ חכם, והעושה כן הוא מאריך ימים, (מרבי פרידא).

שנאמר: וקדשתו, לפתוח ראשון - בקריאת התורה, **ולברך ראשון** - בסעודה בברכת "המוציא" ובבהמ"ז, וכן להוציא בקידוש, ד"וקדשתו" הוא לכל דבר שבקדושה, **וכתבו** הפוסקים, דבכלל "לפתוח ראשון" הוא להיות ראש המדברים בכל קבוץ עם ולדרוש תחלה, וה"ה בישיבה ידבר בראש, **ועיין** במ"א שמצדד, דהלימוד מ"וקדשתו" הוא דאורייתא, ולא אסמכתא בעלמא, **ומ"מ** אם הכהן רוצה לחלוק כבוד לאחר בכל זה, רשאי, ורק בקריאת התורה אינו יכול למחול. **(ועיין לעיל סימן קס"ז סעיף י"ד).**

סימן קס"ז סי"ד - הגה: [ו]ואם הם שוים ואחד מהן כהן, מלוה להקדימו - דכתיב: "וקדשתו", ואחז"ל: לכל דבר שבקדושה, לפתוח ראשון ולברך ראשון. **ואם הכהן עם הארץ, ת"ח קודם לו** - ואסור להת"ח להקדימו לפניו, ומבזה בזה את התורה, **ואיתא** לקמן בסימן ר"א, דדוקא אם מקדימו לפניו דרך חוק ומשפט כהונה, דהיינו מפני שהוא כהן, **אבל** אם נותן לו רשות לברך שלא מחמת כהונה, רשאי. **ואם הכהן ג"כ ת"ח, אלא שהוא פחות מן השני, טוב להקדימו, אבל אין חיוב בדבר** - ואיתא בגמרא, שמי שנזהר בזה מאריך ימים בכך, (מרבי פרידא). **וע"ל סי' ר"א.**

אות ב'

כל המעביר על מדותיו, מעבירין ממנו כל פשעיו

סימן תרו ס"א - הגה: והמוחל לא יהיה אכזרי מלמחול - דכל המעביר על מדותיו, מעבירין לו על כל פשעיו, ואם הוא לא ירצה למחול, גם לא ימחלו לו, [דלמעלה דנין מדה כנגד מדה].

[**וצריך** למחול לחבירו אפי' אם עיות כנגדו במזיד ובמרד, ואז מוחלין לו ג"כ אפי' על המזידות, וכמ"ש בגמ': למי נושא עון, למי שעובר על פשע].

אם לא שמכוון לטובת המבקש מחילה - כדי שיהא נכנע לבו הערל, ולא ירגיל בכך, **וה"ה** אם מכוין לטובת עצמו, שמתירא שיגיע לו היזק כשימחול, **ומ"מ** נראה, דמלבו צריך להסיר השנאה ממנו, אחרי דבאמת ביקש ממנו מחילה.

ואם הוציא עליו שם רע, א"צ למחול לו - דאיכא דשמע בחשדא ולא שמע בפיוס, ונשאר השם רע, **ומ"מ** מדת ענוה למחול גם בזה.

אות ג'

ולא הרהרתי במבואות המטונפות

סימן פה ס"ב - [ז]אפי' להרהר בד"ת, אסור בבית הכסא ובבית המרחץ [ח]ובמקום הטנופת, והוא המקום שיש בו צואה ומי רגלים - ואפילו בתוך הד"א של הבה"כ ממקום שכלה הריח, ג"כ אסור להרהר.

ובית המרחץ נפיש זוהמא בתוכו ומאוס, והו"ל כצואה ובה"כ, ואפילו בזמן שאין שם אדם.

וטעם איסור ההרהור בכל אלו המקומות, משום דבעינן "והיה מחניך קדוש" וליכא.

וכן אסור לעיין בבה"כ במשקלי השמות והפעלים של לשון הקודש, שאין דרך להגיע לידיעה רק ע"פ הכתובים, ויבוא להרהר במקרא, **ויחשוב** שם חשבונות ביתו והוצאותיו, כדי שלא יבא לידי הרהור, ובשבת יחשוב בבנינים וציורים נאים, **ופשוט** דמותר אדם להתבונן בבה"כ בגודל שפלותו, ושבסופו יחזור כולו להיות עפר רימה ותולעה, ואין נאה לו הגאוה.

באר הגולה

[א] (ע"פ מהדורת נהרדעא) [ב] מגילה כ"ח [ג] מרדכי שם [ד] גיטין נ"ט [ה] (עיין תוס' ד"ה כי) [ו] (מגילה כ"ח. ועיין תוס' ד"ה כי - גר"א) [ז] שבת מ' [ח] הרמב"ם שם

(א)ולא ברכתי לפני כהן *ולא אכלתי מבהמה שלא הורמו מתנותיה *דא"ר יצחק א"ר יוחנן אסור לאכול מבהמה שלא הורמו מתנותיה ואמר ר' יצחק *כל האוכל מבהמה שלא הורמו מתנותיה כאילו אוכל טבלים *ולית הלכתא כוותיה ולא ברכתי לפני כהן למימרא דמעליותא היא והא א"ר יוחנן כל תלמיד חכם שמברך לפניו אפילו כ"ג עם הארץ אותו ת"ח חייב מיתה שנאמר °כל משנאי אהבו מות *אל תקרי משנאי אלא משניאי כי קאמר איהו בשוין שאלו תלמידיו את רבי נחוניא בן הקנה במה הארכת ימים אמר להם מימי לא נתכבדתי בקלון חברי ולא עלתה על מטתי קללת חברי ותרן בממוני הייתי לא נתכבדתי בקלון חברי כי האדרב הונא דרי מרא אכתפיה אתא רב חנא בר חנילאי וקא *דרי מיניה א"ל אי רגילת דדרית במאתיך דרי ואי לא אתייקורי אנא בזילותא דידך לא ניחא לי ולא עלתה על מטתי קללת חברי כי הא דמר זוטרא כי הוה סליק לפורייה אמר שרי ליה (ב) לכל מאן דצערן ותרן בממוני הייתי *דאמר מר איוב וותרן בממוניה הוה שהיה מניח פרוטה לחנוני מממוניה שאל ר"ע את רבי נחוניא הגדול (אמר לו) במה הארכת ימים אתו *גוזאי וקא מחו ליה סליק יתיב ארישא דדיקלא א"ל רבי אם נאמר °כבש למה נאמר אחד אמר להו צורבא מדרבנן הוא שבקוהו א"ל אחד *מיוחד שבעדרו א"ל מימי לא קבלתי מתנות ולא עמדתי על מדותי ותרן בממוני הייתי לא קבלתי מתנות כי הא *דר' אלעזר כי הוו משדרי ליה מתנות מבי נשיאה לא הוה שקיל כי הוה מזמני ליה לא הוה אזיל אמר להו לא ניחא לכו דאחיה דכתיב °שונא מתנות יחיה ר' זירא כי הוו משדרי ליה מבי נשיאה לא הוה שקיל כי הוה מזמני ליה אזיל אמר אתייקורי דמתייקרי בי ולא עמדתי על מדותי *דאמר רבא °כל המעביר על מדותיו מעבירין ממנו כל פשעיו שנאמר[א] °נושא עון ועובר על פשע למי נושא עון למי שעובר על פשע *שאל רבי את ר' יהושע בן קרחה במה הארכת ימים א"ל קצת בחיי אמר לו רבי *תורה היא וללמוד אני צריך א"ל מימי לא נסתכלתי בדמות אדם רשע דאמר ר' יוחנן אסור לאדם *להסתכל בצלם דמות אדם רשע שנאמר °לולא פני יהושפט מלך יהודה אני נושא אם אביט אליך ואם אראך ר"א אמר עיניו כהות שנאמר °ויהי כי זקן יצחק ותכהין עיניו מראות משום דאסתכל בעשו הרשע והא גרמא ליה *והאמר ר' יצחק לעולם אל תהי קללת הדיוט קלה בעיניך שהרי אבימלך קלל את שרה ונתקיים בזרעה שנאמר °הנה הוא לך כסות עינים אל תקרי כסות אלא כסיית עינים הא והא גרמא ליה רבא אמר מהכא°° שאת פני רשע לא טוב בשעת פטירתו א"ל[רבי] ברכני א"ל יהי רצון שתגיע לחצי ימי ולכולהו לא אמר לו הבאים אחריך בהמה ירעו אבוה בר איהי ומנימן בר איהי חד אמר תיתי לי דלא אסתכלי בכותי וחד אמר תיתי לי דלא עבדי שותפות בהדי כותי *שאלו תלמידיו את ר' זירא במה הארכת ימים אמר להם מימי לא הקפדתי בתוך ביתי ולא צעדתי בפני מי שגדול ממני ולא הרהרתי במבואות המטונפות ולא הלכתי ד"א בלא תורה ובלא תפילין ולא ישנתי בבית המדרש לא שינת קבע ולא שינת עראי ולא ששתי בתקלת חבירי ולא קראתי לחבירי (*בחניכתו) ואמרי לה *(בחכינתו): **מתני'** ועוד א"ר יהודה בית הכנסת שחרב אין מספידין בתוכו ואין מפשילין בתוכו חבלים ואין פורשין לתוכו מצודות ואין שוטחין על גגו פירות ואין עושין אותו קפנדריא שנאמר °והשמותי את מקדשכם *קדושתן אף כשהן שוממין עלו בו עשבים לא יתלוש מפני עגמת נפש: **גמ'** ת"ר *בתי כנסיות אין נוהגין בהן קלות ראש אין אוכלין בהן ואין שותין בהן ואין

°) מיכה ז °°) משלי יח *) [נ"ל בחניכתו כך הגי' בע"י ומעתה מוכן פרש"י על נכון דמייתי ראיה ממשנה גיטין פו:]

רש"י

מסנופים · הרוע והלחיים והקיבה : **ולא ברכתי** · בסעודה לפני כהן דאמר מר (גיטין דף נט:) וקדשתו (ויקרא כא) לכל דבר שבקדושה לפתוח ראשון ולברך ראשון : **משניאי** · שגורמין לבני אדם לשנאותו שהרואה תלמיד חכם שפל לפני עם הארץ אומר אין נחת רוח בתורה : **לא נתכבדתי כו'** · מפרש לה ואזיל : **מרא** · פוסו"ש בלעז : **וקא שקיל מיניה** · לכבדו ויעלהג הוא : **דרית במאתיך** · שאתה נושא כלי כזה בעירך : **גוזאי** · פרסיים היו עבדים משרתים אותו וקא מחו ליה לר"ע סבורין היו שהיה קן בחיו : **אם נאמר כבש** · את הכבש אחד תעשה בבקר : **ולא עמדתי על מדותי** · לשלם גמול רע למי שציערני : **ללמוד אני צריך** · אולי אוכל לקיים : **לולא פני יהושפט מלך יהודה אני נושא אם אביט אליך ואם אראך** · אלישע אמר כן ליהורם : **הבאים אחריך בהמה ירעו** · בתמיה (ג) אין טוב לך לחיות ימים רבים כמוני שאו"כ לא ישנו בניך בגדולתך ואתה נשיא והם כל ימיהם יהיו הדיוטות : **בתקלת** · נכשלתי שגורה בפי תמיד : **בלא תורה** · דברי תורה : *(בחניכתו) · אם כינו שם לחבירו לגנאי : **ואמרי לה** *(בחכינתו) · ואפילו אותו כינוי שמסודר וכלו לו ממשפחתו שם דופי כמו כתב חניכתו וחניכתה דמסכת גיטין (דף פו:) : **מתני' מפשילין חבלים** · והוא הדין לכל מלאכות אלא לפי שהפשלת חבלים צריך מקום מרווח פנוי ובית הכנסת גדול הוא ורחוב ומספיק לכך : **מפני עגמת נפש** · מניחין בו עשבים כדי שתהא עגמת נפש לרואיהן ויזכירו את ימי בניינו ואת שהיו רגילין להתפלל שם ויבקשו רחמים שיחזרו לקדמותו : **גמ' אין אוכלין בהן** · ולא גרסינן ואין אוכלין בהן דלטנהו פירושה דקלות ראש הן לשון קלות שמקילין אותה : ואין

תוספות

כי קאמר איהו בשוין · וקשה מאי רבותא והא כתיב וקדשתו לכל דבר שבקדושה *לברך ראשון וי"ל דשוין לאו דוקא אלא כלומר שהכהן נמי תלמיד חכם אמנם אינו חשוב כמותו ואפי' הכי לא היה רבי פרידא רוצה לקרות לפניו וגם צריך לומר דשאר כהנים היו כפופים לרבי פרידא דאל"כ לא הוי רבותא כדחזינן פרק הניזקין (גיטין דף נט: ושם) דרב הונא לא הוי קרי בכהני אלו לאו דרבי אמי ורבי אסי כהני חשיבי דארעא דישראל הוו כייפי ליה ועוי"ל דהא דאמר התם דרב הונא לא הוה קרי בכהני אלא משום דשאר כהני כייפו ליה היינו דווקא בשבתות וי"ט דאיכא כיטפילא אבל בב' ובה' קורא שפיר בפני כהן אע"ג דלא הוי גדול כ"כ וכדיוקא זה יש בהדיא פרק הניזקין ורבי פרידא לא רצה לקרות בפני כהן אפילו בב' ובה' ורש"י פירש דהכא מיירי בברכת המזון וה"נ משמע לישנא דלא ברכתי מדלא קאמר ולא קריתי וברכת המזון לא נתקן לכן משום דרכי שלום ואפי' הכי לא היה רוצה רבי פרידא לברך בפני הכהן : **תיתי לי** דלא עבדי שותפות עם הכותי · אפי' בענין שאינו יכול לבא לידי שבועה ואפילו יחול עליו שבועה יפטרנו דשרי בשאר בני אדם אפ"ה לא היה רוצה לעשות* :

ועוד א"ר יהודה בית הכנסת שחרב · קשה מאי ועוד דהא לעיל הוי מקיל טפי מחכמים והכא הוא מחמיר ואם כן מאי ועוד וי"ל דקאי אהא דאמר ר' יהודה ברישא מוכרין אותו לנס חלב ודוקא לנס חלב קאמר אבל סתם איגה יורדת מקדושתה והיינו ועוד דאמר ר' יהודה כלומר ועוד חומרא אחרת מלבד הראשונה* :

אין אוכלין ואין שותין בהן · והא דאמר בריש ערבי פסחים (פסחים דף קא. ושם) דאורחין אכלו ושתו (ד) בבי כנישתא רוצה לומר בחדר הסמוך לבית הכנסת : בתוי

[פי' תוס' בכורות כב: ד"ה טמא ותוס' סנהדרין סג: ד"ה אסור]

[עי' תוס' עירובין כג: ד"ה אי נימא]

עין משפט נר מצוה

[מו"ק כח:]
כז א מיי' פ"ט מהל' בכורים הל' יד :
כח ב מיי' פ"ב מהל' תשובה הלכה י טוש"ע א"ח סי' תכו סעיף א בהג"ה :
כט ג מיי' פ"ג מהל' ק"ש הלכה ד טוש"ע א"ח סי' פה סב :
ל ד מיי' פ"ד מהל' ת"ת הל' ט טוש"ע י"ד סי' רמו סעיף טז :
לא ה מיי' פי"א מהל' תפלה הלכה יא סמ"ג עשין יט טוש"ע א"ח סי' קנא סעיף י :
לב ו מיי' שם הלכה ו טוש"ע שם סעיף א:

רבינו חננאל

ועוד א"ר יהודה בית הכנסת שחרב אין מספידין בו ואין מפשילין לתוכו חבלים ואין פורשין בתוכו מצודות ואין שוטחין על גגו פירות ואין עושין אותו קפנדריא שנאמר והשמותי את מקדשיכם קדושתן בהן אף כשהן שוממין · עלו בו עשבים לא יתלוש מפני עגמת נפש : ת"ר בתי כנסיות אין נוהגין בהן קלות ראש אין אוכלין ואין שותין

הגהות הב"ח

(א) גמ' ולא אכלתי מבהמה שלא הורמו מתנותיה ולא ברכתי לפני כהן דאמר רבי יצחק : (ב) שם שרי ליה מריה לכל מאן : (ג) רש"י ד"ה הבאים וכו' בתמיה כלומר אין טוב : (ד) תוס' ד"ה אין אוכלין וכו' ושתו וגנו בבי כנישתא :

מסורת הש"ס

[חולין לג:מד'] · [חולין קלג: ע"ש] · שם ובע"ש אמת רבה בר בר חנה · [שבת קיח: ערכין כח:] · [נ"ל בחניכתו] · [נ"ל בחכינתו] · כ"ב דף י: · [נ"ל' הערוך גוזאי] · [יומא נג: ע"ש] · [חולין מד:] · משלי טו · ר"ה דף יז: יומא דף כג: וזף פז: · ברכות סב: · מלכים ב ג · בראשית כז · לעיל דף ט"ו ב"ק צג: · בראשית כ · תענית כ: ע"ש · [נ"ל בחניכתו] · ויקרא כו · [תוספ' פ"ב]

הגהות הגר"א [א] גמרא נושא עון ועובר על פשע למי שנושא עון (כך שמע הכותב מפיו) :

גליון הש"ס גמ' שאל רבי את ר' יהושע ב"ק' עי' ב"ב דף קיב ע"א תוד"ה וממו כס : **שם** להסתכל בצלם. דוקא להסתכל בו ביותר ולהתבונן בו בצלמו ובדמותו אבל ראיה בעלמא שרי מ"א סי' רכו:

אות ד'

ולא ישנתי בבית המדרש לא שינת קבע ולא שינת עראי

יו"ד סימן רמו סט"ז - [ט]אין ישנים בבית המדרש; [י]וכל המתנמנם בבית המדרש חכמתו נעשית קרעים, שנאמר: וקרעים תלביש נומה - בב"י מייתי על זה הא דאמרינן בפ' בני העיר: שאלו את ר' זירא במה הארכת ימים, א"ל כו' ולא ישנתי [יא]בבהכ"נ לא שינת קבע ולא שינת עראי, **וצ"ל** דשינת עראי משום מדת חסידות נהג כן, אבל מדינא מותר, כמו שנתבאר באו"ח סי' קנ"א ס"ג - ש"ך.

(**ותמיהני** דהא אפילו להתנמנם נתבאר דלא, וכ"ש שינת ארעי, דהך דאו"ח מיירי שלא בשעת הדרשה, וכאן הוא בשעת הדרשה, ואין לנמנם וכ"ש שום שינה אפילו ארעי – ערוה"ש).

[יב]סימן קנא ס"ג - [יג]אין ישנים בבהכ"נ, אפי' שינת עראי - ומיירי באנשים דעלמא, אבל לת"ח כשלומד שם, כבר ביארנו לעיל דשרי. **אבל בבית המדרש, מותר** - ר"ל שינת עראי, [יו"ד רמ"ו ש"ך]. **ועיין** בחידושי רע"א שמפקפק בהיתר זה, **ואפשר** דכיון שביהמ"ד עשוי לשהות שם זמן הרבה, ללמוד ולשמוע דברי תורה, וקשה ליזהר משינת עראי, ע"כ לא אסרו זה לשום אדם, **ולת"ח** הלומד שם בקביעות, מותר אפילו שינת קבע.

(**ובבתי** מדרשות שלנו שמתפללין בהם ג"כ, לכאורה לאו גריעא מביהכ"נ לבד, ואסור אפילו עראי, **ולפי** הטעם שהסברנו במ"ב אפשר דשרי, וצ"ע).

אות ה'

קדושתן אף כשהן שוממין

סימן קנא ס"י - [יד]אפי' לאחר שחרבו, עדיין הן בקדושתן; וכשם שנוהגים בהם כבוד בישובן, כך נוהגים בחרבנם - והטעם, דכתיב: והשמותי את מקדשיכם, ולא כתיב: ואת מקדשיכם אשימם, להורות לנו דקדושים הם אף כשהן שוממין, **ואין** חילוק בזה בין אם הם בתי כנסיות שבא"י ובין שבחו"ל, אם לא בהתנו וכדלקמן בסי"א.

חוץ מכבוד ורבוץ; ואם עלו בהם עשבים, [טו]תולשים אותם ומניחים אותם במקומן - ר"ל מותר לתלוש אותם, ובלבד שיניחם במקומם ולא יטלם משם, **משום עגמת נפש, כדי שיראו העם ותעיר רוחם וישתדלו לבנותם** - לפי"ז באם סתרו ביהכ"נ ממקום זה ובנאוהו במקום אחר, ואין בדעתם לבנות עוד במקום הראשון, אין שייך דין זה, אלא יעשו גדר סביבו שלא יבואו לזלזל שם, **ואם** הוא במקום שיוכלו למכור כנזכר בסימן קנ"ג, ימכרוהו.

אות ו'

בתי כנסיות אין נוהגין בהן קלות ראש: אין אוכלין בהן, ואין שותין בהן, ואין ניאותין בהם, ואין מטיילין בהם, ואין נכנסין בהן בחמה מפני החמה ובגשמים מפני הגשמים

סימן קנא ס"א - [טז]בתי כנסיות [יז]ובתי מדרשות, אין נוהגין בהם קלות ראש - כי הם נקראים מקדש מעט, כמו דכתיב: ואהי להם למקדש מעט, ובמקדש כתיב: ואת מקדשי תיראו, שיהא מוראו של השוכן בה עליו, **וכתב** בסמ"ק, שבעון קלות ראש בביהכ"נ, נהפכין לבית ע"ג ח"ו. (**ומ"מ** אף שנעבדו עבירות גדולות בביהכ"נ, מ"מ מותר להתפלל ולתת שם ס"ת).

[יח]כגון: שחוק והתול ושיחה בטילה - היינו אפילו שיחת חולין שהיא לצורך פרנסה, דבחוץ שרי, בביהכ"נ אסור, **ובפרט** שיחה בטלה לגמרי, דבודאי שראוי למנוע תמיד מזה, **ובזוה"ק** פ' ויקהל הפליג מאד בגודל העון הזה.

וכ"ש שיש ליזהר בביהכ"נ וביהמ"ד מעון דבורים אסורים, כגון לשה"ר ורכילות ומחלוקת וקטטות, כי מלבד שהם עונות חמורים מאד, עוד יגדל העון יותר במקום קדוש, כי הוא מזלזל בכבוד השכינה, ואינו דומה החוטא בינו לבין עצמו, לחוטא בפלטין של מלך לפני המלך, **ועוד** תגדל הרעה בזה, שהוא מכשיל גם את הרבים בעונות החמורות הנ"ל, כי האי תגרא דמיא לבדקא דמיא, ומתחלה הותחל העון באיזה אנשים, ולבסוף יתלקטו ויתחברו חבורות חבורות לריב איש ברעהו, עד שנעשה כל הביהכ"נ כמדורה גדולה, **ובעו"ה** באין מזה כמה פעמים לידי חרפות וגידופין והלבנת פנים ברבים, {**וגם** פעמים רבות בפני הס"ת, שזה ג"כ עון חמור בפני עצמו, כי אפילו המבזה חבירו בפני ת"ח, אחז"ל שהוא אפיקורוס ואין לו חלק לעוה"ב, וכ"ש למבזה חבירו בפני הס"ת וכבוד השכינה}, **ולידי** הכאות ומלשינות, וגודל חילול שם שמים בין האומות, ומי גרם לכל זה, אם לא הראשון שהתחיל בעבירה תחלה, ובודאי לעתיד לבא יטול שכר כנגד כולם, **ע"כ** הירא וחרד לדבר ה', ישים תמיד עיניו ולבו לזה, שלא לדבר שום דברים בטלים בביהכ"נ וביהמ"ד, והמקום הזה יהיה מיוחד אצלו רק לתורה ולתפלה.

האר"י היה נזהר מאד שלא לדבר בביהכ"נ רק תפלתו, אפי' דברי מוסר לא דבר, פן ימשך ממנו דברי חול.

ואין אוכלים ושותים בהם, ולא מתקשטין בהם ולא מטיילין בהם - וה"ה דאין עושין בהן שום מלאכה, [דהפשלת

באר הגולה

[ט] ג"ז שם ברמב"ם, מתשובתו דרבי זירא על ששאלו אותו במה הארכת ימים, מגילה דף כ"ח. [י] מימרא דרבי זירא סנהדרין דף ע"א. ופי' רש"י קרעים, משכח תלמודו ואינו נזכר אלא בסירוגין [יא] (וגירסא שלנו: בבית המדרש) [יב] (ע"פ מהדורת נהרדעא) [יג] שם (בנמ"י) [יד] שם בגמ' [טו] (פי' אבל אין תולשין לאכול, כן אוקמי בגמרא דף כ"ט. - פרישה) [טז] מגילה דף כ"ח [יז] (כן הוא גי' הרי"ף ורא"ש ושאר פוסקים, וזהו שכתב שם: ואין כו', חכמים ותלמידיהם, מאי בי רבנן כו' - גר"א) [יח] (רמב"ם וטור וגירסתם "ואין אוכלין" כו', {א"כ הא ד"אין נוהגין בהן קלות ראש", הוא דבר בפני עצמו}, דלא כרש"י {דגרס "אין אוכלין", והוא פי' של "אין נוהגין בהם קלות ראש", דמשק אליעזר} - גר"א)

חבלים שנזכר בגמרא לאסור, הוא משום דהוא מקום מרווח, והוא הדין שאר מלאכות, רש"י].

(**אסור** לשתות מים בביהכ"נ ובביהמ"ד, למי שאינו ת"ח – תשובת רשב"ש, והמנהג עתה ששותין העם מים בביהכ"נ, ואפשר שסומכין העולם על הסוברין, דבתי כנסיות שבחו"ל על תנאי הן עשויין, ומועיל אף בישובן, **ולפי"ז** בא"י אין טעם להתיר, (עיין לקמן בבה"ל סי"א, דיש לו צד גדול להתיר אף בא"י), **ונראה** דמי שלומד בביהמ"ד אפילו שלא בקביעות, יש להקל בזה כשצמא לשתות, די"ל דהוי בזה צורך מצוה, כדי שלא יתבטל מלמודו).

(**ועצם** הדין דאכילה, לא נזכר בשו"ע אם דוקא קבע או אפי' עראי אסור, ועיין בס"ג, דלענין שינה בביהכ"נ נזכר דאפילו עראי אסור, ופה לא נזכר, ש"מ לכאורה דוקא קבע, או דילמא דאפילו עראי לא עדיף עכ"פ משתיה, ומ"מ צ"ע).

ולא נכנסים בהם בחמה מפני החמה, ובגשמים מפני הגשמים – (וה"ה בצינה מפני הצינה), **ולא** מהני שיקרא או ישנה מעט בכניסתו כדלקמן, מאחר שיוכל ליכנס לבית של חול להנצל מהחמה והגשמים, [כן משמע בגמרא: האי דעיילינן לבי כנישתא לאו משום מיטרא וכו', ותפוק לה דהא למדו שם אחר כך, אלא ודאי דבכל גווני אסור, כיון דכוונתו העיקר להנצל מהגשמים, **ולא** דמי למה שהתיר הגמרא על ידי עצה זו בשצריך לקרוא לאיזה אדם, התם אין לו עצה אחרת], **אם** לא שעסק מקודם באיזה דבר הלכה בחוץ, והתחילו גשמים לירד, שאז מותר לו ליכנס לביה"מ, כדי שלא יטרידוהו הגשמים, [גמ'].

אות ו* [יט]

סימן קנא ס"ב - [כ]י"א שמה ששנינו בקדושת בתי מדרשות, ר"ל של רבים דומיא דבהכ"נ; **אבל יחיד הקובע מדרש בביתו לצרכו, אין לו קדושה כ"כ** - אבל אם הקדיש בית לצורך רבים ללמוד בו, אפילו אם אין מתפללין שם כלל, יש עליו קדושת ביהמ"ד, ועיין לקמן בסימן קנ"ג ס"ח לענין ביהכ"נ, וה"ה לענין זה.

סימן קנא ס"ד - [כא]**לצורך בהכ"נ, מותר לאכול ולישן בתוכו** - כגון מי ששומר אותו וכה"ג, **ולא** יכניס מטתו לשם - מ"א, **ובא"ר** חולק עליו, וכ"כ רעק"א.

ומטעם זה ישינים בליל יום הכפורים בבהכ"נ - ר"ל כדי לשמור הנרות.

ואפילו לצורך מצוה אחרת, כגון כשנקבצים לעבר השנה בבהכ"נ, מותר לאכול שם - עיין במ"א שהביא בשם הגהת סמ"ק, דלא הותר בסעודת מצוה אלא כגון סעודת עיבור שנה, שאין בה קלות ראש, שהיתה עשויה בפת וקטניות בלבד, ור"ל לאפוקי סעודת מצוה שיש בה שכרות, אסור אף בבית המדרש, **ומ"מ** הנוהגין להקל לעשות סעודת סיום הש"ס בביהמ"ד, מפני שאין להם מקום אחר מרווח לזה, אין למחות בידם, דיש להם על מי לסמוך, [**כי** ידוע שיטת הרמב"ן ורשב"א, דביהכ"נ שבבבל על תנאי הוא אפי' בישובן, ומותר לצורך עניים, או לצורך רבים לפי שעה].

סימן קנא סי"ב - [כב]**יש ליזהר מלהשתמש בעליה שעל גבי בהכ"נ תשמיש קבוע של גנאי, כגון לשכב שם** - מלשון זה משמע, דלשכב שם בדרך מקרה מותר, דבדרך מקרה לא מקרי שכיבה תשמיש של גנאי, [**אבל** בשאר תשמישי גנאי, פשוט דאפי' בדרך מקרה אסור, דומיא דעליות של עזרה, דאף דלא נתקדשו, מ"מ אסור להשתמש שם תשמיש של גנאי].

ושאר תשמישים יש להסתפק אם מותר להשתמש שם - אם לדמותו לעליות העזרה דלא נתקדשו, או כיון דבהכ"נ וביהמ"ד נקרא מקדש מעט, יש לדמותו לעליות היכל, דקי"ל דנתקדשו בקדושת היכל, **ולפי** מה שכתב בשע"ת בשם תשובת פאר הדור, יש להקל חוץ ממקום שע"ג ההיכל, ר"ל הארון ששם מונח הס"ת, שם יש ליזהר שלא להשתמש שם.

(**ודע** דכ"ז לענין להשתמש בתוך העליה, שהוא חדר בפני עצמו, וגם לא מינכר לכל, **אבל** להשתמש על גג ביהכ"נ, במקום שהגגות שוות, כגון לשטוח עליו בגדים לייבש או פירות, שהוא מקום גלוי לכל, פשיטא דאסור, ומשנה שלמה היא [מגילה כ"ח] דאפילו בחורבנו אין שוטחין על גגו פירות, ולענין שטיחת בגדים, מוזכר בירושלמי בהדיא לאיסור).

הגה: וכל זה דוקא בבהכ"נ קבוע, שנבנה מתחלה לכך, אבל בית שיחדו לאחר שנבנה לבהכ"נ, מותר לשכב עליו – (ואין חילוק בין בתי כנסיות שבא"י לשל חו"ל), **ונראה** דכ"ש אם בשעה שנבנה ביהכ"נ נבנה בית דירה למעלה ממנו, דשרי לדור שם, דזה בודאי לא הוקדש כלל למעלה, **ומ"מ** שומר נפשו ירחק מהם, ובפרט במקום שהוא נגד ההיכל.

ומ"מ להשתמש שם תשמיש שהוא מגונה מאד, כטינוף וכיו"ב, נראה דבכל גווני אסור, **וע"כ** אין לעשות כלל ביהכ"נ, אם יש בהדירה שלמעלה ממנו דבר מגונה כזה - ט"ז, וע"ש שכתב שנענש בזה הרבה, **ומה** שמנהג העולם בעיירות, ששוכרין בתי כנסיות לזמן בבתים תחתיים, ולמעלה מהן בית דירה שמצוי שם תינוקות ודבר מאוס, אפשר משום שהוא לזמן לא חיישינן לזה, [**וכן** עמא דבר להקל בזה].

באר הגולה

יט (מילואים) | כ הר"י בן חביב וב"י | כא הגהות מיימוני מירושלמי | כב מרדכי ומהרי"ק

ואין ניאותין בהם ואין מטיילין בהם ואין נכנסין בהן בחמה מפני החמה ובגשמים מפני הגשמים ואין מספידין בהן הספד של יחיד אבל קורין בהן ושונין בהן ומספידין בהן הספד של רבים א"ר יהודה אימתי בישובן אבל בחורבנן מניחין אותן ועולין בהן עשבים ולא יתלוש מפני עגמת נפש עשבים מאן דכר שמייהו חסורי מיחסרא והכי קתני ומכבדין אותן ומרביצין אותן כדי שלא יעלו בהן עשבים א"ר יהודה אימתי בישובן אבל בחורבנן מניחין אותן לעלות עלו בהם עשבים לא יתלוש מפני עגמת נפש א"ר אסי בתי כנסיות שבבבל על תנאי הן עשויין ואעפ"כ אין נוהגין בהן קלות ראש ומאי נינהו *חשבונות אמר רב אסי בהכ"נ שמחשבין בו חשבונות מלינין בו את המת מלינין סלקא דעתך לא סגי דלאו הכי אלא לסוף שילינו בו מת מצוה: ואין ניאותין בהן: אמר רבא *חכמים ותלמידיהם מותרין דאמר ריב"ל מאי בי רבנן ביתא דרבנן: ואין נכנסין בהן בחמה מפני החמה ובגשמים מפני הגשמים: כי הא דרבינא ורב אדא בר מתנה הוו קיימי ושאלי שאילתא מרבא אתא זילחא דמיטרא עיילי לבי כנישתא אמרי האי דעיילינן לבי כנישתא לאו משום מיטרא אלא משום *דשמעתא בעא צילותא כיומא *דאסתנא א"ל רב אחא בריה דרבא לרב אשי אי אצטריך ליה לאיניש למיקרי גברא מבי כנישתא מאי א"ל אי צורבא מרבנן הוא לימא הלכתא ואי תנא הוא לימא מתני' ואי קרא הוא לימא פסוקא ואי לא לימא ליה לינוקא אימא לי פסוקיך א"נ נישהי פורתא וניקום: ומספידין בהן הספד של רבים: ה"ד הספידא דרבים *מחוי רב חסדא כגון הספידא דקאי ביה רב ששת מחוי רב ששת כגון הספידא דקאי ביה רב חסדא רפרם אספדה לכלתיה בבי כנישתא אמר משום יקרא דידי ודמיתא אתו כולי עלמא ר' זירא ספדיה לההוא מרבנן בבי כנישתא אמר אי משום יקרא דידי אי משום יקרא (א) דידיה דמיתא אתו כולי עלמא ריש לקיש ספדיה לההוא צורבא מרבנן דשכיח בארעא דישראל דהוי תני הלכתא בכ"ד שורתא אמר ווי חסרא ארעא דישראל גברא רבה ההוא דהוי תני הלכתא סיפרא וסיפרי ותוספתא ושכיב אתו ואמרו ליה לרב נחמן (ב) ליספדיה מר אמר היכי נספדיה הי צנא דמלי סיפרי דחסר *תא חזי מה בין תקיפי דארעא דישראל לחסידי דבבל תנן התם *ודאשתמש בתגא חלף *תני ריש לקיש זה המשתמש במי ששונה הלכות (ג) כתרה של תורה ואמר עולא לשתמש איניש במאן דתני ארבעה ולא לשתמש במאן דמתני ארבעה כי הא דריש לקיש הוה אזיל באורחא מטא עורקמא דמיא אתא ההוא גברא ארכביה אכתפיה וקא מעבר ליה א"ל קרית אמר ליה קרינא תנית תנינא ארבעה סידרי משנה א"ל פסלת לך ארבעה טורי וטענת בר לקיש אכתפך שדי בר לקישא במיא אמר ליה ניחא לי דאשמעינן למר אי הכי גמור מיני הא מלתא דאמר ר' זירא *בנות ישראל הן *החמירו על עצמן שאפילו רואות טיפת דם כחרדל יושבות עליו שבעה נקיים תנא דבי אליהו כל *השונה הלכות מובטח לו שהוא בן עולם הבא שנאמר °הליכות עולם לו אל תקרי הליכות אלא הלכות: ת"ר מבטלין

תורה אור: [חבקוק ג]

רש"י

ואין ניאותין · ואין מתקשטין לתוכו ואין מטיילין שם: **הספד של רבים** · של תלמיד חכם שמת שצריכין להתאסף ולהספידו ובית הכנסת ראוי לכך לפי שהוא בית גדול: **מאן דכר שמייהו** · היכא שמעינן לתנא קמא לעשות בהן דבר שמונעים מלעלות עשבים: **אימתי** · מכבדין ומרבצין אותן בישובן לאחר שמכבדין מזלפין את המים להרבין את האבק: **על תנאי** · על מנת שישתמשו בהן: **מלינין בו** · משמע דחובה היא להלין בה את המת: **לסוף שילינו בו מתי מצוה** · שימותו בעיר מתים שאין להן קוברין: **מאי בי רבנן** · למה קורין בתי מדרשות בי רבנן לפי שביתם הוא לכל דבר: **זילחא דמטרא** · זרם מים שבאין בכח: **לאו משום מיטרא** · שיגן עלינו מפני הגשמים שאם לא היינו עוסקין בשמעתא לא היינו נכנסין: **צילותא** · דעת צלולה ומיושבת שאינו טרוד בכלום מחשבה: **אי צריכא ליה לאיניש למיקרי גברא מבי כנישתא מאי ניעביד** · מאחר שאין נכנסין בהן שלא לצורך: **לימא לינוקא** · שהתינוקות היו רגילין לקרות בבית הכנסת: **כגון הספידא דקאי בי רב ששת** · אם ימות אדם אחד בי רב ששת: **אמר אי משום יקרא דידי אי משום יקרא דמיתא** · הוה ליה הספד של רבים: **אתו כולי עלמא** · לספוד: **דהוה תני הלכתא** · שהיה שונה משניות לתלמידים: **בכ"ד שורות** · של תלמידים: הכי גרסינן חסרא ליה ארעא דישראל גברא רבה: **היכי אספיד** · במאי אספדנו: **הי צנא מלא סיפרי** · אינו אלא כסל שמילאוהו ספרים ואין מבין מה בתוכה אף שונה הלכות ולא שימש ת"ח ללמוד שיביטהו טעמי משנה ופעמים שדברי משנה סותרין זה את זה וצריך לתרצה כגון הכא במאי עסקינן וכגון הא מני רבי פלוני היא וכגון חסורי מיחסרא אינו יודע מה שונה: **תקיפי ארעא דישראל** · ריש לקיש דאמרינן במסכת יומא (דף ט:) דאפילו בהדי רבה בר בר חנה לא משתעי דמאן דמשתעי בהדי ריש לקיש בשוקא יהבין ליה עיסקא בלא סהדי: רב נחמן בר יצחק מחסידי בבל בשילהי מסכת סוטה (דף מט:) דקאמר ליה לא תיתני יראת חטא דאיכא אנא: **בתגא** · כתר תורה: **חלף** · עבר מן העולם: **עורקמא דמיא** · שלולית של מים מכונסין: **דאשמעי'** · שאשמש לאדוני: **שהחמירו על עצמן** · דמדאורייתא אין צריכה שבעה נקיים אלא הרואה שלשה ימים רצופים בתוך י"א יום שבין נדה לנדה אבל בתחלת נדתה אפילו ראתה כל שבעה ופסקה לערב טובלת בלילה והן החמירו על עצמן לפי שאין הכל בקיאים בפתח נדתה אימתי הן עומדות בי"א ימים שבין נדה לנדה ואם תאמר לא יחמירו אלא בג' רצופין כדכתיב ימים רבים בלא עת נדתה (ויקרא טו) פעמים שראיית דם נדה (ד) מזקיקתה לשבעה נקיים מן התורה כיצד התחילה לספור שבעה נקיים לאחר שהיתה זבה גמורה וספרה שבעה נקיים ובשביעי ראתה אפי' כחרדל סתרה הכל וצריכה לחזור ולספור שבעה נקיים אי נמי שמא ראתה שני ימים ולא ידעה והיום ראתה וידעה דהוו להו שלשה ימים רצופין וצריכה שבעה נקיים ועל כן החמירו:

תוספות

בתי כנסיות של בבל על תנאי הן עשויין · רוצה לומר כל זמן שהן בטלין דהא חזינן בברייתא דלעיל וגם (ה) שהאמוראים לא היו רוצים ליכנס בהן בגשמים מפני גשמים אלא משום דשמעתא בעי צילותא והכא איירי כשחרב דלא מהני התנאי ודווקא לאותן שבבבל מהני התנאי שהרי לעת בא גואל במהרה בימינו תפקע קדושתן אבל לאותן שבארץ ישראל לא מהני תנאי שהרי קדושתן לעולם קיימת וא"ת כיון דמהני תנאי לאותן שבבבל א"כ קשה מההיא דלעיל (דף כו:) דרבינא דהוה ליה (ו) בי כנישתא בארעיה ואמר ליה רב אשי זיל זבנה משבעה טובי העיר ואמאי איצטריך לעשות כן אחר שנחרב וי"ל משום דזרעה דזריעה הוי קלות ראש ביותר ועגמת נפש ומשום הכי אסור אפי' בחורבנה*:

ואעפ"כ אין נוהגין בהן קלות ראש · פירוש בבנינה שהרי בחורבנה שרי בכל הני ואצטריך לאשמועינן משום דסלקא דעתך אמינא דדווקא אכילה ושתיה דהוי קלות ראש ביותר הוא דאסור אבל חשבונות דלא הוי קלות ראש כל כך סלקא דעתך אמינא דשריא קמ"ל דלא:

שאפילו רואות טפת דם כחרדל יושבות עליה שבעה נקיים · ולא קשיא מהא דאמר בנדה (דף סו.) ובפרק יוצא דופן (שם ד' מג.) שאפילו כעין חרדל טמא דשאני התם לא איירי להצריכה שבעה נקיים אלא להיות נדה דאורייתא וקשיא היאך מצינו טפה כחרדל הגורמת שבעה נקיים בדאורייתא דודאי לא תקנו חכמים דבר דליתא דכוותה דאורייתא ויש לומר דאשכחנא בה שפיר בז' לספירתה שסותרת הכל:

עין משפט נר מצוה

לג א ב ג מיי' פי"א מהל' תפלה הלכה ו ז ט סמג עשין יט טוש"ע א"ח סי' קנא ס"א:
לד ד מיי' שם הלכה ז טוש"ע א"ח שם וטוש"ע י"ד סי' שדמ סעיף יט:
לה ה סמג עשין יג טוש"ע י"ד סי' רמו סעיף כא בהגה"ה:
לו ו מיי' פי"א מהל' אסורי ביאה הל' ד סמג לאוין קיא טוש"ע י"ד סימן קפג:

מסורת הש"ס

[ועי' תוס' ב"ב ג: ד"ה ועיילים]
עירובין סה · ע"ש
[כשמבכת רוח לפונית בנקרא' אסתנא יום אורס היא ונוחה לכל עי' רש"י בעירובין וכן תוס' בקדושין יב: ד"ה לרוח צפוני' מומעת הגשמים]
[תענית כג: חולין קכב:]
אבות פ"א מי"ג [ע"י המוציא ערך תג אמר ריש לקיש כו']
ברכות ד' לא· נדה דף סו· שם דף נג·

הגהות הב"ח

(א) גמ' אי משום יקרא דמיתא כצ"ל ותיבת דידיה נמחק: (ב) שם ואמרו ליה לרב נחמן בר יצחק ליספדיה מר: (ג) שם המשתמש במי ששונה הלכות ואמר עולא כצ"ל ותיבות כתרה של תורה נמחק: (ד) רש"י ד"ה שהחמירו וכו' פעמים שראיית דם נדה פעם אחת מזקיקתה: (ה) תוס' ד"ה בתי וכו' וגם האמוראים שלא היו: (ו) בא"ד דהוה ליה תילא בי כנישתא:

רבינו חננאל

ואין ניאותין ואין מטיילין בהן ואין נכנסין בהן מפני החמה ומפני הגשמים ואם צריכי לעייוני בשמעתא דשמעתא צריכא צילותא אע"ג דמיחזי דמפני החמה או מפני הגשמים קא עיילי שרי. וקורין בהן ושונין בהן ומספידין בהן הספד של רבים כגון הספידא דקאי בי רב חסדא או רב ששת וכיוצא בהן · רפרם ספדא לכלתיה בכנישתא כו' ור' זירא ספדיה לההוא מרבנן בכנישתא כו': ומכבדין ומרביצין אותן · א"ר יהודה אימתי בישובן אבל בחרבנן מניחין אותן ועולין בהן עשבים מפני עגמת נפש שנראין כשדה זרע · א"ר אסי בתי כנסיות שבבבל על תנאי הן עשוין · כל שעה שירצה יחזיר לקדמותיה ואף על פי כן אין נוהגין בהן קלות ראש. ומה נינהו חשבונות דאמר רב ששת בתי כנסיות שמחשבין בהן חשבונות של רבים לסוף מלינין בהן מת מצוה · ואין ניאותין בהן אמר רבא חכמים ותלמידיהן מותרין בהן · מאי בי רבנן · ביתא דרבנן · מאן דאיצטריך למיעל

§ מסכת מגילה דף כח: §

אות א׳*[א]

ומכבדין אותן ומרביצין אותן, כדי שלא יעלו בהן עשבים

סימן קנא ס״ט - [ב]**נוהגים בהם כבוד, לכבדן ולרבצן, (פי׳ כבוד: נקוי הבית. ריבוץ: זריקת המים על פני הקרקע).**

[ג]**ונוהגין להדליק בהם נרות לכבדן** - ונהגו להדליק קודם שיכנס אדם להתפלל, משום דאמרינן בגמרא, מקום שמתפללין בו בעשרה קדמה שכינה ואתיא, **ועוד** שכן היו עושין במקדש.

אות א׳**[ד]

בתי כנסיות שבבבל על תנאי הן עשויין, ואף על פי כן אין נוהגין בהן קלות ראש

סימן קנא סי״א - [ה]**אם בשעת בנין בהכ״נ התנו עליו להשתמש בו** - אבל לאח״כ לא מהני תנאי כלל, **ומשמע** דוקא שהתנו בפירוש, אבל מסתמא לא אמרינן על תנאי הן עשויות, ‹דדוקא בבבל היה כן, דדרכן היה להתנות, אבל לא בשאר ארצות› - מ״א, **דלא** כמשאת בנימין, **ובא״ר** מצדד לדינא כהמ״ב שמקיל בזה, [**ואין** כדאי להקל בזה].

[ו]**מותר להשתמש בו בחרבנו; אבל ביישובו לא מהני תנאי** - ודוקא לאכילה ושתיה, או ליכנס בחמה מפני החמה ובגשמים מפני הגשמים, דיש בזה משום קלות ראש, [**וכ״ש** שחוק והתול ושיחה בטילה, דלזה בודאי לא מהני תנאי, דזה אפי׳ בחרבנו אסור, דלא עדיף מחשבונות של רבים]. **אבל** לשאר תשמישים מהני תנאי - מ״א, (**וקשה** דהא מוכח בראי״ש, דאפי׳ לקרוא לאדם משם ג״כ לא מהני תנאי בישובו, ומאי גריעא זה משאר תשמיש דעלמא, אלא ודאי דבכל תשמיש אסור בישובן).

(הנה בפירושא דסוגיא ד״על תנאי הן עשויות״ יש כמה שיטות: היינו שיטת התוספות והרא״ש, דבישובו לא מהני תנאי, ובחורבנו מהני, **ושיטת** רש״י ‹ד״ה על תנאי› והאו״ז, דאפילו בישובו מהני תנאי, **ושיטת** הרמב״ן והר״ן וכן דעת הרשב״א, דאפילו בחורבנן לא מהני תנאי שישתמשו בו להדיא בשלא מדוחק, אבל כשהוא מדוחק אפי׳ בישובן מהני תנאי, מדוחק קרי כשהוא להאכיל העניים לצורך שעה, או להשכיבן שם, והנה אף שהמחבר העתיק לדינא, דבישובו לא מהני תנאי, מ״מ נראה מדברי הט״ז, דכשהוא מדוחק וכנ״ל, יש לסמוך על הרמב״ן, דאפילו בישובו מהני, והדין עמו, שכן הוא ג״כ דעת הר״ן והרשב״א, וגם יש לצרף לזה דעת רש״י ואו״ז, דס״ל דאפילו בישובן מהני תנאי, **ודע** עוד, דאפילו לדעת רש״י ואו״ז, דמהני תנאי אפילו בישובן, מ״מ לקלות ראש ממש, כגון שחוק והיתול וכיו״ב, פשיטא דלא מהני, כדמוכח בגמ׳ להדיא ע״ש דאפילו חשבונות אסרו משום דהוא ג״כ קלות ראש).

ואפילו בחרבנו, לתשמיש מגונה, כגון: זריעה, וחשבונות של רבים, לא מהני תנאה - דחשבונות של רבים אוושא מילתא, ויש בזה משום קלות ראש ביותר, **ומשמע** בפמ״ג, דחשבונות של יחיד בחורבנו מותר, דלזה מועיל תנאי, **וברי״ו** משמע, דנקט של רבים לרבותא, דאף שהוא צורך רבים, וכ״ש של יחיד.

ופשוט דה״ה לכל הדברים הנזכרים לקמן בסי׳ קנ״ג ס״ט, דהם תשמיש מגונה ביותר.

בד״א, בבתי כנסיות שבחוצה לארץ - שאין קדושתן עולמית, שהרי כשיבוא הגואל במהרה בימינו תפקע קדושתן, משא״כ בבתי כנסיות שבא״י.

[ז]**אבל בבתי כנסיות שבא״י, לא מהני שום תנאי** - לפי דעת המ״א, גם בא״י מהני תנאי, לשאר תשמישין שאין בהם קלות ראש.

(והנה על עצם הדין שסתם השו״ע, דבא״י לא מהני תנאי, יש לעיין, דלכאורה אין דין זה ברור לכו״ע, דהנה בגמרא לא נזכר אלא דבתי כנסיות של בבל על תנאי עשויין, ולא מבעיא אם נפרש דסתמא על תנאי עשוין, אין לדייק מזה אלא לאפוקי א״י דבסתמא אין עומדין על תנאי, אבל אם התנו בפירוש למה לא יועיל, וכמו על כל תשמישי קדושה, **אלא** אפילו לפי מה שהוכיח המ״א מכמה פוסקים, דכונת על תנאי עשויין, היינו דבבבל התנו עליהם ולא בסתמא, מ״מ אין לנו הוכחה דבא״י לא מהני תנאי, אלא דבבבל דרכן היה להתנות מאיזה טעמים שהיה להם, ובא״י לא היו מתנים, וה״ה בכל חו״ל ג״כ לא היה תנאי על בתי כנסיות שלהם, ואף בבבל גופא בזמה״ז אין ברור דבתי כנסיות שלהם על תנאי עשויות, **אבל** אם התנו בהדיא שפיר מהני בכל מקום, וכמו בכל תשמישי קדושה. **וחידוש** דין זה נזכר רק בתוספות, ונראה דכתבו זאת רק לשיטתם, דבישובו לא מהני התנאי ורק בחורבנו, ולכן כתבו הטעם דמועיל התנאי בחורבנו, משום דכשיבא הגואל, ר״ל דכיון דלבסוף כשיבא הגואל ויתקבצו ישראל מכל המקומות אשר נפוצו בין הגוים אל א״י, ולא יצטרכו לזה המקדש מעט ועתידין ליחרב, ועל כרחך ממילא יהיה נפקע אז קדושתן, ולכן מהני התנאי ג״כ לכל זמן שיחרב, משא״כ בא״י דלא יתבטל קדושתו בשום פעם, לכן גם לחורבנו לא מהני תנאי כמו בישובו, **ולפי״ז** להפוסקים דסברי דגם בישובו מהני התנאי למקום הדחק, כגון להאכיל אורחים עניים, אפשר לומר דאין חילוק בין בבל לא״י, ואף בא״י מהני התנאי אם התנו אף לישובו לענין זה, **ואף** דהשו״ע סתם כשיטת התוס׳, דרק לחורבנו מועיל תנאי, הלא מוכח מט״ז שנוכל לסמוך על שיטת הרמב״ן וסייעתו, דאף בישובו מהני תנאי לצורך עניים במקום הדחק, וכנ״ל, וא״כ יהיה זה הדין אף בא״י כן, **ויותר** נוכל לומר, דאף לדעת הרא״ש והטור דסברי כשיטת התוס׳, דבישובו לא מהני תנאי ורק בחורבנו, מ״מ בזה לא ס״ל כהתוס׳, אלא דאם התנו בהדיא מהני אף בא״י בחורבנו, **דמעצם** הדין הלא מועיל תנאי לביהכ״נ כמו בתשמישי קדושה, ורק דחז״ל גדרו בישובו, דכיון דמצוה שישראל יהיה להם מקדש

באר הגולה

[א] ‹ע״פ הבאר הגולה› [ב] **מגילה כ״ח** [ג] **טור** [ד] ‹ע״פ הבאר הגולה› [ה] **שם** [ו] ‹כפי׳ הרא״ש שם, וכן פי׳ התוס׳, אלא שהם פי׳ מש״כ שם ואעפ״כ אין נוהגין כו׳, בבניינה, אבל הרא״ש מפרש בחורבנה, וכמו זריעה, וה״ה לחשבונות לפי שהן מגונין ביותר - גר״א› [ז] ‹תוס׳ ורא״ש שם - גר״א›

מעט בכל מקום שהם, לכן גזרו חז"ל דביהכ"נ הקבוע לא יועיל תנאי בישובן שישתמשו בה תשמישי חול, דא"כ אין שם ביהכ"נ עליו כלל, אלא כבית בעלמא, אבל למה דמהני התנאי בבבל, ה"ה בא"י דמאי שנא).

(**היוצא** מזה הסעיף ומכל דברינו, הוא דיש ג' חילוקים, היינו קלות ראש גדול, כמו חשבונות ושחוק והיתול וכיו"ב, אף בבבל ובהתנו אסור, ובין בישובו ובין בחורבנו, **ותשמישי** חול שאין בהם קלות ראש כלל, מוכח מהמ"א דמהני תנאי בכל מקום, וגם זה בין בישובו ובין בחורבנו, ונידון זה הוא לענין אכילה ושתיה וכיו"ב, דיש בו קצת קלות ראש, דבבבל מהני תנאי עכ"פ לחורבנה לפי דעת השו"ע, ולכמה פוסקים אף בישיבה להאכיל שם עניים כשהמקום דחוק, **ולפי** דברינו אף בא"י אפשר דיש להקל בכל זה).

(**כתב** א"ר בשם הב"ח, דאם התנה להתפלל עד זמן פלוני, ואח"כ לא יתפלל בו כלל, משתמש בו אחר כלות הזמן כל מה שירצה, **וצ"ע**, דבאופן זה הלא לא נחשב הזמנה כלל, כיון שהתנה בהדיא שהוא רק לפי שעה, וא"כ אפילו בזה הזמן גופא אין קדושת בית הכנסת עליו, **אך** לענין קלות ראש נראה שראוי להחמיר בתוך הזמן).

אות א'

ומאי ניהו, חשבונות

סימן קנא ס"א - [ח]ואין מחשבים בהם חשבונות - (והיינו אע"פ שבני העיר צריכין לאותן חשבונות, ואין להם מקום להתאסף שם, מפני שהוא קלות ראש בכבוד ביהכ"נ, ואע"פ שהוא צורך רבים, וכ"ש חשבונות של יחיד), [ט]**אא"כ הם של מצות, כגון: קופה של צדקה ופדיון שבויים.**

אות ב'

חכמים ותלמידיהם מותרין

סימן קנא ס"א - [י]ות"ח ותלמידיהם מותרים לאכול ולשתות בהם מדוחק - היינו שהיה מקום דחוק לתלמידים, והוצרכו לאכול שם, (ואין חילוק בין בתי כנסיות ובתי מדרשות שבא"י לשל חוצה לארץ), **והמ"א** כתב, דלאנשים הלומדים שם בקביעות, לעולם שעת הדחק הוא, דאם יצטרך לילך לאכול ולשתות בביתו, בודאי יתבטל מלימודו, **אבל** אם אין לומדים בבית הכנסת ובבית המדרש, אסורים לאכול ולשתות שם, וכן הסכימו כמה אחרונים.

וה"ה לישן דשרי, [ולטייל ולהתקשט, ולכל תשמישיהם], אבל לעשות קפנדריא, או ליכנס בהם בחמה מפני החמה, ובגשמים מפני הגשמים, וכל הני דלקמן, וכ"ש שחוק והיתול ושיחה בטלה, אסורים, דאטו ת"ח אינו מוזהר על מורא המקדש.

וה"ה דאם הוצרכו אנשי העיר לפי שעה להאכיל בהם אורחים עניים או להשכיבן שם, דמותר, אבל זהו רק דוקא בבתי כנסיות שבחוצה לארץ, [ט"ז, **הטעם**, משום דבתי כנסיות שבחו"ל על תנאי הם עשויות, **ולפי"ז** דעת הט"ז לפסוק, דעל תנאי הן עשויות גם בישובן, ודלא כדעת המחבר לקמן, וגם דלאו דוקא בבל], **ויש** אוסרין גם בזה, [דעת המ"א, דבבבל דוקא על תנאי (מסתמא, דדרכן היה להתנות, אבל שאר ארצות דוקא שהתנו בפירוש, עיין לקמן סי"א ובבה"ל), וגם דבישובן לא מהני תנאי], **ונראה** דבמקום הדחק אין להחמיר בזה, [כיון דהוא צורך מצוה].

וי"א דבבה"מ אפי' שלא מדוחק שרי, (ר"ן פ' בני העיר) - אף דקדושת ביהמ"ד חמורה יותר מביהכ"נ, כדלקמן בסימן קנ"ג ס"א, ס"ל דלענין חכמים ותלמידיהם שלומדים שם בקביעות, התירו להם אפילו שלא מדוחק, משום דביהמ"ד הוא ביתו, **ולאו** דוקא אכילה ושתיה, דה"ה לכל תשמישיהם שרי.

עיין בלבוש וב"ח שמצדדים כן לדינא, וכן נראה שאין להחמיר לאנשים שלומדים שם כל היום.

(הנה המעיין בר"ן יראה, דלשיטתו מותר בביהמ"ד לת"ח אפילו ליכנס בחמה מפני החמה, ובגשמים מפני הגשמים, דכביתו עשויה לגמרי, לבד מקלות ראש, **אך** מדלא הזכיר הרמ"א קולתו בזה, משמע דלא תפס שיטתו רק לענין אכילה ושתיה, דאפילו שלא מדוחק שרי, **ומסתברא** דיש להקל גם לענין שאר תשמישין, הואיל שלומדים שם כל היום).

(**ודע** עוד, דאף דלדעת הר"ן אין לנו מקור להקל בביהכ"נ אפילו מדוחק, ורק בבבל, או ה"ה בחו"ל, משום דעל תנאי הן עשויות, מ"מ מדלא הזכיר הרמ"א את דעתו בזה, משמע דלענין זה תפס להקל כדעת המחבר, שהיא ע"פ שיטת הרמב"ם וש"פ).

אות ג'

אי צורבא מרבנן הוא, לימא הלכתא וכו'

סימן קנא ס"א - ואם צריך ליכנס בהם לצרכו, כגון לקרוא לאדם, יכנס ויקרא מעט, או יאמר דבר שמועה - פירוש הלכה או משנה, **ואח"כ יקראנו, כדי שלא יהא נראה כאילו נכנס לצרכו** - ר"ל אבל לא יקדים הקריאה מקודם שיאמר איזה ד"ת, דיהיה נראה דאמירת הד"ת הוא רק טפל. **ואם אינו יודע לא לקרות ולא לשנות, יאמר לאחד מהתינוקות: קרא לי פסוק שאתה קורא בו; או ישהה מעט ואח"כ יצא, שהישיבה בהם מצוה, שנאמר: אשרי יושבי ביתך. (שיעור הישיבה, כדי הלוך ב' פתחים), (לדעת היש מפרשים בסי' צ' סוף ס"כ)** - היינו שישהא שיעור הילוך שני פתחים, דהיינו ח' טפחים.

באר הגולה

[ח] שם בגמ' [ט] הרמב"ם [י] רמב"ם ממשמעות הגמ' (דכיון דבביהמ"ד שרי כ"ש בביהכ"נ - כסף משנה), (ושלא מדוחק לא, וכן משמע מדאיתא התם בגמרא, דרבינא ורב אדא בר מתנה הוו קיימי ושיילי שאילתא מרבה, אתא זילחא דמיטרא עיילי לבי כנישתא, אמרי הא דעיילינן לבי כנישתא לאו משום מיטרא, אלא משום דשמעתא בעיא צילותא, **אלמא** דאי לאו משום דשמעתא בעי צילותא, לא הוו עיילי לבית הכנסת מקמי זילחא דמיטרא, וטעמא ודאי משום דזילחא דמיטרא לא חשיב דוחק, שהרי כמה אנשים הולכים בשוק בשעת הגשמים ואינם נמנעים. **אבל** הגהות אשירי כתבו בשם אור זרוע, דאינהו הוו מחמרי אנפשייהו אע"פ שהיה מותר. **והר"ן** כתב גבי הא דרבינא ורב אדא: ואע"ג דבתי כנסיות שבבבל על תנאי הן עשויות, הני מילי בשעת הדחק, וכאן לא היה דוחק כל כך, ואע"ג דאמרינן חכמים ותלמידיהם מותרים, משמע לי דהיינו בבית המדרש שעומדים שם כל היום, כדאמרינן מאי בי רבנן ביתא דרבנן, אבל בית הכנסת לא, עכ"ל - ב"י)

אות ד'

מחוי רב חסדא: כגון הספידא דקאי ביה רב ששת

סימן קנא ס"א - [יא]ואין מספידים בהם, אא"כ יהיה ההספד לאחד מגדולי העיר, שכל בני העיר מתקבצים ובאים להספידו - שמת קרובו של הגדול, ומחמת זה באים רבים להספד, וכ"ש כשההספד הוא על ת"ח.

יו"ד סימן שדמ סעיף י"ט - [יב]מספידין תלמידי חכמים ונשותיהם בבהכ"נ ובבית המדרש, אבל לא שאר העם.

אות ד'* [יג]

רפרם אספדה לכלתיה בבי כנישתא

יו"ד סימן שדמ ס"ב - [יד]כשם שמספידין על האנשים, כך מספידין על הנשים כראוי להן, (ונספדות בין האנשים והחכמים) (טור).

אות ה'

ודאשתמש בתגא חלף

יו"ד סי' רמו סכ"א - ומעלה גדולה למי שמתפרנס ממעשה ידיו, שנאמר: יגיע כפיך כי תאכל וגו'; וכל המשים על לבו לעסוק בתורה ולא לעשות מלאכה להתפרנס מן הצדקה, הרי זה מחלל השם ומבזה התורה, שאסור ליהנות מדברי תורה; וכל תורה שאין עמה מלאכה, גוררת עון וסופו ללסטם הבריות (לשון הטור). וכל זה בבריא ויכול לעסוק במלאכתו או בדרך ארץ קצת ולהחיות עצמו (רבינו ירוחם ורבינו יונה וכ"כ הרמ"ה), אבל זקן או חולה, מותר ליהנות מתורתו ושיספקו לו (לכ"ע). ויש אומרים דאפילו בבריא מותר (בית יוסף בשם תשובת רשב"ץ); ולכן נהגו בכל מקומות ישראל שהרב של עיר יש לו הכנסה וספוק מאנשי העיר, כדי שלא יצטרך לעסוק במלאכה בפני הבריות ויתבזה התורה בפני ההמון (אברבנאל בפירוש מסכת אבות); ודוקא חכם הצריך לזה, אבל עשיר, אסור. ויש מקילין עוד לומר דמותר לחכם ולתלמידיו לקבל הספקות מן הנותנים כדי להחזיק ידי לומדי תורה, שעל ידי זה יכולין לעסוק בתורה בריוח; ומ"מ מי שאפשר לו להתפרנס היטב ממעשה ידיו ולעסוק בתורה, מדת חסידות הוא ומתת אלהים היא; אך אין זה מדת כל אדם, שא"א לכל אדם לעסוק בתורה ולהחכים בה ולהתפרנס בעצמו (ג"ז בתשובה הנזכרת).

וכל זה דשרי היינו שנוטל פרס מן הצבור או הספקה קבועה, אבל אין לו לקבל דורונות מן הבריות; והא דאמרינן: כל המביא דורון לחכם כאלו מקריב בכורים, היינו בדורונות קטנים שכן דרך בני אדם להביא דורון קטן לאדם חשוב, אפילו הוא עם הארץ (רבינו ירוחם בשם רבינו יונה) - ‹ובכסף משנה משמע שמותר לקבל דורונות, וכן פסק מהרש"ל, גם הב"ח האריך בזה דמותר לראש הישיבה או אב"ד לקבל מתנות עד שיתעשר, שהוא כמו נשיא וכ"ג, וכן נהגו - ש"ך. **רק** שיזהר שלא לקבל מאותן אנשים שיש להם דין, ומקדים לשלוח מתנה להרב. **וכתב** הט"ז, ודאי יש להרחיק מכיעור הגדול, שקצתן להוטים אחר הממון ותובעים בפיהם ליתן להם מתנות, הם מבזים התורה ולומדיה, דאפי' במתנות כהונה אסרו לשאול חלקו, ק"ו בזה שעון גדול הוא, וצדיק באמונתו יחיה, עכ"ל - בה"ט›.

ושרי לתלמיד חכם למטעם מידי מהוראתו, כדי לברר הוראתו; אבל ליקח מתנה דבר חשוב ממה שהתיר, אסור (הג' אשיר"י).

ודאשתמש בתגא חלף (הג"מ וסמ"ג) - אלעיל קאי, מי שעושה תורתו קרדום לאכול, ומשתמש בכתרה של תורה, חלף מן העולם - ש"ך, **וי"א דזהו המשתמש בשמות (שם בשם אבות דר' נתן)** - ובש"ס במגלה פ' בני העיר גרסינן, תנן התם ודאשתמש בתגא חלף, תני ריש לקיש זהו המשתמש במי ששונה הלכות, והביאה הרי"ף והרא"ש והסמ"ג, וכן רי"ו, **והרב** כתבו לעיל [טו]סי' רמ"ג ס"ו וז"ל: **ואסור לשמש במי ששונה הלכות, וכ"ש במי ששונה תלמוד שהוא הגמרא, ויקדים לשמש במי ששונה הלכות קודם שישמש במי ששונה גמרא** - ש"ך.

אות ו'

בנות ישראל הן החמירו על עצמן, שאפילו רואות טיפת דם כחרדל יושבות עליו שבעה נקיים

יו"ד סי' קפג ס"א - ואפי' לא ראתה אלא טיפת דם כחרדל, יושבת עליו שבעה נקיים - וה"ה פחות מחרדל, ‹ורבותא דטיפת דם כחרדל, היינו משום דהוה מצינן למימר, דבדם מרובה דוקא הוא שראוי להחמיר בו, דשמא יצא מן המקור בג' ימים זה אחר זה, ושהה בפרוזדור שהוא כמו שיצא לחוץ, וצריכה מן התורה ז' נקיים אם היא בימי זובה, ולהכי נקט טיפה כחרדל, אע"ג דודאי אינה אלא ראייה א' - ב"י›.

היינו מדרבנן, אבל מדאורייתא א"צ לישב ז"נ אלא זבה גדולה, אלא שכדי שלא תבא לידי טעות החמירו חז"ל, והצריכו לעולם ז"נ - ש"ך.

[דג' חששות יש כאן, הא' במראה דם שיטעו לטהר, ע"כ החמירו לטמא כל מראה אדום, ועוד חשש לענין ימי נדה, דשמא עד יום האחרון של ראייתה עדיין לא ראתה דם טמא, ע"כ היה צריך ו' נקיים, ועוד חשש שתטעה בין נקיים דנדה לנקיים דזיבה, ע"כ צריכה בכל מקום ז"נ – ט"ז]. ‹וע"ש בלבוש שמביא גם החששות שפי' רש"י›.

באר הגולה

[יא] שם בגמ' [יב] בברייתא מגילה דף כ"ח ע"ב [יג] ‹ע"פ מהדורת נהרדעא› [יד] רמב"ם וטור וכ"כ רמב"ן בסת"ה מהא דרפרם דספדיה לכלתיה וכו' מגילה דף כ"ח ע"ב [טו] ‹וגם הגר"א מציין ע"ז הרמ"א גמרא שלנו›

§ מסכת מגילה דף כט. §

אות א' - ב'

מבטלין תלמוד תורה להוצאת המת

כנתינתה כך נטילתה, מה נתינתה בששים ריבוא וכו'

יו"ד סי' שסא ס"א - [א]מבטלים תלמוד תורה להוצאת המת - פירוש חובה לבטל, כן הסכימו הפוסקים - ש"ך. **[ב]למאן דמתני לאחרים, אין לו שיעור, אפילו יש עמו כמה אלפים מתבטל בשבילו; למאן דקרי ותני, דהיינו שקרא ושנה** - משמע תרווייהו בעינן, אבל מלשון הריטב"א שהביא ב"י: שאין לך אדם מישראל שאינו או במקרא או במשנה כו', משמע דקרא או שנה קאמרינן - ש"ך, **ועדיין לא שנה לתלמידים, אם יש ס' רבוא אין צריך להתבטל בשבילו; למאן דלא קרי ותני, כיון שיש לו מי שיתעסק עמו אין צריך להתבטל בשבילו, [ג]והוא שיש שם עשרה** - כדי שיוכלו לומר קדיש וברכת אבלים - ש"ך.

(וי"א דעכשיו מן הסתם מבטלין, שאין לך אחד מישראל בזמן הזה שאינו במקרא או במשנה). (ב"י בשם הריטב"א).

ואשה, י"א שדינה כמאן דקרי ותני; וי"א שדינה כמאן דלא קרי ותני; וכן נהגו באשה ותינוק לקולא.

ואין מבטלין ת"ת למת כשיש מי שיתעסק עמו כל צרכו, אלא עוסק בתורה; וא"צ לצאת ולראות אם יש עמו כל צרכו אם לאו, אלא כיון שיש שם מי שיעשה מעשה, תלמוד תורה שלו קודם - הלשון מגומגם, אבל בטור ניחא, דקאי אמאן דלא קרי ותני, דסגי כשיש לו מי שיתעסקו עמו, וקאמר דאם יש אנשים בעיר שיוכלו להתעסק עמו, א"צ לראות אם מתעסקים עמו, דמסתמא מתעסקים עמו, ות"ת קודם, **אבל** מאן דמתני דאין לו שיעור, ודאי דלעולם צריך ללוותו, **וכן** למאן דקרי ותני, דצריך ששים רבוא, ודאי מסתמא ליכא ששים רבוא, וע"כ גם דברי המחבר צריך לפרש כן - ש"ך.

[**ונראה** דהדעה הזאת חולקת על מה שכתב רמ"א, דהאידנא מן הסתם מבטלין, ואם כן לפי דברי רמ"א יש לבטל גם בזה, מ"מ רב הלומד עם תלמידיו לא יבטל בשביל זה מן הסתם, נראה לי – ט"ז].

ותינוקות של בית רבן אין מתבטלין כלל - פי' אפי' להוצאת המת, וטעמא כדכתב הטור, שהרי אין מבטלין אותן אפי' לבנין בית הכנסת, **דלא** כהעט"ז שכתב הטעם, שהרי אינן מתעסקים עמו, דהא אין מבטלין אותו אפילו להוצאת המת - ש"ך.

[ד]אה"ע סימן סה ס"א - ומבטלין תלמוד תורה להכנסת כלה לחופה (דברי הרב) - אפילו מי שתורתו אומנותו מחויב לבטל, לא שהוא רשות בלבד, כך כתב הרא"ש, **ואפשר** לומר דדוקא כשרואה שנכנסין לחופה צריך לכבדם, אבל אם יודע שיש חופה בעיר א"צ לבטל מלימודו ולילך שם - ח"מ. {**מיהו** בברייתא לא משמע כן, דהא תניא מבטלין ת"ת להוצאת המת ולהכנסת הכלה, ובהוצאת המת אפילו אינו רואה חייב לבטל, כן ה"נ בהכנסת הכלה - ב"ש}.

(**ועיין** בשו"ת יד אליהו, מביא רמז לזה, עת ספוד ועת רקוד, בלא למ"ד, להורות דמבטלין ת"ת להוצאת המת ולהכנסת כלה - פת"ש). (מה דחסר ל', מרמז על חסרון הלימוד).

{**וכתב** בפרישה, פרש"י להכנסת הכלה ללוותה מבית אביה לבית חופתה, מזה היה נ"ל הגון ללוות בזמנינו הכלה כשמביאים אותה תחת החופה, כמו שנוהגים לעשות להחתן, ואדרבה היא עיקר, שהרי לא נזכר אלא הכנסת הכלה, **שוב** מצאתי במרדכי וכו' כי הכנסה היא שמסרה בשחרית לחתן קודם הברכה, נמצא דמה שהולכים בזמנינו כל הקהל לכסות ראש הכלה, היא נקראת הכנסת כלה לחופה, ע"כ, **והט"ז** כתב, נראה דלדידן לא הוי כיסוי הראש חופה, אלא הכנה לחופה שתהיה אח"כ שהיא הגמר, [ואז הולכים האנשים לזה, ואח"כ בשעת הולכה לחופה שלנו שהוא הגמר] אין הולכים אלא ללות החתן ולא ללות הכלה, ששם כל הנשים הולכים עמה, ואין להתערב **שם** עמהם, (דהיא מצוה הבאה בעבירה, ומטעם זה אם הרבה נשים הולכות גם עם החתן, מוטב שלא לילך – ערוה"ש), [**וראיתי** בקצת מקומות אנשים חשובים הולכים לקראת הכלה, וכשמתקרבים אליה חוזרים לאחוריהם להחופה, וזה נקרא לויה – ט"ז], ונכון הוא – ב"ש}.

אות ג' – ד' – ה' – ו'

אין עושין אותו קפנדריא

אם היה שביל מעיקרא, מותר

הנכנס ע"מ שלא לעשות קפנדריא, מותר לעשותו קפנדריא

הנכנס לבית הכנסת להתפלל, מותר לעשותו קפנדריא

סימן קנא ס"ה - [ה]היו לבהכ"נ שני פתחים, לא יכנס בפתח זה לעשותו דרך לצאת בפתח השני לקצר דרכו – (אם לא שיקרא או שישהא שם מעט, שאסור ליכנס בהם אלא לדבר מצוה, רמב"ם, **ואם** הוא הולך לדבר מצוה אפשר דשרי, פמ"ג, **ולא** נהירא, שמדברי הרמב"ם אין ראיה להקל, דהרמב"ם מיירי דהכניסה לביהכ"נ היה בשביל דבר מצוה, דאז ממילא מותר אח"כ ג"כ לקצר דרכו, **משא"כ** בזה שנכנס בכוון דרך ביהכ"נ רק כדי לקצר דרכו, והמצוה שמקוה לעשותה הלא יוכל לעשותה אפי' אם לא יעשה הבהכ"נ קפנדריא, מסתברא דאסור).

ואם היה הדרך עובר קודם שנבנה בהכ"נ, מותר; וכן אם לא נכנס בו תחלה כדי לקצר דרכו, מותר לעשותו דרך.

וכשנכנס בו להתפלל, [ו]מותר למי שנכנס בפתח זה לצאת בפתח אחר - צ"ל "מצוה למי שנכנס", ובגמרא מייתי לזה מקרא, שנאמר: ובבוא עם הארץ לפני ד' במועדים, הבא דרך שער צפון להשתחות יצא דרך שער נגב וגו', **והטעם**, כדי שיהיה נראה כמחבב.

באר הגולה

א בברייתא כתובות דף י"ז. | ב מימרא דרב ששת וכו' שם ע"ב | ג טור בשם בה"ג | ד (הוספה) | ה מגילה כ"ט וברכות ס"ב | ו לאפוקי מגירסת הרא"ש והטור דגרס "מצוה"

מבטלין ת"ת להוצאת המת ולהכנסת הכלה *אמרו עליו על ר' יהודה בר' אילעאי שהיה מבטל ת"ת להוצאת המת ולהכנסת הכלה בד"א בשאין שם כל צורכו אבל יש שם כל צורכו אין מבטלין וכמה כל צורכו אמר רב שמואל בר איניא משמיה דרב תריסר אלפי גברי ושיתא אלפי שיפורי ואמרי לה תריסר אלפי גברי ומינייהו שיתא אלפי שיפורי עולא אמר כגון דחייצי גברי מאבולא עד סיכרא רב ששת אמר כנתינתה כך נטילתה מה נתינתה בששים ריבוא אף נטילתה בס' ריבוא ה"מ למאן דקרי ותני אבל למאן דמתני לית ליה שיעורא תניא ר"ש בן יוחי אומר בוא וראה כמה חביבין ישראל לפני הקב"ה שבכל מקום שגלו שכינה עמהן גלו למצרים שכינה עמהן שנאמר הנגלה נגליתי לבית אביך בהיותם במצרים וגו' גלו לבבל שכינה עמהן שנאמר למענכם שלחתי בבלה ואף כשהן עתידין ליגאל שכינה עמהן שנאמר ושב ה' אלהיך את שבותך והשיב לא נאמר אלא ושב מלמד שהקב"ה שב עמהן מבין הגליות (א) בבבל היכא אמר אביי בבי כנישתא דהוצל ובבי כנישתא דשף ויתיב בנהרדעא ולא תימא הכא והכא אלא זמנין הכא וזמנין הכא אמר אביי תיתי לי דכי מרחיקנא פרסה עיילנא ומצלינא התם אבוה דשמואל [ולוי] הוו יתבי בכנישתא דשף ויתיב בנהרדעא אתיא שכינה שמעו קול ריגשא [קמו ונפקו רב ששת הוה יתיב בבי כנישתא דשף ויתיב בנהרדעא אתיא שכינה] ולא נפק אתו מלאכי השרת וקא מבעתו ליה אמר לפניו רבש"ע עלוב ושאינו עלוב (ג) מי נדחה מפני מי אמר להו שבקוהו ואהי להם למקדש מעט אמר רבי יצחק אלו בתי כנסיות ובתי מדרשות שבבבל ור"א אמר זה בית רבינו שבבבל דרש רבא מאי דכתיב ה' מעון אתה היית לנו אלו בתי כנסיות ובתי מדרשות *אמר *אביי מריש הואי גריסנא בביתא ומצלינא בבי כנשתא כיון דשמעית להא דקאמר דוד ה' אהבתי מעון ביתך (ג) הואי גריסנא בבי כנישתא תניא ר"א הקפר אומר עתידין בתי כנסיות ובתי מדרשות שבבבל שיקבעו בא"י שנאמר כי כתבור בהרים וככרמל בים יבא והלא דברים ק"ו ומה תבור וכרמל שלא באו אלא לפי שעה ללמוד תורה נקבעים בארץ ישראל בתי כנסיות ובתי מדרשות שקורין ומרביצין בהן תורה עאכ"ו דרש בר קפרא מאי דכתיב למה תרצדון הרים גבנונים יצתה בת קול ואמרה להם למה תרצו דין עם סיני כולכם בעלי מומים אתם אצל סיני כתיב הכא גבנונים וכתיב התם או גבן או דק אמר רב אשי ש"מ האי מאן דיהיר בעל מום הוא: אין עושין אותו קפנדריא: מאי *קפנדריא אמר רבא קפנדריא כשמה מאי כשמה כמאן דאמר אדמקיפנא אדרי איעול בהא א"ר אבהו אם היה שביל מעיקרא מותר אר"נ בר יצחק הנכנס ע"מ שלא לעשות קפנדריא מותר לעשותו קפנדריא וא"ר חלבו אמר ר"ה הנכנס לבהכ"נ להתפלל [א] מותר לעשותו קפנדריא שנא' ובבא עם הארץ לפני ה' במועדים הבא דרך שער צפון להשתחוות יצא דרך שער נגב: עלו בו עשבים לא יתלוש מפני עגמת נפש: והתניא אינו תולש ומאכיל אבל תולש ומניח כי תנן נמי מתני' תולש ומאכיל תנן ת"ר *בית הקברות אין נוהגין בהן קלות ראש אין מרעין בהן בהמה ואין מוליכין בהן אמת המים ואין מלקטין בהן עשבים ואם ליקט שורפן במקומן מפני כבוד מתים אהייא אילימא אסיפא כיון ששורפן במקומן מאי כבוד מתים איכא אלא ארישא: **מתני'** ר"ח אדר שחל להיות בשבת קורין בפרשת שקלים חל להיות בתוך השבת מקדימין לשעבר ומפסיקין לשבת אחרת בשניה זכור בשלישית פרה אדומה ברביעית החודש הזה לכם בחמישית חוזרין לכסדרן לכל מפסיקין בראשי חדשים בחנוכה ובפורים בתעניות ובמעמדות וביוה"כ: **גמ'** תנן התם *באחד באדר משמיעין על השקלים ועל

רש"י

להכנסת כלה · ללוותה מבית אביה לבית חופתה: **כגון דחייצי גברי מאבולא לסיכרא** · מחילת אנשים מש�ער העיר עד בית הקברות מקום שסופדין אותו שם: **כנתינתה** · של תורה: **דשף ויתיב** · ובנאה יכניה וסיעתו מאבנים ועפר שהביאו עמהן בגלותן לקיים מה שנאמר כי רצו עבדיך את אבניה ואת עפרה יחוננו (תהלים קב): **דכי מרחיקנא פרסה** · (ד) אני נכנס להתפלל בתוכו: **רב ששת** · סגי נהור הוה: **בית רבינו** · רב: **וככרמל בים יבא** · למדנו שעבר כרמל את הים ולימתי היה בשעת מתן תורה: **כשמה** · כמשמעה: **אדמקיפנא אדרי איעול בהא** · בעוד שאקיף שורות של בתים הללו אכנס דרך הבית הזה ואקצר את הדרך ממבוי למבוי ובית הכנסת בין שניהן: **מעיקרא** · קודם שנבנה בית הכנסת שם: **ארישא** · משום כבודן של מתים אין נוהגין בהן קלות ראש קאי:

מתני' קורין בפרשת שקלים · להודיע שיביאו שקליהן באדר כדי שיקריבו באחד בניסן מתרומה חדשה כדאמרינן בגמרא: **ומפסיקין לשבת שניה** · מלומר פרשה שנייה כדי שתקרא פרשת זכור בשבת הסמוכה לפורים לסמוך מחיית עמלק למחיית המן: **פרה אדומה** · להזהיר את ישראל לטהר שיעשו פסחיהן בטהרה: **ברביעית החודש הזה לכם** · שיש פרשת הפסח ובש"ס ירושלמי גרסינן אמר ר' חמא בדין הוא שיקדום החודש לפרשת פרה שהרי באחד בניסן הוקם המשכן ושני לו נשרפה הפרה ומפני מה הקדימוה שהיא טהרתן של ישראל: **לכל מפסיקין** · מלקרות בענין היום וקורין בענין מועד מעין המאורע: **למעמדות** · וקורין במעשה בראשית כדקתני לקמן במתני': **גמ' משמיעין על השקלים** · בהכרזת בית דין ועל

תוספות

מבטלין תלמוד תורה להוצאת המת · ולא קשיא מההיא דמס' דרך ארץ (זוטא פ"ח) דאמרי' מעשה ברבי עקיבא שמלא מת מצוה בדרך ונשאו ארבעה מילין עד שהביאו לבית הקברות וכשבא אצל ר' יהושע ור' אליעזר וספר להם אמרו לו על כל פסיעה ופסיעה שפסעת כאילו שפכת דם נקי לא היה מפני שבטל למודו אלא משום שהזיזו ממקומו ומת מטה קונה מקומו*:

הני מילי למאן דקרי ותני אבל למאן דמתני לית ליה שיעורא · ממילא שמעינן דלמאן דלא קרי ותני אית ליה שיעורא ואין מבטלין תלמוד תורה בשבילו אלא כדי צרכו להתעסק בו ודוקא לענין ביטול תורה אבל לענין ביטול מלאכה אסור לכל בני העיר שהרי בפרק אלו מגלחין (מו"ק דף כז: ושם) לא מחלק בענין איסור מלאכה בין מאן דקרי ותני למאן דלא קרי ותני*:

אין מרעין בהן בהמות · משום כבודן של מתים אבל האילנות שנוטעין בהן מותרין ואין בהם משום כבודן של מתים אחרי שאינן על הקברים עצמן:

לכל מפסיקין וכו' וליום הכפורים · צריך לומר דמיירי במנחת יום הכפורים שחל להיות בשבת והא קאמר שמפסיקין מן הסדר שחל באותו שבת וקורין בפרשת עריות וכן בכל הני שאין קורין אלא ג' כגון תעניות ומעמדות וחנוכה ופורים דליכא למימר דמיירי ביום הכפורים שחרית שקורין בפרשת אחרי מות בחול ששה ובשבת שבעה דא"כ אמאי נקט יום הכפורים אפילו שאר מועדות נמי: ועל

רבינו חננאל

למיעל בי כנישתא אי צורבא מרבנן הוא לימא שמעתא. אי תנא הוא לימא הלכתא · אי קרא הוא לימא פסוקא · ואי לא לימא ליה לינוקא מאי פסוקך. ומשתמש בתגא חלף · פירוש המשתמש במאן דמתני שמעתא ראוי להריגה · כל השונה הלכות מובטח לו שהוא בן עוה"ב שנאמר הליכות עולם לו: ת"ר מבטלין תלמוד תורה להוצאת המת ולהכנסת כלה · בד"א כשאין שם כל צרכו · וכמה כל צרכו י"ב אלפי גברי ושיתא אלפי שיפורי כו' · והני מילי למאן דתני וקרי פירוש קרא או תנא אבל דמתני שמעתא לית ליה שיעורא · תניא רשב"י חביבין ישראל שבכ"מ שגלו גלה שכינה עמהם כו' ופשוטה היא. עד דרש רבא ה' מעון אתה היית לנו אלו בתי כנסיות ומדרשות · אמר רבא כיון דשמעית להא לא יתיבנא וגריסנא אלא בבי כנישתא שנאמר ה' אהבתי מעון ביתך וגו' · אין עושין בית הכנסת קפנדריא ואם היה שביל מעיקרא מותר · פירוש קפנדריא לשון יון כשתהיה חצר שיש לה ב' פתחים אחד במזרח ואחד במערב הנכנס בזה ויצא כנגדו מפסיק החצר נקרא קפנדריא · אמר רב נחמן הנכנס בבית הכנסת על מנת כו' · אמר רב הונא הנכנס לבית הכנסת להתפלל מותר לעשותו קפנדריא שנאמר ובבוא עם הארץ לפני ה' במועדים וגו' אוקימנא למתניתין נמי הכי · עלו בו עשבים לא יתלוש להאכיל אבל תולש ומניח מפני עגמת נפש: ת"ר בבית הקברות אין נוהגין בהן קלות ראש וכו' עד אם ליקט שורפן במקומן: מתני' ר"ח שחל להיות בשבת קורין בפרשת שקלים

הגהות הגר"א

[א] גמ' מותר · נ"ב מצאתי כן גירסת הרא"ש (כאן אבל ברא"ש דברכות ליתא מותר) · והרי"ף בברכות:

גליון הש"ס

גמ' בבי כנישתא דשף · עיין ברמב"ן במלחמות ספ"ד דכתובות: שם מריש הואי גריסנא · עיין ברכות ד' ח צ"ל:

אות ו'*[ז]

סימן קנא ס"ו - [ח]**מותר ליכנס בבהכ"נ במקלו ובתרמילו ובאפונדתו, (פי' מיני כיסים, תרגום "וילקוט" ותרמיליה);** [ט]**ויש אוסרים ליכנס בו בסכין ארוך** - לפי שביהכ"נ שהוא מיוחד לתפלה מארכת ימיו של אדם, והסכין מקצר ימי אדם, **ועיין** בא"ר שדעתו, שאין להחמיר כי אם בסכין מגולה.

(ומסתברא שאין להחמיר בזה אלא באנשים דעלמא שאסורים לאכול ביהמ"ד, והסכין שנושא לשם הוא שלא לצורך תשמיש, **אבל** ת"ח שמותר לאכול ולשתות שם, והסכין שנושא שם הוא לצורך תשמישו, מסתברא דמותר כמו בכל אכילה, **שלא** הוצרך לכסותו רק בעת שגמר להשתמש בו ומתחיל לברך בהמ"ז).

או בראש מגולה – (אפילו במקום שנוהגין ללכת כן לפני השרים, שזהו דרך קלות ראש לפני המקום, כאלו אין עליו מורא שכינה, וכשיש לו כובע בראשו יש לו אימה וכובד ראש לפניו יתברך).

סימן קנא ס"ז - [י]**יכול לרוק בו** - ובלבד שלא בשעת תפלת שמונה עשרה, **ויהיה** זהיר שלא ירוק בפני חבירו שימאס בה.

הא"ר היה נזהר מרקיקה, [**ומסתברא** דמדת חסידות הוא דעביד, אבל מדינא שרי כדאיתא בגמרא, ועי"ש דהטעם, כי ביתו, דלא קפיד איניש ע"ז, **ויש** לעיין לאותן האנשים העשירים דמקפידים בביתם על הרקיקה, א"כ בביהכ"נ ובביהמ"ד יהיה אסור להם לרוק].

ובלבד שישפשפנו ברגליו - ובשבת שאסור לשפשף, יעמיד המנעל עליו עד שיתמעך. **או שיהיה שם גמי** - או תבן וחול, **שאם ירוק לתוכו לא יהא נראה.**

סימן קנא ס"ח - [יא]**טיט שעל רגליו, ראוי לקנחו קודם שיכנס להתפלל; וראוי שלא יהא עליו ולא על בגדיו שום לכלוך.**

אות ז'

עלו בו עשבים, לא יתלוש מפני עגמת נפש

סימן קנא ס"י - ואם עלו בהם עשבים, [יב]**תולשים אותם ומניחים אותם במקומן** - ר"ל מותר לתלוש אותם, ובלבד שיניחם במקומם ולא יטלם משם, **משום עגמת נפש, כדי שיראו העם ותעיר רוחם וישתדלו לבנותם** - לפי"ז באם סתרו ביהכ"נ ממקום זה ובנאוהו במקום אחר, ואין בדעתם לבנות עוד במקום הראשון, אין שייך דין זה, אלא יעשו גדר סביבו שלא יבואו לזלזל שם, **ואם** הוא במקום שיוכלו למכור כנזכר בסימן קנ"ג, ימכרוהו.

אות ח'

בית הקברות אין נוהגין בהן קלות ראש וכו'

יו"ד סי' שסח ס"א - [יג]**בית הקברות, אין נוהגין בהן קלות ראש, (כגון לפנות שם (כל בו) או לאכול ולשתות שם; ואין קורין ואין שונין שם (סמ"ג), ואין מחשבין שם חשבונות) (ב"י)** - אפי' של רבים. [יד]**ואין מרעין בהם בהמות, ואין מוליכין בהם אמת המים, ולא יטייל בהם לקפנדריא (פי' למעבר מצד זה לצד זה); ולא ילקט מהם עשבים, ואם ליקט, (או) שצריך ללקטן לצורך בית הקברות,** [טו]**שורפן במקומן** - אין זה כבוד של מתים, אלא קנסא, או משום שלא יחשדוהו שמוליכם לבהמתו - ש"ך.

אות ט'

ראש חדש אדר שחל להיות בשבת, קורין בפרשת שקלים

סימן תרפה ס"א - [טז]**ר"ח אדר הסמוך לניסן שחל להיות בשבת, קורין פרשת שקלים** - אבאר בקיצור ענין ד' פרשיות, והוא: חז"ל תקנו לקרות ד' פרשיות בשנה, מר"ח אדר עד ר"ח ניסן, לזכרון ד' דברים, והם אלו: **הראשונה** היא פרשת שקלים, לזכרון מצות מחצית השקל, שיתבאר בסמוך, שהיו מחוייבים ליתן ללשכה לקרבן התמיד בכל שנה, **השניה** היא פרשת זכור, לזכור מעשה עמלק, וקורין אותה בשבת שלפני פורים, לסמכה למעשה המן שהיה מזרע עמלק, וכדי להקדים זכירת מחיית עמלק לעשייתה, וכדכתיב: והימים האלה נזכרים ונעשים, **השלישית** היא פ' פרה אדומה, והיא בשבת שקודם פ' החודש, שכן היה שריפתה במדבר סמוך לניסן, כדי להזות בה את ישראל באפר החטאת מיד אחר הקמת המשכן, כדי שיהיו טהורים ויוכלו לעשות הפסח בזמנו, לכך קורין פרשה זו, להתפלל לפניו יתברך, שגם עלינו יזרוק מים טהורים במהרה, **הרביעית** פרשת החודש, בשבת הסמוך לר"ח ניסן, [יז]כדי לקדש חודש ניסן, דכתיב בתורה: החודש הזה לכם ראש חדשים, **אבל** אין זה עיקר הקידוש, כי עיקר הקידוש הוא בעת ראית הלבנה, שמקדשין אותו הב"ד, ואין הקריאה הזאת אלא מדרבנן.

אות י'

חל להיות בתוך השבת, מקדימין לשעבר, ומפסיקין וכו'

סימן תרפה ס"ה - חל ראש חדש אדר הסמוך לניסן תוך ימי השבוע, [יח]**ואפילו בערב שבת, מקדימין לקרות פרשת שקלים בשבת שלפניו; ומפסיקין בשניה, כדי שתהא פרשת זכור בשבת הסמוכה לפורים מלפניה.**

אות כ'

בשניה זכור

סימן תרפה ס"ב - בשבת שניה מוציאין שני ספרים: באחד קורא פרשת השבוע - ומניחין ס"ת השניה אצלה, ואומר ח"ק,

באר הגולה

[ז] ‹מילואים› [ח] וכן משמע בברכות ס"ב [ט] א"ח בשם מהר"ם [י] שם בגמרא ושם בירושלמי [יא] מהר"י בן חביב [יב] ‹פי' אבל אין תולשין לאכול, כן אוקמי בגמרא - פרישה› [יג] ברייתא מגילה דף כ"ט ע"א [יד] שם, וכתב הרא"ש וכ"כ המרדכי בשם ר"י, דמיירי בקרקע שלא חפרו כלל, ומשום כבודן של מתים [טו] שם, וכתב המרדכי משום קנס או משום שלא יחשדוהו שמוליכו לבהמתו [טז] משנה וברייתא מגילה כ"ט [יז] ‹כ"כ הלבוש, ועיין ברש"י וכ"כ הערוה"ש› [יח] כרב שם

ובשני קורא: זכור את אשר עשה לך עמלק - עד "לא תשכח", **ומפטיר: פקדתי את אשר עשה עמלק** - כן הוא ברמב"ם, ובלבוש איתא: "ויאמר שמואל" וגו', "כה אמר ד' פקדתי את אשר" וגו'.

אות ל'

בשלישית פרה אדומה

סימן תרפה ס"ג - [יט]בשבת שלישית, שהוא ט"ו באדר, מפסיקין; ובשבת רביעית שהיא כ"ב לאדר, מוציאין שני ספרים: באחד קורא בפרשת השבוע - ומניחין ס"ת השניה אצלה, ואומרים ח"ק, **ובשני קורא פרשת פרה** - בפרשת חוקת מתחלת הסדר עד "תטמא עד הערב", **ומפטיר: וזרקתי עליכם מים טהורים. (וע"ל סי' קל"ז סעיף ה')** - שם מבואר אם טעה ולא גמר כל הפרשה.

אות ל'* [כ]

סימן תרפה ס"ז - [כא]י"א שפרשת זכור ופרשת פרה אדומה חייבים לקרותם מדאורייתא - פרשת זכור, דכתיב: זכור את אשר עשה וכו', וגמרינן בגמ' ‹מגילה י"ח.› דהאי "זכור" היינו באמירה מתוך הספר דוקא, ולא די במה שיקבע זה בלבו, **וע"כ** צריך הקורא לכוין להוציא כל השומעים, וגם השומעים צריכין לכוין לצאת.

פרה אדומה - והרבה אחרונים כתבו, שפרשה זו אינה מדאורייתא, **ועיין** בסימן ס', דאפילו במצוה דרבנן ג"כ צריך לכוין לצאת ידי המצוה.

לפיכך בני הישובים שאין להם מנין, צריכים לבא למקום שיש מנין בשבתות הללו, כדי לשמוע פרשיות אלו שהם מדאורייתא - היינו אפילו יש לו ס"ת בביתו, אלא שאין לו מנין בביתו, **ואפילו** אם נאמר דמנין לפרשה זכור הוא מדרבנן בעלמא, עכ"פ עיקר קריאת זכור הוא דאורייתא.

והנה בתרומת הדשן כתב, דשמיעת קריאת פ' זכור בעשרה, עדיף יותר ממקרא מגילה בצבור, שמקרא מגילה לדעת רוב הפוסקים סגי בזמנו ביחיד, וע"כ אם א"א לו לקיים שניהם, יראה לקיים קריאת פ' זכור בצבור, **אבל** המ"א מצדד דטוב יותר שיבוא למקום שקורין המגילה בצבור, ופרשת זכור יוצא ע"פ הדחק במה שישמע הקריאה בפורים, פרשת ויבוא עמלק, דבזה נמי זוכר מעשה עמלק ויוצא י"ח, **ור"ל** דיוצא מדאורייתא, [דאטו מי כתיב בתורה שיקרו דוקא בשבת זו, אלא שחכמים תקנו בשבת זו, הואיל ושכיחי רבים בבהכ"נ, והוא סמוך לפורים, כדי לסמוך מעשה עמלק למעשה פורים], **והנה** למאי דקי"ל לעיל בסימן ס', דמצות צריכות כונה, יהיה צריך בעת שמיעת פרשה זו לכוין לצאת בזה מ"ע של זכור, **אבל** לענ"ד עיקר דינו של המ"א צ"ע, דהא כתיב בתורה: זכור את אשר עשה וגו', אשר קרך בדרך ויזנב בך וגו', תמחה וגו', והכונה שלא לשכוח מה שעשה לנו עמלק, ונספר זה לבנינו ולדורותינו לומר להם: כך עשה לנו הרשע, ולכך נצטוינו למחות את שמו, כמ"ש הרמב"ן בביאורו, **וזה** לא נזכר בפרשת ויבא עמלק. ‹דב"**ויבא** עמלק" לא כתיבא מצות זכירה לכלל ישראל, ולא מצות מחייה, דשם כתיב: כי מחה אמחה וגו', אבל לא כתיב תמחה, שאנחנו מחוייבים לעשות כן - ערוה"ש›.

הגה: ואם אי אפשר להם לבא, מ"מ יזהרו לקרותם בנגינתם ובטעמם (מלא כתוב) - ויהדר לקרות זה מתוך הספר.

דע, די"א שצריך לקרות "זֵכר עמלק" בציר"י, וי"א שצריך לקרות "זֶכר עמלק" בסגו"ל, **וע"כ** מהנכון שהקורא יקרא שניהם לצאת י"ש.

כתב מהרי"ל, בכל ד' פרשיות אין מזכירין נשמות, ואומרים צו"ץ, **ולענין** "אב הרחמים", בא"ר בשם הגמ"נ די"ל בהם "אב הרחמים", **ובד"מ** בשם מהרי"ל משמע, דאין אומרים בהם "אה"ר", וכן העתיק בדה"ח.

אות מ'

ברביעית החודש הזה לכם

סימן תרפה ס"ד - [כב]בשבת חמישי, שהוא כ"ט באדר, מוציאין ב' ספרים: באחד קורא פרשת השבוע - ומניחין ס"ת השניה אצלה, ואומרים ח"ק, **ובשני: החדש הזה לכם** - עד "תאכלו מצות", **ומפטיר: בראשון באחד לחדש.**

כשחל ר"ח ניסן בשבת, שאז הוא פרשת החודש, מפטירין פ' החודש ולא "השמים כסאי", **ומוציאין** ג' ספרים, באחד קורין פרשת השבוע, ומניחין השניה, ואין אומרין קדיש, ומגביהין הראשונה וגוללין, ופותחין השניה וקורין בפרשת ר"ח, מן "וביום השבת" עד "ונסכו", ומניחין השלישית, ואומרין קדיש, ומגביהין השניה וגוללין, ופותחין השלישית וקוראין למפטיר בפ' החודש.

אות מ'* [כג]

לכל מפסיקין, בר"ח בחנוכה ובפורים בתעניות... וביוה"כ

רמב"ם פי"ג מהל' תפילה ה"ח - [כד]מפסיקין למועדות וליום הכפורים, וקוראין בענין המועד, לא בסדר שבת.

אות נ'

באחד באדר משמיעין על השקלים

רמב"ם פ"א מהל' שקלים ה"ט - באחד באדר משמיעין על השקלים, כדי שיכין כל אחד ואחד מחצית השקל שלו, ויהיה עתיד ליתן.

באר הגולה

[יט] **שם** ‹והאי שלישית ורביעית (דקתני בברייתא) להפסקה היא, ואחל להיות בתוך השבת קאי - תוס' יו"ט›, ‹והשו"ע דכתב דבשלישית מפסיקין, איירי בציור של ר"ח אדר שחל להיות בשבת, כמו שמבואר בס"א› [כ] ‹מילואים› [כא] **תוס' ברכות י"ג** ‹בתוס' שלפנינו ליתא, לא בברכות ולא במגילה י"ז: וכן באשרי ליתא אלא זכור, ונוסחא משובשת נזדמנה לו - גר"א› [כב] **שם** [כג] ‹ע"פ מהדורת נהרדעא› [כד] ‹וכתב הר"ן, דמתני' ה"ק, לכל המועדות מפסיקין, שמניחין פרשת היום וקורין בשל יו"ט, וכן לר"ח כו', ומיהו הך הפסקה לאו בחד גוונא הוא, דביו"ט מפסיקין בפרשה כו', ואלו בר"ח וחנוכה מפסיקין בהפטרות, ע"כ›

תוספות

על הכלאים דזמן זריעה היא · לאו דוקא זמן זריעה שהרי לא הוי הזמן שמפרש בהמקבל (ב"מ דף קו:) אלא רוצה לומר סוף זריעה וכבר גדלו התבואות והזרעים ואז הכלאים ניכרין אבל קודם לכן אינן ניכרין: **חדא** מכלל חבירתה איתמר. וא"ת ומאן דאמר מכללא אמאי אמרה והא כיון דידעינן אידך כל שכן הא ויש לומר דמאן דאמרה באתריה דרב הוה דסבר דראש חודש אדר שחל להיות בשבת שאין מוציאין כי אם שתי תורות ולא הוו ידעי כלל אידך דרבי יצחק ומזה הטעם איצטריך לאשמועינן ההיא דראש חודש טבת שחל להיות בשבת דמוציאין שלשה ספרי תורה:

והלכתא אין משגיחין בחנוכה. פירוש לעשותו עיקר ואע"ג דהלכתא כרבה לגבי רב יוסף* מ"מ הוצרך לפסוק הלכה כוותיה משום דפליגי עליה שאר אמוראי*): עדיין

*) [דומה לזה כתבו תוס' יבמות לנ: סד"ה אע"ג]

גמרא

ועל הכלאים בשלמא על הכלאים דזמן זריעה היא אלא על השקלים מנלן אמר ר' טבי אמר רבי יאשיה דאמר קרא זאת עולת חודש בחדשו אמרה תורה חדש והבא קרבן מתרומה חדשה וכיון דבניסן בעי אקרובי מתרומה חדשה קדמינן וקרינן באחד באדר כי היכי דליתו שקלים למקדש כמאן דלא כרבן שמעון בן גמליאל דאי רבן שמעון בן גמליאל האמר שתי שבתות דתניא שואלין בהלכות הפסח קודם לפסח שלשים יום רבן שמעון בן גמליאל אומר שתי שבתות אפילו תימא רבן שמעון בן גמליאל כיון דאמר מר בחמשה עשר בו שולחנות יושבין במדינה ובכ"ה יושבין במקדש משום שולחנות *) קדמינן וקרינן מאי פרשת שקלים רב אמר צו את בני ישראל ואמרת אליהם את קרבני לחמי ושמואל אמר כי תשא בשלמא למאן דאמר כי תשא היינו דקרי לה פרשת שקלים דכתיב בה שקלים אלא למאן דאמר את קרבני לחמי (א) הכא מידי שקלים כתיבי התם אין טעמא מאי כדר' טבי בשלמא למ"ד צו את בני ישראל משום דכתיבי קרבנות התם כדר' טבי אלא למ"ד כי תשא קרבנות מי כתיבי שקלים לאדנים כתיבי כדתני רב יוסף שלש תרומות הן של מזבח למזבח ושל אדנים לאדנים ושל בדק הבית לבדק הבית בשלמא למאן דאמר כי תשא היינו דשני האי ראש חדש משאר ראשי חדשים אלא למ"ד צו את קרבני מאי שני שני דאילו ראשי חדשים קרו שיתא בעניינא דיומא וחד בדראש חודש ואילו האידנא כולהו בדראש חודש הניחא למאן דאמר לסדר פרשיות הוא חוזר אלא למאן דאמר לסדר הפטרות הוא חוזר ופרשתא דיומא קרינן מאי שני שני דאילו ראשי חדשים קרו שיתא בעניינא דיומא וחד קרי בדראש חודש ואילו האידנא קרו תלתא בעניינא דיומא וארבעה קרו בדראש חודש מיתיבי ר"ח אדר שחל להיות בשבת קורין בפרשת שקלים ומפטירין ביהוידע הכהן בשלמא למ"ד כי תשא היינו דמפטירין ביהוידע הכהן דדמי ליה דכתיב כסף נפשות ערכו אלא למ"ד את קרבני לחמי מי דמי כדר' טבי מיתיבי חל להיות בפרשה הסמוכה לה בין מלפניה ובין מלאחריה קורין אותה וכופלין אותה בשלמא למ"ד כי תשא היינו דמתרמי בההוא זימנא אלא למ"ד צו את קרבני מי מתרמי בההוא זימנא אין לבני מערבא דמסקי לדאורייתא בתלת שנין תניא כוותיה דשמואל ר"ח אדר שחל להיות בשבת קורין כי תשא ומפטירין ביהוידע הכהן א"ר יצחק נפחא ר"ח אדר שחל להיות בשבת מוציאין שלש תורות וקורין בהן אחד בענינו של יום ואחד בשל ר"ח ואחד בכי תשא וא"ר יצחק נפחא *ר"ח טבת שחל להיות בשבת מביאין שלש תורות וקורין בהן אחד בענינו של יום ואחד בדראש חודש ואחד בחנוכה וצריכא דאי אתמר בהא בהא קאמר ר' יצחק אבל בהך כרב ס"ל דאמר פרשת שקלים את קרבני לחמי ובשתי תורות סגי קמ"ל ולימא הא ולא בעיא הך חדא מכלל חבירתה איתמר איתמר ר"ח טבת שחל להיות בחול א"ר *) יצחק קרו תלתא בר"ח וחד בחנוכה ורב דימי דמן חיפא אמר קרו תלתא בחנוכה וחד בר"ח אמר ר' מני כוותיה דרבי יצחק נפחא מסתברא דתדיר ושאינו תדיר תדיר קודם א"ר אבין כוותיה דרב דימי מסתברא מי גרם לרביעי שיבא ר"ח הלכך רביעי בר"ח בעי מיקרי מאי הוי עלה רב יוסף אמר אין משגיחין בראש חודש ורבה אמר אין משגיחין בחנוכה והלכתא אין משגיחין בחנוכה (ג) ור"ח עיקר איתמר חל להיות בואתה תצוה אמר רבי יצחק נפחא קרו שיתא מואתה תצוה עד כי תשא וחד מכי תשא עד ועשית אמר אביי אמרי

*) [נ"ל ר' יצחק נפחא]

רש"י

ועל הכלאים. לעקור כלאי הזורעים הניכרין בין התבואה: (ג) **חודש בחדשו לחדשי השנה.** כל הני חדשים למה לי: **אלא אמרה תורה.** יש לך חודש שאתה צריך לחדשו בהבאת עולות תמידין ומוספין מתרומה חדשה וזהו ניסן כדאמרינן בראש השנה דגמרינן שנה שנה מניסן דכתיב ראשון הוא לכם לחדשי השנה (שמות יב): **כמאן.** מקדמינן כולי האי דלא כרבן שמעון בן גמליאל: **בט"ו באדר שולחנות.** בעלי מטבעות המחלפין שקלי כסף בפרוטות: **יושבין במקדש.** הוא סימן שכבר קרב זמן לתרום את הלשכה בשלש קופות וימהרו ויביאו דמאותו היום מתחילין למשכן את המעכבים: **משום שולחנות קדמינן.** לאחד באדר דהייט שתי שבתות וטעמא דרבן שמעון בן גמליאל ורבנן בפ"ק דפסחים (דף ו.): **טעמא כדרבי טבי.** טעמא מאי מייתינן שקלים באדר כדרבי טבי שיקריבו קרבנות באחד בניסן מתרומה חדשה והך מצוה התם כתיבא: **שקלים לאדנים כתיבי.** התם כדכתיב ולקחת את כסף הכפורים ונתת אותו על עבודת אהל מועד והן השקלים שנעשו מהן אדני המשכן כדכתיב וכסף פקודי העדה וגו' ויהי מאת ככר הכסף לצקת את אדני הקודש וגו': **שלש תרומות.** נאמרו שם מחצית השקל תרומה לה' יתן תרומת ה' לתת את תרומת ה' תרומת אדנים היתה לאדנים ותרומת מזבח למזבח לקנות מהן קרבנות לצור לכל השנה דכתיב בה לכפר על נפשותיכם: **לבדק הבית.** היא לא היתה שוה בכולן אלא איש כפי נדבתו שנאמר ויבאו האנשים על הנשים כל נדיב לב וגו' (שמות לה): **הניחא למאן דאמר.** בפרקין האי דקתני מתני' בחמישית חוזרין לכסדרן: **לסדר פרשיות הוא חוזר.** שקראו את אלו והפסיקו מלקרות את פרשת השבת איכא למימר כדאמר האידנא קרו כולהו בדראש חודש אלא למאן דאמר כו' דמפרש חוזרין לכסדרן לסדר ההפטרות אלמא ההפטרות הופסקו עד הנה אבל לא הפרשיות דעד השתא הוו קרו נמי מענייגא דיומא מאי שני: **כדרבי טבי.** זאת עולת חודש בשקלים אמר: **חל להיות.** ר"ח אדר בפרשה הסמוכה לפרשת שקלים: **וכופלין אותה.** בשבת שניה אע"פ שקראוה בראשונה: **בההוא זימנא.** באותו פרק של אדר: **מי מתרמי.** והלא בפרשת פינחס היא שהיא סמוכה לחודש אב: **דמסקי אורייתא.** מסיימין חמשה חומשין פעם אחת לשלש שנים ולא בכל שנה כמו שאנו עושין: **אין משגיחין.** (ד) לעשות עיקר: אמרי

רבינו חננאל

שקלים. תנן התם במסכת שקלים באחד באדר משמיעין על השקלים כו' מכריזין שיכין כל אדם שקלו ויביאוהו למקדש · ולמה באחד באדר דקי"ל כר' טבי דמצריך לאיתויי הקרבנות שמקריבין בר"ח ניסן מן השקלים של שנה זו מן התרומה שנתרמת כדתנן בשלש קופות של שלש סאין כו' · והא שמועה דר' טבי בר"ה פרק א' וכיון דבעינן לאקרובי מן השקלים החדשים באחד בניסן מקדמינן להשמיע באחד באדר כדתניא שואלין בהלכות הפסח קודם לפסח ל' יום · אמרינן מתניתין נמי כרשב"ג דאמר שואלין בהלכות הפסח קודם לפסח ב' שבתות · כיון ששנינו בט"ו באדר שולחנות ישבו במדינה כדי לקבל השקלים מכל אדם · מקדמינן ומכרזינן קודם ט"ו · מאי פרשת שקלים · רב אמר צו את בני ישראל את קרבני לחמי וגו' ושמואל אמר כי תשא · בשלמא לשמואל היינו דקרינן מכי תשא תרומה לה' · יתן תרומת ה' · לתת את תרומת ה' · לכפר חדא לאדנים וחדא למזבח וחדא לבדק הבית אלא לרב בצו את קרבני מי כתיב שקלים התם · איכא דאמרי בשלמא לשמואל דאמר בכי תשא היינו דשאני ר"ח [אדר] דבכל ראשי חדשים קורין בצו · ובר"ח אדר בכי תשא אלא לרב מאי שאני · ואמרינן דבכל ר"ח שחל להיות בשבת קרו שיתא בעניינא דיומא בפרשה של אותה שבת וחד קרי בדר"ח · ובר"ח אדר מניחין פרשת היום וקורין כולן בצו את בני ישראל · הניחא לר' אמי דאמר הא דתנינן בחמישית חוזרין לסידרן לסדר פרשיות חוזרין מכלל שאלו ד' שבתות לא קרינן ענין היום והאידנא חוזרין לענין היום אלא לר' ירמיה דאמר לסדר הפטרות הן חוזרין אבל סדר פרשיות לעולם קורין אותן כל פרשה בזמנה מאי איכא למימר · ומותבינן לרב מאי דמי הפטרה דיהוידע לצו את בני ישראל ופרקינן כר' טבי דמצריך קרבן ראש חודש ניסן מתרומה חדשה · ותוב מותבינן לרב מחל להיות ראש חודש אדר בפרשה הסמוכה לה כו' · איך יתכן לחול פרשת פינחס באחד באדר ופרקינן תמצא בענין הזה לבני מערבא שמסיימין התורה לשלש שנים ופוסקין כל פרשה ג' פרשיות אפשר דמיתרמי להו כי האי גוונא ועליהן תניא זו הברייתא · תניא כשמואל ראש חודש אדר שחל להיות בשבת קורין בכי תשא ומפטירין ביהוידע הכהן · ר' יצחק נפחא אמר ר"ח אדר שחל להיות בשבת מוציאין ג' תורות וקורין א' בענין היום ואחד בר"ח וא' בחנוכה · ר"ח טבת שחל להיות בחול · אמר ר' יצחק נפחא ג' קורין בר"ח ואסיקנא כוותיה · אין משגיחין בחנוכה ור"ח עיקר · איתמר חל ר"ח אדר להיות בואתה תצוה ·

גליון הש"ס גמ' קדמינן וקרינן · עי' בכורות דף נו ע"ב תד"ה בפרוס:

הגהות הב"ח (א) גמ' את קרבני לחמי מידי שקלים כתיבי התם אין טעמא כדר' טבי כצ"ל ותיבת סכא ותיבת מאי נמחק: (ב) שם והלכתא אין משגיחין בחנוכה כל עיקר כצ"ל ותיבות ור"ח עיקר נמחק: (ג) רש"י ד"ה חודש הד"א עם ד"ה אלא: (ד) ד"ה אין משגיחין · בחנוכה לעשותו עיקר:

§ מסכת מגילה דף כט: §

אות א'

ועל הכלאים

רמב"ם פ"ב מהל' כלאים הט"ו - באחד באדר משמיעין על הכלאים, וכל אדם יוצא לגינתו ולשדהו ומנקין אותו מן הכלאים, ובחמשה עשר בו יוצאים שלוחי בית דין ומסבבים לבדוק.

אות ב'

חדש והבא קרבן מתרומה חדשה

רמב"ם פ"ב מהל' שקלים ה"ה - בשלשה פרקים בשנה תורמין את הלשכה: בר"ח ניסן, ובראש חדש תשרי [א]קודם יום טוב או אחריו, [ב]וקודם עצרת בחמשה עשר יום.

רמב"ם פ"ד מהל' שקלים הי"א - משיגיע ראש חדש ניסן, אין מקריבין קרבנות הצבור אלא מתרומה חדשה; ואם לא באה החדשה, לוקחין מן הישנה.

אות ג'

שואלין בהלכות הפסח קודם לפסח שלשים יום

סימן תכט ס"א - [ג]שואלין בהלכות פסח קודם לפסח שלשים יום - ומתחילין מיום הפורים עצמו, שהרי משה עומד בפסח ראשון ומזהירן על כל הלכות פסח שני, **וה"ה** בשאר יו"ט נמי דורשין קודם לכן ל' יום בהלכותיהן, [**ומ"מ** משמע מכמה אחרונים, דלענין שאר יו"ט הוא רק מצד מנהגא, **אכן** בביאור הגר"א משמע, דיו"ט הוא כפסח], **ועיין** בביאור הגר"א שדעתו, דבעצרת סגי מיום א' בסיון.

וי"א דהחיוב שלשים יום הוא רק בפסח, משום דיש בהן הלכות רבות, כגון טחינת חטים ואפיית המצות והגעלת כלים וביעור חמץ, שאלו אם אין עושין אותן כהלכותיהן קודם פסח, לית להו תקנה בפסח, **משא"כ** בשאר יו"ט, די באיזה ימים קודם.

ועכ"פ ביו"ט גופא, לכו"ע צריך לשאול ולדרוש בכל יו"ט בהלכותיה, וכדאיתא בסוף מגילה: משה תיקן להם לישראל, שיהו שואלין ודורשין בענינו של יום, הלכות פסח בפסח, הלכות עצרת בעצרת, והלכות חג בחג, (**ואפי' אם למד ל' יום קודם, צריך ג"כ ללמוד בחג עצמו**), [**והנה** האחרונים רצו לומר, דלכך העולם מקילין בדבר, משום דסומכין על קה"ת בענינו של יום, **ובאמת** מלשון "הלכות פסח בפסח", משמע דהלכות ממש קאמר, מה שאסור ומה שמותר].

ועכשיו נוהגין לדרוש בשבת הגדול, {כשאין ע"פ חל בו, דאז צריך להקדים בשבת הקודם}, ובשבת שובה, **והעיקר** להורות לעם דרכי ה', ללמד המעשה אשר יעשון, דהיינו דיני הגעלה וביעור חמץ ואפיית המצה, ושאר הלכות פסח, וכן בשבת שובה, לדרוש לפניהם הלכות יוה"כ וחג הסוכות, לבד מה שדורש מענין התשובה, **אבל** אם יהיה הדרשה רק בפלפול או דרוש בעלמא, אין יוצאין בזה ידי חובתן, **ומ"מ** מצוה לכל אחד לעסוק בהל' פסח ל' יום קודם, וכן בחג עצמו.

אות ד'

בחמשה עשר בו שולחנות יושבין במדינה, ובעשרים וחמשה יושבין במקדש

רמב"ם פ"א מהל' שקלים ה"ט - באחד באדר משמיעין על השקלים, כדי שיכין כל אחד ואחד מחצית השקל שלו, ויהיה עתיד ליתן; בחמשה עשר בו ישבו השולחנים בכל מדינה ומדינה, ותובעין בנחת, כל מי שיתן להם יקבלו ממנו, ומי שלא נתן אין כופין אותו ליתן; בחמשה ועשרים בו ישבו במקדש לגבות, ומכאן ואילך כופין את מי שלא נתן עד שיתן, וכל מי שלא יתן ממשכנין אותו ולוקחין עבוטו בעל כרחו ואפילו כסותו.

אות ה' – ו'

כי תשא

ראש חודש אדר שחל להיות בשבת, קורין בפרשת שקלים, ומפטירין ביהוידע הכהן

סימן תרפה ס"א - [ד]ר"ח אדר הסמוך לניסן שחל להיות בשבת, קורין פרשת שקלים [ה]שהיא "כי תשא", עד "ועשית כיור נחשת" - דאמר קרא: זאת עולת חודש בחדשו לחדשי השנה, והאי "לחדשי" יתירא הוא, אלא אמרה תורה: יש לך חודש שאתה צריך לחדשו, בהבאת עולות תמידין ומוספין מתרומה חדשה, וזהו ניסן, דגמרינן בגמרא בג"ש שחודש זה הוא חודש ניסן, **וכיון** דבניסן בעי לאקרובי מתרומה חדשה, לכך מקדמינן ומשמיעין על השקלים באדר הסמוך לו, שיביאו שקליהם בר"ח ניסן, **ואנו** משלמין פרים שפתינו בקריאת הפרשה של "כי תשא", דכתיב בה ענין השקלים.

יוצר יש לשחרית וגם למוסף בפרשת שקלים, ובפרשת החודש, **אבל** בזכור ופרה לא תקנו במוסף.

אם טעו וקראו הפרשיות והמגילה באדר ראשון, [כגון שחשבו שהיא שנה פשוטה, ואח"כ נודע להם שהיא מעוברת], צריך לחזור ולקרות

באר הגולה

א ‹לפי שא"א לתרום בר"ה ממש משום מוקצה, לכן עושין קודם יום טוב או אחריו - שקל הקודש› ב ‹היינו יום ל"ו לספירת העומר - שקל הקודש›

ג פסחים ו' ד משנה וברייתא מגילה כ"ט ה כשמואל ותניא כוותיה

המגילה בשני, **ולענין** הפרשיות, בב"י משמע דא"צ לחזור, **אבל** בד"מ ובא"ר כתבו דצריך לחזור.

אם אירע שלא קראו הפרשה מענינו של יום, אין לה תשלומין לשבת הבאה.

אם שכחו הצבור לקרות פרשת שקלים, וה"ה בשארי השלשה פרשיות, אם כבר אמר הפטרה של סדר השבוע בברכותיה, ונזכרו, צריכים לחזור ולהוציא ס"ת, ולקרות הפרשה בברכה לפניה ולאחריה, ויאמר אח"כ קדיש, ויפטיר בלא ברכה לפניה ולאחריה.

ואם נזכרו אחר שהתחיל לברך על הפטרה ואמר השם, יגמור הברכה ויאמר קצת פסוקים מהפטרת השבוע, כדי שתהיה לברכה מקום לחול, ובלא ברכה אחריה, ויוציאו ס"ת, ויקרא עולה אחד מענינו של יום, ואחר ברכה אחרונה יאמר קדיש, ויקרא הפטרה בלא ברכה לפניה, והברכות שלאחריה יברך.

ואם נזכרו מיד אחר שבירך ברכה אחרונה על התורה, יוציאו ס"ת אחרת ויניח אצל הראשונה, ויאמר קדיש, ואח"כ יקרא אַחֵר שיפטיר מענינו של יום בברכותיה.

[ו]**ומפטיר: ויכרות יהוידע** - כי שם נזכר נדבות לבדק הבית, **וזהו** מנהג הספרדים, וטעמם נ"ל, משום דקיי"ל לעיל ריש סי' רפ"ד שיש להדר שיהיה בההפטרה כ"א פסוקים, אם לא היכי דסליק עניינא ע"ש, ומן "בן שבע שנים" עד "לכהנים יהיו" {כמנהג אשכנז} ליכא רק י"ז פסוקים, לכן מתחילין ד' פסוקים מקודם, שזהו ג"כ מעניינא דיהוידע ויואש, **אבל** מנהג אשכנז אינו כן, ונראה דטעמם, דהן אמת דזהו מעניינא דיהוידע ויואש, מ"מ אינו מעניינא דשקלים, ולכן הוי כמו דסליק עניינא - ערוה"ש.

ואין מפטירין בשל ר"ח, אף שהיא תדירה, משום דמשקלים סליקו בתורה ומפטירין בה.

אות ז'

דמסקי לדאורייתא בתלת שנין

רמב"ם פי"ג מהל' תפילה ה"א - המנהג הפשוט בכל ישראל, שמשלימין את התורה בשנה אחת, מתחילין בשבת שאחר חג הסוכות וקורין בסדר בראשית, בשניה: אלה תולדות, בשלישית: ויאמר יי' אל אברם, וקוראין והולכין על הסדר הזה עד שגומרין את התורה בחג הסוכות; ויש מי שמשלים את התורה בשלש שנים, ואינו מנהג פשוט.

אות ח'

ראש חודש אדר שחל להיות בשבת מוציאין שלש תורות וקורין בהן

סימן תרפה ס"א - [ז]ומוציאין שלשה ספרים: באחת קורא פרשת השבוע - ששה אנשים, ובמקום שנהגו להוסיף מוסיפין, **ובשני של ר"ח** - ומתחילין "וביום השבת", ומניחין ס"ת השלישית אצלה, ואומרים ח"ק, **ובשלישי קורא מפטיר בפרשת שקלים.**

ואם אחר שגמר פרשת השבת, טעה ולקח הס"ת שהיתה מגוללת על פרשת שקלים, ובירך לפניה והתחיל לקרות, יסיים בפרשת שקלים, **ואח"כ** להעולה בס"ת השלישית למפטיר, יקרא עמו בפרשת ר"ח, וההפטרה יאמר "השמים כסאי", מאחר שבקריאת התורה נסתיים מענין של שבת ור"ח, **וכן** ה"ה בשבת פרשת החודש, כשחל ר"ח ניסן בשבת, והקדים לקרות בפרשת החודש.

אות ט' - י'

ראש חודש טבת שחל להיות בשבת מביאין שלש תורות וקורין בהן

קרו תלתא בראש חדש וחד בחנוכה

סימן תרפד ס"ג - [ח]אם חל ר"ח טבת בשבת, מוציאין ג' ספרים, וקורין ו' בפרשת השבוע - וה"ה אם רוצים לקרות בה ז' או יותר מן ז', ג"כ שרי, והעיקר דבין כולם לא יפחות משבעה.

כשגומר פרשת השבוע, מניחין הס"ת הב', ואין אומרין קדיש, רק מגביהין הראשונה וגוללין אותה, ופושטין השניה וקורא בה, **וכשאומרין** קדיש על השניה, מניחין השלישית אצלה.

ובשני קורא אחד בשל ר"ח - דתדיר קודם, **ומתחיל "וביום השבת", ובג' קורא מפטיר בשל חנוכה, [ט]ומפטיר: רני ושמחי** - דהא דתדיר קודם, היינו להקדים, אבל לענין לדחות, פרסומי ניסא עדיף, **ועוד** דכיון דקורא בשל חנוכה באחרונה, יש להפטיר במאי דסליק מניה.

(**ואם** טעו וקראו בשני בשל חנוכה, ובשלישית בשל ר"ח, מ"מ קורין ההפטרה בשל חנוכה, משום פרסומי ניסא, ומ"מ בדיעבד אם קראו הפטרה של ר"ח "השמים כסאי" יצאו).

[י]ואם חל ר"ח בחול, מוציאין ב' ספרים, וקורין באחד ג' בשל ר"ח, ובשני קורא אחד בשל חנוכה - סדר קריאת התורה בר"ח בחול, מתחיל פ' התמיד כהן עד "רביעית ההין", לוי עד "ונסכה", ישראל עד "ונסכו", והרביעי קורא בחנוכה.

[יא]ואם טעה החזן וקרא ד' בשל ר"ח, אם לא הוציאו ספר שני, א"צ לקרות יותר - דאין משגיחין בחנוכה, דר"ח עיקר, **וה"ה** טעה ונזדמן בשבת חנוכה.

באר הגולה

ו שם בברייתא | ז (שם כ"ט: - גר"א) | ח מימרא דר' יצחק נפחא מגילה כ"ט | ט במאי דסליק מיניה, ועוד דפרסומי ניסא עדיף, הרא"ש | י מימרא דר' יצחק שם | יא רוקח והכל בו בשם רש"י (וז"ל: מצאתי בשם רבינו שלמה, מעשה בא לפני ר' ששכח החזן וקרא ארבעה אנשים בפרשת ר"ח שבא בחנוכה וכו')

ואפילו אם נזכרו בתחילת קריאת הרביעי, אין לומר שרביעי עצמו יקרא בס"ת זו בשל חנוכה, קודם שיחתום בפרשת ר"ח, דהו"ל מדלג, ואין מדלגין בתורה בשני ענינין, אלא מאחר שהרביעי התחיל לקרות בשל ר"ח, יחתום ויברך.

אבל אם הוציאו ספר שני, משום פגמו צריך לקרות חמישי בשל חנוכה - דמוטב לבטל הא דאמרינן, דבר"ח אין מוסיפין על ארבעה, מלפגום הס"ת, **ויאמר** קדיש אחריו, ואם אמר קדיש אחר הרביעי, לא יאמרנו אחר החמישי.

הגה: ואם טעה והתחיל לקרות בשל חנוכה, צריך להפסיק לקרות בשל ר"ח (אבודרהם הלכות ברכות) - עיין בט"ז שכתב, דהאי פסקא לאו דסמכא הוא, ואין צריך להפסיק, אלא קורא כהן בשל חנוכה, ואח"כ יקרא לאחרים בשל ר"ח.

(והנה בא"ר מצדד, דאם לא קרא עדיין ג' פסוקים בשל חנוכה, יפסיק באמצע ויקרא בשל ר"ח, **דאם** קרא ג' פסוקים מודה לדעת הט"ז, דיברך הכהן ברכה אחרונה, ויקראו לאחרים בשל ר"ח, וא"צ לחזור ולקרות של חנוכה, וכן מצדד קצת בספר מור וקציעה, מ"מ הרבה אחרונים, ומכללם גם המ"א, הורו להלכה כדברי הט"ז, דכיון שהתחיל בשל חנוכה, צריך לגמור הכהן בשל חנוכה בס"ת זו, ואח"כ יקראו הג' בס"ת אחרת בר"ח).

(והתחלה נקרא משהתחיל לברך הברכה, דהיינו שאמר: ברוך אתה ד',

אבל אם לא התחיל לברך, אף שנזדמן בידם אותה שהוא מתוקן לחנוכה, אין לו לחוש לזה לכו"ע, ויגללוה ויקראו בס"ת אחרת שהוציאוה לשם ר"ח, ואין כאן פגם לס"ת זו, כיון שיקראו בה אחר כך).

ואם צריך לברך על קריאת ראש חודש, (כשטעה והתחיל בשל חנוכה, והפסיק לקרות בשל ר"ח), **עיין לעיל סי' ק"מ** (ס"ג) – (ר"ל דשם יש שני דיעות בזה, ואחרונים כתבו שם, דנוהגין למעשה כהדעה שסוברת דצריך לברך על קריאת ר"ח, לפניה ולאחריה).

(מי שיש לו יא"צ בחנוכה, לא יחשוב לפי ימי החנוכה, אלא לפי ימי החודש, שהרי לפעמים ר"ח טבת יום א', ולפעמים שני ימים).

§ מסכת מגילה דף ל. §

אות א'

קרו שיתא מואתה תצוה עד ועשית וכו'

רמב"ם פי"ג מהל' תפילה הכ"ב - **כל פרשה מארבע פרשיות האלו, אחד קורא אותה בספר שני, אחר שקורין סדר אותה שבת בספר שהוציאו ראשון. חל ראש חדש אדר להיות בשבת, והיה סדר אותה שבת ב"ואתה תצוה", קורין ששה מ"ואתה תצוה" עד "ועשית כיור נחשת", והשביעי חוזר וקורא מ"כי תשא" עד "ועשית כיור"; ואם היה סדר אותה שבת "כי תשא" עצמו, קורין ששה מ"כי תשא" עד "ויקהל", והשביעי חוזר וקורא בספר שני מ"כי תשא" עד "ועשית כיור נחשת"** - ‹וכתב הר"ן ז"ל, ולדידן השתא לא מתרמי ב"ואתה תצוה" ולא ב"כי תשא", אבל לדידהו הוה מתרמי - כסף משנה›.

אות ב' – ג'

ראש חדש אדר שחל להיות בערב שבת.. מקדימין

פורים שחל להיות בערב שבת... מקדימין פרשת זכור

סימן תרפה ס"ה - **חל ראש חדש אדר הסמוך לניסן תוך ימי השבוע, [א]ואפילו בערב שבת, מקדימין לקרות פרשת שקלים בשבת שלפניו, ומפסיקין בשניה, כדי שתהא פרשת זכור בשבת הסמוכה לפורים מלפניה.**

[ב]ואם חל פורים בערב שבת, מקדימים לקרות פרשת זכור בשבת שלפניו.

אות ד' – ה'

איזו שבת שניה, כל שחל פורים להיות בתוכה, ואפילו בערב שבת

איזו היא שבת שלישית, כל שסמוכה לפורים מאחריה

רמב"ם פי"ג מהל' תפילה ה"כ - **ראש חדש אדר שחל להיות בשבת, קורין בפרשת שקלים, ומפטירין ביהוידע הכהן; וכן אם חל ראש חדש אדר להיות בתוך השבת, ואפילו בערב שבת, מקדימין וקורין בשבת שלפניו בפרשת שקלים; בשנייה קורין זכור, ומפטירין: פקדתי את אשר עשה עמלק, אי זו היא שבת שנייה, כל שחל פורים להיות בתוכה ואפי' בערב שבת; בשלישית קורין פרה אדומה, ומפטירין: וזרקתי עליכם, ואי זו היא שבת שלישית, [ג]הסמוכה לרביעית; ברביעית קורין החדש הזה, ומפטירין: בראשון באחד לחדש, ואי זו היא רביעית, כל שחל ראש חדש ניסן להיות בתוכה ואפילו בערב שבת.**

אות ו'

ראש חודש אדר שחל להיות בשבת, קורין כי תשא ומפטירין ביהוידע

סימן תרפה ס"א - [ד]**ר"ח אדר הסמוך לניסן שחל להיות בשבת, קורין פרשת שקלים [ה]שהיא "כי תשא", עד "ועשית כיור נחשת", ומפטיר: [ו]ויכרות יהוידע.**

אות ז'

בשניה זכור, ומפטירין פקדתי

סימן תרפה ס"ב - [ז]**בשבת שניה מוציאין שני ספרים: באחד קורא פרשת השבוע** - ומניחין ס"ת השניה אצלה, ואומר ח"ק, **ובשני קורא: זכור את אשר עשה לך עמלק** - עד "לא תשכח", **ומפטיר: פקדתי את אשר עשה עמלק** - כן הוא ברמב"ם, ובלבוש איתא: "ויאמר שמואל" וגו', "כה אמר ד' פקדתי את אשר" וגו'.

אות ח'

בשלישית פרה אדומה, ומפטירין וזרקתי עליכם

סימן תרפה ס"ג - [ח]**בשבת שלישית, שהוא ט"ו באדר, מפסיקין; ובשבת רביעית שהיא כ"ב לאדר, מוציאין שני ספרים: באחד קורא בפרשת השבוע** - ומניחין ס"ת השניה אצלה, ואומרים ח"ק, **ובשני קורא פרשת פרה** - בפרשת חוקת מתחלת הסדר עד "תטמא עד הערב", **ומפטיר: וזרקתי עליכם מים טהורים.**

אות ט'

ברביעית החדש הזה, ומפטירין: כה אמר ה' אלהים בראשון באחד לחדש

סימן תרפה ס"ד - [ט]**בשבת חמישי, שהוא כ"ט באדר, מוציאין ב' ספרים: באחד קורא פרשת השבוע** - ומניחין ס"ת השניה אצלה, ואומרים ח"ק, **ובשני: החדש הזה לכם** - עד "תאכלו מצות", **ומפטיר: בראשון באחד לחדש.**

באר הגולה

[א] **כרב שם** [ב] **כרב להקדים זכירה לעשיה** [ג] ‹ובברייתא: כל הסמוכה לפורים מאחריה. וכתב הרי"ף משכחת לה כשחל ר"ח ניסן להיות באמצע השבת, אבל אם חל ר"ח ניסן להיות בשבת, הויא שלישית הסמוכה לר"ח ניסן, ולכך סתם רבינו וכתב: ואי זו היא שבת שלישית כל שסמוכה לרביעית - כסף משנה›, ‹**לכאורה** משום דזה אמת בכל האופנים, אפי' אם חל ר"ח ניסן להיות באמצע השבת› [ד] **משנה ובריייתא מגילה כ"ט** [ה] **כשמואל ותניא כוותיה** [ו] ‹עיין לעיל דף כ"ט: אות ו' בהערה› [ז] **שם במשנה ובריייתא ל'** [ח] **שם** ‹והאי שלישית ורביעית (דקתני בברייתא) להפסקה היא, ואחל להיות בתוך השבת קאי - תוס' יו"ט›, ‹והשו"ע דכתב דבשלישית מפסיקין, איירי בציור של ר"ח אדר שחל להיות בשבת, כמו שמבואר בס"א› [ט] **שם**

מסורת הש"ס

עין משפט נר מצוה

נה א מיי' פי"ג מהל' תפלה הלכה כב:
נו ב ג מיי' שם הלכה כ טוש"ע א"ח סימן תרפה סעיף ה:
נז ד מיי' שם הלכה כ:
נח ה מיי' שם טוש"ע שם סעיף א:
נט ו מיי' שם טוש"ע שם סעיף ג:
ס ז מיי' שם טוש"ע שם סעיף ג:
סא ח מיי' שם טוש"ע שם סעיף ד:

אמרי אוקומי הוא דקא מוקמי התם אלא אמר אביי קרו שיתא מואתה תצוה עד ועשית וחד תני וקרי מכי תשא עד ועשית מיתיבי *חל להיות בפרשה הסמוכה לה בין מלפניה בין מלאחריה קורין אותה וכופלין אותה בשלמא לאביי ניחא אלא לר' יצחק נפחא קשיא אמר לך ר' יצחק נפחא ולאביי מי ניחא תינח לפניה לאחריה היכי משכחת לה אלא מאי אית לך למימר כופלה בשבתות הכא נמי כופלה בשבתות חל להיות בכי תשא עצמה א"ר יצחק נפחא קרו שיתא מן ועשית עד ויקהל וחד קרי מכי תשא עד ועשית מתקיף לה אביי השתא אמרי למפרע הוא דקרי אלא אמר אביי קרו שיתא עד ויקהל וחד תני וקרי מכי תשא עד ועשית תניא כוותיה דאביי חל להיות בכי תשא עצמה קורין אותה וכופלין אותה: חל להיות בתוך השבת מקדימין לשבת שעברה: איתמר ר"ח אדר שחל להיות בערב שבת רב אמר מקדימין ושמואל אמר מאחרין רב אמר מקדימין דאם כן בצרי להו יומי שולחנות ושמואל אמר מאחרין אמר לך סוף סוף חמיסר במעלי שבתא מיקלע ושולחנות לא נפקי עד חד בשבא הלכך מאחרין תנן חל להיות בתוך השבת מקדימין לשעבר ומפסיקין לשבת אחרת מאי לאו אפילו בע"ש לא בתוך השבת דוקא ת"ש איזו היא שבת ראשונה כל שחל ר"ח אדר להיות בתוכה ואפילו בערב שבת מאי לאו אפילו בע"ש דומיא דתוכה מה תוכה מקדימין אף ע"ש מקדימין אמר שמואל בה וכן תנא דבי שמואל בה כתנאי מסרגין לשבתות דברי ר' יהודה הנשיא ר"ש בן אלעזר אומר אין מסרגין אמר ר"ש בן אלעזר אימתי אני אומר אין מסרגין בזמן שחל להיות בע"ש אבל בזמן שחל להיות בתוך השבת מקדים וקורא משבת שעברה אע"פ שהוא שבט: בשנייה זכור וכו': איתמר פורים שחל להיות בע"ש רב אמר מקדימין פרשת זכור ושמואל אמר מאחרין רב אמר מקדימין כי היכי דלא תיקדום עשיה לזכירה ושמואל אמר מאחרין אמר לך כיון דאיכא מוקפין דעבדי בחמיסר עשיה וזכירה בהדי הדדי קא אתיין תנן בשניה זכור והא כי מיקלע ריש ירחא בשבת מיקלע פורים בערב שבת וקתני בשניה זכור אמר רב פפא מאי שניה שניה להפסקה תא שמע איזו שבת שניה כל שחל פורים להיות בתוכה ואפילו בערב שבת מאי לאו ערב שבת דומיא דתוכה מה תוכה מקדימין אף ערב שבת מקדימין אמר שמואל בה וכן תנא דבי שמואל בה חל להיות בשבת עצמה אמר ר"ה לדברי הכל אין מקדימין ורב נחמן אמר עדיין היא מחלוקת איתמר נמי א"ר חייא בר אבא אמר רבי אבא אמר רב פורים שחל להיות בשבת מקדים וקורא בשבת שעברה זכור: בשלישית פרה אדומה וכו': תנו רבנן איזו היא שבת שלישית כל שסמוכה לפורים מאחריה איתמר ר' חמא בר' חנינא אמר שבת הסמוכה לר"ח ניסן ולא פליגי הא דאיקלע ר"ח ניסן בשבת הא דאיקלע באמצע שבת: ברביעית °החדש הזה לכם: תנו רבנן ר"ח אדר שחל להיות בשבת קורין כי תשא ומפטירין ביהוידע ואי זו היא שבת ראשונה כל שחל ר"ח אדר להיות בתוכה ואפילו בערב שבת בשניה זכור ומפטירין °פקדתי ואי זו היא שבת שניה כל שחל פורים להיות בתוכה ואפילו בערב שבת בשלישית פרה אדומה ומפטירין °וזרקתי עליכם ואי זו היא שבת שלישית כל שסמוכה לפורים מאחריה ברביעית החדש הזה ומפטירין °כה אמר ה' [אלהים] בראשון באחד לחדש ואיזו

[לעיל כט:]

שמות יב
שמואל א טו
יחזקאל לו
יחזקאל מה

רש"י

אמרי אוקומי הוא דמוקמי התם. כלומר אין הדבר ניכר לשם פרשת שקלים אלא סברי שלא נסתיימה פרשת ואתה תצוה עד כאן: וחד תאני וקרי. חוזר ושונה לקרות מכי תשא עד ועשית כיור נחושת וגו': כופלה בשבתות. שקורין אותה שני שבתות זו אחר זו: רב אמר מקדימין. וקורין בכי תשא לשבת שעבר כדתנן במתני': דאם כן. דמאחרין בצרי להו לשולחנות משני שבתות דאמרינן לעיל משום ששולחנות הוצרכו לישב במדינה בט"ו מקדימין וקורין מר"ח חודש שיהו דורשין שתי שבתות לפניהן כרבן שמעון בן גמליאל ואם תאחר עד למחרת ר"ח חדש אין כאן הקדמה שתי שבתות: תורה אור

חמיסר במעלי שבתא מיקלע. ואותו היום לא יתחילו לצאת ולישב במדינה מפני כבוד השבת: לא נפקי עד חד בשבת. וכי מאחרת נמי איכא שתי שבתות הלכך מאחרין כדי שלא תטרך להפסיק בין ב' פרשיות: בתוך שבת דוקא. דאי מאחרת ודאי בצרי להו יומי לשולחנות: אמר שמואל. האי בתוכה דקתני לאו תוך שבוע אלא תוך שבת עצמו: וכן תנא דבי שמואל. בתוספתא (א) דהך ברייתא אי זו היא שבת ראשונה כל שחל ר"ח אדר להיות בה ביום שבת עצמו ואפילו חל בערב שבת של אתמול כאילו חל בה אלמא מאחרין אשמועינן: מסרגין. לשון סירוגין כלומר מפסיקין לשבתות בין פרשה ראשונה לשניה כשחל ר"ח בתוך שמקדימין לשעבר דא"כ בצרי להו יומי לשולחנות ומפסיקין לשבת הבאה ולשבת שלישית קורין זכור כדי שתהא סמוכה זכור לפורים: אין מסרגין. כדמפרש ואזיל: אימתי אני אומר אין מסרגין בזמן שחל להיות בערב שבת. דכי נמי מאחרין לא בצרי יומי לשולחנות כדאמר שמואל לעיל סוף סוף שולחנות לא יתבי עד חד בשבת הלכך מאחרין ואין כאן סירוג: אבל בזמן שחל להיות בתוך השבת. דאי מאחרת לה בצרי להו יומא לשולחנות על כרחך נקדים ויש כאן סירוג: הכי גרסינן כי היכי דלא ליקדום עשייה לזכירה: תנן בשניה זכור. קא סלקא דעתך אראש חדש אדר שחל להיות בשבת קאי דמיירי ביה רישא דמתניתין: שניה להפסקה. כלומר לאו ארישא קאי אלא אסיפא קאי דקתני חל להיות בתוך השבת מקדימין לשעבר ומפסיקין לשבת הבאה ועלה קאי ואמר בשבת של אחר הפסקה קורין זכור ובתוך שבוע שלאחריה יהא פורים: איזו היא שבת שניה. כלומר שבת של פרשה שניה פרשת זכור: בתוכה. לאחריה ואפילו חל פורים בערב שבת: בה. ביום שבת עצמו קורין הפרשה בו ביום ואפילו חל בערב שבת אתמול כאילו חל לשבת שלמחר והיינו כשמואל: חל להיות פורים בשבת. דברי הכל אין קורין זכור לשעבר דהא השתא לא קדמה עשייה לזכירה וגבי מוקפין נמי קדמה זכירה לעשייה: עדיין היא מחלוקת. אף בזו אמר רב מקדימין כדי שתקדם זכירה לעשייה דעיירות:

איזו היא שבת שלישית: הא דאיקלע ר"ח ניסן בשבת. שלא הוצרך להקדים פרשת החודש לשבת שעברה קרינן לשבת שעברה פרה אדומה כרבי (ב) חמא בר' חנינא ולא בסמוכה לפורים לסמוך אזהרת טמאים לפסח והיכא דחל ראש חדש ניסן באמצע שבת שהוצרכו לקרות פרשת החדש בשבת שלפניה הוזקקו להקדים פרשת פרה לשבת שלפני שבת [זו] שהיא סמוכה לפורים מאחריה: תנו רבנן כו'. ברייתא זו מפורשת למעלה בסירוגין לרב כדאית ליה ולשמואל כדאית ליה: ואי

תוספות

עדיין היא מחלוקת איתמר נמי וכו'. קשיא אמאי לא פריך מברייתא דקתני איזוהי שבת שניה כל שחל פורים להיות בתוכה ואפילו בערב שבת ולרב הוי מצי למימר ואפי' בשבת שלאחר כך וכל שכן בערב שבת שלפניה שמקדימין לשבת שעברה וי"ל דהך ברייתא היינו ברייתא דבסמוך אחר מתני' דברביעית החדש הזה ואגב דתני ואפילו בערב שבת גבי שבת ראשונה וגבי שבת רביעית דהוי דוקא תנא נמי בהא בערב שבת ולא בשבת אף על גב דלא הוי דוקא: ושאר

הגהות הב"ח

(א) רש"י ד"ה וכן תנא דבי שמואל בתוספתא שלהן ברייתא זו ואיו: (ב) ד"ה הא דאיקלע וכו' כרבי חמא בר' חנינא:

רבינו חננאל

אמר אביי קרו שיתא מואתה תצוה עד ועשית כיור נחשת וחד חוזר וקורא מכי תשא עד ועשית כיור נחשת. וקי"ל כוותיה. חל להיות ר"ח אדר בכי תשא עצמה. אמר אביי קרו ו' מכי תשא עד ויקהל. וחד חוזר וקורא מכי תשא ועד ועשית כיור נחשת וקי"ל כוותיה דתניא כוותיה: אתמר ר"ח אדר שחל להיות בע"ש רב אמר מקדימין וקורין פרשת שקלים בשבת שהיא כ"ט יום בשבט. טעם לא תקרא כך אלא בשבת שהיא ב' ימים באדר בצרי יומי דשלחנות דבעינן משעה שמשמיעין בשקלים עד ט"ו ואח"כ יוצאין השלחנות והנה אם תשמע בב' ימים לאדר נמצאו השלחנות יוצאין בי"ד יום. ופריק שמואל דאמר מאחרין וקורין בשבת שהיא שני ימים באדר כיון דשלחנות כל איכות דחל ר"ח אדר בע"ש לא נפקי עד חד בשבת לא בצרי ואקשינן לשמואל דתניא איזו היא שבת ראשונה כל שחל ר"ח אדר להיות בתוכה ודייקינן מאי לאו ע"ש דומיא דתוכה מה כשחל להיות בתוכה מקדמינן וקרינן פרשת שקלים אף כשחל ר"ח אדר בע"ש מקדמינן וקרינן משבת שעברה. ופריק שמואל לא תימא בתוכה אלא בה. וכך היא סוגיא דמתניתין. איזו היא שבת ראשונה כל שחל ר"ח אדר להיות בתוכה. ואפי' בע"ש פירוש בה בשב' עצמה. כשם כשחל ר"ח אדר בשבת עצמה קורין בה פרשת שקלים כך אפילו אם חל להיות בע"ש קורין בשבת עצמה. והא פלוגתא דרב ושמואל כתנאי היא דתניא מסרגין לשבתות דברי ר' יהודה כו'. פירוש מסרגין מפסיקין כדתנן קורא סירוגין ומפרשינן פוסקי פוסקי. ואמר ר' שמעון אימתי אני אומר אין מסרגין. כלומר שאין מפסיקין אלא שקורין שבת אחר שבת בזמן שחל ר"ח אדר להיות ע"ש מכלל דסבר שקורין פרשת שקלים למחר כשמואל ולפיכך אין מפסיקין. ות"ק סבר מקדימין וקורין משבת שעברה אע"פ שהוא שבט כרב ומפסיקין בשבת שהיא שני ימים באדר וקי"ל כרב. ואע"ג דפריק שמואל לשמעתיה לית הלכתא כוותיה: ת"ר ר"ח אדר שחל להיות בשבת קורין בכי תשא ומפטירין ביהוידע. ואיזו היא שבת ראשונה כל שחל ר"ח אדר להיות בתוכה ואפילו בע"ש. בשניה זכור ומפטירין כה אמר ה' צבאות פקדתי. איזו היא שבת שניה כל שחל פורים להיות בתוכה ואפי' בע"ש. בשלישית פרה אדומה ומפטירין וזרקתי עליכם. ואיזו היא שבת שלישית כל שסמוכה לפורים מאחריה. וזה כשחל ר"ח ניסן באמצע שבת אבל אם חל ר"ח ניסן להיות בשבת נמצאת שבת שלישית הסמוכה לר"ח ניסן. ברביעית החדש הזה. ומפטירין כה אמר ה' בראשון באחד לחדש כו'

עין משפט נר מצוה

סב א מיי' פי"ג מהל' תפלה הלכה כ :
סג ב מיי' שם טוש"ע א"ח סימן תרפה:
סד ג מיי' פי"ג מהל' תענית הלכה יז טוש"ע א"ח סימן תקעו סעיף טו:
סה ד מיי' פי"ג מהל' תפלה הל' ח' טוש"ע א"ח סימן תל סעיף ח:

ואי זו היא שבת רביעית כו' ואפילו בערב שבת . בהא מודה שמואל דערב שבת דומיא דתוכה ומקדימין דא"א מאחרין קדמה עשייה לשמיעה ואכן נוהגין בכולהו כרב חוץ מפורים שחל להיות בשבת עלמה דההיא לא איקלע כלל דא"כ הוי ר"ח אדר באחד בשבת ור"ח חדש ניסן בשני בשבת שהרי אדר לעולם חסר וא"כ הוה ליה פסח בשני בשבת וקיימא לן דלא בד"ו פסח לעולם וימים הראויין לקביעת ר"ח חודש אדר זבד"ו וסימן מסורת הפסקת פרשיות כך זט"ו ב"ו ד"ד וכי"ו זהו פירוש וט"ו אם בא ר"ח חדש אדר בשבת יהא תורה אור לך הפסקת פרשה ביום חמשה עשר

ושאר ימות החג קורין בקרבנות החג . והא שאנו מעמידין ספר תורה שניה במועדות וקורין בקרבנות היום לא מצינו סמך בתלמוד אך בסדר רב עמרם ישנו וקצת יש סמך לדבר מהא דאמר לקמן (דף לא:) אמר אברהם לפני הקב"ה רבש"ע וכו' אמר לו הקב"ה כבר תקנתי להם סדר קרבנות כל זמן שקורין בהן : והאידנא

*ואיזו היא שבת רביעית כל שחל ר"ח ניסן להיות בתוכה ואפילו בע"ש: בחמישית חוזרין לכסדרן וכו' : לסדר מאי ר' אמי אמר לסדר פרשיות הוא חוזר ר' ירמיה אמר *[ג]לסדר הפטרות הוא חוזר אמר אביי כוותי' דר' אמי מסתברא דתנן לכל מפסיקין לראשי חדשים לחנוכה ולפורים להעניות ולמעמדות וליוה"כ בשלמא למ"ד לסדר פרשיות הוא חוזר היינו דאיכא פרשה בחול אלא למ"ד לסדר הפטרות הוא חוזר הפטרה בחול מי איכא ואידך הא כדאיתא והא כדאיתא ובתעניות למה לי הפסקה ליקרי מצפרא בענינא דיומא ובמנחה בתעניתא מסייע ליה לר"ה דאמר ר"ה *מצפרא כינופיא [ה]היכי עבדינן אמר אביי מצפרא לפלגיה דיומא מעיינן במילי דמתא מפלגיה דיומא לפניא ריבעא דיומא (א)קרא ומפטרי וריבעא דיומא בעו רחמי שנאמר °ויקראו בספר (נחמיה ט) תורת ה' אלהיהם רביעית היום ורביעית (היום) מתודים ומשתחוים ואיפוך אנא לא ס"ד דכתיב °ואלי יאספו כל חרד בדברי אלהי ישראל על מעל (עזרא ט) הגולה ואני יושב משומם עד למנחת הערב וכתיב ובמנחת הערב קמתי מתעניתי :

מתני' [ו]בפסח קורין בפרשת מועדות של תורת כהנים בעצרת °שבעה שבועות בראש השנה °בחדש השביעי באחד לחדש ביוה"כ (ויקרא כג) °אחרי מות ביו"ט הראשון של חג קורין בפרשת מועדות שבתורת כהנים (שם טז) ובשאר כל ימות החג בקרבנות החג בחנוכה °בנשיאים בפורים °ויבא עמלק (שמות יז) בראשי חדשים °ובראשי חדשיכם (במדבר כח) במעמדות במעשה בראשית בתעניות ברכות

ולא יותר שהרי ביום ר"ח חודש קורין פרשת שקלים ולשבת הבאה פרשת זכור כדתניא בברייתא אי זו היא שבת שניה כל שחל פורים להיות בתוכה ואפילו בערב שבת ומתני' נמי תנן בשניה זכור והיינו כרב דאמר פורים שחל להיות בע"ש מקדימין ועכשיו יחול פורים בערב שבת ואם מקדימין כרב אבל לשבת שלישית של אדר שהוא יום ט"ז לחודש מפסיקין ובשבת רביעית (ב) (לחודש) שהיא סמוכה לפורים של מוקפין מאחריהן קורין פרה אדומה דתניא בברייתא אי זו היא שבת של פרשת פרה כל שסמוכה לפורים מאחריה ואוקימנא היכא דחל ר"ח ניסן בחול וזה יחול באחד בשבת שהוא חול ופרשת החודש קורין בשבת שלאחרי' שהרי היא סמוכה לר"ח ניסן הרי לך פי' זט"ו פירוש ב"ו אם בא ר"ח אדר בשני בשבת תהא הפסקה בשבת שלאחר ר"ח שהוא יום ששה לאדר שהרי הקדמת פרשת שקלים בשבת שעברה כדתנן חל להיות בתוך השב' מקדימין לשעבר ומפסיקין לשבת הבאה ושוב אין לך הפסקה בהן שהרי שבת שלאחריה נקראת פרשת זכור והוא יום י"ג לחודש ופורים ליום מחר ושבת של אחריה פרשת פרה אדומה שהיא סמוכה מאחריה ושבת של אחריה יום כ"ז לחודש קורין פרשת החודש שהיא סמוכה לר"ח ניסן והרי לך פירוש ב"ו פי' ד"ד אם בא ר"ח אדר בד' בשבת תהא לך הפסקה כד' לחדש שבת של אחר ר"ח שהרי הקדמת פרשת שקלים בשבת שלפני ר"ח כל הטעם כטעם פירושו של ב"ו ואין לך עוד הפסקה בהן והרי לך פירוש ד"ד פי' וכי"ו אם בא ר"ח בששי בשבת יהא לך הפסקה אחת ליום מחר שהוא שני לחודש והשניה ביום ששה עשר הראשונה ביום מחר כדתניא חל להיות בתוך השבת מקדימין לשעבר ומפסיקין לשבת שניה דסבירא לן כרב דאמר ע"ש כאמצע שבת ומקדימין לשעבר ומפסיקין לשבת הבאה ופרשת זכור בשבת של אחריה שהוא יום תשעה לחודש והיא סמוכה לפורים ובשבת שלאחר פורים שהוא ששה עשר לחודש יפסיק פעם שניה ואף על פי שסמוכה מאחריה לא תקרא פרה אדומה כדאמר רב חמא בר חנינא לעיל דהיכא דחל ר"ח חדש ניסן בשבת קורין פרשה שלישית בשבת הסמוכה לר"ח ניסן כדי שתקרא פרשת החודש בשבת של ר"ח חודש ופרשת פרה בשבת שלפניה והוא יום כ"ג לחדש · דרך קצרה סימן ימי קביעת ר"ח אדר זבד"ו וסימן ההפסקות זט"ו ב"ו ד"ד וכי"ו אל ר"ח אדר בשבת ביום ז' ההפסקה בט"ו לחודש ולא יותר אל ר"ח אדר ביום ב' הפסקה בו' לחודש ולא יותר אל ר"ח חדש אדר ביום ד' הפסקה ביום ד' ולא יותר אל ר"ח חודש אדר ביום שני הפסקה ביום ב' לחדש וביום י"ו לחדש : **לסדר פרשיות** · שבשבתות הללו הפסיקו סדר פרשיות דלא קראו אלא ארבע פרשיות הללו : **לסדר הפטרות הוא חוזר** · שעד הנה מפטירין מענין ארבע פרשיות הללו השנויות לעיל בברייתא : **לתעניות ולמעמדות** · על כרחך הני בשבת לא הוו וקתני מפסיקין ובחול ליכא הפטרה : **הא כדאיתא כו'** · ודאי מפסיקין בחול פרשת היום אבל בשבת שיש הפטרה מפסיקין בהפטרות וקורין בהפטרה מענין המאורע : **ובתעניות למה לי הפסקה** · פרשיות לרבי ירמיה פריך דאמר היכא דאפשר לא מפסקינן תעניות כיון דאיכא קריאה במנחה למה יפסקו שחרית : **מצפרא כינופיא** · מאספין בני אדם ובודקין ומזהירין אם יש בידם עבירה ויחדלו כדי שיתקבל התענית לפיכך אין פנאי בשחרית לקרות בתורה : **במילי דמתא** · בודקים אם תהיה עבירה בידם : **ואיפוך אנא** · לומר דהני ב' רביעיות דקרא (ג) שחרית פלגינהו : **ובמנחת הערב וגו'** · וסיפא דקרא ואפרשה כפי אל ה' אלמא לפניא בעו רחמי והני קראי תרוייהו בספר עזרא : **מתני' פרשת מועדות שבתורת כהנים** · שור או כשב (ויקרא כג) וכיוצא קמא מייר ובברייתא אמרינן בה ושאר כל ימות הפסח מלקט וקורא מענינו של פסח ומאי דשייר במתני' תנא בברייתא : **שבעה שבועות** · דכל הבכור : **בחדש השביעי** · דשור או כשב : **קורין בקרבנות החג** · בפרשת פינחס כילד יום ראשון ויום שני קורא המפטיר בחמשה עשר ואע"פ שיום שני הוא אין קורין בו וביום השני להראות שהוא ספק יום שני דנהגי הוא לקרות יו"ט בספק חול יום ראשון של חול המועד שהוא ספק שני ספק שלישי קורא ראשון ביום השני ותגינא ביום השלישי ולאיחא ביום הרביעי שהוא נוסף בשביל תש"מ הוא קורא את ספיקי היום ומה הן ספיקי היום ביום השני וביום השלישי וכן למחר קורא ראשון ביום השלישי שני קורא ביום הרביעי שלישי קורא ביום החמישי והרביעי ביום השלישי וביום הרביעי שהן ספיקי היום וכן תמיד הרביעי קורא מה שקרא ראשון ושני חוץ מיום אחרון של תש"מ שא"א לקרות ביום השמיני לפי שאינו מימי החג אלא רגל לעצמו לפיכך יום ז' של תש"מ ראשון קורין ביום החמישי שני קורא ביום הששי שלישי קורא ביום השביעי והרביעי קורא ביום הששי וביום הז' שהן ספיקי היום : **בחנוכה בנשיאים** · דהוי נמי חנוכת המזבח : **במעשה בראשית** · במסכת תענית בפרק בתרא (דף כו:) שנויה סדר קריאתן ביום הראשון בראשית ויהי רקיע בשני יהי רקיע ויקוו המים בג' יקוו המים ויהי מאורות ברביעי יהי מאורות וישרצו המים בחמישי ישרצו המים ותוצא הארץ בששי תוצא הארץ ויכלו השמים והחם (דף כז:) * מפרש טעמא מאי קורין במעשה בראשית משום דבשביל הקרבנות מתקיימים שמים וארץ

ברכות

מסורת הש"ס

[לעיל כט:]
תענית יב: ע"ש:
[וכלקמן לא:]

הגהות הב"ח

(א) גמ' ריבעא דיומא · קרינן בספרא ומפטרי :
(ב) רש"י ד"ה ואיזו היא וכו' ובשבת רביעית שהיא יום כ"ג לחודש שהיא סמוכה :
(ג) ד"ה ואיפוך אנא וכו' בשחרית פלגינהו :

רבינו חננאל

בחמישי' חוזרין לכסדרן. לסדרן מאי ר' ירמיה אמר לסדר הפטרות וקי"ל כוותיה. ואקשינן לר' ירמיה משמתנו דתני לכל מפסיקין לתעניות ולמעמדות כלומר מניחין ענינו של יום וקורין [בענין] תעניות ובענין המעמדו' ענין מעמרות כדתנן בבמעמדו' במעשה בראשית. ומפורש בפ' בשלשה פרקים הכהנים כו' תעניות כדתנן ברכות וקללות ואי אמרת לסדר ההפטרות הפטרה בחול מי איכא דפסיק לה ואמר הפטרה דתעניות והפטרה דמעמדות. ופריק במקום שיש הפטרה כגון אלו השבתות שפירשנו מפסיקין להפטרה וקורין בהפטרה של זה הענין ובמקום שאין הפטרה בחול כגון שני וחמישי מפסיקין לסדר פרשיות ולא קשיא הא כדאיתא והא כדאיתא : ירושלמי ר' בא בשם ר' חייא בר אשי אין מפסיקין בין פורים לפרה . ר' לוי אמר אין מפסיקין בין פרה להחודש . וסימניהן של פרשיות הללו בין הכוסות הללו אם רצה לשתות ישתה בין שלישי לרביעי לא ישתה. וכרין הוא שקודם החדש לפרה שבאחד בניסן הוקם המשכן ובשני ימים בניסן נשרפה הפרה. ולמה הקדימות . מפני שהיא טהרתן של כל ישראל. ואקשינן בתעניות למה לי הפסקה ליקרו בצפרא בענינא דיומא כו'. ואוקימנא מצפרא כנופיא ועד פלגיה דיומא מעייני במילי דמתא . ופלגיה דיומא רבעא דיומא' קרו ומפטרי וריבעא דיומא בעו רחמי שנאמר ויקראו בספר תורת האלהים רביעית היום [ורביעית] מתודים ומשתחוים לה' אלהיהם . וכתיב ובמנחת הערב קמתי מתעניתי . ש"מ דתפלה דתענית במנחת הערב: בפסח קורין' בפרשת מועד' שבתורת כהנים:

§ מסכת מגילה דף ל: §

אות א'

ואיזו היא שבת רביעית, כל שחל ראש חדש ניסן להיות בתוכה, ואפילו בערב שבת

רמב"ם פי"ג מהל' תפילה ה"כ - ואי זו היא רביעית, כל שחל ר"ח ניסן להיות בתוכה ואפי' בערב שבת.

אות א*[א]

רש"י ד"ה ואי זו, באה"ד: וימים הראויין לקביעת ר"ח אדר וכו'

סימן תרפה ס"ו - [ב]הימים שראוי לקבוע בהם ראש חדש אדר: זבד"ו; וסימן לשבתות ההפסקה: זט"ו ב"ו ד"ד ובי"ו, כלומר: כשחל ר"ח בשבת, מפסיקין בחמשה עשר בו, וסימן זט"ו; וכשחל ביום ב', מפסיקין בו' בו, וסימן ב"ו; וכשחל ביום ד', מפסיקין בד' בו, וסימן ד"ד; וכשחל ביום ו', מפסיקין בשתי שבתות ב' בו וי"ו בו, וסימן ובי"ו.

אות ב'

לסדר הפטרות הוא חוזר

סימן תרפה - ‹מבואר כן מכל הסימן, דהד' פרשיות נקראין למפטירה.

אות ג'

היכי עבדינן, אמר אביי: מצפרא לפלגיה דיומא וכו'

סימן תקעו סט"ז - [ג]בכל יום תענית שגוזרים על הצבור מפני הצרות, ב"ד והזקנים יושבים בבית הכנסת ובודקים על מעשה אנשי העיר, מאחר תפלת שחרית עד חצי היום; ומסירין המכשולים של עבירות, ומזהירין ודורשין וחוקרים על בעלי חמס ועבירות ומפרישין אותן, ועל בעלי זרוע ומשפילין אותם, וכיוצא בדברים אלו - כמ"ש בישעיה: הלא זה צום אבחרהו פתח חרצובות רשע וגו', **ועיין** במ"א שתמה, למה אין אנו נוהגין כן, הלא זהו עיקר התענית.

ומחצי היום ולערב, רביע היום קורין בתורה ומפטירין בנביא, ורביע היום האחרון מתפללין מנחה ומתריעים - ט"ס, דגם בשחרית מתריעין, וצ"ל: "מתחננים", וכן הוא ברמב"ם, **ומתודין וזועקים כפי כחם.**

אות ד'

בפסח קורין בפרשת מועדות של תורת כהנים[ד]

סימן תצ ס"א - [ה]ביום שני קורין בפרשת אמור, שור או כשב עד סוף הענין - דהיינו עד "וידבר משה את מועדי ה'" וגו', דמיירי שם מעניני כל המועדים וגם של פסח.

אות ד*[ו]

ובשאר כל ימות החג בקרבנות החג

סימן תרסג ס"א - [ז]בחוה"מ מוציאין ס"ת וקורים בו ארבעה [ח]בקרבנות החג שבפ' פנחס - ואומרים חצי קדיש אחר הד'.

[ט]וביום הראשון של חול המועד, קורא כהן: "וביום השני"; ולוי: "וביום השלישי"; וישראל חוזר וקורא: "וביום השלישי" - ולא ס"ל כדעה שניה שיקרא "וביום הרביעי", כי היא שלא מענינו של יום, שאם תמנה מיום ראשון של יו"ט הוא יום שלישי, ואם תמנה מיום שני של יו"ט הוא יום שני. **והרביעי קורא ספיקא דיומא: "וביום השני, וביום השלישי", ועל דרך זה קורים בשאר ימים** - אבל ביום השני של יו"ט, אף דאנו עושין אותו ליו"ט ג"כ משום ספיקא דיומא, אין קורין בו "וביום השני", דגנאי לקרות ליו"ט ספק חול, [רש"י].

הגה: וי"א שנים הראשונים קורין בספיקא דיומא, והשלישי קורא ביום המחרת, והרביעי חוזר וקורא כל ספיקא דיומא, דהיינו מה שקראו שנים הראשונים, וכן אנו נוהגים.

ואם קרא הלוי "ביום השלישי וביום הרביעי", יקרא להשלישי "וביום החמישי", והרביעי יקרא "ביום השני וביום השלישי".

וביום הז', הכהן קורא: "ביום החמישי"; לוי: "ביום הששי"; ישראל: "ביום השביעי"; והרביעי קורא: "ביום הששי וביום השביעי", וכן אנו נוהגין (רש"י בשם רבותיו ומהרי"ו ומנהגים).

[י]ובארץ ישראל, שאין שם ספיקא דיומא, אין קורים בכל יום אלא קרבן היום בלבד, כי ביום שני הוא ראשון לחולו של מועד, קורא כהן: "וביום השני"; והג' העולים אחריו חוזרים וקורים אותה פרשה עצמה, ועל דרך זה בכל יום משאר הימים.

באר הגולה

[א] ‹ע"פ רש"י› [ב] **הרי"ף והרא"ש** [ג] **לשון הרמב"ם פ"א מימרא דאביי שם** ‹תענית› **י"ב:** ‹משמע בהדיא מסוגיא, דבשחרית לא היו קורין בתורה כלל, שהיו טרודין לחפש בעבירות, **והקשה** ה"ה ז"ל: ואיני יודע טעם לשינוי מנהג חכמים, ע"כ. **ונ"ל** לתרץ, דבזמן הגמרא כיון שהיו כ"כ עסוקים ורדופים במצות ולהסיר המכשלות והעבירות, ראוי היה לבטל קרה"ת בבוקר, **אבל** בדורות אלו שאין אנו רודפים כ"כ במצות, אין ראוי לנו לבטל קרה"ת בבוקר בשביל כך, **וקשה** טובא, דבפ' בני העיר משמע, דאי לאו מטעמא דטרודים, היו קורין פרשת השבוע, וא"כ לא היה לנו לקרות אלא פרשת השבוע בבוקר, ובערב ויחל, ונשארה לנו הקושיא בלי תירוץ, ע"כ דברי הטור נעלמו ממני - לחם משנה› [ד] - ‹שור או כשב - רש"י› [ה] ‹כפי "האידנא נהוג עלמא" בדף ל"א, דקורין "שור או כשב" ביום שני› [ו] ‹כמ"ש ברש"י› [ז] **משנה מגילה כ"א** [ח] **שם ל"א** [ט] **מהא דאתקין אמימר סוכה נ"ה וכמו שפי' הרי"ף ורא"ש בשם גאון** [י] **ב"י**

§ מסכת מגילה דף לא. §

אות א'

יומא קמא: בפסח גלגל

סימן תפח ס"ג - [א]מוציאין שני ספרים, וקורין בראשון חמשה גברי, (ואם מוסיפין ביום טוב ע"ל ריש סימן רפ"ב), בפרשת בא, [ב]מן "משכו" עד "מארץ מצרים על צבאותם", ומפטיר קורא בשני בפרשת פנחס "ובחודש הראשון", ומפטיר ביהושע "בעת ההיא" - ויש מתחילין: ויאמר יהושע אל העם התקדשו, וכן נוהגין עכשיו.

אות ב'

ולמחר: בפסח יאשיהו

סימן תצ ס"א - ומפטיר קורא כמו ביום ראשון, ומפטיר במלכים בפסח דיאשיהו, מ"וישלח המלך" עד "ואחריו לא קם כמוהו".

וכתבו הספרים, דטוב לעשות ביום ב' בסעודה איזה דבר לזכר סעודת אסתר, שביום ההוא נתלה המן.

אות ג'

והאידנא נהוג עלמא למיקרי: משך תורא קדש בכספא פסל במדברא שלח בוכרא

סימן תצ ס"ה - [ג]סימן הפרשיות של שמונת ימי הפסח: "משך" - דהיינו יום ראשון: משכו וקחו וגו', **"תורא"** - יום ב': שור או כשב, **"קדש"** - יום ג': קדש לי כל בכור, **"בכספא"** - יום ד': אם כסף תלוה, **"פסל"** - יום ה': פסל לך, **"במדברא"** - יום ו': וידבר וגו' במדבר סיני ויעשו בני ישראל את הפסח, **"שלח"** - ביום ז': פ' בשלח, **"בוכרא"** - ביום ח': כל הבכור אשר יולד וגו'.

וזה הסדר לא ישתנה, כי אם כשחל פסח ביום ה', שביום שלישי שהוא שבת קורא: "ראה אתה אומר אלי" - מפני שכתוב בו מעניני דשבת, **שהוא "פסל", וביום א' ב' ג' קורין: "קדש", "בכספא", "במדברא".**

(בפמ"ג בשם הפר"ח, **אם טעה ושינה הסדר בד' ימי חול המועד, קורין ביום שלאחריו פ' שדילג, ונסתפק הפמ"ג גם ביו"ט, אם קרא ביום א' פרשת "שור", למה לא יקרא ביום ב' פרשת "משכו" שדילג).**

אות ד'

והאידנא דאיכא תרי יומי, עבדינן כתרוייהו, ואיפכא

סימן תצד ס"א - ומוציאין שני ספרים, וקורים בראשון [ד]חמשה [ה]מ"בחדש השלישי" עד סוף הסדר.

וקורין הדברות בטעם העליון. **והמנהג** לומר "אקדמות", והסכימו כמה אחרונים לומר זה קודם שמתחיל הכהן לברך על התורה, וכן המנהג כהיום בכמה קהלות, **אכן** "יציב פתגם" שאומרים ביום שני בעת קריאת הפטרה, נתפשט באיזה מקומות לאמרו אחר פסוק ראשון של הפטרה.

ומפטיר קורא בשני "וביום הבכורים", ומפטיר במרכבה דיחזקאל, ומסיים בפסוק "ותשאני רוח" - ונוהגין במקצת מקומות, שגדול וחכם קורא זאת ההפטרה, וסמך לדבר: ולא במעשה מרכבה אא"כ היה חכם ומבין מדעתו, **וגם** יש נוהגין, שכל מי שקורא אותה עם המפטיר בלחש, אומר אותה ג"כ מעומד מפני כבודה.

כתב פמ"ג בנוסח ברכת הפטרה: "על התורה ועל העבודה" וכו', "את יום חג השבועות הזה", אבל אין מזכירין לומר "מקרא קודש" וכו'.

סימן תצד ס"ב - [ו]ביום השני קורים בפרשת "כל הבכור" עד סוף סידרא - ואם חל בשבת שצריכין לקרות יותר, דהא בשבת צריך ז' קרואים, מתחילין "עשר תעשר", **ומפטיר קורא כמו אתמול.**

ומפטיר בחבקוק, מן "וה' בהיכל קדשו" עד "למנצח בנגינותי" - ומזכירין נשמות ואומרים "אב הרחמים" ביום שני, **ובכל** מקום שקורין "כל הבכור" מזכירין נשמות, שיש בו מתנת יד, ונודרים צדקה.

אות ה'

והאידנא דאיכא תרי יומי, יומא קמא, כיש אומרים, למחר: והאלהים נסה את אברהם, ומפטירין: הבן יקיר

סימן תקפד ס"ב - ומוציאין ב' ס"ת; באחד קורין ה', [ז]מ"וה' פקד את שרה", עד "ויהי אחר הדברים האלה" - לפי שבר"ה נפקדה שרה רחל וחנה.

אם טעה וקרא ביום א' בפרשת עקידה, יצא, וקורא ביום שני בפרשה "וד' פקד" וגו', וגם פרשת העקידה עד סוף הסדרא, **ומ"מ** אם נזכר בעודו קורא בפ' עקידה שטעה, ועדיין לא בירך האחרון ברכה אחרונה, יגלול ויקרא עמו פרשת "וד' פקד" עד סופו, ואח"כ יברך ברכה אחרונה.

באר הגולה

[א] רא"ש וש"פ בשם רב עמרם, וכתבו וז"ל: תימה, דבפסח ועצרת ובימים ראשונים ואחרונים של החג ובר"ה וביה"כ אנו מוציאין שתי תורות, וקורין אחת בקרבנות היום, וזה אינו שנוי לא במשנה ולא בגמרא, ואולי רבנן סבוראי הנהיגו כן והגאונים אחריהם שיוציאו ב' ס"ת, וסמכו אהא דאמרו שאמר הקדוש ברוך הוא לאברהם וכו' מגילה ל"א [ב] ברייתא מגילה שם (לכאורה "משכו" אינו נזכר בברייתא, ורק בהאידנא נהוג עלמא) [ג] מימרא דאביי מגילה ל"א [ד] משנה מגילה כ"א [ה] ברייתא שם ל"א [ו] שם [ז] ברייתא מגילה ל"א, ופי' הר"ן לפי ששתיהן בר"ה נפקדו

ברכות וקללות אין מפסיקין בקללות אלא אחד קורא את כולן בשני ובחמישי בשבת במנחה קורין כסדרן ואין עולים להם מן החשבון שנאמר °וידבר משה את מועדי ה' אל בני ישראל מצותן שיהו קורין כל אחד ואחד בזמנו: **גמ'** ת"ר בפסח קורין בפרשת מועדות ומפטירין בפסח °גלגל והאידנא דאיכא תרי יומי יומא קמא בפסח גלגל ולמחר בפסח °יאשיהו ושאר ימות הפסח מלקט וקורא מעניינו של פסח מאי היא אמר רב פפא מאפ"ו סימן יום טוב האחרון של פסח קורין °ויהי בשלח ומפטירין °וידבר דוד ולמחר °כל הבכור ומפטירין °עוד היום אמר אביי והאידנא נהוג עלמא למיקרי משך תורא קדש בכספא פסל במדברא שלח בוכרא בעצרת °שבעה שבועות ומפטירין °בחבקוק אחרים אומרים °בחדש השלישי ומפטירין °במרכבה והאידנא דאיכא תרי יומי עבדינן כתרוייהו ואיפכא בראש השנה °בחדש השביעי ומפטירין °הבן יקיר לי אפרים ויש אומרים °וה' פקד את שרה ומפטירין °בחנה והאידנא דאיכא תרי יומי יומא קמא כיש אומרים למחר °והאלהים נסה את אברהם ומפטירין הבן יקיר ביוה"כ קורין °אחרי מות ומפטירין °כי כה אמר רם ונשא ובמנחה קורין בעריות ומפטירין ביונה אמר ר' יוחנן כל מקום שאתה מוצא גבורתו של הקב"ה אתה מוצא ענוותנותו דבר זה כתוב בתורה *ושנוי בנביאים ומשולש בכתובים כתוב בתורה °כי ה' אלהיכם הוא אלהי האלהים ואדוני האדונים וכתיב בתריה עושה משפט יתום ואלמנה שנוי בנביאים °כה אמר רם ונשא שוכן עד וקדוש וגו' וכתיב בתריה ואת דכא ושפל רוח משולש בכתובים דכתיב °סולו לרוכב בערבות ביה שמו וכתיב בתריה אבי יתומים ודיין אלמנות יו"ט הראשון של חג קורין בפרשת מועדות שבתורת כהנים ומפטירין °הנה יום בא לה' והאידנא דאיכא תרי יומי למחר מיקרא ה"נ קרינן אפטורי מאי מפטירין °ויקהלו אל המלך שלמה ושאר כל ימות החג קורין בקרבנות החג יו"ט האחרון *קורין כל הבכור מצות וחוקים ובכור ומפטירין °ויהי ככלות שלמה למחר קורין וזאת הברכה ומפטירין °ויעמד שלמה אמר רב הונא אמר רב שבת שחל להיות בחולו של מועד בין בפסח בין בסוכות מקרא קרינן °ראה אתה אפטורי בפסח °העצמות היבשות ובסוכות °ביום בא גוג בחנוכה בנשיאים ומפטירין °בנרות דזכריה ואי מיקלעי שתי שבתות קמייתא בנרות דזכריה בתרייתא °בנרות שלמה בפורים °ויבא עמלק בראשי חדשים °ובראשי חדשיכם ראש חדש שחל להיות בשבת מפטירין °והיה מדי חדש בחדשו חל להיות באחד בשבת מאתמול מפטירין °ויאמר לו יהונתן מחר חדש אמר רב הונא (א)

ראש

ואם טעה והשלים הפרשה בארבעה קרואים או ג', ועדיין לא אמר קדיש, ישלים מנין הקרואים בפרשת עקידה שאחריה, **ואם** אמר קדיש, אם לא חסר ממנין רק אחד, א"צ לקרות, ויסמוך על המפטיר, כ"כ בשערי אפרים, **ובתשובת** חת"ס כתב, דאם השלים הפרשה בארבעה, לא יאמר קדיש עד אחר שיקראו בס"ת שניה, ויהיה המפטיר עולה לחמישי, דקי"ל מפטיר עולה למנין הקרואים.

ואם הוא שבת קורין בו ז' - ומוסיפין לעשות ב' פרשיות, א' "ביום הגמל את יצחק", ב' "באשר הוא שם".

ומפטיר קורא בשני בפרשת פנחס: "ובחדש השביעי" - עד "אשה לד'".

כתב במט"א, ראוי לכל גבר ירא ד' להשתדל שיהיה לו עליה בימים נוראים, **ואף** במקומות שמוכרין מצות, יקנה אותו בדמים כפי יכולתו, ואדרבה יש עילוי יותר במצוה שבאה אליו בדמים, ממצוה שבאה לו בחנם אין כסף.

ומפטיר: ויהי איש אחד מן הרמתים, עד "וירם קרן משיחו".

סימן תרא ס"א - ביום שני (מתפללים כמו ביום ראשון), [ח]וקורים מ"והאלהים נסה את אברהם" עד סוף סידרא - כדי להזכיר זכות עקידת יצחק, וקורין בזה ה' גברי.

ואם שכח וקרא פרשה "וד' פקד את שרה" ה' קרואים, יקרא עוד א', ויקרא מתחילת פ' העקידה עד סופה, **ואפילו** אמר קדיש יעשה כן, ויאמר קדיש שנית, **ואם** כבר נסתלק ספר זה, יכול לקרות בספר השני למפטיר פ' העקידה, ויגלול ויקרא ג"כ חובת היום.

ומפטיר קורא כמו אתמול, ומפטיר בירמיה: "כה אמר ה' מצא חן במדבר", עד "הבן יקיר לי אפרים" - מפני שחובת היום להזכיר זכרונות, וכתיב בההיא קרא "זכור אזכרנו".

אות ו'

ביוה"כ קורין אחרי מות, ומפטירין: כי כה אמר רם ונשא

סימן תרכא ס"א - מוציאין שני ספרים, [ט]בראשון קורים ששה - מפני שקדושתו יותר משאר יו"ט, [י]שאסור בכל מלאכה, לפיכך מוסיפין אחד, ואין מוסיפין יותר, **בפרשת [יא]"אחרי מות, עד "ויעש כאשר צוה ה'".**

איתא בזוהר, כל מי שמצטער על מיתת בני אהרן, או מוריד דמעות עליהם, מוחלין לו עונותיו, ובניו אינם מתים בחייו, **והעיקר** בזה, שעי"ז יתן לב לשוב מעבירות שבידו, אם בארזים נפלה שלהבת, מה יעשו איזובי הקיר.

ואם חל בשבת, קורים שבעה - כמו בשאר שבתות, **ועיין** במ"א דלכתחלה אין כדאי להוסיף על ז', **ואפשר** במקום שנותנין העולין הרבה מעות לצדקה, המיקל לא הפסיד.

ומפטיר קורא בשני בפינחס: "ובעשור לחודש", ומפטיר בישעיה: "ואומר סלו סלו פנו דרך", עד "כי פי ה' דבר" - בהפטרה אין אומרים "מלך מוחל וסולח", רק "ודברך אמת וקיים לעד, בא"י וכו'".

אות ז'

ובמנחה קורין בעריות, ומפטירין ביונה

סימן תרכב ס"ב - [יב]ומוציאין ס"ת וקורין שלשה בפרשת עריות עד סוף הפרשה - משום שנפשו של אדם מחמדתן, ואם יש א' שנטמא יחזור בתשובה. **ומתחילין** מן "כמעשה ארץ מצרים", פ' ראשונה עד "וחי בהם", שניה "אלהיך אני ד'", שלישי הוא המפטיר.

והשלישי מפטיר ביונה - שמדבר מן התשובה, ועוד שאין יכולין לברוח מן השי"י - אחרונים, [**וכונתם**, כי האדם חושב כמה פעמים לייאש את עצמו, שאין יכול לתקן בשום אופן, וע"כ יתנהג תמיד באופן אחד, ואם יגזור עליו הקב"ה למות, ימות, **אבל** טעות הוא, שסוף יהיה כל מה שהקב"ה רוצה מנפשו שיתקן, מוכרח הוא לתקן, ויבא עוד פעם ופעמים לעוה"ז, ובע"כ יוכרח לתקן, וא"כ למה לו כל העמל, למות ולסבול חיבוט הקבר ושאר צרות, ולחזור עוד הפעם, **וראיה** מיונה, שהקב"ה רצה מאתו שילך וינבא, והוא מיאן בזה, ונס לים, מקום שלא ישרה עליו עוד השכינה לנבאות כידוע, וראינו שנטבע בים ונבלע בדג, והיה שם במעיו כמה ימים, ולפי הנראה בודאי לא יכול להתקיים דברי השי"י, ומ"מ ראינו שסוף דבר היה שרצון השי"י נתקיים, וילך וינבא, כן הוא האדם בעניניו, **וזהו** שאמרו באבות: ואל יבטיחך יצרך שהשאול בית מנוס לך, שע"כ אתה נוצר וכו']. [יג]**ומסיים: מי אל כמוך.**

אות ח'

יום טוב הראשון של חג קורין בפרשת מועדות שבתורת כהנים, ומפטירין: הנה יום בא לה'

סימן תרנט ס"א - מוציאים שני ספרים; [יד]באחד קורים: "שור או כשב", בפרשת אמור - בחול חמשה, ובשבת שבעה, ומניחין ס"ת שניה אצלה ואומרים ח"ק, **ובשני קורא המפטיר קרבנות המוספין: "ובחמשה עשר יום לחודש השביעי"** - עד "וביום השני", **ואם** התחיל לקרות "ביום השני", פוסק אפילו באמצע הפסוק, **ואם** קרא בענין אחר לא יצא, וצריך לקרותה כולה בברכה לפניה ולאחריה, **ואם** דילג פסוק אחד צריך לחזור, **ואם** דילג פסוק "ובחמשה עשר" וכו', א"צ לחזור.

באר הגולה

[ח] **ברייתא מגילה ל"א** ‹לכאורה "והאלהים" אינו נזכר בברייתא, ורק בהאידנא נהוג עלמא› [ט] **משנה מגילה כ"א** [י] ‹כן הוא בלבוש, וצ"ע מגמרא דף כ"ב: דשם כתב הטעם, משום דענוש כרת› [יא] **ברייתא שם ל"א** [יב] **ברייתא מגילה ל"א** [יג] **טור** [יד] **ברייתא מגילה ל"א**

וכן קורין ביום השני, וכן קריאת המפטיר.

ומפטיר בזכריה: "הנה יום בא" וגו' - זהו ביום הראשון, ומפני שיש בה מענין סוכות, **וביום** שני קורא הפטרה במלכים, מן "ויקהלו" עד "בהוציאי אותם מארץ מצרים", מפני שיש בה ענין חנוכת הבית שהיתה באותו אסיפה בחג הסוכות.

ובשבת במנחה קורין ג' בפרשה "וזאת הברכה".

אות ט' - י'

למחר מיקרא הכי נמי קרינן

אפטורי מאי מפטירין: ויקהלו אל המלך שלמה

סימן תרסב ס"ג - מוציאים שני ספרים וקורין בהם פרשיות שנקראו אתמול - ואם התחיל במפטיר מן "וביום השני", אע"פ שגמר ובירך, יחזור ויקרא מן "ובחמשה עשר" בברכה לפניה ולאחריה. **ומפטיר במלכים: [טו]"ויקהלו", עד "בהוציאו אותם מארץ מצרים".**

אות כ'

ושאר כל ימות החג קורין בקרבנות החג

סימן תרסג ס"א - [טז]בחוה"מ מוציאין ס"ת וקורים בו ארבעה [יז]בקרבנות החג שבפ' פנחס - ואומרים חצי קדיש אחר הד'.

[יח]וביום הראשון של חוה"מ, קורא כהן: "וביום השני"; ולוי: "וביום השלישי"; וישראל חוזר וקורא: "וביום השלישי" - ולא ס"ל כדעה שניה שיקרא "וביום הרביעי", כי היא שלא מענינו של יום, שאם תמנה מיום ראשון של יו"ט הוא יום שלישי, ואם תמנה מיום שני של יו"ט הוא יום שני. **והרביעי קורא ספיקא דיומא: "וביום השני, וביום השלישי", ועל דרך זה קורים בשאר ימים.**

אבל ביום השני של יו"ט, אף דאנו עושין אותו ליו"ט ג"כ משום ספיקא דיומא, אין קורין בו "וביום השני", דגנאי לקרות ליו"ט ספק חול.

הגה: וי"א שבנים הראשונים קורין בספיקא דיומא, והשלישי קורא ביום המחרת, והרביעי חוזר וקורא כל ספיקא דיומא, דהיינו מה שקראו שנים הראשונים, וכן אנו נוהגים.

ואם קרא הלוי "ביום השלישי וביום הרביעי", יקרא להשלישי "וביום החמישי", והרביעי יקרא "ביום השני וביום השלישי".

וביום הז', הכהן קורא: "ביום החמישי"; לוי: "ביום הששי"; ישראל: "ביום השביעי"; והרביעי קורא: "ביום הששי וביום השביעי", וכן אנו נוהגין (רש"י בשם רבותיו ומהרי"ו ומנהגים).

וכן בתפילה בקרבנות המוספין בחוה"מ, מזכירין ג"כ ספיקא דיומא, דהיינו ביום א' דחוה"מ אומרים: וביום השני פרים שנים עשר וגו', וביום השלישי פרים עשתי עשר וגו'. **וסימן** שלא תטעה, לעולם הפרים והימים ביחד הם י"ד - טור.

וצריך לומר "ומנחתם" בין יום השני ליום השלישי, וכן בכל יום צריך לומר "ומנחתם" על כל יום בפני עצמו, ודלא כהטועין שאין אומרים רק פעם א' "ומנחתם". **במוסף** בחול "את מוסף", ובשבת "מוספי" - פמ"ג.

[יט]ובארץ ישראל, שאין שם ספיקא דיומא, אין קורים בכל יום אלא קרבן היום בלבד, כי ביום שני הוא ראשון לחולו של מועד, קורא כהן: "וביום השני"; והג' העולים אחריו חוזרים וקורים אותה פרשה עצמה, ועל דרך זה בכל יום משאר הימים.

אות ל'

יום טוב האחרון קורין: כל הבכור מצות וחוקים ובכור,

ומפטירין: ויהי ככלות שלמה

סימן תרסח ס"ב - שחרית מוציאין שלשה ספרים, וקורין באחד מ"וזאת הברכה" עד סוף התורה - הכא לא קאמר קורין ה' כדלקמיה, דבא"י שאין עושין רק יום אחד יו"ט, הלא אותו היום הוא שמחת תורה, דלהכי קורין בו "וזאת הברכה", ובשמחת תורה המנהג להוסיף על הקרואים, וכדלעיל בסי' רפ"ב.

ובשני: "בראשית" עד "אשר ברא אלהים לעשות" - ומניחין ס"ת השלישית אצלה ואומרים ח"ק.

ולהכי רגילין להתחיל מיד בראשית, שלא יהא פתחון פה לשטן לקטרג, לומר כבר סיימו אותה, ואינם רוצים לקרותה עוד.

ובשלישי: "ביום השמיני עצרת", ומפטיר: "ויהי אחרי מות משה".

ובמקום שעושים שני ימים טובים, אין מוציאין ביום הראשון אלא שני ספרים, וקורין באחד [כ]חמשה בפרשת ראה [כא]מ"כל הבכור", [כב]ואם הוא שבת קורין ז' ומתחילין: "עשר תעשר" - ומניחין ס"ת השניה אצלה ואומרים ח"ק.

באר הגולה

[טו] מפני שחנוכת הבית היתה באותה אסיפה בחג הסוכות [טז] משנה מגילה כ"א [יז] שם ל"א [יח] מהא דאתקין אמימר סוכה נ"ה וכמו שפירש הרי"ף ורא"ש בשם גאון [יט] ב"י [כ] משנה מגלה כ"א [כא] ברייתא שם ל"א [כב] ויש מתחילין לעולם עשר תעשר, לפי שהוא זמן אסיפה ומתנות עניים, כ"כ הטור, וכן ראיתי נוהגין (עיין בדברי הגר"א הובא בפנים תוך דברי מ"ב)

ואנו מתחילין "עשר תעשר" אפילו חל בחול, מפני שהוא זמן מעשרות ומתנות עניים, [מג"א ושאר אחרונים], וכ"כ רש"י, וכן לפי גירסתנו בגמרא שם מצות כו' - גר"א. **דלגירסת** הרי"ף והרא"ש איתא: וקורין כל הבכור ומפטירין כו', וליתא האי "מצות וחוקים" - דמשק אליעזר. **אמנם** בדיעבד אם כבר בירך אדעתא לקרות "כל הבכור", א"צ לחזור.

קורין שבעה - ואם סיים הפרשה בחמשה, לא יאמר קדיש, ויחזור ויקרא ב' עולים, או עכ"פ עולה אחד לבד המפטיר, **ואם** אמר קדיש, כל שלא סילק הספר, יחזור ויקרא ויאמר קדיש פעם ב', **ואם** סילק הספר האחד, יקרא עולה אחד לספר השני, וישלים עמו פ' עשר תעשר, ואח"כ יקרא למפטיר בחובת היום.

והמפטיר קורא בשני: "ביום השמיני עצרת", ומפטיר במלכים: [כג]"ויהי ככלות שלמה", ומחזיר הספרים - ומזכירין נשמות ואומרים "אב הרחמים" - לבוש, **ואומר קדיש, ומכריז: משיב הרוח ומוריד הגשם.**

אות מ'

למחר קורין: וזאת הברכה, ומפטירין: ויעמד שלמה

סימן תרסט ס"א - ולמחר מוציאין ג' ספרים, וקורין באחד: [כד]"וזאת הברכה" עד סוף התורה - ומי שקורא פרשה זו נקרא "חתן תורה". **ובשני: "בראשית" עד "אשר ברא אלהים לעשות"** - ומניחין ס"ת השלישית אצלה ואומרים ח"ק.

ומי שקורא פרשה זו נקרא "חתן בראשית", ונהגו למכור חתן תורה וחתן בראשית, וקונים בדמים מרובים, **וראוי** להדר אם באפשר שיהיו הקונים מוכתרים בתורה, או עכ"פ מגדולי הקהל.

ואף מי שעלה כבר בפרשת "וזאת הברכה", יכול לעלות לחתן תורה או לחתן בראשית, **אבל** חתן תורה לא יקרא פרשת חתן בראשית, והטעם, כיון דליכא הפסק ביניהם, שייך פגם לס"ת הראשונה, שיאמרו פסולה היתה, ולכן קורא מיד בשניה, [**ולפי"ז** כשאין להם רק ס"ת אחת, שקורין בה חתן תורה וחתן בראשית ומפטיר, לכאורה החתן תורה יכול להיות גם חתן בראשית, דלא שייך פגם ס"ת, **ומשום** ברכה לבטלה ליכא, דהא גם כשקורא ב"וזאת הברכה" ואח"כ חתן תורה מברך ב"פ, ואעפ"כ מותר לכו"ע, ולדינא צ"ע], **וכ"ז** באותה בהכ"נ, אבל מי שקרא חתן תורה בבהכ"נ זו, ודאי שמותר לקרות חתן בראשית בבהכ"נ אחרת.

וכתב במהר"ל, שכהן או לוי יכול להיות חתן תורה או חתן בראשית.

ובשלישי קורא המפטיר כמו אתמול, [כה]ומפטיר: "ויהי אחרי מות משה".

אות נ'

שבת שחל להיות בחולו של מועד, בין בפסח בין בסוכות, מקרא קרינן: ראה אתה; אפטורי, בפסח: העצמות היבשות, ובסוכות: ביום בוא גוג

סימן תצ ס"ה - וזה הסדר לא ישתנה, כי אם כשחל פסח ביום ה', שביום שלישי שהוא שבת קורא: "ראה אתה אומר אלי" - מפני שכתוב בו מעניני דשבת, [כו][פרישה], **שהוא "פסל", וביום א' ב' ג' קורין: "קדש", "בכספא", "במדברא".**

[כז]סימן תצ ס"ט - ומפטירים: "היתה עלי" - האמורה לענין תחית המתים, והטעם, [כח]כי תחית המתים יהא בניסן, וגוג ומגוג בתשרי, ע"כ מפטירין בניסן "העצמות היבשות", ובתשרי "ביום בוא גוג".

הגה: ואין מזכירין בברכת ההפטרה לפסח, לא באמצע ולא בחתימה - דהיינו שאינו חותם רק "מקדש השבת", דבשבת שחל בחוה"מ פסח, אין הפטרה באה אלא בשביל שבת בלבד, שהרי אין מפטירין בנביא בשאר ימי חוה"מ, לפיכך אומרים ברכת הפטרה כמו בשאר שבתות השנה.

וכתבו האחרונים, דבשבת חוה"מ סוכות, מסיים "מקדש השבת וישראל והזמנים", וכן מזכיר של סוכות באמצע הברכה, כמו ביו"ט ראשון של סוכות, **והטעם**, שכל יום ויום מחוה"מ סוכות הוא כמועד בפני עצמו, משום דחלוקין בקרבנות המוספין.

סימן תרסג ס"ג - מוציאין שני ספרים: [כט]באחד קורין: "ראה אתה אומר אלי" - [ל]שיש בה ענין סוכה, **ומפטיר קורא בקרבנות של ספיקא דיומא, ומפטיר ביחזקאל: "והיה ביום בוא גוג"** - לפי שלעתיד תהיה מלחמת גוג ומגוג בתשרי.

וחותם בהפטרה: מקדש השבת וישראל והזמנים, וכן מזכיר של סוכות באמצע הברכה, כמו ביו"ט ראשון של סוכות, [**ודעת** הגר"א, שלא לומר רק "מקדש השבת" בלבד, ובודאי לדידיה אין מזכיר גם כן של סוכות באמצע].

אות ס' – ע'

בחנוכה: בנשיאים, ומפטירין בנרות דזכריה

ואי מיקלעי שתי שבתות, קמייתא: בנרות דזכריה, בתרייתא: בנרות שלמה

סימן תרפד ס"א - [לא]קורין בקרבנות הנשיאים שבפרשת נשא - [לב]משום שנגמר מלאכת המשכן בכ"ה בכסליו, **שלשה**

באר הגולה

כג פירש"י על שם ביום השמיני שילח את העם | כד ברייתא מגילה ל"א | כה תוס' שם בשם י"א, שרב האי גאון תיקן לומר כן, ונגד התלמוד שם, וכ"כ הטור בשם הירושלמי ושכן המנהג | כו ולא הביא דברי רש"י | כז פשוט | כח פי' רש"י בעצמות היבשות שיצאו ממצרים לפני הקץ, ע"כ, והלבוש ז"ל כתב דטעמא משום שיש לנו קבלה מפי חז"ל, שתחיית המתים עתידה להיות בניסן – מעשה רוקח | כט ברייתא מגילה ל"א | ל כ"כ הלבוש, ולא הביא דברי רש"י | לא משנה מגילה ל"א, דאיתא בפסיקתא שבכ"ה בכסליו נשלם מלאכת המשכן, טור | לב בפרק בני העיר כתב רש"י, בחנוכה בנשיאים, דהוי נמי חנוכת המזבח, ורבינו הטור כתב הא דמפרש בפסיקתא, כדי ליתן טעם להתחלת ויהי ביום כלות משה, שזהו לפי שביום כ"ה

בכל יום, ומתחילין בברכת כהנים - לפי שנעשה הנס ע"י כהנים, **(וי"א שמתחילין: ביום כלות משה (טור), וכן אנו נוהגין).**

וקורא אותו עם כהן ולוי, וישראל קורא "ביום הראשון" - כהן יקרא עד "לפני המשכן", והשאר יקרא הלוי עד "ביום הראשון", וישראל קורא "ביום הראשון", **אבל** אותם שנהגו לקרות לכהן עד "ואני אברכם", הוא מנהג בטעות וצריך לבטלו, שהג' צריכין שיקראו בסדר היום, וסדר היום הוא פרשת נשיאים. **ואחר** הקריאה אומרים ח"ק.

אם טעו וקראו ביום שני של חנוכה פרשת נשיא ג' וכיוצא, עלתה להם, דאין קפידא בימים.

(וי"א שהכהן קורא כל אותה הפרשה עד "ביום הראשון", והלוי והישראל קורין "ביום הראשון" (מנהגים), וכן נוהגין).

ביום שני קורא כהן "ביום השני" עד "פר אחד בן בקר", ולוי עד "ביום השלישי", וישראל חוזר וקורא: "ביום השני", ועל דרך זה בכל יום. הגה: וי"א שישראל קורא ביום שלאחריו, דהיינו "ביום השלישי", וכן בכל יום; וכן נוהגין (הג' מיימוני).

ביום שמיני מתחילין: "ביום השמיני" - כהן ולוי קורא בקרבנו של גמליאל, וישראל גומר וכו', **וגומרין כל הסדר, וקורין פרשה ראשונה של "בהעלותך", (ונוהגים לסיים: כן עשה את המנורה) (מנהגים).**

סימן תרפד ס"ב - בשבת שבחנוכה מוציאין ב' ספרים: באחד קורא בפרשת השבוע - שבעה קרואים לפחות, ואומר ח"ק, **ובשני קורא בשל חנוכה** - רק נשיא אחד דיום ההוא לבד, **ואם** הוא יום א' של חנוכה, מתחיל מ"ויהי ביום כלות".

וכן בר"ח שבחנוכה, קורים להרביעי רק נשיא אחד לבד של אותו היום, דהיינו יום הששי, **ואם** ר"ח טבת שני ימים, קורא ביום ב' דר"ח שהוא ז' דחנוכה, נשיא השביעי לבד.

[לג]**ומפטיר: "רני ושמחי"** - על שם "ראיתי והנה מנורת זהב כולה".

ואם חלו בו ב' שבתות, מפטיר בשניה [לד]במלכים, בנרות דשלמה. הגה: ואם חל חתונה בשבת זו, מפטירין בשל חנוכה (מנהגים) - ר"ל אף דבעלמא המנהג בשבת שיש חתן, לדחות הפטרת השבוע ולקרות הפטרת "שוש אשיש", שהוא מענינא דחתן, מ"מ בשבת חנוכה, בין בשבת ראשון בין בשבת שני, אין לדחות של חנוכה, דפרסומי ניסא עדיף, **והנה** המ"א הביא די"א דהני מילי בשבת ראשונה, אבל אם איקלע חתן בשבת שניה, מפטירין "שוש אשיש", ואין מפטירין בשל חנוכה, הואיל וכבר הפטירו בשל חנוכה בשבת ראשון, **אבל** בא"ר כתב, דמדרמ"א משמע, דבין בשבת ראשון ובין בשני, קורין רק של חנוכה לחוד, **וכן** נוהגין.

אות פ'

בפורים: ויבא עמלק

סימן תרצג ס"ד - מוציאין ס"ת [לה]וקורין בפרשת ויבא עמלק - עד "מדור דור", ואומרים ח"ק, **ואע"פ שאין בה אלא ט' פסוקים, [לו]כופלין פסוק אחרון כדי להשלים לעשרה פסוקים. הגה: ואין המנהג לכפול פסוק האחרון של הפרשה** - ואע"ג דקי"ל: אין פוחתין מעשרה פסוקים, היכא דסליק ענינא שאני.

(הנה תוס' ‹דף ד. ד"ה פסק› כתבו, דאין מחזיר הס"ת למקומו, אלא יושב ואוחז בידו עד שקראו את המגילה, **ובלבוש** משמע דמחזיר הס"ת למקומו, ואח"כ קורא המגילה, **אח"כ** מצאתי בבית מאיר וז"ל: הנה יתר הפוסקים השמיטו דברי התוס', ש"מ דלא ס"ל, ויראה דהטעם, משום דהאוחז הא ג"כ חייב לכוין לצאת שמיעת קריאת המגילה, ואם יאחז ס"ת בידו, יהא לבו על הס"ת, כדאיתא בסימן צ"ו לענין תפלה).

וקורין המגילה - ומברכין אחריה ברכת "הרב את ריבנו", וצריכין כולן לשמוע הברכה, **ויש** מהמונים שאומרים אז קדיש אחר סיום המגילה, ואינו נכון, **ואח"כ סדר קדושה.**

הגה: כשיש מילה בפורים מלין התינוק קודם קריאת המגילה (מהרי"ל ומנהגים) - [לז]ואסמכתא לזה דכתיב: ליהודים היתה אורה ושמחה וששון, "וששון" מרמז על מילה, **והפרי** חדש כתב דיקדים קריאת המגילה, וכן משמע בביאור הגר"א דמתמה על הרמ"א בזה.

באר הגולה

[לג] **ברייתא שם במגילה** לכסליו נשלם מלאכת המשכן, על כן מתחילין בו - ב"ח› [לד] **שם, ואף על גב דנרות דשלמה קדימי טפי, אפ"ה עדיפא לן דזכריה, דנבואות עתיד נינהו, ר"ן** [לה] **משנה שם ל'** [לו] **ב"י שכן נהגו** [לז] ‹ר"ל, כיון דסמך הכתוב במגילה תורה ומילה, ד"היתה אורה" דרשינן זו תורה, ו"ששון" דרשינן זו מילה, יש לנו גם כן להסמיכם במעשה, ולכן מיד אחר קריאת התורה קודם קריאת המגלה יש למול. **אך** לפי טעם זה, אם הם בכפר שאין להם ספר תורה, אפשר למול אחר המגלה. **אבל** במהרי"ל איתא עוד טעם, כיון דכתיב: ליהודים היתה אורה וגו', ולכן מלין תחלה שיהיה גם התינוק בכלל יהודים, ע"ש. **ואם** כן אין חילוק בין יש להם ספר תורה או לא - מחה"ש›

אות צ'

בראשי חדשים: ובראשי חדשיכם

סימן תכג ס"ב - וקורא הכהן ג' פסוקים, שהם: "וידבר" "צו" "ואמרת"; [לח]**ולוי חוזר וקורא "ואמרת", וקורא "את הכבש אחד", "ועשירית האיפה"; וישראל קורא: "עולת תמיד" עד "ובראשי חדשיכם"; ורביעי קורא: "ובראשי חדשיכם", עד הסוף** - הטעם מבואר בגמרא, משום דליכא בפרשת "וידבר" אלא ח' פסוקים, וא"כ אם יקרא הלוי כדרכו ג' פסוקים, לא ישתייר בפרשה אלא ב' פסוקים, וקיי"ל דאין משיירים ב' פסוקים לפני הפרשה, וכדלעיל ריש סימן קל"ח, **וליכא** למימר דלא ליקרו בפרשה זו אלא כהן ולוי, והשלישי והרביעי יקראו בפ' "וביום השבת" ובפ' דר"ח, **גם** זה א"א, דבפרשה דשבת ליכא אלא ב' פסוקים, וע"כ יהא צריך לסיים לשלישי באיזה פסוקים בפ' דר"ח, ולפי מה דקיי"ל דאין פוחתין בפרשה בפחות מג' פסוקים, לא ישתייר בפ' דר"ח לפני הרביעי אלא ב' פסוקים, לפי שהיא כולה רק חמשה פסוקים, **וע"כ** צריך לעשות כנ"ל.

[לט]**ודעת** הב"ח ופר"ח, שיותר טוב לסיים לשלישי עד "וביום השבת", והרביעי יקרא "וביום השבת" עד סוף הקריאה, **אכן** מפמ"ג משמע שעדיף לעשות כמנהגנו.

[מ]**ודע** עוד, דהגר"א חולק אעיקר דינא דמחבר, ולדעתו סדר הקריאה בר"ח הוא כן, כהן קורא ג' פסוקים, והלוי חמשה עד סוף הפרשה, והשלישי חוזר וקורא ג' פסוקים האחרונים בפרשה שקראו, וקורא "וביום השבת" עד פ' דר"ח, והרביעי קורא בפ' דר"ח.

(והרשב"א הקשה על פירוש המפרשים, דאמאי לא נעשה כמו שכתב הגר"א, ונשאר בצ"ע, וכן פסק הרמב"ן, ומ"מ למעשה נסיים במה שכתב הרמב"ן, אחר שהרעיש על כל המפרשים שטעו, מסיים בזה הלשון: אלא שאין ליגע במה שהונהג ע"פ הגאונים, וכ"ש בזה שאין במנהג שלהם משום איסור, וכבר שנינו: אל ישנה אדם מפני המחלוקת, עכ"ל, ועיין בתשו' חת"ס שהחזיק ג"כ מנהג דידן, וכן בתשו' משכנות יעקב).

אות ק'

ר"ח שחל להיות בשבת מפטירין: והיה מדי חדש בחדשו

סימן תכה ס"א - [מא]**ר"ח שחל להיות בשבת, ערבית שחרית ומנחה מתפלל שבע ואומר "יעלה ויבא" בעבודה,** [מב]**ואינו מזכיר של שבת ב"יעלה ויבא"** - שהרי כבר הזכיר שבת בברכה רביעית.

ומוציאין שני ספרים, וקורין בא' שבעה בסדר היום - דלכתחלה אין מפטיר עולה למנין שבעה, וכדלעיל סי' רפ"ב ס"ד. **ומניחין** ספר שני אצל ספר ראשון, ואומר חצי קדיש על שניהם.

ובשני קורא מפטיר: "וביום השבת", "ובראשי חדשיכם" עד סוף הפרשה, [מג]**ומפטירין: "השמים כסאי"** - ששם נזכר מענין ר"ח. **(ואם מזכיר של ראש חודש, ע"ל סימן רפ"ד ס"ב).**

ואם שכח וקרא בהפטרה של שבוע, קורא אחריה "השמים כסאי", **ואם** נזכר אחר שכבר בירך ברכות אחרונות, קורא אותה בלי ברכה.

[מד]**חוץ מר"ח אלול שחל להיות בשבת, שמפטירין: "עניה סוערה"** - מפני שאין לדלג ז' דנחמתא.

הגה: וי"א "השמים כסאי", וכן נוהגין במדינות אלו (טור ומרדכי ומנהגים) - דבהפטרה זו יש בה תרתי, זכרון ר"ח ונחמות ירושלים. **וכתבו** האחרונים, דאעפ"כ אין לדלג אחת מז' דנחמתא, וע"כ כשיפטירו בפ' תצא ב"רני עקרה", יסיימו גם "בעניה סוערה" הכתובה אחריה.

אבל ראש חדש אב שחל להיות בשבת, מפטירין "שמעו" (אגודה ומרדכי ומנהגים); וי"א "השמים כסאי", וכן עיקר במקום שאין מנהג (ת"ה ומנהגי מהרא"ק) - ועיין בביאור הגר"א שדחה סברא זו מהלכה, ופסק כדעה ראשונה דמפטירין "שמעו".

ואם אירע ר"ח בד' פרשיות, מפטירין בשל פרשה (מנהגים), ועיין לקמן סימן תרפ"ה.

באר הגולה

לח שם (כב א) וכרב מרדכי בפרק ב' דשבת | לט (עיין לעיל בדף כ"ב. בהערה) | מ (עיין לעיל בדף כ"ב. בהערה) | מא ברייתא ביצה י"ז עירובין מ' | מב טור | מג מימרא דרב הונא מגילה ל"א | מד מרדכי שם והרד"א, וכתב עליו הב"י שהוא היה בקי בהני מילי טובא ולכן ראוי לסמוך על דבריו

אות ר'

חל להיות באחד בשבת, מאתמול מפטירין: ויאמר לו יהונתן מחר חדש

סימן תכה ס"ב - [מה]ראש חדש שחל להיות באחד בשבת, מפטירין בשבת שלפניו: "ויאמר לו יהונתן מחר חדש", (ואין דוחין "עניה סוערה", ולא "שמעו" משום "מחר חדש") (מנהגים) - כתב המג"א, דאגב שיטפא הזכיר "שמעו" בהג"ה, דלעולם לא חל ר"ח אב בא' בשבת.

ואם ראש חדש שני ימים, שבת ויום ראשון, [מו]מפטירין: "השמים כסאי" - דסלקא דעתך דיום ב' דר"ח הוא עיקר, ונפטיר בשבת "מחר חודש".

[מז]ונוהגים לומר אח"כ פסוק ראשון ופסוק אחרון מהפטרת "ויאמר לו יהונתן", לזכר שמחר גם כן הוא ר"ח.

הגה: וי"א שאין להפסיק מנביא לנביא, ואין אומרים רק הפטרת ר"ח (ת"ה) - ולא מסיימים בפסוקי דהפטרת "מחר חודש", **וכן נוהגין.**

אבל אם ההפטרה באותו נביא, עושין כן; וכן אם היה חתונה בר"ח, או בשאר שבתות שאין דוחין ההפטרה - כגון הני המוזכרים ס"ס תכ"ח עיי"ש. **ר"ל** דמנהג הוא בשבת שיש חתן, לדחות הפטרת השבוע ולקרות הפטרת "שוש אשיש", שהוא מענינא, כדמבואר לקמן בס"ס תכ"ח, **ומבואר** שם דכ"ז הוא בשבתות דעלמא שאין הפטרה שלהם מוזכרת בש"ס, אבל בהפטרות שנזכרים בש"ס ומדרשים, אין דוחין אותן מפני חתונה, שאין זה אלא מנהג בעלמא, וגם אחר שקראום אין לקרות "שוש אשיש", מפני שאין מדלגין מנביא לנביא, **וע"ז** אשמעינן כאן בהג"ה, דעכ"פ במקום שהם בנביא א', כגון בשבת ר"ח שקורין "השמים כסאי", שהוא בנביא א' עם הפטרת "שוש אשיש", אז אין לדחות "שוש אשיש" לגמרי, ויש לקרות מקצת ממנה אחר שיסיים "השמים כסאי".

באר הגולה

מה שם בגמרא | מו ב"י בשם חמיו ה"ר יצחק סב"ע | מז בית יוסף

*ראש חדש אב שחל להיות בשבת מפטירין °חדשיכם ומועדיכם שנאה נפשי היו עלי לטורח *מאי היו עלי לטורח אמר הקב"ה לא דיין להם לישראל שחוטאין לפני אלא שמטריחין אותי לידע איזו גזירה קשה אביא עליהם בתשעה באב גופיה מאי מפטרין אמר רב °איכה היתה לזונה מקרא מאי תניא אחרים אומרים °ואם לא תשמעו לי ר' נתן בר יוסף אומר °עד אנה ינאצוני העם הזה ויש אומרים °עד מתי לעדה הרעה הזאת אמר אביי °האידנא נהוג עלמא למיקרי °כי תוליד בנים ומפטירין °אסוף אסיפם: [במעמדות] °במעשה בראשית וכו': מנהני מילי א"ר אמי אלמלא מעמדות *לא נתקיימו שמים וארץ שנאמר °אם לא בריתי יומם ולילה חוקות שמים וארץ לא שמתי וכתיב °ויאמר ה' אלהים במה אדע כי אירשנה אמר אברהם לפני הקב"ה רבש"ע שמא ח"ו ישראל חוטאים לפניך ואתה עושה להם כדור המבול וכדור הפלגה אמר לו לאו אמר לפניו רבש"ע במה אדע אמר לו קחה לי עגלה משולשת וגו' אמר לפניו רבש"ע תינח בזמן שבית המקדש קיים בזמן שאין בית המקדש קיים מה תהא עליהם אמר לו כבר תקנתי להם סדר קרבנות כל זמן שקוראין בהן מעלה אני עליהן כאילו מקריבין לפני קרבן ומוחל אני על כל עונותיהם: °בתעניות ברכות וקללות: °ואין מפסיקין בקללות: מה"מ אמר ר' חייא בר גמדא אמר רבי אסי °דאמר קרא °מוסר ה' בני אל תמאס ריש לקיש אמר *לפי שאין אומרים ברכה על הפורענות אלא היכי עביד תנא כשהוא מתחיל מתחיל בפסוק שלפניהם וכשהוא מסיים מסיים בפסוק שלאחריהן אמר אביי °לא שנו אלא בקללות שבתורת כהנים אבל קללות שבמשנה תורה פוסק מאי טעמא הללו בלשון רבים אמורות ומשה מפי הגבורה אמרן והללו בלשון יחיד אמורות ומשה מפי עצמו אמרן לוי בר בוטי הוה קרי וקא מגמגם קמיה דרב הונא בארורי אמר לו אבנפשך לא שנו אלא קללות שבתורת כהנים אבל שבמשנה תורה פוסק תניא ר' שמעון בן אלעזר אומר °עזרא תיקן להן לישראל שיהו קורין קללות שבתורת כהנים קודם עצרת ושבמשנה תורה קודם ר"ה מאי טעמא אמר אביי ואיתימא ריש לקיש כדי שתכלה השנה וקללותיה בשלמא שבמשנה תורה איכא כדי שתכלה שנה וקללותיה אלא שבתורת כהנים אטו עצרת ראש השנה היא אין עצרת נמי ראש השנה היא דתנן *ובעצרת על פירות האילן תניא *רבי שמעון בן אלעזר אומר אם יאמרו לך זקנים סתור וילדים בנה סתור *ואל תבנה מפני שסתירת זקנים בנין ובנין נערים סתירה וסימן לדבר °רחבעם בן שלמה ת"ר *מקום שמפסיקין בשבת שחרית שם קורין במנחה במנחה שם קורין בשני בשני שם קורין בחמישי בחמישי שם קורין לשבת הבאה דברי ר' מאיר ר' יהודה אומר מקום שמפסיקין בשבת שחרית שם קורין במנחה ובשני ובחמישי ולשבת הבאה אמר רבי זירא הלכה °מקום שמפסיקין בשבת שחרית שם קורין במנחה ובשני ובחמישי ולשבת הבאה *ולימא הלכה כרבי יהודה משום

רש"י

עד אנה ינאצוני ועד מתי לעדה הרעה · תרוייהו במרגלים והם חזרו בט"ב כדאמרינן במסכת תענית (דף כט:): **מנהני מילי** · מה ענין בראשית אצל מעמדות: **במה אדע** · מה תאמר לי ללמדך דבר שיתכפרו בו עונותיהן: **קחה לי עגלה משולשת** · כלומר הקרבנות תורה אור יכפרו עליהן: **מנהני מילי** · דאין מפסיקים בקללות: **אל תמאס** · והמפסיק בהן מראה עצמו שקשה לו לקרות ובמסכת סופרים (פי"ב) יליף לה מסיפיה דקרא ואל תקוץ בתוכחתו אל תעשנו קוצין קוצין פסוקים פסוקים לשון קילוה: **משה מפי הגבורה אמרן** · ונעשה שליח לומר כך אמר לי הקב"ה שהרי אומרין בלשון °ונתתי והפקדתי ושלחתי מי שיכולת בידו לעשות אבל במשנה תורה כתיב יככה השם ידבק ה' בך משה אמרן מאליו אם תעברו על מלותיו הוא יפקוד עליכם: **מגמגם** · קרא אותן במרוצה ובקושי: **בארורי** · בקריאתן: **אבנפשך** · אם רצונך להפסיק פסוק הואיל ואתה קץ בקריאתן: **קודם עצרת** · שהוא זמן קציר וזמן פירות האילן כדמפרש ואזיל: **משום**

תוספות

ראש חדש אב שחל להיות בשבת מפטירין חדשיכם ומועדיכם שנאה נפשי וגו' · ואין אנו עושין כן אלא מפטיר בירמיה (ג) שמעו *דבר ה' ובשבת שלפני ט"ב חזון ישעיהו והטעם לפי שאנו נוהגין על פי הפסיקתא שאומר ג' דפורענותא קודם תשעה באב ואלו הן דברי ירמיה שמעו דבר ה' חזון ישעיהו ובתר תשעה באב שבע דנחמתא ותרתי דתיובתא ואלו הן נחמו נחמו ותאמר ציון עניה סוערה לבדה אנכי אנכי רני עקרה קומי אורי שוש אשיש דרשו שובה ולפיכך מקדימין עניה סוערה קודם רני עקרה דלדרך הנחמות להיות הולכות ומשובחות יותר וסדר זה מתחיל בפנחס וסימניך דש"ח נ"ע אר"ק שד"ש ולעולם שוש אשיש באתם נלבים דהיינו שבת שלפני ר"ה לפי שהוא סוף הנחמות ודרשו בצום גדליה ושובה בשבת שלפני יום הכפורים וכשיש שבת בין יום הכפורים לסוכות אז הוי דרשו בשבת שלפני יום הכפורים משום דכתיב ביה דרשו ה' בהמצאו והיינו בימי תשובה ושובה בין כפור לסוכות *דכתיב בה ונתתי לך יורה ומלקוש וכן וה' נתן קולו לפני חילו דמישתעי במים ושייך שפיר לפני סוכות וזה המנהג לא ישתנה לעולם ע"פ הפסיקתא וכן פירש ר"ת ולא כדברי רב החובל ההופך ומבלבל לומר שובה קודם כפור ושוש אשיש בין כפור לסוכות דאין להפסיק בין השש נחמות לשביעית אלא כדברי רבינו תם עם ישרים נחשב שוש אשיש בראשיתו ושובה באחריתו *והא שאין אנו מפטירין חזון בשבת שחל בו ר"ח אב משום דקיימא לן דאין אבילות חל אלא בשבוע שחל ט"ב להיות בתוכה ורב דאמר למפטיר חזון סבר דהאבלות חל מיד שנכנס ר"ח ואין הלכה כן וכן פירש הר"ר אליעזר ממיץ ולכך אנו מפטירין שמעו וכן אנו נוהגין ע"פ מסכת סופרים* שאנו קורין ויחל בתעניות ובמתניתין אמרינן שקורין ברכות וקללות*:

אין מפסיקין בקללות · וקורין אחד משום דכתיב מוסר ה' בני אל תמאס ואל תקוץ בתוכחתו א"ר אחא אל תעשה התוכחה קוצים קוצים וא"ר יהושע דסכנין אני אמרתי עמו אנכי בצרה ואם כן אין דין שיברכוני בני על הצרות שלהם אלא יקרא אחד הכל ויתחיל (א)בדבר אחר ויסיים בדבר אחר ואז יוכל לברך תחלה וסוף:

מתחיל בפסוק שלפניהם · לאו דוקא פסוק דהא יש פרשה ואין מתחילין ומשיירין בפחות משלשה פסוקים: משה מעצמו אמרם · וברוח הקדש:

קללות שבמשנה תורה קודם ראש השנה שאנו בבית המדרש של רבינו נסים למה מחלקים פרשת נצבים וילך לשנים כשיש ב' שבתות בין ר"ה לסוכות בלא יוה"כ ואין מחלקין מטות ומסעי שארוכות יותר והשיב לפי שבאתם נצבים יש קללות שקלל ישראל ורוצה לסיימם קודם ר"ה וקשה שאנו לא מחשבינן הקללות שקלל משה ישראל כדמשמע בפרק המוכר את הספינה (ב"ב דף פח: ושם) א"ר לוי בא וראה שלא כמדת הקב"ה מדת ב"ו הקב"ה בירך ישראל בכ"ב וקללן בשמנה ומשה ברכם בשמנה וקללם בעשרים ושתים ותשיב מואם לא תשמעו עד ואין קונה משמע בהדיא שעד אין קונה הוי מן הקללות ולא יותר ועוד קשיא לפי סברתו אמאי אין קורין האזינו קודם ר"ה שהרי גם שם יש קללות מזי רעב ולאומי רשף לכך נראה לי הטעם שאנו מחלקים אותן לפי שאנו רוצים להפסיק ולקרות שבת אחת קודם ר"ה בפרשה שלא תהא מדברת בקללות כלל שלא להסמיך הקללות לר"ה ומטעם זה אנו קורין במדבר סיני קודם עצרת כדי שלא להסמיך הקללות שבבחוקותי לעצרת: ילמדנו של פרשת יתרו אין אדם רשאי לקרות בתורה עד שיסדיר הפרשה ג' פעמים שנאמר (איוב כח) אז ראה ויספרה (ב) הכינה וגם חקרה ואחרי כן ויאמר לאדם ואסור לסמוך על הבימה דמה נתינתה מעומד אף קריאתה מעומד:

רבינו חננאל

היא אין מפסיקין בקללות אלא אחד קורא את כולן שנאמר אל תקוץ בתוכחתו *) מ"ש שאין אומרים ברכה על הפורענות היכי עבדינן תנא כשמתחיל מתחיל בפסוק שלפניהם וכשמסיים מסיים בפסוק שלאחריהם ואמר אביי לא שנו אלא קללות שבתורת כהנים והן אם בחוקותי תלכו שנא' בלשון רבים ומשה רבינו מפני הגבורה אמרן אבל שבמשנה תורה פוסק ש"מ דבלשון יחיד אמורות ומשה מפי עצמו אמרן לוכתב ' וכן אמר רב הונא ללוי בר בוטא דהוה מגמגם וקורא בארורי דמשנה תורה:

הגהות הב"ח

(א) תוס' ד"ה אין מפסיקין וכו' ויתחיל בברכה ויסיים בברכה ואז יוכל: (ב) ד"ה משה וכו' ראה ויספרה הכינה וגם חקרה: ויאמר לאדם:

מסורת הש"ס (גליון): [ע' תוס' פסחים מ: ד"ה אבל וכו' וקל"ע ועי' תרומת הדשן סי' ק] · [שבת קמה:] · ישעיהו א · ויקרא כו · מגילה כט: · תענית כט: · ירמיה ב · פסחים סח: · ירמיה לג · בראשית טו · [מס' סופרים פי"ב אימא התם בלשון אחר ר' לוי אמר הקב"ה אינו דין שיהיו בני מתקללין ואני מתברך] · [תענית כו:] · משלי ג · ראש השנה טז. · [פי"ז ה"ז] · [וע"ע תוס' ברכות יח: ד"ה למחר ותוס' פסחים מ: ד"ה אבל] · [תוספתא ע"ז פ"א] · נדרים מ. · ד"ה ר"ה דף טז: · מלכים א יב · [תוס' פי"א מס' סופרים פי"א הלכה ד] · [עי' תוספות מנחות ל: ד"ה ולימא]

עין משפט נר מצוה: פד א מיי' פי"ג מהל' תפלה הלכה יב סמג עשין יט טוש"ע א"ח סימן תכה סעיף א בהגה"ה · פה ב מיי' שם הלכה יח טוש"ע א"ח סימן תקנט סעיף ד בהגה"ה · פו ג מיי' פ"ו מהלכות כלי המקדש הלכה ג · פז ד מיי' פי"ג מהל' תפלה הלכה יז טוש"ע א"ח סימן תקסו · פח ה ו מיי' שם הל' ז טוש"ע א"ח סימן תכח סעיף ו · פט ז מיי' שם הלכה ג סמג עשין יט טוש"ע שם סעי' · צ ח מיי' שם הלכה ג סמג עשין יט טוש"ע א"ח סימן רפב · מכס"א כגיס וי"א · [תענית כו:] · נ"ל וכן וה' נתן קול למשקהו במים דכתיב בה יורה ומלקוש ושייך כו'

א"ל אבנפשך קללות שבמשנה תורה פוסק · ר' שמעון בן אלעזר אומר עזרא תיקן להן לישראל להיות קורין קללות שבתורת כהנים קודם עצרת שהוא ר"ה לדין דתנן בד' פרקים העולם נידון ובעצרת על פירות האילן · וקללות שבמשנה תורה קודם ר"ה כדי שתכלה שנה וקללותיה · תניא אם יאמרו לך זקנים סתור וילדים בנה כו' בשני ובחמישי ובשבת במנחה קורין כסדרן כו' · אמר שמואל מקום שמפסיקין בשבת שחרית

*) נראה דצ"ל כ"ל אומר אין מפסיקין משום שאין אומרים וכו'.

§ מסכת מגילה דף לא: §

אות א'

ר"ח אב שחל להיות בשבת, מפטירין: חדשיכם וכו'

סימן תכה ס"א - [א]**אבל ר"ח אב שחל להיות בשבת, מפטירין "שמעו" (טור ומרדכי ומנהגים);** [ב]**וי"א "השמים כסאי", וכן עיקר במקום שאין מנהג (ת"ה ומנהגי מהרא"ק)** - ובביאור הגר"א דחה סברא זו מהלכה, ופסק כדעה ראשונה דמפטירין "שמעו".

אות ב'

האידנא נהוג עלמא למיקרי: כי תוליד בנים, ומפטירין וכו'

סימן תקנט ס"ד - הגה: וקורין בתורה: "כי תוליד בנים", ומפטירין בירמיה: "אסוף אסיפם" - בניגון איכה.

אות ג'

במעשה בראשית

רמב"ם פ"ו מהל' כלי המקדש ה"ו - ובמה היו קוראין, במעשה בראשית, ביום הראשון קוראין: "בראשית" ו"יהי רקיע"; בשני: "יהי רקיע" ו"יקוו"; בשלישי: "יקוו" ו"יהי מאורות"; ברביעית: "יהי מאורות" ו"ישרצו"; בחמישי: "ישרצו" "ותוצא הארץ"; בששי: "ותוצא הארץ" "ויכולו".

אות ד'

[ג]**בתעניות ברכות וקללות**

טור סימן תקעט - ומוציאין ס"ת וקורין בפ' אם בחקותי, כהן עד "וישבתם לבטח", לוי עד "והקימותי את בריתי אתכם", שלישי והוא המפטיר, עד סוף הקללות עד "בהר סיני ביד משה".

אות ה' - ו'

ואין מפסיקין בקללות

לא שנו אלא בקללות שבתורת כהנים, אבל כו'

סימן תכח ס"ו - [ד]**קללות שבתורת כהנים אין מפסיקין בהם** - וסמכוה זה אקרא דמשלי, דכתיב: מוסר ד' בני אל תמאס ואל תקוץ בתוכחתו, ואם היה זה הקורא מפסיק בהן, והיו צריכין לקרות אחר, היה נראה כאלו קץ זה בתוכחת הש"י, **אלא אחד קורא כולם.**

[ה]**ומתחילין בפסוקים שלפניהם ומסיים בפסוקים שלאחריהם** - [ו]דאמרו חז"ל שאמר הקב"ה: אינו בדין שיהיו בני מברכוני על הצרות שלהם, אלא יקרא אחד הכל, ויתחיל בדבר אחד ויסיים בדבר אחר, ויוכל לברך תחלה וסוף, עכ"ל, **ומשום** זה לבד היה די שיתחיל בפסוק אחד מלפני התוכחה, ופסוק אחד אחר התוכחה, אלא מפני דקי"ל דאין מתחילין בפרשה פחות מג"פ, וכן אין מסיימין סמוך לפרשה פחות מג"פ, לכך צריך להתחיל ג"פ מקודם התוכחה, וכן ג"פ אחר התוכחה, **וזהו** בפ' בחוקותי, שיש שם ג"פ קודם כלות הפרשה, ובפ' תבא, די בפסוק אחד, "אלה דברי הברית" שמסתיים בזה הפרשה.

אבל קללות שבמשנה תורה יכולין להפסיק בהם - שהם אינן חמורות כ"כ, שנאמרו רק בלשון יחיד, ומשה מפי עצמו אמרו, שהרי במשנה תורה כתיב: ידבק ה' בך ישלח ה' בך, **שאף** שהכל היה ע"י צווי הש"ת, כמו שנא' בסוף הפרשה: אלה דברי הברית אשר צוה ה' את משה לכרות את בני ישראל וגו', עכ"ז בשעה שאמרן היה מפי עצמו, **משא"כ** בתו"כ, הדברות נאמרו מפי הגבורה, כי שכינה היתה מדברת מתוך גרונו של משה, שהרי אמרו בלשון משלחו: ונתתי והפקדתי והשלכתי, מי שהיכולת בידו לעשות כך. [ז]**ואע"פ כן נהגו שלא להפסיק בהם.**

אות ז'

עזרא תיקן להן לישראל שיהו קורין קללות שבתורת כהנים קודם עצרת, ושבמשנה תורה קודם ראש השנה

סימן תכח ס"ד - [ח]**ולעולם קורין פרשת "במדבר סיני" קודם עצרת** - (כדי שלעולם תפסיק בפרשה הזאת בין פ' בחוקותי שיש בה קללות התוכחה, ובין חג השבועות שהוא יום הדין על פירות האילן, שלא יקראו הקללות סמוך ליום הדין, ויהיה לו פתחון פה לשטן לקטרג ח"ו). **תשעה באב קודם "ואתחנן", "אתם נצבים" קודם ר"ה.**

אות ח'

מקום שמפסיקין בשבת שחרית, שם קורין במנחה וכו'

טור סימן רצב - וקורין י' פסוקים מפרשה הבאה, דתניא רבי יהודה אומר: במקום שפוסקין בשבת שחרית, שם קורין במנחה, בשני ובחמישי, ולשבת הבאה.

[ט]**סימן קלה ס"ב** - [י]**מקום שמפסיקין בשבת בשחרית, שם קורין במנחה, ובשני ובחמישי, ובשבת הבאה** - ואם טעו וקראו להשלשה קרואים בפרשה ראשונה של סדר שבוע העבר, או של שבוע הבא לאחר שבוע זה, אם הוא מעכב בדיעבד או לא, עיין בפתחי תשובה שהביא דעות האחרונים בזה.

באר הגולה

[א] ‹עיין בתוס'. **כי** מדינא דגמ' נדחית השמים כסאי מפני פורענותא דר"ח אב, וה"ה לדידן שמפטירין שמעו - גר"א› [ב] ‹ואע"ג דבגמ' אמרו בפירוש שאין מפטירין השמים כסאי, י"ל כמ"ש תוס' במגילה שם, דרב הונא סבר כמ"ד דאבילות חל מר"ח, ואנן קי"ל כמ"ד דאין חל אלא בשבוע שחל ט"ב בתוכה - גר"א› [ג] ‹תעניות שגוזרין אותן הצבור מפני הצרות, כגון בצורת ודבר וכיוצא בהן - רמב"ם› [ד] **משנה מגילה ל"א** [ה] **ברייתא שם וכפי' ה"ר מנוח** ‹דלאו דוקא פסוק א', דהא אין מתחילין בפרשה פחות מג' פסוקים, וכ"כ בתוס'. ‹**נמצא** דהשו"ע כפי מה שפי' המ"ב, פסק כשני הטעמים בגמ', כרב אסי וכר"ל, **ושייך** לומר, דהמחלוקת הוא רק בטעם של אין מפסיקין, אבל בודאי הפשט בהברייתא "כשהוא מתחיל מתחיל בפסוק שלפניהם וכו'" הוא כמו שפי' ר"ל, וכמו שבאמת מעורר הטורי אבן› [ו] ‹עיין בתוס', ובהגה על צד הגמ'› [ז] **הרמב"ם** [ח] ‹מגילה ל"א: ועיין תוס' שם ד"ה משה כו' - גר"א. **וז"ל** תוס': שאנו רוצים להפסיק ולקרות שבת אחת קודם ר"ה, בפרשה שלא תהא מדברת בקללות כלל, שלא להסמיך הקללות לר"ה› [ט] ‹ע"פ מהדורת נהרדעא› [י] **שם ל"א**

§ מסכת מגילה דף לב. §

אות א'

פותח ורואה ומברך וקורא

סימן קלט ס"ד - ופותח הספר קודם שיברך ורואה הפסוק שצריך להתחיל בו - כדי שידע על מה הוא מברך, [א]**ואחר כך יברך** - ר"ל שאין צריך לגלול הס"ת בשעת ברכתו, וליכא למיחש שמא יאמרו ברכות כתובות בתורה, והוא מברך מן הספר, דהכל יודעין שאין ברכות כתובות בס"ת, [גמרא].

ולאחר שקרא, גולל ומברך - דדוקא בברכה ראשונה לא חששו לזה, משום טרחא דצבורא, שיצטרכו להמתין עד שיחזור ויפתח, **אבל** בברכה אחרונה דליכא טעם זה, וגם דבלא"ה צריך לגלול הס"ת בין גברא לגברא, בודאי עדיף יותר שיגלול קודם הברכה.

(הגה: ובשעה שמברך ברכה ראשונה יהפוך פניו על הצד, שלא יהא נראה כמברך מן התורה) (כל בו) - סבירא ליה, דכיון דבזה ליכא טרחא דצבורא, טוב לחוש גם בברכה ראשונה, לחשש שלא יאמרו ברכות כתובות בתורה.

(ונראה לי דיהפוך פניו לצד שמאלו) - דהוא ימין הקב"ה העומד לנגדו, וכנ"ל סימן קכ"ג.

מיהו יש אחרונים שכתבו דהפיכת פניו אינו נכון, דמראה עצמו כאלו אינו מברך על מה שיקרא, רק על מידי אחרינא, דהא מסלק פניו ממנו, **ויותר** טוב להעצים עיניו שלא להסתכל בס"ת בשעת ברכה.

‹ודע שיש פוסקים שסוברים, דאם רוצה לגלול ואח"כ לברך, עדיף טפי, אלא שאינו מחוייב לעשות כן, ועל פי זה נוהגין איזה מקומות, שרואין וגוללין ואח"כ מברכין, ונהרא נהרא ופשטיה›.

יש נוהגין לשחות ולהשתחות בעת אמירת הברכה, משום כבוד התורה, **וכתב** הא"ר, דעכ"פ לא ישחה גם בסוף הברכה, דאז יהיה נראה כאלו מוסיף על השחיות שתקנו חכמים, דאסור, וכמו שכתוב לעיל בסי' קי"ג.

אות ב'

הקורא בתורה לא יסייע למתורגמן, כדי שלא יאמרו תרגום כתוב בתורה

סימן קמה ס"א - ואין הקורא רשאי לסייע למתרגם, שלא יאמרו: תרגום כתוב בתורה.

אות ג'

הלוחות והבימות אין בהן משום קדושה

רמב"ם פ"י מהל' ספר תורה ה"ד - אבל הבימות שעומד עליהן שליח ציבור ואוחז הספר, והלוחות שכותבין בהן לתינוק להתלמד, אין בהן קדושה.

כתב הראב"ד ז"ל: אין דעתי נוחה מזה הפירוש, ושמעתי הלוחות שהמפטיר והמתרגם עומדין עליהם בשעת שימוש; ומה שאמרו שאין בהם קדושה, כלומר שאין בהם קדושת תשמיש ספר תורה, [ב]אבל יש להן קדושת בית הכנסת, והכי איתא בירושלמי, עכ"ל.

סימן קנד ס"ז - [ג]הבימה (פי' מקום גבוה), כגון בימה שהיו עושים למלך - שהיה קורא בתורה עליו בזמן הקהל, **וה"ה** בימה שלנו שעומד עליו האוחז הס"ת, [יו"ד סימן רפ"ב], **אין בה קדושת ארון, אלא קדושת בהכ"נ.**

יו"ד סי' רפב סי"ד - [ד]הבימות שעומד עליהם האוחז הספר, אין בהם קדושת ס"ת, [ה]אבל יש בהם משום קדושת בית הכנסת.

[בגמרא הזכיר אצל זה הלוחות, ופרש"י: לא ידעתי מה הם, ויש מפרשין הן העשויים לספרים שלנו שאינן עשויין בגליון, עכ"ל. ‹והא ודאי ליתא, דלא גריעי הני לוחות מדלוסקמא של ספרים - ב"ח›. **ולעיל** סוף סי' רע"א כתבתי, דאף בדפוס הוה קדושה כמו בכתב, ע"ש - ט"ז].

אות ד'

הגולל ספר תורה צריך שיעמידנו על התפר

סימן קמז ס"ג - [ו]הגולל ס"ת, יעמידנו כנגד התפר, כדי שאם יקרע, יקרע התפר.

אות ה' - ו'

הגולל ספר תורה, גוללו מבחוץ ואין גוללו מבפנים

וכשהוא מהדקו, מהדקו מבפנים, ואינו מהדקו מבחוץ

סימן קמז ס"ד - [ז]הגולל ס"ת, גולל מבחוץ; וכשהוא מהדקו, מהדקו מבפנים. הגה: פירוש כשהספר עומד לפניו,

---

באר הגולה

[א] **שם ל"ב** [ב] ‹ואין מכאן השגה על רבינו, שהוא ז"ל העתיק המימרא ולשונה {"אין בהן קדושה"}, וכל מה שתפרש במימרא תוכל לפרש בלשונו - כס"מ›. ‹**ול"נ** דהשגת הראב"ד על שפי' על לוחות שכותבין לתינוק להתלמד בהם, וכפי דברי הירושלמי לא משמע כן, שאמרו אין בהם משום קדושת ס"ת אבל יש בהם משום קדושת בהכ"נ, **בשלמא** אם נפרש לוחות ובימות שהיו משתמשין בהכ"נ להניח ס"ת עליהם, ניחא שאמרו אין בהם משום קדושת ס"ת, כיון דבאקראי מניחין בהם ס"ת, אבל קדושת בהכ"נ יש להם, **אבל** לוחות שכותבין לתינוק להתלמד בהם, מה קדושת בהכ"נ שייך בהם - מרכבת המשנה› [ג] **מגילה ספ"ד ובירושלמי שם** ‹רש"י, {ומשמע דוקא אמלך קאי}, אבל רמב"ם וטוש"ע יו"ד סי' רפ"ב כתבו, שעומד עליהם האוחז ס"ת - גר"א›. ‹**ומהמ"ב** משמע דאינו מחלוקת, דמשוה השו"ע בב' המקומות› [ד] **מימרא דרבי זירא א"ר מתנה שם דף ל"ב.** [ה] **ר"ן בשם הירושלמי** [ו] **שם בגמ' לפי' הרי"ף** ‹ודלא כרש"י› [ז] **שם** ‹וכן פי' תוס' שם ד"ה גוללו כו', אלא דהרא"ש מפרש גם לרישא אמטפחת - גר"א. **ודלא** כרש"י›

משום דאפכי להו: ת"ר פותח ורואה גולל ומברך וחוזר ופותח וקורא דברי רבי מאיר רבי יהודה אומר פותח ורואה ומברך וקורא מאי טעמא דרבי מאיר כדעולא דאמר עולא מפני מה אמרו הקורא בתורה לא יסייע למתורגמן כדי שלא יאמרו תרגום כתוב בתורה הכא נמי כדי שלא יאמרו ברכות כתובין בתורה ורבי יהודה תרגום איכא למיטעי ברכות ליכא למיטעי אמר רבי זירא אמר רב מתנה הלכה פותח ורואה ומברך וקורא וליטמא הלכה כר' יהודה משום דאפכי להו אמר ר' זירא אמר רב מתנה הלוחות והבימות אין בהן משום קדושה אמר ר' שפטיה אמר ר' יוחנן הגולל ספר תורה צריך שיעמידנו על התפר ואמר ר' שפטיה א"ר יוחנן הגולל ספר תורה גוללו מבחוץ ואין גוללו מבפנים וכשהוא מהדקו מהדקו מבפנים ואינו מהדקו מבחוץ ואמר ר' שפטיה א"ר יוחנן עשרה שקראו בתורה הגדול שבהם גולל ספר תורה הגוללו נוטל שכר כולן דאמר ר' יהושע בן לוי עשרה שקראו בתורה הגולל ספר תורה קיבל שכר כולן שכר כולן סלקא דעתך אלא אימא קיבל שכר כנגד כולן ואמר ר' שפטיה אמר ר' יוחנן מנין שמשתמשין בבת קול שנאמר ואזניך תשמענה דבר מאחריך לאמר והני מילי דשמע קל גברא במתא וקל איתתא בדברא והוא דאמר הן הן והוא דאמר לאו לאו ואמר ר' שפטיה אמר ר' יוחנן כל הקורא בלא נעימה ושונה בלא זמרה עליו הכתוב אומר וגם אני נתתי להם חוקים לא טובים וגו' מתקיף לה אביי משום דלא ידע לבסומי קלא משפטים לא יחיו בהם קרית ביה אלא כדרב משרשיא דאמר שני תלמידי חכמים היושבים בעיר אחת ואין נוחין זה את זה בהלכה עליהם הכתוב אומר וגם אני נתתי להם חוקים לא טובים ומשפטים לא יחיו בהם אמר רבי פרנך אמר רבי יוחנן כל האוחז ספר תורה ערום נקבר ערום ערום סלקא דעתך אלא אימא נקבר ערום בלא מצות בלא מצות סלקא דעתך אלא אמר אביי נקבר ערום בלא אותה מצוה אמר רבי ינאי בריה דרבי ינאי סבא משמיה דרבי ינאי רבה מוטב תיגלל המטפחת ואל יגלל ספר תורה: וידבר משה את מועדי ה' אל בני ישראל מצותן שיהו קורין אותן כל אחד ואחד בזמנו: ת"ר משה תיקן להם לישראל שיהו שואלין ודורשין בענינו של יום הלכות פסח בפסח הלכות עצרת בעצרת הלכות חג בחג:

הדרן עלך בני העיר וסליקא לה מסכת מגילה

רש"י

משום דאפכי להו · דרבי מאיר לדרבי יהודה ודרבי יהודה לדרבי מאיר: **איכא למיטעי** · ואומר תרגום כתוב בתורה ואתו למיכתב תרגום בתורה: **אבל ברכות** · הכל יודעין שאין ברכות כתובין בתורה: **הלוחות** · לא ידעתי מה הן ויש מפרשין הן העטרות לספרים שלנו שאינן עשוין בגליון: **בימה** · שהיו עושין תורה אור למלך בפרשת המלך כדאמרינן במסכת סוטה (דף מא:): **יעמידנו על התפר** · כנגד התפר שאם רלוי להדקו יפה: **הגולל ספר תורה** · מעמיד לעמוד והוא יחיד והספר תורה מונח לו על ברכיו גוללו מבחוץ העמוד שהוא תולה לו גוללו ויגול מלד חוץ לצד פניו שאם יאחוז עמוד הפנימי ויגול לצד החוץ יתפשט החיצון ויפול לארץ: **וכשהוא מהדקו** · כשגומר מלגלול וצא להדקו יאחוז בפנימי ויהדק על החיצון כדי שלא יכסה הכתב בזרועותיו שמגלה להראות את [הכתב אל] העם כשמהדקו במסכת סופרים: **עשרה שקראו** · שנאספו וקראו הג' או הז' כחוק היום ולפי שאין קורין בתורה פחות מעשרה נקט י' שקראו בתורה: **משתמשין בבת קול** · אם בלבו להתחיל דבר ושמע קול או הן או לאו הולך אחריו ואין כאן משום ניחוש: **קל גברא במתא** · קול שאינו מצוי הוא וכן קול באשה בשדה אלא: **והוא דאמר הן הן לאו לאו** · שנכפל ב' פעמים: **נעימה** · כגון טעמי המקראות: **ערום** · בלא מטפחת סביב ספר תורה: **ואל יגלל ספר תורה** · בתוך המטפחת: **וידבר משה את מועדי ה' אל בני ישראל** · מיכן לסה לישראל שיהו שואלין ודורשין בענינו של יום הלכות פסח בפסח הלכות עצרת בעצרת: למה הוצרך לכתוב כאן וידבר משה וכי כל המצות כולן לא אמרן משה לישראל מהו וידבר משה את מועדי ה' אל בני ישראל מלמד שהיה מדבר עמהן הלכות כל מועד ומועד בזמנו להודיע חוקי האלהים ותורותיו וקבלו וקיימו שכר המצות עליהם ועל בניהם בזה ובבא:

הדרן עלך בני העיר וסליקא לה מסכת מגילה

תוספות

הלוחות והבימות אין בהן משום קדושה · פירש בערוך* גליוני ספר תורה שלמעלה ושלמטה ושל בין דף לדף וקשיא דהא פרק כל כתבי (שבת דף קטז:)תנן בהדיא דמטמאין את הידים ויש לומר דהתם ר"ל כל זמן שהן מחוברין בספר תורה והכא מיירי היכא דגייז ולכתי קשה שהרי התם מיבעיא לן היכא דגייזי אי יש בהן קדושה אי לאו ואמאי לא פשיט ליה מהכא:

גוללו מבחוץ וכשהוא מהדקו מהדקו מבפנים · פר"ח דקאי אקשר מטפחת כשקושר מטפחת סביב הס"ת יהא הקשר מבפנים כלפי הכתב שאם יהיה מאחריו כשיפתח הספר תורה יהיה לריך להופכו על הכתב להתיר הקשר ואין זה דרך כבוד · נהגו לומר כשמוליאין ספר תורה הני פסוקי דרחמי תורת ה' תמימה עדות ה' נאמנה פקודי ה' ישרים מצות ה' ברה לפי שמתן שכרם בצדם ואחר כך אומר גדלו שיש בו שש תיבות כנגד ששה לעדים של נושאי הארון (שמואל ב ו) (א) ומ' תיבות יש בתורת ה' תמימה כנגד המ' יום שבהם ניתנה התורה ואח"כ פותחו למקום שירצה לקרות בו וקורא כהן (ב)ולכתחילה הוא גוללו וסותמו קודם שיברך כדי שלא יאמרו ההמון שהברכות כתובות בו אבל בדיעבד אין לחוש שהרי לא שכיחי עמי הארץ כל כך עתה אבל לאחר שקרא בו ודאי צריך לגוללו *קודם שיברך *כר' יהודה:

גדול שבכולן גולל · לפי שהוא כבודו וגם לפי שהוא גדול שבכולן כדיי הוא ליטול שכר כנגד כולם כדאמר רבי יהושע:

מנין שמשתמשין בבת קול · בירושלמי (שבת פרק במה אשה) תני כתיב לא תנחשו ולא תעוננו ואף ע"פ שאין ניחוש יש סימן:

והשונה בלא זמרה · שהיו רגילין לשנות המשניות בזמרה לפי שהיו שונין אותן על פה וע"י כך היו נזכרים יותר:

בלא אותה מצוה · וי"מ מצות אחיזה וקשה מאי רבותא פשיטא שאין לו שכר כיון שלא עשה המצוה כהוגן לכך פירש ריב"א בלא אותה מצוה שעשה באותה שעה שאם אחז ספר תורה ערום וקרא בו אין לו שכר מן הקריאה וכן אחזו לגוללו או להגיהו אבל אחזו במטפחת אורך ימים בימינה בשמאלה עושר וכבוד:

הדרן עלך בני העיר וסליקא לה מסכת מגילה

עין משפט נר מצוה

צא א מיי' פי"ב מהל' תפלה הלכה ה סמג עשין יט טוש"ע א"ח סימן קלט סעיף ד:
צב ב מיי' שם הלכה יא טוש"ע א"ח סימן קמז סעיף א:
צג ג מיי' פ"י מהלכות ס"ת הל' ד טוש"ע א"ח סי' קנד סעי' ז וטוש"ע י"ד סי' רפב סעיף יד:
צד ד מיי' פי"ב מהל' תפלה הל' כד סמג עשין יט טוש"ע א"ח סי' קמז סעיף ג:
צה ה ו מיי' שם טוש"ע שם סעי' ה:
צו ו טוש"ע שם סעיף א:
צז ח מיי' שם הל' יח:
צח ט מיי' פי"ג מהל' ס"ת הל' י טוש"ע א"ח שם סעיף א וטוש"ע י"ד סי' רפב סעיף ד:
צט י טוש"ע א"ח סימן קמז סעיף ה:
ק כ מיי' פי"ב מהל' תפלה הלכה ח:

[ג"י הכא"ש קדושת ארון ויש בהן קדושת בהכ"נ]
[כ"ס במס' סופרים פי"ג ה"ח]
[יש מגיהין בא"ל אפילו כר' יהודה· עיין נקיקין דיונס]

רבינו חננאל

שחרית שם קורין במנחה בשבת ובשני ובחמישי ובשבת הבאה: ת"ר פותח ורואה מברך וקורא דברי ר' יהודה והלכה כמותו· מפני מה אמרו הקורא בתורה לא יסייע למתורגמן · כדי שלא יאמרו תרגום כתוב בתורה · אמר שמואל הלוחות והבימות · פירוש החלק של מעלה ושל מטה ושל בין הדפין של ס"ת אין בהן משום קדושה א) כלומר אם יכלה ויגנז ויחתך החלק שם אין בו משום קדושה · א"ר יוחנן הגולל ספר כו' פירוש שאם יקרע יקרע בתפר· ועוד אמר הגולל ספר כו' פירוש מבחוץ כלומר כשהוא מונח הספר בחיק הכרך ב)החיצון שם גולל מן הכרך הפנימי שאם יגלול על הפנימי מן החיצון יפול החיצון לארץ וכשהוא מהדק מחזיק החיצון ומהדק הפנימי · ואריב"ל י' שקראו בתורה הגולל ס"ת · כלומר המשלים נותנין לו שכר כנגד כולן · וא"ר יוחנן מנין שמשתמשין בבת קול שנאמר ואזניך תשמענה דבר מאחריך וגו' והוא דשמע קל גברא במתא וקל איתתא בדברא והוא דאמר הן והן או לאו לאו · ועוד אמר הקורא בלא נעימה והשונה בלא זמרה · ג) ומתמהינן משום דלא ידע לבסומי קלא אינון חוקים לא טובים ומשפטים לא יחיו בהם · אלא הכי קאמר ב' תלמידי חכמים היושבים בעיר אחת ואינן נוחין זה לזה בהלכה עליהם הכתוב אומר וגם אני נתתי להם חוקים והם לא טובים זה לזה ומשפטים לא יחיו בהם · א"ר יוחנן האוחז ס"ת ערום נקבר ערום · בלא אותה מצוה · א"ר ינאי תיגלל המטפחת ואל יגלל ס"ת כלומר בלא מטפחת · מצותן שיהו קורין כל אחד ואחד בזמנו: ת"ר משה תיקן לישראל שיהו שואלין ודורשין הלכות פסח בפסח ועצרת בעצרת והחג בחג : הדרן עלך בני העיר :

א) עי' בתוס' כאן ד"ה הלוחות מה שהקשו על פירוש הערוך שהוא כפירוש רבינו ואמנם לפי מש"כ רבינו דמיירי אם כלה הכתב ונגנז א"ש וכעין זה תירץ הש"ס בשבת קטז. בלא שאני ע"ש היטב. ב) אולי צ"ל שכרך החיצון יגלול על שכרך הפנימי שאם יגלול מן הפנימי על החיצון יפול החיצון וכו' וצ"ע בזה. ג) צ"ל עליו שכתוב אומר וגם אני נתתי להם חוקים לא טובים.

סליקא מסכת מגילה, שבח לרב עלילה, ברכה ותהלה, תפארת וצהלה, ירום קרנו למעלה:

הגהות הב"ח

(א) תוס' ד"ה גוללו וכו' ולרבעים תיבות יש בתורת · נ"ב פי' בתורת ה' תמימה עד מצות ה' ברה יש כ' תיבות ובפסוק האל תמים דרכו עד זולתי אלהינו יש נ"כ כ' תיבות : (ב) בא"ד ולכתחלה הוא גוללו · נ"ב אע"ג דהלכה כר' יהודה שאינו מחוייב לגוללו [קודם הברכה היינו] דלא עביד איסור להניח [את הספר] פתוח ולברך אבל אם סותמו ומברך עדיף טפי הלכך לכתחלה כו':

גליון הש"ס

גמ' משום דאפכי להו· גיטין כח ע"א מנחות לו ע"ב: שם מנין שמשתמשין בבת קול· ע' תוי"ט פט"ו מ"ג דיבמות:

יהיה הכתב נגד פניו - היינו דלא נטעה לפרש, מה שאמרו "גוללו מבחוץ", דכשהוא אוחז בעמודי הס"ת להראות הכתב לעם, יצמצם לאחזה באופן שיהיה אחוריה נגדו, וממילא בעת שירצה לעשות גלילה ג"כ תהיה הגלילה רק מאחורי הספר, כי אין הכתב נגד פניו, **ועל** כן קמ"ל דלא כן הוא, דאף שמצוה להראות הכתב לעם, כדאיתא במסכת סופרים, אפ"ה צריך להיות הכתב נגד פניו של האוחז הס"ת, כן בעת הגבהה, וכן בעת הגלילה, דכיון שהוא עוסק בס"ת, כבוד התורה הוא להיות הכתב נגד פניו.

ויתחיל לגלול מבחוץ - היינו דהתחלת הגלילה יהיה מבחוץ, פי' תחלת הנחת המטפחת על הס"ת לגללה יהיה מבחוץ, **ועיין** במחצית השקל שמצדד לומר, דזהו דוקא לפי מה שמסיק הרמ"א, דמיירי כשבעל ההגבהה עושה ג"כ הגלילה, וע"כ חיישינן שאם יתחיל הגלילה מצד פנים, יש לחוש ח"ו שתפול הס"ת לצד חוץ, משא"כ כשמתחיל מבחוץ, דא"א שתפול לחוץ, דהא מחזיקו במפה שמתחיל לגלול סביבו, **אבל** לפי מנהגנו, שאחד מגביה והשני גולל, דליכא למיחש כ"כ שתפול, דכיון שבעל הגלילה עומד לפני הס"ת, א"א שתפול מהרה ולא ירגיש, אפשר דאם ירצה יוכל להתחיל לגללה מצד פנים, **וכן** מנהגנו שאין מקפידין בזה.

ואחר שגמר הגלילה יהדק סוף המטפחת בפנים, שכשיבוא לקרות בו ימצא ההדוק בפנים, ולא יצטרך להפך הס"ת [ח]**(טור והרא"ש).**

ונראה דכל זה מיירי כשאחד עושה כל הגלילה, אבל עכשיו שנוהגים שאחד מגביה ואחד גולל, הכתב יהיה נגד המגביה - אשמועינן דלא נימא, דזה שכתבו שהכתב יהיה נגד פניו, והיינו נגד פני הגולל, [דומיא דמה שכתב "ויתחיל לגלול" דקאי על הגולל], כונתם היכא דאחד מגביה ואחד גולל, שצריך להיות הכתב נגד פני הגולל דוקא, מחמת שהוא עסוק בה אז, ואחורי הכתב לצד האוחז הס"ת, **לזה** כתב דלא כן הוא, דבזמנם היה המנהג שאחד עשה ההגבהה וגם הגלילה, וע"כ איתרמי אז ממילא שהכתב היה נגד פני הגולל, **אבל** באמת היכא דאחד מגביה ואחד גולל, יהיה הכתב נגד המגביה לבד, כי הוא עיקרו של הגלילה, שהוא אוחז הס"ת בידו.

וכן נוהגים, כי הוא עיקר הגולל והאוחז הס"ת - משמע שהגבהה היא יותר מצוה מגלילה, **וע"כ** מי שנותנין לו ס"ת להגביה ולגלול, וא"א לו לעשות שתיהן, יגביה ויתן לאחר לגלול, **אבל** אם כיבדו אותו להושטת המעיל ולגלול, הגלילה עדיפא דהיא עיקר המצוה, ויתן לאחר להושיט.

אות ו'* [ט]

סימן קמז ס"ו - [י]הגולל ס"ת בתוך התיק - פי' שאין מוציאו מהתיק, וגוללו מבפנים, **טועה** - שעי"ז נוח להקרע.

אות ז'

הגדול שבהם גולל ספר תורה

סימן קמז ס"א - [יא]גדול שבאותם שקראו בתורה, גוללו - ואיתא בגמ': דהגולל {והוא מה שאנו קורין היום הגבהה, שהוא עיקר הגולל} נוטל שכר כנגד כולן, ולכך כדאי שהגדול יהיה מכובד במצוה זו, כדי שהוא יקבל השכר.

ויש פוסקים דהגדול שבביהכ"נ גולל, אע"פ שלא קרא בתורה, וכן פסק הגר"א, וכן פשט המנהג כהיום, שאין מחפשין אחר מי שקרא בתורה.

זהו מעיקר הדין, ועכשיו נהגו שלא לדקדק בזה, ומכבדים אף לאנשים בינונים, משום דרכי שלום.

ואם יש שני יא"צ ביום אחד, ואחד עלה לתורה, יש לכבד השני בהגבהה.

אין הסגן רשאי לכבד במצות הגבהה, למי שידיו רותתין הרבה, או לזקן ותש כח, שידוע שהוא מגביהו לשבת מיד, כי אין לו כח להחזיקה זמן מה כלפי העם, שיוכלו להסתכל היטב, **וגם** האיש ההוא צריך למנוע נפשו מזה.

ומצות גלילה אף כי רבה היא, נהגו לכבד אף לקטנים שיש בהם דעת להבחין ענין דבר שבקדושה, בכדי לחנכם במצות.

[יב]ורגילים לקנותו בדמים יקרים, לחבב המצוה - היינו אף דמצד הדין הגדול קודם למצוה זו, כהיום משום חבוב המצוה, רגילין לקנותו בדמים יקרים, ואין להקפיד בזה, והוא קודם להגדול, **ואם** לא נמצא בביהכ"נ מי שקנה, והגבאים מכבדים להישר

באר הגולה

[ח] ‹פי' כשהספר עומד לפניו, יהפוך הכתב אליו ויתחיל לגלול מבחוץ, ואחר שגמר הגלילה יהדק סוף המטפחת מבפנים, שכשיבא לקרות בו ימצא ההידוק בפנים ולא יצטרך להפך הספר לצד ההידוק – טור›. ‹**ויש** לדקדק במה שאמרו גוללו מבחוץ לדעת רבינו, מאי נפקא מינה אם יתחיל לגלול מצד פנים או מצד חוץ, **ואפשר** דהכי קאמר, אם ירצה יתחיל לגלול מצד חוץ, אבל ההידוק צריך שיהיה מבפנים, **ודייק** פירוש זה, שהתוספות בשם ר"ח לא פירשו אלא "מהדקו מבפנים", ולא הזכירו "גוללו מבחוץ", והיינו מפני שמהדקו מבפנים שהוא בדוקא, הוצרכו לתת טעם בו, אבל גוללו מבחוץ שאינו בדוקא, אלא לומר רצה מבפנים גולל רצה מבחוץ גולל, לא הוצרכו לתת בו טעם. **ואם** נפשך לומר דגוללו מבחוץ דוקא ולא מבפנים, הטעם, מפני שמהצד שהוא לפניו {היינו לפני השני הגולל ע"ש} הוא צריך להתחיל, דאם לא כן הוי כמעביר על המצוה, וקיימא לן דאין מעבירין על המצות, כדאיתא בפרק אמר להם הממונה – ב"י›. ‹**משמע** דדוקא קאמר שיתחיל מבחוץ, וצ"ל דהכי עדיף, דכשמתחיל לגלול מבפנים יש לחוש ח"ו שתפול הס"ת לצד חוץ, עיין ב"י – מג"א›. ‹**דאי** ס"ל להרב ב"י פירוש א' עיקר, דיתחיל פירושו שרשאי להתחיל, אבל אם ירצה יתחיל מבפנים, הוה ליה להרב ב"י לפרש כן בשו"ע, כיון דבספרו ב"י מסתפק בזה, והלשון משמע דוקא, אלא ודאי דדעתו בשו"ע באמת דדוקא יתחיל מבחוץ, ואינו רשאי להתחיל מבפנים – מחה"ש› [ט] ‹ע"פ הב"י› [י] **ריב"ש בתשובה** ‹וז"ל: דע שהגולל ס"ת בתוך התיק טועה, דאכשהוא גוללו גוללו מבחוץ, פירש מחוץ לתיק כדי שלא יקרע, ע"כ. **שהיו** נוהגים שהיה ס"ת נתון בתיק, ומשום הכי קאמר שאם רצה לגוללו מצד זה לצד זה, שגוללו מבחוץ, כלומר שמוציאו מן התיק, ואין גוללו מבפנים, שמא יקרע. **וכשהוא** מהדקו, כלומר שמהדק הכרך אחר שנגלל, נותן הספר בתיק ואח"כ מהדקו שם, ואינו רשאי להדקו מבחוץ, שאין זה כבודו, **ואע"פ** שיש מפרשים בענין אחר, גם הפירוש הראשון נכון וצריך ליזהר בו, ע"כ – ב"י› [יא] **שם** [יב] **טור בשם מנהג אשכנז**

בעיניהם, בודאי ראוי להגבאים לכבד לגדול. **ונוהגין** למכור הוצאות והכנסות, משום: ברב עם הדרת מלך.

הגה: וי"א אם המעיל בצד אחד פשתן ובצד אחד משי, צריך להפך המשי לצד הספר ולגלול (מרדכי) - היינו המעיל התחתון שהוא המפה, דאלו המעיל העליון, לכו"ע אין להפכו, **וטעם** בכ"ז, דבעינן לכתחלה לעשות דומיא דארון, שהיה מבפנים מצופה זהב, [**והמעיל** העליון מבחוץ הוא משי, הוא ג"כ דומיא דארון, שהיה מבחוץ מצופה זהב].

ולא נהגו כן (ב"י) - הנה המ"א כתב, דמ"מ לכתחלה טוב לנהוג כן, ובביאור הגר"א הסכים להשו"ע ‹דלא נהגו כן›, דאותה דעה אין לה עיקר, **וע"כ** יש שכתבו דבעל נפש יעשה מפה משני צדדים בשוה, ואף שפשתן באמצע, נמי שרי, דומיא דארון שהיה מצופה זהב מבית ומבחוץ ועץ באמצע.

מפות ומטפחות, וכן הפרוסות על השלחן, אסור מכלאים, **אבל** פרוכות ומה שמניחין בארון, ואין יוצא עם הס"ת, מותר של כלאים.

ואין לגלול במפה הקרועה, אם יש לו אחרת (מהרי"ל) - וה"ה המעיל שעליה, ואפילו הן חדשים, דלאו כבוד ותפארת הוא לס"ת.

ואין לעשות מפות לס"ת מדברים ישנים שנעשו כבר דבר אחר לצורך הדיוט, וע"ל סי' קנ"ג (אגודה ותשובת מהרי"ל וב"י ורשב"ץ) - שאין זה דרך כבוד, **אך** בדיעבד אם עשאן, מצדד הא"ר שאין לאסור, **ומיהו** עכ"פ זה ודאי, שאם עשאו ונשתמש בהן לקדושה, אסור להוריד ולעשות מהן תשמיש דתשמיש.

וה"ה לכל תשמישי קדושה, שאין נעשין מדברים שנשתמש בהן מתחלה לצורך הדיוט, **אבל** לתשמישי מצוה, כגון כיס לטלית, מותר, **ובספר** בית הלל וא"ר הסכימו, דאפילו טלית עצמו מותר, **מיהו** מתשמיש מגונה כגון מכנסים וכדומה, נראה דאין לעשות.

כתב הט"ז, דוקא תשמיש קדושה אסור, אבל תשמיש דתשמיש שרי, **והמ"א** מפקפק בזה, ובצירוף עוד סניף בודאי אין להחמיר בזה.

ומשמע דאם עדיין לא נשתמש בהן ‹לצורך הדיוט›, שרי, **ואף** דבמ"א מצדד דאפילו בחדשים, כל שנעשו לצורך הדיוט אסור, הנוהג להקל אין למחות בידו, דכן משמע מכמה אחרונים, [מטה יהודה, **ע"ש** שדעתו, שאפי' בבגד שנשתמש בו מעט, כל שלא נשתמש בו בקבע שרי, **ואך** בברכי יוסף משמע שאין להקל בזה].

כתב המ"א, דוקא כמות שהן אסור להשתמש בהן לקדושה, אבל אם שינה צורתן ועשה מהן דבר אחר, שרי, וכ"כ העולת תמיד והחות יאיר, **ואף** דיש מחמירין גם בזה, העולם נוהגין להקל.

[**וליטול** מפות של קיטל שלובשין ביוה"כ, לס"ת, אפשר דאפי' בלא שנוי מותר, דקצת תשמיש גבוה הוא, שנעשה להתפלל בהם בביהכ"נ].

אות ח'

הגוללו נוטל שכר כולן

רמב"ם פי"ב מהל' תפילה הי"ח - וכל מי שהוא גדול מחברו בחכמה קודם לקרות, והאחרון שגולל ס"ת נוטל שכר כנגד הכל, לפיכך עולה ומשלים אפילו גדול שבציבור

- ‹כלומר אע"ג דבבבא שקודם זו אמר שגדול בחכמה קודם, להיות משלים עולה אפילו גדול שבציבור - כסף משנה›. **וזה** שאמרה הגמ': הגדול גולל ונוטל שכר כנגד כולם, ה"פ הגדול יכול לעלות אחרון ולגלול, ואע"ג שבזיון הוא להיות אחרון שבקרואים, ונוטל שכר כנגד כולם, משום דזוכה בשני מצות, במצות קריאה ומצות גלילה - ערוה"ש. **והרב** ב"י ז"ל או"ח סימן קמ"ז העתיק, גדול שבאותם שקראו בתורה גוללו, ע"כ משמע דשום אחד מאותם שקראו בתורה קאמר, ובלבד שיהיה הגדול, **ומדברי** רבינו משמע, שהאחרון שקרא בתורה הוא הגולל, ולכך סיים לפיכך וכו' - מעשה רוקח.

אות ט'

כל האוחז ספר תורה ערום... נקבר ערום בלא אותה מצוה

סימן קמז ס"א - "אסור לאחוז ס"ת ערום בלא מטפחת - אם לא ע"י בגד המפסיק, ואפילו נגיעה בעלמא בידו לס"ת ערומה, אסור.

וע"כ בעת שגוללים הס"ת קודם קריאה, או בשעת הגבהה, שלפעמים נמשכים יריעות הס"ת, ובכדי להשוות היריעה אוחזים בראשי היריעות למשוך אותם למעלה או למטה, כדי שיהיה שוה מבחוץ, אזי צריך ליזהר שלא יאחוז ביריעות ביד ערומה, [אף שנטל ידיו מקודם], **אלא** צריך הפסקת טלית או מטפחת, להפסיק בין ידיו ליריעות הס"ת.

ובעמודי הס"ת יכול לאחוז בלא מטפחת, [וכן פשט המנהג], **ויש** מחמירין, וכורכין עמודי הס"ת בקצוות הטלית בשעת הגבהה, **ובמקום** שלא נהגו הכל לעשות כן, אף מי שרוצה לדקדק בזה, יעשה בדעת שלא ירגישו בזה בני אדם, משום יוהרא.

וכ"ז דוקא כשאין צורך, אבל כשיש צורך לתיקון הס"ת, לתפור קצת, ולדבק בדבק מטלית וכדומה, היכא דלא אפשר רשאי, **ומ"מ** טוב שיטול ידיו תחלה, **אבל** כשאין צורך, אפילו בנטילת ידים יש להחמיר, כמו שמסיים הרמ"א.

בגמרא אמרינן, דעבור זה נקבר ערום ממצוה זו, דהיינו שאין לו שכר של אותה מצוה, שאם אחז וקרא בו, אין לו שכר מקריאה, וכן אם אחזו לגוללו או להגיהו, [תוס'].

הגה: וי"א דה"ה שאר כתבי קודש (אגודה ותוס' פ"ק דשבת) - ודוקא כשכתובים אשורית על הקלף ובדיו כס"ת, **אבל** ספרים שלנו שאין נכתבים באופן זה, לכו"ע מותר, ואפילו קודם נטילה, **ומיהו** דוקא בסתם ידים, אבל כשידע שנגע במקום הטינופת, יש להחמיר.

באר הגולה

יג מגילה ל"ב

ולא נהגו כן - היינו אף באותן שכתובין אשורית ועל הקלף כדין, כגון מגילה, ג"כ נהגו העולם להקל, ומסיים הרמ"א: **וטוב להחמיר אם לא נטל ידיו** - ר"ל שהם סתם ידים, וחוששין שמא נגע במקום המטונף, **אבל** כשנטל ידיו אין להחמיר בזה. **ובס"ת, אפי' בכה"ג** - שנטל ידיו, ג"כ **אסור (ד"ע אגודה)** - ליגע בה בלי מטפחת.

יו"ד סי' רפב ס"ד - [יד]**ולא יאחוז ספר תורה בלא מטפחות** - עיין באו"ח ריש סימן קמ"ז - ש"ך.

אות י'

מוטב תיגלל המטפחת ואל יגלל ספר תורה

סימן קמז ס"ה - [טו]**מוטב תגלל המטפחת סביב הס"ת, ולא יגלל הס"ת כשכורכו במטפחת** - פי' שלא יאחוז המפה בידו, ויגלול הס"ת סביבו, דאינו כבוד לתורה.

אות י"א [טז]

סימן קמז ס"ב - [יז]**יכול מי שירצה לקנות להושיט המעילין לגולל, ואין הגולל יכול למחות בו, כי אע"פ שקנה הגלילה, לא קנה ליקח המעילים. (וכן במקומות שנוהגין לקנות הוצאה והכנסה, אין הש"ץ יכול למחות, כי אין זה שייך לחזנים) (מרדכי ואור זרוע)** - אבל החזן מוליכו לבימה.

אות כ'

משה תיקן להם לישראל שיהו שואלין ודורשין בענינו של יום, הלכות פסח בפסח, הלכות עצרת בעצרת, הלכות חג בחג

רמב"ם פי"ג מהל' תפילה ה"ח - מפסיקין למועדות וליום הכפורים וקוראין בענין המועד, לא בסדר שבת, ומשה תיקן להם לישראל שיהו קוראין בכל מועד ענינו; ושואלין ודורשין בענינו של יום בכל מועד ומועד.

ועכ"פ ביו"ט גופא, לכו"ע צריך לשאול ולדרוש בכל יו"ט בהלכותיה, וכדאיתא בסוף מגילה: משה תיקן להם לישראל, שיהו שואלין ודורשין בענינו של יום, הלכות פסח בפסח, הלכות עצרת בעצרת, והלכות חג בחג, (**ואפי' אם למד ל' יום קודם, צריך ג"כ ללמוד בחג עצמו**), [**והנה** האחרונים רצו לומר, דלכך העולם מקילין בדבר, משום דסומכין על קריאת התורה בענינו של יום, **ובאמת** מלשון "הלכות פסח בפסח", משמע דהלכות ממש קאמר, מה שאסור ומה שמותר], וכן לכאורה משמע מרש"י להדיא, ע"ש) - מ"ב סימן תכ"ט ס"ק א'.

באר הגולה

יד מימרא דרבי פרנך א"ר יוחנן מגילה דף ל"ב ע"א ובשבת דף י"ד ע"א | טו שם | טז (מילואים) | יז מרדכי

מילואים להלכות קריאת התורה

§ סימן קלה – סדר קריאת התורה ביום ב' וה' §

סעיף ב - הגה: אם בטלו שבת אחת קריאת הפרשה בצבור - מחמת קטטה וכדומה, **לשבת הבאה קורין אותה פרשה עם הפרשה השייכה לאותה שבת, (וע"ל סי' רפ"ב)** - והיינו שיקראו כסדר הכתובות בתורה, מתחלה של שבת העבר ואח"כ של שבת זו, **והטעם**, כי מימות משה רבינו ע"ה נתקן לקרות התורה בפרשיותיה ולהשלימה וכו', כדי להשלימה לעם מצות וחקים.

(**כתב** המ"א, דה"ה אם התחילו ולא סיימו מחמת קטט, **ועיין** בשערי אפרים שמצדד עצמו, שלא להתחיל בשבת הבא ממקום שפסקו, אלא יתחיל עם הכהן מראש הסדר של שבת העבר, ולקרות עמו כל מה שקרא בשבת העבר, ולהוסיף עוד ג' פסוקים או יותר מה שלא קרא בשבת העבר, ושם יפסיק הכהן ויברך לאחריה, ושוב יקראו כדרכן, **ואף** אם לא ישאר בסדר הא' אחר שסיים הכהן קריאתו, שיעור שיהיה בו כדי לקרות לוי וישראל, ולחבר הסדרות ע"י רביעי, אלא יצטרך לחבר הסדרות ע"י הב' או הג', אין זה מעכב, עכ"ל).

(**ועיין** בעט"ז דמסתפק, אם דוקא בשוגג, או אפילו במזיד נמי צריך להשלים, ובפמ"ג ובשלחן עצי שטים כתבו, דמסתימת הפוסקים משמע דאפילו במזיד נמי משלימין, **אכן** מביאור הגר"א דנסיב טעמא דהאי דינא מדין תפלה, דקיי"ל טעה ולא התפלל איזה תפלה משלים אותה בתפלה הסמוכה, משמע לכאורה דדוקא בשוגג כמו התם, שאין לה תשלומין במזיד).

ואם היו שתי פרשיות מחוברין באותו שבת שבטלו, דעת הר"מ מינץ דאין משלימין אותם כלל, דלא מצינו לעולם שקורין ג' סדרות בשבת אחת, ולקרות פרשה אחת מהן נמי לא אמרינן, דאין תקנה לחצאין, **וה"ה** אם בשבת זו היו שתי פרשיות מחוברות, נמי אין משלימין הפרשה משבת שעבר מטעם הנ"ל, **ובהגהת** מנהגים חולק על כל זה, וכן הסכים בא"ר, דלעולם צריך להשלים מה שביטלו משבת העבר, וכן נוטה דעת ספר מגן גבורים.

ואם בטלו כמה שבתות, י"א דאין לקרות בשבת הבאה כי אם הסדרה האחרונה הסמוכה לזו, [זו היא לדעת הר"מ מינץ] **וי"א** דצריך להשלים בצבור כל הסדרות שביטלו, **ומביאור** הגר"א משמע דס"ל כהדעה הראשונה, [מדמדמה לה להשלמת התפלה, ושם הלא קימ"ל דאין משלימין אלא תפלה הסמוכה לה].

י"א דאם בטלו פרשת ויחי, אין לקרותו עם פ' שמות, כי כשקורין ב' סדרות צריך לקרותו חד גברא מסוף סדרא ראשונה לתחלת סדרא שניה, כדי שיהיו מחוברין, וזה אין נכון לעשותו בשני ספרים, וה"ה בפקודי ויקרא וכדומה, **ויש** חולקין וס"ל דלעולם משלימין, **וכתב** בשלחן עצי שטים, דהנוהג כן אין מוחין בידו.

כתב בספר שערי אפרים, אם בטלו הקריאה בביהכ"נ אחת, ורוב הצבור מביהכ"נ זה שמעו קרה"ת בביהכ"נ אחרת, א"צ להשלים, **אבל** אם רוב הצבור לא שמעו כלל, אע"פ שיש שם בתי כנסיות אחרות שקראו שמה כדין, מ"מ אותן שלא שמעו הקריאה והם רוב הצבור של ביהכ"נ זה, צריכין להשלים הקריאה.

וכל זה מיירי שלא קראו כל יום השבת, **אבל** אם בטלו רק בשחרית הקריאה, ובמנחה כבר מצאו מנוחה, אם יש פנאי לקרות כל הסדרה יקראו במנחה כל הסדרה, ויקראו שבעה גברי, כי כל יום השבת הוא זמן הקריאה, [**ויקראו** הסדר של שחרית קודם התחלת המנחה, ואח"כ יאמרו: אשרי ובא לציון, ואח"כ יקראו קריאה של מנחה כנהוג], **אבל** אם גם במנחה לא היה מנוחה, לא יקראו בשני או בחמישי כל הסדרה משבת העבר, כי בחול יש בטול מלאכה לעם, **אלא** יקראו רק הפרשה מן הסדר של שבת הבא, ולא מן שבת העבר.

(**וכ"ז** דוקא אם בטלו קריאת שבת, **אבל אם בטלו הקריאה בשני וחמישי, אין לו תשלומין ליום שאחריו**).

סעיף ג - כהן קורא בתורה ראשון - דכתיב: וקדשתו, וקבלו חז"ל שר"ל לכל דבר שבקדושה, לפתוח ראשון, ולברך ראשון, וליטול מנה יפה ראשון, **ומ"מ** אם רצה הכהן לחלוק כבוד לרבו או למי שגדול ממנו הרשות בידו, **אבל** לענין לקרות בתורה בביהכ"נ תקנו חז"ל מפני דרכי שלום, שאין הכהן והלוי יכולין למחול, אלא דוקא כהן קורא ראשון ואחריו לוי ואחריו ישראל, כדי שלא יבוא הדבר לידי מחלוקת, שכל אחד יאמר: אני גדול ואקרא ראשון.

[**הנה** בגמר' נזכר "בבית הכנסת", ומשמע לכאורה דדוקא שם, משום דשכיחי רבים ואתי לאנצויי, אבל כשמתפלל בעשרה בביתו, דלא שכיחי רבים כלל, לא תקנו רבנן ויכול למחול, **אמנם** מדסתם בשו"ע ולא חלק בזה, משמע דכהיום המנהג בכל מקום בשוה, וצ"ע].

ואין חילוק בין שבת ויו"ט לשני וחמישי ושאר זמנים שקוראין בהן, [**ואפי'** לא היה שם רק מנין מצומצם ג"כ אין להקל, דלא פלוג רבנן].

אם אין כהן בביהכ"נ, הולכין אחר הגדול בחכמה ומנין, אע"פ שהאחר גדול בשנים.

ואחריו לוי, ואחריו ישראל - ואסמכינהו אקרא, דכתיב: ויתנה אל הכהנים בני לוי וגו', אטו אנן לא ידעינן דכהנים בני לוי נינהו, אלא לאשמועינן דמתחלה כהנים והדר בני לוי.

סעיף ד - המנהג הפשוט שאפילו כהן עם הארץ קודם לקרות לפני חכם גדול ישראל - ר"ל אף דהרבה ראשונים סוברין, דלא נעשה תקנה זו להקדים עם הארץ לפני החכם, **מ"מ** המנהג כהפוסקים שסוברין, דלענין קריאת התורה בביהכ"נ מפני דרכי שלום לא חילקו בזה, **ואין** כאן בזיון לכבוד התורה, דכיון שכן המנהג אין כאן בזוי.

(ועיין בח"א בשם הישי"ש, דטוב ליזהר לכתחלה שלא לקרות לכהן ע"ה לפני ת"ח, אם יש כהן חבר בביהמ"ד שאפשר לקרות אותו).

והוא שהכהן יודע לקרות - מתוך הכתב, כדלקמן סימן קל"ט ס"ב, **(ומיהו אם יוכל לקרות עם הש"ץ מלה במלה** - (מתוך הכתב, כדמבואר שם), **סגי בכך, כדלקמן סי' קל"ט)** - והיינו דוקא בשאין שם כהן אחר זולתו שיוכל לקרות בעצמו, כמבואר שם.

שאם אינו יודע לקרות היאך יברך על התורה - וכהיום נוהגין לקרותו, אע"פ שאינו יודע לקרות עם הש"ץ מתוך הכתב כי אם בע"פ, **וגם** בזה לא נהגו לדקדק היטב, ותלינן דמסתמא יכול לקרוא עם הש"ץ עכ"פ בע"פ, **ועיין** לקמן בסי' קל"ט ס"ד מה שנכתוב שם.

סעיף ה - אם ס"ת פתוח והכהן קורא את שמע, אינו רשאי להפסיק, וקוראים ישראל במקומו - ה"ה אפילו עדיין לא הוציאו הס"ת, ג"כ אין ממתינין מלהוציא הס"ת עד שיגמור הכהן תפלתו, משום טרחא דצבורא.

ואפילו לדעה הראשונה בסימן ס"ו ס"ד שמפסיק, היינו כשקראוהו ומפני כבוד התורה, אבל לכתחלה אין לקרותו, **ומשום** פגמא דכהן, שיאמרו עליו שאינו כהן, ליכא למיחש, שהרי הכל רואין שהוא עסוק בק"ש ותפלה, **והסכימו** האחרונים דלאו דוקא שמע, דה"ה כשעוסק בברכות של ק"ש, **וע"ל** בסימן ס"ו, שהכרענו דיש להקל לקרותו לכתחלה כשהוא עומד בין הפרקים, ואין שם כהן אחר, וכ"ש כשהוא עוסק בפסוקי דזמרה.

הגה: וכן בתענית שאחר פסח וסוכות שקורין ויחל, אם אין הכהן מתענה, קורין לישראל; וטוב שילך הכהן מבהכ"נ - היינו דמדינא אפילו לא יצא ג"כ יוכל לקרוא לישראל במקומו, כיון שהוא אינו יכול לעלות, **רק** דלכתחלה טוב יותר שילך מביהכ"נ, דשמא איכא פגמא, משום שאין הכל יודעין שהוא אינו מתענה, **ואם** יש כהן אחר בביהכ"נ שמתענה, א"צ לכו"ע לילך מביהכ"נ, רק להודיע לש"ץ שלא יקראוהו.

קהל שהיו נוהגים מקדם, שבשבת בראשית היה אחד מהקהל מתנדב מעות לצורך ביהכ"נ, כדי שיקרא ראשון בהתחלת התורה, והכהן אינו רוצה למחול, אין חוששין לדבריו, ויעשו הקהל כמנהגם, מאחר שמנהג קדום הוא שנתקן לכבוד התורה, ומהרי"ק מאריך בשבח המנהג הזה, **ועיין** בכנה"ג ופר"ח שהסכימו, שאפילו אינו רוצה לצאת מביהכ"נ, אעפ"כ אין חוששין לזה, וקורין לישראל המתנדב.

והיינו דוקא בנידון כזה, שהיה מנהג קדום ומוסכם לכל שנעשה גם ברשות הכהנים, שהיה מנהגם מעולם לצאת בעת שקוראין להישראל, משום עילוי וכבוד התורה, שמתנדבין דמים יקרים בעד קריאת פתיחתה, **משא"כ** בעיר שרצו לעשות מנהג קבוע למכור המצות שלא ברשות הכהנים, ועל הכהנים שיצאו בשעה שקורין בתורה, שאין הרשות בידם.

סעיף ו - אם נכנס הכהן לבהכ"נ אחר שהתחיל הישראל לברך ברכת התורה - היינו שאמר: ברוך אתה ה', **אינו פוסק** - כדי שלא תהיה ברכה לבטלה, ועוד דלא נחשב פגם להכהן, דיתלו שלא היו שם בשעה שקראו להישראל, או שמא שגגה היא שסברו שאינו שם, **ומסתברא** דעולה הישראל למנין ז', וא"צ לקרות הכהן אחריו, **ואפילו** אם היה הכהן בביהכ"נ בשעה שקראו הישראל, והם טעו וסברו שאינו שם וקראו לישראל, ג"כ עולה למנין ז', **ואחר** הישראל לא יעלה הכהן, דיש לחוש לפגמו, שיאמרו שאינו כהן מדקרא אחר ישראל.

אבל ברכו לא הוי התחלה - דאין זה לבטלה, דהרי ענו הקהל ביהל"ו, ואפ"ה חוזר הכהן ואומר ברכו.

ועומד הישראל בתיבה עד שישלימו כהן ולוי - כדי שלא יתבייש, **ואז יקרא.**

אם אין כהן בבהכ"נ, קורא ישראל במקום כהן, ולא יעלה אחריו לוי - דכיון דישראל קראו לפניו, אם יעלה אחריו לוי, יאמרו שהראשון כהן היה, **ואף** שאמר "במקום כהן" כשקראוהו וכדלקמיה, אפ"ה חיישינן מפני הנכנסים אח"כ שלא שמעו כשקראוהו.

הגה: אבל ראשון יוכל לעלות - דלא גרע מישראל, **ודוקא** כשאין הישראל גדול מהלוי, דאל"ה יקראוהו ראשון, ושוב לא יקראו ללוי כלל.

ולענין לקרות ללוי שלישי או רביעי, במקום שקראו לישראל במקום כהן, י"א דמותר, ויש אוסרין, **ולפי** המבואר לקמן בסוף סעיף י' במ"א בשם הלבוש, דבמדינות אלו אין נוהגין לקרות לכהן או ללוי רק לאחרון או למפטיר, אין נפקא מינה בזה.

וכשקורין אותו, אומרים: במקום כהן, שלא יטעו לומר שזהו כהן - היינו בין כשקוראין ישראל במקום כהן או לוי.

סעיף ז - אם היו כהן ולוי בבהכ"נ, וקרא הכהן, וסבור שאין שם לוי והתחיל לברך ברכת התורה שנית - היינו

ג"כ שאמר: ברוך אתה ה', **אין מפסיקין אותו** - והטעם כנ"ל, אבל ברכו לבד לא הוי התחלה, ועולה הלוי לברך ולקרות, **וכאן** א"צ הכהן להמתין לקרות אח"כ, דהלא כבר קרא מתחלה.

סעיף ח - אם אין לוי בבהכ"נ, כהן שקרא ראשון מברך שנית וקורא במקום לוי, אבל לא כהן אחר, כדי שלא יאמרו שהראשון פגום - והא דלא קאמר "שאחד מהם פגום", וכדלקמן בס"ט, משום דמיירי כאן אפילו היכא דמוחזק לן באביהם של שניהם שהם כהנים, **ומ"מ** בראשון איכא לתלות שנתודע אחר שקראוהו דאבוה נסיב גרושה, או שמא זנתה בסתר, ונתחלל אח"כ זרעו מדין קדושת כהונה, ולכך קראו שוב לכהן אחר, **אבל** בשני ליכא למיטעי בזה, דאי חלל הוא, אף במקום לוי לא היה לן לקרותו, [**והיכא** דאין מוחזק לן באביהם שהם כהנים, אה"נ דאיכא למיחש לפגם שניהם].

וה"ה שלא יקרא ישראל במקום לוי, כדי שלא יאמרו על הראשון שאינו כהן, או שהוא פגום, מדלא קרא אחריו לוי, **וגם** שיטעו על הישראל הזה שהוא לוי.

כתבו האחרונים דאף בתענית כשאין הלוי מתענה, יברך הכהן במקום לוי, ולא יקראו לישראל.

סעיף ט - וכן לא יעלו שני לוים זה אחר זה, כדי שלא יאמרו שאחד מהם פגום - אע"פ שיודעים שאביהם לוי, איכא למיחש שאביהם נסיב ממזרת או נתינה, ופסליה לזרעיה מקדושת לויה, ואף שהוא ממזר מ"מ קורא בתורה כשאר ישראל.

סעיף י - נהגו לקרות כהן אחר כהן, בהפסק ישראל ביניהם, ואומר החזן כשקורא לשני: אע"פ שהוא כהן - פי' שקרא מתחלה כל הסדר כתקנת חכמים, כהן לוי וישראל, אז מותר לחזור ולקרוא כהן, [לאפוקי שלא יקרא כהן אחר כהן ולוי, **ומ"מ** במקום שתקנו דחכם העיר יקרא הי"ג מדות, דלא ליתי לאנצויי שאר העם, אז אפי' הוא כהן יכול לקרות שלישי]. **וה"ה** דאם אין שם לוי, וקרא הכהן פעמים, ואח"כ ישראל, נמי מותר לחזור ולקרוא כהן, **וכן** מותר לקרוא שם לוי בכל עליות שירצו, וכ"ש לאחרון או למפטיר, [וא"צ לעשות עוד סדר חדש, דהיינו כהן לוי וישראל].

והטעם, דליכא למיחש כאן לפגמו של ראשון בזה, דאי הוי פגום, מיד היו מרננין אחריו והיו מודיעין אותו לחזן, והיו קוראין אחר במקומו, ולא היו ממתינין עד אחר קריאת ישראל, **ולפגמו** של שני נמי ליכא למיחש, שיאמרו על הכהן או הלוי שהם חללים, דהא אומרים: אע"פ שהוא כהן, וכן בלוי שהוא לוי.

וכיוצא בזה נוהגים בלוי אחר לוי - ר"ל אע"ג דאמרינן בס"ט, דלוי אחר לוי לא יקרא, הכא כיון שהפסיק ישראל בינתים, וגם אומר: אע"פ שהוא לוי, ליכא שום חששא וכנ"ל.

הגה: ולכן מותר לעלות ג"כ למפטיר בכי האי גוונא - ר"ל שיזכור ג"כ שהוא כהן או לוי, **ואם קורא מפטיר סתם, אין לחוש לפגמו, דהרי לא מזכיר שמו.**

וי"א דאין לקרות כהן או לוי למנין שבעה - וה"ה ביו"ט לחמישי.

וה"ה אפילו אם ירצה לעשות סדר חדש, דהיינו כהן לוי וישראל, ג"כ אסור לשיטה זו, כיון שהוא בתוך ז' קרואים.

אבל לאחר שנשלם המנין יכולים לקרות כהן או לוי - כתבו הפוסקים, דבתענית לא יעלה כהן או לוי למפטיר, שהוא ממנין הקרואים, שהמפטיר הוא השלישי, **ואם** אין שם ישראל היודע להפטיר, מקרין אחרים אותו.

ובדיעבד אם טעו וקראו לכהן או ללוי באמצע מנין הקרואים, אם אפשר להחליף במפטיר או באחרון, ימתין בתיבה ויקראו אחר במקומו, והוא יעלה לאחרון או למפטיר, **ואם** א"א, כיון שעלה לא ירד ויברך, וכמו שמסיים הרמ"א דבמקום צורך ודחק יש לסמוך אסברא ראשונה.

וכן נוהגין במדינות אלו - ובלבוש כתב, דכהיום אפילו לאחר שבעה קרואים אין אנו נוהגין לקרותן, אלא לאחרון שבהם וכן למפטיר, וכן העתיקו שארי אחרונים, **והטעם** איתא בלבוש, דלא חיישינן באחרון לפגם, כי אדרבה בדורות הללו מחשבין אחרון חשיב מכולם, לפי שהוא מסיים הפרשה, ולגדול שבצבור קורין לאחרון, **ואע"פ** שקוראין לאחריו המפטיר, הרי מפסיקין בינו ובין המפטיר בקדיש, **וגם** במפטיר אין מקפידין אם הוא כהן, דהוי כתחלת קריאה וכדלקמיה, **ואפילו** אם האחרון היה ג"כ כהן, אין חוששין משום כהן אחר כהן, כיון שהקדיש מפסיק ביניהן, עכ"ל הלבוש.

ומ"מ במקום צורך, כגון שיש ב' חתנים ושושבינים, ולכל אחד מהן יש כהנים ולוים, חולקין את הפרשה לשנים, מתחלה קורין ז' גברי לאחד, ואח"כ קורין לחתן השני ושושביניו.

כתבו האחרונים, דבשמחת תורה שמוציאין שלשה ס"ת, יכולין להיות שלשה כהנים, אחד חתן תורה, ואחד חתן בראשית, ואחד מפטיר, כיון שכל אחד קורא בספר אחר, **אבל** בר"ח טבת שחל בשבת, שיש ג"כ שלשה ספרים, אז בספר הראשון שקורין בו פרשת השבוע אין לקרות לכהן לבסוף, אף אם הוסיפו וקראו בו יותר משבעה, לפי שעדיין אין משלימין הקריאה בספר הזה, והמשלים הוא בספר השני שקורין בו פרשת ר"ח, **רק** בספר השני שבו משלים האחרון, ובספר שלאחריו שקורין בשל חנוכה למפטיר, רשאים לקרות לכהן להיות אחרון, וגם כהן למפטיר, **וכן** בשבת של פרשת שקלים, או של פרשת החודש שחל בר"ח, שיש ג"כ שלשה ספרים, אין לקרות כהן להשלים הקריאה בספר הראשון, רק בשני ספרים האחרונים רשאים לקרות כהנים לאחרון ולמפטיר כמו שכתבתי.

ומיהו במקום צורך ודחק יש לסמוך אסברא ראשונה - כגון בשמחת תורה וכה"ג, יש לסמוך דמיד שקרא ג' קרואים הראשונים כהן לוי וישראל, מותר לקרות אח"כ כהן או לוי, וכמ"ש לעיל בדעת המחבר.

ודע דאפילו אם נסמוך אסברא ראשונה, מ"מ יש הרבה ראשונים ואחרונים שסוברין, שאין להקל לקרות כהן ולוי בעלמא, אלא א"כ

יעשו סדר חדש, דהיינו כהן ולוי וישראל, דבזה אין לחוש לפגמא כלל, שיאמרו עליו שאינו כהן, שהרי קורין אחריו לוי, אבל בלא סדר אין לקרוא כהן או לוי משום פגמא, **וע"כ** מן הנכון ליזהר בזה לקרותם דוקא על הסדר, ואפילו כשקורין אותם לאחר ז' קרואים, **ולפי** סברא זו, אפילו לאחרון או למפטיר אין לקרוא כהן ולוי, אלא שבזה כבר נהגו העולם להקל, וכן סתמו האחרונים.

סעיף יא - יש מי שאומר שאם קרא החזן כהן או לוי ואינו שם, לא יקרא לאחר בשם, משום פגמו של ראשון - דיסברו שנודע בתוך כך שהוא פגום, **אלא אחר יעלה מעצמו, (וכן נהגו)** - וכתבו האחרונים, דמ"מ בנו מותר לקרות בשם, דאם איתא שהוא פגום אף בנו פגום, **אבל** אביו אסור, דיאמרו אביו נשא גרושה מכבר, שהאב כשר והבן חלל.

ואם אותו כהן מתפלל, מותר לקרות האחר בשם, דהכל רואין שבשביל שאינו יכול להפסיק בתפלה אינו עולה.

אבל בישראל אם קראוהו ואינו שם, יכול לקרות לאחר בשמו, דבישראל לא שייך פגמא, דאפילו ממזר מותר לעלות לתורה.

כתב בספר שערי אפרים, דאם קראו לכהן או ללוי לאחרון או למפטיר ואינו שם, וקורא לאחר, אע"פ שהאחר הוא ג"כ כהן או לוי, מותר לקרותו בשם, דלא שייך כאן לומר דנודע שהראשון פגום, דהא ישראל ג"כ מותר לעלות לאחרון או למפטיר.

(ס"ל שהוא ככן יכול לקרוא ככן אחר לתורה) - ואין חוששין בזה לפגמו של עצמו, שהכל יודעים שכיון שהוא ש"ץ אין סברא לומר שידחה כל הכהנים מלעלות, ולא מפני שהוא פגום, **ואפילו** אם הסגן הוא כהן, שבידו לקרות לכל מי שירצה, או במקום שקונין מצות עליות לתורה, והקונה המצות הוא כהן או לוי, יכול לצוות לקרות לכהן או לוי אחר, ואין בזה משום פגם, שהכל יודעין שהדרך הוא לכבד אחרים.

סעיף יב - עיר שכולה כהנים, אם יש ישראל אחד ביניהם, אותו ישראל קורא ראשון, מפני דרכי שלום - שלא יאמר כל אחד: למה אתה קורא ראשון יותר ממני.

והיינו דוקא כשאין שם ג"כ לוי כלל, שאין יכולין להתקיים כסדר שתקנו חז"ל, וע"כ טוב לשנות מפני השלום, **אבל** אם יש שם עוד לוי אחד, יקראו כסדר המשנה כהן לוי ישראל, ואח"כ את השאר יקראו כהנים.

ואם יש שני לוים ושני ישראלים, קורא כהן לוי וישראל, ואח"כ עוד כהן ולוי וישראל, וכהן קורא שביעי, וכ"ש יתר עליות הנוספות.

וכ"ז כשיש ישראל אחד, אבל אם יש שני ישראלים, וכ"ש יותר, הוא בכלל מה שכתב השו"ע אח"כ, שאין בהם ישראל כדי סיפוקם, **וע"כ** יקרא הכהן בתחלה, וגם יקרא הכהן במקום לוי, ואח"כ יקראו הישראלים, ויתר העליות ישלימו בכהנים.

וה"ה כשיש רק לוי אחד בעיר שכולה כהנים, אותו לוי קורא ראשון מהאי טעמא.

וכל שאין בהם ישראל כדי סיפוקם, או שאין שם ישראל כלל, קורא כהן אחר כהן, שאין שם משום פגם, שהכל יודעים שאין שם אלא כהנים; והוא הדין לעיר שכולה לוים.

ואם אין שם אלא כהנים ולוים, יקרא כהן אחר כהן בהפסק לוי בינתים, [**ואפי'** אין שם רק שני לוים, ג"כ יקרא הכהן מתחילה ואח"כ לוי, ואח"כ עוד הפעם כהן ואח"כ לוי, ויתר העליות ישלימו בכהנים].

כהן שהוא אבל, ואין כהן אחר בביהכ"נ, בשבת מותר לקראו לכהן, שלא יהיה נראה כאבלות בפרהסיא, **ובחול** לא יעלה, דאבל אסור בד"ת, **ומ"מ** בין בחול ובין בשבת יותר טוב שיצא מתחלה מביהכ"נ, ויקראו לישראל או ללוי במקום כהן.

סעיף יג - אם קטן קורא בתורה בצבור, בסי' רפ"ב. אם אין כהן אלא סומא או שאינו בקי, בסי' קל"ט.

סעיף יד - בני אדם החבושין בבית האסורין - וה"ה לחולה, **אין מביאים אצלם ס"ת אפי' בר"ה ויוה"כ** - כדי לקרות בה בעשרה, והטעם, שזלזול הוא לס"ת להוליכה אל אנשים שצריכין לה, כי כבודה שילכו אנשים אליה.

ועיין בבה"ל שכתבנו, דדוקא כשאין שם עשרה, אבל כשיש שם עשרה חבושים, מותר, (**ומטעם** דמן הדין י"ל דאין חל על יחיד מצות קה"ת בזמן שאין יכול לילך לביהמ"ד, **אבל** כשיש שם עשרה, כיון דחל עליהם חובת קריאה, והם אינם יכולים לצאת משם ולילך אחריה, צריך להביא להם ס"ת לקרות בה).

ויש חולקין בכל זה, כיון דאנוסים הם, (דמאי זילותא הוא לס"ת כשבני אדם מהדרין אחריה לקרות בה אם נביאה אליהם, כיון שהם אינם יכולים לילך אחריה), **ובפרשת** זכור שהוא דאורייתא בודאי יש להקל, ואפשר דה"ה גם בפרשת פרה.

ומה שהולכין מביהכ"נ מנין אנשים לאיזה בית, ונושאין ס"ת עמהם כדי לקרות שם, ודאי אינו נכון, דהא אפשר להם לשמוע הקריאה בביהכ"נ - א"ר, **ויש** שמצדדין עליהם זכות, משום שכל אחד רוצה בעצמו לעלות בתורה בימים האלה, **אבל** אין זה מספיק לזלזל בס"ת משום זה, לטלטלה מביהכ"נ, ובפרט בימים הנוראים שמנהג למכור מצות, על פי רוב גורמים בזה הפסד להכנסות של צדקה, **אכן** אם גם הם מוכרין המצות, ומתרבה עי"ז הכנסה של צדקה, מסתברא שאין להחמיר בזה, [שזה נקרא כבוד התורה]. **ומ"מ** מה טוב אם יוכלו לקבוע שם מקום לס"ת על איזה זמן קצר וכדלקמיה.

הגה: וכיינו דוקא בשעת הקריאה לבד, אבל אם מכינים לו ס"ת יום או יומים קודם, מותר - והאחרונים הסכימו, דה"ה אם הכין מקום לס"ת באותו יום, שיהא מונח שם יום או יומים, דשפיר דמי, **ובלבד** שיניחה שם במקום שהכין קודם זמן הקריאה, ובשעת הקריאה יוציאנה ויקרא בה ואח"כ יחזירנה לשם, דאז אין מינכר שהבאתה היתה לצורך קריאה בלבד, אלא שקבע דירתה בכאן לאותו זמן.

ואם הוא אדם חשוב - רוצה לומר, גדול בתורה, [**לאפוקי** תקיף וממונה לשררה], (וצריך עיון), **בכל ענין שרי (אור זרוע הגהות אשרי)** - היינו אפילו בלי הכנת מקום, דאדרבה התורה מתעלית על ידי אנשים גדולים ולאו זלזול אצלה, **ועיין** בספר שמן המאור, דבחשוב אפילו אינו אנוס שרי, **ויש** מחמירין בחשוב לחוד, וטוב שיכין מקום.

§ סימן קלו – מי הם הנקראים לס"ת בשבת §

סעיף א- בשבת ויו"ט ויום הכפורים - שקורין הרבה, **קורים אחר הלוי ת"ח הממונין על הציבור, ואחריהם ת"ח הראוים למנותם פרנסים על הציבור, (שמשאלים אותו דבר הלכה בכל מקום ואומר), ואח"כ בני ת"ח שאבותיהם ממונים על הציבור** - שמחוייבין לכבדם בשביל כבוד אבותם, שיש בזה כבוד לאבות.

ואח"כ ראשי כנסיות וכל העם - ועכשיו נהגו שגדול הצבור הוא המסיים הסדרה.

כתב פמ"ג, מה שנוהגין באיזה קהלות קטנות, לקרוא לפי השנים ע"ה קודם לת"ח, לאו שפיר עבדי, ואיסורא הוא.

כתב מהרי"ל, מצוה לקרות בי"ט אנשים המעמידים הקהלה, לפיכך הם קודמין לכל אם אין שם תלמיד חכם מופלג.

כתב בתשובת ר"מ מינץ, במקום שנהגו שהפרנס הוא עולה, אינו רשאי למחול לאחר שיקרא במקומו, ופרטי דין זה מבואר לקמן סימן קנ"ג.

וכ"ז מיירי במקומות שאין מוכרין המצות, אלא שעומד הממונה וקורא לפי הכבוד, אבל במקומות שמוכרין המצות ונופל המעות לצדקה, כל הקונה אותם יש לו רשות לכבד למי שירצה, **ומלבד** שיקרא לכל אחד לפי כבודו, שלא יבוא לידי מחלוקת, **גם** יקרא החיובים, שזה לא מכרו לו.

(ועתה נסדר החיובים שהסגן מחוייב לצוות לקרותם קודם לאחרים, וכפי התקנות והנהגות שהנהיגו רבותינו הגדולים, וכפי המבואר בלבוש ומ"א וש"א).

א - (**חתן ביום חופתו** – היינו בחול כשיעשה החופה ביום זה, הוא קודם לכל החיובים, אפילו לנער שנעשה בר מצוה ביום זה, וכ"ש שקודם ליא"צ).

ב - (**חתן בשבת קודם החתונה שמזמרים אותו** – הוא ג"כ קודם לכל החיובים, ואפילו אם לא תהיה החתונה באותו שבוע, כגון שהולך לעשות חופתו בעיר אחרת רחוק מכאן, דוחה ג"כ לכל החיובים).

(**ודוקא** למי שמזמרין אותו, אבל אלמן שאין מזמרין אותו, אינו חיוב בשבת שלפני החתונה, אפילו אם היא בתולה, **ובשערי** אפרים כתב, שאם אין חיובים יש לקרותו קודם לאחרים).

(**ואם** היה החתן סבור שתהיה החתונה בשבוע זה, ואח"כ נדחה החתונה והיה בשבוע אחר, אם רוצה שיזמרו אותו שנית, הוא חיוב לקרותו אז, ואם לאו אינו חיוב).

ג - (**נער שנעשה בר מצוה באותה שבוע** - י"א אף שנעשה בר מצוה באמצע שבוע העבר, **וי"א** דוקא אם נעשה בר מצוה בו ביום - פסקי תשובות, **וי"א** דאיירי שיהיה הבר מצוה באמצע שבוע הבא - ציץ אליעזר). **אם** יש לו עירנית, דהיינו שהוא מתושבי העיר, הוא קודם לכל החיובים, כיון שהוא זמן חינוכו, מלבד חתן שמזמרין לו, שהוא שוה לו, ויטילו גורל, **ואם** אין הנער שנעשה ב"מ מתושבי העיר, אף שמחוייבין לקרותו, מ"מ אין דוחה שום חיוב של תושבי העיר).

(**וכשקוראין** נער בר מצוה, אביו מברך: ברוך שפטרני מעונשו של זה, כדלקמן בסימן רכ"ה).

ד - (**בעל אשה יולדת בשבת שהולכת לביהכ"נ** – כשאשתו בריאה והולכת לביהכ"נ, מחויב לקרותו, והיינו בין לבן ובין לבת, הוא קודם לכל החיובים, חוץ החתן בשבת שמזמרין אותו, ונער שנעשה בר מצוה, שהם קודמין וכנ"ל, **אבל** אם היא חולה ואינה יכולה לילך, אינו חיוב עד שתלך, **ואם** הוא מ"ם יום לזכר או שמונים לנקבה, הוא חיוב אף שאינה הולכת, דהוא זמן הבאת הקרבן, **והמפלת**, בעלה חיוב, **אא"כ** הפילה צורה שאין אנו בקיאין בה).

ה - (**חתן בשבת שאחר החתונה** – מי שהיה חתונתו מיום ד' ואילך, הוא חיוב בשבת שאחריו, ודוחה חיוב יא"צ, ואבי הבן לפני המילה, **ודוקא** שהוא בחור או שנשא בתולה, **ואם לאו** אינו חיוב, **ומי** שאשתו הולכת לביהכ"נ, הוא קודם לחתן זה, **אפילו** לבחור שנשא בתולה, **ובשער** אפרים כתב, דאפילו אם היה החתונה בשבוע זה קודם יום ד', **אע"פ** שאין דוחה חיוב אחר, מ"מ יש לקרותו קודם לאחרים, **ובחור** שנשא בתולה קודם למי שנשא אלמנה, ואלמנה לחלוצה וגרושה).

ו - (**יאר צייט בשבת שהוא יום שמת בו אביו או אמו** – הוא חיוב, ונדחה מפני שאר חיובים חוץ מחיוב אבי הילד קודם המילה, **ואפילו** אם המילה באותו שבת, נדחה מפני היא"צ, לפי שסופו לעלות בשבת שתלך לביהכ"נ, **ואם** היא"צ אינו ביום השבת רק בשבוע שאחריו, אינו חיוב לדחות אבי הילד, ומ"מ נוהגין לקרותו כשאין חיוב אחר).

ז - (**אבי ילד זכר בשבת שלפני המילה** – **ויש** מקומות שנוהגין שגם המוהל והסנדק הם חיובים, ויש שאין נוהגין כן, רק מכבדין אותן בהגבהת הס"ת).

(**נוהגין** לקרות התוקע לעלות לתורה בר"ה, **ויש** מקומות שש"ץ המתפלל מוסף בר"ה הוא ג"כ חיוב לעלות לתורה באותו יום שהוא מתפלל, **ודוקא** אם הוא תוקע ומתפלל בחנם, אבל אם בא בשכרו אינו חיוב כלל). (**ויש** מקומות שבר"ה ויוה"כ אין משגיחין בחיוב, כי אם על המתנדבים בעין יפה על צדקה).

(**אם** אחד קנה עליה אחת, ונזכר הסגן שיש חיוב שצריך לקרותו, יכול לחזור בו, שמכירה בטעות הוא).

(אם יש שני חיובים שוים, יטילו גורל, מלבד אם אחד ת"ח, הוא קודם).

(מי שהיה חולה ונתרפא וכיו"ב, שצריך לברך ברכת הגומל, יש לקרותו קודם לאחרים, כיון שנהגו לברך בשעת קה"ת, ומ"מ אינו דוחה שום חיוב, כיון שמן הדין יכול לברך בעשרה אף בלאו עליה לס"ת, יש לו לעשות כן ולא ידחה החיוב מפניו).

(נוהגין לקרות למי שעתיד לצאת לדרך ולהשתהות אחר השבת, או בא מן הדרך, וכן נוהגין לחלוק כבוד לאורח נכבד ולקרותו, והוא טוב ויפה, **אך** אין דוחין שום חיוב מהחיובים הנזכרים).

(**ופשוט** דבמקום שהמנהג למכור המצות ונופל המעות לצדקה, באלה שאינם מהחיובין רק משום מנהגא, אין להפסיד צדקה בשבילם, ומ"מ תלוי לפי ראות עיני הסגן).

(**ומשמע מאחרונים**, דאף במקום שנהגו למכור כל העליות ולא להשגיח אף על החיובים, מ"מ חתן בשבת שקודם החתונה, וכן נער שנעשה בר מצוה, אין דוחין אותם, ונ"ל שאף יתר החיובים הנ"ל ג"כ אין לדחותם מכל וכל, שהוא מנהג קדמונים, רק עכ"פ יתנו להם בעליות הנוספות).

§ סימן קלז - כמה פסוקים צריכים לקרא לכל אחד §

סעיף ג - אם דלג פסוק אחד ולא קראו, אם הוא במנחה בשבת, או בב' וה', וקרא יו"ד פסוקים בלא פסוק המדולג, אינו חוזר - דהא קרא י' פסוקים כתקנת חכמים, ואין הפסוק המדולג חובת היום, והרי יקראנה בשבת הבא אחריו.

ומיירי שכל אחד קרא ג' פסוקים, ובין כולם היו עשרה, דאם ע"י הדילוג קרא אחד פחות מג' פסוקים, אפילו בדיעבד צריך לחזור ולקרות, כדלקמיה בס"ד.

ואם לאו, חוזר - היינו שקרא רק ט' פסוקים בין הכל, **ואף** דמבואר לקמיה בס"ד דבדיעבד בקרא ט' בין הכל יצא, **הכא** דיש שתי ריעותות, שפיחת מי' פסוקים וגם דילג באמצע, גרע טפי וחוזר.

והאי חוזר היינו אם נזכר לאחר שכבר בירך ברכה אחרונה, חוזר הוא ומברך לפניה, וקורא פסוק זה עם עוד שני פסוקים, שאין קורין בתורה פחות מג' פסוקים, ומברך לאחריה.

אבל בשבת, אפילו דילג פסוק אחד, חוזר וקורא - ואפילו מקצת מפסוק אחד, ואפילו רק תיבה אחת, צריך לחזור ולקרותו, ויש להתחיל מתחלת אותו פסוק ולקרותו ושנים עמו, כדין פסוק שלם.

ואפילו קראו ז' גברי בלא פסוק המדולג. **והאי** חוזר היינו שחוזר ומברך לפניה ולאחריה.

ונראה שדוקא אם הדלוג היה בעליות הראשונות, **אבל** אם הדלוג היה בעליה שביעית, וכ"ש בעליות הנוספות על מנין שבעה, אין צריך לחזור ולברך בכוון משום פסוק המדולג, דהלא בלא"ה יעלה המפטיר לתורה, א"כ יתחיל הוא מפסוק המדולג עד סוף הפרשה, [**ואפי'** אם ע"י הדילוג לא נשאר בעליה שביעית ג' פסוקים, דהלא קימ"ל דמפטיר עולה למנין שבעה].

ואפי' אחר שהחזיר את התורה ואמר קדיש, חוזר וקורא הוא ושנים עמו, ואפילו הפטיר והתפלל מוסף, חוזר וקורא.

פרשת המועדים (דינם) כמו מנחה בשבת ושני וחמישי, לפי שכבר קראו הפרשיות בשבתות שלהן - ומיירי שעכ"פ קראו להחמשה גברי ג' פסוקים לכל אחד כדין, דאל"ה בודאי חוזר וקורא.

ועיין במ"א שכתב, דה"ה אם דילג איזה פסוק מהפסוקים שקורין בס"ת שניה למפטיר עבור חובות היום, דהיינו פסוקי קרבן מוסף, שאינו חוזר, **אם** לא שחיסר עיקרן של הפסוקים לגמרי, דהיינו בשבת שאירע בו יום א' דחוה"מ סוכות, שקורין למפטיר "ביום השני וביום השלישי", והוא דילג "וביום השלישי", אע"פ שקרא "וביום השני", הוי כאלו לא קרא כלל מחובת היום, לדידן דבקיאין בקביעא דירחי, **מיהו** אם קרא "וביום השלישי", ודילג ולא קרא "וביום השני", אינו חוזר לקרות בברכה, אלא פותח הס"ת וקורא אלו הפסוקים לפני הצבור בלא ברכה.

ועיין בא"ר שהוסיף עוד, דלפעמים אפילו אם דילג רק פסוק אחד ג"כ חוזר לקרות בברכה, וכגון שבפסוק זה היה עיקרו של חובת היום, כגון שדילג במה שקורין למפטיר ביום א' של פסח, מפסוק "והקרבתם" ולהלאה, עד "לכפר עליכם", דמשם והלאה אינו שייך כ"כ לחובת היום, **וביום** א' של סוכות, אם דילג איזה פסוק מ"והקרבתם" עד סוף הפרשה, או שחיסר ביום א' של חוה"מ כשחל בשבת, איזה פסוק שהוא מפרשת "וביום השלישי", וכן הסכים בספר שערי אפרים.

(**ולפי"ז** נראה לכאורה, דה"ה בפרשיות המועדים אם דילג מעיקר מה ששייך ליו"ט זה, כגון בחג הסוכות שלא קרא פרשת חג הסוכות כלל, רק קרא החמשה קרואים עד "תשבתו שבתכם", ונזכר זה לאחר שקרא המפטיר, דצריך לחזור ולפתוח הספר ולקרוא זו הפרשה בברכה לפניה ולאחריה, **וכן מצאתי שמצדד בעל שערי אפרים, אלא שכתב שם** שדעת ספר שלמי חגיגה אינו כן, ודעתו שבדיעבד אם נזכר לאחר שכבר התחיל המפטיר אין מחזירין אותו, ויקרא הפרשה בס"ת בצבור בלא ברכה).

סעיף ד - אם קרא אחד ב' פסוקים, צריך לחזור ולקרות - אף שבין הכל קראו עשרה פסוקים, כגון ששנים שלפניו קראו ד' ד', אפ"ה צריך לחזור ולקרות, דאין קריאה חשובה בפחות מג' פסוקים, **וכתב** הט"ז דה"ה בשחרית בשבת, אף אחר שקראו שבעה קרואים כדין, אם אירע שקרא אחד אחר זה שני פסוקים, נמי חוזר מהאי טעמא שכתבנו, (**וה"ה במפטיר אם אירע כן נמי דינא הכי**).

ולענין ברכה לפניה כך דינו, אם עדיין לא בירך ברכה אחרונה, אע"פ שכבר גלל הס"ת והיה בדעתו לברך, ונזכרו שלא קרא רק ב' פסוקים, חוזר וקורא בלא ברכה לפניה, **אבל** אם כבר בירך ברכה אחרונה, נסתלקה קריאה הראשונה לגמרי, ולכן צריך לחזור ולברך

לפניה, ולהתחיל ממקום שהתחיל בקריאה הקודמת, כי קריאת שני פסוקים אלו לא עלו כלל, ועוד פסוק אחד עמו כדי להשלים ג' פסוקים, **ואם** השנים שלפניו לא קראו רק ג', צריך הוא להשלים עד ארבעה פסוקים, כדי שיהיה בצירוף עשרה פסוקים, **ואפילו** אם כבר קראו לאחד העולה אחריו, ועלה לתיבה, יעמוד שם אותו האחר עד שיברך זה שנית, ויקרא הג' פסוקים וכנ"ל, ויברך לאחריו, ואח"כ יקרא זה שעלה אחריו.

ואם כבר התחיל השני לברך, או שסיים כל הברכה, ונזכרו, יש לו להתחיל ממקום שהתחיל זה שלפניו, דהיינו אף שני הפסוקים הקודמים, ויסיים עוד פסוק ויברך לאחריה, **וי"א** שמלבד שני פסוקים הקודמין, יקרא עוד שלשה פסוקים, [מטעם, שהרי הוא לא כוון בברכתו על השני פסוקים הראשונים, ולכך לא עולים לו בחשבון]. **והראשון** יעמוד שם עד שיגמור זה, ואח"כ יברך הראשון שקרא שני פסוקים, ויקרא להלן ממקום שסיים זה, **ואם** הראשון ירד כבר מהתיבה ואח"כ נזכרו, יכולין לקרות אף לאחר להשלים הקרואים השלשה.

בד"א בשלא היה כהן בביהמ"ד וקראו ישראלים, אבל אם קרה זה בכהן שקרא רק שני פסוקים, ואח"כ בירך הלוי, ואז נזכר שטעה הכהן ולא קרא רק שני פסוקים, **לא** יתחיל הלוי אלא ממקום שפסק הכהן, ויקרא מכאן ולהלן ג' פסוקים, ולא יקרא השני פסוקים הראשונים שקרא הכהן, דבחול כשר אם חיסר מהתחלת הפרשה, דיהיה פגם לכהנים הנמצאים שם כשיקרא הלוי מראש הספר, **ואחר** הלוי יקרא שני ישראלים להשלים מנין הקרואים, כי הקריאה שקראו שני פסוקים כמאן דליתא דמיא, דא"א לקרוא כהן הראשון שטעה אחר לוי, דאין כהן קורא אחר לוי.

ואם אירע בשבת וביו"ט שחרית שקראו לאחד מן העולים שני פסוקים ובירך לאחריה ונזכר שטעה, י"א דבזה טוב יותר ששוב לא יקרא הוא בעצמו, אלא יקראו אחר, **דבחול** שאסור להוסיף על מנין הקרואים, א"כ אם יקראו אחר להשלים במקומו, מחזי כמו שקרא ארבעה קרואים, **משא"כ** בשבת דמותר להוסיף, יותר טוב שיקרא אחר, משיקרא עולה זה שני פעמים בס"ת אחת, דאין נכון לכתחלה כמבואר בסימן רפ"ב, ויתחיל ממקום שהתחיל הראשון וכנ"ל, וישלימו ז' קרואים מלבד זה שקרא השני פסוקים, **וי"א** דאף בשבת אין צריך לקרוא לאחר, [**ונראה** דאם אירע טעות זה בכהן, בודאי יש לנהוג כן, לפי מה שהחלטנו דצריך העולה להתחיל מראש, א"כ אם יקרא הלוי מראש יהיה פגמא לכהנים הנמצאים שם וכנ"ל, וע"כ בודאי יותר טוב שיתקן הכהן בעצמו טעותו].

ואם לא קראו בין שלשתן אלא ט' פסוקים, ג' לכל אחד, אינם צריכים לחזור ולקרות; וראיה לדבר: פ' עמלק - דכולה אינה אלא ט' פסוקים, וכיון דהתם קורין לכתחלה ט', בשאר ימים יוצאין עכ"פ בדיעבד בט', ולא בעינן עשרה רק למצוה לכתחלה, **ובביאור** הגר"א וכן בתשובת פנים מאירות חולקים ע"ז, ודעתם דעשרה הוא לעיכובא, ובפחות מזה חוזר ומברך וקורא, [**היינו** ג' פסוקים, דאין קורין בתורה פחות מג"פ, ואין למדין מפרשת עמלק, משום דשם לא אפשר בענין אחר], **ונראה** דאף לדעה ראשונה, טוב שיקראו בצבור עכ"פ בלא ברכה עוד ג' פסוקים.

אבל אם קראו פחות מט' - היינו שקראו כל אחד ג' פסוקים, אלא שבסך הכל לא היה כי אם שמונה פסוקים, כגון שהשלישי קרא פסוק אחד מהשני שלפניו, **דאם** השלישי לא קרא כי אם ב' פסוקים, כבר אשמועינן בריש הסעיף דלא יצא, **צריכים לחזור ולקרות** - ר"ל אותו שקרא שלא כהוגן, ותיבת "צריכים" לשון רבים לאו בדוקא הוא.

וי"א דיצא בדיעבד, כיון שעכ"פ קראו כל אחד ג' פסוקים, [**ולמעשה** נראה לענ"ד דאין להורות כן, דבלא"ה דעת הגר"א ופמ"ג הנ"ל, דאפי' אם קראו ט' לא יצא].

[**ואפי'** אם בין כולם קראו י' פסוקים, אלא שהשלישי שקרא ד' קרא שני פסוקים למפרע, ג"כ לא יצא, **דהא** לשיטת הגר"א דאין למדין מפ' עמלק, משום דשם א"א בענין אחר, ה"ה בהאי ענינא דלמפרע, ג"כ לא יוכל ללמוד מאנשי מעמד, משום דשם לא אפשר בענין אחר].

סעיף ה - אם קרא פרשת פרה, ופסק: בולגר הגר בתוכם, וגלל ס"ת, חוזר ופותח ומתחיל מראש הפרשה עד: תטמא עד הערב, ומברך לפניה ולאחריה - והרבה אחרונים הסכימו, ד"גלל" לאו דוקא, אלא העיקר תלוי באם בירך ברכה אחרונה, ואם לא בירך אע"פ שגלל הס"ת, חוזר וקורא את המותר בלא ברכה לפניה.

ומתחיל מראש הפרשה - והא דלא סגי שיתחיל ממקום שפסק מתחלה, דכיון שלא קראו מתחלה כסדר שתקנו חכמים, אין כאן קריאה, **ואפ"כ** הסכימו האחרונים, דאם דילג איזה פסוק אינו חוזר, דהרי קורא הפרשיות בשבתות שלהן, וכמו לעיל בס"ג לענין פרשיות המועדים, **אכן** כ"ז דוקא אם דילג מהפסוקים שאינם מעיקר חובת היום, דהיינו עד "לגר הגר בתוכם", **אבל** אם דילג מעיקר חובת היום, הסכים בא"ר דחוזר, וכמו שנתבאר לעיל במ"ב לענין פסוקי קרבן מוסף.

סעיף ו - הקורא בתורה ראשון, וקרא השני מה שקרא הראשון, אם הוסיף על מה שקרא הראשון ג' פסוקים - במקום שאפשר, **או אפי' שנים במקום דלא אפשר** - היינו דלא אפשר לקרות שלשה כי אם שנים, משום דסליק ענינא, והיינו שהוסיף שני פסוקים על פסוק אחד שקרא ממה שלפניו, וכמו שאנו נוהגין בר"ח, שהלוי מתחיל פסוק שקרא הכהן, ואינו מוסיף רק שני פסוקים, מפני שא"א בענין אחר, כמו שיתבאר בהלכות ר"ח, **אותו שני עולה מן המנין.**

(וה"ה אפילו אם מוסיף רק אחד, היכא דסליק ענינא ולא אפשר לקרות יותר, מכ"ש דפרי החג שהקילו יותר משום דלא אפשר).

ודוקא דיעבד, אבל לכתחלה אין כדאי שיקרא למפרע מהפסוקים הקודמים, אפילו אם ירצה להוסיף עליהן כמה, [**והיינו** דוקא לענין לעלות ממנין הקרואים, אבל אם אינו עולה ממנין הקרואים, כגון לאחר ז', מותר לכתחילה לדעת המחבר, דאפי' באינו מוסיף מותר,

ולדעת הרמ"א אפשר דיש להחמיר גם בזה]. **אך** יש נוהגין בפ' בחקותי, קורין לעולה תוכחה ג' פסוקים קודם, כדי להתחיל בדבר טוב, אף שכבר קרא השלישי אותן הפסוקים.

ואם לאו - שלא קרא שלשה במקום דאפשר לו לקרות שלשה, או שלא קרא שנים במקום דהיה אפשר לו עכ"פ לקרות לשנים, דאי לא אפשר כלל, הוי דומיא דפרי החג, **אינו עולה מהמנין.**

מלשון זה משמע, דאין איסור בדבר לחזור ולקרות מה שקרא העולה שלפניו, אלא שאין עולה למנין הקרואים, ואזיל לשיטתיה בסימן רפ"ב ס"ב, **וע"ש** ברמ"א דחולק ע"ז.

חוץ מפרי החג, משום דלא אפשר - בחוה"מ סוכות, דהרביעי חוזר וקורא מה שקראו הכהן והלוי, משום דלא אפשר לקרות לפניו מה שאינו מענינו של יום.

§ סימן קלט – סדר קריאת התורה וברכותיה §

סעיף א - במקום שנהגו שהעולה עצמו קורא בקול רם, אם לא סידר תחלה הפרשה פעמים שלש בינו לבין עצמו, לא יעלה - היינו אע"פ שקראוהו לעלות, ואחז"ל ג' דברים מקצרים ימיו של אדם, ואחד מהן מי שנותנין לו ס"ת לקרות ואינו קורא, הכא לא יעלה, שצריך מתחלה לסדר בינו לבין עצמו, **ואסמכוהו** חכמים אקרא, דכתיב: אז ראה ויספרה הכינה וגם חקרה.

ובמקום שהחזן קורא, הוא צריך לסדר תחלה - ובדיעבד אם אין שם בביהכ"נ מי שסידר לעצמו מתחלה, כדי שלא לבטל קריאה בצבור נוהגין להקל, שיקרא אחד שיודע לנגן הטעמים אע"פ שלא סידר, וקוראין לפניו בלחש מתוך החומש או הסידור.

ומצוה מן המובחר שגם העולה יסדר תחלה בינו לבין עצמו, **ובשנים** מקרא שקרא בערב שבת יוצא, כי נחשב בחשבון הסידור, [**וע"כ** טוב שבערב שבת יקרא השנים מקרא ואחד תרגום, פן יקראוהו למחר לעלות בתורה].

סעיף ב - מי שאינו יודע לקרות, צריך למחות בידו שלא יעלה לספר תורה - מתוך דברי המחבר מוכח, דאפילו אם יכול לקרות עם הש"ץ מלה במלה מתוך הכתב, ג"כ אין לקרותו כיון שיכול לקרוא לאחר, **אבל** מדברי הטור, וכן מתשובת הרא"ש שהובא שם בב"י, משמע דיש להקל בזה, **ובפרט** לפי מה שכתב בס"ג בשם מהרי"ל, בודאי אין להחמיר בזה.

ואם צריכים לזה שאינו יודע לקרות, לפי שהוא כהן או לוי ואין שם אחר זולתו, אם כשיקרא לו ש"צ מלה במלה יודע לאומרה ולקרותה מן הכתב, יכול לעלות; ואם לאו, לא יעלה - לפי שאסור לקרות אפילו אות אחת שלא מן הכתב, וע"ל בס"ג בהג"ה, דמנהגנו להקל בכל גוונא.

סעיף ג - אפי' ראש הכנסת או חזן, לא יקרא עד שיאמרו לו: קרא - וכ"ש אדם דעלמא, **והטעם**, שאין ראוי שיחלוק אדם כבוד לעצמו, **ועוד** דלא ליתי לאנצויי, שכל אחד יקדים עצמו.

ונהגו שש"צ כשרוצה, מברך וקורא בלי נטילת רשות, משום דהוי כאילו משעה שמינוהו לש"ץ הרשוהו על כך - שיעור הלשון כן הוא: משום דהוי כאלו הרשוהו על כך משעה שמינוהו לש"ץ, **ובב"י** מבואר יותר, דכיון דעכשיו נוהגים שהש"ץ הוא הקורא במקום העולים, א"כ כיון שהרשוהו להיות ש"ץ, הרי הרשוהו לקרות בתורה, ומסתמא לא קפדי אם יברך ג"כ, אחרי שבלא"ה הוא הקורא.

הגה: ובמדינות אלו אין נוהגין כן, ואין החזן עולה רק כשהסגן אומר לו לעלות, אבל אין קורין לו בשמו, כמו שאר העולים שקוראים אותם בשמם פלוני בר פלוני - כיון שהוא עומד שם.

ומי שאביו מומר לעכו"ם, קורין אותו בשם אבי אביו, אבל לא בשמו לבד, שלא לביישו ברבים.

ודוקא שלא עלה מימיו בשם אביו, אבל אם הוא גדול והורגל באותו העיר לעלות בשם אביו, והמיר אביו לעבודת כוכבים, קוראים אותו בשם אביו כמו שהורגל, שלא לביישו ברבים, וכן אם איכא למיחש לאיבת המומר - ומ"מ לא יאמר תארים על אביו, כמו "חבר" או "מורנו", כי אין לומר שקר, רק יאמר בחפזון לבלי ירגישו העם, **ודוקא** באותה העיר כמו שכתב הרמ"א, אבל אם בא לעיר אחרת ושואל אותו הסגן איך נקרא לתורה, יאמר שם אבי אביו.

ואסופי ושתוקי קורין אותו בשם אבי אמו - ומיירי שבאת אחת קודם שנאסף מן השוק ואמרה שהיא אמו, **ועיין** בט"ז שדעתו, דיש לקרותו בשם בן אברהם, ובח"א ג"כ כתב שזהו יותר נכון.

ואם אינו ידוע - שם אבי אמו, **קורין אותו בשם אברהם, כמו לגר** - דקורין אותו בשם בן אברהם, על שם הכתוב: כי אב המון גוים נתתיך.

סומא אינו קורא, לפי שאסור לקרות אפי' אות אחת שלא מן הכתב. (ומהרי"ל כתב דעכשיו קורא סומא, כמו שאנו מקרין בתורה לע"ה) - ר"ל שאנו נוהגין להקל אפילו אם אינו יכול לקרות עם הש"ץ מלה במלה מתוך הכתב, ה"ה בסומא, **וטעמו**, דכיון שאנו נוהגין שהש"ץ קורא, והוא קורא מתוך הכתב, שוב לא קפדינן על העולה, דשומע כעונה.

ולדינא כבר כתבו האחרונים, דנהגו להקל כמהרי"ל, ומ"מ לפרשת פרה ופרשת זכור נכון שלא לקרותן לכתחלה, [**ודין** זה דמהרי"ל, כבר כתב הד"מ שלא נראה לו, בין בסומא, בין בע"ה אם אינו יכול לקרות עם הש"ץ, אלא מפני שנהגו העולם להקל בזה העתיקו הרמ"א, **ולכן** בפרשת פרה שי"א שהיא דאורייתא, ובפרט בזכור דלכו"ע היא דאורייתא, נכון להזהר בזה].

סעיף ה - נהגו לכסות הכתב בסודר, בין גברא לגברא - אע"פ שמן הדין צריכה להיות מגוללת, כמ"ש ס"ד, מ"מ נהגו להיות פתוחה, ובמקום גלילה מכסין בסודר קודם ברכה אחרונה.

והטעם שאין להניחה פתוחה, שאין כבוד לתורה שתהא פתוחה ותמתין עד שיבוא אחר.

(ובמדינות אלו נהגו שהיא מגוללת בין גברא לגברא, וכן עיקר) - ולא סגי בכיסוי בעלמא, **וכתב** הט"ז, דלפי מנהג זה שוב א"צ כיסוי, והכיסוי הוי טרחא יתירא, **ורק** בעת שאומרים קדיש אחר הקריאה שפיר יש לכסות, דאז מסתלק מן הקריאה, **וה"ה** כל מקום שיש זמן ארוך, כגון שמזמרין לחתן, או שמאריכין ב"מי שמברך", אז מכסין בסודר.

סעיף ו - אומר ברכו והברכות בקול רם - הטעם כמו שמסיים הרמ"א, ואף הברכות כדי שיוכלו כל הצבור לענות אמן,

והאומרים בלחש טועה - דלמי אומר "ברכו" כשאומר בלחש, **ובלחש** נקרא כל דלית עשרה דצייתי, כדין דבר שבקדושה דאינו בפחות מי', **ועיין** במ"א, דה"ה בקדיש יש ליזהר שלא לאומרו בלחש מהאי טעמא.

ויש אומרים שצריך לחזור ולברך בקול רם. הגה: כדי שישמעו העם ויענו: ברוך ה' המבורך לעולם ועד - מדברי הרמ"א משמע, דס"ל דהאי י"א לא קאי רק על "ברכו", אבל בברכות אינו מעכב בדיעבד אם בירך בלחש, (**ומעיקר** הדין יש להסתפק בזה אף לענין דיעבד, דכיון דהברכות אלו לא נתקנו כל עיקר אלא מפני כבוד התורה כשקורא בצבור, כמ"ש ס"ח, והיינו דכשקורא בה בצבור יש לכבדה קבל עם ולקבוע עליה הודאה בפני עצמה, וא"כ מאי כבוד הוא זה כשאומרם בינו לבין עצמו ואין הציבור שומעים, **ובדיעבד** מסתברא דאין לחזור ולברך, דספק ברכות להקל), **אבל** לכתחלה בודאי מצוה לאומרן בקול רם וכנ"ל.

ואם לא שמעו הצבור את המברך - היינו כשאמר "ברכו", **אע"פ ששמעו החזן עונה, לא יענו עמו, אלא עונין אמן על דברי החזן** - עיין לעיל בסימן נ"ז במ"ב ובה"ל, מה שכתבנו שם. (ר"ל שעומד אצל הש"ץ, ורואה שהש"ץ אומר בלחש, ומשער שבודאי לא שמעו ט' אנשים, רק איזה יחידים, ועל ידם נשמע להקהל, ע"כ לא יענה אחריהם רק אמן – שם).

סעיף ז - אחר שענו העם: ברוך ה' המבורך לעולם ועד, חוזר המברך ואומר: ברוך ה' המבורך לעולם ועד, כדי לכלול המברך עצמו בכלל המברכים.

סעיף ח - אפילו ברך ברכת התורה לעצמו ותיכף קראוהו לקרות בתורה - היינו שלא אמר שום פסוק אח"כ, **צריך לחזור ולברך: אשר בחר בנו, כשקורא בתורה, דמשום כבוד התורה נתקנה כשקורא בצבור** - ר"ל ולא הוי ברכה זו ברכה יתירתא, **ומ"מ** כדי שלא יהיה ברכה הראשונה בכדי, כתב הפר"ח וכן שארי אחרונים, דיראה לקרוא עכ"פ פסוק אחד, כגון "יברכך", דרך הילוכו לס"ת.

סעיף ט - אם קראוהו לקרות בתורה קודם שיברך ברכת התורה לעצמו, כבר נפטר מלברך ברכת: אשר בחר בנו - דיצא במה שבירך על התורה ברכה זו.

דלא גרע ממי שנפטר באהבה רבה - וכתבו האחרונים, דמ"מ לא דמי לגמרי לנפטר באהבה רבה, דהתם יצא בזה גם ברכת "אקב"ו לעסוק", וגם "והערב נא", **משא"כ** הכא לא נפטר רק מברכת "אשר בחר בנו" לבד, אבל אידך צריך להשלים, ויאמר אח"כ ברכת כהנים שרגילין לומר תמיד.

סעיף י - ברכה אחרונה: אשר נתן לנו תורת אמת, זו תורה שבכתב; וחיי העולם נטע בתוכנו, הוא תורה שבע"פ - ע"ש הכתוב: דברי חכמים כדרבונות וכמשמרות נטועים, **ומנהגנו** לומר "וחיי עולם".

סעיף יא - הקורא בתורה צריך לאחוז בספר תורה בשעת ברכה - היינו דיאחוז בעמודי ס"ת, **ועיין** בב"ח וט"ז שהסכימו, דבעת הקריאה צריך ג"כ לאחוז בס"ת, **יש** נוהגין לאחוז אז ביריעות עצמן ע"י מפה, ועיין במ"א.

הגה: וסמכו מנהג זה על מה שנאמר ביהושע: לא ימוש ספר התורה הזה מפיך חזק ואמץ - "ספר תורה הזה" משמע שתופסה בידו, **ומזה נהגו לומר למסיים לקרות בתורה בכל פעם: חזק.**

אחר הקריאה מנהג לנשק הס"ת, **וכשנזדמן** לו רוק, ירוק, אך מן הצד, ולא כנגד הס"ת, דאסור, ואח"כ ינשק, **ולא** ינשק ואח"כ ירוק.

§ סימן קמ – דיני הפסק בברכת התורה §

סעיף א - הקורא בתורה ונשתתק, העומד יתחיל ממקום שהתחיל הראשון, ויברך בתחלה ובסוף - אבל לא יתחיל ממקום שפסק הראשון ויברך לפניהם ולאחריהם, שא"כ יהיו אותם הפסוקים שקרא הראשון, נתברכו לפניהם ולא לאחריהם, **וכ"ש** אם יתחיל במקום שפסק הראשון ויברך אחריהם לבד, דהו"ל הראשונים ברכה לפניהם ולא לאחריהם, והאחרונים לאחריהם ולא לפניהם, **לכך** מתחיל ממקום שהתחיל הראשון, ומברך לפניהם ולאחריהם.

ולא יוכל לסמוך על ברכה ראשונה שבירך הנשתתק, שהמברך בתורה אינו מברך להוציא אחרים בברכתו, אלא כל אחד ואחד מן הקרואים מברך לעצמו, **וכ"ש** אם נשתתק תיכף לאחר הברכה קודם שהתחיל לקרות, דאינו יוצא השני בברכתו, **ועיין** באחרונים שכתבו,

דכשחוזר ומברך, אינו חוזר לאמירת ברכו, כי אם הברכה בלבד, שהוא עיקר ברכת התורה, [**והמג"א** מפקפק בזה].

(**ואפילו נשתהא זמן כדי לגמור כל הקריאה, אף על פי כן אינו חוזר לראש הסדר, אלא למקום שהתחיל הנשתתק**).

ולהרמב"ם לא יברך בתחלה - ס"ל דסומך על ברכת הראשון, **וכתבו** האחרונים דהעיקר כדעה הראשונה.

הגה: ואפילו בזמן הזה שש"ץ קורא, דינא הכי - הטעם, דמה שהש"ץ קורא, כאלו קורא הוא דיינינן ליה.

סעיף ב - העומד לקרות בתורה וברך ברכה שלפניה, וקרא מקצת פסוקים, ופסק ודבר דברי תורה או דברי חול, לא הוי הפסק ואינו צריך לחזור ולברך - כשקורא להלן, דלא נתבטל עדיין ברכה ראשונה, **ואפילו** הסיח דעתו מלקרות עוד, ושוב נמלך וקורא להלן, א"צ לחזור ולברך, **ויש** מי שכתב בענין אחר, וספק ברכות להקל, **ומ"מ** נכון שהמברך יכוין תחלה בברכתו, שאף שיסיח דעתו יחזור ויקרא על סמך ברכה זו, **ואעפ"כ** לכתחלה אסור להפסיק באמצע הקריאה, אף בלא היסח הדעת כלל.

ואין חילוק בין שקרא פסוק אחד או כמה פסוקים, **אבל** בלא קרא עדיין כלל, אם הפסיק אפילו בד"ת, כיון שהוא שלא מענין הקריאה, צריך לחזור ולברך, ואפילו שח מלה אחת, **וכמו** בכל ברכת המצות או הנהנין, דצריך לחזור ולברך אם הפסיק תיכף אחר הברכה, אף אם יודע בבירור שלא הסיח דעתו, דכיון שלא התחיל עדיין בהמצוה, אין לה אח"כ על מה לחול, **ואם** שח לצורך הקריאה, אין צריך לחזור ולברך, ולכתחלה גם זה אסור, **ואין** חילוק בין לשה"ק ללשון חול.

סעיף ג - העולה לקרות בתורה והראו לו מקום שצריך לקרות, וברך על התורה והתחיל לקרות או לא התחיל, והזכירוהו שפרשה אחרת צריך לקרות, וגלל הספר תורה למקום שצריך לקרות בו, י"א שאינו צריך לחזור ולברך - טעמו, דמסתמא דעתו על כל פרשיות התורה המונחת לפניו.

וי"א שצריך - לברך כשקורא את הפרשה הראויה לקרות, **וטעמו**, דבודאי לא נתכוין בברכתו רק על הפרשה שהראו לו מקודם, וע"כ צריך לברך מחדש על פרשה זו, **וכתבו** האחרונים, דנוהגין למעשה כהי"א הזה.

והתחיל לקרות - (במ"א מפקפק, דאפשר דכיון שהתחיל לקרות וחל ברכתו, לכו"ע א"צ לחזור ולברך, והגר"א וא"ר וש"א הסכימו דהדין עם המחבר).

ואין נ"מ בין אם המקום שהראו לו מתחלה היה פרשה אחרת לגמרי, או אפילו באותו סדר, אלא שצריך לגלול ממקום ראשון למקום זה, בכל זה צריך לחזור ולברך, דבודאי לא היה דעתו בברכתו על מה שאינו מגולה לפניו - ח"א ושארי אחרונים, **והמקיל** שלא לחזור ולברך, באם היה המקום שהראו לו באותו סדר, יש לו על מי לסמוך.

ואם פרשה זו הראויה לו לקרות היה ג"כ מגולה לפניו בעת שהראו לו המקום הראשון, בזה הסכים הט"ז וש"א, דא"צ לחזור ולברך, דדעתו היה על כל מה שמגולה לפניו, **ואפילו** אם המקום שהראו לו מתחלה היה מסדר שבוע העבר, כיון שגם מסדר של שבוע זו מגולה לפניו, דעתו על כל מה שמגולה.

ואין לחלק בין אם הפרשה הראויה היה בעמוד זה או בעמוד השני, דמסתמא דעתו ע"כ מה שפתוח לפניו, **גם** אין חילוק בין אם המקום שהראו לו היה למעלה, והמקום הראוי לקרות הוא למטה, או שהראו לו למטה, והמקום הראוי לקרות היה למעלה, בכל ענין א"צ לחזור ולברך, כיון שא"צ לגלול, **אלא** שאם הראו לו למטה, והמקום הראוי הוא למעלה, והוא חוזר למקום הראוי, טוב שיקרא עד המקום שהראו לו בתחלה, ועוד איזה פסוקים להלן, [**אבל** אינו מעכב, וע"כ אם ארע זה בסוף הסדר, שהראו לו מסדר שבוע אחר, ונזכרו, בודאי א"צ לקרות כי אם במקום הראוי לבד, ולא מסדר שבוע הבא].

(**ואם התחיל לומר "בא"י", ונזכר אז, אם הוא מקום קרוב שא"צ הפסק גדול עד שיגלול למקום הראוי, כגון שהוא העמוד הסמוך לו לפניו או לאחריו, אזי יראו לו מיד מקום הראוי ויסיים ברכתו, אבל אם צריך לגלול, וע"י שהות הגלילה יהיה הפסק ניכר בין הזכרת השם ובין הברכה, יש לו לסיים מיד "למדני חוקיך", כדי שלא יהא הזכרת השם לבטלה, ויגלול למקום הראוי, ויתחיל שנית הברכה, ואם כבר אמר ג"כ "אמ"ה", שאז א"א לו לסיים שוב "למדני חוקיך", אז יש לסמוך שיסיים הברכה אחר שגלל למקום הראוי, אף אם יש שהות קצת, לפי שהפסק שתיקה אינו חשוב הפסק כ"כ**).

(**עיין בפמ"ג שדעתו, דדוקא אם בעת הברכה היה יודע את הפרשה שמברך עליה, ועליה נתכוין, רק שאחר הברכה נודע לו שצריך לקרות פרשה אחרת, ולהכי יש אומרים דחוזר ומברך, כיון דבעת הברכה לא כוון עליה, משא"כ אם היה עצם הדבר בטעות, כגון שפתחו ספר תורה ולא דקדקו לראות, וסברו ששם כתובה פרשת חובת היום, ובירך עליה, ואח"כ נודע להם שפרשה אחרת היא, והוצרכו לגלול למקום הראוי, אינו הפסק, כיון דכונתו היה מתחלה לפרשה זו, ודה"ח הביא ראיה דאין לחלק בזה**).

§ סימן קמא – דיני הקורא והמקרא §

סעיף ג - יש נוהגים להעמיד מי שמקרא לעולה מלה במלה, ואחר שגומר המקרא המלה אומרה

העולה - ר"ל דכיון שאין אומרים שניהם בבת אחת, ליכא חשש דתרי קלי לא משתמעי.

(עיין בב"י, דאפילו אם המקרא אומר בקול רם שפיר דמי, **ולכאורה** מיירי שגם המקרא קורא מתוך הכתב שבס"ת, דאם היה מקרא מתוך חומש יש לפקפק בזה, לפי מאי דהביא בב"י לקמן סימן תר"ץ בשם האו"ח, דנהגו לגעור במי שמסייע לחזן בע"פ, מטעם דשמא יתן השומע לבו לזה שקורא ע"פ ולא לקריאת חזן, וה"נ יש לחוש כעין זה, **אך** יש לדחות, דכיון שאין קורין בבת אחת אין לחוש לזה).

סעיף ד - אם ש"צ רוצה לברך לעצמו ולקרות, צריך שיעמוד אחר אצלו, שכשם שנתנה תורה על ידי סרסור - והוא משה רבינו ע"ה, דכתיב: אנכי עומד בין ה' וביניכם, **כך אנו צריכים לנהוג בה על ידי סרסור.**

נוהגין שהגבאי או הקונה המצות עומד אצל ס"ת, וזה נקרא סגן, כדי שיהיה ג', היינו שהסגן הוא כביכול במקום הש"י, שהוא מצוה לקרות לכל מי שירצה, והקורא הוא הסרסור במקום משה, והעולה הוא המקבל במקום כל ישראל ובשליחותם - לבוש, **ובאמת** זהו מנהג הקדמונים, שיהו שלשה עומדים אצל ס"ת, כמו שכתוב במסכת סופרים, אלא ששם איתא טעם אחר לזה, וז"ל, אינו מן המובחר שיעמוד החזן יחידי לפני התיבה, אלא שיעמדו עמו אחד לימינו ואחד לשמאלו, כנגד האבות.

כתב בספר שערי אפרים, מזה יש ללמוד שיש לבחור לסגן איש נכבד ובעל מעשים טובים ודעת הבריות נוחה הימנו, שלא יחשדוהו שבשביל הנאת עצמו או איזה סיבה יתמוך כבוד למי שאינו ראוי או בהיפוך, **וכן** ראוי לצבור שלא יהרהרו אחר הסגן, וידונו אותו בכל ענין לכף זכות, והדבר אשר יקשה בעיניהם עליו יתלו כי משגה היה, וטעה בשקול הדעת, **ואף** אם אירע שקרא לאחד שלא לפי כבודו, וחושד להסגן שעשה במתכוין להכעיסו, אם נגע יראת ה' בלבבו יש לו להתאפק ולא יאמר לו דבר, וישא ק"ו בנפשו, אם קרוץ מחומר תפעם רוחו בנגוע בקצה כבודו כחוט השערה, על אחת כמה וכמה שיש לו לחוש לכבוד המקום ב"ה ולכבוד תורתו הקדושה, שלא לעשות שערוריה עי"ז, והמעביר על מדותיו מעבירין לו על כל פשעיו, **ואם** אחד בגובה אפו עשה מריבה עם הסגן, אעפ"כ חוב על הסגן להיות מן הנעלבים, ולא יניח מקומו, **ואם** הסגן הניח הס"ת והלך לו לפי שזה הקניטו בדברים, ראוי לענשו, כי אם אדם חטא ס"ת למה בייש, וכל ערום יעשה בדעת, ויחוס לכבוד המקום ולכבוד התורה וכו', עכ"ל בקיצור.

סעיף ה - אין הצבור רשאים לענות אמן עד שתכלה ברכה מפי הקורא, ואין הקורא רשאי לקרות בתורה עד שיכלה אמן מפי הצבור - ואפילו יש אנשים שמאריכין באמן, צריך להמתין עליהם, דהא כולם צריכין לשמוע הקריאה, לכן צריך הקורא להמתין אפילו על המיעוט שיגמרו האמן ואח"כ יתחיל לקרוא.

וכתבו האחרונים, שהמנהג שהקורא עונה אמן עם הצבור בקול רם, וממשיך בו קצת יותר מן הצבור, בכדי שיבינו שמתחיל לקרות, ויטו אוזן לשמוע, ומתחיל לקרות מיד, **וטוב** שיפסיק קצת בין אמן להתחלת הקריאה, שלא יהא נראה מחמת נגינת אמן, שהוא דבוק אל מה שקורא.

סעיף ו - יכולים לקרות ב' אחים זה אחר זה, והבן אחר האב - פירוש מן הדין אין שום חשש איסור, וע"כ אם קראוהו וכבר עלה, לא ירד, **אך** לכתחלה אין מניחים כו'.

ואין מניחים אלא בשביל עין הרע - ואין נ"מ בין אחים מן האב או מן האם, ואפילו אומרים שאין מקפידים על עין הרע, **ויש** שמחמירין אפילו אב עם בן בנו משום עינא בישא, ובמקום הצורך יש להתיר עם בן בנו, [**ובש"א** מתיר במקום הצורך גם באחים מן האם].

ואפי' אם אחד הוא השביעי וא' הוא המפטיר, לא יקראו השני בשמו משום עין הרע - ר"ל אף שמפסיקין בקדיש בינתים, מ"מ מקרי זה אחר זה, כיון דאין מפסיק אחר בינתים, **ודוקא** בשבת שאין מוציאין ס"ת אחרת למפטיר, אבל אם מוציאין ס"ת אחרת, מותר, **וכן** אם המפטיר אינו בר מצוה עדיין, מותר.

והיינו לאפוקי מקום שנוהגים שלא לקרות המפטיר בשמו, רק סתם: יעמוד מפטיר, כיון שאין פורטין את שמו, מותר, אפילו שני אחים זה אחר זה, או אב ובנו, **ודוקא** במקום שנוהגין כן, אבל לעשות כן במקום שנוהגין לקרות בשם, לא, דעי"ז גופא הוי היכר טפי, [**ובשערי** אפרים מקיל בזה במקום צורך גדול, או יעלה מעצמו בלי קריאה כלל], **וכן** אם המנהג שלא לקרות בשם הוא בשביעי, מותר לקרותן בששי ושביעי.

סעיף ז - העולה למגדל, עולה בפתח שהוא לו בדרך קצרה ממקומו - משום כבוד הצבור, שלא ימתינו עליו הרבה, **וגם** משום כבוד התורה, להראות שהיא חביבה עליו וממהר לקרות בה.

וירד מהמגדל בדרך אחר, שהוא לו בדרך ארוכה עד מקומו - שלא תהא נראה עליו כמשא.

ואם ב' הדרכים שוים, עולה בפתח שהוא לו בדרך ימין - כדאמרינן בעלמא: כל פינות שאתה פונה לא יהא אלא דרך ימין,

ויורד בפתח שכנגדו - ואסמכוה לזה מקרא דיחזקאל מ"ו, דכתיב: לא ישוב דרך השער אשר בא בו, כי נכחו יצא.

וגם החזן כשמוליך הס"ת להתיבה נמי הדין כן, שעולה בדרך ימין וירד מהתיבה בפתח שכנגדו, **ואפשר** דבס"ת לעולם עולה בדרך ימין אפי' אם היא דרך ארוכה, [דלא שייך בזה הטעם משום כבוד הציבור וכבוד התורה כמו ביחיד], **ובמקומותינו** שהבימה עומד תמיד באמצע נגד ארון הקודש, כמו שכתב הרמ"א בסימן ק"נ ס"ה בהג"ה, א"כ שני הדרכים שוים, ובודאי עולה בדרך ימין.

כתבו האחרונים, מי שקורין אותו לעלות לתורה, יש לו לילך בזריזות מיד, ולא ירוץ, משום כבוד ביהכ"נ וכבוד הצבור.

(ולא ירד עד שעלה כבר הראוי לקרות אחריו) - משום כבוד ס"ת, שלא יניחנה לבדה, **והמנהג** להמתין עד שמתחיל השני הברכה, והמדקדקים חוששין שבדרך לא יוכלו לשמוע הקריאה כהוגן, לכן

ממתינין עד שיסיים השני, ויורדים בין גברא לגברא, **וכשיורד** מן הבימה ילך בנחת ולא ירוץ, שלא יהא נראה עליו כמשא.

סעיף ח - כל תיבה שהיא קרי וכתיב, הלכה למשה מסיני שתהא נכתבה כמו שהיא בתורה, ונקרית בענין אחר; ומעשה באחד שקרא כמו שהיא כתובה בפני גדולי הדור, הרבנים: ה"ר יצחק אבוהב, והר"ר אברהם ואלאנסי, והר"ר שמואל ואלאנסי בנו ז"ל, והתרו בו שיקרא כפי המסורה - ר"ל הקבלה שקבלנו לקרותה, ולא אזלינן בתר הכתיבה דנקרא מסורת בעלמא, "אם למסורת", **ולא רצה, ונדוהו והורידוהו מהתיבה.**

וליכא משום איסור לקרות בתורה אפילו אות אחת שלא מן הכתב, דשאני הכא שכך היא הלכה למשה מסיני.

§ סימן קמב – דין מי שקרא וטעה, ובמקום שאין שם מי שיודע לקרות בדיוק §

סעיף א - קרא וטעה, אפילו בדקדוק אות אחת - כגון שחיסר או הוסיף איזה אות וכדומה, כמו שיבואר לקמיה, **מחזירין אותו** - שיקראנה בדקדוק, והיינו בין כשהוא עומד עדיין בפסוק זה, ובין שכבר גמר הפרשה, ואפילו בירך לאחריה נמי, העולה אחריו חוזר לאותו פסוק וקורא ממנו ולהלן עד סוף הפרשה, ועוד שלשה פסוקים מפרשה שאחריה, [**כנ"ל** לרווחא דמלתא, שלא יהא מנכר כ"כ לעיני הציבור השינוים שעושין, **אבל** מדינא סגי אם יקרא הפסוק זה ושנים עמו, וידלג עד סוף הפרשה, ויתחיל אח"כ להעולה מתחילת הפרשה שהקורא עומד עתה בה, **ואפשר** עוד, דאפי' פסוק אחד סגי, כיון שקורא להעולה זה עוד פרשה].

(**ולפי"ז** אם כבר גמרו הקריאה, ונזכרו שטעו בתיבה שהענין משתנה עי"ז, לדעת השו"ע יצטרך לחזור ולקרות פסוק זה ועוד שני פסוקים עמו, ובברכה לפניה ולאחריה, כמו בדילג פסוק או תיבה בסימן רפ"ב, **ובח"א** כתב, דלענין ברכה סמכינן על הסוברין, דאפילו בנשתנה הענין א"צ לחזור בדיעבד, **ולמעשה** יש לנהוג כוותיה).

הגה: וכן דין החזן הקורא - כלומר עכשיו שהחזן הוא הקורא נמי דינא הכי, אע"פ שהוא אינו מברך על הקריאה, דלאו בברכה תליא מילתא.

ודוקא שינוי שמשתנה ע"י זה הענין, אבל אם טעה בנגינת הטעם או בניקוד, אין מחזירין אותו - היינו בין בחזן הקורא, ובין העולה, **אבל גוערין בו.**

וה"ה אם חיסר או הוסיף איזה אות, במקום שאין הענין משתנה עי"ז, כגון שקרא ל"אהרן" "הרן" בפתח בלא אל"ף, או ל"מצרים" "מצריים" וכדומה, ונקט נגינה וניקוד, משום דע"פ רוב אין הענין משתנה על ידם, (**ובביאור** הגר"א מפקפק אפילו במקום שאין הענין משתנה, כגון "מצרים" "מצריים" וכדומה, וכן אם טעה בין "אם" ל"ואם", נמי דעתו דמחזירין, **וכן** פסק הפר"ח, ומסיים מיהו אם לא טעה באותיות אלא בניקודם או בטעמם, ואין הענין משתנה בשום דבר עי"ז, אין מחזירין אותו, רק גוערין בו עיי"ש, ומסתברא דגם הגר"א מודה לזה).

ובניקוד נמי אם אירע שהענין נשתנה עי"ז, כגון "יַעֲשֶׂה" בפת"ח, קרא "יֵעָשֶׂה" בציר"י, או להיפוך, או "בַּחֲלֵב" בחט"ף, קרא "בַּחֵלֶב" בציר"י, או "יוֹשֵׁב" "יָשַׁב", וכל כיוצא בזה שהענין משתנה, בודאי מחזירין אותו גם בניקוד, **ובספר** שלחן עצי שטים הוסיף עוד, דה"ה בנגינת הטעמים כשהענין משתנה עי"ז, כגון שקרא משרת במקום מפסיק, מחזירין אותו, **ודלא** כמו שאומרים ההמון, שאם קרא את השם אין מחזירין בטעה בנגינה.

(**ופשוט** **דדוקא בטעות באיזה אות, אבל אם חיסר איזה תיבה, אפילו לא נשתנה הענין עי"ז, כגון "כי אני הכבדתי", וקרא "כי הכבדתי", לא יצא וצריך לחזור, דלא נזכר בשום מקום בחיסר תיבה שיהא חילוק בין נשתנה הענין או לא).**

(**ודע** **דלכאורה נראה דדין זה דהשו"ע הוא דוקא בשבת, אבל בימות החול או במנחה בשבת, דקי"ל בסימן קל"ז דאפילו פסוק אחד שלם כשדילג אינו חוזר, ה"ה בזה, ואולם אפשר דזה גרע טפי אם אמר תיבות באותיות אחרות, שהענין משתנה עי"ז, וצ"ע).**

וכתב בתשובת מהר"מ מינץ, החזן צריך לחזור מתחלה הסדרא שתהא שגורה בפיו כל הדקדוקים במתגין, לעיל ומלרע, ימין ושמאל, ויקרא במתון ולא במהירות, שאולי יבליע שום אות או תיבה, והביאו הא"ר.

סעיף ב - וישוב שיש שם מנין, ואין מי שיודע לקרות בתורה כהלכתה בדקדוק ובטעמים, אפ"ה יקראו בתורה בברכה כהלכתה, (ומפטירין בנביא) - בלי נגון הטעמים, **ומשמע** מכמה אחרונים, דאפילו אם אין שם מי שיודע כלל, ובודאי יטעו גם בכמה טעיות שהענין משתנה עי"ז, אפ"ה התירו להם לקרות ובברכה, כדי שלא תתבטל הקריאה לגמרי, **והפר"ח** חולק בזה, וכתב דכיון שיטעו בטעיות שמשתנה הענין, כמו שבמקום "חֵלֶב" קורא "חָלָב", או מ"זֵכֶר" ל"זָכָר", ואין שם יודע שיוכל להחזיר הקורא מטעותו, פשיטא שאין מברכין בתורה, ואין מפטירין בנביא, **ועיין** בפמ"ג שגם הוא מצדד כן, ודעתו דיש לקרות בלא ברכה.

ואם יש שם מי שיודע עכ"פ לקרות הטעמים מתוך החומש, יקרא זה מתוך החומש לפני האיש הקורא בס"ת, להורות הדרך בנקודות וטעמים כראוי, **והקורא** מתוך החומש לא יקרא בקול רם, רק כדי שיהא נשמע להקורא מתוך הס"ת.

(ועיין בסמוך ריש סי' קמ"ג).

§ סימן קמג – דין אם נמצאת ס"ת מוטעה ויתר דיני הספר §

סעיף ב - אם כתבו כל חומש לבדו, אפילו בגלילה כספר תורה, אין קורין בו - מפני כבוד הצבור, [שלא יאמרו שאין להם ס"ת שלמה, וזה גנאי להם]. (**ואם** רוצין הצבור למחול על כבודם, יש דעות בין הפוסקים).

עד שיהיו כל חמשה חומשים תפורים ביחד. הגה: וכס כתובים בגלילה כספר תורה, אבל בחומשים שלנו, אפילו כל ה' ספרים ביחד אין לברך עליהם - דהא אינן בגלילה, וכן אינן תפורין בגידין, ולא בקלף, וכל דין ס"ת.

ובישוב שאין להם ס"ת, נכון לקרות בחומשין בלא ברכה, שלא תשתכח תורת קריאה, **ולא** יקרא להעולים בשם כמו שהמנהג לס"ת, אלא הש"ץ יקרא הכל בקול רם לפניהם.

ובמקום שיש ס"ת ואין ש"ץ בקי בנגינה בעל פה, ראיתי נוהגים שהש"ץ קורא מן החומש בנקוד, והעולה קורא אחריו מן הס"ת הכשר - והאידנא נוהגים שאחד קורא מהחומש בלחש, והש"ץ קורא אחריו מס"ת הכשר, משום דיש אנשים שאין יודעין לקרות בניגון וטעמים, ואפילו מקרין אותם, לכן מקרין להש"ץ.

סעיף ג - אפילו בכפרים שאין נמצא להם ס"ת כשר - היינו בין «שנמצא להם» חומשים העשוים בגלילה הנזכר בס"ב, ובין ס"ת שלמה אלא שיש בה פסול, **אין מברכין עליו** - זהו דעת המחבר, דאפילו בשעת הדחק אין לברך, **ועיין** לקמיה בס"ד בהג"ה בסופו, דהביא בזה שתי דעות, ועי"ש במ"ב.

סעיף ד - כדי להבין את דברי זה הסעיף, אקדים לזה הקדמה קצרה, והוא, דהנה דעת רוב הפוסקים, דספר תורה שחסר תיבה אחת או אות אחת, או שנמצא בה טעות, פסולה לקרות בה, ולדידהו אם נמצא בה טעות, אפי' לאחר שכבר קראו ז' קרואים, צריך לחזור לראש בס"ת הכשר ולברך עליה, דאותה קריאה ראשונה כמאן דליתא דמיא, **ודעת** מקצת פוסקים, דאפילו חסר כמה פסוקים, וכ"ש כשנמצא בה טעות בעלמא, אף דלא נקראת ס"ת לענין שיקיים בה מ"ע של כתיבת ס"ת, מ"מ מותר לקרות בה אם אין לו אחרת.

והנה המחבר בסעיף ג' סתם, דלכתחלה אין להוציא ס"ת פסולה לברך עליה, אפילו במקום שאין לו אחרת, אחרי דרוב הפוסקים סוברין דאסור, **אך** אם נמצא הטעות אחר שכבר קראו הסדרא, פסק הר"ר יעקב בי רב, דלענין דיעבד סומכין על דעת קצת פוסקים הנ"ל, שמכשירין לקרות בה ועלתה להם הקריאה, ואין צריך להוציא ס"ת אחרת, והסכימו עמו האחרונים בזה, **וה"ה** אם נמצא הטעות בין גברי לגברי, ועדיין לא השלימו הז' קרואים, לענין מה שכבר קראו סומכין על דעת המקילין הנ"ל, שיצאו בדיעבד, **אך** לקרות בה עוד אסור, ומוציאין אחרת ומתחילין ממקום שפסקו הקריאה, ומשלימין הקרואים עם אותם הראשונים שקראו במוטעת, והיינו דגם הם מצטרפין להז' קרואים, כיון שהוא בדיעבד וכנ"ל, **וכתבו** האחרונים, דמ"מ אם אפשר טוב יותר שיקראו ז' קרואים בס"ת שהוציאו.

וכ"ז אם כבר בירך ברכה אחרונה בפסולה, אבל אם באמצע קריאתו מצאו טעות, אפילו כבר קראו הרבה פסוקים, וכ"ש כשלא קראו עדיין ג' פסוקים, וגם אפי' גמר קריאתו לגמרי, כל שלא בירך עדיין ברכה אחרונה, אין לברך ברכה אחרונה על הפסולה, דזה הוא לכתחלה, אלא יוציאו אחרת ויקראו שם ג' פסוקים, ויברך שם ברכה אחרונה לבד, זהו שיטת מהר"י בי רב שהעתיקו המחבר בסעיף זה, **ודעת** המרדכי, שאם כבר קראו ג' פסוקים, ואפשר להפסיק שם, שאינו ב' פסוקים סמוך לפרשה, פוסקים שם ומברך ברכה אחרונה, ומוציאין אחרת לעלות שמה יתר הקרואים, ואם עדיין לא קרא ג"פ, או שקרא ג"פ אלא שנשאר רק ב"פ סמוך לפרשה, שאי אפשר להפסיק שם, יקרא הטעות בע"פ, ויגמור קריאתו בפסולה, ויברך ברכה אחרונה, ואח"כ יוציא אחרת, **וכן** אם הוא בר"ח וכיוצא, שצריך להשלים הפרשה לחובת היום, ואין להוסיף על הקרואים, וא"כ כשהטעות בקריאת הרביעי, א"א להפסיק שמה לברך ברכה אחרונה, שא"כ יצטרך להוסיף על מנין הקרואים, וכיון שא"א להפסיק שמה, יגמור הקריאה בספר הפסול ויברך ברכה אחרונה.

והרמ"א בהג"ה עשה כעין הכרעה ביניהם, והוא, דאם לא קרא עדיין רק שני פסוקים, או אפילו קרא ג"פ אך שא"א להפסיק שם, כגון שהוא ב"פ סמוך לפרשה וכיו"ב, לא יברך ברכה אחרונה, אלא יוציא אחרת ויגמור קריאתו שמה, ויברך ברכה אחרונה, וכדעת המחבר, **אבל** אם כבר קרא ג"פ, והוא במקום שאפשר להפסיק שם, דעתו כהמרדכי, דיברך ברכה אחרונה על הפסולה, ואח"כ יוציא אחרת, ועתה נבוא לבאר דברי השו"ע בפרט.

אם נמצא טעות בס"ת בשעת קריאה - פי' שלא קראו עדיין רק מקצת העולין, דבנשלם סדר הפרשה ואח"כ נמצא הטעות, אין מוציאין אחרת, דבדיעבד סמכינן אפוסקים דמכשירין קריאה בס"ת פסולה, **ומיירי** המחבר דנמצא הטעות בין גברי לגברי, ולכך כל האנשים שכבר קראו עולין למנין ז', ואף האחרון, דהוי דיעבד גמור.

מוציאין ספר תורה אחרת, ומתחילין ממקום שנמצא הטעות - מיירי שבמקום שפסק העולה שם נמצא הטעות, ולהכי כתב דמתחילין ממקום זה, **וה"ה** אפי' לא נודע להם הטעות עד אחר שקראו אחר הטעות ג' או ד' פסוקים, ג"כ אין מתחילין אלא ממקום שפסקו, דבדיעבד עלתה להם מה שקראו בספר הפסול.

ומשלימין הקורים על אותם שקראו במוטעה - היינו דגם אותם שקראו כבר מצטרפין למנין שבעה, וה"ה בשני וחמישי למנין שלשה, **ומ"מ** אם אפשר לקרות ז' קרואים ממקום שפסקו עד סוף הסדרא, ודאי ראוי ונכון לעשות כן לכתחלה.

ואם נמצא טעות באמצע קריאת הקורא - היינו אפילו כבר קראו כמה פסוקים, כל שלא בירך עדיין ברכה אחרונה, אינו יכול

לפטור עצמו במה שכבר קרא בס"ת הפסולה, דזה הוי כלכתחלה, שהרי יכול לקרות ג' פסוקים בספר כשר, וע"כ **גומר קריאתו בספר הכשר** - היינו שיקרא שם שלשה פסוקים, **ומברך לאחריה, ואינו חוזר לברך לפניה** - דס"ל דברכה ראשונה שבירך העולה בתחלת קריאתו בספר הראשון עולה גם לזו, דהא דעתו היה מתחלה על פרשה זו, מה לי ס"ת זו או אחרת.

וה"ה כשנמצא הטעות בין ברכה לקריאה, גוללין ס"ת זו ומוציאין ס"ת אחרת לקרות בה, והעולה שכבר בירך א"צ לברך שנית, אם לא הפסיק בשיחה בינתים, **ובמקום** שנהגו בזה שהעולה חוזר ומברך, ג"כ אין למחות בם, שיש להם על מה שיסמוכו, [**טעמם** של המצריכין לברך הוא, משום דעדיין לא חלה הברכה כלל, כיון שנודע עד שלא התחילו לקרות כלל].

הגה - דעה זו חולקת על המחבר, כמו שכתבנו לעיל בהקדמה, והו"ל לכתוב בלשון וי"א, אלא שכן דרכו בכמה מקומות. **ואם כבר קראו עמו ג' פסוקים ואפשר להפסיק** - שהוא ג' פסוקים סמוך לפרשה, **פוסקים שם, ומברך אחריה** - דס"ל דכיון שקראו ג"פ קודם שנודע הטעות, יצא בזה ידי קריאה, וממילא צריך לברך אחריה, וא"צ שוב לגמור קריאתו בספר הכשר, **אבל** בשנמצא הטעות אחר שקראו רק ב"פ, דא"א לו לפסוק שם, מודה להמחבר דגומר קריאתו בספר הכשר עד הפרשה ומברך אחריה.

ומשלימים המנין בספר תורה האחר שמוציאין - וה"ה שיכול להוסיף שמה, **ואם** אפשר לקרות ז' קרואים ממקום שפסקו עד סוף הסדרא, ודאי ראוי ונכון לעשות כן לכתחלה.

ועיין בבה"ל שבררנו בשם כמה אחרונים, דכן יש לנהוג למעשה כפסק השו"ע, וכפי מה שהכריע הרמ"א, **אם** לא במקום שיש מנהג קבוע בעיר כדעת המ"א, שתפס בשיטת המרדכי שהבאתי בהקדמה, אין להם לשנות מנהגם. (**משום** דנראה לו עיקר לדינא, דכשיוציאו ס"ת אחרת יצטרך לברך עליה, וכשיטת המרדכי, וממילא יש חשש ברכה שא"צ, דשמא הלכה דיוצאין ידי קריאה גם בס"ת פסולה, וממילא היה אז הברכה ראשונה כתיקונה, והוא עתה ברכה שא"צ כשיברך שנית על אותן הפסוקים עצמן).

(**ועיין** בספר שערי אפרים שהאריך בזה, ודעתו ג"כ שלא כהמ"א, וכתב עוד, שאם נהגו שאם נמצא טעות גמור באמצע הקריאה, שלא לקרות להלן ושלא לברך לאחריה בספר הפסול, אף שכבר קראו ג"פ, (כשיטת מהר"י בי רב), אלא לגלול את זו בלא ברכה שלאחריה, ולהוציא אחרת ולברך ברכה שלפניה, יש להם על מה שיסמוכו, ובאמת זו היא דעת רוב הראשונים, ודעת הגר"א, אלא דלדידהו צריך לחזור מראש הסדר, ומ"מ נראה שא"צ להתחיל מראש הסדר, רק יש לו להתחיל מראש הקריאה שקראו עם עולה זה שנמצא הטעות בקריאתו, שמאחר שבלא זה הוא חוזר ומברך, טוב שיקרא גם פסוקים אלו בספר הכשר בברכה וכו', ומ"מ אין די שיקרא בחזרה אותן פסוקים שקרא בפסול לבד, רק צריך להוסיף עליהם ולקרות להלן מהם עכ"פ ג' פסוקים, עכ"ל).

נוהגין שלא להוציא ס"ת אחרת בשביל מפטיר, דהיינו אם נמצא טעות אחר שכבר קראו כל הסדרא, קודם שאמרו קדיש, לא יוציא ס"ת אחרת בשביל המפטיר, וסמכינן בדיעבד על אותו שקרא אחרון, שעולה גם בשביל מפטיר, ולא יקרא עוד הפעם בתורה, כדקיי"ל בסימן רפ"ב: מפטיר עולה למנין שבעה, והקדיש יאמר לאחר ברכות ההפטרה האחרונות, **ואם** לא נודע הטעות עד לאחר שאמרו קדיש, יקרא למפטיר בס"ת זו ג"פ בלא ברכה, ולא יאמר קדיש עוד הפעם לאחר ההפטרה.

ואם נמצא הטעות באמצע קריאת השביעי, דעת מ"א (דאפי' במקום שהמנהג כהשו"ע, שמחליפים ס"ת כשנמצא טעות באמצע הקריאה – מ"ב המבואר), שגומר הקורא עד סוף הסדרא בס"ת זו, ועולה לו קריאה זו גם בשביל המפטיר, כדקיי"ל בסימן רפ"ב וכנ"ל, ויברך לאחריה, ואח"כ יפטיר בנביא, ואח"כ יאמר קדיש, (**דבשלמא** אם נמצא טעות בשאר העולים קודם השביעי, דבלא"ה צריכים להוציא אחרת משום שאר העולים, א"כ המנהג כהר"י בי רב להוציא באמצע קריאת העולה, ולא חיישינן למחלוקת הפוסקים בענין הברכה, וסמכו על מהר"י בי רב שכתב שא"צ לברך, **אבל** כשנמצא בשביעי, דאינו עולה אחריו כי אם המפטיר, טוב שהוא יפטיר ולא יוציאו אחרת, שלא להכניס את עצמו במחלוקת לענין ברכה – מחה"ש), **והרבה** אחרונים חולקין על זה, וסוברין דאין חילוק בין טעות שנמצא בשביעי, לטעות שנמצא בשאר הקרואים, ולכן אם לא קרא עדיין ג"פ, גומר קריאתו בספר הכשר, **ואם** כבר קרא ג"פ בשביעי וה"ה באחרון, פוסק ומברך, ויקרא לאחר בס"ת כשר ממקום שפסק והלאה, **ומשמע** ממג"ג דכן יש לנהוג, אם לא במקום שנהגו בזה כהמ"א.

ואם נמצא הטעות לאחר שקראו ז', וכבר בירך באחרונה, ועדיין לא קראו כל הסדרא, לכו"ע צריך להוציא אחרת, שהרי על כרחך צריכין להשלים כל הסדרא, ויקראו בשניה בברכה, ויכולין להוסיף כשאר שבתות.

אם נמצא טעות בס"ת בשעת קריאת המפטיר בשבת, יגמור קריאתו ולא יברך אחריה, **וכל** זה לענין מפטיר של שבת, אבל בהפטרת יו"ט או של ארבע פרשיות וכיוצא, שקריאת המפטיר בספר השני הוא לחובת היום, ונמצא בו טעות, יש להוציא אחרת, כמו אם היה טעות בקריאת סדרא של שבת.

והא דמוציאין אחרת, דוקא שנמצא טעות גמור - כגון שהיה חסר או יתר תיבה, או אות אחת, או שהיה קרי במקום כתיב, או פתוחה במקום סתומה, או להיפוך, וכן אם כתב פתוחה או סתומה במקום שא"צ, או שחיסרה, בכל אלו צריך להוציא אחרת, **וה"ה** אם נמצא שתי תיבות שלא הרחיק כראוי, עד שתינוק דלא חכים ולא טיפש קורא כתיבה אחת, או להיפוך, שהרחיק באמצע התיבה עד שנראה לתינוק הנ"ל כשתי תיבות, **או** "כדרלעמר" "פדהצור" "אליצור" "עמינדב" וכהנה, שמקובל בידנו שתיבה אחת היא, אם נמצא בשתי שיטות, צריך להוציא אחרת.

אותיות ותיבות שנמחקו קצת, אם רישומן ניכר, שתינוק דלא חכים ולא טיפש יכול לקרותן, א"צ להוציא אחרת, ואפילו לכתחלה מותר, **אבל** אם הוסר הדיו השחור ונשאר מראה אדמדם, הוי שינוי מראה

ופסול, כ"כ בדה"ח בשם א"ר, **ועיין** במה שכתבנו לעיל בסימן ל"ב במ"ב בשם החתם סופר, ובפרט לענין להוציא אחרת בודאי אין להחמיר בזה.

נקרעו התפירות שבין יריעה ליריעה, אפילו נקרע הרוב, ועדיין מחוברת בחמש או בשש תפירות של קיימא, כשר, אבל בפחות מזה יש להוציא אחרת, **מיהו** מה שנמצא נקרע בחומש אחד מן החומשים בס"ת זו, אין לפסול שאר החומשים לקרות בהם, כמו שיתבאר בסוף ההג"ה.

אם בשעת הקריאה נמצא אות אחד דבוק לחבירו, אם הדביקות הוא בכל אורך האות, או שנשתנה צורת האות ע"י הדביקות, [**ואפי'** אם אחר שיגרור הדבק יחזור תמונת האות לקדמותו, וגם יש שיעור תמונת האות שנכתב בהכשר עד הדבק, מ"מ קודם הגרר אין כאן צורת האות כראוי], **או** שטעה וכתב דל"ת במקום רי"ש, או בי"ת במקום כ"ף, בכל אלו דינם כטעות גמור שצריך להוציא אחרת, **ואפילו** אם ע"י דבוק זה לא נתקלקל אות השורש, רק אות השימוש, כגון וי"ו או יו"ד המשמשת, [וגרע זה מאם היה חסר זה האות כלל].

ואם אין שם דבק באורך האות, רק מעט, ולא נשתנה צורת האותיות וניכרים היטב, לכתחלה אין להוציא ס"ת זו לקרות בה, כל זמן שלא גררו הדבק, **ואם** לא נודע והוציאו ס"ת ונמצא בשעת קריאה, אם הדביקות בסוף האות, שאם יגררו הדבק לבד יהיה חוזר להכשרו, אזי בחול שאפשר לגרר, ונקל לעשותו אף בשעת קריאה, יש לגרר ויקרא להלן, **ואם** אין שם מי שיכול לגרר בקל ובלי הפסד וקלקול, ויש טורח צבור לחזור אחר מי שיגרור במתון, או אם אירע בשבת שא"א לגרור, מותר לקרות בו כך.

ואם הדביקות הוא בתחלת כתיבת האות או באמצעה, שממקום הדיבוק ולהלן נכתב בפסול, יש להוציא אחרת אף דלא נשתנה צורת האות עי"ז, **ויש** מקילין שא"צ להוציא אחרת אף באופן זה, כיון שלא נשתנה צורת האות עי"ז - **ואף** דמ"מ צריך גרירה, קי"ל כל הראוי לבילה אין בילה מעכבת בו, ודינו כאלו כבר נגרר, **ואפילו** בשבת שא"א לגרור מכח איסור שבת, מ"מ כיון שאינו מחמת הספר, אלא איסור שבת רביע עליה, א"צ להוציא אחרת - **ובשעת** הדחק שאין שם אחרת, וצריך שהות להביא ממקום אחר ס"ת כשרה, יש לסמוך ע"ז לגמור הקריאה בס"ת זו.

אם נטף שעוה על איזה אות, עיין לעיל בסימן ל"ב בבה"ל מה שכתבתי בשם דה"ח, ובסימן ש"מ במ"ב, ועיין דעת שערי אפרים בזה.

ויש עוד הרבה אופנים שצריך להוציא ס"ת אחרת על ידם, אך קצרה היריעה מהכילם, ימצאם המעיין בפמ"ג ובספר שערי אפרים ובדרך החיים, **אך** נקוט האי כללא בידך, כל מקום שהוזכר בהלכות ס"ת שהוא פסול, ודאי יש להוציא אחרת, **ודבר** שהוא מחלוקת הפוסקים, יש להקל לענין קה"ת שלא להוציא אחרת, מאחר דיש קצת פוסקים המקילין לקרות בס"ת פסולה.

אבל משום חסירות ויתרות אין להוציא אחרת, שאין ספר תורה שלנו מדוייקים כל כך שנאמר שבאחרת יהיה יותר כשר - כגון וי"ן או יודי"ן מלאים או חסרים, שלא נשתנה בהם הענין והמבטא, כגון במקום שהיה צריך לכתוב "אבותינו" מלא וי"ו, ונמצא חסר, או להיפוך, וכן במקום שהיה צריך לכתוב מלא ביו"ד שימושית, ונמצא חסר, או להיפוך.

וה"ה אותיות גדולות וקטנות שנמסרו במסורה, או עייני"ן הפוכות, או פאי"ן כפופות, וכה"ג שנמסרו במסורה, לא שינוי מקרי להוציא אחרת, דלא עדיף מחסרות ויתרות הנ"ל, **וכן** אם נמצא חסר הנקודות שיש בס"ת לפעמים, כמו "איה שרה אשתך", ד"וירא", וכיוצא בו, שראוי להיות שם נקודות ע"פ המסורה, אם נחסרו הנקודות א"צ להוציא אחרת.

(אגור ופסקי מהרי"א וריא"ז ומהרי"ל פסקו דאין להביא ס"ת אחרת, וב"י פסק דצריך להוציא ס"ת אחרת, לכן נראה לחלק כך) - היינו דרך הכרעה, דדעת האגור דאפילו בטעות גמור אין מוציאין, דלא ירויח דגם ס"ת אחרת אפשר דפסול בחסרות ויתרות, **ודעת** הב"י דאפילו בחסרות ויתרות מוציאין, **וע"כ** הכריע הרמ"א לנפשיה זה החילוק להלכה.

אבל טעות שנשתנה במבטא, אף שלא נשתנה הענין, כגון "כבש" שהיה כתוב במקום "כשב", או "שלמה" "שמלה", צריך להוציא אחרת, **וכן** ה"ה אם כתב "מגרשיהן" במקום "מגרשיהם", דהא איכא שינוי לשון, [**ומ"מ** כתב בשערי אפרים, דבשעת הדחק שאין שם ס"ת אחרת, יש לסמוך להשלים מנין הקרואים בספר זה, והשביעי יהיה המפטיר], **וכן** אם כתב "רחבה" במקום "רחבו", צריך להוציא אחרת, אע"ג דנוכל לקרות בחולם, כמו "אהלה", **וכן** בפסוק "והנה תומים בבטנה", אם כתב "תאומים" מלא באלף "תאומים", אע"ג שהענין אחד צריך להוציא אחרת, שהרי נרגש במבטא, **וכן** בתיבת "ונחנו מה", אם כתב "ואנחנו מה".

וה"ה אם נשתנה הענין עי"ז אע"ג שלא נשתנה במבטא, כגון בתיבת "ונמצה דמו", כתב "ונמצא דמו", או בתיבת "מאן יבמי", שהוא שרש "מיאון", כתב "מאין" ביו"ד, וכן כל כיוצא בזה, צריך להוציא אחרת, ועיין בדה"ח ובשערי אפרים שהאריכו בפרטים אלו.

ובשעת הדחק, שאין לצבור רק ס"ת פסול, ואין שם מי שיכול לתקנו, י"א דיש לקרות בו בצבור ולברך עליו, ויש פוסלין - הוא כדעת המחבר לעיל בס"ג, וכן סתמו האחרונים דלכתחלה לא יוצאו אפילו לחובת היום.

אמנם אם התחילו לקרות ואח"כ נמצא בה טעות, ואין שם ס"ת אחרת זולתה, י"א דגומרין ז' קרואים ומברכין לפניה ולאחריה, רק המפטיר יהיה השביעי, והקדיש יאמרו אחר ההפטרה, **והדגול** מרבבה כתב דאין להרבות בברכות באופן זה, וכ"כ בשערי אפרים, אלא ישלים עם העולה הזה שנמצא אצלו הטעות, הפרשה שלו, ולא יברך ברכה אחרונה, רק יעמוד שם, והש"ץ יקרא לעולים אחרים עד תשלום ז' עולים, ולא יברכו כלל, רק הש"ץ יקרא לכל אחד פרשה שלו עד גמר הסדרה, וזה העולה שנמצא הטעות בקריאה שלו העומד שם לא יסיח דעתו, ויקרא בלחש עמהם, ובגמר הסדרה יברך הוא ברכה האחרונה, **והוא** יאמר גם כן ההפטרה בנביא בברכותיה, **ויש** מי שכתב שיאמר ההפטרה בלי ברכות.

סימן קמג – דין אם נמצאת ס"ת מוטעה ויתר דיני הספר

ואם נמצא הטעות בשלישי או בשאר העולין אחר סיום קריאתן שבירכו ברכה אחרונה, ואין שם ס"ת אחרת זולתה, יקרא הקורא שאר הפרשיות עד גמר הסדרא בלא ברכה, [**וכיון** דכבר הוא סילק עצמו בהברכה אחרונה, הוא ואחרים שוין, ויוכל הקורא לקרא לפניו או לפני שאר אנשים, **ובפת"ש** משמע דטוב יותר שיקרא לפני זה העולה שאר פרשיות הסדרא עד תומה, **אבל** אינו מוכרח].

ואם חומש אחד שלם בלא טעות - היינו שכל הס"ת הוא בגליון אחד, אלא שאין שלם בלי טעות אלא חומש אחד, **יש להקל לקרות באותו חומש** - ר"ל בברכה, **אע"פ שיש טעות באחרים** - והיינו אפילו לדעת היש פוסלין הנ"ל, דאסרי אפילו בשעת הדחק, כל זה הוא אם הפסול נמצא באותו חומש שרוצה לקרות בו, אבל בחומשין השלמים אין להחמיר בשעת הדחק, כיון שעכ"פ בחלק זה שהוא קורא בו הוא שלם, **ולא** דמי לחומש אחד, שפסול לכו"ע לקרות בו וכדלעיל בס"ב, שאני התם שאינו כבוד לצבור לקרות בחומש אחד, משא"כ הכא שיש כל החמשה חומשין ביחד.

(ועיין בביאור הגר"א שכתב, דלפירוש רש"י משמע דאין להקל בזה, ובאמת הר"ן שהביא דין זה בשם רבינו, לא החליט כן למעשה רק להלכה, גם לא כתב כן רק לחד תירוצא, ועיין בבית מאיר שגם הוא מפקפק בדין זה, ועיין בשערי אפרים שכתב ג"כ שאין המנהג להקל בזה, ומ"מ נראה שהנוהג להקל בזה אין למחות בידו).

סעיף ה - בית הכנסת שאין בהם מי שיודע לקרות אלא אחד - ר"ל שאינם יודעים לקרות אחרי הש"ץ מלה במלה מתוך הכתב, **והמחבר** אזיל לטעמיה בסי' קל"ט ס"ב, דכתב דבאופן זה לא יעלה, **יברך ויקרא קצת פסוקים ויברך לאחריהם, וחוזר לברך תחילה וקורא קצת פסוקים ומברך לאחריהם, וכן יעשה כמה פעמים, כמספר העולים של אותו היום** - אכן לפי מה שכתב הרמ"א בסי' קל"ט בס"ג, דאנו קוראים אפילו לע"ה, ואפילו אינו יכול לקרות אחרי המקרא, וכמו שכתבנו שם במ"ב, **וא"כ** ישתנה האי דינא, דלדידן לעולם צריך לקרות שבעה קרואים, ויברכו, והש"ץ יוציאם בקריאתו, וכן משמע בביאור הגר"א כדברינו.

§ סימן קמו – שלא לדבר בשעת הקריאה §

סעיף א - אסור לצאת ולהניח ס"ת כשהוא פתוח - וע"ז נאמר: ועוזבי ה' יכלו, ומתרגמינן: ודשבק אורייתא דיי' ישתצון, **ואפילו** איכא עשרה דצייתי לס"ת זולתו, וגם הוא כבר שמע קה"ת בעשרה, אפ"ה אסור.

(מלשון זה משמע, דאפילו לא התחילו עדיין לקרות, אסור, מכיון שכבר נפתח הספר, **ואף** דבס"ב סתם המחבר כהרמב"ם, דדוקא כשהתחיל לקרות אסור, הכא לענין לצאת חמיר טפי, **ואף** דלענין בין גברי לגברי חמיר שם מהכא, דהכא שרי והתם אסור, לענין לצאת כשהיא פתוחה חמיר הכא מהתם, **אכן** מלשון הרמב"ם משמע, דהכא ג"כ אינו אסור רק כשהתחיל לקרות, **אמנם** לפי מה שמצדד המ"א, וכן משמע מהגר"א, דשם ג"כ אסור תיכף משנפתח, א"כ בענינינו בודאי אין להקל).

אבל בין גברא לגברא, שפיר דמי – (עיין בפר"ח שמצדד לומר, דמשעה שגמר הקריאה, אפילו לא בירך עדיין ברכת "אשר נתן", יכול לצאת, **ובספר** מטה יהודה חולק על זה, דהברכה שייכא להקריאה, וחשיבא כוותיה).

והוא כשנשארו עשרה בביהכ"נ, וכשכבר שמע קה"ת, או שדעתו לבוא מיד, **וגם** זה אינו מותר כי אם כשהוא לצורך גדול.

(וזהו דוקא כשאירע הדבר באקראי בעלמא, אבל כשעושין זה תדיר, נראה פירוק עול תורה, וכמעט שאני אומר, שעליהם נאמר: ועוזבי ה' יכלו ח"ו – תשב"ץ).

סעיף ב - כיון שהתחיל הקורא לקרות בס"ת, אסור לספר אפילו בד"ת - וכן לפרש דבר תורה, או להורות הוראה לאדם ששואל, אסור, [דהא יכול להורות אח"כ], **ולאפרושי** מאיסורא, מותר לומר בדרך קצרה, אם אי אפשר להפריש ע"י רמיזה.

והמ"א מצדד לומר, דמשעה שנפתח הס"ת, אפילו לא התחיל עדיין הקורא לקרות, ג"כ אסור, וכן משמע דעת הגר"א בביאורו, דמשעה שפתחו הס"ת כדי לברך אסור לספר.

אפי' בין גברא לגברא - שמא ימשך הלמוד בעת הקריאה, **והב"ח** מיקל בלמוד בין גברא לגברא, **ובא"ר** מצדד, דעם אחרים אין להקל שמא ימשך, ובינו לבין עצמו, המיקל ללמוד אז אין למחות בידו, **אך** להורות אז הוראה לפי שעה אין להחמיר, דלא שכיח כ"כ בזה שמא ימשך.

ואפילו אם השלים הוא הפרשה - שנים מקרא ואחד תרגום, **ועיין** בפמ"ג שמצדד לומר, דאפי' אם כבר שמע קריאת התורה בעשרה, ג"כ אסור, וכן משמע בביאור הגר"א.

ויש מתירים לגרוס (פי' ללמוד) בלחש - מיירי דאיכא עשרה דצייתי לס"ת מבלעדו, ואפ"ה אינו מותר בקול רם לדעה זו, כדי שלא יטריד שאר השומעים.

(**באמת** שיטה זו תמוה לכאורה מאד, דמאי מהני שיגרוס בלחש, שלא יבטל שארי השומעים קה"ת, מ"מ גם הוא מצווה לשמוע קה"ת, ואם ילמוד את למודו לא יתן לבו לשמוע מה שקורא הקורא, ואפילו אם יש עשרה דצייתי, מאי מהני לגבי דידיה, הא על כל איש ואיש מוטל החיוב דתקנת עזרא, **ובאמת** מפני זה דחאה בעל שבולי הלקט שיטה זו מהלכה, **ולולא** דמסתפינא הו"א, דשיטה זו מיירי שכבר יצא בעצמו ידי קה"ת, ואפ"ה בקול רם אסור, שלא יטריד שאר השומעים, **וכן** דעת בה"ג שנזכר אחר זה, יהיה ג"כ מיירי רק בכה"ג, **ולפי"ז** אפשר דקאי המחבר רק אמאי דסמיך ליה, שכבר השלים הפרשה, ולפי מה שכתבנו במ"ב, דאפילו כבר יצא ידי קריאה, **אלא** דבאמת מדברי המחבר בסוף סעיף זה, שכתב וכ"ז אינו ענין וכו', לא משמע כן, וצ"ע).

וי"א שאם יש י' דצייתי (פי' המשימין לבם) לס"ת, מותר לספר (בד"ת). ויש מתירים למי שתורתו אומנתו - היינו דאפילו היכא דאיכא י' דצייתי, אינו מותר ללמוד בעת הקריאה, כי אם בשתורתו אומנתו, שאינו מבטל שום שעה מלמודו, [**ובדליכא** י' דצייתי, אינו מועיל תורתו אומנתו אפי' לשיטה זו]. **ועיין** בא"ר שהביא בשם כמה ראשונים, דהשתא אין לנו תורתו אומנתו לענין זה.

ויש מתירים למי שקודם שנפתח ס"ת מחזיר פניו ומראה עצמו שאינו רוצה לשמוע ס"ת אלא לקרות, ומתחיל לקרות - טעם שיטה זו, דס"ל שכיון שכבר התחיל במצוה מתחלה, וראו אותו אנשי ביהכ"נ שכבר קבע עצמו ללמוד, אינו מחוייב לפסוק, **אבל** אם לא התחיל מתחלה, אין לשום אדם, ואפילו מי שתורתו אומנתו, ללמוד בשום אופן כלל.

ולקרות שנים מקרא ואחד תרגום בשעת קריאת התורה, שרי - לכל הדעות שנזכרו לעיל, כיון שהוא מעין מה שקורא הש"ץ, אע"פ שאין קורא ממש בפסוק שהש"ץ קורא, **ומ"מ** גם זה אינו מותר רק בלחש, שלא יבלבל דעת השומעים.

(עיין במ"א שהביא בשם תה"ד, דמותר אפילו ליכא עשרה דצייתי לס"ת, כיון דגם הוא עסוק באותו ענין, **ובאמת** אין דברי תה"ד מוכרחין כלל, ואפשר דוקא בדאיכא עשרה דצייתי, אבל בדליכא עשרה לא מהני, דהא הוא קורא בפני עצמו בחומש, ולפעמים בפרשיות ובפסוקים אחרים, ואינו שומע הפרשה שקורין בספר, **ולא** מיבעיא לדעת הט"ז וסייעתו בסימן נ"ה, דישן וכן מדבר ואינו שומע אינו מצטרף לענין תפלה, משום דבעינן עשרה דצייתי, בודאי גם הכא בעינן עשרה דצייתי למה שקורא בספר, **ואין** להתיר במה שעוסק באותו ענין, דהא הט"ז שם כתב, דגם בההיא דסעיף ו' דעסוק ג"כ בענין תפלה, אינו מותר רק משום דיכול להפסיק ולשתוק, ושומע כעונה, **אלא אפילו** להשו"ע שם דמקיל, אפשר הוא דוקא בתפלה ולא בקריאת התורה, דשם בעינן דוקא צבור, ותדע דהא בעניני התפלה, אחד מקבץ עשרה בני אדם אף שכבר התפללו, ויצאו ידי ברכו וקדושה, ועובר לפני התיבה ואומר ברכו וקדושה, והכל עונין אחריו, **ולא** מצינו כן בקה"ת, שאחד שלא שמע קה"ת יוכל לקבץ עשרה שכבר קראו, ולקרות עוד הפעם בשבילו, וע"כ דלא נתקנה אלא בצבור דוקא, **ובאמת** ע"כ מוכרחין אנו לומר כן לדעת השו"ע, דקה"ת חמיר טפי, דהא בעניננו מבואר להדיא בבה"ג ורי"ף, דבעינן עשרה דצייתי, ולא מצטרף במה שאחד יושב ועוסק אפי' בד"ת, ולדעת השו"ע שם הלא מצטרף במה שיושב שם בביהכ"נ לחוד, וע"כ דקריאה חמירא טפי, **ומזה** באמת נפשט ספיקא דפמ"ג שהבאתי לעיל במ"ב סימן נ"ה, שמסתפק לענין קה"ת אם ישן מהני, ומדברי בה"ג ורי"ף משמע דלא מהני).

וכל זה - ר"ל כל הקולות הנזכרים בסימן זה לענין שמיעת הקריאה, **אינו ענין לפרשת זכור ופרשת פרה, שהם בעשרה מדאורייתא, שצריך לכוין ולשומעם מפי הקורא.**

פרשת פרה - עיין בבאור הגר"א ופר"ח וש"א שכתבו, דאינו עיקר, ופרשת פרה הוא מדרבנן, **מ"מ** לענין זה מסתברא דגם לדידהו לא מקילינן כל הקולות הנ"ל.

והנכון שבכל הפרשיות ראוי למדקדק בדבריו לכוין דעתו ולשומעם מפי הקורא - ר"ל אפי' להעביר הסדרא שמו"ת בשעת הקריאה אינו מן המובחר, אלא ראוי לדקדק ולשמוע מפי הקורא מלה במלה.

ופר"ח כתב, דמעיקר הדין הוא, שאסור לעסוק בשום דבר ואפי' בשמו"ת בשעת הקריאה, ואפי' איכא עשרה דצייתי זולתו, [**אם** לא מי שתורתו אומנתו, ובזמנינו ליכא תורתו אומנתו וכנ"ל], **וכן** הביא מ"א בשם של"ה שמחמיר בזה, אלא צריך לשתוק ולשמוע הקריאה מפי הש"ץ, וכן דעת הגר"א במעשה רב, **ומ"מ** לקרות שמו"ת או עם פירש"י בין גברא לגברא, מותר אפי' לדעה זו, **והמ"א** הביא בשם מטה משה, דנכון לקרות בלחש מלה במלה עם הש"ץ, דבלא זה א"א לכוין ולשמוע, וכ"כ כמה אחרונים.

(**והנה** כל זה הסעיף הוא תוכחת מגולה, לאותן האנשים המפקירין את נפשותם ומספרין בשיחה בטלה בעת הקריאה, **אם** בין גברא לגברא שהספר סתום, אסור לספר עם חבירו, ולכמה פוסקים אסור אפילו בד"ת, **כמה** יגדל האיסור בעת שהספר פתוח, שבזיון הוא כשמסיר אזנו מלשמוע דבר ה', וגדול עונו מנשוא, **שאפילו** מי שיוצא באמצע הקריאה נאמר עליו: **ועוזבי ה' יכלו**, כ"ש בזה שעומד בביהכ"נ **ואינו** רוצה להטות אזנו לתורה, **ולבד** זה מצוי כמה פעמים חילול השם עי"ז ברבים, כגון שהוא עומד במזרח ביהכ"נ, **ועונו** נראה לעין כל, **ויש** בזה חשש ד"לא תחללו את שם קדשי", **גם** כמה פעמים המעשיות שלו מעורבין בלה"ר ורכילות מראשן ועד סופן, **ולבד** זה האיסור של שיחה בטלה בבהכ"נ וביהמ"ד, שהוא ג"כ איסור גדול, **ראה** וחשוב כמה איסורין עובר עי"ז, **וגם** תפלתו מתועבת עבור זה לפני ה', כדכתיב: **מסיר אזנו משמוע תורה גם תפלתו תועבה**, **ואשרי** מי שנותן כבוד לתורה, וכמו שנאמר: **כי מכבדי אכבד וגו'**).

סעיף ג - אסור לספר כשהמפטיר קורא בנביא עד שישלים, כמו בס"ת - עיין לקמן סי' רפ"ד ס"ג, דצריך לכוין גם לברכות המפטיר, ולענות אחריהם אמן.

סעיף ד - א"צ לעמוד מעומד בעת שקורין בתורה - ואפילו העומדים על הבימה, דא"צ לעמוד מפני ס"ת אלא כשאדם נושאה, אבל כשמונחת במקומה א"צ, **ודוקא** הקורא והעולה לתורה צריכין לעמוד, **וכן** אפילו כשאחד תופסה בידו, כגון בעת שקורין ההפטרה, כיון שהוא יושב במקומו א"צ לעמוד לפניה, אפילו הם בתוך ד"א שלה על הבימה, [**ובפמ"ג** כתב דאפי' הוא עומד עמה, כגון בעת שמזכיר החזן נשמות, ג"כ אינו מחוייב אז לעמוד מפניה, כיון שהחזן עומד עמה במקום אחד, **ולפי"ז** ה"ה בעת שפותחין הארון, כי הלא בכל זה במקומה מונחת, והעולם נוהגין בכל זה לעשות הידור לתורה ולעמוד, **ועיין** בא"ר שדעתו, דבעת הגבהה מחוייבין הכל לעמוד, אף שהיא ברשות אחרת, וטעמו, דהרי הוא מגביה להראותו לעם, ומחויבין לכבדה].

סימן קמו – שלא לדבר בשעת הקריאה

ודע דבעת שנושאין אותה, חייב לעמוד לפניה עד שתתכסה מעיניו, או עד שיגיענו המוליכה למקומה, **ואפי'** סמיכה על איזה דבר אסור, דסמיכה כישיבה. **ובשעת** אמירת "ברכו" ועניית "ברוך ה' המבורך לעולם ועד", לכו"ע צריכין לעמוד, דהוא דבר שבקדושה.

(ויש מחמירין ועומדין, וכן עשה מהר"ס) - כתב הפר"ח והגר"א דהעיקר כסברא הראשונה, וכן נהגו, **והב"ח** כתב, דגם המהר"ם מודה דמדינא שרי, אלא דס"ל דראוי להדר ולעמוד, מפני שצריך האדם להעלות בדעתו כששומע הקריאה מפי הקורא, כאלו קבלה אותה שעה מהר סיני, ובהר סיני היו כל ישראל עומדין, כדכתיב: אנכי עומד בין ה' וביניכם וגו', **ומי** שהוא איש חלש וקשה לו לעמוד, ועי"ז אין דעתו מיושבת לכוין היטב לקול הקורא, יש לו לישב.

ובין גברא לגברא לכו"ע שרי לישב.

§ סימן קמז – דיני גלילת ספר תורה §

סעיף ז - אין המפטיר מתחיל - אפילו לומר ברכת הפטרה, **עד שיגמרו לגלול הס"ת, כדי שלא יהא הגולל טרוד, ויוכל לשמוע ההפטרה.**

עיין בפמ"ג שכתב, דהמנהג להמתין עד עצם גמר גלילת הספר לבד, אף שלא כרכו עדיין המפה עליה, **אך** מרש"י לא משמע כן.

אבל בב' וה' שאומרים "יה"ר" אחר הקריאה, א"צ להמתין על הגולל, דאינו אלא מנהג.

סעיף ח - ביום שיש בו שני ספרי תורה, לא יפתחו השניה ולא יסירו המפה, עד שיגללו הראשון - במפה שלה, שאין עושין מצות חבילות חבילות.

הגה: ואין מסלקין הראשונה - מן השלחן, **עד שכבר הניחו השניה על השלחן, שלא יסיחו דעתן מן המצות** - ומניחין השניה על השלחן קודם הקדיש, כדי שיאמרו הקדיש על שתיהן, ואח"כ מגביהין הראשונה וגוללין אותה, ואחר גלילתה במפה פותחין השניה, כמו שכתב המחבר.

וביום שיש ג' ס"ת, כגון ר"ח טבת שחל בשבת וכה"ג, אזי אחר שגמרו בראשונה, מניחין השניה, ואין אומרים קדיש, רק מגביה הראשונה וגוללין וכו' וכנ"ל, **ואחר** גמר קריאת השניה, מניחין השלישית אצלה שהיא לצורך מפטיר, וא"צ להניח הראשונה, רק אומר חצי קדיש על שני ס"ת אלו, ומגביה השניה, ופושטין השלישית וקורין לעולה למפטיר.

ומוליכין ב' הספרים כאחת - ס"ל דאין בזה משום מצות חבילות ע"י ההוצאה בלחוד, **ותופסין השניה עד אחר שקראו בראשונה** - דהיינו שמוסרין הספר למי שהוא שם על הבימה, להחזיקו עד שיגיע זמן קריאת המפטיר, **ולא** טוב הדבר שנוהגין באיזה מקומות, למסרו לנער קטן, אלא עכ"פ יש למסרה לבן דעת, **גם** יזהר האוחז הספר, להתרחק קצת מן הצד, כדי שלא יחזיק הספר אחורי הקוראים בתורה.

§ סימן קמח – שלא יפשיט ש"צ התיבה §

סעיף א - אין ש"צ רשאי להפשיט התיבה בצבור כל זמן שהם בבהכ"נ, (פי' רש"י שהיו רגילים להביא ס"ת מבית אחר שהיא משתמרת בו וכו', עד שטורח לצבור הוא להתעכב שם, ועיין בפנים בטור או"ח) - בכל מקום "תיבה" פירושו ארון הקודש, ותיבה האמורה כאן, שלחן שס"ת מונח עליו כשקורין בו, ופורשין בגדים נאים סביב התיבה לכבוד הס"ת, **וכשיוצאין** משם ונוטלין ס"ת ליתנו בבית שמשתמר בו, לא יפשיט הש"ץ התיבה בפני הצבור, שטורח צבור הוא להתעכב שם עם הס"ת עד שיפשיט את התיבה, אלא מוליך הס"ת והם יוצאים אחריו, וחוזר לבית הכנסת ומפשיט התיבה.

§ סימן קמט – שהציבור לא יצאו מבהכ"נ עד שיצניעו ס"ת §

סעיף א - אין הצבור רשאים לצאת מבהכ"נ, עד שיצניעו ס"ת - שאין זה דרך כבוד לתורה, שיניחוה וילכו להם, **ומיירי** במקום שמנהג להצניע הספר אחר "ובא לציון", דאל"כ בלא"ה הלא אסור לאדם לצאת מביהכ"נ קודם קדושה דסדרא, כמבואר בסי' קל"ב.

הגה: מיהו אם אינם יוצאים, רק יחיד, לית לן בה - ואפי' שנים או שלשה, **והטעם**, דיש כבוד לס"ת כיון שעדיין רוב הצבור שם, ועיין בפר"ח, **ועיין** בפמ"ג שמצדד לומר, דדוקא בביהכ"נ גופא הקיל הרמ"א, **אבל** כשמוציאין אותה לבית אחר, בכל גווני אפילו יחיד לא יצא קודם הס"ת, אלא ימתין עד שיוציאוהו.

ואם מצניעים הס"ת בבית אחר, אם אין לבהכ"נ אלא פתח אחד, צריכין להתעכב עד שיצא הס"ת - דאין נכון שיצא אדם בפתח קודם הס"ת, **וילכו אחריו למקום שמצניעים אותו שם** - לעשות לה הידור ללותה, ואסמכוה אקרא, דכתיב: אחרי ה' אלהיכם תלכו. **ואם יש לבהכ"נ שני פתחים, יכולים לצאת בפתח אחד קודם שיצא הס"ת בפתח האחר** - דבזה לא מנכר שיוצא קודם הס"ת. **ובלבד שילכו אחר הס"ת וילווהו למקום שמצניעין אותו שם** - פי' אף שהתרנו לצאת בפתח אחר, מ"מ צריך להמתין בחוץ עד שיוציאו הספר תורה, וילוה אותה למקומה.

הגה: ובמקומות שמוליכין אותו בהיכל, שהוא הארון בבהכ"נ, מצוה לכל מי שעוברת לפניו ללוותה עד לפני הארון שמכניסין אותה שם - וכן כשמוציאין מההיכל, מצוה לכל מי שעוברת לפניו ללותה עד הבימה.

וכן הגולל ילך אחר הס"ת עד לפני הארון, ועומד שם עד שיחזירו הס"ת למקומה, וכן נוהגין במגביה הס"ת, כי הוא עיקר הגולל, וכמו שנתבאר (סימן קמ"ז ס"ד) - משמע דמנהגנו הוא במגביה בלחוד, **אבל** בלבוש ושלחן עצי שטים וש"א מבואר, דבין המגביה ובין הגולל צריכין ללותה עד לפני ארון הקודש.

מנהג פשוט, שבדרך הלוכו מן התיבה, אומר הש"ץ והצבור "מזמור לדוד הבו לה'" וגו', **ונוהגין** שלא לומר "מזמור לדוד" כי אם בשבת, או ביו"ט שחל בשבת, **אבל** ביו"ט, ומכ"ש בחול, כשמסלקין הס"ת אין אומרים "מזמור לדוד", רק "לדוד מזמור לה' הארץ" וגו'.

ויש שכתבו שמביאים התינוקות לנשק התורה, כדי לחנכם ולזרזם במצות, וכן נוהגין.

מילואים להלכות בית הכנסת

§ סימן קנ – בנין בהכ"נ ושיהיה גבוה §

סעיף א - כופין בני העיר זה את זה לבנות בית הכנסת - ז"ל הרמב"ם, כל מקום שיש בו י' מישראל, צריך להכין לו בית שיכנסו בו לתפלה בכל עת תפלה, ומקום זה נקרא ביהכ"נ, ואפילו המיעוט יכולין לכוף את המרובים.

ואם אין בכחם לבנות, מחויבין עכ"פ לשכור מקום מיוחד לתפלה, **וכתבו** הפוסקים, דבבנין ביהכ"נ גובין לפי ממון לחודא, ובשכירות ביהכ"נ גובין חציו לפי ממון וחציו לפי נפשות.

כתב מ"א בשם הריב"ש, המעכב לבנות ביהכ"נ, אפילו יש ביהכ"נ אחרת בעיר, מונע הוא רבים מלעשות מצוה, **ומסיק** שם, דאם הביהכ"נ מכילה אותם, אז אדרבה אסורים להפרד, [משום דברב עם הדרת מלך, **ועוד** שע"י התחלקות באים כמה מכשולים והזיקות לצדקות, וללימוד תורה בצבור וכה"ג].

ועיין בתשו' רדב"ז דכתב, וכל זה בזמן שכולם לב אחד הוא, שקילוסן עולה יפה, אבל אם חלק לבם, יותר טוב הוא שיתפללו כל כת בפני עצמה וכו', **ולא** תטעה בדברי לומר שאני סובר שהחלוקה טובה ח"ו, דהא קרא כתיב: חבור עצבים אפרים הנח לו, חלק לבם עתה יאשמו וגו', אלא צריך להשתדל שיהיו לב אחד לאביהם שבשמים, ואם א"א, אלא שתמיד הם מתקוטטים והם במחלוקת, דחה הרע במיעוטו, עכ"ל.

(**עיין בברכי יוסף שכתב, דיש מי שכתב, דאין לבנות ביהכ"נ ע"י עו"ג, ובפרט לעשות כמין כיפה לפני ההיכל לנוי, בודאי ראוי ליזהר שיהיה ע"י ישראל, ומ"מ לתקן הגג של ביהכ"נ ע"י עו"ג, אין לחוש**).

ולקנות להם תורה נביאים וכתובים - כדי שיקרא בהם כל מי שירצה מן הצבור, **ודוקא** בימיהם שלא ניתן לכתוב רק תורה נביאים וכתובים, אבל עכשיו מחויבים גם לקנות ספרי תלמוד ופירושיהם, ללמד בהם לקטנים ולגדולים, **ובמקומות** שהספרים מצויים, אין כופין לקנות ספרים, רק ס"ת, דהרי יכולים לשאול אצל אנשי העיר.

(**ופשוט דה"ה אם אין מקום לצבור ללמוד, כגון שביהכ"נ הוא דחוק לזה, או מסיבה אחרת, שכופין זה את זה לבנות ביהמ"ד, דמה תועלת יש בקנית ספרים אם אין להם מקום ללמוד, ועוד שהרי כופין לבנות ביהכ"נ לתפלה, כ"ש ביהמ"ד המיוחד לתורה, שחיובו יותר גדול**).

(ועיין לעיל סי' נ"ה אם כופין זה את זה לשכור להם מנין).

סעיף ב - אין בונים בהכ"נ אלא בגבהה של עיר - שנאמר: בראש הומיות תקרא.

ומגביהין אותו עד שיהיה גבוה מכל בתי העיר שמשתמשים בהם - שנאמר: לרומם את בית אלהינו, **ויש** מקומות שאין נזהרין בזה, וכתבו האחרונים שהטעם, דכיון דיש שם הרבה בתי עו"ג שגבוהים מביהכ"נ, א"כ בלא"ה ליכא הכירא לביהכ"נ, **ומ"מ** ראוי לכתחלה ליזהר בזה בכל מה דאפשר, כי בגמרא החמירו מאד על זה.

לאפוקי בירניות, (פירוש בניינים העשוים לנוי, תרגום שכיות החמדה, בירניות שפירן), ומגדלים שאין משתמשים בהם - שעשויין לנוי בעלמא, ואין משתמשין בתוכן כלל, לכן אפילו הבתים עצמן גבוהין, לית לן בה.

וגג שהוא משופע ואינו ראוי לתשמיש, משערין עד המקום שהוא ראוי לתשמיש, דהיינו שאם יש עלייה תחת הגג, לא תהא גבוה יותר מבהכ"נ – (אין ר"ל לאסור דוקא היכא שעצם הבית לבד הגג גבוה מביהכ"נ, אלא אפילו היכא שעצם הבית אינו גבוה, ורק בצירוף תחתית הגג מקום שמשתמשין שם כשעומדים על העליה, גבוה יותר מביהכ"נ, נמי אסור, דשיפועו אינו מגרע בזה, כיון שעכ"פ יכול להשתמש שם, דאותו מקום שבגג נחשב ככותלי עליה, כן מוכח ברא"ש).

(**בר"ן** איתא, בירניות ומגדלים שעשויים לחוזק, ולפי"ז אין מקור להקל בגג שהוא משופע ואין ראוי לתשמיש מלמעלה, דהגמרא לא הקיל אלא במבצר שאין שם דירה עליה כלל, והוא עשוי רק לחיזוק העיר).

הגה: ובשעת הדחק, או שיש מלות מלכות שאינן רשאים לבנות בהכ"נ כדינו, מותר להתפלל בבית אע"פ שדרין בעליה על גביו - ר"ל וא"כ הביהכ"נ נמוך ממקום דירתו, אפ"ה שרי.

ובלבד שינהגו בעליה שעליו בנקיות, כמו שיתבאר ס"ס קנ"א.

סעיף ג - מי שהגביה ביתו יותר מבהכ"נ, י"א שכופין אותו להשפילו.

(ואם עשה בנין גבוה יותר בקרן אחד מבהכ"נ, סגי בכך) - ר"ל שהגביה רק זוית אחד מכותלי ביהכ"נ, ודוקא שהגביהו ע"י בנין, כגון בגג או עליה, אבל לא כמו שעושין קצת, שתוחבין עמוד ברזל בקרן אחת, ולא הועילו כלום בתקנתן.

סעיף ד - הבונה כנגד חלון בית הכנסת, אין מספיק לו בהרחקת ד"א, לפי שהוא צריך אור גדול - ר"ל דאלו בנה כותל ברשותו נגד חלונו של חבירו, דינא הוא דצריך להרחיק ד"א, כדי שלא יאפיל את חלונו, ודי, **אבל** בביהכ"נ דצריך אור גדול, מהני החזקת חלונות שיש להם מכבר, שיהיה צריך להרחיק יותר, **ולא** נתבאר כמה יותר, ועכ"פ בשמונה אמות ודאי סגי.

ועיין בפמ"ג שמסתפק לענין עזרה ועזרת נשים, אם גם שם לא סגי בד"א, **ולדעתי** נראה דהבו דלא לוסיף עלה, דבלא"ה גם עיקר דינא דהמחבר אינו ברור, עיין בחידושי רע"א.

כתב רמ"א בתשובה, חצר ביהכ"נ שאין בו תשמיש צנוע לרבים, אין יכולין למחות ליחיד שפותח שם חלונותיו, דכפותח חלונו נגד רה"ר דמיא, **ודין** זה מיירי שהיחיד פותח חלונותיו למקום שהוא מהלך לרבים, וא"א להם לבנות במקום הזה בשום פעם, דאל"ה יכולין למחות, דשמא ירצו הקהל לבנות במקום הזה, והוא יטעון שיש לו חזקה בחלונותיו, וימחה מלבנות, **ואע"ג** דפסק רמ"א בח"מ, דאין מועיל חזקה בשל קהל, מ"מ יכולין לומר דלא ניחא להו למיקם בהדיה בדינא ודיינא.

(עוד מתש' רמ"א דלעיל), אבל אם הקהל פותחין חלונות ביהכ"נ לחצירו, יכול הוא למחות בידם, עכ"ד, [**ואם** אין היזק הרבה לראובן, יכנס עמהם לפנים משורת הדין, והכל לפי ההיזק ולפי ראות עיני הדיין].

כתב בס"ח, חלון שהולך כנגד ר"ה, ובני אדם עוברים דרך שם לביהכ"נ, לא ישפכו מי רגלים מן החלון, לפי שיש שהולכין בהשכמה לביהכ"נ, וכשהולכין בחושך לא יוכלו להזהר שלא יתטנפו במי רגלים, וכתיב: שמור רגלך כאשר תלך אל בית האלהים, עכ"ל, **ובלא"ה** יש ליזהר שלא לשפוך שופכין במקום מהלך בני אדם, שלא יחליקו בם, דהוא כמו בור בר"ה.

כתב בספר שארית יוסף, שכני ביהכ"נ שיש להם בית הכסא שמגיע ממנו ריח רע לביהכ"נ, צריכין להרחיקו, **ואפילו** אם קדם הבית הכסא לבנין ביהכ"נ, אפ"ה צריכין לסלקו, דשאני הזיקא דרבים מהזיקא דיחיד, אלא שצריכין לתת לו דמיה.

סעיף ה - אין פותחין פתח בהכ"נ אלא כנגד הצד שמתפללין בו באותה העיר, שאם מתפללין למערב יפתחוהו למזרח - ולפיכך במדינות אלו שאנו מתפללים ומשתחוים נגד מזרח, דהיינו מפני שאנו יושבין בצד מערבו של א"י, צריך לעשות פתח הביהכ"נ במערב, (**ובמקום** הדחק פשוט הוא דאינו מעכב כלל).

כדי שישתחוו מן הפתח נגד הארון שהוא ברוח שמתפללין נגדו - והטעם שצריך לקבוע הארון שם, מבואר ברמב"ם וטור וז"ל, ובונין היכל זה ברוח שמתפללין כנגדו באותה העיר, כדי שיהיו פניהם אל מול ההיכל כשיעמדו לתפלה.

(**וצ"ע** במקומות שמפני הדוחק א"א להם בשום פנים להעמידו בכותל המזרח, ומוכרחים להעמידו בצפון או בדרום, לאיזה צד יתפללו הקהל, אם למזרח מפני שהוא נגד ירושלים, או מוטב שיתפללו כלפי הקודש דהוא הארון).

כתב המ"א, דאם היה הפתח בצד אחר, וחרב הביהכ"נ, ורצו קצת מנהיגים לעשות הפתח כדינו, אין האחרים יכולים למחות, אפילו הם הרוב, ואע"פ שמשנים סדר הישיבה, יקוב הדין ביניהם.

(**כתב** במאירי, דאין קפידא אלא בפתח שרוב הצבור נכנסין בו, אבל שאר פתחים מותר לעשות בכל הצדדים, **ורק** על פתח ביהכ"נ עצמו, משא"כ פתח הפרוזדור אין קפידא כלל בזה, כ"כ בתשו' חת"ס ופשוט).

הגה: ועושין בימה באמצע בהכ"נ, שיעמוד עליה הקורא בתורה וישמעו כולם – (כן מבואר ברמב"ם וטור, ומנהג קדום הוא, ומקורו במסכת סוכה נ"א ע"ב כמו שכתב הגר"א, **ובעו"ה** באיזה מקומות פרצו מנהג קדומים זה, והתחילו לעשות הבימות סמוך לארון הקודש, מפני שרצו לילך בדרכי העו"ג כמו שעושין בהיכלות שלהן שקורין טעמפיל, ויש לקרוא עליהן: וישכח ישראל עושהו ויבן היכלות, וכבר האריכו הפוסקים האחרונים בגנות האנשים האלה).

ואין עושין יותר משש מדרגות לבימה.

וכשמתפלל הש"צ, פניו כלפי הקדש - הרמ"א קיצר כאן, וז"ל הטור, ובעת שש"ץ עומד בתפלה, יורד לארץ לפני התיבה, ופניו כלפי הקודש כשאר העם.

וסדר הישיבה כך היא: הזקנים יושבים פניהם כלפי העם, ושאר העם כולם יושבים שורות שורות, פניהם כלפי הקודש ופני הזקנים - ועכשיו אין ענין לסדר זה, כי קונין המקומות, מ"מ יזהרו שלא יעשו שום מקום לישב עליו בין הבימה ובין ההיכל, באופן שיהיה פני היושב נגד הבימה ואחוריו להיכל, דגנאי הוא, ואיסורא נמי איכא, דהעומד על הבימה לברך ומשתחוה, נראה כמשתחוה לו, [**ואין** זה סותר למה דכתב הט"ז ביו"ד, להתיר לרבנים לדרש אצל ארון הקודש, אף שאחוריהם להיכל, משום דס"ת ברשות אחרת, דלפי שעה שאני], **אם** לא שיעשו המקום מן הצדדין, [וכן המנהג להתיר כיון שאין אחוריו נגד ההיכל ממש] **וכתב** הפמ"ג, דעכשיו שעושין מקומות אצל הבימה שקורין אלמימר"א, ופני היושב להיכל ואחוריו לבימה, אף שאחוריו לס"ת, מ"מ רשות אחרת היא הבימה.

§ סימן קנג – דין בנין בהכ"נ §

סעיף יב - מי שיש לו תנאי עם הקהל, שלא יוכל לבנות בהכ"נ כי אם הוא וזרעו, אינו יכול למכור זכותו לאחר - דמסתברא דלא השליטו הקהל על אותה מצוה, וה"ה בשאר דבר מצוה, אלא לאותו איש ולזרעו, ולא למכור לאחרים, **אא"כ** התנו בפירוש שיכול למכור זכותו - לבוש.

כתב הט"ז, דהשו"ע מיירי שכיבדו אותו בחנם, אבל אם קנה מהם בדמים, הוא ככל קנין דעלמא, ויכול למכור זכותו לאחר, **ומ"מ** ברור הוא כי דוקא להגון כמוהו הקנו לו זכות זה, וכ"כ הא"ר, **וכן** בדינא דלבוש, כשהרשוהו בפירוש שיכול למכור זכותו, הוא ג"כ דוקא להגון כמוהו.

סעיף יג - גבו מעות לבנין בהכ"נ, ובא להם דבר מצוה, מוציאין בה המעות - מדסתם משמע כל דבר מצוה כצדקה וכיו"ב, אף שאינה חמורה מקדושת בהכ"נ, **ואע"ג** דלעיל בס"ה פסק בגבו מעות, דאין משנין אלא לקדושה חמורה, הכא מיירי ע"י זט"ה במעמד אנשי העיר, דשרי להוציא המעות אף לקדושה קלה, ואף לחולין, וכנ"ל בס"ז - מ"א, **והט"ז** מוקי לה אף שלא ע"י זט"ה במעמד אנ"ה, אלא דמיירי דשקילי המעות דרך הלואה, ואח"כ יחזירו מעות אחרים לבנין ביהכ"נ, ואזיל לטעמיה דס"ל, בגבו מעות דמותר ליקח דרך הלואה.

קנו אבנים וקורות, לא ימכרום לדבר מצוה - אע"פ שע"פ הדין מותר ע"פ זט"ה במא"ה, אפילו להוציא לחולין, כ"ש לדבר מצוה, מ"מ לא יעשו כן, ויגבו מן הצבור.

אלא לפדיון שבוים; אע"פ שהביאו האבנים וגדרום ואת הקורות ופסלום, והתקינו הכל לבנין בהכ"נ, מוכרים הכל לפדיון שבוים בלבד, אבל אם בנו וגמרו, לא ימכרו בהכ"נ, אלא יגבו לפדיון מן הצבור - פי' אין ראוי לאנשי העיר לעשות כן, אבל מן הדין שרי בפדיון שבוים ולקדושה חמורה בכל גווני, ואפילו בלא זט"ה במעמד אנשי העיר, [דלעילוי סגי בזט"ה או במא"ה לחוד], (**והוא** מהמ"א, דלקדושה חמורה שרי למכור ביהכ"נ ואפילו כשאין להם אלא ביהכ"נ אחת, והנה בא"ר כתב שם דדין זה צ"ע, **ונראה** דאף לדברי המ"א, אף דקדושה חמורה נקרא אפילו תיבה וכדומה, מ"מ מסתברא דאין למכור ביהכ"נ בשביל זה, דהא קיי"ל דכופין בני העיר זה את זה לבנות ביהכ"נ, והטעם, כדי שיהיה לישראל מקדש מעט להכנס ולהתפלל שם לפני ה', ואיך יבטלו זה בשביל תיבה וכדומה, וכולהו דוכתי דנזכר בפוסקים לשון לכתחלה, מיירי שיש להם עוד בתי כנסיות, או שהקדושה אחרת היה דבר נחוץ מאד, כגון שחסר להם ס"ת לקרות בצבור, או שחסר להם נביאים וכתובים ללמוד בהם, כנלענ"ד).

ודוקא גמרו, אבל לא גמרו את הבנין, דינו כאבנים וקורות שנזכרו מקודם.

סעיף יד - ראובן שאמר: קרקע זו אני נותן לבנות עליה בהכ"נ, ולא רצו עכו"ם להניחן לבנות בהכ"נ, והקהל אומרים לבנות עליו בית לת"ת, וראובן אומר: אדעתא דהכי לא נדרי, לא מצי ראובן הדר ביה - דנעשה נדר מכי אמר קרקע זו לביהכ"נ, וכדאמרינן: בפיך זו צדקה.

ואם ראובן לא היה דר שם, היו יכולים לשנותה - ואפילו לדבר הרשות, ואף שהוזמן הקרקע לביהכ"נ, הזמנה לאו מילתא היא, **ואף** שהוא עומד וצווח: איני חפץ אלא שיהיה לביהכ"נ, לא משגחינן ביה, כיון דמעיקרא סתמא אמר ולא כפליה לתנאיה, דלא אמר: אם לא יבנו ביהכ"נ יחזירו לי הקרקע, אמרינן אדעתא דידהו יהבה מעיקרא, והשתא קהדר ביה, ולא מצי.

ואם הוא מבני אותה העיר, אינם רשאים לשנותה אם הוא עומד וצווח, (פירוש וצועק) - ר"ל שיכול לעכבם שלא לבנות עליה בהמ"ד, אף שהיא קדושה חמורה מזה, **והטעם**, כיון דאיתיהב אדעתא דכולהו, לא גרע כחו מאחד משאר אנשי העיר, שיכולים למחות כשרוצים לשנות, **ואע"ג** דמבואר לעיל בסעיף ו', דלקדושה חמורה יכולים בני העיר לשנות, ואפילו שלא בשבעה טובי העיר, **התם** מיירי שאין אחד מאנשי העיר מוחה ע"ז בפירוש.

ועיין במ"א שהקשה, דביו"ד איתא בהדיא, דאין הבעלים יכולים למחות מלבנות ביה"מ, כיון שהיא קדושה חמורה, **ודחק** את עצמו לתרץ, ועיין בפמ"ג שמפקפק בתירוצו, וגם בבאור הגר"א הקשה קושיא זה דמ"א, ונשאר בדין זה בצ"ע.

ומסיים המרדכי, דמ"מ ראובן נמי לא מצי לשנות ולמהדר, ואפילו לא מצי עתה לבנותה מפני השלטון, שמא לאחר זמן ימצאו חנינה לבנותה.

אא"כ יש שם חבר עיר, דכל מאן דאתי אדעתא דידיה אתי. (וז' טובי העיר - ר"ל במעמד הקהל, **דינם כחבר עיר).**

סעיף טו - אין אדם יכול לאסור חלקו מבהכ"נ ולא מהספרים - היינו בין ליחיד בין לכל הקהל, **ואם אסר, אינו כלום** - כן תקנו הגאונים, דאל"כ כל אחד שיהיה לו דבר מה עם חבירו, יאסור חלקו עליו, וממילא יהא כל ביהכ"נ אסורה עליו, דאין ברירה, (**וכ"ז** לדעה קמייתא שנזכרת ביו"ד, אבל להי"א שם, דכל דבר שאין בו דין חלוקה כביהכ"נ וכדומה, מדינא אינו יכול לאסור על חבירו, גם הכא מדינא הוא, **ועיין** בש"ך שם, שדעתו לעיקר כהי"א).

(**ולכאורה** זה דוקא בלא היה לו מקום קבוע, אלא מצד שהביהכ"נ משותף לכולם, **אבל** לפי המנהג שכל אחד קונה מקום קבוע בביהכ"נ, ויש לו בו זכות להוריש ולמכור, אפשר דלא שייך זה, **ועיין, אח"כ** מצאתי במאירי, שלהרבה פוסקים בכל גווני אינו יכול לאסור, **אך** דעתו נוטה כמו שכתבנו).

סעיף טז - מי שהשאיל ביתו לבהכ"נ - (ר"ל שהשאילם שיהיה עליו שם ביהכ"נ גמור, משא"כ אם השאיל להם ביתו שיבואו להתפלל בו בעלמא, אין בכלל זה).

ויש לו מריבה עם א' מהקהל, אינו יכול לאסרה אא"כ יאסרנה לכל הקהל כאחד - (לאו דוקא דאינו יכול, דאי עבר ואסר, אסור, אלא דאינו רשאי לעשות כן, ומ"מ צ"ע), **והיינו** מצד חרם רבנו גרשם מאור הגולה שיש ע"ז, והטעם נראה, דחששו לבזיון דההוא גברא, עיין גיטין נ"ז, משא"כ כשיאסור לכולם ליכא כיסופא.

והא דיכול לאסור לכל הקהל, היינו משום דלא השאיל להם אלא בסתם, הא אם השאיל להם לזמן, עיין ביו"ד, דיש פלוגתא אם חל איסור בתוך הזמן.

(**כתב** מהר"ש דוראן בתשובה, דאם יש ביהכ"נ אחרת באותה העיר, יכול לאסרה, דבשלמא כשאין ביהכ"נ אחר, מה יש לו לאותו יחיד למעבד, וישאר בלי תפלה בצבור, והרי זה האוסרו מכשילו ומונעו מתפלת צבור, משא"כ כשיש ביהכ"נ אחרת, והעתיקו הגרע"א בקיצור, ולפי מש"כ טעם התקנה במ"ב, אין דינו מוכרח).

הגה: ודוקא שהשאיל תחלה סתם, אבל אם התנה מתחלה שכל זמן שירצה למחות יהא בידו למחות, או שלא השאיל להם בפירוש אלא הניחם ליכנס לביתו, הרשות בידו למחות במי שירצה - (הטעם, מפני שכיון שהתנה תנאו קיים, עכ"ל ד"מ, משמע מזה, דתנאו היה שיוכל למחות אפילו ליחיד).

סעיף יז - מי שהיה בביתו בהכ"נ ימים רבים, אין הצבור רשאים לשנותו בבית אחר - (ר"ל בבית של יחיד, מפני דרכי שלום, שלא יאמרו על בני בית זה, אנשים שאינם מהוגנים הם, ולפיכך נמנעו הצבור מלהתפלל שם, ולכן אפי' יש להצבור קצת טעם בדבר, נמי אינם רשאים, (**אבל אם רוצים לבנות ביהכ"נ קבוע, רשאים, ואין בזה משום דרכי שלום).**

(**ונראה** דלאו דוקא ביהכ"נ גמורה, ה"ה אם היה אצלו מנין קבוע ימים רבים, כמו שמצוי בכפרים, נמי דינא הכי).

ואם רק מקצת מהצבור רוצים להתפרד ולהתפלל במקום אחר, רשאים, כיון שגם בביתו מתפללים קצת, ולא נתבטל ממנו המצוה בשום פעם, **אבל** חברה שהיו לומדים בבית אחד כמה שנים, ואח"כ רוצים ללמוד ב' חדשים בכל בית ובית, אינם יכולים לשנות.

וה"ה במי שזכה באיזה ענין של כבוד או של מצוה, אין מעבירים ממנו, אם לא שיש טענה גמורה למערערים, **ולאו** דוקא בדברים הנוהגים תדיר, אלא אפילו בדברים דמזמן לזמן קאתי, נמי דינא הכי.

כתבו האחרונים, אנשים שהחזיקו לקבור מתים, אינם יכולים למחות באחרים שבאים לקבור, שבעשיית מצוה כל אחד רוצה לזכות, **ובמדינות** שיש חבורות מנויות על כך, שמניחים עסקיהם בכל השנה כשמזדמן להם מצוה זו, צריך ליתן להחברה כמנהגם.

סעיף יח - יש מי שאומר שכלי הקודש של כסף שנהגו להביאם תמיד לבית הכנסת בחגים - כגון מנורות להדליק בהם, או תכשיטים לתלות על ס"ת, **אין יכולים להוציא לחולין ולמכרם, והקהל יכולים לתפשם שישארו בחזקת הקדש אחר מיתת המקדיש** - כיון שלא פירשו בהדיא, דנותנים זאת רק בתורת שאלה בעלמא, משנשתמשו בהם חל עלייהו קדושה, **וכתב** המ"א, דעכשיו המנהג פשוט, שנשארים ברשות בעליהם, ואם כן המביאים את הכלים מביאים אדעתא דמנהגא, והוי כמו שהתנה בפירוש דלא תחול עלייהו קדושה, **ומ"מ** יותר טוב להתנות בהדיא בשעת הבאה, דהוא רק בתורת שאלה בעלמא.

סעיף יט - יש מי שאומר שאם נמצא אחר מיתת אדם כתב כתוב - ר"ל שנמצא בביתו בין שטרותיו, **שהקדיש כלים, ואין עליו עדים ולא מסרו לקהל, אפ"ה הוי הקדש** - דודאי הקדישו כיון שכתב לו על המגילה, **ועיין** במ"א מה שהעיר בזה מח"מ, ובדברי הש"ך שם יתורץ קושיתו, **אבל** א"כ אין זה דין ברור להוציא ממון, דהרבה אחרונים סוברין שם דלא כהש"ך, עיין בח"מ בפת"ש.

סעיף כ - יש מי שאומר שספר תורה שהוחזק שהיה של אבותיו של ראובן - ומונחת בביהכ"נ, **אין הצבור יכולים להחזיק בו** - ולא אמרינן דבודאי החליטה להקדש, **ולא** דמי לכלי הקודש של כסף שנהגו להביאם בביהכ"נ, המובא בסעיף י"ח, דאין הבעלים יכולים להוציאם לחולין, **דשאני** הכא בס"ת, שכן הדרך לעשות

ס"ת ע"מ כן, להניחה בביהכ"נ שיקראו בה רבים, ושתהיה מונחת שם עד יום פקוד הבעלים אותה ליקח לביתו, **ואפילו** היתה לבושה מעילין של צבור ולא הקפיד, לא אמרינן בשביל זה מסתמא כבר סילק ידו ממנה, משום דכן המנהג תדיר, להחליף המעילין מס"ת אל ס"ת, הן של יחידים הן של הקהל, **מיהו** כמה אחרונים כתבו, דגם הכא בס"ת מיירי שאנו יודעין בבירור שבתחלה לא הניחה לחלוטין, רק שהשאילה לבהכ"נ שיקראו בה רבים, **ואשמועינן** דלא אמרינן, כיון שהניחה זמן רב מסתמא כבר החליטה להקדש, **אבל** בהניחה סתם, אמרינן דמסתמא אקדשה לעולם, וכההיא דכלי הקודש בסעיף י"ח הנ"ל.

ועיין במ"א שכתב, דמנהג העולם כהיום למכור ס"ת, אפילו נתנו מתחלה לביהכ"נ לקרות בו, וכתב דכיון שנהגו כן, הו"ל כאלו התנו מתחלה בהדיא שלא תחול קדושת רבים עליהן, **ולפי"ז** נראה, דלכו"ע אין להחמיר בזה בדיעבד, ומ"מ לכתחלה בודאי טוב להתנות בהדיא, שאין נותנה לחלוטין.

ואפילו יש עדים מבני אותה העיר דנתנה לצבור, לא מהני, דנוגעין בעדות הם, **ואפילו** אם ירצו לסלק עצמם ממנה לא מהני, אא"כ יש להם ס"ת אחרת מדוייקת וכשרה כמותה.

ישוב שלא היה לצבור ס"ת, וקראו בס"ת של יחיד, ואח"כ קנו הצבור ס"ת, וטוען היחיד שיש לו חזקה שיקראו דוקא בס"ת שלו, אין זו חזקה, דאין עמה טענה, [**דאם** היה להם ס"ת אחרת, ואעפ"ב קראו בשל יחיד, חזקה שיש עמה טענה היא], **ומ"מ** אין למעט כבוד ס"ת של היחיד, אלא יקראו בכל שבת בס"ת אחרת.

סעיף כא - אין לקנות מעילים שנשתמש בהם הדיוט, לתשמיש קדושה - וכ"ש מדברים שנשתמש בהן לע"ג, ובזה אפילו בדיעבד אסור, וצריך למכרן ולחזור ולקנות אחרת.

אבל למצוה שרי לקנות מעילים שנשתמש בהם הדיוט, וכמ"ש למעלה בסימן קמ"ז ס"א במ"ב, **וספרי** פסולים של העו"ג שמכורכים בשיראים לנוי, אין ליקח השיראים לעשות מהן טלית, דמאיסי כמו בגדי אליל, וק"ו דאסור לעשות מהן תשמישי קדושה, **וע"כ** אסור ליקח הכריכות ולכרכן על ספרי קודש שלנו.

הגה: אסור לעשות מאתנן זונה או מחיר כלב - כגון שהחליף כלב באיזה דבר, **דבר של מצוה** - כמו שאסרה תורה להביאם למקדש ולמזבח, שנאמר: לא תביא אתנן זונה ומחיר כלב וגו', כי תועבת ה' אלהיך וגו', **ומ"מ** אינו אלא מדרבנן. (**ומ"מ מספקא לי**, דנהי כשהקדישה אין אנו מקבלין ממנה, מ"מ אפשר שעכ"פ אסור להשתמש בה בחול, כיון שאיסור זה אינו אלא מדרבנן, לא אלים לאפקועי נדרה מכל וכל, וצריך גניזה, וצ"ע).

ואיסור דאתנן חל על כל מה שיתן לה, ואפי' פסק עמה טלה א' בשכרה ונותן לה הרבה, כולם אסורים, דכולם בתורת אתנן קאתו לה.
ודין אתנן הוא דוקא כשנתן לה אתנן ואח"כ בא עליה, אבל בא עליה ואח"כ נתן לה אתננה שהתנה עמה, מותר, כיון שבשעת ביאה לא היה קנוי לה זה האתנן. **גם** דאיסור אתנן הוא דוקא כשנתן הנואף להנואפת, אבל אם האשה נתנה לו, מותר האתנן. **ואם** נתן האתנן לזכר לשכב עמו, אסור האתנן.

כגון בהכ"נ - כגון שנתן להזונה או שהחליף בהכלב אבנים וקורות, וה"ה דלעשות מהאתנן כלי ביהכ"נ, גם כן אסור.

או ס"ת - כגון שנתן לה קלף, וה"ה מפות לס"ת אסור, [**דאי** נתן לה ס"ת באתננה, אפשר דאין חל ע"ז שם אתנן, ומותר לקרות בו בציבור, עיין בפמ"ג, **ועיין** ברי"ו דמשמע להיפך, וצ"ע].

וה"ה דשום דבר מצוה אסור לעשות מהאתנן ומחיר, כגון נר ושמן לביהכ"נ, **ובפמ"ג** משמע, דה"ה ציצית וטלית מצוה, ג"כ אין לעשות מזה.

ודוקא מהאתנן עצמה - כמו שכתבנו מקודם, ואם נשתנו האתנן והמחיר, כגון זיתים ועשאן שמן, ענבים ועשאן יין, מותר.

אבל אם נתנו לה מעות באתנן, מותר לקנות בהן דבר מצוה - וה"ה כשלקח בעד הכלב מעות, מותר לקנות בהם דבר מצוה.

ולא מקרי זונה, אלא איסור ערוה - דהיינו חייבי כריתות, [**ודע**, דנדה אף דגם היא מחייבי כריתות, מ"מ אתננה מותר], **וי"א** דה"ה חייבי לאוין, (**אבל אם בביאה הזאת לא היה לאו וכרת, אע"ג שכבר נבעלה לחייבי כריתות או לחייבי לאוין ונעשית זונה, אפע"כ אין אתננה אסור**), **וזונה** נכרית לכו"ע אתננה אסור.

אבל אלו הפנויות הקדשות שמקדישות דבר, מותר לקבל מהן – (לכאורה אין להקל בזה אלא בקדשה מופקרת לישראל לבד, **אבל** אותן הזונות היושבות בבתי הקדשות שמפקירות עצמן לכל, אין להקל עכ"פ בעיר שרובה עו"ג, שלא ליטול מהם שום דבר, דתלינן דכל חפציהם הוא מאתנן זונה, כל זמן שלא ידעינן בבירור שקבלתו מישראל).

סעיף כב - אדם שהוא רגיל בשום מצוה, כגון גלילה - ר"ל שהחזיק בה ברשות הקהל, **ובתשובת** רדב"ז כתב, דאפילו לא הרשוהו בפירוש, אלא כל שהחזיק זמן רב ושתקו ולא מיחו, הוי חזקה, **ואירעו אונס או עוני, ונתנו הקהל המצוה לאחר, ואח"כ העשיר ורצה שיחזירו לו המצוה, אם בשעה שנתנו הקהל המצוה לשני היה ספוק ביד הראשון לתת מה שהיה נותן בכל שנה** - היינו שגם באונסו או בעניו היה סיפוק בידו לתת כפי מה שרגיל, **ולא חפץ בה, ונתרצה הוא עם שאר הקהל לתת לאחר, איבד זכותו** - לאו דוקא נתרצה בפירוש, אלא כל שסיפוק בידו ולא חפץ ליתן, איבד זכותו, [ואף בפניו ושתק, ג"ב מהניא], ונקט "נתרצה" משום סיפא.

אבל אם כשנתנו לשני לא היה ביד הראשון סיפוק לתת מה שהיה נותן, ועתה שיש בידו רוצה לזכות במצותו ולחזור וליתן מה שהיה נותן תחלה, חוזר למצותו - ואין

לשנותו אפילו מע"ה לת"ח, אם לא שיש טענה גמורה למערער, **אך** אם יש ראיה ברורה שכבר נתייאש מזה, אבד חזקתו.

(**לכאורה** אפילו העשיר הראשון בתוך זמן שכירות השני, נמי חוזר למצותו תיכף, דומיא דכהן גדול שאירע לו אונס ביוהכ"פ, ומינו אחר תחתיו, דחוזר לעבודתו תיכף כשנסתלק אונסו, ואודות התשלומין, מסתברא שישלם כפי ערך הזמן שיש עדיין בהשנה).

(**ועיין** בחו"מ בפתחי תשובה, מה שכתב בשם שער המשפט שהביא מס"ח, דאם אחר רוצה להוסיף במעות, הרשות בידו, אם לא שזיכו לו הקהל בפירוש גם בענין זה, **ולפי"ז** מיירי הכא שהאחר לא הוסיף במעות על הראשון, או דמיירי שזיכו להראשון בפירוש, שלא יהא אחר יכול להוסיף עליו, **אכן** בתשובת רדב"ז מבואר דלא כדבריו, וצ"ע למעשה).

(**לאו** דוקא לענין גלילה, דה"ה באחד שיש לו חזקה שיתפללו הצבור בביתו, ומתוך אונס שנאנס בעה"ב הוכרחו להתקבץ במקום אחר, לא אבד חזקתו, וכשיעבור האונס יתפללו שם, וכן כל כיו"ב).

כתבו הפוסקים, דה"ה פרנס שעבר מחמת אונס, ומינו אחר תחתיו, דכשיעבור אונסו חוזר לפרנסותו, **ואין** ליתן לשני שום חלק בפרנסות, משום איבה דראשון, **ומ"מ** אין לנהוג בזיון בשני, ויתנו לו שום מינוי של כבוד בצרכי צבור.

אם עבר משררותו מחמת עבירה שעשה, אפילו בשוגג, אינו חוזר לשררותו, כדקי"ל לענין רוצח שגלה לעיר מקלטו ושב, דאינו חוזר לשררותו שהיה לו מקודם - מ"א, **והא"ר** מסתפק בזה, דאפשר דדוקא ברוצח.

(**איתא** בב"י בשם המרדכי, דאין שייך ירושה במצות, **אלא** כל מי שיתן יותר לצדקה הוא הזוכה, עכ"ל, **ועיין** בכנה"ג שכתב, דאם היה המנהג בעיר, שכל מי שהחזיקוהו קהל באיזה מצוה הרי הוא לו ולזרעו, יעשו כמנהגם, **עוד** כתב, דאם קנה מצוה לזמן קצוב, ומת תוך הזמן, יורשיו נכנסים במקומו לזמן הקצוב, **ועיין** בברכי יוסף מה שהביא בשם תשובת כנה"ג, דהבן קם תחת אביו במצות).

§ סימן קנד – דיני תשמיש קדושה וערות בהכ"נ §

סעיף ח - הארון וכל מה שעושים לס"ת, מועיל בו תנאי להשתמש בו שאר תשמיש, אפילו דחול - היינו כשהתנו בתחלת עשייתו שיהא מותר להשתמש בו, ואין חילוק בין לזמן שהס"ת מונחת בו או אח"כ.

(וכל שכן שאר תשמישי קדושה, כמו תיק של תפילין וכדומה, דמהני בהו תנאה).

ומ"מ לתשמיש מגונה לא מהני תנאה.

הגה: ונהגו ליהנות בכמה הנאות מדברי קדושה, כגון: מטפחת של ספרים ושלחן שבבהכ"נ ומעילים של ס"ת, וכתבו הטעם, משום דכיון שנהגו כן, ואי אפשר ליזהר, לב ב"ד מתנה עליהם מעיקרא, כדי שלא יבאו בני אדם לידי תקלה, ואע"ג דלא התנו כאילו התנו דמי - ודוקא במה שמבורר מנהגא להקל, אבל במה שאינו מנהגא, אין לנו להקל מעצמנו, דאפשר דלא התנו ע"ז.

(ומשמע מזה, דבדבר שאפשר ליזהר מהם, אין אומרים בסתמא לב בית דין מתנה עליהם).

עיין בתה"ד דמוכח שם, דזהו דוקא בביהכ"נ, אבל לא בס"ת של יחיד שיש לו בביתו.

ומסיים בתה"ד, נדחקתי כדי ליישב קצת מה שאין העולם נזהרין, עכ"ל, **ומשמע** שם דראוי לכל אדם כשמנדב דבר לביהכ"נ, או הגזברים כשקונין איזה דבר, להתנות שיהיו רשאים להשתמש בהם.

סעיף ט - המתנדבים ס"ת ומניחים מטפחות בבהכ"נ, מותר להשתמש בהן כל ספר וספר, שלדעת כולן הוקדשו - וכ"ש מטפחות שהגזברים קונים אותם לצרכי הספרים שבביהכ"נ, בודאי לדעת כן נתקדשו לכתחלה, שיהא מותר ליתנם מספר לספר.

אבל המניחים בביתם ואח"כ מקדישין, כיון שעל דעת אותו ספר נעשה, ונשתמש בו אותו ספר, אסור להניחו בס"ת אחר - משום דכל שינוי מקדושה לקדושה אסור, אם לא לחמורה ממנו.

ויש מתירים - כיון שעכ"פ אינו מורידה מקדושתה.

(וכן נוהגין עכשיו, משום לב ב"ד מתנה עליהם לנהוג כך) - ר"ל אע"ג דמצד הדין ראוי לפסוק כהדעה ראשונה, שהיא דעת רוב הפוסקים, דשינוי מקדושה לקדושה ששוה לה אסור, מ"מ הכא מותר משום לב ב"ד וכו'.

(**לכאורה** לפי מה שכתבנו במ"ב בשם תה"ד, דבס"ת של יחיד שיש לו בביתו, אין שייך לב ב"ד מתנה, א"כ הכא כיון שבביתו נתקדש מכבר המטפחת לס"ת זו, קודם שהקדיש הס"ת לביהכ"נ, מה שייך לב ב"ד ע"ז, **ואולי** דנאמר דמיירי בשהיה דעתו מתחלה בשעה שקנה אותה להקדישה לבסוף לבהכ"נ, וממילא לא יחדה לזו דוקא, **אבל** א"כ היה לו לרמ"א לפרש זה, ומדסתם משמע דבכל גווני שרי, וצ"ע).

סעיף י - הנוהגים להניח עטרות ס"ת בראש הקורא בסיום התורה, אין מוחין בידם - שאני אומר לב ב"ד מתנה ע"ז במקום שנהגו כן, כיון שמשתמשין לכבוד התורה.

אבל המניחים אותם בראשי חתנים דעלמא, מוחין בידם - שאין אדם מתנה בעטרות שהן תשמישי קדושה לכבוד הס"ת, שיהא משתמש בהן הדיוט לכבוד עצמו, **אבל** אם התנו בהדיא בשעת עשיית העטרה, שיניחוהו בראשי חתנים דעלמא, שרי, כמ"ש ס"ח.

סעיף יא - נרות של שעוה שנתנם כותי לעבודת אלילים - פי' לבית עכו"ם להדלקה, **וכיבן שמשן** - כלומר דאז מותרין להדיוט, וכמו שכתב בהג"ה, דנתבטל מהם שם נוי עכו"ם ע"י כיבויין, **ונתנם או מכרן לישראל, אסור להדליקם בבהכ"נ** - דאסורין לגבוה משום דמאיס, וה"ה שעוה הנוטף מנרותיהם דאסור.

וה"ה לכל הדלקה של מצוה, כגון הדלקת הנר דשבת ודחנוכה, או ללמוד לפניהן, דאסור, וה"ה לכל מילי דמצוה, אין עושין מדבר שנעשה לעכו"ם.

הגה: אע"פ שמותרים להדיוט - ר"ל מטעם ביטול וכנ"ל, אפ"ה לגבוה אסור משום דמאיס.

ואם לא הודלקו עדיין מעולם, ומכרן שמשן לישראל, מותר אף לגבוה, דלא חל עלייהו שם נוי עבודת כוכבים מעולם.

וה"ה מנורות שקורין לייכטע"ר, שהיו בבית אלילים, שלקחן ישראל אחר שביטלן העו"ג, שמותרין להדיוט, אפ"ה לביהכ"נ אסור משום דמאיס, **וה"ה** להדליק בהן בביתו לצורך מצוה, כמו לנר שבת וכדומה - פמ"ג בפירוש דברי הט"ז, **ואף** דא"ר צידד להקל, הפמ"ג והגרע"א מצדדים להורות כדברי הט"ז.

ולענין לעשות מבית תפלה של עכו"ם ביהכ"נ, כתב המ"א בשם הרא"ם להקל, והטעם, כי לא נעבד הבית עצמו מעולם, **ודעת** הא"ר נוטה להחמיר לעשות ביהכ"נ קבוע, ע"ש, **וכמדומה** שהעולם נוהגין להקל, **ועיין** בה"ל שבירנו, דדוקא כשאין דרכן להעמיד שם אליליהם, אבל אלו שמעמידין שם אליליהם, אף שהוציאום משם ומכרו הבית לישראל, דאז מותר הבית להדיוט, מטעם שכבר נתבטל עי"ז משם משמשי אליל, עכ"פ לביהכ"נ אסור.

(**ואם הבית תפלה שלהם לא היתה רק שכורה להם, אפשר שיש לצדד להקל אף באופן זה, דאין בכחן לאסור הבית לעולם**).

ולענין ספסלים מבתי אלילים, שהם עשויין רק לישיבה בעלמא, ולא לנוי לעכו"ם, פסק הפמ"ג דמותרים לביהכ"נ אף בלי בטול.

מומר לעובד כוכבים שנתן שעוה או נר לבהכ"נ - וה"ה שאר דברים, **אסור להדליקו** - דדמי לקרבן שאין מקבלין ממנו, וה"ה ממומר לחלל שבת בפרהסיא, או מומר להכעיס אפילו באחד משאר עבירות, שאין מקבלין מהן קרבן, אין מקבלין מהן דבר לבהכ"נ, **מיהו** אם נתנו מעות לכתוב ס"ת בשמן, שרי, **ועיין בי"ד סי' קל"ט ורנ"ד בדינים אלו**.

סעיף יב - עכבר שנמצא בשמן של בית הכנסת, אם הוא מאוס, אסור להדליקו בבהכ"נ - ואפילו יש ששים נגדו, דמותר באכילה, כיון שמאוס אסור, משום: הקריבהו נא לפחתך, **ויש** מקילין ביש ששים.

בפמ"ג מצדד דה"ה לשאר הדלקה של מצוה, כגון נר שבת וחנוכה, אסור אם הוא מאוס לו.

סעיף יג - נר של בהכ"נ מותר לקרות לאורו - היינו בד"ת, ולא בקריאה של חול, **ולא** דמי לנר חנוכה, דלרוב הפוסקים אפילו ללמוד אסור לאורן, שאני התם, דבעינן שיהא ניכר שהודלק לשם מצות נר חנוכה, ולא לשום דבר אחר, **משא"כ** הכא, דכונת הנודר היה רק כדי להרבות מאור ביהכ"נ, לפיכך כל כמה דקרו אינשי לאורו בד"ת, טפי איכא מצוה ומקבל שכר.

ומיהו זה דוקא במי שנדר שמן להדלקה לביהכ"נ, אבל במקומות שעושין הגזברים נרות, והדרך ליקח במו"ש כל אחד נר לביתו, אפילו משתמש בהן תשמיש חול שרי, דהו"ל לב ב"ד מתנה עליהן, **אבל** באותם שעומדים על המנורה, אסור לקרות בהן דבר של חול.

סעיף יד - אין מדליקין נר של הדיוט מנר בית הכנסת - דיש קדושת ביהכ"נ עליהם.

ולאפוקי להדליק ממנו נר שבת וחנוכה, או לצורך ת"ת, דשרי.

ויש מי שאומר דהני מילי בעוד שדולקין למצותן, אבל כשצריך לכבותן, מותר - הטעם, דלא חמירי מנר חנוכה, דלאחר שדלקו זמן שיעורן, מותר ליהנות מהן.

(**ונר של הבדלה לאחר שהבדיל עליה, כבר נעשה המצוה ומותר להדליק ממנה, אבל לא קודם**).

הגה: מיהו לא נהגו ליזהר בכך, ומדליקין בכן נר שהוא לצורך גדול, ואפשר ג"כ שדעת בית דין מתנה בכך, וכן בכל הדברים שנהגו להקל בדברים כאלו, והוא מהאי טעמא.

ולענין להדליק הפיפ"א של טאבא"ק מנר של ביהכ"נ, עיין בש"ת שפוסק לאיסור מנר של תפלה, **ואך** מנר של יא"צ שדולק כל המעת לעת, יש להתיר.

כתב ס"ח, לא יקח נר לבקש מעותיו, אבל אם ירא פן נחבאו גנבים בביהכ"נ, יקח נר ויחפש, **ולענ"ד** אחר שכתב רמ"א דלצורך גדול אמרינן לב ב"ד מתנה, מסתברא דשרי נמי ליקח נר לחפש מעותיו שנפלו ממנו.

סעיף טו - בני כרך שקנו ספר תורה, והתנו שאם יצא אחד מהכרך, שהנשארים יתנו לו חלקו - ובלא התנו א"צ ליתן לזה שהולך כלום, דהא קנו אותה אדעתא שתשאר פה.

והוקרו הספרים, אם יצא אחד מהם, אין נותנין לו אלא מה שנתן בלבד - דמסתמא לא התנו אלא לחלק מבורר באותה שעה, ולא לעשות שומא אחרת, **ואף** אם היה ראוי להסתפק בלשונם למה נתכונו, נמי דינא הכי, כיון דממ"נ הס"ת נשאר להנשארים, אלא שצריכין להחזיר הדמים, ויש ספק כמה יחזירו, מצו למימר: הס"ת ממ"נ דידן היא, ואי משום דמי, אייתי ראיה ושקול, **ולפי** טעם זה האחרון, אפילו הוזלו הספרים, א"צ ליתן לו אלא כשער הזול, **ואם** היה התנאי

ביניהם, שאם ירצה הוא יתן להם דמיהם ויקח הס"ת, אע"פ שנתרצה אח"כ ליתן להם הס"ת, מ"מ הם אינם נקראים מוחזקים, כיון שיש בידו לסלקן.

וכ"ז בנידון כזה, דבלא תנאי לא היה לו שום זכות למישקל דמי עבור חלקו וכנ"ל, וממילא הוי ס"ת בחזקת הנשארים, אלא שהתנאי גורם שיתנו לו דמים, הם אומרים: אייתי ראיה כמה מגיע לך בשביל תנאי שלך ושקול, **אבל** שותפים שקנו ביחד בית אחד, והיה תנאי ביניהם שיתנו לו חלקו כל זמן שירצה, ואח"כ הוקר, ואחד רוצה להסתלק וליטול חלקו מן הנשארים, ודאי צריכים ליתן לו כפי מה ששוה עתה, **דמכח** התנאי לא יגרע כחו, דלא בא תנאי זה אלא ליפות כחו, דלא יצטרך להמתין עד זמן שירצו הם, משא"כ כאן בס"ת, דמצד הדין אין לו שום זכות בס"ת בלתי התנאי וכנ"ל.

בני העיר שהיה להם ביהכ"נ אחד, ומחמת איזה סיבה הוצרכו לחלוק עצמן לשנים, הדין הוא שכל כלי הקודש וס"ת יחלוקו באופן זה: אם יש חפצים ידועים שהקדישם יחיד, ועדיין לא נשתקע שם הבעלים, יכול הוא או יורשיו להוליכם לביהכ"נ שמתפלל בתוכה, **אבל** אם נשתקע שם בעליו ממנו, אע"פ שידוע מי הקדישם, אין לו שום יפוי כח ויתרון בהם מאחרים, **וההקדשות** הבאים מקופת הקהל, יש אומרים שאלו ההקדשות יחולקו לפי ערך אנשים שהם מבן י"ג ומעלה, שיש לכולם זכות בס"ת לקרות בהם ולהשתמש בחפצים של הקדש, **אבל** המג"א כתב, דגם לנשים וטף יש חלק בכל הדברים, כי יורשים הזכות מאבותיהם, **ואם** אי אפשר לחלקם, ישתמשו בהם כל אחד ערך זמן לפי הזכות שיש להם בהם.

קהל שברחו מעיר מאיזה סיבה, ואחד מהם לקח כלי הקודש עמו, ואח"כ חזרו רוב הקהל ונתישבו, מחויב להחזיר להם כלי הקודש, אע"ג שהוא היה המנדב את הכלים, והוא אינו רוצה לחזור ולהתישב באותו קהל, כיון שחזרו ונתישבו שם רוב הקהל.

כתב רמ"ע, אחד שקנה מצוה לשנה, כגון גלילה, ובתוך השנה גירש המלך היהודים, **אם** בשעת הקנין נשמע דבר המלך, אע"ג שהיו משתדלים לבטל הגזירה, מ"מ הוי ליה להתנות, ואם לא התנה צריך לשלם, וגם בהתנה בעינן שיתנה כמשפטי התנאי, דהיינו תנאי קודם למעשה וכדו', **ובחי'** רעק"א משיג ע"ז, ודעתו, דכל שגילה דעתו דאינו קונה אלא בדוקא שיתנו לו הגלילה, סגי.

מצא דבר בחצר ביהכ"נ או בביהכ"נ, זכה בו, ולא אמרינן דיקנה החצר להקדש, דחצר קונה מטעם יד, ואין יד להקדש - מג"א בשם אגודה, **ועיין** בחי' רעק"א, ובספר מגן גבורים כתב, שיש בזה דעות בין הראשונים.

המתנדב איזה דבר לביהכ"נ, כגון פרוכת וטסי כסף וכיוצא בזה, ורוצה לכתוב שמו עליו, אין הצבור יכולים לעכב עליו, שגם התורה כותבת ומפרסמת העושה מצוה, **ומיהו** דוקא אם נתרצו לקבל נדבתו, אבל אין יכול להתנדב ולכתוב שמו עליו בע"כ של הצבור.

כתב בספר חסידים, מעשה באחד שבנה ביהכ"נ, ורצו הקהל להשתתף עמו במעות, ולא רצה, כדי שיהיה לו ולזרעו לשם, וכלה זרעו.

כתב אמונת שמואל, גבאי צדקה ששכר פועלים לסייד או לכייד במעות צדקה, אין לכתוב בבית המדרש: זאת נעשה בפקודת פלוני גבאי וכו', דדוקא מי שעושה בעצמו, או מקדיש ממונו, כותבין, עד כאן לשונו, והובא באליהו רבה.

§ סימן קנה – לילך מבהכ"נ לבית המדרש §

סעיף א- אחר שיצא מבהכ"נ, ילך לבה"מ - דאיתא בגמרא: היוצא מביהכ"נ ונכנס לבהמ"ד ועוסק בתורה, זוכה ומקבל פני השכינה, שנאמר: ילכו מחיל אל חיל יראה אל אלהים בציון.

והנה בזמנם היה הביהכ"נ מיוחד לתפלה, וביהמ"ד מיוחד לתורה לחוד, והיה דרכם להתפלל בביהכ"נ, **ואף** בזמנינו שמתפללים בבתי מדרשות, מ"מ שייך ג"כ דבר זה, דאחר התפלה ילך להתחבר עם האנשים העוסקים בתורה, במשניות וכדומה, ונאמר עליו הכתוב: ילכו מחיל אל חיל וגו'.

ויקבע עת ללמוד - דאיתא בגמרא: כשמכניסין אדם לדין, שואלין אותו: קבעת עתים לתורה, **וטוב** שיקבע העת מיד אחר התפלה, משום "ילכו מחיל אל חיל" וכנ"ל, **וגם** דאם ילך מקודם לעסקיו, חיישינן שמא ימשך ויתבטל קביעותו.

חייב אדם ללמוד בכל יום תורה שבכתב, שהוא תנ"ך, ומשנה וגמרא ופוסקים, **ובעלי** בתים שאינם לומדים רק ג' או ד' שעות ביום, לא ילמדו בגמרא לחוד, דבזה אינו יוצא, אלא צריך שילמוד דוקא גם ספרי פוסקים, כל אחד כפי השגתו.

וצריך שאותו עת יהיה קבוע שלא יעבירנו - דעיקר מצות ת"ת אין לה שיעור, וחיובה הוא כל היום כל זמן שיש לו פנאי, וכדכתיב: לא ימוש ספר התורה הזה מפיך וגו', **וכשיש** לו פנאי והוא מבטל מלמוד תורה מרצונו, הוא קרוב למה שאחז"ל על הפסוק: כי דבר ה' בזה, זה שאפשר לו לעסוק בתורה ואינו עוסק, **ואחז"ל**: ר' חלקיה בשם ר' סימון, העושה תורתו עתים, ר"ל שאינו לומד אלא בעתות מיוחדות, אף שיש לו פנאי ללמוד יותר, הרי זה מפר ברית, וילפ זה מן הכתוב: עת לעשות לה' הפרו תורתך, **אלא** הכונה בקביעת עתים לתורה הוא, שצריך האדם ליחד עת קבוע בכל יום שלא יעבירנו בשום פעם, ואם אירע לו אונס שלא היה יכול להשלים הקביעות שלו ביום, יהיה עליו כמו חוב וישלימנו בלילה, וכדאמרינן: רב אחא בר יעקב יזיף בימא ופרע בלילא, **וכתבו** האחרונים, שלעולם קודם שיצא מביהמ"ד שחרית, אפילו אם אירע לו אונס שלא יוכל ללמוד בקביעות, ילמוד עכ"פ פסוק אחד או הלכה אחת.

אף אם הוא סבור להרויח הרבה - ואיש כזה הוא מבעלי אמנה, שמאמין ובוטח בה' שלא יחסר לו מזונותיו עי"ז, **וכדאיתא** בירושלמי: מאי אנשי אמנה, כהדא דהוו צוחין ליה בפרגמטיא, פי' שהיו

צועקים הקונים שיבא עם סחורתו למכור, והוי אמר לית אנא מבטל ענתי, מה דחמי למיתי מיתי, וז"ל הקרבן עדה שם: הוי אמר אין אני מבטל השעה שקבעתי ללמוד התורה בשביל הרווחת ממון, אם ראוי שיבוא לי ריוח יבוא הוא מעצמו מהקב"ה, אף לאחר שאגמור קביעות למודי.

הגה: ואף מי שאינו יודע ללמוד ילך לבה"מ - שלומדים שם, **ושכר הליכה בידו** - ואפי' אם אינו מבין מה שלומדים, מ"מ העכבה בביהמ"ד מצוה היא, **וכ"ש** אם יוכל להבין מה שלומדים בהלכה או באגדה, יקבע עצמו לשמוע, ויעלה לו במקום למוד, **וכמו** שאחז"ל: אמר ר' יהושע אמר רב נחמן, כל מי שבא לביהכ"נ ושומע דברי תורה, זוכה לישב בין החכמים לעת"ל, שנ': אזן שומעת תוכחת חיים, בקרב חכמים תלין.

או יקבע לו מקום וילמוד מעט במה שיודע - הוא ענין בפני עצמו, ואריש הסעיף קאי, דצריך אדם לקבוע תורתו בביהמ"ד, ושם יהיה לו מקום קבוע לתורה, **וצ"ל** "ויקבע לו מקום", וקמ"ל דאפילו מי שיודע ללמוד רק מעט, אפ"ה יקבע לו מקום בבהמ"ד ללמוד במה שיודע, **וכן** מבואר בתר"י שממנו נובע הג"ה זו, שכתב וז"ל, ואפילו מי שאינו יודע ללמוד אלא מעט, יש לו לקבוע באותו מקום ללמוד במה שיודע וכו', ואם אינו יודע כלל ללמוד, יש לו ללכת לבתי מדרשות שלומדין, ושכר הליכה בידו.

וכשלומד רק מעט, נכון שעיקר למודו יהיה בהלכות, שידע איך להתנהג למעשה וכנ"ל, **ואמרו** חז"ל על הפסוק: אוהב ה' שערי ציון מכל משכנות יעקב, אוהב ה' שערים המצוינים בהלכה יותר מכל בתי כנסיות וכו', **וגם** אמרו: כל השונה הלכות בכל יום מובטח לו שהוא בן עוה"ב, **ואם** אינו מבין בהלכות, ילמוד כל מה שיודע, וכעת בזמנינו יש כמה ספרים ממאמרי חז"ל מועתקים על לשון אשכנז, ויוכל כל אדם לקרות וללמוד בהם.

ויחשוב בעניניו ויכנס בלבו יר"ש - פי' שיראה ויבדוק בשבתו קצת פנוי בביהמ"ד, אם יש צד עבירה במשא ומתן שלו, גזל ואונאה ורבית וכדומה, ויפרוש ממנה.

(**ביו"ד** מבואר, דצריך אדם לקבוע עת לת"ת ביום ובלילה, וע"כ מן הנכון שמלבד קביעות שאחר תפלת שחרית, יקבע גם בין מנחה למעריב, שבזה יצא גם ידי חובת למוד תורה בלילה, **וענין** לימוד בין מנחה למעריב משמע גם בגמרא: אדם בא מן השדה בערב, הולך לביהכ"נ, אם יודע לקרות קורא, לשנות שונה, וקורא ק"ש ומתפלל וכו', **ועיין** בסימן א' מש"כ בשם השל"ה).

(**ובעו"ה** כמה אנשים מרפים ידיהם מן התורה לגמרי, ואינם חוששים לקבוע אפילו זמן מועט ביום לתורה, והסיבה הוא מפני שאינם יודעים גודל החיוב שיש בזה, וכבר אמרו חז"ל: ויתר הקב"ה על עון ע"ז וג"ע וש"ד, ולא ויתר על עון ביטול תורה, **ואיתא** במדרש משלי: אר"י בא וראה כמה קשה יום הדין שעתיד הקב"ה לדון את כל העולם וכו', **בא** מי שיש בידו מקרא ואין בידו משנה, הקב"ה הופך את פניו ממנו ומצירי גיהנם מתגברין בו כו', והם נוטלים אותו ומשליכין אותו לגיהנם, **בא** מי שיש בידו שני סדרים או ג', הקב"ה אומר לו בני כל ההלכות למה לא שנית אותם כו', **בא** מי שיש בידו הלכות, א"ל בני תורת כהנים למה לא שנית שיש בו וכו', **בא** מי שיש בידו ת"כ, הקב"ה א"ל בני חמשה חומשי תורה למה לא שנית, שיש בהם ק"ש תפלין ומזוזה, **בא** מי שיש בידו ה' חומשי תורה, א"ל הקב"ה למה לא למדת הגדה וכו', **בא** מי שיש בידו הגדה, הקב"ה א"ל בני תלמוד למה לא למדת וכו', עי"ש, **והאיש** אשר אינו מזרז את עצמו לקבוע לו עתים לתורה בכל יום, בודאי ישאר ריקם מכל ח"ו, ומה יענה ליום הדין, והחכם עיניו בראשו).

(**והנה** עצם הלמוד אף שכשהוא לומד ביחידי הוא ג"כ מקיים מ"ע של ת"ת, מ"מ לכתחלה מצוה להדר כל מה שיכול ללמוד בחבורה, שעי"ז יש כבוד שמים יותר, וכן אמרו חז"ל בכמה מקומות: ברב עם הדרת מלך, **וכבר** אמרו חז"ל שיש נפקא מינה בין מי שלומד ביחידי, דאף שהקב"ה קובע לו שכר על זה, מ"מ לא מכתבן מליה בספר הזכרונות, משא"כ כשלומד שלא ביחידי, נאמר עליהם בכתוב: אז נדברו יראי ה' איש אל רעהו וגו', ויכתב ספר זכרון לפניו ליראי ה' ולחושבי שמו, וכש"כ כשלומדים בעשרה יחד, דאז קדמה שכינה ואתיא, כדכתיב: אלהים נצב בעדת אל, **וגם** אמרו חז"ל: אין התורה נקנית אלא בחבורה, עוד אמרו חז"ל על הפסוק: הסכת ושמע ישראל וגו', עשו כתות כתות ועסקו בתורה, **גם** עי"ז נושא הקב"ה פנים לישראל, כדאיתא בתנא דבי אליהו תשובת הקב"ה למדת הדין, ששואלת לפניו למה הוא נושא פנים לישראל, והלא כתיב: האל הגדול הגבור והנורא אשר לא ישא פנים, והשיב הקב"ה: איך לא אשא פניו לישראל וכו', ולא עוד אלא שהן מלמדים את התורה ויושבים אגודות אגודות ועוסקים בתורה, **וכן** המנהג כהיום בכל קהלות ישראל, שקובעים ללמוד בחבורה אחר התפלה בביהכ"נ, ואומרים קדיש דרבנן, ואין אומרים קדיש דרבנן אלא על תורה שבע"פ, ולא על פסוקים, וכן על דברי אגדה אומרים קדיש דרבנן, **עוד** כתבו, דלענין אמירת הקדיש אין מעכב שילמדו דוקא בעשרה, דאפילו אחד או שנים שלמדו יוכלו לומר קדיש, רק שיהיו עשרה בביהכ"נ, וגם דאפילו איש אחר שלא למד יוכל לומר הקדיש).

סעיף ב - קודם שילך לבה"מ, יוכל לאכול פת שחרית אם הוא רגיל בו, וטוב שירגיל בו - כדאמרינן בגמרא: שמונים ושלשה מיני חלאים תלויים במרה, וכולם פת במלח וקיתון של מים שחרית מבטלתן, [אם אין לו שאר משקין], **ומצוה** להנהיג עצמו במדה טובה והנהגה טובה לשמור בריאותו, כדי שיהיה בריא וחזק לעבודת הבורא יתעלה, (ומשמע בטור דיאכל אז רק מעט).

§ סימן קנו – סדר משא ומתן §

סעיף א - אח"כ ילך לעסקיו, דכל תורה שאין עמה מלאכה, סופה בטלה וגוררת עון, כי העוני יעבירנו על דעת קונו – (כתבו הספרים, שזהו נאמר לכלל העולם, שאין כולם יכולים לזכות לעלות למדרגה רמה זו, להיות עסקם רק בתורה לבדה, אבל אנשים יחידים יוכל להמצא בכל עת באופן זה, והקב"ה בודאי ימציא להם פרנסתם, וזהו שאמרו בברכות: הרבה עשו כרשב"י ולא עלתה בידן, ר"ל דוקא הרבה, **וכעין** זה כתב הרמב"ם: ולא שבט לוי בלבד וכו', עי"ש, ובפרט אם כבר נמצאו אנשים שרוצים להספיק לו צרכיו כדי שיעסוק בתורה, בודאי לא שייך זה, וישכר וזבלון יוכיח).

ומ"מ לא יעשה מלאכתו עיקר, אלא עראי, ותורתו קבע, וזה וזה יתקיים בידו - כי אין מעצור לה' להושיע ברב או במעט, וישלח לו ברכה במעשה ידיו, אלא יעשה רק כדי פרנסתו, [כל אחד לפי ערכו], **אך** בזה גופא צריך להזהר מפיתוי היצר, שמפתהו שכל היום צריך השתדלות על הרוחה זו, **והעיקר** שיתבונן בעצמו מה הוא הכרח האמיתי שאי אפשר בלעדו, ואז יכול להתקיים בידו שיהא מלאכתו עראי ותורתו עיקר, [**וכדי** שלא ירמה אותו היצר, יתבונן אילו הוא היה מתחייב לזון את חבירו ולהלבישו לפי ערכו, מה היה אומר אז, איזה דבר הוא הכרח].

והנהגת האדם צריך להיות הכל בדרך המיצוע, לא יקמץ יותר מדאי, ולא יפזר יותר מדאי, וכן בכל המדות, **רק** הגאוה והכעס יתרחק מהם עד קצה האחרון, וכמו שאמר התנא: מאד הוי שפל רוח, וכן בכעס הזהירו חז"ל הרבה עליה.

וישא ויתן באמונה - היינו שלא ימצא בעסקו שום גזל ותרמית, וגם ע"ז שואלין לו לאדם בשעת הדין, כמו שאחז"ל.

ויזהר מלהזכיר שם שמים לבטלה, שבכ"מ שהזכרת השם מצויה, מיתה מצויה; ויזהר מלישבע, אפי' באמת, שאלף עיירות היו לינאי המלך, וכולם נחרבו בשביל שהיו נשבעים שבועות, אע"פ שהיו מקיימים אותם.

ויזהר מלהשתתף עם הכותים, שמא יתחייב לו שבועה, ועובר משום: לא ישמע על פיך.

הגה: ויש מקילין בעשיית שותפות עם הכותים בזמה"ז, משום שאין הכותים בזמן הזה נשבעים בע"א, ואע"ג דמזכירין הע"ז, מ"מ כוונתם לעושה שמים וארץ, אלא שמשתפים שם שמים וד"א, ולא מצינו שיש בזה משום: ולפני עור לא תתן מכשול, דהרי אינם מוזהרין על השתוף.

ולשאת ולתת עמהם בלא שותפות, לכ"ע שרי בלא יום חגיהם. ועי' בי"ד מהל' ע"א סי' קמ"ז.

והנה יש כמה מצות תדיריות, עשין ולאוין, שמוטלות על האדם לעשות ולהזהר בהן בכל עת, ואינן מובאות בהשו"ע, וכמה מהן העתיקן המ"א מדברי הרמב"ם ושארי הראשונים, **וכן** כמה הנהגות טובות המוזכרים בדברי חז"ל, לכן לא אחדול ג"כ מלהעתיק מקצת מהדברים פה.

כתב הרמב"ם, מצות עשה להדבק בחכמים ותלמידיהם כדי ללמוד ממעשיהם, כענין שנאמר: ובו תדבק, וכי אפשר לו לאדם להתדבק בשכינה, אלא כך אמרו חכמים בפירוש מצוה זו, הדבק בחכמים ותלמידיהם, **לפיכך** צריך אדם להשתדל שישא בת ת"ח, וישיא בתו לת"ח, ולאכול ולשתות עם ת"ח, ולעשות פרקמטיא לת"ח, ולהתחבר להן בכל מיני חיבור, שנאמר: ולדבקה בו, עכ"ל, **ואמרו** חז"ל: כל הנהנה מסעודה שת"ח שרוי בתוכה, כאלו נהנה מזיו השכינה.

עוד כתב, מצוה על כל אדם לאהוב את כל אחד מישראל כגופו, שנא': ואהבת לרעך כמוך, לפיכך צריך לספר בשבחו - ובפני שונאיו אסור, שלא יבואו לספר בגנותו - ולחוס על ממונו כאשר הוא חס על ממון עצמו, ורוצה בכבוד עצמו, לפיכך המתכבד בקלון חבירו אין לו חלק לעוה"ב, עכ"ל, **ודוקא** רעך בתורה ומצות, אבל אדם רשע שראה אותו שעבר עבירה המפורסמת בישראל, ולא קבל תוכחה, מצוה לשנאתו.

אהבת הגר שנתגייר, שני מ"ע הן, שנאמר בו גם מצוה בפני עצמו: ואהבתם את הגר.

השונא אחד מישראל בלבו עובר בל"ת, שנא': לא תשנא את אחיך בלבבך, **והמכה** את חבירו והמחרפו, אינו עובר בלאו זה, אלא הוא עובר משום: לא יוסיף להכותו, **ובחירוף** עובר משום: לא תונו איש את עמיתו, **ואם** הכלימו בזה, עובר ג"כ משום: לא תשא עליו חטא.

כתב הרמב"ם בסה"מ, דבכלל מצות הוכחה, הוא שנוכיח קצתנו לקצתנו כשיחטא איש ממנו לאיש, ולא נטור בלבבנו, ולא נחשוב לו עון, אבל נצטוינו להוכיחו במאמר עד שלא ישאר דבר בנפש, **ומ"מ** לא ידבר לו קשות עד שיכלימנו, שנאמר: ולא תשא עליו חטא, אלא יוכיחנו בסתר בנחת ובלשון רכה.

חייב אדם להזהר ביתומים ואלמנות, אפילו הם עשירים גדולים, וכל המקניטן או מכעיסן או הכאיב לבן או רדה בהן או אבד ממונן, עובר בל"ת, וכש"כ המכה אותן או המקללן, שנא': כל אלמנה ויתום לא תענון, **בד"א** שעינה אותן לצרכו, אבל כשעינה אותן הרב ללמוד תורה או אומניות, או להוליכן דרך ישרה, מותר, **ואעפ"י** כן לא ינהג בהן מנהג כל אדם, אלא יעשה להן הפרש, וינהלם בנחת וברחמים גדולים, אחד יתום האב ואחד יתום האם, **ועד** אימתי נקראין יתומים לענין זה, עד שלא יהיו צריכים לאדם להסמך עליו ולאמן ולהטפל בהן, אלא יהיה עושה כל צרכיו לעצמו כשאר כל הגדולים.

המרגל בחבירו עובר בל"ת, שנאמר: לא תלך רכיל בעמיך, איזהו רכיל, זה שטוען דברים והולך מזה לזה, ואומר כך אמר פלוני, כך וכך שמעתי על פלוני, אעפ"י שהוא אמת הרי זה מחריב את העולם, **יש** עון גדול מזה עד מאד, והוא בכלל לאו זה, והוא לשון הרע, והוא המספר

בגנות חבירו, אף שהוא אמר אמת, **אבל** האומר שקר, נקרא מוציא שם רע על חבירו, **המספר** דברים שגורמין אם נשמעו איש מפי איש להזיק חבירו בגופו או בממונו, ואפילו להצר לו או להפחידו, הרי זה לשון הרע.

שלא להחזיק במחלוקת, שנאמר: ולא יהיה כקרח וכעדתו.

הנוקם מחבירו עובר בל"ת, שנאמר: לא תקום ולא תטור, כיצד, אמר לו השאילני קרדומך ולא רצה, למחר אמר לו השאילני מגלך, אמר לו איני משאילך כדרך שלא שאלתני, זו היא נקימה, **וכתב** רבינו אליעזר ממיץ, לאו דוקא שאלת כלים, דהא לאו כלים כתיב בקרא, אלא אפי' שאר ממון דלאו כלים נינהו, למדנו שמוזהרים ישראל שלא למנוע לעשות צדקה וגמ"ח בממון, בשביל שלא עשה הוא עמו, שזו היא נקימה, ע"ש, **ואם** אמר לו הא לך, הריני משאילך ואיני כמותך, זו היא נטירה, אלא ימחק הדבר מלבו ולא יזכרנו כלל, עכ"ל הרמב"ם.

עוד במצוה ע"ג, להתודות לפני ה' מכל חטא שיעשה האדם, שנאמר: והתודו את חטאתם וגו'.

שלא לאכול ולשתות דרך זולל וסובא בימי הנערות, שנאמר: לא תאכלו על הדם, ר"ל לא תאכל אכילה שהיא מביאה לשפוך דם, והוא אכילת סורר ומורה, שחייב עליה מיתה, מדכתיב: ואמרו אל זקני עירו בננו זה וגו' זולל וסובא, ונאמר בקבלה: אל תהי בסובאי יין בזוללי בשר למו, ולהרמב"ן נכלל כל זה במ"ע קדושים תהיו, **ואף** שלאחר שעבר ימי הנערות, לא נתחייב בתורה מיתה על אכילה כזאת, מ"מ נוכל לראות כמה מגונה ומכוער הדבר ביותר.

אל יוציא אדם דבר מגונה מפיו.

מצוה רצ"ט, שלא להכשיל תם בדרך, והיינו שלא ליתן לו עצה שאינה הוגנת לו, שנאמר: ולפני עור לא תתן מכשול.

יזהר מליצנות וחניפות, וכן ירחק משקר בתכלית הריחוק, **אך** מפני השלום מותר לשנות, בג' דברים מותר לשנות, במסכתא ובפוריא ובאושפיזא.

איתא בסוטה: בשעה שקרא אגריפס המלך: לא תוכל לתת עליך איש נכרי וגו', זלגו עיניו דמעות, מפני שלא היה מזרע ישראל, אמרו לו: אחינו אתה, ובאותה שעה נתחייבו ישראל כליה על שחנפו לאגריפס, דאעפ"י שלא היה בידם למחות, מ"מ היה להם לשתוק ולא להחזיקו בכך, וזה עונש המחניף בדבר עבירה מחמת יראתו מפניו, ואינו חושש על יראת הקב"ה, **ומיהו** אם מתיירא שלא יהרגנו, מותר לו לומר: יפה עשית, אפילו עבר עבירה.

אמרו חז"ל על הפסוק: בצדק תשפוט עמיתך, הוי דן את חברך לכף זכות, והחושד בכשרים לוקה בגופו.

השח שיחת חולין עובר בעשה, פי' דבר גנאי וקלות ראש, שנאמר: ודברת בם ולא בדברים בטלים, ולאו הבא מכלל עשה עשה.

כתב הרמב"ם בסה"מ, צונו להדמות לו יתעלה כפי היכולת, והוא: והלכת בדרכיו, וכבר נכפל זה הצווי ואמר: ללכת בכל דרכיו, ובא בפירושו: מה הקב"ה נקרא חנון, אף אתה היה חנון, מה הקב"ה נקרא רחום, אף אתה היה רחום וכו', **וכבר** נכפל זה הענין בלשון אחר, ואמר: אחרי ה' תלכו, ובא בפירושו: שר"ל ההדמות בפעולותיו הטובות והמדות הנכבדות שיתואר בהם, עכ"ל.

ועוד יש הרבה מצות תדיריות עשין ולאוין, הנזכרות בכל ד' ספרי השו"ע, וימצא אותם המעיין כל אחד במקומו, **ועוד** יש הרבה והרבה שלא הובאו בהשו"ע, ונמצאים בספרי מוני המצות, הרמב"ם והסמ"ג והחינוך, וביותר בספר חרדים, כי הוא קיבץ מכל הראשונים הקודמים לו בהמצות הנוהגות למעשה בזמן הזה, **ונכון** מאד שילמוד אותם כל אדם ויהיה בקי בהן, ועי"ז יהיה ביכולתו לקיימן, וכמו שאחז"ל על הפסוק: וראיתם אותו וזכרתם את כל מצות ה' ועשיתם אותם, זכירה מביאה לידי עשייה, דאם לא ידע אם היא מצוה כלל, מה יזכור לקיימן.

ספר

הלכתא ברורה

מסכת שבת

(הדפים השייכים לחנוכה)

כולל כל הלכות חנוכה

ושאר ההלכות הנמצאות על הדף

שבשו"ע ובמשנה ברורה

בשילוב תמצית דברי הביאור הלכה והשער הציון

מסודרות על הדף ע"פ ציוני ה'עין משפט'

בתוספת מקורות של הבאר הגולה

לאסוקי שמעתתא אליבא דהלכתא

למאי נפקא מינה למקח וממכר: *ת"ר כל אלו שאמרו אין מדליקין בהן בשבת אבל עושין מהן מדורה בין להתחמם כנגדה בין להשתמש לאורה בין ע"ג קרקע בין על גבי כירה ולא אסרו אלא לעשות מהן פתילה לנר בלבד: ולא בשמן קיק וכו': מאי שמן קיק אמר שמואל שאילתינהו לכל נחותי ימא ואמרו לי עוף אחד יש בכרכי הים וקיק שמו רב יצחק בריה דרב יהודה אמר משחא דקאזא ריש לקיש אמר קיקיון דיונה אמר רבה בר בר חנה לדידי חזי לי קיקיון דיונה *ולצלוליבא דמי ומדפשקי רבי ועל פום חנותא מרלן יתיה ומפרצידוהי עבדי משחא ובענפוהי נייחן כל *בריחי דמערבא אמר רבה פתילות שאמרו חכמים אין מדליקין בהן בשבת מפני שהאור מסכסכת בהן שמנים שאמרו חכמים אין מדליקין בהן מפני שאין נמשכין אחר הפתילה בעא מיניה אביי מרבה שמנים שאמרו חכמים אין מדליקין בהן בשבת מהו שיתן לתוכן שמן כל שהוא וידליק מי גזרינן דילמא אתי לאדלוקי בעינייהו או לא א"ל אין מדליקין מאי טעמא *לפי *שאין מדליקין איתיביה *כרך דבר שמדליקין בו ע"ג דבר שאין מדליקין בו אין מדליקין בו (אמר) *רשב"ג של בית אבא היו כורכין פתילה על גבי אגוז ומדליקין קתני מיהת מדליקין א"ל אדמותבת לי מדרשב"ג סייעינהו מדתנא קמא הא לא קשיא *מעשה רב מ"מ קשיא מאי לאו להדליק לא להקפות אי להקפות מ"ט דת"ק כולה רשב"ג היא וחסורי מיחסרא והכי קתני כרך דבר שמדליקין בו ע"ג דבר שאין מדליקין בו אין מדליקין בו בד"א להדליק אבל להקפות מותר שרבן שמעון בן גמליאל אומר של בית אבא היו כורכין פתילה ע"ג אגוז איני והאמר רב ברונא *אמר רב חלב מהותך וקרבי דגים שנמוחו אדם נותן לתוכו שמן כל שהוא ומדליק הני מימשכי בעינייהו והני לא מימשכי בעינייהו וגזרו רבנן על חלב מהותך משום חלב שאינו מהותך ועל קרבי דגים שנמוחו משום קרבי דגים שלא נמוחו וליגזור נמי חלב מהותך וקרבי דגים שנמוחו שנתן לתוכן שמן משום חלב מהותך וקרבי דגים שנמוחו שלא נתן לתוכן שמן*) היא גופה גזירה *ואנן ניקום וניגזור גזירה לגזירה: תני רמי בר חמא פתילות ושמנים שאמרו חכמים אין מדליקין בהן בשבת אין מדליקין בהן במקדש משום שנא' להעלות נר תמיד הוא תני לה והוא אמר לה כדי *שתהא שלהבת עולה מאיליה ולא שתהא עולה על ידי דבר אחר תנן *מבלאי מכנסי כהנים ומהמייניהם היו מפקיעין ומהן מדליקין שמחת בית השואבה שאני ת"ש דתני רבה בר מתנה בגדי כהונה שבלו מפקיעין אותן ומהן היו עושין פתילות למקדש מאי לאו דכלאים לא דבוץ: אמר רב הונא פתילות ושמנים שאמרו חכמים אין מדליקין בהן בשבת אין מדליקין בהן בחנוכה בין בשבת בין בחול אמר רבא מאי טעמא דרב הונא קסבר כבתה זקוק לה ומותר להשתמש לאורה ורב חסדא אמר מדליקין בהן בחול אבל לא בשבת קסבר כבתה אין

רש"י

למקח וממכר. למאן דמתני למזבן שעוה ליתיב ליה פסולתא דדובשא: **אבל עושין מהן מדורה.** היסק גדול שאחד מבעיר חבירו: **לנר.** קרויז"ל: **בשמן קיק.** שמן של עוף אחד עושין בנר ודולק: **משחא דקאזא.** שמן שעושין מגרעיני צמר גפן שקורין קוטו"ן: **קיקיון.** כעין חוטה של יונה: **לדידי חזי לי.** מין קיקיון דיונה: **ומדפשקי רבי.** בבלעי המים הוא גדל: **ועל פום חנותא מדלן יתיה.** על פום החנויות תולין אותו לצל ולריח טוב: **מפרצידוהי.** מגרעיניו: **נייחן.** שוכבין: **בריחי.** חולין: **מסכסכת.** כמין סכין פגומה מסכסכת בבשר אגמייל"ר בלע"ז שאין אורה זקוף ונוח במקום אחד אלא נדעך וקופץ ליכנס אחריה מסכסכת בהן אינה נכנסת תוך הפתילה אלא סביב מבחוץ כמו סיכסכה אבניו ברולט"ש בלע"ז: **שאין נמשכין.** ואתי להטות: **שמן כל שהוא.** שמן הניתן בתוכו ממשיכו לאחר הפתילה: **לפי שאין מדליקין.** בעינייהו וגזרינן הא אטו הא: **כרך דבר לעשות פתילה על גבי דבר שאין מדליקין כו'.** כגון פסול פתילות דמתני': **קתני מיהא.** בדר"ש מדליקין ואע"ג דאגוז לא חזי לפתילה על ידי תערובות שפיר דמי: **מעשה רב.** הואיל ומעיד שכך היו של בית אביו עושין הלכה היא: **מאי לאו להדליק.** היו כורכים שתדליק הפתילה עם האגוז: **לא להקפות.** לא היו מדליקין האגוז אלא סומך עליה הפתילה להציפה שלא תטבע בשמן וילך הברזל מתרגמינן וקפא פרזלא (מלכים ב ו): **חלב מהותך.** בלע"ז: **הני מימשכי בעינייהו.** אחר הפתילה ובלא תערובות שמן כמי חזו אלא דגזור רבנן מהותך אטו שאינו מהותך הלכך בעינייהו גופה גזירה ואנן ניקום וניגזור ע"י תערובות אטו בעינייהו: **והוא אמר לה.** מפרש מאי תלמודא והיכי משמע מהאי קרא: **ולא שתהא עולה כו'.** ולא שתהא צריכה תיקון והטייה: **מבלאי מכנסי כהנים.** ממכנסי הכהנים הבלואים: **היו מפקיעין.** קורעין ועושין פתילות בשמחת בית השואבה שהיא בעזרת נשים: **ומהמייניהם.** של כלאים הם דכתיב ואת האבנט שש משזר ותכלת וארגמן וקי"ל תכלת עמרא הוא ותנן לעיל לענין שבת שהוסיפו עליהן של צמר לפסול וקתני מדליקין בהן במקדש: **שמחת בית השואבה שאני.** דלא כתיב להעלות בה ולאו דאורייתא היא: **מאי לאו דכלאים.** כגון אבנטו: **כבתה.** נר חנוכה: **זקוק לה.** לתקנה הלכך צריך לכתחלה לעשות יפה דילמא פשע ולא מתקן לה: **ומותר להשתמש לאורה.** הלכך בשבת אסור שמא יטה לצורך תשמיש:

תוספות

למאי כ"מ למקח וממכר. פשיטא ליה להש"ס שהיו מכירין השעוה והעטרן כדאמרינן שעוה קירותא לכך קאמר למאי כ"מ למקח וממכר שאם נדר לתת לחבירו שעוה יתן לו פסולתא דדובשא ואין יכול לכופו לתקן לו וכן עיטרן. אבל לעיל דקאמר מאי לכס שוכא דארזא לא קאמר למאי כ"מ לפי שלא היו מכירין בשם לכס ומפרש שהוא שוכא דארזא:

מפני שאין נמשכין כו'. משמעתי ממהר"ם ז"ל שמשמע מכאן שיש רק נר א' כשר בבית ע"י זה יזכור ולא יטה שאר נרות שבחדר ושבמרחף ור"ם מקולי אומר דבר שיכול לעשות בלא נר כגון לאכול יין מן החבית מותר להשתמש לאור כל נר [תוספות ישנים]:

חלב מהותך וקרבי דגים שנימוחו טוען לתוכן שמן כו'. וקרבי דגים לאו היינו שמן דגים דשמן דגים שרי ליה מתני' בעיניה (לקמן דף כד:):

שמחת בית השואבה שאני. תימה היכי שרי להדליק והא לאו צורך קרבן הוא ואמר בפ"ב דקידושין (דף נד. ושם) בגדי כהונה שבלו מועלין בהן ודוחק לומר לב"ד מתנה עליהן *דמה צורך יש להן להתנות בשביל זה ונראה לר"י הואיל ולכבוד הקרבן היו עושין דכתיב ושאבתם מים בששון (ישעיה יב) צורך קרבן חשוב ליה והא דאמר (סוכה נא. דף נג:) בוררת אשה חטין לאור בית השואבה לא שהיתה בוררת אלא שהיתה יכולה לברור ומיהו בירושלמי דייק מהכא דקול ומראה וריח אין בהן משום מעילה וקשה לר"י מאי פריך *ממכנסי הכהנים הלא היה בהן פשתן דכתיב תכלת וארגמן ותולעת שני ושש משזר (שמות כח) וטוב לפתילה דהוי ככרך דבר שמדליקין בו ע"ג דבר שאין מדליקין בו ובשבת הוא דאסור שמא ידליק בעיניה אבל במקדש לא שייכא הך גזירה ונראה לר"י דכיון שאין מן הפשתן אלא רביע בטל בשאר מינים והוי כאילו אין בו פשתן כלל:

ומותר להשתמש לאורה. וא"ת מנא ליה לרבא דסבר רב הונא דמותר להשתמש לאורה דילמא הא דאמר אין מדליקין בשבת משום דסבר כבתה זקוק לה ואין

רבינו חננאל

מיכן ואילך פסול שמנים: ת"ר כל אלו שאמרו חכמים אין מדליקין בהם בשבת משום פסול פתילות אבל עושה בהם מדורה בין להתחמם כנגדה בין להשתמש לאורה בין ע"ג קרקע בין ע"ג מנורה לא אסרו אלא לעשות פתילה לנר בלבד. בשמן קיק שמואל אמר (עץ) [עוף] ושמו קיק ר"ל אמר קיקיון דיונה: אמר רבה פתילות שאמרו חכמים אין מדליקין בהן מפני שהאור מסכסכת בהן שמנים שפסלו[חכמי'] מפני שאין נמשכין אחר הפתילה. בעא מיניה אביי מרבה שמנים שאמרו חכמים להדליק בהן בשבת מהו לתת לתוכן שמן ולהדליק א"ל אסור לפי כלומר כיון שאין מדליקין בפני עצמן כשישלים השמן שיתן בתוכו שוב אין מדליקין שכבר אמרו אין נמשכין אחר הפתילה ואותיב עלה ותרצה הכי כרך דבר שמדליקין בו על גבי דבר שאין מדליקין בו אין מדליקין בו בד"א להדליק אבל להקפות

תוספות

ואין יכול להדליק בשבת וי"ל דא"כ לא הוה צריך ליה למימר בין בחול בין בשבת כיון דחד טעמא הוא אלא ה"ל למימר *אין מדליקין סתם מדקאמר בין בחול בין בשבת ש"מ שעוד יש טעם אחר בשבת שלא להדליק לבד מטעם חול והייט שמא יטה וא"כ סבר דמותר להשתמש לאורה ומיהו רב דקאמר מדליקין בין בחול בין בשבת לא הוה מצי למימר מדליק סתם דס"ד דוקא בחול אבל בשבת אין מדליקין שמא יטה דבסתמא לא הייתי אומר שום אדם יחמיר לאסור להשתמש לאורה וכן הלכתא דנר חנוכה אסור להשתמש לאורה כרב וכר' יוחנן ואביי נמי קיבלה ורב יוסף נמי משמע לקמן דס"ל הכי וכבתה אין זקוק לה דכולהו סבירא להו הכי ורב הונא יחיד הוא ולית הלכתא כוותיה:

דאי לא אדליק מדליק. אבל מכאן ואילך עבר הזמן אומר הר"י פורת דיש ליזהר ולהדליק בלילה מיד שלא יאחר יותר מדאי ומ"מ אם איחר ידליק מספק דהא משני שינויי אחריני ולר"י נראה דעתה אין לחוש מתי ידליק דאין לנו היכרא אלא לבני הבית שהרי מדליקין מבפנים:

והמהדרין מן המהדרין. נראה לר"י דב"ש וב"ה לא קיימי אלא אנר איש וביתו שכן יש יותר הידור דאיכא היכרא כשמוסיף והולך או מחסר שהוא כנגד ימים הנכנסים או היוצאים אבל אם עושה נר לכל אחד אפי' יוסיף מכאן ואילך ליכא היכרא שיסברו שכך יש בני אדם בבית:

מצוה להניחה על פתח ביתו מבחוץ. ומיירי דליכא חצר אלא בית עומד סמוך לרה"ר אבל אם יש חצר לפני הבית מצוה להניח על פתח חצר דאמר לקמן *חצר שיש לה ב' פתחים צריכה ב' נרות ואמרי' נמי נר שיש לה שני פיות עולה לשני בני אדם משמע לשני בתים ואם היו מניחים על פתחי בתיהם היה לזה מימין ולזה משמאל אבל אי מניחים על פתח החצר אתי שפיר:

ובשעת הסכנה. נראה לר"י דהיינו מכי אתו חברי לבבל כדאמר בפ' כירה (לקמן דף מה. ושם) מהו לטלטל שרגא דחנוכתא מקמי חברי בשבתא וא"ת דעל השלחן נמי יקחו אותו כדאמר בגיטין (דף יז.) רבה בר בר חנה חלש אתא חברא שקל שרגא מקמייהו וי"ל דאין רגילות כ"כ לחפש בבתים*:

שהיה מונח בחותמו של כ"ג. אם כבר גזרו על הנכרים להיות כזבים *(נדה פ"ד דף לד.) צ"ל שהיה מונח בחותם בקרקע שלא הסיטו הכלי:

גמרא

אין זקוק לה ומותר להשתמש לאורה א"ר זירא אמר רב מתנה ואמרי לה א"ר זירא אמר רב פתילות ושמנים שאמרו חכמים אין מדליקין בהן בשבת מדליקין בהן בחנוכה בין בחול בין בשבת א"ר ירמיה מאי טעמא דרב קסבר כבתה אין זקוק לה ואסור להשתמש לאורה אמרוה רבנן קמיה דאביי משמיה דר' ירמיה ולא קיבלה כי אתא רבין אמרוה רבנן קמיה דאביי משמיה דר' יוחנן וקיבלה אמר אי זכאי גמרתיה לשמעתיה מעיקרא והא גמרה נפקא מינה לגירסא דינקותא וכבתה אין זקוק לה ורמינהו מצותה משתשקע החמה עד שתכלה רגל מן השוק מאי לאו דאי כבתה הדר מדליק לה לא דאי לא אדליק מדליק וא"נ לשיעורה: עד שתכלה רגל מן השוק ועד כמה אמר רבה בר בר חנה אמר ר' יוחנן עד דכליא ריגלא דתרמודאי: ת"ר מצות חנוכה נר איש וביתו והמהדרין נר לכל אחד ואחד והמהדרין מן המהדרין ב"ש אומרים יום ראשון מדליק שמנה מכאן ואילך פוחת והולך וב"ה אומרים יום ראשון מדליק אחת מכאן ואילך מוסיף והולך אמר עולא פליגי בה תרי אמוראי במערבא ר' יוסי בר אבין ור' יוסי בר זבידא חד אמר טעמא דב"ש כנגד ימים הנכנסין וטעמא דב"ה כנגד ימים היוצאין וחד אמר טעמא דב"ש כנגד פרי החג וטעמא דבית הלל *דמעלין בקדש ואין מורידין אמר רבה בר בר חנה א"ר יוחנן שני זקנים היו בצידן אחד עשה כב"ש ואחד עשה כדברי ב"ה זה נותן טעם לדבריו כנגד פרי החג וזה נותן טעם לדבריו דמעלין בקדש ואין מורידין ת"ר *נר חנוכה מצוה להניחה על פתח ביתו מבחוץ אם היה דר בעלייה מניחה בחלון הסמוכה לרה"ר ובשעת הסכנה מניחה על שלחנו ודיו אמר רבא צריך נר אחרת [א] להשתמש לאורה ואי איכא מדורה לא צריך ואי אדם חשוב הוא אע"ג דאיכא מדורה צריך נר אחרת: מאי חנוכה דתנו רבנן בכ"ה בכסליו יומי דחנוכה תמניא אינון דלא למספד בהון [ב]ודלא להתענות בהון שכשנכנסו יוונים להיכל טמאו כל השמנים שבהיכל וכשגברה מלכות בית חשמונאי ונצחום בדקו ולא מצאו אלא פך אחד של שמן שהיה מונח בחותמו של כהן גדול ולא היה בו אלא להדליק יום אחד נעשה בו נס והדליקו ממנו שמונה ימים לשנה אחרת קבעום ועשאום ימים טובים בהלל והודאה *)תנן התם גץ היוצא מתחת הפטיש ויצא והזיק חייב *גמל שטעון פשתן והוא עובר ברשות הרבים ונכנסה פשתנו לתוך החנות ודלקה בנרו של חנוני והדליק את הבירה בעל הגמל חייב הניח חנוני את נרו מבחוץ חנוני חייב רבי יהודה אומר בנר חנוכה פטור *אמר רבינא *(משום דרבה) זאת אומרת נר חנוכה מצוה להניחה בתוך עשרה דאי ס"ד למעלה מעשרה לימא ליה היה לך להניח למעלה מגמל ורוכבו ודילמא אי מיטרחא ליה טובא אתי לאימנועי ממצוה: *אמר רב כהנא דרש רב נתן בר מניומי משמיה דרבי תנחום נר

*) ב"ק סב: נ"ב כו:

רש"י

אין זקוק לה. הלכך בחול שרי: ואסור להשתמש לאורה. שיהא ניכר שהוא נר מצוה וליכא למיחש להטייה: ולא קבלה. שלא חשבו לסמוך על דבריו: אי זכאי. אילו הייתי זוכה לשמועה הייתי גורסה כשמעתיה ראשון: גירסא דינקותא. מתקיים יותר משל זקנה: לשיעורה. שיהא בה שמן כשיעור הזה ומיהו אם כבתה אין זקוק לה: רגלא דתרמודאי. שם אומה מלקטי עצים דקים ומתעכבין בשוק עד שהולכים בני השוק לבתיהם משתחשכה ומבעירים בבתיהם אור וכשצריכין לעצים יוצאים וקונין מהן: נר איש וביתו. נר אחד בכל לילה ואיש וכל בני ביתו סגי להו בנר אחד: והמהדרין. אחר המצות עושין נר אחד בכל לילה לכל אחד ואחד מבני הבית: כנגד ימים הנכנסים. העתידים לבא: ימים היוצאין. שיצאו כבר וזה שהוא עומד בו נמנה עם היוצאין: פרי החג. מתמעטים והולכים בקרבנות דפרשת פנחס: מעלין בקדש ואין מורידין. מקרא ילפינן לה במנחות בפרק שתי הלחם (דף צט.): מבחוץ. משום פרסומי ניסא ולא ברה"ר אלא בחצרו שבתיהן היו פתוחין לחצר: ואם היה דר בעלייה. שאין לו מקום בחצרו להניחה שם: מניחה. מבפנים כנגד חלון הסמוך לרה"ר: הסכנה. שהיה להם לפרסיים חוק ביום אידם שלא יבעירו נר אלא בבית ע"ז שלהם כדאמרינן בגיטין (פ"ב דף יז:): נר אחרת. לעשות היכר לדבר: ואי איכא מדורה. אם לא צריך נר אחרת לפי שמשתמש לאור המדורה ויש היכרא שהנר של מצוה היא: ואי אדם חשוב הוא. שאינו רגיל להשתמש לאור המדורה: צריך נר אחרת. דאי לא לא הוי היכר: מאי חנוכה. על איזה נס קבעוה: בחותמו. בהצנע וחתום בטבעתו והכיר שלא נגעו בו: ה"ג ועשאום ימים טובים בהלל והודאה. לא שאסורין במלאכה שלא נקבעו אלא לקרות הלל ולומר על הנסים בהודאה: גץ. ניצוץ אישטינצל"א: פטיש. קורנס גדול של נפחים: בעל גמל חייב. שלא היה לו להגדיל בחבילתו שתכנס לחנות: בנר חנוכה פטור. מפני שברשות הניחה שם: זאת אומרת. הא דקתני בנר חנוכה פטור:

פסולה

רבינו חננאל

אמר רב פתילות ושמנים שאמרו חכמים אין מדליקין בהן בשבת מדליקין בהם בחנוכה בין בחול בין בשבת ס"ל קסבר כבתה אין זקוק לה ואסור להשתמש לאורה. מיתיבי מצותה משתשקע החמה ועד שתכלה רגל מן השוק מאי לאו דאי כבתה הדר מדליק לה ושנינן לא אי לא אדליק לה של חנוכה עדיין לא יאמר כבר עבר זמנו אלא מדליק עד כליא ריגלא דתרמודאי ואי נמי שיעורא דשמן דנר חנוכה כמה הוא כדי שיהא דולק משקיעת החמה עד שתכלה רגלא דתרמודאי: ת"ר מצות חנוכה נר איש וביתו והמהדרין נר לכל אחד ואחד והמהדרין מן המהדרין ב"ה אומרים יום ראשון מדליק אחד מכאן ואילך מוסיף והולך. פי' המהדרין מהדרי מצות כדאמרינן (ב"ק ט:) להדור מצוה עד שליש במצוה. ת"ר נר חנוכה מצוה להניחה על פתח ביתו מבחוץ ואם היה דר בעליה מניחה בחלון הסמוך לרה"ר ובשעת הסכנה מניחו על השולחן ודי אמר רבא וצריך נר (אחד) [אחר] לתשמישו [ואי איכא מדורה לא צריך] ואי אדם חשוב הוא אף על גב דאית ליה מדורה צריך נר (אחד) [אחר] לתשמישו ואסיק'

הגהות הגר"א

[א] גמרא (להשתמש) [לאורה] [ב] שם (ודלא) להתענות בהון

גליון הש"ס

גמ' כל השמנים שבהיכל. עי' ברמב"ם פ"ה מהלכות בית הבחירה הלכה ח ועיין בתשובת בתי כהונה ח"א בבית ועד סימן א': תום' ד"ה שהיה מונח וכו' שלא הסיטו. עיין לקמן דף פד ע"ב תוספות ד"ה שטהורים כזב:

§ מסכת שבת דף כא:

אות א'

פתילות ושמנים שאמרו חכמים אין מדליקין בהן בשבת, מדליקין בהן בחנוכה, בין בחול בין בשבת

סימן תרע"ג ס"א - [א]**כל השמנים והפתילות כשרים לנר חנוכה, ואע"פ שאין השמנים נמשכים אחר הפתילה, ואין האור נתלה יפה באותם הפתילות** - היינו כי יש שמנים גרועים, שאין נמשכין אחר הפתילה, וכן יש פתילות גרועים, שאין האור נתלה יפה בהן, ובשבת אסור להדליקן, **וס"ד** דבחנוכה אסור ג"כ להדליקן, שמא יבואו לידי כיבוי, **קמ"ל** דאין לחוש לזה, דקי"ל כבתה אין זקוק לה, דכיון שהדליק נעשה זכר לנס ונגמרה המצוה.

ומ"מ מצוה מן המובחר ליקח לפתילה, צמר גפן או חוטי פשתן.

שומן או חלב הנאסר מבב"ח, אסור להדליק ממנו נר חנוכה, ‹אע"ג דמצות לאו ליהנות ניתנו, מ"מ כיון דנ"ח בעי שיעור, וכיון דבב"ח אסור בהנאה, כתותי מיכתת שיעורא - שערי תשובה›, **וג"כ** אסור לבטולי בששים להדליק ממנו. **שמן** הגזול, צ"ע אי כשר לנר חנוכה. **אם** נמצא עכבר בשמן, מאוס הוא ואסור לנר חנוכה.

הנוהגין להדליק ביום ראשון א', ומכאן ואילך מוסיף והולך, צריך שיהיה הנוסף דומה לנר העיקר, **אבל** אותם שעושים נר לכל אחד מבני הבית, יכול האחד להדליק נר של שמן, והשני של שעוה.

הגה: ומיהו שמן זית מלוה מן המובחר (מרדכי וכל בו ומהרי"ל), ואם אין שמן זית מצוי, מלוה בשמנים שאורן זך ונקי; ונוהגים במדינות אלו להדליק בנר של שעוה, כי אורן צלול כמו שמן - ומ"מ מצוה בשל שמן טפי מנרות של שעוה, דע"י השמן נעשה הנס.

[ב]**ואפי' בליל שבת שבתוך ימי חנוכה, מותר להדליק בנר חנוכה השמנים והפתילות שאסור להדליק בהם נר שבת** - ר"ל דס"ד דניחוש בזה כמו בעלמא בנר של שבת, שמא לא תדלק יפה, ויטה הנר להביא השמן לפי הפתילה, **קמ"ל** דכאן אין לחוש לזה, דהא אסור להשתמש לאורה, א"כ לא איכפת ליה במה שלא תדלק יפה.

הגה: אם אינו נותן בנר רק כדי שיעור מלותו (תשובת הרשב"א) - דאם יתן יותר, יש חשש שמא יטה אותו נר חנוכה להשתמש בו אחר השיעור של הדלקה, שאז מותר ליהנות ממנו.

אבל לא להשמש, מ"א, **ור"ל** דבשבת חנוכה אסור לעשות השמש מהשמנים ופתילות שאין מדליקין בהם בשבת, **דכיון** דמותר לעשות איזה תשמיש נגד השמש, א"כ חיישינן שמא יטה.

לפי שאסור להשתמש בנר חנוכה בין בשבת בין בחול.

אות ב'

כבתה אין זקוק לה

סימן תרע"ג ס"ב - [ג]**הדלקה עושה מצוה,** [ד]**לפיכך אם כבתה קודם שעבר זמנה, אינו זקוק לה** - ואם הדליקה במקום הרוח וכבתה, זקוק לה לחזור ולהדליקה במקום שאין הרוח מצוי, דזה הוי כאלו לא נתן בה שמן כשיעור, **ומ"מ** לא יברך עליה, [דשמא לא היה ברור שיכבה, כמו שמנים פסולים דמדליק בהן], **ופשוט** דאם הוא רואה שהאור אין נאחז בהפתילה, ובודאי יכבה במהרה, שאינו יוצא בהדלקה זו, וצריך מדינא לחזור ולהדליקה לאחר הכביה, [**דזה** גרע מפתילות שאין נאחז בהן האור יפה, דשם הוי רק חשש שיכבה].

(**אכן בעת הדלקה בעינן שיהיה בה שמן שיוכל להדליק כשיעור, ונ"ל** דכמו כן בעינן שבעת הדלקה יהיה כל הנרות לפי חשבון הימים, ואז נחשב למהדר מן המהדרין, **וע"כ אם כבתה אחת קודם שהשלים ההדלקה, צריך לחזור ולהדליקה, ודע עוד, דמה שאמרו אינו זקוק לה, היינו אפילו כבו כולם, דלא בעינן פרסומי ניסא רק בעת ההדלקה).**

(**בתשובת מהר"י ברונא כתב, דלא יסלק ידו אחר הברכה, עד אשר ידליק רוב הפתילה היוצא מן השמן).**

[ה]**ואפי' כבתה בע"ש קודם קבלת שבת שעדיין הוא מבעוד יום, אינו זקוק לה** - הטעם, כיון שבע"ש מחויב להדליק קודם שקיעה, וגם כבר בירך עליה "להדליק נר של חנוכה", כבר הותחלה המצוה בהכשר, **ועיין** בט"ז שחולק ע"ז, ודעתו, דקודם קבלת שבת שיש עדיין היתר להדליק, מחוייב לחזור ולהדליק, ובלי ברכה. [ו]**וכן אם לאחר שהדליקה, בא לתקנה וכיבה אותה בשוגג, אינו זקוק לה.**

הגה: ואם רולה להחמיר על עלמו ולחזור ולהדליקה, אין לברך עליה (רשב"א) - והאחרונים כתבו, דראוי להחמיר לחזור ולהדליקה בכל ענין, ‹דלא גרע מן המהדרין - ט"ז›, [היינו בין שנכבה בשוגג או במזיד, **ואפי'** כשנכבבה במזיד, דבודאי מחוייב לחזור ולהדליק, מ"מ לא יברך], **ובפרט** אם נכבה בע"ש קודם קבלת שבת, **ואם** הוא קיבל בעצמו שבת ואח"כ כבה, ויש עדיין זמן היתר, מותר לומר לחבירו שידליקם.

מצוה מן המובחר לקנות שעוה לנר חנוכה, מן מה שנוטף מן הנרות בבהכ"נ, מאחר דאיתעביד בהו חדא מצוה, ליתעביד בהו מצוה אחריתא.

אות ג'

ואסור להשתמש לאורה

סימן תרע"ג ס"א - לפי שאסור להשתמש בנר חנוכה בין בשבת בין בחול - היינו דאפילו לאכול אצלן בשבת, דהוא סעודת מצוה, ג"כ אסור.

באר הגולה

[א] מימרא דרב שבת כ"א [ב] שם [ג] **מסקנת הגמ'** כ"ג ‹לפיכך וכו', איני יודע היאך תלוי זה בזה, דאפי' א"ת הנחה עושה מצוה הוה הדין כן, ותו דבגמ' הביא הרבה הוכחות דלא קי"ל הנחה עושה מצוה, ואמאי לא הוכיח ממה דקי"ל כבתה אין זקוק לה, **אלא** נראה דלא בא לאפוקי ממ"ד הנחה עושה מצוה, אלא ה"ק כיון שהדליק תכף קיים המצוה, ע"כ אם כבתה אין זקוק לה - ט"ז› [ד] **כרב חסדא ור' ירמיה לטעמיה דרב** [ה] **תרה"ד** [ו] **הר"ן בשם תשו' הרשב"א**

והטעם, כדי שיהא ניכר שהוא נר מצוה לפרסם הנס, [רש"י]. **ועוד** כיון שע"י נס שנעשה במנורה תקנוה, עשאוה כמנורה שאין משתמשין בה כלל, [ר"ן].

והיינו אפילו אותן שמוסיפין המהדרין בכל לילה, ג"כ אסור להשתמש לאורן.

אות ד'

מצותה משתשקע החמה עד שתכלה רגל מן השוק

סימן תרע"ב ס"א - [ז]אין מדליקין נר חנוכה קודם שתשקע החמה, אלא עם סוף שקיעתה - היינו צאת הכוכבים, שאז העם עוברין ושבין ורואין בביתו, ואיכא פרסומי ניסא, **אכן** בע"ש מקדימין, וכדלקמן בסי' תרע"ט.

והנה המחבר סתם כדעת הטור וסייעתו, דס"ל דמה שאמר הגמרא דזמן הדלקת נר חנוכה הוא משתשקע החמה, היינו סוף שקיעה, **אבל** באמת יש הרבה ראשונים דס"ל, דכונת הגמרא הוא על תחלת שקיעה שניה, והוא בערך רבע שעה מקודם.

ועיין בבה"ל שביארנו, דלאותן האנשים הנוהגין להתפלל מעריב בזמנו, דהיינו אחר צה"כ, נכון לנהוג כן לכתחלה להדליק קודם מעריב, וכ"כ במור וקציעה, וכן נהג הגר"א, (**דהרבה ראשונים ס"ל, דלכתחלה** יש לנהוג כן, כמו שהביא הגר"א, **ועוד דאף** הטור שכתב סוף שקיעה, גם הוא ס"ל דיכול להקדים עד קרוב לחצי שעה מקודם, **ובפרט אם** נסבור בדעת הרמב"ם, במה שכתב דמדליקין עם שקיעתה, היינו ממש עם הזמן שנתכסה השמש מעינינו, וידוע שדעתו דמצות הדלקה הוא רק כחצי שעה או מעט יותר אח"כ, **ואם** עבר הזמן שוב לא ידליק עוד, א"כ אם ידליק בשעת צה"כ, אינו יוצא כלל מצות הדלקה לדעת הרמב"ם והעומדים בשיטתו בזמן השקיעה, **ואפילו** המקילים שיכול להדליק אח"כ, הוא ג"כ רק מטעם ספק לכמה פוסקים), **אכן** יטיל בה כ"כ שמן, שידלוק חצי שעה אחר צאת הכוכבים, **ואם** לא הדליק מקודם, והגיע זמן צה"כ, יקדים להתפלל מעריב, דהוא תדיר, וגם יש בה מצות ק"ש שהיא דאורייתא, שע"ת, **ועי"ש** שמסיים: שנראה שהמדליק קודם שילך להתפלל ערבית לא הפסיד, שיש לחוש שעד שיתפלל ערבית יעבור זמן הדלקתו, שהוא חצי שעה מדינא דגמרא, ע"כ.

ודע, דאפילו הנוהגין תמיד להדליק אחר תפלת ערבית, מן הנכון שיכינו עכ"פ השמן בתוך הנרות קודם תפילת ערבית, כדי שיהיה מוכן תיכף אחר תפלת ערבית להדליק, **דאם** יעשה הכל אחר תפלת ערבית, בודאי יש לחוש שיעבור עיקר זמן הדלקתו, והוא חצי שעה מדינא דגמ'.

לא מאחרים ולא מקדימים - (היינו דוקא שמדליקו בעוד היום גדול, שאז אינו מינכר שהוא לשם חנוכה, **אבל לא** כשמדליקו רבע שעה, או אפילו חצי שעה לערך קודם צה"כ).

[ח]ויש מי שאומר שאם הוא טרוד - ר"ל שלא יהיה לו פנאי אח"כ, **יכול להקדים מפלג המנחה ולמעלה** - הוא שעה ורביע קודם צה"כ, וחשבינן השעה לפי קוצר היום, דהיינו שעות זמניות. **ויכול** לברך ג"כ.

[**ואם** הדליק קודם פלג המנחה, צריך לכבותה ולחזור ולהדליק].

[ט]ובלבד שיתן בה שמן עד שתכלה רגל מן השוק - (לכמה פוסקים הוא כחצי שעה אחר צאת הכוכבים, **שהוא** בסך הכל שעה וג' רבע שעה מזמן הדלקה), **דאם** לא ידלוק בלילה ליכא פרסומי ניסא, **ואם** לא נתן בה שמן רק כשיעור חצי שעה כנהוג בכל יום, יחזור ויתן בה שמן וידליק, **ומ"מ** לא יחזור ויברך.

(**ואסור** להשתמש לאורה כל אותו הזמן, **אף** שהדליקה בעוד היום גדול, **ואם** כבתה בחול קודם צה"כ, צריך לחזור ולהדליק, **אבל** לא יברך, דעל פי הדחק אמרינן, דמפלג המנחה ולמעלה כבר הותחל המצוה).

אות ה'

דאי לא אדליק מדליק, ואי נמי לשיעורה

סימן תרע"ב ס"ב - [י]שכח או הזיד ולא הדליק עם שקיעת החמה, מדליק והולך עד שתכלה רגל מן השוק, שהוא כמו חצי שעה, שאז העם עוברים ושבים ואיכא פרסומי ניסא; [יא]הלכך צריך ליתן בה שמן כזה השיעור - (ומי שאין לו שמן כשיעור הזה, ידליק בלא ברכה).

ומשמע דאם הדליק זמן מה אחר שקיעת החמה, א"צ ליתן שמן כ"כ, רק עד שתכלה רגל מן השוק, **אכן** כ"ז הוא לדין התלמוד, שהיה ההיכר לעוברים ושבים, **אבל** האידנא דההיכר הוא רק לבני ביתו, לעולם בעי שיעור הידוע, **ואף** מדליק אחר שכלה הרגל משוק בעי זה השיעור.

אבל אם נותן בה שמן הרבה שידליק יותר, אין בו שום מצוה, **אבל** בנרות של שעוה יש הידור מצוה כשהן ארוכות, ומ"מ אין לעשותם גדולות יותר מדאי. (**ושעוה מעובדי עבודת גלולים, אין ליקח**).

כתב הב"י בשם א"ח, מי שבירך והדליק נר אחת בלילה שניה, ידליק אח"כ עוד נר אחת ולא יברך, **ועיין** בפמ"ג שמצדד, דאפילו לא היה דעתו מתחלה רק על נר אחת, ואח"כ נזדמן לו עוד נר, ג"כ לא יברך עוד, כי מדינא אין חיוב רק נר א', והשאר משום הידור כנ"ל.

[יב]ואם נתן בה יותר, יכול לכבותה לאחר שעבר זה הזמן, וכן יכול להשתמש לאורה לאחר זה הזמן - שאינו מקצה השמן רק מה שצריך לשיעור חצי שעה למצותו, וע"כ מותר לכבותו ולהנות ממנו, **ומ"מ** הסכימו כמה אחרונים, דלכתחלה טוב להתנות,

---

באר הגולה

[ז] לשון הרמב"ם מברייתא שבת כ"א [ח] בשם מהר"י אבוהב [ט] שם בגמרא לתרוצא בתרא [י] שם בגמרא לתרוצא קמא [יא] ‹שם לשיעורה – גר"א. ‹**משמע** דגם תירוץ קמא מודה לבתרא, דיש שיעור בהשמן› [יב] כן פירשו הרי"ף ורא"ש שם לתרוצא בתרא "אי נמי לשיעורא"

שאינו מקצה השמן אלא לשיעור הדלקה, משום דיש מן הפוסקים שסוברים, דאם נתן בסתם, הקצה למצותה הכל.

ויש מחמירין, שבעוד שהנרות דולקין, אין להשתמש לאורן, משום הרואה, שלא ידע לחלק בין תוך זמן שיעורו, לאחר זה הזמן, [**ולפי** טעם זה, אפי' התנה מעיקרא לא מהני, **וכן** אין לטלטל הנרות ממקומן בעוד שדולקים אפי' יותר מחצי שעה, מפני הרואים שלא ידעו, ויאמר להשתמש נטלן].

הגה: י"א שבזמן הזה שמדליקין בפנים - וא"כ ההיכר הוא רק לבני ביתו, **א"ל ליזהר ולהדליק קודם שתכלה רגל מן השוק (ד"ע והטור בשם התוספות)** - וידליק כשבני הבית מקובצים יחד.

ומ"מ טוב ליזהר גם בזמן הזה - (שאע"פ שמדליקין בפנים, כיון שמדליקין בפתח הבית והוא פתוח, יש הכירא לעוברים ושבים).

ואפילו ללמוד אסור משהגיע זמנה, וכ"ש אכילה ושאר דברים, ואפילו התחיל פוסק, [שצריכין לחוש לתרוץ הראשון, דאין שהות אלא חצי שעה להדליק, ובדליכא שהות והוא מידי דרבנן גם כן צריך להפסיק, ומכל שכן כאן דיש פרסומי ניסא גם כן].

[**ובאמת** יש להחמיר בעוד חצי שעה קודם, אלא הוא מיירי בבני אדם שמתפללין ערבית בזמנה, וא"כ חצי שעה קודם בלא"ה אסור משום ק"ש, **ולפי** דעת הפר"ח והגר"א, דיש להדליק אחר שקיעה, ממילא צריך להחמיר חצי שעה מקודם לכל הדברים הנ"ל, ואפי' אם כבר התפלל מנחה, **אכן** לענין לימוד נראה דאין להחמיר, דיש לסמוך אשארי פוסקים, הסוברין דזמנה של הדלקה הוא עם סוף שקיעה].

[יג]**ומיהו ה"מ לכתחלה, אבל אם עבר זה הזמן ולא הדליק, מדליק והולך כל הלילה** - עד עמוד השחר, ובברכה, **והיינו** דוקא אם בני הבית נעורים, אבל אם ישנים אין לברך עליהם, אלא ידליק בלא ברכה, דכמו דלדידהו לא היה מברך אלא בזמן פרסום הנס, ה"נ לדידן, **ואם** בא לביתו קודם עה"ש, ומצא בני ביתו ישנים, מן הנכון שיקיצם, כדי שיוכל להדליק בברכה, [מ"א. **ובספר** חמד משה דעתו בזה, דאם שכח או נאנס ולא הדליק עד שישנו כולם, יקיץ ב' או ג' מהם וידליק, ואם א"א להקיצם, מ"מ ידליק ויברך, **דלפי** דברי המ"א, אם יהיה אדם במקום שאין איש אף מאנשי הבית, ידליק בלא ברכה, **ולא** ראינו זה בפוסקים, אלא ודאי דאם יכול לפרסם ההדלקה בפני רבים יותר עדיף, אבל אי ליכא אנשים, בשביל זה לא יבטל המצוה, כן נ"ל, וכן נוהגין העולם, עכ"ל, **וספק** ברכות להקל, ומ"מ מי שרוצה לנהוג כוותיה, אין מוחין בידו].

[יד]**ואם עבר כל הלילה ולא הדליק, אין לו תשלומין. הגה: ובלילות אחרות ידליק כמו שאר בני אדם, אע"פ שלא הדליק בראשונה (מ"כ בשם מהרי"ל ואגודה וד"ע)** - ר"ל בלילה שניה שתי נרות, ובלילה שלישית שלש, ולא נימא דלדידיה, הלילה שניה היא ראשונה, וידליק רק אחת.

אות ו' – ז'

מצות חנוכה נר איש וביתו, והמהדרין, נר לכל אחד ואחד, והמהדרין מן המהדרין... יום ראשון מדליק אחת, מכאן ואילך מוסיף והולך

סימן תרעא ס"ב - [טו]**כמה נרות מדליק: בלילה הראשון מדליק אחד, מכאן ואילך מוסיף והולך אחד בכל לילה, עד שבליל האחרון יהיו שמונה** – (אמרינן בגמרא, דמצות חנוכה נר איש וביתו, ר"ל דדי נר אחד לכל בני ביתו, בכל לילה ולילה, **והמהדרין** מדליקין נר לכל אחד ואחד, **והמהדרין מן המהדרין**, **יום ראשון** מדליק אחד, מכאן ואילך מוסיף והולך אחד בכל לילה, עד שבליל אחרון יהיו שמנה, **והטעם**, כנגד ימים היוצאים, וזה היום שעומד בו נמנה עם הימים שיצאו כבר, **והיינו** שבזה ידעו ויזכרו הכל כמה ימים יצא בהתמדת הנס, וכשיזכירו זה שהיה הנס משך זמן רב, יש בו פרסומי ניסא ושבח יותר להש"י, **ועוד** שמעלין בקודש).

ואם אין ידו משגת, רק לנר אחד בכל לילה לו ולביתו, יצא בזה מדינא, ושיעורא דשו"ע הוא רק למי שידו משגת, להיות מהדר מן המהדרין.

ואם יש לו ט' נרות, ידליק בליל שני שתי נרות, **ואם** יש לו י' נרות, אעפ"כ לא ידליק רק בליל ב' ב', ובליל ג' לא ידליק שתים רק אחת.

ומי שאין לו שמן הרבה, יתן באחד שמן כשיעור, והמותר יחלק לכולם, שאם יעשה לכולם בשוה, לא ידליק אפילו אחד כשיעור.

ואם יש לו שמן בצמצום על כל השמנה ימים, ולחבירו אין לו כלום, מוטב שידליק בכל לילה אחד, ויתן גם לחבירו, דהא מדינא א"צ אלא אחד, **ודוקא** כשחבירו אינו מבני ביתו, או שאינו סמוך על שולחנו, אבל אם הוא מבני ביתו, ‹ואם כן עיקר המצוה אינו חל כלל על חבירו, רק שחבירו רוצה להיות מן המהדרין›, מוטב שיהיה הוא מהמהדרין ‹מן המהדרין – ח"א›.

ואם השמן הוא ביוקר, מוטב להדליק בנרות שעוה, ולהיות מוסיף והולך כמו שכתוב בפנים, ממה שידליק בשמן זית, נר א' בכל לילה לבד, [**וי"א** דבלילה ראשונה יראה עכ"פ להדליק בשמן זית, אע"ג דלאח"כ לא יוכל לקיים להיות כמהדרין מן המהדרין בשאר לילות, לא דחינן מצוה החביבה בשעתה, ממה שעי"ז לא יוכל אח"כ לקיים מצוה מן המובחר יותר].

[טז]**ואפילו אם רבים בני הבית, לא ידליקו יותר** - בין בלילה ראשונה ובין בשארי לילות, דהכל נגררים אצל בעה"ב, **אפילו** בניו הגדולים ומשרתיו, כיון שהם סמוכים על שולחנו בקביעות, הם בכלל בני ביתו.

באר הגולה

[יג] **תוס' שם בשם הר"י פורת וכן משמע מדברי הרא"ש** ‹בבאר הגולה מצויין אות זה לעיל על "וכן יכול להשתמש לאורה לאחר זה הזמן", אבל מקומו כאן, כמו שמבואר בתוס' ובביאור הגר"א וז"ל: "כיון דאיכא תירוץ אחר בגמרא, תוס' שם", ע"כ. **ולכאורה** לפי מה שמפרש המ"ב, שהוא משום הבני בית, אין זה כמו הר"י פורת, דלדידיה מדליקין כל הלילה משום תירוץ שני שם בגמ', ורק הוי לפי הר"י בסוף התוס', וכפי שפסק הרמ"א, וצ"ע› [יד] **טור, ושכן כתב רבי יצחק בר יהודה, וכן כתב המרדכי** [טו] **ברייתא שבת כ"א וכב"ה** [טז] **תוס' וכן כתב הטור**

(והטעם, דלפי"ז כשרואין בבית בליל שני שדולקין שתי נרות, ירגישו בתוספות הנר, **אבל** אם מדליקין בלילה הראשונה נר לכל אחד מבני הבית, אז אם ידליקו בלילה השניה שנים לכל אחד, אין כאן הכרה לתוספות הנס, כי יאמרו שיש הרבה בני בית, ולכל אחד אין שם רק נר אחת, והיינו כשכל הנרות דולקים במקום אחד זה אצל זה).

הגה: וי"א דכל אחד מבני הבית ידליק [יז](רמב"ס) - לבד מאשתו דהיא כגופו, **וכן המנהג פשוט** - והיינו כמו שכתוב לעיל, דיוסיף והולך נר א' בכל לילה, **ואם** אין ידם משגת כ"כ, ידליקו נר אחד בכל לילה, [ובאופן זה, יקרא עליהן שם מהדרין, ולא מהדרין מן המהדרין].

ויזהרו ליתן כל אחד ואחד נרותיו במקום מיוחד, כדי שיהא היכר כמה נרות מדליקין (מהר"א מפראג) – (דבאופן זה, גם התוספות מודו שיכולין להדליק יותר, והיינו בעת שניתוסף הנרות, כן מוכח מא"ר, ודעת המ"א, דאפילו בלילה הראשונה יש ליזהר בזה, משום לא פלוג).

אות ח' – ט'

נר חנוכה מצוה להניחה על פתח ביתו מבחוץ; אם היה דר בעלייה, מניחה בחלון הסמוכה לרשות הרבים; ובשעת הסכנה, מניחה על שלחנו ודיו

צריך נר אחרת להשתמש לאורה; ואי איכא מדורה, לא צריך; ואי אדם חשוב הוא, אע"ג דאיכא מדורה, צריך נר אחרת

סימן תרעא ס"ה - **[יח]נר חנוכה מניחו על פתח הסמוך לרשות הרבים מבחוץ** - משום פרסומי ניסא, [רש"י], **אם הבית פתוח לרשות הרבים, מניחו על פתחו; ואם יש חצר לפני הבית** - וחצרותיהן היו פתוחות לר"ה, **מניחו על פתח החצר** – (וזה שלא כדעת רש"י, דסובר דמניחו על פתח הבית הפתוח לחצר, ובר"ן ובאור זרוע העתיקו כרש"י).

[יט]ואם היה דר בעלייה שאין לו פתח פתוח לרשות הרבים - וגם אין לו פתח פתוח לחצר, אלא פתוחה היא לבית, **מניחו בחלון הסמוך לרשות הרבים** - [דאם היה פתח העלייה פתוח לחצר, היה מניחה על פתח החצר שהוא פתוח לרה"ר, ואם היה פתוח לרה"ר, היה מניחה על הפתח].

ובשעת הסכנה שאינו רשאי לקיים המצוה, מניחו על שלחנו ודיו, [כ]וצריך נר אחר להשתמש לאורו - לעשות היכר לדבר, שהנר של מצוה היא, (ור"ל שאפילו אם לא ירצה כלל להשתמש לאורה, מ"מ צריך נר אחר, שיהיה היכולת בידו להשתמש לאורה, ועי"ז מינכר שהנר הראשון הוא לשם מצוה, **דאל"ה**, כיון שעומד על השולחן, יאמרו שלצרכו הדליקה).

(ונראה דוקא במניחה על שולחנו, אבל כל שמניחה סמוך לפתח, א"צ לנר אחרת, אע"פ שעומד לו לשם, הואיל ואינו בא להשתמש לאורה לאיזה תשמיש, **אכן** מנהג העולם, וכן מנהג רבותינו, דבכל נר חנוכה המודלקת בתוך הבית, צריך נר אחרת, אפילו לא היה צריך לתשמיש, שלא יאמרו לצרכו הדליקה, וכן אני נוהג למעשה, כ"כ המאירי).

(ועיין במ"א, דאפילו מי שאין לו אלא נר אחד, ונר אחרת להדליק לשמש לאורה אין לו, מ"מ ידליק את הנר ויברך עליה, ומ"מ לכתחלה בודאי יזהר שלא להשתמש לפניה).

ואם יש מדורה א"צ נר אחר; ואם הוא אדם חשוב שאין דרכו להשתמש לאור המדורה, צריך נר אחר.

אות י'

בכ"ה בכסליו יומי דחנוכה תמניא אינון, דלא למספד בהון ודלא להתענות בהון

סימן תרע ס"א - **[כא]בכ"ה בכסליו (מתחילין) שמונת ימי חנוכה, ואסורים בהספד ותענית** - כי בבית שני כשמלכו מלכי רשעה, גזרו גזירות על ישראל ובטלו דתם, ולא הניחו אותם לעסוק בתורה ומצות, ופשטו ידם בממונם ובבנותיהם, ונכנסו להיכל ופרצו בו פרצות וטמאו הטהרות, וצר להם לישראל מאוד מפניהם, ולחצום לחץ גדול, עד שריחם עליהם אלהי אבותינו והושיעם מידם והצילם, וגברו בני חשמונאי הכהנים הגדולים והרגום והושיעו ישראל מידם, וחזרה מלכות לישראל יתר על מאתים שנה עד החורבן השני, **וכשגברו** ישראל על אויביהם ואיבדום, בכ"ה בכסליו היה, ונכנסו להיכל ולא מצאו שמן טהור במקדש, אלא פך אחד שהיה מונח בחותמו של כ"ג, ולא היה בו להדליק אלא יום אחד בלבד, ונעשה נס והדליקו ממנו נרות המערכה ח' ימים, עד שכתשו זיתים והוציאו שמן טהור, **ומפני** זה התקינו חכמים שבאותו הדור, שיהיו הימים האלו שתחלתן כ"ה בכסליו ימי שמחה והלל, ומדליקין בהן הנרות בערב על פתחי הבתים בכל לילה ולילה משמונת הלילות, להראות ולגלות הנס, והוא מצוה מד"ס כקריאת המגילה, **וימים** אלו הן הנקראים "חנוכה", ר"ל: חנו כ"ה, שביום כ"ה חנו מאויביהם, **ומפני** שהן ימי שמחה והלל, לכך אסור בהן ההספד והתענית.

[כב]אבל מותרין בעשיית מלאכה; ונוהגות הנשים שלא לעשות מלאכה בעוד שהנרות דולקות - בביתו, כדי להכיר שאסור להשתמש לאורה, והוא כחצי שעה.

באר הגולה

[יז] ר"ל כמו שמפרש רמב"ם סוגיא דגמ' שם, דהרי כתב שהמנהג הפשוט בספרד, שיהיו כל אנשי ביתו מדליקין נר אחד בלילה הראשון, ומוסיפין נר בכל לילה, ואפי' אם רבים בני הבית [יח] ברייתא שם כ"א וכפי' התוס' [יט] שם בברייתא [כ] מימרא דרבא שם ‹בפשטות הגמ' היינו דוקא כשירצה להשתמש לאורה, אך מהמשך הגמ', וכן הוא האמת, מבואר דצריך בכל גווני שיהא היכר שאינו משתמש לאור הנר חנוכה, ולכך לא מהני באדם חשוב מדורה, דכיון דאינו עשוי לשימוש ואין דרכו של אדם חשוב להשתמש לאורה, ממילא לא חשוב היכר, ואולי זהו ביאור מחיקת הגר"א – הגרי"ש אלישיב› [כא] ברייתא שבת כ"א [כב] טור מברייתא דלעיל "שעשאום יו"ט בהלל והודאה" ‹עיין רש"י ד"ה ה"ג ועשאום›

ודוקא נשים, לפי שנעשה נס על ידיהם, כדלקמיה בס"ב בהג"ה, **ויש** מקומות שגם האנשים מחמירים בזה.

[כג]**ויש מי שאומר שאין להקל להם** - דהוי כדברים המותרים ואחרים נהגו בהם איסור, שאין להתיר בפניהם, **וכתב** בשלטי גבורים, וכן הסכים בתשו' חכם צבי, שבמקום שנהגו איסור מלעשות מלאכה כל היום, יש למחות בידם, כי הבטלה עבירה היא, ומביאה לידי שעמום.

נוהגין העניים לסבב בחנוכה על הפתחים, ויש טעם לזה.

אות י' [כד]

סימן תרע ס"ב - [כה]**ריבוי הסעודות שמרבים בהם הם סעודות הרשות, שלא קבעום למשתה ושמחה** - אלא להלל ולהודות, **ונראה** הטעם דלא קבעו כאן לשמחה כמו בפורים, כי בפורים היה הגזירה להשמיד ולהרוג את הגופות, שהוא בטול משתה ושמחה, ולא את הנפשות, שאפילו המירו דתם ח"ו לא היה מקבל אותם, לכך כשהצילם הקב"ה ממנו, קבעו להללו ולשבחו ית' ג"כ ע"י משתה ושמחה, **משא"כ** במעשה דאנטיוכוס, שלא גזר עליהם להרוג ולהשמיד, רק צרות ושמדות כדי להמיר דתם, כמו שאנו אומרים: להשכיחם תורתך ולהעבירם מעל חוקי רצונך, ואם היו ישראל מכניעים להם, להיות כבושים תחת ידם, ולהעלות להם מס, וחוזרין לאמונתם ח"ו, לא היו מבקשים יותר, אלא שהגביר הקב"ה יד ישראל ונצחום, **לכך** לא קבעום אלא להלל ולהודות לבד, כלומר כיון שהם רצו למנוע אותנו מזה, לכפור בדתו ח"ו, ובעזרתו ית' לא הפיקו זממם, וגברה ידינו, לכך אנו מודים ומשבחים לו, על שהיה לנו לאלהים, ולא עזבנו מעבודתו.

הגה: וי"א שיש קצת מצוה ברבוי הסעודות, משום דבאותן הימים היה חנוכת המזבח (מהרי"א מפראג) - ר"ל בכ"ה בכסליו, כדאיתא במדרש, דמלאכת המשכן נגמר בכ"ה בכסליו, אלא שהמתין הקב"ה בהקמה עד ניסן שנולד בו יצחק, ואמר הקב"ה: עלי לשלם לכסליו, ושילם לו חנוכת בית חשמונאי, **וגם** שם בימי אנטיוכוס טמאו ההיכל, ועשו חנוכת הבית בשמונה ימים אלו (בבית) ‹המקדש›.

ונוהגין לומר זמירות ותשבחות בסעודות שמרבים בהם, ואז הוי סעודת מצוה (מנהגים) - ר"ל בצרוף זה, וכן פסקו הרש"ל והב"ח כהי"א, **וכתב** הרש"ל, שכל שעושה כדי ליתן שבח למקום, או לפרסם הנס או המצוה, הכל סעודת מצוה.

וה"ה בנישואי בת ת"ח לע"ה, אם אומרים שירות הוי סעודת מצוה.

(עיין בתשובת מהרש"ל שכתב, שראוי שהשמחה תהא מעורבת ובלולה בשמחת תורה, ואל תבטל מקביעותך, עכ"ל, ובעו"ה יש אנשים שתחת זמירות ותשבחות, שראוי להלל להש"י על הניסים שעשה לנו, הם מרבים בשחוק הקרטין, והרבה הרעישו הספרים הקדושים ע"ז, והשומר נפשו ירחק מזה).

יש אומרים שיש לאכול גבינה בחנוכה, לפי שהנס נעשה בחלב שהאכילה יהודית את האויב (כל בו ור"ן) - היא היתה בתו של יוחנן כ"ג, והיתה גזירה שכל ארוסה תבעל לטפסר תחלה, והאכילה לראש הצוררים גבינה לשכרותו, וחתכה את ראשו, וברחו כולם.

סימן תרע ס"ג - [כו]**אין מספידין בהם אלא לחכם בפניו. הגה: ואין מתענין יום שמת בו אב או אם ותענית חלום בחנוכה, ע"ל סי' תקסח ס"ה** - ואם עבר והתענה יום שמת בו אביו ואמו או תענית חלום, צריך למיתב תענית לתעניתיה אחר חנוכה.

ולענין לומר צדוק הדין, ע"ל בהלכות ר"ח סי' ת"כ בהגה - ששם כתב, שא"א ביום שא"א בו תחנון, וכן לקמן בסימן תרפ"ג, **אבל** לפניהם ולאחריהם, נראה דאין להחמיר לענין צדוק הדין, דלענין הספד גופא הרבה מקילין, **ואף** אם נרצה להחמיר כאיזה פוסקים דמחמירין בהספד לפניהם, וממילא גם צדוק הדין אין לומר, **עכ"פ** לאחריהם בודאי אין להחמיר, ויוכל לומר צדוק הדין, וכ"כ הפמ"ג. **וע"ל סימן תרפ"ג.**

אבלות לכו"ע נוהג בחנוכה. **אונן** פטור מנר חנוכה, **וכתב** בא"ר דאשתו תדליק, **ואם** הוא מותר לענות אמן, יש דיעות בפוסקים, **ונראה** דאם אין אשתו עמו, והוא יחידי בבית, ידליק הנרות לפרסומי ניסא, ובלא ברכה.

חרש שאינו שומע והוא מדבר, חייב בנר חנוכה, דהוא כפקח לכל דבריו.

אות כ' - ל'

גמל שטעון פשתן, והוא עובר ברשות הרבים, ונכנסה פשתנו לתוך החנות ודלקה בנרו של חנוני והדליק את הבירה, בעל הגמל חייב

הניח חנוני את נרו מבחוץ, חנוני חייב

חו"מ סי' תיח סי"ב - גמל שהוא טעון פשתן, ועבר ברה"ר ונכנס פשתנו לתוך החנות ודלקה בנרו של חנוני והדליק את כל הבירה, בעל הגמל חייב, מפני שהרבה במשאוי, בין שעמדה הבהמה בין שלא עמדה. ואם הניח החנוני נרו מבחוץ, הוא חייב לשלם אף דמי הפשתן לבעל הגמל, [כז]ואפילו הוא נר חנוכה, שהיה לו לישב ולשמור שלא יזיק.

אות מ'

נר חנוכה מצוה להניחה בתוך עשרה

סימן תרעא ס"ז - [כח]**מניחו למעלה מג' טפחים** - דכל למטה מג' כאלו הניח בקרקע, ואין ניכר שבעה"ב הניחו שם, **ומ"מ** בדיעבד יצא.

באר הגולה

כג טור | כד ‹מילואים› | כה שם בשם מהר"ם מרוטנבורג | כו מימרא דרב פפא מו"ק כ"ז | כז שם במשנה דף ס"ב וכת"ק אע"פ שהוא מצוה להניחם בחוץ | כח טור בשם מהר"ם מרוטנבורג

[כט]**ומצוה להניחו למטה מי' טפחים** - דאיכא פרסום הנס טפי כשהוא למטה, דדבר העשוי לאור אין דרך להניחה כ"כ למטה, **ואם הניחו למעלה מי"ט, יצא** - ועיין בא"ר שכתב, דהא דאין העולם נזהרין בזה, משום דסומכין על המרדכי שכתב, דעכשיו שהורגלו להניח בפנים, אין קפידא בזה, **אכן** הטור סתם בזה, ומשמע דס"ל דאין לחלק בזה, וכן נוהגין כל המדקדקים כמ"ש בב"י.

ואם דר בעליה, מניחה בחלון שהוא לצד ר"ה, אפילו אם החלון גבוה יותר מי"ט מקרקעית העליה, [**ומשמע** ממג"א, דעדיף טפי להניח בחלון הסמוך לרה"ר, אף שהיא למעלה מי"ט, מלהניח בטפח הסמוך לפתח, אף שהוא יכול להניח למטה מי"ט, **ואף** שהפמ"ג מפקפק קצת בזה, מ"מ אין לדחות דבר זה, דענין שצריך היכר לבני רשות הרבים יש מקור גדול בגמרא, דאמרו "עד דכליא רגלא דתרמודאי", וגם במה שאמרו "מצוה להניחה על פתח ביתו מבחוץ", ואילו הא דאמרו דלכתחלה צריך להניח למטה מי' טפחים, יש כמה ראשונים דדחו זה מהלכה].

ואם יש לו שתי חלונות, אחד למעלה מי"ט, ואחד למטה מי"ט, ודאי יניחנה בחלון שהיא למטה מי"ט.

ובנרות בהכ"נ, המנהג שהמנורה במקום גבוה.

---

§ מסכת שבת דף כב. §

אות א'

נר של חנוכה שהניחה למעלה מעשרים אמה, פסולה

סימן תרעא ס"ו - [א]**אבל אם מניחו למעלה מכ' אמה, לא יצא** - דלא שלטא ביה עינא, ואין נ"מ בין אם מדליק מבחוץ, ובין אם מדליק בבית, וצריך לחזור ולברך. **הגה: אפילו לקחה כך דלוק והניחה למטה מעשרים, לא יצא, דהדלקה עושה מלוה (ב"י בשם תוס')** - אבל אם הדליקה למטה מכ', ונטלה משם והניחה במקום אחר תוך כ', יוצא, דהא הוי הדלקה במקומה, דשני המקומות כשרים.

[**ועיין** בפמ"ג שכתב, דאף בנרות שעוה ארוכים, כל שמקום הלהב הוא למעלה מכ' אמה, פסולה].

אות ב' – ג'

נר חנוכה מצוה להניחה בטפח הסמוכה לפתח משמאל, כדי שתהא נר חנוכה משמאל ומזוזה מימין

סימן תרעא ס"ז - [ב]**מצוה להניחו בטפח הסמוך לפתח** - בין אם ההנחה הוא על פתח הבית או על פתח החצר, שאם ירחיקנה להלן מן הפתח, אינו ניכר שבעה"ב הניחו שם, [רש"י].

[ג]**משמאל, כדי שתהא מזוזה מימין ונר חנוכה משמאל** - ויהיה מסובב במצות, **מיהו** בדיעבד אם הניח נר חנוכה מימין, יצא.

[ד]**ואם אין מזוזה בפתח, מניחו מימין** - דכל מידי דמצוה ימין עדיף, ועוד דאיכא פרסומי ניסא טפי, שהכל פונין לצד ימין.

[ה]**ואם הניחו בדלת עצמו, יניחנו מחציו של כניסה לצד שמאל** - והיינו מקום הדלת שנכנס משם לתוך הבית יחלקנו לשנים, ובחצי הנוטה לצד שמאל, שהוא נגד המזוזה שהמזוזה בימין, שם יניחנו, ואיירי כשיש שם מזוזה - מ"א, **ומשמע** מזה, דיכול להניח בכל שטח אותו החצי, **ועיין** בט"ז שדעתו, דלמעשה ראוי להחמיר, להניח הנרות בצד השמאל בקצה האחרון סמוך לכותל. [**ואין** נ"מ בכל זה, בין שהדלת נפתחת לצד המזוזה, ומקום הציר שהדלת סובב שם הוא בצד השני, או להיפך, בכל זה שייך שתי הדעות של המ"א והט"ז].

הגה: ומיהו בזמן הזה, שכולנו מדליקין בפנים ואין היכר לבני רה"ר כלל, אין לחוש כל כך אם אין מדליקין בטפח הסמוך לפתח; ומ"מ המנהג להדליק בטפח הסמוך לפתח כמו בימיהם, ואין לשנות - כדי שיכנס בין שתי מצות, (ור"ל המנהג הנכון להתנהג כך), ‹אבל אין זה מנהג לחייב לכו"ע, (דאל"ה סותר דברי עצמו), {דהא כבר כתב שבזה"ז שכולנו מדליקין בפנים ואין היכר לבני רה"ר כלל, אין לחוש כ"כ, ‹**ודק** כשתיקנו להניח על פתח ביתו מבחוץ, איפסק שיניח משמאל, כדי שיכנס בין שתי מצות, אבל לא היו מתקנין עיקר התקנה מטעם זה, **אלא** המדקדקים נזהרין גם עתה, אף שהוא רק בשביל טעם זה הקלוש, שבזה"ז שאין מדליקין בחוץ וכל הפרסום הוא לבני הבית, ליכא התקנה דידליקו אצל הפתח בשביל זה שיכנס בין השתי מצות – אג"מ או"ח ח"ד סי' קכה›.

ומ"מ אם יש לו חלון הסמוך לר"ה, נכון יותר שיניחנו שם, כדי שיהיה היכר לבני ר"ה ויתפרסם הנס, אם לא במקום דשכיחא הזיקא עי"ז, [**אבן** אם החלון גבוה מקרקע ר"ה למעלה מכ' אמה, ואין היכר לבני ר"ה, אז טוב יותר להניח בפתח].

אא"כ רבים בני הבית, שעדיף יותר להדליק כל אחד במקום מיוחד, מלערב הנרות ביחד ואין היכר כמה נרות מדליקין; ומ"מ יזהרו שלא להדליק במקום שמדליקין הנרות כל השנה, כי אז לא יהיה היכר כלל; ואף כי אין היכר רק לבני הבית, מ"מ היכר קלת מיהא בעי.

באר הגולה

[כט] מימרא דרבא שם ‹דלא שבקינן פשיטותא דרבא משום דחייה בעלמא, הרשב"א ורא"ש ושאר פוסקים, דלא כרי"ף ורמב"ם שהשמיטו {דס"ל דכיון דדחו בגמרא להא דרבא, לא קיימא לן כוותיה – ב"י} – גר"א› [א] מימרא דרב כהנא שם כ"ב [ב] מימרא דרבה שם [ג] כרב שמואל מדפתי שם [ד] טור בשם אבי העזרי והגהות מרדכי בשם רבי יקיר [ה] שם בשם סמ"ק והמרדכי שם

מסורת הש"ס

עין משפט נר מצוה

נר *של חנוכה שהניחה למעלה מכ' אמה פסולה כסוכה וכמבוי: ואמר *רב כהנא דרש רב נתן בר מניומי משמיה דרב תנחום מאי דכתיב והבור רק אין בו מים ממשמע שנא' והבור רק איני יודע שאין בו מים אלא מה ת"ל אין בו מים מים אין בו אבל נחשים ועקרבים יש בו: אמר רבה נר חנוכה מצוה להניחה בטפח הסמוכה לפתח והיכא מנח ליה רב אחא בריה דרבא אמר מימין רב *שמואל מדפתי אמר משמאל והילכתא משמאל כדי שתהא נר חנוכה משמאל ומזוזה מימין: אמר רב יהודה אמר רב אסי (אמר *רב) אסור להרצות מעות כנגד נר חנוכה כי אמריתה קמיה דשמואל אמר לי וכי נר קדושה יש בה מתקיף לה רב יוסף וכי דם קדושה יש בו *דתניא ושפך וכסה במה ששפך יכסה שלא יכסנו ברגל שלא יהו מצות בזויות עליו ה"נ שלא יהו מצות בזויות עליו: בעו מיניה מרבי יהושע בן לוי מהו להסתפק מנויי סוכה כל שבעה א"ל הרי אמרו אסור להרצות מעות כנגד נר חנוכה אמר רב יוסף *מריה דאברהם תלי תניא בדלא תניא סוכה תניא חנוכה לא תניא *דתניא סככה כהלכתה ועיטרה בקרמים ובסדינין המצויירין ותלה בה אגוזים אפרסקין שקדים ורמונים ופרכילי ענבים ועטרות של שבלים יינות (של) שמנים וסלתות אסור להסתפק מהן עד מוצאי יום טוב האחרון של חג ואם התנה עליהן הכל לפי תנאו אלא אמר רב יוסף אבוהון דכולהו דם: *איתמר רב אמר אין מדליקין מנר לנר ושמואל אמר מדליקין רב אמר אין מתירין ציצית מבגד לבגד ושמואל אמר מתירין מבגד לבגד רב אמר אין הלכה כרבי שמעון בגרירה ושמואל אמר הלכה כרבי שמעון בגרירה *אמר אביי כל מילי דמר עביד כרב לבר מהני תלת דעביד כשמואל מדליקין מנר לנר ומתירין מבגד לבגד והלכה כרבי שמעון בגרירה *דתניא רבי שמעון אומר גורר אדם מטה כסא וספסל ובלבד שלא יתכוין לעשות חריץ יתיב ההוא מרבנן קמיה דרב אדא בר אהבה ויתיב וקאמר טעמא דרב משום ביזוי מצוה אמר להו לא תציתו ליה טעמיה דרב משום דקא מכחיש מצוה מאי בינייהו איכא בינייהו דקא מדליק משרגא לשרגא מ"ד משום ביזוי מצוה משרגא לשרגא מדליק מ"ד משום אכחושי מצוה משרגא לשרגא נמי אסור מתיב רב אויא[א] *סלע של מעשר

רש"י

פסולה· דלא שלטא בה עינא למעלה מכ' אמה ולית בה פרסומי ניסא: **כסוכה וכמבוי·** דתנן בהו בהדיא בעירובין ובמסכת סוכה דפסולי: **מצוה לסניחה·** בחצר או ברה"ר בטפח הסמוך לפתח שאם ירחיקנה להלן מן הפתח אינו ניכר שבעה"ב הניחו שם: **מימין·** לימין: **מזוזה·** קי"ל דבימין דכתיב ביתך דרך ביאתך וכי עקר איניש כרעיה דימינא עקר ברישא*: **להרלות·** למנות: **במה ששפך·** בידו ששפך בה ולא ברגלו: **נויי סוכה·** פירות שתולין בה לנוי: **מריה דאברהם·** לשון תמיה הוא: **תלי·** סוכה דתניא בברייתא בהדיא כדמפרש ואזיל: **בדלא תניא·** בנר חנוכה דמימרא דרב אסי הוא ולאו ברייתא: **ופירס בקרמים·** פארה בירעות של צבעים שקורין אובריי"ן: **ספנה עליסן·** במס' ביצה (דף ל:) אוקימנא באומר איני בודל מהן כל בין השמשות של קידוש יו"ט ראשון דלא חל עלייהו קדושה כלל אבל תנאי אחר אינו מועיל: **אבוהון דכולהו·** שילמדו כלן ממנו: **דם·** כיסוי הדם דנפקא לן מקרא ושפך וכסה ומפרש בה טעמא שלא יהיו מצות בזויות עליו: **מנר לנר·** דחנוכה כדמפרש טעמא לקמיה: **מתירין·** להטיל ציצית מטלית ישן לטלית חדש ובמנחות מפרש טעמא דמאן דאסר: **סלכ' כר"ש·** דאמר דבר שאין מתכוין מותר ואע"ג דקעביד חריץ והוי תולדה דחורש או בונה ומשום דהילכתא *כרב באיסורי בטוליה הש"ס בר מהני תלת נקטינהו גבי הדדי: **כל מילי דמר·** רבה בר נחמני: **לעשות חריץ גרסינן: טעמא דרב·** מנר לנר משום ביזוי מצוה שמדליק קיסם שאינה מן המצוה מנר של מצוה וממנו מדליק השאר: **אכחושי·** דמיחזי כמאן דשקיל נהורא ושואב קצת מלחלוחית שמנו: **משרגא לשרגא·** מביא נר אצל נר ושתיהן של מצוה ולא בקיסם:

תוספות

נר חנוכה שהניחה למעלה מכ' אמה פסולה כסוכה וכמבוי · וא"ת הוה ליה למימר ימעט כמו גבי מבוי דאמר התם מבוי דרבנן תני תקנתא ואלא למימר דנקט פסולה משום דבעי למימר כסוכה שהיא מן התורה אי נמי לא רצה להאריך יכבנה וימעטנה ויחזור וידליק' דלמעטה ולהניחה כמו שהיא דולקת אי אפשר כדמוכח לקמן*:

אסור להסתפק מהן עד מוצאי יו"ט האחרון · והא דשרי אתרוג ביו"ט האחרון טפי מסוכה מפרש בפרק לולב וערבה (סוכה מו:) משום דסוכה בספק שביעי ספק שמיני יתובי יתבינן ואי מתרמי ליה סעודה בין השמשות אכיל ליה התם והואיל ואיתקצי בין השמשות איתקצי כוליה יומא של ספק ח' וט' אבל אתרוג אינו ניטל בספק ז' וח' *ולא איתסר בספק שמיני (א) אלא משום דאיתקצי בין השמשות של ז' ואע"פ דבין השמשות של ח' נמי אסור משום שהוא ספק יום הואיל ולא אסור אלא משום ספק יום וספק לילה לא איתקצי בכך כולי יומא מידי דהוה אבילה שנולדה בזה דמותרת בזה אע"פ דבין השמשות אסור משום ספק יום וספק לילה:

סוכה תניא · משמע דטעמא דנויי סוכה משום ביזוי מצוה וקשה לר"י בפרק כירה (לקמן דף מה· ושם) משמע דטעמא משום מיגו דאיתקצי למצוה ותירץ דצריכי לתרווייהו דמשום דאיתקצי למצוה לא הוה אסרינן בחולו של מועד דלא שייך מוקצה אלא (בנפל) בשבת וביו"ט ומשום ביזוי מצוה לא הוה אסרינן להו היכא דנפלו אבל השתא דאמרי' דאיתקצי וביזוי מצוה אסרינן אפילו נפלו ואפי' בחוה"מ *וקשה לר"י כיון דנויי סוכה אסורין משום ביזוי א"כ מאי פריך בביצה בפ' המביא (דף ל: ושם) מנויי סוכה אעצי סוכה דקאמר וסוכת החג לא מהני בה תנאה והתני' סככה כהלכתה כו' ומאי קושיא דילמא עצי סוכה לא מהני ביה תנאה דמקרא נפקא כדדריש התם מניין לעצי סוכה שאסורין כל שבעה ת"ל חג הסוכות ז' ימים וגו' ודרשה גמורה היא כדמוכח בפ"ק דסוכה (דף ט· ושם) דב"ש פסלי מהאי קרא סוכה ישנה וב"ה מכשירין דההוא מיבעי ליה לעצי סוכה שאסורין כל שבעה אבל נוי סוכה דלא אסירי אלא משום ביזוי מהני בהו תנאה ועוד בפרק כירה (לקמן דף מה·) משמע בהדיא *דעצי סוכה לא אסור אלא משום דאיתקצאי למצותה *והשיב ר"ת דבין נויי סוכה ובין עצי סוכה היתרים על הכשר סוכה לא אסירי אלא משום ביזוי או משום הואיל והוקצה למצותו ולא אסירי מקרא אלא דווקא כדי הכשר סוכה והמקשה דפריך בביצה (דף ל:) מנויי סוכה אעצי סוכה לא ידע שיש חילוק בין יותר מכדי הכשר סוכה לכדי הכשר סוכה ומשני באומר איני בודל מהם כל בה"ש דלא חיילא קדושה על נויי סוכה וכן על עצים היתרין על הכשר סוכה מהני בה תנאה אבל עצי סוכה כדי הכשר חיילא קדושה עלייהו על כרחו דבר תורה כל שבעה ולא מהני תנאה והא דקאמר התם ואם התנה עליהן הכל לפי תנאו ופריך למימרא דמהני בה תנאה כו' ומשני סיפא אתאן לסוכה דעלמא ובתר הכי פריך וסוכת החג לא מהני בה תנאה והתניא סככה כו' לא בעי לשנויי הכל לפי תנאו על יתרות מכדי הכשר סוכה דהכל לפי תנאו משמע בכל הסוכה:

אבוהון דכולהו דם · הא דלא קאמר אבוהון דכולהו עצי סוכה דנפקי מקרא כדאמר בריש המביא בביצה (דף ל: ושם) אומר ר"י דמשום דמעצי סוכה לא הוה ילפינן דשאני סוכה דבמסתפק מהן איכא ביטול מצוה אבל בנויי סוכה ובהרצאת מעות לאור נר חנוכה ליכא ביטול מצוה:

רב אמר אין מתירין מבגד לבגד · לא מבעיא אי חובת טלית הוא דאסור אלא אפילו חובת גברא הוא נמי אסור כדאשכחן במזוזה דנענש אותו שנטלה בבבא מציעא בסוף פרק השואל (דף קב·) אף על גב דחובת הדר היא ושמואל אמר מתירין אע"ג דשמואל גופי' סבר *דחובת טלית היא אפ"ה מתירין כיון שעושהו לצורך בגד אחר וגבי מזוזה שנענש שמא לא היה בדעתו להניח בבית אחר א"כ מזוזה שאני שעשויה להציל מן המזיקין ואע"ג דלכ"ע אין מתירין שלא להניח בבגד אחר אין קשה מה שנהגו להתיר ציצית מטליתות של מתים דדווקא בטלית של חי שהוא בר חיובא אין מתירין:

כל מילי דמר עביד כרב · קושיא דפ"ק דכתובות (ד' ו) שם כתובה:

אי נמי טעמא דהוקצה למצותו נ"מ לאסור אפי' ביו"ט האחרון דאיתקצי בה"ש דלטעמא דביזוי ליכא א"כ כל אחד אתקצי למצותו משום ביזוי מצוה [פ"י]

*אולי צ"ל דנוי

פי' ר"ת נראה דחוק דלא ה"ל למימר באומר איני בודל כו' אלא בהדיא התם בהכשר סוכה ומיהו נראה דאצטריך לשנויי באומר איני בודל דהוא אחר לא מהני בהו משום ביזוי מצוה אבל באומר איני בודל לא חייל עלייהו קדושה כלל וליכא ביזוי [ת"י]

רבינו חננאל

נר חנוכה למעלה מעשרים אמה פסולה כמבוי וכסוכה ומצוה להניחה מבחוץ בתוך י' טפחים בטפח הסמוך לפתח בצד שמאל כדי שתהא מזוזה מימין ונר חנוכה משמאל דרך ביאתו לביתו · ואסור להרצות מעות כנגד נר של חנוכה שלא יהא מצות בזויות עליו כמו הדם דאמר רחמנא ושפך וכסה שלא יכסנו ברגל וכו' וכן סככה כהלכתה כו' אמר רב יוסף אבוהון דכולהו דם פי' כל המצות מן הדם לומדות שלא יהא מצות בזויות עליו: **תניא** בכ"ה בכסליו חנוכה תמניא יומי דלא למספד שכשנכנסו עכו"ם להיכל טמאו כל שמן שבמקדש וכשגברו כו': **אתמר** רב אמר אין מתירין ציצית מבגד לבגד כלומר מזו הטלית ומטילן לטלית אחרת וכו' · אין מדליקין מנר של חנוכה נר אחר · רבה בר נחמני לעולם היה עושה כרב בר מהני תלתי דעביד כשמואל דהוה שרי להתיר ציצית מבגד לבגד ולהדליק מנר של חנוכה נר אחר של חנוכה והלכתא כר"ש דאמר גורר אדם

עין משפט נר מצוה

כב א מיי' פ"ד מהל' חנוכה הל' ט סמג עשין ה טוש"ע א"ח סי' תרעא סעיף ו:

כג ב ג מיי' שם טוש"ע שם סעיף ז:

[ועי' תוס' עירובין ב: ד"ה סוכה ותוס' סוכה ב: ד"ה דאורייתא]

כד ד מיי' שם הל' ו סמג שם טוש"ע א"ח סי' תרעד סעיף א:

כה ה מיי' פ"ו מהל' סוכה הל' טו סמג עשין מג טוש"ע א"ח סימן תרלח סעיף ב:

כו ו טוש"ע א"ח סימן תרעג סעיף ד:

ר"ל לא איתסר בה"ש של ח' וכו' אלא משום דאתקצי בה"ש של ז' וח' ורש"ל גורס ולא איתסר בשמיני משום דאתקצי כו' דבה"ש של ז' נמי אסור:

כז ז מיי' פ"ד מהלכות חנוכה הל' יב סמג עשין ה טוש"ע א"ח סי' תרעד סעיף א:

כח ח מיי' פ"ג מהל' ציצית הל' יב סמג עשין כו טוש"ע א"ח סי' טו סעיף א:

כט ט מיי' פ"א מהל' שבת הלכה ה סמג לאוין סה טוש"ע א"ח סי' שלז סעיף א:

מסורת הש"ס

[יומא יא:] · [בשאלתות פ' וישלח סי' כו איתא רבה ימי'] · [בה"ג ליתא וכן מלשון רש"י משמע דליתי' ד"ה תלי] · חולין פז. · [עירובין עה: כתובות כ: ב"ב קלד:] · לקמן מה: ביצה ל: סוכה י: · [תוספתא סוכה פ"א] · מנחות מא: · שם לקמן מז: פסחים קא: · לקמן כט: מו: פסחים קא: ביצה כג: · [מנחות מא:] [תוספתא ביצה פ"ב] · [תוספתא דמעשר שני פ"א] · (מנחות מא:)

תורה אור: בראשית לז · ויקרא יז

הגהות הב"ח

(א) תוס' ד"ה אסור וכו' ולא איתסר בספק שמיני אלא משום דאיתקצי בין השמשות של ז' ומהאי טעמא דבין השמשות של ח' נמי אסור:

הגהות הגר"א [א] גמ' (סלע של) תא"מ:

גליון הש"ס גמרא אמר אביי כל מילי דמר · עיין לקמן דף מו ע"א תוספות ד"ה דכפתא ובעירובין דף נג ע"ב תוספות ד"ה לא חיישא:

אות ג*

סימן תרעו ס"ה - **[ו]יתחיל להדליק בליל ראשון בנר היותר ימיני, ובליל ב' כשיוסיף נר אחד סמוך לו, יתחיל ויברך על הנוסף, שהוא יותר שמאלי, כדי להפנות לימין** - כמו שאמרו חז"ל: כל פינות שאתה פונה לא יהא אלא דרך ימין, **וכן בליל ג' כשיוסיף עוד אחר סמוך לשתי נרות הראשונות, יתחיל בנוסף ובו יתחיל הברכה, ואח"כ יפנה לצד ימין, וכן בכל לילה; נמצא שתמיד מברך על הנוסף שהוא מורה על הנס, שהרי בתוספת הימים ניתוסף הנס** - ואין חילוק בין שמניח מימין הפתח, ובין שמניח משמאל הפתח, תמיד יתחיל הברכה בנר הנוסף, (**דלדעת** המחבר יש מעלה יותר אם נתחיל להדליק בנר הנוסף, שעי"ז נוכל לקיים מה שאחז"ל: כל פינות שאתה פונה לא יהא אלא דרך ימין, **וגם** שהוא מורה על תוספות הנס, **ואף שעי"ז** נדחה מה שאמרו, דלכתחלה מצוה להתחיל בטפח הסמוך לפתח, אין לחוש לזה).

וי"א דאם מונח בימין הפתח, אזי צריך להתחיל תמיד בנר הימיני שהוא סמוך לפתח, והולך מימין לשמאל, **ואם** מניח הנרות בשמאל הפתח, צריך להדליק ג"כ תמיד תחילה הנר הסמוך להפתח, והולך ומדליק משמאל לימין, [רש"ל, וכן הוא ג"כ דעת הגר"א, **שהוא** חולק על מה שכתב בשו"ע, שיברך על הנוסף, משום דהלא זה אינו אלא למהדר ביותר, ויניח עיקר המצוה ויברך על הרשות, וגם משום פינות לימין יבטל עיקר המצוה טפח הסמוך לפתח, **אלא** שהעיקר שיתחיל בנר הסמוך לפתח, בין מדליק בימין הפתח או בשמאל, ויברך כל הלילות עליו, ובזה מדליק ומברך תמיד על סמוך לפתח, ועל עיקר המצוה], **ודעביד** כמר עביד, ודעביד כמר עביד, [דאין בנו כח להכריע], **ומה** טוב ונכון, אם יכול לסדר כולם בתוך חלל הפתח, שיהיו כולם שוין בטפח הסמוך לפתח, **אכן** יזהר שלא יפתח הפתח במשך חצי שעה שהנרות דולקין, שלא יכבם הרוח.

וה"ה (לדעת המחבר) כשמדליק בחלון, או בחלל הפתח, או בבהכ"נ, בליל ראשון ידליק בתחלה בנר היותר ימיני, ובליל שני ביותר שמאלי, וכן בליל ג' וד' עד יום שמיני, הכל ידליק בנר הנוסף, ואח"כ פונה והולך לצד ימין, **ובכל** זה ירחיק את עצמו לצד שמאל בעת ההדלקה, כדי שיפגע בו תחלה, ולא יצטרך להעביר על המצות, [**ולאפוקי** שלא יעמוד נגד נרות הקודמין, וישכל ידיו נגד הנרות האחרונות].

ולדעת הי"א הנ"ל, גם בזה יברך תמיד על הנר הראשון, שהוא עיקר המצוה, **ונראה** דבזה יעמיד הנר הראשון לצד שמאל, ואח"כ בכל יום מוסיף והולך לצד ימין, וההדלקה יהיה תמיד בנר שעומד בצד שמאל, כמו שכתבנו, ופונה והולך לצד ימין, [**כיון** שבלא"ה אינו סמוך לפתח, מוטב שיעשה כן כדי לקיים גם מה שאמרו: כל פינות שאתה פונה וכו'].

(**ודעת** הלבוש והט"ז, דכונת הגמרא היפך מזה, דהיינו שנלך מימין לשמאל, ולפ"ז פסק הט"ז דהיכא שיש מזוזה, שצריך לסדרם משמאל הכניסה אצל הכותל, יסדרם בטפח הסמוך לפתח, ויתן בלילה הראשון הנר אצל הפתח, ובלילה שניה יתן הנר הנוסף לצד חלל הבית, דהיינו שהנר הנוסף יהיה לימינו, ונר הראשון יהיה לשמאלו, ויתחיל להדליק מן נר הנוסף, וידליק מן ימין לשמאל, וכן בלילה שלישית כשמוסיף עוד נר, יהיה הוא לימינו, ונרות הראשונים לשמאלו, ויתחיל להדליק מן נר הנוסף, וילך מן ימין לשמאל).

(**והיכא** שמסדרם בחלל הפתח, או בחלון, או בבהכ"נ, יסדר בלילה הראשונה בקצה השורה הנר לשמאלו, ובלילה שניה יתן אצלו הנר הנוסף לימינו, ונר הראשון יהיה לשמאלו, ויתחיל להדליק מן נר הנוסף שהוא לימינו, וילך מן ימין לשמאל, **וכן** בכל לילה, כשיתן נר הנוסף ידליק ממנו וילך מן ימין לשמאל, עד שבליל שמיני הנר הנוסף הוא בקצה השורה לימינו, וידליק ג"כ אותו בתחלה, וילך מן ימין לשמאל, **וא"כ** צריך לעמוד הש"ץ בביהכ"נ, אחוריו לצפון ופניו לדרום), [כדי לסדר הנרות ממזרח למערב, «ולהתחיל בלילה ראשון מהנר הסמוך לארון הקודש», כדמבואר בתרע"א, **וגם** לדעת הי"א הנ"ל, יהיה אחוריו לצפון ופניו לדרום, **ולדעת** השו"ע, עומד אחוריו לדרום ופניו לצפון].

(**ועיין** בפמ"ג שכתב שהוא נהג כהט"ז, **נמצא שיש לנו ג' שיטות, דעת המחבר, ודעת רש"ל והגר"א, ודעת הט"ז, וכל אחד יעשה כמנהגו, ואף שבח"א לא נזכר כי אם שיטת השו"ע ושיטת המהרש"ל, מ"מ אין לדחות ג"כ שיטת הט"ז, אחרי שהפמ"ג והדה"ח העתיקוהו להלכה, ואין נ"מ בכל זה בעצם המצוה, דבכל גווני יוצא לכו"ע, רק לענין לכתחלה באיזה מקום נכון יותר להתחיל להדליק ממנו**).

סימן תרעא ס"ז - **[ח]ובבהכ"נ** - או בבית המדרש, **מניחו בכותל דרום** - או על השולחן שעומד אצל כותל דרום, **[ט](או בדרום המנורה)** - צ"ל "כנרות המנורה", [עיין באר הגולה, וטעות סופר הוא שם תיבת "או"], **והטעם** בכ"ז, זכר למנורה שמקומה במקדש בדרום.

(**זהו אפי' לזמן הגמ' שהיו מדליקין בחוץ על פתח הבית, הכא מדליקין בפנים, דהוא לפרסם הנס ברבים**).

(ומסדרן ממזרח למערב) (ת"ס) - זהו ג"כ כעין מנורה, דהנרות היו מסודרין במקדש בין מזרח למערב, כן יסדר ג"כ נרות חנוכה.

ודע דיש מהראשונים דס"ל, דאף דהמנורה היתה עומדת בדרום, מ"מ נרותיה היו מסודרין מצפון לדרום, וממילא לדידהו, גם נרות חנוכה יש לסדר באופן הזה, **ויש** מקומות שנהגו כן, ואין למחות בם, דיש להם על מה לסמוך, [וכל אחד יתפוס במנהגו].

והמדליק עומד אחוריו לדרום ופניו לצפון, ומתחיל מימינו, שהוא הנר הסמוך לארון הקודש, ושוב מוסיף והולך, ומתחיל מהשמאלי ופונה לימינו, **ועיין** לקמן בס"ס תרע"ו מה שנכתב בזה.

באר הגולה

ו (מילואים) | ז מהרי"ק על פי מרדכי בשם רבינו מאיר | ח שם | ט נ"ל שצ"ל: או כנרות המנורה, וכן הוא בת"ה

ומדליקין [י]**ומברכין (בבית הכנסת) משום פרסומי ניסא** - אף דבבהכ"נ הוא רק מנהגא, מ"מ מברכין עליו כמו שמברכין על הלל דר"ח, שאינו אלא מנהג.

אם אָבֵל מתפלל בערב חנוכה, מדליק אדם אחר הנרות, משום "שהחיינו" דמברכין אז, ומינכר דעת שמחה היא לצבור, ואין כדאי שאָבֵל ידליקם, **אָבָל** בביתו יכול לברך "שהחיינו", **אָבָל** שאר ערבית דחנוכה דאין מברכין "שהחיינו", יכול האָבֵל להדליק נר חנוכה.

[**ואבל** נקרא בכל זה, י"ב חדש על אביו ואמו, ושלשים על שאר קרובים].

ומתפלל האבל בחנוכה מנחה ומעריב, **ובט"ו** באב ושבט, ול"ג בעומר, דלית הלל, האבל מתפלל שחרית ג"כ, **ובחוה"מ** דהוי כיו"ט, מנעתי לפעמים להניח האבל להתפלל מנחה ומעריב - פמ"ג.

הגה: ואין אדם יוצא בנרות של בהכ"נ, וצריך לחזור ולהדליק בביתו (ריב"ש) - ואפילו הש"ץ שבירך בביהכ"נ, צריך לחזור ולהדליק בביתו, דיש חיוב על כל אחד להדליק בביתו, **ומ"מ** לא יחזיר לומר בביתו ברכת "שהחיינו", אם לא שמדליק להוציא אשתו ובני ביתו. [**בהגהות** הגאון ר' ברוך פרנקיל מסתפק, דאפשר דאם אורח מדליק בנרות בית הכנסת, שאין צריך לחזור ולהדליק באכסניא].

ונוהגין להדליק בבהכ"נ בין מנחה למעריב - ר"ל אפילו הנוהגים להדליק בכל יום בצה"כ, בבהכ"נ נוהגים אחר מנחה, בשעה שהעולם מקובצים, **וגם** דלאחר מעריב אין נכון לעכב העולם לזה, דצריך כל אחד למהר לילך לביתו ולהדליק נר חנוכה.

ויש נוהגין להדליק בערב שבת קודם מנחה (כל בו ואבודרהם) - וכ"כ רש"ל, **אבל** בד"מ כתב שאין אנו נוהגין כן, אלא אף בערב שבת מדליקין בבהכ"נ בין מנחה למעריב, בשעה שהעולם מתחילין להתקבץ, ואיכא פרסומי ניסא.

אכן אם העולם מתאחרין לבוא, וטרם שיבוא מנין לביהכ"נ יתקדש היום, לא ימתין כלל, אלא יברך וידליק מיד אפילו קודם מנחה, דמ"מ איכא פרסומי ניסא, כשבאים אח"כ לביהכ"נ ורואים הנרות, **(כ"ז כתב המ"א)**, [**ולדבריו** ה"ה בחול, אפי' אין מנין כשמדליק אחר מנחה, יכול לברך]. (**והנה המור וקציעה חולק ע"ז, ודעתו, דכיון שמה שמדליקין בבהכ"נ הוא כדי לפרסם הנס במקהלות, בעינן דוקא שיהיו עשרה בשעת הדלקה, אמנם אם השעה דחוקה, אין לבטל ההדלקה, אלא ידליק בלא ברכה, ולענ"ד פרסומי ניסא דחנוכה אינו תלוי כ"כ בזה, דעצם הדלקה** שציוו חכמים על כלל ישראל, הוא נקרא פרסום הנס, ונהי דהדלקה זו של ביהכ"נ הוא אינו מצד תקנת חכמים, רק ההנהגה שהנהיגו כל ישראל כדי לפרסם הנס ברבים, הרי עי"ז ג"כ יתפרסם הנס, כשיבואו אח"כ כל הקהל בביהכ"נ ויראו נרות המנורה דלוקין, **וע"כ** נלענ"ד דהמדליק בברכה יש לו על מי לסמוך, וכן העתיק הח"א, דצריך להדליק בברכה, **ואם** בנקל לו להשיג מנין בשעת ברכה, מה טוב).

ואם רוצים למהר להתפלל לאחר שבירך הש"צ והדליק אחד מהן, יוכל השמש להדליק הנשארים, והש"צ יתפלל (מהרי"ל) - דהברכה חל על האחד שהדליק, דהיא העיקר, והשאר אינן אלא הידור מצוה בעלמא, **וה"ה** בביתו, כשמזדמן לו איזה דבר נחוץ, לאחר שהדליק אחד מהן, יוכל אחר להשלים בשבילו את שארי הנרות.

ודוקא באופן זה, אבל בלא"ה, טוב יותר שיגמור בעצמו המצוה שהתחיל בה.

אות ד'

אסור להרצות מעות כנגד נר חנוכה

סימן תרעג ס"א - [יא]**ואפי' לבדוק מעות או למנותן לאורה** - שהוא תשמיש עראי, ג"כ **אסור** - ועיין במ"א וט"ז שהסכימו, דאפילו למנותן מרחוק, שאין ידיו סמוכות לנר, ג"כ אסור.

והטעם, כדי שלא יהא מצות בזויות עליו, [גמרא], **ודוקא** בזה שהוא עכ"פ תשמיש עראי, אבל כל שאינו משמש כלום, רשאי לישב בביתו בשעה שנר חנוכה דולקת, [היינו אפי' לא הדליק השמש אצלו כמו שנהוג, **וביותר** מזה כתב הפר"ח, דלילך לאור נר חנוכה, לראות שלא יכשל, שרי, דלא מחוייב להעצים עיניו, דלא מקרי תשמיש].

[יב]**אפי' תשמיש של קדושה, כגון ללמוד לאורה, אסור;** [יג]**ויש מי שמתיר בתשמיש של קדושה** - מדברי הט"ז מוכח, דלדעה ראשונה אסור אפילו בלימוד דרך עראי, דאלו בדרך קבע, אפילו לדעה שניה אסור, (**ועיין בא"ר ובחמד משה שחולקים עליו, ודעתם, דלדעה זו אף דרך קבע מותר, וא"כ אפשר לומר, דדעה הראשונה האוסרת, הוא דוקא אם הלימוד היה בדרך קבע, אבל לא בדרך ארעי**).

(והנה באמת הלא ידוע דעת הרא"ש, דתשמישי ארעי שרי, ורק בענין הרצאת מעות, כשמקרב ידיו אצל נר חנוכה, אז אסור משום דהוי גנאי להן, אבל בעלמא שרי, ורש"ל פסק ג"כ הכי, וע"כ לענ"ד בענינינו

באר הגולה

[י] כמו שמברכין על הלל דר"ח אע"פ שאינו אלא מנהג [יא] מימרא דרב שם כ"ב [יב] טור בשם אביו הרא"ש, וכתב הר"ן דכיון שע"י נס שנעשה במנורה תקנוהו, עשאוהו כמנורה שאין משתמשין בה כלל ‹**הנה** בטעמא דאסור להשתמש לאור חנוכה מצינו ג' טעמים: **רש"י** פי' לעיל דף כ"א: ד"ה ואסור, משום דבעינן שיהא ניכר שהוא נר של מצוה, **ובר"ן** ורז"ה כתבו, שכיון שהם זכר לנר ושמן של היכל, עשאוהו כמנורה שאין משתמשין בה כלל, ואפילו תשמיש של מצוה, **ובגמ'** אמרינן הטעם, דאסור להרצות מעות משום ביזוי מצוה, **והנה** לפי פירש"י כבר כתבו ליישב הגמ', שס"ל לרש"י כהרא"ש, דריצוי מעות הוי תשמיש קל, ולא שייך לומר שמשום זה הדליק הנר, ע"כ צריך לטעמא דביזוי מצוה, הואיל והוא תשמיש של גנאי שמקרב ידיו אל הנר, ובשאר תשמיש צריך טעמא דהיכרא, **או** דרש"י ס"ל דבתשמיש של מצוה ליכא משום ביזוי מצוה, ע"כ הוצרך לפרש דלמ"ד אסור להשתמש לאורה, דמשמע גם תשמיש של מצוה, (דאל"כ אכתי איכא חששא דשמא יטה לצורך תשמיש קדושה), ועל כרחך היינו טעמא משום היכרא, וטעמא דביזוי מצוה צריך בהרצאת מעות וכרא"ש הנ"ל, **אבל** לטעם הרז"ה והר"ן תיקשי, למה לי שני טעמים, משום ביזוי מצוה ומשום דומיא דמנורה, **ואולי** י"ל, דודאי אי לאו טעמא דביזוי מצוה, בטעמא דהשווהו למנורה לא סגי, דהרי בשאר דברים לא השווהו, רק הואיל ואיכא סברא דביזוי מצוה אם משמש לצרכו אצלו, ע"כ אסרו חז"ל כל תשמיש אף של מצוה, דומיא דמנורה שלא השתמשו בו כלל, דעי"ז ניכר טפי שהוא נר מצוה ואיכא סברא לאסור - נבכי נהרות› [יג] **טור בשם בעל העיטור וכ"כ בשבלי הלקט**

דמספקינן לענין לימוד דרך ארעי, אפילו אם נפסוק להלכה כמסקנת המ"א, דבתשמישי ארעי, אפילו כשאין ידיו סמוכות לנר אסור, **כשנצרף** לזה ג"כ כשהוא תשמישי קדושה ובדרך ארעי, כגון ללמוד לפניהן דרך ארעי, אפשר דלכו"ע אין להחמיר, וצ"ע).

(ודע עוד, דאפילו ללמוד בדרך קבע, אפשר דאין להחמיר רק בכדי שיעור המבואר לעיל סימן תרע"ב סעיף ב', אבל לא בתר זה, **והיינו** אפילו אם נרצה להחמיר שם שלא כדעת המחבר, הוא רק לדבר הרשות, אבל לא לדבר מצוה, וצ"ע, **ויותר** טוב אם הוא חול ואין לו נר אחר ללמוד לפניו, שיכבנה לאחר כלות השיעור, ויחזור וידליקנה).

וכן בנרות בהכ"נ, אין משתמשין לאורן אף תשמישי קדושה, כמו בבית, דהיינו אם ירצה להתפלל מעריב אצלם, כל זמן שלא דלקו חצי שעה, אסור.

ונוהגים [יד]**להדליק נר נוסף** - פי' מלבד הנר שמניחין על השולחן, **כדי שאם ישתמש לאורה יהיה לאור הנוסף שהוא אותו שהודלק אחרון** - דחוששין כיון שמדליקין בפנים, אולי ישתמשו בנרות של חנוכה ולאו אדעתייהו, **אבל** מעיקר הדין, כיון שיש לו נר על שולחנו, א"צ להדליק נר נוסף.

(הנה לדעת הב"ח הוא כפשטיה, דאף נגדו מותר לשמש, אבל נגד כולן יחד אסור, כיון שיש נר חנוכה בתוכם, **ולדעת** רמ"א בסוף הסעיף (בנוגע תערובות), כיון שיש נר חול בתוכם, שוב אין ביזוי מצוה בהשתמשו נגד כולם, כיון שיש שם נר הנוסף או השמש, והיה די לו לשמש נגד אורו בלבד, ולא מהני ליה נר חנוכה, **ולפי** דבריו מש"כ: יהיה לאור הנוסף, היינו שאור הנוסף הלא יועיל לו ג"כ לשימושו, ולהכי שרי, וכן הסכים המ"א והפר"ח להקל, **אלא** שהפר"ח סיים, דאם אין די לו לתשמישו בהנר של חול, דהיינו דבר שהוא צריך עיון גדול, וצריך לזה הענין ג"כ האור של נר חנוכה, באופן זה בודאי אין להקל).

ועיין מ"א, (שמטעם אחר) לכתחלה אין להשתמש אצל כולן יחד, כי אם לאור הנוסף או להשמש בלבד כשהוא אחד בפני עצמו, דהרואה יאמר לצרכו הדליק כולן, דלפעמים אדם מדליק כמה נרות, (וטעם זה לא שייך לענין תערובות, עיין לקמן בסמוך).

[טו]**ויניחנו מרחוק קצת משאר נרות מצוה** - כדי שיהיה היכר כמה נרות מדליקין באותו יום, ולא יחשבוהו עמהם, [**ובבי"ו** איתא עוד טעם, כדי שאם יבוא לשמש, יהיה היכר שמשתמש לאורו לבד].

הגה: ובמדינות אלו אין נוהגים להוסיף, רק מניח אצלן השמש שבו מדליק הנרות, והוא עדיף טפי - דבזה מוכח בהדיא לבני הבית שאינו ממנין הנרות, **וטוב** שלבד זה יניח נר על השלחן, (דאיכא למימר לצורכו אדלקה, ואף על גב דאיכא שמש, מכל מקום פעמים אדם מדליק כמה נרות לצורכו – מחה"ש).

ואפילו רבים המדליקין, כיון שכל אחד מניח נרותיו במקום מיוחד, צריך להניח שמש אצל כל אחד ואחד, אפי' יש נר על השולחן, דשמא ישתמש אצל הנרות.

ויש לעשותו יותר ארוך משאר נרות, שאם בא להשתמש ישתמש לאותו נר (מרדכי) - ר"ל דכיון שהוא גדול, עיקר תשמישו ממנו, **וה"ה** אם מעמידו גבוה קצת משאר הנרות, שפיר דמי.

אם נתערב נר חנוכה האסור בהנאה בשאר נרות - ר"ל לאחר שהודלק שנעשה בו מעשה, נתערב, דמקודם לכן לא נאסר, דהזמנה לנר חנוכה לאו מילתא היא, **ואח"כ** כבה בתוך זמן שיעורו, [דאילו לאחר זמן שיעורו, הנר חנוכה בעצמו ג"כ מותר להשתמש בו, **ונהי** דיש פוסקים שמחמירין, מ"מ לענין תערובות בודאי אין להחמיר], **אפי' אחד באלף,** [טז]**לא בטיל** - כן פסק בתה"ד, דהיינו ליטול אחת מתוכן להדליקו ולהשתמש בו, **וה"ה** בעודן דולקין, לא יטול אחד מתוכן להשתמש בו לאורו, **דהוי דבר של מנין (תה"ד)** - ור"ל דאפילו במקום שרגילין למכור הנרות במשקל, מ"מ נרות של מצוה הכל מונין אותן בכל לילה, ודבר שבמנין חשוב הוא ולא בטיל.

אלא ידליק מן התערובות כל כך שבודאי נר של היתר דולק עם נר של איסור, ואז מותר להשתמש אצלן (ד"ע) - פי' אם נתערב נר חנוכה א', מדליק ב', ואם נתערב ב' או ג', ידליק אחד יותר, כדי שימצא בו נר של היתר ג"כ, דהא הדלקת השמש הוא כדי שישתמש לאורן, ש"מ דאם הם ביחד מותר לשמש אצלן.

ויש מן הפוסקים [הב"ח] דס"ל, דדוקא שמש שעומד למעלה מכל הנרות שרי, דאז עיקר תשמישו לאור השמש, משא"כ בזה שמשתמש לאור כולן, הרי מתהנה ג"כ מנר חנוכה, **והנה** במ"א ופר"ח הסכימו, דהדין עם הרמ"א, (ואע"ג דמ"א גופיה כתב, דאע"ג דאיכא שמש, לא ישתמש אלא לאור השמש, ולא לאור נר חנוכה, היינו משום דנר חנוכה דולק למצותן, לכן צריכין הכירא שהודלק לשם מצוה, ואם ישתמש אצלן יאמרו לצורכו אדלקיה, דלפעמים מדליק כמה נרות, **משא"כ** הכא בתערובות, כשידליקן לא ידליקן לשם מצוה, כי אם לצורכו, ואין צריך נר התירא כי אם דלהשתמש לנר האסור בלבד לא שרינן, וכיון דאיכא חד נר היתר, תו לא מקרי נהנה מדבר איסור), **אמנם** מהגר"א משמע דאין הדין הזה מוכרע, וכן במור וקציעה משמע, דלמעשה יש להחמיר בדין זה.

ורש"ל חולק, (על התה"ד) ופוסק דחד בתרי בטל, [הביאו המ"א, ולא הכריע לדינא, **ומשמע** דבמקום שהוא הפסד מרובה, אפשר שיש להקל, דהוא מלתא דרבנן, **וטעמו** של רש"ל נראה, דס"ל הואיל ונמכרות במשקל, אינם נחשבות דבר שבמנין משום שמדליקין אותן במנין, דהמנין לאו משום חשיבות היא, אלא המצוה כך היא].

באר הגולה

[יד] טור ורבינו ירוחם [טו] שם ברבינו ירוחם [טז] פי' להדליק כל אחד בפני עצמו, אבל להדליק ב' או ג' ביחד בטל ברוב (לכאורה ר"ל כמ"ש הרמ"א, דידליק מן התערובות כ"כ וכו', אף דלשון "בטל ברוב" דחוק, ע"כ צ"ל כן, דהא אי מדליק רק ב' בודאי ליכא ביטול ברוב)

ועיין בט"ז שכתב, דאפילו להרמ"א, דוקא כשנתערב בתוך ימי חנוכה, דחשובין הן, דהן ראוין למצוה ביום המחרת, [**ונ"ב** מיירי שנשאר גדול כ"כ, שראוי להדליקה לנר חנוכה, דהיינו שעדיין ידלק חצי שעה, דאל"כ הלא שוב אין ראוין לנר חנוכה לפי מה שהוא עכשיו, ובטל חשיבותן], **אבל** אם נתערב ביום השמיני, וכ"ש לאחר מכן, כבר בטל חשיבותו, ודינו לכו"ע כיבש ביבש, ובטל ברוב.

אות ה'

סככה כהלכתה, ועיטרה בקרמים ובסדינין המצויירין, ותלה בה אגוזים אפרסקין שקדים ורמונים ופרכילי ענבים, ועטרות של שבלים, יינות שמנים וסלתות, אסור להסתפק מהן עד מוצאי יום טוב האחרון של חג; ואם התנה עליהן, הכל לפי תנאו

סימן תרל"ח ס"ב - וכן אוכלים ומשקים שתולין בסוכה כדי לנאותה - בין שתלויין בסכך ובין שתלויין בדפנות, **אסור להסתפק מהם כל שמנה** - דביזוי הוא להמצוה כשמסתפק מהם, **אפילו נפלו** - דכיון דאיתקצאי לביה"ש, איתקצאי לכל היו"ט, **ואפילו** נפלו בחוה"מ אסורין.

(**זהו אם תלאן קודם ביה"ש ראשון, ואם תלאן ביום א' או בחוה"מ**, מתחיל איסורו מן בין השמשות הראשון שאחר זה עד סוף יו"ט, אבל מן עת התליה עד הערב לא מיתסרא).

(וביו"ט ובשבת אסור לטלטלם דמוקצים הם) - (היינו בין כשתלויין על הכותל ובין כשנפלו), **והיינו** אפי' לדעת המתירין לעיל בסי' תצ"ה מוקצה ביו"ט כמו בשבת, במוקצה כזה לכו"ע אסור, דהוקצו למצותן.

(**ואם נפלו הנויין על השולחן וא"א לאכול, י"א דמשום אוכל נפש ביו"ט** מותר לטלטל המוקצה ולהסירן, **והפמ"ג מסיק, דאם אפשר ע"י טלטול** מן הצד, לנער הטבלא וכדומה, יעשה ולא יטלטל בידים, ע"ש, **ולענ"ד** אם קסמי הסכך נושרין הרבה על השלחן, אפשר דמותר לטלטל אף בשבת להסירן אם נמאס מזה, מידי דהוי אגרף של רעי).

אבל בחוה"מ לא שייך איסור טלטול, וע"כ אם נפלו מותר לטלטלן ולהחזירן למקומן.

ואם יודע שהילדים יאכלו מהם, מוטב שלא לתלותם, שינתקו החוטים ויבואו לידי חלול שבת, וגם שמא יבואו לאכלם, **אכן** אם יכול לתלותם בגובה, שלא יוכלו הילדים להגיע לשם, או שאין לו ילדים, מצוה לתלות נוי סוכה, **גם** בשל"ה כתב, דראוי ליפות הסוכה בקרמין וסדינין, ולתלות בה פירות חשובין.

ואם התנה עליהם בשעה שתלאם - בא לאפוקי דלא נימא דוקא סמוך לבין השמשות, **ואמר: איני בודל מהן כל בין השמשות** - דיש תחלת בין השמשות ויש סוף בין השמשות, ובעינן שלא יבדול מהן כל זמן בין השמשות, **(של ח' ימים)** - פי', לאפוקי כשאמר: איני בודל מהן כל ביה"ש של עיו"ט הראשון, דאז חיילא קדושה עכ"פ בבין השמשות של שאר יומי, ואסור מיו"ט שני עד סוף יו"ט, **ואי אמר סתם**: איני בודל מהן כל בין השמשות, אפשר דכלול בזה כל שמונת הימים, **הרי זה מסתפק מהם בכל עת שירצה** - פי' אפילו כשהן תלוין, וכ"ש דהתנאי מהני להנות מהן כשיפלו, **שהרי לא הקצה אותם, ולא חלה עליהם קדושת הסוכה, ולא נחשבו כמותה.**

אות ו'

"אלא אמר רב יוסף: אבוהון דכולהו דם

סימן תרע"ז ס"ד - "הנותר ביום השמיני מן השמן הצריך לשיעור הדלקה - היינו שלא נתן תחלה רק כשיעור הדלקה, ונכבה באמצע ונותר, **עושה לו מדורה ושורפו בפני עצמו** - דלהניחו לשנה הבאה לנר חנוכה אסור, דחיישינן לתקלה, **ואפילו** להניחו בכלי מאוס, דודאי לא יבוא לאכלו, ג"כ אסור, דחיישינן שמא יבוא לדלוק ולהנות הימנו.

שהרי הוקצה למצותו - דכיון שלא נתן תחלה רק כשיעור הדלקה, הוקצה למצותו ואסור להנות הימנו, **אבל** אם נתן הרבה בנר ונותר, מותר להשתמש בו לכתחלה, וכמו שכתב לעיל בסי' תרע"ב ס"ב.

(**כתב הש"ג: צ"ע, אם נתן השמן לשיעור הדלקת חצי שעה, ודלק יותר** מחצי שעה, כגון שהפתילה דקה, והוא חשב שהפתילה בינונית, **אם מותר להסתפק ממנו, דאפשר כיון דהוא אקציה מדעתו, אף דבטעות** הוי, נאסר).

ודע דיש פוסקים שסוברין, דאם נתן השמן בסתם, הוקצה כל השמן, אם לא דהתנה לכתחלה שלא יאסור אלא כשיעור, (**אבל אם לקח** צלוחית של שמן לנר חנוכה, ונשתמש ממנו כדי צרכו, לכו"ע אין הנותר בכלל מותר השמן שבנר חנוכה).

הנותר ביום השמיני - דבלילות הקודמין, אם נותר יכול להשתמש בהן למצות הדלקה בלילות שאחריהן.

(**ואם נכבה באמצע השיעור בליל זיי"ן**, והוסיפו בליל ח' הרבה שמן יותר מן השיעור, ודלק כשיעור חצי שעה וניתותר, **נראה** דלכו"ע אסור להנות מהן, דבודאי יש בזה מן השמן של תוך זיי"ן האסור, **אם לא** שיודע שבשמן שהוסיף על האתמול, היה ס' כנגד מעט הראשון).

ואם נתערב בשמן אחר ואין ששים לבטלו, "יש מי שאומר שאין להוסיף עליו כדי לבטלו - ועיין ביו"ד, דיש מתירין בכל איסור דרבנן להוסיף עליו אם נתערב, ולכן כתב כאן יש מי שאומר.

באר הגולה

יז (צ"ע מה שציין בדיוק מלות אלו) יח הרא"ש בשם שאילתות דרב אחאי והמרדכי בשם ילמדנו פסיקתא רבתי יט טור בשם הר"מ מרוטנבורג

אות ז'

מדליקין

סימן תרעד ס"א - [כ]מדליקין נר חנוכה מנר חנוכה - מיירי מליל ראשון ואילך, שיש יותר מנר אחד, ומדליק זה מזה, **א"נ** בליל ראשון, ויש שני אנשים בבית אחד, שכל אחד מדליק בפני עצמו, מותרין להדליק זה מזה, דשתיהן נרות של מצוה הן.

ואף דמבואר לקמן בסימן תרע"ה, שצריך להניחה תחלה על מקומה ואח"כ להדליקה, כבר כתב הט"ז לקמן, דעל זמן מועט אין להקפיד ע"ז, **ולדעת** שארי אחרונים דסוברין, דעל זמן מועט ג"כ יש להקפיד, הכא מיירי שהיו שניהן קבועין במקומן, אכן היה להן פתילות ארוכות, והפתילה מגיע לנר שלפניה, וא"צ להסירה ממקומה, [**ומסתברא** שאע"פ שמושך הנר שרוצה להדליק, ומדליקה מאחרת, דג"כ שפיר דמי, כל שאינה מסירה לגמרי מהנר, **ובא"ר** תירץ באופן אחר, דמיירי שמטלטל נר הדלוק, ומגיעה לנר המונח ומדליקה, **אכן** הפמ"ג מפקפק, דהא הביא בסי' תרע"ב בשם ליקוטי מהרי"ו, דאין לטלטל נר חנוכה ממקומה בתוך שיעורה, **ולענ"ד** נראה דסובר הא"ר, דהלא כל הטעם שלא יאמרו לצורכו הוא, והכא הלא רואין שמגיעה לצורך נר חנוכה אחרת].

ודוקא להדליק מזה לזה בלא אמצעי, אבל להדליק מזה לזה על ידי נר של חול, אסור - מפני שנראה כמבזה נר של מצוה, שמדליק ממנו נר של חול, אע"פ שהוא עושה לצורך מצוה, **אבל** בלא אמצעי אין בזה ביזוי מצוה, כיון דשתיהן של מצוה הן.

ואם כבה אחד מהנרות, אין להדליקה מן האחרים, אפילו בלא אמצעי, ואפילו כבתה בתוך שיעור הזמן, **דאין** בהדלקה זו מצוה מעיקר הדין, דקי"ל כבתה אין זקוק לה.

וכ"ש שאם נכבה השמש, שאין להדליקו מן נר חנוכה, שבכלל נר של חול לזה, **וכתב** רש"ל, שבבהכ"נ אין חילוק בין השמש לשאר נרות, שכל הנרות שבתוכה קרויים נר מצוה, **ומשו"ה** יש לגעור באותן שמדליקין נרותיהן ע"י השפחות מנר ביהכ"נ, אפילו מן השמש, **חוץ** ממוצאי שבת, כדי לילך לביתו להאיר במבואות האפילות.

[כא]ויש מתירים גם בזה - ס"ל, דכיון דעושה כדי להדליק תיכף ממנו נר של מצוה, לאו בכלל ביזוי הוא, **[כב]אא"כ הוא בענין שיש לחוש שיכבה הנר של חול קודם שידליק נר אחר של חנוכה.**

הגה: ונהגו להחמיר בנרות חנוכה שלא להדליק אפילו מנר לנר, דעיקר מצותו אינו אלא נר אחד, והשאר אינו למצוה כ"כ, ולכן אין להדליק זה מזה (הג"מ ומרדכי) - היינו דמדינא הלא סגי בנר אחד לכל בני הבית, היכי דסמוכין כולן על שולחן אחד, **ולפי"ז** היכא דשני בעלי בתים דרין בבית אחד, דמדינא צריך הדלקת נר חנוכה לכל אחד, מדליקין זה מזה.

ודוקא בנרות חנוכה, ומטעם הנ"ל, **אבל** בנרות אחרים של מצוה, כגון של שבת ושל בית הכנסת וכדומה, מדליקין מנר לנר, ד"מ, וכן הסכים בספר חמד משה, דכן הוא עמא דבר, וכ"כ בחיי אדם, **וכן** משמע לעיל בסימן קנ"ד סי"ד, דדוקא נר של הדיוט אין מדליקין מנר של ביהכ"נ, אבל נר מנר שרי, ולא הגיה הרמ"א שם כלום להחמיר, משמע דפשיטא ליה דבזה לית כאן מנהג להחמיר, **ועיין** בפמ"ג, דע"י נר של חול אין כדאי, אפילו בשאר נרות של מצוה.

וכל זה אינו רק בעוד שדולקים למצותן, אבל אחר שעבר זמן המצוה מותרים בהנאה, כ"ש שמותר להדליק מהן (נ"י ה"ק) - ולפי מה שכתבנו לעיל בסימן תרע"ב, דיש פוסקים שסוברין, דכל זמן שדולקין אסור להשתמש לאורן, ה"ה דאין להדליק מהן, **ומ"מ** נראה דאין להחמיר בזה, רק לענין להדליק ממנו נרות של חול, **אבל** נר של מצוה דמדינא מותר אפילו בתוך השיעור, עכ"פ אין לנו להחמיר אחר שעבר השיעור.

אות ז'* [כג]

סימן תרעד ס"ב - [כד]יש מי שאומר שנר של בהכ"נ ושל שבת ושל חנוכה כולם של מצוה הם, ומותר להדליק זה מזה, הגה: וה"ה נר של תלמוד תורה, או נר לחולה הצריך נר (נ"י ה"ק). ובענין נר של בהכ"נ ע"ל סי' קנ"ד סי"ד.

עיין בביאור הגר"א שכתב, דלדיעה ראשונה לעיל בסימן תרע"ג ס"א, דאפי' תשמיש קדושה אסור להשתמש לנר חנוכה, **וכתבו** הטעם, שאינו דומה להא דקי"ל דמדליקין מנר לנר, דהתם כולהו נרות חדא מצוה היא, משא"כ ללמוד הוא מצוה אחרת, ונראות כמבטלות זו את זו, **גם** בענינינו אסור, [**ולדבריו** גם נר שבת ונר ביהכנ"ס וכדומה, אין להדליק אחד מחבירו], **ועיין** בספר חמד משה, דדעתו ג"כ, דאין להדליק שאר נרות מנר חנוכה.

אות ח'

מתירין מבגד לבגד

סימן טו ס"א - מותר להתיר ציצות מטלית זה וליתנם בטלית אחר - אפילו מטלית חדש לטלית חדש, [כה][ב"ח], וכ"ש מטלית ישן שמותר להתיר וליתנם בטלית חדש שרוצה ללבשו ולקיים בו המצוה.

באר הגולה

[כ] מימרא שבת כ"ב וכרב וכמאן דאמר משום ביזוי מצוה, רא"ש בשם הרי"ף וכ"כ הרמב"ן ‹כתירוץ ראשון בתוס' שם עמוד ב' ד"ה מאי הוה עלה, דקי"ל כרב - גר"א› [כא] **שם בשם בעל התרומות וכ"כ הר"ן וכשמואל** ‹וכתירוץ שני בתוס' שם - גר"א› [כב] **תרומת הדשן** ‹גמרא שם {עמוד ב'} גזירה שמא לא יכוין כו' - גר"א› [כג] ‹מילואים› [כד] **טור בשם ספר התרומה** [כה] ‹בפרק במה מדליקין כתב רש"י מתירין מטלית ישן לטלית חדש, עכ"ל, אפשר דרצונו לומר דטלית ישן קרוע שאין לובשין אותו, ומשו"ה מותר להתיר ציציותיו, אבל מטלית חדש לטלית חדש אין מתירין, **ומיהו** נראה עיקר דרש"י אורחא דמילתא נקט, דאין דרך להתיר ציצית מטלית שעומד ללבישה, אבל מדינא שרי אפילו מחדש לחדש - ב"ח›

גם אפי' מטלית גדול לטלית קטן, שטלית גדול וטלית קטן שוים, **אבל** אין להתיר ציצית מטלית של גדול וליתנם בטלית של קטן, דחיובו רק מדרבנן.

ובפמ"ג נסתפק, אם מותר להתיר ציצית מטלית של צמר, ליתנם בטלית של שאר מינים, להפוסקים דשאר מינים הוא רק מדרבנן, **והארצה"ח** מיקל בזה.

עיין בפמ"ג שכתב, דאם מצויים לו ציצית אחרים להשיג, נכון להחמיר שלא להתיר ציציותיו, (מאחר די"א חובת טלית, ואף דלא קיי"ל כן), אם לא באופן המבואר בסמוך.

[כו]**אבל שלא להניחם בבגד אחר, לא** - כי יש איסור שמבזה טלית של מצוה בחנם, **אם** לא שנתבלה הטלית, אז מותר להתיר ציציותיו בכל גווני, **או** שרוצה למכרו לנכרי, **או** לעשות מהטלית בגד שלא יהיה ד' כנפות, מותר ליטלן.

אבל אם רוצה למכור הטלית לישראל, אסור ליקח ציציותיו, אף שישראל השני יוכל להטיל ציצית בעצמו, אפ"ה אסור.

ומותר להסיר הציצית ולתת תחתיהם יותר נאים, משום הידור מצוה, או כשהם ישנים ומסירם כדי לחדשם, או כשנפסק חוט א' ולא נשאר בו אלא כדי עניבה, אע"פ שעדיין הציצית כשר, אעפ"כ מותר להסיר ולתת תחתיה שלמה.

ובמקום שהציצית הם שלמים, וראויים להנתן לבגד אחר, (לאפוקי אם הם רק כדי עניבה), יש מן האחרונים שכתבו, דיזהר להתיר הקשרים והכריכות שלהם, ולא להפסיקן ולקרוע אותן, כדי שלא יכלה אותן, וכבר אחז"ל: לא ישפוך אדם מי בורו ואחרים צריכין להם, **והחיי** אדם כתב, במקום שקשה בעיניו הטרחה להתיר, מותר לנתקם, ואין בזה משום בל תשחית, כיון שאין עושה דרך השחתה.

הגה: ודוקא בטלית של בר חיובא - אפילו אינו חייב רק מדרבנן, **אבל מותר להתיר ציצית מטלית של מתים.**

אות ט'

הלכה כרבי שמעון בגרירה

סימן שלז ס"א - אקדים לסימן זה הקדמה קצרה, והיא: חורש הוא אחד מל"ט אבות מלאכות, וכיון שכונת החורש לרפויי ארעא, דאז טוב לזריעה, וגם כוונתו להשוות הגומות וליפותו, כדי שיהיה המקום שוה, **ולכן** החופר בשדה או שעשה חריץ, או שהיה שם תל קטן והשפילו, או שהיה שם מקום נמוך והשוה אותו, וכן כל המשוה גומות במקום הראוי לזריעה, חייב משום חורש, וכן כל מה שעושה ליפות הקרקע הוא תולדת חורש, וחייב בכל שהוא, **ואם** היה זה בבית, חייב משום בונה, שמתקן הבנין עי"ז.

[כז]**דבר שאין מתכוין, מותר** - זה לשון הרמב"ם: דברים המותרים לעשותן בשבת, ובשעת עשייתן אפשר שתיעשה בגללן מלאכה אחרת, ואפשר שלא תיעשה, אם לא נתכוון לאותה מלאכה מותר, וכן כוונת המחבר, **והוא שלא יהא פסיק רישיה** - פירוש, שבודאי תיעשה המלאכה האחרת.

[כח]**הלכך גורר אדם מטה כסא וספסל** - פי' כיון דדבר שאינו מתכוין מותר, הלכך גורר, דאע"ג דבגרירתו מצוי שיעשו חריצים בקרקע, ואיכא בזה משום חשש חופר, דהוא תולדה דחורש, אפ"ה לאו פסיק רישא הוא, אפילו בקרקע שאינה מרוצפת, דאפשר שפיר שלא תחרוץ בקרקע.

[**וחופר** גמור לית בזה, דאינו חופר כדרכו במרא וחצינא, אלא כלאחר יד, ובפרט כשגורר בבית ולא בשדה, דמקלקל הוא ע"י החריצים, ומדרבנן הוא דאסור, **ומ"מ** דע, דהא דקי"ל דבר שאינו מתכוין מותר, הוא אפי' במקום דבמתכוין איכא איסור דאורייתא].

בין גדולים - דמיטרח ליה לישאם על כתפו, **בין קטנים** - דיכול ליקחם על כתפו, אפ"ה מותר לו לגררם על הארץ, **ובלבד שלא יתכוין לעשות חריץ.**

כתב המג"א, דגדולים ביותר אסור לגרור על הארץ, דפסיק רישא הוא, דבודאי יעשה חריץ, **ואפילו** מרוצף בקרקע של שיש אסור לגרור, דגזרינן מרוצף אטו אינו מרוצף, [**ומסתברא** דאם כל העיר מרוצף באבנים או בקרשים, יש להקל בזה, **ואפי'** אם נחמיר לקמן בכיבוד, הכא קיל טפי, דאפי' באינו מרוצף לית בזה גררא דאורייתא מכמה אנפי, אחד, דהחריץ שיעשה הוא בזה רק חופר כלאחר יד, ועוד דהוא מקלקל ע"י הגומות שנעשים בבית ולא מתקן, **ועל** כולם הלא אינו מכוין לזה, והוא רק פסיק רישא דלא ניחא ליה, וגם בזה לכו"ע הוא רק איסור דרבנן, **ומבואר** לעיל בסי' שט"ז ס"ג בהג"ה, דדעת הרמ"א שם מוכח דס"ל בעלמא דאם הוא תרי דרבנן, מותר בפסיק רישא דלא ניחא ליה].

[כט]**ומותר לרבץ הבית** - להזות מים על קרקע הבית כדי שלא יעלה האבק, **כיון שאינו מתכוין להשוות גומות, אלא שלא יעלה האבק** - ואע"ג דכמה פעמים מתמלאים הגומות בעפר ובאבק, לאו פסיק רישא הוא.

ואפילו בקרקע שאינה מרוצפת מותר.

באר הגולה

כו (תוס' בשבת שם, וז"ש בגמ' מבגד לבגד – גר"א) | כז מסקנא דגמרא שבת כ"ב ובכמה דוכתי | כח שם | כט מסקנא דגמרא שבת צ"ה

*מעשר שני אין שוקלין כנגדו דינרי זהב ואפילו לחלל עליו מעשר שני אחר אי אמרת בשלמא כי פליגי רב ושמואל מנר לנר אבל בקינסא אסר שמואל הא לא תהוי תיובתא אלא אי אמרת בקינסא נמי שרי הא תהוי תיובתא אמר רבה גזירה שמא לא יכוין משקלותיו וקא מפיק להו לחולין מתיב רב ששת °מחוץ לפרוכת העדות יערוך *וכי לאורה הוא צריך והלא כל ארבעים שנה שהלכו בני ישראל במדבר לא הלכו אלא לאורו אלא עדות היא לבאי עולם שהשכינה שורה בישראל מאי עדות אמר *רב זו נר מערבי שנותן בה שמן כמדת חברותיה *וממנה היה מדליק °ובה היה מסיים והא הכא כיון דקביעי נרות לא סגיא דלא משקיל ואדלוקי קשיא בין למ"ד משום בזויי מצוה ובין למ"ד משום אכחושי מצוה תרגמא ר"פ בפתילות ארוכות סוף סוף למ"ד משום אכחושי מצוה קשיא קשיא מאי הוי עלה א"ר הונא בריה דרב יהושע חזינא אי הדלקה עושה מצוה מדליקין מנר לנר ואי הנחה עושה מצוה אין מדליקין מנר לנר דאיבעיא להו הדלקה עושה מצוה או הנחה עושה מצוה ת"ש דאמר רבא היה תפוש נר חנוכה ועומד לא עשה ולא כלום שמע מינה הנחה עושה מצוה התם הרואה אומר לצורכו הוא דנקיט לה ת"ש דאמר רבא הדליקה בפנים והוציאה לא עשה כלום אא"ב הדלקה עושה מצוה הדלקה במקומו בעינן משום הכי לא עשה כלום אלא אי אמרת הנחה עושה מצוה אמאי לא עשה ולא כלום התם נמי הרואה הוא אומר לצורכו הוא דאדלקה תא שמע דאמר רבי יהושע בן לוי

עששית

תורה אור

ויקרא כד

מעשר שני · דינרין שחילל עליהם מעשר שני אין שוקלין כנגדן דינרין של חולין לראות שיהיו שלימים : **אי אמרת בשלמא כי פליגי רב ושמואל מנר לנר** · ממש ולא בקיסם ובהא הוא דשרי שמואל דלא חייש לאכחושי אבל בקינסא דביזוי הוא מודה הא לאו הויא תיובתיה דהנך דינרים דחולין לא גופייהו מצוה ואע"ג דלמצוה קבעי להו לקינסא דמיא אלא אי אמרת בקינסא נמי שרי שמואל הואיל וצורך מצוה הוא הא הויא תיובתיה דאסר לשקול ואע"ג דצורך מצוה : **לא יכוין משקלותיו** · שמא לא ימצאם טובים או ימצאם יתירים ויתום עליהן ולא יחלל המעשר עליהן ונמצא שביזה המעשר שלא לצורך : **ומפיק להו לחולין** · כלומר יניחם בחוליהן כמו שהן: **נר מערבי** · למ"ד במנחות *מזרח ומערב מונחין סדר הקנים קרי מערבי נר שני שבצד החיצון שהוא במזרח ולמ"ד לצפון ודרום מונחים אמצעי קרי מערבי על שם שהיה פיו כנגד מערב וכל שאר הנרות כלפי האמצעית דכתיב אל מול פני המנורה דהיינו אמצעי יאירו וגו' של צפון היו פונות לדרום ושבדרום פונות לצפון · נרות לוצ"ש של זהב שנותנין לתוכן שמן ופתילה : **כמדת חברותיה** · חצי לוג שיעורו בה ללילי תקופת טבת הגדולים ואם ידלק ביום (ובלילה) בלילות הקצרים ידלק אבל פחות לא שלא יכבה בטבת בלילה והתורה אמרה מערב עד בקר : **וממנה היה מדליק** · הנרות בין הערבים : **ובה היה מסיים** · הטבת הנרות שדלק כל היום ואינו מטיבו עד הערב ומשנה זו בת"כ שנויה וסבירא ליה דמזרח ומערב מונחין והכי תניא לעיל מיניה להעלות נר תמיד שתהא נר מערבי תמיד שממנו יהא מתחיל ובו יהא מסיים ומדלא כתיב להעלות נרות ש"מ הוקבע נר אחד להתחיל בו בכל יום וזהו נר מערבי השני של מזרח והכי תנן (תמיד לג·) נכנס ומצא נרות מזרחים דולקות מדשן המזרחי ומניח את המערבי דולק שממנו מדליק את המנורה בין הערבים מצאו שכבה כגון משמת שמעון הצדיק מדליקו ממזבח העולה ונראה בעיני דאמור רבנן קביעותא בנר שני משום דאין מעבירין על המצות וכי עייל בהיכל בקמא פגע ברישא וביה לא מצי לאתחולי דכתיב יערוך אותו לפני ה' צריך שיהא אחד חוצה לו דאי לא לא קרינן ביה לפני ה' והכי אמרינן במנחות (דף נח:) דכתיב בנר מערבי לפני ה' מכלל דכולהו לאו לפני ה' כו' ובה היה מסיים ההטבה לפי שהשאר היה מטיב שחרית וזו מטיב בין הערבים ואוחז הישנה בידו או מניחה בכלי עד(א) שנותן שמןופתילה ומדליקה ומדליק ממנה את השאר והא דאמרינן בסדר יומא (דף לג:) הטבת ה' נרות קודם להטבת ב' נרות משמע כולהו הוה מטיב שחרית ויליף לה מקראי היינו בשלא הי' הנס מתקיים והי' מוצאו שכבה דלא סמך קרא אניסא וכל זמן שהיו ישראל חביבין היה דולק כל היום והיינו עדותה : **והא הכא כיון דקביעי נרות** · במנורה ולא היה יכול לנתק נר מערבי מן המנורה להדליק בו האחרים על כרחיך הא דקתני ממנה הי' מדליק לא סגי דלאו משקל קינסא: **ואדלוקי** · לקינסא מנר מערבי ובההיא קינסא מדליק את השאר : **בפתילות ארוכות** · כל הפתילות יוצאות חוץ לנרותיהם עד שמגיעות זו לזו ומדליק ממנה הסמוכה לה והשאר זו מזו : **סוף סוף למ"ד כו'** · דהא לדידיה משרגא לשרגא אסור : **אי הדלקה עושה מצוה** · אי המצוה של חנוכה תלויה בהדלקה מדליקין כדאשכחן במנורה: **ואי הנחה עושה מצוה** · ועיקר מצותה תליא בהנחה: **אין מדליקין מנר לנר** · דהדלקה לאו מצוה היא כולי האי : **דאיבעיא להו גרסי'** · כלומר דהא מילתא כבר איבעיא לן ומפשטא דההיא בעיא מיפשטא לן הך : **היה תפוש נר חנוכה** · בידו משהדליקה עד שכבתה : **ועומד** · לאו דוקא אלא כן לשון הש"ס : **לצרכו** · להשתמש וליכא היכר ניסא : **בפנים** · בבית : **והוציאה לחוץ** . כדאמר לעיל דצריך להניחה על פתח ביתו מבחוץ : **אי אמרת בשלמא הדלקה עושה מצוה משום הכי לא עשה ולא כלום** · דכיון דזו היא מצותה צריך שתיעשה במקום חובתה :

עששית

וכי לאורה הוא צריך והלא כל אותם מ' שנה כו' · תימה אמאי נקט מ' שנה לעולם כל העולם כולו לאורו של מקום הולכין וי"מ וכי אהרן כשהיה נכנס לפנים לאורה היה צריך והלא מ' שנה היה מאיר להם עמוד ענן בכל המקומות כדאמרינן בברייתא דמלאכת המשכן היה מסתכל בטפיח *(ורואה בו) ויודע מה בתוכו בחבית ויודע מה בתוכה וכן משמע בת"כ דאכהנים קאי דגרס התם וכי צריכים לנר והלא כל אותן מ' שנה לא הוצרכו לנר שנא' כי ענן ה' על המשכן וגו' ומיהו בשלהי כל קרבנות (מנחות ד' פו: ושם) משמע דאשכינה קאי דמייתי לה גבי הא דא"ר אליעזר לא לאכילה אני צריך ולא לאורה אני צריך וקאמר נמי התם לפרוכת העדות עדות היא לכל באי עולם שהשכינה שורה בישראל וא"ת לאורה אני צריך והלא כל אותן ארבעים שנה : **ובה** היה מסיים · פירש בקונטרס ובה היה מסיים ההטבה שהשאר היה מטיב שחרית וזה היה מטיב בין הערבים ואוחז הישנה בידו או מניחה בכלי עד שנותן לתוך מערבית שמן ופתילה ומדליקה ומדליק השאר ממנה וקשה לריב"א שאם (ב) אפשר להדליק מן הישנה א"כ גם השאר ידליק ממנה ומאי פריך לרב כיון דהוציא הפתילה הישנה מן הנר תו ליכא לא משום בזיון מצוה ולא משום אכחושי מצוה אלא ודאי א"א לעשות כן וכשבא להטיב היה מטיב כל מה שבנר והפתילה היתה כבה מאליה אלא בעוד שהפתילה ישנה בנר מערבי דולקת היה מדליק ממנה השאר והיה מטיבה ונותן בה שמן ופתילה חדשה ומדליקה מן השאר ובה היה מסיים היינו ההדלקה* : **והא** הכא כיון דקביעי נרות כו' · כמ"ד בפרק ב' מדות (מנחות ד' פח:) דנר של פרקים היה דמשמע התם דמחובר הוה והיה של פרקים כדי שיוכל להטיבו יפה ואיכא מ"ד התם דלא הוה קבוע אלא היה מסלקו לגמרי בשעת הטבה ואחר כך מניחו : **מאי** הוי עלה · תימה מאי קמיבעיא ליה ומאי קאמר נמי חזינן אי הדלקה כו' הא לכאורה משמע דהלכה כשמואל דהא רבה עבד כוותיה וא"כ קינסא נמי שרי דהא ע"כ בקינסא פליגי ובביזוי מצוה דהא מאן דמפרש טעמא דרב משום אכחושי מצוה איתותב וצ"ל דאינו תופס דברי רבה עיקר ומבעיא ליה אי הנחה עושה מצוה ואסור לרב מנר לנר משום ביזוי מצוה כמו בקינסא או הדלקה עושה מצוה ושרי כמו במנורה דלא חיישינן לאכחושי מצוה ומסיק דהדלקה עושה מצוה ושרי א"נ מצאתי בשם ריב"ם דמיבעיא ליה אליבא דשמואל דהילכתא כוותיה אי שרי בקינסא אי לאו ומיבעיא ליה אי קי"ל כמו שאמר למעלה דלמ"ד משום בזויי מצוה שרי להדליק מנר לנר לרב ואם כן בקינסא פליגי ושרי שמואל בקינסא או דילמא לא קי"ל הכי ומנר לנר נמי איכא ביזוי מצוה ואסר רב (פי') דהנחה עושה מצוה ולא דמי למנורה ודוקא מנר לנר שרי שמואל אבל בקינסא אפילו שמואל מודה דאסור ומסיק חזינן דאיבעיא לן ואפשיט דהדלקה עושה מצוה ומדליק לרב מנר לנר כמו במנורה ולשמואל אפילו בקינסא שרי : **דאיבעיא** להו הדלקה עושה מצוה כו' · ונפקא מינה אם הדליקה חש"ו או הניחה :

מכבה

עין משפט
נר מצוה

לא א ב מיי' פ"ג מהל' מעשר שני הלכ' יט :

לא ג מיי' פ"ג מהל' תמידין הלכה יד :

[בילקוט סוף פקודי ליתא]

לב ד ה ו מיי' פ"ד מהל' חנוכה הל' ט סמג עשין ה טוש"ע א"ח סי' תרעג סעיף א :

[במנחות פו: אית' רבא וכ"א בילקוט פרשת תצוה רמז שעה]

[ועי' תוס' מנחות פו: ד"ה ממנה וכו']

מסורת
הש"ס

מנחות פו:

[דף נח:]

תמיד לג: פ"ו מ"א

הגהות
הב"ח

(א) רש"י ד"ה ובה היה מסיים וכו' מניחה בכלי עד שנותן לתוך מערבית שמן ופתילה וכו' (ב) תוס' ד"ה ובה היה וכו' וקשה לריב"א שאם היה אפשר להדליק בישנה א"כ :

גליון
הש"ס

גמרא ובה היה מסיים. עיין חגיגה ד' כו ע"ב תוס' ד"ה מנורה :

רבינו חננאל

אדם ממה כמא וספסל ובלבד שלא יתכוון לעשות חריץ ואסיקנ' דטעמא דרב משום בזוי מצות וכיון דנר של מצות הוא [דמדליק מנר של] מצות ליכא בזיון מצוה והדלקה היא המצוה ולא הנחת הנר בטפח הסמוך לפתח הלכך מותר להדליק נר של חנוכה מנר של חנוכה שנמצא מדליק מצוה ממצוה שהדלקת נר השני היא מצותו

§ מסכת שבת דף כב: §

אות א׳ - ב׳

סלע של מעשר שני אין שוקלין כנגדו דנרי זהב, ואפילו לחלל עליו מעשר שני אחר

גזירה שמא לא יכוין משקלותיו, וקא מפיק להו לחולין

רמב״ם פ״ג מהל׳ מעשר שני הי״ט - מע״ש אין שוקלין כנגדו אפילו דינרי זהב, ואפילו לחלל עליהם מע״ש אחר, גזירה שמא לא יכוין ממנו משקלו, [א]ונמצאו הפירות חסרים, והוא שוקל בהן מעות לחלל עליהם מעשר אחר, נמצא מוציא מעשר לחולין בפחות בדמיו.

אות ג׳

בפתילות ארוכות

רמב״ם פ״ג מהל׳ תמידין הי״ד - וכיצד מדליקו, מושך הפתילה עד שמדליקה ומחזירה, לפי שהנרות קבועים במנורה, ואינו יכול להדליק בנר אחר משום בזיון.

אות ד׳ - ה׳

היה תפוש נר חנוכה ועומד, לא עשה ולא כלום

הדליקה בפנים והוציאה, לא עשה כלום

סימן תרעה ס״א - ומ״מ צריך שידליקנה במקום הנחתה - ר״ל דלא תימא דלא איכפת לן בהנחה כלל, ובאיזה ענין שידליק יצא, קמ״ל, **שאם [ב]הדליקה בפנים והוציאה לחוץ, לא יצא, [ג]שהרואה אומר: לצורכו הוא מדליקה.**

הנה בזמן הגמרא, שהיה צריך להניח הנר חנוכה על פתח ביתו מבחוץ, הוא כפשטיה, דצריך להדליק ג״כ במקום ההנחה, דהיינו מבחוץ, ששם הוא מקום החיוב של פרסומי ניסא, **ואפילו** כהיום שאנו מקילין, ומדליקין בפנים בבית, מ״מ אינו יוצא באופן זה, דצריך שיהיה הדלקת הנרות במקום שיניחם לבסוף, משום דהרואה יאמר לצורכו הוא מדליקה, [כן הסכים הב״ח ומ״א דאפי׳ באופן זה ג״כ לא יצא], **ולפי״ז** פשוט דה״ה אם הדליקה בחוץ והניחה בפנים, ג״כ אינו יוצא מטעם זה.

וכתבו הפוסקים, שאפילו היה ההדלקה והנחה במקום אחד, בפנים או בחוץ, ג״כ יש ליזהר שלא לטלטל הנרות חנוכה ממקומן, עד שיושלם השיעור של הדלקה, דהיינו חצי שעה, **ויש** מאחרונים שמקילין בזה, **וכתב** הפמ״ג, דלכתחלה בודאי יש ליזהר בזה, **ואפילו** בנרות חנוכה שמדליקין בביהכ״נ, ג״כ נכון ליזהר לכתחלה, שלא לטלטלן ממקומן עד שיעור חצי שעה.

[ד]וכן אם מדליקה ואוחזה בידו במקומה, לא יצא, שהרואה אומר: לצרכו הוא אוחזה - דעת הט״ז, דדוקא שאוחזה כל זמן מצותו, אבל אם אוחזה בידו קצת זמן, ואח״כ מניחה כשהיא דולקת, יצא, **אבל** כמה אחרונים מפקפקין בזה, ודעתם, דאין להדליק עד שיהיו מונחין תחלה במקומן.

באר הגולה

א «ודברי רבינו בפירושו שלא כפירוש רש״י - כסף משנה» ב מימרא דרבא שם ג «הקשה הב״ח, הא בגמרא אמרינן הטעם, דהדלקה במקומה בעינן כיון שהדלקה עושה מצוה, ואת״כ מה צריך לטעם זה, ותירץ, דבא לומר דאפי׳ לדידן שמדליקין בפנים, אם הוציאה לחוץ לא יצא, שהרואה אומר לצרכו הדליקה - מ״א» ד ג״ז מימרא דרבא שם

§ מסכת שבת דף כג. §

אות א׳ – ב׳

שהיתה דולקת והולכת כל היום כולו, למוצאי שבת מכבה ומדליקה

שמע מינה: הדלקה עושה מצוה, שמע מינה

סימן תרעה ס״א - [א]**הדלקה עושה מצוה, ולא הנחה** - מדמברכינן: אקב״ו להדליק נר וכו׳, **ולפי״ז** גם בשבת ויו״ט נמי דינא הכי, **שאם היתה מונחת במקומה שלא לשם מצות חנוכה, מדליקה שם, וא״צ להסירה ולהניחה לשם מצות חנוכה.**

[ב]**לפיכך עששית שהיתה דולקת כל היום, שהדליקה מע״ש למצות חנוכה, למו״ש מכבה ומדליקה לשם מצוה** - ר״ל שאם היינו סוברין שהנחה עושה מצוה, היה צריך לכבותה ולהגביה, ולהניחה לשם מצוה ולהדליקה, **אבל** כיון שהדלקה עושה מצוה, מדליקה כמות שהיא מונחת, [גמרא]. **ואינו** מועיל מה שהדליקה אתמול לשם מצוה, דכל יומא ויומא מילתא באנפי נפשה היא.

אות ב׳*

סימן תרעה ס״ב - [ג]**יש מי שאומר דכיון דהדלקה עושה מצוה, צריך שיתן שמן בנר כדי שיעור קודם הדלקה; אבל אם בירך והדליק ואח״כ הוסיף שמן עד כדי שיעור, לא יצא ידי חובתו** - וצריך לכבותה וליתן בה שמן כשיעור, ולחזור ולהדליק בלא ברכה.

אות ג׳ – ד׳

הדליקה חרש שוטה וקטן, לא עשה ולא כלום

אשה ודאי מדליקה

סימן תרעה ס״ג - [ה]**אשה מדלקת נר חנוכה, שאף היא חייבת בה** - שהנס היה גם להן, שהגזירה היתה על כל בתולה הנישאת שתבעל להגמון תחלה, **וגם** התשועה נעשה ע״י אשה, שבת יוחנן כ״ג חתכה ראשו של ראש הצוררים.

מדלקת - פי׳ בעד כל בני ביתה, ‹בזה אין צורך שיהיו עומדים אצלה בשעת הברכה›, **ואפילו** איש יכול לעשות אותה שליח להוציאו, אם עומדין בשעה שמדלקת, ושומעין הברכה, **ובדיעבד** אם לא ענו אמן על הברכה ג״כ יצאו, **וכן** איש מברך לאשה ויוצאת ידי חובתה, אם עומדת שם ושומעת הברכה, לא בענין אחר, ‹**מיירי** ע״כ בשאינם מבני ביתם של המדליק, ובאופן שהוא מדליק כעת שנית עבורם, או באופן שהם מדליקין לעצמם ויוצאים בברכתו – קנה בשם›.

‹**והגם** דיכולה להוציא אפי׳ בעלה, **אבל ידוע מה שארז״ל: בן מברך לאביו ואשה מברכת לבעלה, אבל אמרו חכמים, תבא מארה לאדם שאשתו ובניו מברכין לו, ומה שאמר ״דקא מדליקי עלי בגו ביתאי״,** מפני שלא היה אז בביתו, ועיקר החיוב מונח על הבית›.

ועיין בתשובת עולת שמואל, דלדידן שמדליקין כל אחד בפני עצמו, מ״מ אשה אינה צריכה להדליק, דהויין רק טפילות לאנשים, [ו][דאשתו כגופו דמי]. **ואם** רוצים להדליק, מברכות, דהוי כשאר מצות עשה שהזמן גרמא דיכולות לברך, **וכשאין** האיש בבית, תדליק האשה, דהוי בת חיובא, ובברכה, ולא ידליק קטן, וכדלקמיה.

כתב רש״ל, סומא אם הוא בבית שאחרים מדליקין, ויכול להשתתף בפריטי עמהם ויברכו עליו, זה עדיף, וכן אם יש לו אשה אשתו מדלקת עליו, **ואם** הוא בבית מיוחד ואין לו אשה, ידליק בעצמו ע״י סיוע של אחר, **ועיין** בשע״ת דלא יברך, וכ״ש שאינו יכול להוציא אחרים.

[ז]**אבל אם הדליקה חרש שוטה וקטן, לא עשה כלום** - ואפילו אחרים עומדין על גבם, דאין עליהן חיוב מצוה, **ואע״פ שהניחה גדול** - דהדלקה עושה מצוה ולא הנחה.

[ח]**ויש מי שאומר, בקטן שהגיע לחינוך מותר** - הנה לפי מה שסתם המחבר בסימן תרפ״ט ס״ב, משמע דלמעשה אין לסמוך, שיהיה הקטן יכול להוציא בהדלקתו לגדולים.

הגה: ולדידן דכל אחד מבני הבית מדליק בפני עצמו, קטן שהגיע לחינוך צריך להדליק ג״כ - ר״ל דאף אם נימא להלכה דלא כהי״א הנ״ל, ואינו יכול להוציא אחרים בהדלקתו, מ״מ הוא בעצמו כיון שהגיע לחינוך צריך להדליק.

ולדידן - [ור״ל דלדעת המחבר לעיל בסי׳ תרע״א, שסובר שא״צ להדליק אפי׳ המהדרין מן המהדרין, רק הבעה״ב בשביל כולם, ורק שמוסיף בכל לילה, אין שייך כלל לומר דהקטן ידליק, אם לא שיש לו בית מיוחד בפני עצמו, וזהו דקאמר: ולדידן וכו׳].

‹**ועיין במ״א דהביא מש״ג דס״ל, דאפילו לדידן שמדליקין נר לכל א׳ וא׳, קטנים פטורין, דנהי דמחוייב לחנכו, היינו בדבר שיש בו חיוב על הגדול מצד הדין, אבל בזה דגם בגדול ליכא כי אם משום הידור מצוה, אינו מחוייב לחנך בו הקטן). ונ״ל** דלקטן א״צ להחמיר כולי האי, ודי שידליק בכל לילה רק נר אחד לכו״ע.

כתבו האחרונים, דגר גם כן יכול לומר: שעשה נסים לאבותינו.

באר הגולה

[א] **מסקנת הגמרא שבת כ״ג** [ב] **מימרא דרבי יהושע בן לוי שם** [ג] ‹מילואים› [ד] **הרא״ש** [ה] **מימרא דר׳ יהושע בן לוי שם, שאף הם היו באותו נס, ופי׳ רש״י שגזרו היונים על כל הבתולות הנישאות שיבעלו להגמון תחלה, וע״י האשה נעשה הנס** [ו] ‹וכ״כ בסימן תרע״א ס״ב, וי״א דכ״א מבני הבית ידליק, כתב במ״ב: לבד מאשתו דהיא בגופו, **ולכאורה** הסברא דטפילות לאנשים, ר״ל דכללות המצוה של הדלקת נרות חנוכה אע״פ שהם חייבות, מ״מ הם רק טפילות, ולכן א״צ להדליק בפ״ע, וזה לא משום דאשתו כגופו, ונפ״מ לענין הבנות, **והנה** בשעה״צ כתב ב׳ הסברות ביחד, ונראה דס״ל דהא דהוי טפלות, הוא משום דאשתו כגופו, אכן עיינתי בפנים בספר עולת שמואל, ושם מבואר בהדיא דחולק על הסברא שכתב הא״ר דאשתו כגופו, אלא דבאמת כל הנשים הוי טפלות, ויש לתמוה במה שרוצה לעשותם דבר אחד, וצ״ע – משנה הלכות, הרה״ג ר׳ יוסף קלפהולץ› [ז] **מסקנת הגמ׳ שם** [ח] **הר״ן בשם בעל העיטור**

עששית שהיתה דולקת והולכת כל היום כולו למוצ"ש מכבה ומדליקה אי אמרת בשלמא הדלקה עושה מצוה שפיר אלא אי אמרת הנחה עושה מצוה האי מכבה ומדליקה מכבה ומגביהה ומניחה ומדליקה מיבעי ליה ועוד מדקא מברכינן אשר קדשנו במצותיו וצונו להדליק נר של חנוכה ש"מ הדלקה עושה מצוה ש"מ והשתא דאמרינן הדלקה עושה מצוה הדליקה חרש שוטה וקטן לא עשה ולא כלום אשה ודאי מדליקה דא"ר יהושע בן לוי נשים חייבות בנר חנוכה שאף הן היו באותו הנס: אמר רב ששת אכסנאי חייב בנר חנוכה א"ר זירא מריש כי הוינא בי רב משתתפנא בפריטי בהדי אושפיזא בתר דנסיבי איתתא אמינא השתא ודאי לא צריכנא דקא מדליקי עלי בגו ביתאי: א"ר יהושע בן לוי כל השמנים כולן יפין לנר ושמן זית מן המובחר אמר אביי מריש הוה מהדר מר אמשחא דשומשמי אמר האי משך נהורי טפי כיון דשמע לה להא דרבי יהושע בן לוי מהדר אמשחא דזיתא אמר האי צליל נהוריה טפי ואריב"ל כל השמנים יפין לדיו ושמן זית מן המובחר איבעיא להו לגבל או לעשן ת"ש דתני רב שמואל בר זוטרא כל השמנים יפין לדיו ושמן זית מן המובחר בין לגבל בין לעשן רב שמואל בר זוטרא מתני הכי כל העשנים יפין לדיו ושמן זית מן המובחר אמר רב הונא כל השרפין יפין לדיו ושרף קטף יפה מכולם: א"ר חייא בר אשי אמר רב המדליק נר של חנוכה צריך לברך ורב ירמיה אמר הרואה נר של חנוכה צריך לברך אמר רב יהודה יום ראשון הרואה מברך שתים ומדליק מברך ג' מכאן ואילך מדליק מברך שתים ורואה מברך אחת מאי ממעט ממעט זמן ונימעוט נס נס כל יומי איתיה מאי מברך מברך אשר קדשנו במצותיו וצונו להדליק נר של חנוכה והיכן צונו רב אויא אמר מלא תסור רב נחמיה אמר שאל אביך ויגדך זקניך ויאמרו לך מתיב רב עמרם הדמאי מערבין בו ומשתתפין בו ומברכין עליו ומזמנין עליו ומפרישין אותו ערום ובין השמשות ואי אמרת כל מדרבנן בעי ברכה הכא כי קאי ערום היכי מברך והא בעינן והיה מחניך קדוש וליכא אמר אביי ודאי דדבריהם בעי ברכה ספק דדבריהם לא בעי ברכה והא יו"ט שני דספק דבריהם הוא ובעי ברכה התם כי היכי דלא לזלזולי בה רבא אמר רוב עמי הארץ מעשרין הן: אמר רב הונא חצר שיש לה ב' פתחים צריכה שתי נרות (ואמר) רבא לא אמרן אלא משתי רוחות אבל מרוח אחת לא צריך מ"ט אילימא משום חשדא דמאן אילימא חשדא דעלמא אפילו ברוח אחת נמי ליבעי אי חשדא דבני מתא אפי' משתי רוחות נמי לא ליבעי לעולם משום חשדא דבני מתא וזימנין דמחלפי בהאי ולא חלפי בהאי ואמרי כי היכי דבהאי פיתחא לא אדליק בהך פיתחא נמי לא אדליק ומנא תימרא דחיישינן לחשד דתניא אמר רבי שמעון בשביל ארבעה דברים אמרה תורה להניח פאה בסוף שדהו מפני גזל עניים ומפני ביטול עניים ומפני החשד ומשום בל תכלה מפני גזל עניים שלא יראה בעל הבית שעה פנויה ויאמר לקרובו עני הרי זו פאה ומפני

רש"י

עששית · כלי גדול של זכוכית בלעז לנטרנ"א: דולקת · שהדליקה למצות חנוכה בע"ש: ומדליקה · למצות הלילה: סוף כלומר סגם · שגזרו יוונים על כל בתולות הנשואות להיבעל לטפסר תחלה ועל ידי אשה נעשה הנס: אכסנאי · אורח: בתר דנסיבי · ופעמים שהייתי אכסנאי ללמוד תורה: עלי · בשבילי: בגו ביתאי · בביתי: משוך נהוריה · הוא ממהר לכלות כשמן זית: צליל · נהוריה · צלול ומאיר: לגבל · מלאתי בתשובת הגאונים שמעשנין כלי זכוכית בעשן שמן זית עד שמשחיר וגורר השחרורית ונותן בו שמן קימעא ומגבל בו ומייבשו בחמה וממחה אותו לתוך הדיו: לעשן · כמו לבפריסית: שרף · גומא: קטף · פרוני"ל של יער כמו שאנו עושים משל שרף: הרואה · העובר בשוק ורואה באחד החצרות דולק ומצאתי בשם רבינו יצחק בן יהודה שאמר משם רבינו יעקב דלא הוזקקה ברכה זו אלא למי שלא הדליק בביתו עדיין או לישב בספינה: הרואה מברך שתים · שעשה נסים ושהחיינו שאין עליו לברך להדליק דהא לא אדליק איהו: מאי ממעט · המדליק בשאר ימים איזו מן השלש ממעט: כל יומי איתיה · שהרי כל שמנה הדליקו מן הפך אבל זמן משהגיענו להתחלת זמן הגיענו: היכן צונו · הא לאו דאורייתא היא אלא מדבריהם: מלא תסור · מן הדבר אשר יגידו לך וגו': מערבין בו · עירובי חצרות ותחומין: משתתפין בו · במבוי דלא בעי מפקר לנכסיה והוא עני וחזי ליה כדתנן מאכילין את העניים דמאי הלכך חשוב לדידיה: ומברכין עליו · המוציא: ומזמנין עליו · ברכת הזימון: ומפרישים אותו · אדם שהוא ערום כלומר דלא צריך לברוכי עליה בהפרשתו: והיה מחניך קדוש · ולא יראה בך ערות דבר אפילו דבור דהזכרת השם לא יראה בך ערות דבר: ודאי דדבריהם · כגון נר חנוכה: ספק דדבריהם · כגון דמאי שהפרשתו אינה אלא מספק: ובעי ברכה · קדוש היום: רבא אמר · ספק דדבריהם בעי ברכה ודמאי אפילו ספק לא הוי אלא חומרא בעלמא דרוב עמי הארץ מעשרין: חצר שיש לה ב' פתחים · שני פתחים פתוחים לחצר צריך שתי נרות נר לכל פתח כדמפ' טעמא משום חשדא שהרואה יהא סבור שהבית חלוק והרי הוא של שני בני אדם ויאמרו האחד אינו מקיים מצות נר: מב' רוחות · אחד בצפון ואחד במזרח: חשדא דעלמא · בני עיר אחרת העוברים משם בשוק: אפי' מרוח אחת נמי · סבורין הן שהבית חלוק מתוכו: ואי חשדא דבני מתא · שיודעים שאין חלוק: לסוף שדהו · בגמר קצירו כדכתי' לא תכלה פאת שדך בקצרך ולא שיקלה אותה קודם לכן: מפני בטול עניים · וכולהו מפרש להו: מפני הגזל · שאין עניים שלא עד שיאמר לקרובו עני מהר וטול כאן עד שלא יבאו אחרים אבל עכשיו שמניחה בגמר קציר השד' העניים רואין ובאין:

תוספות

מכבה ומגביהה ומניחה וחוזר ומדליק מיבעי ליה · וא"ת אמאי מכבה וחוזר ומדליק בהגבהה סגי כיון דהנחה עושה מצוה דלאו מי גרע דלוקה ועומדת מהדליקה תש"ו וי"ל דמיירי שהדליקה מתחלתה לצורך שבת ולכך גרע מהדליקה תש"ו דהתם שמדליקה בעתה ניכר הדבר שהוא מדליקה לשם חנוכה · ריב"א:

שמע מינה הדלקה עושה מצוה · וא"כ מותר להדליק מנר לנר ומכל מקום כיון שנהגו העולם להחמיר אין לשנות המנהג:

מריש הוה מהדר מר אמשחא דשומשמי · נראה דאנר חנוכה קאי ומשום טעמא דמסיק דנפיש נהוריה טפי אבל לנר שבת פשיטא דשמן זית מצוה מן המובחר לפי שנמשך אחר הפתילה טפי מכולהו כדמוכח במתניתין דכולהו מודו ביה דמדליקין:

כל השרפים יפים לדיו · פירש בקונטרס שרף גומא ואין נראה לר"ת דהא דיו אין זה גומא כדאמרינן בפ"ב דגיטין (דף יט. ושם) בכל כותבין בדיו בסם ובסקרא ובקומוס ומפרש בגמרא קומוס גומא ודיו נמי אין זה מי עפצים שרגילין להניח בהן גומא דהא בברייתא קתני התם כתבו במי טריא ועפצא דהיינו עפצים כשר משמע דלאו היינו דיו דקתני במתניתין ועוד דכשר משמע דיעבד ובדיו היא עיקר הכתיבה ועוד דבפרק כל היד (נדה דף כ. ושם) אמרינן פלי קורטא דדיותא ובדיק דהיינו דיו שלנו שהוא קשה ולא של עפצים ואין דרך להניח גומא לתוך דיו שלנו אלא שרף [דהכא] הייטו לחלוחית של אילן כמו שאנו עושין דיו שלנו וכן יש בנדה בפ"ק (דף ט:) גבי בתולה זו שירפה מצוי וזו אין שירפה מצוי וכן בפ' כל שעה (פסחים לט. ושם) ירק מר יש לו שרף ופניו מכסיפין דע"כ ההוא שרף הייטו לחלוחית ועל כן היה פוסל ר"ת ס"ת שאין כותבין בדיו שלנו דשאר לא מיקרי דיו כדפי' ואמרי' בפ' הבונה (לקמן קג:) כתבו שלא בדיו הרי אלו יגנזו ומוקמי' לה בהקומץ רבה (מנחות דף לד*) בס"ת: הדר

רבינו חננאל

ובעי' (להדליק) [שידליק] מי שהי' חייב ובר מצוה והנשים מדליקות עששיות שהיתה דולקת כל היום טלו לערב מכבה ומדליקה ואכסנאי חייב בנר חנוכה ואי משתתף בהדי אושפיזו או אם היה נסיב תו לא צריך · כל השמנים יפין לנר ושמן זית יפה מכולם המדליק ביום ראשון מברך להדליק ושעשה נסים וזמן · מיכן והילך מברך שתים ומניח זמן · היכן צונו דמברכין אשר קדשנו במצותיו וצונו להדליק רב נחמן בר יצחק אמר שאל אביך ויגדך כו' [רב] אויא אמר לא תסור מן הדבר אשר יגידו לך הנה צונו אלהינו לשמוע דברי חכמים ואקשינן וכי מצוה מדרבנן בעי ברכה והתנן הדמאי מערבין בו ומשתתפין בו ומברכין וזמנין עליו ומפרישין אותו ערום בין השמשות ואי אמרת דכל מצוה כדרבנן בעי ברכה היכי מברך ערום הא בעינן והיה מחניך קדוש ולא יראה בך ערות דבר וליכא ושני אביי ודאי דדבריהם כגון חנוכה וכיוצא בו בעי ברכה אבל דמאי דאפי' לרבנן ספק הוא לא בעי ברכה איני והא יו"ט שני דספק מדרבנן הוא ומברכינן ומשנינן התם הוא משום דלא ליזלזלו בה רבא אמר רוב עמי הארץ מעשרין הן לפיכך לא בעי ברכה בדמאי השתא מן רבנן דדייק ואמרי לענין נולד כשהוא מהול אע"ג דקיי"ל (כרבא) [כרבה] דאמר שמא עורלה כבושה הוא לפיכך צריך להטיף ממנו דם ברית בחול כיון שהוא ספק מדבריהם כד מהול ליה בחול לא צריך ברכה כמו הדמאי · אמר רב הונא חצר שיש לה ב' פתחים בב' רוחות צריך ב' נרות דחיישינן לחשדא ומנלן דחיישינן דתני

מסורת הש"ס

[פסחים קח. מגילה ד. ערכין ג.]

גליון הש"ס

[מס' סופרים פ"כ הלכה ו]

סוכה מו.

[בהלכות פי' כי איתא רב נחמן בר יצחק]

[לעיל כא:]

[גיטין סא.]

[ברכה לה:]

[מנחות לט:]

תוספתא פאה פ"א ה"ב

עין משפט נר מצוה

לג א ב מיי' פ"ד מהל' חנוכה הל' ט סמג עשין ה טוש"ע א"ח סי' תרעה סעיף א:

לד ג ד מיי' שם טוש"ע שם סעיף ג:

לה ה ו ז מיי' פ"ד שם הל' יא סמג שם טוש"ע א"ח סימן רסד סעיף ו וסימן תרעג סעיף א:

לו ח מיי' פ"ה מהל' שבת הל' יא סמג לאוין סה טוש"ע א"ח סי' רסד סעיף ו וסימן תרעג סעיף א:

לז ט מיי' פ"א מהל' תפילין הל' ד סמג עשין כה טוש"ע א"ח סי' לב סעיף ג:

לח י מיי' פ"ג מהל' חנוכה הל' ד סמג עשין ה טוש"ע א"ח סי' תרעו סעי' א ב ג:

לט כ מיי' פ"א מהל' ברכות הל' ג סמג עשין כו:

מ ל מיי' פ"ג מהלכות חנוכה הל' ה וע"ש כמ"מ:

מא מ נ מיי' פ"ד מהל' חנוכה הל' י סמג עשין ה טוש"ע א"ח סי' תרעא סעיף ח:

מב ס מיי' פ"ב מהל' מתנות עניים הלכה יב:

[נ"ל באי' אמ"ה עשה נסים וכו' ושהחיינו וכו' וכ"ה בהרי"ף ובהרא"ש]

[לפי פרש"י ד"ה והיה מחניך כו' משמע דהם"ל לשמוע ברכה כמש"כ תוס' כתובות כו. ועי' ב"מ קיד: ולא יראה בך ערות דבר ע"ש]

אות ד'* [ט]

סימן תרעז ס"ב - [י]קטן שהגיע לחינוך צריך להדליק - לפי מה שפסק המחבר בסי' תרע"א ס"ב, דאפילו המהדרין מן המהדרין אין מדליקין רק נר אחד לכל אנשי הבית, ורק שמוסיפין והולכין בכל יום נר אחד יותר, **ע"כ** מיירי כאן שהקטן הזה יש לו בית בפני עצמו, וע"כ צריך להדליק ולברך, **אבל** לדידן דנהגינן שכל אחד צריך להדר ולהדליק בפני עצמו, א"כ גם הקטן הזה צריך בכל גווני להדליק בפני עצמו, והכי פסק הרמ"א לעיל בסוף סימן תרע"ה, **אבל** דעת הש"ג והמאירי, דאפילו לדידן א"צ לחנך הקטן להדליק בפני עצמו, אם לא שיש לו בית בפני עצמו, (וע"ש מש"כ במ"ב).

אות ה' – ו' – ז'

אכסנאי חייב בנר חנוכה

אמר רבי זירא: מריש כי הוינא בי רב משתתפנא בפריטי בהדי אושפיזא

בתר דנסיבי איתתא אמינא: השתא ודאי לא צריכנא, דקא מדליקי עלי בגו ביתאי

סימן רסג ס"ז - [יא]אורח שאין לו חדר מיוחד - הא אם היה לו חדר מיוחד, צריך להדליק ולברך, אפילו אם מדליקין עליו בביתו, וכנ"ל בס"ו, **וגם אין מדליקין עליו בביתו, צריך להשתתף בפרוטה** - וה"ה אם הבעה"ב מקנה לו חלק בנר שלו במתנה, וכמ"ש לקמן בסימן תרע"ז לענין נר חנוכה.

והביא המג"א בשם תשובת רש"ל, דגם הבחורים צריכין להשתתף, ומסיק שם דאפשר דהיינו דוקא כשאוכל בפני עצמו, **אבל** אם סמוך על שלחן בעה"ב, הרי הוא בכלל בני ביתו, ע"ש.

סימן תרעז ס"א - [יב]אכסנאי שאין מדליקין עליו בביתו - כי מדינא כשאשתו מדלקת נר חנוכה בביתו, הוא יוצא י"ח בהדלקתה, אף שהוא במקום רחוק מביתו, וא"צ שוב להשתתף אפילו בפריטי, **ועיין** בט"ז בשם רש"ל, דדוקא כשהוא יודע בבירור שאשתו מדלקת עליו, [**ובתרומות** הדשן משמע, דאפי' אינו יודע זה בבירור, רק שהוא יודע באשתו שיודעת דין זה, שהאשה צריכה להדליק בגו ביתה, שהמצוה מוטלת על מי שהוא בתוך הבית, או אפי' אם אינה יודעת, אבל בני ביתה יודעים דין זה], **אבל** אם אינו יודע, יש לו להדליק וגם לברך, **ומטעם** זה, מי שלא ידע שהדליקו עליו, ובא באותו לילה לביתו ומצא שהדליקו עליו, צריך להדליק, דכיון שלא ידע מתחלה, מסתמא היה דעתו להדליק בעצמו ולא לצאת בשל אשתו, וממילא חל עליו תקנת חכמים, **ועיין** במ"א שדעתו בזה, דידליק בלא ברכה, (**דסתמא** דמלתא, אי הוי ידע דאשתו מדלקת עליו, היה דעתו לצאת בהדלקתה, ולא חל עליו חיוב כלל – מחה"ש).

וע"ל בסי' תרע"ו, שהבאנו כמה פוסקים שסוברין, דכשהוא סומך על אנשי ביתו, אף שיוצא בזה ידי נר חנוכה, מ"מ כשרואה אח"כ נר חנוכה, י"א שצריך לברך "שעשה נסים", **וע"כ** נכון יותר להדליק בעצמו אפי' נר אחד, ולא לסמוך על קולא זו, וע"ל בס"ג מה שנכתוב בזה.

(ועכ"פ כשאין מדליקין עליו בביתו) **צריך לתת פרוטה לבעל הבית להשתתף עמו בשמן של נר חנוכה** - היינו שא"צ האכסנאי ליתן כל חצי הוצאות הנרות, רק בפרוטה סגי, דעי"ז מקנה לו חלק בשמן, **ויש** מאחרונים שכתבו, דצריך הבעה"ב להוסיף מעט שמן בשבילו, חוץ השיעור שצריך ליתן לצורך חצי שעה בשביל עצמו, [**והפר"ח** כתב דא"צ להוסיף כלל], **וה"ה** אם בעה"ב מקנה לו חלק בשמן במתנה, [באחד מדרכי הקנין, ולא באמירה בעלמא], שרי, דהוי כמשתתף בפרוטה, (**ומ"מ צריך ליזהר בשיתוף זה, שלא ידליק זה לילה אחת וזה לילה אחרת, אלא יהא השמן משותף בכל לילה ולילה, או יתן לו פרוטה לזכות לו חלק בכל הלילות**).

והיינו אפילו אם אוכל על שולחן בעה"ב, לא אמרינן דכבני ביתו דמי, ומדינא די בנר אחד לכולם, **כיון** דאורח הוא, ואינו סמוך על שולחנו בקביעות, צריך להשתתף עמו, **וצריך** האכסנאי לשמוע הברכות מבעה"ב.

(**עיין בפמ"ג שכתב, אם שני בעלי בתים דרים בחדר אחד, ואין סומכין וכל אחד אוכל משלו, צ"ע אם די בשיתוף, דאפשר דצריך כל אחד מדינא להדליק בשלו, ואורח אפשר הקילו, וחולקין בזה הלבוש והפר"ח, אמנם מדברי השיבולי לקט בשם רבותינו, מסתימת דבריו משמע, דכיון שהם בבית אחד די בשיתוף**).

וה"ה הבחורים שלומדים שלא בביתם, צריכין להשתתף עכ"פ, **ודוקא** בבחור שאוכל בפני עצמו, אבל אם סמוך על שולחן בעה"ב, הוא בכלל בני ביתו, וה"ה משרתיו, כיון שהם סמוכין על שולחנו בקביעות, מדינא א"צ להדליק, אא"כ רוצה להיות מן המהדרין, (**ועיין בפר"ח, דלדידיה בכל גווני צריך להשתתף**).

ומ"מ אם יש לאכסנאי נר, נכון יותר להדליק בעצמו, [לצאת דעת מהרי"ו ומהרי"ל, שכתב דכהיום שהמנהג בעלמא להיות מן המהדרין נר לכל אחד, אתו לחשדו שלא הדליק נר חנוכה], (עיין לקמן בסמוך).

באר הגולה

ט (מילואים) | י אורחות חיים | יא בהגהת מרדכי בשם ראבי"ה | יב מימרא דרבי זירא שבת כ"ג

[יג]**ואם יש לו פתח פתוח לעצמו, צריך להדליק בפתחו** - הטעם משום חשדא, שיחשדו אותו שלא הדליק נר חנוכה, **ואפי'** אם הוא יודע שמדליקין עליו בביתו, לא מהני, **ואפי'** הוא פתוח לרוח שפתח בעה"ב פתוחה, והבעה"ב הלא הדליק נר חנוכה, **מ"מ** חיישינן שכשידעו שפה התאכסן אורח אחד, יאמרו שלא הדליק נר חנוכה, [**דאינו** דומה לחצר שיש לו שני פתחים מרוח אחד, דמקילינן לעיל בסימן תרע"א בסופו, הכא חמיר טפי מטעם שכתבנו].

(**מסתפקנא אם מיירי אפילו אין הבית חלוק מתוכו, אלא שהאורח יש לו בבית זוית אחת שהוא משתמש שם, ובאותו זוית יש לו פתח לרחוב שהוא נכנס ויוצא דרך שם, וחיישינן לחשדא כשלא ידליק לעצמו, או דמיירי דוקא שהבית חלוק מתוכו, ויש לו חדר מיוחד שם, אז חיישינן לחשדא, וכן משמע לכאורה לשון השו"ע מסוף דבריו, וצ"ע, אח"כ מצאתי כעין זה בשבה"ל, שיש ב' דיעות בזה, ויש לעיין קצת).**

וכיון דבזה ההדלקה אינו אלא משום חשדא, י"א דלא יברך אם יודע שמדליקין עליו בביתו, **אבל** אם אין מדליקין עליו בביתו צריך לברך, דכיון שהוא מדליק בעצמו, בודאי אינו משתתף עמהם בפריטי, וחל עליו מדינא חובת הדלקה.

משמע דכשאין פתח פתוח, אפי' הוא מתאכסן בחדר בפני עצמו, יכול להשתתף בפריטי עם בעל הבית, או אם הוא נשוי, יכול לסמוך על ביתו.

[יד]**אף על פי שאותו בית אינו מיוחד אלא לשינה, והוא אוכל על שלחן בעל הבית** - טעמו, שכיון שיש לו בית מיוחד לשינה, והעולם רואין אותו נכנס ויוצא בו, איכא חשדא אם אינו מדליק, שאין העולם יודעין שאוכל במקום אחר.

והוא הדין לבן האוכל אצל אביו - ואפילו אוכל אצלו בקביעות, כיון דהטעם משום חשד.

הגה: וי"א דבזמן הזה שמדליקים בפנים ממש, ידליק במקום שאוכל, וכן נהגו (תשובת רשב"א) - דמקום אכילתו עיקר, **ועיין** באחרונים שכתבו, דגם הדעה ראשונה מודה בזה"ז, דכיון שמדליקין בפנים ליכא חשדא מעוברים ושבים, אלא מבני הבית, והם יודעים שמדליק במקום שאוכל, או משתתף עם בעה"ב שם, [**היינו** לענין אכסנאי, **אבל** לענין בן, אם הוא סומך על שולחן אביו בקביעות, הרי הוא בכלל נר איש וביתו, וא"צ להשתתף, אם לא שרוצה להיות ממהדרין נר לכל אחד, **ומדברי** הפר"ח מוכח, דהוא סובר דצריך לאשתתופי]. (**קשה** ללמוד הרמ"א, דמש"כ ידליק, לאו דוקא, אלא אף משתתף בפריטי, דהרי קאי על דברי המחבר שכתב בפתח פתוח לעצמו, דידליק דוקא ולא מהני השתתפות בפריטי, א"כ גם הרמ"א שכתב ידליק, המשמעות ידליק דוקא - מנחת יצחק, וכן מבואר בבה"ל לקמן בסמוך ע"ש).

ידליק במקום שאוכל - ודוקא לענין אכסנאי הנ"ל שאין ביתו אצלו, או לענין בן הסמוך על שולחן אביו, **אבל** מי שסועד אצל חבירו באקראי, ויש לו שם בית באותו העיר, צריך לילך לביתו להדליק שם נר חנוכה, **ואם** אינו רוצה לזוז ממקום שסועד, יצוה לאשתו שתדליק עליו בביתו, ומ"מ מצוה בו יותר מבשלוחו, (**ודוקא באופן זה, אבל אם הולך הוא וכל אנשי ביתו לבית אביו או חמיו בקביעות על ח' ימי חנוכה, דבר ברור הוא, שכיון שסועד וישן שם כל ימי חנוכה, אף שביום אוכל אכילת עראי בביתו, שאינו מדליק אלא בבית שאוכל וישן שם בלילה, דכיון שאין שום אדם בבית, למי ידליק, וכ"ש האידנא שההיכר לבני הבית, וכיון שישנים בני הבית שם, שם ידליקו).**

ויש פוסקים שסוברין (המהרי"ו והמהרי"ל), דכ"ז בזמן הגמרא שהיו מדליקין בפתחי הבתים ובחצרות, (הוא דאמרינן דכשאין לו פתח פתוח לעצמו, דיכול להשתתף בפריטי עם בעה"ב, או אם הוא נשוי, דיכול לסמוך על ביתו), **אבל** האידנא שמדליקין בפנים בבית, כל אורחים, היינו אפילו נשוי שבביתו מדליקין עליו בודאי, ג"כ צריך להדליק בעצמו בכל גווני, דמי יודע באכסניא אם יש לו אשה בבית שמדלקת עליו, ואתו למיחשדיה, **וגם** להשתתף בפריטי אינו מועיל, משום דכיון שהמנהג כהיום שכל אחד מדליק בבית בפני עצמו, אתו בני הבית לחשדו, **ומסיק** המ"א שאין להחמיר כדבריהם, כי אם כשיש לו עכ"פ חדר בפני עצמו, אבל אם אין לו חדר בפני עצמו, יכול לסמוך אאנשי ביתו שהדליקו עליו בביתו, או אפריטי, **וכשיש** לו נר, נכון יותר להדליק בעצמו כדלעיל.

(**וקשה על הרמ"א ממ"נ, אי ס"ל כמהרי"ל, דהשתא מפני שמדליקין בפנים גרע טפי, היה לו להגיה, דבימינו אפילו אין פתח פתוח צריך להדליק לעצמו, ואי לא ס"ל כסברת מהרי"ל, כיון דהטעם דדינא דשו"ע הוא משום חשדא דעוברים ושבים, בזמנינו דמדליקין בפנים תו ליכא חשדא זו, היה לו להקל** (בהשתתפות בפריטי) **אפילו פתח פתוח, כמ"ש בהגה"ה בסוף סי' תרעא, וצ"ע),** (ואמאי מצריך להדליק דוקא - מנחת יצחק, ועיין לעיל במ"ב וצ"ע).

באר הגולה

יג מהא דרב הונא (חצר שיש לה ב' פתחים)

יד טור בשם תשו' אביו הרא"ש

אות ח'

כל השמנים כולן יפין לנר, ושמן זית מן המובחר

סימן רסד ס"ו - [טו]**שאר כל השמנים חוץ מאלו, מדליקים בהם;** [טז]**ומ"מ שמן זית מצוה מן המובחר** - דהוא נמשך אחר הפתילה טפי מכולהו, **ואם** אין שמן זית מצוי, מצוה בשאר שמנים שאורן צלול, והם קודמין לנר שעוה, **ונר** שעוה קודם לנר של חלב, דאורה צלול ויפה, **ונ"ל** דכ"ז לפי ענין הנר, דבנר שלנו שקורין סטרין, שצלול בודאי יותר מן השעוה, ואינו רגיל להטות בו אפילו בחול, זה עדיף מנר שעוה, ואולי אף מכל השמנים, דהרי בודאי לא אתי להטות, **ועיין** מה שנכתוב לקמן בסימן ער"ה.

(ושמן של איסור הנאה, כגון של ערלה וכדומה, אסור לנר שבת, דלא שייך מצות לאו ליהנות ניתנו, דעיקר המצוה משום עונג הוא, ודמי לישיבת סוכה).

סימן תרעג ס"א - [יז]**כל השמנים והפתילות כשרים לנר חנוכה, ואע"פ שאין השמנים נמשכים אחר הפתילה, ואין האור נתלה יפה באותם הפתילות** - היינו כי יש שמנים גרועים, שאין נמשכין אחר הפתילה, וכן יש פתילות גרועים, שאין האור נתלה יפה בהן, ובשבת אסור להדליקן, **וס"ד** דבחנוכה אסור ג"כ להדליקן, שמא יבואו לידי כיבוי, **קמ"ל** דאין לחוש לזה, דקי"ל כבתה אין זקוק לה, דכיון שהדליק נעשה זכר לנס ונגמרה המצוה.

ומ"מ מצוה מן המובחר ליקח לפתילה, צמר גפן או חוטי פשתן.

שומן או חלב הנאסר מבב"ח, אסור להדליק ממנו נר חנוכה, ‹אע"ג דמצות לאו ליהנות ניתנו, מ"מ כיון דנ"ח בעי שיעור, דהיינו שיתן שמן בנר שידליק כשיעור, וכיון דבב"ח אסור בהנאה, כתותי מיכתת שיעורא - שערי תשובה›, **וג"כ** אסור לבטולי בששים להדליק ממנו.

שמן הגזול, צ"ע אי כשר לנר חנוכה.

אם נמצא עכבר בשמן, מאוס הוא ואסור לנר חנוכה.

הנוהגין להדליק ביום ראשון א', ומכאן ואילך מוסיף והולך, צריך שיהיה הנוסף דומה לנר העיקר, **אבל** אותם שעושים נר לכל אחד מבני הבית, יכול האחד להדליק נר של שמן, והשני של שעוה.

הגה: ומיהו שמן זית מלוה מן המובחר, ואם אין שמן זית מלוי, מלוה בשמנים שאורן זך ונקי; ונוהגים במדינות אלו להדליק בנר של שעוה, כי אורן צלול כמו שמן - ומ"מ מצוה בשל שמן טפי מנרות של שעוה, [יח]דע"י השמן נעשה הנס.

אות ח*[יט]

סימן תרעג ס"ג - [כ]**נר של חרס שהדליק בו לילה אחת, נעשה ישן ואין מדליקין בו לילה אחרת** - שהוא מאוס וביזוי מצוה, **אלא לוקח חדשים בכל לילה; ואם אין לו אלא ישן, מסיקו בכל לילה באור; ונר של מתכת א"צ חדש, ושל זכוכית, או של חרס מכוסה** - היינו מצופה באבר, **דינו כמתכת.**

כתבו הספרים, שטוב שכל אחד יטריח לעשות לו מנורה יפה לפי כחו, וכן הנרות יעשה יפה.

סימן תרעג ס"ד - [כא]**אין חוששין לפתילות להחליפם, עד שתכלה** - שאין בהם בזיון מצוה, דאדרבה הם נוחין להדליק יותר כשהם מודלקין כבר.

אות ט'

כל השמנים יפין לדיו, ושמן זית מן המובחר

סימן לב ס"ג - יכתבם בדיו שחור, בין שיש בו מי עפצים בין שלא במי עפצים.

הגה: ולכתחלה יחמיר לכתוב בדיו [כב]**העשויה מעשן עלים או שמנים שרוים במי עפלים, וכמו שיתבאר ביו"ד סי' רע"א** - פי' ולא יטיל לתוכו קומא, או קנקנתום, שקורין בל"א קופער וואסער, כי לכתחלה בעינן כתב שיוכל להמחק, וע"י קומא או קנקנתום הכתב עומד ואין נמחק, (**א"נ י"ל דבא הרמ"א להוסיף, דלכתחלה יחמיר כדברי רבינו תם, דדוקא בא מן העץ).**

וזהו הכל למצוה מן המובחר בלבד, אבל לדינא גם הרמ"א מודה, דמותר לעשות ממי עפצים וקומא וקנקנתום, **וכן** נוהגין לעשות כהיום, ע"י תערובות שלשתן וע"י בישול, דהכי עדיף טפי, **ועיין** במ"א שכתב, דבימיו לא ראה ג"כ לאחד מן הגדולים, שנהג לעשות בדיו העשוי מעשן עצים ושמנים, **אך** אפשר דהיו עושין מדיו של קוצים, כמו שסיים בשם מהרי"ל, **וכן** פסק בס' גט מקושר ובס' ברכי יוסף לעשות כמנהגינו עכשיו, דהדיו העשוי מעשן עצים ושמנים מתקלקל ונמחק בנקל, ע"כ אין נוהגין בו עכשיו.

ודיו העשוי ממי עפצים בלבד בלא קומא, שקורין בל"א גומא, או מקנקנתום בלבד, פסול אפילו דיעבד, כן כתב הגר"א בביאורו.

באר הגולה

[טו] **שם כ"ד: וכחכמים** [טז] **שם בתוספות** ‹כ"ג. ד"ה מריש› [יז] **מימרא דרב שבת כ"א** [יח] ‹ולא כתב שמטעם זה מצוה בשמן זית, שכוונתו מטעם זה הוא שוה לכל מיני שמן, ולמעט נרות של שעוה או חלב שהזכיר שם, ומפורש בסוגיא דשבת, דמעלת שמן זית אף לנר חנוכה אינו משום שהנס נעשה בנרות המקדש שהיה משמן זית, אלא משום דצליל נהוריה טפי, ונראה שהטעם הוא משום דשמן זית שהוכשר למנורה שהוא כתית, כמעט שליכא עתה בזמננו שבנ"א אין משתמשין בזה, והיה זה עשיה מיוחדת למנורה, לכן אין לנו השמן זית דהוכשר למנורה - אג"מ או"ח ח"ו סי' מ"ט› [יט] ‹מילואים› [כ] **טור בשם הר"ם מרוטנבורג ע"פ מסכת סופרים וכ"כ שארי פוסקים** [כא] **שבלי הלקט** [כב] ‹שבת כ"ג. כל העשנים כו', ועיין רש"י שם - גר"א. ‹**תמיהני**, אחרי שהרמב"ם כתב לדיו שמצוה מן המובחר, למה השמיט דשמן זית מצוה מן המובחר, ושרף קטף יפה מכולם, וצ"ע - ערוה"ש סימן רע"א›

אות י'

יום ראשון: הרואה מברך שתים, ומדליק מברך שלש, מכאן ואילך: מדליק מברך שתים, ורואה מברך אחת

סימן תרעו ס"א - [כג]**המדליק בליל ראשון מברך שלש ברכות: להדליק נר חנוכה** - בגמרא וכל הפוסקים איתא, "נר של חנוכה", **וכ"כ** המהרש"ל, אך שכתב שיאמר "שלחנוכה" במילה אחת, ולא [כד]"של חנוכה" שתי מילות, **והעולם** אין נוהגין להקפיד בזה, **ושעשה נסים** - "בזמן הזה", ולא "ובזמן", **ושהחיינו** - "והגיענו לזמן הזה", הלמ"ד בחיר"ק, ולא בפת"ח. **ומנהג** העולם לומר לַזמן הזה - פסקי תשובות.

[כה]**ואם לא בירך זמן בליל ראשון, מברך בליל שני או כשיזכור** - ר"ל כשיזכור בשאר הלילות בשעת ההדלקה, **ואם** נזכר אחר ההדלקה, אינו מברך בלילה זו עוד, [**אמנם** אם אירע זה בליל שמיני, וממילא יתבטל לגמרי ברכת "שהחיינו", צ"ע, **דאפשר** דכמו בעלמא קימ"ל, דזמן אומרו אפי' בשוק, דהוא קאי על עצם היו"ט, אפשר דה"ה בזה, דקאי על עצם הזמן דחנוכה, דנעשו בו נסים ונפלאות, אלא דלכתחילה סמכו זה על זמן דהדלקה].

סימן תרעו ס"ב - [כו]**מליל ראשון ואילך מברך שתים: להדליק, ושעשה נסים** - דנס כל יומא איתא, שהרי כל שמנה ימים הדליקו מן הפך, **אבל** זמן, משהגיענו להתחלת הזמן הגיענו, [רש"י].

הגה: ויברך כל הברכות קודם שיתחיל להדליק (מהרי"ל) - דבעינן שיהיו הברכות עובר לעשייתן, (**ואין נ"מ בין לילה ראשונה לשאר הלילות**).

הדליק נר חנוכה, ושכח לברך על הדלקתה, ורק קודם שהדליק כולן נזכר דעדיין לא בירך, יש לו לברך כל הברכות - רע"א, ‹א', דעת הא"ר דמברך על ההידור, ב', כיון דמקרי שיהוי מצוה משך הדלקתם, י"ל דמקרי עובר לעשייתן. ג', דעת הפוסקים אם לא בירך עובר לעשייתן מברך אח"כ, מכל זה נראה לסמוך בנ"ד דיברך›, [**אכן** כתב שם: אולם אם קודם דהדליק נרות הנוספות כבו הראשונות, לא יברך רק "על הנסים" ו"שהחיינו", ע"ש מלתא בטעמא], ‹דבזה ליכא סניף הנ"ל דמכח שיהוי מצוה מקרי עובר לעשייתן, כיון דכבתה ואזדא מצוותה לגמרי, הדרינן לפסקא דרבוותא הנ"ל הא"ר והפר"ח אם מברכים על ההידור, וספק ברכות להקל›, **עוד** כתב, שאם נזכר לאחר שהדליק כולם, אין לו לברך ברכת "להדליק", רק ברכת "שעשה נסים", וכן ברכת "שהחיינו", יש לו לברך, [דלא גרע מרואה נר חנוכה, דמברך ב' ברכות אלו - **וכגון** דאיתרמי דלא בירך "שהחיינו" בלילה ראשונה, דזמנו כל הח' ימים]. ‹**ועיין** לעיל ס"א דכתב המ"ב: "ואם נזכר אחר ההדלקה, אינו מברך בלילה זו עוד", וצ"ע, ואולי ס"ל דלא שייך ברכת רואה על זמן לבד - שונה הלכות›.

סימן תרעו ס"ג - [כז]**מי שלא הדליק ואינו עתיד להדליק באותו הלילה** - אבל אם ידליק אח"כ, לא יברך אראיה, כיון דיוכל לברך אח"כ על ההדלקה, **וגם אין מדליקין עליו בתוך ביתו, כשרואה נר חנוכה מברך: שעשה נסים, ובליל ראשון מברך גם: שהחיינו;** [כח]**ואם אח"כ בליל ב' או ג' בא להדליק, אינו חוזר ומברך: שהחיינו** - משום דהלא בירך מאתמול כשראה הנרות.

ואם באתמול לא בירך כלל, משום דסמך על אשתו שמדלקת בביתו, וכפי מה דמוכח מדברי המחבר, דאם אשתו מדלקת עליו בתוך ביתו, חשוב כמו שהדליק בעצמו, **ע"כ** אם בא בליל שני לביתו ומדליק, אינו צריך לברך ברכת "שהחיינו".

ויש פוסקים דסברי, [כט][מרדכי, ‹עיין לקמן סימן תרע"ז ס"ג, ועיין בביאור הגר"א שכתב דכן מוכח ג"כ [ל]מרש"י›, דאפילו יודע שמדליקין עליו בביתו, כיון דהוא בעצמו אינו מדליק, וגם אינו משתתף עם אחרים בפריטי, צריך לברך על הראיה, להודות על הנס, וגם לברך אז "שהחיינו", [**דאילו** היה משתתף בפריטי, ושומע ברכה מבעה"ב, אפי' אם לא ראה אז הנרות, אינו מחוייב לכו"ע לברך אח"כ על הראיה, דשומע כעונה, והרי כבר הודה על הנס], **ומ"מ** אינו כדאי לעשות כן למעשה, דספק ברכות להקל.

אות י'* [לא]

סימן תרעז ס"ג - [לב]**יש אומרים שאע"פ שמדליקין עליו בתוך ביתו, אם הוא במקום שאין בו ישראל, מדליק בברכות. הגה: כי חייב לראות הנרות (מרדכי), וכן נוהגין** - זה סותר לסימן תרע"ו ס"ג, דסובר שם דכשמדליקין בביתו א"צ לברך על הראיה, **ודין** דכאן הוא מן המרדכי, ושם סתם המחבר כשארי פוסקים שחולקין עליו, **ולכן** לדינא אין לנהוג כן להדליק בברכה, אא"כ שיאמר שאינו רוצה לצאת בהדלקת אשתו, וכמ"ש רמ"א אחר זה.

באר הגולה

[כג] **מימרא דרב יהודה שבת כ"ג** [כד] ‹וכתב טעם מעצמו בים של שלמה, דבשלמא נר של שבת שהוא נר לצורך שלום בית, ולעצמו, רק שמצות שבת עליו, ונקרא של שבת, אבל הכא הני אינו כשאר נרות, ואינו עשוי להאיר לעצמו, אלא לפרסומי ניסא דחנוכה, משו"ה מברכין נר שלחנוכה, כלומר שאינו עשוי אלא לחנוכה ולא לזולתו, עכ"ל› [כה] **טור בשם תשובת אביו הרא"ש** [כו] **שם במימרא הנזכרת** [כז] **כפי' רש"י בשם רבינו יצחק בן יהודה משום רבינו יעקב. ‹ברש"י** כתוב: מצאתי בשם ר"י ב"ר יהודה שאמר משום רבינו יעקב, דלא הוזקקה ברכה זו אלא למי שלא הדליק בביתו עדיין, או ליושב בספינה, עכ"ל. **מלשון** "עדיין" משמע לכאורה אע"פ שאח"כ ידליק בביתו, **אבל** הטור לא פי' כך דבריו, אלא לשון "עדיין" לאו דוקא, דגם אח"כ לא ידליק, וע"כ מדמה אותו ליושב בספינה, דמסתמא לא ידליק כל הלילה, אבל אם ידליק אח"כ באותה לילה, לא יברך אראייה, כיון דיוכל לברך אח"כ על ההדלקה - ט"ז› [כח] **תשובת אשכנזית** [כט] ‹מיהו במרדכי הביא לשון רש"י בענין אחר, וז"ל: שלא הוזקקה ברכה זו, אלא למי שלא הדליק בביתו עדיין, ושאין דעתו להדליק בעצמו, כגון אכסנאי שלא שמע הברכה, דלקמן מסיק קא מדלקי עלאי בגו ביתאי, ומ"מ צריך לראות, כדאמרינן הרואה יומא קמא מברך שתים, מכאן ואילך אחת, וכן אומר ר"י, שנהגו בני אדם שהיו הולכין בגייר"ש ליריד, ולא היה דר יהודי באותה העיר, ומדליקין בבית הגוי, עכ"ל, **ואולי** חסר בספרי רש"י שבידינו, אלא שבהגהות מיימוניות העתיק לשון רש"י כמו שהוא בספרי רש"י שבידינו - ב"ח› [ל] ‹אף דאינו מפורש כלשון המרדכי, מ"מ היושב בספינה משמע אף שהדליקו עליו בביתו, ואפ"ה מברך על הראיה, כמרדכי הנ"ל - דמשק אליעזר› [לא] ‹מילואים› [לב] **מהר"י אבוהב בשם א"ח וכ"כ המרדכי**

[והמאמ"ר מיישב בדוחק, דדעת המחבר, דשאני התם שהוא במקום ישראל ורואה הנרות, דכיון שפטור מעיקר המצוה ע"י שמדלקין עליו בביתו, וא"צ להדליק, וגם רואה נרות חבירו, ולא בעי לאדלוקי כדי לראותם, אין לו לברך על הראיה, כיון שפטור מעיקר המצוה, דהיינו ההדלקה, ברם הכא שהוא במקום שאין שם ישראל, ואינו רואה הנרות, אע"פ שמדליקין עליו בתוך ביתו, מ"מ חייב הוא לראות הנרות, ומאחר שצריך להדליק כדי לראות הנרות, מדליקן בברכות, כיון שהוצרך ונצטוה להדליק, ומפני שלא ברור לו להמחבר סברא זו, לפיכך כתבו בשם י"א, עכ"ל, ולדינא בודאי אין לנהוג כן].

ואפי' אם הוא אצל יהודים ורואה הנרות, אם רוצה להחמיר על עצמו ולהדליק בפני עצמו, מדליק ומברך עליהם - ר"ל אף דמדינא פטור להדליק אם מדליקין עליו בביתו, מ"מ אם רוצה להחמיר על עצמו ולהדליק בעצמו, רשאי, **ובלבד** שיכוין במחשבתו קודם שעת ההדלקה, שאינו רוצה לצאת בשל אשתו, וממילא לית כאן משום ברכה לבטלה, דכיון שאינו רוצה לצאת בהדלקתה, חל חיוב הדלקה עליה.

וכן נוהגין (ת"ה ומהרי"ל ותשובת מהרי"ל) - וכן סתמו הרבה אחרונים, **ויש** מן הפוסקים שסוברין, אחרי דחז"ל פטרוהו ע"י הדלקת אשתו, לא כל כמיניה לומר: איני רוצה לצאת בשל אשתי, וידליק בלא ברכה, **והנה** אף דודאי אין למחות ביד הנוהגין לברך, אחרי דהרבה אחרונים הסכימו לברך, **מ"מ** טוב יותר להדר לשמוע הברכות מפי אחר, ויענה "אמן" ויכוין לצאת בהן, וידליק נרותיו, **או** יראה לשער להדליק נרותיו ולברך עליהן זמן מה קודם שמדלקת אשתו בביתו, דהיינו שהיא מדלקת אחר מעריב כמנהג העולם, והוא ידליק קודם מעריב.

(**כתב החז"א**, לפי מה שמבואר לעיל דעיקר זמן הדלקתה הוא רק עד שתכלה רגל, וידוע שהנוסעים לירידים נוסעים כמה שעות בלילה, ולכן ראוי לכל יר"ש להזהיר לאשתו קודם נסיעתו, שתהיה זהירה בזה להדליק תיכף בצאת הכוכבים, והוא יסמוך עליהם, ומ"מ כשיבא לאושפיזא ידליק בלא ברכה, ויהדר לשמוע הברכות ממי שחייב להדליק, ויענה אמן).

סימן תרעו ס"ד - [לג]אחר שהדליק - נר הראשון שהוא העיקר, **אומר: הנרות הללו אנו מדליקין על התשועות ועל הניסים ועל הנפלאות וכו'** - ויגמור ההדלקות בעוד שאומר "הנרות" וכו', **ומ"מ** מי שנוהג לומר "הנרות הללו" לאחר שהדליק הכל, נמי שפיר דמי.

ובנוסח "הנרות" יש ל"ו תיבות, נגד הנרות של חנוכה, מלבד אלו שני תיבות "הנרות הללו", כלומר, הנרות הללו הם ל"ו, עכ"ל רש"ל, **ובשני** תיבות "הנרת הללו", יש ח' אותיות, רמז לח' ימי חנוכה, [**ויאמר** "הנרות הללו קודש" ולא יאמר "קודש הם", דא"כ יהיה ל"ז תבות]. (**וזה** שכתוב שיש בכאן ל"ו תיבות, לא אוכל לכוין החשבון - ערוה"ש).

אות כ'

והיכן צונו

רמב"ם פי"א מהל' ברכות ה"ג - וכן כל המצות שהן מדברי סופרים, בין מצוה שהיא חובה מדבריהם, כגון מקרא מגילה והדלקת נר בשבת והדלקת נר חנוכה, בין מצות שאינן חובה, כגון עירוב ונטילת ידים, מברך על הכל קודם לעשייתן: אשר קדשנו במצותיו וצונו לעשות; והיכן צונו בתורה, שכתוב בה: אשר יאמרו לך תעשה, נמצא ענין הדברים והצען כך הוא, אשר קדשנו במצותיו שציוה בהן לשמוע מאלו שצונו, להדליק נר של חנוכה או לקרות את המגילה, וכן שאר כל המצות שמדברי סופרים - (וכתב רבינו טעמו של רב אויא, שהוא נראה יותר, ועוד דאמרינן בברכות פרק מי שמתו, כל מילתא דרבנן אסמכוה אלאו דלא תסור, אלמא כרב אויא קיימא לן. **וכתב** רבינו אשר יאמרו לך תעשה, שהוא בלשון עשה, וכתוב בפסוק עצמו - כסף משנה).

אות ל'

ודאי דדבריהם בעי ברכה, ספק דדבריהם לא בעי ברכה

רמב"ם פ"ג מהל' חנוכה ה"ה - בכל יום ויום משמונת הימים האלו גומרין את ההלל, ומברך לפניו: בא"י אמ"ה אקב"ו לגמור את ההלל, בין יחיד בין צבור; אע"פ שקריאת ההלל מצוה מדברי סופרים, מברך עליה אק"ב וצונו, כדרך שמברך על המגילה ועל העירוב, שכל ודאי של דבריהם מברכין עליו; אבל דבר שהוא מדבריהם ועיקר עשייתן לו מפני הספק, כגון מעשר דמאי, אין מברכין עליו; ולמה מברכין על יום טוב שני, והם לא תקנוהו אלא מפני הספק, כדי שלא יזלזלו בו.

השגת הראב"ד: א"א זה הטעם לאביי, אבל רבא חלק עליו ואמר שאין הטעם לדמאי אלא מפני שרוב ע"ה מעשרין הם, אבל ספק אחר אפילו דרבנן מברכין.

(**ודעת** רבינו והגאונים ז"ל לפרש, דרבא לא פליג אהאי טעמא דאביי, דהא בהדיא אמרינן בברכות, ספק קרא ק"ש ספק לא קרא אינו חוזר וקורא ק"ש, מ"ט ק"ש דרבנן, אלמא כל ספק דדבריהם לא בעי מיהדר וברוכי, **אלא** טעמא דרבא, כיון דתקינו רבנן וגזרו על הדמאי כמצוה של דבריהם ממש, הוו להו לתקוני בברכה, אלא משום דרוב עמי הארץ מעשרין הן, עבוד רבנן היכרא דלא לימרו כדאורייתא דמי להו לרבנן. **ומכאן** למדו הגאונים ז"ל לספק מילה שאין מברכין עליה, וזה כדעת הרמב"ן ז"ל, **אבל** הר"א ז"ל סבור דרבא פליג אדאביי, ולרבא כל ספק אפילו בדרבנן בעי ברכה, וכן כתוב בהשגות, וקבלת הגאונים תכריע - מגיד משנה).

באר הגולה

לג תשובת אשכנזית

אות מ' – נ'

חצר שיש לה שני פתחים, צריכה שתי נרות

לא אמרן אלא משתי רוחות, אבל מרוח אחת, לא צריך

סימן תרעא ס"ח - [לד]**חצר** - וה"ה בית, **שיש לו שני פתחים משני רוחות** – (היינו אחת בצפון ואחת במזרח), **צריך להדליק בשתיהן** [לה]**מפני החשד** - שיאמרו בני עירו, מדלא אדליק בהא, באחרת נמי לא אדליק, **וע"כ** אפילו כל הבתים שבחצר שייך לאדם אחד, או שאין לו שם בחצר רק בית אחד, צריך להדליק בשתי הפתחים.

ואם שני הפתחים ברוח אחד, (והם בבית אחד) (כל בו), די לו באחד מהם - הטעם, דהא חזי ליה שהדליק באחד, ומה שלא הדליק בשני, ידעו אנשי עירו שמבפנים הוא בית אחד, ושני הפתחים שייכים לאדם אחד, ודי להדליק במקום אחד, [גמרא, **ולא** חיישינן לחשדא דעלמא, שעוברים ושבים דרך הרחוב, שיסברו שהבית חלוק מתוכו, ויאמרו שהם שני בתים שייכים לשני אנשים, ואחד מהם לא קיים מצות נר, דאנשים נכרים אין מצוין ברחובות משחשך היום].

אבל אם הם בשני בתים, [וכל בית מכוון כנגד פתח בפני עצמו, להמדליקין בפתח החצר], או שבית אחד חלוק מתוכו, [לו]אע"פ שהם של אדם אחד, צריך להדליק בשתיהן, משום חשד, שיחשדו ששני בני אדם דרין שם, [**אף** שכתבנו מתחילה, שידעו אנשי עירו, זהו רק לענין אם הבית חלוק מתוכו או לא, אבל לא לענין זה]. **ויש** מקילין בששתיהן שייכין לאדם אחד, [לז][מג"א].

הגה: ואם מדליק בשני פתחים, אינו מברך רק באחד מהם, ובשני מדליק בלא ברכה (ר"ן); מיהו בזמן הזה שכולם מדליקין בפנים ממש, ואין היכר לבני ר"ה כלל, אפילו יש לחצר או לבית הרבה פתחים להרבה רוחות, אין מדליקים אלא פעם אחת בפנים, כן נ"ל וכן המנהג פשוט - היינו שבזמן הטור, היו מדליקין אצל פתח הבית מבפנים, והיו עושין עכ"פ היכר לעוברים, ע"כ יש חשד כל שאין היכר כראוי לעוברים, **משא"כ** עכשיו, שמדליקין ממש בפנים, ולא איכפת לן כלל לעשות היכר לבני ר"ה, ע"כ לא איכפת לן בחשדא דידהו, [**ומה** דכתב לעיל בס"ז בהג"ה, "ומ"מ המנהג להדליק בטפח הסמוך לפתח", ר"ל המנהג הנכון].

אות ס'

בשביל ארבעה דברים אמרה תורה להניח פיאה בסוף שדהו: מפני גזל עניים, ומפני ביטול עניים, ומפני החשד, ומשום בל תכלה

רמב"ם פ"ב מהל' מתנות עניים הי"ב - אין מניחין את הפאה אלא בסוף השדה, כדי שיהיו עניים יודעין [לח]**מקום שיבאו לו; וכדי שתהיה ניכרת לעוברים ולשבים ולא יחשד; ומפני הרמאים שלא יתכוין לקצור הכל, ואומר לאלו שרואים אותו קוצר סוף השדה: בתחלת השדה הנחתי; ועוד שלא ישמור שעה שאין שם אדם, ויניחנה ויתננה לעני הקרוב לו. עבר והניח הפאה בתחלת השדה או באמצעה, הרי זו פאה, וצריך שיניח בסוף השדה כשיעור הפאה הראויה למה שנשאר בשדה אחר שהפריש את הראשונה.**

באר הגולה

[לד] **מימרא דרב הונא וכדמפרש רבא שם כ"ג** [לה] **והא דאיתא לעיל בסי' צ' ס"ח, דהיכא דיש לבהכ"נ שני פתחים דליכא חשד, התם שאני, דכיון דאי לא מצלי הוי ליה פורק עול מלכות שמים, לא אתי למיחשדיה, א"נ שאני הכא דאית ביה הפסד ממון אתי למיחשדיה טפי, ב"י** [לו] [דרכי משה בשם הכל בו, וכן הסכים הגר"א בביאורו, ומוכיח מן הרש"י היפך מהוכחת המג"א, עיין בדמשק אליעזר ומחה"ש]. ‹**וז"ל** הדמשק אליעזר: מדכתב על "אפי' מרוח אחת נמי": "סבורין הן שהבית חלוק", ולא פי' דהקושיא הוא ג"כ כשבאמת הבית חלוק, רק שהוא של איש א', דאפי' מרוח אחת נמי ליבעי ב' נרות, שמא יסברו שהן של ב' בני אדם, אלא ודאי דס"ל לרש"י, דאה"נ דבזה אף לפי המסקנא צריך ב' נרות, **ועוד** מדכתב בבני מתא, "שיודעין שאין חלוק", ולא כתב שיודעין שהן של איש א', ש"מ דזאת גם בני מתא אינן יודעין, וא"כ אם הבית חלוק, אף מבני מתא צריך ב' נרות אפי' מרוח א', ודלא כמ"א› [לז] ‹**וז"ל**: אבל מלשון רש"י דדוקא כשהן של ב' בני אדם צריך להדליק בשתיהן, ע"ש, אבל של אדם א' א"צ, עכ"ל. **וז"ל** המחה"ש: כתב רש"י וז"ל, חצר שיש לה כו' צריכה שתי נרות כו' משום חשדא, שהרואה יהיה סבור שהבית חלוק והרי הוא של שני בני אדם, ויאמרו האחד לא קיים מצות נר חנוכה, עכ"ל. **ואם** איתא לדברי דרכי משה, דאפילו הן של אדם אחד איכא חשדא שיאמרו שהן של שני בני אדם, א"כ הוה ליה לרש"י לומר שהרואה יהיה סבור שהבית חלוק ויהיה סובר שהוא של שני בני אדם. **ומדכתב** רש"י והרי הוא של שני בני אדם, משמע דוקא כשהאמת כן, שהוא, דהיינו החצר, של שני בני אדם, אלא שאין הבית וחצר חלוק, וא"צ כי אם נר א', והרואה יטעה שהבית חלוק, וכיון שהוא של שני בני אדם, צריך שני נרות, לכל פתח נר א', **אבל** כולי האי לא חיישינן שיטעו שהן של שני בני אדם› ‹**וכתב** הדמשק אליעזר: ודלא כמג"א שכתב, דמלשון רש"י משמע דוקא כשהן של שני בני אדם, וס"ל להמג"א, דברוח אחת דליכא חשדא, אה"נ דאפי' בבית חלוק כשהוא של אדם א', א"צ לחוש לחשדא, **והא** ליתא, דכוונת רש"י, דמצד הדין היה, אף שהבית חלוק רק אם הוא אדם א', יוצא בפתח א', אך דתקנו משום חשדא, ויש נ"מ, דצד א' אין חוששין לחשדא, שיאמרו דהבית חלוק, אבל לחשדא דשני בני אדם, היכא דבאמת הבית חלוק, איכא חשדא אף לבני מתא, משא"כ בשני רוחות, איכא חשדא אף כשבאמת אין בית חלוק. **והנה** לכאורה נפלאת דברי רש"י, שכתב "כדמפרש טעמא משום חשדא, שהרואה יהא סבור" כו', והא ליתא, דהלא מסקנת הגמ' דלא חיישינן לחשדא דעלמא, ובני מתא יודעין אם הבית חלוק, **לכן** נ"ל ברור דצ"ל נקוד ב' נקודות אחר מש"כ "כדמפרש טעמא", והאי "משום חשדא" הוא ד"ה אחר, ומציין על מש"כ בגמ' "אילימא משום חשדא", ע"ז מפרש "שהרואה סבור" כו', ותחילה כתב רש"י סתם צריכה ב' נרות נר לכל פתח, "כדמפרש טעמא", והיינו מסקנת הגמ', "דזמנין מחלפי בהאי ולא מחלפי בהאי ואמרי כי היכי דבהאי פתחא לא אדליק" כו' - דמשק אליעזר› [לח] ‹ולא יצטרכו לבטל ממלאכתן כל היום, שיהיו עיניהם נשואות על שדה אחת מתחלת קצירתו לומר עכשיו יניח פאה, אבל מתוך שיודעין שאין מניח אלא בסוף שדהו, הולכין למלאכתן ובאין בזמן שמשערין שגומר הקצירה – דרך אמונה›

עין משפט נר מצוה

מג א מיי' פ"ד מהל' חנוכה הל' ד סמג עשין ה טוש"ע א"ח סי' תרעא סעיף ג:
מד ב מיי' שם טוש"ע שם סעיף ד:
מה ג ד מיי' פ"ד מהל' חנוכה הל' יד טוש"ע א"ח סי' רסג סעי' ג' וסי' רצו סעיף ה וסי' תרעח:
מו ה מיי' פ"ה מהל' שבת הל' א' סמג לאוין סה טוש"ע א"ח סי' רסג סעיף א ב:
מז ו [מיי' פ"ד מהל' חנוכה הל' ה] טוש"ע א"ח שם סעיף ד:
מח ז מיי' פי"א מהל' תרומות הלכה א:

ומפני ביטול עניים שלא יהו עניים יושבין ומשמרין עכשיו מניח בעה"ב פאה ומפני חשד שלא יהיו עוברין ושבין אומרים תבא מארה לאדם שלא הניח פאה בשדהו ומשום °בל תכלה אטו כולהו לאו משום בל תכלה נינהו אמר רבא מפני הרמאין: אמר רב יצחק בר רדיפה א"ר הונא "נר שיש לה שני פיות עולה לב' בני אדם אמר רבא "מילא קערה שמן והקיפה פתילות כפה עליה כלי עולה לכמה בני אדם לא כפה עליה כלי עשאה כמין מדורה ואפילו לאחד נמי אינה עולה: אמר רבא פשיטא לי "נר ביתו ונר חנוכה נר ביתו עדיף משום שלום ביתו נר ביתו וקידוש היום נר ביתו עדיף משום שלום ביתו בעי רבא נר חנוכה וקידוש היום מהו קידוש היום עדיף דתדיר או דילמא נר חנוכה עדיף משום *פרסומי ניסא בתר דאבעיא הדר פשטה "נר חנוכה עדיף משום פרסומי ניסא: אמר רב הונא "הרגיל בנר הויין ליה בנים תלמידי חכמים הזהיר במזוזה זוכה לדירה נאה הזהיר בציצית זוכה לטלית נאה הזהיר בקידוש היום זוכה וממלא גרבי יין רב הונא הוה רגיל דהוה חליף ותני אפתחא דרבי אבין נגרא חזא דהוה רגיל בשרגי טובא אמר תרי גברי רברבי נפקי מהכא נפקי מינייהו רב אידי בר אבין ורב חייא בר אבין רב חסדא הוה רגיל דהוה חליף ותני אפיתחא דבי נשא דרב שיזבי חזא דהוה רגיל בשרגי טובא אמר גברא רבא נפק מהכא נפק מינייהו רב שיזבי דביתהו דרב יוסף הות מאחרה ומדלקת לה אמר לה רב יוסף תניא *לא ימיש עמוד הענן יומם ועמוד האש לילה מלמד שעמוד ענן משלים לעמוד האש ועמוד האש משלים לעמוד הענן סברה לאקדומה אמר לה ההוא סבא תנינא ובלבד שלא יקדים ושלא יאחר: °אמר רבא דרחים רבנן הוו ליה בנין רבנן[א] דמוקיר רבנן הוו ליה חתנוותא רבנן[ב] דדחיל מרבנן הוא גופיה הוי צורבא מרבנן ואי לאו בר הכי הוא משתמען מיליה כצורבא מרבנן: ולא בשמן שריפה וכו': מאי שמן שריפה אמר רבה "שמן של תרומה שנטמאה ואמאי קרו לה שמן שריפה הואיל ולשריפה עומד ובשבת מ"ט לא מתוך שמצוה עליו לבערו גזרה שמא יטה א"ל אביי אלא מעתה ביו"ט לישתרי אלמה תנן *אין מדליקין בשמן שריפה ביו"ט גזרה יו"ט אטו שבת רב חסדא אמר לשמא יטה לא חיישינן אלא הכא ביו"ט שחל להיות ע"ש עסקינן לפי *שאין שורפין קדשים ביו"ט והא מדקתני סיפא אין מדליקין בשמן שריפה ביו"ט מכלל דרישא לאו ביו"ט עסקי' א"ר תנינא מסורא מה טעם קאמר מה טעם אין מדליקין בשמן שריפה ביו"ט לפי שאין שורפין קדשים ביו"ט תניא

תורה אור
ויקרא יט
שמות יג

רש"י

ומפני בטול עניים · שלא היו יודעים מתי יקצור אותם: מפני החשד · שהעוברין רואין בגמר קצירו שהוא מכלה את הכל לא ידעו שנתנה כבר: ומשום לא תכלה · דמשמע שעת כילוי: אטו כולהו · האי דאמרן לא טעמא דלא תכלה קא מפרשי מאי שנא שעת כילוי: אמר רבא מפני הרמאין · העוברין על לא תכלה ואומרים כבר הנחתיה: שתי פיות · שהנרות שלהם של חרס הן ומכוסין ועושים לו נקב בלדי כסויו להכניס לו הפתילה והוא הפה ולמעלה בכיסויו יש נקב קטן וגם חלל יש למעלה מן הכסוי וממלאו שמן והוא נכנס דרך הנקב מעט מעט אם יש בו שני נקבים משני לדדין עולה לשני בני אדם למהדרין העושין נר לכל אחד ואחד: עשאה כמדורה · שהאש מתחברת לאמצעיתה ואינו דומה לנר: נר ביתו ונר חנוכה · נר ביתו בשבת והוא עני ואין לו כדי לקנות שמן לשתי נרות: שלום ביתו · והכי אמרינן לקמן (דף כה:) ותזנח משלום נפשי זו הדלקת נר בשבת שבני ביתו מצטערין לישב בחשך: בנים תלמידי חכמים · דכתיב (משלי ו) כי נר מצוה ותורה אור על ידי נר מצוה דשבת וחנוכה בא אור דתורה: דרבי אבין נגרא · חרש עצים: בשרגא · דשבת: חליף ותני · עובר ושונה כלומר עובר תמיד: דבי נשא(א) · אביו ואיכא דאמרי חמיו: נפק מינייהו דחתנו כבנו: מאחרה ומדלקת · נר של שבת סמוך לחשכה: לא ימיש · קרא יתירא הוא להך דרשה דהא כתיב וה' הולך לפניהם יומם: עמוד הענן · של יום משלים אורו לעמוד האש שהיה עמוד האש בא קודם שישקע עמוד הענן אלמא אורח ארעא בהכי: לאקדומי · בעוד היום גדול: תנינא · שונה אני: שלא יקדים · דלא מינכרא שהיא של שבת: דרחים · אוהב: הוו ליה בנין רבנן(ב) ואהבתו עליהם כאב על בן: ואי לאו בר הכי (ג) · שאינו רגיל לעסוק בתורה: ולשריפה עומד · שאסור באכילה: שמצוה עליו לבערו · דילמא אתי ביה לידי תקלה דאכילה: שמא יטה · כדי שיתבער מהר: ביום טוב · דליכא למיחש להטייה לישתרי: בערב שבת · והוא צריך להדליקה מבעוד יום נמצא שורף קדשים ביו"ט ולקמן בפרקין (דף כד:) ילפינן מקראי דאין שורפין:

תוספות

הדר פשטה נר חנוכה עדיף משום פרסומי ניסא · ונראה לרשב"א כשחל ר"ח טבת להיות בשבת שיש להפטיר בנרות דזכריה משום פרסומי ניסא ולא בהשמים כסאי שהיא הפטרת ר"ח ועוד כיון שהמפטיר קורא בשל חנוכה יש לו להפטיר מענין שקרא ומה שמקדימים לקרות בשל ר"ח משום דבקריאת התורה כיון דמצי למיעבד תרווייהו תדיר ופרסומי ניסא עבדינן תרווייהו ותדיר קודם אבל היכא דלא אפשר למעבד תרווייהו פרסומי ניסא עדיף ועוד דבקריאת התורה אין כל כך פרסומי ניסא שאינו מזכיר בה נרות כמו בהפטרה ועוד נראה לרשב"א דעל כן הקדימו של ר"ח כדי שהמפטיר יקרא בשל חנוכה ויפטיר בנרות דזכריה:

ה"ג חזא דהוו רגילי בשרגא · פי' הבעל והאשה לכך אמר תרי גברי רברבי נפקי מהכא ולקמן אמר חזא דהוה רגילה האשה לבדה לכך קאמר דנפיק חד גברא רבא בזוגתה:

דבי נשא דרב שיזבי · אומר ר"ת דכבר נפטר אביו לכך קאמר בהאי לישנא דאי מחיים הוה ליה למימר דבי אבוה ואומר ר"ת בשם רבינו שמואל שכשכותבין כתובה אם אבי הכלה מחיים כותבין דהנעלת ליה מבי אבוה ואם כבר מת כותבין דהנעלת ליה מבי נשא ולרשב"א נראה דאפי' מחיים אשכחן דקאמר בי נשא בפרק מי שהחשיך (לקמן דף קנו.) לוי בריה דרב הונא בר חייא אשכחיה לגבלא דבי נשא דקגביל וספי לתוריה במש ביה אתא אבוה אשכחיה כו' ויכול לכתוב בכתובה כאשר ירצה*:

גזרה יו"ט אטו שבת · וא"ת בכל שמנים שאין מדליקין בהן בשבת נגזור יו"ט אטו שבת ובמתני' תנן אין מדליקין בשמן שריפה ביו"ט משמע דבשאר שמנים מדליקין וי"ל דבשאר שמנים דכיון דאין נמשכין אחר הפתילה כי שרי ביו"ט לא אתי למישרי בשבת דפשיטא הוא דאיכא למיגזר בהן שמא יטה אבל שמן שריפה אי שרי ביו"ט איכא למטעי ואתי למשרי בשבת כיון דנמשך אחר הפתילה לפי שאינו פשוט לעולם דטעמא דמתוך שמצוה עליו לשורפו גזרה שמא יטה הקשה ה"ר אליעזר דהכא מפרש רבה דטעמא גזרה יו"ט אטו שבת ולקמן (דף כד:) מפיק מקרא דהוא לבדו והשיב לו רבינו שמואל דע"כ לקמן הוי רבא שהוא אחר אביי והכא רבה שהרי משיב לו אביי תלמידו וגם פליג עליה רב חסדא חבירו אקשה מאי פריך הכא אביי אלא מעתה ביו"ט לישתרי והוא גופיה מפיק לקמן דאין מדליקין בשמן שריפה מעולת שבת בשבתו ונראה לפרש דאביי ורבא לקמן לא קיימי אמאי דקאמר מ"ט אין מדליקין לפי שאין שורפין קדשים ביו"ט ולית להו האי גזרה [תרומה אטו קדשים] אלא קיימי לפרושי מנ"ל שאין שורפין קדשים ביום טוב ורשב"א מפרש הכי אלא מעתה ביום טוב לישתרי אי אמרת בשלמא דמיירי ביום טוב שחל בערב שבת וטעמא לפי שאין שורפין קדשים ביום טוב כדמוקי לה רב חסדא שפיר אלא כיון שאמרת טעמא דאין מדליקין בשבת גזירה שמא יטה השתא לא מצי לפרושי דביום טוב אין מדליקין לפי שאין שורפין קדשים ביו"ט דהא מה שייך יו"ט למיתני הכא כיון דביו"ט טעמא אחרינא הוא אלא צריך לפרש דביו"ט נמי שמא יטה ומאי יטה שייך ביו"ט ולפי"ז מתיישב לישנא אלא מעתה דמשמע שיש לפרש בענין אחר שלא יקשה ביו"ט לישתרי ולא קשה דאביי אדאביי ואם תאמר דהכא גזר רבה יו"ט אטו שבת ושבת גופיה שמא יטה א"כ סבר דגזרינן גזרה לגזרה ובריש פירקין קאמר היא גופה גזרה ולמה ניקוס ונגזור גזרה לגזרה · ולא

[ועי' תוס' ב"ב קט. ד"ה אמגלא]

רבינו חננאל

דתניא ר' שמעון בשביל ד' דברים אמרה תורה תנה פאה בסוף שדה מפני החשד כו' אמר רב הונא [נר] שיש לו ב' פיות עולה לב' בני אדם אמר רבא מילא קערה שמן והקיפה פתילות עולה מנין פתילות לבני אדם · אלו הן המהדרין שצריכין נר לכל אחד ואחד ואם לא כפה עליה כלי נעשית כמדורה ואפילו לאחד אינו עולה · אמר רבא נר ביתו עדיף מנר חנוכה וקידוש היום משום שלום ביתו שנאמר (איוב ה) וידעת כי שלום אהלך ונר חנוכה עדיף מקדוש היום כדי לפרסומי ניסא · אמר רב הונא הרגיל בנר הויין לו בנים ת"ח הזהיר במזוזה כו' · דביתהו דרב יוסף הוית מאחרה ומדלקה סמוך לחשיכה בע"ש · אמר רב יוסף תנינא לא ימיש עמוד הענן יומם וגו' מלמד שעמוד הענן משלים לעמוד האש כלומר בא עמוד האש ועדיין עמוד הענן קיים · סברה לאקדומי טובא תנא ליה ההוא סבא ובלבד שלא יקדים ובלבד שלא יאחר אלא בעת שקיעת החמה קודם כמעט תהית הדלקה: ולא בשמן שרפה · אוקמה רב חסדא ביו"ט שחל להיות ע"ש עסקי' דבעי' אדלוקי נר של שבת מבעוד יום ונמצא מדליק ביו"ט ואין מדליקין שמן שרפה ביו"ט דקיי"ל שאין שורפין קדשים ביו"ט ותניא

מסורת הש"ס

[ברכות יד.]
[תוספתא סוטה פ"ד]
[לקמן כד:]
[לקמן כד: מנחות מו:]

הגהות הב"ח

(א) רש"י ד"ה דבי נשא כו' נ"ב ע"ל בדף קנו. ע"ב מבואר דבי נשא פי' אביו: (ב) ד"ה הוו ליה בנין רבנן הוא"ל והכתבו: (ג) ד"ה ואי לאו בר הכי הוא שאינו:

הגהות הגר"א

[א] גמ' דמוקיר רבנן. נ"ל דדחיל מרבנן: [ב] שם דדחיל מרבנן. נ"ל דמוקיר רבנן:

גליון הש"ס

גמ' אמר רבא דרחים רבנן. עי' מכות יד"ל פ"ה:

§ מסכת שבת דף כג: §

אות א'

נר שיש לה שני פיות, עולה לשני בני אדם

סימן תרעא ס"ג - [א]נר שיש לו שתי פיות, עולה לו בשביל שנים - היינו שהפתילות מבפנים מונחים בנר זה אצל זה, רק ראשי הפתילות כשבולטין לחוץ, נחלקין לשתי מקומות, [ב][רש"י], **וקמ"ל**, דאע"פ שמבפנים אינן מובדלין הפתילות כלל זה מזה, מ"מ כיון שבמקום הנחתן בפה מינכר שהם שתים, נחשבות כשתים, [ב"ח].

משמע מלשון זה, דאפילו למהדרין, העושין נר לכל אחד, ג"כ יועיל זה לשני בני אדם, [ג]**ועיין** במ"א שדעתו, דלפי מאי דאיתא לעיל בהג"ה, דלדידן דמוסיפין בכל לילה נר אחד לכל אחד מן הבית, צריך כל אחד להדליק נרותיו במקום מיוחד, לא ידליקו שני אנשים בנר אחד, ואפילו בלילה הראשונה יש ליזהר בזה, [היינו אף דטעם הג"ה הוא כדי שלא יטעו לומר דריבוי הנרות הוא מכמה בני אדם ולא מן הוספה, וזה לא שייך בלילה ראשונה דאין מדליקין בו כי אם נר אחד, מכל מקום משום לא פלוג יש ליזהר אף בלילה הראשונה, **ומ"מ** איתא לדינא דשו"ע דעולה בשביל שנים, לאיש אחד מליל ראשון ואילך, **ועיין** בא"ר שחולק על המ"א, ודעתו, דבלילה הראשונה יש להקל, ובשעת הדחק נראה דיש לסמוך ע"ז], **ואפשר** דוקא נר אחד שיש לו רק שני פיות, אבל במנורות שלנו שיש להן ח' פיות, מותר להדליק שני בני אדם, זה בקצה זה, וזה בקצה זה, שהרי רואין שהדליקו שנים, דאל"כ היה מדליק כסדר אחד אצל חבירו, **וכן** נוהגין העולם.

אות ב'

מילא קערה שמן והקיפה פתילות, כפה עליה כלי עולה לכמה בני אדם; לא כפה עליה כלי עשאה כמין מדורה, ואפילו לאחד נמי אינה עולה

סימן תרעא ס"ד - [ד]מילא קערה שמן והקיפה פתילות, אם כפה עליה כלי, כל פתילה עולה בשביל נר אחד - שעי"ז אין מתחברים כל הפתילות יחד, **ודוקא** כשכפה ואח"כ הדליק, אבל אם הדליק ואח"כ כפה, צריך לכבות ולכסות בכלי, ולחזור ולהדליק.

לא כפה עליה כלי, אפי' לנר אחד אינו עולה, לפי שהוא כמדורה - שמתחברות כל הלהב יחד, (וה"ה כשהקיף נרות בעיגול, עד שעי"ז יוכל להתחבר הלהב, ג"כ דינא הכי).

הגה: ולכן יש ליזהר להעמיד הנרות בשורה בשוה ולא בעגול, דהוי כמדורה (הג"מ בשם סמ"ק) - ודוקא בשורות שוה, שלעשות אחד נכנס ואחד יוצא, ג"כ אינו כדאי, שלא יבוא לעשות בעיגול.

ואם יש הפסק מחיצה בין נר לנר, וכרחב אצבע ביניהן, מותר ואפילו לא כפה עליה כלי, [א"ר, ולא כפמ"ג], וכן נוהגין, דדוקא בקערה שאין שום הפסק בין נר לנר.

ומותר להדליק בפמוטות - של נחושת, **שקורין לאמפ"א** - העשויין קנים קנים יוצאין סביבות בעיגול, שהקנים חלולין, ומחיצת כל קנה מפסיק בינו לבין חבירו, **מאחר שכל נר מובדל הרבה מחבירו (ת"ה)**.

משמע מלשון זה דתרתי בעינן, דהיינו שיהיו ג"כ מובדלים הקנים אחד מחבירו (שתי אצבעות - שם), לבד מה שיש לכל קנה מחיצה בפני עצמה, [פמ"ג], **ועיין** בא"ר שכתב, דדי ברחב אצבע.

מותר להדליק כו' - (וכתבו האחרונים בשם רש"ל, **דאף דמן הדין מותר, מ"מ אין זה הידור לנר חנוכה**).

ויזהרו כשעושים נרות אפי' בשעוה, שאין לדבקן ביחד ולהדליקן, דהוי כמדורה (פסקי מהר"י) - אפילו להדביק שנים ביחד אסור, וכ"ש ד' או ה' דודאי נראה כמדורה, **וה"ה** כשמדבקין נרות שעוה בכותל, יראה שיהיו מרווח אחד מחבירו, עכ"פ כשיעור אצבע.

אפי' בנרות של שבת ויו"ט יזהרו שלא לעשות כן (א"ז) - (מלשון זה משמע, דאף בשבת ויו"ט יש ליזהר שלא לעשות כן, ואינו כן, דבשבת ויו"ט מצוה לעשות כרוכים, ולענ"ד נראה דחסר כאן פרט אחד, דהיינו כשמדבקין אותן אחר הדלקתן, עד שעי"ז מתחממות ונופלות, וזה באמת אסור בין בחנוכה ובין בשבת ויו"ט).

אות ג' - ד'

נר ביתו ונר חנוכה, נר ביתו עדיף, משום שלום ביתו; נר ביתו וקידוש היום, נר ביתו עדיף, משום שלום ביתו נר חנוכה וקידוש היום... נר חנוכה עדיף, משום פרסומי ניסא

סימן רסג ס"ג - [ה]אם אין ידו משגת לקנות נר לשבת ולקידוש היום, נר שבת קודם - ואע"ג דקידוש דאורייתא, מ"מ על היין דרבנן, דמן התורה יוצא בתפלה, וכמו שנכתוב בסי' רע"א, **ועוד** דהא יכול לקדש על הפת. **וכן אם אין ידו משגת לקנות נר לשבת ונר לחנוכה, נר שבת קודם משום שלום הבית, דאין שלום בבית בלא נר.**

באר הגולה

| א | מימרא דרב הונא שם כ"ג | ב | (ונראה דהך נר אינה כצורת פמוטות שלנו שקורין אותו לאמפ"א, שכל נר יש לו חלל כמו מרזב בפני עצמו, אלא כפירוש רש"י - ב"ח) | ג | (וז"ל: פירש"י שני בני אדם למהדרין העושים נר לכל א'. ונ"ל דלדידן דמוסיפין בכל לילה, לא ידליקו ב' אנשים בנר א', דאז לא יהיה היכר כמה נרות מדליקין, כמ"ש בהג"ה, ע"כ) | ד | מימרא דרבא שם | ה | שבת כ"ג

ואם יש לו נר אחד, סגי, ויוציא המותר לקידוש או לנר חנוכה, וגם לחנוכה בנר אחד סגי, **ואם** יש לו נר אחד לשבת ונר אחד לחנוכה, ויש לו עוד מעט מעות, נ"ל דטוב יותר לקנות עוד נרות לחנוכה להיות מן המהדרין.

(ואם אין ידו משגת לקנות יין לקידוש ולקנות נר חנוכה, ע"ל סימן תרע"ח).

סימן רצו ס"ה - [ז]**אם אין ידו משגת לקנות שמן לנר חנוכה ויין להבדלה, נר חנוכה קודם** - משום דפרסומי ניסא עדיף, **ועוד** דעיקר מצות הבדלה נוכל לקיים בתפלה.

סימן תרעח ס"א - [ח]**מי שאין ידו משגת לקנות נר חנוכה ונר שבת, יקנה נר שבת מפני שלום ביתו. (וע"ל סי' רס"ג ס"ג)** - דמבואר שם, דאם אין ידו משגת לנר שבת וקידוש היום, ג"כ נר שבת קודם.

ואם יש לו נר אחד לביתו, סגי, אע"ג דטוב וראוי שיהיה ב' נרות לשבת, מ"מ במקום הדחק די שיהיה נר אחד על השולחן שאוכל, והשאר לנר חנוכה, ולהוי מן המהדרין, [דענין מהדרין נזכר בגמ'].

י"א דבזה"ז שמדליקין בפנים, יקנה לנר חנוכה, שהרי לא ישב בחושך, ואע"פ שאסור להשתמש לאורה, הוי כשעת הסכנה, דאיתא לעיל בסימן תרע"א ס"ה, דמניחה על שולחנו, [**ואף** דשם איתא, דצריך נר אחר להשתמש לאורו, התם משום היכר צריך נר אחר, דלא יאמרו לצורכו הדליקה, ובאמת אם אין לו נר אחר, נמי מותר, ואף דע"כ משתמש על שלחנו בו], **אבל** רוב האחרונים הסכימו, דאין לחלק בזה בין זמן הגמרא לזמנינו, [**ומשמע** דדעתם, דאם ידלקו לנר חנוכה, יהיה אסור להשתמש לפניו].

[ח]**ואם יש לו לשל שבת, ואין לו לנר חנוכה ולייןlקידוש היום, יקנה לנר חנוכה** - היינו נר אחד, והמותר ליין קידוש, **משום פרסומי ניסא** - וקידוש הלא יכול לקדש בפת, **ובלא"ה** קידוש על היין הוא רק מדרבנן, דמן התורה יוצא בזכירת דברים בעלמא.

ומיירי דיש לו פת, דאי אין לו פת, קניית הפת דוחה אפי' לנר של שבת, וכ"ש נר חנוכה וקידוש היום.

הגה: וה"ה נר חנוכה קודם ליין הבדלה - משום האי טעמא, **וע"ל סי' רצ"ו סעיף ה'** - אין נזכר שם יותר מכאן, ונראה דצ"ל: כדלעיל בסימן וכו'.

אות ה'

הרגיל בנר, הויין ליה בנים תלמידי חכמים

סימן רסג ס"א - [ט]**יהא זהיר לעשות נר יפה** - הנה עיקר הדלקת הנר הוא חובה משום מצות עונג שבת, ומחמת הידור מצוה יראה לעשותו יפה.

ואיתא בש"ס, דזוכה עבור זה לבנים תלמידי חכמים, דכתיב: כי נר מצוה ותורה אור, ע"י נר מצוה דשבת בא אור דתורה, **ולכך** ראוי שתתפלל האשה אחר שתגמור ההדלקה והברכה, שיתן לה הקב"ה בנים זכרים מאירים בתורה.

[י]**ויש מכוונים לעשות ב' פתילות, אחד כנגד זכור ואחד כנגד שמור. הגה: ויכולין להוסיף ולהדליק ג' או ד' נרות, וכן נהגו. האשה ששכחה פעם אחת להדליק, מדלקת כל ימיה ג' נרות (מהרי"ל), כי יכולין להוסיף על דבר המכוון נגד דבר אחר, ובלבד שלא יפחות (אשר"י ומרדכי).**

סימן רסג ס"ב - [יא]**אחד האנשים ואחד הנשים, חייבים להיות בבתיהם נר דלוק בשבת; אפי' אין לו מה יאכל, שואל על הפתחים ולוקח שמן ומדליק את הנר, שזה בכלל עונג שבת הוא.**

אות ה'* [יב]

סימן תרעא ס"א - [יג]**צריך ליזהר מאד בהדלקת נרות חנוכה** - ואמרינן בגמרא: הרגיל בנר הויין לו בנים ת"ח, שנאמר: כי נר מצוה ותורה אור, ופירש"י ע"ז: נר מצוה דשבת וחנוכה.

ואפילו עני המתפרנס מן הצדקה שואל - על הפתחים, **או מוכר כסותו** - או משכיר עצמו, **ולוקח שמן להדליק** - משום פרסומי ניסא, **אבל** אינו מחוייב בכל זה רק בשביל נר א' בכל לילה.

(ונלמד כן מדין ד' כוסות, דזה וזה הוי משום פרסומי ניסא, **ולפי"ז** נראה, דהגבאים מחוייבים ליתן לו נרות להדליק, כמו בד' כוסות, מיהו נראה, דאין צריכין ליתן לו כי אם נר אחד בכל לילה, דהיינו נר איש וביתו, דיותר הוי מן המהדרין, ואין חיוב ליתן לו).

אות ו'

ובלבד שלא יקדים ושלא יאחר

סימן רסג ס"ד - [יד]**לא יקדים למהר להדליקו בעוד היום גדול** - היינו כשהוא זמן הרבה קודם תוספת שבת, **שאז אינו ניכר שמדליקו לכבוד שבת** - וזמן תוספת שבת להשו"ע הוא מעט קודם סוף השקיעה, (וכשמדליק זמן הרבה קודם לזה, הוא בכלל לא יקדים, ואפי' אם הוא בתוך שעור ד' מילין המבוארין לעיל, **ואף** דמבואר לעיל בהמחבר דיכול להוסיף עד התחלת ד' מילין, היינו בשקיבל עליו

באר הגולה

[ו] מהא דשבת כ"ג לענין קידוש היום [ז] מימרא דרבא שבת כ"ג [ח] שם בעיא והדר פשטא [ט] טור מהא דר' הונא שבת כ"ג ‹וז"ל: דאמר רב הונא הרגיל בנר שבת, להשתדל בו לעשותו יפה, הויין ליה בנים ת"ח, ע"כ. **והקשה** הב"ח: דהא סתמא קאמר הרגיל בנר הויין ליה בנים ת"ח, ומנ"ל לפרשו לעשותו יפה, ותירץ משום דהדלקת הנר חובה, וא"כ ע"כ הא דזוכה לבנין רבנן, היינו אם עושה יותר מחיובו, לעשות נר יפה, וכן דחנוכה נמי, הוי פירושו שעושהו יפה, ע"כ. **אמנם** השו"ע לא כתב לשון זה בחנוכה, ע"ש וצ"ע› [י] טור והכל בו [יא] לשון הרמב"ם מהא דרב שבת כ"ה ‹איך זה שייך לענין של "הרגיל בנר", וצ"ע› [יב] ‹ע"פ הגר"א› [יג] רמב"ם ממשנה דאפי' עני שבישראל וכו' פסחים צ"ט, וה"נ משום פרסומי ניסא [יד] שם ‹שבת כ"ג›

שבת מאותו הזמן ועשה אותו לתוספת, ובכאן הלא איירי בלי קבלה, ולדעת הגאונים דמתחילת השקיעה הוא זמן בה"ש, א"כ זמן התוספת הוא זמן מועט קודם לזה, ולא יקדים הוא זמן הרבה קודם לזמן הזה), **ועיין** בסי' רס"א במ"ב, דמסקינן שם, דמי שפורש עצמו ממלאכה חצי שעה או עכ"פ שליש שעה קודם השקיעה, אשרי לו, דהוא יוצא בזה ידי כל הראשונים.

(לפי מה דמבואר לקמן בס"י בהג"ה, דהמנהג דאשה כשמדלקת מסתמא מקבלת שבת בזה, א"כ תוכל שפיר להקדים עד זמן פלג המנחה, **אם** לא כשמתנית שאינה מקבלת שבת בזה).

וגם לא יאחר - היינו היכא שהוא מדליק בצמצום בסוף זמן המותר, [טו]**והטעם**, משום דשמא בין כך ובין כך יאחר הזמן, וע"ל בסימן רס"ב ס"ג במ"ב.

[טז]**ואם רוצה להדליק נר בעוד היום גדול ולקבל עליו שבת מיד** - היינו שיפרוש עצמו מכל מלאכות האסורות, ואפילו מאותם דברים שהם אסורים מדרבנן, **רשאי, כי כיון שמקבל עליו שבת מיד, אין זו הקדמה, ובלבד שיהא מפלג המנחה ולמעלה** - אבל קודם פלג המנחה אין קבלתו קבלה אף בדיעבד, ועיין בסימן רס"א ס"ב במ"ב.

שהוא שעה ורביע קודם הלילה - היינו צאת ג' כוכבים, **ודעת** הלבוש והגר"א, דפלג המנחה הוא שעה ורביע קודם השקיעה, **ולכו"ע** שעה ורביע זו היא שעה זמנית, דהיינו שמתחלק כל יום לי"ב חלקים לפי שעותיו, בין שהוא ארוך או קצר, להשו"ע מתחלק מעה"ש עד צאת הכוכבים, ולהלבוש והגר"א מזריחת השמש עד השקיעה.

(ועיין בסי' רס"א במ"א שהביא בשם הב"ח, דיש לחוש לדעת הר"א ממיץ, ולפרוש עצמו ממלאכה שתי שעות קודם הלילה, ומשמע מיניה דלא חשש לדעת השו"ע שפסק דלא יקדים יותר משעה ורביע, **ולמעשה** בודאי יש לסמוך על הב"ח והמ"א, דיוכל לקבל עליו שבת שתי שעות קודם הלילה, דאף דבסי' זה סתם הרמ"א ולא חלק על המחבר, בסי' רס"א ס"א בהג"ה העתיק שם בשם מהרי"ו, ע"ש, משמע דס"ל דעל שתי שעות קודם הלילה חלה הקבלה, **ובפרט** דדעת הלבוש והגר"א הנ"ל דפלג המנחה הוא שעה ורביע קודם השקיעה).

הגה: וע"ל סימן רס"ז. ואם היה הנר דלוק מבעוד היום גדול - אפילו אם היה אחר פלג המנחה, ומיירי שהיה דלוק לענין אחר, **יכבנו ויחזור וידליקנו לצורך שבת.**

אבל אם הדליק לצורך שבת, אף שלא קבל עליו שבת בהדלקתו, מ"מ אין צריך לכבותו, אף דלכתחלה לא היה לו להדליק כ"כ מקודם, שאינו ניכר שמדליקין לצורך שבת, מ"מ בדיעבד שפיר דמי, (**ואם** נרצה להחמיר לכבות ולחזור להדליק, כדי שתהיה ההדלקה בזמנה, ולא יעבור על לא יקדים, יצא שכרו בהפסדו, דתהיה ברכתו הראשונה לבטלה).

(וכ"ז כשהיה ההדלקה אחר פלג המנחה, אבל אם הדליק קודם פלג המנחה לצורך שבת, אפילו אם קבל עליו שבת מאותו הזמן, אין הדלקתו מועילה כלום אף דיעבד, וצריך לכבות ולחזור ולהדליק ולברך).

[יז]**סימן תרע"ב ס"א - [יח]אין מדליקין נר חנוכה קודם שתשקע החמה, אלא עם סוף שקיעתה, לא מאחרים ולא מקדימים** - (הוא מלשון הרמב"ם, עיין בר"ן ורשב"א דפליגי ע"ז, והנה מקור הרמב"ם כתב הרה"מ שהוא ממה דאיתא בשבת כ"ג: ובלבד שלא יקדים ולא יאחר, ויפרש לה דאיירי בחנוכה, **ולפי"ז** לרוב הפוסקים דמפרשי לה דאנר של שבת קאי, תו אין לנו מקור לדינו של הרמב"ם, וגם הטור בסי' רס"ג נסיב לה לענין שבת, **וקצת פלא** על השו"ע דסתם בסי' רס"ג ס"ד לענין שבת וגם בעניננו לענין חנוכה, **ואולי** דבעניננו סובר הטור ואפשר גם להרמב"ם שהוא מצד הסברא, שאינו ניכר לפרסומי ניסא כשמקדים, דשרגא בטיהרא מאי מהני, **אבל** קשה, דהתינח אם מפרש משתשקע החמה כפשטיה, נוכל לומר שקודם שקיעה שאור היום גדול לא מינכר אור הנר וליכא פרסומי ניסא, אבל כיון שהעתיק השו"ע כפירושו של הטור והמרדכי, דהיינו מסוף שקיעה והוא צאת הכוכבים, בודאי כשמקדים קצת כערך רבע שעה והוא זמן ביהש"מ או מעט יותר, איכא היכר שהוא ללילה, **ותדע** בשבת ג"כ פסק השו"ע שם שלא יקדים מטעם שאינו היכר שמדליקו לכבוד שבת, ואפ"ה ידוע שמוכרח לכו"ע להדליקו קודם ביה"ש הנ"ל, וע"כ אנו צריכין לומר דמה שאמרו ובלבד שלא יקדים היינו דוקא שמדליקו בעוד היום גדול, שאז אינו מינכר שהוא לכבוד שבת, וכן בעניננו שהוא לשם חנוכה, וכן מוכח לשון השו"ע שם עי"ש, אבל לא כשמדליקו רבע שעה או אפילו חצי שעה לערך קודם צה"כ. **והנה** הטור כשהעתיק מסוף שקיעה לא העתיק "ובלבד שלא יקדים", והרמב"ם שהעתיק "ובלבד שלא יקדים", לא העתיק מסוף שקיעה, אלא כתב שמדליקין עם השקיעה, וכונתו ממש קודם השקיעה, ואפי' אם נפרש דהרמב"ם סובר כר"ת וסייעתו דהיינו השקיעה השנייה, ג"כ אנו מוכרחין לומר דזמן של בין השמשות ומעט יותר כעשרה מינוט מקודם, דהוא בס"ה לערך כ"ה מינוט קודם צה"כ, אינו בכלל "ובלבד שלא יקדים", והראיה משבת, וכ"ש לפי מה שבירנו לעיל בסימן רס"א מכמה פוסקים, דהרמב"ם סובר דצריך להדליק נרות בע"ש קודם שנתכסה השמש מעינינו, והוא הנקרא שקיעה, א"כ בודאי כשמדליק אפי' קודם שקיעה ג"כ אינו בכלל שלא יקדים, אך שלא יקדים הרבה קודם שקיעה, דזהו מה שאמרו "ובלבד שלא יקדים". **היוצא מדברינו**, דהמחבר שהעתיק כטור מסוף שקיעה, וצירף לזה דברי הרמב"ם שלא יקדים, הוא צע"ג).

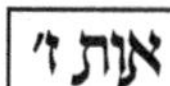

שמן של תרומה שנטמאה

רמב"ם פי"א מהל' תרומות ה"א - ומדליק את הטמא, וזהו הנקרא שמן שריפה בכל מקום.

באר הגולה

טו (וצ"ע, שהרי בגמ' משמע דאין זה מצד חילול שבת, אלא משום דאורח ארעא שלא ידליק סמוך לחשכה, וכמו שפרש"י מהא דרב צלי של שבת בע"ש ברכות כ"ז | טז תוס' והרא"ש והמרדכי | יז (ע"פ הביאור הלכה) | יח לשון הרמב"ם בפ"ד מברייתא שבת כ"א

§ מסכת שבת דף כד. §

אות א'

מה תפלה בהודאה, אף ברכת המזון בהודאה

סימן תרפב ס"א - [א]כל שמונת ימי חנוכה אומר "על הניסים" בבהמ"ז בברכת הארץ, ובתפלה בברכת "מודים" - הטעם, דכולה מילתא דחנוכה, עיקרה הודאה היא, [גמרא ‹ע"פ רש"י›. **ומ"מ** בדיעבד אם אמר "על הניסים" בעבודה, והשלים תפלתו, א"צ לחזור, דלא הוי הפסק מה שאמר חוץ למקומו].

[ב]**ובברכה** מעין שלש בחנוכה ופורים, אין מזכירין של חנוכה ופורים.

כתוב בספרים, שבנוסח "על הנסים" יאמר: "ועל הנסים" בוי"ו, הן בתפלה הן בבהמ"ז. "**כשעמדה** עליהם", יש לדלג תיבת "עליהם", דהא אח"כ אומר "על עמך ישראל", **אא"כ** אומר "ועל עמך ישראל".

[ג]**ואם לא אמר, אין מחזירין אותו** - דלאו דאורייתא נינהו, וקאי אתפלה ואברכת המזון, **ואין** חילוק בבהמ"ז בין בחול ובין בשבת חנוכה, אף דמוכרח לאכול מצד שהוא שבת, מ"מ אינו חוזר בשביל "על הניסים" דחנוכה, **(וע"ל סי' רל"ד סעיף ד' וכ')**.

[ד]**ומיהו אם נזכר באותה ברכה, כל זמן שלא הזכיר את השם, אפילו נזכר בין "אתה" להשם, חוזר. הגה: י"א כששכח "על הניסים" בברכות המזון, כשמגיע ל"הרחמן" יאמר: הרחמן הוא יעשה לנו נסים ונפלאות כשם שעשית לאבותינו בימים ההם בזמן הזה, בימי מתתיהו כו' (כל בו)** - וכן בפורים, **(וכבר נתבאר סימן קפ"ז סעיף ד')** - וה"ה שיאמר כן בתפלה אחר גמר התפלה דרך בקשה קודם "יהיו לרצון".

ובראש חדש שבחנוכה, יאמר זה אחר "הרחמן הוא יחדש" וכו', משום דתדיר קודם.

אות א'* [ה]

סימן תרפב ס"ג - [ו]אין אומרים: כשם שעשית וכו' - ‹ניסים לאבותינו וכו', כן תעשה לנו בעת הזאת - לבוש›, **אלא מסיים: ועשית עמהם נסים וגבורות בימים ההם בעת הזאת** - י"א משום דלא ישאל אדם צרכיו בג' ראשונות ואחרונות, **וטעות** הוא, דבשביל הצבור שרי, **אלא** עיקר הטעם, דכל דבר דהוי להבא, תקנו בלהבא, ובדבר דהודאה הוי לשעבר, ועיקר "על הניסים" הוי כלשעבר.

[ז]**וי"א שאומרים אותו** - כתב ב"י, ודעביד כמר עביד ודעביד כמר עביד.

ב"על הניסים" י"ל, "להשכיחם תורתיך", ולא יאמר "מתורתיך" במ"ם. **צ"ל** "שמונת ימי חנוכה אלו להודות".

אות ב'

מהו להזכיר ראש חודש בברכת המזון... מזכיר

סימן תקפח ס"א - [ח]מזכירין "יעלה ויבא" בברכת המזון; [ט]ואם לא אמר, אין מחזירין אותו - דאין חיוב לאכול פת בר"ח, וא"כ אי בעי לא הוי אכיל פת, ולא נתחייב כלל בברכת המזון.

ואם נזכר קודם שהתחיל "הטוב והמטיב", [י]אומר: ברוך שנתן ר"ח לעמו ישראל לזכרון - עיין לעיל סימן קפ"ח בביאור הלכה, דצ"ל בשם ומלכות. **הגה: וע"ל סי' קפ"ח ס"ז.**

אות ג'

ימים שיש בהן קרבן מוסף, כגון ראש חודש וחולו של מועד, ערבית ושחרית ומנחה מתפלל שמונה עשרה, ואומר מעין המאורע בעבודה, ואם לא אמר מחזירין אותו; ואין בהן קדושה על הכוס; ויש בהן הזכרה בברכת המזון

סימן תכב ס"א - [יא]ערבית שחרית ומנחה, מתפלל י"ח ברכות ואומר "יעלה ויבא" ב"רצה" - ומבואר לעיל בסימן רל"ו ס"ב, דמכריז הש"ץ בין קדיש לתפלה שהוא ר"ח, ולא חשיב הפסק כיון שהוא צורך תפלה, [**ודוקא** בין קדיש לתפלה, אבל כשהוא עומד בברכת ק"ש בין הפרקים, אסור להפסיק].

ואם לא אמרו בערבית, [יב]אין מחזירין אותו, (ובאיזה מקום שנזכר שאינו חוזר, ע"ל סימן רל"ד סעיף ד' וכ') - ושם מבואר, דמשהתחיל לומר "ותחזינה" והזכיר "ברוך אתה ה'", אפילו לא סיים "המחזיר" וכו', נמי אינו חוזר.

באר הגולה

[א] **כרב הונא ורב ששת שבת כ"ד** ‹ואם תאמר הא בפרק במה מדליקין לא אמרו אלא אם בא להזכיר מזכיר, משמע דהרשות בידו, ואיך כתב רבינו חיובא. **י"ל** דבירושלמי אמרו, דכשלא הזכיר על הנסים דחיובא, חוזר, **ורבינו** לענין חוזר לא רצה לפסוק כירושלמי, כיון דלגמ' דידן הוי רשות ההזכרה, אם כן החזרה הוי ברכה לבטלה, ולא שבקינן גמרא דידן ועבדינן כירושלמי, **אבל** לענין חיוב ההזכרה פסק כירושלמי, משום דאפילו לגמרא דידן אין כאן איסור, דהרי קאמר דהוי רשות, ואם כן ראוי להחמיר כירושלמי, והוא טעם נכון - לחם משנה›. ‹**והנראה** לענ"ד, שהם ז"ל דקדקו דברי הש"ס, דאחר שהביא דברי רב הונא, הביאו עובדא דרב הונא בר יהודה שהזכירה, ורב ששת נמי הוה ס"ל הכי אלא שאמר לו שיש להזכירה בהודאה, וכיון דהנך אמוראי עבדו הכי, וכו"ע גרירי אבתרייהו, כתבו ז"ל הדין לפי הנהוג, דהשתא קבעוה חובה כיון שכך קבלו עליהם - מעשה רוקח› [ב] ‹דאף בבהמ"ז א"צ להזכיר מצד הדין, כמ"ש בפ"ב דשבת, אלא מצד המנהג, משא"כ כאן שאין מנהג כלל - גר"א סימן רח סי"ב› [ג] **הרי"ף והרא"ש מהא דתני אושעיא שם,** ‹שמעינן מהך ברייתא, דמי שטעה ולא הזכיר על הנסים בחנוכה ופורים, שאין מחזירין אותו, שאין מחזירין בימים שאין בהן קרבן מוסף, כגון תעניות ומעמדות וכגון חנוכה ופורים - רא"ש›, **וכ"כ התוס' שם** ‹ד"ה דתני› **ובשם תוספתא דברכות, וכ"כ הטור בשמם** [ד] טור [ה] ‹מילואים› [ו] **טור בשם י"א ואביו הרא"ש, דלא ישאל אדם צרכיו לא בג' ראשונות ולא בג' אחרונות** [ז] **שם בשם י"א, דכיון דצורך רבים הוא שרי, וכ"כ בא"ח שכך היא הנוסחא ברוב התפילות, וכ"כ בנוסח הרמב"ם ובמסכת סופרים** [ח] **שבת כ"ד וכרב דתניא כוותיה** [ט] **מימרא בברכות מ"ט** [י] **ציינתיו סי' קפ"ח סעיף ז'** [יא] **ברייתא שבת כ"ד** [יב] ‹ברכות ל: - גר"א›

מסורת הש"ס | במה מדליקין פרק שני שבת | כד | עין משפט נר מצוה

גמרא

תניא כוותיה דרב חסדא *כל אלו שאמרו אין מדליקין בהן בשבת מדליקין בהן ביום טוב חוץ משמן שריפה לפי שאין שורפין קדשים ביום טוב: איבעיא להו מהו להזכיר של חנוכה בברכת המזון כיון דמדרבנן הוא לא מדכרינן או דילמא משום פרסומי ניסא מדכרינן אמר רבא אמר רב סחורה אמר רב הונא אינו מזכיר ואם בא להזכיר מזכיר בהודאה רב הונא בר יהודה איקלע לבי רבא סבר לאדכורי בבונה ירושלים אמר להו רב ששת כתפלה *מה תפלה בהודאה אף ברכת המזון בהודאה: איבעיא להו מהו להזכיר ראש חודש בברכת המזון אם תימצי לומר בחנוכה דרבנן לא צריך ראש חודש דאורייתא צריך או דילמא כיון דלא אסור בעשיית מלאכה לא מזכרינן רב אמר מזכיר רבי חנינא אמר אינו מזכיר אמר רב זריקא נקוט דרב בידך דקאי רבי אושעיא כוותיה דתני ר' אושעיא *ימים שיש בהן קרבן מוסף כגון ר"ח וחוה"מ ערבית ושחרית ומנחה מתפלל שמונה עשרה ואומר מעין המאורע בעבודה ואם לא אמר מחזירין אותו ואין בהן קדושה על הכוס ויש בהן הזכרה בברכת המזון ימים שאין בהן קרבן מוסף כגון שני וחמישי (ושני) ותעניות ומעמדות מאי עבידתייהו אלא שני וה' וב' של תעניות ומעמדות ערבית ושחרית ומנחה מתפלל שמונה עשרה ואומר מעין המאורע בשומע תפלה ואם לא אמר אין מחזירין אותו *(ואין בהן קדושה על הכוס) ואין בהן הזכרה בברכת המזון: איבעיא להו מהו להזכיר של חנוכה במוספין כיון דלית ביה מוסף בדידיה לא מדכרינן או דילמא יום הוא שחייב בארבע תפלות רב הונא ורב יהודה דאמרי תרוייהו אינו מזכיר רב נחמן ורבי יוחנן דאמרי תרוייהו מזכיר אמר אביי לרב יוסף הא דרב הונא ורב יהודה דרב הונא הוא דאמר רב גידל אמר רב ראש חדש שחל להיות בשבת המפטיר בנביא בשבת אינו צריך להזכיר של ראש חדש שאילמלא שבת אין נביא בראש חדש מי דמי התם נביא בדר"ח ליכא כלל הכא איתיה בערבית ושחרית ומנחה אלא להא דמיא דאמר רב אחדבוי אמר רב מתנה אמר רב יום טוב שחל להיות בשבת המפטיר בנביא במנחה בשבת א"צ להזכיר של יום טוב שאילמלא שבת אין נביא במנחה ביום טוב
ולית

רש"י

בברכת המזון · בתפלה פשיטא לן שהרי להלל ולהודאה נקבעו כדאמרינן לעיל*: לא מזכרינן · לא חייבו להזכיר: אינו מזכיר · אינו צריך להזכיר: מה תפלה בברכת הודאה · דהא כולה מילתא דחנוכה עיקרה להודאה נתקנה: בהודאה · בברכת הארץ: ואומר מעין המאורע בעבודה · לבקש רחמים על ישראל ועל ירושלים להשיב עבודה למקומה לעשות קרבנות היום: שני וחמישי · משמע של כל שבתות השנה ומאי עבידתייהו לזוכרם ולחלקם משאר ימות השנה: של תעניות · שהיו גוזרים תעניות על הגשמים שני וחמישי ושני במס' תענית (דף י'): ושל מעמדות · כלומר לימים של מעמדות שהיו מתענין ארבעה תעניות בשבת שני ושלישי ורביעי וחמישי ומעין המאורע דידהו תפלת תענית: ערבית · לילי כניסתן ואע"פ שאוכל ושותה כל הלילה מתפלל תפלת תענית מאחר שנכנס היום והכי נמי אמר רב הונא במסכת תענית (דף יא:) יחיד שקבל עליו תענית אף על פי שאוכל ושותה כל הלילה מתפלל תפלת תענית · ובתשו' הגאונים מצאתי ברייתא שנו רבותינו פעמים שאדם שרוי בתענית ואינו מתפלל ופעמים שאינו שרוי בתענית ומתפלל הא כיצד בכניסתה כאן ביציאתה כלומר ערב תענית אע"פ שעתיד לאכול לאחר תפלה מתפלל תפלת תענית וליל מחרתו אף על פי שעודו בתענית כשמתפלל תפלה ערבית אינו מתפלל תפלת תענית וסוף דברי הגאונים כתבו אבל אין אנו רגילים לומר ערבית ואפילו שחרית שמא יארע לו אונס חולי או בולמוס ויטעום כלום ונמצא שקרן בתפלתו: אין מחזירין אותו · דלאו דאורייתא נינהו: בברכת המזון · של ערבית בכניסתו וכ"ש ביציאתו שכבר עבר היום: של חנוכה במוספין · בתפלת מוספין דשבת ור"ח שבתוך ימי חנוכה מהו להזכיר על הניסים בהודאה: בד' תפלות · ערבית ושחרית ומוסף ומנחה וכיון שחובת תפלה זה היום אינה פחותה משאר תפלות של יום: אין נביא בר"ח · הכא נמי הואיל דאלמלא ר"ח אין מוספין בחנוכה לא בעי לאדכורי: הכא איתיה (*בשחרית וערבית) ומנחה וכיון שהיום מחויב בארבע תפלות כל כך זו: המפטיר בנביא במנחה בשבת · מצאתי בתשובת הגאונים שהיו רגילים לקרות בנביא בשבתות במנחה עשרה פסוקים ובימי פרסיים גזרו גזרה שלא לעשות וכיון שנסתלקו נסתלקו: אין נביא במנחה ביום טוב · ואף על גב דאיתיה שחרית הואיל ומנחה לאו משום יום טוב אתי לא מזכרינן:
ככל

[דף כא:] | תוספתא פ"ג | [תוספתא ברכות פ"ג ע"ש וקל"ש] | ס"א לי"ג | [נ"ל בערבית וכו' שחרית]

תוספות

ולא גזרי' נתן לתוך הלב מהותך שמן אטו לא נתן דלא נתן נמי לא אסור אלא אטו שאין מהותך אע"ג דבלב מהותך גזרינן גזרה לגזרי' אטו שאינו מהותך ושאינו מהותך אטו שמא יטה הא לא חשיב גזרה לגזירה דכשאינו מהותך נמי איכא למיחש שמא יטה לפי שאינו נמשך אחר הפתילה אבל הכא משום שמא יטה עליו ליכא לן למימר ודאי יטה ותירץ ר"י דהכא לא חשיב גזירה לגזירה דיו"ט ושבת כי הדדי ניהו כדאמרינן בפרק במה אשה (לקמן דף ס: ושם) גבי סנדל המסומר וקשה לרשב"א דהכא גזרינן יו"ט אטו שבת ובריש כל הכלים (לקמן דף קכד: ושם) מסקינן דלא גזרינן ושמא אין להשוות גזרות של חכמים זו לזו אלא אם הוא במלאכה אחת: **גזירה** יו"ט אטו שבת · וקשה לרשב"א הא דתנן בפ"ב דביצה (דף כז: ושם) מעשה ושאל ר' טרפון עליה ועל החלה שנטמאת ואמרו לו לא יזיזנה ממקומה והשתא לרבה אמאי לא יזיזנה והא חזיא להיסק תחת תבשילו דלא שייך בה למיגזר יו"ט אטו שבת כמו בשמן ולפי טעמא דאין שורפין קדשים ביום טוב ניחא וצריך לדחוק דגזרינן חלה בשבת אטו שמן*:

תניא כוותיה דרב חסדא · וא"ת והא משמע חוץ משמן שריפה דאין מדליקין בשבת ולא ביו"ט והיינו דלא כרב חסדא דלדידי' מדליקין בשבת וי"ל דה"ק כל אלו שאמרו אין מדליקין בשבת מדליקין ביום טוב וכ"ש אותו שמדליקין בשבת מדליקין ביום טוב חוץ משמן שריפה שאף על פי שמדליקין בשבת אין מדליקין ביום טוב וכו':

איבעיא להו מהו להזכיר של חנוכה בברכת המזון· תימה דהך מילתא הוה ליה לאסוקי לעיל גבי מילי דחנוכה:

מהו להזכיר של חנוכה בבהמ"ז · בתפלה פשיטא ליה דמזכיר משום דתפלה בצבור הוא ואיכא פרסומי ניסא אבל בבהמ"ז שבבית ליכא פרסומי ניסא כולי האי:

מזכיר בהודאה · דעל הנסים הודאה היא ולא תפלה:

בבונה ירושלים · כמו בר"ח שאומר יעלה ויבא בבונה ירושלים ומשום דיעלה ויבא היא תפלה ותחנונים תקנוה בבונה ירושלים דהיא נמי תפלה ובי"ח תיקנוה בעבודה שהיא תפלה להשב ישראל לירושלים: **או** דילמא כיון דלא אסור בעשיית מלאכה כו' · והא דאמר בפ"ג דמגילה (דף כב: ושם) כל שיש בו ביטול מלאכה לעם כגון תענית ציבור וט' באב קורין שלשה ושאין בו ביטול מלאכה לעם כגון ראש חודש וחולו של מועד קורין ד' היינו מנהג בעלמא שאין רגילין לעשות מלאכה*:

דתני ר' אושעיא (כוותיה) כו' · מהכא לא הוי בעי למיפשט לעיל דאינו מזכיר חנוכה בברכת המזון דאיכא למידחי דדוקא נקט תעניות ומעמדות אבל חנוכה ופורים אף על פי שאין בהן קרבן מוסף צריך להזכיר משום פרסומי ניסא ואיפכא ליכא למיפשט דדילמא נקיט תעניות ומעמדות משום תפלת מוסף והוא הדין דחנוכה ומיהו אף בחנוכה ופורים אם לא אמר בתפלה אין מחזירין אותו כדתניא בהדיא בתוספתא דברכות (פרק ה"ה): **תעניות** ומעמדות ערבית שחרית ומנחה כו' · מה שפי' הגאונים שאין אנו רגילין לאומרה ערבית ואפילו שחרית שמא יארע לו אונס חולי או בולמוס ונמצא שקרן בתפלתו ומה שש"צ מתפלל שחרית היינו לפי שא"א שלא יתענה אחד מהם וקשה לר"י אם כן היאך לוה אדם תעניתו ופורע הלא ימצא שקרן בתפלתו קודם תקנת הגאונים ולעיל בפ"ק (דף יא·) דאמר ליזוף מר וליפרע הלא כבר התפלל תפלת תענית: **אלא** להא דמיא דאמר רב אחדבוי כו' · תימה תרתי מילתא דרב למה לי להשמועינן יום טוב שחל להיות בשבת וכ"ש ר"ח חודש דליכא נביא כלל ותירץ ר"י דחדא מכלל חבירתה איתמר:

שאלמלא שבת אין נביא במנחה · וקשה לר"י דתנן בפרק שלישי דמגילה (דף כא· ושם ע"ש) בשני ובחמישי ובשבת במנחה קורין שלשה ואין מפטירין בנביא ותירץ ר"ת דנביא דהכא היינו כתובים שהיו מפטירין בכתובים בשבת במנחה כדאמר בפרק כל כתבי (לקמן דף קטז:) בנהרדעא פסקי סידרא בכתובים במנחתא דשבתא ובמגילה איירי בנביא ממש:
ולית

עין משפט נר מצוה

מט א מיי' פ"ב (מהל' תפלה הל' יג וס"ב) מהלכות ברכות הלכה ו סמג עשין כז טוש"ע א"ח סי' תרפב סעיף א:

נ ב מיי' פ"ב מהל' ברכות הלכה ס סמג שם טוש"ע א"ח סי' תכד:

נא ג מיי' פ"ב מהל' תפלה הלכה י סמג עשין יט טוש"ע א"ח סי' תכב סעי' א וסימן תל סעיף ב:

נב ד מיי' שם הל' יד טור וש"ע א"ח סי' תקסה סעיף א ג:

נג ה שם סעיף ב:

נד ו מיי' שם הל' יג סמג שם טוש"ע א"ח סי' תרפב סעיף ב:

עיין רש"א

רבינו חננאל

ותניא כותיה כל השמנים שאמרו חכמים אין מדליקין בהן בשבת אבל מדליקין בהן ביו"ט חוץ משמן שריפה שאין שורפין קדשים [פסולין] ביו"ט: אמר רבא מזכיר של חנוכה בברכת המזון כתפלה מה תפלה בהודאה אף ברכת המזון בהודאה אמר רב מזכיר של ר"ח בברכת המזון דתני רב הושעיא ימים שיש בהן קרבן מוסף כגון ר"ח וחוה"מ ערבית שחרית ומנחה מתפלל י"ח ואומרין מעין המאורע בעבודה ואם לא אמר מחזירין אותו ואין בהם קדושה על הכוס ויש בהן הזכרה בבהמ"ז · ימים שאין בהם קרבן· מוסף כגון שני וחמישי ושל תעניות ומעמדות ערבי' ושחרית ומנחה מתפלל י"ח ואומר מעין המאורע בשומע תפלה ואם לא אמר אין מחזירין אותו ואין בהם קידוש על הכוס ולא הזכרה

[וע"ע תוספות חגיגה יח: ד"ה ר"ח ותוס' ר"ה כג: ד"ה משום ותוס' מגילה כב: ד"ה ושאין]

בין שר"ח יום אחד בין שהם ב' ימים, מפני שאין מקדשין את החדש בלילה - ולא היה עדיין קדושת ר"ח על היום, **ואפילו** בליל ב' של ר"ח שייך טעם זה, שהלא יום ב' הוא רק משום ספיקא, דאלו היום א' היה קודש, היום שני הוא חול.

[יג] **אבל אם לא אמרו שחרית ומנחה, מחזירין אותו.**

ואם נזכר קודם שהתחיל "מודים", אומר במקום שנזכר - ואח"כ יאמר "מודים", והיינו אפי' כבר אמר וסיים ברכת "ותחזינה", **ואם** לא סיים עוד "המחזיר", רק אמר "ברוך אתה ה'", כתבנו לעיל בסי' קי"ד ס"ו בבה"ל, דנכון יותר לסיים "למדני חקיך", כדי שלא יהיה הזכרת השם לבטלה, ויאמר "יעלה ויבא", ואח"כ יאמר עוד הפעם "ותחזינה".

[יד] **ואם לא נזכר עד אחר שהתחיל "מודים", אם נזכר קודם שהשלים תפלתו, חוזר ל"רצה"** - דג' אחרונות חשובות כאחת.

ואם לא נזכר עד שהשלים תפלתו - היינו שסיים ברכת "שים שלום" ואמר "יהיו לרצון" וכו', ד"יהיו לרצון" מכלל התפלה הוא, וכדלעיל בסי' קכ"ב, **חוזר לראש.**

[טו] **ואם הוא רגיל לומר תחנונים אחר תפלתו, ונזכר אחר שהשלים תפלתו קודם שיעקור רגליו, חוזר ל"רצה"** - ואין נ"מ בזה בין אם אומר התחנונים קודם "יהיו לרצון" או אחר "יהיו לרצון", דכל שהוא עוסק עדיין בתחנונים, או שעדיין צריך לומר תחנונים, לא מקרי עדיין סילוק תפלה.

נקט האי לישנא "דקודם שיעקור רגליו", משום דהמחבר מיירי שעדיין לא אמר תחנונים, רק דכיון דרגיל, מסתמא יתחיל לומר גם עתה, **אבל** אם כבר אמר תחנונים וסיים אותם, ואין במחשבתו לומר עוד, אפילו עדיין לא עקר רגליו, כמי שעקר דמי וחוזר לראש התפלה.

[**עוד** פשוט, אם דרכו לומר אחר תחנונים עוד פעם "יהיו לרצון" כמנהג המדקדקין, כל שלא סיים "יהיו לרצון" שני, הוי כלא סיים, דהוא ג"כ מכלל התחנונים, וכ"כ בא"ר].

הגה: ואם הוא ספק אם הזכיר או לאו, אין צריך לחזור (כל בו) - טעמו, דכיון שאין עוברין שלשים יום שאין מזכירין בו "יעלה ויבוא", אין זה חזקה שלמה לומר שבודאי לא הזכיר.

ומ"מ להלכה לא נקטינן כן, דרוב האחרונים וכמעט כולם חולקין ע"ז, וסוברין דאפילו בספק צריך לחזור ולהתפלל, דמסתמא התפלל כמו שרגיל בכל יום בלא "יעלה ויבוא", **מיהו** כבר כתבנו לעיל בסימן קי"ד במ"ב בשם האחרונים, דאם ברור לו שהיה בדעתו לזכור מעין המאורע בתוך התפלה, ולאחר זמן מופלג נפל ספק בלבו אם זכר בתפלה או לא, אין צריך לחזור, **אך** כ"ז אם הספק נפל לו לאחר זמן, אבל אם נתעורר לו הספק מיד אחר התפלה, יש לו לחזור.

וע"ל ששכח מלהזכיר בשחרית, ע"ל סימן קכ"ו - דשם מבואר שאין צריך לחזור משום טרחא דצבורא, ויש לו לסמוך על תפלת מוסף שיתפלל, ושם נזכר קדושת היום.

סימן תצ ס"ב - [טז] **"יום ג' שהוא חוש"מ, ערבית ושחרית ומנחה מתפלל כדרכו, ואומר "יעלה ויבא" בעבודה, ואם לא אמרו מחזירין אותו; וכן מזכירו בברכת המזון, ואם לא אמרו אין מחזירין אותו** - דדוקא בתפלה דלא סגי דלא יתפלל, וכיון שלא התפלל כראוי, יחזור, **דהיינו** אם נזכר לאחר שעקר רגליו חוזר לראש, ואם עד שלא סיים תפלתו חוזר ל"רצה", **משא"כ** בברכת המזון בחול המועד, דאי בעי לא אכיל דבר המחייב לבהמ"ז, שיאכל בשר ופירות, ע"כ אין מחזירין אותו בכל גווני.

אות ד'

ימים שאין בהן קרבן מוסף, כגון שני וחמישי ושני של תעניות ומעמדות, ערבית ושחרית ומנחה מתפלל שמונה עשרה, ואומר מעין המאורע בשומע תפלה

סימן תקסה ס"א - **"יחיד אומר "עננו" ב"שומע תפלה"** - ר"ל שאינו קובע ברכה לעצמו בין "גואל" ל"רופא" כמו ש"צ, אלא כוללה ב"שומע תפלה", וכדלקמיה בהג"ה.

בין יחיד שקיבל עליו תענית, [יז] **"בין יחיד המתפלל עם הצבור בת"צ** - (ואפילו אם הוא מתפלל עם הש"ץ בשוה, ג"כ לא יאמר ברכת "עננו" עמו, ורק ב"שומע תפלה" כשאר יחידים), דרק לשליח צבור קבעו ברכה לעצמו בין "גואל" ל"רופא", ולא ליחידים.

(**כתב הח"א**, יחיד שאינו מתענה, ומתפלל עם הצבור, **יאמר בש"ת "עננו"**, ויאמר "ביום ת"צ זה", עכ"ל, **ובמאמר** מרדכי השיג ע"ז, ע"ש, ודבריו נכונים, דיחיד שאינו מתענה, אין לומר "עננו" בשום פנים).

[יח] **"וכן שליח ציבור שמסדר תפלתו בלחש, כיחיד דמי וב"שומע תפלה".**

הגה: ואומרו קודם "כי אתה שומע" וכו', ולא יחתום ב"עונה בעת צרה", אלא כשמגיע ל"בכל עת צרה וצוקה", יסיים "כי אתה שומע תפלה" וכו' (ב"י בשם תוס'), ולא ישנה ממטבע הברכה - ואפילו ש"ץ, אם שכח לומר "עננו" בין "גואל" ל"רופא", שאומר ב"שומע תפלה", ג"כ לא יחתום שם בברכה בפני עצמו, אלא יסיים "כי אתה שומע", כיחיד.

באר הגולה

[יג] שם ברייתא [יד] גמרא ברכות כ"ט ‹לכאורה כאן צ"ל מקום הציון, עיין בב"י› [טו] שם כלישנא בתרא דרב נחמן בר יצחק, וכן פסקו הרי"ף והרא"ש והרמב"ם [טז] ברייתא שבת כ"ד [יז] מימרא דרבי יצחק ורב ששת תענית י"ג [יח] הרא"ש שם [יט] כל בו

אפי' כשמתענה יחיד, יאמר: עננו בצום תעניתנו וכו' (רשב"א) - דלעולם לישתתף איניש בהדי צבורא, ולא מיחזי כשיקרא מה שאומר בלשון רבים, דא"א שלא יהיה אחד בסוף העולם שמתענה היום, **ויש** מאחרונים שמצדדים לומר "ביום צום תעניתי", או "ביום צום התענית" [כדי שלא יהיה תפילתו בלשון יחיד], **והעולם** נהגו כרמ"א, וכן העתיק בדה"ח.

סימן תקסה ס"ג - [כ]**יש אומרים שאין היחיד אומר "עננו" כי אם במנחה, שמא יאחזנו בולמוס** - שיהיה צריך לאכול כדי להשיב נפשו, **ונמצא שקרן בתפלתו** - ועיין בט"ז שכתב, דאם רוצה להתפלל בשחרית "עננו", ולדלג תיבות "ביום צום תעניתנו", הרשות בידו, דאז אין חשש שמא ימצא שקרן.

אבל שליח צבור, אומרו [כא]**גם בתפלת שחרית כשהוא מתפלל בקול רם, שא"א שלא יתענו קצת מהקהל** - (עיין לקמן בסימן תקס"ו ס"ג, דבעינן דוקא עשרה מתענים, **אלא** דכאן מיירי שיש עשרה שדעתם להתענות, ורק מחששא שמא לא יוכלו אח"כ להתענות, בזה אמרינן כיון דעכ"פ ישאר מעט אף לבסוף, לא מיחזי כשקרא, **אבל** אם יודע שבשעת תפלה אין שם עשרה שדעתם להתענות, א"כ איננו שליח של צבור לענין תפלת תענית).

[כב]**ובארבע צומות, גם היחיד אומרו בכל תפלותיו** - ואפילו בתפלת ערבית שקודם התענית, דעצם התענית מתחיל מבערב, [**דאף** שבג' צומות רשאי לאכול בלילה, ולא הצריכוהו להפסיק מבערב, מ"מ שם תענית מתחיל מבערב, שאם ישן שוב אינו רשאי לאכול].

דאפי' יאחזנו בולמוס ויאכל, שייך שפיר למימר: עננו ביום צום התענית הזה, כיון שתיקנו חכמים להתענות בו.

הגה: ונהגו בכל המדינות שלא לאומרו כי אם במנחה - ואפילו מתפלל מנחה גדולה יאמר "עננו", דאפילו אם יאחזנו בולמוס לא יהיה שקרן בתפלתו, דעכ"פ התענה עד חצות.

מלבד שליח צבור שאומר שחרית כשמתפלל בקול רם - (אבל בתפלת לחש שלו לא יאמר "עננו" ב"שומע תפלה", דהוא כשאר יחידים).

אות ה'

ואם לא אמר אין מחזירין אותו

סימן תקסה ס"ב - [כג]**אם שכח מלומר "עננו", אין מחזירין אותו. (וע"ל סימן רצ"ד סעיף ד' וה')** - דשם מוכח בס"ד, דתיכף כשסיים ברכת "שומע תפלה", אין לו לחזור, אע"פ שלא פתח בברכה שלאחריה, [ואפי' לא אמר אלא השם בלבד], **רק** אחר תפלתו יכללה ב"אלהי נצור", כדלקמיה, וגם הסעיף ה' דשם שייך לכאן.

ואם נזכר קודם שעקר רגליו, [כד]**אומר בלא חתימה (לאחר תפלתו)** - קודם "יהיו לרצון", [**היינו** לכתחילה, ובדיעבד יכול לומר אף אחר "יהיו לרצון", כיון שלא עקר רגליו עדיין].

אות ו'

מהו להזכיר של חנוכה במוספין... מזכיר

סימן תרפב ס"ב - [כה]**גם במוסף של שבת ושל ר"ח צריך להזכיר של חנוכה, אע"פ שאין מוסף בחנוכה** - דיום הוא שנתחייב בארבעה תפלות, **ואם** לא אמרו אין מחזירין אותו.

באר הגולה

כ ‹טור› שם ‹ורש"י שם סוף ד"ה ערבית› בשם הגאונים כא כפי' הב"י דברי הגאונים ושכן נראה מדברי הסמ"ג והרוקח והמרדכי בפ"ב דשבת כב כל בו כג ברייתא שבת כ"ד כד טור לדעתו כה מסקנת הגמ' שם

תוספות

וליתא הילכתא ככל הני שמעתתא · פי' בקונטרס כרב הונא ורב יהודה ורב גידל ורב אחדבוי ואומר ר"י דלא היה לו למנות דרב גידל בהדייהו דאפילו ריב"ל מודה דאין צריך להזכיר של ראש חדש בנביא כיון דנביא בר"ח ליכא כלל וכן אנו נוהגין שלא להזכיר*:

איכא בינייהו דרב ברונא אמר רב ולא מסיימי · הקשה ריב"א אמאי לא מסיימי והא אמר בהמוכר פירות (ב"ב דף צג:) דכל תנא בתרא לטפויי אתא °וי"ל דהכא דאיכא ג' תנאים איכא למימר דלא אתא לטפויי אלא אתנא המדי דאמר מדליקין בחלב מבושל בעיניה ואתו חכמים למימר אפילו במבושל אין מדליקין בעיניה אבל בנתינת שמן לתוכו מותר וטעמא דת"ק נמי איכא למימר דאסר בנתינת שמן דומיא דזפת ושעוה ולא מסיימי משום דאיכא למימר תנא בתרא לטפויי אתא:

לפי שאין שורפין קדשים ביו"ט · וא"ת היכי ילפינן תרומה מקדשים דקדשים דין הוא שאין שריפתן דוחה יו"ט לפי שאין יכול ליהנות בשעת שריפה ולא אמרינן מתוך שהותרה הבערה לצורך הותר' נמי שלא לצורך אלא שלא לצורך אוכל נפש אבל צריך שיהא קצת צורך להתחמם או לשום הנאה אבל הבערה לגמרי שלא לצורך לא הותרה אלא שריפת תרומה טמאה שמותר ליהנו' בשעת שריפה למה יאסר מאי שנא משמן חולין שמותר לשורפו ולהדליקו להנאתו דאטו תרומה לפי שיש מצוה בשריפתה מיגרע גרע ואומר ריב"א דודאי גרע *דכיון שאסרה תורה כל הנאות רק הנאת שריפה אם כן הבערה זו אינה לצורך הנאתו אלא לשם מצות שריפה אלא שהתורה לא הקפידה שיהנה ממנה בשעת ביעור' ולהכי לא דחיא יו"ט מידי דהוה אנדרים ונדבות *דאין קרבים ביו"ט למ"ד משלחן גבוה קא זכו וכן שתי הלחם לדידיה אין אפייתן דוחה יו"ט אע"פ שיש בהן אכילת אדם משום דעיקרן לצורך גבוה ולמ"ד קריבין ביו"ט היינו משום דקסבר דעיקר שחיטתן ואפייתן נמי לצורך אדם אבל שריפת תרומה טמאה ודאי לשם מצות ביעור ולא לשם הנאה הלכך אסור ביו"ט כשאר קדשים ולר"י נראה דלא שייך בשריפת תרומה לומר משולחן גבוה קא זכו ולא דמו לשתי הלחם שהאפייה היא לצורך גבוה שהרי אחר אפייה צריך לעשות בהם תנופה וכן אחר שחיטת נדרים ונדבות עושין מהן לגבוה אבל תרומה טמאה אין עושין ממנה לגבוה כלום וליכא למימר בה משולחן גבוה קא זכו והכי מפרש ר"י לפי שאין שורפין קדשים ביו"ט פי' גזרו תרומה אטו קדשים *וא"ת ומאי איריא אטו קדשים משום דאין שורפין קדשים ביו"ט °נגזור משום תרומה שלא לצורך דאפילו שורפין קדשים ביו"ט דאתי עשה ודחי לא תעשה תרומה שלא לצורך אין שורפין דמשמע מתוך פרש"י בסמוך דאין עשה בשריפתה אלא מדרבנן וי"ל דשריפת תרומה שלא לצורך לא שכיח דשום אדם לא ישרפנה חנם כיון שיכול ליהנות בשריפתה וכדמוכח בירושלמי כלשון הזה:

בקר שני לשריפתו · וא"ת אי בקר שני דוקא ואינו יכול לשורפו בליל מוצאי יו"ט היכי מוכח דאין שריפת קדשים דוחה יום טוב הא ע"כ אינו מטעם דאין שריפת קדשים דוחה יום טוב דהא בליל מוצאי יום טוב נמי אין שורפו ואם כן גזרת הכתוב הוא לשרוף בבקר שני וי"ל הא דאין שורפין בלילה היינו משום דהקפיד הכתוב שלא לשרוף הקדשים בלילה כדאשכחן בשלמים דאין נאכלין לאור שלישי ואפילו הכי אין נשרפין אלא ביום שלישי כדדריש בריש פסחים (דף ג· ושם) ביום השלישי באש ישרף ביום אתה שורפו כו':

ולא עולת חול בשבת ולא עולת חול ביום טוב · תימה כיון דקרא בשבת איירי מנא ליה למדרש ולא עולת חול ביום טוב דילמא דוקא ולא חול בשבת דחמיר מיום טוב וי"ל דאביי סבר כרבי עקיבא דדריש בפרק אלו קשרים (לקמן דף קיד·) עולת שבת בשבתו בשבת אחרת לימד על חלבי שבת שקריבין ביום טוב מדאיצטריך קרא למשרי עולת שבת ביום טוב אם כן עולת חול ביום טוב אסור דסבר נדרים ונדבות אין קרבין ביום טוב כדאמר התם ורבי ישמעאל פליג התם ודריש עולת שבת בשבתו לימד על חלבי שבת שקריבין בי"ה אבל שקריבין ביום טוב לא איצטריך דקסבר נדרים ונדבות קריבין ביום טוב:

ולא מילה שלא בזמנה דאתיא בק"ו · פירש בקונטרס מה צרעת שדוחה את העבודה ועבודה דוחה את השבת מילה דוחה אותה שבת שנדחית כו' וקשה בפרק ר"א דמילה (לקמן דף קלב: ושם) לית ליה לרבה (א) האי קל וחומר דקסבר האי לצרעת דוחה את העבודה לאו משום דחמירא אלא משום דגברא הוא דלא חזי והר"ר יוסף פורת לא גריס דאתיא בק"ו

(א) ור"ת עשה ק"ו מאוכל נפש שלא נכרתו עליו [י"ג כריתות] ואיכא למיפרך מה לאוכל נפש שכן מצוה עוברת [ת"י]:

גמרא

וליתא הילכתא *ככל הני שמעתתא אלא כי הא דא"ר יהושע בן לוי *יום הכפורים שחל להיות בשבת המתפלל נעילה צריך להזכיר של שבת יום הוא שנתחייב בארבע תפלות קשיא הילכתא אהילכתא אמרת הילכתא כריב"ל וקיימא לן הילכתא כרבא דאמר רבא *יו"ט שחל להיות בשבת שליח ציבור היורד לפני התיבה ערבית אינו צריך להזכיר של יום טוב שאלמלא שבת אין שליח צבור יורד ערבית ביו"ט הכי השתא התם בדין הוא דאפילו בשבת נמי לא צריך ורבנן הוא דתקוני משום סכנה אבל הכא יום הוא שנתחייב בארבע תפלות: ולא באליה כו': חכמים היינו תנא קמא איכא בינייהו *דרב ברונא אמר רב ולא מסיימי:

מתני' *אין מדליקין בשמן שריפה ביו"ט רבי ישמעאל אומר *אין מדליקין בעטרן מפני כבוד השבת וחכמים מתירין *בכל השמנים בשמן שומשמין בשמן אגוזים בשמן צנונות בשמן דגים בשמן פקועות בעטרן ובנפט ר' טרפון אומר אין מדליקין אלא בשמן זית בלבד:

גמ' *מ"ט *לפי *שאין שורפין קדשים ביו"ט מנהני מילי אמר חזקיה וכן *תנא דבי חזקיה אמר קרא °ולא תותירו ממנו עד בקר והנותר ממנו עד בקר* שאין ת"ל עד בקר מה ת"ל עד בקר בא הכתוב ליתן לו בקר שני לשריפתו אביי אמר *אמר קרא °עולת שבת בשבתו °ולא עולת חול בשבת ולא עולת חול ביו"ט רבא אמר אמר קרא °הוא לבדו יעשה לכם הוא ולא מכשירין לבדו ולא מילה שלא בזמנה דאתיא בק"ו רב אשי אמר (שבת) °שבתון עשה

רש"י

ככל הני שמעתתא · רב הונא ורב יהודה ורב גידל ורב אחדבוי אלא כהלכה אחת כך חברתה לכל דבר היום ומזכיר: **צריך להזכיר של שבת** · לומר ותתן לנו את יום המנוח ואת יום הכפורים הזה וחותם מקדש השבת ויוה"כ ואע"פ שאין תפלת נעילה בשבת: **יום הוא שנתחייב כו' תפלות** · לאו תפלת הלילה בכלל אלא תפלות היום שחרית מוסף מנחה ונעילה: **שליח ציבור היורד ערבית** · המתפלל ברכת מעין שבע קונה שמים וארץ מגן אבות בדברו: **משום סכנה** · מזיקין שלא היו בתי כנסיות שלהן בישוב וכל שאר לילי החול היו עסוקין במלאכתן ובגמרן מלאכתן מתפללין ערבית בביתן ולא היו באין בבית הכנסת אבל לילי שבת באין בבית הכנסת וחשו שיש שאין ממהרין לבא ושוהין לאחר תפלה לכך האריכו תפלת הצבור: **יוכי גרסינן נחום (א) אומר מדליקין בחלב מבושל** · והוא מהותך ביינו ת"ק דאמר ולא בחלב כל חלב במשמע: **דרב ברונא** · דשרי ע"י התערובת שמן כל שהוא: **ולא מסיימי** · אין ניכר מי אוסר ומי מתיר: **מתני' שמן שריפה** · שמן של תרומה טמאה ובגמ' מפרש טעמא: **רבי ישמעאל אומר כו'** · בשבת: **עטרן** · °פסולתא דזיפתא: **מפני כבוד שבת** · שריחו רע: **שמן שומשמין כו'** · מסקנא דמילתא דחכמים היא: **צנונות** · לפטן: **שמן דגים** · °מקרבי דגים שנימוחו: **פקועות** · °דלעת מדבר: **נפט** · מין שמן שריחו רע כדאמרינן בסדר יומא (דף לט:) בא למדוד נפט אומרים לו מדוד לעצמך שאין אדם רוצה לסייעו: **גמ' מנהני מילי** · דאין שורפין דאי לא ממעט לה קרא איכא למימר ליתי עשה דבאש תשרופו וידחה את לא תעשה כל מלאכה: **שאין ת"ל עד בקר** · זימנא אחריתי אלא והנותר ממנו באש תשרופו דהא כתיב עד בקר ברישא: **בקר שני** · שהוא חולו של מועד והכי משמע והנותר ממנו לבקר ראשון עד בקר שני המתינו ותשרפהו: **עולת חול** · כגון אברי תמיד של ערב יו"ט שלא הוקטרו מבעוד יום אין מעלין אותן משחשכה וכ"ש קדשים פסולים לא שרפינן: **הוא לבדו** · קראי יתירי נינהו דמצי למכתב אך אשר יאכל לכל נפש יעשה לכם: **מכשירין** · מכשירי אוכל כגון לעשות שפוד וסכין ותנור וכירים: **לבדו** · למעוטי מילה שלא בזמנה דלא דחיא שבת ויו"ט דאי לא מעטיה קרא אתיא בק"ו דתידחי בפ' ר' אליעזר (לקמן קלב:) דהכי תניא התם ומה צרעת שדוחה את עבודה ועבודה דוחה את השבת מילה שלא בזמנה דוחה אותה דהכי תניא התם מילה דוחה את הצרעת בין בזמנה בין שלא בזמנה ויליף לה מקראי שבת שנדחית מפני עבודה אינו דין שתהא מילה שלא בזמנה דוחה אותה אתא לבדו לאפוקי מהאי ק"ו דלא תדרוש ליה וממילה שמעינן מינה דמצוה שאין זמנה קבוע ויכול לעשותה למחר אינה דוחה יום טוב וה"ה לשריפת קדשים טמאים:

רבינו חננאל

... יהושע בן לוי דאמר יוה"כ שחל להיות בשבת המתפלל תפלת נעילה צריך להזכיר של שבת יום הוא שנתחייב בד' תפלות והלכתא כרבא דאמר ש"ץ היורד ערבית ביום טוב שחל להיות בשבת א"צ להזכיר של יו"ט שאלמלא שבת אין ש"ץ יורד ערבית ביום טוב ומשום סכנה הוא בשבת אין ביום טוב לא אבל הא דאמר רב ר"ח שחל להיות בשבת המפטיר בנביא א"צ להזכיר של ר"ח שאלמלא שבת אין נביא בר"ח וגם זה שאמר המפטיר בנביא במנחה ביו"ט שחל להיות בשבת א"צ להזכיר של יו"ט שאלמלא שבת אין נביא במנחה ביו"ט (תלת) [תרתי] לית הלכתא כוותיה דרב: ואקשינן אהא דתנן ותנ"א אחד חלב מבושל ואחד שאינו מבושל אין מדליקין בו היינו ת"ק דתני לא באליה ולא בחלב ותנחום פליג עלייהו ואמר מדליקין בחלב מבושל דת"ק אסר אפילו בחלב מבושל ושנינן יש לומר כן ת"ק סבר אין מדליקין בחלב מבושל בפני עצמו ואם נתן בהו שמן מותר כרב ברונא אמר רב נחום מתיר בחלב מבושל אע"פ שלא נתן בהו שמן ורבנן בתראי אפילו בשנתן בהו שמן: ומנא לן שאין שורפין קדשים ביו"ט חזקיה תני מלא תותירו אביי אמר עולת שבת בשבתו זו לבדה ולא עולת חול בשבת וכן לא עולת יו"ט בשבת ולא עולת חול ביו"ט רבא אמר ...

רב נסים גאון

פרק ב **לבדו** ולא מילה שלא בזמנה הבאה מק"ו · עיקרה בפ' ר' אליעזר אומר אם לא הביא כלי מערב שבת (דף קלג) דת"ר מילה דוחה את הצרעת בין בזמנה בין שלא בזמנה יו"ט אינה דוחה אלא בזמנה ואמרי' (שם דף קלג) מנא הני מילי אמר חזקיה וכן תנא דבי חזקיה (שמות יב) לא תותירו ממנו עד בוקר וגו' והכין כתב ארונגו האיי גאון בפירושיה מילה אינה דוחה יו"ט אלא בזמנה ומי שעבר שמיני שלו אינו נימול ביו"ט ותנן (שבת דף קלז) קטן נימול לח' לט' לי' לי"א לי"ב ותני בה ... שבת נימול לי"א ואפי' י"ט שני אינה דוחה דקתני ב' ימים טובים של ראש השנה נימול לי"ב ... ושמעתא דעיקר דילה בגמ' דכיצד צולין (פסחים דף סג) דתנן העצמות והגידים והנותר כו' ... לא את השבת ולא את יו"ט ואיתמרו בה הני ד' טעמי וקאמר רבה מילה הבאה שלא בזמנה לא ...

§ מסכת שבת דף כד: §

אות א'

<u>ולית הילכתא ככל הני שמעתתא</u>

סימן רפד ס"ב - [א]**אם חל ר"ח בשבת, אין המפטיר מזכיר של ר"ח כלל** - דאלמלא שבת אין נביא בר"ח, וקריאת הנביא הוא רק משום שבת.

[ב]**וי"א שאע"פ שאינו מזכיר בחתימה של ר"ח, מזכירין אותו בתוך הברכה, שאומר: את יום המנוח הזה ואת יום ר"ח הזה; והמנהג כסברא הראשונה.**

[ג]**סימן תכה ס"ג - ר"ח שחל להיות בשבת, כולל במוסף בברכה רביעית שבת ור"ח, וחותם: מקדש השבת וישראל וראשי חדשים** - ואם חתם בשל שבת לבד, יצא בדיעבד, [**ועיין** במאמר מרדכי שמפקפק קצת על פסק זה].

בסידורים כתוב בשבת ר"ח ובשאר ימים טובים: אחר שמסיים קרבן שבת, יסיים: "זה קרבן שבת וקרבן היום כאמור", וכן כתב בסידור רב עמרם, **אכן** כמה פוסקים כתבו דהוי יתור לשון, וקמי שמים גליא, והוי הפסק, ולכן כתבו שאין לאומרו.

אות ב'

<u>יום הכפורים שחל להיות בשבת, המתפלל נעילה צריך להזכיר של שבת</u>

סימן תרכג ס"ג - [ד]**אם חל בשבת, מזכיר בה של שבת** - כדרך שמזכיר בשאר תפלות היום, שהרי עדיין יום שבת הוא, **ואפילו** אותם הממשיכים תפלה זו בלילה, כיון שהתחילו מבע"י, צריך להזכיר של שבת.

אות ג'

<u>יום טוב שחל להיות בשבת, שליח ציבור היורד לפני התיבה ערבית אינו צריך להזכיר של יום טוב, שאילמלא שבת אין שליח צבור יורד ערבית ביום טוב</u>

סימן רסח [ה]**ס"ט -** [ו]**יו"ט שחל להיות בשבת, אינו מזכיר של יום טוב בברכה מעין שבע (פי' "אל עליון קונה" וכו')** - כי לא תקנוה אלא בשבת, ואפילו בשבת אינו חובה מצד הדין, רק שתקנוה משום סכנה וכנ"ל, ומה דתיקון תיקון ואין להוסיף עליה, [גמ'].

(**קאי** על כל יו"ט, לבד מיו"ט ראשון של פסח שחל להיות בשבת, דאין אומרים אותו, דלא נתקן אלא משום מזיקין, ובפסח הוא ליל שמורים).

סימן תריט ס"ג - [ז]**אם חל בשבת, אומרים: ויכולו, וברכה אחת מעין שבע** - וצריך לומר בזה "המלך הקדוש שאין כמוהו".

וחותם: מקדש השבת, ואינו מזכיר של יום הכיפורים - דברכה זו אינו בא בשביל יוה"כ, דהלא אם חל יוה"כ ביום חול, א"צ לומר בה ברכה אחת מעין שבע, [**ואף** דבתפילת נעילה כשחל יוה"כ בשבת, מזכירין של שבת, אף שאם לא היה יוה"כ לא היו אומרים אותו בשבת, **שאני** התם, שהיום הוא שנתחייב בארבע תפילות, משא"כ הכא, שאפי' בשבת אינה חובה בערבית, אלא משום סכנה].

באר הגולה

א **שבת כ"ד וכרב גידל, תוס'** ‹כתבו דמאי דאמרינן לית הלכתא ככל הני שמעתתא, לא קאי אדרב גידל - ב"י› ב **הרא"ש והר"ן בשם ר"י** ‹וה"ר יונה ז"ל כתב, דנראה לו כפירוש רש"י, וכן פסק רי"ף, מדסתם הש"ס ולית הלכתא ככל הני, לא מפקינן חדא מינייהו, וסברת אביי עיקר דמדמי להו אהדדי, {דכי היכי דאמרינן יום הוא שנתחייב בחמש תפלות, הכא נמי יום הוא שנתחייב בהפטרה - כסף משנה}, ולא כדדחי ליה הש"ס, ועוד דמסתבר דהני תרי מימרי דרב לא פליגי אהדדי וכו', **וליתא** דרב גידל וצריך להזכיר של ראש חדש בנביא בשבת, ויאמר על התורה ועל העבודה ועל יום המנוחה ויום ראש החדש הזה, **אבל** אינו חותם בראש חדש, שהרי ערבית ושחרית ומנחה אינו חותם בראש חדש אפילו בראש חדש שחל להיות בשבת, אלא שאומר מעין המאורע בעבודה, ואינו חותם אלא במוסף בלבד, והיאך אפשר לומר שיחתום בנביא של ר"ח, כלום יפה כח ר"ח בהפטרה שאינה אלא בשביל שבת, יותר מבשלש תפלות הקבועות בר"ח, אלא ודאי אינו חותם אלא בשל שבת, אלא שמזכיר של ר"ח כמו שמזכיר של חנוכה במוספין - רא"ש› ג ‹אינו מובן איך זה שייך להסוגיא› ד **מימרא דר"י בן לוי שבת כ"ד** ה ‹ע"פ מהדורת נהרדעא› ו **שבת כ"ד** ז **מימרא דרבא שבת כ"ד**

מילואים להלכות חנוכה

§ סימן תרעט §

סעיף א- [א]**בערב שבת מדליקין נר חנוכה תחלה ואח"כ נר שבת** - כדי לצאת דעת הי"א דס"ל, דאי ידליק של שבת תחלה, קבליה לשבת ואיתסר עליה מלאכה, [ט"ז], **אבל** רוב פוסקים חולקים ע"ז, וס"ל דלא תליא קבלת שבת בהדלקת הנר, וע"כ אם הדליק של שבת ולא קיבל שבת במחשבתו, יכול להדליק אח"כ, **וכ"ז** באיש המדליק, אבל אשה המדלקת, כיון שהמנהג שמסתמא מקבלת שבת בהדלקתה, א"כ לא תדליק שוב של חנוכה, אלא תאמר לאחר להדליק, והוא יברך "אקב"ו להדליק" בשבילה, אבל ברכת "שעשה נסים", וכן "שהחיינו" ביום א', יכולה בעצמה לברך, [דלא גרעא מרואה נרות אצל אחר. **ואולי** דס"ל לט"ז, דאיש שמרגיל עצמו להדליק נר שבת, כגון שאין לו אשה בביתו, דינו כמו אשה, דמסתמא ג"כ מקבל שבת].

הגה: ומברך עליהם כמו בחול, אע"פ שמדליקין בעוד היום גדול [ב]**(ת"ה)** - ודוקא אחר פלג המנחה, שהוא שעה ורביע קודם הלילה, כמ"ש בריש סי' תרע"ב, **וכבר** כתבנו בשם האחרונים, דצריך ליתן בה שמן עד שידלק חצי שעה אחר צאת הכוכבים, וכן במדליק נרות, **ואם** אין לו כ"כ שמן ונרות גדולות, יראה עכ"פ אחת מהן שתהיה דולקת השיעור הזה.

וכתבו האחרונים, דנכון לכתחלה שיתפלל מנחה תחלה ואח"כ ידליק, [דאל"ה נראה קצת כתרתי דסתרי, דהא מכיון שמדליק בעוד היום גדול, ע"כ סומך על הקולא דמפלג ולמעלה נוכל לעשותו כמו לילה, וא"כ איך יתפלל אח"כ מנחה, **ומ"מ** משמע, דכ"ז דוקא בדאפשר ליה, **וגם** דבאמת זה שייך רק אם הוא הרבה קודם שקיעה].

§ סימן תרפ – שלא להניח הנרות סמוך לפתח בליל שבת §

סעיף א- [ג]**בליל שבת צריך ליתן שום דבר לחוץ בין הנרות לפתח, בשביל הרוח שלא יכבה הנרות כשפותח את הדלת** - והיינו במקום שמדליקין הנרות נגד פתח הבית מבפנים, **ואם** לא נתן, אסור לפתוח הדלת, **וה"ה** בחול צריך ליזהר בזה, שלא להעמיד הנרות נגד המקום ששולט שם הרוח, אלא דבשבת צריך שמירה יתירה בזה, [**א"נ** משום דינא דס"ב דהוא דוקא בע"ש, נקט נמי רישא בליל שבת].

וגם במקום שמדליקין בכותל אחורי הדלת יש ליזהר בזה, **אבל** במקום שמדליקין בבית החורף, ויש בית לפני בית החורף, אין לחוש לכבוי, דאפילו יכבה בפתיחתו אין זה פסיק רישא, **אם** לא שפתח בית החורף מכוון כנגד פתח הבית הפתוח לחצר או לר"ה, דאז יזהר לנעול פתח הבית קודם שיפתח פתח בית החורף.

סעיף ב- [ד]**בערב שבת אסור לקבוע הנרות בדלת עצמה** [ה]**אחורי הדלת,** [ו]**ויש מי שמתיר, (וע"ל סי' רע"ז ס"א)** - ר"ל דשם סתם לאיסור, וכן הלכה, שפתיחתו ונעילתו מקרב השמן לנר או מרחיקו ממנה, ויש בזה משום מכבה או מבעיר, ואע"ג דאינו מכוין לזה, הוא פסיק רישא, [**ובנר** של שעוה ושל חלב מותר].

[**וטעם** יש מי שמתיר איתא בטור, דס"ל דלאו פסיק רישא הוא, **והגר"א** פירש, דטעם היש מי שמתיר, דס"ל כפסק הערוך, דפסיק רישא דלא ניחא ליה מותר לכתחילה, **ואפילו** לפירוש זה ג"כ אין הלכה כדעה זו, דרבים חולקים עליו].

§ סימן תרפא – אין מבדילין בנר חנוכה במו"ש §

סעיף א- [ז]**במוצאי שבת אין מבדילין בנר חנוכה, שאין נהנים לאורו, ואין מברכין על הנר עד שיאותו לאורו** - ר"ל שאם בירך תחלה על הדלקת נר חנוכה, אין להבדיל עליהם אח"כ, מטעם הכתוב בשו"ע, **אבל** יכול לברך תחלה על הנר

באר הגולה

[א] טור בשם בה"ג [ב] וסיים שם: כיון דא"א בענין אחר חשיבה הכשר מצוה וכו' [ג] טור ונתבאר בסי' רעז [ד] טור לפי פי' רש"י [ה] וה"ה בדלת עצמו מצד חוץ, והאי דנקט אחורי הדלת, משום שמעשה רבי שמואל שהביא הר"ם כך היה [ו] שם בשם ר"מ מרוטנבורג בשם רבו הרב רבי שמואל [ז] טור בשם הירושלמי

סימן תרפא - אין מבדילין בנר חנוכה במו"ש

חנוכה להבדלה, ולכבותה ולחזור ולהדליקה למצות נר חנוכה, **ועדיף** טפי למיעבד הכי, דכיון דעביד ביה מצוה חדא, ליעבד ביה מצוה אחריתא, **אלא** דכיון דקי"ל, דלאחר האפוקי יומא עדיף טפי, כדלקמיה בס"ב, נוהגין להדליק נר חנוכה תחלה, ושוב א"א להבדיל עליו.

סעיף ב - [ח]**מדליקין נר חנוכה בבהכ"נ קודם ההבדלה** - דאף דמצות הבדלה תדירה, מ"מ כל מה דנוכל לאחר לצאת מן השבת עדיף טפי, **וגם** בהדלקה יש פרסומי ניסא, **ואם** שכח "אתה חוננתנו", יאמר "המבדיל בין קודש לחול" ואח"כ ידליק, **ואח"כ** אומרים "ויתן לך", ואח"כ מבדילין.

הגה: וכ"ש בביתו שמדליק ואח"כ מבדיל, שהרי כבר הבדיל בבהכ"נ - ר"ל וכבר שמע הבדלה, **ודבריו** מגומגם, דהא לא נתכוין לצאת בהבדלה של ש"ץ ששמע בבהכ"נ.

ודע, דט"ז ועוד כמה אחרונים שעומדים בשיטתו, פליגי על עיקר דינו של המחבר ורמ"א, וס"ל דמצות הבדלה קודמת לנר חנוכה, משום דהיא תדירה, **ועיין** בבה"ל שהבאנו דיש בזה דיעות בין הראשונים, **וע"כ** בבהכ"נ אין לשנות המנהג שנהגו בישראל, להדליק מקודם ואח"כ להבדיל, **ובבית** דעביד כמר עביד, ודעביד כמר עביד.

§ סימן תרפג §

סעיף א - [ט]**כל שמונת ימי חנוכה גומרין את ההלל** - לפי שבכל יום נוסף נס חדש, ועוד יש טעמים עיין בב"י. **ואחר** ההלל אומרים חצי קדיש.

הגה: וכל שמונת ימי חנוכה א"א תחנון וצו"ץ ולמנצח ולדוק הדין, גם בערב חנוכה במנחה, וע"ל סי' קל"א (מהרי"ל ומנהגים) - אין אומרים "אל ארך אפים" בב' וה' בחנוכה, ו"יהי רצון" אחר ס"ת.

מי שהוא אבל, בשחרית אין מתפלל לפני העמוד, דיש הלל, **הא** ערבית מתפלל, דמתפלל בר"ח ג"כ ערבית, **ולענין** הלל אם מותר לומר בבית האבל, עיין בשע"ת, **אבל** האבל בעצמו בודאי לא יאמר.

§ סימן תרפד – סדר קריאת התורה בחנוכה §

סעיף א - [י]**קורין בקרבנות הנשיאים שבפרשת נשא** - משום שנגמר מלאכת המשכן בכ"ה בכסליו, **שלשה בכל יום**,

[יא]**ומתחילין בברכת כהנים** - לפי שנעשה הנס ע"י כהנים, **(וי"א שמתחילין "ביום כלות משה", (טור), וכן אנו נוהגין).**

[יב]**וקורא אותו עם כהן ולוי, וישראל קורא "ביום הראשון"** - כהן יקרא עד "לפני המשכן", והשאר יקרא הלוי עד "ביום הראשון", וישראל קורא "ביום הראשון", **אבל** אותם שנהגו לקרות לכהן עד "ואני אברכם", הוא מנהג בטעות וצריך לבטלו, שהג' צריכין שיקראו בסדר היום, וסדר היום הוא פרשת נשיאים, **ואחר** הקריאה אומרים חצי קדיש.

אם טעו וקראו ביום שני של חנוכה פרשת נשיא ג' וכיוצא, עלתה להם, דאין קפידא בימים.

(וי"א שהכהן קורא כל אותה הפרשה עד "ביום הראשון", והלוי והישראל קורין "ביום הראשון") (מנהגים), (וכן נוהגין).

[יג]**ביום שני קורא כהן "ביום השני" עד "פר אחד בן בקר", ולוי עד "ביום השלישי", וישראל חוזר וקורא "ביום השני", ועל דרך זה בכל יום. הגה: וי"א שישראל קורא ביום שלאחריו, דהיינו "ביום השלישי", וכן בכל יום; וכן נוהגין (הגהות מיימוני).**

[יד]**ביום שמיני מתחילין "ביום השמיני"** - כהן ולוי קורא בקרבנו של גמליאל, וישראל גומר וכו', **וגומרין כל הסדר, וקורין פרשה ראשונה של בהעלותך, (ונוהגים לסיים: כן עשה את המנורה) (מנהגים).**

סעיף ב - **בשבת שבחנוכה מוציאין ב' ספרים; באחד קורא בפרשת השבוע** - שבעה קרואים לפחות, ואומר ח"ק, **ובשני קורא בשל חנוכה** - רק נשיא אחד דיום ההוא לבד, **ואם** הוא יום א' של חנוכה, מתחיל מ"ויהי ביום כלות".

וכן בר"ח שבחנוכה, קורים להרביעי רק נשיא אחד לבד של אותו היום, דהיינו יום הששי, **ואם** ר"ח טבת שני ימים, קורא ביום ב' דר"ח שהוא ז' דחנוכה, נשיא השביעי לבד.

[טו]**ומפטיר: רני ושמחי** - על שם "ראיתי והנה מנורת זהב כולה". **ואם חלו בו ב' שבתות, מפטיר בשניה** [טז]**במלכים, בנרות דשלמה.**

באר הגולה

[ח] תרומת הדשן [ט] מימרא דרבי יוחנן משום רבי שמעון בן יהוצדק ערכין י', והטעם, מפני שהנס נתחדש בכל יום, ועוד שכל יום נשיא שלו חלוק משל חבירו וכל אחד צריך לגמור הלל על קרבנותיו, שבלי לקט [י] משנה מגילה ל"א, דאיתא בפסיקתא דבכ"ה בכסלו נשלם מלאכת המשכן, טור [יא] שם בשם יש מקומות [יב] שם בטור [יג] שם [יד] שם [טו] ברייתא שם מגילה [טז] שם, ואע"ג דנרות דשלמה קדמי טפי, אפי' הכי עדיפי לן דזכריה, דנבואות עתיד נינהו, ר"ן

סימן תרפד - סדר קריאת התורה בחנוכה

הגה: ואם חל חתונה בשבת זו, מפטירין בשל חנוכה (מנהגים) - ר"ל אף דבעלמא המנהג בשבת שיש חתן, לדחות הפטרת השבוע ולקרות הפטרת "שוש אשיש", שהוא מענינא דחתן, מ"מ בשבת חנוכה, בין בשבת ראשון בין בשבת שני, אין לדחות של חנוכה, דפרסומי ניסא עדיף, **והנה** המ"א הביא די"א דה"מ בשבת ראשונה, אבל אם איקלע חתן בשבת שניה, מפטירין "שוש אשיש", ואין מפטירין בשל חנוכה, הואיל וכבר הפטירו בשל חנוכה בשבת ראשון, **אבל** בא"ר כ', דמרמ"א משמע, דבין בשבת ראשון ובין בשני, קורין רק של חנוכה לחוד, **וכן** נוהגין.

סעיף ג - [יז]אם חל ר"ח טבת בשבת, מוציאין ג' ספרים, וקורין ו' בפרשת השבוע - וה"ה אם רוצים לקרות בה ז' או יותר מן ז', ג"כ שרי, [וה"ה אם קראו ה' גברי בפרשת השבוע יצאו], (ע"פ השונה הלכות), והעיקר דבין כולם לא יפחות משבעה.

כשגומר פרשת השבוע, מניחין הס"ת הב', ואין אומרין קדיש, רק מגביהין הראשונה וגוללין אותה, ופושטין השניה וקורא בה, **וכשאומרין** קדיש על השניה, מניחין השלישית אצלה.

ובשני קורא אחד בשל ר"ח - דתדיר קודם, **ומתחיל: וביום השבת, ובג' קורא מפטיר בשל חנוכה, ומפטיר: [יח]רני ושמחי** - דהא דתדיר קודם, היינו להקדים, אבל לענין לדחות, פרסומי ניסא עדיף, **ועוד** דכיון דקורא בשל חנוכה באחרונה, יש להפטיר במאי דסליק מניה.

(**ואם** טעו וקראו בשני בשל חנוכה, ובשלישית בשל ר"ח, מ"מ קורין ההפטרה בשל חנוכה, משום פרסומי ניסא, ומ"מ בדיעבד אם קראו הפטרה של ר"ח "השמים כסאי", יצאו).

[יט]ואם חל ר"ח בחול, מוציאין ב' ספרים, וקורין באחד ג' בשל ר"ח, ובשני קורא אחד בשל חנוכה - סדר קריאת התורה בר"ח בחול, מתחיל פ' התמיד כהן עד "רביעית ההין", לוי עד "ונסכה", ישראל עד "ונסכו," והרביעי קורא בחנוכה.

[כ]ואם טעה החזן וקרא ד' בשל ר"ח, אם לא הוציאו ספר שני, א"צ לקרות יותר - דאין משגיחין בחנוכה, דר"ח עיקר, **וה"ה** טעה ונזדמן בשבת חנוכה.

ואפילו אם נזכרו בתחילת קריאת הרביעי, אין לומר שרביעי עצמו יקרא בס"ת זו בשל חנוכה, קודם שיחתום בפרשת ר"ח, דהו"ל מדלג, ואין מדלגין בתורה בשני ענינין, אלא מאחר שהרביעי התחיל לקרות בשל ר"ח, יחתום ויברך.

אבל אם הוציאו ספר שני, משום פגמו צריך לקרות חמישי בשל חנוכה - דמוטב לבטל הא דאמרינן, דבר"ח אין מוסיפין על ארבעה, מלפגום הס"ת, **ויאמר** קדיש אחריו, ואם אמר קדיש אחר הרביעי, לא יאמרנו אחר החמישי.

הגה: ואם טעה והתחיל לקרות בשל חנוכה, צריך להפסיק לקרות בשל ר"ח (אבודרהם) - עיין בט"ז שכתב, דהאי פסקא לאו דסמכא הוא, ואין צריך להפסיק, אלא קורא כהן בשל חנוכה, ואח"כ יקרא לאחרים בשל ר"ח.

(**והנה** בא"ר מצדד, דאם לא קרא עדיין ג' פסוקים בשל חנוכה, יפסיק באמצע ויקרא בשל ר"ח, **דאם** קרא ג' פסוקים מודה לדעת הט"ז, דיברך הכהן ברכה אחרונה, ויקראו לאחרים בשל ר"ח, וא"צ לחזור ולקרות של חנוכה, וכן מצדד קצת בספר מור וקציעה, מ"מ הרבה אחרונים, ומכללם גם המ"א, הורו להלכה כדברי הט"ז, דכיון שהתחיל בשל חנוכה, צריך לגמור הכהן בשל חנוכה בס"ת זו, ואח"כ יקראו הג' בס"ת אחרת בר"ח).

(**והתחלה** נקרא משהתחיל לברך הברכה, דהיינו שאמר: ברוך אתה ד', **אבל** אם לא התחיל לברך, אף שנזדמן בידם אותה שהוא מתוקן לחנוכה, אין לו לחוש לזה לכו"ע, ויגללוה ויקראו בס"ת אחרת שהוציאוה לשם ר"ח, ואין כאן פגם לס"ת זו, כיון שיקראו בה אח"כ).

ואם צריך לברך על קריאת ראש חודש, (כשטעה והתחיל בשל חנוכה, והפסיק לקרות בשל ר"ח), **עיין לעיל סי' קמ"ז** (ס"ג) - (ר"ל דשם יש שני דיעות בזה, ואחרונים כתבו שם, דנוהגין למעשה כהדעה שסוברת דצריך לברך על קריאת ר"ח, לפניה ולאחריה).

(**מי** שיש לו יא"צ בחנוכה, לא יחשוב לפי ימי החנוכה, אלא לפי ימי החודש, שהרי לפעמים ר"ח טבת יום א', ולפעמים שני ימים).

באר הגולה

[יז] מימרא דרבי יצחק נפחא מגילה כ"ט והכל בו בשם רש"י [יח] במאי דסליק מיניה, ועוד דפרסומי ניסא עדיף, הרא"ש [יט] מימרא דרבי יצחק שם [כ] רוקח

www.ingramcontent.com/pod-product-compliance
Lightning Source LLC
Chambersburg PA
CBHW050643150426
42813CB00054B/1169

* 9 7 8 1 9 5 1 9 4 8 0 3 0 *